LEI DAS SOCIEDADES ANÔNIMAS
COMENTADA

O GEN | Grupo Editorial Nacional – maior plataforma editorial brasileira no segmento científico, técnico e profissional – publica conteúdos nas áreas de concursos, ciências jurídicas, humanas, exatas, da saúde e sociais aplicadas, além de prover serviços direcionados à educação continuada.

As editoras que integram o GEN, das mais respeitadas no mercado editorial, construíram catálogos inigualáveis, com obras decisivas para a formação acadêmica e o aperfeiçoamento de várias gerações de profissionais e estudantes, tendo se tornado sinônimo de qualidade e seriedade.

A missão do GEN e dos núcleos de conteúdo que o compõem é prover a melhor informação científica e distribuí-la de maneira flexível e conveniente, a preços justos, gerando benefícios e servindo a autores, docentes, livreiros, funcionários, colaboradores e acionistas.

Nosso comportamento ético incondicional e nossa responsabilidade social e ambiental são reforçados pela natureza educacional de nossa atividade e dão sustentabilidade ao crescimento contínuo e à rentabilidade do grupo.

LEI DAS SOCIEDADES ANÔNIMAS COMENTADA

4ª edição revista e atualizada

Fábio Ulhoa Coelho
(Coordenador)

Ana Frazão
Fábio Ulhoa Coelho
Mauricio Moreira Menezes
Rodrigo R. Monteiro de Castro
Sérgio Campinho

- Os autores deste livro e a editora empenharam seus melhores esforços para assegurar que as informações e os procedimentos apresentados no texto estejam em acordo com os padrões aceitos à época da publicação, e todos os dados foram atualizados pelos autores até a data de fechamento do livro. Entretanto, tendo em conta a evolução das ciências, as atualizações legislativas, as mudanças regulamentares governamentais e o constante fluxo de novas informações sobre os temas que constam do livro, recomendamos enfaticamente que os leitores consultem sempre outras fontes fidedignas, de modo a se certificarem de que as informações contidas no texto estão corretas e de que não houve alterações nas recomendações ou na legislação regulamentadora.

- Fechamento desta edição: 27.03.2025

- Os autores e a editora se empenharam para citar adequadamente e dar o devido crédito a todos os detentores de direitos autorais de qualquer material utilizado neste livro, dispondo-se a possíveis acertos posteriores caso, inadvertida e involuntariamente, a identificação de algum deles tenha sido omitida.

- **Atendimento ao cliente: (11) 5080-0751 | faleconosco@grupogen.com.br**

- Direitos exclusivos para a língua portuguesa
  Copyright © 2025 by
  Editora Forense Ltda.
  Uma editora integrante do GEN | Grupo Editorial Nacional
  Travessa do Ouvidor, 11 – Térreo e 6º andar
  Rio de Janeiro – RJ – 20040-040
  www.grupogen.com.br

- Reservados todos os direitos. É proibida a duplicação ou reprodução deste volume, no todo ou em parte, em quaisquer formas ou por quaisquer meios (eletrônico, mecânico, gravação, fotocópia, distribuição pela Internet ou outros), sem permissão, por escrito, da Editora Forense Ltda.

- Capa: Daniel Kanai

- **CIP – BRASIL. CATALOGAÇÃO NA FONTE.
  SINDICATO NACIONAL DOS EDITORES DE LIVROS, RJ.**

L534
4. ed.

Lei das sociedades anônimas comentada / coordenador Fábio Ulhoa Coelho ; Ana Frazão... [et al.]. – 4. ed., rev. e atual. – Rio de Janeiro : Forense, 2025.
1.144 p.; 24 cm.

Inclui bibliografia
ISBN 978-85-3099-729-8

1. Sociedades por ações - Legislação - Brasil. I. Coelho, Fábio Ulhoa. II. Frazão, Ana.

25-96929.0   CDU: 347.7(81)

Meri Gleice Rodrigues de Souza – Bibliotecária – CRB-7/6439

SOBRE OS AUTORES

Fábio Ulhoa Coelho (Coordenador)
Professor Titular da Pontifícia Universidade Católica de São Paulo (PUCSP). Advogado.

Ana Frazão
Professora de Direito Civil, Comercial e Econômico da Universidade de Brasília (UnB). Advogada.

Mauricio Moreira Menezes
Professor Titular de Direito Comercial da Universidade do Estado do Rio de Janeiro (UERJ). Advogado.

Rodrigo R. Monteiro de Castro
Foi Professor de Direito Comercial da Universidade Presbiteriana Mackenzie. Advogado.

Sérgio Campinho
Professor de Direito Comercial da Universidade do Estado do Rio de Janeiro (UERJ). Advogado.

ÍNDICE GERAL

Índice Sistemático – Lei 6.404, de 15 de dezembro de 1976............................ IX
Lei 6.404, de 15 de dezembro de 1976.. 1
Referências 1105

ÍNDICE SISTEMÁTICO

LEI 6.404, DE 15 DE DEZEMBRO DE 1976

Capítulo I – Características e Natureza da Companhia ou Sociedade Anônima (Arts. 1º a 4º-A)	1
Capítulo II – Capital Social (Arts. 5º a 10)	72
Seção I – Valor (Arts. 5º e 6º)	72
Seção II – Formação (Arts. 7º a 10)	85
Capítulo III – Ações (Arts. 11 a 45)	95
Seção I – Número e Valor Nominal (Arts. 11 e 12)	95
Seção II – Preço de Emissão (Arts. 13 e 14)	105
Seção III – Espécies e Classes (Arts. 15 a 19)	111
Seção IV – Forma (Arts. 20 a 22)	135
Seção V – Certificados (Arts. 23 a 27)	137
Seção VI – Propriedade e Circulação (Arts. 28 a 38)	142
Seção VII – Constituição de Direitos Reais e Outros Ônus (Arts. 39 e 40)	169
Seção VIII – Custódia de Ações Fungíveis (Arts. 41 e 42)	173
Seção IX – Certificado de Depósito de Ações (Art. 43)	176
Seção X – Resgate, Amortização e Reembolso (Arts. 44 e 45)	178
Capítulo IV – Partes Beneficiárias (Arts. 46 a 51)	190
Capítulo V – Debêntures (Arts. 52 a 74)	201
Seção I – Direito dos Debenturistas (Arts. 53 a 57)	208
Seção II – Espécies (Art. 58)	221
Seção III – Criação e Emissão (Arts. 59 a 62)	224
Seção IV – Forma, Propriedade, Circulação e Ônus (Art. 63)	231
Seção V – Certificados (Arts. 64 e 65)	232
Seção VI – Agente Fiduciário dos Debenturistas (Arts. 66 a 70)	234
Seção VII – Assembleia de Debenturistas (Art. 71)	241
Seção VIII – Cédula de Debêntures (Art. 72)	244
Seção IX – Emissão de Debêntures no Estrangeiro (Art. 73)	246
Seção X – Extinção (Art. 74)	248
Capítulo VI – Bônus de Subscrição (Arts. 75 a 79)	250
Capítulo VII – Constituição da Companhia (Arts. 80 a 93)	257
Seção I – Requisitos Preliminares (Arts. 80 e 81)	257

Índice Sistemático

Seção II – Constituição por Subscrição Pública *(Arts. 82 a 87)*	269
Seção III – Constituição por Subscrição Particular *(Art. 88)*	284
Seção IV – Disposições Gerais *(Arts. 89 a 93)*	286
Capítulo VIII – Formalidades Complementares da Constituição, Arquivamento e Publicação *(Arts. 94 a 99)*	291
Capítulo IX – Livros Sociais *(Arts. 100 a 105)*	302
Capítulo X – Acionistas *(Arts. 106 a 120)*	309
Seção I – Obrigação de Realizar o Capital *(Arts. 106 a 108)*	309
Seção II – Direitos Essenciais *(Art. 109)*	316
Seção III – Direito de Voto *(Arts. 110 a 115)*	338
Seção IV – Acionista Controlador *(Arts. 116 e 117)*	400
Seção V – Acordo de Acionistas *(Art. 118)*	464
Seção VI – Representação de Acionista Residente ou Domiciliado no Exterior *(Art. 119)*	484
Seção VII – Suspensão do Exercício de Direitos *(Art. 120)*	485
Capítulo XI – Assembleia-Geral *(Arts. 121 a 137)*	488
Seção I – Disposições Gerais *(Arts. 121 a 131)*	488
Seção II – Assembleia-Geral Ordinária *(Arts. 132 a 134)*	521
Seção III – Assembleia-Geral Extraordinária *(Arts. 135 a 137)*	531
Capítulo XII – Conselho de Administração e Diretoria *(Arts. 138 a 160)*	547
Seção I – Conselho de Administração *(Arts. 140 a 142)*	572
Seção II – Diretoria *(Arts. 143 e 144)*	604
Seção III – Administradores *(Arts. 145 a 152)*	613
Seção IV – Deveres e Responsabilidades *(Arts. 153 a 160)*	647
Capítulo XIII – Conselho Fiscal *(Arts. 161 a 165-A)*	751
Capítulo XIV – Modificação do Capital Social *(Arts. 166 a 174)*	766
Seção I – Aumento *(Arts. 166 a 172)*	766
Seção II – Redução *(Arts. 173 e 174)*	785
Capítulo XV – Exercício Social e Demonstrações Financeiras *(Arts. 175 a 188)*	790
Seção I – Exercício Social *(Art. 175)*	790
Seção II – Demonstrações Financeiras *(Arts. 176 e 177)*	790
Seção III – Balanço Patrimonial *(Arts. 178 a 185)*	796
Seção IV – Demonstração de Lucros ou Prejuízos Acumulados *(Art. 186)*	804
Seção V – Demonstração do Resultado do Exercício *(Art. 187)*	805
Seção VI – Demonstrações dos Fluxos de Caixa e do Valor Adicionado *(Art. 188)*	806
Capítulo XVI – Lucro, Reservas e Dividendos *(Arts. 189 a 205)*	807

Seção I – Lucro *(Arts. 189 a 192)*... 807
Seção II – Reservas e Retenção de Lucros *(Arts. 193 a 200)* 814
Seção III – Dividendos *(Arts. 201 a 205)* 827
Capítulo XVII – *Dissolução, Liquidação e Extinção (Arts. 206 a 219)* 852
Seção I – Dissolução *(Arts. 206 e 207)* 852
Seção II – Liquidação *(Arts. 208 a 218)* 866
Seção III – Extinção *(Art. 219)* 891
Capítulo XVIII – *Transformação, Incorporação, Fusão e Cisão (Arts. 220 a 234)*...... 895
Seção I – Transformação *(Arts. 220 a 222)* 895
Seção II – Incorporação, Fusão e Cisão *(Arts. 223 a 234)* 900
Capítulo XIX – *Sociedades de Economia Mista (Arts. 235 a 242)* 934
Capítulo XX – *Sociedades Coligadas, Controladoras e Controladas (Arts. 243 a 264)* 969
Seção I – Informações no Relatório da Administração *(Art. 243)* 969
Seção II – Participação Recíproca *(Art. 244)* 978
Seção III – Responsabilidade dos Administradores e das Sociedades Controladoras *(Arts. 245 e 246)* 980
Seção IV – Demonstrações Financeiras *(Arts. 247 a 250)* 989
Seção V – Subsidiária Integral *(Arts. 251 a 253)* 991
Seção VI – Alienação de Controle *(Arts. 254 a 256)* 994
Seção VII – Aquisição de Controle Mediante Oferta Pública *(Arts. 257 a 263)* 1012
Seção VIII – Incorporação de Companhia Controlada *(Art. 264)* 1026
Capítulo XXI – *Grupo de Sociedades (Arts. 265 a 277)* 1030
Seção I – Características e Natureza *(Arts. 265 a 268)* 1030
Seção II – Constituição, Registro e Publicidade *(Arts. 269 a 271)* 1045
Seção III – Administração *(Arts. 272 a 274)* 1050
Seção IV – Demonstrações Financeiras *(Art. 275)* 1052
Seção V – Prejuízos Resultantes de Atos Contrários à Convenção *(Arts. 276 e 277)* 1053
Capítulo XXII – *Consórcio (Arts. 278 e 279)* 1056
Capítulo XXIII – *Sociedades em Comandita por Ações (Arts. 280 a 284)* 1066
Capítulo XXIV – *Prazos de Prescrição (Arts. 285 a 288)* 1074
Capítulo XXV – *Disposições Gerais (Arts. 289 a 294)* 1084
Capítulo XXVI – *Disposições Transitórias (Arts. 294-A a 300)* 1098
Referências... 1105

LEI 6.404, DE 15 DE DEZEMBRO DE 1976
Dispõe sobre as Sociedades por Ações.

O PRESIDENTE DA REPÚBLICA, faço saber que o Congresso Nacional decreta e eu sanciono a seguinte Lei:

CAPÍTULO I
CARACTERÍSTICAS E NATUREZA DA COMPANHIA OU SOCIEDADE ANÔNIMA

Características

Art. 1º A companhia ou sociedade anônima terá o capital dividido em ações, e a responsabilidade dos sócios ou acionistas será limitada ao preço de emissão das ações subscritas ou adquiridas.

📖 COMENTÁRIOS

1. Conceito de sociedade
Sérgio Campinho

As sociedades são pessoas jurídicas de direito privado (art. 44 do Código Civil). Podem ser formadas sob a perspectiva da unicidade ou da pluralidade de sócios. A pluralidade social deixou de ser fundamento para a formação de uma sociedade. A sociedade unipessoal já não mais ostenta, no estágio atual do nosso ordenamento jurídico, um caráter meramente temporário (unipessoalidade temporária)[1] ou de restrita exceção.[2]

Nesse diapasão, a sociedade deve ser enxergada como um recurso jurídico que a eleva a uma estrutura patrimonial e organizativa autônoma. É grifada, pois, por um esquema organizativo/patrimonial próprio, revelado a partir dos modelos disponibilizados pelo ordenamento jurídico para servir de instrumento à execução de iniciativas econômicas. Essa função essencialmente instrumental é perfeitamente consonante com a sua integração por um ou mais membros. Pode, desse modo, ser a sociedade singelamente conceituada como uma técnica de exploração da atividade econômica.[3]

Essa visão conceitual, inclusive, harmoniza-se com a natureza dos vínculos contratual ou institucional de sua constituição.

2. Disciplina, conceito e característica da sociedade anônima ou companhia
Sérgio Campinho

As sociedades anônimas ou companhias são disciplinadas por lei especial, a Lei 6.404/1976 (LSA). Essa regência especializada vem ratificada pelo art. 1.089 do Código Civil, que manda, entretanto, aplicar-lhes, nos casos omissos, as disposições codificadas.

Como regra de princípio, a LSA regula por inteiro as sociedades anônimas, o que faz com que o recurso à aplicação supletiva das disposições do Código Civil, relativa ao seu Livro II (Do Direito de Empresa) na disciplina das companhias seja feita com a prudência indispensável ao intérprete, o qual deve sempre estar atento para o fato de que a incompatibilidade na aplicação de uma determinada regra do Código pode derivar não só do corpo normativo expresso da LSA, mas também de seu sistema.

Tanto a LSA, quanto o Código Civil fazem uso das expressões "sociedade anônima" ou "companhia" para designar esse tipo societário. A sinonímia das locuções é de tradição do nosso direito.[4]

---

[1] Alínea *d* do inciso I do art. 206 da LSA e inciso II do art. 1.051 do Código Civil.

[2] São exemplos de sociedades unipessoais: a subsidiária integral (art. 251 da LSA), a Sociedade Limitada Unipessoal (§§ 1º e 2º do art. 1.052 do Código Civil, acrescentados pela Lei 13.874/2019) e a Sociedade Anônima do Futebol – SAF (arts. 2º e 3º da Lei 14.193/2021). Em relação a esta última, cumpre esclarecer que não se trata de um tipo societário autônomo. A SAF é uma sociedade anônima sujeita a um microssistema normativo particular, complementado, no mais, pelo macrossistema da LSA, do qual tem disciplina dependente. Caracteriza-se, desse modo, como um subtipo societário. O inciso III do art. 2º da Lei 14.193/2021 dispensa a pluralidade de acionistas, podendo a SAF ser constituída pela iniciativa de pessoa natural ou jurídica ou de fundo de investimento. Esse comando se espraia analogicamente às demais formas de sua constituição, em interpretação racional indispensável.

[3] CAMPINHO, Sérgio. *Curso de direito comercial*: direito de empresa. 16. ed. São Paulo: Saraiva, 2019. p. 49.

[4] O Código Comercial de 1850 e toda a legislação subsequente até a atual Lei 6.404/1976 mantiveram essa tradição, que não foi quebrada pelo Código Civil de 2002.

A partir das notas essenciais que resultam dos textos normativos dos arts. 1.088 e 982 do Código Civil, do art. 1º e do § 1º do art. 2º da LSA, pode-se conceituar a companhia ou sociedade anônima como um tipo societário exclusivamente reservado às sociedades empresárias, cujo capital social é dividido em ações e que limita a responsabilidade dos sócios ou acionistas ao preço de emissão dessas frações do capital por eles subscritas ou adquiridas.[5]

Os arts. 1º da LSA e 1.088 do Código Civil enunciam as duas características essenciais das sociedades anônimas: divisão do capital em ações e limitação da responsabilidade dos acionistas ao preço de emissão dessas ações.

3. A consolidação das características fundamentais das sociedades por ações ao longo da história

ANA FRAZÃO

O objetivo desta seção não é fazer uma retrospectiva histórica da evolução das sociedades por ações ou das suas antecedentes, mas sim resgatar os momentos principais do percurso histórico nos quais houve a criação e a consolidação das características que seriam consideradas no século XIX como definidoras das sociedades por ações, tal como reconhece o art. 1º da Lei 6.404/1976:[6] a personalidade jurídica, a responsabilidade limitada dos acionistas e a livre circulação de ações. Daí por que, longe de uma abordagem diletante, trata-se de reflexão que tem por objetivo tratar dos pilares das sociedades por ações.

Para isso, é importante lembrar que, até o século XVIII, o Direito Comercial foi o "direito dos comerciantes individuais". Nessa primeira fase, o sistema econômico era caracterizado por uma multiplicidade de agentes econômicos individuais dispersos, que suportavam com seu patrimônio pessoal todos os riscos da exploração econômica, tendo que reunir o capital e a força laboral necessários para o desenvolvimento da atividade empresarial, assim como necessitando administrá-la diretamente.

Assim, quando se começa a pensar no Direito Comercial como corpo sistematizado de regras e normas, o que remonta ao final do século XI e ao início do século XII, as figuras centrais da atividade econômica eram os mercadores individuais, fenômeno que perdurou pela Idade Média e a Idade Moderna. As sociedades comerciais só passaram a protagonizar o exercício das atividades mercantis muito depois, no século XIX.[7]

Isso não quer dizer que as sociedades comerciais não tiveram importância a partir do surgimento do Direito Comercial. Na verdade, este possibilitou o desenvolvimento das referidas sociedades, cuja relevância foi aumentando progressivamente ao longo da Idade Média, ainda que jamais chegassem a desbancar o protagonismo dos comerciantes individuais.

Com efeito, foi na Idade Média que se buscou criar, como regra, soluções para contornar duas características dos modelos romanos de sociedade que dificultavam a atividade comercial: a administração conjuntiva e a responsabilidade *pro rata* dos sócios pelo empreendimento.[8] A *societas* romana apresentava-se como um contrato típico de comunhão entre as partes, assentado na proteção da autonomia individual de cada sócio, de modo que, em regra, não representava um centro de imputações de direitos e obrigações diverso dos sócios. Não é sem razão que as decisões societárias dependiam do consenso entre os sócios – o que se chama de administração conjuntiva –, não se admitindo a denominada administração disjuntiva, por meio da qual um ou alguns sócios vinculam os demais.[9] Por outro lado, a responsabilidade *pro rata* dos sócios pelo empreendimento significava que, na prática, não havia distinção entre as obrigações e o patrimônio da sociedade e os dos sócios.

---

[5] CAMPINHO, Sérgio. *Curso de direito comercial*: sociedade anônima. 4. ed. São Paulo: Saraiva, 2019. p. 30.

[6] Verdade seja dita que o art. 1º da Lei 6.404/1976, não faz referência expressa à personalidade jurídica, mas tal característica, além de implícita e correlata a outras características, como a responsabilidade limitada dos acionistas, está prevista em outros artigos da lei. Para mais informações, ver comentários de Ana Frazão ao art. 1º da Lei 6.404/1976, na seção Características das sociedades por ações.

[7] FRAZÃO, Ana. *Função social da empresa*: repercussões sobre a responsabilidade civil de administradores e controladores de S/As. Rio de Janeiro: Renovar, 2011. p. 11-12.

[8] FRAZÃO, Ana. *Função social da empresa*: repercussões sobre a responsabilidade civil de administradores e controladores de S/As. Rio de Janeiro: Renovar, 2011. p. 13.

[9] FRAZÃO, Ana. *Função social da empresa*: repercussões sobre a responsabilidade civil de administradores e controladores de S/As. Rio de Janeiro: Renovar, 2011. p. 12.

Verdade seja dita que os romanos já utilizavam algumas soluções inovadoras para o comércio, como o pecúlio e a *societas publicanorum*. Segundo Hansmann, Kraakman e Squire,[10] esses institutos romanos tiveram importante relação com o desenvolvimento histórico da separação patrimonial e da limitação da responsabilidade dos sócios em empreendimentos comerciais. Foi a partir deles que se começou a cogitar da blindagem da entidade (*entity shielding*) – a proteção do patrimônio separado do empreendimento em relação aos credores pessoais de seu proprietário ou sócio –, bem como da blindagem do proprietário (*owner shielding*) – a proteção do patrimônio do proprietário ou sócio em relação aos credores do empreendimento.

Nesse sentido, ensinam os autores[11] que o pecúlio consistia em conjunto de bens entregues pelo senhor a um escravo (ou a seu próprio filho)[12] para que fossem administrados no exercício de atividade comercial. No caso do pecúlio, a responsabilidade do proprietário pelo empreendimento era limitada ao valor do patrimônio transferido, acrescido dos rendimentos obtidos com o desenvolvimento do negócio, desde que o proprietário não participasse da gestão das atividades empresariais.

Já era possível vislumbrar no pecúlio, portanto, certo grau de separação patrimonial, caracterizado pela *owner shielding*. Apesar da limitação de responsabilidade, há indicativos de que, no pecúlio típico, não havia *entity shielding*, na medida em que os credores pessoais do proprietário podiam executar todos os bens titularizados por ele, inclusive aqueles afetados ao pecúlio.[13]

Já no âmbito da *societas publicanorum*, um grupo de investidores (*publicani*) aportava recursos em algum empreendimento estatal, aguardando retorno financeiro do Estado ao término do projeto. A *societas publicanorum* contava com um investidor principal, que oferecia seus bens como garantia da execução do projeto, e com diversos outros investidores, cuja responsabilidade pelos débitos da *societas* poderia ser ilimitada, caso o sócio participasse da gestão do negócio e/ou limitada ao valor investido, na hipótese em que o sócio não tivesse poder de gestão ou de administração. Acrescente-se, ainda, que esses "meros investidores" poderiam negociar suas quotas em mercado, o que sugere que a *societas publicanorum* tinha seu patrimônio protegido das dívidas pessoais senão de todos os sócios, pelo menos daqueles que desfrutavam de responsabilidade limitada.[14]

Observa-se, portanto, que no pecúlio já havia a *owner shielding* mesmo na inexistência de indicativos de *entity shielding* e ainda que a primeira estivesse vinculada à posição passiva do "senhor", que não administrava o empreendimento. No caso da *societas publicanorum*, além da *owner shielding*, identificada pela limitação da responsabilidade dos sócios que não exerciam a gestão do empreendimento, já era possível vislumbrar também a *entity shielding*, ou seja, a separação do patrimônio da sociedade em relação ao patrimônio dos sócios, pelo menos em relação àqueles sócios que detinham

---

[10] HANSMANN, Henry; KRAAKMAN, Reinier Kraakman; SQUIRE, Richard. Law and the rise of the firm. *Harvard Law Review*, v. 119, p. 1335-1403, 2006.

[11] HANSMANN, Henry; KRAAKMAN, Reinier; SQUIRE, Richard. Law and the rise of the firm. *Harvard Law Review*, v. 119, p. 1358, 2006.

[12] Segundo Moreira Alves (*Direito romano*. Rio de Janeiro: Forense, 1997. v. II. p. 268), o pecúlio inicialmente dizia respeito aos bens entregues pelo *pater familias* ao *filii familias* – ou a outrem sob seu poder, a exemplo de escravos, conforme apontam Hansmann, Kraakman e Squire (Law and the rise of the firm. *Harvard Law Review*, v. 119, p. 1358, 2006) – para o exercício de atividade comercial, representando exceção à máxima *qui in potestate alterius est, nihil suum habere potest* (aquele que está sob o poder de outrem nada pode ter de seu), ainda que permanecessem sob domínio do *pater familias*. O pecúlio castrense, introduzido no início do principado, permitiu a separação patrimonial (com relação ao patrimônio do *pater familias*) dos bens obtidos pelo *filii familias* na qualidade de soldado e, posteriormente, em razão de prestação de serviço militar, ainda que os bens não tivessem relação com tal atividade (podendo ser, por exemplo, advindos de doação do *pater familias*). Note-se que, em regra, o *pater famílias* era o proprietário dos bens de toda a família, ainda que tivessem sido adquiridos por outros membros familiares. Daí a inovação do pecúlio castrense.

[13] Henry Hansmann, Reinier Kraakman e Richard Squire (Law and the rise of the firm. *Harvard Law Review*, v. 119, p. 1358, 2006) explicam que, no período castrense, os credores do pecúlio tinham prioridade sobre os bens afetados ao desenvolvimento do negócio em relação aos credores pessoais do proprietário, de modo que já se podia cogitar de *entity shielding*, ainda que frágil. O reconhecimento explícito dessa prioridade no pecúlio castrense sugere, segundo os autores, que, no pecúlio típico, vigorava a regra inversa.

[14] HANSMANN, Henry; KRAAKMAN, Reinier; SQUIRE, Richard. Law and the rise of the firm. *Harvard Law Review*, v. 119, p. 160-1361, 2006.

responsabilidade limitada. O que há de comum entre ambos os institutos, além da existência de separação patrimonial em certo grau, é o fato de viabilizarem o modelo de administração disjuntiva, em que um ou alguns sócios poderiam vincular a sociedade, sem a necessidade do consenso de todos os sócios.

É interessante notar que tais soluções possibilitaram que, mesmo no século I a.C., já houvesse sociedades similares às atuais companhias, com centenas de sócios e capital social dividido em ações que podiam ser negociadas (primórdios de um mercado de ações).[15] Por essa razão, as *societas publicanorum* são vistas, por alguns autores, como antecessoras das sociedades por ações.[16]

Entretanto, todos os mecanismos ora descritos eram excepcionais naquela época, pois a sociedade romana tradicional, modelo cuja utilização era predominante, continuava ostentando as características anteriores já descritas, especialmente no que diz respeito à administração conjuntiva e à responsabilidade *pro rata* dos sócios.

Foi somente a partir da Idade Média que se consolidaram alguns modelos societários que apresentaram aspectos inovadores em relação à sociedade civil tradicional, tal como herdada do direito romano. Foram esses os modelos antecedentes de várias sociedades empresárias conhecidas até hoje, o que justifica a observação de Menezes Cordeiro, segundo o qual "a conexão das actuais sociedades fez-se, contudo, com as experiências medievais e não com as romanas".[17]

Uma das primeiras diferenças em relação ao modelo romano é que existia, nas sociedades comerciais medievais, o embrião da autonomia da sociedade diante dos sócios. Ainda que não fosse possível se falar em personalidade jurídica e/ou em separação patrimonial perfeita, inicia-se processo de progressiva autonomia das sociedades diante dos sócios. Além disso, ao contrário do que ocorria no direito romano como regra, já se admitia, em alguns modelos de sociedade comercial, que um só sócio pudesse comprometer igualmente os demais, vinculando a sociedade perante terceiros – a administração disjuntiva –, sem a exigência de consenso de todos os sócios.[18]

Também é possível perceber, na Idade Média, um esforço mais consistente para instrumentalizar a responsabilidade limitada dos sócios, ou pelo menos de alguns deles, como na *commenda* medieval, arranjo do qual surgiram as sociedades em comandita simples e em comandita por ações.

Originada na Itália, no final do século X, a *commenda* foi criada para atender à necessidade de mobilização de grande quantidade de capital para o desenvolvimento de atividade de elevado risco: o comércio marítimo de longas distâncias. Ante a necessidade de atrair vultosos investimentos, as *commendas* admitiam dois tipos de sócios: (i) os *stans* ou sócios de terra, que apenas aportavam capital e cuja responsabilidade era limitada; e (ii) os *tractators*, ou sócios viajantes, encarregados de realizar a viagem, que detinham responsabilidade ilimitada e solidária pelo negócio.[19] Tratava-se, em regra, de sociedades de curta duração, que eram dissolvidas ao final da viagem marítima.

A importância da *commenda* está associada à socialização parcial do risco empresarial, na medida em que tal modelo viabilizava que a responsabilidade de determinada categoria de sócios fosse limitada ao valor de seus investimentos. Dessa maneira, se a sociedade não tivesse patrimônio para honrar suas dívidas, o credor não mais teria a garantia do patrimônio pessoal dos sócios-investidores, tendo que assumir o prejuízo resultante do insucesso da atividade empresarial. Daí se falar na socialização parcial do risco, uma vez que a responsabilidade limitada dos sócios transfere parte do risco empresarial para os credores.

Verdade seja dita que, no caso da *commenda*, a excepcionalidade da responsabilidade limitada justificava-se justamente por se tratar de sociedade por tempo determinado e vinculada a empreendimento específico. A introdução da figura do sócio-investidor, com responsabilidade limitada aos recursos aportados, possibilitou também a

---

[15] HANSMANN, Henry; KRAAKMAN, Reinier; SQUIRE, Richard. Law and the rise of the firm. *Harvard Law Review*, v. 119, p. 1361, 2006.

[16] É o que sustentam Hansmann, Kraakman e Squire (Law and the rise of the firm. *Harvard Law Review*, v. 119, p. 1368, 2006). Outros atribuem às companhias coloniais a verdadeira origem das sociedades anônimas.

[17] CORDEIRO, António Menezes. *Da responsabilidade civil dos administradores das sociedades comerciais*. Lisboa: Lex, 1997. p. 76.

[18] FRAZÃO, Ana. *Função social da empresa*. Repercussões sobre a responsabilidade civil de controladores e administradores de S/As. Rio de Janeiro: Renovar, 2011. p. 12.

[19] FRAZÃO, Ana. *Função social da empresa*. Repercussões sobre a responsabilidade civil de controladores e administradores de S/As. Rio de Janeiro: Renovar, 2011. p. 15.

socialização do investimento nessas sociedades, já que outras classes de sujeitos, que não tinham relação com o empreendimento, passaram a participar da atividade comercial como meros investidores, sendo que a administração da *commenda* permanecia sob direção e responsabilidade ilimitada dos mercadores.

Observe-se, ainda, que o advento do sócio-investidor ensejou alterações no que diz respeito ao próprio conceito de sociedade, desprendendo-o dos elementos pessoais que caracterizavam até então as sociedades – ou do que veio a se chamar de *affectio societatis* – e admitindo que a união dos sócios pudesse ocorrer tão somente no plano do investimento ou da reunião de capital.[20]

Apesar das inequívocas transformações, mesmo a *commenda* não admitia a separação patrimonial perfeita entre a sociedade e os sócios, mas tão somente uma separação patrimonial parcial, que valia apenas para os sócios investidores e, mesmo assim, diante do objeto restrito que lhe cabia, como sociedade por prazo determinado para empreendimentos marítimos. Não é sem razão que daí derivou a sociedade em comandita.

Em razão de todas as limitações da *commenda*, a sua utilização não obscureceu aquele que foi o principal modelo de sociedade comercial medieval: a companhia ou *compagnie*,[21] que remetia às sociedades familiares, decorrentes da utilização, para fins comerciais, do patrimônio hereditário ainda não dividido, em que todos os sócios detinham responsabilidade solidária e ilimitada.[22]

Tais sociedades eram comumente utilizadas para reunir familiares, como os irmãos que prosseguiam na exploração do negócio do pai, abrindo espaço posteriormente para terceiros que pretendiam se associar no exercício do comércio. Trata-se do embrião das sociedades em nome coletivo.

Somente na Idade Moderna é que se conheceu um modelo societário com separação patrimonial perfeita: as companhias coloniais. Tais companhias, antecessoras mais diretas das sociedades anônimas,[23] já ostentavam as características básicas destas últimas: (i) personalidade jurídica, ainda que decorrente de privilégio estatal; (ii) separação patrimonial perfeita, já que todos os sócios tinham responsabilidade limitada e o patrimônio da sociedade estava igualmente protegido dos credores pessoais dos sócios; e (iii) participações societárias incorporadas em títulos – as ações – que podiam ser negociados livremente.

O advento das companhias coloniais foi de extrema importância, pois, além da socialização do risco, foi possível a socialização do investimento, evidência da interpenetração entre esses dois aspectos. Com efeito, os altos riscos inerentes às grandes navegações e à exploração colonial exigiam soluções que possibilitassem a reunião de substanciais quantidades de capital para custear tais empreendimentos. A responsabilidade limitada de todos os sócios, assim, foi a forma adotada para viabilizar a socialização do investimento e do risco.[24]

Apesar de todas as vantagens que oferecem, as companhias coloniais foram excepcionais no contexto da época, já que dependiam da participação do Estado para empreendimentos de alta complexidade e risco. Aliás, é em razão da presença estatal que tais companhias são consideradas igualmente antecessoras das sociedades de economia mista. De toda sorte, é importante ressaltar que todas as demais atividades econômicas, durante a Idade

---

[20] FRAZÃO, Ana. *Função social da empresa*. Repercussões sobre a responsabilidade civil de controladores e administradores de S/As. Rio de Janeiro: Renovar, 2011. p. 15-16.

[21] FÉRES, Marcelo Andrade. *Sociedade em comum*: disciplina jurídica e institutos afins. São Paulo: Saraiva, 2011. p. 31.

[22] FÉRES, Marcelo Andrade. *Sociedade em comum*: disciplina jurídica e institutos afins. São Paulo: Saraiva, 2011. p. 31.

[23] Como visto anteriormente, alguns autores, a exemplo de Kraakman *et al.* (Law and the rise of the firm. *Harvard Law Review*, v. 119, p. 1398, 2006), sustentam que a origem das sociedades anônimas remonta às sociedades *publicanorum* do direito romano. Outros, como Rubens Requião (*Curso de direito comercial* São Paulo: Saraiva, 2003. v. II. p. 3-4), consideram que a origem das sociedades por ações está associada às companhias coloniais. Jorge Manuel Coutinho de Abreu (*Curso de direito comercial*. Coimbra: Almedina, 2003. p. 77, v. II) fala também na existência de autores para os quais a origem das sociedades por ações encontra-se na Casa di San Giorgio, embora compartilhe do entendimento daqueles que vislumbram nas companhias coloniais as precursoras desse tipo societário: "Apesar de alguns vislumbrarem a sua origem nas *societates plubicanorum* do direito romano e/ou em 'incunábulos' medievais (como a genovesa *Casa di San Giorgio*) parece mais avisado o parecer dos que (e são a grande maioria) ligam geneticamente este tipo societário às companhias coloniais seiscentistas e setencentistas".

[24] FRAZÃO, Ana. *Função social da empresa*. Repercussões sobre a responsabilidade civil de controladores e administradores de S/As. Rio de Janeiro: Renovar, 2011. p. 18.

Moderna, continuaram a ser exercidas pelas sociedades comerciais tradicionais.

Somente no século XIX, com a consolidação da personalidade jurídica e a separação patrimonial perfeita, as sociedades puderam assumir, de fato, o protagonismo da atividade econômica. Além daquelas vantagens mais evidentes – dentre as quais a de possibilitar a conjugação de esforços de vários indivíduos para a consecução de objetivos comuns, assim como a reunião de capital para o exercício da atividade econômica –, as sociedades anônimas disseminaram a responsabilidade limitada como mecanismo indispensável de proteção aos sócios.

4. Importância econômica das sociedades por ações

Ana Frazão

Do ponto de vista econômico, o século XIX foi marcado pela emergência da produção industrial em massa, decorrente da Revolução Industrial. Tais modificações, como esclarece Engrácia Antunes,[25] levaram à substituição do modelo de economia artesanal e mercantil exercido por inúmeros pequenos empresários para um modelo progressivamente mais concentrado, caracterizado pelo exercício coletivo da atividade empresarial, por meio de sociedades comerciais. Com o incremento do volume e da complexidade das atividades empresariais foi tornando-se cada vez mais difícil desenvolvê-las, com eficiência, por um só indivíduo, exigindo-se a conjugação de esforços e de capital.

Dessa forma, as sociedades por ações foram pensadas para fazer frente aos desafios e às necessidades da economia, consolidando as características até então apontadas da personalidade jurídica,[26] da separação patrimonial perfeita e da livre circulação de ações. Mais do que isso, o tipo societário foi também concebido para endereçar os conflitos de interesses que normalmente surgem em sociedades com grande base acionária, acionistas com perfis distintos, administração disjuntiva e separação patrimonial perfeita que também projeta efeitos externos, afetando diretamente os credores da sociedade – os chamados credores sociais.[27]

Apesar de todas as vantagens oferecidas pelo tipo societário, as sociedades por ações não foram muito utilizadas na primeira metade do século XIX, uma vez que estavam submetidas ao regime da autorização estatal. Entretanto, como o regime da livre criação foi sendo gradualmente implementado ao longo do século XIX, inclusive no Brasil, surgiu o terceiro período na história das sociedades anônimas, marcado pela livre constituição, de forma a atender aos anseios do liberalismo econômico do período.

Foi somente com a liberalização que houve um grande incremento na utilização da sociedade por ações, que se tornou uma das principais ferramentas da atividade econômica ou, como dizia Ripert,[28] "o maravilhoso instrumento do capitalismo".

A expansão das sociedades por ações foi tão rápida que, no final do século XIX, já era preocupante o agigantamento de várias companhias não apenas em decorrência do seu crescimento interno, mas também em razão dos diversos mecanismos de concentração empresarial.[29] Vale ressaltar que as implicações decorrentes do crescente poder das sociedades por ações não são apenas econômicas, mas também sociais e políticas. Não é sem razão que muito da história da criação do Direito da Concorrência veio da ideia de que o poder econômico sem limites poderia comprometer a própria ideia de democracia.[30]

É por essa razão que Fábio Konder Comparato[31] sustenta que "a disciplina da sociedade anônima constitui, atualmente, o autêntico 'direito constitucional' da atividade econômica, no setor privado".

---

[25] ANTUNES, José Engrácia. *Os grupos de sociedades*: estrutura e organização jurídica da empresa plurissocietária. Coimbra: Almedina, 2002. p. 33-34.

[26] Adverte-se que, no início do século XIX, não era claro que as sociedades por ações teriam personalidade jurídica, o que somente se consolidou algumas décadas depois. Ver, sobre o tema, os comentários de Ana Frazão ao art. 1º da Lei 6.404/1976, na seção "Características das sociedades por ações".

[27] Ver comentários de Ana Frazão ao art. 1º da Lei 6.404/1976, na seção "Sociedades por ações e equacionamento da relação entre poder e responsabilidade e dos conflitos de agência".

[28] RIPERT, Georges. *Aspectos jurídicos do capitalismo moderno*. Campinas: Red Livros, 2002. p. 128.

[29] Segundo Fábio Konder Comparato (*Aspectos jurídicos da macroempresa*. São Paulo: RT, 1970. p. 40), o processo de concentração acentua-se especialmente a partir da década de 1940.

[30] FRAZÃO, Ana. *Direito da concorrência*: pressupostos e perspectivas. São Paulo: Saraiva, 2017. p. 30-39.

[31] COMPARATO, Fabio Konder; SALOMÃO, Calixto Filho. *O poder de controle na sociedade anônima*. Prólogo. [edição eletrônica]. Rio de Janeiro: Forense, 2014.

Em sentido próximo, Calixto Salomão Filho[32] chama a atenção para a necessidade de se pensar em um Direito Empresarial Público, em que o Direito Societário, tenha ele como foco as sociedades anônimas ou não, seja compreendido no espectro maior da vida econômica como um todo, em amplo diálogo com áreas como o Direito Concorrencial e o Direito Regulatório.

Verdade seja dita que, na atualidade, a figura da sociedade por ações isolada perdeu parte do seu protagonismo, diante da importância cada vez maior dos grupos societários e de outros agentes relevantes, como os fundos de investimento e outros importantes veículos de investimento.

Outro fenômeno que vem marcando as fases mais recentes do capitalismo, especialmente em relação às sociedades de capitais, é o progressivo esgarçamento da distinção entre sócios e credores da sociedade – a distinção entre *equity* e *debt* –, o que possibilita o surgimento de figuras híbridas ou com grande flexibilidade, em que as posições de credor e sócio podem ser modificadas de acordo com os interesses dos investidores.

Com efeito, especialmente diante da economia digital e das chamadas *startups*, novas soluções – como o investimento-anjo – e arranjos contratuais – como o mútuo conversível em participações societárias – são pensados para resolver o problema do investimento com maleabilidade e adaptabilidade, diante dos resultados futuros do empreendimento.

Por outro lado, cada vez mais determinados credores, como os bancários, podem influenciar na sociedade de forma tão ou mais decisiva do que muitos sócios, o que não apenas causa um embaralhamento na distinção entre credores e sócios, mas torna cada vez mais provável a situação de controle externo.[33]

Diante da multiplicidade de empreendimentos e das diferenças que apresentam em termos de porte e perfil, abre-se a discussão sobre a necessidade de se pensar em maior flexibilidade do tipo societário ou mesmo na sua simplificação, o que poderia ser alcançado por meio da criação de sociedade por ações simplificada, ou outras soluções jurídicas que possam comportar outros tipos de empreendimento que não apenas os grandes, tanto na economia digital quanto na tradicional. No Brasil, tal modelo ainda se ajustaria a uma característica específica da economia nacional, em que empresas familiares têm uma ampla presença e importância.

Nesse sentido, é importante destacar que o chamado Marco Legal das Startups (Lei Complementar 182/2021) procurou trazer algumas simplificações para o regime jurídico da sociedade por ações, modificando o art. 143, a fim de facilitar a estruturação administrativa, e o art. 294, a fim de simplificar a escrituração e as publicações das companhias fechadas com receita anual de até R$ 78.000.000,00 (setenta e oito milhões de reais). Acresce que o art. 294-A ainda trata de condições facilitadas para o acesso de companhias de menor porte ao mercado de capitais, assim entendidas as companhias com receita bruta anual inferior a R$ 500.000.000,00 (quinhentos milhões de reais), nos termos do art. 294-B.

De toda sorte, apesar de todas as transformações econômicas e dos questionamentos à arquitetura jurídica atualmente existente, é inequívoco que persiste a considerável importância das sociedades por ações, como estrutura inicial a partir da qual se poderão criar novos arranjos e estruturas ainda fundamentais para a economia, dentre os quais os grupos societários e os grupos contratuais.[34]

5. Características das sociedades por ações

Ana Frazão

A sociedade anônima ou sociedade por ações ou companhia[35] constitui pessoa jurídica de direito privado, de caráter empresarial, cujo capital social está dividido em ações livremente negociáveis, na qual a responsabilidade dos acionistas é limitada ao preço de emissão de suas ações.

---

[32] SALOMÃO, Calixto Filho. *O novo direito societário*. Eficácia e sustentabilidade. São Paulo: Saraiva, 2019. p. 31-39.

[33] Ver comentários de Ana Frazão ao art. 116 da Lei 6.404/1976, na seção "Casos delicados de atribuição de responsabilidades: controle compartilhado, controle gerencial e controle externo".

[34] Sobre a distinção entre grupos societários e grupos contratuais, ver: FRAZÃO, Ana. *Direito da concorrência*: pressupostos e perspectivas. São Paulo: Saraiva, 2017. p. 169-244.

[35] Quando houve a edição da Lei 6.404/1976, admitiam-se as chamadas ações ao portador, nos termos da redação originária do art. 20: "As ações podem ser nominativas, endossáveis ou ao portador." Daí se falar em sociedade anônima. Entretanto, a partir da Lei 8.021/1990, as ações ao portador foram proibidas, devendo todas as ações ser nominativas. Por essa razão, a rigor, hoje é mais correto se falar em sociedades por ações ou companhias, embora a expressão 'sociedade anônima' continue sendo legalmente utilizada."

Esse tipo societário estrutura-se, portanto, em torno de dois princípios fundamentais reconhecidos pela doutrina[36] e também pelo art. 1º da Lei 6.404/1976: a responsabilidade limitada dos acionistas e a divisão do capital em ações.[37]

Embora o art. 1º da Lei 6.404/1976 não faça referência expressa, outra característica fundamental das companhias é a personalidade jurídica, por meio da qual se cria um novo centro de imputação que passará a titularizar direitos e deveres, inclusive sobre o patrimônio que estará vinculado à exploração empresarial. Tanto é assim que a Lei 6.404/1976 faz referência à personalidade jurídica, direta ou indiretamente, em outras oportunidades, como no art. 97, que trata da necessidade do registro dos atos constitutivos das companhias, do qual resultará a criação da personalidade jurídica, e também no art. 207, segundo o qual "A companhia dissolvida conserva a personalidade jurídica, até a extinção, com o fim de proceder à liquidação".

A personalidade jurídica tem como uma das principais finalidades a criação de um novo sujeito de direitos, com interesse próprio e distinto dos seus componentes – no caso, os acionistas –, ainda que com o deles convergente. Com efeito, a personificação impõe que os acionistas submetam seus interesses pessoais aos interesses da sociedade, na medida em que suas expectativas de lucro passam a depender da realização do objeto social da companhia, como será mais bem explicado nos comentários ao art. 2º da Lei 6.404/1976.

Dessa maneira, como consequência da personalização, a organização de uma sociedade por ações não tem outra finalidade senão a de possibilitar o cumprimento da finalidade que justificou a sua constituição, bem como a manifestação e a defesa dos interesses do novo centro de imputação.

A criação de um novo sujeito de direitos, que passará a ter nome, sede e poderá titularizar diretamente direitos e deveres, tem como consequência a necessidade de que a pessoa jurídica passe a ser responsável pelos seus atos na esfera cível, administrativa e, ainda que excepcionalmente, na esfera penal. Com efeito, na atualidade, uma das discussões que se projetam sobre a personalidade jurídica é a viabilidade da sua responsabilização penal, de que é exemplo, no Brasil, a Lei Ambiental.

É claro que, para poder exercer esses direitos e deveres, a pessoa jurídica precisará de órgãos que, a exemplo da Assembleia Geral e dos administradores, "presentam" a vontade da pessoa jurídica. Da mesma forma, precisará de prepostos, colaboradores e representantes, que agirão em seu nome.

A partir daí, surgirão uma série de discussões para definir em que medida as condutas desses sujeitos vincularão ou não a pessoa jurídica. Adianta-se que, nos termos do art. 932, III, do Código Civil, o empregador – pessoa jurídica ou não – responde objetivamente pelos atos de seus empregados e prepostos, enquanto, no que diz respeito aos administradores, eles presentam a pessoa jurídica, vinculando-a com suas ações, como será explorado nos comentários aos artigos que tratam da administração das sociedades por ações.[38]

Vale ressaltar que a personalidade jurídica apresenta ainda a relevantíssima função de operacionalizar a separação patrimonial perfeita, ou seja, a distinção entre o patrimônio da sociedade e o patrimônio dos acionistas, a fim de que somente o primeiro responda pelos resultados da atividade empresarial.

Consequentemente, a separação patrimonial perfeita propicia tanto a blindagem dos acionistas (*owners shielding*), na medida em que estes não respondem ordinariamente pelas dívidas da sociedade – salvo até o limite correspondente ao preço de emissão das ações adquiridas – quanto a blindagem da sociedade (*entity shielding*), na medida em que esta não responde pelas dívidas pessoais dos acionistas.[39]

---

[36] ASCARELLI, Tullio. *Problemas das sociedades anônimas e direito comparado*. Campinas: Bookseller, 2001. p. 459-461. Em sentido um pouco diverso, Fran Martins (*Novos estudos do direito societário*: sociedades anônimas e sociedades por quotas de responsabilidade limitada. Love Books: 2016, edição Kindle) anota que, embora essas duas características estejam presentes em todas as sociedades anônimas e a lei brasileira as consagre nos arts. 1º, 11, § 2º, 29 e 36, não se pode dizer que elas definem esse tipo societário, porque não se trata de características exclusivas das sociedades anônimas. Além disso, podem sofrer restrições da própria lei ou de leis especiais, a exemplo do art. 36, comentado mais adiante nesta obra, que permite o estabelecimento de restrições à livre negociabilidade das ações em sociedades de capital fechado.

[37] Para entender melhor as funções do capital social, ver comentários de Ana Frazão ao art. 5º da Lei 6.404/1976.

[38] Ver, sobre o tema, os comentários de Ana Frazão ao art. 2º da Lei 6.404/1976, na seção "Atos *ultra vires*".

[39] Sobre o alcance e a evolução dos institutos relacionados a *owner shielding* e *entity shielding*, ver: HANSMANN, Henry; KRAAKMAN, Reinier; SQUIRE, Richard. Law and the rise of the firm. *Harvard Law Review*. v. 119, p. 1.335-1.403.

É importante destacar que a limitação da responsabilidade é elemento fundamental de incentivo ao investimento produtivo, pois dificilmente as pessoas investiriam em uma sociedade por ações caso tivessem que afetar todo o seu patrimônio pessoal ao resultado do empreendimento. É por isso que se afirma que a responsabilidade limitada dos sócios não deixa de ser uma socialização parcial do risco empresarial, uma vez que, sendo insuficiente o patrimônio da sociedade para responder por suas dívidas, serão os credores da sociedade que suportarão o prejuízo.

Essa socialização parcial do risco, implementada por meio de sociedades empresárias com separação patrimonial perfeita, como é o caso das sociedades por ações, é consequência do reconhecimento de que as atividades mercantis beneficiam a sociedade como um todo e precisam contar com os incentivos adequados para estimular o investimento. Consequentemente, quando a companhia não tem patrimônio para responder pelas suas dívidas, é justificável, em regra, que os credores suportem o prejuízo, ante a responsabilidade limitada dos acionistas.

Ao mesmo tempo que possibilitam a socialização parcial do risco, as companhias abertas, que negociam seus valores mobiliários no mercado de capitais, viabilizam também a socialização do investimento, na medida em que permitem que aqueles que não têm capital suficiente para determinado empreendimento possam contar com o investimento de terceiros, que podem se tornar acionistas mesmo sem qualquer interesse na gestão ou condução direta da atividade empresarial.

Tal aspecto é interessante e, por essa razão, é normal que se faça referência aos diferentes tipos de acionistas: controladores, rentistas e especuladores. O acionista controlador está intimamente relacionado com o desenvolvimento e a gestão da sociedade, exercendo poder de direção sobre a companhia. O acionista rentista, pelo contrário, não objetiva orientar as atividades sociais, já que o seu interesse no mercado de ações restringe-se à constituição de um patrimônio rentável e permanente. Por fim, o acionista especulador está interessado nos ganhos provenientes da negociação típica do mercado de valores mobiliários, buscando "lucros imediatos, pouco se importando em usufruir dividendos ou direitos"[40] decorrentes de sua condição de acionista.

Infere-se que, no contexto multifacetado das sociedades por ações, nem todos os acionistas estão diretamente interessados na gestão da companhia, como é o caso dos rendeiros e especuladores. Justamente por isso, faz sentido a existência de uma variedade de ações com diferentes complexos de direitos, o que tem como consequência a possibilidade de que acionistas controladores tenham acesso à socialização do investimento por meio da contribuição dos demais tipos de acionistas.

É crucial entender que a socialização do investimento não deixa de ser uma importante consequência também da socialização do risco, na medida em que, por meio da responsabilidade limitada, qualquer um pode investir na companhia sem comprometer o seu patrimônio pessoal. É por essa razão que os dois fenômenos estão presentes simultaneamente nas sociedades por ações abertas, embora tal combinação não necessariamente ocorra em outras sociedades. Na sociedade limitada e nas companhias fechadas, por exemplo, tem-se a socialização parcial do risco sem a socialização do investimento.

Nas sociedades por ações abertas, contudo, a responsabilidade limitada, aliada à possibilidade de fácil alienação das participações societárias, consubstanciadas em títulos de fácil circulação – as ações – permitem a ampliação da base acionária por meio da captação de recursos junto à poupança popular, o que ocorre mediante a negociação de seus valores mobiliários no mercado de capitais.

---

[40] Segundo Rubens Requião (*Curso de direito comercial*. São Paulo: Saraiva, 2013. v. II, p. 178-179), "é preciso compreender que existem vários móveis que induzem o interessado a aderir à sociedade anônima. Essa análise dos diferentes comportamentos dos acionistas, e suas intenções ao se associarem à companhia, é necessário para a melhor compreensão do mercado de capitais, onde as ações das companhias abertas afluem, ensejando variados negócios. (...) Na verdade, todas essas categorias de acionistas influem na consolidação, no prestígio e no desenvolvimento saudável da empresa moderna, desde que dissuadidos de fazer prevalecer apenas seu egoísmo. O acionista-empresário, com uma administração correta e eficiente, dá prestígio aos papéis emitidos pela sociedade. Seus esforços seriam vãos, todavia, se no mercado estes não encontrassem o interesse do acionista-rendeiro, movido pela expectativa de bons rendimentos, investindo mais na companhia. Ainda assim, o mercado seria estiolado e medíocre se nele não atuasse o acionista-especulador, que, com a movimentação das ações que impulsiona, dá vibração às bolsas, e às ações da empresa, bem administrada e lucrativa, proporciona maior negociabilidade, isto é, maior liquidez aos títulos de sua emissão."

É a socialização do investimento e do risco[41] que possibilita a realização de grandes empreendimentos, erigindo as companhias no instrumento, por excelência do capitalismo e da macroempresa.[42] O fato de as ações serem facilmente transferíveis é outro grande incentivo para o investimento, uma vez que o acionista pode sair da sociedade a qualquer tempo, por sua conta e risco, simplesmente alienando suas ações para terceiros, sem precisar da concordância da sociedade ou dos demais sócios.

Tais aspectos ajudam a compreender as conclusões de Armour et al.,[43] quando sustentam que as companhias, mesmo vistas sob a ótica do direito comparado, apresentam um conjunto muito similar de características, dentre as quais se destacam personalidade jurídica, a responsabilidade limitada e as ações transferíveis. Os autores também mencionam a estrutura de governança que se operacionaliza por meio de uma administração delegada a órgãos de gestão normalmente coletivos (*boards*) e também o que chamam de *investor ownership*, que se traduz no direito de controlar a companhia e receber lucros.

Daí entenderem que a principal função do Direito Societário (*Corporate Law*) é oferecer às empresas uma forma legal que possua esses cinco atributos, assim como reduzir os custos inerentes a esse tipo de organização, inclusive no que diz respeito ao endereçamento das três principais fontes de oportunismo que são endêmicas às sociedades por ações: os conflitos entre administradores e acionistas, os conflitos entre acionistas controladores e não controladores e os conflitos entre os acionistas e os credores da companhia, incluindo os empregados.

Obviamente que, a depender das características de cada país, cada um desses conflitos poderá ter um peso maior. É por essa razão que, enquanto nos Estados Unidos o principal conflito a ser endereçado pelo Direito Societário é o que se trava entre administradores e acionistas, no Brasil o principal conflito é o existente entre controladores e não controladores.

6. Responsabilidade limitada dos acionistas

Ana Frazão

Embora a atribuição de personalidade jurídica não seja pressuposto para a garantia da limitação de responsabilidade, Jorge Manuel Coutinho de Abreu[44] pontua corretamente que a personificação assume função "ideológico-persuasiva e ideológico ocultadora". Segundo ele, é o conceito de personalidade jurídica que impede que a limitação de responsabilidade seja vista como um "privilégio" que isenta o sócio do "princípio geral da ilimitada responsabilidade patrimonial do devedor", permitindo que seja compreendida como decorrência natural do princípio geral de que o sócio não responde pelas obrigações sociais porque estas são obrigações contraídas por outrem, a pessoa jurídica.

Ainda que não seja pressuposto da personalidade jurídica, a limitação de responsabilidade dos sócios, como esclarece J. Lamartine Correa Oliveira,[45] é "a expressão máxima do princípio da separação (*Trennungsprinzip*) entre pessoa jurídica e pessoas-membros", ou seja, "expressão da noção de pessoa jurídica levada às últimas consequências".

É por essas razões que, do ponto de vista jurídico, a limitação da responsabilidade está relacionada

---

[41] O aspecto da socialização do investimento é considerado, por muitos, como a principal característica das sociedades anônimas até hoje. É o caso de Richard Posner (*Economic Analysis of Law*, New York: Aspen Law and Business. 1986, p. 428 e 450), para quem, enquanto a empresa é um método de organização da produção, a companhia (*corporation*) é primariamente um método de atrair grandes quantias de capital para a empresa.

[42] Na verdade, tal constatação já estava clara desde o século XIX, como se observa pelo ensinamento de Georges Ripert (*Aspectos jurídicos do capitalismo moderno*. Campinas: Red Livros, 2002. p. 66-67): "Desde um século, não são mais os homens que detêm as grandes posições do comércio e da indústria; foram eliminados pelas sociedades por ações. Nenhum fato é mais importante para a compreensão do regime capitalista." Depois prossegue o autor: "Sobre tal ponto, os economistas contemporâneos estão de acordo, e em todos os países. Cito alguns ao acaso. Dizem eles: 'O capitalismo moderno não teria podido se desenvolver se a sociedade por ações não existisse'. Ou ainda: 'Em nenhuma parte algures o capitalismo teria encontrado melhor meio para aumentar seu poder, nenhum outro instrumento poderia melhor assegurar sua supremacia'. Foi 'a maior descoberta dos tempos modernos, mais preciosa do que o vapor e a eletricidade.'"

[43] ARMOUR, John *et al*. What is Corporate Law? In: KRAAKMAN, Rainier *et al*. *The Anatomy of Corporate Law*. New York: Oxford University Press, 2019. p. 1-28.

[44] ABREU, Jorge Manuel Coutinho de. *Curso de direito comercial*. Coimbra: Almedina, 2003. v. II, p. 171.

[45] OLIVEIRA, J. Lamartine Côrrea. *A dupla crise da pessoa jurídica*. São Paulo: Saraiva, 1979. p. 261.

à consolidação da personalidade jurídica no século XIX. Sobre o tema, é importante ressaltar que, ainda que o Código Napoleônico somente mencionasse a existência das pessoas naturais,[46] a jurisprudência francesa foi paulatinamente reconhecendo a personalidade jurídica a partir da década de 1830.[47] Assim, a ideia de personalidade jurídica – que, inicialmente, restringia-se às pessoas jurídicas de direito público –, foi sendo, pouco a pouco, incorporada ao Direito Societário.[48]

Também foi fundamental que as legislações do século XIX, a exemplo do Código Comercial francês, reconhecessem ao menos um modelo societário com separação patrimonial perfeita, possibilitando tanto a socialização parcial do risco empresarial, quanto a socialização do investimento. Este modelo foi a sociedade anônima, que se tornou o instrumento essencial para o desenvolvimento do capitalismo e da macroempresa no século XIX, a partir da sua liberalização.[49]

Segundo Hansmann, Kraakman e Squire,[50] a economia que melhor ilustra a centralidade do modelo da sociedade anônima (*corporation*) é a dos Estados Unidos, na medida em que a sua proliferação coincide com a emergência do país como potência comercial mundial. Tal modelo caracterizou-se por dispor de garantias especiais aos investidores, sobretudo no que diz respeito à proteção de seu patrimônio pessoal, à livre circulação de ações e à proteção dos sócios minoritários contra abusos da maioria. Com tais medidas de proteção ao investimento, grandes companhias foram capazes de levantar elevadas somas de capital.

Se os acionistas somente serão responsáveis no limite do preço de emissão das ações subscritas ou adquiridas, o patrimônio da sociedade será rigorosamente distinto do patrimônio dos acionistas.[51] Em outras palavras, o acionista não se obrigará patrimonialmente senão à contribuição com dinheiro ou bens a que se comprometeu ao subscrever ações, uma vez que as dívidas sociais caberão sempre à sociedade, que com elas arcará com seu patrimônio.[52]

Ao ingressar em uma companhia, o acionista sabe, de antemão, qual será o sacrifício máximo de seu patrimônio pessoal caso a atividade empresarial não obtenha o êxito esperado. Assim, pouco importa que o passivo da sociedade exceda em muito seu ativo. Após a integralização de suas ações, o acionista, nessa condição, não poderá ser compelido a pagar qualquer valor adicional à sociedade e/ou aos credores, mesmo em caso de falência. Em outros termos, uma vez integralizadas suas ações, o acionista nada deve à sociedade nem aos credores sociais, os quais contarão exclusivamente sobre o patrimônio social. Nisso reside, como visto, uma das grandes vantagens das sociedades por ações.

Tal consequência da separação patrimonial perfeita é tão importante que apenas será excepcionada nos casos de desconsideração da personalidade jurídica – que visa a afastar a responsabilidade limitada dos acionistas – ou de desconsideração inversa – que visa imputar à sociedade a responsabilidade por dívidas pessoais dos acionistas. No caso das sociedades por ações, especialmente das sociedades abertas, exatamente

---

[46] Segundo Natalie Baruchel (*La personnalité morale en droit privé*: élements por une théorie. Paris: Librairie Générale de Droit et de Jurisprudence, 2004. p. 6), a omissão das pessoas jurídicas no Código de Napoleão confirmava a hostilidade dos revolucionários com relação aos corpos intermediários. O Estado Liberal, aponta a autora, inicia com grande rejeição às pessoas jurídicas, o que se evidencia com a edição da Lei Chapelier de 1791, que extinguiu não apenas as corporações, mas também todos os tipos de associações, sobretudo as sindicais. Além disso, mesmo as congregações e associações religiosas foram proibidas posteriormente.

[47] Ensina Natalie Baruchel (*La personnalité morale en droit privé*: élements por une théorie. Paris: LGDJ, 2004. p. 7) que o debate sobre as pessoas jurídicas iniciou-se a partir das discussões sobre as sociedades, tendo em vista que o Código Napoleônico atribuía efeitos mobiliários às participações societárias, o que possibilitava a compreensão de que a sociedade constituiria pessoa distinta da de seus sócios.

[48] ASCARELLI, Túlio. *Iniciacion al estudio del derecho mercantil*. Trad. Evelio Verdera y Tuells. Barcelona: Bosch, 1964. p. 55. No mesmo sentido, FÉRES, Marcelo Andrade. *Sociedade em comum*: disciplina jurídica e institutos afins. São Paulo: Saraiva, 2011. p. 31.

[49] FRAZÃO, Ana. *Função social da empresa*. Repercussões sobre a responsabilidade civil de administradores e controladores de S/As. Rio de Janeiro: Renovar, 2011. p. 71.

[50] HANSMANN, Henry; KRAAKMAN, Reinier; SQUIRE, Richard. Law and the rise of the firm, *Harvard Law Review*. v. 119, p. 1.394-1.396.

[51] ASCARELLI, Tullio. *Problemas das sociedades anônimas e direito comparado*. Campinas: Bookseller, 2001. p. 461.

[52] GALGANO, Francesco. *La società per azioni*. Pádua: CEDAM, 1984. p. 3.

em razão da necessidade de proteção dos inúmeros investidores, a desconsideração é medida ainda mais extrema.

Note-se que o regime de responsabilidade das sociedades anônimas difere do adotado nas sociedades limitadas, porque, nessas últimas, os sócios responderão solidariamente pelo valor relativo à integralização total do capital social. Nas companhias, diferentemente, cada acionista só se obriga a integralizar o valor das ações que subscreveu, não sendo possível exigir dele qualquer prestação suplementar, mesmo que o capital social não esteja totalmente integralizado. O limite da responsabilidade do acionista será sempre o valor de suas ações.

Já se viu que a segregação de riscos encoraja o investimento e estimula o desenvolvimento da atividade empresarial. Se os investidores fossem obrigados a responder ilimitadamente com seu patrimônio, mesmo pessoas com recursos relutariam em fazer pequenos investimentos, na medida em que a aquisição de toda e qualquer participação societária colocaria em risco seus bens pessoais.[53] Para minimizar seu risco, os investidores iriam preferir monitorar, de perto, a gestão social, de modo que dificilmente as sociedades conseguiriam atrair um número mais elevado de investidores, o que poderia comprometer sua capacidade financeira.

Como é intuitivo, quanto menor for o risco a que está submetido o patrimônio dos sócios, menos eles estarão dispostos a investir tempo e recursos na fiscalização do exercício da atividade empresarial. Nas sociedades anônimas, essa economia nos custos de monitoramento é fundamental para o estímulo ao investimento produtivo. Isso porque, ausente a limitação de responsabilidade, os acionistas seriam forçados não apenas a acompanhar de perto a gestão social, mas a perquirir, antes de sua entrada no quadro social, a extensão do patrimônio de cada sócio, na medida em que todos responderiam solidariamente pelas obrigações, o que inviabilizaria a constituição de uma grande base acionária.

A limitação da responsabilidade, por outro lado, transfere substancialmente os riscos da atividade empresarial para os credores da sociedade, os quais terão que suportar os prejuízos caso o patrimônio social não for suficiente para honrar todas as suas dívidas. Todavia, mesmo em relação a estes, tem-se entendido que a previsão de responsabilidade limitada na lei é importante para reduzir os custos de transação, pois evita que o credor e a sociedade tenham de negociar, caso a caso, os limites de sua responsabilidade.[54] A previsão funciona, portanto, como espécie de cláusula geral em todos os contratos celebrados pela pessoa jurídica, dispensando a sociedade de fixar, casuisticamente, os limites da responsabilidade dos sócios pela atividade empresarial, sem prejuízo de o credor exigir garantias adicionais a depender da transação.

Ocorre que tal raciocínio não necessariamente auxiliará a entender a limitação da responsabilidade, na parte em que ela apresenta consequências gravosas sobretudo para os pequenos credores, sem poder de barganha, e os credores involuntários, vistos estes últimos como aqueles que nunca negociaram propriamente com a sociedade, mas são dela credores em virtude de atos ilícitos por ela praticados.

Tais consequências são ainda mais complicadas quando se sabe que os grandes credores, com amplo poder de barganha, muitas vezes acabam sendo protegidos, na prática, por uma responsabilidade "ilimitada", na medida em que podem se cercar de garantias outras que não apenas o patrimônio da sociedade (inclusive pessoais e reais por parte dos acionistas) ou pelo menos para considerar o risco assumido para efeitos de obtenção de maiores vantagens nas negociações.

Não é sem razão que o pressuposto da análise econômica do direito de que a responsabilidade limitada é um fator de redução de custos de transação parte da premissa de que aqueles que negociam com sociedades com separação patrimonial perfeita têm condições de exigir vantagens adicionais como contrapartida ao maior risco que passam a correr.[55] Não é preciso grande aprofundamento para que se perceba que tal raciocínio apenas se aplica a credores com poder de barganha, não se estendendo aos pequenos credores e aos chamados credores involuntários.

---

[53] EASTERBROOK, Frank et al. Limited Liability and the Corporation, 52. *University of Chicago Law Review*. Chicago: 1985, n. 89, p. 90.

[54] POSNER, Richard. *Economic Analysis of Law*. New York: Aspen, 1986. p. 416.

[55] COMPARATO, Fabio Konder; SALOMÃO, Calixto Filho. *O poder de controle na sociedade anônima*. [edição eletrônica]. Rio de Janeiro: Forense, 2014. p. 414.

É por essas razões que, nos termos da lição de Armour *et al.*,[56] por mais que sejam compreensíveis os benefícios da personalidade jurídica e da responsabilidade limitada, tais soluções geram inegáveis custos de agência[57] porque, embora tanto acionistas quanto credores da sociedade – ou simplesmente credores sociais – tenham interesse sobre o patrimônio social, somente os primeiros podem deles dispor. Com efeito, dentre as inúmeras condutas oportunistas que podem ser tomadas contra os credores sociais, destacam-se: (i) a diluição ou desvio patrimonial (*asset dilution* ou *asset diversion*), por meio dos quais o patrimônio social é abusivamente transferido em benefício dos acionistas em detrimento dos credores sociais; (ii) o aumento do risco e da volatilidade do negócio; e (iii) o aumento do total de empréstimos com novos credores, de forma a inviabilizar o pagamento dos empréstimos anteriores.

No mesmo sentido, Ana Perestrelo de Oliveira[58] mostra que a personalidade jurídica e a responsabilidade limitada criam uma relação entre principal (credores sociais) e agente (acionistas e administradores da sociedade) caracterizada por grande assimetria informacional e insuficiência de meios para monitorar. Disso decorre um grande risco moral, decorrente dos incentivos para que os agentes adotem comportamentos arriscados e prejudiciais ao credor, que vão deste esforço insuficiente, investimentos excessivos, estratégias de perpetuação no cargo e busca de benefícios privados.

Contudo, especialmente no caso das sociedades por ações abertas, por mais que a responsabilidade limitada possa gerar consequências complicadas, especialmente para os pequenos credores ou credores involuntários, tem-se que é fundamental para a existência de um mercado de capitais pujante. Daí por que se espera que os credores de tais sociedades sejam tutelados por meio de soluções estruturais e comportamentais que assegurem a prevalência do interesse social das companhias e previnam desvios e fraudes e outros problemas de gestão que possam afetar indevidamente o patrimônio social e, consequentemente, prejudicar de forma desarrazoada os credores sociais.

De fato, Armour *et al.*[59] mostram a importância de que o Direito Societário tenha regras protetivas dos credores sociais, a fim de reduzir os custos de agência e, consequentemente, diminuir os custos de financiamento e usar a companhia como um veículo de contratação.

Por fim, resta salientar a lição de Mariana Pargendler,[60] ao esclarecer que a atribuição de personalidade jurídica pelo direito exerce relevante papel no processo de segregação de riscos, pois a autonomia patrimonial e a limitação de responsabilidade afetam direitos de terceiros que não têm qualquer relação contratual com a sociedade, como os credores particulares dos sócios e os credores involuntários. Daí o amplo efeito da limitação da responsabilidade, que incide até mesmo sobre aqueles que não contrataram com a sociedade.

7. Limitação da responsabilidade do acionista

Sérgio Campinho

A responsabilidade do acionista consiste na integralização do preço de emissão das ações subscritas ou adquiridas. Fica, pois, limitada a esse preço. Ele é o seu risco financeiro. Integralizado o correspondente preço, nada mais lhe pode ser exigido. O preço de emissão de cada ação por ele titularizada é o limite de suas perdas, na hipótese de malogro do empreendimento. Não tem o acionista responsabilidade subsidiária pelas dívidas sociais.

O credor da obrigação é a companhia. Os credores sociais não têm legitimidade e, muito menos, interesse de agir em face do acionista remisso. A legitimação ativa para a execução da obrigação é da sociedade (art. 107 da LSA). No caso de falência da companhia, caberá ao administrador judicial, agindo no interesse e na representação da massa falida, legitimada ativa para a propositura da ação fundada no art. 82 da Lei 11.101/2005,

---

[56] ARMOUR, John *et al.* Transactions with creditors. In: KRAAKMAN, Rainier *et al.* *The Anatomy of Corporate Law*. New York: Oxford University Press, 2019, p. 109-143.

[57] Sobre a noção de custos de agência, ver os comentários de Ana Frazão no item "Sociedades por ações e equacionamento da relação entre poder e responsabilidade e dos conflitos de agência", que faz parte o art. 1º da Lei 6.404/1976.

[58] OLIVEIRA, Ana Perestrelo de. *Manual de governo das sociedades*. Coimbra: Almedina, 2018. p. 26.

[59] ARMOUR, John *et al.* Transactions with creditors. In: KRAAKMAN, Rainier *et al.* The anatomy of corporate law. New York: Oxford University Press, 2019. p. 109.

[60] PARGENDLER, Mariana. O direito societário em ação: análise empírica e proposições de reforma. *Revista de Direito Bancário e do Mercado de Capitais*, v. 59, jan. 2013.

cobrar a parcela do capital por ele subscrito e não integralizado.[61]

Em síntese, a obrigação do acionista de integralizar suas ações somente pode ser exigida pela companhia, única e exclusiva credora do correspondente preço de emissão, ou por sua massa falida.

Preço de emissão é o valor atribuído pela companhia à ação oferecida à subscrição, emitida por ocasião da constituição da companhia ou do aumento do capital social.

Na constituição da companhia, esse preço, observada a restrição do *caput* do art. 13 da LSA[62] para as ações com o valor nominal, é livremente estabelecido pelos fundadores; no aumento do capital, mediante a emissão de novas ações, o preço deve ser fixado pelo órgão social que deliberar o aumento, de acordo com a competência estatutariamente estabelecida, segundo os critérios explicitados no § 1º do art. 170 da LSA[63] e com a mesma limitação do *caput* do art. 13 da LSA para as ações com valor nominal.

A integralização do preço de emissão pode se dar à vista ou a prazo. Caso a ação venha a ser alienada pelo subscritor sem que o respectivo preço esteja quitado, prevê o art. 108 da LSA

---

[61] Sobre a responsabilidade do acionista de integralizar o preço de emissão de suas ações, ocorrendo a falência da companhia, já escrevi: "Sendo decretada a falência, previa o art. 50 do Decreto-Lei nº 7.661/45 que os acionistas, os sócios cotistas e os sócios comanditários seriam obrigados a integralizar, respectivamente, o preço de emissão de suas ações e as cotas que subscreveram para o capital, não obstante quaisquer restrições, limitações ou condições estabelecidas nos estatutos ou contato social. A Lei nº 11.101/2005 não reedita regra semelhante. Apesar da omissão, pensamos que o curso a ser seguido para a solução da questão deva ser o mesmo. A contribuição do sócio para a formação do capital social visa a capacitar a sociedade à realização de sua atividade econômica. Segundo doutrina majoritária, constitui a principal obrigação decorrente do *status* de sócio a contribuição para a formação do capital social. Além desse escopo de tornar apta a sociedade a desenvolver o seu objeto, serve também o capital social de garantia para os credores sociais. Como já observamos em nosso trabalho *Curso de direito comercial: direito de empresa*, o capital social representa o núcleo inicial do patrimônio da sociedade. Esse tem, portanto, formação preliminar resultante da contribuição do sócio. Afigura-se, em sua visão primitiva, como o somatório das contribuições que cada sócio realiza ou promete realizar. Não se confunde, em latitude, com o patrimônio da sociedade, mas é um elemento que integra o ativo. Sendo, portanto, um elemento do ativo social, que será arrecadado e liquidado para o pagamento dos credores, não vemos como não se chegar à conclusão outra senão a de que com a falência ficam os sócios obrigados a integralizar as suas participações subscritas, para que os valores ingressem na massa falida e sirvam ao pagamento dos credores. Sendo a falência uma forma de dissolução judicial da sociedade, todos os créditos sociais devem ser apurados. Dessa forma, vislumbramos no art. 82 a base da qual se irradiam as considerações tecidas, ao estabelecer, como regra geral e irrestrita: 'a responsabilidade pessoal dos sócios de responsabilidade limitada [...] será apurada no próprio juízo da falência, independentemente da realização do ativo e da prova da sua insuficiência para cobrir o passivo, observado o procedimento ordinário previsto no Código de Processo Civil'. A responsabilidade traduzida no texto legal não se limita àquelas decorrentes de ato ilícito propriamente dito. É, como se disse, ampla e geral, abrangendo todas as resultantes do *status* de sócio, na qual se destaca, como a principal, a de integralizar o capital social. Se a sociedade se mostrou insolvável foi porque os sócios não a capacitaram devidamente para explorar a atividade econômica objetivada. A forma de integralização parcelada se apresentou como um cálculo de risco empresarial equivocado. A partir da constatação do fato, não há como se amparar, dentro de uma lógica societária, possibilidade outra senão a de sustentar a obrigação dos sócios em integralizar suas cotas de capital, ante a decretação da falência social, não obstante quaisquer restrições ou condições estabelecidas no ato constitutivo. Assim, por exemplo, caso se tenha no contrato social a pactuação de que o preço de subscrição das quotas será pago em doze prestações e, antes do vencimento da quarta ocorrer a decretação da falência, o sócio ficará obrigado aos pagamentos, já se tornando devedor de toda a soma, cabendo ao administrador judicial exigir-lhe o montante respectivo. A falência, destarte, impõe o vencimento das contribuições do sócio para a integralização do capital social, pois o capital que os sócios prometem realizar é a garantia originária oferecida a terceiros credores da sociedade. [...] Ao administrador judicial competirá promover a ação contra os acionistas e sócios de responsabilidade limitada, podendo ela compreender todos os devedores, que se tornarão litisconsortes, ou ser especial para cada devedor solvente. É ajuizável a qualquer tempo, no curso do processo falimentar, mesmo antes de vendidos os bens da sociedade e de apurado o ativo, sem necessidade de provar-se a insuficiência deste para o pagamento do passivo da sociedade falida" (CAMPINHO, Sérgio. *Curso de direito comercial*: falência e recuperação de empresa. 10. ed. São Paulo: Saraiva, 2019. p. 210-212).

[62] Art. 13 da LSA: "É vedada a emissão de ações por preço inferior ao seu valor nominal".

[63] § 1º do art. 170 da LSA: "O preço de emissão deverá ser fixado, sem diluição injustificada da participação dos antigos acionistas, ainda que tenham direito de preferência para subscrevê-las, tendo em vista, alternativa ou conjuntamente: I – a perspectiva de rentabilidade da companhia; II – o valor do patrimônio líquido da ação; III – a cotação de suas ações em Bolsa de Valores ou no mercado de balcão organizado, admitido ágio ou deságio em função das condições do mercado".

a solidariedade pela efetiva integralização entre o alienante e o adquirente[64]. Cumpre anotar que, na companhia aberta, as ações somente poderão ser negociadas depois de realizado 30% do preço de emissão, sob pena de nulidade do ato (art. 29 da LSA). A regra tem por escopo evitar a especulação sobre as ações quando do início da vida da companhia, garantir a integridade do capital social e assegurar uma entrada regular do capital.[65]

A limitação da responsabilidade do acionista ao preço de emissão das ações subscritas ou adquiridas, característica desse tipo societário, encontra-se amparada pela moldura constitucional da livre iniciativa (art. 170 da CRFB), possibilitando, no plano material do mercado societário, que os agentes optem pela exploração da atividade econômica com a limitação dos riscos de seus investimentos e, consequentemente, de suas perdas. Essa mensuração de riscos é própria do capitalismo, que tem clara aderência em nossa Constituição.[66] A garantia e o respeito a essa escolha dos sócios consiste em conferir e assegurar concretude ao princípio constitucional da segurança jurídica; no caso, dos investimentos.

Contudo, a limitação da responsabilidade não implica irresponsabilidade. Sempre que os acionistas agirem com abuso da autonomia da personalidade jurídica da companhia ou de maneira irregular ou ilícita, a limitação da responsabilidade – que vai sempre pressupor conduta conformada com a lei – deverá ceder e, assim, dar lugar à responsabilização dos sócios infratores a partir, respectivamente, da aplicação da desconsideração da personalidade jurídica (art. 50 do CC) ou da imputação direta da responsabilidade, como nos casos do voto abusivo (art. 115 da LSA) e do abuso do poder de controle (art. 117 da LSA).

8. Mensuração do limite da responsabilidade do acionista: o preço de emissão

Fábio Ulhoa Coelho

O capital social da sociedade anônima é dividido em ações, definidas como valores mobiliários pela lei (Lei 6.385/1976, art. 2º, I). Desta definição decorre que as unidades em que se divide o capital social do tipo societário em foco correspondem a um instrumento jurídico (valor mobiliário) de dupla finalidade, segundo o sujeito a partir do qual é considerado: para o emissor, serve de instrumento de captação de recursos para a exploração de uma atividade econômica, e, para o adquirente, de uma alternativa de investimento.[67] Por meio da emissão das ações representativas de parcela de seu capital social, a sociedade anônima obtém os recursos materiais (na grande maioria das vezes, financeiros) para empregar na exploração da empresa correspondente ao seu objeto social; e, ao subscrever ou adquirir as ações, o acionista realiza um investimento, alocando disponibilidades financeiras na participação societária, com a expectativa de conseguir um aumento em seu patrimônio.

Ao emitir uma ação, a companhia lhe atribui um valor, que é o "preço de emissão". Nesta definição, a companhia se atentará fundamentalmente aos fatores econômicos, que balizam o quanto os investidores estariam dispostos a pagar para se tornarem sócios da empresa por ela explorada, no momento da colocação das ações como alternativa de investimento. Mas, além desses balizamentos econômicos, a companhia deve observar certas prescrições legais concernentes à fixação do preço de emissão. As regras para esta definição são, basicamente, as contidas no art. 13 (na constituição da companhia e no aumento do capital social) e no art. 170, § 1º (somente no aumento do capital social), da LSA.

De seu lado, o subscritor se compromete, na subscrição, a pagar à sociedade emissora o preço por ela atribuído à ação. Torna-se, ao subscrevê-la, o primeiro titular deste valor mobiliário e sujeito passivo da obrigação de pagar o preço de emissão à sociedade. Seu propósito, como dito, é buscar um aumento patrimonial. Claro, por fazer um investimento de risco, ele poderá ter ou não o aumento esperado, a depender do sucesso da empresa explorada pela sociedade anônima emissora. E de dois modos este aumento patrimonial poderá ocorrer: com o recebimento periódico de dividendos e juros sobre o capital pagos pela sociedade; ou mediante a venda da ação a outro

---

[64] A responsabilidade de cada alienante cessa ao final de dois anos a contar da data da transferência da ação. Cf. comentários ao art. 108.

[65] VALVERDE, Trajano de Miranda. *Sociedades por ações*. 2. ed. Rio de Janeiro: Forense, 1953. v. 1, p. 145.

[66] AFONSO DA SILVA, José. *Comentário contextual à Constituição*. 8. ed. São Paulo: Malheiros, 2012. p. 726.

[67] Acerca do conceito de valores mobiliários, cf., por todos, CAMINHA, Uinie. *Enciclopédia jurídica da PUCSP*. Disponível em: https://enciclopediajuridica.pucsp.br/verbete/216/edicao-1/valores-mobiliarios. Verbete "valores mobiliários", t. Direito Comercial, edição 1, jul./2018.

investidor que lhe concorde em pagar valor superior ao preço de emissão que havia desembolsado. O adquirente da ação passa a ser, nesse caso, o novo titular do valor mobiliário.

O art. 1º da LSA fixa o limite da responsabilidade do acionista em função do preço de emissão das ações atribuído pela companhia emissora. Na grande maioria das vezes, a sociedade anônima define que o pagamento do preço de emissão das suas ações é *à vista*, devendo o subscritor pagá-lo no ato da assinatura do instrumento de subscrição ou num prazo muito exíguo subsequente. Assim sendo o caso, exaure-se de imediato o limite da responsabilização do acionista, porque ele já cumpre integralmente a obrigação de pagar o preço de emissão no ato da subscrição. Dito por outro modo, ao assinar o instrumento de subscrição, o subscritor se compromete a *integralizar* parcela do capital social da companhia emissora; e ao proceder ao pagamento do preço de emissão, ele *integraliza* esta parcela do capital. Quando subscrição e integralização coincidem no tempo, o limite da responsabilidade do acionista é exaurido por completo no mesmo momento.

Pode ocorrer, contudo, pelo menos em tese, o parcelamento do preço de emissão. Neste caso, enquanto o acionista titular da ação não completar o pagamento do preço, ele é responsável pela diferença. Este é o significado da prescrição legal contida no art. 1º da LSA. O acionista responde pelo peço de emissão das ações que titula, no sentido de que, enquanto não o pagar totalmente, pode vir a ser responsabilizado pelo saldo devedor. É, aqui, o caso em que não coincidem no tempo a subscrição e a completa integralização da parcela do capital social representado pelas ações subscritas. O limite da responsabilidade de um acionista corresponde, portanto, à parte ainda não integralizada das ações que titula. Consequentemente, uma vez completado o pagamento do preço de emissão das ações (vale dizer, integralizado por completo a parcela do capital social a que correspondem), nada mais poderá ser exigido deste acionista, em razão do investimento realizado na participação societária.

O dispositivo fala do preço de emissão das ações "subscritas ou adquiridas", distinguindo as duas hipóteses pelas quais o investidor se torna titular destes valores mobiliários. Claro, se o preço de emissão das ações já foi integralmente pago pelo subscritor (primeiro titular), o adquirente (segundo titular) não terá nenhuma responsabilidade, porque o limite desta já se exauriu. Mas se ocorrer de o investidor adquirir ações com o preço de emissão ainda não integralmente pago, ele ficará responsável pela diferença, sem prejuízo da responsabilidade solidária do alienante, na forma do art. 108 da LSA.

Na mensuração do limite da responsabilidade dos acionistas, são irrelevantes os demais valores atribuíveis às ações (valor nominal, patrimonial, econômico e de negociação),[68] mas exclusivamente o preço de emissão. Quando a companhia já tiver recebido integralmente este preço, ocorrerá a integralização da correspondente parcela do seu capital social, exonerando o acionista de sua responsabilidade; enquanto não tiver recebido o preço de emissão, seu capital social estará parcialmente integralizado e os acionistas continuarão responsáveis, cada um pelo que falta para integralizar a parcela correspondente às ações que titula, por subscrição ou aquisição.

9. Objeto e credor da responsabilidade dos acionistas

Fábio Ulhoa Coelho

O art. 1º da LSA define a extensão da responsabilidade do acionista, mas não especifica pelo que responde, nem perante quem é responsável.

Numa formulação corrente, afirma-se que o acionista responde "pelas obrigações sociais" e, neste caso, a responsabilidade se constitui perante os "credores da sociedade".[69] Esta hipótese tem a vantagem de permitir um tratamento genérico da matéria compreendendo todos os tipos societários, em especial o da sociedade limitada. Por meio dela, pode-se comparar a responsabilidade dos sócios da limitada com a dos acionistas da anônima, destacando a solidariedade pela integralização do capital social naquela, inexistente nesta. Enquanto na limitada, os sócios respondem pelas obrigações sociais no limite do total do capital social subscrito e não integralizado, na anônima, os acionistas respondem pela parcela do capital social que subscreveram e ainda não integralizaram. Outro modo de ver a questão consiste em definir

---

[68] COELHO, Fábio Ulhoa. *Curso de direito comercial*. 21. ed. São Paulo: RT, 2017. v. 2, p. 99-113.

[69] É a formulação que se encontra, entre outros, no magistério de João Eunápio Borges: "*Sociedades de responsabilidade limitada* são aquelas nas quais *todos os sócios* respondem ilimitadamente pelas obrigações da sociedade. Só temos dois tipos de sociedade de responsabilidade limitada: a) as sociedades anônimas; b) as sociedades por cotas de responsabilidade limitada" (*Curso de direito comercial terrestre*. 5. ed. Rio de Janeiro: Forense, 1975. p. 291).

como objeto da responsabilidade dos acionistas o "pagamento do preço de emissão das ações que titula", em que o credor é, naturalmente, a "sociedade anônima emissora".[70]

Na verdade, as duas formulações não se contradizem senão no plano teórico. A discussão acerca de qual delas melhor retrata a disposição legal tem importância meramente acadêmica.[71] Optando-se por qualquer uma delas, chega-se ao mesmo resultado prático no tocante à legitimação ativa para cobrar a responsabilidade do acionista. Em outros termos, o essencial é excluir a possibilidade de o credor da sociedade individualmente demandar a responsabilização do acionista. Tanto na primeira formulação (o acionista responde limitadamente pelas obrigações sociais) quanto na segunda (responde pelo pagamento do preço de emissão), a identificação do sujeito ativo da obrigação do acionista tem a mesma solução: credor é a sociedade ou a sua massa falida.

Se a companhia emissora não está falida, é somente ela a titular da legitimidade ativa para promover a cobrança judicial do acionista que deve parcelas do preço de emissão, na forma do art. 107 da LSA; e se estiver com a falência decretada, como uma das consequências da decretação é a perda do direito de administrar o patrimônio, caberá à massa falida, representada pelo administrador judicial, a legitimidade ativa para a cobrança do acionista, com fundamento no art. 82 da Lei 11.101/2005.

Aliás, o princípio do direito falimentar do tratamento paritário dos credores (*par conditio creditorum*) é um dos fundamentos da exclusão da legitimação ativa do credor individual da companhia para promover a responsabilidade do acionista. Se a sociedade, cujo capital social não se encontra totalmente integralizado, estiver sem patrimônio suficiente para responder pela dívida perante um certo credor, não se pode admitir a ação individual deste direcionada à responsabilização dos acionistas, dentro do limite legal. Quando é esta a situação, impõe-se a instauração da execução concursal (falência), que pressupõe a suspensão das execuções individuais e proibição de novos ajuizamentos, como única forma de assegurar o tratamento paritário dos credores. É, enfim, em razão da própria justificativa do instituto da liquidação falimentar que se deve rechaçar peremptoriamente qualquer ação individual do credor da sociedade contra um acionista, independentemente da natureza da obrigação (cível, trabalhista, fiscal etc.).

10. Limitação da responsabilidade e desconsideração da personalidade jurídica

Fábio Ulhoa Coelho

A regra legal da limitação da responsabilidade dos acionistas pelas obrigações da sociedade anônima tem sido em geral desrespeitada. Aparentemente, seus fundamentos e objetivos não são bem compreendidos por todos os magistrados. Ninguém questiona que as fraudes, perpetradas por meio da autonomia patrimonial, que importa ilícito aproveitamento da regra da limitação da responsabilidade, devam ser rigorosamente punidas. E a *desconsideração da personalidade jurídica* fornece as ferramentas adequadas para se impedir tal desvirtuamento dos institutos e preceitos do direito societário. Mas, é necessário enfatizar: se não há fraude, não há confusão patrimonial, não há desvirtuamento da autonomia patrimonial da sociedade, o acionista *não pode ser responsabilizado além do limite estabelecido pela lei*, que é o preço de emissão das ações que subscreveu ou adquiriu.

A limitação da responsabilidade dos acionistas é a *regra vigente* no direito brasileiro. Apenas em casos excepcionais cabe afastá-la, na coibição de fraudes ou outras irregularidades praticadas com desrespeito à autonomia patrimonial da sociedade. É este o entendimento unânime da doutrina e jurisprudência. Em nenhuma obra doutrinária, em nenhum acórdão ou mesmo julgamento de primeiro grau, se encontra qualquer afirmação de que porventura teria sido revogada a norma de direito societário que expressamente *limita* a responsabilidade dos acionistas nas sociedades por

---

[70] É, por exemplo, o entendimento de José Luiz Bulhões Pedreira e Alfredo Lamy Filho: "Na verdade, o acionista não responde pelas obrigações da companhia nem como devedor solidário, nem como garantidor das obrigações; sua responsabilidade consiste em integralizar a ação; o credor dessa obrigação é a companhia; e o credor da companhia não tem direito e ação para cobrar seu crédito do acionista que ainda não integralizou a ação, mesmo no caso de falência (quando cabe ao administrador judicial da massa falida cobrar a realização do capital subscrito não integralizado)". (*Direito das companhias*. Rio de Janeiro: Forense, 2009. v. 1, p. 72).

[71] E é em vista da relevância exclusivamente acadêmica da discussão que opto pela primeira formulação, considerando a vantagem de, por meio dela, se submeter o tema a um tratamento genérico, envolvendo os demais tipos societários (Cf. COELHO, Fábio Ulhoa. *Curso de direito comercial*. 21. ed. São Paulo: RT, 2017. p. 44-46).

ações. Ou seja, todos estão de pleno acordo em que o direito positivo brasileiro em vigor estabelece, de modo expresso e indiscutível, que, sendo a sociedade do tipo anônima, a responsabilidade dos acionistas existe até o limite fixado pelo preço de emissão das ações subscritas ou adquiridas (LSA, art. 1º).[72] No exterior, o Poder Judiciário confere plena eficácia às normas limitadoras da responsabilidade dos sócios. Aliás, chega a impressionar a diferença com o Brasil: enquanto é extremamente raro, no resto do mundo, o juiz aplicar a teoria da desconsideração da personalidade jurídica, entre nós, sua aplicação, desprestigiando a regra vigente de limitação da responsabilidade dos sócios, é despudoradamente generalizada.

Só para se estabelecer um termo de comparação, em dois países nórdicos (Suécia e Finlândia), a desconsideração da personalidade jurídica era considerada uma simples teoria doutrinária, sem repercussão judicial (*law in books*), até dezembro de 2014 e março de 2015, respectivamente. Quer dizer, considerando que a teoria (*Durchgriffslehre*) surgiu na Alemanha em 1955, *demorou mais de meio século* para aparecer a primeira decisão judicial desconsiderando a autonomia patrimonial de sociedades nessas jurisdições. Em todas as oportunidades anteriores em que havia sido invocada, a teoria teve a aplicação negada. Convém ressaltar, além disso, que o primeiro julgamento que a acolheu, tanto na justiça sueca quanto na finlandesa, apegou-se estritamente aos pressupostos da artificialidade da constituição da sociedade, reforçando o caráter excepcional e episódico da superação da autonomia patrimonial.[73] Entre nós, parece que a exceção se torna regra e apenas em pouquíssimos casos garante-se eficácia à norma da LSA que limita a responsabilidade do acionista ao preço de emissão das ações de que é titular.

Pois bem. Se está em vigor, no Brasil, a regra da limitação da responsabilidade dos sócios pelas obrigações sociais, e assim é no mundo todo, o que poderia explicar o seu desprestígio, numa preocupante sucessão de decisões judiciais que negam sua aplicação? O que explicaria a profusão de decisões que, em flagrante afronta à lei, atribuem aos acionistas responsabilidade *ilimitada* por dívida da sociedade anônima, mesmo não havendo o menor resquício de qualquer irregularidade, muito menos de fraude ou confusão patrimonial?[74]

A resposta a esta indagação aponta para a *má compreensão* dos fundamentos e objetivos da regra da limitação. A situação sugere que a regra da limitação pode estar sendo vista como *infundada* por aquela parcela de magistrados que tem deixado de a aplicar. Neste cenário, devem-se recuperar os fundamentos e objetivos da limitação legal da responsabilidade dos sócios, reforçar a racionalidade desta regra, bem como relembrar sua pertinência e constitucionalidade. Numa percepção primária, simplista e equivocada, o desavisado pode estranhar a regra da limitação da responsabilidade dos sócios. Pode-lhe parecer um injustificável privilégio, a autorizar a total irresponsabilidade dos investidores. Uma vez compreendida, porém, sua racionalidade e importância transcendente para a economia em geral, afasta-se esta falsa impressão inicial.[75] A adequada compreensão da regra não somente descarta o disparate de considerar a limitação uma descabida autorização para a generalizada

---

[72] Ou seja, a parte do capital social subscrita e ainda não integralizada por cada acionista. No dizer de Nelson Eizirik, "na sociedade anônima, além da autonomia patrimonial, há limitação da responsabilidade dos sócios pelas dívidas da sociedade. Ou seja, os bens particulares dos sócios somente podem ser utilizados para o pagamento de obrigações da sociedade em caráter excepcional, quando forem observadas as hipóteses e limites expressamente estabelecidos em lei. O princípio da responsabilidade constitui, aliás, a principal razão pela qual a adoção da estrutura da sociedade anônima ou da limitada foi consagrada na prática dos negócios, em detrimento de outras formas societárias que, apesar de ainda estarem previstas em lei, são de rara utilização. Após o acionista integralizar as ações que subscreveu, cessa para ele qualquer responsabilidade pelas dívidas da sociedade, ainda que as demais ações em que se divide o capital social não estejam totalmente integralizadas. O acionista responde apenas pela parte do capital social por ele subscrita e não integralizada" (*A Lei das S/A comentada*. São Paulo: Quartier Latin, 2011. v. 1, p. 28-29).

[73] KNUTS, Mårten; KOLSTER, Thomas. Supreme Courts in the nordics pierce the corporate veil – is the limited liability of the shareholders at risk? *Business Law International*, London: International Bar Association, v. 17, n. 3, p. 253-258.

[74] A forma pela qual a teoria da desconsideração tem sido aplicada pelos tribunais brasileiros é objeto de reflexões doutrinárias críticas. Cf., por todos, NUNES, Márcio Tadeu Guimarães. *Desconstruindo a desconsideração da personalidade jurídica*. São Paulo: Quartier Latin, 2007; PARENTONI, Leonardo Netto. *Desconsideração contemporânea da personalidade jurídica*. São Paulo: Quartier Latin, 2014.

[75] Para Rubens Requião, "aos iniciantes no estudo do direito societário é necessário insistir na explicação de que a limitação da responsabilidade do sócio não equivale à declaração de sua irresponsabilidade em face dos negócios sociais e de terceiros" (*Curso de direito comercial*. 19. ed. São Paulo: Saraiva, 1989. v. 1, p. 360).

irresponsabilidade dos empresários, mas, também, e principalmente, permite perceber que seria e é a própria *coletividade* a mais importante beneficiária de sua aplicação pelo Poder Judiciário.

A limitação da responsabilidade dos sócios é uma forma de alocar riscos. Toda e qualquer atividade empresarial é necessariamente arriscada, no sentido de que o empresário pode perder tudo o que investiu, mesmo que tenha se conduzido sempre guiado pela mais absoluta ética, prudência e competência. Quer dizer, mesmo que adote todas as providências e cautelas recomendadas, mesmo que não se desvie um milímetro das postulações da ciência da administração de empresas, mesmo que respeite a lei com todo o rigor, a empresa pode simplesmente *não dar certo*. É o risco inerente a qualquer atividade empresarial, impossível de ser neutralizado. Sendo as empresas sempre atividades essencialmente de risco, a segregação deste numa sociedade dotada de personalidade jurídica própria, mediante a limitação da responsabilidade dos sócios, é um dos instrumentos jurídicos *indispensáveis* ao incentivo do desenvolvimento da economia de qualquer país.

Se o direito não disponibilizar aos investidores instrumentos jurídicos de efetiva limitação do risco empresarial, isso desestimularia novos empreendimentos. Desestimularia, sobretudo, empreendimentos inovadores, naturalmente expostos a maiores riscos. Afinal, se o empreendedor, investidor ou empresário não puder se proteger, segregando determinados riscos, o insucesso de uma única atividade poderia levar à ruína todas as suas demais empresas bem-sucedidas. Não se esqueça que, na economia globalizada, os países competem pelos investimentos. E um dos mais importantes instrumentos, nesta competição, é o direito comercial, isto é, o conjunto de normas que disciplinam a exploração da atividade empresarial. Um país em que a limitação da responsabilidade dos sócios pelas obrigações da sociedade não está apenas abstratamente prevista na lei, mas é efetivamente aplicada pelos Tribunais, é muito mais atraente aos investidores globais do que aquele outro que, como o Brasil, *promete* a segregação e limitação do risco na lei, mas nem sempre o seu Poder Judiciário o assegura de verdade, nas decisões judiciais.

Quando a regra da segregação de riscos prevista na lei não é generalizadamente aplicada, aumenta a insegurança jurídica. Isso *molda* o perfil do investidor que se sentirá atraído por um ambiente de negócio assim caracterizado. Quer dizer, afasta vigorosamente os investidores *conservadores*, enquanto se apresenta bastante tentador aos *arrojados* (os *risk takers*). Enquanto aqueles procuram ambientes de negócio com segurança jurídica porque se contentam com retornos módicos, estes buscam os inseguros, por quererem lucrar muito, em caso de sucesso. A diferença entre atrair investidores arrojados em vez de conservadores, são os *consumidores* que sentem no bolso: os arrojados estão atrás de grandes ganhos (quanto maior o risco, maior o retorno perseguido), o que se obtém apenas cobrando preços mais elevados pelos produtos e serviços. Também sentem em seus bolsos a diferença entre os dois tipos de investidores os *trabalhadores*, porque as oportunidades de trabalho criadas pelos investimentos arrojados tendem a ser menores que as dos conservadores.

Em suma, na economia globalizada, os empresários têm o mundo todo para investir. Exceto algumas pouquíssimas economias fechadas (Coréia do Norte e Cuba), não há, hoje, fronteiras nacionais impedindo qualquer empresário, de qualquer nacionalidade, de investir seu capital onde considerar mais vantajoso. Tudo se resume, aliás, à avaliação das vantagens de investir aqui, lá ou acolá. Com o mundo todo para investir, o empresário, *nacional* ou *estrangeiro*, avalia: se o baixo grau de segurança jurídica encontrado no ambiente de negócios brasileiro não o satisfaz, ele facilmente aportará seus investimentos em outros países. Já os consumidores e trabalhadores brasileiros não têm a mesma chance. É o bolso deles (e não o dos empresários) que acaba suportando a repulsa aos investimentos conservadores e a atração aos arrojados, derivada da ineficácia da regra de limitação da responsabilidade dos sócios pelas obrigações sociais. A regra da limitação, assim, como um dos mais importantes instrumentos jurídicos de segregação de riscos e atração de investimentos conservadores, beneficia primeiramente consumidores e trabalhadores.[76]

11. Fundamento constitucional da limitação da responsabilidade dos acionistas

Fábio Ulhoa Coelho

Ao limitar a responsabilidade dos acionistas, a lei não lhe concede uma autorização genérica de

---

[76] Cf. COELHO, Fabio Ulhoa. Legal protection of investments, publicado na *Revista Semestral de Direito Empresarial* – RSDE, do Departamento de Direito Comercial e do Trabalho da Faculdade de Direito da Universidade do Estado do Rio de Janeiro, v. 14, p. 191-204, jan.-jun. 2014.

irresponsabilidade, até mesmo porque nos casos de utilização fraudulenta ou irregular da autonomia patrimonial das pessoas jurídicas, o empresário não poderá se escudar na regra da limitação. A lei é expressa quanto a isso, não somente ao possibilitar a desconsideração da personalidade jurídica (CC, art. 50), mas também ao imputar de modo específico esta responsabilidade aos acionistas responsáveis por irregularidades e ilícitos (LSA, art. 115, § 3º). Longe, portanto, de ser um privilégio desproposidado, a *vigente* regra da limitação da responsabilidade dos acionistas é um dos elementos basilares de organização racional da economia de livre mercado.

Sua racionalidade se enraíza no princípio constitucional da livre iniciativa (CF, art. 170). Quando a Constituição consagra a livre-iniciativa, na organização da economia, isso significa que *todas* as necessidades e querências das pessoas em geral só poderão ser atendidas se alguém (o empresário) tomar a iniciativa de organizar uma empresa para fornecer os bens e serviços correspondentes. Até mesmo as necessidades que o serviço público busca atender são indiretamente atendidas pela iniciativa privada, que fornece os "insumos" (num hospital público, por exemplo, são adquiridos de empresas privadas os remédios, equipamentos, uniformes, mobiliários, prédio, ambulância etc.).

Em regime econômico assim estruturado pela Constituição, sem a devida motivação da iniciativa privada, quem perde são as pessoas em geral, que não conseguirão ter atendidas as suas muitas necessidades e querências (vestuário, moradia, lazer, cultura, medicamentos, transporte, educação etc.).

Em consequência, quando a lei limita a responsabilidade dos acionistas, pondo ao alcance dos potenciais empresários importante ferramenta jurídica de segregação de risco, ela está dando concretude ao princípio constitucional da livre iniciativa. A Constituição não pode, por meio da ordem econômica nela organizada, dar uma incumbência aos particulares (criação de empresas para fornecimento dos produtos e serviços que atendam às necessidades e querências de todos, com assunção dos correspondentes riscos) sem que o mesmo ordenamento jurídico lhes confira também os *meios* adequados para o cumprimento da tarefa (entre os quais, a limitação dos riscos). Dada a incumbência, haverá de ser dado também o instrumento para a sua realização.

Bem compreendidos os fundamentos (constitucionais) e os objetivos (proteção primeira da coletividade) da regra da limitação da responsabilidade dos acionistas, percebe-se quão perniciosa à economia brasileira têm sido aquelas decisões judiciais que, *negando vigência ao direito positivo*, deixam de a aplicar, quando não há nenhuma irregularidade ou fraude a ser coibida.

12. Classificação da companhia como sociedade institucional e de capital

Fábio Ulhoa Coelho

As sociedades anônimas são institucionais e de capital.

Há quem não distinga os critérios de classificação por trás de cada uma destas categorias, tomando-as, em consequência, como sinônimas.[77] Mas a distinção é necessária, porque cada um dos critérios lança luz em aspectos diferentes do regime societário. A classificação das sociedades em *contratuais* ou *institucionais* diz respeito à natureza do vínculo societário, enquanto a divisão entre sociedades *de pessoa* ou *de capital* liga-se às condições para a alienação da participação societária.

Há um entrecruzamento nestes critérios, porque a contratualidade do vínculo societário garante a efetividade da anuência de todos os sócios para a alienação da participação societária, de modo que toda sociedade *de pessoas* é também *contratual*; mas o inverso não se verifica, em vista da sociedade limitada que, embora sendo sempre *contratual*, pode ser *de capital* se o contrato social lhe conferir esta natureza.[78] O entrecruzamento não desfigura a especificidade de cada critério, mas até mesmo a reforça.

---

[77] MARTINS, Fran. *Curso de direito comercial*. 2. ed. Rio de Janeiro: Forense, 1958. p. 265-267.

[78] A rica discussão sobre a natureza da sociedade limitada tem conduzido às seguintes posições: (i) ela é um tipo *de pessoas*, embora o contrato social possa prever cláusulas próprias das sociedades de capital (CAMPINHO, Sérgio. *Curso de direito comercial* – direito de empresa. 15. ed. São Paulo: Saraiva, 2018. p. 148-152); (ii) ela é um tipo intermediário, porque os sócios podem optar pela regência supletiva a partir do regime das sociedades *de capital* (GONÇALVES, Alfredo de Assis Neto. *Direito de empresa*. 6. ed. São Paulo: RT, 2016. p. 367); e (iii) ela é um tipo misto, podendo ser *de pessoas* ou *de capital*, em função da estrutura escolhida pelos sócios (NEGRÃO, Ricardo. *Manual de direito comercial e de empresa*. 12. ed. São Paulo: Saraiva, 2015. v. 1, p. 282-284).

Desse modo, quanto ao vínculo societário que une os sócios, a sociedade anônima se classifica como *institucional*. Não há entre os acionistas nenhum vínculo contratual. Nenhum acionista *contrata* seus direitos e obrigações de sócio com os demais que pertencem à mesma companhia, ao contrário do que se verifica na sociedade limitada. Como o vínculo societário entre os acionistas não tem natureza *contratual*, ele tem sido denominado por expressão diversa: *institucional*. Por meio dela quer-se acentuar a inexistência entre os acionistas de um vínculo jurídico "Sócio-Sócio", mas sim de um vínculo "Sócio-Sociedade-Sócio".

Esta classificação, em termos concretos, implica a duplicidade de regimes de constituição e dissolução dos vínculos societários e, consequentemente, da própria sociedade: enquanto as contratuais seguem o regime abrigado no Código Civil, as institucionais observam o da LSA. A mais relevante diferença entre esses regimes é a regra geral da dissolubilidade parcial das sociedades contratuais contraposta à excepcionalidade desta quando se trata de institucional.[79]

Na sociedade anônima, para que se constitua um vínculo contratual entre os sócios é necessário que eles celebrem um outro negócio jurídico, ou seja, um acordo de acionistas. Quer dizer, acionistas não participantes de acordo de acionistas possuem vínculo exclusivamente institucional (não contratual), enquanto os signatários de um acordo de acionistas possuem *também* um vínculo contratual a uni-los.

Já a classificação segundo as condições para a alienação da participação societária distingue, de um lado, as sociedades *personalísticas* (ou *de pessoas*) e, de outro, as *capitalistas* (ou *de capital*). Como todos os tipos societários pressupõem a necessária presença destes dois elementos (sócios e recursos materiais), o critério só pode dizer respeito ao elemento de maior importância. Vale dizer, nas sociedades *de pessoas*, os atributos subjetivos dos sócios são relevantes para a realização do objeto social, enquanto nas *de capital*, eles não têm importância. Esta diferenciação tem implicação concreta na alienação da participação societária, que, nas sociedades contratuais, são as cotas sociais, e, nas institucionais, as ações. Quando a alienação da participação societária depende da anuência dos demais sócios, a sociedade é *de pessoas*; quando não depende, é *de capitais*.

As sociedades anônimas são sempre *de capital*, por não ser possível, na limitação estatutária da circulação das ações (autorizada apenas para as sociedades fechadas), submeter a negociação destas ao arbítrio da maioria dos acionistas (art. 36). Se dois ou mais acionistas desejam condicionar a alienação de suas ações à anuência uns dos outros, isso somente é possível por meio da constituição, entre eles, de um vínculo contratual *sobreposto* ao institucional; ou seja, por meio de um acordo de acionistas.

Não existe sociedade anônima *contratual*, tampouco *de pessoas*. Continuam sendo *institucionais* e *de capital* até mesmo as parcialmente dissolvidas em juízo, em vista de algumas particularidades (parentesco entre os acionistas e a titularidade das ações por sucessão *causa mortis*), e que o legislador procurou alcançar no art. 599, § 2º, do CPC. A classificação adequada para essas companhias passíveis de dissolução parcial é a de "sociedades heterotípicas".[80-81]

13. Essência institucional

SÉRGIO CAMPINHO

A doutrina apresenta inúmeras fórmulas para classificar as sociedades, que tomam em conta, dentre outros elementos, o modelo de responsabilidade dos sócios, a consideração da pessoa do sócio, o capital fixo ou variável da sociedade, a sua personificação ou não, a unicidade ou a pluralidade social etc.

Em razão da natureza do ato constitutivo das sociedades, também surge um critério para distingui-las. Podem elas, assim, ser classificadas em sociedades contratuais ou institucionais.

---

[79] O art. 599, § 2º, do CPC, admite a dissolução parcial de sociedade anônima que atendam a determinados pressupostos ("capital fechado" e "não preenchimento do fim"). Essa norma reforça a excepcionalidade da dissolução parcial de sociedades anônimas, já que a ação judicial cabe relativamente às sociedades de tipo contratual independentemente de quaisquer condicionantes. Cf. COELHO, Fábio Ulhoa. Dissolução de sociedades no Código de Processo Civil. In: YARSHELL, Flávio Luiz; PEREIRA, Guilherme Setoguti J. (coord.). *Processo societário*. São Paulo: Quartier Latin, 2018. v. III, p. 158-161.

[80] Categoria proposta por Marcelo Guedes Nunes. In: COELHO, Fábio Ulhoa (coord.). *Tratado de direito comercial*. São Paulo: Saraiva, 2015. v. 2, p. 223.

[81] Ver comentário ao art. 206.

Tanto as sociedades contratuais, quanto as sociedades institucionais serão necessariamente constituídas a partir da manifestação volitiva.

Nas sociedades ditas contratuais, a manifestação de vontade tem assento em um contrato celebrado entre os seus integrantes. A natureza do vínculo que os une em sociedade é puramente contratual. Constituem-se essas sociedades, portanto, por contrato entre os sócios. Qualquer entrada ou saída de sócio deverá estar refletida no pacto social, por meio da correspondente alteração do contrato social.

O contrato de sociedade é plurilateral. Admite a existência de mais de duas partes. Possibilita a participação de um número variável de partes, sendo, pois, aberto à adesão[82] de novos partícipes na relação contratual. O número de partes, em verdade, é indeterminado. Mas não é só essa abertura a um número indefinido de partes que o caracteriza, sendo indispensável, ainda, à sua conceituação, que as prestações de cada uma das partes sejam dirigidas à consecução de um fim comum.

Tem-se, portanto, uma modalidade de contrato em que se possibilita a existência de mais de duas partes, todas elas voltadas à exploração conjunta de uma atividade econômica. As prestações dos sócios são dirigidas paralelamente para a realização de uma finalidade comum. As prestações são qualitativamente iguais e não correspectivas, sinalagmáticas, como nos contratos bilaterais, nos quais preside a fórmula do *do ut dês*. Ainda que possam existir interesses destoantes entre os sócios que subscrevem o contrato de sociedade, estes são dirigidos, coordenados, para a obtenção de um fim comum, para a consecução do lucro. Encontram na colaboração de todos o meio de realização desse escopo comum. Não estão as partes colocadas uma frente à outra, mas uma ao lado da outra. Haverá uma integração de interesses, coordenados para uma direção paralela que se inspira na realização de um fim comum.[83]

Nas sociedades institucionais, o vínculo social não vem traduzido na noção de contrato. O ato de sua criação é complexo. Para sua formação, são necessários vários atos, que se consubstanciam no seu ato constitutivo. Decorrem, portanto, de um conjunto de atos dos fundadores para criar uma instituição.

A sociedade anônima é uma sociedade institucional. Na sua lei de regência se encontram presentes todas as regras de observância obrigatória para a sua constituição, bem como aquelas que irão orientar e dirigir a relação entre os acionistas e entre eles e os órgãos sociais. Os fundadores da companhia e os subscritores do capital manifestam, sem dúvida, a vontade de constituí-la. Mas ela, apenas, não é suficiente a ultimar esse desiderato. Independentemente dessa vontade inicial e individual dos fundadores e dos subscritores, diversos atos devem se desenvolver, seguindo rigorosa prescrição legal. A lei estabelece, por outro lado, todo o regramento de relacionamento entre as partes, inclusive no pertinente às suas obrigações e responsabilidades, não se admitindo convenção em sentido diverso. A sua formação não é inteiramente livre.[84] A sistemática da sua constituição afasta a noção de contrato. Os acionistas não contratam entre si os seus direitos e obrigações, como os sócios nas sociedades com vínculo contratual.

O ato constitutivo da companhia não é assim, um simples contrato. O ato constitutivo, repita-se, é um ato complexo que se desdobra em vários atos de constituição, revelados por um conjunto de insuperáveis providências que vêm positivadas em três fases distintas: (a) requisitos preliminares à constituição; (b) atos de constituição propriamente ditos; e (c) formalidades complementares.

O estatuto social, portanto, não é o ato constitutivo da companhia, embora com ele se integre. O estatuto deverá conter as regras pelas quais a companhia, a partir de sua constituição, deverá reger-se. Não reveste, porém, o caráter contratual.[85] Revela-se por normas orgânicas que irão disciplinar as relações não reguladas em lei. O próprio direito positivo determina as matérias obrigatórias e facultativas que constarão do estatuto.

---

[82] REQUIÃO, Rubens. *Curso de direito comercial*. 25. ed. São Paulo: Saraiva, 2003. v. 1, p. 371.

[83] CAMPINHO, Sérgio. *Curso de direito comercial:* direito de empresa. 16. ed. São Paulo: Saraiva, 2019. p. 66.

[84] Fran Martins, asseverando o caráter institucional ou normativo dessas sociedades, atesta: "tem sido ressaltado [o caráter normativo] pelos mais categorizados escritores em face de se desenrolarem vários atos independentes da vontade individual dos fundadores, antes em virtude de dispositivos expressos da lei. Somente com o cumprimento de tais atos pode a sociedade constituir-se, capacitando-se a exercer atividades dentro do objeto escolhido" (*Comentários à lei das sociedades anônimas*. 2. ed. Rio de Janeiro: Forense, 1982. v. 1, p. 490).

[85] VALVERDE, Trajano de Miranda. *Sociedades por ações*. 2. ed. Rio de Janeiro: Forense, 1953. v. 1, p. 241.

Como ato-regra de natureza inferior e subordinado à lei, com ela deverá sempre estar sintonizado. Advindo superveniente modificação legislativa sobre matéria tratada no estatuto, este à nova ordem imperativa estará automaticamente adaptado, não havendo que se invocar direito adquirido ou ato jurídico perfeito.

Por derradeiro, cabe o registro de que a posição de acionista, com todo o feixe de direitos e obrigações dela resultante, pode ser transmitida mediante a simples alienação das ações de sua titularidade – com as anotações de estilo nos livros sociais apropriados –, não implicando qualquer alteração do estatuto social.

14. Livre circulação das ações

ANA FRAZÃO

Outra característica essencial das sociedades por ações é a divisão do capital social em títulos de livre circulação: as ações. Essa característica confere às sociedades anônimas seu caráter *intuitu pecuniae*, que, de resto, influencia todo o regime a que estão sujeitas. Com efeito, a possibilidade de transferir livremente as participações societárias pelos acionistas mostra que, nesse tipo societário, o interesse na reunião de capital prevalece sobre os atributos individuais dos sócios. Daí se falar que a sociedade por ações é uma sociedade de capitais, não sendo possível nela se vislumbrar, em princípio, a existência da *affectio societatis*.[86] Não obstante, não são raras as vezes em que a jurisprudência, inclusive a do Superior Tribunal de Justiça, reconhece a existência da *affectio societatis* em companhias fechadas, inclusive para o fim de se lhes aplicar a solução da dissolução parcial.[87]

A natureza estatutária do ato constitutivo confere às sociedades anônimas também a classificação de sociedades institucionais, uma vez que os acionistas não gozam de plena autonomia na definição das regras que orientam a sociedade. Essa natureza institucional confere maior estabilidade ao arranjo societário,[88] que, por sua vez, pode ser dissolvido por vontade da maioria societária, intervenção e liquidação extrajudicial.[89]

Nas sociedades anônimas, especialmente nas abertas, inexiste, portanto, caráter pessoal e muito menos personalíssimo: a relação entre os sócios cinge-se na aglutinação de capitais para um determinado empreendimento, independentemente de suas características e aptidões pessoais. Assim, não é possível a criação de regras estatutárias que impeçam a negociação de ações (Lei 6.404/1976, art. 36), razão pela qual

---

[86] Sérgio Campinho (*O direito de empresa à luz do Código Civil*. 12. ed. Rio de Janeiro: Renovar, 2011. p. 48) explica que *affectio societatis* "se traduz pela vontade dos sócios de se unirem por um vínculo societário, realizando colaborações voluntárias, conscientes e ativas para a consecução de propósitos comuns" e conclui que a noção "revela, por assim dizer, o estado de espírito de estarem unidos em sociedade, marcado pela convergência dos interesses em aceitar e suportas as áleas comuns". Como se verá mais à frente, a *affectio societatis* tem sido alvo de muitas críticas, motivo pelo qual alguns autores têm sugerido sua substituição pela ideia de fim comum. A perda da utilidade do conceito acentua-se também em razão das sociedades de capital, em que a qualidade pessoal do sócio é relegada a segundo plano e o que importa é sua contribuição material para o fundo social. Nessas sociedades, em razão da livre circulação das quotas e da responsabilidade limitada, a entrada de qualquer sócio não produz nenhuma alteração na pessoa jurídica e a participação na sociedade assume um caráter, muitas vezes, de mero investimento. Para Haroldo Malheiro Duclerc Verçosa (*Direito comercial*. Sociedades. São Paulo: RT, 2014. v. 2, p. 69), a *affectio societatis* pode apresentar-se de maneira "absoluta, relevante ou irrelevante" nas sociedades. Segundo o autor, no primeiro grupo, estão aquelas sociedades que a necessariamente se extinguem pela morte ou pela saída de um sócio, porque ao outro não interessa associar-se a ninguém mais. Dentre as sociedades em que a *affectio* é relevante, estão aquelas em que a saída de um sócio e/ou o ingresso de terceiro são permitidos, mas dependem de aprovação prévia dos sócios. Por último, fala-se na irrelevância da *affectio* quando a alteração do quadro social é feita de forma absolutamente livre". Já em sociedades de capital, de que são exemplos as sociedades anônimas, em que a reunião de capital prevalece sobre os atributos individuais dos sócios, a cessão a terceiros independe da autorização dos demais sócios, prevalecendo a livre circulação das participações societárias, como se verá mais adiante.

[87] Trata-se de solução bastante criticável, como aponta Ana Frazão (O STJ e a dissolução parcial de sociedade por ações fechada. *Revista do Advogado AASP*, n. 141, p. 9-17 abr. 2019).

[88] Nesse sentido, Rubens Requião (*Curso de direito comercial*. São Paulo: Saraiva, 2013. v. 1, p. 343) pontua que "nos contratos admite-se a resolução pela inexecução das obrigações, o que não ocorre na instituição, explicando-se, por esse motivo, a indissolubilidade do casamento; sendo, além disso, mais estáveis as situações institucionais, que não podem ser bruscamente resolvidas ou dissolvidas, porque aliam ao seu poder de duração um poder de evolução e adaptação às condições novas da vida que as situações contratuais não possuem".

[89] COELHO. Fábio Ulhoa. *Manual de direito comercial*: direito de empresa. São Paulo: RT, 2016. p. 72, livro eletrônico.

a mutabilidade do quadro social nas sociedades por ações é a regra.[90]

Nas companhias, portanto, a entrada ou saída de qualquer acionista não produz nenhuma alteração na pessoa jurídica e a participação na sociedade assume, muitas vezes, o caráter de mero investimento. É verdade que, nas companhias fechadas, a Lei admite que o estatuto estabeleça determinadas restrições à circulação das participações acionárias, nos termos do art. 36. Trata-se, todavia, de restrições relativas, na medida em que não se admite que a transferência fique subordinada à vontade de nenhum órgão societário.

Como esclarecem Armour et al.,[91] a livre negociabilidade das ações permite a continuidade da condução dos negócios sem turbações provocadas pela mudança de seus sócios, tal como ocorre em sociedades de pessoas, evitando complicações decorrentes, por exemplo, da retirada de sócios. Outro benefício da livre transferência das ações, como lembram os autores,[92] é que ela assegura maior liquidez às ações e maior flexibilidade para a companhia na atração de investimentos.

A livre circulação das ações está diretamente vinculada à personalidade jurídica e à responsabilidade limitada. De fato, seria impossível se cogitar da primeira sem a limitação dos riscos dos acionistas ao preço de emissão das ações. Isso porque, como visto anteriormente, na ausência da socialização parcial do risco empresarial, cada acionista seria obrigado a monitorar igualmente para quem as ações seriam transferidas, tornando inviável o modelo das sociedades anônimas.

Como lembram Armour et al.,[93] essas três características – personalidade jurídica, responsabilidade limitada e livre circulação de ações – tendem a andar juntas, porque (i) ausente a personalidade jurídica e a limitação de responsabilidade, a credibilidade da companhia, como um todo, poderia ser substancialmente afetada conforme a alteração nos acionistas que compõem o quadro societário; (ii) os potenciais adquirentes teriam muita dificuldade de avaliar quanto valem as ações; e (iii) determinado acionista poderia impor externalidades negativas ou positivas aos demais, dependendo de para quem fossem alienadas suas ações.

A livre circulação das ações também está relacionada a diversas importantes soluções adotadas pelas sociedades por ações, tais como a livre transmissibilidade das ações para os herdeiros, com o que se resolve os problemas sucessórios. Não é sem razão que o § 2º, do art. 31, da Lei 6.404/1976, prevê que "a transferência das ações nominativas em virtude de transmissão por sucessão universal ou legado, de arrematação, adjudicação ou outro ato judicial, ou por qualquer outro título, somente se fará mediante averbação no livro de 'Registro de Ações Nominativas', à vista de documento hábil, que ficará em poder da companhia".

Trata-se de solução coerente com a natureza das companhias, de forma que a participação societária é transferida para os herdeiros em sua plenitude, inclusive no que diz respeito à condição de sócio (*status socii*). Assim, os interesses da sociedade e dos acionistas remanescentes ficam resguardados no plano patrimonial, tendo em vista que a sucessão não trará nenhum ônus financeiro para a sociedade, tal como ocorreria caso as participações societárias tivessem que ser liquidadas em favor do herdeiro.

Por outro lado, a mudança subjetiva é considerada normal e previsível nas sociedades por ações, cuja estrutura é criada exatamente para possibilitar a continuidade da atividade empresarial e da gestão mesmo diante de constantes alterações do quadro societário.

É claro que tal premissa não é absoluta, especialmente quando se tratar da morte de acionista controlador ou de acionista cuja participação seja considerada imprescindível para a própria manutenção da sociedade. Entretanto, é certo que o arquétipo legal das companhias, especialmente das abertas, lhes permite suportar alterações na dimensão organizacional sem percalços incontornáveis.

Daí por que, no que diz respeito à sucessão *causa mortis*, a solução prevista pela Lei

---

[90] BORBA, José Edwaldo Tavares. *Direito societário*. São Paulo: Atlas, 2015. p. 77.

[91] ARMOUR, John et al. What is Corporation? In: KRAAKMAN, Reinier et al. *The anatomy of corporate law*. New York: Oxford University Press, 2016. p. 10.

[92] ARMOUR, John et al. What is Corporation? In: KRAAKMAN, Reinier et al. *The anatomy of corporate law*. New York: Oxford University Press, 2016. p. 10.

[93] ARMOUR, John et al. What is Corporation? In: KRAAKMAN, Reinier et al. *The anatomy of corporate law*. New York: Oxford University Press, 2016. p. 11.

6.404/1976 é igualmente compatível com a preservação dos interesses dos herdeiros, que ingressam na companhia como acionistas e, caso não queiram manter tal condição, poderão alienar livremente as ações por sua conta e risco, já que o direito de retirada mediante o reembolso é extremamente limitado nesse tipo societário.

Com efeito, diante das características já apontadas, é fácil concluir que a via usual de saída do acionista descontente em sociedades por ações, especialmente nas abertas, é a alienação das ações por sua conta e risco, medida que é tida como ônus do acionista. Daí por que, somente em situações excepcionais, normalmente relacionadas a hipóteses que podem causar ao acionista prejuízos considerados superiores ao risco normal do "negócio", é que o legislador resolve transferir o risco da saída do acionista para a própria companhia, mediante o direito de retirada com reembolso, nos termos do que está previsto pelo art. 137, da Lei 6.404/1976.

Assim, tem-se que, nas sociedades por ações abertas, o conflito que surge com a morte ou o descontentamento do acionista é resolvido se imputando o risco financeiro da sucessão e da saída ao próprio acionista, até porque a alienação das ações é viável tanto do ponto de vista jurídico – princípio da livre transmissibilidade das ações –, quanto do ponto de vista econômico – liquidez das ações.

Diferentemente pode ocorrer em sociedades por ações fechadas, especialmente naquelas de cunho familiar ou com baixa liquidez de suas ações. Em casos assim, a jurisprudência vem admitindo a dissolução parcial da sociedade, ainda que tal solução seja criticável sob vários aspectos.[94]

15. Sociedades por ações e equacionamento da relação entre poder e responsabilidade e dos conflitos de agência

Ana Frazão

Diante das características e da complexidade das sociedades por ações, elas acabam sendo palcos de conflitos de agência, assim entendidos todos os conflitos decorrentes de situações em que uma pessoa – o agente – atua em nome de outra – o principal. Em tais circunstâncias, sempre haverá incentivos para que o agente busque benefícios pessoais indevidos em detrimento dos interesses dos principais, tal como ocorre nos já mencionados conflitos entre administradores e acionistas ou entre acionistas controladores e acionistas minoritários.

Com efeito, a assimetria informacional que pode existir entre agente e principal pode estimular o agente a se conduzir oportunisticamente, seja se descuidando da qualidade da sua atuação, seja se apropriando de vantagens ou benefícios dos principais. Daí a advertência de Armour et al.[95] de que o principal desafio do Direito Societário é assegurar capacidade de resposta aos principais, possibilitando que monitorem a atuação dos agentes e contenham condutas negligentes ou desonestas. Isso pode ocorrer por meio de diversas medidas, dentre as quais a transparência e a informação são importantes exemplos.

Por essa razão, Armour et al.[96] defendem que cabe ao Direito Societário (*Corporate Law*), além da sua função primordial de oferecer às empresas uma forma legal que possua os atributos inerentes às companhias, a missão de reduzir os custos inerentes a esse tipo de organização, inclusive no que diz respeito ao endereçamento das três principais fontes de oportunismo que são endêmicas às sociedades por ações e que se traduzem nos principais conflitos de agência: os conflitos entre administradores e acionistas, os conflitos entre acionistas controladores e não controladores e os conflitos entre os acionistas e os credores da companhia, incluindo os empregados.

No Brasil, em que prevalece uma estrutura de controle concentrado, os conflitos entre administradores e acionistas apresentam uma importância secundária, diante do principal conflito interno, que é o entre os controladores e os não controladores.

Todavia, há que se tomar cuidado com excessivas simplificações em relação aos perfis dos acionistas, pois a dicotomia controlador e minoritário ou mesmo a distinção entre controladores, rentistas e especuladores já não consegue mais

---

[94] Ver sobre o tema em: FRAZÃO, Ana. O STJ e a dissolução parcial de sociedade por ações fechada. *Revista da AASP*, n. 141, p. 9-17, abr. 2019.

[95] ARMOUR, John et al. Agency problems and legal strategies. In: KRAAKMAN, Reinier et al. *The Anatomy of Corporate Law*. New York: Oxford University Press, 2019. p. 29-47.

[96] ARMOUR, John et al. What is Corporate Law? In: KRAAKMAN, Reinier et al. *The Anatomy of Corporate Law*. New York: Oxford University Press, 2019. p. 1-28.

abarcar a complexidade dos conflitos entre os sócios. Daí por que Ana Perestrelo de Oliveira[97] fala em (i) controladores simples, que não estão envolvidos em outras atividades que não a da sociedade, (ii) controladores com interesses empresariais externos, potencialmente conflitantes, (iii) minoritários passivos e (iv) minoritários ativos. Em se tratando de empresas familiares, outros componentes começam a fazer parte dos conflitos. A conclusão final, diante dessa multiplicidade de perfis, é que o risco de desalinhamento de interesses é ainda maior.

Já no que diz respeito aos conflitos externos, não se pode ignorar a importância dos conflitos de agência entre acionistas e credores. Como já se viu na seção Responsabilidade limitada dos acionistas,[98] por maiores que sejam os benefícios da personalidade jurídica e da responsabilidade, tais atributos também geram grandes custos de agência, uma vez que, embora acionistas e credores tenham interesse sobre o patrimônio social, somente os primeiros podem dele dispor, inclusive para o fim de adotar muitas condutas oportunistas em detrimento dos segundos. Daí Armour *et al.*[99] insistirem na importância de que o Direito Societário tenha regras protetivas dos credores, a fim de reduzir os custos de agência e, consequentemente, diminuir os custos de financiamento da companhia.

É importante notar que o Direito Societário, ao tentar administrar todos esses conflitos de agência já descritos, não visa precisamente a proteger um determinado grupo, mas sim manter coesa a estrutura de poder e alocação de riscos e responsabilidades da companhia, dos acionistas e dos gestores, com o que se tutela o valor das companhias e do mercado como um todo, criando-se um ambiente de estímulo e proteção ao investimento.

Por essa razão, é extremamente importante entender e compreender as sociedades por ações sob essa perspectiva dinâmica e funcional, já que as suas soluções organizacionais têm por finalidade administrar as tensões e os conflitos entre os diferentes grupos cujos interesses se projetam na constituição e na gestão de tais entes.

Na atualidade, a presença de novos *players* e cenários econômicos faz com que tais conflitos ganhem dimensões ainda mais amplas. Nesse sentido, Ana Perestrelo de Oliveira[100] mostra a existência dos conflitos múltiplos, decorrentes da participação cada vez mais importante de fundos e sociedades de investimento, em que o investidor (principal na relação com a sociedade investida) é agente de outros investidores (os "principais últimos").

Segundo a autora,[101] um fator que potencializa esses conflitos múltiplos é que os investidores institucionais muitas vezes priorizam a maximização do investimento global, o que não necessariamente coincidirá com a maximização do valor da companhia investida, além da priorização dos retornos a curto prazo (*short termism*). Daí a sua conclusão de que "um dos grandes desafios do governo societário hoje, em especial nas sociedades cotadas, é assegurar que a sociedade continue a ser gerida com um horizonte temporal alargado, não obstante os objetivos de curto prazo de boa parte de seus investidores".[102]

Diante do cenário atual, a autora[103] conclui que estamos vivendo um capitalismo de agência, em que o investimento direto está sendo substituído pelo investimento indireto por meio de fundos e sociedades de investimento, fundos de pensão e outros agentes que normalmente adotam estratégias de curto prazo.

A presença de grandes *players*, como fundos de investimento poderosíssimos, também pode ter como consequência uma crescente homogeneidade no Direito Societário, o que tanto pode ter aspectos positivos, como também pode aumentar os potenciais conflitos e problemas.

Ana Perestrelo de Oliveira[104] ainda chama a atenção para outros *players* que passam a ter importância cada vez maior nos conflitos societários:

---

[97] OLIVEIRA, Ana Perestrelo de. *Manual do governo das sociedades*. Coimbra: Almedina, 2018. p. 50-52.
[98] Ver comentários de Ana Frazão ao art. 1º da Lei 6.404/1976, na seção "Responsabilidade limitada dos acionistas".
[99] ARMOUR, John *et al*. Transactions with creditors In: Kraakman *et al*. *The Anatomy of Corporate Law*. New York: Oxford University Press, 2019. p. 109-143.
[100] OLIVEIRA, Ana Perestrelo de. *Manual do governo das sociedades*. Coimbra: Almedina, 2018. p. 17-18.
[101] OLIVEIRA, Ana Perestrelo de. *Manual do governo das sociedades*. Coimbra: Almedina, 2018. p. 17-21.
[102] OLIVEIRA, Ana Perestrelo de. *Manual do governo das sociedades*. Coimbra: Almedina, 2018. p. 21.
[103] OLIVEIRA, Ana Perestrelo de. *Manual do governo das sociedades*. Coimbra: Almedina, 2018. p. 22.
[104] OLIVEIRA, Ana Perestrelo de. *Manual do governo das sociedades*. Coimbra: Almedina, 2018. p. 22-23.

credores que se tornam controladores externos, consultorias em matéria de voto – como o *Institutional Shareholder Services* (ISS) e o *Glass-Lewis* –, intermediários e prestadores de serviços afins, dentre outros agentes que exercem influência significativa sobre as sociedades investidas.

Por fim, ainda se ressalta a crescente fragmentação do poder empresarial, o que se traduz na existência de outras instâncias de poder, muitas vezes complementares ao controle, como é o caso da influência significativa, o que pode gerar novos arranjos de poder e novos conflitos.[105]

Diante de todos esses conflitos, muito se discute sobre o efetivo papel do Direito Societário e em que medida tais conflitos – ou pelo menos parte deles – deveriam ser mesmo resolvidos pela heterorregulação – e, mesmo assim, se por meio de regras societárias cogentes ou por meio de regras societárias dispositivas, que moldarão a prática societária por *default* – ou pela autonomia privada ou autorregulação.

Sobre a autorregulação, destaca-se a existência de inúmeras instituições que, a exemplo da OCDE e do IBGC – Instituto Brasileiro de Governança Corporativa – divulgam as melhores práticas de governança corporativa, a fim de balizar as iniciativas organizacionais das companhias, aumentando a sua eficiência e o seu valor, assim como importantes iniciativas de corregulação, de que seriam exemplos os níveis de governança corporativa da B3.

Todavia, em que pese a importância da autorregulação ou da corregulação, parece que não se pode abrir mão também da heterorregulação, consubstanciada no Direito Societário, por uma série de razões, além daquelas já mencionadas anteriormente. Uma delas é o fato de que, como mostra importante parte da literatura econômica, a excessiva liberdade dos agentes econômicos pode levá-los à prática de inúmeros abusos,[106] os quais tornarão ainda mais difícil o endereçamento dos conflitos de agência inerentes às sociedades por ações.

Também há que se ter em mente que, como ensina Fábio Konder Comparato,[107] uma das principais funções da regulação jurídica do poder empresarial é de administrar a tensão entre poder e responsabilidade, de forma que mesmo os conflitos de agência devem ser pensados sob a ótica de que aquele que tem poder deve ter as responsabilidades correspondentes para que não tenha incentivos para abusar do seu poder ou para que, tendo abusado, possa responder pelos danos causados aos demais interessados.

Se tais observações são pertinentes a todas as sociedades empresárias, com maior razão se aplicam às sociedades por ações, em relação às quais, diante da complexidade dos conflitos de agência, é pouco provável que possam todos eles ser resolvidos apenas pela autonomia privada dos envolvidos, ainda mais em cenários de grande assimetria informacional, disparidade de poder entre os envolvidos e muitas e complexas relações de agência, algumas das quais são externas, como as que existem entre acionistas e credores sociais.

Dessa maneira, existem boas razões para justificar a existência das sociedades por ações como um tipo societário – assim como a tipicidade societária como princípio –, partindo da premissa de que cada tipo societário busca encontrar um ponto de equilíbrio entre risco, poder e responsabilidade dos envolvidos, assim como equacionar os conflitos de agência inerentes às sociedades empresárias. Tal necessidade é especialmente significativa em sociedades que, como é o caso das anônimas, podem apresentar características que aumentam consideravelmente a probabilidade de conflitos de agência: grande base acionária, perfis distintos de sócios, responsabilidade limitada de sócios com a consequente socialização parcial do risco empresarial e administração disjuntiva.

Há ainda outro ponto fundamental a justificar a reflexão sobre a necessidade de alguma medida de heterorregulação das sociedades: o fato de que elas têm em comum com os contratos híbridos ou relacionais ou mesmo com os contratos associativos o desafio de manter estável um vínculo entre várias pessoas durante tempo indeterminado ou grande período de tempo, evitando o oportunismo excessivo. Dessa maneira, como é impossível pensar aprioristicamente em todas as regras para reger tal convívio, é necessária a

---

[105] Ver comentários de Ana Frazão ao art. 116 da Lei 6.404/1976, especialmente na seção "Outras instâncias de poder na sociedade por ações: declínio do protagonismo do controle?".

[106] Ver, sobre o tema, as obras seminais de AKERLOF, George e SHILLER, Robert. *Animal Spirits*. New Jersey: Princeton Unversity press, 2009; *Phishing for Phools*. The economics of manipulation and deception. New Jersey: Princeton University Press, 2015.

[107] COMPARATO, Fabio Konder e SALOMÃO, Calixto Filho. *O poder de controle na sociedade anônima*. Edição eletrônica. Rio de Janeiro: Forense, 2014. p. 114.

existência de soluções organizacionais para resolver impasses e adaptar o arranjo em face de novas necessidades.

Diante da complexidade desta tarefa, ainda mais considerando a exigência de flexibilidade e adaptabilidade diante de problemas futuros, é desejável que a lei possa auxiliar no desenho das necessárias soluções organizativas, ainda que nem todas devam ser cogentes, mas, pelo contrário, possam ser, conforme o caso, apenas dispositivas.

Daí por que não há que se cogitar propriamente de paternalismo ou de um Direito Societário conservador pela existência de tipos societários com regras cogentes que limitam a autonomia privada. Trata-se de necessidade para administrar os conflitos externos – entre acionistas e credores sociais, por exemplo – e internos – entre acionistas ou entre acionistas e administradores – que muitas vezes decorrem de distintos graus de poder e grande assimetria informacional.

Por fim, os tipos societários, como é o caso das sociedades anônimas, ainda têm a vantagem de conferir certa uniformidade e padronização às práticas societárias, o que é fundamental para o bom funcionamento do mercado. Com efeito, a partir do momento em que fosse livre a criação de modelos societários atípicos, poderia haver grande aumento dos custos de transação e insegurança jurídica.

Logo, há excelentes justificativas para a existência dos tipos societários e especialmente do tipo da sociedade por ações. Isso não quer dizer que não se deva pensar em outros tipos societários – como a sociedade por ações simplificada – nem que a heterorregulação seja sempre necessária, adequada e proporcional.

Na verdade, a atuação do Direito Societário deve ser cautelosa, atenta às diversas soluções de que dispõe, a fim de se utilizar somente daquelas que se revelam adequadas para resolver cada um dos problemas que se lhe apresenta. No que diz respeito aos conflitos de agência, por exemplo, Armour et al.[108] mostram que existe um verdadeiro leque de alternativas, que vão desde as estratégias regulatórias, que se baseiam em regras ou *standards* prescritivos, cuja eficácia dependa de uma autoridade externa (como juízes ou um órgão regulatório), até as estratégias de governança, voltadas para proteger os interesses envolvidos apenas indiretamente, seja aumentando o poder daqueles que serão afetados pelo voto conflitante, seja moldando os incentivos para evitar situações de conflito.

Nesse sentido, é importante que o Direito Societário encontre um ponto de equilíbrio na intervenção sobre as sociedades, mesclando de forma inteligente regras cogentes e dispositivas, a fim de que o resultado final seja idôneo para equacionar a relação entre poder e responsabilidade e os principais conflitos de agência, mas também deixando considerável espaço para a inovação, a criatividade e as necessárias adaptações do modelo societário às exigências, aos perfis e aos portes de cada empresa, objetivos para os quais a autonomia privada e a corregulação são de igual importância.

> **Objeto Social**
> **Art. 2º** Pode ser objeto da companhia qualquer empresa de fim lucrativo, não contrário à lei, à ordem pública e aos bons costumes.
> § 1º Qualquer que seja o objeto, a companhia é mercantil e se rege pelas leis e usos do comércio.
> § 2º O estatuto social definirá o objeto de modo preciso e completo.
> § 3º A companhia pode ter por objeto participar de outras sociedades; ainda que não prevista no estatuto, a participação é facultada como meio de realizar o objeto social, ou para beneficiar-se de incentivos fiscais.

COMENTÁRIOS

1. Objeto social

Sérgio Campinho

O fim lucrativo encontra-se umbilicalmente ligado às sociedades anônimas. A persecução dos lucros a serem partilhados entre os acionistas é de sua essência. Seu objeto corresponderá,

---

[108] ARMOUR, John et al. Legal Strategies for Reducing Agency Costs, In: KRAAKMAN, Reinier et al. The Anatomy of Corporate Law. A Comparative and Functional Approach. New York: Oxford University Press, 2017. p. 31-32.

incondicionalmente, a uma atividade com fim lucrativo.[109-110]

O objeto mediato, portanto, de toda e qualquer companhia é a obtenção do lucro. Mas cada sociedade anônima terá, ao menos, um objeto imediato, o qual irá traduzir a atividade econômica que concretamente se propõe a realizar, sendo revelador do seu objeto social.

O objeto social poderá expressar uma ou mais atividades, que poderão ser principais – também chamadas de diretas – ou secundárias – também nominadas de subordinadas ou conexas. Esse conjunto de atividades é que irá traduzir a sua empresa. A exigência legal é de que essa empresa de fim lucrativo seja lícita, isto é, esteja conformada com a lei, a ordem pública e os bons costumes. Além de lícita, tem que ser também possível a atividade.

O objeto essencial da companhia é refletido pela atividade ou pelas atividades principais. É lícito aos acionistas, com efeito, eleger no estatuto social diversas atividades principais que constituirão o escopo direto da sociedade. Subordinadamente à atividade principal ou às atividades principais podem coexistir atividade ou atividades secundárias, que também devem estar presentes no estatuto. Mas as atividades secundárias, subordinadas ou conexas, que visem a conferir maior eficiência à empresa desenvolvida pela companhia, só se justificam em razão da principal ou das principais, das quais são, assim, dependentes.

Sejam quais forem as atividades com finalidade lucrativa que componham o seu objeto, a companhia será sempre empresária e, assim, regida pela lei e pelos usos e costumes empresariais. A sociedade anônima é sociedade empresária pela forma, independentemente do seu objeto. Essa clássica regra do § 1º do art. 2º da LSA vem ratificada pelo parágrafo único do art. 982 do CC.

Permite a lei que a companhia possa ter por objeto participar do capital de outras sociedades. Admitiu, pois, expressamente as companhias de participação e, consequentemente, as companhias *holdings*. A *holding* é uma sociedade de participação com o ânimo de titularizar o controle de outra ou de outras sociedades, de modo direto ou indireto. As sociedades de mera participação, por seu turno, são aquelas que não se preocupam necessariamente com o controle, mas fundamentalmente com a formação e a administração de um patrimônio rentável em ações ou quotas de outras sociedades. O seu fim precípuo ou imediato não é o controle, que pode até deter em certas participações, mas sim a realização de investimentos em participações societárias.

As sociedades *holdings* podem ser puras ou mistas. No primeiro rol, incluem-se aquelas cuja participação em outras sociedades constitui exclusivamente o seu objeto. No segundo, aquelas cujo objeto social, além de prever a participação societária em questão, também contempla a realização de uma ou mais atividades operacionais. As sociedades de mera participação também podem ser da mesma forma classificadas, podendo o seu objeto prever apenas a participação em outras sociedades ou também contemplar atividades operacionais.

Ainda que sem previsão estatutária, a participação societária é facultada como meio para propiciar que a companhia realize o seu objeto social ou para que ela possa usufruir de incentivos fiscais.

A participação em outras sociedades, como forma de realizar o objeto, sem autorização expressa no estatuto, demanda prudência. Deverá existir efetivo nexo de correspondência entre os objetos da companhia e daquela de que irá participar. Não havendo rigorosa conexidade e dependência entre as atividades, a autorização

---

[109] Essa preocupação de explicitar o escopo lucrativo que deve revestir o objeto da companhia vem desde o Dec.-lei 2.627/1940. Vale lembrar o registro de Trajano de Miranda Valverde: "Não se concebe, assim, que possam tomar a forma anônima as associações de fins religiosos, morais, científicos, literários, políticos ou de beneficência. A inclusão dessas associações ou corporações na lei das sociedades anônimas revogada (dec. n. 434, de 1891) provinha da circunstância de haver a Lei nº 1.083, de 22 de agosto de 1860, submetido 'toda e qualquer sociedade sem firma comercial, administrada por mandatários, ainda que seja beneficente', ao regime da aprovação pelo Governo dos seus atos constitutivos. O dec. n. 2.711, de 19 de dezembro do mesmo ano, que regulamentou a referida lei, ainda estendeu aos Montes de Piedade, Caixas Econômicas, Sociedades de Socorros, Mútuos, no que lhes fossem aplicáveis, as disposições referentes à criação de companhias ou sociedades anônimas. O dispositivo foi sempre letra morta" (*Sociedades por ações*. 2. ed. Rio de Janeiro: Forense, 1953. v. 1, p. 74-75).

[110] No estágio atual de nosso direito societário, essa realidade passou a derivar do próprio conceito de sociedade. O Código Civil de 2002 não mais abona a existência de sociedade sem fim lucrativo. Qualquer sociedade terá finalidade lucrativa, pela qual se visa à obtenção e à distribuição dos lucros obtidos entre os sócios (CAMPINHO, Sérgio. *Curso de direito comercial*: sociedade anônima. 4. ed. São Paulo: Saraiva, 2019. p. 38-39).

torna-se obrigatória, sem o que estará configurado o desvio de objeto.[111] Ademais, nessas hipóteses, deve a companhia ostentar a posição de controle, realizando, dessa forma, o seu objeto de modo indireto, por meio de subsidiária, integral ou não. Estas funcionam como instrumento para a realização do seu objeto.[112]

Diante da dificuldade de se configurar a exata correspondência entre os objetos em diversos episódios da vida societária concreta é que se tem como aconselhável constar expressamente do estatuto a faculdade de participação no capital de outras sociedades, considerando o risco de, assim não o fazendo, haver por caracterizado o desvio de objeto.

2. Definição do objeto de modo preciso e completo

Sérgio Campinho

O objeto social deve ser definido no estatuto de modo preciso e completo. Nele, revela-se o fim imediato da companhia, a partir do qual se identifica a sua empresa, podendo refletir uma ou mais atividades negociais, reunindo, neste último caso, diferentes ramos de empreendimentos. Para realizar esse fim, sempre com o escopo lucrativo, é que foi a sociedade constituída.

A precisão e a completude do objeto impõem-se como instrumento indispensável à tutela das minorias acionárias. Por ele é que se limita a discricionariedade dos administradores e dos controladores e se torna possível aferir a caracterização do excesso de poderes ou do desvio de finalidade empresarial na atuação dos gestores e a configuração de modalidades de abuso de poder por parte dos controladores.

Em razão dessa função do objeto social é que não me parece que a nova redação do inciso III do art. 35 da Lei 8.934/1994, conferida pela Lei 14.195/2021, possa ser vista como uma liberação para a necessidade de se proceder à designação precisa e completa do objeto social, a qual ainda se impõe. Não mais se exigir, em seu texto normativo, a declaração precisa do objeto não significa que ela não deva ser feita. Como o dispositivo cuida de atos que não podem ser arquivados, ele está diretamente relacionado com o exame do órgão registral sobre o estatuto social, razão pela qual apenas veio a enunciar que o arquivamento está obstado quando não houver "a declaração de seu objeto", não mais preconizando, como na redação anterior, "a declaração precisa de seu objeto", pois não há como o órgão responsável pelo registro julgar se a declaração é precisa e completa. Essa é uma avaliação que cabe aos sócios fazer e proceder para que a descrição do objeto no estatuto assim o esteja. Ao órgão registral incumbe apenas verificar se formalmente o estatuto contém a declaração do objeto social.

Dessarte, permanece plenamente em vigor a obrigação estampada no § 2º do art. 2º sob comento, porquanto indicativa de comando com finalidade específica e própria, que vai orientar e demarcar a atuação dos órgãos sociais e as relações da companhia com terceiros, como os credores e a própria Administração Pública, visando a salvaguardar a segurança jurídica no exercício da empresa.

3. Importância do objeto social: princípio da especialização

Ana Frazão

O art. 2º da Lei 6.404/1976 deixa claro que apenas pode ser objeto de uma companhia qualquer empresa de fim lucrativo, desde que não seja contrária à lei, à ordem pública e aos bons costumes. O objeto da companhia diz respeito à razão de ser da sua existência ou a finalidade que justificou a sua constituição, o que nos remete à própria noção de pessoa jurídica.

Ao contrário das pessoas naturais, que são fins em si mesmas, as pessoas jurídicas são constituídas precisamente para a realização das atividades que compõem o seu objeto. Daí a regra geral do art. 46, I, do CC, que exige dos atos constitutivos de todas as pessoas jurídicas que esclareçam quais são os seus fins.

No caso específico das sociedades, os fins imediatos da pessoa jurídica estão associados ao que se chama de objeto social, que indicará as atividades a que o novo ente ou centro de imputação deverá se dedicar. Daí a importância de que, no caso das pessoas jurídicas de direito privado, os atos constitutivos de cada uma delas esclareça qual é o seu objeto, o que se reforça pelo § 2º do art. 2º da Lei 6.404/1976, ao determinar que o estatuto social defina o objeto da companhia de modo preciso e completo.

Vale ressaltar que a Lei 14.195/2021 alterou o art. 35, III, da Lei de Registro Público de

---

[111] CARVALHOSA, Modesto. *Comentários à lei de sociedades anônimas*. 7. ed. São Paulo: Saraiva, 2013. v. 1, p. 83.

[112] BORBA, José Edwaldo Tavares. *Direito societário*. 14. ed. São Paulo: Atlas, 2015. p. 192.

Empresas Mercantis (Lei 8.934/1994), que previa que os atos constitutivos contivessem "a declaração precisa de seu objeto". A atual redação do dispositivo exige agora tão somente a "declaração de seu objeto", de forma que o requisito da precisão foi afastado.

Entretanto, considerando que a Lei 6.404/1976 é específica em relação às companhias e que o § 2º do art. 2º exige a definição do objeto "de modo preciso e completo", há boas razões para se entender que o requisito da precisão continua a ser uma exigência para as sociedades por ações.

Tais previsões estão de acordo com a teoria da realidade técnica. Como ensina Nathalie Baruchel,[113] um dos grandes expoentes da teoria foi o célebre jurista francês Michoud, para quem a personalidade é caracterizada pela existência de um interesse coletivo e de uma organização que represente e defenda este interesse.

É por essa razão que a personalização permitiu que as sociedades por ações (i) delimitassem o seu campo de atuação a partir da noção de objeto social – o que se chama de "princípio da especialização" – e (ii) recebessem, como sujeitos autônomos de direito, proteção semelhante à que o sistema jurídico conferia às pessoas naturais, inclusive para o fim de titularizarem diversos direitos para o exercício da atividade empresarial, dentre os quais o de propriedade.

Vale ressaltar que, nos termos da lição de Ripert e Roblot,[114] a personalidade jurídica das sociedades distingue-se das pessoas físicas exatamente em razão do princípio da especialização, que se desdobra na especialidade legal e na especialidade estatutária.

Logo, para as sociedades por ações, é o fim ou o objeto social que guiará toda a sua existência, bem como será o necessário parâmetro para avaliar se os direitos dos acionistas, controladores ou não, ou as competências dos administradores estão sendo exercidos de forma adequada ou não. Como bem resume Ana Perestrelo de Oliveira:[115]

Se a sociedade é criada em função da realização de um dado fim, este constitui, plausivelmente, padrão vinculante de alinhamento do comportamento dos diversos sujeitos envolvidos. A vinculação ao fim é, pois, componente inalienável do estado de sócio, como o é do estado de administrador (ainda que aí se integre o próprio dever funcional de administrar), o que resulta, em última análise, da natureza da sociedade como associação finalística.

A importância do objeto social é tamanha que os arts. 136, VI, c/c o art. 137 da Lei 6.404/1976 estabelecem o direito de retirada para o acionista dissidente em caso de modificação do objeto social da companhia.

Como já se adiantou, o objeto social, como fim imediato da companhia, será também parâmetro fundamental para a avaliação da regularidade da conduta de acionistas ou administradores. A única ressalva é que, nesses casos, o fim da companhia é visto sob perspectiva mais ampla, que inclui também os fins mediatos, muitas vezes associados ao que se chama de interesse social, tema que será mais bem desenvolvido adiante.

De toda sorte, o objeto social, em muitos casos, é suficiente para a aferição de abuso no exercício de direitos de acionistas, controladores ou não, ou de competências dos administradores. Por essa razão, o Superior Tribunal de Justiça[116] entende que "Age com abuso do poder de controle a sociedade que orienta a atuação dos administradores para fim estranho ao objeto social, com desvio de poder ou em conflito com os interesses da companhia."

Pelo mesmo raciocínio, já entendeu o Superior Tribunal de Justiça[117] que "se a pessoa jurídica é constituída em razão de uma finalidade específica (objeto social), em princípio, os atos consentâneos a essa finalidade, não sendo estranho ao seu objeto, praticados em nome e por conta da sociedade, por seus representantes legais, devem ser a ela imputados."

---

[113] *La personnalité morale en droit privé: Élements por une théorie*. Paris: Librairie Générale de Droit et de Jurisprudence, 2004. p. 36.

[114] RIPERT, Georges; ROBLOT, René. *Traité de Droit Commercial*. Atualizado por Michel Germain. Paris: LGDT, 2002. t. I, v. II, p. 102-103.

[115] OLIVEIRA, Ana Perestrelo de. *Manual de governo das sociedades*. Coimbra: Almedina, 2018. p. 85.

[116] STJ, REsp 1.337.265/SP, 3ª T., rel. Min. Ricardo Villas Bôas Cueva, j. 27.11.2018. Vale ressaltar que, embora tenha reconhecido a tese, o STJ afastou o abuso de poder de controle no caso concreto.

[117] STJ, REsp 887.277/SC, 4ª T., rel. Min. Luis Felipe Salomão, j. 04.11.2014.

4. Objeto social, finalidades lucrativas e natureza comercial

Ana Frazão

Além da estrutura, as principais pessoas jurídicas de direito privado distinguem-se entre si precisamente pelos seus fins, sendo que as sociedades são as únicas pessoas jurídicas que podem ter finalidades lucrativas. Com efeito, mesmo que hoje se admita que associações possam ter finalidades econômicas, estas não poderão ser lucrativas.

Não obstante a natureza lucrativa, que é inerente a qualquer sociedade, as sociedades por ações são também necessariamente comerciais ou mercantis, nos termos do § 1º do art. 2º da Lei 6.404/1976, segundo o qual "Qualquer que seja o objeto, a companhia é mercantil e se rege pelas leis e usos do comércio." A razão de ser do referido dispositivo é evitar as discussões existentes entre as antigas sociedades civis ou comerciais, que hoje se projeta entre as sociedades simples e as empresárias.

Dessa maneira, fica claro que a sociedade por ações será sempre comercial ou empresária, para todos os fins, inclusive no que diz respeito à observância dos usos do comércio. Não é sem razão que a CVM,[118] em recente julgado, teve a oportunidade de reafirmar que "não se admite sociedade anônima de benemerência, religiosa ou de fins filantrópicos", já que "a sociedade anônima é sempre mercantil, qualquer que seja o seu objeto e disso decorre a perseguição do lucro como seu corolário".

O aspecto de lucratividade é tão importante que as companhias abertas apenas poderão ser constituídas mediante autorização da CVM que analisa a viabilidade econômica do empreendimento. Tal aspecto também se projeta sobre as expectativas e os direitos dos acionistas. Não é sem razão que Modesto Carvalhosa[119] ensina que o fundamento da lucratividade transmuda-se no direito subjetivo dos acionistas de receber os resultados anuais da atividade empresarial sob a forma de dividendos, os quais, uma vez frustrados, poderão gerar para os acionistas uma série de outros direitos, tais como a retirada e o exercício do direito de voto por preferencialistas. Daí os cuidados com que as retenções de lucros devem ser feitas nas sociedades por ações, as previsões de dividendos obrigatórios, dentre outras.

Sobre a possibilidade de que a inexistência de lucros possa dar margem até mesmo à dissolução da sociedade por ações, o Superior Tribunal de Justiça[120] tem um interessante julgado, no qual se discutiu a possibilidade de dissolução de sociedade anônima de capital fechado em razão da não distribuição de dividendos por razoável lapso de tempo. Entretanto, a dissolução foi afastada, considerando que era característica da atividade empresarial não produzir lucros a curto prazo e que

> Não é plausível a dissolução parcial de sociedade anônima de capital fechado sem antes aferir cada uma e todas as razões que militam em prol da preservação da empresa e da cessação de sua função social, tendo em vista que os interesses sociais hão que prevalecer sobre os de natureza pessoal de alguns dos acionistas.

Tal aspecto ficará mais claro ao se discutir a questão do interesse social, parâmetro que também é fundamental para a solução de conflitos dessa natureza.

5. Modificação do objeto social

Sérgio Campinho

O objeto da companhia pode ser considerado sob duas perspectivas: formal e material.

Sob o ponto de vista formal, o objeto social é aquele descrito no estatuto social, de maneira minuciosa, ou seja, de modo preciso e completo, para fazer uso da dicção legal. Sob o ângulo material ou substancial, o objeto social corresponde à atividade ou às atividades que efetivamente a companhia realiza.

Para se aferir os pressupostos e as consequências da mudança do objeto social, deve-se considerar todas as suas formas de exteriorização ou manifestação, ou seja, os conceitos de objeto formal e material e as concepções de atividades principal e secundária, estas abordadas em item anterior (objeto social).

A lei trata com rigor a modificação do objeto social, como fim para o qual a sociedade é

---

[118] CVM, 2002/8433/RJ, rel. Dir. Luiz Antonio de Sampaio Campos, j 17.04.2018.
[119] CARVALHOSA, Modesto. *Comentários à Lei de Sociedades Anônimas*. São Paulo: Saraiva, 2003. v. I, p. 21-22.
[120] REsp 247.002/RJ, rel. Min. Nancy Andrighi, *DJ* 25.03.2002.

constituída.[121] Além de impor um *quorum* de deliberação qualificado para sua aprovação (inciso VI do art. 136 da LSA), garante ao acionista dissidente o exercício do direito de recesso (art. 137 da LSA).[122] Mas impende bem definir a exata dimensão e alcance do que seja "mudança do objeto da companhia" para os efeitos legais.

No direito anterior à Lei 6.404/1976, a então legislação vigente, o Dec.-lei 2.627/1940, era explícita em aludir a "mudança do objeto *essencial* da sociedade" (alínea *d* do art. 105). A Lei de 1976 não repetiu a menção no inciso VI do art. 136, e, no § 2º do art. 2º, determinou que o estatuto defina o objeto de modo preciso e completo, levando a posições de que restaria superada a ideia de objeto essencial e, por via de consequência, qualquer alteração no objeto necessitaria de *quorum* qualificado e ensejaria o recesso do dissidente.[123]

Penso que o fato de a lei exigir seja o objeto definido de modo preciso e completo não vulnera o conceito de sua essencialidade, este indispensável para confirmar a modificação capaz de reclamar *quorum* qualificado e conferir o recesso ao acionista dissidente. O objeto social traduz a atividade econômica que a sociedade irá realizar, podendo expressar atividades principais e secundárias, reveladoras, pois, da sua empresa. Tanto a atividade principal, que lhe constitui o objeto ou fim essencial, quanto a secundária, devem estar declaradas no estatuto, como exige a lei. Contudo, somente a substituição do objeto essencial, sem o que fica efetivamente descaracterizado o fim para o qual foi a companhia constituída, é que se mostra com força para suplantar o *quorum* ordinário de deliberação do art. 129 da LSA e viabilizar o exercício do direito de retirada. Apenas nesse contexto de exegese racional e teleológica que se pode chegar às normas que resultam dos textos normativos do inciso VI do art. 136 e do art. 137 da LSA. A mudança exige, pois, a redefinição da empresa, para qual foi constituída a companhia.[124]

---

[121] VALVERDE, Trajano de Miranda. *Sociedades por ações*. 2. ed. Rio de Janeiro: Forense, 1953. v. 1, p. 73.

[122] Sob o império da legislação anterior ao Dec.-lei 2.627/1940, o objeto essencial da companhia não podia ser mudado. Somente se admitia ampliá-lo ou restringi-lo (Cf. VALVERDE, Trajano de Miranda. *Sociedades por ações*. 2. ed. Rio de Janeiro: Forense, 1953. p. 75). O aludido diploma de 1940 passou a autorizar a assembleia geral, preenchidas certas condições, mudar o objeto essencial (alínea *d* do art. 105), assegurando, contudo, ao acionista dissidente o direito de recesso, mediante o reembolso de suas ações (art. 107).

[123] Nesse sentido, expressava Fran Martins: "A lei anterior falava em 'mudança do objeto *essencial* da sociedade' (Dec.-lei nº 2.627, art. 105, 'd'). Valverde, procurando dar uma ideia do objeto *essencial* da sociedade, declarava que a lei 'prevê a hipótese mais comum: a da sociedade anônima que tem um objeto de exploração ou, ainda, um objeto essencial e outros secundários ou conexos com o essencial'. A nova lei, entretanto, ao se referir ao objeto social, dispõe, no § 2º do art. 2º, que 'o estatuto definirá o objeto de modo preciso e completo', desaparecendo, assim, o chamado objeto *essencial*, já que, exposto de modo completo e preciso, esse objeto pode ser o mais amplo possível, abrangendo todas as atividades que a sociedade irá praticar" (*Comentários à lei das sociedades anônimas*. 2. ed. Rio de Janeiro: Forense, 1984. t. 1, v. 2, p. 247-248). No mesmo curso, parece fluir o entendimento de Modesto Carvalhosa: "Qualquer alteração estatutária, tendo em vista o *objeto social*, necessita, com efeito, de disciplina mais rígida, pois se trata da base fundamental do contrato social. Ao se admitir a adoção do regime majoritário para a modificação da principal estipulação do estatuto, o que não era admitido pela nossa lei de 1891 (art. 128), nele se impõe a maioria qualificada de deliberação. Convém, a respeito, notar que a lei vigente não distingue entre objeto essencial e acidental, como ocorre no sistema da *common Law*" (*Comentários à lei de sociedades anônimas*. 6. ed. São Paulo: Saraiva, 2014. v. 2, p. 1196).

[124] Com esse entendimento, Egberto Lacerda Teixeira e José Alexandre Tavares Guerreiro explanam o seguinte convencimento: "No diploma revogado, o legislador de 1940 mencionava mudança do objeto *essencial* da sociedade. A lei, entretanto, ignorou nesse particular, a eventualidade de uma mudança no objeto secundário da companhia, uma vez que, em seu art. 2º, § 2º, houve por bem determinar que o estatuto defina o objeto de modo preciso e completo. A mais rigorosa interpretação do inciso em exame conduziria à conclusão de que qualquer modificação no objeto social necessitaria de *quorum* qualificado e ensejaria a retirada do acionista dissidente. Não entendemos assim. Sociedades há que, por motivos comerciais ou, às vezes, até mesmo por imposição legal, devem eliminar de seu objeto social certas atividades de menor expressão ou a ele acrescentar a previsão de outras tantas atividades complementares de sua empresa. Trata-se de circunstâncias que não mudam os rumos da companhia. Não devem propiciar, como é claro, a indesejável consequência do recesso, por parte de acionistas em busca de pretexto para uma cômoda e lucrativa retirada. Melhor teria sido, sem dúvida, a manutenção da fórmula adotada pelo Decreto-lei 2.627" (*Das sociedades anônimas no direito brasileiro*. São Paulo: Bushatsky, 1979. v. 1, p. 424). No mesmo acorde, Nelson Eizirik: "Reconhecida a relevância do objeto social, entende-se a razão pela qual o legislador atribuiu o direito de recesso ao acionista que discordar de sua alteração (artigo 136, inciso VI, e 137). Entretanto, não é qualquer alteração ou modificação no dispositivo estatutário que regula

Desse modo, a realização de pequenos ajustes no objeto social não significa mudança desse objeto. São os casos, por exemplo, da supressão de uma atividade secundária que não comprometa a principal ou o acréscimo de atividade conexa que venha a fortalecer e valorizar o objeto essencial, configurando mero desdobramento, como na hipótese de uma fabricante de determinado produto que adicionalmente passa a oferecer direta e pessoalmente o serviço de assistência técnica. Da mesma sorte, não caracteriza mudança de objeto a supressão de atividades que de fato a companhia não exerça, o que representa simples ajuste à realidade da empresa pela sociedade realizada. É mero ajuste do objeto formal ao objeto real, sem implicar qualquer prejuízo à minoria social.[125]

6. Atos *ultra vires*

SÉRGIO CAMPINHO

A companhia somente se obriga nos limites de seu objeto social. Este funciona, pois, como elemento condicionador e balizador da atuação dos órgãos sociais. A exigência de sua definição de modo preciso e completo no estatuto social traduz providência fundamental para a defesa e resguardo dos direitos e interesses da minoria acionária, porquanto impõe limite à ação discricionária do acionista controlador e dos administradores. Os atos da administração que venham a exorbitar do objeto social são considerados *ultra vires*.[126]

A *ultra vires doctrine*, formulada em meados do século XIX pelas cortes inglesas, tinha por objetivo evitar desvios de finalidade na condução dos negócios sociais, declarando nulo qualquer ato praticado em nome da sociedade que extrapolasse o seu objeto.[127]

No correr do século XX, veio a ser amenizado o rigor da doutrina, passando-se a ter o ato como inimputável à pessoa jurídica.

A LSA não cuidou dos efeitos do ato *ultra vires*, limitando-se a responsabilizar os administradores pelos atos praticados com violação da lei ou do estatuto. Mas, sobre a validade e eficácia desses atos, manteve-se silente.[128]

---

o objeto social que dá ao acionista dissidente o direito de retirar-se da companhia. Para que se justifique o direito de retirada, é indispensável que a modificação do objeto social seja substancial, de forma que passe a sociedade a atuar em outro ramo de negócios, o que pode implicar alteração do risco empresarial assumido pelo acionista. A mudança do objeto consiste no exercício de atividade diversa daquela para a qual a sociedade foi constituída" (*A lei das S/A comentada*. 2. ed. São Paulo: Quartier Latin, 2015. v. 1, p. 48-49). Comungando com a necessidade da essencialidade, aduz Tavares Borba: "Deve-se, porém, atentar para circunstância de que mudar significa substituir, deslocar, colocar outro no lugar. Entre *mudar* e *alterar* há um evidente distanciamento. Não se muda o objeto da sociedade sem que se lhe retire a essência. Dessarte, a nova redação não alterou o sentido da norma. [...] Anote-se, ademais, que o legislador não grafou 'mudança *no* objeto', mas sim 'mudança *do* objeto', o que denota a ideia de substituição, que se encontra inserta na norma" (*Direito societário*. 14. ed. São Paulo: Atlas, 2015. p. 191).

[125] CAMPINHO, Sérgio. *Curso de direito comercial:* sociedade anônima. 4. ed. São Paulo: Saraiva, 2019. p. 43.

[126] Em razão dessa função do objeto social é que não me parece que a nova redação do inciso III do art. 35 da Lei 8.934/1994, conferida pela Lei 14.195/2021, possa ser vista como uma liberação para a necessidade de se proceder à sua designação precisa e completa, contemplada no § 2º do art. 2º em comento, a qual, portanto, ainda se impõe. Não mais se exigir, em seu texto normativo, a declaração precisa do objeto não significa que não se deva fazê-la. Como o dispositivo cuida de atos que não podem ser arquivados, ele está diretamente relacionado com o exame do estatuto social a ser feito pelo órgão registral, razão pela qual limitou-se a enunciar que o arquivamento está obstado quando não houver "a declaração de seu objeto", não mais preconizando, como na redação anterior, "a declaração precisa de seu objeto", pois não tem como o órgão responsável pelo registro julgar se a declaração é precisa e completa. Essa é uma avaliação que cabe aos sócios fazer e proceder para que a descrição do objeto no estatuto assim o esteja. Ao órgão registral incumbe apenas verificar se formalmente o estatuto contém a declaração do objeto social.

[127] Conforme elucida André Percerou, a não responsabilização da companhia, em virtude de atos ou operações estranhos ao seu objeto, no direito inglês, foi uma consequência da doutrina *ultra vires*, cujo fundamento original assentava-se na identidade entre a existência da companhia e os seus poderes, na lei definidos (*Lois actuelles et projets récents en matière de sociétés par actions [Allemagne. Angleterre. Italie]*. Paris: Rousseau & Cie Editeurs, 1933. p 163 e 164).

[128] Rubens Requião, após externar a constatação acerca do silêncio da Lei 6.404/1976, fazendo alusão às sugestões oferecidas ao Senado Federal, quando por lá rediscutia o projeto que resultou na referida lei, acrescenta: "Debalde apresentamos sugestão de que se definisse na lei a invalidade dos atos *ultra vires* quando prejudiciais à sociedade, admitindo-se sua ratificação pela assembleia geral quando fossem não prejudiciais ou vantajosos" (*Curso de direito comercial*. 30. ed. São Paulo: Saraiva, 2013. v. 2, p. 287).

Em verdade, até o advento do Código Civil de 2002, o direito positivo brasileiro não havia incorporado a doutrina do ato *ultra vires*, prevalecendo o entendimento doutrinário e jurisprudencial de se examinar o caso à luz da teoria da aparência, em atenção à proteção dos terceiros que de boa-fé contratavam com a sociedade.

A partir de sua vigência, no capítulo destinado às sociedades simples, passou-se a ter regra explícita sobre a matéria, nitidamente inspirada na *ultra vires doctrine*. Nos termos do inciso III do parágrafo único do art. 1.015 do Código Civil, tratando-se o negócio jurídico de operação evidentemente estranha aos negócios da sociedade, o excesso do administrador poderia ser oposto ao terceiro.

Sustentava que o inciso III do parágrafo único do prefalado art. 1.015 do Código Civil era aplicável à sociedade anônima, por força do disposto no art. 1.089 do mesmo diploma codificado, em razão da omissão da LSA.[129] O silêncio do legislador de 1976 não foi eloquente, nem afrontava o seu sistema o indigitado dispositivo.

Portanto, os atos *ultra vires* deveriam ser vistos como inimputáveis à companhia. Não estaria ela, assim, vinculada às operações evidentemente estranhas ao seu objeto social.

O objeto da sociedade limita os poderes dos administradores. A sociedade não seria, como regra de princípio, responsável por atos ou operações estranhos ao seu objeto, praticados pelos diretores. Criava-se, para os terceiros que com ela contratavam, a obrigação de verificar, perante a junta comercial, o objeto social declarado no estatuto, antes de negociar com a sociedade, sob pena de o ato firmado ser a ela inimputável, quando efetivamente extrapolasse os limites do seu objeto.[130]

No entanto, a Lei 14.195/2021 expressamente revogou o parágrafo único do art. 1.015 do Código Civil (art. 57, inciso XXIX, alínea *c*), retornando-se, pois, ao tratamento anteriormente dispensado à matéria.

Dessarte, como regra, a companhia é responsável pelos atos *ultra vires* de seus diretores, em prestígio à teoria da aparência e à boa-fé objetiva. A fim de eximir-se, incumbe-lhe provar que o terceiro com quem o negócio jurídico foi celebrado, por intermédio de seu órgão de administração, conhecia o objeto declarado no estatuto social, o qual restou exorbitado. Mas essa é uma orientação que deve ter em conta o homem médio que contrata com a sociedade em circunstâncias dirigidas pela inerente ou usual celeridade para a conclusão do negócio, não havendo, nessas condições, como se cogitar exigir a prévia consulta do estatuto. Diverso, pois, deve ser o tratamento dispensado às contratações realizadas com partes mais qualificadas e em situações em que é habitual, segundo as práticas de mercado, que, durante o curso das negociações, se proceda à investigação do estatuto social. São as hipóteses, por exemplo, de uma sociedade empresária de médio porte que contrata um financiamento especial junto a uma instituição financeira com o escopo de ampliar o seu parque industrial; ou de uma multinacional, fabricante de bebidas, que arregimenta sociedades empresárias para distribuir os seus produtos no território brasileiro. Nesses tipos de avenças é usual e exigível pela cautela que cerca a contratação que os advogados e consultores, tanto da instituição financeira, quanto da multinacional cogitadas, realizem análise detalhada dos contratos sociais ou dos estatutos das pessoas jurídicas que serão contratadas, aferindo não apenas o objeto social, mas também a extensão dos poderes daqueles que presentarão as sociedades nos respectivos negócios jurídicos.

Não se pode olvidar que qualquer interessado pode acessar os assentamentos existentes nas juntas comerciais e obter certidões, mediante a devida retribuição (Lei 8.934/1994, art. 29). Portanto, há que se considerar as condições e posições

---

[129] CAMPINHO, Sérgio. *Curso de direito comercial*: sociedade anônima. 4. ed. São Paulo: Saraiva, 2019. p. 41.

[130] Mas, como sustentava, a regra legal deveria ser interpretada com racionalidade e razoabilidade, podendo ser relativizada em certas situações. Não caberia, em princípio, atingir o consumidor que adquirisse bens ou serviços da companhia, pois, considerada a sua condição de hipossuficiência, não se lhe poderia exigir que se dirigisse ao registro da sociedade e obtivesse a certidão de seu estatuto social para prévio exame. Nas operações de consumo em massa, não deveria a regra ter aplicação, o que, por outro lado, emperraria a fluência do próprio negócio da companhia. Em tais relações, deveriam ser observadas, como fontes inspiradoras de disciplina, as teorias da aparência e da proteção ao terceiro de boa-fé. O dispositivo codificado em questão seria aplicável, por exemplo, junto aos fornecedores e às instituições financeiras e de crédito que operassem com a sociedade e até mesmo em certas relações de consumo nas quais não se fizesse presente a vulnerabilidade do consumidor e que não consistissem em negociação de massa (CAMPINHO, Sérgio. *Curso de direito comercial*: direito de empresa. 16. ed. São Paulo: Saraiva, 2019. p. 229 e 230).

negociais desfrutadas pelas partes no caso concreto, para se exigir como necessária – ou não – a diligência de consulta prévia ao estatuto social, com o objetivo de se aferir a regularidade da contratação. Não se devem vulgarizar as hipóteses de vinculação da companhia ao negócio jurídico realizado ao arrepio do seu objeto social.

Parece, pois, diante do ordenamento jurídico vigente, ser a melhor orientação aquela que apoie e realize a teoria da aparência e a boa-fé objetiva que devem guardar os contratantes para, em princípio, vincular a companhia ao negócio celebrado por seu diretor, caracterizador de ato *ultra vires*. Cumpre a ela o ônus de provar o conhecimento do terceiro do estatuto social para eximir-se da responsabilidade dele derivada, ou demonstrar que, pelas condições e natureza da negociação e pela qualidade profissional do contratante, cabia a ele diligenciar para ter acesso e conhecimento do seu objeto social.

Vinculada a sociedade ao ato *ultra vires*, abre-se-lhe o ensejo de regressivamente responsabilizar o administrador que atuou com o excesso por ela não ratificado e que lhe causou prejuízo.

A mesma orientação deve ser adotada para as hipóteses de uso indevido do nome empresarial, assim caracterizado quando o diretor utiliza a denominação social para fins pessoais ou de terceiros, transgredindo certas restrições estatutárias (*e.g.* vedação à concessão de avais ou fianças em nome da companhia), sem, entretanto, extrapolar do objeto social.

7. Atos *ultra vires*
Ana Frazão

Segundo a teoria do *ultra vires*, criada na Inglaterra na segunda metade do século XIX, a pessoa jurídica não responderia pelos atos dos administradores que extravasassem o objeto social.[131] Em decorrência, tal teoria possibilitava a responsabilização pessoal e direta dos administradores perante terceiros sempre que os primeiros violassem o objeto social, pensamento que teve influência igualmente no direito norte-americano, embora sem o radicalismo do direito inglês,[132] em que tal teoria teve reconhecimento até o final do século XX.[133]

No Brasil, tal teoria já estava em declínio no final do século XX, diante da necessidade de se proteger terceiros de boa-fé. Assim, foi ganhando força a teoria da aparência, segundo a qual a pessoa jurídica estaria vinculada mesmo quando o administrador estivesse agindo fora do objeto social desde que o terceiro não soubesse e não tivesse porque saber da referida violação.

Tal posição está bem retratada na lição de Modesto Carvalhosa,[134] segundo o qual, quando a sociedade pratica atos ou exerce atividades não previstas no seu objeto social, será ela responsável perante aqueles de boa-fé que sofreram os respectivos danos.

Como se pode observar, tal posição é a mais consentânea não somente com a boa-fé, mas também com a alocação de riscos inerente à constituição de uma sociedade por ações. Se é a sociedade que escolhe os administradores, nada mais razoável do que suporte, como regra, os ônus dos excessos destes, até porque tem diversos meios para resolver o problema, que vão da destituição do administrador faltoso ao ajuizamento de ação de reparação de danos contra ele. Logo, tal solução é a que mais bem equilibra os interesses em jogo, uma vez que seria demasiado gravoso para o contratante de boa-fé ter que suportar as consequências da conduta abusiva do administrador da pessoa jurídica com quem contrata.

Entretanto, com o advento do Código Civil de 2002, especialmente em razão da redação dos seus

---

[131] Segundo Rubens Requião (*Curso de direito comercial*. São Paulo: Saraiva, 2003. v. II, p. 218), a teoria do *ultra vires* surgiu a partir do *Joint Stock Companies Act* de 1844, segundo o qual um dos elementos essenciais do ato constitutivo seria a descrição do objeto social, já que a capacidade da sociedade ficava circunscrita a ele. Tal posição foi confirmada pela Casa dos Lordes em 1875.

[132] Isso porque, nos Estados Unidos, havia teorias que amenizavam a do *ultra vires*, tal como a dos poderes implícitos dos administradores, nos termos da doutrina de Rubens Requião (*Curso de direito comercial*. São Paulo: Saraiva, 2003. p. 219-220): "Os tribunais norte-americanos formularam várias teorias jurisprudenciais para prescindir sutilmente da aplicação da doutrina ultra vires, entre as quais a teoria dos poderes implícitos (implied in, or auxiliary to original garant)", sendo que "essa teoria dos poderes implícitos dos administradores, para levar a cabo atos 'acessórios' ao objeto social principal, tem permitido aos tribunais convalidar ad infinitum os atos por aqueles realizados." Daí a sua conclusão (idem) de que "na variada jurisprudência americana, o alcance da doutrina ultra vires foi sendo reduzido".

[133] Em que pese o efeito de deixar os terceiros de boa-fé desamparados, tal teoria apenas entrou em declínio no direito inglês com o *Companies Act* de 1989.

[134] CARVALHOSA, Modesto. *Comentários à Lei de Sociedades Anônimas*. São Paulo: Saraiva, 2003. v. I, p. 17.

arts. 47 e 1.015, surgiu a dúvida sobre se a teoria do *ultra vires* teria retornado ao sistema brasileiro. Todavia, felizmente a maior parte da doutrina e da jurisprudência continuaram a aplicar a boa-fé objetiva e a teoria da aparência. Tal orientação fica clara no trecho culminante da ementa do seguinte julgado do STJ, específico para sociedades por ações:[135]

(...)

1. As limitações estatutárias ao exercício da diretoria, em princípio, são, de fato, matéria *interna corporis*, inoponíveis a terceiros de boa-fé que com a sociedade venham a contratar. E, em linha de princípio, tem-se reconhecido que a pessoa jurídica se obriga perante terceiros de boa-fé por atos praticados por seus administradores com excesso de poder. Precedentes.

2. Nesse passo, é consequência lógica da responsabilidade *externa corporis* da companhia para com terceiros contratantes a responsabilidade *interna corporis* do administrador perante a companhia, em relação às obrigações contraídas com excesso de poder ou desvio do objeto social.

3. Os atos praticados com excesso de poder ou desvio estatutário não guardam relação com a problemática da eficiência da gestão, mas sim com o alcance do poder de representação e, por consequência, com os limites e possibilidades de submissão da pessoa jurídica – externa e internamente. Com efeito, se no âmbito externo os vícios de representação podem não ser aptos a desobrigar a companhia para com terceiros – isso por apreço à boa-fé, aparência e tráfego empresarial –, no âmbito interno fazem romper o nexo de imputação do ato à atividade empresarial. Internamente, a pessoa jurídica não se obriga por ele, exatamente porque manifestado por quem não detinha poderes para tanto. Não são imputáveis à sociedade exatamente porque o são ao administrador que exorbitou dos seus poderes.

4. Portanto, para além dos danos reflexos eventualmente experimentados pela companhia, também responde o diretor perante ela pelas próprias obrigações contraídas com excesso de poder ou fora do objeto social da sociedade.

5. Se a regra é que o administrador se obriga pessoalmente frente a companhia pelos valores despendidos com excesso de poder, quem excepciona essa regra é que deve suportar o ônus de provar o benefício, para que se possa cogitar de compensação entre a obrigação de indenizar e o suposto proveito econômico, se não for possível simplesmente desfazer o ato exorbitante. Vale dizer, com base no princípio da vedação ao enriquecimento sem causa, eventuais acréscimos patrimoniais à pessoa jurídica constituem fatos modificativos ou extintivos do direito do autor, os quais devem ser provados pelo réu (art. 333, inciso II, CPC). (...).

Como se pode observar, o Tribunal fez uma cisão entre a responsabilidade *externa corporis*, por meio da qual a companhia se vincula ao terceiro de boa-fé, e a responsabilidade *interna corporis*, por meio da qual o administrador que age com excesso precisa responder perante a companhia. Vale ressaltar que outros julgados do Tribunal confirmam esse entendimento.[136]

8. Participação da companhia em outras sociedades

Ana Frazão

Para entender melhor a questão da participação em outras sociedades, é importante lembrar que, na primeira metade do século XIX, não se admitia que uma pessoa jurídica pudesse ser sócia de outra, em razão do receio quanto à confusão patrimonial que daí resultaria, bem como quanto às dificuldades que se vislumbravam com a criação de uma estrutura de difícil compreensão e regulação pelo direito.

Entretanto, com o movimento de concentração empresarial que se tornou mais intenso na segunda metade do século XIX, logo se mostrou importante a possibilidade de aquisição de participações de uma sociedade por outra, como uma alternativa a possibilidades de concentração que se mostravam mais difíceis – como os atos de compenetração societária, de que são exemplos as fusões e incorporações – ou mesmo como alternativa a possibilidades de concentração que passaram a ser ilícitas – como ocorreu com os trustes e carteis após a introdução das regras concorrenciais pelo *Sherman Act* norte-americano.

---

[135] STJ, REsp 1.349.233/SP, 4ª T., rel. Min. Luis Felipe Salomão, j. 06.11.2014.

[136] STJ, REsp 887.277/SC, 4ª T., rel. Min. Luis Felipe Salomão, j. 04.11.2014; REsp 1.377.908/RJ, 4ª T., rel. Min. Luis Felipe Salomão, j. 21.05.2013.

Com isso, a possibilidade de que uma sociedade pudesse ser sócia de outra foi sendo utilizada de forma mais intensa, o que acabou tornando os grupos societários os verdadeiros protagonistas da atividade econômica ao longo do século XX. Não é sem razão que o professor Engrácia Antunes[137] inicia uma de suas mais importantes obras dividindo a história do Direito Comercial em três períodos, de acordo com o protagonismo dos agentes econômicos que marcaram cada um deles: (i) o direito dos comerciantes individuais, que prevaleceu da Idade Média até o século XIX; (ii) o direito das sociedades comerciais ou empresas societárias, que preponderou no século XIX; e (iii) o direito dos grupos societários ou empresas plurissocietárias, que se inicia a partir do século XX. Daí a advertência do autor[138] de que, como o direito precisa acompanhar a multiformidade e a evolução constante do fenômeno empresarial, é necessário o desenvolvimento do direito dos grupos societários.

No caso específico do § 3º, do art. 2º, da Lei 6.404/1976, tem-se previsão expressa no sentido de que a "A companhia pode ter por objeto participar de outras sociedades; ainda que não prevista no estatuto, a participação é facultada como meio de realizar o objeto social, ou para beneficiar-se de incentivos fiscais".

Com isso, a Lei cria uma espécie de dicotomia: se prevista no estatuto como objeto da companhia, a participação em outras sociedades é livre. Se não prevista no estatuto, é possível a participação, desde que para realizar o objeto social ou para se beneficiar de incentivos fiscais.

Daí a conclusão de Modesto Carvalhosa[139] de que será obrigatória a menção estatutária da faculdade de participar de outras sociedades sempre que não houver rigorosa conexão e dependência entre a atividade da companhia e das demais nas quais irá participar, sendo desvio de objeto a participação sem previsão estatutária em companhias alheias ao objeto social. Até para evitar tais discussões, o próprio autor[140] recomenda a prudência de se incluir no objeto social a possibilidade de participação.

É importante registrar que, como leciona José Waldecy Lucena,[141] a lei refere-se à participação em qualquer sociedade e não somente em outra sociedade por ações, razão pela qual poderia haver a participação até mesmo em uma sociedade em nome coletivo, em que a responsabilidade pessoal dos sócios é ilimitada.

Por fim, merece registro o fato de que tal parágrafo da Lei 6.404/1976 precisa ser combinado com a Lei 12.529/2012, que considera a aquisição de participações societárias relevantes, especialmente quando levarem ao controle, como atos de concentração, que, a depender dos valores de faturamento anual das partes, serão de notificação obrigatória ao CADE.

9. Interesse, fim e objeto social

Sérgio Campinho

O interesse social (interesse da companhia) é revelado a partir do interesse comum aos acionistas da companhia para a realização do fim social.

O fim social (fim da companhia), como o de qualquer sociedade a partir do advento do Código Civil de 2002, é o da obtenção de lucro, mediante a execução do objeto social.

O objeto social, por seu turno, consiste na atividade econômica de produção ou circulação de bens ou serviços realizada pela companhia, com o propósito de lucro (art. 2º da LSA c/c arts. 966, 981 e 982 do Código Civil). O objeto social é, desse modo, o conjunto de atividades econômicas que a sociedade explora ou pretende desenvolver, nos termos determinados no estatuto. A função primordial do objeto social é a de definir, portanto, o tipo de empresa ou atividade econômica a que a companhia irá se dedicar para atingir o seu intuito final que é, essencialmente, o de gerar lucros para os acionistas.[142]

---

[137] ANTUNES, Engrácia. *Os grupos de sociedades*. Estrutura e organização jurídica da empresa plurissocietária. Coimbra: Almedina, 2002. p. 31-46.

[138] ANTUNES, Engrácia. *Os grupos de sociedades*. Estrutura e organização jurídica da empresa plurissocietária. Coimbra: Almedina, 2002. p. 46.

[139] CARVALHOSA, Modesto. *Comentários à Lei de Sociedades Anônimas*. São Paulo: Saraiva, 2003. v. I, p. 23.

[140] CARVALHOSA, Modesto. *Comentários à Lei de Sociedades Anônimas*. São Paulo: Saraiva, 2003. v. I, p. 23.

[141] LUCENA, José Waldecy. *Das sociedades anônimas*: comentários à lei (arts. 1º a 120). Rio de Janeiro: Renovar, 2009. v. I, p. 57.

[142] Rubens Requião apresenta interessante distinção entre "objetivo social" (objeto social) e "fim social". Eis suas palavras: "é comum a confusão do conceito entre o fim social e objetivo social, mas não existe razão para tanto. O objetivo

Considerado em sua acepção abstrata, o interesse social traduz-se, pois, no direcionamento, na orientação de se alcançar a maximização dos lucros a partir da eficiente exploração do objeto social.[143]

Essa diretriz é também encontrada nos *Principles of the American Law Institute*, ao recomendar que se deva "conduzir os negócios em vista de aumentar o lucro empresarial e o ganho dos acionistas".[144]

O acionista controlador e os administradores, destarte, devem exercer seus poderes e suas atribuições tendo em vista realizar os fins e interesses da companhia, ou seja, devem sempre atuar para alcançar o desenvolvimento do objeto social da forma mais lucrativa possível.

A moderna sociedade anônima, fonte legítima de concretude da grande ou da macroempresa, deve ser sempre orientada e dirigida para satisfazer os seus acionistas com os dividendos, mas sem perder a perspectiva de zelar pelos inúmeros interesses presentes na empresa e decorrentes de sua ação. Não deve ser conduzida pelo seu controlador e dirigida pelos seus administradores apenas na perspectiva fria e isolacionista da maximização dos lucros, utilizada para o benefício exclusivo dos seus acionistas. A empresa por ela desenvolvida reflete um verdadeiro organismo vivo, com múltiplas relações com terceiros, cujos interesses deve respeitar e promover na realização do fim social.

Os esforços de comando e de gestão devem dirigir-se para manter o máximo de lucratividade para seus acionistas, que são os fornecedores de capital, capital esse que têm o dever de preservar. Porém, essa atuação não pode descurar, mas, ao revés, harmonizar-se com os demais interesses: dos empregados, dos prestadores de serviços, dos fornecedores, dos credores, dos consumidores e do público em geral.

10. Definição do interesse da companhia

Sérgio Campinho

Na maior parte das deliberações tomadas ou dos atos provenientes dos órgãos sociais da companhia, as questões envolvidas referem-se à adequação do interesse social ou à sua conveniência. Nessa dimensão, prevalece o princípio da estruturação hierárquica dos órgãos.[145]

A hierarquia orgânica pressupõe a legítima posição de um órgão sobre outro, no sentido de que uma decisão, tomada nos limites da lei e do estatuto, por um órgão hierarquicamente superior, vai impor determinadas condutas aos demais.

Essa funcionalidade justifica legitimar a assembleia geral dos acionistas como o órgão superior para definir o interesse da companhia. O poder da maioria nas deliberações da assembleia geral – princípio majoritário das deliberações –, que é assegurado pela LSA para definir o que é o interesse da companhia, resulta do fato de que os acionistas são os únicos a contribuir para o capital social, o qual se mostra indispensável ao regular funcionamento da sociedade e ao desenvolvimento de sua empresa. Ademais, são eles que suportam o risco da perda desse capital na hipótese de insucesso.[146] O predomínio da vontade majoritária é o instrumento jurídico necessário a garantir a fluência eficiente da vida social.

Mas a administração da empresa desenvolvida pela companhia é de competência privativa

---

social, definido de forma precisa e completa no estatuto (art. 2º, § 2º), indica a espécie de atividade produtiva da sociedade; ao passo que o fim social é, como se disse, a persecução de lucro" (*Curso de direito comercial*. 30. ed. São Paulo: Saraiva, 2013. v. 2, p. 312).

[143] O interesse social vem didaticamente resumido por Coutinho de Abreu, sendo oportuna a citação: "o interesse social há de ser interesse comum aos sócios (enquanto sócios): numa mesma sociedade, uns sócios (enquanto tais) terão normalmente interesses divergentes dos outros sócios – v.g., quanto à participação nos órgãos sociais e à manutenção ou aumento das respectivas posições (e correspondente poder) na sociedade. O interesse social não é feito destas divergências de interesses. É feito, sim, da comunidade de interesses dos sócios. Mas não de qualquer comunidade. Ela só é qualificável como interesse social, quando se ligue à causa comum do acto constituinte da sociedade – que, é, em regra (sabemos já), o escopo lucrativo (todo e qualquer sócio pretende lucrar participando da sociedade); qualquer outro interesse coletivo ou comum de que sejam titulares os sócios já não merece tal qualificação" (*Curso de direito comercial*: sociedades. Coimbra: Almedina, 1999. p. 291-292).

[144] AMERICAN LAW INSTITUTE. *Principles of corporate governance analysis and recommendations*. Saint Paul, MN.: American Law Institute Publishers, 1994. v. 2, p. 201.

[145] LAMY FILHO, Alfredo e PEDREIRA, José Luiz Bulhões. *A lei das S.A*. 3. ed. Rio de Janeiro: Renovar, 1997. v. 1, p. 821.

[146] LAMY FILHO, Alfredo; PEDREIRA, José Luiz Bulhões. *A lei das S.A*. 3. ed. Rio de Janeiro: Renovar, 1997. v. 1, p. 821.

de seus órgãos de administração – conselho de administração e diretoria (art. 139 da LSA). Eles, por certo, na gestão dos negócios da companhia, devem estar comprometidos com a linha de ação definida pelos acionistas nas deliberações da assembleia geral.[147] Entretanto, cabe sublinhar, que os administradores não são instrumentos passivos de decisões de outros órgãos e, muito menos, do acionista controlador. Devem sempre se opor a qualquer comando violador da lei ou do estatuto social. Igualmente, devem objetar qualquer ato usurpador de sua competência privativa. Como os poderes sociais encontram-se institucionalmente repartidos entre os diversos órgãos que compõem a sociedade anônima, cada qual é dotado de soberania no âmbito de sua competência privativa. E essa repartição é fundamental para o equilíbrio das relações de poder na companhia.

Entretanto, repita-se, isso não quer traduzir, por evidente, que os administradores se coloquem alheios à orientação definida pelos acionistas. Afinal, são eles quem os escolhem e arriscam o seu capital. O derradeiro comando acerca da definição dos interesses da companhia compete ao titular do poder político:[148] a assembleia geral dos acionistas ou o acionista controlador,[149] quando houver.

Com efeito, os administradores concretizam a vontade social, expressada através do voto dos acionistas nas assembleias gerais. Ao lado do dever de administrar, desfrutam os administradores de um poder que lhes é atribuído pela comunidade acionária, sem o que não poderiam planejar, orientar e executar as atividades sociais. Incumbe-lhes praticar todos os atos necessários à plena realização da vontade social, sempre visando à eficiente execução do objeto da companhia para gerar resultados a serem partilhados pelos sócios.

11. Objeto social e interesse social: entre contratualismo e institucionalismo

Ana Frazão

Além do objeto social, que corresponde à finalidade imediata da companhia, existe outro parâmetro importantíssimo para balizar a atuação de sócios e administradores: o interesse social, que é uma das mais tormentosas, embora centrais, discussões do Direito Societário, até por corresponder ao que Galgano[150] chama da própria filosofia das sociedades anônimas.

Com efeito, apesar de se tratar de um conceito de difícil definição, o interesse social sempre foi associado à finalidade mediata ou última da atividade empresarial, apresentando verdadeira simbiose com o objeto social, que seria a finalidade imediata.

Há tempos que o debate sobre o tema oscila entre o contratualismo, segundo o qual o interesse social corresponderia ao interesse dos próprios acionistas, e o institucionalismo, segundo o qual o interesse social não poderia ser redutível ao interesse dos acionistas, mas seria algo transcendente aos próprios sócios, em conexão estreita com a função social da empresa.

Mesmo nos Estados Unidos, é célebre o debate entre Berle e Dodd, travado ainda em 1932,[151] que retrata o contraste entre duas visões de

---

[147] Essa concepção de bom senso vem afirmada por Berardino Libonati: "É simplesmente fora do mundo imaginar que os administradores sejam completamente estranhos à linha de ação decidida pelos sócios que os designam em um tipo de abstração gerencial perigosíssima – como muitas vezes destacado pela doutrina – para o equilíbrio societário, no qual, não importa o que se diga, são sócios (e não os administradores) que arriscam seu investimento" (tradução livre). (Il problema della validità dei sindacati di voto: situazione attuale e prospettive. In: BIONELLI, Franco e JAEGER, Pier Giusto. *Sindacati di voto e sindacati di bloco*. Milão: Giuffrè, 1993. p. 22).

[148] LAMY FILHO, Alfredo e PEDREIRA, José Luiz Bulhões. *A lei das S.A*. 3. ed. Rio de Janeiro: Renovar, 1997. v. 1, p. 822.

[149] Analisando o poder de orientação da sociedade, sob a ótica do acionista controlador, Fábio Konder Comparato destaca: "Não há dúvida que o poder de apreciação e decisão sobre a oportunidade e a conveniência do exercício da atividade empresarial, em cada situação conjuntural, cabe ao titular do poder de controle, e só a ele. Trata-se de prerrogativa inerente ao seu direito de comandar [...]". (*O poder de controle na sociedade anônima*. 3. ed. Rio de Janeiro: Forense, 1983. p. 306-307).

[150] GALGANO, Francesco. *Trattato di Diritto Commerciale e di Diritto Pubblico dell'Economia*. Padova: Cedam, 1984. v. VII, p. 61.

[151] O referido debate diz respeito à controvérsia estabelecida entre Adolf A. Berle e. Merrick Dodd nos anos 1930. Em 1931, Berle escreveu importante artigo no qual sustentou que "todos os poderes atribuídos a uma corporação ou à administração de uma corporação, sejam derivados de estatutos, de acordos ou de ambos, não necessariamente e sempre exercitáveis apenas em benefício de todos os acionistas de acordo com seu interesse" (Berle Jr., Adolf A. Corporate powers as powers in trust. *Harvard Law Review*, v. 44, n. 7, maio 1931, p. 1049). Em 1932, de outro lado, Dodd

mundo opostas: a postura contratualista, típica do Estado liberal, que privilegia apenas os interesses dos acionistas, e a postura institucionalista, muitas vezes associada ao Estado social, que procura abarcar interesses de outros *stakeholders*, como trabalhadores, consumidores e a sociedade em geral.

A partir do institucionalismo e de diversos princípios correlatos – como a função social da empresa – passou-se a entender que, embora não se possa definir ou conceituar o interesse social a partir de fórmulas fechadas, ele deve abranger interesses outros que não apenas os dos acionistas, ainda que subsistam muitas dúvidas quanto aos caminhos adequados para a compatibilização de tais interesses. Outra discussão subjacente é a de que a racionalidade empresarial precisa direcionar-se igualmente para o atendimento de padrões mínimos de justiça.[152]

Essa nova abordagem não pode levar, entretanto, à conclusão de que os interesses dos acionistas devam ser preteridos ou subordinados incondicionalmente aos demais interesses que se projetam sobre a empresa. Se assim fosse, haveria uma indevida publicização da atividade empresarial, o que é frontalmente repelido pela Constituição brasileira, a exemplo do que ocorre em diversos outros países.

Ademais, principalmente nas companhias abertas com grande base acionária, a proteção dos acionistas minoritários e dos investidores não representa um interesse apenas privado, mas envolve questão social relevante, concernente à manutenção do mercado de capitais e à proteção da poupança popular investida em ações e demais valores mobiliários.

No que diz respeito à função social da empresa,[153] esta também se vincula à sua função econômica de gerar lucros, sem o que não haveria investimento. É por isso que, na atualidade, o contratualismo e o institucionalismo, longe de serem excludentes, precisam ser integrados em abordagens que não sejam maniqueístas e possam contemplar todas as importantes facetas do interesse social.

Sob essa perspectiva, é fácil entender porque existem, no direito estrangeiro, várias tentativas de equilibrar aspectos do contratualismo e do institucionalismo, atribuindo aos gestores de companhias a delicada missão de tutelar os interesses dos acionistas e investidores em harmonia com os demais interesses que se projetam sobre a empresa.

Tal esforço conciliatório impõe-se, com maior razão, no caso brasileiro, pois os princípios da ordem econômica, previstos no art. 170, da CF, ampliam a noção de interesse social e os propósitos do Direito Societário, ao mesmo tempo que prestigiam a livre iniciativa, os interesses dos acionistas e a dimensão individual de suas participações societárias.

É certo que se trata de complexo e delicado equilíbrio, motivo pelo qual a ampliação do interesse social tem como consequência inexorável o aumento expressivo do nível de complexidade da gestão das companhias, suscitando diversas discussões, tais como a de que grupos sociais devem ser beneficiários diretos da atividade empresarial e como resolver os conflitos entre eles.

Outra importante questão é a de saber em que medida se pode exigir dos gestores, sob pena da sua responsabilidade pessoal, o cumprimento da "missão universal" de mediar, equilibrar e atender adequadamente todos os interesses envolvidos na atividade empresarial, quando não há clareza nem mesmo sobre a exata delimitação destes. Não obstante a dificuldade dessa questão, trata-se de desafio a ser enfrentado.

---

argumentou que o direito deve reconhecer que as corporações não devem servir tão somente à maximização dos lucros dos sócios, mas também deve proteger outros interesses relevantes, a exemplo dos consumidores e do poder público (Dodd Jr., E. Merrick. For whom are corporate managers trustees? *Harvard Law Review*. v. 45, n. 7, p. 1145-1163, maio 1932). Ver, no mesmo sentido: FRAZÃO, Ana. *Função social da empresa:* repercussões sobre a responsabilidade civil de controladores e administradores de S/As. Rio de Janeiro: Renovar, 2011.

[152] É esta a lição de Horst Steimann (The enterprise as a political system. In: HOPT, Klaus e TEUBNER, Gunther (org.). *Corporate Governance and Directors' Liabilities. Legal, Economic and Sociological Analyses on Corporate Social Responsibility*. Berlin/New York: Walter de Gruyter, 1985. p. 401-402), ao mostrar que o Manifesto de Davos ocorrido em 1974 destacou a necessidade de que a administração de companhias pondere os interesses conflitantes dos quatro grupos envolvidos – acionistas, empregados, consumidores e sociedade em geral – de forma justa, de maneira que a obtenção de lucros deixe de ser um fim em si mesma, passando a ser instrumento para a conciliação de todos os interesses envolvidos. Daí a relação entre a racionalidade empresarial e a justiça.

[153] Para mais informações, ver FRAZÃO, Ana. *Função social da empresa*. Repercussões sobre a responsabilidade civil de controladores e administradores de S/As. Rio de Janeiro: Renovar, 2011.

Uma boa referência sobre o tema é o direito inglês, cujo *Companies Act* de 2006 deixa claro que o dever fundamental do gestor é promover o sucesso da companhia (*duty to promote the success of the company*) em benefício dos acionistas, mas sempre em atenção a outros interesses, tais como os dos trabalhadores, fornecedores, clientes, assim como o das comunidades e do meio ambiente.

Como explica Catarina Serra,[154] trata-se de uma versão moderna do dever de lealdade, baseado em novo interesse social, que começou a ser chamado de interesse social iluminado ou esclarecido (*enlightened shareholder value*).

12. Interesse social: distorções da teoria da maximização do valor das ações no curto prazo

Ana Frazão

Não obstante as discussões mencionadas na seção anterior, ainda existe grande resistência à adoção dessa visão maior de interesse social na prática societária, em razão da influência cada vez maior de abordagens economicistas, que insistem em que as companhias apenas podem ter por objetivo a maximização do valor das ações. Daí a prevalência, na prática, da ideia de interesse social restrito à maximização do valor das ações (*maximization value theory*) no curto prazo (*short termism*).

Tanto é assim que, depois de décadas de debate, os eminentes professores Henry Hansmann e Reinier Kraakman publicaram, em 2000, instigante artigo cujo título *The End of History for Corporate Law*[155] já antecipava a bombástica conclusão a que chegaram: a história do Direito das Corporações havia chegado ao fim. Por uma série de razões, os autores defendiam a existência de consenso no sentido de que o interesse a ser buscado pelas companhias seria o interesse dos acionistas, até mesmo em razão do insucesso de outros modelos com maior viés institucionalista, tais como o gerencial (*the managerialist model*), o de co-gestão com trabalhadores (*the labor-oriented model*) e o que sofre maior ingerência do estado (*the state-oriented model*).

Entretanto, logo após, no ano de 2001, o escândalo Enron descortinou o perigo de que as companhias perseguissem apenas os interesses dos acionistas, ainda mais quando estes eram associados unicamente à maximização do valor das ações e tal objetivo era buscado a qualquer preço, inclusive por meio de fraudes e manipulações contábeis.

Aliás, antes mesmo do escândalo da Enron, já havia evidências no sentido de que o debate a respeito do que deveria ser o interesse social das companhias ainda persistia com intensidade. Não é sem razão que Leonard Rotman, no artigo *Debunking the 'End of History' Thesis for Corporate Law*,[156] aponta que a tese proposta por Hansmann e Kraakman seria ou prematura ou incorreta, na medida em que não era apoiada pela jurisprudência nem dos Estados Unidos nem do Canadá.

Em sentido semelhante, Lynn Stout,[157] no seu livro *The shareholder value myth. How putting shareholders first harms investors, corporations and the public*, também afirma que o Direito das Corporações norte-americano nunca exigiu de diretores de companhias abertas que pautassem suas ações exclusivamente pela maximização do valor das ações ou mesmo pela maximização da riqueza dos acionistas. Pelo contrário, segundo a autora, o direito lhes concederia considerável grau de discricionariedade para dirigir companhias abertas voltadas para outros fins, tais como o crescimento da empresa, o investimento em qualidade de produtos, a proteção de empregados e mesmo o atendimento do interesse público. Daí a sua conclusão de que a teoria da maximização do valor das ações, que começa a aflorar no início dos anos 90, é uma escolha gerencial e não uma exigência legal.

Ocorre que os efeitos dessa concepção de interesse social têm sido cada vez mais nefastos. Em seu livro *Why they do it?*, o professor Eugene

---

[154] SERRA, Catarina. O Novo Governo das Sociedades: para uma governação socialmente responsável. *Scientia Iuris*, Londrina, v. 14, p. 161-162, 2010.

[155] Yale *Law School Working Paper* n. 235; *NYU Working Paper* n. 013; *Harvard Law School Discussion Paper* n. 280; *Yale SOM Working Paper* n. ICF – 00-09.

[156] *Boston College International and Comparative Law Review*, v. 33, n. 2, p. 219, 2010. Disponível em: https://papers.ssrn.com/sol3/papers.cfm?abstract_id=1517846. Acesso em: 8 jan. 2020.

[157] *The shareholder value myth. How putting shareholders first harms investors, corporations and the public*. São Francisco: Berrett-Koehler Publishers, 2012. p. 3-4.

Soltes,[158] depois de oito anos de pesquisas sobre os motivos que levam à prática dos ilícitos de colarinho branco, incluindo entrevistas com executivos processados ou presos por ilícitos dessa espécie, concluiu que os crimes de colarinho branco não decorrem de um cálculo de custo-benefício, ao contrário do que se poderia intuir a partir da análise econômica do direito. Pelo contrário, muitos dos executivos entrevistados não pensaram cuidadosamente sobre as consequências dos seus atos até serem descobertos. Mais do que isso, os executivos entrevistados normalmente ultrapassaram a linha do que separa o certo do errado porque entendiam que aquilo ajudava as suas empresas a aumentarem os lucros.

As conclusões do professor mostram que a cultura corporativa de obtenção de lucros a qualquer preço, tal como ensinada nas principais escolas de negócio do mundo e propagada nos ambientes corporativos, pode ter um importante papel para justificar crimes de colarinho branco, atos de corrupção e outros desvios e ilicitudes.

É importante notar que existe uma relação quase umbilical entre as teorias do *shareholder value* e do *short-termism*, assim como os efeitos de ambas apenas podem ser suficientemente compreendidos no contexto atual da financeirização da economia, diante da qual as companhias são vistas essencialmente como conjuntos de ativos financeiros. Na verdade, a própria financeirização da economia pode ser compreendida como consequência da emergência de novas formas de controle e gerenciamento com base no *shareholder value*, o que implica uma reconceitualização da natureza da própria empresa, vista crescentemente como um pacote de ativos (*bundle of assets*), sujeito ao aumento ou desmantelamento por parte dos executivos de acordo com o mercado.[159]

Obviamente que os administradores ou *top managers* das companhias não agem de acordo com tais pressupostos apenas por acreditarem nas teorias ou no fato de que estão fazendo o melhor para os seus acionistas. Eles agem assim também – ou principalmente – em razão dos incentivos financeiros próprios, já que uma das consequências da aplicação prática do arcabouço teórico acima descrito é que a remuneração dos administradores passa a ser feita progressivamente por meio de parcelas variáveis em razão da sua performance, a ser medida pela valorização das ações. Uma das consequências é que, conforme o caso, o interesse dos administradores pode predominar sobre o interesse dos próprios acionistas na gestão empresarial.

Com efeito, a questão do pagamento dos administradores está longe de ser trivial e provavelmente muitos dos problemas atuais da gestão empresarial decorrem dessa circunstância. Como a maior parte da remuneração é vinculada à performance, que, por sua vez, está atrelada à valorização das ações, o resultado é a obsessão pelos ganhos trimestrais em detrimento dos ganhos de longo prazo.

Uma das consequências preocupantes dos incentivos econômicos mencionados, segundo Joseph Stiglitz,[160] é a excessiva assunção de riscos (*excessive risk-taking*), já que a *shareholder revolution* faz com que os CEOs busquem retornos a curto prazo de qualquer jeito, mesmo às custas de várias consequências nefastas, tais como (i) redução de investimentos em inovações saudáveis e a prosperidade a longo prazo; (ii) tratamento de empregados como responsabilidades de curto prazo e não como ativos de longo prazo; (iii) crescente desproporção entre a remuneração dos executivos, que chegou a patamares que não podem ser justificados por sua produtividade; (iv) crescente adoção do que se chama de *creative accounting*, para aumentar valor das ações e consequentemente inflar a remuneração dos CEOs; (v) grande aumento dos percentuais do faturamento das companhias destinados à recompra de ações e distribuição de dividendos, já que o fato de parte da remuneração dos CEOs ser em *stocks options* cria um grande incentivo para usar o dinheiro da companhia para comprar de volta suas ações, fazendo o preço subir.

Observa-se, a partir da breve descrição, que o cenário é preocupante sob diversos aspectos, especialmente no que diz respeito à inovação e à falta de investimento. Como também já apontou Michael

---

[158] *Why they do it.* Insite the mind of the white-collar criminal. New York: Public Affairs, 2017.

[159] Ver KRIPPNER, Gretta. *Capitalizing on crisis:* the political origins of the rise of finance. Cambridge: Harvard University Press, 2011.

[160] STIGLITZ, Joseph. *Rewriting the rules of the American Economy:* na agenda for growth and shared prosperity. Nova Iorque: W. W. Norton, 2015.

Hudson,[161] pesquisadores de Stanford concluíram que a pressão pelos ganhos a curto prazo vem reduzindo os gastos com pesquisa e desenvolvimento – especialmente nas companhias abertas – e ainda reduzindo o crescimento da economia americana ano a ano.

Portanto, o resultado prático da conjugação das teorias do *shareholder value* e do *short-termism* é que a busca de lucro tem sido alcançada às custas da inovação, da força de trabalho qualificada ou dos gastos essenciais de capital para sustentar crescimento de longo prazo.

Consequentemente, mesmo empresas não financeiras passam a ser orientadas para o lucro de curto prazo, ainda que proveniente de arriscados investimentos financeiros, tal como se observou no Brasil a partir dos famosos casos da Sadia e da Aracruz. Uma consequência do processo é a transformação de sociedades não financeiras em financeiras, com o consequente desestímulo para investimento em capacidade produtiva de longo prazo baseada em tecnologia, e a dependência cada vez maior das atividades financeiras.

Entretanto, além desses efeitos, que poderiam ser considerados até como naturais e esperados diante dos pressupostos adotados pelas teorias analisadas, as teorias do *shareholder value* e do *short-termism* podem também estar levando a outros tipos de efeitos reflexos e igualmente preocupantes: a criação de uma cultura corporativa que, a pretexto de buscar lucros a qualquer preço, acabe sendo propícia ou excessivamente condescendente à prática de crimes e atos de corrupção.

Como Lynn Stout[162] afirma, a *shareholder value theory* tem como consequência reduzir a gestão ao seu mínimo denominador moral, o que permite que a companhia seja vista como uma "criatura psicopata", na medida em que não pode nem reconhecer nem agir de acordo com razões morais. É inequívoco que tal aspecto, ainda mais quando associado à crescente falta de discussões éticas nas escolas de negócios e nos ambientes corporativos, cria um contexto favorável para a prática de toda a sorte de deslizes morais e jurídicos.

Já se viu, com base no diagnóstico de Stiglitz, que a cultura corporativa atual possibilita que o setor financeiro deixe de servir à economia como um todo para servir a si mesmo, criando um ambiente econômico em que as corporações, financeiras ou não, deixaram de servir a outros interessados (*stakeholders*) e mesmo aos acionistas (*stockholders*) para servir apenas aos interesses da alta administração (*top managers*), o que tem como resultado prático comportamentos orientados para o curso prazo, subinvestimento em empregos e, no futuro, pouco crescimento, maiores preços e ainda maior desigualdade.

Entretanto, está na hora de avançar em outro importante desdobramento de tais teorias, para o fim de analisar em que medida a cultura corporativa delas decorrente também não tem um papel crucial no fomento ou estímulo à prática de ilícitos, mesmo quando severas penalidades são atribuídas pela legislação.

Sobre isso, é importante deixar claro que em nenhum momento se afirma que as referidas teorias autorizam expressamente a prática de ilícitos. O que se aponta é que, ao terem como única preocupação o lucro de curto prazo, sem maiores reflexões sobre restrições ou barreiras éticas, acabam criando um contexto cultural propício para a prática de ilicitudes.

Voltando à obra de Soltes, é forçoso convir em que há algo de muito errado quando executivos não conseguem entender a dimensão de ilicitude de suas condutas, quando não conseguem calcular os riscos pessoais dos seus ilícitos ou quando ainda acham que, ao praticar ilícitos, estão ajudando as suas empresas.

Se não se pode atribuir às teorias mencionadas a responsabilidade direta por esse triste cenário, também não se pode afastar o seu papel na formação de uma cultura corporativa que, ao extirpar dos objetivos da gestão qualquer dimensão coletiva ou não relacionada à busca dos lucros, torna difícil a implementação de parâmetros de gestão baseados na ética e no cumprimento do direito.

13. Interesse social: novas abordagens

Ana Frazão

Além de todos os inconvenientes e distorções já mencionados, uma concepção estritamente financeira do interesse social – vinculada à

---

[161] HUDSON, Michael. *Killing the host:* how financial parasites and debt bondage destroy the global economy. Petrolia: Counterpunch, 2015.

[162] STOUT, Lynn. *The shareholder value myth:* how putting shareholders first harms investors, corporations, and the public. San Francisco: Berrett-Koehler Publishers, 2012.

maximização do valor das ações a curto prazo – não endereça um problema sério, que foi colocado em evidência no artigo *Companies Should Maximize Shareholder Welfare Not Market Value*, cuja primeira versão foi publicada em 2016 pelos igualmente eminentes professores Oliver Hart e Luigi Zingales,[163] e que se propõe a responder a seguinte pergunta: qual é a função objetiva apropriada para uma empresa, especialmente uma companhia aberta?

Tomando como ponto de partida o famoso artigo de Milton Friedman, publicado na *New York Times Magazine* em 1970, em que o autor sustenta que a responsabilidade dos administradores de companhias abertas seria apenas a de fazer a maior quantidade de dinheiro possível, Hart e Zingales concordam com o fato de que as companhias abertas devem ter o bem-estar do acionista (*shareholder welfare*) como um objetivo apropriado. Entretanto, entendem que é muito estreito confundi-lo com o valor de mercado das ações.

Segundo os autores, as pessoas que investem em ações obviamente se preocupam com dinheiro, mas não só com isso, orientando suas condutas também com base em preocupações éticas e sociais, como as observadas nas hipóteses do consumo consciente.

Daí a pergunta: se os consumidores e acionistas de companhias privadas levam em consideração fatores sociais para o fim de internalizar externalidades, por que eles não iriam desejar que as companhias nas quais investem ou das quais adquirem produtos ou serviços fizessem o mesmo?

A resposta de Friedman é que deve haver a diferenciação entre as atividades lucrativas e as atividades éticas, com a consequente segmentação entre os fins das companhias e os fins dos indivíduos e governos. Somente essa separação justificaria deixar as companhias fazendo dinheiro enquanto indivíduos e governos lidam com as externalidades.

Já Hart e Zingales entendem que essa separação é possível apenas quando o *profit-making* e o *damage-generating* da companhia são separáveis ou o governo perfeitamente internaliza as externalidades com leis e regulação. Como consideram que nenhuma dessas hipóteses é muito plausível, até porque lucros e danos estão normalmente conectados, consideram falha a teoria de Friedman.

Por outro lado, a separabilidade proposta por Friedman também não se justificaria nem sob a ótica dos consumidores, pois não faria sentido que estes tivessem projetos que fossem o reverso dos projetos implementados pelas companhias, nem sob a ótica do governo, pois não é correto que este tenha que suportar todas as externalidades da atividade empresarial.

Logo, sempre que tais aspectos não forem separáveis, entendem os autores que as preocupações éticas devem ser também inseridas nos propósitos das companhias. Por essa razão, defendem que o bem-estar do acionista não se confunde com a maximização do valor das ações e que as companhias precisam maximizar o primeiro e não o último. Consequentemente, apesar dos riscos e dos custos inerentes a tal proposta, até porque questões éticas são de difícil quantificação, há que se buscar soluções para a solução desses problemas.

Tais considerações são muito pertinentes para a realidade brasileira, em que a própria Constituição Federal estabelece, como princípio estruturante da ordem econômica, o de assegurar a todos uma existência digna em conformidade aos ditames da justiça social (CF, art. 170), assim como a Lei 6.404/1976 assegura expressamente a função social da empresa tanto em relação aos controladores (art. 116, parágrafo único), como em relação aos administradores (art. 154).

Portanto, em um país como o Brasil, o debate sobre o interesse social das companhias não deve ocorrer apenas no plano das ideias e de visões de mundo, pois é necessariamente pautado pelas referências constitucionais e legais pertinentes, que não deixam dúvidas de que o interesse das companhias é maior do que o interesse dos acionistas.

Por mais que não seja simples operacionalizar essa ampla e sofisticada noção de interesse social, que jamais pode ser incompatível com a função lucrativa inerente a qualquer companhia, é preciso se refletir sobre alternativas nesse sentido, motivo pelo qual a proposta de Hart e Zingales, além de reavivar o debate, merece ser analisada com a devida atenção, inclusive no que diz respeito aos demais tipos societários.

Tais reflexões são ainda mais urgentes quando se observa que, em 19.08.2019, o *Business Roundtable* (BRT), organização que tem cerca das 200

---

[163] Hart e Zingales. *Companies Should Maximize Shareholder Welfare Not Market Value*. Disponível em: https://scholar.harvard.edu/files/hart/files/should_.july16_2.03.16_pm_2.04.33_pm.pdf. Acesso em: 08.01.2020.

mais importantes empresas norte-americanas, que geram receitas de 7 trilhões de dólares anualmente, anunciou nova declaração sobre o que devem ser os propósitos de uma empresa. No documento, que foi assinado por 181 CEOs, dentre os quais os representantes do Walmart e do J.P. Morgan, os membros se comprometeram a gerenciar suas companhias com o objetivo de beneficiar todos os cinco grandes grupos de interessados (*stakeholders*): acionistas, consumidores, empregados, fornecedores e comunidades.[164]

Verdade seja dita que a declaração não esclarece como tais interesses serão contemplados e endereçados por meio da gestão empresarial, embora fique evidente que tais metas ou objetivos devem ser buscados por iniciativa própria das empresas, sem qualquer pretensão de lhes conferir qualquer nota de obrigatoriedade.

Acresce que não há maior clareza a respeito da competência do Direito Societário para endereçar diretamente esse tipo de discussão. É por essas razões que alguns autores mantêm sua postura de maior ceticismo em relação à maior abertura do Direito Societário.

Segundo Luca Enriques *et al.*,[165] a questão não é saber se os interessados não contratuais da companhia merecem proteção – eles claramente merecem – mas sim se o Direito Societário é o canal apropriado para isso, quando outros campos da lei podem ser mais apropriados. Acresce que, para os autores, há que se pensar no risco de que o Direito Societário seja alvo de populismo ou mal guiado para esforços de reforma que vão minar a eficiência do regime sem gerar qualquer ganho significativo para os demais interessados.

Daí por que, no âmbito societário, considerando que o alinhamento perfeito entre todos esses interesses é implausível, os autores[166] propugnam por soluções indiretas, como as exigências de *disclosure* impostas para companhias abertas em relação não apenas a dados financeiros, mas também a dados não financeiros ou "sociais".

Tais soluções indiretas são de extrema importância, na medida em que podem dar azo a uma concorrência saudável pelo cumprimento de outros objetivos e metas que não sejam apenas as financeiras, o que pode ser um importante atrativo tanto para consumidores, como para investidores. Da mesma maneira, iniciativas espontâneas de autorregulação e de *compliance* poderão ser de grande valia na definição de tais parâmetros.

É de se festejar, portanto, soluções contratuais que, a exemplo do Regulamento do Novo Mercado, exigem que a companhia elabore e divulgue código de conduta que contemple, no mínimo, os princípios e os valores da companhia, as regras objetivas relacionadas à necessidade de *compliance* e conhecimento sobre a legislação e a regulamentação em vigor, em especial, às normas de proteção à informação sigilosa da companhia, combate à corrupção, além das políticas da companhia, incluindo os deveres em relação à sociedade civil, como responsabilidade socioambiental, respeito aos direitos humanos, e às relações de trabalho (art. 31 do Regulamento do Novo Mercado).

Entretanto, considerando todos os riscos e distorções das posturas contratualistas vinculadas à *shareholder value theory* e ainda que o interesse social é fundamental para a solução das principais controvérsias do Direito Societário, por mais que haja avanços na autorregulação e no *compliance*, dificilmente será possível dispensar o papel da heterorregulação nesse aspecto, ainda mais quando se trata de resolver os diversos conflitos de agência inerentes às sociedades por ações.

Por essa razão, não há como avançar na matéria sem enfrentar essa discussão, encontrando parâmetros que sejam compatíveis com a ordem constitucional brasileira e adequados para a composição dos diversos conflitos de agência inerentes às sociedades por ações e para o endereçamento das diversas externalidades negativas que podem resultar das suas atividades.

---

[164] Para mais informações, ver FRAZÃO, Ana. A liberdade econômica e os propósitos da atividade empresarial. O que muda com a recente redefinição do Business Roundtable. *Jota*. Disponível em: https://www.jota.info/opiniao-e-analise/colunas/constituicao-empresa-e-mercado/a-liberdade-economica-e-os-propositos-da-atividade-empresarial-28082019.

[165] ENRIQUES, Luca *et al*. The basic governance structure: minority shareholders and non-shareholders constituencies. In: Kraakman *et al. The Anatomy of Corporate Law*. A comparative and functional approach. New York: Oxford University Press, 2017. p. 93.

[166] ENRIQUES, Luca *et al*. The basic governance structure: minority shareholders and non-shareholders constituencies. In: Kraakman *et al. The Anatomy of Corporate Law*. A comparative and functional approach. New York: Oxford University Press, 2017. p. 94.

Para isso, as teorias econômicas podem ter um importante papel para a compreensão e regulação da atividade empresarial e societária, mas este sempre será instrumental, jamais se podendo afastar as preocupações jurídicas e éticas que se projetam sobre tema de tal envergadura.

> **Denominação**
>
> **Art. 3º** A sociedade será designada por denominação acompanhada das expressões "companhia" ou "sociedade anônima", expressas por extenso ou abreviadamente mas vedada a utilização da primeira ao final.
>
> § 1º O nome do fundador, acionista, ou pessoa que por qualquer outro modo tenha concorrido para o êxito da empresa, poderá figurar na denominação.
>
> § 2º Se a denominação for idêntica ou semelhante a de companhia já existente, assistirá à prejudicada o direito de requerer a modificação, por via administrativa (artigo 97) ou em juízo, e demandar as perdas e danos resultantes.

COMENTÁRIOS

1. Nome empresarial: funções, princípios e disciplina normativa

Mauricio Moreira Menezes

O nome empresarial constitui, segundo a doutrina clássica de Rubens Requião, elemento da empresa, destinado a identificar o empresário.[167] Nesse sentido, distingue-se da marca, cujo escopo encontra-se relacionado com a identificação do produto ou do serviço. Não obstante, o conflito entre nome e marca, adiante comentado, constitui questão que é levada, recorrentemente, ao Judiciário.

Assim, subsiste interessante interseção entre as funções da marca e do nome, em virtude do fenômeno conhecido como "objetivação do nome", segundo o qual se defende ter ocorrido a aproximação entre o nome e os direitos de propriedade industrial, com importante repercussão no texto normativo.

Com efeito, consta do art. 5º, XXIX, da CF, que "a lei assegurará aos autores de inventos industriais privilégio temporário para sua utilização, bem como proteção às criações industriais, à propriedade das marcas, aos nomes de empresas e a outros signos distintivos, tendo em vista o interesse social e o desenvolvimento tecnológico e econômico do País". Repare-se que o Constituinte não apenas inseriu o nome no "bloco" de direitos de propriedade industrial, como, especialmente, a ele se refere como "nome de empresa", declarando, expressamente, vinculação entre o nome e a atividade (empresa), sem considerar a pessoa do empresário.[168]

Por essa razão, a doutrina de Gama Cerqueira se referiu, há décadas, à duplicidade de funções do nome, sendo elas subjetiva e objetiva.[169]

Nessa linha de raciocínio, a função subjetiva liga-se àquela histórica e corresponde ao ponto de partida dos efeitos gerados pelo nome empresarial. Logo, pode-se dizer que, até o Século XIX, a exposição efetiva do empresário (ou antigo comerciante) no mercado, a conquista de credibilidade e a construção de sua boa reputação encontravam-se no entorno de seu nome.

No campo dos elementos de identificação da atividade do empresário, ainda estava em construção, em diferentes países, um sistema jurídico que deles tratasse de maneira coordenada, cujo marco legislativo veio a ser a Convenção da União de Paris ("Convenção de Paris para Proteção da Propriedade Industrial"), firmada em 20 de março de 1883 e revista em 1900, 1911, 1925, 1934, 1958 e 1967. Embora houvesse, desde o Século XVII, normas que visavam assegurar o uso exclusivo das invenções (com destaque para o "Statute of Monopolies" inglês, de 1623), não havia um sistema jurídico "marcário", pois que não se havia instaurado a sociedade de consumo, a qual, mais tarde, estabeleceu o ritmo acelerado da produção em larga escala.

Logo, o desenvolvimento da economia de mercado, após a primeira Revolução Industrial, alterou substancialmente o modo de relacionamento entre os agentes econômicos e consumidores. A

---

[167] REQUIÃO, Rubens. *Curso de direito comercial*. 33. ed. São Paulo: Saraiva, 2014. v. 1, p. 291 e ss.

[168] O revogado Dec.-lei 254, de 28 de fevereiro de 1967, havia adotado, precocemente, a expressão "nome de empresa", em substituição a nome comercial, atraindo críticas da doutrina especializada daquela época, pouco afeita à tendência de objetivação do nome.

[169] CERQUEIRA, João da Gama. *Tratado da propriedade industrial*. 2. ed. São Paulo: RT, 1982. v. 2, p. 1159-1162.

função mercadológica da marca do produto ou do serviço passou a prevalecer, para fins distintivos. Uma realidade que se firmou definitivamente, de tal forma que, não raramente, pouco se sabe sobre o empresário, mas muito se conhece da excelência do produto, em razão de sua marca.

À luz dessas considerações, a função subjetiva do nome, que é identificar o empresário, conheceu uma perda relativa de relevância, em face da expansão da organização empresária. A busca de credibilidade deixou de depender exclusivamente da pessoa física do empresário e a função objetiva do nome, ao identificar a qualidade da coordenação dos fatores de produção, tornou-se decisiva para a abertura de mercados.

Evidentemente, em certas circunstâncias, aquela função subjetiva se torna presente, especialmente para destacar a reputação da pessoa do empreendedor que está por trás da organização empresária, sobretudo no âmbito das relações instituídas entre agentes econômicos (i.e., fornecedores, investidores, credores e concorrentes). Trata-se de uma questão de estratégia de negócio, razão pela qual o § 1º do art. 3º da LSA flexibilizou a antiga fórmula de formação da denominação e autorizou a inserção do "nome do fundador, acionista, ou pessoa que por qualquer outro modo tenha concorrido para o êxito da empresa", conferindo ao particular amplo leque de opções para composição do nome empresarial da sociedade anônima.

A propósito da formação do nome, o art. 34 da Lei 8.934/1994 determina sua realização em atenção aos princípios da veracidade e da novidade.

Segundo o princípio da veracidade, os elementos indicados no nome devem corresponder à questão de fato, o que se mostra particularmente relevante quanto à descrição do nome civil dos sócios na firma, caso seja ela adotada como espécie de nome empresarial, e, ainda, à indicação do tipo societário (companhia, sociedade limitada, sociedade em nome coletivo etc.).

Por sua vez, o princípio da novidade está relacionado com a disciplina de proteção ao nome. A rigor, no Brasil, a proteção do nome não exige um registro próprio. Com efeito, diferentemente do regime de proteção da marca, que deve ser registrada perante o Instituto Nacional da Propriedade Industrial – INPI (art. 129, Lei 9.279/1996), o nome empresarial não é levado a registro. Nesse sentido, a proteção ao nome resulta automaticamente do registro do empresário, pessoa física ou jurídica, a ser realizado junto ao Registro de Empresas (art. 33, da Lei 8.934/1994).

Exatamente por força do princípio da novidade, dispõe o art. 3º, § 2º, LSA que "se a denominação for idêntica ou semelhante a de companhia já existente, assistirá à prejudicada o direito de requerer a modificação, por via administrativa (artigo 97) ou em juízo, e demandar as perdas e danos resultantes".

Na prática, conforme descrito no referido art. 97, LSA, o cumprimento do requisito de novidade é verificado de ofício pela Junta Comercial, que poderá formular exigência para o registro do ato constitutivo da companhia (art. 97, *caput*, LSA, c/c art. 40, § 1º, da Lei 8.934/1994).

Apenas na hipotética falha no exame das formalidades legais pela Junta Comercial, poderá o terceiro requerer a modificação da denominação. Se pela via administrativa, deverá observar o procedimento revisional de que tratam os arts. 44 e ss., da Lei 8.934/1994, para fins de pleitear o desarquivamento do ato societário.

De qualquer maneira, a via judicial estará aberta para a anulação do registro (perante a Justiça Federal, competente para processar e julgar controvérsias em matéria de Registro de Empresas) e para se exigir que o infrator se abstenha de usar a denominação idêntica ou semelhante à sua, cumulando tal pretensão com eventual pedido indenizatório por perdas sofridas (perante a Justiça Estadual, competente para processar e julgar litígios entre os agentes privados).

Logo, previamente ao registro do empresário, recomenda-se proceder à busca prévia do nome empresarial que se pretende adotar, por meio de procedimento instaurado perante a Junta Comercial competente (i.e., localizada no Estado onde será explorada a atividade empresária), para que seja verificada eventual colisão com outros nomes que já gozem de proteção.

A disciplina normativa do nome empresarial pode ser assim resumida:

a) Constituição Federal, art. 5º, XXIX, acima reproduzido;

b) Convenção de Paris para Proteção da Propriedade Industrial, cuja última revisão (Estocolmo, 1967), passou a viger no Brasil por meio do Dec. 75.572/1975 e, quanto à adesão aos arts 1º a 12 e à vinculação ao art. 28, alínea 1, por meio do Dec. 635/1992, valendo destacar seu art. 8: "O nome comercial será protegido em todos os países da União sem obrigações de depósito ou de registro, quer faça ou não parte de uma marca de fábrica ou de comércio";

c) Lei 8.934/1994, arts. 33 a 35-A, que tratam da proteção ao nome e dos princípios da veracidade e da novidade;
d) Lei 9.279/1996, no que se refere aos efeitos de infrações aos direitos de propriedade industrial, à concorrência e ao conteúdo do nome empresarial, conforme dispõem os arts. 191 e 195, V;
e) Código Civil, arts. 1.155 a 1.168;
f) LSA, art. 3º;
g) e, no campo regulatório, a Instrução Normativa DREI/MEMP 1, de 5 de janeiro de 2025.

2. Espécies de nome empresarial e as sociedades anônimas

Mauricio Moreira Menezes

O nome empresarial é o gênero de identificação, do qual são espécies a firma (ou razão social) e a denominação.

Por definição, a firma deve conter o nome civil, escrito de modo completo ou abreviado, do empresário individual ou de um ou mais sócios da sociedade empresária (sociedade em nome coletivo, sociedade em comandita simples, sociedade em comandita por ações, sociedade limitada e sociedade limitada unipessoal), ao passo que a denominação é formada por quaisquer palavras da língua nacional ou estrangeira, podendo nela figurar parte do nome de um ou mais sócios, facultada a indicação do objeto, conforme o art. 1.160 do CC e o art. 5º, II, da Instrução Normativa DREI/MEMP 1/2025.

Dispõe o art. 3º, LSA, que a companhia será designada necessariamente por denominação. A vedação do uso da firma nas sociedades anônimas é coerente com seu histórico de veículo societário voltado para a organização empresária de grande dimensão, desde as companhias de comércio seiscentistas, cuja identificação não continha o nome dos sócios e sim expressões indicativas do território colonizado e com o qual se estabelecia o privilégio do monopólio do comércio, por ato do monarca. O modelo então empregado cumpriu, com muito sucesso, a missão de reunir em torno de uma atividade econômica pessoas que sequer se conheciam e que recebiam um comprovante de participação, transferível livremente, que lhes outorgava um direito de ação em face da companhia.[170]

Acresça-se que a evolução normativa das companhias se centrou na importância de sua estrutura de capital, de tal modo que a figura pessoal do sócio (e, portanto, seu nome civil) perdeu a primazia em determinados aspectos da vida acionária, aqui se incluindo sua identificação perante o mercado.

Nesse sentido, Georges Ripert, que havia definido a anônima como "máquina jurídica", sustentou que, a partir do Código Comercial francês de 1808, o termo "sociedade anônima" foi mantido por mero apego à antiga linguagem jurídica, porquanto no "Code" tal expressão mudou amplamente de sentido, para fins de designar não mais a participação societária oculta que predominara em companhias coloniais, mas sim a sociedade na qual não havia sócio responsável e, por conseguinte, sociedade que não ostentava uma razão social.[171]

Logo, o fato de a denominação ser "formada com palavras de uso comum ou popularizado na língua nacional ou estrangeira e ou com expressões de fantasia" (art. 5º, II, da Instrução Normativa DREI/MEMP 1/2025) permite inferir que é vocacionada para funcionar sob a comentada perspectiva objetiva do nome empresarial, voltada para distinguir a excelência da organização empresária, que transborda a pessoalidade dos empreendedores que a constituem e a lideram.

3. Denominação

Mauricio Moreira Menezes

A denominação surge, como se disse, em etapa posterior da história das sociedades empresárias, no contexto do movimento de objetivação do nome. Na denominação, salvo a exceção de

---

[170] Esse direito de ação equivalia ao conceito de pretensão, próprio do Direito Processual, para haver da companhia direitos patrimoniais de participação nos resultados e no acervo social, em caso de liquidação. Esta é a origem da palavra "ação", como título de legitimação ao exercício dos direitos de sócio de uma sociedade anônima. Vide, sobre tais aspectos históricos, LAMY FILHO, Alfredo; PEDREIRA, José Luiz Bulhões. *A Lei das S.A.* 2. ed. Rio de Janeiro: Renovar, 1995. v. 1, p. 33.

[171] RIPERT, Georges. *Aspectos jurídicos do capitalismo moderno*. Trad. Gilda G. de Azevedo. Rio de Janeiro: Freitas Bastos, 1947. p. 67.

que trata o art. 3º, § 2º, LSA, não se admite a inserção do nome civil dos sócios.

Segundo Alfredo Lamy Filho e José Luiz Bulhões Pedreira, a LSA inovou ao excluir a obrigatoriedade de indicação dos fins da companhia, em razão da pouca utilidade de se fazer referência a atividades genéricas como "comércio" e "indústria".[172]

Coerente com essa linha de raciocínio, o art. 35, III, da Lei 8.934/1994 havia estipulado, em sua redação originária, a facultatividade de indicação do objeto da sociedade em seu nome empresarial.[173] Porém, o art. 1.158, § 2º, do CC retomou a orientação do Dec.-lei 2.627/1940, exigindo a designação do objeto da sociedade na denominação.

Na prática, o DREI adotou, como diretriz regulatória, a liberdade conferida pelo art. 35, III, da Lei 8.934/1994, sem ressalvas, no intuito de simplificar e desburocratizar o processo de registro de empresas e de atos societários. Assim, o DREI incorporou dita faculdade em sua regulação, fazendo alusão expressa à denominação, nos termos do citado art. 5º, II, da Instrução Normativa DREI/MEMP 1/2025 ("II – a denominação é formada com palavras de uso comum ou popularizado na língua nacional ou estrangeira e ou com expressões de fantasia, podendo nela figurar o objeto da sociedade, sendo que: [...] b) na sociedade anônima, deverá ser acompanhada da expressão 'companhia' ou 'sociedade anônima', por extenso ou abreviada, vedada a utilização da primeira ao final, sendo facultativa a indicação do objeto da sociedade").

Idêntica modificação foi introduzida no art. 1.160 do CC pela Lei 14.382/2022 ("A sociedade anônima opera sob denominação integrada pelas expressões 'sociedade anônima' ou 'companhia', por extenso ou abreviadamente, facultada a designação do objeto social").

Entretanto, por mera desatenção do legislador, a Lei 14.382/2022 não modificou a redação do art. 1.158, § 2º, do CC.

De todo modo, a interpretação sistemática desses dispositivos, sobretudo em função das intervenções destinadas a aperfeiçoar a norma jurídica, indica que, efetivamente, não mais se faz necessária a indicação do objeto social para fins de composição da denominação.

Na doutrina, há tempos Modesto Carvalhosa observava que, diante da multiplicidade de atividades que podem ser exploradas por única sociedade anônima, a exigência em tela pode quedar-se inútil ou insuficiente para aquele propósito de dar publicidade ao objeto social.[174]

Por conseguinte, figuram como elementos obrigatórios da denominação:

a) quaisquer palavras da língua nacional ou estrangeira. Pode ser criada qualquer expressão que se entenda atrativa, desde que não seja ofensiva aos "bons costumes" ou à ordem pública (art. 35, I, Lei 8.934/1994) e, ainda, seja respeitado o princípio da novidade, no sentido de não haver conflito com a denominação de sociedade cujos atos constitutivos estejam arquivados perante o Registro de Empresas (arts. 34 e 35, V, Lei 8.934/1994);

b) à vista da interpretação sistemática do CC (alterado pela Lei 14.382/2022) e da Lei 8.934/1994, tal como vem sendo imprimida pelo DREI (art. 5º, II, da Instrução Normativa DREI/MEMP 1/2025), não mais se exige a designação do objeto da sociedade;

c) em observância ao princípio da veracidade do nome empresarial (art. 34, Lei 8.934/1994), a expressão "companhia" ou "sociedade anônima", por extenso ou abreviadamente (respectivamente, "cia." ou "S.A."), de sorte a identificar a forma societária, vedada a utilização da primeira ao final, para que não haja confusão com um dos tipos societários disciplinados no Código Civil.

Como elemento facultativo da denominação, admite-se a inserção do nome civil "do fundador, acionista, ou pessoa que por qualquer outro modo tenha concorrido para o êxito

---

[172] LAMY FILHO, Alfredo; PEDREIRA, José Luiz Bulhões. *A Lei das S.A.* 2. ed. Rio de Janeiro: Renovar, 1995. v. 1, p. 224.

[173] Observe-se que o art. 35, III, da Lei 8.934/1994 foi revisto recentemente pela Lei 14.195/2021, que reafirmou a facultatividade de indicação do objeto social na denominação e excluiu a exigência de "declaração precisa de seu objeto", limitando-se a prescrever a "declaração de seu objeto" (i.e., na prática, excluiu o predicado "precisa"), de tal modo a afastar a discricionariedade quanto à análise da precisão da descrição do objeto, que atrai elevado grau de subjetivismo do examinador do requerimento de registro.

[174] CARVALHOSA, Modesto. *Comentários à Lei de Sociedades Anônimas.* 7. ed. São Paulo: Saraiva, 2013. v. 1, p. 86.

da empresa, poderá figurar na denominação". Nesse raciocínio, o art. 3º, § 1º, da LSA reconhece relevância jurídica à função subjetiva do nome.

Não se trata de realidade presente tão somente na vida de companhias fechadas de pequeno e médio porte ou, ainda, sociedades anônimas familiares. De fato, há empreendedores, pessoas naturais, que gozam de notoriedade construída ao longo de anos de trabalho e que alocam o próprio nome a companhias abertas de grande dimensão, inclusive com ações listadas em bolsa de valores.

Em contrapartida, há companhias que, envolvidas em complexas crises ou em escândalos de corrupção, resolveram alterar seu nome, para fins de excluir referências a personalidades que tenham concorrido com sua fundação ou tenham figurado como acionista. Trata-se de uma demonstração da subsistência da importância da função subjetiva do nome, ao inverso: a troca se deve à necessidade de se mitigar a identificação da organização empresária com tal ou qual empreendedor que tenha incorrido na prática de atos ilícitos, para evitar a perda de oportunidades comerciais.

Seja por uma homenagem, seja para gerar valor à companhia, por meio da inserção do nome de pessoa com alta reputação no mercado, o fato é que essa escolha não atrai o regime jurídico da firma, não se aplicando, dentre outras normas, aquelas previstas no art. 1.165 do CC ("o nome de sócio que vier a falecer, for excluído ou se retirar, não pode ser conservado na firma social") e no art. 1.157, parágrafo único, do CC ("ficam solidária e ilimitadamente responsáveis pelas obrigações contraídas sob a firma social aqueles que, por seus nomes, figurarem na firma da sociedade de que trata este artigo").

4. Problemas jurídicos relacionados à denominação

Mauricio Moreira Menezes

O uso da denominação provoca um sem número de controvérsias no cotidiano da empresa, atraindo a atenção da doutrina e dos tribunais brasileiros.

Um primeiro problema diz respeito à impossibilidade de alienação da denominação, em face da vedação estabelecida pelo art. 1.164 do CC, que veio a ser amplamente criticado. Ao estabelecer essa limitação, o Código Civil aproximou o nome empresarial à disciplina dos direitos da personalidade, produzindo perplexidade no meio especializado, diante do fenômeno da objetivação do nome, acima comentado.

Evidentemente, não se pode negar vigência a texto de lei. Porém, o que causou maior surpresa foi a redação do parágrafo único do art. 1.164, que faculta ao adquirente de estabelecimento "usar o nome do alienante, precedido do seu próprio, com a qualificação de sucessor". Uma redação tão antiquada quanto inadequada ao mundo dos negócios.

Usualmente, empresas e empresários se associam uns aos outros, alienando seus ativos ou combinando-os por meio de novas organizações, por variadas motivações. Trata-se inclusive de uma área interdisciplinar, conhecida como "fusões e aquisições", na qual concorre a expertise de profissionais de diferentes formações (jurídica, contábil, financeira etc.). Caso uma empresa seja alienada, qual o empecilho de se incluir, no objeto da venda ("ativo alvo"), a denominação, cuja expressão, frequentemente, integra a marca e constitui importante bem imaterial do ativo alvo? Sabe-se que modelos de fusões e aquisições variam conforme as circunstâncias negociais. O caminho a ser seguido, em caso de interesse na negociação da denominação, será a mera mudança dos nomes do vendedor e do comprador. Não se estará afrontando a lei e, dessa forma, o adquirente fica absolutamente legitimado a usar o nome antes alocado ao ativo alvo pelo vendedor.

Exemplificativamente, uma modalidade interessante de combinação de negócios é a incorporação de sociedade, por meio da qual "uma ou mais sociedades são absorvidas por outra, que lhes sucede em todos os direitos e obrigações", com extinção da incorporada (art. 227, LSA). Caso o nome da incorporada tenha grande credibilidade no mercado, pode a companhia incorporadora, após a operação, alterar seu nome e passar a usar aquela da incorporada, que não mais goza de proteção, pois pereceu no mesmo ato. Embora não tenha ocorrido a alienação, o resultado prático é idêntico. Nesse cenário, o direito a usar a denominação deve fazer parte das discussões negociais e ser refletido nos instrumentos jurídicos da operação.

Outro ponto, digno de nota, é a extensão territorial da proteção ao nome empresarial. Até a edição do Código Civil, prevalecia o disposto no art. 8º, da Convenção da União de Paris ("O nome comercial será protegido em todos os países da União sem obrigações de depósito ou de registro, quer faça ou não parte de uma marca de fábrica ou de comércio"), diante da redação do art. 33 da Lei 8.934/1994, que não estabelecia qualquer restrição quanto ao território no qual se estendiam os feitos da proteção.

O art. 1.166 do CC alterou substancialmente esse regime e limitou o âmbito de proteção ao território do Estado em que localizada a Junta Comercial que houver promovido o registro do empresário.

Seguiu-se intensa discussão doutrinária, até que o Superior Tribunal de Justiça se posicionou sobre a matéria, ao que tudo indica, de maneira consolidada. Confira-se curto trecho da ementa do acórdão proferido pela 4ª Turma e que funcionou como paradigma para decisões posteriores:

> 4. A proteção legal da denominação de sociedades empresárias, consistente na proibição de registro de nomes iguais ou análogos a outros anteriormente inscritos, restringe-se ao território do Estado em que localizada a Junta Comercial encarregada do arquivamento dos atos constitutivos da pessoa jurídica.
> 5. Não se há falar em extensão da proteção legal conferida às denominações de sociedades empresárias nacionais a todo o território pátrio, com fulcro na Convenção da União de Paris, porquanto, conforme interpretação sistemática, nos moldes da lei nacional, mesmo a tutela do nome comercial estrangeiro somente ocorre em âmbito nacional mediante registro complementar nas Juntas Comerciais de todos os Estados-membros.[175]

Anos mais tarde, o Superior Tribunal de Justiça aperfeiçoou seu entendimento no sentido de dar interpretação direta à aplicação da Convenção da União de Paris, ratificando a prevalência do art. 1.166, do CC, nos seguintes termos:

> 3. A tutela ao nome comercial se circunscreve à unidade federativa de competência da junta comercial em que registrados os atos constitutivos da empresa, podendo ser estendida a todo o território nacional desde que seja feito pedido complementar de arquivamento nas demais juntas comerciais [...]

6. A Convenção da União de Paris de 1883 – CUP deu origem ao sistema internacional de propriedade industrial com o objetivo de harmonizar o sistema protetivo relativo ao tema nos países signatários, do qual faz parte o Brasil (<http://www.wipo.int/treaties/en>). É verdade que o art. 8º da dita Convenção estabelece que 'O nome comercial será protegido em todos os países da União, sem obrigação de depósito ou de registro, quer faça ou não parte de uma marca de fábrica ou de comércio.' Não obstante, o escopo desse dispositivo é assegurar a proteção do nome empresarial de determinada sociedade em país diverso do de sua origem, que seja signatário da CUP, e não em seu país natal, onde deve-se atentar às leis locais.[176]

A Instrução Normativa DREI/MEMP 1/2025 ofertou norma expressa sobre a matéria. Seu art. 20 estabelece que a proteção ao nome empresarial "circunscreve-se à unidade federativa de jurisdição da Junta Comercial que o tiver procedido".

Portanto, cabe à companhia promover o registro de seus atos constitutivos perante a Junta Comercial dos Estados em cujo território pretende ter sua denominação protegida, evitando que outros usurpem-na, por meio de sua inclusão em seus próprios atos societários, seguida da apresentação a arquivamento na Junta Comercial local.

O conflito entre denominação e marca constitui, sem dúvida, o principal problema que exsurge dos elementos de identificação da organização empresária. Assume caráter concorrencial, pois, em geral, os pedidos de abstenção de uso de denominação ou da marca têm por objetivo evitar a confusão da identificação perante outros agentes econômicos e consumidores.

A jurisprudência do Superior Tribunal de Justiça muito evoluiu nesse tema, submergindo na complexidade da confrontação dos sistemas de proteção e abandonando soluções simplistas, como a exclusiva prevalência da mera anterioridade do registro ou da extensão territorial da proteção. Nessa linha, as decisões levam em conta esses fatores e tantos outros que se mostrem relevante para a preservação da lealdade concorrencial e a coibição do desvio de

---

[175] BRASIL. Superior Tribunal de Justiça. Quarta Turma. EDcl nos EDcl no AgRg no REsp 653.609-RJ. Rel. Min. Jorge Scartezzini. j. 19.05.2005.

[176] BRASIL. STJ, REsp 1.184.867/SC, 4ª Turma, Rel. Min. Luis Felipe Salomão, j. 15.05. 2014.

clientela, como a questão da especificidade do produto ou serviço.

Vale retomar o exame do acórdão acima referido (REsp 1.184.867-SC), que igualmente tratou dessa controvérsia, de maneira lúcida e objetiva:

> 4. O entendimento desta Corte é no sentido de que eventual colidência entre nome empresarial e marca não é resolvido tão somente sob a ótica do princípio da anterioridade do registro, devendo ser levado em conta ainda os princípios da territorialidade, no que concerne ao âmbito geográfico de proteção, bem como o da especificidade, quanto ao tipo de produto e serviço (REsp 1359666/RJ, Rel. Ministra NANCY ANDRIGHI, TERCEIRA TURMA, julgado em 28/05/2013, DJe 10/06/2013).
>
> 5. No caso concreto, equivoca-se o Tribunal de origem ao afirmar que deve ser dada prioridade ao nome empresarial em detrimento da marca, se o arquivamento na junta comercial ocorreu antes do depósito desta no INPI. Para que a reprodução ou imitação de nome empresarial de terceiro constitua óbice a registro de marca, à luz do princípio da territorialidade, faz-se necessário que a proteção ao nome empresarial não goze de tutela restrita a um Estado, mas detenha a exclusividade sobre o uso em todo o território nacional. Porém, é incontroverso da moldura fática que o registro dos atos constitutivos da autora foi feito apenas na Junta Comercial de Blumenau/SC.[177]

Complemente-se com trecho de acórdão mais recente, proferido em 2017 sob a relatoria da Ministra Nancy Andrighi:

> 6. Tanto o nome comercial quanto a marca gozam de proteção jurídica com dupla finalidade: por um lado, ambos são tutelados contra usurpação e proveito econômico indevido; por outro, busca-se evitar que o público consumidor seja confundido quanto à procedência do bem ou serviço oferecido no mercado.
>
> 7. Para aferição de colidência entre denominação empresarial e marca, além de se verificar o preenchimento do critério da anterioridade, deve se levar em consideração os princípios da territorialidade e da especificidade.

Precedentes. Hipótese concreta em que esses aspectos foram reconhecidos como preenchidos pelo acórdão recorrido.[178]

Em resumo, não há prevalência de qualquer dos regimes jurídicos, ainda que o direito ao uso exclusivo da marca, decorrente de seu registro pelo INPI, tenha abrangência nacional. Nesse sentido, a denominação, embora goze de proteção territorial limitada ao Estado em que realizado o registro do empresário, pode vir a produzir legítima expectativa quanto à exclusividade do uso de sua expressão de fantasia, não obstante tal expressão conste de marca registrada.

Assim, na hipótese de a companhia "A" ter seus atos constitutivos arquivados no Estado "X" e, cinco anos ou mais tarde, ter o registro de sua filial deferido pela Junta Comercial do Estado "Y", poderá, conforme as circunstâncias, exigir a abstenção do uso de marca do empresário "B", em funcionamento no Estado "Y", embora "B" tenha promovido o respectivo registro no INPI dois anos antes da abertura da filial de "A". Nesse caso, é necessário que a companhia "A" demonstre a deslealdade concorrencial de "B" e sua ilegítima intenção de causar confusão e usurpar a clientela conquistada pela primeira.

Companhia Aberta e Fechada

Art. 4º Para os efeitos desta Lei, a companhia é aberta ou fechada conforme os valores mobiliários de sua emissão estejam ou não admitidos à negociação no mercado de valores mobiliários. (Redação dada pela Lei 10.303, de 2001)

§ 1º Somente os valores mobiliários de emissão de companhia registrada na Comissão de Valores Mobiliários podem ser negociados no mercado de valores mobiliários. (Redação dada pela Lei 10.303, de 2001)

§ 2º Nenhuma distribuição pública de valores mobiliários será efetivada no mercado sem prévio registro na Comissão de Valores Mobiliários. (Incluído pela Lei 10.303, de 2001)

§ 3º A Comissão de Valores Mobiliários poderá classificar as companhias abertas em categorias, segundo as espécies e classes

---

[177] BRASIL. STJ, REsp 1.184.867/SC, 4ª Turma, Rel. Min. Luis Felipe Salomão, j. 15.05.2014.
[178] BRASIL. STJ, REsp 1.641.906/MG, 3ª Turma, Rel. Min. Nancy Andrighi, j. 19.09.2017.

dos valores mobiliários por ela emitidos negociados no mercado, e especificará as normas sobre companhias abertas aplicáveis a cada categoria. (Incluído pela Lei 10.303, de 2001)

§ 4º O registro de companhia aberta para negociação de ações no mercado somente poderá ser cancelado se a companhia emissora de ações, o acionista controlador ou a sociedade que a controle, direta ou indiretamente, formular oferta pública para adquirir a totalidade das ações em circulação no mercado, por preço justo, ao menos igual ao valor de avaliação da companhia, apurado com base nos critérios, adotados de forma isolada ou combinada, de patrimônio líquido contábil, de patrimônio líquido avaliado a preço de mercado, de fluxo de caixa descontado, de comparação por múltiplos, de cotação das ações no mercado de valores mobiliários, ou com base em outro critério aceito pela Comissão de Valores Mobiliários, assegurada a revisão do valor da oferta, em conformidade com o disposto no art. 4º-A. (Incluído pela Lei 10.303, de 2001)

§ 5º Terminado o prazo da oferta pública fixado na regulamentação expedida pela Comissão de Valores Mobiliários, se remanescerem em circulação menos de 5% (cinco por cento) do total das ações emitidas pela companhia, a assembleia-geral poderá deliberar o resgate dessas ações pelo valor da oferta de que trata o § 4º, desde que deposite em estabelecimento bancário autorizado pela Comissão de Valores Mobiliários, à disposição dos seus titulares, o valor de resgate, não se aplicando, nesse caso, o disposto no § 6º do art. 44. (Incluído pela Lei 10.303, de 2001)

§ 6º O acionista controlador ou a sociedade controladora que adquirir ações da companhia aberta sob seu controle que elevem sua participação, direta ou indireta, em determinada espécie e classe de ações à porcentagem que, segundo normas gerais expedidas pela Comissão de Valores Mobiliários, impeça a liquidez de mercado das ações remanescentes, será obrigado a fazer oferta pública, por preço determinado nos termos do § 4º, para aquisição da totalidade das ações remanescentes no mercado. (Incluído pela Lei 10.303, de 2001)

COMENTÁRIOS

1. Companhias abertas e registro na CVM

SÉRGIO CAMPINHO

A LSA distingue as companhias em companhias de capital aberto e de capital fechado, tendo em conta a admissão ou não de negociação dos valores mobiliários de sua emissão no mercado de valores mobiliários. A diferenciação, no entanto, não altera a unidade do tipo societário. A especialização legal tem em mira estabelecer disciplina específica para cada subtipo de sociedade anônima, além da que constitui o foco comum.

Sociedade anônima de capital aberto é aquela cujos valores mobiliários encontram-se admitidos à negociação no mercado de valores mobiliários, revelado pela bolsa de valores ou pelo mercado de balcão; à fechada, por sua vez, se alcança por exclusão, isto é, são aquelas companhias cujos valores mobiliários não são passíveis de oferta pública nesse mercado.

O conceito de valores mobiliários traduzido na Lei 6.385/1976 é instrumental. Destina-se a definir os limites de aplicação da referida lei e das normas infralegais de edição da CVM, como órgão regulador do mercado de valores mobiliários.

A competência da CVM de normatizar, fiscalizar e aplicar sanções administrativas encontra-se circunscrita às operações que tenham por objeto os valores mobiliários e, por lógica extensão legal, aos que emitem esses valores, seus administradores e controladores, bem como às entidades integrantes desse sistema de distribuição, aos auditores independentes e às demais pessoas que profissionalmente atuam no mercado de valores mobiliários (art. 1º e § 2º do art. 2º, ambos da Lei 6.385/1976).

Pelo sistema decorrente da Lei 6.385/1976, fica bem evidenciada a divisão de competências entre a CVM e o Banco Central do Brasil (BACEN) na regulação do Sistema Financeiro Nacional. À CVM compete regular o mercado de capitais ou de valores mobiliários; ao BACEN, os mercados monetário, de crédito e de câmbio.

Dito isto, tem-se pelos termos do art. 2º da Lei 6.385/1976, que são valores mobiliários, sujeitos à competência regulamentar da CVM: (a) as ações, debêntures e bônus de subscrição; (b) os cupons, direitos, recibos de subscrição e certificados de desdobramento relativos a esses valores mobiliários; (c) os certificados de depósito de valores mobiliários; (d) as cédulas de debêntures; (e) as cotas de fundos de investimento em valores mobiliários ou de clubes de investimento em quaisquer ativos; (f) as notas comerciais; (g) os contratos futuros, de opções e outros derivativos, cujos ativos subjacentes sejam valores mobiliários; (h) outros contratos derivativos, independentemente dos ativos subjacentes; e (i) quando ofertados publicamente, quaisquer outros títulos ou contratos de investimento coletivo, que gerem direito de participação, de parceria ou de remuneração, inclusive resultante de prestação de serviços, cujos rendimentos advêm do esforço do empreendedor ou de terceiros.

Encontram-se, contudo, excluídos do regime jurídico da Lei 6.385/1976: (a) os títulos da dívida pública federal, estadual ou municipal – que integram o mercado monetário; e (b) os títulos cambiais de responsabilidade das instituições financeiras, como os certificados de depósito bancário (CDB) e as letras de câmbio financeiras – que integram o mercado financeiro. Esses títulos não são considerados valores mobiliários para os efeitos legais, sendo, pois, sua negociação objeto de normatização e fiscalização pelo BACEN (§ 1º do art. 2º e § 1º do art. 3º, ambos da Lei 6.385/1976).

O elenco do art. 2º não deve ser considerado como meramente enunciativo. Ao revés, decorre claramente de sua estruturação a intenção legislativa de apresentar um rol taxativo ou exaustivo. Por isso, não se admite sejam feitos quaisquer acréscimos, quer pelo Conselho Monetário Nacional (CMN) – a quem cabe, entre outras atribuições, definir a política a ser observada na organização e no funcionamento do mercado de valores mobiliários (art. 3º da Lei 6.385/1976) –, quer pela própria CVM.

As companhias abertas, como receptáculos de poupança popular, encontram-se sujeitas a um sistema normativo mais rigoroso, com prestígio a maior publicidade dos atos e negócios societários, com permanente controle e fiscalização governamental.

A assimetria de informações entre os investidores nas companhias abertas desequilibra o mercado, constituindo um dos principais, senão o principal, entrave para o seu desenvolvimento.

A política de *disclosure* (ou *full disclosure*) retrata o processo de divulgação pelas companhias abertas de informações amplas e completas acerca de si próprias e dos valores mobiliários que emitem, de forma equitativa, para todo o mercado.[179] A proteção da poupança popular exige a efetiva adoção dessa política de divulgação de informações, sem o que restam seriamente comprometidas a tutela do investidor e a própria eficiência do mercado. Por isso, é oportuna a consideração de Marcelo Trindade,[180] para quem "a informação é o principal bem jurídico tutelado pela intervenção no mercado de capitais".

Por meio do *disclosure*, o investidor encontra-se habilitado a direcionar conscientemente sua poupança, conhecendo os riscos advindos dos investimentos ofertados no mercado. Com essa política, evita-se, ainda, o uso e a manipulação de informação privilegiada (*insider trading*), por uma certa casta de investidores que experimentam elevados ganhos em detrimento de outros investidores, fato esse que, certamente, desequilibra o mercado, comprometendo a sua credibilidade.

O primeiro dos registros a ser obtido pela companhia que pretende distribuir no mercado de capitais os valores mobiliários de sua emissão consiste no registro de companhia aberta (§ 1º do art. 4º da LSA; § 1º do art. 21 da Lei 6.385/1976; e *caput* do art. 2º da Resolução CVM 80/2022). Com esse registro inicial na CVM, tem-se por escopo assegurar a prestação de informações periódicas e eventuais ao mercado a respeito da companhia e de seus negócios.

A regra é a de que o emissor de valores mobiliários esteja organizado sob a forma de sociedade anônima. Mas existem restritas exceções previstas na aludida Resolução CVM 80/2022 (§ 2º do art. 2º) que contemplam emissores de valores mobiliários específicos, como na situação dos emissores exclusivamente de notas comerciais e de cédulas de crédito bancário, que podem se organizar sob as formas de sociedade anônima e sociedade limitada, e os emissores exclusivamente de notas comerciais do agronegócio, que podem adotar, além das formas de sociedade anônima e sociedade limitada, a forma de cooperativa agrícola (art. 37 da referida Resolução).

Igualmente, a título de exceção, é lícito explicitar que o art. 8º da mesma Resolução CVM 80/2022 dispensa do registro determinados

---

[179] EIZIRIK, Nelson. *O papel do Estado na regulação do mercado de capitais*. Rio de Janeiro: IBMEC, 1977. p. 6.
[180] *O papel da CVM e o mercado de capitais no Brasil*. São Paulo: IOB, 2002. p. 309.

emissores de valores mobiliários, o que acaba, em última análise, por permitir que emissores não registrados na CVM como companhia aberta façam a emissão de certos valores mobiliários. São os casos, por exemplo: (a) dos emissores estrangeiros cujos valores mobiliários sejam lastro para programas de certificados de depósito de valores mobiliários (BDR Nível I), patrocinados ou não; (b) dos emissores de certificados de potencial adicional de construção; (c) dos emissores de certificados de investimento relacionados à área audiovisual cinematográfica brasileira; (d) dos emissores de letras financeiras (LF) distribuídas com dispensa de registro de oferta pública nos termos de regulamentação específica; (e) dos emissores de certificados de operações estruturadas (COE) distribuídos com dispensa de registro de oferta pública nos termos de regulamentação específica; (f) da sociedade empresária de pequeno porte que seja emissora, exclusivamente, de valores mobiliários distribuídos com dispensa de registro de oferta pública por meio de plataforma eletrônica de investimento participativo; e (g) da sociedade cujas ações de propriedade da União, dos Estados, do Distrito Federal, dos Municípios e demais entidades da Administração Pública sejam objeto de oferta pública de distribuição automaticamente dispensada de registro nos termos da regulamentação específica sobre ofertas públicas de distribuição de valores mobiliários ou oferta não sujeita a regulamentação específica sobre ofertas públicas de distribuição de valores mobiliários.

2. A classificação da companhia como aberta

Fábio Ulhoa Coelho

O critério legal para a classificação de uma companhia como aberta consiste na *admissão dos valores mobiliários de sua emissão à negociação no Mercado de Valores Mobiliários ("MVM")*.[181] Quando admitidos tais valores mobiliários à negociação no MVM, a companhia é aberta; quando não, ou enquanto não, é fechada. Vale dizer, não é suficiente para a qualificação de uma sociedade anônima como aberta o registro na CVM, embora seja este um pressuposto necessário.

Valores mobiliários são as ações, debêntures, bônus de subscrição e outros "papéis" de emissão de sociedade anônima. São instrumentos financeiros destinados à captação de recursos para a exploração, pela sociedade emitente, de suas atividades empresariais.[182] Quer dizer, a sociedade anônima, se precisa de dinheiro para financiar as atividades que explora, possui à sua frente dois possíveis caminhos. De um lado, a exemplo de qualquer outro empresário ou sociedade empresária, ela pode ir ao banco e contrair empréstimo; de outro lado, valendo-se de prerrogativa que lhe é típica, pode emitir valores mobiliários. Esta última hipótese é chamada, na doutrina, de *autofinanciamento*.

Quando os valores mobiliários emitidos por determinada sociedade anônima são *admitidos à negociação* no MVM, ela se torna aberta. Como se procede, contudo, a tal admissão? Uma companhia tem os valores mobiliários de sua emissão *admitidos* à negociação no MVM quando uma entidade deste mercado os *registra* em seu sistema e passa a ambientar negociação envolvendo estes "papéis".

A entidade do MVM mais conhecida é, sem dúvida nenhuma, a B3 (Brasil, Bolsa, Balcão), anteriormente denominada Bovespa (Bolsa de Valores de São Paulo). Essa empresa de infraestrutura de mercado financeiro é, atualmente, a única responsável pela manutenção de um *ambiente de bolsa* no Brasil. Concretamente falando, a companhia se torna aberta quando a B3 (ou outra

---

[181] Até a alteração introduzida pela Lei 10.303/2001, o art. 4º da LSA mencionava a admissão à negociação na "bolsa de valores ou mercado de balcão". A alteração, contudo, foi meramente redacional. Esclarecem Modesto Carvalhosa e Nestor Eizirik: "Com a nova redação dada ao art. 4º, *caput*, não há qualquer mudança real na definição legal de companhia aberta. Trocar o termo *negociação em bolsa ou no mercado de balcão* por *negociação no mercado de valores mobiliários* constitui mera alteração redacional". (*A nova lei das S/A*. São Paulo: Saraiva, 2002. p. 33).

[182] Para Modesto Carvalhosa: "os valores mobiliários são direitos negociados em massa no mercado de capitais, geralmente representados por títulos ou contratos. Essa característica de negociação em massa implica a proteção jurídico-administrativa na colocação dos direitos junto ao público investidor. Daí a competência e a jurisdição administrativa da Comissão de Valores Mobiliários, advindas da Lei nº 6.385, de 1976, com as sucessivas alterações ocorridas. O conceito de valores mobiliários extrapola o de título de crédito, pertencendo a uma outra categoria jurídica, tendo função diversa. O que o caracteriza é a sua emissão e negociação com a finalidade de tornar-se objeto de investimento por parte dos seus tomadores, mediante os diversos mecanismos próprios do mercado de capitais. Constitui, portanto, o valor mobiliário um instrumento de inversão financeira com o pressuposto de sua dispersão e com o predicado de sua liquidez e, portanto, de fácil negociabilidade". (*Comentários à Lei de Sociedades Anônimas*. 5. ed. 2. tir. São Paulo: Saraiva, 2009. v. 1, p. 50).

entidade do MVM) registra as respectivas ações (ou outro tipo de valor mobiliário) no respectivo sistema de negociação; passando, com isto, a *admitir a negociação de valores mobiliários de emissão daquela sociedade em seu ambiente negocial*. Deste ato de registro dos valores mobiliários de determinada companhia no sistema de negociação da B3 (ou de outra entidade do MVM), decorrem consequências jurídicas de grande envergadura. A sociedade anônima emissora, seus administradores e controlador passam a ter significativas novas obrigações e severas responsabilidades, perante os investidores no mercado de capitais.

Em sua essência, o MVM é um complexo mecanismo destinado a, de um lado, ampliar a liquidez e, de outro, conferir segurança relativamente ao investimento em valores mobiliários de emissão das sociedades anônimas abertas.

Liquidez é conceito financeiro pertinente à *velocidade* com que o investidor recupera a disponibilidade do capital investido. Quanto maior a velocidade (vale dizer, quanto menor o tempo para reaver a disponibilidade), mais elevada é a liquidez do investimento. Quem investe suas disponibilidades em imóveis, por exemplo, realiza investimento de *baixa liquidez*, porque, em precisando do capital empregado para outra finalidade (despesa de emergência ou mesmo outro investimento que lhe parece mais rentável), terá que, primeiramente, alienar um ou mais imóveis de seu patrimônio. A alienação da propriedade imobiliária não se faz com rapidez; ao contrário, é geralmente demorada. Já quem investe suas disponibilidades em caderneta de poupança, realiza investimento de *alta liquidez*. Basta ao poupador emitir ordem ao banco para que o dinheiro fique a seu dispor, imediatamente.

O MVM confere maior liquidez ao investimento em ações de companhias abertas, porque tem por premissa a ampla circulação de informações. A sociedade anônima cujos valores mobiliários são admitidos à negociação no MVM está obrigada, por lei e por regulamento administrativo, a manter o mercado plena, satisfatória e constantemente informado sobre seus negócios. A transparência (*full disclosure*) é fundamento do MVM exatamente para possibilitar que os investidores possam tomar decisões rápidas – de comprar ou vender valores mobiliários nele negociados. Munidos de amplas informações, os investidores dispensam maiores investigações sobre a realidade da sociedade anônima emissora das ações, para decidir se é bom ou mau negócio, para eles, comprar ou vender, e por qual preço, os valores mobiliários negociados no MVM.

Mas não é só isto. O MVM destina-se, também, a conferir maior segurança ao investimento em valores mobiliários de sociedade anônima aberta. Claro, não está minimamente afastado o *risco* do investimento, pela circunstância de ser a ação ou o valor mobiliário admitido à negociação no MVM. Ao contrário, investimentos desta espécie são, por definição, de alto risco. O investidor pode simplesmente perder tudo o que investiu ao comprar a ação no MVM. A segurança de que se fala, aqui, diz respeito não às intempéries normais da vida econômica, mas apenas à proteção contra *irregularidades* e *fraudes* na condução dos negócios sociais.[183] Foi com o objetivo de viabilizar que o MVM cumprisse esta sua segunda finalidade – proteger (no máximo possível) o investidor contra irregularidades e fraudes na condução das empresas listadas – que a lei criou a *Comissão de Valores Mobiliários* (CVM), órgão governamental ao qual incumbiu a tarefa de fiscalizar as sociedades anônimas abertas. Antes de qualquer valor mobiliário ser admitido à negociação em entidades do MVM, a sociedade anônima emissora precisa obter a prévia autorização da CVM, registrando-se nesta autarquia federal. É o que determina o § 1º do art. 4º da LSA: "somente os valores mobiliários de emissão de companhia registrada na Comissão de Valores Mobiliários podem ser negociados no mercado de valores mobiliários".

---

[183] Na lição de Egberto Lacerda Teixeira e José Alexandre Tavares Guerreiro: "Esse sistema de registros [na CVM] objetiva colocar à disposição dos interessados a maior soma possível de informações precisas, minuciosas e atualizadas a respeito da companhia emitente, significando que esta tem as condições necessárias para merecer a opção dos investidores do mercado. São assim os registros de que se trata um fator de segurança e confiabilidade, o que evidentemente não equivale a eliminar os riscos inerentes a todo e qualquer investimento. A nosso ver, a intervenção do Poder Público no mercado limita-se a propiciar ao eventual adquirente de valores mobiliários uma *decisão consciente*, evitando, como esclarece a Exposição de Motivos da Lei nº 6.385/76, a utilização abusiva de informações privilegiadas por parte dos que a tenham obtido em virtude da posição que ocupam na empresa (acionista controlador e administrador, principalmente), com o fim de auferir vantagem na negociação de títulos" (*Das sociedades anônimas no direito brasileiro*. São Paulo: Bushatsky, 1979. p. 38).

Em consequência, são duas as providências que qualquer sociedade anônima deve adotar, para se tornar aberta: (i) em primeiro lugar, o registro na CVM; (ii) depois, o registro na B3 ou em outra entidade do MVM escolhida para abrigar as negociações das ações ou valores mobiliários de outra espécie. A sociedade anônima só se torna aberta depois de ter obtido o registro na entidade do MVM, por ser por meio deste ato que as suas ações (e demais valores mobiliários) passam a ser *admitidos à negociação no mercado de valores mobiliários*, conforme a dicção do art. 4º da LSA.[184] Não basta o simples registro na CVM para caracterizar a sociedade anônima como aberta. O registro na CVM é, claramente, uma condição *necessária*, mas *não suficiente*, para a caracterização de determinada sociedade anônima como *aberta*; porque este registro, por si só, não importa a *admissibilidade* dos valores mobiliários, por ela emitidos, à negociação no MVM.

A sociedade anônima registrada na CVM cumpriu importante passo em direção à abertura de seu capital. Mas enquanto está registrada apenas na autarquia federal responsável pela fiscalização do MVM, ela decididamente não tem ainda nenhuma ação ou valor mobiliário de sua emissão *admitido à negociação* neste mercado. Ainda não se cumpriu a condição estabelecida pelo art. 4º da LSA para classificar-se esta companhia como "aberta". A definição do momento oportuno para a listagem de ações ou valores mobiliários na B3, ou em outra entidade do MVM, é questão altamente complexa e delicada, dependente de análises econômicas e financeiras. Não é, com efeito, questão jurídica. A oportunidade para a listagem (solicitação do registro na entidade do MVM) pode simplesmente não se configurar, aos olhos dos financistas e economistas, ao longo de vários anos. Uma sociedade anônima pode estar registrada há muito tempo na CVM, e não ser aberta porque ainda não apareceram as condições econômicas e financeiras que justificam a obtenção do registro em entidade do MVM.

3. Registro de oferta pública de distribuição de valores mobiliários

Sérgio Campinho

Afora o registro de companhia aberta, também é exigida, para que se possa realizar a oferta pública de distribuição de valores mobiliários no mercado, a obtenção do prévio registro na CVM (§ 2º do art. 4º da LSA; art. 19 da Lei 6.385/1976; e arts. 25 e ss. da Resolução CVM 160/2022). O registro, nesse caso, é da própria oferta pública e tem por fim promover a prestação de informações àquela Comissão e a sua divulgação ao público investidor, possibilitando uma avaliação adequada dos títulos oferecidos, assegurando, em última análise, a proteção dos interesses do público investidor e do mercado em geral. O pedido de registro será apresentado pelo ofertante emissor, conjuntamente com a instituição financeira que será intermediária da oferta.[185]

Mas essa exigência também comporta exceções.

Levando em consideração as características da oferta pública de valores mobiliários, a CVM poderá, a seu critério e sempre observados o interesse público, a adequada informação e a proteção do investidor, dispensar o registro ou alguns de seus requisitos. Para tal, deverá considerar, cumulativa ou isoladamente, as seguintes condições da operação: (a) o valor unitário dos valores mobiliários ofertados ou o valor total da oferta; (b) o plano de distribuição dos valores mobiliários; (c) a distribuição se realizar em mais de um mercado, de forma a compatibilizar os diferentes procedimentos envolvidos, desde que assegurada, no mínimo, a igualdade de condições com os investidores locais; (d) as características da oferta de permuta; (e) o público destinatário da oferta, inclusive quanto à sua localidade geográfica ou quantidade; (f) a necessidade de ser dirigida exclusivamente a investidores qualificados; e (g) as restrições previstas à negociação dos valores mobiliários adquiridos na oferta (§ 1º do art. 43 da Resolução CVM 160/2022).[186]

A dispensa do registro de distribuição é automática nas situações previstas ao longo do art. 26 da Resolução CVM 160/2022.

---

[184] Para Bulhões Pedreira e Alfredo Lamy Filho: "o que caracteriza a companhia aberta é [...] a distribuição de emissão ou negociação dos seus títulos nos mercados organizados, e toda companhia que não participe desse modo dos mercados de capitais é, na definição legal, fechada" (*Direito das companhias*. Rio de Janeiro: Forense, 2009. v. I, p. 133).

[185] A presença de instituição financeira intermediando a emissão pública de valores mobiliários é clara exigência legal (art. 82 e § 5º do art. 170 da LSA).

[186] Os investidores qualificados vêm definidos no art. 12 da Resolução CVM 30/2021.

A oferta pública de distribuição de valores mobiliários consiste na operação em que a companhia emissora realiza a colocação de títulos de sua emissão (ações, debêntures, bônus de subscrição etc.) no mercado, mediante apelo público.

As regras para distribuição se aplicam tanto às companhias que façam a oferta pública pela primeira vez, como àquelas que, embora já possuam valores mobiliários de sua emissão admitidos à negociação no mercado, façam novas ofertas decorrentes da emissão de novos valores mobiliários.

É facultado à CVM classificar as companhias abertas em categorias, fixando condições e exigências diversas para cada uma delas (§ 3º do art. 4º da LSA). O art. 3º da Resolução CVM 80/2022 estabelece que "o emissor pode requerer o registro na CVM em uma das seguintes categorias: I – categoria A; ou II – categoria B". O registro na categoria A autoriza a negociação de quaisquer valores mobiliários do emissor em mercados regulamentados de valores mobiliários. Já o registro na categoria B autoriza a negociação de valores mobiliários do emissor em mercados regulamentados de valores mobiliários, exceto os seguintes valores mobiliários: (a) ações e certificados de depósito de ações; ou (b) valores mobiliários que confiram ao titular o direito de adquirir os valores mobiliários mencionados na alínea *a* acima, em consequência da sua conversão ou do exercício dos direitos que lhes são inerentes, desde que emitidos pelo próprio emissor dos valores mobiliários referidos na alínea *a* acima ou por uma sociedade pertencente ao grupo do aludido emissor.

Tanto a companhia emissora registrada na categoria A como a registrada na categoria B podem solicitar a conversão de uma categoria em outra, devendo essa operação ser realizada de modo transparente e organizado, sem provocar interrupções nas negociações dos valores mobiliários atingidos.

4. Considerações gerais sobre as ofertas públicas

Fábio Ulhoa Coelho

As ofertas públicas no mercado de valores mobiliários podem ter objetivos diferentes. Há aquelas em que o ofertante quer comprar ações, e aquelas em que o objetivo é vender ações. Algumas ofertas públicas são obrigatórias, outras facultativas. Por isso, antes de distinguir as especificidades das várias espécies de ofertas públicas, vale a pena entender o que elas têm em comum. Para isso, convém tomar como ponto de partida dois tipos de contratos que se realizam no mercado de valores mobiliários: a compra e venda (característico do mercado secundário) e a subscrição (característico do mercado primário).

Como acontece com a grande maioria dos contratos, eles se formam no momento em que os contratantes chegam a acordo. De modo esquemático, o processo de constituição do contrato se inicia quando um sujeito (que pode ser pessoa natural, pessoa jurídica ou fundo de investimento) faz uma declaração de vontade (por exemplo, "quero comprar as ações x pelo preço y"); e esse processo de formação do contrato se conclui quando outro sujeito faz declaração de vontade *convergente* ("concordo em vender as ações x pelo preço y"). A declaração de vontade do primeiro potencial contratante é chamada de "proposta" e a declaração de vontade convergente, que faz surgir o contrato, é a "aceitação".

O mercado de valores mobiliários é o ambiente institucionalizado em que declarações de vontade destas naturezas são feitas, dando origem a contratos de compra e venda ou subscrição entre o proponente e o aceitante. Na grande maioria das vezes, tais declarações são ambientadas no "pregão" e correspondem a uma relação individualizada entre os sujeitos da compra e venda de ações. Pode acontecer de o investidor pagar por ações de uma companhia valores diferentes, mesmo realizando as aquisições no mesmo dia, em função do acordo feito com cada vendedor. São os acordos diferentes sobre o preço da mesma ação ao longo do dia, aliás, que ocasiona as oscilações na cotação. Cada aquisição que fizer de uma ação, por outro lado, não terá nenhuma relação com as demais aquisições relativas à mesma ação.

Na oferta pública, o sujeito ofertante emite a declaração de vontade ("quero vender" ou "quero comprar") endereçada a um *conjunto* de potenciais contratantes, aos quais assegura igualdade de preço e condições. Este conjunto pode ser de pessoas determinadas (oferta de aquisição de ações) ou indeterminadas (oferta de distribuição de ações). Quando o sujeito visado pelo ofertante emite a declaração de vontade convergente ("concordo"), verifica-se a "adesão" à oferta.

Algumas razões justificam que a convergência de vontade dos contratantes se faça por meio deste procedimento aberto e amplo, ou seja, "coletivo". A mais importante delas é conferir tratamento isonômico aos investidores do mercado de valores mobiliários. Mas, por vezes, a justificativa também diz respeito à economia nos custos de transação e à transparência, fatores sempre valorizados pelo mercado. São, em suma, situações em que não se mostra recomendável ou mesmo viável a formação dos contratos relativos aos valores mobiliários pela via de propostas e aceitações individualizadas, ambientada no pregão.

A oferta pública, portanto, é a declaração de vontade de quem deseja realizar um dos contratos em que se baseia o mercado de valores mobiliários (*compra e venda* ou *subscrição*), ou eventualmente os dois, cujo destinatário é um conjunto determinado ou indeterminado de potenciais contratantes, aos quais se assegura a igualdade de preço e condições.

Como qualquer outra declaração de vontade visando à constituição de um contrato, a oferta pública pode conter "condições", ou seja, indicar fatos futuros e incertos que liberam o declarante de qualquer obrigação caso venham a ocorrer (são chamadas de "condições resolutivas") ou que adiam a formação do contrato enquanto não acontecerem ("condições suspensivas"). Quem deseja, por exemplo, fazer oferta pública para adquirir o controle de uma sociedade anônima, naturalmente estabelecerá como condição resolutiva a adesão por parte de acionistas titulares de uma quantidade mínima de ações[187].

Essa estrutura básica se encontra em todas as ofertas públicas. Elas se classificam em *ofertas públicas de distribuição* (art. 82) e *ofertas públicas de aquisição*; estas últimas podem ser *obrigatórias por lei*, *obrigatórias por estatuto* ou *voluntárias*. A lei obriga a oferta pública nas hipóteses de fechamento de capital (art. 4º, § 4º), aumento da participação do controlador (art. 4º, § 6º) e alienação de controle de companhia aberta (art. 254-A). Além da obrigatoriedade legal, pode a determinação de realização de OPA constar de cláusula estatutária; e, por fim, o interessado em adquirir ações de companhia aberta pode considerar adequado fazê-lo por meio de uma OPA, mesmo não estando obrigado a adotar esse procedimento, seja com o objetivo de adquirir o controle (art., 257) ou apenas ações.

4.1. A Oferta Pública de Distribuição (OPD)

Fábio Ulhoa Coelho

Na Oferta Pública de Distribuição de ações (OPD), o ofertante é a sociedade anônima emissora e os destinatários são os investidores em geral, ou seja, o conjunto indeterminado de sujeitos que possam ter interesse em investir naquele valor mobiliário. Isso como regra geral, há casos em que a OPD deve se direcionar apenas a investidores qualificados, que formam um conjunto determinado de sujeitos destinatários.[188]

Trata-se de operação do mercado *primário* de valores mobiliários, que se baseia num contrato de *subscrição* entre a companhia ofertante e o investidor aceitante. Por este contrato, o subscritor (investidor) se compromete a pagar à companhia (emissora) o preço de emissão das ações subscritas. Em termos jurídicos, na OPD, a sociedade anônima não "vende" as ações que está emitindo em razão do aumento do capital social, porque elas não são ativos de seu patrimônio para poderem ser disponibilizadas por alienação.

Na OPD, o objeto são ações *novas* da sociedade anônima emissora, provenientes do aumento do seu capital social. As companhias, quando deliberam aumentar o capital social emitindo novas ações para distribuir no mercado, têm o objetivo de captar recursos financeiros que irão empregar

---

[187] Para parte da doutrina, o exemplo acima não seria propriamente uma hipótese de condição resolutiva da oferta, mas algo como elemento constitutivo da oferta, direcionada à celebração de um contrato "grupal". Cf., por todos, Erik Frederico Oioli: "É importante [...] ter em mente as particularidades da oferta pública de aquisição do controle. Seu objeto não é a simples aquisição de ações, mas sim a aquisição de ações em número suficiente para a obtenção do poder de controle pelo ofertante. Este é o objeto imediato do proponente. Portanto, o contrato apenas resultará formado quando um número suficiente de adesões à oferta permitir ao ofertante a aquisição do poder de controle da companhia. Assim, a simples adesão de um acionista à oferta não significa a 'aceitação' da proposta e consequente formação do contrato. Isso porque a declaração de vontade do ofertante – a aquisição do poder de controle da companhia – não encontra identidade na manifestação de vontade isolada do acionista – alienação de suas próprias ações. Logo, não há diversos contratos de compra e venda de ações da companhia ou de permuta de valores mobiliários, mas na verdade um só contrato tendo por objeto a aquisição do poder de controle" (*Oferta pública de aquisição do controle de companhia aberta*. São Paulo: Quartier Latin-IDSA, 2010. p. 150).

[188] Resolução 160/2022, art. 2º, XI.

em sua atividade econômica. Pode acontecer, e muitas vezes acontece, de a OPD abranger, além da subscrição de novas ações da companhia ofertante (mercado *primário*), também a simultânea venda de parte das ações de titularidade do controlador (mercado *secundário*). É bastante comum essa combinação de operações porque ela importa em aumento da quantidade de ações em circulação, contribuindo para a liquidez do valor mobiliário.

A OPD pode ser feita por uma sociedade anônima aberta, quando ela busca no mercado recursos para implemento de sua atividade econômica. Pode ser feita, também, quando a sociedade anônima era fechada e, depois de pedir os registros necessários na CVM, estreia no mercado fazendo uma captação. Neste último caso, a OPD é uma oferta pública inicial de ações e tem sido chamada, no Brasil, pela sigla IPO, do inglês *Initial Public Offering*.

A OPD só pode ser feita com a participação de uma instituição intermediária, que deve celebrar com o ofertante contrato que atenda à regulamentação da CVM.[189] A intermediação tem a finalidade de presumivelmente conferir à operação maior segurança. Além disso, a instituição intermediária se encarregará da colocação das ações com potenciais investidores e poderá até mesmo assumir a obrigação de ela própria subscrever parte das ações objeto da oferta, garantindo à sociedade anônima emissora os recursos que pretendia captar.[190]

Por fim, embora tenha me referido apenas às OPDs cujo objeto são as ações, elas podem se destinar à colocação no mercado de outros valores mobiliários, como debêntures, Certificados de Recebíveis (CRA ou CRI), *commercial papers* etc.

4.2. Oferta Pública de Aquisição de ações (OPA)

Fábio Ulhoa Coelho

Quando a declaração de vontade do ofertante de uma oferta pública é a de comprar ações de uma determinada companhia, realiza-se uma Oferta Pública de Aquisição (OPA).

Seu objetivo principal é o de assegurar o tratamento isonômico aos destinatários da oferta. Por esta razão, a oferta deve se destinar à totalidade dos acionistas titulares das ações em circulação, ou de uma de suas espécies ou classes ("ações visadas"). Se for, contudo, justificável, a oferta pode se limitar à totalidade das ações de uma determinada espécie ou classe, mas nunca poderá excluir acionistas que se encontrem na mesma situação dos destinatários. Na OPA, o conjunto de destinatários é determinado por serem perfeitamente identificáveis, já que devem ser necessariamente acionistas da companhia emissora das ações visadas pelo ofertante.

O instrumento da declaração de vontade contida na OPA é o *edital*, cujo conteúdo e publicidade devem atender às normas da CVM.[191] A declaração veiculada neste instrumento é, em princípio, irrevogável e imutável. Da irrevogabilidade decorre que, uma vez externada a declaração, o ofertante fica juridicamente obrigado pelo seu cumprimento com todos os que a aceitarem, e somente poderá revogar a oferta em hipóteses bastante excepcionais, como a mudança extraordinária e imprevisível na economia. De outro lado, a imutabilidade da oferta significa que a declaração do ofertante somente poderá ser modificada em algumas poucas situações admitidas no regulamento da CVM (por exemplo, para "melhorar as condições da oferta").[192]

---

[189] Resolução 160/2022, art. 77.

[190] Para Modesto Carvalhosa e Fernando Kuyven, dissertando sobre a oferta pública na constituição da companhia: "para assumir a qualidade de agente dos fundadores, a instituição intermediária celebrará com estes um contrato de prestação de serviços, isoladamente ou como líder de consórcio de intermediários. Essa avença terá como objeto a divulgação dos documentos de constituição, os serviços de reserva e subscrição das ações, os serviços de depósito das entradas recebidas e a prestação de informações ao público interessado. Outro contrato poderá ser celebrado entre os fundadores e a instituição intermediária: o de garantia de subscrição para a revenda. Nessa avença, constarão os termos da garantia, isto é, se esta cobre apenas o déficit de subscrição, ou se engloba tomada total ou parcial da subscrição, para revenda ao público. Este contrato pode prever, ainda, que a instituição financeira deverá garantir a liquidez das ações no mercado mediante certas condições e por determinado prazo, criando-se um fundo para esse efeito. Os recursos deste fundo serão utilizados para comprar e vender, temporariamente, as ações no mercado secundário com os objetivos de conter variações de preço muito acentuadas e de promover a difusão dos papéis entre um maior número de investidores" (*Tratado de direito empresarial*. São Paulo: RT, 2016. v. III, p. 252).

[191] Resolução 85/2022, art. 14.

[192] Resolução 85/2022, art. 6º.

Art. 4º FÁBIO ULHOA COELHO

No Brasil, a declaração de vontade convergente dos destinatários da OPA (a "adesão"), com a qual se constitui o contrato com o ofertante, deve ocorrer num *leilão*. Trata-se de determinação do regulamento da CVM.[193] cujo objetivo é criar um ambiente em que o ofertante tenha meios para melhorar a oferta, caso considere isso necessário para atrair a adesão da maior parcela possível dos destinatários. Outra finalidade do leilão é abrir a terceiros a possibilidade de *interferência*, vale dizer, apresentar na oportunidade proposta de aquisição diversa da do ofertante, na expectativa de atrair o interesse dos destinatários da OPA.

Em algumas situações, o ofertante está obrigado a realizar a OPA, em razão de determinação constante da lei ou de cláusula do estatuto da companhia emissora; em outras, ele se vale da OPA porque o procedimento atende aos seus interesses (economia de custos de transação, por exemplo), embora esteja inteiramente livre para adquirir as mesmas ações no pregão.

Sempre que o ofertante for a companhia, o controlador ou alguém ligado a ele, é condição para a realização da OPA a disponibilização de um laudo de avaliação da companhia.[194] Esta exigência visa conferir aos acionistas destinatários da oferta elementos essenciais para nortearem suas reflexões e decisões em função da oferta (não vender ou vender, e por quanto); bem como franquiar a todos os agentes do mercado informações necessárias à orientação de suas atuações.

Nas OPAs, é indispensável a intermediação de uma instituição financeira com carteira de investimentos ou de sociedade corretora ou distribuidora de valores mobiliários, que deve tomar todas as cautelas e agir com elevados padrões de diligência para assegurar que as informações prestadas pelo ofertante sejam verdadeiras, consistentes, corretas e suficientes, respondendo pela omissão nesse seu dever e devendo, ainda, verificar a suficiência e a qualidade das informações fornecidas ao mercado durante todo o procedimento da OPA, necessárias à tomada de decisão por parte de investidores, inclusive as informações eventuais e periódicas devidas pela companhia e as constantes do instrumento de OPA, do laudo de avaliação e do edital.[195]

4.2.1. OPAs obrigatórias por lei

FÁBIO ULHOA COELHO

A OPA é obrigatória em três casos previstos na lei: *fechamento de capital* (LSA, art. 4º, § 4º), *aumento da participação do controlador* (art. 4º, § 6º) e *alienação do controle* (art. 254-A). O fundamento que se costuma dar à obrigatoriedade aponta, em termos genéricos, para a necessidade de se proporcionar ao acionista minoritário uma via adequada de "saída" da companhia, quando nela ocorre uma alteração significativa, capaz de afetar as bases do investimento.[196]

Afirma-se, assim, que, quando o controlador da companhia aberta delibera pelo cancelamento do registro na CVM, segue-se a mudança da sociedade para fechada, hipótese em que as ações deixam de ser admitidas à negociação no mercado de valores mobiliários, perdendo liquidez e provavelmente também valor. Outra hipótese de risco à liquidez das ações se encontra no aumento da participação societária do controlador, porque quanto maior for esta, menor será o volume de ações em circulação. Finalmente, a mudança de controle quase sempre acarreta alterações substanciais na condução dos negócios da sociedade, podendo tornar menos interessante ou mesmo desinteressante o investimento para os minoritários.

Há controvérsias sobre a pertinência destes fundamentos. O mais adequado ao fortalecimento do mercado de valores mobiliários brasileiro seria a supressão das hipóteses de obrigatoriedade legal, de modo que as companhias pudessem se utilizar destes "meios de saída" para atrair a preferência dos investidores. Se não houvesse a obrigatoriedade legal e a decorrente padronização dos meios de competição pelos investimentos, a ação, em que a companhia emissora

---

[193] Resolução 85/2022, art. 4º, VII.

[194] Resolução 85/2022, art. 4º, VI.

[195] Resolução 85/2022, art. 8º, § 2º.

[196] Cf., por todos, Erik Frederico Oioli: "[as OPAs obrigatórias] correspondem a medidas compensatórias, verdadeiras oportunidades de 'saída' para todos ou determinados acionistas não controladores em virtude da ocorrência de eventos que possam a vir, direta ou indiretamente, afetar tais acionistas, como a diminuição de direitos (no caso de cancelamento do registro de companhia aberta), restrição de liquidez (em caso de aumento de participação do acionista controlador) ou a mudança de orientação nos negócios da companhia (em caso de transferência de controle)" (Oferta pública de aquisição de ações. In: COELHO, Fábio Ulhoa (coord.). *Tratado de direito comercial*. São Paulo: Saraiva, 2015. v. 4, p. 367).

assegurasse estatutariamente a realização da oferta pública em um ou mais destes casos (fechamento, aumento da participação do controlador e venda de controle), certamente teria maior chance de ser colocada no mercado por preço que refletisse a vantagem concedida ao acionista. Mas, enquanto a lei obrigar a OPA nesses casos, evidentemente não há outra alternativa senão realizá-las.

4.2.2. OPA para fechamento de capital

Fábio Ulhoa Coelho

Na OPA para cancelamento do registro de sociedade aberta (conhecida no mercado como "fechamento da capital"), exige a lei que o controlador ou a própria sociedade emissora se disponha a pagar pelas ações em circulação um "preço justo" (LSA, art. 4º, § 4º). Com esse conceito, quis a lei fazer referência a um preço justificado em laudo de avaliação, segundo um dos critérios técnicos adotados pelos especialistas (patrimônio líquido contábil, patrimônio líquido avaliado a preço de mercado, fluxo de caixa descontado etc.). Em outros termos, a lei apenas exclui a oferta pública de aquisição das ações, para fins de fechamento, por um preço arbitrário, cuja racionalidade técnica não seja devidamente explicitada pelo ofertante. Assim, não atende à determinação legal e não pode ser considerado "justo", por exemplo, o preço fixado em função da cotação das ações, se elas tiverem baixíssima liquidez; ou o definido por meio da comparação por múltiplos, se não houver como extrair paradigmas confiáveis no segmento econômico em que a companhia concorre.

Se a OPA tem por objeto a aquisição de ações de espécies ou classes diferentes, evidentemente o preço não precisa ser igual. O justo, aqui, ao contrário, é diferenciar-se o preço de cada espécie ou classe de ação, em razão dos diferentes direitos societários que conferem aos seus titulares. Deste modo, se a oferta atribui preço x à ação ordinária, e y à preferencial da mesma companhia, nada há de irregular nisso.

Caso os acionistas minoritários (titulares pelo menos de 10% das ações em circulação) considerem ter havido falha ou imprecisão na metodologia de cálculo ou discordarem do critério de avaliação constante do laudo que fundamenta o preço da OPA, eles podem deflagrar um processo de reavaliação das ações. Devem, então, requerer à administração da companhia a convocação de uma assembleia especial dos acionistas titulares de ações em circulação para deliberarem a respeito. Nesta assembleia votam inclusive os minoritários titulares de ações preferenciais sem voto. Nela, a maioria poderá aprovar, ou não, a realização de nova avaliação das ações objeto da oferta, de acordo com outro critério ou mediante correção da metodologia de cálculo do critério adotado pelo ofertante (LSA, art. 4º-A). Se aprovada a reavaliação, a companhia a contratará o avaliador escolhido na mesma assembleia especial, incorrendo nos respectivos custos.

Feita a reavaliação, se o preço justo encontrado pelo reavaliador for diferente do ofertado no edital, prevalecerá o da reavaliação, a menos que o ofertante opte por desistir da oferta.[197] Sendo o novo preço menor que o do edital, é muito provável que o ofertante dê prosseguimento à OPA, uma vez que se encontra liberado do pagamento do preço inicialmente oferecido; mas, se a reavaliação concluir por preço maior que o do edital, o prosseguimento da oferta dependerá de o ofertante ainda considerar de seu interesse a aquisição pelo valor majorado.[198] Além disso, se o preço de reavaliação for *inferior* ou *igual* ao ofertado no edital, os custos da reavaliação serão ressarcidos à companhia pelos minoritários que requereram a reavaliação e também pelos que votaram, na assembleia especial, a favor de sua realização.

Entre 30 e 45 dias após a publicação do edital, deve ocorrer o leilão (na bolsa de valores ou entidade de mercado de balcão organizado), que é, como visto, o momento apropriado para os destinatários se manifestarem acerca da oferta, ou seja, aceitando-a ou se posicionarem contrariamente ao fechamento do capital. O acionista não participa diretamente do leilão; mas, é

---

[197] Resolução 85/2022, art. 28, IV.

[198] Para Nelson Eizirik, Ariádna Gaal, Flávia Parente e Marcus de Freitas Henriques: "caso o novo valor seja inferior ou igual ao preço original da oferta pública, a oferta pública poderá prosseguir de acordo com o preço inicialmente proposto pelo acionista controlador ou pela companhia emissora. [...] Por outro lado, se a nova avaliação resultar em valor superior ao originalmente oferecido, não poderá ser dado prosseguimento à oferta pública por preço inferior ao da nova avaliação. Em contrapartida, nem o acionista controlador nem a companhia, conforme o caso, poderão ser obrigados a adquirir as ações de emissão da companhia por um preço superior ao que se dispuseram a pagar" (*Mercado de capitais – regime jurídico*. Rio de Janeiro: Renovar, 2008. p. 558).

representado por uma sociedade corretora, que ele deve credenciar até a véspera da realização do leilão.[199] Cabe à corretora manifestar, em nome dos acionistas que a credenciaram, se aceitam ou rejeitam a oferta. As ações cujos acionistas não concordaram expressamente com o fechamento de capital, nem providenciaram o credenciamento de corretora no prazo, não são consideradas na base de cálculo do percentual de adesões que autoriza o fechamento. Interpreta-se a omissão destes "acionistas indiferentes" como desinteresse pelo assunto, no sentido de que lhes convém tanto a manutenção do registro de companhia aberta, quanto o seu cancelamento.

O fechamento de capital depende, então, da *concordância* de acionistas que titulem pelo menos 2/3 das ações em circulação, excluída da base de cálculo aquelas cujos acionistas não se manifestaram nem credenciaram corretora para o leilão ("acionistas indiferentes"). Esta concordância decorre tanto da expressa manifestação do acionista como da aceitação da OPA, por meio de corretora credenciada, no leilão.

Para alcançar o percentual de 2/3 das ações em circulação (com a exclusão das titularas pelos acionistas indiferentes), admite-se que o ofertante eleve o preço da oferta durante o leilão. Mesmo os acionistas que haviam manifestado a adesão antes de cada elevação terão direito ao preço majorado, assegurando-se deste modo o tratamento isonômico aos vendedores.

Note-se que, na OPA para fechamento de capital, é racional que cada acionista destinatário, ao sopesar os seus interesses para fins de aderir ou não à oferta, procure sempre antecipar qual deve ser a conduta dos demais acionistas. Se poucos aderirem, frustra-se a tentativa do controlador de fechar o capital da companhia e retirar as ações da negociação no mercado de valores mobiliários. Mas, se houver adesão maciça, que iguale ou supere o percentual mínimo de adesões, os que não aderirem passarão a ser minoritários de uma sociedade fechada, titulares de um investimento sem liquidez de mercado e de valor impactado por isso. Para que os destinatários da OPA possam trocar informações e se organizar, o edital deve divulgar os locais em que eles podem ter acesso à relação dos acionistas, com seus endereços e quantidade de ações informados.[200]

Por fim, preocupa-se a CVM com a possibilidade de a OPA para fechamento de capital frustrada acabar reduzindo a liquidez das ações dos que não aderiram à oferta. Se o controlador não consegue a adesão do mínimo de 2/3 das ações em circulação (excluída as dos acionistas indiferentes), mas o edital não contempla nenhuma condição resolutiva em função disso, o resultado será o aumento da participação dele (controlador) e a consequente redução do volume de ações em circulação, com risco à sua liquidez. Para mitigar esse efeito indesejado, a CVM estabelece que, havendo a adesão de acionistas titulares de pelo menos 1/3 das ações em circulação, mas não se alcançando o percentual de 2/3 destas, o controlador não pode adquirir mais do que 1/3 das ações em circulação, fazendo-se o rateio entre os aceitantes. Claro, se previsto no edital, o controlador pode simplesmente desistir da OPA, se não lhe interessar aumentar a participação em percentual insuficiente para obter o fechamento do capital.[201] Com o mesmo objetivo de evitar que a OPA acabe causando ainda maior redução da liquidez, determina-se que, se o controlador adquire mais de 2/3 das ações em circulação, ele fica obrigado a adquirir as remanescentes pelo mesmo preço, nos três meses seguintes.[202]

4.2.3. OPA em razão do aumento da participação do controlador

Fábio Ulhoa Coelho

O regulamento da OPA em razão do aumento da participação do controlador guarda muita semelhança com o da OPA para o fechamento de capital. Isso porque, nos dois casos, o risco a que se expõe o investimento dos minoritários é igual: perda de liquidez de mercado. Além do mais, se não houvesse a equiparação das regras e procedimentos da oferta nos dois casos, o controlador poderia se utilizar do aumento progressivo de sua participação para criar uma situação muito próxima ao do fechamento de capital (conhecido, no mercado, como "fechamento branco").

Deste modo, o controlador, após adquirir ações para além de um determinado patamar,

---

[199] Resolução 85/2022, art. 26, § 1º.
[200] Resolução 85/2022, Anexo B, art. 1º, XV.
[201] Resolução 85/2022, art. 19, I e II.
[202] Resolução 85/2022, art. 13, § 2º.

fixado em regulamento da CVM,[203] deve fazer uma OPA destinada à aquisição da totalidade das ações em circulação. Ao obrigar a OPA neste caso, a lei visa poupar os minoritários da perda da liquidez de mercado das ações, que normalmente acompanha a significativa diminuição do volume das que estão em circulação. Claro, os minoritários podem considerar mais vantajoso continuarem titulando os valores mobiliários objeto da OPA, mesmo após o impacto na liquidez de mercado provocado pelo aumento da participação do controlador. Nesse caso, simplesmente não aderem à oferta.

Também nesta modalidade de OPA, o controlador deve se obrigar a pagar pelas ações em circulação um "preço justo", baseado em avaliação técnica da companhia; mas, caso o preço ofertado seja reavaliado por iniciativa de minoritários titulares de pelo menos 10% das ações em circulação em valor *superior*, o controlador não pode desistir da OPA. Se não quiser adquirir as ações em circulação pelo preço da reavaliação, resta-lhe somente a alternativa de vender o *excesso de participação* em três meses[204].

Também nas OPAs em razão de aumento da participação do controlador, procura-se evitar que por meio dela aconteça exatamente o que se pretende evitar, que é a redução da liquidez de mercado. Deste modo, as aquisições do controlador não podem corresponder a mais de 1/3 das ações em circulação, se não houver a adesão de acionistas titulares de pelo menos 2/3 destas.[205] E se acontecer adesão superior a 2/3 das ações em circulação, ele deve se dispor a adquirir as demais pelo mesmo preço nos três meses seguintes.[206]

4.2.4. OPA na alienação do controle

Fábio Ulhoa Coelho

Nas sociedades anônimas abertas, alguns minoritários são titulares do direito de saída conjunta (em inglês, *tag along*), que consiste no direito de venderem as suas ações ao adquirente do controle, no caso de alienação deste. Em outros termos, quem adquire o controle de companhia aberta tem a obrigação legal de adquirir as ações destes minoritários, pelo preço equivalente a pelo menos 80% do pago pelas ações adquiridas do controlador. Essa obrigação legal é cumprida por meio de uma oferta pública de aquisição de ações que deve ser promovida pelo adquirente do controle, como condição suspensiva ou resolutiva do contrato que assinou com o controlador.

Os acionistas titulares do direito de saída conjunta são os que titulam ações com direito a voto. Deste modo, todos os minoritários ordinarialistas (titulares de ação ordinária) são sempre destinatários da OPA. O preferencialista (titular de ação preferencial) será destinatário apenas se o estatuto não tiver suprimido o direito a voto desta espécie de ação, ou da classe das que ele titula. Como o objetivo da obrigação legal é socializar (em parte) o prêmio de controle entre os acionistas com direito a voto, os preferencialistas que, pelo estatuto, não tiverem direito a voto estão excluídos desta distribuição parcial do referido prêmio, porque suas ações em regra não participam do controle.

4.2.5. OPAs obrigatórias pelo estatuto

Fábio Ulhoa Coelho

O estatuto da sociedade anônima aberta pode conter cláusula que obrigue, em determinadas hipóteses, a realização da OPA. Em geral, são mecanismos adotados por companhias de capital disperso ou pulverizado com o objetivo de dificultarem a concentração do poder de controle. Essas cláusulas estatutárias costumam obrigar a OPA na hipótese de qualquer sujeito, acionista ou não, se tornar titular de participação superior a determinado percentual (20% ou 30%). Elas são chamadas no Brasil de *poison pills*, mas designação é imprecisa. As *poison pills* são, nos Estados Unidos, cláusulas estatutárias destinadas a desmotivarem as chamadas tomadas hostis de controle (*hostile takeover*). Na experiência do mercado acionário brasileiro, o objetivo das cláusulas que receberam esta designação é diverso, vale dizer, elas se destinam a desestimularem a redução no grau de distribuição das ações. No Brasil, a finalidade da OPA obrigatória por estatuto é, em suma, manter o capital da sociedade anônima diluído ou pulverizado. Enquanto aqui é importante preservar as companhias de capital diluído ou pulverizado contra a redução do grau de distribuição das ações, para manter a liquidez delas,

---

[203] Resolução 85/2022, art. 30.

[204] Resolução 85/2022, art. 32.

[205] Resolução 85/2022, art. 19.

[206] Resolução 85/2022, art. 13, § 2º.

esta preocupação inexiste no mercado acionário norte-americano, onde é muito difícil algum investidor se interessar por adquirir o controle majoritário ou totalitário das sociedades anônimas.[207]

Com a obrigatoriedade da OPA pretende-se, de um lado, desestimular negócios que possam diminuir em demasia o elevado grau de dispersão acionária e impedir o impacto da concentração do poder de controle na liquidez de mercado das ações de emissão da companhia.

Para os fins da regulamentação na CVM, porém, as OPAs obrigatórias em razão de previsão estatutária classificam-se entre as OPAs voluntárias. Isso significa que independem de registro na CVM, exceto se o pagamento for, total ou parcialmente, em valores mobiliários.

4.2.6. OPAS voluntárias

FÁBIO ULHOA COELHO

Quando não há obrigação legal ou estatutária, a OPA é facultativa. O regulamento da CVM as chama de "voluntárias". Mas, embora o sujeito interessado em adquirir ações esteja livre para não se utilizar deste modelo "coletivo" de negociação, ficará obrigado a observar o regulamento que a CVM baixou para as OPAs obrigatórias caso opte por ele[208]. Afinal, também nesse caso, deve-se assegurar o tratamento equitativo dos destinatários da oferta.

A principal diferença no procedimento da OPA facultativa é a dispensa do registro prévio na CVM.[209] O prévio registro da OPA facultativa na CVM é necessário somente quando o pagamento ocorrer mediante permuta por valores mobiliários, exclusivamente ou combinada com a liquidação em dinheiro. E o registro, neste caso, é obrigatório porque a OPA com permuta corresponde a uma OPD, sob o ponto de vista econômico. Afinal, as ações a serem entregues aos destinatários da OPA, em pagamento pelas ações por estes vendidas, são colocadas no mercado como se estivesse em curso uma distribuição pública de valor mobiliário, que exige o prévio registro na CVM.

Uma das hipóteses de OPA facultativa é a destinada à aquisição de controle de companhia aberta, de que trata o art. 257 da LSA.[210] Não tem sido muito comum no Brasil, por se tratar de instrumento de aquisição do poder de controle de sociedades anônimas com capital disperso ou pulverizado. Neste caso, diz-se que a aquisição é "originária" porque o interessado em passar a controlar a sociedade não negocia com o atual controlador, mas prefere se dirigir à coletividade dos acionistas; à qual faz um apelo público de que lhe vendam as ações com direito a voto, na expectativa de vir, com isso, a titular percentual de participação societária superior à do atual controlador e derrotá-lo nas deliberações sociais e eleição dos administradores.

Outra hipótese de oferta facultativa é a "concorrente", que se verifica quando um sujeito não vinculado ao ofertante divulga proposta de adquirir as mesmas ações que estão sendo objeto de uma OPA. A CVM exige que o ofertante concorrente se disponha a pagar preço pelo menos 5% superior ao ofertado na OPA em curso.[211] A legalidade desta exigência é bastante frágil, porque a concorrência das ofertas pode dizer respeito às condições e não especificamente ao preço das ações.[212] Os dois ofertantes podem melhorar suas propostas quantas vezes

---

[207] Há, contudo, quem, ao invés de considerar *imprecisa* a denominação para as OPAs obrigatórias por estatuto de companhias brasileiras, prefere considerar que as *poison pills* aqui possuiriam um "conteúdo mais extremo que o normalmente encontrado em outros países" (CARVALHOSA, Modesto; KUYVEN, Fernando. *Tratado de direito empresarial*. São Paulo: RT, 2016. v. III, p. 689).

[208] Resolução 85/2022, art. 35.

[209] Resolução 85/2022, art. 2º, § 1º.

[210] Resolução 85/2022, art. 2º, VI.

[211] Resolução 85/2022, art. 16, § 3º.

[212] Alerta Erik Frederico Oioli: "a regra que determina que o preço inicial da oferta concorrente seja no mínimo 5% superior à oferta original merece críticas. A Lei das Sociedades Anônimas é silente a respeito. Anteriormente à Instrução da CVM, entendia a doutrina que não necessariamente a melhora da oferta dever-se-ia dar em relação ao preço. Poderiam se melhoradas outras condições, inclusive a forma de pagamento, ou mesmo poderia ser proposta oferta idêntica à primeira. Preocupou-se o regulador apenas com os acionistas destinatários da oferta, buscando maximizar o preço oferecido, ao mesmo tempo em que dificultou a criação de concorrência na disputa pelo controle acionário. Contudo, até mesmo uma oferta concorrente com as mesmas condições da primeira poderia ser interessante, especialmente se o concorrente estiver mais alinhado aos interesses da companhia que o primeiro ofertante" (*Oferta*

quiserem (salvo no caso de OPA para aquisição de controle, na qual a lei autoriza somente uma melhoria na oferta).

Art. 4º-A. Na companhia aberta, os titulares de, no mínimo, 10% (dez por cento) das ações em circulação no mercado poderão requerer aos administradores da companhia que convoquem assembleia especial dos acionistas titulares de ações em circulação no mercado, para deliberar sobre a realização de nova avaliação pelo mesmo ou por outro critério, para efeito de determinação do valor de avaliação da companhia, referido no § 4º do art. 4º. (Incluído pela Lei 10.303, de 2001)

§ 1º O requerimento deverá ser apresentado no prazo de 15 (quinze) dias da divulgação do valor da oferta pública, devidamente fundamentado e acompanhado de elementos de convicção que demonstrem a falha ou imprecisão no emprego da metodologia de cálculo ou no critério de avaliação adotado, podendo os acionistas referidos no *caput* convocar a assembleia quando os administradores não atenderem, no prazo de 8 (oito) dias, ao pedido de convocação. (Incluído pela Lei 10.303, de 2001)

§ 2º Consideram-se ações em circulação no mercado todas as ações do capital da companhia aberta menos as de propriedade do acionista controlador, de diretores, de conselheiros de administração e as em tesouraria. (Incluído pela Lei 10.303, de 2001)

§ 3º Os acionistas que requererem a realização de nova avaliação e aqueles que votarem a seu favor deverão ressarcir a companhia pelos custos incorridos, caso o novo valor seja inferior ou igual ao valor inicial da oferta pública. (Incluído pela Lei 10.303, de 2001)

§ 4º Caberá à Comissão de Valores Mobiliários disciplinar o disposto no art. 4º e neste artigo, e fixar prazos para a eficácia desta revisão. (Incluído pela Lei 10.303, de 2001)

COMENTÁRIOS

1. Fechamento do capital

Sérgio Campinho

O fechamento do capital significa o cancelamento do registro da companhia aberta, por meio do qual se encontrava habilitada a negociar os valores mobiliários de sua emissão no mercado. Consiste, pois, no procedimento para transformar uma companhia aberta em fechada, obstando-se, desse modo, a negociação daqueles valores na bolsa de valores ou no mercado de balcão. O cancelamento de registro de companhia aberta está disciplinado nos §§ 4º e 5º do art. 4º e no art. 4º-A. Até o advento da Lei 10.303/2001, que introduziu na LSA os citados dispositivos normativos, os procedimentos exigidos para a operação de fechamento de capital encontravam-se previstos apenas em Instruções da CVM, os quais tinham por escopo a tutela dos acionistas minoritários.

A decisão acerca da abertura ou do fechamento do capital é matéria vinculada à política empresarial da companhia, definida por aquele que detém o controle dos negócios sociais. É uma decisão de caráter eminentemente privado. Não é autorizado ao órgão governamental de regulação do mercado, afora as hipóteses e condições expressamente previstas na Resolução CVM 80/2022 (arts. 57 a 60),[213] lastreada no inciso I do § 6º do art. 21 da Lei 6.385/1976, adentrar nessa seara; nem sequer o é opinar previamente sobre o mérito da orientação a ser adotada. Feita a opção, caberá à CVM a fiscalização da operação, verificando a sua regularidade à luz da lei e dos atos regulatórios por ela expedidos, porquanto lhe é por lei delegada a regulamentação do procedimento, sempre tendo em mira a manutenção das práticas regulares de mercado e, fundamentalmente, a proteção da minoria acionária. Seu poder regulamentar não é discricionário, mas vinculado à previsão legal, concentrado em garantir a ampla transparência das informações que cercam a operação (*disclosure*).

Apesar de a análise da conveniência e da oportunidade de manter aberto ou fechar o capital ser

---

pública de aquisição de ações. Em Tratado de Direito Comercial. Coordenador Fábio Ulhoa Coelho. São Paulo: Saraiva, 2015, v. 4, p. 372).

[213] Compete à Superintendência de Relações com Empresas (SEP) da CVM suspender o registro de emissor de valores mobiliários, caso este descumpra, por período superior a 12 meses, as suas obrigações periódicas estabelecidas pela Resolução CVM 80/2022. A SEP deve cancelar o registro de emissor nas hipóteses de extinção do emissor e de suspensão do registro do emissor por período superior a 12 meses.

Art. 4º-A SÉRGIO CAMPINHO

da competência do controlador, a sua implementação não deve ser materializada em detrimento dos interesses dos demais acionistas da companhia. A tutela desses interesses constitui medida necessária ao desenvolvimento do mercado de capitais. A companhia com a autorização para negociar os títulos de sua emissão nesse mercado, especialmente ações, almeja o claro benefício do acesso a recursos que lhe viabilizem desenvolver o seu objeto social, recursos esses inegavelmente mais baratos do que os que poderiam ser angariados pelos métodos de financiamento tradicionais, tal qual a obtenção de empréstimos junto a instituições financeiras. Como correspondência ao equilíbrio dessa troca de interesses, há que se respeitar os direitos dos acionistas minoritários que contribuem para a capitalização da companhia. A vantagem especial para esses acionistas reside, justamente, na liquidez dos valores mobiliários por eles titularizados, resultante da oportunidade de negociá-los, a qualquer momento, em bolsa de valores e também no mercado de balcão. A despedida da companhia do mercado no qual se financiou deve buscar garantir aos acionistas a restituição dos recursos nela investidos.

A alteração da condição da companhia influenciará, profundamente, a situação das ações de sua emissão. Além da perda de liquidez, com a consequente depreciação do valor do investimento, os acionistas minoritários não mais contarão com a proteção da CVM, visto que a sociedade deixa de se submeter às suas regras.

Como o Direito brasileiro não admite o recesso motivado pelo fechamento do capital, procura-se, como contrapeso à opção adotada, garantir à minoria social condições equitativas na operação, assegurando-se aos investidores o direito de se desfazerem de suas posições acionárias.

Nessa perspectiva, a matriz positivada na LSA, fruto da reforma implementada pela Lei 10.303/2001, traduz dois principais objetivos: (a) conferir aos minoritários que titularizarem substancial percentual de ações no capital social a possibilidade de obstar o fechamento do capital; e (b) assegurar a todos os minoritários a possibilidade de alienarem suas ações por preço adequado, de sorte a não mantê-los engessados e ligados a uma sociedade cujas ações já não mais se mostram com liquidez e que já não mais se encontra obrigada a prestar informações de caráter mínimo a seus investidores (*disclosure*).[214]

O cancelamento do registro pressupõe proposta de absorção da totalidade das ações em circulação no mercado. Entende-se por ações em circulação todas as ações emitidas pela companhia, excetuadas aquelas detidas pelo controlador, por pessoas a ele vinculadas, por administradores e as que estiverem em tesouraria (§ 2º do art. 4º-A da LSA e inciso II do *caput* do art. 3º da Resolução CVM 85/2022). Seu deferimento pela CVM exige a realização de uma oferta pública de aquisição das ações da companhia (OPA),[215] a qual deverá

---

[214] A regulamentação da operação se faz por meio da Resolução CVM 85/2022, a qual vem especificamente disciplinada nos arts. 22 a 29. O art. 22 da Resolução CVM 85/2022 exige a observância, além do requisito de que o preço ofertado pelas ações seja justo, na forma estabelecida no § 4º do art. 4º da LSA e tendo em vista a avaliação a que se refere o § 1º do art. 9º da referida resolução, de mais um outro: que acionistas titulares de mais de 2/3 das ações em circulação devam aceitar a OPA ou expressamente concordar com o cancelamento do registro; para esse fim, em caráter excepcional, são consideradas ações em circulação apenas o universo daquelas cujos respectivos titulares (a) concordem expressamente com o cancelamento de registro ou (b) se habilitem para o leilão de OPA, na forma dos arts. 25 e 26 da própria resolução. Não são computadas, desse modo, as ações dos que não se habilitarem para o leilão de oferta pública. Como bem elucida José Edwaldo Tavares Borba, deverão ser consideradas, para esse efeito, de um lado, as ações que aceitarem a oferta e as que concordarem com o fechamento, e, de outro lado, as ações que se habilitarem para o leilão, mas dissentirem do fechamento. Nessa equação, as primeiras deverão representar 2/3 do total correspondente às ações que de alguma forma se manifestaram (*Direito societário*. 14. ed. São Paulo: Atlas, 2015. p. 169). Nos termos do art. 25 da indigitada Resolução, tem-se que os acionistas serão considerados: (a) concordantes com o cancelamento de registro, se aceitarem a OPA, vendendo suas ações no leilão, ou manifestarem prévia e expressamente sua concordância com o cancelamento, através de instrumento específico, elaborado nos termos do § 2º do mesmo artigo; e (b) discordantes do fechamento se, havendo se habilitado para o leilão, nos termos do art. 26, não aceitarem a OPA. Os acionistas que desejarem discordar do fechamento do capital, portanto, devem se habilitar ao leilão, não sendo bastante a prévia manifestação nesse sentido, como se tem para os que concordam.

[215] Em regra, a oferta pública será efetivada mediante leilão especial em bolsa de valores ou entidade de mercado de balcão organizado. A oferta é pública em razão da necessária publicidade prévia a que está submetida, o que a diferença das simples ofertas de aquisição efetuadas exclusivamente nos recintos de negociação das bolsas ou nos ambientes da entidade do mercado de balcão organizado. A OPA será intermediada por sociedade corretora ou distribuidora de títulos e valores mobiliários ou instituição financeira com carteira de investimento (§§ 3º, 4º e 5º do art. 2º; incisos IV e VII do art. 4º; e art. 8º, todos da Resolução CVM 85/2022).

ser aceita por percentual relevante de acionistas minoritários.[216]

A oferta pública de aquisição de ações, que é, portanto, obrigatória, pode ser formulada pelo acionista controlador ou pela própria companhia, tendo por objeto, repita-se, todas as ações de emissão da sociedade em circulação.

O normal é que a OPA seja efetivada pelo acionista controlador. Essa sempre foi a diretriz do Direito brasileiro na regulação da matéria, como se podia inferir das regulamentações da CVM editadas sobre o tema. Mas a Lei 10.303/2001, ao estabelecer o novo § 4º do art. 4º da LSA, consagra a possibilidade jurídica de a própria companhia promover a oferta pública para aquisição das ações dos minoritários. Partindo da premissa antes explanada, de que a decisão sobre o fechamento do capital é de interesse empresarial, manifestado pelo controlador, não se vislumbra razoável que a sociedade arque com os respectivos custos inerentes ao procedimento. Por tal convicção, é que se deve advogar um restritivo alcance do dispositivo, admitindo-se, tão somente, que a própria companhia promova a oferta pública quando efetivamente demonstrado, no âmbito da assembleia geral que se instalar para deliberar a respeito, que o procedimento atende inequivocamente ao interesse social.[217]

Confirmada a correspondência com o interesse social, a operação deverá conformar-se com o disposto no § 1º do art. 30 da própria LSA, o qual excepciona a regra geral do *caput*, de que a companhia não pode negociar com suas próprias ações. Nessa harmonização, tem-se que a aquisição das ações feita pela sociedade é para permanência em tesouraria ou cancelamento e traz, como inarredáveis pressupostos à sua validade, que o valor de aquisição das próprias ações não ultrapasse o montante do saldo de lucros ou reservas, excetuada a legal, e se faça sem redução do capital social (alínea *b* do preceito antes citado).[218]

Exige o § 4º do art. 4º que a aquisição se opere por "preço justo". A expressão tem sido objeto de crítica, em face do seu forte caráter subjetivo. O que deseja a lei, em realidade, é veicular a visão de que o preço da oferta deve ser estabelecido sem penalidade para o adquirente ou para os alienantes. A sua aferição deverá estar arrimada em critérios que conduzam a um resultado final equitativo. Esses critérios deverão estar compatibilizados com a situação real e atual da sociedade, bem como com a das ações de sua emissão. Não se deve, assim, sob pena de desrespeitar a ideia do "preço justo", fazer uso, por exemplo, do método de "comparação por múltiplos" se não existirem companhias capazes de servir de paradigma. Outrossim, a "cotação das ações no mercado" somente se mostra pertinente se as ações da companhia registrarem alto índice de liquidez, pois, para aquelas com baixo índice de negociabilidade, não terá o significado adequado.

O legislador prestigia o princípio da liberdade de escolha do critério de valoração das ações para se atingir o justo preço, gerando listagem exemplificativa ou enumerativa de métodos para sua aferição, os quais podem ser adotados de forma isolada ou combinada. Assim é que se tem por "preço justo", na dicção legal, aquele ao menos igual ao valor de avaliação da companhia, apurado com base nos critérios [...] de patrimônio líquido contábil, de patrimônio líquido avaliado a preço de mercado, de fluxo de caixa descontado, de comparação por múltiplos, de cotação das ações no mercado de valores mobiliários, ou com base em outro critério aceito pela CVM.[219]

O critério ou os critérios de avaliação serão escolhidos pelo próprio ofertante, a quem

---

[216] Art. 22 da Resolução CVM 85/2022.

[217] Cf. CARVALHOSA, Modesto e EIZIRIK, Nelson. *A nova lei das S/A*. São Paulo: Saraiva, 2002. p. 59.

[218] Essa visão vem compartilhada por Modesto Carvalhosa e Nelson Eizirik (*A nova lei das S/A*. São Paulo: Saraiva, 2002. p. 60) e Norma Parente (Principais inovações introduzidas pela Lei n. 10.303, de 31 de outubro de 2001, à lei das sociedades por ações. In: LOBO, Jorge (coord.). *Reforma da lei das sociedades anônimas*. 2. ed. Rio de Janeiro: Forense, 2002. p. 16).

[219] O cálculo do preço a partir do *patrimônio líquido contábil* revela o valor escriturado, o que geralmente traduz um valor histórico; o valor do *patrimônio líquido avaliado a preço de mercado* é calculado como se a companhia estivesse em liquidação; a *fluxo de caixa descontado* realiza-se pela perspectiva de lucros futuros, trazida a valor presente; a *comparação por múltiplos* traduz-se na comparação com outras sociedades que atuam no mesmo setor (com empresas congêneres), requisitando, todavia, que a comparação venha a abranger número expressivo de companhias no setor; a *cotação das ações no mercado* exprime o valor médio que a ação alcança nos pregões.

Art. 4º-A — Sérgio Campinho

caberá, igualmente, designar os avaliadores, arcando com os correspondentes custos, e aprovar o valor obtido. Mas como forma de fazer prevalecer a opção responsável, de modo a ser atingida a desejável equidade, assegura a lei que o valor da oferta seja revisto.

Com efeito, acionistas titulares de, no mínimo, 10% das ações em circulação no mercado – excluídas da base de cálculo as de titularidade do acionista controlador, das pessoas a ele vinculadas, dos diretores, dos conselheiros de administração e as em tesouraria – poderão requerer aos administradores da companhia que convoquem assembleia especial dos acionistas de mercado, para deliberar sobre a realização de nova avaliação pelo mesmo ou por outro critério, para efeito de determinação do valor da companhia. O pleito deverá ser articulado em requerimento apresentado no prazo de 15 dias contados da data da divulgação do valor da oferta pública, devidamente fundamentado e instruído com os elementos de convicção que demonstrem a falha ou imprecisão no emprego do método de cálculo ou no critério eleito de avaliação. A ausência da necessária fundamentação ou a insuficiência dos elementos de convicção revelam o abuso da minoria, que não poderá se exceder no poder de barganha.[220] Não sendo o requerimento atendido com a convocação da assembleia pelos administradores no prazo de 8 dias, faculta-se àqueles acionistas de mercado proceder diretamente à convocação (*caput* e §§ 1º e 2º do art. 4º-A).

Os avaliadores e os critérios de avaliação serão então definidos pela mesma assembleia em que a matéria vier a ser deliberada. O *quorum* para deliberação será o do art. 129 da LSA, ou seja, a decisão sobre a rejeição ou aprovação do pedido de revisão do preço de oferta se dará por maioria absoluta de votos dos presentes ao conclave, não se computando os votos em branco. Dessa deliberação estão legitimados a participar os titulares de ações preferenciais sem direito de voto ou com voto restrito, os quais, de certo, poderão também convocá-la, observados os termos acima já expostos. Trata-se de uma assembleia especial, uma assembleia de revisão do preço ofertado, instrumento posto à disposição da minoria para impugnar a avaliação apresentada pelo ofertante. Dirige-se, nos termos do *caput* do art. 4º-A, aos titulares de ações em circulação no mercado (acionistas de mercado), nestas compreendidos, porque a lei não excepcionou, os títulos com ou sem direito de voto.

Mas só poderão convocá-la e dela participar aqueles que já eram acionistas na data de divulgação do valor da oferta pública. A interpretação estrita se justifica como fórmula de não se incentivar uma indústria da revisão, desestimulando que eventuais minoritários comprem ações após a divulgação do preço da oferta para participar da assembleia especial e forçar uma revisão do preço.[221] A exegese é profícua, porquanto não permite degenere em abuso o direito de revisão, o qual serve de relevante instrumento à obtenção de um justo preço e não para financiar barganhas e ganâncias indevidas pelos minoritários.

Os custos da revisão deverão ser arcados pela sociedade, que será ressarcida pelos que a requereram e pelos que votaram a seu favor, caso o novo valor seja inferior ou igual ao da oferta (§ 3º do art. 4º-A). Alcançando o valor patamar superior, é razoável que a companhia seja ressarcida pelo ofertante, quando o for o acionista controlador. Caracteriza-se, dessarte, uma "sucumbência extrajudicial", funcionando como instrumento inibidor da eleição de critérios injustos pelo ofertante, bem como de abuso das minorias no uso do pedido de revisão. Os correspondentes ônus deverão ser distribuídos entre os responsáveis segundo as suas respectivas participações no capital[222], permitindo-se ao órgão de administração propor à assembleia geral a suspensão do exercício dos direitos do acionista em mora com suas obrigações (art. 120 e inciso V do art. 122 da LSA), estando o interessado impedido de nela votar, em face do notório conflito de interesses (art. 115 da LSA).

Não concordando o ofertante com o valor a maior de avaliação obtido na revisão, assiste-lhe o direito de da oferta desistir, uma vez que somente se vincula às condições por ele propostas. A alteração do valor para maior permite-lhe recolher a oferta original, havendo-se por prejudicado o fechamento do capital, ante a ausência

---

[220] A falta de motivação legitima a recusa pelo administrador da companhia do pedido de revisão, conforme bem sustentado por Modesto Carvalhosa e Nelson Eizirik (*A nova lei das S/A*. São Paulo: Saraiva, 2002. p. 53).

[221] CARVALHOSA, Modesto e EIZIRIK, Nelson. *A nova lei das S/A*. São Paulo: Saraiva, 2002. p. 55.

[222] A lei, nesse aspecto, não andou bem. O adequado seria ter feito a previsão da responsabilidade solidária, evitando que a companhia tenha que promover diversas ações para obter o ressarcimento.

de um de seus pressupostos. Concordando, entretanto, prosseguirá o seu curso o processo de cancelamento do registro da companhia, com a aceitação do "preço justo" pelas partes, não mais se admitindo a retratação, porquanto para os minoritários a revisão equivale à nova proposta quando apresentado o novo preço ao ofertante.

Apurando o laudo de avaliação valor igual ou inferior ao valor inicial da OPA, será retomado o curso normal do processamento, com a marcação de data para o leilão, com base no preço originalmente ofertado.

Sempre estará garantido aos acionistas minoritários que não consigam atingir o *quorum* legal de 10% do capital retratado pelas ações em circulação no mercado, vendo frustrada, assim, a possibilidade de viabilizar a revisão na esfera extrajudicial, o direito de judicialmente impugnar o valor da oferta, com o escopo de obter, por decisão judicial, o desejado "preço justo". Igual direito terão os minoritários que restarem vencidos na deliberação que rejeitar a revisão (inciso XXXV do art. 5º da CRFB). Mas os efeitos de eventual decisão favorável serão, em qualquer caso, sempre individuais, não aproveitando a coletividade dos minoritários.

Registre-se que o § 5º do art. 4º permite, terminado o prazo da oferta pública, caso remanesçam em circulação menos de 5% do total das ações emitidas[223], que a assembleia geral delibere o resgate dessas ações pelo valor da oferta, desde que o respectivo numerário seja depositado, à disposição dos seus titulares, em estabelecimento bancário autorizado pela CVM. Há, assim, a expropriação das ações dos minoritários, os quais não poderão se opor a tal decisão. A disposição almeja evitar que numa sociedade em que 95% dos sócios aceitam a oferta, esta se veja obrigada a manter pequena quantidade de acionistas, como, por exemplo, quando se desconhece o paradeiro desses acionistas[224]. São atingidos, pela providência, pequenos investidores esparsos, os quais não dispõem da proteção da ordem jurídico-societária. Parece que a intenção do legislador foi a de permitir que a companhia que cancelou o registro como aberta não seja obrigada a continuar convivendo com inúmeros pequenos acionistas[225], representando-lhe ônus desnecessário. Daí a possibilidade de ser eliminada essa minoria dispersa e indesejada no quadro social que não aderiu à oferta pública.

Esse resgate, como a lei não estabelece limite temporal para sua implementação, poderá realizar-se a qualquer tempo, atualizando-se o valor da oferta.

Por derradeiro, há que se anotar que os avaliadores[226] que participaram dos procedimentos do atingimento do "preço justo" responderão pelos danos causados por negligência, imprudência ou imperícia na elaboração do laudo, ou ainda quando tiverem procedido com dolo, sem prejuízo da responsabilidade penal em que tenham incorrido.

2. Fechamento "branco" de capital

Sérgio Campinho

O procedimento de fechamento do capital visa a garantir aos acionistas de participação minoritária o direito de obstruir a conversão da companhia aberta em fechada ou, assim não o fazendo, ou não atingindo o *quorum* para fazê-lo, o de alienar as respectivas participações societárias por um preço justo, sem discriminações.[227]

Nesse escopo, a lei se preocupa em coibir expedientes e artifícios que, por vias transversas, poderiam redundar no que ficou chamado no mercado de "fechamento branco" do capital, caracterizado sempre que o controlador adquirir, direta ou indiretamente, número substancial de

---

[223] Há que se sublinhar que a formulação da oferta pública para adquirir a totalidade das ações em circulação é que constitui a condição legal para o fechamento do capital, e não a sua efetiva aquisição pelo ofertante, porquanto esta depende da aceitação da oferta pelo acionista.

[224] PARENTE, Norma. Principais inovações introduzidas pela Lei n. 10.303, de 31 de outubro de 2001, à lei das sociedades por ações. In: LOBO, Jorge (coord.). *Reforma da lei das sociedades anônimas*. 2. ed. Rio de Janeiro: Forense, 2002. p. 20.

[225] CARVALHOSA, Modesto e EIZIRIK, Nelson. *A nova lei das S/A*. São Paulo: Saraiva, 2002. p. 63.

[226] Segundo o § 1º do art. 9º da Resolução CVM 85/2022, o laudo de avaliação poderá ser elaborado pela instituição que intermediará a OPA, nos termos do art. 8º, sociedade corretora ou distribuidora de títulos e valores mobiliários ou instituição financeira com carteira de investimento que possuam área especializada e devidamente equipada, com experiência comprovada, ou ainda por pessoa jurídica especializada e com experiência também comprovada em avaliações de companhias abertas.

[227] Art. 22 da Resolução CVM 85/2022.

ações em circulação, retirando, desse modo, a liquidez das ações remanescentes. Verificado o fato, segundo o enquadramento dispensado pela CVM, pois a ela incumbe estabelecer os percentuais em que a potencialidade desse risco possa se configurar, fica o controlador obrigado a realizar oferta pública para aquisição das ações que remanesceram em circulação com os minoritários. O preço dessa oferta deverá observar os mesmos critérios estabelecidos para o fechamento do capital, isto é, deve ser "justo" e estará subordinado à revisão quando considerado não equitativo pela maioria das ações de mercado atingidas (§ 6º do art. 4º).[228]

A OPA por aumento de participação vem também regulada pela Resolução CVM 85/2022, nos arts. 30 a 32. No *caput* do seu art. 30, tem-se definido o percentual considerado impeditivo da liquidez de mercado, consistente na aquisição de ações que representem mais de 1/3 do total das ações de cada espécie e classe em circulação.[229] A indigitada Instrução, nos seus arts. 31 e 32, permite que o acionista controlador solicite à CVM autorização para não realizar a OPA ou dela desistir na hipótese de revisão do preço, desde que se comprometa a alienar o excesso de participação em prazo de 3 meses, contado da ocorrência da aquisição.

CAPÍTULO II
CAPITAL SOCIAL
SEÇÃO I
VALOR

Fixação no Estatuto e Moeda
Art. 5º O estatuto da companhia fixará o valor do capital social, expresso em moeda nacional.

Parágrafo único. A expressão monetária do valor do capital social realizado será corrigida anualmente (artigo 167).

COMENTÁRIOS

1. Conceito e função do capital social

Fábio Ulhoa Coelho

A doutrina simplesmente não se entende acerca do conceito e função do capital social, incorrendo em imprecisões jurídicas e contábeis. Claro, que o capital social cumpre uma função econômica, já que não há investimento sem aporte de recursos (daí alguns falarem em *essencialidade* do capital social)[230] e também contábil, enquanto rubrica do patrimônio líquido, nos balanços das companhias. Mas dessas funções não cabe extrair-se uma de feição jurídica.

Sobre o tema, o mais comum é ouvir-se que o capital social representaria uma garantia para os credores da sociedade,[231] uma noção equivocada, posto ser esta a função do patrimônio da sociedade.[232] Quando o art. 174 condiciona a redução do capital social com devolução de recursos aos acionistas à não oposição de credores, está prestigiando a função do patrimônio social como garantia destes, e não o capital social. Eventualmente, se poderia cogitar de cumprir essa função a parcela do capital social correspondente ao seu valor subscrito e ainda não integralizado, mas sendo essa uma situação bastante rara, seria tomar por essencial o que é excepcional.[233]

Outra tentativa de definir o conceito e função do capital social se encontra na afirmação de que representaria um "índice de endividamento". Nesse caso, quando comparado com os recursos *emprestados* pela companhia, ele deveria mostrar

---

[228] O disposto no § 6º do art. 4º veio a erigir à condição de lei ordinária certas normas regulamentares que objetivavam coibir a prática do fechamento branco, materializadas, até então, nas ICVM 229/1995 e 345/2000, sendo a lei, inclusive, mais eficiente na repressão a abusos em relação ao valor da proposta de aquisição.

[229] Ações em circulação são todas as ações de emissão da companhia, excetuadas as detidas pelo acionista controlador, por pessoas a ele vinculadas, por administradores e aquelas mantidas em tesouraria (inciso II do *caput* do art. 3º da Resolução CVM 85/2022 e § 2º do art. 4º-A da LSA).

[230] LUCENA, José Waldecy. *Das sociedades anônimas* – comentários à lei. Rio de Janeiro: Renovar, 2009. v. I, p. 159-160.

[231] COMPARATO, Fábio Konder. *Direito empresarial*. São Paulo: Saraiva, 1990. p. 133; FERREIRA, Waldemar. *Tratado de direito comercial*. São Paulo: Saraiva, 1961. v. 4, p. 148; ESTRELA, Hernani. *Curso de direito comercial*. Rio de Janeiro: Konfino, 1973. p. 414-415.

[232] Cf. PENTEADO, Mauro Rodrigues. *Aumentos de capital nas sociedades anônimas*. São Paulo: Saraiva, 1988. p. 15-31.

[233] Sobre a relativização dessa função de garantia aos credores, ver HÜBERT, Ivens Henrique. *Sociedade empresária e capital social*. Curitiba: Juruá, 2009. p. 85-92 e 95; e DINIZ, Gustavo Saad. *Subcapitalização societária*. Belo Horizonte: Forum, 2012. p. 92-105.

um certo equilíbrio econômico-financeiro.[234] Novamente, se atribui ao capital social o que é dado, na verdade, pelo patrimônio da sociedade.

Alguns doutrinadores propõem tratar o capital social como uma cifra mencionada nos estatutos sociais e correspondente a uma rubrica do balanço.[235] Embora não deixe de ser verdadeira, parece-me que essa constatação pouco acrescenta ao debate do tema, por nada dizer da eventual função jurídica do capital social.

Fala-se, também, do capital social como uma "cifra de retenção"[236] ou medida dos recursos permanentes da sociedade, o que tem menos sentido ainda, já que os recursos correspondentes são destinados à cobertura de gastos e realização de investimentos; ou seja, cada centavo do capital social é para ser gasto e não para permanecer no patrimônio da companhia.

Por fim, há os que consideram o capital social a medida da contribuição dos sócios;[237] esse modo de ver a questão não é inteiramente correto porque, de um lado, o capital social pode ser alimentado por lucros e reservas da própria sociedade (art. 169), e, de outro, há contribuições dos acionistas que são apropriados na conta "reserva de capital" (art. 181, § 1º, a). Mas, na busca da função jurídica do capital social, essa abordagem é a que mais se aproxima de uma solução satisfatória, evidentemente se acompanhada da advertência de que o capital social é somente *uma* das medidas da contribuição dos sócios, e não *a* medida[238].

2. Natureza jurídica do capital social

Ana Frazão

O capital social corresponde, em regra, ao valor das contribuições dos acionistas para a consecução do objeto social. Na prática, por meio da constituição do capital social, os sócios substituem o direito de propriedade sobre os recursos que serão destinados à sociedade pelos correspondentes direitos de crédito que, consubstanciados nas ações, passarão a titularizar perante a sociedade.

Daí o entendimento do Superior Tribunal de Justiça[239] no sentido de que "A prestação do sócio (ou acionista), consistente na entrega de dinheiro ou bem, para a formação ou para o aumento de capital da sociedade se dá, não por liberalidade, mas em contrapartida ao recebimento de quotas ou ações do capital social, representando assim um ato oneroso, que decorre de um negócio jurídico tipicamente comutativo".

Quando da constituição da sociedade, o capital inicial corresponderá ao patrimônio autônomo da sociedade. Afinal, sem a existência de uma base patrimonial para dar suporte ao exercício da atividade empresarial, o objeto social não se realiza. É possível que, durante o exercício da atividade econômica, os acionistas tenham de transferir novos recursos à companhia, hipótese em que, obedecidas as regras legais, haverá o aumento do capital social.

Diz-se que o valor do capital social integralizado corresponde, em regra, ao valor de entrada dos sócios, porque as ações podem ser emitidas com ágio, isto é, por preço superior ao seu valor nominal (Lei 6.404/1976, art. 13), hipótese em que o valor excedente da contribuição do subscritor constituirá reserva de capital, de sorte que o patrimônio social será superior ao capital social (Lei 6.404/1976, art. 13, § 2º e 182, § 1º).

Ainda é importante mencionar que a lei autoriza a emissão de ações sem valor nominal, dispondo o art. 14 que "O preço de emissão das ações sem valor nominal será fixado, na constituição da companhia, pelos fundadores, e no aumento de capital, pela assembleia geral ou pelo conselho de administração (artigos 166 e 170, § 2º)."

O fato de as ações nominais poderem ser emitidas com ágio – caso em que o excedente não irá para o capital social, mas sim para a reserva de capital –, assim como o fato de poderem ser

---

[234] CARVALHOSA, Modesto. *Comentários à lei de sociedades anônimas*. 6. ed. São Paulo: Saraiva, 2011. v. 1, p. 199.

[235] GUERREIRO, José Alexandre Tavares. *Regime jurídico do capital autorizado*. São Paulo: Saraiva, 1984. p. 32; DOMINGUES, Paulo de Tarso. *Variações sobre o capital social*. Coimbra: Almedina, 2009. p. 48-49; MARTINS, Fran. *Curso de direito comercial terrestre*. 5. ed. Rio de Janeiro: Forense, 1971. p. 419-420.

[236] VERÇOSA, Haroldo Malheiros Duclerc. *Direito comercial*. 3. ed. São Paulo: RT, 2014. v. 2, p. 110-111.

[237] Cf. MENDONÇA, José Xavier Carvalho de. *Tratado de direito comercial brasileiro*. 6. ed., atual. por Roberto Carvalho de Mendonça. São Paulo e Rio de Janeiro: Freitas Bastos, 1963. v. III. p. 28; REQUIÃO, Rubens. *Curso de direito comercial*. 17. ed. São Paulo: Saraiva, 1988. v. 1, p. 290-291.

[238] Cf. COELHO, Fábio Ulhoa. *Curso de direito comercial*. 21. ed. São Paulo: RT, 2018. p. 168-169, v. 2; CAMPINHO, Sérgio. *Curso de direito comercial* – sociedade anônima. 3. ed. São Paulo: Saraiva, 2018. p. 71.

[239] EREsp 1.104.363/PE, rel. Min. Teori Zavascki, j. 29.06.2010, *DJe* 02.09.2010.

emitidas ações sem valor nominal tem a importante consequência de dissociar os aportes dos acionistas das suas participações societárias. Afinal, somente na hipótese em que o estatuto permita apenas a emissão de ações com valor nominal e que o preço de emissão corresponda a este é que o capital social refletirá o efetivo aporte dos acionistas.

Nas demais hipóteses, cria-se uma dissociação, como bem explica Modesto Carvalhosa:[240]

> Portanto, o valor do ágio de ações com valor nominal e uma parcela do valor de emissão das ações sem valor nominal poderão ter destinação diversa, não integrando o capital social. Daí decorre que o capital social não mais refletirá, obrigatoriamente, o valor de todas as entradas de capital.

Em sentido semelhante, encontra-se a orientação de Tavares Guerreiro,[241] ao explicar que a cifra contábil do capital social pode não corresponder às

> inversões aportadas pelos subscritores ou acionistas. Sua quantificação pode mesmo suscitar distorções inexplicáveis no caso de companhias que possuem tanto ações com valor nominal quanto ações sem valor nominal, hipótese em que os respectivos valores subscritos podem-se destinar, em diferentes proporções, à conta de capital social e à conta de reservas de capital, bastando, para tanto, que o preço de emissão supere o valor nominal.

É correta, portanto, a conclusão de Fábio Ulhoa Coelho,[242] no sentido de que "a contribuição dos sócios é medida pelo capital social *mais* a parcela de reserva de capital constituída pelo ágio da subscrição se existente", do que se conclui que o "capital social é *uma* medida da contribuição dos sócios, e não necessariamente *a* medida".

O capital social constitui um dos requisitos para a constituição da companhia, sendo obrigatória sua previsão no estatuto social em moeda corrente. A obrigatoriedade do capital social explica-se, como esclarece A. Ferrer Correia,[243] pela relação entre personalidade jurídica e autonomia patrimonial. Ora, o reconhecimento de que a sociedade, como sujeito de direito distinto dos sócios, assume direitos e obrigações em nome próprio pressupõe que os efeitos dessas relações jurídicas recaiam sobre a pessoa jurídica, que por eles deverá responder. A personalidade jurídica requer, portanto, que as obrigações por ela contraídas não repercutam, pelo menos em primeira linha, sobre a esfera jurídica dos sócios.

O autor português enfatiza que a autonomia da pessoa jurídica depende necessariamente da existência de patrimônio em relação ao qual possa obrigar-se.[244] Daí por que a constituição da companhia está condicionada à contribuição dos acionistas para a formação de um patrimônio autônomo, que assegure à pessoa jurídica a possibilidade de responder pelas dívidas contraídas por ela.[245] Em razão da rígida separação entre o patrimônio dos acionistas e o patrimônio da sociedade, a última deverá contar, desde o início, com um capital próprio, decorrente da contribuição dos acionistas, que passará a ser titularizado pela companhia em troca da distribuição de ações.[246]

Como se viu nos comentários ao art. 1º da Lei 6.404/1976, é por meio da constituição do capital social – ou, de forma mais geral, por meio dos aportes realizados em razão da subscrição de ações para a constituição do capital social ou da reserva – que os acionistas definem o risco que estarão dispostos a assumir, o que traz uma série de repercussões não apenas para eles, mas também para credores sociais. Daí por que existem

---

[240] CARVALHOSA, Modesto. *Comentários à Lei de Sociedades Anônimas*. São Paulo: Saraiva, 2002. v. 1, p. 93.

[241] *Regime jurídico do capital autorizado*. São Paulo: Saraiva, 1984. p. 19.

[242] COELHO, Fábio Ulhoa. *Curso de direito comercial*. São Paulo: Saraiva, 2009. v. 2, p. 164.

[243] CORREIA, A. Ferrer. *Estudos vários de direito*. Coimbra: Universidade de Coimbra, 1982. p. 547.

[244] CORREIA, A. Ferrer Correia. *Estudos vários de direito*. Coimbra: Universidade de Coimbra, 1982. p. 548.

[245] José Alexandre Tavares Guerreiro (*Regime jurídico do capital autorizado*. São Paulo: Saraiva, 1984. p. 19) é categórico ao afirmar que o capital social constitui elemento indispensável para a constituição da sociedade, "a integrar a própria realidade ontológica da sociedade comercial, sem o qual esta não logra sequer se constituir validamente, por falta de meio imprescindível à consecução de seus objetivos". Em sentido semelhante, Pontes de Miranda (*Tratado de direito privado*. Campinas: Bookseller, 2000. v. 49, § 5191) aduz que "nas sociedades comerciais, é elemento essencial o capital ('fundo social', diz-se no Código Comercial, arts. 288m 289 e 330), pela finalidade lucrativa, capitalística que hão de ter".

[246] GARRIGUES, Joaquín. *Tratado de derecho mercantil*. Madri: Revista de Derecho Mercantil, 1947. t. II, p. 134.

algumas legislações que preveem capital social mínimo, na tentativa de assegurar que a separação patrimonial perfeita seja instrumento de socialização *parcial* – e não *total* – do risco empresarial.

Daí por que o capital social precisa ser visto no contexto maior de importante conflito de agência que é inerente às sociedades por ações: o existente entre acionistas e credores sociais.[247]

3. Procedimento de formação do capital social

Ana Frazão

A contribuição para o capital social envolve duas etapas: a subscrição e a integralização das ações. A subscrição refere-se à assunção da obrigação de contribuir para o capital social, em troca do recebimento das ações. Uma vez realizada a subscrição, o acionista obriga-se a realizar, "nas condições previstas no estatuto ou no boletim de subscrição, a prestação correspondente às ações subscritas ou adquiridas" (Lei 6.404/1976, art. 106). Trata-se da integralização.

Caso o estatuto ou boletim de subscrição não contenha informações referentes ao montante do capital a ser integralizado ou à data ou ao prazo da integralização, cabe aos órgãos de administração efetuar chamada, "mediante avisos publicados na imprensa, por 3 (três) vezes, no mínimo, fixando prazo, não inferior a 30 (trinta) dias, para o pagamento", na forma do § 1º do art. 106, da Lei 6.404/1976. Na inércia do subscritor, este será constituído em mora e será considerado remisso.[248] Frente a tal quadro, poderá a companhia promover contra o acionista remisso processo de execução para cobrar o valor devido, acrescido de juros de mora, correção monetária e da multa prevista no estatuto. Pode a companhia, alternativamente, ordenar a venda compulsória das ações em bolsa de valores, por conta e risco do acionista (Lei 6.404/1976, art. 107, II).

A Lei admite que a integralização seja feita à vista ou a prazo, mas exige que, no momento do registro da companhia, pelo menos 10% do preço de emissão das ações subscritas tenha sido integralizado (Lei 6.404/1976, art. 80, II). Caso as ações sejam alienadas antes que tenham sido totalmente integralizadas, os alienantes responderão solidariamente com os adquirentes pelo pagamento das prestações que faltarem para a integralização das ações transferidas (Lei 6.404/1976, art. 108).

4. Capital social mínimo

Ana Frazão

Diferentemente do que ocorre em outros ordenamentos,[249] a Lei 6.404/1976 não previu capital social mínimo, opção legislativa que se justifica pela pretensão de não reservar o modelo da companhia apenas para as grandes empresas, como observou Alfredo Lamy Filho:[250]

A lei brasileira não seguiu tal orientação, no pressuposto de que, entre nós, muitas empresas grandes só conseguiram sucesso porque em pequenas, ao se constituírem, adotaram a forma anônima que lhes permitiu captar os recursos necessários à expansão.

A exigência de capital mínimo somente se faz presente para o exercício de determinadas atividades sujeitas a legislação específica, em que o risco para terceiros é mais acentuado, como é o caso das companhias seguradoras (Dec.-lei

---

[247] Ver comentários de Ana Frazão ao art. 1º da Lei 6.404/1976, na seção "Sociedades por ações e equacionamento da relação entre poder e responsabilidade e dos conflitos de agência".

[248] Vale destacar a seguinte lição de José Waldecy Lucena (*Das sociedades anônimas* – comentários à lei. Rio de Janeiro: Renovar, 2009. p. 973-974): "Ao acionista inadimplente, recaído em mora, nomina-se acionista remisso, este um agente perturbador no desenrolar da vida societária que se inicia. Por isso mesmo, ministra a Lei, detalhadamente, meios que possibilitem alcançar rápida solução para um ato que importa em desfalque do capital social, altamente prejudicial à sociedade e que também pode prejudicar os demais acionistas e os terceiros que entrem em relação com a companhia".

[249] CORDEIRO, António Menezes. *Direito europeu das sociedades*. Coimbra: Almedina, 2005. p. 210-212.

[250] LAMY FILHO, Alfredo. Capital social. In: LAMY FILHO, Alfredo; PEDREIRA, José Luiz Bulhões. *Direito das companhias*. Rio de Janeiro: Forense, 2009. v. I, p. 198. Em sentido contrário, Sérgio Campinho (*Curso de direito comercial*. Sociedades anônimas. São Paulo: Saraiva, 2018. p. 71): "Nutrimos o sentimento de que a inexistência desse capital mínimo, tanto para as sociedades anônimas, como para as sociedades limitadas – que não necessitam ter idêntica expressão monetária, podendo, pois, variar –, é fonte efetiva do preconceito que se vem criando à limitação da responsabilidade, fomentando a aplicação equivocada de teorias, como a da desconsideração da personalidade jurídica, para buscar neutralizar indiscriminadamente essa limitação, sempre que o ativo não for suficiente ao pagamento do passivo".

73/1966, art. 32, VI), operadoras de planos de saúde, instituições financeiras etc.

A ausência de capital social mínimo, contudo, suscita importantes discussões sobre a chamada subcapitalização societária, que pode dar ensejo à desconsideração da personalidade jurídica ou à responsabilidade dos controladores. O tema será discutido nos comentários ao arts. 116 e 153, da Lei 6.404/1976, nas seções que tratam da extensão do dever de diligência em relação aos credores sociais.

5. Integralização do capital social com bens

Ana Frazão

Nada impede que os acionistas integralizem o capital social com bens, desde que suscetíveis de avaliação pecuniária.[251] Nesse caso, a cifra correspondente aos bens deverá ser acrescida ao valor em dinheiro que compõe o capital social, de modo que, no estatuto social, o capital social seja expresso exclusivamente em pecúnia. Admite-se, portanto, que, para a integralização das ações, os acionistas contribuam com bens móveis ou imóveis, corpóreos ou incorpóreos, mas o capital inicial será sempre expresso em pecúnia no estatuto social.[252]

Alguns autores sustentam que, na formação do capital social, somente os bens que possam ser utilizados na realização do objeto social, como fator produtivo, deverão ser admitidos na formação do capital social. É o que opina, por exemplo, Modesto Carvalhosa[253], segundo o qual, "a conferência de bens alheios ao objeto social deve ser considerada como forma de burla aos credores e aos concorrentes", atraindo a incidência do art. 117, § 1º, alínea "h".

Entretanto, o critério da utilidade dos bens deve ser visto de forma mais ampla. Significa dizer que, para serem considerados úteis, os bens não precisam necessariamente integrar-se ao processo produtivo. Deve admitir-se, como lembra Denis Borges Barbosa,[254] na constituição do capital social, todos os ativos "subjetivamente úteis", a exemplo dos bens que, mesmo não podendo ser empregados diretamente no exercício operacional da atividade empresarial revestem-se de liquidez suficiente para alavancar o crescimento da empresa.[255]

É, portanto, acertada a conclusão de Alfredo Lamy Filho no sentido de que "não há por que impedir a formação do capital social com qualquer bem cujo valor possa ser realizado em dinheiro mediante troca no mercado, ou ser fonte de rendimentos para a companhia",[256] até porque a Lei contém uma série de garantias para assegurar a correta avaliação e a responsabilidade daqueles que integralizam o capital social com

---

[251] Admite-se, inclusive, que o capital social seja integralizado por direitos de propriedade intelectual. Ver, nesse sentido: BARBOSA, Denis Borges. Da conferência de bens intangíveis ao capital das sociedades anônimas. *Revista de direito mercantil, industrial, econômico e financeiro*, v. 19, n. 37, p. 33-50, jan.-mar. 1980.

[252] A esse respeito, esclarece Alfredo Lamy Filho (Capital social. In: LAMY FILHO, Alfredo; PEDREIRA, José Luiz Bulhões. *Direito das companhias*. Rio de Janeiro: Forense, 2009. v. 1, p. 151) que "podem formar capital quaisquer bens, materiais ou imateriais, tais como: (a) coisas móveis ou imóveis, corpóreas ou incorpóreas, objetos de propriedade – inclusive comercial, industrial, literária, científica e artística; direitos reais de usa ou gozar essas coisas; direitos que tenham por objeto exploração de recursos minerais ou fontes de energia hidráulica; (b) direitos de crédito cujos objetos sejam prestações de dar dinheiro ou outra coisas; títulos de crédito, valores mobiliários e direitos reais de uso e gozo desses valores; (c) participações societárias e usufruto dessas participações; (d) concessão de serviços públicos e licenças administrativas para o exercício de atividades (desde que, de acordo com a legislação própria, sejam transferíveis para a companhia). Não podem formar capital, porque não são bens, o trabalho ou serviço pessoal, e os serviços, no sentido de bens imateriais".

[253] *Comentários à lei de sociedades anônimas*. 7. ed. São Paulo: Saraiva, 2013. v. 1, edição kindle (sem referência de página).

[254] BARBOSA, Denis Borges. Da conferência de bens intangíveis ao capital das sociedades anônimas. *Revista de direito mercantil, industrial, econômico e financeiro*, v. 19, n. 37, p. 33-50, jan.-mar. 1980.

[255] LAMY FILHO, Alfredo. Capital social. In: LAMY FILHO, Alfredo; PEDREIRA, José Luiz Bulhões. *Direito das companhias*. Rio de Janeiro: Forense, 2009. v. 1, p. 151.

[256] LAMY FILHO, Alfredo. Capital social. In: LAMY FILHO, Alfredo; PEDREIRA, José Luiz Bulhões. *Direito das companhias*. Rio de Janeiro: Forense, 2009. v. 1, p. 146. Sérgio Campinho (*Curso de direito comercial*. Sociedades anônimas. São Paulo: Saraiva, 2018. p. 74) adota uma posição intermediária, defendendo que o bem "deve guardar relação direta ou indireta com o seu objeto social, não se admitindo a integralização em bens que não tenham qualquer utilidade direta ou reflexa para a atividade por ela desenvolvida. Necessitam, em outras palavras, estar ligados concretamente ao objeto social, ou ao menos ser úteis à sua realização".

bens, de que são exemplos os arts. 8º e 10 da Lei 6.404/1976.

De toda sorte, é importante lembrar que a alínea "h", do § 1º, do art. 117, da Lei 6.404/1976, considera abuso de poder de controle a subscrição de ações para os fins do disposto no art. 170, com a realização em bens estranhos ao objeto social da companhia. Portanto, a lei atribui ao controlador um rigor maior no que diz respeito às obrigações relacionadas ao aumento do capital social.

6. Diferença entre capital social e patrimônio social

Ana Frazão

É válido notar que capital social e patrimônio social não se confundem. O primeiro refere-se a uma cifra contábil, enquanto o segundo representa a diferença entre os ativos e os passivos da sociedade.[257] De início, integralizado o capital social, ambos têm o mesmo valor, pois, quando da constituição da sociedade, os ativos titularizados pela sociedade referem-se unicamente às contribuições dos sócios, ressalvadas as hipóteses em que parte do preço de emissão das ações é destinado à reserva de capital.[258] No curso de atividade empresarial, entretanto, é razoável que o patrimônio sofra alterações, distanciando-se do capital social, seja em razão da aquisição do reinvestimento dos lucros na sociedade, seja em razão da obtenção de prejuízos.

O patrimônio social sujeita-se, portanto, as vicissitudes da atividade empresarial, aumentando ou diminuindo conforme o desempenho da companhia. Já o capital social é considerado uma cifra imutável e fixa, que não se sujeita aos resultados da sociedade, figurando nos balanços pela mesma importância, independentemente da obtenção de lucros e/ou de prejuízos.

7. Princípios do capital social

Ana Frazão

Em relação ao capital social, vigora o chamado "princípio da intangibilidade", que veda a distribuição aos acionistas dos valores necessários para cobrir o capital social. A consagração desse princípio, todavia, é insuficiente para assegurar, por si só, que o patrimônio líquido não se torne inferior ao capital social. Isso porque o referido princípio só obsta esse resultado quando o que está em causa é a atribuição de bens ou dinheiro aos sócios. Pode ocorrer, todavia, que a companhia tenha registrado perdas em razão do exercício da atividade empresarial, hipótese em que, após a absorção dos prejuízos, o patrimônio líquido poderá tornar-se inferior à cifra indicada como capital social no estatuto.

Vale notar que a legislação brasileira não obriga a recomposição do capital social, de modo que, se, no curso da atividade empresarial, o patrimônio líquido tornar-se inferior ao capital social, os acionistas não estarão obrigados a fazer novas contribuições à sociedade para aumentar o patrimônio.

Em razão disso, é comum a advertência de que o capital social não constitui medida de proteção direta dos credores sociais. Embora ter um capital social elevado possa sugerir a solidez da empresa, não se pode atribuir à cifra a função de garantia dos credores sociais, que advém do patrimônio social e não do capital. Daí por que é normal que, ao avaliarem uma companhia, os analistas confiram maior atenção a outros indicadores, como o valor do ativo, do passivo, o índice de liquidez da empresa, além dos resultados obtidos.

De fato, o princípio da intangibilidade do capital social assegura sua imutabilidade como cifra contábil, impedindo, em regra, a devolução aos acionistas de bens e de valores incorporados à sociedade a título de capital social, mas não assegura a manutenção de patrimônio líquido equivalente ao capital social. Trata-se, portanto, de uma proteção relativa aos credores sociais, que "não visa a acautelar credores quanto às perdas decorrentes do normal andamento da atividade social, mas sim a impedir que, através da atribuição aos sócios de valores em prejuízo do capital nominal, a garantia mínima que o capital

---

[257] Sérgio Campinho (*Curso de direito comercial*. Sociedades anônimas. São Paulo: Saraiva, 2018. p. 70) resume, com precisão, a distinção entre capital social e patrimônio social: "O capital expressa, pois, uma cifra ideal de representação das entradas estatutárias. Vem declarado no estatuto por ocasião da constituição da companhia e permanece estático, traduzindo um valor meramente formal, até que venha a ser alterado, por ocasião da elevação ou da redução posteriormente delibera pelos acionistas, observadas as condições e restrições legais. (...) O patrimônio reflete uma situação mais real da força econômica, das potencialidades da companhia, expresso pela relação ativo/passivo. É de sua essência a variabilidade, decorrente de mutações inerentes à atividade empresarial".

[258] Nos casos em que as ações são emitidas com ágio, parte do preço de emissão será destinado à formação do capital social. Nessas hipóteses, patrimônio e capital social podem não coincidir desde o início.

social visa suprir reste prejudicada".[259] Isso explica por que diversos autores atribuem ao capital social uma função de mera proteção indireta aos credores sociais.[260]

Essa vinculação dos lucros à existência de patrimônio líquido positivo, segundo Posner,[261] evita que os gestores possam incrementar o risco dos credores sociais após a transação, dispensando a necessidade de incorporação dessa regra em cada contrato celebrado pela pessoa jurídica e, em última análise, reduzindo os custos de transação. O capital social constitui, portanto, uma garantia indireta para os credores, pois o que realmente importa para a solvência da sociedade é o seu patrimônio líquido.

Na célebre comparação de Vivante,[262] o capital social corresponderia a um recipiente destinado a medir os grãos, que representam o patrimônio social. Os grãos constituem a garantia direta dos credores, enquanto o recipiente destina-se a medi-los, admitindo-se a distribuição de dividendos quando os grãos extrapolarem a capacidade do recipiente.

De fato, é da comparação entre capital social e patrimônio social líquido que decorre a possibilidade de distribuir lucros aos acionistas. Apenas quando o segundo supera o primeiro é possível falar na aferição de lucros. Quando o patrimônio líquido é idêntico ou inferior ao capital social significa que a companhia não produziu lucros, não sendo possível a distribuição de qualquer montante aos acionistas. Evita-se, dessa maneira, que as contribuições dos acionistas para a constituição da sociedade sejam devolvidas ao patrimônio pessoal deles, o que só poderá ocorrer em caso de liquidação da ação (por retirada, dissolução da sociedade etc.) ou quando houver a redução do capital social, admitida em hipóteses excepcionais.

É o que deixa claro o art. 201, da Lei 6.404/1976, segundo o qual os dividendos só poderão ser distribuídos à conta do lucro líquido do exercício, dos lucros acumulados e da reserva de lucros. A inobservância dessa regra obriga a restituição dos dividendos pelo acionista, salvo na hipótese em que estiver de boa-fé, e atribui responsabilidade solidária dos administradores e fiscais pela recomposição do patrimônio distribuído indevidamente.

Note-se que a lei admite que seja atribuída como vantagem patrimonial às ações preferenciais dividendo fixo (Lei 6.404/1976, art. 17, I). O dividendo fixo refere-se à quantia previamente quantificada no estatuto social, que deve ser atribuída a cada ação preferencial por ocasião da distribuição de dividendos, podendo ser indicada como um valor certo em reais ou um percentual do valor nominal da ação preferencial, do próprio capital social ou do patrimônio líquido. Mesmo quando se trata de dividendo fixo, todavia, não há garantia de que acionistas receberão o valor previsto no estatuto, que dependerá sempre da existência de lucro, não podendo ser distribuído às custas do capital social.[263]

Preserva-se, dessa maneira, a lógica de que os acionistas têm mera expectativa de crédito contra a sociedade, que só poderá ser convertida em direito quando houver lucros, e nunca em detrimento do capital social.

Importar notar que o parágrafo único do art. 5º da Lei 6.404/1976, determina a correção monetária anual da cifra indicada como capital social no estatuto. A norma é importante para assegurar a eficácia do princípio da intangibilidade. Com efeito, em razão da inflação, com o decurso do tempo, a cifra indicada deixaria de corresponder àquela que foi investida pelos acionistas, tal como fica claro pela Exposição de Motivos da Lei 6.404/1976:

No curso do processo inflacionário, a fixação do capital social em moeda nominal sem correção, conduz a redução gradativa do seu valor (em termos de moeda do mesmo poder

---

[259] Hübert, Ivens Henrique. *Sociedade empresária & capital social*. Curitiba: Juruá, 2009. p. 73.

[260] É o que conclui Paulo de Tarso Domingues (*Do capital social*: noção, princípios e funções. Coimbra: Coimbra Editora, 2004. p. 199), segundo o qual o capital social só pode ser "perspectivado enquanto garantia indirecta ou de segundo grau – na medida em que 'bloqueia' ou 'retém' uma parte do patrimônio social – já que a garantia directa dos credores tem necessariamente que se reconduzir a bens concretos que constem do patrimônio social e não a uma mera cifra".

[261] POSNER, Richard. *Economic Analysis of Law*. New York: Aspen Law and Business, 1998. p. 413.

[262] VIVANTE, Cesare. *Trattato di Diritto Commerciale*. Milão: Vallardi, 1923. v. 2, p. 193.

[263] Art. 17, § 3º, da Lei 6.404/1976: "Os dividendos, ainda que fixos ou cumulativos, não poderão ser distribuídos em prejuízo do capital social, salvo quando, em caso de liquidação da companhia, essa vantagem tiver sido expressamente assegurada".

aquisitivo) e à distribuição do capital aos acionistas, sob a forma de dividendo, não obstante o Código Penal conceituar essa hipótese como crime.

Havendo prejuízo, a lei autoriza a redução do capital social (Lei 6.404/1976, art. 173), até o montante dos prejuízos acumulados. A regra é importante porque torna a cifra descrita como capital social compatível com a realidade patrimonial da empresa.

Ao lado princípio da intangibilidade do capital social, a doutrina[264] fala, ainda, em outros quatro princípios:

(i) unidade do capital, segundo o qual toda sociedade deve ter um único capital social, embora possa ter várias filiais;

(ii) fixidez do capital, segundo o qual o capital social previsto no estatuto é fixo, só podendo ser alterado nas hipóteses previstas em lei e obedecido o procedimento nela descrito;

(iii) irrevogabilidade das prestações, segundo o qual o capital social não pode ser devolvido aos sócios, total ou parcialmente, antes de pagos todos os credores, mesmo na hipótese de liquidação;

(iv) realidade do capital, segundo o qual deve haver efetiva correspondência entre o capital subscrito e os bens ou o dinheiro oferecido pelos sócios para a integralização das ações. Noutras palavras, o capital não deve ser fictício; as entradas efetuadas pelos sócios devem corresponder, efetivamente, ao valor declarado.

8. Função organizativa do capital social

ANA FRAZÃO

No plano das relações internas, o capital social possui notável função organizativa, na medida em que representa simultaneamente (i) mecanismo para a atribuição da qualidade de acionista e (ii) referencial dos direitos políticos e patrimoniais de cada sócio.[265] A lei erigiu o capital social em sede do poder político da sociedade, pois "organiza-se a estrutura societária, com base nas participações patrimoniais dos sócios, definindo-se então os centros de poder e comando, assim como a posição dos sócios, com todos os direitos e restrições que a lei e o estatuto atribuem a cada um".[266]

Além da participação política, o percentual titularizado no capital social também influencia diretamente na distribuição de lucros. Isso porque cada acionista participa dos lucros na proporção de sua participação no capital social.

Não é sem razão que Alfredo Lamy Filho e José Bulhões Pedreira[267] concluíram que "o capital 'da essência da sociedade`, é a pedra angular de todo o edifício social: dele depende o êxito do empreendimento, representa o limite do esforço financeiro solicitado dos sócios, constitui garantia dos credores e fixa a distribuição de poder da sociedade". Exatamente por isso, só poderá haver a alteração no capital social nas hipóteses e nas condições previstas da Lei 6.404/1976.

Todavia, é importante lembrar que, especialmente em razão da possibilidade de emissão de ações sem valor nominal, não necessariamente haverá correspondência entre a participação de cada acionista no capital social e o valor proporcional dos seus aportes.

Daí a acertada conclusão de Modesto Carvalhosa[268] de que o capital social reflete o número de ações emitidas e não propriamente os aportes dos acionistas, o que modifica tanto a sua função interna, já que não mais regulará os direitos dos acionistas com base nas contribuições destes, como também a função externa, ao deixar de constituir plena expressão da garantia dos credores.

É claro que, mesmo não havendo valor nominal das ações, haverá o chamado valor nominal implícito, que será a fração do capital social representada por cada ação, o que se tornará referência para o exercício dos direitos dos acionistas.

Portanto, é importante entender que, embora possa haver um alinhamento entre a participação

---

[264] Nesse sentido: LAMY FILHO, Alfredo. Capital social. In: LAMY FILHO, Alfredo; PEDREIRA, José Luiz Bulhões. *Direito das companhias*. Rio de Janeiro: Forense, 2009. v. 1, p. 146.

[265] Sobre as funções do capital social, cf. AZEVEDO, Erasmo Valladão e FRANÇA, Novaes. Da invalidade da deliberação assemblear contrastante com as regras de fixação de preço de emissão de ações (LSA, art. 170, § 1º). *Revista de direito mercantil, industrial, econômico e financeiro*, v. 51, n. 161/162, p. 18-20, jan.-ago. 2012.

[266] LUCENA, José Waldecy. *Das sociedades limitadas*. Rio de Janeiro: Renovar, 2003. p. 266.

[267] LAMY FILHO, Alfredo; PEDREIRA, José Luiz Bulhões. *A Lei das S/A*. Rio de Janeiro: Renovar, 1992. p. 473.

[268] CARVALHOSA, Modesto. *Comentários à Lei de Sociedades Anônimas*. São Paulo: Saraiva, 2003. v. I, p. 93-94.

no capital social e os direitos políticos, pelo menos no que se refere às ações ordinárias sem voto plural, não há propriamente alinhamento entre os aportes e os respectivos direitos políticos.

No que diz respeito ao alinhamento entre a participação no capital social e os direitos políticos, é importante destacar que hoje há duas importantes exceções a tal regra: as ações preferenciais e possibilidade de voto plural introduzida pela Lei 14.195/2021, que facultou a atribuição desta prerrogativa a uma ou mais classes de ações, de maneira a assegurar até dez votos por cada ação, nos termos do art. 110-A, da Lei 6.404/1976.

Dessa maneira, as ações com voto plural asseguram direitos políticos que decorrem não apenas da proporção da participação societária no capital social, mas do número de votos que a ela pode corresponder.

É claro que, mesmo não havendo valor nominal das ações, haverá o chamado valor nominal implícito, que será a fração do capital social representada por cada ação, o que se tornará referência para o exercício dos direitos dos acionistas.

De toda sorte, a dissociação entre os aportes dos acionistas e o capital social e as suas repercussões sobre os direitos dos acionistas pode envolver questões complexas, dentre as quais a de saber se o percentual máximo de ações preferenciais deve ser calculado em razão do capital social ou do total de ações numéricas. Os leitores mais familiarizados com o tema sabem que a discussão sobre ações superpreferenciais tem por base precisamente a referida controvérsia.

9. Subcapitalização

Fábio Ulhoa Coelho

Há quem proponha a discussão, no direito brasileiro, acerca da responsabilização do controlador pela subcapitalização da companhia. Cogita-se de um hipotético dever do controlador de prover os recursos financeiros de que a sociedade precisa para realizar o seu objeto social,[269] pelo menos num patamar "equilibrado" com os empréstimos que ela se vê obrigada a fazer para pagar suas contas. Um tal dever de evitar a subcapitalização, porém, é em tudo incompatível com a limitação da responsabilidade pelas obrigações sociais, característica essencial das companhias. Se a sociedade anônima não consegue explorar sua atividade econômica com os recursos de seu patrimônio e sua situação econômico-financeira e patrimonial tem dificultado ou impedido a obtenção de empréstimos bancários, a saída legal é a sua recuperação judicial ou extrajudicial, ou mesmo a falência. O controlador não pode ser obrigado, no direito brasileiro, a aumentar o seu investimento na empresa, mesmo quando esta se encontra em crise.

Para os doutrinadores dedicados ao tema da subcapitalização, deve-se distinguir a subcapitalização nominal da material, caracterizada a primeira pela conferência de recursos à sociedade por via de contrato de mútuo em vez de aumento do capital social; e a segunda por um

---

[269] Ao discutir os pressupostos da desconsideração da personalidade jurídica, Fábio Konder Comparato, após apontar para a confusão patrimonial entre controlador e sociedade controlada, lembra que, "nos precedentes judiciais norte-americanos, um outro critério tem igualmente fundamentado as decisões que imputam ao controlador a responsabilidade pelos débitos da companhia: é a inadequada capitalização". E prossegue: "o dever de capitalização da empresa constitui um princípio geral do direito mercantil, não submetido à lei majoritária nas sociedades de comércio. Já em matéria de parceria marítima, o velho Código Comercial dispõe que 'se o menor número (de compartes) entender que a embarcação necessita de conserto e a maioria se opuser, a maioria tem direito para requerer que se proceda a vistoria judicial; decidindo-se (pela vistoria) que o conserto é necessário, todos os compartes são obrigados a contribuir para ele' (art. 488). Nos Estados Unidos, os tribunais fixaram o princípio de que, quando o capital de uma companhia é manifestamente insuficiente para o exercício de sua atividade empresarial, o controlador (*active shareholder*) não pode opor o princípio da separação patrimonial, para evitar a execução dos créditos sociais sobre os seus bens, em caso de insolvabilidade da companhia. A manutenção da exploração empresarial, nessas condições, representa um risco criado, deliberadamente, perante terceiros" (COMPARATO, Fábio Konder; SALOMÃO, Calixto Filho. *O poder de controle na sociedade anônima*. 5. ed. Rio de Janeiro: Forense, 2008. p. 450-451). Note-se que Comparato, a rigor, não chega a afirmar que a solução encontrada pela jurisprudência norte-americana (desconsideração da autonomia patrimonial fundada na subcapitalização) seria igualmente aplicável ao Brasil. Na leitura de sua obra, encontram-se claramente assentados apenas dois pressupostos para a desconsideração: a confusão patrimonial e o desvio de finalidade. Aliás, ao ser chamado a colaborar na redação do dispositivo que se tornou o art. 50 do Código Civil, ele não incluiu entre as causas da desconsideração nada que diga respeito à insuficiência do capital da sociedade. Em relação ao dever de capitalizar como princípio geral extraído de uma regra específica e muito particular das parcerias marítimas, seria indispensável que ele mostrasse como compatibilizá-lo com a regra do direito societário da limitação da responsabilidade dos acionistas.

desequilíbrio na relação entre capital próprio e de terceiros, que sugere a insuficiência dos recursos aportados pelos sócios.[270]

O exame da matéria, contudo, mostra não existir algo assim como o "problema da subcapitalização", enquanto uma questão jurídica no direito brasileiro.

Quando os sócios querem prover recursos para a sociedade, duas alternativas jurídicas se abrem. A primeira consiste em subscrever aumento do capital social e transferir os recursos do seu patrimônio para o da sociedade a título de integralização. É a alternativa da *capitalização*. A segunda via decorre de mútuo, em que o sócio é mutuante e a sociedade, mutuária. Neste caso, verifica-se o *financiamento*.[271] As consequências pela escolha adotada, no plano jurídico, são fácil e prontamente reconhecíveis: aos recursos prestados por meio de capitalização não corresponde nenhum crédito do sócio, mas apenas a expectativa de vê-los remunerados por desejada, porém incerta, distribuição de lucros; enquanto que aos fornecidos por meio de financiamento, corresponde uma obrigação passiva da sociedade, a ser satisfeita no vencimento contratado, independentemente de a empresa alcançar os resultados esperados.

As duas alternativas, repita-se, são juridicamente válidas, porque não existe, no direito brasileiro, algo assim como um dever de *recapitalização* da sociedade.[272] Sendo esta do tipo limitada ou anônima, aliás, a regra é a inversa: como instrumentos de segregação de risco, as sociedades empresárias destes tipos devem buscar, por si sós, os recursos de que necessitam, caso já tenham exaurido os aportados pelos sócios. Estes correm o risco de perderem tudo o que investiram na sociedade, mas, graças à regra da limitação de responsabilidade, não podem perder nada além disto.

---

[270] Gustavo Saad Diniz diferencia a subcapitalização nominal da material: "a subcapitalização nominal é caracterizada pela transformação dos sócios em credores da sociedade, através de transferências de recursos por empréstimos que permitem a realização do objeto social. O intento finalístico dos sócios é concorrer com demais credores sociais em caso de insucesso da empresa, evitando que os ativos repassados à sociedade na forma de empréstimos sejam transformados em parte componente do patrimônio real e, ao fim e ao cabo da sociedade, sejam utilizados como garantia de pagamento dos credores. [...] Portanto, os elementos nucleares do conceito são: (a) capital externo dos sócios transferidos para a sociedade como mútuo; (b) insolvência da sociedade; (c) requalificação forçada do mútuo, considerando-o capital próprio da sociedade, de modo a manter a integridade do patrimônio para satisfazer os débitos da sociedade". A subcapitalização material, por sua vez, se configura no caso de desequilíbrio entre capital próprio e de terceiros. Suas raízes se encontram "na inexistência de meios de financiamento da sociedade", o que a obriga a buscar "capital de terceiros para esse fim" (*Subcapitalização societária*. Belo Horizonte: Fórum, 2012. p. 160 e 181).

[271] Na síntese de Ivens Henrique Hübert, "[a] sociedade pode obter seu capital através de duas formas distintas, quais sejam, a capitalização e o financiamento. Considerando que no direito brasileiro, salvo em casos excepcionais, não há qualquer valor legalmente estipulado como mínimo a ser subscrito e integralizado como capital social, pode-se afirmar que a sociedade possa ser constituída com capital social bastante inferior àquele considerado adequado para o desenvolvimento de sua atividade comercial. Não obstante isso afaste a concretização do que se denominou e singularizou como princípio da congruência [...], não há como se pretender afirmar que exista obrigação de os sócios aportarem algum montante de capital que de algum modo seja proporcional à atividade econômica desenvolvida. [...] A opção pelo financiamento pode decorrer [...] de a sociedade celebrar mútuos com um ou alguns de seus sócios" (*Sociedade empresária & capital social*. Curitiba: Juruá, 2009. p. 98 e 100).

[272] "O direito brasileiro [não adota o] dever de reintegrar o capital social, na hipótese de exaurimento do patrimônio líquido da limitada. Esse dever, que existiu no direito italiano enquanto vigorou o *Codice di Commercio del Regno d'Italia* (1882 a 1942), expressa-se pela obrigação de os sócios aportarem novos recursos na sociedade sempre que o patrimônio social é significativamente reduzido. O dever de reintegração confere ao capital social a função de garantia dos credores. Trata-se, no entanto, de figura inexistente no direito brasileiro" (COELHO, Fábio Ulhoa. *Curso de direito comercial*. 20. ed. São Paulo: RT, 2016. v. 2, p. 394). E, em relação à sociedade anônima: "No Brasil, o acionista não responde pela subcapitalização da companhia. A responsabilidade dos sócios pelas obrigações sociais, na anônima, como decorre do art. 1º da LSA, é limitada ao preço de emissão das ações subscritas ou adquiridas, e a subcapitalização não representa exceção a essa regra. [...] Também é certo que não existe proibição ao contrato de mútuo entre sócio e sociedade quando é esta a mutuária e aquele o mutuante. Enfim, mesmo tomando-se em conta as responsabilidades do controlador, não configura abuso do poder de controle a celebração de mútuo com a sociedade ou a subscrição de debêntures, se assentadas em condições equitativas. Nada impede, portanto, no direito brasileiro em vigor, que o acionista preste à companhia subcapitalizada os recursos de que ela necessita, para sobrevivência ou crescimento, mediante instrumento diverso da integralização de aumento do capital social" (COELHO, Fábio Ulhoa. *Curso de direito comercial*. 20. ed. São Paulo: RT, 2016. v. 2, p. 185).

Sendo a capitalização e o financiamento igualmente válidos sob o ponto de vista jurídico, a escolha por um ou outro meio de prover recursos à sociedade guia-se por razões de ordem econômica. Em termos econômicos, a opção por uma ou outra alternativa baseia-se na distinção entre motivos *patrimoniais* ou *financeiros*.

Há motivos *patrimoniais* a reclamarem o fornecimento de recursos dos sócios à sociedade quando esta necessita aparelhar-se para iniciar suas atividades, fazer novos investimentos ou para absorver perdas significativas. Trata-se de estruturar a sociedade, estabilizá-la patrimonialmente, de modo a viabilizar o cumprimento do seu objeto social.[273] Por outro lado, a sociedade necessita de recursos por motivos *financeiros* quando o seu fluxo de caixa está momentaneamente deficitário. Há obrigações imediatas a serem cumpridas, mas as receitas tardarão a aparecer, por razões diversas (vencimentos dos créditos ainda não aconteceram, crise econômica está causando o retardamento generalizado no cumprimento das obrigações etc.).

De um modo mais singelo, os motivos patrimoniais se referem ao desenvolvimento da sociedade, a longo prazo; os financeiros à sua sobrevivência, a curto ou médio prazo. A capitalização é a melhor escolha para atender as necessidades da sociedade geradas por motivos patrimoniais, de estruturação da empresa; o financiamento, ao seu turno, é a opção acertada, no caso de motivos financeiros, de socorro ao caixa da sociedade. Mas isso são critérios ligados à administração das empresas, não havendo norma jurídica que os imponha ou que estabeleça sanções, caso não sejam observados.

Em suma, tendo em vista que o direito brasileiro acertadamente não institui nenhuma regra de capital mínimo ou de recapitalização, o hipotético "problema da subcapitalização" não pode dizer respeito a nenhuma questão econômica, atinente à adequação dos recursos providos pelos sócios a título de integralização do capital social e a realização das finalidades da sociedade anônima, ou seja, a exploração da empresa a que se dedica.

Tampouco se deve considerar como subcapitalização o fornecimento de recursos pelos sócios à sociedade via mútuo ao invés de por meio de aumento do capital social. A matéria está disciplinada, de modo abrangente e satisfatório, no art. 83, VIII, *b*, da Lei 11.101/2005, que, ao classificar, na falência da companhia, os créditos dos sócios provenientes como *subordinados*, aproxima *o máximo possível* o pagamento deles ao da partilha da massa que (eventualmente) remanescer da satisfação integral da totalidade dos credores. Que não haja disposição semelhante relativamente à liquidação da sociedade não tem importância,[274] já que, faltando recursos nela para o pagamento integral de todos os credores da sociedade liquidanda, será dever do liquidante pedir a falência desta, passando, em decorrência, a incidir a regra da classificação como crédito subordinado do mútuo feito pelo sócio.

Assim, se considerarmos, de um lado, a inexistência de capital mínimo ou de um pretenso dever de recapitalização, e, de outro, a disciplina da lei falimentar sobre a matéria, rigorosamente não há, no direito societário brasileiro, nada a que se pudesse considerar como um "problema da subcapitalização", ou seja, um fato jurídico, atinente à insuficiência dos recursos fornecidos pelos sócios ao capital da sociedade, que acarretasse a responsabilização deles perante esta ou os credores.

10. Revogação do parágrafo único
Fábio Ulhoa Coelho

Capital social é, como visto, uma rubrica do balanço patrimonial da sociedade empresária,

---

[273] José Waldecy Lucena distingue as duas funções internas do capital social: "*interna corporis*, cumpre destacar a *função de produção* e a *função de organização* do capital social. Pela primeira, o capital social, formado pelas contribuições dos sócios, tem por função ensejar a consecução do objeto social, assegurando a exploração da empresa e o desenvolvimento da atividade econômica, e assim vindo a propiciar a obtenção de lucros aos sócios, finalidade e razão de constituição da sociedade. Pela segunda, erigindo-se o capital em sede do poder político da sociedade, organiza-se a estrutura societária, com base nas participações patrimoniais dos sócios, definindo-se então os centros de poder e comando, assim como a posição de sócios, com todos os direitos, vantagens e restrições que a lei e o estatuto atribuem a cada um. Para muitos, esta última é a mais importante função do capital social" (*Das sociedades limitadas*. 6. ed. Rio de Janeiro: Renovar, 2005. p. 266).

[274] Para Gustavo Saad Diniz, o advento do art. 83, VIII, "b", da Lei 11.101/2005 não teria suprimido a lacuna do direito brasileiro a respeito do tratamento a ser dado aos mútuos entre sócio e sociedade, porque esse dispositivo não é aplicável à liquidação da sociedade (*Subcapitalização societária*. Belo Horizonte: Fórum, 2012. p. 173).

com a constituição, modificação e regime disciplinados por lei. Deste modo, não tem sentido fazer a correção monetária de sua expressão. Na verdade, as rubricas de um balanço patrimonial só comportam atualização mediante a apropriação dos fatos contábeis ocorridos no período em consideração. Atualizar os valores contabilizados pela variação do poder aquisitivo da moeda é desprovido de qualquer sentido ou utilidade, seja de ordem econômica, contábil seja jurídica.

Mesmo assim, por quase vinte anos, a LSA determinou a atualização monetária do capital social das sociedades anônimas. Tratava-se de uma medida sem consistência técnica, mas cuja intenção era fazer com que não se perdesse a referência de valor do capital social. A exigência acabou sendo indiretamente suprimida pela proibição da correção monetária das demonstrações financeiras. Prevista no art. 4º, parágrafo único, da Lei 9.249/1995, esta proibição ampliou a desindexação da economia brasileira em meados dos anos 1990, com o objetivo de fortalecer a moeda nacional. Encontra-se, portanto, desde então, revogado o parágrafo único do art. 5º da LSA.

Alteração
Art. 6º O capital social somente poderá ser modificado com observância dos preceitos desta Lei e do estatuto social (artigos 166 a 174).

1. O princípio da imutabilidade do capital social

FÁBIO ULHOA COELHO

Há três princípios que podem ser extraídos da LSA, aplicáveis ao capital social: *intangibilidade, integridade e imutabilidade*.[275] O art. 6º da LSA abriga este último (imutabilidade), que pode ser entendido como uma decorrência racional dos dois primeiros.

Intangibilidade. Pelo princípio da intangibilidade, os recursos contabilizados como capital social não podem ser destinados ao pagamento de dividendos aos acionistas. Ele se encontra expresso em dispositivo impropriamente localizado no art. 17, § 3º, da LSA. Como o comando dessa norma diz respeito a toda e qualquer espécie de ação, valer-se de um parágrafo no artigo relativo às preferenciais não foi uma boa escolha do legislador.

Em razão da intangibilidade, portanto, a sociedade anônima não pode usar os recursos contabilizados na rubrica "capital social" para distribuir dividendos aos acionistas. Estes devem ser pagos à conta de "lucros" ou, em certos casos, à de "reservas", incluindo, se expressamente previsto no estatuto, o pagamento de dividendos preferenciais à conta da "reserva de capital" (arts. 17, § 6º, 200, V e 201). E se for realizar qualquer pagamento a outro título para os acionistas, com recursos do capital social, deve obrigatoriamente observar o procedimento específico do art. 174, cuja eficácia depende da inexistência de oposição por parte de credores.

Integridade. O capital social da companhia deve corresponder a recursos que compõem efetivamente o patrimônio dela. O princípio da integridade (ou da "realidade") do capital social não está enunciado na LSA, mas decorre de diversas de suas disposições. São elas: (i) proibição de fixação do preço de emissão da ação abaixo de seu valor nominal ou, no caso de este não ser declarado no estatuto, por montante inferior ao da divisão aritmética do capital social pelo número de ações emitidas (arts. 13 e 182, § 1º, *a*); (ii) proibição de aquisição onerosa das próprias ações para manutenção em tesouraria, com recursos que ultrapassem o saldo de lucros ou reservas, exceto a legal (art. 30, § 1º, *b*); (iii) proibição de resgate ou amortização de ações com recursos que ultrapassem o saldo de lucros ou reservas (art. 44); (iv) obrigatoriedade da redução do capital social, quando o reembolso é feito à conta deste, se a companhia não encontrar comprador para as ações que eram do dissidente, nos 120 dias seguintes à publicação da ata da assembleia que deu ensejo ao recesso (art. 45, § 6º); (v) obrigatoriedade do depósito bancário das entradas em dinheiro decorrentes do pagamento do preço de emissão das ações, na constituição da sociedade (art. 80, III); (vi) o dever de integralizar as ações, imputado a todos os acionistas como o principal dever societário (art. 106); (vii) solidariedade passiva dos alienantes de ações ainda não inteiramente

---

[275] Nelson Eizirik acrescenta o princípio da *unidade*, "que significa que o capital social é único, ainda que a companhia tenha diversas filiais" (*A Lei das S/A comentada*. 2. ed. São Paulo: Quartier Latin, 2015. v. 1, p. 104). E Ivens Henrique Hübert considera o princípio da *congruência*, pelo qual "o capital social deve possuir uma correspondência com a atividade explorada pela sociedade" (*Sociedade empresária e capital social*. Juruá: Curitiba, 2009. p. 75).

integralizadas (art. 108); (viii) impedimento de voto do acionista na deliberação sobre o laudo de avaliação dos bens com os quais pretende integralizar ações (art. 115, § 1º); (ix) obrigatoriedade da avaliação dos bens transferidos à sociedade, a título de integralização de aumento do capital social (art. 170, § 3º); (x) a obrigatória avaliação dos patrimônios líquidos das sociedades envolvidas em operações societárias (art. 226); (xi) vedação para a participação recíproca entre companhia e suas coligadas ou controladas ou entre sociedades afiliadas do mesmo grupo, salvo nas hipóteses em que é autorizada a aquisição das próprias ações (arts. 244 e § 1º, e 265, § 2º).[276]

Imutabilidade. Pelo princípio da imutabilidade, cujo enunciado está no art. 6º da LSA, o capital social não pode ser alterado senão nas hipóteses legalmente previstas. Seu objetivo é impedir que esse importante elemento de identificação da condição patrimonial de uma sociedade anônima possa ser "artificialmente" manejado pelos administradores ou pelo acionista controlador. A ideia é que o capital social seja o quanto possível *fixo*, de modo que sua alteração, para mais ou para menos, não seja arbitrária.

O capital social pode ser aumentado somente nas hipóteses de subscrição de novas ações (art. 166, II e IV, e art. 170), conversão em ações de valores mobiliários, exercício dos direitos conferidos por bônus de subscrição ou por opção de compra de ações (art. 166, III) e por capitalização de lucros ou reservas (art. 169). Na primeira, o aumento do capital social realiza-se com o ingresso de novos recursos no patrimônio da companhia, correspondentes ao preço de emissão das novas ações pago pelo subscritor. Ocorre, então, aumento simultâneo do capital social e do patrimônio da sociedade. Nas demais hipóteses, o capital social aumenta sem que haja qualquer mutação no valor total do patrimônio líquido da sociedade, embora devam ser feitas as correspondentes apropriações contábeis no balanço patrimonial. Se, por exemplo, o aumento se funda em capitalização de reservas, não há majoração do patrimônio líquido da companhia, porque os recursos capitalizados já se encontram sob a titularidade dela, mas os serviços contábeis devem retirá-los da conta de "reservas" e acrescentar à de "capital social". A consequência jurídica dessa nova apropriação contábil dos mesmos recursos patrimoniais está relacionada ao princípio da intangibilidade, como se verá mais a diante.

De outro lado, o capital social só pode ser reduzido para (i) a absorção de prejuízos acumulados, (ii) no caso de excesso de capital (art. 173), (iii) reembolso à conta do capital social, quando transcorridos 120 dias sem a companhia ter encontrado comprador para as ações que pertenciam ao dissidente (art. 45, § 6º) ou (iv) no cancelamento de ações caídas em comisso (art. 107, § 4º). Nos dois primeiros casos, a redução é uma deliberação por assim dizer "voluntária" da assembleia geral extraordinária, que deseja suprimir certo prejuízo do seu balanço ou que considera o montante capitalizado superior às necessidades atuais da companhia. Nos dois últimos, a assembleia geral apenas formaliza uma deliberação "compulsória" de redução do capital social, em face dos direitos do acionista dissidente[277] ou como consequência remota do inadimplemento do remisso.

Na redução para absorção de prejuízo e em decorrência das ações caídas em comisso, não há subtração de recursos do patrimônio da companhia, mas, aqui também, apenas a formalização contábil da deliberação assemblear; enquanto que, no casos de excesso de capital ou de recesso, algum valor é necessariamente pago aos acionistas ou ao dissidente, verificando-se naturalmente a redução também do patrimônio líquido da companhia.

Para a redução do capital social sem a concomitante redução de patrimônio, não é previsto nenhum procedimento específico. A assembleia geral extraordinária aprova (livremente ou por imposição legal) a redução e procede à alteração do estatuto que a formalize, sendo a ata registrada na Junta Comercial e publicada como na generalidade das deliberações assembleares. Também não é previsto nenhum procedimento especial para o caso de redução por força de

---

[276] Cf. COSTA, Philomeno J. da. *Anotações às companhias.* São Paulo: RT,1980. v. 1, p. 143-146; CARVALHOSA, Modesto. *Comentários à Lei de Sociedades Anônimas.* 6. ed. São Paulo: Saraiva, 2011. v. 1, p. 197.

[277] No rigor da lei, quando se trata da hipótese prevista no art. 45, § 6º, a assembleia geral sequer delibera, sendo apenas convocada para tomar conhecimento da redução. Mas, em termos práticos, convém que a ata dessa assembleia geral aprove a nova redação da cláusula estatutária sobre o capital social, para evitar incongruência entre os documentos da sociedade. Essa deliberação é compulsória, no sentido de que o órgão societário, convocado para tomar conhecimento da redução, não poderia deixar de adotá-la.

reembolso à conta do capital social, que apenas deve ser adequadamente formalizada na primeira assembleia geral ordinária que ocorrer após o evento societário. Já no caso de redução concomitante do capital social e do patrimônio, decorrente de excesso dos recursos capitalizados, há um procedimento próprio para a eficácia da deliberação assemblear, destinada a garantir os direitos dos credores (art. 174). Esse procedimento próprio está relacionado, como se verá a diante, ao princípio da intangibilidade do capital social, e consiste na única vez em que a publicação da ata da assembleia geral antecede o seu arquivamento na Junta Comercial. Esse somente se efetiva se não houver oposição de credores, nos 60 dias subsequentes à publicação.

Estas são as únicas hipóteses em que o capital social pode ser modificado (aumentado ou reduzido). Além delas, não se admite qualquer mutação, sendo esse o alcance do princípio da imutabilidade do capital social.

SEÇÃO II
FORMAÇÃO

Dinheiro e Bens

Art. 7º O capital social poderá ser formado com contribuições em dinheiro ou em qualquer espécie de bens suscetíveis de avaliação em dinheiro.

COMENTÁRIOS

1. Deficiência na redação do dispositivo

FÁBIO ULHOA COELHO

Rigorosamente falando, sendo o capital social uma quantidade medida na moeda nacional, não se deveria falar em sua "formação". Como se formam "x milhões de reais", senão por meio de uma mera quantificação?

Por outro lado, ao mencionar "contribuições", o dispositivo limita o seu âmbito de incidência às hipóteses de constituição da companhia (art. 80, I) e aumento do capital social com ingresso de recursos no patrimônio social, mediante subscrição de novas ações (art. 170). Não há sentido em falar-se em "contribuição" na "formação" do capital social proveniente de aumento por capitalização de lucros ou reservas (LSA, art. 169), posto que, aqui, se opera unicamente a mudança da classificação contábil da quantificação monetária de bens ou direitos que já integram o patrimônio da sociedade.

O que se encontra no art. 7º da LSA é, na verdade, a mera autorização para que o acionista integralize sua parcela do capital social (isto é, pague o preço de emissão das ações que subscrever) por meios diversos, quais sejam, o *dinheiro* ou *qualquer espécie de bens suscetíveis de avaliação em dinheiro*. Melhor seria se o legislador tivesse sido mais preciso na prescrição legal, falando dos meios de integralização das ações em que se divide o capital social, e não da "formação" deste.

2. Contribuição ao capital social em patrimônio (*drop down*)

FÁBIO ULHOA COELHO

De toda contribuição de sócio para o capital da sociedade surge a obrigação daquele de aportar uma dada *prestação* e o direito desta de a receber. Em geral, esta prestação é dinheiro, mas pode ser em bens e créditos.[278] Tem-se admitido, também, o aporte de capital em *patrimônio*, hipótese em que a *prestação* devida pelo sócio à sociedade abrange ativos e passivos. Lembre-se que o patrimônio de um sujeito de direito é definido, juridicamente, como o conjunto de elementos que abrange, de um lado, os bens e direitos de sua propriedade ou titularidade (ativo) e, de outro, as dívidas a cujo cumprimento se encontra obrigado (passivo).[279] É tão largamente praticada a integralização de capital social em patrimônio

---

[278] No dizer de José Edwaldo Tavares Borba: "*Integralização em dinheiro, bens ou crédito*. Ao capital social, que é sempre expresso em moeda nacional (art. 5º), corresponde a respectiva integralização, a qual se processará em dinheiro ou bens de qualquer natureza [...]. O dinheiro representa o mais comum instrumento de integralização do capital, pois, considerada a sua natureza de meio de pagamento, atenderá, em qualquer circunstância, ao interesse da sociedade. [...] Os bens a serem aplicados na integralização do capital poderão ser móveis ou imóveis, corpóreos ou incorpóreos, desde que suscetíveis de avaliação em dinheiro. [...] Tendo o crédito a natureza de bem móvel, a integralização de capital poderá se fazer, igualmente, mediante a transferência para a sociedade de créditos do subscritor em relação a terceiros" (*Direito societário*. 14. ed. São Paulo: Atlas, 2015. p. 220-221).

[279] Para Orlando Gomes: "o direito moderno construiu teorias a respeito dos bens universalmente considerados, firmando a noção técnica de *patrimônio*. Toda pessoa tem direitos e obrigações pecuniariamente apreciáveis. Ao complexo desses direitos e obrigações denomina-se *patrimônio*. Nele se compreendem as coisas, os créditos e os débitos,

que a constituição de uma subsidiária por esta via tem um nome próprio no mercado de empresas: *drop down*.[280]

O aporte de capital mediante a prestação de um patrimônio não está especificamente prevista em lei, mas esta alternativa, largamente difundida, encontra firme amparo em dois fundamentos jurídicos.

O primeiro está na interpretação mais extensa do conceito de "bens", a que a lei expressamente se refere como um dos possíveis objetos da prestação de integralização de capital social. Por tal interpretação, o conceito abrange não apenas coisas e direitos de titularidade do sócio, mas todo elemento patrimonial, seja ativo ou passivo.

O segundo fundamento para a admissibilidade do aporte de capital em patrimônio encontra-se na identidade de resultados econômicos entre esta forma de capitalização da sociedade e certas operações societárias, especificamente a de cisão parcial com versão de patrimônio a subsidiária integral seguida de incorporação de ações. Sendo o subscritor também uma sociedade empresária, tanto o aporte em patrimônio como estas operações levam rigorosamente ao mesmo resultado econômico, que é a transferência de ativos e passivos de uma pessoa jurídica para outra.

O aporte de capital em patrimônio, em suma, é visto como uma maneira mais simplificada de se alcançarem os mesmos objetivos econômicos de outras operações societárias mais complexas. Em vez da transferência de ativos e passivos diretamente ao patrimônio da sociedade, por meio da subscrição e integralização de ações, idêntico resultado econômico pode ser alcançado por outras duas operações sucessivas: (*a*) cisão parcial da sociedade empresária que será a sócia, segregando, no patrimônio de uma nova pessoa jurídica ("receptora"), sua subsidiária integral, os ativos e passivos a transferir; e (*b*) incorporação das ações da sociedade receptora pela parcialmente cindida. Ora, se mediante aporte de patrimônio é possível chegar-se ao mesmíssimo resultado econômico *sem os custos* desta outra via bem mais complexa, então a primeira alternativa mostra-se a mais racional e plenamente viável sob o ponto de vista jurídico.

Ressalto que a identidade de efeitos econômicos entre a integralização de capital social com a prestação de patrimônio (*drop down*) e essas operações societárias (cisão parcial e incorporação de ações) não significa que correspondam a um mesmo negócio jurídico-societário. Muito ao contrário, são negócios jurídicos bastante diferentes.[281] A identidade de efeitos econômicos serve unicamente à demonstração de que não caberia negar ao *drop down* validade e eficácia, porque isso apenas tornaria mais custosos os meios de se alcançarem aqueles mesmos efeitos econômicos, quando buscados pelas sociedades empresárias.

O *drop down* não se sujeita, assim, às normas aplicáveis às operações societárias indicadas (cisão parcial e incorporação de ações). Em outros termos, os seguintes direitos titulados por terceiros nas referidas operações não existem no caso de integralização do capital social mediante prestação em patrimônio: (*a*) direito de retirada do acionista, nas hipóteses em que ocorrer mudança do objeto essencial da sociedade, redução do dividendo obrigatório ou participação em grupo de sociedade (arts. 136, IX, 137, III, e 232); (*b*) direito dos credores à ineficácia da ressalva de solidariedade, desde que manifestem sua contrariedade no prazo de 90 dias após a publicação dos atos da cisão (art. 233, parágrafo único); e (*c*)

---

enfim, todas as relações jurídicas de conteúdo econômico das quais participe a pessoa, ativa ou passivamente. O patrimônio é, em síntese, 'a representação econômica da pessoa'. [...] O patrimônio pode ser *líquido* ou *bruto*. Líquido é o conjunto de bens e créditos deduzidos os débitos. Bruto, o complexo de relações jurídicas sem essa dedução. Compreende o *ativo* e o *passivo*. Aquele, constituído pelos direitos e este, pelas obrigações" (*Introdução ao direito civil*. 15. ed. Rio de Janeiro: Forense, 2000. p. 202 e 204).

[280] Na definição de Haroldo Malheiros Duclerc Verçosa e Zanon de Paula Barros, "o *drop down* é realizado por meio de aumento de capital que uma sociedade faz em outra, conferindo a esta 'bens' de natureza diversa, tais como estabelecimentos comerciais e industriais, carteiras de clientes, 'atividades', contratos, atestados, tecnologia, acervo técnico, 'direitos e obrigações' etc. Na relação de 'bens' acima enumerados – que não esgota a 'capacidade criadora' dos empresários –, verifica-se a presença de elementos do ativo (inclusive intangíveis) e do passivo da sociedade conferente, o que suscita diversos problemas jurídicos. O valor desses bens costuma ser objeto de apuração em balanço especial da empresa conferente, para seu recebimento pela sociedade favorecida" (A recepção do 'drop down' no direito brasileiro. *Revista de Direito Mercantil*, São Paulo: Malheiros, v. 125, p. 41, jan.-mar. 2002).

[281] Cf. GUERREIRO, Jose Alexandre Tavares. *Drop down* e cisão. In: AZEVEDO, Erasmo Valladão; FRANÇA, Novaes; ADAMEK, Marcelo Viera von (coord.). *Temas de direito empresarial e outros estudos em homenagem ao Professor Luiz Gastão Paes de Barros Leães*. São Paulo: Malheiros, 2014. p. 136-138.

direito dos debenturistas de aprovarem previamente a operação (art. 231).

Evidentemente, quando a integralização por meio de patrimônio consistir numa tentativa de frustrar o exercício desses direitos, cabe a proteção judicial aos acionistas, credores ou debenturistas lesados. Esta proteção, contudo, não deve importar o desfazimento da integralização de capital em patrimônio, quando houver outro modo de se lhes assegurar um resultado equivalente ao do exercício de tais direitos. Especificamente, o juiz pode preservar os atos de subscrição e integralização realizados e: (*a*) determinar à compra das ações do acionista minoritário dissidente pelo valor equivalente ao reembolso; (*b*) declarar a solidariedade da subsidiária pelas obrigações da sócia anteriores ao *drop down*;[282] ou (*c*) compensar os debenturistas pelos comprovados prejuízos que possam ter sofrido em razão da integralização feita em patrimônio.

3. A realidade do capital social e a transferência de passivo por *drop down*

Fábio Ulhoa Coelho

A prestação devida pelo sócio correspondente à integralização do capital social diz respeito sempre a uma obrigação deste e a um direito da sociedade. E assim é, mesmo quando a prestação consiste na transferência de um *passivo*, no contexto de operação de *drop down*. É obrigação do sócio transferir o passivo e é direito da sociedade receber este elemento patrimonial constitutivo de seu capital social.

Outra particularidade a acentuar nos casos de aporte de capital em patrimônio está associada ao direito de regresso do sócio perante a sociedade. A transferência de passivo por meio de subscrição de ações não vincula, *ipso facto*, o credor da obrigação transferida. Similar à figura civil da assunção de dívida (regulada nos arts. 299 e seguintes do Código Civil), o aporte de capital em patrimônio depende da anuência do credor relativamente às obrigações passivas transferidas. Quando não é dada, ou é dada sob a condição de solidariedade do sócio, e este é, em algum momento, chamado a honrar a obrigação, ele terá perante a sociedade o direito de regresso.

Na verdade, este direito de regresso, mesmo se não tiver sido expressamente estipulado, é decorrência jurídica e econômica, racional e moral, do princípio da *realidade do capital social*. Se o sócio que transferiu à sociedade um passivo vier a ser, depois disso, responsabilizado pelo credor, se ficar obstada a cobrança, em regresso, do que desembolsou para a satisfação da obrigação transferida à sociedade, isto importaria em inescapável comprometimento da realidade do capital social desta[283]. Assim é tanto no *drop down* como seria na cisão parcial seguida da incorporação de ações.

Ademais, em absolutamente nada altera esta essencial configuração jurídica do *aumento de capital social* de uma sociedade, mediante a prestação de *patrimônio* pelo sócio, a circunstância de ela ingressar posteriormente com o pedido de recuperação judicial[284]. Quer dizer, mesmo após o pedido de recuperação judicial, a sociedade recuperanda, cujo capital social fora aumentado mediante subscrição de suas ações em patrimônio,

---

[282] Para Modesto Carvalhosa e Fernando Kuyven: "[a]plicam-se ao *drop down* as regras gerais do Código Civil e da Lei Societária em matéria de transmissão de direitos e obrigações. Assim, responde a sociedade cedente [subscritora] pelas atividades iniciadas e concluídas antes da realização da operação; enquanto a sociedade receptora [subsidiária] responde pelas atividades iniciadas e concluídas após a realização da operação. Por outro lado, ambas as sociedades respondem, proporcionalmente ao montante de suas obrigações, pelas atividades iniciadas antes da operação e concluídas depois desta" (CARVALHOSA, Modesto (coord.). *Tratado de direito empresarial*. São Paulo: RT, 2016. v. III. p. 1010).

[283] Nas lições de Ivens Henrique Hübert: "O Princípio da realidade do capital refere-se principalmente ao ingresso de bens e de créditos na sociedade. Visa assegurar que eles reflitam com exatidão o valor das ações emitidas ou das quotas criadas como contraprestação. Diz respeito, portanto, à necessidade de realmente existir no patrimônio da sociedade o dinheiro e os bens prometidos a título de capital social, e mais, à necessidade de tais aportes (em especial os bens) possuírem o exato valor indicado no ato de subscrição" (*Sociedade empresária e capital social*. Curitiba: Juruá, 2009. p. 79).

[284] Ricardo Tepedino, em estudo sobre o *drop down* em planos de recuperação judicial, que conclui pela admissibilidade deste meio de recuperação, classificado como "operação societária atípica", propõe chamá-la, em português, de "*trespasse para subsidiária*" (O trespasse para subsidiária (*drop down*). In: CASTRO, Rodrigo R. Monteiro de e ARAGÃO, Leandro Santos de (coord.). *Direito societário e a nova lei de falências e recuperação de empresas*. São Paulo: Quartier Latin, 2006. p. 57-83). De minha parte, creio ser preferível chamá-la de "aumento do capital social em patrimônio".

Art. 8º

SÉRGIO CAMPINHO

continua *credora* da prestação (transferência de ativos e passivos) e o sócio continua *devedor* desta mesma prestação. O intérprete e aplicador do direito não pode se deixar confundir pela *aparente* inversão de vetores (em que um ativo da sociedade subsidiária *parece* se converter em passivo). Ou seja, se é certo que, em razão da integralização de seu capital social em patrimônio, a sociedade tem o direito a um passivo, do qual ela naturalmente se tornará devedora, no tocante à relação entre ela e o sócio, o vínculo obrigacional ainda remanescerá igual ao de qualquer outra relação entre subscritor-sociedade. Vale dizer, a recuperanda é *credora* do sócio pela prestação correspondente ao aumento do seu capital social.

O eventual direito de regresso do sócio perante a sociedade, caso venha a ser responsabilizado pelo cumprimento da obrigação transferida ao patrimônio desta última, também não muda a essência do vínculo com a recuperanda. O crédito pelo exercício do direito de regresso é *indissociável* do débito ligado à prestação correspondente à integralização.

Este *débito-crédito* do sócio, com ênfase, tem que ser excluído dos efeitos da recuperação judicial, para se atender ao princípio da realidade do capital social. De modo mais direto, o art. 49, *caput*, da Lei 11.101/2005 (LRF) estabelece que à recuperação judicial sujeitam-se todos os *créditos* existentes na data do pedido. No caso específico do exercício do direito de regresso de sócio contra a sociedade, em razão de aporte de capital em patrimônio, não se trata verdadeiramente de um *crédito*. Não, pelo menos, do crédito a que alude o legislador neste dispositivo. Como prestação devida pelo sócio, para conferir realidade ao capital social da recuperanda, o direito de regresso é, em sua essência, um *débito* (senão, como se disse, um *débito-crédito*), não sendo, por conseguinte, alcançado pelo art. 49 da LRF.

Avaliação

Art. 8º A avaliação dos bens será feita por 3 (três) peritos ou por empresa especializada, nomeados em assembleia-geral dos subscritores, convocada pela imprensa e presidida por um dos fundadores, instalando-se em primeira convocação com a presença de subscritores que representem metade, pelo menos, do capital social, e em segunda convocação com qualquer número.

§ 1º Os peritos ou a empresa avaliadora deverão apresentar laudo fundamentado, com a indicação dos critérios de avaliação e dos elementos de comparação adotados e instruído com os documentos relativos aos bens avaliados, e estarão presentes à assembleia que conhecer do laudo, a fim de prestarem as informações que lhes forem solicitadas.

§ 2º Se o subscritor aceitar o valor aprovado pela assembleia, os bens incorporar-se-ão ao patrimônio da companhia, competindo aos primeiros diretores cumprir as formalidades necessárias à respectiva transmissão.

§ 3º Se a assembleia não aprovar a avaliação, ou o subscritor não aceitar a avaliação aprovada, ficará sem efeito o projeto de constituição da companhia.

§ 4º Os bens não poderão ser incorporados ao patrimônio da companhia por valor acima do que lhes tiver dado o subscritor.

§ 5º Aplica-se à assembleia referida neste artigo o disposto nos §§ 1º e 2º do artigo 115.

§ 6º Os avaliadores e o subscritor responderão perante a companhia, os acionistas e terceiros, pelos danos que lhes causarem por culpa ou dolo na avaliação dos bens, sem prejuízo da responsabilidade penal em que tenham incorrido; no caso de bens em condomínio, a responsabilidade dos subscritores é solidária.

COMENTÁRIOS

1. Avaliação dos bens conferidos ao capital social

SÉRGIO CAMPINHO

O tratamento jurídico do capital social vem informado por certos princípios, dentre os quais se destacam os da determinação, da realidade e da intangibilidade ou inviolabilidade.

O princípio da determinação revela a necessidade de o capital ser sempre fixado no estatuto. O da realidade, a exigência de que o capital social manifeste uma expressão real e não fictícia, pelo que as entradas promovidas pelos sócios devem verdadeiramente corresponder aos valores declarados. O da intangibilidade traduz a garantia de que não é o capital restituível aos sócios, a não ser nas situações expressamente previstas em lei para sua redução.[285] Por essa razão é que não permite a lei a distribuição entre sócios de dividendos utilizando-se de recursos do capital social.

O capital social reveste-se de garantia aos credores sociais, conforme se pode inferir dos princípios da realidade e da intangibilidade acima enunciados, ainda que se exteriorize como uma garantia indireta, na medida em que o patrimônio da companhia é que se constitui como uma garantia direta, concreta e efetiva.

A incorporação de bens ao capital, como forma de integralização, observará rígida disciplina de avaliação, prescrita no art. 8º da LSA. Esse regramento tem por finalidade assegurar a realidade do capital, impedindo sejam agregados bens por valores irreais ou ilusórios, comprometendo a efetividade do capital social. Devem corresponder, pois, a valores autênticos, sem o que a expressão do capital social declarado no estatuto estaria comprometida.

A avaliação assegura a tutela dos interesses da companhia, dos seus credores, na perspectiva da garantia que o capital social lhes representa, bem como dos próprios subscritores ou acionistas que promovem suas contribuições em dinheiro. O ponto de equilíbrio das relações consiste em encontrar um justo valor para os bens oferecidos, de forma que não gere vantagens indevidas para o subscritor que desse modo integraliza o preço de emissão das ações, em detrimento da sociedade, dos demais acionistas e dos próprios credores.

Destarte, a função principal da avaliação é a de assegurar a realidade do capital, tanto que a lei de 1976 não reeditou o preceito contido no art. 6º do Dec.-lei 2.627/1940, que dispensava a avaliação de bem pertencente em comum a todos os subscritores. Essa dispensa conspirava desfavoravelmente à garantia da realidade.

A avaliação será feita por três peritos ou por "empresa" especializada. A lei utiliza o vocábulo "empresa" nesse tópico em desapego ao seu sentido técnico-jurídico, querendo traduzir pessoa jurídica.[286]

Serão os responsáveis ou o responsável pelo mister de avaliação nomeados pela assembleia geral dos subscritores, que será presidida por um dos fundadores. A convocação observará a regra do art. 289 da LSA.[287] A assembleia dos subscritores é disciplinada por regras especiais, porquanto a sociedade não está ainda constituída. Daí não ser à convocação aplicável a exigência de anúncios publicados por 3 vezes, no mínimo, prevista no *caput* do art. 124 da LSA, visto que a regra é especificamente enunciada para a assembleia geral de companhia já constituída. As disposições sobre assembleia geral serão sempre invocadas de forma subsidiária.

O conclave será instalado em primeira convocação com a presença de subscritores que representem metade, pelo menos, do capital social, e em segunda convocação com qualquer número (*caput* do art. 87 da LSA). No que se refere aos prazos de antecedência para a primeira e a segunda convocações, à falta de disposição específica do art. 8º da LSA, dever-se-á obedecer ao disposto no § 1º do art. 124 da LSA.

Polêmica existe sobre o critério para composição do *quorum* legal de instalação em primeira convocação: computa-se ou não a parte do capital em bens? Parece-me que a resposta não pode ser outra que não a afirmativa. O *caput* do art. 8º da LSA refere-se a capital social, não diferenciando a natureza da contribuição. Não se deve excluir, pois, a parcela a ser integralizada em bens, porquanto a lei assim não determinou. Leva-se em consideração, em conclusão, o valor ou os valores atribuídos pelo subscritor ou subscritores.[288]

---

[285] Como bem acentuam Isaac Halperin e Julio C. Otaegui, "Lo que está prohibido a los socios, a menos que cumplan las formalidades relativas a la reducción regular del capital, es 'convenir' la reintegración de sus capitales o remisión de las cuotas impagas, es decir, toda operación que signifique la reducción clandestina del capital" (*Sociedades anónimas*. 2. ed. Buenos Aires: Depalma, 1998. p. 232).

[286] Conforme exposição de motivos, consiste novidade em relação ao Direito anterior – que só contemplava a figura dos três peritos – a admissão de que "a avaliação seja feita por empresas especializadas, e não apenas por três peritos, porque em muitos casos somente uma organização empresarial dispõe dos recursos e experiência necessários à avaliação de conjuntos industriais, estabelecimentos ou patrimônios".

[287] Cf. os comentários ao art. 289.

[288] Aloysio Lopes Pontes, entretanto, desse modo não pensa, sustentando que deveriam ser computadas apenas as contribuições em dinheiro (*Sociedades anônimas*. 4. ed. Rio de Janeiro: Forense, 1957. v. 1. p. 116). Fran Martins (*Comentários à lei das sociedades anônimas*. 2. ed. Rio de Janeiro: Forense, 1982. v. 1. p. 68) opta pela orientação de se levar em conta para o estabelecimento do *quorum* o valor dado ao bem pelo subscritor que o oferece para a formação do capital social.

O subscritor que dessa forma contribui para a constituição do capital social estará impedido de votar na assembleia. A regra do § 5º do art. 8º da LSA, que manda observar o § 1º do art. 115 da LSA, aplica-se a quaisquer das assembleias, tanto a de nomeação dos *experts* quanto a que se reúne para deliberar sobre o laudo. Parece-me claro o surgimento do conflito de interesses, porquanto não teria isenção necessária para decidir sobre a escolha e tampouco para manifestar-se sobre o laudo. Entretanto, o fato não o impede de estar nela presente, pois sempre terá o direito de voz (parágrafo único do art. 125 da LSA), contribuindo com a sua presença, ainda, para completar o *quorum* de instalação da primeira convocação. Procedendo-se à nomeação dos peritos ou da pessoa jurídica avaliadora e à fixação das correspondentes remunerações, segundo o *quorum* da maioria absoluta do capital dos subscritores presentes à assembleia (art. 129 da LSA), na qual todos os habilitados a votar têm um voto por ação de subscrição compromissada (§ 2º do art. 87 da LSA), compete aos nomeados ou à nomeada realizar a avaliação, apresentando laudo fundamentado, com a indicação dos critérios de avaliação e dos elementos de comparação adotados, fazendo instruí-lo com os documentos relativos aos bens avaliados. Recomenda-se que a mesma assembleia fixe o prazo para a apresentação do laudo.

O laudo ou os laudos apresentados serão apreciados em nova assembleia dos subscritores, observadas as mesmas formalidades previstas para a anterior no que diz respeito à convocação e os mesmos pressupostos de instalação, à qual o avaliador ou os avaliadores deverão estar presentes para prestarem os esclarecimentos necessários. A deliberação será também tomada nos termos do art. 129 da LSA, ou seja, pela maioria absoluta dos presentes, não computados os votos em branco, correspondendo cada ação a um voto, contando cada subscritor com o número de ações que se comprometeu a subscrever. O subscritor que se comprometeu a fazer a integralização em bens não poderá votar (§ 1º do art. 115 e § 5º do art. 8º da LSA). Todos os demais terão direito a voto (§ 2º do art. 87 da LSA).

A avaliação será realizada ainda que os bens pertençam em condomínio a todos os subscritores (§ 2º do art. 115 e § 5º do art. 8º da LSA), sem prejuízo das responsabilidades civil e criminal em que tenham incorrido na aprovação do respectivo laudo. No caso de responsabilidade civil, esta será solidária (§ 6º do art. 8º da LSA, *in fine*).

Coincidindo o valor do laudo de avaliação aprovado pela assembleia com o valor atribuído aos bens pelos subscritores, quando da assinatura do boletim de subscrição, a incorporação ao patrimônio da companhia estará consumada.

Sendo, entretanto, o valor aprovado inferior ao conferido pelo subscritor, este, aceitando-o, pagará a diferença em dinheiro.

Havendo recusa do laudo pela assembleia,[289] ou se o subscritor não aceitar a avaliação aprovada, ficará sem efeito o projeto de constituição da companhia (§ 3º do art. 8º da LSA).

É de se salientar não permitir a lei que os bens sejam incorporados por valor superior ao atribuído pelo subscritor (§ 4º do art. 8º da LSA). Esse é o importe máximo a que se pode chegar para o fim da integralização, ainda que o laudo aprovado reflita valor superior. O subscritor está vinculado à importância proposta, que é irretratável. Foi o montante por ele oferecido em razão da subscrição de um certo número de ações.

Competirá aos primeiros diretores cumprir as formalidades necessárias à transmissão dos bens à companhia.

Como método para garantir uma avaliação séria e capaz de refletir o valor de mercado do bem conferido ao capital, a lei, no § 6º do art. 8º, preconiza a responsabilidade civil do subscritor e dos avaliadores por dano causado por dolo ou culpa na estimação do valor do bem, sem prejuízo da responsabilidade penal em que tenham incorrido. A natureza dessa responsabilidade é tipicamente extracontratual.

Prescreve em 1 ano a pretensão contra os peritos e subscritores do capital, para deles haver a reparação, contado o prazo da data da publicação da ata da assembleia geral que aprovar o laudo (alínea *a* do inciso I do art. 287 da LSA).

À ação de reparação de danos estão legitimados, em princípio, a companhia, os demais acionistas e os terceiros prejudicados. Estes dois primeiros são diretamente atingidos pela supervaliação do bem que, ao assim ser incorporado ao capital da sociedade, lesa os seus interesses. Os credores da sociedade também poderão ser atingidos na hipótese de eventual falência da companhia, pois terão desfalcada a garantia de

---

[289] Essa recusa poderá se verificar nas situações de superavaliação dos bens, amparando, assim, o valor excessivo que o subscritor aos mesmos atribuiu.

seus créditos, verificável com a existência de um patrimônio real inferior ao declarado.

A responsabilidade pode ser aferida tanto na hipótese de constituição da companhia com esse defeito na avaliação posteriormente verificado, quanto na situação de a companhia não vir sequer a se constituir, como, por exemplo, na circunstância de a assembleia dos subscritores rejeitar o laudo que referendava o valor atribuído ao bem pelo subscritor, ambos reveladores de uma avaliação irreal e excessiva. Mas, nessa última situação, somente os subscritores prejudicados teriam interesse de agir.

A obrigação do avaliador é de meio, eis que a sua responsabilização depende da comprovação de ter procedido com dolo ou culpa, não sendo possível responsabilizá-lo apenas em razão do resultado de sua avaliação. É indispensável se demonstre que, ao realizar a avaliação, agiu de má-fé, utilizou dados ou fontes incorretos ou, ainda, que se alicerçou em premissas falsas ou técnicas e métodos equivocados ou que não se mostraram razoáveis diante das circunstâncias concretas que o caso apresentava[290].

No que se refere à responsabilidade criminal, a Lei 6.404/1976 não se ocupou em dispor sobre a tipificação do crime, como o fazia o Dec.-lei 2.627/1940. Desse modo, a conduta delituosa será apurada nos termos preconizados pelo Código Penal. A avaliação fraudulenta poderá, assim, conforme a concretização da ação do agente, mais facilmente ser encaixada no art. 171 (estelionato) ou no art. 177 (fraudes e abusos na fundação ou administração de sociedades por ações), ambos daquele Código.

Transferência dos Bens

Art. 9º Na falta de declaração expressa em contrário, os bens transferem-se à companhia a título de propriedade.

COMENTÁRIOS

1. Incorporação dos bens ao capital

Sérgio Campinho

O capital social, cujo valor será fixado no estatuto e expresso em moeda corrente nacional, deve ser integralizado com contribuições em dinheiro ou em bens de qualquer natureza (móveis ou imóveis, corpóreos ou incorpóreos), desde que suscetíveis de avaliação em dinheiro (arts. 5º e 7º da LSA).

A integralização pode realizar-se à vista ou a prazo, observada a entrada mínima de 10% na subscrição em dinheiro (inciso II do art. 80 da LSA), variando segundo a necessidade de recursos para a companhia iniciar a exploração de seu objeto.[291]

O meio ordinário e mais frequente de integralização se realiza mediante a entrega de dinheiro à sociedade, instrumento de pagamento que sempre atenderá aos interesses da pessoa jurídica.[292] Contudo, não são raras as hipóteses em que a realização se materializa mediante a transferência do domínio de determinado bem, ou somente a sua posse, ou simplesmente o direito de usar e fruir de suas vantagens. Nesses casos, o bem tem que se revelar de interesse da sociedade. Deve guardar relação direta ou indireta com o seu objeto, não se admitindo a integralização em bem que não tenha qualquer utilidade direta ou reflexa para a atividade por ela desenvolvida. Necessita, em outras palavras, estar ligado concretamente ao objeto social, ou ao menos ser útil à sua realização. Assim o sendo, pode ser de qualquer espécie – corpóreo ou incorpóreo –, como imóvel, instalação industrial, direito ao uso de marca, licença para exploração de patente de invenção, entre outros.[293]

---

[290] EIZIRIK, Nelson. *A lei das S/A comentada*. 2. ed. São Paulo: Quartier Latin, 2015. v. 1. p. 128.

[291] Na subscrição do capital inicial e na de seus aumentos em moeda corrente das instituições financeiras públicas e privadas, será sempre exigida, no ato, a realização de, pelo menos, 50% do montante subscrito (art. 27 da Lei 4.595/1964).

[292] Algumas sociedades, como as instituições financeiras públicas e privadas, exigem, para se constituírem validamente, a realização do capital social inicialmente subscrito sempre em dinheiro (art. 26 da Lei 4.595/1964).

[293] O oferecimento de *know-how* como elemento de contribuição para a formação do capital social tem gerado polêmica na doutrina. Para Fran Martins, este bem incorpóreo, que "consiste em conhecimentos especializados e secretos sobre a utilização de uma técnica própria para a exploração de certos produtos", por ser considerado um bem alienável e, portanto, transmissível, presta-se como forma de integralização (*Comentários à lei das sociedades anônimas*. 2. ed. Rio de Janeiro: Forense, 1982. v. 1. p. 62). José Edwaldo Tavares Borba aduz ser o *know-how* indissociável da pessoa que o detém. Resume-se em uma prestação de serviços, sendo, assim, intransmissível a não

Mas, além de tornar apta a sociedade a desempenhar o seu fim, a formação do capital social deve revelar garantia efetiva para os credores nas suas relações com a companhia. Por isso, não se pode admitir sejam conferidos ao capital bens incapazes de execução, isto é, que não possam ser excutidos pelos credores, sob pena de se acobertar fraude. Os bens impenhoráveis não se prestam à integralização.

Os bens, à falta de declaração expressa em contrário, transferem-se à companhia a título de propriedade, é o que preceitua o dispositivo normativo comentado. Cuida-se de norma geradora de presunção *juris et de jure*, não admitindo qualquer discussão sobre a natureza do direito transmitido. A presunção absoluta revelada na lei tem por escopo garantir segurança sobre a transferência do domínio à companhia. Para que a transmissão se realize a outro título, mister se faz a sua expressa menção pelo subscritor de que está conferindo o bem a título de usufruto, por exemplo. Nesse caso, a avaliação exigida pelo art. 8º da LSA levará em conta a natureza do direito transmitido à companhia.

Havendo a incorporação de imóvel à sociedade a título de integralização do capital subscrito, a certidão de arquivamento dos atos constitutivos, expedida pela Junta Comercial, servirá de documento hábil para a transcrição no registro de imóveis competente, dispensada, pois, a escritura pública. Como a companhia pode ser constituída por assembleia geral, a correspondente ata que aprovar a incorporação deverá identificar o bem com precisão, mas poderá descrevê-lo sumariamente, desde que seja suplementada por declaração, assinada pelo subscritor, contendo todos os elementos necessários à transcrição (art. 89 e §§ 2º e 3º do art. 98 da LSA, e inciso VII do art. 35 da Lei 8.934/1994). Será indispensável a outorga uxória ou marital, se casado ou casada o subscritor ou a subscritora, conforme o caso, exceto pelo regime da separação absoluta de bens (art. 1.647 do Código Civil e inciso VII do art. 35 da Lei 8.934/1994).

O ato de integralização em bens não representa, propriamente, uma compra e venda nem uma permuta. Não será compra e venda por faltar o requisito essencial do preço; não será permuta porque as ações que o subscritor recebe pelo valor de seus bens não irá extinguir as relações entre ele e a companhia, mas, ao revés, dará ensejo ao surgimento do direito de sócio ou de acionista. Na verdade, a conferência de bem ao capital, que constitui forma de pagamento do preço de emissão das ações subscritas pelo acionista, vai significar um ato de alienação, pois ocorrerá a transmissão de um direito de um patrimônio para outro, mas de natureza especial.[294]

Responsabilidade do Subscritor

Art. 10. A responsabilidade civil dos subscritores ou acionistas que contribuírem com bens para a formação do capital social será idêntica à do vendedor.

Parágrafo único. Quando a entrada consistir em crédito, o subscritor ou acionista responderá pela solvência do devedor.

COMENTÁRIOS

1. Importância da responsabilidade dos subscritores ou acionistas pelo valor dos bens utilizados para a formação do capital social

Ana Frazão

Já se viu que o acionista poderá contribuir para o capital social com dinheiro ou com bens suscetíveis de avaliação em dinheiro (art. 7º). Na segunda hipótese, a lei se preocupa com a correta avaliação dos bens. Como adverte Lamy Filho,[295] "A avaliação está longe de ser ciência exata, e a subscrição de bens prestou-se – e ainda continua a se prestar – a manobras fraudulentas contra credores e acionistas, pela atribuição de valores exagerados e mesmo fantasiosos aos bens contribuídos, com o consequente 'aguamento' do capital social".

De fato, o tratamento igualitário de cada acionista pressupõe que todos contribuirão, em regra, com o mesmo valor por ação, pelo menos no momento de cada subscrição específica. Daí

---

ser como mera força de trabalho, o que o inviabiliza para integralizar o capital de uma sociedade anônima (*Direito societário*. 14. ed. São Paulo: Atlas, 2015. p. 220). Concordo com a última ideia, pois nossa lei não admite o trabalho de uma pessoa como meio de constituir contribuição para o capital da companhia, não sendo entre nós admitidas as ações de trabalho ou indústria.

[294] VALVERDE, Trajano de Miranda. *Sociedades por ações*. 2. ed. Rio de Janeiro: Forense, 1953. v. 1. p. 108.

[295] LAMY FILHO, Alfredo. Capital social. In: LAMY FILHO, Alfredo; PEDREIRA, José Luiz Bulhões. *Direito das companhias*. Rio de Janeiro: Forense, 2009. v. I. p. 149.

por que é necessário instituir mecanismos para evitar que alguns subscritores contribuam com bens fictícios ou supervalorizados, o que levaria à diluição daqueles que contribuíram para a formação do capital social em dinheiro.[296]

Embora a contribuição com bens exija cuidados adicionais, ela pode ser útil para a companhia. É o que ocorre, por exemplo, quando o desenvolvimento do objeto social depende de imóveis estrategicamente localizados e/ou de direitos de propriedade industrial – marcas, patentes etc. – titularizados por determinados acionistas.

Nesse contexto, a Lei 6.404/1976 impõe uma série de regras para assegurar a realidade e a integralidade do capital social quando o acionista pretende integralizá-lo com bens suscetíveis de avaliação em dinheiro. Além do art. 8º, que trata da avaliação dos bens – feita por 3 peritos ou por empresa especializada –, o caput do art. 10 dispõe que a responsabilidade dos acionistas que contribuírem com bens para a formação do capital social será idêntica à do vendedor.

Embora a subscrição de ações para o capital social não ostente a natureza de compra e venda propriamente dita, mas constitua uma alienação de natureza especial, entende-se que, ao equiparar a responsabilidade do acionista à do vendedor, a lei pretendeu, essencialmente, proteger os direitos da companhia nas hipóteses de evicção e de vício redibitório.[297]

Por essa razão, como afirma Modesto Carvalhosa,[298] "é nula de pleno direito a cláusula contratual ou estatutária que exclua a responsabilidade do subscritor por vícios redibitórios ou pela evicção".

2. Responsabilidade por vícios redibitórios

Ana Frazão

Vício redibitório, como define Caio Mário da Silva Pereira,[299] "é o defeito oculto de que portadora a coisa objeto de contrato comutativo que a torna imprópria para o uso a que se destina, ou lhe prejudica, sensivelmente, o valor". A proteção contra os vícios redibitórios se justifica, porque, como esclarece o autor, o adquirente tem direito à utilidade natural da coisa, devendo ter seus direitos garantidos contra o alienante quando lhe for entregue coisa a que faltam qualidades essenciais para sua prestabilidade.[300]

Os chamados vícios ocultos podem prejudicar, de maneira relevante, a companhia, os demais acionistas assim como os credores sociais, porque levarão a uma supervalorização dos bens. De fato, uma das peculiaridades da sistemática de conferência de bens ao capital social das sociedades anônimas, como se infere do art. 8º, é justamente o rigor na avaliação dos bens com os quais os acionistas contribuem para a companhia. Havendo defeitos ocultos, é inequívoco que não haverá correspondência entre o valor real do bem e o valor de avaliação.

Dessa maneira, é fundamental que o subscritor possa responder pelos vícios que preexistam à transferência do bem à companhia. Tratando-se de defeitos supervenientes à integralização das ações pelo acionista, não se cogitará de sua responsabilidade.

Na hipótese de se identificarem vícios redibitórios, abrem-se algumas possibilidades para a companhia, a depender da gravidade do defeito. Se o bem, em razão do defeito, sofrer uma depreciação no valor pelo qual foi avaliado, a companhia poderá exigir do acionista quantia em dinheiro equivalente à diferença entre o valor das ações subscrito e o novo valor do bem, e/ou reduzir, proporcionalmente, sua participação no capital social. Caso o bem se torne inútil para a sociedade, ela poderá exigir que o acionista integralize as ações em dinheiro ou poderá rejeitar os bens, com a exclusão do acionista da companhia[301]. Se o subscritor conhecia o vício do bem,

---

[296] LAMY FILHO, Alfredo. Capital social. In: LAMY FILHO, Alfredo; PEDREIRA, José Luiz Bulhões. Direito das companhias. Rio de Janeiro: Forense, 2009. v. I. p. 149.

[297] EIRIZIK, Nelson. A Lei das S/A comentada. São Paulo: Quartier Latin, 2011. p. 115. No mesmo sentido, CARVALHOSA, Modesto. Comentários à lei de sociedades anônimas. São Paulo: Saraiva, v. 1, 7. ed., 2013, edição kindle (sem referência de página); CAMPINHO, Sérgio. Curso de direito comercial. Sociedades anônimas. São Paulo: Saraiva, 2018. p. 75. Já Alfredo Lamy Filho (LAMY FILHO, Alfredo. Capital social. In: LAMY FILHO, Alfredo; PEDREIRA, José Luiz Bulhões. Direito das companhias. Rio de Janeiro: Forense, 2009. p. 154), ao tratar do tema, fala, exclusivamente na evicção.

[298] CARVALHOSA, Modesto. Comentários à Lei de Sociedades Anônimas. São Paulo: Saraiva, 2003. v. I. p. 124.

[299] PEREIRA, Caio Mário da Silva. Instituições de direito civil. Rio de Janeiro: Forense, 2004. v. III. p. 123.

[300] PEREIRA, Caio Mário da Silva. Instituições de direito civil. Rio de Janeiro: Forense, 2004. v. III. p. 123.

[301] Neste sentido: EIZIRIK, Nelson. A Lei das S/A comentada. São Paulo: Quartier Latin, 2011. p. 116, v. 1. Em sentido semelhante: LUCENA, José Waldecy. Das sociedades anônimas: comentários à lei (arts. 1º a 120). Rio de Janeiro: Renovar, 2009. p. 210.

será cabível também a indenização pelos danos causados à companhia, nos termos do art. 443 do Código Civil.

Válido notar que o fato de o vício ser desconhecido do acionista, nos termos do art. 443 do Código Civil, não o eximirá da responsabilidade. Acresce que, se a coisa perecer em poder da companhia em razão do vício oculto, não será aplicável a regra do *res perit domino*, na medida em que há uma relação de causa e efeito que justifica a responsabilidade do alienante mesmo nessa hipótese.[302]

3. Responsabilidade por evicção

ANA FRAZÃO

Outro efeito da equiparação do subscritor ao vendedor refere-se à responsabilidade pela evicção. Fala-se em evicção quando ocorre a perda da coisa, em detrimento do adquirente, por força de sentença judicial, que atribui o bem a outra pessoa por direito preexistente ao contrato oneroso celebrado com o evicto. Não é, portanto, qualquer perda que constitui evicção. Para sua configuração, devem estar presentes dois requisitos: (i) a existência de título judicial por meio da qual se opera a perda da coisa e (ii) a causa deve ser preexistente ao contrato celebrado entre alienante e evicto[303].

Na hipótese de evicção, a companhia deverá promover a denunciação da lide ao acionista subscritor, na forma do art. 125, I, do CPC/2015. Como ressalta Modesto Carvalhosa,[304] independentemente da responsabilidade pela evicção, o acionista tem o dever de assistir a companhia, colaborando para sua defesa na demanda ajuizada por terceiros.

Declarada a perda do bem, o acionista deverá contribuir para a companhia com o valor equivalente em dinheiro ou poderá a companhia pedir a restituição das ações, com a consequente exclusão do acionista ou a redução proporcional de sua participação no capital social, conforme o caso.[305] O acionista subscritor responderá, ainda, pelas perdas e danos causadas à sociedade, por força do disposto no art. 450 do Código Civil.

Note-se que a indefinição quanto à situação jurídica do bem pode ser problemática para a companhia, especialmente quando, durante o processo, ela é privada da posse do bem.[306] Nesse caso, deve-se entender que a companhia poderá notificar imediatamente o subscritor para que substitua a coisa litigiosa e/ou integralize o capital social em dinheiro.[307] Com efeito, o acionista deve evitar conferir ao capital social bens de origem incerta, que podem impor obstáculos ao desenvolvimento dos negócios sociais, não sendo razoável imputar à companhia o ônus de aguardar todo o trâmite processual – que pode se estender durante anos – para exigir outra forma de integralização do acionista, na hipótese em que for privada da posse do bem.

Importante ressaltar que não valem para as companhias as regras do art. 448 e do art. 450 do Código Civil, que permitem que, por cláusula expressa, seja reduzida ou excluída a responsabilidade pela evicção ou afastado o dever de responder pelas perdas e danos decorrentes da

---

[302] PEREIRA, Caio Mário da Silva. *Instituições de direito civil*. Rio de Janeiro: Forense, 2004. v. III. p. 124.

[303] PEREIRA, Caio Mário da Silva. *Instituições de direito civil*. Rio de Janeiro: Forense, 2004. v. III. p. 140-141.

[304] CARVALHOSA, Modesto, *Comentários à lei de sociedades anônimas*. 7. ed. São Paulo: Saraiva, 2013. v. 1. (Edição Kindle, sem referência de página).

[305] Ver EIZIRIK, Nelson, *A Lei das S/A comentada*. São Paulo: Quartier Latin, 2011. p. 117. José Waldecy Lucena (*Das sociedades anônimas*. Comentários à lei. Rio de Janeiro: Renovar, 2009. p. 211) sustenta que, na hipótese de evicção, caso o acionista não reponha em dinheiro, ou outro bem, o valor devido à companhia, deverá restituir suas ações, abrindo-se duas opções para a companhia: (i) a redução do capital social, proporcionalmente às ações restituídas e (ii) a manutenção do capital social, permitindo-se que a companhia negocie com as suas próprias ações, nos termos do art. 30 e do art. 200 da Lei das S/A. De maneira análoga, também defende Modesto Carvalhosa (*Comentários à lei de sociedades anônimas*. 7. ed. São Paulo: Saraiva, 2013. v. 1. (Edição Kindle, sem referência de página), que, restituídas as ações à companhia, não necessariamente ocorrerá a diminuição do capital social, desde que a companhia disponha de reserva de capital e de saldos de lucros disponível para integralizar as ações, que poderão ser negociadas por ela, observado o disposto nos arts. 30 e 200.

[306] LUCENA, José Waldecy. *Das sociedades anônimas*: comentários à lei (arts. 1º a 120). Rio de Janeiro: Renovar, 2009. p. 212.

[307] LUCENA, José Waldecy. *Das sociedades anônimas*: comentários à lei (arts. 1º a 120). Rio de Janeiro: Renovar, 2009. p. 213.

evicção. A se admitir essa possibilidade, estar-se-ia permitindo que alguém se tornasse acionista da companhia sem contribuir para o capital social. Não bastasse isso, a aplicação dos dispositivos também não se coaduna com a natureza institucional das sociedades anônimas nem com as regras cogentes que disciplinam o capital social.

4. Responsabilidade pela solvência do devedor

Ana Frazão

Para assegurar a integralidade do capital social, o parágrafo único do art. 10 atribui ao acionista que subscrever ações com direitos de crédito a responsabilidade pela solvência do devedor: "Quando a entrada consistir em crédito, o subscritor ou acionista responderá pela solvência do devedor."

Aqui, a Lei 6.404/1976 foge da regra geral do direito das obrigações, que determina que o cedente não responderá pela solvência do devedor, salvo estipulação em contrário (art. 296 do Código Civil). Diferentemente do que prevê o Código Civil, portanto, quando a subscrição das ações se realiza mediante a transferência de crédito à companhia, o subscritor responderá não apenas pela existência do direito de crédito, mas pela solvência do devedor até que a obrigação seja integralmente adimplida, como dispõe o parágrafo único do art. 10. A lei cria, portanto, uma exceção à regra geral constante do Código Civil.

A responsabilidade do acionista nesse caso será subsidiária e não solidária, como é a regra nos casos de responsabilidade pela solvência do devedor. Logo, a companhia teria de executar, primeiramente, o devedor e, só então, na falta de bens livres e desembaraçados capazes de satisfazer o crédito, exigir o pagamento pelo subscritor,[308] salvo quando a solidariedade estiver prevista no instrumento da cessão de crédito à companhia.[309]

Com efeito, o que a lei determina como obrigatório é a garantia de solvência do devedor. Entretanto, nada impede que a previsão de solidariedade – que transmudaria a garantia de solvência para a garantia de adimplemento – seja prevista como garantia adicional pelas partes.

Alguns autores entendem que constituem exceção à responsabilidade pela solvência do devedor os títulos emitidos em massa, tais como debêntures e outros valores mobiliários distribuídos no mercado de capitais, porque, nesse caso, a viabilidade de pagamento do crédito é previamente avaliada pela Comissão de Valores mobiliários.[310]

Por fim, vale ressaltar que o valor atribuído ao crédito pode não coincidir com seu valor exato. Isso porque o crédito poderá sofrer um deságio para efeito de sua conferência ao capital social. É o que ocorre quando, na avaliação dos bens, feito por 3 (três) peritos ou por empresa especializada, nomeados em assembleia geral dos subscritores, nos termos do art. 8º, atribui-se valor inferior ao crédito. Nesse caso, não sendo o crédito pago pelo devedor quando de seu vencimento, o acionista deverá pagar à companhia o valor apurado pelos peritos e aprovado em assembleia geral e não o valor exato do crédito.[311]

CAPÍTULO III

AÇÕES

SEÇÃO I

NÚMERO E VALOR NOMINAL

Fixação no Estatuto

Art. 11. O estatuto fixará o número das ações em que se divide o capital social e estabelecerá se as ações terão, ou não, valor nominal.

§ 1º Na companhia com ações sem valor nominal, o estatuto poderá criar uma ou mais

---

[308] CARVALHOSA, Modesto. *Comentários à lei de sociedades anônimas*. 7. ed. São Paulo: Saraiva, 2013. v. 1. (Edição Kindle, sem referência de página).

[309] Sérgio Campinho (*Curso de direito comercial*. Sociedades anônimas. São Paulo: Saraiva, 2018. p. 76) também defende que a responsabilidade do acionista, nesse caso, é subsidiária, porque não há previsão de solidariedade em lei, que poderá, todavia, estar prevista no contrato de cessão de crédito.

[310] Compartilham desse entendimento Modesto Carvalhosa (*Comentários à lei de sociedades anônimas*. 7. ed. São Paulo: Saraiva, 2013. v. 1. (Edição Kindle, sem referência de página) e José Waldecy Lucena (*Das sociedades anônimas*. Comentários à lei. Rio de Janeiro: Renovar, 2009. p. 213).

[311] É o que advertem Modesto Carvalhosa, *Comentários à lei de sociedades anônimas*. 7. ed. São Paulo: Saraiva, 2013. v. 1. (Edição Kindle, sem referência de página), José Waldecy Lucena (*Das sociedades anônimas*. Comentários à lei. Rio de Janeiro: Renovar, 2009. p. 214) e Nelson Eizirik, (*A Lei das S/A comentada*. São Paulo: Quartier Latin, 2011. p. 118).

> classes de ações preferenciais com valor nominal.
>
> § 2º O valor nominal será o mesmo para todas as ações da companhia.
>
> § 3º O valor nominal das ações de companhia aberta não poderá ser inferior ao mínimo fixado pela Comissão de Valores Mobiliários.

COMENTÁRIOS

1. O valor nominal das ações e sua função

FÁBIO ULHOA COELHO

Valor nominal é o resultante da divisão do capital social pelo número de ações de emissão de uma sociedade anônima. Se o capital social é de R$ 100.000.000,00 e a companhia emite 100.000.000 de ações, o valor nominal de cada ação será R$ 1,00.

As ações podem ser emitidas *com* ou *sem* valor nominal. Trata-se de uma questão meramente formal. Se o estatuto, normalmente na cláusula em que registra o capital social, explicita o resultado desse cálculo de divisão, as ações correspondentes foram emitidas *com* valor nominal; se não há tal explicitação no estatuto, elas são *sem* valor nominal. No primeiro caso, a cláusula estatutária dirá que "*o capital social é de R$ 100.000.000,00, divididos em 100.000.000 de ações ordinárias nominativas, no valor de R$ 1,00 cada*"; no segundo, estatuirá algo como "*o capital social é de R$ 100.000.000,00, divididos em 100.000.000 de ações ordinárias nominativas*", sem mencionar o resultado daquela divisão matemática ou agregando "*sem valor nominal*".

A simples consulta ao estatuto definirá, sem dificuldades, portanto, se as ações de dada sociedade têm ou não valor nominal.[312]

Qual é a função do valor nominal?

A importância da atribuição ou não de valor nominal às ações está relacionada à fixação do preço de emissão das ações, em caso de aumento do capital social. Em vista do art. 13 da LSA, o preço de emissão das ações não pode ser inferior ao seu valor nominal. É matemático: sendo o valor nominal a divisão do capital social pelo número de ações, se estas fossem colocadas a preço inferior, a sociedade anônima não conseguiria captar a totalidade do capital social. Por outro lado, no caso de emissão de novas ações, a fixação do preço de emissão delas deve atender aos critérios encontrados no art. 170, § 1º, da LSA, um dos quais consiste em se evitar a "diluição injustificada da participação acionária dos antigos acionistas". Pois bem, quando as ações emitidas pela companhia têm valor nominal, há uma barreira matemática à diluição; quer dizer, mesmo que fosse justificável diluir ainda mais o patrimônio acionário dos antigos acionistas, se a companhia emitiu ações com valor nominal, a diluição não poderá ir além de certa medida, em razão do disposto no art. 13 da LSA.

Para compreender bem essa função, inicie por afastar a noção de "diluição" normalmente empregada pelo mercado em associação ao aumento do capital social. Por essa noção, "diluição" é referência à redução da participação proporcional do minoritário que não consegue acompanhar o aumento do capital social deliberado pelo controlador. A "diluição injustificada" a que se refere o art. 170, § 1º, da LSA, é algo bem diverso; diz respeito à redução do valor patrimonial das ações dos antigos acionistas que, deixando de exercer o direito de preferência, não subscreverem as ações emitidas no aumento de capital. Na verdade, é uma lei da economia: *sempre que o preço de emissão das novas ações for inferior ao valor patrimonial das existentes, acontece inevitavelmente a diluição da participação acionária dos antigos acionistas que deixarem de subscrever sua parte no aumento de capital.*[313-314] O valor nominal estabelece uma espécie de limite à diluição. Como o preço de emissão das novas ações não pode ser inferior ao valor nominal das existentes (art. 13), a diferença a menor em relação ao valor patrimonial não pode ir além dessa barreira, ainda que houvesse justificativa para tanto. Por

---

[312] Quando o mercado necessita da informação referente à divisão do capital social pelo número de ações, se estas não têm valor nominal, ele faz a operação matemática e chama o resultado de "valor quociente" (COELHO, Fábio Ulhoa. *Curso de direito comercial*. 21. ed. São Paulo: RT, 2017. p. 101, v. 2).

[313] Para a demonstração matemática dessa fórmula, ver COELHO, Fábio Ulhoa. *Curso de direito comercial*. 21. ed. São Paulo: RT, 2017. p. 110-112.

[314] José Edwaldo Tavares Borba elucida: "a diluição é a consequência da emissão de ações por valor inferior ao patrimonial, na medida em que, nessa situação, aumenta-se o número de ações, sem que haja um aumento correspondente do patrimônio. Automaticamente, as ações passam a ter um valor patrimonial inferior, posto que diluído" (*Direito societário*. 14. ed. São Paulo: Atlas, 2015. p. 234).

outro lado, quando as ações não têm valor nominal, a diluição pode ser bem mais acentuada, exatamente por não encontrar nenhum limite no art. 13 da LSA.

A função do valor nominal, em suma, é conferir uma garantia relativa (parcial) aos antigos acionistas contra a diluição de seu patrimônio acionário, caso deixem de subscrever aumento de capital social, em que o preço de emissão das novas ações seja inferior ao valor patrimonial das existentes.

Em vista dessa função, não há nenhuma relevância na autorização, dada pelo § 1º do art. 11, de classe ou classes de ações preferenciais *sem* valor nominal, ao lado das ações ordinárias *com* valor nominal. Afinal, o valor nominal das ordinárias, nesse caso, já representaria a garantia relativa contra a diluição, porque fixaria o montante mínimo para o preço de emissão das novas ações preferenciais sem valor nominal. Não à toa, esse dispositivo é absolutamente ineficaz.

A previsão, contida no § 3º do art. 11, de que a CVM estabeleceria o valor mínimo do valor nominal das ações de emissão das companhias abertas, é outra disposição ineficaz. Não há nenhuma razão para a autarquia se ocupar com este assunto.

2. Fixação do número de ações: obrigatoriedade

Rodrigo R. Monteiro de Castro

O art. 11 impõe a observância de determinados requisitos, que conferem validade ao estatuto social; a inobservância, aliás, impede o arquivamento do ato constitutivo no registro público de empresas mercantis. Enquanto não se proceder ao arquivamento, a companhia não poderá funcionar (art. 94).

Os fundadores devem atentar, pois, à obrigatoriedade de fixação do número de ações em que se dividirá o capital e indicar se as ações terão, ou não, valor nominal (arts. 13 e 14).

A fixação do número de ações tem como propósito estabelecer a fração divisória do capital e, assim, permitir a sua emissão, em partes, para subscrição e posterior negociação. Inexiste, como regra, *teto*, ou seja, determinação de número máximo de ações que dividirá o capital social, podendo os fundadores fixá-lo livremente, e os acionistas, posteriormente, diminuí-lo ou incrementá-lo.

Em relação ao número mínimo, a regra, derivada da sistemática da LSA, consiste na emissão de, pelo menos, duas ações. Isso porque, por ora, não se admite no Brasil, como regra, a companhia unipessoal, de modo que o capital haverá de ser subscrito – e mantido – por mais de uma pessoa.

Há uma exceção a essa regra: a subsidiária integral, cujo capital é subscrito e integralizado apenas por outra sociedade brasileira, caso em que inexiste obstáculo à emissão de apenas uma ação (art. 251).

3. Divisibilidade

Rodrigo R. Monteiro de Castro

O art. 28 estabelece que a ação é indivisível em relação à companhia, mas não impede a copropriedade. Quando a ação pertencer a mais de uma pessoa, natural ou jurídica, os direitos que a ela forem conferidos serão exercidos pelo representante do condomínio, conforme disposto no parágrafo único desse artigo.

Os coproprietários costumam celebrar um acordo no qual se estabelecem o percentual da distribuição dos dividendos que se atribui a cada um, a forma como definirão o voto em assembleia e opções recíprocas de compra ou venda, dentre outros aspectos.

A ação será sempre nominativa (art. 20) e somente uma pessoa constará como proprietária no Livro de Registro de Ações Nominativas ou no registro em conta de depósito aberta em nome do acionista, se adotada a forma escritural.

4. Ação e poder político

Rodrigo R. Monteiro de Castro

O fracionamento do capital em ações se presta a outro fim: a determinação do poder político de cada sócio – e, consequentemente, do poder de controle da companhia.

De acordo com o art. 116, entende-se por acionista controlador a pessoa, natural ou jurídica, ou o grupo de pessoas vinculadas por acordo ou sob controle comum, que for titular de direitos de sócio que assegurem, de modo permanente, a maioria dos votos nas deliberações.

Ao contrário do que se estabelece no sistema político, uma pessoa, no sistema societário, pode dispor de mais de um voto, desde que subscreva ou adquira mais de uma ação. Em princípio, ela terá tantos votos quantos forem as ações de sua titularidade e, se detiver 50% mais uma das ações com direito a voto, reunirá os elementos para que controle a companhia e, assim, oriente o exercício da empresa.

Essa lógica deve ser compatibilizada com o disposto no art. 15, § 2º, segundo o qual o número de ações preferenciais sem direito a voto, ou sujeitas a restrição no exercício desse direito, não pode ultrapassar 50% do total das ações emitidas. Ou seja: o acionista somente disporá de um voto por ação se todas as ações de sua titularidade, ordinárias ou preferenciais, tiverem direito a voto.

O voto, aliás, não integra a lista de direitos essenciais, constante do art. 109, ao contrário do direito econômico (de participação nos lucros sociais), que não pode ser suprimido pela assembleia ou pelo estatuto social.

Importa, de todo modo, fixar que a ação, representativa de fração do capital social, viabiliza a fragmentação da propriedade acionária e a sua circulação, e, sobretudo, a determinação do poder no âmbito da companhia.

5. Ação e direito econômico

RODRIGO R. MONTEIRO DE CASTRO

O art. 109 aponta, no primeiro inciso da lista de direitos essenciais, a participação nos lucros sociais. A importância topológica se coaduna com a finalidade lucrativa da companhia, qualquer que seja seu objeto, consagrada no art. 2º. Portanto, o motivo primordial da subscrição ou da aquisição de ação é o recebimento de parte do lucro, sob a forma de dividendo, gerado pela atividade empresarial que a companhia exercer. Nenhum acionista pode ser privado desse direito, assumido como essencial, independentemente da espécie ou da classe de sua ação.

Ademais, não se aplica à companhia o disposto no art. 1.007 do CC, que autoriza a estipulação de distribuição sem que se observe a participação percentual de cada sócio, reconhecida como distribuição desproporcional.[315]

Isso não significa que o cálculo do dividendo de toda ação seja o mesmo. A LSA cria mecanismos distintos de distribuição, para se acomodar aos distintos propósitos dos agentes envolvidos (dentre eles, especialmente, os acionistas controladores e os acionistas investidores). Admite-se, por exemplo, no parágrafo 1º do art. 17, que a ação preferencial tenha direito ao recebimento de dividendo pelo menos 10% maior do que o atribuído a cada ação ordinária.

6. Valor nominal

RODRIGO R. MONTEIRO DE CASTRO

Outro requisito, que deve necessariamente constar do estatuto, é a determinação sobre a existência, ou não, de valor nominal. As consequências da adoção de um ou de outro modelo não são irrelevantes.

Ao se estabelecer valor nominal, fica automaticamente vedada a emissão de ação por preço que lhe seja inferior (art. 13). A precificação de qualquer nova ação deverá, pois, observar o parâmetro mínimo. Neste caso, a contribuição que ultrapassar o valor nominal constituirá reserva de capital.

O § 1º do art. 11 cria uma situação híbrida, de convivência, em uma mesma companhia, de ações com e seu valor nominal. Funciona do seguinte modo: desde que, como regra, as ações ordinárias não tenham valor nominal, o estatuto poderá criar uma ou mais classes de ações preferenciais com valor nominal. Assim, enquanto o preço de emissão da ação ordinária se sujeita apenas ao disposto no art. 170, a fixação do preço de emissão da ação preferencial observará, além do conteúdo deste artigo, o disposto no art. 13, impondo um preço mínimo, correspondente ao valor nominal. Eventual excesso, em relação ao valor nominal da ação preferencial, será destinado à reserva de capital.

A LSA autoriza a emissão de uma ou mais classes de ações preferenciais, que poderão ter características singulares. Também não há obstáculo à criação de classes de ações preferencias com e sem valor nominal, desde que as ações ordinárias não tenham valor nominal.

No entanto, o valor nominal será o mesmo para todas as ações da companhia, inclusive às ordinárias, quando o caso. Não se admite, portanto, a criação de ações de mesmas ou distintas espécies ou classes com valores nominais diferentes.

7. Valor nominal e contribuição do sócio

RODRIGO R. MONTEIRO DE CASTRO

O valor nominal representa parcial ou totalmente o tamanho da contribuição do acionista

---

[315] V., a propósito: WARDE, Walfrido Jorge Jr.; MONTEIRO DE CASTRO, Rodrigo R. *Regime especial da sociedade anônima simplificada*. São Paulo: Saraiva, 2013.

para formação do capital. Quando a ação é emitida exatamente pelo valor nominal, a cifra transferida coincidirá com o próprio valor nominal, multiplicado pelo número de ações subscritas e integralizadas pelo acionista.

Porém, se a emissão contemplar preço superior ao valor nominal, a diferença, que será destinada à reserva, não estará expressa no valor da ação e, consequentemente, do capital.

8. Aumento de capital

RODRIGO R. MONTEIRO DE CASTRO

O Capítulo XIV da LSA trata da modificação do capital social, dedicando-se a Seção I ao aumento.

Se o estatuto contiver previsão de valor nominal, todo e qualquer aumento se produzirá, necessariamente, com a fixação de preço de emissão igual ou superior a ele.

O art. 169, inserido nessa seção, refere-se, porém, a uma situação específica: a capitalização de lucros ou reservas. Trata-se de uma maneira de aumentar o capital sem o ingresso de novos recursos, transferidos por subscritores. Os recursos, nesses casos, já estão à disposição da companhia e foram obtidos pela retenção de lucros ou formação de reservas, que compõem contas do passivo (art. 178).

Apesar de o capital social também compor conta do passivo, a sua redução se opera de modo extraordinário, a fim de que se resguarde a sua "higidez" (art. 173). Por isso, a capitalização de lucros ou reservas tem como efeito a mutação contábil de contas passivas, que se sujeitam a maior flexibilidade de dedução para distribuição aos acionistas, e são "convertidas" em conta mais rígida, de capital.

Na companhia em que a assembleia deliberar o aumento mediante capitalização de lucros ou reservas, o valor nominal haverá de ser aumentado ou novas ações serão emitidas e distribuídas, em correspondência ao aumento, na proporção de suas ações.

Solução distinta se admite à companhia cujas ações não tiverem valor nominal, que poderão, na forma do § 1º do art. 169, emitir, ou não, novas ações. A emissão, se o caso, deverá respeitar a proporção do número de ações detidas pelos acionistas.

9. Valor nominal de ação de companhia aberta

RODRIGO R. MONTEIRO DE CASTRO

O § 3º do art. 11 estabelece que o valor nominal das ações de companhia aberta não poderá ser inferior ao mínimo fixado pela CVM.

A ICVM 56/86 estabelecia, no art. 1º, que "as ações de companhias abertas não poderão ter valor nominal inferior a Cz$ 1,00 (um cruzado)". Ela foi, posteriormente, alterada pela ICVM 62/87 e pela ICVM 79/88. Nenhuma destas alterou a referência, que se tornou ineficaz.

Inexiste, por ora, pois, o "piso" regulatório, indicado no § 3º. Ele, se e quando existir, servirá – ou serviria, pois, em um ambiente de moeda estabilizada, operada com o advento do *real*, não se justificando a intervenção fixadora da autarquia – como referência de valor nominal mínimo a ser adotado por toda e qualquer companhia, e para toda e qualquer espécie e classe de ação.

Mesmo que se venha a fixar esse mínimo, o preço de emissão não poderá ignorar o disposto no art. 170, que serve como balizador inafastável ao órgão competente para fixação do preço.

> **Alteração**
>
> **Art. 12.** O número e o valor nominal das ações somente poderão ser alterados nos casos de modificação do valor do capital social ou da sua expressão monetária, de desdobramento ou grupamento de ações, ou de cancelamento de ações autorizado nesta Lei.

📖 COMENTÁRIOS

1. Alteração da quantidade e valor nominal das ações

FÁBIO ULHOA COELHO

O art. 12 deve ser interpretado como limitador das hipóteses de alteração do *número de ações* de uma certa companhia, para mais ou para menos. A referência ao "valor nominal", além de ser fonte de incertezas quanto à aplicação do dispositivo às ações *sem* esse valor,[316] é tautológico e plenamente dispensável, posto que variará matematicamente (e não por força da lei) sempre que houver alteração no

---
[316] Cfr. LUCENA, José Waldecy. *Das sociedades anônimas*. Rio de Janeiro: Renovar, 2009. v. 1. p. 232-233.

dividendo (capital social) ou no divisor (quantidade de ações) de que resulta (ou mesmo se alterados esses dois elementos do algoritmo, mas sem guardar proporcionalidade). Outra cautela preliminar na interpretação do art. 12 consiste em ignorar a referência à modificação da "expressão monetária" do capital social, por ter sido esta proibida em 1996, nas medidas de aprofundamento da desindexação da economia.

Cuida-se, então, de delimitar as hipóteses em que a LSA autoriza a mudança na quantidade de ações de emissão de uma dada sociedade anônima, tanto para aumentá-la como para a diminuir. Essas hipóteses são quatro: modificação no capital social, desdobramento, grupamento e cancelamento das ações.

Modificação do capital social. O capital social pode ser modificado em função de aumento ou redução.

No caso de aumento do capital social, ele pode vir acompanhado de majoração do patrimônio social (em razão do ingresso de novos recursos) ou representar apenas a mudança da classificação contábil de elementos do patrimônio líquido da sociedade (capitalização de lucros ou reservas). Quando há aumento simultâneo do capital social e do patrimônio social, é incontornável: haverá emissão de novas ações, aumentando-se matematicamente a quantidade delas. Quando o aumento do capital social não é acompanhado por aumento patrimonial, a companhia escolhe entre emitir novas ações (são as chamadas *bonificações*) ou manter inalterada a quantidade delas (caso em que, tendo as ações valor nominal, este matematicamente se eleva).

Já no caso de modificação do capital social por redução, devem-se distinguir as hipóteses em que ela é facultativa ou compulsória.

A redução facultativa pode ser fundada na absorção de prejuízos ou no excesso de capital. Se o fundamento for a absorção de prejuízos, não haverá concomitante redução do patrimônio líquido da companhia, mas simples reclassificação de recursos entre as rubricas do balanço patrimonial. Por outro lado, se o fundamento da redução facultativa for o reconhecimento do excesso do capital social, nesta situação haverá simultânea redução do patrimônio da sociedade com pagamento aos acionistas. Nesses casos, de redução facultativa do capital social, independentemente do fundamento, a companhia pode optar entre manter a mesma quantidade de ações (se tiverem valor nominal, ele será abaixado), ou diminuir proporcionalmente o número delas. Não haverá nenhuma consequência jurídica, seja para ela ou para os seus acionistas, de modo que a escolha deverá ser norteada por critérios afetos à administração da empresa. Se a manutenção do mesmo número de ações demandar cálculos com resultados expressos em várias casas decimais (de dividendos, valor patrimonial, valor nominal etc.), pode ser recomendável rever a quantidade da base acionária.

A redução compulsória, por sua vez, é decorrência do cancelamento de ações, de que se tratará mais a diante.

Desdobramento. A assembleia geral extraordinária pode, mediante alteração do estatuto, deliberar pelo desdobramento das ações, de modo que cada uma delas se divida em 3, 4, 6 etc. ações.[317] A finalidade do desdobramento é contribuir para a maior liquidez do ativo, permitindo, de um lado, aos acionistas negociarem "porções menores" de sua participação societária, e, de outro, despertar o interesse em investidores de menor capacidade financeira. Se ocorreu, por exemplo, uma valorização expressiva das ações em bolsa, sua negociação pode ser facilitada se procedido ao desdobramento das ações (fracionamento da fração do capital social). O desdobramento, como se vê, aumenta o número de ações (e, se tiverem valor nominal, ele se reduz); mas, essa mudança quantitativa não acarreta nenhuma geração de valor; e, por não afetar os direitos dos acionistas, não suscita qualquer questão de ordem societária.

Grupamento. Também tem competência a assembleia geral extraordinária para, alterando o estatuto, deliberar pelo grupamento das ações. Aqui, o procedimento consiste em reduzir o número delas por meio da reunião, por exemplo, de cada 3, 5, 6 etc. ações numa única. A finalidade da medida pode ser a redução da volatilidade de ações cotadas a valores muito pequenos para, com isso, tentar aumentar a liquidez do ativo,

---

[317] O desmembramento de ações é diferente da emissão de certificados de múltiplos de ações, prevista no art. 25 da LSA. Em sendo gerados esses certificados, não há alteração nenhuma na base acionária, enquanto o desmembramento dá causa ao aumento da quantidade de ações em que se divide o capital social. Cf. MARTINS, Fran. *Comentários à Lei das S.A.* 3. ed. Rio de Janeiro: Forense, 1989. v. 1. p. 94.

ou a de procurar melhorar a impressão subjetiva acerca do valor da companhia.

Ao contrário do desdobramento, o grupamento pode afetar direitos societários. Exceto nos casos em que o acionista titule um número de ações que seja múltiplo do fator de grupamento, ele passará a ter frações de ação em seu patrimônio. Se, por exemplo, o acionista for titular de 123 ações, e o grupamento ocorrer à razão de 6/1, ele passará a titular, depois do grupamento, 20 ações mais 1/2 ação. Outra situação potencialmente problemática se verifica se o acionista titula ações em quantidade inferior ao fator de grupamento, como seria, no mesmo exemplo, o caso do detentor de 5 ações, que passaria a titular 0,83... ação. Nesses casos de fracionamento, para ser válido o grupamento a deliberação assemblear deve prever um modo de tratar as participações acionárias fracionadas sem perda para os acionistas e também impedir a exclusão de quem deseja permanecer sócio. Um desses modos é obrigar o acionista controlador a adquirir as frações de ação ou a alienar uma fração complementar, conforme a escolha do minoritário[318].

Cancelamento. As ações são canceladas em quatro hipóteses: (i) compra de ações pela própria companhia feita com esse propósito e não a de manter em tesouraria, observado o limite do saldo de lucros e reservas, exceto a legal (art. 30, § 1º, *b*); (ii) resgate de ações (art. 44, § 1º); (iii) não substituição do acionista dissidente, quando o reembolso tiver sido pago à conta do capital social (art. 45, § 6º); e (iv) inexistência de comprador, após 1 ano, para ações em comisso, em decorrência da inexistência de lucros ou reservas suficientes para declarar sua caducidade (art. 107, § 4º). Nos dois primeiros casos, o cancelamento decorre de deliberação voluntária da companhia, enquanto nos dois últimos, ela é compulsória. Em qualquer hipótese, altera-se para baixo a quantidade de ações emitidas.

2. Modificação do capital social

Rodrigo R. Monteiro de Castro

A modificação do capital social se opera, de modo ordinário, por deliberação da assembleia geral, ou, de forma extraordinária, do conselho de administração. Esta hipótese se viabiliza se o estatuto da companhia contiver previsão de autorização para aumento nos casos de emissão dentro do limite autorizado (arts. 166 e 168).

Não se pode proceder ao aumento antes de realizados ¾, no mínimo, do capital social (art. 170). A redução, por outro lado, é admitida apenas nas situações de perda, até o montante dos prejuízos acumulados, ou se o capital for excessivo.

A redução do capital com restituição aos acionistas se tornará efetiva apenas 60 dias após a publicação da ata da assembleia que a tiver deliberado. Durante esse período, credores anteriores poderão se opor à deliberação. O prazo serve, portanto, para proteção de credores que se sentirem prejudicados pelo ato reducionista.

A oposição deveria se estender a qualquer pessoa que pudesse, de modo justificado, ser prejudicada pela transferência de patrimônio da companhia ao acionista, decorrente da redução de capital. O prejuízo se demonstraria pelo abalo da capacidade da companhia de honrar suas obrigações atuais ou futuras, por força da descapitalização. A LSA, no entanto, preocupou-se apenas com credores que já tenham seus créditos constituídos, aos quais conferiu, e somente a eles, um poderoso instrumento para proteção de seus interesses.

Findo o prazo, a ata poderá ser levada a arquivamento no registro público de empresas mercantis, desde que inexista oposição de credores; se houver oposição, o registro ficará condicionado à comprovação, pela companhia, do pagamento do crédito ou do depósito judicial da respetiva importância.

A publicação e, consequentemente, o decurso do prazo sexagenário não se aplicam à redução de capital para absorção de prejuízos. A ata da assembleia que a deliberar poderá, assim, ser arquivada imediatamente, sem observância desses requisitos.

A distinção de tratamento entre as duas modalidades de redução foi acertada, pois, ao absorver prejuízo contra capital, não ocorre transferência de patrimônio da companhia aos acionistas, operando-se, apenas, mutações

---

[318] Para Nelson Eizirik, "considera-se legítima a realização do grupamento, ainda que implique na exclusão de acionista, desde que lhes seja concedido prazo para que possam tomar as providências necessárias para continuar no quadro acionário, caso essa seja a sua intenção, devendo o acionista controlador, por sua vez, vender-lhes a quantidade de ações necessárias para que possam continuar compondo a base acionária" (*A Lei das S/A comentada*. 2. ed. São Paulo: Quartier Latin, 2015. v. 1. p. 152).

contábeis: a conta capital é reduzida pelo número que se diminui da conta de prejuízo.

3. Modificação do número e do valor nominal

Rodrigo R. Monteiro de Castro

O número das ações em que o capital se divide deve ser fixado no estatuto social (art. 11). Sua modificação demanda reforma estatutária.

A companhia pode ter, ou não, valor nominal. A indicação de valor nominal no estatuto costuma ser acompanhada do apontamento do respectivo número. Assim, a alteração do número – por exemplo, valor nominal de R$ 1,00 para R$ 2,00 – será contemplada na reformação.

A regra também se aplica à hipotética companhia que preveja, em seu estatuto, que a ação terá valor nominal, mas não o indicar expressamente. O número, no caso, será obtido mediante a divisão do capital social, no ato constitutivo, pela quantidade de ações em que ele se dividia. Eventual modificação também deverá ser promovida mediante reforma estatutária.

Se os acionistas deliberarem aumentar o capital com a capitalização de lucros ou de reservas, conforme previsto no art. 169, a ação com valor nominal será alterada ou se procederá à distribuição de novas ações, correspondentes ao aumento, na proporção do número de ações que os acionistas possuírem.

4. Desdobramento

Rodrigo R. Monteiro de Castro

O art. 12 autoriza a modificação do número ou do valor nominal da ação em decorrência de desdobramento.

A finalidade do desdobramento – que é a inversa do grupamento, como se verá a seguir – consiste, como o nome já indica, no desdobro ou na divisão da ação (*split*) para, sobretudo, oferecer-lhe maior liquidez.

Costuma-se produzir em companhias abertas cujas ações são cotadas a valores expressivos, tornando-se, assim, caras e inacessíveis a maior número de investidores.

O desdobramento tende, pois, a solucionar o problema de baixa liquidez causado por aquele motivo, isto é, pela precificação elevada. Não resolve, porém, a ausência de demanda decorrente da situação empresarial ou econômica da companhia, ou de sua incapacidade de convencer o investidor a transferir-lhe recursos – talvez pela falta de transparência ou de programa sólido de governação.

Ao se dividir o número de ações, o titular de uma ação recebe, em contrapartida, determinado número de novas ações, por exemplo, 10 ações, sem modificação do valor do capital social, de modo que, patrimonialmente, não se operará qualquer ganho ou prejuízo. Ou seja, antes, detinha uma ação que valia, por exemplo, 10, e, ao cabo, deterá 10 ações que valerão, unitariamente, 1 e, em conjunto, 10.

Mesmo que o resultado seja, do ponto de vista patrimonial, neutro, o valor nominal será alterado e exigirá reforma estatutária. A implementação da alteração demanda deliberação assemblear, por força do art. 122.

5. Grupamento

Rodrigo R. Monteiro de Castro

O grupamento de ações reflete movimento e propósito inversos ao do desdobramento. Opera-se, em regra, para evitar a volatilidade da cotação de valor mobiliário de companhia aberta. Quando se atinge valor de cotação considerado irrisório, determina-se a prática de ato protetivo a fim de evitar níveis extremos de especulação.

A B3 prevê, aliás, regras para o tratamento dessa situação – que envolve a *penny stock*, que são justamente aquelas que atingem valores de cotação muito baixos. O item 5.2. do Regulamento para Listagem de Emissores e Admissão à Negociação de Valores Mobiliários estabelece, na letra (f), que o emissor, seus acionistas controladores e administradores deverão observar, dentre outras, as seguintes obrigações: "manter a cotação dos valores mobiliários de sua emissão admitidos à negociação nos Mercados Organizados administrados pela B3 dentro dos valores mínimos por ela estabelecidos, nos termos do Manual do Emissor, comprometendo-se a realizar os atos necessários ao enquadramento em referidos valores mínimos dentro dos prazos por ela indicados".[319] Um desses atos pode ser o grupamento.

Não se trata, porém, de um instituto privativo da companhia aberta. Também serve à fechada,

---

[319] Extraído do Regulamento para Listagem de Emissores e Admissão à Negociação de Valores Mobiliários. Disponível em: http://www.b3.com.br/data/files/78/37/2D/70/DEAD261031540D26790D8AA8/Regulamento-para-Listagem--de-Emissores-e-Admiss%C3%A3o-a-Negociacao-de-Valores-Mobiliarios-02.05.2018.pdf. Acesso em: 23.12.2019.

para que possa grupar ações e, com isso, diminuir o número de ações em que o capital se divide.

Apesar de o grupamento não se prestar à exclusão de acionistas, é comum que um ou mais detentores de ações não detenham número que permita, após o grupamento, reunir uma unidade. Imagine-se, assim, companhia cujo capital é dividido em um bilhão de ações. Por motivos legítimos, justificados em assembleia geral, delibera-se grupar cada lote de 1000 ações em uma, de modo que, ao cabo, o capital passará a ser constituído por um milhão de ações. Imagine-se que o capital fosse relativamente concentrado, mas que 20 acionistas detivessem, cada um, quantidade inferior a mil ações. Como não conseguiriam, individualmente, formar uma unidade, fruto do grupamento, deixariam de ostentar a condição de acionista.

Portanto, o acionista que não reunir ações que lhe assegurem uma nova unidade receberá o valor correspondente à sua participação, antes da operação. Permanecerão, no quadro acionário, apenas aqueles que atingirem o número grupado.

A companhia não poderá se apropriar do patrimônio alheio, ou seja, do valor das ações que pertenciam aos antigos acionistas. Assim, o valor correspondente, apurado antes do grupamento, deverá ser depositado em conta de titularidade de cada acionista. Caso a companhia não disponha das informações necessárias para transferência dos recursos ao acionista, deverá efetuar o depósito em conta especial, que permanecerá à disposição do respectivo proprietário.

No que concerne à companhia aberta, a ICVM 323/2000, revogada pela Resolução CVM 2, de 6 de agosto de 2020, considerava, em seu art. 1º, XI, modalidade de exercício abusivo do poder de controle "a promoção de grupamento de ações que resulte em eliminação de acionistas, sem que lhes seja assegurada, pelo acionista controlador, a faculdade de permanecerem integrando o quadro acionário com, pelo menos, uma unidade nova de capital, caso esses acionistas tenham manifestado tal intenção no prazo estabelecido na assembleia geral que deliberou o grupamento".

A justificativa para revogação foi a seguinte: "a norma enumera hipóteses de abuso de poder de controle em caráter exemplificativo. A revogação da norma não faria com que as hipóteses enumeradas necessariamente deixassem de representar abuso de poder de controle. Por outro lado, muitas das hipóteses previstas já foram consideradas legítimas pelo Colegiado da CVM. Neste sentido, a norma não contribuiu para maior segurança jurídica sobre o tema, como seria desejável".

O conjunto normativo não se aplicava à companhia fechada. De todo modo, a legitimidade de grupamento deliberada pela assembleia geral de companhia com essa característica deverá ser avaliada de modo casuístico.

Por fim, por se tratar de negócio que implica a alteração do estatuto, dependerá de deliberação da assembleia geral (art. 122, I).

6. Cancelamento de ações
RODRIGO R. MONTEIRO DE CASTRO

A última hipótese prevista no art. 12, autorizadora da modificação do número e do valor nominal das ações, é o cancelamento.

O cancelamento geralmente se opera mediante resgate, na forma do art. 44. O resgate consiste no pagamento do valor das ações, para retirá-las definitivamente de circulação, e cancelá-las, com redução ou não do capital social.

Se o capital for mantido, a assembleia deverá atribuir novo valor nominal às ações remanescentes (art. 44). Em qualquer hipótese, se promoverá a alteração do número de ações, com a dedução das que forem canceladas. Por isso, não se escapará da realização de assembleia geral, por força do art. 122, I.

7. Bonificações
FÁBIO ULHOA COELHO

No aumento do capital social por capitalização de lucros ou reservas, não há ingresso de novos recursos no patrimônio da sociedade. Altera-se a apropriação contábil dos recursos capitalizados, que deixam de ser lançados na rubrica em que se encontravam (lucros ou reservas) para aumentarem o montante da conta de capital. Nesse caso, abrem-se à sociedade anônima duas possibilidades igualmente válidas, que são as de manter o número de ações (tendo valor nominal, esse se eleva) ou emitir novas para representar o aumento do capital social. A essas novas ações dá-se o nome de "bonificação".[320]

---

[320] Na Lei de 1940, a bonificação era obrigatória, como se nota do art. 113: "O aumento de capital pela incorporação de reservas facultativas ou de fundos disponíveis da sociedade, ou pela valorização ou por outra avaliação do

Em geral, a medida corresponderá à atribuição aos acionistas de ações de espécie e classe *iguais* às que ele possui. Se o capital social é duplicado, em razão de capitalização de lucros ou reservas, e a companhia decide dar bonificações aos acionistas, aquele que titular, por exemplo, 1.000 ações preferenciais da classe B, receberá mais 1.000 ações preferenciais da classe B.

Seria, porém, admissível a bonificação mediante a entrega de ações de espécie ou classe diversa das titularidas pelo acionista, no todo ou em parte? A maioria da doutrina é pela admissibilidade;[321] a que rejeita a possibilidade parece ver nas bonificações um *fruto* das ações (no sentido do art. 95 do CC), enquanto a que a aceita as entende como um "novo" direito societário, em que a titularidade guarda *relação matemática* com o percentual da participação no capital social, mas cuja extensão é definida pela deliberação da assembleia geral.[322]

No meu modo de entender a questão, a admissibilidade da bonificação em ações de espécie ou classe diversa não se justifica pela pesquisa de sua natureza afastando a classificação como fruto e destacando-o como um direito societário, apesar da correção desse entendimento. A licitude da bonificação em ações de espécie ou classe diversa será lícita, à medida que não cause prejuízo exclusivamente aos minoritários, ou parte deles, segundo uma apreciação casuística.

Se a companhia emitiu apenas ações ordinárias e atribui bonificação em ações preferenciais a todos os acionistas, não há nenhum prejuízo exclusivo para a minoria: caso as preferenciais eventualmente não alcancem o mesmo valor de mercado que as ordinárias, esse efeito alcançará indistintamente controlador e minoritários. Se a companhia vai bonificar somente com ações ordinárias, inclusive os titulares de ações preferenciais, isso pode naturalmente mudar as participações no capital votante dela: se ela fizer subir o percentual das ações detidas pelo controlador, mas isso não alterar a qualidade do controle, não há prejuízo para ninguém. Mesmo se houver mudança qualitativa no poder de controle, e ele deixar de ser minoritário para se tornar majoritário, por exemplo, será necessário avaliar se, no caso, houve algum prejuízo verdadeiro à minoria.

As bonificações serão sempre proporcionais ao número de ações (art. 169), ou seja, à participação de cada acionista no capital social à época do aumento do capital. Esse é um requisito de validade a ser observado em toda e qualquer hipótese de bonificação, sejam as ações bonificadas de espécie e classe igual ou diferentes às originárias. A inobservância dessa proporcionalidade levaria à frustração do objetivo que a lei procura atingir ao definir o direito de preferência na subscrição de aumento de capital social como essencial (art. 109, IV), que é a de assegurar a todos os acionistas a oportunidade de manter a participação proporcional na sociedade.

8. Conversão de ações

Fábio Ulhoa Coelho

A conversão de ações consiste na alteração de sua espécie (preferencial em ordinária ou vice-versa), forma (nominativa em escritural ou vice-versa) ou classe. Quando a conversão é feita à razão de *um por um* (conversão proporcional), não há nenhuma mudança na base acionária; mas, uma vez adotada qualquer outra razão (conversão desproporcional), isso importará necessariamente o aumento ou redução da quantidade de ações.

O art. 12 da LSA, que aparentemente estabelece uma lista exaustiva de hipóteses em que é lícito alterar o número de ações, não menciona expressamente a conversão desproporcional. Ela estaria proibida? A lei admitiria exclusivamente as conversões proporcionais?

Deve-se interpretar a disposição legal no sentido da plena admissibilidade da conversão

---

seu ativo móvel ou imóvel, *determinará* a distribuição das ações novas, correspondentes ao aumento, entre os acionistas, em proporção do número de ações que possuírem" (grifo acrescido).

[321] Pela admissibilidade da diferença na bonificação posicionam-se de modo explícito: MARCONDES, Sylvio. *Problemas de direito mercantil*. São Paulo: Max Limonad, 1970. p. 227-228, 2. tir.); EIZIRIK, Nelson. *A Lei das S/A comentada*. 2. ed. São Paulo: Quartier Latin, 2015. v. 3. p. 169); PEDREIRA, José Luiz Bulhões. *Direito das companhias*. 2. ed. Rio de Janeiro: Forense, 2017. p. 1056-1057); TEIXEIRA, Egberto Lacerda e GUERREIRO, José Alexandre Tavares. *Das sociedades anônimas no direito brasileiro*. São Paulo: Bushatsky, 1979. v. 1. p. 149-150); e CANTIDIANO, Luiz Leonardo. *Estudos de direito societário*. Rio de Janeiro: Renovar, 1999. p. 1-22); Miranda Valverde admite-a implicitamente, ao considerar imprescindível a substituição dos certificados "se as ações novas forem de categoria diversa das antigas" (*Sociedade por ações*. 3. ed. Rio de Janeiro: Forense, 1959. v. II. p. 264). Contrários à bonificação com ações diferentes das titularidas pelos acionistas bonificados são: CARVALHOSA, Modesto. *Comentários à lei de sociedades anônimas*. 5. ed. São Paulo: Saraiva, 2011. v. 3. p. 607-608); e PEIXOTO, Cunha. *Sociedades por ações*. São Paulo: Saraiva, 1973. v. 3. p. 246-247).

[322] Cf. CANTIDIANO, Luiz Leonardo. *Estudos de direito societário*. Rio de Janeiro: Renovar, 1999. p. 8-9.

desproporcional, como uma das hipóteses de *cancelamento* de ações. Uma vez convertida em outra espécie, forma ou classe, deve-se considerar que a ação foi cancelada, substituindo-se por nova ação, na espécie, forma ou classe resultante da conversão.

SEÇÃO II
PREÇO DE EMISSÃO

Ações com Valor Nominal

Art. 13. É vedada a emissão de ações por preço inferior ao seu valor nominal.

§ 1º A infração do disposto neste artigo importará nulidade do ato ou operação e responsabilidade dos infratores, sem prejuízo da ação penal que no caso couber.

§ 2º A contribuição do subscritor que ultrapassar o valor nominal constituirá reserva de capital (artigo 182, § 1º).

COMENTÁRIOS

1. Regime
RODRIGO R. MONTEIRO DE CASTRO

As ações de emissão da companhia podem ter valor nominal ou não. A fixação, quando o caso, se fará no estatuto social. A existência de valor nominal implica algumas consequências, como as indicadas no art. 13.

O valor nominal passa a servir como referência, de natureza protetiva: protege terceiros, credores ou não, que mantenham qualquer tipo de relação com a companhia, pois a fixação do preço de emissão de novas ações, em aumentos subsequentes, não poderá ser inferior à cifra indicada no estatuto social.

Portanto, nenhuma emissão de ação poderá se realizar, a qualquer tempo, inclusive por ocasião da constituição, por preço inferior ao valor nominal. Nada impede, porém, que se realize por preço superior. Aliás, trata-se de referencial mínimo, e não de indicação de preço futuro. Serve, pois, como "piso" de precificação.

Eventual mudança do valor nominal somente poderá ocorrer na forma do art. 12.

2. Preço de emissão
RODRIGO R. MONTEIRO DE CASTRO

O preço de emissão da ação não pode ser inferior ao valor nominal, mas pode ser igual ou superior. A igualdade, exceto na constituição, não decorrerá, no entanto, de ato volitivo, mas, quando o caso, de coincidência em relação ao critério adotado para sua definição, na forma do art. 170.

Assim, para fixação do preço de emissões subsequentes, deverá ser considerada, alternativa ou conjuntamente, (i) a perspectiva de rentabilidade da companhia, (ii) o valor do patrimônio líquido da ação ou (iii) a cotação de suas ações em bolsa de valores ou no mercado de balcão organizado, admitido ágio ou deságio em função das condições do mercado.

Esses critérios funcionam como balizadores da autonomia do órgão competente para fixar o preço, e se aplicam tanto para as emissões de companhias que fixam valor nominal no estatuto, como para as emissões de sociedades que não o ostentam.

Daí a afirmação de que, quando preço e valor forem idênticos, decorrerá de coincidência, pois valor nominal e preço de emissão são conceitos inconfundíveis.

Se o critério utilizado para fixação do preço de emissão resultar em número inferior ao nominal, o preço deverá ser majorado para atingir, no mínimo, a referência estatutária. A justificativa da majoração está no *caput* do art. 13.

Isso significa que, nas hipóteses em que a fixação do preço de emissão em montante igual ao valor nominal não se justifique, por circunstâncias de mercado ou pelas características da companhia, em determinado momento, os acionistas deverão, antes de se proceder à deliberação do aumento de capital, suprimir o valor nominal ou modificá-lo para quantia menor, o que implica, em qualquer dos casos, reforma estatutária.

Nada impede, porém, que o preço seja superior ao nominal. Aliás, a Exposição de Motivos da Lei das S.A., publicada sob o n. 196, de 24 de junho de 1976, pelo Ministério da Fazenda ("EM 196"), antecipava que, ao contrário do que ocorria na prática anterior à vigência da LSA, a emissão por preço superior ao valor nominal deveria passar a ser a regra, e não a exceção, para maior proteção aos acionistas minoritários.

A diferença, a maior, é tratada como ágio, que consiste, então, no montante do preço de emissão que exceder o valor nominal.

3. Preço de emissão e Valor nominal
FÁBIO ULHOA COELHO

As ações de uma companhia têm valor diferente conforme o objetivo da avaliação. Se as partes querem negociar as ações, chegarão ao contrato de compra e venda ao acordarem no preço (valor de negociação). Se o acionista exercer o direito de retirada, terá o reembolso calculado, em princípio, pelo valor patrimonial, e assim por diante.

O preço de emissão é o valor atribuído à ação pela própria companhia emissora, no momento em que a emite. Corresponde ao valor que lhe será pago pelo subscritor da ação, normalmente no ato da subscrição ou mesmo quando da posterior integralização.

Em duas oportunidades a companhia define o preço de emissão das ações: na fundação e no aumento do capital social com ingresso de novos recursos. No primeiro caso, o único critério a seguir é o previsto no art. 13. Na segunda, além desse, devem ser observados também os critérios do art. 170, § 1º.

Pelo critério do art. 13, o preço de emissão da ação pode ser igual ou maior que o valor nominal, mas não pode ser inferior. Trata-se de uma questão de ordem matemática. Sendo o valor nominal a divisão do capital social pelo número de ações, a atribuição de um preço de emissão menor que esse índice importaria necessariamente em um montante total de recursos inferior ao capital social. As "severíssimas" sanções do § 1º são, por isso, de aplicação extremamente rara. Premido pela razão matemática intransponível, dificilmente se conseguiria colocar no mercado uma ação a preço de emissão inferior ao valor mínimo, porque as contas simplesmente não fechariam.

4. Competência para Fixação do Preço

RODRIGO R. MONTEIRO DE CASTRO

Apesar de o art. 13 silenciar a respeito do órgão competente para fixar o preço de emissão, a competência é, como regra geral, da assembleia. Se as ações tiverem como destino a distribuição no mercado, poder-se-á delegar a fixação ao conselho de administração (art. 170, § 2º).

Além dessa hipótese, o conselho de administração também será competente se houver previsão expressa no estatuto, nos casos de emissão dentro do limite do capital autorizado (art. 166, II).

As soluções não diferem, pois, daquelas expressamente previstas no art. 14, aplicáveis às ações sem valor nominal.

No caso de companhia aberta, o valor nominal não poderá ser inferior ao mínimo fixado pela CVM[323] (art. 11, § 3º).

5. Ágio na subscrição

FÁBIO ULHOA COELHO

Se emitida ação a preço superior ao valor nominal, também por um imperativo de ordem matemática, o montante total de recursos ultrapassará o valor do capital social. A diferença chama-se "ágio" e não pode ser lançada na rubrica do capital social, porque importaria em incongruência entre o balanço e o estatuto.

O total do ágio será apropriado numa outra conta do patrimônio líquido da companhia: *reserva de capital*. Esses recursos só podem ter determinadas destinações, que são as previstas no art. 200: (i) absorção de prejuízos que ultrapassem os lucros acumulados e as reservas de lucros; (ii) resgate, reembolso ou compra de ações; (iii) resgate de partes beneficiárias; (iv) incorporação ao capital social; ou (v) pagamento de dividendo a ações preferenciais, quando essa vantagem lhes for assegurada pelo estatuto.

Se a companhia necessita dos recursos da reserva de capital para suas despesas correntes ou para fazer novo investimento, será indispensável a capitalização deles, isto é, o aumento do capital social mediante aproveitamento, total ou parcial, da reserva de capital.

Nas companhias em que as ações não têm valor nominal, e o preço de emissão for maior que a divisão do capital social pelo número de ações (o chamado, pelo mercado, de "*valor-quociente*"), também a parcela que superar esse resultado será destinada à reserva de capital (art. 14, parágrafo único).

6. Destinação necessária do Ágio

RODRIGO R. MONTEIRO DE CASTRO

O § 2º do art. 13 estabelece que a contribuição do subscritor que ultrapassar o valor nominal – portanto, o ágio – constituirá reserva de capital.

---

[323] A ICVM 56/1986, alterada pela ICVM 62/1987 e pela ICVM 79/1988, estabelecia, no art. 1º, que "as ações de companhias abertas não poderão ter valor nominal inferior a Cz$ 1,00 (um cruzado)". Ela estava desatualizada e foi revogada pela Resolução CVM 2, de 6 de agosto de 2020. A justificativa da revogação foi a seguinte: "A regra trata de valor nominal mínimo de ações, tema que perdeu relevância desde a época da edição da norma. Regras da B3 já tratam de *penny stocks*, que parecem atingir objetivo similar ao visado pela regra. Destaque-se, ainda, que a norma faz menção a unidades monetárias que não estão mais em uso e que há décadas não se tem registro de sua aplicação".

A destinação não pode ser modificada pela assembleia geral ou pelo conselho de administração, quando lhe competir a fixação do preço de emissão.

Essa destinação deverá ser observada em qualquer emissão, mesmo na que decorrer da constituição da companhia, por subscrição pública ou privada.

Apesar de o art. 84, III, que versa sobre o conteúdo do prospecto, em emissão pública, indicar, expressamente, que nele constará, com precisão e clareza, o preço de emissão das ações, a solução, no caso de subscrição particular, advém do art. 182, § 1º, "a", segundo o qual a contribuição do subscritor de ações que ultrapassar o valor nominal será classificada como reserva de capital.

7. Destinação da reserva de capital
Rodrigo R. Monteiro de Castro

A reserva de capital deve ter alguma das destinações previstas no art. 200 (ou outras expressamente previstas na LSA), que são: (i) absorção de prejuízos que ultrapassarem os lucros acumulados e as reservas de lucros (artigo 189, parágrafo único); (ii) resgate, reembolso ou compra de ações; (iii) resgate de partes beneficiárias; (iv) incorporação ao capital social; e (v) pagamento de dividendo a ações preferenciais, quando essa vantagem lhes for assegurada.

Os acionistas não poderão, mesmo por unanimidade, dar-lhe outra finalidade.

É comum, aliás, que o ágio destinado à conta de reserva seja, logo na sequência, utilizado para absorção de prejuízos que ultrapassarem os lucros acumulados e as reservas de lucros (art. 200, I), de modo a permitir que a companhia possa, com a apuração de lucro, deliberar o pagamento de dividendos.

8. Infração
Rodrigo R. Monteiro de Castro

A emissão de ação por preço inferior ao valor nominal importa a nulidade do ato ou da operação realizada. Além disso, implica a responsabilidade dos infratores, sem prejuízo da ação penal que couber.

Se o preço for fixado pela assembleia, serão infratores os acionistas e eventuais administradores que implementaram a deliberação, como o encaminhamento a arquivamento no registro público de empresas mercantis.

Se a fixação decorrer de deliberação do conselho de administração, a infração terá sido praticada por seus integrantes e demais diretores que tiverem contribuído para sua efetivação.

Acionistas ou administradores que não participarem da deliberação ou que se manifestarem contra a ilicitude não serão responsabilizados pelo ato dos demais. Se houverem participado da assembleia ou da reunião, para resguardo de suas posições, deverão consignar a divergência em ata; caso não tenham tomado parte, formalizarão o inconformismo e a recusa imediatamente e por escrito ao órgão de administração ou à assembleia geral.

Por fim, por se tratar de ato nulo, não é passível de ratificação, mesmo que proveniente da assembleia geral, por deliberação totalitária, e jamais se convalida.

Ações sem Valor Nominal

Art. 14. O preço de emissão das ações sem valor nominal será fixado, na constituição da companhia, pelos fundadores, e no aumento de capital, pela assembleia geral ou pelo conselho de administração (artigos 166 e 170, § 2º).

Parágrafo único. O preço de emissão pode ser fixado com parte destinada à formação de reserva de capital; na emissão de ações preferenciais com prioridade no reembolso do capital, somente a parcela que ultrapassar o valor de reembolso poderá ter essa destinação.

COMENTÁRIOS

1. Preço de emissão e ações sem valor nominal
Fábio Ulhoa Coelho

O legislador parece ter sido propositadamente didático ao dispor do preço de emissão das ações, em companhias que optam por emiti-las sem valor nominal, em vista da novidade da figura nos idos de 1976. O art. 14 talvez fosse em parte dispensável, não houvesse a necessidade de se cercar de cautelas e explicações a inovação.

Claro que razões matemáticas levam inevitavelmente à destinação para a reserva de capital de eventual ágio, isto é, da diferença entre o preço de emissão de ações sem valor nominal e o valor-quociente delas (resultado da divisão do capital social pelo número de ações).

A única disposição realmente normativa do art. 14 se encontra na parte final do parágrafo único. Se se trata de ações preferenciais com prioridade no reembolso, esta prioridade só poderá ser atendida com os recursos da reserva de capital.

Note-se que o art. 14, parágrafo único, não impede a utilização de recursos da companhia contabilizados em outras rubricas do patrimônio líquido, incluindo o capital social, no pagamento do reembolso de ações preferenciais, quando não estiver em questão a prioridade. Isto é, quando não houver concorrência entre dissidentes pelo recebimento do reembolso, única hipótese em que se pode cogitar de prioridade, a restrição da parte final do parágrafo único do art. 14 não tem aplicação.

2. Regime jurídico

Rodrigo R. Monteiro de Castro

O art. 11 determina que o estatuto da companhia fixe o número de ações em que se divide o capital social e se as ações terão ou não valor nominal. Apesar da possibilidade de escolha, é comum a adoção do modelo mais flexível da ausência de valor nominal. Aliás, a EM 196 recomenda a sua admissão justamente pela flexibilidade em aumentos de capital e pela diminuição da importância injustificada atribuída à determinação de valor nominal.

A ausência de valor nominal afasta a amarra estabelecida pelo art. 13, tanto por ocasião da fixação do preço de emissão da ação na constituição da companhia, quanto em qualquer aumento de capital subsequente.

Na primeira situação, o preço será fixado pelos fundadores, que deverão observar os requisitos previstos no art. 80: (i) subscrição, pelo menos por duas pessoas, de todas as ações; (ii) realização, como entrada, de 10% no mínimo do preço de emissão das ações subscritas em dinheiro; e (iii) depósito em estabelecimento bancário, da parte do capital realizado em dinheiro. Se a companhia for constituída por subscrição pública (art. 82), o prospecto deverá mencionar, com precisão e clareza, o preço de emissão (art. 84, III).

Em qualquer hipótese de aumento de capital, posterior à constituição, o preço de emissão será fixado pela assembleia geral ou, nos casos de emissão dentro do limite autorizado no estatuto, pelo conselho de administração (art. 166).

O art. 14 trata exclusivamente da ação sem valor nominal. Em seu parágrafo único, autoriza-se a destinação de parte do preço de emissão à conta de capital e outra parte à formação de reserva de capital.

3. Utilidade

Rodrigo R. Monteiro de Castro

A inexistência de valor nominal confere à assembleia geral ou ao conselho de administração, conforme o caso, a possibilidade de, dentro de determinados parâmetros, fixar livremente o preço de emissão. Essa liberdade não se estende à companhia que eleja o regime da ação com valor nominal, pois, conforme disposto no art. 13, é vedada a emissão de ações por preço inferior ao seu valor nominal – o que exige, para emissões com preço inferior, a promoção de reforma estatutária antecedente, seja para reduzir o valor nominal, seja para suprimi-lo.

Na companhia cujo estatuto não fixar valor nominal, o preço de emissão de novas ações poderá, portanto, ser inferior ao preço fixado no ato de constituição ou em qualquer outra emissão subsequente, ou superior a todas as que já se realizaram, e nada impede, como princípio, que os preços oscilem, para cima ou para baixo, sem qualquer vinculação entre as emissões.[324] As oscilações costumam decorrer da demanda pelo valor mobiliário, quando companhia aberta, e das condições da própria companhia, a exemplo da variação do patrimônio líquido.

A utilidade da ausência de valor nominal se verifica tanto na companhia fechada como na aberta. Naquela, por exemplo, facilita o ingresso de novos acionistas, por meio de subscrições privadas, que aceitam a precificação majorada, por conta do risco inicial assumido pelos fundadores e pelo fato de ingressarem em momento de maior maturidade empresarial. Sob perspectiva inversa, também permite a atração de investidores dispostos a injetar recursos em companhia em crise, que emitirá ação a preço inferior ao subscrito pelos acionistas originários ou acionistas que subscreveram aumentos subsequentes de capital, conferindo-se a esse investidor a oportunidade de adquirir maior representatividade acionária na companhia investida, por força da redução do preço de emissão, em contrapartida à assunção do risco de seu capital.

Na companhia aberta, a inexistência de valor nominal aumenta o espectro de captação primária, mesmo se o comportamento da ação, no mercado,

---

[324] Devendo-se observar, em qualquer situação, o disposto no art. 170 da LSA.

for negativo, e ela estiver sendo negociada abaixo do preço de emissão no ato constituição; isto porque o preço da ação, em emissão subsequente, também poderá ser inferior a qualquer outro já fixado e não estará limitado por emissões anteriores. Opera-se, assim, uma espécie de libertação da amarra a que se sujeita a companhia cujas ações tenham valor nominal, que, mesmo em situação de crise, não pode emitir ação a preço praticado no mercado secundário, se inferior ao valor nominal, por conta da restrição do art. 13.

4. Parâmetros

Rodrigo R. Monteiro de Castro

A existência ou não de parâmetros para precificação de ação depende do negócio que se realiza.

Tratando-se de constituição de companhia, a fixação do preço de emissão é, em princípio, livre. Os fundadores não se sujeitam a qualquer restrição de natureza jurídica. Eventuais obstáculos têm outra origem: negocial ou econômica. Os fundadores podem, portanto, subscrever a totalidade das ações, pagando preço considerado baixo, ou ofertá-las, privada ou publicamente.

Não é incomum, no âmbito de subscrições restritas aos fundadores de companhia fechada, que o preço de emissão seja apenas suficiente para atender necessidades iniciais de caixa, de modo que, exauridas as entradas, aumentos subsequentes se realizem, mediante novas subscrições, pelos próprios acionistas ou por terceiros, que provavelmente pagarão preço superior ao fixado na constituição.

Também é comum que os próprios acionistas supram as demandas de caixa por meio de empréstimos para a companhia ou adiantamentos para futuros aumentos de capital.

Além dessas modalidades, não é raro que a companhia, ao invés de captar novos recursos com acionistas, se financie no mercado, endividando-se.

A estrutura de capital – composta de capital próprio ou capital próprio combinado com recursos de terceiros – decorrerá da possibilidade – ou da vontade – de contribuição de acionistas fundadores, da capacidade de atração de novos investidores e da disponibilidade de recursos externos para financiamento da empresa.

No âmbito da constituição da companhia por subscrição pública, os fundadores deverão observar as disposições dos arts. 82 a 87, bem como as normas da CVM. De todo modo, a precificação também poderá ser definida livremente pelos fundadores.

O regime de liberdade absoluta de fixação de preço de emissão não se aplica aos aumentos posteriores à constituição, mediante subscrição de ações. O art. 170 estabelece que, depois de realizados ¾, no mínimo, do capital social, a companhia pode aumentá-lo mediante subscrição pública ou privada. A fixação do preço não poderá resultar em diluição injustificada dos antigos acionistas, mesmo que tenham direito de preferência, e levará em conta, alternativa ou conjuntamente, um dos critérios listados no § 1º daquele artigo.

5. Contribuição do acionista e poder político

Rodrigo R. Monteiro de Castro

Na companhia cujo estatuto preveja a existência de ação sem valor nominal, a importância da contribuição do acionista não estará necessariamente associada ao seu poder político. Verifica-se, com regularidade, que acionista que tenha fornecido menos recursos para formação do capital social detenha número maior de ações e, assim, o controle.

Imagine-se, por exemplo, que na constituição de determinada companhia, tenham sido emitidas 100.000 ações, ao preço unitário de R$ 1,00, subscritas igualitariamente por dois fundadores. Passados dois anos, em decorrência do sucesso empresarial, a assembleia geral delibera aumento do capital social, mediante a emissão de 10.000 ações, ao preço unitário de R$ 100,00. A emissão é subscrita por apenas um novo acionista. Ao cabo desse negócio, o capital social será de R$ 1.100.000,00, dividido em 110.000 ações. O novo acionista, que terá aportado parcela majoritária do capital social, será detentor de apenas 9,09% das ações emitidas, enquanto os dois acionistas originários, que aportaram 9,09% do montante total do capital social, serão titulares de 90,90% da totalidade das ações.

Esse processo não se encerra em apenas uma rodada; uma ou muitas outras poderão se suceder, possivelmente com preços de emissão superiores aos anteriores, de modo que os retardatários pagam preço maior, em contrapartida a participações menores, para se tornarem acionistas e se beneficiarem do crescimento da empresa e dos lucros projetados.

Além disso, o preço de emissão não tem relação com a unidade acionária, mesmo que o preço unitário de emissão seja R$ 1,00. Trata-se de aparente coincidência, pois, em tese, a precificação expressa o método de avaliação adotado pela assembleia geral ou pelo conselho de administração.

Ainda, como se verá no item seguinte, a cifra do capital atribuída ao acionista também não representa, necessariamente, o tamanho de sua contribuição para formação do patrimônio social. O parágrafo único do art. 14 autoriza a destinação de parte do preço de emissão à formação de reserva de capital, que poderá ter uma das finalidades descritas no art. 200.

A reserva é apropriada em conta específica do patrimônio líquido (que, por sua vez, se insere em conta do passivo), segregada da conta de capital social. Para que se possa conhecer e calcular o montante efetivamente transferido por cada acionista – que não exprime, de modo simétrico, seu poder político e os seus direitos econômicos –, somam-se as integralizações por ele realizadas independentemente das destinações; e se quiser conhecer o preço médio por ação subscrita, divide-se o número resultante daquela soma pelas ações subscritas.

Portanto, na companhia que admite a emissão de ação sem valor nominal, o poder político do acionista e a definição de seus direitos econômicos não resultam do tamanho das transferências realizadas em relação às transferências dos demais acionistas, mas, sim, da quantidade de ações de que for titular, após a consumação de cada aumento de capital social.[325]

6. Destinação do preço de emissão

Rodrigo R. Monteiro de Castro

O parágrafo único autoriza a destinação de parte do preço de emissão à formação de reserva de capital. Inexiste determinação legal a respeito do tamanho (ou do limite) da parte, do preço total, que poderá ser destinada à reserva. Por isso, a definição caberá à assembleia geral ou ao conselho de administração. A autonomia para tanto é absoluta, desde que não se destine a totalidade do preço à reserva, e não implique diluição injustificada dos antigos acionistas (art. 170).

Em relação à companhia, aliás, os efeitos patrimoniais são neutros, pois os bens integralizados, independentemente da destinação do preço de emissão para capital ou para reserva, são apropriados em contas do ativo, conforme classificação prevista no art. 178, em contrapartida a lançamentos no patrimônio líquido, que, no caso, se dividirão em capital social e reserva de capital. O patrimônio líquido não mudará se, entre as contas de capital e de reserva, ocorrerem substituições de valores, pois a diminuição de uma, em favor da outra, não modifica o seu tamanho.

A principal diferença – ou vantagem – consiste na maior utilidade da conta de reserva, que pode ter todas as destinações previstas no art. 200 – ou outras expressamente autorizadas na LSA. Destoa, assim, da rigidez do tratamento conferido ao capital social, que somente pode ser reduzido mediante deliberação da assembleia geral, se houver perda, até o montante dos prejuízos acumulados (portanto, a redução se presta a compensar e a reduzir a conta de prejuízos) ou se julgá-lo excessivo, hipótese em que o excesso é destinado aos acionistas.

O parágrafo único do art. 14 apresenta uma, e apenas uma exceção: na hipótese de emissão de ação preferencial com prioridade no reembolso do capital, somente a parcela que ultrapassar o valor de reembolso poderá ser destinada à reserva de capital; o montante que não a exceder deverá ser atribuído à conta de capital social.

Afora essa situação excepcional, competirá à assembleia geral ou ao conselho de administração determinar, livremente, as parcelas do preço de emissão que serão imputadas ao capital social ou à reserva.

7. Classificação da reserva de capital

Rodrigo R. Monteiro de Castro

O art. 178 trata do grupo de contas do balanço patrimonial, dividindo-o em contas do ativo e do passivo.

As contas do passivo são classificadas em passivo circulante, passivo não circulante e patrimônio líquido.

O patrimônio líquido é dividido em contas de capital social, reserva de capital, ajustes de avaliação patrimonial, reserva de lucros, ações em tesouraria e prejuízos acumulados.

O art. 182, § 1º, "a", determina que sejam classificadas como reserva de capital a contribuição do subscritor de ações que ultrapassar o valor nominal e a parte do preço de emissão das ações, sem valor nominal, que ultrapassar a importância destinada

---

[325] Para formulação do raciocínio, despreza-se a possibilidade de emissão de ação preferencial sem direito a voto ou com restrição no exercício desse direito, na forma do art. 15.

à formação do capital social, inclusive nos casos de conversão em ações de debêntures ou partes beneficiárias.

O Regulamento do Imposto de Renda – RIR/1999 estabelecia, no art. 442, que não seriam computadas na determinação do lucro real as importâncias, creditadas a reserva de capital, que o contribuinte com a forma de companhia recebesse dos subscritores de valores mobiliários de sua emissão, a título de ágio na emissão de ações por preço superior ao valor nominal, ou a parte do preço de emissão de ações sem valor nominal destinada à formação de reserva de capital. O Regulamento do Imposto de Renda – RIR/2018, que revogou o decreto anterior, manteve a sistemática no art. 520, da seguinte forma: "Não serão computadas, para fins de determinação do lucro real, as importâncias creditadas a reservas de capital que o contribuinte, com a forma de companhia, receber dos subscritores de valores mobiliários de sua emissão a título de: I – ágio na emissão de ações por preço superior ao valor nominal ou a parte do preço de emissão de ações sem valor nominal destinadas à formação de reservas de capital; II – valor da alienação de partes beneficiárias e bônus de subscrição; e III – lucro na venda de ações em tesouraria. Parágrafo único. O prejuízo na venda de ações em tesouraria não será dedutível para fins de determinação do lucro real."

8. Utilidade da reserva de capital

RODRIGO R. MONTEIRO DE CASTRO

Os montantes registrados na conta de reserva de capital somente podem ser utilizados para: (i) absorção de prejuízos que ultrapassarem os lucros acumulados e as reservas de lucros (art. 189, parágrafo único); (ii) resgate, reembolso ou compra de ações; (iii) resgate de partes beneficiárias; (iv) incorporação ao capital social; (v) pagamento de dividendo a ações preferenciais, quando essa vantagem lhes for assegurada (art. 17, § 5º).

Essas destinações são ordenadas no art. 200. Nenhuma outra, exceto se expressamente prevista na LSA (p.ex., art. 17, § 6º),[326] poderá ser criada ou adotada no estatuto da companhia ou em acordo de acionistas.

Na hipótese de destinação à incorporação ao capital social, do ponto de vista cronológico de negócio que envolver, na origem, a subscrição de ação, com parte do preço destinado à conta de reserva de capital, a cifra excedente é contabilizada em conta específica do patrimônio líquido e, no ato de capitalização da reserva, ela é transferida para conta de capital social. As mutações são contábeis e não modificam o tamanho do patrimônio líquido da companhia.

A reserva de capital integra o patrimônio da companhia, de modo que, ao se deliberar a sua incorporação ao capital social, todos os acionistas se beneficiam, conforme suas participações, seja o aumento realizado mediante emissão de novas ações ou não.

O fato de a reserva ter sido gerada pela destinação de parte do preço de emissão de ação subscrita por um ou mais acionistas não lhes confere direito especial, em relação aos demais acionistas, no momento da capitalização, pois o montante transferido por integralização – e destinado à reserva de capital – deixou de lhes pertencer. É a conta da companhia, classificada como reserva, que se reverte em capital, e não um conta do acionista ou mantida a seu favor.

SEÇÃO III
ESPÉCIES E CLASSES

Espécies

Art. 15. As ações, conforme a natureza dos direitos ou vantagens que confiram a seus titulares, são ordinárias, preferenciais, ou de fruição.

§ 1º As ações ordinárias e preferenciais poderão ser de uma ou mais classes, observado, no caso das ordinárias, o disposto nos arts. 16, 16-A e 110-A desta Lei. (Redação dada pela Lei 14.195, de 2021)

§ 2º O número de ações preferenciais sem direito a voto, ou sujeitas a restrição no exercício desse direito, não pode ultrapassar 50% (cinquenta por cento) do total das ações emitidas. (Redação dada pela Lei 10.303, de 2001)

---

[326] "Art. 17, § 6º. O estatuto pode conferir às ações preferenciais com prioridade na distribuição de dividendo cumulativo, o direito de recebê-lo, no exercício em que o lucro for insuficiente, à conta das reservas de capital de que trata o § 1º do art. 182."

Art. 15 — Sérgio Campinho

📖 COMENTÁRIOS

1. Ação: natureza, conceito e classificação

Sérgio Campinho

A ação consiste em unidade do capital social. É a lei que expressamente declara ser o capital da sociedade anônima dividido em ações. Vincula-se, assim, à estrutura da companhia.

Enquanto quota ideal do capital da companhia, a ação não admite fracionamento. É indivisível em relação à sociedade.

A ação também significa título de participação societária ou corporativo, tradutor de um conjunto de direitos, obrigações e deveres para aqueles que a titularizam, decorrentes do *status socii*.

É, dessa feita, um título representativo, pois, ao mesmo tempo, representa a fração de capital pelo acionista subscrita ou adquirida e a legitimação da condição de sócio.

O vocábulo *título* deve ser considerado na sua acepção mais ampla, amoldando-se tanto à visão tradicional da ação em suporte cartular (ação documental) como à da ação em suporte escritural (ação escritural).

Controversa é a sua natureza enquanto título de crédito. No entanto, na minha visão, a ação vem tratada na lei como verdadeiro título de crédito, não somente sob o ponto de vista dos direitos patrimoniais que lhe são inerentes, mas também sob a ótica de sua circulação,[327] sendo objeto de inúmeras transações, inclusive de constituição de ônus reais. Apresenta-se, pois, como um valor circulante no mercado, na vasta categoria dos títulos de crédito.[328] Apesar de ser um título atributivo da qualidade de sócio, não perde a natureza de título de crédito, que também lhe é específica[329].

É, contudo, um título de crédito impróprio, porquanto umbilicalmente ligado à causa de origem, e dependente, eis que se vincula ao ato originário de sua gênese, ou seja, o ato de constituição da companhia. Manifesta-se, portanto, a ação, como um título de crédito. Título de crédito impróprio e dependente, que legitima o seu titular a exercer os direitos inerentes à condição de sócio que nele encontram-se traduzidos.

Vem ainda a ação erigida por lei como valor mobiliário, sendo veículo de captação de recursos pela companhia para exploração de sua empresa, diante da contrapartida oferecida de servir como instrumento de investimento para o seu titular. Na sua concepção corpórea, inclui-se na categoria dos bens móveis; já na sua versão escritural, consiste em bem incorpóreo, traduzindo, assim, um valor patrimonial imaterial. Circula, respectivamente, por meio de lançamento no livro social próprio, se documental, ou por meio de lançamento em contas, se escritural.

É sob essa multiplicidade de visões que a ação deve ser considerada.

Pode-se, pois, conceituá-la como um valor mobiliário de emissão da companhia, representativo de fração do seu capital, que confere ao seu titular um conjunto de direitos, deveres e obrigações decorrentes do *status* jurídico de acionista.

A ação pode ser classificada quanto à espécie, à forma e à representação física. Esse método de ordenação em categoria resulta nitidamente do corpo normativo positivado na LSA.

Consoante a natureza dos direitos ou vantagens que confere, a ação pode ser de três espécies: ordinária, preferencial ou de fruição. No que diz respeito à forma de circulação, será sempre nominativa, não mais se admitindo as formas ao portador e endossável a partir do advento da Lei 8.021/1990. Quanto à sua representação física, divide-se em documental e escritural.

2. Ações ordinárias, preferenciais e de fruição

Sérgio Campinho

As ações ordinárias são aquelas de emissão obrigatória em toda companhia e que conferem os direitos comuns de acionista, sem qualquer tipo de restrição.

Como regra geral, outorgam iguais direitos a todos os seus titulares. Contudo, nas companhias fechadas, a LSA já possibilitava o fracionamento em classes dessas ações, embora a distinção entre elas viesse, como vem, taxativamente limitada na lei. Permitiu-se, assim, que as ações ordinárias das companhias fechadas possam ser de diferentes classes em função da conversibilidade em ações

---

[327] MENDONÇA, José Xavier Carvalho. *Tratado de direito comercial brasileiro*. 5. ed. Rio de Janeiro: Freitas Bastos, 1954. v. 3. p. 413.
[328] VALVERDE, Trajano de Miranda. *Sociedades por ações*. 2. ed. Rio de Janeiro: Forense, 1953. v. 1. p. 119.
[329] FERREIRA, Waldemar. *Tratado de sociedades mercantis*. 4. ed. Rio de Janeiro: Freitas Bastos, 1952. v. 2. p. 100.

preferenciais; da exigência de nacionalidade brasileira do acionista; ou do direito de voto em separado para o preenchimento de determinados cargos dos órgãos de administração da sociedade. A Lei 14.195/2021, entretanto, ao inserir um novo inciso IV ao art. 16, cogita de mais uma classe: a derivada de atribuição de voto plural. Pode-se, pois, conferir pluralidade de votos a uma ou mais classes de ações ordinárias, observados os limites e as condições dispostos no art. 110-A. Restou, outrossim, expressamente revogado pela citada lei o § 2º do art. 110 (art. 57, inciso XX), que vedava outorgar voto plural a qualquer classe de ação.

Nas companhias abertas, a divisão em classes não era admitida e, desse modo, todas as ações ordinárias atribuíam os mesmos direitos a seus titulares. Eram, portanto, rigorosamente iguais, sem diversificação de classes, não se admitindo restrições nem acréscimos de direitos. Todavia, com as introduções dos arts. 16-A e 110-A pela aludida Lei 14.195/2021, fica admitida a criação de uma ou mais classes de ações ordinárias com atribuição de voto plural, nos limites e condições estabelecidos pelo prefalado art. 110-A, sendo vedada a criação de classes com qualquer outro fundamento. Em outros termos, nas companhias abertas, admite-se a criação de uma ou mais classes de ações ordinárias, para fins exclusivos de conferência de voto plural.

O regramento da mais absoluta igualdade entre as ações ordinárias, adotado pelo Dec.-lei 2.627/1940, não foi seguido no regime da Lei 6.404/1976, mesmo antes do advento da Lei 14.195/2021. Em razão disso, pode-se definir as ações ordinárias como aquelas que obrigatoriamente compõem o capital social da sociedade anônima e que conferem, aos seus titulares, o direito de voto, em adição àqueles por lei considerados essenciais a qualquer acionista[330], dependendo, quanto à outorga de outros direitos específicos, da espécie da companhia e da criação de classes em que venha a se subdividir.[331]

As ações preferenciais são aquelas que proporcionam a seus titulares determinados privilégios ou vantagens especiais que as distinguem das ações ordinárias. O seu traço característico vem marcado pelos privilégios de ordem patrimonial.

Em contrapartida, permite-se fiquem desprovidas do direito de voto. A supressão ou restrição desse direito resultará, necessariamente, de cláusula estatutária expressa. Omisso o estatuto, as ações preferenciais terão direito de voto pleno. À semelhança das ações ordinárias, os seus titulares não poderão ser privados dos direitos essenciais de sócio.

Podem as ações preferenciais ser divididas em classes diversas, tanto na companhia aberta como na fechada, conforme os direitos e vantagens a elas atribuídos. O estatuto social deverá declarar os privilégios conferidos a cada classe, além das restrições a que ficarão sujeitas.

As preferências ou vantagens das ações preferenciais podem consistir: (a) em prioridade na distribuição do dividendo fixo ou mínimo; (b) em prioridade no reembolso de capital, com ou sem prêmio; ou (c) na acumulação dessas duas preferências ou vantagens. O vocábulo "podem" utilizado no texto normativo do *caput* do art. 17 da LSA denuncia a referência meramente exemplificativa dos privilégios de cunho econômico, havendo ampla liberdade para o seu estabelecimento. Dessa feita, as preferências ou vantagens podem ser aquelas constantes do dispositivo referenciado ou outras, como a atribuição de dividendos superiores àqueles pagos às ações ordinárias, cabendo, em qualquer caso, aos estatutos precisá-las.

Na hipótese da ação preferencial sem voto ou com voto restrito, quando destinada à negociação no mercado de valores mobiliários, exige a lei que ela desfrute de algumas vantagens ou preferências mínimas, segundo o modelo definido no § 1º do art. 17. Atribuída uma dessas vantagens ou preferências constantes do modelo mínimo, não se faz necessário conceder qualquer outro privilégio, muito embora possam, adicionalmente, constar do estatuto (§ 2º do art. 17 da LSA). Não há, com efeito, um limitador para as companhias observarem em seus estatutos quanto às preferências e às vantagens atribuídas às ações preferenciais de suas emissões.

Não é permitida, em minha visão, a existência de ação preferencial apenas com restrição ao direito de voto, sem correspondente privilégio econômico, quando não se destinarem à negociação

---

[330] Os direitos essenciais vêm arrolados no art. 109 da LSA. Eis o seu texto: "Nem o estatuto social nem a assembleia geral poderão privar o acionista dos direitos de: I – participar dos lucros sociais; II – participar do acervo da companhia, em caso de liquidação; III – fiscalizar, na forma prevista nesta Lei, a gestão dos negócios sociais; IV – preferência para a subscrição de ações, partes beneficiárias conversíveis em ações, debêntures conversíveis em ações e bônus de subscrição, observado o disposto nos artigos 171 e 172; V – retirar-se da sociedade nos casos previstos nesta Lei". O rol desses direitos, entretanto, não é taxativo. A ele se agregam os direitos à informação e ao tratamento isonômico.

[331] CAMPINHO, Sérgio. *Curso de direito comercial*: sociedade anônima. 4. ed. São Paulo: Saraiva, 2019. p. 124.

no mercado de valores mobiliários. Penso ser da essência da ação preferencial a previsão, no estatuto, de um sistema, amplo ou restrito, de preferência ou vantagem de cunho econômico ou patrimonial, sem o que não estará ela legitimamente configurada como ação preferencial. A eventual privação do direito de voto pleno somente se ampara como compensação a uma vantagem ou preferência econômica atribuída. Cuida-se, pois, de uma permuta de direitos patrimoniais por direitos políticos.[332]

As ações de fruição, denominadas também de ações de gozo na vigência do Dec.-lei 2.627/1940, pouco comuns no mercado societário, são ações integralmente amortizadas, ou seja, que receberam, por antecipação, durante a vida social, o valor que lhes caberia em caso de liquidação da companhia[333]. Permite a lei que a amortização se faça de modo total ou parcial. Mas somente naquela hipótese é que as ações amortizadas, ordinárias ou preferenciais, poderão ser substituídas por ações de fruição (§ 5º do art. 44 da LSA).

Não haverá extinção das ações, mas modificação de direitos patrimoniais a que dão ensejo. Revela, em verdade, um "reembolso de entradas"[334] aos acionistas, que permanecem aptos a participar da vida social, exercendo todos os demais direitos resultantes de suas ações. A operação somente pode realizar-se à conta de lucros ou de reservas, sem redução, pois, do capital social (*caput* e § 2º do art. 44 da LSA).

Ocorrendo a liquidação da sociedade, as ações de fruição só concorrerão ao acervo líquido depois de assegurado aos demais acionistas um valor igual ao valor corrigido da amortização.

3. Proporcionalidade entre ações com e sem direito de voto e voto plural

Sérgio Campinho

A proporcionalidade entre as ações votantes e não votantes tem sido uma das tônicas do direito societário contemporâneo. No Brasil, a matéria evoluiu de maneira nada uniforme.

No Dec. 21.536/1932, era autorizada a emissão de qualquer número de ações preferenciais, com ou sem direito de voto, inexistindo, desse modo, limitação. Consoante registro de Trajano de Miranda Valverde,[335] a consequência do sistema adotado foi o surgimento de companhias constituídas com capital representado por 90% de ações preferenciais sem voto, ficando concentrada em reduzida minoria a condução dos negócios e interesses sociais.

Visando a coibir aquela prática, o Dec.-lei 2.627/1940 balizou em 50% do capital social a emissão de ações preferenciais sem direito de voto, impondo regra de paridade.

A Lei 6.404/1976, na original redação do § 2º do art. 15, ampliou o limite para permitir que essas ações atingissem 2/3 das ações emitidas, aí também incluídas as ações com restrição ao direito de voto. Com a disciplina, passou a ser possível o controle da companhia por acionista ou acionistas que detivessem 1/6 mais uma ação do capital social, desde que tais títulos conferissem o direito pleno de voto.

Sob a premissa de que a possibilidade de manutenção do controle das companhias com capital diminuto transformava-se em um dos principais entraves ao desenvolvimento do mercado de capitais no país, a reforma introduzida pela Lei 10.303/2001 alterou a redação do § 2º do art. 15 da LSA, para estabelecer nova proporção. Vigora, portanto, a regra de que o número de ações preferenciais sem direito a voto, ou com restrição no exercício desse direito, não pode ultrapassar 50% do total das ações emitidas. Buscou-se, assim, restabelecer o equilíbrio entre ações com e sem voto, retornando-se à regra da proporcionalidade do Dec.-lei 2.627/1940.[336]

---

[332] Nesse sentido, PEDREIRA, José Luiz Bulhões e LAMY FILHO, Alfredo. Ação como participação societária. In: PEDREIRA, José Luiz Bulhões e LAMY FILHO, Alfredo (coords.). *Direito das companhias*. Rio de Janeiro: Forense, 2009. v. 1. p. 249-250; e EIZIRIK, Nelson. *A Lei das S/A comentada*. 2. ed. São Paulo: Quartier Latin, 2015. p. 166, v. 1.

[333] BORGES, João Eunápio. *Curso de direito comercial terrestre*. 5. ed. Rio de Janeiro: Forense, 1991. p. 445.

[334] CORDEIRO, Antônio Menezes. *Manual de direito das sociedades*. Coimbra: Almedina, 2006. v. 2. p. 687.

[335] *Sociedades por ações*. 2. ed. Rio de Janeiro: Forense, 1953. v. 1. p. 126.

[336] Os efeitos do resgate da paridade, porém, somente serão a longo prazo sentidos. Isso porque o art. 8º da Lei 10.303/2001 impôs disposição transitória à qual o novo preceito por ela mesma introduzido no § 2º do art. 15 da LSA estaria sujeito. Encontram-se obrigadas, de imediato, a observar o novo limite (a) as companhias novas, isto é, as constituídas após a data de vigência da lei, sejam elas abertas ou fechadas (inciso I do § 1º do art. 8º da Lei 10.303/2001); e (b) as companhias fechadas já existentes no momento em que decidirem abrir o seu capital (inciso II do § 1º do art. 8º da Lei 10.303/2001). As companhias abertas preexistentes à vigência da Lei 10.303/2001 poderão manter a proporção

Com a reforma da Lei 10.303/2001, o que se teve, portanto, foi a redução do limite de emissão de ações preferenciais sem voto ou com restrição ao direito de voto de 2/3 para a metade do total das ações emitidas, isto é, do total de todas as espécies de ações de emissão da companhia.

No entanto, a questão do controle, ou melhor, da possibilidade do governo da companhia por parte de acionista ou grupo de acionistas que titularizem um pequeno percentual de ações do capital retorna à cena, diante da faculdade de se adotar o voto plural. Para se poder ter o controle, basta deter percentual inferior a 5% do capital social nas companhias com ações ordinárias e preferenciais, emitidas em idêntico percentual de 50%, e pouco mais de 9%, se ele for formado apenas por ações ordinárias, considerando o limite de dez votos por ação ordinária, previsto no art. 110-A, introduzido pela Lei 14.195/2021.

Formulam-se os seguintes exemplos, de modo a demonstrar as situações, considerando o contexto de companhia com capital social dividido em 10.000 ações e com atribuição de 10 votos por ação – o máximo em lei permitido – para uma determinada classe de ações ordinárias, à luz dos seguintes cenários: 1º) 5.000 ações preferenciais sem direito de voto, 455 ações ordinárias com voto plural e 4.545 ações ordinárias sem voto plural; e 2º) 910 ações ordinárias com voto plural e 9.090 ações ordinárias sem voto plural. Na primeira hipótese, o poder de controle pode tornar-se efetivado pelo titular de 4,55% do capital (4.550 votos, correspondentes a 50,03% dos votos, contra 4.545 votos, que perfazem 49,97% dos votos); na segunda, o controle pode ser exercido por parte do titular de 9,1% do capital (9.100 votos contra 9.090 votos).

O voto plural, portanto, é fonte de maior concentração de poder político para a ação que a ele faça jus. Possibilita ao seu titular um elevado peso no exercício do direito de voto, sem a necessária correspondência de participação no capital da companhia.

Mas esse efeito que dele pode resultar, permitindo a uma minoria restrita ocupar a posição de controle, não é o bastante. É mister que se faça o emprego efetivo desse poder para, de fato, comandar os negócios sociais, não só fazendo prevalecer o seu voto nas deliberações assembleares e na eleição da maioria dos administradores, mas também determinando os rumos que a companhia deve seguir, sempre cunhado pela permanência dessa força ou capacidade de dominação ou governo da sociedade. A influência do acionista controlador vai além, portanto, de sua atuação nos conclaves sociais, compreendendo, igualmente, a orientação dos órgãos sociais, notadamente na condução da gestão da companhia.

4. Introdução do voto plural na Lei brasileira

Mauricio Moreira Menezes

Em sua redação original, a LSA já autorizava a emissão, por companhias fechadas, de diferentes classes de ações ordinárias, na forma de seu art. 16. Não obstante, até 2021 não era possível distinguir tais classes em função da quantidade de votos atribuídos a seus titulares, diante

---

anterior, de até 2/3 de ações preferenciais sem direito pleno de voto em relação ao total de ações emitidas, inclusive no que se refere a novas emissões de ações (inciso III do § 1º do art. 8º da Lei 10.303/2001). Contudo, caso a companhia aberta preexistente não tenha emitido ações preferenciais, sem voto ou com limitação a ele, até a entrada em vigor da lei reformadora e, a partir de então, resolva fazê-lo, estará obrigada ao novo limite, porquanto a manutenção da proporção de até 2/3 foi somente assegurada àquelas que já contavam com preferenciais daquele modo emitidas, nos precisos termos do inciso III do § 1º do art. 8º referido. Muito embora não haja expressa previsão no texto legal transitório, as companhias fechadas preexistentes à sua vigência também não se encontram obrigadas a observar a regra da paridade, podendo conservar, pois, a mesma proporção de ações ordinárias e preferenciais sem voto ou com voto restrito que já ostentavam e, até mesmo, atingir o limite de 2/3, caso ainda não alcançado. Somente aquelas que pretendam abrir o seu capital é que terão que se amoldar à nova regra de proporcionalidade, conforme se pode facilmente depreender do inciso II do § 1º do art. 8º em questão. Mas deverão adotar de imediato o regime da paridade as sociedades de capital fechado preexistentes que não contem com ações preferenciais despidas do direito de voto pleno emitidas até a vigência da lei de 2001, e que, ulteriormente, venham a emiti-las. O privilégio da manutenção do percentual de até 2/3 somente alcança as companhias com ações preferenciais sem voto ou com voto restrito já emitidas. Como fonte de estímulo para que as companhias abertas adotem voluntariamente o regime da paridade, o § 2º do art. 8º da Lei 10.303/2001 assegura àquelas que emitirem exclusivamente ações ordinárias a faculdade de não atribuírem, aos titulares de ações preferenciais sem voto ou com voto restrito, o direito de preferência para subscrição delas. Cria-se, assim, regra extraordinária de transição, com vistas a ser alcançada a nova proporção do § 2º do art. 15 da LSA. Uma vez atingido esse novo limite, não mais será lícito à companhia retornar à antiga proporção nos aumentos de capital futuros.

Art. 16

Mauricio Moreira Menezes

da vedação geral ao voto plural prevista no art. 110, § 2º.

Assim, as diferentes classes de ações ordinárias de companhias fechadas apenas podiam ser criadas em função dos aspectos previstos no rol dos incisos I a III do art. 16, a seguir referidos: (i) a conversibilidade em ações preferenciais; (ii) a exigência de nacionalidade brasileira do acionista; ou (iii) o direito de voto em separado para preenchimento de determinados cargos da administração.

A Lei 14.195/2021 introduziu a possibilidade de criação de classes distintas de ações ordinárias em função da atribuição de voto plural a uma ou mais classes, inaugurando nova fase no Direito brasileiro relativamente ao exercício do direito de voto e ao modo de organização das relações de poder nas companhias. Por conseguinte, produziu alterações aos arts. 15, 16, 110, 125, 135, 136, 215, 243, 252 e 284, bem como a inserção dos arts. 16-A e 110-A, todos da LSA.

A fim de preservar a higidez sistemática da LSA, o art. 15 foi ajustado para fazer remissão aos novos arts. 16 e 16-A. A propósito da recepção do voto plural pela LSA e de sua disciplina jurídica, *vide* os comentários aos arts. 110 e 110-A da LSA.

Ações Ordinárias

Art. 16. As ações ordinárias de companhia fechada poderão ser de classes diversas, em função de:

I – conversibilidade em ações preferenciais; (Redação dada pela Lei 9.457, de 1997)

II – exigência de nacionalidade brasileira do acionista; ou (Redação dada pela Lei 9.457, de 1997)

III – direito de voto em separado para o preenchimento de determinados cargos de órgãos administrativos; (Redação dada pela Lei 9.457, de 1997)

IV – atribuição de voto plural a uma ou mais classes de ações, observados o limite e as condições dispostos no art. 110-A desta Lei. (Redação dada pela Lei 14.195, de 2021)

Parágrafo único. A alteração do estatuto na parte em que regula a diversidade de classes, se não for expressamente prevista e regulada, requererá a concordância de todos os titulares das ações atingidas. (Redação dada pela Lei 14.195, de 2021)

📖 COMENTÁRIOS

1. Classes de ações ordinárias

Mauricio Moreira Menezes

As ações podem assumir diferentes características. E a lei, para organizar esta distribuição de características e a composição do capital social da sociedade anônima, estabelece rígido método de padronização, autorizando que o estatuto social disponha sobre diferentes espécies de ações, as quais, em geral, ressalvadas certas limitações, podem ser subdividas em classes.

As ações da mesma classe devem outorgar os mesmos direitos ou vantagens a seus acionistas. Portanto, a igualdade de direitos no ambiente acionário circunscreve-se a determinada classe ou espécie de ação, caso esta espécie não seja subdividida em classes (art. 15, LSA). Esse é um dado fundamental para a adequada compreensão das relações entre acionistas e entre esses e a companhia: o direito ou vantagem é atribuído por classe ou espécie de ação e não à pessoa do acionista, segundo regulado no estatuto social.

As ações ordinárias são as chamadas ações comuns. Elas são obrigatórias em qualquer companhia. Na lei anterior (Dec.-lei 2.627/1940), não se admitia flexibilidade com relação a estas ações. A LSA permitiu a criação de classes de ações ordinárias, exclusivamente na companhia fechada.

Foi uma relevante inovação, com o escopo de ofertar instrumentos de composição de interesses entre acionistas. Não por acaso, o art. 16, LSA, veda a emissão de diferentes classes de ações ordinárias nas companhias abertas, pois aqui há o cuidado de evitar uma quebra da padronização das ações ordinárias em circulação no mercado, para a qual não concorreu a vontade do acionista minoritário.

Igualmente nessa linha de raciocínio, o referido dispositivo limita a autonomia privada quanto aos critérios de criação de classes de ordinárias, mesmo que se esteja diante do limitado universo de acionistas da companhia fechada. Essas restrições reforçam a ideia de as ações ordinárias representarem o padrão de participação societária, com igual pacote de direitos a seus titulares. Sempre foi assim.

Com efeito, a melhor leitura do art. 16, LSA, deve convergir com o método da interpretação restritiva, no sentido de não se admitir qualquer desdobramento que faça incidir a criação de classes de ordinárias além das hipóteses legais. Reitere-se que a autorização do art. 16, LSA, pressupõe a negociação entre poucos acionistas em torno do direito de cada um, como bem explicado por Alfredo Lamy Filho e José Luiz Bulhões Pedreira, em passagem que constou da Exposição de Motivos da LSA:

> O artigo 16 admite, nas companhias fechadas, mais de uma classe de ações ordinárias, em função dos elementos que enumera. Essa flexibilidade será útil na associação de diversas sociedades em empreendimento comum (joint venture), permitindo a composição ou conciliação de interesses e a proteção eficaz de condições contratuais acordadas. O parágrafo único do artigo 16 reforça a segurança jurídica dessas condições.[337]

Portanto, para que esse reduzido número de acionistas possa transigir sobre determinados direitos, que serão reservados a cada um, convém permitir que sejam criadas várias classes de ações ordinárias, pois a previsão estatutária de cada classe conferirá maior segurança jurídica para o exercício do direito ou vantagem. Os critérios para diferenciar as ações ordinárias por classes estão elencados no art. 16 e dizem respeito a: (i) conversibilidade em ações preferenciais; (ii) exigência de nacionalidade brasileira do acionista; e (iii) direito de voto em separado para o preenchimento de determinados cargos de órgãos administrativos.

A conversibilidade em ações preferenciais pode ter como função (dentre muitas outras) postergar o exercício de uma vantagem patrimonial, como, por exemplo, a atribuição de dividendo prioritário, fixo ou mínimo (art. 17 c/c art. 203, LSA), no contexto de um plano de remuneração variável (i.e., baseado em expectativa de lucro futuro do empreendimento) ajustado entre investidor minoritário e acionista controlador. Convém descrever no estatuto social o gatilho para a conversão. Aqui, a lei outorga ampla liberdade ao particular, de tal sorte que se pode convencionar, via estatuto, critérios objetivos (*v.g.*, transcurso do tempo) ou subjetivos (*v.g.*, manifestação de vontade do acionista titular de ordinária de classe especial, por meio de notificação à companhia) para a conversão. Nesse caso, caberá aos órgãos da administração adotar as medidas necessárias para a implementação da conversão, incluindo-se a convocação de assembleia-geral extraordinária para que se promova a atualização estatutária.

Poderia a assembleia-geral extraordinária reprovar a conversão? A resposta deve ser negativa. A cláusula estatutária de conversibilidade deve prevalecer como direito que adere às ações de classe especial e, nos termos do parágrafo único do art. 16, LSA, só poderia ser modificada com expressa concordância da unanimidade dos acionistas titulares de ditas ações ordinárias de classe especial. Portanto, os atos de efetiva emissão de novas ações preferenciais representam cumprimento do conteúdo normativo previamente definido pelos acionistas e incorporado pelo estatuto da companhia.

No art. 16, III, LSA, encontra-se prevista a possibilidade de criação de classe de ação ordinária para outorga de direito de voto em separado, visando o preenchimento de determinados cargos de órgãos administrativos.

Sem dúvida, essa faculdade constitui a mais relevante opção para composição de interesses entre acionistas, sob o viés político. Considere-se uma companhia fechada com capital social dividido em 1 (um) milhão de ações. Pode ser criada 1 (uma) ação ordinária Classe B, que confere o direito de eleger em separado dois diretores daquela companhia. O titular daquela ação, independentemente da quantidade de participação no capital social, poderá influenciar a gestão da companhia, de forma objetiva e transparente, por meio do exercício de direito político que não guarda proporcionalidade com o volume de capital investido. Por quê? Porque se trata de questão livremente negociada e que constitui, provavelmente, fórmula de equilíbrio ajustada pelos acionistas.

Nessa linha, confira-se trecho dos comentários de José Alexandre Tavares Guerreiro e Egberto Lacerda Teixeira:

> A inovação merece aplausos, pois, oferece mecanismos até então não previstos em lei para a composição de interesses nas sociedades fechadas de que participem dois ou mais grupos de acionistas. Na organização das chamadas joint ventures, a flexibilidade permitida pelo art. 16 se revela particularmente útil, mormente no que diz respeito ao direito de voto em separado para a eleição de administradores, que poderá resolver frequente problema prático, consistente na repartição da gestão entre as diversas facções acionárias que se associam no empreendimento comum e que

---

[337] LAMY FILHO, Alfredo; PEDREIRA, José Luiz Bulhões. *A Lei das S.A.* 2. ed. Rio de Janeiro: Renovar, 1995. v. 1. p. 227.

agora podem garantir sua participação nos órgãos de administração da companhia. O legislador de 1976 – diga-se de passagem – foi sensível a essa ordem de preocupações, tendo procurado soluções hábeis a conciliar as várias posições acionárias nas sociedades que reúnem capitais de diversas procedências.[338]

Por conseguinte, dentre os critérios previstos no art. 16, LSA, aquele a que se refere o inciso III é de aplicação mais recorrente, pois trata da possibilidade de distribuir determinados direitos políticos de maneira diferenciada entre acionistas e de modo desproporcional à participação no capital social. Reafirme-se que não pode o estatuto social ser alterado pela maioria, para fins de extinguir o direito de que trata o inciso III (a exemplo da situação jurídica produzida pelo inciso I), aplicando-se o parágrafo único do art. 16, LSA.

Quanto ao critério contemplado no art. 16, II, LSA, baseado na nacionalidade do acionista, sua inclusão na lei societária se justificou por questões históricas, dentro de contexto socioeconômico amplamente distinto do contemporâneo. Embora o Brasil ainda seja considerado um país pouco aberto ao trânsito do capital estrangeiro – a abertura da economia brasileira ainda deixa a desejar, com evidentes prejuízos para seu desenvolvimento – havia forte onda nacionalista nos anos que precederam a edição da LSA, com rígidas restrições à plena internacionalização dos fatores de produção e respectivos investimentos. A distinção entre capital nacional e capital estrangeiro era a regra, apenas afastada pela EC 6/1995, que revogou o art. 171 da CF, ressalvadas as exceções por ela própria estabelecidas. A propósito, a tendência tem sido a mitigação dessas exceções, inclusive em atividades consideradas estratégicas para o País, como a de empresas jornalísticas e de radiodifusão sonora e de sons e imagens: se no passado era vedada a participação do capital estrangeiro, a EC 36/2002 alterou o art. 222, § 1º, da CF, exigindo que pelo menos setenta por cento de seu capital total e votante seja nacional.

Portanto, observadas as exceções expressamente estabelecidas pela Constituição, que abrangem delegação legislativa em certas matérias (arts. 172, 192 e 222, § 4º), não cabe à lei infraconstitucional e, especialmente, à lei societária, criar dicotomia fundada na nacionalidade de acionistas, de tal modo que, a rigor, o art. 16, II, LSA, não foi recepcionado pela ordem constitucional vigente.

2. Introdução do voto plural na Lei brasileira

Mauricio Moreira Menezes

Em sua redação original, a LSA já autorizava a emissão, por companhias fechadas, de diferentes classes de ações ordinárias, na forma de seu art. 16. Não obstante, até 2021, não era possível distinguir tais classes em função da quantidade de votos atribuídos a seus titulares, diante da vedação geral ao voto plural, prevista no art. 110, § 2º.

Assim, as diferentes classes de ações ordinárias de companhias fechadas apenas podiam ser criadas em função dos aspectos previstos no rol dos incisos I a III do art. 16, a seguir referidos: (i) a conversibilidade em ações preferenciais; (ii) a exigência de nacionalidade brasileira do acionista; ou (iii) o direito de voto em separado para preenchimento de determinados cargos da administração.

Com o advento da Lei 14.195/2021, incluiu-se a possibilidade de criação de classes distintas de ações ordinárias em companhias fechadas e abertas em função de "atribuição de voto plural a uma ou mais classes de ações, observados o limite e as condições dispostos no art. 110-A", por força do novo inciso IV do art. 16 e do art. 16-A.

A propósito da recepção do voto plural pela LSA e de sua disciplina jurídica, vide os comentários aos arts. 110 e 110-A da LSA.

> **Art. 16-A.** Na companhia aberta, é vedada a manutenção de mais de uma classe de ações ordinárias, ressalvada a adoção do voto plural nos termos e nas condições dispostos no art. 110-A desta Lei. (Incluído pela Lei 14.195, de 2021)

COMENTÁRIOS

1. Classes de ações ordinárias nas companhias abertas

Mauricio Moreira Menezes

A Lei 14.195/2021 introduziu a possibilidade de criação de classes distintas de ações ordinárias em função da atribuição de voto plural a uma ou mais

---

[338] TEIXEIRA, Egberto Lacerda; GUERREIRO, José Alexandre Tavares. *Das sociedades anônimas no direito brasileiro*. São Paulo: José Bushatsky, 1979. p. 186-187.

classes, inaugurando nova fase no Direito brasileiro relativamente ao exercício do direito de voto e ao modo organização das relações de poder nas companhias. Por conseguinte, produziu alterações aos arts. 15, 16, 110, 125, 135, 136, 215, 243, 252 e 284, bem como a inserção dos arts. 16-A e 110-A, todos da LSA.

Como o art. 16, LSA, projeta-se sobre a estrutura acionária das companhias fechadas, permitindo-lhes a criação de diferentes classes de ações ordinárias, em função dos critérios lá previstos, conveio ao legislador tratar das companhias abertas em dispositivo apartado, porquanto estão sujeitas a regime jurídico distinto das primeiras, atraindo, inclusive, densa regulação editada pela Comissão de Valores Mobiliários.

Assim, com o provável e inteligente propósito de resguardar a higidez sistemática da LSA, a permissibilidade de adoção de classes de ações ordinárias por companhias abertas, exclusivamente em decorrência da atribuição de voto plural, foi enunciada pela L. 14.195/2021 por meio do art. 16-A.

A propósito da recepção do voto plural pela LSA e de sua disciplina jurídica, vide os comentários aos arts. 110 e 110-A da LSA.

Ações Preferenciais

Art. 17. As preferências ou vantagens das ações preferenciais podem consistir:

I – em prioridade na distribuição de dividendo, fixo ou mínimo; (Redação dada pela Lei 10.303, de 2001)

II – em prioridade no reembolso do capital, com prêmio ou sem ele; ou (Redação dada pela Lei 10.303, de 2001)

III – na acumulação das preferências e vantagens de que tratam os incisos I e II. (Redação dada pela Lei 10.303, de 2001)

§ 1º Independentemente do direito de receber ou não o valor de reembolso do capital com prêmio ou sem ele, as ações preferenciais sem direito de voto ou com restrição ao exercício deste direito, somente serão admitidas à negociação no mercado de valores mobiliários se a elas for atribuída pelo menos uma das seguintes preferências ou vantagens: (Redação dada pela Lei 10.303, de 2001)

I – direito de participar do dividendo a ser distribuído, correspondente a, pelo menos, 25% (vinte e cinco por cento) do lucro líquido do exercício, calculado na forma do art. 202, de acordo com o seguinte critério: (Redação dada pela Lei 10.303, de 2001)

a) prioridade no recebimento dos dividendos mencionados neste inciso correspondente a, no mínimo, 3% (três por cento) do valor do patrimônio líquido da ação; e (Redação dada pela Lei 10.303, de 2001)

b) direito de participar dos lucros distribuídos em igualdade de condições com as ordinárias, depois de a estas assegurado dividendo igual ao mínimo prioritário estabelecido em conformidade com a alínea *a*; ou (Redação dada pela Lei 10.303, de 2001)

II – direito ao recebimento de dividendo, por ação preferencial, pelo menos 10% (dez por cento) maior do que o atribuído a cada ação ordinária; ou (Redação dada pela Lei 10.303, de 2001)

III – direito de serem incluídas na oferta pública de alienação de controle, nas condições previstas no art. 254-A, assegurado o dividendo pelo menos igual ao das ações ordinárias. (Redação dada pela Lei 10.303, de 2001)

§ 2º Deverão constar do estatuto, com precisão e minúcia, outras preferências ou vantagens que sejam atribuídas aos acionistas sem direito a voto, ou com voto restrito, além das previstas neste artigo. (Redação dada pela Lei 10.303, de 2001)

§ 3º Os dividendos, ainda que fixos ou cumulativos, não poderão ser distribuídos em prejuízo do capital social, salvo quando, em caso de liquidação da companhia, essa vantagem tiver sido expressamente assegurada. (Redação dada pela Lei 10.303, de 2001)

§ 4º Salvo disposição em contrário no estatuto, o dividendo prioritário não é cumulativo, a ação com dividendo fixo não participa dos lucros remanescentes e a ação com dividendo mínimo participa dos lucros distribuídos em igualdade de condições com as ordinárias, depois de a estas assegurado dividendo igual ao mínimo. (Redação dada pela Lei 10.303, de 2001)

§ 5º Salvo no caso de ações com dividendo fixo, o estatuto não pode excluir ou restringir o direito das ações preferenciais de participar dos aumentos de capital decorrentes da

> capitalização de reservas ou lucros (art. 169). (Redação dada pela Lei 10.303, de 2001)
>
> § 6º O estatuto pode conferir às ações preferenciais com prioridade na distribuição de dividendo cumulativo, o direito de recebê-lo, no exercício em que o lucro for insuficiente, à conta das reservas de capital de que trata o § 1º do art. 182. (Redação dada pela Lei 10.303, de 2001)
>
> § 7º Nas companhias objeto de desestatização poderá ser criada ação preferencial de classe especial, de propriedade exclusiva do ente desestatizante, à qual o estatuto social poderá conferir os poderes que especificar, inclusive o poder de veto às deliberações da assembleia-geral nas matérias que especificar. (Redação dada pela Lei 10.303, de 2001)

COMENTÁRIOS

1. A ação preferencial e seus dilemas

Mauricio Moreira Menezes

Como a própria designação leva a crer, as ações preferenciais são previstas em lei com o propósito de conferir a seus titulares vantagens patrimoniais e políticas, cumulativamente ou alternativamente. Em contrapartida a essas vantagens, especialmente as patrimoniais, o estatuto social da companhia pode excluir o direito de voto ou restringir seu exercício, desde que emitidas no limite equivalente a até 50% (cinquenta por cento) do total das ações, na forma do art. 15, § 2º, LSA.

O modelo tradicional, que prevalecia em companhias abertas brasileiras no curso das últimas décadas do Século XX, baseava-se na concentração do capital votante na pessoa do controlador, incluindo-se, indistintamente, desde companhias com controle familiar a companhias estatais (sociedades de economia mista).

Nesse sentido, as ações em circulação no mercado correspondiam, majoritariamente, a blocos de ações preferenciais sem voto. Eram aquelas que gozavam de liquidez e que, então, podiam ser emitidas até o percentual de 2/3 do capital social, que veio a ser reduzido para 50% (cinquenta por cento) na reforma da LSA implementada pela Lei 10.303/2001, em tendência de reconhecimento da importância do direito de voto.[339]

O desequilíbrio de forças nas companhias abertas brasileiras era notável. Chegava-se ao ponto de se considerar o acionista minoritário ordinarialista (i.e., titular de ações ordinárias) em posição inferior àquela do minoritário preferencialista (i.e., titular de ações preferenciais), o qual, ao menos, tinha facilidade de negociar seu papel no mercado.

O pensamento dos pesquisadores que colaboraram com a elaboração do Anteprojeto de LSA era no sentido de defender, como interesse do investidor, a exclusiva percepção de vantagens patrimoniais, nomeadamente os dividendos. O art. 17, LSA, foi concebido sob essa orientação, mais tarde ratificada pelas palavras de José Luiz Bulhões Pedreira, em célebre entrevista concedida ao Jornal do Brasil, em 1997, ano da realização de substancial reforma da LSA, por meio da Lei 9.457. Confira-se tal discurso:

> O investidor não está interessado em exercer o direito de voto. Se alguém quiser obrigá-lo, ele vai embora. Os estrangeiros vieram para cá e não fizeram muita questão de ter direito de voto. Todos esses ADRs nossos, que estão sendo emitidos, não têm voto. O problema é que no Brasil, com grandes empresas, a estabilidade do controle é muito importante. E a ideia de que podemos ter empresas como os americanos têm, em que se controla com apenas 5% ou 10% das ações, aqui são casos raros [...] O Acionista precisa é da garantia do dividendo, porque valoriza a ação [...] A coisa mais importante para o acionista preferencial é uma CVM eficiente [...] Se quer melhorar o direito dos minoritários, melhora a CVM.[340]

Bulhões Pedreira sustentava que o voto não valorizaria a ação. Segundo seu convencimento, existiriam dois tipos efetivos de acionistas: o acionista-empresário e o acionista-investidor,

---

[339] O problema do limite de emissão de ações preferenciais sem voto ou com voto restrito vem desde o Dec.-lei 2.627/1940, cujo art. 9º, parágrafo único, estabelecia o percentual de 50%. Na tramitação do Projeto de LSA no Congresso Nacional e no contexto de intensos debates publicados na mídia, a redação original do Projeto de LSA, que estabelecia o percentual de 2/3, foi reduzida para 50% na Câmara dos Deputados, voltando a 2/3 durante sua análise no Senado Federal, cuja fórmula prevaleceu e vigeu durante décadas, até a reforma de 2001 pela Lei 10.303.

[340] CVM ganha mais poder com nova lei. *Jornal do Brasil*, Rio de Janeiro, 15 maio. 1997. Caderno Economia, p. 24.

sendo adequado que houvesse papéis (modelos de ações) para cada um deles. Sob a perspectiva do acionista-investidor, o dividendo seria o principal elemento a agregar valor à ação.

O jurista defendia a ampliação de uma cultura de acumulação de renda pelo acionista, a partir da percepção de dividendos e, portanto, considerava uma distorção a busca de ganhos por meio da mera compra e venda de ações no mercado ("assim, se ação valorizou e você quer o dinheiro, vende uma parte de suas ações. Isto é uma distorção [...] quem compra ação, para ganhar vendendo no mercado, é intermediário, é especulador, não é investidor").[341]

De fato, havia controvérsias sobre a importância do direito de voto. Para muitos, se tratava de atributo que contribuía para valorizar o investimento, sobretudo porque correspondia a um dos poucos direitos pessoais existentes em modelo societário cuja estrutura de capital era prevalecente. Ademais, se o investidor não quisesse participar da vida política da companhia, ninguém o obrigaria, ficando a seu exclusivo critério se ausentar de reuniões assembleares ou, eventualmente, outorgar seus poderes políticos a outro acionista ou administrador da companhia (art. 126, § 1º, LSA).

Ainda nos anos 1990, profissionais especializados advogavam que, mundo afora, principalmente nos Estados Unidos da América, a ação sem voto era rotulada como de segunda classe. A exclusão do voto era absolutamente depreciativa do direito do acionista. Significava exclusão da vida política.

O regime de capital concentrado nas companhias brasileiras mudou significativamente, a partir dos anos 2000, a exemplo do ocorrido em países com mercado de ações desenvolvido, especialmente pela forte influência do chamado "ativismo acionário". Não que tenha havido ruptura do status quo: ainda hoje, persiste a concentração de capital em boa parte das companhias abertas brasileiras. Porém, conjugada com casos bem-sucedidos de dispersão acionária.

Uma interessante convergência de fatores positivos colaborou para a renovação das relações entre acionistas de companhias abertas: intervenções legislativas com o objetivo de aprimorar a conjuntura normativa (Leis 9.457 e 10.303), esforços de modernização regulatória empreendidos pela Comissão de Valores Mobiliários e avanços conquistados por entidades autorreguladoras, com destaque para a Bolsa de Valores de São Paulo – Bovespa (atualmente, integrante da B3 S.A. – Brasil, Bolsa, Balcão), particularmente com a criação de segmentos especiais de listagem de ações, conforme o nível de boas práticas de governança (Níveis 1 e 2) e, de maneira principal, com a inauguração do Novo Mercado (em 2000), que apenas admite a listagem de ações com voto em seu ambiente de negociação. Outras medidas se sucederam, como a criação dos segmentos Bovespa Mais e Bovespa Mais Nível 2 (idealizados para companhias que procuram se inserir no mercado de forma gradual).

Portanto, há categorias de investidores que acessam o mercado de capitais, com destaque para investidores qualificados e os profissionais,[342] para as quais o exercício de direitos políticos, principalmente via direito de voto nas assembleias gerais, constitui medida pertinente para a adequada gestão do investimento. Frequentemente, são agentes econômicos que

---

[341] CVM ganha mais poder com nova lei. *Jornal do Brasil*, Rio de Janeiro, 15 maio 1997. Caderno Economia, p. 24.

[342] A ICVM 554/2014 (conforme alterada pelas ICVM 564/2015 e 566/2015) tratou das categorias de investidores e alterou a Instrução CVM 539/2013, inserindo os arts. 9º-A, 9º-B e 9º-C. Listou, em seu art. 9º-A, as seguintes espécies de investidores profissionais: I – instituições financeiras e demais instituições autorizadas a funcionar pelo Banco Central do Brasil; II – companhias seguradoras e sociedades de capitalização; III – entidades abertas e fechadas de previdência complementar; IV – pessoas naturais ou jurídicas que possuam investimentos financeiros em valor superior a R$ 10.000.000,00 (dez milhões de reais) e que, adicionalmente, atestem por escrito sua condição de investidor profissional mediante termo próprio; V – fundos de investimento; VI – clubes de investimento, desde que tenham a carteira gerida por administrador de carteira de valores mobiliários autorizado pela CVM; VII – agentes autônomos de investimento, administradores de carteira, analistas e consultores de valores mobiliários autorizados pela CVM, em relação a seus recursos próprios; VIII – investidores não residentes. E, ainda, considerou como investidores qualificados (art. 9º-B): I – investidores profissionais; II – pessoas naturais ou jurídicas que possuam investimentos financeiros em valor superior a R$ 1.000.000,00 (um milhão de reais) e que, adicionalmente, atestem por escrito sua condição de investidor qualificado mediante termo próprio; III – as pessoas naturais que tenham sido aprovadas em exames de qualificação técnica ou possuam certificações aprovadas pela CVM como requisitos para o registro de agentes autônomos de investimento, administradores de carteira, analistas e consultores de valores mobiliários, em relação a seus recursos próprios; e IV – clubes de investimento, desde que tenham a carteira gerida por um ou mais cotistas, que sejam investidores qualificados.

assumem a grave incumbência de gerir recursos de propriedade de terceiros. Nessa posição, devem acompanhar de perto a gestão da companhia e seus indicadores de desempenho, participar dos eventos societários, ter voz ativa nas assembleias gerais, exigir explicações da administração sobre as demonstrações financeiras e a prestação de suas contas, concorrendo no processo decisório assemblear.

Logo, exsurgiu a percepção de que o direito de voto é relevante. Funciona como instrumento de legítima estratégia de ativismo acionário. Não se trata de direito essencial do acionista, como bem pontuava Rubens Requião,[343] até porque não está incluído no rol taxativo do art. 109, LSA. Mas, vale insistir, qualifica a propriedade acionária, pois abre caminho para o equilíbrio de interesses.

Não por obra do acaso, testemunhou-se, na primeira década dos anos 2000, companhias que foram a mercado para ofertar ações com voto e, subsequentemente, listaram-nas no Novo Mercado. Por conseguinte, empreendedores, que se posicionaram como líderes de companhias abertas, tiveram a percepção de que o direito político agrega valor à ação.

Enfim, é sustentável dizer que a exclusão ou restrição do direito de voto das ações preferenciais – plenamente possível, no limite acima comentado – corresponde ao primeiro dilema por que passam as companhias abertas. O quadro atual tende pela valorização do direito de voto, a fim de tornar as ações mais atrativas.

O segundo dilema das ações preferenciais de emissão de companhias abertas consiste na outorga de concreta vantagem patrimonial. Haveria, de fato, instrumentos legais que assegurassem a contraprestação patrimonial em face da exclusão ou restrição do voto?

Antes da reforma da LSA pela Lei 9.457/1997, foram muitos os casos de companhias que, se utilizando da faculdade a que se refere o art. 17, II, LSA, acabavam por não conferir qualquer vantagem patrimonial efetiva para as ações preferenciais, muito embora lhes retirassem o direito de voto. Na prática, os estatutos sociais dessas companhias concediam, meramente, a prioridade ao reembolso de capital, em caso de liquidação da companhia. Significava direito circunscrito à teoria e o acionista nada recebia de vantagem.[344]

Por consequência, a ação preferencial, ainda que tivesse, no silêncio do estatuto, direito a voto (art. 15, § 2º, c/c art. 111, LSA), era vista, simplesmente, como ação comum sem voto, considerando: (i) a presença recorrente de cláusula estatutária de exclusão de voto; e (ii) a inoperância da vantagem patrimonial. Uma ação depreciada.

A questão foi objeto de revisão, por ocasião das reformas da LSA.

Primeiramente, a Lei 9.457/1997 introduziu o chamado dividendo diferencial, por meio da modificação do inciso I do art. 17, LSA, aplicado indistintamente a companhias abertas e fechadas (na proposta original da reforma, "salvo no caso de ações com direito a dividendos fixos ou mínimos, cumulativos ou não, no direito a dividendos no mínimo dez por cento maiores do que os atribuídos às ações ordinárias").

Posteriormente, a Lei 10.303/2001 aprofundou a alteração da disciplina das vantagens patrimoniais, tanto para aperfeiçoar a definição do dividendo diferencial (cingindo-o às ações preferenciais, sem voto ou com voto restrito, admitidas à negociação no mercado de valores mobiliários e realocando-o no inciso II do § 1º), quanto para estabelecer novos critérios de atribuição de vantagens, como examinado no item 4 destes comentários.

Os dilemas em questão dizem respeito ao tratamento dado a acionistas titulares de ações preferenciais de emissão de companhias abertas e negociadas em mercado.

Por sua vez, nas companhias fechadas, a efetividade das vantagens patrimoniais *versus* exclusão de direito de voto faz parte da legítima negociação privada entre (futuros) acionistas ou entre

---

[343] REQUIÃO, Rubens. *Curso de direito comercial*. 31. ed. São Paulo: Saraiva, 2014. v. 2. p. 200.

[344] Conforme reiteradamente reconhecido pela jurisprudência da Comissão de Valores Mobiliários, valendo citar, por todos, o seguinte trecho do voto da Diretora Relatora Ana Dolores Moura Carneiro de Novaes, nos autos do Processo CVM RJ 2013/5993: "Difundiu-se, assim, a criação de ações preferenciais sem direito a voto e sem vantagem econômica palpável, gozando apenas de prioridade no reembolso em caso de liquidação. Para ações negociadas no mercado, evidentemente esta prioridade não tem vantagem prática, pois o investidor de mercado não compra ações de uma companhia pensando na liquidação desta e na raríssima possibilidade de receber prioritariamente seu capital, após o pagamento de credores." (BRASIL. Comissão de Valores Mobiliários. Colegiado. Relatora Ana Dolores Moura Carneiro de Novaes. Processo CVM RJ 2013/5993. Julgado em: 31 jan. 2014. Disponível em: <www.cvm.gov.br>. Acesso em: 21 out. 2019).

o potencial investidor e o acionista controlador, no curso do processo de alocação de investimentos, à luz da autonomia da vontade. Aqui, o equilíbrio de forças se faz presente e cada qual ditará as condições segundo as quais incorrerá no risco de ser sócio.

2. Vantagens patrimoniais da ação preferencial: os dividendos prioritários

MAURICIO MOREIRA MENEZES

O art. 17, LSA, centraliza a disciplina relativa às vantagens patrimoniais da ação preferencial e repercute em diferentes pontos da lei. Observe-se, por exemplo, que importante vantagem que pode ser atribuída à ação preferencial são os chamados dividendos prioritários, fixos ou mínimos (art. 17, I, LSA), que são mencionados, para diferentes fins, nos art. 111, § 1º, art. 200, V e art. 203, LSA).

Dividendo é a parcela do lucro que toca a cada ação. É a quantidade de lucro que deve ser paga a cada ação. Suas normas gerais estão contempladas nos arts. 201 e ss., LSA, dentre as quais sobressaem aquelas dispostas no extenso art. 202, que trata do dividendo obrigatório, hipótese sem precedentes no direito estrangeiro[345], e que corresponde ao percentual do lucro líquido ajustado do exercício social (art. 202, I, LSA) que deve ser, necessariamente, distribuído a acionistas.

Os regimes jurídicos estabelecidos para, de um lado, os dividendos obrigatórios e, de outro, os dividendos prioritários, merecem comparação, a fim de que sejam devidamente posicionados no âmbito da relação acionista *versus* companhia.

Assim, embora os dividendos obrigatórios constituam instrumento de proteção ao acionista minoritário, destinado singularmente à concreção do direito essencial de participação nos lucros sociais (art. 109, I, LSA), é importante que se registre a primazia dos dividendos prioritários, os quais se antepõem àqueles, por força de lei (art. 203, LSA).

Nessa ordem de ideias, uma vez estabelecidos os dividendos prioritários (fixos ou mínimos) pelo estatuto social, não é exagero mencionar que são considerados invioláveis e indispensáveis, a ponto de a lei autorizar, no exercício social em que o lucro for insuficiente, o respectivo pagamento por meio de recursos alocados na conta de reserva de capital da companhia, caso sejam também cumulativos, tudo conforme previsto no estatuto (art. 200, V, art. 201 e art. 17, § 6º, LSA). Não há caminho para sua exclusão, redução ou modificação, salvo se com expressa aprovação dos respectivos titulares de mais da metade da classe de ações preferenciais, reunidos em assembleia especial (art. 136, § 1º, LSA) e, caso aprovada, poderá o dissidente retirar-se da companhia, percebendo o correspondente reembolso (art. 137, I c/c art. 45, LSA).

Quanto ao conceito de dividendos fixos e de dividendos mínimos, a LSA não os detalha, abrindo espaço para doutrina fazê-lo.

A noção por trás dessa classificação admitiria, de início, dois critérios de cálculo do dividendo: o primeiro deles, "fixo", corresponderia a valor predefinido, aproximando-se de um típico investimento de renda fixa, cuja remuneração é antecipadamente conhecida pelo investidor; o segundo, "mínimo", corresponderia a um percentual sobre o lucro, cuja natureza é variável. Leiam-se, nesse sentido, as palavras de Modesto Carvalhosa:

> Dividendo fixo é a quantia do lucro determinada no estatuto social que deve ser atribuída a cada ação preferencial com base em (i) um valor certo em reais por ação preferencial ou (ii) um determinado percentual sobre o valor nominal da ação preferencial, ou, caso as ações não tenham valor nominal, sobre o próprio capital social correspondente à classe de ações preferenciais em questão [...] Já as ações preferencias com dividendo mínimo também têm o direito de receber prioritariamente uma parcela do lucro que poderá ser determina pelo estatuto.[346]

---

[345] Esse é o lúcido comentário de Rubens Requião: "Não contando com nenhum precedente no direito comparado, a inclusão da norma compulsória provocou intenso e apaixonado debate no seio do empresariado nacional e dos interessados na evolução do mercado de capitais em nosso país [...] Ficou, pois, integrado na lei o princípio do direito subjetivo do acionista ao crédito de dividendos. Desde que a empresa obtenha, em seu balanço anual, uma parcela de lucro líquido, deve esse, em parte, no mínimo de 25%, ser distribuído aos acionistas. O preceito é revolucionário na doutrina, tanto que, como dizíamos, não possui precedentes no direito comparado" (REQUIÃO, Rubens. *Curso de direito comercial*. 31. ed. São Paulo: Saraiva, 2014. v. 2 p. 320-322).

[346] CARVALHOSA, Modesto. *Comentários à lei de sociedades anônimas*. 7. ed. São Paulo: Saraiva, 2013. v. 1. p. 281-282.

Embora dita interpretação seja coerente e até intuitiva, não se deve entender por irregular a cláusula estatutária que não siga esse raciocínio. A rigor, como a lei societária não restringe o modo de cálculo dos dividendos fixos e mínimos, deve prevalecer a autonomia privada. Cabe ao estatuto social trazer regras muito bem definidas a respeito da quantificação do dividendo prioritário, seja ele fixo ou mínimo, bem como sobre seu pagamento.

Sob o ponto de vista estritamente técnico, o que diferencia o dividendo fixo do mínimo é o critério disposto no § 4º do art. 17: salvo disposição em contrário no estatuto (portanto, prioriza-se mais uma vez a autonomia privada), a ação com dividendo fixo não participa dos lucros remanescentes e a ação com dividendo mínimo participa dos lucros distribuídos em igualdade de condições com as ordinárias, depois de a estas assegurado dividendo igual ao mínimo.

Considere-se, por hipótese, que o estatuto social nada disponha, aplicando-se a fórmula legal. A ação com dividendo fixo não irá participar da distribuição dos lucros remanescentes. A ação com dividendo mínimo deve aguardar a eventualidade da ação ordinária receber o valor antes pago ao preferencialista. E, então, segue-se na distribuição do saldo. A lei estabelece, portanto, um método de pagamento sucessivo de dividendos. Esse problema atrai outra discussão, consubstanciada na justa concepção de "prioridade" do dividendo.

Com efeito, por "prioridade" deve-se entender não apenas a preferência quanto ao tempo de pagamento do dividendo (ou seja, pagar tal dividendo primeiramente), mas especialmente a preferência quanto ao valor disponível no caixa da companhia para esse fim. Havendo escassez de recursos, cabe à companhia pagar os dividendos prioritários, fixos ou mínimos, ainda que não remanesça saldo para pagamento dos dividendos obrigatórios.

O Colegiado da Comissão de Valores Mobiliários apreciou tal questão e decidiu, por unanimidade, que:

> Merecem ainda destaque dois outros detalhes que diferenciam os dividendos obrigatórios dos dividendos prioritários: i) enquanto o dividendo obrigatório compromete apenas o lucro do exercício, o dividendo prioritário compromete o lucro líquido do exercício, as reservas de lucros (exceto à legal) e os lucros acumulados; ii) o dividendo obrigatório, não obstante se destinar a remunerar todos os acionistas (ordinaristas e preferencialistas), sofre os efeitos das prioridades, o que significa que os ordinaristas só recebem a cota obrigatória caso os valores distribuídos sejam suficientes para pagar, em primeira mão, aos preferencialistas com prioridade.[347]

Postas tais premissas, alcança-se, na hipótese sob enfoque, a etapa de pagamento dos lucros remanescentes, na qual concorrerão ordinarialistas e preferencialistas, em igualdade de condições. Reitere-se que esta é a diferença entre a ação preferencial com dividendo fixo e a ação preferencial que tenha direito a dividendo mínimo: a primeira não participa dos lucros remanescentes e a segunda sim, nas condições acima comentadas e atentando-se, em qualquer caso, para a correspondente disposição estatutária.

3. Cumulação de dividendos prioritários

Mauricio Moreira Menezes

O problema da insuficiência de lucro, em dado exercício social, vis-à-vis o montante a ser pago a título de dividendo prioritário, conduz a outro ponto, nomeadamente os dividendos cumulativos a que se refere o art. 17, §§ 4º e 6º, LSA.

A regra geral é: "o dividendo prioritário não é cumulativo", salvo previsão estatutária.

Logo, caso o estatuto fixe o valor de R$ 50 mil, por exercício social, de dividendo prioritário cumulativo para determinada classe de ação preferencial e, em dado ano, a companhia disponha do lucro líquido distribuível de R$ 40 mil (após a retenção do valor destinado a reserva legal, conforme o art. 193, LSA), restará um saldo não pago de R$ 10 mil, os quais são postergados, automaticamente, para o exercício seguinte.

Por consequência, aquela classe de ação preferencial terá direito a receber os R$ 50 mil daquele ano mais os R$ 10 mil que não foram pagos no ano anterior, somando o montante de R$ 60 mil. E, assim, subsequentemente.

Havendo reserva de capital, nos exercícios em que o lucro for insuficiente, a companhia poderá dela dispor para pagar os dividendos cumulativos

---

[347] BRASIL. Comissão de Valores Mobiliários. Colegiado. Relator Sergio Weguelin. Processo CVM RJ 2005/2611. Julgado em: 04 out. 2005. Disponível em: <www.cvm.gov.br>. Acesso em: 21 out. 2019.

(art. 200, V, art. 201 e art. 17, § 6º, LSA), regra comentada por Egberto Lacerda Teixeira e José Alexandre Tavares Guerreiro, nos seguintes termos:

> Trata-se, aqui, de vantagem excepcional que o estatuto pode conferir às ações preferenciais com prioridade na distribuição de dividendo cumulativo. Realmente, a regra geral é a de que a companhia somente pode pagar dividendos à conta de lucro líquido do exercício; de lucros acumulados e de reserva de lucros, conforme está expresso na 1ª parte do art. 201. Entretanto, permite-se [...] que o dividendo das ações preferenciais em questão seja pago à conta de reserva de capital, se o lucro for insuficiente para esse fim, no exercício considerado. As reservas de capital são aquelas de que trata o §1º do art. 182. Como se observa, o privilégio em exame se reveste de grande significação. Sua concessão é estatutária, vale dizer, se não previsto no ato constitutivo, não podem outorga-lo a Assembleia Geral nem os órgãos de administração [...].[348]

Em suma, a cláusula estatutária de pagamento de dividendos cumulativos à conta de reserva de capital tem duas interessantes funções: (i) remunerar a ação preferencial independentemente das incertezas inerentes à produção de lucro pela companhia; e (ii) evitar que os atrasos comprometam a destinação de resultados positivos de exercícios futuros e frustrem as demais categorias de acionistas, cuja expectativa é igualmente participar dos lucros sociais.

4. A reforma de 2001 e as vantagens patrimoniais das ações preferenciais admitidas à negociação em mercado

MAURICIO MOREIRA MENEZES

Como se disse, a reforma da LSA, implementada pela Lei 10.303/2001, teve por foco aperfeiçoar o estatuto legal das companhias abertas e, nesse sentido, promoveu importantes alterações no regime atributivo de vantagens das ações preferenciais sem voto por elas emitidas.

O legislador foi diretamente ao ponto e estabeleceu, no art. 17, § 1º, LSA, que, independentemente do fantasioso direito de receber o valor de reembolso do capital, em caso de liquidação da companhia, as ações preferenciais sem direito de voto ou com restrição ao exercício deste direito, somente serão admitidas à negociação no mercado de valores mobiliários (portanto, trata-se de requisito para admissibilidade da sua negociação em mercado) se a elas for atribuída pelo menos uma das seguintes preferências ou vantagens:

(i) *dividendo mínimo prioritário*: o inciso I, do § 1º, propõe-se a dar tratamento adequado para os dividendos mínimos, a fim de que o acionista obtenha vantagem efetiva. A linguagem do legislador dificultou a tarefa do intérprete, pois fez referência ao dividendo obrigatório de que trata o art. 202, LSA, embora, repita-se, trate de dividendo mínimo. Assim, estabelece: (1) o "piso" do dividendo a ser distribuído, correspondente a, "pelo menos", 25% do lucro líquido do exercício ajustado (art. 202, LSA); (2) a prioridade das ações preferenciais no recebimento do dividendo equivalente a, no mínimo, 3% (três por cento) do valor do patrimônio líquido da ação, a ser deduzido do montante calculado na forma do item "1"; (3) pagamento às ações ordinárias do valor correspondente ao dividendo mínimo prioritário antes referido, se houver sobras; e (4) direito das ações preferenciais de participar dos lucros remanescentes distribuídos em igualdade de condições com as ordinárias.

Várias críticas foram feitas sobre a escolha do percentual de 3% e de sua respectiva base de cálculo (patrimônio líquido), os quais foram considerados aleatórios por profissionais especializados.[349] Vale dizer que não houve transparência

---

[348] TEIXEIRA, Egberto Lacerda; GUERREIRO, José Alexandre Tavares. *Das sociedades anônimas no direito brasileiro*. São Paulo: José Bushatsky, 1979. p. 196.

[349] Vide, por todos, os comentários de Francisco Costa e Silva: "a nova Lei ousou ao estabelecer um determinado percentual mínimo para o dividendo, e essa ousadia talvez encontre fundamento no fato de que, se não o fizesse, talvez as empresas se sentissem tentadas a definir percentuais simbólicos, esvaziando o objetivo pretendido pelo legislador [...] A definição de um percentual a ser obrigatoriamente distribuído decorreu, portanto, de motivações de ordem prática, enquanto que a definição do valor (3%) teve caráter absolutamente discricionário. Não há justificativa técnica que possa embasar a adequação do percentual de 3%. Poderia ser 2%, 4% ou 6%, ou qualquer outro. O legislador optou por 3% atendendo exclusivamente a critérios políticos" (SILVA, Francisco Costa e. As ações preferenciais na Lei 10.303 de 31.10.2001: proporcionalidade com as ações ordinárias; vantagens e preferências. In: LOBO, Jorge (coord.). *Reforma da lei das sociedades anônimas*. Rio de Janeiro: Forense, 2002. p. 132).

quanto à adoção desses parâmetros, sobre sua motivação, a qual deveria ser precedida de ampla discussão pública.

Repare-se que há outras controvérsias. Qual seria o percentual mínimo a ser distribuído prioritariamente ao preferencialista? 25% do lucro líquido ajustado? E se o valor equivalente a 3% do patrimônio líquido da companhia for superior aos 25%? Seria necessária cláusula estatutária permitindo distribuição de maior percentual do lucro líquido ajustado, tendo em vista que inciso I, do § 1º, de que se trata, cita "pelo menos"?

Ao que tudo indica, a prioridade é firmada em, no mínimo, 3% do patrimônio líquido, cujo montante, caso exceda os 25% do lucro líquido ajustado (o que pode vir a ocorrer em sociedades anônimas com patrimônio líquido elevado), obrigará a companhia a pagar parcela superior a esse percentual do lucro líquido ajustado.

Portanto, o "piso" de 25% do lucro líquido ajustado tem por função definir o montante mínimo que comporá eventual saldo de lucro remanescente, no qual concorrerão preferencialistas e ordinarialistas, após os últimos receberem o valor correspondente ao dividendo mínimo prioritário dos primeiros.

(ii) *direito ao recebimento de dividendo diferencial*: correspondente ao montante de dividendo por ação preferencial que seja pelo menos 10% (dez por cento) maior do que o atribuído a cada ação ordinária. Conforme acima comentado, havia sido introduzido pela Lei 9.457/1997, que a estendeu a companhias abertas e fechadas. Na atualidade, restringem-se às ações de emissão de companhia aberta e admitidas à negociação em mercado, funcionando como alternativa ao dividendo mínimo previsto no inciso I, do § 1º, do art. 17, LSA.

As sucessivas mudanças da LSA produziram controvérsias que chegaram ao Judiciário. Tome-se o exemplo que uma companhia fechada que, após a introdução do dividendo diferencial em 1997, o adotou para as ações preferenciais sem voto de sua emissão. Após a reforma de 2001, circunscrito o dividendo diferencial às ações admitidas à negociação em mercado, a aludida companhia fechada altera seu estatuto, para fins de atualizá-lo e excluir o dividendo diferencial. Nesse caso, haveria necessidade de aprovação em separado dos titulares de classe de ação preferencial alcançada pela modificação (art. 136, § 1º, LSA)? E mais: a supressão desse dividendo poderia ensejar a aquisição do direito de voto pelo preferencialista (art. 111, § 1º, LSA)? A resposta para ambas perguntas é negativa, como muito bem decidido pelo Superior Tribunal de Justiça, nos termos do acórdão cuja ementa é adiante reproduzida:

1. Não é ilegal a supressão do direito de voto das ações preferenciais, desde que se lhes atribua alguma das vantagens ou preferências previstas em lei.

2. Durante a vigência da redação original do art. 17 da LSA, as preferências ou vantagens das ações preferenciais podiam se limitar àquelas arroladas nos incisos do referido artigo, que não compreendiam direito à percepção de dividendos superiores aos pagos às ações ordinárias (dividendo diferencial).

3. O direito à percepção de dividendo diferencial foi indistintamente atribuído, por lei, a todas as ações preferenciais apenas durante a vigência da redação do art. 17 da LSA dada pela Lei nº 9.457, de 1997.

4. Com a edição da Lei nº 10.303, de 2001, que alterou o referido artigo, não há obrigação legal de atribuir dividendo diferencial às ações preferenciais não negociadas no mercado de valores mobiliários, cujas vantagens e preferências podem se limitar àquelas arroladas nos incisos do caput do art. 17, isolada ou cumulativamente.

5. A alteração das vantagens e preferências das ações preferenciais não lhes confere direito de voto definitivo, nem as converte em ações ordinárias, pois eventual reforma estatutária que não atribuísse, no mínimo, as vantagens e preferências previstas no art. 17 da LSA implicaria nulidade e o consequente retorno à redação anterior do estatuto. Eventual nulidade, porém, somente poderia ser alegada nos prazos previstos na LSA e não é dado ao juiz conhecê-la de ofício, pois, em matéria societária não se aplica, de ordinário, a teoria das nulidades de Direito comum. Consequência, ademais, incompatível com o pedido inicial.

6. Também não há atribuição de voto definitivo às ações preferenciais, nem sua conversão em ordinárias se os acionistas preferencialistas não anuírem com as alterações de suas vantagens ou preferências. Nesta hipótese, as alterações são apenas ineficazes em relação às classes de ações preferenciais que não as aprovarem.

7. No caso concreto, é impossível, sem reexame de provas e interpretação do estatuto da

companhia, aferir se a alteração das preferências e vantagens das ações preferenciais infringiu o disposto na lei societária vigente à época e atribuiu aos preferencialistas não-vantagens ou não-preferências. Incidência das Súmulas n. 5 e 7 desta Corte a vedar o conhecimento de alegada ofensa aos arts. 15, 17, 18 e 19 da LSA.

8. A aquisição temporária do direito de voto pelas ações preferenciais, nos termos do § 1º do art. 111 da LSA (voto contingente), é restrita às ações preferenciais que fazem jus a dividendos fixos ou mínimos. Ausência de violação ao referido dispositivo legal.

9. Não é ilegal disposição de acordo de acionistas que prevê que as ações preferenciais não gozarão de direito de voto, conforme admite o caput do art. 111 da LSA. Ausência de violação dos arts. 82 e 145, II, do Código Civil de 1916.

10. Recurso conhecido em parte e, nessa parte, improvido.[350]

(iii) *direito de serem incluídas na oferta pública de alienação de controle, nas condições previstas no art. 254-A*: trata-se do chamado "tag along", que, aliás, é imposto pelo Regulamento do Nível 2 de Governança Corporativa da B3 às companhias que tenham ações preferenciais listadas nesse segmento especial, de maneira mais rigorosa que aquela disposta na LSA, pois determina a igualdade de condições entre acionistas preferencialistas e ordinarialistas.[351]

Logo, atentando-se unicamente à previsão legal (art. 254-A, LSA), se houver alienação das ações representativas do bloco de controle de uma companhia aberta, os acionistas titulares de ações negociadas no mercado, com direito à voto, poderão aderir a essa venda e terão direito de receber, no mínimo, 80% do preço pago ao alienante. A despeito das controvérsias sobre a própria essência do art. 254-A, LSA,[352] a ideia seria proteger o acionista minoritário contra as incertezas advindas do novo modelo de gestão a ser implementado pelo adquirente do controle, além de permitir o compartilhamento do "prêmio de controle".[353]

O inciso III, do § 1º, do art. 17, faculta que o direito ao "tag along" seja considerado como alternativa de vantagem patrimonial da ação preferencial, em substituição à percepção do dividendo mínimo ou do dividendo diferencial, mas desde que "assegurado o dividendo pelo menos igual ao das ações ordinárias".

Porém, essa opção é objeto de intensa crítica da doutrina, pelo fato de não ser considerada vantagem real, mas sim direito eventual e futuro, cuja correspondente obrigação não é oponível à companhia e sim a hipotético candidato à aquisição das ações representativas do controle.

---

[350] BRASIL. Superior Tribunal de Justiça. Terceira Turma. REsp 818.506-SP. Relator para o acórdão: Min. João Otávio de Noronha, julgado em 17 dez. 2009.

[351] Leia-se a cláusula 8.1.2 do Regulamento de Listagem do Nível 2 de Governança Corporativa, em vigor a partir de 10 de maio de 2011: "8.1.2 Quando a Companhia tiver emitido ações preferenciais sem direito a voto ou com voto restrito, a oferta pública aos detentores dessas ações preferenciais deverá ser realizada pelo mesmo valor oferecido aos detentores de ações ordinárias e nas mesmas condições". Disponível em: <http://www.b3.com.br>. Acesso em: 19 out. 2019.

[352] Sobre a evolução da discussão que cercou a edição do art. 254 e do art. 254-A, da Lei 6.404/1976, convém transcrever os seguintes comentários de Osmar Brina Corrêa-Lima: "Os dispositivos acima transcritos e, mais particularmente, o do § 1º do art. 254, sempre se erigiram em pomo de discórdia. O § 1º do art. 254, que exigia 'tratamento igualitário aos acionistas minoritários', fora introduzido pelo Congresso Nacional pela Emenda Lehmann. Os autores do Projeto da Lei nº 6.404/1976 e parte da doutrina pátria consideravam que a emenda quebrava a sistemática do Projeto. A ideia geradora da Emenda Lehmann e consagrada nos dispositivos ora revogados era de que o controle da companhia e os seus intangíveis, inclusive a autorização para funcionar, não é sobrevalor de exclusiva propriedade do acionista controlador, mas de todos os acionistas da companhia. Uma ideia manifestamente socializante e socializadora num mundo capitalista agora varrido pelos ventos do chamado neoliberalismo. Na verdade, esses foram os dispositivos que maior celeuma geraram, quando do debate do Projeto da atual Lei nº 6.404/1976, no Congresso Nacional. As opiniões se dividiram. Depois de promulgada a Lei, a doutrina radicalizou-se na sua interpretação" (LIMA, Osmar Brina Corrêa. *Sociedade anônima*. 3. ed. Belo Horizonte: Del Rey, 2005. p. 276-277).

[353] Caso o acionista controlador, que está definido no art. 116, LSA, aliene as ações de sua propriedade, transfere ao comprador, em acréscimo, o poder de ter preponderância nas assembleias gerais e, assim, de eleger a maioria da administração. Ou seja, o comprador terá a prerrogativa de, a partir da conclusão da venda, determinar as novas diretrizes da companhia. Por essa razão, acionistas titulares de ações com voto, da companhia aberta, têm o direito de aderir a essa venda, e o comprador tem o dever de realizar oferta pública de aquisição dessas ações, a chamada OPA obrigatória, regulada pela ICVM 361/2002, com alterações posteriores.

Nessa linha, cabe transcrever a reflexão de Modesto Carvalhosa:

> É inefetiva essa "vantagem", consistente no direito dos preferencialistas de participar da oferta pública para a alienação do controle da companhia. Isso porque esse direito apenas poderá ser exercido na ocorrência do evento futuro e incerto da oferta pública para a alienação de controle, o qual poderá jamais vir a concretizar-se durante todo o tempo em que esses preferencialistas permanecerem na companhia [...] é conceitualmente equivocada. Isso porque não se trata de vantagem conferida diretamente pela companhia ao acionista, mas apenas do direito futuro e incerto deste de participar na mais-valia, decorrente da alienação do controle acionário.[354]

Por tudo que se disse sobre as ações preferenciais admitidas à negociação em mercado, com restrição ou exclusão de direito de voto, sobressai o esforço legislativo de lhes assegurar efetiva vantagem patrimonial, a propósito da qual o dividendo mínimo, previsto no inciso I, do § 1º, do art. 17, LSA, parece ser a alternativa mais justa e convergente com as expectativas do acionista-investidor.

5. Outras preferências ou vantagens

Mauricio Moreira Menezes

O inciso II do art. 17, *caput*, faz referência, como vantagem patrimonial, à "prioridade no reembolso do capital, com prêmio ou sem ele". E o inciso III complementa os anteriores, ao aludir à "acumulação das preferências e vantagens de que tratam os incisos I e II" (i.e., dividendos prioritários e prioridade no reembolso de capital).

O que seria prioridade no reembolso de capital, com prêmio ou sem ele? Do que se trata o reembolso de capital? Desde logo, ressalve-se que essa vantagem nada tem de conexão com a operação de reembolso prevista no art. 45, LSA (pagamento do valor das ações ao acionista que exerce o direito de retirada, uma típica operação de negociação de ações pela própria companhia emitente, conforme previsto no art. 30, § 1º, "a", LSA).

O reembolso de capital, mencionado no inciso II do art. 17, *caput*, é uma espécie de operação de devolução de capital ao acionista. E prioridade no reembolso do capital insere-se no contexto de devolução universal de capital aos acionistas, pois se refere a direito oponível a outros destinatários do reembolso. Evidentemente, fosse uma operação de devolução singular de capital, não haveria qualquer sentido em se falar de prioridade.

Esta situação de devolução global de capital só ocorrerá, em tese, quando houver a dissolução da companhia, com a consequente inauguração do estado de liquidação, por meio da qual a sociedade realiza o ativo, paga o passivo e distribui aos acionistas o acervo remanescente (arts. 207 e ss., LSA).

Assim, a distribuição do acervo remanescente é uma operação de reembolso de capital, pois o acionista é contemplado com parcela do patrimônio da companhia. E o estatuto social pode reconhecer às ações preferenciais prioridade nesse recebimento.

A referida vantagem opera como medida de devolução do valor efetivamente investido pelo preferencialista na companhia, ao qual se pode acrescer um prêmio (i.e., montante em dinheiro), tudo conforme dispuser o estatuto social. Como se trata de prioridade, deve a companhia proceder primeiramente ao pagamento da quantia integral devida ao preferencialista, para então dar sequência à distribuição do acervo remanescente aos demais acionistas, se houver.

Portanto, comente-se que se trata de uma vantagem em potencial. Enquanto a companhia estiver em atividade, não será tornada concreta. Por isso, comenta-se na Seção 1 acima que a cultura acionária do Brasil, no Século XX, era no sentido de não reconhecer vantagens efetivas às ações preferenciais de emissão de companhias abertas, pois o estatuto social limitava-se a outorgar, como vantagem à ação preferencial, a prioridade no reembolso de capital, retirando-lhe ou restringindo-lhe o voto. Um direito esvaziado.

Diferentemente pode ocorrer na companhia fechada, cujo universo de relações societárias é distinto. Nada impede que empreendedores decidam criar uma sociedade de propósito específico, com objeto delimitado à exploração de determinado direito (*v.g.*, uma concessão de serviço público, com prazo fixado) e regulem, no ato de constituição, a forma de devolução de capital ao final do empreendimento, definindo prioridades e, ainda, remunerando adicionalmente alguns de seus pares, por meio de um prêmio em dinheiro. Para casos como esse, a LSA oferta interessantes mecanismos de composição de interesses, como a

---

[354] CARVALHOSA, Modesto. *Comentários à Lei de Sociedades Anônimas*. 7. ed. São Paulo: Saraiva, 2013. p. 289.

emissão de ação preferencial com a vantagem descrita no inciso II do art. 17, *caput*.

Adicionalmente, o § 2º do art. 17, LSA, com a redação dada pela Lei 10.303/2001, determina que quaisquer outras preferências ou vantagens que sejam atribuídas aos acionistas sem direito a voto, ou com voto restrito, além das previstas no referido artigo, devem constar do estatuto, com precisão e minúcia. Aplica-se aqui a observação ofertada, em outro contexto, por Egberto Lacerda Teixeira e José Alexandre Tavares Guerreiro, com alusão ao antigo texto da lei, hoje alocado no § 4º do art. 17, a respeito da liberdade estatutária para regular as modalidades de atribuição e efetivação do privilégio pecuniário às ações preferenciais:

> Cabe assim uma observação ao investidor em potencial: consulte sempre o estatuto da companhia para aquilatar-se das reais vantagens de que nela gozarão as ações preferenciais e para verificar a extensão de sua participação nos lucros da sociedade. Tenha-se sempre em mente a advertência do Prof. Waldemar Ferreira ao lembrar, com muita razão, que frequentemente as ações ordinárias podem ser as preferenciais; e estas as preteridas.[355]

Por último, o § 7º do art. 17, LSA, projeta-se sobre as companhias que tenham sido desestatizadas, tendo sido introduzido pela Lei 10.303/2001. O objetivo foi permitir a criação de ação preferencial de classe especial, usualmente conhecida como "golden share", para atribuição exclusiva ao ente desestatizante, que deteria "super" poderes, patrimoniais e políticos, devidamente detalhados no estatuto social, incluindo-se o poder de veto às deliberações da assembleia-geral nas matérias que especificar.

Esse dispositivo está em linha com o que dispõe o art. 8º, da Lei 9.491/1997, que alterou os procedimentos relativos ao Programa Nacional de Desestatização.[356]

Foi o que ocorreu com a companhia Vale S.A., cujo estatuto social contempla 12 ações preferenciais de classe especial, pertencentes exclusivamente à União Federal. Ditas ações possuem vantagens patrimoniais e direitos políticos, como o poder de veto sobre as matérias elencadas no art. 7º do estatuto social da companhia.[357]

Estima-se que tal norma caia em desuso oportunamente, pois, em uma economia de mercado, não se justifica tamanha influência em organização empresária privada, que pode ficar à mercê de políticas de governo de curto prazo, sem que se atente para o efetivo interesse social e os projetos de longo prazo da companhia, que, muita vez, envolvem ciclos plurianuais de investimento.

Vantagens Políticas

Art. 18. O estatuto pode assegurar a uma ou mais classes de ações preferenciais o direito de eleger, em votação em separado, um ou mais membros dos órgãos de administração.

Parágrafo único. O estatuto pode subordinar as alterações estatutárias que especificar à aprovação, em assembleia especial, dos titulares de uma ou mais classes de ações preferenciais.

COMENTÁRIOS

1. Ações preferenciais e vantagens políticas

ANA FRAZÃO

O art. 17 da LSA disciplina as vantagens patrimoniais das ações preferenciais. Ao lado delas, a Lei prevê, ainda, no art. 18 e no seu parágrafo único, as vantagens políticas que poderão

---

[355] TEIXEIRA, Egberto Lacerda; GUERREIRO, José Alexandre Tavares. *Das sociedades anônimas no direito brasileiro*. São Paulo: José Bushatsky, 1979. p. 196.

[356] "Art. 8º Sempre que houver razões que justifiquem, a União deterá, direta ou indiretamente, ação de classe especial do capital social da empresa ou instituição financeira objeto da desestatização, que lhe confira poderes especiais em determinadas matérias, as quais deverão ser caracterizadas nos seus estatutos sociais".

[357] Dispõe o art. 7º do estatuto social da Vale S.A.: "Art. 7º – A ação de classe especial terá direito de veto sobre as seguintes matérias: I – alteração da denominação social; II – mudança da sede social; III – mudança no objeto social no que se refere à exploração mineral; IV – liquidação da sociedade; V – alienação ou encerramento das atividades de qualquer uma ou do conjunto das seguintes etapas dos sistemas integrados de minério de ferro da sociedade: (a) depósitos minerais, jazidas, minas; (b) ferrovias; (c) portos e terminais marítimos; VI – qualquer modificação dos direitos atribuídos às espécies e classes das ações de emissão da sociedade previstos neste Estatuto Social; VII – qualquer modificação deste Artigo 7º ou de quaisquer dos demais direitos atribuídos neste Estatuto Social à ação de classe especial". Disponível em: <http://www.vale.com/brasil/PT/investors/Paginas/default.aspx>. Acesso em: 30 out. 2019.

ser atribuídas às ações preferenciais por disposição estatutária, notadamente: (i) o direito de eleger, em votação em separado, um ou mais membros para os órgãos de administração e (ii) o direito de vetar determinadas alterações do estatuto social.

As vantagens políticas, todavia, constituirão sempre um *plus* em relação às vantagens patrimoniais. Com efeito, a lei brasileira, como se infere do art. 17, não admite que seja criadas classes de ações preferenciais às quais se atribuam tão somente vantagens políticas.[358]

A Lei admite, assim, a existência de ações preferenciais politicamente privilegiadas em relação às demais classes de ações preferenciais e com "duplo privilégio – patrimonial e político – em relação às próprias ações ordinárias nominativas registradas e nominativas escriturais, na medida em que estas devem submeter-se, irrevogavelmente ao veto sobre suas decisões a respeito de alterações estatutárias".[359]

Conforme esclarece a Exposição de Motivos da Lei 6.404/1976, "o Artigo 18, sancionando práticas usuais, inclusive nas participações do BNDE, autoriza a atribuição, à determinada classe de ações preferenciais, do direito de eleger representantes nos órgãos de administração e do poder de veto em modificações estatutárias".

Haverá, em ambos os casos, como ensina Modesto Carvalhosa,[360] a completa segregação dos votos dos preferencialistas. Significa dizer que, em ambas as hipóteses, a votação ocorrerá em separado e não influirá numericamente sobre a decisão da Assembleia Geral.[361] Logo, os titulares de ações com direito a voto irão decidir, regularmente, sobre determinada matéria em Assembleia Geral, sem que as ações preferenciais descritas no art. 18 da Lei 6.404/1976, interfiram no quórum de instalação ou de deliberação da Assembleia. Solução diversa aplica-se quando se trata de ações preferenciais com direito a voto e/ou com voto restrito. Nesses casos, os acionistas preferencialistas exercerão o direito de voto na Assembleia Geral, votando conjuntamente com os titulares de ações ordinárias.

Nelson Eizirik[362] lembra, inclusive, que a eleição do administrador de ações preferenciais realizada em votação em separado não está, necessariamente, vinculada à eleição dos demais administradores da companhia, podendo ocorrer a qualquer tempo. Não há, portanto, obrigatoriedade de que haja coincidência nos mandatos dos administradores eleitos pela regra geral e nos termos do *caput* do art. 18, da Lei 6.404/1976.

A previsão estatutária que assegurar aos preferencialistas o direito de eleger um ou mais membros para a administração ou o poder de veto sobre determinadas deliberações não poderá ser alterada ou suprimida sem a aprovação prévia ou a ratificação a *posteriori* dos titulares de, pelo menos, metade das classes prejudicadas (art. 136, II c/c art. 136, § 1º), sendo facultado ao acionista dissidente o direito de retirar-se da companhia (art. 137, I).

2. Direito de eleição dos administradores pelos preferencialistas

Ana Frazão

Como descrito, o estatuto poderá assegurar a uma ou mais classes de ações preferenciais o direito de eleger um ou mais membros para os órgãos de administração. Caberá ao estatuto indicar a classe de ações à qual será atribuída essa vantagem política bem como quantos membros do Conselho de Administração e/ou da diretoria poderão ser eleitos por ela.

---

[358] É o que esclarece Alfredo Lamy Filho (LAMY FILHO, Alfredo. Capital social. In: LAMY FILHO, Alfredo; PEDREIRA, José Luiz Bulhões. *Direito das companhias*. Rio de Janeiro: Forense, 2009. v. I. p. 190), segundo o qual: "Parece-nos que as vantagens políticas são admitidas na lei como acréscimo às vantagens patrimoniais, e que não se ajusta ao sistema da lei uma ação preferencial que somente tenha vantagens políticas". Em sentido diverso, Luiz Gastão Paes de Barros Leães (Ações preferenciais exclusivamente com vantagens políticas. *Revista de Direito Mercantil, Industrial, Econômico e Financeiro*. São Paulo, ano XXXVI, n. 109, p. 223-236), defendeu, em parecer publicado sobre o tema, a validade de ações preferenciais às quais sejam atribuídas exclusivamente vantagens políticas.

[359] CARVALHOSA, Modesto. *Comentários à lei de sociedades anônimas*. 7. ed. São Paulo: Saraiva, 2013. v. 1 (Edição Kindle, sem referência de página).

[360] CARVALHOSA, Modesto. *Comentários à lei de sociedades anônimas*. 7. ed. São Paulo: Saraiva, 2013. v. 1 (Edição Kindle, sem referência de página).

[361] CARVALHOSA, Modesto. *Comentários à lei de sociedades anônimas*. 7. ed. São Paulo: Saraiva, 2013. v. 1 (Edição Kindle, sem referência de página).

[362] EIZIRIK, Nelson. *A Lei das S/A comentada*. São Paulo: Quartier Latin, 2011. v. 1. p. 174.

Trata-se de inovação da Lei 6.404/1976. Com efeito, o Dec.-lei 2.627/1940 assegurava aos preferencialistas tão somente o direito de elegerem um membro para o Conselho Fiscal. Em razão disso, existia certa dúvida quanto à possibilidade de os estatutos estabelecerem o direito de eleição de membros da administração, na ausência de previsão legal expressa. O art. 18, da Lei 6.404/1976, acabou com as discussões, autorizando expressamente os estatutos a assegurarem vantagens políticas aos preferencialistas, dentre as quais a eleição de um ou mais administradores.

O art. 18 da Lei 6.404/1976 fala genericamente na eleição de "membros dos órgãos de administração". Em razão disso, discute-se se, havendo Conselho de Administração na companhia, seria possível que o estatuto assegurasse às ações preferenciais o direito de eleger diretores. Isso porque, em regra, cabe ao Conselho de Administração eleger, destituir e fixar a remuneração dos diretores.

José Luiz Bulhões Pedreira[363] é um dos autores que defendem a possibilidade de que sejam eleitos também diretores, sob o argumento de que o art. 18, da Lei 6.404/1976, é norma especial que prevalece sobre o art. 142, I, e sobre o art. 143, de modo que não haveria óbice à eleição em separado dos diretores, independentemente da existência de Conselho de Administração. Tal interpretação faz sentido, uma vez que a própria lei se utiliza da expressão "órgãos de administração" e não membros do Conselho de Administração.

À companhia, não será dado recusar o administrador, regularmente eleito, conforme o direito estatutariamente previsto, pelos preferencialistas, desde que atendam os requisitos descritos na Lei 6.404/1976 e no estatuto.

Embora esse tema seja discutido mais adiante, na seção relativa aos deveres e responsabilidades dos administradores, não é demais advertir, desde já, que o representante eleito pelos preferencialistas não poderá faltar a seus deveres funcionais, ainda que seja para favorecer aqueles que o elegeram. Caberá ao administrador, portanto, atuar com o cuidado e diligência que se esperaria na condução de seus próprios negócios e em consonância com os fins e o interesse da companhia, nos termos do art. 154, § 1º, da Lei 6.404/1976.

Também é importante asseverar que, embora o art. 18 da Lei 6.404/1976, fale apenas do direito de "eleger" membros para os órgãos de administração, não se pode daí extrair a conclusão de que não cabe aos preferencialistas destituir os administradores que elegeram, ficando a cargo da Assembleia Geral ou do Conselho de Administração (quando se tratar de diretor) essa tarefa.

Com efeito, em regra, o administrador deve ser destituído do mesmo modo que foi eleito, ficando, portanto, sob a competência da Assembleia Especial formada pelos preferencialistas destitui-lo do cargo. assiste razão a Nelson Eizirik[364] quando assinala que, se fosse possível aos demais acionistas destituírem, a qualquer tempo, o administrador eleito na forma do art. 18 da Lei 6.404/1976, a vantagem assegurada às ações preferenciais seria inócua.

A solução é análoga, inclusive, à prevista no art. 141, § 4º, II, da Lei 6.404/1976, que fala, expressamente, no direito de eleger e de destituir administradores em votação em separado.

É claro que, nas hipóteses em que o administrador eleito pelos preferencialistas estiver faltando com seus deveres e responsabilidades,[365] o controlador poderá deliberar pela propositura de ação de responsabilidade contra ele, hipótese em que ficará impedido de prosseguir no cargo, na forma do art. 159, § 2º, da Lei 6.404/1976.[366]

Embora essa possibilidade possa abrir espaço para o abuso do controlador, não se pode, como alerta Marcelo Vieira Von Adamek,[367] raciocinar em cima da patologia para blindar o administrador. Assim, o que a Assembleia Geral não pode

---

[363] PEDREIRA, José Luiz Bulhões. Eleição de administrador por ações preferenciais em "joint venture" organizada com a forma de companhia. In: LAMY FILHO, Alfredo e PEDREIRA, José Luiz Bulhões (coord.). *A Lei das S/A:* (pressupostos, elaboração, aplicação). Rio de Janeiro: Renovar, 1992. p. 373.

[364] EIRIZIK, Nelson. *Lei das S/A comentada*. São Paulo: Quartier Latin, 2011. v. 1. p. 174.

[365] Nesse sentido, adverte Modesto Carvalhosa (*Comentários à lei de sociedades anônimas*. 7. ed. São Paulo: Saraiva, 2013. v. 1 (Edição Kindle, sem referência de página)) que "cabe, outrossim, à assembleia geral dos acionistas destituir os administradores eleitos em separado pelos preferenciais especiais. Essa destituição, no entanto, somente poderá verificar-se se o eleito dessa forma especial faltar com os deveres e responsabilidades que são próprios do cargo".

[366] É o que afirma Marcelo Vieira von Adamek (*Abuso de minoria em direito societário*. São Paulo: Malheiros, 2014. p. 204), ao tratar da eleição em separado prevista no art. 141, § 4º. O mesmo raciocínio deve ser aplicado à hipótese do art. 18.

[367] Neste sentido, ADAMEK, Marcelo Vieira. *Abuso de minoria em direito societário*. São Paulo: Malheiros, 2014. p. 204.

fazer é destituir o administrador eleito pelos preferencialistas sem justificativas (*ad nutum*), mas poderá fazê-lo em razão da prática de atos ilícitos.

Em qualquer hipótese, caberá à Assembleia Especial eleger o novo administrador em substituição àquele que foi destituído, para assegurar a eficácia da disposição estatutária instituída nos termos do art. 18 da Lei 6.404/1976.

3. Diferenças entre o art. 18 e o art. 141, § 4º, II, da Lei 6.404/1976

ANA FRAZÃO

A faculdade de eleger administradores garantida pelo art. 18, da Lei 6.404/1976, não se confunde com o direito outorgado aos preferencialistas pelo art. 141, § 4º, II, que assegura aos acionistas titulares de ações preferenciais de companhia aberta, sem direito a voto ou com voto restrito, que representem, no mínimo, 10% (dez por cento) do capital social, o direito de eleger e de destituir um membro e seu suplente no conselho de administração em votação em separado.

A hipótese do art. 141, § 4º, II, da Lei 6.404/1976, constitui uma imposição legal, sendo, portanto, dispensável a previsão estatutária, ao contrário do que ocorre com a hipótese do art. 18. Assim, o titular ou grupo de titulares de ações preferenciais, sem direito a voto ou com voto seja restrito, que representem, pelo menos, 10% do capital social poderá exercer a faculdade prevista do art. 141, § 4º, II.

A Lei, entretanto, não permite que os acionistas que houverem exercido o direito de eleger um membro para os órgãos de administração, em razão do estatuto, nos termos do art. 18, participem da eleição prevista no art. 141, § 4º, II, para eleger outro administrador. Esses direitos se excluem mutuamente, não podendo ser exercidos de maneira cumulativa. Assim, o acionista que houver exercido o privilégio relativo ao art. 18, não poderá fazer uso da faculdade descrita no art. 141, § 4º, II.

Válido esclarecer que o art. 141, § 4º, II, foi introduzido pela Lei 10.303/2001. Em sua redação originária, portanto, a Lei 6.404/1976 não previa a possibilidade de os acionistas preferencialistas elegerem membros em separado para o Conselho de Administração, salvo quando essa vantagem fosse expressamente assegurada pelo estatuto social. Daí por que o art. 18 era particularmente importante para garantir a eleição de um representante dos preferencialistas no Conselho de Administração e/ou na diretoria.

4. Direito de veto pelos preferencialistas

ANA FRAZÃO

Além da faculdade de eleger, por meio de votação em separado, um ou mais membros dos órgãos de administração, o parágrafo único do art. 18 da Lei 6.404/1976 admite que o estatuto assegure aos acionistas de determinada classe de ações preferenciais o direito de vetar determinadas alterações estatutárias. Essa prerrogativa, assegurada estatutariamente às ações preferenciais, permite que os titulares dessas ações interfiram no exercício do poder de controle.

Às ações que asseguram o poder de veto, previsto no parágrafo único art. 18, dá-se o nome de *golden share*. A Lei 6.404/1976 disciplina, na verdade, dois tipos de *golden share*: (i) as ações preferenciais descritas no parágrafo único do art. 18, a que lei atribui o poder de vetar determinadas alterações no estatuto social e (ii) as ações preferenciais, de classe especial, de propriedade exclusiva do ente desestatizante, que asseguram a seus titulares o poder de veto das matérias especificadas no estatuto social, após a privatização da companhia.

A *ratio* por trás do art. 18 da Lei 6.404/1976, foi estimular o investimento de sócios essencialmente capitalistas nas companhias, reduzindo o recurso a outras formas de captação de crédito que agravassem seu nível de endividamento. Como contrapartida, atribuiu-se a esses grandes investidores, titulares de ações sem direito a voto ou com voto restrito, o direito de vetar determinadas decisões estratégicas, mediante autorização estatutária.

No que se refere ao art. 17, § 7º, da Lei 6.404/1976, a ideia foi assegurar que, após a privatização, o Estado, na condição de acionista minoritário, pudesse participar de decisões relevantes para os negócios sociais.

As matérias sujeitas ao veto deverão estar expressamente previstas no estatuto, não sendo possível a estipulação do chamado "veto universal",[368] pois a possibilidade de os preferencialistas

---

[368] Nesse sentido, Modesto Carvalhosa (*Comentários à lei de sociedades anônimas*. 7. ed. São Paulo: Saraiva, 2013. v. 1 (Edição Kindle, sem referência de página)) lembra que "o direito de veto assegurado estatutariamente às preferenciais

vetarem qualquer deliberação levaria a uma subversão da alocação de poder na sociedade anônima e do princípio majoritário. Embora a lei admita a existência de controle minoritário – tanto em relação ao capital total quanto em relação ao capital votante –, pressupõem-se que os adquirentes de ações com direito a voto não são meros sócios capitalistas, mas têm interesse em participar das decisões relativas aos negócios sociais, de modo que é preciso, em regra, respeitar a vontade da maioria do capital votante[369].

Por essa razão, Calixto Salomão Filho[370] explica que o poder de veto das *golden shares* previstas no art. 18 da Lei 6.404/1976, não pode ser interpretado na mesma extensão do poder de veto facultado às ações do ente desestatizante. Apenas na última hipótese, adverte o autor, se admite que o acionista titular das ações preferenciais decida "sobre todas as matérias societárias que aprouver aos formuladores do estatuto". Na hipótese do art. 18 da Lei 6.404/1976, isso não é possível porque a lei somente permite que o estatuto estipule o direito de veto para as "alterações estatutárias" e não sobre qualquer matéria, e sendo a norma de ordem pública, não poderia ser ampliada por via estatutária.[371] Daí a conclusão do autor de que o exercício do direito de veto, disciplinado no parágrafo único do art. 18, não é capaz de estabelecer um controle minoritário típico.[372]

A utilização da *golden share*, como assinala com precisão Calixto Salomão Filho,[373] pode ser importante quando, em razão do desgaste na imagem do controlador, é necessário afastá-lo do controle da sociedade. Isso porque a *golden share*, nas circunstâncias previstas no parágrafo anterior, permitiria que o controlador se afastasse da condução dos negócios, sem, todavia, obrigá-lo a desfazer-se de suas ações.

Mais delicado é saber se o acionista titular das ações preferenciais com direito a veto pode ser considerado, efetivamente, controlador das companhias para efeitos do art. 116 e 117 da Lei 6.404/1976, ou se seria possível cogitar de um controle paralelo por parte dos titulares do poder de veto, cujo poder pode se contrapor ao do controlador que obtém a maioria na Assembleia Geral.

Tal discussão, que é ainda mais necessária quando o titular das referidas ações é um investidor institucional, é de fundamental importância, ainda mais para saber como podem ser distribuídos os deveres e responsabilidades que a lei atribui ao controlador. De qualquer forma, afasta-se aprioristicamente a hipótese de controle compartilhado, pois este pressupõe a cooperação direta entre os titulares do controle. No caso do poder de veto, poder-se-ia pensar em uma espécie de segmentação do poder de controle, que passa a ser exercido em dois momentos e por sujeitos distintos: aquele cuja vontade prevalece na Assembleia e aquele que pode vetar a deliberação decorrente da vontade do primeiro.

Independentemente de se atribuir ao titular das *golden shares* o *status* de controlador, é inequívoco que o poder de veto, tal como o direito de voto, não poderá ser exercido de maneira abusiva. Neste sentido, Rubens Requião[374] alerta que "o acionista preferencial não pode se prevalecer de seu direito de veto, para tiranizar ou prejudicar os interesses legítimos da sociedade", sendo de rigor que o voto seja exercido no interesse da companhia.

Embora a Lei 6.404/1976 contenha inúmeros dispositivos para a tutela e proteção da minoria, não se pode cair no equívoco de entender que a minoria é digna de proteção de per si.[375] Protege-se a minoria em face dos abusos do controlador. Entretanto, o dever de votar em consonância com o interesse social recai também sobre a minoria. Basta lembrar do art. 115 da Lei 6.404/1976, que proíbe o abuso do direito de voto e impõe a responsabilidade pessoal do acionista, ainda que o voto não tenha prevalecido na Assembleia. Com

---

não pode abranger todas as alterações estatutárias, sob pena de restar à assembleia geral nenhum poder constitutivo na companhia. Apenas alguns assuntos exaustivamente determinados poderão ser objeto dessa audiência dos titulares de ações preferenciais. Do contrário, haveria uma completa subversão do sentido que se empresta à ação ordinária, ou seja, direito pleno e igualitário de voto e, portanto, de condução política da companhia".

[369] SALOMÃO FILHO, Calixto. *Direito societário*. São Paulo: Malheiros, 2006. p. 122.
[370] SALOMÃO FILHO, Calixto. *Direito societário*. São Paulo: Malheiros, 2006. p. 123.
[371] SALOMÃO FILHO, Calixto. *Direito societário*. São Paulo: Malheiros, 2006. p. 127.
[372] SALOMÃO FILHO, Calixto. *Direito societário*. São Paulo: Malheiros, 2006. p. 127.
[373] SALOMÃO FILHO, Calixto. *Direito societário*. São Paulo: Malheiros, 2006. p. 127.
[374] REQUIÃO, Rubens. *Comentários à lei das sociedades anônimas*. São Paulo: Saraiva, 1980. p. 161.
[375] ADAMEK, Marcelo Vieira Von. *Abuso de minoria em direito societário*. São Paulo: Malheiros, 2014. p. 193.

maior razão, não se pode admitir que o direito de veto – cujo exercício será determinante para definir determinada alteração estatutária – seja exercido em detrimento do interesse social.

Dentre as hipóteses de voto abuso previstas no art. 115 da Lei 6.404/1976, encontra-se, além do voto emulativo, assim considerado "o voto exercido com o fim de causar dano à companhia ou a outros acionistas", o voto que traz vantagens indevidas para o acionista ou para terceiros em detrimento da companhia ou dos demais acionistas e o voto exercido sem atenção à boa-fé objetiva, que causa danos desnecessários ou desproporcionais àqueles que estão sujeitos à atividade empresarial.[376] Ainda que o controlador esteja sujeito a um dever de cuidado superior à do acionista comum, o voto de qualquer acionista também apresenta uma dimensão funcional e o compromisso com o interesse social.

Válido notar que nem toda manifestação da minoria que bloquear a deliberação do controlador – seja pelo exercício do poder de veto, seja pela abstenção em assembleia ou pelo voto contrário, quando a lei exigir quórum qualificado – pode ser considerada abusiva. É preciso, como adverte Paul Le Connu,[377] situar bem o problema: por princípio, nesse tipo de situação, os minoritários exercem um direito que a lei ou um acordo de acionistas lhe asseguram, de modo que, na análise do caráter abusivo do voto, deve-se fazer uma análise prospectiva sobre o mérito das decisões descartadas pela minoria, examinando o abuso com prudência e rigor.

Quando o veto for exercido de forma abusiva, os votos proferidos na assembleia especial poderão ser invalidados pelo Judiciário, fulminando-se de nulidade, por consequência, a deliberação, sem prejuízo da responsabilidade pessoal dos acionistas pelo voto abusivo[378]. Caso a aprovação da matéria seja a única solução viável, ao invalidar a deliberação, o juiz poderá, ato contínuo, declarar aprovada a matéria[379]. Quando, diferentemente, se tratar de decisões complexas, não haverá como deduzir, da invalidade, a solução oposta, na medida em que a matéria comportará soluções mais sofisticadas do que "sim" ou "não".[380]

> **Regulação no Estatuto**
>
> **Art. 19.** O estatuto da companhia com ações preferenciais declarará as vantagens ou preferências atribuídas a cada classe dessas ações e as restrições a que ficarão sujeitas, e poderá prever o resgate ou a amortização, a conversão de ações de uma classe em ações de outra e em ações ordinárias, e destas em preferenciais, fixando as respectivas condições.

COMENTÁRIOS

1. As ações preferenciais
FÁBIO ULHOA COELHO

Há dois modos distintos pelos quais a doutrina comercialista conceitua as ações preferenciais.

De um lado, o conceito mais aberto, em que as preferenciais são definidas como as ações que guardam, segundo o disposto no estatuto, diferenças com as ordinárias. Tais diferenças não precisam representar, por esta maneira de tratar a categoria, necessariamente uma vantagem significativa para o acionista. Qualquer diferença, até mesmo aquelas que não seriam imediatamente identificadas com uma preferência, ainda que modesta, seria suficiente para qualificar as ações correspondentes como preferenciais.[381] De outro lado, há a definição de ações preferenciais fundada na indispensabilidade de uma efetiva vantagem desfrutada pelo acionista. Para os adeptos dessa concepção, seria uma falsa

---

[376] Sobre a vedação ao abuso do direito de voto, ver comentários de Ana Frazão ao art. 115 da Lei 6.404/1976.

[377] LE CONNU, Paul. *L'abus de minorité*. Paris: Bulletin, Joly Sociétés, 1986. p. 429 e ss., n. 4.

[378] ADAMEK, Marcelo Vieira von. *Abuso de minoria em direito societário*. São Paulo: Malheiros, 2014. p. 193.

[379] Marcelo Vieira von Adamek (*Abuso de minoria em direito societário*. São Paulo: Malheiros, 2014. p. 193) discute diversas alternativas de sanção na hipótese de abuso de minoria. Tratando-se da ação de bloqueio o autor discorre, dentre outras coisas, sobre a possibilidade de exclusão ou suspensão do voto dos minoritários.

[380] ADAMEK, Marcelo Vieira von. *Abuso de minoria em direito societário*. São Paulo: Malheiros, 2014. p. 193.

[381] Para José Edwaldo Tavares Borba: "as ações preferenciais caracterizam-se [...] por oferecer a seus titulares: (a) vantagens e desvantagens, cumulativamente; (b) apenas vantagens. Na companhia fechada, poderão oferecer apenas desvantagens. A preferencialidade decorre do particularismo da ação" (*Direito societário*. 14. ed. São Paulo: Atlas, 2015. p. 242).

preferencial aquela que não reservasse ao acionista uma real vantagem.[382]

Claro, a divergência doutrinária tem importância na discussão sobre o exercício do direito de voto. As ações preferenciais são muitas vezes emitidas com o objetivo principal de suprimir ou restringir esse direito, no contexto dos instrumentos de organização do poder de controle. A contrapartida à exclusão do acionista, total ou parcialmente, do direito de participar das deliberações sociais com voto, precisa ser consistente, de modo a compensar a limitação dos direitos societários, ou não? Para essa pergunta, cada uma das vias de definição das ações preferenciais dá uma resposta bem diferente.

Para mim, a primeira solução é preferível. O que se deve exigir de modo intransigente é a clara e precisa delimitação dos direitos conferidos e negados aos titulares das ações preferenciais, para que os investidores possam dispor de todas as informações necessárias para tomar sua decisão de investir, ou não, num determinado valor mobiliário desta espécie (ações preferenciais).

Se a companhia não encontrar interessados nas ações preferenciais que emitir, talvez seja pela pouca atratividade do que oferece como "preferência". Mas, se encontra investidores interessados em subscrever as ações preferenciais, é porque esses investidores deram-se por satisfeitos com o conjunto de direitos estatutariamente concedidos e negados àquele valor mobiliário. Não cabe ao Estado-juiz intervir, no pressuposto de que esse investidor deveria desfrutar de mais direitos do que os estabelecidos no negócio jurídico privado instrumentalizado também pelo estatuto. Isso seria incompatível com o princípio da autonomia privada.

As ações preferenciais dividem-se em classes, de acordo com o conjunto de direitos que são atribuídos. Cada classe é identificada por uma letra. Deste modo, por exemplo, algumas ações preferenciais são resgatáveis, e outras não, as primeiras serão classificadas na classe A pelo estatuto; enquanto as últimas, na classe B.

SEÇÃO IV

FORMA

Art. 20. As ações devem ser nominativas. (Redação dada pela Lei 8.021, de 1990)

📖 **COMENTÁRIOS**

1. Evolução

Rodrigo R. Monteiro de Castro

Desde 1990, com a promulgação da Lei 8.021 (em 12 de abril), as ações da companhia devem, obrigatória e necessariamente, ser nominativas. Essa determinação resultou na extinção das ações endossáveis e ao portador, de que tratavam os arts. 32 e 33 da LSA (que foram revogados).

A revogação afastou a possibilidade de circulação de ações por endosso, caso das endossáveis, ou mediante tradição, conforme se operava com as ações ao portador. Na primeira hipótese, a titularidade decorria da inscrição do nome do titular no Livro de Registro de Ações Endossáveis, outrora previsto no art. 100, I, da LSA, à luz da cadeia de endossos constantes do título; enquanto na segunda hipótese se presumia titular a pessoa que estivesse na posse do respectivo certificado, ou seja, o portador.

Essas características facilitavam a ocultação do verdadeiro proprietário (ou do *beneficiário final*), para fins societários ou fiscais. Por esses motivos, o sistema brasileiro passou a adotar forma única, que requer a nominação do titular da ação.

Daí o art. 20 fixar que "as ações devem ser nominativas".

2. Inscrição, propriedade e transferência

Rodrigo R. Monteiro de Castro

O acionista titular de ação de emissão da companhia terá seu nome inscrito no Livro de Registro de Ações Nominativas, e nele constará, ademais, para anotação ou averbação, na forma do art. 100, I: o número de suas ações; as entradas ou prestações de capital realizado; as conversões de ações, de uma em outra espécie ou classe; o resgate, reembolso e amortização de ações, ou de sua aquisição pela companhia; as mutações operadas pela alienação ou transferência de ações; e o penhor, usufruto, fideicomisso, alienação fiduciária em garantia ou qualquer ônus que grave a ação ou obste sua negociação.

A inscrição do nome do acionista gera efeito presuntivo da propriedade da ação. É com base nas informações constantes do livro, portanto,

---

[382] Cf. CARVALHOSA, Modesto. Ações preferenciais desprovidas de preferências. *Revista dos Tribunais*, v. 707.

que se confere a propriedade acionária e que o acionista exerce seus direitos políticos ou econômicos. Neste sentido, para que possa, por exemplo, participar de assembleia geral, a pessoa deverá provar sua qualidade de acionista mediante a exibição de documento hábil de sua identidade (art. 126) e, para que se habilite ao recebimento de dividendo, a pessoa deverá estar inscrita como acionista na data do ato declaratório (art. 205).

Caso o proprietário da ação a aliene, o negócio será refletido no Livro de Transferência de Ações Nominativas, nele lançando-se a data da transferência e as assinaturas do cedente e do cessionário.

Ambos os livros – o de registro e o de transferência – se complementam e os lançamentos devem ser sincronizados. Assim, por exemplo, caso um acionista aliene a totalidade das ações de sua titularidade, a sua conta no Livro de Registro é *zerada* e nova conta aberta, em nome do adquirente; caso este já seja acionista, sua conta será majorada pelo número de ações adquiridas. Este número refletirá aquele constante do respectivo lançamento no Livro de Transferência. Em ambos os livros se lançam, de modo cruzado, os números de registro do outro livro, referentes ao mesmo negócio.

3. Custódias de ações nominativas

Rodrigo R. Monteiro de Castro

O art. 31 prevê que, além da inscrição no Livro de Registro de Ações Nominativas, a propriedade também se presume pelo extrato que seja fornecido pela instituição custodiante, na qualidade de proprietária fiduciária das ações. A emissão do extrato terá como suporte o contrato firmado entre o proprietário das ações e a instituição depositária (art. 41, § 4º).

Com efeito, conforme previsto no art. 41, a instituição autorizada pela CVM a prestar serviços de custódia de ações pode contratar custódia em que as ações são recebidas em depósito como valores fungíveis, adquirindo, a depositária, a propriedade fiduciária da ação.

A instituição, na qualidade de depositária, não pode dispor das ações e deve restituí-las ao depositante a mesma quantidade de ações recebidas. Ademais, como ela tem obrigações de depositária, responderá pelo descumprimento de suas obrigações.

Ações Não Integralizadas

Art. 21. Além dos casos regulados em lei especial, as ações terão obrigatoriamente forma nominativa ou endossável até o integral pagamento do preço de emissão.

COMENTÁRIOS

1. Forma das ações não integralizadas

Rodrigo R. Monteiro de Castro

Tratou-se, nos comentários ao art. 20, a respeito dos efeitos da promulgação da Lei 8.021, de 12 de abril de 1990, que extinguiu as ações endossáveis e ao portador e passou a admitir, no sistema societário brasileiro, apenas a forma nominativa. Esqueceu o legislador, assim, de refletir a reforma no art. 21.

Nesse artigo, durante a sua vigência, oferecia-se a possibilidade de escolha apenas entre a forma nominativa ou a endossável enquanto o preço de emissão não estivesse integralmente pago; descartava-se, pois, a opção pela forma ao portador.

Desde a introdução daquela reforma, todas as ações, por força do art. 20, devem ser nominativas, estejam elas pagas ou não.

O pagamento é regulado no art. 106, segundo o qual o acionista, titular da ação nominativa, é obrigado a realizar, nas condições previstas no estatuto ou no boletim de subscrição, a prestação correspondente às ações subscritas ou adquiridas.

O acionista que não observar as condições estabelecidas para o pagamento ficará constituído em mora, podendo a companhia, à sua escolha, promover a execução contra o acionista ou mandar vender as ações em bolsa de valores, por conta e risco do acionista remisso.

Tratando-se de ação de companhia aberta, deve-se observar o disposto no art. 29, segundo o qual a negociação (ou a venda em bolsa) dependerá da realização de pelo menos 30% do preço de emissão. Verificada esta situação, restará apenas a via da execução, na forma do art. 107.

Aponta-se, por fim, que, não se atingindo, por qualquer um dos dois caminhos, a integralização das ações, a companhia poderá declará-las caducas e se apropriar das entradas realizadas, integralizando-as, com lucros ou reservas, exceto a legal.

Na hipótese de inexistência de lucros ou reservas, exceto a legal, as ações que houverem caído em comisso deverão ser recolocadas no mercado em 1 ano. Ao término desse prazo, sem que sejam adquiridas por acionista ou outra pessoa, que pretenda integrar a base acionária, a assembleia geral deverá deliberar sobre a correspondente redução do capital mediante o cancelamento daquelas ações.

> **Determinação no Estatuto**
>
> **Art. 22.** O estatuto determinará a forma das ações e a conversibilidade de uma em outra forma.
>
> **Parágrafo único.** As ações ordinárias da companhia aberta e ao menos uma das classes de ações ordinárias da companhia fechada, quando tiverem a forma ao portador, serão obrigatoriamente conversíveis, à vontade do acionista, em nominativas endossáveis.

COMENTÁRIOS

1. Conversibilidade de forma

RODRIGO R. MONTEIRO DE CASTRO

Conforme indicado nos comentários aos arts. 20 e 21, desde a promulgação da Lei 8.021, de 12 de abril de 1990, as ações ordinárias da companhia, fechada ou aberta, devem ser nominativas.

Perde sentido, assim, a determinação do art. 22. O silêncio do estatuto, em relação à forma, não implicará, pois, omissão, irregularidade ou nulidade; a forma é única e decorre da lei.

Daí, aliás, a impossibilidade de determinação de conversibilidade de uma em outra forma, como se estampa no *caput* do art. 22, bem como de atendimento ao conteúdo do parágrafo único, que prevê regras de conversão envolvendo ações ao portador.

Trata-se, apenas, de resquícios do sistema original da LSA, que não produzem mais efeitos – pela extinção das formas de ações a que se referem –, e que se mantêm no texto legal por esquecimento do legislador.

> **SEÇÃO V**
> **CERTIFICADOS**
>
> **Emissão**
>
> **Art. 23.** A emissão de certificado de ação somente será permitida depois de cumpridas as formalidades necessárias ao funcionamento legal da companhia.
>
> § 1º A infração do disposto neste artigo importa nulidade do certificado e responsabilidade dos infratores.
>
> § 2º Os certificados das ações, cujas entradas não consistirem em dinheiro, só poderão ser emitidos depois de cumpridas as formalidades necessárias à transmissão de bens, ou de realizados os créditos.
>
> § 3º A companhia poderá cobrar o custo da substituição dos certificados, quando pedida pelo acionista.

COMENTÁRIOS

1. Forma e representação física da ação

SÉRGIO CAMPINHO

Um dos modos de se classificar as ações toma em conta a sua forma; um outro, também usual, considera a sua representação física.

A forma da ação encontra-se diretamente ligada ao regime de sua circulação ou transmissão. A LSA previa as formas de ação nominativa, endossável e ao portador. As duas últimas foram proscritas do Direito brasileiro com a edição da Lei 8.021/1990, consolidando para o art. 20 da LSA a seguinte redação: "As ações devem ser nominativas". Restaram expressamente revogados os arts. 32 e 33 da LSA que cuidavam, respectivamente, das ações endossáveis e ao portador. A citada lei de 1990 não apresentou um viés societário. O escopo de sua edição foi o de identificar os contribuintes que operavam e operam nos mercados financeiro e de capitais, para fins fiscais.

A ação nominativa, dependendo de sua representação física, poderá ser documental ou escritural. Nutro o convencimento, a partir do próprio sistema resultante da LSA, de que a ação escritural é uma modalidade, uma variação da ação nominativa, não se constituindo em uma forma autônoma de ação.[383]

A ação nominativa documental ou cartular vem emitida em favor de pessoa determinada,

---

[383] Rubens Requião, entretanto, assim não pensa. Eis as suas palavras: "Classificamos as ações, quanto à sua forma, em ações nominativas e escriturais. Incluímos estas na classificação, embora não o faça especificamente o art. 20. Não há dúvida, porém, que as ações escriturais constituem uma forma de que as ações se podem revestir, não constando da enumeração daquele preceito legal, ao que parece, por simples omissão do legislador. Não devem elas evidentemente ser classificadas como modalidade de ações nominativas. São mais do que isso" (*Curso de direito comercial*. 30. ed. São Paulo: Saraiva, 2013. v. 2. p. 127). Diversamente, sustentam José Edwaldo Tavares Borba (*Direito*

cujo nome deverá constar de livro próprio da sociedade emissora: o livro de registro de ações nominativas. Presume a lei a propriedade da ação nominativa pela inscrição do nome do acionista neste livro. A presunção, na hipótese, é relativa, pois, encontrando-se inquinado de vício de nulidade o correspondente título de aquisição da ação, o registro dele decorrente poderá ser desconstituído.

A ação nominativa tem circulação submetida a um regime seguro, porém mais complexo do que se via em relação às ações ao portador e às endossáveis.

A transferência da ação nominativa, quando decorrente de ato de transmissão voluntária *inter vivos*, opera-se por termo lavrado no livro de transferência de ações nominativas, datado e assinado pelo cedente ou alienante e pelo cessionário ou adquirente, ou, ainda, por seus legítimos representantes. Na transferência de ações adquiridas na bolsa de valores, as sociedades corretoras e a caixa de liquidação da bolsa têm a representação legal do cessionário ou adquirente, isto é, a sua representação se faz independentemente de instrumento de mandato. A partir desse termo lavrado no livro de transferência, a companhia promove, no livro de registro, a baixa da ação em nome do cedente e o seu lançamento em nome do cessionário.

Na transmissão *causa mortis*, por sucessão universal ou legado, ou na transferência em virtude de adjudicação, arrematação ou outro ato judicial, esta somente se fará mediante averbação no livro de registro de ações nominativas, à vista de documento hábil, que ficará em poder da companhia. Esse documento hábil será, por exemplo, o formal ou a certidão de partilha, a carta de adjudicação ou o auto de arrematação, conforme o caso. Nessas condições, não haverá a necessidade de nenhum termo de transferência, sendo bastante e suficiente a averbação do documento competente.

Os acionistas, pois, são sempre determinados e, desse modo, conhecidos pela companhia, porquanto seus nomes constarão de livro próprio, sendo bastante, por lógico, a simples identificação perante a sociedade para exercer os seus direitos de sócio.

O Direito anterior à LSA não conhecia a ação escritural. O regime escritural introduzido vem justificado na exposição de motivos do projeto do Poder Executivo, com as seguintes convicções: "o objetivo é permitir a difusão da propriedade de ações entre grande número de pessoas com a segurança das ações nominativas, a facilidade de circulação proporcionada pela transferência mediante ordem à instituição financeira e mero registro contábil, e a eliminação do custo dos certificados".

A ação escritural, como sustentado, é uma subforma da ação nominativa. Uma de suas características essenciais é a nominatividade, requisito tanto para se aferir a propriedade como para a transferência.

Com efeito, dispõe o art. 35 da LSA que "a propriedade da ação escritural presume-se pelo registro na conta de depósito das ações, aberta em nome do acionista nos livros da instituição depositária" (*caput*) e que "a transferência da ação escritural opera-se pelo lançamento efetuado pela instituição depositária em seus livros, a débito da conta de ações do alienante e a crédito da conta de ações do adquirente, à vista de ordem escrita do alienante, ou de autorização ou ordem judicial, em documento hábil que ficará em poder da instituição" (§ 1º).

Apesar de a lei falar em "conta de depósito" e em "instituição depositária", a ação escritural deriva da escrituração e não de depósito propriamente dito. São elas, em verdade, insuscetíveis de depósito, porquanto se constituem em bens incorpóreos. Não há "conta de depósito", mas conta corrente de ações.[384]

As ações são constituídas pela escrituração e são transferidas pelo próprio sistema escritural. Por isso não há "instituição depositária", mas instituição prestadora de serviços de registro e transferência dessa subforma de ação nominativa.

---

societário. 14. ed. São Paulo: Atlas, 2015. p. 248), Egberto Lacerda Teixeira e José Alexandre Tavares Guerreiro (*Das sociedades anônimas no direito brasileiro*. São Paulo: Bushatsky, 1979. v. 1. p. 223), os quais a enxergam como uma variante da ação nominativa.

[384] Modesto Carvalhosa oferece interessante definição para ações escriturais: "Diante dessas características, pode-se definir a ação escritural como um valor patrimonial incorpóreo que outorga ao seu titular os direitos e obrigações inerentes à qualidade de acionista e cuja propriedade e respectiva transferência se processam escrituralmente, mediante assentamentos próprios nas instituições encarregadas de sua administração" (*Comentários à lei de sociedades anônimas*. 7. ed. São Paulo: Saraiva, 2013. v. 1. p. 431).

A adoção da ação escritural decorre de previsão estatutária. O estatuto pode autorizar ou estabelecer que todas as ações da companhia, ou apenas uma ou mais classes delas, sejam mantidas no sistema escritural, em nome de seus titulares, na instituição que designar, sem emissão de certificados. As instituições financeiras autorizadas pela CVM poderão manter esses serviços.

No caso de alteração estatutária visando à implementação do modelo escritural, mister se faz a apresentação, para cancelamento, do respectivo certificado em circulação da ação a ser convertida.

2. Certificados de ações

Sérgio Campinho

Em função do método de transmissão da ação nominativa comentado no item antecedente, pode-se inferir o pouco valor dos certificados de ações. O certificado é um título emitido pela companhia, com o escopo de atestar a titularidade da ação, podendo corresponder a uma única ação (título unitário) ou a várias ações (título múltiplo). Não faz, o certificado, prova única e cabal da titularidade da ação; seu extravio nada resulta para o respectivo titular, que não ficará, pelo só fato, privado de exercer seus direitos de sócio junto à sociedade, visto que resultam tais direitos da inscrição no livro de registro de ações nominativas e não daquele documento. Os certificados de ações são simples documentos probatórios, mas indissociavelmente dependentes da inscrição no prefalado livro, a partir da qual resulta sua emissão. Não se prestam, pois, para a transferência das ações neles representadas.

Mesmo no desempenho de seu papel meramente probatório da condição de acionista, pode o certificado de ações ser substituído pela certidão extraída dos livros da companhia, nos moldes do § 1º do art. 100 da LSA.

Presente, dessarte, a clássica constatação feita por João Eunápio Borges,[385] ainda sob a égide do Dec.-lei 2.627/1940, no sentido de que "há inúmeros acionistas que nunca exigem os certificados ou títulos de suas ações nominativas; há mesmo sociedades que deixem de emiti-los, ou que só os emitem quando algum acionista o reclama".

Por tudo isso, penso ser lícita a previsão de cláusula estatutária determinando que tais certificados não sejam emitidos.

Com efeito, os certificados são reminiscências da época em que as ações podiam circular nas formas ao portador ou endossável, as quais reclamavam, portanto, uma cártula representativa dos correspondentes direitos. A ação ao portador era transferida pela simples tradição do título que a representava. A ação endossável, mediante o endosso na própria cártula, datado e assinado pelo transmitente, com a indicação, ou não, do nome e da qualificação do endossatário.

Os certificados de ações encontram-se, atualmente, em pleno desuso. A intitulada ação nominativa documental acaba, na prática, não sendo representada por uma cártula, fato este, porém, que não a desnatura. A documentalidade, para fim eminentemente probatório, resulta da possibilidade da emissão do certificado ou da certidão expedida pela companhia, a partir da escrituração constante de seu livro de registro dessas ações.

A ação escritural, por ser um bem incorpóreo, não pode estar corporificada em certificado.

Requisitos

Art. 24. Os certificados das ações serão escritos em vernáculo e conterão as seguintes declarações:

I – denominação da companhia, sua sede e prazo de duração;

II – o valor do capital social, a data do ato que o tiver fixado, o número de ações em que se divide e o valor nominal das ações, ou a declaração de que não têm valor nominal;

III – nas companhias com capital autorizado, o limite da autorização, em número de ações ou valor do capital social;

IV – o número de ações ordinárias e preferenciais das diversas classes, se houver, as vantagens ou preferências conferidas a cada classe e as limitações ou restrições a que as ações estiverem sujeitas;

V – o número de ordem do certificado e da ação, e a espécie e classe a que pertence;

VI – os direitos conferidos às partes beneficiárias, se houver;

VII – a época e o lugar da reunião da assembleia-geral ordinária;

---

[385] *Curso de direito comercial terrestre.* 5. ed. Rio de Janeiro: Forense, 1991. p. 449.

VIII – a data da constituição da companhia e do arquivamento e publicação de seus atos constitutivos;

IX – o nome do acionista; (Redação dada pela Lei 9.457, de 1997)

X – o débito do acionista e a época e o lugar de seu pagamento, se a ação não estiver integralizada; (Redação dada pela Lei 9.457, de 1997)

XI – a data da emissão do certificado e as assinaturas de dois diretores, ou do agente emissor de certificados (art. 27). (Redação dada pela Lei 9.457, de 1997)

§ 1º A omissão de qualquer dessas declarações dá ao acionista direito à indenização por perdas e danos contra a companhia e os diretores na gestão dos quais os certificados tenham sido emitidos.

§ 2º Os certificados de ações emitidas por companhias abertas podem ser assinados por dois mandatários com poderes especiais, ou autenticados por chancela mecânica, observadas as normas expedidas pela Comissão de Valores Mobiliários. (Redação dada pela Lei 10.303, de 2001)

COMENTÁRIOS

1. Requisitos do certificado de ações

Sérgio Campinho

Malgrado o seu evidente desuso, consoante demonstrado nos comentários ao art. 23, a LSA, por entender que a ação, mesmo que nominativa, reflete um direito complexo em seus elementos, pois contém crédito e *status* de sócio, continua a admitir sua representação por um documento que o corporifica[386], atribuindo-lhe insuperável rigor formal.

Os certificados de ações emitidas por companhias abertas, nos termos do § 2º do art. 24 da LSA, com a redação determinada pela Lei 10.303/2001, podem ser assinados por 2 mandatários com poderes especiais, ou autenticados por chancela mecânica, observadas as normas expedidas pela CVM. Havendo autorização da assinatura por mandatários apenas para as companhias abertas, a lógica conclusão é a de que, para as fechadas, é rígido o requisito do inciso XI do art. 24 da LSA, ou seja, as 2 assinaturas serão necessariamente dos diretores e somente poderão ser substituídas pela do agente emissor, figura essa identificada, entretanto, com as sociedades de capital aberto, porquanto a realidade das fechadas aponta para a existência de pequeno número de acionistas, sendo despropositada a sua contratação. Com a nova redação atribuída pela Lei Complementar 182/2021 ao art. 143 da LSA, permitindo a composição da diretoria por um único membro, não mais se exigindo, portanto, o mínimo de 2 diretores, impõe-se a releitura dos indigitados preceitos, para que se tenha como suficiente a assinatura de um só diretor ou de um único mandatário, de modo a atender ao requisito de forma dos certificados das ações.

A omissão de quaisquer dos requisitos de forma, no preceito exigidos, confere ao acionista prejudicado o direito à indenização por perdas e danos em face da companhia e dos diretores na gestão dos quais os certificados tenham sido emitidos.

Mas, em razão de as ações somente poderem adotar a forma nominativa, o certificado de ação perdeu a sua principal função que era a de legitimar a condição de sócio e, por isso, como se assentou, encontra-se em efetivo desuso.

Títulos Múltiplos e Cautelas

Art. 25. A companhia poderá, satisfeitos os requisitos do artigo 24, emitir certificados de múltiplos de ações e, provisoriamente, cautelas que as representam.

Parágrafo único. Os títulos múltiplos das companhias abertas obedecerão à padronização de número de ações fixada pela Comissão de Valores Mobiliários.

COMENTÁRIOS

1. Títulos múltiplos e cautelas

Sérgio Campinho

Em decorrência do sistema de transferência da ação nominativa, pode-se inferir o pouco valor do certificado de ações, conforme desenvolvido nos comentários ao art. 23. É ele um título emitido pela companhia, com o escopo de atestar a titularidade da ação, podendo corresponder a uma única ação (título unitário) ou a várias ações (título múltiplo). Os certificados são reminiscências da época em que as ações podiam circular nas formas

---

[386] REQUIÃO, Rubens. *Curso de direito comercial*. 30. ed. São Paulo: Saraiva, 2013. v. 2. p. 109.

ao portador ou endossável, as quais reclamavam, portanto, uma cártula representativa dos correspondentes direitos.

No entanto, a LSA, no art. 25, ainda prevê que a companhia possa emitir certificados de múltiplos de ações e, provisoriamente, cautelas que as representem.

Somente será validada a emissão de certificados após o cumprimento das formalidades necessárias ao funcionamento legal da companhia, sem o que se terá por nulo o certificado, responsabilizando-se os infratores. Nos certificados de ações, cujas entradas não consistirem em dinheiro, a sua emissão só será autorizada depois do cumprimento das formalidades de transmissão dos bens, ou de realizados os créditos em favor da sociedade.

Mas a regra deste preceito, tal qual as dos arts. 23 e 24 da LSA, encontra-se em evidente desuso.

Cupões

Art. 26. Aos certificados das ações ao portador podem ser anexados cupões relativos a dividendos ou outros direitos.

Parágrafo único. Os cupões conterão a denominação da companhia, a indicação do lugar da sede, o número de ordem do certificado, a classe da ação e o número de ordem do cupão.

COMENTÁRIOS

1. Cupões

SÉRGIO CAMPINHO

A Lei 8.021/1990, editada com o escopo de identificar, para fins fiscais, os contribuintes que operam nos mercados financeiro e de capitais, promoveu a extinção das formas de ações ao portador e endossáveis, sendo a única forma atualmente admitida a da ação nominativa. O art. 26 da LSA encontra-se, assim, derrogado pela indigitada lei.

Agente Emissor de Certificados

Art. 27. A companhia pode contratar a escrituração e a guarda dos livros de registro e transferência de ações e a emissão dos certificados com instituição financeira autorizada pela Comissão de Valores Mobiliários a manter esse serviço.

§ 1º Contratado o serviço, somente o agente emissor poderá praticar os atos relativos aos registros e emitir certificados.

§ 2º O nome do agente emissor constará das publicações e ofertas públicas de valores mobiliários feitas pela companhia.

§ 3º Os certificados de ações emitidos pelo agente emissor da companhia deverão ser numerados seguidamente, mas a numeração das ações será facultativa.

COMENTÁRIOS

1. Agente emissor de certificados

SÉRGIO CAMPINHO

Conforme se desenvolveu nos comentários aos arts. 23 a 26, a emissão de certificados de ações nominativas caiu em pleno desuso, pois são completamente desnecessários ao respectivo titular para o exercício dos seus direitos de acionista e, por outro lado, representam ônus para a companhia.

Pelo regramento da LSA, não é possível à companhia cobrar dos acionistas o custo da emissão de certificados, nem o de sua substituição por motivo que não seja atribuído a pedido extraordinário formulado pelo acionista. O repasse do ônus de substituição apenas poderá ser imputado ao acionista que expressamente o pedir, como, por exemplo, na hipótese de extravio ou no caso de transmissão da ação, sendo, neste caso, a substituição requerida pelo novo adquirente. É a inteligência que resulta do § 3º do art. 23 da LSA.

A emissão dos certificados, em princípio, cabe à companhia. Mas a ela é lícito contratar os serviços de um agente para a execução do mister. A providência, inclusive, permite à companhia desmobilizar pessoal que seria destinado ao ofício, concentrando-o em outras atividades julgadas relevantes, racionalizando a sua atuação.

Ao "agente emissor de certificados" incumbirá a escrituração e a guarda dos livros de registro e de transferência de ações nominativas e a emissão dos certificados correspondentes. Será o agente uma instituição financeira, devidamente autorizada pela CVM a manter esse tipo de serviço, o qual, uma vez contratado, impede que a companhia passe a praticar os atos relativos ao registro e à emissão dos certificados, que ficarão na esfera privativa do agente emissor.

Por meio de contrato de prestação de serviços, delega-se à instituição financeira a execução daqueles serviços. Mas, como delegatária, fica ela obrigada a respeitar e a observar todas as instruções do contratante, desde que não se mostrem contrárias à lei. O nome do agente emissor constará das publicações e ofertas públicas de valores mobiliários feitas pela companhia.

Os certificados pelo agente emitidos deverão ser numerados seguidamente, mas a numeração das ações é facultativa.

Nos termos do art. 43 da LSA, o agente emissor fica autorizado a emitir títulos representativos das ações que receber em depósito, denominados CDA (Certificados de Depósito de Ações),[387] os quais comportam circulação por endosso em preto (§ 5º do art. 43 da LSA c/c art. 19 da Lei 8.088/1990). São, assim, valores mobiliários que têm a finalidade de instrumentalizar a negociação das ações nominativas, cujo registro encontra-se a cargo da instituição financeira. O acionista, portanto, desejando transferir sua participação acionária, promoverá o endosso do CDA. O endossatário, exibindo-o ao agente emissor, será por ele reconhecido como o novo titular das ações nele traduzidas, cabendo, a seu pedido, a alteração dos registros, de modo que passe a constar como o novo titular das ações.

Emitido o CDA, as ações depositadas, seus rendimentos, o valor de resgate ou de amortização, não poderão ser objeto de penhora, arresto, sequestro, busca ou apreensão ou de qualquer outro embaraço que impeça sua entrega ao titular do certificado, mas este poderá ser objeto de penhora ou de qualquer medida cautelar por obrigação do seu titular.

A instituição financeira responderá pela origem e pela autenticidade dos certificados das ações depositadas, os quais serão, em princípio, nominativos, admitindo-se, no entanto, sejam mantidos sob o sistema escritural.

SEÇÃO VI
PROPRIEDADE E CIRCULAÇÃO

Indivisibilidade

Art. 28. A ação é indivisível em relação à companhia.

Parágrafo único. Quando a ação pertencer a mais de uma pessoa, os direitos por ela conferidos serão exercidos pelo representante do condomínio.

COMENTÁRIOS

1. Indivisibilidade das ações

FÁBIO ULHOA COELHO

A definição de ser a ação indivisível tem uma única implicação jurídica, que diz respeito ao exercício dos direitos societários quando ela for da titularidade de duas ou mais pessoas, ou seja, quando ocorrer a titularidade condominial do valor mobiliário. E a regra é a de que o condomínio exercerá os seus direitos societários por meio do respectivo representante. Em outros termos, um condômino não pode exercer os direitos societários correspondentes à respectiva quota-parte da ação sob titularidade condominial. Quem é o titular dos direitos indivisíveis relativos a cada ação é o condomínio, e somente por meio de seu representante pode exercê-los.

Imagine-se que três sujeitos de direito são titulares, em condômino, de 3.000 ações de emissão de determinada companhia. Se é momento de se pagarem os dividendos, a sociedade entregará a totalidade do devido às 3.000 ações para o representante do condomínio, ou seja, o administrador escolhido pelos condôminos na forma do art. 1.323 do Código Civil. Não pode um deles, individualmente, pleitear os dividendos relativos a 1.000 ações, mesmo sendo sua quota-parte no condomínio o percentual de um terço. Caberá sempre ao administrador do condomínio receber a totalidade dos dividendos e proceder à repartição entre os condôminos, observando o contratado entre eles (deduzindo, antes da distribuição, as despesas de administração do condomínio, por exemplo). Assim é, em razão da indivisibilidade das ações.

Do disposto no art. 28, *caput*, não decorre evidentemente a impossibilidade de desmembramento das ações, se e quando a sociedade anônima entender ser a providência útil ou necessária aos interesses dela.

---

[387] Do CDA obrigatoriamente constarão: (a) o local e a data da emissão; (b) o nome da instituição emitente e as assinaturas de seus representantes; (c) a denominação "Certificado de Depósito de Ações"; (d) a especificação das ações depositadas; (e) a declaração de que as ações depositadas, seus rendimentos e o valor recebido nos casos de resgate ou amortização somente serão entregues ao titular do certificado de depósito, contra apresentação deste; (f) o nome e a qualificação do depositante; (g) o preço do depósito cobrado pelo banco, se devido na entrega das ações depositadas; e (h) o lugar da entrega do objeto do depósito.

2. Fundamento

Rodrigo R. Monteiro de Castro

A LSA adotou modelo que impede, perante a companhia, a divisibilidade da ação e, consequentemente, de seus atributos, que se desdobram em políticos e econômicos. Assim, todos os direitos são exercidos pela pessoa que estiver legitimada, conforme lançamento no Livro de Registro de Ações Nominativas.

A nominação não indica, necessariamente, que o nominado seja o proprietário único, pois o art. 28 não proíbe a copropriedade. Aliás, nem mesmo que seja o proprietário, como se verá abaixo.

Apesar da ausência de proibição, o parágrafo único desse artigo admite apenas uma via de titularidade e de representação acionária, e determina que os direitos adstritos à ação detida em copropriedade sejam exercidos pelo representante do condomínio.

Em sua atuação, o representante deverá observar eventual regulamento condominial (ou impropriamente denominado acordo de sócios) e as disposições a respeito do instituto do condomínio previstas no Capítulo VI, Título III do Livro III do CC.

3. Fracionamento e voto plural

Rodrigo R. Monteiro de Castro

A indivisibilidade, prevista no *caput* do art. 28, impede o fracionamento do voto e as suas consequências incontornáveis.

Uma delas consiste em efeito inverso, porém equiparável, ao do voto plural, vedado pelo art. 110, § 2º. Esta disposição tem como propósito impedir a atribuição, a uma ou mais classes de ações, de número de voto superior a 1, o que permitiria, por exemplo, a um acionista, detentor de percentual irrelevante de ações, tornar-se titular de quantidade expressiva de votos, que lhe conferissem, eventualmente, o controle da companhia.

O combate à quebra da correlação entre ação e poder político, justificador da aversão ao voto plural, motiva, também, sob ângulo inverso, a vedação ao fracionamento acionário. Sua admissão poderia ensejar a alienação, por parte do fundador ou do controlador da companhia, de ações fracionadas, de modo a dificultar o exercício do poder de voto em relação a essas ações e, consequentemente, o enfrentamento de sua posição em assembleias gerais.

4. Ação preferencial: exceção ao princípio da correlação uma ação, um voto

Rodrigo R. Monteiro de Castro

A LSA admite uma exceção ao princípio consagrador da correlação uma ação, um voto: a ação preferencial sem direito a voto ou sujeita a restrição no exercício desse direito.

Essa espécie de ação, com aquelas características restritivas, que no passado poderia representar até 2/3 do total das ações de emissão da companhia, foi enquadrada pela Lei 10.303, de 31 de outubro de 2001, que fixou o seu limite em 50% da totalidade das ações emitidas.

A combinação de ações ordinárias com ações preferenciais sem voto ou sujeitas a restrições de voto, emitidas em seu percentual máximo (50% do total de ações), oferece ao acionista controlador a possibilidade de preponderar nas deliberações sociais e de dominar a empresa com a propriedade de apenas 25% mais uma ação, o que representará 50% mais uma da totalidade das ações com direito a voto, conforme demonstra o gráfico abaixo:

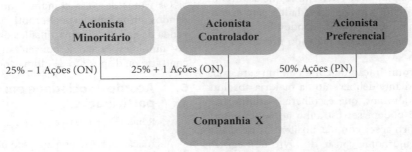

Total de Ações da Companhia X emitidas:
50% Ações ON + 50% Ações PN

Essa demonstração, deve-se reconhecer, é simplista, e serve apenas para ilustrar a quebra de correlação investimento/dominação, que, no caso, com a propriedade de apenas pouco mais do que a quarta parte das ações de emissão da companhia, determinado acionista prepondera e domina toda a companhia, controlando-a.

Importante destacar, ainda, que, a depender da estrutura de capital do próprio controlador da companhia – na hipótese de tratar-se de pessoa jurídica –, o controle final, por via indireta, pode eventualmente ser exercido por pessoa que detenha percentual substancialmente inferior a 25%.

O gráfico a seguir ilustra a seguinte situação, partindo da estrutura exposta no gráfico anterior: o controlador da companhia é pessoa jurídica e a sua estrutura de capital espelha, em termos percentuais, a da controlada. Assim, seu controlador é proprietário de 50% mais uma das ações com voto, representativas de pouco mais do que 25% do capital total. Este percentual representará, na companhia controlada, participação indireta de 6,25%.

O número diminuto, contudo, não o impedirá de aproveitar-se de instrumentos societários para exercer o controle efetivo da controlada. A representação gráfica é a seguinte:

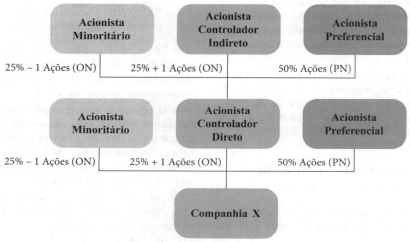

Total de Ações da Companhia X emitidas:
50% Ações ON + 50% Ações PN

5. Condomínio

Rodrigo R. Monteiro de Castro

O parágrafo único determina que os direitos da ação detida em copropriedade sejam exercidos pelo representante do condomínio. O instituto do condomínio é regulado nos arts. 1.314 e ss. do CC.

A administração da coisa comum será exercida mediante deliberação da maioria absoluta dos condôminos, que escolherá o administrador, que poderá ser estranho ao condomínio. Daí a afirmação, contida no item 1, de que a pessoa cujo nome conste do Livro de Registro de Ações Nominativas não é, necessariamente, proprietária da ação.

Na ausência de deliberação, o condômino que praticar a administração sem oposição será presumido como representante comum.

Os frutos da coisa comum – no caso, dividendos, juros sobre capital próprio ou preço de venda da ação – serão partilhados na proporção dos quinhões, exceto se houver estipulação em contrário ou disposição de última vontade.

6. Acordo e sociedade em conta de participação

Rodrigo R. Monteiro de Castro

A situação prevista no parágrafo único do art. 28 costuma ser estruturada, na prática, com algumas variações, ora com pertinência, ora não.

A mais usual, e mesmo assim imprópria, consiste na celebração de acordo de acionistas para regular a relação entre condôminos. Nele, em que se deveriam regular os direitos e deveres condominiais, regulam-se os direitos e deveres de acionistas, projetando-se posições que os signatários não ostentam.

Apesar de forma errática, o conteúdo costuma tratar dos temas essenciais, como formação da vontade e exteriorização do voto, quinhão, direitos econômicos oriundos de pagamento de dividendos, direito de preferência e opções de compra e venda da fração.

Outra variação detectada na prática é a constituição de sociedade em conta de participação, em relação à qual o sócio ostensivo se apresentará como acionista da companhia.

A constituição dessa sociedade independent de formalidade, conforme previsão do art. 992 do CC, e se caracteriza pela ocultação (ou discrição) da existência da própria sociedade – e do sócio que não ostente a posição de acionista.

Dessa forma, nos termos do art. 991 do diploma civil, a atividade constitutiva do objeto, qual seja, a detenção de propriedade acionária, é exercida unicamente pelo sócio ostensivo, em seu nome e sob sua responsabilidade exterior.

Paralelamente, no contrato da sociedade em conta de participação costuma-se tratar de temas relevantes aos sócios, como o exercício de voto na companhia, repartição dos frutos atribuídos à ação, preferência, opção de compra e venda, e a responsabilidade do sócio ostensivo perante o sócio participante.

7. A morte do acionista

Fábio Ulhoa Coelho

Não há nenhuma regra especial sobre a sucessão por morte da pessoa que deixou, em seu patrimônio, participações societárias (quotas de sociedade limitada ou ações de sociedade anônima). Aplicam-se a estes bens pertencentes ao *de cujus* as regras gerais do direito das sucessões, as mesmas a que se submetem os demais componentes do patrimônio sucessível. Não enfrenta, assim, maiores dificuldades a discussão acerca do exercício dos direitos societários correspondentes às participações societárias deixadas pelo *de cujus*, no interregno que vai do falecimento do acionista até a partilha.

Deve-se, assim, partir de alguns conceitos básicos do direito das sucessões, para fins de sistematização do argumento, na elucidação do exercício dos direitos societários correspondentes às ações objeto de inventário.

Lição por demais assente e conhecida é a de que, no instante imediatamente seguinte ao do falecimento de uma pessoa natural, os seus bens passam à propriedade ou titularidade dos sucessores. Mas, embora já sejam dos sucessores os bens deixados pelo falecimento, imediatamente à morte, ainda há uma série de providências a adotar antes da definitiva definição do novo titular de cada um deles: precisam ser identificados não somente os bens componentes do patrimônio sucessível como também quem são os sucessores, devem ser solvidas as obrigações passivas do falecido, pago o tributo incidente sobre a transmissão *causa mortis* e verificado o alcance de suas disposições de última vontade, se houver, bem como separados os legados etc. Conforme a dimensão do patrimônio do defunto ou a quantidade de sucessores, estas providências subsequentes ao falecimento não se conseguem adotar rapidamente. Por isso, entre o falecimento do autor da herança e a finalização destas providências, o direito das sucessões contempla uma sistemática destinada a operacionalizá-las. Anote-se que, mesmo, no caso de um único herdeiro legítimo de um patrimônio modesto e sem passivo, esta sistemática deve ser observada, ainda que de modo extraordinariamente mais simples.

Em termos muito gerais, a sistemática de operacionalização das providências subsequentes ao falecimento consiste na formação de um *condomínio* entre os sucessores (CC, art. 1.791, parágrafo único). Quer dizer, no instante seguinte ao passamento de alguém, os seus bens se transferem imediatamente à copropriedade dos sucessores. O conjunto de ativos e passivos componentes do patrimônio do falecido passa à titularidade condominial dos sucessores. De especial, este condomínio instituído entre os sucessores pelo falecimento de uma pessoa natural recebeu da lei uma designação jurídica própria: chama-se *espólio*; é administrado por alguém também designado de modo particular e escolhido, destituído e substituído segundo regras específicas do direito das sucessões: o *inventariante*; e corresponde a sujeito de direito despersonalizado.[388] Mas, sob o ponto de vista do direito real,

---

[388] Algumas outras especificidades podem ser apontadas no espólio que não se encontram no condomínio voluntário, as quais, porém, não têm relevância para o objeto da presente consulta. Por exemplo: "os herdeiros não são obrigados a concorrer com as despesas de administração da herança, ao contrário dos condôminos em geral relativamente à manutenção

este condomínio (o espólio) é igual a qualquer outro: um ou mais bens são da propriedade comum de dois ou mais sujeitos de direito.

"Espólio" é o *nomem juris* de um condomínio singular, constituído *ex lege*, entre os sucessores de uma pessoa falecida, logo em seguida ao falecimento. O objeto da copropriedade é o patrimônio sucessível, vale dizer, o conjunto de ativos e passivos deixados pelo *de cujus* que devem ser inventariados e destinados. A regra geral da copropriedade é a *temporalidade*. Também o espólio, enquanto condomínio entre os sucessores, tende ao desaparecimento. A desconstituição do vínculo de copropriedade entre os sucessores, mediante a repartição entre eles do patrimônio sucessível *líquido*, é o objetivo de todo espólio, a finalidade de todo inventário, judicial ou extrajudicial.

A partilha é o ato de encerramento do espólio. Ela reparte entre os sucessores o patrimônio sucessível, após o pagamento das dívidas deixadas pelo falecido, do imposto de transmissão e, se houver, destinação de legados a legatários. Esta repartição de bens empreendida pela partilha faz-se segundo as complexas regras do direito das sucessões, que respeita o regime de bens do casamento e as regras sobre a união estável, vocaciona os herdeiros legítimos, assegura os quinhões dos testamentários, prestigia a legítima correspondente aos direitos dos herdeiros necessários etc. A partilha, assim, põe fim ao condomínio entre os sucessores instaurado imediatamente após o falecimento do autor da herança (CC, art. 1.791, parágrafo único). A partir dela, cada bem do espólio é destinado especificamente a um dos sucessores e passa a ter, em regra, um único titular. Claro, se for da vontade dos sucessores, um bem pode ser destinado, na partilha, à copropriedade de dois ou mais sucessores; nesse caso, porém, o condomínio não será mais o típico do direito das sucessões, mas o voluntário do direito real. Deste modo, enquanto não se procede à partilha, amigável ou judicial, os bens do falecido permanecem sob a copropriedade dos sucessores, reunidos nesse condomínio de nome específico, o espólio.

No condomínio voluntário em geral, a administração dos bens comuns é disciplinada pelos arts. 1.323 e ss. do CC: os condôminos escolhe o administrador, em voto proporcional aos respectivos quinhões; se um deles tomar a iniciativa de administrar sem a oposição dos demais, passa a representar o condomínio; os frutos se distribuem de acordo com as proporções dos quinhões, salvo deliberação da maioria em sentido diverso etc. Quando se trata, porém, do condomínio instituído pela morte de uma pessoa natural, a administração dos bens do espólio, objeto de copropriedade, enquanto não ultimada a partilha, submete-se a regras específicas, previstas nos arts. 1.797 do CC e 617 a 625 do CPC.

Note-se que, em duas hipóteses somente, reconhece-se em condomínios de bens a natureza de um sujeito de direito despersonalizado. Trata-se do meio reputado adequado, pela ordem jurídica, para melhor disciplinar as relações em torno da copropriedade. Uma destas hipóteses é o condomínio edilício. Os proprietários de unidades autônomas de um edifício, residencial ou comercial, possuem interesses comuns (regulamento das áreas comuns, justo rateio das despesas ordinárias, oportunidade e custo de reformas, contratação de pessoal ou de prestadores de serviços, cobrança das contribuições inadimplidas etc.). Desta comunhão de interesse, faz a lei nascer um sujeito de direito despersonalizado, representado pelo síndico. A outra hipótese é a do espólio.[389] Em vista da elevada complexidade das regras do direito sucessório, considerou a lei mais adequado à finalidade da copropriedade entre os sucessores *mortis causa* atribuir-lhe a qualidade de sujeito de direito despersonalizado. O sujeito de direito despersonalizado correspondente ao espólio será, assim, o titular dos direitos emergentes dos bens havidos em copropriedade, enquanto perdurar esta. Se o falecido era credor, cabe ao espólio promover a cobrança do devedor inadimplente; se, ainda em vida, causara dano a terceiro, o espólio será a parte legítima para ser demandada na ação de responsabilidade civil, etc.

---

do bem condominial. Como os herdeiros não têm nenhuma responsabilidade por encargos superiores às forças da herança (CC, art. 1.792), conclui-se que as despesas com a administração desta correm exclusivamente por conta dos seus próprios recursos. Se necessário, assim, o juiz deve autorizar o inventariante a vender um ou mais bens do espólio para atender às despesas de administração da herança" (COELHO, Fábio Ulhoa. *Curso de direito civil*. 8. ed. São Paulo: RT, 2016. v. 5. p. 243).

[389] De acordo com Fábio Konder Comparato: "o que não se pode perder de vista é o fato de ser a personalização uma técnica jurídica utilizada para se atingirem determinados objetivos práticos – autonomia patrimonial, limitação ou supressão de responsabilidades individuais – não recobrindo toda a esfera da subjetividade, em direito. Nem todo sujeito de direito é uma pessoa. Assim, a lei reconhece direitos a certos agregados patrimoniais, *como o espólio* ou a massa falida, sem personalizá-los" (*Poder de controle na sociedade anônima*. 2. ed. São Paulo: RT, 1977. p. 268, grifo acrescido).

Pois bem. Como inicialmente assentado, não há regra específica a aplicar, quando se encontrarem participações societárias entre os bens do patrimônio sucessível. Se o falecido era sócio de uma sociedade (simples ou empresária), a participação societária (quotas ou ações, conforme o tipo de sociedade) integrava o seu patrimônio. E, tal como acontece com os demais bens do *de cujus*, a participação societária passa, no instante seguinte à morte do sócio, à copropriedade de seus sucessores, ou seja, ao espólio. Ao se concluir o inventário, cada quota ou ação passará à titularidade de um dos sucessores, de acordo com o que constar do instrumento de partilha. A destinação de participação societária, pela partilha, a um condomínio de sucessores é absolutamente incomum, até mesmo desnecessária, tendo em vista a ampla facilidade com que se podem dividir estes bens do patrimônio sucessível.

Enquanto não se procede à partilha, as ações que pertenciam ao *de cujus* são da titularidade do espólio. A rigor, a titularidade pelo espólio das ações do falecido deve ser levada à escrituração do livro próprio (se nominativas) ou dos assentamentos da instituição financeira depositária (se escriturais). Não se sabe bem as razões, mas acabam os inventariantes não providenciando esta regularização formal. Normalmente, apenas se, durante o inventário, faz-se necessário algum ato societário, é que o livro ou assentamento acabará por colher a informação da nova titularidade (temporária) da participação societária anteriormente detida pelo falecido. De qualquer modo, mesmo que a copropriedade transitória dos sucessores sobre a participação societária componente da herança não seja formalizada como é de rigor, não há o que se discutir: os direitos societários correspondentes às ações componentes do patrimônio sucessível passam a ser exercitáveis pelo inventariante, independentemente da formalidade registral, por se tratar de assunto interno à sociedade, que limita apenas direitos titulados pelos demais sócios.

Como cabe ao inventariante representar legalmente o espólio, enquanto sujeito de direito despersonalizado, bem como administrar os bens da copropriedade, todos os direitos societários correspondentes às ações que eram detidas pelo falecido são exercitáveis por ele.[390] O exercício dos direitos societários, na sociedade anônima, pelo inventariante, enquanto perdurar a copropriedade das ações entre os sucessores de acionista falecido, está abrangido pelo mesmo dispositivo que cuida do condomínio da participação societária. Em outros termos, aplica-se ao espólio o art. 28, parágrafo único, da LSA.

Assim, o inventariante passa a exercer, em nome do espólio, o direito de voto correspondente às ações componentes do patrimônio sucessível, em toda e qualquer deliberação social: eleição, destituição e substituição do administrador, aprovação da destinação do resultado, aumento do capital social etc. Se o *de cujus* era sócio controlador da sociedade anônima, enquanto não ocorrer a partilha das ações componentes do patrimônio sucessível, exercerá o inventariante, em sua integralidade, o poder de controle. Também será exercitável pelo inventariante, em qualquer caso, o direito societário de fiscalização da administração da sociedade, cabendo-lhe votar as contas dos administradores ou pela realização de auditoria externa ou interna, obter informações sobre negócios sociais, concluídos ou em andamento, examinar os livros e o estado do caixa, ingressar com ação de prestação de contas etc. Finalmente, também cabe ao inventariante exercer o direito societário correspondente às ações do espólio, que eram da titularidade do *de cujus*, no que diz respeito ao recebimento de dividendos e participações nos lucros líquidos da sociedade.

Para o exercício dos direitos societários, o inventariante pode depender, ou não, do concurso dos sucessores, de acordo com diversas variáveis. Por exemplo, se for um inventariante dativo, nomeado pelo Poder Judiciário, incide no caso o princípio constitucional da liberdade de iniciativa (CF, art. 170, *caput*); quer dizer, como o Estado-juiz não pode interferir na gestão da empresa, o inventariante dativo, embora seja o único sujeito apto a exercer os direitos societários titulados pelo espólio, estará limitado pelas orientações e definições dadas, a um lado, pelo juízo sucessório, e, a outro, pela maioria dos sucessores, apurada pelo critério societário. Não havendo, porém, a incidência do freio constitucional à intervenção do Estado-juiz na iniciativa privada, ou mesmo outra justificativa de igual envergadura, incide apenas a regra geral do art. 28, parágrafo único, da LSA, e, em consequência, o inventariante não precisa da prévia autorização do Poder Judiciário ou mesmo dos sucessores para exercer os direitos societários titulados pelo espólio, não estando obrigado a consultar-lhes

---

[390] Alerta Washington de Barros Monteiro: "a inventariança é um *múnus*, um encargo público, sujeito à fiscalização judicial. Função auxiliar da justiça, reúne poderes de guarda, administração e assistência do acervo hereditário" (*Curso de direito civil*. 35. ed. atual. por Ana Cristina de Barros Monteiro França Pinto. São Paulo: Saraiva, 2003. v. 6. p. 32).

a opinião. O conteúdo do voto a proferir, por exemplo, numa assembleia, será inteiramente definido pelo inventariante.

Em suma, quando incidente apenas a regra geral do art. 28, parágrafo único da LSA, o inventariante é o único sujeito apto ao exercício dos direitos societários titulados pelo espólio, respondendo pelos atos que praticar nesta condição; somente quando à incidência desta regra geral somar-se a de outra norma jurídica – como no caso da inventariança dativa, sujeita ao princípio constitucional da livre iniciativa –, o inventariante será como que um *porta voz* dos interesses do espólio, devendo obediência às determinações emanadas pelos sucessores. Evidentemente, pelos atos praticados no exercício dos direitos societários correspondentes às ações do espólio, o inventariante responde perante os sucessores. Os dividendos que receber devem ser administrados como qualquer outro fruto aferido pelo espólio e do emprego deles o inventariante prestará as devidas contas aos herdeiros.

Anote-se, por fim, que a solução do direito societário que concentra no inventariante o exercício de todos os direitos societários correspondentes às ações detidas pelo *de cujus* tem, também, o sentido de impedir que conflitos entre os sucessores afetem a vida social e a empresa.[391] O inventariante terá, em suma, ao administrar a participação societária componente do espólio e exercer os direitos societários correspondentes, a mesma responsabilidade que a lei lhe confere em razão da administração dos demais bens, de qualquer outra natureza, deixados pelo falecido (imóveis, móveis, direitos intelectuais etc.).

Negociabilidade

Art. 29. As ações da companhia aberta somente poderão ser negociadas depois de realizados 30% (trinta por cento) do preço de emissão.

Parágrafo único. A infração do disposto neste artigo importa na nulidade do ato.

COMENTÁRIOS

1. Companhia aberta

Rodrigo R. Monteiro de Castro

A LSA estabelece o regime geral das companhias, aplicável a toda e qualquer sociedade anônima, e os regimes aqui chamados de especiais, que se aplicam àquelas que ostentam determinadas características, previstas no art. 4º.

De acordo com esse artigo, a companhia será aberta ou fechada conforme os valores mobiliários de sua emissão estejam ou não admitidos à negociação no mercado de valores mobiliários. Logo, referida admissão a caracterizará como aberta.

A LSA consagra, ao longo do seu texto, uma série de comandos à companhia aberta, que formam um subsistema específico – ou especial –, do qual o art. 29 faz parte. A restrição à negociação de ações, prevista nesse artigo, incide, portanto, apenas na sociedade de capital aberto.

Nada impede, porém, que no estatuto da companhia fechada contenha disposição semelhante. Também inexiste obstáculo à contratação de igual restrição em acordo de acionistas. Em qualquer caso, a sujeição não decorrerá da lei, mas (i) da deliberação da assembleia geral aprovadora (ou reformadora) do estatuto ou (ii) da vontade dos acionistas de pactuarem naquele sentido, em contrato parassocial. É muito raro, no entanto, que isso se verifique na prática.

2. Constituição, aumento de capital subsequente, subscrição e realização do preço de emissão

Rodrigo R. Monteiro de Castro

De acordo com o art. 29, as ações da companhia aberta somente poderão ser negociadas depois de realizados 30% do preço de emissão. O comando deve ser observado na constituição da companhia ou em qualquer aumento de capital subsequente. A inobservância será considerada uma infração, na forma do parágrafo único do mencionado artigo, e importará nulidade do ato.

---

[391] Para Rachel Sztajn, em comentário ao art. 1.056, § 1º, do CC (que corresponde ao art. 28, parágrafo único, da LSA, relativamente às sociedades limitadas), "o estabelecimento do condomínio societário após o falecimento do sócio visa a permitir que os herdeiros, representados pelo inventariante, tenham acesso às assembleias gerais, recebam informações, enfim, exerçam os direitos de sócio, ao mesmo tempo que se mantém o funcionamento da sociedade mediante o isolamento de eventuais disputas entre tais pessoas, que ficarão contidas no plano interno do 'condomínio de quotas', estranhas às atividades da sociedade, até que a divisão da herança esteja concluída" (AZEVEDO, Álvaro Villaça (coord.). *Código Civil comentado*. São Paulo: Atlas, 2008. v. XI. p. 441).

Portanto, acionistas não poderão negociar ou especular com as ações de sua propriedade antes da realização do percentual mínimo previsto na LSA. Caso, em hipótese, delibere-se em assembleia geral que a integralização ocorrerá em parcelas e os acionistas, no decurso do prazo, caiam em mora sem que o limite tenha sido atingido, a negociabilidade permanecerá interditada até que o pagamento ocorra.

Assim, a interdição poderá perdurar pelo tempo necessário à solução do inadimplemento, na forma do art. 107, que prevê, por exemplo, a possibilidade de venda, pela companhia, das ações em bolsa de valores, por conta e risco do acionista remisso.

O percentual de 30% refere-se ao preço de emissão, e não ao capital, que são conceitos distintos. Isto porque a contribuição do subscritor não será necessariamente destinada em sua integralidade a conta de capital, podendo ser vertida, também, para conta de reserva de capital.

É o que se depreende do art. 13, § 2º, segundo o qual a parcela que ultrapassar o valor nominal constituirá reserva de capital; e do art. 14, parágrafo único, que prevê que o preço de emissão da ação sem valor nominal pode ser fixado com destinação de parte à formação de reserva de capital.

Daí se conclui que o capital pode, eventualmente, estar integralizado em percentual coincidente ou maior do que o previsto no art. 29 e mesmo assim as ações permanecerem inegociáveis, se e quando o preço de emissão não estiver integralizado em, pelo menos, 30%.

Além disso, os artigos 80 e 170 preveem requisitos inafastáveis à constituição e ao aumento de capital da companhia.

De acordo com o art. 80, são requisitos constitutivos, dentre outros, a (i) subscrição, pelos menos por duas pessoas, de todas as ações em que se divide o capital, e a (ii) realização, como entrada, de 10%, no mínimo, do preço de emissão das ações subscritas, em dinheiro.

Desdobram-se, assim, em dois atos distintos e inconfundíveis: o primeiro tem natureza obrigacional, mediante o qual o subscritor se obriga a contribuir (ou pagar) o preço das ações emitidas, em dinheiro ou bens, e o segundo se refere à liquidação (ou pagamento) da obrigação; o verbo realizar significa pagar, nesse caso.

Em relação ao aumento de capital, o art. 170 determina que somente depois de realizados 3/4, no mínimo, do capital social, a companhia poderá aumentá-lo mediante subscrição pública ou particular de ações. Revela-se, aqui também, a distinção entre atos de subscrição e de realização (ou integralização). Porém, para que se possa efetuar nova emissão, a anterior deverá ter sido parcialmente realizada.

Ademais, a negociabilidade das emissões se sujeitará ao cumprimento do disposto no art. 29.

3. Restrição à negociação de ação de companhia aberta: motivação

RODRIGO R. MONTEIRO DE CASTRO

Apesar de, como regra geral, as ações de emissão da companhia poderem ser negociadas livremente, o art. 29 impõe uma restrição temporária: o pagamento de, pelo menos, 30% do preço de emissão. Como visto acima, o mandamento recai apenas sobre a companhia aberta.

Há motivos para isso.

No que toca à companhia em constituição, pretende-se inibir a especulação antes que parcela mínima do preço de emissão esteja realizado. Assim se garante ao menos o ingresso, no patrimônio da companhia, de parte dos recursos, em capital ou em bens, para início do desenvolvimento do objeto social.

A forma de realização – em dinheiro ou em bens – é, aliás, irrelevante, desde que observados os requisitos constantes do art. 80. Mesmo que ela – a integralização – se opere substancialmente em bens (art. 8º), a autorização para negociar dependerá da superação do percentual mínimo previsto no art. 29.

Não há, pois, regimes diferenciados para integralização em bens e/ou em dinheiro; importará, em qualquer caso, que se constate o ingresso, no patrimônio da companhia, de ativos representativos daquele referencial.

4. Sentido do vocábulo negociação

RODRIGO R. MONTEIRO DE CASTRO

O vocábulo negociação, empregado no art. 29, deve ser interpretado de modo restritivo, pois o que se pretende é evitar a especulação da ação no mercado antes da integralização, pelos acionistas, de 30% do preço de emissão.

Integralizar representa o ato de pagamento, derivado da subscrição prévia da ação. Opera-se, no caso, uma transferência, de dinheiro ou de bens, da esfera patrimonial do subscritor para a da companhia, que se tornará, assim, proprietária do *objeto* transferido. Em contrapartida, o subscritor receberá as ações correspondentes, que, ao menos no ato de subscrição, têm (ou devem ter) valor correspondente ao patrimônio transferido – independentemente da distribuição do preço de emissão entre capital e reserva de capital.

Protege-se, assim, o mercado em geral, e especialmente o investidor que poderia adquirir ação de companhia ainda desprovida de recursos mínimos para início da execução de seu objeto, além dos 10% necessários à constituição, previstos no art. 80.

Há, por fim, uma exceção a considerar. Se eventual negócio – antes do atingimento do percentual mínimo –, envolver relação simétrica, fora de mercado de valores mobiliários, tal negócio não será afetado, afastando-se da proibição prevista no art. 29.

Admite-se, pois, dentre outros negócios, a doação, a incorporação ao capital de outra sociedade empresária, a permuta ou a alienação privada, desde que tenham sido verificados os demais requisitos previstos na LSA, como aquele constante do art. 80 (realização, como entrada, de 10%, no mínimo, do preço de emissão das ações subscritas em dinheiro).

Negociação com as Próprias Ações

Art. 30. A companhia não poderá negociar com as próprias ações.

§ 1º Nessa proibição não se compreendem:

a) as operações de resgate, reembolso ou amortização previstas em lei;

b) a aquisição, para permanência em tesouraria ou cancelamento, desde que até o valor do saldo de lucros ou reservas, exceto a legal, e sem diminuição do capital social, ou por doação;

c) a alienação das ações adquiridas nos termos da alínea *b* e mantidas em tesouraria;

d) a compra quando, resolvida a redução do capital mediante restituição, em dinheiro, de parte do valor das ações, o preço destas em bolsa for inferior ou igual à importância que deve ser restituída.

§ 2º A aquisição das próprias ações pela companhia aberta obedecerá, sob pena de nulidade, às normas expedidas pela Comissão de Valores Mobiliários, que poderá subordiná-la à prévia autorização em cada caso.

§ 3º A companhia não poderá receber em garantia as próprias ações, salvo para assegurar a gestão dos seus administradores.

§ 4º As ações adquiridas nos termos da alínea *b* do § 1º, enquanto mantidas em tesouraria, não terão direito a dividendo nem a voto.

§ 5º No caso da alínea *d* do § 1º, as ações adquiridas serão retiradas definitivamente de circulação.

COMENTÁRIOS

1. Negociação de ações pela emissora e princípio da intangibilidade do capital social

Mauricio Moreira Menezes

O artigo 30 da LSA estabelece como regra geral a proibição da negociação pela companhia com as próprias ações, em consideração à intangibilidade de seu capital social, de forma a evitar prejuízos a eventuais credores.

Com efeito, considere-se a seguinte hipótese: um acionista entrega recursos à companhia, subscrevendo e integralizando ações, e a companhia, com aqueles próprios recursos recebidos, adquire aquelas ações, devolvendo o montante correspondente ao subscritor. Esvazia-se o patrimônio da sociedade e, no entanto, o capital social permanece com idêntico valor declarado.

Portanto, a aquisição pela companhia das próprias ações viola o princípio da intangibilidade do capital social, porquanto equivale a uma operação de devolução de capital para o acionista, sem a devida observância ao procedimento de redução do capital social previsto em lei, mais precisamente nos arts. 173 e 174 da LSA.

Excepcionalmente, porém, o art. 30, § 1º, LSA, admite a negociação pela companhia com ações de sua própria emissão nas situações em que é realizada sem prejuízo do capital social e da reserva legal (alíneas "b" e "c" do § 1º), ou que, eventualmente, resulte de operações estabelecidas em lei, sejam as de resgate, reembolso ou amortização (alínea "a" do § 1º), seja a redução do capital mediante restituição, em dinheiro, de parte do valor das ações (art. 174, *caput*, LSA), quando o valor de cotação em bolsa for inferior àquele a ser restituído (alínea "d" do § 1º). Entende-se que, nessas hipóteses, ou a companhia está a exercer legitimamente sua liberdade de contratar, ou está a cumprir, regularmente, dever estabelecido em lei ou em seu estatuto social, tudo dentro das premissas e limitações dispostas no art. 30, LSA.

2. Aquisição de ações com lucros ou reserva de lucros

Mauricio Moreira Menezes

A finalidade da companhia é produzir lucro (art. 2º, LSA). Embora hoje se fale no conceito de "lucro justo", i.e., obtido em bases éticas e em consideração aos interesses de "stakeholders", o fato é que o lucro se impõe como objetivo inafastável, de tal modo que sua ausência por seguidos exercícios sociais figura como causa de dissolução da companhia (art. 206, II, "b", LSA).

Por conseguinte, deve a companhia, no curso ordinário de seus negócios, produzir riqueza, faturar adequadamente seus serviços ou produtos e, assim, alcançar níveis satisfatórios de geração de caixa, que lhe confira estabilidade financeira e sustentabilidade operacional.

Logo, se, em razão de suas próprias atividades, aquelas riquezas forem se acumulando, a ponto de gerar recursos excedentes acumulados, pode a companhia usar esse sobrevalor, de sua propriedade, para adquirir as próprias ações, no exercício de sua autonomia privada e de sua discricionariedade em torno da aplicação dos recursos disponíveis.

Assim, o art. 30, § 1º, "b" e "c", LSA, autoriza a companhia a adquirir as próprias ações, no limite de seus lucros e reservas, exceto a chamada reserva legal.

A reserva legal é imposta pelo art. 193, LSA. Corresponde ao percentual de não menos que 5% do lucro de cada exercício, até que se alcance o montante correspondente a 20% do capital social. Trata-se de um "colchão" de proteção do capital social, cuja função é assegurar sua integridade. Por essa razão, a reserva legal tem destinações específicas, consistentes na compensação de prejuízos ou no aumento do capital social (art. 193, § 2º, LSA).

Justamente por funcionar como cautela mínima da companhia em relação a seu próprio patrimônio, uma prevenção básica para o enfrentamento de eventuais crises, a companhia não pode usar os recursos escriturados à conta da reserva legal a seu critério. Não pode usá-la, como dito, para adquirir as próprias ações.

Quando a companhia adquire as próprias ações, ela se torna, teoricamente, "acionista de si mesmo", gerando uma situação inusitada, embora possível e prevista em lei.

Por consequência, as ações adquiridas pela companhia assumem um estado especial, passando a ser consideradas "ações em tesouraria". Essa é uma expressão técnica, com origem nos usos, posteriormente reconhecida pelo art. 30, § 4º, LSA.

As ações em tesouraria têm seus direitos suspensos, incluindo-se o voto. O objetivo é evitar sua manipulação pelo acionista controlador, que, em tese, poderia empregar seu poder de orientar o funcionamento dos órgãos da administração (art. 116, II, LSA) para direcionar o voto a ser proferido em assembleia-geral, com base na propriedade daquelas ações.

Tampouco fazem jus ao recebimento de dividendos e, à toda evidência, a vedação aqui é mais lógica que técnica: a companhia estaria pagando dividendos a si própria, em uma operação que nada alteraria sua situação de caixa.

3. Outras hipóteses de negociação

Mauricio Moreira Menezes

Outra operação que se permite ser realizada pela companhia é a amortização de ações, definida no art. 44, § 2º, LSA. Nada mais é que uma devolução de capital ao acionista, a título de antecipação de quantias que lhe poderiam tocar em caso de liquidação da companhia.

Atente para o fato de que a lei, ao vincular a amortização à hipotética liquidação da companhia, está tratando tão somente da devolução ao acionista do montante que seria enquadrado no conceito de acervo remanescente. Tecnicamente, essa deve ser a melhor interpretação do dispositivo, pois a liquidação envolve uma série de atividades, que abrangem a realização do ativo, o pagamento do passivo e a distribuição do acervo remanescente aos sócios, direito considerado essencial, nos termos do art. 109, II, LSA. Esse acervo remanescente, em uma leitura simplista, é o próprio capital que foi aportado pelo acionista para ser utilizado pela companhia com objetivo de gerar riquezas, adquirir direitos e contrair obrigações. Sobrevindo sua dissolução, para fins de liquidação, o saldo patrimonial da companhia, após o pagamento de suas obrigações, equivale ao capital que deve ser devolvido ao acionista.

A ação amortizada perde seu conteúdo econômico, embora não haja redução do capital social, razão pela qual a companhia deve ter lucros ou reservas disponíveis para sua realização.

Podem as ações ser integralmente amortizadas, o que significa dizer que será devolvido ao acionista todo o capital que foi aportado. Neste caso, a doutrina as entende como "ações descapitalizadas", que podem ser substituídas por ações de fruição, conforme dispõe o art. 44, § 5º, LSA.[392]

A amortização deve recair sobre uma espécie ou classe de ações, uma vez que a distribuição de direitos acionários se dá uniformemente, de acordo com a espécie ou classe de ações. Excepcionalmente, quando não abranja todas as ações de determinada espécie ou classe, deve ser feito sorteio das ações contempladas pela amortização (art. 44, § 4º, LSA), hipótese de difícil concreção, dada a imprevisibilidade do resultado que, no ambiente profissional, não é desejável. Havendo a atribuição de fungibilidade às ações, por meio da contratação de sua custódia com instituição autorizada pela Comissão de Valores Mobiliários a prestar esse serviço (art. 41, LSA), deve ser realizado rateio do valor amortizado, dada a inaplicabilidade do sorteio, em virtude da impossibilidade prática de diferenciação entre ações fungíveis de mesma espécie ou classe.

A amortização, parcial ou integral, de alguma espécie ou classe de ação, seguida da efetiva dissolução da companhia, restringe a participação dos acionistas titulares de ações amortizadas no acervo social: eles só poderão concorrer para o recebimento de sua parcela após a companhia pagar aos demais acionistas a quantia correspondente à que foi amortizada.

Nada impede que se crie uma reserva para amortização de ações, por meio da inclusão de cláusula específica no estatuto social, destinando-se um percentual do lucro do exercício social para esse fim.

Por exemplo, um investidor resolve aplicar em uma companhia fechada R$ 1 milhão, mas exige, perante seus acionistas e sua administração, que, independentemente de seu direito de participação nos lucros sociais, lhe seja retornado o valor principal daquele capital. Portanto, nesse contexto negocial, companhia, acionistas e investidor ajustam que o último receberá o dividendo que caiba às ações que subscrever e, além desse direito, terá de volta o valor principal investido, após o decurso de determinado período de tempo. Nesse sentido, pode ser criada classe específica de ações preferenciais, a ser totalmente subscrita e integralizada pelo investidor, observado o direito de preferência dos demais acionistas, nos termos da lei (art. 109, IV c/c art. 171, LSA). Negocia-se que conste no estatuto da companhia que a referida classe de ações preferenciais, a partir do quinto ano, deverá ser amortizada e, para tal objetivo, a companhia deve criar uma reserva correspondente a 10% do lucro anual. Adicionalmente, o estatuto social estabelece que as ações totalmente amortizadas serão substituídas por ações de fruição, que terão direito a voto e recebimento de dividendos, reafirmando-se que a única restrição será aquela estabelecida em lei (art. 44, § 5º, LSA).

O art. 30, § 1º, "a", LSA, trata, ainda, da operação de resgate, que, por definição, consiste na compra compulsória de ações. A companhia decide comprar as ações para retirá-las definitivamente de circulação e ao acionista só cabe vendê-las, de tal sorte que não pode afastar essa pretensão da companhia.

O art. 44, *caput* e § 1º, "a", LSA, faz referência ao resgate e, embora determinem a utilização de lucros ou reservas disponíveis, autorizam a redução de capital.

No ambiente empresarial, a operação de resgate é conhecida como "call", no sentido de que a companhia "chama de volta" as ações que ela própria emitiu e as adquire, tudo conforme previsto em cláusula estatutária (cuja prévia inclusão se aconselha, em homenagem à transparência) ou deliberado em assembleia-geral pelos acionistas, hipótese em que deverá ser convocada assembleia especial para deliberar essa matéria específica, a ser formada por acionistas da(s) classe(s) atingida(s), cuja deliberação está sujeita ao quórum qualificado corresponde a, no mínimo, a metade das ações alcançadas pelo resgate (art. 44, § 6º, LSA, inserido pela Lei 10.303/2001).

Aplica-se ao regaste a regra, acima comentada, quanto à abrangência da totalidade das ações de determinada espécie ou classe ou a realização de sorteio, bem como a possibilidade de criação de reserva para sua implementação.

A realização da amortização ou do resgate está dentro de um pacote de opções oferecido pela LSA, que desenvolveu significativa diversidade de instrumentos jurídicos para composição de interesses entre os acionistas.

Diferentemente é a hipótese do reembolso, mencionado pelo art. 30, § 1º, "a", LSA. Não se trata de instrumento negocial, mas estritamente societário, funcionando como contrapartida pecuniária ao exercício do direito de retirada, elencado como direito essencial do acionista (art. 109, V, LSA) e regulado especificamente pelo art. 137, LSA, além de ser reafirmado pelos arts. 223, § 4º, 230, 236,

---

[392] REQUIÃO, Rubens. *Curso de direito comercial*. 31 ed. São Paulo: Saraiva, 2014. v. 2. p. 126-127.

parágrafo único, 264, § 3º e 270, parágrafo único, todos da LSA.

Sustenta-se que sua natureza corresponde à devolução de capital, em virtude da resolução do contrato de sociedade, segundo a conclusão a que chegou Philomeno J. da Costa, em tese com a qual conquistou a cadeira de Titular da Universidade de São Paulo. Nas palavras do referido professor, o reembolso de ações constituiria o fruto de um "direito de rebelião", que se reconhece aos acionistas minoritários da companhia.[393]

Em razão de sua relevância para as relações acionárias, a LSA conferiu ao reembolso detalhado tratamento no extenso art. 45, a cujos comentários este autor se reporta.

A última hipótese de negociação pela companhia com ações de sua emissão, contemplada no art. 30, § 1º, "d", LSA, corresponde à compra quando, resolvida a redução do capital mediante restituição, em dinheiro, de parte do valor das ações (art. 174, LSA), o preço destas em bolsa de valores for inferior ou igual à importância que deve ser restituída.

Com efeito, na dinâmica do procedimento da redução de capital social, quando julgado excessivo, podem os acionistas optar pela devolução do valor de suas ações, seguido de seu cancelamento ou por mantê-las hígidas, restituindo-se ao acionista parte do valor de cada ação, tudo conforme autorizado pelos arts. 173 e 174, LSA.

Como resultado, o acionista continua titular da mesma quantidade de ações e, adicionalmente, recebe o valor correspondente à redução de capital.

Logo, a alínea "d", § 1º, art. 30, LSA, trata de hipótese muito específica, pertinente à vida das companhias abertas, segundo a qual o valor a ser restituído é igual ou inferior ao valor da cotação em bolsa de valores. Nesta eventualidade, cabe à companhia comprar as ações em bolsa, ao invés de restituir ao acionista parte do valor de suas ações. Segundo dispõe o § 5º do art. 30, LSA, as ações adquiridas serão retiradas definitivamente de circulação, de tal modo que a companhia não poderá aliená-las em bolsa de valores.

Sob a perspectiva da companhia, trata-se de justa medida para evitar a ineficiência da operação de redução do capital. Porém, sob a perspectiva do acionista e, especialmente, do minoritário titular de ações em circulação no mercado, tal operação pode ser considerada lesiva a seus interesses. Na prática, o acionista minoritário receberá valor aquém do fixado na deliberação assemblear de redução de capital e, pior, alienará sua ação, reduzindo sua participação societária. Essa norma estava prevista no art. 19, do Dec.-lei 2.627/1940 e, à época de sua vigência, era alvo de críticas pela doutrina clássica, a ponto de se ter defendido sua exclusão da LSA.[394]

4. A aquisição das próprias ações pela companhia aberta

Mauricio Moreira Menezes

Nas companhias abertas, a vedação do art. 30, LSA, objetiva, adicionalmente, tutelar interesses de investidores e, em sentido amplo, o mercado de valores mobiliários, em face da possibilidade de manipulação dos preços das ações pela emissora, a partir da criação de condições artificiais de demanda.

Em igual escopo de proteção, busca-se coibir a negociação de ações mediante a utilização de informações privilegiadas pela companhia, com a finalidade de obtenção de vantagem ilícita em desfavor do titular de ações em circulação no mercado, que ficaria exposto à assimetria informacional.[395]

A aquisição das próprias ações por parte das companhias abertas sujeita-se, sob pena de nulidade, à observância das normas expedidas pela Comissão de Valores Mobiliários, conforme disposto no art. 30, § 2º, LSA. A competência da Comissão de Valores Mobiliários para regulamentar essas aquisições está igualmente prevista no art. 22, § 1º, III, da Lei 6.385/1976. A matéria está regulada pela Resolução CVM 77/2022 e pela Resolução CVM 44/2021.

---

[393] COSTA, Philomeno J. da. *Operações da anônima com as ações do seu capital*. Tese (Concurso para a Titularidade de Direito Comercial da Faculdade de Direito da Universidade de São Paulo). São Paulo, 1965. p. 160.

[394] Vide, por todos, Modesto Carvalhosa, que cita a doutrina de Cunha Peixoto, Waldemar Ferreira e Miranda Valverde (CARVALHOSA, Modesto. *Comentários à lei de sociedades anônimas*. 7. ed. São Paulo: Saraiva, 2013. v. 1. p. 405-407).

[395] A Exposição de Motivos do anteprojeto da LSA trata especificamente sobre a proteção do investidor de companhia aberta: "Nas companhias abertas, o § 2º do artigo 30 subordina a aquisição das próprias ações às normas fixadas pela Comissão de Valores Mobiliários porque essa modalidade de operação pode ser utilizada como instrumento de manipulação no mercado, em prejuízo do público investidor".

Com efeito, o art. 14 da Resolução CVM 44/2021 veda a negociação com valores mobiliários de emissão da companhia pela própria emissora, seus acionistas controladores, diretores, membros do conselho de administração e do conselho fiscal, no período de 15 (quinze) dias que anteceder a data da divulgação das informações contábeis trimestrais e das demonstrações financeiras anuais da companhia. Pelo fato de o mencionado dispositivo fazer remissão ao art. 13 da Resolução CVM 44/2021, entende-se que impõe àquelas pessoas o dever de não realizar qualquer negociação com ações de emissão da própria companhia, sempre que tal companhia estiver na iminência de divulgação de fato relevante, independentemente de prazo, presumindo-se que "têm acesso a toda informação relevante ainda não divulgada" (art. 13, § 1º, II, Resolução CVM 44/2021).

Como acima antecipado, a inteligência dessa vedação consubstancia-se na coibição da obtenção de vantagem, em compra ou venda de ações no mercado, por meio do uso de informação relevante ainda não tornada pública, obtida em razão do exercício de cargo ou função e capaz de influir, de modo ponderável, na cotação de valores mobiliários da companhia ("insider trading", cuja prática é vedada pelo art. 155, §§ 1º e 4º, da LSA, além de constituir crime contra o mercado de capitais, nos termos tipificados pelo art. 27-D, da Lei 6.385/1976).

A rigor, a caracterização de fato relevante pressupõe a existência de um fato concreto (tal como, dentre outros, a assinatura de pré-contrato ou contrato de transferência do controle acionário da companhia, a celebração, alteração, ou rescisão de acordo de acionistas e a incorporação, fusão ou cisão envolvendo a companhia ou sociedades coligadas, nos termos do parágrafo único, do art. 2º, da Resolução CVM 44/2021) e não uma mera conjectura ou expectativa a respeito de determinado assunto.

Uma alternativa, que poderia ser considerada pelas companhias, seria a utilização da mecânica do "blind trust", consistente na delegação absoluta da gestão de certo patrimônio a terceiro, vedando-se qualquer troca de informação entre as partes que contratam o "blind trust agreement".

Essa estrutura negocial é empregada no exterior de modo razoavelmente recorrente, valendo trazer a experiência norte-americana, a partir dos comentários elaborados por Paul B. W. Miller, no texto intitulado "Comments to the Securities and Exchange Commission on the Proposed Rule: Revision of the Commission's Auditor Independence Requirements":

> A blind trust would be created by transferring assets to a trustee who would be expected to earn a satisfactory return for the beneficiary while keeping the identity of the trust's investments a complete secret. By using one of these trusts, the auditors would be able to claim with more credence that they simply do not know whether they have any conflict of interest through their individual holdings. Such trusts could be most easily created for individuals, although one might be used for small groups. The greatest risk, of course, would be maintaining actual and apparent secrecy.[396]

Nessa linha de raciocínio, é defensável que a companhia aberta contrate instituição independente, que passaria a ter absoluta discricionariedade para negociar com ações de sua emissão no mercado, utilizando-se dos recursos financeiros transferidos pela emissora no momento de constituição do vínculo e alocando-os dentro de determinados parâmetros previamente convencionados em instrumento contratual.

No entanto, há riscos e desvantagens dessa estrutura contratual que merecem ser observados. O risco mais grave consiste na dificuldade de se assegurar total incomunicabilidade entre o gestor e a companhia, relativamente a informações que possam influenciar a cotação das ações. Adicionalmente, registre-se que não há jurisprudência construída pela Comissão de Valores Mobiliários quanto ao emprego do "blind trust" no mercado de capitais brasileiro, fator que gera incertezas quanto a seus efeitos jurídicos. Para sua utilização, seria recomendável a formulação de consulta à Comissão de Valores Mobiliários, trazendo à baila as circunstâncias concretas da companhia e de suas pretensões, a fim de se verificar a viabilidade e as condições mínimas para sua adoção.

5. Doação de ações à companhia emissora

Mauricio Moreira Menezes

A doação consubstancia-se em ato de liberalidade formalizado pelo doador, nos termos do art. 538, do Código Civil ("considera-se doação o contrato em que uma pessoa, por liberalidade,

---

[396] Disponível em: <http://www.sec.gov/rules/proposed/s71300/testimony/miller1.htm>. Acesso em: 4 nov. 2019.

transfere do seu patrimônio bens ou vantagens para o de outra").

O art. 30, § 1º, "b", LSA, ao final, autoriza a aquisição de ações pela companhia emitente, para permanência em tesouraria ou cancelamento, por doação, sem estipular qualquer limite, restrição ou condição para a operação. Evidentemente, a plena liberdade de contratação se deve ao fato de não haver qualquer impacto negativo no patrimônio da companhia.

Logo, a melhor interpretação desse dispositivo é no sentido de se tratar de doação sem ônus para o donatário. Havendo a fixação de obrigação pelo doador, em proveito próprio, de terceiro ou do interesse geral (doação com encargo, nos termos do art. 553, do Código Civil), deve-se entender que se trata de operação atípica, não autorizada pela LSA e que se enquadra, portanto, na vedação geral de que trata o art. 30, *caput*, LSA.

6. Constituição de garantia real sobre as ações em favor da emissora

Mauricio Moreira Menezes

A companhia não poderá receber em garantia as próprias ações, salvo para assegurar a gestão dos seus administradores, segundo dispõe o art. 30, § 3º, LSA.

A vedação em questão é muito mais lógica que jurídica: sendo a ação uma fração de seu capital social e, pois, de seu patrimônio, a garantia real que sobre ela recaísse em nada aproveitaria a companhia. Na eventualidade de inadimplemento do devedor, a excussão da garantia não produziria acréscimo patrimonial.

Por outro lado, a exceção à regra não se enquadra nas hipóteses típicas de outorga de garantia real, pois não corresponde a débito contraído pelo devedor. Nessa linha, a possibilidade de garantia de gestão, por meio da caução de ações, encontra-se prevista no art. 148, LSA, e funciona como demonstração do comprometimento do administrador relativamente a seus deveres legais (arts. 153 a 157, LSA) e estatutários. Fez parte dos usos das relações societárias no Brasil em passado distante e, a rigor, apenas por razões históricas continua no texto da LSA, porquanto, há muito, deixou de integrar os estatutos sociais de companhias brasileiras.

Ações Nominativas

Art. 31. A propriedade das ações nominativas presume-se pela inscrição do nome do acionista no livro de "Registro de Ações Nominativas" ou pelo extrato que seja fornecido pela instituição custodiante, na qualidade de proprietária fiduciária das ações. (Redação dada pela Lei 10.303, de 2001)

§ 1º A transferência das ações nominativas opera-se por termo lavrado no livro de "Transferência de Ações Nominativas", datado e assinado pelo cedente e pelo cessionário, ou seus legítimos representantes.

§ 2º A transferência das ações nominativas em virtude de transmissão por sucessão universal ou legado, de arrematação, adjudicação ou outro ato judicial, ou por qualquer outro título, somente se fará mediante averbação no livro de "Registro de Ações Nominativas", à vista de documento hábil, que ficará em poder da companhia.

§ 3º Na transferência das ações nominativas adquiridas em bolsa de valores, o cessionário será representado, independentemente de instrumento de procuração, pela sociedade corretora, ou pela caixa de liquidação da bolsa de valores.

COMENTÁRIOS

1. Ações nominativas

Fábio Ulhoa Coelho

Em razão de longa tradição, que até mesmo justifica a alcunha de "anônima" para as companhias, a identificação dos seus acionistas não é pública. Não constam do Registro Público de Empresas, mas de registros internos da própria sociedade ou de uma instituição financeira.

Nesse contexto, em função dos requisitos para a transferência da titularidade das ações, estas se classificam em duas formas: *nominativas* e *escriturais*.

Uma das diferenças entre as formas consiste na documentabilidade por certificados, emitidos pela própria companhia ou por um agente de emissão de certificados (arts. 23 a 27), meio de comprovação da qualidade de acionista que diz respeito somente às nominativas. A prova dessa qualidade, quando se trata de ações escriturais, que *não* são instrumentalizadas por certificado, faz-se mediante a exibição do extrato emitido pelo banco.

Mas a diferença essencial está no ato de transferência da titularidade da participação societária. As nominativas transferem-se por registro lançado num dos livros escriturados pela companhia, enquanto as escriturais são transferidas por ato da instituição financeira, a débito da conta de ações do anterior acionista e a crédito da conta do novo.

Quando se trata de transferência por alienação negocial, gratuita ou onerosa, o livro em que se lança a mudança de titularidade é o "Livro de Transferência de Ações Nominativas". Este registro na escrituração da companhia é necessário e suficiente para a transferência. Nenhum outro negócio jurídico, anterior a esse registro, produz o efeito de transferir a titularidade das ações, para fins de eficácia. Note-se que, para o completo aperfeiçoamento formal da escrita da companhia, após o lançamento no "Livro de Transferência de Ações Nominativas", deve ser feita a averbação da nova titularidade no "Livro de Registro de Ações Nominativas". Mas aqui, não se cuida mais da transferência, operada já pelo termo no "Livro de Transferência de Ações Nominativas", assinada pelas partes do contrato (compra e venda ou doação). A averbação no outro livro, quando a mudança da titularidade da ação decorre de negócio jurídico em que se contratou a alienação, serve unicamente à completa regularidade da escrituração mercantil da companhia. Feitas as averbações com o cuidado devido, não haverá discrepâncias entre os dois livros relacionados às ações nominativas.

Nas hipóteses de alteração de titularidade por fato ou ato diverso da alienação negocial, a transferência se viabiliza pela averbação no "Livro de Registro de Ações Nominativas". São os casos, por exemplo, de sucessão por morte, por incorporação, fusão ou cisão ou ordem judicial (adjudicação ou arrematação).

A formalidade do lançamento da transferência no livro próprio (termo no de "transferência" ou averbação no "registro") é o ato formal de escrituração, praticado pela companhia, que transfere a titularidade da ação nominativa. No caso da compra e venda das ações, por exemplo, o mero aperfeiçoamento desse negócio jurídico é insuficiente para operar a transferência da titularidade da participação societária. Outros registros eventualmente feitos do instrumento contratual tampouco terão eficácia real de transferência da titularidade da ação. Tão somente os atos de escrituração previstos no art. 31 é que têm essa eficácia de direito real.

Isso não significa, porém, que os negócios de alienação não produzam efeitos de ordem pessoal, inclusive societários. Entre as partes desse negócio, ademais, os efeitos do que validamente contrataram se projetam a partir do aperfeiçoamento do contrato, incluindo os relativos à condição de acionista. Apenas perante terceiros e a própria sociedade, é que a titularidade da ação nominativa necessariamente pressupõe o lançamento na escrituração determinada pela lei.

2. Ações negociadas em bolsa

FÁBIO ULHOA COELHO

Predomina a forma escritural das ações negociadas em bolsa, pela praticidade, segurança e rapidez com que são formalizados os atos de transferência de titularidade pela instituição financeira. Se ocorrer, contudo, de alguma companhia aberta optar pelas ações nominativas, o adquirente da ação em bolsa será representado, no termo lançado no "Livro de Transferência de Ações Nominativas", pela sociedade corretora ou pela caixa de liquidação da bolsa. Essa representação independe de instrumento de procuração. Trata-se de uma tentativa de desburocratizar a ação nominativa, mas que acabou não sendo largamente utilizada por simplificar a representação de apenas uma das partes do negócio jurídico: o adquirente (cessionário, como diz o § 3º).

3. A presunção de titularidade da escrituração

FÁBIO ULHOA COELHO

A presunção de titularidade da ação nominativa, resultante da escrituração dos livros "Transferência de Ações Nominativas" e "Registro de Ações Nominativas" pode ser, conforme o caso, *absoluta* ou *relativa*. Depende da licitude e precisão da escrituração.[397]

Se alguém consta como titular de ações nominativas, em razão de registros lícitos lançados nos livros da emissora, e não há nenhum erro material, a presunção de titularidade é *absoluta*. Deste modo, mesmo que as referidas ações tenham já sido vendidas, por força da celebração de contrato de compra e venda e recebimento do preço contratado, *enquanto não*

---

[397] Modesto Carvalhosa considera *relativa* a presunção da titularidade, e exemplifica com a hipótese de uma escrituração falsificada (ilícita), que pode ser desconstituída pelo verdadeiro titular das ações (*Comentários à lei de sociedades anônimas*. 6. ed. São Paulo: Saraiva, 2011. v. 1. p. 419-420). Também Miranda Valverde sustenta a relatividade da presunção, mas invocando hipóteses de ilicitude do registro constante dos livros: "ato simulado, inocente ou fraudulento" (*Sociedade por ações*. 3. ed. Rio de Janeiro: Forense, 1959. v. I. p. 197). Esses autores não cuidam, portanto, da hipótese em que o lançamento na escrituração é lícito, caso em que se mostra absoluta a presunção de titularidade da ação.

se proceder ao lançamento deste negócio jurídico nos livros da companhia, presume-se titular quem consta da escrituração; e, neste caso, a presunção é absoluta. O comprador das ações não pode se pretender acionista, tão somente pelo aperfeiçoamento e execução da compra e venda, porque falta o registro para a produção dos efeitos de direito real.

Já, se a escrituração nos livros da companhia tiver sido feita ilicitamente ou contiver imprecisão (erro material, por exemplo), atribuindo a titularidade de ações a quem não a titula, a presunção será *relativa*. O verdadeiro acionista pode provar, por qualquer meio, a insubsistência da informação constante dos livros da companhia emissora. Se alguém exibe à companhia instrumentos negociais falsificados (compra e venda de ações, mandato para assinatura do termo de transferência, etc.), e solicita a transferência da titularidade de ações, o registro que for feito nos livros apropriados é ilícito (nulo). Neste caso, a presunção que a escrituração da sociedade anônima projeta pode ser afastada pela prova da falsificação. Também no caso de erro material ou imprecisão, admitem-se outras provas atributivas da titularidade das ações ao verdadeiro acionista, diferente do constante da escrituração da companhia.

A distinção é relevante. Imagine que a sociedade anônima pagou os dividendos a *Antonio* que constava como o acionista titular das ações nominativas de sua escrituração, na data da declaração. Se *Antonio* havia já vendido suas ações a *Benedito*, alguns meses antes, por meio de contrato de compra e venda ainda não levado à companhia para registro, este último não pode pretender, em juízo, o afastamento da presunção dada pela escrituração da companhia emissora, por ser, neste caso, absoluta. A titularidade de *Antonio* constante da escrituração da companhia é lícita. Situação diversa seria a de *Benedito* não conseguir levar a registro, na sociedade emissora, o seu contrato de compra e venda de ações porque *Carlos* havia se antecipado e obtido a transferência delas para a sua titularidade, exibindo um contrato de compra e venda com a assinatura falsificada de *Antonio*. Nesta segunda situação, a presunção é relativa, por ser ilícita a escrituração que atribuía a *Carlos* a titularidade; e, assim, *Benedito* pode afastá-la mediante prova, em juízo, da falsidade do negócio que *Carlos* apresentara como causa para o registro de seu nome como o do titular das ações.

4. A presunção de titularidade do extrato

Fábio Ulhoa Coelho

Por acréscimo trazido ao art. 31 pela Lei 10.303/2001, esclareceu-se que a prova de titularidade das ações nominativas também se presume pelos extratos expedidos pela instituição financeira custodiante, que detiver a titularidade fiduciária das ações. Aqui, também será absoluta ou relativa a presunção, conforme seja lícita (e acurada) ou ilícita a informação que deu origem ao extrato. Se dos assentamentos da instituição financeira custodiante consta informação incorreta, baseada em documento ilícito, pode o legitimado provar a inconsistência do extrato e obter a ordem judicial para a devida correção. Mas se for lícita a informação que deu origem ao extrato e não há erros materiais, a presunção é absoluta, no sentido de que não pode ser desconstituída tão somente em vista de quaisquer negócios jurídicos que, mesmo aperfeiçoados e executados, não produzem efeitos reais de transmissão da titularidade, por falta do registro adequado na instituição financeira custodiante.

Ações Endossáveis

Art. 32. *(Revogado pela Lei 8.021, de 1990).*

Ações ao Portador

Art. 33. *(Revogado pela Lei 8.021, de 1990).*

Ações Escriturais

Art. 34. O estatuto da companhia pode autorizar ou estabelecer que todas as ações da companhia, ou uma ou mais classes delas, sejam mantidas em contas de depósito, em nome de seus titulares, na instituição que designar, sem emissão de certificados.

§ 1º No caso de alteração estatutária, a conversão em ação escritural depende da apresentação e do cancelamento do respectivo certificado em circulação.

§ 2º Somente as instituições financeiras autorizadas pela Comissão de Valores Mobiliários podem manter serviços de escrituração de ações e de outros valores mobiliários. (Redação dada pela Lei 12.810, de 2013)

> § 3º A companhia responde pelas perdas e danos causados aos interessados por erros ou irregularidades no serviço de ações escriturais, sem prejuízo do eventual direito de regresso contra a instituição depositária.

📖 COMENTÁRIOS

1. A forma escritural das ações

FÁBIO ULHOA COELHO

Em 1976, era estranha a ideia de uma ação *sem certificado*, isto é, sem o registro de sua existência e dos elementos que a identificam num papel, normalmente de gramatura espessa em que se imprimiam os signos da solenidade documental, (servindo a logomarca da companhia como um verdadeiro *selo* de uma autoridade). Mas já se iniciava um processo de revolução nos registros de efeitos jurídicos, desencadeada pela então nascente tecnologia da informação.

A utilização do suporte eletrônico para registro da titularidade de direitos foi recebida com muita resistência pela comunidade jurídica. O apego ao papel e a crença na segurança que ele presumivelmente proporciona, aliados à dificuldade da generalidade dos profissionais do direito de lidar com novidades, levaram à construção de um "repertório de transição", destinado a acomodar os institutos jurídicos na irrupção da revolução da informática.

Nesse repertório de transição, encontra-se a figura do "depósito" das ações emitidas pelas sociedades anônimas em instituições financeiras, quando adotada a forma escritural. Não há o *corpus* apto ser objeto de entrega ao depositante, para guarda. E o mais próximo disso, o certificado das ações, quando existente, devia ser obrigatoriamente inutilizado, e não guardado, pela instituição financeira chamada de "depositária".

A LSA se valeu da conhecida figura do contrato de depósito para tornar mais palatável à comunidade jurídica (geralmente conservadora, desconfiada e hesitante) a assimilação de um simples registro em suporte eletrônico que fosse juridicamente suficiente à comprovação da titularidade de ações de uma companhia.

Outro ingrediente do repertório de transição é o *reforço* da responsabilidade da companhia pelos atos da instituição financeira que ela contratar para a execução do serviço de escrituração das suas ações (art. 34, § 3º). Norma desnecessária, não fosse a preocupação em cercar a novidade (em 1976) de cautelas com as quais estavam e estão familiarizados os profissionais jurídicos; já que expressa mera decorrência da milenar responsabilização por culpa *in eligendo*.

Hoje, passadas mais de quatro décadas, a estranheza quanto à *ação sem certificado* é significativamente menor, se é que ainda exista. Abolidas as ações ao portador, no início dos anos 1990, o certificado deixou de ser necessário. Descartada a indispensabilidade da documentação em papel, a titularidade de direitos societários por determinada pessoa decorre dos lançamentos feitos por uma instituição financeira em contas de depósito de ações por ela escrituradas.

> **Art. 35.** A propriedade da ação escritural presume-se pelo registro na conta de depósito das ações, aberta em nome do acionista nos livros da instituição depositária.
>
> § 1º A transferência da ação escritural opera-se pelo lançamento efetuado pela instituição depositária em seus livros, a débito da conta de ações do alienante e a crédito da conta de ações do adquirente, à vista de ordem escrita do alienante, ou de autorização ou ordem judicial, em documento hábil que ficará em poder da instituição.
>
> § 2º A instituição depositária fornecerá ao acionista extrato da conta de depósito das ações escriturais, sempre que solicitado, ao término de todo mês em que for movimentada e, ainda que não haja movimentação, ao menos uma vez por ano.
>
> § 3º O estatuto pode autorizar a instituição depositária a cobrar do acionista o custo do serviço de transferência da propriedade das ações escriturais, observados os limites máximos fixados pela Comissão de Valores Mobiliários.

1. A transferência da titularidade das ações escriturais

FÁBIO ULHOA COELHO

Transfere-se a titularidade das ações escriturais por meio de lançamentos contábeis nas contas de ações mantidas numa instituição financeira. Debitam-se as ações alienadas da conta do alienante e creditam-se na do adquirente.

Esse lançamento só pode ser feito pela instituição financeira diante de uma ordem escrita emitida pelo alienante. Essa ordem não precisa ser feita necessariamente em papel, porque o escrito pode ter também suporte eletrônico, desde que haja autenticação por meio de certificado digital da assinatura eletrônica do alienante. O emprego da ICP-Brasil é uma possibilidade, mas outras infraestruturas de chaves públicas podem ser utilizadas, se houver acordo entre os envolvidos (alienante e adquirente das ações, além da instituição financeira).

A presunção de titularidade dada pelo lançamento em contas de ações escriturais é idêntica à do livro da companhia relativo à das ações nominativas. Rigorosamente nas mesmas hipóteses em que o Livro de Registro de Ações Nominativas faz presumir a titularidade da participação acionária, também o fazem os lançamentos da instituição financeira encarregada de escriturar as ações escriturais. Quer dizer, a presunção é absoluta, quando o lançamento é lícito e regular. Torna-se relativa a presunção de titularidade das ações se fundada em negócio ilícito ou quando ocorre erro material.[398] O grau de presunção da titularidade da posição acionária não se altera minimamente em decorrência do suporte do registro ser papelizado ou eletrônico, ou mesmo de ter sido esse feito pela própria companhia emissora ou pela instituição financeira em nome dela.

Limitações à Circulação

Art. 36. O estatuto da companhia fechada pode impor limitações à circulação das ações nominativas, contanto que regule minuciosamente tais limitações e não impeça a negociação, nem sujeite o acionista ao arbítrio dos órgãos de administração da companhia ou da maioria dos acionistas.

Parágrafo único. A limitação à circulação criada por alteração estatutária somente se aplicará às ações cujos titulares com ela expressamente concordarem, mediante pedido de averbação no livro de "Registro de Ações Nominativas".

1. Restrições à livre circulação das ações

Sérgio Campinho

Em função da sua essência de sociedade de capital, os princípios e regras que presidem a estruturação econômica da companhia revelam a prevalência do elemento capital sobre as qualidades subjetivas dos sócios. O regime jurídico que orienta a negociação das participações societárias é o da livre cessão ou circulação. Ao acionista é assegurada a faculdade de transferir com ampla liberdade as suas ações, pois essa transmissão não acarreta qualquer modificação na estrutura da companhia, sendo desinfluente quem venha a ser o novo titular da condição de sócio. A alteração do titular das participações societárias não implica alteração do estatuto ou de sua configuração organizacional.

A livre circulação das ações é regra absoluta nas companhias abertas, sendo nula qualquer disposição estatutária que se destine a limitar ou restringir as transferências de ações.

Nas companhias fechadas, entretanto, permite-se que o estatuto imponha limitações à circulação das ações, prescrevendo a lei as seguintes condições para a sua adoção: (a) regulação de maneira minuciosa; (b) não impedir a negociação; e (c) não sujeitar o acionista ao arbítrio dos órgãos de administração ou da maioria dos demais sócios.

A fórmula mais usual para operacionalizar a limitação estatutária permitida é a da adoção da figura do direito de preferência em favor dos antigos acionistas, em caso de alienação das ações a terceiros, estranhos ao quadro social. A opção de compra preferencial que se estatui em favor dos demais acionistas deve ser disciplinada de forma detalhada no estatuto, prevendo, dentre outras questões, o modo de comunicação da vontade de dispor das ações, o prazo de vigência da preferência e a maneira de exercê-la.

Outras formas de restrição são também admitidas no estatuto, como aquelas que exigem o preenchimento de determinadas condições para ostentar o *status socii*, como a nacionalidade brasileira e a identidade profissional[399].

Podem, ainda, tais limitações estatutárias visar a obstar o ingresso na sociedade de pessoas

---

[398] Cf. comentários ao art. 31.

[399] VALVERDE, Trajano de Miranda. *Sociedades por ações*. 2. ed. Rio de Janeiro: Forense, 1953. v. 1. p. 197.

que não ofereçam as garantias morais ou pecuniárias aferíveis segundo os critérios definidos pelos atuais acionistas,[400] ou a garantir a estabilidade da administração[401] da companhia e do próprio controle.

Não é lícito, no entanto, estabelecer cláusula condicionando o ato de transmissão à anuência da maioria dos demais acionistas, por exemplo, porquanto a disposição revela sujeição do acionista ao arbítrio da maioria.

Os dispositivos estatutários restritivos serão dotados de licitude desde que não tenham por objetivo e efeito impedir a transferência das ações, mas simplesmente regulamentar o exercício desse direito, cercando-o de certas garantias e precauções[402] para conferir estabilidade ao corpo social, pois tais limitações são estabelecidas, em geral, para assegurar determinadas características subjetivas do grupamento de sócios. Como regras de exceção, devem sempre tais disposições ser interpretadas de forma estrita, não se admitindo ampliações para acolher outras situações que não estejam previstas de forma expressa e taxativa no estatuto.

As cláusulas restritivas de transmissão das ações são extensíveis a qualquer forma de transferência, seja ela voluntária, a título oneroso ou gratuito, por sucessão legítima ou testamentária e até mesmo por execução forçada.[403]

A violação das verbas estatutárias pelo ato de transmissão conduz, inexoravelmente, à ineficácia do ato em face da companhia e, consequentemente, em relação aos demais acionistas, em virtude do vínculo institucional que os une.

O direito à negociação das ações ingressa na categoria das garantias individuais do acionista, decorrente diretamente da lei, não podendo, por isso, o seu exercício ser obstado por deliberações da maioria acionária[404]. Quando, no entanto, criada originariamente no estatuto, a limitação à livre circulação das ações não viola esse direito individual do acionista. Todavia, adotada por alteração estatutária, somente se aplicará às ações cujos titulares com ela expressamente concordarem, mediante pedido de averbação no livro de "Registro das Ações Nominativas". Garante-se ao acionista que não concordar com a alteração estatutária veiculadora da restrição a faculdade de conservar os direitos plenos que lhe foram originariamente atribuídos. Parece dispensável, entretanto, o aludido pedido de averbação, quando a modificação do estatuto se realizar por vontade unânime dos acionistas – com e sem direito a voto –, para estabelecer a limitação à negociabilidade, tornando-se, dessa forma, uma regra estatutária cogente. O pedido de averbação, nessa hipótese, seria formalidade inútil, diante da unanimidade.[405]

As restrições à livre circulação das ações podem também derivar de pactos parassociais celebrados entre os acionistas da companhia. É permitido ao acordo de acionistas, ao dispor sobre a compra e venda das ações e a preferência para adquiri-las, estabelecer cláusulas de bloqueio, através das quais os celebrantes se obrigam a não transferir suas participações societárias a terceiros sem a anuência dos demais ou, ao menos, uma maioria qualificada, ou não, dos demais, ou, ainda, sem previamente garantir-lhes o direito de preferência, por exemplo. As limitações ajustadas, exclusivamente entre as partes do acordo, podem ser mais agudas.

Com a conclusão do acordo de acionistas, passa a existir, entre os seus subscritores, um novo vínculo, além do institucional: o de natureza contratual. O liame contratual não se sobrepõe ao institucional, próprio das companhias, mas com ele se concilia, a partir da própria previsão legal que autoriza os acionistas a regularem, entre si, as suas relações de sócio.

Considerando que essa ligação contratual atinge apenas os acionistas celebrantes do acordo, nada impede, em apreço ao princípio da liberdade de contratar, que esses pactos de bloqueio sejam também firmados no âmbito da companhia aberta[406]. Mas nesses casos, a restrição à livre circulação geralmente vem motivada

---

[400] VALVERDE, Trajano de Miranda. *Sociedades por ações*. 2. ed. Rio de Janeiro: Forense, 1953. v. 1. p. 199.
[401] VALVERDE, Trajano de Miranda. *Sociedades por ações*. 2. ed. Rio de Janeiro: Forense, 1953. v. 1. p. 201.
[402] VALVERDE, Trajano de Miranda. *Sociedades por ações*. 2. ed. Rio de Janeiro: Forense, 1953. v. 1. p. 198.
[403] PEIXOTO, Carlos Fulgêncio da Cunha. *Sociedade por ações*. São Paulo: Saraiva, 1972. v. 1. p. 313; e EIZIRIK, Nelson. *A Lei das S/A comentada*. 2. ed. São Paulo: Quartier Latin, 2015. v. 1. p. 270.
[404] VALVERDE, Trajano de Miranda. *Sociedades por ações*. 2. ed. Rio de Janeiro: Forense, 1953. v. 1. p. 200.
[405] REQUIÃO, Rubens. *Curso de direito comercial*. 30. ed. São Paulo: Saraiva, 2013. v. 2. p. 117.
[406] EIZIRIK, Nelson. *A lei das S/A comentada*. 2. ed. São Paulo: Quartier Latin, 2015. v. 1. p. 271.

pelo escopo de assegurar uma estabilidade na constituição do bloco de controle ou, até mesmo, na organização, em bases também estáveis, de um bloco minoritário ativo.

Os acordos típicos, como os que regulam a compra e venda das ações e o direito de preferência, para serem observados pela companhia, devem ser arquivados em sua sede. As respectivas restrições, para serem oponíveis a terceiros, deverão estar averbadas no livro de "Registro das Ações Nominativas" e nos certificados das ações, se emitidos. Na hipótese das ações escriturais, as obrigações ou ônus deles decorrentes deverão constar dos livros próprios das instituições financeiras, com a correspondente anotação no extrato da conta de depósito fornecido ao acionista. As ações averbadas não poderão ser negociadas em bolsa de valores ou no mercado de balcão (*caput* e §§ 1º e 4º do art. 118 da LSA).[407]

2. Direito de preferência, à primeira oferta e à primeira recusa

FÁBIO ULHOA COELHO

A sociedade anônima se distancia da limitada, entre outras características, por assentar-se mais no aspecto *objetivo* da relação societária (a união de capitais) do que no *subjetivo* (a união de esforços pessoais).[408] Claro, esses dois aspectos da relação societária são imprescindíveis em qualquer tipo de sociedade, já que nenhuma pode existir sem pessoas ou sem capital. A distinção entre os tipos de sociedade aqui considerada trata, portanto, de prevalência de um aspecto da relação societária sobre o outro, e não de ausência de qualquer um deles.

A sociedade anônima, em razão desta sua característica, é um tipo societário mais ajustado a proporcionar a negociação da empresa. Enquanto na sociedade limitada, qualquer cessão de quotas depende invariavelmente de alteração do contrato social, que é o ato constitutivo da pessoa jurídica, na anônima, a alienação de ações faz-se por simples registros (em livros da sociedade, quando nominativas; em assentos do banco depositário, quando escriturais), mantido incólume o estatuto. Enquanto na limitada, a lei concede aos sócios titulares de mais de 25% do capital social, quando omisso o contrato, o direito de *obstar* qualquer cessão de quotas (CC, art. 1.057), na anônima, ela determina que qualquer limitação estatutária à circulação das ações, possível apenas nas sociedades fechadas, não pode impedir a livre negociação destas (art. 36).

É característica essencial das sociedades anônimas, portanto, a fácil negociabilidade das ações.[409] Mesmo quando autorizada a previsão de limitação estatutária à circulação das ações, ela não pode ter o alcance de impedir a negociação. Neste contexto, o estatuto daquelas sociedades anônimas fechadas com cláusula de limitação da circulação das ações, prevê, via de regra, o *direito de preferência*, em igualdade de condições com terceiros, para os demais acionistas.[410] Outras cláusulas destinadas a limitar a circulação das ações facilmente esbarram na vedação legal, por importarem, ainda que indiretamente, empecilho à negociação das ações e, assim, incorrerem em ilegalidade.

---

[407] Cf. os comentários ao art. 118.

[408] Para Cunha Peixoto: "A transmissibilidade das ações foi sempre considerada uma das características da sociedade anônima, ao contrário das demais, cuja movimentação de cotas depende de concordância recíproca dos sócios e isto porque se leva em consideração, nestas, as aptidões pessoais, o caráter dos contratantes. A sociedade anônima, ao revés, é uma sociedade de capital, excluído de seu âmbito o *intuitu personae*. Sendo assim, a cessibilidade de suas ações constitui a regra geral. Esse princípio não é hoje absoluto. A evolução das sociedades anônimas tem caminhando no sentido de permitir a restrição à livre circulação das ações com o objetivo de selecionar os acionistas. [Mas] não se pode desprezar que estamos frente a uma sociedade cuja característica principal é contrair *intuitus rei* e que esta nova orientação da doutrina e das legislações porta grandes inconvenientes" (*Sociedade por ações*. São Paulo: Saraiva, 1972. v. 1. p. 309-310).

[409] Na verdade, como expõe Miranda Valverde: "a transmissibilidade das ações, e não a sua livre transmissibilidade, é que constitui um dos característicos essenciais delas. Segue-se, pois, o corolário de que os estatutos podem impor certas restrições ou limitações à circulação das ações. É o que autoriza a lei" (*Sociedade por ações*. 3. ed. Rio de Janeiro: Forense, 1959. v. 1. p. 209).

[410] De acordo com Rubens Requião: "Entre as restrições que a prática apresenta destacam-se as que vedam ao acionista o direito de dispor livremente de suas ações sem ter antes dado preferência das mesmas aos outros interessados. Esses outros interessados podem ser acionistas da própria sociedade e, na falta destes, pode a proposta ser oferecida a qualquer pessoa" (*Comentários à lei das sociedades anônimas*. São Paulo: Saraiva, 1978. v. 1. p. 253).

Na cláusula *típica* de direito de preferência, o acionista que pretende alienar suas ações negocia, com terceiro, preço e condições, chegando ao completo entendimento acerca do contrato que vão assinar. Antes, porém, de assiná-lo, ele está obrigado, por esta cláusula, a dar aos demais acionistas a chance de adquirirem as mesmas ações, em igualdade de preços e condições.

Dois são os objetivos da cláusula do direito de preferência. O primeiro é assegurar a todos os acionistas o direito de *não* se associarem a estranhos ou mesmo a quem pudesse eventualmente ter o interesse em desestruturar a empresa, como no caso de concorrentes.[411] O segundo objetivo é o de lhes proporcionar uma oportunidade de negócio vantajoso: afinal, não precisarão desembolsar nenhum centavo para encontrarem o preço da ação, porque os custos da precificação já foram todos pagos pelo terceiro com quem o potencial vendedor entabulou as negociações preliminares.

Este segundo objetivo é particularmente importante. No sofisticado mercado de empresas, opera um conjunto de profissionais especializados (bancos de investimento, grandes escritórios de advocacia, empresas de auditoria, consultores etc.), cuja remuneração ou honorários são expressivos, em razão do extenso volume de trabalho despendido ou mesmo do valor agregado. Não é simples precificar-se uma ação de sociedade anônima, principalmente se fechada. As projeções dos economistas, as auditorias nas contas e as diligências legais, ambientais, de engenharia e outras são indispensáveis à definição do preço racional em torno do qual se acertarão comprador e vendedor. As negociações de empresas são caras e exigem desembolsos significativos de quem quer delas participar. O acionista que titula o direito de preferência típico tem a possibilidade de concluir um vantajoso negócio de aquisição de ações sem fazer o enorme gasto destinado à precificação destas. É certo que aquele acionista com acesso à administração da companhia já possui da empresa algumas informações, o que torna o processo de precificação menos oneroso; mesmo assim, contudo, há gastos, nos quais não precisa incorrer o titular do direito de preferência.

Outras cláusulas que igualmente asseguram este segundo objetivo, dispensando os acionistas de arcarem com os custos da precificação da empresa, sempre que um deles pretende alienar ações, são a da *primeira oferta* e a da *primeira recusa*, que não correspondem exatamente à típica do direito de preferência.

Quando o estatuto limita a circulação das ações pela cláusula da primeira oferta, o acionista que pretende alienar sua participação acionária deve notificar os demais para que, querendo, apresentem uma proposta de compra, da qual conste já o preço que se dispõem a pagar pelas ações. A precificação cabe aqui aos destinatários da notificação, potenciais compradores das ações que se quer vender. Se nenhum dos acionistas notificados apresentar proposta, o notificante está liberado para vender suas ações a quem quiser, por quaisquer preço e condições. Se tiver recebido proposta de aquisição, o notificante pode aceitá-la ou, se não lhe convierem o preço e condições apresentados, pode alienar suas ações a terceiros, desde que por montante superior.

Já na cláusula da primeira recusa, o acionista que pretende alienar as suas ações deve, antes de tudo, precificá-las, e, depois, notificar os demais acionistas, informando o preço e as condições em que aceitaria vendê-las. O interessado em vender as ações como que concede aos seus sócios uma opção de compra, definindo preço e condições desta. São dele, portanto, os gastos com a precificação. Se nenhum dos acionistas destinatários da notificação de primeira recusa aceitar comprar as ações pelo preço e nas condições indicadas, o acionista que a expediu está livre para vender as ações a quem ele quiser, desde que não o faça por preço inferior ou condições diversas (menos vantajosas para o vendedor).

O direito à primeira recusa limita *menos* a circulação das ações que o direito de preferência. Nos dois casos, os acionistas titulares do direito são poupados dos gastos com a precificação, os quais são suportados pelo potencial vendedor (na cláusula da primeira recusa) ou pelo potencial comprador (na do direito de preferência). Para eles, portanto, é indiferente, quanto a este aspecto da questão, se a limitação estatutária adota um ou outro desses esquemas. Mas, para os terceiros, potenciais interessados, a diferença

---

[411] Na lição de Miranda Valverde: "É fora de dúvida que as restrições à circulação das ações concorrem para as afastar do mercado, impedindo-se, assim, o ingresso na sociedade de pessoas que podem ter interesse na sua ruína, ou não oferecem as garantias morais ou pecuniárias necessárias, aferidas segundo o critério dos atuais acionistas" (*Sociedade por ações*. 3. ed. Rio de Janeiro: Forense, 1959. v. 1. p. 211).

é substancial. Quando o estatuto limita a circulação pelas cláusulas da primeira recusa, as negociações se estabelecem com quem já está inteiramente liberado, pelos demais acionistas, para fazer a venda por determinado preço mínimo. Mesmo sem saber que preço é esse, o potencial comprador tem já a garantia de não depender de ninguém mais para a conclusão do negócio além dos que estão sentados à mesa de negociação. De modo similar, também o direito à primeira oferta importa *menos* limitação à circulação das ações que o direito de preferência. Aqui, igualmente, os potenciais interessados na aquisição podem tomar por definido que o contratado não ficará condicionado à vontade de acionistas com os quais não negociou.

3. A companhia fechada *intuitu personae*

Sérgio Campinho

Uma das classificações tradicionalmente trabalhadas pela doutrina é aquela que divide as sociedades em sociedades de pessoa e de capital. A distinção toma em consideração a maior ou menor relevância da pessoa dos sócios na formação e na manutenção do vínculo social. Por evidente que se faz presente em qualquer sociedade os elementos capital e pessoa do sócio. A classificação se estabelece a partir da predominância de um sobre o outro.

Na sociedade de pessoa, prepondera o caráter *intuitu personae* não só para a sua constituição, mas também para reger atos e relações da vida social. Nela, a condição pessoal do social é o elemento fundamental na criação e na estruturação societária. A sociedade se constitui tendo por referência a qualidade e os atributos pessoais do sócio, exteriorizados, por exemplo, a partir da confiança recíproca e da capacitação para o negócio.

Na sociedade de capital, o componente basilar para a sua organização e desenvolvimento está na força de investimento do sócio. O interesse na formação e na permanência do vínculo societário assenta-se na contribuição material do sócio para o capital social, sendo relegada a um plano secundário a qualidade subjetiva. O ânimo que move o agrupamento em sociedade é o *intuitu pecuniae*.

A sociedade anônima é classicamente referida como o protótipo da sociedade de capital. São características marcantes das companhias: (a) a livre transmissão das participações sociais; (b) a mutabilidade do quadro social; (c) a limitação do recesso às hipóteses legalmente autorizadas; (d) a morte do sócio não influi na vida da sociedade; (e) a inexistência da responsabilidade subsidiária e solidária pelas dívidas sociais; (f) deveres de colaboração e de lealdade menos estritos e marcantes; e (g) a clara dissociação entre propriedade e gestão social.

A companhia de capital aberto é sempre uma sociedade de capital. A fechada, em princípio, também o é. Sua concepção originária também vem assentada na reunião de capitais e não na de pessoas, em si consideradas.

Mas não se pode ignorar a realidade que cerca inúmeras sociedades anônimas de capital fechado, nas quais o fenômeno associativo explica-se a partir dos atributos pessoais dos sócios e na presença de regras que prestigiam as relações entre eles. Nelas, ao contrário das demais companhias, tanto abertas quanto fechadas, o *intuitu personae* emerge como elemento integrativo do vínculo societário. Em sua estruturação são comumente observadas cláusulas estatutárias impondo, nos lindes permitidos pelo art. 36 da LSA, limitações à livre circulação das ações, igualmente reforçadas por acordos de acionistas, através dos quais essas restrições são agravadas, com o claro objetivo de preservar os interesses pessoais dos acionistas que se autoimpõem um critério restritivo à admissão de novos sócios, segundo os laços familiares, a confiança mútua, a qualificação pessoal, ou qualquer outro traço ou predicado pessoal.

São elas, assim, sociedades formalmente de capital, mas materialmente personalistas, porquanto são constituídas e se mantêm explorando seus objetos sociais a partir dos atributos subjetivos dos sócios.

Reunindo a companhia fechada a condição de sociedade *intuitu personae*, admite-se a sua dissolução parcial quando verificada a ruptura da *affectio societatis*, por restar, nessas circunstâncias, evidenciada a impossibilidade de ser preenchido o seu fim (alínea *b* do inciso II do art. 206 da LSA e § 2º do art. 599 do CPC).[412-413]

---

[412] Cf. os comentários ao art. 206.

[413] Tem-se adotado a acepção de sociedades heterotípicas para designar essas companhias passíveis de dissolução parcial (NUNES, Marcelo Guedes. In: COELHO, Fábio Ulhoa (coord.). *Tratado de direito comercial*. São Paulo: Saraiva, 2015. v. 2. p. 223).

4. Companhias fechadas *intuitu personae*?

ANA FRAZÃO

A livre negociabilidade das ações, como visto nos comentários ao art. 1º, da Lei 6.404/1976, constitui uma das características essenciais das sociedades anônimas. Nas companhias abertas brasileiras, a regra não comporta exceções, sendo ineficaz qualquer previsão estatutária que imponha restrições à transferência das ações, ressalvadas as disposições dos acordos de acionistas de compra e venda de ações, que sejam oponíveis à companhia.[414]

Já nas companhias fechadas, o art. 36 admite que o estatuto imponha limitações à circulação das ações nominativas, desde que (i) as restrições estejam reguladas minuciosamente e (ii) a alienação das ações não fique sujeita ao arbítrio dos órgãos de administração da companhia nem à vontade da maioria dos acionistas.

Para alguns autores, a faculdade prevista no art. 36 da Lei 6.404/1976 atribuiria às sociedades fechadas caráter *intuitu personae*, ao obstar o ingresso de terceiros estranhos no quadro societário, preservando as relações de confiança entre os acionistas. É o que opina, por exemplo, Rubens Requião,[415] segundo o qual "essa faculdade de restringir a negociabilidade das ações da companhia dá-lhe nítido sabor de sociedade constituída *intuitu personae*, na qual os sócios escolhem seus companheiros", concluindo que a "*affectio societatis*" surge nessas sociedades com toda nitidez.

A distinção entre sociedades de capital e sociedades de pessoas sempre suscitou muitas controvérsias, especialmente porque não há sequer consenso quanto aos critérios adotados para distinguir um grupo do outro.[416]

Para Vivante,[417] por exemplo, o critério distintivo entre as sociedades de capital e de pessoas remete ao regime de responsabilidade dos sócios, de modo que, nas primeiras, vigora a responsabilidade limitada, enquanto, nas segundas, todos os sócios ou pelo menos alguns deles, respondem ilimitadamente pelas obrigações sociais. Sob esse critério, não seria possível recusar às sociedades anônimas, tanto abertas quanto fechadas, a natureza de sociedade de capital.

Outros, como Carlos Fulgêncio da Cunha Peixoto,[418] entendem que a diferença entre as sociedades de pessoas e as sociedades de pessoal não pode ser reduzida ao regime de responsabilidade dos sócios, mas está, na verdade, no caráter *intuitu personae* que prepondera nas primeiras e, no caráter *intuitu pecuniae* das segundas. Significa dizer que, nas sociedades de pessoas, os sócios levam em consideração, para a constituição do ajuste societário, as características pessoais dos demais e sua capacidade de contribuir para o êxito da empresa, de modo que o capital assume caráter relevante, porém secundário. Nas sociedades de capital, em contrapartida, há a primazia do capital, até porque, em geral, o quadro societário poderá ser alterado facilmente por meio da livre transferência das participações societárias.

Refratário à classificação, Egberto Lacerda Teixeira[419] pondera que o "critério é falho, ilógico

---

[414] Ver comentários de Ana Frazão ao art. 118, da Lei 6.404/1976. A esse respeito, Nelson Eizirik (*A Lei das S/A comentada*. São Paulo: Quartier Latin, 2011. p. 36) cita trecho do Parecer CVM/SJU 059/1980: "a necessidade de submeter, à aprovação prévia de terceiros, alteração na composição acionária de sociedade anônima, constitui limitação à circulação de ações. Somente às companhias fechadas, e desde que regulada minuciosamente no estatuto, é admissível a imposição de limitações à circulação de ações nominativas (art. 36 da Lei 6.404/76). É ineficaz a cláusula contratual que produza efeitos contrários à lei. A inclusão, em edital de oferta pública de ações, de condições à habilitação na oferta, imposta por cláusula ineficaz importa em fornecimento de informação inexata ao público-investidor".

[415] *Curso de direito comercial*. São Paulo: Saraiva, 2012. edição digital. Em sentido semelhante, Fábio Konder Comparato (Restrições à circulação de ações em companhia fechada: "nova et vetera", *Revista de direito mercantil, industrial, econômico e financeiro*. v. 18, n. 36, p. 65-66, out.-dez./1979) entende que é possível falar em "sociedades anônimas de pessoas", nas quais o caráter pessoal servirá de elemento integrativo entre os sócios, ante a relevância de certos atributos – como a *expertise* tecnológica, a tradição comercial, a capacidade gerencial e outros elementos atribuíveis tanto a pessoas naturais quanto pessoas jurídicas. Também Sérgio Campinho (*Curso de direito comercial*. Sociedades anônimas. São Paulo: Saraiva, 2018. p. 60) sustenta que existem sociedades anônimas familiares, constituídas com *intuito personae*, pois, nelas, o *animus* que se requer dos sócios não é só material.

[416] Ver BORGES, João Eunápio. *Curso de direito comercial terrestre*. Rio de Janeiro: Forense, 1991. p. 340.

[417] *Tratado de derecho mercantil*. Trad. espanhola de Ricardo Espejo Hinojosa. Madri: Reus, 1932. v. II. p. 93. n. 352.

[418] *A sociedade por quotas de responsabilidade limitada*. Rio de Janeiro: Forense, 1958. p. 44.

[419] *Das sociedades por quotas de responsabilidade limitada*. São Paulo: Quartier Latin, 2006. p. 24.

e inócuo", na medida em que "todas as sociedades são de pessoas e de capitais a um só tempo". A conclusão do autor advém do fato de que, assim como, nas sociedades de capital, é possível instituir previsões de caráter personalista, como a restrição à circulação de ações, nas sociedades de pessoas, também se admite a introdução de cláusulas de viés capitalista, a exemplo da livre cessão de quotas a terceiros, por exemplo.

Embora não seja de todo falsa, a afirmação deve ser entendida *cum grano salis*. Isso porque, ainda que seja possível, de fato, derrogar parcialmente o regime personalista e/ou capitalista de todas as sociedades, não será possível afastá-lo totalmente, sob pena de desnaturar o tipo societário. Assim, é possível, nas sociedades anônimas fechadas – e nunca nas abertas – restringir a circulação das ações, mas a própria Lei 6.404/1976 deixa claro que a cessão não poderá ficar condicionada ao arbítrio da maioria nem da maioria dos acionistas, tal como ocorre tipicamente nas sociedades de pessoas.

De toda sorte, a ausência de liquidez das ações de muitas companhias fechadas faz com que surjam problemas semelhantes aos das sociedades de pessoas quando algum acionista deseja se retirar da sociedade e não consegue alienar suas ações. Daí a jurisprudência, inclusive a do Superior Tribunal de Justiça, reconhecer a existência da *affectio societatis* em companhias fechadas, inclusive para o fim de se lhes aplicar a solução da dissolução parcial, ainda que tal solução seja criticável sob vários aspectos.[420]

5. Vedação de subordinar a alienação à vontade dos demais acionistas ou ao arbítrio da administração

ANA FRAZÃO

Ao contrário do que ocorre em outros tipos societários, nas sociedades anônimas fechadas brasileiras não se admite que a alienação das ações fique subordinada à vontade discricionária dos demais acionistas nem ao arbítrio dos órgãos de administração.

Como advertem José Luiz Bulhões Pedreira e Lamy Filho,[421] à Assembleia Geral e/ou à administração caberá tão somente examinar o preenchimento dos requisitos descritos no estatuto social. É possível, portanto, que a eficácia da transferência fique condicionada à aprovação desses órgãos, mas tão somente para fins de se verificar a satisfação dos critérios constantes da cláusula estatutária. A recusa à autorização, portanto, deverá ser regularmente justificada, para que não haja dúvidas de que não decorreu do mero capricho, seja do controlador, seja do órgão de administração.

Fábio Konder Comparato[422] assinala que quase todas as legislações admitem o estabelecimento de restrições à circulação das ações, que, em geral, podem ser classificadas em quatro tipos: (i) aquelas que submetem a transferência ao consentimento de determinado órgão da sociedade (*placet*); (ii) as que impõem óbices à aquisição das ações em função da nacionalidade ou da profissão, (iii) as cláusulas de opção e (iv) as cláusulas de preferência.

O autor faz uma análise das cláusulas restritivas no direito comparado, mostrando que há, basicamente, três sistemas jurídicos: (i) aqueles que reconhecem a licitude de todas as modalidades de restrição descritas acima, ficando a cargo do Judiciário coibir os abusos, a exemplo do direito inglês; (ii) aqueles que admitem, essencialmente, a cláusula de *placet*, como a França e a Alemanha e (iii) aqueles que vedam a cláusula de *placet*, mas preveem expressamente a possibilidade de os estatutos regularem o direito de opção e a existência de certos impedimentos pessoas na transferência de ações, sistema do qual se aproxima o Brasil.[423]

No direito francês, por exemplo, o *Code de Commerce* admite, expressamente, a chamada *clause d'agrément*, disciplinada nos arts. L-228-23 e seguintes. Essa cláusula submete a transferência das ações nominativas de companhias fechadas à aprovação prévia da companhia, sob

---

[420] Trata-se de solução bastante criticável, como aponta Ana Frazão (O STJ e a dissolução parcial de sociedade por ações fechada. *Revista do Advogado AASP*, n. 141, abril/2019, p. 9-17).

[421] PEDREIRA, José Luiz Bulhões; LAMY FILHO, Alfredo. Valores mobiliários. Natureza e normas gerais. In: PEDREIRA, José Luiz Bulhões; LAMY FILHO, Alfredo (coords). *Direitos das companhias*. Rio de Janeiro: Forense, 2017. p. 379.

[422] COMPARATO, Fábio Konder; SALOMÃO FILHO, Calixto. *O poder de controle na sociedade anônima*. Rio de Janeiro: Forense, 2008. p. 180.

[423] COMPARATO, Fábio Konder; SALOMÃO FILHO, Calixto. *O poder de controle na sociedade anônima*. Rio de Janeiro: Forense, 2008. p. 180.

pena de nulidade, ressalvadas as hipóteses de sucessão, fim de sociedade conjugal ou cessão a cônjuge, ascendentes e descendentes. Se a companhia rejeitar a transferência, entretanto, ficará obrigada a adquirir as ações ou a fazer com que outro acionista ou terceiro as adquira por um valor justo, no prazo de três meses da recusa.

No Brasil, não se admitem as cláusulas de *placet*, sendo vedada a subordinação da transferência à aprovação pura e simples, seja da Assembleia Geral, seja da administração. O estatuto poderá, todavia, impor certos impedimentos pessoais e condições ao adquirente. Em razão da disseminação dessas cláusulas restritivas, Modesto Carvalhosa e Fernando Kuyven[424] advertem que o correto, hoje, seria falar em "princípio da transmissibilidade relativa das ações" e não mais o da sua livre transmissibilidade".

As restrições podem servir, por exemplo, para a manutenção do equilíbrio entre os grupos familiares que compõem o quadro societário, para evitar que um concorrente se torna acionista da companhia, para assegurar a manutenção ou a aquisição do controle por determinado grupo, para instituir uma política nacionalista, etc. Apesar dos múltiplos interesses possíveis, Fábio Konder Comparato é categórico ao afirmar que "sua utilização prende-se, hoje, exclusivamente, à finalidade de manutenção do controle societário".[425]

Acresce que o art. 36, por instituir uma exceção à regra geral de livre circulação das ações, deverá ser interpretado restritivamente.[426] Não é razão que a Lei exige a regulação minuciosa das restrições no estatuto. Ressalva-se aqui a opinião divergente de Calixto Salomão Filho[427], no sentido de que apenas as cláusulas restritivas que tenham por fundamento o interesse específico dos grupos de sócios comportam interpretação restritiva, enquanto as aquelas que puderem ser justificadas como instrumento de proteção do interesse social (e não dos acionistas) devem ser interpretadas de forma ampla. A distinção de tratamento, segundo o autor, explica-se pelo fato de que a relevância do princípio do respeito ao interesse social é de grau semelhante à do princípio da livre circulação de ações.

Esse parâmetro do interesse social pode ser visto, por exemplo, no Código das Obrigações da Suíça, que prevê, no art. 685-b, que a companhia poderá não aprovar a transferência das ações não negociadas em bolsa, se houver um justo motivo previsto no estatuto. O dispositivo esclarece, em seguida, que são considerados justos motivos "as disposições concernentes à composição do círculo de acionistas que justifiquem a recusa em função do objetivo social ou da independência econômica da empresa"[428].

No direito brasileiro, a Lei apenas instituiu como parâmetro das cláusulas restritivas a vedação de que condicionem a transferência ao arbítrio dos demais acionistas e dos órgãos de administração. É uníssona, portanto, a doutrina no sentido de que as limitações não poderão proibir a negociação[429]. Por outro lado, a lei não proíbe a possibilidade de cláusulas de opção, de preferência ou a fixação de impedimentos pessoais na aquisição de ações. Em qualquer caso, contudo, deve ser observado o limite imposto pela lei, de modo que as cláusulas nunca poderão impedir a circulação das ações.

---

[424] Neste sentido: CARVALHOSA, Modesto; KUYVEN, Fernando. *Tratado de direito empresarial.* Sociedades anônimas. São Paulo: RT, 2018. v. III. p. 366.

[425] COMPARATO, Fábio Konder; SALOMÃO FILHO, Calixto. *O poder de controle na sociedade anônima.* Rio de Janeiro: Forense, 2008. p. 180.

[426] É o que defendem também Nelson Eizirik (*A Lei das S/A comentada.* São Paulo: Quartier Latin, 2011. p. 238) e José Luiz Bulhões Pedreira; Alfredo Lamy Filho (Valores mobiliários Valores mobiliários. Natureza e normas gerais. In: PEDREIRA, José Luiz Bulhões; LAMY FILHO, Alfredo (coord.). *Direitos das companhias.* Rio de Janeiro: Forense, 2017. p. 379).

[427] COMPARATO, Fábio Konder; SALOMÃO FILHO, Calixto *O poder de controle na sociedade anônima.* Rio de Janeiro: Forense, 2008. p. 185.

[428] Art. 685*b*H. Restriction à la transmissibilité / II. Restriction statutaire / 2. Actions nominatives non cotées en bourse / a. Motifs de refus 2. Actions nominatives non cotées en bourse. a. Motifs de refus

¹ La société peut refuser son approbation en invoquant un juste motif prévu par les statuts ou en offrant à l'aliénateur de reprendre les actions pour son propre compte, pour le compte d'autres actionnaires ou pour celui de tiers, à leur valeur réelle au moment de la requête. Sont considérés comme de justes motifs les dispositions concernant la composition du cercle des actionnaires qui justifient un refus eu égard au but social ou à l'indépendance économique de l'entreprise.

[429] Neste sentido: Trajano de Miranda Valverde (*Sociedade por ações.* Rio de Janeiro: Forense, 1953. p. 198) e Fábio Konder Comparato e Calixto Salomão Filho (*O poder de controle na sociedade anônima.* Rio de Janeiro: Forense, 2008. p. 180).

As restrições à circulação das ações poderão constatar do estatuto social desde a constituição das companhias ou ser incluídas no curso da atividade empresarial. Antes do advento da Lei 6.404/1976, a doutrina brasileira divergia quanto à possibilidade de essas cláusulas serem incluídas por votação majoritária.[430] O parágrafo único do art. 36 colocou fim à controvérsia. O dispositivo permite a introdução dessas cláusulas, após a constituição da companhia, mas condiciona a eficácia das limitações à concordância expressa dos titulares das ações que ficarão sujeitas a elas, mediante averbação no livro de "Registro de Ações Nominativas". A alteração estatutária, portanto, não alcançará os acionistas que com ela não concordarem.[431] Ao exigir o assentimento dos acionistas cujas ações serão afetadas, a Lei pretendeu coibir os abusos da maioria, como declara a Exposição de Motivos.

O adquirente das ações, seja a título de compra, doação, sucessão, execução forçada, receberá os títulos com o vínculo imposto nos estatutos, vigorando as restrições, independentemente de novo consentimento.[432]

Suspensão dos Serviços de Certificados

Art. 37. A companhia aberta pode, mediante comunicação às bolsas de valores em que suas ações forem negociadas e publicação de anúncio, suspender, por períodos que não ultrapassem, cada um, 15 (quinze) dias, nem o total de 90 (noventa) dias durante o ano, os serviços de transferência, conversão e desdobramento de certificados.

Parágrafo único. O disposto neste artigo não prejudicará o registro da transferência das ações negociadas em bolsa anteriormente ao início do período de suspensão.

COMENTÁRIOS

1. A suspensão dos serviços de certificados

FÁBIO ULHOA COELHO

O art. 37 da LSA diz respeito à suspensão dos serviços de certificados, que a companhia aberta emissora de ações nominativas pode determinar, com o objetivo de administrar com mais facilidade o seu quadro de acionistas. Quando há grande dispersão e liquidez das ações, os seus titulares podem variar até mesmo ao longo de um único dia.

Em dois momentos, particularmente, a exata identificação dos acionistas é essencial: na data da realização de assembleias e na de declaração de dividendos. No primeiro caso, para fins de legitimação para ter voz e voto no órgão societário (art. 126); no segundo, porque o pagamento dos dividendos é feito pela companhia a quem consta como acionista, no dia em que houver sido feita a sua declaração (art. 205).

A suspensão dos serviços de certificados não se confunde com a suspensão da negociação das ações; e, por isso, não impede a compra e venda desses valores mobiliários, mesmo no MVM.[433] A suspensão da negociação é

---

[430] COMPARATO, Fábio Konder; SALOMÃO FILHO, Calixto. *O poder de controle na sociedade anônima.* Rio de Janeiro: Forense, 2008. p. 186.

[431] Neste sentido: CARVALHOSA, Modesto; KUYVEN, Fernando. *Tratado de direito empresarial.* Sociedades anônimas. São Paulo: RT, 2018. p. 366

[432] Neste sentido: PEIXOTO, Carlos Fulgêncio da Cunha. *Sociedade por ações.* São Paulo: Saraiva, 1972. v. 1. p. 313; EIZIRIK, Nelson. *A Lei das S/A comentada.* São Paulo: Quartier Latin, 2011. v. 1. p. 239.

[433] "Não se confundem a suspensão da negociação das ações e a dos serviços de certificados. Esta última é ato da sociedade anônima *aberta* que emite ação *nominativa*, com vistas à racionalização do tratamento de certas questões, enquanto o primeiro é medida da CVM, bolsa ou mercado de balcão, de natureza preventiva ou sancionatória. A suspensão dos serviços de certificado está limitada a 15 dias por período, e a 90 por ano (LSA, art. 37), e não impede a compra e venda das ações durante a sua vigência. Para compreender melhor a suspensão dos serviços de certificados, imagine-se que se aproxima a data da realização da assembleia geral ordinária de sociedade aberta, com elevado grau de dispersão de ação (quer dizer, com um número muito grande de acionistas). A suspensão dos serviços de certificados, no período antecedente à realização da assembleia, possibilita a racionalização do encaminhamento de dois assuntos: de um lado, a legitimação para participar do órgão, e, de outro, a titularidade para o recebimento dos dividendos. De fato, terá direito de ingresso, voz e, se for o caso, voto, bem como será a beneficiária dos dividendos (LSA, art. 205) a pessoa proprietária da ação na data da realização da assembleia geral ordinária. Se não suspender o serviço de certificados, pode deparar-se a sociedade, em vista do grau de dispersão das ações, com um grande número de solicitações de transferência, até mesmo no próprio dia da assembleia, antes do seu início, advindo daí incertezas ou, no mínimo, acúmulo de serviço. Como disse, a suspensão do serviço de certificados não impede a negociação das ações da companhia, mesmo no mercado de capitais. Apenas

determinada pela CVM (Lei 6.385/1976, art. 9º, § 1º, I) ou pela Bolsa de Valores (de acordo com o seu regulamento), e tem natureza preventiva ou sancionatória, enquanto a suspensão dos serviços de certificados é medida justificável exclusivamente no âmbito administrativo, visando facilitar o "gerenciamento" do quadro de acionistas. A negociação pode ser feita normalmente, mas a formalização da transferência da titularidade das ações deve aguardar o término do período de suspensão do serviço de certificado – é essa a interpretação do art. 37 da LSA mais consentânea com a inexistência, no direito brasileiro, de efeitos reais do contrato de compra e venda.

A suspensão dos serviços de certificados pode ser determinada pela companhia aberta, mesmo nos casos em que contratou instituição financeira para as funções de agente emissor de certificados (art. 27). A suspensão cabe sempre à emissora, e não ao agente, que é apenas o seu representante para a prática de um ato bem específico, que é a emissão dos certificados de ações nominativas.

O art. 37 estabelece as condições para que a companhia aberta proceda à suspensão dos serviços de certificado. A primeira condição é temporal, observados os limites máximos de 15 dias corridos a cada suspensão e de 90 dias ao ano, no total. A segunda é formal e consiste na publicação de aviso especificando o período de suspensão, providenciado com observância do art. 289.

Em relação à companhia fechada, não há nenhuma disposição legal disciplinando a suspensão dos serviços de certificado. Afinal, suas ações não costumam ser negociadas com a frequência elevada característica do MVM. Pode ocorrer, porém, de também uma companhia fechada ter o interesse, senão a necessidade mesmo, de facilitar a administração de seu quadro de acionistas, às vésperas de assembleia geral ou declaração de dividendos. Para ter esse instrumento à mão, porém, é indispensável previsão estatutária, quando a companhia é fechada, com base na prescrição encontrada no art. 36 da LSA.

Perda ou Extravio

Art. 38. O titular de certificado perdido ou extraviado de ação ao portador ou endossável poderá, justificando a propriedade e a perda ou extravio, promover, na forma da lei processual, o procedimento de anulação e substituição para obter a expedição de novo certificado.

§ 1º Somente será admitida a anulação e substituição de certificado ao portador ou endossado em branco à vista da prova, produzida pelo titular, da destruição ou inutilização do certificado a ser substituído.

§ 2º Até que o certificado seja recuperado ou substituído, as transferências poderão ser averbadas sob condição, cabendo à companhia exigir do titular, para satisfazer dividendo e demais direitos, garantia idônea de sua eventual restituição.

COMENTÁRIOS

1. Ineficácia do art. 38

Fábio Ulhoa Coelho

O art. 38 da LSA disciplina a perda ou extravio do certificado de ações ao portador ou endossáveis. Com a extinção dessas formas de ações, pela Lei 8.021/1990, o dispositivo começou a perder eficácia. Durante algum tempo após 1990, podia ainda ter aplicação, enquanto não decaído o direito, na hipótese de perda ou extravio de "antigos certificados de ações ainda não convertidas em nominativas ou escriturais".[434] Depois da decadência desse direito por eventuais acionistas titulares destas formas de ações (ao portador ou endossáveis), o art. 38 deixou de ter qualquer eficácia. Não ocorreu a "derrogação por desuso", figura desconhecida do direito brasileiro, nem a revogação tácita por incompatibilidade entre a lei anterior e a posterior (Lei de Introdução às Normas do Direito Brasileiro, art. 2º, § 1º). A hipótese é de perda de eficácia.

---

implica a impossibilidade de o comprador praticar o ato de transferência de titularidade do valor mobiliário – que é o registro da transação nos livros próprios da sociedade emissora –, e, em decorrência, não poderá exercer nenhum direito de acionista enquanto estiver em curso a suspensão. Se, no período, a companhia, por exemplo, declarar dividendos, estes serão pagos a quem consta como acionista daqueles livros, ou seja, o vendedor das ações. Por esse motivo, a sociedade é obrigada a informar às bolsas de valores em que suas ações são negociadas, e também publicar pela imprensa, a sua decisão de suspender os serviços. Adequadamente informados, os investidores e demais agentes do mercado de capitais podem nortear suas decisões de compra ou venda. Por outro lado, os negócios concretizados antes do início do período de suspensão não são prejudicados por esta, quer dizer, a companhia deve proceder aos registros cabíveis, mesmo durante o lapso suspensivo, se demonstrado que a venda da ação se deu antes deste (LSA, art. 37, parágrafo único)" (COELHO, Fábio Ulhoa. *Curso de direito comercial.* 22. ed. São Paulo: RT, 2019. v. 2 p.132-133).

[434] BORBA, José Edwaldo Tavares. *Direito societário.* 14. ed. São Paulo: Atlas, 2015. p. 263.

SEÇÃO VII
CONSTITUIÇÃO DE DIREITOS REAIS E OUTROS ÔNUS

Penhor

Art. 39. O penhor ou caução de ações se constitui pela averbação do respectivo instrumento no livro de Registro de Ações Nominativas. (Redação dada pela Lei nº 9.457, de 1997)

§ 1º O penhor da ação escritural se constitui pela averbação do respectivo instrumento nos livros da instituição financeira, a qual será anotada no extrato da conta de depósito fornecido ao acionista.

§ 2º Em qualquer caso, a companhia, ou a instituição financeira, tem o direito de exigir, para seu arquivo, um exemplar do instrumento de penhor.

COMENTÁRIOS

1. Ações empenhadas ou caucionadas

FÁBIO ULHOA COELHO

Como bens móveis, as ações podem ser objeto de direito real *de* garantia, da espécie "penhor".[436] Uma vez empenhadas, vinculam-se as ações à satisfação de uma obrigação determinada, de que seja devedor o acionista. O credor pignoratício, em caso de inadimplemento da obrigação, tem direito de excutir seu crédito mediante expropriação das ações empenhadas; além disso, em caso de falência do acionista, ele desfrutará de preferência na satisfação do passivo falimentar.

Sendo direito real, o penhor só se constitui após o *registro* do gravame, que, no caso de ações, será feito pela própria companhia emissora ou pela instituição financeira depositária, de acordo com a forma: aquela, se as ações empenhadas são nominativas (no Livro "Registro de Ações Nominativas"), e esta, se são escriturais. Companhia e instituição financeira, como responsáveis pelo registro do direito real *de* garantia, podem exigir que um exemplar do contrato de penhor lhes seja entregue, para arquivo.

As ações empenhadas continuam a ser da titularidade do acionista-devedor, porque o penhor é um direito real *de* garantia. Disso decorre ser ele o titular de todos os direitos societários associados às ações empenhadas: voz e voto, na assembleia geral, recebimento de dividendos, recesso etc. O credor pignoratício não é o titular dos direitos societários das ações empenhadas e nem precisa ser consultado quanto ao exercício destes pelo acionista-devedor.

Inserindo-se a questão no âmbito dos direitos plenamente disponíveis, podem os interessados estabelecer, no contrato de penhor, qualquer outra disposição acerca do exercício dos direitos societários associados às ações empenhadas. Podem contratar, por exemplo, a sub-rogação do gravame no valor do reembolso, caso exercido o direito de recesso pelo acionista-devedor, a obrigação de este amortizar sua dívida com os dividendos que receber etc. Perante a companhia, estes ajustes não produzem nenhum efeito, nem mesmo quando possuir arquivado um exemplar do instrumento de penhor. Só há uma única hipótese, em que a companhia, tendo este instrumento em arquivo, não pode praticar atos contrários ao ajustado entre o acionista-devedor e seu credor pignoratício: o exercício do direito de voto nas deliberações para as quais se contratou a necessidade do prévio consentimento do titular do direito real de garantia (art. 113, *in fine*).

O art. 39 da LSA menciona também a "caução" de ações, mas trata-se, aqui, de um sinônimo de "penhor". Se as partes preferirem aquela expressão a esta, na identificação do gravame, isso em nada altera as formalidades e consequências do contratado.

2. Bonificação e desmembramento de ações empenhadas

FÁBIO ULHOA COELHO

"Bonificação" é o nome dado, no mercado, às ações entregues aos acionistas, proporcionalmente à participação de cada um, emitidas em razão de aumento do capital social por capitalização de lucros ou reservas. É sempre uma escolha da companhia, quando capitaliza lucros ou reservas, emitir ou não novas ações. Quando opta pela emissão de novas ações, elas são distribuídas

---

[436] Sobre a distinção entre "direito real *de* garantia" e "direito real *em* garantia", de que são exemplos respectivamente o penhor e a alienação fiduciária em garantia, ver COELHO, Fábio Ulhoa. *Curso de direito civil*. 7. ed. São Paulo: RT, 2016. v. 4. p. 213-215. Ver também o comentário 1 ao art. 113.

proporcionalmente entre os acionistas, sem nenhuma contrapartida destes.

A bonificação impacta para menor o valor de negociação unitário das ações, porque se verifica o aumento do número destas sem absolutamente nenhuma majoração no valor da empresa, seja o econômico ou o patrimonial. Na verdade, quando a companhia capitaliza lucros ou reservas e decide emitir novas ações, não há nenhuma mutação patrimonial, seja em relação a ela ou aos seus acionistas, tampouco qualquer implicação de ordem econômica ou financeira.

O desmembramento também acarreta o aumento da quantidade de ações de emissão da companhia. Diferencia-se da bonificação apenas porque não tem nenhuma relação com a capitalização de lucros ou reservas. O desmembramento consiste na divisão de cada ação em dois, três ou outros divisores. É feito, por exemplo, com o objetivo de facilitar a negociação desses valores mobiliários, em circunstâncias muito específicas, em que poderia haver interessados em adquirir parcela das ações. Tal como a bonificação, o desmembramento reduz o valor de negociação unitário das ações, mas não representa nenhuma mutação patrimonial ou providência de efeitos econômicos ou financeiros.

A bonificação e o desmembramento, então, não podem ser vistos como *frutos* da ação (como é o dividendo). Por esta razão, quando associados a ações empenhadas, o penhor é imediatamente estendido às bonificadas e desmembradas. O entendimento em sentido diverso equivaleria até mesmo a uma válvula de escape pela qual o acionista-devedor poderia se ver parcialmente livre do ônus do penhor, sem nenhuma justificativa racional ou moral, em detrimento dos direitos do credor pignoratício.

Outros Direitos e Ônus

Art. 40. O usufruto, o fideicomisso, a alienação fiduciária em garantia e quaisquer cláusulas ou ônus que gravarem a ação deverão ser averbados:

I – se nominativa, no livro de "Registro de Ações Nominativas";

II – se escritural, nos livros da instituição financeira, que os anotará no extrato da conta de depósito fornecida ao acionista. (Redação dada pela Lei 9.457, de 1997)

Parágrafo único. Mediante averbação nos termos deste artigo, a promessa de venda da ação e o direito de preferência à sua aquisição são oponíveis a terceiros.

COMENTÁRIOS

1. Ações gravadas com usufruto

FÁBIO ULHOA COELHO

O usufruto é o direito real sobre coisa alheia, em que se transfere temporariamente à titularidade de uma pessoa (*usufrutuário*) o direito de possuir, usar e fruir o bem de propriedade de outra (*proprietário* ou *nu-proprietário*). Pelo usufruto, os direitos inerentes à propriedade são distribuídos entre essas duas pessoas, durante o prazo de duração do direito real.[437]

Quando tem por objeto ações de sociedade anônima, o usufruto atribui ao usufrutuário o direito aos frutos, que são os dividendos. Essa é a decorrência necessária do instituto de direito real, prescindindo por isso até mesmo de previsão expressa no instrumento de usufruto. A LSA dispõe, em consonância com essa decorrência, que os dividendos de um determinado exercício serão pagos ao usufrutuário, se, à data da respectiva declaração, ainda existia o usufruto (art. 205).

Em relação aos demais direitos societários, a LSA cuida expressamente de dois: direito de voto e preferência na subscrição de novas ações.

De acordo com o art. 114, da LSA, o direito de voto deve ser objeto de acordo, entre usufrutuário e proprietário, no contrato de usufruto que celebraram. Em tal acordo, qualquer previsão é válida: o usufrutuário exerce o direito de voto em sua plenitude, em qualquer matéria e independentemente de consultar o proprietário; o proprietário é que exercerá o direito de voto plenamente; reservam-se determinadas matérias ao voto do usufrutuário e outras ao do proprietário; etc. Em caso de omissão do contrato de usufruto, a solução da lei brasileira é muito clara, embora eventualmente falha: qualquer voto só poderá ser expressado mediante prévio acordo entre proprietário e usufrutuário. Não havendo nada disposto no instrumento de usufruto e não chegando a acordo as partes, a consequência é inequívoca: computam-se "em branco" ou "abstenção" os votos relativos às ações gravadas com o usufruto.

---

[437] Ver COELHO, Fábio Ulhoa. *Curso de direito civil*. 8. ed. São Paulo: RT, 2016. v. 4. p. 195-205.

E, segundo o art. 171, § 5º, o exercício do direito de preferência em caso de aumento do capital social com subscrição de novas ações é repartido temporalmente entre usufrutuário e proprietário. Se o proprietário não o exercer até 10 dias antes do vencimento do prazo, o usufrutuário pode subscrever as ações objeto de preferência.

Em relação aos demais direitos societários, eles só podem ser exercitados pelo proprietário das ações, já que não se podem considerar "frutos" das ações. O usufrutuário, assim, não tem direito de recesso, não pode receber o valor pago a título de amortização, resgate ou reembolso das ações, não participa da partilha em caso de liquidação, não tem acesso à escrituração da sociedade, não tem legitimidade para ser substituto processual da companhia na ação de responsabilização civil de administradores etc. Tais direitos só são exercitáveis pelo proprietário das ações. Claro, se houver algum acordo entre os interessados, relativamente ao exercício desses direitos societários, prevalecerá a disposição de vontade, nas relações entre eles. Perante a companhia emissora das ações sobre as quais recai o usufruto, porém, as únicas condições oponíveis são as relativas ao direito de voto (art. 114), e à preferência (art. 171, § 5º), a menos que haja cláusula estatutária ou outro negócio jurídico que de algum modo a vincule à observância dos ajustes entre usufrutuário e proprietário.

O usufruto se estende às bonificações (LSA, art. 169, § 2º), que são ações atribuídas aos acionistas, em regra proporcionalmente à participação de cada um no capital social, em razão de aumento do capital social por capitalização de lucros ou reservas. Somente não ocorre a extensão do gravame à bonificação se usufrutuário e proprietário expressamente contratarem em sentido diverso. Assim é porque as bonificações não se configuram como "frutos" das ações gravadas com usufruto, mas tampouco importam qualquer aumento patrimonial em favor do proprietário – daí, aliás, a indispensabilidade da disposição legal visando dissipar eventuais dúvidas.

2. Ações gravadas com fideicomisso

FÁBIO ULHOA COELHO

Fideicomisso é instituto do direito das sucessões, como uma das espécies de substituição testamentária.[438] O testador pode destinar bens de seu patrimônio a determinadas pessoas (legatário), observados os limites da legítima quando for o caso; e, se quiser dispor também sobre a destinação destes mesmos bens após a morte do legatário, ele consegue esse objetivo por meio do fideicomisso. Assim o testador (*fideicomitente*) nomeia uma pessoa para receber os bens após o seu falecimento (*fiduciário*) e outra, para receber os mesmos bens após o falecimento desta (*fideicomissário*).

Para ser plenamente eficaz o fideicomisso, o indicado como fideicomissário ainda não deve ter sido concebido quando da morte do fideicomitente (CC, art. 1.952, *caput*). Se, ademais, ele já era nascido, suas relações com o fiduciário, após a sucessão, serão regidas pelo direito das coisas, qualificando-se então um usufruto sobre o bem ou bens objeto de testamento, em que é usufrutuário vitalício o fiduciário, e proprietário o fideicomissário. É o que dispõe o art. 1.952, parágrafo único, do CC.

Deste modo, recaindo o gravame sobre ações, se o fideicomissário era nascido ao tempo da morte do fideicomitente-acionista, não se há de falar em fideicomisso, mas, sim, de usufruto, aplicando-se as normas relativas a este instituto, no exercício dos direitos societários: os dividendos cabem ao fiduciário (usufrutuário vitalício), o direito de preferência é temporalmente repartido entre fideicomissário (proprietário) e fiduciário (usufrutuário vitalício), etc.

Se ainda não tinha sido concebido, ao tempo da abertura da sucessão, o gravame é realmente o fideicomisso. Mas, atente-se, o art. 171, § 5º, da LSA se torna, em vista do disposto no CC, ineficaz relativamente ao instituto do fideicomisso. Afinal, se o fiduciário não exerce o direito de preferência na subscrição, até 10 dias antes do fim do prazo, simplesmente não há nenhum outro sujeito de direito que se pudesse qualificar como "fideicomissário", apto a exercer o direito societário a partir daí. Nem se sabe, ao certo, se esse sujeito de direito um dia virá mesmo a existir, porque nem concebido foi, descabendo cogitar-se de qualquer representação legal *ad hoc*.

Resta, enfim, a hipótese de o indicado como fideicomissário já ter sido concebido, mas ainda não ter nascido, ao tempo da morte do fideicomitente. Aqui, aplicam-se as normas do Código Civil de proteção aos direitos do nascituro, cabendo ao seu representante legal o exercício dos direitos societários de titularidade deste. Mas, no rigor do art. 1.952, *caput*, e aplicando-se extensivamente

---

[438] Ver COELHO, Fábio Ulhoa. *Curso de direito civil*. 8. ed. São Paulo: RT, 2016. v. 5. p. 307-308.

o parágrafo único deste artigo do Código Civil, o instituto correto será o do usufruto, e não o fideicomisso, nesse caso.

Também o fideicomisso se estende às bonificações, em vista de norma legal estatuída pelas mesmas razões examinadas no comentário sobre o usufruto (LSA, art. 169, § 2º), ressalvado se contratado em outro sentido pelas partes.

3. Ações gravadas com alienação fiduciária em garantia

FÁBIO ULHOA COELHO

A alienação fiduciária em garantia é um direito real *em* garantia.[439] Isso significa que a propriedade da ação se transfere ao credor fiduciário. Trata-se, sem dúvida, de uma titularidade resolúvel, posto que deixa de existir quando se verifica o adimplemento da obrigação por parte do devedor fiduciante; mas, enquanto projeta seus efeitos, a titularidade da ação em decorrência da alienação fiduciária em garantia é *plena*.

Deste modo, o credor fiduciário só não poderá exercer os direitos societários associados às ações fiduciariamente alienadas quando houver expressa vedação legal. É o caso do direito de voto, que o art. 113, parágrafo único, nega ao credor fiduciário. Quanto aos demais direitos societários, não havendo expressa proibição na LSA, eles são da titularidade do proprietário da ação, ou seja, do credor fiduciário.

Em relação ao direito aos dividendos, por exemplo, a sociedade deve pagá-los a quem consta como *proprietário* da ação, na data da respectiva declaração (LSA, art. 205). Enquanto a ação estiver gravada com a alienação fiduciária em garantia, o seu proprietário é o credor fiduciário, e não o devedor fiduciante. Descumpre a lei a companhia que paga os dividendos a quem não consta como proprietário (nem usufrutuário) da ação. A resolubilidade da propriedade do credor fiduciário não é justificativa suficiente para afastá-lo da incidência do art. 205 da LSA.

Os demais direitos societários são igualmente da titularidade do credor fiduciário, como o de preferência na subscrição de novas ações, fiscalização, recesso, amortização, resgate, partilha etc. Não havendo nenhuma disposição legal excepcionando, nestas hipóteses, a titularidade decorrente de alienação fiduciária em garantia, não há razões jurídicas para qualquer outra conclusão. O devedor fiduciante *alienou* suas ações ao credor fiduciário; vale dizer, não é mais o acionista, não é mais o titular daquele valor mobiliário.

Na prática, dúvidas não têm surgido em razão de os contratos de alienação fiduciária em garantia contemplarem cláusulas dispondo sobre o assunto; em especial, a muito comum previsão de pagamento dos dividendos ao credor fiduciário, como forma de amortização da obrigação garantida. Omisso o contrato, contudo, a companhia deve orientar suas decisões pelo exame da alienação fiduciária como um direito real *em* garantia, isto é, em que o devedor deixa de ser o proprietário do bem onerado, por transferi-lo ao patrimônio do credor. A resolubilidade e temporariedade da propriedade do credor não impõe nenhum outro limite aos direitos de proprietário, a não ser o tempo.[440]

De qualquer modo, a solução legal, por enquanto, é essa: o credor fiduciário é o titular de todos os direitos societários da ação que lhe foi alienada fiduciariamente, exceto, em vista de expressa negação pela lei, o de voto. Talvez conviesse uma disciplina legal diversa, pela LSA, criando outras limitações à titularidade do credor fiduciário para assegurar os interesses da sociedade emissora e do devedor fiduciante; mas, enquanto não acontecer a reforma da lei acionária, a interpretação mais técnica aponta para a titularidade de todos os direitos societários (exceto o de voto) pelo credor fiduciário.

4. Constituição do gravame de direito real

FÁBIO ULHOA COELHO

O usufruto, fideicomisso e a alienação fiduciária em garantia que tenham por objeto ações somente se constituem mediante o registro apropriado. É decorrência da natureza de direito real que os caracteriza.

---

[439] Sobre a distinção entre "direito real *de* garantia" e "direito real *em* garantia", de que são exemplos respectivamente o penhor e a alienação fiduciária em garantia, ver COELHO, Fábio Ulhoa. *Curso de direito civil*. 7. ed. São Paulo: RT, 2016. v. 4. p. 213-215. Ver também o comentário 1 ao art. 113.

[440] Para José Edwaldo Tavares Borba, os dividendos das ações gravadas com alienação fiduciária em garantia devem ser pagos ao devedor fiduciante, sustentado na resolubilidade da titularidade do credor fiduciário (*Direito societário*. 14. ed. São Paulo: Atlas, 2015. p. 270). O mesmo entendimento tem Nelson Eizirik (*A Lei das S/A comentada*. 2. ed. São Paulo: Quartier Latin, 2015. v. 1. p. 288).

Se a ação gravada adota a forma nominativa, o registro é feito pela própria companhia emissora, no livro "Registro de Ações Nominativas"; se adota a forma escritural, ele será providenciado pela instituição financeira depositária (além de informado no extrato anual). Enquanto tais registros, de acordo com a forma da ação, não se aperfeiçoam, não há gravame algum a afetar o valor mobiliário. A formalização de outros documentos, seu eventual registro no Cartório de Títulos e Documentos e outros atos ou negócios jurídicos decorrentes não têm o efeito constitutivo de direito real, que apenas os registros societários mencionados no art. 40 da LSA podem gerar.

5. Ações gravadas com gravames pessoais ou judiciais

FÁBIO ULHOA COELHO

O usufruto, fideicomisso e a alienação fiduciária em garantia são gravames de direito real, porque afetam a titularidade das ações, presente ou futura. Sua constituição depende do registro nos livros da companhia ou nos assentamentos da instituição financeira depositária. Para além desses gravames, porém, há também os de direito obrigacional ("pessoais"): (a) cláusula de inalienabilidade, impenhorabilidade ou incomunicabilidade; (b) promessa de venda; (c) direito de preferência na aquisição; e, também, os de direito processual ("judiciais") como a penhora, sequestro, depósito e demais constrições determinadas pelo juiz.

Esses gravames (pessoais e judiciais) não alteram a titularidade dos direitos societários, que continuam no patrimônio do acionista, sem se transferirem, nem mesmo temporariamente, ao do outro participante do negócio jurídico. Há as limitações próprias do gravame, que podem obstar ou dificultar a circulação das ações, mas elas não acarretam a transferência, nem parcialmente, da propriedade do valor mobiliário, tampouco da titularidade dos respectivos direitos societários. O acionista titular da ação recebida por doação com a cláusula de inalienabilidade ou gravada com promessa de venda, exercerá os direitos societários (recebimento de dividendos, voto em assembleia geral, preferência na subscrição de novas ações etc.) independentemente de qualquer ressalva ou condição (a menos que por ela tenha se obrigado em razão de outro negócio jurídico).

Nos gravames pessoais ou judiciais, o registro nos livros da sociedade anônima emissora ou da instituição financeira depositária não tem caráter constitutivo. Sua finalidade é outra: destina-se a dar maior segurança aos interesses daquele em favor de quem foi constituído o gravame. Uma penhora judicial recaindo sobre ações não deixa de produzir todos os seus efeitos processuais, mesmo que não seja objeto de tais registros. Também a cláusula de inalienabilidade não deixa de ser válida e eficaz, se lhe faltar o registro nos livros da companhia emissora ou nos assentamentos da instituição financeira depositária.

SEÇÃO VIII
CUSTÓDIA DE AÇÕES FUNGÍVEIS

Art. 41. A instituição autorizada pela Comissão de Valores Mobiliários a prestar serviços de custódia de ações fungíveis pode contratar custódia em que as ações de cada espécie e classe da companhia sejam recebidas em depósito como valores fungíveis, adquirindo a instituição depositária a propriedade fiduciária das ações. (Redação dada pela Lei 10.303, de 2001).

§ 1º A instituição depositária não pode dispor das ações e fica obrigada a devolver ao depositante a quantidade de ações recebidas, com as modificações resultantes de alterações no capital social ou no número de ações da companhia emissora, independentemente do número de ordem das ações ou dos certificados recebidos em depósito. (Redação dada pela Lei 10.303, de 2001).

§ 2º Aplica-se o disposto neste artigo, no que couber, aos demais valores mobiliários. (Incluído pela Lei 10.303, de 2001).

§ 3º A instituição depositária ficará obrigada a comunicar à companhia emissora:

I – imediatamente, o nome do proprietário efetivo quando houver qualquer evento societário que exija a sua identificação; e

II – no prazo de até 10 (dez) dias, a contratação da custódia e a criação de ônus ou gravames sobre as ações. (Incluído pela Lei 10.303, de 2001).

§ 4º A propriedade das ações em custódia fungível será provada pelo contrato firmado entre o proprietário das ações e a

> instituição depositária. (Incluído pela Lei 10.303, de 2001).
>
> § 5º A instituição tem as obrigações de depositária e responde perante o acionista e terceiros pelo descumprimento de suas obrigações. (Incluído pela Lei 10.303, de 2001).

COMENTÁRIOS

1. Fungibilidade das ações

Mauricio Moreira Menezes

As ações são, a princípio, individualmente caracterizadas e devidamente identificadas no Livro de Registro de Ações Nominativas, de tal modo que cada uma delas possui um número de ordem, que a torna infungível. Por exemplo, a escrituração societária deve especificar: "Ações ordinárias n. 1 ao n. 33 de propriedade do Acionista 'X'".

Entretanto, a elas pode ser atribuída fungibilidade. Por qual razão? Para facilitar sua negociação, para a qual são vocacionadas.

Por meio da fungibilidade, os acionistas são titulares de uma ação em determinada quantidade, espécie e classe da companhia "Y". Não há necessidade de se identificar especificamente qual ação é de sua propriedade, porquanto o que importa são suas quantidade e qualidade.

A atribuição de fungibilidade funciona, com notável ganho de eficiência e segurança jurídica, para a realização da chamada custódia das ações fungíveis, regulada no art. 41, LSA.

Custódia é sinônimo de depósito. Por meio dessa operação, os acionistas, e não a companhia, entregam suas ações para instituições financeiras autorizadas pela Comissão de Valores Mobiliários a prestar serviço de custódia de ações.

A transferência das ações à instituição custodiante é feita pela anotação na escrituração da companhia, usualmente levada a efeito por agente escriturador (art. 34, LSA), embora o art. 41 não o exija. O fato é que a custódia de ações fungíveis é, frequentemente, contratada por acionistas de companhias abertas, tendo por objeto ações negociadas em bolsa de valores ou mercado de balcão organizado, que delegam, por meio de contrato típico (arts. 34 e 35, LSA), o serviço de escrituração de suas ações. Funciona como um "pacote" de serviços: escrituração das ações contratada pela companhia (que assume a responsabilidade por essa contratação, nos termos do art. 34, § 3º, LSA), negociação contratada pelo acionista perante uma corretora de valores mobiliários, serviços de custódia e liquidação de ações prestados no âmbito de uma bolsa de valores ou mercado de balcão organizado, no qual a referida corretora tem autorização para operar.

Não por acaso o art. 41 foi objeto de revisão pela Lei 10.303/2001, que teve por escopo aperfeiçoar o regime jurídico das companhias abertas. A essência da modificação foi no sentido de se reconhecer a alienação da propriedade fiduciária da ação, por meio da operação de custódia.

Com efeito, a instituição custodiante-depositária passa a ser proprietária-fiduciária da ação. Propriedade fiduciária é a propriedade *ficta* e resolúvel, criada para que uma pessoa, a quem se confia a coisa, possa realizar determinados atos, ressalvados os direitos do fiduciante.

À vista dessa ressalva, o § 1º do art. 41, LSA, veda o exercício do poder de disposição das ações pela instituição custodiante, que consiste em típica faculdade inerente ao domínio (art. 1.228, Código Civil) e, portanto, reservada ao acionista, que poderá exigir, a qualquer tempo, a devolução de suas ações, em igual quantidade e qualidade àquelas depositadas, com as modificações resultantes de alterações no capital social ou no número de ações da companhia emissora.

A custódia de ações constitui medida essencialíssima para o bom funcionamento do mercado de capitais. Cogite-se, como mero exercício de bom senso, se cada ação listada em bolsa de valores houvesse de ser transferida por meio de averbação em Livro de Registro de Ações escriturado pela companhia. Seria enorme dispêndio de energia e, na prática, inviabilizaria o fluxo de negociações em bolsa de valores, em que determinadas ações são negociadas inúmeras vezes em apenas 1 (um) dia.

Assim, sob a dinâmica da negociação das ações em mercado, os acionistas entregam as ações para o agente custodiante e, diante de uma ordem de venda, ele mesmo faz a anotação da transferência da ação, dada sua fungibilidade. A transferência propriamente dita pode ser realizada pelo agente de custódia que cumular essa função com aquela relacionada com a liquidação da operação de venda (i.e., entrega da ação negociada ao comprador e do montante do preço ao vendedor, ambos representados por seus respectivos corretores).

Logo, a transferência de propriedade da ação apenas repercutirá para o agente escriturador ou para a companhia emissora quando necessária a atualização da lista de seus acionistas. Usualmente, dita atualização ocorre quando se torna iminente o exercício de um direito acionário, seja ele político (participação em assembleia-geral de acionistas) ou patrimonial (recebimento de dividendos). Nessa linha, o § 3º do art. 41, LSA, contempla o dever de informar da instituição depositária perante a companhia emissora.

Esse dever de informar é exigível, no curso ordinário das relações entre acionista-custodiante e acionista-companhia: (i) imediatamente, para fins de comunicação à companhia emissora do nome do acionista efetivo, quando houver qualquer evento societário que exija a sua identificação; e (ii) no prazo de até 10 (dez) dias, para fins de comunicação à companhia emissora da contratação da custódia e a criação de ônus ou gravames sobre as ações. Observe-se que se trata de dever legal (e não contratual) do custodiante perante a companhia.

E como o acionista prova sua propriedade? Segundo dispõe o § 4º do art. 41, LSA, "pelo contrato firmado com a instituição custodiante". Na prática, porém, aplica-se o art. 31, LSA, com a redação dada pela Lei 10.303/2001, que menciona presumir-se a propriedade das ações nominativas pelo extrato que seja fornecido pela instituição custodiante, "na qualidade de proprietária fiduciária das ações". No contexto das relações acionárias, é comum o acionista apresentar-se perante a companhia munido do referido extrato descritivo de suas ações, inclusive para tomar parte em assembleias gerais. Na atualidade, a B3 S.A. – Brasil, Bolsa, Balcão presta serviços de depósito de ações fungíveis listadas em sua bolsa de valores e disponibiliza uma plataforma eletrônica ("Canal Eletrônico do Investidor – CEI"), na qual os investidores podem consultar o extrato de suas posições acionárias e as operações de compra e venda de ações que tenham realizado.

O art. 41, § 5º, LSA, pontua que a instituição custodiante assume as obrigações e responsabilidade próprias do depositário, cuja disciplina é estabelecida pelos arts. 627 e ss., do Código Civil.

Vale destacar que o art. 645, do Código Civil, determina a aplicação das regras do mútuo ao depósito de coisas fungíveis, assim considerado aquele "que o depositário se obrigue a restituir objetos do mesmo gênero, qualidade e quantidade", situação jurídica que, em tese, corresponderia à custódia de ações fungíveis. Não obstante, tanto o citado art. 645, quanto o art. 587, do Código Civil ("este empréstimo transfere o domínio da coisa emprestada ao mutuário, por cuja conta correm todos os riscos dela desde a tradição") devem ser afastados pela norma especial da LSA, porquanto, na custódia de ações fungíveis, não se opera a transferência de seu domínio pleno e sim a propriedade fiduciária, com as restrições a ela inerentes.

Acresça-se a esses argumentos o fato de o art. 41, § 1º, LSA, vedar expressamente, como acima mencionado, o exercício do poder de disposição das ações pela instituição custodiante. Essas características singulares da custódia de ações levou a doutrina a enquadrá-la como depósito regular, como se lê das palavras de Alfredo Lamy Filho e José Luiz Bulhões Pedreira:

> A custódia de títulos fungíveis, não obstante sua designação, é depósito regular porque a ele não se aplica a norma do artigo 645, do Código Civil [...] O [antigo] parágrafo único do artigo 41 da LSA exclui a aplicação dessa norma ao estabelecer que a instituição depositária "não pode dispor das ações".[441]

Essas normas são complementadas pelo art. 42, § 3º, LSA, que exonera a companhia de qualquer responsabilidade pelos efeitos da custódia, por se tratar de contrato firmado pelo acionista com a instituição depositária.

Representação e Responsabilidade

Art. 42. A instituição financeira representa, perante a companhia, os titulares das ações recebidas em custódia nos termos do artigo 41, para receber dividendos e ações bonificadas e exercer direito de preferência para subscrição de ações.

§ 1º Sempre que houver distribuição de dividendos ou bonificação de ações e, em qualquer caso, ao menos uma vez por ano,

---

[441] LAMY FILHO, Alfredo; PEDREIRA, José Luiz Bulhões. In: LAMY FILHO, Alfredo; PEDREIRA, José Luiz Bulhões (coord.). *Direito das companhias*. 2. ed. Rio de Janeiro: Forense, 2017. p. 388-389. O parágrafo único referido pelos autores foi renumerado para § 1º, mantendo-se a essência do conteúdo normativo.

> a instituição financeira fornecerá à companhia a lista dos depositantes de ações recebidas nos termos deste artigo, assim como a quantidade de ações de cada um. (Redação dada pela Lei 9.457, de 1997).
>
> § 2º O depositante pode, a qualquer tempo, extinguir a custódia e pedir a devolução dos certificados de suas ações.
>
> § 3º A companhia não responde perante o acionista nem terceiros pelos atos da instituição depositária das ações.

COMENTÁRIOS

1. A dinâmica da custódia de ações fungíveis

Mauricio Moreira Menezes

De certa forma, o art. 42, LSA, traz regras complementares ao art. 41, LSA, que concentra a matriz do regime de custódia de ações fungíveis, ao dispor sobre o conceito do contrato e a criação da propriedade fiduciária das ações custodiadas, os limites de atuação da instituição depositária (vedação quanto ao poder de disposição das ações), suas obrigações (incluindo-se o dever de informar à companhia emissora) e responsabilidades.

Tais normas remetem ao modo de funcionamento da relação estabelecida entre acionista e custodiante e, ainda, sua repercussão perante a companhia emitente das ações custodiadas.

Para todos os efeitos, o custodiante pode figurar, como se acionista fosse, perante o agente escriturador das ações (instituições financeiras autorizadas pela Comissão de Valores Mobiliários para prestar serviços de escrituração de ações, nos termos do art. 34, LSA) ou perante a própria companhia, pois ostenta a propriedade fiduciária da ação custodiada.

Portanto, a instituição financeira custodiante legitima-se perante a companhia para receber dividendos e exercer os direitos acionários que cabe à ação custodiada, incluindo-se o direito de preferência para subscrição de ações, devendo fornecer à companhia informações sobre os efetivos acionistas e respectiva posição acionária (quantidade, espécie de classe de ação) de cada um. Obviamente, trata-se de um "pacote" de serviços posto à disposição do acionista-cliente pelo custodiante-fornecedor.

A Resolução CVM 31/2021 dispõe sobre a prestação de serviços de depósito centralizado de valores mobiliários e estabelece, em seu art. 4º, que o depósito centralizado é condição para a distribuição pública de valores mobiliários e para a respectiva negociação em mercados organizados de valores mobiliários.

Embora o contrato de custódia seja firmado entre acionista e instituição custodiante, o art. 5º, § 2º, da Resolução CVM 31/2021 exige que o último disponha "de mecanismos de relacionamento direto com os emissores", nos casos em que: (i) não houver escrituradores autorizados na forma da regulamentação em vigor; (ii) não houver custodiantes prestando serviços para emissores; ou (iii) for permitida a escrituração direta pelos emissores.

Observe-se, assim, que o princípio da relatividade do contrato cede espaço para seu aspecto funcional, de tal modo a produzir efeitos perante a companhia, que figura como "terceiro qualificado" à relação contratual. Essa mecânica é muito pertinente aos propósitos de desburocratizar a negociação da ação no mercado e facilitar o exercício de direitos acionários por seu titular.

A posição jurídica da companhia como "terceiro qualificado" à relação contratual encontra repercussão legal, a ponto do § 3º do art. 42, LSA, mencionar expressamente que a companhia não responde perante o acionista nem terceiros pelos atos da instituição depositária das ações. Repare-se que há ostensivo zelo da LSA quanto à tarefa de segregar as diferentes posições dos agentes econômicos, para que o acionista não confunda os papéis dos profissionais envolvidos, em particular o do custodiante, por ele contratado, com o do agente escriturador de ações, que se relaciona com a companhia emissora (art. 34, LSA).

Por fim, o § 2º do art. 42, LSA, deixa claro que o depositante pode, a qualquer tempo, extinguir a custódia, caso em que passará a se relacionar diretamente com a companhia ou com seu agente escriturador.

SEÇÃO IX
CERTIFICADO DE DEPÓSITO DE AÇÕES

Art. 43. A instituição financeira autorizada a funcionar como agente emissor de certificados (art. 27) pode emitir título representativo das ações que receber em depósito, do qual constarão: (Redação dada pela Lei 9.457, de 1997)

I – o local e a data da emissão;

II – o nome da instituição emitente e as assinaturas de seus representantes;

III – a denominação "Certificado de Depósito de Ações";

IV – a especificação das ações depositadas;

V – a declaração de que as ações depositadas, seus rendimentos e o valor recebido nos casos de resgate ou amortização somente serão entregues ao titular do certificado de depósito, contra apresentação deste;

VI – o nome e a qualificação do depositante;

VII – o preço do depósito cobrado pelo banco, se devido na entrega das ações depositadas;

VIII – o lugar da entrega do objeto do depósito.

§ 1º A instituição financeira responde pela origem e autenticidade dos certificados das ações depositadas.

§ 2º Emitido o certificado de depósito, as ações depositadas, seus rendimentos, o valor de resgate ou de amortização não poderão ser objeto de penhora, arresto, sequestro, busca ou apreensão, ou qualquer outro embaraço que impeça sua entrega ao titular do certificado, mas este poderá ser objeto de penhora ou de qualquer medida cautelar por obrigação do seu titular.

§ 3º Os certificados de depósito de ações serão nominativos, podendo ser mantidos sob o sistema escritural. (Redação dada pela Lei 9.457, de 1997)

§ 4º Os certificados de depósito de ações poderão, a pedido do seu titular, e por sua conta, ser desdobrados ou grupados.

§ 5º Aplicam-se ao endosso do certificado, no que couber, as normas que regulam o endosso de títulos cambiários.

COMENTÁRIOS

1. Os Certificados de Depósito de Ações (CDA)

FÁBIO ULHOA COELHO

As instituições financeiras podem ser contratadas por sociedades anônimas para atuarem como *agente emissor de certificados* (art. 27). Em princípio, o serviço objeto desta contratação é a emissão de certificados representativos de ações nominativas, desincumbindo-se a companhia emissora dessa atribuição. Com a disseminação das ações escriturais, tem sido pouco utilizado essa autorização da lei para essa específica finalidade.

O agente emissor de certificados tem sido contratado mais com a finalidade de emitir o título negociável previsto no art. 43 da LSA, o Certificado de Depósito de Ações (CDA). Ao contrário do Certificado de Ações, o CDA não representa propriamente as ações nele especificadas (inciso IV), mas o "depósito" delas junto a uma instituição financeira contratada como agente emissor de certificados. Não há, rigorosamente falando, nenhum contrato de depósito, mas de prestação de serviços, em que a instituição financeira se obriga a administrar os certificados das ações de emissão da companhia contratante.[442] Pois bem, assim sendo, com a emissão do CDA, essa instituição financeira declara ter a responsabilidade contratual de administrar os certificados de determinadas ações, sendo essa declaração

---

[442] "São três situações diferentes em que bancos são *depositários* de ações de sociedade anônima: como operadores de ações escriturais, agentes emissores de certificados ou custodiantes de ações fungíveis. No primeiro caso, a instituição financeira abre, para cada acionista titular de ação escritural, uma conta de depósito de ações e responsabiliza-se pelo registro das negociações desses valores mobiliários, creditando os adquiridos e debitando os alienados na mesma conta. No segundo, presta à companhia emissora os serviços de escrituração do livro de registro, o de transferência de ações nominativas, bem como os de emissão dos certificados correspondentes. Não há, nas duas hipóteses, estritamente falando, depósito de ações, embora a lei até se utilize dessa expressão, ao descrever uma (LSA, art. 34) e outra (art. 43). Trata-se, a rigor, de prestação de serviços de registros e controles. Nas duas, a instituição financeira é contratada da sociedade anônima emissora, interessada em liberar-se de tarefas burocráticas. No terceiro caso, a instituição financeira é custodiante de ações. Aqui, o vínculo contratual é, realmente, o de depósito e estabelece-se entre o banco e o acionista, não envolvendo a companhia. Em outros termos, o titular de ações pode depositá-las em mãos de uma instituição financeira, assim como o proprietário de qualquer bem (depositante) pode confiá-lo aos cuidados de outra pessoa (depositária). Normalmente, o depósito ou a custódia de ações relacionam-se a investimentos que o cliente realiza junto ao banco, mas podem significar, também, a forma encontrada pelo acionista (residente no exterior, p. ex.) para acompanhar os atos da sociedade e exercer seus direitos, já que o banco depositário passa a representá-lo perante a companhia emissora" (COELHO, Fábio Ulhoa. *Curso de direito comercial*. 22. ed. São Paulo: RT, 2019. v. 2. p. 139).

veiculada por um instrumento que admite negociação, como se fosse um título de crédito (§ 5º).

Uma vez emitido o CDA, as ações nele especificadas não podem ser objeto de nenhuma constrição judicial, vedação também incidente em relação aos seus "frutos", como os dividendos, amortização, resgate etc. Claro, o CDA e seus "frutos" podem sofrer essas constrições judiciais, mas não as ações nele identificadas. Assim determina a lei, para que o titular do CDA possa, a qualquer tempo, requisitar, junto à instituição emissora, as ações nele identificadas, as quais devem estar livres de qualquer empecilho à respectiva negociação.

Tem-se dado interpretação extensiva ao art. 43 da LSA, de modo a contemplar os certificados de depósito de quaisquer valores mobiliários, e não somente as ações. Deste modo, o CDA tem sido utilizado, por exemplo, para operacionalizar as *units*, expressão dada pelo mercado para um conjunto de valores mobiliários de espécies diferentes (ações ordinárias e preferenciais; ações e bônus de subscrição, etc.) destinado a ser negociado de modo indissociável. Também tem servido de instrumento para as ADR (*American Depositary Receipt*) e os BDR (*Brazilian Depositary Receipt*), que viabilizam a negociação de valores mobiliários disciplinados por uma jurisdição em mercados sujeitos a jurisdição diversa. Os titulares do CDA se sujeitam ao regulamento da emissão desses títulos, que pode, por exemplo, limitar as oportunidades de requisição dos valores mobiliários nele identificados. Quem adquire um ADR quer fazer investimento regido pelo direito norte-americano, e é improvável que se interesse por requisitar as ações correspondentes, regidas pelo direito brasileiro.

SEÇÃO X

RESGATE, AMORTIZAÇÃO E REEMBOLSO

Resgate e Amortização

Art. 44. O estatuto ou a assembleia geral extraordinária pode autorizar a aplicação de lucros ou reservas no resgate ou na amortização de ações, determinando as condições e o modo de proceder-se à operação.

§ 1º O resgate consiste no pagamento do valor das ações para retirá-las definitivamente de circulação, com redução ou não do capital social, mantido o mesmo capital, será atribuído, quando for o caso, novo valor nominal às ações remanescentes.

§ 2º A amortização consiste na distribuição aos acionistas, a título de antecipação e sem redução do capital social, de quantias que lhes poderiam tocar em caso de liquidação da companhia.

§ 3º A amortização pode ser integral ou parcial e abranger todas as classes de ações ou só uma delas.

§ 4º O resgate e a amortização que não abrangerem a totalidade das ações de uma mesma classe serão feitos mediante sorteio; sorteadas ações custodiadas nos termos do artigo 41, a instituição financeira especificará, mediante rateio, as resgatadas ou amortizadas, se outra forma não estiver prevista no contrato de custódia.

§ 5º As ações integralmente amortizadas poderão ser substituídas por ações de fruição, com as restrições fixadas pelo estatuto ou pela assembleia-geral que deliberar a amortização; em qualquer caso, ocorrendo liquidação da companhia, as ações amortizadas só concorrerão ao acervo líquido depois de assegurado às ações não a amortizadas valor igual ao da amortização, corrigido monetariamente.

§ 6º Salvo disposição em contrário do estatuto social, o resgate de ações de uma ou mais classes só será efetuado se, em assembleia especial convocada para deliberar essa matéria específica, for aprovado por acionistas que representem, no mínimo, a metade das ações da(s) classe(s) atingida(s). (Incluído pela Lei 10.303, de 2001).

📄 COMENTÁRIOS

1. Resgate

FÁBIO ULHOA COELHO

O resgate é o negócio jurídico-societário, em que a companhia emissora paga ao acionista o valor da ação, para fins de a cancelar (retirar definitivamente de circulação). Trata-se de uma compra e venda *compulsória*, no sentido de que se aperfeiçoa mediante a declaração apenas de uma das partes (a companhia) no sentido de resgatar (comprar) a ação de titularidade da outra parte (o acionista).

Para a formação da vontade da companhia, *por vezes* será necessária a aprovação do resgate em Assembleia Especial dos acionistas titulares das ações que serão resgatadas (art. 44, § 6º). Note-se bem, a previsão desta assembleia especial não retira o caráter de *compulsoriedade* da compra e venda veiculada pelo resgate, porque não se trata, aqui, da formação da vontade do acionista-vendedor. Também os vencidos na Assembleia Especial estarão sujeitos à operação, nas condições aprovadas unilateralmente pela companhia. Se, para a formação da vontade desta, a lei exige a manifestação de dois órgãos societários (Assembleia Geral Extraordinária e a Assembleia Especial do § 6º), isso se deve unicamente à complexidade da operação, que demanda a observância de procedimentos próprios.

Vamos, então, às distinções necessárias para o adequado exame do instituto do resgate.

Primeira. O resgate pode estar previsto no estatuto ("estatutário") ou decorrer de deliberação das Assembleias Geral e Especial ("assemblear").

No resgate estatutário, as condições da operação devem ser detalhadas em cláusulas do estatuto. Aqui, o acionista, ao subscrever ou adquirir as ações, adere às condições de resgate determinadas no estatuto. Se e quando ocorrer a operação, desde que observadas tais condições, de nada pode reclamar o acionista que teve sua ação resgatada, porque concordara com a compra e venda compulsória ao se tornar acionista.

Se o resgate foi introduzido no estatuto posteriormente ao ingresso do acionista, sua sujeição à operação não decorrerá da adesão manifestada quando da subscrição ou aquisição das ações, mas sim do princípio majoritário. Nesse caso, relembre-se, a validade e eficácia da cláusula estatutária sobre o resgate depende da observância respectivamente do art. 137, I, e do art. 136, II e § 1º, da LSA.

O estatuto pode definir as condições do resgate de modo específico ou genérico. É sempre preferível a primeira opção, mas, em algumas vezes, ela se mostra impraticável por não haver como antecipar completamente qual seria o preço mais justo – tanto para a sociedade quanto para o acionista com ações resgatadas. É válido, portanto, o estatuto que prevê o resgate, estipulando a especificação de preços e condições ao Conselho de Administração ou à Diretoria.

Quando não está previsto no estatuto, ou não está previsto de modo suficiente, o resgate será assemblear. As condições e preço serão, então, definidos pela Assembleia Geral Extraordinária e referendados em Assembleia Especial dos acionistas que podem ter suas ações resgatadas.

Segunda. O resgate pode ser abrangente ou restrito, no sentido de compreender todas as ações de uma mesma classe ou apenas parte delas. O resgate restrito é feito mediante sorteio, para se evitarem direcionamentos abusivos da operação, visando, por exemplo, excluir determinado acionista da sociedade.

Como se faz esse sorteio é algo em aberto. O estatuto pode especificar o modo ou delegar a especificação para algum órgão societário, como a Assembleia Geral, o Conselho de Administração ou até mesmo a Assembleia Especial. No resgate assemblear, também pode a própria Assembleia Geral Extraordinária definir o modo do sorteio ou, também ela, delegar a outro órgão essa definição.

Ainda no caso de resgate restrito, se houver ações custodiadas nos termos do art. 41, caberá à instituição financeira depositária especificar, mediante rateio, as ações resgatadas, observando-se, se houver, o disposto no contrato de custódia.

Claro, em nenhuma hipótese (estatutário ou assemblear, abrangente ou restrito), o resgate poderá acarretar prejuízo injustificável aos acionistas que terão as ações resgatadas; deve ater estritamente a esta perspectiva qualquer exame da cláusula estatutária, das decisões adotadas pelos órgãos societários ou dos atos praticados pela instituição financeira custodiante, na aferição da validade e eficácia da operação.

Terceiro. O resgate pode ser feito à conta do capital social ou à conta de lucros ou reservas. No primeiro caso, haverá redução do capital social com restituição aos acionistas do valor das ações, e, então, será necessária a observância do art. 174, por aplicação extensiva. Quer dizer, faz-se a publicação da ata da redução do capital social decorrente do resgate antes de seu arquivamento no Registro Público de Empresas, dependendo este da inexistência de oposição de credores ou o pagamento deste ou depósito judicial do devido.

2. Amortização

Fábio Ulhoa Coelho

A amortização é uma operação rara; muito rara, aliás. Ela consiste na antecipação ao acionista, no todo ou em parte, do valor a que ele teria direito caso a companhia fosse totalmente liquidada. Sua lógica econômica é estranha: equivaleria à situação hipotética de um investimento, em que o investidor volta a ter a disponibilidade total ou parcial do capital investido, sem perder o rendimento.

A operação pode ser total ou parcial, no sentido de antecipar integralmente o valor que caberia à ação, na hipótese de liquidação da companhia, ou apenas parte desse valor.

Uma disposição legal sobre a amortização, de difícil compreensão, é a imposição de correção monetária do valor amortizado, quando da efetiva partilha, para fins de assegurar eventual diferença ao acionista cujas ações foram amortizadas (art. 44, § 5º). Os valores da partilha variam segundo o sucesso ou insucesso dos negócios, enquanto a correção monetária se liga à perda do poder aquisitivo da moeda. São duas variáveis completamente distintas, que o legislador acabou associando sem justificativa. Mais que isso, fez a associação injustificável dessas variáveis para dar ao acionista com as ações amortizadas um "repique" na participação no acervo líquido da companhia.

Nem mesmo no caso de amortização parcial, dever-se-ia adotar a correção monetária para a definição da parcela da participação do acionista na partilha. O mais correto seria proceder-se ao cálculo por meio das percentagens. O acionista cuja ação foi amortizada em 50% teria direito a metade do valor de partilha atribuível ao acionista cuja ação não fora amortizada. O que teve as ações amortizadas em 100%, assim, não participaria da partilha efetiva. O estatuto que quiser corrigir a LSA, deverá incorporar o cálculo proporcional da amortização, entre as suas cláusulas.

A amortização só pode ser feita à conta de lucros ou reservas; quer dizer, a operação não pode derivar da aplicação de recursos do capital social, nem implicar a redução deste.

O acionista que tiver as suas ações totalmente amortizadas, pode receber ações de fruição em substituição das que titulava. Nesse caso, deixa de ser titular de ações ordinárias ou preferenciais, e passa a deter ações desta terceira espécie. A amortização total da ação implica, também, em redução do reembolso, em caso de exercício do direito de retirada, e limitação quanto ao pagamento dos juros sobre o capital próprio[443].

Reembolso

Art. 45. O reembolso é a operação pela qual, nos casos previstos em lei, a companhia paga aos acionistas dissidentes de deliberação da assembleia geral o valor de suas ações.

§ 1º O estatuto pode estabelecer normas para a determinação do valor de reembolso, que, entretanto, somente poderá ser inferior ao valor de patrimônio líquido constante do último balanço aprovado pela assembleia-geral, observado o disposto no § 2º, se estipulado com base no valor econômico da companhia, a ser apurado em avaliação (§§ 3º e 4º). (Redação dada pela Lei 9.457, de 1997)

§ 2º Se a deliberação da assembleia-geral ocorrer mais de 60 (sessenta) dias depois da data do último balanço aprovado, será facultado ao acionista dissidente pedir, juntamente com o reembolso, levantamento de balanço especial em data que atenda àquele prazo.

Nesse caso, a companhia pagará imediatamente 80% (oitenta por cento) do valor de reembolso calculado com base no último balanço e, levantado o balanço especial, pagará o saldo no prazo de 120 (cento e vinte), dias a contar da data da deliberação da assembleia-geral.

§ 3º Se o estatuto determinar a avaliação da ação para efeito de reembolso, o valor será o determinado por três peritos ou empresa especializada, mediante laudo que satisfaça os requisitos do § 1º do art. 8º e com a responsabilidade prevista no § 6º do mesmo artigo. (Redação dada pela Lei 9.457, de 1997)

---

[443] "As restrições relativas às ações de fruição, se não definidas pelo estatuto, devem ser especificadas pela Assembleia Geral. Desse modo, um preferencialista pode, ao receber ações de fruição em troca das suas preferenciais não votantes, adquirir o direito de voto, se essa é, por exemplo, a prescrição constante dos estatutos. Também é possível o ordinarialista perder esse direito, em razão da amortização total de suas ações, se assim o determina a Assembleia Geral ao aprovar a operação. Em termos gerais, portanto, o acionista com ação de fruição sujeita-se às restrições especialmente definidas para o caso. Há, contudo, três hipóteses de limitação dos direitos societários dos acionistas com ações de fruição que não dependem de previsão estatutária ou deliberação assemblear, ou seja, restrições que alcançam todos os acionistas com ações integralmente amortizadas: *a*) concorrem ao acervo líquido da sociedade somente após a compensação em favor das ações não amortizadas; *b*) ao exercerem o direito de recesso, o reembolso das ações também é objeto de compensação; *c*) não têm direito ao recebimento de juros sobre o capital próprio." (COELHO, Fábio Ulhoa. *Curso de direito comercial*. 22. ed. São Paulo: RT, 2019. v. 2. p. 118-119).

§ 4º Os peritos ou empresa especializada serão indicados em lista sêxtupla ou tríplice, respectivamente, pelo Conselho de Administração ou, se não houver, pela diretoria, e escolhidos pela Assembleia-geral em deliberação tomada por maioria absoluta de votos, não se computando os votos em branco, cabendo a cada ação, independentemente de sua espécie ou classe, o direito a um voto. (Redação dada pela Lei 9.457, de 1997)

§ 5º O valor de reembolso poderá ser pago à conta de lucros ou reservas, exceto a legal, e nesse caso as ações reembolsadas ficarão em tesouraria. (Redação dada pela Lei 9.457, de 1997)

§ 6º Se, no prazo de cento e vinte dias, a contar da publicação da ata da assembleia, não forem substituídos os acionistas cujas ações tenham sido reembolsadas à conta do capital social, este considerar-se-á reduzido no montante correspondente, cumprindo aos órgãos da administração convocar a assembleia-geral, dentro de cinco dias, para tomar conhecimento daquela redução. (Redação dada pela Lei 9.457, de 1997)

§ 7º Se sobrevier a falência da sociedade, os acionistas dissidentes, credores pelo reembolso de suas ações, serão classificados como quirografários em quadro separado, e os rateios que lhes couberem serão imputados no pagamento dos créditos constituídos anteriormente à data da publicação da ata da assembleia. As quantias assim atribuídas aos créditos mais antigos não se deduzirão dos créditos dos ex-acionistas, que subsistirão integralmente para serem satisfeitos pelos bens da massa, depois de pagos os primeiros. (Incluído pela Lei 9.457, de 1997)

§ 8º Se, quando ocorrer a falência, já se houver efetuado, à conta do capital social, o reembolso dos ex-acionistas, estes não tiverem sido substituídos, e a massa não bastar para o pagamento dos créditos mais antigos, caberá ação revocatória para restituição do reembolso pago com redução do capital social, até a concorrência do que remanescer dessa parte do passivo. A restituição será havida, na mesma proporção, de todos os acionistas cujas ações tenham sido reembolsadas. (Incluído pela Lei 9.457, de 1997)

COMENTÁRIOS

1. O cálculo do reembolso na sociedade anônima

Fábio Ulhoa Coelho

Ao definir o critério de mensuração do reembolso, isto é, do valor devido pela sociedade ao acionista que exerceu o direito de recesso, a LSA utiliza-se dos quatro critérios: patrimonial contábil, patrimonial a data presente, patrimonial real e econômico.[444] Dependendo das circunstâncias em que é reconhecido o direito de recesso ao acionista, varia o critério legal de cálculo e, consequentemente, o valor do reembolso.

Do § 1º do art. 45 da LSA resulta ter o legislador estipulado caber ao estatuto de cada sociedade anônima definir os critérios de reembolso. Em caso de omissão, adota-se o critério do valor patrimonial contábil.[445] Resulta, igualmente, deste dispositivo que, mesmo constando do estatuto a possibilidade da avaliação pelo critério econômico, a sociedade anônima só pode adotá-lo, para definir o reembolso, se ele for *inferior* ao valor patrimonial contábil. Deste modo, o pagamento ao acionista dissidente do reembolso fundado no valor econômico das ações depende de duas condições: *a)* previsão estatutária; *b)* inferioridade deste valor relativamente ao patrimonial contábil.

Os §§ 3º e 4º do art. 264 da LSA reconhecem ao acionista (que exerceu o direito de recesso) o reembolso calculado pelo valor patrimonial real das ações apenas em determinadas hipóteses muito específicas: incorporação de sociedade

---

[444] "Na generalidade dos casos, o reembolso corresponde ao valor patrimonial contábil histórico (se não é solicitado o levantamento do balanço especial pelo dissidente) ou o contábil à data presente (se solicitado). Apenas na dissidência em relação à incorporação de sociedade controlada e demais hipóteses do § 4º do art. 264 da LSA, o reembolso será calculado pelo valor patrimonial real (LSA, art. 264, § 3º)" (COELHO, Fábio Ulhoa. *Curso de direito comercial*. 17. ed. São Paulo: Saraiva, 2013. v. 2. p. 339).

[445] De acordo com Luiz Eduardo Bulhões Pedreira: "[A] definição de critério de determinação do valor do reembolso é facultada – e não prescrita – pela lei. Se o estatuto for omisso, o valor de reembolso das ações será o valor de patrimônio líquido contábil da ação demonstrado no balanço da companhia" (In: LAMY FILHO, Alfredo; PEDREIRA, José Luiz Bulhões (coords.). *Direito das companhias*. Rio de Janeiro: Forense, 2009. v. I, p. 375).

controlada, incorporação de controladora pela controlada, fusão de controladora com controlada, incorporação de ações de companhia controlada ou controladora, incorporação, fusão e incorporação de ações de sociedades sob controle comum.

O art. 264 da LSA cuida do cálculo do reembolso no caso de operações societárias em que o mesmo acionista controla todas as sociedades envolvidas (incorporação de controlada, de controladora, fusão de sociedades sujeitas ao mesmo controle, incorporação de ações de controlada etc.). A lei presta particular atenção a estas situações porque o *self dealing* implícito nelas poderia distorcer as relações de troca de ações. O art. 264 assegura ao acionista dissidente da sociedade anônima incorporada o direito de optar pelo *valor patrimonial real*, a título de reembolso, exclusivamente nestas operações.[446]

A atualização efetivada pelo balanço especial é operação contábil a ser feita a partir dos mesmos critérios legais adotados no levantamento do balanço ordinário. Como elucidado acima, a diferença entre o valor patrimonial *contábil* e o valor patrimonial *a data presente* reside unicamente no marco temporal: aquele retrata a situação patrimonial da Sociedade no encerramento do exercício, enquanto este o retrata em qualquer outra data, no transcurso do exercício. E os critérios de apropriação do ativo, tanto no balanço ordinário como no balanço especial referido no art. 45, § 2º, da LSA, são os definidos no art. 183 da LSA. Este dispositivo teve sua redação alterada pelas Leis 11.638/2007 e 11.941/2009. Estas alterações contextualizaram-se no processo de convergência das normas brasileiras de contabilidade com os padrões internacionais (IFRS).[447]

O art. 183 da LSA distingue três situações. A *primeira* determina a apropriação do bem pelo custo de aquisição, sem qualquer ajuste em função do valor do mercado (ajuste, se houver, será feito apenas para reduzi-lo em virtude de amortização, exaustão ou depreciação; nunca para aumentá-lo). Nesta situação encontra-se a apropriação dos bens do ativo imobilizado (inciso V)[448] e dos direitos intangíveis (inciso VII). A *segunda* determina a apropriação do bem pelo valor de mercado, sendo irrelevante o custo de aquisição. Seja o valor de mercado, na data do balanço, superior ou inferior ao custo de aquisição, ele prevalecerá em qualquer caso. Nessa situação encontram-se certas aplicações financeiras (inciso I, "a")[449] e as operações de longo prazo (inciso VIII).[450] Por fim, a *terceira* situação determina a apropriação do bem pelo custo de aquisição, ajustando-o ao valor de mercado apenas *quando este for inferior àquele*. Se, na data do balanço, o valor de mercado for maior que o custo de aquisição, ele é desconsiderado e mantém-se a apropriação por este. São as situações relacionadas a algumas aplicações financeiras (inciso I, "b"), mercadorias e matérias-primas (inciso II), participação em outras sociedades (inciso III), demais investimentos (inciso IV).

Na elaboração do balanço *especial* da Sociedade, portanto, devem-se adotar os critérios *legais* de apropriação dos bens do ativo. Estes critérios determinam a apropriação, como regra geral, dos

---

[446] Para Nelson Eizirik: "As operações entre 'partes relacionadas', como tais entendidas aquelas sociedades que têm um mesmo acionista controlador final, normalmente são objeto de cuidadoso tratamento legislativo, não só entre nós, mas também no Direito Comparado. A razão é simples: em tais operações, é o mesmo acionista controlador final, seja uma pessoa, seja um grupo, quem decide diretamente ou orienta o sentido do voto nas assembleias das sociedades envolvidas. Trata-se de situação diversa daquela em que 2 (duas) ou mais sociedades, com acionistas controladores diferentes, negociam uma operação de incorporação, por exemplo, posto que, nesse caso, cada um deles tentará obter as melhores condições para si e, em princípio e por via de consequência, também para os acionistas minoritários da companhia que controla" (*A lei das S/A comentada*. São Paulo: Quartier Latin, 2011. v. III. p. 500).

[447] Cf. EIZIRIK, Nelson. *A lei das S/A comentada*. Rio de Janeiro: São Paulo, 2011. p. 616-617.

[448] De acordo com os *Comentários à Lei de Sociedades Anônimas*, de Modesto Carvalhosa: "Os direitos classificados no imobilizado serão avaliados pelo custo de aquisição. Aqui, o valor de mercado é absolutamente irrelevante porque os bens e direitos classificados no ativo imobilizado não se destinam à alienação, mas sim à manutenção das atividades da companhia e da empresa. São bens e direitos não incluídos entre aqueles que serão transformados em dinheiro durante o ciclo operacional da companhia" (comentário de Nilton Latorraca, com a atualização de Luiz Cláudio Fontes, Ricardo Julio Rodil e Clovis Padoveze. 5. ed. São Paulo: Saraiva, 2011. v. 3. p. 842).

[449] "Valor justo" equivale ao valor de mercado na hipótese do art. 118, § 1º, *d*, da LSA (Cf. EIZIRIK, Nelson. *A lei das S/A comentada*. São Paulo: Quartier Latin, 2011. v. II. p. 618-622).

[450] "Valor presente" equivale ao valor de mercado.

bens do ativo pelo respectivo custo de aquisição[451]. Somente em alguns casos (incisos I, *b*, II, III e IV), este valor de aquisição deve ser ajustado ao valor de mercado; mas, *ressalte-se*, este ajuste será feito sempre para reduzir o valor de aquisição, nunca para aumentá-lo. E também somente em alguns poucos casos excepcionais (aplicações financeiras caracterizadas segundo a alínea *a* do inciso I do art. 183, e operações de longo prazo) é admitida, na lei, a apropriação pelo valor de mercado, quando este é superior (ou inferior) ao custo de aquisição.

Nos itens seguintes, os conceitos apresentados aqui são aprofundados.

2. O valor da ação

FÁBIO ULHOA COELHO

A participação societária – quotas da sociedade limitada *ou* ações da sociedade anônima – tem, a exemplo da generalidade dos bens (móveis ou imóveis, tangíveis ou intangíveis), *valores diferentes* de acordo com os objetivos da avaliação. Às ações das sociedades anônimas podem-se atribuir pelo menos quatro diferentes valores, de acordo com o contexto societário em que a ação é precificada.

Primeiro. As participações societárias em sociedades anônimas podem ter valor *nominal*, resultante da divisão do capital social pelo número de ações. Trata-se de valor referido no estatuto da companhia, geralmente na cláusula pertinente ao capital social. É facultado às companhias emitir ações *com* ou *sem* valor nominal. A função deste primeiro valor atribuído às ações é resguardar, embora de modo relativo, os interesses dos acionistas na hipótese de aumento de capital social, quando possível a diluição do patrimônio acionário.[452] O mercado vale-se da expressão "valor-quociente" quando quer se referir ao produto da divisão do capital social pelo número de ações, quando estas não têm valor nominal.

Segundo. A ação possui *valor de negociação*, que corresponde àquele que, de um lado, o adquirente está disposto a pagar para a titularizar e, de outro, o alienante concorda em receber para a disponibilizar. Este valor é definido exclusivamente em função do *acordo de vontade* desses sujeitos de direito – adquirente e alienante – mesmo no caso de alienação de ações admitidas a negociação no mercado de capitais. O valor de cotação em bolsa é o valor de negociação das ações de companhias abertas.

Terceiro. A ação pode ser avaliada por especialistas em avaliação de ativos empresariais (bancos de investimentos, economistas etc.) com o objetivo de mensurar o valor que seria *racional* alguém pagar para tornar-se seu titular. É chamado de *valor econômico* o derivado desta mensuração, feita por modelos de múltiplos ou de fluxo de caixa descontado.[453] Note-se que este valor é calculado pelos *experts* para nortear negociações. Adquirente e alienante, contudo, sabem de suas necessidades e objetivos e normalmente atribuem às ações um valor de negociação diferente do econômico.[454]

Quarto. A ação tem, por fim, *valor patrimonial*, que é a divisão do patrimônio líquido da sociedade pelo número de ações por ela emitidas. O valor patrimonial, por sua vez, desdobra-se em três categorias, dependendo da natureza do balanço que mensura o valor do patrimônio

---

[451] Na lição de José Luiz Bulhões Pedreira, um dos redatores do anteprojeto de LSA: "a contabilidade tradicionalmente adota o custo de aquisição – e não o valor atual – como critério básico de avaliação dos ativos, e esse é o critério prescrito pela LSA no artigo 183. A escolha desse critério é justificada com os seguintes argumentos: (a) o custo de aquisição exprime a quantidade de capital financeiro aplicado pela sociedade empresária para adquirir o ativo; (b) o custo de aquisição pode ser medido com maior precisão e objetividade do que o valor atual, que não se presta a determinação exata – livre de influências subjetivas; (c) a adoção do critério do valor atual exigiria nova avaliação de todos os ativos por ocasião de cada balanço, o que contribuiria pra reduzir o grau de precisão e confiabilidade das demonstrações financeiras divulgadas; e (d) como pressupõe-se que as operações da empresa terão continuidade, não interessa estimar o valor de liquidação dos bens do ativo na data do balanço, mas o custo de aquisição desses bens deve ser mantido como base para apurar o lucro ao fim de cada exercício" (In: LAMY FILHO, Alfredo; PEDREIRA, José Luiz Bulhões (coords.). *Direito das companhias*. Rio de Janeiro: Forense, 2009. v. II. p. 1592-1593).

[452] Aprofundo o assunto em COELHO, Fábio Ulhoa. *Curso de direito comercial*. 21. ed. São Paulo: RT, 2018. p. 110-112.

[453] DAMODARAN, Aswath. *Investment valuation* – tools and techniques for determining the value of any asset. New Jersey: John Wiley & Sons, Inc., 1996. p. 11-21.

[454] Adverte Jean-François Delenda: «L'important tient à la remarque suivante: la valeur d'estimation peut être différente de la valeur de transaction; la première dite d'expertise s'appuiera sur des calculs objectifs et des méthodes usuelles sinon universelles; la seconde est le point d'equilibre d'une offre et d'une demande; de pure convenance, elle peut contenir des éléments subjectifs non négligeables.» (*Achat et Vente d'entreprises*. Paris: Delmas, 1994. p. 66).

líquido: (a) valor patrimonial contábil (baseado no *balanço ordinário*); (b) valor patrimonial contábil em data presente (baseado no *balanço especial*); e (c) valor patrimonial real (baseado no *balanço de determinação*).

Nas questões relativas ao reembolso, é comum se encontrar, no pano de fundo, a diferença de avaliação das ações, segundo o critério de *negociação* ou *patrimonial*. Normalmente, o acionista só será "dissidente" se o valor patrimonial for superior ao de negociação; se ocorrer o inverso, em vez de "dissentir", ele terá mais vantagem se vender suas ações, em bolsa ou fora dela. Por isso, convém compararem-se o *valor de negociação* e o *patrimonial*, para, ressaltando os diferentes fatores econômicos que influenciam um e outro, verificar que dificilmente se observará equivalência entre eles.

A ação vale, quando negociada, o que os contratantes estão interessados em pagar ou receber por elas. Em regimes econômicos de livre iniciativa, como o brasileiro (CF, art. 170), a regra é a da liberdade dos preços. As partes, em princípio, livremente definem se querem ou não trocar dinheiro por bens ou direitos, e qual a quantidade de dinheiro que concordam despender ou aceitar na troca. Essa liberdade de atribuição de valor às ações, no entanto, apenas tem pertinência quando as trocas se estabelecem por vontade dos proprietários. O sujeito que adquire ações de uma sociedade (troca *dinheiro* por *participação societária*), o faz exclusivamente por sua vontade; a seu turno, o que as aliena (troca *participação societária* por *dinheiro*) também o faz exclusivamente porque quer; inexiste obrigação legal a forçá-los à prática do ato negocial. Nesse caso, a equivalência entre uma quantia de dinheiro e o bem ou direito dado em contrapartida é resultante do quanto cada proprietário (o do dinheiro e o do bem ou direito) está disposto a aceitar.

Há, contudo, situações em que a lei determina que um pagamento se realize independentemente da vontade dos sujeitos. Nesses casos, a lei define senão especificamente o *quantum* a ser desembolsado, pelo menos os critérios para a sua fixação. Na imposição tributária e na responsabilização por atos ilícitos, por exemplo, os valores que pertencem a uma pessoa e devem ser transferidos a outra, em obediência a mandamento legal, serão definidos segundo critérios determinados pela ordem jurídica. Em função da existência de tais critérios normativos, é irrelevante a vontade ou a expectativa dos sujeitos envolvidos.

Em suma, quando as pessoas são livres para realizarem negócio jurídico (compra e venda, locação, mútuo ou qualquer outro), o valor dos bens que permutam (dinheiro por ação de sociedade anônima, por exemplo) depende exclusivamente do quanto cada um está disposto a dar ou receber. Mas, quando o pagamento é imposição da ordem jurídica (como a responsabilização por ato ilícito referida no art. 927 do CC, por exemplo), e não resulta de ato volitivo, o valor do desembolso a ser feito também não deriva da vontade das partes, mas da realização de critérios estabelecidos pela própria ordem jurídica (no mesmo exemplo, *o que efetivamente o devedor perdeu e o que razoavelmente deixou de lucrar*, conforme ditado pelo art. 402 do CC).

Em determinadas oportunidades, a lei estabelece que a ação de uma sociedade anônima deve ser trocada por dinheiro, e fixa os critérios para o cálculo do seu valor. Na liquidação da sociedade, por exemplo, após o pagamento do passivo, proceder-se-á à distribuição do patrimônio líquido entre os acionistas de acordo com as respectivas participações percentuais. O que cada um receberá, em princípio, em troca das ações que titularizavam, é o *valor patrimonial* correspondente. Caso fosse pago aos acionistas valor inferior ao patrimonial, restaria, após o pagamento de todos, dinheiro em nome da sociedade dissolvida, que se deveria novamente reverter aos mesmos acionistas. No final, cada um receberia o valor patrimonial, de qualquer jeito. Se, por outro lado, se pretendesse pagar aos acionistas, na liquidação, valor superior ao patrimonial, não teria a sociedade liquidanda recursos suficientes para isso. Está, assim, definido na lei que haverá a troca (a ação da sociedade dissolvida pelo valor correspondente à partilha) e os critérios de fixação do valor de troca (a parcela no ativo remanescente).

No exercício do direito de retirada, também está preceituado que o acionista terá direito ao reembolso (ou seja, haverá a troca da ação do retirante por dinheiro pago pela sociedade) e que esse será definido, em princípio, em função do patrimônio líquido da sociedade anônima.

3. Espécies de valor patrimonial da ação

Fábio Ulhoa Coelho

A rigor, no contexto de avaliação de empresas ou de participações societárias (quotas ou ações), não se deveria nunca usar a expressão "patrimônio líquido" singelamente, ou seja, sem a adjetivação que possibilite identificar exatamente do que se trata. Isto porque a expressão "patrimônio líquido" não é unívoca. Muito ao contrário, sua ambiguidade decorre da existência a três sentidos diferentes.[455]

É indubitável que "patrimônio líquido" sempre será a diferença entre o ativo e o passivo de um sujeito de direito. Em outros termos, a expressão mede a solvabilidade deste sujeito: se a diferença entre ativo e passivo é positiva, o total de bens e direitos titulados por ele *supera* o montante de suas dívidas e o sujeito é solvente; se negativa, as dívidas são *maiores* que os recursos para pagá-las e o sujeito está insolvente. Mas, em função de duas variáveis, a quantificação do ativo e do passivo pode ser significativamente diversa, daí a inevitável ambiguidade da expressão "patrimônio líquido".

A primeira variável é o tempo. Principalmente quando se trata de avaliação de empresa ativa e próspera, a sucessão de negócios realizados cotidianamente faz com que ativo e passivo sejam muito diferentes de acordo com o dia adotado por referência.

A segunda variável é o critério contábil adotado. Lembre-se que a contabilidade é feita em função de determinados critérios: em alguns casos, adota-se o denominado *princípio do conservadorismo*, e os bens devem ser avaliados pelo "custo de aquisição"; em outros casos, o critério adotado é diverso, e avaliam-se os bens pelo "valor de mercado". No caso das sociedades anônimas, a LSA determina, de modo claro, o critério a ser adotado em cada hipótese.

Pois bem. Em razão destas duas variáveis (*tempo* e *critério*), há três sentidos diferentes para a expressão "patrimônio líquido", no contexto da avaliação de empresas ou de participações societárias.

Primeiro, cabe mencionar o "patrimônio líquido *contábil*", resultante da diferença entre ativo e passivo, apurada no último dia do exercício social (normalmente, 31 de dezembro) com a adoção do critério de avaliação dos bens pelo custo de aquisição. O documento contábil que indica este primeiro sentido de "patrimônio líquido" é o *balanço ordinário*, que todas as sociedades anônimas estão obrigadas a elaborar no fim de cada exercício social (LSA, art. 176, I). Anote-se que, em razão do processo de convergência da contabilidade brasileira com os IFRS (*International Financial Reports Standads*), a LSA já prevê que alguns bens devam ser apropriados, no balanço ordinário e no especial, pelo valor presente e não pelo custo de aquisição. Estes bens são os seguintes: *a*) aplicações em instrumentos financeiros, inclusive derivativos, e em direitos e títulos de créditos, classificados no ativo circulante ou no realizável a longo prazo, quando forem destinadas à negociação ou estiverem disponíveis para venda (art. 183, I, "a"); *b*) operações de longo prazo (art. 183, VIII).

Segundo, há o "patrimônio líquido *a data presente*", em que a diferença entre ativo e passivo é medida em qualquer outro dia do exercício diferente do último, seguindo o mesmo critério de avaliação da generalidade dos bens pelo custo de aquisição. O correspondente documento contábil é o *balanço especial*, obrigatoriamente elaborado pela sociedade anônima apenas quando exigido, pela lei, em razão de certo evento societário.

Terceiro, enfim, divisa-se o "patrimônio líquido *real*", referente à diferença entre ativo e passivo em qualquer dia do exercício, incluindo o último, adotando-se por critério a avaliação dos bens não mais pelo custo de aquisição, mas, sim, pelo valor de mercado. Ele é encontrado no documento contábil denominado *balanço de determinação*, que a sociedade anônima está obrigada a elaborar apenas numa única hipótese legal (art. 264).

Em síntese esquemática:

Valor Patrimonial	Tempo	Critério	Balanço
Contábil	Último dia do exercício	Custo de aquisição	Ordinário
A data presente	Qualquer dia do exercício, exceto o último	Custo de aquisição	Especial
Real	Qualquer dia do exercício	Valor de mercado	de Determinação

---

[455] Cf. COELHO, Fábio Ulhoa. *Curso de direito comercial*. 17. ed. São Paulo: Saraiva, 2013. v. 2. p. 106-108.

4. Valor patrimonial e valor econômico

FÁBIO ULHOA COELHO

A avaliação das ações por seu valor *patrimonial* é substancialmente diferente da avaliação feita pelo valor *econômico*. Os dois critérios chegam a valorações diferentes para as ações da sociedade anônima, exatamente em função da diferença no elemento básico que tomam em consideração: o valor patrimonial assenta-se no patrimônio social (especificamente, no "patrimônio líquido"), enquanto o valor econômico é fundado nas perspectivas de rentabilidade da atividade econômica explorada pela sociedade. Esses critérios de avaliação *não* são intercambiáveis. Ao contrário, a depender do objetivo da avaliação, deve-se adotar o patrimonial ou o econômico. Não se trata de escolha entre duas variáveis igualmente pertinentes, mas de aplicação do critério que se revela *racional*, sob o ponto de vista lógico, econômico e jurídico, segundo as finalidades da avaliação.

Quando a ação está sendo avaliada para ser *negociada*, o critério apropriado é o econômico. Quando, porém, não se está diante de qualquer negociação, mas, sim, de cálculo do devido a título de reembolso, o critério correto é o patrimonial.

Note-se, o sócio pode deixar de fazer parte de uma sociedade empresária por duas vias diferentes. A primeira via de saída dele é a negociação da ação. Neste caso, a sociedade não paga nada, tampouco recebe. Aquele acionista que deseja sair encontra alguém disposto a substituí-lo (como investidor) no quadro societário, negocia com este, livremente, o preço da participação societária e torna-se credor do novo sócio. Nesta via de saída, o valor da participação societária é o preço livremente negociado entre o antigo e o novo sócio.

A segunda via de saída é o exercício do direito de recesso, nas hipóteses em que a lei o confere ao acionista. Nesta segunda via de saída, se não há consenso entre os sócios, as ações do ex-acionista são avaliadas em juízo. Quando o sócio se desvincula do quadro societário por exercício do direito de recesso, ele não *negocia* o valor de suas ações com a sociedade, nem com os acionistas que nela permanecem; nesta hipótese, ele tem direito ao recebimento de um valor determinável em função de estrito critério legal. Este pagamento recebe, da lei, a designação de *reembolso*.

Em outros termos, quando o sócio exerce seu direito de recesso, desta declaração unilateral de vontade decorre uma obrigação *ex lege* da sociedade. Em todas as obrigações *ex lege*, o valor é fixado por critérios legais. Por exemplo: quando alguém deve indenizar a outrem, a lei determina como se calculará a indenização (CC, art. 402: "as perdas e danos devidas ao credor abrangem, além do que ele efetivamente perdeu, o que razoavelmente deixou de lucrar"); no caso de obrigação tributária, também se encontram na lei os critérios de cálculo do valor a pagar (base imponível e alíquota). Assim, o valor devido pela sociedade ao acionista pelo exercício do direito de recesso, a título de reembolso, por corresponder a obrigação *ex lege*, também é resultante da aplicação de critérios legais, e não da livre negociação de credor e devedor.

Por diversas razões, o critério econômico *não* se mostra o mais adequado para a definição do valor do reembolso. Ele é o mais racional na preparação que os sujeitos fazem antes de sentar à mesa de negociações da compra e venda de ações, sem dúvidas, mas sua utilização na liquidação de obrigação *ex lege* do reembolso é prenhe de improbidades e injustiças.

Em primeiro lugar, porque o acionista retirante estaria recebendo retorno por um investimento que *não* fez. Ao sair da sociedade, o retirante deixa de correr o risco empresarial, associado ao sucesso ou insucesso da atividade econômica explorada. E, se receber o valor econômico de suas ações, estará, absurdamente, pondo nos bolsos, *sem correr risco nenhum*, o dinheiro que somente receberia no caso de sucesso da empresa. É uma completa distorção da regra básica do capitalismo, em que o retorno deve ser proporcional ao risco assumido. Na economia capitalista, desenhada pela ordem constitucional, quem não se arrisca a perder simplesmente não pode ganhar com a exploração lícita de atividade econômica.

Ademais, é impróprio utilizar-se o valor econômico na apuração dos haveres porque se trata de uma estimativa, feito por um técnico. Por melhor que seja o técnico, não há nunca garantia de que a sociedade auferirá realmente aquele lucro projetado. Valorar a ação de sociedade anônima pelo critério econômico, assim, conduz a esta situação absurda, de alguém que lucra com um empreendimento econômico, baseado não na efetiva *performance* da empresa, mas apenas nas projeções de um "especialista em avaliação de ativos". Note-se que nem mesmo o valor patrimonial "real" se confunde com o critério econômico de avaliação de ações. O critério patrimonial "real" não projeta lucros prováveis, como o critério econômico.

Em síntese, quem avalia ações pelo valor patrimonial, em determinada data, olha para o *passado*. Verifica o quanto a contribuição daqueles sócios proporcionou para a sociedade até aquele momento. Já quem avalia estas ações pelo valor econômico, na mesma data, olha para o *futuro*. Procura estimar o quanto aquela sociedade pode gerar de ganhos aos que nela permanecem.

5. Valor patrimonial e valor de negociação

Fábio Ulhoa Coelho

O mercado costuma ver o recesso como mais uma oportunidade de negócio com ações emitidas por companhias abertas, relegando a plano secundário a correta natureza jurídica do instituto. Na maioria das vezes, então, o acionista irá dissentir, quando a lei autoriza o recesso, *apenas* se o valor patrimonial da ação superar o de negociação. Se for igual ou inferior, exercer o recesso representaria um mau negócio. De outro lado, naqueles casos em que o acionista exerce o recesso por efetivamente não concordar com a mudança nos fundamentos da empresa, acaba por vezes não se conformando em receber, a título de reembolso, o valor patrimonial, quando este é menor que o de negociação.

São, contudo, bem diferentes esses dois tipos de valores atribuíveis às ações. Quando pessoas negociam livremente, devem entrar em acordo acerca do valor do objeto que negociam, ou seja, o preço a ser pago pelo comprador ao vendedor, pelo locatário ao locador, etc. Entretanto, se não é o caso de livre negociação, mas de obrigação *ex lege*, ou seja, quando são obrigadas pela ordem jurídica a realizar um pagamento, o valor da prestação não se define livremente, mas é decorrência dos critérios que a mesma ordem jurídica estatui. O exercício do direito de retirada é daqueles casos em que não há negociação livre entre credor e devedor da obrigação, porque deriva de imposição legal, em vista do exercício de direito societário potestativo. Neste caso, o que o credor (acionista retirante) tem a receber do devedor (sociedade) é o que a lei estabelece em termos abstratos e gerais.

Na negociação de ações, realizada por livre vontade dos interessados, as tratativas se guiam pela noção essencial de que o contrato em vias de se concretizar (compra-e-venda de participações societárias) é um claro *investimento*. A motivação do adquirente, nesta negociação, será a busca do lucro mais promissor, diante das alternativas de investimento ao seu alcance. O cálculo que realiza, ao atribuir determinado valor para a ação, considera a estimativa dos dividendos que serão pagos pela companhia ou eventual valorização da empresa. Diante dessa projeção, o comprador calcula que nenhum outro investimento disponível no mercado (fundos financeiros, imóveis, obras de arte etc.) garantiria resultado mais atraente. Do lado do alienante das ações, a motivação consiste em procurar receber, na alienação, o retorno do que despendeu anteriormente, subscrevendo ou adquirindo a participação societária, acrescido de remuneração compatível com o risco do negócio e o tempo em que os recursos aportados ficaram indisponíveis. Também ele compara a estimada rentabilidade do investimento que possui como acionista daquela sociedade com a de outros investimentos disponíveis no mercado. Faz, contudo, o cálculo inverso do adquirente. Para o alienante, há investimentos que acenam com melhor rentabilidade ao montante que ele está negociando receber pela venda das ações.

O valor de negociação da participação societária é definido, em essência, pelas *perspectivas de rentabilidade da empresa*. Tanto alienante como o adquirente estão sentados à mesa de negociação pensando fazer o emprego mais atraente para seu capital. O alienante acha que tem, em outro lugar, melhor emprego para o dinheiro correspondente ao preço pelo qual pretende vender as ações; o adquirente faz o raciocínio inverso: acha que não existe, em nenhum outro lugar, emprego melhor para o mesmo dinheiro.

O valor de negociação atribuído às ações corresponde, assim, a *investimento* nesta sociedade. É certo que a sociedade não é parte do negócio de transferência da titularidade das ações; ela não recebe *nada* – seja do alienante, seja do adquirente – em decorrência da alienação. Isto, porém, não retira a natureza de investimento dessa via de saída do sócio. Ao pagar ao antigo acionista o valor de negociação com este contratado, o adquirente o substitui como *investidor* na sociedade anônima, com todas as obrigações derivadas dessa condição (aporte de capital subscrito, responsabilidade pelas obrigações sociais não sujeitas a limitação legal etc.). Em situação bastante diferente se encontra a companhia, quando o acionista opta por desligar-se mediante o exercício do direito de retirada. Neste caso, verifica-se um *desinvestimento*, com obrigatória transferência de recursos da sociedade para o retirante.

E porque o exercício do direito de retirada é, em essência, desinvestimento, as perspectivas de rentabilidade da sociedade anônima – fator essencial para a definição do valor de negociação das ações – não devem ser consideradas no cômputo do valor do reembolso ao acionista retirante.

O reembolso é uma forma de *desinvestimento* porque implica necessariamente a *subtração* de recursos da atividade econômica. Obrigada ao pagamento do reembolso, por decorrência de ato unilateral de vontade do acionista, a sociedade anônima necessariamente se priva de parte dos recursos de que dispõe para a realização de seu objeto social. Com o rompimento do vínculo societário ocasionado pela declaração de vontade unilateral do acionista, a obrigação de manter recursos investidos na empresa se desconstitui, verificando-se, então, inexoravelmente o desinvestimento.

Quando o sócio se desligar da sociedade vendendo as ações, ele não tem como sujeitar ninguém à obrigação de lhe pagar este ou aquele valor, o que pretende receber pelas participações societárias alienadas. Deve encontrar interessado em negociar livremente sobre preço, condições, termos etc. Contudo, nesse caso de desligamento, não ocorre nenhum desinvestimento, porque a companhia não despende nada com a operação. Os recursos que se encontram investidos na empresa que haviam sido aportados pelo alienante (ou por aquele de quem adquiriu as ações etc.) não serão subtraídos do patrimônio social; permanecerão de propriedade da pessoa jurídica, empregados no desenvolvimento da atividade econômica. Apenas a titularidade das participações societárias correspondentes a tais recursos passará para o adquirente.

Mas se a opção do acionista é a da saída via exercício do direito de retirada, ele acaba submetendo a sociedade à obrigação de lhe pagar o valor das ações. Não será, aqui, nunca, o preço que unilateralmente estimar, nem muito menos o correspondente às perspectivas de rentabilidade da empresa, mas sim a parcela proporcional do patrimônio líquido da sociedade, segundo o fixado pela lei. E, nesse caso, haverá inequívoco *desinvestimento* porque a sociedade anônima pagará ao acionista o reembolso, reduzindo-se o seu patrimônio em favor do retirante.

O direito de retirada é visto como um mecanismo de proteção da minoria diante dos abusos dos controladores.[456] O exercício desse direito, contudo, não pode levar a situações de desequilíbrio econômico entre o retirante e os que permanecem na sociedade. O valor fundamental prestigiado pelo direito comercial contemporâneo, expresso no *princípio da preservação da empresa*, é incompatível com tais desequilíbrios entre as situações econômicas dos sócios que permanecem *investindo* e a dos que se retiram, desobrigando-se com a vida da sociedade e desenvolvimento da atividade produtiva.

Aliás, se o sócio exercente do direito de retirada eventualmente receber, a título de reembolso, *mais* do que receberia na hipótese de negociação da ação, isso é plenamente justificável sob o ponto de vista econômico e jurídico, já que o reembolso tem a natureza de desinvestimento, em oposição à de investimento, que caracteriza o outro meio de saída do acionista. Igual afirmação cabe para a hipótese em que ele recebe, em reembolso, *menos* do que o valor de negociação, relacionado às perspectivas de rentabilidade da sociedade anônima.

Além disso, as perspectivas de rentabilidade da empresa não podem impactar no cálculo do valor devido ao exercente do direito de retirada porque, pela própria definição de reembolso, este interfere com tais perspectivas, no sentido de as reduzir ou até mesmo comprometer. A sociedade, ao pagar o valor apurado do reembolso, perde necessariamente uma parte dos recursos destinados ao desenvolvimento da sua atividade econômica. Isto, só por si, já justifica a revisão das perspectivas de rentabilidade. Se, no entanto, além de perder a parcela proporcional do patrimônio líquido, a sociedade ainda for obrigada a remunerar o acionista retirante pela perda de oportunidade de auferir os lucros potenciais que ela *teria* condições de gerar, então se reduzem ainda mais as perspectivas de rentabilidade do negócio, num círculo vicioso irracional.

Nada, portanto, é mais inconciliável com o princípio da preservação da empresa (que, em última instância, tutela *empregos*, *impostos* e

---

[456] Pondera Osmar Brina Corrêa Lima: "parece óbvio que [o] direito de retirada essencial e excepcional, interessa, exclusivamente, ao acionista minoritário (não controlador). Com efeito, seria totalmente ilógico vincular-se tal direito ao acionista controlador que, por querer e provocar a alteração ensejadora do direito de retirada, certamente não discordaria da própria decisão" (*O acionista minoritário no direito brasileiro*. Rio de Janeiro: Forense, 1994. p. 53).

atendimento aos consumidores) que a consideração, no cálculo do reembolso do sócio retirante, das perspectivas de rentabilidade da sociedade anônima.

Também há que se considerar que o pagamento ao acionista retirante de reembolso calculado pelo valor de negociação implica uma seríssima distorção na equação básica de qualquer investimento. O acionista que, ao se desligar da companhia, embolsa o valor de negociação, está recebendo, *de uma vez só*, tudo o que receberia caso permanecesse na sociedade por um período longo e esta continuasse a gerar lucros com o aporte por ele feito. Ou seja, ele se beneficia de todas as consequências positivas da condição de sócio, no cenário mais otimista de rentabilidade da companhia, *sem* correr risco nenhum de perda, já que sócio deixou de ser. Por outro lado, os acionistas que permanecem na sociedade, correndo os riscos inerentes à exploração de atividade econômica e empresarial, sofrem as consequências do desinvestimento, devendo muitas vezes prover a companhia dos recursos dragados pela declaração unilateral de vontade do retirante. Há, em uma palavra, uma transferência inusitada e infundada da totalidade dos riscos empresariais e benefícios associados à condição do acionista, ficando o retirante com todos os benefícios e nenhum risco e os que permanecem com todos os riscos e nenhum dos benefícios ligados aos recursos desinvestidos.

Por tais razões, o único critério juridicamente válido para a mensuração do devido a título de reembolso é o *valor patrimonial* das ações. Apenas em caso de previsão estatutária, esse critério pode ser substituído pelo *econômico*, e mesmo assim, se for inferior ao patrimonial.

6. Reembolso e acordos de acionistas

Fábio Ulhoa Coelho

Os acionistas podem entabular quaisquer acordos relativamente aos seus interesses como participantes do quadro de sócios da sociedade anônima. Quando o fazem, assumem obrigações contratuais recíprocas, como votar num determinado sentido (quando é voto-vontade), exercer ou não exercer o direito de preferência etc.

Mas os acionistas não podem assumir, em acordo, obrigações que eles não podem cumprir; vale dizer, obrigações a serem cumpridas por terceiros. Nenhuma pessoa pode, por sua exclusiva manifestação de vontade, obrigar a outrem – este é princípio geral secular do direito das obrigações, que comporta umas poucas exceções (estipulante na apólice de seguros, por exemplo). É o princípio da relatividade dos contratos, que a doutrina civilista conhece e reforça desde o direito romano. A sociedade anônima é pessoa jurídica distinta da de seus acionistas; é terceiro em relação a estes. Os acionistas, portanto, não podem, em acordo de acionistas, assumir obrigações cujo cumprimento não cabe a eles, mas à sociedade.

Entre as obrigações que competem à sociedade e não podem, por isso, ser assumidas pelos acionistas em acordo entre eles, está a de observar este ou aquele critério de apuração do reembolso diverso do legalmente estabelecido. Em outros termos, os acionistas não podem alterar o critério legal de cálculo do reembolso por meio de acordo de acionistas porque isto equivale a obrigação que não é deles, mas da sociedade.

Claro, o constante do acordo de acionistas produz efeitos jurídicos. Os seus subscritores estão obrigados a *indenizarem* eventual diferença entre o que o dissidente (entre eles) recebeu a título de reembolso e o que iria receber, caso o acordo de acionistas vinculasse a companhia.

7. Reembolso e apuração de haveres

Fábio Ulhoa Coelho

No cálculo do reembolso de ações, em razão de dissidência ou recesso, não se devem adotar critérios estranhos ao regime jurídico da sociedade anônima, evitando-se os que alguma jurisprudência adota para a apuração de haveres de sociedade limitada. Não é juridicamente admissível a aplicação às sociedades anônimas das regras legais referentes à limitada. Definir o valor do reembolso, na anônima, aplicando-se as normas da sociedade limitada é negar aplicação aos dispositivos da LSA pertinentes ao cálculo do valor do reembolso (LSA, arts. 45, §§ 1º e 2º, 183 e 264).

Estes tipos societários (anônima e limitada) possuem em comum apenas a limitação da responsabilidade dos sócios. Nos demais aspectos, incluindo principalmente as relações entre os sócios e, dentro disto, o desfazimento do vínculo societário, são absolutamente diversas as normas aplicáveis a cada um destes tipos societários.[457] Isso porque, no direito brasileiro, as sociedades anônimas se classificam como *institucionais*, enquanto as limitadas são *contratuais*. Este critério de classificação está relacionado ao regime jurídico de constituição e dissolução da sociedade. As institucionais constituem-se e dissolvem-se segundo determinadas regras, distintas das aplicáveis à constituição e dissolução das contratuais.[458]

O exercício do direito de recesso corresponde a matéria inserta na dissolução dos vínculos societários. Sendo institucional, a sociedade anônima não pode ser regida por regras das sociedades contratuais, quando dissolvidos total ou parcialmente tais vínculos. Quando os sócios escolhem um determinado tipo societário, esta declaração de vontade não é inócua ou indiferente para o direito. Muito ao contrário, se escolhem constituir uma sociedade de determinado tipo, é porque tiveram a *vontade convergente* de se submeterem às regras específicas do tipo escolhido.

Não pode um sócio pretender se liberar, unilateral e ocasionalmente, da vontade declarada, para pleitear direito que somente teria se acaso houvesse expresso, no passado, a vontade de constituir sociedade de tipo diferente. Em outros termos, se, na sociedade limitada, *em caso de omissão do contrato social*, a apuração de haveres é feita pelo valor patrimonial real das quotas do sócio desligado (CPC, art. 606), isto não significa que o acionista da sociedade anônima titule igual direito. Na anônima, em caso de omissão do estatuto, o cálculo do reembolso é feito pelo valor patrimonial contábil, ou, se pedido pelo dissidente o levantamento de balanço especial, pelo valor patrimonial à data presente (LSA, art. 45). Apenas na hipótese do recesso em razão das operações abrangidas pelo art. 264 da LSA (entre controladora e controlada ou entre sociedades sujeitas ao mesmo poder de controle), é que o cálculo do reembolso se aproxima da apuração de haveres, por adotar o critério patrimonial real.

CAPÍTULO IV
PARTES BENEFICIÁRIAS

Características

Art. 46. A companhia pode criar, a qualquer tempo, títulos negociáveis, sem valor nominal e estranhos ao capital social, denominados "partes beneficiárias".

§ 1º As partes beneficiárias conferirão aos seus titulares direito de crédito eventual contra a companhia, consistente na participação nos lucros anuais (artigo 190).

§ 2º A participação atribuída às partes beneficiárias, inclusive para formação de reserva para resgate, se houver, não ultrapassará 0,1 (um décimo) dos lucros.

§ 3º É vedado conferir às partes beneficiárias qualquer direito privativo de acionista, salvo o de fiscalizar, nos termos desta Lei, os atos dos administradores.

---

[457] Segundo Eduardo Goulart Pimenta: "se quanto à forma de negociação da titularidade de direitos de sócio, as sociedades fechadas em muito se assemelham às sociedades limitadas, o mesmo não ocorre em relação à sua disciplina legal. Neste ponto, aliás, a diferença é manifesta. As sociedades anônimas (sejam elas abertas ou fechadas) são marcadas por rígida, complexa e detalhada disciplina legal composta, em princípio, por normas inderrogáveis por previsão estatutária ou por decisão de seus acionistas. Já a sociedade limitada, ao contrário, é modalidade societária eminentemente contratual, na qual, em especial quanto às relações entre os sócios, a legislação tem papel predominantemente supletivo" (A *affectio societatis* nas companhias fechadas. In: SILVA, Alexandre Couto (coord.). *Direito societário*: estudos sobre a Lei de Sociedades por Ações. São Paulo: Saraiva, 2013. p. 338).

[458] Na síntese de André Luiz Santa Cruz Ramos: "quanto ao regime de constituição e dissolução, as sociedades podem ser contratuais (por exemplo, a sociedade limitada), que são constituídas por um contrato social e dissolvidas segundo as regras previstas no Código Civil, ou institucionais (por exemplo, a sociedade anônima), que são constituídas por um ato institucional ou estatutário e dissolvidas segundo as regras previstas na Lei nº 6.404/76. Nas sociedades contratuais, diz-se que a autonomia da vontade dos sócios para a constituição do vínculo societário é máxima, podendo eles disciplinarem as suas relações sociais como bem entenderem, desde que não desnaturem o tipo societário escolhido. Com efeito, nas sociedades contratuais, 'a sociedade é constituída em função dos interesses particulares dos sócios e a interferência do legislador é mínima' [Vera Helena de Melo Franco, *Manual de Direito Comercial*, 2. ed. São Paulo: RT. v. 1. p. 199]. Já nas sociedades institucionais o vínculo que une os sócios não é contratual, mas estatutário, e os estatutos não cuidam dos interesses particulares dos sócios, mas do interesse geral da sociedade como instituição. Nessas sociedades, portanto, a autonomia da vontade dos sócios na formalização do ato constitutivo é mínima, e a intervenção do legislador muito relevante, sobretudo porque essas sociedades institucionais – que tem na S/A o seu exemplo ideal – dedicam-se, não raro, a macroempreendimentos" (*Curso de direito empresarial*. 4. ed. Rio de Janeiro: Forense, 2010. p. 312-313).

§ 4º É proibida a criação de mais de uma classe ou série de partes beneficiárias.

📖 COMENTÁRIOS

1. Características das partes beneficiárias

Rodrigo R. Monteiro de Castro

O art. 46 autoriza a criação, pela companhia, de títulos negociáveis denominados partes beneficiárias. Esses títulos, se e quando emitidos, não terão valor nominal e serão estranhos ao capital. Não se confundem, pois, com ações.

As partes beneficiárias conferirão aos seus titulares direito de crédito eventual contra a companhia, consistente na participação nos lucros anuais, apurados na forma dos arts. 189 e ss. A eventualidade decorre, pois, da incerteza do lucro; apurando-o, o crédito deverá ser satisfeito pela companhia, nos termos da emissão.

Em sentido inverso, a ausência de lucro – ou de lucros acumulados ou de reservas de lucros – impede a satisfação da expectativa advinda da titularidade da parte beneficiária, por determinação do art. 190, parágrafo único, combinado com o art. 201. Não se pode, assim, efetuar pagamento ao respectivo titular.

De acordo com o art. 189, do resultado do exercício serão deduzidos, antes de qualquer participação, os prejuízos acumulados e a provisão para o imposto sobre a renda. Na sequência, conforme previsto no art. 190, determinam-se as participações estatutárias dos empregados, administradores e partes beneficiárias, nessa ordem.

A LSA fixa um limite, do lucro, para atribuição às partes beneficiárias: um décimo. Será nula a estipulação de montante superior. A nulidade atingirá apenas o excesso, permanecendo válida a parte que se enquadrar no parâmetro legal. A limitação, aliás, engloba eventual participação atribuída à formação de reserva para resgate do título.

Ademais, veda-se a conferência às partes beneficiárias de qualquer direito privativo de acionista, salvo o de fiscalização. Assim, o titular não poderá votar ou ser votado, eleger membros para qualquer órgão de administração ou restringir a prática de qualquer ato pela companhia.

Por outro lado, o título confere ao seu proprietário o direito de fiscalizar os atos dos administradores, nos termos da lei. A fiscalização não se confunde com a atuação do conselho fiscal, que se sujeita ao disposto nos arts. 161 e ss., e não confere o direito de indicar membro para compor esse órgão.

O ato fiscalizatório, por parte do titular, é próprio e não poderá extrapolar os limites fixados para atuação dos acionistas da companhia. Nem o estatuto, que deve, nos termos dos arts. 48 e 51, tratar de determinadas características das partes beneficiárias e de suas vantagens, nem a assembleia geral, por ocasião da deliberação da emissão, poderão ir além dos marcos legais.

Por outro lado, titulares de partes beneficiárias podem participar de assembleias gerias e se manifestar. Essas práticas não são vedadas pela LSA. Ao contrário: decorre do próprio fundamento da emissão do título, que gera a expectativa de constituição de crédito, atrelado a risco, que será confirmada se a companhia apurar lucro, ou frustrada se contabilizar prejuízo.

A manifestação, em favor ou desfavor da administração – e, consequentemente, da companhia – é ato legítimo, decorrente e contrapartida do risco assumido, mesmo que tenha como propósito influenciar a opinião de acionistas, titulares de direito de voto. A legitimidade não autoriza, no entanto, a participação na deliberação – ou seja, mediante voto – que é restrita aos acionistas.

A autorização para emissão de partes beneficiárias compete privativamente à assembleia geral (art. 122, VII), observado o quórum estabelecido no art. 136, VIII: metade, no mínimo, das ações com direito a voto, podendo o estatuto ampliá-lo. A delegação a qualquer órgão, colegiado ou não, é proibida por lei. Será nula, portanto, eventual deliberação autorizativa por parte do conselho de administração ou da diretoria.

A LSA também passou a proibir a emissão de partes beneficiárias pela companhia aberta. Trata-se, assim, de título exclusivo da fechada. A motivação será apresentada no item seguinte.

As partes beneficiárias emitidas pela companhia que, como visto, será necessariamente fechada, são, por natureza, negociáveis. As negociações (isto é, as transferências) devem ser lançadas no Livro de Transferência de Partes Beneficiárias Nominativas e as posições de titularidade no Livro de Registro de Partes Beneficiárias Nominativas (art. 100, III).

O § 4º prevê, por fim, que a companhia não poderá criar mais de uma classe ou série de partes beneficiárias. A proibição decorre do fato de que as emissões deverão assegurar aos titulares os mesmos direitos. Evita-se, assim, por exemplo, a atribuição aos titulares de percentuais sobre o lucro distintos entre as várias emissões.

A solução é um equívoco e restringe a utilização das partes beneficiárias para fins que interessem à companhia, sobretudo para consecução de seu objeto social, como se abordará no item seguinte.

2. Utilidade das partes beneficiárias

Rodrigo R. Monteiro de Castro

As partes beneficiárias tornaram-se símbolo de malversação de patrimônio social e de sobreposição de interesses, em desfavor da companhia. Construiu-se a ideia de que a sua previsão, em estatuto, abre porta para que o controlador confira, a si ou a parte relacionada, vantagem adicional, consistente em participação no lucro, sem vinculação com a propriedade acionária. Resultaria numa espécie de expropriação de direito econômico do acionista não beneficiado pela emissão. Também se associa a emissão do título ao favorecimento de terceiros, ligados ao controlador, como forma de desvio de recursos distribuíveis aos acionistas minoritários. Por esses motivos, a Lei nº 10.303, de 2001, introduziu o parágrafo único ao art. 47, para proibir a emissão de partes beneficiárias pela companhia aberta.

A proibição, apesar de não se estender à companhia fechada, passou, então, a ser introduzida em estatutos de companhias dessa natureza, mesmo que caracterizadas pelo controle majoritário ou totalitário. A postura decorre, na maioria das vezes, do desconhecimento de sua utilidade.

Impede-se, assim, a utilização do título com o propósito de atrair administradores, prestadores de serviços ou outros agentes, em momentos críticos ou sensíveis da companhia – como por ocasião de sua constituição ou em situação de crise –, mediante o oferecimento de participação em lucros, na forma do art. 46, sem a transferência de propriedade acionária ou o desembolso imediato de caixa.

Revelam-se, aí, duas utilidades: a primeira, consistente no alinhamento de interesses, visto o possível atrelamento da remuneração do titular à existência de lucros; a segunda, na possibilidade de gerir e projetar desembolsos de caixas consoante a geração de lucro.

Há outras, porém, que se associam à evolução das técnicas de organização da empresa e do financiamento da atividade empresarial, sobretudo para sociedades que investem em tecnologia e novos modelos de negócio.

A necessidade de compatibilização do acesso a financiamento com a neutralização (ou mitigação) do risco do provedor de recursos, resulta na arquitetura de operações sofisticadas ou complexas, que poderiam ser estruturadas, com maior simplicidade, por meio da emissão de partes beneficiárias.

A demonização do título impõe obstáculos, portanto, à sua correta utilização em favor do desenvolvimento da atividade tecnológica e da robustez da empresa.

3. Risco de apropriação indevida

Rodrigo R. Monteiro de Castro

A utilidade das partes beneficiárias não apaga episódios pretéritos de malversação, tampouco a tímida reação sistêmica com o propósito de corrigir inconsistências e promover ajustes para aperfeiçoar o seu funcionamento.

O ajustamento, que ainda é pertinente, envolveria sobretudo vedações estatutárias à emissão em favor de acionista controlador ou partes relacionadas, ou, em hipótese mais branda, o condicionamento à aprovação pela assembleia geral, com quórum qualificado.

Há, enfim, alternativas mais eficientes do que o aniquilamento de um título que, se bem utilizado, poderia ser útil em momentos distintos da companhia.

Emissão

Art. 47. As partes beneficiárias poderão ser alienadas pela companhia, nas condições determinadas pelo estatuto ou pela assembleia-geral, ou atribuídas a fundadores, acionistas ou terceiros, como remuneração de serviços prestados à companhia.

Parágrafo único. É vedado às companhias abertas emitir partes beneficiárias. (Redação dada pela Lei 10.303, de 2001)

COMENTÁRIOS

1. Destinação das partes beneficiárias

Rodrigo R. Monteiro de Castro

As partes beneficiárias, emitidas pela companhia, podem ter dois destinos: (i) alienação; ou

(ii) atribuição a fundadores, acionistas ou terceiros, como remuneração por serviços prestados.

Com o advento da Lei nº 10.303, de 2001, a companhia aberta, que antes podia criar partes beneficiárias para alienação onerosa, ou para atribuição gratuita a sociedades ou fundações beneficentes de seus empregados, passou a sujeitar-se à norma proibitiva, constante do parágrafo único do art. 47, de modo que aquelas destinações, previstas no *caput* deste artigo, somente podem ser deliberadas pela assembleia geral da companhia fechada.

A deliberação em assembleia geral deverá ser aprovada observando-se o quórum mínimo de acionistas que representem metade, no mínimo, das ações com direito a voto, se maior quórum não for exigido pelo estatuto (art. 136, VIII).

Na hipótese de aprovação para alienação, o produto do negócio ingressará no patrimônio da companhia, que poderá utilizá-lo para desenvolvimento de seu objeto social, liquidação de obrigações ou dar-lhe outra destinação admitida em seu estatuto. A companhia está autorizada a receber, em decorrência da entrega dos títulos, bens passíveis de avaliação em dinheiro (art. 7º) – e não apenas dinheiro.

A contrapartida da contabilização, no ativo, do produto da alienação, será lançada em conta de reserva de capital, na forma do art. 182, § 1º, "b", segundo o qual, "serão classificadas como reservas de capital as contas que registrarem: o produto da alienação de partes beneficiárias".

Por outro lado, o adquirente passará a deter, em contrapartida do *preço* da aquisição, a propriedade de um título que lhe conferirá crédito eventual contra a companhia, consistente em parcela do lucro anual, limitada a um décimo de seu total.

Esse limite engloba todas as partes beneficiárias emitidas, e não pode ser considerado de modo isolado, por título ou emissão.

A alienação de partes beneficiárias oferece aos acionistas a possibilidade de atrair recursos para companhia, sem modificação do capital social e, consequentemente, do poder político, em troca de redução (ou entrega) de direito econômico. A pertinência da emissão deve ser analisada em função do custo comparativo de captação de recursos pela companhia, oriundos de outras fontes, tais como os próprios acionistas, instituições financeiras ou o mercado de valores mobiliários.

Ao investidor – ou titular da parte beneficiária – representará um investimento, que se traduz por uma aposta na capacidade da companhia de gerar lucro. Compra-se, assim, parcela do lucro futuro – que, ressalte-se, pode existir ou não.

Essas características indicam a natureza sinalagmática do negócio.

O sinalagma também pode – e deve – estar presente na outra hipótese autorizadora de emissão de parte beneficiária: a atribuição a fundadores, acionistas ou terceiros, como remuneração pelos serviços prestados à companhia. Em todas essas modalidades, a justificativa da emissão e da atribuição é o recebimento, pela companhia, de algum serviço já consumado em proveito da própria companhia.

A inexistência da relação prestativa pretérita, já concluída, fulmina a pretensão emissora e impede a assembleia geral de deliberar a respeito da emissão do título. A deliberação está vinculada a uma causa, a ser verificada e confirmada no momento em que o tema é submetido aos acionistas.

A LSA impede, portanto, a emissão de partes beneficiárias vinculada à remuneração futura por serviços ainda não executados.

2. Direito de preferência

Rodrigo R. Monteiro de Castro

A emissão de partes beneficiárias, a depender da modalidade, gerará direito de preferência aos acionistas da companhia. O tema é regulado no art. 171.

O § 3º desse artigo confere, com efeito, preferência para a subscrição de partes beneficiárias conversíveis em ações emitidas para alienação onerosa.

O direito deverá ser exercido no prazo para subscrição das partes beneficiárias, estabelecido pela assembleia geral, e não se estenderá à eventual futura conversão em ações.

Assim, o acionista que exercer o direito de preferência à subscrição poderá, nos termos da emissão, converter partes beneficiárias em ações; mas, o acionista que não o tiver exercido – o que se significará uma renúncia tácita – ou que tiver renunciado expressamente à preferência, não poderá, em momento futuro de conversão, arguir a existência do direito, já decaído.

Aliás, a renúncia, tácita ou expressa, não comporta a imposição de condição, de qualquer natureza.

Por fim, a onerosidade se observa tanto na hipótese de emissão para alienação, como na de atribuição como remuneração de serviços prestados. Nessas situações, não se consumará uma gratuidade ou liberalidade, à conta da companhia, sem o recebimento de algum benefício, sob qualquer forma (como a prestação de determinado serviço).

Aponta-se, ademais, que a exclusão do direito de preferência, diante da ausência de onerosidade, pretendida pelo art. 171, foi derrogada pelas alterações introduzidas à LSA pela Lei 10.303, de 2001, que proibiu, em primeiro lugar, e emissão de partes beneficiárias por companhia aberta e, em segundo lugar, excluiu a possibilidade, restrita à aberta, de atribuição gratuita para sociedade ou fundação beneficente de seus empregados.

O resultado da reforma, voluntaria ou involuntariamente, foi mais amplo: com a redação dada ao parágrafo único do art. 36, proibiu-se qualquer hipótese de emissão para atribuição gratuita, também na companhia fechada, de modo que o § 1º do art. 48 não produz efeitos.

3. Conflito de interesses

Rodrigo R. Monteiro de Castro

O principal dilema relacionado à emissão de partes beneficiárias e que motivou a sua pouca utilização envolve o inevitável conflito de interesses do controlador, por ocasião da deliberação de títulos em seu favor, decorrente de serviços eventualmente prestados para a companhia. Isto porque a aprovação da emissão implicará, durante a vigência, redução da base de lucro distribuível aos demais acionistas, por conta do pagamento prioritário da participação de partes beneficiárias (art. 190).

Com isso o controlador poderia, hipoteticamente, orientar a assembleia geral a aprovar o pagamento do percentual máximo – um décimo –, previsto no art. 46, e sobre a diferença se estabeleceria a nova base de distribuição, conforme percentuais detidos, em prejuízo dos demais acionistas. Registre-se, aliás, que o acionista controlador que fosse titular de parte beneficiária concorreria, ainda, com os outros acionistas no recebimento dos dividendos, haja vista que o pagamento do crédito decorrente das partes beneficiárias não é imputado à distribuição de lucros. Ter-se-ia, assim, hipótese de desvirtuamento daquele título, a fim de viabilizar o recebimento de mais recursos pelo controlador.

A aprovação de emissão indevida, sem contrapartida de prestação de serviços, seria, aliás, ato abusivo, nos termos no art. 117, § 1º, letra "c", sujeitando o controlador às consequências da ilicitude.

O risco da abusividade não justifica, no entanto, a aversão sistêmica a título que, se bem empregado, tem funcionalidade única para a companhia. O melhor tratamento, para evitar aquelas situações patológicas, consiste, se o caso, na proibição estatutária de emissão para retribuição de acionista, controlador ou não, exceto se aprovada pela maioria dos demais acionistas, sem o voto do interessado – reconhecendo-se hipótese excepcional de conflito formal, justificadora do impedimento do voto. Trata-se de um caminho racional e, ao mesmo tempo, protetivo dos direitos que se pretende tutelar.

> **Resgate e Conversão**
>
> **Art. 48.** O estatuto fixará o prazo de duração das partes beneficiárias e, sempre que estipular resgate, deverá criar reserva especial para esse fim.
>
> § 1º O prazo de duração das partes beneficiárias atribuídas gratuitamente, salvo as destinadas a sociedades ou fundações beneficentes dos empregados da companhia, não poderá ultrapassar 10 (dez) anos.
>
> § 2º O estatuto poderá prever a conversão das partes beneficiárias em ações, mediante capitalização de reserva criada para esse fim.
>
> § 3º No caso de liquidação da companhia, solvido o passivo exigível, os titulares das partes beneficiárias terão direito de preferência sobre o que restar do ativo até a importância da reserva para resgate ou conversão.

COMENTÁRIOS

1. Criação e emissão das partes beneficiárias

Rodrigo R. Monteiro de Castro

Apesar de sua utilidade, a malversação do instituto – ou a preocupação com a aplicação abusiva dele pelo controlador – resultou num movimento quase automático de previsão proibitiva de criação de partes beneficiárias em estatutos de companhias. Daí dizer-se, com razão, que se trata de instituto a caminho do desuso.

Essa inadequada percepção a respeito de sua utilidade – sobretudo para companhias em formação que dependem de investimentos em tecnologia e precisam atrair pessoas para projeto incerto, porém promissor – é responsável pelo desprezo ao conteúdo do art. 48.

Ele indica, na prática, que a companhia não poderá emitir parte beneficiária antes de criá-la, o que resultaria de um comando estatutário aprovativo – originário ou decorrente de reforma do estatuto –, por meio do qual, aliás, se fixará o prazo de duração. A inexistência de tratamento do tema implicará proibição; ou seja, a criação decorrerá, necessariamente, de expressa manifestação em estatuto.

Somente em virtude desse comando que a assembleia geral poderá, posteriormente, deliberar sobre a emissão, na forma do art. 122, VII.

2. Prazo das partes beneficiárias

Rodrigo R. Monteiro de Castro

O comando a respeito da necessidade de fixação de prazo no estatuto é mandatório; assim, a assembleia geral não poderá suprir eventual silêncio estatutário, cabendo-lhe, apenas, como forma de corrigir eventual omissão, promover a reforma do estatuto, observado o disposto no art. 135, para inserção de prazo que não tenha sido determinado previamente.

Daí, aliás, a proibição para que a assembleia geral, em ato deliberativo de emissão, reduza ou aumente o prazo que constar do estatuto. Há motivo para isso: evitar que o controlador ou a maioria dos acionistas da companhia sem controle majoritário emita título ao qual se destinará parte do lucro, reduzindo-se a base distribuível aos acionistas, por ocasião do pagamento de dividendos.

Nada impede, porém, que a fixação não seja certa, impondo-se apenas um limite temporal máximo, dentro do qual a assembleia geral terá liberdade para determiná-lo. Encaixa-se nesse comando hipotético cláusula que estabeleça, por exemplo, prazo de até 10 anos; dentro dele, qualquer que seja o momento, mais próximo de zero ou do decurso do período decenal, a assembleia teria, então, competência para, na emissão, determinar o prazo em função dos interesses da companhia.

Importa, pois, que no estatuto se anuncie o maior período possível de afetação da base de lucros distribuíveis, à conta da destinação aos beneficiários de partes beneficiárias.

O parágrafo primeiro estabelece que o prazo de duração de partes beneficiárias atribuídas gratuitamente não poderá ultrapassar 10 anos, salvo as destinadas a sociedades ou fundações beneficentes dos empregados da companhia. Esse conjunto normativo foi derrogado pela Lei nº 10.303, de 2001, que não apenas varreu a permissão para emissão de títulos gratuitos – comando dirigido à companhia aberta – como restringiu a utilização do instituto à companhia fechada.

Prevalece, assim, o disposto no art. 47, que autoriza a emissão, apenas para (i) alienação ou (ii) atribuição a determinadas pessoas como remuneração por serviços prestados à companhia. A gratuidade deixou de encontrar guarida no sistema societário brasileiro.

O prazo estatutário poderá ser livremente fixado pelos fundadores, no ato constitutivo, ou pela assembleia, em reforma de estatuto, respeitados os respectivos quóruns deliberativos. Em nenhum caso se admitirá a previsão de atribuição gratuita.

3. Resgate das partes beneficiárias

Rodrigo R. Monteiro de Castro

Apesar da extinção das partes beneficiárias gratuitas, alguma confusão ainda se faz a respeito da aplicação da constituição de reserva especial para resgate das modalidades que permanecem admitidas. Isto porque nem toda emissão precisará ser resgatada.

É o caso, em especial, daquela motivada pela atribuição em decorrência de remuneração por serviços prestados. O decurso do prazo, quando assim previsto, implicará a extinção do título e, consequentemente, da obrigação, sem a necessidade de que se promova o resgate. Mesmo destino terão as partes beneficiárias que, apesar de alienadas, não tenham previsão de resgate ou, ainda, aquelas emitidas por companhia que não aufira lucros no período afetado ao título.

O resgate, portanto, não constitui atributo essencial do título.

Estipulado, porém, o resgate, a criação de reserva especial, unicamente para este fim, será mandatória. Sua destinação estará, assim, marcada.

Na formação da reserva, a companhia deverá atentar e respeitar o limite previsto no § 2º do art. 46, segundo o qual o montante global utilizável para remuneração de partes beneficiárias e destinação à reserva para resgate não poderá ultrapassar um décimo dos lucros. Logo, a cifra destinada à remuneração será diminuída da que for reservada para resgate.

Por fim, o procedimento será o mesmo utilizado para resgate de ações.

4. Conversão das partes beneficiárias em ações

RODRIGO R. MONTEIRO DE CASTRO

A conversão de partes beneficiárias em ações deverá estar prevista em estatuto. A previsão é uma faculdade – e não constitui uma obrigação. A ausência de previsão expressa ocasionará a nulidade do conteúdo deliberativo assemblear nesse sentido, por ocasião da emissão do título. Em outras palavras, para que se possa deliberar a emissão de título conversível, haverá de existir autorização estatutária prévia.

De acordo com o art. 171, § 3º, os acionistas da companhia terão direito de preferência para subscrição de emissão de partes beneficiárias conversíveis. Por tratar-se de direito disponível, admite-se a renúncia.

A renúncia ao direito se estende à conversão; portanto, acionista que não exercer seu direito no prazo previsto pela assembleia geral não poderá, futuramente, no momento da conversão pelo titular que se aproveitar da renúncia, alegar a titularidade de preferência.

O § 2º do art. 48 determina, ademais, que se forme uma reserva especial, criada para o fim de viabilizar a conversão. Essa reserva será, consequentemente, convertida em conta de capital. Ambas as contas – de reserva e de capital – se agrupam, de todo modo, no patrimônio líquido.

A capitalização evita o efeito negativo de caixa, inerente ao resgate do título. Nesse caso, para tirá-lo de circulação, a companhia deduzirá, em princípio, a conta de *disponibilidade* ou de aplicações, integrantes do ativo circulante, em contrapartida à afetação da conta de reserva especial, prevista no *caput*.

Em relação à conversão em capital, por outro lado, as mutações ocorrerão no plano contábil: a reserva prevista no § 2º será convertida em capital, a ser subscrito pelos titulares das partes beneficiárias, sem afetação do ativo da companhia.

No entanto, os acionistas serão diluídos na inversa proporção da aquisição participativa prevista na emissão da parte beneficiária. Se todos os acionistas houverem exercido o direito de preferência, não se operará, evidentemente, o efeito diluidor.

5. Liquidação da companhia

RODRIGO R. MONTEIRO DE CASTRO

O § 3º do art. 48 prevê que, solvido o passivo exigível, os titulares de partes beneficiárias terão direito de preferência sobre o que restar do ativo até a importância da reserva para resgate ou conversão.

A expressão "passivo exigível" engloba todas as obrigações da companhia, de qualquer natureza, distribuídas por qualquer grupo de contas, exceto as que constem de conta de patrimônio líquido (art. 178).

A existência de excedente patrimonial ativo é condição necessária, porém insuficiente, para que os titulares de partes beneficiárias prefiram a outros credores, como acionistas. Além dela, a LSA condiciona a preferência (i) à existência de reserva formada conforme o *caput* (reserva de resgate) ou o § 2º (reserva de conversão) e (ii) ao montante reservado.

Essas contas de reserva podem ser utilizadas individual ou conjuntamente. Nessa hipótese, o limite da preferência sobre o ativo restante, após solvido o passivo exigível, equivalerá à soma de ambas as contas. O montante que exceder a importância das reservas – e não for liquidado, portanto, em preferência – será classificado como crédito quirografário.

Certificados

Art. 49. Os certificados das partes beneficiárias conterão:

I – a denominação "parte beneficiária";

II – a denominação da companhia, sua sede e prazo de duração;

III – o valor do capital social, a data do ato que o fixou e o número de ações em que se divide;

IV – o número de partes beneficiárias criadas pela companhia e o respectivo número de ordem;

V – os direitos que lhes serão atribuídos pelo estatuto, o prazo de duração e as condições de resgate, se houver;

VI – a data da constituição da companhia e do arquivamento e publicação dos seus atos constitutivos;

VII – o nome do beneficiário; (Redação dada pela Lei 9.457, de 1997)

VIII – a data da emissão do certificado e as assinaturas de dois diretores. (Redação dada pela Lei 9.457, de 1997)

COMENTÁRIOS

1. Antecedente

Rodrigo R. Monteiro de Castro

O art. 49 sofreu modificações operadas pelas Leis 8.021, de 1990, e 9.457, de 1997, que extraíram a possibilidade de emissão de partes beneficiárias ao portador ou transmissíveis por endosso, fulminando a utilidade dos certificados.

Esse efeito fulminador não decorre apenas de coerência sistêmica, mas de intervenções diretas que se verificam (i) no inciso VII do artigo em comento, segundo o qual da certificação constará o nome do beneficiário, (ii) no *caput* do art. 50, que determina que as partes beneficiárias serão nominativas, e (iii) no parágrafo primeiro desse artigo, ao qual coube ordenar que partes beneficiárias sejam registradas em livro próprio.

Permanece, assim, apenas a forma nominativa, para qual a emissão de certificado não tem utilidade prática.

A propriedade se presumirá, aliás, pela inscrição do nome do titular no Livro de Registro de Partes Beneficiárias Nominativas e a eventual transmissão se operará mediante transcrição no Livro de Transferência de Partes Beneficiárias Nominativas (art. 100).

O certificado, por conta da nominação obrigatória e da exclusividade da via de transmissão, não se presta aos fins de negociabilidade originariamente idealizados.

Ademais, a emissão de parte beneficiária escritural, na forma do art. 34, que trata das ações escriturais, por força autorizativa do art. 50, também repele a pretensão certificadora, pela sua própria natureza e, se não bastasse, pelo expresso comando do texto legislativo, segundo o qual o estatuto da companhia pode autorizar ou estabelecer que as partes beneficiárias sejam mantidas em conta de depósito, em nome de seus titulares, na instituição que designar, sem emissão de certificados.

2. Características dos Certificados das Partes Beneficiárias

Rodrigo R. Monteiro de Castro

Os certificados, se e quando emitidos, deverão conter as seguintes características:

(i) denominação "parte beneficiária", para identificação do instrumento;

(ii) denominação da companhia, sua sede e prazo de duração, para identificação e associação do certificado ao emissor, bem como o local em que se encontra e o prazo de existência, o qual servirá de limitador para o prazo da parte beneficiária;

(iii) o valor do capital social, a data do ato que o fixou e o número de ações em que si divide o capital, informações que servem como referencial para o titular das partes beneficiárias e para exercício de seus direitos;

(iv) o número de partes beneficiárias criadas pela companhia e o respectivo número de ordem, de modo que sejam refletidos no Livro de Registro de Partes Beneficiárias Nominativas e, eventualmente, no Livro de Transferência de Partes Beneficiárias Nominativas. A participação nos lucros atribuída a cada título será calculada de modo proporcional ao tamanho da emissão;

(v) os direitos que lhe são atribuídos pelo estatuto, o prazo de duração e as condições de resgate. A principal motivação da emissão de parte beneficiária é a concessão de direito a crédito eventual contra a companhia, consistente na participação em lucro anual, que não será, em hipótese alguma, superior a um décimo. Esse limite inclui não apenas o montante atribuível aos beneficiários decorrente da aquisição do título ou da remuneração de serviços prestados, mas, também, o montante necessário à formação de reserva para resgate. Na hipótese de previsão de resgate, suas condições deverão constar do certificado, que não inovará ou complementará os termos previstos no estatuto ou na deliberação de emissão. Trata-se, pois, de mera transcrição;

(vi) a data da constituição da companhia e do arquivamento e publicação dos seus atos constitutivos, que são informações que podem ser acessadas pelo beneficiário no registro público de empresas mercantis. Sua inserção no certificado permite tão somente a coletânea de dados sobre o histórico da companhia contra a qual se terá um crédito eventual, decorrente da aquisição do título ou da prestação dos serviços;

(vii) o nome do beneficiário, por imposição de reforma estrutural introduzida como consequência da proibição de emissão de títulos ao portador ou endossáveis pela companhia. Com isso, pretendeu-se dificultar a realização de negócios por pessoas que não se identificavam e, assim, não podiam ser ostensivamente resistidas em suas pretensões de dominação societária ou empresarial. Além disso, também se buscava dar publicidade e credibilidade sistêmica e prover meios para que o fisco identificasse eventuais sujeitos passivos de obrigações tributárias; e

(viii) a data da emissão do certificado e as assinaturas de dois diretores. Essa característica não abala as condições da emissão em si, que define o prazo de vigência da parte beneficiária. Serve, portanto, apenas para registro da data em que os dois diretores o assinam. Aliás, a previsão de dupla assinatura eventualmente excede as alçadas estatutárias, na hipótese de se autorizar, no estatuto, a *presentação* isolada. A companhia eventualmente conviverá com a possibilidade de diretor único assinar contrato multimilionário, mas dependerá de outra assinatura para certificação da emissão de parte beneficiária.

3. Reforma

Rodrigo R. Monteiro de Castro

O certificado não precisará ser reformado ou substituído em função de eventuais modificações deliberadas pela assembleia geral após a sua emissão, que não sejam relacionadas direta e exclusivamente às partes beneficiárias; são as situações próprias da companhia, que não abalam a emissão, como a alteração da sua sede.

O conjunto informacional reflete a situação no ato de emissão do certificado. Aliás, o certificado, como já se indicou acima, não cria direitos ou inova situações previstas em estatuto ou deliberadas pela assembleia geral; trata-se, na prática, de instrumento compilatório de informações.

Forma, Propriedade, Circulação e Ônus

Art. 50. As partes beneficiárias serão nominativas e a elas se aplica, no que couber, o disposto nas seções V a VII do Capítulo III. (Redação dada pela Lei 9.457, de 1997)

§ 1º As partes beneficiárias serão registradas em livros próprios, mantidos pela companhia. (Redação dada pela Lei 9.457, de 1997)

§ 2º As partes beneficiárias podem ser objeto de depósito com emissão de certificado, nos termos do artigo 43.

COMENTÁRIOS

1. Nominação das partes beneficiárias

Rodrigo R. Monteiro de Castro

A reforma operada pela Lei nº 8.021, de 1990, deveria ter impulsionado a utilização de partes beneficiárias, que são títulos úteis à estruturação de arranjos empresariais ou de pagamentos, sem modificação do poder político da companhia.

A autorização legislativa para afetação periódica de parcela do lucro, em contrapartida ao ingresso de recursos para desenvolvimento da empresa ou de serviços efetivamente prestados e concluídos, sem vinculação ou modificação do direito de voto, foi aperfeiçoada com a restrição à emissão de títulos endossáveis ou ao portador.

Conferiu-se substância, segurança e publicidade ao determinar-se, conforme o *caput* do art. 50, que as partes beneficiárias serão, sempre, nominativas. Desse modo, repelem-se as estruturas que tinham como propósito o direcionamento de parte do lucro da companhia a pessoas inominadas, para os mais diversos fins, dentre eles o pagamento indevido a funcionários públicos ou o desvio de recursos da companhia em proveito do acionista controlador, de parte relacionada ou de pessoa que não estivesse legitimada ao recebimento.

As partes beneficiárias devem ser registradas em livros próprios, mantidos pela companhia, que deles se torna depositária. Sempre se conhecerá, ao menos internamente, o beneficiário do título. Também o conhecerão as autoridades públicas às quais a lei atribua poderes específicos, como fiscalizatórios. A responsabilidade pelo depósito recai sobre os administradores, se o estatuto não dispuser de modo distinto.

O registro é realizado em nome do beneficiário, no Livro de Registro de Partes Beneficiárias Nominativas, que lhe conferirá a presunção da propriedade.

Eventual transmissão se operará mediante a transcrição no Livro de Transferência de Partes Beneficiárias Nominativas, mediante assinaturas do alienante, do adquirente e de administrador da companhia. A este cumprirá a verificação da devida representação, quando o caso, das partes signatárias.

Simultaneamente à transferência da parte beneficiária, no respectivo livro, se procederá a outro registro no Livro de Registro de Partes Beneficiárias Nominativas, em nome do adquirente do título.

Na hipótese de existência de parte beneficiária sujeita ao regime do art. 34, que regula a escrituração, somente a instituição financeira, com registro na CVM, contratada para prestação do serviço, poderá efetuar lançamentos de transferência, a débito da conta do alienante e a crédito da conta do adquirente.

2. Regime aplicável às partes beneficiárias nominativas

Rodrigo R. Monteiro de Castro

O *caput* do art. 50 manda aplicar às partes beneficiárias, no que couber, o conteúdo das Seções V a VII do Capítulo III. A Seção V regula a emissão de certificados, a VI a propriedade e a circulação e, por fim, a VII a constituição de direitos reais e outros ônus, sempre em relação às ações de emissão da companhia.

O cabimento da aplicabilidade, emprestada do regime acionário, se faz casuisticamente, conforme, portanto, as circunstâncias fáticas.

De todo modo, a extirpação dos títulos endossáveis ou ao portador do sistema também teve como efeito a inutilização às partes beneficiárias de parcela substancial das disposições daquelas seções contidas na LSA. Persiste intocado, no entanto, o disposto nos artigos 39 e 40, que tratam, no âmbito da seção dedicada à constituição de direitos reais e outros ônus, de penhor, usufruto, fideicomisso e alienação fiduciária em garantia – e outros aspectos.

O gravame, como regra, se materializa, em relação às partes beneficiárias nominativas, pela averbação do respectivo instrumento no Livro de Registro de Partes Beneficiárias Nominativas e, em relação às sujeitas ao regime do art. 34, pela averbação nos livros da instituição financeira, que deverá efetuar a anotação no extrato da conta de depósito.

Modificação dos Direitos

Art. 51. A reforma do estatuto que modificar ou reduzir as vantagens conferidas às partes beneficiárias só terá eficácia quando aprovada pela metade, no mínimo, dos seus titulares, reunidos em assembleia-geral especial.

§ 1º A assembleia será convocada, através da imprensa, de acordo com as exigências para convocação das assembleias de acionistas, com 1 (um) mês de antecedência, no mínimo. Se, após 2 (duas) convocações, deixar de instalar-se por falta de número, somente 6 (seis) meses depois outra poderá ser convocada.

§ 2º Cada parte beneficiária dá direito a 1 (um) voto, não podendo a companhia votar com os títulos que possuir em tesouraria.

§ 3º A emissão de partes beneficiárias poderá ser feita com a nomeação de agente fiduciário dos seus titulares, observado, no que couber, o disposto nos artigos 66 a 71.

COMENTÁRIOS

1. Fundamento do art. 51

Rodrigo R. Monteiro de Castro

De acordo com o art. 46, a companhia pode criar, a qualquer tempo, partes beneficiárias: títulos negociáveis estranhos ao capital social, que conferirão aos seus titulares direito de crédito eventual contra a sociedade. A criação se dá por meio de previsão estatutária. Ao se tratar do tema no estatuto, estar-se-á, assim, criando o título, que poderá, então, ser emitido mediante deliberação da assembleia geral.

A inexistência de previsão estatutária implicará, por outro lado, uma vedação, assim como no caso de manifestação expressa, em estatuto, contrária à possibilidade de emissão de partes beneficiárias. Em qualquer desses casos, de vedação tácita ou explícita, a assembleia geral de acionistas não poderá deliberar a emissão, mesmo que mediante votos representativos da totalidade do capital social. Para que delibere, deverá, antes, reformar o estatuto e prever a criação do título.

Autorizada a criação, que pode ocorrer por ocasião da constituição da companhia e aprovação do estatuto, ou em decorrência de reforma posterior, as vantagens (ou melhor, as condições atribuídas às partes beneficiárias) não poderão ser modificadas ou reduzidas, sem o consentimento da metade, no mínimo, dos seus titulares, reunidos em assembleia geral especial.

A assembleia, da qual não poderão participar acionistas ou pessoas que não sejam titulares de partes beneficiárias, será convocada pela companhia, por meio da imprensa, mediante anúncio publicado por três vezes, no mínimo, contendo, além do local, data e hora, as modificações ou as reduções pretendidas. A primeira convocação deverá ocorrer com um mês de antecedência, pelo menos.

Se após duas tentativas de instalação da assembleia geral não se atingir o quórum de metade dos titulares, a convocação da próxima somente poderá ocorrer depois de seis meses.

Nos termos do art. 124, § 4º, independentemente das formalidades convocatórias previstas no art. 51, será considerada regular a assembleia especial a que comparecerem todos os titulares de partes beneficiárias.

A deliberação da assembleia é soberana, e não poderá ser resistida pela companhia. Se a proposta modificativa for rejeitada, a sociedade deverá se submeter a tal deliberação. Por outro lado, a maioria dos titulares formará a vontade da respectiva coletividade, devendo a minoria vencida, do mesmo modo, aceitar e sujeitar-se à deliberação, mesmo que implique redução de suas vantagens.

2. Motivação do titular das partes beneficiárias

Rodrigo R. Monteiro de Castro

Com a reforma introduzida pela Lei nº 10.303, de 2001, o parágrafo único do art. 47 passou a vedar a emissão de partes beneficiárias pelas companhias abertas e a sua atribuição de modo gratuito. Os títulos, assim, serão emitidos para alienação, nas condições determinadas pelo estatuto ou pela assembleia geral, ou atribuídos a fundadores, acionistas ou terceiros, como remuneração por serviços prestados à companhia.

As condições previstas no estatuto não poderão ser modificadas ou desconsideradas pela assembleia geral, que estará autorizada, no entanto, a estipular condições complementares. A conjunção dessas condições, que integram a emissão aprovada pela assembleia geral, motivam a decisão da pessoa de adquirir o título ou de aceitá-lo como remuneração pelos serviços efetivamente prestados à companhia.

Eventual mudança das condições abala, portanto, a estrutura do negócio pactuado entre a companhia e os titulares das partes beneficiárias. Daí a imposição de procedimento deliberativo para mudá-las e a previsão de quórum qualificado para sua aprovação, formado apenas por titulares, reunidos em assembleia especial.

Tratando-se de assembleia especial, somente os titulares de partes beneficiárias poderão participar. A titularidade se demonstrará pela inscrição no Livro de Registro de Partes Beneficiárias Nominativas ou pelo registro em conta de depósito de partes beneficiárias, aberta em nome do titular nos livros da instituição depositária, no caso de adoção da forma escritural.

Na assembleia, cada parte beneficiária dará ao seu titular direito a um voto. Caso a companhia tenha adquirido títulos, preservados em tesouraria, não poderá utilizá-los para votar.

3. Agente fiduciário das partes beneficiárias

Rodrigo R. Monteiro de Castro

O § 3º trata de tema estranho ao artigo, que se encaixaria de modo mais adequado no art. 47.

Refere-se à possibilidade de a emissão de partes beneficiárias ser feita com a nomeação de agente fiduciário dos seus titulares, observado, no que couber, o disposto nos arts. 66 a 71.

Esses artigos dispõem, em duas seções, sobre o agente fiduciário dos debenturistas e a assembleia geral dos debenturistas.

O agente fiduciário, se o caso, representará a comunhão dos titulares de partes beneficiárias perante a companhia e, dentre os seus deveres, previstos no art. 68, destaca-se a proteção dos direitos e interesses desses titulares.

Nos termos do art. 71, o agente fiduciário disporá de competência convocatória da assembleia geral e dela participará para prestar as informações que lhe forem solicitadas pelos titulares.

CAPÍTULO V
DEBÊNTURES

Características

Art. 52. A companhia poderá emitir debêntures que conferirão aos seus titulares direito de crédito contra ela, nas condições constantes da escritura de emissão e, se houver, do certificado. (Redação dada pela Lei 10.303, de 2001)

COMENTÁRIOS

1. Noções gerais sobre a debênture

FÁBIO ULHOA COELHO

A definição de debênture insere-se na discussão bastante alentada acerca das relações entre duas categorias fundamentais do direito comercial: os *títulos de crédito* e os *valores mobiliários*. A discussão alcança questões como os limites da sobreposição parcial, se há, dessas categorias, os requisitos de transição de certo instrumento creditório de uma para a outra, as exigências administrativas decorrentes etc. Evidentemente, o cerne do debate está na delimitação dos contornos exatos do conceito de cada instituto.

O conceito de títulos de crédito está suficientemente sedimentado entre os doutrinadores nacionais e estrangeiros, no contexto do direito de tradição românica. Enraizado na doutrina italiana, principalmente na contribuição de Cesare Vivante, o conceito de títulos de crédito é, inclusive de acordo com a lei brasileira, o de "documento necessário ao exercício do direito literal e autônomo nele contido" (CC, art. 887).[459]

Já a construção do conceito de valor mobiliário esbarra em algumas dificuldades maiores. O direito norte-americano, inspirado certamente em sua notável vocação para a objetividade, as contornou por meio da *listagem* de certos títulos e instrumentos negociais;[460] mas, o direito francês optou por seguir linha diversa, estabelecendo os contornos genéricos da definição legal.[461]

---

[459] ASCARELLI, Tullio. *Teoria geral dos títulos de crédito*. Trad. de Benedicto Giacobbini. Campinas: Red, 1999. Especialmente a partir da p. 42. Se adotado outro conceito de títulos de crédito, chega-se a conclusões diferentes acerca do assunto, como conjecturo em *Títulos de crédito*: uma nova abordagem (São Paulo: RT, 2021, p. 39-41).

[460] Narra Ary Oswaldo Mattos Filho: "também nos Estados Unidos a complexidade do conceito de valor mobiliário evoluiu de acordo com a sofisticação do mercado. No início as legislações estaduais lembravam muito as normas hoje vigentes em boa parte dos países que normatizam o mercado de valores mobiliários. A primeira legislação que veio a público dizia que as companhias de investimento não podiam vender ações, obrigações ou 'outros valores mobiliários de qualquer outro tipo ou característica', sem que antes houvesse o registro junto à autoridade estadual competente. Assim, o conceito de valor mobiliário abrangia as ações e obrigações emitidas pela empresa ('bonds'), sendo o remanescente da frase destinado a apanhar hipóteses não vislumbradas pelo legislador, mas que eventualmente viessem a ocorrer. Tal situação somente veio a se modificar em 1919, quando a lei de valores mobiliários de Ilinois adotou a sistematização de itemizar, da maneira mais detalhada possível, as hipóteses nas quais poderia aparecer alguma espécie de valor mobiliário. [A] crise de 1929 veio a dar o elemento político necessário para que o recém-eleito Presidente Roosevelt, três meses após sua posse, visse aprovada a lei federal que passou a obrigar o registro prévio junto à 'Federal Trade Comisssion', dos valores mobiliários, que viessem a ser ofertados ao público. Tal lei, internacionalmente conhecida como 'Act of 1933', baseou-se na conceituação de valor mobiliário, existente nas legislações a nível estadual, também chamadas 'Blue Sky Laws'. A presunção era a de que a lei federal viesse a complementar as legislações estaduais, com elas atuando harmônica e independentemente. Neste sentido a conceituação de valor mobiliário adotou a regra de itemizar as hipóteses operacionais nas quais apareceria o valor mobiliário. O elenco, além de estar contido em frase cansativamente longa, procurou esgotar as possibilidades de negócios nas quais determinada situação pudesse vir a caracterizar a hipótese de algum valor mobiliário" (O conceito de valor mobiliário. *Revista de Direito Mercantil* 59/40).

[461] Anotam Georges Ripert e René Roblot: «dans la conception française traditionnelle, les valeurs mobilières sont des titres émis par une personne morale publique ou privée pour un montant global et déterminé, qui confèrent des droits identiques à leurs titulaires pour une même émission, éventuellement remboursables à une data unique ou par amortissements successifs, à une échéance qui dépasse la durée normale des crédits à court terme. Ces titres sont négociables suivant les modes simplifiés du droit commercial, et ceux qui sont émis en grand nombre par les sociétés importantes sont négociés en bourse. Une formulation très voisine, quoique légèrement différente, est donnée par l'art. 1er de la loi 88-1201 du 23 décembre 1988: 'sont considérées comme des valeurs mobilières *pour l'application de la présente loi* les titres émis par des personnes morales publiques ou privées, transmissibles par inscription en compte ou tradition, qui confèrent des droits identiques par catégorie et donnent accès, directement ou indirectement, à une quotité du capital de la personne morale émettrice ou à un droit de créance général sur son

Classificam os franceses os títulos de crédito em *effects de commerce* e *valeurs mobilières*. Consideram aqueles títulos de pagamento e estes, títulos de investimento. Adotam a categoria mais ampla dos *titres nègociables*, posto que tanto os títulos de pagamento como os de investimento prestam-se a negociações, embora em contextos bem diversos.[462]

A partir dessas formas diferentes, mas não inteiramente incompatíveis, de tratar a questão, originaram-se duas vertentes no trato do tema: a *norte-americana* da listagem[463] e a *europeia*, da delimitação conceitual.[464] O direito positivo brasileiro transitou de uma a outra vertente. De início, a lei contentou-se em listar os valores mobiliários para, depois de duas décadas, enveredar pelas dificuldades da conceituação[465].

Na redação originária do art. 2º da Lei 6.385/1976,[466] os valores mobiliários eram instrumentos de investimento emitidos exclusivamente por sociedades anônimas, tendo o legislador, diante da impossibilidade de antever todas as hipóteses a que o conceito poderia ser estendido, previsto a possibilidade de alargamento da lista por meio de regulamento administrativo do CMN.[467] A quebra fraudulenta de uma empresa de captação de investimento em contratos de engorda de bois,[468] em 1997, revelou a impropriedade do sistema de listagem até então adotado pela lei brasileira. Nesse contexto, o art. 1º da MP 1.637/1998, posteriormente convertida na Lei 10.198/2001, conceituou valor mobiliário com "os títulos ou contratos de investimento coletivo, que gerem direito de participação, de parceria ou de remuneração, inclusive resultante de prestação de serviços, cujos rendimentos advêm do esforço do empreendedor ou de terceiros", quando ofertados publicamente.

A definição legal genérica de valor mobiliário revela-se larga o suficiente para alcançar as mais variadas operações de oferta pública de investimentos coletivos. E, embora tenha atendido aos principais problemas relacionados ao sistema de listagem anteriormente empregado no Brasil, também não se mostrou inteiramente satisfatória;[469] e, por isso, em 2001, alterou-se o art. 2º

---

patrimonie". Malgré son domaine limitè à 'l'application de la présente loi', ce texte est important parce que le législateur définit ainsi pour la première foi la notion de valeur mobilière. On remarque que cette définition ne prend pas en compte la durée de vie des titres» (*Traité de droit commercial*. 14. ed. Paris: LGDJ, 1991. p. 1055, t. I).

[462] ROCHA, João Luiz Coelho da; LIMA, Marcelle Fonseca. Os valores mobiliários como títulos de crédito. *Revista de Direito Mercantil* n. 119, p. 138-139.

[463] O que não impediu a doutrina de tentar formular um conceito para *securities*. Para Robert W. Hamilton: "securities is a general term that covers not only traditional securities such as shares of stock, bonds, and debentures, but also a variety of interests that have the characteristics of securities, i. e., that involve an investment with the return primarily or exclusively dependent on the efforts of a person other than the investor" (*The law of corporations*. 3. ed. St. Paul, MN: West Pub., 1993. p. 480).

[464] Convém assinalar que os limites da vertente europeia não passam desapercebidos da doutrina. Como destaca Philippe Goutay: "a dificuldade dos juristas em definir, com precisão, os valores mobiliários deve-se à insuficiência do critério orgânico: se todos os valores mobiliários são títulos negociáveis, a recíproca não é verdadeira" (O conceito de valor mobiliário. Trad. de Rogério Acquarone. *Revista de Direito Bancário, do Mercado de Capitais e da Arbitragem* n. 8, p. 239).

[465] Historia Nelson Eizirik: "A legislação brasileira até o advento da Medida Provisória 1.673/1998, posteriormente convertida na Lei 10.198, de 14.2.2001, não havia conceituado os valores mobiliários, os quais eram objeto de enumeração taxativa, mediante instrumentos legais e regulamentares" (Os valores mobiliários na nova lei das S/A. *Revista de Direito Mercantil* n. 124, p. 73).

[466] Art. 2º. São valores mobiliários sujeitos ao regime desta lei: I – as ações, partes beneficiárias e debêntures, os cupões desses títulos e os bônus de subscrição; II – os certificados de depósito de valores mobiliários; III – outros títulos criados ou emitidos pelas sociedades anônimas, a critério do Conselho Monetário Nacional.

[467] Valeu-se a autoridade monetária dessa competência, por exemplo, ao qualificar como valores mobiliários, em 1990, as notas promissórias de emissão de companhias destinadas à captação de "dinheiro rápido" no mercado aberto de capitais, as chamadas *commercial papers* (Res. CMN 1.723).

[468] Aproveitando-se da lacuna legal, uma sociedade limitada fazia ofertas públicas de investimento em boi gordo, alheia a qualquer controle governamental. Uma vez que o negócio não era listado como valor mobiliário na lei e nem poderia ser assim definido por regulamento (por não ser a emitente sociedade anônima), inexistiam instrumentos legais para estender a fiscalização da CVM àquela espécie de captação.

[469] Sua amplitude é um tanto exagerada. Levada ao pé da letra, por exemplo, dever-se-ia considerar valor mobiliário alguns lançamentos imobiliários, como destaca Haroldo M. D. Verçosa: "Cabe, então, uma pergunta a ser feita como

da Lei 6.385/1976, com o duplo objetivo de ampliar a lista dos valores mobiliários e contemplar, também, o conceito genérico. Adotou-se, enfim, como que uma solução intermediária entre as engendradas pelo direito norte-americano e o francês.[470]

A doutrina nacional inicialmente classificou os valores mobiliários na categoria dos títulos de crédito.[471] Seguia, assim, a formulação tradicional, de considerar as ações representativas do capital social das companhias um título impróprio. Pouco a pouco, porém, as incongruências dessa classificação apareceram. Com a definição legal como valor mobiliário de quotas de condomínio e alguns contratos, ruiu de vez essa elaboração doutrinária. Prospectou-se, então, a alternativa de considerá-los categorias excludentes, à semelhança da formulação tradicional francesa.[472] As relações entre os institutos, porém, são mais complexas e se resolvem em três hipóteses: *1ª*) há valores mobiliários que não são títulos de crédito, como as ações representativas do capital de sociedades anônimas, contrato de investimento coletivo e outros; *2ª*) há valores mobiliários que são simultaneamente títulos de crédito, como a nota promissória emitida por sociedade anônima para a captação de "dinheiro rápido" no mercado de capitais (*commercial papers*); e *3ª*) há títulos de crédito que não podem se tornar valores mobiliários, em razão de sua estrutura, como é o caso do cheque e da duplicata.

Em relação especificamente à debênture, sua definição como *valor mobiliário* remonta à primeira redação do art. 2º da Lei 6.385/1976. Não é, portanto, o caso de se discutir sua classificação exclusivamente como título de crédito, posto que tal entendimento não seria conciliável com a expressa dicção da lei. Mas, é o caso de se indagar se seria ela um valor mobiliário insuscetível de classificação como título de crédito (*1ª* alternativa) ou seria valor mobiliário também passível de enquadramento na definição de títulos de crédito (*2ª* alternativa). Em outros termos, quando o art. 2º, I, da Lei 6.385/1976 inclui a debênture na lista dos valores mobiliários, não resolve em definitivo a questão de sua natureza jurídica, já que alguns valores mobiliários se conceituam também simultaneamente como títulos de crédito. E, nesta última hipótese, sujeitam-se às regras próprias do direito cambiário. Na resposta a esta questão está a chave para a definição, por exemplo, das normas aplicáveis à prescrição da pretensão de cobrança da debênture.

Pois bem. A debênture não se enquadra no conceito de título de crédito (CC, art. 887) porque lhe faltam as características da cartularidade,[473]

---

forma de se testar a compreensão do alcance do conceito de *investimento coletivo*. O lançamento público de um edifício de *flats*, dos quais a grande maioria deles é destinada para locação centralizada em um *pool* de administração, poderá ser considerado investimento coletivo para os fins da MP 1.673/98?" (A CVM e os contratos de investimento coletivo ("boi gordo" e outros). *Revista de Direito Mercantil* n. 108, p. 100).

[470] Redação atual do art. 2º da Lei 6.385/1976: "são valores mobiliários sujeitos ao regime desta Lei: IX – quando ofertados publicamente, quaisquer outros títulos ou contratos de investimento coletivo, que gerem direito de participação, de parceria ou de remuneração, inclusive resultante de prestação de serviços, cujos rendimentos advêm do esforço do empreendedor ou de terceiros".

[471] Philomeno J. da Costa, por exemplo, conceituava: "valor mobiliário é o título de crédito negociável, representativo de direito de sócio ou de mútuo a termo longo, chamado também de título de bolsa. É expressão francesa tipicamente pragmática; não possui característica científica; talvez se possa ressaltar nessa categoria a particularidade de que instrumentaliza a busca de uma renda pelo seu titular; é essencialmente negociável" (*Anotações às companhias*. São Paulo: RT, 1980. v. I. p. 111-112).

[472] Advertia, porém, Waldírio Bulgarelli: "verifica-se [...] que no direito comparado, embora se encontre a denominação *valores mobiliários* apenas na França, nos demais países detecta-se a existência de títulos ou papéis que, refugindo ao estrito âmbito da circulação entre particulares, num sentido individual, atuam em âmbito maior (bolsa e balcão) emitidos em massa, com valores idênticos e, em geral, a longo prazo, sujeitando-se, por isso, não só a um mecanismo especial de mobilização, mas também a uma fiscalização, às vezes rigorosa, tanto em relação à sua emissão, quanto à sua própria circulação, vinculados ao emissor, normalmente, uma sociedade anônima" (*Títulos de crédito*. 14. ed. São Paulo: Atlas, 1998. p. 96).

[473] Para Rubens Requião: "cartularidade. O título de crédito se assenta, se materializa, numa cártula, ou seja, num papel ou documento. Para o exercício do direito resultante do crédito concedido torna-se essencial a exibição do documento. O documento é necessário para o exercício do direito do crédito. Sem sua exibição material não pode o credor exigir ou exercer qualquer direito fundado no título de crédito" (*Curso de direito comercial*. 16. ed. São Paulo: Saraiva, 1986. v. 2. p. 299).

da literalidade[474] e, quando não é admitida à negociação no mercado de valores mobiliários, também a da autonomia.[475]

Não é um documento *necessário* para o exercício do direito nele mencionado. Ao contrário do que se verifica em relação aos títulos de crédito, cuja execução deve ser instruída obrigatoriamente com o original do documento,[476] a debênture pode ser cobrada em juízo com a exibição de cópias autênticas ou até mesmo com a simples referência aos livros da sociedade anônima emissora em que foi registrada. Não sendo documento necessário para o exercício do direito que representa, a debênture não preenche o requisito da cartularidade, ínsito aos títulos de crédito.

Também o princípio da literalidade não se aplica à debênture, já que o crédito do debenturista é definido (seu valor, vencimento, garantias etc.) em instrumento apartado do título, qual seja, a *escritura de emissão de debênture*. Em outros termos, o teor o Certificado da Debênture (art. 64) não exaure o direito creditício do seu titular, posto também amoldá-lo o conteúdo de outro instrumento legal, a escritura de emissão (art. 61). Ora, se o constante do Certificado não é suficiente para circunscrever, na totalidade, o direito titulado pelo credor, já que a escritura de emissão também deve ser considerada para tal fim, então a debênture não é um documento representativo de um direito literal; não é, pois, título de crédito tal como definido no art. 887 do CC.

O princípio da autonomia das obrigações aplica-se apenas parcialmente, em defesa dos investidores que operam no mercado de valores mobiliários. Quando, porém, a debênture é de emissão particular, não há que se falar em autonomia das obrigações documentadas no título. Por exemplo, quem adquire uma debênture privadamente sem acautelar-se se ela já teria sido eventualmente resgatada, não poderá cobrá-la de novo da sociedade anônima emissora, porque o título não documenta obrigações autônomas e a companhia devedora não está, por conseguinte, constrangida pela inoponibilidade das exceções pessoais aos terceiros de boa-fé.[477]

A inexistência de cartularidade, autonomia e literalidade afasta a debênture do conceito legal de títulos de crédito. É, então, um valor mobiliário que não pode ser simultaneamente título de crédito. Chamá-la assim só pode decorrer do emprego desta última expressão num sentido muito mais largo, que ultrapassa os limites dos *documentos cambiais*; extrapola, em outros

---

[474] João Eunápio Borges define: "a literalidade entende-se no sentido de que, para a determinação da existência, conteúdo, extensão e modalidades do direito, é decisivo exclusivamente o teor do título. Literalidade que funciona contra e a favor das partes, sob duplo aspecto, positivo e negativo. Se, sob o aspecto positivo, somente do conteúdo ou teor do título é que resulta a individuação e a delimitação do direito cartular, sob o seu aspecto negativo, nem o subscritor, nem o portador poderá invocar contra o título, fato ou elemento não emergente do mesmo título" (*Títulos de crédito*. 2. ed. Rio de Janeiro: Forense, 1979. p. 13).

[475] Fran Martins define: "significa a autonomia o fato de não estar o cumprimento das obrigações assumidas por alguém no título vinculado a outra obrigação qualquer, mesmo ao negócio que deu lugar ao nascimento do título. [...] Ao falar-se em autonomia deve-se entender que autônomas são as obrigações resultantes do título, o que significa que uma obrigação não fica a depender de outra para ter validade" (*Títulos de crédito*. 3. ed. Rio de Janeiro: Forense, 1983. v. I. p. 10-13).

[476] "Somente quem exibe a cártula (isto é, o papel em que se lançaram os atos cambiários constitutivos de crédito) pode pretender a satisfação de uma pretensão relativamente ao direito documentado pelo título. Quem não se encontra com o título em sua posse, não se presume credor. Um exemplo concreto de observância desse princípio é a exigência de exibição do original do título de crédito na instrução da petição inicial de execução. Não basta a apresentação de cópia autêntica do título, porque o crédito pode ter sido transferido a outra pessoa e apenas o possuidor do documento será legítimo titular do direito creditício" (COELHO, Fábio Ulhoa. *Curso de direito comercial*. 12. ed. São Paulo: Saraiva, 2008. v. 1. p. 376).

[477] Para Modesto Carvalhosa, que classifica a debênture como um título de crédito imperfeito, lê-se: "são as debêntures títulos imperfeitos, a que falta o requisito da literalidade, na medida em que a sua criação vincula-se à deliberação da assembleia geral (art. 59) e a eficácia da deliberação, à lavratura da escritura de emissão que reproduz as cláusulas do empréstimo (art. 61). É nessa escritura, anterior e extratítulo, que constam os direitos conferidos pelas debêntures, e assim suas garantias e demais cláusulas e condições, inclusive os requisitos formais de eficácia de futuras alterações quanto aos prazos e condições de sua exigibilidade (art. 71)" (*Comentários à lei de sociedades anônimas*. São Paulo: Saraiva, 1997. v. 1. p. 469; consultar também as páginas seguintes, em que o autor desenvolve sua explicação). A conclusão lógica que se impõe é a de que, também para aqueles que consideram a debênture um título de crédito, ele é imperfeito, no sentido de não serem aplicáveis os princípios basilares do direito cambiário que a lei brasileira pinçou para definir o instituto no art. 887 do Código Civil.

termos, os contornos do instituto dados pelo Código Civil. Não há dúvida de que a debênture é um título e que ela assegura ao seu titular um direito de crédito perante a sociedade anônima emissora. Considerar a debênture um "título de crédito" pode apenas consistir numa referência genérica ao seu caráter documental de certa relação creditória, mas não a sua classificação entre os instrumentos cambiais, que se chamam especificamente de "títulos de crédito".[478]

Em síntese, a debênture é um valor mobiliário (o art. 2º, I, da Lei 6.385/1976 não deixa margem para contestação) não classificável como título de crédito (por não se enquadrar na definição do art. 887 do CC).[479] Representa uma parcela de contrato de mútuo, em que o debenturista é o mutuante e a sociedade anônima emissora é a mutuária.[480]

2. Prescrição da debênture

Fábio Ulhoa Coelho

Como a debênture não é título de crédito, mas exclusivamente valor mobiliário, isso significa que não se aplicam a esse instrumento de captação de recursos por sociedades anônimas as normas e preceitos reservados ao instituto cambial. Isso é verdade também na questão da prescrição da pretensão de cobrar obrigações debenturísticas inadimplidas. Deste modo, é inaplicável à debênture o prazo prescricional contido no art. 206, § 3º, VIII, do Código Civil, que o fixa em três anos na hipótese de "pretensão para haver o pagamento de título de crédito, a contar do vencimento, ressalvadas as disposições de lei especial".

O prazo a aplicar à debênture é o do art. 206, § 5º, I, do Código Civil, que estabelece prescrever em cinco anos "a pretensão de cobrança de dívidas líquidas constantes de instrumento público ou particular".

Enquanto o prazo prescricional do § 3º, VIII, refere-se aos *títulos de crédito em sentido estrito*, que são as cambiais (nota promissória e letra de câmbio) e as cambiariformes (cheque, duplicata, Certificado de Crédito Bancário, *Warrant* etc.), o do § 5º, I, relaciona-se aos *títulos de crédito em sentido largo*, que são os documentos representativos de obrigação pecuniária sujeitos a regime jurídico a que *não* se aplicam inteiramente os princípios do direito cambial que delimitam o conceito legal do art. 887, do Código Civil (a saber: cartularidade, literalidade e autonomia).[481] Este prazo prescricional diz respeito a qualquer forma de cobrança

---

[478] É o caso, entre outros, de CARVALHOSA, Modesto. *Comentários à lei de sociedades anônimas*. São Paulo: Saraiva, 1997. v. 1. p. 459; BORBA, José Edwaldo Tavares. *Direito societário*. 9. ed. Rio de Janeiro: Renovar, 2004. p. 263-264; e GONÇALVES, Alfredo de Assis Neto. *Lições de direito societário* – sociedade anônima. São Paulo: Juarez de Oliveira, 2005. v. II. p. 99-101.
Mas não é o caso de Rubens Requião (*Curso de direito comercial*. 16. ed. São Paulo: Saraiva, 1986. v. 2. p. 92), nem de Waldírio Bulgarelli (*Manual das sociedades anônimas*. 5. ed. São Paulo: Atlas, 1988. p. 122), que classificam a debênture como título de crédito causal.

[479] Entre os autores que expressamente conferem à debênture natureza distinta da dos títulos de crédito, citam-se MARTINS, Fran. *Comentários à Lei das S.A*. 3. ed. Rio de Janeiro: Forense, 1989. v. 1. p. 322; e VERÇOSA, Haroldo M. D. *Curso de direito comercial*. São Paulo: Malheiros, 2008. v. 3. p. 181.

[480] Sobre ser o mútuo a causa da emissão da debênture, consulte-se a doutrina de FERREIRA, Waldemar. *Tratado de direito comercial*. São Paulo: Saraiva, 1962. v. 8. p. 240 e ss.; CARVALHOSA, Modesto. *Comentários à lei de sociedades anônimas*. São Paulo: Saraiva, 1997. v. 1. p. 469; REQUIÃO, Rubens. *Curso de direito comercial*. 16. ed. São Paulo: Saraiva, 1986. v. 2. p. 299; TEIXEIRA, Egberto Lacerda; GUERREIRO, José Alexandre Tavares. *Das sociedades anônimas no direito brasileiro*. São Paulo: Bushatsky, 1979. v. 1. p. 346. Refutando a classificação invariavelmente como mútuo da relação originária da debênture, mas reconhecendo tratar-se de empréstimo de dinheiro está VALVERDE, Miranda. *Sociedades por ações*. 3. ed. Rio de Janeiro: Forense, 1959. p. 161, vol. II. Na mesma linha de entendimento, Luiz Gastão Paes de Barros Leães propõe que a causa da debênture é um contrato de crédito, gênero do qual o mútuo é espécie (*Comentários à lei das sociedades anônimas*. São Paulo: Saraiva, 1980. v. 2. p. 8-9).

[481] A doutrina diferencia as noções de *título de crédito em sentido largo* e *título de crédito em sentido estrito*. Esta última (sentido estrito) abarca as cambiais e cambiariformes, vale dizer, os documentos necessários para o exercício do direito literal e autônomo nele mencionado; ao passo que aquela (sentido largo) liga-se a qualquer instrumento particular representativo de dívida pecuniária. A debênture é título de crédito apenas no sentido genérico, não no específico. Na feliz formulação de Gladston Mamede: "As debêntures são títulos de crédito em sentido largo, não se confundindo com os títulos de crédito em sentido estrito, as cambiais [...]. Com efeito, os títulos de crédito em sentido estrito (as cambiais) são obrigações diretamente ligadas à sua base material, ao papel (cártula), que, mais do que comprová-las, representa-as, materializa-as. Nas debêntures, isso não ocorre. O crédito do debenturista independe de uma base material, de um instrumento de exercício; o certificado de debênture é apenas uma prova da obrigação da companhia, não a

judicial da debênture. Tendo sido a debênture definida pela lei como título executivo extrajudicial (CPC, art. 784, I), conclui-se que referida cobrança se faz por meio de execução.

Indaga-se, porém, se, uma vez fluído o prazo de prescrição do art. 206, § 5º, I, do CC, ainda restaria ao credor da debênture a alternativa de cobrar o valor do título, por meio de monitória ou ação de conhecimento, em ação causal cujo prazo de prescrição seria o geral fixado no art. 205 do mesmo Código. A resposta é negativa. Uma vez decorrido o prazo assinalado para a prescrição da pretensão "de cobrança de dívidas líquidas constantes de instrumento público ou particular", nenhuma pretensão mais sobrevive, no patrimônio do credor, relativamente ao recebimento do valor do *empréstimo debenturístico*. Quando se cogita da fluência de um prazo para a cobrança do "negócio originário" (mútuo) diverso do da execução do título (debênture), quando se procede a tal distinção, toma-se por premissa uma afirmação não verdadeira; qual seja, a assertiva de que a debênture seria uma modalidade de cambial, de título de crédito em sentido estrito.

No direito cambiário, a lei assegura aos credores o acesso à ação cambial, fixando-lhe prazo prescricional mais breve, e ressalva a possibilidade de se discutir a relação fundamental por meio de outra ação (esta, não cambial) sujeita a prazo prescricional mais alongado. É própria do direito cambiário tal sistemática, e em seguida se entenderá a razão. Mas, note-se bem, o que a lei cambiária distancia, aqui, não é a *execução* da *ação de conhecimento* (ou monitória), mas a *ação cambial* da *ação não cambial*. Ocasionalmente, coincide de ser a ação cambial uma execução; e a não cambial uma ação de conhecimento. Mas nem sempre é assim e, mesmo quando há coincidência direta, o que interessa é menos o rito processual e mais a natureza cambiária ou não-cambiária da ação. Quando a ação é cambial? Simples: quando o demandado não pode opor exceções pessoais ao demandante, sendo este terceiro de boa-fé. Se há esta limitação a constranger o leque de defesas suscitáveis por quem é cobrado, a ação é cambial. Em outros termos, se incide o princípio cambiário da *inoponibilidade das exceções pessoais aos terceiros de boa-fé* (insculpido nos arts. 17 da LU e 25 da Lei 7.357/1985), a ação é cambial; se, porém, o litigante cobrado pode arguir, em sua defesa, exceções estranhas à sua relação jurídica com o demandante, mesmo estando este de boa-fé, não é cambial a ação – independentemente do rito eleito pela lei processual.[482]

No caso do cheque, aliás, a cobrança pode ser feita por meio de *duas* diferentes ações cambiais, sem prejuízo da ação causal de discussão do negócio fundamental que deu origem ao título. De início, o portador do cheque pode cobrá-lo, manejando a execução, tendo seis meses contados do fim do prazo de apresentação para a promover. É a primeira ação cambial do cheque, em que o executado não pode, por meio de embargos, suscitar perante o exequente exceções pessoais, se for este terceiro de boa-fé (Lei 7.357/1985, art. 59). Prescrita a execução do cheque, caberá, nos 2 anos subsequentes, outra ação cambial, em que também opera o princípio da inoponibilidade das exceções pessoais aos terceiros de boa-fé, malgrado ser esta uma ação de conhecimento, e não execução. É a chamada ação de enriquecimento injusto (Lei 7.357/1985, art. 61). Depois de prescrita esta segunda ação cambial, ainda pode o credor buscar a satisfação do negócio fundamental (a obrigação que um dia havia sido documentada pelo cheque), que prescreverá nos largos prazos da lei civil. Esta não é mais uma ação cambial, expondo-se o demandante a toda a sorte de exceções pessoais que o demandado pode decantar (Lei 7.357/1985, art. 62).[483]

---

materializa, não é como o cheque ou a nota promissória, títulos de apresentação, cujo pagamento somente se faz à vista da cártula" (*Direito empresarial brasileiro* – direito societário: sociedades simples e empresárias. São Paulo: Atlas, 2019. v. 2. p. 499).

[482] "Decorrência do princípio da autonomia das obrigações cambiárias (cada obrigação é autônoma e independente, não ficando sua validade subordinada a uma outra obrigação – donde se concluir que cada obrigado se obriga não apenas com a pessoa que transfere o título mas com o portador do mesmo, seja ele quem for), surgiu a regra chamada da inoponibilidade das exceções. Por essa regra, consagrada no art. 17 da Lei Uniforme, o obrigado em uma letra não pode recusar o pagamento ao portador alegando suas relações pessoais com o sacador ou outros obrigados anteriores do título (por exemplo, não pode o obrigado recusar o pagamento alegando que é credor do sacador). Tais exceções ou defesas são inoponíveis ao portador, que fica, sempre, assegurado quanto ao cumprimento da obrigação pelo obrigado" (MARTINS, Fran. *Títulos de crédito*. 3. ed. Rio de Janeiro: Forense, 1983. v. I. p. 17-18).

[483] "A ação cambial é aquela em que o demandado não pode arguir, em sua defesa, matérias estranhas à sua relação com o demandante, em razão do princípio da inoponibilidade das exceções pessoais aos terceiros de boa-fé. A generalidade dos títulos de crédito comporta uma única ação cambial, que é a cobrança por meio de execução. Em

Retornando à debênture: cogitar que existiria, de um lado, uma *ação cambial* do título, sujeita à inoponibilidade das exceções aos terceiros de boa-fé, processada por meio de execução, e, de outro, a *ação causal*, não sujeita a esse princípio cambiário e afeta a rito do processo de conhecimento, estando as duas sob a égide de prazos prescricionais diversos e parcialmente sobrepostos, significa partir do pressuposto que a debênture seria um título cambiário. Em outros termos, levar às derradeiras consequências lógicas e jurídicas a assertiva de que a debênture é exclusivamente valor mobiliário implica afirmar que a cobrança judicial da obrigação documentada por este título submete-se apenas ao prazo de prescrição do art. 206, § 5º, I, do Código Civil.

Tome-se o caso do *contrato de mútuo* documentado num instrumento particular que atende aos requisitos da lei processual para qualificar-se como título executivo. A ninguém ocorreria dizer que prescreveria a *execução* deste contrato em 5 anos (CC, art. 206, § 5º, I), mas ainda restaria ao mutuante a alternativa de discutir os seus direitos emergentes do negócio fundamental, o mútuo, no prazo de 10 anos (CC, art. 205). É característica exclusiva do direito cambiário a previsão de duas medidas judiciais distintas para a busca da satisfação do interesse do credor de título de crédito específico: uma, de natureza cambial (em que o demandante está protegido pela inoponibilidade das exceções pessoais aos terceiros de boa-fé) e outra, de cunho não cambial (sem tal proteção). A nenhum outro instrumento representativo de obrigação se estende a mesma sistemática. E assim é exatamente porque somente os instrumentos cambiais estão sujeitos aos princípios do direito cambiário, em especial o da inoponibilidade.

Deste modo, a debênture, não sendo título de crédito (em sentido estrito), mas valor mobiliário, só pode ser objeto de cobrança em juízo por meio de uma única "ação", que tem natureza de execução (CPC, art. 784, I), mas na qual o debenturista exequente não pode invocar a inoponibilidade contra a sociedade anônima emissora executada (a menos que titule tal direito por ter adquirido a debênture em bolsa de valores ou outra entidade do mercado de valores mobiliários). Uma vez prescrita a pretensão de cobrança judicial por meio desta única ação, nenhuma outra pode ser manejada pelo credor em busca da satisfação de seu direito.

Em suma, por não se tratar a debênture de título de crédito (em sentido estrito), não existem convivendo as duas declarações características desse instituto: a fundamental e a cartular.[484] É uma só declaração de vontade: a de emprestar dinheiro à sociedade emissora, mediante a subscrição da debênture e observados os termos e condições da escritura de emissão. Não há, de um lado, um negócio fundamental que pode ou não ser documentado em título de crédito; e, de outro, a emissão da cambial, que possibilita a circulação do crédito de modo mais ágil – a ensejar também duas diferentes ações de cobrança. É um só negócio jurídico, o do *mútuo debenturístico*.[485]

3. As debêntures e o financiamento do desenvolvimento regional

Fábio Ulhoa Coelho

Os financiamentos de desenvolvimento regional são representados por debêntures de emissão da sociedade anônima financiada. Essas debêntures, por força de lei, devem contemplar a cláusula

---

relação ao cheque, o legislador prevê duas: além da execução, cabe também a ação de enriquecimento indevido (LC, art. 61)" (COELHO, Fábio Ulhoa. *Curso de direito comercial*. 12. ed. São Paulo: Saraiva, 2008. v. 1. p. 451).

[484] Na lição de Tullio Ascarelli: "em substância, as teorias modernas, para explicarem plenamente a posição do terceiro, partem todas de um pressuposto comum, embora nem sempre esclarecido dadas as discussões e as dúvidas de que está cheia a matéria: destacam o título de crédito da relação fundamental que o precede, para torná-lo o documento constitutivo de uma declaração autônoma, e falar, por isso, em direito cartular e em declaração cartular, em oposição ao direito derivado da relação fundamental e ao negócio fundamental. Esta aparente "duplicação" constitui, é inútil negá-lo, o ponto de partida de todas as teorias modernas, o ponto de chegada da evolução dogmática dos títulos de crédito e o conceito inspirador da convenção de Genebra. Quem escreve estas páginas é decidido partidário das teorias chamadas modernas, e por isso distingue, precisamente, a declaração cartular e a declaração fundamental, servindo essa distinção de base à teoria jurídica de todos os títulos de crédito" (*Teoria geral dos títulos de crédito*. Trad. de Benedicto Giacobbini. Campinas: Red Livros, 1999. p. 55).

[485] A identificação do "mútuo debenturístico" como negócio jurídico autônomo deve-se a Modesto Carvalhosa. Ele identifica as características desse negócio na unidade do empréstimo a despeito da possível diversidade de mutuantes, uniformidade das cláusulas contratuais, admissibilidade do resgate e amortização parcial (*Comentários à lei de sociedades anônimas*. São Paulo: Saraiva, 1997. v. 1. p. 459).

de conversibilidade em ações, oferecer garantia real ou flutuante (quer dizer, não podem se revestir das modalidades *quirografária* e *subordinada*) e estão sujeitas a duas regras específicas.

A primeira regra específica da debênture emitida no contexto do incentivo regional é a de que, embora dotada de cláusula de conversibilidade em ações, sua emissão não confere direito de preferência aos acionistas para subscrição. Por princípio, a lei das sociedades anônimas protege os acionistas conferindo-lhes, entre os direitos essenciais, o de preferência na subscrição de novas ações representativas do capital social (art. 109, IV). O objetivo da norma é impedir a redução proporcional da participação societária dos acionistas contra sua vontade ou disposição de aportar novos investimentos na empresa, sempre que ocorre aumento do capital social com emissão de ações. Para que este direito de preferência seja efetivamente garantido, a lei o estende a outros valores mobiliários que podem se transformar em ações, incluindo as debêntures com cláusula de conversibilidade.[486] Na emissão deste título para fins de documentar o incentivo ao desenvolvimento regional, a lei exclui o direito de preferência dos acionistas, de modo que a instituição financeira operadora possa subscrever as debêntures emitidas pela sociedade anônima financiada sem qualquer contestação por parte de acionistas minoritários relativamente a potencial prejuízo a seus direitos de sócio (Lei 8.167/1991, art. 5º, § 7º).

A segunda regra específica da debênture representativa de incentivo ao desenvolvimento regional diz respeito ao agente fiduciário, que não pode existir na operação. Este agente, em geral facultativo nas emissões privadas e obrigatório nas abertas, cumpre a função de representante da comunhão de interesses dos debenturistas. Destina-se a facilitar a relação e a comunicação entre a sociedade emissora e os titulares do direito de crédito representado por este valor mobiliário. Nas debêntures relacionadas ao incentivo ao desenvolvimento regional, é plenamente dispensável o agente fiduciário. Por suas características, são valores mobiliários que costumam não ser negociados, seja privada ou publicamente. O banco operador *tende* a ser o único detentor da totalidade da série, desde a emissão até o resgate ou conversão. A figura do agente fiduciário dos debenturistas, portanto, apenas encareceria a operação, sem interesse para as partes. Daí a vedação legal (Lei 8.167/1991, art. 5º, § 7º).

Essas regras específicas, bem assim a conversibilidade em ações,[487] impedimento das modalidades *quirografária* e *subordinada* e a concentração de toda a série nas mãos de um só debenturista[488] não importam qualquer alteração na discussão da natureza jurídica da debênture. Em outros termos, da circunstância de ter sido emitida na documentação de incentivo ao desenvolvimento regional não se segue nenhuma alteração no regime jurídico aplicável às debêntures.

SEÇÃO I
DIREITO DOS DEBENTURISTAS
Emissões e Séries

Art. 53. A companhia poderá efetuar mais de uma emissão de debêntures, e cada emissão pode ser dividida em séries.

---

[486] De acordo com Luiz Gastão Paes de Barros Leães: "é também direito inviolável do acionista o direito de preferência na subscrição de ações novas, quando a sociedade delibera aumentar o seu capital. Na força das que possui, poderá o acionista subscrever tantas ações novas quantas caibam na proporcionalidade do aumento, tanto de espécie e classe idênticas às de que é possuidor, como doutras espécies e classes, se forem feitas emissões em classes e espécies diferentes, para lhe garantir a proporção que tinha do primitivo capital (art. 171). A conservação dessa proporcionalidade visa a lhe garantir a mesma gama de direitos que detinha, e é o fundamento jurídico dessa prerrogativa. Nesse sentido, a Lei nº 6404 estendendo o direito de subscrição aos bônus, às partes beneficiárias e às debêntures conversíveis em ações, sob o mesmo fundamento de preservar os direitos dos sócios contra a diluição de percentuais no capital social" (*Comentários à lei das sociedades anônimas*. São Paulo: Saraiva, 1980. v. 2. p. 222).

[487] Alerta Luiz Gastão Paes de Barros Leães: "as debêntures conversíveis em ações são títulos emitidos pelas companhias que, além de conferirem 'aos seus titulares direito de crédito contra eles' (Lei n. 6.404, art. 52), asseguram 'aos respectivos titulares o direito de convertê-las em ações do capital da sociedade emissora' (Lei n. 4.728, art. 44). A relação jurídica decorrente desses títulos é, assim, dupla: de um lado, termos uma relação de crédito, de outro, uma relação de participação societária. Essa duplicidade de relações jurídicas, presente nas debêntures dotadas da cláusula de conversibilidade, não dá a estes títulos as características de uma nova espécie de debênture" (*Pareceres*. São Paulo: Singular, 2004. v. III. p. 778).

[488] Modesto Carvalhosa leciona: "Trata-se a emissão de debêntures de modalidade de mútuo, à medida que a sua criação é reservada às companhias e submetida a cláusulas uniformes. Por outro lado, não é característica essencial dessa espécie de mútuo societário a sua atribuição a diversos titulares. Pode a debênture ser unitária e atribuída a um único mutuário" (*Comentários à Lei de Sociedades Anônimas*. São Paulo: Saraiva, 1997. v. 1. p. 459).

> **Parágrafo único.** As debêntures da mesma série terão igual valor nominal e conferirão a seus titulares os mesmos direitos.

COMENTÁRIOS

1. Planejamento do perfil de financiamento via debêntures

Mauricio Moreira Menezes

O art. 53, LSA, dispõe que a companhia poderá efetuar mais de uma emissão de debêntures e, ainda, que cada emissão pode ser dividida em séries.

Com efeito, pode a companhia ter interesse em criar diferentes perfis de endividamento, fixando blocos distintos de características atribuídas às debêntures, de tal sorte a circunscrever ditos blocos em séries.

Ou, simplesmente, pode a companhia colocar em prática um plano de financiamento que contemple sucessivas etapas, conforme suas necessidades de caixa, cabendo-lhe, nessa hipótese, fragmentar a captação de recursos no tempo e em conformidade com o desenvolvimento de seus projetos. Nesse sentido, não seria inteligente majorar sua dívida inutilmente, em razão dos impactos causados em seu risco de crédito, além do alto custo da operação, sobretudo pela remuneração a ser paga a assessores financeiros e intermediários, se houver.

Logo, a companhia poderá emitir tantas séries quantas lhe convenham, sem que haja, atualmente, qualquer restrição nesse sentido, tendo em vista a revogação da redação originária do antigo § 3º do art. 59 pela Lei 12.431/2011.[489]

É facultado à companhia, por exemplo, emitir debêntures que alcançam o valor de R$ 500 milhões, sendo-lhe proveitoso ir a mercado paulatinamente, em continuada observância à melhoria dos fatores conjunturais, vale dizer, conforme as condições de captação de recursos tornem-se mais favoráveis, especialmente a demanda de investidores e a taxa de juros por eles praticada.

Nesse cenário, a companhia realiza a primeira emissão, ofertando inicialmente uma série de R$ 100 milhões, por considerar que as condições de mercado podem vir a melhorar em futuro próximo. Dessa forma, ofertar R$ 500 milhões, de uma só vez, aumentaria significativamente o custo da operação, de tal modo que a companhia se limita a se endividar pelo valor que efetivamente necessita naquele momento. Posterga a colocação de séries subsequentes, dentro de uma organizada estratégia de financiamento via operação de crédito.

O método incorporado ao art. 53, LSA, equivale àquele aplicado às ações, que podem ser emitidas em diferentes espécies e classes (art. 15, LSA). Logo, relativamente a cada classe de ações e, se não houver divisão em classes, a cada espécie, deve-se conceder idênticos direitos aos acionistas. Portanto, a distribuição de direitos nas companhias se dá, como regra geral, em função da ação, objetivamente considerada, sem que se admita tratamento desigual entre acionistas de mesma classe ou espécie.

Conforme os comentários elaborados ao art. 52, LSA, a debênture constitui espécie de valor mobiliário, representativa de fração de crédito detido contra a emitente, que dela se utiliza para financiar suas atividades. As características do crédito do debenturista são definidas de modo objetivo, por meio da escritura de emissão (art. 52 c/c art. 61, LSA), de tal sorte que devem elas ser uniformizadas, para que se organize de maneira adequada o pacote de direitos e garantias da comunhão de debenturistas, independentemente de cada individualidade que a integra.

Essa uniformização é realizada no plano de cada emissão ou de cada uma de suas séries. Nessa última hipótese, cada nova série da mesma emissão será objeto de aditamento à escritura (art. 61, § 2º, LSA), que formalizará o pacote de direitos, garantias e características das debêntures abrangidas pela respectiva série.

Por tal razão, havendo interesse em subdividir a emissão em séries, é recomendável a instituição de uma escritura inicial genérica, sem que se ingresse em detalhes nos direitos conferidos ao debenturista, os quais serão devidamente detalhados em cada aditamento, pois que poderão variar a cada série.

> **Valor Nominal**
>
> **Art. 54.** A debênture terá valor nominal expresso em moeda nacional, salvo nos casos de obrigação que, nos termos da legislação em vigor, possa ter o pagamento estipulado em moeda estrangeira.

---

[489] A redação originária do art. 59, § 3º, LSA dispunha que: "A companhia não pode efetuar nova emissão antes de colocadas todas as debêntures das séries de emissão anterior ou canceladas as séries não colocadas, nem negociar nova série da mesma emissão antes de colocada a anterior ou cancelado o saldo não colocado."

> § 1º A debênture poderá conter cláusula de correção monetária, com base nos coeficientes fixados para correção de títulos da dívida pública, na variação da taxa cambial ou em outros referenciais não expressamente vedados em lei. (Redação dada pela Lei 10.303, de 2001)
>
> § 2º A escritura de debênture poderá assegurar ao debenturista a opção de escolher receber o pagamento do principal e acessórios, quando do vencimento, amortização ou resgate, em moeda ou em bens avaliados nos termos do art. 8º. (Incluído pela Lei 10.303, de 2001)

COMENTÁRIOS

1. Valor nominal das debêntures

MAURICIO MOREIRA MENEZES

As debêntures são valores mobiliários representativos de dívida, frequentemente de médio e longo prazo, que outorgam a seus titulares direito de crédito contra a companhia emissora.

Portanto, sob diferente perspectiva, a debênture consubstancia instrumento de crédito, razão pela qual certa doutrina a classifica como título de crédito imperfeito, porquanto, embora seja suficiente para documentar o crédito, não reúne todas as características essenciais dos títulos cambiários.[490] Não obstante, há aqueles que, ainda hoje, a consideram como autêntico título de crédito, dotada de cartularidade, literalidade, autonomia e abstração.[491]

Colocadas em apartado as divergências teóricas acerca do enquadramento jurídico da debênture, o fato é que, como instrumento de crédito, livremente negociável, vocacionado para admissão em mercado de valores mobiliários, deve ostentar, obrigatoriamente, valor nominal, correspondente ao valor principal do crédito de propriedade do debenturista.

O referido valor nominal, igualmente conhecido como valor de face, deve ser idêntico para todas as debêntures de uma emissão e, havendo divisão em séries (art. 53, LSA), para todas as debêntures de mesma série.

Na prática, quanto mais elevado o valor nominal da debênture, mais qualificado será o investidor, pois o montante individualizado do crédito selecionará interessados com maior capacidade de investimento e de assunção do risco correspondente.

Vale observar que o valor nominal não se confunde com o preço de subscrição e integralização da debênture, equivalente àquele efetivamente desembolsado pelo credor, o qual pode contemplar montante superior ao valor de face (ágio) ou inferior (deságio), tudo conforme a conjuntura do mercado à época da colocação.

Nesse sentido, há hipóteses em que a subscrição da debênture com deságio integra a remuneração do credor, cuja expectativa é receber a totalidade do valor nominal no vencimento. Em outros casos, o debenturista pretende negociar a debênture em mercado secundário, cuja tendência é, em geral, precificá-la em valor abaixo do nominal, salvo em situações de elevada liquidez, quando a cotação do papel desvincula-se (ainda que parcialmente) do risco do emitente e submerge no movimento especulativo próprio do mercado de valores mobiliários.

O valor nominal deve ser expresso em moeda corrente nacional, autorizando o *caput* do art. 54, LSA, que, nos termos da legislação em vigor, possa ter o pagamento estipulado em moeda estrangeira.

Segundo o art. 2º, IV, do Dec.-lei 857/1969, que consolida e altera a legislação sobre moeda de pagamento de obrigações exequíveis no Brasil, os empréstimos e quaisquer outras obrigações, cujo credor ou devedor seja pessoa residente e domiciliada no exterior, podem estipular pagamento em moeda estrangeira. Alcança, portanto, o caso de emissão de debêntures por companhia brasileira, para colocação no exterior, conforme previsto no art. 73, LSA.

2. Correção monetária e outros mecanismos de indexação

MAURICIO MOREIRA MENEZES

Por consubstanciar obrigações cujas características são firmadas unilateralmente pela companhia emitente, a lei oferta ampla liberdade

---

[490] No sentido de reconhecer a ausência de certas características de título cambiário e, ainda assim, enquadrar a debênture como título de crédito, embora imperfeito, vide: BORBA, José Edwaldo Tavares. *Das debêntures*. Rio de Janeiro: Renovar, 2005. p. 17-18; CARVALHOSA, Modesto. *Comentários à lei de sociedades anônimas*. 7. ed. São Paulo: Saraiva, 2013. v. 1. p. 696-697.

[491] Cite-se nessa linha, por todos: GUIMARÃES, Francisco José Pinheiro. In: LAMY FILHO, Alfredo; PEDREIRA, José Luiz Bulhões (coords.). *Direito das companhias*. 2. ed. Rio de Janeiro: Forense, 2017. p. 421-422.

para a determinação do critério de correção monetária, a qual, de qualquer modo, é facultativa e dependerá do fluxo financeiro projetado pela companhia, com respeito a desembolsos futuros destinados ao pagamento da dívida.

Essa possibilidade de correção monetária do valor nominal constou da redação originária da LSA e veio a ser revogada pela Lei 6.423/1977. Voltou à LSA com a redação dada pela Lei 10.303/2001 ao § 1º do art. 54, que a aperfeiçoou para admitir sua indexação aos "coeficientes fixados para correção de títulos da dívida pública"[492] ou na variação da taxa de câmbio, muito interessante para companhias que precisam proteger-se do risco cambial, como companhias exportadoras de bens ou serviços, cuja receita está atrelada à moeda estrangeira.

De qualquer maneira, o § 1º do art. 54 manteve a cláusula geral que autoriza a adoção de quaisquer índices não expressamente vedados em lei, sendo recorrentes a aplicação do IGP-M, divulgado pela Fundação Getúlio Vargas, e o IPC-A, publicado pelo Instituto Brasileiro de Geografia e Estatística – IBGE. Nada impede, porém, que índices aplicados no exterior sejam escolhidos, como a taxa LIBOR ("London Interbank Offered Rate"), comumente empregada em negócios internacionais.

3. Debêntures imobiliárias e permutáveis

Mauricio Moreira Menezes

Dispõe o § 2º do art. 54, LSA, que a escritura de debênture poderá assegurar ao debenturista a opção de escolher receber o pagamento do principal e acessórios, quando do vencimento, amortização ou resgate, em moeda ou em bens avaliados nos termos do art. 8º, LSA.

Esse dispositivo, incluído pela Lei 10.303/2001, não teve o propósito de trazer qualquer inovação em matéria de debêntures e sim ratificou os usos que há décadas eram praticados em mercado, mas que careciam de respaldo legal, que viesse a fortalecer sua segurança jurídica. Nesse contexto, pode-se mencionar dois perfis de debêntures que há anos atendem, com êxito, interesses de emitente e seus credores: as debêntures imobiliárias e as debêntures permutáveis.

As debêntures imobiliárias, como a expressão leva a crer, são aquelas que conferem ao debenturista a faculdade de receber imóvel em substituição à quantia em dinheiro. Podem ser utilmente aplicadas em projetos de incorporação imobiliária ou, ainda, em quaisquer outros baseados em renda imobiliária, nos quais há o interesse do credor em trocar a realização de seu crédito em dinheiro por outra fonte de renda, baseada em imóveis.

Com efeito, pode a escritura de debêntures prever que, advindo o vencimento da debênture, seu titular receberá uma unidade imobiliária do empreendimento comercial devidamente descrito em memorial de incorporação, que se integra à escritura, como documento anexo. Outro exemplo seria a fração ideal de empreendimento de shopping center ou hoteleiro (condo-hotel), a qual seria atribuída ao debenturista, como dação em pagamento. Recomenda-se, em casos tais, que os regimentos de governança do futuro empreendimento (*v.g.*, convenção de condomínio), sejam previamente elaborados e submetidos ao candidato a debenturista, que deles tomará ciência e a eles se obrigará a aderir.

Poderia a dação em pagamento em bens ou direitos sobre imóveis ser definitivamente impositiva perante o debenturista? Nessa linha, discute-se se o § 2º do art. 54, LSA, disporia sobre uma obrigação alternativa a ser cumprida a critério do credor, ou sobre um meio extintivo de obrigação vinculante a todos os envolvidos na operação.

O Código Civil dispõe, como regra geral, que, nas obrigações alternativas, a escolha cabe ao devedor (art. 252, Código Civil: "nas obrigações alternativas, a escolha cabe ao devedor, se outra coisa não se estipulou"). A literalidade do § 2º do art. 54, LSA ("ao debenturista a opção de escolher") leva a crer que a escolha cabe ao credor. Ao que tudo indica, a melhor interpretação parece ser aquela que privilegia a autonomia privada, de tal modo que poderá a escritura de debêntures fixar a fórmula que considera satisfatória para o adimplemento da obrigação, incluindo-se a determinação da dação em pagamento de bem imóvel (ou direitos sobre imóvel) como meio extintivo da dívida, vinculando emitente e debenturista a seus termos.

O § 2º do art. 54, LSA, abre igualmente espaço para outra modalidade de operação com

---

[492] Atualmente, quanto aos títulos emitidos pela União, importante referência é a chamada taxa SELIC. Segundo divulgado pelo Banco Central do Brasil: "O nome da taxa Selic vem da sigla do Sistema Especial de Liquidação e de Custódia. Tal sistema é uma infraestrutura do mercado financeiro administrada pelo BC. Nele são transacionados títulos públicos federais. A taxa média ajustada dos financiamentos diários apurados nesse sistema corresponde à taxa Selic". Disponível em: <https://www.bcb.gov.br>. Acesso em: 25 nov. 2019.

debêntures, não expressamente regulada na LSA, mas que conta com um bem-sucedido histórico no mercado de capitais brasileiro e internacional. Trata-se da debênture permutável, usualmente por ações de emissão de terceiro, de propriedade da devedora ou de propriedade de sociedade controladora ou sob controle comum.

No Brasil, o Banco Nacional de Desenvolvimento Econômico e Social – BNDES e sua subsidiária, BNDES Participações S.A. – BNDESPar, vêm, há décadas, com o objetivo de estimular o desenvolvimento do mercado de capitais, colaborando para a inserção de novos "produtos financeiros", que aumentem o rol de alternativas para investimento.

Assim, o BNDES promoveu emissões de debêntures permutáveis por ações que se encontravam na carteira da BNDESPar, valendo destacar as debêntures permutáveis por "American Depositary Shares" ("ADS") representativos de ações ordinárias de emissão da Eletrobras (fevereiro de 1998) e as debêntures permutáveis por ADS da Embraer (junho de 2001). Outras operações se seguiram, o que indica a funcionalidade desse instrumento de financiamento por meio de constituição de crédito, a ser trocado por ações de companhias abertas, colaborando para a democratização da propriedade do capital de companhias de grande dimensão.[493]

Evidentemente, nada impede que outras companhias abertas, inclusive bancos de investimento, sigam caminho equivalente e promovam a troca de ações de sua propriedade por debêntures de sua emissão. Há dois benefícios muito bem identificáveis: (i) acesso a financiamento via mercado de capitais; e (ii) a pulverização de capital acionário.

E, ainda, interesses privados podem ser muito bem acomodados via emissão privada de debêntures permutáveis, de emissão de companhias fechadas, tudo à luz da autonomia da vontade.

Vencimento, Amortização e Resgate

Art. 55. A época do vencimento da debênture deverá constar da escritura de emissão e do certificado, podendo a companhia estipular amortizações parciais de cada série, criar fundos de amortização e reservar-se o direito de resgate antecipado, parcial ou total, dos títulos da mesma série.

§ 1º A amortização de debêntures da mesma série deve ser feita mediante rateio. (Redação dada pela Lei 12.431, de 2011).

§ 2º O resgate parcial de debêntures da mesma série deve ser feito: (Redação dada pela Lei 12.431, de 2011).

I – mediante sorteio; ou (Incluído pela Lei 12.431, de 2011).

II – se as debêntures estiverem cotadas por preço inferior ao valor nominal, por compra no mercado organizado de valores mobiliários, observadas as regras expedidas pela Comissão de Valores Mobiliários. (Incluído pela Lei 12.431, de 2011).

§ 3º É facultado à companhia adquirir debêntures de sua emissão: (Redação dada pela Lei 12.431, de 2011).

I – por valor igual ou inferior ao nominal, devendo o fato constar do relatório da administração e das demonstrações financeiras; ou (Incluído pela Lei 12.431, de 2011).

II – por valor superior ao nominal, desde que observe as regras expedidas pela Comissão de Valores Mobiliários. (Incluído pela Lei 12.431, de 2011).

§ 4º A companhia poderá emitir debêntures cujo vencimento somente ocorra nos casos de inadimplência da obrigação de pagar juros e dissolução da companhia, ou de outras condições previstas no título. (Incluído pela Lei 12.431, de 2011).

COMENTÁRIOS

1. Amortização, resgate e aquisição de debêntures

FÁBIO ULHOA COELHO

São três negócios jurídicos distintos a amortização, o resgate e a aquisição (pela própria companhia emissora) das debêntures.[494]

---

[493] Disponível em: <https://www.bndes.gov.br>. Acesso em: 15 set. 2019.

[494] "No resgate, o título é retirado de circulação em definitivo, enquanto na amortização o título permanece em circulação, mas com seu valor nominal parcialmente quitado. A debênture resgatada extingue-se de pleno direito; a debênture amortizada sobrevive, ostentando, contudo, menor expressão econômica. Hipótese distinta é a da aquisição de debêntures para manutenção em tesouraria (art. 55, § 3º, da Lei n. 6.404/76), que não se confunde com o resgate" (BORBA, José Edwaldo Tavares e BORBA, Rodrigo rabelo Tavares. In: COELHO, Fábio Ulhoa (coord.). *Tratado de direito comercial*. São Paulo: Saraiva, 2015. v. 3. p. 98 e nota 22).

A amortização consiste na antecipação, pela companhia emissora, ao debenturista de parte do devido em razão de uma debênture (valor nominal e acréscimos previstos na escritura de emissão). Amortizado, o valor mobiliário continua circulando, mas o preço de negociação é naturalmente reduzido. No vencimento, a companhia paga o saldo devido, após uma ou mais amortizações. A amortização terá sempre o valor de um *percentual* do que seria pago na hipótese de resgate, acaso realizado com a mesma antecipação. Amortiza-se, em outros termos, parcela do valor nominal da debênture, com os acréscimos previstos na escritura de emissão.

A amortização deve antecipar o pagamento de todas as debêntures de uma mesma série, sem discriminação entre os debenturistas. Quer dizer, a companhia não pode amortizar debêntures da mesma série, em percentuais diferentes para algumas delas. É isso que a LSA quis dizer, apesar da linguagem pouco técnica, ao estabelecer a obrigatoriedade do "rateio" (§ 1º).

O resgate, por sua vez, é a antecipação integral do devido pela companhia ao debenturista, para fins de cancelamento do valor mobiliário. Ele pode compreender todas as debêntures de uma mesma série (resgate total) ou limitar-se a algumas delas (resgate parcial). Nesse último caso, determina a LSA que se proceda a sorteio, para se evitarem discriminações ou favorecimentos (§ 2º, I). Paga-se, no resgate, o valor nominal da debênture acrescido, se previsto na escritura de emissão, de correção monetária, juros e prêmio de reembolso.[495]

Não existe a figura da amortização da totalidade do valor devido pela companhia ao debenturista, porque a tanto corresponderia, na verdade, negócio jurídico diverso: seria um resgate. E não existe a do resgate de parte do valor devido, porque isso representaria, a rigor, outro negócio jurídico: a amortização.

A amortização e o resgate, embora sejam negócios jurídicos unilaterais da companhia emissora, dependem de autorização na escritura de emissão, que fixará também as condições para a operação. Este instrumento pode estipular, por exemplo, que a companhia fica obrigada a amortizar ou a resgatar o valor mobiliário em determinadas hipóteses; ou que será sempre uma faculdade da companhia decidir se lhe convém, ou não, praticar uma ou outra operação; definir se o debenturista tem o direito, ou não, de recusar a amortização ou o resgate; quais são os critérios para trazer a valor presente o valor nominal e acréscimos etc.

Se a escritura de emissão nada dispuser a respeito, a companhia não poderá amortizar ou resgatar as debêntures sem a anuência do debenturista.[496] Na verdade, deverá ser suprida a omissão da escritura, pelo procedimento de modificação das debêntures, que inclui a aprovação pela Assembleia de Debenturistas (art. 71, § 5º). No mútuo, o prazo de vencimento aproveita tanto ao mutuário, quanto ao mutuante: ao primeiro, porque não é obrigado a cumprir sua obrigação de pagar o valor mutuado antes do prazo; ao segundo, porque tem interesse de receber os juros, os quais deixariam de ser devidos em virtude da antecipação.[497]

Prazos, critérios e valores para a amortização e o resgate, assim, devem estar previstos na escritura de emissão. Quem subscreve ou adquire debênture já manifesta, com a declaração negocial correspondente, sua concordância com a possibilidade de antecipações do investimento (por amortização ou resgate) nas condições indicadas.

---

[495] "A escritura de emissão pode criar restrições ao exercício do resgate. Assim, é comum prever que o resgate antecipado: (a) somente poderá ocorrer após determinado prazo da data da emissão; (b) deverá ter por objeto um percentual mínimo da emissão; ou (c) não poderá reduzir as debêntures em circulação a menos de determinada quantidade. É usual também que em caso de resgate a companhia se obrigue a pagar um prêmio ao debenturista, além do valor nominal da debênture" (GUIMARÃES, Francisco José Pinheiro. In: LAMY FILHO, Alfredo; PEDREIRA, José Luiz Bulhões (coords.). *Direito das companhias*. 2. ed. Rio de Janeiro: Forense, 2017. p. 430).

[496] De acordo com Nelson Eizirik: "as cláusulas de amortização e resgate antecipado não são de estipulação obrigatória e o debenturista não está compelido a aceitá-las, caso não estejam expressamente reguladas na escritura de emissão. Em princípio, a amortização e o resgate fixados na escritura de emissão são compulsórios para o debenturista, que, ao subscrever as debêntures, aceita as suas condições. No entanto, é possível, deixar ao debenturista a opção de ter o não seus títulos resgatados ou amortizados na época acordada" (*A Lei das S/A comentada*. 2. ed. São Paulo: Quartier Latin, 2015. v. 1. p. 380).

[497] Elucida José Waldecy Lucena: "se a escritura de emissão não os mencionar [Amortização ou Resgate] não poderão ser impostos ao credor. O prazo de pagamento é estipulado em benefício de ambas as partes. Por isso, ninguém é obrigado a receber o que lhe é devido antes do vencimento do título, como o devedor não é cobrando antes da data aprazada para o pagamento" (*Das sociedades anônimas* – comentários à lei. Rio de Janeiro: Renovar, 2009. v. 1. p. 554).

Art. 55 — Fábio Ulhoa Coelho

Na aquisição de debêntures pela própria emissora, por fim, ela paga ao debenturista o preço de mercado, com dois objetivos: manter em tesouraria ou cancelamento. Se a debênture está listada em MVM, a companhia paga ao debenturista a cotação; se a emissão é fechada, o quanto essas partes acordarem relativamente ao preço. Aqui, ao contrário da amortização e do resgate, o negócio jurídico é bilateral e depende da convergente declaração de vontade tanto da companhia emissora quanto do debenturista.

Pode ser que a cotação da debênture atual seja tão inferior ao valor nominal e acréscimos trazidos a valor presente, que a sociedade anônima terá efetivo ganho econômico se adquirir o valor mobiliário, desobrigando-se de seu pagamento. Pode ser também que a companhia aposte numa subida da cotação de suas debêntures, e as compre com o objetivo de as vender acaso a elevação se confirme. Outra possibilidade é a aquisição do valor mobiliário para "alugá-lo" a quem tenha necessidade de fazer uma caução perante terceiros (em contratos administrativos, por exemplo). Enfim, a lei autoriza a companhia a negociar com suas próprias debêntures, visando obter ganhos como qualquer outro investidor em valores mobiliários.

Sempre que adquirir debêntures por valor igual ou inferior ao nominal, deve ser feita uma nota explicativa nas demonstrações contábeis (§ 3º, I). O fato deve ser destacado para os investidores e analistas financeiros, porque, a depender do deságio, isso pode significar maior ou menor grau de dúvida do mercado quanto à capacidade da emissora de honrar, no vencimento, a obrigação relativa às debêntures.

Enquanto a amortização e o resgate podem acontecer apenas nas hipóteses previstas na escritura de emissão, a aquisição pela companhia é admissível independentemente de autorização ou disposição neste instrumento.

2. Deficiências técnicas do dispositivo

Fábio Ulhoa Coelho

O art. 55 da LSA possui algumas deficiências técnicas. A primeira consiste na utilização da expressão "rateio" na delimitação das características da amortização (§ 1º). A falta de tecnicidade se manifesta, aqui, no fato de ser o rateio uma forma de pagamento proporcional a credores titulares de créditos de valores diversos (como se verifica, por exemplo, na satisfação do passivo falimentar, quando chega a vez dos quirografários). Representando as debêntures de uma mesma série sempre um crédito de igual valor, o emprego da expressão "rateio" é inapropriado.

Outra deficiência se encontra no § 2º, II, do dispositivo, em que se confundem dois negócios jurídicos distintos, o resgate e a compra. Essa norma diz que "o resgate deve ser feito mediante compra", o que só faz sentido se interpretarmos a infeliz formulação legal como a proibição de resgate "se a debêntures estiverem cotadas por preço inferior ao valor nominal". E, então, a crítica passa a ser outra: qual a razão de ser dessa proibição, se a companhia também pode cancelar as debêntures que adquire, chegando-se, enfim, ao mesmo resultado do resgate? É claro que a companhia irá optar entre resgatar ou comprar a debênture, levando em conta a diferença entre o valor de antecipação do devido e o da cotação, escolhendo o negócio jurídico pela ponderação econômica.

Também não se pode deixar de estranhar a técnica utilizada na previsão da regulamentação pela CVM da aquisição de debêntures. Enquanto o inciso II do § 2º determina a observância desta regulamentação nas compras de debêntures "cotadas por preço inferior ao nominal", o inciso II do § 3º contempla a mesma determinação nas compras "por valor superior ao nominal". Levada ao pé da letra, apenas quando a debênture fosse adquirida pelo seu valor nominal, é que se dispensaria a observância do regulamento da CVM, sem que se consiga entender as razões dessa solução para a questão.

3. Regulamentação pela CVM

Mauricio Moreira Menezes

Em 29 de março de 2022, foi editada a Resolução CVM 77, que revogou a ICVM 620/2020, com o propósito de regulamentar a aquisição, por companhias emissoras, de debêntures de sua própria emissão, conforme o disposto no art. 55 da LSA.

O art. 19 da referida Resolução estabelece procedimento próprio, que deverá ser observado caso a companhia tenha interesse em adquirir as debêntures de sua própria emissão por preço superior ao valor nominal atualizado (§ 3º, inciso II).

Por outro lado, na hipótese em que o preço de aquisição for igual ou inferior ao valor nominal atualizado, a companhia poderá optar por: (i) adquirir as debêntures de sua emissão por meio do mesmo procedimento previsto na Instrução ou, alternativamente, (ii) poderá adqui-las a partir de operações realizadas no mercado de valores mobiliários.

Ainda nos termos da Resolução CVM 77/2022, admite-se que as companhias emissoras adquiram as debêntures para que permaneçam em tesouraria, bem como que cancelem ou alienem as debêntures mantidas em tesouraria.

Vale ressaltar que, enquanto mantidas em tesouraria, as debêntures não dão a seu titular direito a voto em assembleias gerais de debenturistas e tampouco direito a proventos em dinheiro. Porém, uma vez recolocadas em mercado, voltarão a fazer jus aos mesmos direitos econômicos e políticos aplicáveis às demais debêntures.

No que diz respeito ao resgate parcial de debêntures de mesma série (§ 2º, inciso II), a Resolução CVM 77/2022 determina que essa operação deve ser realizada mediante sorteio ou, caso o preço de aquisição seja inferior ao valor nominal atualizado, por meio de aquisição das debêntures no mercado organizado de valores mobiliários no qual sejam admitidas à negociação. As debêntures resgatadas devem ser definitivamente retiradas de circulação, mediante o respectivo cancelamento.

4. Debêntures perpétuas

Fábio Ulhoa Coelho

O § 4º, renumerado pela Lei 12.431/2011, autoriza a emissão das *debêntures perpétuas*, isto é, sem prazo determinado de vencimento. Mesmo antes da alteração legislativa, o mercado já convivia com diversas emissões desse valor mobiliário, em que a época do vencimento não correspondia a uma data determinada: fixada desde logo na escritura ou no certificado ou calculável aritmeticamente. Nunca houve dúvidas sobre a plena juridicidade dessa cláusula, sob o ponto de vista do direito societário. Questionamentos havia apenas, por parte de certas autoridades fiscais, quanto aos efeitos tributários da emissão.

Em geral, essas debêntures são participativas, isto é, asseguram aos debenturistas, como remuneração ao investimento feito, a participação nos lucros da emissora (art. 56). E, quando a totalidade do lucro líquido da companhia emissora é destinado ao pagamento das debêntures, a emissão corresponde a um modo de organização do poder de controle.[498]

Juros e Outros Direitos

Art. 56. A debênture poderá assegurar ao seu titular juros, fixos ou variáveis, participação no lucro da companhia e prêmio de reembolso.

COMENTÁRIOS

1. As debêntures participativas

Fábio Ulhoa Coelho

Na literatura jurídica brasileira anterior 1976, as debêntures eram costumeiramente tratadas como espécie de *títulos de crédito*.[499] Esta maneira de classificar o instituto alterou-se, porém, com o advento da LSA. A partir dela, a doutrina, convencida da inaplicabilidade aos papéis de emissão das sociedades anônimas dos princípios do direito cambiário, passou a classificar a debênture (bem assim, as ações, partes beneficiárias e bônus de subscrição) como espécie de *valor mobiliário*.[500]

---

[498] COELHO, Fábio Ulhoa. *Curso de direito comercial*. 22. ed. São Paulo: RT, 2019. v. 2. p. 155-156.

[499] Para João Eunápio Borges, por exemplo: "as debêntures são títulos de crédito gozando dos atributos de *autonomia* e *literalidade* [...]. São porém, ao contrário do que se dá com as cambiais, títulos *causais* e *incompletos*, não se revestindo da *independência* e *abstração* [...]: são títulos vinculados ao contrato de sua emissão – do qual se originam – cujos termos e cláusulas completam, esclarecem ou integram o teor do título" (*Títulos de crédito*. 2. ed. Rio de Janeiro: Forense, 1971. p. 283). Outros exemplos de doutrinas anteriores à lei de 1976 que classificam as debêntures entre os títulos de crédito são as de: FERREIRA, Waldemar. *Tratado de direito comercial*. São Paulo: Saraiva, 1962. v. 9. p. 239 e ss.; e REQUIÃO, Rubens. *Curso de direito comercial*. 7. ed. São Paulo: Saraiva, 1976. p. 400.

[500] Ary Oswaldo Mattos Filho, após extremar, pelo critério funcional, valores mobiliários e títulos de crédito, conclui: "valor mobiliário é o investimento oferecido ao público, sobre o qual o investidor não tem controle direto, cuja aplicação é feita em dinheiro, bens ou serviço, na expectativa de lucro, não sendo necessária a emissão do título para materialização da relação obrigacional" (O conceito de valor mobiliário. In: "*Revista de Direito Mercantil*" 59/49). Ver também: "os valores mobiliários, durante algum tempo, foram tratados na doutrina comercialista como espécie de título de crédito. Rubens Requião (1971, 2:307/311) e Fran Martins (1972:29), por exemplo, assim os classificam. Mas não é essa a forma mais adequada para a abordagem do tema da natureza dos instrumentos de captação de recursos, próprios das sociedades anônimas. Valores mobiliários, ao contrário, devem ser tidos como categoria jurídica à parte, não englobada na dos títulos cambiais ou cambiariformes. Isso se deve à inaplicação dos fundamentos

Art. 56 — Fábio Ulhoa Coelho

A nova classificação da debênture, neste contexto, não é um rearranjo cerebrino, desprovido de maiores implicações. Ao contrário. Como valor mobiliário, a debênture é entendida, pela perspectiva da sociedade anônima emissora, como instrumento de captação de recursos e, pela do subscritor-debenturista, como alternativa de investimento. Não se trata, pois, de um simples documento que incorpora a obrigação de pagar, como a generalidade dos títulos de crédito, mas um *instrumento financeiro*, vale dizer, meio jurídico apto à alavancagem de recursos para a exploração de certa atividade econômica.

Como meio de alavancagem de recursos, a debênture, para ser atrativa, deve oferecer aos potenciais investidores uma remuneração atraente, capaz de estimulá-los a optarem pela sua subscrição ou aquisição, diante das inúmeras outras alternativas que se lhes apresenta a economia (*dentro* ou *fora* do mercado "de capitais" ou "de valores mobiliários").

O regime jurídico da debênture, portanto, não pode "engessar" o instrumento financeiro, restringindo as possibilidades de amoldá-lo às demandas (sempre variáveis e dinâmicas) dos investidores. E, ressalte-se, quando se fala em investidores, não se está limitando o conceito àqueles que canalizam suas disponibilidades às alternativas abertas pelas entidades componentes do mercado "de capitais" ou "de valores mobiliários" (entre as quais, a mais conhecida, é, sem dúvida, a Bolsa de Valores). Também é investidor aquele que subscreve debênture, numa emissão privada; também ele está, diante das muitas possibilidades de empregar seu dinheiro disponível, oferecidas na economia, optando pela subscrição ou aquisição de certa debênture.

Exatamente para dotar a debênture da flexibilidade necessária, exigida pelo instrumento financeiro para melhor *competir* com as demais alternativas de investimento, ao alcance dos investidores, a LSA autoriza a sociedade emissora a remunerar este valor mobiliário por diversas formas. Percebe-se, da simples leitura do art. 56 da LSA, que nenhuma das quatro possibilidades de remuneração neles mencionadas (juros fixos, juros variáveis, participação nos lucros e prêmio de reembolso) é obrigatória ou se sobrepõe às demais. Trata-se de possibilidades de remuneração *lembradas* pela lei, já que tampouco resulta deste dispositivo, ou de outro qualquer, a obrigatoriedade de qualquer uma delas.[501-502] O

---

do direito cambiário aos valores mobiliários" (COELHO, Fábio Ulhoa. *Curso de direito comercial*. 15. ed. São Paulo: Saraiva, 2011. v. 2. p. 161).

[501] Este é o entendimento predominante na doutrina. Egberto Lacerda Teixeira e José Alexandre Tavares Guerreiro anotam: "O credor debenturista, além da natural expectativa de ter seu título resgatado pela companhia, no vencimento ou por antecipação, da possibilidade de vê-lo amortizado e da eventual prerrogativa de receber a atualização monetária do valor nominal da debênture, contará, por certo, com a remuneração do capital investido. Nos termos do art. 56, a debênture poderá assegurar ao seu titular juros (fixos ou variáveis), participação no lucro da companhia e prêmio de reembolso. Essas três modalidades de rendimento são facultativas, podendo acumular-se ou não" (*Das sociedades anônimas no direito brasileiro*. São Paulo: Butshatsky, 1979. v. 1. p. 352). Luiz Gastão Paes de Barros Leães aponta a origem histórica da debênture participativa no direito anglo-americano: "[...] permite a lei que a debênture possa assegurar ao seu titular uma participação nos lucros da sociedade. Essa possibilidade legal de emissão de debêntures com participação nos lucros da companhia foi criticada por setores do empresariado, quando da discussão do projeto afinal convertido em lei. [...] Nenhuma das objeções levantadas tem consistência, nem encontra apoio na legislação revogada, ou no direito comparado. Com efeito, o Decreto-lei n. 781, de 12 de outubro de 1938, que regula a comunhão de interesses entre portadores de debêntures, em seu art. 3º, letra e, já admitia a prática de emissão de debêntures com renda variável, ajustada à lucratividade da empresa. E no direito anglo-americano, são comuns os *income bonds*, que dão direito ao pagamento de uma remuneração oriunda de lucros líquidos (*net profits*) ou de lucros líquidos do exercício (*earned profits*), podendo esse rendimento ser cumulativo ou não, se forem ou não transferidos, nos exercícios de lucratividade insuficiente, para exercícios posteriores (*cumulative* e *noncumulative income bonds*), que cumulativamente os pagarão" (*Comentários à lei das sociedades anônimas*. São Paulo: Saraiva, 1980. v. 2. p. 26-27).

[502] José Edwaldo Tavares Borba ensina: "a debênture, como título de renda fixa, deveria oferecer sempre uma taxa determinada de juros. A atual lei, entretanto, alterando o sistema anterior, estabelece que 'a debênture poderá assegurar juros fixos ou variáveis, participação no lucro da companhia e prêmio de reembolso'. Criam-se, desse modo, alternativas várias para a empresa emitente, que poderá optar entre uma taxa certa de juros e uma taxa variável, ou, até mesmo, fazer depender o rendimento do título do lucro da empresa, dando-lhe o caráter de mera participação" (*Direito societário*. 9. ed. Rio de Janeiro: Renovar, 2004. p. 270-271). É certo que este autor não considera a solução legal conveniente: "essa flexibilidade não se afigura conveniente, uma vez que atenta contra a tradição brasileira, a qual, em matéria de títulos de crédito, sempre se fundou na certeza. Uma debênture cujo rendimento depende

entendimento da Comissão de Valores Mobiliários sobre o tema também converge para a plena admissibilidade da emissão de debênture cuja remuneração consista em *qualquer* das variáveis listadas no art. 56, sem obrigatoriedade do pagamento de juros. Segundo o Parecer CVM/SJU 015/88: "é possível, diante da Lei n. 6.404/76, a existência de debênture perpétua, a que seja atribuída remuneração apenas a título participativo nos lucros sociais. A debênture perpétua e de participação pode ser considerada como aplicação de risco, desde que não apresente condições que possam desnaturar a característica do risco da remuneração".

Em suma, decorre do art. 56 da LSA a plena regularidade, validade e eficácia de debêntures remuneradas *exclusivamente* por participação nos lucros da sociedade anônima emissora, as chamadas "debêntures participativas".[503] Claro que, sendo a debênture valor mobiliário representativo de parcela de contrato de mútuo – em que a sociedade emissora é a mutuária e os debenturistas, os mutuantes –, sua remuneração costuma ser associada à noção de "juros fixos". Mas isto é mera consideração de ordem econômica; juridicamente falando, a remuneração pode ser qualquer uma das listadas no art. 56 da LSA, ou mesmo nenhuma delas. Dependerá, exclusivamente, sob o ponto de vista jurídico, da decisão da companhia emissora retratada na escritura de emissão. Mesmo antes do advento da LSA, admitia-se a emissão de debênture sem a fixação de juros.[504]

Na verdade, se a debênture pagará ou não juros fixos é, insisto, questão de contornos exclusivamente econômicos. O instrumento financeiro atenderá a seu primordial objetivo de captação de recursos se acenar, para os potenciais investidores, com uma remuneração atraente. Situações haverá em que esta "remuneração atraente" consistirá em juros fixos; outras, em que combinará juros fixos com participação nos lucros; ainda outras, quando ela será apenas a participação nos lucros etc. É tudo uma questão de natureza econômica.

A lei dotou a debênture da flexibilidade necessária para servir de eficiente instrumento financeiro de captação de recursos, abrindo o leque de alternativas para a remuneração do debenturista. Não está expressamente prevista – tampouco decorre de qualquer disposição legal – a obrigatoriedade de remuneração da debênture por juros. Ao contrário, podendo ser os juros *variáveis*, consoante locução contida no art. 56 da LSA, deixa de ter qualquer sentido a noção de que, sendo valor mobiliário representativo de parcela de contrato de mútuo, a debênture desnaturar-se-ia quando desprovida de remuneração característica de investimento de renda fixa. Ademais, se ninguém contesta que a lei autoriza a remuneração por juros *variáveis*, então qualquer outra, também variável (inclusive a participação nos lucros da companhia) será necessariamente admissível. Diante da variabilidade do valor devido ao debenturista, simplesmente não há como se distinguir se o caso é de *juros* ou de outro tipo de rendimento.

A essência do argumento em favor da tese dos juros como remuneração *necessária* das debêntures consiste em sustentar a aplicação do art. 591 do CC ao mútuo debenturístico. Preceitua esse dispositivo que "destinando-se o mútuo a fins econômicos, presumem-se devidos os juros, os quais, sob pena de redução,

---

do desempenho da emitente não é uma verdadeira debênture e a sua existência, sob o aspecto psicológico, apresenta a desvantagem de esgarçar a consistência do título, descaracterizando-o" (Debêntures. *Revista de Direito Mercantil* n. 26, p. 140). Mas, diante dos claríssimos termos do art. 56 da LSA, deita ao largo suas preferências pessoais, e, como convém aos intérpretes de escol, curva-se ao comando expresso pelo direito positivo, para concluir que as várias possibilidades de remuneração previstas naquela norma legal abrem-se, igualmente, à decisão da companhia emissora, que não está adstrita a necessariamente adotar qualquer uma delas em particular.

[503] Segundo Francisco José Pinheiro Guimarães: "As debêntures podem prever pagamento de remuneração com base nos lucros auferidos pela companhia emissora (art. 56), caso em que são chamadas de debêntures com participação no lucro, ou, simplesmente, DPL. A participação a que os debenturistas terão direito e sua forma de cálculo deverão constar da escritura de emissão. A participação da debênture é calculada antes das deduções a que se refere o artigo 189 da LSA" (LAMY FILHO, Alfredo; PEDREIRA, José Luiz Bulhões (coord.). *Direito das companhias*. Rio de Janeiro: Forense, 2009. v. 1. p. 893-894).

[504] Miranda Valverde, o autor do anteprojeto da lei de sociedades anônimas de 1940, embora averbando desconhecer exemplo, não via na lei nenhuma proibição desta modalidade de debênture: "não conhecemos exemplo, mas é possível a emissão de debêntures sem a fixação de juros. Isso pode acontecer na emissão destinada a solver dívidas da companhia emissora, cujas debêntures deverão ser resgatadas em breve termo" (*Sociedade por ações*. 3. ed. Rio de Janeiro: Forense, 1959. v. 2. p. 177).

não poderão exceder a taxa a que se refere o art. 406, permitida a capitalização anual". Essa disposição legal, em sua primeira parte, mudou a disciplina da matéria no direito brasileiro. O Código Bevilacqua qualificava o mútuo como contrato presumivelmente gratuito.[505] O Código Reale, alterando substancialmente o tratamento legal desse contrato, passou a reputar, nos termos do dispositivo acima, presumivelmente oneroso o mútuo *de fins econômicos*.[506] Embora não haja ainda consenso, na doutrina, sobre o critério para a exata qualificação da economicidade deste contrato,[507] é inegável corresponder a emissão de debêntures a mútuo de fins econômicos e, portanto, presumivelmente *feneratício*. Em consequência, argumentam os contrários às debêntures remuneradas exclusivamente em participação nos resultados, sendo oneroso o mútuo debenturístico, estaria sujeito ao art. 591 do CC.

Não é, porém, esta a melhor interpretação. A disposição em referência da codificação civil abriga a *norma geral* sobre os mútuos feneratícios. Ela não é aplicável quando houver *norma especial* referente a determinada categoria de mútuos desta espécie. A norma geral não se aplica quando há norma especial, segundo entendimento mais que assente na teoria geral do direito.[508] Ora, dispondo o art. 56 da LSA sobre remuneração do mútuo debenturístico, e sendo esta, portanto, uma norma especial, não há que se aplicar o art. 591 do CC, que contempla norma geral acerca da remuneração dos mútuos de fins econômicos.

A questão da aplicabilidade, ou não, do art. 591 do CC ao mútuo debenturístico, só se põe, ressalto, quando for omissa a escritura de emissão. Nele, se estabelece a *presunção* de que são devidos juros nos mútuos de fins econômicos. Significa dizer que, nos mútuos de fins econômicos, os juros serão devidos *salvo* se o instrumento negocial *expressamente* afastar sua incidência, ou seja, somente em caso de omissão do instrumento negocial, o mutuário deve juros ao mutuante. Se a escritura de emissão da debênture não for omissa acerca deste ponto em particular, afasta-se a incidência do art. 591 do CC.

De qualquer modo, mesmo alguns doutrinadores aferrados à noção da obrigatoriedade da remuneração das debêntures por juros (tomando as demais listadas no art. 56 da LSA, como possíveis adicionais) têm revisto, pelo menos em parte, este entendimento, para reputarem admissível, no direito brasileiro, a debênture remunerada exclusivamente em participação nos lucros da sociedade

---

[505] Esclarece Carlos Roberto Gonçalves: "o mútuo é considerado, tradicionalmente, contrato *gratuito*, embora o empréstimo de dinheiro seja, em regra, oneroso, com estipulação de juros, sendo por isto denominado *mútuo feneratício*. Orlando Gomes afirma que a gratuidade não é da essência do mútuo, mas, sim, de sua natureza. No sistema do Código de 1916, a onerosidade devia ser expressa, ainda que se tratasse de empréstimo de dinheiro. Como, no entanto, o aludido contrato tem por objeto, comumente, dinheiro, que hoje não se costuma emprestar gratuitamente, mas sim mediante a cobrança de juros, o Código de 2002, atento a essa evolução, proclama no art. 591 que '*destinando-se o mútuo a fins econômicos, presumem-se devidos juros, os quais, sob pena de redução, não poderão exceder a taxa a que se refere o art. 406, permitida a capitalização anual*'" (*Direito civil brasileiro*. São Paulo: Saraiva, 2004. v. III, p. 325).

[506] "Quando tiver fins econômicos – isto é, não havendo entre as partes vínculos afetivos, caritativos, morais ou sociais que permitam justificar eventual gratuidade do empréstimo – o mútuo presume-se remunerado (CC, art. 591, primeira parte). Quer dizer, se o instrumento contratual nada estipulou a respeito da remuneração, considera-se devida esta. Para que o mútuo de fins econômicos seja gratuito, é indispensável expressa previsão contratual. [...] A remuneração pelo empréstimo de coisa fungível denomina-se *juros*" (COELHO, Fábio Ulhoa. *Curso de direito civil*. 4. ed. São Paulo: Saraiva. v. 3. p. 290).

[507] Acentuam Nancy Andrighi, Sidnei Beneti e Vera Andrighi: "segundo a técnica privilegiada pelo legislador de 2002, o artigo 591, sob análise, não define o que é o contrato de mútuo celebrado com fins econômicos. Tem-se aí verdadeiro conceito aberto que só se concretiza mediante atividade interpretativa do julgador. Deve-se admitir, a princípio, que o mútuo feito para fomentar atividade empresarial, comercial ou industrial, tem uma finalidade econômica, seja ela o financiamento da aquisição de ativos, do capital de giro ou mesmo quando viabiliza o rolamento de dívidas anteriores. Nada impede, entretanto, que a jurisprudência venha reconhecer finalidade econômica em outras espécies" (TEIXEIRA, Sálvio de Figueiredo (coord.). *Comentários ao novo Código Civil*. Rio de Janeiro: Forense, 2008. v. IX. p. 157).

[508] Norberto Bobbio aponta o critério da especialidade como um dos destinados à solução de antinomias no ordenamento jurídico. Assim, diante de duas normas colidentes, sendo uma geral e a outra, especial, prevalece esta última: "Il terzo criterio, detto appunto della *lex specialis*, è quello in base a cui di due norme incompatibili, una generale e una speciale (o eccezionale), prevale la seconda: *lex specialis derogat generali*" (*Teoria dell'ordinamento giuridico*. Torino: Giappichelli, s/d. p. 100).

anônima emissora.[509] Consideram pertinentes as debêntures participativas, sem remuneração por juros, como instrumentos de recuperação judicial.[510] Mas, se a companhia em crise pode emitir debêntures participativas, por que não poderia a que se encontra no curso regular de seus negócios? O art. 56 da LSA não discrimina estas duas hipóteses, tratando igualmente tanto a sociedade anônima em dificuldades como a que, estando bem de finanças, identifica nova oportunidade de negócio, e emite debêntures para captar recursos e aproveitá-la.

Conversibilidade em Ações

Art. 57. A debênture poderá ser conversível em ações nas condições constantes da escritura de emissão, que especificará:

I – as bases da conversão, seja em número de ações em que poderá ser convertida cada debênture, seja como relação entre o valor nominal da debênture e o preço de emissão das ações;

II – a espécie e a classe das ações em que poderá ser convertida;

III – o prazo ou época para o exercício do direito à conversão;

IV – as demais condições a que a conversão acaso fique sujeita.

§ 1º Os acionistas terão direito de preferência para subscrever a emissão de debêntures com cláusula de conversibilidade em ações, observado o disposto nos artigos 171 e 172.

§ 2º Enquanto puder ser exercido o direito à conversão, dependerá de prévia aprovação dos debenturistas, em assembleia especial, ou de seu agente fiduciário, a alteração do estatuto para:

a) mudar o objeto da companhia;

b) criar ações preferenciais ou modificar as vantagens das existentes, em prejuízo das ações em que são conversíveis as debêntures.

COMENTÁRIOS

1. Debêntures conversíveis em ações

FÁBIO ULHOA COELHO

A escritura de emissão de debêntures pode conter a cláusula de conversibilidade em ações. Nela, além da própria conversão, serão especificadas as condições em que esta pode ocorrer, incluindo os prazos e bases da conversão de um valor mobiliário por outro. Não se confundem as debêntures conversíveis com as permutáveis, em que o debenturista *troca* um valor mobiliário

---

[509] É o caso de Modesto Carvalhosa. Na quinta edição do seu *Comentários à Lei de Sociedades Anônimas*, o ilustre jurista brasileiro ressalva que a participação nos lucros pode ter o caráter de remuneração *substitutiva* (e não *adicional*) dos juros no caso de recuperação judicial: "[...] o plano de recuperação judicial de empresa em crise econômico-financeira (Capítulo III da Lei n. 11.101/05) poderá prever a substituição dos juros fixos ou variáveis das debêntures por participação nos resultados da sociedade emissora. Tal substituição se justifica apenas em situações drásticas, nas quais há, por um lado, a impossibilidade do pagamento dos juros nas datas pactuadas, e, por outro, a perspectiva de que a emissora poderá gerar lucros suficientes para remunerar os debenturistas. [...] Cabe salientar que o novo diploma falimentar possibilita não apenas a substituição dos juros incidentes sobre as debêntures por participação nos lucros da própria emissora em recuperação judicial, mas também por participação nos resultados de outra sociedade, constituída exclusivamente por credores, para a qual deve ser transferida a titularidade dos créditos, mediante conferência ao capital social. [...] Do ponto de vista do titular da debênture, opera-se a substituição dos juros fixos ou variáveis pela participação, sempre variável, nos lucros gerados pela nova sociedade, a partir da remuneração recebida em decorrência da titularidade das debêntures e também de outras possíveis fontes de receita (v.g. outros créditos, detidos contra a devedora em recuperação judicial)" (*Comentários à Lei de Sociedades Anônimas*. 5. ed. São Paulo: Saraiva, 2009. v. 1, 2. tir. p. 662-666. Não consta este entendimento das edições anteriores da mesma obra). É certo que a nova posição do emérito jurisconsulto, sobre o assunto, não se alterou a ponto de ele considerar admissível a debênture participativa em qualquer caso, mas apenas no contexto de um plano de recuperação judicial de empresa em crise – como acontece, há tempos, no exterior.

[510] Luiz Gastão Paes de Barros Leães informa que, no direito norte-americano, também é usual a utilização da debênture participativa em procedimentos de recuperação de empresa em crise: "Esses tipos [*income bonds*] são utilizados nos países saxões principalmente nas empresas em dificuldade, sujeitas a planos de reorganização (*reorganization plans*), na reformulação de débitos com juros determinados, razão por que são chamados também de *adjustment bonds*". (*Comentários à Lei das Sociedades Anônimas*. São Paulo: Saraiva, 1980. v. 2. p. 26-27).

por outro, isto é, as debêntures emitidas por uma sociedade por ações dela mesma[511] ou de subsidiária.[512]

Com a conversão, o debenturista deixa de ser titular de um crédito perante a companhia e passa a acionista; em outros termos, substitui-se o direito obrigacional pelo societário. Salvo nos casos particulares dos juros ou prêmios variáveis e das debêntures participativas, a conversão altera a classificação do investimento feito quando da subscrição ou aquisição desse valor mobiliário, o qual deixa de ser de renda fixa para se tornar de renda variável. O risco de inadimplemento presente na debênture se transmuda em risco de insucesso da atividade econômica explorada pela companhia do qual se tornou acionista.

A transformação de dívida em participação societária representa, para a companhia emissora, a reestruturação de seu passivo. A conversão extingue a obrigação de pagar o valor nominal e acréscimos previstos na escritura, em contrapartida do aumento da base acionária. Para os antigos acionistas, a conversão acarreta sempre a redução de sua participação proporcional no capital social.

Projetando a conversão tais efeitos, ela pode ser decorrência tanto de uma declaração de vontade unilateral da companhia emissora, como de uma declaração de vontade unilateral do debenturista. Depende exclusivamente do que está previsto na escritura de emissão. Claro, se a sociedade anônima emissora estipular condições de conversão não assimiláveis pelo mercado, é muito provável que se frustrem os esforços dela de captação de recursos via debêntures. Mas, uma vez tendo estipulado na escritura de emissão o seu direito de converter debêntures em ações, nos prazos e condições nela fixados, se encontrou investidores interessados em subscreverem os valores mobiliários com tal configuração, estes manifestaram sua adesão à cláusula de conversão por ato unilateral da emissora.[513]

Quando o inciso III menciona o "direito à conversão", não se deve interpretar a LSA de modo restritivo, a ponto de excluir a possibilidade de esta operação decorrer de deliberação da companhia emissora. O direito à conversão pode ser da titularidade tanto do credor, como da devedora do valor mobiliário. Em função do princípio da autonomia da vontade, que rege o direito comercial, não havendo, como não há, nenhuma proibição à conversão por deliberação unilateral da emissora, esta alternativa não pode ser tida por inadmissível. Claro, somente poderá ocorrer tal hipótese de conversão em ações se prevista na escritura de emissão. Pelo mesmo fundamento principiológico, também se pode excluir, mediante cláusula na escritura de emissão, a conversão por vontade exclusiva do debenturista, reservando-a somente à decisão da sociedade anônima.

A transformação da obrigação debenturística em participação acionária pode interessar tanto ao debenturista, quanto à sociedade anônima

---

[511] "Além das debêntures conversíveis, há ainda as debêntures permutáveis. Neste caso, um terceiro, em geral uma instituição financeira, adquire ações de uma sociedade, que emite debêntures. A instituição financeira assume, na própria escritura de emissão, o compromisso de permutar, por opção do debenturista, as debêntures por ações da emitente, ações estas que já fazem parte da carteira de ações da instituição financeira. Neste caso, aplica-se a teoria da permuta e não a teoria da compensação" (BORBA, José Edwaldo Tavares e BORBA, Rodrigo rabelo Tavares. In: COELHO, Fábio Ulhoa (coord.). *Tratado de direito comercial*. São Paulo: Saraiva, 2015. v. 3. p. 109).

[512] Nas "debêntures conversíveis por procedimento indireto" (BORBA, José Edwaldo Tavares e BORBA, Rodrigo Rabelo Tavares. In: COELHO, Fabio Ulhoa (coord.). *Tratado de direito comercial*. São Paulo: Saraiva, 2015. v. 3. p. 109-110), ocorre a permuta com ações de subsidiária da emissora. Essa operação se justifica, por exemplo, quando a subsidiária está em fase pré-operacional e ainda não tem a "força patrimonial" da controladora para fazer a captação de recursos via debêntures conversíveis.

[513] Predomina na doutrina, porém, o entendimento de que a conversão, quando admitida pela escritura de emissão, seria sempre um direito do debenturista e nunca da sociedade emissora. Cfr., por todos José Edwaldo Tavares Borba e Rodrigo rabelo Tavares Borba: "Note-se que, pela redação do art. 57, III, da Lei n. 6.404/76, a conversão é qualificada como direito do acionista. Assim, uma debênture obrigatoriamente conversível, embora a hipótese não seja desconhecida no mercado, configuraria manifesta dissonância com as normas que regulam o instituto. Uma debênture obrigatoriamente conversível estaria, em essência, muito mais próxima de um adiantamento para futuro aumento de capital (AFAC) do que de uma verdadeira debênture. Normalmente, a emissão de debêntures obrigatoriamente conversíveis decorre do fato de a companhia já se encontrar excessivamente endividada, restando então a opção de emitir debêntures mandatoriamente conversíveis, as quais, por terem essa necessária destinação, não seriam classificadas contabilmente como dívida, mas sim como *equity*, preservando-se assim a saúde do balanço. Ressalte-se que a conversão consubstancia um direito individual do debenturista, cabendo só a ele, individualmente, decidir pela conversão ou não" (In: COELHO, Fábio Ulhoa (coord.). *Tratado de Direito Comercial*. São Paulo: Saraiva, 2015. v. 3. p. 108-109). Na verdade, nada há no inciso III do art. 57 da LSA que restrinja o "direito à conversão" à titularidade do acionista; a sociedade emissora pode também ser a sua titular.

emissora. Tudo depende da comparação financeira, no momento em que é admissível a conversão, entre, de um lado, o valor nominal da debênture e seus acréscimos previstos em escritura, e, de outro, as perspectivas de rentabilidade da empresa explorada pela sociedade anônima.

Na conversão de debêntures em participação acionária, dá-se o aumento do capital social com emissão de novas ações (art. 166, III). Não se faz necessária a *subscrição* dessas, bastando os registros apropriados nos livros da companhia (se nominativas) ou da instituição financeira depositária (se escriturais) e a posterior alteração do estatuto pela Assembleia Geral Extraordinária. Em relação a tais formalidades, enquanto a relativa aos registros é necessariamente subsequente à conversão (chegando até mesmo a se confundir com esta), não há pressa para a alteração estatutária, que pode ocorrer quando for mais conveniente para a sociedade. A conversão, friso, não depende da adequação formal do estatuto ao valor aumentado do capital social, mas esta convém que seja providenciada, tão logo possível.[514]

No aumento do capital social por força da conversão de debêntures, os acionistas não têm direito de preferência, tampouco seria materialmente possível que tivessem. O direito à preservação da participação percentual no capital da companhia, de que é instrumento a preferência para subscrever valores mobiliários, é titulado pelos acionistas, nesse caso, no momento da emissão da debênture conversível (art. 57, § 1º, e art. 171, § 3º).

Por fim, a emissão de debêntures conversíveis condiciona a existência de alterações estatutárias à aprovação dos debenturistas em duas hipóteses: (i) mudança do objeto da companhia; e (ii) criação de ações preferenciais ou modificação das vantagens das existentes, em prejuízo das ações em que podem ser convertidas as debêntures (§ 2º). A aprovação dos debenturistas tem que ser prévia à Assembleia Geral Extraordinária de alteração estatutária; ela é instrumentalizável ou pela votação majoritária no âmbito de uma Assembleia Especial de Debenturistas ou por declaração do agente fiduciário dos debenturistas. A Assembleia Especial é dispensável se o agente fiduciário já aprovou a mudança do estatuto da emissora.

SEÇÃO II
ESPÉCIES

Art. 58. A debênture poderá, conforme dispuser a escritura de emissão, ter garantia real ou garantia flutuante, não gozar de preferência ou ser subordinada aos demais credores da companhia.

§ 1º A garantia flutuante assegura à debênture privilégio geral sobre o ativo da companhia, mas não impede a negociação dos bens que compõem esse ativo.

§ 2º As garantias poderão ser constituídas cumulativamente.

§ 3º As debêntures com garantia flutuante de nova emissão são preferidas pelas de emissão ou de emissões anteriores, e a prioridade se estabelece pela data do arquivamento do ato societário que deliberou sobre a emissão, concorrendo as séries, dentro da mesma emissão, em igualdade. (Redação dada pela Lei 14.711, de 2023)

§ 4º A debênture que não gozar de garantia poderá conter cláusula de subordinação aos credores quirografários, preferindo apenas aos acionistas no ativo remanescente, se houver, em caso de liquidação da companhia.

§ 5º A obrigação de não alienar ou onerar bem imóvel ou outro bem sujeito a registro de propriedade, assumida pela companhia na escritura de emissão, é oponível a terceiros, desde que averbada no competente registro.

§ 6º As debêntures emitidas por companhia integrante de grupo de sociedades (artigo 265) poderão ter garantia flutuante do ativo de 2 (duas) ou mais sociedades do grupo.

COMENTÁRIOS

1. As espécies de debêntures

Fábio Ulhoa Coelho

São quatro as espécies de debêntures, classificação que leva em conta as garantias concedidas pela sociedade emissora aos debenturistas: (i) debêntures com garantia real; (ii) debêntures

---

[514] Registre-se o entendimento de Luiz Gastão Paes de Barros Leães, que considera a deliberação da AGE aprovando o aumento do capital social um requisito indispensável à conversão: "a conversão de debêntures em ações de sociedades anônimas depende de deliberação da assembleia geral extraordinária, exceto na hipótese de a sociedade já ter optado pelo regime do capital autorizado, quando então a conversibilidade independe de assembleia que venha a reformar o estatuto social [...]" (*Pareceres*. São Paulo: Singular, 2004. v. 1. p. 112).

com garantia flutuante; (iii) debêntures sem preferência; e (iv) debêntures subordinadas.

Na primeira espécie, a sociedade emissora vincula à satisfação do crédito debenturístico um bem móvel (penhor) ou imóvel (hipoteca),[515] ou seus frutos (anticrese). O bem onerado deve ser da propriedade da sociedade anônima emissora, para a debênture se classificar nessa espécie. Se o bem onerado não for da propriedade dela, a classificação da debênture não será determinada por essa garantia (ver comentário ao item 2 desta seção).

Se a debênture concede garantia flutuante aos debenturistas, então eles desfrutam de um privilégio geral sobre o patrimônio da sociedade emissora. Estabelece, ademais, a LSA uma ordem de preferência entre os debenturistas titulares de privilégio geral: o pagamento das debêntures de emissões sucessivas deve observar a ordem cronológica do arquivamento dos respectivos atos societários que deliberaram a emissão no Registro Público de Empresas, procedendo-se ao rateio "*dentro da mesma emissão*" (§ 3º).

Quando as debêntures não concedem nenhuma preferência (ou "garantia", como diz a LSA), elas representam um crédito quirografário.

Por fim, se há cláusula de subordinação, seu pagamento deve anteceder unicamente ao dos acionistas, caso reste acervo líquido após o pagamento dos quirografários (§ 4º).

As espécies de debêntures só têm relevância na hipótese de falência da sociedade anônima emissora. Enquanto não decretada a falência da devedora debenturística, é irrelevante, para a definição dos direitos do debenturista, se é ele titular desta ou daquela espécie de debênture. Quer dizer, no vencimento, a sociedade deve pagar o devido; cabe amortização, resgate ou compra; converte-se em ações, se houver cláusula de conversão na escritura etc., rigorosamente do mesmo modo, qualquer que seja a espécie de debênture. Os direitos dos debenturistas variam segundo a espécie exclusivamente durante a liquidação do processo falimentar, quando o administrador judicial procede à satisfação do passivo.

Desse modo, quando o administrador judicial for proceder à satisfação do passivo, na liquidação falimentar, ele deve observar, na ordem de pagamentos estabelecida pelo art. 83 da Lei 11.101/2005 (LRF), a espécie da debênture.[516] Se a debênture tem garantia real, deve destinar ao pagamento dos debenturistas, o produto da venda do bem onerado, reclassificando eventual saldo entre os quirografários (LRF, art. 83, II); se a debênture conferir garantia flutuante ou for quirografária, os debenturistas deverão ser pagos, mediante rateio, em concurso com todos os demais credores sem preferência (art. 83, VI); sobrando recursos após a satisfação dos credores do falido, antes da partilha, o administrador judicial pagará os debenturistas com debênture subordinada (art. 83, VIII).

2. Debêntures com outras garantias

Fábio Ulhoa Coelho

As garantias referidas no art. 58 da LSA não exaurem todas as possibilidades. A companhia emissora pode oferecer ao mercado outras garantias, dependendo do que ela avalia ser o tamanho do apetite deste pelo valor mobiliário que está emitindo.

As debêntures podem ser, por exemplo, garantidas por alienação fiduciária em garantia. Nesse caso, ocorrendo a falência da emissora, *não* haverá a classificação dos debenturistas entre os credores com garantia real (LRF, art. 83, II). Caberá, ao contrário, o pedido de restituição do bem fiduciariamente alienado (Dec.-lei 911/1969, art. 7º).

Também é muito utilizada a cessão fiduciária de recebíveis, em que a sociedade anônima vincula seus créditos ao pagamento da debênture. Os recebíveis passíveis de cessão são os créditos já constituídos ou os futuros. Quanto a estes últimos, nada há *juridicamente* que impeça a garantia, ficando evidentemente a critério do

---

[515] José Edwaldo Tavares Borba e Rodrigo rabelo Tavares Borba anotam: "no que concerne à hipoteca, surge uma questão acadêmica, mas frequentemente levantada em reuniões preliminares às emissões, que consiste na legalidade da instituição unilateral de hipoteca. Isto porque, segundo o art. 1.424 do Código Civil, a constituição de hipoteca pressupõe acordo de vontades, manifestada na forma de um contrato. Seria possível, então, a constituição de hipoteca de forma unilateral, através de escritura de emissão e seu registro no cartório competente? A resposta é afirmativa, pois o art. 62, III, da Lei n. 6.404/76 preceitua que nenhuma emissão de debêntures será feita sem que tenham sido satisfeitos determinados requisitos, dentre os quais, se for o caso, a constituição das garantias reais" (In: COELHO, Fábio Ulhoa (coord.). *Tratado de direito comercial*. São Paulo: Saraiva, 2015. v. 3. p. 99).

[516] Sobre a matéria, ver COELHO, Fábio Ulhoa. *Curso de direito comercial*. 18. ed. São Paulo: RT, 2018. v. 3. p. 338-352.

mercado avaliar se ela é substancial, precificando as debêntures correspondentes.

É admissível a garantia consistente na obrigação de a sociedade emissora não alienar ou onerar um bem determinado de seu patrimônio, inserta na escritura de emissão de debênture. A inalienabilidade será oponível a terceiros, se registrada a escritura de emissão no registro de propriedade competente (§ 5º). Para isso, é necessário que o bem sobre o qual recai a garantia seja imóvel ou móvel sujeito a registro de propriedade, sendo exemplos destes últimos os veículos automotores terrestres (propriedade registrada no RENAVAM), as embarcações (no Tribunal Marítimo) e as patentes ou registros de marcas (no INPI).

A garantia também pode ser concedida por terceiro, sujeito de direito diverso da sociedade anônima emissora. Aqui, cabem tanto as garantias fidejussórias (aval ou fiança) como as reais (penhor, hipoteca, anticrese ou alienação fiduciária em garantia). Também se configura uma garantia de terceiro a emissão de debêntures acompanhada de fiança bancária ou seguro-fiança.

Note-se que, sendo esse o caso, não há nenhuma implicação relativamente à classificação da debênture nos termos do art. 58 da LSA. Como essa classificação tem relevância apenas no caso de falência da sociedade emissora, não tem sentido levar em conta a obrigação de terceiro, não falido.

Explique-se. Imagine que o acionista controlador concedeu uma garantia hipotecária, onerando bem de seu patrimônio, para o pagamento de debênture emitida pela companhia controlada. Se ela não pagar no vencimento o valor mobiliário, os debenturistas provavelmente irão buscar a satisfação de seu crédito mediante expropriação judicial do bem hipotecado, executando o controlador. Isso em nada difere da hipótese em que este tivesse concedido, por exemplo, uma fiança ou aval. São fatos irrelevantes para a definição da espécie da debênture inadimplida.

Quando ocorre a falência da emissora, percebe-se com mais nitidez que as espécies de debêntures não se definem pela natureza da obrigação de garantia concedida por terceiros. No exemplo acima, os debenturistas executariam o controlador e este teria direito de regresso em face da massa falida da sociedade emissora, por um crédito de natureza quirografária. O administrador judicial não tem que tomar nenhuma providência relativamente ao pagamento dos debenturistas, nesse caso; sendo, deste modo, impertinente discutir a ordem de classificação.

Em suma, uma debênture não se torna da espécie "com garantia real", apenas pelo fato de terceiro conceder uma garantia real. Ela continuará a ser da mesma espécie (dentre as quatro previstas no art. 58 da LSA), em razão apenas das garantias concedidas pela própria sociedade anônima emissora. Qualquer entendimento diverso da questão leva a uma conclusão sem sentido. Como deve agir o administrador judicial, na falência da companhia emissora, se a debênture contava com garantia real de um terceiro não-acionista? Simplesmente considerá-la na classe do passivo *quirografário*, afinal não há nenhum bem da massa vinculado à satisfação dessa dívida da sociedade falida, não se podendo cogitar de seu pagamento com o produto da venda de um ou outro. E se a garantia fora concedida pelo controlador? O administrador judicial deve considerá-la provisoriamente como uma obrigação quirografária, e proceder ao pagamento dos debenturistas que se apresentarem a rateio; se for, no entanto, o controlador que pleiteia esse pagamento, em regresso, após ter satisfeito os debenturistas, o administrador judicial deverá verificar se o crédito dele concorre com os quirografários ou deve ser reclassificado entre os créditos subordinados, em razão do art. 83, VIII, *b*, da LRF.

3. Garantia flutuante dada por sociedades do mesmo grupo

Fábio Ulhoa Coelho

O § 6º do art. 58 disciplina a outorga de garantia flutuante por duas ou mais sociedades integrantes do mesmo grupo da sociedade emissora. É também uma hipótese de garantia concedida por terceiro, tendo em vista a autonomia patrimonial das sociedades filiadas a um mesmo grupo (art. 266).

Novamente, a garantia de terceiro em nada interfere com a definição da espécie de debênture emitida pela sociedade garantida. A debênture pode ser "com garantia real", "com garantia flutuante", "sem garantia" ou "subordinada", dependendo da garantia concedida pela própria emissora, independentemente da garantia flutuante dada pelas outras sociedades do mesmo grupo. Se apenas a emissora falir, o administrador judicial irá classificar o passivo debenturístico de acordo exclusivamente com a situação patrimonial da sociedade falida, devendo rever a classificação apenas na hipótese de exercício de direito de regresso, caso incida o art. 83, VIII, *b*, da LRF (uma hipótese em que o crédito será sempre subordinado, independentemente da espécie da debênture, mas sim da condição de sócio do credor da massa, que não contratou com a sociedade em condições equitativas).

Claro, se ocorrer a falência da sociedade não-emissora, a garantia que concedera aos debenturistas, por ser flutuante, será tratada, pelo respectivo administrador judicial, como crédito com privilégio geral.

Há duas restrições no art. 58, § 6º, que são inconstitucionais. A primeira é a restrição aos grupos de direito, resultante da referência explícita ao art. 265. A segunda é a exigência de no mínimo duas sociedades outorgantes da garantia. São inconstitucionais porque restringem injustificadamente o alcance da autonomia privada, desrespeitando, desta forma, o princípio constitucional da livre iniciativa. Afinal, se apenas *uma* sociedade do mesmo grupo *de fato*, a que pertence a emissora, exarar declaração de vontade dizendo que garante o pagamento de certas debêntures mediante concessão de garantia flutuante aos debenturistas, esse negócio jurídico não pode ter sua validade ou eficácia constrangida pela lei. Nenhuma oposição aos debenturistas poderia ser suscitada, que liberasse uma ou outra sociedade de suas obrigações, por conta das inexplicáveis restrições que o legislador acomodou no art. 58, § 6º.

4. Deficiências técnicas do dispositivo

Fábio Ulhoa Coelho

São duas as deficiências técnicas do art. 58 da LSA.

Na primeira, o legislador escorrega ao deixar de levar em conta que a classificação das debêntures em espécie tem relevância exclusivamente no caso de falência da sociedade anônima emissora, ao trazer, na definição da espécie "subordinada", uma referência à "liquidação da companhia". É deficiente o dispositivo porque contempla uma preferência desnecessária.

Afinal, quando ocorre a dissolução da sociedade anônima, e o ativo realizado supera o passivo, é irrelevante a ordem em que o liquidante procede aos pagamentos dos credores, já que todos irão receber integralmente os respectivos créditos; e se o ativo realizado mostrar-se inferior ao passivo, o liquidante deve requerer a autofalência da sociedade anônima, instaurando-se o concurso falimentar da emissora, que, conforme afirmado, é a única situação em que a divisão das debêntures em espécies prevista no art. 58 da LSA tem aplicação.

A segunda imprecisão técnica encontramos na autorização genérica de cumulatividade das garantias (§ 2º). Juridicamente falando, não é possível uma debênture que seja classificada simultaneamente em duas ordens diversas de pagamento, na liquidação falimentar: ou bem o debenturista deve ser pago pelo administrador judicial numa ordem de classificação, ou noutra.

A doutrina, de boa vontade com a LSA, indica como exemplo da cumulatividade das garantias a "debênture com garantia real e flutuante".[517] Trata-se da debênture que assegura a garantia flutuante ao eventual saldo credor, quando insuficiente o produto da venda do bem dado em garantia real. Mas, nesse exemplo, por definição, não se verifica a cumulatividade e sim uma forma plenamente admissível de *sucessão* das garantias.

SEÇÃO III
CRIAÇÃO E EMISSÃO

Competência

Art. 59. A deliberação sobre emissão de debêntures é da competência privativa da assembleia-geral, que deverá fixar, observado o que a respeito dispuser o estatuto:

I – o valor da emissão ou os critérios de determinação do seu limite, e a sua divisão em séries, se for o caso;

II – o número e o valor nominal das debêntures;

III – as garantias reais ou a garantia flutuante, se houver;

IV – as condições da correção monetária, se houver;

V – a conversibilidade ou não em ações e as condições a serem observadas na conversão;

VI – a época e as condições de vencimento, amortização ou resgate;

VII – a época e as condições do pagamento dos juros, da participação nos lucros e do prêmio de reembolso, se houver;

---

[517] EIZIRIK, Nelson. *A Lei das S/A comentada*. 2. ed. São Paulo: Quartier Latin, 2015. v. 1. p. 407.

VIII – o modo de subscrição ou colocação e o tipo das debêntures; e (Redação dada pela Lei 14.711, de 2023)

IX – o desmembramento, do seu valor nominal, dos juros e dos demais direitos conferidos aos titulares. (Incluído pela Lei 14.711, de 2023)

§ 1º O conselho de administração ou a diretoria poderão deliberar sobre a emissão de debêntures não conversíveis em ações, exceto se houver disposição estatutária em contrário. (Redação dada Lei 14.711, de 2023)

§ 2º O estatuto da companhia aberta poderá autorizar o conselho de administração a, dentro dos limites do capital autorizado, deliberar sobre a emissão de debêntures conversíveis em ações, especificando o limite do aumento de capital decorrente da conversão das debêntures, em valor do capital social ou em número de ações, e as espécies e classes das ações que poderão ser emitidas. (Redação dada pela Lei nº 12.431, de 2011)

§ 3º O órgão competente da companhia poderá deliberar que a emissão terá valor e número de série indeterminados, dentro dos limites por ela fixados. (Redação dada pela Lei 14.711, de 2023)

§ 4º Nos casos não previstos nos §§ 1º e 2º, a assembleia geral pode delegar ao conselho de administração a deliberação sobre as condições de que tratam os incisos VI a VIII do *caput* e sobre a oportunidade da emissão. (Incluído pela Lei 12.431, de 2011)

§ 5º Caberá à Comissão de Valores Mobiliários disciplinar o disposto no inciso IX do *caput* deste artigo. (Incluído pela Lei 14.711, de 2023)

COMENTÁRIOS

1. Competência para deliberar a emissão de debêntures

Fábio Ulhoa Coelho

A competência para deliberar pela emissão de debêntures é, *pela regra geral*, exclusiva da Assembleia Geral Extraordinária. Abrem-se, então, duas possibilidades: (i) esse órgão societário delibera sobre *todos* os elementos exigidos por lei para a validade da emissão (incisos I a IX), bem como acerca da oportunidade da operação (época mais apropriada para a colocação das debêntures); ou (ii) a AGE delibera sobre parte desses elementos obrigatórios (I a V) e *delega* ao Conselho de Administração a definição quanto aos demais (VI a VIII) e sobre a oportunidade em que se mostra mais conveniente a emissão do valor mobiliário. É esta última, aliás, a praxe mais comum.

Quando se trata de debêntures *não conversíveis* em ações, a deliberação sobre os elementos característicos da debêntures (incisos I a IX) e a oportunidade da emissão também podem ser adotadas pelo Conselho de Administração, prescindindo de deliberação assemblear. Essa competência só não poderá ser exercida pelo Conselho de Administração se houver cláusula expressa em sentido contrário no estatuto da sociedade anônima. Omisso esse, como ocorre na generalidade dos casos, tanto a Assembleia Geral Extraordinária quanto o Conselho de Administração titulam competência concorrente, desde que as debêntures não sejam conversíveis em ações. Até a edição do Marco Legal das Garantias (Lei 14.711/2023), essa regra era aplicável apenas à companhia aberta, mas, desde então, aplica-se igualmente à fechada.

Se a companhia é aberta, o estatuto pode outorgar ao Conselho de Administração a competência para deliberar a emissão de debêntures *conversíveis em ações*. Exige-se, contudo, o preenchimento dos seguintes requisitos: (i) autorização estatutária para o aumento do capital social (capital autorizado); e (ii) emissão das debêntures dentro do limite da autorização para o aumento. O Conselho de Administração especificará, em sua deliberação, além dos elementos obrigatórios dos incisos I a IX do art. 59, também o limite do aumento de capital social que poderá ser alcançado com a conversão (tomando por base o valor do capital social ou o número de ações, tal como referido também no art. 168, § 1º, *a*). Essa atribuição não retira nem restringe a competência da Assembleia Geral Extraordinária, mas só existe em caso de expressa previsão do estatuto.

2. Conteúdo da deliberação

Fábio Ulhoa Coelho

O art. 59 lista os elementos obrigatórios para validade da deliberação sobre a emissão de debêntures. Se faltar deliberação sobre qualquer um deles (por parte do órgão competente ou do delegado, conforme o caso), a deliberação não é válida e não pode produzir efeitos.

São os seguintes:

(i) valor da emissão ou os critérios de determinação do seu limite (inciso I, primeira parte). A deliberação deve estabelecer o valor pelo qual a companhia se obriga em razão da emissão. O valor de captação será menor ou maior que o da obrigação contraída pela companhia, na condição de mutuária, de acordo com as condições econômicas que cercam a operação e sua avaliação pelo mercado. A deliberação poderá preferir o estabelecimento do limite do valor da operação (§ 3º), à sua exata quantificação prévia, hipótese chamada de "emissão aberta", de pouca verificação prática;

(ii) divisão em séries (inciso I, segunda parte). A emissão pode, ou não, ser dividida em séries, identificadas por letras. Caberá a divisão em séries, se forem distintas as condições de cada uma delas, quanto ao valor nominal, preço de emissão, condições de amortização ou resgate, conversibilidade em ações etc. Todas as debêntures de uma mesma série devem conferir aos debenturistas direitos iguais, como pressuposto para a racionalização de sua negociação no MVM, a que a doutrina alude pela noção de "unidade do mútuo debenturístico";

(iii) número das debêntures (inciso II, primeira parte). O órgão competente para deliberar a emissão definirá a quantidade de debêntures em cada série da emissão. Poderá dividir o valor global da emissão em quantas debêntures quiser;

(iv) valor nominal (inciso II, segunda parte), correspondente ao da obrigação contraída pela companhia emissora em relação a cada debênture, ressalvados os acréscimos decorrentes de correção monetária, juros e prêmio de reembolso ou os relativos à participação nos lucros. Também é chamado de "valor do principal" ou "valor de face" e corresponde ao direito de crédito do titular das debêntures, sem prejuízo dos juros, correção monetária e prêmio de reembolso. O valor nominal das debêntures, quando multiplicado pela quantidade destas, corresponde matematicamente ao valor da operação. O valor nominal é idêntico em cada série ou emissão (art. 53, parágrafo único) e não se confunde com o preço de emissão (que pode ser maior, menor ou igual) a ser pago pelo subscritor do valor mobiliário. Esquematicamente, *em geral*, o debenturista *empresta* à sociedade o *preço de emissão* da debênture e passa a ter direito ao *valor nominal* desta, mais os acréscimos (juros, correção monetária ou prêmio de reembolso);

(v) as garantias a serem concedidas ao pagamento das debêntures, se houver (inciso III). As garantias podem ser concedidas pela própria sociedade anônima emissora (garantias reais ou flutuantes; obrigação de não alienar nem onerar determinados bens) ou por terceiros (pessoais ou reais). Na última hipótese, é pressuposto de eficácia da deliberação a prévia declaração do garante, assumindo a obrigação de prestar aval ou fiança, hipotecar imóvel etc.;

(vi) a obrigação relativa à correção monetária, juros, participação nos lucros e prêmio de reembolso, se houver (incisos IV e VII). Esses acréscimos podem ou não existir, conforme a avaliação da companhia emissora acerca do apetite do mercado em face desse valor mobiliário;

(vii) cláusula de conversibilidade, ou não (inciso V e art. 57);

(viii) época e condições do vencimento, amortização ou resgate das debêntures (inciso VI e art. 55);

(ix) o modo de subscrição ou colocação (inciso VIII, primeira parte). A emissão pode ser pública ou privada, segundo se destine a debênture à negociação no MVM, ou não. Se uma companhia fechada deliberar por uma emissão pública, a deliberação fica sujeita à condição suspensiva de ela vir a se tornar aberta, mediante a obtenção do respectivo registro na CVM, e posterior registro da operação. Se a companhia já é aberta, pode optar pela emissão pública ou privada, devendo obter o registro da operação na CVM, no primeiro caso;

(x) tipo de debêntures (inciso VIII, segunda parte). Nesse impreciso conceito de "tipo", que não encontra nenhuma definição legal, devem-se compreender todas as demais definições relativas à emissão das debêntures, imprescindíveis à tomada de decisão pelos investidores em face desses valores mobiliários. Nesse conceito, encontram-se, pelo menos, as definições da *forma* das debêntures (se nominativas ou escriturais), da *espécie* de preço de subscrição ("ao par", "com ágio" ou "com deságio", segundo, respectivamente, coincida com o valor nominal, seja superior ou inferior) e da sua condição de *pagamento* (à vista, como é usual, ou fracionado). O valor e condições do preço de subscrição podem ser definidos posteriormente, explicitadas as condições da postergação na deliberação assemblear e na escritura de emissão;

(xi) desmembramento dos juros e demais direitos em relação ao principal (inciso IX). A companhia emissora pode deliberar que os juros e demais direitos conferidos aos debenturistas sejam "desmembrados" do principal do mútuo debenturístico, inapropriadamente chamado pela lei de "valor nominal". O desmembramento permite a circulação autônoma desses "direitos econômicos". A prática (*stripping*), disciplinada para o mercado de valores mobiliários pelo Marco Legal das Garantias (Lei 14.711/2023), é já consolidada em outros mercados, como o dos títulos públicos. Embora o § 5º do art. 59 autorize a CVM a normatizar o desmembramento, a verdade é que a sua adoção pelos agentes do mercado não depende de qualquer mudança regulatória.

Se nem todas as debêntures de uma série ou emissão forem subscritas, isso não desconstitui a operação. Claro, a desconstituição da operação por insuficiência na quantidade de subscrições pode ser uma cláusula válida da escritura de emissão, mas ela é evitada por receio de que o mercado tenha uma leitura enviesada do insucesso, que o leve a desacreditar da capacidade de desenvolvimento da sociedade emissora. Se não forem subscritas todas as debêntures de uma série ou emissão, isso também não impede a companhia de emitir nova série ou fazer nova emissão.

Limite de Emissão

Art. 60. *(Revogado pela Lei 12.431, de 2011).*

Escritura de Emissão

Art. 61. A companhia fará constar da escritura de emissão os direitos conferidos pelas debêntures, suas garantias e demais cláusulas ou condições.

§ 1º A escritura de emissão, por instrumento público ou particular, de debêntures distribuídas ou admitidas à negociação no mercado, terá obrigatoriamente a intervenção de agente fiduciário dos debenturistas (artigos 66 a 70).

§ 2º Cada nova série da mesma emissão será objeto de aditamento à respectiva escritura.

§ 3º A Comissão de Valores Mobiliários poderá aprovar padrões de cláusulas e condições que devam ser adotados nas escrituras de emissão de debêntures destinadas à negociação em bolsa ou no mercado de balcão, e recusar a admissão ao mercado da emissão que não satisfaça a esses padrões.

COMENTÁRIOS

1. O instrumento jurídico de formalização das debêntures.

Mauricio Moreira Menezes

A escritura de emissão consubstancia negócio jurídico unilateral, por meio do qual a companhia institui, a seu exclusivo critério, "os direitos conferidos pelas debêntures, suas garantias e demais cláusulas ou condições" (art. 61, LSA). Como o próprio nome leva a crer, constitui o instrumento que formaliza a emissão das debêntures propriamente dita e firma o compromisso da emissora quanto a seus termos.

Logo, tudo aquilo que diz respeito à debênture deve estar detalhado na escritura de emissão, que pode ser celebrada por instrumento público ou particular.

Embora seja construída pela própria emitente, que, como se disse, detém a prerrogativa de estipular as condições das debêntures, na prática a escritura de emissão corresponde ao ponto de chegada da atividade de obtenção das manifestações de interesse de agentes econômicos quanto à alternativa de investir na companhia emissora.

Com efeito, o exercício de dita faculdade (i.e., elaboração da escritura) é precedida da realização de múltiplas tarefas relacionadas com a análise do mercado de crédito, sondagem de investidores quanto às condições da concessão de crédito, pesquisas a respeito da demanda por esse tipo de investimento.

Caso a emissão seja privada, é usual que as condições das debêntures sejam previamente combinadas com seus potenciais subscritores, que examinam a minuta de escritura de emissão e se envolvem em processo de negociação com a emissora e seus consultores jurídicos e financeiros. Nessa etapa, são fixados taxa de juros, vencimento, modo e tempo de amortização, demais características do título e outros direitos que as debêntures poderão conferir a seu titular. Nada impede que tais ajustes constem de pré-contrato, como a promessa de subscrição de debêntures, de caráter bilateral.

Não obstante, a bilateralidade dos ajustes prévios, sejam pré-contratuais ou contratuais, não retira da escritura de emissão seu caráter de negócio unilateral, pois o potencial investidor não a assina e dela não participa.

Nas ofertas públicas de distribuição, o roteiro segue outro trâmite, segundo as práticas de mercado, que variam conforme a localidade. Em geral, além do registro obrigatório da emissão na Comissão de Valores Mobiliários (art. 4º, § 2º, LSA), sobressai o trabalho de consultores financeiros e jurídicos, que centram seus esforços na elaboração do prospecto da emissão e em sua divulgação, tudo conforme o art. 19, § 7º, da Lei 6.385/1976 e a Resolução CVM 160/2022, com vigência a partir de 2 de janeiro de 2023.

Adota-se nas ofertas públicas o procedimento de *bookbuilding*, por meio do qual é realizada a coleta de intenções de investimento, organizado pelas instituições responsáveis pela coordenação da intermediação (art. 2º, XVII, c/c art. 61, §§ 2º a 5º, ambos da Resolução CVM 160/2022). Funciona como verdadeira pesquisa de campo, para que sejam confirmadas as bases pretendidas pela emissora quanto a seu endividamento. O resultado do *bookbuilding* não é vinculante: cabe à companhia, diante dos resultados obtidos, submeter ao órgão competente (realisticamente, ao Conselho de Administração, nos termos do art. 59, §§ 1º, 2º e 4º, da LSA) as condições finais da oferta, para fins de aprovação.

Assim, é usual que, nesses casos, a escritura de emissão seja instituída com algumas lacunas, para que seja posteriormente aditada com a definição das condições das debêntures, conforme a demanda de mercado, tanto no que respeita ao valor da emissão e eventuais séries, quanto ao vencimento e remuneração das debêntures. O art. 61, § 1º, da LSA, determina que, nessa hipótese, a escritura de emissão terá obrigatoriamente a intervenção de agente fiduciário dos debenturistas, o qual se limita a aderir a seus termos e assumir os compromissos nela consignados pela emissora.

A uniformização dos direitos dos debenturistas é realizada no plano de cada uma de suas séries. Consequentemente, cada nova série da mesma emissão será objeto de aditamento à escritura (art. 61, § 2º, LSA), que formalizará o pacote de direitos, garantias e características das debêntures abrangidas pela respectiva série. Havendo terceiro prestador de garantia, real ou fidejussória, deve ele intervir na escritura, firmando-a em conjunto com a emissora e o agente fiduciário, se nomeado.

Portanto, havendo interesse em subdividir a emissão em séries, é recomendável a assinatura de escritura de emissão que contenha os elementos gerais das debêntures, sem que se ingresse em detalhes nos direitos conferidos ao debenturista, os quais serão devidamente detalhados em cada aditamento, pois que poderão variar a cada série.

Segundo o art. 61, § 3º, LSA, a Comissão de Valores Mobiliários poderá aprovar padrões de cláusulas e condições que devam ser adotados nas escrituras de emissão de debêntures destinadas à negociação em bolsa ou no mercado de balcão. No exercício de sua competência legal, a Comissão de Valores Mobiliários aprovou a ICVM 404/2004, que dispôs sobre o procedimento simplificado de registro e padrões de cláusulas e condições que devem ser adotados nas escrituras de emissão de debêntures destinadas a negociação em segmento especial de bolsas de valores ou entidades do mercado de balcão organizado. Porém, a referida ICVM 404/2004 foi expressamente revogada pela Resolução CVM 2/2020, que revogou dezenas de "outros atos sem caráter normativo, como parte do processo de revisão e consolidação dos atos normativos, conforme disposto no Decreto 10.139/2019". Segundo a justificativa apresentada pela Comissão de Valores Mobiliários, em documento divulgado em seu sítio na internet, a "Superintendência de Registro de Valores Mobiliários (SRE) não possui registro da aplicação dessa norma nos últimos anos, o que evidencia seu desuso".[518]

Registro

Art. 62. Nenhuma emissão de debêntures será feita sem que tenham sido satisfeitos os

---

[518] Disponível em: <http://conteudo.cvm.gov.br/export/sites/cvm/legislacao/justificativas_revogacoes_normas_cvm.pdf>. Acesso em: 18 jan. 2022.

seguintes requisitos: (Redação dada pela Lei 10.303, de 2001)

I – arquivamento, no registro do comércio, do ato societário que deliberar sobre a emissão de que trata o art. 59 desta Lei e a sua publicação: (Redação dada pela Lei 14.711, de 2023)

a) na forma prevista no § 5º deste artigo, para companhias abertas; e (Incluída pela Lei 14.711, de 2023)

b) na forma prevista no § 6º deste artigo, para companhias fechadas; (Incluída pela Lei 14.711, de 2023)

II – (revogado); (Redação dada pela Lei 14.711, de 2023)

III – constituição das garantias reais, se for o caso.

§ 1º Os administradores da companhia respondem pelas perdas e danos causados à companhia ou a terceiros por infração deste artigo.

§ 2º O agente fiduciário e o debenturista poderão promover os registros requeridos neste artigo e sanar as lacunas e as irregularidades existentes no arquivamento ou nos registros promovidos pelos administradores da companhia, hipótese em que o oficial do registro notificará a administração da companhia para que lhe forneça as indicações e os documentos necessários. (Redação dada pela Lei 14.711, de 2023)

§ 3º (Revogado). (Redação dada pela Lei 14.711, de 2023)

§ 4º (Revogado). (Redação dada pela Lei 14.711, de 2023)

§ 5º A Comissão de Valores Mobiliários disciplinará o registro e a divulgação do ato societário de que trata a alínea *a* do inciso I do *caput* deste artigo e da escritura de emissão das debêntures objeto de oferta pública ou admitidas à negociação e os seus aditamentos. (Incluído pela Lei 14.711, de 2023)

§ 6º O Poder Executivo federal disciplinará o registro e a divulgação do ato societário de que trata a alínea *b* do inciso I do *caput* deste artigo e da escritura de emissão das debêntures de companhias fechadas e os seus aditamentos. (Incluído pela Lei 14.711, de 2023)

COMENTÁRIOS

1. Registro dos instrumentos constitutivos das debêntures e de suas garantias

MAURICIO MOREIRA MENEZES

A emissão das debêntures depende do cumprimento de atos formais, sucessivamente realizados pela emissora, cujos efeitos são aperfeiçoados por meio de registro próprio.

Nesse sentido, o primeiro deles corresponde à deliberação tomada por acionistas em assembleia-geral (art. 59, *caput*, LSA) ou, conforme o caso, pelo conselho de administração nas companhias abertas (art. 59, §§ 1º e 2º, LSA), que consubstancia o consentimento da companhia em obter financiamento via emissão de debêntures, segundo as condições aprovadas em assembleia-geral ou em reunião do conselho de administração. Equivale à autorização corporativa indispensável para a administração executiva (diretoria) seguir em frente e praticar os demais atos da emissão.

A formalidade subsequente é a assinatura pela companhia da escritura de emissão, que institui a emissão das debêntures propriamente dita e firma o compromisso da emissora quanto a seus termos (art. 61, LSA), contando, ainda, com a assinatura do agente fiduciário, facultativa nas emissões privadas e obrigatória nas emissões públicas (art. 61, § 1º, LSA).

Na hipótese de outorga de garantia real, a escritura de emissão pode funcionar como seu instrumento constitutivo, ressalvadas as questões de forma. Nessa linha, caso a criação do ônus real dispense a forma pública, não há qualquer impeditivo para sua veiculação por meio de cláusula específica na escritura de emissão (*v.g.*, alienação fiduciária de bem móvel e cessão fiduciária de recebíveis). Sendo a hipótese de garantia real sobre imóveis de valor superior a trinta vezes o maior salário mínimo vigente no País (art. 108, Código Civil), sua constituição exigirá que a escritura de emissão seja lavrada por instrumento público ou, conforme a conveniência da emissora, em documento apartado, igualmente elaborado por tabelião de notas (art. 7º, I, Lei 8.935/1994). Idêntica providência será diligenciada caso a forma pública para a constituição de garantia real seja exigida por lei especial.

A redação originária do art. 62, LSA, previa o registro da escritura de emissão perante o

Registro de Imóveis do lugar da sede da companhia, o que veio a ser excluído por ocasião da reforma da LSA implementada pela Lei 10.303/2001. Tratava-se de exigência cujo significado era exclusivamente histórico.

Com efeito, o Dec. 177-A/1893, que inaugurou a sistematização das normas sobre debêntures no País, previa, em seu art. 4º, que "no registro geral das hypothecas haverá um livro especial, destinado á inscripção dos emprestimos em obrigações ao portador, contrahidos pelas sociedades anonymas". Acresça-se que o Dec. 177-A/1893 previa sofisticado mecanismo de preferência do debenturista sobre os bens que compunham o ativo da companhia emissora, inclusive em relação a obrigações cobertas por garantia real, salvo se o ônus houvesse sido constituído antes da emissão. Logo, nada mais racional que submeter os instrumentos ao registro imobiliário, tornando mais segura a publicidade da emissão e de seus efeitos sobre o patrimônio da emissora. A norma se fez repetir em outras leis especiais, como a Lei de Registros Públicos (Lei 6.015/1973, art. 167, I, n. 16), consideradas, neste aspecto, tacitamente revogadas pela Lei 10.303/2001.

Em 2023, foi editada a Lei 14.711, conhecida como "Marco Legal das Garantias", que dispõe sobre regime de garantias ao crédito e disciplina medidas extrajudiciais para a sua recuperação. No que se refere às debêntures, a lei em questão teve por objetivo alterar normas relacionadas com o procedimento de sua emissão, o que inclui a simplificação de formalidades, dentre as quais o registro de seus instrumentos jurídicos.

Assim, o rigoroso regime de publicidade dos instrumentos afetos à emissão, adotado pelo histórico Dec. 177-A/1893 e mantido em parte pela LSA, veio a ser mitigado com o decurso do tempo, à vista das necessidades de redução dos custos negociais.

Nessa linha, a Lei 14.711/2023 aperfeiçoou a redação do art. 62 e dispensou a exigência legal (que a LSA classificou como "requisito de emissão") do registro da escritura de emissão, revogando expressamente o inciso II do art. 62, LSA. Contudo, nos termos de seus §§ 5º e 6º, não os aboliu em absoluto, mas sim delegou competência ao agente regulador para fixar normas sobre sua divulgação e registro.

Logo, no que se refere às companhias abertas, cabe à **Comissão de Valores Mobiliários editar normas complementares sobre o registro e a divulgação do ato societário de que trata a alínea *a* do inciso I do *caput* do art. 62, assim como sobre o registro e a divulgação da escritura de emissão das debêntures objeto de oferta pública ou admitidas à negociação e os seus aditamentos.**

Quanto às companhias fechadas, igual competência cabe ao Poder Executivo Federal, por intermédio do Departamento Nacional de Registro Empresarial e Integração – DREI, disciplinar o registro e a divulgação do ato societário de que trata a alínea *b* do inciso I do caput deste artigo e da escritura de emissão das debêntures de companhias fechadas e os seus aditamentos. Atualmente, o item 7 da Seção XII do Capítulo 2 do Manual de Registro da Sociedade Anônima (Anexo V da Instrução Normativa DREI 81/2020) exige o arquivamento da escritura perante a Junta Comercial do Estado onde se localiza a sede da companhia emissora.[519]

Segundo dispõe o art. 62, LSA, o registro do ato societário que deliberar sobre a emissão das debêntures e a constituição das garantias reais (conforme o caso) é considerado "requisito" da emissão. Infere-se, portanto, que o registro não se limita à óbvia produção de efeitos *erga omnes*, que, invariavelmente, resulta de sua realização. Nesse raciocínio, o ato de registro e de constituição das garantias (se aplicável) é essencial para a regularidade da emissão, o que se justifica pela natureza unilateral da escritura de emissão, ao qual o debenturista simplesmente aderirá e, nessa posição, deverá ser provido de segurança jurídica quanto à autenticidade de seu conteúdo.

Como o escopo da lei é dar efetividade quanto ao cumprimento dos referidos requisitos da emissão, confere legitimidade residual ao agente fiduciário, se houver, ao debenturista, para promover os registros e sanar irregularidades dos registros provocados pelos administradores da companhia (art. 62, § 2º, LSA). Nessas circunstâncias, deve a companhia reembolsar os custos

---

[519] "16.2.7 ESCRITURA DE DEBÊNTURES. Para emissão de debêntures é necessário o registro da certidão ou cópia da ata da assembleia geral ou da reunião do conselho de administração, que deliberou sobre a emissão na Junta Comercial da sede da companhia e arquivamento da escritura de emissão (art. 64 da Lei nº. 6.404 de 15 de dezembro de 1976). Para arquivamento da escritura, faz-se necessária a apresentação da certidão ou cópia da ata da assembleia geral ou reunião do conselho em conjunto, salvo se esta já encontrar-se registrada. A escritura poderá ser arquivada como anexo à certidão ou cópia da ata da assembleia geral ou reunião do conselho em processo separado".

que razoavelmente foram incorridos pelo agente ou debenturista.

Não obstante, entende-se que a inobservância dos requisitos de registro e constituição de garantias, tal como rigidamente determinado pelo art. 62, LSA, não produz a invalidade da emissão de debêntures, porquanto, como dito, a irregularidade pode ser sanada pelo agente fiduciário ou por qualquer debenturista. A consequência do descumprimento dá causa à responsabilidade dos administradores pelos prejuízos eventualmente causados, prontificando-se o legislador a estabelecer nexo direto de causalidade (art. 62, § 1º, LSA). A doutrina se posicionou sobre o problema, valendo transcrever as seguintes reflexões de Modesto Carvalhosa:

> Na vigência do Decreto n. 177-A, de 1893, a falta de publicação da ata da assembleia geral e do registro das garantias hipotecárias acarretava a nulidade da emissão [...] Pela Lei de 1976, a inobservância dos requisitos elencados na norma acarreta a responsabilidade dos administradores por perdas e danos causados não apenas à companhia, como também a terceiros prejudicados. Adentramos aqui a discussão sobre a validade e eficácia da emissão [...]. Temos, pois, como efeito do não registro, a responsabilidade dos administradores que estatutariamente deveriam encarregar-se de tais providências e, bem assim, dos membros do conselho de administração, por omissão.[520]

O aperfeiçoamento da constituição de garantias reais, se houver, deve obedecer ao que dispuser seu regime jurídico quanto ao respectivo registro. Há determinadas garantias, em geral aquelas sobre bens móveis, em que é suficiente o registro perante o Ofício de Registro de Títulos e Documentos, como a alienação fiduciária sobre bens móveis (art. 1.361, § 1º, Código Civil) e a cessão fiduciária de recebíveis (art. 66-B, § 3º, Lei 4.728/1965). Com relação a veículos, o Código Civil exige o registro perante o Departamento de Trânsito ("DETRAN") do Estado de seu licenciamento (art. 1.361, § 1º, Código Civil). Se houver constituição de ônus real sobre bens imóveis, o registro da garantia deve ser realizado perante o Registro de Imóveis do local de situação do bem (art. 1.227, Código Civil).

Por fim, uma vez promovido o registro da ata da assembleia-geral ou da ata de reunião do conselho de administração, que deliberou sobre a emissão, deve-se providenciar sua publicação, aplicando-se o disposto no art. 289, LSA.

SEÇÃO IV
FORMA, PROPRIEDADE, CIRCULAÇÃO E ÔNUS

Art. 63. As debêntures serão nominativas, aplicando-se, no que couber, o disposto nas seções V a VII do Capítulo III. (Redação dada pela Lei 9.457, de 1997)

§ 1º As debêntures podem ser objeto de depósito com emissão de certificado, nos termos do art. 43. (Redação dada pela Lei 10.303, de 2001)

§ 2º A escritura de emissão pode estabelecer que as debêntures sejam mantidas em contas de custódia, em nome de seus titulares, na instituição que designar, sem emissão de certificados, aplicando-se, no que couber, o disposto no art. 41. (Incluído pela Lei 10.303, de 2001)

COMENTÁRIOS

1. Forma nominativa das debêntures

MAURICIO MOREIRA MENEZES

O art. 63, LSA, passou por seguidas revisões para adequação aos termos da Lei 8.021/1990, que aboliu as formas endossável e ao portador de quaisquer títulos, com o escopo de identificar o respectivo investidor, para fins de coibir atividades ilícitas, em particular o crime de lavagem de dinheiro.

Com efeito, na reforma promovida pela Lei 9.457/1997, houve a exclusão de referências a qualquer outra forma de valor mobiliário que não a nominativa. Subsequentemente, a Lei 10.303/2001 promoveu a reordenação dos parágrafos, para fins de incluir a possibilidade de manutenção das debêntures escriturais em contas de custódia.

Logo, todos os valores mobiliários dispostos na LSA (ação, parte beneficiária, debênture e bônus de subscrição) passaram a ter, por força de lei, a forma nominativa, segundo a qual a prova da

---

[520] CARVALHOSA, Modesto. *Comentários à Lei de Sociedades Anônimas*. 7. ed. São Paulo: Saraiva, 2013. v. 1. p. 884. Em igual sentido: BORBA, José Ewaldo Tavares. *Das debêntures*. Rio de Janeiro: Renovar, 2005. p. 109.

propriedade das debêntures se presume pelas informações contidas na escrituração da companhia emissora, nomeadamente, no Livro de Registro de Debêntures Nominativas. Sua transferência é formalizada por meio de averbação no Livro de Transferência de Debêntures Nominativas.

Ressalve-se que o certificado a que se refere o art. 63, § 1º, LSA em nada se confunde com o certificado disposto no art. 64, LSA. A despeito da aparente coincidência de nomenclatura, o primeiro consubstancia o certificado de depósito, que constitui título de crédito representativo da debênture, emitido por instituição depositária autorizada a funcionar como agente emissor de certificados (art. 27, LSA).

A função do certificado de depósito converge com a dos títulos emitidos por armazéns gerais (Dec. 1.102/1903): permitir a negociação da debênture depositada, que permanece intangível durante o período do contrato de depósito, aplicando-se os termos do art. 43, LSA. Nesse sentido, confira-se trecho da Exposição de Motivos do Anteprojeto de LSA:

> O artigo 43 cria certificado de depósito de ações, da mesma natureza do conhecimento de depósito em armazém geral: é título emitido por instituição financeira, representativo de valores mobiliários por ela mantidos em depósito e que deverá substituir, na legislação em vigor, os "certificados de depósito em garantia", regulados no artigo 31 da lei nº 4.728. O regime legal é o mesmo do conhecimento do depósito em armazém geral, com os ajustamentos decorrentes da diversidade de natureza dos bens objeto do depósito.[521]

As debêntures nominativas podem adotar a forma escritural, que se trata de uma "subforma", uma variação ou especialização do título nominativo, segundo a qual é vedada sua corporificação por meio de certificado. Portanto, a desmaterialização da debênture é da essência da forma escritural. Nesse caso, aplicam-se as normas dispostas nos arts. 34 e 35, LSA, conforme a remissão feita no *caput* do art. 63 (Seção VI, do Capítulo III, LSA).

Menciona o art. 34, LSA, que os títulos escriturais são mantidos em contas de depósito, em nome de seus titulares, em instituição financeira autorizada pela Comissão de Valores Mobiliários a prestar serviços de escrituração de valores mobiliários, cuja disciplina regulatória é centralizada na Resolução CVM 33/2021.

Como observa por José Edwaldo Tavares Borba, não se trata, de fato, de um contrato de depósito ou custódia. A instituição escrituradora presta nada além de um serviço de registro e de transferência da debênture, disponibilizando sistema eletrônico no qual será lançada toda e qualquer informação relativamente à debênture, dotada de efeito jurídico, servindo tal sistema de "base para o pagamento de juros e para o exercício de direitos, bem como para anotação de direitos reais e outros ônus sobre os títulos".[522]

O extrato emitido pela instituição escrituradora conterá as informações pertinentes às debêntures e seus respectivos titulares (art. 63 c/c art. 35, § 2º, LSA).

Como antes assinalado, a forma escritural da debênture veio a ser reforçada pela Lei 10.303/2001, que consagrou os usos, há anos praticados no mercado, e reconheceu a atividade de custódia de debêntures (em instituição financeira autorizada pela Comissão de Valores Mobiliários), por meio da inserção do § 2º no art. 63, LSA, atraindo a aplicação do art. 41, LSA. Aqui sim, trata-se de contrato de depósito, em que se exige a adoção da forma escritural para sua celebração.

SEÇÃO V
CERTIFICADOS
Requisitos

Art. 64. Os certificados das debêntures conterão:

I – a denominação, sede, prazo de duração e objeto da companhia;

II – a data da constituição da companhia e do arquivamento e publicação dos seus atos constitutivos;

III – a data de publicação da ata de deliberação sobre a emissão na forma prevista no art. 59 desta Lei; (Redação dada pela Lei 14.711, de 2023)

IV – a data e ofício do registro de imóveis em que foi inscrita a emissão;

---

[521] Exposição de Motivos 196, de 24 de junho de 1976, do Ministério da Fazenda. Disponível em: <www.cvm.gov.br>. Acesso em: 25 out. 2019.

[522] BORBA, José Edwaldo Tavares. *Das debêntures*. Rio de Janeiro: Renovar, 2005. p. 131-133.

V – a denominação "Debênture" e a indicação da sua espécie, pelas palavras "com garantia real", "com garantia flutuante", "sem preferência" ou "subordinada";

VI – a designação da emissão e da série;

VII – o número de ordem;

VIII – o valor nominal e a cláusula de correção monetária, se houver, as condições de vencimento, amortização, resgate, juros, participação no lucro ou prêmio de reembolso, e a época em que serão devidos;

IX – as condições de conversibilidade em ações, se for o caso;

X – o nome do debenturista; (Redação dada pela Lei 9.457, de 1997)

XI – o nome do agente fiduciário dos debenturistas, se houver; (Redação dada pela Lei 9.457, de 1997)

XII – a data da emissão do certificado e a assinatura de dois diretores da companhia; (Redação dada pela Lei 9.457, de 1997)

XIII – a autenticação do agente fiduciário, se for o caso. (Redação dada pela Lei 9.457, de 1997)

COMENTÁRIOS

1. Dispensabilidade de emissão de certificado

Mauricio Moreira Menezes

Conforme os comentários feitos ao art. 63, LSA, os valores mobiliários nela dispostos (ação, parte beneficiária, debênture e bônus de subscrição) passaram a ter, por força de lei, a forma nominativa.

As debêntures nominativas podem ser representadas por meio de certificados que as corporifiquem, mas, usualmente, não o são, pois a forma nominativa dispensa sua materialização documental, uma vez que a prova da propriedade se presume pelas informações contidas na escrituração do emitente, nomeadamente, no Livro de Registro de Debêntures Nominativas. Sua transferência é formalizada por meio de averbação no Livro de Transferência de Debêntures Nominativas.

Nesse sentido, não é exagero afirmar que a emissão de certificado caiu, há décadas, em desuso, pois seu custo é absolutamente injustificável.

Por outro lado, os usos consolidaram a emissão e negociação de debêntures não corporificadas, tendo em conta a suficiência da segurança jurídica produzida por sua formalização via escritura de emissão e subsequente registro da propriedade no Livro de Registro de Debêntures Nominativas.

Ademais, caso seja adotada a forma escritural, a emissão de certificado deixa de ser uma faculdade: é vedada, nos termos do art. 34 c/c art. 63, LSA.

A forma escritural se tornou frequente nas debêntures emitidas publicamente, as quais são listadas em sistema de registro, custódia e liquidação financeira, próprios de mercado de balcão organizado. Os serviços de escrituração de debêntures são prestados por instituições devidamente autorizadas pela Comissão de Valores Mobiliários, nos termos da Resolução CVM 33/2021 e reforçam a segurança e certeza do direito do debenturista, pois desloca para entidades profissionais o controle do registro de propriedade, sem a ingerência da emissora-devedora.

Porém, uma vez emitido, o certificado deverá observar os requisitos elencados taxativamente no art. 64, LSA, sob pena de irregularidade de emissão, que, em caso de dano, ensejará a responsabilidade dos administradores da emissora.

A Lei 14.711/2023 aperfeiçoou a redação do art. 64, III, para fins de adaptá-la às alterações que promoveu nos arts. 59 e 62, excluindo a menção a "ata da assembleia geral" e a substituindo pela referência à ata de deliberação sobre a emissão, cujo **ato societário pode vir a abranger a ata de assembleia geral da companhia ou a ata de reunião do conselho de administração ou da diretoria (art. 59, §§ 1º a 3º, LSA).**

Títulos Múltiplos e Cautelas

Art. 65. A companhia poderá emitir certificados de múltiplos de debêntures e, provisoriamente, cautelas que as representem, satisfeitos os requisitos do artigo 64.

§ 1º Os títulos múltiplos de debêntures das companhias abertas obedecerão à padronização de quantidade fixada pela Comissão de Valores Mobiliários.

§ 2º Nas condições previstas na escritura de emissão com nomeação de agente fiduciário, os certificados poderão ser substituídos, desdobrados ou grupados.

Art. 66 — Mauricio Moreira Menezes

COMENTÁRIOS

1. Superação dos títulos múltiplos e cautelas

Mauricio Moreira Menezes

A cautela figurava, por natureza, como documento provisório, comprobatório do direito de seu titular, enquanto não concluída a emissão do respectivo certificado.

Por sua vez, o título múltiplo tinha a função de reunir, em único documento, o conjunto de direitos inerentes a uma pluralidade de certificados de debêntures.

O escopo de ambos instrumentos era facilitar a negociação do valor mobiliário, conferindo-lhe liquidez.

Uma vez que a forma nominativa das debêntures fez cair em desuso sua materialização documental e, portanto, a emissão de certificados, a cautela e o título múltiplo perderam, em absoluto, sua função (vide comentários ao art. 64, LSA).

SEÇÃO VI
AGENTE FIDUCIÁRIO DOS DEBENTURISTAS

Requisitos e Incompatibilidades

Art. 66. O agente fiduciário será nomeado e deverá aceitar a função na escritura de emissão das debêntures.

§ 1º Somente podem ser nomeados agentes fiduciários as pessoas naturais que satisfaçam aos requisitos para o exercício de cargo em órgão de administração da companhia e as instituições financeiras que, especialmente autorizadas pelo Banco Central do Brasil, tenham por objeto a administração ou a custódia de bens de terceiros.

§ 2º A Comissão de Valores Mobiliários poderá estabelecer que nas emissões de debêntures negociadas no mercado o agente fiduciário, ou um dos agentes fiduciários, seja instituição financeira.

§ 3º Não pode ser agente fiduciário:

a) pessoa que já exerça a função em outra emissão da mesma companhia, a menos que autorizado, nos termos das normas expedidas pela Comissão de Valores Mobiliários; (Redação dada pela Lei 12.431, de 2011).

b) instituição financeira coligada à companhia emissora ou à entidade que subscreva a emissão para distribuí-la no mercado, e qualquer sociedade por elas controlada;

c) credor, por qualquer título, da sociedade emissora, ou sociedade por ele controlada;

d) instituição financeira cujos administradores tenham interesse na companhia emissora;

e) pessoa que, de qualquer outro modo, se coloque em situação de conflito de interesses pelo exercício da função.

§ 4º O agente fiduciário que, por circunstâncias posteriores à emissão, ficar impedido de continuar a exercer a função deverá comunicar imediatamente o fato aos debenturistas e pedir sua substituição.

COMENTÁRIOS

1. Agente fiduciário dos debenturistas

Fábio Ulhoa Coelho

O agente fiduciário dos debenturistas é o representante da comunhão dos interesses dos titulares de debêntures de determinada emissão.

Os debenturistas possuem interesses comuns, tais como: (a) conferir se as garantias reais imobiliárias concedidas foram devidamente constituídas, pelo registro no Registro de Imóveis; (b) controlar o cumprimento das obrigações assumidas pela companhia, na escritura de emissão; (c) habilitar o crédito, em caso de falência etc. Esses interesses comuns são tratados, pela LSA, como uma "comunhão", e, para fins de facilitar tanto a defesa dos direitos dos debenturistas, como para facilitar a gestão da operação pela companhia, prevê-se um representante para ela: o agente fiduciário.

Nas emissões privadas, se pessoa jurídica, o agente fiduciário precisa ser uma instituição financeira, "especialmente autorizada pelo Banco Central" e que tenha por objeto "a administração ou custódia de bens de terceiros"; se pessoa natural, deve atender aos mesmos requisitos estabelecidos para a eleição para o Conselho de Administração ou Diretoria (§ 1º). Nas emissões públicas, a CVM, exercendo a competência que o § 2º lhe confere, admite apenas aquelas instituições financeiras como agente fiduciário dos debenturistas (Res. CVM 17/2021, art. 4º).

Prevê a LSA alguns fatores de impedimento para o exercício da função, relacionados a potenciais situações de conflito de interesses, seja com os da sociedade, seja com os dos debenturistas (§ 3º). Espera-se que o agente fiduciário dos debenturistas não tenha nenhuma dificuldade de exercer seu mister, orientando-se exclusivamente pelo melhor aos interesses dos debenturistas que representa. Na hipótese de impedimento superveniente, o agente fiduciário deve comunicar imediatamente o fato aos debenturistas, solicitando sua substituição. Não é necessário que entre em detalhes, bastando sua afirmação de que, após a assinatura da escritura de emissão, verificou-se fato caracterizado como impedimento.

O agente fiduciário dos debenturistas é identificado na escritura de emissão, que ele deve também assinar, como modo de aceitar a função para a qual é contratado (art. 66, *caput*). Assim, quem escolhe o agente fiduciário dos debenturistas, inicialmente, é a própria sociedade anônima emissora. Claro, os debenturistas poderão depois substituí-lo, se a maioria entender ser o caso. Mas, apesar de escolhido pela devedora debenturística, o agente fiduciário deve sempre zelar pelos interesses dos credores, em geral conflitantes com os dela.

Substituição, Remuneração e Fiscalização

Art. 67. A escritura de emissão estabelecerá as condições de substituição e remuneração do agente fiduciário, observadas as normas expedidas pela Comissão de Valores Mobiliários.

Parágrafo único. A Comissão de Valores Mobiliários fiscalizará o exercício da função de agente fiduciário das emissões distribuídas no mercado, ou de debêntures negociadas em bolsa ou no mercado de balcão, podendo:

a) nomear substituto provisório, nos casos de vacância;

b) suspender o agente fiduciário de suas funções e dar-lhe substituto, se deixar de cumprir os seus deveres.

COMENTÁRIOS

1. Substituição do agente fiduciário dos debenturistas

FÁBIO ULHOA COELHO

A escritura de emissão de debêntures deve disciplinar "as condições de substituição do agente fiduciário nas hipóteses de impedimentos temporários, renúncia, intervenção, liquidação extrajudicial ou qualquer outro caso de vacância". Admite-se, também a nomeação do substituto, "para todas ou algumas dessas hipóteses" (Res. CVM 17/2021, art. 2º, § 1º, III).

Ao disciplinar a substituição do agente fiduciário, a escritura de emissão não pode prever nenhuma cláusula que, direta ou indiretamente, a impeça ou dificulte, quando for esta a vontade da maioria dos credores debenturísticos reunidos em Assembleia de Debenturistas. Representante da comunhão dos interesses dos debenturistas, o agente fiduciário exerce uma função da confiança da maioria destes.[523] Motivada ou imotivadamente, e a qualquer tempo, ela pode substituir o escolhido pela sociedade anônima emissora (ou por ela mesma, em Assembleia anterior), até mesmo por ser a confiança fator da própria natureza da relação de representação convencional.

2. Remuneração do agente fiduciário dos debenturistas

FÁBIO ULHOA COELHO

A CVM estabeleceu, para as emissões públicas, que "a remuneração do agente fiduciário deve ser compatível com as responsabilidades e com o grau de dedicação e diligência exigidos para o exercício da função". Especificamente, previu que a escritura de emissão deve "estipular o montante, modo de atualização, periodicidade e condições de pagamento da remuneração atribuída ao agente fiduciário e a seu eventual substituto" (Res. CVM 17/2021, art. 14). Esses critérios também são aplicáveis às emissões privadas.

Deve ser estabelecida na escritura de emissão das debêntures, entre outras condições, a época e modo de pagamento da remuneração do agente fiduciário, bem como a quem cabe

---

[523] "[C]onstituída a comunhão de interesses, poderão os debenturistas obviamente rever [a] nomeação, despedindo, sem indicação de motivos, ou seja *ad nutum*, o agente fiduciário que fora nomeado, na escritura de emissão, pela companhia emissora" (LUCENA, José Waldecy. *Das sociedades anônimas* – comentários à lei. Rio de Janeiro: Renovar, 2009. v. 1. p. 688).

providenciá-lo, se à companhia (que parece ser o mais racional e é a alternativa, de longe, a mais comum) ou aos debenturistas.

Em tese, as cláusulas sobre a remuneração constantes da escritura de emissão não podem ser alteradas contrariamente à vontade do agente fiduciário. O vínculo dele, incialmente com a sociedade, e, posteriormente, com os debenturistas, é contratual e, por isso, qualquer mudança depende da convergência de vontade do *accipiens* e do *solvens* da relação obrigacional. Mas, exercendo o agente fiduciário uma função de confiança, tende a ser prontamente substituído caso não se mostre aberto o suficiente à revisão de sua remuneração. Apenas não poderá ter o seu crédito alterado, relativamente ao trabalho desempenhado *antes* da alteração da escritura de emissão de debêntures.

3. Fiscalização do agente fiduciário dos debenturistas

Fábio Ulhoa Coelho

Nas emissões públicas (destinadas à negociação no MVM), o agente fiduciário dos debenturistas encontra-se também sob a fiscalização da CVM. Se a autarquia considerar que o contratado para a função não está cumprindo com seus deveres, pode suspendê-lo provisoriamente, nomeando substituto. Pode também fazer a substituição em qualquer caso de vacância, definitiva (renúncia, intervenção, liquidação extrajudicial etc.) ou temporária, até que a Assembleia dos Debenturistas aprove a contratação do substituto (art. 67, parágrafo único).

Deveres e Atribuições

Art. 68. O agente fiduciário representa, nos termos desta Lei e da escritura de emissão, a comunhão dos debenturistas perante a companhia emissora.

§ 1º São deveres do agente fiduciário:

a) proteger os direitos e interesses dos debenturistas, empregando no exercício da função o cuidado e a diligência que todo homem ativo e probo costuma empregar na administração de seus próprios bens;

b) elaborar relatório e colocá-lo anualmente a disposição dos debenturistas, dentro de 4 (quatro) meses do encerramento do exercício social da companhia, informando os fatos relevantes ocorridos durante o exercício, relativos à execução das obrigações assumidas pela companhia, aos bens garantidores das debêntures e à constituição e aplicação do fundo de amortização, se houver, do relatório constará, ainda, declaração do agente sobre sua aptidão para continuar no exercício da função;

c) notificar os debenturistas, no prazo máximo de 60 (sessenta) dias, de qualquer inadimplemento, pela companhia, de obrigações assumidas na escritura da emissão. (Redação dada pela Lei 10.303, de 2001)

§ 2º A escritura de emissão disporá sobre o modo de cumprimento dos deveres de que tratam as alíneas *b* e *c* do parágrafo anterior.

§ 3º O agente fiduciário pode usar de qualquer ação para proteger direitos ou defender interesses dos debenturistas, sendo-lhe especialmente facultado, no caso de inadimplemento da companhia:

a) declarar, observadas as condições da escritura de emissão, antecipadamente vencidas as debêntures e cobrar o seu principal e acessórios;

b) executar garantias reais, receber o produto da cobrança e aplicá-lo no pagamento, integral ou proporcional, dos debenturistas;

c) requerer a falência da companhia emissora, se não existirem garantias reais;

d) representar os debenturistas em processos de falência, concordata, intervenção ou liquidação extrajudicial da companhia emissora, salvo deliberação em contrário da assembleia dos debenturistas;

e) tomar qualquer providência necessária para que os debenturistas realizem os seus créditos.

§ 4º O agente fiduciário responde perante os debenturistas pelos prejuízos que lhes causar por culpa ou dolo no exercício das suas funções.

§ 5º O crédito do agente fiduciário por despesas que tenha feito para proteger direitos e interesses ou realizar créditos dos debenturistas será acrescido à dívida da companhia emissora, gozará das mesmas garantias das debêntures e preferirá a estas na ordem de pagamento.

§ 6º Serão reputadas não-escritas as cláusulas da escritura de emissão que restringirem os deveres, atribuições e responsabilidade do agente fiduciário previstos neste artigo.

COMENTÁRIOS

1. A atuação do agente fiduciário dos debenturistas

Fábio Ulhoa Coelho

Como representante da comunhão dos interesses dos debenturistas, o agente fiduciário tem deveres e responsabilidade para com estes. Deve desincumbir-se deles observando o mesmo dever de diligência que a LSA impõe aos administradores de sociedades anônimas (art. 68, § 1º, *a*, e art. 153).

A LSA lista três deveres impostos ao agente fiduciário dos debenturistas, que são o de proteger os direitos e interesses da comunhão, prestar contas anualmente mediante relatório com informações sobre fatos relevantes ocorridos no período abrangido e notificar os debenturistas acerca de qualquer inadimplemento pela sociedade emissora das obrigações contraídas na escritura de emissão, fazendo-o no prazo de 60 dias (§ 1º). A lista legal dos deveres do agente fiduciário dos debenturistas não é taxativa, e pode ser ampliada e esmiuçada tanto por regulamento da CVM[524] como por disposições da escritura de emissão.

Em consonância com tais premissas, a LSA atribui ao agente fiduciário dos debenturistas a qualidade de substituto processual destes, para demandar a companhia emissora. Trata-se de legitimação exclusiva, de modo que nenhum debenturista pode acionar isoladamente a companhia emissora, por inadimplemento das obrigações contraídas com a emissão das debêntures, a menos que a emissão seja privada e não conte com agente fiduciário. Apenas direitos individuais, próprios de um ou alguns debenturistas, podem ser objeto de ações propostas pelos diretamente lesionados. É o caso, por exemplo, de ação declaratória promovida pelo debenturista que alega ter feito o pagamento de todas as parcelas do preço de subscrição, quando isso é questionado pela sociedade emissora.

Especificamente, o agente fiduciário dos debenturistas tem o direito de declarar o vencimento antecipado do valor mobiliário inadimplido, observando a escritura de emissão; de executar as garantias reais; receber o produto das execuções e pagar os debenturistas; pedir a falência da devedora debenturística (se presentes os requisitos da LRF para tanto); habilitar os créditos dos debenturistas no concurso falimentar, na recuperação judicial, intervenção ou liquidação extrajudicial, a menos que receba orientação diversa da Assembleia dos Debenturistas etc. (§ 3º).

As despesas em que incorre o agente fiduciário na defesa dos direitos e interesses da comunhão de debenturistas devem ser ressarcidas pela sociedade anônima emissora, mesmo que referentes apenas a medidas extrajudiciais. O crédito pelo reembolso acresce à dívida debenturística da companhia e goza das mesmas garantias das debêntures. Além disso, a LSA estabelece a preferência deste reembolso ao agente fiduciário, em relação ao próprio crédito dos debenturistas, em determinação a ser observada pelo administrador judicial, na satisfação do passivo, na falência da sociedade anônima emissora.

A LSA não precisava dizer, mas disse, que o agente fiduciário dos debenturistas é responsável pelos prejuízos que causar, por culpa ou dolo, no exercício de suas funções.

Por fim, consideram-se inexistentes ("não escritas") quaisquer cláusulas da escritura de emissão que restrinjam os deveres, atribuições e responsabilidades legais do agente fiduciário dos debenturistas, estipulados no art. 68 da LSA.

2. A atuação do agente fiduciário na crise da sociedade emissora

Fábio Ulhoa Coelho

Se a sociedade anônima emissora estiver em crise e optar por se socorrer de um dos mecanismos de preservação da falência previstos na Lei 11.101/2005, será diversa a atuação do agente fiduciário, segundo o meio escolhido (recuperação judicial ou extrajudicial).

A LSA menciona, ainda, a figura da concordata, ao estabelecer, no art. 68, § 3º, "c", as atribuições do agente fiduciário em garantia. Quando editada, em 1976, era ela o único mecanismo de preservação da falência existente no direito brasileiro. Ao substituí-la, em 2005, pelos dois mecanismos atuais (recuperação judicial e extrajudicial), o legislador *não* determinou que se aplicassem a eles as normas da concordata. E não poderia mesmo ter feito esta extensão em termos genéricos, porque, tirando o objetivo comum de preservar o empresário em crise da

---

[524] Res. CVM 17/2021, art. 11.

falência, pouco aproxima a concordata dos instrumentos recuperacionais. Quer dizer, a aplicação à recuperação judicial ou extrajudicial das normas que fazem referência à concordata não é, e não pode ser, uma afirmação peremptória.

Em outros termos, o art. 68, § 3º, *c*, da LSA, na parte em que menciona a "concordata" deve ser estendido, ou não, às medidas recuperacionais, em função das características próprias de cada uma delas. E, assim procedendo, chega-se primeiro à conclusão de que o agente fiduciário dos debenturistas representa necessariamente a comunhão na recuperação judicial (habilitando crédito ou impugnando lista de credores, peticionando ou recorrendo e, principalmente, votando na AGC). Na recuperação judicial da sociedade emissora, cabe a atuação individual dos debenturistas somente na hipótese de não existir o agente fiduciário.

Quando se trata de recuperação extrajudicial, no entanto, admite-se que a devedora procure os debenturistas individualmente, mesmo existindo agente fiduciário, porque a novação recuperacional não decorre de uma *deliberação* do conjunto de credores, mas, sim, da concordância de todos os credores afetados (homologação facultativa do art. 162 da Lei 11.101/2005) ou da prévia adesão ao plano por parte de credores titulares de percentual mínimo (três quintos) dos créditos por ele abrangidos (homologação obrigatória do art. 163). Em outros termos, a recuperação extrajudicial é uma negociação entre a devedora e alguns titulares de crédito, que tem por pressuposto exatamente a circunstância de não compreender o conjunto de credores. Ao contrário da judicial, a recuperação extrajudicial não precisa alcançar a totalidade dos credores (nem mesmo a totalidade dos sujeitos aos seus efeitos).

A superação da crise por meio de renegociações com uma parcela dos credores é da essência da recuperação extrajudicial, seja a homologação do plano facultativa ou obrigatória. Enquanto na recuperação judicial, a sociedade anônima emissora há de necessariamente levar em consideração o *conjunto* de seus credores sujeitos, e, entre eles, o *conjunto* de seus credores debenturísticos, na extrajudicial, essa necessidade não só não existe, como está, de pronto, afastada pela essência mesma deste mecanismo de superação da crise.

3. O fundo de amortização das debêntures

Fábio Ulhoa Coelho

Há duas alternativas de constituição do fundo de amortização das debêntures: contábil ou financeiro. Nas duas hipóteses, são afetados bens do patrimônio da sociedade anônima emissora, no sentido de destiná-los exclusivamente ao pagamento aos debenturistas das amortizações a serem realizadas, conforme previsto na escritura de emissão. A segregação *patrimonial* é comum a qualquer tipo de fundo de amortização, mas o contábil se distingue do financeiro em função da segregação *em conta bancária* própria, que existe neste, mas não naquele.

Em outros termos, no fundo contábil, não há a necessária segregação dos recursos destinados à amortização numa conta bancária específica, de titularidade da companhia emissora. Aqui, o fundo de amortização equivale a uma reserva (arts. 193 a 200). No fundo de amortização de natureza financeira, ao contrário, os recursos destinados a custearem a antecipação devem ser depositados numa conta bancária própria, sempre de titularidade da companhia emissora.[525]

Se, entre as atribuições do agente fiduciário, houver a de administrar o fundo de amortização (art. 69), este terá que adotar forçosamente a forma *financeira*. Mas, se esta tarefa não for da responsabilidade do agente fiduciário, a companhia emissora deve conferir ao fundo de amortização a forma *contábil*. É que a modalidade financeira do fundo de amortização é irracional: a companhia certamente encontrará remunerações mais atraentes às suas disponibilidades, se puder administrá-las em conjunto. Quanto maior o volume de recursos do investidor, maiores serão as taxas de retorno que lhe oferece o mercado.

Outras Funções

Art. 69. A escritura de emissão poderá ainda atribuir ao agente fiduciário as funções de autenticar os certificados de debêntures,

---

[525] Francisco José Pinheiro Guimarães considera que "a companhia emissora pode obrigar-se na escritura a constituir fundo de amortização das debêntures, mediante depósito periódico dos recursos a serem utilizados na amortização. Em geral o fundo de amortização é mantido em uma instituição financeira e os recursos são aplicados exclusivamente em títulos de alta liquidez e somente podem ser utilizados na sua finalidade" (LAMY FILHO, Alfredo; PEDREIRA, José Luiz Bulhões (coords.). *Direito das companhias*. 2. ed. Rio de Janeiro: Forense, 2017. p. 430). Está fazendo referência, evidentemente, apenas à forma financeira do fundo de amortização.

administrar o fundo de amortização, manter em custódia bens dados em garantia e efetuar os pagamentos de juros, amortização e resgate.

COMENTÁRIOS

1. Funções do agente fiduciário estabelecidas na escritura de emissão

Mauricio Moreira Menezes

Conforme mencionado nos comentários aos art. 66 e ss., LSA, as debêntures, principalmente quando ofertadas publicamente, tendem a constituir uma comunhão de credores, cuja organização exige a nomeação do agente fiduciário de debenturistas na própria escritura de emissão (art. 61, § 1º, LSA), que centralizará a defesa de seus interesses perante a companhia emitente.

Logo, o agente fiduciário é o representante da comunhão de debenturistas (art. 68, LSA), subscrevendo a escritura de emissão e assumindo os deveres e responsabilidades pertinentes.

Além dos deveres legais elencados no art. 68, LSA, e daqueles impostos pela Resolução CVM 17/2021, o art. 69, LSA, dispõe que a escritura de emissão poderá atribuir ao agente fiduciário as funções de autenticar os certificados de debêntures, administrar o fundo de amortização (que se destina a receber os recursos que serão alocados ao pagamento do valor principal das debêntures), manter em custódia bens dados em garantia e efetuar os pagamentos de juros, amortização e resgate.

Em tese, são funções que dizem respeito ao atendimento de interesses de debenturistas e, portanto, condizentes com o escopo de serviços tipicamente prestados pelo agente fiduciário.

Porém, na atualidade, dado o grau de especialização profissional dos prestadores de serviços no setor financeiro, é usual a delegação dessas funções a outros agentes, de tal modo a diluir suas respectivas responsabilidades, trazendo maior segurança ao debenturista.

Exemplificativamente, pode a escritura de emissão indicar instituição financeira que funcionará como "banco mandatário" da emissão e responsável pelos procedimentos relativos aos pagamentos dos eventos das debêntures perante às câmaras de liquidação e custódia (art. 63, § 2º, LSA) ou perante o agente escriturador da emissão, se houver.

Por outro lado, quanto aos bens dados em garantia, o serviço de custódia dependerá de sua natureza: caso se trate de títulos ou quantia em dinheiro, pode ser nomeada instituição financeira custodiante. Caso sejam bens móveis, como a safra do produtor rural, pode ser nomeado armazém geral situado em local próximo à propriedade rural. Na hipótese de a garantia recair sobre maquinário ou imóvel, nada impede que a própria companhia emitente figure como depositária.

Ademais, há tarefas que sequer necessitam ser realizadas. Com efeito, a autenticação de certificados de debêntures caiu em desuso, considerando sua forma nominativa, que dispensa emissão de certificado, conforme art. 63, LSA, além da adoção da forma escritural, que veda tal emissão, e que se tornou frequente nas emissões públicas de debêntures. Observe-se que, em suma, a emissão de certificado representaria um custo desnecessário, conforme os comentários aduzidos ao art. 64, LSA.

Ao lado do rol de funções mencionado no art. 69, LSA, a escritura de debêntures elenca, usualmente, outras atribuições e deveres do agente fiduciário, variando conforme o caso e as circunstâncias de cada emissão.

Há funções detalhadas na Resolução CVM 17/2021, as quais se recomenda que constem da escritura de emissão, para que, relativamente a elas, se obtenha o expresso compromisso do agente fiduciário. Alguns exemplos podem ser trazidos à baila, como mera ilustração: renunciar à função na hipótese da superveniência de conflito de interesses ou de qualquer outra modalidade de inaptidão; conservar em boa guarda toda a escrituração, correspondências e demais papéis relacionados com o exercício de suas funções; verificar a veracidade das informações contidas na escritura de emissão, diligenciando no sentido de que sejam sanadas as omissões, falhas ou defeitos de que tenha conhecimento; emitir parecer sobre a suficiência das informações constantes de eventual proposta de modificação nas condições das debêntures; verificar a regularidade da constituição da garantia real; intimar a emissora a reforçar a garantia dada, na hipótese de sua deterioração ou depreciação; solicitar, quando considerar necessário, auditoria extraordinária e forense na emissora, com escopo definido; elaborar comentários sobre as demonstrações financeiras da emissora, seus indicadores econômicos, financeiros e de sua estrutura de capital; manter atualizada a relação dos debenturistas e seus endereços, mediante, inclusive, gestões junto à emissora, às câmaras de liquidação e custódia e à instituição prestadora de serviços de debêntures escriturais, dentre outras atribuições.

> **Substituição de Garantias e Modificação da Escritura**
>
> **Art. 70.** A substituição de bens dados em garantia, quando autorizada na escritura de emissão, dependerá da concordância do agente fiduciário.
>
> **Parágrafo único.** O agente fiduciário não tem poderes para acordar na modificação das cláusulas e condições da emissão.

COMENTÁRIOS

1. Substituição de garantias e papel do agente fiduciário

Mauricio Moreira Menezes

O art. 70, LSA, autoriza a substituição de bens dados em garantia à dívida contraída pela emissora por meio das debêntures, permitindo que, à luz da autonomia privada, seja incluída na escritura de emissão cláusula que dispense sua aprovação pelos debenturistas reunidos em assembleia (art. 71, LSA), caso em que se exigirá expressa concordância do agente fiduciário.

Em outros termos, desde que haja previsão específica na escritura de emissão, o agente fiduciário tem plenos poderes para negociar e, conforme o caso, aprovar a substituição de bens dados em garantia. Trata-se de grave responsabilidade, que, assim, exige do agente fiduciário acurada diligência, de tal sorte a assegurar que a nova garantia seja hígida, dotada de liquidez e de conteúdo pecuniário, no mínimo, equivalente àquela substituída.

A propósito, é dever do agente fiduciário verificar a regularidade da constituição das garantias reais, bem como o valor dos bens dados em garantia, observando a manutenção de sua suficiência e exequibilidade nos termos das disposições estabelecidas na escritura de emissão, conforme dispõe o art. 11, X, da Resolução CVM 17/2021. Essa verificação inclui, por exemplo, a formalização do registro competente, que pode e deve ser providenciado pelo agente fiduciário, como medida de defesa dos interesses dos debenturistas (art. 62, § 2º, LSA), cujos custos deverão ser arcados pela companhia emissora.

Como acima comentado, o agente fiduciário responderá perante a comunhão de debenturistas pelo eventual prejuízo resultante da substituição de garantias, desde que comprovado culpa ou dolo (art. 67, § 4º, LSA: "o agente fiduciário responde perante os debenturistas pelos prejuízos que lhes causar por culpa ou dolo no exercício das suas funções"). Nessa atividade, para evitar alegação de quebra de seu dever de diligência, recomenda-se que o agente fiduciário produza opinião circunstanciada sobre as razões da substituição de garantia e os fundamentos que sugerem sua aprovação (art. 11, XI, Resolução CVM 17/2021). Eventualmente, nada impede que convoque assembleia geral de debenturistas, para que se disponibilize a prestar, presencialmente, quaisquer informações relacionadas com a questão, submetendo-a ao crivo da maioria.

Importante ser dito que a substituição das garantias reais pode ser provocada pelo próprio agente fiduciário, caso constate a deterioração ou depreciação dos respectivos bens, aplicando-se, evidentemente, os cuidados que a diligência sugere, como antes comentado.

2. Modificação da escritura de emissão e limites do agente fiduciário

Mauricio Moreira Menezes

O parágrafo único do art. 70, LSA, veda ao agente fiduciário transacionar com a companhia emissora acerca da modificação das cláusulas e condições constantes da escritura de emissão.

Trata-se de competência privativa da comunhão de debenturistas, reunidos em assembleia, que examinarão a proposta da companhia e deliberarão à luz do princípio majoritário, facultando-se que a escritura de emissão contemple quórum qualificado para aprovação dessa matéria, conforme textualmente mencionado no art. 71, § 5º, LSA ("a escritura de emissão estabelecerá a maioria necessária, que não será inferior à metade das debêntures em circulação, para aprovar modificação nas condições das debêntures").

Nessa hipótese, deve o agente fiduciário comparecer à assembleia e prestar aos debenturistas as informações que lhe forem solicitadas (art. 71, § 6º, LSA), incluindo-se sua opinião formal, devidamente fundamentada, sobre a proposta de modificação formulada pela emissora (art. 11, IX c/c art. 16, § 2º, ambos da Resolução CVM 17/2021).

SEÇÃO VII
ASSEMBLEIA DE DEBENTURISTAS

Art. 71. Os titulares de debêntures da mesma emissão ou série podem, a qualquer tempo, reunir-se em assembleia a fim de deliberar sobre matéria de interesse da comunhão dos debenturistas.

§ 1º A assembleia de debenturistas pode ser convocada pelo agente fiduciário, pela companhia emissora, por debenturistas que representem 10% (dez por cento), no mínimo, dos títulos em circulação, e pela Comissão de Valores Mobiliários.

§ 2º Aplica-se à assembleia de debenturistas, no que couber, o disposto nesta Lei sobre a assembleia-geral de acionistas.

§ 3º A assembleia se instalará, em primeira convocação, com a presença de debenturistas que representem metade, no mínimo, das debêntures em circulação, e, em segunda convocação, com qualquer número.

§ 4º O agente fiduciário deverá comparecer à assembleia e prestar aos debenturistas as informações que lhe forem solicitadas.

§ 5º A escritura de emissão estabelecerá a maioria necessária, que não será inferior à metade das debêntures em circulação, para aprovar modificação nas condições das debêntures.

§ 6º Nas deliberações da assembleia, a cada debênture caberá um voto.

§ 7º Na hipótese prevista no inciso IX do caput do art. 59 desta Lei, o cômputo dos votos nas deliberações de assembleia ocorrerá pelo direito econômico proporcional possuído por titular. (Incluído pela Lei 14.711, de 2023)

§ 8º A Comissão de Valores Mobiliários poderá autorizar a redução do quórum previsto no § 5º deste artigo na hipótese de debêntures de companhia aberta, quando a propriedade das debêntures estiver dispersa no mercado. (Incluído pela Lei 14.711, de 2023)

§ 9º Na hipótese prevista no § 8º deste artigo, a autorização da Comissão de Valores Mobiliários será mencionada nos avisos de convocação, e a deliberação com quórum reduzido somente poderá ser adotada em terceira convocação. (Incluído pela Lei 14.711, de 2023)

§ 10. Para fins do disposto no § 8º deste artigo, considera-se que a propriedade das debêntures está dispersa quando nenhum debenturista detiver, direta ou indiretamente, mais de metade das debêntures. (Incluído pela Lei 14.711, de 2023)

COMENTÁRIOS

1. O órgão da comunhão dos debenturistas

FÁBIO ULHOA COELHO

Os debenturistas titulares de debêntures de uma mesma série ou emissão possuem interesses comuns, que a LSA eleva à categoria de "comunhão de interesses" (art. 68). Como em qualquer comunhão, por vezes é necessário aferir-se a vontade da maioria dos seus integrantes. Mesmo sendo comuns os interesses, haverá com frequência diferentes alternativas para os proteger ou efetivar, bem como algumas variáveis estratégicas e táticas. Que opinião acerca desses assuntos deve prevalecer, define-se em função do princípio majoritário, ou seja, os integrantes da comunhão devem se submeter à vontade da maioria deles.

No caso dos credores debenturísticos, a vontade majoritária da comunhão é aferível no âmbito de um órgão criado pela LSA: a Assembleia de Debenturistas.

Seu funcionamento segue as normas estabelecidas pela LSA para as assembleias gerais de acionistas (§ 2º). Deste modo, entre outras implicações, admite-se a Assembleia de Debenturistas com participação e voto à distância (art. 121, parágrafo único); a convocação faz-se por publicação por três vezes, no mínimo, de aviso contendo local, data e hora de sua realização e a ordem do dia (art. 124); realiza-se no edifício da companhia emissora, salvo motivo de força maior (art. 124, § 2º); trata-se de evento privado ao qual só tem acesso os legitimados (debenturista e o agente fiduciário dos debenturistas, somente) (art. 126); é necessário o controle de presença (art. 127); os trabalhos serão dirigidos por uma mesa, composta de presidente e secretário (art. 128); e a ata pode ser ordinária ou sumária (art. 130).

Não se aplicam à Assembleia de Debenturistas as normas da Assembleia Geral atinentes à competência para convocação, quórum de instalação e quórum de deliberação. Em relação a essas matérias, o art. 71 da LSA estabelece disposições específicas, a serem observadas.

Em relação à competência para a convocação há quatro legitimados: (i) a companhia emissora; (ii) o agente fiduciário dos debenturistas: (iii) debenturistas titulares de pelo menos 10% das debêntures em circulação; e (iv) a Comissão de Valores Mobiliários (§ 1º). Quanto ao quórum de instalação, ele foi fixado na lei em metade das debêntures em circulação, para a primeira convocação, e em qualquer número, para a segunda (§ 3º). E no tocante ao quórum de deliberação, a escritura de emissão pode fixá-lo livremente, devendo observar um único limite legal, que é o quórum qualificado para aprovação de alteração nas condições das debêntures (nunca inferior à metade das debêntures em circulação).

Nessas regras próprias da Assembleia de Debenturistas, há um conceito importante a esclarecer: quais são as debêntures *em circulação*? O aclaramento desse conceito é importante, porque ele afeta a competência para convocação, o quórum de instalação em primeira convocação e o quórum qualificado de deliberação acerca de alterações nas debêntures. Pois bem; devem-se adotar, na identificação das "debêntures em circulação" os mesmos critérios utilizáveis na das "ações em circulação", vale dizer, com a exclusão das de titularidade do acionista controlador, pessoas a ele vinculadas e administradores? Não é o caso, porque esta exclusão se justifica na definição das ações em circulação, porque o percentual da titularidade destas pelo controlador, pessoas a ele vinculadas e administradores reduz a liquidez do valor mobiliário, o que não se verifica com as debêntures.

Debêntures em circulação, assim, compreende todas as de uma mesma série ou emissão, excetuadas apenas as adquiridas pela companhia, para cancelamento ou manutenção em carteira.

Há mais duas regras próprias da Assembleia de Debenturista: (a) a presença obrigatória do agente fiduciário, se existir, para prestar aos debenturistas presentes as informações que forem solicitadas, para a tomada da decisão assemblear; e (b) a atribuição de um voto a cada debênture. Essa última disposição legal seria até mesmo desnecessária, posto que a obrigatoriedade legal de tratamento isonômico às debêntures da mesma série (art. 53, parágrafo único) já exclui inteiramente a juridicidade do voto plural ou da supressão de voto em relação a parte delas.

2. Marco Legal das Garantias

Fábio Ulhoa Coelho

O Marco Legal das Garantias (Lei 14.7111/2023) acrescentou os §§ 7º a 10 ao art. 71, introduzindo duas alterações no funcionamento da assembleia dos debenturistas.

No § 7º, estabeleceu a proporcionalidade do voto no caso de *desmembramento nas debêntures*, dos direitos econômicos de titularidade do debenturista. Quando admissível, nos termos da deliberação assemblear (art. 59, IX), os debenturistas podem negociar, em separado, os direitos econômicos relativos ao principal do mútuo debenturístico e os relativos a juros e demais direitos.

E os §§ 8º a 10 autorizam a CVM a fixar quóruns deliberativos inferiores ao de metade das debêntures em circulação, quando houver dispersão no mercado. O quórum assim fixado terá eficácia na terceira convocação da assembleia de debenturistas.

3. Modificação nas condições das debêntures

Fábio Ulhoa Coelho

As debêntures são valores mobiliários que se prestam tipicamente à captação de recursos para financiar investimentos da sociedade anônima emissora. Por esta razão, em geral, seu prazo de vencimento é longo (em torno de oito a dez anos). Pois bem, as condições das debêntures podem se revelar, com o passar dos anos, desinteressantes para as partes. Se, quando da emissão, o risco de investir no Brasil era alto e foi se reduzindo em razão de fatores macroeconômicos, é provável que os juros constantes da escritura de emissão se mostrem excessivos para a sociedade anônima emissora. Ela conseguiria reestruturar o passivo, resgatando as debêntures com novos recursos captados a juros menores (num mútuo bancário ou mesmo por meio de nova emissão de valores mobiliários desta espécie). Quando o cenário econômico é esse, surge o interesse em modificar as condições das debêntures também para os debenturistas. Pode-se chegar a um meio-termo, em que os debenturistas concordam na redução dos juros, desde que um pouco superior ao praticado no mercado, e, em contrapartida, a sociedade assente com essa nova condição, vendo vantagem em não precisar fazer uma nova captação.

As regras sobre a alteração das condições das debêntures variam: se a sociedade emissora se encontra no regime de exercício normal da empresa, aplicam-se as regras da LSA; se estiver em crise e tiver se socorrido dos instrumentos da Lei 11.101/2005 (recuperação judicial ou extrajudicial), são as normas desta lei, e não as do diploma societário, que irão nortear a mudança no negócio jurídico debenturístico.

(1) No primeiro caso, as debêntures terão suas condições alteradas por renegociação entre os interessados, vale dizer, a sociedade emissora e os debenturistas. Da referência, no art. 71, § 5º, ao quórum qualificado de deliberação para aprovar modificação nas condições das debêntures (o previsto na escritura de emissão, não inferior a metade das debêntures em circulação) não cabe concluir que a Assembleia de Debenturistas tem poderes para alterá-las unilateralmente.

O empréstimo debenturístico é negócio jurídico bilateral, constituído pela convergência das vontades da companhia emissora e dos debenturistas. A declaração da sociedade anônima mutuária instrumentaliza-se na escritura de emissão, esta sim um negócio jurídico unilateral; e a de cada debenturista, instrumentaliza-se no ato de subscrição do valor mobiliário.

Para qualquer modificação nas condições das debêntures, é imprescindível também a vontade convergente das partes do empréstimo debenturístico. O art. 71, § 5º, aplica-se à formação da vontade de uma delas, que é a comunhão dos debenturistas. Contra a vontade da sociedade, não há como modificar-se qualquer condição do mútuo representado por esse valor mobiliário. Na verdade, apenas a cláusula de nomeação do agente fiduciário dos debenturistas pode ser alterada unilateralmente pela Assembleia de Debenturistas. As demais, concernentes a prazos, valores, juros e demais condições só podem ser modificadas se também a sociedade emissora concordar.

A concordância da sociedade anônima emissora manifesta-se por deliberação do órgão competente para aprovar a emissão (Assembleia Geral Extraordinária ou Conselho de Administração, nos termos do art. 59). Quando, aliás, for dela a iniciativa de renegociar as debêntures, essa deliberação pode ser adotada, sob a condição de vir a ser aprovada pela Assembleia de Debenturistas, que a sociedade convoca logo na sequência à AGE ou reunião do Conselho de Administração.

Imagine-se que a escritura de emissão não contemplasse cláusula sobre amortização das debêntures e a companhia emissora passa a considerar interessante essa antecipação. Após aprovar a modificação das debêntures no órgão societário competente, ela convoca a Assembleia de Debenturistas. Se a amortização for também aprovada nesse órgão dos credores debenturísticos, aperfeiçoa-se a alteração no mútuo. Não alcançado, porém, o quórum qualificado para essa votação na Assembleia de Debenturistas, permanece a impossibilidade de amortização.

(2) No segundo caso, se a sociedade anônima emissora se encontra em recuperação judicial, a alteração das condições das debêntures não ocorre em razão de renegociação entre as partes do negócio jurídico debenturístico. A alteração das condições, ao contrário, será consequência da novação recuperacional, isto é, da ampla negociação entre a sociedade emissora e todos os seus credores sujeitos aos efeitos da recuperação (o mercado os chama, embora impropriamente, de "concursais"), instrumentalizada pelo plano de recuperação judicial. Nesse caso, se a maioria dos debenturistas de uma série ou emissão restar vencida, no âmbito da respectiva classe da Assembleia Geral de Credores, submeter-se-á à novação aprovada pela maioria dos credores, atendidos os quóruns da Lei 11.101/2005.

E se a emissora tiver se valido da recuperação extrajudicial, ela pode alcançar o percentual do passivo objeto do plano, previsto na Lei 11.101/2005, com negociações prévias feitas com os demais credores sujeitos ou com uma parcela minoritária dos debenturistas.

A novação recuperacional pode alterar qualquer condição das debêntures, determinando, por exemplo, a conversão desses valores mobiliários em ações, independentemente da concordância dos debenturistas; a dilatação do prazo de vencimento; a supressão da obrigatoriedade de amortizações e resgates; a amortização ou o resgate, em condições diversas das previstas na escritura de emissão etc.

Na Assembleia Geral de Credores (AGC) da recuperação judicial, os debenturistas serão representados pelo agente fiduciário dos debenturistas, se houver. Nesse caso, os votos correspondentes aos créditos do empréstimo debenturístico serão uniformes, favorável ou desfavoravelmente à aprovação do plano formulado pela companhia devedora. Tais votos, observe-se, a serem externados em conjunto pelo agente fiduciário dos debenturistas, devem ter sido definidos pela maioria qualificada da Assembleia de Debenturista, nos termos do art. 71, § 5º, da LSA, se for favorável à alteração das condições das debêntures. Para votar contrariamente ao plano ou votar favoravelmente ao plano que não altera as condições das debêntures, é dispensável a realização da Assembleia de Debenturistas para orientar o voto do agente fiduciário (sem prejuízo da responsabilidade civil deste pelo ato que praticar, com culpa ou dolo).

Quando não existe agente fiduciário, cada debenturista irá votar individualmente, podendo parte deles aprovar o plano de recuperação judicial, e outra parte, o rejeitar.

Já na recuperação extrajudicial, mesmo havendo agente fiduciário dos debenturistas, é sempre possível a negociação prévia do plano com parcela dos debenturistas, feita de modo individual.

Ademais, estando a emissora no regime de recuperação judicial ou extrajudicial, a Assembleia de Debenturistas é sempre dispensável, para a *alteração das condições das debêntures*.[526] Hipótese diversa, claro, é a realização de Assembleia de Debenturistas para a definição, pela vontade da maioria, de como o agente fiduciário deverá se posicionar no âmbito da AGC, dando-se a convocação por iniciativa de qualquer um dos legitimados, inclusive a própria sociedade devedora.

SEÇÃO VIII
CÉDULA DE DEBÊNTURES
(Redação dada pela Lei 9.457, de 1997)

Art. 72. As instituições financeiras autorizadas pelo Banco Central do Brasil a efetuar esse tipo de operação poderão emitir cédulas lastreadas em debêntures, com garantia própria, que conferirão a seus titulares direito de crédito contra o emitente, pelo valor nominal e os juros nela estipulados. (Redação dada pela Lei 9.457, de 1997)

§ 1º A cédula será nominativa, escritural ou não. (Redação dada pela Lei 9.457, de 1997)

§ 2º O certificado da cédula conterá as seguintes declarações:

a) o nome da instituição financeira emitente e as assinaturas dos seus representantes;

b) o número de ordem, o local e a data da emissão;

c) a denominação Cédula de Debêntures; (Redação dada pela Lei 9.457, de 1997)

d) o valor nominal e a data do vencimento;

e) os juros, que poderão ser fixos ou variáveis, e as épocas do seu pagamento;

f) o lugar do pagamento do principal e dos juros;

g) a identificação das debêntures-lastro, do seu valor e da garantia constituída; (Redação dada pela Lei 9.457, de 1997)

h) o nome do agente fiduciário dos debenturistas;

i) a cláusula de correção monetária, se houver;

j) o nome do titular. (Redação dada pela Lei 9.457, de 1997)

COMENTÁRIOS

1. Estrutura jurídica da cédula de debêntures

MAURICIO MOREIRA MENEZES

A LSA instituiu, segundo sua redação originária, a cédula pignoratícia de debêntures, de emissão exclusiva por instituições financeiras autorizadas pelo Banco Central do Brasil, que outorgavam a seus titulares direito de crédito contra a emitente da cédula, a qual, por sua vez, gozava da garantia consubstanciada no penhor de debêntures, devidamente identificadas e caracterizadas no corpo da cédula.[527]

Com o advento da reforma da LSA pela Lei 9.457/1997, quedou-se extinta a cédula pignoratícia de debêntures, que cedeu lugar à cédula de debêntures (art. 72, LSA), eliminando-se, ainda, sua forma ao portador ou endossável, que

---

[526] Segundo Modesto Carvalhosa: "no caso de empresa em recuperação judicial, a assembleia de debenturistas prevista no art. 71 da Lei Societária poderá ser suprida pela assembleia geral de credores da Lei de Falências e Recuperação, desde que observados os procedimentos de *convocação* (art. 36 da Lei n. 11.101/05), *instalação* (art. 37, § 2º, da Lei n. 11.101/05) e o *quórum de deliberação* mais elevado previstos nos arts. 45 e 58, § 11C, da Lei n. 11.101/05. Tal assembleia de credores poderá ser necessária na hipótese de substituição dos juros incidentes sobre debêntures, por participação nos lucros da emissora ou de sociedade de credores especialmente constituída" (*Comentários à Lei de Sociedades Anônimas*. 6. ed. São Paulo: Saraiva, 2011. v. 1.p. 937-938; grifo acrescido).

[527] O art. 1º da Circular BACEN 1.967/1991 (alterada pela Circular BACEN 2.203/1992 e pela Resolução CMN 2.099/1994) autorizou "os bancos múltiplos com carteira comercial, de investimento ou de desenvolvimento, os bancos comerciais, os bancos de investimento e os bancos de desenvolvimento a emitirem cédulas pignoratícias de debêntures com as características e respeitados os requisitos definidos nos arts. 72 da Lei nº 6.404". Embora faça referência às cédulas pignoratícias de debêntures, entende-se que tais instituições permanecem autorizadas a emitir cédulas de debêntures, diante da não revogação da referida Circular ou atualização após a edição da Lei 9.457/1997.

constava de seu antigo § 1º, cuja atual redação determina a forma nominativa, escritural ou não.

A cédula de debêntures é lastreada em debêntures, mas possui garantia própria, seja ela real ou fidejussória. Assim, a instituição financeira emitente não mais fica obrigada a empenhá-las para movimentar o crédito delas decorrente, sendo abolido, desta forma, o instrumento de penhor e todas as suas consequentes formalidades, que incluem registro e eventual tradição do bem dado em garantia ao respectivo credor.[528]

Por conseguinte, atualmente, é suficiente que a emissão das cédulas de debêntures seja feita proporcionalmente ao número de debêntures mantidas sob custódia (as quais serão seu lastro), conferindo ao investidor qualquer outro tipo de efetiva garantia à dívida contraída por meio da cédula.

No contexto da teoria dos documentos creditórios, é sustentável afirmar que a cédula de debêntures constitui título de crédito de natureza causal, porquanto sua emissão é, formalmente e substancialmente, vinculada a determinada operação de debêntures. Com efeito, a inexistência do lastro não apenas esvazia o conteúdo patrimonial subjacente à cédula, como igualmente fulmina a regularidade de sua emissão e sua validade como título de crédito.

Logo, a emissora da cédula de debêntures deve contratar a custódia das debêntures que lhe servem de lastro. Embora a lei seja lacônica, essa contratação deve ser formalizada perante instituição independente, devidamente autorizada pela Comissão de Valores Mobiliários a prestar esse serviço, aplicando-se, dessa forma, o raciocínio que orientou a edição da Resolução 1.825/1991, do Conselho Monetário Nacional, cujo art. 1º, III, ao final, veda que a custódia das debêntures seja realizada pela própria instituição emissora.[529]

Uma vez que o art. 72, § 1º, LSA, autorizou a emissão da cédula de debêntures sob a forma nominativa, escritural ou não, dispensa-se a emissão de certificado que corporifique o direito do credor perante a instituição financeira emitente. Na rara eventualidade de sua emissão, deve-se atentar aos requisitos de forma taxativamente elencados no art. 72, § 1º, LSA, dentre os quais se destacam as alíneas "g" ("a identificação das debêntures-lastro, do seu valor e da garantia constituída") e "h" ("o nome do agente fiduciário dos debenturistas"), pois confirmam a natureza causal da cédula e os efeitos daí resultantes, acima comentados.

2. Função da cédula de debêntures

Mauricio Moreira Menezes

A função originária da cédula de debêntures foi servir como uma espécie de "empréstimo-ponte", de tal modo a permitir o financiamento da companhia emissora das debêntures no período anterior à sua efetiva distribuição, por meio dos recursos captados pela instituição financeira junto ao mercado.[530]

Segundo consta da Exposição de Motivos da LSA, "A Cédula [Pignoratícia] de Debêntures permitirá que as instituições financeiras possam exercer com maior flexibilidade e eficiência a intermediação entre as companhias e o mercado de capitais de empréstimo. Quando as condições do mercado não permitirem ou não recomendarem a distribuição imediata da emissão de debêntures no montante ou com os prazos de vencimento requeridos pela companhia, a instituição financeira poderá subscrever a emissão, mantendo-a em carteira para oportuna distribuição no mercado;

---

[528] A respeito da controvérsia que cercou a necessidade de tradição das debêntures empenhadas, especialmente aquelas emitidas ao portador ou endossáveis, vide, por todos: GUIMARÃES, Francisco José Pinheiro. In: LAMY FILHO, Alfredo; PEDREIRA, José Luiz Bulhões (coords.). *Direito das companhias*. 2. ed. Rio de Janeiro: Forense, 2017. p. 463. A Comissão de Valores Mobiliários, por meio do Parecer CVM/SJU 89/1982, havia antecipado sua opinião, no sentido de ser desnecessária a tradição, desde que as debêntures fossem mantidas em depósito. Mais tarde, com a imposição da forma nominativa aos valores mobiliários, a discussão restou superada, uma vez que o penhor é constituído via averbação no Livro de Registro de Debêntures Nominativas.

[529] Embora faça referência às cédulas pignoratícias de debêntures, não consta revogação expressa da Resolução CMN 1.825/1991 no site do Banco Central do Brasil, ressalvando-se a perda de vigência das normas que disciplinavam o penhor das debêntures.

[530] Segundo o conceito sugerido pelo Banco Nacional de Desenvolvimento Econômico e Social – BNDES, o "empréstimo-ponte" consiste em "financiamento a um projeto com o objetivo de agilizar a realização de investimentos por meio da concessão de recursos no período de estruturação da operação de financiamento de longo prazo, à qual o empréstimo-ponte deve estar, necessariamente, associado". Disponível em: <https://www.bndes.gov.br/>. Acesso em: 10 nov. 2019.

e durante esse período disporá da Cédula [Pignoratícia] de Debêntures para captar recursos financeiros no mercado".

Por consequência, nessa modalidade de operação de crédito, a instituição financeira, que figura como intermediadora (*underwriter*) da emissão das debêntures, capta recursos no mercado, em nome próprio, mediante a criação de obrigação autônoma e independente, que se contém na cédula de debêntures e que é exigível exclusivamente perante a instituição financeira emissora. Tais recursos são entregues à companhia emissora das debêntures, por meio da formalização de contrato de financiamento ("empréstimo-ponte"), que será quitado e extinto oportunamente, pelos valores obtidos pela efetiva colocação e integralização das debêntures.

Não obstante, outras operações estruturadas de crédito podem ser construídas a partir da cédula de debêntures, vez que o legislador em nada restringe suas funções de instrumento de circulação e potencialização do uso do crédito, as quais se encontram à disposição da criatividade dos agentes de mercado, no exercício de sua autonomia privada.

SEÇÃO IX
EMISSÃO DE DEBÊNTURES NO ESTRANGEIRO

Art. 73. Somente com a prévia aprovação do Banco Central do Brasil as companhias brasileiras poderão emitir debêntures no exterior com garantia real ou flutuante de bens situados no País.

§ 1º Os credores por obrigações contraídas no Brasil terão preferência sobre os créditos por debêntures emitidas no exterior por companhias estrangeiras autorizadas a funcionar no País, salvo se a emissão tiver sido previamente autorizada pelo Banco Central do Brasil e o seu produto aplicado em estabelecimento situado no território nacional.

§ 2º Em qualquer caso, somente poderão ser remetidos para o exterior o principal e os encargos de debêntures registradas no Banco Central do Brasil.

§ 3º A emissão de debêntures no estrangeiro também observará os requisitos previstos no art. 62 desta Lei, com a divulgação no sítio eletrônico da companhia dos documentos exigidos pelas leis do país que as houver emitido, os quais deverão estar acompanhados de sua tradução simples, caso não tenham sido redigidos em língua portuguesa. (Redação dada pela Lei 14.711, de 2023)

§ 4º A negociação, no mercado de capitais do Brasil, de debêntures emitidas no estrangeiro, depende de prévia autorização da Comissão de Valores Mobiliários.

COMENTÁRIOS

1. Emissão de títulos de dívida no exterior

Mauricio Moreira Menezes

O mercado internacional de capitais é altamente pujante e atrativo, incluindo-se o segmento voltado para a remuneração baseada em renda fixa, típico das debêntures de emissão de companhias privadas, possibilitando, conforme as circunstâncias, a captação de recursos em custo mais baixo que aquele que incidiria na operação doméstica, em razão das elevadas taxas de juros praticadas no País.

Praças financeiras como Luxemburgo, Frankfurt, Londres, Nova Iorque, Tóquio e Cingapura são exemplos de mercados com histórico de emissões recorrentes de títulos de dívida por companhias brasileiras, que os listam em instituições locais para fins de negociação no mercado secundário.

Segundo os dados divulgados pela Associação Brasileira das Entidades dos Mercados Financeiro e de Capitais – ANBIMA, foram emitidos no exterior, de janeiro a novembro de 2024, títulos de dívida por companhias privadas brasileiras (sob a denominação genérica de "bonds", "notes" ou equivalentes, cujo conceito converge com o de debêntures), que alcançaram expressivo montante, na ordem de dezenas de bilhões de dólares norte-americanos.[531]

Por sua vez, o Banco Central do Brasil mantém atualizada a base legal do registro de capital estrangeiro, indicando as Leis 4.131/1962, 9.069/1995 e 11.371/2006 como principais referências normativas, alteradas pela Lei 14.286/2021, que dispõe sobre o mercado de câmbio brasileiro,

---

[531] "Ranking de Emissões no Mercado Externo – novembro/2024", divulgado em 23 dez. 2024, pela Associação Brasileira das Entidades dos Mercados Financeiro e de Capitais – ANBIMA. Disponível em: <https://www.anbima.com.br>. Acesso em: 5 jan. 2025.

o capital brasileiro no exterior, o capital estrangeiro no País e a prestação de informações ao Banco Central do Brasil. No campo regulatório, aplica-se a Resolução BCB 278/2022 (alterada pela Resolução BCB 348/2023 e pela Resolução BCB 410/2024).

Portanto, a prestação de informações relativas a operações de crédito externo, incluindo a emissão de títulos de crédito no mercado internacional, independentemente do prazo da operação, é realizada perante o Banco Central do Brasil, por meio do "Sistema de Prestação de Informações de Capital Estrangeiro de Crédito Externo (SCE-Crédito)", que corresponde ao sistema eletrônico cujo acesso é realizado por meio do "site" da autarquia na internet.[532]

A Resolução BCB 278/2022 restringiu a obrigação de prestação de informações conforme o tipo de operação creditória e da natureza pública ou privada do devedor. Nesse sentido, no que se refere às debêntures emitidas por companhias no mercado internacional, subsiste a obrigação de declaração nas hipóteses em que o valor da operação for igual ou superior a US$1.000.000,00 (um milhão de dólares dos Estados Unidos da América) ou equivalente em outras moedas. Nesses casos, a prestação de informações deve ser realizada pela emissora tanto nos casos de ingresso de recursos no País quanto nos casos em que estes sejam mantidos no exterior.

O Brasil evoluiu significativamente nas últimas décadas em termos de desburocratização do registro de capitais estrangeiros, muito embora ainda haja espaço para aperfeiçoamentos que tornem o setor financeiro brasileiro mais aberto para investimentos com origem no exterior.

2. Discussões antecedentes e obsoletismo do art. 73

Mauricio Moreira Menezes

O art. 73, LSA, teve sua redação emendada no Congresso Nacional e foi objeto de ampla discussão nos mais diversos foros. Aduzia-se que o dispositivo tenderia, em sua versão inicialmente proposta, a legitimar o envio indevido de recursos ao exterior por companhias transnacionais com estabelecimentos situados em território brasileiro, a pretexto de serem usados para pagamento do principal da dívida e de sua remuneração. Ademais, a constituição de garantia sobre os ativos situados em território nacional seria prejudicial aos credores nacionais por obrigações constituídas no País, pois produziria o esvaziamento do patrimônio do devedor em proveito do credor estrangeiro.[533]

Na Exposição de Motivos da LSA, foram apresentados os seguintes argumentos:

O artigo 73 visa a proteger o credor da companhia por obrigações contraídas no País, preenchendo lacuna da legislação em vigor: atualmente, os titulares de debêntures emitidas no estrangeiro preferem os credores por obrigações contraídas no País, ainda que o produto da emissão das debêntures não tenha sido aplicado em estabelecimento no território nacional.

O preceito do artigo 73 não tem significação prática no caso de empréstimos contraídos no exterior por companhias brasileiras, para aplicação no País, que estão sujeitos a prévia autorização do Banco Central e cujo registro – para efeitos de remessa de amortização e juros – pressupõe a transferência dos recursos para o Brasil. Já houve, todavia, no passado, emissão de debêntures no exterior por companhias estrangeiras autorizadas a funcionar no País; e companhias brasileiras que tenham ou venham a ter filiais em países estrangeiros poderão ali emitir debêntures, para financiamento de operações locais, sem transferência do seu produto para o País. Os credores por essas debêntures podem cobrar-se de seus créditos executando os bens que a companhia emissora possui no Brasil, mesmo que não possam transferir para o exterior o produto dessa cobrança, por falta de registro de empréstimo no Banco Central. O artigo 73 protege os demais credores da companhia no Brasil, assegurando-lhes preferência em relação a esses debenturistas estrangeiros.

Pelo que se expôs, o art. 73, LSA, demonstra dupla ordem de propósitos: (i) estabelecer restrição à outorga de garantia real ou flutuante de bens situados no Brasil, por companhias brasileiras que tenham interesse em emitir debêntures

---

[532] BRASIL. Banco Central do Brasil. *SCE-Crédito. Sistema de Prestação de Informações de Capital Estrangeiro – Crédito Externo – Manual do Declarante.* Disponível em: <https://www.bcb.gov.br>. Acesso em: 21 jan. 2025.

[533] Para aprofundamento sobre tal discussão, vide: CARVALHOSA, Modesto. *Comentários à Lei de Sociedades Anônimas.* 7. ed. São Paulo: Saraiva, 2013. v. 1. p. 1.004-1.009.

no exterior, sujeitando-a à prévia aprovação do Banco Central do Brasil; (ii) companhias estrangeiras autorizadas a funcionar no País, que viessem a emitir debêntures no exterior, não teriam a livre disponibilidade de bens situados no Brasil para fins de outorga de garantia, pois haveria uma preferência de credores brasileiros quanto a tais bens, salvo se a emissão houvesse sido previamente autorizada pelo Banco Central do Brasil e o seu produto aplicado em estabelecimento situado no território nacional.

Foram medidas de suposta proteção do "capital nacional", na onda nacionalista dos anos que precederam a edição da LSA e que se manteve em voga nos anos 1980. Perdeu seu sentido a partir dos anos 1990, culminando com a edição da EC 6/1995, que revogou o art. 171 da CF, para fins de mitigar a diferença de tratamento jurídico entre o capital nacional e o estrangeiro.

Contemporaneamente, as restrições do art. 73, LSA, figuram como um atentado contra o desenvolvimento da economia brasileira. Não há espaço para tamanho protecionismo na esfera privada, diante da irresistível globalização dos mercados. Mais que isso: é interesse do empresário brasileiro ter pleno acesso ao mercado de capitais internacional, sem qualquer restrição quanto aos direitos e garantias do credor estrangeiro, para que o risco e o custo do crédito não sejam majorados. Igual raciocínio se aplica à companhia estrangeira com negócios no Brasil e que tenha interesse em outorgar garantias sobre ativos situados em território nacional. Afinal, são interesses patrimoniais privados. A restrição sobre sua disposição é causa para perda de competitividade dos agentes econômicos brasileiros, em detrimento do desenvolvimento nacional.

O § 3º do art. 73, LSA, encontrava-se igualmente desatualizado, em virtude de acordos que dispõem sobre a dispensa de legalização de documentos em consulado brasileiro, dentre os quais sobressai a Convenção sobre a Eliminação da Exigência de Legalização dos Documentos Públicos Estrangeiros ("Convenção da Apostila"), celebrada em Haia, em 5 de outubro de 1961. A Lei 14.711/2023, apesar de ter aperfeiçoado e atualizado o dispositivo à luz das alterações implementadas no art. 62, impõe a obrigação complementar de divulgação no sítio eletrônico da companhia dos documentos exigidos pelas leis do país em que houver emitido das debêntures, "os quais deverão estar acompanhados de sua tradução simples, caso, não tenham sido redigidos em língua portuguesa", sem dispensar aquelas formalidades do art. 62, as quais, portanto, continuam em pleno vigor, ainda que a emissão não tenha ocorrido em território brasileiro.

Quanto aos demais registros, inclusive para negociação das debêntures no mercado brasileiro (§ 4º do art. 73, LSA), há inequívoca redundância do legislador, porquanto repete norma pertinente a qualquer distribuição pública de valores mobiliários no Brasil, que exige registro na Comissão de Valores Mobiliários (art. 19, Lei 6.385/1976: "nenhuma emissão pública de valores mobiliários será distribuída no mercado sem prévio registro na Comissão").

Por ocasião da revisão das normas sobre debêntures pela Lei 14.711/2023, o legislador perdeu a oportunidade de, simplesmente, revogar o art. 73 (em vez de se circunscrever a alterar a redação de seu § 3º), uma vez que tal matéria encontra-se disciplinada por lei especial e que a ela confere tratamento contemporâneo (Lei 14.286/2021). A propósito, é discutível a manutenção da vigência de seu caput, uma vez que, no regime atual, a companhia não mais se encontra sujeita à prévia aprovação do Banco Central do Brasil para fins de emissão de títulos de dívida no mercado internacional. Ressalte-se que a Lei 14.286/2021 sequer faz referência à palavra "registro" da operação, pois tal modelo registrário foi substituído pela obrigação de prestação de informações ao Banco Central do Brasil. Nada mais coerente, pois o foco da autoridade monetária deixou de ser cartorário, vertendo-se para o controle de informações pertinentes ao fluxo de capitais estrangeiros e remessa de divisas ao exterior.

SEÇÃO X
EXTINÇÃO

Art. 74. A companhia emissora fará, nos livros próprios, as anotações referentes à extinção das debêntures, e manterá arquivados, pelo prazo de 5 (cinco) anos, juntamente com os documentos relativos à extinção, os certificados cancelados ou os recibos dos titulares das contas das debêntures escriturais.

§ 1º Se a emissão tiver agente fiduciário, caberá a este fiscalizar o cancelamento dos certificados.

§ 2º Os administradores da companhia responderão solidariamente pelas perdas e danos decorrentes da infração do disposto neste artigo.

COMENTÁRIOS

1. Extinção das debêntures

MAURICIO MOREIRA MENEZES

Como qualquer título de dívida, as debêntures sujeitam-se, em geral, aos meios extintivos aplicáveis às obrigações, dentre os quais o pagamento (art. 304 e ss., Código Civil) tende a ser o mais convergente, naturalmente, com a expectativa do credor.

Assim, outros meios extintivos são extensíveis às debêntures, como a dação em pagamento (art. 356 e ss., Código Civil), novação (art. 360 e ss., Código Civil), compensação (art. 368 e ss., Código Civil), confusão (art. 381 e ss., Código Civil) e remissão (art. 385 e ss., Código Civil).

Caso não estejam previstos na escritura de emissão, quaisquer meios alternativos de extinção da obrigação decorrente das debêntures (i.e., outros além do pagamento puro e simples) dependerão da manifestação de concordância da emissora e da unanimidade dos debenturistas.

Nesse sentido, entende-se não ser lícito à maioria da comunhão de debenturistas deliberar, em assembleia, pela remissão das debêntures ou por outro meio extintivo não previsto na escritura de emissão, pois seria fulminar o direito de propriedade do crédito dos dissidentes, protegido pelos efeitos do ato jurídico perfeito, como já decidido pela Comissão de Valores Mobiliários, em caso similar.[534]

Particularmente, as debêntures podem igualmente ser extintas por meio de seu resgate ou, quanto às debêntures não subscritas e mantidas em tesouraria, por seu mero cancelamento pela emissora.

Adicionalmente, na hipótese de emissão de debêntures conversíveis em ações, serão extintas em razão de sua efetiva conversão, nas condições constantes da escritura de emissão (art. 57, LSA).

Extintas as debêntures, cabe à administração da emissora proceder às anotações pertinentes no Livro de Registro de Debêntures Nominativas, uma vez que a forma nominativa é a única admitida pela LSA (art. 63, LSA).

Dispõe o art. 74, LSA, que a administração deverá manter arquivados, pelo prazo de 5 (cinco) anos, os documentos relativos à extinção ou os recibos dos titulares das contas das debêntures escriturais, seguindo a coerência de conservação da informação até o decurso integral do prazo prescricional da respectiva obrigação.

Na ausência de previsão de prazo prescricional específico na LSA para a cobrança das debêntures, aplica-se o prazo de 5 anos determinado pelo art. 206, § 5º, I, do Código Civil para "a pretensão de cobrança de dívidas líquidas constantes de instrumento público ou particular".

As normas que se referem ao certificado de debêntures encontram-se francamente desatualizadas, em razão do desuso desse instrumento, conforme os comentários realizados ao art. 64, LSA.

Curiosamente, o § 2º do art. 74, LSA, introduz hipótese extraordinária de responsabilidade solidária de administradores, distinta daquelas previstas no art. 158, §§ 2º e 3º, LSA, que distinguem os regimes de solidariedade entre administradores de companhias abertas e fechadas.

Trata-se de norma de elevado rigor, especialmente se considerada sua aplicação para as companhias abertas, cuja estrutura de gestão tende a ser mais complexa que a da companhia fechada, com maior diversidade de posições profissionais em sua alta administração. Pior, o dispositivo de que se trata considera conselheiros de administração e diretores em igual posição jurídica, muito embora a guarda de documentos pela companhia seja realizada, na prática, pelos últimos.

Não obstante a crítica acima formulada, prevalece o regime de responsabilidade solidária entre administradores, que os vincula indistintamente, razão pela qual os diretores devem proceder com diligência e vigilância recíproca quanto ao cumprimento do referido dever legal e os conselheiros de administração devem, por sua vez, supervisionar efetivamente sua execução.

---

[534] BRASIL. Comissão de Valores Mobiliários. Colegiado. Deliberação CVM 120/1991. O caso em questão constitui importante referência para proteção do direito de crédito do debenturista e tratou especificamente sobre a recompra das debêntures pela emissora, fato que levaria a sua extinção. O Colegiado da CVM entendeu que: "Esclarecer aos participantes do mercado que as condições estabelecidas na escritura da emissão de debêntures [...] devem ser mantidas em relação aos debenturistas que não concordarem com as deliberações da Assembleia de Debenturistas [...] concernentes à obrigação de recompra pela companhia emissora, tendo em vista que as relações jurídicas contratuais entre os debenturistas e a companhia [...] constituem ato jurídico perfeito".

CAPÍTULO VI
BÔNUS DE SUBSCRIÇÃO

Características

Art. 75. A companhia poderá emitir, dentro do limite de aumento de capital autorizado no estatuto (artigo 168), títulos negociáveis denominados "Bônus de Subscrição".

Parágrafo único. Os bônus de subscrição conferirão aos seus titulares, nas condições constantes do certificado, direito de subscrever ações do capital social, que será exercido mediante apresentação do título à companhia e pagamento do preço de emissão das ações.

COMENTÁRIOS

1. Fundamento do art. 75

Rodrigo R. Monteiro de Castro

A Lei 6.404/1976 trata, no Capítulo VI, do bônus de subscrição: título negociável, que pode ser emitido apenas pela companhia que, nos termos do art. 168, contenha, em seu estatuto, autorização para aumento de capital independentemente de reforma estatutária – isto é, dentro do limite do capital autorizado.

Trata-se de valor mobiliário, assim definido pelo art. 2º, I, da Lei 6.385/1976, que confere aos seus titulares direito de subscrever ações do capital social, nas condições constantes da deliberação autorizativa da emissão.

A emissão é admitida em duas circunstâncias: (i) para alienação pela companhia; ou (ii) para atribuição, também pela companhia, como vantagem adicional aos subscritores de emissões de ações ou de debêntures (art. 77).

A deliberação sobre emissão, incluindo todas as suas características, compete à assembleia geral, podendo o estatuto, no entanto, atribuir a competência ao conselho de administração. Nessa hipótese, o órgão colegiado fixará as suas características, incluindo os preços de alienação e de subscrição, observando-se, ademais, o conteúdo do art. 79.

Nos termos do parágrafo único do art. 77, os acionistas gozarão de direito de preferência para subscrição da emissão de bônus. Por outro lado, quando do exercício daquele valor mobiliário por seu titular, os acionistas não terão direito de preferência para subscrever as ações emitidas em razão do exercício do bônus.

2. Capital autorizado

Rodrigo R. Monteiro de Castro

Somente companhia que contenha autorização para aumento de capital, na forma do art. 168, poderá emitir bônus de subscrição. A previsão estatutária deve ser expressa e inequívoca. A ausência de comando nesse sentido fulmina qualquer tentativa de extensão do instituto a outra companhia (sem capital autorizado). Aliás, eventual previsão estatutária autorizativa de emissão será ineficaz se não estiver conjugada com a previsão de capital autorizado.

O § 1º do mencionado artigo determina que a autorização estatutária deve conter: "(a) o limite de aumento, em valor do capital ou em número de ações, e as espécies e classes das ações que poderão ser emitidas; (b) o órgão competente para deliberar sobre as emissões, que poderá ser a assembleia-geral ou o conselho de administração; (c) as condições a que estiverem sujeitas as emissões; e (d) os casos ou as condições em que os acionistas terão direito de preferência para subscrição, ou de inexistência desse direito (art. 172)".

A vinculação da autorização para emissão de bônus à previsão de capital autorizado decorre da desnecessidade de reforma estatutária, que se submete a procedimento específico, contido no art. 135. Desse modo, deliberada a emissão pela assembleia geral ou pelo conselho de administração, conforme o caso, não se procederá à convocação assemblear para que se opere modificação do estatuto.

Por fim, nenhuma outra sociedade empresária, a exemplo da limitada, pode prever ou emitir bônus de subscrição, título próprio e exclusivo da companhia dotada de autorização para aumento de capital independentemente de reforma estatutária. Eventual disposição em contrato social, por exemplo, será nula.

3. Negociabilidade do bônus de subscrição

Rodrigo R. Monteiro de Castro

Por se tratar de valor mobiliário, o bônus de subscrição tem como característica a negociabilidade. A circulação se opera, conforme previsto no art. 78, parágrafo único, pelo disposto nas Seções V a VII do Capítulo III da LSA.

Nesse sentido, o § 1º do art. 31 estabelece que a transferência de ações nominativas – e, portanto, também de bônus de subscrição – ocorrerá por termo lavrado em Livro de Transferência, datado e assinado pelo cedente e pelo cessionário.

Assim, a companhia abrirá e manterá esse livro e o Livro de Registro, observando-se o disposto no art. 100.

Também se aplica ao bônus de subscrição o disposto no art. 34, referente à ação escritural, que autoriza a sua manutenção – e do bônus – em conta de depósito, em nome do titular, junto a instituição financeira.

A distribuição pode ocorrer por via privada ou pública. Na hipótese de distribuição pública, deve-se observar o disposto na Lei 6.385/1976 e as normas instituídas pela CVM.

Conforme previsto no art. 19 da lei do mercado de capitais, nenhuma emissão pública de valores mobiliários será, como regra geral, distribuída no mercado sem prévio registro na Comissão. O § 1º desse artigo relaciona como atos de distribuição: venda, promessa de venda, oferta à venda ou subscrição, assim como a aceitação de pedido de venda ou subscrição de valores mobiliários, quando os pratiquem a companhia emissora, seus fundadores ou as pessoas a ela equiparadas.

O § 3º do mesmo artigo caracteriza como emissão pública: (i) a utilização de listas ou boletins de venda ou subscrição, folhetos, prospectos ou anúncios destinados ao público; (ii) a procura de subscritores ou adquirentes para os títulos por meio de empregados, agentes ou corretores; e (iii) a negociação feita em loja, escritório ou estabelecimento aberto ao público, ou com a utilização dos serviços públicos de comunicação.

Ademais, a CVM tem competência para definir outras situações que configurem emissão pública, para fins de registro, assim como, nos termos do § 5º do art. 19, as situações de dispensa, e poderá mandar suspender a distribuição pública de bônus de subscrição que não observar ao disposto em lei.

4. Aquisição pela emissora do bônus de subscrição

Rodrigo R. Monteiro de Castro

A companhia está autorizada, conforme disposto no parágrafo único do art. 78, a negociar com o bônus de subscrição; a negociação deve observar o conteúdo do art. 30 e, no caso da companhia aberta, a Resolução CVM 22, de 25 de fevereiro de 2021.

Admite-se, assim, a aquisição pela emissora, para permanência em tesouraria, à conta de saldo de lucros ou reservas, exceto a legal, sem diminuição do capital social; ou seja, a suficiência de recursos em caixa não é condição suficiente para realização do negócio, que depende, necessariamente, da existência de cifra positiva em determinadas contas do patrimônio líquido.

No caso da companhia aberta, a mencionada instrução regula a negociação de ações de sua própria emissão e, quando indicado de modo expresso, de derivativos que nelas sejam referenciados. O parágrafo único do art. 1º estabelece que as disposições da instrução se aplicam à negociação: "I – de ações de emissão de companhia aberta por suas coligadas e controladas; e II – pela companhia aberta, suas coligadas e controladas, de bônus de subscrição e quaisquer outros valores mobiliários referenciados em ações de sua emissão".

Operada a aquisição e mantido o bônus em tesouraria, a Companhia poderá cancelá-lo ou aproveitá-lo para nova alienação.

5. Exercício do direito do bônus de subscrição

Rodrigo R. Monteiro de Castro

De acordo com o parágrafo único do art. 75, o bônus de subscrição conferirá ao seu titular o direito de subscrever ações do capital social, nas condições constantes do certificado, mediante apresentação do título à companhia e pagamento do preço de emissão.

Desse enunciado extraem-se dois aspectos relevantes. Primeiro, com a fulminação dos títulos ao portador e endossáveis, o certificado perde sua função, e a emissão e a apresentação de título tornam-se desnecessárias.

O bônus deverá ter, sempre, a forma nominativa, conforme se depreende do art. 78, de modo que o exercício se operará mediante simples identificação do titular, cujo nome esteja registrado no livro próprio, arquivado na companhia, ou em conta de depósito mantida em instituição depositária (arts. 31 e 34). Assim, exige-se do titular, para exercício do direito, que (i) comprove sua identidade e (ii) pague o preço de emissão.

Segundo aspecto relevante refere-se à inutilidade do certificado, pelo afastamento, como indicado acima, da *endossabilidade* e da *portabilidade*, para fins de materialização dos termos oriundos da emissão. Daí a sua pouca – ou nenhuma – utilização, ou, nas palavras de Nelson Eizirik, sua derrogação pelo desuso.[535]

---

[535] EIZIRIK, Nelson. *A lei das S/A comentada*. São Paulo: Quartier Latin, 2011. v. I. p. 470.

6. Utilidade e vantagem do bônus de subscrição: caso prático

Rodrigo R. Monteiro de Castro

O bônus de subscrição tem utilidade sobretudo em duas situações: reorganização societária ou como atrativo para subscrição de emissão, representando, portanto, vantagem adicional conferida ao subscritor.

No caso de reorganização, seu emprego encontra limite apenas na falta de criatividade dos administradores ou reorganizadores da companhia. Trata-se, portanto, de título que pode ser utilizado para acomodar pretensões de acionistas majoritários ou minoritários, antigos ou novos, bem como de credores ou outros agentes.

Uma das principais características – senão a principal – consiste na possibilidade de fixação prévia do preço de emissão, de modo que o titular poderá, no momento do exercício, projetar o lucro ou a perda e, assim, efetivá-lo ou não. Ou seja, a subscrição das ações objeto do bônus – o que decorre do exercício deste título – derivará da certeza de ganho com a eventual *operação*.

Nos casos de alienação, o titular haverá de somar o preço de aquisição (do bônus) e o de subscrição (das ações objeto do bônus, em razão do seu exercício), e comparar o resultado, tratando-se de companhia aberta, com a cotação em bolsa. Se estiver abaixo, terá interesse em subscrever e, eventualmente, alienar imediatamente as ações subscritas.

Em sentido análogo, na hipótese de atribuição como vantagem adicional à subscrição de emissão, o interesse também derivará, em princípio, da confirmação de que o preço de subscrição não será superior ao de cotação, caso em que, por motivos óbvios, o titular não terá motivação para exercer seu direito.

O clausulado abaixo expressa situação real envolvendo companhia aberta que emitiu bônus de subscrição em decorrência de negociação relacionada à alienação de seu controle:

1. Simultaneamente ao Fechamento e ao Aporte de Recursos em Dinheiro, nos termos convencionados no item 2.6 da Cláusula Segunda deste Contrato, a Companhia deverá emitir bônus de subscrição ("Bônus de Subscrição"), na forma do art. 75 e ss. da Lei nº 6.404/1976, nas quantidades e com as características adiante convencionadas:

(i) uma vez subscritas e integralizadas quotas do FIP X no montante de R$ [--] milhões de reais, será emitido um lote de Bônus de Subscrição ("Lote 1") de [--] bônus, com preço de emissão de R$ [--], que poderão ser exercidos pela acionista B a partir do termo final do prazo de 6 (seis) meses contados da data de integralização das quotas do FIP X;

(ii) uma vez aprovada a Incorporação de Ações, serão emitidos três lotes de Bônus de Subscrição ("Bônus Incorporação") com preço de emissão global de R$ [--], atribuindo-se o preço de [--] para cada lote. O primeiro lote será composto por [--] bônus e o segundo e terceiro lotes serão compostos por [--] bônus, que poderão ser exercidos pela B em 3 (três) momentos distintos ("Datas de Exercício"):

(ii.a) o primeiro lote de Bônus Incorporação poderá ser exercido por B a partir do termo final do prazo de 6 (seis) meses contados da data da Assembleia Geral Extraordinária da Companhia que aprovar a Incorporação de Ações ("Data do Primeiro Exercício");

(ii.b) o segundo lote de Bônus Incorporação poderá ser exercido por B a partir do termo final do prazo de 12 (doze) meses contados da data da Assembleia Geral Extraordinária da Companhia que aprovar a Incorporação de Ações ("Data do Segundo Exercício"); e

(ii.c) o terceiro lote de Bônus Incorporação poderá ser exercido por B a partir do termo final do prazo de 18 (dezoito) meses contados da data da Assembleia Geral Extraordinária da Companhia que aprovar a Incorporação de Ações ("Data do Terceiro Exercício").

(iii) uma vez integralizadas [--] Ações ON, ao preço de emissão global de [--], em razão da emissão da Licença de [--] da [--], serão emitidos 4 (quatro) lotes de Bônus de Subscrição ("Bônus Licença"), com preço de emissão global de [--], atribuindo-se o preço de [--] para cada lote. Cada um dos três primeiros lotes será composto por [--] bônus e o quarto lote será composto por [--] bônus, que poderão ser exercidos por B em 4 (quatro) momentos distintos ("Datas de Exercício Licença"):

(iii.a) o primeiro lote de Bônus Licença poderá ser exercido por B a partir do termo final do prazo de 6 (seis) meses contados da data de integralização das Ações ON ("Data do Primeiro Exercício ON");

(iii.b) o segundo lote de Bônus Licença poderá ser exercido por B a partir do termo

final do prazo de 12 (doze) meses contados da data de integralização das Ações ON ("Data do Segundo Exercício ON");

(iii.c) o terceiro lote de Bônus Licença poderá ser exercido por B a partir do termo final do prazo de 18 (dezoito) meses contados da data de integralização das Ações ON ("Data do Terceiro Exercício ON"); e

(iii.d) o quarto lote de Bônus Licença poderá ser exercido por B a partir do termo final do prazo de 24 (vinte e quatro) meses contados da data de integralização das Ações ON ("Data do Quarto Exercício ON").

2. Cada Bônus de Subscrição conferirá direito de subscrição, exclusivamente por B, de 1 (uma) Ação ON ("Exercício do Bônus"), mediante o pagamento do preço de emissão de R$ [--] por cada Ação ON.

3. Relativamente a cada período especificado no item 2 desta Cláusula para Exercício do Bônus, B deverá exercer os Bônus de Subscrição no prazo de até 15 (quinze) dias contados do respectivo termo final, mediante entrega à Companhia de notificação escrita, suficiente para manifestar sua intenção.

Competência

Art. 76. A deliberação sobre emissão de bônus de subscrição compete à assembleia-geral, se o estatuto não a atribuir ao conselho de administração.

COMENTÁRIOS

1. Competência para emissão do bônus de subscrição e espécies de assembleia

RODRIGO R. MONTEIRO DE CASTRO

Compete à assembleia geral deliberar sobre a emissão de bônus de subscrição. A LSA admite, porém, que o estatuto da companhia atribua a competência ao conselho de administração. A atribuição poderá estar prevista no estatuto aprovado pela assembleia de constituição ou decorrer de reforma estatutária posterior. Em qualquer caso, deverá ser expressa e inequívoca; senão, a assembleia geral resguardará sua competência, de modo exclusivo.

O art. 131 define as espécies de assembleia da companhia: a ordinária, quando tiver por objeto as matérias previstas no art. 132, e a extraordinária, nos demais casos. Além dessas duas espécies, a Lei 6.404/1976 também se refere à assembleia especial, como nos artigos 4º-A[536] e 18, parágrafo único.[537]

A competência da ordinária não pode ser ampliada por estatuto ou acordo de acionistas; e a da especial se exaure na deliberação que justifica a sua convocação. Desse modo, o bônus de subscrição somente pode ser deliberado em assembleia geral extraordinária, devendo a matéria constar expressamente da ordem do dia.

A convocação da assembleia geral extraordinária que deliberar sobre a emissão de bônus de subscrição deve ser feita mediante anúncio publicado por três vezes, no mínimo, contendo local, data, hora e ordem do dia. Na companhia fechada, atenderá ao prazo de antecedência de oito dias, no mínimo, contados da publicação do primeiro anúncio; na aberta, o prazo de antecedência da primeira convocação será de quinze dias.

O § 4º do art. 124 considera regular a assembleia geral convocada sem observância das formalidades legais, desde que a ela compareçam todos – e não menos do que todos – os acionistas.

A instalação da assembleia observará o disposto no art. 125, segundo o qual, ressalvadas exceções previstas em lei – ou no estatuto social –, dependerá, em primeira convocação, da presença de acionistas que representem, no mínimo, 1/4 do capital social com direito a voto e, em segunda, representativos de qualquer número.

Acionistas titulares de ações sem direito a voto poderão comparecer à assembleia e se manifestar sobre a proposta deliberativa, mas não votarão. Eventuais declarações ou protestos, apresentados por escrito, serão recebidos pela mesa e autenticados, nos termos do art. 130; mas os conteúdos

---

[536] "Art. 4º-A. Na companhia aberta, os titulares de, no mínimo, 10% (dez por cento) das ações em circulação no mercado poderão requerer aos administradores da companhia que convoquem assembleia especial dos acionistas titulares de ações em circulação no mercado, para deliberar sobre a realização de nova avaliação pelo mesmo ou por outro critério, para efeito de determinação do valor de avaliação da companhia, referido no § 4º do art. 4º".

[537] "Art. 18. O estatuto pode assegurar a uma ou mais classes de ações preferenciais o direito de eleger, em votação em separado, um ou mais membros dos órgãos de administração. Parágrafo único. O estatuto pode subordinar as alterações estatutárias que especificar à aprovação, em assembleia especial, dos titulares de uma ou mais classes de ações preferenciais".

não constarão em ata, salvo se esta for elaborada na forma completa, nem serão considerados para fins de apuração do quórum, haja vista os acionistas em questão não disporem do direito de voto.

2. Atribuição estatutária de competência ao Conselho de Administração

RODRIGO R. MONTEIRO DE CASTRO

O estatuto da companhia, aberta ou fechada, pode atribuir a competência deliberativa da emissão de bônus ao conselho de administração. Não se trata de afronta ao disposto no art. 139, que proíbe a outorga de poderes atribuídos a um órgão, por lei, a outro, pois a mesma lei confere à assembleia geral autorização expressa para fixar, no estatuto, sua escolha – e, eventualmente, reformá-la, observando-se, sempre, os procedimentos previstos no art. 135. Inexiste, pois antinomia; os comandos convivem harmônica e sistemicamente.

Os órgãos não concorrem ou se revezam; apenas um, conforme disposição estatutária, terá competência para deliberar sobre a emissão de bônus de subscrição, até o momento em que assembleia geral apreciar eventual proposta reformatória e decidir pela atribuição da competência ao outro órgão.

Independentemente da opção, o bônus somente poderá ser emitido dentro do limite de capital autorizado, na forma do art. 168. A autorização estatutária especificará, além do órgão competente para deliberar sobre o tema, o limite de aumento, em valor do capital ou em número de ações, as espécies e classes das ações que poderão ser emitidas, e as condições específicas da emissão.

Os acionistas terão, como regra, independentemente da competência orgânica, na forma do § 3º do art. 171, "direito de preferência para subscrição das emissões de debêntures conversíveis em ações, bônus de subscrição e partes beneficiárias conversíveis em ações emitidas para alienação onerosa; mas na conversão desses títulos em ações, ou na outorga e no exercício de opção de compra de ações, não haverá direito de preferência", observado que, em relação à companhia aberta, se o estatuto contiver autorização para o aumento do capital, poderá prever, nos termos do art. 172, a "emissão, sem direito de preferência para os antigos acionistas, ou com redução do prazo de que trata o § 4º do art. 171, de ações e debêntures conversíveis em ações, ou bônus de subscrição, cuja colocação seja feita mediante: I – venda em bolsa de valores ou subscrição pública; ou II – permuta por ações, em oferta pública de aquisição de controle, nos termos dos arts. 257 e 263".

Por fim, a ata de reunião do conselho que deliberar sobre bônus de subscrição se enquadra na hipótese prevista no § 1º do art. 142, devendo ser arquivada no registro público de empresas mercantis.

3. Manifestação do conselho fiscal

RODRIGO R. MONTEIRO DE CASTRO

De acordo com o art. 161, a companhia terá um conselho fiscal, devendo o estatuto social dispor sobre o seu funcionamento, que poderá ser permanente ou apenas nos exercícios sociais em que for instalado a pedido de acionistas.

O pedido pode ser feito – e o órgão instalado – por acionistas que representem, no mínimo, um décimo das ações com direito a voto, ou 5% das ações sem direito a voto, ainda que a matéria não conste do anúncio de convocação da assembleia geral, a qual deverá, obrigatoriamente, eleger os respectivos membros.

Caso o conselho fiscal esteja instalado, deverá, nos termos do art. 163, III, opinar sobre a proposta, formulada por qualquer órgão da administração, a ser submetida à assembleia geral, relativa à emissão de bônus de subscrição.

No caso de autorização estatutária para emissão de bônus pelo conselho de administração – situação que afastaria a necessidade de deliberação assemblear –, o conselho fiscal, também nessa hipótese, deve se manifestar. Os efeitos da emissão do bônus, que pode resultar em modificação da estrutura societária e de capital da companhia, tanto no caso de inaplicabilidade do direito de preferência, quanto no de renúncia, demandam essa solução por analogia.

Emissão

Art. 77. Os bônus de subscrição serão alienados pela companhia ou por ela atribuídos, como vantagem adicional, aos subscritos de emissões de suas ações ou debêntures.

Parágrafo único. Os acionistas da companhia gozarão, nos termos dos artigos 171 e 172, de preferência para subscrever a emissão de bônus.

COMENTÁRIOS

1. Hipóteses justificadoras de emissão do bônus de subscrição

Rodrigo R. Monteiro de Castro

A LSA concebeu o bônus de subscrição para que fosse emitido pela companhia em duas hipóteses: em negócio que envolvesse a sua própria alienação ou como vantagem adicional ao subscritor de emissão de ações ou de debêntures, situação indicadora do propósito de atrair o interesse de antigos ou de novos acionistas – ou ainda de credores ou outros agentes –, para determinada subscrição.

A alienação do bônus, que consiste em uma das hipóteses acima comentadas, implica a existência de preço. Ou seja, reclama uma contrapartida à aquisição, por antigo acionista ou pelo novo subscritor, do bônus. A contrapartida, precificada pela assembleia geral ou pelo conselho de administração (a depender da competência deliberativa fixada no estatuto), ingressará no patrimônio da companhia, de forma definitiva. Tratando-se de dinheiro, integrará o ativo circulante, na forma dos arts. 178 e 179.

Não se admite, assim, no caso, negócio não oneroso. A onerosidade é elemento indissociável dessa hipótese.

Tal caraterística não se estende à segunda hipótese autorizativa de emissão de bônus, associada ao oferecimento de vantagem adicional ao subscritor de emissão de ações ou de debêntures.

A vantagem, ademais, pode ser atribuída de modo oneroso ou gratuito, conforme vier a ser estabelecido pelo órgão competente pela deliberação.

Os vocábulos vantagem e adicional, empregados no *caput*, são redundantes, pois a atribuição do bônus, por si, representa *a* vantagem conferida ao subscritor da emissão de ações ou de debêntures.

2. Gratuidade ou onerosidade do bônus de subscrição

Rodrigo R. Monteiro de Castro

A gratuidade, decorrente de vantagem adicional, se justifica pela necessidade de formação de ambiente propício à consumação da emissão de ações ou de debêntures, de modo que resulte, efetivamente, na captação de novos recursos para a companhia, seja com vistas à aplicação em suas atividades empresariais, seja para a satisfação de obrigações, sobretudo de curto ou de médio prazo.

Porém, se a companhia pode emitir bônus, sem contrapartida específica, como *vantagem adicional* à subscrição de outra emissão, que com a do bônus não se confunde – o que implica a ausência de acréscimo patrimonial –, também está autorizada a fixar preço simbólico ou reduzido, para aquisição de bônus pelo subscritor, que seja reconhecido como vantajoso a esse mesmo subscritor. Trata-se, inclusive, de situação comumente verificada na praxe societária – o que não significa ilicitude, ressalte-se.

Esse caminho não implica, de um lado, o abandono do oferecimento de vantagem e, assim, um eventual desvirtuamento do propósito legislativo. A vantagem, como se aponta acima, continua presente, e decorre da própria precificação reduzida do bônus.

De outro lado, também não representa um ato contrário ao interesse social ou abusivo, pois decorrente de autorização legislativa. A diferença, nessa situação, entre o preço justo do bônus e o fixado pela assembleia geral ou pelo conselho de administração, expressará a vantagem atribuída ao subscritor de emissão.

Competirá, assim, ao órgão que deliberar sobre a emissão do bônus, na forma do estatuto social, avaliar a pertinência da atribuição de vantagem com ou sem contrapartida, sobretudo em função da perspectiva de êxito da emissão ou das características da relação acionária envolvida.

3. Direito de preferência na subscrição do bônus de subscrição

Rodrigo R. Monteiro de Castro

O art. 109 fixa, como essencial, o direito de preferência do acionista para a subscrição de bônus. Nesse mesmo sentido – e não poderia ser diferente –, o parágrafo único do art. 77 confere aos acionistas da companhia direito de preferência, nos termos dos arts. 171 e 172, para subscrever a emissão do bônus.

A preferência deve ser exercida na proporção do número de ações que os antigos acionistas possuírem e se justifica porque o titular poderá subscrever ações a um preço previamente fixado, oferecendo-se, então, a possibilidade de manutenção da estrutura societária – o que se verificará em caso de exercício pleno do direito. Afinal, se o objetivo da preferência é oferecer a oportunidade de manutenção dos percentuais acionários, e o exercício do bônus de subscrição acarretará emissão de novas ações ao respectivo titular, a justificativa da conferência desse direito (de preferir) é evidente.

O acionista poderá exercer a preferência no momento da emissão do bônus. Em caso de não exercício ou de renúncia ao direito, não poderá reclamá-la, por ocasião da subscrição das ações determinadas no título, quando do exercício deste; é o que determina a parte final do parágrafo terceiro do art. 171: "(...) na conversão desses títulos em ações, ou na outorga e no exercício de opção de compra de ações, não haverá direito de preferência". Ou seja: o direito de preferência somente poderá ser exercido por ocasião da emissão do bônus de subscrição, e não quando da emissão das ações objeto do bônus (que é consequência do próprio exercício).

O prazo decadencial para exercício da preferência, se não estiver fixado no estatuto social, será determinado pela assembleia geral ou pelo conselho de administração, conforme o caso, e não poderá ser, em qualquer hipótese, inferior a trinta dias (art. 171, § 4º).

O acionista poderá, nos termos do § 6º deste artigo, ceder seu direito de preferência. A cessão poderá ser gratuita ou onerosa, conforme vier a ser negociado entre os contratantes.

O art. 172, dirigido à companhia aberta, trata de hipóteses de exclusão do direito, ao estabelecer que o estatuto que contiver "autorização para o aumento do capital pode prever a emissão, sem direito de preferência para os antigos acionistas, ou com redução do prazo de que trata o § 4º do art. 171, de ações e debêntures conversíveis em ações, ou bônus de subscrição, cuja colocação seja feita mediante: I – venda em bolsa de valores ou subscrição pública; ou II – permuta por ações, em oferta pública de aquisição de controle, nos termos dos arts. 257 e 263".

> **Forma, Propriedade e Circulação**
>
> **Art. 78.** Os bônus de subscrição terão a forma nominativa. (Redação dada pela Lei 9.457, de 1997)
>
> **Parágrafo único.** Aplica-se aos bônus de subscrição, no que couber, o disposto nas Seções V a VII do Capítulo III.

COMENTÁRIOS

1. Histórico do art. 78

RODRIGO R. MONTEIRO DE CASTRO

A redação original do *caput* estabelecia que o bônus de subscrição poderia ter forma endossável ou ao portador. Não se mencionava, portanto, a forma nominativa.

Por esse motivo, teses doutrinárias foram construídas ora para admitir ou para rechaçar a emissão de títulos nominais. A celeuma perdeu relevância com a extirpação do sistema das formas endossáveis e ao portador, operada pela Lei 8.021, de 12 de abril de 1990. Desde então, iniciou-se o regime da nominação. Apesar dessa operação, o art. 78 somente foi reformado em 1997, pela Lei 9.457, que introduziu a redação atual.

2. Regime do bônus de subscrição

RODRIGO R. MONTEIRO DE CASTRO

Os bônus de subscrição passaram, então, a ser emitidos necessariamente sob a forma nominativa. Não há outra possibilidade.

O parágrafo único do art. 78 determina a aplicação ao bônus, no que couber, do disposto nas Seções V a VII do Capítulos III. A Seção V trata da emissão e dos requisitos dos certificados, que perderam utilidade justamente pela obrigatoriedade de emissão de títulos nominativos, cuja titularidade deve ser transcrita em livros próprios, na forma do art. 100.

A Seção VI versa, de modo geral, sobre a propriedade e a circulação, e, de maneira específica, sobre a indivisibilidade, a negociabilidade, a negociação com as próprias ações, as formas de emissão (tendo resistido, em relação a esse item, a nominativa e a escritural) e as limitações à circulação.

O art. 31, aplicável ao bônus, estabelece que a propriedade se presume pela inscrição do nome do titular no Livro de Registro ou pelo extrato que seja fornecido pela instituição custodiante. O § 1º desse artigo fixa, ademais, que a transferência se opera por termo lavrado no Livro de Transferência.

A Seção VII aborda, por fim, a constituição de direitos reais e outros ônus – que se aplicam, igualmente, ao bônus de subscrição –, que pode ser objeto de penhor ou caução (art. 39), usufruto, fideicomisso e alienação fiduciária em garantia (art. 40).

> **Certificados**
>
> **Art. 79.** O certificado de bônus de subscrição conterá as seguintes declarações:

> I – as previstas nos números I a IV do artigo 24;
>
> II – a denominação "Bônus de Subscrição";
>
> III – o número de ordem;
>
> IV – o número, a espécie e a classe das ações que poderão ser subscritas, o preço de emissão ou os critérios para sua determinação;
>
> V – a época em que o direito de subscrição poderá ser exercido e a data do término do prazo para esse exercício;
>
> VI – o nome do titular; (Redação dada pela Lei 9.457, de 1997)
>
> VII – a data da emissão do certificado e as assinaturas de dois diretores. (Redação dada pela Lei 9.457, de 1997)

COMENTÁRIOS

1. Características do certificado do bônus de subscrição

RODRIGO R. MONTEIRO DE CASTRO

O art. 79 lista os elementos que devem constar do certificado, se e quando emitidos. Além daqueles expressamente mencionados nos incisos II a VII, somam-se outros previstos no art. 24, quais sejam: (i) a denominação da companhia, sua sede e prazo de duração; (ii) o valor do capital social, a data do ato que o tiver fixado, o número de ações em que se divide e o valor nominal das ações, ou a declaração de que não têm valor nominal; (iii) o limite do capital autorizado, em número de ações ou valor do capital social; e (iv) o número de ações ordinárias e preferenciais das diversas classes, se houver, as vantagens ou preferências conferidas a cada classe e as limitações ou restrições a que as ações estiverem sujeitas.

2. Nominação e irrelevância

RODRIGO R. MONTEIRO DE CASTRO

A redação original do art. 79 previa, no inciso VI, que o certificado contivesse a cláusula ao portador, se esta fosse a forma de emissão do bônus de subscrição, e no inciso VII o nome do titular e a declaração de que o título poderia ser transferido por endosso, se endossável.

O inciso VI foi reformado e o antigo VII revogado pela Lei 9.457/1997, a fim de refletir a extirpação da possibilidade de emissão de títulos ao portador ou endossáveis, promovida pela Lei 8.021/1990. Com efeito, de acordo com o art. 1º desta Lei, a partir de sua vigência ficou "vedado o pagamento ou resgate de qualquer título ou aplicação, bem como dos seus rendimentos ou ganhos, a beneficiário não identificado", e o art. 20 da LSA passou a viger com a cláusula atual, que admite apenas a forma nominativa das ações. Desde então, o certificado não pode conter as declarações previstas nos incisos VI e VII e, a partir do advento da lei de 1997, deve ser emitido com o nome do seu titular.

Decretou-se, assim, na prática, a inutilidade (para os fins pretendidos pela lei) da emissão de certificado de bônus de subscrição, pois deixou de circular por tradição ou endosso; mais do que isso: devendo ter a forma nominativa, conforme determinado no art. 78, a transferência do bônus opera-se, de acordo com o art. 31, por termo lavrado no respectivo Livro de Transferência, nos termos do art. 100.

De todo modo, caso a companhia emita a certificação (o que ainda se observa eventualmente na prática), a sua validade estará condicionada à existência de todas as declarações demandadas pelo art. 79.

> **CAPÍTULO VII**
> **CONSTITUIÇÃO DA COMPANHIA**
>
> **SEÇÃO I**
> **REQUISITOS PRELIMINARES**
>
> **Art. 80.** A constituição da companhia depende do cumprimento dos seguintes requisitos preliminares:
>
> I – subscrição, pelo menos por 2 (duas) pessoas, de todas as ações em que se divide o capital social fixado no estatuto;
>
> II – realização, como entrada, de 10% (dez por cento), no mínimo, do preço de emissão das ações subscritas em dinheiro;
>
> III – depósito, no Banco do Brasil S/A., ou em outro estabelecimento bancário autorizado pela Comissão de Valores Mobiliários, da parte do capital realizado em dinheiro.
>
> **Parágrafo único.** O disposto no número II não se aplica às companhias para as quais a lei exige realização inicial de parte maior do capital social.

📝 COMENTÁRIOS

1. Breve introdução ao estudo das teorias explicativas do ato constitutivo das sociedades anônimas

Mauricio Moreira Menezes

O estudo teórico sobre o ato de constituição das sociedades anônimas é objeto de aprofundamento pela doutrina. Manuais e cursos de Direito Societário reservam capítulo próprio sobre o tema, tratando de um sem número de teorias explicativas do ato de constituição[538], dentre as quais sobressaem as institucionais e as contratuais.

Assim, a discussão sobre a "natureza jurídica da companhia" ou a "natureza jurídica do ato constitutivo da companhia" envolve, há décadas, acalorada polarização entre pesquisadores. Há autorizadas vozes que sustentam, resumidamente, o seguinte: as sociedades reguladas pelo Código Civil seriam "contratuais", enquanto que as sociedades disciplinadas pela LSA seriam institucionais.

Alguns se pautam na lição de Rubens Requião, que observou, em página clássica, o seguinte: "ao raciocinar em termos de sociedade anônima como estrutura da grande empresa moderna, o pensamento oficial propendeu a fundamentar filosoficamente os estudos da reforma na teoria da instituição, formulada por Hauriou".[539]

Porém, comente-se que essa visão panorâmica de Rubens Requião se deveu à didática buscada naquele momento. O professor não pretendeu esgotar o tema, embora sua posição tenha alcançado forte repercussão. Tanto é assim que, na mesma oportunidade, ele próprio ressalvou expressamente aquela colocação, nos termos adiante reproduzidos:

> O mal, entretanto, do projeto de reforma, que se refletiu no sistema da lei hoje em vigor, foi precisamente o de não ter percebido que, quando se pode admitir que a sociedade anônima configure, após sua formação, uma instituição, não deixa ela de ser formada pelo contrato, e este da espécie plurilateral. Como instituição ela está voltada para a consecução do "bem comum", visando principalmente aos altos interesses coletivos, desvanecendo um tanto o interesse privado, perseguido pelos acionistas. Como contrato regula os interesses pessoais de seus membros.[540]

Para que se tenha ideia da polêmica acerca das tendências institucionalistas da LSA, José Luiz Bulhões Pedreira, um dos autores de seu Anteprojeto e apontado por muitos como defensor da Teoria da Instituição, tornou pública sua adesão à Teoria do Contrato Plurilateral, como se vê das palavras adiante reproduzidas:

> A análise da área de autonomia da vontade que continua a existir na companhia deixa evidente que a ela não se aplica esse conceito de instituição, pois a constituição e o funcionamento da companhia pressupõem muito mais do que a vontade de criar a companhia exclusivamente nos termos de um

---

[538] Pela Teoria do Ato Coletivo, defendida por Francesco Messineo e Alfredo Rocco, as várias vontades se unem, mas ficam visíveis e distintas na parte interna do ato, que corresponde a uma comunhão de vontade de mesmo conteúdo e tendentes a um comum efeito jurídico. Outra teoria, que refuta o caráter contratual das sociedades, consiste na Teoria do Ato Complexo, pelo qual as várias vontades dos declarantes se fundem em uma vontade unitária, perdendo sua individualidade. A única diferença entre o ato complexo e o ato coletivo consiste em que o primeiro se apresenta ao exterior como declaração unitária de vontade, enquanto que o segundo revela, tendo em conta a variedade de declarações, uma pluralidade de vontades, embora igualmente de idêntico conteúdo e tendente ao mesmo resultado (sobre o exame detido acerca dessas teorias, vide: MESSINEO, Francesco. *Studi di diritto delle società*. Milão: Giuffrè, 1958. p. 26 e ss.). Uma das mais convincentes críticas a essas teorias, mais precisamente à Teoria do Ato Complexo, pauta-se no fato de que, viciada uma das declarações de vontade, queda-se viciado o ato constitutivo da sociedade. Veja-se a respeito a lição de Trajano de Miranda Valverde: "[...] considerada a constituição de uma sociedade anônima como um ato complexo, este seria havido como um ato único, formado por uma só vontade, ato de um só sujeito, pelo que qualquer vício que o contaminasse, de qualquer parte que proviesse, afetaria o ato todo. Isso nos conduziria a formidáveis absurdos, à negação de princípios firmes, porque, e veremos, nem sempre o defeito na declaração de vontade de um dos subscritores torna nula ou mesmo anulável a sociedade" (VALVERDE, Trajano de Miranda. *Sociedades por ações*. 3. ed. Rio de Janeiro: Forense, 1959. v. 1. p. 233).

[539] REQUIÃO, Rubens. *Curso de direito comercial*. 31 ed. São Paulo: Saraiva, 2014. v. 2. p. 37.

[540] REQUIÃO, Rubens. *Curso de direito comercial*. 31 ed. São Paulo: Saraiva, 2014. v. 2. p. 38.

estatuto legal [...] É inquestionável, entretanto, que o papel da autonomia de vontade do contrato de companhia é bem mais restrito do que na maioria dos negócios jurídicos nominados, dada a quantidade de normas legais imperativas, mas esse fato não decorre de peculiaridades na natureza jurídica da companhia, e sim da importância da função social desempenhada por esse tipo de contrato e pelas repercussões que suas características implicam sobre terceiros e o sistema econômico [...] a controvérsia sobre a natureza jurídica é improcedente, ao menos no direito brasileiro: a lei a regula como modalidade de contrato de sociedade comercial e seu regime não se ajusta ao conceito doutrinário de instituição jurídica, no sentido usado pela doutrina francesa, uma vez que o modelo legal de companhia somente pode ser adotado mediante a consumação de um contrato (salvo no caso de constituição de subsidiária integral, quando o modelo é usado mediante negócio jurídico unilateral e só se transforma em contrato quando admitido outro acionista.[541]

A real influência do institucionalismo sobre a estrutura jurídica das sociedades anônimas é questão que se mantém atual. Procura-se responder se dita influência é suficiente para excluir o caráter contratual das companhias e, ainda, definir a natureza jurídica de sua constituição. Enfim, prevalece o modelo de companhia institucional ou contratual? Ao que tudo indica, não há verdade única sobre a controvérsia. Há diferentes pontos de vista, cada qual com interessante grau de razoabilidade.

Não se trata apenas de apresentar uma discussão teórica. O institucionalismo na vida das companhias projeta-se em diversos problemas societários, como a responsabilidade do acionista controlador, especialmente diante do que dispõe o art. 116, parágrafo único, LSA.[542]

As teorias explicativas do ato constitutivo das companhias revelam sua formação, sua essência, que a acompanha durante sua vida, presidindo as relações de poder entre acionistas, e se faz presente em sua morte, no curso do procedimento de liquidação que conduz à sua extinção. Vale ofertar, ainda que resumidamente, notas sobre seus principais aspectos.[543]

1.1. Panorama das teorias institucionais

Mauricio Moreira Menezes

A Teoria da Instituição seguiu as bases oitocentistas do positivismo sociológico[544] e, portanto, adotou a vertente transpersonalista, analisando o Direito não do ponto de vista da pessoa considerada em si mesma, mas sob o enfoque de grupos sociais, como a família, o Estado e as pessoas morais.

Nesse raciocínio, cada uma dessas entidades (ou instituições) teria conteúdo normativo e o direito de cada um de seus membros não seria próprio (e, logo, não subjetivo), mas sim derivaria daquele da instituição.

Com efeito, o institucionalismo se opôs à visão subjetivística do Direito, sob o argumento de que tal visão impediria a apreensão das verdadeiras realidades jurídicas, isolando as relações de Direito Privado da realidade social.

O institucionalismo teve como notáveis representantes Otto Gierke (1841-1921), Maurice Hauriou (1856-1929) e Walther Rathenau (1867-1922), com destaque para os dois últimos, cujas correntes tiveram ampla aceitação na doutrina societária.

---

[541] PEDREIRA, José Luiz Bulhões. Natureza jurídica da companhia. *Revista de Direito Renovar*. Rio de Janeiro, n. 12, p. 114, set./dez. 1998.

[542] "Art. 116. [...] Parágrafo único. O acionista controlador deve usar o poder com o fim de fazer a companhia realizar o seu objeto e cumprir sua função social, e tem deveres e responsabilidades para com os demais acionistas da empresa, os que nela trabalham e para com a comunidade em que atua, cujos direitos e interesses deve lealmente respeitar e atender."

[543] Sobre o exame aprofundado do institucionalismo versus contratualismo nas companhias, vide: MENEZES, Mauricio Moreira. Companhia institucional? In: TAVARES, Marcelo Leonardo (org.). *Empresa e atividades econômicas*. Rio de Janeiro: Freitas Bastos, 2015. p. 47-78.

[544] O positivismo sociológico foi inaugurado, segundo Hespanha, por Augusto Comte, para quem o indivíduo nada mais era que uma abstração metafísica, ao contrário da sociedade que, enquanto complexo global de relações entre indivíduos, era real, geral e positiva. As ciências sociais decorreriam de um modelo de ciência do geral e visariam a explicação do todo social, que abrangeria a generalidade das relações interindividuais (HESPANHA, António Manuel. *Panorama histórico da cultura jurídica europeia*. Mira-Sintra: Publicações Europa-América, 1997. p. 200).

Com efeito, o trabalho filosófico de Maurice Hauriou, intitulado "La théorie de l'institution et de la fondation", nasceu no terreno do Direito Público, ganhou contornos de teoria geral e, enfim, foi transferida para o Direito Privado.[545]

Assim, Hauriou debruçou-se sobre o fenômeno da perenidade do Estado e de suas instituições, em argumentos que, mais tarde, foram adotados pelo Direito Societário para explicar a sobrevivência da pessoa jurídica em face das pessoas físicas que a constituíram. Segundo Hauriou, as instituições representam no Direito, como na História, as categorias da estabilidade, da continuidade e do real. A "operação de sua fundação" constituiria o fundamento jurídico da sociedade e do Estado.

A teoria de Hauriou tem essencialmente a finalidade de demonstrar que a fundação das instituições tem caráter jurídico e que, sob esse ponto de vista, os fundamentos de sua duração são também jurídicos.

Eis os fundamentos da teoria de Hauriou, interpretados à luz do Direito Societário: uma instituição é uma "ideia de obra" (ou de uma "empresa" ou de um "empreendimento") que se realiza e perdura juridicamente em um ambiente social. Para realização de tal ideia, constrói-se um poder que lhe dá órgãos, que corresponderiam à estrutura organicista das companhias. Por outro lado, entre os membros do grupo social, interessados na realização da "ideia", fazem-se realizações comunitárias dirigidas pelos órgãos do poder e reguladas por procedimentos, que equivaleria, nas companhias, às assembleias gerais de acionistas.[546]

A teoria institucional de Hauriou serviu como fonte de inspiração a autores clássicos brasileiros, como Waldemar Ferreira,[547] e continua a influenciar autores contemporâneos, como Fábio Ulhoa Coelho.[548]

Em outra perspectiva, o institucionalismo foi examinado por Walther Rathenau que tratou do exame da natureza do interesse social nas sociedades por ações, ofertando, na Alemanha pós Primeira Guerra Mundial, a doutrina conhecida como "Unternehmen an sich".[549]

Em síntese, a teoria, como ela resulta da elaboração do pensamento de Rathenau no plano jurídico, oferta as seguintes características:

(i) acentuada impostação publicística dos problemas das sociedades por ações, vista como a forma jurídica típica da grande empresa, a qual atrairia, pela

---

[545] HAURIOU, Maurice. La théorie de l'institution et de la fondation. *Cahiers de la Nouvelle Journée*. n. 4. Paris: Librairie Bloud et Gay, 1925, p. 2-45.

[546] Nessa linha, Hauriou propôs três elementos para qualquer "instituição corporativa": (i) a "ideia de obra" que deve ser realizada em um grupo social; (ii) o poder organizado posto a serviço desta "ideia"; (iii) as manifestações de comunhão, que se produzem no grupo social em relação à "ideia" e à sua realização.

[547] Waldemar Ferreira externa sua adesão à Teoria da Instituição ao comentar o paralelo que existe entre os três elementos definidos por Hauriou para a instituição (ideia de obra x poder organizado posto a serviço da realização da ideia x manifestações de comunhão a propósito de sua ideia e de sua realização) e a incorporação da sociedade anônima: "Assim acontece, mercê dessa teoria, na incorporação de sociedade anônima. Os três elementos fundamentais nela se conjugam. Os dois momentos se sucedem. E ela surge, para a vida jurídica, íntegra na sua personalidade. Autônoma em sua volição. Dona de si mesma. Com seu patrimônio, o de seus fundadores desintegrado, no tanto da contribuição de cada qual. Mas próprio. Só dela. E ela armada para a consecução de seu destino. O transpersonalismo, assim justificado, da sociedade anônima; a deformação do papel do acionista, transmudado de sócio em credor – seriam suficientes para a arquitetação de novo sistema societário. Vai ganhando, é de notar, foros de legitimidade jurídica, na jurisprudência estrangeira, a teoria da instituição, no concernente à sociedade anônima, mercê da qual, tanto que regularmente incorporada, ela passa a subsistir por si mesma, independentemente das pessoas naturais, que a incorporaram. Podem os fundadores não ser sempre os seus acionistas, mercê da transferência de suas ações. Sendo estas ao portador, a sociedade, a bem dizer, existe sem sócios, por inteiramente desconhecidos e variáveis de momento para momento. Não tem, por isso, a mínima importância a redução dos acionistas a um só. É isso corriqueiro, ademais, nos dias correntes [...]". (FERREIRA, Waldemar. *Compêndio de sociedades mercantis*. Rio de Janeiro: Freitas Bastos, 1942. v. 1. p. 22).

[548] COELHO, Fábio Ulhoa. *Curso de direito comercial*: direito de empresa. 17. ed. São Paulo: Saraiva, 2013. v. 2. p. 43-45.

[549] A teoria foi tornada pública pelo ensaio intitulado *Vom Aktienwesen – Eine geschäftliche Betrachtung*, publicado pela G. Fischer, em 1917. No Brasil, a versão traduzida foi publicada como: Do sistema acionário – uma análise negocial. Tradução de Nilson Lautenschleger Jr. *Revista de Direito Mercantil, Industrial, Econômico e Financeiro*. São Paulo, v. 128, p. 202-223, out./dez. 2002. Essa teoria foi posteriormente examinada, com notável profundidade, pelo jurista italiano Pier Giusto Jaeger (*L'Interesse Sociale*. Milão: Giuffrè Editore, 1964).

complexidade e importância da própria estrutura, interesses de diversos gêneros. Entre tais interesses, aqueles dos acionistas representariam só uma categoria e seriam merecedores de igual ou menor tutela relativamente àquela própria dos interesses dos trabalhadores e dependentes, dos consumidores, e do interesse coletivo, o qual coincidiria com o desenvolvimento da economia nacional. A sociedade, só ou coligada a outras em grupo, seria engrenagem da economia coletiva e operaria segundo o interesse geral de se obter uma produção maior e melhor, cuja importância o tornava superior em face das aspirações individualistas do acionista ao lucro;

(ii) consequente reconhecimento de um interesse próprio da empresa, identificável não no alcance de um maior lucro para os acionistas, mas na maior eficiência produtiva da própria empresa, justificando, por tal razão, o autofinanciamento como meio para chegar a esse resultado;

(iii) tendência a subtrair dos sócios – que seriam "dominati da egoistici scopi di guadagno personale"[550] – o controle da atividade empresária, para confiá-lo a uma administração ("Verwaltung") estável, tornada o mais possível independente das mutáveis maiorias de mutáveis acionistas. A posição dominante da Diretoria ("Vorstand") na moderna sociedade por ações é apresentada como uma necessidade inelutável, que a lei deveria reconhecer. A Diretoria tenderia, por sua própria natureza, a uma composição aristocrática ou monárquica: sua supremacia derivaria da união de diversos processos de trabalho e seria resultado das exigências de planejamento e iniciativa comercial e especulativa. Não se poderia contrastar essa fatal tendência histórica e pretender impor à sociedade uma constituição democrática, que anularia o espírito de iniciativa. Para esse escopo, a doutrina institucionalista favorece a emissão de ações de voto plural, ou a reserva do direito de voto para um número relativamente pequeno de ações, que deveriam pertencer à Diretoria;

(iv) redução de todos os direitos dos acionistas, que ficariam condicionados ao "superiore interesse dell' impresa",[551] para com a qual eles têm obrigação de fidelidade. Consequentemente, os direitos de sócio à informação, à impugnação das deliberações assembleares e aos lucros têm seu exercício subordinado àquele interesse da empresa. Rathenau era contrário à vasta publicidade dos negócios sociais, sob a justificativa que se deveria evitar que os concorrentes pudessem intrometer-se na sociedade. Sustentava que as normas de proteção da minoria e do singular acionista apresentariam grave perigo. O Estado deveria preocupar-se em tutelar um interesse originário e mais forte, consubstanciado na produtividade, tida, em última análise, finalidade maior do capital investido.

Rathenau concluiu que a empresa de grande dimensão, destacando-se dos sócios proprietários e de seus interesses privados, deveria ser deixada livre para perseguir seus próprios fins, que seriam aqueles destinados a construir riqueza para a comunidade, a oferecer trabalho, a melhorar a técnica e a favorecer o progresso científico. Deveria ser incentivada a se associar em grupo de sociedades, destinando os lucros da própria atividade aos investimentos e às pesquisas e sempre se expandindo, para alcançar a dimensão ideal.

A relevância dessa teoria advém do alcance de seus termos, nos mais diversos sistemas jurídicos, incluindo-se o norte-americano, em que exerceu forte influência no pensamento jurídico e econômico, servindo como referência a Adolf Berle Jr. e Gardiner C. Means, os quais citam a doutrina de Rathenau e transcrevem seus ensinamentos no capítulo conclusivo de sua famosa obra, "A moderna sociedade anônima e a propriedade privada", publicada originalmente em 1932, acrescentando os seguintes comentários:

A instituição aqui considerada precisa ser analisada, não em termos de empresa comercial, mas em termos de organização social. Por um lado, envolve uma concentração de poder no campo econômico comparável à concentração de poder religioso da Igreja medieval ou do poder político do Estado nacional. Por outro

---

[550] JAEGER, Giusto Pier. *L'interesse sociale*. Milano: Giuffrè, 1964. p. 22.
[551] JAEGER, Giusto Pier. *L'interesse sociale*. Milano: Giuffrè, 1964. p. 23.

lado, envolve a inter-relação de uma grande diversidade de interesses econômicos – os interesses dos "proprietários" que fornecem o capital, os dos trabalhadores que "criam", os dos consumidores que dão valor aos produtos da empresa e, sobretudo, os interesses das pessoas que exercem o controle [...] É possível – na verdade parece essencial para que o sistema da sociedade anônima sobreviva – que o "controle" das grandes companhias evolua para uma tecnocracia inteiramente neutra, que equilibre as diversas reivindicações dos diversos grupos da comunidade, atribuindo a cada um uma parte do fluxo monetário, baseado mais numa política social do que na cupidez privada.[552]

Porém, há quem sustente que a teoria de Rathenau teve significado muito mais histórico, pela contribuição à época de sua formulação e por ter representado contraponto às Teorias Contratualistas das relações societárias, a partir da exposição de suas fragilidades. Neste particular, ressalva José Nuno Marques Estaca que:

> Na década de Trinta, o direito alemão, ao contemplar uma exepção ao princípio da publicidade da actividade social, quando a tal se opusesse o interesse da sociedade e o da coletividade, acolheu claramente a teoria da "empresa em si" ou da Unternehmen an sich. Aquela referência é inspirada nesta doutrina institucionalista, que, como vimos, subordina o direito de informação dos sócios e a publicidade da sociedade ao superior interesse da empresa e da economia nacional. Esta teoria foi favoravelmente acolhida pelo sistema Nazi, numa imposição anti-individualista da economia, para o bem comum da nação e do Reich! – daí, o abandono posterior destas concepções.[553]

Não obstante, o fato é que, na doutrina brasileira, as teorias institucionalistas convivem com as contratuais, dentre as quais sobressaem a Teoria do Contrato Plurilateral e a Teoria do Contrato-Organização, adiante comentadas.

1.2. Panorama das teorias contratualistas

Mauricio Moreira Menezes

Deve-se a Tullio Ascarelli o desenvolvimento da Teoria do Contrato Plurilateral, que foi inicialmente construída para explicar a estrutura do contrato de sociedade e a natureza de seu ato constitutivo, com ampla aceitação na doutrina nacional e na estrangeira.[554]

Assim, diante da insuficiência de conceitos tradicionais, Tullio Ascarelli procurou situar o contrato de sociedade na teoria geral dos contratos no direito privado.

A primeira característica da plurilateralidade consubstancia-se, naturalmente, na possibilidade de o vínculo ser constituído por duas ou mais contrapartes, que, reciprocamente consideradas, adquirem direitos e contraem obrigações. Note-se que, nos contratos bilaterais, ainda que se verifique intensa pluralidade subjetiva, os subscritores do contrato se encontram divididos em dois grupos distintos, cada qual com interesses bem definidos.

A reciprocidade obrigacional dos contraentes no contrato plurilateral é um relevante ponto que o distingue de outras categorias. Cada parte assume obrigações com todas as demais e adquire direitos oponíveis em face de todos os contraentes, como se estivessem em um círculo, enquanto que nos demais contratos cada parte se situaria nos extremos de uma linha.

Os interesses contrastantes das várias partes devem ser unificados por intermédio de uma finalidade comum. Aqueles interesses são, pois, coordenados em torno de um escopo comum, que assume relevância jurídica. E o contrato plurilateral é destinado à sua realização.

A finalidade comum gera igualmente um direito comum, nomeadamente o da participação nos lucros da atividade.

A indispensabilidade de existência de objetivos mediatos – abarcados pela finalidade comum – suscita relevante característica dos contratos plurilaterais, consubstanciada em sua função instrumental, visto que, celebrado o contrato, as partes organizam-se para a execução de uma atividade

---

[552] BERLE, Adolf Augustus; MEANS, Gardiner C. *A moderna sociedade anônima e a propriedade privada*. Trad. de Dinah de Abreu Azevedo. 3. ed. São Paulo: Nova Cultural, 1988. p. 275-277. Os dados da publicação original são: BERLE, Adolf Augustus; MEANS, Gardiner C. *The modern corporation and private property*. Nova Iorque: The Mac-Millan Company, 1932.

[553] ESTACA, José Nuno Marques. *O interesse da sociedade nas deliberações sociais*. Coimbra: Almedina, 2003. p. 118.

[554] ASCARELLI, Tullio. *Problemas das sociedades anônimas e direito comparado*. 2. ed. São Paulo: Saraiva, 1969. p. 255 e ss.

posterior, que visa aquele escopo comum, juridicamente relevante.

Por conseguinte, enquanto que os contratos comutativos visam a distribuição direta de bens entre os contraentes, o contrato plurilateral permite regular, de modo imediato, direitos e obrigações concernentes à organização constituída a partir da confluência dos variados interesses de seus signatários. Sua estrutura jurídica possibilita, pois, a determinação de regras acerca da organização comum, conclusão capaz de explicar a prevalência do princípio majoritário e a existência de quóruns qualificados para certas deliberações.

O contrato plurilateral deve ser considerado, por sua função instrumental e por seu caráter organizacional, como pertencente à categoria dos contratos de execução continuada, sendo interpretado em conformidade com os princípios e regras que a regulam, principalmente naquilo que se refere ao equilíbrio econômico-financeiro ao longo da execução do contrato.

Portanto, sendo o contrato de sociedade de execução continuada, o princípio do equilíbrio contratual ostenta, de início, relevância em seu plano interno, particularmente quanto aos direitos e deveres dos sócios, que devem ser pautados em bases equitativas, respeitando-se a proporcionalidade da participação de cada um no capital social; os mecanismos que outorguem privilégios patrimoniais a um sócio, ou a determinado grupo, apenas podem ser justificados se houver uma contrapartida que assegure a equivalência da relação entre sócios. Essa contrapartida deve não necessariamente corresponder a ganhos futuros de capital, mas pode estar relacionada com o risco do investimento realizado por aquele que ingressa na sociedade e confia a gestão da empresa a seus pares.

Por outro lado, o contrato plurilateral assume feição de contrato normativo, vez que por ele podem ser reguladas condutas e negócios ulteriores das partes, podendo-se nele prever compromissos que só se tornarão exigíveis no futuro.

Sob outro aspecto, os contratos plurilaterais são do tipo aberto, ofertando o ingresso ou a saída dos contratantes, desde que satisfeitas determinadas condições previstas no contrato e na legislação de cada sistema jurídico. Por vezes, esse movimento de partes importa em alteração formal do contrato, mas nem sempre, como ocorre nas sociedades anônimas, nas quais basta que se opere a transferência da participação acionária nos livros da companhia.[555]

A categoria dos contratos plurilaterais abrange não apenas o contrato de sociedade, como igualmente outros contratos, que, pelo seu teor, extrai-se uma finalidade econômica comum desejada pelas partes, como ocorre com o consórcio (arts. 278 e 279, LSA), a convenção de grupo de sociedades (art. 269, LSA), o acordo de acionistas (art. 118, LSA) ou como pode decorrer do exame de contratos inominados, que, por sua substância, apresentem conteúdo plurilateral.

Em linhas gerais, estes são os principais aspectos da Teoria do Contrato Plurilateral, à qual aderiram Rubens Requião, Modesto Carvalhosa, Sylvio Marcondes, Mauro Rodrigues Penteado e José Luiz Bulhões Pedreira.

Registre-se, ainda, a chamada Teoria do Contrato Associativo ou Teoria do Contrato-Organização, cujas referências são as obras de Jean Paillusseau e Paolo Ferro-Luzzi.[556]

À primeira vista, a teoria parece ser uma variação da Teoria do Contrato Plurilateral, que acertadamente vê no contrato de sociedade um caráter organizacional, havendo inclusive na literatura jurídica trabalhos nos quais se procura explicar eventuais diferenças.[557]

Entre essas diferenças, vem sendo afirmado que na Teoria do Contrato-Organização não há a prevalência da comunhão de fim, mas sim da empresa em si, como organização. Logo, a partir da ideia de organização, leva-se em conta a atividade e não o direito subjetivo de cada parte (e nem o fim comum). A organização não é a coincidência de interesses da pluralidade de sócios e o interesse social é, portanto, dela própria.

No Brasil, Calixto Salomão Filho ressaltou suas qualidades (entre as quais a aproximação entre contratualismo e institucionalismo e, por

---

[555] Particularmente no sistema brasileiro, a transferência opera-se pela lavratura de termo no Livro de Transferência de Ações Nominativas e pela averbação no Livro de Registro de Ações Nominativas (art. 31, LSA).

[556] PAILLUSSEAU, Jean. La société anonyme, technique d'organization de l'entreprise. *Bibliothéque de Droit Commercial*, v. 18. Paris: Sirey, 1967; FERRO-LUZZI, Paolo. *I contratti associativi*. Milão: Giuffrè, 1976.

[557] PERRINO, Michele. *Le tecniche di esclusione del socio dalla società*. Milão: Giuffrè, 1997.

consequência, o afastamento do individualismo) e defendeu sua aplicação.[558]

1.3. Críticas às teorias

MAURICIO MOREIRA MENEZES

A análise da Teoria da Instituição conduz à conclusão que a objetivação da "ideia da obra" e sua posterior subjetivação na pessoa formada a partir da sociedade pretenderam retirar do grupo de controle a prerrogativa de fazer valer seus interesses a qualquer custo. Nessa linha, o transindividualismo apresentou-se louvável para a efetividade de um interesse coletivo e geral, produzindo a prevalência do interesse social sobre o interesse pessoal dos sócios. Vê-se que os juristas que aderiram à Teoria da Instituição assim o fizeram por estarem legitimamente em busca dos fundamentos jurídicos que impedissem a sujeição de um sócio (ou de um grupo de sócios) à vontade egoística da maioria.

Naquilo que se refere ao sistema brasileiro, há os que defendem ter sido a LSA formulada com o propósito deliberado de reconhecer na sociedade uma natureza de instituição, em virtude dos objetivos governamentais por ocasião da elaboração e promulgação daquela lei, que deveria propiciar a aplicação de um modelo societário cabal para o desenvolvimento da grande empresa nacional.[559]

Particularmente, o argumento empregado na defesa da natureza institucional das sociedades anônimas refere-se ao modo de sua constituição, nas hipóteses em que os fundadores apelam para a poupança popular mediante lançamento público de ações (constituição por subscrição pública, prevista nos arts. 82 e ss. da LSA). À vista dos atos que são sucessivamente praticados, com a destacada atuação da figura dos fundadores (que se sobressaem como líderes do processo), a constituição por subscrição pública em muito se assemelharia à "incorporação" referida por Hauriou, vez que o empreendimento a ser realizado deveria ser objetivado dentre os investidores interessados e posteriormente subjetivado na pessoa da sociedade, surgida após o cumprimento das formalidades legais.

Como não é necessário o comparecimento de todos os subscritores de capital na assembleia de constituição da sociedade, disso se deduziria que não poderia esta ser formada a partir de um contrato, porquanto não se admitiria sua celebração sem a presença das partes.

Contra esse argumento, é defensável sustentar que a própria lei acolhe os fundamentos jurídicos que demonstram ser a sociedade anônima constituída por um contrato, ainda que tal constituição se dê por subscrição pública de capital.[560]

Assim, inicialmente, com referência ao conteúdo do contrato, note-se que as regras do jogo devem ser amplamente divulgadas junto àqueles que recebem a oferta de ingresso na sociedade.

Há, portanto, a obrigação de submeter ao controle da Administração Pública (mediante prévio registro na Comissão de Valores Mobiliários, nos termos do art. 82 da LSA) documentos que dizem respeito tanto aos aspectos econômico-financeiros da empresa (estudo de viabilidade e prospecto), quanto à disciplina jurídica da sociedade (projeto de estatuto social), que deve ser clara sobretudo quanto aos direitos e obrigações dos futuros sócios e ao sistema adotado para a administração da sociedade (incluindo-se mecanismos de divulgação de informações que garantam a transparência da gestão).

Esses documentos ficam à disposição dos interessados, os quais, os tendo como base, formam sua opinião acerca da conveniência ou não de integrar aquele grupo social. Caso efetivamente o interessado consinta com os termos da oferta,

---

[558] FILHO, Calixto Salomão. *O novo direito societário*. São Paulo: Malheiros, 2002. p. 50.

[559] Anote-se o importante registro histórico a respeito do pensamento dos autores do Anteprojeto da Lei de Sociedades por Ações, que mais tarde viria a convolar-se na LSA, por ocasião de seu encaminhamento ao Governo Federal: "O Anteprojeto, como orientação geral, teve presentes os seguintes objetivos e diretrizes: a) criar modelo de companhia adequado à organização e ao funcionamento da grande empresa privada, requerida pelo atual estágio da economia brasileira; [...] f) em contrapartida dessa liberdade de organização, definir os deveres dos administradores e acionistas controladores, nacionais e estrangeiros, e instituir sistema de responsabilidade efetivo e apropriado à função social do empresário, de que resultam deveres para com os acionistas minoritários, a empresa, os que nela trabalham e a comunidade em que atua. (LAMY FILHO, Alfredo; PEDREIRA, José Luiz Bulhões. *A Lei das S.A.* 2. ed. Rio de Janeiro: Renovar, 1995. v. 1. p. 135). Como se disse, esse pensamento não corresponde à adesão dos autores do Anteprojeto à corrente institucionalista.

[560] Vejam-se nesse sentido as opiniões de Rubens Requião (*Curso de direito comercial*. 31 ed. São Paulo: Saraiva, 2014. v. 2. p. 15) e de Modesto Carvalhosa (*Comentários à Lei de Sociedades Anônimas*. 6. ed. São Paulo: Saraiva, 2014. v. 2. p. 117).

subscreverá ações, sendo o ato de subscrição aquele pelo qual tal pessoa manifesta formalmente sua vontade de integrar o contrato plurilateral de sociedade, aderindo a seus termos, oportunidade em que externa igualmente a aprovação das cláusulas e condições encerradas no projeto de estatuto social (art. 83, LSA).

Por outro lado, a natureza contratual do ato constitutivo da sociedade anônima exsurge da regra legal que exige o quórum da unanimidade para alteração do projeto de estatuto social (art. 87, § 2º, LSA), porquanto só a totalidade das partes pode modificar as normas contratuais com as quais consentiu, previamente, no ato da subscrição.[561]

Por último – e aqui já se trata da sociedade em pleno funcionamento, enquanto contrato normativo, de trato sucessivo e de organização – é imprescindível afirmar que o mecanismo do direito de retirada do sócio nada mais representa que a prerrogativa de denúncia unilateral do contrato, que não tem o efeito de extingui-lo (justamente por seu caráter de plurilateralidade), mas sim de resolvê-lo relativamente ao sócio denunciante, o qual passa a ser credor da sociedade pelo valor do reembolso de sua participação. O direito de retirada encontra-se regulado pelo Código Civil (art. 1.029, para as sociedades simples, e art. 1.077, para as sociedades limitadas) e pela LSA (arts. 137, 223, § 4º, 230, 236, parágrafo único, 264, § 3º e 270, parágrafo único). Seu exercício varia, em regra, de acordo com a facilidade de alienação da participação societária de cada tipo, segundo as premissas abstratamente consideradas pelo legislador.

De toda forma, como antes se disse, cada uma das vertentes teóricas não corresponde à verdade absoluta e sim a pontos de vista sobre único fenômeno jurídico. Embora aqui se defenda a natureza contratual, reconhece-se plausibilidade nas teorias institucionalistas, que funcionam para explicar o transbordamento da função socioeconômica da empresa, razão de existência das companhias.[562]

2. Panorama do procedimento de constituição das sociedades anônimas na LSA

Mauricio Moreira Menezes

O procedimento de constituição é distribuído na lei, inclusive para fins didáticos, em três etapas, a primeira delas nomeada "requisitos preliminares" à constituição (arts. 80 e 81, LSA). A segunda etapa abrange a atividade de constituição propriamente dita (art. 82 a art. 93, LSA), que se desdobra em "constituição por subscrição pública" e em "constituição por subscrição pública", conforme haja interesse em captar poupança de investidores em mercado, prática que, aliás, caiu em desuso, conforme os comentários elaborados ao art. 82, LSA.

A terceira etapa contempla as chamadas "formalidades complementares da constituição" (art. 94 a art. 98, LSA), que se referem, resumidamente, ao registro e publicação dos atos constitutivos, assim como à formalização da transferência à companhia de bens eventualmente a ela conferidos a título de integralização do capital social.

Embora a lei mencione "requisitos preliminares" à constituição, tratam-se de medidas cuja realização é verificada, a rigor, ao final da segunda etapa (processo de constituição propriamente dito), na assembleia-geral de constituição (art. 87, §§ 1º e 3º, LSA).

Nesse sentido, esse conjunto de três "requisitos", que inclui a subscrição de todo capital social por ao menos duas pessoas, a integralização, como entrada, de 10% (dez por cento), no

---

[561] Além do fundamento legal, a posição defendida nesta dissertação conta com a base científica exposta por Tullio Ascarelli com as seguintes palavras: "Na realidade, na constituição 'sucessiva', há, tão somente um processo para disciplinar a conclusão de contrato social entre ausentes. Cada manifestação de vontade é comunicada aos fundadores (ou àquele fundador que seja para tal fim indicado pelos demais), dada a dificuldade prática de comunica-la, individualmente, a todos os subscritores. O contrato conclui-se mediante as subscrições, que não constituem, por isso, contratos preliminares, ou contratos em favor de terceiros, mas representam, diretamente, a oferta de cada subscritor de aderir ao contrato de sociedade, por intermédio dos fundadores. Não há nenhuma relação contratual entre os fundadores e os subscritores; o contrato de sociedade assenta, diretamente, nas declarações de vontade dos subscritores. A possibilidade de assembleia constituinte deliberar por maioria, bem como os limites dessa possibilidade, decorrem da circunstância de que já foram manifestadas as declarações de vontade, necessárias para formar o contrato (...)" (ASCARELLI, Tullio. *Problemas das sociedades anônimas e direito comparado*. 2. ed. São Paulo: Saraiva, 1969. p. 391-393).

[562] A versão aprofundada das críticas à Teoria da Instituição e de sua aderência à função socioeconômica da empresa pode ser lida em: MENEZES, Mauricio Moreira. Companhia institucional? In: TAVARES, Marcelo Leonardo (org.). *Empresa e atividades econômicas*. Rio de Janeiro: Freitas Bastos, 2015. p. 47-78.

mínimo, do preço de emissão das ações subscritas em dinheiro e seu respectivo depósito em instituição financeira, podem ser interpretados como pressupostos de constituição das companhias, pois, sem sua observância, o presidente da assembleia-geral de constituição não poderá proceder à declaração formal de constituição, que encerra a segunda etapa, com a subsequente nomeação dos primeiros administradores (art. 87, § 3º, LSA).

Além de regular as diferentes etapas, a LSA estabelece regras gerais sobre o procedimento de constituição, das quais se destacam a exigência de publicidade do período prévio à aquisição de personalidade jurídica, com o acréscimo da expressão "em organização" à denominação, em quaisquer atos que vier a praticar (art. 91, LSA), a atribuição de relevância jurídica à posição do fundador para fins de responsabilização (art. 92, LSA) e a inexigibilidade de escritura pública para a transferência de imóveis destinados à formação do capital social (art. 89, LSA).

3. Requisitos preliminares

Mauricio Moreira Menezes

O primeiro requisito preliminar que, na prática, é pressuposto para efetiva constituição, consiste na subscrição de todas as ações em que se divide o capital social da companhia por duas pessoas, no mínimo (art. 80, I, LSA).

A LSA manteve, portanto, o requisito de pluralidade subjetiva na formação do vínculo social, admitindo, como exceção, a subsidiária integral, cujo capital é subscrito por uma única pessoa, necessariamente sociedade brasileira, por meio de escritura pública (art. 251, LSA).

Frise-se que a outra situação de unipessoalidade na LSA não diz respeito a sua formação, mas sim a episódio de superveniência no curso de seu funcionamento, verificada em assembleia-geral ordinária, determinando-se a reconstituição da pluralidade até à do ano seguinte, sob pena de se considerar a companhia dissolvida de pleno direito (art. 206, I, "d", LSA). Nada impede que, até que sobrevenha a segunda assembleia-geral ordinária, o acionista único, se sociedade brasileira, declare formalmente sua conversão em subsidiária integral (art. 251, § 2º, LSA), sendo indispensável a declaração de vontade em assembleia geral, segundo Egberto Lacerda Teixeira e José Alexandre Tavares Guerreiro.[563]

Reduziu-se o exagerado número mínimo de 7 (sete) pessoas, exigido pelo art. 38, § 1º, Dec.-lei 2.627/1940, que era de difícil preenchimento, levando empreendedores a indicar "laranjas" para sua configuração. Uma visão da realidade, devidamente registrada na Exposição de Motivos da LSA, nos seguintes termos:

> O Projeto inova a legislação em vigor apenas sob o aspecto do número mínimo de subscritores do capital social, que reduz de sete para dois. Legitima, assim, a realidade da existência de grande número de companhias que possuem, efetivamente, menos de sete acionistas, e que satisfazem ao formalismo da lei mantendo umas poucas ações em nome de pessoas de sua confiança.[564]

A subscrição da totalidade das ações justifica-se para que seja devidamente respeitado o princípio da realidade do capital social. Ainda que não seja completamente integralizado nesta etapa inicial, a companhia torna-se credora do acionista pelo montante subscritor terá meios para exigir do subscritor o respectivo adimplemento, servindo o boletim de subscrição como título executivo extrajudicial, nos termos do art. 107, I, LSA.

Por outro lado, o valor do capital social e do preço de emissão não são fixados aleatoriamente, entendendo-se que sua composição deve estar

---

[563] Confira-se o seguinte trecho de seus comentários: "Como se recorda, a existência de um único acionista, verificada em Assembleia Geral Ordinária, implica na dissolução da sociedade, de pleno jure, se no mínimo de dois não for reconstituído até à do ano seguinte. É o que se lê no art. 206, inciso I, alínea d, onde, entretanto, se ressalva o disposto no art. 251. A própria existência dessa ressalva leva-nos à conclusão de que não basta a concentração de todas as ações nas mãos de um único acionista para a caracterização da subsidiária integral. Algo mais se impõe para que, ocorrendo tal hipótese, não se repute dissolvida de pleno direito a companhia. Efetivamente, parece-nos que o acionista único deve manifestar a intenção de converter a sociedade em subsidiária integral, muito embora essa manifestação não seja expressamente prevista pela lei. E deve fazê-lo, segundo pensamos, na própria Assembleia Geral Ordinária em que se verifique a existência de um único acionista. Não o fazendo nessa Assembleia, entretanto, poderá expressar a referida intenção na primeira Assembleia Geral que lhe seguir, inclusive, se nenhuma outra se realizar, na Assembleia Geral Ordinária subsequente" (TEIXEIRA, Egberto Lacerda; GUERREIRO, José Alexandre Tavares. *Das sociedades anônimas no direito brasileiro*. São Paulo: Bushatsky, 1979. v. 2. p. 727).

[564] LAMY FILHO, Alfredo; PEDREIRA, José Luiz Bulhões. *A Lei das S.A.* 2. ed. Rio de Janeiro: Renovar, 1995. p. 235.

aderente ao plano de negócios da companhia e suas necessidades de caixa para investimento, equivalente às despesas de capital, conhecidas pela sigla em inglês como *capex* (abreviação de *capital expenditure*). Naturalmente, sem prejuízo da eventual contratação futura de empréstimos perante terceiros, caso tal opção integre o referido plano de negócios.

Ademais, para a companhia se constituir, é necessário que, das ações subscritas em dinheiro, 10% (dez por cento) do preço de emissão seja efetivamente integralizado, no mínimo, como entrada.

Nada impede que os fundadores exijam percentual superior ao mínimo, desde que conste do prospecto (na modalidade de constituição por subscrição pública), conforme dispõe o art. 84, IV, LSA.

Observe-se que a LSA menciona integralização em dinheiro. O objetivo do legislador converge com o interesse de se coibir a constituição de companhia cujo capital social declarado esteja completamente vazio. Portanto, exige-se o limite mínimo de efetiva disponibilidade patrimonial. Leis especiais podem majorar tal limite, conforme as peculiaridades da atividade, particularmente o grau de risco a ela inerente e sua repercussão socioeconômica (art. 80, parágrafo único, LSA). É o que ocorre, por exemplo, com as instituições financeiras, para as quais se impõe a integralização mínima em dinheiro, como entrada, de 50% (cinquenta por cento) do preço de emissão das ações subscritas (art. 27, Lei 4.595/1964).

O percentual mínimo de entrada, tal como exigido pelo art. 80, II, LSA, refere-se ao preço de emissão de cada ação e não ao montante global do capital social, como destacava há décadas Carlos Fulgêncio da Cunha Peixoto.[565] Portanto, não pode o acionista "X", que subscreveu 20% do capital, deixar de integralizar a entrada mínima, caso o acionista "Y", que subscreveu 80% do capital, realizar o montante integral do preço das ações por ele subscritas.

Outra discussão refere-se à subscrição do capital em bens (art. 8º, § 2º c/c e art. 98, §§ 2º e 3º, LSA) ou, ainda, em bens e em dinheiro, cumulativamente. A melhor interpretação deve ser no sentido de que a integralização em bens é considerada totalmente realizada à vista, por meio de sua entrega à companhia, a título de propriedade, salvo declaração diversa no boletim de subscrição (art. 9º, LSA). Na hipótese de subscrição em bens e em dinheiro, deve o acionista atentar para a entrada de, no mínimo, 10% (dez por cento) do preço de emissão das ações subscritas em dinheiro, ainda que o montante subscrito e integralizado em bens seja superior à parcela em dinheiro ou à respectiva entrada de 10% (dez por cento) do preço de emissão.[566]

As entradas recebidas em dinheiro devem ser desde logo depositadas em uma instituição financeira (art. 80, III, LSA). A lei menciona o Banco do Brasil S.A., mas autoriza que seja realizado em estabelecimento bancário autorizado pela Comissão de Valores Mobiliários, da parte do capital realizado em dinheiro.

A fim de conferir efetividade à abertura permitida pelo legislador, o Colegiado da Comissão de Valores Mobiliários, em reunião realizada em 3 de maio de 1978, aprovou o Ato Declaratório CVM 2/1978, autorizando que o depósito em tela seja realizado em qualquer banco comercial, devidamente autorizado a funcionar pelo Banco Central do Brasil.

A norma aplica-se a qualquer modalidade de constituição (por subscrição pública e por subscrição particular), mas tem o nítido escopo de funcionar como mecanismo de controle dos recursos disponibilizados por investidores e entregues a fundadores, cujas atribuições sobressaem no procedimento de constituição por subscrição pública.

Com efeito, o depósito corresponde a medida que, em tese, assegura a transparência quanto ao montante recebido e proteção contra sua malversação, pois deve ser mantido indisponível até a conclusão do procedimento de constituição da companhia, a quem caberá levantar os valores, na forma do art. 81, LSA.

Depósito da Entrada

Art. 81. O depósito referido no número III do artigo 80 deverá ser feito pelo fundador, no prazo de 5 (cinco) dias contados do recebimento das quantias, em nome do subscritor e a favor da sociedade em organização, que só poderá levantá-lo após haver adquirido personalidade jurídica.

---

[565] PEIXOTO, Carlos Fulgêncio da Cunha. *Sociedades por ações*. São Paulo, Saraiva, 1972. v. 2. p. 14.
[566] LOBO, Carlos Augusto da Silveira. In: LAMY FILHO, Alfredo; PEDREIRA, José Luiz Bulhões. *Direito das companhias*. Rio de Janeiro: Forense, 2009. v. 1. p. 671.

> **Parágrafo único.** Caso a companhia não se constitua dentro de 6 (seis) meses da data do depósito, o banco restituirá as quantias depositadas diretamente aos subscritores.

COMENTÁRIOS

1. Depósito de entrada como medida de proteção de acionistas e da companhia "em organização"

Mauricio Moreira Menezes

Conforme os argumentos apresentados nos comentários ao art. 80, LSA, a obrigatoriedade do depósito aplica-se a qualquer modalidade de constituição de companhia (por subscrição pública e por subscrição particular), mas tem o nítido escopo de funcionar como mecanismo de controle de recursos disponibilizados por investidores e entregues a fundadores, cujas atribuições sobressaem no procedimento de constituição por subscrição pública.

Nessas circunstâncias, os subscritores perdem a gestão dos recursos desembolsados a título de entrada da integralização do preço de emissão das ações. Logo, não fosse o depósito bancário dessas quantias, aqueles investidores ficariam sem instrumentos para a adequada fiscalização de sua destinação.

Guardadas as devidas proporções, o depósito das entradas em instituição bancária agrega eficiência na constituição de companhia por subscrição particular para a qual concorra número significativo de subscritores, pois dispensa outras atividades de prestação de contas, reduzindo custos. Caso o subscritor exija informações detalhadas sobre os fins dados aos valores em dinheiro, é suficiente a apresentação dos recibos de depósito bancário e do extrato de conta bancária, todos emitidos pelo banco depositário.

Portanto, a entrega dos recursos a instituição financeira independente, por meio da contratação de depósito bancário, corresponde à medida que, em tese, assegura a transparência quanto ao montante recebido e proteção contra sua malversação.

Observe-se que a LSA cuida desse tema com especial atenção, tanto para considerar o depósito como requisito de constituição, cujos recibos devem ser lidos na assembleia-geral de constituição (art. 87, § 1º, LSA), como para fixar prazo significativamente exíguo para sua realização pelo fundador, correspondente a 5 (cinco) dias contados do recebimento das quantias, sob pena de responsabilidade por eventuais prejuízos (art. 92, parágrafo único, LSA).

Sob o aspecto operacional, a contratação do depósito pode ser realizada com qualquer banco comercial, na forma autorizada pelo Colegiado da Comissão de Valores Mobiliários que, em reunião realizada em 3 de maio de 1978, aprovou o Ato Declaratório CVM 2/1978.

Apesar das décadas de vigência da regra, não é tarefa simples abrir uma conta de depósito em banco comercial em favor de companhia "em organização", em razão da falta de inscrição fiscal, particularmente a inscrição perante a Receita Federal do Brasil, que disponibiliza o Cadastro Nacional de Pessoas Jurídicas – CNPJ. Não há administradores inscritos no Cadastro de Pessoas Físicas – CPF, que representem a companhia "em organização". Esses são dados comumente exigidos por qualquer instituição financeira, para fins de abertura de conta de depósito bancário. Logo, não são todos os bancos de varejo que disponibilizam recursos humanos treinados para esse perfil de relacionamento com cliente.

Com efeito, trata-se de conta bancária provisória, porquanto, nesse momento, a companhia sequer está constituída: está em franco processo de constituição, que pode vir a ser suspenso ou encerrado, caso em que se deve aplicar o art. 81, parágrafo único, LSA, segundo o qual o banco – e não os fundadores e tampouco a companhia "em organização"! – restituirá as quantias depositadas diretamente aos subscritores, caso a companhia não se constitua dentro de 6 (seis) meses da data do depósito. Repare-se que a LSA outorga grave responsabilidade à instituição bancária, que, em tese, deve monitorar o prazo de conclusão do procedimento de constituição da companhia, como medida de *compliance* acerca dos recursos recebidos (origem e destinação). De qualquer forma, poderá o subscritor contatar diretamente a instituição depositária, para exigir a devolução de recursos, caso não se aperfeiçoe a constituição da companhia no prazo assinalado.

Incidindo rendimento sobre os valores objeto de depósito, devem ser revertidos à companhia "em organização" e escriturados à conta de reserva de capital, nos termos do art. 182, § 1º, "a", LSA.

O depósito deve ser realizado em nome do subscritor e a favor da sociedade "em organização". Deve ser mantido indisponível até a conclusão do procedimento de constituição da companhia, a quem caberá levantar os valores, após a aquisição de personalidade jurídica (por meio do registro e publicação de seus atos constitutivos, conforme art. 94, LSA) e finalização dos cadastros fiscais (inscrição perante a Receita Federal do Brasil, para obtenção de seu número no Cadastro Nacional de Pessoas Jurídicas – CNPJ, e em outras Fazendas Públicas conforme o perfil de sua atividade), que lhe permitam gerir livremente seus recursos.

> **SEÇÃO II**
>
> **CONSTITUIÇÃO POR SUBSCRIÇÃO PÚBLICA**
>
> **Registro da Emissão**
>
> **Art. 82.** A constituição de companhia por subscrição pública depende do prévio registro da emissão na Comissão de Valores Mobiliários, e a subscrição somente poderá ser efetuada com a intermediação de instituição financeira.
>
> § 1º O pedido de registro de emissão obedecerá às normas expedidas pela Comissão de Valores Mobiliários e será instruído com:
>
> a) o estudo de viabilidade econômica e financeira do empreendimento;
>
> b) o projeto do estatuto social;
>
> c) o prospecto, organizado e assinado pelos fundadores e pela instituição financeira intermediária.
>
> § 2º A Comissão de Valores Mobiliários poderá condicionar o registro a modificações no estatuto ou no prospecto e denegá-lo por inviabilidade ou temeridade do empreendimento, ou inidoneidade dos fundadores.

COMENTÁRIOS

1. A constituição por subscrição pública e seu desuso

Mauricio Moreira Menezes

Os arts. 82 e ss., LSA, tratam do processo de constituição propriamente dito, que se ramifica por duas modalidades alternativas, o processo de constituição por subscrição pública e o processo de constituição por subscrição privada.

O processo de constituição por subscrição pública é igualmente conhecido como constituição sucessiva, por consistir no conjunto de atividades que são seguidamente praticadas, à luz do roteiro imposto pela LSA e pela Lei 6.385/1976.

Ocorre quando há apelo à poupança do público investidor. Nesse caso, sobressai a figura do fundador, personagem que articula a elaboração do projeto empresário da companhia "em organização" e a oferta ao mercado, como opção de investimento.

Portanto, o fundador, que pode ser acionista (vale dizer, subscritor de capital da companhia "em organização"), assume responsabilidades próprias. Apresenta-se como líder do empreendimento, formulador da alternativa de investimento e coordenador dos atos próprios da constituição, que inclui a contratação da instituição financeira que intermediará a colocação pública das ações.

O processo de constituição de companhia por subscrição pública corresponde a uma "peça de museu". É um desafio para qualquer professor lecionar nos Cursos de Direito os atos e regras a ele concernentes, pois não há exemplos a ofertar. Como bem ressaltado por Carlos Augusto da Silveira Lobo, caiu em desuso no mercado brasileiro. Leiam-se as argutas palavras do referido advogado:

> Quase todas as companhias são constituídas por subscrição particular. Mesmo aquelas que pretendem emitir ações para lançamento no mercado de valores mobiliários constituem-se geralmente por subscrição particular, sendo as ações tomadas por seus fundadores. Numa segunda etapa, após registro da emissão em aumento de capital, apelam à subscrição do público no mercado; ou então os fundadores, após subscreverem todo o capital, registram a distribuição na CVM e lançam as ações no mercado secundário.
>
> Nos países da Common Law não se conhece a constituição por subscrição pública. As companhias são constituídas por um grupo fechado e só posteriormente, se desejarem acesso ao mercado de valores mobiliários, promovem os atos necessários para obterem o registro no órgão regulador do mercado (nos Estados Unidos, a Securities and Exchange Commission – SEC) e serem listadas nas bolsas de valores.[567]

---

[567] LOBO, Carlos Augusto da Silveira. In: LAMY FILHO, Alfredo; PEDREIRA, José Luiz Bulhões. *Direito das companhias*. 2. ed. Rio de Janeiro: Forense, 2017. p. 481.

Frequentemente, as companhias interessadas em acessar o mercado de capitais, para a captação de recursos e financiamento de suas atividades, assim o fazem após razoável grau de maturação de sua empresa. Repare-se que nada tem a ver com o tempo de existência: companhias voltadas para o setor de tecnologia podem se lançar ao mercado com poucos meses de existência e serão, muito provavelmente, bem-sucedidas, se tiverem argumentos ótimos para convencer o público acerca da probabilidade de retorno positivo do capital investido. São as chamadas "ofertas públicas iniciais", conhecidas pela sigla "IPO", que se refere à mesma expressão na língua inglesa (*Initial Public Offering*).

O excesso normativo a respeito de procedimento, que não mais faz parte da realidade econômica brasileira, tem suas razões. A principal delas é servir para coibição de abusos que, historicamente, se fizeram sentir no mercado de capitais, no Brasil e no exterior, em períodos de liberdade acentuada. Nesse raciocínio, não pode haver lacuna na lei relativamente à iniciativa de se constituir uma companhia por meio de financiamento obtido via mercado de valores mobiliários. A experiência ensinou ao Estado que, nesses domínios, a regulação é muito bem-vinda.

Na prática, o estudo em tela é produtivo para fins de análise do regime jurídico da colocação de ações no mercado, conjugando as normas da LSA com as da Lei 6.385/1976, regulamentadas pela Comissão de Valores Mobiliários, em especial por meio da Resolução CVM 160/2022, com vigência a partir de 2 de janeiro de 2023. Serve como referência jurídica para operações de oferta primária de ações via aumento de capital social ou oferta secundária de ações.

2. Etapa inicial do processo de constituição por subscrição pública

Mauricio Moreira Menezes

O processo de constituição por subscrição pública envolve, por si, uma série de etapas.

Logo, havendo interesse na captação da poupança de terceiros, deve-se atentar se tal esforço é enquadrado como oferta pública, sob o ponto de vista jurídico, de tal sorte a atrair a disciplina legal correspondente. Desse modo, o caráter público da emissão das ações da companhia em organização é definido: (i) por meio da utilização de listas ou boletins de venda ou subscrição, folhetos, prospectos ou anúncios destinados ao público; (ii) pela procura de investidores por meio de prepostos, agentes ou corretores; (iii) por meio da negociação feita em estabelecimento aberto ao público ou com a utilização dos serviços públicos de comunicação (art. 19, § 3º, Lei 6.385/1976).

O mercado de valores mobiliários é estabelecido em ambiente profissional. Portanto, qualquer pessoa, que deseja captar recursos em mercado, deverá contar com auxílio de profissionais. Esses profissionais atuam na intermediação das operações cursadas em mercado e fazem parte do sistema de distribuição de valores mobiliários, conforme previsto no art. 15, Lei 6.385/1976.

Logo, a providência inicial dos fundadores deve ser a contratação da instituição financeira intermediária da oferta pública ou, conforme o caso, do *pool* (formalizado, eventualmente, via contrato de consórcio) de instituições financeiras, que irão liderar ou coordenar a colocação das ações perante o mercado de valores mobiliários.

Importante observar que a Resolução CVM 160/2022, de modo diferente da revogada ICVM 400/2003, praticamente não tomou conhecimento da figura do fundador da companhia, limitando-se a fazer referência à pessoa do "ofertante", salvo raras exceções, cujo propósito foi, nitidamente, guardar alguma coerência com o texto original da LSA. A visão pragmática do regulador prevaleceu: como anteriormente antecipado, a constituição mediante subscrição pública caiu em desuso na vida das companhias brasileiras, de tal sorte que se quedou ilógico produzir norma regulatória sobre o papel dos fundadores durante o processo de registro da oferta pública primária de ações. Nada obstante, é importante atentar para o fato de a companhia em constituição ser desprovida de capacidade para a realização de negócios jurídicos. Logo, determinados atos, atribuídos na regulação ao "ofertante" (*v.g.*, o protocolo do pedido de registro da distribuição perante a CVM, conforme art. 25 da Resolução CVM 160/2022), devem ser interpretados como atribuídos a fundadores, na hipótese de constituição da companhia por subscrição pública.[568]

---

[568] As referências à pessoa do fundador encontram-se no art. 40, I, da Resolução CVM 160 ("Art. 40. O requerimento de registro pode ser indeferido nas seguintes hipóteses: I – por inviabilidade ou temeridade do empreendimento ou inidoneidade dos fundadores, quando se tratar de constituição de emissor") e no item 12 de seu Anexo A, que, ao

Outro ponto interessante foi a definição de emissor em fase "pré-operacional", na qual se enquadra, naturalmente, qualquer companhia em processo de constituição. Segundo o art. 2º, § 1º, da Resolução CVM 160/2022, as ofertas realizadas por emissor em fase pré-operacional somente podem ser distribuídas para investidores qualificados, não se admitindo a análise prévia do requerimento de registro por entidades autorreguladoras.

O art. 77 da Resolução CVM 160/2022 determina que se observem, como conteúdo mínimo do contrato de distribuição, as cláusulas constantes de seu Anexo K.[569]

Uma vez celebrado o referido contrato, deve-se proceder ao registro prévio da emissão perante a Comissão de Valores Mobiliários, na forma prevista no art. 19, Lei 6.385/1976 ("nenhuma emissão pública de valores mobiliários será distribuída no mercado sem prévio registro na Comissão") e no art. 82, LSA.

O requerimento de registro deve ser instruído com os documentos elencados no art. 82 da LSA, a saber: (i) estudo de viabilidade econômica e financeira do empreendimento;[570] (ii) projeto do estatuto social (art. 83, LSA); e (iii) prospecto, principal documento da emissão, organizado e assinado pelos fundadores e pela instituição financeira intermediária (art. 84, LSA).

O pedido de registro poderá ser indeferido pela Comissão de Valores Mobiliários, por meio de sua Superintendência de Registro de Valores Mobiliários – SRE, caso: (i) entenda ser inviável ou temerário o empreendimento; (ii) considere os fundadores inidôneos (*v.g.*, pessoas condenadas pela própria Comissão de Valores Mobiliários, no exercício de seu poder sancionador, por atos ilícitos praticados no mercado de capitais); ou (iii) não sejam cumpridas as exigências por ela formuladas nos autos do processo de registro (art. 40 da Resolução CVM 160/2022). Dessa decisão, caberá recurso ao Colegiado da autarquia (art. 40, parágrafo único, da Resolução CVM 160/2022).

Por fim, deve-se ressalvar que o registro da emissão é concedido segundo critérios formais de legalidade pela Comissão de Valores Mobiliários e não implica sua concordância com as informações prestadas e tampouco garantia de sua veracidade, assim como não contém juízo de valor sobre a viabilidade do empreendimento. Fundadores e ofertante são responsáveis pela "suficiência, veracidade, precisão, consistência e atualidade dos documentos da oferta e demais informações fornecidas ao mercado durante a oferta pública de distribuição", cabendo ao coordenador líder da oferta a responsabilidade pela falta de diligência ou omissão quanto à verificação do atendimento dessas exigências regulatórias (art. 24 da *Resolução* CVM 160/2022).

Logo, os fatores de risco pertinentes à emissão das ações devem ser exaustivamente analisados e ponderados pelo potencial investidor, no curso de seu processo de tomada de decisão.

> **Projeto de Estatuto**
>
> **Art. 83.** O projeto de estatuto deverá satisfazer a todos os requisitos exigidos para os contratos das sociedades mercantis em geral e aos peculiares às companhias, e conterá as normas pelas quais se regerá a companhia.

---

tratar do conteúdo do prospecto, faz menção às "informações a serem prestadas na hipótese de constituição de companhia".

[569] O Anexo K impõe a observância das seguintes cláusulas: "1. Qualificação do emissor, do coordenador líder e, se houver, dos demais coordenadores e das demais instituições intermediárias signatárias do contrato de distribuição, com a indicação expressa da respectiva qualidade em que cada um desses agentes figura no contrato; 2. Ato deliberativo que autorizou a emissão; 3. Regime de colocação dos valores mobiliários; 4. Total de valores mobiliários objeto do contrato, devendo ser mencionada a forma, valor nominal, se houver, preço de emissão e condições de integralização, vantagens e restrições, especificando, inclusive, aquelas decorrentes de eventuais decisões da assembleia ou do conselho de administração que deliberou o aumento; 5. Condições de revenda dos valores mobiliários pelo coordenador líder e, se houver, pelos demais coordenadores ou pelas demais instituições intermediárias envolvidas na distribuição, no caso de regime de colocação com garantia firme; 6. Remuneração do coordenador líder e, se houver, dos demais coordenadores e instituições intermediárias envolvidas na distribuição, discriminando as comissões devidas; 7. Descrição do procedimento adotado para distribuição; e 8. Menção a contratos de estabilização de preços e de formador de mercado, se houver".

[570] Segundo o Anexo A da Resolução CVM 160/2022, item 9.1, o estudo de viabilidade econômico-financeira deve conter: análise da demanda para as principais linhas de produtos e serviços do emissor que representem uma percentagem substancial de seu volume global de receitas; suprimento de matérias-primas; e retorno do investimento, expondo clara e objetivamente cada uma das premissas adotadas para a sua elaboração.

📄 COMENTÁRIOS

1. As normas estatutárias

FÁBIO ULHOA COELHO

Autores dedicados à teoria geral do direito privilegiam, em suas reflexões sobre as normas jurídicas, as emanadas do Estado. Mesmo quando as inicia, como Norberto Bobbio, apontando o *mundo de normas* que nos cerca,[571] não costumam se preocupar em examinar normas emanadas de particulares no exercício da autonomia privada conferida pela ordem jurídica estatal. Se, de um lado, é plenamente compreensível a primazia do estudo das normas jurídicas produzidas pelos diversos desdobramentos do Estado – já que as dos particulares têm sua existência, validade e eficácia completamente determinadas por elas –, de outro, não deixa a doutrina de ressentir a lacuna a que tal enfoque conduz. Muitas vezes, alcançar a solução adequada pressupõe examinar normas jurídicas não produzidas por órgãos estatais, mas por particulares.

A atenção consideravelmente menor dispensada pela teoria jurídica às normas produzidas pelos particulares, em confronto com a deferida às estatais, pode-se também compreender como reflexo de certo entendimento que vagueia difusamente pelas elaborações doutrinárias. Refiro-me à premissa, nem sempre explicitada, de que nada de essencialmente diferente existe entre as duas espécies de normas jurídicas. Particularmente, no que diz respeito à questão da interpretação, a pertinência desta premissa não tem sido questionada pela doutrina, quando se trata de transpor regras de exegese da norma legal na intelecção de cláusulas constantes de documentos particulares, como testamentos, contratos ou estatutos.[572]

Hans Kelsen é dos autores a quem as normas emanadas dos particulares merecem consideração. Em suas lições encontram-se, inclusive, referências às normas estatutárias, que regem as relações internas e externas das pessoas jurídicas ("corporações"). Para ele, O estatuto representa uma ordem jurídica *parcial*, com a qual se articulam as ordens jurídicas *total* e *global*. Confira-se: "[os] deveres e direitos da corporação são, em parte, aqueles que são estatuídos pela ordem jurídica estadual e, noutra parte, aqueles que são estatuídos pelo estatuto da corporação com base numa autorização ou competência (Ermächtigung) conferida pela ordem jurídica estadual. Os primeiros são deveres e direitos externos, os segundos direitos e deveres internos da corporação. Pelo estatuto, porém, podem também ser normados deveres e direitos dos membros que não sejam considerados deveres e direitos da corporação, que lhe não sejam atribuídos"[573]. A articulação entre a ordem jurídica parcial estabelecida pelo estatuto e a total construída pelo Estado varia conforme se cuidem dos deveres e direitos externos ou internos, complementa Kelsen: "a ordem jurídica, quando – como se diz – impõe deveres ou confere direitos a uma corporação, determina apenas o elemento material da conduta que forma o conteúdo do dever ou direito e deixa ao estatuto a determinação do elemento pessoal, quer dizer a determinação do indivíduo que tem de cumprir o dever ou exercer o direito, por forma que a relação entre a ordem jurídica estadual e a pessoa jurídica a que ela impõe deveres ou confere direitos é a relação entre duas ordens jurídicas: uma ordem jurídica total e uma ordem jurídica parcial. [...] No caso dos deveres e direitos internos da corporação, o estatuto determina tanto o elemento material como o elemento pessoal da conduta que forma o conteúdo do dever ou do direito. Os deveres internos podem ser estatuídos por forma a que o estatuto determine uma conduta a cuja conduta oposta a ordem jurídica estadual liga uma sanção".[574]

---

[571] "La nostra vita si svolge in um mondo di norme. Crediamo di esser liberi, ma in realtà siamo avvolti in una fittissima rete di regole di condotta, che dalla nascita sino alla morte dirigono in questa ou quella direzione le nostre azioni. La maggior parte di queste regole sono diventate ormai tanto consuete che non ci accorgiamo più della loro presenza. Ma se osserviamo un pó dall'esterno lo sviluppo della vita di un uomo attraverso l'attività educatrice compiuta su di lui dai suoi genitore, dai suoi maestri e via discorrendo, ci rendiamo conto che egli si sviluppa sotto laguida di regole di condotta" (*Teoria della norma giuridica*. Torino: G. Giappichelli, s/d. p. 3).

[572] Para Carlos Maximiliano: "São semelhantes as regras de interpretação das leis e as relativas aos atos jurídicos; porém não se confundem, como alguns pensam. Entre as primeiras, as mais importantes aplicam-se, com algumas variações apenas, aos casos visados pelas segundas; e entre estas existem diversas espécies, não abrangidas pelas destinadas à exegese das normas escritas. Uma e outra colimam o mesmo objetivo: a descoberta do verdadeiro sentido e alcance das expressões adotadas" (*Hermenêutica e aplicação do direito*. 9. ed. Rio de Janeiro: Forense, 1980. p. 340).

[573] KELSEN, Hans. *Teoria pura do direito*. Trad. João Baptista Machado. 5. ed. Coimbra: Arménio Amado, 1979. p. 249.

[574] KELSEN, Hans. *Teoria pura do direito*. Trad. João Baptista Machado. 5. ed. Coimbra: Arménio Amado, 1979. p. 250-251.

As normas estatutárias desempenham, portanto, importantíssima função na dinâmica da aplicação do direito positivo referente às pessoas jurídicas. Em sua articulação com a lei vigente, encarrega-se de definir o elemento *pessoal* da conduta correspondente a certo dever ou direito. No campo das relações internas (quer dizer, entre os membros da pessoa jurídica), ao estatuto incumbe individualizar os titulares de deveres e direitos definidos pela ordem estatal.

2. Interpretação de estatuto

FÁBIO ULHOA COELHO

Na articulação entre as normas estatais e particulares, especial atenção deve-se dispensar à interpretação destas últimas.

O processo de interpretação inicia-se por meio da intelecção do texto da norma em sua literalidade. Cuida-se da chamada interpretação gramatical. Em geral, os doutrinadores apressam-se em notar que aos resultados da interpretação gramatical deve o aplicador do direito preferir os de processos ou métodos mais elaborados, tais o lógico-sistemático, sociológico, histórico e outros – variando o espectro segundo as convicções nutridas por cada autor.

Também é unânime a afirmação de que, a despeito das limitações da interpretação gramatical, deve-se sempre privilegiar o entendimento imediato e simples da norma interpretanda quando não conduza a soluções absurdas.[575-576] Assenta-se como que um princípio hermenêutico, o da *suficiência da intelecção simples e direta da norma*.

Apenas quando a literalidade do preceito conduz a soluções absurdas ou insatisfatórias, incompatíveis com a natureza do direito que se procura sustentar, é que se torna oportuna a pesquisa por outras interpretações. Note-se, tanto José de Oliveira Ascensão quanto Carlos Maximiliano alertam que a busca da intelecção simples e direta da norma a partir da interpretação gramatical não pode significar o cego apego às palavras, equívoco grave que os aplicadores do direito devem evitar a todo custo. Mas o apego ao significado literal do texto normativo é exagerado apenas quando conduz a soluções juridicamente insustentáveis. Não havendo qualquer implicação despropositada da interpretação gramatical, faltarão razões para descartá-la.

Outros preceitos de exegese das normas legais são igualmente aplicáveis à das estatutárias, como, por exemplo, a *interpretação restritiva das normas de exceção*[577]. É regra de hermenêutica sempre aplicável, por exemplo, na interpretação de cláusula estatutária que inclua, na competência do conselho de administração, a manifestação prévia sobre atos ou contratos da sociedade. Como se percebe do art. 142, VI, da LSA, a norma *geral* é a de dispensa de apreciação, pelo conselho de administração, de quaisquer atos e contratos, à medida que a referida norma ressalva a previsão estatutária. Esta, portanto, tem caráter indiscutível de norma de exceção e a cláusula estatutária deve, por conseguinte, ser interpretada restritivamente. O art. 142, VI, da LSA, ao fazer depender de exigência estatutária a atribuição, nela contemplada, de manifestação prévia sobre

---

[575] José de Oliveira Ascensão, após apontar a ambiguidade das palavras e a possível discrepância entre intenção e expressão, sintetiza: "são, portanto, muito graves as limitações que a letra defronta. Mas há um elemento favorável à letra. Deve-se presumir, não só que o legislador consagrou as soluções mais acertadas, como ainda que soube exprimir o seu pensamento em termos adequados. Quer isto dizer que não podemos com ligeireza afirmar que há uma infelicidade de expressão. Devemos partir do princípio que o texto exprime o que é natural que as palavras exprimem, pelo que se pode afirmar que o entendimento literal será normalmente aquele que virá a ser aceite" (*O direito* – introdução e teoria geral. Uma perspectiva luso-brasileira. 10. ed. Coimbra: Almedina, 1997. p. 391-392).

[576] Carlos Maximiliano reflete, em lição sobre as prescrições obrigatórias: "Se a letra não é contraditada por nenhum elemento exterior, não há motivo para hesitação: deve ser observada. A linguagem tem por objetivo despertar em terceiros pensamento semelhante ao daquele que fala; presume-se que o legislador se esmerou em escolher expressões claras e precisas, com a preocupação meditada e firme de ser bem compreendido e fielmente obedecido. Por isso, em não havendo elementos de convicção em sentido diverso, atém-se o intérprete à letra do texto. Embora seja verdadeira a máxima atribuída ao apóstolo São Paulo – a letra mata, o espírito vivifica –, nem por isso é menos certo caber ao juiz afastar-se das expressões claras da lei, somente quando ficar evidenciado ser isso indispensável para atingir a verdade em sua plenitude. O abandono da fórmula explícita constitui um perigo para a certeza do Direito, a segurança jurídica; por isso é só justificável em face de mal maior, comprovado: o de uma solução contrária ao espírito dos dispositivos, examinados em conjunto. As audácias do hermeneuta não podem ir a ponto de substituir, de fato, a norma por outra" (*Hermenêutica e aplicação do direito*. 9. ed. Rio de Janeiro: Forense, 1980. p. 110-111).

[577] Segundo Tércio Sampaio Ferraz Jr.: "uma exceção deve sofrer interpretação restritiva. [...] Uma exceção é, por si só, uma restrição que só deve valer para os casos excepcionais. Ir além é contrariar sua natureza" (*Introdução ao estudo do direito*. Técnica, decisão, dominação. 2. ed. São Paulo: Atlas, 1995. p. 295).

atos e contratos da companhia, importa o estabelecimento da regra geral da *dispensabilidade* do pronunciamento deste órgão societário. Apenas se e quando expressamente previsto no estatuto da sociedade anônima, os atos e contratos da companhia devem ser submetidos à manifestação prévia do conselho de administração.

A regra geral da *dispensabilidade* de apreciação prévia de atos e contratos pelo conselho de administração é, ressalte-se, inteiramente compatível com a da *indelegabilidade de poderes de administração*, característica do direito societário brasileiro (LSA, art. 139).[578] Como, por definição, a representação legal da companhia cabe à diretoria (art. 138, § 1º, *in fine*), a regra geral para a celebração de contratos só pode ser mesmo a da dispensabilidade de participação, nesta, de qualquer outro órgão societário. Apenas se o estatuto especificamente considerar oportuno algum tipo de participação do conselho de administração é que poderá, por norma expressa, prescrevê-la. E, nesse caso, sua interpretação há de ser restritiva, por conta de sua natureza de norma de exceção.

Acentuo que a lei está tratando da *manifestação prévia*, que é algo diverso de *autorização*. Ao falar em *manifestação prévia*, a lei não está cogitando de submeter à aprovação do conselho de administração a prática de atos ou contratos pela sociedade anônima. Quando assim se expressa, a LSA reporta-se a uma função opinativa, não vinculante, do conselho de administração. Desse modo, ressalta-se ainda mais o caráter de *excepcionalidade* da norma estatutária que estipula a prévia autorização, pelo conselho de administração, para a prática de certos atos ou celebração de alguns contratos pela sociedade anônima.

Além do princípio da *suficiência da intelecção simples e direta* e da regra da *interpretação restritiva das normas de exceção*, outros preceitos de hermenêutica jurídica são igualmente aplicáveis na definição do sentido e alcance de disposições estatutárias. E, em especial, os preceitos de exegese próprios dos negócios empresariais, que já foram até mesmo estatuídos em norma de direito positivo. O Código Comercial de 1850 os previa em disposições revogadas pela entrada em vigor do Código Reale em 2003. Mas, mesmo após a revogação da Parte Primeira do Código Comercial, essas disposições, por não conflitarem com as normas que o substituíram,[579] continuam a servir de referência no enfrentamento de questões afetas ao direito comercial, incluindo os negócios jurídicos de natureza societária, como são os estatutos de sociedade anônima. Em outros termos, embora os arts. 130 e 131 do Código Comercial,[580] em que tais regras de

---

[578] Elucida Nelson Eizirik: "o princípio da indelegabilidade de funções, inspirado no direito constitucional (separação de poderes, conforme o artigo 2º da Constituição Federal) já constava do Decreto-Lei nº 2.627/1940, em seu artigo 116. A Lei das S.A. segue o princípio segundo o qual cada órgão tem competência privativa para a prática de determinados atos, que não pode ser delegada a outros órgãos, quer sejam previstos em lei, quer sejam criados pelo estatuto. A proibição alcança os integrantes dos órgãos da administração, que não podem delegar a outros órgãos os poderes que lhes foram atribuídos pela Lei das S.A." (*A lei das S/A comentada*. São Paulo: Quartier Latin, 2011. v. II. p. 262).

[579] A prevalência da "vontade declarada" sobre o "sentido literal da linguagem" é determinada na interpretação de todos os negócios jurídicos, além dos regidos pelo direito comercial, consubstanciando em verdadeira regra geral de interpretação dos atos de direito privado. Dispõe o art. 112 do Código Civil: "nas declarações de vontade se atenderá mais à intenção nelas consubstanciada do que ao sentido literal da linguagem". Esta regra do Código Civil, na verdade, apenas dispõe de modo *geral* o mesmo comando normativo que os arts. 130 e 131 Código Comercial de 1850 disciplinavam *detalhadamente*. Adverte Paulo Nader que "o legislador foi extremamente cauteloso na redação do art. 112 [...]. Em primeiro lugar, observe-se que o texto contém um advérbio de intensidade, que direciona o intérprete na busca da intenção, sem, todavia, desprezar a linguagem utilizada pelas partes. Quer dizer, mesmo defeituosa, a linguagem deverá contribuir na formulação do sentido do ato negocial. A preocupação se fundamenta em princípios de segurança jurídica, receoso o legislador de que o intérprete se resvale para o campo da subjetividade, fazendo prevalecer um sentido que não encontra apoio na vontade objetivada, nem retrate a vontade real" (*Curso de direito civil*. 8. ed. Rio de Janeiro: Forense, 2011, v. 1. p. 366-367).

[580] Diziam os arts. 130 e 131 do Código Comercial: "Art. 130. As palavras dos contratos e convenções mercantis devem inteiramente entender-se segundo o costume e uso recebido no comércio, e pelo mesmo modo e sentido por que os negociantes se costumam explicar, posto que entendidas de outra sorte possam significar coisa diversa. Art. 131. Sendo necessário interpretar as cláusulas do contrato, a interpretação, [além das regras sobre a nulidade dos contratos], será regulada sobre as seguintes bases: 1. A inteligência simples e adequada, que for mais conforme à boa-fé, e ao verdadeiro espírito e natureza do contrato, deverá sempre prevalecer à rigorosa e restrita significação das palavras; 2. As cláusulas duvidosas serão entendidas pelas que o não forem, e que as partes tiverem admitido; e as antecedentes e subsequentes, que estiverem em harmonia, explicarão as ambíguas; 3. O fato dos contratantes posterior ao contrato, que tiver relação com o objeto principal, será a melhor interpretação da

interpretação se encontravam, não tenham mais força de lei, as diretrizes de interpretação nelas contidas permanecem como fonte secundária do direito.

Aplicam-se à interpretação dos estatutos os critérios legais de exegese previstos nos incisos do § 1º do art. 113 do Código Civil: (i) confirmação pelo comportamento das partes posteriormente à celebração do negócio; (ii) correspondência aos usos, costumes e práticas adotadas com frequência pelas companhias brasileiras similares (por exemplo, as que possuem ações admitidas em cotações segregadas); (iii) boa-fé; (iv) benefício dos acionistas que não participaram da redação da cláusula estatutária, mesmo a tendo aprovado em assembleia, se eles forem identificáveis; e (v) reprodução da razoável negociação das partes sobre a questão discutida, inferida das demais disposições do estatuto e da racionalidade econômica dos acionistas, consideradas as informações disponíveis no momento de sua aprovação em assembleia.

Em suma, vistas as regras próprias de interpretação dos negócios jurídicos empresariais, a intelecção das cláusulas dos estatutos está sujeita aos seguintes critérios hermenêuticos: (1) a compreensão deve conduzir a situação conforme a boa-fé e os objetivos do negócio constitutivo de sociedade anônima, entabulado entre os acionistas (CC, art. 113, § 1º, III);[581-582] (2) a boa-fé é o padrão geral de conduta a ser exigido dos acionistas (CC, art. 113, § 1º, III);[583] (3) o comportamento comum dos acionistas representa o mais consistente meio de se aferir a vontade contratada por eles, ao aprovar o estatuto ou alteração estatutária, prevalecendo, na dúvida, a interpretação mais benéfica a quem não se responsabilizou pela redação da proposta submetida à assembleia (CC, art. 113,

---

vontade que as partes tiverem no ato da celebração do mesmo contrato; 4. O uso e prática geralmente observada no comércio nos casos da mesma natureza e, especialmente o costume do lugar onde o contrato deva ter execução, prevalecerá a qualquer inteligência em contrário que se pretenda dar às palavras; 5. Nos casos duvidosos, que não possam resolver-se segundo as bases estabelecidas, decidir-se-á em favor do devedor".

[581] Para Fran Martins: "Para a interpretação dos contratos mercantis, há regras especiais. O Código Comercial as compendiou nos arts. 130 a 133, com a finalidade de fazer com que a vontade dos contratantes, quando expostas de maneira menos clara, possam ser melhormente apreendidas por parte daqueles que delas devam tomar conhecimento. [...] Na interpretação das cláusulas dos contratos deve ser dada maior importância à intenção das partes do que à rigorosa e restrita significação das palavras. Essa regra, contida no art. 131, nº 1, do Código Comercial, foi reforçada pelo art. 85 do Código Civil [...]. Quer a lei, desse modo, resguardar a boa-fé das partes contratantes, princípio de largo alcance no campo do direito comercial, pois a boa-fé, característica das operações mercantis, serve para dar maior rapidez e segurança aos atos de comércio" (*Contratos e obrigações comerciais*. 5. ed. Rio de Janeiro: Forense, 1977. p. 90-91).

[582] A relevância da boa-fé como padrão geral de comportamento dos contratantes é, hoje, conceito legal pertinente a todo o direito privado, em razão do art. 422 do Código Civil. Mas a origem da boa-fé como padrão encontra-se no direito comercial, em seus primórdios ainda durante a Idade Média. Em razão da extraordinária dinâmica e velocidade com que os negócios comerciais precisam ser discutidos, negociados e concluídos, difundiu-se entre os comerciantes e empresários a prática da informalidade, contraposta à rígida formalização do direito civil. De acordo com Waldemar Ferreira: "as diferenças assinaladoras da obrigação comercial obedecem à simplicidade das fórmulas, levadas a cabo pelos mercadores em labor de séculos, derrogando e modificando certos princípios dos contratos civis, que entorpeciam e dificultavam a vida comercial; ou criando outros contratos que o tráfico mercantil tornou necessários. Onde elas principalmente se fizeram sentir foi no Direito Marítimo e no Cambiário. Destinada a obrigação mercantil a facilitar o problema circulatório da riqueza, não podia, em geral, acomodar-se às formas hieráticas e solenes dos contratos civis. Nem o processo para torná-los eficazes, poderia ser amplo e severo como o civil. Se quanto à primeira, impera a fórmula da verdade sabida e da boa-fé guardada, quanto ao segundo, interessa encontrar modo e maneira de tornar realidade o lema do comércio: tempo é dinheiro" (*Tratado de direito comercial*. São Paulo: Saraiva, 1962. v. 8. p. 9).

[583] Se a formalização rígida dos contratos civis se destina a conferir segurança quanto à vontade declarada, a informalidade corrente nos contratos regidos pelo direito comercial demanda essencialmente a boa-fé das partes, com o mesmo objetivo de servir de garantia à vontade declarada. Na síntese feliz de Rubens Requião, ao circunscrever as características do direito comercial: "pela sua natureza e estrutura de direito privado, o direito comercial se caracteriza e se diferencia de outros ramos do direito, sobretudo do direito civil, pelos seguintes traços peculiares: *cosmopolitismo, individualismo, onerosidade, informalismo, fragmentarismo e solidariedade presumida*. [...] *Informalismo*. Em face da técnica própria do direito comercial, e de seu objetivo de regular operações em massa, em que a rapidez da contratação é elemento substancial, forçou-se a supressão do formalismo. Em compensação, a boa-fé impera nos contratos comerciais, impondo-se meios de provas mais simples e numerosos do que no direito civil" (*Curso de direito comercial*. 7. ed. São Paulo: Saraiva, 1976. p. 26).

Art. 84 FÁBIO ULHOA COELHO

§ 1º, I e IV);[584] (4) o respeito aos costumes adotados pelos acionistas de uma determinada companhia, relativamente às suas relações societárias, é uma importante regra de interpretação do estatuto social (CC, art. 113, § 1º, II)[585]; e (5) possuir racionalidade econômica (CC, art. 113, § 1º, V).

Prospecto

Art. 84. O prospecto deverá mencionar, com precisão e clareza, as bases da companhia e os motivos que justifiquem a expectativa de bom êxito do empreendimento, e em especial:

I – o valor do capital social a ser subscrito, o modo de sua realização e a existência ou não de autorização para aumento futuro;

II – a parte do capital a ser formada com bens, a discriminação desses bens e o valor a eles atribuídos pelos fundadores;

III – o número, as espécies e classes de ações em que se dividirá o capital; o valor nominal das ações, e o preço da emissão das ações;

IV – a importância da entrada a ser realizada no ato da subscrição;

V – as obrigações assumidas pelos fundadores, os contratos assinados no interesse da futura companhia e as quantias já despendidas e por despender;

VI – as vantagens particulares, a que terão direito os fundadores ou terceiros, e o dispositivo do projeto do estatuto que as regula;

VII – a autorização governamental para constituir-se a companhia, se necessária;

VIII – as datas de início e término da subscrição e as instituições autorizadas a receber as entradas;

IX – a solução prevista para o caso de excesso de subscrição;

X – o prazo dentro do qual deverá realizar-se a assembleia de constituição da companhia, ou a preliminar para avaliação dos bens, se for o caso;

XI – o nome, nacionalidade, estado civil, profissão e residência dos fundadores, ou, se pessoa jurídica, a firma ou denominação, nacionalidade e sede, bem como o número e espécie de ações que cada um houver subscrito;

XII – a instituição financeira intermediária do lançamento, em cujo poder ficarão

---

[584] Se as partes, ao longo do tempo, comportaram-se de determinada maneira na execução do contrato empresarial, este comportamento comum é a melhor maneira de se identificar o que tinham elas em mente ao contratarem. E é a melhor maneira porque retrata a harmonia de entendimentos que se segue, normalmente, à contratação. A conduta que uma delas, unilateralmente, passou a ostentar depois de estabelecida certa desarmonia na relação negocial, está viciada pela estratégia engendrada com vista ao enfrentamento de eventual renegociação ou mesmo litígio. É conduta que não encontra correspondência na do outro contratante e, portanto, reflete a divergência e não a convergência de vontades. J. X. Carvalho de Mendonça leciona: "o fato dos contratantes posterior ao contrato, que tiver relação com o objeto principal será a melhor explicação da vontade que as partes tiveram no ato da celebração do mesmo contrato. A observância do negócio jurídico é um dos meios denunciativos da interpretação autêntica da vontade das partes. Esclarece esta vontade, servindo de guia indefectível para a solução da dívida, levantada por qualquer delas" (*Tratado de direito comercial brasileiro*. 6. ed. atual. por Roberto Carvalho de Mendonça. Rio de Janeiro: Freitas Bastos, 1960. v. VI, parte I. p. 212-213).

[585] Cf., por todos, Paula Andrea Forgioni: "os usos e costumes geram *legítimas expectativas* de atuação, *probabilidades de comportamento*; presume-se que as partes comportar-se-ão de acordo com o modelo usual, de maneira que cada agente é capaz de *planejar sua jogada* (i.e., *estratégia de atuação no mercado*) *com maior margem de segurança*. O conúbio entre previsibilidade, criação de legítima expectativa e usos comerciais é hoje expresso na legislação comercial norte-americana, que considera como '*any practice or method of dealing having such regularity of observance in a place, vocation, or trade as to justify an expectation that it will be observed with respect to the transaction in question*'. [...] Estipulações comuns em operações de compra e venda de ações ou de quotas, tais como cláusulas de *put/call*, *drag along* e *tag along* nada mais são do que a redução a escrito de uma prática consolidada. Seu reconhecimento social é tão notável que não há advogado da área comercial que ignore seu significado, muito embora os livros nacionais pouco esclareçam sobre o assunto. Enfim, a relação entre o funcionamento do sistema mercantil e os usos e costumes faz aflorar sua função de fator de diminuição dos custos de transação. *O reconhecimento da força vinculante de regras que traduzem respostas adequadas a necessidades econômicas, permitindo o cálculo de jogadas, facilita as contratações, reduzindo seus custos*. [...] A interpretação do negócio comercial, sob o ponto de vista do mercado, não pode desconsiderar os pressupostos de funcionamento do sistema apontados [acima], especialmente aqueles referentes à boa-fé, aos usos e costumes, custos de transação, necessidade de segurança e previsibilidade para o tráfico, tutela do crédito e, especialmente, que a função econômica do negócio deve pautar sua interpretação" (*Teoria geral dos contratos empresariais*. São Paulo: RT, 2009. p. 117-119 e 218).

> depositados os originais do prospecto e do projeto de estatuto, com os documentos a que fizerem menção, para exame de qualquer interessado.

COMENTÁRIOS

1. Conteúdo e função do prospecto

Mauricio Moreira Menezes

O requerimento de registro da emissão pública das ações da companhia em organização deve ser instruído com os documentos elencados no art. 82, LSA, dentre os quais o prospecto, organizado e assinado pelos fundadores e pela instituição financeira intermediária.

O prospecto é o principal documento da oferta. Consubstancia toda e qualquer informação considerada relevante para o processo de tomada de decisão pelo investidor.

Assim, o prospecto deve dispor sobre quaisquer fatores de risco, dados sobre emitente, fundadores, instituições intermediárias, características da emissão e das ações, direitos que terão os investidores (nesta hipótese, futuros acionistas), enfim, todo o complexo informacional que pode vir a influenciar a formação do convencimento do potencial destinatário da emissão, no sentido de que a ação, objeto da oferta, pode vir a ser boa opção de investimento.

O art. 84, LSA, ao tratar do conteúdo do prospecto, menciona que fundadores e instituição intermediária devem discorrer "com precisão e clareza, as bases da companhia e os motivos que justifiquem a expectativa de bom êxito do empreendimento". A leitura superficial deste artigo pode conduzir à equivocada percepção, no sentido de ser o prospecto mera peça publicitária da emissão.

Porém, o prospecto vai muito além. Deve servir para alertar o potencial investidor a respeito das fragilidades do investimento, de suas dificuldades (*v.g.*, obtenção de licenças ambientais, que podem comprometer os prazos de implantação do empreendimento e seu plano de negócios), da real possibilidade de perda dos valores aportados na companhia ou do retorno financeiro aquém das expectativas, sob pena de responsabilidade de quem o assina (i.e., fundadores e instituição financeira intermediária, na forma do art. 92, LSA), valendo frisar que a prestação de informações falsas ou tendenciosas no prospecto é considerada infração grave pela Comissão de Valores Mobiliários (art. 96 da Resolução CVM 160/2022 c/c art. 11, § 3º, da Lei 6.385/1976).

Evidentemente, não se quer dizer que o prospecto deve depreciar o objeto da emissão, que são as ações da companhia em organização. Recomenda-se, conforme as práticas de mercado, a realização de auditoria jurídica (*due diligence*), contábil e, conforme os aspectos específicos do empreendimento, auditorias que envolvam outras áreas técnicas (engenharia, meio-ambiente, anticorrupção etc.), em etapa precedente, a fim de que os resultados dessas análises sejam incorporados ao prospecto, ainda que figurem como fatos adversos. Desse modo, busca-se assegurar que os elementos relevantes da emissão sejam objetivamente considerados no prospecto, alcançando o potencial investidor por meio de linguagem técnica e acessível, sem ilações infundadas.

Considerando que a companhia se encontra em pleno processo de constituição e que ainda não pode ser objeto de auditoria, a investigação dos profissionais deve recair sobre elementos que servirão de base para o empreendimento e sobre seus líderes. Por hipótese, sendo empreendimento voltado para pesquisa e lavra mineral ou extração de petróleo, a análise jurídica da higidez dos direitos minerários ou de concessão de exploração do bloco de petróleo deve estar devidamente consignada no prospecto, a despeito da inexistência da companhia na data de sua elaboração (pois, repita-se, ainda se encontra em organização).

Por consequência, fundadores e instituição intermediária previnem, em tese, futura responsabilidade, decorrente da reclamação de investidor quanto à frustração de suas expectativas de retorno do investimento. Contra eventual alegação de indução a erro pelo investidor, poderão aqueles aduzir que toda informação relevante – inclusive as relacionadas a fatores adversos – estavam descritas, pormenorizadamente, no prospecto, cuja leitura é obrigação do investidor. A propósito, seu acurado exame faz parte do dever de diligência de investidores profissionais e qualificados.[586]

---

[586] A Resolução CVM 30/2021 trata das categorias de investidores e lista, em seu art. 11, as seguintes espécies de investidores profissionais: I – instituições financeiras e demais instituições autorizadas a funcionar pelo Banco Central

Os incisos I a VIII, do art. 84, LSA, tratam das informações básicas que devem constar do prospecto. Além dessas, o Anexo A da Resolução CVM 160/2022 dispõe sobre extenso conteúdo a ser incorporado ao prospecto, de caráter impositivo, segundo o art. 18 da Resolução CVM 160/2022, podendo a Comissão de Valores Mobiliários exigir a inclusão das "informações adicionais que julgar adequadas, além de advertências e considerações que entender cabíveis para a análise e compreensão do Prospecto pelos investidores" (art. 17, § 5º, da Resolução CVM 160/2022).

Tais normas buscam exigir o tratamento adequado da informação por aquele que pretende acessar o mercado de capitais para se financiar, em proveito da segurança dos investidores e do bom funcionamento de seu ambiente de negociação. Em complemento, o art. 12, § 6º, da Resolução CVM 160/2022 determina que eventuais materiais publicitários devem ser encaminhados à CVM em até 1 (um) dia útil após a sua utilização, devendo tais materiais mencionar, ainda: a advertência, em destaque, "Leia o prospecto antes de aceitar a oferta e em especial a seção dos fatores de risco"; a referência expressa de que se trata de material publicitário, não devendo se confundir com o prospecto; e a advertência de que se trata de investimento de risco. Aqui, a regulação efetivamente evoluiu, no sentido de não sujeitar aqueles materiais de publicidade à prévia aprovação da CVM (tal como determinava o art. 50 da revogada ICVM 400/2003), mas apenas seu envio posterior à Superintendência de Registro de Valores Mobiliários (SRE) da autarquia, galgando mais um degrau em direção à desburocratização do acesso ao mercado de valores mobiliários.

2. Prospecto preliminar e prospecto definitivo

Mauricio Moreira Menezes

O prospecto deve ficar à disposição na internet para consulta de qualquer interessado (art. 13 da Resolução CVM 160/2022), no site da emissora (se houver), do ofertante (leia-se "fundadores" no caso da companhia em constituição), da instituição intermediária responsável pela oferta e da Comissão de Valores Mobiliários.

Dispõe o art. 20 da Resolução CVM 160/2022 que os ofertantes podem elaborar prospecto preliminar, o qual deverá ser utilizado até a divulgação do anúncio de início da oferta, que preveja: (i) recebimento de reservas; (ii) procedimento de precificação, com ou sem recebimento de reservas; ou (iii) utilização de material publicitário. Qual seria a função do prospecto preliminar?[587]

---

do Brasil; II – companhias seguradoras e sociedades de capitalização; III – entidades abertas e fechadas de previdência complementar; IV – pessoas naturais ou jurídicas que possuam investimentos financeiros em valor superior a R$ 10.000.000,00 (dez milhões de reais) e que, adicionalmente, atestem por escrito sua condição de investidor profissional mediante termo próprio; V – fundos de investimento; VI – clubes de investimento, desde que tenham a carteira gerida por administrador de carteira de valores mobiliários autorizado pela CVM; VII – agentes autônomos de investimento, administradores de carteira de valores mobiliários, consultores de valores mobiliários autorizados pela CVM, em relação a seus recursos próprios; VIII – investidores não residentes; e IX – fundos patrimoniais. Ademais, considera como investidores qualificados (art. 12): I – investidores profissionais; II – pessoas naturais ou jurídicas que possuam investimentos financeiros em valor superior a R$ 1.000.000,00 (um milhão de reais) e que, adicionalmente, atestem por escrito sua condição de investidor qualificado mediante termo próprio; III – as pessoas naturais que tenham sido aprovadas em exames de qualificação técnica ou possuam certificações aprovadas pela CVM como requisitos para o registro de agentes autônomos de investimento, administradores de carteira, analistas e consultores de valores mobiliários, em relação a seus recursos próprios; e IV – clubes de investimento, desde que tenham a carteira gerida por um ou mais cotistas, que sejam investidores qualificados.

[587] "Art. 20. O prospecto preliminar deve atender a todas as condições de um prospecto definitivo, exceto por não conter: I – o número de registro da oferta na CVM; e II – o preço ou a taxa de remuneração definitivos. § 1º O preço ou a taxa de remuneração previstos no inciso II do *caput* podem ser apresentados sob a forma de faixa de variação, hipótese em que as demais informações que dela dependam devem ser apresentadas, no mínimo, com base no valor médio da faixa de variação. [...] § 3º Em adição aos dizeres previstos nos Anexos 'A' a 'E', os seguintes dizeres devem constar da capa do prospecto preliminar, com destaque: I – 'Prospecto preliminar' e a respectiva data de edição; II – 'O prospecto definitivo estará disponível em [páginas da rede mundial de computadores do ofertante, dos coordenadores, das instituições participantes do consórcio de distribuição, se houver, das entidades administradoras de mercado organizado de valores mobiliários no qual os valores mobiliários do emissor sejam admitidos à negociação e da CVM.]'; III – 'É admissível o recebimento de reservas, a partir de [dia] de [mês] de [ano]. Os pedidos de reserva são irrevogáveis e serão quitados após o início do período de distribuição conforme os termos e condições da oferta.', exclusivamente na hipótese de estar previsto o recebimento de reservas para subscrição ou aquisição; IV – 'As informações contidas neste prospecto preliminar estão sob análise da Comissão de Valores Mobiliários - CVM, a qual

Na prática, o prospecto preliminar assume o protagonismo na emissão pública, pois se destina a propagar a oferta das ações, para fins de realização da atividade de coleta de intenções de investimento, que, por sua vez, só poderá ser iniciada após o protocolo do pedido de registro da emissão na Comissão de Valores Mobiliários e da divulgação de prospecto preliminar.

Essa atividade de coleta é o chamado *bookbuilding*, operação pela qual a instituição intermediária da oferta (se houver várias, as coordenadoras ou líderes) avalia, junto aos investidores, a demanda pelos papéis que estão sendo ofertados.[588]

Logo, a diferença fundamental entre o prospecto preliminar e o definitivo corresponde à fixação do preço de emissão da ação, após concluído o *bookbuilding*. O prospecto preliminar é divulgado com essa lacuna relacionada ao preço de emissão, cuja formação é realizada de forma dinâmica, segundo as condições episódicas da demanda pela ação.

Caso fatores supervenientes produzam alteração substancial do prospecto preliminar, devem os fundadores e instituição intermediária antecipar a divulgação do prospecto definitivo, fazendo-o no prazo de até 5 (cinco) dias úteis antes data inicial para a aceitação da oferta (art. 59, § 1º, da Resolução CVM 160/2022). Igual prazo deverá ser observado para a divulgação do prospecto definitivo, caso não tenha sido utilizado Prospecto Preliminar.

Lista, Boletim e Entrada

Art. 85. No ato da subscrição das ações a serem realizadas em dinheiro, o subscritor pagará a entrada e assinará a lista ou o boletim individual autenticados pela instituição autorizada a receber as entradas, qualificando-se pelo nome, nacionalidade, residência, estado civil, profissão e documento de identidade, ou, se pessoa jurídica, pela firma ou denominação, nacionalidade e sede, devendo especificar o número das ações subscritas, a sua espécie e classe, se houver mais de uma, e o total da entrada.

§ 1º A subscrição poderá ser feita, nas condições previstas no prospecto, por carta à instituição, acompanhada das declarações a que se refere este artigo e do pagamento da entrada. (Incluído pela Lei 13.874, de 2019).

§ 2º Será dispensada a assinatura de lista ou de boletim a que se refere o caput deste artigo na hipótese de oferta pública cuja liquidação ocorra por meio de sistema administrado por entidade administradora de mercados organizados de valores mobiliários. (Incluído pela Lei 13.874, de 2019).

COMENTÁRIOS

1. A etapa de colocação das ações da companhia em constituição

Mauricio Moreira Menezes

A distribuição pública das ações da companhia em organização se inicia com a publicação, pela instituição intermediária, do "anúncio de início de distribuição" (art. 59, II, da Resolução CVM 160/2022), desde que obtido o registro da emissão perante a Comissão de Valores Mobiliários (art. 82 da LSA c/c art. 59, I, da Resolução CVM 160/2022).

Porém, frequentemente, adotam-se trabalhos de negociação prévia dos valores mobiliários que serão ofertados publicamente. Nesse sentido, o art. 65 da Resolução CVM 160/2022 admite o recebimento de pedido reserva para a subscrição das ações objeto de oferta pública, caso, cumulativamente: (i) tenha sido requerido o registro da distribuição; (ii) a "oferta esteja a mercado"; e (iii) tal fato esteja divulgado na "lâmina da oferta".[589]

Adicionalmente, é usual a realização da atividade de coleta de intenções de investimento, igualmente após o protocolo do pedido de registro da emissão na Comissão de Valores Mobiliários

---

ainda não se manifestou a seu respeito.', nos casos de oferta com rito de registro ordinário de distribuição; e V – 'As informações contidas neste prospecto preliminar não foram analisadas pela Comissão de Valores Mobiliários – CVM, nos casos de oferta com rito de registro automático de distribuição'".

[588] Vide os comentários ao art. 85 da LSA.

[589] A Resolução CVM 160/2022 define: (i) "oferta a mercado" como o período da oferta em que podem ser realizados esforços de venda, inclusive sendo admitidas reservas, e que se inicia com a divulgação do aviso ao mercado, nos termos do art. 57, se houver, abrangendo também o período de distribuição (art. 2º, XIII c/c art. 57); e (iii) "lâmina da oferta" como um dos documentos da oferta, elaborado em adição ao prospecto e a ele conforme, servindo para sintetizar o seu conteúdo e apresentar as características essenciais da oferta, a natureza e os riscos associados ao emissor, às garantias e aos valores mobiliários (art. 2º, V, c/c art. 57).

e da divulgação de prospecto preliminar (art. 61, § 2º, da Resolução CVM 160/2022), que corresponde ao chamado *bookbuilding*.

Por meio do *bookbuilding*, a instituição intermediária da oferta (se houver várias, as coordenadoras ou líderes) avalia, junto aos investidores, a demanda pelos valores mobiliários ofertados. Consiste em uma prática recorrente de mercado e abrange a verificação junto a investidores qualificados e profissionais de seu interesse, incluindo quantidade de ações e preço, sendo essas informações obtidas em bases formais ou informais.

Diante da combinação de tais informações, o coordenador da oferta fixa o preço de emissão definitivo das ações, que deverá ser divulgado conjuntamente com o "anúncio de início da distribuição" (art. 59, § 2º, da Resolução CVM 160/2022).

Por conseguinte, nas ofertas públicas de ações, a publicação do "anúncio de início da distribuição" e a disponibilização do prospecto definitivo só ocorrem após o encerramento do procedimento de *bookbuilding* e a definição do preço de emissão das ações, que deve ser único (art. 61, *caput*, da Resolução CVM 160/2022).

Findo o prazo estipulado para a oferta ou realizada a distribuição da totalidade das ações objeto da oferta, deve ser providenciada a publicação do "anúncio de encerramento da distribuição" (art. 76 da Resolução CVM 160/2022), avançando-se com a convocação da assembleia geral de constituição (art. 86 da LSA).

É habitual que, em geral, as ofertas de valores mobiliários sejam realizadas com base em um intervalo de valores, ou seja, com menção às quantidades mínima e máxima de valores mobiliários ou o montante mínimo e máximo de recursos para os quais será mantida a oferta pública, nos termos autorizados pelo art. 73 da Resolução CVM 160/2022. Nessa hipótese, o investidor poderá condicionar sua adesão a que haja distribuição da totalidade dos valores mobiliários ofertados ou de uma proporção ou quantidade mínima dos valores mobiliários originalmente objeto da oferta, definida a critério do próprio investidor (art. 74 da Resolução CVM 160/2022).

Porém, no caso específico da constituição da companhia por subscrição pública, a questão gera controvérsias. A LSA é lacunosa quanto à possibilidade de cancelamento das ações não subscritas. A única referência ao resultado da colocação encontra-se no art. 84, IX, que determina a inclusão no prospecto da solução para o caso de excesso de subscrição, que, vale comentar, comumente corresponde ao rateio entre investidores, dentro dos critérios previamente estabelecidos e divulgados. Por outro lado, não se pode negligenciar o requisito previsto no art. 80, I, LSA, que exige a subscrição da totalidade do capital social.

Modesto Carvalhosa coloca-se, firmemente, contra a possibilidade de prosseguimento do processo de constituição em caso de subscrição parcial, sob o argumento segundo o qual "admitir a constituição com capital inferior seria reconhecer a insinceridade dos fundadores e a sua incapacidade de projetar o empreendimento adequadamente. Do ponto de vista jurídico, a subscrição parcial será o inadimplemento do contrato plurilateral de constituição da companhia".[590]

Na sequência, Carvalhosa sustenta que, caso ocorra a subscrição parcial, os subscritores se desvinculam relativamente aos fundadores, procedendo-se à restituição dos valores desembolsados. Na hipótese de a unanimidade dos subscritores desejar aproveitar o valor, a menor, do capital subscrito, "outro negócio jurídico deverá ser formulado".[591]

A referida interpretação é procedente nas hipóteses em que fundadores e instituição intermediária estipulem no prospecto que o valor global da oferta em quantia específica é determinante para o êxito esperado para o empreendimento, não prevendo qualquer outra solução em caso de resultado aquém do desejado.

Porém, reitere-se que, segundo a praxe para ofertas primárias de aumento de capital, é plenamente possível a fixação de uma faixa de valores para a emissão, cuja efetiva colocação dependerá da demanda de mercado. Caso o prospecto preveja tal faixa de valores e as soluções pertinentes para a subscrição parcial, inclusive outras opções de obtenção de financiamento pela futura companhia (*v.g.*, empréstimo bancário ou emissão de debêntures), entende-se que está em conformidade com os

---

[590] CARVALHOSA, Modesto. *Comentários à Lei de Sociedades Anônimas*. 6. ed. São Paulo: Saraiva, 2014. v. 2. p. 126.

[591] CARVALHOSA, Modesto. *Comentários à Lei de Sociedades Anônimas*. 6. ed. São Paulo: Saraiva, 2014. v. 2. p. 126.

termos da Resolução CVM 160/2022, acima comentados, os quais contemplam regra de proteção aos investidores que não concordarem com o prosseguimento da constituição em caso de subscrição parcial. E, repare-se, inexiste vedação na LSA.

A propósito, o art. 73, § 3º, da Resolução 160/2022 menciona que, na hipótese de o prospecto não autorizar a distribuição parcial, ou caso tenha sido autorizada a distribuição parcial e não tenha havido o atingimento do montante mínimo estipulado no prospecto, na forma dos termos e das condições constantes dos documentos da oferta e do prospecto, os valores desembolsados por investidores deverão ser a eles integralmente restituídos.

E quanto ao art. 80, I, LSA? Caso o resultado seja a colocação parcial das ações, fundadores e instituição intermediária deverão cancelar aquelas não subscritas, de tal modo a prosseguir no procedimento de constituição com base naquelas efetivamente subscritas, alterando-se o valor do capital social, desde que haja previsão expressa no prospecto sobre a possibilidade de subscrição dentro da faixa de valores proposta e da aplicação da aludida solução, resguardado, em qualquer hipótese, o direito dos subscritores que não concordarem com esse desfecho, como acima comentado.

Observe-se, por último, que o cancelamento das ações e a redução do capital são as medidas previstas no art. 107, § 4º, LSA, para a situação do acionista remisso, relativamente às ações caídas em comisso e não recolocadas pela companhia no prazo de 1 ano.

2. Natureza e função do boletim de subscrição

Mauricio Moreira Menezes

A subscrição é ato unilateral e irrevogável, por meio do qual o investidor manifesta sua vontade de tomar parte na companhia, como seu acionista, obrigando a aportar os recursos que serão destinados à composição de seu capital social.[592]

O instrumento jurídico que formaliza a subscrição é o chamado boletim de subscrição, que dispensa a forma pública, inclusive nas hipóteses de integralização das ações por meio da entrega à companhia de bens imóveis (art. 89, LSA).

Com efeito, consiste no documento formal, que consubstancia a referida declaração unilateral de vontade do investidor, bem como seu compromisso de realizar o pagamento (tecnicamente, "integralização") do preço de emissão no modo e tempo nele mencionados.

O boletim de subscrição tem força de título executivo extrajudicial (art. 107, I, LSA). Com efeito, caso o acionista não integralize as ações subscritas, a companhia pode promover ação de execução para cobrar, forçadamente, os valores não integralizados pelo acionista remisso.

A lista de subscrição é documento único que abrange um conjunto de subscrições realizadas por diferentes pessoas, funcionando para abreviar e facilitar a formalização de seus respectivos compromissos.

Assim como ocorre com o boletim, a lista de subscrição deve conter a qualificação completa do(s) subscritor(es), autenticada pela instituição autorizada a receber as entradas, e especificar o número das ações subscritas, a sua espécie e classe e o valor da entrada.

Ressalte-que que o art. 85, LSA, associa o ato de assinatura do boletim ou lista de subscrição ao efetivo pagamento da entrada pelo subscritor. Caso qualquer desses atos não seja realizado, entende-se que a subscrição simplesmente não foi realizada. A posição da doutrina é pela inexistência da subscrição, porquanto um dos elementos essenciais do negócio jurídico correspondente deixou de ser praticado.[593]

O parágrafo único do art. 85, LSA, foi convolado em § 1º pela Lei 13.874/2019, que inseriu, ainda, o § 2º. Ambos se referem a atalhos previstos para redução dos custos negociais. O § 1º, com redação contemporânea à edição da LSA, permite a subscrição à distância, desde que autorizada no prospecto, por meio de envio

---

[592] Eventualmente, em caso de "ágio" no preço de emissão das ações subscritas, o respectivo valor será destinado à reserva de capital da companhia. Sob o aspecto técnico, o ágio em questão é definido como a parte do preço de emissão das ações sem valor nominal que ultrapassar a importância destinada à formação do capital social, conforme art. 182, § 1º, "a", LSA.

[593] Modesto Carvalhosa chega ao ponto de afirmar que o referido depósito da entrada sequer pode ser enquadrado como integralização parcial. Somente o será se confirmada a constituição da companhia (CARVALHOSA, Modesto.

de carta à instituição intermediária e do comprovante de pagamento da entrada.

Por sua vez, a nova redação do § 2º refere-se à atualização da LSA quanto ao modo segundo o qual os negócios jurídicos são cursados no mercado de capitais, especialmente em sistemas eletrônicos mantidos por entidades administradoras de mercado de balcão organizado, nos quais a liquidação ocorre sem o concurso da presença física do subscritor. Caso sejam contratados tais serviços para a colocação das ações da companhia em constituição, os registros realizados pela referida entidade são suficientes para certificar o compromisso do subscritor e o pagamento da entrada.

> **Convocação de Assembleia**
>
> **Art. 86.** Encerrada a subscrição e havendo sido subscrito todo o capital social, os fundadores convocarão a assembleia-geral que deverá:
>
> I – promover a avaliação dos bens, se for o caso (artigo 8º);
>
> II – deliberar sobre a constituição da companhia.
>
> **Parágrafo único.** Os anúncios de convocação mencionarão hora, dia e local da reunião e serão inseridos nos jornais em que houver sido feita a publicidade da oferta de subscrição.

COMENTÁRIOS

1. Avaliação de bens e convocação da assembleia de constituição

Mauricio Moreira Menezes

Encerrada a subscrição com êxito e providenciada a publicação do "anúncio de encerramento da distribuição", os fundadores devem convocar a assembleia de constituição (art. 86, LSA).

Ademais, na hipótese de contribuição em bens para formação do capital social da companhia, constitui obrigação dos fundadores diligenciar os atos de sua avaliação.

No contexto do procedimento de constituição por subscrição pública, é interessante (mas não obrigatória) que a avaliação seja concluída em etapa anterior à assembleia de constituição, evitando-se eventuais custos negociais, decorrentes de possíveis divergências quanto a seu resultado.

Observe-se que, nesse sentido, o item 12.7 do Anexo A da Resolução CVM 160/2022, ao tratar do conteúdo obrigatório do prospecto, determina que seja especificado o "prazo dentro do qual deverá realizar-se a assembleia de constituição da companhia, ou a preliminar para avaliação de bens, se for o caso".

Portanto, convém que a nomeação dos peritos ou empresa especializada para a elaboração do laudo de avaliação dos bens seja antecipadamente realizada pela assembleia-geral de subscritores mencionada no art. 8º, LSA, cuja convocação deve ser realizada pelos fundadores.

Considerando-se que, frequentemente, os avaliadores são previamente contratados e se põem a trabalhar desde logo no laudo de avaliação, é possível (e comum) que a assembleia-geral de subscritores (art. 8º, LSA) seja convocada para deliberar, diretamente, sobre a aprovação do laudo de avaliação dos bens e a ratificação da nomeação dos peritos ou empresa especializada que o tenha antecipadamente elaborado.

Relativamente à convocação da assembleia de constituição, diante da ausência de regra especial, devem ser observados os prazos previstos no art. 124, LSA (com redação dada pela Lei 14.195/2021), para a companhia aberta: antecedência de 21 (vinte e um) dias na primeira convocação e de 8 (oito) dias na segunda convocação.

O modo de convocação igualmente seguirá o previsto no referido dispositivo: anúncio publicado por 3 (três) vezes, no mínimo, contendo, além do local, data e hora da assembleia, a ordem do dia.

O art. 86, parágrafo único, LSA, estabelece regra especial para publicação dos anúncios de convocação, determinando sua veiculação nos jornais em que houver sido feita a publicidade da oferta de subscrição. Portanto, não se aplicam as normas gerais de publicação dispostas no art. 289, LSA.

Comentários à Lei de Sociedades Anônimas. 6. ed. São Paulo: Saraiva, 2014. v. 2. p. 192.). Sobre a inexistência da subscrição na ausência do pagamento de entrada, vide ainda: LOBO, Carlos Augusto da Silveira. In: LAMY FILHO, Alfredo; PEDREIRA, José Luiz Bulhões. *Direito das companhias.* 2. ed. Rio de Janeiro: Forense, 2017. p. 497.

Art. 87

Assembleia de Constituição

Art. 87. A assembleia de constituição instalar-se-á, em primeira convocação, com a presença de subscritores que representem, no mínimo, metade do capital social, e, em segunda convocação, com qualquer número.

§ 1º Na assembleia, presidida por um dos fundadores e secretariada por subscritor, será lido o recibo de depósito de que trata o número III do artigo 80, bem como discutido e votado o projeto de estatuto.

§ 2º Cada ação, independentemente de sua espécie ou classe, dá direito a um voto; a maioria não tem poder para alterar o projeto de estatuto.

§ 3º Verificando-se que foram observadas as formalidades legais e não havendo oposição de subscritores que representem mais da metade do capital social, o presidente declarará constituída a companhia, procedendo-se, a seguir, à eleição dos administradores e fiscais.

§ 4º A ata da reunião, lavrada em duplicata, depois de lida e aprovada pela assembleia, será assinada por todos os subscritores presentes, ou por quantos bastem à validade das deliberações; um exemplar ficará em poder da companhia e o outro será destinado ao registro do comércio.

COMENTÁRIOS

1. As particularidades da assembleia de constituição

Mauricio Moreira Menezes

A assembleia de constituição equivale ao ápice do processo de constituição por subscrição pública. Consiste em ato societário cercado de regras específicas, que abrangem as formalidades para convocação (art. 86, LSA), sua instalação, procedimento de condução da assembleia, exercício de direitos por subscritores e delimitação das matérias submetidas à apreciação dos presentes (art. 87, LSA).

Complementando esse regime verdadeiramente peculiar, o prazo de prescrição para sua anulação, por vício ou defeito, é de 1 (um) ano, contado da publicação dos atos constitutivos (art. 285, LSA). Portanto, equivale a, aproximadamente, metade do prazo prescricional fixado pelo art. 286, LSA, para anulação das deliberações tomadas em assembleia-geral ou especial ("irregularmente convocada ou instalada, violadoras da lei ou do estatuto, ou eivadas de erro, dolo, fraude ou simulação"), correspondente a 2 (dois) anos, contados da data da deliberação.

Com efeito, considerando que os prazos de prescrição têm por finalidade estabilizar as relações jurídicas, em razão do decurso do tempo, infere-se o cuidado do legislador quanto ao saneamento de eventual irregularidade praticada relativamente à assembleia de constituição. O parágrafo único do art. 285, LSA, reforça esse raciocínio, ao dispor que "ainda depois de proposta a ação, é lícito à companhia, por deliberação da assembleia-geral, providenciar para que seja sanado o vício ou defeito". Mais um incentivo à convalidação do ato societário fundamental, em proveito da segurança jurídica dos negócios celebrados pela companhia, cujos atos constitutivos tenham tido sua validade questionada em demanda judicial.

Logo, trata-se de capítulo à parte do regime geral dos atos societários e, em particular, do regime aplicável às deliberações dos sócios. A assembleia de constituição é sequer considerada órgão da companhia, a qual inexiste sob o aspecto jurídico.

Encerrada a subscrição, os fundadores devem convocar a assembleia de constituição. Dessa forma, diante da ausência de regra especial, devem ser observados os prazos previstos no art. 124, LSA (com redação dada pela Lei 14.195/2021), para a companhia aberta: antecedência de 21 (vinte e um) dias na primeira convocação e de 8 (oito) dias na segunda convocação.

O modo de convocação seguirá, igualmente, o previsto no referido dispositivo: anúncio publicado por 3 (três) vezes, no mínimo, contendo, além do local, data e hora da assembleia, a ordem do dia, aplicando-se, quanto à publicação, os termos do art. 86, parágrafo único, LSA, que determina sua veiculação nos jornais em que houver sido feita a publicidade da oferta de subscrição.

A assembleia de constituição será instalada, em primeira convocação, com a presença de subscritores que representem, no mínimo, metade do capital social, e, em segunda convocação, com qualquer número.

Por conseguinte, o quórum de instalação corresponde ao dobro, no mínimo, do previsto para as assembleias gerais (art. 125, LSA, com redação dada pela Lei 14.195/2021: "1/4 (um quarto) do total de votos conferidos pelas ações com direito a voto"), pois, se houver ações preferenciais sem voto, pode-se deduzir que o quórum do art. 87, LSA, é ainda mais rígido, tendo em conta que sua base de cálculo equivale ao capital social e não ao capital votante.

Por consequência, a disciplina disposta no art. 87, LSA, traz implícito o interesse de se conferir legitimação às graves deliberações que serão tomadas na assembleia de constituição.

Instalada a assembleia de constituição, o protocolo a ser seguido converge com a averiguação do cumprimento do requisito estabelecido pelo art. 80, LSA, que funciona como pressuposto de constituição da companhia.[594]

Assim, sob a presidência de um dos fundadores e secretariados por qualquer subscritor, os trabalhos devem incluir a leitura do recibo de depósito de que trata o art. 80, III, c/c art. 81, LSA, o qual, a seu turno, caso esteja em boa ordem, valida o preenchimento dos demais requisitos previstos no art. 80, I e II, LSA (subscrição da totalidade do capital e pagamento das entradas em dinheiro pelo subscritor). Segue-se com a discussão e votação do projeto de estatuto (art. 83, LSA).

Consoante o § 2º, do art. 87, cada ação, independentemente de sua espécie ou classe, dá direito a um voto. Ademais, a maioria não tem poder para alterar o projeto de estatuto.

A regra legal que exige o quórum da unanimidade para alteração do projeto de estatuto social é referência para a defesa da natureza contratual do ato constitutivo da sociedade anônima, porquanto só a totalidade das partes pode modificar as normas contratuais com as quais consentiram, previamente, no ato da subscrição.[595]

Acresça-se que o reconhecimento do direito de voto aos eventuais titulares de ações sem voto consubstancia prerrogativa extraordinária e apenas se justifica em virtude da contratualidade que se reveste o ato de constituição e, principalmente, o regimento que governará a vida em sociedade – i.e., o estatuto social da futura companhia – ao qual o subscritor aderiu no ato da subscrição.

Na hipótese de contribuição ao capital social em bens, caso não tenha sido realizada, previamente, a assembleia-geral de subscritores mencionada no art. 8º, LSA, nada impede que a aprovação do laudo de avaliação dos bens e da ratificação da nomeação dos peritos ou empresa especializada que o tenha antecipadamente elaborado, sejam incluídas na pauta da assembleia de constituição.

Após a votação e aprovação do projeto de estatuto, passa-se à deliberação sobre a efetiva constituição da companhia, cujo quórum segue critério diferenciado, se comparado com a regra geral da maioria dos votos dos presentes a que se refere o art. 129, LSA: não havendo oposição de subscritores que representem mais da metade do capital social, considera-se constituída a companhia.

Na sequência, são eleitos os primeiros administradores, cuja deliberação, na ausência de norma especial, segue o quórum do aludido art. 129, LSA.

Após assinatura de termo de posse e investidura dos primeiros administradores eleitos em seus cargos, observadas as normas de desimpedimento e formalidades previstas nos arts. 146, 147 e 149, LSA, os fundadores devem a eles entregar todos os documentos, livros ou papéis relativos à constituição da companhia ou a esta pertencentes (art. 93, LSA).

Trata-se de ato solene: os fundadores, que até este momento eram os líderes do processo de constituição, desvinculam-se das obrigações a ele inerentes, que passam a estar sob a responsabilidade dos primeiros administradores (art. 99, LSA).

A ata da assembleia de constituição, depois de lida e aprovada, será assinada por todos os subscritores presentes, ou por quantos bastem à validade das deliberações, devendo ser arquivada perante o Registro de Empresas (art. 87, § 4º, LSA).

Na prática e segundo o art. 95, LSA, a ata de assembleia de constituição e seus anexos, que incluem os boletins ou lista de subscrição, o estatuto social devidamente aprovado e os recibos de depósito das entradas, correspondem aos atos constitutivos da companhia, os quais, além do referido registro, devem ser publicados, para que se conclua o procedimento de constituição (art. 94, LSA).

SEÇÃO III
CONSTITUIÇÃO POR SUBSCRIÇÃO PARTICULAR

Art. 88. A constituição da companhia por subscrição particular do capital pode fazer-se

---

[594] Vide comentários ao art. 80, LSA, itens 2 e 3.

[595] Sobre as correntes que discutem a natureza do ato constitutivo das companhias, inclusive a divergência entre o caráter contratual e institucional da sociedade anônima, vide comentários ao art. 80, LSA, item 1.

por deliberação dos subscritores em assembleia-geral ou por escritura pública, considerando-se fundadores todos os subscritores.

§ 1º Se a forma escolhida for a de assembleia-geral, observar-se-á o disposto nos artigos 86 e 87, devendo ser entregues à assembleia o projeto do estatuto, assinado em duplicata por todos os subscritores do capital, e as listas ou boletins de subscrição de todas as ações.

§ 2º Preferida a escritura pública, será ela assinada por todos os subscritores, e conterá:

a) a qualificação dos subscritores, nos termos do artigo 85;

b) o estatuto da companhia;

c) a relação das ações tomadas pelos subscritores e a importância das entradas pagas;

d) a transcrição do recibo do depósito referido no número III do artigo 80;

e) a transcrição do laudo de avaliação dos peritos, caso tenha havido subscrição do capital social em bens (artigo 8º);

f) a nomeação dos primeiros administradores e, quando for o caso, dos fiscais.

COMENTÁRIOS

1. Constituição por subscrição particular

Mauricio Moreira Menezes

O processo de constituição por subscrição particular é conhecido na doutrina como "constituição simultânea", por permitir, em tese, que todos os atos respeitantes à constituição sejam concentrados em única assembleia de constituição ou formalizados, de uma só vez, por meio de escritura pública (art. 88 c/c art. 96, LSA).[596]

Na prática, os subscritores já se conhecem, os quais assumem, em conjunto, a posição de fundador. Não raramente, os subscritores, ou alguns deles, são eleitos como primeiros administradores.

Por outro lado, é possível que um grupo de empreendedores reúna investidores de seu prévio conhecimento, fazendo uso de sua reputação e credibilidade, e os convença a tomar parte no novo empreendimento, assumindo o risco de sócio. Colocam-se em campo para realizar reuniões de apresentação do plano de negócios da pretendida empreitada, enviam mensagens eletrônicas a seus conhecidos ou os contatam via telefônica ou por meio de aplicativos (programas de processamento de dados, disponíveis para vários tipos de dispositivos eletrônicos).

O canal de comunicação se mantém restrito e os contatos cingem-se a possíveis investidores do círculo social dos empreendedores. Ainda que se alcance o razoável número de algumas dezenas de subscritores, a subscrição será considerada particular, pois não se terá operado qualquer dos elementos caracterizadores da colocação pública de ações, segundo dispõe o art. 19, § 3º, Lei 6.385/1976.[597] E todos serão considerados fundadores, por força de expressa disposição legal (art. 88, *caput*, LSA).

Considerando que a lavratura de escritura pública produz maiores custos em razão de despesas cartoriais, é praxe a adoção da assembleia de constituição como meio de formalização da fundação da companhia. Porém, escolhida a escritura pública, deverá ser observado o conteúdo do § 2º, do art. 88, LSA, que contempla, sem dúvida, os termos que integram a ata da assembleia de constituição e seus anexos (art. 87, LSA).

Na recorrente hipótese de realização da assembleia de constituição, devem ser observadas as formalidades, procedimento e substância (i.e., matérias da ordem do dia, exercício de direitos por subscritores, quóruns de deliberação etc.) determinadas pelos arts. 86 e 87, LSA.[598]

A ata da assembleia de constituição, depois de lida e aprovada, será assinada por todos os subscritores presentes, ou por quantos bastem à validade das deliberações, devendo ser arquivada perante o Registro de Empresas (art. 87, § 4º, LSA), em conjunto com os boletins de subscrição, o estatuto social devidamente aprovado e os recibos de depósito das entradas, os quais correspondem aos atos constitutivos da companhia (art. 95, LSA), que deverão ser publicados, para que se conclua o procedimento de constituição (art. 94, LSA).

---

[596] Vide, por todos: REQUIÃO, Rubens. *Curso de direito comercial*. 31. ed. São Paulo: Saraiva, 2014. v. 2. p. 160.

[597] Em resumo, o caráter público da emissão das ações da companhia em organização é definido: (i) por meio da utilização de listas ou boletins de venda ou subscrição, folhetos, prospectos ou anúncios destinados ao público; (ii) pela procura de investidores por meio de prepostos, agentes ou corretores; (iii) por meio da negociação feita em estabelecimento aberto ao público ou com a utilização dos serviços públicos de comunicação.

[598] Vide os comentários aos arts. 86 e 87 da LSA.

SEÇÃO IV
DISPOSIÇÕES GERAIS

Art. 89. A incorporação de imóveis para formação do capital social não exige escritura pública.

📖 **COMENTÁRIOS**

1. Dispensa de escritura pública
MAURICIO MOREIRA MENEZES

Na hipótese de contribuição em bens imóveis para formação do capital social, dispõe o art. 89 que sua transferência à companhia em organização dispensa a formalidade de escritura pública.

Portanto, trata-se de exceção à cláusula geral do art. 108, Código Civil, segundo a qual a forma pública é essencial à validade dos negócios jurídicos que "visem à constituição, transferência, modificação ou renúncia de direitos reais sobre imóveis de valor superior a trinta vezes o maior salário mínimo vigente no País".

O ato de transferência é formalizado por declaração incorporada à ata da assembleia de constituição, exigindo-se, segundo o art. 98, § 3º, LSA, a identificação precisa do bem que é conferido à companhia. Faculta-se sua descrição sumária, "desde que seja suplementada por declaração, assinada pelo subscritor, contendo todos os elementos necessários para a transcrição no registro público".

Não obstante o trecho acima transcrito, recomenda-se a realização da descrição integral do imóvel na ata ou em documento que lhe seja anexo, com as mesmas informações constantes de sua matrícula no Ofício do Registro de Imóveis.

Embora não seja exigido pela LSA, convém que o boletim de subscrição descreva, pormenorizadamente, a forma de integralização do preço de emissão em imóvel, nele se reproduzindo sua descrição, de maneira idêntica à realizada na ata da assembleia ou em seu anexo.

A certidão do arquivamento dos atos constitutivos da companhia, expedida pela Junta Comercial, será o documento hábil para a transferência do imóvel, por meio de transcrição no Registro de Imóveis competente (art. 98, § 2º, LSA).

Logo, a referida alienação do bem imóvel é precedida de dois registros: o primeiro realizado perante o Registro de Empresas e o segundo perante o Registro Imobiliário.

A propósito, o arquivamento prévio do instrumento de transferência do imóvel (vale dizer, da ata da assembleia de constituição) pelo Registro de Empresas é um dos argumentos a favor da dispensa da formalidade de intervenção do tabelião de notas, uma vez que o exame de sua legalidade é realizado pela Junta Comercial, no âmbito do processo de registro (art. 40, Lei 8.934/1994).

O art. 89 da LSA, constitui um dos mais bem-sucedidos exemplos de desburocratização no ambiente empresário e redução dos custos negociais, evitando-se o desembolso de valores destinados ao pagamento de despesas cartoriais, que incidiriam se houvesse necessidade de lavratura de escritura pública.

Salvo declaração expressa em contrário, os bens imóveis transferem-se à companhia a título de propriedade, nos termos do art. 9º da LSA. É possível que o direito imobiliário não consista na propriedade, tal como ocorre com os terrenos de marinha, foreiros à União, caso em que o acionista transferirá o domínio útil do imóvel, situação que deve ser consignada na ata da assembleia de constituição.

Art. 90. O subscritor pode fazer-se representar na assembleia-geral ou na escritura pública por procurador com poderes especiais.

📖 **COMENTÁRIOS**

1. Representação do subscritor
MAURICIO MOREIRA MENEZES

A representação do acionista em assembleia-geral é prática frequente na vida das companhias brasileiras e legitimada pelo art. 126, § 1º, LSA, o qual, por sua vez, estabelece razoáveis restrições, sendo a primeira delas com relação ao prazo do mandato, que não pode ser superior a 1 (um) ano.

Adicionalmente, considerando que a assembleia-geral consiste em uma reunião privada, cujo acesso deve ser vedado ao público em geral, principalmente em razão das informações e discussões pertinentes aos negócios sociais, a lei estabelece requisitos para a indicação de mandatário, limitando a quem seja acionista, administrador da companhia ou advogado.

Na companhia aberta, o art. 126, § 1º, LSA, autoriza que, além das referidas pessoas, possa o procurador ser instituição financeira, o que é pertinente, pois converge com sua função de gestora de recursos de terceiros. Sendo o acionista fundo de investimento, sua representação ordinária cabe ao respectivo administrador.

Como pontuado por Modesto Carvalhosa, as restrições do art. 126, § 1º, LSA, não se aplicam à representação do subscritor no curso do procedimento de constituição, ainda porque aquele dispositivo produz efeitos em relação à companhia, que, nesta ocasião, inexiste.[599]

Portanto, qualquer pessoa, naturalmente de confiança do subscritor, poderá representá-lo nos eventos que lhe cabe comparecer durante o procedimento de constituição da companhia, desde que munido de mandato com poderes especiais para a prática de cada ato, cuja procuração poderá ser formalizada por instrumento particular, diante da inexigência de forma pública pela LSA.

Além de observadas, no que couber, as regras gerais previstas nos arts. 653 e ss., do Código Civil, recomenda-se que a firma do subscritor seja devidamente reconhecida por tabelião de notas (art. 7º, IV, Lei 8.935/1994), à vista do que dispõe o art. 654, § 2º, do Código Civil ("o terceiro com quem o mandatário tratar poderá exigir que a procuração traga a firma reconhecida").

Art. 91. Nos atos e publicações referentes a companhia em constituição, sua denominação deverá ser aditada da cláusula "em organização".

COMENTÁRIOS

1. Publicidade especial

Mauricio Moreira Menezes

O art. 91, LSA, estabelece norma excepcional de publicidade, ao determinar o acréscimo da expressão "em organização" à denominação da companhia, que deve ser respeitada durante todo o procedimento de constituição, tanto por subscrição pública, quanto por subscrição particular.

A exigência justifica-se por se tratar de período prévio à aquisição de personalidade jurídica pela companhia, a qual resulta, invariavelmente, do registro e publicação de seus atos constitutivos (art. 94, LSA).

Não obstante, são frequentes os casos em que a companhia em organização precise praticar atos destinados a seu futuro funcionamento, por meio de seus fundadores ou dos primeiros administradores, estes se eleitos pela assembleia de constituição (art. 87, § 3º, LSA).

A despeito de não figurar como ente personalizado, pode intervir em pré-contratos (v.g., memorando de entendimentos para a oportuna compra de equipamentos em larga escala, de tal modo a adiantar as providências para sua encomenda ou importação) ou em contratos (v.g., locação de sala comercial).

Por outro lado, pode ser de seu interesse diligenciar outras medidas pré-operacionais (v.g., publicação em jornais ou em redes sociais de convites a profissionais de alta qualificação, visando o recrutamento de executivos). Desse modo, a companhia aparenta se relacionar com terceiros, embora reste inconcluso o cumprimento das formalidades complementares de sua constituição.

Entretanto, a melhor interpretação é no sentido de considerar que tais atos são praticados, efetivamente, pelos fundadores ou pelos primeiros administradores, conforme o caso, ainda que eles incluam a companhia em constituição como contraparte.

Portanto, é imprescindível que, em quaisquer atos nos quais a companhia em formação venha a participar, seus interlocutores estejam cientes de sua situação jurídica, para que não sejam surpreendidos com a inexigibilidade de seus supostos compromissos, dentre outros possíveis efeitos adversos, porquanto inexiste sociedade anônima nesta etapa.[600]

---

[599] CARVALHOSA, Modesto. *Comentários à Lei de Sociedades Anônimas*. 6. ed. São Paulo: Saraiva, 2014. v. 2. p. 219.

[600] A natureza da entidade resultante do procedimento da companhia em constituição e que, não obstante, inicia sua atividade, é controversa na doutrina. Para Rubens Requião, a companhia inexiste ("Como se vê, a sociedade anônima, por falta de arquivamento de seus atos constitutivos, não se torna irregular. Apenas não se constitui." REQUIÃO, Rubens. *Curso de direito comercial*. 31. ed. São Paulo: Saraiva, 2014. v. 2. p. 169). Essa posição é compartilhada por Modesto Carvalhosa, que advoga o seguinte: "[...] Já que a companhia não existe, todos os contratos são feitos com os fundadores [...] Todos os negócios praticados em nome da companhia não passam de obrigações assumidas por eles, em seu próprio nome. E a razão da cláusula 'em organização' é exatamente a de declarar essa condição de objeto das atividades pessoais dos fundadores e da responsabilidade plena destes por todas as obrigações por eles assumidas com tal intento. Não há falar, no Direito brasileiro, em sociedade irregular na fase constitutiva da companhia. A regra de que nenhuma companhia poderá funcionar sem que sejam arquivados e publicados os seus atos constitutivos (art. 94), bem como a proibição de levantamento das subscrições iniciais, antes de a companhia ter adquirido personalidade jurídica (art. 81), elimina completamente a hipótese de caracterizar-se a companhia constituenda como uma sociedade irregular ou outro tipo de sociedade" (CARVALHOSA, Modesto. *Comentários à lei de sociedades anônimas*. 6. ed. São Paulo: Saraiva, 2014. v. 2. p. 222). Contra esse entendimento, Fábio Ulhoa Coelho, para quem se trata de uma companhia em situação irregular ("A sociedade anônima que exercer atividade antes de cumpridas as formalidades atinentes ao arquivamento e publicação de seus atos constitutivos será considerada irregular". COELHO, Fábio Ulhoa. *Curso de direito comercial*: direito de empresa. 20. ed. São Paulo: RT, 2016. v. 2. p. 197).

Com efeito, é importante afirmar que as obrigações contraídas pela companhia não lhe são exigíveis antes de cumpridas as formalidades de sua constituição, salvo se forem ratificadas pela assembleia-geral (art. 99, parágrafo único, LSA).

Daí a razão pela qual é recomendável que os atos sejam praticados sob condição suspensiva, consubstanciada na posterior aprovação pela assembleia-geral.

Por consequência, a publicidade em questão funciona para mitigar os riscos de produção de danos causados pela eventual: (i) ausência de consumação do procedimento de constituição, que ensejará a devolução aos subscritores das entradas recebidas em depósito e a inexecução de eventuais compromissos assumidos (art. 81, parágrafo único, LSA: "caso a companhia não se constitua dentro de 6 (seis) meses da data do depósito, o banco restituirá as quantias depositadas diretamente aos subscritores"); (ii) demora injustificada no cumprimento de formalidades complementares, que pode levar ao desfazimento de negócios e à frustração de expectativas.

Em todo caso, os regimes de responsabilidade de fundadores e de primeiros administradores ficam evidenciados pela cláusula "em organização", uma vez que: (i) os fundadores responderão, solidariamente, pelo prejuízo decorrente de culpa ou dolo em atos ou operações anteriores à conclusão da constituição (art. 92, parágrafo único, LSA); (ii) os primeiros administradores, responderão, solidariamente, perante a companhia, pelos prejuízos causados em conexão com a demora no cumprimento das formalidades complementares da constituição (art. 99, *caput*, LSA).

> **Art. 92.** Os fundadores e as instituições financeiras que participarem da constituição por subscrição pública responderão, no âmbito das respectivas atribuições, pelos prejuízos resultantes da inobservância de preceitos legais.
>
> **Parágrafo único.** Os fundadores responderão, solidariamente, pelo prejuízo decorrente de culpa ou dolo em atos ou operações anteriores à constituição.

COMENTÁRIOS

1. O fundador da companhia

Mauricio Moreira Menezes

O fundador da companhia constitui personagem singular, a quem a LSA atribui tipicidade própria, não se confundindo com qualquer outra individualidade prevista em lei. É o sujeito de direito, pessoa física ou jurídica, que assume a coordenação e liderança do procedimento de constituição da companhia, atraindo os deveres e as responsabilidades dele decorrentes.

A figura do fundador sobressai no processo de constituição por subscrição pública. Pode convergir com o perfil do empreendedor, que idealiza e planeja a futura empresa, colocando-se em campo para angariar recursos de potenciais investidores, a quem procura convencer, por meio de instrumentos cuidadosamente elaborados, como o estudo de viabilidade econômico-financeira e o plano de negócios do empreendimento.

Por outro lado, pode ser, tão somente, um "originador de negócios", cuja função é conjugar as peças da nova empresa: uma invenção patenteada, gestores familiarizados com a tecnologia em questão e seu modo de produção, investidores que se disponibilizam a correr o risco e apostam na boa inserção do produto no mercado e em seu potencial de geração de caixa. Organizados esses elementos e constituída a companhia, o fundador-profissional volta-se para a originação de outra empresa, seguindo o protocolo que bem domina. E assim por diante.

No exercício dessa atividade, cabe ao fundador cercar-se de consultores, das mais diversas áreas do conhecimento, conforme as características da empresa a ser implantada (advogados, financistas, economistas, engenheiros, contadores etc.), devendo, na constituição por subscrição pública, contratar instituição financeira (ou o conjunto de instituições financeiras) que realizará a intermediação da oferta (art. 82, LSA).

Nada impede que o fundador seja subscritor. Aliás, essa é a presunção legal, absoluta, nos procedimentos de constituição por subscrição particular (art. 88, LSA). Na subscrição pública, a possibilidade é reconhecida expressamente pelo art. 84, XI, LSA, que exige sua divulgação no prospecto da emissão de ações, que deve mencionar "o nome, nacionalidade, estado civil, profissão e residência dos fundadores, ou, se pessoa jurídica, a firma ou denominação, nacionalidade e sede, bem como o número e espécie de ações que cada um houver subscrito".

De qualquer modo, é importante ressaltar que se tratam de posições jurídicas distintas – fundador e subscritor – ainda que concentradas na mesma pessoa. Cada uma delas gera expectativas, direitos, deveres e responsabilidades próprias.

A natureza jurídica do fundador é objeto de discussão na doutrina, cujo efeito prático é pouco produtivo. Rubens Requião examina, com inigualável poder de síntese, as mais diversas teorias, que abrangem o mandato, a gestão de negócios, a estipulação em favor de terceiro, a sociedade entre fundadores e a função pública. Segundo suas lúcidas palavras: "Estamos, portanto, em face de uma situação doutrinariamente insolúvel. Nenhuma teoria resiste à crítica".[601]

A melhor orientação, antecipada por Miranda Valverde, é evitar enquadrar o fundador em posições jurídicas previamente definidas em lei. Não há vínculo contratual entre fundadores e subscritores. Aqueles não prestam serviços no interesse de terceiro e não representam a sociedade, que ainda não existe. A substância jurídica da figura do fundador é concebida e delineada na LSA, que disciplina suas funções, deveres e responsabilidades.[602]

Como se disse, o fundador age em nome e interesse próprios, dele se exigindo o cumprimento de deveres e funções, em ambiente profissional, sob pena de responsabilidade. Segundo o regime de meritocracia que deve orientar os negócios empresários, é natural que ele seja elegível para perceber remuneração e outras vantagens pecuniárias (*v.g.*, partes beneficiárias, se companhia fechada, na forma do art. 47, LSA), segundo as bases praticadas em mercado.

No contexto do processo de constituição por subscrição pública, caso os fundadores se reservem o direito de receber vantagens particulares na futura companhia, sua descrição deve constar do prospecto da emissão, no qual se deve indicar o dispositivo do projeto do estatuto que as regula (art. 84, VI, LSA).

A atividade dos fundadores se encerra na data de investidura dos primeiros administradores eleitos em seus cargos, aos quais aqueles devem a eles entregar todos os documentos, livros ou papéis relativos à constituição da companhia ou a esta pertencentes (art. 93, LSA). A partir da referida entrega, os fundadores, que até este momento eram os líderes do processo de constituição, desvinculam-se das obrigações a ele inerentes, que passam a estar sob a responsabilidade dos primeiros administradores (art. 99, LSA).

Não se prosseguindo com o processo de constituição, devem os fundadores funcionar até a conclusão da devolução das entradas de capital pela instituição bancária aos subscritores, na forma do art. 81, parágrafo único, LSA, ressalvado o cumprimento de outros compromissos que tenham assumido e que deverão ser adimplidos e quitados segundo os respectivos instrumentos.

2. Responsabilidade dos fundadores e das instituições financeiras intermediárias

Mauricio Moreira Menezes

O art. 92, LSA, trata da responsabilidade dos fundadores e das instituições financeiras que participarem da constituição por subscrição pública, no âmbito das respectivas atribuições, pelos prejuízos resultantes da inobservância de preceitos legais.

O primeiro propósito da LSA é reforçar que cada um desses agentes assume funções próprias. Não se pode colocar em igual posição jurídica, para fins de responsabilidade, pessoas com perfil, deveres, atribuições e objetivos diversos.

O problema não é tão simples e as diferenças são, por vezes, tênues, pois a norma legal e a regulatória atribuem a ambos – fundadores e instituições intermediárias – a prática de atos em conjunto, como, por exemplo, a assinatura do

---

[601] Confira-se trecho do estudo de Requião: "Não é fácil identificar a natureza dessa função. Diversas teorias, entretanto, se propõem explicá-la, surgindo a do mandato. Os fundadores seriam mandatários da sociedade a constituir-se. Não existindo a sociedade, como haveria possibilidade de outorga de poderes? Vivante, com vantagem, explorou esse ponto, sentenciando que 'os fundadores não agem como representantes da futura sociedade, porque não se representa uma pessoa que não existe' [...] Autores como Bolaffio, Lyon Caen e Renault pensam que seja gestão de negócios [...] Ora, pressupõem-se sempre duas pessoas para conceber-se a gestão: uma que administra e é o gestor, e outra cujo negócio é gerido. Como se vê, o mesmo princípio que torna inaceitável a teoria do mandato também repele a da gestão de negócios [...] Propende Vivante para a teoria da estipulação a favor de terceiro, que tem a simpatia também de Cunha Gonçalves [...] A verdade é que o fundador não tem em vista o interesse do terceiro, mas o seu próprio, pois percebe vantagens na constituição da sociedade, inclusive recebendo partes beneficiárias (art. 84, VI, da Lei nº 6.404) [...] Outros autores, e entre nós Spencer Vampré, sustentam que existe sociedade entre os fundadores [...] Porém, se for um só o fundador, descartada está a teoria... Nada explica, portanto [...] Para outros se trata de uma função pública. Assim não se deve entender, pois os fundadores não agem em proveito do Estado ou do público, mas precipuamente no seu interesse próprio" (REQUIÃO, Rubens. *Curso de direito comercial*. 31. ed. São Paulo: Saraiva, 2014. v. 2. p. 161-162).

[602] VALVERDE, Trajano de Miranda. *Sociedades por ações*. 3. ed. Rio de Janeiro: Forense, 1959. v. 1. p. 253-255.

Art. 92 — Mauricio Moreira Menezes

prospecto (art. 82, § 1º, "c", LSA), a elaboração e o protocolo do pedido de registro de emissão perante a Comissão de Valores Mobiliários (art. 25 da Resolução CVM 160/2022), além do dever de avaliar a viabilidade da distribuição, suas condições e o tipo de contrato de distribuição a ser celebrado (art. 83, I, da Resolução CVM 160/2022).[603]

Graves deveres resultam desses atos, como o dever de divulgar a informação integral (*full disclosure*) a potenciais investidores, o dever de diligência quanto aos atos relacionados ao cumprimento de exigências eventualmente formuladas pela Comissão de Valores Mobiliários nos autos do processo de registro da emissão e o dever de bem elaborar os documentos que instruirão o pedido de registro.

Há outros: a Resolução CVM 160/2022 lista uma série de normas de conduta que vinculam fundadores e instituições intermediárias.

Ademais, repare-se que podem ocorrer situações em que, embora a lei confira função a um ou a outro, ambos concorrem, na prática, para sua realização. Exemplo curioso é a fixação do preço de emissão das ações. Embora o art. 14 da LSA determine que "o preço de emissão das ações sem valor nominal será fixado, na constituição da companhia, pelos fundadores", sua formação é usualmente realizada por meio de *bookbuilding* liderado e executado pela instituição intermediária líder ou coordenadora da oferta, nos termos autorizados pelo art. 61 da Resolução CVM 160/2022.[604]

Ainda assim, quando se trata de aplicar a responsabilidade a que se refere o art. 92, LSA, as condutas devem ser devidamente individualizadas, sem que se admita solidariedade.

Segunda a doutrina, o *caput* do art. 92, LSA, ao associar o dever de indenizar com prejuízos resultantes da inobservância de preceitos legais, introduz a categoria de responsabilidade civil objetiva, fundada na Teoria do Risco, sob o fundamento de haver, nestas circunstâncias, o dever profissional de fundadores e instituições financeiras quanto às atribuições que lhes são direcionadas pela lei.[605]

Assumem as consequências de operarem em ambiente que lhes exige elevado grau de comprometimento, porquanto lidam com a poupança alheia e sua adequada destinação (*v.g.*, receber as entradas de capital e depositá-las em instituição bancária independente, na forma do art. 81, LSA). Logo, esse regime mais severo de responsabilidade aplica-se exclusivamente na constituição por subscrição pública.

A categoria de responsabilidade civil disposta no art. 92, parágrafo único, LSA, é diametralmente distinta. Corresponde à cláusula geral do dever de indenizar dos fundadores, incidente na constituição por subscrição pública e por subscrição privada, segundo a qual responderão, solidariamente, pelo prejuízo decorrente de culpa ou dolo em atos ou operações anteriores à constituição.

Com efeito, enquadra-se no modelo clássico de responsabilidade civil subjetiva (art. 186, do Código Civil), cabendo à vítima (que pode ser qualquer subscritor ou a própria companhia, após constituída, dentre outros agentes) demonstrar conduta culposa, dano direto e efetivo e nexo de causalidade.

No campo de incidência dessa responsabilidade situam-se medidas pré-operacionais ou negociais realizadas por fundadores no interesse da futura companhia, que, posteriormente, tenham provocado resultado danoso, ainda que o ato seja ratificado pela assembleia-geral (art. 99, parágrafo único, LSA).[606]

Porém, não respondem os fundadores caso a companhia simplesmente não seja constituída, por questões além de suas atribuições, *v.g.*, pelo desinteresse de subscritores e, consequentemente,

---

[603] A Resolução CVM 160/2022 refere-se, em várias passagens, a atos conjuntos do ofertante e da instituição financeira intermediária, devendo-se interpretar, na hipótese de constituição da companhia por subscrição pública, como atos conjuntos fundadores e instituições intermediárias.

[604] Vide os comentários ao art. 85, LSA. Por meio do "*bookbuilding*", a instituição intermediária da oferta (se houver várias, as coordenadoras ou líderes) avalia, junto aos investidores, a demanda pelos valores mobiliários ofertados. Diante da combinação de tais informações, o coordenador da oferta fixa o preço de emissão definitivo das ações, que deverá ser divulgado conjuntamente com o "anúncio de início da distribuição" e constará do prospecto definitivo (art. 61, § 2º, da Resolução CVM 160/2022).

[605] LOBO, Carlos Augusto da Silveira. In: LAMY FILHO, Alfredo; PEDREIRA, José Luiz Bulhões. *Direito das companhias*. 2. ed. Rio de Janeiro: Forense, 2017. p. 491.

[606] Sobre os atos negociais praticados antes de cumpridas as formalidades de constituição da companhia, vide comentários ao art. 91, LSA.

não preenchimento dos pressupostos estabelecidos pelo art. 80 da LSA.

Portanto, não se exige dos fundadores o resultado exitoso correspondente à fundação da companhia, tal como pretendido e planejado. Reitere-se que, para a configuração da responsabilidade subjetiva dos fundadores, é fundamental a comprovação de seu dolo, negligência ou imprudência, por ação ou omissão voluntária, assim como do dano produzido.

Note-se que a responsabilidade é solidária e irrestrita, vinculando todos os administradores, incluindo-se aqueles que não praticaram o ato ilícito. O objetivo é incentivar a constante e recíproca vigilância dos fundadores, assegurado o direito de regresso contra o efetivo causador do dano.

A ação de responsabilidade em face dos fundadores, prescreve em 3 (três) anos, contados da data da publicação dos atos constitutivos da companhia (art. 287, II, "b", 1, LSA).

> **Art. 93.** Os fundadores entregarão aos primeiros administradores eleitos todos os documentos, livros ou papéis relativos à constituição da companhia ou a esta pertencentes.

COMENTÁRIOS

1. Atos constitutivos e documentos pertinentes

Mauricio Moreira Menezes

Nos termos dos comentários aduzidos ao art. 87 da LSA, uma vez realizada a investidura dos primeiros administradores em seus cargos, os fundadores devem a eles entregar todos os documentos, livros ou papéis relativos à constituição da companhia ou a esta pertencentes (art. 93, LSA).

É defensável sustentar que o principal efeito jurídico da aludida entrega se projeta sobre a responsabilidade dos agentes: os fundadores, que até este momento eram os líderes do processo de constituição, desvinculam-se das obrigações a ele inerentes, que passam a estar sob a responsabilidade dos primeiros administradores (art. 99, LSA).

Segundo o art. 95 da LSA a ata de assembleia de constituição e seus anexos, que incluem os boletins ou lista de subscrição, o estatuto social devidamente aprovado e os recibos de depósito das entradas, correspondem aos atos constitutivos da companhia, os quais, além do referido registro, devem ser publicados, para que se conclua o procedimento de constituição (art. 94, LSA).

Cabe aos primeiros administradores diligenciar o registro e publicação dos atos constitutivos da companhia, além das demais medidas atinentes ao cumprimento das formalidades complementares da constituição, como a eventual transferência à companhia de bens conferidos à formação de seu capital social (art. 98, §§ 2º e 3º, LSA).

Havendo atraso ou recusa injustificada por partes dos fundadores para o cumprimento do disposto no art. 93, LSA, responderão solidariamente pelos prejuízos eventualmente causados, na forma do art. 92, parágrafo único, LSA ("os fundadores responderão, solidariamente, pelo prejuízo decorrente de culpa ou dolo em atos ou operações anteriores à constituição").

Mantida a negativa da entrega pelos fundadores, deverão os primeiros administradores buscar remédio judicial para havê-los, por meio de ação própria, com pedido de tutela antecipada requerida em caráter antecedente (art. 303 e ss., do Código de Processo Civil).[607]

CAPÍTULO VIII
FORMALIDADES COMPLEMENTARES DA CONSTITUIÇÃO, ARQUIVAMENTO E PUBLICAÇÃO

> **Art. 94.** Nenhuma companhia poderá funcionar sem que sejam arquivados e publicados seus atos constitutivos.

COMENTÁRIOS

1. Constituição e personalidade jurídica

Rodrigo R. Monteiro de Castro

A constituição da companhia não lhe confere, automaticamente, personalidade jurídica. Uma companhia pode nascer – ou seja, ser constituída, na forma dos artigos 80 e seguintes da LSA – e jamais se personificar; bem como pode, após

---

[607] Modesto Carvalhosa defende que caberia, nesse caso, ação social para haver os documentos, pois a companhia em constituição seria titular de seu domínio e teria o direito a sua posse. A ausência de personalidade jurídica não seria impeditiva para esse fim (CARVALHOSA, Modesto. *Comentários à Lei de Sociedades Anônimas*. 6. ed. São Paulo: Saraiva, 2014. v. 2. p. 235-237).

curta ou longa existência, ser extinta sem sequer ter se tornado pessoa.

Essas situações são menos raras do que se pode supor em relação a outro tipo societário, qual seja, a sociedade limitada, pela maior facilidade constitutiva desta, mas não são de impossível ocorrência em relação à sociedade anônima, sobretudo a fechada.

Verifica-se, por exemplo, quando, após a constituição, os acionistas aguardam a superveniência de algum fato para arquivar o ato constitutivo e iniciar a atividade empresarial. Enquanto isso, engaveta-se o material constitutivo. Advindo situação que impede a materialização do fato justificador da constituição, os acionistas dissolvem e extinguem a companhia. Eventualmente até se esquecem de extingui-la, mantendo-a na gaveta.

Essa existência – efêmera ou prolongada, pouco importa –, não terá sido suficiente para a aquisição da personalidade jurídica, dada a ausência de registro. Por outro lado, não abala a existência do ente, que tem natureza societária.

A personificação decorre, simplesmente, do arquivamento do ato constitutivo no registro do público de empresas mercantis. O Código Civil versa sobre o tema em, ao menos, dois artigos: o art. 45, segundo o qual a existência legal da pessoa jurídica de direito privado começa com a inscrição do ato constitutivo no respectivo registro, e o art. 985, inserido no Livro do Direito de Empresa, que estabelece que a sociedade adquire personalidade jurídica com a inscrição no registro próprio, e na forma da lei, do ato constitutivo.

O atendimento ao formalismo é indispensável a que se atinja o propósito aquisitivo da personalidade.

2. Funcionamento, sociedade em comum e irregularidade

Rodrigo R. Monteiro de Castro

A constituição da companhia não é condição suficiente para que possa funcionar: assim, mesmo após a observância de todos os procedimentos previstos na LSA, ela ainda não estará autorizada a praticar atos empresariais. A vedação é absoluta, e o comando proibitivo somente se afasta pelo arquivamento do ato constitutivo e consequente aquisição de personalidade jurídica (art. 94).

A complexidade procedimental, que se inicia com a organização e o cumprimento dos requisitos enumerados no art. 80, e se conclui com o arquivamento, justifica, entretanto, o afastamento da incidência das normas caracterizadoras da sociedade em comum, contidas no art. 986 do CC. Nesse interregno não se atrai, portanto, o regime obrigacional mais gravoso atribuído àquele tipo societário.

Aliás, mencionado artigo estabelece que se aplicam às sociedades, enquanto não inscritos os atos constitutivos no registro de comércio, as normas do capítulo em que está inserido – da sociedade em comum –, exceto à sociedade por ações em organização.

A solução é relevante porque, como regra geral, entre a constituição de uma sociedade e a apresentação do ato de constituição a arquivamento, desde que superado o prazo de 30 dias estabelecido no art. 36 da Lei 8.934, de 18 de novembro de 1994, os sócios respondem solidária e ilimitadamente pelas obrigações da sociedade (na forma do art. 990 do CC). Como visto, porém, esse regime obrigacional não se aplica aos sócios da sociedade por ações em organização, por expressa determinação de lei.

A regra geral comporta exceção, consistente na inobservância da proibição de funcionar antes do arquivamento do ato constitutivo. Trata-se (o início açodado das atividades) de irregularidade cuja consequência é a responsabilização solidária e ilimitada dos acionistas pelas obrigações sociais.

A sociedade irregular, no caso, apesar de não se confundir com a sociedade em comum, atrai, aos seus acionistas, idêntico regime obrigacional aplicável aos sócios daquela. A irregularidade poderá ser sanada com o arquivamento, modificando-se, a partir desse momento, seu regime. Porém, os acionistas continuarão a responder por todos os atos anteriores ao registro, conforme o regime da sociedade em comum.

3. Registro

Rodrigo R. Monteiro de Castro

O registro público de empresas mercantis é regulado pela Lei 8.934, de 18 de novembro de 1994. A designação legislativa é inapropriada, pois se trata, na verdade, do registro do empresário – e não da empresa, que, do ponto de vista técnico, consiste na atividade exercida pelo empresário.

O registro é exercido em todo o território nacional, de modo sistêmico (art. 1º), por órgãos federais, estaduais e distritais. A finalidade registral consiste, essencialmente, na publicidade, autenticidade, segurança e eficácia dos atos jurídicos do empresário. O registro em si compete às juntas comerciais, com sede na capital de cada unidade federativa e jurisdição na área da circunscrição territorial respectiva.

Qualquer pessoa pode consultar os assentamentos existentes (art. 29), incluindo a constituição da companhia. O art. 32 da Lei 8.934/1994 estabelece, a propósito, que o registro compreende, dentre outras atribuições, o arquivamento de documentos relativos à constituição, alteração, dissolução e extinção das sociedades mercantis (isto é, empresárias).

4. Prazo para apresentação do ato constitutivo

RODRIGO R. MONTEIRO DE CASTRO

Os documentos referidos no inciso II do mencionado art. 32 devem ser apresentados a arquivamento na junta comercial dentro de trinta dias da sua assinatura. Dentre eles lista-se a constituição da companhia.

A consequência da observância da norma é a retroação dos efeitos à data do ato. Ou seja, se a constituição ocorre, por exemplo, no dia 1º de determinado mês e o pedido do arquivamento se realiza no dia 20 do mesmo mês – antes, portanto, do prazo maximal de trinta dias –, a sociedade terá adquirido personalidade jurídica desde o dia da sua efetiva constituição (data do ato) e o regime da sociedade em comum não incidirá sobre ela. Os sócios não responderão, assim, solidária e ilimitadamente pelas obrigações da sociedade.

Por outro lado, se o pedido de arquivamento ocorrer no dia 10 do mês seguinte, os efeitos aquisitivos da personalidade se operarão perante terceiros somente a partir do despacho que conceder o registro – e não do pedido (art. 36 da Lei 8.934/1994). Durante esse período – ou seja, entre a data do ato e a concessão do registro –, a sociedade e os seus sócios se submeterão às normas da sociedade em comum. Conviverão, assim, dois regimes: o da sociedade em comum, até a concessão, e o do respectivo tipo societário, a partir deste marco.

Em relação à companhia, o procedimento constitutivo pode demandar mais do que trinta dias, fato que, reconhecido pela LSA, afasta a atração das normas da sociedade em comum até o arquivamento do ato constitutivo, desde que não se dê início ao funcionamento administrativo e empresarial da companhia. A antecipação do funcionamento motivará, portanto, a mutação do regime jurídico.

Além disso, os primeiros administradores responderão solidariamente perante a companhia pelos prejuízos causados em decorrência da demora no cumprimento das formalidades complementares àquelas próprias dos acionistas (art. 99).

5. Publicação

RODRIGO R. MONTEIRO DE CASTRO

As publicações ordenadas pela LSA devem ser feitas no órgão oficial da União, do Estado ou do Distrito Federal, conforme o local em que esteja localizada a sede da companhia, e em outro jornal de grande circulação editado em localidade em que a sede se situe (art. 289).

A exigência fazia sentido à época da promulgação da Lei, pela inexistência de outros meios mais eficientes de divulgação de fatos relacionados à companhia. O jornal atuava, pois, como portal informativo.

A via adotada pela LSA tornou-se obsoleta: primeiro, porque novos meios tecnológicos se mostram mais eficientes; segundo, porque o jornal impresso deixou se ser a principal fonte de obtenção de informação; e, terceiro, porque é uma via antiecológica.

Do ponto de vista realístico, a publicação física foi mantida por força da pressão das imprensas pública e privada, que dependem do expediente para sobreviver (pelo menos no caso de jornais menos abrangentes).

Após permanente pressão revisionista, oriunda de companhias e outros agentes de mercado, o modelo original de publicação foi modificado pela Medida Provisória 892, de 5 de agosto de 2019,[608] que reformou o art. 289 e ordenou que

---

[608] "Art. 1º A Lei nº 6.404, de 15 de dezembro de 1976, passa a vigorar com as seguintes alterações: 'Art. 289. As publicações ordenadas por esta Lei serão feitas nos sítios eletrônicos da Comissão de Valores Mobiliários e da entidade administradora do mercado em que os valores mobiliários da companhia estiverem admitidas à negociação. § 1º As publicações ordenadas por esta Lei contarão com a certificação digital da autenticidade dos documentos mantidos em sítio eletrônico por meio de autoridade certificadora credenciada pela Infraestrutura de Chaves Públicas Brasileira – ICP-Brasil. § 2º Sem prejuízo do disposto no *caput*, a companhia ou a sociedade anônima disponibilizará as publicações ordenadas por esta Lei em seu sítio eletrônico, observado o disposto no § 1º. § 3º A Comissão de Valores Mobiliários, ressalvada a competência prevista no § 4º, regulamentará a aplicação do disposto neste artigo e

as publicações passassem a se realizar nos sítios eletrônicos da CVM e da entidade administradora do mercado em que os valores mobiliários da companhia estiverem admitidos à negociação, conforme regulamentação da CVM.[609] Em relação às companhias fechadas, Ato do Ministro de Estado da Economia deveria disciplinar a forma de publicação e divulgação, o que ocorreu em 26 de setembro de 2019, por intermédio da Portaria 529, de 26 de setembro de 2019.[610] Essa MP, todavia, não foi convertida em lei, de modo que a pretensão reformadora perdeu eficácia, na forma do art. 62 da CF.

O art. 94 da LSA, aliás, não determina apenas que o ato constitutivo seja arquivado; vai além: demanda a sua publicação antes do início da atividade da empresa. O comando é mandatório. Assim, para que não se atraia o regime da sociedade em comum, os primeiros administradores, que receberão os documentos, livros e papeis relativos à constituição (art. 93), deverão promover a publicação após o registro.

Cronologicamente, portanto, arquiva-se o ato na junta comercial, em primeiro lugar, e, somente após a sua concessão, promove-se a publicação, na forma do art. 289.

Por fim, a companhia não responderá pelos atos dos primeiros administradores enquanto não cumpridas as formalidades de constituição (art. 100, parágrafo único), mas os sócios podem responder solidária e ilimitadamente, na forma do art. 990 do CC.

Companhia Constituída por Assembleia

Art. 95. Se a companhia houver sido constituída por deliberação em assembleia-geral, deverão ser arquivados no registro do comércio do lugar da sede:

I – um exemplar do estatuto social, assinado por todos os subscritores (art. 88, § 1º) ou, se a subscrição houver sido pública, os originais do estatuto e do prospecto, assinados pelos fundadores, bem como do jornal em que tiverem sido publicados;

II – a relação completa, autenticada pelos fundadores ou pelo presidente da assembleia, dos subscritores do capital social, com a qualificação, número das ações e o total da entrada de cada subscritor (artigo 85);

III – o recibo do depósito a que se refere o número III do artigo 80;

---

poderá: I – disciplinar quais atos e publicações deverão ser arquivados no registro do comércio; e II – dispensar o disposto no § 1º, inclusive para a hipótese prevista no art. 19 da Lei nº 13.043, de 13 de novembro de 2014. § 4º Ato do Ministro de Estado da Economia disciplinará a forma de publicação e de divulgação dos atos relativos às companhias fechadas. § 5º As publicações de que tratam o *caput* e o § 4º não serão cobradas.' (NR) Art. 2º A Lei nº 13.043, de 13 de novembro de 2014, passa a vigorar com as seguintes alterações: 'Art. 19. As publicações das companhias que atendam aos requisitos estabelecidos no art. 16 serão feitas na forma do disposto no art. 289 da Lei nº 6.404, de 1976.' (NR) Art. 3º A Lei nº 13.818, de 24 de abril de 2019, passa a vigorar com as seguintes alterações: 'Art. 3º Esta Lei entra em vigor na data de sua publicação.' (NR) Art. 4º Ficam revogados: I – o § 6º e o § 7º do art. 289 da Lei nº 6.404, de 1976; II – o §1º, §2º e § 3º do art. 19 da Lei nº 13.043, de 2014; e III – o art. 1º da Lei nº 13.818, de 2019. Art. 5º Esta Medida Provisória entra em vigor na data de sua publicação, produzindo efeitos no primeiro dia do mês seguinte à data de publicação dos atos da Comissão de Valores Mobiliários e do Ministério da Economia a que se refere o art. 289 da Lei nº 6.404, de 1976."

[609] V., a propósito, a Deliberação CVM 829, de 27 de setembro de 2019, que foi revogada pela Deliberação CVM 838, de 10 de dezembro de 2019.

[610] "O Ministro de Estado da Economia, no uso das atribuições que lhe conferem os incisos I e IV do parágrafo único do art. 87 da Constituição; e considerando o disposto no § 4º do art. 289 da Lei nº 6.404, de 15 de dezembro de 1976, com redação dada pela Medida Provisória nº 892, de 5 de agosto de 2019, resolve: Art. 1º A publicação dos atos de companhias fechadas e a divulgação de suas informações, ordenadas pela Lei nº 6.404, de 15 de dezembro de 1976, serão feitas na Central de Balanços (CB) do Sistema Público de Escrituração Digital (SPED), instituída pelo Decreto nº 6.022, de 22 de janeiro de 2007. § 1º A publicação e a divulgação de que trata o caput contarão com a certificação digital da autenticidade dos documentos mantidos em sítio eletrônico por meio de autoridade certificadora credenciada pela Infraestrutura de Chaves Públicas Brasileira – ICPBrasil. § 2º Sem prejuízo do disposto no caput, as companhias fechadas disponibilizarão as publicações e divulgações ordenadas pela Lei nº 6.404, de 1976, em seu sítio eletrônico, observado o disposto no § 1º. § 3º O SPED permitirá a emissão de documentos que comprovem a autenticidade, a inalterabilidade e a data de publicação dos atos tratados no caput. § 4º Não serão cobradas taxas para as publicações e divulgações de que tratam este artigo. Art. 2º A publicação e a divulgação de que trata o art. 1º não estão sujeitas ao disposto no art. 4º do Decreto nº 6.022, de 2007. Art. 3º A disponibilização da CB do SPED, para promover o disposto no art. 1º, ocorrerá em 14 de outubro de 2019. Art. 4º Esta Portaria entra em vigor na data de sua publicação."

IV – duplicata das atas das assembleias realizadas para a avaliação de bens quando for o caso (artigo 8º);

V – duplicata da ata da assembleia-geral dos subscritores que houver deliberado a constituição da companhia (artigo 87).

COMENTÁRIOS

1. Aplicação

Rodrigo R. Monteiro de Castro

A companhia pode ser constituída por subscrição pública (art. 82) ou por subscrição particular (art. 88). A subscrição particular realiza-se por deliberação dos subscritores, em assembleia geral, ou por escritura pública. O disposto no presente art. 95 aplica-se, assim, apenas às companhias constituídas por meio de deliberações assembleares, descartando-se as constituídas por escrituração.

A pragmática revela a raridade da adoção da via prevista no art. 82. Na grande maioria das vezes, os fundadores optam pela subscrição particular.

De todo modo, em qualquer uma das duas situações, determinados documentos devem ser arquivados no registro público de empresas mercantis, a quem compete o exame formal da observância das prescrições legais e a confirmação da inexistência no estatuto de cláusulas contrárias à lei, à ordem pública e aos bons costumes (art. 97).

2. Documentos

Rodrigo R. Monteiro de Castro

O arquivamento se presta, em regra, para dar publicidade aos atos da companhia e para oferecer segurança sistêmica, mas também para fins memoriais. Os documentos listados no art. 95 se encaixam em todas as modalidades.

O inciso I determina o arquivamento de um exemplar do estatuto que fora entregue à assembleia geral de constituição, assinado por todos os subscritores, na forma do art. 88. Se a subscrição houver sido pública, também se arquivarão os originais do estatuto e do prospecto, assinados pelos fundadores, e exemplar do jornal em que constar a publicação desses documentos.

O inciso II menciona a relação completa dos subscritores do capital, autenticada pelos fundadores ou pelo presidente da assembleia – que será um dos fundadores (art. 87) –, e deverá conter qualificação, número de ações e o total da entrada realizada por cada subscritor. Nesse caso, não se faz distinção entre a subscrição pública ou particular, aplicando-se as regras mencionadas para ambas as hipóteses. Na prática, costuma-se apresentar referida lista no corpo da ata da assembleia geral ou como um anexo seu.

O inciso III demanda o arquivamento do documento comprobatório do depósito, no Banco do Brasil ou em outro estabelecimento bancário autorizado pela CVM, da parte do capital realizado em dinheiro, que deve ser de 10%, no mínimo, do preço de emissão das ações subscritas em dinheiro. Trata-se de procedimento que costuma gerar complicações burocráticas porque poucas instituições financeiras estão preparadas para abertura da conta de companhia em constituição, que, pelo seu momento, ainda não possui certos atributos, como número de CNPJ. Por outro lado, a junta comercial não pode deixar de se ater à lei, devendo verificar e exigir o cumprimento de todos os requisitos previstos no art. 95.

Para evitar ineficiência e dispêndio de tempo e recursos com burocracias, a LSA deveria ser reformada para prever que o depósito ordenado no art. 80, II, se fizesse no prazo de até, por exemplo, trinta dias contados da data da assembleia de constituição,[611] sob pena de decretação da irregularidade na constituição da sociedade.

Isso evitaria a adoção de caminhos alternativos, que se praticam com frequência para superar os entraves burocráticos, consistentes, sobretudo, na constituição de sociedade limitada e sua subsequente transformação, após o arquivamento do ato constitutivo da limitada, em sociedade anônima.

No inciso IV, determina-se que se arquivem duplicatas das atas das assembleias gerais realizadas para avaliação de bens utilizados para

---

[611] A proposta original do Projeto de Lei 5.082/2016, que propunha a criação da sociedade anônima do futebol (SAF), de autoria do Deputado Federal Otavio Leite (PSDB/RJ) previa, no art. 14, o seguinte: "Art. 14. A constituição da SAF depende do cumprimento dos seguintes requisitos: I – subscrição, por pelo menos uma pessoa, física ou jurídica, de todas as ações em que se divide o capital social; e II – depósito, em estabelecimento bancário autorizado pela CVM, da totalidade do capital realizado em dinheiro. § 1º O depósito poderá ser realizado no prazo de 30 (trinta) dias, contados da deliberação que aprovar a constituição da SAF".

integralização de capital subscrito por um ou mais acionistas, na forma do art. 8º.

Por fim, o inciso V estabelece que também seja arquivada duplicata da ata da assembleia geral dos subscritores que houver deliberado a constituição da companhia.

3. Procedimentos

RODRIGO R. MONTEIRO DE CASTRO

Os documentos devem ser levados a registro no prazo de 30 dias contados da data da assembleia geral de constituição, a cuja data retroagirão os efeitos do arquivamento; isto é, protocolada a respectiva ata dentro daquele prazo e obtido o arquivamento, não importa quanto tempo depois, a companhia terá sido constituída, para todos os efeitos, na data prevista na ata, de modo que desde então terá adquirido personalidade jurídica.

Ultrapassado o prazo, contudo, sem que tenha sido promovido o protocolo tempestivamente, o arquivamento gerará eficácia perante terceiros a partir do despacho que o conceder – e não da data do seu pedido –, de forma que a data de constituição da companhia será não a da assembleia geral, mas sim do registro na junta comercial.

À junta comercial competirá apenas o exame do cumprimento das formalidades legais. Em hipótese alguma se procederá à verificação de outros aspectos, como materialidade ou oportunidade. A atuação nesse sentido é ilegal.

O processo decisório, em relação ao pedido de arquivamento, será colegiado, conforme previsto no art. 41 da Lei 8.934/1994, e deverá ser decidido no prazo de 5 dias úteis, sob pena de serem considerados arquivados, mediante provocação dos interessados.

Eventual formulação de exigência pela turma de vogais poderá ser resistida por meio de pedido de reconsideração à própria turma. Da decisão caberá recurso ao plenário e, por fim, em caso de manutenção, ao Ministro de Estado da Indústria, do Comércio e do Turismo.[612]

Arquivados os documentos relativos à constituição, proceder-se-á, na sequência, à publicação, dentro do prazo de 30 dias (art. 98). Com o cumprimento dessa última formalidade, a companhia poderá funcionar, assim como determina o art. 94.

> **Companhia Constituída por Escritura Pública**
>
> **Art. 96.** Se a companhia tiver sido constituída por escritura pública, bastará o arquivamento de certidão do instrumento.

COMENTÁRIOS

1. Constituição por escritura pública

RODRIGO R. MONTEIRO DE CASTRO

A companhia pode ser constituída por subscrição pública ou particular, e, nesta hipótese, por deliberação dos subscritores em assembleia geral ou por escritura pública. O art. 96 aplica-se apenas a última situação.

Optando-se, assim, pela constituição por escritura pública, ela será assinada por todos os subscritores e conterá, conforme previsto no art. 88: (i) a qualificação dos subscritores; (ii) o estatuto da companhia; (iii) a relação das ações tomadas pelos subscritores e a importância das entradas pagas; (iv) a transcrição do recibo do depósito referido no art. 80; (v) a transcrição do laudo de avaliação dos peritos, caso tenha havido subscrição do capital social em bens; e (vi) a nomeação dos primeiros administradores e, se o caso, dos membros do conselho fiscal.

O subscritor poderá ser representado, no ato de lavratura da escritura pública, por procurador com poderes especiais (art. 90).

Para promoção do arquivamento, bastará a apresentação da certidão do instrumento de constituição, sendo dispensados outros documentos. Não se trata de facilitação ou de privilégio, mas de evitar redundância, pois o tabelião, lavrador da escritura, goza de fé pública.

De todo modo, enquanto não se proceder ao arquivamento e à publicação, na forma do art. 94, a companhia não poderá funcionar; eventual funcionamento em inobservância à regra comentada será irregular, afastando-se, consequentemente, a exceção de incidência das normas contidas no art. 990 do CC.

---

[612] Atualmente, não há, na estrutura de Governo, Ministério da Indústria, do Comércio e do Turismo, como à época da edição da Lei 8.934/1994. Após diversas reformas ministeriais realizadas ao longo dos últimos 25 anos, inclusive a conversão da Medida Provisória nº 870/2019 na Lei 13.844/2019, essa pasta foi absorvida pelo Ministério da Economia.

Se a irregularidade for caracterizada pela prática de atos ou operações dos fundadores, anteriores à constituição, eles responderão solidariamente pelo prejuízo causado à companhia decorrente de culpa ou dolo (art. 92, parágrafo único). Se advir da atuação dos primeiros administradores antes de cumpridas as formalidades constitutivas, a companhia não responderá por ela – pela atuação irregular –, exceto se a assembleia geral deliberar em contrário.

> **Registro do Comércio**
>
> **Art. 97.** Cumpre ao registro do comércio examinar se as prescrições legais foram observadas na constituição da companhia, bem como se no estatuto existem cláusulas contrárias à lei, à ordem pública e aos bons costumes.
>
> § 1º Se o arquivamento for negado, por inobservância de prescrição ou exigência legal ou por irregularidade verificada na constituição da companhia, os primeiros administradores deverão convocar imediatamente a assembleia-geral para sanar a falta ou irregularidade, ou autorizar as providências que se fizerem necessárias. A instalação e funcionamento da assembleia obedecerão ao disposto no artigo 87, devendo a deliberação ser tomada por acionistas que representem, no mínimo, metade do capital social. Se a falta for do estatuto, poderá ser sanada na mesma assembleia, a qual deliberará, ainda, sobre se a companhia deve promover a responsabilidade civil dos fundadores (artigo 92).
>
> § 2º Com a 2ª via da ata da assembleia e a prova de ter sido sanada a falta ou irregularidade, o registro do comércio procederá ao arquivamento dos atos constitutivos da companhia.
>
> § 3º A criação de sucursais, filiais ou agências, observado o disposto no estatuto, será arquivada no registro do comércio.

COMENTÁRIOS

1. Registro público de empresas mercantis

Rodrigo R. Monteiro de Castro

O registro do comércio, mencionado no art. 97, foi reformado pela Lei 8.934/1994, que dispôs sobre o registro público de empresas mercantis e atividades afins. A designação é impertinente pois se regula, na verdade, o registro do empresário, e não da empresa, que é atividade exercida por ele, empresário. Lembre-se, a propósito, o disposto no art. 966 do CC: "[c]onsidera-se empresário quem exerce profissionalmente atividade econômica organizada para a produção ou circulação de bens ou de serviços".

O registro é exercido em todo território nacional, por órgãos federais, estaduais e distritais, com a finalidade de: garantir, dar publicidade, autenticar, assegurar e conferir eficácia aos atos dos empresários (ou das empresas mercantis, conforme expressão contida no art. 1º); cadastrar os empresários (ou empresas) nacionais ou estrangeiros com atuação no País; e matricular os agentes auxiliares do comércio.

Os serviços de registro são exercidos de maneira uniforme, harmônica e independente, em todo o território, por dois órgãos: (i) o departamento nacional de registro empresarial e integração; e (ii) as juntas comerciais.

O primeiro é órgão federal e central do Sistema Nacional de Registro de Empresas Mercantis (Sinrem), com competências não registrais, tais como supervisão e coordenação técnica dos órgãos incumbidos do registro (ou seja, das juntas comerciais), estabelecimento e consolidação das normas e diretrizes gerais do registro do empresário, solução de dúvidas decorrentes da interpretação de leis e regulamentos, orientação às juntas comerciais, dentre outras previstas no art. 4º da Lei 8.934/1994.

As juntas comerciais são órgãos locais, subordinadas administrativamente ao governo do respectivo estado ou do distrito federal, com funções executora e administradora dos serviços de registro. A elas compete a execução dos serviços listados no art. 32 da Lei 8.934/1994, dentre os quais o arquivamento do ato constitutivo da companhia, a que se refere o art. 97 da LSA.

Todo ato, documento ou instrumento sujeito a arquivamento, incluindo a constituição de companhia, será objeto de exame de cumprimento das formalidades previstas em lei. O art. 40 da Lei 8.934/1994 restringe, pois, a atuação administrativa, que não pode ir além desse parâmetro. Será ilegal a análise de aspectos que extrapolem o comando legal, como a materialidade ou a oportunidade do ato societário.

Se for verificada a existência de vício insanável, o ato constitutivo será indeferido. Porém, se o vício for sanável, o processo será colocado em exigência, para cumprimento em 30 dias, a fim de que os efeitos retroajam à data da assembleia constitutiva. Cumprida a exigência após esse prazo, será considerado um novo pedido de arquivamento, sujeito ao pagamento da respectiva taxa, caso em que, além disso, somente produzirá efeitos contra terceiros a partir da data do despacho que conceder o registro.

Os atos societários da companhia, incluindo a sua constituição, sujeitam-se ao regime de decisão colegiada pelas turmas, que são órgãos deliberativos inferiores integrantes da estrutura básica das juntas comerciais (art. 9º da Lei 8.934/1994). O pedido de registro deverá ser decidido pela turma no prazo de 5 dias, sob pena de ser considerado arquivado, por provocação do interessado.

O sistema revisional de decisões proferidas no âmbito registro do empresário contempla o pedido de reconsideração, o recurso ao plenário e, finalmente, o recurso ao Ministro de Estado da Indústria, Comércio e do Turismo.[613]

2. Determinações da LSA sobre o registro da constituição de companhia

Rodrigo R. Monteiro de Castro

A Lei 8.934/1994 aplica-se a todo empresário, inclusive à companhia (que é, por definição, empresária). Nela se encontram normas gerais, portanto. A LSA, de seu turno, especifica certas normas que incidem apenas sobre a companhia. Não há contradição ou antinomia. Ambas as leis se integram e convivem harmonicamente.

O *caput* do art. 97 determina que o registro do comércio – isto é, a junta comercial – examine se as prescrições legais foram observadas na constituição da companhia, bem como se existem cláusulas contrárias à lei, à ordem pública e aos bons costumes.

A primeira parte do artigo está alinhada com o conteúdo do art. 40 da Lei 8.934/1994, que prevê que todo ato, documento ou instrumento apresentado a arquivamento será objeto de exame do cumprimento das formalidades legais. A parte final do art. 97, que determina a verificação da existência de cláusulas impeditivas da concessão do registro, também foi regulada no art. 35 daquela lei, ao proibir o arquivamento de "documentos que não obedecerem às prescrições legais ou regulamentares ou que contiverem matéria contrária aos bons costumes ou à ordem pública (...)".

O § 1º do art. 97 estabelece o procedimento, de natureza societária, a ser observado em caso de negativa ao arquivamento da constituição da companhia, que se aplica apenas a esse tipo societário, de modo que está adequadamente situado na LSA.

Operado o indeferimento, por inobservância de prescrição ou exigência legal, ou por irregularidade verificada na constituição, os primeiros administradores, indicados no ato constitutivo (art. 87), deverão convocar imediatamente a assembleia geral para sanar a falta ou a irregularidade, ou, se o caso, para autorizar a adoção das providências necessárias. Observar-se-á, em relação à instalação e ao funcionamento da assembleia geral, o disposto no art. 87.

As deliberações serão tomadas por acionistas que representem metade do capital social, no mínimo. A base de referência é o capital total, e não a soma das ações com direito a voto, de modo que toda ação, mesmo não votante, conferirá ao seu titular, nessa deliberação, um voto. Mantém-se, assim, o mesmo colégio eleitoral previsto no art. 87, § 2º, para constituição da companhia.[614]

Se a falta decorrer do estatuto, poderá ser sanada na mesma assembleia, a qual deverá deliberar, ainda, se a companhia deve promover ação de responsabilidade contra os fundadores.

Realizada a assembleia geral, os primeiros administradores providenciarão segunda via da respectiva ata e a prova do saneamento da falta ou da irregularidade motivadora da recusa do arquivamento, devendo a junta comercial competente, após verificação e conformação do cumprimento da exigência, promover o arquivamento do ato constitutivo. Se a falta for sanada por deliberação assemblear, não será necessária a produção de prova autônoma.

---

[613] Atualmente, não há, na estrutura de Governo, Ministério da Indústria, do Comércio e do Turismo, como à época da edição da Lei 8.934/1994. Após diversas reformas ministeriais realizadas ao longo dos últimos 25 anos, inclusive a conversão da Medida Provisória 870/2019 na Lei 13.844/2019, essa pasta foi absorvida pelo Ministério da Economia.

[614] "Art. 87 [...] § 2º Cada ação, independentemente de sua espécie ou classe, dá direito a um voto; a maioria não tem poder para alterar o projeto de estatuto."

Importante realçar: se o vício for documental ou formal – como a falta de apresentação de algum documento listado no art. 95 –, os primeiros administradores poderão corrigi-lo, sem a convocação de assembleia geral. A assembleia geral será convocada, portanto, apenas na hipótese em que a constituição dependa de uma nova deliberação, para reformar, modificar, suprir ou complementar vício pretérito.

Por fim, o § 3º trata de tema estranho ao procedimento de saneamento de vício e que poderia estar regulado apenas na Lei 8.934/1994: a criação de sucursais, filiais ou agências pela companhia. De todo modo, o dispositivo determina, nesse sentido, que a deliberação do órgão competente sobre tais matérias seja arquivada no registro público de empresas mercantis.

Publicação e Transferência de Bens

Art. 98. Arquivados os documentos relativos à constituição da companhia, os seus administradores providenciarão, nos 30 (trinta) dias subsequentes, a publicação deles, bem como a de certidão do arquivamento, em órgão oficial do local de sua sede.

§ 1º Um exemplar do órgão oficial deverá ser arquivado no registro do comércio.

§ 2º A certidão dos atos constitutivos da companhia, passada pelo registro do comércio em que foram arquivados, será o documento hábil para a transferência, por transcrição no registro público competente, dos bens com que o subscritor tiver contribuído para a formação do capital social (artigo 8º, § 2º).

§ 3º A ata da assembleia-geral que aprovar a incorporação deverá identificar o bem com precisão, mas poderá descrevê-lo sumariamente, desde que seja suplementada por declaração, assinada pelo subscritor, contendo todos os elementos necessários para a transcrição no registro público.

COMENTÁRIOS

1. Efeitos da publicação

RODRIGO R. MONTEIRO DE CASTRO

O art. 98 determina que os administradores promovam a publicação dos documentos relativos à constituição da companhia no prazo de 30 dias subsequentes ao arquivamento. O propósito é a publicização, e, daí, a possibilidade de que terceiros que venham a estabelecer qualquer vínculo ou relação com a companhia possam acessar as informações relacionadas ao ato constitutivo, sujeitas a registro.

A publicidade não tem qualquer relação com a aquisição de personalidade jurídica, que decorre da inscrição do ato constitutivo no registro público de empresas mercantis, conforme previsto no art. 45 do CC. A publicação ordenada no art. 98 é ato posterior e complementar, e a sua inobservância não modifica, nem afeta a personalidade da companhia.

A inobservância, porém, produz duas consequências: a primeira, em caso de início precoce das atividades, é o reconhecimento de sua irregularidade. Ou seja, a companhia que operar previamente à promoção da publicidade infringirá norma posta no art. 94, que interdita o funcionamento antes do arquivamento e da publicação, e será, por isso, considerada irregular.

A irregularidade, enquanto persistir, modificará o regime obrigacional dos acionistas, que responderão solidária e ilimitadamente pelas obrigações sociais, sem aproveitamento do benefício de ordem, previsto no art. 1.024 do CC.

A segunda consequência advém do disposto no art. 99, que atribui responsabilidade solidária dos primeiros administradores perante a companhia pelos prejuízos causados pela demora no cumprimento das formalidades complementares à sua constituição. A ausência de publicação enquadra-se na situação descrita no mencionado artigo e sujeita a administração às consequências lá previstas.

2. Órgão de publicação

RODRIGO R. MONTEIRO DE CASTRO

O art. 98 estabelece uma exceção ao regime geral de publicação previsto no art. 289, que determina que as publicações ordenadas na LSA sejam feitas em órgão oficial e em outro jornal de grande circulação.

No art. 98, porém, como se depreende de seu texto, manda-se publicar apenas no órgão oficial do local da sede, afastando-se, assim, de modo excepcional, a dúplice publicação.

O órgão oficial não pode ser substituído por jornal local, mesmo que tenha maior visibilidade e grande circulação. O comando é obtuso, mas não padece de ilegalidade. Não há, pois, opção: o órgão deve ser oficial. Caso não circule jornal oficial na sede da companhia, a publicação se fará no órgão do estado da federação em que se situar.

De acordo com o § 1º do art. 98, um exemplar do órgão oficial deverá ser arquivado no registro público de empresas mercantis. Essa formalidade, posterior à publicação, não impede o início do funcionamento da empresa, previsto no art. 94.

Os administradores da companhia, responsáveis pela observância das formalidades posteriores à constituição – como a publicação prevista no art. 98 –, responderão solidariamente perante a companhia pelos prejuízos que lhe causarem em razão do descumprimento das regras impostas pela legislação societária.

Por outro lado, tendo em vista que a companhia já terá sido constituída, não se aplicará, no caso, o disposto no parágrafo único do art. 99, que afasta a responsabilidade corporativa pelos atos ou operações praticados pelos primeiros administradores antes de cumpridas as formalidades de constituição. Ela será, assim, responsável pelos atos contratados ou praticados de acordo com o seu estatuto social.

3. Transferência de bem contribuído para formação do capital

Rodrigo R. Monteiro de Castro

O § 2º trata da situação em que acionista houver contribuído com algum bem para formação do capital social, e estabelece que a certidão dos atos constitutivos, passada pelo registro público de empresas mercantis em que foram arquivados, será documento hábil para que se realize, por transcrição no registro público competente, a transferência do bem.[615]

O bem deverá ser identificado com precisão na ata da assembleia geral que o aprovar, podendo-se descrevê-lo de modo sumário, desde que tal descrição seja suplementada por declaração, assinada pelo subscritor, contendo todos os elementos necessários à transcrição no registro público competente para formalizar a transferência do bem aportado.

Tratando-se da utilização de imóvel para fins de integralização de ações subscritas, recomenda-se a transcrição completa e idêntica àquela constante da sua matrícula perante o registro de imóveis.

4. Avaliação

Rodrigo R. Monteiro de Castro

Qualquer bem que se pretenda conferir à formação do capital social de companhia deverá ser avaliado, na forma do art. 8º, por 3 peritos ou por empresa especializada, nomeados em assembleia geral dos subscritores. Referida assembleia será presidida por um dos fundadores.

O bem deverá ser apresentado e avaliado em laudo fundamentado, no qual constarão a indicação dos critérios avaliativos e elementos comparativos adotados pelo avaliador.

Aceito o valor pelo subscritor, o bem se incorpora de modo definitivo ao patrimônio da companhia. Opera-se, pois, em relação ao subscritor, uma situação de *perdimento* do bem, que é recompensada pelo recebimento de ações de emissão da própria companhia, aperfeiçoando-se a integralização do capital subscrito.

No patrimônio do emissor se verifica, assim, uma mutação de elementos ativos, com a saída do bem incorporado e a entrada das ações. Em relação à companhia, também ocorrerão mutações: o bem se integra, como indicado no texto da lei, ao seu patrimônio, sendo lançado em conta do ativo conforme sua natureza, na forma do art. 178 da LSA, e se afeta, em contrapartida, conta de patrimônio líquido, integrante do passivo.

A conta afetada dependerá da destinação do preço de emissão. Se destinado apenas à formação do capital social, nesta conta se refletirá a contrapartida integral do aumento do ativo, por força da incorporação do bem; porém, se parte do preço for destinada à reserva de capital (art. 14), ambas as contas – de capital social e de reserva de capital – serão proporcionalmente ajustadas.

Em nenhuma hipótese o bem poderá ser incorporado ao patrimônio da companhia por valor superior ao que lhe tiver conferido o subscritor, com base no laudo formulado na forma do art. 8º e aprovado pela assembleia geral.

Responsabilidade dos Primeiros Administradores

Art. 99. Os primeiros administradores são solidariamente responsáveis perante a

---

[615] Cf., também, o art. 64 da Lei 8.934/1994: "A certidão dos atos de constituição e de alteração de sociedades mercantis, passada pelas juntas comerciais em que foram arquivados, será o documento hábil para a transferência, por transcrição no registro público competente, dos bens com que o subscritor tiver contribuído para a formação ou aumento do capital social".

companhia pelos prejuízos causados pela demora no cumprimento das formalidades complementares à sua constituição.

Parágrafo único. A companhia não responde pelos atos ou operações praticados pelos primeiros administradores antes de cumpridas as formalidades de constituição, mas a assembleia-geral poderá deliberar em contrário.

COMENTÁRIOS

1. Responsabilidade: extensão e segregação

Rodrigo R. Monteiro de Castro

A LSA segrega as funções e as responsabilidades dos agentes envolvidos na constituição da companhia e na prática de atos que lhe são complementares.

Pelos atos constitutivos propriamente ditos, imputa-se o ônus aos fundadores. São eles que devem conduzir os procedimentos estabelecidos no Capítulo VII da lei e assumir, com exclusividade, a responsabilidade por eventuais danos decorrentes de condutas comissivas ou omissivas.

Enquanto a companhia não estiver constituída, a atuação administrativa não se inicia. Aliás, a existência dos órgãos de administração, isto é, da diretoria e do conselho de administração, depende da prévia formação do organismo societário de que farão parte: ou seja, do nascimento do *ente*. Daí a irresponsabilidade dos administradores por atos ocorridos durante a constituição, que se passam antes do início do exercício de suas funções.

Durante o processo constitutivo os fundadores dotarão a companhia de diretoria (sistema monista) ou de diretoria e conselho de administração (sistema dualista), e, ao cabo, darão posse aos primeiros administradores. A formação desses órgãos não tem o condão de reconhecer ou distribuir responsabilidades por atos ou operações que lhe antecederem, ou que, pela natureza, não podem ser praticados pela própria companhia, que ainda se sujeita ao processo de constituição; a imputação recai apenas sobre as pessoas que participam da fundação. Daí a correta escolha de imputar aos fundadores a responsabilidade por situações que lhe são próprias.

2. Constituição e personalidade

Rodrigo R. Monteiro de Castro

A constituição da companhia, operada de acordo com a LSA, não implica a aquisição de personalidade. No plano societário, a personificação decorre de ato posterior ao nascimento, qual seja, o registro. Isso reforça o motivo da segregação obrigacional: enquanto os fundadores dão vida à companhia, os administradores ficam incumbidos de, mediante atuação específica, providenciarem os atos necessários à personificação.

De acordo com o art. 45 do CC, a aquisição de personalidade jurídica decorre da inscrição dos atos constitutivos no registro próprio. O art. 985 do mesmo diploma estabelece, em sentido análogo, que a sociedade empresária, de qualquer tipo, personifica-se com o registro de sua constituição. Antes desse evento, a companhia existirá, mas não será pessoa jurídica.

3. Responsabilidade dos primeiros administradores e solidariedade

Rodrigo R. Monteiro de Castro

Não é só da personificação – que se opera mediante o arquivamento dos atos constitutivos – de que cuidam, como reflexo da constituição, os primeiros administradores. O art. 99 imputa-lhes a responsabilidade, perante a companhia, pelos prejuízos causados pela demora no cumprimento das formalidades complementares à constituição.

Eles devem zelar, assim, para que lhes sejam entregues, pelos fundadores, os documentos mencionados no art. 93 e para que se realizem os demais comandos espalhados pelos arts. 94 a 98.

Entre a constituição e a aquisição de personalidade, qualquer administrador poderá atuar para atender as formalidades pós-constitutivas. A atuação não dependerá de deliberação prévia, mesmo se o administrador integrar órgão colegiado. Trata-se de uma exceção ao princípio da colegialidade que impera no âmbito do conselho de administração – a qual se justifica, talvez, pela peculiaridade da situação da companhia, logo após sua constituição.

O mesmo se aplica às competências específicas, previstas no estatuto, que não abalam a solução contida no art. 99. A responsabilidade administrativa, nessa fase da existência da companhia, independe, pois, da competência legal ou estatutária. O fato de determinado administrador ostentar determinada competência técnica, sem qualquer relação com outros atos administrativos, não o eximirá. Todos os administradores, sem exceção, devem atentar ao comando contido no artigo.

Por esses motivos a LSA determina a solidariedade. Os membros da administração são solidários, pois têm o dever de agir, isoladamente ou em conjunto. Se um dentre eles estiver impedindo o desencargo, os demais deverão formalizar a oposição e comunicar aos demais, para que se tomem as providências necessárias para efetivação dos atos complementares.

Essa atuação também terá como efeito o afastamento da responsabilidade dos administradores que, de modo efetivo, tenham atuado para impedir a conduta inapropriada ou para exigir dos demais a implementação do ato.

4. Atos ou operações anteriores à personificação

Rodrigo R. Monteiro de Castro

Enquanto todas as formalidades não tiverem sido cumpridas, a atuação administrativa deve se limitar aos atos organizativos internos, incluindo aqueles determinados no Capítulo VIII. Após a satisfação de todas elas, a companhia estará liberada para operar e os administradores, consequentemente, para atuar, no âmbito de suas competências, a fim de cumprir o objeto social.

Eventual atuação anterior implicará responsabilidade exclusiva dos administradores, sem participação da companhia. Terceiros que com ela contratem não se eximem das consequências, pelo desconhecimento do fato. Incumbe-lhes, assim, zelar para que, na contratação, confirmem que o processo constitutivo se consumou.

O parágrafo único, no entanto, faculta à companhia, mediante deliberação da assembleia geral, assumir a responsabilidade e responder pelos atos administrativos anteriores ao cumprimento das formalidades complementares à constituição. A faculdade não é, porém, absoluta; somente se justificará se houver proveito para própria companhia. Caso contrário, se estará beneficiando administrador faltoso, em prejuízo do interesse social.

A deliberação em sentido contrário à regra geral contida no mencionado parágrafo não se presta, assim, para beneficiar, sem motivo, um ou mais membros da administração. O acionista controlador que, nos termos do art. 117, conduzir a deliberação, para desvirtuá-la, atuará de modo abusivo e responderá por essa conduta.

O deslinde de eventual situação fática deverá passar, ademais, pela verificação do momento em que o ato ou a operação se realiza, em decorrência do disposto no art. 36 da Lei 8.934, de 18 de novembro de 1994, que confere prazo de trinta dias para arquivamento de atos sujeitos a registro, inclusive os constitutivos. Observado esse prazo, os efeitos retroagirão à data da assinatura da constituição. Em outras palavras, caso o ato ou a operação tenha ocorrido no intervalo entre a constituição e o pedido de arquivamento formulado de acordo com o mencionado artigo, ao menos a formalidade registral terá sido observada, afastando, por esse motivo, a incidência do art. 99 – sem prejuízo, é bom ressaltar, dos efeitos da inobservância de outras formalidades.

**CAPÍTULO IX
LIVROS SOCIAIS**

Art. 100. A companhia deve ter, além dos livros obrigatórios para qualquer comerciante, os seguintes, revestidos das mesmas formalidades legais:

I – o livro de Registro de Ações Nominativas, para inscrição, anotação ou averbação: (Redação dada pela Lei 9.457, de 1997)

a) do nome do acionista e do número das suas ações;

b) das entradas ou prestações de capital realizado;

c) das conversões de ações, de uma em outra espécie ou classe; (Redação dada pela Lei 9.457, de 1997)

d) do resgate, reembolso e amortização das ações, ou de sua aquisição pela companhia;

e) das mutações operadas pela alienação ou transferência de ações;

f) do penhor, usufruto, fideicomisso, da alienação fiduciária em garantia ou de qualquer ônus que grave as ações ou obste sua negociação.

II – o livro de "Transferência de Ações Nominativas", para lançamento dos termos de transferência, que deverão ser assinados pelo cedente e pelo cessionário ou seus legítimos representantes;

III – o livro de "Registro de Partes Beneficiárias Nominativas" e o de "Transferência de Partes Beneficiárias Nominativas", se tiverem sido emitidas, observando-se, em ambos, no que couber, o disposto nos números I e II deste artigo;

IV – o livro de Atas das Assembleias Gerais; (Redação dada pela Lei 9.457, de 1997)

V – o livro de Presença dos Acionistas; (Redação dada pela Lei 9.457, de 1997)

VI – os livros de Atas das Reuniões do Conselho de Administração, se houver, e de Atas das Reuniões de Diretoria; (Redação dada pela Lei 9.457, de 1997)

VII – o livro de Atas e Pareceres do Conselho Fiscal. (Redação dada pela Lei 9.457, de 1997)

§ 1º A qualquer pessoa, desde que se destinem a defesa de direitos e esclarecimento de situações de interesse pessoal ou dos acionistas ou do mercado de valores mobiliários, serão dadas certidões dos assentamentos constantes dos livros mencionados nos incisos I a III, e por elas a companhia poderá cobrar o custo do serviço, cabendo, do indeferimento do pedido por parte da companhia, recurso à Comissão de Valores Mobiliários. (Redação dada pela Lei 9.457, de 1997)

§ 2º Nas companhias abertas, os livros referidos nos incisos I a V do *caput* deste artigo poderão ser substituídos, observadas as normas expedidas pela Comissão de Valores Mobiliários, por registros mecanizados ou eletrônicos. (Redação dada pela Lei 12.431, de 2011).

§ 3º Nas companhias fechadas, os livros referidos nos incisos I, II, III, IV e V do caput deste artigo poderão ser substituídos por registros mecanizados ou eletrônicos, nos termos do regulamento. (Incluído pela Lei 14.195, de 2021)

COMENTÁRIOS

1. Livros obrigatórios e facultativos

Sérgio Campinho

O Código Civil dedicou-se à disciplina dos livros empresariais e de sua escrituração. Diante do sistema adotado, tem-se que os livros empresariais podem ser de duas espécies: obrigatórios e facultativos (§ 1º do art. 1.179 do Código Civil). Dentre os obrigatórios, há o comum e os especiais (art. 1.180 do Código Civil). Comum é aquele que se exige em relação a qualquer empresário, independentemente de sua atividade, e especiais são aqueles impostos por lei para certos empresários, seja em função de seu ramo de atuação, seja em razão de uma condição especial em que se encontre, ou em consequência da utilização de mecanismos tendentes a documentar e facilitar a operação com os créditos decorrentes de suas vendas ou serviços.

O único livro comum obrigatório é o Diário, o qual, entretanto, poderá ser substituído por fichas no caso de escrituração mecanizada ou eletrônica. No Diário devem ser lançadas, com clareza, todas as operações decorrentes da atividade econômica exercida pelo empresário. Ditas operações devem ser individualizadas, indicando-se a caracterização do documento respectivo, e escrituradas dia a dia (art. 1.184 do Código Civil).

Dentre os livros obrigatórios especiais, destacam-se aqueles que todas as sociedades anônimas estão obrigadas a escriturar – conforme relação constante no art. 100 da LSA –, o Livro de Atas da Assembleia dos Cotistas – nas sociedades limitadas que adotem a figura da assembleia (§ 1º do art. 1.075 do Código Civil) –, o Livro de Registro de Duplicatas – que deve ser mantido e escriturado pelo empresário que emite esses títulos de créditos (art. 19 da Lei 5.474/1968) –, o Livro de Balancetes Diários e Balanços dos estabelecimentos bancários (Lei 4.843/1965), o Livro de Entrada e Saída de Mercadorias dos Armazéns Gerais (art. 7º do Dec. 1.102/1903), os livros dos leiloeiros exigidos pelo art. 31 do Dec. 21.981/1932 – dentre os quais se encontram o Diário de Entrada, o Diário de Saída e o Diário de Leilões –, além de outros relativos às atividades dos corretores de navio, de mercadorias, do tradutor público etc.

No rol dos livros facultativos, tem-se os livros Caixa, Conta-Corrente, Obrigações a Pagar, Obrigações a Receber, além daqueles que o empresário, a seu critério, quiser utilizar.

Os livros empresariais, sejam eles obrigatórios ou facultativos, para produzirem efeitos jurídicos, devem observar um critério de escrituração e estar devidamente autenticados no Registro Público de Empresas Mercantis. A escrituração, que deverá ficar a cargo de contabilista legalmente habilitado, será feita em idioma e moeda corrente nacionais e em forma contábil, por ordem cronológica de dia, mês e ano, sem intervalos em branco, nem entrelinhas, borrões, rasuras, emendas ou transportes para as margens. Permite-se o emprego de códigos numéricos ou abreviaturas, que deverão constar de livro próprio e separado do empresário, igualmente autenticado (arts. 1.181, 1.182 e 1.183 do Código Civil).

2. Livros da companhia e certidões dos assentamentos

SÉRGIO CAMPINHO

Os livros sociais ou corporativos, específicos para a companhia, vêm enumerados no art. 100 da LSA. Podem ser divididos nas seguintes modalidades: livros de atas, livros de presença e livros de registro e transferência de títulos. São livros, assim, que vão estar destinados a consignar os atos relativos aos órgãos sociais, possibilitando aferir, ainda, a legitimidade dos mesmos, e a assentar a situação jurídica dos valores mobiliários de emissão da sociedade.

Assim é que as sociedades anônimas devem manter livros próprios e especiais para as atas da assembleia geral e presença dos acionistas ao conclave social, para as atas do conselho de administração, da diretoria e do conselho fiscal, bem como para o registro de ações, debêntures, bônus de subscrição e partes beneficiárias.

Apesar de os livros para o registro e a transferência das debêntures e dos bônus de subscrição não constarem da listagem prevista no art. 100 da LSA, a criação dos mesmos é impositiva quando emitidos tais títulos e devem seguir as mesmas regras para os livros referentes às ações nominativas, tendo em vista que àqueles títulos nominativos aplica-se, no que couber, o disposto nas seções V a VII do Capítulo III da LSA.[616]

Os livros especiais também se encontram sujeitos às mesmas formalidades intrínsecas e extrínsecas aplicáveis aos livros empresariais em geral, devendo ser autenticados pelo Registro Público de Empresas Mercantis.

É facultado, nas companhias abertas, a partir da vigência da Lei 12.431/2011, observadas as normas expedidas pela CVM, que os livros relativos ao registro e transferência de títulos, assim como os atinentes às atas de assembleias gerais e presença de acionistas sejam substituídos por processo mecanizado ou eletrônico. A Lei 14.195/2021, introduzindo um § 3º no art. 100, estendeu essa possibilidade às companhias fechadas, as quais deverão proceder em observância a regulamento próprio do DREI.[617]

Os livros de atas dos órgãos sociais referem-se a assuntos internos da companhia, embora algumas atas sejam de publicação obrigatória. Já os livros de registro e transferência dos títulos de sua emissão assumem um caráter de registro público. Daí ser possível a qualquer interessado, desde que se destinem à defesa de seus direitos e esclarecimento de interesse pessoal ou dos acionistas ou do mercado de valores mobiliários obter certidões autênticas dos assentamentos constantes dos aludidos livros sociais emitidas pela companhia, que poderá cobrar o custo desse serviço. Na hipótese de negativa da sociedade em emitir a certidão, por achar descabido o pedido ao analisar o seu mérito, que deve estar condicionado àquelas situações acima descritas, caberá recurso, se se tratar de companhia aberta, à CVM. Em relação às companhias fechadas, somente caberá a propositura de medida judicial visando a obter a certidão, pretensão essa que, igualmente, pode ser exercida em face das companhias abertas.

No caso das ações escriturais, a instituição financeira depositária responsável pelo registro é que deverá fornecer as certidões dos extratos das contas correntes de ações.

Todos os registros e averbações são realizados sob a responsabilidade da companhia. A ela compete verificar a regularidade formal do que lhe cabe escriturar em seus livros sociais.

> **Escrituração do Agente Emissor**
>
> **Art. 101.** O agente emissor de certificados (art. 27) poderá substituir os livros referidos nos incisos I a III do art. 100 pela sua escrituração e manter, mediante sistemas adequados, aprovados pela Comissão de Valores Mobiliários, os registros de propriedade das ações, partes beneficiárias, debêntures e bônus de subscrição, devendo uma vez por ano preparar lista dos seus titulares, com o número dos títulos de cada um, a qual será encadernada, autenticada no registro do comércio e arquivada na companhia. (Redação dada pela Lei 9.457, de 1997)
>
> § 1º Os termos de transferência de ações nominativas perante o agente emissor poderão ser lavrados em folhas soltas, à vista do certificado da ação, no qual serão averbados a

---

[616] EIZIRIK, Nelson. *A Lei das S/A comentada*. 2. ed. São Paulo: Quartier Latin, 2015. v. 2. p. 209.

[617] A companhia fechada que tiver receita bruta anual de até R$ 78.000.000,00 (pequena sociedade anônima) poderá substituir todos os livros previstos no art. 100 por registros mecanizados ou eletrônicos (art. 294, IV, da LSA, com redação determinada pela Lei Complementar 182/2021).

transferência e o nome e qualificação do adquirente.

§ 2º Os termos de transferência em folhas soltas serão encadernados em ordem cronológica, em livros autenticados no registro do comércio e arquivados no agente emissor.

COMENTÁRIOS

1. Escrituração do agente emissor

Sérgio Campinho

Com a extinção das formas de ação ao portador e endossáveis pela Lei 8.021/1990, a emissão de certificados de ações caiu em pleno desuso. São os certificados inteiramente desnecessários ao titular das ações nominativas – única forma admitida pela LSA – para o exercício de seus direitos de sócio, além de representarem custo para a companhia.

Não obstante a constatação, permanece o art. 23 da LSA a contemplar a possibilidade da emissão de certificados de ações e o art. 27 da LSA a prever a contratação de instituição financeira para prestar serviços de agente emissor de certificados.

A emissão de certificados, em princípio, cabe à companhia. Mas a ela é lícito contratar os serviços de um agente para a execução do mister. A providência, inclusive, permite à companhia desmobilizar pessoal que seria destinado ao ofício, concentrando-o em outras atividades julgadas relevantes, racionalizando a sua atuação.

Ao "agente emissor de certificados" incumbirá a escrituração e a guarda dos livros de registro e de transferência de ações nominativas e a emissão dos certificados correspondentes. Será o agente uma instituição financeira, devidamente autorizada pela CVM a manter esse tipo de serviço, o qual, uma vez contratado, impede que a companhia pratique os atos relativos ao registro e à emissão dos certificados, que ficarão na esfera privativa do agente contratado.

Por meio de contrato de prestação de serviços, delega-se à instituição financeira a execução daqueles serviços. Mas, como delegatária, fica ela obrigada a respeitar e a observar todas as instruções do contratante, desde que não se mostrem contrárias à lei. O nome do agente emissor constará das publicações e ofertas públicas de valores mobiliários feitas pela companhia.

A companhia responde junto aos titulares de valores mobiliários e perante terceiros interessados por erro ou irregularidade verificado na prestação de serviços do agente emissor, sendo-lhe assegurado o direito de regresso correspondente.

O agente emissor pode substituir os livros de registros dos valores mobiliários de emissão da companhia por sua escrituração e manter o registro de propriedade das ações, partes beneficiárias, debêntures e bônus de subscrição mediante sistemas adequados e devidamente aprovados pela CVM.[618] Incumbe-lhe anualmente preparar lista dos seus titulares, com número dos títulos de cada um, que será encadernada, autenticada no Registro Público de Empresas Mercantis e arquivada na companhia. A referida lista tem a mesma finalidade dos livros sociais e faz prova *juris tantum* da propriedade dos títulos.

No que se refere aos termos de transferência das ações nominativas firmadas perante o agente emissor, estes poderão ser lavrados em folhas soltas, que deverão ser encadernadas em ordem cronológica, em livros autenticados no Registro Público de Empresas Mercantis e arquivados no agente emissor.

Ações Escriturais

Art. 102. A instituição financeira depositária de ações escriturais deverá fornecer à companhia, ao menos uma vez por ano, cópia dos extratos das contas de depósito das ações e a lista dos acionistas com a quantidade das respectivas ações, que serão encadernadas em livros autenticados no registro do comércio e arquivados na instituição financeira.

COMENTÁRIOS

1. Regime escritural

Sérgio Campinho

O regime escritural introduzido pela Lei de 1976 vem justificado na exposição de motivos do projeto do Poder Executivo, com as seguintes convicções: "o objetivo é permitir a difusão da propriedade de ações entre grande número de pessoas com a segurança das ações nominativas, a facilidade de circulação proporcionada pela transferência mediante ordem à instituição

---

[618] Resolução CVM 33/2021.

financeira e mero registro contábil, e a eliminação do custo dos certificados".

A ação escritural é uma subforma da ação nominativa. Uma de suas características essenciais é a nominatividade, requisito tanto para se aferir a propriedade como para a transferência.

A propriedade da ação escritural é presumida pelo registro na conta corrente de ações, aberta em nome do acionista nos livros da instituição financeira, a qual deve estar autorizada pela CVM a prestar os serviços de registro e transferência. A transmissão ocorre no próprio sistema escritural, à vista de ordem escrita do alienante ou de autorização ou ordem judicial.[619]

O custo dos serviços de administração das ações escriturais caberá à companhia, não lhe sendo lícito transferi-lo aos acionistas. Apenas o custo do serviço de transferência da propriedade das ações é que se permite possa a prestadora de serviços cobrar diretamente do acionista. Mas haverá a necessidade de autorização expressa pelo estatuto para essa cobrança, com a observância dos limites fixados pela CVM.

Não participam os acionistas do contrato de prestação de serviços, que é celebrado tão somente entre a companhia e a instituição financeira autorizada. Por tal motivo, a companhia é quem responde, perante eles, pelas perdas e danos decorrentes de erro ou irregularidade nos serviços. Cabe-lhe, entretanto, agir regressivamente contra a instituição prestadora.

Apesar de não ser parte no contrato, faz jus o acionista ao recebimento de extrato da "conta de depósito", a ser fornecido pela instituição financeira sempre que solicitado, ao término de todo mês em que for movimentada e, ainda que não movimentada, ao menos uma vez por ano.

A instituição depositária deverá, ao menos uma vez ao ano, fornecer à companhia a cópia dos extratos das contas correntes de ações, bem como a lista dos acionistas com a quantidade das respectivas ações, que serão encadernadas em livros autenticados no Registro Público de Empresas Mercantis e arquivados na própria instituição prestadora dos serviços escriturais. A regra legal acerca do fornecimento de informações periódicas à companhia se justifica na consideração da necessidade de ter o conhecimento do seu quadro acionário. A companhia, com efeito, pode solicitar tais informações mais de uma vez por ano. Por ocasião da realização da assembleia geral ordinária, por exemplo, é necessário identificar os acionistas titulares do direito de voto.

Fiscalização e Dúvidas no Registro

Art. 103. Cabe à companhia verificar a regularidade das transferências e da constituição de direitos ou ônus sobre os valores mobiliários de sua emissão; nos casos dos artigos 27 e 34, essa atribuição compete, respectivamente, ao agente emissor de certificados e à instituição financeira depositária das ações escriturais.

Parágrafo único. As dúvidas suscitadas entre o acionista, ou qualquer interessado, e a companhia, o agente emissor de certificados ou a instituição financeira depositária das ações escriturais, a respeito das averbações ordenadas por esta Lei, ou sobre anotações, lançamentos ou transferências de ações, partes beneficiárias, debêntures, ou bônus de subscrição, nos livros de registro ou transferência, serão dirimidas pelo juiz competente para solucionar as dúvidas levantadas pelos oficiais dos registros públicos, excetuadas as questões atinentes à substância do direito.

COMENTÁRIOS

1. **Fiscalização e dúvidas no registro**

   Sérgio Campinho

Todos os registros e averbações são realizados sob a responsabilidade da companhia. Incumbe-lhe aferir a regularidade das transferências e da constituição de direitos ou ônus sobre os valores mobiliários de sua emissão. Essa responsabilidade é estendida ao agente emissor de certificado (art. 27 da LSA) e à instituição financeira prestadora dos serviços de registro e transferência das ações escriturais (art. 34 da LSA), mas sempre caberá à companhia a sua fiscalização.

Será ela, com efeito, responsável perante os titulares de valores mobiliários e terceiros pela regularidade desses atos. Verificada qualquer irregularidade cometida pelo agente emissor ou pela instituição financeira prestadora dos serviços de ações escriturais, assegura-se à companhia a competente ação regressiva. Pelas perdas e danos causados, a companhia responde diretamente junto à vítima pela

---

[619] Cf. os comentários ao art. 23.

correspondente composição. O agente emissor ou a instituição financeira prestadora dos serviços respondem apenas perante a companhia.

Como os assentamentos realizados nos livros sociais e nos livros da instituição financeira prestadora de serviços de registro e transferência de ações escriturais têm natureza de registro público, qualquer dúvida levantada deverá ser dirimida pelo juiz competente para solucionar aquelas formuladas pelos oficiais dos registros públicos. A ele caberá, apenas, a apreciação formal do ato, ou seja, verificar se o documento apresentado à companhia é ou não hábil ao fim a que se destina. Questões relativas à substância do ato, como aquelas atinentes à capacidade do agente, à nulidade do título, à falsidade ideológica ou material, por exemplo, serão de competência do juízo cível, pois estão fora da alçada de fiscalização exercida pela companhia.

> **Responsabilidade da Companhia**
>
> **Art. 104.** A companhia é responsável pelos prejuízos que causar aos interessados por vícios ou irregularidades verificadas nos livros de que tratam os incisos I a III do art. 100. (Redação dada pela Lei 9.457, de 1997)
>
> **Parágrafo único.** A companhia deverá diligenciar para que os atos de emissão e substituição de certificados, e de transferências e averbações nos livros sociais, sejam praticados no menor prazo possível, não excedente do fixado pela Comissão de Valores Mobiliários, respondendo perante acionistas e terceiros pelos prejuízos decorrentes de atrasos culposos.

COMENTÁRIOS

1. Responsabilidade da companhia

SÉRGIO CAMPINHO

As inscrições e averbações realizadas nos livros de registros e transferência dos valores mobiliários de emissão da companhia, assim como nos livros sob a escrituração e guarda do agente emissor de certificados (art. 27 da LSA) ou nos livros de instituição financeira prestadora de serviços de registro e transferência de ações escriturais (art. 34 da LSA) são de interesse dos acionistas e também de terceiros. Os assentamentos têm natureza de registro público, pois se prestam a constituir direitos reais e a conferir efeitos *erga omnes* aos atos nele realizados.

À companhia compete verificar a regularidade formal do que lhe incumbe escriturar nos aludidos livros. Todos os registros e averbações são efetuados sob a sua responsabilidade. Responderá, portanto, pelos prejuízos aos interessados por defeitos ou irregularidades verificados nesses livros.

Uma vez provado o dolo ou a culpa de seus administradores, a companhia terá contra eles a ação social para reembolsar-se dos prejuízos oriundos de indenizações pagas. Sendo o defeito ou a irregularidade proveniente de falha dos serviços prestados pelo agente emissor ou pela instituição financeira responsável pela conta corrente das ações escriturais, a companhia permanece responsável pelos danos causados aos acionistas e aos terceiros interessados, sendo-lhe assegurada a ação regressiva contra os aludidos prestadores de serviços. Estes respondem apenas perante a companhia.

Incumbe à companhia diligenciar para que os atos de emissão e substituição de certificados e os de transferência e averbações nos livros sociais sejam implementados no menor prazo possível, não excedente do fixado pela CVM, respondendo perante os acionistas e terceiros prejudicados por atrasos culposos.

> **Exibição dos Livros**
>
> **Art. 105.** A exibição por inteiro dos livros da companhia pode ser ordenada judicialmente sempre que, a requerimento de acionistas que representem, pelo menos, 5% (cinco por cento) do capital social, sejam apontados atos violadores da lei ou do estatuto, ou haja fundada suspeita de graves irregularidades praticadas por qualquer dos órgãos da companhia.

COMENTÁRIOS

1. Exibição integral dos livros sociais

SÉRGIO CAMPINHO

O direito à exibição integral dos livros sociais compõe o direito essencial do acionista de fiscalização da gestão dos negócios da companhia e do funcionamento regular dos órgãos sociais.

A exibição por inteiro dos livros da companhia pode ser pleiteada em juízo, a requerimento de acionistas que representem, pelo menos, 5% do capital social, cumprindo apontar, no respectivo

Art. 105 — Sérgio Campinho

pedido, os atos violadores da lei ou do estatuto, ou manifestar a fundada suspeita de graves irregularidades praticadas na atuação de quaisquer dos órgãos da sociedade. O acesso aos livros, para fins de fiscalização, encontra-se submetido, assim, a estas duas condições: representatividade do acionista no capital e indicação de atos violadores ou irregulares.

Para que seja judicialmente ordenada a exibição, não exige a lei que o requerente faça prova do ato violador da lei ou do estatuto, ou da irregularidade praticada pelo órgão social. É suficiente a simples indicação, que, no entanto, se deve realizar com clareza, pois a prova geralmente só poderá ser feita após o exame decorrente da exibição pleiteada.

A representatividade do acionista se justifica para obstar uma permanente devassa das operações e dos negócios da companhia por acionistas aparentes, possíveis concorrentes, ou por indivíduos com interesses antagônicos aos da sociedade.[620] Coíbe-se, com isso, que os livros fiquem à disposição de pessoas que adquiram ações com o deliberado intento de ter acesso aos negócios sigilosos da empresa exercida pela sociedade. O espírito da norma que resulta do texto normativo do art. 105 da LSA é o de reprimir pedidos abusivos ou fraudulentos de exibição.

A lei se refere, para a legitimação do pedido, simplesmente ao percentual de 5% do capital social, não especificando a espécie das ações que o requerente deve titularizar. Podem, pois, as ações ser ordinárias, preferenciais, com ou sem direito de voto, ou de fruição. Far-se-á a prova da titularidade do acionista por meio da respectiva certidão passada pela companhia, extraída do livro de "Registro das Ações Nominativas" e, se escriturais, através de documento fornecido pela instituição financeira depositária. No caso de usufruto de ações, o usufrutuário será o legitimado para propor a ação de exibição dos livros. A CVM pode reduzir esse percentual para as companhias abertas, o que vem materializado na Resolução CVM 70/2022.

Tenho sustentado que o percentual exigido pelo art. 105 da LSA é para o fim exclusivo de o acionista exercer o seu direito de fiscalização, o que o faz, embora individualmente, no interesse da própria sociedade e da coletividade dos sócios. O seu escopo é o de tutelar o direito da companhia e dos acionistas que a integram, diante da intenção de apurar atos violadores da lei ou do estatuto, bem assim irregularidades cometidas no âmbito de quaisquer dos órgãos sociais.

O acesso tem por fim, diante de fundadas suspeitas, aferir o fato e denunciá-lo aos órgãos sociais competentes, para que tomem as medidas necessárias à correção e à responsabilização dos infratores. A ação de responsabilidade, que da verificação judicial dos livros pode resultar, é uma ação social a ser proposta com o objetivo de satisfazer os interesses da própria companhia e do conjunto de seus membros, e não os interesses individuais (ação individual). Encontra-se ela, portanto, enquadrada no *caput* do art. 159 da LSA, sendo de titularidade da companhia, para a reparação do dano a seu patrimônio, causado pelos administradores e fiscais faltosos (art. 165 da LSA) ou pelo controlador que abusivamente atua (art. 117 da LSA). Pode, ainda, ser proposta por qualquer acionista, ante a inércia da companhia (§ 3º do art. 159 da LSA), ou por acionistas que representem, ao menos, 5% do capital, se a assembleia geral deliberar por não promovê-la (§ 4º do art. 159 da LSA). Mas, em qualquer caso, estarão agindo na condição de substitutos processuais (art. 18 do Código de Processo Civil), com a reversão dos resultados obtidos para a sociedade (§ 5º do art. 159 da LSA).

A limitação prevista no preceito ora comentado parece-me inaplicável para a ação individual do acionista. Esta, ao contrário da ação social, tem por finalidade a reparação de toda e qualquer lesão a um direito próprio do acionista. A exegese, nessa perspectiva, alinha-se à proteção dos direitos e garantias individuais assegurados constitucionalmente, consoante comando de que, a lei não excluirá da apreciação do Poder Judiciário lesão ou ameaça a direito (inciso XXXV do art. 5º da CRFB). Não pode a lei, com efeito, criar qualquer condição para o lesado ingressar em juízo visando à composição de prejuízo causado diretamente a seu patrimônio.

A exibição, nesse caso, tem assento no preceito geral do art. 1.191 do Código Civil – cujo antecedente histórico foi o art. 18 do Código Comercial –, que não vem obstado pelo art. 105 da LSA, porquanto cuidam os indigitados dispositivos de medidas e figuras jurídicas distintas, inexistindo conflito entre elas.[621]

---

[620] VALVERDE, Trajano de Miranda. *Força probante dos livros mercantis*. Rio de Janeiro: Forense, 1960. p. 123.

[621] Sobre a distinção de tratamento sustentada, encontra-se interessante precedente do Supremo Tribunal Federal, quando ainda vigentes o Dec.-lei 2.627/1940 e o Código Comercial na parte relativa à exibição de livros, cuja decisão

CAPÍTULO X
ACIONISTAS
SEÇÃO I
OBRIGAÇÃO DE REALIZAR O CAPITAL

Condições e Mora

Art. 106. O acionista é obrigado a realizar, nas condições previstas no estatuto ou no boletim de subscrição, a prestação correspondente às ações subscritas ou adquiridas.

§ 1º Se o estatuto e o boletim forem omissos quanto ao montante da prestação e ao prazo ou data do pagamento, caberá aos órgãos da administração efetuar chamada, mediante avisos publicados na imprensa, por 3 (três) vezes, no mínimo, fixando prazo, não inferior a 30 (trinta) dias, para o pagamento.

§ 2º O acionista que não fizer o pagamento nas condições previstas no estatuto ou boletim, ou na chamada, ficará de pleno direito constituído em mora, sujeitando-se ao pagamento dos juros, da correção monetária e da multa que o estatuto determinar, esta não superior a 10% (dez por cento) do valor da prestação.

COMENTÁRIOS

1. *Status socii*

Sérgio Campinho

O acionista é o sócio da sociedade anônima. O vocábulo tem o objetivo de particularizar o sócio nas sociedades por ações, traduzindo, portanto, o integrante do corpo social nas sociedades anônimas ou em comandita por ações.

Ao subscrever ações da companhia – no ato de sua constituição ou em aumento de capital social – ou ao adquiri-las – no mercado bursátil ou de balcão, ou, ainda, mediante negociação privada –, o acionista passa a sujeitar-se a um complexo de disposições legais e estatutárias que lhe assegura direitos e lhe impõe obrigações. Esse conjunto de direitos e obrigações do acionista se denomina *status socii*, revelando o seu estatuto jurídico, que, em geral, apresenta uma tipificação legal de seus contornos mais desenvolvida do que se vê em relação a outros tipos societários.

A expressão *status socii* ou estado de sócio, consagrada pela doutrina italiana,[622] tem recebido certas críticas, notadamente desferidas pela doutrina espanhola,[623] para quem a condição de sócio revela uma qualidade ou posição subjetiva e não um estado jurídico. Para mim, entretanto, é tecnicamente aceitável a expressão *status socii*, compreendida, pois, como reveladora de uma situação jurídica determinada pela natureza do vínculo, criador de um complexo de deveres, obrigações, direitos e poderes do sócio em relação à sociedade, dela perante ele e dos sócios entre si.

Na companhia em formação, o subscritor ainda não ostenta a condição de sócio ou acionista, porquanto esse *status* pressupõe a constituição definitiva da sociedade. Uma vez constituída a companhia, o subscritor adquire automaticamente a condição de acionista, passando a existir o conjunto de deveres, obrigações, direitos e poderes decorrentes do *status socii*.

2. Obrigação de realizar o capital e mora do acionista

Sérgio Campinho

A obrigação de maior relevo que resulta do *status socii* para o acionista é a de integralizar, nas condições previstas no estatuto ou no boletim de

---

veio assim ementada: "O disposto no art. 57 do Dec.-Lei 2.627 não exclui a exibição de livros que, nos termos do art. 18 do Cod. Comercial, o acionista requeira em interesse próprio, como medida preparatória de ação a ser movida contra a sociedade". No corpo do acórdão, colhe-se importante doutrina: "Cumpre distinguir. O art. 57 facilita a ação fiscalizadora do acionista que, representando 1/20 do capital, pelo menos, pretenda apurar deslizes graves de administração. Mas não exclui o pedido de exibição, quando o sócio, em interesse pessoal e direto, pretenda obter vantagem que, com burla ou má vontade, lhe haja sido negada. A solução depende, pois, da posição assumida pelo peticionário. [...] Como não houvessem apontado atos ilícitos, não seria caso da exibição determinada pelo art. 57 da Lei especial. Mas a medida em benefício dos seus interesses de sócios, porventura espoliados, essa não lhes poderia ser recusada, em face do preceito comum (Cod. Comercial, art. 18)." (RE 51.173/SP, rel. Min. Antônio Villas Bôas, 2ª T., j. 11.09.1962, unânime).

[622] ASCARELLI, Tullio. *Problemas das sociedades anônimas e direito comparado*. Campinas: Bookseller, 1999. p. 491-492, nota 1019.

[623] Nas palavras de Aníbal Sánchez Andrés, traduz "una situación que, bien miradas las cosas, es preferible calificar como una cualidad o posición subjetiva, compuesta de todo un haz de relaciones jurídicas" (La acción y los derechos de los accionistas. In: URÍA, Rodrigo; MENÉNDEZ, Aurelio; ALIVENCIA, Manuel (coord.). *Comentario al régimen legal de las sociedades mercantiles*. Madri: Cívitas, 1992. v. 1, t. IV. p. 99).

subscrição, a prestação correspondente às ações subscritas ou adquiridas. Essa é uma obrigação que atinge indiscriminadamente todo e qualquer acionista, independentemente da espécie de ação que titulariza. Não é lícito ao estatuto ou à assembleia geral dispensar o acionista dessa obrigação. Ao subscrever ações do capital da companhia, nasce para ele, em caráter irretratável, a obrigação de integralizá-las. Mesmo que transfira as ações a terceiros, fica o alienante solidariamente responsável com os adquirentes pelo pagamento das importâncias que restarem para integralizar o preço de emissão dessas ações.[624] É uma obrigação de caráter pessoal em favor da companhia, credora da obrigação.

A ação estará integralizada quando a totalidade de seu preço de emissão estiver quitada. O fato se verifica mediante a transferência do correspondente montante em dinheiro ou em bens suscetíveis de avaliação pecuniária para a sociedade. A integralização pode operar-se à vista ou a prazo. Nessa última modalidade, haverá uma parcela inicial, nunca inferior a 10% (inciso II do art. 80 da LSA), e parcelas subsequentes a realizar. Adimplidas as parcelas de forma plena, tem-se como integralizada a ação e, assim, exonerado o seu titular dessa básica obrigação.[625]

O valor da prestação e o prazo ou a data do pagamento, a rigor, devem constar do estatuto ou do boletim da subscrição. Sendo, entretanto, omissos, caberá aos órgãos de administração efetuar a chamada, mediante avisos publicados, por 3 vezes, no mínimo, fixando prazo não inferior a 30 dias para o pagamento (§ 1º do art. 106 da LSA). Nessas condições, quitada a entrada mínima, cabe aos acionistas aguardar o convite para a realização do capital faltante, a ser formulado pelo conselho de administração ou pela diretoria, conforme o caso. Os avisos correspondentes, expedidos pela diretoria em desempenho de sua função executiva, serão publicados com a observância da regra geral do art. 289 da LSA.[626] Não se admite, desse modo, possa a convocação ser suprida por qualquer outro expediente, sendo a forma de convocação essencial para a constituição em mora do acionista e traduzindo, pois, regra de ordem pública.

O acionista que não realizar o pagamento nas condições previstas no estatuto ou no boletim de subscrição, ou, ainda, na chamada, estará de pleno direito constituído em mora, independentemente de qualquer notificação, judicial ou extrajudicial. Vigora, portanto, a regra do *dies interpellat pro homine*, sendo a mora ex re. Resta caracterizada a partir do vencimento do prazo constante do estatuto ou do boletim e, na hipótese da chamada, após o vencimento do prazo previsto na publicação.

Verificada a mora, fica sujeito o acionista ao pagamento dos juros, da correção monetária e da multa que o estatuto determinar, a qual, entretanto, não poderá ser superior a 10% do valor da prestação.

A multa, com efeito, somente poderá ser exigida do acionista remisso se o estatuto contiver a previsão de sua incidência, com a fixação do percentual correspondente, observado o teto legalmente permitido. A correção monetária e os juros não dependem de previsão estatutária, pois decorrem de lei.

A atualização monetária deverá incidir sobre o valor do principal vencido e não pago. A partir da edição da Lei 6.899/1981, sua aplicação generalizou-se para todos os débitos resultantes de decisão judicial, fluindo, nas dívidas líquidas, da data do vencimento. Com o Código Civil de 2002, tem-se um reforço à sua incidência, explicitado na regra do art. 395, ao referendar a aplicação da atualização monetária dos valores como forma genérica de o devedor responder pelos prejuízos derivados de sua mora, seja a dívida demandada judicial ou extrajudicialmente. Visa, a correção monetária, à preservação do valor aquisitivo da moeda. Não é, como os juros, um plus, mas, sim, um minus. Sem ela não se estará, verdadeiramente, promovendo a completa indenização do credor. Caberá ao estatuto fixar o índice de atualização a ser aplicado; não o fazendo, será considerado aquele índice que estiver em vigor para a correção dos débitos judiciais.

---

[624] Cf. os comentários ao art. 108.

[625] Na subscrição do capital inicial e na de seus aumentos em moeda corrente das instituições financeiras públicas e privadas, será sempre exigida, no ato, a realização de, pelo menos, 50% do montante subscrito (art. 27 da Lei 4.595/1964). Para se constituírem validamente, a realização do capital social inicialmente subscrito deverá ser sempre em dinheiro (art. 26 da Lei 4.595/1964).

[626] Cf. os comentários ao art. 289.

Os juros de mora, nos termos do prefalado art. 395 do Código Civil, também têm sua incidência incontestável, ainda que silente o estatuto, sendo indispensáveis para compor as perdas e danos nas obrigações de pagamento em dinheiro. Fluirão, como a correção monetária, na mora ex re, desde a data do vencimento da obrigação positiva e líquida (caput do art. 397 do Código Civil). Não estipulando o estatuto a taxa de juros, aplicar-se-á a taxa legal de 1% ao mês. Deve-se entender, a bem da segurança jurídica, que a taxa de juros moratórios a que se refere o art. 406 do Código Civil é a do § 1º do art. 161 do Código Tributário Nacional, que estabelece o indigitado percentual.

3. Variações e considerações sobre a realização do capital e a mora

Rodrigo R. Monteiro de Castro

De acordo com o art. 80 da LSA, a constituição da companhia depende do cumprimento de certos requisitos, dentre os quais a subscrição, pelo menos por duas pessoas, de todas as ações em que se divide o capital social fixado no estatuto. Trata-se, pois, de exigência preliminar, que não confere, em si, a posição de acionista ao subscritor, que somente se atingirá com a consumação de pretensão constitutiva. De todo modo, o subscritor passa a ter a expectativa de se tornar acionista e, em contrapartida, obriga-se, imediatamente, a pagar (ou integralizar) a prestação correspondente, na forma prevista no estatuto, no boletim ou, na ausência destes, que for estabelecido pelos órgãos de administração.

Nada impede que se preveja o pagamento adiantado, no ato da subscrição ou em momento futuro, antes do término do procedimento de constituição. Aliás, neste sentido, os incisos II e III do mencionado art. 80 estabelecem, também como requisitos preliminares, a realização, como entrada, de 10%, no mínimo, do preço de emissão das ações subscritas em dinheiro e o depósito, no Banco do Brasil ou em estabelecimento autorizado pela CVM, da parte realizada em dinheiro.

O pagamento realizado na subscrição ou antes da constituição, por força da LSA ou das condições específicas fixadas pelos fundadores, tem natureza de adiantamento, e deverá ser restituído caso a companhia não se constitua. O parágrafo único do art. 81 fixa, a propósito, prazo de 6 meses para consumação da pretensão constitutiva, sendo que, ao cabo, o banco haverá de restituir as quantias diretamente aos subscritores. Portanto, a entrada somente se converterá em capital da companhia e, assim, passará a lhe pertencer, após a efetiva constituição. Sob outro prisma, o subscritor somente experimentará a troca definitiva do recurso transferido pelas ações da companhia, que integrarão seu patrimônio, com a confirmação da constituição.

A realização das entradas poderá ser demandada integralmente no momento da subscrição, ou projetada para momentos futuros, determinados ou a determinar.

É comum, em companhias incipientes, que os pagamentos ocorram em função da necessidade de caixa conforme plano de negócios arquitetado antes da constituição. Fixa-se, assim, por exemplo, a obrigatoriedade de realização da parcela não integralizada no ato, no prazo de 12 meses, mediante chamada da diretoria; ou a obrigatoriedade de realizações mensais, em valores iguais e sucessivos, no primeiro dia de cada mês.

Caso a companhia não se constitua, além da devolução dos montantes transferidos, o subscritor não estará obrigado a realizar os pagamentos pendentes, que deixam de ser obrigatórios pelo desaparecimento do motivo que os tornavam exigíveis.

Por outro lado, a subscrição faz nascer ao subscritor a obrigação de realização das prestações. O § 1º prevê que, diante de eventual omissão estatutária ou do boletim, caberá aos órgãos da administração efetuarem chamada mediante avisos publicados na imprensa, por 3 vezes, no mínimo, fixando prazo, não inferior a 30 dias, para o pagamento.

A inobservância de qualquer pagamento, devido nos termos do estatuto, do boletim ou da chamada, implicará a constituição imediata em mora, nos termos do § 2º. Os efeitos se operam imediatamente, independentemente de qualquer formalidade. A partir deste marco, o subscritor torna-se inadimplente e sobre o montante inadimplido incidem juros, correção monetária e a multa prevista no estatuto, que não poderá superar 10% do valor da prestação. Os encargos são cumulativos.

Ademais, a companhia poderá, com base no art. 107, promover, à sua escolha, processo de execução para cobrar as importâncias devidas, servindo o boletim de subscrição e o aviso de chamada como título extrajudicial, ou mandar vender as ações em bolsa, por conta e risco do acionista.

E não é só isso. A assembleia geral também poderá ser convocada para deliberar sobre a suspensão de direitos do acionista, enquanto o inadimplemento perdurar, conforme previsão constante do art. 120. A suspensão cessará assim que cumprida a obrigação.

Se o mesmo acionista estiver sujeito a outros pagamentos diferidos no tempo, previstos no estatuto, no boletim ou conforme chamada da administração, a assembleia geral, ao suspender os direitos por conta do inadimplemento de um, poderá deliberar que, na superveniência de outros, a suspensão se operará automaticamente, sem necessidade de novo ritual convocatório e deliberativo. O procedimento se justifica por decorrer do mesmo fato – o dever de pagamento recorrente da subscrição – e, sob a perspectiva da companhia, por reduzir procedimentos e custos inclusive operacionais, e evitar diversionismos de seu propósito primordial, que consiste na realização do objeto social.

Acionista Remisso

Art. 107. Verificada a mora do acionista, a companhia pode, à sua escolha:

I – promover contra o acionista, e os que com ele forem solidariamente responsáveis (artigo 108), processo de execução para cobrar as importâncias devidas, servindo o boletim de subscrição e o aviso de chamada como título extrajudicial nos termos do Código de Processo Civil; ou

II – mandar vender as ações em bolsa de valores, por conta e risco do acionista.

§ 1º Será havida como não escrita, relativamente à companhia, qualquer estipulação do estatuto ou do boletim de subscrição que exclua ou limite o exercício da opção prevista neste artigo, mas o subscritor de boa-fé terá ação, contra os responsáveis pela estipulação, para haver perdas e danos sofridos, sem prejuízo da responsabilidade penal que no caso couber.

§ 2º A venda será feita em leilão especial na bolsa de valores do lugar da sede social, ou, se não houver, na mais próxima, depois de publicado aviso, por 3 (três) vezes, com antecedência mínima de 3 (três) dias. Do produto da venda serão deduzidas as despesas com a operação e, se previstos no estatuto, os juros, correção monetária e multa, ficando o saldo à disposição do ex-acionista, na sede da sociedade.

§ 3º É facultado à companhia, mesmo após iniciada a cobrança judicial, mandar vender a ação em bolsa de valores; a companhia poderá também promover a cobrança judicial se as ações oferecidas em bolsa não encontrarem tomador, ou se o preço apurado não bastar para pagar os débitos do acionista.

§ 4º Se a companhia não conseguir, por qualquer dos meios previstos neste artigo, a integralização das ações, poderá declará-las caducas e fazer suas as entradas realizadas, integralizando-as com lucros ou reservas, exceto a legal; se não tiver lucros e reservas suficientes, terá o prazo de 1 (um) ano para colocar as ações caídas em comisso, findo o qual, não tendo sido encontrado comprador, a assembleia-geral deliberará sobre a redução do capital em importância correspondente.

4. Acionista remisso

Sérgio Campinho

Acionista remisso é aquele que incorre em mora por deixar de pontualmente adimplir a sua obrigação de integralizar o preço de emissão das ações subscritas ou adquiridas.

Diante da mora do acionista, a lei confere à companhia a faculdade de escolher entre duas medidas destinadas à satisfação do seu direito de crédito: ajuizar ação de execução contra o remisso e contra aqueles que com ele forem solidariamente responsáveis pelo cumprimento da obrigação; ou promover a venda das ações, por conta e risco do acionista impontual, em bolsa de valores.

Preferindo a companhia promover a ação de execução em face do acionista e dos eventuais devedores solidários, o boletim de subscrição e, quando for o caso, o aviso de chamada que a ele se adiciona, servirão como título executivo extrajudicial. O litisconsórcio passivo, fundado na comunhão de obrigações, será sempre facultativo (inciso I do art. 113 do CPC), porquanto a sua formação decorre exclusivamente da vontade da companhia. Como a dívida é solidária, é possível à sociedade optar por cobrá-la por inteiro de um, alguns ou todos os devedores.

A execução deve ser proposta no foro do lugar em que deve ser satisfeita a obrigação (alínea *d* do inciso III do art. 53 do CPC). Nada impede, entretanto, que a companhia opte pela propositura da execução no foro de domicílio do devedor, pois da escolha não advirá qualquer prejuízo para o executado.[627]

Verificada a mora na hipótese de condomínio de ações, a companhia poderá cobrar o pagamento devido de quaisquer dos condôminos. Se as ações estiverem gravadas com usufruto, as prestações em aberto deverão ser demandadas do nu-proprietário. No fideicomisso, a cobrança se dirige ao fiduciário. E no penhor de ações, a companhia reclamará o valor em aberto do proprietário, mas o credor pignoratício tem a faculdade de quitá-lo.[628]

Optando a companhia pela cobrança extrajudicial, através da venda em bolsa das ações subscritas, esta será realizada em leilão especial.[629] A providência poderá resultar na expulsão do remisso da sociedade, caso todas as suas ações sejam objeto da medida.

O leilão especial, que se realizará na bolsa de valores do lugar da sede social ou, não havendo, na mais próxima, pode ser utilizado como meio de autoexecução, tanto pela companhia aberta como pela fechada. A venda não retrata simples negociação das ações no mercado, quando, então, somente as companhias de capital aberto poderiam procedê-la, mas sim uma fórmula especial de realização do capital, posta à disposição da sociedade credora, legitimando-a a promover a expropriação do acionista devedor, mediante expressa autorização legal. Tem-se, aqui, a caracterização de uma função especial que a lei outorga à bolsa de valores.

A cobrança coativa, nos moldes do § 2º do art. 107 da LSA, exige a publicação de aviso por 3 vezes, com antecedência mínima de 3 dias, publicação essa que se dará em obediência ao preceituado no art. 289 da LSA.[630] Destina-se a medida a possibilitar que o acionista remisso purgue a sua mora. Com efeito, faculta-se ao devedor sobrestar o leilão especial, purgando a mora antes de verificada a arrematação. Preservará, dessa forma, a sua integral condição de sócio. Contudo, a sustação do ato somente se efetivará se quitar as prestações em débito, com seus consectários legais e estatutários, mais as despesas havidas com a realização do próprio leilão.

Dispondo o acionista, por outro lado, de matéria relevante para deduzir em face da pretensão da sociedade, cabe-lhe, depositando em juízo a importância total de seu débito ou prestando caução idônea, opor-se à venda, obtendo tutela judicial de urgência para a suspensão do leilão.

Realizada a venda, aquele que arrematou no leilão as ações não integralizadas tornar-se-á automaticamente acionista da companhia, substituindo em todos os direitos e obrigações o devedor.

A ação, embora a lei não o diga expressamente, não poderá ser leiloada por preço inferior ao que faltar para a realização da parcela em atraso ou para a própria integralização,[631] conforme o caso, sob pena de frustrar o sistema legal. É ilógico permitir que o adquirente passe a ser titular da ação por valor de aquisição inferior ao pago pelos outros acionistas. Ademais, a medida redundaria numa redução indireta do capital social.[632]

Sendo o valor da arrematação superior ao montante do principal corrigido do débito, dele ainda serão deduzidas as despesas da operação e os encargos devidos, como os juros e a multa, esta se prevista no estatuto. Subsistindo saldo, será ele posto à disposição do remisso na sede da companhia. Contudo, se no leilão não for apurado valor suficiente para cobrir as despesas e as aludidas cominações, caberá à companhia promover a execução judicial desses débitos, consoante autoriza a parte final do § 3º do art. 107 da LSA, que nessa perspectiva deve ser entendido. Para mais, essa responsabilidade do acionista decorre do próprio inciso II do art. 107 da LSA, que determina a venda em leilão especial, feita por conta e risco do próprio devedor.

---

[627] Consoante o escólio de Alexandre Freitas Câmara, "em todos os casos previstos no art. 53, porém, será possível também demandar-se no foro do domicílio do réu, o qual deve ser considerado concretamente competente para conhecer de tais causas" (*O novo processo civil brasileiro*. 3. ed. São Paulo: Atlas, 2017. p. 53).

[628] VALVERDE, Trajano de Miranda. *Sociedades por ações*. 2. ed. Rio de Janeiro: Forense, 1953. v. 2. p. 20.

[629] A figura legal vem nominada por Pontes de Miranda de *execução coativa* (*Tratado de direito privado*. 3. ed. Rio de Janeiro: Borsoi, 1972. p. 224, t. I).

[630] Cf. os comentários ao art. 289.

[631] PEIXOTO, Carlos Fulgêncio da Cunha. *Sociedades por ações*. São Paulo: Saraiva, 1972. v. 2. p. 318.

[632] CARVALHOSA, Modesto. *Comentários à lei de sociedades anônimas*. 6. ed. São Paulo: Saraiva, 2014. v. 2. p. 363; e HALPERIN, Isaac e OTAEGUI, Julio C. *Sociedades anônimas*. 2. ed. Buenos Aires: Depalma, 1998. p. 398.

As opções que a lei garante à companhia de promover a execução judicial da dívida do acionista remisso ou de realizar a venda das ações em bolsa não podem ser excluídas nem limitadas pelo estatuto ou pelo boletim de subscrição (nem pelo prospecto, na hipótese de subscrição pública). Qualquer estipulação nesse sentido é considerada como não escrita em relação à companhia.

A parte final do § 1º do art. 107 da LSA assegura, ao subscritor de boa-fé, ação contra os responsáveis pela estipulação da exclusão ou da limitação do exercício da opção, para haver as perdas e danos suportadas, sem prejuízo da apuração da responsabilidade penal que no caso couber.

O dispositivo normativo suscita relevante questionamento quanto à possível operação da regra nele prevista: como poderá o subscritor estar de boa-fé, diante da expressa proibição legal?[633]

O cerne da questão reside em saber se a boa-fé do subscritor pode resistir ao princípio de que a ninguém é dado se escusar, alegando ignorar a lei (art. 3º da Lei de Introdução às Normas do Direito Brasileiro).

A obrigação de conhecer a lei não tem por base uma presunção ou uma ficção, sendo uma exigência do próprio ordenamento, decorrente do seu império.[634] Contudo, o que o princípio na verdade quer traduzir é que não se pode invocar a ignorância da lei para se pretender desconhecer a sua força obrigatória. Se, portanto, a parte que prestar o seu consentimento tiver sido induzida a fazê-lo por ignorar a disposição legal, de modo a ser essa ignorância a causa do contrato, estar-se-á diante do consentimento viciado.[635] É dentro dessa premissa que entendo possa ser demonstrada, no caso concreto, a boa-fé do subscritor para os fins do ressarcimento dos danos sofridos.

Faculta-se, ainda, à companhia, mesmo depois de iniciada a cobrança judicial, mandar vender as ações em bolsa de valores, bem como também lhe é assegurado o direito de promover a execução judicial se as ações oferecidas em bolsa não encontrarem compradores, ou se o preço apurado não for suficiente para quitar a integralidade dos débitos do acionista remisso. O que a lei objetiva, em última *ratio*, é assegurar a completa integralização do capital social e a total compensação da companhia em virtude dos efeitos da mora do acionista.

Poderá, contudo, tanto a execução judicial, quanto a extrajudicial, não garantir à companhia a total integralização das ações. Nessa situação, é possível declarar a caducidade das ações não integralizadas, fazendo suas as entradas realizadas pelo acionista remisso. Dispondo de lucros ou reservas, exceto a legal, a sociedade poderá integralizar as ações em questão, as quais se converterão em ações de tesouraria. Inexistindo esses fundos ou sendo eles insuficientes para a integralização, desfrutará a companhia do prazo de 1 ano para colocar com terceiros as ações caídas em comisso,[636] que deverão pagar o seu preço de emissão, na medida em que essa colocação se equipara a uma subscrição. Findo o referido prazo, não tendo sido encontrado comprador, a assembleia geral deliberará sobre a redução do capital em importância correspondente. A natureza dessa deliberação assemblear é meramente homologatória da redução, a qual deriva compulsoriamente da lei.

A declaração de caducidade da ação, portanto, representa de modo definitivo o rompimento do vínculo entre o acionista remisso e a companhia, a qual passa a titularizar as entradas realizadas. Perde o devedor aquilo que pagou, como perde a oportunidade de solver o seu débito. O que caduca, portanto, não são as ações, mas os direitos decorrentes do *status socii*, não mais se permitindo ao remisso integralizá-las.

---

[633] Para José Waldecy Lucena, a hipótese "é de difícil concretização, porque o subscritor dificilmente estará de boa-fé, em face da expressa proibição legal, que a ele não era dado ignorar" (*Das sociedades anônimas*: comentários à lei. Rio de Janeiro: Renovar, 2009. v. 1. p. 977).

[634] LOPES, Miguel Maria de Serpa. *Comentário teórico e prático da lei de introdução ao código civil*. Rio de Janeiro: Livraria Jacintho Editora, 1943. v. 1. p. 91.

[635] LOPES, Miguel Maria de Serpa. *Comentário teórico e prático da lei de introdução ao código civil*. Rio de Janeiro: Livraria Jacintho Editora, 1943. v. 1. p. 93.

[636] Comisso, consoante anota João Eunápio Borges, vem do latim *commissium*, consistindo na multa ou na pena em que incorre quem falta ao cumprimento de certas obrigações impostas por lei ou pelo contrato, ou é, ainda, o fato de incorrer nessa pena. Por extensão, a palavra "comisso" pode designar, em vez da pena, a própria infração (*Curso de direito comercial terrestre*. 5. ed. Rio de Janeiro: Forense, 1991. p. 455). Ações caídas em comisso revelam, pois, como consignam Egberto Lacerda Teixeira e José Alexandre Tavares Guerreiro, ações cujos subscritores ou adquirentes decaíram do direito de integralização, em virtude de serem inadimplentes e de terem se mostrado infrutíferas as tentativas de realização (*Das sociedades anônimas no direito brasileiro*. São Paulo: Bushatsky, 1979. p. 276, v. 1).

> **Responsabilidade dos Alienantes**
>
> **Art. 108.** Ainda quando negociadas as ações, os alienantes continuarão responsáveis, solidariamente com os adquirentes, pelo pagamento das prestações que faltarem para integralizar as ações transferidas.
>
> **Parágrafo único.** Tal responsabilidade cessará, em relação a cada alienante, no fim de 2 (dois) anos a contar da data da transferência das ações.

COMENTÁRIOS

1. Responsabilidade solidária entre os alienantes e os adquirentes

Sérgio Campinho

Imbuído do escopo de proteger o capital social e resguardar os interesses da companhia na realização de seu crédito, o art. 108 da LSA estabelece, tanto no âmbito da companhia aberta quanto no da fechada, que os alienantes continuarão responsáveis solidariamente com os adquirentes pelo pagamento do preço das prestações que faltarem para integralizar as ações transferidas.

A solidariedade legal constitui regra de ordem pública, não podendo ser derrogada pelo estatuto. Fica, portanto, assegurado à companhia o direito de exigir a totalidade do débito de quaisquer dos alienantes, do atual acionista, ou de todos conjuntamente, sem ter que guardar qualquer ordem de preferência.

O devedor solidário que pagar à sociedade somente poderá cobrar o que pagou dos adquirentes ulteriores e não dos anteriores. A ação, no caso, não é regressiva propriamente, mas progressiva,[637] porquanto a ação é contra os adquirentes posteriores e o acionista remisso, o último da série das cessões efetuadas e responsável pela integralidade do débito. Progride-se na cadeia dos devedores solidários e não se regride, diversamente do que se tem em relação aos coobrigados no direito cambiário.[638] No caso da cadeia de endosso nas cambiais, por exemplo, o endossante que paga libera os que lhe são posteriores e somente pode cobrar daqueles endossantes que lhe são anteriores, exercendo o direito de regresso, pois regride-se na cadeia de endosso.

Entre os devedores solidários jamais poderá haver rateio, eis que o devedor é o atual acionista, responsável pelo pagamento integral da dívida. Não conseguindo receber o que pagou à companhia dos adquirentes que lhe sucederam ou do acionista que incorreu em mora, suportará sozinho o prejuízo.[639]

A responsabilidade de cada alienante cessa ao final de 2 anos a contar da data da transferência da ação, ou seja, a partir da data do termo de cessão lavrado no "Livro de Transferência das Ações Nominativas" e, se escritural, da data da cessão escriturada no livro da instituição financeira. O prazo é de natureza decadencial, não admitindo suspensão nem interrupção.

Na hipótese de falência do acionista, de sua liquidação forçada ou de concurso civil de credores, à companhia é facultada a escolha entre as seguintes providências destinadas a assegurar a integralização do seu capital: (a) declarar o crédito no concurso; (b) promover a venda das ações em bolsa; e (c) propor a ação executiva contra quaisquer dos devedores solidários solventes, caso existentes.[640]

2. O motivo da responsabilidade

Rodrigo R. Monteiro de Castro

A limitação da responsabilidade dos sócios de certos tipos de sociedades empresárias consiste, de um lado, em fundamental instrumento de incentivo ao emprego da poupança popular e de recursos alocados em investidores institucionais, em atividade produtiva e, de outro, em relevante (ou indispensável) via de captação, pelas sociedades empresárias, para aplicação no financiamento de seus projetos.

O motivo é realmente muito simples: caso a responsabilização por obrigações contratadas

---

[637] PONTES DE MIRANDA, Francisco Cavalcanti. *Tratado de direito privado*. 3. ed. Rio de Janeiro: Borsoi, 1972. t. I. p. 228.

[638] VALVERDE, Trajano de Miranda. *Sociedades por ações*. 2. ed. Rio de Janeiro: Forense, 1953. v. 2. p. 19.

[639] PONTES DE MIRANDA, Francisco Cavalcanti. *Tratado de direito privado*. 3. ed. Rio de Janeiro: Borsoi, 1972. t. I. p. 228; VALVERDE, Trajano de Miranda. *Sociedades por ações*. *Sociedades por ações*. 2. ed. Rio de Janeiro: Forense, 1953. v. 2. p. 20.

[640] PONTES DE MIRANDA, Francisco Cavalcanti. *Tratado de direito privado*. 3. ed. Rio de Janeiro: Borsoi, 1972. t. I. p. 229; e VALVERDE, Trajano de Miranda. *Sociedades por ações*. 2. ed. Rio de Janeiro: Forense, 1953. v. 2. p. 21.

pela sociedade, ou a ela imputáveis se estendesse ao provedor de capital, transformado em sócio em função da subscrição ou da aquisição de ações de companhia, de modo a comprometer seu patrimônio, o risco derivado da equação passaria a influenciar a decisão alocativa e induziria o desvio das destinações a instrumentos isentos de riscos (ou sujeitos a riscos diminutos), como de renda fixa, ou faria exigir retornos maiores sobre o capital empregado, pressionando o modelo de captação capitalista inaugurado com o surgimento das companhias colonizadoras, em especial a Companhia das Índias Orientais, constituída no raiar no século XVII.

Essa proposição, ou melhor, a opção pela segregação da sorte da sociedade em relação aos respectivos sócios, se reflete logo no art. 1º da LSA, segundo o qual a companhia terá o capital dividido em ações e a responsabilidade dos sócios ou acionistas será limitada ao preço de emissão das ações subscritas ou adquiridas. Portanto, como regra geral, as obrigações da companhia não se estendem aos seus acionistas (e se concentram dentro de sua esfera patrimonial).

Esse sistema não se restringe à sociedade anônima. Outros tipos societários oferecem a todos ou a alguns sócios semelhante solução, a exemplo da limitada, à qual se aplica o art. 1.052 do Código Civil, segundo o qual "a responsabilidade de cada sócio é restrita ao valor de suas quotas, mas todos respondem solidariamente pela integralização do capital social".

Note-se que, nesse caso, sem corromper a regra da limitação, cria-se uma situação de imputação especial, que implica a solidariedade pela totalidade das entradas necessárias à formação do capital social da sociedade. Mesmo nesta hipótese, não se trata de extensão de responsabilidade por conta de obrigações da sociedade, mas oriunda do dever de todos os sócios de prover o capital declarado no contrato social.

A LSA também enfrenta esse tema, que deriva, pois, da possibilidade do descasamento dos momentos de subscrição e pagamento do capital subscrito. Com efeito, a problemática se coloca apenas pelo fato de se admitir, na forma do art. 80, a realização, como entrada, de parcela do preço das ações subscritas, diferindo-se, eventualmente, o restante para momento ou momentos futuros.

Daí a relevância do conteúdo do art. 108. Assim, caso o subscritor aliene ações que não estejam integralmente pagas, sejam elas negociáveis ou não, o alienante permanecerá responsável, solidariamente com o adquirente (ou adquirentes, se for mais de um), pelas prestações faltantes, pelo prazo de 2 anos da data da transferência. Importante: a responsabilidade, mesmo que solidária, não se amplia a qualquer outra situação além do pagamento do capital, e não abrange obrigações da própria companhia. Outro aspecto relevante: a responsabilização não alcança os demais acionistas, inclusive aqueles que tiverem participado da mesma emissão.

Reafirma-se, assim, o conteúdo do art. 1º, que estabelece e limita a responsabilidade ao preço de emissão ou de aquisição, mas se cria um sistema protetivo em relação ao não pagamento das entradas exigíveis.

Não se impede, pois, a negociação; imputa-se uma responsabilidade excepcional e transitória, de modo a evitar que o princípio da integralidade do capital seja corrompido. Assim, a companhia poderá promover os atos necessários para realização integral do capital, na forma prevista no estatuto ou no boletim. No caso de mora, a companhia poderá promover as medidas previstas no art. 107, como o processo de execução para cobrança da importância devida contra o alienante ou o adquirente, bem como mandar vender as ações em bolsa, por conta e risco solidários das pessoas que tiverem participado do negócio jurídico. Após o decurso de 2 anos, elas somente poderão ser promovidas contra o acionista adquirente, liberando-se o alienante de qualquer responsabilidade decorrente do dever de integralização de capital.

Vale registrar que é comum que se preveja em acordo de acionistas restrição à negociação de ações enquanto a integralização total não tiver ocorrido. Também se costuma verificar a existência de cláusula que admite o negócio desde que o adquirente (i) assuma expressamente o dever de integralizar ou (ii) promova o pagamento como condição de eficácia da venda e compra e, consequentemente, do ingresso na companhia e no acordo.

Anota-se, por fim, que, nos termos do art. 170, o aumento de capital da companhia, mediante subscrição pública ou particular de ações, somente poderá ser promovido se realizados ¾, no mínimo, do capital social.

SEÇÃO II
DIREITOS ESSENCIAIS

Art. 109. Nem o estatuto social nem a assembleia-geral poderão privar o acionista dos direitos de:

Art. 109

I – participar dos lucros sociais;

II – participar do acervo da companhia, em caso de liquidação;

III – fiscalizar, na forma prevista nesta Lei, a gestão dos negócios sociais;

IV – preferência para a subscrição de ações, partes beneficiárias conversíveis em ações, debêntures conversíveis em ações e bônus de subscrição, observado o disposto nos artigos 171 e 172;

V – retirar-se da sociedade nos casos previstos nesta Lei.

§ 1º As ações de cada classe conferirão iguais direitos aos seus titulares.

§ 2º Os meios, processos ou ações que a lei confere ao acionista para assegurar os seus direitos não podem ser elididos pelo estatuto ou pela assembleia-geral.

§ 3º O estatuto da sociedade pode estabelecer que as divergências entre os acionistas e a companhia, ou entre os acionistas controladores e os acionistas minoritários, poderão ser solucionadas mediante arbitragem, nos termos em que especificar. (Incluído pela Lei 10.303, de 2001)

COMENTÁRIOS

1. Direitos essenciais: noção, natureza e função

Sérgio Campinho

A LSA garante ao acionista uma série de direitos que nem o estatuto nem a assembleia geral poderão privá-lo de exercer. São direitos individuais ou próprios que integram o patrimônio intangível do acionista, os quais não são passíveis de supressão ou modificação pela companhia.

Esse complexo de direitos consiste nos direitos essenciais dos acionistas, também nominados de intangíveis, impostergáveis, fundamentais, inderrogáveis ou imutáveis, porquanto inerentes à titularidade acionária.

Os direitos essenciais têm, portanto, a sua origem e o seu contorno na lei. Somente a ela é dado alterar, modificar ou limitar[641] esses direitos e jamais a vontade social. É, ainda, da natureza desses direitos a sua irrenunciabilidade,[642] pois resultam de normas de ordem pública.

O fundamento dos direitos impostergáveis é estritamente político. Sua função é a de contribuir para a estabilização das relações internas de poder da companhia[643]. Representam, assim, uma garantia da posição acionária.[644] O poder do acionista controlador não será exercido de modo ilimitado, e os acionistas minoritários poderão zelar pelos seus interesses, mas sem prejudicar o desenvolvimento regular da atividade social.[645]

Qualquer deliberação da assembleia geral dos acionistas ou disposição estatutária que exclua, limite, modifique ou altere um direito essencial será nula de pleno direito. Do mesmo modo, será inquinado de nulidade o ato de renúncia por parte do acionista de quaisquer desses direitos. A tutela de um interesse de ordem pública não admite interdição voluntária.[646] O que se admite é o acionista deixar de exercê-lo em determinadas situações, circunstância completamente distinta da renúncia em abstrato do direito.

Os direitos essenciais encontram-se enunciados no *caput* do art. 109 da LSA. Mas essa relação no preceito apresentada não é taxativa. Ao seu rol podem ser acrescidos outros direitos espaçados na lei que também ostentam a condição de fundamentais, como os direitos à informação, à

---

[641] A limitação pode ser visualizada, por exemplo, no direito de preferência, cuja exclusão é possível nas situações em que a lei determina.

[642] A irrenunciabilidade consiste em não poder o acionista renunciar em abstrato e *a priori* os direitos fundamentais declarados em lei, como oportunamente realça Modesto Carvalhosa (*Comentários à lei de sociedades anônimas*. 6. ed. São Paulo: Saraiva, 2014. p. 421, v. 2). Isso não quer dizer que não possa deixar de exercê-lo de modo concreto, como se pode verificar em relação ao direito de preferência.

[643] CAMPINHO, Sérgio. *Curso de direito comercial*: sociedade anônima. 4. ed. São Paulo: Saraiva, 2019. p. 214; COELHO, Fábio Ulhoa. *Curso de direito comercial*. 21. ed. São Paulo: RT, 2017. v. 2. p. 289; e EIZIRIK, Nelson. *A Lei das S/A comentada*. 2. ed. São Paulo: Quartier Latin, 2015. v. 2. p. 141.

[644] COELHO, Fábio Ulhoa. *Curso de direito comercial*. 21. ed. São Paulo: RT, 2017. v. 2. p. 289.

[645] COELHO, Fábio Ulhoa. *Curso de direito comercial*. 21. ed. São Paulo: RT, 2017. v. 2. p. 289; e EIZIRIK, Nelson. *A Lei das S/A comentada*. 2. ed. São Paulo: Quartier Latin, 2015. v. 2. p. 141.

[646] CAMPINHO, Sérgio. *Curso de direito comercial*: sociedade anônima. 4. ed. São Paulo: Saraiva, 2019. p. 215.

limitação de responsabilidade ao preço de emissão das ações subscritas ou adquiridas, de convocar a assembleia geral quando os administradores retardarem, por mais de 60 dias, a convocação nos casos previstos em lei ou no estatuto, dentre outros.

Com o escopo de conferir efetividade ao exercício pleno desses direitos individuais ou defendê-los contra decisões da maioria, a lei garante ao acionista os meios, processos e ações adequados, que constituem as suas garantias individuais,[647] as quais também não podem ser bloqueadas ou elididas pelo estatuto ou pela assembleia geral.

Em contraposição aos direitos individuais, tem-se os direitos coletivos ou sociais, os quais se caracterizam por serem modificáveis. São direitos que predominam sobre o interesse particular de cada membro da sociedade. Seja na sua atribuição, seja no seu exercício, tais direitos encontram-se estritamente ligados à vida e ao funcionamento da companhia, dependendo, por isso, da vontade social soberana. Esses direitos admitem modificações por previsão estatutária e, em última análise, pela assembleia geral, que, tendo o poder de reformar o estatuto, possui a faculdade de alterar ou modificar, e às vezes suprimir, esses direitos sociais.

Os direitos modificáveis decorrem de lei ou do estatuto social. Podem ser estendidos a todas as ações ou apresentar exclusão em relação a uma ou mais classes pelo estatuto. É o que ocorre, por exemplo, com o direito de voto, do qual as ações preferenciais, ou alguma ou algumas de suas classes, podem ser desprovidas ou ter seu exercício deferido com limitações.

Os direitos modificáveis são todos aqueles que não vêm consagrados na lei como essenciais. A eles se chega por exclusão.

2. O rol do *caput* do art. 109

Sérgio Campinho

Consoante já se mencionou anteriormente, o rol dos direitos essenciais constante do *caput* do art. 109 não é taxativo ou exaustivo. De sua enunciação, pode-se dividir os direitos individuais em direitos patrimoniais e pessoais. Naqueles, incluem-se os direitos de participar dos lucros sociais e do acervo da companhia, em caso de liquidação; nestes, alinham-se os direitos de fiscalizar, de preferência para subscrição de ações, partes beneficiárias conversíveis em ações, debêntures conversíveis em ações e bônus de subscrição e de recesso.

Os direitos apontados como patrimoniais na classificação proposta são aqueles dos quais se tem um efeito patrimonial imediato, direto e exclusivo para o seu titular. Nos indicados como pessoais, também pode derivar do seu exercício um efeito patrimonial para o acionista. Mas como consequência, como resultado decorrente de um interesse previamente tutelado. O efeito patrimonial não é direto, mas derivado, porquanto proveniente de uma circunstância que o precede.

É o que sucede no direito de recesso. Ante o seu exercício, o acionista liberta-se do vínculo societário naquelas situações em que a lei o permite unilateralmente fazer. Do desligamento, decorre a obrigação de a companhia reembolsar-lhe o valor de suas ações. O efeito patrimonial deriva da ruptura unilateral do vínculo de sócio, do exercício de um direito de retirar-se da sociedade.

Do mesmo modo se tem com o exercício do direito de preferência. O efeito patrimonial é derivado do mecanismo protetivo das posições acionárias antes desfrutadas.

Não se pretende nesse tópico proceder a uma análise exauriente de cada um desses direitos listados, que serão objeto de comentário em passagens próprias, mas apenas traçar-lhes o perfil fundamental à sua compreensão como direito essencial.

O direito de participar dos lucros sociais caracteriza-se como direito subjetivo e de caráter diretamente patrimonial, inerente à qualidade de sócio.[648] Materializa-se no dividendo. O dividendo consiste na parcela do lucro líquido do exercício social que será efetivamente destinada à partilha entre os acionistas. É, de certo modo, o fruto, o produto de suas ações. A participação de cada acionista nos lucros será dirigida segundo a quantidade de ações que titularizar, suas espécies e classes. Embora todos os acionistas tenham direito à parcela dos lucros, essa participação não será necessariamente igual para todos. A lei admite, por exemplo, o recebimento de dividendo

---

[647] VALVERDE, Trajano de Miranda. *Sociedades por ações*. 2. ed. Rio de Janeiro: Forense, 1953. p. 44, v. 2.

[648] Ao comentar o direito essencial ou impostergável dos sócios à partilha dos lucros sociais, destaca Joaquín Garrigues: "Prácticamente es el derecho más importante, por servir directamente a la finalidad lucrativa que persigue todo accionista. Quien ingresa en una s.a. se propone, ante todo, tener una colocación productiva para su capital (*Curso de derecho mercantil*. 7. ed. Madri: Imprenta Aguirre, 1982. t. I. p. 519)."

acrescido (inciso II do § 1º do art. 17 da LSA) e a prioridade para a sua percepção (inciso I do art. 17 da LSA).

Juntamente com as demonstrações financeiras do exercício social findo, a administração da companhia apresentará à assembleia geral proposta sobre a destinação a ser conferida ao lucro líquido do referido exercício (art. 192 da LSA). Aprovada a proposta, ou ainda que deliberado de forma diversa, mas resultando a decisão assembler na declaração do dividendo a ser pago, manifesta-se para o acionista, em concreto, o direito à participação nos lucros sociais. Com o escopo de tutelar o direito da minoria acionária, impossibilitando, desse modo, que o acionista controlador retenha na sociedade a integralidade dos lucros, a lei consagra, no art. 202, a regra do dividendo obrigatório. Constitui-se na distribuição compulsória de um dividendo mínimo, em cada exercício, com os ajustamentos previstos no próprio art. 202, salvo quando esse pagamento for incompatível com a situação financeira da companhia (§ 4º do art. 202 da LSA). Especialmente, pode, ainda, a assembleia geral, desde que não haja oposição de qualquer acionista presente, deliberar a distribuição de dividendo inferior ao obrigatório ou a retenção de todo o lucro líquido em relação às (a) companhias abertas exclusivamente para a captação de recursos por debêntures não conversíveis em ações; e (b) companhias fechadas, exceto aquelas controladas por companhias abertas que não se enquadrem na situação antes referida (§ 3º do art. 202 da LSA). O nítido propósito do instituto é o de conferir às ações, no mercado de capitais, um certo prestígio, estimulando, com isso, os investimentos da poupança popular nesse tipo de ativo.

Não se pode olvidar que a companhia somente poderá pagar os dividendos à conta do lucro líquido do exercício e das reservas de lucro. Na hipótese das ações preferenciais com prioridade na distribuição de dividendo cumulativo, admite-se, quando previsto no estatuto, que o pagamento se realize à conta de reserva de capital (art. 201 da LSA).

A participação nos lucros, como se pode facilmente perceber, é revestida do caráter da periodicidade, derivando do resultado de cada exercício social. Essa periodicidade, em princípio, é anual. Faculta-se, entretanto, a distribuição de dividendos intermediários, isto é, em períodos inferiores a 12 meses (art. 204 da LSA).

O direito de participar do acervo remanescente no caso de liquidação da companhia, embora também essencial, não é aplicável, tal qual o de participar dos lucros, necessariamente de maneira equânime a todos os acionistas, na medida em que no capital da sociedade podem existir ações preferenciais com prioridade no reembolso de capital (inciso II do art. 17 da LSA).

Quitado o passivo social pelo pagamento a todos os credores da companhia, o acervo líquido que remanescer será rateado entre os acionistas. Como regra, essa distribuição se fará segundo o valor patrimonial da ação. O pressuposto, portanto, para o exercício desse direito é a dissolução da sociedade. Terá lugar, assim, na fase de liquidação, que é a fase subsequente à dissolução. Encerrada a liquidação, estará extinta a pessoa jurídica. Ultimada a partilha do ativo, sendo pagos os acionistas, verifica-se o término da sua relação com a companhia, apesar de esta manter a sua personalidade jurídica até a extinção, de modo que regularmente sejam viabilizados os atos finais da fase liquidatária.

Contudo, é possível que a companhia antecipe a distribuição desse patrimônio líquido por meio da operação de amortização das ações (§ 2º do art. 44 da LSA).

O direito de fiscalização da gestão dos negócios sociais deve se fazer na forma prescrita na LSA. Com a finalidade de equilibrar o seu exercício em face da gestão eficiente da companhia, evitando seja a vida social constantemente perturbada ou até paralisada com investidas de contínua e impertinente fiscalização, a lei disciplina esse direito, não sendo ele, portanto, de livre execução pelo acionista. O meio pelo qual será exercido encontra-se balizado em lei.

A fiscalização dos acionistas se processa, portanto, de duas formas: indireta e direta. Na primeira, materializa-se pelo funcionamento do conselho fiscal e pela atuação dos auditores independentes, estes obrigatórios nas companhias abertas (§ 3º do art. 177 da LSA) e nas fechadas definidas como de grande porte (art. 3º da Lei 11.638/2007). Instrumentaliza-se a segunda pelo volume de informações que a companhia está obrigada a divulgar (§ 6º do art. 124 e *caput* e § 3º do art. 133 da LSA), as quais se submetem à análise, discussão e votação durante a assembleia geral, e pelo direito à exibição integral dos livros sociais (art. 105 da LSA). Na companhia aberta, ainda se realiza pelo acesso às informações relativas a fatos relevantes e operações realizadas pelos administradores (§§ 1º e 4º do art. 157 da LSA), sendo certo que a divulgação de fatos relevantes atinge um público que não se restringe aos acionistas. O direito de requerer informações tem singular relevância nas companhias abertas e corresponde ao dever jurídico do administrador em fornecê-las, em atenção à política de *disclosure*.

O direito de recesso do acionista revela-se como um direito pessoal de dissentir de determinadas modificações substanciais e supervenientes ocorridas na vida da companhia. Consiste em mecanismo de proteção do acionista minoritário, que, diante dessas mudanças, não é forçado a permanecer com o vínculo que o liga à sociedade, reembolsando-se do seu investimento na companhia.

Quanto à sua natureza, o recesso traduz uma declaração unilateral de vontade do acionista dissidente, ainda que ausente na assembleia geral na qual a decisão tenha sido tomada, ou que nela tenha se abstido de votar. É um direito potestativo, irrenunciável e de ordem pública.

Como um direito essencial, o recesso tem sua origem e contorno estritamente na lei. Desse modo, não seria válida cláusula estatutária que estendesse o direito de recesso para outras hipóteses, que não aquelas expressamente previstas no elenco legal. A enunciação das situações que o ensejam reveste-se do caráter *numerus clausus*, não se permitindo a sua ampliação. Do mesmo modo, a interpretação das circunstâncias legais de recesso deve se dar de forma estrita, presa à sua literalidade. A medida é de caráter excepcional, não se pode olvidar.

De um lado, o direito de recesso se apresenta como um atributo das minorias dissidentes que serão compensadas pelo não prevalecimento de suas vontades na condução dos negócios sociais, quando se tratar de matéria que a lei qualifique como substancial à vida da sociedade; e, por outro, funciona como um freio aos poderes da maioria, porquanto o seu exercício poderá levar à revisão da deliberação, quando o valor do pagamento do reembolso puder colocar em risco a estabilidade econômica e financeira da empresa exercitada pela companhia. É sob essa dupla perspectiva que se afigura correto mensurar a eficácia desse direito, possibilitando a convivência equilibrada entre aqueles que capitalizam a pessoa jurídica. Permite, assim, a continuidade do negócio sob a vontade da maioria, preservando, portanto, a empresa pela sociedade desenvolvida, sem descurar dos interesses daqueles que, ainda que minoritários na formação da vontade social,

contribuíram para seu financiamento, os quais, ao manifestarem o desejo de retirada, poderão, ao final, efetivamente estar desligados da companhia, como poderão nela permanecer, caso se verifique a reconsideração da deliberação que estimulou a declaração daquela decisão de recesso. Em sumas palavras, é um meio de solução dos interesses em conflito.[649]

Por derradeiro, o direito de preferência para a subscrição de ações, partes beneficiárias conversíveis em ações, debêntures conversíveis em ações e bônus de subscrição também se encontra no regime da lei brasileira como um direito essencial do acionista, embora não seja absoluto, porquanto, em condições especiais, admite-se sua supressão.

O objetivo de se incluir o direito de preferência no rol dos direitos individuais consiste em permitir que o acionista mantenha a sua posição acionária, na medida em que ela influencia diretamente nos seus direitos patrimoniais e políticos. É, assim, um direito de sócio, dotado de conteúdo patrimonial derivado, concebido no seu exclusivo interesse para que possa garantir, com o seu exercício *opportuno tempore*, o peso relativo que detém no ente social.

O *caput* do art. 172 da LSA permite que o estatuto da companhia aberta que contiver autorização para o aumento do capital, na forma do art. 168 (capital autorizado), possa prever a emissão, sem direito de preferência para os antigos acionistas, de ações e debêntures conversíveis em ações, ou bônus de subscrição, cuja colocação seja feita mediante: (a) venda em bolsa de valores ou subscrição pública; ou (b) permuta por ações, em oferta pública de aquisição de controle.

O parágrafo único do mesmo artigo autoriza que o estatuto da companhia, aberta ou fechada, exclua a preferência para subscrição de ações nos termos de lei especial sobre incentivos fiscais.

Por essas disposições percebe-se que, nas situações contempladas, e apenas nelas, os acionistas previamente já definem o interesse social relevante e no estatuto inserem a previsão de exclusão específica do direito de preferência. O interesse da sociedade já vem em lei presumido e limitado às hipóteses legais autorizadoras da supressão.

Não se pode olvidar que o direito de preferência é por lei excluído, independentemente da previsão estatutária, nos casos de outorga e

---

[649] VALVERDE, Trajano de Miranda. *Sociedades por ações*. 2. ed. Rio de Janeiro: Forense, 1953. p. 43, v. 2.

exercício de opção de compra de ações e de partes beneficiárias conversíveis em ações emitidas em caráter não oneroso, porquanto dirigidos tais valores mobiliários a destinatários específicos, prestadores de trabalho ou serviço à sociedade (§ 3º do art. 171 da LSA).

O direito de preferência é cessível (§ 6º do art. 171 da LSA), podendo ser negociado autonomamente, constituindo um valor mobiliário (inciso II do art. 2º da Lei nº 6.385/1976), passível de circulação no mercado de valores mobiliários.

3. Os instrumentos para o exercício do direito de fiscalização

Fábio Ulhoa Coelho

O direito titulado pelo acionista de fiscalizar a administração da sociedade é essencial, no sentido de que não pode ser suprimido ou limitado pelo estatuto ou pela assembleia.[650] Desde logo, porém, percebe-se a clara ressalva feita pelo legislador, ao outorgar o direito societário, no sentido de que a fiscalização da gestão dos negócios sociais é dotada de "essencialidade" desde que seja realizada "*na forma prevista nesta Lei*" (isto é, na LSA). Qualquer outra forma de fiscalização, além das específica e expressamente previstas na lei acionária, não é direito do acionista legalmente assegurado. Em outros termos, o acionista é titular do direito de fiscalizar a administração da sociedade de que participa, mas *não é livre para determinar o meio pelo qual irá exercer esse direito*.[651] Os meios de fiscalização são exclusivamente os previstos na LSA. Esta assertiva é clara consequência da ressalva encontrada no art. 109, III, acima transcrito ("*na forma prevista nesta Lei*").[652]

Os instrumentos de fiscalização dos administradores são exclusivamente os referidos pela lei. Assim, o acionista não pode, a pretexto de exercer seu direito essencial de fiscalização, pretender assistir às reuniões de diretoria, ser informado das balizas das negociações em que está envolvida a sociedade, inspecionar o estabelecimento empresarial, fazer o controle físico do estoque, ou outras ações que, mesmo reputadas relevantes por ele, não estão especificamente mencionadas na lei como instrumento ao seu alcance. O acionista, em suma, pode fiscalizar a administração da sociedade anônima fazendo uso apenas dos instrumentos referidos na lei. Ele não é livre para definir o meio pelo qual exercerá esse direito essencial. A falta de liberdade para a definição do meio dá os contornos para o direito de fiscalização, estabilizando as relações de poder na intimidade da companhia.[653] A fiscalização da gestão da empresa, pelo acionista, não pode interferir no regular desenvolvimento desta e, por tal razão, a lei limita os *meios* para o exercício do direito de fiscalizar.[654]

---

[650] Consoante os ensinamentos de Jorge Lobo: "o direito de fiscalizar é um direito essencial do acionista, garantido por norma legal imperativa, por conseguinte inderrogável pelo estatuto social ou pela assembleia-geral (LSA, art. 109, *caput* e III), e que 'pressupõe o conhecimento exato dos negócios da sociedade'. Embora essencial e inderrogável, o direito de fiscalização não é absoluto, só podendo ser exercido na forma e nas hipóteses previstas em lei" (*Direitos dos acionistas*. Rio de Janeiro: Elsevier-Campus, 2011. p. 156-157).

[651] Na síntese de Nelson Eizirik: "embora seja titular do direito de fiscalizar, o acionista não tem liberdade para escolher o meio mediante o qual o exercerá, posto que os instrumentos de fiscalização são exclusivamente aqueles previstos na Lei das S.A. (artigos 100, § 1º, 105, 121, 133, 157, §§ 1º e 4º, 161 e 177). É inadmissível nas sociedades anônimas – modelo jurídico concebido para um grande número de sócios – o direito à fiscalização da gestão dos negócios sociais por seus acionistas de maneira irrestrita. Com efeito, a atribuição de poderes ilimitados aos acionistas para fiscalizar a gestão dos negócios sociais poderia resultar, em situações extremas, na paralisia dos administradores, impedindo a companhia de atingir suas finalidades e cumprir seu objeto social" (*A Lei das S/A comentada*. São Paulo: Quartier Latin, 2011. p. 596, v. I).

[652] Nas lições de Rubens Requião: "A fim de impedir que, por capricho ou por interesses mesquinhos, esse direito se torne um empecilho à boa marcha da administração, que poderia ser perturbada por contínua e impertinente fiscalização, a lei regulamenta esse direito fundamental do acionista. Daí a ressalva da lei de que o direito está contido nos limites estabelecidos pela lei – 'na forma prevista nesta lei' – como textualmente insere na regra em estudo" (*Curso de direito comercial*. 29. ed. rev. e atual. por Rubens Edmundo Requião. São Paulo: Saraiva, 2012. p. 194-195, v. 2).

[653] No magistério de Waldírio Bulgarelli: "claro está que na sociedade anônima, modelo jurídico concebido para um grande número de associados, a fiscalização dos negócios sociais não pode ser feita nas mesmas condições das sociedades ditas de pessoas, em que os sócios, em comunhão diuturna, podem acompanhar informalmente a vida societária, sem perturbá-la (*A proteção às minorias na sociedade anônima*. São Paulo: Pioneira, 1977. p. 55).

[654] Para Osmar Brina Corrêa-Lima, "nas demais sociedades comerciais, o direito de fiscalizar a gestão dos negócios sociais é, em princípio, amplo, geral e irrestrito. Na companhia [...], seria totalmente inadmissível que tal direito pudesse ser exercido com tamanha amplitude. Imagine-se, por exemplo, o que seria de uma sociedade anônima

Art. 109 FÁBIO ULHOA COELHO

São cinco os instrumentos pelos quais o acionista exerce o seu direito de fiscalização: *a)* funcionamento do conselho fiscal; *b)* acesso aos livros da sociedade; *c)* prestação de contas anual dos administradores; *d)* votação das demonstrações financeiras pela assembleia geral; *e)* auditoria independente. Cada um destes instrumentos de fiscalização está, a seu turno, sujeito a pressupostos legais próprios.

O conselho fiscal é órgão de existência obrigatória, mas funcionamento facultativo. Isso significa que todas as sociedades anônimas, mesmo que omisso o estatuto, possuem esse órgão. Se ele não está em funcionamento, o acionista (desde que titular de 5% do capital votante ou de 5% do capital não votante) pode requerer à administração a convocação da assembleia geral, para a instalação do conselho fiscal. Desatendido o requerimento em 8 dias, ele próprio será investido de competência para convocar a assembleia geral para essa finalidade (LSA, art. 123, parágrafo único, *d*). Note-se que a instalação do conselho fiscal não é propriamente *deliberada* pela assembleia geral, porque decorre, a rigor, de simples solicitação de acionista com 10% das ações votantes ou com 5% das não votantes (LSA, art. 161, § 2º). Uma vez instalado o conselho fiscal, por solicitação de acionista, à assembleia caberá apenas votar o preenchimento dos cargos, elegendo os fiscais. Valioso instrumento de exercício do direito de fiscalização, o conselho fiscal permite ao *representante* do acionista (mas não ao próprio acionista)[655] o pleno acesso às informações imprescindíveis ao exercício de seu direito de fiscalização (LSA, art. 163, §§ 1º, 2º e 4º).[656]

Na sociedade anônima, ressalte-se, o acionista não foi contemplado pela lei, com o amplo acesso à documentação empresarial, como instrumento para o exercício do direito de fiscalização. Mesmo em relação àqueles documentos que servem de base para a escrituração ou a elaboração das demonstrações financeiras, não titula o acionista o direito de examiná-los. Para compatibilizar, de um lado, o regular funcionamento da empresa explorada pela sociedade anônima, e, de outro, o acesso às informações de modo racional e técnico, a lei assegura o exame da documentação empresarial em que se sustentam as demonstrações financeiras apenas aos membros do Conselho Fiscal.[657-658]

---

como o Banco do Brasil, se cada acionista, a qualquer momento, pudesse reivindicar o direito de fiscalizar a gestão dos negócios sociais... Em face dessa realidade, o direito de fiscalizar a gestão dos negócios sociais, na companhia, só pode ser exercido na forma prescrita em lei" (*O acionista minoritário no direito brasileiro*. Rio de Janeiro: Forense, 1994. p. 29).

[655] Destaca Jorge Lobo que "o direito de fiscalizar pode ser exercido direta ou indiretamente. Diretamente, quando o acionista, (a) na sede social, assistido por especialistas de sua confiança e a suas expensas, ou pelos jornais, examina as demonstrações financeiras, as contas dos administradores, o parecer dos auditores independentes, se houver, e os documentos e informações postas à sua disposição pela diretoria executiva em cumprimento ao disposto na Instrução CVM nº 481, de 2009, quando se trate de companhia aberta, e, também, (b) durante as assembleias gerais, eis que lhe é assegurado o acesso e a participação nesses conclaves. Indiretamente, através do conselho fiscal" (*Direitos dos acionistas*. Rio de Janeiro: Elsevier-Campus, 2011. p. 159-160).

[656] Segundo José Alexandre Tavares Guerreiro, "o conselho fiscal é, por excelência – e a bem dizer por definição – órgão destinado a transmitir aos acionistas as informações de que necessitam, quer para exercerem o direito essencial de fiscalizar a gestão dos negócios sociais, quer para que possam votar, na assembleia geral, com conhecimento de causa. Salienta, aliás, a exposição de motivos da vigente lei de sociedades por ações que o conselho fiscal não é apenas órgão de *fiscalização dos administradores*, mas, também, de *informação da assembleia geral*, vale dizer, dos acionistas. [...] Assim sendo, a atuação do conselho fiscal realiza o direito de informação em caráter permanente, ao passo que a vigilância individual dos sócios se restringe a hipóteses limitadas, no plano temporal. Além disso, é mais amplo o espaço de investigação dos conselheiros: devendo ter eles acesso à contabilidade empresarial, faculta-se-lhes exame de documentação originária e analítica, de valor consideravelmente superior ao das demonstrações financeiras, de caráter derivado e sintético, apreciadas pelos acionistas, no procedimento da assembleia geral ordinária" (O conselho fiscal e o direito à informação. In: *Revista de Direito Mercantil* 45/30-31).

[657] Consoante ressalta Nelson Eizirik: "na sistemática da Lei das S.A., a competência para solicitar informações a respeito dos negócios da companhia deve ser exercida pelo conselho fiscal, não pelos acionistas diretamente" (*A Lei das S/A comentada*. São Paulo: Quartier Latin, 2011. p. 598, v. I).

[658] Alfredo de Assis Gonçalves Neto leciona: "Na sociedade anônima não há como permitir o livre acesso de qualquer acionista ao sistema de escrituração e documentos, nem há como prestar-lhe informações diretas a respeito do andamento dos negócios sociais. A lei prevê a possibilidade de o acionista analisar pessoalmente, nos trinta dias que antecedem a realização da AGO, o relatório da administração sobre os negócios da companhia e os principais fatos administrativos do exercício, bem como as demonstrações financeiras, os pareceres dos auditores independentes e do Conselho Fiscal,

O exame dos livros da companhia é outro instrumento previsto em lei para o acionista fiscalizar a administração da sociedade anônima. Mas ele não pode ser feito por qualquer acionista ou mesmo sem clara justificativa. Ao contrário, este instrumento do exercício do direito de fiscalização está sujeito a dois pressupostos: o acionista interessado deve possuir pelo menos 5% do capital social (ações votantes ou não votantes) e devem ser apontados atos violadores da lei ou do estatuto ou fundada suspeita de graves irregularidades na atuação de órgãos da sociedade (LSA, art. 105).

A seu turno, as contas anuais dos administradores são prestadas à assembleia geral ordinária por meio do relatório da administração, documento que deve ficar à disposição dos acionistas, na sede da companhia, com a antecedência mínima de um mês, e tornado público nos cinco dias anteriores (LSA, arts. 124, § 6º, e 133, I e § 3º).

Outro instrumento do exercício do direito de fiscalização é a votação, em assembleia geral, das demonstrações financeiras da companhia. Obviamente, este instrumento não está à disposição de acionistas preferencialistas sem direito de voto. Embora possam consultar as demonstrações (as quais também devem estar à disposição de qualquer acionista interessado, nas mesmas condições do relatório, na forma do art. 133 da LSA) e até mesmo discuti-las em assembleia, eles não participam da decisão de aprovação ou rejeição destes documentos. Os acionistas votantes que integram órgãos da administração da sociedade anônima (diretores ou membros do conselho de administração) não podem, igualmente, votar as demonstrações financeiras, nem mesmo como mandatários de outros acionistas. Esse instrumento, como o anterior, portanto, está ao alcance dos acionistas com voto (os ordinarialistas, *grosso modo*) que não integram a administração da companhia.

O último instrumento referido na lei para o exercício do direito de fiscalização pelos acionistas é a auditoria independente. Cuida-se de instrumento *facultativo* para a maioria das sociedades anônimas. A auditoria independente só é obrigatória para as companhias abertas (LSA, art. 177, § 3º) e para as fechadas de grande porte (Lei n. 11.638/2007, art. 3º). A auditoria independente, também chamada de "externa", consiste num conjunto de procedimentos de verificação da regularidade da escrituração mercantil e das demonstrações contábeis da sociedade anônima. Esta verificação é procedida por empresas especializadas (que devem ser registradas na CVM, para prestarem serviços a companhias abertas). Se a sociedade anônima fechada não possuir auditoria independente, o conselho fiscal pode contratar contador ou firma de auditoria para auxiliá-lo em suas tarefas.

Em suma, o acionista exerce seu direito essencial de fiscalizar a administração da sociedade, mas não tem total liberdade para escolher o instrumento de fiscalização. A lei limita os *meios* para o exercício deste direito essencial, com o intuito de garantir o regular funcionamento da empresa, que poderia ser facilmente prejudicado por acionistas que se excedessem na solicitação de informações, exame de documentos e escrituração, intromissão nos negócios, vistorias nos estabelecimentos etc. Aos membros do conselho fiscal a lei assegura amplo acesso a todos os elementos que serviram de base para a elaboração das demonstrações contábeis, mas não ao acionista diretamente. São tais restrições no direito de fiscalização uma das fundamentais diferenças que distingue a sociedade anônima da limitada. Quando alguém se torna acionista de uma sociedade anônima, concorda em submeter-se a tais restrições, quer dizer, às limitações legais na definição dos instrumentos de exercício do direito de fiscalização. Tais restrições são estabelecidas na lei com vistas a possibilitar um ambiente propício à realização do objeto social e objetivos das sociedades anônimas.

4. O direito à informação

FÁBIO ULHOA COELHO

No tema relativo à proteção jurídica do sócio minoritário, um dos aspectos mais relevantes diz respeito ao acesso às informações sobre a sociedade empresária de que participa. No Brasil[659] e

---

quando houver (art. 133) – e nada mais do que isso. Para um controle mais efetivo da gestão social é que existe o Conselho Fiscal" (*Lições de direito societário II*. Sociedade anônima. São Paulo: Juarez de Oliveira, 2005. p. 217).

[659] "O exercício do direito de fiscalização da administração (ou "gerência") pelo sócio que dela não participa depende da superação de dois obstáculos: o acesso às informações e o custo das diligências fiscais. As informações econômicas e financeiras atinentes à exploração da empresa social são indispensáveis para o sócio avaliar a propriedade das decisões gerenciais adotadas na condução da sociedade" (COELHO, Fábio Ulhoa. *Curso de direito comercial*. 14. ed. São Paulo: Saraiva, 2010. p. 444, v. 2).

no exterior,[660] a dificuldade de obter informações confiáveis, atualizadas, pertinentes, verdadeiras e claras representa um dos mais sérios obstáculos à defesa dos direitos da minoria. Sem informações, o sócio minoritário muitas vezes sequer consegue exercer seus direitos societários. O direito de voto e o de fiscalização da administração, por exemplo, somente são exercitáveis, em sua plenitude, se o acionista estiver devidamente municiado de informações corretas e adequadas sobre a companhia. Aquele sócio que vota, a favor ou contra, determinada proposta da administração referente à melhoria da condição financeira da sociedade, se não tiver em mãos dados substancialmente coletados e fornecidos, não estará, a rigor, exercendo nenhum direito de interferir, com seu entendimento e consentimento, nos destinos da empresa.[661] Do mesmo modo, o sócio desprovido de informações não tem como exercer seu direito de fiscalizar a administração da sociedade, de modo a tomar as medidas societárias e judiciais visando coibir as irregularidades de que desconfia. Similar observação caberia quanto ao exercício do direito de recesso, já que para conferir o montante do reembolso, o dissidente muitas vezes necessita de dados pertinentes seja ao patrimônio social, seja às perspectivas de rentabilidade da empresa (conforme o critério de apuração previsto no estatuto).

Mas, não somente o exercício do direito de votar, fiscalizar a administração da sociedade ou de recesso dependem do acesso a informações. Também o mais importante dos direitos essenciais titulados pelo sócio, o de participar dos resultados sociais, não se pode exercer satisfatoriamente sem que estejam disponíveis informações aptas à conferência do valor dos dividendos declarados.

Sabendo tratar-se de aspecto das relações societárias em que avulta a vulnerabilidade do acionista minoritário, alguns controladores menos escrupulosos não hesitam em sonegar informações, ou em administrá-las com extrema parcimônia. Informação é poder, também no seio da sociedade anônima. O arcabouço legal de proteção do acionista minoritário, em vista deste quadro, não poderia ignorar a importância que tem de franquear o acesso às informações sobre a sociedade e a empresa, como condição para o exercício dos direitos societários.[662] Trata-se de disciplinar um aspecto de extraordinária relevância da relação entre controlador e minoria, de modo que o primeiro não possa, por meios transversos, frustrar os direitos desta.[663] A plena circulação de informações de interesse dos sócios é indispensável para a harmonização das relações societárias.

Pode-se, em suma, falar em um *direito à informação titulado pelo sócio minoritário*.[664] Não

---

[660] De acordo com A. J. Boyle: "It is generally considered that the two most significant barriers to successful shareholders' proceedings (especially in the case of derivative suits) are: a) the difficulty of obtaining, in advance of litigation, adequate evidence to support alleged wrongdoing (even where this is strongly suspected); and (b) the difficulty posed by the great expense of such civil litigation (without any hope of direct personal benefit)" (*Minority shareholders' remedies*. Londres: Cambridge, 2002. p. 9).

[661] Antigamente, o direito à informação era doutrinariamente associado apenas ao direito de voto dos acionistas, mas evoluiu para abranger inclusive os direitos de debenturistas. Elucidam Georges Ripert e René Roblot: « le droit de l'actionnaire à l'information était considéré traditionnellement comme le moyen d'éclairer le droit de vote de l'actionnaire.Les deux droits sont aujourd'hui dissociés, puisque les actionnaires pourters d'actions à dividende prioritaire sans droit de vonte et les porteurs de certificats d'investissement possèdent le même droit à l'information que leus autres pour la défense de leurs intérêts pécuniaires » (*Traité de droit commercial*. 13. ed. Paris: LGDJ, 1991. v. 1. p. 908).

[662] Sobre as razões pelas quais a lei protege a minoria, escreveu Waldírio Bulgarelli: "para assegurar um equilíbrio razoável dentro do quadro acionário, atenuando as tensões e evitando os abusos, é que se justifica falar em proteção às minorias ou mesmo de direitos das minorias, ao lado dos direitos concedidos aos acionistas, assecuratórios de seu 'status' de acionista" (*A proteção às minorias na sociedade anônima*. São Paulo: Pioneira, 1977. p. 24).

[663] Alerta Osmar Brina Corrêa Lima: "o observador arguto poderá perceber, nessa situação, uma estranha inversão de valores: tudo ocorre como se as pessoas atuassem como meras representantes das coisas. Nota-se aí uma certa 'coisificação', uma espécie de 'reificação'. Dito de outra forma, cada pessoa vale pelo que possui, não pelo que é. Todas as demais qualidades, virtudes e 'nuances' da personalidade cedem a essa realidade bizarra, mas absolutamente inafastável. O poder manifesta-se em termos de maior quantidade de ações votantes, estejam ou não a seu lado a sensatez, o bom senso, ou demais virtudes" (*O acionista minoritário no direito brasileiro*. Rio de Janeiro: Forense, 1994. p. 9).

[664] Em Portugal, o direito à informação se desdobra em: *a)* direito geral à informação; *b)* direito à informação preparatória das assembleias gerais; *c)* direito à informação nas assembleias gerais. De acordo com António Pereira de Almeida: "o *direito à informação preparatória das assembleias gerais* consiste no direito de os sócios consultarem,

se encontra sintetizado tal direito em nenhum preceito legal específico, no direito positivo brasileiro. Mas ele, certamente, decorre da proteção liberada à minoria, tendo em vista que, sem informações confiáveis, atualizadas, pertinentes, verdadeiras e claras, não se consegue alcançar tal proteção.

Na LSA, uma das mais importantes prescrições destinadas a proteger o direito à informação titulado pelo sócio minoritário encontra-se no § 3º do art. 135. O preceito foi introduzido pela Lei 10.303, de 31 de outubro de 2001, o diploma legislativo nacional que, prestigiando os modernos postulados de *corporate governance*, ampliou o espectro da proteção legal dos minoritários.[665]

Em vista desta norma, todo acionista – em especial o minoritário, que demanda maior proteção legal, em vista de sua vulnerabilidade na questão – é titular do direito de ser amplamente informado, *com antecedência*, sobre as matérias constantes da ordem do dia da assembleia geral extraordinária para que possa exercer, consciente e eficazmente, o seu direito de voto.[666-667]

De se ressaltar, por pertinente, ser implícito, na ordem jurídica brasileira, o direito do acionista ao adequado esclarecimento das questões afetas à sociedade também no decorrer da assembleia geral, independentemente do grau e qualidade das informações contidas nos documentos disponibilizados, pela administração, em atenção ao art. 135, § 3º, da LSA. Com efeito, se o acionista titula o direito à informação com a antecedência mencionada neste dispositivo, isto não exclui possa exercê-lo durante o transcorrer dos trabalhos da assembleia geral.[668] Deste modo, ainda que a administração tenha dado cumprimento exato ao comando legal, o acionista que não estiver plenamente informado e preparado para discutir e votar, tem o direito de suscitar dúvidas e propor questões no transcorrer da assembleia geral.

É certo que o legislador não foi inteiramente feliz ao estipular tão importante disposição como um parágrafo do artigo que disciplina a "reforma do estatuto". Uma percepção mais apressada desta circunstância poderia levar o intérprete a considerar que a norma não teria aplicação na hipótese de assembleia geral extraordinária em que a mudança do diploma estatutário não estivesse em pauta. Deve-se, no entanto, considerar que o parágrafo é uma norma por assim dizer autônoma em relação ao artigo em que foi dependurado e, assim, não tem ligação de dependência com a ordem do dia da assembleia geral. Em qualquer hipótese de

---

na sede social, desde a data da convocação da assembleia geral, os seguintes elementos: [...] c) as propostas de deliberação a apresentar à assembleia pelo órgão de administração, bem como os relatórios ou justificação que as devem acompanhar" (*Sociedades comerciais*. 3. ed. Coimbra: Coimbra, 2003. p. 83-84).

[665] Cf., por todos, Norma Parente: "a nova lei [Lei nº 10.303/01] apoia práticas de governança corporativa que é, antes de tudo, uma atitude cultural. Saliente-se que, antes mesmo de ser promulgada, a lei produziu frutos, pois algumas empresas mais modernas, conscientes das vantagens de tratar corretamente os seus acionistas, espontaneamente já vinham concedendo novos direitos aos minoritários" (In: LOBO, Jorge (coord.). *Reforma da lei das sociedades anônimas* – inovações e questões controvertidas da Lei 10.303, de 31.10.2001. Rio de Janeiro: Forense, 2002. p. 14).

[666] Segundo Modesto Carvalhosa e Nelson Eizirik: "todos os documentos relacionados a deliberação das assembleias gerais extraordinárias devem ser divulgados previamente, para que tenham os acionistas a oportunidade de avaliar, com antecedência, as matérias a serem discutidas e, assim, formar, com consistência técnica e jurídica, sua vontade, a ser expressada por meio do voto na assembleia geral. Deve, assim, a administração da companhia providenciar para que sejam postos à disposição dos acionistas *todos os documentos pertinentes* às matérias objeto da ordem do dia que possam conter informações relevantes e esclarecedoras aos acionistas. Tais documentos deverão ser preparados de forma completa, clara e direta, que lhes permita tomar conhecimento dos assuntos a serem votados na assembleia" (*A nova lei das S/A*. São Paulo: Saraiva, 2002. p. 256).

[667] No Reino Unido, a praxe consiste em encaminhar aos acionistas, junto com a convocação, uma "circular" explicando as matérias que fogem ao cotidiano dos negócios sociais e apresentando a opinião dos administradores a respeito delas. Anota Paul L. Davies: "in practice, the notice of a meeting will be of a formal nature but, if anything other than ordinary business is to be transacted, it will be accompanied by a circular explaining the reasons for the proposals and giving the opinion of the board thereon" (*Gower's Principles of Modern Company Law*. 6. ed. Londres: Sweet & Maxwell, 1997. p. 576).

[668] Na Espanha, como leciona Jesús Antonio Romero Fernández, a lei "permite a los accionistas requerir los informes y aclaraciones que estimen precisos acerca de los asuntos incluidos en el orden del día, tanto por escrito con anterioridad a la junta, como verbalmente durante su celebración. Se trata de facultades alternativas, pero no excluyentes. Esto implica que la solicitud de información tiene un doble cauce, pudiendo formularse no sólo verbalmente en la propia junta general, sino también por escrito, con anterioridad a la reunión" (*El derecho de información del accionista: objeto, límites y forma de ejercicio*. Madrid-Barcelona: Marcial, 2001. p. 145).

convocação deste órgão societário, a assembleia geral, os elementos indispensáveis à plena compreensão pelos acionistas sobre as matérias em pauta, devem ser disponibilizados junto com a primeira inserção do anúncio de convocação nos jornais.[669]

Qual, por fim, é a consequência jurídica do descumprimento, pela administração da sociedade, da exigência legal de disponibilização prévia contida no art. 135, § 3º? A consequência é a anulação da deliberação tomada. Trata-se de uma questão essencial, de respeito aos direitos do minoritário. É claro que os votos deste são, em princípio, insuficientes para alterar o resultado da votação. Afinal, minoritário é, em função da reduzida participação no capital votante da companhia.[670] Deste modo, o mais provável parece ser que, independentemente do grau e qualidade da informação prestada pelos administradores, o minoritário não tivesse como defender o seu direito societário, por meio do voto. Mas, adequadamente informado, o acionista minoritário poderia aduzir argumentos que levariam, até mesmo, o controlador a alterar sua opinião, ou pelo menos obrigá-lo a rever, ainda que em parte, seu entendimento anterior sobre o assunto, justificá-lo de modo mais consistente etc. Como o resultado da votação não decorre apenas do cômputo de votos, mas também do exercício, antecedente a este, do *direito à voz* (tão ou mais importante), ainda que tenha sido derrotado o minoritário, será anulável a deliberação adotada pela assembleia geral, referente a tema a respeito do qual não se tenham franqueadas, como manda a lei, as informações indispensáveis à adequada preparação dos acionistas para a decisiva fase de discussão, que obrigatoriamente antecede, na assembleia geral, as votações.[671-672] A prestação, pelos administradores, de informação suficiente ao aclaramento das matérias postas em discussão e votação em assembleia, em suma, é, no direito brasileiro, condição de validade da deliberação que vier a ser adotada. Não atendida esta condição, resulta anulável o deliberado pelos acionistas.

5. O direito de fiscalização e a vedação à "pescaria"

Fábio Ulhoa Coelho

A lei acionária não trata explicitamente da titularidade, pelo acionista, do direito à informação. Em várias disposições, porém, impõe a administradores e ao controlador o dever de divulgar publicamente ou mesmo prestar à assembleia geral determinadas informações. A partir destes dispositivos, a doutrina é unânime em afirmar que o direito à informação existe, malgrado a falta de específica e expressa menção na lei. Mais que isto, todos concordam que o acesso a informações da companhia está abrangido no direito de fiscalização da administração da

---

[669] É a lição de Ricardo Tepedino: "a técnica legislativa restou um pouco arranhada, à medida que, malgrado a letra do dispositivo ser clara no sentido de exigir a disponibilização dos documentos qualquer que seja a pauta da reunião, foi ele inserido como parágrafo de um artigo que cuida exclusivamente da reforma do estatuto. A despeito deste pecado, o dispositivo deve ser lido tal como aqui enunciado: ainda que as matérias da ordem do dia não impliquem alteração do estatuto, os documentos a ela inerentes devem ficar disponíveis aos acionistas a partir da publicação da primeira convocatória" (In: LAMY FILHO, Alfredo e PEDREIRA, José Luiz Bulhões (coords.). *Direito das companhias*. Rio de Janeiro: Forense, 2009. p. 1019). No mesmo sentido, conferir CARVALHOSA, Modesto. *Comentários à Lei de Sociedades Anônimas*. 3. ed. São Paulo: Saraiva, 2003. p. 825-826, vol. 2).

[670] Para Waldírio Bulgarelli: "minoria é afinal uma posição – eventual ou não – que o acionista atravessa; pode-se dizer que o acionista não é minoria, mas está minoria. Situação, ademais, que pode ser eventual, pois que ele pode – por aquisição de novas ações, por acordo de votos ou mesmo por pressão contratual (fornecimentos, financiamentos etc.) – tornar-se maioria ou dela participar" (*A proteção às minorias na sociedade anônima*. São Paulo: Pioneira, 1977. p. 24).

[671] Aplica-se à ausência de informação prestada com a antecedência exigida pelo art. 135, § 3º, da LSA, a mesma consequência prevista para a de recusa injustificada de prestação de informação no decorrer da assembleia, que é a anulação da deliberação. Segundo Alfredo Sérgio Lazzareschi Neto: "A deliberação social tomada após a recusa injustificada de prestação de informações solicitadas por qualquer acionista no decurso da assembleia poderá vir a ser anulada caso demonstrada a sua necessidade para formar opinião fundamentada sobre os assuntos sujeitos a deliberação" (*Lei das sociedades por ações anotada*. 3. ed. São Paulo: Saraiva, 2010. p. 277).

[672] Em Portugal, além da anulação da deliberação, os administradores incorrem em ilícito penal, conforme esclarece António Pereira de Almeida: "a *recusa injustificada* da prestação das informações a que a administração da sociedade está obrigada, ou a prestação de informações presumivelmente falsas, incompletas ou não elucidativas é fundamento para o sócio requerer inquérito judicial [...], para além da anulabilidade da deliberação [...] e da responsabilidade criminal [...]" (*Sociedades comerciais*. 3. ed. Coimbra: Coimbra Ed., 2003. p. 81).

empresa.[673] E, como tal, sujeita-se aos mesmos limites impostos pela LSA ao exercício deste direito, conforme examinado no comentário n. 3 ao presente art. 109.

Em relação ao direito à informação, pode-se concluir serem premissas assentes, no direito brasileiro: (*1ª*) este direito está compreendido no de fiscalização da administração;[674] (*2ª*) o acionista não é livre para definir os instrumentos de exercício do direito à fiscalização, dispondo apenas dos concedidos por lei;[675] (*3ª*) consequentemente, o acionista não é livre para definir as informações sobre a companhia que pode requisitar, tendo direito apenas àquelas que a lei especificamente lhe assegura;[676] (*4ª*) na sociedade anônima, o acionista não tem direito de examinar *diretamente* os documentos sociais, podendo fazê-lo apenas *indiretamente*, por meio de representantes no conselho fiscal.[677]

A partir destas premissas, pode-se afirmar que a lei brasileira não concede ao acionista o direito de proceder a "investigações" na companhia, muito menos se desprovidas de objetivo específico, claramente explicitado.

Juízes e tribunais norte-americanos chamam de "pescaria" (*fishing expedition*) este tipo de investigação genericamente exploratória e desfocada.[678] Quem a pretende promover não tem em mãos nenhum início de prova ou mesmo algum indício de ter sido praticado determinado ilícito. Quer ter acesso a toda sorte de documentação, alimentando a *esperança* (é exatamente este o vago ânimo que o move) de encontrar algo. No Brasil, a lei decididamente não disponibilizou ao acionista a pescaria como um dos instrumentos de exercício do direito de fiscalização da administração da sociedade.[679]

A impossibilidade de o acionista promover investigações genéricas e desfocadas na administração da empresa resulta inconteste, quando se atenta aos pressupostos estabelecidos em lei para o exame da escrituração mercantil da companhia (art. 105). O acionista não pode ter acesso

---

[673] Para Luiz Gastão Paes de Barros Leães: "[ao] direito de fiscalizar corresponde o simétrico dever da companhia informar os acionistas. Essa dupla prerrogativa foi especialmente cuidada na lei vigente, mormente quando se tratar de companhia aberta, a ponto de podermos dizer que existe na sociedade anônima *um direito de fiscalizar e de ser informado* a respeito dos negócios sociais. Se bem que não haja uma disposição específica em nossa lei do anonimato [...], existem vários dispositivos que consubstanciam manifestações de uma genérica figura do *direito à informação*, pressuposto no nosso ordenamento jurídico" (*Comentários à Lei das Sociedades Anônimas*. São Paulo: Saraiva, 1980. p. 221, v. 2).

[674] Segundo Marcelo Barbosa, "o direito do acionista de fiscalizar compreende o de se informar dos fatos e atos relativos à gestão dos negócios sociais" (In: LAMY FILHO, Alfredo e PEDREIRA, José Luiz Bulhões (coords.). *Direito das companhias*. Rio de Janeiro: Forense, 2009. p. 320, v. I).

[675] COELHO, Fábio Ulhoa. *Curso de direito comercial*. 19. ed. São Paulo: Saraiva, 2015. p. 322, v. 2.

[676] Na ressalva de Luiz Gastão Paes de Barros Leães: "o direito à informação constitui [...] um direito *instrumental*, um meio, enfim, para o exercício de outros direitos, como é o caso de direito de o acionista fiscalizar os negócios sociais [...]" (*Comentários à Lei das Sociedades Anônimas*. São Paulo: Saraiva, 1980. p. 222, v. 2).

[677] Cfr., por todos, José Waldecy Lucena: "[e]mbora um direito essencial, [o de fiscalização] não pode ser exercido diretamente pelo acionista, como ocorria com o artigo 290, do revogado (nessa parte) Código Comercial, e hoje ocorre com o artigo 1.021 do Código Civil, permissores, nas sociedades de pessoas, de que o sócio, a qualquer tempo, examine os livros e documentos, e o estado da caixa e da carteira da sociedade. Nas sociedades anônimas, ao contrário, [...] a fiscalização é exercida de forma indireta, pela inviabilidade da fiscalização direta [...]" (*Das sociedades anônimas*. Comentários à lei. Rio de Janeiro: Renovar, 2009. v. II. p. 672).

[678] No verbete *fishing expedition* do Duhaime's Law Dictionary, a definição é "a speculative demand for information without any real expectation about the outcome of the demand or its relevance to the litigation" (Disponível em: <http://www.duhaime.org/LegalDictionary/F/FishingExpedition.aspx>). E, no Black's Law Dicitionary, o verbete *fishing trip or expedition* o define como "using the courts to find out information beyond the fair scope of the lawsuit. The loose, vague, unfocused questioning of a witness or the overly broad use of the discovery process. Discovery sought on general, loose, and vague allegations, or on suspicion, surmise, or vague guesses. The scope of discovery may be restricted by protective orders as provided for by Fed. Rule Civil P. 26(c)" (*Black's Law Dicitionary*. 6. ed. St. Paul, Minn: West Pub., 1990. p. 637).

[679] E, a partir do que informa Luiz Gastão Paes de Barros Leães, pode-se verificar que tampouco outros direitos permitem ao acionista a realização de investigações desfocadas, a pretexto de fiscalizar a administração da sociedade: "No direito norte-americano, onde se encontra consagrado o direito do acionista à informação (*right to inspection and information*), caudalosa é a jurisprudência a respeito do assunto, onde se firma a exigência dos *legitimate purposes*, que extremariam os lindes do direito do acionista à informação" (*Comentários à Lei das Sociedades Anônimas*. São Paulo: Saraiva, 1980. p. 222, v. 2).

à escrituração mercantil da companhia senão quando apontar "atos violadores da lei ou do estatuto" ou apresentar "fundada suspeita de graves irregularidades". Sem o atendimento a este pressuposto, a lei não abre aos acionistas o acesso à escrituração mercantil da companhia.

E se não abre o acesso à escrituração mercantil para que o acionista faça sua pescaria, a lei também não pode ser interpretada como se abrisse o acesso, nestas condições, a outros documentos da sociedade anônima. O art. 105 da LSA comporta interpretação extensiva: se o acionista, sem apontar atos violadores da lei ou do estatuto ou demonstrar possuir fundada suspeita de graves irregularidades, não pode examinar a contabilidade da companhia, tampouco poderá pretender examinar outros documentos.

Por outro lado, no direito brasileiro, como visto, o acionista não pode examinar *diretamente* os documentos da sociedade. O instrumento legalmente disponibilizado para este fim é a instauração do Conselho Fiscal. Mas, também o fiscal não pode realizar "pescaria". Na disciplina das atribuições deste órgão, a lei não lhe concede a de promover investigações genéricas e desfocadas. Ao contrário, quando trata do assunto, vale-se de conceitos e expressões que as afastam de qualquer ato de fiscalização de competência de fiscal isolado ou do órgão. Confira-se o art. 163, IV e seus §§ 4º e 8º. Por estes dispositivos, sempre que o Conselho Fiscal ou um de seus membros tiver identificado algum indício de irregularidade na administração da sociedade anônima, terá meios legais para realizar uma investigação que a confirme ou descarte. Mas, não tem a prerrogativa de examinar indiscriminadamente documentos da administração da empresa em busca exploratória e descompromissada. Ora, como o exame *direto* da documentação empresarial só é possível, na lei brasileira, para o Conselho Fiscal, e não para o acionista, se nem mesmo para este órgão a lei autoriza a pescaria, muito menos a concede ao sócio, como instrumento de exercício do direito essencial de fiscalização.

6. Direito ao tratamento isonômico
SÉRGIO CAMPINHO

O princípio da igualdade de direitos não é absoluto nas sociedades anônimas, mas sim relativo, na medida em que se admite a existência de espécies e classes de ações diversas.

Dessa feita, nem sempre as ações de uma companhia irão conferir os mesmos direitos aos seus titulares. Sendo diversas as espécies ou classes, distintos serão os respectivos direitos. A regra da igualdade, assim, impõe-se dentro de uma mesma classe. É o que expressamente resulta do comando do § 1º do art. 109 da LSA, ao consignar que "as ações de cada classe conferirão iguais direitos aos seus titulares". A identidade de posição jurídica entre os acionistas é que vai, portanto, determinar a igualdade de tratamento, a qual, nesse parâmetro, configura um direito essencial.[680]

A igualdade de direitos entre os acionistas de uma mesma classe revela-se sob duas perspectivas: a da igualdade formal dos direitos incorporados à ação e atribuídos ao seu titular e a da igualdade material ou substancial, que obsta o tratamento discriminatório. A primeira funda-se no plano dos direitos que cada ação confere ao acionista; a segunda no tratamento que concretamente a companhia dispensa ao acionista em certos episódios da vida social.[681]

O direito ao tratamento isonômico, outrossim, encontra-se subjacente a diversos institutos e regras societárias.

Nas hipóteses de resgate e amortização, por exemplo, quando as respectivas operações não abrangerem a totalidade das ações de uma mesma classe, as medidas serão implementadas mediante sorteio (§ 4º do art. 44 da LSA). Evita-se, com isso, a atribuição de vantagens especiais ou de restrições seletivas perante aqueles que nutrem identidade de direitos.

Na alienação de controle de companhia aberta (art. 254-A da LSA), exige-se que o adquirente se obrigue a fazer oferta pública de aquisição das ações com direito a voto, de propriedade dos demais acionistas da companhia, de forma que lhes fique assegurado o preço mínimo igual a 80% do valor pago por ação com direito a voto, integrante do bloco de controle. A igualdade de tratamento, que na espécie se impõe, resulta não propriamente da classe ou da espécie de ação, mas sim da atribuição do direito de voto à ação não integrante do bloco de controle.

---

[680] A mesma construção se verifica no Direito argentino, consoante testemunhos de Halperin e Otaegui: "No existe igualdad de todos los accionistas porque la ley admite la creación de categorías de acciones y su modificación. Dentro de la clase – o entre todas las acciones, si no existen distinciones estatutarias – debe observarse estricta igualdad" (HALPERIN, Isaac e OTAEGUI, Julio C. *Sociedades anónimas*. 2. ed. Buenos Aires: Depalma, 1998. p. 403).

[681] EIZIRIK, Nelson. *A lei das S/A comentada*. 2. ed. São Paulo: Quartier Latin, 2015. v. 2. p. 163.

O instituto do direito de preferência (art. 171 da LSA) também vem inspirado no princípio do tratamento igualitário, visando a evitar que se veja o acionista enfraquecido quanto ao seu peso relativo na sociedade.

De uma maneira geral, pode-se considerar que o igual tratamento é apropriado pela legislação de diversos países,[682] inclusive pela brasileira, como uma medida especial de tutela das minorias. Seu cerne é a proteção individual de cada acionista contra medidas arbitrárias dos órgãos de administração ou decorrentes das decisões da assembleia geral. O princípio encontra-se mais voltado para a vedação de todo e qualquer ato de arbítrio que resulte em um tratamento desigual, do que propriamente para a visão de um tratamento isonômico e uniforme a todos os sócios dentro da sociedade. Assim, sob pressupostos idênticos, os sócios devem ser tratados da mesma forma. Eis a sua real expressão.

7. Exercício abusivo de direitos societários

Fábio Ulhoa Coelho

Como qualquer outro, o direito societário não pode ser exercido de forma abusiva. A lei brasileira, ao considerar ato ilícito o abuso de direito, não ressalva qualquer exceção (CC, art. 187). Todo sujeito titular de um direito, qualquer que seja este, não o pode exercer excedendo "*manifestamente os limites impostos pelo seu fim econômico ou social, pela boa-fé ou pelos bons costumes*".[683] Incorre em ato ilícito, assim, o sócio que exerce de forma abusiva qualquer direito fundado nas relações jurídico-societárias.

Na LSA, preocupa-se o legislador em coibir *algumas* modalidades de exercício abusivo de direito societário. Com este objetivo, imputa responsabilidade aos acionistas por voto abusivo, proferido na assembleia geral com o objetivo de "causar dano à companhia ou a outros acionistas, ou de obter, para si ou para outrem, vantagem a que não faz jus e de que resulte, ou possa resultar, prejuízo para a companhia ou para outros acionistas " (art. 115). Também com vistas a coibir o exercício abusivo de direitos societários, responsabiliza o controlador por "danos causados por atos praticados com abuso de poder" (art. 117). Mas, é claro que a repressão ao abuso de direito societário não se exaure nessas duas hipóteses previstas especificamente na lei acionária de *voto abusivo* e *abuso do poder de controle*. Em todo e qualquer direito titulado pelos sócios, configura ilicitude o exercício abusivo, ainda que a hipótese não se subsuma às específicas previsões da LSA. Em vista da amplitude do art. 187 do CC, ele é aplicável a qualquer fato jurídico.

Entre outras situações, o exercício abusivo de direito societário caracteriza-se, de modo bastante particular, quando o sócio procura se distanciar das consequências dos riscos empresariais assumidos pela sociedade, como se não lhes dissessem respeito. A própria noção básica, fundamental, de sociedade reporta à de *associação num determinado risco*. Quando duas ou mais pessoas constituem uma sociedade, estão unindo seus esforços e recursos na exploração de uma atividade econômica. Concordam em suportar conjuntamente os riscos desta atividade. Deste modo, quando insucessos, temporários ou permanentes, acometem a atividade econômica explorada em sociedade, contraria a própria essência desta que um dos sócios se considere *imune* aos riscos empresariais. Com efeito, tendo todos assumido riscos em conjunto, não pode nenhum deles pretender postar-se acima destes, como se não lhe dissessem respeito, quer dizer, não os pudessem atingir. Obviamente, não se está discutindo, aqui, a hipótese de má administração ou de abuso do poder de controle. Nestes casos, o sócio excluído da administração ou o minoritário não incorre em nenhum abuso ao exercer seus direitos visando a devida indenização dos danos sofridos

---

[682] O art. 42 da Segunda Diretiva (77/91/CEE) dispôs que, "para a aplicação da presente Directiva, as legislações dos Estados-Membros garantirão um tratamento igual dos acionistas que se encontrem em condições idênticas". Do mesmo modo, o fez o art. 46 da Diretiva 2012/30/UE, de 25.10.2012, que a sucedeu. O legislador alemão procedeu à sua transposição para o AktG, fazendo surgir o § 53a, que assim dispõe: "os acionistas, desde que em iguais condições, devem ser tratados com isonomia". Curioso é o registro da doutrina, de que sua enunciação tem sido utilizada para basear os deveres de lealdade (*Treupflicht*), embora se constituam em institutos jurídicos distintos (cfr. Hüffer, Uwe. *Aktiengesetz*. 6. ed. Munique: Beck, 2004. p. 266 e ss.).

[683] O art. 187 do CC consagrou, no direito positivo brasileiro, a tese da ilicitude do abuso de direito. Conferir, entre outros, THEODORO, Humberto Jr. In; TEIXEIRA, Sálvio de Figueiredo (coord.). *Comentários ao novo Código Civil*. 4. ed. Rio de Janeiro: Forense, 2008. p. 111-115, v. III, t. II) e AZEVEDO, Álvaro Villaça (coord.).*Código Civil comentado*. São Paulo: Atlas, 2003. p. 362-365, v. II).

em decorrência de irregularidades na gestão da empresa ou abusos na condução geral dos negócios. Não é disto que se trata, mas sim da situação em que comprometimentos de metas e até mesmo perdas sobrevêm em decorrência dos riscos (aliás, inerentes a qualquer atividade econômica).

Atuar o sócio, diante de percalços derivados do risco empresarial, como se fosse um estranho à sociedade, é hipótese de exercício abusivo de direitos societários. O sócio não exerce regularmente seus direitos societários quando busca obter o mesmo ganho que teria caso não fosse sócio, caso não tivesse assumido uma parcela do risco empresarial e suportado as consequências dos percalços eventualmente verificados. A *associação no risco*, ínsita a qualquer relação entre sócios, implica cada um deles partilhar com o outro os sucessos e insucessos na empresa. O compartilhamento serve de parâmetro geral para avaliar se o exercício de certo direito societário terá sido regular ou abusivo.

Em outros termos, se certo direito societário puder ocasionar de o prejuízo da empresa ser suportado por apenas um dos sócios, haverá abuso no seu exercício se a perda decorre do risco empresarial (e não de irregularidades na administração ou abuso no poder de controle). É evidente que acordos e ajustes parassociais contratados entre os sócios, que diferenciam as contribuições de cada um, bem como a participação deles nos resultados, são válidos e regulares. Mas, quando verificado acentuado insucesso nos negócios, em razão do risco empresarial (comum a todos), as cláusulas que estabelecem tais acordos e ajustes não podem ser interpretadas como se tivessem o alcance de *imunizar* qualquer um dos sócios das consequências daquele insucesso. A tanto corresponderia inegável exercício abusivo do direito societário.

Abordando o tema por outro ângulo, pode-se partir da conhecidíssima classificação de Tullio Ascarelli, que distingue entre os contratos de permuta (ou de "câmbio") e os plurilaterais (entre os quais, o de "sociedade").[684] Nos contratos de permuta, cada empresário contratante assume os riscos próprios de sua empresa. Ou seja, nos contratos desta espécie (compra e venda, mútuo, etc.), não há compartilhamento de riscos entre os contratantes. Assim, se insucessos acometem a empresa do vendedor, o comprador não abusa de seus direitos ao exigir o cumprimento do contrato ou a indenização cabível, insensível às dificuldades do outro contratante. O comprador legitimamente exerce seus direitos, postando-se como alguém em tudo *imune* aos insucessos experimentados pela empresa do vendedor. Da mesma forma, se o empresário mutuário (financiado) experimenta dificuldades em razão dos riscos de sua empresa, o mutuante (financiador) pode licitamente colocar-se como alguém *imune* às consequências deste cenário, sem com isto abusar de seus direitos de credor. Já nos contratos de sociedade, em razão da *associação no risco* a que se obrigaram os contratantes, haverá abuso no exercício de direito se um dos sócios pretender que a interpretação de cláusulas de acordos e ajustes societários justificaria a transferência ao outro da totalidade de risco assumido em conjunto. Nenhum dos sócios está inteiramente *imune* aos insucessos da sociedade – este é o critério geral para a interpretação dos negócios societários. Este critério geral é particularmente relevante quando a sociedade se depara, por exemplo, com insucessos derivados de força maior extraordinária.[685]

É assente na doutrina que os contratantes não se obrigam na hipótese de eventos extraordinários, ainda que tenham assumido obrigações também em ocorrendo caso fortuito ou de força maior.[686] Sendo da essência de qualquer relação

---

[684] *Problemas das sociedades anônimas e direito comparado*. São Paulo: Saraiva, 1945. p. 271-332.

[685] Filio-me ao entendimento de que não há utilidade em se distinguir "caso fortuito" e "força maior", expressões sinônimas (COELHO, Fábio Ulhoa. *Curso de direito civil*. 6. ed. São Paulo: Saraiva, 2014. p. 217, v. 2).

[686] Cfr., por todos, Arnoldo Medeiros da Fonseca: "a convenção pela qual o devedor se obriga a responder pela impossibilidade casual da prestação é juridicamente válida, pois não é contrária à ordem pública ou aos bons costumes. Assim já era por direito romano, e continua a ser em nosso direito, permitindo-a expressamente o art. 1.058 do Cód. Civil [atual, art. 393]. Há até mesmo um contrato típico – o de seguro – cuja finalidade é assumir uma das partes, mediante certo prêmio, a obrigação de indenizar a outra do prejuízo resultante de riscos futuros, fortuitos ou não, previstos no ajuste, desde que se não filiem a atos ilícitos do segurado, do beneficiado pelo seguro, ou dos representantes e prepostos, quer de um, quer de outro. Aí temos, pois, a primeira exceção à regra geral estabelecida: a responsabilidade pelos prejuízos de caso fortuito existirá quando o devedor os houver *expressamente* assumido. A questão que se agitou, em face do direito romano, foi apenas a de saber até onde ia tal responsabilidade assumida pelo devedor, quando o seu limite não fosse precisamente determinado no contrato. Debateram-na os antigos intérpretes,

societária a *associação num risco*, é inimaginável uma sociedade em que apenas um dos sócios assume a totalidade dos riscos empresariais. Disto resulta ser ainda mais evidente que nenhuma obrigação pode ser devida, entre sócios, em face de caso fortuito ou de força maior *extraordinária* que atinja a sociedade. A tanto equivaleria desfazer a mais pálida razão de existência desta, que é exatamente o compartilhamento de determinados riscos.

A força maior extraordinária, assim, corresponde a uma das parcelas residuais dos riscos assumidos em sociedade, que simplesmente não pode ser objeto de nenhum acordo ou ajuste entre os sócios visando uma desproporcionalidade em sua distribuição. Se também esta parcela residual pudesse ser suportada por apenas um dos sócios, então a própria noção de sociedade entre os contratantes desapareceria por completo. O sócio que se pretende imune à força maior extraordinária quer se desvestir por completo de sua condição de partícipe duma associação num risco e posicionar-se como agente por assim dizer externo; quer abandonar o lugar de investidor e dirigir-se ao de financiador.

Portanto, se um dos sócios se obriga perante outro na hipótese de caso fortuito ou de força maior, é inescapável que esta se limita aos eventos ordinários, já que concentrar a totalidade dos riscos em um dos sócios, poupando os demais, é, a rigor, afirmar-se a inexistência de sociedade entre eles. Pretender que até mesmo no caso fortuito ou de força maior extraordinária, um dos sócios estará obrigado perante o outro, de um tal modo que equivaleria a assumir sozinho a totalidade dos riscos comuns, é negar a própria existência da sociedade. As cláusulas dos negócios celebrados entre os sócios não podem ser interpretadas neste sentido, em vista de tal absoluta incompatibilidade com a própria essência do negócio societário em que se procuram inserir.

8. Cláusula compromissória estatutária

Sérgio Campinho

O § 3º do art. 109, acrescentado pela Lei 10.303/2001, prevê que o estatuto da sociedade pode estabelecer que as divergências entre os acionistas e a companhia, ou entre os acionistas controladores e os acionistas minoritários, sejam solucionadas mediante arbitragem, nos termos em que especificar. Está-se, assim, diante da cláusula compromissória estatutária, tradutora de uma convenção de arbitragem.[687]

A disposição legal refere-se a divergências entre acionistas e a companhia, ou entre controladores e minoritários, mas não deve ser tomada literalmente. A melhor interpretação é a extensiva, entendendo-se que o legislador ficou aquém do que efetivamente pretendia dizer com o texto materializado. O dispositivo normativo tem, a meu ver, clara incumbência de explicitação, podendo a cláusula compromissória estatutária, assim, especificar outros conflitos intersocietários que deverão ser dirimidos por meio de arbitragem, como aqueles que possam advir entre acionistas e administradores, entre membros da diretoria e do conselho de administração, entre o conselho de administração e a diretoria, ou entre eles e o conselho fiscal, por exemplo.

No que se refere à sua extensão subjetiva, convém identificar aqueles que à cláusula compromissória estatutária estarão vinculados.

A companhia sempre estará a ela subordinada, porquanto constará de seu estatuto social, ou seja, do conjunto de regras objetivas que disciplinam a atividade social.

---

surgindo três correntes doutrinárias: uma, mais rigorosa, entendeu que deveria o devedor responder em todas as hipóteses (Accursio, Saliceto, Struvio, Vinnio, Lauterbach); outra, mais benévola, pretendia que a responsabilidade fosse limitada apenas aos *casos insólitos* (Baldo, Graziano, Voet), o que provocou, justamente, a estranheza de Donello, que se surpreendeu como pôde tal opinião surgir na mente de juristas. E a terceira, intermédia, considerada *communis opinio*, no sentido de que o devedor responderia pelos *casos fortuitos ordinários*, pois não seria de presumir houvesse sido assumida a responsabilidade de eventos que não podiam sequer ser previstos como verossímeis (Medicis, Bartolo, Mantica). Quer-nos parecer que essa última é a que mais se recomenda em face do nosso próprio direito. Só os riscos decorrentes de casos fortuitos que *foram ou podiam ser previstos* na data da obrigação considerar-se-ão assumidos pelo devedor, no caso de dúvida, pois as exceções devem ser interpretadas restritivamente" (*Caso fortuito ou de força maior*. 3. ed. Rio de Janeiro: Forense, 1958. p. 180-181). Conferir, também, ALVIM, Agostinho. *Da inexecução das obrigações e suas consequências*. São Paulo: Saraiva, 1949. p. 295); TEPEDINO, Gustavo; BARBOZA, Heloísa Helena; e MORAES, Maria Celina Bodin de. *Código civil interpretado conforme a constituição brasileira*. 2. ed. Rio de Janeiro: Renovar, 2007. p. 712, v. 1.

[687] A cláusula compromissória e o compromisso arbitral são espécies do gênero convenção de arbitragem (art. 3º da Lei 9.307/1996).

Em relação ao corpo de acionistas, a cláusula compromissória originária, isto é, contemporânea à constituição da sociedade, vincula todos os acionistas subscritores do seu capital. Os acionistas que posteriormente venham adquirir ações dessa companhia também estarão vinculados à referenciada convenção constante do ato regra da pessoa jurídica, pois tal ingresso implicará a aceitação de toda a disciplina estatutária; da mesma sorte os que venham a subscrever futuros aumentos de capital. Inexiste, portanto, em quaisquer dessas situações, a necessidade de específica manifestação a esse respeito.

Em se tratando de cláusula compromissória derivada, ou seja, decorrente de alteração estatutária, esta também obriga todos os acionistas. Entretanto, nos termos do art. 136-A da LSA, acrescentado pela Lei 13.129/2015, fica assegurado ao acionista dissidente[688] o direito de retirar-se da companhia, mediante o reembolso do valor de suas ações, a ser calculado nos termos do art. 45 da LSA, que somente será excluído nas seguintes hipóteses: (a) caso a inclusão da convenção de arbitragem no estatuto represente condição para que os valores mobiliários de emissão da companhia sejam admitidos à negociação em seguimento de listagem de bolsa de valores ou mercado de balcão organizado que exija dispersão acionária mínima de 25% das ações de cada classe ou espécie; e (b) caso a inclusão da convenção de arbitragem seja efetuada no estatuto de companhia aberta cujas ações sejam dotadas de liquidez e dispersão no mercado, nos termos das alíneas *a* e *b* do inciso II do art. 137 da LSA.

A convenção de arbitragem somente terá eficácia após o transcurso do prazo de 30 dias, contado da publicação da ata da assembleia geral que aprovou a sua inserção no estatuto da companhia. O *quorum* para sua aprovação é o qualificado do art. 136 da LSA, fazendo-se necessária, assim, a aprovação de acionista ou acionistas que representem, no mínimo, metade das ações com direito de voto, se maior *quorum* não for exigido pelo estatuto da companhia cujas ações não estejam admitidas à negociação em bolsa de valores ou no mercado de balcão.[689]

Em relação aos administradores e fiscais da companhia, estes também se encontram submetidos à cláusula compromissória estatutária, sem a necessidade de sua prévia e expressa aceitação, embora, por precaução, seja recomendável, a fim de afastar qualquer polêmica. A vinculação, sem a necessidade de expressamente renunciar a jurisdição estatal, resulta do fato de integrarem e agirem como órgão da companhia e, como tal, estarem sempre sujeitos às disposições do estatuto, inclusive no que pertine ao método de solução de conflitos nele preconizado. A aceitação, nessas condições, há que ser tida como tácita, resultante de sua vinculação ao estatuto e às deliberações sociais.

A arbitrabilidade societária tem o seu campo de incidência definido a partir da *patrimonialidade* e da *disponibilidade* dos direitos controvertidos, nos moldes previstos na Lei 9.307/1996. Mas a aplicação desses critérios definidores da extensão objetiva da arbitragem deve ter em mira a necessária harmonização com o *status socii*, que possui contornos particulares e distintos do padrão geral do direito de propriedade, considerado pela Lei 9.307/1996.

A própria introdução na LSA do § 3º do art. 109 e o posterior acréscimo do art. 136-A devem ser tidos como indicativos para o intérprete. Embora tais preceitos não contenham regras específicas para os litígios societários, indicam, a meu ver, a consideração de um microssistema interpretativo para tais matérias, sempre em prestígio da operacionalização mais ampla possível da cláusula compromissória estatutária.[690]

O fim da companhia é o de obtenção de lucro, mediante a execução do objeto social, para partilha entre os acionistas.[691] Desse modo, as relações intersocietárias, como regra de princípio, dizem respeito a direitos patrimoniais, ainda que a patrimonialidade seja indireta ou reflexa.

---

[688] Ainda que ausente na assembleia geral na qual a decisão tenha sido tomada ou que nela tenha se abstido de votar.

[689] Nesse rol, encontram-se incluídas não apenas as companhias fechadas, mas também aquelas companhias abertas emissoras de qualquer espécie de valor mobiliário para a negociação no mercado que não seja ação.

[690] Ao comentar o § 3º do art. 109 da LSA, Nelson Eizirik sustenta: "O dispositivo legal deve ser interpretado tendo em vista o princípio *favor arbitratis*: se os acionistas decidiram submeter determinados litígios à arbitragem, mediante cláusula compromissória estatutária, tal vontade deve ser respeitada" (*A lei das S/A comentada*. 2. ed. São Paulo: Quartier Latin, 2015. p. 171, v. 2).

[691] Cf. os comentários ao art. 2º.

O direito essencial de fiscalização, por exemplo, revela um direito pessoal do acionista. No entanto, a sua motivação também é patrimonial. A dissociação do direito patrimonial, resultante da transferência de bens ou valores para o capital social, passando o acionista a titularizar as correspondentes ações, é que justifica esse direito individual do acionista.[692]

O direito de voto, direito pessoal que também possui sua natureza patrimonialista a partir da mesma dissociação acima referida, ainda tem seu exercício orientado para a realização do fim social, ou seja, da obtenção do lucro.

Do mesmo modo, o direito de recesso, um direito pessoal e irrenunciável, conduz a um efeito patrimonial, pois seu exercício, eficazmente implementado, gera para a sociedade a obrigação do pagamento do reembolso ao acionista.

Quanto à disponibilidade, igualmente, em princípio, as questões e disputas societárias revelam direitos disponíveis, salvo, por evidente, quando influírem na órbita de direitos de terceiros não vinculados à cláusula arbitral compromissória.

A irrenunciabilidade do direito de recesso, antes referida, não impede a sua arbitrabilidade. Caso exista cláusula no estatuto com a renúncia a este direito, o árbitro deverá reconhecer a invalidade da disposição, a fim de afastá-la, e ingressar no mérito da controvérsia, se esta não se limitar à aludida invalidação. É, portanto, perfeitamente possível a arbitragem ter por objeto controvérsias ligadas ao exercício do direito de recesso e ao valor do reembolso correspondente.

O também aludido direito de voto afigura-se como um direito inalienável, sendo vedado o comércio do voto. O Código Penal, no § 2º do art. 177, capitula como crime a conduta do acionista que, a fim de obter vantagem para si ou para outrem, negocie o voto nas deliberações sociais. Mas isso não impede, uma vez considerada a regra de ordem pública, que verse a arbitragem sobre a impugnação de decisão assemblear, ou sobre conflito e abuso no exercício do direito de voto, por exemplo.

A arbitrabilidade societária, assim, pode ter por objeto matérias decorrentes da constituição e funcionamento da companhia, conflitos entre acionistas e entre eles e a sociedade, pois, em princípio, como se disse, envolvem direitos que são disponíveis e com viés patrimonial.

9. Os direitos societários de caráter protetivo do investimento

Fábio Ulhoa Coelho

Uma preocupação de relevo para as agências reguladoras consiste em garantir a concorrência empresarial no segmento de sua competência. Elas devem estar atentas ao que se convencionou chamar de "propriedades cruzadas", ou seja, a submissão de duas empresas a modos de influência dominante não inteiramente identificado com o poder de controle. Nesse contexto, para a regulamentação, o conceito de "direitos societários de caráter meramente protetivos do investimento" ganha importância para fins de circunscrever os casos em que um acionista (normalmente, de certo porte) não participa do poder de controle, mesmo tendo assinado com o controlador um acordo de acionistas.[693] Esse acionista, malgrado a vinculação com o controlador, não tem ingerência nenhuma na gestão da companhia, porque

---

[692] REQUIÃO, Rubens. *Curso de direito comercial*. 30. ed. São Paulo: Saraiva, 2013. p. 194, v. 2.

[693] A Agência Nacional de Telecomunicações (ANATEL) perscrutou o conceito nos casos da transferência do controle da *NET Serviços de Comunicações S.A.* para a *Empresa Brasileira de Telecomunicações – Embratel* (Processo 535000.022775/2011) e da transferência do controle indireto da *Acom Comunicações S.A., Acom TV S.A.* e *Teleserv S.A.* para a *Galaxy Brasil Ltda.*, controlada indiretamente pela *Sky Brasil Serviços Ltda.* (Processo 53500.030272/2004). No Precedente da NET, a ANATEL classificou como destinado à proteção do investimento do acionista, sem configuração de participação no poder de controle, a titularidade de direitos societários de *veto* nas seguintes matérias: (i) reestruturação societária que possa influir, reduzir ou extinguir o objeto da sociedade exploradora dos serviços de telecomunicações; (ii) alteração do estatuto social com efeitos sobre o conselho de administração e diretoria, no que diz respeito apenas aos direitos do acionista com poder de veto; (iii) exercício do direito de voto da sociedade exploradora dos serviços de telecomunicações nas controladas, nas matérias acima; e (iv) modificações contratuais ou comerciais em negócios com parte relacionada ao acionista com poder de veto. Por sua vez, no Precedente da Sky, a ANATEL entendeu como direito societário de mero caráter protetivo do investimento do acionista o direito de *veto* nas seguintes matérias: (i) emissão de quotas, *warrants*, direitos, *calls*, opções ou outros valores mobiliários, incluindo quaisquer títulos passíveis de troca, exercício ou conversão em participação societária, salvo numa operação específica; (ii) reorganização, classificação, reconstrução, consolidação, fusão, desdobramento de ações ou quotas, combinação, subdivisão ou outro evento que afete o capital da sociedade, os direitos relativos a qualquer quota ou que crie qualquer classe diferente de títulos no capital, exceto se não prejudicar, diluir ou subordinar a participação do

visou, com o acordo, unicamente proteger o seu investimento. Se ele investe nessas condições em duas ou mais sociedades que devem concorrer num mercado regulado, isso não tem sido considerado impeditivo à participação dele, exatamente em função de ele titular direitos societários que se destinam unicamente à proteção do investimento.

De fato, é plenamente assimilável pelos profissionais envolvidos nos complexos rearranjos societários que o objetivo único de parte destes é proteger o investimento do sócio, em geral minoritário. São direitos societários cujo único sentido consiste em *blindar* a posição acionária dele, evitando eventos como diluições, reduções de percentual de participação ou quaisquer alterações significativas no seu estado de sócio. Contudo, que a doutrina societarista ainda não dispensou ao tratamento deste tema nenhuma análise sistemática, visando contribuir para o esclarecimento da questão por meio da definição dos critérios a partir dos quais se poderia classificar determinado direito como sendo destinado à *blindagem de posição societária*.

Assim, o desafio à doutrina de direito comercial consiste em construir os critérios aptos para se distinguirem, de um lado, os direitos societários que configuram titularidade, ainda que parcial, do poder de controle ou coligação, e, de outro, os destinados unicamente à proteção do investimento de um sócio minoritário. O ponto de partida para tanto se encontra na delimitação dos direitos essenciais dos sócios. A própria noção de direitos insuscetíveis de supressão ou limitação já embute o conceito de proteção do investimento acionário. Mas, para além deles, é preciso pesquisar também em que situações se classificam como direito de mera blindagem do investimento os que não são definidos como essenciais, nem decorrem destes ou os instrumentalizam.

Sendo os direitos essenciais insuscetíveis de supressão ou restrição, eles correspondem aos que, por definição, visam à proteção do investimento realizado pelo acionista na sociedade.[694] É como se a lei, por meio da indicação dos direitos essenciais, estabelecesse o conjunto "mínimo" de direitos societários que, se não fossem titulados pelo acionista, expô-lo-ia ao risco de prejuízo indevido em seu investimento. Mas, o art. 109 da LSA apenas apresenta uma enunciação geral dos direitos essenciais. O efetivo exercício de cada um deles, de modo a tornar consistente a proteção prometida neste dispositivo legal, depende de estarem assegurados outros tantos direitos societários, pela lei, estatuto ou por acordo de acionistas. São estes outros direitos societários instrumentos *indispensáveis* à efetivação dos listados como essenciais, estendendo-se a eles também, portanto, a proteção legal contra limitações e supressões.

Só para ficarmos num exemplo, o direito à informação é essencial, embora não listado no art. 109 da LSA, por ser instrumento *imediatamente* necessário ao exercício do direito de fiscalização previsto no inciso III deste dispositivo.[695] Sem o acesso às devidas informações sobre o andamento dos negócios sociais, o acionista não consegue exercer o direito essencial de fiscalização. Com efeito, sem o direito à informação, o direito à fiscalização se tornaria uma abstração, meramente enunciada numa norma legal desprovida de efetividade.

Em relação a cada um dos direitos societários essenciais listados no art. 109 da LSA, em decorrência, corresponde um conjunto de outros direitos que são destinados igualmente à mera blindagem da proteção do investimento acionário. E, aqui, então, já temos um primeiro critério para a identificação dos direitos societários de mera proteção do investimento acionário: *se for um direito definido legalmente como essencial (LSA, art. 109) ou um direito indispensável ao exercício deste, o objetivo é proporcionar ao acionista os instrumentos para a proteção do seu investimento.*

Repassem-se os direitos listados no art. 109, sob a perspectiva deste critério.

---

acionista com poder de veto, enquanto este titular porcentagem mínima de participação no capital votante ou se a deliberação não afetar adversamente este mesmo acionista; (iii) renúncia, alteração, rescisão ou cancelamento relevante de qualquer disposição de acordo ou operação sujeita ao veto deste acionista.

[694] Sobre os direitos essenciais dos acionistas, ver, entre outros: BARBOSA, Marcelo. In: LAMY FILHO, Alfredo e PEDREIRA, José Luiz Bulhões (coords.). *Direito das companhias*. Rio de Janeiro: Forense. p. 303-306, 2 volumes; CARVALHOSA, Modesto. *Comentários à Lei de Sociedades Anônimas*. 5. ed. São Paulo: Saraiva, 2011. p. 373-388, v. 2; EIZIRIK, Nelson. *A lei das S/A comentada*. 2. ed. São Paulo: Quartier Latin. p. 138-142, v. 2; LUCENA, José Waldecy. *Das sociedades anônimas*. Rio de Janeiro: Renovar, 2009. p. 889/994, v. 1.

[695] Cf., por todos, LOBO, Jorge. *Direito dos acionistas*. Rio de Janeiro: Elsevier, 2011. p. 127.

Os incisos I e II do art. 109 podem ser agrupados no conceito mais geral de direito de participação nos resultados da sociedade. Trata-se da motivação principal de todo sócio obter o devido retorno ao montante investido, representado pelo recebimento de dividendos (ou outra forma de remuneração, como os juros sobre o capital próprio) e pela participação no acervo líquido da sociedade, em caso de dissolução. A efetividade deste direito essencial é decorrência de outros direitos societários legalmente previstos, tais como o dividendo obrigatório mínimo (art. 202) e a impossibilidade de se reter lucros sociais sem justificativa em orçamento prévio de capital aprovado em assembleia geral (art. 196). Sem estas garantias legais, o minoritário poderia amargar o constante reinvestimento na empresa da totalidade dos lucros da sociedade, em sucessivos exercícios sem a distribuição de dividendos, se assim deliberado pelo controlador. Deste modo, quando um acordo de acionista (ou instrumento negocial equivalente) concede ao signatário direitos societários de *participação* nas deliberações atinentes à destinação do resultado da sociedade, estes se classificam como meramente protetivos do investimento. Não podem os direitos de participação nas deliberações atinentes à destinação do resultado ser vistos como indicadores de titularidade de poder de controle ou coligação.

Este direito de participação nas deliberações sobre destinação do resultado não se limita ao voto no âmbito da assembleia geral (LSA, art. 132, II). Também não é suficiente a concessão ao minoritário, por via de acordo de acionista, do poder de influir na questão em nível superior ao percentual de seu investimento. Pode, para revestir-se de maior efetividade, se estender à reunião do órgão de administração (diretoria ou conselho) ao qual compete formular a proposta de destinação, nos termos do art. 176, § 3º. O direito de voto nestes casos (ou seja, limitado à proposta de destinação do resultado do exercício a ser submetida à assembleia geral), apesar de exercido no âmbito de órgãos de administração da sociedade, não deve ser considerado como indicativo de titularidade do poder de controle. É apenas um modo de tornar efetivo o exercício do direito essencial de participar dos resultados sociais.

Um outro direito societário relacionado umbilicalmente com o aqui examinado é o de participar (com direito de voto ou veto) das decisões que podem impactar significativamente o resultado da sociedade, tais como negócios com partes relacionadas, orçamento, políticas tributárias ou mesmo contratos que levem ao endividamento (ou à majoração do grau de endividamento) da sociedade. O minoritário que tenha este direito, em razão de acordo de acionista, está muito mais bem municiado dos meios para assegurar o efetivo exercício do direito essencial de participação nos resultados sociais. Também pela mesma razão não se pode tomar por indicativo de titularidade de poder de controle a previsão, em acordo de acionistas, de direito societário que assegure ao minoritário participação nas deliberações, diretas ou indiretas, sobre a destinação do resultado de subsidiárias ou controladas. É, também aqui, um direito que, tornando efetivo um direito essencial, destina-se à proteção do investimento acionário.

Igual raciocínio cabe ser adotado relativamente ao segundo aspecto do mesmo direito essencial, que é o de participar do acervo remanescente em caso de dissolução e liquidação da sociedade. Qualquer direito societário atribuído ao minoritário, por acordo de acionistas, em que sua concordância (por conta de direito de voto ou de veto) passa a ser decisiva caso a sociedade for deliberar acerca de sua própria dissolução ou liquidação, ou da de subsidiária ou controlada, insere-se no contexto da efetiva instrumentalização do direito essencial de participação nos resultados da sociedade e visa unicamente a proteção do investimento acionário.

Em relação ao previsto no inciso III do art. 109, ressalte-se que a constante e competente fiscalização da gestão da sociedade em que se aporta capital é naturalmente compreendida como uma das questão-chaves de proteção do investimento acionário. Os instrumentos legais para o exercício do correspondente direito essencial são, porém, limitados. O Conselho Fiscal é custoso e tem a competência restrita ao exame *post factum* da adequação da escrituração e demonstrações contábeis. O acesso integral aos livros da companhia está condicionado à demonstração, pelo acionista minoritário, de "atos violadores da lei ou do estatuto" ou, senão, "fundada suspeita de graves irregularidades" na administração (LSA, art. 115). A prestação de contas e demonstrações contábeis, por sua vez, correspondem a documentos sintéticos e genéricos e, por isso, sua votação em assembleia geral, ainda que subsidiada por relatórios de auditoria independente, nem sempre se mostra um meio eficaz de fiscalização da administração. Ademais, trata-se de direito cujo exercício envolve necessariamente um custo. O acionista minoritário desconfiado de alguma prática indevida na administração da sociedade precisa contar com o auxílio de profissionais de sua confiança (advogados, auditores etc.) para investigar e interpretar adequadamente os fatos.

Deste modo, para o exercício do direito de fiscalização, de forma eficiente, racional e menos custosa, o acionista minoritário deve ser municiado, pela sociedade, de determinadas informações, para além das previstas na LSA. Em consequência, se o acionista tem assegurado, por cláusula de acordo ou outro meio equivalente, o acesso a determinado conjunto de informações atinentes à situação financeira da sociedade (envolvendo, por exemplo, o cumprimento de obrigações tributárias e trabalhistas, extratos bancários etc.), isso não indica que tenha qualquer participação na gestão da empresa. Trata-se de direito societário destinado apenas à proteção do investimento acionário, por meio do robustecimento dos instrumentos de fiscalização dos órgãos de administração.

O direito essencial constante do inciso IV do art. 109 tem o objetivo de assegurar, ao acionista, as condições *jurídicas* para a manutenção do mesmo percentual de participação no capital social e votante da companhia, em caso de aumento deste. Claro, além das condições de natureza jurídica, o acionista, ao exercer o direito de preferência, haverá de aportar mais recursos na companhia, para conservar o percentual de sua participação. Para que a proteção do investimento acionário contra a redução de sua participação percentual seja efetiva e completa, porém, não se mostra suficiente o direito de preferência na subscrição das ações. A adequada proteção associada ao exercício deste direito essencial depende do direito de participar, com voto ou veto, da própria deliberação acerca da necessidade ou oportunidade de se realizar o aumento de capital. Não só disso, mas também da decisão referente à fixação do montante de aumento, bem como das matérias correlatas como a definição do preço de emissão, número, espécie, forma e classes de ações a serem emitidas, etc.

Também é igualmente essencial o direito, a ser assegurado por acordo de acionista, de participar das deliberações referentes à emissão de outros valores mobiliários com a cláusula de conversibilidade em ações. No mesmo patamar se encontram as deliberações atinentes a planos de opção de compra de ações pelos administradores, como forma de incentivo. Tanto naquela como nesta hipótese, o percentual da participação do minoritário no capital social ou votante poderá ser afetado. Ser o acionista titular de voto ou veto nas matérias que podem expô-lo ao risco de redução indesejada de sua participação proporcional, relacionadas direta ou indiretamente ao exercício do direito de preferência de subscrição no aumento do capital social, não configura participação no poder de controle nos negócios da sociedade. Trata-se, mais uma vez, de direito destinado unicamente à proteção do investimento acionário.

Pelo direito de recesso, mencionado no inciso V do art. 109, o acionista minoritário descontente com a deliberação adotada pela assembleia geral, em matérias que afetam significativamente a estrutura da sociedade ou do próprio investimento, pode desfazer o vínculo societário para receber o pagamento, pela sociedade, do reembolso de suas ações. Tendo ingressado na sociedade quando esta possuía determinadas características essenciais, que justificaram o interesse do acionista em fazer o investimento, ele pode se desligar por declaração unilateral de vontade, quando sobrevém, por decisão do controlador, uma substancial mudança em tais características. Com a definição do direito de recesso como essencial, a lei evidentemente concede ao minoritário uma proteção ao seu investimento.

Mas, proteção robustecida terá o acionista se a própria deliberação que altera substancialmente as características da sociedade ou do investimento não puder *sequer* ser adotada sem a sua participação, pelo voto ou veto. Muito mais eficiente, em termos de proteção do investimento acionário, que ter o direito de se retirar no caso de mudança significativa da sociedade é ter, por meio de acordo de acionistas, o direito societário de impedir que esta se concretize. Deste modo, se o acionista minoritário titula o direito de participar, por voto ou veto, das deliberações que, por lei, dão ensejo ao recesso, isto não pode ser interpretado como indicação de titularidade de poder de controle ou coligação. Ao contrário, corresponde este direito a eficiente mecanismo de proteção do investimento, visando a permanência dos mesmos fundamentos (econômicos, empresariais, jurídicos etc.) que haviam atraído o interesse do minoritário.

Qualquer direito de voto ou veto nas deliberações que, por lei, dão ensejo ao recesso do dissidente, em suma, pertence à categoria dos direitos societários meramente protetivos do investimento acionário. Refiro-me, *por exemplo*, às deliberações mencionadas nos incisos I a VI e IX do art. 136 da LSA, que, nos termos do art. 137, conferem ao dissidente o direito de recesso. Especificamente: (i) mudança nas espécies e classes das ações emitidas pela sociedade; (ii) alteração nos direitos atribuídos às espécies e classes das ações existentes ou criação de nova classe; (iii) condições de resgate ou amortização de ações; (iv) alteração dos dividendos obrigatórios, que se deve estender a qualquer mudança nas regras ou políticas de distribuição de resultados; (v) operação societária de incorporação, fusão ou cisão, que se deve estender a qualquer mudança na estrutura societária que impacte o patrimônio social ou do sócio; (vi) participação em grupo de sociedade; e (vii) mudanças no objeto social. Outras normas da LSA que também conferem o direito de recesso ao acionista descontente servem igualmente de referência na delimitação deste largo espectro de direitos societários de cunho exclusivamente protecionista do investimento. É o caso da transformação (art. 221, parágrafo único) e da incorporação de ações (art. 252, § 2º).

Se o acionista minoritário titular direito societário que lhe permita impedir até mesmo a própria inclusão, em pauta de assembleia geral, destas matérias, é evidente que seu investimento irá desfrutar de proteção mais consistente que a dada, com a mesma finalidade, pelo direito essencial de recesso. Note-se, em decorrência, que a proteção do investimento por meio de acordo de acionistas sempre pode ir além dos limites das disposições legais que autorizam o recesso. Insisto: ninguém discordará que não apenas a incorporação da *sociedade em outra* (legalmente prevista como deliberação autorizadora do recesso: art. 136, IV, *in fine*), mas também a da *incorporação de outra sociedade* pode consistir em mudança significativa na base essencial do negócio que atraiu o investimento do minoritário. Deste modo, o direito societário de participar, por voto ou veto, da deliberação de incorporação (seja na incorporada ou na incorporadora) se destina unicamente à proteção do investimento acionário e não caracteriza, por si só, nenhum poder de controle ou coligação.

Do quanto se assentou até o momento, pode-se concluir que o critério fundamental para a identificação dos *direitos societários meramente protetivos* parte da lista dos direitos essenciais constante do art. 109 da LSA.

Em primeiro lugar, todo direito atribuído ao minoritário, por acordo de acionista ou outro meio equivalente, que corresponda *diretamente* a qualquer hipótese de direito essencial (participação nos resultados da companhia, fiscalização da gestão da empresa, preferência na subscrição de aumento do capital social e recesso) pertence a esta categoria de direitos societários meramente protetivos do investimento. Não indica, portanto, que o titular integra o poder de controle ou que seja coligado à sociedade que atua em mercado regulado.

Em segundo lugar, todo direito atribuído ao minoritário, por acordo de acionista ou outro meio equivalente, que corresponda *indiretamente* a um direito essencial, no sentido de reforçar a garantia concedida ao sócio, ampliar sua efetividade ou instrumentalizar adequadamente o seu exercício, para além dos meios legais, igualmente integra a categoria dos direitos societários meramente protetivos do investimento. E, uma vez mais, não é indicador de poder de controle ou coligação. O direito de voto, assim, embora não seja ele mesmo essencial, tem natureza exclusivamente protetiva do investimento do acionista minoritário quando destinado a tornar efetivo, direta ou indiretamente, um direito essencial. Também assim o direito de veto, que, na verdade, não passa de uma faceta do direito de voto. Quando o acordo de acionistas estabelece que determinada matéria não pode ser aprovada sem o voto afirmativo de um certo acionista, está lhe atribuindo o poder de vetar a deliberação; a igual conclusão se chega quando o acordo estabelece quóruns de deliberação, impossíveis de serem atingidos sem o voto afirmativo do acionista minoritário cujo investimento se pretende proteger. São fórmulas contratuais em tudo equivalentes à pura e simples menção da atribuição expressa do poder de vetar.

Com estes dois critérios, construídos em torno da figura dos direitos essenciais dos acionistas, em sua feição legal, resolve-se a quase totalidade das dúvidas que poderiam existir em relação à classificação de determinado direito societário como sendo meramente protetivo do investimento, ou não. Mas tais critérios não recobrem inteiramente o conjunto de direitos societários meramente protetivos do investimento. Em pelo menos um direito societário não enquadrado nestes dois critérios (direta ou indiretamente associados aos direitos essenciais) e que integra, inquestionavelmente, a categoria dos meramente protetivos: o de vetar decisões referentes à condição da companhia como aberta ou fechada (seja a de abertura do capital, seja a de cancelamento do registro na CVM) e às entidades ou níveis do mercado de valores mobiliários em que as ações da sociedade serão admitidas à negociação.

Art. 110

MAURICIO MOREIRA MENEZES

> **SEÇÃO III**
> **DIREITO DE VOTO**
>
> **Disposições Gerais**
>
> **Art. 110.** A cada ação ordinária corresponde 1 (um) voto nas deliberações da assembleia-geral.
>
> § 1º O estatuto pode estabelecer limitação ao número de votos de cada acionista.
>
> § 2º (REVOGADO)

COMENTÁRIOS

1. Direito de voto

MAURICIO MOREIRA MENEZES

O direito de voto consubstancia direito político dos acionistas, estando disciplinado, essencialmente, pelos arts. 110 a 115 da LSA, com repercussão na redação de outros dispositivos da mesma lei, uma vez que a disciplina jurídica do processo decisório da companhia irradia efeitos tanto em sua estrutura organizacional, quanto na relação jurídica entre acionistas e entre estes e a companhia.

Com efeito, a LSA abre espaço para a autonomia privada estabelecer, desde que por meio de cláusula estatutária, o regime jurídico do exercício do voto pelo acionista. Essa liberdade autoriza o particular a fixar qual a estratégia que a companhia adotará para lidar com as relações de poder que serão firmadas pelos acionistas, desde o modelo clássico de controle concentrado até o modelo de companhia sem controlador definido, típico das companhias abertas com alto grau de dispersão de ações no mercado. Por conseguinte, sustenta-se que o direito de voto não é essencial, porquanto pode ser restringido, excluído e, em sentido oposto, potencializado por força da declaração da vontade manifestada no estatuto social.[696]

Nesse exato sentido, os arts. 110 e 111, LSA, mencionam que o direito de voto pode ser limitado ou excluído pelo estatuto social. O art. 110-A, introduzido pela Lei 14.195/2021, permite a adoção do voto plural, nas condições lá declinadas, inaugurando nova fase no Direito brasileiro (*vide* comentários no item 4 adiante e ao referido art. 110-A). A coerência sistemática da LSA é arrematada por seu art. 109, o qual, ao tratar dos direitos essenciais do acionista (i.e., daqueles que não podem excluídos pelo estatuto ou pela assembleia geral), é omisso quanto ao voto.

Dessa forma, a regulação do direito de voto segue, no Brasil e em outros países, movimento pendular, que não chega a ser consequência do aperfeiçoamento técnico da norma, mas sim da prevalência de determinado modelo de relacionamento entre os agentes econômicos, de caráter conjuntural. Trata-se de autêntico exemplo da relatividade histórica dos conceitos jurídicos.

Assim, é defensável afirmar que, desde os anos 1970, o Brasil passou por três ondas caracterizadoras do tratamento dado pelos estatutos sociais de companhias abertas ao direito de voto, segundo o grau de sua relevância econômica, atribuída pelos agentes de mercado.

Nessa linha de raciocínio, a redação originária da LSA estipulou que a cada ação ordinária corresponde 1 (um) voto nas deliberações da assembleia-geral, segundo a cláusula geral estabelecida no *caput* do art. 110. Na sequência, complementou tal regra com a possibilidade de exclusão ou restrição do direito de voto das ações preferenciais no art. 111 c/c art. 15, § 2º. Por fim, pretendeu incentivar a concessão de efetivas vantagens patrimoniais às ações preferenciais sem direito a voto, ou com voto restrito, por meio do art. 17. A experiência ensinou que essa contrapartida não satisfez as expectativas e quedou-se esvaziada pela rejeição dos próprios agentes privados, que encontraram no art. 17, II ("prioridade no reembolso do capital, com prêmio ou sem ele"), a fórmula para contornar dita retribuição pecuniária, eis que a prioridade no reembolso de capital se operaria tão somente na hipótese de dissolução da companhia, situação teórica e até indesejável por representar a cessação da empresa.

Por trás desse sistema, encontrava-se a clássica concepção segundo a qual haveria três categorias de acionistas: (i) o acionista-empreendedor, em quem se concentraria o capital votante e que efetivamente seria o líder da atividade empresarial, orientando o funcionamento da administração; (ii) o acionista-investidor, que aportaria recursos na companhia ou simplesmente adquiriria ações

---

[696] A questão do direito de voto ser considerado não essencial foi devidamente examinada pela doutrina clássica. *Vide*, por todos: TEIXEIRA, Egberto Lacerda; GUERREIRO, José Alexandre Tavares. *Das sociedades anônimas no direito brasileiro*. São Paulo: José Bushatsky, 1979. p. 266; REQUIÃO, Rubens. *Curso de direito comercial*. 31. ed. São Paulo: Saraiva, 2014. v. 2, p. 200. As recentes alterações da LSA pela Lei 14.195/2021 ratificam o conceito, ampliando o leque de incidência da autonomia privada.

para manutenção em carteira, cujo objetivo seria o recebimento de renda sobre os recursos que disponibilizou; portanto, não estaria interessado em acompanhar de perto a companhia, em exercer algum poder político; sob sua perspectiva, o dividendo seria o principal elemento a agregar valor à ação; e (iii) o acionista especulador, que estaria interessado em comprar e vender ações de companhias em bolsa de valores, para auferir renda correspondente à diferença entre o valor de compra e o valor de venda.

Essa fórmula funcionou, com certa dose de êxito, até meados dos anos 1990, quando o Brasil começou seu processo de abertura ao capital estrangeiro, por força das implacáveis engrenagens da globalização.

Aí se inicia a segunda onda por qual transitou a LSA, a propósito do direito de voto. Conforme os comentários aduzidos aos arts. 17 e 111, LSA, o direito de voto teve sua importância majorada. Ainda nos anos 1990, profissionais especializados advogavam que, mundo afora, principalmente nos Estados Unidos da América, a ação sem voto era rotulada como de segunda classe. A exclusão do voto era absolutamente depreciativa do direito do acionista. Significava exclusão da vida política.

O regime de capital concentrado nas companhias brasileiras mudou significativamente, a partir dos anos 2000, a exemplo do ocorrido em países com mercado de ações desenvolvido, especialmente pela forte influência do chamado "ativismo acionário". Não que tenha havido ruptura do status quo: ainda hoje, persiste a concentração de capital em boa parte das companhias abertas brasileiras. Porém, conjugada com casos bem-sucedidos de dispersão acionária.

Uma interessante convergência de fatores positivos colaborou para a renovação das relações entre acionistas de companhias abertas: intervenções legislativas com o objetivo de aprimorar a conjuntura normativa (Leis 9.457 e 10.303), esforços de modernização regulatória empreendidos pela Comissão de Valores Mobiliários e avanços conquistados por entidades autorreguladoras, com destaque para a Bolsa de Valores de São Paulo – BOVESPA (atualmente, integrante da B3 S.A. – Brasil, Bolsa, Balcão), particularmente com a criação de segmentos especiais de listagem de ações, conforme o nível de boas práticas de governança (Níveis 1 e 2) e, de maneira principal, com a inauguração do Novo Mercado (em 2000),

que apenas admite a listagem de ações com voto em seu ambiente de negociação. Outras medidas se sucederam, como a criação dos segmentos Bovespa Mais e Bovespa Mais Nível 2 (idealizados para companhias que procuram alcançar segmentos mais sofisticados, de forma gradual).

Portanto, há categorias de investidores que acessam o mercado de capitais, com destaque para investidores qualificados e os profissionais, para as quais o exercício de direitos políticos, principalmente via direito de voto nas assembleias gerais, constitui medida pertinente para a adequada gestão do investimento. Frequentemente, são agentes econômicos que assumem a grave incumbência de gerir recursos de propriedade de terceiros. Nessa posição, devem acompanhar de perto a gestão da companhia e seus indicadores de desempenho, participar dos eventos societários, ter voz ativa nas assembleias gerais, exigir explicações da administração sobre as demonstrações financeira e a prestação de suas contas, concorrendo no processo decisório assemblear.

Logo, exsurgiu a percepção de que o direito de voto é relevante. Funciona como instrumento de legítima estratégia de ativismo acionário.

Porém, não em termos absolutos. Deve-se buscar o equilíbrio, havendo interessantes trabalhos acerca do abuso do direito de voto por minoritários.[697]

O próprio mercado – investidores e companhias emissoras – encontra-se em franco processo de readequação, como demonstra a coexistência de diversos segmentos de listagem de ações na B3, alguns dos quais admitem a negociação de ação preferencial sem voto e outros que apenas admitem ações com voto, como o Novo Mercado e o Bovespa Mais.

Nessas circunstâncias, testemunha-se o surgimento de uma terceira onda, consistente na propagação da adoção do voto plural em diversos sistemas legislativos, incluindo-se o Brasil, por meio da reforma da LSA implementada pela Lei 14.195/2021. A ideia é conferir aos fundadores ou empreendedores da companhia prerrogativas políticas suficientes para a implantação de seu programa de gestão, previamente à negociação das ações da companhia em mercados organizados. A recepção da matéria pelo Direito brasileiro é repleta de pontos polêmicos, razão pela qual se faz remissão ao item 4 destes comentários e àqueles articulados ao art. 110-A.

---

[697] Vide, por todos: ADAMEK, Marcelo Vieira von. *Abuso de minoria em direito societário*. São Paulo: Malheiros, 2014.

2. Negociação do direito de voto

MAURICIO MOREIRA MENEZES

A venda de voto constitui gravíssimo ato ilícito, a ponto de ser criminalizado, em razão de seu alto cujo grau de reprovabilidade.[698]

Entretanto, a leitura superficial do art. 118, LSA, poderia indicar aparente contradição, pois o dispositivo inclui, como objeto do acordo de acionistas, o exercício do direito de voto, enquadrando-o, naturalmente, como matéria negociável pelos acionistas signatários do acordo. Logo, supõe o poder de disposição sobre o direito de voto.

Não há qualquer incoerência no sistema da LSA. O alinhamento de interesses políticos, via acordo de acionistas, é praxe acionária há décadas. É comum a realização de reuniões prévias entre acionistas, nas quais se discute a matéria que será objeto de deliberação em assembleia-geral.

Com efeito, o ajuste entre acionistas, para fins de uniformizar o sentido de voto a ser proferido em assembleia-geral, é plenamente legítimo, pois se entende que as respectivas vontades foram previamente materializadas e serão apenas confirmadas no "palco" formal da assembleia-geral, que constitui o foro de exercício de poder nas companhias, como bem ressaltado por Fábio Konder Comparato, ao tratar dos bastidores da formação do convencimento do acionista e do processo decisório.[699]

Essa questão foi muito bem compreendida e ensinada por Fábio Ulhoa Coelho, que, em lúcida passagem, distingue o "voto de vontade" do "voto de verdade". O primeiro relaciona-se à matéria sobre a qual se projeta a discricionariedade do acionista, que examina e forma sua opinião, no sentido de aprová-la ou não. O segundo diz respeito a uma situação de fato, concreta, *v.g.*, o exame das demonstrações financeiras da companhia. Havendo erro técnico, fraude ou manipulação das demonstrações financeiras, não pode o acionista, sabedor do problema, vender seu voto para concordar com sua aprovação. Aqui, o acionista "exterioriza o seu entendimento acerca da fidelidade, ou não, do documento em apreciação ao seu correspondente objeto".[700]

3. Limitação de voto por acionista

MAURICIO MOREIRA MENEZES

Dispõe o *caput* do art. 110 da LSA que "a cada ação ordinária corresponde 1 (um) voto nas deliberações da assembleia geral". Por sua vez, o § 1º desse dispositivo contém, segundo as lições de Egberto Lacerda Teixeira e José Alexandre Tavares Guerreiro, um dos princípios que governam o direito de voto: a possibilidade de limitação estatutária do número de votos por acionista.[701]

A limitação a que se refere o art. 110, § 1º, da LSA, caso estabelecida no estatuto social da companhia, incide sobre o exercício do direito de voto, de tal forma que o número máximo de votos de cada acionista fique adstrito a determinado limite, ainda que seja titular de ações em número superior ao limite imposto.[702]

A possibilidade jurídica desse relevante instrumento de distribuição de poder político não é exclusividade do Direito brasileiro, encontrando correspondência em outros sistemas, como aqueles de França[703] e Portugal.[704]

A adequação, aos preceitos legais, da limitação ao direito de voto que incide da mesma maneira sobre todos os acionistas titulares de determinada classe de ações não gera maiores discussões. Inclusive, é prática comum no mercado que os estatutos sociais de companhias abertas

---

[698] O art. 177, § 2º, do Código Penal, tipifica o crime nos seguintes termos: "§ 2º. Incorre na pena de detenção, de seis meses a dois anos, e multa, o acionista que, a fim de obter vantagem para si ou para outrem, negocia o voto nas deliberações de assembleia geral".

[699] Demonstrando sensibilidade com os aspectos fáticos da manifestação dos direitos políticos nas companhias, Fábio Konder Comparato defende que a assembleia nada mais é que um instrumento jurídico, previsto em lei, para fins de legitimar o exercício do poder de controle (COMPARATO, Fábio Konder; SALOMÃO, Calixto Filho. *O Poder de controle na sociedade anônima*. 5. ed. Rio de Janeiro: Forense, 2005. p. 89 e ss.).

[700] COELHO, Fabio Ulhoa. *Curso de direito comercial*: direito de empresa. 20. ed. São Paulo: RT, 2016. v. 2. p. 308.

[701] TEIXEIRA, Egberto Lacerda; TAVARES GUERREIRO, José Alexandre. *Das sociedades anônimas no direito brasileiro*. São Paulo: José Bushatsky, 1979.

[702] REGO, Marcelo Lamy. Direito de Voto. In: LAMY FILHO, Alfredo; PEDREIRA, José Luiz Bulhões. *Direito das companhias*. Rio de Janeiro: Forense, 2017. p. 286.

[703] COZIAN, M.; VIANDIER, A.; DEBOISSY, F. *Droit des sociétés*. 19. ed. LexisNexis, 2006.

[704] CORDEIRO, António Menezes. *SA: Assembleia geral de deliberações sociais*. Almedina, 2006. p. 113-114.

brasileiras restrinjam o direito de voto de único acionista ou grupo de acionistas a determinado percentual do número total de ações de emissão da companhia ou de seu capital social, a fim de incentivar a dispersão acionária.

Indaga-se se haveria aparente contradição entre o art. 110, § 1º, e o art. 109, § 1º, ambos da LSA. Enquanto o primeiro não estabelece qualquer ressalva a respeito do alcance da limitação (art. 110, § 1º: "o estatuto pode estabelecer limitação ao número de votos de cada acionista"); o segundo impõe a igualdade de direitos exsurgidos de ações de mesma classe (art. 109, § 1º: "as ações de cada classe conferirão iguais direitos aos seus titulares").

Nesse contexto, questiona-se: acionistas titulares de ações de igual classe poderiam ser enquadrados em critérios diversos de limitação ao exercício do direito de voto?

Há autorizadas vozes doutrinárias que advogam uma espécie de "subordinação" do art. 110, § 1º, ao que dispõe o art. 109, § 1º, ambos da LSA. Para estes, a resposta ao questionamento acima seria, então, negativa. Nesse sentido, Modesto Carvalhosa entende que "somente se admite a restrição estatutária se ela alcançar todos os acionistas, sem exceção".[705]

Em linha com esse entendimento, Nelson Eizirik anotou que "[...] face ao disposto no §1º do artigo 109, a limitação ao número de votos de cada acionista não pode ser aplicada apenas a determinados acionistas, mas a todos os titulares de ações da mesma classe".[706]

Discorda-se dessas últimas opiniões. A resposta sobre a possibilidade de aplicação de critérios diversos de limitação ao exercício do direito de voto aos titulares de ações de igual classe deve ser afirmativa.

Com efeito, um primeiro argumento merece ser ressaltado: por força de política legislativa, o direito de voto não foi (propositalmente) incluído nos incisos do caput do art. 109 da LSA, sendo expurgado do regime jurídico estabelecido em tal dispositivo, no qual se insere a vedação de exclusão estatutária ou assemblear (caput) e a igualdade que deve nortear ações de cada classe (§ 1º).

Logo, a leitura sistemática da LSA impõe dissociar os regimes jurídicos do voto e dos direitos essenciais, de tal sorte que não há sentido em enquadrar os comandos normativos do art. 110 e seus parágrafos ao estatuto dos direitos essenciais prescritos no art. 109 e seus parágrafos, todos da LSA.

Nessa linha de raciocínio, confira-se a lúcida passagem de Luiza Rangel de Moraes:

A previsão estatutária em tela é admitida expressamente no art. 110, § 1.º, da Lei 6.404/76, sendo que, no mesmo artigo, o caput estabelece que cada ação ordinária tem direito a um voto (caput) e veda, no seu art. 110, § 2.º, da Lei 6.404/76 a atribuição de voto plural a qualquer classe de ações.
Por outro lado, os direitos essenciais dos acionistas estão arrolados no art. 109 da Lei 6.404/76, quais sejam: (I) participação nos lucros e no acervo social; (II) fiscalização da gestão, (III) direito de preferência na subscrição de ações e outros títulos conversíveis em ações, emitidos pela sociedade, e (IV) direito de retirada da sociedade. Estes direitos não podem ser excluídos pelos estatutos ou pela assembleia geral.
Já o art. 109, § 1.º, da Lei 6.404/76 estabelece que "as ações de cada classe conferirão iguais direitos aos seus titulares." Ou seja, a lei veda qualquer discriminação de direitos atribuídos à classe, em função do seu titular. Todos os titulares de ações de determinada classe fazem jus aos mesmos direitos.
Como o art. 109, § 1.º, da Lei 6.404/76 se refere ao caput do art. 109 da Lei 6.404/76, que não trata do direito de voto, concluímos que a limitação ao exercício do direito de voto não violenta a norma legal disciplinadora dos direitos essenciais dos acionistas.[707]

Outro ponto de técnica interpretativa refere-se à subsunção do parágrafo ao conteúdo normativo do caput de determinado dispositivo de Lei.

Nesse sentido, o disposto no art. 109, § 1º, da LSA projeta-se sobre os direitos elencados em seu caput e incisos, sendo incoerente admitir seu transbordamento para hipóteses deliberadamente excluídas daquele rol, como o foi o direito de voto.

---

[705] CARVALHOSA, Modesto. *Comentários à lei de sociedades anônimas*. 6. ed. São Paulo: Saraiva, 2014. v. 2., p. 488.

[706] EIZIRIK, Nelson. *Lei das S/A comentada*. 2. ed. São Paulo: Quartier Latin, 2015. v. 2, p. 182.

[707] DE MORAES, Luiza Rangel. A pulverização do controle de companhias abertas. *Revista de Direito Bancário e do Mercado de Capitais*, São Paulo, v. 32, p. 49-84, jun. 2006, p. 16-17 (versão eletrônica).

Dito de outro modo, a melhor interpretação da LSA parece ser na linha de não subordinar os comandos normativos do art. 110 e seus parágrafos (inseridos na Seção II do Capítulo X da Lei) às regras aplicáveis aos direitos essenciais, que se encontram previstos no art. 109 e seus parágrafos (inseridos em outra Seção: a Seção III do mesmo Capítulo da LSA).

Nessa mesma ordem de ideias, o § 1º do art. 109 da LSA não deve ser interpretado de forma dissociada de seu *caput*, aplicando-se estritamente aos direitos essenciais ali contemplados. Corroborando essa forma de interpretar dispositivos legais, veja-se as lições de Alberto Marques dos Santos:

> A regra conclama à interpretação sistemática, que, em certa medida, inclui uma interpretação "topológica". O lugar em que determinada disposição é inserida, dentro do texto legal, pode indicar algo a respeito da sua abrangência e alcance. O texto legal é organizado em partículas principais, os artigos, que podem ser subdivididos em sub-partes, fragmentos subordinados, que são os parágrafos, os incisos, as alíneas. É intuitiva a noção de que as disposições de um inciso têm abrangência limitada às hipóteses ou à situação contemplada no artigo a que o inciso está subordinado. Um artigo e seu parágrafo subordinado guardam, geralmente: a) uma relação de regra geral/exceção, onde o parágrafo institui regras que contrariam a norma geral do seu *caput*, excepcionando-a; ou b) uma relação de genérico/específico, onde o *caput* estabelece os contornos gerais de um mandamento, e os parágrafos explicitam aspectos ou desdobramentos da hipótese. A posição de um comando legal permite compreender a abrangência que o legislador quis lhe dar. O texto legal é articulado e sub-articulado, i.e., dividido em fragmentos de mensagem, cada qual devendo tratar de uma ideia específica. Esses fragmentos não são todos da mesma hierarquia e abrangência. Compreende-se intuitivamente que o parágrafo, como fragmento subordinado ao *caput* de um artigo, tem seu âmbito de aplicabilidade restrito – em princípio – ao âmbito de aplicabilidade do seu *caput* subordinante.[708]

De toda forma, o principal argumento que determina a inaplicabilidade do comentado art. 109, § 1º, ao caso da limitação do exercício do direito de voto funda-se na própria essência do aludido art. 110, § 1º, que é, por vezes, pouco compreendida.

Assim, o art. 110, § 1º, da LSA corresponde à exceção quanto à distribuição de direitos legais e estatutários nas companhias, que, como regra geral, é realizada em função da ação, exigindo-se igual tratamento às ações de cada classe (art. 15 c/c art. 109, § 1º, da LSA).

Seguindo essa lógica, tem-se que a restrição prevista no art. 110, § 1º, da LSA relaciona-se com a pessoa do acionista. Ao dispor que "o estatuto pode estabelecer limitação ao número de votos de cada acionista" (com ênfase na expressão "cada acionista"), o dispositivo legal em análise autoriza que a restrição do direito de voto recaia sobre o titular da ação, independentemente de sua quantidade, espécie ou classe. Permite-se, dessa forma, o estabelecimento de diferentes limites ao número de votos para os acionistas, em função de suas distintas características.

Registre-se que, para fins de estabelecimento de limitações ao número de votos, os critérios de distinção entre os acionistas devem ser objetivos, não podendo ser direcionados a acionistas previamente determinados (por exemplo, uma limitação de voto dirigida nominalmente para tal ou qual acionista).[709]

Por conseguinte, os referidos critérios objetivos devem estar previstos no estatuto social, a fim de que se assegure transparência quanto às "regras do jogo" e à distribuição de poder político entre acionistas. Devem, ainda, ser claras as razões pelas quais os critérios foram escolhidos, com fundamento no interesse social.

Dessa maneira, resguarda-se a impessoalidade que deve prevalecer nas companhias, especialmente naquelas cujas ações são negociadas em mercado de valores mobiliários.

---

[708] SANTOS, Alberto Marques dos. Regras Científicas da Hermenêutica. *Revista Judiciária do Paraná*, Curitiba, Associação dos Magistrados do Paraná, ano 2, v. especial (edição comemorativa dos 50 anos), nov. 2007. p. 33 (versão eletrônica).

[709] Para António Menezes Cordeiro: "A cada acção corresponde, supletivamente, um voto [...] Pode o contrato de sociedade desviar-se dessa regra [...] proibindo que sejam contados votos acima de certo número, quando emitidos por um só acionista [...] mas não para accionistas determinados" (CORDEIRO, António Menezes. *SA: Assembleia geral de deliberações sociais*. Almedina, 2006. p. 113-114).

O Estatuto Social da B3 S.A. – Brasil, Bolsa, Balcão pode ser citado como exemplo de aplicação desse dispositivo, impondo o limite máximo, para o exercício do voto por acionista, equivalente a 7% (sete por cento) do número de ações em que se divide o capital social, convindo reproduzir seu artigo 7º:

Artigo 7º. A cada ação ordinária corresponde o direito a um voto nas deliberações da Assembleia Geral ou Especial, sendo certo, no entanto, que nenhum acionista ou Grupo de Acionistas ('Grupo de Acionistas', conforme termo definido no Artigo 71) poderá exercer votos em número superior a 7% do número de ações em que se dividir o capital social, observado o previsto na alínea (d) do Parágrafo 5º do Artigo 68.
§ 1º. No caso de acordos de acionistas que tratem do exercício do direito de voto, observado o disposto no Parágrafo 2º, todos os seus signatários serão considerados como integrantes de um Grupo de Acionistas, para fins da aplicação da limitação ao número de votos de que trata o *caput* deste Artigo.
§ 2º. É vedada a pré-constituição de maioria de acionistas em Assembleia Geral mediante acordo de acionistas sobre exercício do direito de voto, arquivados ou não na sede da Companhia, que forme bloco com número de votos superior ao limite individual fixado no *caput* deste Artigo.
§ 3º. Caberá ao Presidente da Assembleia Geral zelar pela aplicação das regras previstas neste Artigo e informar o número de votos que poderão ser exercidos por cada acionista ou Grupo de Acionistas presente.
§ 4º. Não serão computados em Assembleia os votos que excederem os limites fixados neste Artigo.[710]

No caso da B3, a limitação do voto por acionista foi alocado como instrumento de manutenção da desconcentração política, o que pode ser útil, como acima antecipado, para companhias que optaram por pulverizar seu capital social e votante no mercado de valores mobiliários, na expectativa de se manterem sem controlador definido.

Seguindo-se na análise do problema, a impessoalidade não impede que o estatuto social considere as diversas características dos acionistas quando do estabelecimento de limitações ao número de votos, como bem sustentado por Bruno Robert, nas linhas adiante reproduzidas:

A limitação de voto, nos termos do art. 110, § 1º, pode assumir funções de garantia da dispersão acionária de determinada companhia ou ter papel estratégico em companhias cujas atividades possam afetar a segurança nacional ou determinado serviço público essencial, na medida em que podem garantir que nenhum acionista terá, isoladamente, por exemplo, poder de veto sobre certas matérias. O art. 110, § 1º, não restringe que a limitação do voto se dê em função da natureza ou qualidade dos acionistas: se estrangeiro ou nacional, se pessoa física ou jurídica, se residente ou não no país, se se trata de investidor qualificado ou não, ou por quanto tempo o acionista é detentor da ação, por exemplo. A limitação do voto, portanto, pode se dar com base nesses critérios, desde que, contudo, haja razão para tanto, lastreada na defesa do interesse social e, principalmente, esses critérios não sejam utilizados apenas como forma de burlar a limitação do caput do art. 110.[711]

Em sentido semelhante, João F. B. Sartini *et al.* anotaram que "pode ser prevista limitação do número de votos em função da natureza ou da qualidade dos acionistas, desde que a regra, repita-se, seja aplicável indistintamente a todos os acionistas que preencham os requisitos estabelecidos nos documentos societários, concluindo trata-se o art. 110, § 1º, da LSA [...] portanto, de regra que atinge o acionista, e não a ação".[712]

Logo, entende-se que a melhor interpretação da LSA, sobre o tema vertente, parece ser no sentido de que o estabelecimento, no estatuto social, de diferentes limites ao número de votos,

---

[710] B3. Relações com Investidores. Governança. Estatuto Social. Disponível em: <https://ri.b3.com.br/pt-br/governanca-corporativa-visao-geral/estatutos-codigos-e-politicas>. Acesso em: 15 dez. 2024.

[711] ROBERT, Bruno. Direito de voto do acionista. In: COELHO, Fábio Ulhoa (Coord.). *Tratado de direito comercial*. São Paulo: Saraiva, 2015. v. 3, p. 238.

[712] SARTINI, João F. B.; MACIEL, Rodrigo Tavares; LOPEZ, Victor S. M.; VENTURA, Paula Mainier. Comentários ao direito de voto das ações ordinárias e a limitação do número de votos do art. 110, § 1º, da Lei das S.A. In: HANSZMANN, Felipe (Org.). *Atualidades em direito societário*. Rio de Janeiro: Lumen Juris, 2019. v. IV, p. 468.

em função da qualificação de cada acionista, não viola o disposto em seu art. 109, § 1º.

Acresça-se que a limitação em questão pode ser utilizada, ainda, como eficiente solução jurídica para proteção de determinados interesses sociais. O estatuto social da Embraer S.A. constitui notável precedente nesse sentido. Tal estatuto estabelece diferentes limitações do número de votos para acionistas brasileiros e estrangeiros, nos seguintes termos:

> Art. 4º. A organização e o funcionamento da Companhia obedecerão aos seguintes princípios:
> [...]
> III. Nas deliberações da Assembleia Geral: a) nenhum acionista ou grupo de acionistas, brasileiro ou estrangeiro, poderá exercer votos em número superior a 5% do número de ações em que se dividir o capital social; e b) o conjunto dos acionistas e grupos de acionistas estrangeiros não poderá exercer votos em número superior a 2/3 do total de votos conferidos ao conjunto de acionistas brasileiros presentes;
> [...]
> Art. 14. Cada ação ordinária conferirá direito a um voto nas deliberações da Assembleia Geral, observados os seguintes limites:
> I – nenhum acionista, ou Grupo de Acionistas, brasileiro ou estrangeiro, poderá exercer votos em número superior a 5% da quantidade de ações em que se dividir o capital social da Companhia;
> II – o conjunto dos Acionistas Estrangeiros não poderá exercer, em cada reunião da Assembleia Geral, número de votos superior a 2/3 do total dos votos que puderem ser exercidos pelos Acionistas Brasileiros presentes.
> Art. 15. Para efeito do disposto no inciso II do art. 14, após a instalação de cada Assembleia Geral:
> I – serão apurados, com base na lista de presença, e divulgados pelo Presidente da Mesa (conforme estabelece o art. 22, § 3º abaixo), o número total de votos que podem ser exercidos pelos Acionistas Brasileiros e pelos Acionistas Estrangeiros presentes, observado o disposto nos incisos I e II do art. 14;
> II – se o total dos votos dos Acionistas Estrangeiros exceder 2/3 (dois terços) dos votos que podem ser exercidos pelos Acionistas Brasileiros, o número de votos de cada Acionista Estrangeiro será reduzido proporcionalmente da porcentagem do excesso, de modo que o total dos votos de estrangeiros não supere o limite de 40% do total de votos que podem ser exercidos em tal Assembleia Geral.
> Parágrafo 1º – No caso de Acionistas Estrangeiros e Grupos de Acionistas Estrangeiros, as limitações acima serão aplicadas conjunta e sucessivamente.[713]

Assim, nota-se que o estatuto social da Embraer S.A. dispõe sobre existência de duas limitações ao número de votos dos acionistas: (i) uma geral, aplicável a todos os acionistas da companhia, indistintamente, limitando o número de votos de cada acionista ou grupo de acionistas a 5% da quantidade de ações em que se dividir o capital social da companhia; e (ii) uma específica, dirigida apenas aos acionistas estrangeiros da companhia, que não poderão exercer, "em cada reunião da Assembleia Geral, número de votos superior a 2/3 do total dos votos que puderem ser exercidos pelos Acionistas Brasileiros presentes".

Os diferentes limites para o exercício do direito de voto por acionista constantes do estatuto social da Embraer S.A. foram introduzidos como forma de proteção de relevante interesse social, considerada a peculiaridade de sua atividade empresária. Buscou-se, assim, impedir que os acionistas estrangeiros da companhia exerçam votos em número superior a determinada fração dos votos dos acionistas brasileiros, ampliando o poder decisório dos últimos em face dos primeiros.

Cabe registrar que não é qualquer tipo de limitação do direito de voto baseado na pessoa do acionista que será admitida pela LSA. Por óbvio, limitações direcionadas a acionistas previamente determinados não se coadunarão com o que prevê a LSA. Não pode, por exemplo, o estatuto social conter previsão no sentido de que um determinado acionista nele nominado terá seu direito de voto em assembleias gerais limitado.

As limitações impostas pelo estatuto social deverão ser fundadas em critérios objetivos e universais, dirigidos a todos os acionistas de determinada companhia, atuais ou futuros, que se enquadrem na situação que dá ensejo à restrição. Adicionalmente, o critério em questão deve ser convergente com o interesse social da companhia.[714]

---

[713] EMBRAER. Relações com Investidores. Governança. Estatuto Social. Disponível em: <https://ri.embraer.com.br/governanca/estatuto-social/>. Acesso em: 15 jan. 2025.

[714] O conceito de "interesse social" está longe de ser pacífico no Direito brasileiro. Vide: SALOMÃO FILHO, Calixto. Interesse social: a nova concepção. In: *O novo direito societário*. 4. ed. São Paulo: Malheiros, 2006; FRANÇA, Erasmo

Veja-se que esse é justamente o caso da Embraer S.A. acima comentado, em que a limitação está prevista no estatuto social da companhia e é direcionada a todos os seus acionistas estrangeiros, atuais e futuros (critério objetivo e universal). Ao mesmo tempo, considerando a importância estratégica da atividade desenvolvida pela Embraer S.A. para o Brasil, tem-se que o critério de limitação proposto se coaduna com o interesse social da companhia (considerando que todos os concorrentes da Embraer S.A. são estrangeiros).

Sem dúvida, a nacionalidade do acionista não consiste no único critério distintivo permitido para limitar o exercício do direito de voto para cada acionista. Outros critérios devem ser admitidos, desde que observada sua objetividade, universalidade e relevância para o interesse social.

Exemplificativamente, a limitação do exercício do direito de voto pode ser aplicada a acionistas que exerçam atividades que sejam ou possam ser consideradas concorrentes às atividades desenvolvidas pela companhia da qual eles detêm ações.

Em um dos poucos trabalhos acadêmicos dedicados à figura do "acionista concorrente", Vitor Biccas Massoli elenca algumas estratégias que podem ser adotadas para "impedir ou dificultar a participação de acionistas concorrentes na assembleia geral das sociedades anônimas", inclusive "cláusulas restritivas do estatuto social".[715]

Assim, nada impede que a companhia adote medidas fundamentadas na LSA para proteger seu interesse social em face do "acionista concorrente". Desde que estabelecida de forma objetiva e universal, a limitação do número de votos a que se refere o art. 110, § 1º, da LSA constitui legítimo mecanismo de proteção do interesse social, à vista das potenciais adversidades causadas por concorrentes, em proveito próprio.

4. Revogação da norma de vedação ao voto plural

Mauricio Moreira Menezes

O voto plural consiste na atribuição de mais de um voto a cada ação. Sua vedação constava do sistema anterior à LSA, que a corroborou em sua redação originária, nos termos de seu então art. 110, § 2º, revogado pela Lei 14.195/2021.[716]

A justificativa para a antiga proibição do voto plural baseava-se no desequilíbrio de forças advindo da concentração de poder político em poucas ações, em desfavor daqueles que teriam aportado maior quantidade de recursos na companhia.

Como destacado nos comentários ao art. 110-A, LSA, o voto plural vinha sendo permitido em alguns sistemas estrangeiros, com destaque para o Estado de Nova Iorque, em função da relevância de sua capital como praça financeira. Era frequente o discurso segundo o qual companhias chinesas, europeias e até brasileiras realizaram sua oferta pública inicial de ações no mercado ianque, justamente para se valerem do benefício de reservar a seus controladores o voto plural, mantendo-se estável o centro de poder.

Essa orientação, em defesa do voto plural no Direito brasileiro, argumentava que a LSA ofertaria mecanismos suficientes para o reequilíbrio de forças, como os direitos essenciais e as normas de responsabilidade do acionista controlador. Alegava-se, ainda, que o voto plural favoreceria o empreendedorismo, ao conferir maior segurança aos líderes da empresa, que buscariam o financiamento via mercado de valores mobiliários.

A discussão em tela chegou no Congresso Nacional e foi oficialmente inaugurada por meio do Projeto de Lei da Câmara 10.736/2018, que dispôs sobre a alteração da LSA, com o exclusivo escopo de inclusão do voto plural e, por conseguinte, revogação do § 2º do art. 110. Foi idealizado para viger pelo prazo de até três anos, permitida única prorrogação por igual prazo. Não estipulava limites quanto à quantidade de votos por ação, mas, por outro lado, permitia tão somente a emissão de única classe de ações ordinárias com atribuição do voto plural. Conforme os comentários aduzidos ao art. 110-A da LSA, essas características (prazo, classe única e ausência de limitação legal quanto à quantidade de votos por ação) não prevaleceram na disciplina normativa do voto plural.

No curso do processo legislativo, o Projeto de Lei da Câmara 10.736/2018 recebeu parecer contrário de seu relator na Comissão de

---

Valladão Azevedo e Novaes. *Conflito de Interesses nas assembleias de S.A.* (e outros escritos sobre conflito de interesses). 2. ed. São Paulo: Malheiros, 2014; e FRAZÃO, Ana. *Qual deve ser o interesse das companhias?* Jota, 27 mar. 2019. Disponível em: <https://www.jota.info/paywall?redirect_to=//www.jota.info/opiniao-e-analise/colunas/constituicao-empresa-e-mercado/qual-deve-ser-o-interesse-social-das-companhias-27032019>. Acesso em: 15 jan. 2022.

[715] MASSOLI, Vitor Biccas. *O acionista concorrente na assembleia geral.* Dissertação. Universidade FUMEC, Faculdade de Ciências Humanas, Sociais e da Saúde. Mestrado em Direito. Belo Horizonte, 2016. p. 75-86.

[716] A vedação em questão foi estabelecida pelo Dec. 21.536/1932 e reproduzida pelo Dec.-lei 2.627/1940.

Desenvolvimento Econômico, Indústria, Comércio e Serviços da Câmara dos Deputados, que acabou por rejeitá-lo, em 12 de maio de 2021. O Projeto veio a ser arquivado em 26 de maio de 2021.

Não obstante, os trabalhos levados a efeito, pelo Governo Federal, para a melhoria do ambiente brasileiro de negócios acabaram por atrair, ainda que indiretamente, a questão relacionada com o voto plural. Com efeito, foi editada a MP 1.040, em 29 de março de 2021, que dispunha sobre "medidas de desburocratização para aumento de competitividade e modernização do ambiente de negócios no país", segundo a ementa explicativa sob a qual tramitou no Congresso Nacional.

Curiosamente, o texto sobre voto plural não constava do texto original da MP 1.040 e foi proposto durante sua tramitação no Congresso Nacional, por meio da Emenda 17, apresentada em 1º de abril de 2021, de autoria do Deputado Marco Bertaiolli, que veio a ser designado relator pelo Plenário da Câmara dos Deputados, em 3 de maio de 2021.

O referido parlamentar protocolou, em 13 de maio de 2021, requerimento para a retirada da Emenda 17, em respeito ao art. 43, parágrafo único, do Regimento Interno da Câmara dos Deputados ("Não poderá o Autor de proposição ser dela Relator"), deferido pela Mesa Diretora da Câmara dos Deputados em igual data. Seu respectivo texto voltou, com modificações, no Projeto de Lei de Conversão 15/2021, formulado e apresentado pelo Deputado Relator e aprovado pelo Plenário da Câmara dos Deputados. Durante a tramitação no Senado Federal, a parte relativa a voto plural, especialmente as alterações aos arts. 15, 16, 110, 125, 135, 136, 215, 243, 252 e 284, bem como a inserção dos arts. 16-A e 110-A, não sofreram qualquer alteração, restando aprovada pelo Plenário em 4 de agosto de 2021.

Em suma, o tema foi objeto de polêmica dentro e fora do Congresso Nacional. O acirramento do debate é demonstrado pela contundência do parecer de desaprovação do Deputado Helder Salomão, Relator do Projeto de Lei da Câmara 10.736/2018 na Comissão de Desenvolvimento Econômico, Indústria, Comércio e Serviços da Câmara dos Deputados, cuja decisão foi razoavelmente contemporânea aos primeiros movimentos da tramitação da MP 1.040, incluindo-se a propositura de emendas e a consolidação da disciplina normativa por meio do Projeto de Lei de Conversão 15/2021.[717]

Convém ressaltar que o Projeto de Lei de Conversão 15/2021 estendeu significativamente as disposições previstas na redação originária do Projeto de Lei da Câmara 10.736/2018, que se circunscrevia à inserção do inciso IV ao art. 16 ("atribuição de voto plural a uma única classe de ações de titularidade de empreendedor ou fundador, nos termos do art. 110-A") e a uma versão reduzida do art. 110-A da LSA. No mais, faz-se remissão aos comentários formulados ao texto do art. 110-A, LSA.

> **Art. 110-A.** É admitida a criação de uma ou mais classes de ações ordinárias com atribuição de voto plural, não superior a 10 (dez) votos por ação ordinária: (Incluído pela Lei nº 14.195, de 2021)
>
> I – na companhia fechada; e (Incluído pela Lei nº 14.195, de 2021)
>
> II – na companhia aberta, desde que a criação da classe ocorra previamente à negociação de quaisquer ações ou valores mobiliários conversíveis em ações de sua emissão em mercados organizados de valores mobiliários. (Incluído pela Lei nº 14.195, de 2021)
>
> § 1º A criação de classe de ações ordinárias com atribuição do voto plural depende do voto favorável de acionistas que representem: (Incluído pela Lei nº 14.195, de 2021)
>
> I – metade, no mínimo, do total de votos conferidos pelas ações com direito a voto; e (Incluído pela Lei nº 14.195, de 2021)
>
> II – metade, no mínimo, das ações preferenciais sem direito a voto ou com voto restrito, se emitidas, reunidas em assembleia especial convocada e instalada com as formalidades desta Lei. (Incluído pela Lei nº 14.195, de 2021)
>
> § 2º Nas deliberações de que trata o § 1º deste artigo, será assegurado aos acionistas dissidentes o direito de se retirarem da companhia mediante reembolso do valor de suas ações nos termos do art. 45 desta Lei, salvo se a criação da classe de ações ordinárias com atribuição de voto plural já estiver prevista ou autorizada pelo estatuto. (Incluído pela Lei nº 14.195, de 2021)

---

[717] BRASIL. Câmara dos Deputados. Parecer ao Projeto de Lei n. 10.736, de 2018 (PRL 1 CDEICS). Relator Deputado Helder Salomão. Brasília, 17 mar. 2021; BRASIL. Câmara dos Deputados. Parecer Proferido em Plenário à MPV Nº 1.040, de 2021. Relator Deputado Marco Bertaiolli. Brasília, 29 mar. 2021.

§ 3º O estatuto social da companhia, aberta ou fechada, nos termos dos incisos I e II do *caput* deste artigo, poderá exigir quórum maior para as deliberações de que trata o § 1º deste artigo. (Incluído pela Lei nº 14.195, de 2021)

§ 4º A listagem de companhias que adotem voto plural e a admissão de valores mobiliários de sua emissão em segmento de listagem de mercados organizados sujeitar-se-ão à observância das regras editadas pelas respectivas entidades administradoras, que deverão dar transparência sobre a condição de tais companhias abertas. (Incluído pela Lei nº 14.195, de 2021)

§ 5º Após o início da negociação das ações ou dos valores mobiliários conversíveis em ações em mercados organizados de valores mobiliários, é vedada a alteração das características de classe de ações ordinárias com atribuição de voto plural, exceto para reduzir os respectivos direitos ou vantagens. (Incluído pela Lei nº 14.195, de 2021)

§ 6º É facultado aos acionistas estipular no estatuto social o fim da vigência do voto plural condicionado a um evento ou a termo, observado o disposto nos §§ 7º e 8º deste artigo. (Incluído pela Lei nº 14.195, de 2021)

§ 7º O voto plural atribuído às ações ordinárias terá prazo de vigência inicial de até 7 (sete) anos, prorrogável por qualquer prazo, desde que: (Incluído pela Lei nº 14.195, de 2021)

I – seja observado o disposto nos §§ 1º e 3º deste artigo para a aprovação da prorrogação; (Incluído pela Lei nº 14.195, de 2021)

II – sejam excluídos das votações os titulares de ações da classe cujo voto plural se pretende prorrogar; e (Incluído pela Lei nº 14.195, de 2021)

III – seja assegurado aos acionistas dissidentes, nas hipóteses de prorrogação, o direito previsto no § 2º deste artigo. (Incluída pela Lei nº 14.195, de 2021)

§ 8º As ações de classe com voto plural serão automaticamente convertidas em ações ordinárias sem voto plural na hipótese de: (Incluído pela Lei nº 14.195, de 2021)

I – transferência, a qualquer título, a terceiros, exceto nos casos em que: (Incluído pela Lei nº 14.195, de 2021)

a) o alienante permanecer indiretamente como único titular de tais ações e no controle dos direitos políticos por elas conferidos; (Incluída pela Lei nº 14.195, de 2021)

b) o terceiro for titular da mesma classe de ações com voto plural a ele alienadas; ou (Incluída pela Lei nº 14.195, de 2021)

c) a transferência ocorrer no regime de titularidade fiduciária para fins de constituição do depósito centralizado; ou (Incluída pela Lei nº 14.195, de 2021)

II – o contrato ou acordo de acionistas, entre titulares de ações com voto plural e acionistas que não sejam titulares de ações com voto plural, dispor sobre exercício conjunto do direito de voto. (Incluído pela Lei nº 14.195, de 2021)

§ 9º Quando a lei expressamente indicar quóruns com base em percentual de ações ou do capital social, sem menção ao número de votos conferidos pelas ações, o cálculo respectivo deverá desconsiderar a pluralidade de voto. (Incluído pela Lei nº 14.195, de 2021)

§ 10. (VETADO). (Incluído pela Lei nº 14.195, de 2021)

§ 11. São vedadas as operações: (Incluído pela Lei nº 14.195, de 2021)

I – de incorporação, de incorporação de ações e de fusão de companhia aberta que não adote voto plural, e cujas ações ou valores mobiliários conversíveis em ações sejam negociados em mercados organizados, em companhia que adote voto plural; (Incluído pela Lei nº 14.195, de 2021)

II – de cisão de companhia aberta que não adote voto plural, e cujas ações ou valores mobiliários conversíveis em ações sejam negociados em mercados organizados, para constituição de nova companhia com adoção do voto plural, ou incorporação da parcela cindida em companhia que o adote. (Incluído pela Lei nº 14.195, de 2021)

§ 12. Não será adotado o voto plural nas votações pela assembleia de acionistas que deliberarem sobre: (Incluído pela Lei nº 14.195, de 2021)

I – a remuneração dos administradores; e (Incluído pela Lei nº 14.195, de 2021)

II – a celebração de transações com partes relacionadas que atendam aos critérios de relevância a serem definidos pela Comissão de Valores Mobiliários. (Incluído pela Lei nº 14.195, de 2021)

§ 13. O estatuto social deverá estabelecer, além do número de ações de cada espécie e classe em que se divide o capital social, no mínimo: (Incluído pela Lei nº 14.195, de 2021)

I – o número de votos atribuído por ação de cada classe de ações ordinárias com direito a voto, respeitado o limite de que trata o caput deste artigo; (Incluído pela Lei nº 14.195, de 2021)

II – o prazo de duração do voto plural, observado o limite previsto no § 7º deste artigo, bem como eventual quórum qualificado para deliberar sobre as prorrogações, nos termos do § 3º deste artigo; e (Incluído pela Lei nº 14.195, de 2021)

III – se aplicável, outras hipóteses de fim de vigência do voto plural condicionadas a evento ou a termo, além daquelas previstas neste artigo, conforme autorizado pelo § 6º deste artigo. (Incluído pela Lei nº 14.195, de 2021)

§ 14. As disposições relativas ao voto plural não se aplicam às empresas públicas, às sociedades de economia mista, às suas subsidiárias e às sociedades controladas direta ou indiretamente pelo poder público. (Incluído pela Lei nº 14.195, de 2021)

COMENTÁRIOS

1. Considerações gerais sobre o voto plural

FÁBIO ULHOA COELHO

A proibição do voto plural, quando existiu, era inócua; e a sua permissão, a partir da Lei nº 14.195/2021, é ineficaz. A inocuidade da antiga proibição decorre da base de cálculo das ações preferenciais sem direito a voto ou com voto restrito; e a ineficácia da permissão, ao seu turno, é decorrência das múltiplas inexplicáveis limitações com que o legislador cercou o instituto. No final, é como se não tivesse havido nenhuma mudança na LSA: a organização do poder de controle continuará a se valer dos expedientes que já existiam antes da revogação da proibição do voto plural e muito provavelmente não lançará mão desse instrumento, em vista de sua precariedade. O objetivo desse comentário é mostrar, de um lado, como se consegue chegar com outros meios societários ao mesmíssimo resultado do voto plural, em termos de concentração do poder de controle, mesmo enquanto vigorava a proibição; o que, de outro lado, permite antever que tais meios societários alternativos continuarão a ser empregados com vistas a se contornar as limitações do art. 110-A.

O ponto de partida é a figura das ações preferenciais sem direito a voto. Elas foram introduzidas, no direito positivo brasileiro, em 1932. Foi uma mudança bem-vinda, demandada ao governo da época por importantes entidades comerciais e bancárias da capital do país. Oito anos depois, editou-se uma nova lei acionária (Decreto-lei nº 2.627/1940), na qual se mantiveram as ações preferenciais sem direito a voto (art. 9º). Na verdade, ocorreu, tanto em 1932 como em 1940, a incorporação à lei de um expediente que, malgrado a sua pouca utilização, já era considerado inteiramente compatível com o direito societário brasileiro, por juristas de renome, desde o Século XIX.[718-719]

Em 1940, a lei estabeleceu um limite à emissão de ações não votantes dessa espécie, não previsto no decreto de 1932. Elas não podiam, então, ultrapassar a metade do capital social. A emissão de ações preferenciais sem voto, sob a disciplina da lei de 1940, representava uma maneira de concentrar o poder de tomar as decisões, na

---

[718] Miranda Valverde historia os primórdios do instituto entre nós: "em 1898, foi dirigida, pelo Dr. Oliveira Penteado, a Outro Preto e a Ruy Barbosa, a seguinte consulta: 'repugna à legislação pátria estipularem os estatutos, *ad instar*, da prática corrente, em França e na Inglaterra (cuja legislação também não é expressa), que o capital será formado: *a)* por ações preferenciais, com dividendo fixo e que são as representativas das entradas de dinheiro (salvo equiparação posterior, pela conversão voluntária em títulos ao portador), e *b)* por ações ordinárias, com dividendo aleatório, salvo quanto à equiparação de todas, quanto às sobras, se houver, deduzidas as reservas estatutárias e, mais, um dividendo igual ao daquelas?' Ambos os juristas opinaram pela legalidade das ações preferenciais" (*Sociedade por ações*. Rio de Janeiro: Forense, 1959, v. 1, p. 129). A respeito do mesmo fato histórico, Cunha Peixoto informa: "Rui Barbosa, por exemplo, assim se manifestou em parecer datado de 7 de janeiro de 1899: 'não se opõe a legislação brasileira à coexistência, numa sociedade anônima, de ações diversamente aquinhoadas, em relação aos benefícios sociais'" (*Sociedade por ações*. São Paulo: Saraiva, 1972, v. 1, p. 121).

[719] Ernesto Leme reflete sobre o decreto de 1932: "podemos dizer do Dec. n. 21.536, de 15 de junho de 1932, o que se dizia, no Senado da França, da Lei de 11 de julho de 1902: deve ele ser considerado, não como um instrumento de um direito novo, mas, como simples interpretação de um direito já existente... assim é que esse Direito veio encontrar, no país, algumas sociedades organizadas, cujo capital era formado, em parte, por ações preferenciais" (*Das ações preferenciais nas sociedades anônimas*. São Paulo: Saraiva, 1933, p. 123).

sociedade anônima, nas mãos de um dos acionistas (ou de bloco de acionistas). Os que titulassem ações preferenciais sem direito a voto estavam, claro, excluídos do poder decisório no interior da sociedade anônima.

Pode-se constatar que havia, no direito societário em vigor a partir de 1940, uma correspondência direta entre, de um lado, certa proporção do investimento realizado na empresa e, de outro, a titularidade do poder decisório nas mãos de parte dos acionistas. Em outros termos, ninguém podia, pela lei de 1940, concentrar em suas mãos o poder decisório, se não tivesse investido pelo menos 25,1% do capital social [720] por meio da subscrição de ações ordinárias (em sociedades emitentes de ações sem direito a voto no limite máximo legal permitido, de 50% do capital).

Deste modo, enquanto vigorou a LSA de 1940, para alguém ser o acionista controlador de uma sociedade anônima, era necessário investir na empresa um percentual mínimo dos investimentos aportados por todos os sócios. A participação do controlador no investimento deveria ter, por assim dizer, alguma relevância (mais de um quarto do capital). Essa equivalência entre proporção do investimento no capital (mínimo de 25,1%) e a titularidade do poder de tomar decisão deixa de existir em 1976. Com o advento da LSA, verifica-se uma substancial mudança da base de cálculo do limite para a emissão de ações preferenciais sem direito a voto. Comparem-se as disposições das Leis de 1940 e de 1976:

Dec.-lei nº 2.627/1940	Lei nº 6.404/1976[721]
Art. 9º, parágrafo único: "a emissão de ações preferenciais sem direito a voto não pode ultrapassar a metade do *capital* da companhia".	Art. 15, § 2º: "o número de ações preferenciais sem direito a voto ou sujeitas a restrições no exercício desse direito, não pode ultrapassar 2/3 (dois terços) do *total das ações emitidas*".

A substituição da base de cálculo do limite para a emissão de ações preferenciais sem voto, do "capital da companhia" pelo "total das ações emitidas" parece um assunto menor, mas não é. A importância da mudança na base de cálculo não foi devidamente apontada pela doutrina societária, ao tempo da discussão da mudança do percentual do art. 15, § 2º, em 2001;[722] mas a sua repercussão na organização do poder de controle é notável. Uma das consequências foi tornar inócua a proibição do voto plural.

Isso porque o preço de emissão das ações ordinárias e das ações preferenciais, emitidas pela mesma sociedade anônima, não precisa ser igual. Há dois momentos em que a sociedade anônima emite ações e, consequentemente, define o seu preço de emissão: na constituição (T0) e em aumentos do capital social (T1, T2, T3 etc). A LSA fixa os critérios para a companhia definir o preço de emissão, em cada uma dessas oportunidades (arts. 13 e 170, § 1º). Pois bem, se a companhia emite ações ordinárias em T0, e emite ações preferenciais sem voto em T1, os preços de emissão daquelas e destas podem ser (e normalmente serão) diferentes. Por uma série de fatores econômicos, financeiros e patrimoniais, pode ocorrer de o preço de emissão das ações

---

[720] Estou, claro, fazendo um arredondamento na porcentagem. No rigor da matemática, nas companhias que emitiram o máximo admissível de ações não votantes (50% do capital), qualquer número acima de 25% do capital, desde que representado apenas por ações ordinárias, permitia a concentração de todo o poder decisório nas mãos de um acionista: 25,01%, 25, 001%, etc.

[721] Em 2001, a Lei nº 10.303, alterou a redação do § 2º do art. 15 da LSA, para reduzir o índice do limite máximo de ações preferenciais sem voto, de 2/3 para 50%, mas manteve como base de cálculo desse percentual o "*total das ações emitidas*". A redação do § 2º do art. 15 da LSA é, desde a Lei nº 10.303/2001: "o número de ações preferenciais sem direito a voto, ou sujeitas a restrição no exercício desse direito, não pode ultrapassar 50% (cinquenta por cento) do total das ações emitidas".

[722] A mudança foi saudada como "democratização do capital", mas a doutrina simplesmente não prestou a devida atenção à manutenção da base de cálculo. Muitos discutiram a redução do percentual de 2/3 para o de 50%, como se fosse um mero "retorno" ao critério da lei de 1940. Cfr., por todos, Francisco da Costa e Silva (Ações preferenciais na Lei 10.303, de 31.10.2001: proporcionalidade com as ações ordinárias; vantagens e preferências. Em *Reforma da Lei das Sociedades Anônimas*. Coordenador Jorge Lobo. Rio de Janeiro: Forense, 2002, p. 122-124).

ordinárias, emitidas na constituição da companhia, ser inferior ao preço de emissão das preferenciais sem voto, emitidas num aumento do capital social posteriormente realizado.

Considere-se, então, o seguinte exemplo:

| | K | n | Ações ordinárias (com voto) ||| Ações preferenciais (sem voto) ||||
| | | | n | Preço | Percentual || n | Preço | Percentual ||
					K	n			K	n
T0	$100	100	100	$1	100%	100%	0	0	0	0
T1	$1.000	200	100	$1	10%	50%	100	$90	90%	50%

T0: constituição;
T1: aumento do capital social;
K: Capital Social;
n: número de ações.

Nesse exemplo, no momento da constituição (T0), a sociedade emitiu apenas ações ordinárias. O seu capital social (K) era $100, dividido em 100 ações ordinárias (n), cada uma emitida ao preço de $1. Já no aumento do capital social (T1), a mesma sociedade emitiu apenas ações preferenciais sem voto. Foram 100 novas ações, ao preço de $90 cada uma. O seu capital social (K), então, passou a ser $1.000, distribuídos em 200 ações (n), sendo metade ordinárias votantes e a outra metade, preferenciais não votantes.

No mesmo exemplo, o acionista que for o titular de 51 ações ordinárias, terá investido $51 na sociedade, correspondente a 5,1% do capital social de $1.000. Mas, esse acionista será titular de direitos de sócio que lhe asseguram, de modo permanente, a maioria das deliberações da assembleia geral e o poder de escolher a maioria dos administradores dessa companhia. Será, em suma, o seu controlador.

E será o seu controlador, ainda que as demais ações ordinárias (49) e a totalidade das ações preferenciais (100) forem da titularidade de um único outro acionista; o qual terá investido $949, correspondente a 94,9% do capital social. Ele não terá absolutamente nenhuma ingerência nas decisões da companhia: não terá direito de voto na assembleia geral, não escolherá nenhum administrador, não participará da orientação geral dos negócios sociais etc.

Em resumo, por conta da diferença no preço de emissão das ações de cada espécie (ordinárias com voto ou preferenciais sem voto), é possível a lícita e legítima concentração da totalidade do poder de tomar as decisões, numa sociedade anônima, nas mãos de um único acionista, que se responsabilizou por uma parcela diminuta dos recursos aportados no capital social dela. É esta, aliás, uma das mais importantes técnicas de organização do poder de controle[723].

A organização do poder de controle por meio da atribuição de diferentes preços de emissão às ações também pode se utilizar da espécie ordinária, com direito a voto. Se, na constituição, todas as ações ordinárias foram subscritas por determinado preço, pode ocorrer de, num aumento do capital social, emitirem-se mais ações ordinárias por preço superior. Se a quantidade das novas ações não for superior à das emitidas no momento da constituição, o acionista subscritor delas não terá nenhum direito de ingerência nas decisões societárias. E a concentração do poder de controle nas mãos de acionista que contribuiu muito pouco para os investimentos feitos na sociedade anônima pode ser ainda maior se combinados os expedientes de ações preferenciais sem voto e as ações ordinárias minoritárias. Retome-se o exemplo hipotético delineado anteriormente, para contemplar mais um aumento do capital social (T2):

---

[723] COELHO, Fábio Ulhoa. *Curso de direito comercial*. 23. ed. São Paulo: RT, 2021. v. 2, pp. 276-277.

Art. 110-A

	K	n	\multicolumn{4}{c	}{Ações ordinárias (com voto)}	\multicolumn{4}{c	}{Ações preferenciais (sem voto)}
			n	Preço	Percentual K	Percentual n	n	Preço	Percentual K	Percentual n
T0	$100	100	100	$1	100%	100%	0	0	0	0
T1	$1.000	200	100	$1	10%	50%	100	$90	90%	50%
T2	$5.000	400	200	$20	42%	50%	200	$20	58%	50%

T0: constituição;
T1 e T2: aumentos do capital social;
K: Capital Social;
n: número de ações

No segundo aumento do capital social, a companhia emitiu 200 novas ações, sendo 100 ordinárias com voto e 100 preferenciais sem voto (observando, portanto, o limite de 50% das ações emitidas, do art. 15, § 2º, da LSA). O preço de emissão das novas ações, tanto as ordinárias como as preferenciais, é $20. Se o acionista que titulava a totalidade das ações ordinárias subscrever uma única das novas ações, pagará o preço de $20 e manterá o poder de controle integralmente em suas mãos; e assim será, mesmo que o acionista que titulava, antes, apenas ações preferenciais subscrever o restante das ações, ordinárias e preferenciais, emitidas em T2, pagando o preço de $3.980.

Após o segundo aumento do capital social, haverá um acionista titular de 101 ações ordinárias e nenhuma preferencial, pelas quais desembolsou o preço de emissão de $120 ($100 em T0 e $20 em T2); e outro acionista, titular de 99 ações ordinárias e 200 ações preferenciais, pelas quais desembolsou o preço total de $4.880 (sendo $900 em T1 e $3.980 em T2). Nesse caso, o acionista controlador terá contribuído com apenas 2,4% dos recursos aportados na sociedade anônima, e será o titular de ações representativas de pouco mais de 21% do capital social; as quais, por ser a maioria das ações ordinárias emitidas pela companhia, lhe conferirão direitos de sócio que lhe asseguram, de modo permanente, a maioria nas deliberações sociais e na eleição dos administradores.

O mesmo decreto de 1932 que introduziu, na lei brasileira, as ações preferenciais sem voto, também fez a primeira menção ao voto plural, proibindo-o expressamente (art. 1º, § 4º). A lei de 1940 manteve a proibição expressa (art. 80, parágrafo único), assim como a atual até 2021 (art. 110, § 2º). Em 1932 e em 1940, a proibição do voto plural fazia sentido sob o ponto de vista matemático, porque a base de cálculo da limitação das ações preferenciais sem direito a voto era o capital social. Quando, em 1976, alterou-se a base de cálculo para o número de ações, matematicamente não se conseguia mais dar nenhuma eficácia ao pretendido pela proibição do voto plural. Por meio da diferenciação do preço de emissão, tendo em vista a definição legal do número de ações como base para a limitação das ações preferenciais sem voto, chega-se rigorosamente ao mesmo resultado a que se chegaria, com o mecanismo do voto plural, na organização do poder de controle de uma companhia.

Considere-se novamente o primeiro exemplo apresentado acima. Nele, o acionista que subscreveu 51 ações ordinárias, investiu 5,1% do capital social, mas controlava sozinho a companhia. Agora, considere-se a seguinte reestruturação da base acionária, com o expediente do voto plural na concentração do poder de controle: na constituição, a sociedade emite duas classes de ações ordinárias: classe A, atribuindo 20 votos ao acionista, por ação de sua titularidade, e a classe B, 1 voto apenas; são 51 ações da classe A e 949 ações da classe B, todas com mesmo preço de emissão de $1.

	K	n	\multicolumn{4}{c	}{Ações da classe A}	\multicolumn{4}{c	}{Ações da classe B}
			n	votos	Percentual K	Percentual votos	n	Votos	Percentual K	Percentual votos
T0	$1.000	1.000	51	1.020	5,1%	51,8%	949	949	94,9%	48,2%

T0: constituição;
K: Capital Social;
n: número de ações

Nesse caso, o acionista que investir os mesmos 5,1% do capital social, na subscrição da totalidade das ações ordinárias da classe A (com voto plural), tem a maioria dos 1.969 votos, isto é, 1.020, correspondentes a 51,8% dos votos. Concentra, portanto, em suas mãos o poder de controle. E, como se vê, chega-se rigorosamente ao mesmo grau de concentração do poder de controle, por meio da atribuição de preços de emissão diferentes para as ações votantes e as não votantes (admitida pelo direito brasileiro) ou pelo expediente do valor plural. Isso revela a completa inocuidade da proibição que estava prevista no art. 110, § 2º, da LSA, que a Lei nº 14.195/2021 revogou.

Em suma, a lei deveria ignorar o assunto do voto plural, seja para o proibir ou para o regulamentar, deixando livremente aos estatutos das diversas companhias a disciplina do tema. Afinal, se o estatuto da companhia atribui mais votos aos acionistas titulares de uma parte das ações, o investidor que subscreve ou adquire ações dessa companhia concorda com esse arranjo destinado à concentração do poder de controle. Os que considerarem que o voto plural estatutariamente atribuído a parte das ações representaria, de algum modo, um arranjo prejudicial aos interesses dos minoritários, *basta que não invistam nessa ação*.

2. Introdução ao voto plural

Mauricio Moreira Menezes

Conceitualmente, o voto plural consiste no mecanismo de atribuição de mais de um voto por ação, funcionando como exceção à regra 1 ação = 1 voto, estabelecida na cláusula geral prevista no art. 110 da LSA.

Em meio a discussões acaloradas a respeito das vantagens e desvantagens do voto plural, a Lei nº 14.195/2021, resultado da conversão da MP nº 1.040/2021, revogou a vedação prevista no art. 110, § 2º, da LSA e incluiu o extenso art. 110-A, além de repercutir tal alteração em outros dispositivos da LSA, especialmente naqueles que tratam da distinção entre classes de ações e quantificação de quórum de deliberação nas assembleias gerais. Dessa forma, foram ajustadas as redações dos arts. 15, 16, 110, 125, 135, 136, 215, 243, 252 e 284, além de inserido o art. 16-A.

Conforme os comentários articulados ao art. 110, LSA, a construção legislativa da disciplina jurídica do voto plural caminhou de modo confuso e açodado. No curso dos meses de março a maio da mesmíssima sessão legislativa de 2021, o Projeto de Lei da Câmara 10.736/2018, que versava sobre voto plural, foi rejeitado pela Comissão de Desenvolvimento Econômico, Indústria, Comércio e Serviços da Câmara dos Deputados, por decisão de 12 de maio de 2021, razão pela qual foi arquivado em 26 de maio de 2021. Por outro lado, a MP 1.040, de 29 de março de 2021, editada a pretexto de direcionar a implantação de "medidas de desburocratização para aumento de competitividade e modernização do ambiente de negócios no país", nada previu sobre voto plural.

A incorporação da matéria à MP nº 1.040/2021 foi sugerida pela Emenda 17, formulada pelo Deputado Marco Bertaiolli, em 1º de abril de 2021, dias antes da votação do Projeto de Lei da Câmara 10.736/2018 pela Comissão de Desenvolvimento Econômico, Indústria, Comércio e Serviços da Câmara dos Deputados. Por ter sido nomeado relator da MP nº 1.040/2021 pelo Plenário da Câmara, o referido parlamentar cumpriu o dever de requerer a exclusão da Emenda 17, em respeito ao art. 43, parágrafo único, do Regimento Interno da Câmara dos Deputados ("Não poderá o Autor de proposição ser dela Relator"). Porém, retornou com novo texto no Projeto de Lei de Conversão 15/2021, que trouxe acréscimos ao que dispunha, originalmente, a mencionada Emenda 17.

Alterou-se a LSA, sobre matéria relevante, por meio de um projeto de lei de conversão de medida provisória, sem o necessário aprofundamento de seu conteúdo pela comunidade jurídica especializada. O art. 110-A traz redação que se distancia da alta qualidade técnica da LSA. Emprega expressões de significado jurídico duvidoso (*v.g.*, "depósito centralizado", sem definição na LSA, que se refere a "custódia de ações fungíveis" em seu art. 41). Promulga soluções jurídicas de alcance universal (como o limite máximo de votos atribuíveis a cada ação e prazo de vigência da pluralidade), mas que parecem atender reivindicações de poucos segmentos da atividade econômica. A propósito, essa foi uma das críticas formuladas ao Projeto de Lei da Câmara 10.736/2018, no bojo do parecer desfavorável de seu relator na Comissão de Desenvolvimento Econômico, Indústria, Comércio e Serviços da Câmara dos Deputados.[724]

---

[724] Confira-se trecho do parecer do Deputado Helder Salomão: "Conforme o autor, a atribuição do voto plural incentivaria a listagem, em bolsas de valores, de empresas familiares e de start-ups uma vez que essas companhias apresentariam capital 'reputacional' intimamente legado a um fundador ou empreendedor. Dessa maneira, atribuir-lhes

A despeito da maneira precipitada como foi introduzido na lei societária, o voto plural suscita diferentes opiniões a respeito de sua efetividade, em especial pelo fato de a LSA contemplar mecanismos seguros de composição de interesses, como a emissão de ação preferencial sem voto ou com voto restrito (art. 111) e, em sentido oposto, possibilitar a outorga de vantagens políticas a essa espécie de ações (art. 18).

Acresça-se que há controvérsia sobre a própria legitimidade do voto plural, vale dizer, sobre a ética de seu substrato. De fato, há argumentos plausíveis para defensores e opositores do voto plural. Basicamente, os primeiros valorizam a prerrogativa de empreendedores e fundadores estabelecerem a estratégia de governança da companhia, retendo poder político para si, desde que o façam previamente à negociação de ações em mercados organizados de valores mobiliários. O segundo grupo mantém as ponderações que justificaram a vedação histórica ao voto plural, no sentido de assegurar o equilíbrio entre acionistas titulares de ações ordinárias, cuja influência e poder político seriam proporcionais ao capital investido e, logo, ao risco assumido.

A discussão sobre as supostas vantagens ou desvantagens do voto plural é de natureza meramente opinativa e não chega a criar um dilema. Nessa linha, ressalve-se que a diretriz interpretativa deve levar em consideração que se trata de simples escolha facultada aos agentes privados, que operam conforme as bases de mercado. Assim, a LSA, com redação dada pela Lei nº 14.195/2021, não impõe a adoção do voto plural pelo particular. Portanto, transita no campo da autonomia privada, devendo prevalecer a liberdade quanto à tomada de decisão pelos sócios, à vista de sua conveniência e dos interesses sociais, incluindo-se os incentivos econômicos que serão determinantes para a captação de investimentos. Logo, respeitadas as balizas legais, presentes no art. 110-A, o julgamento sobre os benefícios ou malefícios do voto plural circunscreve-se ao exercício da vontade, manifestada pelo sócio ou potencial investidor à luz de regras estatutárias, que devem ser transparentes, com efeitos previsíveis.

3. Experiência estrangeira: nota sobre as *dual-class shares*

Mauricio Moreira Menezes

As chamadas *dual-class shares*, com provável origem no direito estadunidense, constituem referência segura sobre a experiência estrangeira no campo do voto plural. São ações da mesma espécie, mas de classes distintas, que conferem direitos diferenciados a seus titulares, usualmente de natureza política, em especial, baseados no número de votos reconhecidos a cada classe de ações.[725]

Vale ressaltar que as *dual-class shares* ou, para alguns, as *dual-class common shares*, não se confundem com as ações preferenciais. A ideia em torno das preferenciais é compensar as restrições ao direito de voto por meio de vantagens patrimoniais, notadamente a prioridade no recebimento de dividendos, por vezes em percentual superior ao dividendo pago às ações ordinárias. Nessa linha, não são cogitadas compensações patrimoniais para as *dual-class shares*, cujo traço distintivo permanece, repita-se, no campo da atribuição de direitos políticos.[726]

---

voto plural possibilitaria, na visão do autor, assegurar que acionistas-chave preservassem seu poder de controle no cenário pós-abertura de capital, o que geraria confiança tanto para os demais acionistas quanto para potenciais investidores no que tange à preservação do padrão gerencial da companhia [...] Muito embora o autor mencione que o objetivo estaria relacionado à criação de mecanismo que possibilitasse a preservação do controle do fundador ou do empreendedor por um período limitado de tempo após a abertura da empresa de capital fechado, a proposição não restringe a existência do voto plural a esses casos. Com efeito, nos termos da proposição bastaria a aprovação de acionistas titulares de mais da metade das ações ordinárias em circulação para a criação de uma classe de ações com voto plural" (BRASIL. Câmara dos Deputados. *Parecer ao Projeto de Lei n. 10.736, de 2018 (PRL 1 CDEICS)*. Relator Deputado Helder Salomão. Brasília, 17 mar. 2021).

[725] A respeito da estratégia que pode ser adotada pela companhia, previamente à realização de oferta pública inicial de ações, Daniel Fischel leciona que "one important decision that must be made is under what circumstances, if any, classes of investors other than common stock-holders will have the right to vote. Another important decision is what the voting rules will be for common stockholders. Some of the possibilities include one share-one vote, cumulative voting, or multiple classes of common stock with unequal voting rights. Multiple classes of common stock with unequal voting rights are commonly referred to as dual class common stock" (FISCHEL. Daniel R. Organized Exchanges and the Regulation of Dual Class Common Stock. *University of Chicago Law Review*, Chicago, p. 119-152. 1987).

[726] "A partir de uma análise comparativa com os modelos estrangeiros de DCS, podemos distinguir o instituto de outras figuras como as ações preferenciais, pois ele não assegura necessária vantagem econômica aos unitaristas"

Historicamente, as leis societárias dos Estados norte-americanos privilegiam a liberdade e a autonomia da vontade, acolhendo o princípio do *one-share, one-vote*, mas permitindo que as companhias prevejam, em seus estatutos sociais, regras específicas sobre a distribuição do direito de voto. Por tal motivo, cabe à regulação, com ênfase para o papel dos autorreguladores, estabelecer normas sobre a matéria. Nesse sentido, sobressaem as bolsas de valores, a quem cabe a decisão de permitir a listagem de companhias emitentes das *dual-class shares*.[727]

Na literatura especializada, cita-se a International Silver Company como um dos primeiros casos de emissão de *dual-class shares*, com impactos no direito de voto dos acionistas. Essa companhia teria emitido, em 1898, ações ordinárias sem direito a voto e ações preferenciais. Os titulares de ações ordinárias apenas passaram a possuir direito de voto em 1902. Porém, para que possuíssem direito a único voto, cada acionista deveria ser titular de, ao menos, duas ações ordinárias.[728]

Nos anos 1920, diversas companhias abertas estadunidenses passaram a adotar as *dual-class shares* – tanto por meio da realização de ofertas públicas iniciais (na língua inglesa, *Initial Public Offerings*, mais conhecidas pela sigla IPO), com diferentes classes de ações, como por meio de operações de reestruturação. Alguns casos ganharam significativo alcance e êxito, como os da Industrial Rayon e Dodge Brothers. Logo em seguida, ecoaram as vozes críticas de investidores, acadêmicos e, posteriormente, do Presidente Calvin Coolidge e do Congresso. Por conseguinte, diante da possibilidade de sofrer eventual intervenção federal, a New York Stock Exchange (NYSE) passou a proibir, em 1926, a listagem de companhias com ações sem direito de voto ou classes de ações com atribuição diferenciada de direito de voto, implementando a política de *one-share, one-vote*.[729]

A referida política permaneceu inalterada, praticamente, até os anos 1980, época em que outras bolsas de valores e entidades de mercado, como a National Association of Securities Dealer Automated Quotation System (NASDAQ) e a American Stock Exchange (AMEX), assumiram posições relevantes no mercado norte-americano, sem impor restrições à listagem de companhias emitentes de *dual-class shares*. Viviam-se tempos marcados por operações de tomada hostil de poder de controles de companhias abertas com ações dispersas no mercado. Nessas circunstâncias, a emissão da *dual-class shares* passou a ser considerada eficiente mecanismo de proteção contra *take-overs*. Naturalmente, diversas companhias optaram por não se listar na NYSE, de tal modo a ter o caminho livre para a adoção do modelo baseado nas *dual-class shares*, acirrando a concorrência entre entidades de mercado organizado de valores mobiliários. Assim, em 1985, a NYSE propôs alterações às suas regras de listagem, a fim de permitir a realização de ofertas públicas de ações ordinárias de diferentes classes, em função do direito de voto.

Em 1988, a Securities and Exchange Comission (SEC) editou a chamada Rule 19C-4, com objetivo de unificar as regras de listagem de todas as bolsas de valores dos EUA no que diz respeito às *dual-class shares*. Basicamente, a norma impedia a emissão de mais de uma classe de ações ordinárias com objetivo de restringir o direito de voto de outra classe. Essa restrição vigeu por curto período, uma vez que, menos de 2 anos após sua edição, a United States Court of Appeals for the District of Columbia Circuit anulou a Rule 19c-4, sob o argumento de que a SEC teria extrapolado seu poder regulatório, delimitado pelo Securities Exchange Act de 1934, invadindo esfera de competência dos poderes legislativos estaduais. Dessa forma, voltou-se ao regime da liberdade, com restrições impostas apenas pelas bolsas de valores e entidades de mercado organizado de valores mobiliários.

(CALÇAS. Manoel de Queiroz Pereira, JUNQUEIRA. Ruth, CLEMESHA, Pedro Eduardo. Reflexões sobre o voto plural: perspectivas para a admissão de estruturas societárias com duas ou mais classes de ações com direito de voto diferenciado no direito brasileiro. *Revista de Direito Bancário e do Mercado de Capitais*. São Paulo, v. 92, p. 159-185, abr. 2021, p. 8).

[727] BAINBRIDGE. Stephen M. The Short Life and Resurrection of SEC Rule 19c-4. *Washington University Law Quarterly*. St. Louis, v. 69, n. 2, p. 565-634, jan. 1991. p. 12-13.

[728] STEVENS, W. H. S. Stockholders' Voting Rights and the Centralizaton of Voting Control. *The Quarterly Journal of Economics*. Washington, v. 40, n. 3, p. 353-392, maio 1926. p. 355.

[729] LOWENSTEIN, Louis. Shareholder Voting Rights: A Response to SEC Rule 19c-4 and to Professor Gilson. *Columbia Law Review*, New York, v. 89, nº 5, p. 979-1014, jun. 1989. p. 982.

Segundo Lucian A. Bebchuk e Kobi Kastiel, apesar de ter sido invalidada, a Rule 19C-4 influenciou a regulação adotada pelas bolsas de valores norte-americanas acerca das *dual-class shares*:

> Although the District of Columbia Court of Appeals invalidated this Rule on grounds that the SEC lacked authority to adopt it, the SEC persuaded the main stock exchanges to prohibit dual-class recapitalizations under their listing standards. As such, while U.S. companies still face constraints on introducing a dual-class structure midstream, they have been largely free to go public with a dual-class structure for about three decades.[730]

O tema das *dual-class shares* ganhou novos holofotes a partir dos anos 2000, em razão do aumento da quantidade de ofertas públicas iniciais de companhias de tecnologia, seguidas das respectivas listagens de ações em bolsa de valores ou entidades de mercado organizado. A atividade operacional e a estruturação jurídica e financeira de companhias de tecnologia provocam discussão sobre as vantagens de manutenção da visão de seu fundador, cuja genialidade e reputação seriam determinantes para o êxito do empreendimento. Independentemente da questão do direito de voto, casos como Microsoft, Amazon, Apple e Facebook funcionaram como exemplos de profunda conexão entre companhia e fundador.

Zohar Goshen e Assaf Hamdani defendem, no artigo intitulado Corporate Control and Idiosyncratic Vision, a importância do conceito de *visão idiossincrática do controlador*. Sustentam que o fundador seria portador de habilidades de liderança necessárias para a companhia ser bem-sucedida, além de executor de plano singular para a companhia que idealizou, a qual daria retornos acima da média de rentabilidade ofertada em mercado, no longo prazo, desde que sua visão fosse prestigiada.[731]

Entretanto, a visão idiossincrática do fundador pode não ser convergente com a de acionistas e investidores. Por outro lado, os incentivos e a motivação de parte a parte podem ser díspares. É compreensível que o fundador alimente visão de longo prazo, que considere a empresa como verdadeiro projeto de vida, cuja maturação enseja anos de dedicação, caso em que o voto plural pode funcionar para neutralizar a demanda de investidores para a obtenção de resultados imediatos. Sob enfoque inverso, é legítimo que investidores objetivem resultados que remunerem adequadamente o capital investido nos curto e médio prazos e, não menos importante, favoreçam a liquidez das ações, deixando aberta a via do desinvestimento e monetização de recursos.

Nesse raciocínio, as *dual-class shares* ressurgiram como elemento integrante da estrutura societária de companhias com interesse em acessar o mercado de capitais e, simultaneamente, assegurar a manutenção de poder pelos fundadores, os quais poderiam conduzir a gestão da empresa de acordo com sua visão idiossincrática, com maior espaço para instituir estratégia de longo prazo para o desenvolvimento e consolidação da sociedade, a despeito de eventuais retornos negativos no curto prazo, quedando-se mitigados os riscos de sua destituição dos cargos da administração.

Logo, a quantidade de ofertas públicas iniciais no mercado ianque, com uso de *dual-class shares*, foi majorada, significativamente, nas últimas duas décadas. Em 2000, apenas 7,3% dos IPOs de companhias de tecnologia utilizaram *dual-class shares* (19 de um total de 260). Em 2021, foram 46,2% (54 de 117). Em companhias *non-tech*, o percentual também aumentou de maneira notável: de 5,8% em 2000 (7 de 120 IPOs) para 23,2% em 2021 (44 de 192 IPOs).[732]

Ressalta Zoe Condon que o IPO da SNAP, Inc., companhia proprietária da rede social

---

[730] BEBCHUK, Lucian A., KASTIEL, Kobi. The Untenable Case for Perpetual Dual-class Stock. *Virginia Law Review*. Virginia, v. 103, n. 4, p. 585-631, jun., 2017. p. 596.

[731] GOSHEN, Zohar; HAMDANI, Assaf. Corporate control and idiosyncratic vision. *Yale Law Journal*. New Haven, v. 125, n. 3, p. 563-617, 2016. p. 577-578.

[732] Os dados incluem, exclusivamente, os IPOs seguidos da listagem na AMEX, NYSE e NASDAQ. Não foram considerados, na pesquisa, IPOs com preço de emissão, por ação, inferior a USD 5.00, assim como American Depositary Receipt – ADR, ofertas de *units*, ofertas de esforços restritos, quotas de fundos de investimentos fechados e outras específicas modalidades de ofertas citadas no estudo, as quais não correspondem ao modelo tradicional de oferta pública inicial de companhias abertas (RITTER, Jay. R. *Initial Public Offerings*: Updated Statistics. Warrington College of Business, University of Florida. Publicado em: 5 jan. 2022. Disponível em: https://site.warrington.ufl.edu/ritter/files/IPO-Statistics.pdf. Acesso em: 13 jan. 2022).

Snapchat, foi um dos episódios que contribuiu para reacender a discussão sobre as *dual-class shares*. Realizado em fevereiro de 2017, o IPO propiciou a arrecadação de USD 3,4 bilhões, mediante a emissão de mais de 200 milhões de ações ordinárias sem direito a voto. Os dois fundadores da SNAP, Inc. detiveram mais de 88% dos votos conferidos pelas ações da companhia. Embora o voto plural fosse amplamente aceito nos Estados Unidos da América, não era comum a emissão de ações ordinárias totalmente desprovidas de voto, fato que produziu reações de agentes de mercado. Como exemplo dessas reações, a Standard & Poor's 500 Index (S&P 500) anunciou, em julho de 2017, que não mais contemplaria em seu índice ações de companhias que adotassem o modelo das *dual-class shares*, por força do tratamento desigual conferido aos acionistas.[733]

Atualmente, as leis aplicadas em algumas praças financeiras de relevância global caminham no sentido de permitir a estrutura das *dual-class shares*. Em termos gerais, observa-se que freios e contrapesos são estipulados para o regime jurídico do voto plural, conforme a política legislativa de cada país, em clara tentativa de sopesar interesses legítimos dos mais diversos atores, sem que haja, necessariamente, adesão ao modelo de ampla liberdade praticado nos Estados norte-americanos, cujos limites dependem, como acima observado, da autorregulação privada.[734]

4. O voto plural no direito brasileiro

Mauricio Moreira Menezes

A vedação ao voto plural foi instituída no Direito brasileiro pelo Decreto nº 21.536/1932 (art. 1º, § 4º), diploma que igualmente introduziu a possibilidade de emissão de ações preferenciais sem voto ou com voto restrito. Neste último caso, a doutrina relata que o objetivo do legislador foi atender às reivindicações da iniciativa privada, diante da larga regulação das ações preferenciais sem voto em sistemas estrangeiros. Dizia-se que, na prática, a emissão de ações preferenciais seria uma realidade no Brasil daquela época, razão pela qual Decreto nº 21.536/1932 apenas teria ratificado seu reconhecimento.[735]

A referida vedação foi repetida pelo Decreto-lei nº 2.627/1940, conforme previa o parágrafo único de seu art. 80. A LSA a manteve na redação originária de seu art. 110, § 2º.

Daniela Andrei argumenta que o voto plural foi expurgado da lei societária brasileira em decorrência das iniquidades que poderia causar, em razão da concentração do poder em quem pouco capital investiu na companhia. Essa redução de riscos pelo grupo dotado de privilégio tenderia a produzir cenário propício a decisões aventureiras por parte da administração e a abusos por parte do controlador.[736]

Esses argumentos são validamente afastados por Andréia Cristina Bezerra Casquet, em estudo a respeito das ações *superpreferenciais*, no qual sustenta haver, na LSA, diferentes arranjos possíveis para promover a dissociação entre propriedade e controle, de tal sorte a permitir que um acionista detenha o controle da companhia, sem que haja correspondência com a sua participação no capital social.[737]

Fabio Ulhoa Coelho oferta semelhante raciocínio sobre a desvinculação entre o poder de controle e o mecanismo do voto plural. Aduz que, desde a edição da LSA, a proibição do voto plural no ordenamento jurídico seria inócua, uma vez que as companhias podem construir estrutura semelhante àquela do voto plural, por meio da

---

[733] CONDON, Zoe. A Snapshot of Dual-Class Share Structures in the Twenty-First Century: A Solution to Reconcile Shareholder Protections with Founder Autonomy. *Emory Law Journal*. Georgia, v. 68, p. 335-367, 2018.

[734] Esse modelo de freios e contrapesos foi declaradamente empregado pelo grupo de trabalho formado por iniciativa do Governo Federal, nomeado "Iniciativa de Mercado de Capitais" (IMK), formado por entidades públicas e privadas. A B3 – Brasil, Bolsa e Balcão foi a relatora da matéria referente ao voto plural. Segundo Flavia Mouta, "O ambiente do IMK contribuiu para democratizar a discussão sobre o voto plural, trazendo para a mesma mesa opiniões divergentes sobre o instituto, gerando, por consequência, a minuta base para um projeto extremamente equilibrado, com freios e contrapesos que inserem o voto plural no Brasil de maneira responsável" (Disponível em: https://www.b3.com.br/pt_br/noticias/novas-ofertas-com-a-criacao-do-voto-plural.htm. Acesso em: 5 jan. 2022).

[735] Sobre a análise objetiva dessa etapa histórica, *vide*, por todos: COELHO, Fábio Ulhoa. Notas sobre a proibição do voto plural. *Revista de Direito das Sociedades e dos Valores Mobiliários*. São Paulo, n. 12, nov. 2020, p. 81-95.

[736] ANDREI, Daniela Mussolini Llorca Sanchez. A vedação ao voto plural no Brasil. *Revista de Direito das Sociedades e dos Valores Mobiliários*. São Paulo, n. 9, p. 61-74, ago. 2019. p. 63-64.

[737] CASQUET, Andréia Cristina Bezerra. *Ações Superpreferenciais*: relação entre poder político e aporte econômico. São Paulo: Quartier Latin, 2018. p. 14.

estipulação de preços de emissão distintos para ações ordinárias e preferenciais. Vale conferir passagem de sua obra:

> no momento da constituição (T0), a sociedade emitiu apenas ações ordinárias. O seu capital social (K) era $100, dividido em 100 ações ordinárias (n), cada uma emitida ao preço de $1. Já no aumento do capital social (T1), a mesma sociedade emitiu apenas ações preferenciais sem voto. Foram 100 novas ações, ao preço de $90 cada uma. O seu capital social (K), então, passou a ser $1.000, distribuídos em 200 ações (n), sendo metade ordinárias votantes e a outra metade, preferenciais não votantes.
> No mesmo exemplo, o acionista que for titular de 51 ações ordinárias, terá investido $51 na sociedade, correspondente a 5,1% do capital social de $1.000. Mas, esse acionista será titular de direitos de sócio que lhe asseguram, de modo permanente, a maioria das deliberações da assembleia geral e o poder de escolher a maioria dos administradores dessa companhia. Será, em suma, o seu controlador.
> E será o seu controlador, ainda que as demais ações ordinárias (49) e a totalidade das ações preferenciais (100) forem da titularidade de um único outro acionista; o qual terá investido $949, correspondente a 94,9% do capital social.[738]

De fato, a partir do movimento de internacionalização dos mercados de valores mobiliários, tornou-se cada vez mais conveniente a realização de ofertas públicas iniciais de ações em praças estrangeiras, de tal modo que bolsas de valores de diferentes países passaram a concorrer entre si. Nesse contexto, diversos mercados, cujo ordenamento vedava a adoção do voto plural, testemunharam o redirecionamento da listagem de companhias sediadas em seus territórios, as quais buscaram outros mercados que admitiam essa estrutura.[739]

Fenômeno análogo foi experimentado no Brasil, principalmente entre os anos de 2017 e 2020. Vale citar, como exemplo, as ofertas públicas iniciais das companhias XP, Inc., Arco Platform Ltd., StoneCo Ltd. e a PagSeguro Digital Ltd., todas originariamente brasileiras, que optaram por abrir seu capital no Estado de Nova Iorque e listar suas ações na NYSE ou na NASDAQ.

Evidentemente, as referidas companhias tomaram tal decisão por diferentes razões, à vista das particularidades que as cercavam e à luz da estratégia traçada por seus controladores. No entanto, verificou-se uma escolha comum: em todos os casos, foram emitidas *dual-class shares*, conferindo a determinada classe de ações o direito de voto plural.

Naturalmente, agentes privados e públicos brasileiros foram instados a repensar o conceito de voto plural e sua inserção na LSA, o que acabou sendo efetivado pela Lei nº 14.195/2021, em meio às circunstâncias examinadas na Seção 1 destes comentários ao art. 110-A, LSA.

5. Criação de classe de ações ordinárias com voto plural

Mauricio Moreira Menezes

Como se sabe, a prevalência da autonomia da vontade está longe de representar campo aberto para qualquer tipo de excesso. Não existe (ou não

---

[738] "Em 1932 e em 1940, a proibição do voto plural fazia sentido, pelo menos sob o ponto de vista matemático, porque a base de cálculo da limitação das ações preferenciais sem direito a voto era o capital social. Quando, em 1976, alterou-se a base de cálculo para o número de ações, matematicamente não se consegue mais dar plena eficácia ao pretendido pela regra de proibição do voto plural. Manejando-se adequadamente os preços de emissão das ações de cada espécie, chega-se ao mesmo resultado que o do voto plural: o domínio da sociedade anônima por quem investiu pouquíssimo no capital" (COELHO, Fábio Ulhoa. Notas sobre a proibição do voto plural. *Revista de Direito das Sociedades e dos Valores Mobiliários*. São Paulo, n. 12, p. 81-95, nov. 2020. p. 92).

[739] A esse respeito, mencione-se dois exemplos, amplamente noticiados à época da realização dos IPOs: (i) havia uma forte expectativa de que o clube de futebol Manchester United abrisse capital na Singapore Exchange – SGX, dada sua forte base de torcedores no continente asiático. Contudo, o clube optou pela NYSE para poder emitir *dual-class shares* (STANTON, Daniel e LAU, Fiona. P Exclusive: Manchester United drops Asia IPO for U.S. Reuters, Londres, 13 jun. 2012. Disponível em: https://www.reuters.com/article/us-singapore-us-ipo-manchester-united-if-idUSBRE-85C0MO20120613. Acesso em: 15 jan. 2022); e (ii) em 2014, a gigante chinesa Alibaba optou por listar suas companhias, em um dos maiores IPOs da história do mercado de capitais internacional, na NYSE, em detrimento da Hong Kong Stock Exchange – HKEX, bolsa do seu país de origem. Conforme noticiado à época, a vedação do voto plural na bolsa chinesa foi determinante para ter optado pela NYSE (DUNKLEY, Emma. HKEX admits Alibaba forced it to rethink dual-class shares. Financial Times, Londres, 16 jan. 2018. Disponível em: https://www.ft.com/content/6f0e9914-fa-96-11e7-a492-2c9be7f3120a. Acesso em: 15 jan. 2022).

deve existir) direito absoluto. Muito ao contrário, prevalece a relatividade funcional das faculdades reconhecidas aos agentes privados, limitadas por balizas estabelecidas no sistema jurídico, dotado de coordenação e coerência. O ordenamento reprova o abuso de direito, considerando-o ato ilícito e sujeitando seu autor ao dever de indenizar, nos termos da cláusula geral prevista no art. 187, do Código Civil.

Idêntico raciocínio se aplica aos direitos políticos decorrentes do voto plural. As normas (legais, regulatórias ou estatutárias) que, em tese, buscam limitar sua adoção, tendem a promover a lapidação de seus efeitos, reduzindo a margem para prática de excessos.

Não obstante, certas limitações impostas pelo art. 110-A devem ser lidas com reserva. A Lei nº 14.195/2021 parece ter exagerado em seus freios e contrapesos, impondo indevido pacote de regras às companhias que pretenderem adotar o voto plural. Essa forma de tratamento do tema foi, inclusive, objeto de críticas pela comunidade jurídica especializada, segundo publicado por veículos jornalísticos.[740]

Melhor seria, como orientação geral, privilegiar a autonomia privada, reconhecendo-se a prevalência do estatuto social da companhia. Desse modo, o regime legal estaria circunscrito às hipóteses de omissão estatutária. Esse método é repetidamente seguido pela LSA em outros dispositivos, diante do interesse eminentemente privado da norma.

Nos termos do *caput* do art. 110-A da Lei nº 6.404/1976, "é admitida a criação de uma ou mais classes de ações ordinárias com atribuição de voto plural, não superior a 10 (dez) votos por ação ordinária".

De início, é possível inferir que a opção do legislador foi permitir que as companhias tenham liberdade para criar, como bem entenderem, número ilimitado de classes de ações ordinárias com voto plural. Nesse ponto, distancia-se da proposta do Projeto de Lei da Câmara nº 10.736/2018, referido na Seção 1 destes comentários ao art. 110-A, que limitava o voto plural a única classe de ações ordinárias.[741]

Logo, entende-se que as companhias podem ter uma, duas, três ou até mais classes de ações ordinárias com voto plural, inclusive atribuindo porções distintas de votos por ação de cada classe (*v.g.*, pode ser que a ação ordinária classe A atribua 1 voto por ação; a ação ordinária classe B, 5 votos por ação; e a ação ordinária classe C, 10 votos por ação).

Ademais, o *caput* do art. 110-A dispõe sobre a primeira restrição legal: não se pode atribuir mais de 10 votos por ação ordinária. Não foram expostas, no Relatório ao Projeto de Lei de Conversão nº 15/2021, as razões pelas quais se fixou o aludido limite, que inexistia no anterior Projeto de Lei da Câmara nº 10.736/2018.

Apesar de não se ter notícia de limitação ao número de votos por ação na legislação dos principais Estados norte-americanos, estudo divulgado pelo CFA Institute indica que, em determinadas praças financeiras, a regulação local optou por inserir a referida baliza de até 10 votos para cada ação, citando Hong Kong e Singapura. Além disso, são mencionados casos considerados bem-sucedidos, que seguiram essa proporcionalidade. São fatores que, teoricamente, podem ter influenciado o legislador brasileiro.[742]

Os incisos I e II do art. 110-A dispõem, respectivamente, que o voto plural poderá ser instituído a qualquer tempo nas companhias fechadas e, nas companhias abertas, apenas se a criação da nova classe de ação ordinária ocorrer previamente à negociação de quaisquer ações ou valores mobiliários conversíveis em mercados organizados. Nesse cenário, a legislação brasileira veda a adoção do voto plural por companhia que já tenha realizado seu IPO.

A esse respeito, destaque-se crítica realizada por Marcelo Trindade à vedação prevista no referido inciso II:

Por outro lado, a emenda parece excessivamente restritiva quando impede a criação de ações com voto plural em companhias já

---

[740] RAGAZZI, Ana Paula. Advogados criticam proposta de MP para voto plural. *Valor Econômico*. São Paulo, 15 jun. 2021. Disponível em: https://valor.globo.com/financas/noticia/2021/06/15/advogados-criticam-proposta-de-mp-para-o-voto-plural.ghtml. Acesso em: 11 jan. 2022.

[741] Dispunha o arquivado Projeto de Lei da Câmara nº 10.736/2018: "Art. 110-A. Fica autorizado atribuir voto plural a uma única classe de ações ordinárias na companhia fechada".

[742] CFA Institute. *Dual-class shares: the good, the bad, and the ugly*. Charllotesville, Viginia: CFA Institute, 2018. Disponível em: https://www.cfainstitute.org/-/media/documents/survey/apac-dual-class-shares-survey-report.pdf. Acesso em: 11 jan. 2022. p. 51.

negociadas em bolsa. Isso inviabiliza a utilização do mecanismo por companhias abertas com ações preferenciais, cujos controladores se dispusessem a migrar para uma estrutura apenas com ações votantes, desde que retivessem o voto plural por alguns anos.[743]

O disposto no inciso II do art. 110-A leva à reflexão sobre a situação jurídica de companhias fechadas que, no passado, emitiram ações ou valores mobiliários conversíveis negociados em mercados organizados, cancelaram seu registro de companhia aberta e, na atualidade, pretendem abrir novamente seu capital, listando suas ações em bolsa de valores ou em entidade de mercado organizado. Estariam elas proibidas de adotar o voto plural? A melhor interpretação é no sentido de que, a princípio, a vedação prevista no inciso II do art. 110-A não se aplicaria nesse caso, por ausência de restrição expressa.

Os §§ 1º a 3º do art. 110-A trazem as regras referentes à criação de classes de ações ordinárias com voto plural. Nos termos do § 1º, tanto os titulares de ações ordinárias como os titulares de ações preferenciais possuem o direito de votar a respeito da adoção do voto plural. O quórum de deliberação é qualificado, comparável àquele previsto no art. 136, LSA: (i) metade, no mínimo, do total de votos conferidos pelas ações com direito a voto; e (ii) metade, no mínimo, das ações preferenciais sem direito a voto ou com voto restrito, reunidas em assembleia especial. Portanto, todos os acionistas têm direito de participar ativamente do processo decisório a respeito da criação de classe de ações com voto plural.

Interessante notar que, igualmente a exemplo da fórmula ofertada pelo comentado art. 136, LSA, o estatuto social da companhia, aberta ou fechada, nos termos dos incisos I e II do *caput* do art. 110-A, poderá exigir quórum maior para as deliberações de que trata seu § 1º.

O direito de retirada aos acionistas dissidentes é assegurado pelo §2º, cabendo-lhes o reembolso do valor de suas ações, nos termos do art. 45 da LSA, ressalvada a hipótese em que o estatuto autorize, antecipadamente, a possibilidade da criação de classe de ações ordinárias com atribuição do voto plural. Entende-se pertinente e coerente a incidência do direito de retirada, pelo fato de se alterar, com o voto plural, a substância e a dinâmica das relações de poder entre acionistas, capaz de impactar severamente as expectativas dos minoritários.

Como se disse, o art. 110-A foi idealizado para companhias que buscam financiamento via mercado de valores mobiliários, sem que a diluição acionária, provocada pela oferta pública inicial de ações, produzam a desconcentração do poder político, que se pretende manter no grupo de controle originário.

Alterado o estatuto social da companhia, para fins de criação do voto plural, estão postas as regras do jogo, que devem ser, repita-se, transparentes, minuciosas e com efeitos previsíveis.

Essas considerações justificam a vedação de alteração das características de classe de ações ordinárias com atribuição de voto plural, após o início da negociação das ações em mercados organizados, tal como prevista no § 5º. A exceção à dita vedação consiste na eventual redução dos respectivos direitos ou vantagens, hipótese pouco provável, mas que, caso verificada, em nada frustrará as expectativas dos titulares de ações em circulação, desprovidas do voto plural, logicamente.

Aliás, a propósito do procedimento de listagem da companhia, imediatamente após o IPO, o § 4º traz norma direcionada para a entidade administradora do mercado organizado, instando-as a editar regras que tragam informações completas sobre a estrutura acionária de tais companhias abertas. A tendência será, ao que tudo indica, a criação de segmentos especiais de listagem, que prescindam da regra "uma ação – um voto".

6. Limites à vigência do voto plural

Mauricio Moreira Menezes

É possível limitar a vigência de determinada norma, prevista em lei, regulamento ou estatuto social, fixando-lhe prazo ou delimitando certos fatos cujo implemento produzirá sua caducidade, de pleno direito, i.e., automaticamente, sem necessidade de qualquer formalidade superveniente. Essa categoria de cláusula normativa é igualmente conhecida como *sunset provision*, que tem se tornado usual no direito societário

---

[743] TRINDADE, Marcelo. Em meio ao caos, o voto plural. *Valor Investe*. São Paulo, 14 abr. 2021. Disponível em: https://valorinveste.globo.com/blogs/marcelo-trindade/coluna/em-meio-ao-caos-o-voto-plural.ghtml. Acesso em: 15 jan. 2022.

norte-americano, particularmente em estruturas acionárias fundadas no *dual-class shares*.[744]

Nessa linha, o § 7º do art. 110-A estabelece uma hipótese de *time-based sunset provision*, ao estipular o prazo de 7 anos de vigência do voto plural atribuído às ações ordinárias.[745]

Não obstante, o mesmo § 7º acima referido permite que essa vigência inicial seja prorrogada *por qualquer prazo*, desde que (i) sejam observadas as formalidades de aprovação descritas nos §§ 1º e 3º; (ii) os titulares das ações com voto plural que se pretende prorrogar sejam excluídos da deliberação; e (iii) seja assegurado direito de retirada aos acionistas dissidentes.

Dois aspectos da *time-based sunset provision* brasileira devem ser ressaltados. Em primeiro plano, a redação constante da Emenda 17 à Medida Provisória nº 1.040/2021 propunha que a prorrogação do prazo de vigência do voto plural deveria se dar *uma única vez, pelo mesmo prazo*.[746] A alteração que resultou na redação final do § 7º do art. 110-A demonstra, portanto, que foi a intenção do legislador modificar essa lógica inicial para, textualmente: (i) permitir que eventual prorrogação do voto plural não tenha que observar o limite temporal de 7 anos; e (ii) admitir sucessivas prorrogações do prazo de vigência do voto plural.

Acresça-se que o procedimento de prorrogação do voto plural é muito semelhante ao de sua aprovação, com a diferença de que não votam os titulares das ações cujo voto plural se pretende prorrogar. Note-se que, aqui, não se trata de caso em que o voto plural é desconsiderado, aplicando-se a lógica do *one share, one vote*, para a deliberação: os titulares das ações com voto plural são completamente excluídos da deliberação.

Disso se extrai que, para que haja prorrogação do voto plural de determinada classe de ações, são justamente os acionistas titulares de ações sem voto plural (ou seja, os não controladores) que tomarão essa decisão, com conjunto com eventuais titulares de outra classe de ações com voto plural (i.e., classe cuja prorrogação não é cogitada para efeito de deliberação). Em resumo, a decisão ficará sujeita à avaliação de acionistas acerca das vantagens na manutenção do poder de controle do titular das ações com voto plural. Os incentivos estarão ligados, muito provavelmente, aos resultados apresentados pela gestão liderada pelo controlador ou grupo de controle, a quem cabe supervisionar o funcionamento dos órgãos de administração (art. 116, *b*, LSA).

Um ponto a se considerar, nesse cenário, é se o direito de retirada e respectivo reembolso incidirão como incentivos contrários à prorrogação do voto plural de determinada classe de ações, especialmente na hipótese de escassez de liquidez das

---

[744] ALLAIRE, Yvan. *The case for dual-class of share*. Disponível em: https://ssrn.com/abstract=3318447. Acesso em: 11 jan. 2022.

[745] A respeito da aplicação das *sunset provisions* ao voto plural, leia-se passagem do citado artigo publicado por Lucian A. Bebchuk e Kobi Kastiel: "A sunset provision with a time limitation is triggered at a predetermined date – say, ten years after the IPO. When the clause is activated, the shares with the superior voting rights automatically convert into ordinary shares, and the company's second class is eliminated. To enable the retention of structures that remain efficient, the provision may stipulate that the conversion could be delayed by additional periods of not more than ten years each, provided that the majority of shareholders unaffiliated with the controller approve such extensions. This type of sunset clause ensures that controlling shareholders would be able to retain only efficient dual-class structures. With unaffiliated shareholders determining the structure's future, the controlling shareholder is unlikely to prolong an inefficient structure that serves her private benefits at the expense of enterprise value. We have identified several companies – including Fitbit, Groupon, Kayak, and Yelp – that recently adopted a fixed-time sunset clause at the IPO stage. The duration of the dual-class structures in these cases ranged from five years to twenty years. Groupon, for example, adopted a five-year sunset clause at its IPO in 2011, and, as a result, it converted to a single-class company in 2016. However, the companies adopting this type of provision still constitute a minority of dual-class IPOs [...] A second type of sunset, adopted by some dual-class companies, is a triggering-event sunset requiring a conversion to a single-class structure upon the occurrence of a specified event, such as the founder's disability, death, or reaching of retirement age. This type of sunset arrangement prevents the founder from retaining control when reaching old age or disability and from transferring control to heirs" (BEBCHUK, Lucian A.; KASTIEL, Kobi. The untenable case for perpetual dual-class stock. *Virginia Law Review*. Charllotesville, v. 103, n. 4, p. 585-631, jun. 2017. p. 619-620).

[746] Confira-se a redação da Emenda 17 nessa parte: "§ 8º. O voto plural atribuído às ações ordinárias terá prazo de duração máxima de 7 anos, podendo ser prorrogado, uma única vez, por período igual ou inferior, mediante aprovação nos termos do § 3º deste artigo, excluídos das votações os titulares de ações da classe cujo voto plural se pretende prorrogar".

ações de titularidade dos minoritários. Relembre-se que o art. 45 da LSA dispõe que o valor do reembolso pode ser calculado com base no valor patrimonial da companhia, em seu valor econômico ou por outro método previsto no estatuto social. A depender desse valor, acionistas minoritários podem aproveitar dessa oportunidade para receber montante superior ao que realizariam na hipótese de alienação das ações em mercado.

De todo modo, caso acionistas exerçam o direito de retirada em questão, pode ser aplicada a regra do art. 137, § 3º, da LSA, permitindo a reconsideração da deliberação nos casos em que a administração entenda que "pagamento do preço do reembolso das ações aos acionistas dissidentes que exerceram o direito de retirada porá em risco a estabilidade financeira da empresa".

Além da *sunset provision* baseada no tempo, os §§ 6º e 8º do art. 110-A contemplam as chamadas *event-based sunset provisions*, abrangendo eventos cuja ocorrência enseja a automática conversão de ações com voto plural em ações sem voto plural, a saber: (a) transferência, a qualquer título, das ações com voto plural a terceiros, exceto nos casos em que (a.1) o alienante permanecer indiretamente como único titular de tais ações e no controle dos direitos políticos por elas conferidos; (a.2) o terceiro for titular da mesma classe de ações com voto plural a ele alienadas; ou (a.3) a transferência ocorrer no regime de titularidade fiduciária para fins de constituição do "depósito centralizado" (leia-se: custódia de ações fungíveis em entidade autorizada pela Comissão de Valores Mobiliários a prestar dito serviço, nos termos do art. 41 c/c art. 42, LSA); ou (b) a celebração de acordo de acionistas entre titulares de ações com voto plural e acionistas que não sejam titulares de ações com voto plural, que disponha sobre exercício conjunto do direito de voto.

As aludidas *event-based sunset provisions* podem suscitar a opinião segundo a qual o voto plural possuiria caráter personalíssimo, apesar de ser uma vantagem decorrente da propriedade de ações de classe específica. Essa orientação estaria em linha com o principal benefício do voto plural: permitir que o fundador, controlador – ou pessoa predeterminada – implemente sua estratégia de desenvolvimento da companhia (visão idiossincrática), tendo em vista sua peculiar conexão com seu projeto e suas atividades sociais.

Por isso, permitir a livre negociação das ações com voto plural atentaria contra a racionalidade que justificou a instituição do voto plural.

As exceções são operações de reorganização patrimonial do próprio titular das ações e a negociação de ações com quem seja titular, antecipadamente, de ações agraciadas pelo voto plural, conforme deixam claras as alíneas do inciso I do § 8º. Nessas hipóteses, não haveria efetiva transferência do poder político a terceiro.

Da mesma forma, possibilitar que os titulares de ações com voto plural celebrem com terceiros (que não sejam titulares de ações com voto plural) contrato ou acordo de acionistas, dispondo justamente sobre o exercício do voto, abriria espaço para que esse benefício fosse, por via transversa, transferido ou compartilhado com pessoas estranhas àquelas escolhidas pelos acionistas para exercê-lo.

Sem dúvida, essa interpretação, se prevalecente, consubstanciará exceção ao regime de distribuição de direitos e obrigações que prepondera no universo jurídico das companhias, centrado nas ações de sua emissão, segundo a cláusula geral do art. 15 da LSA. Configura, ainda, exceção à plena circulação das ações, que preside a LSA (salvo, nas companhias fechadas, quando observadas as diretrizes do art. 36 da LSA).

Por sua vez, o § 6º do art. 110-A abre espaço para que o estatuto social da companhia preveja outros eventos que, caso verificados, resultem no fim da vigência do voto plural da companhia. São exemplos desses eventos: (i) a morte ou incapacidade do fundador-controlador; e (ii) caso o fundador-controlador deixe de ser Diretor da companhia.

7. Incidência do voto plural

Mauricio Moreira Menezes

O § 9º do art. 110-A contempla norma que objetiva orientar interpretação da LSA: "quando a lei expressamente indicar quóruns com base em percentual de ações ou do capital social, sem menção ao número de votos conferidos pelas ações, o cálculo respectivo deverá desconsiderar a pluralidade de voto". Nesse particular, a Lei nº 14.195/2021 caminhou acertadamente para afastar qualquer indesejável controvérsia a respeito do atendimento a quóruns de instalação e de deliberação previstos na LSA, em proveito da segurança jurídica.

Assim, alterou pontualmente diversos dispositivos da LSA, que antes faziam referência a quóruns calculados sobre o *capital social com direito a voto* ou *capital votante*, para ajustá-los ao mecanismo do voto plural, passando a referir-se ao número de *votos conferidos por ações com direito a voto*.

Com efeito, confira-se adiante os dispositivos ajustados pela Lei nº 14.195/2021, para adequação a eventual pluralidade de votos conferida a determinada classe de ações: (i) quórum para instalação das assembleias gerais (art. 125); (ii) quórum para instalação das assembleias gerais convocadas para deliberar sobre a reforma do estatuto social (art. 135); (iii) quórum qualificado para deliberação sobre determinadas matérias, consideradas relevantes por impactar direitos de acionistas ou a própria estrutura jurídica da companhia (art. 136); (iv) quórum qualificado para deliberação sobre condições especiais para a partilha do ativo remanescente da companhia, com atribuição de bens aos sócios (art. 215); (v) presunção da influência significativa da investidora em companhia investida, para fins de definição da coligação societária, sem caracterização do controle de sociedade (art. 243); e (vi) quórum qualificado para deliberação sobre a incorporação de ações da companhia em outra, de sorte a convertê-la em subsidiária integral (art. 252).

Vale registrar que, quanto ao quórum geral para deliberações em assembleia geral, o art. 129 da LSA não necessitou de qualquer reparo, pois sua fórmula, que menciona *maioria absoluta de votos* (vale dizer, maioria dos votos presentes à assembleia geral), é aderente à mecânica do voto plural.

Por outro lado, há quóruns que não foram alterados pela Lei nº 14.195/2021 e seguem mencionando percentuais do capital votante, para os quais é desinfluente a existência do voto plural. São exemplos de matérias cujos quóruns observarão a regra *one share, one vote*, independentemente de a companhia ter emitido ações com voto plural: (i) pedido de instalação do conselho fiscal (art. 161, § 2º); (ii) direito de eleição em separado de membro do conselho de administração (art. 141, § 4º); e (iii) requerimento de voto múltiplo (art. 141, *caput*).

Na sequência, o § 12 do art. 110-A trata de duas hipóteses nas quais a pluralidade de voto por ação não pode ser aplicada. Claramente, são matérias que podem, em tese, beneficiar o grupo de controle de modo particular, ou que podem caracterizar situação de interesse conflitante com o da companhia.

A primeira consiste na deliberação sobre a remuneração dos administradores. A consolidação das prerrogativas políticas, por meio do voto plural, permite, em tese, que os cargos da administração sejam ocupados pelos acionistas controladores ou por pessoas por eles designadas, de modo absolutamente estável e sem margem para alternâncias. Há, aqui, plausível atenção para que as bases de mercado sejam determinantes na fixação de sua remuneração, retirando a questão do exclusivo perímetro volitivo dos titulares de classe de ações com voto plural, os quais devem votar em igualdade de condições com os demais acionistas.

Sob diferente ponto de vista, trata-se de matéria estratégica para a companhia e que impacta diretamente os interesses dos controladores, os quais ficam sujeitos à perda da autonomia para fixar a remuneração dos líderes da gestão dos negócios sociais, no contexto em que seu poder decisório dependa da pluralidade de votos de sua classe de ações. Corre-se o risco de inviabilizar a atração de profissionais de primeira linha para que exerçam funções de liderança na companhia, esvaziando-se o pacote de vantagens conferido pelo voto plural.[747]

A segunda hipótese refere-se a decisões sobre celebração de "transações com partes relacionadas que atendam aos critérios de relevância a serem definidos pela Comissão de Valores Mobiliários".

A LSA foi atualizada para contemplar a noção de *partes relacionadas*, presente na

---

[747] As críticas formuladas por vozes autorizadas são públicas, valendo citar a opinião de Carlos Lobo: "'O Brasil aprovou um voto plural que não dá o controle na prática. O benefício que a medida pretende causar – em atrair fundadores para a bolsa nacional – vai ser muito pequeno ou até mesmo nulo', afirma Lobo em entrevista à EXAME Invest. Na visão do advogado, o principal problema do voto plural brasileiro é que ele não pode ser utilizado para aprovar a remuneração dos administradores da empresa. Isso proíbe, por exemplo, que o fundador aprove seu próprio salário caso seja o CEO da companhia. A salvaguarda, por outro lado, tiraria parte relevante do poder do voto plural segundo Lobo. 'Se o detentor do voto plural consegue eleger administradores, mas não consegue aprovar o pacote de remuneração, ele precisa negociar a aprovação desses nomes. Isso dá aos demais acionistas a possibilidade de vetar as decisões do fundador. É algo que mata o mecanismo de controle, deixa o poder inócuo', diz" (QUESADA, Beatriz. Por que o voto plural não vai funcionar no Brasil, segundo este advogado. *Exame Invest*. São Paulo, 17 out. 2021. Disponível em: https://invest.exame.com/me/por-que-o-voto-plural-nao-vai-funcionar-no-brasil-segundo-este-advogado. Acesso em: 11 jan. 2022).

jurisprudência administrativa da Comissão de Valores Mobiliários e em sua regulação, consolidada pela Resolução CVM 94/2022, que aprovou o Pronunciamento Técnico CPC 05, editado pelo Comitê de Pronunciamentos Contábeis (CPC). Como se sabe, negócios firmados entre a companhia e suas partes relacionadas podem conduzir a situação de interesse conflitante, especialmente pelo risco de predominância de única vontade na formação do contrato, sendo recomendável a adoção de medidas para sua mitigação, tendentes a preservar as bases de mercado daquelas relações jurídicas.

No exercício de seu poder regulatório, delegado pelo § 12, II, do art. 110-A, a Comissão de Valores Mobiliários editou a Resolução CVM 168/2022, cujo art. 2º alterou a Resolução CVM 80/2022, na qual foi inserido o art. 45-A, que determina a não incidência do voto plural em deliberações da assembleia geral que tratem sobre transações com partes relacionadas que devam ser divulgadas nos termos do "Anexo F" à Resolução CVM 80/2022. Portanto, a Comissão de Valores Mobiliários definiu, como critérios de relevância, aqueles previstos no art. 1º do referido Anexo F, a saber: (i) o valor da operação (caso supere o menor dos seguintes valores: a) R$ 50.000.000,00 (cinquenta milhões de reais); ou b) 1% (um por cento) do ativo total do emissor); e (ii) a critério da administração da companhia, ainda que o valor da operação seja inferior aos parâmetros antes mencionados, tendo em vista: a) as características da operação; b) a natureza da relação da parte relacionada com o emissor; e c) a natureza e extensão do interesse da parte relacionada na operação.

8. Vedação a operações de reestruturação societária

Mauricio Moreira Menezes

O art. 110-A, § 11, da Lei nº 6.404/1976 contém vedação expressa a determinadas operações de reestruturação societária que envolvam companhias abertas cujas ações sejam negociadas em mercados organizados.

Nesse cenário, é vedada operação de incorporação, de incorporação de ações e de fusão de (i) companhia aberta que não adote voto plural, e cujas ações ou valores mobiliários conversíveis em ações sejam negociados em mercados organizados, em companhia que adote voto plural; e (ii) cisão de companhia aberta que não adote voto plural, e cujas ações ou valores mobiliários conversíveis em ações sejam negociados em mercados organizados, para fins de constituição de nova companhia com adoção do voto plural, ou incorporação da parcela cindida em companhia que o adote.

É evidente que as vedações acima descritas têm por objetivo impedir que companhias que não adotem o voto plural e já tenham ações negociadas no mercado promovam reestruturações societárias cujo efeito prático será equivalente à adoção do voto plural após a listagem das ações em mercado organizado, em violação ao § 1º, II, do art. 110-A.

Tanto é assim que o § 11 permite concluir que tais vedações não se aplicam a: (i) companhias fechadas; (ii) companhia abertas cujas ações não sejam negociadas em mercado organizado; e, igualmente, (iii) companhias abertas com ações negociadas em mercado que adotem o voto plural.

9. Vedação ao voto plural

Mauricio Moreira Menezes

Como acima se disse, o voto plural constitui problema de ordem estritamente privada. Equivale, ainda, a mais um mecanismo de composição de interesses entre acionistas, baseado nas individualidades e respectivos atributos, sob o influxo de incentivos meritocráticos. Por isso, é estranho às organizações sob controle da Administração Pública, cujo perfil estrutural é amplamente distinto.

Não por acaso, a LSA é complementada pela Lei nº 13.303/2016, que dispõe sobre o estatuto jurídico da empresa pública, da sociedade de economia mista e de suas subsidiárias, no âmbito da União, dos Estados, do Distrito Federal e dos Municípios.

Por conseguinte, é natural que o § 14 do art. 110-A exclua o voto plural do regime acionário das empresas públicas e das sociedades de economia mista, bem como de suas subsidiárias, diretas e indiretas.

Por fim, o art. 284 da LSA foi alterado para dispor que o voto plural não se aplica à sociedade em comandita por ações. A despeito de esse tipo societário ter caído em desuso, especialmente pela cláusula legal de responsabilidade ilimitada dos sócios comanditados pelas obrigações sociais, convém observar que as bases das relações de poder prescindem do mecanismo propiciado pelo voto plural, porquanto o poder de gestão é exercido, exclusivamente, pelos integrantes da categoria dos sócios comanditados.

10. Prorrogação do prazo de vigência

Sérgio Campinho

Com a introdução na LSA do art. 110-A pela Lei nº 14.195/2021, fica admitida a criação de uma ou mais classes de ações ordinárias com atribuição de voto plural, observados os limites e condições que o preceito estabelece.

O voto plural assim conferido contará com o prazo inicial de vigência não superior a 7 anos (§ 7º do art. 110-A). Faculta-se aos acionistas estabelecer, no estatuto social, que o final de sua duração fique condicionado a um evento ou termo, mas sem que se possa extrapolar, por certo, aquele prazo inaugural de até 7 anos (§ 6º do art. 110-A).

O prolongamento de sua validade será sempre admitido, o que pode ser feito, na dicção legal, "por qualquer prazo", desde que obedecidas as condições estabelecidas nos incisos I, II e III do acima aludido § 7º.

Uma primeira conclusão a que se pode facilmente chegar, pela lógica interpretação do dispositivo, é a de que não se admite a recondução ou prorrogação automática da vigência, isto é, não será válida cláusula estatutária preconizando que, expirado o prazo de duração, ele seja automaticamente renovado. Isso porque a dilação de prazo – inicial ou não – vai sempre exigir a aprovação mediante deliberação específica, a qual se fará em obediência ao estatuído nos incisos I e II do § 7º em questão, assegurando-se aos acionistas dissidentes o exercício do direito de recesso, nos termos do inciso III do mesmo § 7º.

Uma outra é a de que a prorrogação, quando regularmente implementada, pode se fazer por prazo determinado ou indeterminado.

O prazo determinado pode ser igual ao inicialmente estabelecido, inferior ou superior a ele. Há, com efeito, plena liberdade para sua fixação em todos os eventos de prolongamento que se queira realizar – do prazo inicial ou dos subsequentes.

Não obsta também, pois o legislador não impôs que as prorrogações se façam por prazo determinado, que se elasteça a vigência do voto plural sem limitação de tempo. A referência do texto normativo do § 7º do art. 110-A a "prorrogável por qualquer prazo" permite que se concretize por prazo determinado ou indeterminado.

O prazo determinado pode ser certo ou incerto, também chamado de determinável. Na primeira situação, há a indicação precisa do seu término; na segunda hipótese, a duração encontra-se condicionada à verificação de determinado evento futuro.

O fato de o § 6º do art. 110-A facultar que se estabeleça, no estatuto social, o término de vigência do voto plural "condicionado a um evento ou a termo", não significa que esteja vedada a adoção do prazo de vigência indeterminado nas prorrogações. Não há, no dispositivo normativo em referência, um silêncio eloquente em relação à admissão do prazo indeterminado, mormente se interpretado em conjunto com o § 7º, que o próprio § 6º manda observar, o qual admite a extensão do prazo de duração inicial de até 7 anos por qualquer prazo.

Ademais, aqueles acionistas dissidentes da dilação pelo prazo indeterminado, tal qual sucede na prorrogação por prazo determinado, poderão fazer uso do recesso, sem falar, ainda, que os titulares das ações da classe cujo voto plural se pretende prorrogar ficam peremptoriamente excluídos das votações, concebendo aqui a lei mais uma hipótese de conflito formal em decorrência da proibição do voto.

Adotada a vigência indeterminada na permanência do voto plural, a sua supressão demandará ulterior alteração estatutária para implementá-la.

Não se pode olvidar, entretanto, que as ações ordinárias integrantes de classe dotada de voto plural serão automaticamente convertidas em ações sem voto plural em quaisquer das hipóteses previstas no § 8º do art. 110-A.

11. O impacto das restrições impostas ao voto plural na frustração do recebimento do prêmio de controle

Sérgio Campinho

O voto plural consiste na possibilidade de se atribuir mais de um voto por ação. No regime brasileiro, encontra-se limitado a dez votos por ação ordinária. Por ele, é factível conferir o voto qualificado à ação, nela concentrando maior poder político, sem a necessária correspondência de participação no capital da companhia. Em outros termos, permite aglutinar a representatividade da vontade social em um único acionista ou em um diminuto grupo de acionistas com evidente desproporção entre o peso do voto da ação titularizada e o capital social. Usualmente, é um benefício criado em favor dos fundadores empreendedores, com o escopo de assegurar-lhes continuidade de influência nos rumos da empresa exercida pela companhia.

O detalhamento do funcionamento do voto plural deve ser feito pelo estatuto social, mas em necessária observância dos limites e condições na lei estabelecidos. O art. 110-A, introduzido pela Lei nº 14.195/2021, impõe um rígido esquema de salvaguardas ou restrições ao voto plural, opção feita com a perceptível preocupação de tutela dos acionistas minoritários. Restou, assim, concebido com definido balizamento, como o número de votos que podem ser outorgados por ação (*caput* do art. 110-A), o seu prazo de vigência e as condições atreladas à possibilidade de sua renovação ou prorrogação (§ 7º do art. 110-A), a impossibilidade de livre e indiscriminada transmissão do direito de voto plural a terceiros (§ 8º do art. 110-A), dentre outros.

O sistema do voto plural como posto no ordenamento jurídico positivado impossibilita o acionista controlador que titularize ações com pluralidade de votos de receber um prêmio de controle correspondente na transferência dos títulos com maior concentração do poder político. Isto porque as ações com voto plural são automaticamente convertidas, à luz do estatuído no § 8º do art. 110-A, em ações ordinárias sem voto plural na hipótese de transferência, a qualquer título, a terceiros, exceto nos casos em que (i) o transmitente permanecer indiretamente como único titular destas ações e no controle dos direitos políticos por elas atribuídos; (ii) o terceiro adquirente for titular da mesma classe de ações com voto plural a ele transmitidas; ou (iii) a transmissão ocorrer no regime de titularidade fiduciária para fins de constituição do depósito centralizado.

Tem-se, dessarte, que a lei consagra às ações dotadas de voto plural um considerável caráter *intuitu personae*, vinculando-as ao acionista que originariamente desfrutava desse direito, fator que resulta em relevante consequência prática: para aquele que almeja obter o controle da companhia não será bastante comprar as ações com pluralidade de votos daquele que, por essa razão, ocupa a posição de controlador. A ele incumbirá diligenciar para adquirir um maior número de ações votantes que não estariam sob a titularidade do então controlador.

Ações Preferenciais

Art. 111. O estatuto poderá deixar de conferir às ações preferenciais algum ou alguns dos direitos reconhecidos às ações ordinárias, inclusive o de voto, ou conferi-lo com restrições, observado o disposto no artigo 109.

§ 1º As ações preferenciais sem direito de voto adquirirão o exercício desse direito se a companhia, pelo prazo previsto no estatuto, não superior a 3 (três) exercícios consecutivos, deixar de pagar os dividendos fixos ou mínimos a que fizerem jus, direito que conservarão até o pagamento, se tais dividendos não forem cumulativos, ou até que sejam pagos os cumulativos em atraso.

§ 2º Na mesma hipótese e sob a mesma condição do § 1º, as ações preferenciais com direito de voto restrito terão suspensas as limitações ao exercício desse direito.

§ 3º O estatuto poderá estipular que o disposto nos §§ 1º e 2º vigorará a partir do término da implantação do empreendimento inicial da companhia.

COMENTÁRIOS

1. Exclusão e restrição do direito de voto das ações preferenciais

Mauricio Moreira Menezes

O art. 111, LSA, trata da possibilidade de exclusão e restrição do direito de voto das ações preferenciais e reorganiza, de maneira didática, normas sobre a aquisição de tal direito, caso os dividendos fixos ou mínimos das ações preferenciais não lhes sejam pagos na forma prevista em lei e no estatuto social.

Portanto, a primeira observação, de caráter fundamental, é no sentido de que a ação preferencial nasce com direito de voto, salvo se previsto contrariamente no estatuto social. A regra legal lhe confere o voto e, omisso o estatuto, não haverá qualquer restrição.

Porém, na prática, a opção pela emissão da ação preferencial resulta do interesse de excluir seu direito de voto, particularmente nas companhias abertas.[748]

Ainda assim, há que se registrar que o titular de ações preferenciais com direito de voto restringido

---

[748] Vide comentários aos arts. 17 e 110.

ou excluído pelo estatuto, poderá votar em certas circunstâncias, devidamente pontuadas pela LSA. Segundo Fábio Ulhoa Coelho, são elas: (i) na assembleia de constituição da companhia (art. 87, § 2º, LSA); (ii) nas assembleias semestrais de liquidação (art. 213, § 1º, LSA); (iii) na eleição em separado de membro do conselho fiscal (art. 161, § 4º, "a", LSA); (iv) na eleição em separado, na companhia aberta, de membro do Conselho de Administração (art. 141, § 4º, II, LSA), desde que representem, no mínimo, 10% do capital social e não tenham exercido o direito estatutário de eleição em separado; (v) na assembleia especial dos acionistas cujas ações foram objeto de resgate em deliberação da assembleia geral, caso esta alcance uma ou mais classes de ações preferenciais (art. 44, §6º, LSA); (vi) na assembleia especial, para aprovação ou ratificação da criação de ações preferenciais ou aumento de classes existentes (em desproporção com as demais classes), alteração nas preferências, vantagens ou condições de resgate ou amortização de uma ou mais classes de preferenciais, ou criação de nova classe, mais favorecida (art. 136, § 1º, LSA); (vii) na assembleia-geral da sociedade em liquidação, quando da apreciação de proposta de condições especiais da partilha (art. 215, § 1º, LSA); (viii) na assembleia especial, juntamente com os titulares de ações ordinárias não controladoras, para deliberar sobre nova avaliação da companhia, em caso de fechamento do capital, mediante o cancelamento do registro junto à Comissão de Valores Mobiliários (art. 4º-A, LSA); e (ix) na assembleia que apreciar operação de cisão desproporcional (art. 229, §5º, LSA).[749]

Comente-se que, caso o controlador seja titular de ações preferenciais sem voto, não poderá usá-las nas situações em que o voto em separado constitui medida de evidente tutela ao acionista minoritário, como aquelas referentes à eleição em separado de membro do conselho fiscal (art. 161, § 4º, "a", LSA) e à eleição em separado, na companhia aberta, de membro do Conselho de Administração (art. 141, § 4º, II, LSA).

A restrição do direito de voto pode ser resultante, nas companhias fechadas, de específica negociação entre particulares, que discutem entre si a extensão da influência política e intervenção no funcionamento da companhia.

Nessa linha, as partes podem estabelecer que uma delas receberá ações preferenciais, que terão o direito de voto limitado a determinadas matérias, por meio de inserção de cláusula específica no estatuto social, abrangendo, por exemplo, aquelas consideradas estratégicas e de significativa repercussão na companhia, dentre as quais a mudança do objeto social, o aumento de capital social, a incorporação, fusão e cisão da companhia, a escolha de auditores independentes, a dissolução da companhia, a alteração de sua política de distribuição de dividendos etc.

Nas companhias abertas, o direito de voto das ações preferenciais pode ser disciplinado por entidades autorreguladoras das quais funcionem como membros ou a cujos regulamentos adiram, no exercício de sua autonomia privada. Nesse sentido, o item 4.1, do Regulamento de Listagem do Nível 2 de Governança Corporativa da B3 S.A. – Brasil, Bolsa, Balcão, ao tratar das exigências impostas às companhias listadas no Nível 2 de Governança Corporativa, determina que as ações preferenciais deverão conferir direito de voto, no mínimo, quanto às seguintes matérias: (a) transformação, incorporação, fusão ou cisão da companhia; (b) aprovação de contratos entre a companhia e o acionista controlador, diretamente ou por meio de terceiros, assim como de outras sociedades nas quais o acionista controlador tenha interesse, sempre que, por força de disposição legal ou estatutária, sejam deliberados em assembleia geral; (c) avaliação de bens destinados à integralização de aumento de capital da companhia; (d) escolha de instituição ou empresa especializada para determinação do valor econômico da companhia, conforme item 10.1.1 do citado Regulamento[750]; e (e) alteração ou revogação de dispositivos estatutários que alterem ou modifiquem quaisquer das exigências antes referidas, previstas no item 4.1 do Regulamento.

Portanto, nessas hipóteses, vinculantes às companhias com ações listadas no segmento Nível 2 de Governança Corporativa da B3, as ações

---

[749] COELHO, Fábio Ulhoa. *Curso de direito comercial*: direito de empresa. 20. ed. São Paulo: RT, 2016. v. 2. p. 309. O caso de aquisição excepcional de direito de voto (art. 111, §§ 1º a 3º), igualmente mencionado por Fábio Ulhoa Coelho, será examinado no item 2 destes comentários ao art. 111.

[750] O item 10.1.1 do Regulamento de Listagem do Nível 2 de Governança Corporativa da B3 refere-se à hipótese de cancelamento do registro de companhia aberta, a qual exige a prévia elaboração de laudo de avaliação de suas ações pelo respectivo valor econômico, devendo tal laudo ser elaborado por instituição ou empresa especializada, com experiência comprovada e independência quanto ao poder de decisão da companhia, seus administradores e acionista controlador, além de satisfazer os requisitos do § 1º do art. 8º, LSA.

preferenciais sem voto passam a conferir direito de voto restrito às matérias elencadas em seu Regulamento.

De todo modo, saliente-se que o titular de ação preferencial sem voto gozará do direito de voz, i.e., de discutir as matérias submetidas à assembleia-geral, dela participando ativamente, caso lhe convenha.

2. Aquisição excepcional de direito de voto pelas ações preferenciais

Mauricio Moreira Menezes

Dispõem os §§ 1º a 3º, art. 111, LSA, sobre a aquisição excepcional e episódica de direito de voto pelas ações preferenciais, se a companhia, pelo prazo previsto no estatuto, não superior a 3 (três) exercícios consecutivos, deixar de pagar os dividendos fixos ou mínimos a que fizerem jus, direito que conservarão até o pagamento, se tais dividendos não forem cumulativos, ou até que sejam pagos os cumulativos em atraso.

Como se vê, a norma tem caráter sancionador. O objetivo é assegurar a efetividade quanto ao pagamento da remuneração das ações preferenciais por meio da distribuição de dividendos fixos ou mínimos (art. 17, LSA).

Dois cenários se abrem: primeiramente, nas companhias fechadas, a fixação dos dividendos fixos ou mínimos das ações preferenciais é, usualmente, precedida de negociação entre dois ou mais centros de interesse, que podem corresponder, *v.g.*, ao controlador-empreendedor e ao potencial investidor. O primeiro deseja manter para si o poder de controle, livre de ingerência política do investidor. Nesse contexto, a contrapartida exigida pelo investidor consiste na majoração da remuneração do capital que será investido na companhia, agregando-lhe a prioridade de recebimento. Sacramentadas as bases da combinação de esforços, o investidor concorda em subscrever ações preferenciais sem voto e sua remuneração prioritária é inserida no estatuto social da companhia, podendo ainda constar de acordo de acionistas (art. 118, LSA).

Segundamente, quanto às companhias abertas, analistas de mercado realizam, frequentemente, estudos sobre o fluxo de pagamento de dividendos, vantagens das ações preferenciais, além de sua liquidez, que é, por vezes, resultante da (boa) política de distribuição de resultados adotada pela companhia emissora. Em uma palavra, os dividendos fixos ou mínimos podem influenciar decisivamente o processo de formação de convencimento do investidor, incentivando-o a subscrever ações preferenciais de determinada companhia, para manutenção em carteira.

Em ambos os casos, a ausência de pagamento de dividendos fixos ou mínimos, pelo período de 3 (três) exercícios consecutivos (podendo o estatuto social reduzir esse tempo), produz grave frustração das expectativas do preferencialista.

Em certas circunstâncias, a companhia dispõe de caixa, mas, sob o aspecto contábil, não obteve lucro no exercício. Repare-se que, em razão da relevância da cláusula estatutária de dividendos fixos ou mínimos, a lei autoriza, no exercício social em que o lucro for insuficiente, o respectivo pagamento por meio de recursos alocados na conta de reserva de capital da companhia, caso sejam também cumulativos, tudo conforme previsto no estatuto (art. 200, V, art. 201 e art. 17, § 6º, LSA).

O inverso pode ocorrer: a companhia apresenta bons resultados contábeis, mas sua gestão alocou de maneira equivocada seus recursos, de tal modo que não dispõe de meios financeiros para pagar os dividendos fixos ou mínimos.

São situações como essa que o art. 111, §§ 1º e 2º, LSA, pretende coibir. Constituem séria quebra dos termos convencionados, via estatuto social.

Note-se que a LSA foi didática ao fazer menção a exercícios sociais "consecutivos", conferindo qualificação inexistente no Dec.-lei 2.627/1940, que colabora para tornar inequívoca a lesão do direito acionário.

Portanto, o que se pretende, com essas normas, é dissuadir o descumprimento da cláusula que institui os dividendos fixos ou mínimos das ações preferenciais.

O Colegiado da Comissão de Valores Mobiliários pronunciou-se sobre o problema da aquisição excepcional de direito de voto pelas ações em diferentes oportunidades. Em geral, essa questão não constitui o centro da controvérsia, mas sim o ponto de chegada de conturbadas relações acionárias, que envolvem alegações, pelo lado do acionista minoritário, de abuso de poder de controle e ilícitos praticados por administradores e, pelo lado do controlador e dos gestores, defesa do interesse social e abuso da minoria, entre outras divergências.[751]

Por fim, o § 3º, do art. 111, LSA, trouxe importante inovação, ao dispor que o estatuto poderá estipular a inaplicabilidade dos parágrafos que lhe antecedem durante o período de implantação do empreendimento inicial da companhia, que constitui sua fase pré-operacional, voltada para aplicação dos recursos recebidos. Nessa etapa, a companhia é, naturalmente, deficitária, pois sua geração de caixa sequer foi iniciada ou, caso o tenha sido, ainda não alcançou o "break-even point" (expressão que significa o ponto de equilíbrio entre as despesas e receitas de uma empresa). Na pouco provável hipótese de obtenção de lucro, recomenda-se que, nessa ocasião, a companhia não se descapitalize, a fim de que tenha mínima estabilidade financeira para vencer os desafios que a concorrência e o mercado lhe impõem. Logo, prevalece o legítimo interesse social.

3. Reflexos da reforma promovida pela Lei nº 14.195/2021: utilidade da ação preferencial

Rodrigo R. Monteiro de Castro

Modismos fazem parte da história da humanidade em todos os seus campos de atuação. No plano econômico, ou do mercado, costumam se manifestar, não raramente, sob a forma de convicções irracionais, formadoras de bolhas especulativas. A procura e a acumulação de bulbos de tulipa, experimentadas nos Países Baixos na primeira metade do século XVII, caracterizada como uma das primeiras grandes crises especulativas, é um exemplo.

As modas também se manifestam sob outras formas, com geração de impactos de outras naturezas. Nesse sentido, passou-se a criticar, ou a construir uma narrativa *demonizadora* das ações preferenciais, sobretudo a partir nos anos 1990. O surgimento do Novo Mercado e de seus segmentos exclusivos para companhias emissoras de ações ordinárias expressou – e ainda expressa – uma bandeira, talvez uma falsa ideologia, que remetia – e remete – o "outro lado" a uma posição quase indefensável.

Ainda se promoverá a revisão histórica do equívoco. A ação preferencial tem seu papel, aqui, no Brasil, como alhures. É verdade que foi malversada, muitas vezes abusada, em favor de minorias capitalistas que obtinham, por meio de sua utilização, a maioria societária. Mesmo assim, a aversão à sua utilização, como bandeira formadora de ambiente democrático e respeitoso, resiste como retórica de agentes protagonistas (e interessados).

Há espaço para o convívio harmonioso de ações ordinárias e preferenciais, dotadas ou não de direito de voto (ou emitidas com direito de voto restrito). Aliás, a reforma da LSA, operada pela Lei nº 10.303/1976, corrigiu desvios e redirecionou aspectos que, realmente, causavam distorções. Melhorias no arcabouço jurídico ainda são necessárias, mas a utilidade da ação preferencial é inegável, sobretudo quando estruturada para recompensar, de modo efetivo, seu titular pela impossibilidade (ou desinteresse) de exercer o voto.

Sim: pois, para acionista desinteressado pela participação no processo deliberativo, que promove, do ponto de vista prático, alocações patrimoniais com o propósito de obter resultados financeiros, maior retorno sobre o investimento, por exemplo, pode (ou deve) representar melhor atrativo do que o voto, que ele, acionista, não pretende exercer. Ou eventualmente o exercerá por via de procurador profissional, não raro movido por interesses próprios. Nem todo acionista, portanto, tem interesse em exercer o direito de voto, e a negociação do direito fortalece uma atividade institucional que tem sua própria lógica e os seus próprios interesses, inconfundíveis – mesmo que eventualmente coincidentes – com os da companhia.

A existência apenas de ação ordinária não transforma uma má companhia em boa companhia, e pode, ademais, encobrir sua verdadeira essência. O investidor, e o mercado em geral, deverão saber recompensar, com suas decisões ou orientações alocativas, as corretas práticas internas de governação e de estratégia empresarial, inclusive quando submetidas a um colégio eleitoral reduzido.

---

[751] Cite-se os seguintes precedentes: BRASIL. Comissão de Valores Mobiliários. Colegiado. Processo Administrativo Sancionador CVM 33/2005. Relator Marcelo Fernandez Trindade, julgado em 5 out. 2005. Disponível em: <http://www.cvm.gov.br>. Acesso em: 28 dez. 2019; BRASIL. Comissão de Valores Mobiliários. Colegiado. Processo Administrativo Sancionador CVM 1.443/2005. Relator Pedro Oliva Marcilio de Sousa, julgado em 28 dez. 2019. Disponível em: <http://www.cvm.gov.br>. Acesso em: 28 jul. 2009; BRASIL. Comissão de Valores Mobiliários. Colegiado. Processo Administrativo Sancionador CVM 10.276/2015. Relator Pablo Renteria, julgado em 11 jul. 2017. Disponível em: <http://www.cvm.gov.br>. Acesso em: 28 dez. 2019.

Ademais, a reforma promovida pela Lei nº 14.195/2021 oferece uma nova perspectiva, ainda tímida é verdade, porém alvissareira em relação às vias de estruturação de capital das companhias brasileiras, que poderá (ou deverá) contribuir para o necessário revisionismo acerca da utilidade da ação preferencial. A introdução do voto plural, na forma do art. 110-A, coloca em xeque, assim, o dogma consistente na atribuição de um voto por ação (e, por consequência, reanima a utilidade daquela espécie de ação).

3.1. Direito de voto: ausência de essencialidade

O art. 109 lista direitos essenciais que não podem ser abalados pela assembleia geral ou pelo estatuto. A tutela da minoria acionária, objetivo das normas contidas no artigo e seus parágrafos, não compreende o voto. Trata-se de regra geral que, além de justificar a ação preferencial como instrumento de captação e financiamento da empresa, também admite exceções, prescritas na própria LSA.

Isso não significa que, para certas espécies de ação, o voto não revele sua essencialidade. É o que se depreende, com efeito, como regra excepcional, do art. 110, ao estabelecer que a cada ação ordinária corresponde 1 voto nas deliberações da assembleia geral.

Para outras, ao contrário, a regra geral se afirma de modo expresso, conforme, em relação à ação preferencial, se revela no art. 111, segundo o qual "o estatuto poderá deixar de conferir às ações preferenciais algum ou alguns dos direitos reconhecidos às ordinárias, inclusive o de voto, ou conferi-lo com restrições, observado o disposto no artigo 109". Mesmo para essa espécie de ação, o voto consiste em característica inerente, porém não essencial, e assim passível de supressão.

A inerência, nesse caso, não significa, portanto, essencialidade. Daí a possibilidade de emissão de ações com e sem direito de voto (ou com direito de voto restrito), observado o limite máximo de 50% de não votantes (ou com restrição), quaisquer que sejam as classes, na forma do art. 15, § 2º. A limitação se refere ao número de ações, e não ao número de votos. A proposição passa a ter maior relevância, e reflexos na configuração do controle, com o advento da Lei nº 14.195/2021, autorizadora da criação de uma ou mais classes ordinárias com atribuição de voto plural.

3.2. Aquisição do direito de voto

O art. 17 da LSA estabelece que as preferências ou vantagens da ação preferencial podem consistir: I – em prioridade na distribuição de dividendos, fixo ou mínimo; II – em prioridade no reembolso do capital, com prêmio ou sem ele; ou III – na acumulação das preferências e vantagens de que tratam os incisos I e II.

Ademais, a supressão do direito de voto ou a sua restrição implica o oferecimento de contrapartida, conforme previsão do art. 17, § 1º, segundo o qual, independentemente do direito de receber ou não o valor de reembolso do capital com prêmio ou sem ele, uma das seguintes preferências ou vantagens deverá ser atribuída: "I – direito de participar do dividendo a ser distribuído, correspondente a, pelo menos, 25% (vinte e cinco por cento) do lucro líquido do exercício, calculado na forma do art. 202, de acordo com o seguinte critério: a) prioridade no recebimento dos dividendos mencionados neste inciso correspondente a, no mínimo, 3% (três por cento) do valor do patrimônio líquido da ação; e b) direito de participar dos lucros distribuídos em igualdade de condições com as ordinárias, depois de a estas assegurado dividendo igual ao mínimo prioritário estabelecido em conformidade com a alínea *a*; ou II – direito ao recebimento de dividendo, por ação preferencial, pelo menos 10% (dez por cento) maior do que o atribuído a cada ação ordinária; ou III – direito de serem incluídas na oferta pública de alienação de controle, nas condições previstas no art. 254-A, assegurado o dividendo pelo menos igual ao das ações ordinárias".

Esse conjunto normativo é fundamental para compreensão do conteúdo do § 1º do art. 111, segundo o qual as ações preferenciais sem direito de voto ou com voto restrito (conforme o § 2º do mesmo artigo) adquirirão o exercício desse direito se a companhia, pelo prazo previsto no estatuto, desde que não superior a 3 exercícios consecutivos, deixar de pagar dividendo fixo ou mínimo a que fizer jus.

Assim, a LSA autoriza a emissão de ações preferenciais sem direito de voto ou com voto restrito, mas estabelece que, caso uma das contrapartidas seja a distribuição de dividendo fixo ou mínimo, que tem natureza prioritária na forma do art. 17, I, ela, em contrapartida, deverá ser cumprida, sob pena de aquisição temporária do direito de voto.

Trata-se de condicionante específica e não extensível a qualquer outra vantagem ou direito, próprio da ação emitida ou atribuído a mais de uma classe ou espécie de ação. A inobservância, nessa hipótese, que pode implicar outras consequências nos termos da LSA, não abalará, no entanto, a estrutura de voto; o abalo somente decorrerá da situação expressamente prevista no art. 111, § 1º. De modo que a aquisição do direito fica condicionada ao não pagamento de dividendos fixos ou mínimos, exclusivamente, pelo período previsto no estatuto.

Dividendos fixos ou mínimos não se confundem com dividendos obrigatórios, disciplinados no art. 202. Aliás, a sistemática de cálculo e pagamento destes dividendos não pode prejudicar o recebimento pelos preferencialistas dos dividendos prioritários (portanto, fixos ou mínimos), conforme determinação do art. 203.

Revelando-se, portanto, institutos distintos, a ausência de condições de pagamento do dividendo obrigatório, tais como pela apuração de prejuízo do exercício, pela inexistência de reservas distribuíveis ou em função de insuficiência de caixa, não fará incidir as normas do art. 111. Mesmo que se revele uma hipotética situação de falta de lucratividade perene, verificada ano após ano, ainda assim a ação preferencial não passará a ter direito de voto, caso não exista previsão de distribuição prioritária ou, se existir, ela tiver sido observada.

Aliás, o direito ao exercício de voto, quando aplicável, é adquirido, como regra geral, imediatamente após a ocorrência de não pagamento de dividendo prioritário, caracterizada pela não declaração anual de dividendos, na forma do art. 132, ou pelo não pagamento do montante declarado, nos prazos previstos no art. 205, § 3º. A generalidade pode ser modificada por qualquer companhia, mediante previsão estatutária, desde que não se estipule prazo superior a 3 anos de não pagamento. Dentro desse intervalo, qualquer número poderá ser fixado e, se não for atingido, o voto não será adquirido.

Portanto, caso se estabeleça o prazo máximo de 3 anos, e a companhia não declarar em dois anos consecutivos e o fizer no terceiro, o titular da respectiva ação preferencial não adquirirá o direito de votar.

Nada impede que, eventualmente, numa mesma companhia, emissora de ações de diversas espécies e classes, com distintos direitos, umas adquiram e outras permaneçam privadas do voto, em função das características que as compõem. Assim, por exemplo, se uma classe de ação preferencial fizer jus a dividendo fixo e outra não, somente aquela, após a verificação do prazo previsto no estatuto, será contemplada com o direito ao exercício do voto.

A previsão estatutária de prazo superior a 3 exercícios é nula e não produz efeito. Como consequência, o exercício se adquirirá com a constatação de qualquer ausência de pagamento e se prostará até que sejam pagos, nos termos do § 1º.

O direito ao voto, quando o caso, é adquirido em caráter precário, visto que somente poderá ser exercido enquanto um pagamento de dividendo fixo ou mínimo não se realizar ou, se houver previsão de cumulatividade, até que sejam pagos também os atrasados. Com a satisfação dessas condições, o voto fica automaticamente suprimido, independentemente de qualquer formalidade.

Na hipótese de não cumulatividade, se a companhia, cujo estatuto preveja o prazo máximo de 3 anos, não pagar os dividendos prioritários por dois exercícios e o fizer no terceiro, além de o direito não se revelar, a aquisição futura do direito ao exercício de voto somente ocorrerá se, a partir do pagamento, verificarem-se três outros exercícios consecutivos sem novos pagamentos, e assim sucessivamente em função de cada pagamento.

A crise empresarial ou societária, inclusive conjuntural, não é justificativa para inobservância da LSA, de modo que, mesmo que uma companhia tenha promovido distribuições, por exemplo, durante 30 exercícios consecutivos, mas deixe, por conta de uma situação pontual, de observar o direito ao dividendo fixo ou mínimo por 3 exercícios (conforme prazo de seu estatuto), os quais, de acordo com projeções auditadas, poderão ser restaurados já a partir do exercício seguinte, o voto será admitido à ação cuja vantagem seja a prioridade no recebimento de dividendo fixo ou mínimo, enquanto a projeção não se realizar.

Durante o período em que dispuser do voto, o acionista titular de ação preferencial poderá exercê-lo de modo integral, sem restrição ou relativização, em qualquer assembleia geral. Os votos proferidos – e as deliberações realizadas – são, portanto, imutáveis, sem prejuízo de eventuais suspensões, anulações ou nulidades fundamentadas em vícios previstos na legislação vigente.

Nada impede, porém, que após o restabelecimento da estrutura de voto, decorrente do pagamento de dividendos, com as supressões ou restrições previstas no estatuto, a assembleia geral seja convocada para reapreciar ou suspender os efeitos de deliberação anterior – sem prejuízo, evidentemente, da análise fática que poderá inviabilizar a pretensão revisionista e dos direitos de terceiros afetados pela reapreciação ou suspensão.

Se a quantidade de ações de que o acionista dispuser o qualificar, com a aquisição temporária do voto, como controlador, ele passará a se sujeitar, transitoriamente, ao disposto nos arts. 116 e 117. Assim, o titular de voto precário (ou temporário) não poderá deixar de pagar dividendos prioritários futuros, sem justificativa, para manutenção do direito de voto e da posição de controle. A abusividade fulminará a pretensão ou o ato nesse sentido.

Anote-se, por fim, que o § 3º do art. 111 autoriza a estipulação em estatuto do afastamento do disposto nos dois parágrafos antecedentes, durante e até o término da implantação do empreendimento inicial da companhia. Reconhecem-se, assim, os desafios que a companhia costuma enfrentar após a sua constituição e que costumam exigir-lhe o emprego de recursos e de esforços na maturação do objeto social, implicando, com frequência, a apuração de prejuízos e/ou a necessidade de realização de reinvestimento de eventuais excedentes, à conta de distribuições aos acionistas. Daí a possibilidade de previsão estatutária nesse sentido, a qual deve conter os elementos suficientes para que se possa verificar a ocorrência do marco terminal, conforme previsto na LSA, e evitar a prorrogação indevida do não pagamento de dividendos fixos ou mínimos.

Não Exercício de Voto pelas Ações ao Portador

Art. 112. Somente os titulares de ações nominativas endossáveis e escriturais poderão exercer o direito de voto.

Parágrafo único. Os titulares de ações preferenciais ao portador que adquirirem direito de voto de acordo com o disposto nos §§ 1º e 2º do artigo 111, e enquanto dele gozarem, poderão converter as ações em nominativas ou endossáveis, independentemente de autorização estatutária.

COMENTÁRIOS

1. Obrigatoriedade da forma nominativa e sua repercussão no art. 112, LSA

Mauricio Moreira Menezes

A LSA ocupa-se com a atribuição de responsabilidade ao acionista pelas consequências do exercício do direito de voto, contemplando normas sobre o dever de indenizar danos causados por aquele que o praticar abusivamente ou em situação de impedimento, por conflito de interesses (art. 115, §§ 3º e 4º, LSA).

Logo, o objetivo da redação originária do art. 112, LSA, era negar a atividade do voto às ações ao portador, cujo titular não era identificado e, assim, ficaria à margem do referido regime de responsabilidade.

Segundo mencionado na Exposição de Motivos do Projeto da LSA, como as ações ao portador podiam ser convertidas em nominativas ou endossáveis (art. 22, parágrafo único, LSA), não havia risco de exclusão, pura e simples, do direito de voto de seus detentores, mas seu exercício estava condicionado à sua identificação, mediante a efetiva e prévia conversão das ações, "credenciando-se para a participação responsável nas assembleias gerais".[752]

Não obstante, a Lei 8.021/1990 aboliu as formas endossável e ao portador de quaisquer títulos, com o escopo de identificar o respectivo investidor, para fins de coibir atividades ilícitas, em particular o crime de lavagem de dinheiro. Alterou, dentre outros dispositivos da LSA, o art. 20, para determinar que a ação deve ter, necessariamente, a forma nominativa.

Logo, o conteúdo do art. 112, LSA, foi absolutamente esvaziado e tornou-se incompatível com o sistema da LSA, sendo defensável sustentar sua implícita revogação pelo art. 13, da Lei 8.021/1990, por força da cláusula geral que considera revogadas as disposições estabelecidas contrariamente a seus termos.

Voto das Ações Empenhadas e Alienadas Fiduciariamente

Art. 113. O penhor da ação não impede o acionista de exercer o direito de voto; será lícito, todavia, estabelecer, no contrato, que o acionista não poderá, sem consentimento do credor pignoratício, votar em certas deliberações.

Parágrafo único. O credor garantido por alienação fiduciária da ação não poderá exercer o direito de voto; o devedor somente poderá exercê-lo nos termos do contrato.

---

[752] LAMY FILHO, Alfredo; PEDREIRA, José Luiz Bulhões. *A Lei das S.A.* 2. ed. Rio de Janeiro: Renovar, 1995. p. 237, v. 1.

Art. 113

COMENTÁRIOS

1. O direito de voto associado às ações gravadas com penhor ou alienação fiduciária em garantia

FÁBIO ULHOA COELHO

A oneração de certo bem ou direito consiste na *vinculação*, originada em negócio jurídico, entre, de um lado, o resultado da expropriação (em execução extrajudicial, ou judicial, singular ou concursal) deste bem ou direito e, de outro, a satisfação de certo crédito. Quando a vinculação se origina da lei, não há oneração, mas privilégio (geral ou especial), salvo umas poucas exceções, como a do penhor legal incidente sobre a bagagem do hóspede, em relação ao pagamento das diárias de hospedagem.

A oneração estabelece, então, um *vínculo jurídico* em que, num dos polos, está a satisfação da obrigação garantida; e, no outro, o resultado da expropriação do bem ou direito onerado. Mas é preciso atentar a uma sutileza desta vinculação. O vínculo não alcança, propriamente, o bem ou direito dado em garantia, mas o *resultado* de sua expropriação. Exemplifico com a hipótese mais singela: a execução judicial singular de um imóvel hipotecado, em que a expropriação consistiu na alienação a terceiro deste bem, em leilão judicial. Após a realização da venda, o produto é destinado à satisfação do crédito garantido. O vínculo estabelece-se, portanto, não rigorosamente entre o imóvel hipotecado e a obrigação garantida, mas sim entre o *produto* da expropriação e a satisfação da obrigação. Nos demais exemplos, malgrado certos traços próprios de menor singeleza (execução extrajudicial de imóvel alienado fiduciariamente ou da coisa empenhada no penhor comum, execução concursal no bojo da falência etc.), a conclusão será igual: o vínculo decorrente da oneração não aproxima bem ou direito onerado e obrigação garantida, mas, especificamente, o *resultado* da expropriação e a *satisfação* da obrigação.

Quando alguém diz, em suma, que a oneração cria um vínculo entre bem onerado e dívida, está fazendo apenas uma aproximação metafórica, destinada a simplificar a compreensão de algo um tanto mais complexo. Ter clara a exata natureza do vínculo derivado da oneração é muito importante para o adequado tratamento da oneração de certos bens ou direitos, isto é, de objetos oneráveis que possuem especificidades tais, em seu regime jurídico, que reclamam determinadas soluções, na execução da garantia; reclamam soluções *compatíveis* com estas especificidades. Certamente, um destes objetos oneráveis particulares é a ação emitida pela sociedade anônima. Na satisfação de qualquer garantia incidente sobre ações não se podem adotar soluções incompatíveis com as peculiaridades deste valor mobiliário.

Evidentemente, ações de emissão de sociedade anônima podem ser *oneradas*, com vistas a possibilitar ao acionista que as titula conceder uma garantia a uma obrigação passiva dele. Mas a oneração e execução devem se compatibilizar com o regime jurídico deste instrumento de participação societária.

Em especial, nesta compatibilização, cabe atentar-se à questão do exercício do direito de voto. Como a oneração de ações *não* as vincula à obrigação devida pelo acionista (a vinculação se dá entre o *resultado* de sua eventual expropriação e a *satisfação* do crédito garantido), este acionista continua a titular, sem nenhuma limitação, o direito de voto nas assembleias da companhia, enquanto as ações não se transferirem, seguindo o devido processo legal, *definitivamente* do seu patrimônio para o de outrem (credor ou terceiro).

Para avançar-se na compreensão da matéria, é necessário recuperar a diferença entre direitos reais *de* garantia e direito reais *em* garantia.[753] Já há tempos, nem toda garantia real consiste, como no passado, num *direito real sobre bem alheio*. Há garantias reais que se consubstanciam num direito sobre bem próprio. Na concessão de direito real *de* garantia, o bem onerado permanece no patrimônio do devedor. É o caso do *penhor, hipoteca* e *anticrese*. Nestes três tipos de garantia real, o bem onerado é da propriedade do devedor. Somente após a expropriação, para fins de se obter um resultado apto à satisfação da obrigação garantida, é que se opera a transferência de propriedade do patrimônio deste devedor para o de outra pessoa (que pode ou não ser o credor). Por outro lado, na concessão de direito real *em* garantia, o bem onerado se transfere, no ato, à propriedade do credor. Ao concordar em onerar

---

[753] Consultar, a respeito: PONTES DE MIRANDA, Francisco Cavalcanti. *Tratado de direito privado*. 2. ed. atual. por Vilson Rodrigues Alves. Campinas: Bookseller, 2001. p. 403, v. 21; ALVES, José Carlos Moreira. *Da alienação fiduciária em garantia*. 3. ed. Rio de Janeiro: Forense, 1987. p. 154-155; COELHO, Fábio Ulhoa. *Curso de direito civil*. 3. ed. São Paulo: Saraiva, 2010. p. 226-228 e 236-267, v. 3.

certo bem de seu patrimônio, por meio de direito real *em* garantia, o devedor o aliena ao credor garantido. Trata-se, claro, de uma propriedade resolúvel, que retorna ao devedor assim que cumprida a obrigação garantida. Mas enquanto não se verifica o vencimento, é do credor o bem onerado. Nesta categoria de garantias reais encontram-se a *alienação fiduciária em garantia* e a *cessão fiduciária de direitos creditórios*.

A ação emitida por uma sociedade anônima pode ser objeto de um direito real *de* garantia (penhor) ou de direito real *em* garantia (alienação fiduciária em garantia). Em relação à primeira hipótese, a de penhor de ações, o entendimento unânime da doutrina é a de que o devedor pignoratício continua a ser acionista e, portanto, a exercer o direito de voto relativo às ações empenhadas. O direito de voto (bem assim os demais direitos societários) não se transfere, por força do penhor, ao credor pignoratício. É pacificado o entendimento de que o direito de voto associado às ações empenhadas será invariavelmente exercido pelo acionista titular dos valores mobiliários gravados, isto é, pelo devedor pignoratício; e, em nenhuma hipótese, pelo credor garantido.[754]

Não se verifica, com o penhor de ações, o desapossamento típico da modalidade "comum" deste direito real *de* garantia, como no caso do popular *penhor da Caixa Econômica Federal*. Se no penhor comum, o devedor pignoratício fica impedido de exercer o direito de propriedade em sua plenitude, não podendo usar, fruir nem dispor dele enquanto perdura a oneração, isto não se verifica em outras modalidades de garantia pignoratícia. O regime jurídico da ação de sociedade anônima possui especificidade que deve ser respeitada. Quando o penhor recai sobre uma ação, o acionista devedor continua a exercer os direitos de propriedade, de usar e gozar; e até mesmo o de dispor, se não tipificada a defraudação.

A doutrina comercialista aponta as razões para este tratamento específico, das ações empenhadas, em que o direito de voto (atributo do *usar* a ação) remanesce no patrimônio do devedor pignoratício. É que o exercício do direito de voto deve orientar-se pelo interesse da sociedade, conforme preceitua o art. 115 da LSA. O voto exercido com outra orientação caracteriza-se como abusivo e ilícito. O intérprete do interesse social são os acionistas, os que, assumindo o risco empresarial, estarão expostos às consequências de eventuais decisões equivocadas. O credor pignoratício orientará o voto segundo o seu próprio interesse, destinado menos à perpetuação e desenvolvimento da empresa, e mais à satisfação de seu crédito o quanto antes possível.[755]

Outro fundamento apontado pela doutrina comercialista para o tratamento especial devotado ao penhor incidente sobre ações reside na *pessoalidade* do voto, vale dizer, na impossibilidade jurídica de sua alienação. O acionista, embora possa contratar sobre como exercerá determinados tipos de voto (o chamado "voto-vontade"), comete *crime* se fizer igual contrato relativamente a outros tipos (o chamado "voto-verdade").[756]

---

[754] Para J. X. Carvalho de Mendonça: "A constituição do penhor não inibe o acionista de exercer os direitos decorrentes da ação, não incompatíveis com a função de garantia, como o de receber dividendos, tomar parte e votar nas deliberações das assembleias, etc. [...]. O acionista com as ações caucionadas ou dadas em penhor continua diretamente responsável para com a sociedade pelas obrigações assumidas. A sociedade nada tem com o credor pignoratício" (*Tratado de direito comercial brasileiro*. 2. ed. atual. por Achilles Bevilaqua e Roberto Carvalho de Mendonça. Rio de Janeiro: Freitas Bastos, 1933. p. 450-451, v. III). Na lição de Waldemar Ferreira: "A caução das ações oferece a particularidade, consignada [em lei], de não inibir os acionistas de exercer o direito de voto. A garantia não o priva do direito que lhe é peculiar" (*Tratado de direito comercial*. São Paulo: Saraiva, 1961. p. 255, v. 4). Leciona Fran Martins: "O penhor das ações não impede ao acionista o exercício do direito de voto, de acordo com a natureza dessas ações" (*Comentários à lei das sociedades anônimas*. 3. ed. Rio de Janeiro: Forense, 1989. p. 234, v. 1). Além dos autores já citados, conferir: REQUIÃO, Rubens. *Curso de direito comercial*. 16. ed. São Paulo: Saraiva, 1986. p. 84, v. 2; GONÇALVES, Alfredo de Assis Neto. *Lei das sociedades por ações anotada*. 3. ed. São Paulo: Saraiva, 2010. p. 58; BORBA, José Edwaldo Tavares. *Direito societário*. 9. ed. Rio de Janeiro: Renovar, 2004. p. 255; MAMEDE, Gladston. *Direito empresarial brasileiro*. São Paulo: Atlas, 2004. p. 520, v. 2; VERÇOSA, Haroldo Malheiros Duclerc. *Curso de direito comercial*. São Paulo: Malheiros, 2008. p. 251, v. 3.

[755] No escólio de Modesto Carvalhosa: "Em princípio, o direito de voto pertence ao titular da ação, no caso, devedor pignoratício (art. 113). Isto porque o voto deve inspirar-se no interesse social e o seu exercício é, portanto, inseparável da qualidade de acionista" (*Comentários à Lei de Sociedades Anônimas*. 4. ed.. São Paulo: Saraiva, 2009. p. 377, v. 1, 2. tir.).

[756] Ver comentários ao art. 115. Em síntese: "nem todo voto é uma manifestação de vontade. Quando a apreciação tem por objeto as demonstrações financeiras, as contas dos administradores e os laudos de avaliação, o voto exterioriza, a rigor, o *entendimento* do acionista quanto à correspondência entre o conteúdo desses documentos e a realidade. A aprovação significa que o acionista os considera fiéis ao respectivo objeto (o balanço retrata o patrimônio

Art. 113 — Fábio Ulhoa Coelho

Não podendo o acionista, em razão da pessoalidade inerente ao exercício de seu direito, alienar seu voto (seja de que tipo for), continua a exercê-lo durante o prazo de duração da garantia pignoratícia.[757] É ilícita, em suma, a transferência do direito de voto. Trata-se de ato inteiramente incompatível com o sistema do direito societário, delimitando, por isto, as soluções juridicamente admissíveis na execução de garantias pignoratícias incidentes sobre as ações de sociedade anônima.[758]

Note-se que as especificidades do regime jurídico das ações são tantas que, mesmo no caso de direito real *em* garantia, em que a propriedade do bem onerado se transfere fiduciariamente ao credor, este *não* passa a titular o direito de voto. Pelo parágrafo único do art. 113, o credor titular de alienação fiduciária em garantia incidente sobre ações, *embora as tenha em seu patrimônio*, não titula, por expressa disposição da lei societária, o direito de votar com estes valores mobiliários.

Ora, se o titular de um direito real *em* garantia incidente sobre as ações não pode votar, tampouco poderá votar o credor pignoratício, que titula um direito real *de* garantia. Como assentado, o credor garantido por um direito real *em* garantia é o proprietário do bem onerado, e, assim, acerca-se de uma gama de direitos sobre este bem muito mais extensa do que os titulados pelo credor garantido por um direito real *de* garantia. Se o credor que titula direitos mais extensos não pode votar com as ações oneradas, o credor que titula direitos menos extensos também não pode. Se ao credor titular de ações alienadas fiduciariamente é expressamente vedado exercer o direito de voto, ao titular de garantia pignoratícia sobre ações não pode ser concedido este exercício.

---

e seus desdobramentos, a prestação de contas indica a regularidade dos atos de administração, o laudo apresenta o valor de mercado do bem avaliado etc.), e a reprovação, o inverso. Em vista disso, podem-se configurar dois tipos de voto de acionista, o de vontade e o de verdade. A distinção é muito importante, porque possibilita distinguir entre a negociação lícita do exercício do direito de voto (que somente pode dizer respeito à manifestação de vontade) e o crime de venda de voto, tipificado no art. 177, § 2º, do CP (referente à verdade)" (COELHO, Fábio Ulhoa. *Curso de direito comercial*. 15. ed. São Paulo: Saraiva, 2011. p. 338-339, v. 2).

[757] Esta razão do tratamento especial do penhor incidente sobre ações de sociedade anônima é sustentada por Luiz Gastão Paes de Barros Leães: "No tocante ao voto das ações empenhadas ou caucionadas, a lei [atual] reproduz a norma constante [da] revogada. O penhor não impede o acionista de exercer o direito de voto, ressalvando, porém, ser lícito estabelecer no contrato que o acionista não poderá, sem consentimento do credor pignoratício, votar em certas deliberações. Trata-se, como adverte Valverde, de uma fórmula de conciliação entre a corrente doutrinária, que confere exclusivamente ao acionista o direito de voto, e a outra, constituída pelos que entendem que, pelo menos em certos casos, deve caber ao credor pignoratício o direito de voto. [...] A orientação da lei brasileira na espécie é determinada pela posição adotada quanto à configuração do direito de voto. O direito de voto, para o legislador brasileiro, é um direito pessoal do acionista, e não pode ser 'cedido' ao credor pignoratício ou a qualquer pessoa, tanto que encara como crime o tráfico de votos (Cod. Penal, art. 177, § 2º)" (*Comentários à lei das sociedades anônimas*. São Paulo: Saraiva, 1980. p. 241, v. 2).

[758] Fran Martins expõe os fundamentos da ilicitude de qualquer negócio jurídico, de que derivasse a transferência do direito de voto associado a ações empenhadas ao credor pignoratício: "A lei declara que o penhor da ação não impede o acionista de votar nas deliberações das assembleias gerais. Lícito será, então, indagar: pode o proprietário da ação, no contrato de penhor, ceder ao credor pignoratício o direito de votar nas assembleias? A resposta é certamente negativa: o direito de voto é um direito pessoal do acionista e não pode ser cedido ao credor pignoratício ou a qualquer outra pessoa. Quando a lei se refere a restrições do exercício do voto, por parte do proprietário das ações dadas em penhor, permite apenas que seja exigido o consentimento desse credor para que o acionista vote em certas deliberações da assembleia geral. Mas o exercício do direito de voto continua a ser do acionista; este fica, simplesmente, se foi pactuado, dependente do consentimento do credor para votar em certas deliberações, já que a lei autoriza convenção neste sentido; ainda assim, a autorização é apenas para votar em certas matérias, que devem ser especificadas no contrato, não sendo permitida a autorização de caráter geral" (*Comentários à lei das sociedades anônimas*. 3. ed. Rio de Janeiro: Forense, 1989. p. 68-69, v. 2, t. I). Resume, por outro lado, Marcelo Lamy Rego: "A solução adotada pela LSA para o voto da ação empenhada segue a sistemática da lei: o voto permanece com aquele que detém a qualidade de sócio. A participação do credor pignoratício nas Assembleias Gerais da Companhia representaria ingerência de pessoa estranha à sociedade no processo de formação da vontade social. Não admite, portanto, a lei brasileira, acordo que transfira ao credor o direito de voto" (In: LAMY FILHO, Alfredo e PEDREIRA, José Luiz Bulhões (coords.). *Direito das companhias*. Rio de Janeiro: Forense, 2009. p. 393, v. I).

2. O direito de voto associado às ações objeto de constrição judicial

Fábio Ulhoa Coelho

Os atos judiciais de constrição das ações, por assim dizer preparatórias da expropriação, em nada altera a titularidade do direito de voto pelo acionista devedor-executado. Assim, nem mesmo o depósito de ações, mesmo que tenham sido gravadas com penhor, se determinado pelo juiz no bojo de execução de obrigação do acionista, importa a transferência do direito de voto deste para o credor depositário.

O depósito não é, *por definição*, ato translativo de propriedade. A transitoriedade da posse do depositário é elemento *inerente* à caracterização do depósito. Se houvesse translação de propriedade do bem entregue à custódia do depositário ou se a posse por ele exercida ostentasse a vocação de se perpetuar, como a possuidor por justo título, é indisputável que de depósito não se trata.[759] Não se tratando a determinação do depósito, por outro lado, do ato judicial de expropriação, dele não decorre, e não pode decorrer, qualquer efeito translativo de propriedade. Ademais, o depositário judicialmente investido nesta função também assume um dever de caráter necessariamente transitório, devendo restituir o bem depositado ao executado (se levantada a penhora por qualquer razão) ou entregá-lo à pessoa em favor de quem se realizar a expropriação judicial.[760]

Quanto tem por objeto ações de emissão de sociedade anônima, o depósito de bem penhorado por determinação do juízo de execução não pode importar nenhuma consequência incompatível com o sistema de direito societário. Daí a doutrina considerar, sem nenhuma dissonância, que o direito de voto do acionista titular de ações penhoradas e depositadas permanece no seu patrimônio e não se transfere ao do depositário.[761]

Mesmo quando o depositário de ações penhoradas for também o credor pignoratício destas (ou de parte delas), o exercício do direito de voto deve remanescer no patrimônio do devedor, enquanto não realizada, segundo o devido processo legal (CF, art. 5º, LIV), a expropriação judicial. A lei expressamente veda o exercício do direito de

---

[759] Considera-se: "[ser] inerente ao depósito a transitoriedade da posse do depositário. Esse contrato não é translativo; ou seja, ele nunca importa a transferência do domínio da coisa sobre o qual versa. Isso porque, em primeiro lugar, o depositante não precisa ser necessariamente o proprietário do bem depositado. [...] Além disso, é ínsita ao depósito a obrigação de o depositante restituir o bem depositado ao término do contrato – ou mesmo antes, se reclamado pelo depositário" (COELHO, Fábio Ulhoa. *Curso de direito civil*. 3. ed. São Paulo: Saraiva, 2010. p. 398, v. 3.

[760] Deste modo, no depósito, judicial ou negocial, o depositário não passa a titular nenhum resquício da propriedade do bem depositado. Somente quando o depósito é impróprio (ou irregular), por referir-se a bem fungível e o depositário assumir a obrigação de restituir não a mesma coisa que recebeu, mas qualquer outra de iguais gênero, qualidade e quantidade, é que ele passa a titular *um dos elementos do direito de propriedade* do bem depositado: a disponibilidade. Neste caso, a rigor, nem se trata de contrato de depósito, mas, sim, de mútuo, equiparando-se, então, o depositário ao mutuário. Para a caracterização do depósito impróprio ou irregular, não basta ser a coisa depositada um bem fungível. Também o depósito regular pode ter por objeto bens desta categoria. O decisivo é que o depositário esteja contratualmente autorizado a devolver coisas do mesmo gênero, qualidade e quantidade. Descaracteriza-se, então, o depósito próprio ou regular, em que o depositário, mesmo o que deposita coisas fungíveis, tem sempre a obrigação de restituir exatamente as que recebeu (COELHO, Fábio Ulhoa. *Curso de direito civil*. 4. ed. São Paulo: Saraiva, 2011. p. 401, v. 3).

[761] Segundo Pontes de Miranda: "Na lei nada se disse quanto às ações penhoradas, arrestadas ou sequestradas, porém o que se há de entender é que nenhuma das medidas cautelares ou executivas suspende o direito de voto dos acionistas. Uma vez que houve a constrição por ato judicial, o acionista pode pedir as certidões que sejam suficientes para a prova da sua legitimação" (*Tratado de direito privado*. 3. ed.. São Paulo: RT, 1984. v. L, 2. reimp. p. 246). Miranda Valverde cuida especificamente da figura do depositário de ações penhoradas, ensinando que: "nas execuções singulares, não tem o depositário judicial qualidade para o exercício do direito de voto nas assembleias gerais" (*Sociedade por ações*. 3. ed. Rio de Janeiro: Forense, 1959. p. 71, v. II). Filia-se a igual entendimento Cunha Peixoto: "As ações estão sujeitas a penhora, sequestro ou arresto. Ainda, nestes casos, até sua venda em juízo, seu proprietário continua ser o sócio e, consequentemente, com ele permanece o voto. O acionista pode, pois, continuar a tomar parte nas deliberações das assembleias ordinárias ou extraordinárias e votar como bem entender" (*Sociedade por ações*. São Paulo: Saraiva, 1972. p. 369, v. 2). E para Modesto Carvalhosa: "no caso de penhora, sequestro e arresto de ações, até sua venda em juízo, o proprietário continua acionista e, pois, permanece com o direito pleno de voto. Mesmo em face dessas medidas judiciais, pode o acionista continuar a participar dos atos sociais que lhe são próprios, notadamente nas deliberações das assembleias gerais e ali votar livremente, sem qualquer restrição" (*Comentários à Lei de Sociedades Anônimas*. 4. ed.. São Paulo: Saraiva, 2009. p. 441, v. 2, 2. tir.).

voto pelo credor titular de direito real *em* garantia (LSA, art. 113, parágrafo único) e assegura, também expressamente, o exercício deste direito pelo devedor pignoratício (LSA, art. 113), porque sabe que os incentivos objetivos a que estaria exposto o titular do crédito em execução são *diversos* e *antagônicos* aos incentivos do executado.

São duas situações possíveis: ou foram penhoradas ações em quantidade tal que assegura ao exercente do respectivo direito de voto o *poder de controle* sobre a sociedade anônima, ou penhoraram-se ações em número insuficiente a este efeito. Ora, na primeira situação, transferir ao próprio credor exequente o direito de voto, em razão de sua nomeação para depositário das ações penhoradas, importa inexoravelmente assegurar-lhe o *poder de controle* sobre a sociedade emissora. Em decorrência, atribuir-lhe todas as condições para interferir diretamente sobre o valor do bem penhorado.

Em relação ao valor do bem penhorado, os interesses do credor exequente e do devedor executado se opõem. Para o credor exequente, quanto menor for o valor do bem penhorado, mais proveitos terá no prosseguimento da execução. Principalmente se pretende requerer a adjudicação em seu favor do bem penhorado, o credor exequente terá ganhos *indiretamente proporcionais* ao valor deste (quanto menor o valor, mais ganhos). No extremo oposto, encontra-se o devedor executado, para quem interessa que o bem penhorado tenha o maior valor possível. Até mesmo para fundamentar pleito de liberação de parte dos bens objeto de constrição judicial, por excesso de penhora, aproveita-se da valorização. O devedor executado terá ganhos *diretamente proporcionais* ao valor do bem penhorado (quanto maior o valor, maiores os ganhos).

Ressalto que não se discute, aqui, a ocorrência de crime, fraude ou displicência no exercício das funções de depositário. Para estas hipóteses, a solução legal é a responsabilização. Trata-se de dimensionar unicamente a figura dos *incentivos objetivos* a que estão expostos um e outro sujeito. As ações de emissão de uma sociedade anônima, em quantidade suficiente a assegurar o poder de controle a quem detiver o correspondente exercício do direito de voto, são bens que, ao contrário de um imóvel ou automóvel, podem ser valorizados ou desvalorizados em razão destes incentivos objetivos. Se o próprio credor pignoratício for nomeado depositário das ações penhoradas e o juiz lhe atribuir (contrariamente ao sistema de direito societário) o exercício do direito de voto, operarão incentivos objetivos tendentes à redução do valor do objeto da constrição judicial. O administrador de uma empresa, para vê-la desvalorizada, quando incentivado a isto por seus interesses objetivos, não precisa cometer nenhuma irregularidade, infração ou crime à frente dos negócios sociais. Basta que simplesmente deixe tudo correr como está, não atentando aos movimentos da concorrência, não prospectando constantemente novas oportunidades de negócio, não sendo o primeiro a chegar e o último a sair da sede, que o valor da empresa já começa a declinar.

O credor titular de alienação fiduciária em garantia incidente sobre ações não pode exercer, por força de expressa previsão na lei societária (LSA, art. 113, parágrafo único), o direito de voto exatamente por estar sujeito ao influxo destes incentivos objetivos. Se o contrato estabelece (como é bastante comum) que a insuficiência superveniente da garantia obrigará ao seu reforço ou induzirá o vencimento antecipado da obrigação, aproveitá-lo-á a desvalorização da empresa e das ações. É um nítido caso de *conflito de interesses*, em que o sistema de direito societário veda peremptoriamente o exercício do direito de voto, *inclusive para acionistas* (LSA, art. 115, § 1º).

Também a preservação da empresa frente ao incentivo objetivo do credor é que fundamenta a expressa previsão legal de que o penhor das ações não inibe o exercício do direito de voto pelo devedor pignoratício (LSA, art. 113, *caput*). O incentivo objetivo que impulsiona o acionista devedor, quando exerce o direito de voto, em tudo converge com o da própria sociedade anônima. Ao devedor interessa que a empresa se valorize e que, em consequência, seja expropriada uma porção bem reduzida das ações penhoradas. Este interesse é também o da empresa, dos empregados que nela trabalham, dos consumidores, fisco e todos os demais sujeitos a quem aproveita o desenvolvimento dos negócios.

Em suma, o depositário de ações penhoradas *não* passa a ser o titular do direito de voto a elas associado. Enquanto não ocorrer a expropriação judicial, este direito é do devedor executado. Se o depositário das ações penhoradas, ademais, for o próprio credor exequente, há ainda mais uma fortíssima razão para não lhe ser transferido o exercício do direito de voto. Esta razão é o incentivo objetivo a que fica exposto, enquanto depositário, que aponta para a inércia na administração (e consequente desvalorização da empresa) como medida de franco favorecimento aos seus interesses individuais de credor. Só é, assim, compatível com o sistema de direito societário a permanência do exercício do direito de voto sob a titularidade do devedor executado, enquanto ele não for expropriado das ações penhoradas, independentemente dos demais atos judiciais praticados na execução. Após a expropriação, o direito de voto se transfere a quem passar a ser o novo titular da ação, seja ele o credor exequente ou terceiro.

3. Penhor de ação: a extensão e o conteúdo do contrato e o exercício do voto

Rodrigo R. Monteiro de Castro

De acordo com o art. 1.431 do Código Civil, constitui-se o penhor pela transferência efetiva da posse de coisa móvel, suscetível de alienação, em garantia de débito contraído pelo devedor transferente, ao respectivo credor ou a seu representante. O bem dado em garantia fica sujeito, nos termos do art. 1.419 do mesmo diploma, por vínculo real.

O penhor mercantil, que em essência é similar ao civil, exceto pela natureza da obrigação, ostenta, no entanto, uma característica distintiva: a manutenção da coisa empenhada em poder do devedor, na forma do parágrafo único do mencionado art. 1.431. Aliás, não apenas nesta espécie de penhor, mas também no rural, industrial e de veículos, a transferência da posse não se revela essencial à sua constituição.

A LSA previu tratamento específico ao penhor de ações, que, além de não criar antinomia, se insere, no mais, na regra geral. Assim, não existe obstáculo ao empenho de ação de emissão de companhia, sendo que tanto a propriedade quanto a posse serão preservadas na esfera do devedor pignoratício – que não deixa, pela constituição da garantia, de ostentar a posição de acionista.

Daí a indisputada licitude do conteúdo do art. 113 da LSA, ao estabelecer que o acionista devedor exercerá o direito de voto. Mais do que isso, aliás: a construção se coaduna com o conteúdo do art. 115, que impõe ao acionista o dever de exercer o direito de voto no interesse da companhia e considera abusivo o voto exercido com o fim de causar dano à companhia, a outro acionista ou de obter, para si ou para outrem, vantagem a que não faça jus.

Como o conjunto obrigacional atribuído ao acionista não se estende ao credor pignoratício, a transferência do exercício do direito ao voto implicaria uma subversão do sistema societário com a inserção de sujeito liberado para manifestações individualistas, proferidas, eventualmente, em sentido contrário do interesse social – ou, em qualquer caso, pautado apenas no seu interesse pessoal, consistente na satisfação de seu próprio crédito.

Aliás, a presença em assembleia geral da companhia é reservada ao acionista da companhia ou ao titular de direito de sócio, na forma do art. 116, que poderá comparecer pessoalmente ou, se tratando de pessoa jurídica, por seu representante legal; e, em qualquer caso, fazer-se representar por procurador constituído na forma do art. 126, § 1º – que poderá ser acionista, administrador ou advogado e, no caso de companhia aberta, instituição financeira.

O credor pignoratício não é acionista e, assim, além de não titular o direito ao exercício de voto também não poderá participar da assembleia. Nada impede, porém, que compareça como procurador, desde que seja, hipoteticamente, acionista, administrador ou advogado. Neste caso, no entanto, não atuará ou proferirá voto em seu nome, mas do representado, nos termos do mandato que lhe for conferido.

Essa sistemática não impede ou não se choca com a parte final do caput do art. 113, que autoriza a previsão, no contrato de penhor, de impedimento de votação em certas deliberações, sem o consentimento do credor pignoratício.

Apesar de o instrumento de penhor, para sua constituição, sujeitar-se a registro, nos termos do art. 1.432 do Código Civil, não cabe à companhia ou à mesa de assembleia geral, controlar, efetivar ou evitar a prática de atos contratados ou proibidos entre as partes. Por isso, a previsão do art. 100, I, "f" da LSA, que estabelece a manutenção obrigatória do livro de Registro de Ações Nominativas, para inscrição, anotação ou averbação do penhor, usufruto, fideicomisso, da alienação fiduciária em garantia ou de qualquer ônus que grave as ações ou obste sua negociação, serve para evitar a transferência e consequente registro de nova titularidade de ação sujeita a qualquer desses ônus.

Assim, as regras contratadas pelas partes deverão ser controladas por elas e eventuais inobservâncias sancionadas nos termos do próprio instrumento e da legislação que rege o instituto.

A LSA autoriza a imposição de restrição ao voto, pelo credor, sem o consentimento do credor pignoratício, mas não a qualifica. Determina-se, apenas, que certas deliberações, e não todas, sujeitam-se a essa condição. A legalidade da previsão contratual deverá ser verificada casuisticamente, tanto em relação ao conteúdo quanto às matérias envolvidas.

De todo modo, em princípio, temas que possam desqualificar, prejudicar, reduzir ou inviabilizar a garantia constituída podem se sujeitar ao consentimento, pois, nestes casos, o voto implicaria a ineficácia da garantia constituída. Além disso, partindo-se da premissa de que a existência do penhor será conhecida da companhia e dos acionistas, não apenas pelo registro estabelecido no Código Civil como nos termos dos arts. 40 e 100 da LSA, o fato do voto ser proferido em sentido favorável ou desfavoravelmente à proposta, por conta do consentimento ou da ausência dele, por parte do credor pignoratício, não vicia, em si, o ato. A própria lei o autoriza. De modo que eventual vício poderá ser suscitado a posteriori e fundamentado em abusividade ou existência de conflito.

4. Alienação fiduciária: a extensão e o conteúdo do contrato e o exercício do voto

RODRIGO R. MONTEIRO DE CASTRO

A redação do parágrafo único do art. 113 não consiste em cópia literal do caput e indica, assim, a exigência de compreensão da extensão e de sua aplicação.

Aponta-se, preliminarmente, que, nos termos do art. 1.361 do Código Civil, "considera-se fiduciária a propriedade resolúvel de coisa móvel infungível que o devedor, com escopo de garantia, transfere ao credor". Note-se que, nesta modalidade, a transferência, mesmo que em caráter resolúvel, faz parte da essência do negócio. A propriedade fiduciária se constituirá, então, com o registro do contrato, e assim se dará o desmembramento da posse, tornando-se o devedor, nos termos do § 2º desse artigo, possuidor direto da coisa. Ademais, o art. 1.368-A determina que, sem prejuízo do disposto no Código Civil, as demais espécies de propriedade fiduciária ou de titularidade fiduciária submetem-se à disciplina específica das respectivas leis especiais, somente se aplicando as disposições do código naquilo que não for incompatível com a legislação especial, e o art. 1.368-B estabelece que a alienação fiduciária em garantia de bem móvel ou imóvel confere direito real de aquisição ao fiduciante, seu cessionário ou sucessor.

O mencionado parágrafo único do art. 113 da LSA, em redação espartana, fixa que "o credor garantido por alienação fiduciária da ação não poderá exercer o direito de voto; o devedor somente poderá exercê-lo nos termos do contrato". Esse conjunto normativo não encontra resistência sistêmica, sendo sua validade incontestável. A importância de sua compreensão envolve, assim, outro motivo: sua extensão.

A LSA é inequívoca: apesar da titularidade da propriedade resolúvel, o credor pignoratício não poderá exercer o direito de voto, que se mantém, com reservas, na esfera do devedor. Se o voto é expressado pelo devedor, somente ele poderá comparecer e manifestá-lo. Inexiste, nessa construção, atentado ao direito de propriedade; ao contrário: trata-se de solução legislativa para enfrentamento da natureza do instituto, composto de características próprias, arquitetado com intuito de, com o desmembramento dos elementos da propriedade, oferecer meios adequados à constituição de garantias que envolvem, direta ou indiretamente, alguma forma de concessão de crédito.

Trata-se, pois, de instrumento de garantia, e não de modalidade de aquisição condicionada de propriedade. Nesse sentido, o interesse imediato do credor consiste na satisfação de seu crédito, nos prazos e formas que forem contratados, e não na consolidação da propriedade. Qualquer forma de excussão da garantia resulta, pois, de situação contingencial, e de contexto mediatista. Daí o acerto na construção do parágrafo em comento.

A principal questão envolve a parte final do dispositivo, que limita a expressão do voto do devedor ao conteúdo do contrato. Aqui, apesar da transferência da propriedade resolúvel, a natureza de garantia da alienação fiduciária não modifica o que se apontou em relação ao penhor, exceto num aspecto: a manifestação em qualquer deliberação, e não *apenas* em certas deliberações, deverá seguir o conteúdo do contrato.

Caso o contrato seja silente, o devedor poderá votar livremente, operando-se uma renúncia implícita por parte do credor de impor, ao devedor, limites à sua manifestação, observado que, se atentar contra a estrutura contratada, ficará sujeito à reparação dos danos causados – e outras consequências previstas.

Por fim, não cabe à companhia, à mesa ou a qualquer acionista, assim como demonstrado acima, controlar o conteúdo do voto, pois se estaria externalizando a responsabilidade a terceiros, que não são parte direta do negócio.

> **Voto das Ações Gravadas com Usufruto**
>
> **Art. 114.** O direito de voto da ação gravada com usufruto, se não for regulado no ato de constituição do gravame, somente poderá ser exercido mediante prévio acordo entre o proprietário e o usufrutuário.

COMENTÁRIOS

1. Usufruto da ação como instrumento de transferência de poder político

Mauricio Moreira Menezes

A ação pode ser objeto de constituição de ônus reais, como o usufruto (art. 40, LSA), cabendo ao usufrutuário o direito de usá-la e fruí-la, apesar de ser mantida na propriedade de terceiro, exercendo os poderes típicos do domínio, de conteúdo pecuniário, salvo o poder de disposição (art. 1.228 c/c art. 1.394, Código Civil).

Logo, o usufrutuário da ação apresenta-se, perante a companhia, como se acionista fosse, para fins de exercício de direitos patrimoniais e, especialmente, para a percepção de dividendos.

Diante da prevalência do aspecto econômico do usufruto, a constituição do usufruto não produz o resultado prático e imediato de transferência do direito de voto ao usufrutuário.

Assim, o art. 114, LSA, impõe que o direito de voto da ação gravada com usufruto apenas seja transferido ao usufrutuário se expressamente regulado no ato de constituição do gravame ou mediante prévio acordo entre o proprietário e o usufrutuário. Em suma, depende de ajuste negocial entre as partes.

Por outro lado, observe-se que a transferência do poder político da companhia pode ser realizada via alienação das ações representativas do controle acionário ou, alternativamente, por meio da constituição de direitos reais sobre tal bloco de ações, em clara dissociação entre a titularidade da ação e a legitimação do exercício do direito de voto.

Nesse sentido, pondere-se que a definição de controlador, prevista no art.116, "a", LSA, reporta-se ao "titular de direitos do sócio que lhe assegurem, de modo permanente, a maioria dos votos nas deliberações da assembleia-geral e o poder de eleger a maioria dos administradores da companhia". Portanto, a LSA não exige a titularidade da propriedade da ação.

Com efeito, o art. 114, LSA, ao privilegiar largamente a autonomia da vontade, faculta aos interessados disciplinar, por meio do contrato de usufruto, como se dará a dissociação do poder político, que poderá ser conferido integralmente ao usufrutuário, sem que se imponha qualquer limitação de prazo. A legitimação é, como se vê, ampla e efetiva, assumindo o usufrutuário a predominância política na companhia.

Não por acaso, é comum ser convencionado, em acordo de acionistas, cláusulas protetivas contra a constituição de ônus reais sobre ações, considerando tal medida como se alienação fosse.

Finalmente, esse raciocínio advoga a favor da incidência do art. 254-A, LSA, nas operações de constituição de usufruto sobre as ações integrantes do bloco de controle de companhia aberta, impondo a realização, pelo usufrutuário, de oferta pública de aquisição das ações em circulação no mercado (desde que tenham direito a voto).

A Comissão de Valores Mobiliários se debruçou sobre o tema e reconheceu tal efeito, nos autos do Processo CVM nº RJ 2005/4069, conhecido como "Caso Casino", no qual foram discutidos vários aspectos relacionados à aplicação do aludido art. 254-A. Confira-se, adiante, trecho do voto do Diretor Relator:

> Esse significado inclui, dentre as operações que dão causa à oferta pública, não só a alienação de ações agrupadas em sociedade holding, mas, também, a inclusão de acertos contratuais que impliquem a transferência dos direitos políticos e econômicos do valor mobiliário, sem a transferência da ação (a conferência de usufruto vitalício de voto e dividendos mediante contraprestação em dinheiro ou a celebração de acordo de acionistas, regulando voto e distribuição de dividendos, por exemplo), tenha esse acordo sido celebrado para se evitar a realizar a oferta pública ou mesmo com vistas a um outro fim lícito. Como isso, para a aplicação do art. 254-A, se em uma operação não se verificar a transferência de valores mobiliários que implique alienação de controle, deve-se analisar se essa alienação ocorreu de forma indireta (i.e., mediante acordos que resultem na

transferência de poder político e econômico desses valores mobiliários.[762]

Em resumo, o usufruto da ação pode funcionar como interessante instrumento de transferência de poder político e do controle acionário, caso o contrato de usufruto autorize o usufrutuário a exercer o direito de voto.

2. O voto das ações gravadas

Rodrigo R. Monteiro de Castro

O usufruto é regulado nos arts. 1.390 a 1.411 do Código Civil. O usufrutuário, de acordo com o art. 1.394, tem direito à posse, uso, administração e percepção dos frutos. Já o art. 1.395 estabelece que quando o usufruto recai em títulos de crédito, o usufrutuário tem direito a perceber os frutos e a cobrar as respectivas dívidas. Essas normas importam para a compreensão da principal questão que emerge do *caput* do art. 114 da LSA: o exercício do voto de ações gravadas com usufruto.

Com efeito, esse artigo prevê que o direito de voto da ação gravada com usufruto, se não for regulado no ato de constituição do gravame, somente poderá ser exercido mediante acordo entre proprietário e usufrutuário. Cria-se uma situação excepcional em que, na ausência de regulação, se veda ao mesmo tempo o exercício do voto pelo nu-proprietário, acionista de fato e de direito, e pelo usufrutuário, a quem se confere, nos termos do mencionado art. 1.394, o uso (logo, o voto) e gozo. Essa solução se aplica às companhias fechada e abertas.

Em relação ao usufruto a LSA adota, portanto, uma solução distinta daquela oferecida, no art. 113, ao penhor ou à alienação fiduciária, em que se identificam o acionista, no primeiro caso, e o devedor, no segundo, como titulares do direito ao exercício do voto, observadas as restrições ali estabelecidas, e jamais o credor, afastando-se, pois, a possibilidade de se convencionar sobre a titularidade do exercício do voto.

De todo modo, a regra contida no art. 114 não encontra óbice na LSA, pois o usufrutuário, mesmo não sendo acionista, poderá dispor de direitos de sócios, como aliás se prevê no art. 116, *a*, e, assim, não apenas se legitimar à participação de qualquer assembleia geral como, em situação extrema, controlar a companhia – posição que, vale registrar, o credor não tem e não poderá ter.

O direito ao voto de ação gravada com usufruto pode ser regulado no ato constitutivo do gravame, caso em que se poderá promover a averbação no Livro de Registro de Ações Nominativos, nos termos do art. 40, I, e do art. 100, I, *f*, ou, na hipótese de ação escritural, no livro da instituição financeira, que o anotará no extrato da conta de depósito fornecida ao acionista.

Na ausência de regulação, o prévio acordo deverá ser apresentado para habilitação do beneficiário à assembleia geral e, consequentemente, para que possa manifestar o voto. O acordo poderá envolver apenas as deliberações de uma assembleia e, portanto, ter vigência efêmera, ou regular o exercício de modo contínuo por determinado prazo ou durante todo o usufruto. Também poderá contemplar a distribuição do exercício de voto em função da matéria, com a atribuição ao nu-proprietário, por exemplo, daquelas que envolvam aspectos estruturais como incorporação, cisão ou transformação e, as demais, ao usufrutuário. Em qualquer caso, importa que sejam claramente identificadas pois, se houver dúvida quanto ao direito, o exercício de voto não poderá ser autorizado a qualquer das partes.

Essa sistemática impõe à companhia e, consequentemente, à mesa da assembleia geral o dever de verificação da legitimação, nos termos do art. 126. Cria-se, pois, a incumbência de controle do conteúdo acordado, para que o voto seja válido. Aliás, será nulo o voto proferido sem observância do acordo.

O legitimado poderá fazer-se representar por procurador, nos termos desse mesmo art. 126. Nada impede, aliás, combinações envolvendo o nu-proprietário e o usufrutuário, desde que observadas as condições previstas na LSA. Assim, por exemplo, se o nu-proprietário conferir ao usufrutuário o direito ao exercício do voto e aquele também for titular de ações desoneradas, o usufrutuário poderá constituir o nu-proprietário procurador para representá-lo na assembleia geral.

Na ausência de regras claras a respeito de quem se legitima ao exercício do voto, o acionista ou usufrutuário não poderá participar da assembleia e será considerado ausente.

Com a extinção do usufruto, o nu-proprietário consolidará todos os elementos da propriedade acionária, passando a usar e gozar da coisa,

---

[762] BRASIL. Comissão de Valores Mobiliários. Colegiado. Relator Pedro Oliva Marcilio de Sousa. Processo CVM RJ 2005/4069. Julgado em: 04 out. 2005. Disponível em: <www.cvm.gov.br>. Acesso em: 11 abr. 2006.

portanto, a exercer o direito de voto e a receber os dividendos pagos pela companhia.

São causas de extinção, por exemplo, (i) a renúncia ou morte do usufrutuário, (ii) o término do prazo de duração e (iii) a extinção da companhia emissora das ações.

Abuso do Direito de Voto e Conflito de Interesses

Art. 115. O acionista deve exercer o direito a voto no interesse da companhia; considerar-se-á abusivo o voto exercido com o fim de causar dano à companhia ou a outros acionistas, ou de obter, para si ou para outrem, vantagem a que não faz jus e de que resulte, ou possa resultar, prejuízo para a companhia ou para outros acionistas. (Redação dada pela Lei 10.303, de 2001)

§ 1º O acionista não poderá votar nas deliberações da assembleia-geral relativas ao laudo de avaliação de bens com que concorrer para a formação do capital social e à aprovação de suas contas como administrador, nem em quaisquer outras que puderem beneficiá-lo de modo particular, ou em que tiver interesse conflitante com o da companhia.

§ 2º Se todos os subscritores forem condôminos de bem com que concorreram para a formação do capital social, poderão aprovar o laudo, sem prejuízo da responsabilidade de que trata o § 6º do artigo 8º.

§ 3º O acionista responde pelos danos causados pelo exercício abusivo do direito de voto, ainda que seu voto não haja prevalecido.

§ 4º A deliberação tomada em decorrência do voto de acionista que tem interesse conflitante com o da companhia é anulável; o acionista responderá pelos danos causados e será obrigado a transferir para a companhia as vantagens que tiver auferido.

§ 5º (*Vetado*). (Incluído pela Lei 10.303, de 2001)

§ 6º (*Vetado*). (Incluído pela Lei 10.303, de 2001)

§ 7º (*Vetado*). (Incluído pela Lei 10.303, de 2001)

§ 8º (*Vetado*). (Incluído pela Lei 10.303, de 2001)

§ 9º (*Vetado*). (Incluído pela Lei 10.303, de 2001)

§ 10. (*Vetado*). (Incluído pela Lei 10.303, de 2001)

COMENTÁRIOS

1. As espécies de voto: vontade e verdade

Fábio Ulhoa Coelho

Por vezes, o acionista é chamado a participar da decisão da assembleia geral fazendo uma declaração de *vontade*. Seu voto, neste caso, será guiado exclusivamente pelo que o acionista quer, entre as duas ou mais possibilidades de interesse da sociedade. Se estiver em votação, por exemplo, uma proposta de aumentar o capital social para a captação de recursos visando à realização de determinados investimentos na atividade econômica, o acionista irá votar favorável ou contrariamente ao aumento de capital segundo a sua exclusiva vontade. Se quiser que a sociedade faça os investimentos em questão, sua vontade será expressa pelo voto a favor do aumento de capital; mas, se não quiser que a sociedade os faça, expressará a vontade pelo voto contrário ao referido aumento.

Mas nem sempre é assim. Há situações em que o acionista é chamado a declarar, em assembleia geral, não a sua vontade, mas o seu *entendimento* relativamente a um documento; vale dizer, se ele considera o documento em votação *verdadeiro* ou *falso*. Quando são submetidas à votação da assembleia geral as demonstrações financeiras da sociedade relativas a determinado exercício, o acionista não está decididamente manifestando uma vontade em seu voto, favorável ou contrário. O acionista não vota pela aprovação das demonstrações financeiras porque *quer* que elas sejam aprovadas; tampouco vota contra elas, por *desejar* a reprovação de ditos instrumentos contábeis. Se proceder assim, seu voto será abusivo, irregular, e ele sofrerá as sanções do art. 115 da LSA.[763] A rigor, se o acionista vota favoravelmente à aprovação das demonstrações

---

[763] Leciona Modesto Carvalhosa: "[Q]uando por emulação, o minoritário ou um grupo deles (*strikers*) manifestam voto contrário à aprovação das contas da administração, os danos poderão ser materiais, na medida em que, v.g., o financiamento das atividades seja suspenso por parte do financiador, ou, ainda, v.b., pela não conclusão de uma *joint venture* com negociação em curso. Ou ainda, v.g., pela repercussão negativa nas cotações em bolsa, fruto da nota atribuída pelos analistas financeiros que, a cada evento ou período, qualificam o risco das companhias ou sua

financeiras, ele está externando o seu entendimento no sentido de que estes documentos são verdadeiros, ou seja, retratam com fidelidade o estado patrimonial ou financeiro da sociedade anônima. Do mesmo modo, ao votar contrariamente à aprovação, está manifestando o entendimento de que as demonstrações financeiras são *falsas*, por não serem retratos fiéis do estado patrimonial ou financeiro da sociedade.

No primeiro caso, diz-se que o acionista profere um *voto-vontade*; no segundo, um *voto-verdade*.[764-765]

O voto é a indicação feita pelo acionista de uma, entre duas ou mais alternativas. Nem sempre, atente-se, esta indicação é resultado de uma escolha livre, ou seja, de uma ponderação subjetiva de preferências.

Quando está em votação o laudo de avaliação de um bem com o qual um dos subscritores pretende integralizar as suas ações, abrem-se aos acionistas três alternativas: (a) votar favoravelmente à aprovação do laudo; (b) votar contrariamente à aprovação; ou (c) votar "em branco", isto é, abster-se. São três alternativas mutuamente excludentes, no sentido de que cada acionista só poderá e deverá necessariamente indicar uma delas. Mas, se indicar a primeira ou segunda alternativas como conteúdo de seu voto, o acionista não estará declarando a *vontade* dele de que o bem avaliado tenha o valor constante do laudo. Não tem o menor sentido considerar juridicamente pertinente uma afirmação como: "eu quero que o imóvel avaliado valha cinco milhões de reais". Ao indicar a alternativa favorável à aprovação do laudo como sendo o conteúdo de seu voto, o acionista está unicamente afirmando que, *em seu entendimento*, aquele laudo de avaliação é verdadeiro ao dar ao bem avaliado o valor correspondente ao montante nele apresentado. Ao indicar a alternativa desfavorável à aprovação, afirma, ao contrário, que, *em seu entendimento*, o documento em votação é falso, por atribuir ao bem avaliado um valor que não corresponde ao que ele alcançaria numa negociação no mercado.

Por outro lado, se a votação disser respeito à proposta de mudança do objeto da companhia, para que expanda a atividade a outros segmentos econômicos, abrem-se igualmente três alternativas: (a) votar favoravelmente à alteração, ampliando o objeto social; (b) votar desfavoravelmente à alteração, mantendo-se o atual objeto; ou (c) votar "em branco", mostrando por meio da abstenção a sua indiferença relativamente ao tema. Nos três casos, ao indicar o conteúdo de seu voto, o acionista estará fazendo uma mera *escolha*. Guiar-se-á exclusivamente pela alternativa que quiser, segundo sua vontade. Se for do seu desejo que a sociedade alargue o campo das atividades em que atua, indicará a alternativa favorável à mudança do objeto; se não for este o seu desejo, indicará como conteúdo do voto a alternativa desfavorável à mudança; e, finalmente, se lhe for indiferente a ampliação ou manutenção do objeto social, pode optar pela alternativa "em branco" ou "abstenção".

Conceitua-se, deste modo, o voto-vontade como sendo aquele em que "o acionista manifesta sua opção pela alternativa que mais lhe interessa entre as abertas na apreciação da matéria"; e o voto-verdade como aquele em que "exterioriza o seu entendimento acerca da fidelidade ou não, do

---

posição no mercado e suas perspectivas. Por outro lado, haverá dando moral à sociedade, a seus controladores, administradores, fiscais e demais acionistas quando evidenciada a ausência de causa para a recusa da aprovação das contas, ou seja, ausência de justificativa plena, em sentido técnico-financeiro ou jurídico. Esse o duplo alcance do abuso no exercício do direito de voto por parte de minoritários – dano material ou moral, ou ambos –, alcançando a companhia com pessoa jurídica e, também, os controladores, administradores e fiscais (conselho fiscal) e demais acionistas" (*Comentários à Lei de Sociedades Anônimas*. 5. ed. São Paulo: Saraiva, 2011. p. 504, v. 2).

[764] "Nem todo voto é uma manifestação de vontade. Quando a apreciação tem por objeto as demonstrações financeiras, as contas dos administradores e os laudos de avaliação, o voto exterioriza, a rigor, o *entendimento* do acionista quanto à correspondência entre o conteúdo desses documentos e a realidade. A aprovação significa que o acionista os considera fiéis ao respectivo objeto (o balanço retrata o patrimônio e seus desdobramentos, o laudo apresenta o valor de mercado do bem avaliado, etc.), e a reprovação, o inverso. Em vista disso, podem-se configurar dois tipos de voto de acionista, o de vontade e o de verdade. A classificação é muito importante, porque possibilita distinguir entre a negociação ilícita do exercício do direito de voto (que somente pode dizer à manifestação de vontade) e o crime de venda de voto, tipificado no art. 177, § 2º, do CP (referente à de verdade)" (COELHO, Fábio Ulhoa. *Curso de direito comercial*. 21. ed. São Paulo: RT, 2017. v. 2 p. 307).

[765] A distinção entre *voto-vontade* e *voto-verdade*, bem como a limitação dos acordos de acionistas ao primeiro tipo, foram já incorporados à jurisprudência (Cf. LAZZARESCHI, Alfredo Sérgio Neto. *Lei de sociedades por ações anotada*. 5. ed. São Paulo: Societátis Edições, 2017. p. 401-402, v. 1).

documento em apreciação ao seu correspondente objeto".[766-767]

Eleição de administrador é sempre um voto-vontade. Corresponde a uma escolha do acionista, que se baseia totalmente no desejo de ver a sociedade anônima administrada por esta ou aquela pessoa. Quando o acionista escolhe certa pessoa para administrar a companhia, ele não está fazendo nenhuma declaração acerca da verdade de um documento. Ele está indicando, entre os candidatos apresentados à assembleia geral, o de sua *preferência* para integrar os órgãos de administração.

Não há hipótese em que o voto na eleição de administradores possa se classificar como "voto-verdade". Nem mesmo em vista de a LSA estabelecer requisitos e impedimentos, objetivos e subjetivos, para a eleição de administradores, se poderia concluir pela alteração na natureza do voto proferido na ocasião de sua escolha. Na verdade, requisitos e impedimentos dizem respeito à elegibilidade dos candidatos, vale dizer, ao estabelecimento das alternativas de voto que serão submetidas à deliberação social. Em termos *lógicos*, precede o voto dos acionistas, porque se alguém não atende aos requisitos ou incorrem algum dos impedimentos, ele sequer pode ser candidato ao cargo de administrador.

Note-se que, no plano *lógico*, o atendimento aos requisitos e impedimentos *precede* à votação, mas no plano *cronológico*, a antecedência se verifica apenas em relação aos requisitos e impedimentos *objetivos*. Se alguém não consegue provar, por meio do documento apropriado, que cumpre os requisitos e não incorre nos impedimentos objetivos, ele sequer pode ser apresentado à assembleia geral como candidato. Mas, por força de uma absoluta impossibilidade material (inexistência de comprovação por meio documental), a verificação do atendimento dos requisitos e impedimentos *subjetivos* é forçosamente simultânea à votação. Não existe, por esta razão, sob o ponto de vista jurídico, a hipótese de um acionista votar num candidato que ele considera não atender aos requisitos e impedimentos subjetivos. Se quis que, dentre os candidatos habilitados, a escolha recaísse num deles, manifestou a vontade de o ter como administrador da companhia. Se a este voto corresponder a deliberação majoritária da assembleia geral, fica juridicamente estabelecido, de modo definitivo, o atendimento aos requisitos e impedimentos subjetivos pelo eleito.

2. A vedação ao abuso do direito de voto

Ana Frazão

O art. 115 da Lei nº 6.404/1976 inicia o seu comando determinando que "O acionista deve exercer o seu direito a voto no interesse da companhia." Trata-se, portanto, de cláusula geral fundamental para nortear o exercício regular do direito de voto, claramente dependente da prévia compreensão sobre o que vem a ser o interesse da companhia.[768]

Como se explicará melhor adiante, a regra não leva à conclusão de que os acionistas não possam considerar os seus interesses pessoais no exercício do direito de voto, mas sim que os seus interesses pessoais devem ser compatíveis com o interesse da companhia. Trata-se, na verdade, de obrigação que decorre da própria personalidade

---

[766] De acordo com Modesto Carvalhosa: "O voto, dependendo do objeto, é uma *declaração de verdade* ou *declaração de vontade*. Será o voto um *ato de vontade*, na medida em que o acionista deva deliberar sobre a matéria institucional da companhia. Por outro lado, constituirá um *ato de verdade* quando o objeto do voto tem em vista aprovar a gestão dos componentes dos órgãos diretivos da companhia e respectivas contas. Isto posto, os acordos de controle ou aqueles de voto dos minoritários somente poderão ter por objeto *declaração de vontade*, ou seja, deliberações referentes, por exemplo, à alteração estatutária, inclusive aumento de capital, eleição e destituição de administradores, ou fusão, cisão, integração em grupo de sociedade ou qualquer outra matéria de caráter institucional ou de política de investimentos e de alocação e distribuição de resultados (dividendos) da companhia. Jamais os acordos de controle e aqueles de voto dos minoritários poderão ter por objeto *ato de verdade*, ou seja, a aprovação ou a desaprovação de relatório e das contas da administração e o balanço e demonstrações financeiras ou mesmo a ratificação de atos de natureza legal, como, *v.g.*, o dividendo obrigatório declarado pelos órgãos de administração etc. Nesses casos, haveria típica ilicitude, representada pela prévia convenção a favor ou contra os atos de administração da companhia. Será, em consequência, nulo o voto dado sobre essas matérias que se originem de cláusula preestabelecida no acordo de controle ou de voto dos minoritários. A nulidade, na espécie, é formal, independentemente, portanto, da prova de favorecimento ou de danos" (*Acordo de acionistas* – homenagem a Celso Barbi Filho. São Paulo: Saraiva, 2011. p. 84-85).

[767] COELHO, Fábio Ulhoa. *Curso de direito comercial*. 21. ed. São Paulo: RT, 2017. v. 2. p. 307.

[768] Ver comentários de Ana Frazão ao art. 2º, da Lei 6.404/1976, na seção "Objeto social e interesse social".

jurídica da companhia, uma vez que, sendo esta um novo sujeito de direitos, todos os seus órgãos precisam assegurar as finalidades que justificaram a sua criação.

Além da cláusula geral que submete o direito de voto ao interesse da companhia, o art. 115 da Lei nº 6.404/1976 abarca também outras duas regras: (i) uma de vedação ao abuso do direito de voto – "considerar-se-á abusivo o voto exercido com o fim de causar dano à companhia ou a outros acionistas" – e (ii) uma de vedação ao conflito de interesses – voto exercido com o fim de "obter, para si ou para outrem, vantagem a que não faz jus e de que resulte, ou possa resultar, prejuízo para a companhia ou para outros acionistas."

No que se refere ao abuso do direito de voto, embora o art. 115 da Lei nº 6.404/1976 enfatize a vedação do voto emulativo, ou seja, do voto com a intenção de causar dano à companhia ou a outros acionistas, é inequívoco que esta é apenas uma das modalidades de abuso do direito de voto.

Com efeito, o art. 115 da Lei nº 6.404/1976 precisa ser interpretado de forma sistemática com a cláusula geral de vedação ao abuso de direito constante do art. 187 do Código Civil, do qual o abuso do direito de voto é uma modalidade.[769] Ao definir o abuso como o excesso em relação aos limites impostos pelas finalidades sociais e econômicas do direito, a boa-fé e os bons costumes, é inequívoco que o abuso de direito compreende igualmente a modalidade culposa, o que de resto é confirmado pela doutrina mais autorizada sobre o assunto.[770]

Dessa maneira, a constatação do abuso de direito exige uma avaliação qualitativa – adequação da conduta aos fins legítimos do exercício do direito – e quantitativa – adequação entre os meios e fins utilizados pelos agentes, a fim de se avaliar a proporcionalidade da sua atuação.

A peculiaridade do abuso do direito de voto é que, nesta hipótese, as finalidades sociais e econômicas do direito estão consubstanciadas na noção de interesse social, que, como já visto, é um dos principais parâmetros para orientar a atividade empresarial, transcendendo os interesses dos acionistas e abarcando diversos outros interesses.[771] Dessa maneira, há que se cogitar de voto abusivo sempre que, de forma dolosa ou culposa, o titular do direito de voto causar danos injustificáveis aos empregados, consumidores ou à coletividade como um todo.

Tal interpretação decorre igualmente da Constituição Federal, que impõe o respeito aos princípios da ordem econômica no exercício da atividade empresarial, o que obviamente se estende ao exercício dos direitos por parte de sócios de sociedades empresárias.

É precisamente tal aspecto que facilita a distinção entre o abuso do direito de voto e o conflito de interesses pois, enquanto este enseja a discussão entre o interesse dos acionistas e administradores em confronto com os interesses da comunhão acionária ou da própria companhia, a hipótese de voto abusivo impõe a consideração de todos os demais interesses que se projetam sobre a empresa, tais como os dos trabalhadores, consumidores e comunidade. Logo, o alcance do abuso de direito de voto é bem maior.

Todavia, é inequívoco que as duas situações são próximas, até porque resultam do descumprimento da cláusula geral que impõe a observância do interesse da companhia, visto sob a perspectiva mais ampla do interesse social. Sob esta perspectiva, o voto abusivo pode ser também visto como um voto que conflita com o interesse da companhia.

Note-se que, em ambas as hipóteses, o acionista deve indenizar os danos causados à companhia e, no caso de conflito de interesses, ainda devolver todas as eventuais vantagens que excedam ao dano, com base no princípio que veda o enriquecimento sem justa causa.

É claro que, na sua modalidade culposa, a constatação do abuso de direito envolve um delicado juízo de proporção, o que faz com que a sua identificação seja mais difícil. Não obstante, Jorge Manuel Coutinho de Abreu[772] indica alguns dos

---

[769] Não é sem razão que Alfredo Lamy Filho e José Luiz Bulhões Pedreira (*A Lei das S.A. Pressupostos, elaboração, aplicação*. Rio de Janeiro: Renovar, 1992. p. 455-467) conectavam o art. 115, da Lei S/A, com a regra geral de vedação ao abuso de direito contida no art. 160, II, do antigo Código Civil.

[770] Ver FRAZÃO, Ana. *Propriedade e empresa*. Função social e abuso de poder econômico. São Paulo: Quartier Latin, 2006. p. 129-149.

[771] Ver comentários de Ana Frazão ao art. 2º, na seção "Objeto social e interesse social" e também no livro *Função social da empresa*. Repercussões sobre a responsabilidade civil de controladores e administradores de S/As. Rio de Janeiro: Renovar, 2011. p. 203-225.

[772] *Do abuso de direito*. Ensaio de um critério em direito civil e nas deliberações sociais. Coimbra: Almedina, 2006. p. 167-168.

campos mais frequentes das deliberações abusivas: (i) a afetação dos lucros periódicos, (ii) a remuneração dos titulares dos órgãos sociais, (iii) o aumento do capital social, (iv) a dissolução da sociedade por acordo entre sócios, (v) a mudança da sede social, (vi) a transformação da sociedade, (vii) a aprovação de balanços e demonstrações financeiras, nas quais deve prevalecer o juízo da verdade e não o da conveniência,[773] e (viii) a destituição de administradores.

Para alguns autores, outra hipótese de abuso é o voto ilegal, que é aquele que contrasta diretamente com a ordem jurídica, sem a necessidade de passar pelos sofisticados filtros do abuso de direito, dentre os quais o de moderação e proporção.

Até por esse motivo, a rigor, o voto ilegal não é propriamente um voto abusivo, mas sim um voto ilícito por agredir frontalmente a ordem jurídica. Como explica Jorge Manuel Coutinho de Abreu,[774] o abuso do direito de voto ocorre quando não há a violação de disposições específicas da lei, caso em que o voto seria ilegal e não propriamente abusivo.

Entretanto, como a Lei nº 6.404/1976 não prevê o voto ilegal de maneira diferenciada, a melhor interpretação é no sentido de que este seja considerado como voto abusivo, ao menos para o fim de receber o mesmo tratamento jurídico.[775]

Dentre as hipóteses extremas de votos ilegais, encontra-se aquela em que o acionista vende o seu voto para o fim de obter vantagem para si ou para outrem. Além das repercussões previstas no art. 115, da Lei nº 6.404/1976, a conduta é tipificada como crime, nos termos do art. 177, § 2º, do Código Penal.

Entretanto, a depender do caso, a mera violação da lei pode não ser suficiente para a configuração da reprovabilidade da conduta, já que os acionistas muitas vezes lidam com legislações complexas, em relação às quais podem existir controvérsias interpretativas razoáveis.

Assim, pode acontecer que o acionista tenha violado determinada legislação mesmo votando de boa-fé e com base em interpretação razoável. Nessas hipóteses, não é correto sustentar que há voto ilegal ou abuso do direito de voto. Apenas o voto ilegal proferido de forma culposa pode ser considerado abusivo, sendo a violação da lei uma presunção relativa de que ocorreu o ilícito, mas que pode ser afastada por prova em contrário.

Por fim, cumpre salientar que também há diferença entre os acionistas – mesmo controladores – e os administradores que exercem direito de voto, tal como é o caso dos membros do Conselho de Administração. Em relação a estes últimos, não se admite a consideração de nenhum interesse particular no exercício do voto, mas tão somente o respeito ao interesse da companhia, motivo pelo qual os critérios para a constatação do abuso serão ainda mais rigorosos.[776]

Com efeito, importante diferença entre acionistas e administradores é que estes últimos, por titularizarem competências funcionais, estão obrigados a votar, do que decorre a abusividade da omissão injustificada. Já em relação aos acionistas, como exercem direitos subjetivos ou situações jurídicas complexas, podem optar por não votar, ainda que, em determinadas situações, se possa cogitar de abuso por omissão, especialmente em se tratando do controlador.[777]

O exercício abusivo do direito de votar determina a responsabilidade pessoal do acionista, ainda que o voto não tenha prevalecido, já que, mesmo nesta hipótese, pode causar danos à companhia. Por essa razão, o § 3º do art. 115 da Lei nº 6.404/1976, prevê a responsabilidade pelos danos decorrentes do voto abusivo não prevalecente, o que possibilita se falar igualmente em voto

---

[773] Neste ponto, é perfeita a advertência de Fábio Ulhoa Coelho (*Curso de direito comercial*. São Paulo: Saraiva, 2007. v. 2. p. 314), no sentido de que "de um modo geral, quando o acionista manifesta uma vontade no exercício de voto de verdade, incorre em abuso."

[774] *Do abuso de direito. Ensaio de um critério em direito civil e nas deliberações sociais. Ensaio de um critério em direito civil e nas deliberações sociais*. Coimbra: Almedina, 2006. p. 167-168.

[775] Daí sustentar Fábio Ulhoa Coelho (*Curso de direito comercial*. São Paulo: Saraiva, 2007. v. 2. p. 315-316) que, apesar de não haver previsão expressa da lei brasileira, "o voto ilegal causa a responsabilização dos acionistas que o manifestaram".

[776] Ver comentários de Ana Frazão ao art. 138, da Lei 6.404/1976.

[777] Ver comentários de Ana Frazão ao art. 115, da Lei 6.404/1976, na seção "Abuso do direito de voto por parte do controlador e dos minoritários."

abusivo por parte das minorias,[778] tema que será desenvolvido em seção específica.

Por fim, cabe salientar que, com a introdução do voto plural em nosso ordenamento jurídico, a responsabilidade do acionista que titulariza esse tipo de ação deve ser proporcional ao peso nas deliberações sociais, já que o voto plural pode lhe assegurar posições como o controle ou a influência significativa, assim como pode lhe permitir que impeça o atingimento de determinados quóruns de deliberação.

3. Abuso do direito de voto por parte do controlador e dos minoritários

Ana Frazão

Como se observa pela redação do art. 115, da Lei nº 6.404/1976, as suas prescrições se estendem a todos os acionistas, ainda que não necessariamente na mesma intensidade ou da mesma forma.

No que diz respeito ao controlador, se o abuso do direito de voto já é vedação imposta a qualquer acionista, com maior razão deve sê-lo em relação ao controlador, diante da importante função que o Direito Societário apresenta de compatibilizar o poder com a devida responsabilidade. Dessa forma, se o acionista quer ser empreendedor e assumir a condução dos negócios sociais, dele se espera a responsabilidade correspondente, obviamente em nível superior à que poderia ser exigida de um acionista comum.

A vedação ao abuso de direito pressupõe, como já se viu, o respeito e a proteção não só aos interesses da companhia e da comunhão acionária, mas também aos demais interesses envolvidos, nos termos do delineamento previsto pela Constituição, especialmente no art. 170, e também pelo parágrafo único, do art. 116, da Lei nº 6.404/1976.

Como a constatação do abuso do direito de voto envolve juízos complexos, será importante, para caracterizá-la em relação ao controlador, a utilização de parâmetros que, embora previstos expressamente pela Lei nº 6.404/1976 apenas em relação aos administradores, são igualmente aplicáveis aos controladores: os deveres de diligência, lealdade e informação.[779]

Entretanto, é importante destacar que, diferentemente dos administradores, que titularizam competências funcionais e, exatamente por isso, somente podem levar em consideração o interesse da companhia, é legítimo ao controlador, como de resto a qualquer acionista, que persiga igualmente seus interesses pessoais, desde que estes sejam compatíveis com o interesse da companhia.

Mais delicada é a questão de saber se os acionistas controladores, ao contrário dos acionistas comuns, são obrigados a votar, de forma que, caso não o façam, possam praticar abuso do direito de voto por omissão. Trata-se de questão controversa, ainda mais diante do fato de que, para os controladores, o voto é um direito subjetivo. Entretanto, parte da doutrina entende que, ao contrário dos demais acionistas, o controlador tem o dever de votar,[780] de forma a tornar abusiva a sua omissão em qualquer circunstância.

Todavia, não parece que tal conclusão seja sempre válida. Não há ilegalidade, por exemplo, na conduta do controlador que opta por não votar para o fim de renunciar ao controle, uma vez que tal posição pressupõe a efetividade do poder.[781] Trata-se de situação distinta daquela em que o controlador se omite de votar, sem qualquer intento em abrir mão da sua posição de controle, causando prejuízos para a companhia, para os acionistas ou mesmo para terceiros.

Ainda é preciso mencionar que, em relação ao controlador, há grande interseção entre o art. 115 e o art. 117, da Lei nº 6.404/1976, pois muitas formas de abuso do poder de controle acontecem por meio do abuso do direito de voto nas assembleias.

Já em relação aos minoritários, também não se pode afastar a possibilidade de abuso do direito de voto, até porque, em muitos casos, podem eles causar grandes danos à companhia, como ocorre quando se utilizam do seu direito para bloquear determinadas deliberações, aproveitar-se de

---

[778] Na exposição de motivos da Lei 6.404/1976, Alfredo Lamy Filho e Bulhões Pedreira esclarecem que "o § 3º pune o abuso da minoria, menos frequente mas verificável, sobretudo por parte de acionistas que, com interesses diversos do da companhia, se encontram em situações pendulares nas assembleias gerais, em caso de luta de grupos societários".

[779] Ver comentários de Ana Frazão ao art. 116, da Lei 6.404/1976.

[780] Ver CARVALHOSA, Modesto. *Comentários à Lei de Sociedades Anônimas*. São Paulo: Saraiva, 2014. p. 549, v. 2.

[781] Ver comentários de Ana Frazão ao art. 116, da Lei 6.404/1976.

eventuais impedimentos da maioria para aprovarem certas questões, ou se negar a aprovar as contas da administração, transformando indevidamente um voto de verdade em um voto de vontade. Ademais, pode haver abuso na escolha de membros para órgãos de administração.

A possibilidade de abuso é particularmente possível diante de determinados perfis de acionistas minoritários, como os ativistas, os investidores institucionais ou aqueles que detêm influência significativa ou participações minoritárias que podem ser consideradas estratégicas. Por essa razão, vem ganhando importância o conceito de *stewardship*, que se reflete em um conjunto de regras e princípios de *soft law* que delineiam melhor suas responsabilidades para com a sociedade investida e seu necessário envolvimento (*engagement*) com tais propósitos.[782] Não obstante, tais iniciativas não afastam as responsabilidades que os minoritários tenham em relação ao direito de voto, tal como estabelecido pelas regras societárias cogentes.

Como será mais bem examinado nos comentários ao art. 116, da Lei nº 6.404/1976, diante da tendência de pulverização e fragmentação do controle, ficou claro que as relações de poder nas sociedades por ações não podem ser simplificadas a partir de uma dicotomia entre controlador – com poder – e minoritários – sem poder –. Além de posições intermediárias, como é o caso da influência significativa, há que se analisar a real arquitetura de poder em cada sociedade, sob pena de não se alcançar o necessário equilíbrio entre poder e responsabilidade.

De toda sorte, o ponto comum a todos os acionistas – e que torna, exatamente por isso, possível o abuso do direito de voto por parte de todos – é o dever de agir em nome do interesse social. Para alguns autores, poder-se-ia cogitar igualmente do dever de lealdade, que reforça a prossecução do interesse social e a proibição de causar danos à companhia.[783]

Em face do dever de lealdade, poderiam surgir situações nas quais o voto poderia ser considerado uma obrigação positiva até mesmo para os minoritários. Como explica Ana Perestrelo de Oliveira,[784] "o sócio está proibido de por em causa a continuação da sociedade, máxime evitando a aprovação de medidas essenciais à recuperação da mesma, que pode traduzir-se, em concreto, num dever positivo de voto."

Acresce que, especialmente em companhias fechadas, com maior espaço para o elemento pessoal ou familiar, o dever de cooperação pode assumir contornos mais rigorosos, a fim de que se cogite até mesmo do abuso do minoritário por omissão.

É por essa razão que o tema sobre abuso do direito de voto dificilmente admite conclusões peremptórias, já que as circunstâncias do caso concreto serão fundamentais para avaliar se houve abuso ou não. Para além da tipologia – se a companhia é aberta ou fechada –, mostra-se imprescindível compreender a estrutura real de poder da sociedade sob análise, a fim de construir soluções adequadas para o abuso do direito de voto.

4. Conflito de interesse e proibição de voto

SÉRGIO CAMPINHO

O direito de voto, quando exercido pelo acionista nas assembleias gerais ou especiais, deverá ser manifestado no interesse da companhia. Insta que sempre prevaleça o interesse social sobre o individual ou particular do acionista. Em qualquer deliberação, o voto deve ser proferido visando, incondicionalmente, à realização do fim social.[785]

É a partir da coordenação dos interesses individuais que se alcança a convergência do interesse comum, indispensável à formação, à preservação e ao desenvolvimento da companhia. É nessa fluência do interesse comum que se afere o interesse social, definido pela realização do fim social, isto é, pela exploração do objeto social para a produção de lucros a serem repartidos entre os acionistas. Através da manifestação das vontades individuais da comunidade acionária é que se expressa a vontade social, a partir da validade das deliberações tomadas.

O voto será considerado abusivo, pois, quando exercido em desconformidade com o interesse social, provenha ele do acionista controlador

---

[782] Ver, sobre o tema, OLIVEIRA, Ana Perestrelo de. *Manual de governo das sociedades*. Coimbra: Almedina, 2018. p. 23.

[783] OLIVEIRA, Ana Perestrelo de. *Manual de governo das sociedades*. Coimbra: Almedina, 2018. p. 83-98.

[784] OLIVEIRA, Ana Perestrelo de. *Manual de governo das sociedades*. Coimbra: Almedina, 2018. p. 140.

[785] Sobre interesse, fim e objeto social, cfr. os comentários ao art. 2º.

ou do acionista minoritário. E essa assimetria deverá ser aferida diante de cada caso concreto.[786]

A manifestação abusiva de voto não vem definida, mas sim exemplificada, no texto normativo do *caput* do art. 115 da LSA. Considera-se abusivo o voto proferido pelo sócio com o fim de causar dano à companhia ou a outros acionistas, ou de obter, para si ou para outrem, vantagem a que não faz jus e de que resulte, ou possa resultar, prejuízo para a companhia ou para outros acionistas.

Outras situações, portanto, além daquelas enumeradas, podem caracterizar o abuso no exercício do direito de voto, sempre que manifestado com fim diverso daquele para o qual é reconhecido.

Na estrutura normativa do § 1º do art. 115 da LSA são estabelecidas hipóteses nas quais o acionista encontra-se impedido de votar. Em sua literalidade, o preceito não apresenta qualquer discriminação entre as situações por ele declinadas. Contudo, parece-me que, neste caso, o intérprete deve abdicar da interpretação literal, para adotar a exegese racional e teleológica, com o escopo de extrair a norma que melhor atinja aos fins sociais a que o dispositivo normativo se destina. Nesse exercício, pode-se e deve-se distinguir aquelas circunstâncias em que se tem a clara proibição do voto daquelas em que há o conflito de interesses. As figuras jurídicas são distintas, porquanto nutrem pressupostos e consequências jurídicas diferenciados.

Na proibição do voto, a incompatibilidade entre o interesse do acionista e o da companhia é previamente detectável, a partir dos indicativos formais que se extraem da consideração legal acerca da própria natureza da matéria a ser deliberada. No conflito de interesses, que a lei menciona de modo genérico, impõe-se verificar o próprio mérito da deliberação assemblear, para aferir se há ou não incompatibilidade substancial entre os interesses do acionista e o da companhia. O acionista pode até ter, aparentemente, um interesse contraposto ao da companhia, mas o conflito real de interesses somente se afere em razão dos termos de seu voto, quando se poderá verificar se houve ou não desvio de finalidade; se houve ou não sacrifício do interesse social.

Na proibição do voto, portanto, a incompatibilidade é prévia, ao passo que no conflito de interesse é sempre posterior à votação para a qual o voto do acionista foi decisivo. No primeiro caso, o impedimento é absoluto, ao passo que, no segundo, é apenas relativo.

Diante desses paradigmas, pode-se identificar aquelas situações em que a lei, de forma taxativa, impõe uma proibição absoluta do voto por parte do acionista, tradutoras, assim, de um conflito formal. Nas hipóteses relativas ao laudo de avaliação de bens com que o acionista concorre para a formação do capital social,[787] nas pertinentes à aprovação de suas contas como administrador e nas que puderem beneficiá-lo de modo particular, a lei interdita-lhe, *a priori*, o direito de votar nas correspondentes deliberações. Há uma presunção *jures et de jure* de conflituosidade entre o interesse do acionista e o da companhia. Daí o impedimento ser absoluto.

A transgressão dessa proibição, a meu ver, conduz à nulidade da deliberação. A nulidade decorre da regra prevista no inciso VII do art. 166 do Código Civil, segundo a qual é nulo o ato quando a lei assim taxativamente o declare ou quando lhe proíba a prática, sem cominação de sanção. A primeira situação no preceito codificado traduzida é a da nulidade expressa, textual ou cominada; a segunda, a da nulidade virtual ou não cominada. Nesta última modalidade, enquadram-se aquelas três citadas condutas vedadas na parte inicial do § 1º do art. 115 da LSA. A figura da nulidade virtual ou não cominada traduz-se, pois, na violação de uma norma cogente que proíbe ou impõe uma determinada conduta, mas é omissa quanto à declaração expressa da sanção de nulidade, bem assim na definição de outra espécie de sanção para a sua violação, como o caso em tela.

Na hipótese que se identifica na parte final do § 1º do art. 115 da LSA, qual seja, a do interesse conflitante do acionista com o da companhia, essa proibição parece não ser absoluta. Com efeito, o § 4º explicitamente prevê que a respectiva

---

[786] Consoante escólio de Fernando Augusto Cunha de Sá, haverá abuso naquela situação concreta em que se pode descobrir concordância com a estrutura formal de um dado direito subjetivo e, simultaneamente, discordância, desvio, oposição, ao próprio valor jurídico que daquele comportamento faz um direito subjetivo (*Abuso do direito*. Lisboa: Petrony, 1973. p. 456).

[787] Apesar de o § 1º do art. 115 da LSA referir-se apenas à formação do capital social, deve-se considerar que a proibição do voto também se aplica, por questão de ordem lógica, ao laudo de avaliação de bens com que o acionista concorrer para o *aumento* do capital social, que deve observar as mesmas condições.

deliberação tomada em decorrência do voto do acionista com interesse conflitante com o da sociedade é anulável. E a adoção deste método de invalidação se faz justamente porque a incompatibilidade entre o interesse do acionista e o da companhia somente poderá ser aferida a partir do exame do mérito da deliberação e de suas consequências para a companhia. Portanto, parece-me que ao fazer genericamente menção a "interesse conflitante" a lei quer se referir a uma situação de conflito material ou substancial, em que o voto do acionista privilegia o seu interesse individual em detrimento do interesse social, fato este que somente pode ser verificado posteriormente.

Da interpretação conjunta desses dois dispositivos, §§ 1º e 4º do art. 115 da LSA, resulta que o acionista apenas está proibido de votar naquelas três hipóteses antes destacadas. Na situação de interesse conflitante, o conflito é, pois, material,[788] que somente pode ser aferido ulteriormente à realização do conclave social, com o exame do conteúdo, do mérito da deliberação. A análise, portanto, do interesse conflitante só se pode fazer à luz do caso concreto e, assim, diante do efetivo descompasso entre o interesse da companhia e o perseguido pelo acionista ao manifestar o seu voto.

Constatado, destarte, o interesse conflitante, a correspondente deliberação na qual o voto do acionista conflitado foi determinante para a formação da maioria social, como se disse, é anulável, respondendo o acionista pelos danos causados e devendo, ainda, transferir para a companhia as eventuais vantagens que tiver percebido.

Nesse passo, mostra-se fundamental estabelecer a distinção entre o interesse conflitante e o benefício particular. Este consiste em um favor, em uma vantagem lícita, concedida ao acionista, mas que rompe com o princípio da igualdade entre os acionistas, como nas hipóteses de a assembleia geral resolver atribuir uma bonificação a determinado ou a determinados acionistas,[789] ou ainda, deliberar pela criação de plano de aposentadoria para os acionistas fundadores, mesmo que estatutariamente já previstas essas possibilidades. Nessas situações, está o beneficiário impedido de votar (conflito formal). No interesse conflitante, busca o acionista uma vantagem ilícita, abusiva, ao exercer o direito de voto, em detrimento do interesse social, fato que somente se pode apurar diante do voto já proferido e de suas consequências (conflito material).

Como antes já se destacou, o abuso do direito de voto pode ser da parte do acionista minoritário (abuso minoritário), assim configurado e reprimido mesmo que o voto não tenha prevalecido. Visando justamente a preservar o conceito de que o voto deve ser proferido no interesse da companhia, o § 3º do art. 115 da LSA em questão estabelece a responsabilidade pela reparação dos eventuais danos padecidos pela sociedade em razão do voto abusivamente proferido, ainda que não tenha concorrido para a formação da vontade social, ou seja, ainda que não tenha sido decisivo para a deliberação afinal adotada pelo conclave de acionistas. Mas é mister, para que a regra produza seus efeitos, que essa conduta tenha de algum modo provocado um dano passível de reparação, pois, como curial, somente o dano real é indenizável. O que se almeja, portanto, é veicular a responsabilidade pela reparação do dano que o voto abusivo, mas não prevalente, causar à companhia, como, por exemplo, ao provocar o abalo de seu crédito.

Com a introdução do art. 110-A na LSA, realizada pela Lei nº 14.195/2021, tem-se uma nova hipótese de conflito formal, constante do inciso II do seu § 7º. Na hipótese de prorrogação de vigência do voto plural, atribuído a uma ou mais classes de ações ordinárias, o que se fará por meio de uma especial deliberação, os titulares de ações da classe ou das classes cuja duração da pluralidade de votos se pretenda dilatar ficam excluídos das correspondentes votações. Há, pois, uma proibição absoluta do voto por parte dos referidos acionistas.

---

[788] Com o entendimento pelo conflito material: AZEVEDO, Erasmo Valladão e FRANÇA, Novaes. *Conflito de interesses nas assembleias de S.A.* 2. ed. São Paulo: Malheiros, 2014. p. 102-103; EIZIRIK, Nelson. *A lei das S/A comentada.* 2. ed. São Paulo: Quartier Latin, 2015. p. 221, v. 2; e LUCENA, José Waldecy. *Das sociedades anônimas:* comentários à lei. Rio de Janeiro: Renovar, 2009. p. 1067, v. I. Entendendo ser o conflito de interesses um conflito formal: CARVALHOSA, Modesto. *Comentários à lei de sociedades anônimas.* 6. ed. São Paulo: Saraiva, 2014. p. 561-562, v. 2; VERÇOSA, Haroldo Malheiros Duclerc. *Curso de direito comercial.* São Paulo: Malheiros, 2008. p. 263, v. 3; e LEÃES, Luiz Gastão Paes de Barros. Conflito de interesses e vedação de voto nas assembleias de sociedades anônimas. *Revista de Direito Mercantil* 92/110.

[789] VALVERDE, Trajano de Miranda. *Sociedades por ações.* 2. ed. Rio de Janeiro: Forense, 1953. p. 66, v. 2.

5. Conflito de interesses: primeiros delineamentos

Ana Frazão

Além dos casos de abuso do direito de voto, a lei proíbe igualmente o conflito de interesses. A ideia de conflito de interesses está relacionada às situações em que uma das partes pode obter "vantagem a que não faz jus e de que resulte, ou possa resultar, prejuízo para a companhia ou para os outros acionistas."

Por essa razão, o assunto está vinculado a preocupações comuns às chamadas transações com partes relacionadas ou o *self-dealing*, condutas que, embora tendam a ser endereçadas de forma ainda mais rigorosa quando envolvam administradores, também são cercadas de receios quando se está diante de acionista.

Com efeito, como explicam Luca Enriques et al.,[790] podem ser consideradas transações com partes relacionadas aquelas que envolvem acionistas controladores ou administradores com a própria companhia – o *self-dealing* tradicional ou a remuneração dos administradores – assim como transações nas quais as partes podem se apropriar de um valor ou de uma oportunidade de negócio pertencente à companhia. Em todos esses casos, há risco de que haja um desvio de valor em prejuízo da companhia ou dos demais acionistas, motivo pelo qual esse tipo de problema normalmente se encaixa na categoria mais ampla do *tunneling*, que abrange qualquer forma de apropriação indevida de valor (bens, fluxo de caixa ou mesmo o patrimônio da companhia) por *insiders*.[791]

No âmbito de operações entre sociedades, as possibilidades de conflitos decorrentes de partes relacionadas são também inúmeras, diante das vantagens indevidas que o controlador pode obter em operações entre ele e suas controladas ou entre sociedades submetidas a um controle comum.

É sob essa perspectiva que devem ser compreendidas as restrições que a legislação brasileira faz ao conflito de interesses, a exemplo do que ocorre com legislações estrangeiras, que também submetem transações com partes relacionadas a uma série de vedações e exigências.

Não se pode ignorar que a proibição do conflito de interesses é uma das consequências logicamente necessárias do dever de agir no interesse da companhia. Afinal, o conflito ocorre exatamente quando o interesse da companhia é preterido diante de outros interesses ou, como define Dominique Schmidt,[792] quando o acionista ou dirigente escolhe exercer seus direitos e poderes violando o interesse comum, seja para satisfazer um interesse pessoal exterior à sociedade, seja para se conceder uma vantagem em prejuízo dos demais acionistas.

A vedação do conflito de interesses também pode ser vista como uma consequência do dever de lealdade, que impõe especialmente aos gestores – controladores e administradores – o dever de não preterir os interesses da companhia em face dos interesses próprios e de não comprometer a igualdade entre os acionistas. Por mais que tais obrigações sejam ainda mais rigorosas em relação aos administradores, também podem ser exigidas dos acionistas e especialmente dos controladores, em relação às quais afloram preocupações com a equidade das transações e com a proteção dos minoritários.

De toda sorte, a própria topografia do art. 115 da Lei nº 6.404/1976 deixa claro que ele não se restringe apenas aos controladores, mas a todos os acionistas. Daí por que, ainda que possa haver gradações conforme o poder e a influência de cada acionista, todos estão submetidos a regra de vedação de conflito.

Além da proximidade com o dever de agir em nome da companhia e com o dever de lealdade, a disciplina do conflito de interesses também se aproxima do princípio que veda o abuso do direito de voto. Todavia, apresenta a especificidade de se relacionar diretamente com a proteção da companhia e da igualdade entre os acionistas, enquanto que as hipóteses de abuso do direito de voto, como se viu na seção específica, resguardam o interesse social em seu sentido mais amplo, inclusive naquilo em que este abarca outros interesses que não apenas os da companhia e dos acionistas.

Daí por que a hipótese de conflito de interesses é mais restritiva do que as hipóteses de abuso do direito de voto, circunstância que não passou

---

[790] ENRIQUES, Luca et. al. Related-Party Transactions. In: KRAAKMAN, Reinier et al. *The Anatomy of Corporate Law*. A Comparative and Functional Approach. New York: Oxford University Press, 2017. p. 145-146.

[791] ENRIQUES, Luca et al. Related-Party Transactions. In: KRAAKMAN, Reinier et al. *The Anatomy of Corporate Law*. A Comparative and Functional Approach. New York: Oxford University Press, 2017. p. 145-167.

[792] *Les conflits d'intérêts dans la société anonyme*. Paris: Joly, 2004. p. 31.

despercebida para a Lei nº 6.404/1976, que somente prevê a anulabilidade da assembleia no primeiro caso.

Para facilitar o tratamento da questão, o § 1º, do art. 115, já delimita algumas hipóteses nas quais, por ser evidente o conflito de interesses, o acionista não poderá votar: aprovação do laudo de avaliação de bens com que concorrer para a formação do capital social e aprovação de suas contas como administrador. Excetua-se da primeira vedação a previsão do § 2º, segundo a qual "Se todos os subscritores forem condôminos de bem com que concorreram para a formação do capital social, poderão aprovar o laudo, sem prejuízo da responsabilidade de que trata o § 6º do artigo 8º".

As maiores controvérsias decorrem da parte final do § 1º, em que se refere a deliberações que possa beneficiar o acionista de modo particular ou em que tiver interesse conflitante com o da companhia.

Para muitos autores, como Modesto Carvalhosa,[793] haveria uma diferença entre o benefício particular, em que os prejudicados são os demais acionistas e não necessariamente a companhia, e o chamado interesse conflitante, situação em que será a própria companhia a prejudicada. Tal distinção também está presente no famoso Parecer de Orientação 34, da CVM, cuja conclusão é no sentido do impedimento de voto em casos de benefício particular em operações de incorporação e incorporação de ações em que sejam atribuídos diferentes valores para as ações de emissão de companhia envolvida na operação, conforme sua espécie, classe ou titularidade.[794]

A mencionada polêmica antecipa uma das maiores dificuldades da questão, que é a de saber qual será a solução a ser dada para o conflito de interesses: se a proibição ao direito de voto ou se um controle *ex post* sobre o voto proferido com conflito que cause dano à companhia ou aos demais acionistas.

Outra dificuldade da vedação genérica do conflito diz respeito às dificuldades para a sua constatação. Em que pese a existência de algumas hipóteses mais evidentes, a perquirição do conflito é uma tarefa árdua e necessariamente casuística, até porque a própria Lei nº 6.404/1976 admite algumas hipóteses de voto em situações nas quais há o interesse direto e pessoal do acionista, como quando vota em si mesmo para administrador.

6. Conflito formal ou material?

FÁBIO ULHOA COELHO

Pende, na literatura, uma séria controvérsia sobre a classificação das hipóteses de conflito de interesses: adotaria o direito brasileiro a distinção entre conflito de interesse *formal* e *material*?

No primeiro tipo (conflito formal), a situação conflitante verifica-se de antemão, previamente ao voto do titular do direito de votar. É o caso – acerca do qual não há divergência –, por exemplo, da votação de contas dos administradores, de que não podem participar os acionistas integrantes da administração. O conflito, aqui, é formal, por ser, desde logo, juridicamente aferível a plena impossibilidade de conciliar os interesses em jogo. No segundo (material), estão as hipóteses de conflito cuja verificação é *decorrência* do exercício do direito de voto, não estando, desde logo, *juridicamente* revelado. É o caso daquele acionista a quem aproveitaria, direta ou indiretamente, determinada decisão prejudicial à sociedade anônima, mas cujo proveito não é suscetível de aferição *a priori*, dependendo, sob o ponto de vista jurídico, da anterior manifestação de vontade por meio do voto. O conflito, então, é material (ou *substancial*, como também se diz) e se revela, para o direito, somente após o voto.

A extensa controvérsia sobre o tema no direito brasileiro gira em torno, *inicialmente*, da interpretação à parte final do § 1º do art. 115 da LSA: "§ 1º. O acionista não poderá votar nas deliberações da Assembleia Geral [...] que puderem beneficiá-lo de modo particular, ou em que tiver interesse conflitante com o da companhia".

A rigor, a lei, em sua literalidade, não estabelece nenhuma discriminação entre as quatro hipóteses abrangidas no dispositivo (laudo de avaliação de bens com que concorre para a formação do capital social, prestação de contas como administrador, quaisquer deliberações que podem beneficiar o acionista de modo particular e existência de interesse conflitante); mas certa doutrina, baseada em profícua discussão havida em outros

---

[793] Veja-se CARVALHOSA, Modesto. *Comentários à Lei de Sociedades Anônimas*. São Paulo: Saraiva, 2014. p. 564, v. 2.

[794] Em sua fundamentação, assim esclarece o parecer: "Em resumo: é razoavelmente pacífico que a hipótese de benefício particular é diferente da hipótese de conflito de interesses, no texto do art. 115, § 1º, da Lei 6.404/76. Também é razoavelmente pacífico que em caso de benefício particular o acionista está previamente impedido de votar. Mas é normalmente difícil distinguir as hipóteses de benefício particular das hipóteses de conflito de interesses."

direitos (especificamente, no alemão[795] e no italiano)[796] distingue entre, de um lado, a *proibição de voto* e, de outro, o *conflito de interesses*. A distinção seria relevante para fins de delimitação da caracterização e dos efeitos do voto proferido numa ou noutra hipótese: o voto proibido configura-se independentemente do conteúdo (o acionista não pode votar as próprias contas, nem mesmo para rejeitá-las), e o seu cômputo torna nula a deliberação, haja ou não prejuízo para a sociedade.

A distinção alienígena impressionou parte da doutrina brasileira, dando início à controvérsia. Há quem repute ter o art. 115, § 1º, da LSA, também introduzido entre nós a distinção; e há os que privilegiam a literalidade da norma. Daí se falar em autores *formalistas* ou *materialistas*, os primeiros propugnando pela inexistência, no direito brasileiro, de qualquer diferença entre as quatro hipóteses abrangidas naquele dispositivo,[797] e estes últimos defendendo que a proibição do voto, propriamente dita, só existiria na votação das próprias contas como administrador, de laudo de avaliação do bem com que contribui para o capital social e na de benefício particular, não alcançando a derradeira hipótese de interesse conflitante. A posição dos autores formalistas é defendida por Modesto Carvalhosa;[798]

---

[795] Na lição de Erasmo Valadão França: "nas hipóteses de *proibição de voto*, a lei alemã, com base em precisas circunstâncias formais, estabelece um controle *ex ante* de legitimidade do voto; violada a proibição, decorre a *consequentia juris* da nulidade do voto e da anulabilidade da deliberação, se o voto for decisivo para a formação da maioria. Já no que tange ao *conflito de interesses*, há um controle *ex post*: torna-se necessária uma indagação relativamente ao mérito da deliberação, para a qual foi decisivo o voto do acionista, a fim de apurar se efetivamente ocorreu a incompatibilidade entre os seus interesses e o interesse da companhia (cabe apurar se houve abuso no exercício do direito de voto)" (*Conflito de interesses nas assembleias de S.A.* São Paulo: Malheiros, 1993. p. 77-78).

[796] Na concepção de Luiz Gastão Paes de Barros Leães: "[o] regime duplo para o conflito de interesses no seio da assembleia concebido pela lei alemã seria adotado pelo art. 2.373 do Código Civil italiano de 1942. [...]. O conflito de interesses é, aí, encarado sob o prisma substancial: a deliberação será anulada se, considerado o conteúdo da deliberação, resultar evidente que o sócio sacrificou o interesse social em benefício do pessoal na votação. Já no terceiro parágrafo do referido art. 2.373, é prevista a hipótese de conflito de interesses, que se instaura, não se considerando o conteúdo da deliberação, mas sim a situação formal em que se posiciona o sócio em relação à sociedade [...]. Trata-se de uma situação de conflito de interesses *in re ipsa*, como diz Galgano, que decorre da posição ocupada pelos sócios-administradores em relação à sociedade, independentemente de qualquer consideração quanto ao conteúdo desta deliberação (*La società per azioni*, Trattato, Pádua, 1984, p. 231). Quer dizer, na espécie, na configuração do conflito, não se opera um juízo sobre o conteúdo do voto, para se apurar se está em conformidade com os interesses da companhia, mas um juízo de legitimidade formal. A *ratio* desta norma não reside tanto no conflito entre os interesses da sociedade e dos sócios, mas na consideração de que o sócio-administrador não pode participar de um julgamento sobre a sua própria conduta. Daí a distinção feita pela doutrina e jurisprudências peninsulares entre proibição de voto (*divieto di voto*) e conflito de interesses (*conflitto di interessi*). Trata-se de hipóteses diversas, com pressupostos diferentes e distintas consequências jurídicas. No caso da proibição de voto em assembleia, mais do que a incompatibilidade entre o interesse do sócio e o da companhia, há um controle *ex ante* da legitimação do voto com base em precisos indícios formais, já que ele, o sócio administrador, não pode assumir a posição simultânea de parte e juiz de seus próprios atos. Da infringência dessa abstenção decorreria a *consequentia iuris* da nulidade do voto e da anulabilidade da decisão decorrente do voto contaminado com vício de legitimação. Já no caso de conflito de interesses, cabe uma indagação relativamente ao mérito da deliberação da assembleia, para a qual foi decisivo o voto do acionista, para se apurar se há ou não a incompatibilidade entre os interesses do acionista e os da companhia, manifestada no voto do acionista (vale dizer, cabe apurar se há abuso no exercício do direito de voto). Nessa hipótese, o controle é *ex post*, de onde se deduz que deva ser considerado caso a caso, para efeito de sua eventual anulação" (*Pareceres*. São Paulo: Singular, 2004. p. 178-179, v. I).

[797] Na síntese de Rodrigo Ferraz Pimenta da Cunha: "O conflito de interesses ocorre onde se opõem os interesses da companhia e do acionista, de forma que a realização de um prejudica ou impede a satisfação do outro. No que se refere à interpretação do último item do § 1º do art. 115, a doutrina brasileira divide-se em duas correntes: a primeira entende haver uma orientação genérica para um conflito formal, verificado *ex ante*, pela posição precisa dos envolvidos em determinada relação jurídica; a segunda defende a necessidade de análise substancial do voto em questão, a ser realizada *ex post*" (O exercício do voto na sociedade anônima. In: CASTRO, Rodrigo R. Monteiro de; e ARAGÃO, Leandro Santos de (coords.). *Direito societário* – desafios atuais. São Paulo: Quartier Latin, 2009. p. 265).

[798] Para ele, "a configuração do interesse conflitante, além das duas hipóteses tipificadas na lei, torna-se uma questão que *a priori* somente pode ser deslindada através do critério formal. Impossível encarar a questão casuisticamente. Tão só se pode configurar, na espécie, o conflito de interesses no sentido amplo ou geral e no pressuposto da própria licitude do negócio jurídico. Dessa forma, o contraste de interesses das partes, que existe em todo o contrato bilateral ou unilateral, é a razão formal para a suspensão do exercício do voto pelo acionista pré-contratante ou

entre os materialistas, sem dúvida, a maior expressão é Erasmo Valladão França.[799]

Note-se, contudo, que os autores adeptos da duplicidade de caracterização do conflito de interesses pelo direito brasileiro não são unânimes na classificação dos formais e materiais. Nem todos aceitam o entendimento de Erasmo Valladão França, de que a última hipótese referida pelo art. 115, § 1º, da LSA, seria de *conflito material*, e não *formal*. Luiz Gastão Leães, por exemplo, considera que nesta categoria se encaixa o voto abusivo referido pelo *caput* do art. 115, enquanto as situações previstas no § 1º deste dispositivo referem-se todas a conflitos *formais* de interesses, inclusive o atinente ao *interesse conflitante*.[800]

Aumentando a controvérsia doutrinária, lições como as de Calixto Salomão Filho consideram o elemento *"forte perigo de comportamento incorreto"* como o critério balizador para definir se o controle do conflito de interesses deve ser anterior (formal) ou posterior (material) da manifestação do voto pelo acionista.[801] Tornando, assim, mais complexa a discussão inspirada em normas vigentes em outros países (e em outros tempos), Calixto Salomão Filho sustenta, em "revisita" à classificação entre conflitos formais e materiais, em suma, que não cabe o controle *posterior* do interesse conflitante quando houver forte perigo de comportamento incorreto, por parte dos administradores e controladores. Em termos mais concretos, quando estes descumprem seus deveres de cuidado e fidúcia em relação à empresa que administram ou controlam, não haveria porque se aguardar a manifestação do voto (ou a prática de outro ato societário lesivo qualquer) para se defenderem os interesses da sociedade potencialmente prejudicados. Calixto Salomão Filho adota, portanto, um terceiro critério de classificação ao extremar os conflitos ditos *formais* dos *materiais*, ao lado dos propostos por Luiz Gastão Leães e por Erasmo Valladão França.

---

[799] contratante com a sociedade. Daí não poder o sócio – que é ou será parte contratual – formar a vontade da outra parte, que é ou será a companhia. Portanto, quando a lei fala em 'deliberações que puderem beneficiá-lo de modo particular', não pressupõe que o acionista estará contratando com a companhia contra o interesse social ou obtendo benefício patrimonial desmesurado para si. E muito menos, quando ela fala em 'deliberação em que tiver interesse conflitante com o da companhia', quer a lei pressupor o ilícito. O conflito de interesses das partes – no caso, entre o acionista e a companhia – é da própria natureza do negócio jurídico. Esse conflito não é apenas lícito, mas necessário ao estabelecimento das relações contratuais. A formação da vontade, no entanto, não admite confusão das pessoas que serão partes no contrato. Mesmo quando existam benefícios equitativos para ambas as partes, que é aquilo que se deve pressupor, haverá sempre conflito e não convergência de interesses" (*Comentários à lei de sociedades anônimas*. 4. ed. São Paulo: Saraiva, 2009.p. 467, 2. tir.).

[799] Para o grande monografista do tema na literatura nacional: "Ao fazer referência a 'interesse conflitante com o da companhia', no § 1º do art. 115, a lei não está se reportando a um conflito meramente formal, mas sim a um conflito substancial, que só pode ser verificado mediante o exame do conteúdo da deliberação. Tal como na Itália, pois, a lei, nessa hipótese, proíbe, cautelarmente, o acionista de votar. Se o acionista vota, deve-se verificar então, o modo como votou: se, efetivamente, sacrificou o interesse da companhia ao seu interesse pessoal, com prejuízo, potencial ou atual, à companhia ou aos outros acionistas, seu voto será nulo, bem como anulável a deliberação tomada, se o voto foi decisivo para a formação da maioria. Em suma, a lei não estabeleceu, para tal situação um *divieto di voto*, como o fez para as demais hipóteses do § 1º do art. 115" (*Conflito de interesses nas assembleias de S.A*. São Paulo: Malheiros, 1993. p. 97).

[800] Em suas palavras: "a Lei 6.404 acolhe esse regime dualista do Direito alemão e italiano, agasalhando até redação assemelhada na regulação da matéria. As expressões – abuso do direito e conflito de interesses – que estão na epígrafe que encima o art. 115, são havidas como referências a conceitos interligados mas distintos e autônomos. Com efeito, da leitura desse artigo, infere-se que a lei brasileira faz também uma distinção entre voto abusivo e vedação de voto. [...] No primeiro caso, isto é, de voto abusivo, a conflituosidade deverá ser apreciada em cada caso concreto num juízo de mérito. No segundo caso, a indagação se limita ao exame da legitimidade formal para o exercício do direito de voto" (Conflito de interesses e vedação de voto nas assembleias de sociedades anônimas. *Revista de Direito Mercantil* 92/110).

[801] Segundo as quais "a tradicional classificação entre hipóteses de conflito de interesses formal e material deve então ser revisitada. Não para ser negada, mas sim para ser transformada em diferença entre situações em que se verifica forte perigo de comportamento incorreto e situações em que isso não ocorre. A diferença não é apenas semântica. Implica deslocar a questão da análise e comparação do ato e sua relação com o interesse social para a verificação da situação e dos deveres mínimos de cuidado de administradores e controladores. Retorna-se [...], portanto, aos deveres de cuidado e fiduciários não como disciplina substitutiva do conflito de interesse, mas como critério para sua apuração" (*O novo direito societário*. 3. ed. São Paulo: Malheiros, 2006. p. 96 e 172).

Art. 115 — Fábio Ulhoa Coelho

Em síntese, entre os renomados doutrinadores nacionais envolvidos no incandescente debate, Modesto Carvalhosa reputa formais todas as hipóteses elencadas no § 1º do art. 115 da LSA, enquanto Erasmo Valladão França considera a hipótese de "interesse conflitante", a derradeira entre as mencionadas neste dispositivo, insuscetível de apreciação *antes* do exercício do direito de voto. Já Luiz Gastão Leães entende que o voto abusivo do *caput* do art. 115 não poderia ser verificado antes do seu exercício, mas, a exemplo de Modesto Carvalhosa, classifica como *formais* todas as hipóteses de conflito abrigadas no § 1º deste dispositivo, qualificando-as ademais de "proibição de voto". Já Calixto Salomão Filho propõe outro paradigma: tomar-se por formal, e, assim, sujeito a se configurar *antes* do exercício do direito de voto, qualquer conflito que, estando ou não referido no dispositivo legal em tela, possa representar um "forte perigo de comportamento incorreto".

A contenda entre formalistas e materialistas ultrapassou as searas da discussão doutrinária e se expressou até mesmo no âmbito da Comissão de Valores Mobiliários – CVM, em dois julgados que, embora proferidos com intervalo inferior a um ano, chegaram, ambos sem unanimidade, a conclusões opostas[802]. Em 2002, a CVM alterou o último desses entendimentos, favorável à tese dos formalistas, ao decidir que "o art. 115, § 1º, da Lei 6.404 consubstancia hipótese de conflito material em questões de benefício particular e conflito de interesses, não autorizando o impedimento prévio ou formal do exercício do direito de voto por parte do acionista" (PAS CVM 19957.003175/2020-50 e PAS CVM 19957.003492/2020-67).

Pode-se questionar a pertinência da controvérsia. Mesmo na Itália, devem-se as distinções doutrinárias e jurisprudenciais entre *divieto di voto* e *conflitto di interessi*, provavelmente, aos termos excessivamente gerais com que se expressava o legislador italiano ao dispor sobre o assunto. O artigo 2373 do *Codice Civile*, antes da *Rifforma Organica* de 2003/2004, estabelecia uma fórmula, por demais genérica, proibindo o voto do acionista em qualquer deliberação na qual tivesse interesse conflitante com o da sociedade;[803] não descia, portanto, ao detalhe da nossa LSA, cujo art. 115, § 1º, menciona quatro situações específicas em que o voto do acionista está vedado. Após a *Rifforma Organica*, o direito societário italiano deixou de contemplar regra geral de proibição de voto, no dispositivo em tela,[804] para limitar-se a autorizar o questionamento da validade da deliberação adotada com base em voto conflitante, caso demonstrado o dano à sociedade (tendo previsto apenas a proibição, em alguns casos, do voto do administrador e dos membros do conselho de gestão).[805]

De qualquer modo, mesmo passível de questionamento, a controvérsia sobre a classificação dos conflitos de interesses, no direito brasileiro, existe e *desnorteia* acionistas e administradores das sociedades anônimas. No meu entender, têm razão os formalistas, já que a lei não diferencia nenhuma situação específica entre as hipóteses mencionadas no art. 115, § 1º, tratando-as do mesmo modo.

Mais, no entanto, que tentar resolver a pendenga, tem sentido procurar uma orientação razoável à administração das questões societárias do cotidiano. Como nem a doutrina, nem a CVM conseguem, até o momento, fornecer pautas seguras para as decisões de quem preside as assembleias gerais, deve-se buscar um

---

[802] Refiro-me aos julgamentos dos IA-CVM TA/RJ2001/4977, de que foi relatora Norma Jonssen Parente, de 19-12-2001, e do TA/RJ2002/1153, relatado também por ela e cujo voto vencedor foi redigido por Wladimir Castelo Branco, de 06-11-2002. O inteiro teor destas importantes decisões da CVM está publicado na *Revista de Direito Mercantil* vols. 125 e 128, respectivamente, acompanhado, nos dois casos, de erudito comentário de Erasmo Valladão França.

[803] Dizia a norma italiana: "2373. Conflitto d'interessi – Il diritto di voto non può essere esercitato dal sócio nelle deliberazioni in cui egli ha, per conto proprio o di terzi, un interesse in conflitto con quello della società".

[804] Para certa doutrina peninsular, sequer era apropriado, mesmo antes da *Riforma Organica*, falar-se em proibição de voto. Francesco Ferrara Jr. e Francesco Corsi, por exemplo, afirmam: "Non è vero infatti che il sócio in conflitto d'interessi debba astenersi dal votare, bensì vota, deve esercitare il voto in modo da non recar danno alla società: dunque non si ha sospensione ma *limitazione del voto*, che non dev'essere esercitato per un interesse contrario alla società con pregiudizio della medessima" (*Gli impreditori e le Società*. Milão: Giufrè, 1994. p. 521).

[805] Em sua redação atual, diz a norma italiana: "2373. (1) Conflitto d'interessi – [I] La deliberazione approvata con il voto determinanti di soci che abbiano, per conto próprio o di terzi, un interesse in conflitto con quello della società è impugnabile a norma dell'articolo 2377 qualora posa recarle danno. [II] Gli amministratori non possono votare nelle deliberazioni riguardanti la loro responsabilità. I componenti del consiglio di gestione non possono votare nella dliberazioni riguardanti la nomina, la revoca o la responsabilità dei consiglieri di soverglianza".

procedimento cauteloso, que, ao mesmo tempo, garanta os direitos dos acionistas e o regular funcionamento da companhia. Há, note-se, duas alternativas possíveis para o presidente da assembleia geral: adotar posição "arrojada" de considerar que o conflito referido na parte final do § 1º do art. 115 é material, e, consequentemente, autorizar o voto de todos os acionistas e postergar a aferição do conflito para depois da votação; ou adotar a posição "conservadora" de classificar a hipótese como conflito formal de interesses e, desde logo, não colher os votos de quem lhe parece se encontrar alcançado pela referida norma. Deve o presidente da assembleia geral preferir esta segunda alternativa, por ser a que mais protege a sociedade. Mas, de qualquer modo, ele não deve ser responsabilizado pela escolha que tiver feito, caso ela venha a ser considerada inválida em juízo, exatamente em função da inexistência do consenso no tratamento da matéria, entre doutrinadores e autoridades.

7. Conflito de interesses: a controvérsia entre a teoria formal e a teoria material

ANA FRAZÃO

Grande problema decorrente da vedação genérica do conflito diz respeito às suas consequências, o que faz com que a doutrina se divida basicamente entre a teoria formal e a teoria material do conflito de interesses.

Para os adeptos da teoria formal, a Lei nº 6.404/1976 impõe uma vedação absoluta do direito de voto sempre que houver conflito de interesses.[806] Parte-se do princípio de que a identificação do conflito pode ser feita *ex ante* e que a finalidade principal da regulação jurídica, nessa hipótese, seria preventiva, a fim de impedir o direito de voto. Alguns ainda defendem, como é o caso de Calixto Salomão Filho,[807] que o conflito formal apenas se aplicaria aos gestores (administradores e controladores) e não a minoritários.

Já para os adeptos da teoria material, além das hipóteses de vedação expressamente previstas na lei, não se pode proibir o acionista de votar, mas tão somente anular o voto proferido em situação de conflito. Parte-se do princípio de que a identificação do conflito apenas pode ser feita *ex post*, motivo pelo qual a finalidade da regulação jurídica seria necessariamente repressiva.

A doutrina do conflito formal, além de buscar respaldo na interpretação literal do art. 115, § 1º, da Lei nº 6.404/1976, tem a vantagem de impor limites estruturais aos acionistas e mesmo ao poder de controle, impedindo o acionista de votar nas matérias do seu interesse. Daí ser vista, pelos seus adeptos, como importante desdobramento da função social da empresa e da Governança Corporativa, além de representar um critério de mais fácil aplicação do que a verificação do conflito material, que será sempre feita *ex post* e casuisticamente.

Entretanto, a rigidez do critério faz com que sempre tenha sido objeto de críticas por parte da doutrina brasileira. Mesmo no direito comparado, que apresenta várias soluções para o problema, a adoção da regra do conflito formal não necessariamente levou a bons resultados, motivo pelo qual muitas vezes se optou por soluções que reforcem o conflito material e limitem os casos de proibição do direito de voto, sob o argumento de que o conflito não pode se verificar *ex ante*.

Mesmo a CVM oscilou bastante até que adotasse, a partir de 2010, uma posição em favor do conflito formal. Modesto Carvalhosa[808] bem define a evolução do entendimento da autarquia quanto ao tema: (i) adoção da teoria do conflito formal até dezembro de 2001, (ii) adoção da teoria do conflito material conjugado ao *fairness test* – para avaliar se a transação foi substancialmente equitativa – de novembro de 2002 a agosto de 2010, e (iii) volta ao reconhecimento do conflito formal desde então.

Outros julgamentos da CVM reavivaram o debate nesse percurso, sendo exemplo o Processo Administrativo CVM nº 19957.005563/2020-75[809], em que o Diretor Henrique Araújo reconheceu o impedimento apriorístico para o voto diante do conflito de interesses enquanto que o Presidente Marcelo Barbosa e a Diretora Flávia Perlingeiro entenderam que o caso não dizia respeito à hipótese de benefício

---

[806] Mesmo nos casos de impedimento, Modesto Carvalhosa (*Comentários à Lei de Sociedades Anônimas*. São Paulo: Saraiva, 2014. v. 2. p. 600) entende que isso não impede o acionista de comparecer e participar da assembleia, inclusive com direito a voz, apesar de reconhecer que se trata de tema controverso.

[807] *O novo direito societário*. Eficácia e sustentabilidade. São Paulo: Saraiva, 2019. p. 89.

[808] *Comentários à Lei de Sociedades Anônimas*. São Paulo: Saraiva, 2014. v. 2. p. 565-594.

[809] Disponível em: http://conteudo.cvm.gov.br/decisoes/2020/20201113_R1.html.

particular, já que tal conceito não poderia abranger benefícios indiretos. Por fim, o Diretor Alexandre Rangel também afastou o impedimento para o voto, mas foi além, para o fim de sustentar que, na sua visão, "a lei do anonimato não autoriza o impedimento formal de voto a priori de acionista na hipótese de conflito de interesses".

Em 2022, a CVM orientou-se pela adoção da teoria do conflito material[810]. Entretanto, há boas razões para acreditar que a matéria está longe de estar pacificada, até porque muito do seu alcance depende igualmente da maior ou menor extensão que possa ser dada ao que é considerado benefício particular do acionista.

De toda sorte, é importante salientar que o conflito formal também é adotado pelo Código das Melhores Práticas de Governança Corporativa do IBCG[811], segundo o qual "O sócio que, por qualquer motivo, tiver interesse conflitante com o da organização em determinada deliberação: i. deve comunicar imediatamente o fato e abster-se de participar da discussão e da votação dessa matéria; (...)".

Verdade seja dita que a vedação ao direito de voto nas hipóteses de conflito não traz muitas dificuldades em relação aos administradores, que exercem função e que são regidos por regra própria (Lei nº 6.404/1976, art. 156). Todavia, é controversa em relação aos acionistas, que exercem direitos subjetivos e, consequentemente, estão autorizados a perseguir o interesse próprio desde que em harmonia com o concurso societário e o interesse social. Daí as maiores dificuldades para a constatação do conflito *ex ante*.

A teoria do conflito formal ainda pode trazer efeitos indesejáveis sobre a gestão das companhias, pois, ao se impedir o controlador de votar em determinadas matérias, subverte-se a regra da maioria, sem que haja solução, salvo a judicial, para resolver situações de impasse, nas quais controladores e minoritários divergem quanto à própria existência do conflito. Tal problema torna-se ainda mais complexo diante do fato de que, a depender da extensão do que pode ser considerado conflito, a proibição de voto poderia afastar o controlador de um número considerável de deliberações.

Por essa razão, o Superior Tribunal de Justiça já se manifestou no sentido de que o controle do conflito de interesses deve ser realizado *ex post*, até porque impedir a participação do acionista majoritário das deliberações em situações de suposto conflito poderia comprometer a própria gestão das sociedades.[812]

Ressalta-se, inclusive, que a chamada nova Lei das S/A (Lei nº 10.303/2001) foi vetada na parte em que reforçava a regra do conflito formal, sob o argumento de que tal solução poderia inviabilizar a gestão das companhias, concedendo muito poder aos minoritários, sem dar solução para os eventuais conflitos de interesse que dissessem respeito a estes últimos.[813]

---

[810] No julgamento do PAS CVM 19957.003175/2020-50, o Rel. Dir. Alexandre Rangel adotou a tese de que "o art. 115, § 1º, da Lei 6.404 consubstancia hipóteses de conflito material em questões de benefício particular e conflito de interesses, não autorizando o impedimento prévio ou formal do exercício do direito de voto por parte do acionista". Tal entendimento foi acolhido por maioria, tendo o mesmo ocorrido no julgamento do PAS CVM 19957.003492/2020-67.

[811] IBGC – Instituto Brasileiro de Governança Corporativa. *Código das melhores práticas de governança corporativa*. 5. ed. p. 33.

[812] Trata-se do REsp 131.300 (STJ, rel. Min. César Rocha, *DJ* 20.11.2000), no qual os votos deixam clara a opção pela teoria do conflito material. Segundo o Ministro Ruy Rosado, "a regra do art. 115 da Lei 6.404/76 não foi violada pela participação da Fundação Ruben Berta nas deliberações da assembleia que tratavam de seu crédito junto à Varig, onde foi decidido pela elevação do capital da sociedade com apropriação do crédito da Fundação, uma vez que as instâncias ordinárias não identificaram aí conflito de interesses." Vale igualmente ressaltar o voto do Ministro Aldir Passarinho Jr.: "Na verdade, na sociedade comercial há conflitos de interesses e de força, prevalecendo a força do capital, porque isso é inerente à natureza da sociedade. Não existindo um interesse estritamente colidente de um acionista em relação à própria empresa, não há razão para se afastar da votação o acionista, no caso, o majoritário, ficando muito difícil gerir uma sociedade, porque a todo momento se poderia interpretar que tal ou qual atitude deste acionista estaria ou não colidindo com o interesse daquela, quando é ele, por ter a maioria do capital, quem toma as decisões." Posteriormente, o Ministro Aldir Passarinho analisou o mérito da operação, concluindo que "na espécie inexiste interesse colidente com o da sociedade, que enseje a aplicação do art. 115 e parágrafos da Lei das S.A.".

[813] Vale ressaltar a lição de Paulo César Simões (*Governança corporativa e o exercício do voto nas S.A*. Rio de Janeiro: Lúmen Júris, 2003. p. 91-92): "Note-se que as razões de veto aos parágrafos 5º, 6º, 7º, 8º, 9º e 10º, que o texto da lei 10.303/01 mandava acrescentar ao artigo 115 da LSA, expressamente adotam o entendimento que o controle de conflito de interesses se processa *ex post*. Segundo as razões de veto, "a necessidade de se vetar os parágrafos acima transcritos decorre de manifesto conflito com o interesse público em razão da constatação de que a assembleia para

Outro fundamento contrário à teoria formal é que, do ponto de vista econômico, mesmo a negociação "interessada" mais clássica, que é o *self-dealing* (contratos entre os gestores, notadamente os administradores, e a companhia), pode ser proveitosa para o interesse social.[814] Por isso é que o direito anglo-saxão, tradicionalmente avesso a tal tipo de comportamento, passou a admiti-lo por razões de ordem pragmática.[815]

Acresce que, como ensina Ana Perestrelo de Oliveira,[816] os conflitos de interesse são inevitáveis nas relações sociais e econômicas, motivo pelo qual uma postura excessivamente rígida da lei pode prejudicar o bom governo societário. Daí o desafio de se encontrar um ponto de equilíbrio, em que conflitos de interesse não sejam eliminados, mas possam ser adequadamente geridos por regras e mecanismos de governo societário em benefício da sociedade como um todo, dos acionistas e também dos demais interessados, o que poderá ser feito tanto por regras aplicáveis a todas as empresas (*hard law*) ou pelo compliance (*soft law*).

Todavia, a mera aceitação da teoria material é igualmente insatisfatória, pois a comprovação *ex post* dos prejuízos decorrentes do conflito nem sempre é simples. Nos casos de *self-dealing*, por exemplo, isso implica o tormentoso e complexo controle judicial sobre o dever de lealdade e sobre a justiça do contrato. Embora isso seja comum em muitos países, de que os Estados Unidos são exemplo,[817] pode levar à ineficácia da regulação jurídica do conflito de interesses, ainda mais se não houver autoridades externas – do Judiciário ou do regulador do mercado de capitais – que possam assegurar, com a rapidez necessária, a eficácia de tais soluções.

Por mais que alguns doutrinadores brasileiros sustentem que a anulabilidade da assembleia, na hipótese de conflito de interesses, independeria de qualquer prejuízo ou dano trazido para a companhia,[818] tal solução é mais compatível com a teoria formal, já que a teoria do conflito material parte da premissa da existência de prejuízo, efetivo ou potencial, causado à companhia ou aos demais acionistas, que é o que justificaria a anulação da assembleia.

---

deliberação acerca da existência do conflito de interesses, de que tratam os citados dispositivos, se afigura inócua em termos de proteção ao acionista minoritário. Com efeito, não há como afastar o voto do acionista controlador no conclave pretendido – sob pena de se atribuir aos minoritários o inédito poder de, indiretamente, vetar qualquer deliberação a partir da alegação de existência de conflito do controlador e de se desconsiderar o próprio conflito de interesses do minoritário na assembleia especial, o que demonstra a inexistência de efetividade na proposta apresentada."

[814] Ver ENRIQUES, Luca et. al. Related-Party Transactions. In: KRAAKMAN, Reinier et al. *The Anatomy of Corporate Law. A Comparative and Functional Approach.* New York: Oxford University Press, 2017. p. 146-147.

[815] Clark (*Corporate Law*. New York: Aspen Law & Business, 1986. p. 160) mostra que a evolução da questão no direito norte-americano ocorreu em três estágios distintos: (i) primeiramente, entre 1880 e 1910, o *self-dealing* era proibido, (ii) depois de 1910, passou a ser válido se aprovado por uma maioria desinteressada e não considerado injusto ou fraudulento e (iii) a terceira, a partir de 1960, na qual tais contratos passaram a ser considerados válidos salvo se considerados injustos por algum tribunal. O autor (idem) sugere a existência de um quarto estágio, a partir de 1975, quando a Califórnia adotou um novo código, segundo o qual tal transação precisa ser justa e razoável ou ter sido aprovada pelo *board*, entendendo-se que a transação aprovada por acionistas é também imune ao controle judicial quanto à sua justiça ou não.

[816] *Manual de governo das sociedades*. Coimbra: Almedina, 2018. p. 13.

[817] Luca Enriques (Related-Party Transactions. Related-Party Transactions. In: KRAAKMAN, Reinier et al. *The Anatomy of Corporate Law. A Comparative and Functional Approach.* New York: Oxford University Press, 2017. p. 162) mostra que casos de *self-dealing* envolvendo o controlador precisam passar pelos testes da *entire fairness* e também do *utmost good faith and loyalty*.

[818] De acordo com Modesto Carvalhosa (*Comentários à Lei de Sociedades Anônimas. Comentários à Lei de Sociedades Anônimas.* São Paulo: Saraiva, 2014. v. 2. p. 539), "Fundamental ressaltar que anulação da deliberação da assembleia geral viciada com o voto nulo do acionista interessado independe da verificação efetiva do dano e deve, por isso, sempre ocorrer por existir vício insanável (art. 169) na composição prevalecente do quórum deliberativo o dano atual ou efetivo não é cogitável para a decretação dessa anulação". No mesmo sentido, explica José Alexandre Tavares Guerreiro (Conflitos de interesse entre sociedade controladora e controlada e entre coligadas, no exercício do voto em assembleias gerais e reuniões sociais. *Revista de Direito Mercantil, Industrial, Econômico e Financeiro* 22/p. 29-32) que "anula-se a deliberação não por sua lesividade material ou atual à companhia, mas em função de um vício intrínseco, que consiste exatamente no conflito de interesses."

Daí por que ambas as teorias, tanto a do conflito formal como a do conflito material, acabam apresentando insuficiências para a adequada abordagem do conflito de interesses, razão pela qual uma abordagem procedimental parece ser a que mais bem endereça o problema, como se analisará em tópico específico.

8. Uma abordagem procedimental do conflito de interesses

ANA FRAZÃO

Diante das insuficiências tanto da teoria do conflito formal como da teoria do conflito material, é importante salientar que autores como Armour et al.[819] defendem que os conflitos de interesses devem ser resolvidos pelo direito não apenas por meio de estratégias regulatórias, que contenham regras ou *standards* prescritivos, cuja eficácia dependa de uma autoridade externa (como juízes ou um órgão regulatório), mas também por estratégias de governança, voltadas para proteger os interesses envolvidos apenas indiretamente, seja aumentando o poder daqueles que serão afetados pelo voto conflitante, seja moldando os incentivos para evitar situações de conflito.

Uma primeira estratégia, calcada em mecanismos de governança, é a publicidade e a transparência, o que normalmente se exige especialmente das companhias abertas, a fim de que divulguem as suas transações com partes relacionadas e, dessa forma, estejam sujeitas ao controle e ao escrutínio do mercado.[820]

Dentro dessa proposta, a ideia principal é a de que situações de conflitos de interesse devem ser resolvidas por meio de procedimentos bem informados. Assim, mais importante do que proibir aprioristicamente uma transação interessada (conflito formal) ou sujeitá-la a um delicado "controle de justiça" (conflito material) seria impor restrições procedimentais para tal tipo de negociação.

Segundo Klaus Hopt,[821] esta seria uma terceira e interessante abordagem para o problema do *self-dealing*, que poderia ser permitido sempre que decorrente de um processo decisório bem informado e desinteressado, com as devidas salvaguardas procedimentais, regra moderna que tem sido seguida pela maioria das jurisdições tanto dos Estados Unidos como da Europa, ainda que outros parâmetros continuem a ser exigidos.[822]

Ganha relevo, nesse contexto, o chamado "dever de revelação", por meio do qual o conflito precisa ser plenamente informado aos demais acionistas e interessados, como consequência da lealdade.[823]

Dessa maneira, a solução procedimental possibilita maior flexibilidade, afastando-se da rigidez da teoria do conflito formal, mas sem deixar o problema do conflito de interesses sujeito unicamente ao complexo controle judicial do mérito da deliberação aprovada com o voto conflitante. Sob essa perspectiva, até mesmo o *self-dealing* poderia ser admitido, desde que, dentre outros requisitos, tenha sido aprovado no bojo de um procedimento considerado justo e transparente.

Outra vantagem dessa abordagem seria a de viabilizar, diante da inexistência de critérios de justiça absolutos, uma forma de justiça procedimental, já que a aprovação da transação estaria

---

[819] ARMOUR, John et al. Legal Strategies for Reducing Agency Costs. In: KRAAKMAN, Reinier et al. *The Anatomy of Corporate Law*. A Comparative and Functional Approach. New York: Oxford University Press, 2017. p. 31-32.

[820] Veja-se o exemplo da ICVM 480. Nos Estados Unidos, destacam ENRIQUES, Luca et al. (Related-Party Transactions. In: KRAAKMAN, Reinier et al. *The Anatomy of Corporate Law*. A Comparative and Functional Approach. New York: Oxford University Press, 2017. p. 148) que o *US Generally Accepted Accounting Principles* impõem o *disclosure* anual de todas as transações materiais entre a companhia, seus administradores e controladores.

[821] Self-Dealing and Use of Corporate Opportunity and Information: Regulating Directors Conflicts of Interest. In: HOPT, Klaus; TEUBNER, Gunther (org.). *Corporate Governance and Directors' Liabilities*. Legal, Economic and Sociological Analyses on Corporate Social Responsibility. Berlin/New York: Walter de Gruyter, 1985. p. 289.

[822] A questão básica, como bem diagnostica Hopt (Self-Dealing and Use of Corporate Opportunity and Information: Regulating Directors Conflicts of Interest. In: HOPT, Klaus; TEUBNER, Gunther (org.). *Corporate Governance and Directors' Liabilities*. Legal, Economic and Sociological Analyses on Corporate Social Responsibility. Berlin/New York: Walter de Gruyter, 1985. p. 290-291), é saber sob que condições os procedimentos podem ser considerados como um equivalente ao teste hipotético de mercado. Para o direito norte-americano, há uma tendência das cortes de irem além das exigências procedimentais, de forma que mesmo uma transação absolutamente transparente e devida pode ser considerada injusta.

[823] Dominique Schmidt (*Les conflits d'intérêts dans la société anonyme*. Paris: Joly, 2004. p. 39-40) sustenta que, embora não haja disposição legal expressa sobre o dever de revelação, seria este uma consequência da boa-fé e da lealdade, dos quais decorrem os deveres de transparência, informação e colaboração.

sujeita à discussão esclarecida dentro da companhia, com a participação dos envolvidos e com as informações necessárias, a fim de que todos possam opinar sobre a equidade ou não do pacto.

É certo que, mesmo com todas essas cautelas, o acionista controlador ainda conseguiria fazer prevalecer a sua vontade na assembleia. Por essa razão, é que se procura contornar tais riscos por meio da intervenção de pessoas ou órgãos desinteressados que poderão avaliar a pertinência e a justiça da transação. Não é sem razão a importância de avaliações ou laudos externos e mesmo de comitês independentes, que já fazem parte da prática brasileira em diversas questões, a fim de evitar o conflito e assegurar a prevalência dos deveres fiduciários de controladores e administradores nessas situações.[824]

No âmbito de operações, destaca-se a importância de iniciativas de autorregulação como o Comitê de Aquisições e Fusões (CAF), que busca assegurar condições equitativas entre acionistas diante de ofertas públicas de ações, incorporação, incorporação de ações, fusão e cisão com incorporação envolvendo companhias abertas. Vale ressaltar que o Código do CAF atribui grande importância aos laudos de avaliação independentes e aos comitês independentes para a definição da relação de troca e dos demais termos e condições da operação de reorganização societária entre partes relacionadas.

Verdade seja dita que a abordagem procedimental não exclui necessariamente o controle da justiça da transação, sendo critérios perfeitamente compatíveis e complementares. Na verdade, quanto maior for o *deficit* procedimental para a aprovação, maior o rigor com que o exame do mérito da transação deve ser realizado.

Por fim, vale ressaltar que todos esses argumentos não aproveitam aos administradores, que exercem competências administrativas – e não direitos subjetivos – motivo pelo qual estão sujeitos sempre às regras do conflito formal, sendo-lhes vedado participar de qualquer deliberação na qual apresentem interesse conflitante com o da companhia, como se examinará ao tratar dos administradores, especialmente nos comentários aos arts. 138 e 156 da Lei nº 6.404/1976.

9. Acordo de voto e venda de voto

FÁBIO ULHOA COELHO

O Código Penal tipifica como crime a conduta do "acionista que, a fim de obter vantagem para si ou para outrem, negocia o voto nas deliberações da assembleia geral" (art. 177, § 2º). Diante da norma penal, como se consegue explicar a licitude de inúmeros acordos de acionistas, que tratam do exercício de direito de voto por seus signatários? Não teriam eles exatamente negociado os votos que proferirão nas assembleias gerais da companhia a que pertencem, com o objetivo de obterem vantagem?

A solução para esta questão se encontra na distinção entre *voto-vontade* e *voto-verdade*. Os acionistas não podem firmar acordo de acionistas sobre o exercício do direito de voto-verdade, porque a tanto corresponde o ilícito penal da "venda de voto", tipificado no art. 177, § 2º, do Código Penal. Mas são inteiramente livres para contratarem acerca do exercício do direito de voto-vontade.

Não é válida, assim, por imediata e flagrante afronta ao dispositivo penal em referência, uma cláusula de acordo de acionista que obrigasse, por exemplo, seus signatários a sempre votarem favoravelmente à aprovação das contas dos administradores. Neste caso, o acionista está incorrendo numa fraude grave por se obrigar a declarar, por meio do voto, como *verdadeiros* documentos que não conhece, até mesmo porque eles sequer existem ao tempo da assinatura do acordo.

Quando se trata de voto-vontade, porém, o exercício do direito societário correspondente se insere no campo da plena autonomia da vontade, por dizer respeito a direito disponível do acionista.[825] Não há, portanto, absolutamente nada de irregular, inválido ou ineficaz na cláusula

---

[824] No Parecer de Orientação CVM 35, de 2008, que trata dos "Deveres fiduciários dos administradores nas operações de fusão, incorporação e incorporação de ações envolvendo a sociedade controladora e suas controladas ou sociedades sob controle comum"; há previsão de que "um comitê especial independente seja constituído para negociar a operação e submeter suas recomendações ao conselho de administração, observando as orientações contidas no parágrafo anterior."

[825] Para Nelson Eizirik, "o direito de voto, em nosso vigente sistema de direito societário, não é indisponível. Com efeito, o acionista pode ceder o exercício do direito de voto, quando for parte em acordo de acionistas, à comunhão dos integrantes do acordo – seja de acionistas minoritários, seja de controladores –, outorgando a um representante (síndico) da comunhão poderes para proferir voto em assembleia geral" (*A Lei das S/A comentada*. 2. ed. São Paulo: Quartier Latin, 2015. p. 180, v. 2). Claro, o único modo de se interpretar a LSA em conjunto com o art. 177, § 2º, do CP, consiste em reconhecer a plena disponibilidade do voto-vontade, mas não a do voto-verdade.

Art. 116 — Ana Frazão

constante dos acordos de acionistas pela qual os signatários assumem a obrigação de votarem, nas eleições dos administradores, em determinada pessoa para certo cargo. Em vista da plena disponibilidade do direito em questão, também nada impede que esta obrigação seja assumida por prazo determinado ou indeterminado, curto ou longo, estendendo-se por quantos mandatos consecutivos quiserem os acionistas subscritores do acordo. É a vontade dos acionistas, e somente ela, que delimita o alcance da cláusula do exercício do direito de voto-vontade nos acordos que celebram.

SEÇÃO IV
ACIONISTA CONTROLADOR

Deveres

Art. 116. Entende-se por acionista controlador a pessoa, natural ou jurídica, ou o grupo de pessoas vinculadas por acordo de voto, ou sob controle comum, que:

a) é titular de direitos de sócio que lhe assegurem, de modo permanente, a maioria dos votos nas deliberações da assembleia-geral e o poder de eleger a maioria dos administradores da companhia; e

b) usa efetivamente seu poder para dirigir as atividades sociais e orientar o funcionamento dos órgãos da companhia.

Parágrafo único. O acionista controlador deve usar o poder com o fim de fazer a companhia realizar o seu objeto e cumprir sua função social, e tem deveres e responsabilidades para com os demais acionistas da empresa, os que nela trabalham e para com a comunidade em que atua, cujos direitos e interesses deve lealmente respeitar e atender.

COMENTÁRIOS

1. Definição do poder de controle

Ana Frazão

A liberalização das sociedades por ações ocorrida na segunda metade do século XIX propiciou não apenas a proliferação das companhias, como também a "democratização" destas, no sentido de que enfatizou a importância da Assembleia Geral como o órgão responsável pela harmonização dos interesses dos diversos acionistas. Entretanto, a chamada "soberania da Assembleia Geral" mascarava, na verdade, as reais relações de poder e as desigualdades existentes entre os acionistas.

De fato, o princípio majoritário sempre foi assegurado em razão do número de ações e não em função da pessoa do acionista, o que mostra que o sistema era, na verdade, uma plutocracia.[826] Soma-se a isso a própria complexidade das questões técnicas e financeiras das companhias, o que igualmente desestimulava a contribuição efetiva de todos os acionistas, especialmente daqueles que eram meros investidores e não tinham maior interesse em participar mais ativamente da vida da sociedade.[827] Tal aspecto, somado ao grande crescimento da base acionária das grandes companhias levou a uma consequente despersonalização e diluição dos acionistas.

As características descritas permitiram a verificação de que, ao lado dos órgãos tradicionais das companhias, havia igualmente outro centro de poder, que veio a ser chamado de controle, o qual se exteriorizava pela dominação ou soberania na condução da atividade empresarial.

Já no começo do século XX, a identificação dos titulares do poder de controle, então considerados os novos "barões da indústria e das finanças",[828] mostrou-se importante não apenas por questões econômicas, mas também por

---

[826] É o que defende Fran Martins (*Direito societário*. Rio de Janeiro: Forense, 1984. p. 4), lastreado na lição de Uria, ao afirmar que tal modelo sempre se aproximou mais da plutocracia do que propriamente da democracia. Não é sem razão que Modesto Carvalhosa e Nelson Eizirik (*A nova Lei das S/A*. São Paulo: Saraiva, 2002. p. 393) dizem que houve, na verdade, mera "ficção democrática".

[827] Sobre os diferentes perfis de acionistas e o desinteresse de muitos deles na gestão da companhia, ver Ripert (*Aspectos jurídicos do capitalismo moderno*. Campinas: Red Livros, 2002. p. 117-119) e Cesare Vivante (*Instituições de direito comercial*. Trad. Ricardo Rodrigues Gama. Campinas: LZN Editora, 2003. p. 100-101).

[828] De acordo com Fábio Konder Comparato e Calixto Salomão Filho (*O poder de controle na sociedade anônima*. Rio de Janeiro: Forense, 2005. p. 109), enquanto o investimento capitalístico em ações apresentava-se progressivamente mais despersonalizado, "o poder de controle manifestava-se, desde logo, personalizado, e facilmente identificável, com os novos barões da indústria e das finanças".

aspectos políticos. Como a Primeira Guerra Mundial despertara a necessidade de se apurar a nacionalidade das companhias existentes em cada país, o critério da nacionalidade do controlador mostrou-se mais adequado, para tal intento, do que o da sede da pessoa jurídica.[829]

A partir daí, iniciaram-se diversas controvérsias sobre o conceito e a natureza jurídica do controle, matéria que suscita discussões até a atualidade, em razão da grande variedade de manifestações do referido poder.[830]

Todavia, vem prevalecendo na doutrina a ideia de que o controle apenas pode ser definido por meio de fórmulas flexíveis, dentre as quais a noção de que corresponde ao poder supremo da companhia e à prerrogativa de dirigir a atividade empresarial e dispor do patrimônio social com certa estabilidade. É por essa razão que art. 116, da Lei nº 6.404/1976, acertadamente define o controlador a partir da efetividade do seu poder na Assembleia Geral,[831] sem restringi-lo a parâmetros fechados e ainda admitindo expressamente o controle compartilhado, ao mencionar os acordos de voto ou o controle comum.

A identificação do poder de controle possibilitou a constatação de que o poder na sociedade anônima está organizado em pelo menos três níveis que, embora possam ser interpenetráveis, são distintos: (i) o da participação no capital ou investimento acionário, (ii) a direção ou administração e (iii) o controle.

No que se refere à condução direta dos negócios empresariais, é fácil observar que apenas os dois últimos níveis de poder – direção e controle – estão envolvidos necessariamente na gestão da companhia, ainda que com papéis próprios, já que o controlador não constitui propriamente um órgão. Não obstante, o titular do controle não deixa de ser um gestor da sociedade, participando ativamente da condução dos negócios sociais.

Por esse motivo, a constatação da existência do poder de controle permitiu a superação da ficção democrática que caracterizava as sociedades anônimas, tornando evidente a natural tensão entre os acionistas controladores e os chamados acionistas não controladores ou minoritários, bem como a necessidade de se regular de forma mais atenta os conflitos de interesses daí decorrentes.[832]

A própria compreensão de empresa foi alterada a partir da noção de poder de controle, pois este passou a ter importância igual ou superior à estrutura formal da sociedade empresária, sendo até mais relevante do que a personalidade jurídica, tendo em vista que a empresa é cada vez mais definida a partir dos mecanismos efetivos de autoridade e direção.[833]

Outro importante desdobramento do reconhecimento do poder de controle foi a discussão sobre os deveres e as responsabilidades do controlador, já que um dos grandes objetivos da regulação das sociedades empresárias, desde a Idade Média, é precisamente o de estabelecer o equilíbrio entre o poder empresarial e a correspondente responsabilidade.

---

[829] Segundo Fábio Konder Comparato e Calixto Salomão Filho (*O poder de controle na sociedade anônima*. Rio de Janeiro: Forense, 2005. p. 511), "foi, justamente, na determinação da nacionalidade das sociedades que a noção do poder de controle surgiu em direito".

[830] Além da doutrina, também o Superior Tribunal de Justiça, no julgamento do REsp 784/RJ (STJ, rel. Min. Barros Monteiro, *DJ* 20.11.1989), deixou claro que a identificação do detentor do controle é sempre uma questão de fato.

[831] Segundo Fábio Konder Comparato (*O poder de controle na sociedade anônima*. Rio de Janeiro: Forense, 2005.p. 88), "o núcleo da definição de controle na sociedade anônima reside no poder de determinar as deliberações da assembleia geral", até porque o poder de eleger a maioria dos administradores é igualmente exercido na assembleia.

[832] Tal advertência já estava presente no famoso trabalho de Berle e Means (*The Modern Corporation & Private Property*. Newsbruck (USA); London (U.K.): Transaction Publishers, 2005. p. 114), pois os autores sustentaram que, ao contrário dos interesses dos acionistas, que seriam bem definidos, os interesses dos controladores gerenciais não o seriam, o que possibilitaria a estes agir em benefício próprio, buscando interesses radicalmente opostos aos dos acionistas (os proprietários).

[833] A famosa teoria de Coase (*The Firm, the Market and the Law*. Chicago: The University of Chicago Press, 1988. p. 53-54) descreve a empresa (*the firm*) exatamente a partir da lógica de comando sobre o trabalho alheio ou o que o autor chama de relação *master and servant* ou *employer and employee*. Assim, cabe ao empresário (*the master*) o direito de controle sobre o trabalho dos empregados, o que ele pode fazer pessoalmente ou por meio de outros agentes. No mesmo sentido, Richard Posner (*Economic Analysis of Law*. New York: Aspen Law & Business, 1988. p. 427-428) igualmente parte do pressuposto de que a empresa pressupõe a lógica *master-servant*, motivo pelo qual teria como um dos seus maiores problemas exatamente o controle (*the control problem*).

2. O controle societário

Sérgio Campinho

O controle societário é um bem jurídico imaterial[834] que se acha, de um lado, isolado da propriedade, e, de outro, da administração social.[835] Tem um método próprio de mensuração. Apesar de decorrer de uma situação de fato, uma vez identificado, passa a ser economicamente considerado, tanto que pode ser objeto de cessão. Quem aliena o controle de uma sociedade anônima não está a dispor de bens alheios, mas sim de algo que lhe pertence. O valor do controle vem prestigiado na própria construção do direito positivo, em que se reconhece, no art. 254-A da LSA (*tag along*), a figura do "prêmio de controle", no percentual máximo de 20%, ao assegurar aos não controladores o preço mínimo de 80% do valor pago por ação de controle. A capacidade de organizar e ordenar o comando da vida social gera para o controlador um atributo que se inclui na ordem dos bens incorpóreos ou imateriais[836].

Quanto à sua natureza jurídica, vislumbro o controle como o resultado do somatório dos poderes derivados das ações, com o fim de gestão da companhia, legitimamente apropriado por ocupação,[837] por parte daquele que detém, em caráter não eventual, um maior número de títulos com direito a voto e faz uso efetivo desses poderes para dirigir a sociedade.[838]

O controle, com efeito, deve ser entendido como o poder efetivo de ordenar e dirigir os negócios sociais. A universalidade das decisões societárias e a atividade empresarial em si são orientadas por esse poder, que se exerce não de modo eventual, mas continuado ou permanente, por uma pessoa ou um grupo de pessoas, de maneira direta ou indireta. Revela-se, pois, como uma técnica de governar a empresa explorada pela sociedade.

Nutro o sentimento de ser o controle um relevante fator de estabilidade para a companhia, o qual pode ser concretamente experimentado através da operação mais segura e longeva do seu projeto econômico constante do estatuto social, que lhe serviu de fonte criadora e evoluiu em busca de eficiente desenvolvimento. A falta de um controle definido pode, em certas situações, implicar a inconsistência e, por vezes, até a precarização das relações societárias, com a condução dos negócios sociais de modo mais instável, derivado do preenchimento episódico ou acidental do poder de comando.

Clássico trabalho realizado pelo advogado Adolf Augustus Berle e o economista Gardiner C. Means, no princípio da década de 1930, propõe uma dissociação efetiva entre o controle e a propriedade acionária, no fiel convencimento de que, no sistema da sociedade anônima, o controle sobre a riqueza produtiva pode ser exercido com um mínimo de interesse na propriedade. A partir dessa separação, apresentam uma classificação do poder de controle, decorrente de situações verificadas em suas pesquisas de campo, nem sempre ligada à ideia de propriedade.[839-840]

A partir do citado estudo e com fundamento no direito positivado na LSA, parece-me adequado considerar, no Brasil, as seguintes modalidades do poder de controle: (a) o controle quase totalitário; (b) o controle majoritário; (c) o controle minoritário; e (d) o controle administrativo ou gerencial.

O controle quase totalitário revela-se pela concentração da quase totalidade dos votos conferidos pelas ações com direito a voto nas mãos de uma única pessoa ou de um grupo de pessoas (controle compartilhado). Haverá sempre uma minoria, embora bastante reduzida, a contrastar com uma maioria que reúne sob sua titularidade quase todos os votos derivados dos títulos

---

[834] REQUIÃO, Rubens. *Curso de direito comercial*. 30. ed. São Paulo: Saraiva, 2013. p. 185, v. 2.

[835] BERLE, Adolf Augustus e MEANS, Gardiner C. *A moderna sociedade anônima e a propriedade privada*. Trad. Dinah de Abreu Azevedo. São Paulo: Abril Cultural, 1984. p. 85.

[836] Cf. os comentários art. 254-A.

[837] REQUIÃO, Rubens. *Curso de direito comercial*. 30. ed. São Paulo: Saraiva, 2013. p. 185, v. 2.

[838] CAMPINHO, Sérgio. *Curso de direito comercial: sociedade anônima*. 4. ed. São Paulo: Saraiva, 2019. p. 242.

[839] BERLE, Adolf Augustus; MEANS, Gardiner C. *A moderna sociedade anônima e a propriedade privada*. Trad. Dinah de Abreu Azevedo. São Paulo: Abril Cultural, 1984. p. 85 e ss.

[840] Berle e Means distinguem cinco tipos principais de controle: 1) o controle por meio da propriedade quase total; 2) o controle majoritário; 3) o controle por meio de um dispositivo legal sem propriedade majoritária; 4) o controle minoritário; e 5) o controle administrativo (BERLE, Adolf Augustus; MEANS, Gardiner C. *A moderna sociedade anônima e a propriedade privada*. Trad. Dinah de Abreu Azevedo. São Paulo: Abril Cultural, 1984. p. 85-86).

votantes do capital. É, por assim dizer, um controle majoritário ultraqualificado.

O controle majoritário propriamente dito, por sua vez, é caracterizado pelo exercício por acionista ou por grupo de acionistas (controle compartilhado) que reúne sob sua titularidade mais da metade dos votos outorgados pelas ações com direito a voto, podendo-se identificar uma minoria votante com certo corpo no cenário social. Em outros termos, materializa-se quando um acionista ou um grupo de acionistas encontra-se apto a proferir mais da metade dos votos proporcionados pelas ações com direito a voto da companhia. No Brasil, essa é a modalidade mais presente, mesmo entre as companhias abertas. Nosso mercado ainda vem grifado por efetiva concentração acionária. O controle, entre nós, é, pois, concentrado e não pulverizado ou difuso. Em inúmeras companhias brasileiras, ademais, é também usual a comunicação entre as posições de titular do poder de controle e de integrantes dos órgãos de administração social.

O controle minoritário geralmente se materializa quando, dado o alto grau de dispersão das ações da companhia no mercado, um acionista ou grupo de acionistas organizado (controle compartilhado) exerce o poder de controle com menos da metade dos votos atribuídos pelas ações com direito a voto da companhia sob sua titularidade. Esse acionista ou grupo ativo, que se faz presente nas assembleias gerais da companhia, é quem dirige os negócios sociais e elege a maioria dos administradores. A figura do controle minoritário encontra-se perfeitamente amoldada à LSA, que não vincula o controle à necessária titularidade de um certo número de ações com direito de voto.

Nada impede que se verifique a existência da modalidade minoritária de controle, mesmo que se tenha no seio social um acionista ou um grupo de acionistas que titularizem mais da metade dos votos conferidos pelas ações integrantes do capital votante. Isto porque o poder de controle resulta de uma situação de fato. É necessário que ele seja efetivamente exercido. É, como se disse, legitimamente apropriado por ocupação. Por isso, sua aferição apenas se realiza diante do caso concreto. Na hipótese cogitada, diante de um absenteísmo ou de um imobilismo do titular da maioria do capital votante, ter-se-ia acionista majoritário, mas não controlador.

O controle administrativo ou gerencial pressupõe uma pulverização acionária, resultado de um nível de dispersão tão elevado das ações, que o controle passa a ser detido pelos administradores, os quais, por meio do mecanismo do voto por procuração, acabam se perpetuando na direção social. Vem amparado, pois, no poder diretivo e não na titularidade de ações com direito a voto e, consequentemente, na quantidade de votos por elas atribuídos. É, assim, uma modalidade de controle interno, totalmente dissociada da propriedade acionária. Explora-se, ao máximo, o absenteísmo do corpo de acionistas. Com o controle gerencial, fica reforçada a ideia da sociedade anônima como uma instituição, afastando-se cada vez mais do modelo de contrato. O *management control* é bastante presente nos Estados Unidos e no Reino Unido, em razão da grande dispersão das ações que se verifica nesses mercados.

Todas essas modalidades de controle encontram-se abrangidas no conceito legal de acionista controlador, traduzido no art. 116 da LSA.

O controle administrativo ou gerencial, em minha visão, cumpre enfatizar, também se amolda ao esquema legal definidor da figura do acionista controlador. A titularidade dos direitos de sócio a que alude a alínea *a* do *caput* do art. 116 da LSA não deve traduzir, necessariamente, a noção de propriedade acionária, como, à primeira vista, uma interpretação literal poderia sugerir. Isto porque é possível exercer direitos de sócio sem ostentar o *status socii*. Com efeito, certas faculdades inerentes ao domínio podem ser empreendidas de forma dele destacada, sem que o desnature em substância. Os direitos políticos da ação são, por isso, exercitáveis autonomamente dos patrimoniais. É o que se tem no controle gerencial, ainda que por um mecanismo jurídico de representação. O titular da ação confia a manifestação do voto ao administrador.

Referências foram feitas ao controle compartilhado, cumprindo, pois, agora melhor detalhá-lo. O acionista controlador configura-se na pessoa natural ou jurídica, ou no grupo de pessoas vinculadas por acordo de voto, ou sob controle comum. O prefalado controle compartilhado é aquele exercido por um grupo de pessoas signatárias de um acordo de votos, com escopo de controlar a companhia. Obrigam-se, dessarte, a votar em bloco nas matérias alusivas a esse fim, de modo a constituírem um bloco de controle. A formação uniforme da vontade do grupo vem normalmente aferida no âmbito do seu órgão deliberativo interno, que se constitui na nominada reunião prévia. Para que a figura do acordo compartilhado se verifique no âmbito do controle quase totalitário, do controle majoritário ou do controle minoritário é indispensável, ao menos, que ocorra a pactuação de voto conjunto para certas matérias que concretizem o poder de controle societário, na forma do art. 116 da LSA. Costuma vir conexa a essa pactuação do voto uniforme, a regulação do direito de preferência para aquisição das ações do celebrante do pacto parassocial que almeja retirar-se da sociedade. Com vistas a fortalecer o bloco formado, também é usual a previsão da necessidade de aprovação pela unanimidade ou por uma maioria, geralmente qualificada, do ingresso de novos integrantes no bloco.

Nesse particular, cumpre registrar que as ações ordinárias de classe com voto plural serão automaticamente convertidas em ações sem voto plural, quando o acordo de acionistas dispuser sobre o exercício conjunto de direito de voto e for firmado por titulares de ações com pluralidade de votos e acionistas que não titularizem ações com voto plural (inciso II do § 8º do art. 110-A da LSA).

Além das modalidades do controle, este também é classificado segundo a forma de seu exercício. Tem-se, assim, o controle direto e o controle indireto.

O controle direto é aquele exercido pelos próprios titulares das ações com direito de voto. O controlador é acionista da companhia e, pelo voto direto, faz preponderar sua vontade de governar e dirigir os negócios sociais. Já a forma indireta de controle pode resultar da representação (art. 126 da LSA), por meio do voto por procuração implementado pelos administradores, ou em função de encontrar-se o controlador na sociedade controladora ou de comando da outra, ou seja, presente na sociedade *holding*, instrumento de exercício do seu poder de controle.

Em fechamento do tema, cumpre deixar bem claro que, independentemente de suas modalidades e formas, o controle, tal qual presente em nossa lei, é aquele que se exercita pelo voto, baseado no poder decisório da assembleia geral, órgão, em última análise, de expressão da vontade social. Não se encontra ele necessariamente ligado à propriedade acionária e tampouco ao percentual majoritário dos títulos com direito de voto. Constitui-se em um poder de fato, decorrente de seu efetivo exercício, detido por quem consegue carrear, com certa permanência, um número de votos suficientes para obter a maioria nas decisões assembleares e eleger a maioria dos administradores.

3. Dissociação entre a propriedade e o controle e suas repercussões sobre os diversos tipos de controle

Ana Frazão

Outra característica que marcou a evolução das sociedades por ações, especialmente nos Estados Unidos, foi a dissociação entre a propriedade e o controle, ou seja, a separação entre a titularidade do capital social (ou participação societária) e a efetiva gestão da companhia.

Apesar de o fenômeno já ter sido identificado por Marx, como consequência da tendência de maior profissionalização da administração das companhias,[841] o tema passou a ser objeto de reflexões mais consistentes em 1932, data da publicação da célebre pesquisa de Berle e Means.[842] A partir de dados estatísticos das companhias norte-americanas, os autores demonstraram que o controle, na maioria dos casos, não era exercido pelos principais acionistas, mas sim por acionistas minoritários ou mesmo por administradores não acionistas.[843]

A separação entre a propriedade e a gestão apontada por Berle e Means não era algo propriamente novo, pois já existia desde a *commenda* medieval, nem de extrema abrangência, na

---

[841] Fábio Konder Comparato (*Aspectos jurídicos da macro-empresa*. São Paulo: RT, 1970. p. 72) cita o trecho em que Marx trata disso: "A produção capitalista chegou a um ponto em que o trabalho de direção, completamente separado da propriedade do capital, é por todos admitido, de tal arte que doravante o capitalista não tem mais necessidade de exercer pessoalmente esta função. Um maestro não precisa de modo algum ser proprietário dos instrumentos da orquestra que dirige, nem lhe compete tratar do salário dos seus músicos."

[842] *The Modern Corporation & Private Property*. Newsbruck (USA); London (U.K.): Transaction Publishers, 2005.

[843] Com efeito, Berle e Means (BERLE, Adolf Augustus; MEANS, Gardiner C. *A moderna sociedade anônima e a propriedade privada*. Trad. Dinah de Abreu Azevedo. São Paulo: Abril Cultural, 1984. p. 109) demonstraram que, entre as duzentas maiores sociedades anônimas não financeiras dos Estados Unidos em 1930, 44% delas (o que correspondia a 58% em dimensão patrimonial) eram de fato dominadas pelos administradores. Os percentuais do controle minoritário eram igualmente expressivos: 23% em número de companhias e 14% em dimensão patrimonial. Já o controle majoritário correspondia a 5% em número de companhias e somente a 2% em dimensão patrimonial.

medida em que tal realidade mostrou-se mais presente no direito anglo-saxão do que na Europa continental, onde a concentração acionária sempre foi maior.[844]

Todavia, apesar das diferenças, a Europa continental também sofreu a influência do fenômeno. Por esse motivo, a legislação societária alemã de 1937, considerada a primeira a tratar expressamente da matéria, optou por se utilizar da expressão "influência dominante", para o fim de abarcar as hipóteses em que o controle estivesse desvinculado da participação societária.[845]

Esse tipo de dissociação entre propriedade e controle gerou desafios adicionais para o Direito Societário, na medida em que a definição do controle deixou de depender apenas de formas jurídicas, como a participação societária, introduzindo-se a dificuldade de compreender o poder empresarial por outros critérios que possam apreender sua dinamicidade e plasticidade.

A partir daí, não obstante as divergências, discutia-se, pelo menos até a introdução do voto plural em nosso ordenamento jurídico, a existência de pelo menos cinco tipos de controle:

(i) controle totalitário, quando nenhum acionista é excluído do poder de dominação;

(ii) controle majoritário, no qual o controlador tem a maioria das ações com direito a voto;[846]

(iii) controle minoritário, quando é exercido por acionista que não detém a maior parte das ações com direito a voto;[847]

(iv) controle administrativo ou gerencial (*management control*), existente quando, diante da grande dispersão acionária, os administradores assumem o controle de fato, criando uma curiosa cisão da propriedade;[848]

(v) controle externo, que ocorre quando um grande credor, como um banco, acaba tendo influência dominante sobre a direção da companhia por via contratual e não societária.

Como se pode observar, somente os controles totalitário e majoritário relacionam-se diretamente à participação acionária. O controle minoritário vincula-se apenas indiretamente à

---

[844] Todavia, as diferenças entre os sistemas não devem ser ultravalorizadas. Como ensina Mônica Cossu (*Societá aperte e interesse sociale*. Torino: G. Giappichelli Editore, 2006, p. 13), o fenômeno da dissociação entre a propriedade e o controle também pode ser observado nos países da Europa continental e nem sempre esteve presente na realidade societária do direito anglo-saxão.

[845] É o que nos ensina Calixto Salomão Filho (COMPARATO, Fábio Konder; SALOMÃO, Calixto Filho. *O poder de controle na sociedade anônima*. Rio de Janeiro: Forense, 2005. p. 533-534): "Como ressalta F.K. Comparato, essa expressão [influência dominante] foi utilizada pela primeira vez em sede legislativa na lei acionária alemã de 1937 e repetida na lei de 1965. Em ambas as ocasiões, o que se pretendeu foi incluir na previsão legal hipóteses em que o controle não decorre da existência de uma posição majoritária interna. A expressão engloba, portanto, de um lado, as hipóteses de controle minoritário interno, e até mesmo de controle gerencial e, de outro, aquelas de controle externo."

[846] Conforme Fábio Konder Comparato (*O poder de controle na sociedade anônima*. Rio de Janeiro: Forense, 2005. p. 63), o controle majoritário ainda pode ser subdividido em controle majoritário simples ou absoluto, conforme exista ou não uma minoria qualificada em oposição ao controlador. Ressalta-se que ainda existe a controvérsia sobre se o acionista que detém a maioria das ações com direito a voto é o controlador. Pelo conceito adotado neste trabalho, apenas o será caso exerça tal poder de fato.

[847] O controle minoritário pode resultar de diversos fatores, tais como a dispersão acionária, a dificuldade de reunião dos acionistas nas assembleias ou mesmo o desinteresse de parte significativa dos acionistas em participar da gestão da sociedade. Segundo Fábio Konder Comparato (*O poder de controle na sociedade anônima*. Rio de Janeiro: Forense, 2005. p. 536), o controle minoritário precisa ser acompanhado de qualificador que faça presumir a existência de influência duradoura. Daí o parâmetro previsto na famosa Resolução do Banco Central 401, de 1976, revogada pela Resolução CMN 2927, de 2002, segundo a qual seria controlador o minoritário que tivesse exercido o controle nas últimas três assembleias.

[848] No que se refere à operacionalização deste controle, Fábio Konder Comparato (*O poder de controle na sociedade anônima*. Rio de Janeiro: Forense, 2005. p. 72) explica que "a perpetuação dos administradores no poder é obtida, sobretudo, com a utilização de complexos mecanismos de representação de acionistas em assembleia (*proxy machinery*), explorando-se ao máximo o absenteísmo do corpo acionário." Como decorrência, Fábio Konder Comparato (*Aspectos jurídicos da macroempresa*. São Paulo: RT, 1970. p. 76-83) salienta que os acionistas ficam com a função passiva-receptiva de mera fruição da propriedade, enquanto o administrador fica com a função de direção e criação, criando-se, como já antecipara Berle, um novo feudalismo, com a multiplicação dos domínios da propriedade.

Art. 116 — Ana Frazão

participação acionária enquanto que a separação é absoluta nos controles gerencial e externo.

Com a introdução do voto plural, por meio da Lei nº 14.195/2021, é possível a constatação da existência de uma nova forma de controle: o titularizado por acionista que, embora não tenha a maioria das ações com direito a voto de uma companhia, tenha, em razão do voto plural – que pode atribuir até dez votos para cada ação, nos termos do art. 110-A da Lei nº 6.404/1976 – a maioria dos votos de uma determinada companhia.

Não é sem razão que, em face da modificação legal que introduziu o voto plural em nosso ordenamento, vários quóruns que antes eram calculados a partir do número de ações com direito a voto agora são calculados pelo número total de votos conferidos pelas ações com direito a voto.

Sob essa perspectiva, é possível, por meio do voto plural, a existência de controle que pode ser considerado minoritário pelo critério do percentual de ações ordinárias titularizado pelo controlador diante do capital social, mas majoritário pelo critério do percentual de votos conferidos pelas ações com direito a voto.

Em que pese o controle decorrente do voto plural poder ser visto como mais um exemplo de dissociação entre propriedade e controle – o que o aproximaria do controle minoritário –, é fato que ele se aproxima do controle majoritário em termos de resultado, na medida em que o acionista que detém a maioria dos votos conferidos pelas ações com direito a voto tem como assegurar de forma permanente a prevalência da sua vontade nas deliberações sociais. Consequentemente, ter-se-ia um novo tipo de controle que, do ponto de vista estrutural, é minoritário, mas, do ponto de vista funcional, é majoritário. De toda sorte, é importante advertir que o controle decorrente do voto plural apresenta certo hibridismo, razão pela qual será sempre destacado individualmente, como um novo tipo de controle, a fim de não ser confundido nem com as hipóteses tradicionais de controle majoritário nem de controle minoritário.

No caso brasileiro, não se pode desconhecer que os controles minoritário e gerencial foram incomuns à nossa realidade durante o século XX, caracterizada pela alta concentração acionária e pela falta de tradição e solidez do mercado de capitais. Daí o compreensível predomínio do controle totalitário ou majoritário,[849] situação que persiste na atualidade, apesar de todos os esforços para modificações.[850] Como a introdução do voto plural é recente, ainda não se sabe os seus reais impactos na configuração do poder de controle das companhias brasileiras.

Diante da redação do art. 116 da Lei nº 6.404/1976, não há dúvidas de que se admite o controle totalitário, o controle majoritário e o controle que, em face do voto plural, decorra da maioria dos votos conferidos pelas ações com direito a voto.

Embora o controle minoritário seja aceito por boa parte da doutrina e da jurisprudência, alguns autores encontram dificuldades para a sua configuração. É o caso de Modesto Carvalhosa,[851] para quem o requisito da permanência faz com que apenas possa ser considerado controlador aquele que detém a maioria absoluta do capital votante, pois somente nesse caso se pode assegurar a estabilidade do controle. Daí a inexistência dos controles minoritário e gerencial,[852] bem como tese do desaparecimento do controlador nas companhias com ações dispersas, tais como muitas listadas no Novo Mercado.[853]

Todavia, ainda que se pudesse cogitar da ausência de controle tão somente em razão da inexistência de participação acionária majoritária, desconsiderando os acordos de acionistas que viabilizam blocos de controle, tal tese não parece decorrer da interpretação do art. 116, da Lei nº

---

[849] É claro que a afirmação é feita considerando-se o universo dos acionistas com direito a voto. Caso se considere todos os acionistas, incluindo os preferenciais, pode-se chegar à conclusão diversa, tal como a de Calixto Salomão Filho (*O poder de controle na sociedade anônima*. Rio de Janeiro: Forense, 2005. p. 68): "No Brasil, a lei societária consagra o controle minoritário como princípio dentro do capital total da sociedade. A famosa regra que permitia a existência de até dois terços do capital total da empresa representado por ações preferenciais (...) nada mais é do que a consagração legal do controle minoritário".

[850] Afinal, movimentos como o da Governança Corporativa e a criação do Novo Mercado vêm estimulando a constituição de companhias com outras formas de controle que não o totalitário ou majoritário.

[851] *Comentários à Lei de Sociedades Anônimas*. São Paulo: Saraiva, 2014. v. 2. p. 624.

[852] *Comentários à Lei de Sociedades Anônimas*. São Paulo: Saraiva, 2014. v. 2. p. 656. Não obstante, o autor sustenta que, nas companhias com capital disperso, o comando é dos administradores (p. 657).

[853] *Comentários à Lei de Sociedades Anônimas*. São Paulo: Saraiva, 2014. v. 2. p. 650.

6.404/1976. Este se utiliza de uma definição bastante elástica, que tem por foco o poder de fato sobre a companhia, qualquer que seja o percentual acionário, desde que revestido das características da permanência – requisito previsto na alínea "a" do art. 116 – e da efetividade – requisito previsto na alínea "b" do art. 116.

É importante compreender que as divergências sobre a possibilidade de outros tipos de controle que não apenas o totalitário, o majoritário e o decorrente, no caso de voto plural, da maioria do total de votos conferidos pelas ações com direito a voto decorrem precisamente das dificuldades de se encontrar um ponto de equilíbrio entre o requisito da efetividade e o requisito da permanência.

Com efeito, se a lei não previsse a efetividade, mas somente a permanência, não haveria maiores dúvidas sobre o fato de que aquele que tivesse a maioria das ações com direito a voto – ou a maioria do total de votos conferidos pelas ações com direito a voto, no caso de voto plural – seria sempre o controlador, pouco importando se usasse efetivamente os poderes daí decorrentes. Da mesma forma, não se admitiria o controle minoritário ou outros tipos de controle que não o totalitário, o majoritário e o decorrente da maioria do total de votos conferidos pelas ações com direito a voto.

Para contornar essa discussão, Fábio Konder Comparato[854] considera que o requisito da efetividade se aplicaria apenas ao controle minoritário, mas não ao controle majoritário, argumentando que "o desuso ou mau uso do poder não é elemento definidor do status, pois ainda que o controlador afete desinteressar-se dos negócios sociais, não pode arredar o fato de que o poder de comando se exerce em seu nome, ou por delegação sua, o que a tanto equivale" e que "a consequência é que, não só eventual controlador minoritário será responsável por seu poder efetivamente exercido, mas também o acionista majoritário será responsável pela negligência no exercício do poder de controle e pelos danos que daí resultam." Vale ressaltar que tal entendimento pode se aplicar igualmente nas hipóteses em que, por meio do voto plural, determinado acionista detém a maioria dos votos conferidos pelas ações com direito a voto.

O problema é que, se a posição de Modesto Carvalhosa impede a configuração do controle minoritário, desconhecendo a importância do requisito da efetividade, a posição de Fábio Konder Comparato dá margem à possibilidade da existência concomitante de dois controles: um majoritário passivo – sem efetividade – e um minoritário ativo – não necessariamente com permanência -, o que dificulta a compreensão da efetiva dinâmica de poder nas companhias e também da alocação dos deveres e responsabilidades respectivas.

Parte-se da premissa de que, a partir do momento em que a Lei nº 6.404/1976 exige o requisito da efetividade para a definição do controle – sem fazer qualquer tipo de diferenciação entre os tipos de controle – é porque admitiu outras formas de controle que não apenas os decorrentes da maioria da participação societária votante ou da maioria dos votos conferidos pelas ações com direito a voto, no caso de voto plural. Trata-se, além de tudo, da conclusão mais compatível com a dinâmica do fenômeno do poder, que dificilmente pode ser capturado apenas por critérios legais rígidos.

Daí a acertada conclusão de Nelson Eizirik[855] de que "O fato de o artigo 116 não exigir um percentual mínimo de ações para permitir a identificação do acionista controlador, bem como subordiná-la ao efetivo exercício do poder de dominação, evidencia que a Lei das S.A. admitiu implicitamente a existência de controle minoritário".

Sendo assim, não há outra alternativa interpretativa para o art. 116 da Lei nº 6.404/1976 que não compreender o requisito da permanência de forma compatível com o requisito da efetividade. Em outras palavras, o que torna possível o controle minoritário obviamente não é uma atuação episódica em que o minoritário obteve uma vitória na assembleia, mas sim uma conduta que mantém estabilidade e consistência durante certo tempo.

Encontrar o lapso temporal ou os critérios objetivos que poderiam revelar essa estabilidade ou permanência – tal como pretendeu a famosa e já revogada Resolução 401 do Banco Central, segundo a qual seria considerado controlador aquele cuja vontade prevalecesse por três assembleias – é algo delicado e que será sempre um

---

[854] *O poder de controle na sociedade anônima*. Rio de Janeiro: Forense, 2005. p. 87.

[855] Aquisição de controle minoritário. Inexigibilidade de oferta pública. In: CASTRO, Rodrigo Monteiro de; AZEVEDO, Luís André. *Poder de controle e outros temas de direito societário e mercado de capitais*. Quartier Latin, 2010. p. 180.

problema para a identificação do controle minoritário. Entretanto, entender a permanência como a impossibilidade absoluta de contestação do poder – a fim de apenas identificar a possibilidade do controle totalitário ou majoritário – é visão excessivamente rígida, que impede a captura e a compreensão do próprio fenômeno do poder.[856]

Com efeito, não há como entender o controle minoritário senão aceitando que, em razão das suas peculiaridades, ele sempre tem o potencial de ser contestado. Entretanto, enquanto não houver a contestação, possibilitando que determinado acionista minoritário consiga gerir a companhia com uma certa estabilidade no tempo, não há como negar o exercício do controle, inclusive para o fim da atribuição das responsabilidades correspondentes. Afinal, não se pode tentar entender algo que, devido à sua natureza fática, é extremamente dinâmico, flexível e mutável, por meio de categorias jurídicas rígidas e estanques, que são inadequadas à plasticidade do fenômeno econômico.

Verdade seja dita que, nos termos do que já salientou voto do então Diretor da CVM Otavio Yazbek,[857] "O art. 116 da Lei nº 6.404/76, ao caracterizar a figura do acionista controlador, remete não apenas à capacidade de influenciar de forma determinante, a tomada de decisões na companhia, mas também a uma consistência temporal no exercício de tal capacidade." Entretanto, não há que confundir consistência temporal com impossibilidade de contestação.

Daí por que, em que pesem as dificuldades para a identificação do controle minoritário, sustenta-se que ele pode e deve ser reconhecido, entendendo-se a permanência não como a impossibilidade de ser contestado, mas sim como a situação decorrente da sua não contestação por período de tempo considerado suficiente a permitir a consolidação daquele poder de controle, ainda que tal quadro venha a ser alterado posteriormente.

Trata-se de compreensão que, além de aplicar ambos os requisitos do art. 116, da Lei nº 6.404/1976, é mais compatível com o tratamento do fenômeno econômico, pois parte da premissa de que é possível encontrar situações de certa permanência mesmo dentro do quadro geral de mutabilidade e adaptabilidade que normalmente caracteriza diversas formas de poder na esfera econômica.

Logo, por mais que seja importante que o controle seja definido por critérios minimamente consistentes, sob pena de se ter grande insegurança jurídica, tais critérios não podem ser engessados a ponto de levarem à total desconsideração da realidade.

Vale ainda ressaltar que, assim como o requisito da efetividade será extremamente importante para identificar o controlador minoritário, também o será para identificar o controlador majoritário. Afinal de contas, participações societárias são essencialmente direitos subjetivos, de forma que o acionista majoritário ou aquele que tem a maioria dos votos conferidos pelas ações com direito a voto, no caso de voto plural, tem o direito, mas não o dever, de gerir a companhia. Consequentemente, não exercendo efetivamente o poder de controle, não poderá ser considerado controlador.

Daí por que se entende que a Lei nº 6.404/1976 admite ao menos a existência dos controles totalitário, majoritário, decorrente do voto plural – quando determinado acionista tiver a maioria dos votos conferidos pelas ações com direito a voto – e minoritário. Maiores controvérsias persistem com o controle gerencial e o externo,[858] embora se entenda que tais modalidades devam ser igualmente reconhecidas, ainda que com eventuais adaptações.

Por fim, é importante ressaltar que, no que se refere especificamente aos controles minoritário

---

[856] É o que sustenta Fábio Coelho (*Curso de direito comercial* – direito de empresa. São Paulo: Saraiva, 2007. p. 280-281, v. 2), ressaltando que a identificação do controlador é sempre uma questão de fato que deve levar em conta o requisito da permanência. Por essa razão, considera que os critérios previstos pela revogada Resolução 401 do Banco Central, no sentido de que o controlador é aquele que obtém a maioria dos votos dos acionistas presentes nas três últimas assembleias gerais da companhia, continuam pertinentes para a identificação do controlador.

[857] CVM, Processo Administrativo 2009/0471/RJ, Dir. Rel. Otavio Yazbek, j. 03.03.2009.

[858] De acordo com Fábio Comparato (*O poder de controle na sociedade anônima*. Rio de Janeiro: Forense, 2005. p. 83-85), a lei brasileira exclui, em seus principais artigos (116 e 243, § 2º) a previsão do controle externo e do controle gerencial, embora se possa encontrar alguns indícios deste tipo de controle em outros artigos, tais como o art. 249, parágrafo único, que introduz o conceito de "dependência financeira", o que pode ser interpretado como controle externo.

e gerencial, assim como em relação ao controle decorrente do voto plural – especialmente quando o número de votos correspondente a cada ação for elevado – a dissociação entre a propriedade e o controle faz com que o incentivo econômico natural para uma boa gestão – o próprio patrimônio investido – seja inferior ao existente nos controles totalitário e majoritário. Tal circunstância aumenta consideravelmente o risco de conflitos de agência, traduzidos na utilização dos poderes de gestão para benefício próprio e não para o cumprimento dos fins sociais, o que exige um cuidado ainda maior no que diz respeito à responsabilidade destes gestores.

No que diz respeito ao controle externo, o risco de conflitos também pode ser considerável pois, por maior que seja o interesse econômico do credor na sociedade, ele pode se resumir ao pagamento do seu crédito e não propriamente à manutenção duradoura da atividade produtiva.

4. Controle externo ou influência sobre o poder de controle?

Sérgio Campinho

Todas as modalidades de controle tratadas no comentário n. 2 deste artigo – controle quase totalitário, controle majoritário, controle minoritário e controle administrativo ou gerencial – constituem categorização de controle interno, porquanto o titular do controle atua no interior da companhia.

No denominado controle externo, o controle pertenceria a uma ou mais pessoas, naturais ou jurídicas, que não integrariam qualquer órgão da companhia, mas atuariam fora dela.[859] Tocaria o controle, assim, a um agente extrassocial, cuja influência dominante[860] atingiria a atividade societária como um todo, de modo que a sociedade, sob tal influência, não pudesse dela se afastar, sem contundente ameaça de sofrer graves prejuízos econômicos e financeiros.

Normalmente, a figura do intitulado controle externo deriva de uma situação de endividamento da companhia ou de seu bloco de controle. Diante dessa dependência econômico-financeira, a sociedade ou o acionista controlador, por força de disposição contratual, asseguraria ao agente estranho à companhia uma influência em certas decisões societárias. Resulta, pois, essa posição dominante, não de uma configuração própria ao direito societário, mas de vínculos externos, geralmente de natureza contratual.

Pode servir como um bom exemplo desse poder de influir, tomando por base o contrato de empréstimo, o caucionamento, em favor do mutuante, em garantia de seu crédito, de ações do bloco de controle, com a outorga contratual ao credor do direito de orientar o voto do devedor. A LSA, em seu art. 113, admite possa ser estipulado no contrato que o acionista não poderá votar sem o consentimento do credor caucionado ou pignoratício em certas deliberações. Tais deliberações vinculadas podem dizer respeito à alienação ou à oneração de bens constantes do ativo imobilizado, bem como a outras questões societárias, como eleição de administradores, empréstimos debenturísticos, mudança no objeto social etc., de modo que, pela extensão dessas disposições, o credor passe a ostentar uma influência dominante no controle.

Fixado o ponto, parece-me haver uma distinção qualitativamente ponderável entre o poder de controle e o poder de sobre ele influir. Este último não se pode caracterizar como controle acionário, mas, sim, como um manifesto processo de influência sobre o controle propriamente dito.

Não vem o nominado controle externo, com efeito, contemplado na lei, que apenas se limita a reconhecer e a disciplinar o controle interno, traçando, inclusive, um sistema de responsabilização pelos desvios cometidos por aquele que o exerce. Ao contrário, para o controle externo não existem responsabilidades por enquadramento em uma das modalidades de abuso de poder, exemplificativamente capituladas no art. 117.[861]

Mas isso não quer dizer que quem pratica atos de influência sobre o poder de controle passe incólume de responsabilização. Ao revés, o agente deverá ser responsabilizado sempre que, por ação ou omissão, violar direitos ou provocar danos à companhia ou a seus acionistas, ou sempre que atuar com abuso do direito. A aferição de

---

[859] COMPARATO, Fábio Konder. *O poder de controle na sociedade anônima*. 3. ed. Rio de Janeiro: Forense, 1983. p. 34.
[860] COMPARATO, Fábio Konder. *O poder de controle na sociedade anônima*. 3. ed. Rio de Janeiro: Forense, 1983. p. 68.
[861] O Superior Tribunal de Justiça, no julgamento do REsp 15.247/RJ, rejeitou a tese de que a sociedade que estaria a exercer uma influência externa, de natureza tecnológica e econômica sobre outra, poderia ser caracterizada como sua controladora e responsabilizada nos moldes do art. 117 da Lei 6.404/1976 (REsp 15.247/RJ, 3ª T., rel. Min. Dias Trindade, j. 10.02.1991, unânime).

sua responsabilidade terá assento na lei civil, nos moldes dos arts. 186, 187 e 927 do Código Civil.

Já o acionista ou os acionistas controladores que ficam jungidos a essa espécie de vínculo de subordinação contratualmente estabelecido, por sua vez, não se liberam de seus deveres para com a companhia e para com os demais acionistas, cujos interesses devem lealmente respeitar e atender. O dever de lealdade do controlador será sempre mensurado em função de sua boa-fé objetiva, que também é orientadora do seu dever de diligência.

Portanto, em minha visão, o que se chama de controle externo apresenta qualificação jurídica de influência, ainda que significativa, sobre o poder de controle, mas não de poder de controle.

5. Configuração do acionista controlador

SÉRGIO CAMPINHO

O art. 116 da LSA, admitindo apenas a figura do controle interno, oferece as seguintes notas essenciais para definição do acionista controlador da companhia: (a) deter, de modo permanente, a maioria dos votos das deliberações da assembleia geral; (b) poder eleger a maioria dos administradores; e (c) usar efetivamente esses poderes para dirigir as atividades sociais e orientar o funcionamento dos seus órgãos.

Logo se percebe que a identificação do acionista controlador é uma questão fática, aferível segundo as peculiaridades do caso concreto, pois o controle constitui-se em um poder de fato, não havendo regra legal que o garanta.

Não se mostra suficiente para sua caracterização a simples circunstância de o agente titularizar direitos que lhe assegurem a maioria dos votos nas deliberações assembleares e o poder de eleger a maior parte dos administradores, sendo certo que, no cerne de seu conceito, repousa a imprescindibilidade do exercício efetivo desses poderes para imprimir traço próprio à direção dos negócios sociais, orientando o funcionamento dos órgãos da companhia. Tendo ele a maioria de votos e o poder de eleição da maior parcela dos administradores, mas não fazendo uso de fato dessas prerrogativas, não será controlador. O controlador, portanto, deverá impor à sociedade a preponderância de sua vontade, utilizando-se, efetivamente, dos poderes de que desfruta para conduzir os negócios e eleger a maioria dos administradores.

A lei, por outro lado, exige o caráter de permanência para a sua configuração. Assim, essa maioria de votos, capaz de conferir a preponderância nas decisões assembleares e no preenchimento dos cargos de administração, não há de ser ocasional, eventual. Requisita-se a continuidade temporal dos poderes deliberativos necessários à concreta direção das atividades sociais e efetiva orientação dos órgãos da companhia. À míngua de uma definição legal de permanência, tem-se adotado, de uma maneira geral, o parâmetro estabelecido pela outrora vigente Resolução 401, de 22 de dezembro de 1976, do Banco Central, que disciplinava a matéria para fins de oferta pública obrigatória na alienação do controle de companhia aberta, a qual, em seu item IV, utilizava o critério das 3 últimas assembleias para caracterizar a atuação do controlador. Dessa forma, ter-se-ia atendido ao requisito do "modo permanente", referenciado na alínea *a* do *caput* do art. 116 da LSA.

Mas, na análise dos históricos das assembleias, parece-me que, para se aferir a permanência, não se deve apenas utilizar aquele paradigma das 3 últimas, cumprindo adentrar no teor do que foi deliberado. Com efeito, pode ocorrer que, nas 3 últimas, só se tenha decidido matérias episódicas e sem relevância para a orientação e condução das atividades da companhia, não revelando, assim, aquela maioria de votos nelas encontrada, o controle. É mister, pois, que em ao menos uma delas sejam decididas questões importantes para a gestão dos negócios sociais, como a eleição dos administradores.

Dentro das perspectivas desenhadas, tem-se que o controlador poderá ser uma só pessoa natural ou jurídica, ou um grupo de pessoas. Nesse caso, esse grupamento, com individualidade própria, estará ligado por um acordo de voto. O vínculo que os une objetivará um sentido comum no voto, o que constitui uma das possíveis variantes do acordo de acionistas (art. 118 da LSA). Mas não é só. Há, ainda, a sua identificação por um grupo sob controle comum, como se verifica na sociedade *holding*. A propósito, cumpre anotar que o § 2º do art. 243 da LSA considera controlada a sociedade na qual a controladora, diretamente ou por meio de outras controladas, é titular de direitos de sócio que lhe assegurem, de modo permanente, preponderância nas deliberações sociais e o poder de eleger a maioria dos administradores.

O acionista controlador, detentor de uma posição privilegiada em relação ao universo dos demais sócios, não pode orientar os negócios da companhia em benefício próprio ou de terceiros. O seu poder decisório não deve ser usado senão em favor da própria empresa realizada pela sociedade que comanda. Encontra-se vinculado ao desiderato de fazer a companhia realizar o seu objeto e cumprir a sua função social, jamais se materializando como um poder absoluto. Possui ele, assim, deveres e responsabilidades para com os demais acionistas que integram a companhia, os que nela trabalham e a comunidade em que atua, cujos direitos e interesses deve lealmente observar e atender. O poder de controle consiste, pois, em um direito-função.

A empresa, como unidade econômica e um polo de organização dos fatores de produção, interessa não só ao controlador ou aos acionistas da companhia, mas também a diversos outros agentes que com ela interagem, tais como os trabalhadores, os fornecedores, os consumidores e o fisco, devendo respeitar todos os interesses privados, coletivos e públicos que nela convivem.

O poder de controle exercita-se, portanto, sem desvios ou abusos. Estes restarão caracterizados com a correspondente obrigação de indenizar os prejuízos causados, quando a condução da vontade social não tiver por fim o interesse social, visando a beneficiar exclusivamente um interesse particular do controlador,[862] em detrimento, portanto, da companhia, dos acionistas minoritários, dos trabalhadores, dos investidores em valores mobiliários e da comunidade em que atua.

O art. 117 da LSA, em seu *caput*, deixa pontuada essa responsabilidade, explicitando, no § 1º, em uma listagem tão somente exemplificativa, as modalidades de exercício abusivo de poder.

Para ser efetiva a responsabilização, cumpre ao prejudicado fazer a prova do dano efetivo, não sendo suficiente apenas demonstrar a conduta reputada como abusiva. O dano deve ser concreto e atual, não se admitindo pretensão a ressarcimento de dano hipotético, possível ou futuro.

O beneficiário da indenização é aquele que suportou o dano derivado da conduta abusiva do controlador – sujeito passivo da relação processual. Pode ser, por exemplo, a própria sociedade, os acionistas minoritários, os empregados, os investidores e a comunidade.

Ocupando o controlador o cargo de administrador ou de fiscal da companhia, seus deveres e responsabilidades passam a ser cumulativos, não se liberando, pois, daqueles inerentes ao cargo que ocupa (§ 3º do art. 117 da LSA).

Por fim, não é demais registrar que o controlador não responde pessoalmente pelas obrigações contraídas pela companhia, ressalvadas, por certo, as hipóteses de irregularidades, fraudes ou ilícitos.

6. Importância da definição do controle: a atribuição dos deveres e responsabilidades correspondentes

Ana Frazão

Como já ficou claro anteriormente,[863] a definição do controle tem por primeira finalidade possibilitar a compreensão da estrutura real de poder da sociedade por ações e, a partir daí, delimitar a extensão dos conflitos de interesse e agência a ela inerentes, a fim de que sejam endereçados pelo Direito Societário.

Uma das formas de assegurar que o controlador agirá apenas no interesse da companhia, contendo os abusos que poderiam decorrer da sua ação oportunista em detrimento dos demais acionistas, credores e outros interessados na atividade empresarial,[864] é impondo-lhe deveres correspondentes à sua condição de gestor e as responsabilidades pelo seu descumprimento.

Com efeito, a presença do controlador normalmente acarreta tanto custos como também benefícios para as sociedades, a depender dos incentivos que ele tenha para obter benefícios indevidos às custas da companhia ou dos demais acionistas. Tal tipo de conflito de agência, como já se viu nos comentários ao art. 1º, da Lei nº 6.404/1976, potencializa-se diante dos distintos perfis de controlador. Um exemplo seria o do controlador que tenha interesses empresariais externos, de forma que pode ter incentivos para maximizar seus ganhos em outras sociedades das quais é acionista.

---

[862] Esse interesse particular poderá se traduzir em vantagem pessoal ou em favor de outrem.

[863] Ver comentários de Ana Frazão ao art. 116 da Lei nº 6.404/1976 na seção "Definição do poder de controle", em que se mostra os três níveis de poder em que se organizam as sociedades por ações – (i) o participação no capital ou investimento acionário, (ii) a direção e (iii) o controle – e que apenas os dois últimos níveis de poder – direção e controle – estão envolvidos necessariamente na gestão da companhia, ainda que com papéis próprios.

[864] Ver comentários de Ana Frazão ao art. 1º, da Lei 6.404/1974, especialmente na seção "Sociedades por ações e equacionamento da relação entre poder e responsabilidade e dos conflitos de agência".

Por essas razões, uma das principais finalidades do reconhecimento do poder de controle é a atribuição dos deveres e responsabilidades respectivas, a fim de evitar o abuso, como ensina Fábio Konder Comparato:[865]

> Mas a todo poder correspondem deveres e responsabilidades próprias, exatamente porque se trata de um direito-função, atribuído ao titular para a consecução de finalidades precisas. Assim também no que diz respeito ao poder de controle, na estrutura da sociedade anônima. Ora, uma das mais sentidas lacunas de nossa ordenação jurídica, até a promulgação da nova lei acionária, consistia, justamente, na falta de previsão de limites rigorosos para o exercício do controle societário, na medida em que esse fenômeno social havia sido descurado, quase que totalmente, na visão do legislador, ou concebido como realidade menos honesta, numa democracia acionária próxima da ilusão comunitária.

Vale ressaltar que, já na exposição justificativa do projeto que deu origem à Lei nº 6.404/1976, os autores do projeto, Alfredo Lamy Filho e José Luiz Bulhões Pedreira,[866] deixaram claro que ao poder de controle deveriam corresponder as devidas responsabilidades:

> Com efeito, é de todos sabido que as pessoas jurídicas têm o comportamento e a idoneidade de quem as controla, mas nem sempre o exercício desse poder é responsável, ou atingível pela lei, porque se oculta através do véu dos procuradores ou dos terceiros eleitos para administrar a sociedade. Ocorre que a empresa, sobretudo na escala que lhe impõe a economia moderna, tem poder e importância social de tal maneira relevantes na comunidade que os que a dirigem devem assumir a primeira cena na vida econômica, seja para fruir do justo reconhecimento pelos benefícios que geram, seja para responder pelos agravos a que dão causa.

Dúvidas não há, portanto, de que uma das principais consequências da definição de controlador é a atribuição das responsabilidades respectivas, como as que decorrem da função social da empresa, expressamente prevista no parágrafo único do art. 116 da Lei nº 6.404/1976, e também dos deveres fiduciários dos controladores, dois temas que serão desenvolvidos em seções específicas.

De qualquer forma, é importante salientar que a utilização da responsabilidade civil, nesse assunto, precisa ser cautelosa, a fim de diferenciar, com um mínimo de racionalidade, os danos das perdas insuscetíveis de reparação. Há que se buscar, também, a "justa medida" que possibilite evitar, punir e reparar os prejuízos causados por atos de gestão considerados inaceitáveis, mas sem aumentar excessivamente os riscos pessoais assumidos pelos gestores, sob pena de comprometer o próprio princípio da personalização, além de dificultar ou mesmo afastar interessados para o exercício de tais funções.

Na verdade, a preocupação com a "justa medida" permeia, na atualidade, as discussões recentes sobre a responsabilidade civil, diante do reconhecimento de que um agravamento injustificado desta pode levar a sérios problemas econômicos. Tal inquietação, inclusive, sempre esteve presente na história das sociedades anônimas, motivo pelo qual, nas companhias coloniais da Idade Moderna e nas primeiras companhias do século XIX, a responsabilidade civil de administradores era utilizada com extrema parcimônia, apenas para os casos de dolo.

É claro que, nas atuais circunstâncias, seria uma temeridade submeter os gestores das companhias a regime de responsabilidade tão frouxo. Todavia, a postura oposta, de maior agravamento, pode ser igualmente complicada, possibilitando uma retração da atividade empresarial e uma maior timidez na assunção de riscos consideradas desejáveis.

Não se pode esquecer que a responsabilidade individual dos gestores das companhias precisa atender a um equilíbrio delicado de finalidades e funções. Ao mesmo tempo que se quer assegurar o cumprimento dos princípios constitucionais, punir a incompetência administrativa e evitar que a má administração frustre os próprios objetivos da personalização e da socialização do risco a ela inerente, não se pode criar um regime de responsabilidade que crie ônus acentuados para tais gestores, servindo até mesmo como desestímulo para o desempenho de tais funções.

---

[865] *O poder de controle na sociedade anônima*. São Paulo: Saraiva, 2005. p. 63.
[866] *A Lei das S.A. Pressupostos, elaboração, aplicação*. Rio de Janeiro: Renovar, 1992. p. 229.

Afinal, como se explorará melhor nos comentários ao art. 117, da Lei nº 6.404/1976, oportunidade em que se examinará com maior profundidade a natureza subjetiva da responsabilidade civil dos gestores de sociedades por ações, o risco empresarial é assumido, *a priori*, pela companhia e não pelos seus gestores, sendo esta uma das principais finalidades da própria personalização. Por outro lado, este mesmo argumento justifica que gestores possam e devam ser pessoalmente responsabilizados ao praticarem condutas reprováveis, interferindo indevidamente na socialização parcial do risco propiciada pela personalização.

Além das questões jurídicas, aspectos econômicos relevantes não podem ser desconsiderados nessa análise. Isso porque a maior rigidez no regime de responsabilização dos gestores de companhias nem sempre reverte no maior cuidado, por parte deles, na administração das atividades empresariais. Afinal, são variados os meios de transferência deste risco para a companhia e, consequentemente, para o próprio preço final de produtos e serviços.

Daí por que a idoneidade, em tese, da responsabilidade civil para o tratamento da questão em debate não afasta a necessidade de uma maior reflexão sobre em que medida o instrumento deve ser utilizado para atingir as funções a que se propõe, sem causar resultados que comprometam a própria manutenção da atividade empresarial e o cumprimento dos princípios constitucionais da ordem econômica. Idêntico raciocínio deve orientar o regime de responsabilidade administrativa dos gestores de companhias abertas, até porque deve haver certa harmonia e proporcionalidade entre este e o regime de responsabilidade civil.

Por fim, cumpre abordar uma última questão sobre as consequências da identificação do controlador. Se a responsabilidade prevista no parágrafo único do art. 116, da Lei nº 6.404/1976, independe do tipo de controle, o mesmo não se pode dizer de outras regras legais que não necessariamente se afinarão com todos os tipos de controle.

Um exemplo nesse sentido é a necessidade de oferta pública em casos de alienação de controle, prevista no art. 254-A, da Lei nº 6.404/1976, medida que, para muitos, apenas será adequada em relação a transações que tenham por objeto o controle majoritário, mas não o controle minoritário.[867] Isso porque a maior fragilidade do controle minoritário sob a perspectiva da transparência modifica os incentivos para a sua aquisição e valoração, sendo discutível se existiria ágio minimamente equiparável ao que normalmente ocorre nas alienações de controle majoritário.

Vale ressaltar que tais discussões certamente se projetarão também para o controle decorrente do voto plural, especialmente quando a negociação disser respeito a hipóteses em que o prazo para o voto plural estiver perto do seu fim[868] e não houver expectativa de renovação, o que comprometeria a estabilidade do controle no curto prazo.

Fica claro, assim, que todos os controles se assemelham para efeitos dos deveres e responsabilidades previstos no parágrafo único do art. 116, da Lei nº 6.404/1976, mas não necessariamente para situações específicas, muitas das quais exigirão um exame mais detido para saber que tipos de controle estarão sujeitos a determinadas regras.

7. O poder de controle e a *corporate governance*

FÁBIO ULHOA COELHO

O movimento de *corporate governance* assume feições diversas, de acordo com as características específicas dos mercados de ações dos países em que se manifesta, e suas necessidades.[869] Nos Estados Unidos, em que se origina – com a

---

[867] Ver, sobre o tema, EIZIRIK, Nelson. Aquisição de controle minoritário. Inexigibilidade de oferta pública. In: CASTRO, Rodrigo Monteiro de; AZEVEDO, Luís André. *Poder de controle e outros temas de direito societário e mercado de capitais.* Quartier Latin, 2010. p. 180. No julgamento do Processo Administrativo CVM RJ 2009/1956 (Reg. Col. 6360/2009), o Diretor Eli Loria deixa claro que o art. 254-A não está relacionado diretamente nem mesmo ao controle majoritário, mas sim à maioria de ações com direito a voto, pouco importando o exercício efetivo do controle. Assim, havendo a alienação da maioria das ações com direito a voto, ainda que sem exercício do controle, deveria haver a oferta pública. De modo contrário, a oferta seria incabível em alienações de controle minoritário.

[868] Vale ressaltar que, nos termos do § 7º do art. 110 da Lei nº 6.404/1976, o voto plural atribuído às ações ordinárias terá prazo de vigência inicial de até 7 (sete) anos, podendo ser prorrogado desde que atendidos certos requisitos.

[869] Para as referências históricas sobre o movimento da governança corporativa, conferir, entre outros: TUNC, André. Le gouvernement dês sociétés anonymes. Le mouvement de reforme aux États-Unis et au Royaume-Uni. In: *Revue Internationale de Droit Comparé* n. 46(1), Paris, Société de Législation Comparée, 1994; FARRAR, J. H. e HANNIGAN,

iniciativa do *American Law Institute* (ALI), no fim dos anos 1970, de discutir os meios de administração dos negócios explorados em sociedades –, o movimento preocupa-se com o que tem sido denominado de *conflitos de agência*. Caracterizado o mercado acionário norte-americano pelo elevadíssimo grau de dispersão das ações e pelo controle gerencial, fenômeno lá presenciado já na segunda metade do século XIX, a *corporate governance* foca os meios de controlar os administradores (*agents*), bastante independentes em relação aos acionistas, para que não passem a privilegiar seu próprio interesse, em detrimento do dos inúmeros investidores anônimos (*principals*). Na Alemanha e no Japão, por exemplo, a *corporate governance* assume feições ligadas também à responsabilidade da empresa pelos chamados *bystanders*, isto é, pessoas ou grupos sociais cujos interesses gravitam em torno da atividade econômica explorada pelas sociedades listadas em bolsa, assim os empregados, consumidores, a comunidade etc. Temas como sustentabilidade ambiental e responsabilidade social são importantes para o movimento nestes países.

No Brasil, o movimento se manifesta inicialmente em 1999, com a criação do *Instituto Brasileiro de Governança Corporativa* (IBGC) e a publicação do primeiro Código das Melhores Práticas de Governança Corporativa. Este documento dava ao funcionamento do Conselho de Administração uma importância acentuada e não abrangia temas caros ao movimento. Impulso decisivo é representado, sem dúvida, pela criação do Novo Mercado da Bovespa, em 2000.

Essa listagem segregada de companhias abertas tem seus fundamentos fortemente inspirados nos preceitos do movimento. Em 2001, o IBGC lançou a edição revista e ampliada do Código de Melhores Práticas. É, ademais, inegável que a Lei 10.303/2001, que reformou a LSA, sofreu fortíssima influência dos valores prestigiados pelo movimento de *corporate governance*, de acordo com sua feição brasileira.[870]

E que feição é esta? O mercado acionário brasileiro não tinha, até há menos de uma década atrás, tradição relativamente ao que alguns denominam de "democratização" das relações societárias, assim entendida a criação de ambiente na companhia propício ao devido equilíbrio entre os interesses e visões do controlador e os da minoria.[871] Se em sua trajetória no exterior, o movimento de *corporate governance* esteve associado aos conflitos de agência ou à responsabilidade empresarial, entre nós, ele ligou-se fortemente a outra questão – a do respeito aos direitos dos acionistas minoritários. Enquanto lá fora, a obediência a elevados padrões de governança corporativa visa normalmente garantir interesses de todo o conjunto de acionistas, aqui, foca-se de modo acentuadíssimo a garantia dos interesses dos minoritários.[872]

O objetivo central do movimento, que se encontra em todas as partes em que se manifesta, malgrado suas nuances e especificidades, é o aparelhamento do mercado de capitais para competir pelo *investidor*. As ações de sociedades anônimas listadas, para se posicionarem como

---

B. M.*Farrar's Company Law*. 4. ed. Londres, Edinburgo e Dublin: Blutterworths, 1985. p. 301-307); DAVIES, Paul L. *Grower's principles of modern company law*. 6. ed. Londres: Sweet & Maxwell, 1997. p. 66-690) e OLIVENCIA, Manuel. Corporate Governance y ordenamientos de Derecho Civil. In: *Revista Iberoamericana de Mercados de Valores* n. 2. Madrid: Instituto Iberoamericano de Mercado de Valores, março de 2001).

[870] Norma Parente anota: "a nova lei apoia práticas de governança corporativa que é, antes de tudo, uma atitude cultural. Saliente-se que, antes mesmo de ser promulgada, a lei produziu frutos, pois algumas empresas mais modernas, conscientes das vantagens de tratar corretamente os seus acionistas, espontaneamente já vinham concedendo novos direitos aos minoritários" (Principais inovações introduzidas pela Lei 10.303, de 31 de outubro de 2001, à Lei de Sociedades por Ações. In: LOBO, Jorge (coord.). *Reforma da Lei das Sociedades Anônimas*. Rio de Janeiro: Forense, 2002. p. 14).

[871] Atente, contudo, ao noticiado por Paul L. Davies : "this [corporate governance] was generally described, particularly in the American literature, as the quest for 'stockholder democracy', but that expression is now heard less often as it has come to be accepted that Athenian democracy is not the way to govern a large public company. Instead, this and a wider range or problems have come to be debated under the rubric Corporate Governance" (*Grower's principles of modern company law*. 6. ed. Londres: Sweet & Maxwell, 1997. p. 66).

[872] Em alguns outros países, também a discussão em torno da *corporate governance* pauta-se igualmente pela proteção dos acionistas minoritários. Na Itália, por exemplo. Mas deve-se ter sempre presente o alerta de Paolo Montalenti: "tutela delle minoranze significa quindi, in sintesi, ricerca di un punto di equilibrio tra possibilità di governare e protezione di chi dal governo è escluso, tra stabilità ed efficacia dell'agire del gruppo di controllo e garanzie per chi investe capitale di rischio senza salire sul ponte di comando" (*Persona giuridica, gruppi di società, corporate governance* – studi in tema di società per azioni. Padova: CEDAM, 1999. p. 167).

alternativa atraente de investimento (entre tantas outras oferecidas pelo mercado imobiliário, financeiro, securitário etc.), devem possibilitar a resposta à principal preocupação dos acionistas, em cada parte do globo. Se, nos Estados Unidos, para atrair o investidor foi necessário enfrentar a questão dos riscos associados ao controle gerencial (atenuando *conflitos de agência*), no Brasil, o enfoque haveria de ser outro, isto é, traçar melhor os limites do exercício regular do poder de controle, evitando a reprodução de casos de abusos dos controladores que permearam a história do nosso incipiente mercado de capitais.

O movimento *corporate governance* brasileiro, assim, ostenta a feição peculiar aos embates, aqui muito conhecidos, entre controlador e minoria acionária, esta procurando se defender dos desmandos e abusos daquele. Na verdade, desde os idos de 1976, já se apontava, como uma das diretrizes da elaboração legislativa, a necessidade de se conferir ao acionista minoritário uma proteção jurídica que *atraísse* o seu interesse para o mercado acionário, e o fortalecesse. Aliás, a associação entre, de um lado, o aumento da proteção dos direitos dos minoritários, e, de outro, o fortalecimento do mercado de capitais, encontra-se como *leitmotiv* dos discursos justificadores não apenas da edição da LSA, mas da necessidade de todas as reformas nela empreendidas (1997, 2001, 2007 e 2011).[873]

De modo singelo, tem-se difundido o movimento de *corporate governance*, pelo Brasil, a partir da noção de que o controlador não pode mais considerar a sociedade controlada algo de sua "propriedade" – o poder de controle deve ser exercido respeitando-se constantemente o preceito de que, em torno da empresa, outros interesses também gravitam, em especial os dos acionistas minoritários. A rígida e saudável separação entre "gestão" e "propriedade" é um dos conceitos básicos do movimento de *corporate governance*. A tal ponto enraizou-se na nossa cultura empresarial a urgência desta separação que, hoje em dia, até mesmo as sociedades limitadas só têm conseguido acesso ao crédito bancário, ou pelo menos a juros mais atraentes, se demonstrarem ter "governança corporativa" – o que só se pode entender, neste contexto, como a nítida distinção entre bens e interesses dos sócios majoritários e a adequada organização da atividade empresarial, privilegiando-se esta última quando inconciliável com aqueles.

Nos casos em que duas ou mais sociedades anônimas abertas estão sujeitas ao mesmo controlador, mas possuem minorias acionárias evidentemente distintas, os preceitos da *corporate governance* têm particular importância e devem nortear o exercício do poder de controle. O controlador não pode considerar as sociedades controladas como elementos de sua "propriedade"; ao contrário, deve zelar para que a "gestão" de cada uma tenha a indispensável autonomia, principalmente se exploram empresas total ou parcialmente concorrentes.

No âmbito da CVM, este aspecto do exercício do poder de controle foi objeto de ampla discussão, quando da edição do Parecer de Orientação 35, de 1º de setembro de 2008, acerca dos "deveres fiduciários dos administradores nas operações de fusões, incorporação e incorporação de ações envolvendo a sociedade controladora e suas controladas ou sociedades sob controle comum". A doutrina, há tempos, já atentara às tormentosas questões suscitadas pelas operações envolvendo sociedade controladora e controlada, ou sociedades sujeitas ao mesmo controle.[874] Quando duas sociedades sujeitas a controles diversos *negociam* uma operação societária qualquer (fusão, incorporação, etc.), pode-se presumir que os administradores de cada uma delas,

---

[873] Conferir: sobre a Lei de 1976, LAMY FILHO, Alfredo e PEDREIRA, José Luiz Bulhões. *A lei das S.A.* – pressupostos, elaboração, aplicação. Rio de Janeiro: Renovar, 1992. p. 137; sobre a reforma de 1997, EIZIRIK, Nelson. *A reforma das S.A. & do mercado de capitais*. Rio de Janeiro: Renovar, 1997. p. 1-8); sobre a reforma de 2001, CARVALHOSA, Modesto e EIZIRIK, Nelson. *A nova lei das S/A*. São Paulo: Saraiva, 2002. p. 1-6.

[874] Luiz Gastão Paes de Barros Leães, após descrever minuciosamente o procedimento negocial nas operações de fusão e incorporação entre empresas não sujeitas a controle comum, observa: "[O] equilíbrio entre interesses, obtido mediante o complexo procedimento acima descrito, passa por que os alemães denominam de turbação da equivalência – *Aquivalenzstörung* – quando se trata de uma incorporação de sociedade controlada. Pois os termos da equação, tal como formulada linhas atrás, se alteram, em face da introdução de uma nova grandeza: o interesse da sociedade controladora. Ora, quando se fala em controle, alude-se a uma nova instância na estrutura societária, que transcende as prerrogativas da maioria acionária exercidas no seio da própria assembleia, instaurando-se, em consequência, entre a sociedade controladora e a sociedade controlada, uma unidade de comando e uma unidade de interesse. A bem dizer, desaparecem as duas vontades sociais que se manifestam na operação de incorporação" (Incorporação de companhia controlada. In: *Revista de Direito Mercantil* 94/93).

orientados pelos respectivos controladores, irão zelar pelos interesses do conjunto dos acionistas. Afinal, nestes casos, quando cada controlador, na mesa de negociação, defende seus próprios interesses, está necessariamente defendendo também os dos seus minoritários. Bem diferente, no entanto, é o cenário quando as sociedades em processo de fusão ou incorporação estão sujeitas ao mesmo controlador. Este, se perder como controlador de uma sociedade, irá forçosamente ganhar como controlador da outra. É, assim, acentuado o risco de restarem indefesos os interesses dos acionistas minoritários de uma das sociedades envolvidas.[875]

Na verdade, mesmo quando não estiver em pauta nenhuma dessas operações societárias (fusão, incorporação ou incorporação de ações), serão iguais as preocupações em torno do exercício do poder de controle sobre duas sociedades com minorias diferentes. Em situação muito similar se encontram, por exemplo, as sociedades anônimas abertas, sujeitas ao mesmo controlador, que *competem* total ou parcialmente. Em encontro de gestores destas sociedades, o trânsito indevido de informações estratégicas configura o mesmo risco às boas práticas de governo da empresa. Uma das sociedades pode sair prejudicada, com o aproveitamento destas informações pela outra; em decorrência, restam indefesos os interesses dos acionistas minoritários daquela sociedade cujas informações estratégicas foram indevidamente apropriadas pela outra – já que o controlador irá "compensar" eventuais perdas na empresa prejudicada com os ganhos que vier a auferir na concorrente beneficiada. A CVM, no Parecer de Orientação 35, fixou diretrizes que podem e devem ser empregadas em hipóteses como estas, em vista da clara similitude com as situações consideradas nas operações societárias. Em sua essência, estas diretrizes visam a garantir a rígida *separação* na administração dos interesses das sociedades envolvidas. O mercado se vale da imagem da Muralha da China (*Chinese wall*) para fazer referência ao modelo recomendado pela CVM.

8. Casos delicados de atribuição de responsabilidades: controle compartilhado, controle gerencial e controle externo

Ana Frazão

Como se viu anteriormente, o parágrafo único do art. 116, da Lei nº 6.404/1976, atribui ao controlador, qualquer que seja o tipo de controle, diversos deveres e responsabilidades, sendo esta uma das principais funções da própria identificação de quem é o titular do poder de controle.

Em se tratando do controle interno – totalitário, majoritário, decorrente de voto plural e minoritário –, tem-se que o regime de deveres e responsabilidades está previamente descrito na lei e tem mecanismos efetivos para o seu *enforcement* e eficácia. Mais controversa é a questão sobre os deveres e responsabilidades dos controladores gerenciais, externos e mesmo a dos membros de um controle compartilhado.

No tocante ao controle compartilhado, está ele expressamente previsto no *caput* do art. 116, da Lei nº 6.404/1976, independentemente de ter sido constituído informalmente ou por acordo de acionistas. Aliás, como se verá nos comentários ao art. 118, da Lei nº 6.404/1976, um dos principais objetos de acordos de acionistas é precisamente a criação e a disciplina do controle compartilhado.

Verdade seja dita que há consideráveis divergências sobre a natureza jurídica dos acordos de acionistas, muitas das quais têm impactos importantes sobre o regime de responsabilidade dos seus signatários. Fábio Konder Comparato[876] sustenta, por exemplo, que haveria verdadeira

---

[875] Esclarece Modesto Carvalhosa: "quando duas sociedades possuem controladores distintos, os interesses dos acionistas de cada sociedade são defendidos pelos respectivos administradores e controladores, de forma que a definição das bases da incorporação passa a representar questão meramente negocial. Por outro lado, quando a operação se dá entre sociedades controladoras e controladas, *não* se verifica o caráter bilateral que assegura os interesses dos minoritários de ambas as companhias envolvidas, visto que o *mesmo* acionista controlador decide pelos dois lados da operação. De fato na incorporação de controlada inexistem duas vontades na operação, ou seja, o mesmo controlador vota e decide as condições em que se realizará a incorporação nas duas assembleias gerais, onde, a princípio, pressupõe-se que os acionistas representem interesses contrários. Trata-se da figura do *self-dealing transaction*, conhecida e repudiada no direito norte-americano. Esta foi justamente a razão que motivou o legislador brasileiro a adotar regras especiais em relação à incorporação de companhia subsidiária" (*Comentários à Lei de Sociedades Anônimas*. 4. ed. São Paulo: Saraiva, 2011. p. 323-324, v. 4, t. II); ver também dele e de EIZIRIK, Nelson. *A nova lei das S/A*. São Paulo: Saraiva, 2002. p. 376.

[876] *O poder de controle na sociedade anônima*. São Paulo: Saraiva, 2005. p. 156-160.

sociedade em comum – diante da *affectio societatis* e da comunhão dos objetivos –, do que decorreria a solidariedade entre os membros.[877]

Todavia, há fundamentos pelos quais tais acordos podem ser vistos como contratos associativos – contratos plurilaterais de fim comum – e não propriamente como sociedades, até por não terem o objetivo imediato da partilha de resultados financeiros decorrentes do acordo em si.[878]

De toda sorte, independentemente da alocação interna de direitos e responsabilidades entre os acionistas signatários do acordo, o fato é que, externamente, apresentam-se eles como um bloco, o que se reforça com algumas características legais de tais acordos, uma vez que se opõem a terceiros e impedem ao acionista signatário votar de forma contrária ao que tiver sido estipulado pelo grupo.[879]

Dessa maneira, ao agirem dessa forma, o ilícito praticado pelo bloco de controle justificaria a responsabilidade solidária de todos os seus membros pois, independentemente da natureza jurídica do acordo, a cláusula geral do art. 942, do Código Civil, considera solidariamente responsáveis pela reparação dos danos os autores e os coautores da conduta.

Todavia, há que se destacar que a questão é controversa e a própria CVM já se manifestou no sentido de que o fato de um acionista integrar o bloco de controle não quer dizer que ele possa nem mesmo ser considerado controlador,[880] raciocínio que, por decorrência lógica, o isentaria das responsabilidades respectivas.

De toda sorte, é importante ressaltar que o controle compartilhado não necessariamente decorrerá de acordo de acionistas. Qualquer que seja a forma pela qual acionistas compartilhem poder que, ao final, resultará no controle será suficiente para considerá-los como membros de controle compartilhado.[881]

Entretanto, na hipótese de ser estruturado por acordo de acionistas, haverá situação mais transparente e que atrairá a incidência de diversos comandos constantes do art. 118, da Lei nº 6.404/1976, incluindo o § 5º, que exige dos administradores de companhias abertas que, no relatório anual, informem à Assembleia Geral as disposições sobre política de reinvestimento de lucros e distribuição de dividendos constantes de acordos de acionistas arquivados na companhia, uma vez que tal informação é de interesse de toda a comunhão acionária.

Já os controles gerencial e externo correspondem a situações mais delicadas, a começar pelo fato de o art. 116, da Lei nº 6.404/1976, fazer referência expressa somente à titularidade de direitos de sócio que assegurem a maioria dos votos nas deliberações da assembleia-geral para que se configure relação de controle. Entretanto, há boas razões para se entender que o artigo deve abranger qualquer forma pela qual se obtenha ou se influencie diretamente a maioria dos votos nas deliberações da Assembleia Geral, de modo

---

[877] Reproduz-se a conclusão de Fábio Konder Comparato (*O poder de controle na sociedade anônima*. Rio de Janeiro: Forense, 2005. p. 160): "Tratando-se, porém, de comunhão acionária de controle, entendemos que a solidariedade dos co-titulares de ações perante a companhia é inarredável, pois aí não há simples condomínio, mas uma sociedade mercantil em comum, como assinalamos. E nesse tipo de sociedade, os sócios respondem, sempre solidariamente, pelas obrigações comuns."

[878] Como a partilha de resultados da atividade econômica é elemento caracterizador das sociedades, nos termos do art. 981 do Código Civil, pode ser um importante elemento diferenciador entre as sociedades e os demais contratos associativos ou plurilaterais, como *joint ventures* ou mesmo acordos de acionistas.

[879] Ver comentários de Ana Frazão ao art. 118, da Lei 6.404/1976.

[880] No Processo Administrativo 2003/5088/RJ (CVM, Rel. Luiz Antonio de Sampaio Campos, j. 16.12.2003), o voto do Diretor Relator asseverou que "não é pelo simples fato de um acionista integrar acordo de acionistas – e mesmo acordo de acionistas com direito de voto, que englobe o bloco de controle – que este acionista deve ser considerado acionista controlador. (...) Isso serve para demonstrar que para se dizer se determinado acionista membro de acordo de acionista é ou não acionista controlador ou parte do grupo de controle necessário se faz que se adentre nas cláusulas e condições do acordo de acionistas, de modo a se assegurar, se, de fato, aquele acionista reúne as condições de acionista controlador."

[881] Vale ressaltar a ementa do REsp 784/RJ (STJ, rel. Min. Barros Monteiro, 4ª T., j. 24.10.1989): "Direito comercial. Sociedade anônima. Acionista controlador. Em tese, é suscetível de configurar a situação de acionista controlador a existência de grupo de pessoas vinculadas sob controle comum, bastando que um ou alguns de seus integrantes detenham a titularidade dos direitos de sócio de tal ordem que garanta ao grupo a supremacia nas deliberações da assembleia geral e o poder de eleger a maioria dos administradores da companhia. Questão de fato a ser deslindada na oportunidade da prolação da sentença. (...)".

a abarcar igualmente o controle gerencial e o externo.

No caso do controle gerencial, o fato de o controlador ser um administrador da companhia já faz com que esteja sujeito a todos os deveres e responsabilidades do seu cargo, os quais são até mais severos do que aqueles impostos ao controlador, como se verá no exame dos arts. 153 a 159, da Lei nº 6.404/1976. Dessa maneira, haverá a cumulação dos dois regimes de responsabilidade, conforme a natureza da deliberação ou da conduta e do *status* de controlador ou de administrador em cada uma delas.

Já em relação ao controle externo, é importante ter em mente a advertência de Fábio Konder Comparato[882] de que, em determinadas situações, o controlador "não é necessariamente membro de qualquer órgão social, mas exerce o seu poder de cominação *ab extra*". Significa dizer que, na hipótese do exercício efetivo de uma influência de ordem econômica que atinja as atividades de uma determinada sociedade, pode-se inaugurar verdadeira relação de controle[883], a ensejar aprofundada reflexão sobre em que medida deve o controlador externo ser responsabilizado, tendo em vista a função intrínseca ao Direito Societário de calibrar a relação entre exercício de poder e responsabilidade.[884]

Vale notar que, quando se fala em controle externo, obviamente que não se trata de hierarquia em sentido estrutural ou formal, mesmo porque o próprio conceito de controle externo diz respeito a situação na qual as presunções tradicionais de existência de poder de controle são inaplicáveis. Tal constatação, aliás, não é estranha ao conceito geral de controle, que igualmente deve ser apreendido sob um ponto de vista funcional que seja capaz de compreender o fenômeno contemporâneo da empresa plurissocietária – grupos societários –, fortemente marcada por vínculos contratuais e relações de dependência fundamentalmente diversas das verificáveis no controle interno.[885]

É o que ocorre com certa frequência no âmbito dos contratos de financiamento, nos quais há grande espaço para o surgimento do controle externo, como já alertava Fábio Konder Comparato,[886] ao afirmar que há "toda uma série de hipóteses em que o controle externo resulta de uma situação de endividamento da sociedade. Em razão do seu direito de crédito, cuja execução forçada pode levar a companhia à falência, o credor passa, muitas vezes, a dominar a devedora, comandando a sua exploração empresarial". Com efeito, instrumentos contratuais de financiamento implementados por investidores institucionais – como grandes bancos ou fundos de investimento – são capazes de exercer pressão relevante sobre a gestão financeira da sociedade, o qual pode se converter em controle.[887]

No entanto, evidentemente que outros instrumentos podem ser utilizados para a implementação de relações de controle externo: é o caso da emissão de debêntures, que, como também mostra Fábio Konder Comparato,[888] "pode tornar a companhia emitente subordinada à influência dominante da massa de debenturistas, notadamente quando precária a situação financeira da devedora".

O que importa reconhecer é que, a partir do momento em que atores externos, como os credores, passam a relacionar-se com as sociedades, impondo condicionantes relevantes à atuação desta, a intensidade e a forma da influência pode fazer com que se transmudem para verdadeiros "credores controladores" e, portanto, *insiders*.

---

[882] *O poder de controle na sociedade anônima*. São Paulo: Saraiva, 2005. p. 89.

[883] Ver, sobre o tema, PASTERIS, Carlos. *Il controllo nelle società collegate e le partecipazioni reciproche*. Milão: Giuffré, 1957. p. 31-32.

[884] Ver, sobre o tema, CARVALHO, Angelo Prata de. *Controle empresarial externo: a definição da política financeira como critério para a identificação do controle*. 2019. Dissertação (Mestrado em Direito) – Faculdade de Direito, Universidade de Brasília, Brasília. p. 88.

[885] CARVALHO, Angelo Prata de. *Controle empresarial externo: a definição da política financeira como critério para a identificação do controle*. 2019. Dissertação (Mestrado em Direito) – Faculdade de Direito, Universidade de Brasília, Brasília. p. 94.

[886] *O poder de controle na sociedade anônima*. Rio de Janeiro: Forense, 2005. p. 90-91.

[887] Ver CARVALHO, Angelo Prata de. *Controle empresarial externo: a definição da política financeira como critério para a identificação do controle*. 2019. Dissertação (Mestrado em Direito) – Faculdade de Direito, Universidade de Brasília, Brasília. p. 101.

[888] Ver COMPARATO, Fábio Konder. *O poder de controle na sociedade anônima*. Rio de Janeiro: Forense, 2005. p. 92.

Não obstante, o fenômeno do controle externo ainda é pouco reconhecido pela jurisprudência[889] e pela doutrina,[890] motivo pelo qual a ausência de critérios para a sua identificação tende a produzir verdadeira situação de irresponsabilidade por parte do controlador externo, muito embora se trate de verdadeira modalidade de controle que, por conseguinte, deveria atrair os deveres e as responsabilidades que são próprios à posição de controlador.

Nesse sentido, é necessário avançar nas reflexões para se estabelecer o conteúdo fundamental do controle externo para que se possa afirmar a sua própria existência, sendo a intervenção sobre a política financeira da sociedade controlada um dos critérios que deveria ser crucial para a análise.[891]

Daí a importância da advertência de Ana Perestrelo de Oliveira,[892] ao mostrar que o controle externo deve ser tratado, para fins dos deveres e responsabilidades, da mesma forma que o controle interno:

> Conclui-se, pois, que a distinção entre *insiders* e outsiders não é formal e tende a dissipar-se em diversas situações. Mais do que atender a esta posição formal de cada interveniente na sociedade, o governo societário tem de atribuir relevância ao papel funcional dos sujeitos e a posição de poder que obtém independentemente da percentagem de capital ou, até, da detenção de qualquer capital na sociedade.

Por fim, é preciso compreender que as preocupações comuns a todos os exemplos aqui mencionados, especialmente as relativas ao controle externo, mostram a necessidade de estruturação de critérios transdisciplinares que apreendam não somente a dimensão jurídica do poder de controle, mas especialmente sua dimensão econômico-financeira e, em última análise, a sua dimensão sociológica,[893] isto é, a alteração da própria dinâmica de funcionamento da sociedade controlada, de modo a adequadamente equacionar o exercício de poder com a responsabilidade do controlador perante a sociedade e perante terceiros.

Somente assim se poderá dar plena eficácia ao art. 116, *caput* e parágrafo único, da Lei nº 6.404/1976, naquilo em que pretendeu identificar o titular do controle, qualquer que seja a sua origem ou mecanismo pelo qual se converte em poder efetivo e permanente sobre a sociedade, a fim de se lhe exigir os respectivos deveres e responsabilidades.

Não é sem razão que uma das grandes discussões de governança corporativa da atualidade é a que aponta a necessidade de se assegurar transparência sobre os arranjos de poder nas companhias, especialmente quando o resultado final leva ao exercício do controle. Daí a importância de se ter cuidado com as inúmeras formas de controle indireto e com os arranjos que muitas vezes disfarçam ou escondem o controle. Da mesma maneira, é fundamental se pensar nos incentivos necessários para que as diferentes formas de controle sejam assumidas diretamente pelos interessados, tal como ocorre com o acordo de acionistas para o exercício do controle.

Nesse sentido, os Princípios de Governança Corporativa da OCDE,[894] ao tratarem do direito a tratamento equitativo por parte de todos os acionistas, recomenda o *disclosure* sobre as estruturas de capital e controle, partindo da premissa de que determinados arranjos possibilitam o exercício de um grau de controle sobre a companhia que é desproporcional à participação societária. Há alerta específico para as estruturas piramidais, participações cruzadas e outras alternativas que podem dificultar a compreensão da

---

[889] STJ, REsp 15.247, rel. Min. Dias Trindade, 3ª T., j. 10.12.1991, *DJ* 17.02.1992; TCU, Acórdão 1306/2013, rel. Min. Valmir Campello, Plenário, j. 29.05.2013.

[890] Nesse sentido, podem ser citados CARVALHOSA, Modesto. *Comentários à lei das sociedades anônimas*. São Paulo: Saraiva, 2014. p. 628, v. 2; e MENEZES, Maurício Moreira. *O poder de controle nas companhias em recuperação judicial*. Rio de Janeiro: Forense, 2012. p. 42).

[891] É uma das conclusões centrais de CARVALHO, Angelo Prata de. *Controle empresarial externo: a definição da política financeira como critério para a identificação do controle*. 2019. Dissertação (Mestrado em Direito) – Faculdade de Direito, Universidade de Brasília, Brasília. p. 130-141.

[892] *Manual de governo das sociedades*. Coimbra: Almedina: 2018. p. 29.

[893] Ver, sobre o tema, GUERREIRO, José Alexandre Tavares. Sociologia do poder na sociedade anônima. *Revista de direito mercantil, industrial, econômico e financeiro*. v. 29, n. 77, p. 50-56, jan./mar. 1990.

[894] Disponível em: https://www.oecd.org/daf/ca/Corporate-Governance-Principles-ENG.pdf, p. 24-25. Acesso em: 08.01.2020.

arquitetura de poder da companhia e a identificação do controlador.

9. *Golden shares*: controle paralelo?

Ana Frazão

Como já se viu, a definição de controle, tal como prevista pelo art. 116, da Lei nº 6.404/1976, está vinculada ao poder exercido na Assembleia Geral. Ocorre que a Lei nº 6.404/1976 prevê a possibilidade de que se crie um obstáculo direto ao exercício do poder de controle nas assembleias: o poder de veto.

São basicamente duas as possibilidades de exercício de poder veto ou da criação das chamadas *golden shares*, assim consideradas as ações que, mesmo sendo preferenciais, apresentam a referida característica:

(i) as *golden shares* decorrentes de privatizações, prevendo o art. 17, § 7º, da Lei nº 6.404/1976, que "Nas companhias objeto de desestatização poderá ser criada ação preferencial de classe especial, de propriedade exclusiva do ente desestatizante, à qual o estatuto social poderá conferir os poderes que especificar, inclusive o poder de veto às deliberações da assembléia-geral nas matérias que especificar."

(ii) as demais *golden shares*, previstas no parágrafo único do art. 18, da Lei nº 6.404/1976, segundo o qual "O estatuto pode subordinar as alterações estatutárias que especificar à aprovação, em assembleia especial, dos titulares de uma ou mais classes de ações preferenciais."

Como se pode observar, atribui-se aos acionistas titulares de *golden shares* a possibilidade de vetarem deliberações das Assembleia Geral. No caso do art. 17, § 7º, da Lei nº 6.404/1976, tal poder abrange qualquer deliberação assemblear, desde que a respeito de matéria especificada no estatuto como sujeita à possibilidade de veto. Já na hipótese do art. 18, parágrafo único, da Lei nº 6.404/1976, o poder de veto não abrange qualquer deliberação assemblear, mas tão somente alterações estatutárias especificadas no estatuto.

Não obstante as diferenças, é fato que, a depender das matérias sujeitas a veto, confere-se aos acionistas titulares de tal prerrogativa um grande poder, que, se exercido efetivamente, se projetará no resultado da Assembleia Geral, inclusive para o fim de neutralizar o poder de controle.

Sob essa perspectiva, questiona-se se o acionista titular das ações preferenciais com direito a veto que exerce efetivamente o seu poder pode ser considerado como controlador da companhia para efeitos do art. 116 e 117, da Lei nº 6.404/1976, ou se seria possível cogitar de um controle paralelo por parte dos titulares do poder de veto, cujo poder pode inclusive se contrapor ao controle.[895]

Tal discussão, que é ainda mais necessária quando o titular das referidas ações é um investidor institucional, é de fundamental importância, ainda mais para saber como podem ser distribuídos os deveres e responsabilidades que a lei atribui ao controlador. De qualquer forma, afasta-se aprioristicamente a hipótese de controle compartilhado, pois este pressupõe a cooperação direta entre os titulares do controle.

No caso do poder de veto, poder-se-ia pensar em uma espécie de segmentação do poder de controle, que passa a ser exercido em dois momentos e por sujeitos distintos: aquele cuja vontade prevalece na Assembleia e aquele que pode vetar a deliberação decorrente da vontade do primeiro.

10. Responsabilidade do controlador por danos a terceiros

Fábio Ulhoa Coelho

O acionista controlador que abusa do seu poder de controle responde por danos causados também a terceiros, isto é, a sujeitos de direito que não são, de um lado, a sociedade controlada nem, de outro, os seus acionistas.

Na complexa dinâmica da exploração de atividades econômicas de vulto, a figura do acionista controlador da sociedade anônima empresária ostenta uma centralidade de inquestionável importância para os desígnios não somente da empresa controlada em particular (influindo em seu maior ou menor sucesso) como também, tais sejam as circunstâncias, da própria economia. Mesmo não interferindo nos pormenores cotidianos da administração da companhia, o acionista controlador é quem, em última instância, define os rumos da empresa. A maioria dos administradores, incluindo os ocupantes dos cargos mais importantes, são pessoas de sua direta confiança. Foram conduzidos aos órgãos de

---

[895] Ver comentários de Ana Frazão ao art. 18, da Lei 6.404/1976.

administração (Diretoria ou Conselho de Administração),[896] e neles ocupam os postos mais elevados da hierarquia interna (Diretor-Presidente, Diretor-Financeiro, Presidente do Conselho de Administração etc.), em razão dessa confiança do acionista controlador e somente se mantêm nesses cargos, na medida em que continuarem a desfrutar dela. Em termos bastante concretos, se o conselheiro ou diretor não obedecer a diretriz do acionista controlador, este tem poderes para substituí-lo por alguém que o obedeça. Este quadro apenas poderia ser relativizado, no caso do poder de controle dito gerencial, em que os administradores se mantêm em seus postos, independentemente da vontade do acionista titular da maior porção de participação acionária votante.

Se o acionista controlador, de um lado, *delega* aos administradores poderes para adotarem uma gama imensa de decisões afetas à sociedade anônima controlada, de outro, não deixa de *determinar* as principais diretrizes que pretende ver implementadas na direção dos negócios sociais, fixando balizas ao exercício das competências administrativas por parte dos conselheiros e diretores que escolhe. Age, assim, como titular do cargo de administrador supremo da sociedade anônima[897]. Deste modo, nas questões que o acionista controlador considera fundamentais relativamente à gestão da sociedade anônima, seria por demais ingênuo e irrealista considerar que se verificaria a investidura do administrador num feixe de competências, que ele poderia exercer com plena autonomia. No que diz respeito aos aspectos que o acionista controlador, no exercício do seu poder de controle, reputa unilateral e definitivamente como centrais, essenciais, relevantes, se a diretriz por ele dada não for por obedecida pelo conselheiro ou diretor, desfaz-se o vínculo de confiança que mantinha estes nos órgãos de administração societária. Segue-se a substituição do desobediente, para garantia da implementação da vontade do acionista controlador. Em razão disso, lembre-se, há doutrina que não hesita em classificar o acionista controlador como *órgão* da sociedade anônima.[898]

Aspecto de extrema importância a se destacar, no exame do poder de controle é a sua natureza de um verdadeiro *poder-dever*. Vale dizer, são indissociáveis, no exercício do controle acionário, o *poder* de seu titular dirigir os negócios sociais do *dever* de fazê-lo. A impossibilidade de se distinguir, muitas vezes, o que é *poder* do que é *dever* está assentada na doutrina de direito administrativo, no exame dos poderes e deveres dos agentes públicos.[899] Deve-se a Fábio Konder Comparato a lúcida transposição para o direito comercial do conceito assentado no direito administrativo. Em artigo seminal da literatura comercialista brasileira, o grande jurista ensina: "A relação de

---

[896] Os membros do Conselho de Administração são legalmente "administradores" e, por isso, têm os mesmos deveres e responsabilidades imputados aos diretores das companhias (LSA, art. 145). O direito societário brasileiro adotou o sistema *dualista*, na estruturação da administração das sociedades anônimas (Cf., por todos, TOLEDO, Paulo Fernando Campos Salles de. *O conselho de administração na sociedade anônima*. São Paulo: Atlas, 1997. p. 24-26), o que implica, mesmo atentos à precisão conceitual pertinente (CORREA, Luís Brito. *Os administradores de sociedade anônima*. Coimbra: Almedina, 1993. p. 137-138), a existência de um Conselho de Administração ao lado da Diretoria, incumbidos ambos do desempenho das funções de administrar a empresa.

[897] Para José Luiz Bulhões Pedreira e Alfredo Lamy Filho, "na companhia em que a maioria da assembleia é pré-constituída, o poder político é exercido pelo acionista ou grupo controlador dentro e fora das reuniões da assembleia. Sua ação configura, portanto, cargo de administrador supremo, que se sobrepõe aos órgãos formais da companhia, e que dirige os órgãos administrativos. [...] O poder de controle pode ser exercido por diversos modos e se manifesta por diferentes espécies de atos: (a) nas matérias de competência privativa da assembleia geral, ou submetidas à sua deliberação, sob a forma de voto; (b) se o acionista controlador cumula suas funções com as de administrador, como atos de administração; e (c) *ainda que não seja administrador eleito, sob a forma de ordens ou instruções aos órgãos de administração* ou fiscalização" (In: PEDREIRA, José Luiz Bulhões e LAMY FILHO, Alfredo (coords.). *Direito das companhias*. Rio de Janeiro: Forense, 2009. p. 818-834, v. 1; grifos acrescidos).

[898] Fábio Konder Comparato e Calixto Salomão Filho ponderam: "na economia da nova sociedade anônima, o controlador se afirma como seu mais recente órgão, ou, se preferir a explicação funcional do mecanismo societário, como o titular de um novo cargo social. Cargo, em sua mais vasta acepção jurídica, designa um centro de competência, envolvendo uma ou mais funções" (*O poder de controle na sociedade anônima*. 5. ed. Rio de Janeiro: Forense, 2008. p. 141).

[899] Para Hely Lopes Meirelles: "o *poder-dever de agir* da autoridade pública é hoje reconhecido pacificamente pela jurisprudência e pela doutrina. O *poder* tem para o agente público o significado de *dever* para com a comunidade e para com os indivíduos, no sentido de que quem o detém está sempre na obrigação de exercitá-lo" (*Direito administrativo brasileiro*. 5. ed. São Paulo: RT, 1977. p. 76).

propriedade de bens de produção transmuda-se, quando eles se inserem numa organização empresarial, em poder de controle, isto é, na prerrogativa de comando e direção da empresa como um todo, compreendendo pessoas e bens. A chamada função social da propriedade representa um poder-dever positivo, exercido no interesse da coletividade, e inconfundível, como tal, com as restrições tradicionais ao uso de bens próprios".[900]

No plano legislativo, o poder-dever associado ao controle de sociedade anônima está balizado pela atenção dispensada, pela ordem jurídica, a direitos e interesses de outras pessoas, internas ou externas à companhia. Como se vê do parágrafo único do art. 116, da LSA, o exercício do poder de controle, por suas implicações nos rumos da companhia, está legalmente condicionado, entre outras limitações, ao cumprimento da *função social da empresa*.[901] A responsabilidade do controlador, em caso de exercício abusivo do seu poder-dever, portanto, não está restrita a questões por assim dizer "internas" da empresa, afetas apenas aos acionistas minoritários ou colaboradores desta (trabalhadores, fornecedores etc.). Ultrapassa este âmbito, no sentido de também questões "externas" à empresa desencadearem a responsabilização do controlador, por abuso do poder de controle.

Quaisquer prejudicados têm ação contra o controlador, para serem indenizados por danos ocasionados pelo exercício abusivo do poder de controle.[902] É isso uma decorrência natural e inafastável da dicção da lei, ao exigir do acionista controlador que *cumpra a função social da empresa*. A rigor, não seria minimamente congruente com a milenar construção da responsabilidade civil considerar-se um mesmo ilícito (exercício abusivo do poder de controle) gerador da obrigação de indenizar os prejuízos somente a uma parcela dos prejudicados. Não tem sentido, no direito e na ética, atribuir-se a um mesmo ato a classificação de ilícito ("ilicitude por abusividade", nos termos do art. 187 do CC), mas excluir parte dos prejudicados das consequências desta atribuição jurídica, ou seja, do direito à indenização. A responsabilidade do controlador por danos causados a quaisquer prejudicados, em razão do exercício abusivo do seu poder-dever de controle, é a regra em vigor no direito brasileiro.

11. Função social da empresa e do controle

Ana Frazão

Não obstante o art. 170, da Constituição Federal, que deixa claro que a ordem econômica, fundada na livre iniciativa e na valorização social do trabalho, tem por objetivo assegurar a todos uma existência digna, de acordo com os ditames da justiça social e todos os incisos do art. 170, dentre os quais o da função social da propriedade, é o parágrafo único do art. 116, da Lei nº 6.404/1976, que expressamente acolhe a função social do controle, ao prever que "O acionista controlador deve usar o poder com o fim de fazer a companhia realizar o seu objeto e cumprir sua função social, e tem deveres e responsabilidades para com os demais acionistas da empresa, os que nela trabalham e para com a comunidade em que atua, cujos direitos e interesses deve lealmente respeitar e atender."

Para melhor entender o assunto, é importante lembrar que as discussões a respeito da função social da propriedade sempre se projetaram com intensidade sobre os bens de produção e, consequentemente, sobre a função social da empresa. Para muitos autores, inclusive, a função social teria como objeto exclusivo exatamente os bens de produção.[903]

---

[900] Função social da propriedade dos bens de produção. In: COELHO, Fábio Ulhoa (coord.). Tratado de direito comercial. São Paulo: Saraiva, 2015. p. 135, v. 1.

[901] O princípio da *função social da empresa* tem enraizamento constitucional, no princípio da *função social da propriedade* (CF, art. 170, III), como demonstra Fábio Konder Comparato (Função social da propriedade dos bens de produção. In: COELHO, Fábio Ulhoa. *Tratado de direito comercial*. São Paulo: Saraiva, 2015. p. 133, v. 1).

[902] Não há dissenso, quanto a isso, na doutrina. Cf., por todos, EIZIRIK, Nelson. *A lei das S/A comentada*. 2. ed. São Paulo: Quartier Latin, 2015. p. 247-248, v. 2; e LUCENA, José Waldecy. *Das sociedades anônimas* – comentários à lei. Rio de Janeiro: Renovar, 2009. p. 1113, v. I).

[903] Daí o ensinamento de Orlando Gomes (*Direitos reais*. 10. ed. Rio de Janeiro: Forense, 1990. p. 97), no sentido de que as mudanças legislativas que visavam à implementação da função social da propriedade dirigiam-se essencialmente à empresa, sendo impensável cogitar-se de função social para os bens de uso. Em sentido semelhante, Jorge Manuel Coutinho de Abreu (*Do abuso de direito. ensaio de um critério em direito civil e nas deliberações sociais*. Coimbra: Almedina 2006. p. 40) afirma que "o problema tem de ver-se essencialmente relacionado com os bens produtivos."

Se a função social seria capaz de alterar a própria estrutura da propriedade, a fim de lhe impor deveres positivos em favor da coletividade, o mesmo raciocínio poderia ser aplicado aos bens de produção utilizados pela empresa, cuja função social diria respeito aos compromissos e obrigações para com os empregados, os consumidores e a comunidade como um todo.

Logo, não há dúvida de que o reconhecimento da função social dos bens de produção representou uma importante etapa da consolidação da função social da empresa, ao ressaltar que o patrimônio desta não poderia estar comprometido apenas com os interesses do empresário ou dos sócios da sociedade empresária, mas deveria atender igualmente aos interesses da coletividade. Nesse ponto, a discussão está intrinsecamente conectada à de interesse social, tal como já foi abordado nos comentários ao art. 2º da Lei nº 6.404/1976.

Entretanto, a função social dos bens de produção não esgotou a questão da função social da empresa, tendo em vista que esta é uma realidade complexa e que não se restringe ao seu aspecto patrimonial. Em face da existência do poder de controle e da dissociação entre este e a propriedade, a função social da empresa precisou alargar-se para vincular igualmente o controle e a administração, tal como pretendeu o art. 116, parágrafo único, da Lei nº 6.404/1976, em relação ao controlador.

Na verdade, como explica Fábio Konder Comparato,[904] a função social dos bens de produção deslocou-se para a função social do controle, traduzindo-se no "poder-dever do proprietário de dar à coisa uma destinação compatível com o interesse da coletividade transmuda-se, quando tais bens são incorporados a uma exploração empresarial, em poder-dever do titular do controle de dirigir a empresa para a realização dos interesses coletivos."

Verdade seja dita que a Lei nº 6.404/1976 também impôs o cumprimento da função social da empresa igualmente dos administradores da sociedade, do que decorre a conclusão de que as responsabilidades respectivas são compartilhadas pelos gestores da companhia – controladores e administradores – e ainda passam a ter como destinatários não somente a companhia e os acionistas, mas também trabalhadores, consumidores e os membros da comunidade.[905]

É importante observar que, quando se fala em função social da empresa, fala-se de algo cogente, cuja implementação não pode ficar apenas à cargo da discricionariedade das sociedades por ações, tal como ocorre em relação às chamadas iniciativas de responsabilidade social, caracterizadas pela voluntariedade, e também a inúmeras práticas de governança corporativa.

Dessa maneira, pode-se afirmar que a função social da empresa é princípio que (i) orienta a atividade empresarial à realização da justiça social e (ii) amplia e modifica o interesse social das sociedades empresárias e os objetivos da atividade empresarial. Por mais que muitos desses compromissos apenas possam ser exigidos caso sejam traduzidos em obrigações legais concretas, um dos seus desdobramentos autoaplicáveis é a proibição do abuso no exercício da livre iniciativa empresarial.

Embora sejam atos ilícitos, os atos abusivos possuem a particularidade de decorrerem de um suposto assento em direito. Daí terem apuração mais difícil do que a do ato ilícito comum, até porque ensejam a análise dos limites a partir dos quais o exercício de um direito ou de uma liberdade deixa de ser legítimo e passa a ser abusivo. É exatamente essa particularidade que conferiu ao abuso de direito uma autonomia diante dos demais atos ilícitos, tendo em vista que a sua identificação é mais complexa.

Apesar da diversidade de teorias existentes sobre o tema, pode-se constatar que, em última análise, as abordagens sobre o abuso de direito têm em comum a premissa de que os direitos subjetivos e as liberdades não podem ficar confinados a uma definição do tipo formal-legalista; precisam, pelo contrário, ser contextualizados diante das finalidades sociais, da moral, da boa-fé, dos bons costumes, da aceitação ou reprovabilidade social das condutas, dentre outros critérios. Todos esses aspectos, em maior ou menor grau, procuram

---

[904] *Direito empresarial*. São Paulo: Saraiva, 1995. p. 34.

[905] Mais uma vez, recorre-se ao ensinamento de Fábio Konder Comparato e Calixto Salomão Filho (*O poder de controle na sociedade anônima*. São Paulo: Saraiva, 2005. p. 364-365): "Na verdade, seria mais correto falar no plural em finalidades ou objetivos, pois eles são de duas ordens: os intra e os extra-empresariais. Os primeiros correspondem à satisfação dos interesses de todos os participantes da empresa: acionistas, titulares de outros valores mobiliários emitidos pela companhia, empregados, administradores. Quanto aos interesses extra-empresariais, eles dizem respeito à comunidade local, regional ou nacional, em que se insere a empresa."

destacar o equilíbrio que deve existir entre a liberdade do titular do direito subjetivo e os direitos dos demais membros da sociedade.

É por essa razão que a função social da empresa é densificada, no contexto da Lei nº 6.404/1976, por cláusulas gerais de responsabilidade, por meio de deveres fiduciários e por meio de condutas vedadas. Logo, tanto o art. 116, parágrafo único, da Lei nº 6.404/1976, como o art. 154, que é aplicável aos administradores, apresentam importante papel interpretativo e sistematizador das demais regras de responsabilidade, servindo como o principal parâmetro para a identificação do abuso do poder de controle (arts. 115 e 117) e dos poderes administrativos (art. 158).

Assim, por mais que possa haver controvérsias em relação aos deveres positivos que decorreriam da função social da empresa,[906] dúvida não pode haver de que o princípio impõe aos controladores e aos administradores um dever de cuidado mais diferenciado, a fim de que não causem danos desnecessários ou desproporcionais não só à companhia e aos acionistas, mas também aos empregados, consumidores e à própria comunidade.

Sob essa perspectiva, é inequívoco que a função social da empresa tem impactos diretos sobre a noção de interesse social, impondo que a manutenção lucrativa da empresa seja compatibilizada com a proteção aos demais interesses que se projetam sobre a atividade empresarial,[907] discussão que já foi apresentada nos comentários ao art. 115, da Lei nº 6.404/1976, e será retomada nos comentários ao art. 117.

Aliás, sobre o tema, é interessante notar que as preocupações da governança corporativa estão cada vez mais convergentes com a função social da empresa, uma vez que reconhecem que os seus princípios não se destinam apenas a administrar conflitos entre acionistas ou entre acionistas e administradores. Não é sem razão que o Código das Melhores Práticas de Governança Corporativa do IBGC[908] afirma que:

Nos últimos anos, sem diminuir a importância dos sócios e administradores, a governança ampliou seu foco para as demais partes interessadas, demandando dos agentes de governança corporativa um maior cuidado no processo de tomada de decisão. Cada vez mais, desafios sociais e ambientais globais, regionais e locais fazem parte do contexto de atuação das organizações, afetando sua estratégia e cadeia de valor, com impactos na sua reputação e no valor econômico de longo prazo. Mudanças climáticas, a ampliação da desigualdade social e inovações tecnológicas, entre outros fatores, têm imposto transformações na vida das organizações.

Outra conclusão que decorre da mais ampla noção do interesse social das companhias é a necessária legitimação da responsabilidade social voluntária, para o fim de se considerarem lícitas e pertinentes ao interesse social as doações e atividades altruístas das sociedades empresárias, tanto no que se refere aos interesses internos como aos externos, salvo em casos de manifesta desproporção ou da possibilidade de comprometimento da própria realização do objeto social ou da manutenção da empresa.

No Brasil, a legitimação jurídica da responsabilidade social voluntária decorre não somente do texto constitucional, mas também de previsão específica da Lei nº 6.404/1976, segundo a qual "o conselho de administração ou a diretoria podem autorizar a prática de atos gratuitos razoáveis em benefício dos empregados ou da comunidade de que participe a empresa, tendo em vista suas responsabilidades sociais."

Merece ainda destaque o fato de que a responsabilidade social voluntária vem tornando-se cada vez mais disseminada na prática empresarial brasileira,[909] seja em razão das práticas de governança corporativa, seja em razão de iniciativas como a do Índice de Sustentabilidade Empresarial – ISE criado pela BOVESPA e mantido pela B3.

---

[906] Para entender todas as dimensões da função social da empresa, ver FRAZÃO, Ana. *Função social da empresa*. Repercussões sobre a responsabilidade civil de controladores e administradores de S/As. Rio: Renovar, 2011.

[907] Ver comentários de Ana Frazão ao art. 2º, da Lei 6.404/1976, especialmente os relacionados ao interesse social das companhias.

[908] IBGC – Instituto Brasileiro de Governança Corporativa. *Código das Melhores Práticas de Governança Corporativa*. 5. ed. p. 15.

[909] Ressalta-se a lição de Rodrigo da Cunha (*Estrutura de interesses nas sociedades anônimas*. Hierarquia e conflitos. São Paulo: Quartier Latin, 2007. p. 142): "O reconhecimento da importância do movimento também pode ser sentido no Brasil. Com cada vez mais frequência, companhias nacionais têm elaborado balanços sociais. Além disso, inúmeras companhias têm ostensivamente sustentado sua filiação a entidades não-governamentais e institutos que patrocinam a responsabilidade social."

12. Alternativas para a implementação prática da função social da empresa

ANA FRAZÃO

Uma das primeiras alternativas para a implementação prática da função social da empresa é a cogestão, solução que parte da premissa de que, sendo a empresa um palco de conflitos, estes poderiam e deveriam ser harmonizados a partir de uma organização que possibilitasse aos principais interessados alguma representatividade.

Tal solução começa a ser implementada na Alemanha a partir da década de 1950,[910] influenciando igualmente outros países, ainda que em grau menor.[911] A ideia do modelo foi ser uma diretriz jurídica para resolver conflitos entre interesses dos acionistas e dos empregados, partindo-se da premissa de que ambos convergiam para a manutenção duradoura e rentável da empresa.[912] Dessa maneira, nada mais acertado do que incluir trabalhadores na composição dos Conselhos de Administração das companhias.

Ainda que o modelo hoje não seja amplamente disseminado, salvo de maneira excepcional, como acontece no Brasil,[913] uma de suas prováveis consequências é a tendência atual de incluir, nos órgãos administrativos, membros externos que podem velar por outros interesses que não apenas os dos acionistas, tais como os *outside directors, non executive directors* ou *audit comittes*.[914] Abre-se caminho, portanto, para o chamado institucionalismo organizativo, focado na manutenção da empresa.[915]

Apesar dos argumentos em favor da eficácia de tal solução, a crítica que normalmente a ela se opõe é que pode tornar a companhia menos flexível para responder a outros interesses externos que não aqueles que já estão incorporados na organização.

A outra alternativa para a implementação de uma concepção institucionalista do interesse social seria o que Stone[916] chama de soluções

---

[910] De acordo com Calixto Salomão Filho (In: COMPARATO, Fábio Konder e SALOMÃO, Calixto Filho. *O poder de controle na sociedade anônima*. Forense: Rio de Janeiro, 2005. p. 366), "a evolução da lei alemã de 1937 para as leis de participação operária das décadas de 50 e 60 corresponde exatamente à evolução do institucionalismo clássico ou publicista ao organizativo."

[911] Por essa razão, Galgano (*Trattato di Diritto Commerciale e di Diritto Pubblico dell"Economia*. Padova: Cedam, 1984. v. VII. p. 40) conclui que a mais completa realização da proposta de cogestão ocorreu na Alemanha, onde as leis de 1951 e 1957 incluíram a representação paritária dos trabalhadores e dos acionistas, reconhecendo um direito de codeterminação dos primeiros.

[912] Segundo Teubner (Corporate Fiduciary Duties and Their Beneficiaries. A Functional Approach to the Legal Institutionalization of Corporate Responsibility. In: HOPT, Klaus e TEUBNER, Gunther (org.). *Corporate Governance and Directors' Liabilities*. Legal, Economic and Sociological Analyses on Corporate Social Responsibility. Berlin/New York: Walter de Gruyter, 1985. p. 155), a ideia da cogestão era não apenas a de harmonizar os interesses concorrentes, mas também de determinar as obrigações dos representantes dos diferentes grupos, já que a própria companhia passou a ser vista como uma coalizão entre estes, que seriam integrados pela ideia de empresa e de interesse da empresa (*Unternehmensinteresse*). Daí por que o autor (idem) conclui que o desenvolvimento desta alternativa na Alemanha teve finalidade semelhante à construção dos deveres fiduciários no direito anglo-saxão, no sentido de também buscar a delimitação das consequências para o fenômeno da separação entre a propriedade e o controle, oferecendo diretrizes jurídicas para resolver os conflitos de interesse. Em sentido próximo, Galgano (*Trattato di Diritto Commerciale e di Diritto Pubblico dell"Economia*. Padova: Cedam, 1984. v. VII. p. 10-15) mostra que o reconhecimento da socialidade da produção faz com que os trabalhadores sejam vistos como colaboradores, inclusive para efeitos de terem participação nas decisões do processo produtivo.

[913] O parágrafo único, do art. 140, da Lei nº 6.404/1976 dispõe que "O estatuto poderá prever a participação no conselho de representantes dos empregados, escolhidos pelo voto destes, em eleição direta, organizada pela empresa, em conjunto com as entidades sindicais que os representem".

[914] Wedderburn (The Legal Development of Corporate Responsibility. In: HOPT, Klaus e TEUBNER, Gunther (org.). *Corporate Governance and Directors' Liabilities*. Legal, Economic and Sociological Analyses on Corporate Social Responsibility. Berlin/New York: Walter de Gruyter, 1985. p. 29-30) mostra a importância da discussão sobre comitês de controle e *non-executive directors*, que agora ocupam largo papel nos *boards* ingleses, embora as suas funções ainda sejam obscuras e vistas mais como uma forma de auxiliar a administração do que de modificar suas responsabilidades.

[915] Ver SALOMÃO, Calixto Filho. *O novo direito societário*. Eficácia e sustentabilidade. São Paulo: Saraiva, 2019. p. 47-57.

[916] STONE, Christopher. Public interests representation: economic and social policy inside the enterprise. In: HOPT, Klaus e TEUBNER, Gunther (org.). *Corporate governance and directors' liabilities*. Legal, economic and sociological analyses on corporate social responsibility. Berlin/New York: Walter de Gruyter, 1985. p. 285-326.

intervencionistas, dentre as quais se destacam as penalidades impostas às companhias ou o alargamento da responsabilidade pessoal dos gestores.

Entretanto, é muito difícil dar concretude aos desdobramentos dessa nova visão de interesse social sobre a responsabilidade civil dos gestores. Segundo Teubner,[917] salvo no que diz respeito ao dever de transparência (*disclosure*), que pode ser estendido às questões sociais e aos interesses externos, é reduzida a eficácia da alternativa de criar deveres fiduciários afirmativos e obrigatórios de cunho social, inclusive por meio da responsabilidade civil das companhias e de seus administradores.

Mesmo em países como a Alemanha, com previsões constitucionais claras no sentido de que a propriedade obriga, jamais ocorreu a concretização do princípio de forma satisfatória.[918] A situação não foi diferente em países como a Itália e a Espanha, apesar dos esforços da doutrina para implementar o aspecto positivo da função social.[919]

A pouca utilidade de cláusulas gerais cogentes, que direcionam a conduta de gestores à função social da empresa sem maiores especificações, foi o que levou, inclusive, à implementação do modelo de cogestão na Alemanha.[920]

Toda essa experiência vinda do direito estrangeiro ajuda a entender, pelo menos em parte, as dificuldades trazidas pela Lei nº 6.404/1976, ao adotar, nos arts. 116, parágrafo único, e 154, a cláusula geral que condiciona o exercício dos poderes de controle e de administração à função social da empresa.

Em primeiro lugar, porque, apesar de tais cláusulas, a Lei nº 6.404/1976 não assumiu um posicionamento consistente em favor da nova visão de interesse social. Em segundo lugar, porque, como se verá adiante, a Lei nº 6.404/1976 não criou, pelo menos em relação ao controlador, os instrumentos para a efetiva implementação de tais interesses sociais pela via da responsabilidade civil, inclusive do ponto de vista processual.

Daí a opinião de alguns autores no sentido de que tais dispositivos seriam normas meramente programáticas, não tendo aplicabilidade prática. Na verdade, tal tipo de problema não é uma exclusividade do direito brasileiro. A partir da análise do direito comparado, conclui Teubner[921] que a alternativa de ampliar os deveres afirmativos impostos à administração, a fim de que seja ela socialmente responsável, praticamente não teve consequências jurídicas concretas.

Além da duvidosa eficácia, tal alternativa ainda levanta a questão da conveniência do que Kraakman[922] chama de regime dual de responsabilidade, no qual tanto a companhia como os seus gestores dividem potencialmente a responsabilidade pelos atos ilícitos praticados na atividade empresarial contra terceiros ou contra o público. Afinal, diversos mecanismos, como os

---

[917] Corporate Fiduciary Duties and Their Beneficiaries. A Functional Approach to the Legal Institutionalization of Corporate Responsibility. In: HOPT, Klaus e TEUBNER, Gunther (org.). *Corporate Governance and Directors' Liabilities*. Legal, Economic and Sociological Analyses on Corporate Social Responsibility. Berlin/New York: Walter de Gruyter, 1985. p. 153.

[918] Daí a conclusão de Fábio Konder Comparato (Estado, empresa e função social. Estado, empresa e função social. *Revista dos Tribunais,* ano 85, v. 732, 1996) de que "até hoje, porém, nenhuma autoridade alemã conseguiu explicar em que consistiriam os deveres sociais positivos do proprietário em relação à coletividade."

[919] Estado, empresa e função social. *Revista dos Tribunais,* ano 85, v. 732, 1996. p. 42.

[920] Para Teubner (Corporate Fiduciary Duties and Their Beneficiaries. A Functional Approach to the Legal Institutionalization of Corporate Responsibility. In: HOPT, Klaus e TEUBNER, Gunther (org.). *Corporate Governance and Directors' Liabilities*. Legal, Economic and Sociological Analyses on Corporate Social Responsibility. Berlin/New York: Walter de Gruyter, 1985. p. 154), a previsão do dever afirmativo para que a administração fosse socialmente responsável ocorreu comparativamente cedo, destacando que a *Gemeinwohlklause* da legislação alemã de 1937 decorreu de um profundo debate preparatório que durou mais de vinte anos (Rathenau em 1917, Hausmann em 1830 e 1931, Netter em 1932 e depois Wietholter). Entretanto, as consequências práticas desta cláusula geral foram reduzidas a praticamente nada.

[921] Corporate Fiduciary Duties and Their Beneficiaries. A Functional Approach to the Legal Institutionalization of Corporate Responsibility. In: HOPT, Klaus e TEUBNER, Gunther (org.). *Corporate Governance and Directors' Liabilities*. Legal, Economic and Sociological Analyses on Corporate Social Responsibility. Berlin/New York: Walter de Gruyter, 1985. p. 154.

[922] The Economics Functions of Corporate Liability. In: HOPT, Klaus e TEUBNER, Gunther (org.). *Corporate Governance and Directors' Liabilities*. Legal, Economic and Sociological Analyses on Corporate Social Responsibility. Berlin/New York: Walter de Gruyter, 1985. p. 179-180.

seguros, possibilitam a transferência dos riscos dos administradores para a companhia, levando a um regime de responsabilidade mais unitário do que dual.

Por fim, cumpre ressaltar que, no que diz respeito ao direito anglo-saxão, a principal consequência do institucionalismo, especialmente sobre o direito norte-americano, foi a expansão dos beneficiários dos deveres fiduciários dos administradores, a fim de compreender outros grupos que não os acionistas, tais como os empregados e mesmo o público em geral.[923]

Todavia, o caminho escolhido para tal implementação foi a legitimação de iniciativas voluntárias das companhias e o aumento da "discricionariedade gerencial".[924] De fato, pode-se perceber, a partir da década de 1950, um esforço para operacionalizar a chamada responsabilidade social (*social responsibility* ou *business conscience*), a partir de ações voluntárias e filantrópicas das companhias (*corporate altruism*).

Sob essa perspectiva, a ideia de responsabilidade social está associada a um engajamento consciente e pessoal em matérias sociais, sendo caracterizada, portanto, pela voluntariedade.[925] Por outro lado, tais ações são vistas, sob muitas abordagens, como meros julgamentos táticos, compatíveis com os interesses dos acionistas e com a própria preservação da economia capitalista.[926]

Assim, não chega a haver nem mesmo uma oposição direta entre a responsabilidade social e o contratualismo clássico, já que a primeira pode ser considerada inteligível até mesmo no contexto de análise econômica do direito.[927]

Não obstante, é importante ressaltar que mesmo a implementação deste tipo de ação envolveu, necessariamente, a modificação das regras

---

[923] Teubner (Corporate Fiduciary Duties and Their Beneficiaries. A Functional Approach to the Legal Institutionalization of Corporate Responsibility. In: HOPT, Klaus e TEUBNER, Gunther (org.). *Corporate Governance and Directors' Liabilities*. Legal, Economic and Sociological Analyses on Corporate Social Responsibility. Berlin/New York: Walter de Gruyter, 1985. p. 153) destaca, dentre os benefícios para os empregados, a assistência para moradia, facilidades, pensões, bônus e benefícios por morte. Já os benefícios para a comunidade incluem doações para instituições de pesquisa, educação e atividades filantrópicas.

[924] Daí a conclusão de Teubner (Corporate Fiduciary Duties and Their Beneficiaries. A Functional Approach to the Legal Institutionalization of Corporate Responsibility. In: HOPT, Klaus e TEUBNER, Gunther (org.). *Corporate Governance and Directors' Liabilities*. Legal, Economic and Sociological Analyses on Corporate Social Responsibility. Berlin/New York: Walter de Gruyter, 1985. p. 154) de que o direito norte-americano lida com a questão das responsabilidades sociais por meio da modificação dos deveres fiduciários em um contexto de voluntarismo corporativo, sem a criação de deveres afirmativos, que obriguem os administradores a praticar determinadas atividades em favor do interesse público.

[925] A doutrina é pacífica neste ponto. Como exemplo, cita-se a opinião de Krause (Corporate Social Responsibility: Interests and Goals. In: HOPT, Klaus e TEUBNER, Gunther (org.). *Corporate Governance and Directors' Liabilities*. Legal, Economic and Sociological Analyses on Corporate Social Responsibility. Berlin/New York: Walter de Gruyter, 1985. p. 97), que diferencia a *social responsibility*, marcada pela voluntariedade, da *social accountability*, referente à responsabilidade civil ou a aspectos regulatórios. No mesmo sentido, Teubner (1985, p. 153) considera que os deveres da *social responsibility* não podem ser exigidos pelo direito como um dever afirmativo.

[926] Wedderburn (The Legal Development of Corporate Responsibility. The legal development of corporate responsibility. *In*: HOPT, Klaus J.; TEUBNER, Günther (org.). *Corporate governance and directors' liabilities*. Legal, economic and sociological analyses on corporate social responsibility. Berlin/New York: Walter de Gruyter, 1985. p. 10-12) afirma que mesmo os apoiadores da visão libertária de Friedman frequentemente apoiam ações inspiradas pela responsabilidade social, tais como atos filantrópicos e em benefício da comunidade, dos empregados e do meio ambiente, inclusive na Inglaterra. O argumento comum é o de que tais atos podem produzir benefícios a longo prazo, tanto para a companhia como para os acionistas, assim como a preservação da economia capitalista com investimentos diversificados. Assim, tais atividades nem sempre são vistas propriamente como sociais ou altruístas, mas como simples julgamentos táticos. Stone (Public interests representation: economic and social policy inside the enterprise. *In*: HOPT, Klaus J.; TEUBNER, Günther (org.). *Corporate governance and directors' liabilities*. Legal, economic and sociological analyses on corporate social responsibility. Berlin/New York: Walter de Gruyter, 1985. p. 139) chega a mencionar a expressão "egoísmo cooperativo", diante da dificuldade de se saber o quanto de estratégia existe em tais comportamentos.

[927] Para Posner (*Economic Analysis of Law*. New York: Aspen Law & Business, 1988. p. 461-462), em mercados competitivos, compromissos com qualquer objetivo que não a lucratividade levam ao encolhimento da empresa, motivo pelo qual doações caritativas, especialmente quando são feitas em lugares nos quais a companhia atua, podem ser consideradas gastos de propaganda ou despesas de relações públicas.

cogentes a respeito da atuação dos administradores, para o fim de possibilitar que atos filantrópicos ou doações fossem considerados compatíveis ao interesse social, não configurando abuso por parte dos administradores. Para isso, a operacionalização da responsabilidade social foi condicionada à existência de um benefício direto ou indireto para a companhia (*benefit rule*).[928]

Para a disseminação dos atos filantrópicos e caritativos no direito anglo-saxão, a posição dos administradores como *trustees* também se mostrou de grande utilidade, na medida em que propiciava considerável maleabilidade no julgamento das condutas destes, possibilitando que até a quebra dos deveres fiduciários fosse perdoada pelos acionistas.[929]

De qualquer forma, salienta-se que a característica fundamental da responsabilidade social é a espontaneidade. Daí por que o direito atua, nesta hipótese, apenas para o fim de legitimar ou estimular condutas voluntárias, mas não para obrigar nenhum tipo de ação.[930]

Logo, adverte Krause[931] que este tipo de iniciativa acaba sendo mais esperada de companhias com maior poder de mercado, pois, do ponto de vista econômico, quanto menor uma empresa é ou quanto mais opera em condições competitivas mais é justificado que atue tão somente de modo a evitar comportamentos vedados pela lei e com base nas forças de mercado.

Diante das dificuldades inerentes a vários desses modelos e dos debates a respeito do interesse social, Henry Hansmann e Reinier Kraakman publicaram, em 2000, instigante artigo cujo título *The End of History for Corporate Law*[932] já antecipava a bombástica conclusão a que chegaram: a história do Direito das Corporações havia chegado ao fim. Por uma série de razões, os autores

---

[928] Wedderburn (The Legal Development of Corporate Responsibility. *In*: HOPT, Klaus J.; TEUBNER, Günther (org.). *Corporate governance and directors' liabilities*. Legal, economic and sociological analyses on corporate social responsibility. Berlin/New York: Walter de Gruyter, 1985. p. 11) mostra que foi necessário remover dificuldades a fim de que o poder gerencial pudesse colocar em prática o reconhecimento da *social responsibility*, especialmente em respeito a doações de fundos corporativos. Nesse sentido, cita o autor decisão importante de 1953, considerada um divisor de águas no assunto, na medida em que possibilitou que a *business judgment rule* protegesse os diretores em relação à maioria das doações e presentes em razão dos benefícios indiretos para as companhias. Mais adiante, Wedderburn (The Legal Development of Corporate Responsibility, cit., p. 22) ressalta que, a partir da década de 60, o direito inglês reconheceu o poder implícito dos administradores de fazerem doações, desde que houvesse um benefício direto ou indireto. Já no que diz respeito ao direito norte-americano, Teubner (Corporate Fiduciary Duties and Their Beneficiaries. A Functional Approach to the Legal Institutionalization of Corporate Responsibility. *In*: HOPT, Klaus J.; TEUBNER, Günther (org.). *Corporate governance and directors' liabilities*. Legal, economic and sociological analyses on corporate social responsibility. Berlin/New York: Walter de Gruyter, 1985. p. 152-153) afirma que o reconhecimento jurídico do voluntarismo das companhias foi também aliviado pela *benefit rule*, que abrangia especialmente a "boa fama" da companhia. Um exemplo seria decisão de 1953, que legitima doação para a Universidade de Princeton, admitindo a responsabilidade fiduciária das companhias para com a comunidade em geral.

[929] Como explica Wedderburn (The Legal Development of Corporate Responsibility. *In*: HOPT, Klaus J.; TEUBNER, Günther (org.). *Corporate governance and directors' liabilities*. Legal, economic and sociological analyses on corporate social responsibility. Berlin/New York: Walter de Gruyter, 1985. p. 24), as noções de equidade e dos deveres do *trustee* são restritas, mas os beneficiários podem consentir em transformá-las por ratificação ou perdão. Dessa forma, muitos dos elementos sociais ou públicos dos deveres do *trust* podem ser removidos por meio dos mecanismos privados dos acionistas na assembleia geral. Daí a razão pela qual as cortes americanas, por meio da mensuração dos limites tanto do dever como da ratificação com referência à justiça, foram capazes de construir uma jurisprudência bem flexível que pode incluir expectativas sociais, na medida em que exige que controladores não tirem vantagens indevidas e ajam de forma justa.

[930] Por essa razão, Teubner (Corporate Fiduciary Duties and Their Beneficiaries. A Functional Approach to the Legal Institutionalization of Corporate Responsibility. In: HOPT, Klaus e TEUBNER, Gunther (org.). *Corporate Governance and Directors' Liabilities*. Legal, Economic and Sociological Analyses on Corporate Social Responsibility. Berlin/New York: Walter de Gruyter, 1985. p. 158) define tal alternativa como uma "responsabilidade livre e moralmente motivada de homens de negócios e administradores".

[931] Corporate Social Responsibility: Interests and Goals. In: HOPT, Klaus e TEUBNER, Gunther (org.). *Corporate Governance and Directors' Liabilities*. Legal, Economic and Sociological Analyses on Corporate Social Responsibility. Berlin/New York: Walter de Gruyter, 1985. p. 117.

[932] Yale Law School Working Paper 235; NYU Working Paper 013; Harvard Law School Discussion Paper 280; Yale SOM Working Paper No. ICF – 00-09. Disponível em: https://papers.ssrn.com/sol3/papers.cfm?abstract_id=204528. Acesso em: 08.01.2020.

defendiam a existência de consenso no sentido de que o interesse a ser buscado pelas companhias seria o interesse dos acionistas, até mesmo em razão do insucesso de outros modelos com maior viés institucionalista, tais como o gerencial (*the managerialist model*), o de cogestão com trabalhadores (*the labor-oriented model*) e o que sofre maior ingerência do estado (*the state-oriented model*).

Entretanto, logo após, no ano de 2001, o escândalo Enron descortinou o perigo de que as companhias perseguissem apenas os interesses dos acionistas, ainda mais quando estes eram associados unicamente à maximização do valor das ações e tal objetivo era buscado a qualquer preço, inclusive por meio de fraudes e manipulações contábeis.

Por essa razão, a discussão sobre o interesse social e a função social da empresa continuam presentes no debate atual sobre o papel das sociedades empresárias, especialmente das sociedades por ações,[933] impondo novos desafios para dar aplicabilidade prática para cláusulas gerais como a prevista no parágrafo único do art. 116, da Lei nº 6.404/1976. Não é sem razão que a visão mais abrangente do interesse social requer a reconfiguração dos deveres fiduciários dos controladores, estratégia regulatória que será abordada a seguir.[934]

Por fim, cumpre ressaltar que cada vez mais é possível tentar assegurar o cumprimento de várias dimensões da função social da empresa por meio de soluções de governança, de que são exemplos os deveres de transparência. Não é sem razão que o Código das Melhores Práticas de Governança Corporativa do IBGC[935] aponta a transparência como um dos seus princípios nucleares, deixando claro que o dever não incide apenas sobre o desempenho econômico-financeiro da companhia, "contemplando também os demais fatores (inclusive intangíveis) que norteiam a ação gerencial e que conduzem à preservação e à otimização do valor da organização."

13. Justificativas da abordagem conjunta da responsabilidade civil de controladores e administradores

Ana Frazão

Apesar de controladores e administradores exercerem diferentes funções e níveis de poder na condução dos negócios sociais das companhias, têm em comum a circunstância de serem gestores da atividade empresarial. Estão, portanto, sujeitos aos mesmos princípios da ordem econômica constitucional, que oferece os parâmetros para a delimitação dos fins e objetivos da atividade empresarial, bem como para a redefinição do interesse social das companhias.

Daí a possibilidade do tratamento conjunto da responsabilidade civil de controladores e administradores,[936] conclusão que é reforçada pelos pressupostos funcionais e pragmáticos da questão, os quais mostram que o regime de responsabilidade civil dos gestores é arquitetado para assegurar uma boa gestão, em obediência aos interesses constitucional e legalmente protegidos, tanto ao nível do controle, quanto ao nível da administração *strictu sensu*.

Ademais, a própria disciplina da matéria na Lei nº 6.404/1976 mostra o paralelismo entre a situação dos controladores e administradores, submetendo-os a regras e cláusulas gerais semelhantes. Por mais que a lei seja bem mais pormenorizada em relação aos administradores do que em relação aos controladores, isso não impede a aproximação entre os regimes de responsabilidade, o que já vem acontecendo na prática brasileira. Como exemplo, pode ser citada a disciplina sobre o dever de informar e o dever de sigilo, antes previstos apenas para os administradores e agora também exigidos expressamente dos controladores.[937] Na verdade, como se verá a seguir, na seção dedicada a examinar os deveres fiduciários dos controladores, a essência da matéria é a

---

[933] Ver comentários de Ana Frazão ao art. 2º, da Lei 6.404/1976, na seção "Interesse social: distorções da teoria da maximização do valor das ações no curto prazo."

[934] Ver comentários de Ana Frazão ao art. 116, da Lei 6.404/1976, na seção "Deveres fiduciários do controlador".

[935] IBGC – Instituto Brasileiro de Governança Corporativa. *Código das Melhores Práticas de Governança Corporativa*. 5. ed. p. 20-21.

[936] Como sustenta Lamy Filho e Bulhões Pedreira (*A Lei das S.A. Pressupostos, elaboração, aplicação*. Rio de Janeiro: Renovar, 1992. p. 432), "os figurantes dos vários papéis no mundo societário têm deveres e responsabilidades afins, todas visando ao efetivo e harmônico funcionamento da empresa".

[937] A Lei 10.303/2001 incluiu o art. 116-A, prevendo o dever do controlador de companhias abertas de informar modificações acionárias, a fim de evitar abusos que possam comprometer o saudável funcionamento do mercado de capitais.

mesma, ainda que existam importantes gradações entre controladores e administradores.

O avizinhamento dos regimes de responsabilidade justifica-se igualmente em razão das relações normalmente existentes entre controladores e administradores, já que estes são muitas vezes simples instrumentos de reforço do poder de controle. Ademais, existe a possibilidade de superposição das funções, além da possibilidade do controle gerencial.

Assim, são muitos os fundamentos que justificam a abordagem conjunta da responsabilidade civil de administradores e controladores. Porém, não obstante todas as aproximações já mencionadas, é mister ressalvar que há uma diferença significativa entre as distintas posições ou situações jurídicas que ocupam.

Não se pode esquecer que o acionista controlador tem interesse particular direto na gestão, pois a participação societária lhe concede diversos direitos subjetivos que, em razão da sua própria natureza, podem ser exercidos em proveito próprio. Por mais que se entenda a participação societária como uma situação jurídica complexa, em razão dos deveres decorrentes da função social, é inequívoco que a sua dimensão individual não pode ser desconsiderada.

Já os administradores são órgãos da companhia e, como tal, não podem agir em proveito próprio, até porque não exercem propriamente direitos subjetivos, mas verdadeiras competências ou funções, já que todos os seus poderes lhes são dados para o atendimento de interesses outros que não os seus próprios.[938] Acresce que, como órgãos, agem diante de terceiros vinculando a companhia.

Ao contrário do acionista, que busca o lucro por meio da comunhão societária, o administrador não pode buscar benefícios pessoais de nenhuma ordem no exercício da função. Em decorrência, é de se esperar um maior rigor do regime de responsabilidade dos administradores do que em relação ao dos acionistas controladores, já que somente estes titularizam direitos subjetivos, em relação aos quais deve haver a compatibilização entre as dimensões individual e social. Mesmo quando o controlador exerce simultaneamente cargos de direção, tal diferenciação deverá ser observada conforme a posição jurídica na qual esteja atuando.

As exceções para o tratamento distinto seriam as hipóteses de perfeita coincidência entre as funções, o que ocorreria no controle gerencial e nas hipóteses em que o controlador assume a posição de verdadeiro "administrador de fato". Em ambos os casos, deveria ser aplicado o regime de responsabilidade mais rigoroso.

14. Aplicabilidade das cláusulas gerais de responsabilidade civil extracontratual e a dimensão interpretativa e sistematizadora do art. 116, parágrafo único, da Lei 6.404/1976

ANA FRAZÃO

A partir da experiência do direito estrangeiro, observa-se que a tendência dominante é a de incluir a responsabilidade dos gestores de companhias nos domínios da responsabilidade extracontratual, tema em relação ao qual a clássica dicotomia com a responsabilidade contratual nunca teve maiores efeitos práticos, nem mesmo para o ônus da prova.

Acresce que, mesmo em outros campos, o surgimento de novas responsabilidades, como a decorrente do fato do produto, bem como a ampla influência de determinadas cláusulas gerais, como a da boa-fé objetiva, vem tornando a distinção entre os dois tipos de responsabilidade cada vez mais tênue.

É compreensível, pois, que o direito brasileiro siga a tendência em favor da natureza

---

[938] Como bem demonstra Menezes Cordeiro (*Da responsabilidade civil dos administradores das sociedades comerciais*. Lisboa: LEX, 1997), a relação de administração é, antes de tudo, uma prestação de serviços que consiste na gestão de bens alheios, o que pressupõe uma específica lealdade de natureza fiduciária, de forma que os poderes devem ser exercidos não no seu próprio interesse, mas sim no interesse da sociedade. Em sentido próximo, salienta Jose Majo (*Los deberes de los administradores de la sociedad anônima*. Madrid: Editorial Civitas, 1996. p. 46) que os administradores desempenham função, motivo pelo qual estão obrigados a exercer o cargo perseguindo exclusivamente o interesse social. Não é sem razão que Bulgarelli (Apontamentos sobre a responsabilidade dos administradores das companhias. *Revista de Direito Mercantil, Industrial, Econômico e Financeiro* 22/87) classifica as atribuições dos administradores como poderes-deveres, que são atribuídos ao sujeito para a tutela de interesses superiores ou alheios, que, no caso, são os da companhia.

extracontratual da responsabilidade dos gestores,[939] o que tem como uma de suas principais consequências o não reconhecimento da validade de qualquer convenção ou pacto que mitigue ou atenue as regras de responsabilidade. Não é sem razão que o art. 118, § 2º, da Lei nº 6.404/1976, prevê que os acordos de acionistas não poderão ser invocados para eximir o acionista de responsabilidade no exercício do direito de voto ou do poder de controle.

Diante disso, é importante mencionar os pressupostos gerais da responsabilidade civil extracontratual que são aplicáveis, de forma cogente, aos controladores e administradores de sociedades anônimas.

Tais pressupostos estão contidos em cláusulas gerais e princípios estruturantes que, embora estejam previstos no Código Civil, espraiam-se para todas as áreas do direito privado, na medida em que não deixam de ser "pontes" entre a Constituição e os demais microssistemas, tal como é o caso da legislação sobre as sociedades anônimas.[940]

Nesse sentido, estabelece o art. 186, do novo Código Civil, que "aquele que, por omissão ou ação voluntária, negligência ou imprudência, violar direito e causar dano a outrem, ainda que exclusivamente moral, comete ato ilícito." Logo em seguida, o art. 187, do Código Civil, prevê como ato ilícito o abuso de direito, como já se viu anteriormente.

Com base no texto legal, pode-se afirmar que os pressupostos básicos da responsabilidade civil subjetiva são (i) as ações ou omissões contrárias ao ordenamento jurídico, (ii) consideradas reprováveis ou culposas *lato sensu*, o que abrange obviamente o dolo, e (iii) causadoras de danos a outrem, mesmo que exclusivamente de ordem moral.

No tocante à reprovabilidade da conduta, seguindo tendência do direito estrangeiro, entende-se que a culpa deve ser constatada por meio do seu viés normativo, que possa considerar parâmetros objetivos de diligência, raciocínio que se aplica igualmente ao abuso de direito.

Aliás, sobre o abuso de direito, não é demais lembrar que tal cláusula é de grande valia para a identificação do abuso do poder de controle e dos poderes de administração, já que a Lei nº 6.404/1976, além das condutas vedadas e dos deveres gerais, não menciona, pelo menos expressamente, critérios operacionais abrangentes para a identificação dos referidos ilícitos, tais como o do excesso e do desvio de finalidade.

Ainda resta destacar, como pressuposto da responsabilidade civil extracontratual, a necessidade de nexo causal entre a conduta culposa e os danos sofridos pela vítima, noção que acaba sendo um verdadeiro juízo de imputação valorativa e que, no direito brasileiro, suscita fortes controvérsias, embora seja consideravelmente influenciada pela teoria da causalidade necessária.

Obviamente, todos esses pressupostos são aplicáveis à responsabilidade civil de administradores e controladores de sociedades anônimas. Embora a Lei nº 6.404/1976 nem sempre faça referência ao dano e ao nexo causal, estes são componentes necessários para a devida responsabilização.

A peculiaridade da responsabilidade civil de administradores e controladores, especialmente em relação a terceiros, é que os danos normalmente decorrem não da violação a direitos absolutos, mas sim da violação a cláusulas gerais e a normas de proteção consubstanciadas nos deveres a eles impostos.

A tais cláusulas gerais da responsabilidade civil, juntam-se as inúmeras normas que compõem o regime jurídico de responsabilidade civil de controladores e administradores de sociedades anônimas podem ser divididas em pelo menos quatro conjuntos:

---

[939] É esta a jurisprudência do STJ, como se observa por trecho principal da ementa do REsp 279.019/SP (STJ, rel. Min. Sálvio de Figueiredo, *DJ* 28.05.2001): "Processo civil e comercial. Sociedade anônima. Ação social originária. (...) II – A "ação social originária", segundo a boa doutrina, é ajuizada pela companhia contra seus (ex-)administradores, com o fim de obter o ressarcimento de prejuízo causado ao patrimônio social, seja por terem agido com culpa ou dolo, seja por terem violado a lei ou o estatuto. Em se tratando de responsabilidade extracontratual, portanto, como no caso, é de ser aplicado o enunciado sumular nº 54/STJ, para que os juros fluam desde a data dos atos ilícitos atribuídos a cada um dos diretores. (...)".

[940] Adverte-se que tal afirmação não pretende mitigar, de forma alguma, o papel preponderante que cabe, em primeiro lugar, à Constituição, mas apenas ressaltar que o Código Civil, por ser uma lei básica, pode, por meio das suas cláusulas gerais, oferecer maior grau de densificação a princípios constitucionais, estabelecendo conexões entre estes e as demais searas do direito privado.

(i) as cláusulas gerais que condicionam o poder de gestão, seja o controle, seja a administração, à função social da empresa, (art. 116, parágrafo único, da Lei nº 6.404/1976, em relação a controladores, e 154, da Lei nº 6.404/1976, em relação a administradores) e ao princípio geral de vedação do abuso, expresso em relação aos controladores (art. 117, *caput*, da Lei nº 6.404/1976) e implícito em relação aos administradores (art. 158, da Lei nº 6.404/1976);

(ii) a cláusula geral de responsabilidade civil, prevista no art. 158, da Lei nº 6.404/1976, que corresponde ao art. 186, do atual Código Civil, enfatizando a responsabilidade daquele que age com culpa ou dolo, bem como viola a lei e o estatuto social, norma que contém implícita a vedação ao abuso de direito, já que este é um dos tipos de ato ilícito;

(iii) os deveres gerais de diligência, lealdade e informação, que são expressos em relação aos administradores (arts. 153 a 157, da Lei nº 6.404/1976) e aplicam-se igualmente aos controladores, resguardadas as peculiaridades destes;

(iv) um rol de condutas vedadas, tais como as que se encontram nos arts. 117, § 1º; 154, § 2º e 155, da Lei nº 6.404/1976.

Ao prever determinadas condutas como proibidas, a preocupação da lei é a de facilitar a missão do intérprete, diante de situações que já foram consolidadas, tanto na experiência doméstica como na internacional, como sendo reveladoras de comportamentos abusivos ou incompatíveis com as cláusulas gerais que orientam a gestão, bem como com os deveres de lealdade, diligência e cuidado.

Não é sem razão que muitas condutas vedadas são exemplos de expropriação dos recursos sociais por controladores e administradores, hipóteses que, mesmo sob a ótica do contratualismo clássico, se mostram contrárias à ideia de que os gestores não podem sobrepor os seus interesses pessoais ao interesse da companhia e da comunhão acionária.

Pode-se dizer, portanto, que as condutas vedadas correspondem a regras, no sentido de que, diante da ocorrência do pressuposto fático nelas previsto, o intérprete poderá facilmente capitulá-las como atos ilícitos, para o fim da devida responsabilização dos gestores.

A maior dificuldade consiste em compreender e sistematizar as demais normas de responsabilidade, pois todas são principiológicas e, por essa razão, não apresentam a mesma densidade de conteúdo das condutas vedadas. Ademais, as cláusulas gerais previstas na Lei nº 6.404/1976 devem ser interpretadas em conformidade com os princípios constitucionais da ordem econômica e também com os demais princípios que regulam a responsabilidade extracontratual, sob pena de se comprometer a própria unidade do sistema.

No tocante a este último aspecto, é fácil observar a conexão não apenas entre os arts. 154 e 158, da Lei nº 6.404/1976, como também entre estes e os arts. 186 e 187, do Código Civil. Aliás, do ponto de vista comparativo, o art. 158, da Lei nº 6.404/1976, não deixa de ser uma especificação do art. 186, do Código Civil, na medida em que adota igualmente a culpa como fundamento básico da responsabilidade civil.

A peculiaridade da Lei nº 6.404/1976 é que, ao mesmo tempo que se socorre do fundamento geral da culpa, procura identificá-la de modo mais preciso, submetendo-a aos parâmetros do interesse da companhia, da função social da empresa e da consequente vedação ao abuso de direito. Em outras palavras, a culpa, no que se refere à responsabilidade civil dos gestores, passa a estar associada às diretrizes previstas nos arts. 116, parágrafo único, e 154, da Lei nº 6.404/1976.

O mesmo pode ser dito em relação aos deveres previstos na Lei nº 6.404/1976, pois estes não têm outra finalidade senão funcionarem como parâmetros que devem orientar os atos de gestão empresarial e que, se descumpridos, justificarão a atitude culposa daquele que não os observou. Por meio deste raciocínio, pode-se até afirmar que as condutas vedadas não deixam de corresponder ao último grau de densificação de tais deveres, nível em que já conseguiriam ser traduzidos em proibições específicas, que funcionam, de acordo com Pedro Vasconcelos[941], como a memória do sistema.

Outra observação que precisa ser feita é a de que, assim como estão relacionados ao art. 158, da Lei nº 6.404/1976, os deveres de lealdade e diligência atrelam-se igualmente ao interesse social

---

[941] *A participação social nas sociedades comerciais.* Coimbra: Almedina, 2006. p. 332.

e à função social da empresa,[942] motivo pelo qual não há como analisá-los sem que seja sob o prisma dos arts. 116, parágrafo único, e 154, da Lei nº 6.404/1976.

Na verdade, ao mencionar expressamente alguns deveres a que estão sujeitos administradores e controladores, a Lei nº 6.404/1976 não cria norma distinta daquelas previstas nos arts. 154 e 158. Pelo contrário, prevê normas complementares, que ajudarão a densificar as condutas culposas descritas genericamente naquelas cláusulas gerais.

Daí a acertada lição de Majo[943] de que a obrigação fundamental dos administradores é a de desempenhar seu cargo perseguindo os interesses da companhia com diligência e lealdade, o que também se aplica aos controladores. Em sentido semelhante, Sanchéz Calero[944] destaca que os deveres de lealdade e diligência são meios para o atendimento do interesse da companhia. Dessa maneira, fica muito clara a relação visceral entre o interesse social, a função social da empresa e os deveres de lealdade e diligência, em raciocínio que se estende igualmente aos controladores.

Por conseguinte, todas as normas ora examinadas formam uma unidade de sentido, pois o art. 158, especialmente o inciso I, deve ser interpretado em conformidade com a finalidade última da atividade empresarial (arts. 116, parágrafo único, e 154) e com os demais deveres gerais, especialmente os de diligência e lealdade, que são instrumentos e parâmetros para cumprir o objeto e o interesse sociais.

Os arts. 116, parágrafo único, e 154, da Lei nº 6.404/1976 são, portanto, importantes vetores da gestão empresarial, inclusive para efeitos da identificação da culpa no exercício do controle ou dos poderes administrativos. Se bem compreendidas, atendem à necessidade de melhor sistematização da matéria, ainda mais quando estejam associadas aos princípios constitucionais e aos princípios gerais de responsabilidade civil extracontratual.

15. Deveres fiduciários do controlador

Ana Frazão

É certo que, em razão da complexidade da gestão empresarial, é impossível tratar o regime da responsabilidade dos gestores apenas por meio de regras específicas, como as condutas vedadas, ou apenas por meio de cláusulas gerais de conteúdo tão aberto, como é o caso da função social da empresa. Daí a importância dos deveres fiduciários de diligência e lealdade, que inicialmente foram atribuídos aos administradores, mas, com o passar do tempo, passaram a ser exigidos também dos controladores.

Uma das razões para isso é a necessária aproximação do regime de responsabilidade dos controladores dos administradores, já que ambos são considerados gestores, dispõem de patrimônio alheio[945] e, por essa razão, estão submetidos ao dever de agir no interesse da companhia, ainda que com algumas diferenças, já que somente os primeiros exercem direitos subjetivos, enquanto os segundos exercem competências funcionais, de forma que jamais poderão perseguir interesse próprio que não o da companhia.

Não obstante, desde que com as devidas gradações e adaptações, não há porque se afastar o controlador da necessidade de observar deveres fiduciários para com a companhia, os demais acionistas e também os outros afetados pela atividade empresarial, como já entendeu o Superior Tribunal de Justiça[946] e a Comissão de Valores Mobiliários,[947] ambos no sentido de que a quebra

---

[942] Não é sem razão que Pedro Vasconcelos (*A participação social nas sociedades comerciais*. Coimbra: Almedina, 2006. p. 315) afirma que "um dos principais vetores do dever de lealdade é o interesse social."

[943] *Los deberes de los administradores de la sociedad anônima*. Madrid: Editorial Civitas, 1996. p. 41-49.

[944] *Los administradores em lãs sociedades de capital*. Navarra: Civitas, 2005. p. 177.

[945] Segundo Calixto Salomão Filho (*O novo direito societário*. Eficácia e sustentabilidade. São Paulo: Saraiva, 2019. p. 299, "o controlador é o administrador por excelência do patrimônio alheio", motivo pelo qual "é natural, portanto, que a lei cerque o exercício de funções de deveres fiduciários".

[946] No REsp 1679154/SP (STJ, rel. Min. Nancy Andrighi, 3ª T., j. 22.08.2017), o voto da Ministra Nancy Andrighi claramente afirma que o dever de lealdade do controlador está previsto no art. 116, parágrafo único, da Lei 6.404/1976, tendo como uma de suas consequências a conclusão de que é meramente exemplificativo o rol de condutas abusivas constante do art. 117.

[947] No Processo Administrativo 2005/1443/RJ (rel. Dir. Marcelo Fernandez Trindade, j. 10.05.2006), entendeu a CVM que o disposto na segunda parte do parágrafo único do art. 116, da lei 6.404/1976, estabelece a necessidade de o acionista controlador ser leal para com acionistas, trabalhadores e comunidade, no sentido de precisar respeitar e

de lealdade é também uma hipótese de abuso de poder de controle, além daquelas já previstas no art. 117 da Lei nº 6.404/1976.

Também no direito anglo-saxão, a posição de fiduciário normalmente imputada ao controlador muitas vezes lhe atribui deveres fiduciários muito semelhantes aos dos administradores, conectados ao *duty of fairness* diante da companhia e dos demais acionistas, especialmente no que se refere aos minoritários.[948]

Já no direito romano-germânico, o *status* de fiduciário do controlador justifica-se muitas vezes à luz do dever de lealdade, que foi desenvolvido no *civil law* não somente para permear as relações entre o sócio e a sociedade, mas também para regular a relação dos sócios entre si.[949] Assim, se é exigido de qualquer acionista,[950] com maior razão deverá sê-lo do controlador.

É por essa razão que Ana Perestrelo de Oliveira[951] mostra estar ultrapassada a ideia de que apenas os administradores estariam sujeitos ao dever de lealdade, pois este, como técnica fundamental de gradação e alinhamento de interesses entre os acionistas, projeta-se sobre todos os eles, ainda que tenha especial significado para os majoritários, diante da possibilidade que estes têm de influenciar a esfera jurídica alheia. Em decorrência, o dever de lealdade pode ser desdobrado em um conteúdo negativo, traduzido no dever de proteção e de não causar danos não só à companhia e aos acionistas mas também a terceiros, assim como em um conteúdo ativo, traduzido no dever de perseguir o interesse social.

Todos esses motivos ajudam a entender porque a doutrina brasileira é farta em lições segundo as quais o controlador também está sujeito a deveres fiduciários, especialmente no que se refere à lealdade,[952] à diligência e ao dever de agir no interesse da companhia. Aliás, segundo Calixto Salomão Filho,[953] diante da grandeza do poder do

---

atender os direitos dessas pessoas. Da mesma maneira, no Processo Administrativo 2008-1815/RJ (rel. Dir. Eli Loria, j. 28.07.2009), entendeu a CVM que se aplica ao controlador o mesmo dever de lealdade imposto aos administradores, de forma que, para além das hipóteses estabelecidas no art. 117, a quebra do dever de lealdade e de confiança também pode ser considerada abuso de poder de controle.

[948] Segundo Henn e Alexander (*Laws of Corporations*. St. Paul: West Group, 1983. p. 651-654), os acionistas controladores, especialmente quando aprovam matérias societárias extraordinárias, estão usualmente sujeitos aos deveres fiduciários que proíbem fraudes, opressão sobre a minoria, ou resultados fraudulentos, de má-fé e injustos. As razões para a existência de deveres fiduciários por parte dos controladores são, de acordo com os autores (idem), de ordem dupla: (i) os princípios básicos de equidade, que impõem uma relação fiduciária àquele que detém uma posição de superioridade e influência sobre interesses de outros, tal como ocorre entre o controlador e os minoritários e (ii) a circunstância de os controladores dominarem a companhia por meio dos administradores. Em sentido próximo, Hamilton e Booth (*Corporations*. St. Paul: Thomson West, 1997. p. 571) também sustentam que os controladores podem ter deveres fiduciários em relação à corporação e mesmo a outros acionistas.

[949] A doutrina portuguesa acentua bem esse aspecto, que está presente na análise de Pedro Vasconcelos (*A participação social nas sociedades comerciais*. Coimbra: Almedina, 2006. p. 314) e Rui Dias (*Responsabilidade por exercício de influência sobre a administração de sociedades anônimas*. Uma análise de direito material e direito de conflitos. Coimbra: Almedina, 2007. p. 122-123).

[950] Jorge Manuel Coutinho de Abreu (*Curso de direito comercial – Das sociedades*. Coimbra: Almedina, 2007. p. 310-326, v. II) aborda exaustivamente o dever de lealdade entre os sócios, que recebe distintas denominações no direito comparado: *Treupflicht* no direito alemão, *deber de fidelidad* no direito espanhol e *obbligo di correttezza* no direito italiano. Para o autor, tal dever tem conteúdo mais negativo (de omitir ou não fazer), no sentido de que o sócio precisa respeitar a natureza da sociedade enquanto instrumento para a consecução de determinado fim ou a satisfação dos interesses sociais. Daí por que, embora admita que a doutrina faça distinções entre a lealdade perante a sociedade e a lealdade perante os sócios, entende não haver uma diferença marcante entre esses dois aspectos. Um exemplo de violação a tal dever seria o abuso das minorias.

[951] *Manual de governo das sociedades*. Coimbra: Almedina, 2018. p. 83-98.

[952] Lamy Filho e Pedreira (*A Lei das S.A. Pressupostos, elaboração, aplicação*. Rio de Janeiro: Renovar, 1992. p. 436-441) chegam a fazer um paralelo entre o art. 116, parágrafo único, da Lei 6.404/1976, com os arts. 153 e 154, a fim de justificarem a extensão dos deveres de diligência e de lealdade, previstos expressamente apenas para os administradores, também aos controladores. Com efeito, os autores sustentam expressamente o dever de lealdade do acionista controlador para com a comunidade em que a empresa atua e a economia nacional, bem como, ao tratarem dos arts. 116 e 117, da Lei 6.404/1976, afirmam que tais preceitos envolvem necessariamente a observância do dever de diligência.

[953] *O novo direito societário*. Eficácia e sustentabilidade. São Paulo: Saraiva, 2019. p. 305.

controlador sobre a administração, em caso de ser desrespeitada a garantia de separação entre as duas esferas, deveria haver duas importantes consequências: (i) os atos dos administradores tomados por influência do controlador deveriam ser a ele também imputados e (ii) ao controlador se aplicariam todos os deveres fiduciários do administrador.

De toda sorte, ainda que respeitada a separação entre as duas esferas, é inequívoco que os controladores estão sujeitos a deveres fiduciários muito próximos aos dos administradores, especialmente no que diz respeito ao dever de perseguir o interesse da companhia, que é dos mais antigos deveres do Direito Societário, já imposto aos administradores desde a época das companhias coloniais, com a finalidade de evitar favorecimentos indevidos ou a expropriação dos recursos da sociedade.[954] Exatamente por isso, há inúmeras zonas de interpenetração entre este dever e o dever de lealdade.

Mesmo no auge do liberalismo do século XIX, quando prevalecia a concepção contratualista do interesse social, o dever de agir em observância ao interesse da companhia já tinha dois desdobramentos importantes: (i) vincular os gestores aos interesses dos acionistas, evitando a preponderância de interesses pessoais ou alheios, dever que, no direito anglo-saxão, foi desenvolvido como consequência necessária do dever de lealdade[955] e (ii) vincular os gestores e os acionistas à ideia de que a obtenção de benefícios econômicos e dividendos, que é a causa mediata da companhia, apenas poderia ocorrer por meio da realização do objeto social, que é causa imediata.[956]

Ao longo do século XX, a discussão foi ampliada, na medida em que a função social da empresa e o institucionalismo realçaram que o interesse social transcende aos interesses da comunhão acionária, abrangendo igualmente os interesses de empregados, consumidores, credores, Estado e a comunidade como um todo.[957]

Com o Estado Democrático de Direito, vinculou-se o interesse social ao objetivo da ordem econômica de assegurar a todos uma existência digna, conforme os ditames da justiça social.

Daí por que o dever de agir no interesse da companhia ganhou maior complexidade, passando a relacionar-se com o necessário equilíbrio entre os diversos interesses que se projetam sobre a companhia, tal como exigem o art. 170, da Constituição, e o art. 116, parágrafo único, da Lei nº 6.404/1976. Mais do que isso, passou a ser visto em contexto maior vinculado à boa-fé objetiva que deve permear a conduta de controladores e administradores, como já entendeu o STJ:[958]

> No atual cenário da economia nacional e internacional, altamente dependente da saúde financeira do setor empresarial, a eticidade nas relações *interna corporis* das companhias é bem jurídico igualmente digno de tutela, por meio do estímulo à segurança e à transparência das operações financeiras. Por tais motivos, urge aplicar-se o princípio da confiança, a fim de resguardar a boa-fé dos sócios minoritários, bem como de toda a comunidade, diante de eventuais situações jurídicas geradas por um comportamento desleal dos administradores e sócios-controladores das pessoas jurídicas.

No tocante especificamente ao controlador, já se viu que este exerce a sua influência principalmente no âmbito da Assembleia Geral. Daí a compreensível conexão entre o art. 116, parágrafo único, da Lei nº 6.404/1976, e o art. 115, da mesma lei, segundo o qual "o acionista deve exercer o direito a voto no interesse da companhia". Tanto é assim que várias das hipóteses de abuso de poder de controle descritas no art. 117, § 1º, da Lei nº 6.404/1976, são também exemplos de abuso do direito de voto.

Considerando que o voto é um direito subjetivo, não é razoável sustentar que deva ser

---

[954] Ver FRAZÃO, Ana. *Função social da empresa*. Repercussões sobre a responsabilidade civil de controladores e administradores de S/As. Rio de Janeiro: Renovar, 2011. Capítulo 1.3.2. da Parte I.

[955] Ver FRAZÃO, Ana. *Função social da empresa*. Repercussões sobre a responsabilidade civil de controladores e administradores de S/As. Rio de Janeiro: Renovar, 2011. Capítulo 2.2.3.3. da Parte I.

[956] Daí a acertada conclusão de Dominique Schmidt (*Les conflits d'intérêts dans la société anonyme*. Paris: Joly, 2004. p. 3) de que os acionistas apenas podem pretender a obtenção do enriquecimento pessoal por meio do enriquecimento social.

[957] Ver FRAZÃO, Ana. *Função social da empresa*. Repercussões sobre a responsabilidade civil de controladores e administradores de S/As. Rio de Janeiro: Renovar, 2011. Capítulo 3.3.2. da Parte I.

[958] STJ, REsp 1130103/RJ, rel. Min. Castro Meira, 2ª T., j. 19.08.2010.

exercido tão somente em prol de outros interesses que não o do acionista, sob pena de haver uma indevida funcionalização de um direito subjetivo. Mesmo que se entenda que a participação societária é, na atualidade, uma situação jurídica complexa,[959] já se viu que a atribuição de deveres decorrentes da função social não pode comprometer o conteúdo mínimo de autonomia e individualidade dos titulares.[960]

Por essa razão, a única interpretação possível do referido dispositivo legal é a de que o acionista pode levar em consideração o seu interesse, mas somente (i) na medida em que este seja convergente com a sua posição de sócio, ou seja, com a comunhão dos acionistas em torno do objeto social, e (ii) com o respeito aos demais interesses que atualmente se projetam sobre a empresa.

Consequentemente, o compromisso dos acionistas com os chamados interesses sociais é traduzido nos deveres de cuidado e proteção que precisam orientar o exercício do direito de voto, inclusive no que se refere à tutela dos valores constitucionalmente protegidos e à vedação do excesso e das demais hipóteses de exercício abusivo.

Entretanto, não há que se cogitar do dever de priorizar incondicionalmente os interesses sociais em detrimento dos interesses pessoais dos acionistas. Afinal, a nova definição de interesse social reforça tão somente o compromisso de cada acionista com a comunhão acionária e os demais interesses que devem ser protegidos, a fim de que o direito de voto seja exercido de forma proporcional, não abusiva, atenta aos valores constitucionais e em obediência ao princípio da boa-fé objetiva.

Em outras palavras, o que se proíbe é o voto abusivo. Não é sem razão que o art. 115, da Lei nº 6.404/1976, considera abusivo o voto proferido com o fim de "obter, para si ou para outrem, vantagem a que não faz jus e de que resulte, ou possa resultar, prejuízo para a companhia ou para outros acionistas."

Tal dispositivo, que está relacionado igualmente à vedação do conflito de interesses, é claro no sentido de que a lei não veda a busca de vantagens pessoais por meio do exercício do voto ou dos demais poderes de controle, mas tão somente a busca de vantagens incompatíveis com o objeto social, com o próprio concurso societário e com a noção de interesse social que decorre da função social da empresa.

A peculiaridade da situação do controlador é a de que, na condição de gestor, impõe-se a ele a observância de deveres fiduciários, como os de diligência e lealdade, os quais têm como destinatários não somente a companhia e os minoritários, mas também os consumidores, os trabalhadores e a própria comunidade.

Tais circunstâncias aumentam consideravelmente o grau de cuidado que o controlador deve observar no uso de seus direitos e prerrogativas, impondo-lhe não apenas que vincule a gestão à nova compreensão do interesse social e ao objetivo constitucional da ordem econômica, que é o de assegurar a todos uma existência digna, conforme os ditames da justiça social e da função social da empresa, como também que o seu direito de voto seja exercido em respeito aos interesses da comunhão acionária, aos demais interesses que se projetam sobre a empresa e aos valores constitucionalmente protegidos.

Dentre algumas consequências concretas dos referidos deveres, podem ser citadas:

(i) o alargamento do espectro do voto emulativo, para o fim de abarcar as hipóteses do voto exercido com o fim exclusivo de causar danos a empregados, consumidores, credores, terceiros e a coletividade como um todo;

(ii) a ampliação da repressão ao voto abusivo, já que, além da indenização dos prejuízos, é imperioso que o agente restitua todas as vantagens indevidamente obtidas, o que se justificaria não apenas à luz da função punitiva da responsabilidade civil, mas também com base nos princípios gerais de equidade e de vedação ao enriquecimento sem justa causa;

(iii) a constatação do caráter meramente exemplificativo das hipóteses de abuso de direito de voto contidas no art. 115, da Lei nº 6.404/1976, pois uma das principais repercussões da função social da empresa diz respeito exatamente à vedação geral ao abuso de direito;

---

[959] Para Menezes Cordeiro (A lealdade no direito das sociedades. *Ordem dos Advogados de Portugal*. Disponível em: http://www.ao.pt/Conteudos/Artigos/detalhe_artigo.aspex?idsc=30777&idsc=54103&ida=54129, 2007), a participação societária seria uma "posição complexa (status) que envolve uma relação complexa, com deveres."

[960] Ver FRAZÃO, Ana. *Função social da empresa*. Repercussões sobre a responsabilidade civil de controladores e administradores de S/As. Rio de Janeiro: Renovar, 2011. Capítulo 3.2.6 da Parte I, e Capítulo 1.3. da Parte II.

(iv) o reforço da desnecessidade do dolo para a identificação do voto abusivo, até porque os acionistas, especialmente os controladores, não podem causar danos desproporcionais aos empregados, consumidores e a todos aqueles que, de alguma maneira, se relacionam com a companhia ou sofrem as externalidades da atividade empresarial;

(v) a necessidade de conectar o abuso do direito de voto aos deveres de diligência, lealdade e informação.

16. Diluição do controle ou dispersão acionária

Ana Frazão

Atualmente se fala em sociedades com controle diluído, que seriam os casos de sociedades com apenas ações ordinárias e com ações relativamente dispersas, de modo que não haja acionista majoritário. Segundo Calixto Salomão Filho,[961] apesar das incertezas dogmáticas, a literatura mais recente tende a manifestar sua preferência por sistemas de controle diluído, até por evitar ou atenuar, conforme o caso, o conflito de agência entre acionista controlador e acionistas minoritários.

Entretanto, algumas observações precisam ser feitas. O fato de não haver participação acionária majoritária não afasta a possibilidade de controle majoritário, uma vez que, por meio de diversas estratégias, como o acordo de acionistas, pode ser formado bloco de controle com esse perfil ou se alcançar situação funcionalmente equivalente. Da mesma forma, é possível haver igualmente controle minoritário, o qual pode ser reforçado por meio de acordos de acionistas. É por essa razão que Erica Gorga[962] mostra que, por meio dos acordos de acionistas, é possível relativizar a dispersão acionária mesmo no Novo Mercado, no fenômeno que chama de reconcentração da propriedade dispersa.

Outro exemplo semelhante, mencionado por Calixto Salomão Filho[963] é a hipótese em que o acionista, antes de abrir mão do controle, garanta para si os postos do Conselho de Administração ou ainda continue influenciando diretamente a administração, caso em que a dispersão acionária não assegurará propriamente a inexistência de controle.

Tal aspecto chama a atenção para o fato de que, para se cogitar efetivamente de controle diluído, não pode haver nenhum mecanismo que assegure efeitos semelhantes ao do controle definido, o que somente poderá ocorrer com separação de poderes entre acionistas e a administração, a ser vista diante das circunstâncias concretas de cada companhia.

Em outras palavras, o fato de não haver acionista majoritário também não quer dizer que não possa haver controle minoritário,[964] assim como não quer dizer que não possa haver uma situação de controle gerencial. Somente a observação da dinâmica concreta de poder da sociedade por ações é que poderá dar resposta para tais questionamentos.

É por essa razão que sustenta Calixto Salomão Filho[965] que, uma vez diluído o controle, os membros dos órgãos colegiados, como o Conselho de Administração e o Conselho Fiscal, sejam eleitos respeitando a representação de diferentes interesses envolvidos pela sociedade, concluindo[966] que "é necessário garantir que o sistema de controle concentrado seja substituído por um efetivo sistema societário de pesos e contrapesos, apto a

---

[961] *O novo direito societário.* Eficácia e sustentabilidade. São Paulo: Saraiva, 2019. p. 149.

[962] Vale ressaltar a seguinte passagem de Érica Gorga (*Direito societário atual.* Rio de Janeiro: Elsevier, 2013. p. 50), com base em estudo feito em 2007: "Tais dados sobre o uso extenso de acordos de acionistas, especialmente entre as companhias do Novo Mercado, vêm corroborar a ideia de certa estabilidade no padrão de concentração entre propriedade e controle na companhia aberta brasileira típica. Assim, mesmo nos casos das companhias com maior dispersão de propriedade, encontradas no segmento do Novo Mercado, a adoção de acordos de acionistas como instrumentos de formação e coordenação de blocos de controle, e de reconcentração de propriedade "dispersa", através de contrato, portanto, contribui para a manutenção dos padrões de concentração de propriedade e controle acionários, tal como tradicionalmente ocorre nas companhias abertas brasileiras, de modo a relativizar a importância do fenômeno da maior dispersão da propriedade acionária verificado no Novo Mercado."

[963] *O novo direito societário.* Eficácia e sustentabilidade. São Paulo: Saraiva, 2019. p. 158.

[964] Ver comentários de Ana Frazão ao art. 116, da Lei 6.404/1976, na seção "Dissociação entre a propriedade e o controle e suas repercussões sobre os diversos tipos de controle".

[965] *O novo direito societário.* Eficácia e sustentabilidade. São Paulo: Saraiva, 2019. p. 159.

[966] *O novo direito societário.* Eficácia e sustentabilidade. São Paulo: Saraiva, 2019. p. 160.

garantir a recepção interna e o respeito aos vários interesses envolvidos pela sociedade."

De toda sorte, estando o capital pulverizado, não havendo nenhum tipo de controle e sendo respeitada a separação entre os direitos e funções dos acionistas e dos administradores, é possível realmente se cogitar de uma situação de controle diluído ou de companhias sem controle, caso em que a Assembleia Geral passará a ter um grande protagonismo, como efetivo palco em que as deliberações serão tomadas.

Consequentemente, em um cenário assim, neutraliza-se o conflito entre acionistas controladores e minoritários, mas se realça o potencial conflito entre acionistas e administradores.

Vale ressaltar que, com a introdução do voto plural, já se viu ser possível a estruturação de nova forma de poder de controle, com base no número de votos conferidos pelas ações com direito a voto. Como tal tipo de controle foi pensado para ser delimitado no tempo, ainda que possa ser prorrogado para além do prazo inicial, é fundamental se atentar para o requisito do tempo, a fim de se poder concluir pela sua estabilidade e permanência ou não em cenários de curto e médio prazo.

17. Outras instâncias de poder na sociedade por ações: declínio do protagonismo do controle?

Ana Frazão

Desde a sua identificação e reconhecimento legal, o controle tem sido visto pelo Direito Societário e pelas demais áreas de regulação da atividade econômica como o elemento central da gestão e da estrutura de poder das sociedades por ações e também dos grupos societários.

Tanto isso é verdade que, embora o elemento primordial e incontroverso para a caracterização dos grupos societários seja a direção unitária, parte expressiva da doutrina, apenas compreende esta última a partir da noção de controle.[967] Sob essa perspectiva, o problema dos grupos societários pode ser visto essencialmente como o problema de controle de uma sociedade sobre outras.

Entretanto, por mais que os dois conceitos – controle e direção unitária – estejam normalmente presentes na maioria dos grupos, é possível que a direção unitária decorra de outras causas que não propriamente o controle, tal como é o caso da influência significativa, posição acionária que vem recebendo cada vez mais atenção, diante da sua importância tanto no plano atomístico – o da arquitetura do poder da companhia em si – como no plano molecular – o da arquitetura do poder dos grupos.

Uma das razões que justificam a importância atual da influência significativa é o fenômeno da desagregação da empresa, que se projeta igualmente sobre a desagregação do poder empresarial, que passa a ser cada vez mais fragmentado e pulverizado. Em outras palavras, o poder empresarial deixa de estar necessariamente concentrado – como na hipótese do controle, que envolve uma dominação –, e passa a ser exercido por outras formas mais sutis, mas que nem por isso deixam de ser relevantes.

Daí as atenções terem se voltado na atualidade para a ideia de influência significativa, posição societária inferior ao controle, já que não envolve a dominação ou o comando da sociedade, mas é superior a uma mera participação societária simples (investimento passivo ou societário), motivo pelo qual pode ter importantes consequências jurídicas, inclusive para fins de possibilitar a configuração de um grupo econômico.

Veja-se, em primeiro lugar, que a ideia de influência significativa não é incompatível com o controle. Muito pelo contrário, parte da premissa de que as duas situações podem coexistir: enquanto determinado agente exerce o controle, outro(s) agente(s) pode(m) exercer influência significativa e, de alguma maneira, moldar o próprio exercício do controle.

Vale igualmente ressaltar que a recente Lei nº 11.941/2009, ao modificar a Lei nº 6.404/1976, ofereceu importantes critérios para a compreensão da influência significativa. Afinal, agora a lei entende como coligadas "apenas as sociedades nas quais a investidora tenha influência significativa" (§ 1º do art. 243, da Lei nº 6.404/1976).

É interessante notar que a redação original da Lei nº 6.404/1976 entendia como coligada toda sociedade que detivesse participação societária igual ou superior a 10% em outra sociedade sem controlá-la. Todavia, a nova redação da Lei nº 6.404/1976 reforça que a simples titularidade de participação societária igual ou superior a 10% é irrelevante para efeitos societários. O que verdadeiramente importa é saber se desta participação surge uma influência significativa, o que se traduz na interferência sobre a sociedade coligada,

---

[967] Ver FRAZÃO, Ana. *Direito da concorrência:* pressupostos e perspectivas. São Paulo: Saraiva, 2017. p. 170-177.

ainda que em grau menor do que o da dominação que caracteriza o controle.

Para evitar compreensões indevidas, a própria Lei nº 6.404/1976, nos novos parágrafos acrescentados pela Lei 11.941/2009, definiu a influência significativa como a situação em que "a investidora detém ou exerce o poder de participar nas decisões das políticas financeira ou operacional da investida, sem controlá-la" (§ 4º do art. 243), prevendo também a presunção de "influência significativa quando a investidora for titular de 20% (vinte por cento) ou mais do capital votante da investida, sem controlá-la." (§ 5º do art. 243).

Ora, a identificação da influência relevante, ainda mais a partir da efetiva participação nas decisões das políticas financeira ou operacional da investida, certamente poderia ser considerada um critério possível para a configuração dos grupos, desde que suficiente para configurar a direção econômica unitária.[968]

De toda sorte, já se vê que apenas se cogita de influência significativa quando se tem "o poder de participar nas decisões das políticas financeira ou operacional da investida", sendo mera presunção relativa a de que a participação societária superior a 20% implica a influência significativa.

Dessa maneira, a questão da influência significativa impõe ainda mais desafios ao Direito Societário, até por envolver a discussão sobre o compartilhamento do poder empresarial entre o(s) seu(s) titular(es) – já que nada obsta que haja mais de um acionista com influência significativa – e o controlador. Ora, se a identificação do controle teve por objetivo precisamente o equacionamento entre poder e responsabilidade, a mesma preocupação deve ocorrer em relação a todas as demais formas de exercício de poder em uma sociedade por ações.

Logo, será sempre fundamental analisar as relações entre o titular do controle e o titular da influência significativa, para se entender o arranjo específico de poder que foi constituído no caso concreto. A partir daí, se poderá chegar à conclusão em torno da existência ou não de grupo ou de uma coordenação mais intensa entre os agentes envolvidos.

Para se ter uma ideia da extensão do debate, hoje se discute, no Direito da Concorrência, até mesmo o eventual poder que pode decorrer de uma participação minoritária. Com efeito, há casos em que a participação minoritária, apesar de não levar à influência significativa nem ao controle, não corresponde a um investimento meramente financeiro, na medida em que possibilita contatos entre concorrentes ou acesso a informações estratégicas que podem alterar a estrutura de poder da sociedade e até mesmo a dinâmica concorrencial em que se insere determinada sociedade.

Ainda existe a situação dos minoritários ativistas que, a depender do caso, pode resultar em considerável exercício de influência, como explica Ana Perestrelo de Oliveira:[969]

> De qualquer modo, quando falamos em ativismo, em vez de nos situarmos no chamado "mercado do controlo", estamos no âmbito do "mercado da influência". O investidor ativista não detém o controlo, depende antes de convencer a administração e os restantes acionistas, através do lançamento de campanhas. Os restantes investidores institucionais não tomam a iniciativa de propor mudanças na sociedade, mas estão dispostos a apoiar as propostas dos investidores ativistas que não têm posição controladora.

Tais circunstâncias mostram que, em um cenário de fragmentação e pulverização do poder empresarial e econômico, cada vez mais é difícil fazer avaliações a partir do referencial estático das participações societárias, sendo necessário envidar esforços para buscar uma maior contextualização destas em razão das peculiaridades do mercado, dos agentes envolvidos e das relações que já possuem, bem como das próprias características das operações que envolvem as aquisições dessas ações.

Ao lado de posições de poder que envolvem permanência e efetividade, podem existir outras posições de poder que, embora não tenham essas características, podem ser igualmente importantes para a compreensão da dinâmica das sociedades por ações e para efeitos de se saber se deveriam estar sujeitas a um regime de responsabilidade que, embora distinto daquele do controlador – até porque este pressupõe o exercício

---

[968] É o que defende Walfrido Warde Jr. O fracasso do direito grupal brasileiro: a institucionalização do controle oculto e de sua subreptícia transferência. In: ARAUJO, Danilo; WARDE JR., Walfrido (org.). *Os grupos de sociedades*. Organização e exercício da empresa. São Paulo: Saraiva, 2012. p. 120.

[969] *Manual de governo das sociedades*. Coimbra: Almedina: 2018. p. 67.

do poder de controle – possa ser mais rigoroso do que o dos meros investidores, que de fato não exercem nenhum tipo de poder relevante em relação à sociedade.

Dessa maneira, assim como já se fala, acertadamente, de abusos das minorias, o que precisa ser ressaltado é que as minorias não correspondem a um conjunto uniforme, de forma que, quanto maior o poder detido por um minoritário, maior será a possibilidade de abuso e maior deverá ser a sua responsabilidade em razão disso.

No contexto grupal, tal preocupação torna-se ainda mais relevante, pois é preciso analisar as participações acionárias em um contexto maior, que leve em consideração todas as demais relações entre as sociedades unidas por participações societárias, como empreendimentos comuns (consórcios ou sociedades de que são simultaneamente sócias, *interlocking* ou administradores comuns, dentre outros), bem como as conexões entre as sociedades coligadas por meio de conectores ou agentes comuns (como fundos de investimento ou importantes investidores institucionais), dentre outros.

Aliás, sobre o tema, é importante destacar que as repercussões societárias e concorrenciais da participação de importantes investidores institucionais e de fundos de investimento está longe de ser devidamente compreendida, o que exige um cuidado redobrado para a compreensão da estrutura de poder das sociedades.

No atual cenário econômico, para fazer valer o princípio da supremacia da realidade sobre a forma, é fundamental analisar com cuidado as formas aparentemente sutis e fragmentadas de poder nas sociedades, mas que podem ter grande importância tanto no âmbito atomístico – a sociedade isolada – como no âmbito molecular – a sociedade em seu contexto de relacionamento com outras sociedades, inclusive para efeitos de se saber se há ou não a constituição de grupo. Como bem adverte Ana Perestrelo de Oliveira,[970] "é cada vez mais imperativo considerar a posição de múltiplos sujeitos para além dos administradores e, inclusive, dos acionistas controladores."

Todavia, a tarefa de compreender a real estrutura de poder de uma sociedade por ações pode ser muito dificultada sem a devida transparência. Daí por que os Princípios de Governança Corporativa da OCDE,[971] partindo da premissa de que algumas estruturas possibilitam a um acionista exercer grau de controle sobre uma companhia de forma desproporcional à sua participação societária, recomendam o *disclosure* sobre as estruturas do capital e arranjos de controle.

18. Investidores institucionais: passividade ativa?

Ana Frazão

Já se adiantou, nos comentários ao art. 1º, da Lei nº 6.404/1976, que, na atualidade, a figura da sociedade por ações isolada perdeu parte do seu protagonismo, diante da importância cada vez maior dos grupos societários e de outros agentes relevantes, como os fundos de investimento e outros importantes veículos de investimento.

Nesse contexto, é compreensível que as atenções se voltem para o controle exercido por meio desses fundos, como bem percebeu Calixto Salomão Filho:[972]

> É preciso, no entanto, chamar a atenção para um fenômeno relativamente novo e que não pode passar despercebido ao direito societário. Trata-se do controle passivo exercido por grandes fundos de investimentos sobre grandes companhias. Fenômeno já bastante presente no mercado americano, em que os maiores acionistas de 90% das companhias da SP 500 são grandes fundos de ações (Vanguard, State Street e Black Rock), é insipiente, mas presente no Brasil. Empresas relevantes, como Embraer, têm entre seus maiores acionistas exatamente esses fundos. Esses fundos atuam, no mais das vezes, como controladores passivos, fenômeno de relevância tanto para o direito societário como para o direito antitruste.

Mas não são apenas os fundos de investimento ou *asset managers* que importam nesse cenário. A categoria dos chamados investidores institucionais é formada por um grupo consideravelmente heterogêneo, em que estão presentes também bancos, fundos de pensão, seguradoras e outros agentes que, embora com perfis bastante distintos, compartilham algumas características, assim sistematizadas por

---

[970] *Manual de governo das sociedades*. Coimbra: Almedina: 2018. p. 29.

[971] Disponível em: https://www.oecd.org/daf/ca/Corporate-Governance-Principles-ENG.pdf, p. 24-25.

[972] *O novo direito societário*. Eficácia e sustentabilidade. São Paulo: Saraiva, 2019. p. 147.

Monica Fujimoto:[973] (i) capacidade expressiva de investimento, (ii) maciça presença e atividade no mercado de capitais, (iii) capilaridade e multiplicidade de investimentos realizados e (iv) papel relevante nas companhias investidas, tendo em vista que, mesmo com participações minoritárias, têm interesse em influenciar nas escolhas relacionadas à governança e ao desempenho das empresas nas quais investem.

Apesar de ser muito difícil mapear com precisão toda a estratégia de ação dos investidores institucionais, já existe uma literatura consistente no sentido de que tais investidores, especialmente os grandes fundos de investimento, interferem, ainda que de forma não explícita, nos processos decisórios das investidas a tal ponto que acarretariam o fenômeno da reconcentração acionária.[974]

Na verdade, é cada vez mais difícil separar o que é uma participação minoritária passiva de uma participação minoritária que, embora não seja suficiente para caracterizar o controle, seja suficiente para caracterizar a influência significativa, ainda que em percentuais inferiores aos previstos pela Lei nº 6.404/1976. Trata-se de avaliação essencialmente fática e que pode impor aos juristas e estudiosos desafios ainda maiores do que aqueles existentes para a identificação do controle.

Em muitos casos, pode-se cogitar de verdadeira "passividade ativa", exercida não apenas por meio do direito de voto, mas também por meio de estratégias de bastidores ou implícitas, bem como obstruções, direito de voz e outras medidas que podem ter como resultado a influência decisiva em uma deliberação da companhia.[975]

O fato é que muitos investidores institucionais têm influência indireta sobre os administradores das companhias investidas e diversas outras formas de exercício de influência, o que faz com que possam exercer um poder considerável e superior ao da influência significativa, a ponto de constituir até mesmo um controle paralelo.

Além das discussões sobre os deveres e responsabilidades decorrentes de tais posições de poder, a presença de tais agentes ocasiona também um aumento exponencial nos conflitos de agência. Como mostra Ana Perestrelo de Oliveira,[976] abre-se a possibilidade de conflitos múltiplos, decorrentes da participação cada vez mais importante de fundos e sociedades de investimento, em que o investidor (principal na relação com a sociedade investida) é agente de outros investidores (os "principais últimos").

Segundo a autora,[977] um fator que potencializa esses conflitos múltiplos é que os investidores institucionais muitas vezes priorizam a maximização do investimento global, o que não necessariamente coincidirá com a maximização do valor da companhia investida, além da priorização dos retornos a curto prazo (*short termism*). Daí a sua conclusão de que "um dos grandes desafios do governo societário hoje, em especial nas sociedades cotadas, é assegurar que a sociedade continue a ser gerida com um horizonte temporal alargado, não obstante os objetivos de curto prazo de boa parte de seus investidores."[978]

Além de problemas concorrenciais, de risco sistêmico, de padronização indevida das práticas comerciais, ainda existe a discussão sobre o real impacto da presença de tais investidores sobre as companhias, uma vez que o seu interesse é o investimento financeiro de curto ou médio prazo, o que pode comprometer a subsistência e a permanência a longo prazo das companhias investidas.

Dessa maneira, é urgente que o Direito Societário possa refletir sobre o papel de tais investidores, a fim de encontrar um adequado

---

[973] *Participações minoritárias de investidores institucionais em sociedades concorrentes. Implicações competitivas da common ownership no Brasil.* Dissertação de Mestrado apresentada na Universidade de Brasília. 2020. p. 37-39.

[974] Ver, por todos, o interessante estudo de Fichter, Heemskerk e Garcia-Bernardo. Hidden power of the Big Three? Passive index funds, re-concentration of corporate ownership, and new financial risk. *Business and Politics*, 2017. Disponível em: https://doi.org/10.1017/bap.2017.6 2017.

[975] FUJIMOTO, Monica. *Participações minoritárias de investidores institucionais em sociedades concorrentes.* Implicações competitivas da *common ownership* no Brasil. 2020. Dissertação (Mestrado) – Universidade de Brasília, Brasília, 2020. p. 76-86.

[976] OLIVEIRA, Ana Perestrelo de. *Manual do Governo das Sociedades.* Coimbra: Almedina, 2018. p. 17-18.

[977] OLIVEIRA, Ana Perestrelo de. *Manual do Governo das Sociedades.* Coimbra: Almedina, 2018. p. 17-21.

[978] OLIVEIRA, Ana Perestrelo de. *Manual do Governo das Sociedades.* Coimbra: Almedina, 2018. p. 21.

regime de responsabilidades e assegurar que os benefícios que decorrem da sua possibilidade de investimento sejam compatíveis com preocupações concorrenciais, com a administração dos conflitos de agência e sobretudo com a manutenção a longo prazo das companhias.

Não é sem razão que os Princípios de Governança Corporativa da OCDE[979] dedicam parte de suas preocupações aos investidores institucionais, recomendando, dentre outras medidas, (i) a transparência sobre a governança corporativa e as políticas de voto relacionadas aos seus investimentos, incluindo os procedimentos utilizados para decidir sobre o uso dos direitos de voto, (ii) a transparência sobre como endereçam conflitos de interesse materiais que podem afetar o exercício dos direitos de propriedade relacionados a seus investimentos.

Ademais, os Princípios da OCDE[980] também recomendam que tais medidas de governança corporativa alcancem a todos os intermediários que, como é o caso de analistas, corretores, *proxy advisors* e agências de *rating*, ofertam análises ou aconselhamentos relevantes para as decisões dos investidores institucionais, a fim de que possam publicizar e minimizar os conflitos de interesse que possam comprometer a integridade de suas análises ou aconselhamentos.

Art. 116-A. O acionista controlador da companhia aberta e os acionistas, ou grupo de acionistas, que elegerem membro do conselho de administração ou membro do conselho fiscal, deverão informar imediatamente as modificações em sua posição acionária na companhia à Comissão de Valores Mobiliários e às Bolsas de Valores ou entidades do mercado de balcão organizado nas quais os valores mobiliários de emissão da companhia estejam admitidos à negociação, nas condições e na forma determinadas pela Comissão de Valores Mobiliários. (Incluído pela Lei 10.303, de 2001)

COMENTÁRIOS

1. Dever de informar do controlador ou dos acionistas ou grupos de acionistas que elegerem membro do Conselho Fiscal ou de Administração

Ana Frazão

O art. 116-A foi introduzido na Lei nº 6.404/1976 pela Lei nº 10.303/2001. O dispositivo instituiu o dever do acionista o controlador e dos acionistas que elegerem membros para o conselho de Administração ou membros para o Conselho Fiscal de informarem quaisquer modificações em suas participações acionárias à Comissão de Valores Mobiliários e às Bolsas de Valores ou às entidades do mercado de balcão organizado, conforme o caso.

Antes da Lei nº 10.303/2001, o dever de informar do controlador já estava previsto no art. 6º da ICVM 299/1999 da CVM,[981] segundo o qual o acionista controlador deveria comunicar imediatamente à CVM e às Bolsas de Valores ou às entidades de mercado de balcão organizado o aumento de sua participação no capital social sempre que houvesse a aquisição de cinco por cento ou mais de qualquer espécie ou classe de ação ou de debêntures conversíveis em ações, bônus de subscrição ou de outros valores mobiliários de mesma índole. Posteriormente, a Instrução nº 299/1999 foi revogada pela Instrução Normativa nº 361/2002, que depois foi revogada pela Resolução nº 85/2022.

O dever de informar também já havia sido previsto no Regulamento de Listagem no Novo Mercado, cujos itens 9.1 e 9.1.1 obrigavam o acionista controlador a informar à Bolsa de Valores, logo após a aquisição do controle, a quantidade e as características dos valores mobiliários de emissão da companhia de sua titularidade assim a como comunicar, detalhadamente, eventuais negociações desses valores em até dez dias após o término do mês em que a transação tivesse ocorrido.[982]

---

[979] Disponível em: https://www.oecd.org/daf/ca/Corporate-Governance-Principles-ENG.pdf, p. 30-32.

[980] Disponível em: https://www.oecd.org/daf/ca/Corporate-Governance-Principles-ENG.pdf, p. 32.

[981] Daí por que a doutrina prefere dizer que o art. 116-A "consolidou o princípio do dever de informar". Neste sentido, CARVALHOSA, Modesto. *Comentários à Lei de Sociedades Anônimas*. São Paulo: Saraiva, 2011. p. 565, v. 2. EIZIRIK, Nelson. *A Lei das S/A comentada*. São Paulo: Quartier Latin, 2011. p. 680, v. 1.

[982] A versão em vigor do Regulamento de Listagem no Novo Mercado, de 02.05.2018, não contém previsão semelhante. A omissão se explica em virtude da introdução do art. 116-A, que tornou dispensável a autorregulação da matéria, ao tornar obrigatório o dever de informar para os acionistas controladores de todas as companhias abertas.

A Lei nº 10.303/2001 ampliou o alcance do dever de informar previsto na Instrução 299/1999 da CVM.[983] Além do acionista controlador, o art. 116-A também determina que os "acionistas, ou grupo de acionistas, que elegerem membro do conselho de administração ou membro do conselho fiscal" informem, imediatamente, eventuais alterações em suas participações societárias. Com a entrada em vigor da Lei nº 10.303/2001, houve, portanto, uma ampliação no rol de sujeitos passivos do dever de informar, que, sob a égide da Instrução nº 299 da CVM, era apenas o acionista controlador.

A comunicações previstas no art. 116-A devem ser feitas nas condições e na forma determinadas pela CVM, que disciplinou a matéria na atual Resolução CVM 44/2021, segundo a qual deverão ser informadas à companhia todas as informações previstas no caput do art. 12, bem como as negociações relevantes, sendo assim consideradas, na forma do art. 12, § 1º, aquelas por meios das quais a participação direta ou indireta "ultrapassa, para cima ou para baixo, os patamares de 5% (cinco por cento), 10% (dez por cento), 15% (quinze por cento) e assim sucessivamente, de espécie ou classes de ações representativas do capital social de companhia aberta".

A Lei, como visto, impõe o dever de informar apenas ao acionista controlador e àqueles acionistas que elegerem conselheiros fiscais ou de administração. A Resolução CVM 44/2021, contudo, estende a obrigação a quaisquer pessoas físicas ou jurídicas ou grupos de pessoas agindo em conjunto ou representando interesses comuns que realizarem negociações relevantes.

As alterações relevantes nas participações societárias deverão ser comunicadas pelos acionistas à companhia, ficando a cargo do Diretor de Relações com Investidores a transmissão das informações, assim que recebidas, à CVM e às Bolsas de Valores ou entidades de balcão organizado, conforme o caso, nas quais as ações estejam admitidas à negociação (art. 12, § 6º, da Resolução CVM 44/2021).

Além da quantidade, classe e espécie das ações que são objeto da negociação, deverão ser informados a existência de qualquer acordo regulando o exercício do direito de voto ou a compra e venda de valores mobiliários de emissão da companhia, o objetivo das aquisições e, se for o caso, a declaração de que elas não têm por objeto a alteração do controle ou da estrutura administrativa da sociedade, dentre outras coisas.

A inclusão do art. 116-A na Lei nº 6.404/1976 visa a assegurar maior transparência e confiabilidade ao mercado de capitais, inibindo abusos que possam comprometer sua higidez. A regra é particularmente importante para facilitar a fiscalização e a repressão ao *insider trading*, que, como se verá com maiores detalhes nos comentários ao art. 155, refere-se à utilização de informações relevantes sobre valores mobiliários por pessoas que têm acesso a dados sobre os negócios da companhia emissora antes que sejam de conhecimento público.[984]

O art. 2º da Resolução CVM 44/2021 define como relevante qualquer decisão do acionista controlador, da assembleia geral ou dos órgãos de administração da companhia aberta ou qualquer outro ato que possa influir, de modo ponderável, na cotação dos valores mobiliários, na decisão dos investidores de negociarem com eles ou de exercerem quaisquer direitos inerentes à condição de titular desses valores mobiliários.

Em regra, é vedada a negociação com valores mobiliários de emissão da companhia pelos acionistas controladores, diretos ou indiretos, e pelos administradores e conselheiros fiscais, assim como por quem quer que, em virtude de seu cargo, função ou posição na companhia aberta, sua controladora, suas controladas ou coligadas, tenha conhecimento da informação relativa ao ato ou fato relevante, antes de sua divulgação ao mercado (art. 13 da Resolução CVM 44/2021). A importância do princípio da transparência no mercado de capitais será examinada, com mais cuidado, nos comentários ao art. 155.

É inequívoco que está sujeito às determinações do art. 116-A da Lei nº 6.404/1976 o controlador cujo poder decorre do voto plural, nos termos do que foi instituído pela Lei nº 14.195/2021. Afinal, trata-se de disposições que se estendem a qualquer tipo de controle.

Responsabilidade

Art. 117. O acionista controlador responde pelos danos causados por atos praticados com abuso de poder.

---

[983] A Instrução CVM 299/1999 foi revogada pela Instrução CVM 361/2002, que, por sua vez, foi revogada pela Resolução CVM 85/2022.

[984] Cf. EIZIRIK, Nelson et al. *Mercado de capitais* – regime jurídico. Rio de Janeiro: Renovar, 2011. p. 554.

§ 1º São modalidades de exercício abusivo de poder:

a) orientar a companhia para fim estranho ao objeto social ou lesivo ao interesse nacional, ou levá-la a favorecer outra sociedade, brasileira ou estrangeira, em prejuízo da participação dos acionistas minoritários nos lucros ou no acervo da companhia, ou da economia nacional;

b) promover a liquidação de companhia próspera, ou a transformação, incorporação, fusão ou cisão da companhia, com o fim de obter, para si ou para outrem, vantagem indevida, em prejuízo dos demais acionistas, dos que trabalham na empresa ou dos investidores em valores mobiliários emitidos pela companhia;

c) promover alteração estatutária, emissão de valores mobiliários ou adoção de políticas ou decisões que não tenham por fim o interesse da companhia e visem a causar prejuízo a acionistas minoritários, aos que trabalham na empresa ou aos investidores em valores mobiliários emitidos pela companhia;

d) eleger administrador ou fiscal que sabe inapto, moral ou tecnicamente;

e) induzir, ou tentar induzir, administrador ou fiscal a praticar ato ilegal, ou, descumprindo seus deveres definidos nesta Lei e no estatuto, promover, contra o interesse da companhia, sua ratificação pela assembleia-geral;

f) contratar com a companhia, diretamente ou através de outrem, ou de sociedade na qual tenha interesse, em condições de favorecimento ou não equitativas;

g) aprovar ou fazer aprovar contas irregulares de administradores, por favorecimento pessoal, ou deixar de apurar denúncia que saiba ou devesse saber procedente, ou que justifique fundada suspeita de irregularidade.

h) subscrever ações, para os fins do disposto no art. 170, com a realização em bens estranhos ao objeto social da companhia. (Incluída dada pela Lei 9.457, de 1997)

§ 2º No caso da alínea e do § 1º, o administrador ou fiscal que praticar o ato ilegal responde solidariamente com o acionista controlador.

§ 3º O acionista controlador que exerce cargo de administrador ou fiscal tem também os deveres e responsabilidades próprios do cargo.

COMENTÁRIOS

1. Responsabilidade do acionista controlador

Sérgio Campinho

O poder de comandar os negócios sociais é perfeitamente legítimo e justificável. A universalidade das decisões societárias e a atividade empresarial em si considerada são orientadas por esse poder de controle, o qual se exerce pelo voto, baseado na autoridade decisória da assembleia geral, órgão no qual será expressada a vontade da companhia. Contudo, o acionista controlador, detentor de uma posição privilegiada em relação ao universo dos demais sócios, não pode orientar os negócios da companhia em benefício próprio ou de terceiros. O seu poder decisório não deve ser usado senão em favor da própria empresa realizada pela sociedade que comanda. Encontra-se vinculado ao escopo de fazer a companhia realizar lucrativamente o seu objeto e cumprir a sua função social, jamais se materializando como um poder absoluto. Possui ele, assim, deveres e responsabilidades para com os demais acionistas que integram a companhia, os que nela trabalham e a comunidade em que atua, cujos direitos e interesses deve lealmente observar e atender (parágrafo único do art. 116 da LSA).

O poder de controle exercita-se, portanto, sem desvios ou abusos. Estes restarão caracterizados, com a correspondente obrigação de indenizar os prejuízos causados, quando a condução da vontade social não tiver por fim o interesse social, mas sim visar a beneficiar exclusivamente um interesse particular do controlador,[985] em detrimento da companhia, dos acionistas minoritários, dos trabalhadores, dos investidores em valores mobiliários e da comunidade em que atua, por exemplo.

Em síntese, o poder de controle não pode ser exercido em benefício unilateral e exclusivo do

---

[985] Esse interesse particular poderá se traduzir em vantagem pessoal ou em favor de outrem.

acionista controlador,[986] cumprindo equilibrar-se com os interesses da companhia, da coletividade dos seus acionistas e dos demais interesses que tem o dever de observar e preservar, devendo conduzir-se segundo os padrões éticos e jurídicos que orientam a atividade econômica.[987]

Sempre que caracterizado o abuso, deve o acionista controlador responder pelos danos derivados de sua conduta. Com efeito, a sanção prevista no *caput* do art. 117 da LSA é a da reparação de danos, nela não existindo previsão para a invalidação do ato abusivo. No entanto, quando o ato de abuso se verificar na deliberação tomada em assembleia geral decorrente de voto em situação de conflito com o interesse da companhia, é possível a sua anulação (§ 4º do art. 115 da LSA).[988]

Para o sucesso dessa responsabilização, impõe-se ao prejudicado fazer a prova do dano patrimonial efetivo, não bastando demonstrar, apenas, a conduta capitulada como abusiva. O dano, destarte, deve ser concreto e atual, não se admitindo pretensão a ressarcimento de dano hipotético, possível ou futuro.

O beneficiário da indenização é aquele que sofreu o dano em decorrência da conduta abusiva do controlador – sujeito passivo da relação processual –, podendo ser, por exemplo, a própria sociedade, os acionistas minoritários, os empregados, os investidores e a comunidade.

Deve-se presumir, contudo, a legitimidade da soberania societária desempenhada pelo controlador na gestão dos negócios sociais até efetiva e concreta prova em sentido contrário. O controle da legalidade dos atos societários, concebido para impedir a violação da lei e o abuso do direito, não pode servir de óbice ao fluxo normal dos negócios sociais, a partir de questionamentos acerca de mera conveniência e oportunidade da tomada de uma decisão.

Reunindo o controlador a função de administrador ou fiscal da companhia, seus deveres e responsabilidades passam a ser cumulativos, não se liberando, pois, daqueles inerentes ao cargo que ocupa.

O § 1º do art. 117 da LSA apenas enumera as modalidades de exercício abusivo do poder de comandar os negócios sociais. Desse modo, o dispositivo não traduz uma listagem fechada, mas tão somente exemplificativa. Outras condutas, diante da avaliação no caso concreto, podem vir a caracterizar abuso do poder de controle.

2. Cláusula geral de vedação ao abuso de poder de controle

Ana Frazão

Para lidar com os diversos conflitos de agência que envolvem o controlador, lembram Armour et al.[989] que existe um verdadeiro leque de alternativas, que vão desde as estratégias regulatórias, que contenham regras ou *standards* prescritivos, cuja eficácia dependa de uma autoridade externa (como juízes ou um órgão regulatório), até as estratégias de governança, voltadas para proteger os interesses envolvidos apenas indiretamente, seja aumentando o poder daqueles que serão afetados pelo voto conflitante, seja moldando os incentivos para evitar situações de conflito.

A responsabilidade civil dos controladores encontra-se precisamente dentre as estratégias regulatórias, cujo regime está delineado, na Lei nº 6.404/1976, basicamente em três artigos: (i) o art. 115, que trata do direito de voto, sendo aplicável a todos os acionistas e, com maior razão, ao acionista controlador, (ii) o art. 116, parágrafo único, que contém a cláusula geral da função social da empresa e os deveres dela decorrentes; e (iii) o art. 117, que trata da vedação ao abuso de poder de controle, inclusive com a descrição de determinadas condutas abusivas.

É importante salientar que, havendo o controle, qualquer que seja o tipo,[990] estará o controlador sujeito a responder civilmente pelos danos decorrentes do abuso. Tais conclusões aplicam-se igualmente ao controlador indireto, nos termos da jurisprudência da CVM,[991] que chega a admitir a possibilidade de cumulação de

---

[986] EIZIRIK, Nelson. *A lei das S/A comentada*. 2. ed. São Paulo: Quartier Latin, 2015. p. 246, v. 2.

[987] BORBA, José Edwaldo Tavares. *Direito societário*. 14. ed. São Paulo: Atlas, 2015. p. 345.

[988] EIZIRIK, Nelson. *A lei das S/A comentada*. 2. ed. São Paulo: Quartier Latin, 2015. p. 246, v. 2.

[989] ARMOUR, John et al. Legal Strategies for Reducing Agency Costs. In: KRAAKMAN, Reinier et al. *The Anatomy of Corporate Law*. A Comparative and Functional Approach. New York: Oxford University Press, 2017. p. 31-32.

[990] Ver comentários de Ana Frazão ao art. 116, da Lei 6.404/1976.

[991] No Inquérito Administrativo 30/98 RJ (CVM, rel. Dir. Marcelo F. Trindade, j. 05.07.2001), o voto do Diretor Relator acentuou que "O fato de se tratar de controle indireto não afasta, a meu sentir, a responsabilidade dos referidos

responsabilidades entre o controlador direto e o indireto.

Como o controlador exerce a sua influência principalmente no âmbito da Assembleia Geral, é compreensível a conexão existente entre o art. 115, especialmente na parte em que determina que "o acionista deve exercer o direito a voto no interesse da companhia", o art. 116, parágrafo único, e o art. 117, da Lei nº 6.404/1976. Tanto é assim que várias das hipóteses de abuso de poder de controle descritas no § 1º são também exemplos de abuso do direito de voto. Não é sem razão que, nos comentários ao art. 115, já se mostrou uma série de hipóteses de abuso de poder de controle que decorrem de abuso do direito de voto por parte do controlador.

É interessante notar que o art. 117, da Lei nº 6.404/1976, contém uma vedação geral ao abuso do poder de controle, prevendo que "o acionista controlador responde pelos danos causados por atos praticados com abuso de poder." Logo adiante, em seu § 1º, estão listadas uma série de condutas vedadas, que correspondem aos casos mais evidentes de abuso do poder de controle, sendo que muitos deles deixam claro que, dentre os interesses a serem protegidos pelos controladores, estão os dos investidores, os dos trabalhadores e mesmo os da economia nacional.

As peculiaridades do abuso e as suas diferenças das condutas ilegais já foram devidamente abordadas nos comentários ao art. 115, da Lei nº 6.404/1976, em que se deixou claro que o abuso decorre de uma situação em que o ponto de partida é o exercício de um direito ou liberdade, de forma que o desafio é encontrar critérios para saber a partir de que momento o titular sai do exercício regular e adentra no exercício abusivo. Daí por que é fundamental a ideia de desvio de finalidade para a compreensão do abuso, nos termos do que prevê o art. 187, do Código Civil.

Assim, pode-se afirmar que abusa do poder de controle todo aquele que se utiliza do seu poder de forma manifestamente excessiva diante das finalidades sociais e econômicas do seu direito, da boa-fé e dos bons costumes. Trata-se de juízo qualitativo – saber se a ação do controlador é compatível com os vetores finalísticos e de boa-fé dos seus direitos e liberdades – e quantitativo – saber se houve adequação e razoabilidade entre os meios e fins escolhidos pelo controlador – e que tem como parâmetro de análise o interesse social.[992]

É inequívoco que se trata de responsabilidade subjetiva, que depende da constatação da reprovabilidade da conduta a partir da identificação da prática de conduta vedada ou de violação aos deveres fiduciários, como será mais bem explorado adiante.[993]

A incidência da cláusula geral de vedação ao abuso de poder de controle tem como consequência a possibilidade de admiti-lo igualmente na modalidade culposa, o que abre a possibilidade de incorporação de uma série de condutas abusivas já consolidadas pelo direito estrangeiro, especialmente em casos de deslealdade e opressão de minoritários.[994]

---

indiciados. A própria Lei das S.A. reconhece a existência do controle indireto (art. 243, § 2º), assim como o faz a doutrina." Já no julgamento do Processo Administrativo 07/05/RJ (CVM, rel. Dir. Pedro Oliva Marcilio de Sousa, j. 24.04.2007), assim se manifestou o Relator: "Assim, em tese me parece possível que se possa acusar o controlador indireto por abuso do poder de controle na forma do art. 117 da Lei das S.A.. Contudo, creio que somente se deve fazê-lo quando a imputação ao controlador direto for insuficiente para alcançar os agentes que deram causa à violação. Em outras palavras: é preciso estar provado que as decisões ou políticas indevidas emanaram do controlador indireto. E mesmo sendo esse o caso, me parece que não se deve deixar de imputar responsabilidade também ao controlador direto que tiver implementado tais políticas através dos atos societários formais."

[992] Ver comentários de Ana Frazão ao art. 2º da Lei 6.404/1976, nas diversas seções sobre o interesse social.

[993] Ver comentários de Ana Frazão ao art. 117, da Lei 6.404/1976, na seção "Natureza subjetiva da responsabilidade civil por abuso de poder de controle."

[994] Reproduz-se a lição de Judith Martins-Costa (Os avatares do abuso de direito e o rumo indicado pela boa-fé. In: TEPEDINO, Gustavo (org.). *Direito civil contemporâneo*. Novos problemas à luz da legalidade constitucional. São Paulo: Atlas, 2008. p. 89), que mostra como a combinação entre o art. 117, da Lei das S/A, e do art. 187, do Código Civil, é promissora: "Porém, como acentua Comparato, o rol do art. 117 é apenas exemplificativo, estabelecendo 'standards' e admitindo sua aplicação analógica. De sua combinação com o art. 187 do Código Civil pode resultar a via de ingresso no Ordenamento brasileiro para institutos já experimentados no Direito Comparado. Lembramos, exemplificativamente, do squeeze out, hipótese de opressão dos acionistas não controladores pelos controladores na medida em que consiste em forçar a saída do minoritário da sociedade pagando preços aviltados pelas ações;

Não é sem razão que o Superior Tribunal de Justiça[995] admite o abuso do poder de controle na modalidade culposa, sob o fundamento de que "para a caracterização do abuso de poder de que trata o art. 117 da Lei das Sociedades por ações, ainda que desnecessária a prova da intenção subjetiva do acionista controlador em prejudicar a companhia ou os minoritários."

Também é possível o abuso de poder de controle por omissão, sempre que haja o dever jurídico de atuar.[996] Isso porque, além da função social da empresa, a boa-fé objetiva, que igualmente funciona como parâmetro para a identificação do abuso de direito, impõe uma série de deveres especiais de proteção que, no caso, devem ser cumpridos pelo controlador em relação a todos aqueles mencionados na Constituição e na própria Lei nº 6.404/1976 como merecedores da referida tutela. Logo, cada vez que o controlador se omite em exercer tais deveres, que são positivos, é inequívoco que se pode cogitar de abuso do poder de controle.

Ressalta-se, somente, a necessidade do dano para a responsabilização do controlador, já que a existência do prejuízo injusto é pressuposto da responsabilidade civil. Nesse sentido, o próprio Superior Tribunal de Justiça tem jurisprudência no sentido de que "para a caracterização do abuso de poder de que tratam os arts. 115 e 117 da Lei nº 6.404/1976 é indispensável a prova do dano."[997]

Por fim, o § 3º é claro ao prever que "O acionista controlador que exerce cargo de administrador ou fiscal tem também os deveres e responsabilidades próprios do cargo." Existirá, portanto, uma cumulação de regimes de responsabilidade, que serão deflagrados conforme se aja na condição de controlador ou de administrador.

3. Condutas vedadas

ANA FRAZÃO

Diante da complexidade da análise necessária para identificar as condutas abusivas, a Lei nº 6.404/1976 indicou, desde já, aquelas hipóteses consideradas aprioristicamente como abusivas. Dessa maneira, em complemento à cláusula geral de vedação ao abuso de poder de controle, existe um rol de condutas vedadas no § 1º do art. 117, da Lei nº 6.404/1976.

Muitas das condutas vedadas têm por objetivo evitar atos de oportunismo propiciados pelos conflitos de agência entre o controlador, de um lado, e minoritários, de outro. Assim, é grande a preocupação do legislador em se assegurar os interesses da comunhão acionária, evitando qualquer forma de favorecimento indevido do controlador.

Todavia, várias das condutas vedadas destinam-se a proteger simultaneamente os acionistas minoritários e também outros interessados. Isso fica muito claro nas condutas de (i) orientar a companhia para fim estranho ao objeto social *ou lesivo ao interesse nacional* que a leve a favorecer outra sociedade em prejuízo da participação dos acionistas minoritários nos lucros ou no acervo da economia ou *em prejuízo da economia nacional* (alínea "a", destaque nosso), (ii) promover a liquidação de companhia próspera ou proceder a operações de transformação ou compenetração societária para obter, para si ou para outrem, vantagens indevidas em prejuízo dos demais acionistas *ou dos que trabalham na empresa ou dos investidores em valores mobiliários emitidos pela companhia* (alínea "b", destaque nosso) e de (iii) promover alteração estatutária, emissão de valores mobiliários ou adoção de políticas ou decisões que não tenham por fim o interesse da companhia e visem a causar prejuízo a acionistas

---

ou, ainda, o *economic durees*, que é forma de coação econômica direcionada à ameaça de prejuízos financeiros, principalmente em relações comerciais, ultrapassando-se a tênue fronteira – só detectável contextualmente – entre o jogo comercial 'duro' e a ilicitude no exercício da posição jurídica." Dentre os exemplos de condutas abusivas mencionados por Fábio Comparato e Calixto Salomão Filho (*O poder de controle na sociedade anônima*. São Paulo: Saraiva, 2005. p. 400-401), destacam-se (i) a deliberação de alteração estatutária, decidida pela maioria em assembleia, quando tenha por único escopo consolidar o poder de controle, em prejuízo dos não-controladores, e sem benefício ou interesse aparente da sociedade e (ii) a hipótese, registrada na jurisprudência estrangeira, de desvio de poder por meio da constituição, pelo controlador, de uma sociedade especialmente destinada a servir de instrumento de opressão dos não controladores.

[995] Trecho da ementa do REsp 798264 (STJ, rel. p/ o acórdão Min. Nancy Andrighi, *DJ* 16.04.2007).

[996] Fábio Comparato e Calixto Salomão Filho (*O poder de controle na sociedade anônima*. São Paulo: Saraiva, 2005. p. 392) defendem essa possibilidade, a partir da interpretação sistemática do art. 117 com o art. 116, parágrafo único, da Lei 6.404/1976.

[997] Trata-se da ementa do REsp 10836 (STJ, rel. Min. Cláudio Santos, *DJ* 23.03.1992).

minoritários, *aos que trabalham na empresa ou aos investidores em valores mobiliários emitidos pela companhia* (alínea "c", destaque nosso).

Dessa maneira, observa-se que um denominador comum de vários dos tipos específicos previstos no § 1º do art. 117 da Lei nº 6.404/1976 é a compreensão do interesse da companhia como algo não redutível ao interesse dos acionistas, mas que abrange igualmente os interesses da economia nacional, dos trabalhadores e dos investidores.

Assim, fica claro que os destinatários dos deveres fiduciários dos controladores são obviamente a companhia e os acionistas, mas também os trabalhadores e diversos outros interessados, posição que se concilia perfeitamente com a função social do controle e com suas repercussões sobre a própria ideia de interesse social[998].

Também merece destaque que pelo menos três alíneas do § 1º do art. 117 da Lei nº 6.404/1976 referem-se à delicada relação entre controlador e administradores, a fim de prever como condutas abusivas (i) a eleição de administrador ou fiscal que se sabe inapto, moral ou tecnicamente (alínea "d"), hipótese em que o controlador incide em culpa *in eligendo*, assumindo o risco de que o interesse social não seja atendido pela administração, (ii) a indução ou a tentativa de indução de administrador ou fiscal para a prática de ato ilegal (alínea "e", primeira parte), (iii) o descumprimento dos seus deveres legais e estatutários para o fim de ratificar em assembleia geral, contra o interesse da companhia, as decisões dos administradores (alínea "e", segunda parte) e (iv) aprovar ou fazer aprovar contas irregulares de administradores por favorecimento pessoal (alínea "g", primeira parte), e (v) deixar de apurar denúncia contra administrador que saiba ou devesse saber procedente ou que justifique fundada suspeita de irregularidade (alínea "g", segunda parte).

Vale ressaltar que o § 2º ainda é expresso ao prever que "No caso da alínea *e* do § 1º, o administrador ou fiscal que praticar o ato ilegal responde solidariamente com o acionista controlador."

Para além desses casos, ainda precisa ser ressaltado que, como órgãos que são, os administradores agem apenas no interesse da companhia e não no interesse do controlador que os tenha eleito (Lei nº 6.404/1976, art. 154, § 1º). Daí por que todas as vezes que os controladores desrespeitam essa separação de poderes, pretendendo instrumentalizar os administradores exclusivamente em seu proveito pessoal, pode-se cogitar igualmente de abuso do poder de controle.

Não é sem razão que o STJ já fixou a orientação geral de que "Age com abuso do poder de controle a sociedade que orienta a atuação dos administradores para fim estranho ao objeto social, com desvio de poder ou em conflito com os interesses da companhia."[999]

Já a hipótese da alínea "f" merece especial atenção, por considerar abusiva a conduta de "contratar com a companhia, diretamente ou através de outrem, de sociedade na qual tenha interesse, em condições de favorecimento ou não equitativas." Neste caso, já se viu que, por se tratar de situação de conflito de interesses, mesmo a abordagem material exigiria do controlador não somente a total transparência em todo o procedimento, bem como o critério da *entire fairness*, o que poderia ser suprido por meio de laudos ou comitês independentes, como já se viu nos comentários ao art. 115, da Lei nº 6.404/1976. Entretanto, a prevalecer a abordagem formal do conflito de interesses, o controlador não poderia nem mesmo participar da deliberação.

Por fim, a alínea "h" proíbe a subscrição de ações para os fins do disposto no art. 170, com a realização em bens estranhos ao objeto social da companhia. Trata-se de conduta que decorre do dever de observar o objeto social e assegurar o valor real do capital social.

Em relação ao controlador, não deixa de haver certa sobreposição entre as regras do art. 115 e do art. 117 da Lei nº 6.404/1976, já que várias das condutas previstas neste último apenas poderão ser tomadas na assembleia geral, por meio do voto. Assim, são igualmente consideradas abuso do direito de voto.

De qualquer forma, é importante destacar que, assim como ocorre em relação ao art. 115, não há outra conclusão possível senão a de que a enumeração do § 1º do art. 117 é também exemplificativa, até porque o *caput* prevê claramente o princípio geral que veda o abuso do poder de controle.

Os princípios constitucionais pertinentes, assim como o próprio Código Civil, robustecem tal conclusão, motivo pelo qual a doutrina brasileira, acertadamente, é pacífica no sentido de que a enumeração do art. 117 da Lei nº 6.404/1976, é exemplificativa, sendo que a incidência do art.

---

[998] Ver comentários de Ana Frazão ao art. 2º da Lei 6.404/1976, sobre o interesse social.
[999] REsp 1337265/SP, rel. Min. Ricardo Villas Bôas Cueva, j. 27.11.2018, *DJe* 07.12.2018.

187 do Código Civil, amplia muito a margem de identificação do abuso.

Também a CVM tem enumeração de condutas abusivas que vai além da tipificação legal[1000] e já se viu, nos comentários ao art. 116 da Lei nº 6.404/1976, que a violação dos deveres fiduciários pelo controlador, especialmente o de lealdade, é igualmente considerada hipótese de abuso de poder de controle tanto pelo STJ como pela CVM.

No tocante ao STJ[1001], ele é claro no sentido de que "o § 1º, do art. 117, da Lei das Sociedades Anônimas enumera as modalidades de exercício abusivo de poder pelo acionista controlador de forma apenas exemplificativa", já que "a Lei das Sociedades Anônimas adotou padrões amplos no que tange aos atos caracterizadores de exercício abusivo de poder pelos acionistas controladores, porquanto esse critério normativo permite ao juiz e às autoridades administrativas, como a Comissão de Valores Mobiliários (CVM), incluir outros atos lesivos efetivamente praticados pelos controladores."

Por fim, caso o controlador também exerça cargo de administrador ou fiscal, terá a cumulação dos dois regimes de responsabilidade, como fica claro pelo § 3º, do art. 117, da Lei nº 6.404/1976.

4. Natureza subjetiva da responsabilidade civil por abuso de poder de controle

ANA FRAZÃO

Como é de saber comum, a responsabilidade objetiva não deixa de ser uma técnica de alocação de danos,[1002] função que independe de juízos de valor ou de reprovação das condutas, na medida em que o seu objetivo fundamental é a reparação. Já a responsabilidade subjetiva é tradicionalmente associada à análise da reprovabilidade da conduta, especialmente em razão das suas funções de prevenção e desestímulo.

Daí por que o modelo objetivo se mostra, *a priori*, inadequado para o tratamento da responsabilidade civil tanto de controladores como de administradores de companhias, questão que tradicionalmente se estruturou sobre a análise de correção e legitimidade da gestão empresarial, a partir de cláusulas gerais e da depuração de deveres a serem observados.

Tais preocupações enfatizam não apenas o viés preventivo e sancionador do regime de responsabilidade civil dos gestores, mas também a sua função de normatizar e controlar a atuação destes, operacionalizando o princípio elementar do Direito Societário segundo o qual deve haver o equilíbrio entre o poder e a responsabilidade.[1003]

Para tais propósitos e funções, não há dúvida da maior adequação da responsabilidade subjetiva, sendo importante lembrar que esta, apesar de todo o alargamento da responsabilidade objetiva, continua a ocupar relevante papel na atualidade, como importante instrumento de controle social.[1004]

Não é sem motivo que a doutrina nacional e a estrangeira são praticamente unânimes no sentido de que a responsabilidade civil dos gestores de

---

[1000] A matéria está atualmente disciplinada na ICVM 323, que prevê quinze tipos de abuso de poder de controle, deixando claro que a enumeração é igualmente exemplificativa.

[1001] Trata-se da ementa do REsp 798264 (STJ, rel. p/ o acórdão Min. Nancy Andrighi, *DJ* 16.04.2007).

[1002] Essa é a lição de Massimo Bianca (*Direito Civille*. La Responsabilità. Milano: Giuffrè, 2004. p. 537-540, v. V) e Giovanna Visintini (*Cos'è là responsabilità civile*. Fondamenti della disciplina dei fatti illeciti e dell'inadempimento contrattuale. Napoli: Edizioni Scientifiche Italiane, 2009. p. 13), dentre outros.

[1003] Para Díaz Echegaray (*Deberes y Responsabilidad de los Administradores de Sociedades de Capital*. Elcano (Navarra): Editorial Aranzadi: 2006. p. 204), a mais importante função da responsabilidade civil dos gestores de companhias é a de estabelecer o equilíbrio entre o poder e a responsabilidade Segundo Alonso Espinosa (*La responsabilidad civil del administrador de sociedad de capital em sus elementos configuradores*. Navarra: Editorial Arazandi, 2006. p. 14), a função do sistema de responsabilidade civil dos administradores não é precipuamente a de reparar, mas sim a de prevenir e sancionar comportamentos indesejáveis. Daí concluir (*La responsabilidad civil del administrador de sociedad de capital em sus elementos configuradores*. Navarra: Editorial Arazandi, 2006. p. 24-26) que, ao lado da função ressarcitória, tal sistema cumpre uma importante função de controle social, bem como uma função ético-educativa ou moralizadora da conduta dos administradores, raciocínio que se aplica igualmente aos controladores. Já Sanchéz Calero (*Los administradores em lãs sociedades de capital*. Navarra: Civitas, 2005. p. 288) destaca a importância da função normativa ou de disciplina da responsabilidade civil sobre a atuação dos administradores, que corre paralela à tendência de incremento da concreção dos deveres genéricos de diligência e lealdade.

[1004] Ver, sobre o tema, Guido Alpa (*Manuale di Diritto Privato*. Padova: Cedam, 2005. p. 291).

companhias deve ser subjetiva,[1005] conclusão que é perfeitamente compatível com a função social da empresa e com as demais cláusulas gerais e deveres fiduciários que se projetam sobre controladores e administradores.

Com efeito, em relação às companhias, que assumem o risco empresarial e podem socializá-lo por meio do preço final de produtos e serviços, o legislador já assegura diversas hipóteses de responsabilidade objetiva, inclusive no que se refere aos atos praticados por seus empregados, serviçais e prepostos.[1006] Consequentemente, vários dos aspectos de justiça social inerentes à atividade empresarial já são, via de regra, devidamente resguardados com a imposição da responsabilidade objetiva, em diversas searas, à sociedade-empresária.

Não faria sentido estender a mesma responsabilidade aos gestores pois, além dos impactos econômicos indesejáveis, o que se pretende, em relação a eles, é que exerçam uma boa gestão, cumprindo o objeto e o interesse sociais, inclusive no que diz respeito à tutela dos interesses previstos no art. 170, da Constituição.

Seriam muitas as incoerências que resultariam deste duplo regime de responsabilidade objetiva, a ser imposto simultaneamente à companhia e aos gestores.[1007] É por isso que, do ponto de vista normativo, todas as condutas vedadas a controladores e administradores, bem como a cláusula geral de proibição do abuso de poder de controle e do direito de voto, têm como pressuposto a reprovabilidade da conduta.

Tal conclusão decorre igualmente da interpretação sistemática da matéria em conformidade com os princípios do Código Civil,[1008] até porque, segundo o art. 927, § único, do Código Civil, a responsabilidade objetiva é excepcional e depende de previsão específica ou de criação de risco em razão da atividade desenvolvida pelo autor do dano.

No que se refere à previsão específica, já se viu que não há nenhuma norma na Lei nº 6.404/1976 que possibilite a conclusão pela responsabilidade objetiva dos gestores. Pelo contrário, além das diversas referências diretas e indiretas à culpa *lato sensu*, há vários assuntos específicos em relação aos quais a lei exige até mesmo o dolo[1009].

Acresce que a descrição pormenorizada, pela lei, dos deveres e obrigações dos gestores não tem outra razão senão estabelecer critérios de

---

[1005] Díaz Echegaray (*Deberes y Responsabilidad de los Administradores de Sociedades de Capital*. Elcano (Navarra): Editorial Aranzadi: 2006. p. 207) cita os exemplos da Itália, Alemanha, França e Portugal, concluindo que "en los principales ordenamientos jurídicos de nuestro entorno, la responsabilidad de los administradores se fundamenta en la culpa de éstos." Fábio Coelho (*Curso de direito comercial* – direito de empresa. São Paulo: Saraiva, 2007. p. 262-263, v. 2), argumenta que o tratamento da legislação brasileira está em sintonia com as tendências do direito comparado, citando os exemplos da Argentina e dos Estados Unidos e concluindo que "é um equívoco considerar que a evolução do direito das sociedades aponta para a objetivação da responsabilidade dos administradores."

[1006] O art. 932, III, do Código Civil brasileiro, é claro no sentido de que "são também responsáveis pela reparação civil o empregador ou comitente, por seus empregados, serviçais e prepostos, no exercício do trabalho que lhes compete, ou em razão dele". O art. 933 ainda é expresso no sentido de que se trata de responsabilidade objetiva, ao prever que "as pessoas indicadas nos incisos I a V do artigo antecedente, ainda que não haja culpa de sua parte, responderão pelos atos praticados pelos terceiros ali referidos."

[1007] É o que conclui Luiz Gastão Paes de Barros Leães (Responsabilidade dos administradores das sociedades por cotas de responsabilidade limitada. *Revista de Direito Mercantil, Industrial, Econômico e Financeiro* 15/50): "Na verdade, o problema da adoção ou não da teoria do risco não se localiza na responsabilidade civil do administrador para com a sociedade, nem na responsabilidade civil do administrador para com terceiros, mas, sim, na responsabilidade da sociedade para com terceiros por atos ilícitos dos seus administradores."

[1008] A interpretação sistemática com as cláusulas gerais de responsabilidade é também apontada pela doutrina estrangeira para justificar a responsabilidade subjetiva dos gestores. Veja-se o ensinamento de Sanchéz Calero (*Los administradores en las sociedades de capital. Los administradores em lãs sociedades de capital*. Navarra: Civitas, 2005. p. 82): "Se apunta, además, que un cambio de sentido tan relevante en esta materia resultaría extraño en el seno de un sistema general de responsabilidad civil basado en la culpa como criterio central y subjetivo de imputación de responsabilidad, así como que una interpretación del mismo en clave de responsabilidad objetiva tampoco guarda sintonía con los Ordenamientos de nuestro entorno".

[1009] É o caso de várias das modalidades de abuso de poder de controle descritas pelo art. 117, parágrafo único, da Lei das S/A, que dizem respeito a condutas dolosas.

reprovabilidade da conduta, o que reforça a natureza subjetiva da responsabilidade.[1010]

Todos esses argumentos mostram que a responsabilidade subjetiva é a mais idônea, tanto do ponto de vista jurídico como do ponto de vista econômico, para assegurar a correta gestão por parte de controladores e administradores. Não há nem mesmo o risco da ineficácia do regime, pois a noção de culpa normativa, hoje plenamente aceita no Brasil,[1011] facilita a constatação do ato ilícito, até por estar associada à reprovabilidade da conduta em decorrência da violação aos deveres gerais de lealdade e diligência e não a aspectos anímicos propriamente ditos.

Assim, observa-se que o modelo da responsabilidade objetiva não é o mais adequado em relação aos gestores de companhias. Vale ressaltar que nem mesmo na hipótese do art. 158, II, da Lei nº 6.404/1976 – diretamente aplicável aos administradores e aplicável aos controladores por analogia – se poderia cogitar de responsabilidade objetiva, como se demonstrará nos comentários ao respectivo artigo.

5. Abuso de poder de controle contra minoritários

ANA FRAZÃO

Diante das características e da complexidade das sociedades por ações, elas acabam sendo palcos de conflitos de agência, assim entendidos todos os conflitos decorrentes de situações em que uma pessoa – o agente – age em nome de outra – o principal. Em tais circunstâncias, sempre haverá incentivos para que o agente busque benefícios pessoais indevidos em detrimento dos interesses dos principais, tal como ocorre nos já mencionados conflitos entre administradores e acionistas ou entre acionistas controladores e acionistas minoritários.

Com efeito, a assimetria informacional que pode existir entre agente e principal pode estimular o agente a se conduzir oportunisticamente, seja descuidando da qualidade da sua atuação, seja se apropriando de vantagens ou benefícios dos principais. Daí a advertência de Armour et al.[1012] no sentido de que o principal desafio do Direito Societário é assegurar capacidade de resposta aos principais, possibilitando que monitorem a atuação dos agentes e contenham condutas negligentes ou desonestas. Isso pode ocorrer por meio de diversas medidas, dentre as quais a transparência e a informação são importantes exemplos.

Por essa razão, Armour et al.[1013] defendem que cabe ao Direito Societário (*Corporate Law*), além da sua função primordial de oferecer às empresas uma forma legal que possua os atributos inerentes às companhias, a missão de reduzir os custos inerentes a esse tipo de organização, inclusive no que diz respeito ao endereçamento das três principais fontes de oportunismo que são endêmicas às sociedades por ações e que se traduzem nos principais conflitos de agência: os conflitos entre administradores e acionistas, os conflitos entre acionistas controladores e não controladores e

---

[1010] De acordo com Alonso Espinosa (*La responsabilidad civil del administrador de sociedad de capital en sus elementos configuradores*). Navarra: Arazandi, 2006. p. 82), "se regulan deberes de conducta en función de establecer criterios de antijuridicidad que permitan dotar de mejor seguridad, fijeza y control al contenido del cargo de administrador a fin, por un lado, de incentivar a su titular a desplegar la diligencia que, en términos objetivos, exige su cumplimiento y, por otro, de reforzar la posición del perjudicado."

[1011] De acordo com Calixto Salomão Filho (COMPARATO, Fábio Konder; SALOMÃO, Calixto Filho. *O poder de controle na sociedade anônima*. São Paulo: Saraiva, 2005. p. 153, nota 10), "a evolução do conceito na doutrina privilegia a análise da culpa sob o ponto de vista abstrato", já que "a mudança de paradigma representada pela adoção de modelos de mercado justifica-se pela necessária concretização da norma abstrata de conduta." No mesmo sentido, Maria Celina Bodin de Moraes (*Danos à pessoa humana. Uma leitura civil-constitucional dos danos morais*. Rio de Janeiro: Renovar, 2007. p. 209-212) mostra que tal discussão, que já é considerada resolvida em alguns países, vem também sendo resolvida no Brasil, onde a noção normativa de culpa teria praticamente substituído a noção psicológica. Daí a conclusão da autora ((*Danos à pessoa humana. Uma leitura civil-constitucional dos danos morais*. Rio de Janeiro: Renovar, 2007. p. 212): "Neste sentido, a culpa continua a desempenhar um papel central na teoria do ilícito: a figura do ilícito permanece ancorada no fato "culposo", o qual, porém, foi redefinido, através dessa concepção da culpa, como sendo um fato avaliado negativamente em relação a parâmetros objetivos de diligência. A culpa passou a representar a violação (*rectius*, o descumprimento) de um standard de conduta."

[1012] ARMOUR, John et al. Agency problems and legal strategies. In: Kraakman *et al. The Anatomy of Corporate Law*. New York: Oxford University Press, 2019. p. 30.

[1013] ARMOUR, John et al. What is Corporate Law? In: Kraakman et al. *The Anatomy of Corporate Law*. New York: Oxford University Press, 2019. p. 1-28.

os conflitos entre os acionistas e os credores da companhia, incluindo os empregados.

No Brasil, em que prevalece uma estrutura de controle concentrado, os conflitos entre administradores e acionistas apresentam uma importância secundária, diante do principal conflito interno, que é o entre os controladores e os não controladores.

Todavia, há que se tomar cuidado com excessivas simplificações em relação aos perfis dos acionistas, pois a dicotomia controlador e minoritário ou mesmo a distinção entre controladores, rentistas e especuladores já não conseguem mais abarcar a complexidade dos conflitos entre os sócios. Daí por que Ana Perestrelo de Oliveira[1014] fala em (i) controladores simples, que não estão envolvidos em outras atividades que não a da sociedade, (ii) controladores com interesses empresariais externos, potencialmente conflitantes, (iii) minoritários passivos e (iv) minoritários ativos. Em se tratando de empresas familiares, outros componentes começam a fazer parte dos conflitos. A conclusão final, diante dessa multiplicidade de perfis, é que o risco de desalinhamento de interesses é ainda maior.

Entretanto, a atuação do Direito Societário deve ser cautelosa, atenta às diversas soluções de que dispõe, a fim de se utilizar somente daquelas que se revelam adequadas para resolver cada um dos problemas que se lhe apresenta. No que diz respeito aos conflitos de agência, por exemplo, Armour et al.[1015] mostram que existe um verdadeiro leque de alternativas, que vão desde as estratégias regulatórias, que contenham regras ou *standards* prescritivos, cuja eficácia dependa de uma autoridade externa (como juízes ou um órgão regulatório), até as estratégias de governança, voltadas para proteger os interesses envolvidos apenas indiretamente, seja aumentando o poder daqueles que serão afetados pelo voto conflitante, seja moldando os incentivos para evitar situações de conflito.

Quando se analisa o art. 117, da Lei nº 6.404/1976, está-se diante de estratégia regulatória, baseada em regras de responsabilização que protegerão diretamente os minoritários, ainda que sujeitas ao *enforcement* externo do Judiciário ou da própria CVM, no caso de companhias abertas.

A questão não é simples pois, como ensinam Enriques et al.,[1016] por mais que a contenção do poder do controlador possa agravar o conflito entre acionistas e administradores, trata-se de medida necessária, diante dos muitos estudos empíricos que mostram que os controladores usufruem dos chamados benefícios privados do controle, que se traduzem em retornos desproporcionais normalmente às custas dos minoritários.[1017]

As formas de se endereçar o conflito entre controladores e minoritários, mesmo por meio de regras cogentes, são amplas e vão muito além das regras previstas no art. 117, da Lei nº 6.404/1976, cujas consequências práticas serão tratadas adiante[1018]. Podem ser mencionadas a vedação ao voto múltiplo, as garantias patrimoniais de saída dos minoritários – seja pelo direito de retirada, seja em razão de ofertas públicas obrigatórias –, a possibilidade de os minoritários, em determinadas circunstâncias, indicarem membro para o Conselho de Administração, dentre outras.

Por outro lado, muitas das soluções de Governança Corporativa têm por foco principal a administração do referido conflito, por meio de diversas alternativas, dentre as quais a existência de apenas ações ordinárias, a presença cada vez mais intensa de conselheiros independentes e a afirmação do princípio de que todos os acionistas têm direito a tratamento equitativo.

Não obstante, é fundamental que os minoritários contem com instrumentos efetivos para tomar medidas diretas contra o controlador em casos de abuso de poder de controle que lhes

---

[1014] OLIVEIRA, Ana Perestrelo de. *Manual do governo das sociedades*. Coimbra: Almedina, 2018. p. 50-52.

[1015] ARMOUR, John et al. Legal Strategies for Reducing Agency Costs, In: KRAAKMAN, Reinier et al. *The Anatomy of Corporate Law*. A Comparative and Functional Approach. New York: Oxford University Press, 2017. p. 31-32.

[1016] ENRIQUES, Luca et al. The Basic Governance Structure: Minority Shareholders and Non-Shareholders Constituencies. In: KRAAKMAN, Reinier Kraakman et al. *The anatomy of corporate law*. A comparative and functional approach. New York: Oxford University Press, 2017.p. 79.

[1017] ENRIQUES, Luca et al. The Basic Governance Structure: Minority Shareholders and Non-Shareholders Constituencies. In: KRAAKMAN, Reinier Kraakman et al. *The anatomy of corporate law*. A comparative and functional approach. New York: Oxford University Press, 2017.

[1018] Ver comentários de Ana Frazão ao art. 117, da Lei 6.404/1976, na seção "Medidas que podem ser tomadas contra o controlador em casos de abuso de poder de controle."

causem danos, tal como permite o art. 117 da Lei nº 6.404/1976.

6. Abuso de poder de controle contra empregados

Ana Frazão

Já se viu anteriormente que o interesse social das sociedades por ações abrange igualmente o interesse dos empregados, que são expressamente mencionados como destinatários dos deveres fiduciários dos controladores, nos termos do parágrafo único, do art. 116 da Lei nº 6.404/1976.

No que toca à tutela dos trabalhadores, não há dúvidas de que se trata de uma das principais consequências da função social da empresa.[1019] Nesse sentido, o princípio da proteção ao pleno emprego (CF, art. 170, VIII) está associado aos direitos fundamentais dos trabalhadores previstos no art. 7º, da Constituição, inclusive o previsto no inciso XI, que assegura a "participação nos lucros, ou resultados, desvinculada da remuneração, e, excepcionalmente, participação na gestão da empresa, conforme definido em lei."

Dessa maneira, além de todas as proteções que se projetam sobre os contratos de trabalho, previstas no art. 7º da Constituição, na CLT e em leis específicas, a dimensão ativa da função social também pode implicar, no tocante aos empregados, a implementação de mecanismos para a distribuição dos resultados da atividade empresarial (participação nos lucros), bem como para a viabilização de iniciativas de cogestão empresarial.

Essa é a razão da Lei 10.101/2000,[1020] no que se refere à participação dos trabalhadores nos lucros empresariais, e da nova Lei das S/A no tocante à cogestão, ressaltando-se que esta última acrescentou o parágrafo único ao art. 140 da Lei nº 6.404/1976, passando a admitir que o estatuto das companhias contenha regra permitindo que representantes dos trabalhadores componham o Conselho de Administração de sociedades anônimas.[1021]

É claro que a disciplina legal nesses dois aspectos é meramente facultativa, restando submetida à discricionariedade do empresário. Entretanto, o mero respaldo legal para a adoção de tais iniciativas já mostra a tentativa de se operacionalizar a função social da empresa em maior extensão.

Tais cuidados poderão envolver, inclusive, o afastamento de ações vantajosas para a sociedade e os acionistas sempre que trouxerem danos desproporcionais a outros grupos envolvidos[1022]. Pelo mesmo raciocínio, poder-se-á considerar atendido o dever de diligência quando houver preterição dos interesses dos acionistas em face do atendimento de outros interesses, tais como os dos trabalhadores, desde que isso se dê de forma razoável e conforme ao princípio da manutenção da empresa.[1023]

[1019] Daí a conclusão de Bulgarelli (Apontamentos sobre a responsabilidade dos administradores das companhias. *Revista de Direito Mercantil, Industrial, Econômico e Financeiro* 22/80) de que, "se a empresa tem de fato uma função social, uma há que parece ser incontroversa é a relativa aos trabalhadores."

[1020] O art. 2º, da referida lei, assim determina: "A participação nos lucros ou resultados será objeto de negociação entre a empresa e seus empregados, mediante um dos procedimentos a seguir descritos, escolhidos pelas partes de comum acordo: I – comissão escolhida pelas partes, integrada, também, por um representante indicado pelo sindicato da respectiva categoria; II – convenção ou acordo coletivo."

[1021] A Lei 10.303/2001 incluiu o parágrafo único, no art. 140 da Lei 6.404/1976, com a seguinte redação: "O estatuto poderá prever a participação no conselho de representantes dos empregados, escolhidos pelo voto destas, em eleição direta, organizada pela empresa, em conjunto com as entidades sindicais que os representem." Ao assim fazer, a lei, ainda que de forma tímida, faz concessão ao chamado institucionalismo organizativo ou integracionista que, de acordo com a explicação de Calixto Salomão Filho (*O novo direito societário*. Eficácia e sustentabilidade. São Paulo: Saraiva, 2019. p. 103-105), identifica o interesse social com a estruturação e a organização mais aptas a solucionar os conflitos entre esse os contratos e relações jurídicas que se projetam sobre a companhia.

[1022] Em se tratando de administradores, a preterição dos interesses dos acionistas em favor dos trabalhadores é assim explorada por Pedro Nunes (*Responsabilidade civil dos administradores perante os accionistas*. Coimbra: Almedina, 2001. p. 95): "Os comportamentos dos administradores que violem o seu dever de diligência na prossecução dos interesses individuais dos accionistas em operações de controlo da sociedade não são ilícitos caso defendam o interesse social e o interesse dos trabalhadores. Existe uma óbvia situação de conflito de deveres." Mas o próprio autor (*Responsabilidade civil dos administradores perante os accionistas*. Coimbra: Almedina, 2001. p. 96) esclarece que "esta tarefa de restrição mútua dos interesses deve ser realizada de forma ponderada e equitativa".

[1023] Maria Elisabete Ramos (Aspectos substantivos da responsabilidade civil dos membros do órgão de administração perante a sociedade. *Boletim da Faculdade de Direito da Universidade de Coimbra*, v. 73, 1997, p. 234-235) ressalta

De toda sorte, é fato que a questão dos trabalhadores cada vez mais tem chegado aos domínios do Direito Societário. Em análise abrangente sobre o direito estrangeiro, Luca Enriques et al.[1024] insistem na necessidade de proteção diferenciada dos trabalhadores porque, diante da sua posição de vulnerabilidade, eles são particularmente suscetíveis de explorações pelas empresas, até porque as regulações específicas do trabalho são consideradas insuficientes ou mais custosas para implementar. Segundo os autores,[1025] esse tipo de exploração pode ser feito de diferentes maneiras, dentre as quais a negociação de contratos de trabalho que transfiram o *surplus* do trabalhador para a empresa por meio de decréscimo de salários e benefícios ou piora das condições de trabalho.

É fato que endereçar tal questão por meio do Direito Societário não é fácil, embora existam algumas alternativas de governança, como a co-gestão ou mesmo medidas de *disclosure*, como a adotada pelo *Dodd-Frank Act*, ao obrigar a divulgação da razão entre a remuneração dos CEOs e a remuneração média dos trabalhadores, a fim de possibilitar uma espécie de controle da sociedade e do mercado sobre como os trabalhadores têm sido tratados pelas companhias.[1026]

Não obstante, é importante pensar também nos desdobramentos da proteção aos trabalhadores sobre o abuso de poder de controle, tema que é pouquíssimo tratado no Brasil mas que, em razão da sua importância, mereceria maior atenção.

Tanto é assim que já se viu que há pelo menos duas condutas vedadas previstas no § 1º do art. 117 (alíneas "b" e "c") que têm os trabalhadores também como destinatários da proteção, de forma que a questão é saber o real alcance da cláusula geral de vedação ao abuso de poder de controle em relação aos empregados.

Por fim, há uma grande semelhança do regime de responsabilidade do controlador e dos administradores em relação a tal questão, motivo pelo qual se optou por tratar desde já do tema sob a ótica comum da responsabilidade dos gestores.

7. Abuso de poder de controle contra credores sociais

Ana Frazão

Como ensinam Armour et al.,[1027] por mais que sejam compreensíveis os benefícios da personalidade jurídica e da responsabilidade limitada, tais soluções geram inegáveis custos de agência[1028] porque, embora tanto acionistas como credores

---

que, diante do Código das Sociedades Comerciais português, que impõe aos administradores o dever de levar em conta os interesses dos trabalhadores, a doutrina divide-se entre a posição que considera tal norma de conteúdo quase nulo e a posição que considera que se trata de diretriz para a discricionariedade administrativa, de forma que "o prosseguimento dos interesses dos trabalhadores pode constituir um argumento para provar, no âmbito de uma acção social de responsabilidade proposta pelos sócios, que os membros do órgão de administração, ao terem provocado prejuízos à sociedade porque prosseguiram os interesses dos trabalhadores, procederam sem culpa." Tal ensinamento precisa, entretanto, ser visto com cuidado, pois a função social da empresa não se dissocia de sua função econômica, inclusive no que diz respeito à manutenção rentável da empresa. Lembra-se aqui, mais uma vez, a opinião de Jürgen von Kann (*Vorstand der AG. Führungsaufgaben, Rechtspflichten und Corporate Governance*. Berlin: Eric Schmidt Verlag, 2005. p. 71-72), ao afirmar que, na ponderação dos interesses que se projetam sobre a companhia, incluindo os interesses dos trabalhadores, deve ser observado, primeiramente e antes de qualquer coisa, o *originäre Unternehmensinteresse* (interesse original da empresa), que envolve a existência e a rentabilidade duradoura da empresa, bem como a distribuição de lucros satisfatórios.

[1024] ENRIQUES, Luca et al. The Basic Governance Structure: Minority Shareholders and Non-Shareholders Constituencies. In: KRAAKMAN, Reinier Kraakman et al. *The anatomy of corporate law*. A comparative and functional approach. New York: Oxford University Press, 2017.p. 89.

[1025] ENRIQUES, Luca et al. The Basic Governance Structure: Minority Shareholders and Non-Shareholders Constituencies. In: KRAAKMAN, Reinier Kraakman et al. *The anatomy of corporate law*. A comparative and functional approach. New York: Oxford University Press, 2017.p. 89.

[1026] Ver comentários de Ana Frazão ao art. 152, da Lei 6.404/1976, especialmente na parte relacionada à divulgação da remuneração dos administradores.

[1027] ARMOUR, John et al. Transactions with creditors. In: Kraakman, Rainier et al. *The Anatomy of Corporate Law*. New York: Oxford University Press, 2019. p. 109.

[1028] Sobre a noção de custos de agência, ver os comentários de Ana Frazão no item "Sociedades por ações e equacionamento da relação entre poder e responsabilidade e dos conflitos de agência", que faz parte o art. 1º, da Lei 6.404/1976.

da sociedade – ou simplesmente credores sociais – tenham interesse sobre o patrimônio social, somente os primeiros podem deles dispor.

Com efeito, dentre as inúmeras condutas oportunistas que podem ser tomadas contra os credores sociais, destacam-se (i) a diluição ou desvio patrimonial (*asset dilution* ou *asset diversion*), por meio dos quais o patrimônio social é abusivamente transferido em benefício dos acionistas em detrimento dos credores sociais, (ii) o aumento do risco e da volatilidade do negócio e (iii) o aumento do total de empréstimos com novos credores, de forma a inviabilizar o pagamento dos empréstimos anteriores.

No mesmo sentido, Ana Perestrelo de Oliveira[1029] mostra que a personalidade jurídica e a responsabilidade limitada criam uma relação entre principal (credores sociais) e agente (acionistas e administradores da sociedade) caracterizada por grande assimetria informacional e insuficiência de meios para monitorar. Disso decorre um grande risco moral, decorrente dos incentivos para que os agentes adotem comportamentos arriscados e prejudiciais ao credor, que vão desde o esforço insuficiente até investimentos excessivos, estratégias de perpetuação no cargo e busca de benefícios privados.

É por essas razões que se observa, na atualidade, crescente movimento para a proteção dos credores sociais,[1030] objetivo para o qual a responsabilidade civil dos gestores pode ser um importante instrumento, principalmente nos casos de insolvência ou insuficiência patrimonial da companhia ou de proximidade de insolvência.[1031]

Na verdade, a finalidade da responsabilidade pessoal dos gestores diante dos credores sociais seria exatamente a de oferecer resposta para os casos de insuficiência patrimonial, já que, em todas as demais hipóteses, a companhia pode assumir a reparação do dano. Independentemente das discussões sobre o tema, uma conclusão é pacífica: as situações de insolvência ou insuficiência patrimonial potencializam o problema da responsabilidade dos gestores perante os credores sociais.

Ao contrário do dano direto causado ao terceiro, a questão da insolvência ou da insuficiência patrimonial da companhia pode ser vista, em princípio, como um dano meramente indireto para os acionistas e os credores sociais, já que a primeira prejudicada é a própria companhia.[1032]

Por outro lado, o prejuízo dos acionistas e dos credores sociais, decorrente da insolvência ou da insuficiência patrimonial, é considerado, pelo menos em princípio, uma consequência natural da personalidade jurídica e da sua importante função econômica de socialização parcial do risco empresarial e de redução dos custos de transação.[1033]

Daí por que a possibilidade de responsabilização direta dos gestores perante os credores sociais depende, antes de tudo, de uma reflexão atenta sobre as próprias funções da personalização, assunto que tangencia as hipóteses de desconsideração da personalidade jurídica em razão do desvio de finalidade.

Outra observação necessária diz respeito à extensão que os deveres fiduciários de lealdade e diligência apresentam em relação aos credores, especialmente no tocante à observância das normas de proteção que são dirigidas a estes últimos.

Sem prejuízo da adoção de obrigações específicas nos momentos próximos à insolvência ou à insuficiência patrimonial, o direito estrangeiro vem buscando, por meio de diversos mecanismos, ampliar o dever de diligência dos

---

[1029] OLIVEIRA, Ana Perestrelo de. *Manual de governo das sociedades*. Coimbra: Almedina, 2018. p. 26.

[1030] Isso é claramente perceptível desde a Segunda Diretiva 77/91 do Conselho das Comunidades Europeias, expressa no sentido de que deve haver uma equivalência mínima entre a proteção dos acionistas e a dos credores das sociedades anônimas, inclusive no que diz respeito à existência de regras sobre a constituição, a conservação, o aumento e a redução do capital social, bem como a necessária publicidade que deve haver nesses casos.

[1031] ARMOUR, John et al. Transactions with creditors. In: Kraakman, Rainier et al. *The Anatomy of Corporate Law*. New York: Oxford University Press, 2019. p. 114.

[1032] Daí a observação de Maria Elisabete Ramos (*Responsabilidade civil dos administradores e diretores de sociedades anônimas perante os credores sociais*. Coimbra: Coimbra Editora, 2002. p. 226) de que "encontramos na doutrina italiana uma linha argumentativa no sentido de que o dano sofrido pelos credores da sociedade é indireto, porque é uma consequência do prejuízo sofrido pela sociedade comercial."

[1033] Ver comentários de Ana Frazão ao art. 1º da Lei 6.404/1976, na seção dedicada à responsabilidade limitada dos acionistas.

administradores e controladores em relação aos credores sociais, sob pena da responsabilização pessoal.[1034]

A partir de alguns exemplos do direito estrangeiro, é fácil verificar que há o reconhecimento, ainda que implícito, da cláusula geral de proteção aos credores sociais, bem como da ideia de que, para efeitos da responsabilidade civil, a lesão da expectativa de prestação por parte dos credores pode ser considerada um dano injusto.[1035]

Outra consequência importante, que decorre da experiência do direito estrangeiro, é que constitui violação ao dever de diligência não promover a liquidação ou não instaurar o procedimento concursal no momento próprio, o que se agrava ainda mais se os gestores continuarem assumindo novas obrigações em nome da companhia.[1036]

A Lei nº 6.404/1976 não trata da hipótese específica de responsabilidade dos controladores e administradores perante os credores sociais. A Lei de Falências (Lei 11.101/2005), por outro lado, limita-se a prever, em seu art. 82, que "a responsabilidade pessoal dos sócios de responsabilidade limitada, dos controladores e dos administradores da sociedade falida, estabelecida nas respectivas leis, será apurada no juízo próprio da falência, independentemente da realização do ativo e da prova da sua insuficiência para cobrir o passivo, observado o procedimento ordinário previsto no Código de Processo Civil."

Dessa forma, a própria Lei de Falências, que não inovou muito no assunto em relação à lei anterior, deixa claro que a responsabilidade dos controladores e administradores será a prevista nas leis específicas. Logo, inexistindo norma clara na Lei nº 6.404/1976 sobre o tema, a única perspectiva possível para a concretização da tutela dos credores sociais é a partir dos deveres de lealdade e diligência.

Não se questiona que, em situações como a de insuficiência patrimonial, a desconsideração da personalidade jurídica pode ser uma alternativa para a proteção dos credores sociais, especialmente nas hipóteses de confusão patrimonial e subcapitalização. Afinal, enquanto a primeira compromete a autonomia patrimonial da companhia, a segunda possibilita *ab initio* uma indevida transferência do risco empresarial para os credores, problema que é potencializado em relação aos chamados credores não-contratuais ou ignorantes, que são titulares de direitos contra a companhia sem saber da sua situação financeira.

[1034] No que toca especificamente aos controladores, Rui Dias (*Responsabilidade por exercício de influência sobre a administração de sociedades anônimas*. Uma análise de direito material e direito de conflitos. Coimbra: Almedina, 2007. p. 24-28) faz uma descrição das legislações sobre o assunto, dentre as quais se destacam (i) a legislação alemã de 1965, que deixa claro, em seu § 117, (5), que aquele que exerce influência sobre a sociedade responde igualmente pelos credores desde que estes não consigam obter a satisfação do seu crédito, (ii) a legislação austríaca, que, de forma muito semelhante à alemã, também responsabiliza o titular de influência dominante para com os credores sociais, desde que estes não possam obter a satisfação do seu crédito, (iii) o direito italiano, já que o art. 2497, do *Codice Civile*, deixa claro que não apenas os sócios como os credores podem agir contra a sociedade ou o ente que exerce a atividade de direção e coordenação se não puderem ser satisfeitos pela própria sociedade, valendo ressaltar que tal artigo não se aplica apenas às hipóteses de grupos societários, mas a toda espécie de controle.

[1035] Como esclarece Maria Elisabete Ramos (*Responsabilidade civil dos administradores e diretores de sociedades anônimas perante os credores sociais. Responsabilidade civil dos administradores e diretores de sociedades anônimas perante os credores sociais*. Coimbra: Coimbra Editora, 2002. p. 154), a partir da interpretação do art. 2394, do Código Civil italiano, "o dano injusto causado ao credor materializa-se na lesão da sua expectativa de prestação, já que os administradores, através da violação dos deveres inerentes à conservação do património social, diminuem as garantias dos credores da sociedade."

[1036] No direito comparado, é interessante mencionar o exemplo da Espanha, onde, segundo Díaz Echegaray (*Deberes y Responsabilidad de los Administradores de Sociedades de Capital*. Elcano (Navarra): Editorial Aranzadi: 2006. p. 369-392), a responsabilidade solidária dos administradores pelas dívidas sociais posteriores ao aparecimento de causa legal de dissolução sem que sejam tomadas as providências devidas é prevista legalmente na LSA (arts. 260 e 262) como verdadeira pena civil, solução que não teria equivalente em nenhum outro país europeu. O autor mostra que o Código Civil italiano continha, em seu art. 2446, previsão semelhante, impondo aos administradores o dever de convocar imediatamente a assembleia quando houvesse perdas no capital social de mais de um terço, impondo igualmente a obrigação de não assumir novas operações, sob pena da responsabilidade ilimitada e solidária dos mesmos nessa hipótese. Todavia, tal dispositivo teria sido revogado pela reforma havida em 2003, provavelmente em razão das duras críticas que recebeu, motivo pelo qual a doutrina se posiciona no sentido do caráter sancionador de tais normas. Mesmo na Espanha, a referida regulamentação teve a finalidade de acabar com as extinções de fato de companhias e, depois da reforma havida em 2005, ficou claro que a responsabilidade solidária dos administradores se limita às obrigações posteriores ao conhecimento da causa legal de dissolução.

Dessa forma, poder-se-ia, por meio da desconsideração, tornar os controladores e administradores pessoalmente responsáveis por obrigações da companhia em hipóteses nas quais a transferência do risco empresarial para os credores foi manifestamente superior àquela permitida pela personalização, o que revelaria a existência de desvio de finalidade. Afinal, a função da pessoa jurídica de responsabilidade limitada é a de socializar parcialmente o risco empresarial, mas não a de transferi-lo integral ou primordialmente para os credores.

Nesse aspecto, o respeito às funções da pessoa jurídica e a observância ao dever de capitalização da empresa[1037] podem ser vistos igualmente como uma decorrência do dever de diligência perante os credores sociais que, se descumprido, pode ensejar a responsabilidade pessoal dos gestores, sob o fundamento de estarem criando riscos desproporcionais para terceiros e violando, dessa forma, a seus compromissos fundamentais.

No caso brasileiro, tal raciocínio não encontra maiores óbices em relação à confusão patrimonial, hipótese na qual é inequívoca a existência de desvio de finalidade da pessoa jurídica, até porque reconhecida expressamente pelo art. 50, do Código Civil, como hipótese de desconsideração. Já no tocante à subcapitalização, as controvérsias são muitas, embora já existam soluções interessantes no direito estrangeiro para a questão.

Tais questões mostram como podem se entrecruzar as hipóteses de desconsideração da personalidade jurídica e aquelas de responsabilização direta dos administradores e controladores perante os credores sociais.

De toda sorte, a questão do capital social adequado é das mais complexas do Direito Societário. Embora existam outras soluções para o problema, como a fixação de capital social mínimo, seguros obrigatórios ou maior controle sobre empréstimos do controlador à companhia, Kraakman[1038] sustenta que a vantagem da expansão da responsabilidade civil de administradores para tal hipótese é a flexibilidade, já que os administradores poderão selecionar a combinação ótima de métodos para cobrir o risco dentre as opções de seguro, auto-seguro e mesmo a redução de risco através do controle das atividades das companhias.

Tais preocupações poderiam e deveriam ser vistas no contexto do dever de cuidado e diligência dos controladores, principalmente nos casos de subcapitalização dolosa ou nitidamente insuficiente[1039]. No caso brasileiro, já se viu que a pessoa jurídica não pode ser utilizada contrariamente a seus fins, o que certamente ocorre quando a responsabilidade limitada torna-se instrumento não de socialização parcial do risco, mas sim de socialização integral ou manifestamente desproporcional do risco.

Dessa maneira, capital social irrisório ou nitidamente incompatível com o objeto social da companhia poderia ser considerado, além de desvio de finalidade a justificar a desconsideração da pessoa jurídica, também uma violação ao dever de diligência e das normas de proteção de terceiros por parte de todos àqueles a quem caberia velar para que tal valor fosse adequado aos fins da companhia. Como ensina Fábio Konder Comparato,[1040] "um dos deveres do controlador, em relação aos credores sociais, é o de prover adequadamente a companhia de capital, tendo em vista o fato de que este representa a principal garantia do passivo social."

Ainda que se entenda que as hipóteses de confusão patrimonial e subcapitalização sejam mais relacionadas à desconsideração, não se pode questionar que o descumprimento das normas de proteção do capital e patrimônio sociais implica igualmente a violação do dever de diligência.

Além das hipóteses já mencionadas, ressalta-se que o Código Penal brasileiro tipifica como crime uma série de condutas dos administradores consideradas atentatórias aos interesses dos credores sociais, tais como (i) a compra ou venda, por conta da sociedade, de ações por ela emitidas, salvo quando a lei o permitir (art. 177, § 1º, IV), (ii) a aceitação de ações da própria

---

[1037] Segundo Fábio Konder Comparato (*O poder de controle na sociedade anônima*. São Paulo: Saraiva, 2005. p. 451), "o dever de capitalização da empresa constitui um princípio geral do direito mercantil".

[1038] *The Economics Functions of Corporate Liability*. In: HOPT, Klaus e TEUBNER, Gunther (org.). *Corporate Governance and Directors' Liabilities*. Legal, Economic and Sociological Analyses on Corporate Social Responsibility. Berlin/New York: Walter de Gruyter, 1985. p. 188.

[1039] Por essa razão, Galgano (*Trattato di Diritto Commerciale e di Diritto Pubblico dell'Economia*. Padova: Cedam, 1984. v. VII. p. 9) ensina que o capital irrisório de uma companhia fez com que as cortes norte-americanas consolidassem o princípio segundo o qual o juiz poderia afastar o princípio da responsabilidade limitada nestes casos.

[1040] *O poder de controle na sociedade anônima*. São Paulo: Saraiva, 2005. p. 495.

sociedade em penhor ou caução, como garantia de crédito social (art. 177, § 1º, V) e (iii) a distribuição de lucros ou dividendos fictícios na hipótese de falta de balanço, desacordo com balanço ou em razão de balanço falso (art. 177, § 1º, VI).

Se tais condutas são consideradas crimes, dúvida não há de que constituem igualmente violações ao dever de diligência, que responsabilizam diretamente os administradores pelos prejuízos sofridos pelos credores sociais. Vale ressaltar que, além dos desdobramentos penais, a distribuição de lucros ilícitos e fictícios foi também considerada pelo novo Código Civil como hipótese de responsabilidade pessoal dos administradores (art. 1.009).

Consequentemente, sob a ótica da proteção aos credores sociais, podem ser consideradas abusivas as seguintes condutas: (i) a subcapitalização dolosa ou manifestamente insuficiente, (ii) a confusão patrimonial, (iii) a violação das normas protetivas do capital social e do patrimônio social, (iv) operações de risco extraordinário, (v) o início de novas operações diante de situações de insolvência, insuficiência patrimonial ou proximidade destas, em hipóteses nas quais os gestores sabiam ou deveriam saber da crise financeira, (vi) a omissão de tomar providências para a instauração adequada do procedimento de recuperação ou falência e (vii) a omissão injustificável, perante os contratantes, a respeito da situação patrimonial arriscada da companhia.

Logo, a utilização do dever de diligência como mecanismo de proteção aos credores sociais possibilitaria uma readequação do risco empresarial, assegurando a justiça comutativa e viabilizando que, no caso de insuficiência patrimonial, todos os titulares de créditos vencidos e não satisfeitos pudessem exigir os seus prejuízos dos controladores.[1041]

Neste caso, a ação poderia ser ajuizada antes mesmo do processo de falência ou recuperação,[1042] sem prejuízo de que, havendo o concurso, a ação possa prosseguir. Entretanto, o pressuposto da ação seria a insuficiência patrimonial, sem a qual os credores não teriam nem mesmo interesse de agir.

Quanto ao dano, a pretensão dos credores sociais está limitada ao prejuízo patrimonial que as violações cometidas pelos administradores provocaram ao patrimônio da sociedade. Isso significa que o dano equivale às importâncias correspondentes à diminuição patrimonial injustificada – e não ao total dos créditos –, podendo ser aplicada a regra equitativa prevista no art. 944, parágrafo único, do Código Civil.[1043]

Para concluir, cabe salientar que a indenização deve ser voltada para a sociedade e, no caso de falência, para a massa, até porque a destinação para o credor que ajuizou a ação comprometeria a isonomia entre os diversos credores[1044] e, já havendo o concurso, subverteria os critérios de prioridade previamente definidos pela Lei de Falências.

[1041] É o que sustenta Maria Elisabete Ramos (*Responsabilidade civil dos administradores e diretores de sociedades anônimas perante os credores sociais*. Coimbra: Coimbra Editora, 2002. p. 246-247), embora a autora reconheça que a matéria é controversa.

[1042] Como explica Díaz Echegaray (*Deberes y Responsabilidad de los Administradores de Sociedades de Capital*. Elcano (Navarra): Aranzadi, 2006. p. 425-426), a responsabilidade dos administradores de sociedades de capital tem seu efeito mais importante antes do concurso, motivo pelo qual a introdução de normas sobre negligência sancionável em situações prévias à insolvência é um elemento primordial, devendo as normas do direito societário, nesta questão, ser combinadas com normas do direito concursal.

[1043] Maria Elisabete Ramos (*Responsabilidade civil dos administradores e diretores de sociedades anônimas perante os credores sociais*. Coimbra: Coimbra Editora, 2002. p. 216) compartilha da mesma conclusão, ao ensinar que "este é certamente um aspecto que poderá assumir alguma importância em sede de responsabilidade civil dos administradores perante os credores sociais na medida em que poderá jurídico-positivamente justificar uma redução equitativa da indemnização devida pelos administradores-lesantes."

[1044] Díaz Echegaray (*Deberes y Responsabilidad de los Administradores de Sociedades de Capital*. Elcano (Navarra): Aranzadi, 2006. p. 323) é claro no sentido de que o objetivo da ação dos credores sociais é a reintegração do patrimônio social do dano sofrido. Todavia, o texto da legislação espanhola possibilita tal interpretação, ao afirmar que a ação dos credores é social e não direta. Com efeito, o art. 134.5, da LSA, prevê que "los acreedores de la sociedad podrán ejercitar la acción social de responsabilidad contra los Administradores cuando no haya sido ejercitada por la Sociedad o sus accionistas, simpre que el patrimônio social resulte insuficiente para la satisfacción de sus créditos." De qualquer forma, o autor (p. 474-476) considera que o benefício deve ir para a sociedade ou para a massa concursal, solução que igualmente ocorre no direito francês, no qual a action *du complement du passiv* de destina à reintegração da massa e, em caso de liquidação, deve ser repartida entre todos os credores.

Por essa razão, o credor agiria, neste caso, como substituto processual da sociedade, já que também ela, diretamente ou por meio dos seus acionistas (na hipótese da ação social *ut singuli*), poderia exigir tal responsabilização dos administradores. O que importa ser ressaltado é que tal direito dos credores não pode estar sujeito, em nenhuma hipótese, às limitações, renúncias ou transações por parte da companhia, o que seria incompatível com a proteção de terceiros.[1045]

Trata-se, portanto, de substituição processual autônoma, tal como prevê o art. 159, § 4º, da Lei nº 6.404/1976, na medida em que não se sujeita à vontade da companhia nem às exceções e limitações que poderiam ser opostas à ação movida por esta última.

A solução ora proposta, no sentido de que a indenização deve ingressar no patrimônio da sociedade, é a prevista no Código das Sociedades Comerciais de Portugal,[1046] embora a doutrina lusitana advirta que a ausência de benefício direto para o credor pode comprometer a utilidade do instrumento.[1047] Entretanto, parece não haver outra solução compatível com a isonomia que deve ocorrer entre os credores diante de situações de insuficiência patrimonial.

Isso mostra como seria importante uma intervenção mais precisa do legislador brasileiro quanto a este ponto, tendo em vista que a mera utilização da cláusula geral do dever de diligência obviamente não tem como resolver todos os aspectos relacionados a problema tão complexo, inclusive no que diz respeito aos seus desdobramentos processuais.

Além da cláusula geral de proteção aos credores, é importante que se faça uma reflexão específica a respeito dos pequenos credores ou credores involuntários, tais como os decorrentes de atos ilícitos, tendo em vista que esses dois grupos precisam de proteção diferenciada. Afinal, em relação a eles, alguns dos pressupostos da responsabilidade limitada podem carecer de justificativa idônea.

Mesmo a análise econômica do direito reconhece isso, na medida em que parte da premissa de que o fundamento principal da responsabilidade limitada é a redução dos custos de transação, possibilitando ao credor assumir o risco do negócio e exigir benefícios em contrapartida.[1048] Ora, tal argumento não faz sentido para credores sem poder de barganha ou credores não contratuais.[1049]

[1045] No caso dos credores, adverte Franco Bonelli (*Gli Amministratori di S.P.A.* Milano: Giuffrè, 2004. p. 208-209) que há duas posições na doutrina quanto à natureza da ação nesses casos: a que acolhe a natureza direta e autônoma da ação e a que acolhe a natureza sub-rogatória, hipótese em que os administradores poderiam opor todas as exceções que teriam contra a sociedade, dentre outras. Mas conclui o autor que, além da pouca relevância prática do problema, já que tal ação é normalmente ajuizada em sede falimentar, a jurisprudência mais recente encontra-se no sentido da natureza direta e autônoma da ação.

[1046] Como explicam Jorge Manuel Coutinho de Abreu e Elisabete Ramos (Responsabilidade civil de administradores e de sócios controladores. In: INSTITUTO DE DIREITO DAS EMPRESAS E DO TRABALHO – IDET. *Miscelâneas*, n. 3. Coimbra: Almedina, 2004. p. 18), com base no art. 78.º, do CSC português, "a indemnização obtida não será entregue ao(s) credor(es) que promover(em) a acção, mas ingressará no património da sociedade – o que representa um reforço da garantia patrimonial."

[1047] Recorre-se, mais uma vez, à lição de Jorge Manuel Coutinho de Abreu e Elisabete Ramos (Responsabilidade civil de administradores e de sócios controladores. Coimbra: Coimbra Editora, 2002. p. 18), ao mostrarem que o credor autor da ação pode não ser beneficiado em razão de existirem credores bem colocados. Daí concluírem que, em razão da complexidade do processo e as incertezas quanto ao destino final da indenização, tal ação sub-rogatória pode não representar uma tutela eficaz dos credores da sociedade.

[1048] É o que se observa pela seguinte lição de Posner (*Economic Analysis of Law*. New York: Aspen Law & Business, 1988. p. 423): "Limited liability is a means not of eliminating the risks of entrepreneurial failure but of shifting them from individual investors to the voluntary and involuntary creditors of the corporation – it is they who bear the risk of corporate default." Logo depois, explica o autor (*Economic Analysis of Law*. New York: Aspen Law & Business, 1988. p. 424) que isso tem reflexos nas taxas de juros: "By reducing the assets available to pay back creditors, limited liability raises the borrowing costs of corporations. (...) The voluntary lender, however, is fully compensated for the risk of default by the higher interest rate that the corporation must pay lenders by virtue of its limited liability. He is also free to insist as a condition of making the loan that the shareholders personally guarantee the corporations's debts, or insert in the loan agreement other provisions limiting the lender's risk. Any resulting reduction of the risk of default will of course reduce the interest rate."

[1049] Calixto Salomão Filho (In: COMPARATO, Fábio Konder e SALOMÃO, Calixto Filho. *O poder de controle na sociedade anônima*. São Paulo: Saraiva, 2005. p. 483-484) explica bem porque a análise econômica do direito não justifica a responsabilidade limitada em relação a credores sem poder de barganha ou credores delituais: "Os estudos originais

Por essa razão, concluem Hansmann e Kraakman[1050] que, embora a responsabilidade limitada seja justificável em relação aos credores voluntários (*limited responsibility in contract*), não seria cabível em relação aos atos ilícitos (*torts*), assim como não seria um aspecto necessário no tocante aos credores involuntários.

Sem que haja essa diferenciação, a responsabilidade limitada acaba gerando muitas distorções, sendo perversa para os pequenos credores e para os credores involuntários, enquanto não tem grandes repercussões para os grandes credores que, por meio das diversas garantias normalmente exigidas em seus negócios, acabam sendo tutelados por uma "responsabilidade ilimitada".[1051]

Tais constatações causam, certamente, inúmeras perplexidades, ainda mais diante de uma ordem econômica constitucional fundada na função social da empresa e que tem por objetivo o de assegurar a todos uma vida digna. No caso da responsabilidade limitada, os mais fracos são exatamente os menos protegidos.

Portanto, há que se buscar formas de tutelar os pequenos credores e os credores não contratuais de maneira diferenciada, conclusão que é aceita pela análise econômica do direito.[1052] Por mais que afastar a responsabilidade limitada em relação a tais credores seja problemático, até porque acabaria transformando a sociedade anônima em uma sociedade em comandita por ações, com todos os problemas que esta já apresentou, é inequívoco que, em relação a tais credores, o cumprimento do dever de diligência por parte dos gestores, no que se refere à manutenção do patrimônio social e às atividades tendentes ao pagamento do crédito, deve ser analisado com maior rigor.

8. Ação de indenização e outras medidas a serem tomadas contra o controlador em casos de abuso de poder de controle

Ana Frazão

O sistema jurídico brasileiro admite pelo menos três alternativas regulatórias para endereçar o abuso de poder de controle pelo controlador: (i) a anulação das decisões ou atos abusivos do controlador, (ii) a sua expulsão ou exclusão do quadro societário e (iii) a sua responsabilização pessoal pelos danos causados. Em se tratando de companhia aberta, há igualmente a possibilidade de abertura de processo administrativo sancionador contra o controlador.

Caso o abuso do poder de controle tenha se verificado por meio do exercício do voto em assembleia, a possibilidade de anulação está prevista no art. 286, da Lei nº 6.404/1976, segundo o qual "A ação para anular as deliberações tomadas em assembleia geral ou especial, irregularmente convocada ou instalada, violadoras da lei ou do estatuto, ou eivadas de erro, dolo, fraude ou simulação, prescreve em 2 (dois) anos, contados da deliberação."

O problema é que, além das dificuldades inerentes à anulação de deliberações, ainda mais

---

sobre os custos da responsabilidade limitada e de sua desconsideração foram feitos pela Escola de Chicago, em particular por R.A. Posner. Para ele, a responsabilidade limitada encontra sua justificativa econômica no negócio jurídico realizado entre credor e sociedade. O credor assume o risco da responsabilidade limitada (ou ausência de responsabilidade dos sócios), exigindo uma contraprestação por isso, consistente na taxa de risco e traduzida normalmente em juros mais elevados. Dois são os pressupostos de tal teoria: em primeiro lugar, a plena informação de todos os agentes e, em segundo, a hipótese de que os agentes, informados, possam negociar com a sociedade."

[1050] What is Corporate Law? In: KRAAKMAN, Reinier et al. *The Anatomy of Corporate Law*. A Comparative and Functional Approach. New York: Oxford University Press, 2004. p. 10.

[1051] Galgano (*Trattato di Diritto Commerciale e di Diritto Pubblico dell'"Economia*. Padova: Cedam, 1984. v. VII. p. 9p. 8-9) é um dos que advertem que a responsabilidade limitada só funciona assim em relação à generalidade dos credores, pois, em relação aos credores economicamente fortes, é uma responsabilidade ilimitada, com inúmeras garantias fidejussórias.

[1052] Veja-se a lição de Posner (*Economic Analysis of Law*. New York: Aspen Law & Business, 1988. p. 435): "Given that limited liability may generate external costs because a corporation may have involuntary creditors (not only tort victims, but also tax and regulatory authorities) and that bankruptcy is a source of social cost rather than merely a method of transferring wealth to and among creditors, it is arguable that the government should take a more active role in assuring that a corporation maintain a fixed ratio of equity to liabilities and by limiting the corporation's right to engage in risky enterprises". No Brasil, defende Calixto Salomão Filho (*O poder de controle na sociedade anônima*. São Paulo: Saraiva, 2005. p. 491) que os credores precisam ter tratamento distinto e mais protetivo, pois somente em relação aos credores profissionais ou institucionais, geralmente instituições financeiras, pode-se pressupor a existência de livre mercado e livre negociação de riscos.

quando estas já projetaram seus efeitos em relação a terceiros de boa-fé, nem sempre se poderá voltar ao *status quo ante*, hipótese em que a anulação da deliberação assemblear deve ser acompanhada da indenização pelos danos ocorridos.

Já em relação à expulsão, trata-se de questão que, embora venha sendo objeto de maior reflexão no direito brasileiro nos últimos anos[1053], é cercada de controvérsias, não só quanto à própria admissibilidade do procedimento, como também em relação aos seus pressupostos.

Por fim, resta mencionar a questão da reparação civil, aspecto em relação ao qual é forçoso reconhecer que a Lei nº 6.404/1976 não previu todos os mecanismos para a eficácia do regime de responsabilidade civil do controlador. Contudo, é perfeitamente possível, por meio da interpretação principiológica e analógica, suprir as lacunas legais, a fim de operacionalizar o referido regime.

Inicialmente, é preciso lembrar que o art. 246, da Lei nº 6.404/1976, é claro no sentido de que "A sociedade controladora será obrigada a reparar os danos que causar à companhia por atos praticados com infração ao disposto nos artigos 116 e 117", sendo que o § 1º prevê que "A ação para haver reparação cabe: a) a acionistas que representem 5% (cinco por cento) ou mais do capital social; b) a qualquer acionista, desde que preste caução pelas custas e honorários de advogado devidos no caso de vir a ação ser julgada improcedente."

Trata-se de hipótese em que o acionista minoritário age como substituto processual da companhia, motivo pelo qual o Superior Tribunal de Justiça[1054] já teve oportunidade de decidir que a indenização, nesses casos, deve ser paga não ao minoritário que ingressou com a ação, mas sim à companhia. Daí a conclusão de que "mesmo que a companhia supostamente prejudicada não figure no polo ativo da ação, tornar-se-á credora da indenização, se ela for deferida."

De toda sorte, é importante perceber que o art. 246, da Lei nº 6.404/1976 tem alcance limitado a situações em que o controlador é uma sociedade e apenas quando o dano for da própria controlada. Entretanto, assim como não há razão para deixar de aplicar, por analogia, o comando do art. 246 da Lei nº 6.404/1976 aos controladores que não sejam sociedades, também não há razão para deixar de aplicar, por analogia, os comandos do art. 159, da Lei nº 6.404/1976, aos controladores, inclusive para o fim de possibilitar que terceiros lesados pelo controlador ingressem com a devida ação de reparação.

O art. 159, da Lei nº 6.404/1976, também pode e deve ser invocado para efeitos da delimitação da legitimação ativa, de forma que a primeira legitimada para a ação de responsabilidade seria, obviamente, a própria companhia, desde que houvesse a autorização da Assembleia Geral, em razão da aplicação analógica do art. 159, da Lei nº 6.404/1976.

O problema da autorização assemblear é o fato de que a vontade do controlador prevalece no seio da Assembleia, a impossibilitar a aprovação de uma ação contra si próprio. Consequentemente, a única hipótese viável desse tipo de iniciativa seria na troca de controle, caso em que o novo controlador poderia obter a aprovação de ação de responsabilidade contra o controlador anterior.

Sendo assim, há necessidade de se buscar outras soluções processuais que possam assegurar a eficácia do regime de responsabilidade dos controladores, inclusive em benefício da própria companhia. Uma opção é a aplicação analógica do art. 159, § 4º, da Lei nº 6.404/1976, a fim de autorizar qualquer acionista ou grupo de acionistas que representem pelo menos 5% do capital social a ingressar com a ação de responsabilidade contra o controlador, cujos benefícios seriam revertidos à companhia, solução que também decorre do art. 246, § 1º, "a", da Lei nº 6.404/1976.

Na verdade, o art. 246, § 1º, "b", da Lei nº 6.404/1976, chega a conferir legitimidade a qualquer acionista, "desde que preste caução pelas custas e honorários de advogado devidos no caso de vir a ação ser julgada improcedente." O problema é que a exigência de caução pode restringir excessivamente tal possibilidade, representando uma verdadeira barreira ao acesso ao Judiciário.

Ainda se poderia cogitar da aplicação analógica do art. 159, § 7º, da Lei nº 6.404/1976, a fim de conferir legitimidade para a ação de responsabilidade a qualquer acionista ou terceiro diretamente prejudicado por ato do controlador. Todavia, o recurso à analogia seria até dispensável nesse caso, pois a ordem constitucional e o

---

[1053] Ver Henrique Cunha Barbosa (*A exclusão do acionista controlador na sociedade anônima*. Rio de Janeiro: Elsevier, 2009) e Maria da Glória Ferraz de Almeida Prado (*A admissibilidade e a conveniência da exclusão do controlador em S.A.* Tese (Doutorado em Direito Comercial). São Paulo, Faculdade de Direito da Universidade de São Paulo, 2015

[1054] STJ, REsp 745.739/RJ, rel. Min. Massami Uyeda, j. 28.08.2012, *DJe* 21.09.2012.

art. 116, parágrafo único, da Lei nº 6.404/1976, já seriam suficientes para ampliar o rol de legitimados para todos aqueles que foram diretamente prejudicados por ato do controlador, como sustenta Calixto Salomão Filho.[1055]

No mesmo sentido, Modesto Carvalhosa[1056] observa que "as medidas visando a responsabilização do acionista controlador poderão ser propostas, não apenas por outros acionistas, mas também por empregados, investidores, credores, órgãos públicos e qualquer outro que se sentir prejudicado."

Desde que tenha havido a violação dos deveres pelo controlador, o ofendido – seja ele empregado, acionista, consumidor ou membro da comunidade – poderá exigir a devida responsabilização, bastando a prova do dano direto.[1057]

O STJ[1058] já teve a oportunidade de acolher as teses ora defendidas em julgado cuja ementa bem reflete as razões de decidir:

> Recurso especial. Processual civil e empresarial. Julgamento antecipado da lide. Cerceamento de defesa (CPC, art. 130). Não ocorrência. Sociedade anônima. Ação de responsabilidade civil contra administrador (Lei 6.404/76, art. 159) ou acionistas controladores (aplicação analógica): ação social *ut universi* e ação social *ut singuli* (Lei 6.404/76, art. 159, § 4º). Danos causados diretamente à sociedade. Ação individual (Lei 6.404/76, art. 159, § 7º). Ilegitimidade ativa de acionista. Recurso provido.
>
> 1. Aplica-se, por analogia, a norma do art. 159 da Lei 6.404/76 (Lei das Sociedades Anônimas) à ação de responsabilidade civil contra os acionistas controladores da companhia por danos decorrentes de abuso de poder.
>
> 2. Sendo os danos causados diretamente à companhia, são cabíveis as ações sociais *ut universi* e *ut singuli*, esta obedecidos os requisitos exigidos pelos §§ 3º e 4º do mencionado dispositivo legal da Lei das S/A.
>
> 3. Por sua vez, a ação individual, prevista no § 7º do art. 159 da Lei 6.404/76, tem como finalidade reparar o dano experimentado não pela companhia, mas pelo próprio acionista ou terceiro prejudicado, isto é, o dano direto causado ao titular de ações societárias ou a terceiro por ato do administrador ou dos controladores. Não depende a ação individual de deliberação da assembleia geral para ser proposta.
>
> 4. É parte ilegítima para ajuizar a ação individual o acionista que sofre prejuízos apenas indiretos por atos praticados pelo administrador ou pelos acionistas controladores da sociedade anônima.
>
> 5. Recurso especial provido.

Como se pode observar, o precedente em questão procura assegurar a legitimidade aos acionistas e terceiros, nos exatos termos do art. 159, § 7º, da Lei nº 6.404/1976, exigindo apenas que o dano seja direto pois, sendo indireto, apenas a companhia teria legitimidade.[1059]

Mais complexa é a questão dos direitos difusos, como é o caso do meio ambiente, em relação aos quais não há perfeita coincidência entre a titularidade e a legitimação processual. Neste ponto, o silêncio da lei brasileira pode criar problemas para a exigência dos deveres do controlador.

Em qualquer caso, é interessante notar que a legitimidade passiva nas ações por abuso do poder de controle será exclusivamente do controlador, já que este não é órgão e, embora normalmente exerça o seu poder na assembleia geral, seus atos não podem ser imputados à companhia, tal como acontece com os administradores, que a presentam. Em decorrência, é correta a conclusão de Fábio Konder Comparato[1060] de que "o desvio de poder, no qual incorre o controlador,

---

[1055] SALOMÃO, Calixto Filho e COMPARATO, Fábio Konder. *O poder de controle na sociedade anônima*. São Paulo: Saraiva, 2005. p. 384-385.

[1056] Responsabilidade civil de administradores e de acionistas controladores perante a Lei das S/A. *RT* 699/43.

[1057] É o que foi decidido no REsp 798264 (rel. p/ o acórdão Min. Nancy Andrighi, *DJ* 16.04.2007), cuja ementa contém o seguinte trecho: "Para a caracterização do abuso de poder de que trata o art. 117 da Lei das Sociedades por ações, ainda que desnecessária a prova da intenção subjetiva do acionista controlador em prejudicar a companhia ou os minoritários, é indispensável a prova do dano. Precedente. – Se, não obstante, a iniciativa probatória do acionista prejudicado, não for possível fixar, já no processo de conhecimento, o montante do dano causado pelo abuso de poder do acionista controlador, esta fixação deverá ser deixada para a liquidação de sentença."

[1058] REsp 1207956/RJ, rel. p/ acórdão Min. Raul Araújo, j. 23.09.2014, *DJe* 06.11.2014.

[1059] Ver comentários de Ana Frazão ao art. 159 da Lei 6.404/1976.

[1060] *O poder de controle na sociedade anônima*. São Paulo: Saraiva, 2005. p. 403.

desnatura a legitimidade da decisão coletiva", de modo que "mesmo que a decisão seja tomada em assembleia, não se pode considerar o ato como praticado pela própria sociedade, segundo a concepção orgânica."

Assim, apenas o controlador responderá pelos seus atos ilícitos, até porque, em muitos casos de abuso de poder de controle, a maior prejudicada é a própria companhia. Não faria sentido, portanto, que esta tivesse ainda que responder perante os acionistas ou terceiros que porventura sofreram danos em razão da atuação do controlador.

Por fim, destaca-se ainda a opinião de Fábio Konder Comparato de que "a jurisprudência ianque orientou-se no sentido de considerar que nas ações judiciais da abuso de controle ocorre uma inversão de ônus probatório, competindo ao controlador a demonstração de haver pautado sua conduta segundo os princípios de zelo e boa-fé, que devem guiar todo *trustee*".[1061] Com a prevalência da teoria da carga dinâmica da prova, é inequívoco que tal raciocínio também poderia ser adotado no Brasil, sempre que couber ao controlador, que muitas vezes está na posse das provas, evidenciar os elementos que, em concreto, são capazes de excluir a sua culpa.

9. Business judgment rule

ANA FRAZÃO

Para Modesto Carvalhosa,[1062] aplicar-se-ia ao controlador também a *business judgment rule*, prevista no art. 159, § 6º, da Lei nº 6.404/1976, para o fim de afastar da sindicância judicial o mérito da decisão dos controladores sempre esta for desinteressada, informada e de boa-fé, de forma que "somente quando houver quebra do dever fiduciário (art. 116, parágrafo único) é que o Poder Judiciário, arbitral ou administrativo (CVM) pode adentrar no mérito (*intrinsic fairness*) da conduta do controlador."

Dessa maneira, o abuso de poder de controle não poderia abranger casos em que o controlador simplesmente tomou uma decisão equivocada, como já reconheceu o STJ:[1063]

Recurso especial. Direito societário. Ação de reparação de danos. Art. 246, § 1º, "b", da Lei nº 6.404/1976. Abuso do poder de controle. Não ocorrência.
(...) 6. De acordo com a autonomia da decisão empresarial, não compete ao Poder Judiciário adentrar o mérito das decisões tomadas pelo acionista controlador na condução dos negócios sociais, ressalvada a hipótese de abuso do poder de controle, não verificada na espécie.
(...).

Todavia, trata-se de questão controversa, que é mais bem explorada nos comentários ao art. 159, § 6º, da Lei nº 6.404/1976.[1064]

10. Interações entre a responsabilidade civil, a responsabilidade administrativa e o *compliance*

ANA FRAZÃO

No direito brasileiro, a responsabilidade civil de controladores de sociedades por ações convive com a responsabilidade administrativa dos controladores de companhias abertas, nos termos do que está disposto na Lei nº 6.385/1976 e na regulamentação da CVM.

A responsabilidade administrativa acaba sendo de extrema importância porque, ao contrário da civil, que depende da existência do dano, o seu pressuposto é a violação dos bens protegidos pela legislação. Logo, considerando as dificuldades de provar determinados tipos de danos, a identificação dos pressupostos da responsabilidade administrativa, a depender do caso, pode ser mais fácil, não obstante as inúmeras controvérsias em torno dos princípios que deveriam orientar o Direito Administrativo Sancionador.

Ademais, a implementação da responsabilidade administrativa não está sujeita aos mesmos custos e dificuldades da responsabilidade civil, na medida em que é assegurada pela CVM. Soma-se a isso o trabalho de qualidade que vem sendo desenvolvido pela autarquia, o que faz com que o regime de responsabilidade administrativa seja eficaz e apoiado sobre bases sólidas. Não é sem razão que a jurisprudência da CVM é frequentemente utilizada como referência pela doutrina e pela jurisprudência mesmo para os

---

[1061] *Direito empresarial*. São Paulo: Saraiva, 1995. p. 93.

[1062] *Comentários à Lei de Sociedades Anônimas*. São Paulo: Saraiva, 2014. v. 2. p. 692.

[1063] STJ, REsp 1337265/SP, rel. Min. Ricardo Villas Bôas Cueva, 3ª T., j. 27.11.2018.

[1064] Como se verá adiante, existem controversas até mesmo sobre o referido dispositivo da Lei nº 6.404/1976 efetivamente adotou a regra da *business judgment rule* mesmo para administradores.

casos de responsabilidade civil e mesmo em se tratando de companhias fechadas.

Já em relação à responsabilidade civil do controlador, apesar de a Lei nº 6.404/1976 oferecer arcabouço normativo suficiente para viabilizá-la, a experiência mostra que a alternativa não tem sido efetiva na prática brasileira, sendo poucos os casos de ações de indenização contra controladores.

Apesar de haver muita especulação sobre as possíveis causas dessa ineficácia, estudo da CVM, da OCDE e do governo brasileiro, consubstanciado no relatório "Fortalecimento dos meios de tutela reparatória dos direitos dos acionistas no mercado de capitais brasileiro"[1065], concluiu que não há incentivos suficientes para mitigar o ônus imposto aos acionistas para ingressar com a ação de indenização, seja no que diz respeito à caução, seja no que diz respeito à duração ou à insegurança que envolve o contencioso societário.

Dessa maneira, a atuação da CVM acaba preenchendo parcialmente a lacuna decorrente da ausência de efetividade do regime de responsabilidade civil, o que mostra como é urgente a solução adequada desse problema.

Com efeito, se uma das principais finalidades da identificação do controlador é a de lhe imputar os deveres e responsabilidades respectivos e o sistema de implementação de tais deveres não está funcionando adequadamente, tem-se como resultado que, do ponto de vista das soluções regulatórias, os controladores, especialmente os de companhia fechada – que não estão sujeitos nem mesmo à responsabilidade administrativa aplicada pela CVM – têm poucos incentivos para não abusar dos seus poderes.

A situação só não é mais grave porque recentemente, em razão de uma série de fatores, especialmente o advento da Lei Anticorrupção, passou a haver contexto mais propício para que gestores estejam atentos a programas de integridade que possibilitem o cumprimento da legislação e de preceitos éticos. Afinal, a Lei Anticorrupção estabelece punições não apenas para as pessoas jurídicas, mas também para os seus gestores, assim como cria incentivos para os programas de *compliance*.

Por essa razão, a autorregulação pode ter um papel importante para evitar abusos do controlador, embora isso não seja suficiente para afastar a necessidade de um eficiente regime de responsabilidade civil, sem o que dificilmente se poderá assegurar uma boa gestão.

SEÇÃO V
ACORDO DE ACIONISTAS

Art. 118. Os acordos de acionistas, sobre a compra e venda de suas ações, preferência para adquiri-las, exercício do direito a voto, ou do poder de controle deverão ser observados pela companhia quando arquivados na sua sede. (Redação dada pela Lei 10.303, de 2001)

§ 1º As obrigações ou ônus decorrentes desses acordos somente serão oponíveis a terceiros, depois de averbados nos livros de registro e nos certificados das ações, se emitidos.

§ 2º Esses acordos não poderão ser invocados para eximir o acionista de responsabilidade no exercício do direito de voto (artigo 115) ou do poder de controle (artigos 116 e 117).

§ 3º Nas condições previstas no acordo, os acionistas podem promover a execução específica das obrigações assumidas.

§ 4º As ações averbadas nos termos deste artigo não poderão ser negociadas em bolsa ou no mercado de balcão.

§ 5º No relatório anual, os órgãos da administração da companhia aberta informarão à assembleia-geral as disposições sobre política de reinvestimento de lucros e distribuição de dividendos, constantes de acordos de acionistas arquivados na companhia.

§ 6º O acordo de acionistas cujo prazo for fixado em função de termo ou condição resolutiva somente pode ser denunciado segundo suas estipulações. (Incluído pela Lei 10.303, de 2001)

§ 7º O mandato outorgado nos termos de acordo de acionistas para proferir, em assembleia-geral ou especial, voto contra ou a favor de determinada deliberação, poderá prever prazo superior ao constante do § 1º do art. 126 desta Lei. (Incluído pela Lei 10.303, de 2001)

§ 8º O presidente da assembleia ou do órgão colegiado de deliberação da companhia não computará o voto proferido com infração de

---
[1065] Disponível em: <www.cvm.gov.br>.

acordo de acionistas devidamente arquivado. (Incluído pela Lei 10.303, de 2001)

§ 9º O não comparecimento à assembleia ou às reuniões dos órgãos de administração da companhia, bem como as abstenções de voto de qualquer parte de acordo de acionistas ou de membros do conselho de administração eleitos nos termos de acordo de acionistas, assegura à parte prejudicada o direito de votar com as ações pertencentes ao acionista ausente ou omisso e, no caso de membro do conselho de administração, pelo conselheiro eleito com os votos da parte prejudicada. (Incluído pela Lei 10.303, de 2001)

§ 10. Os acionistas vinculados a acordo de acionistas deverão indicar, no ato de arquivamento, representante para comunicar-se com a companhia, para prestar ou receber informações, quando solicitadas. (Incluído pela Lei 10.303, de 2001)

§ 11. A companhia poderá solicitar aos membros do acordo esclarecimento sobre suas cláusulas. (Incluído pela Lei 10.303, de 2001)

COMENTÁRIOS

1. Acordo de acionistas: conceito e natureza jurídica

SÉRGIO CAMPINHO

O acordo de acionistas constitui espécie do gênero acordo parassocial, traduzindo instrumento de inegável relevância na prática das relações e negócios societários, sendo largamente utilizado pelos acionistas, tanto em companhias abertas, quanto em companhias fechadas.

Surge como efetivo instrumento de composição de grupos, revelando-se eficaz veículo para a estabilização das relações de poder no interior da companhia, possibilitando, mediante ajustes paralelos ao ato constitutivo, a negociação de obrigações recíprocas entre os acionistas celebrantes, que garantam certa permanência nas posições acionárias por eles ocupadas. Essas convenções nascem com o claro escopo de predefinir certos comportamentos que assegurem a coexistência harmônica de seus interesses de sócios. Os interesses individuais de sócios deverão, no entanto, estar sempre harmonizados com o interesse social, o qual sempre deverá prevalecer e, assim, orientar esses pactos parassociais.

Pode o acordo de acionistas ser definido como um contrato celebrado entre acionistas de uma mesma companhia, tendo por fim imediato a regulação de certos direitos de sócios, tais como a compra e venda de ações, a preferência para adquiri-las, o exercício do direito de voto e o poder de controle social.[1066]

A aplicação e a interpretação dessas convenções são orientadas, fundamentalmente, pelos princípios da autonomia da vontade e da obrigatoriedade dos contratos. Há plena liberdade para os acionistas estabelecerem o conteúdo do pacto parassocial, mas necessariamente observando dois balizadores intransponíveis: (a) a possibilidade e a licitude do objeto; e (b) a conformação com o interesse social. Inexistem, em princípio, regras de ordem pública a orientar os acordos de acionistas, ainda que envolvam acionistas de companhias abertas, uma vez que atingem, apenas, aos interesses patrimoniais dos celebrantes.[1067]

Sua natureza emerge como a de um contrato parassocial, acessório e plurilateral.

É parassocial, porquanto se situa ao lado do pacto social, este sim constitutivo da sociedade, que necessariamente o precede. As declarações de vontade traduzidas nos acordos de acionistas têm inúmeros pontos de conteúdo diversos do pacto social – mas não infringentes – e, em vários casos, não são comuns a todos os acionistas, limitando-se a um ou mais grupos de acionistas.

Tem caráter acessório ao pacto social, pois, embora firmado no âmbito da esfera privada dos sócios, sua eficácia se faz depender da existência da própria sociedade. Em diversos episódios da prática societária, essas convenções são celebradas antes mesmo da constituição e, portanto, da existência legal da companhia. Nessas hipóteses, sua eficácia fica condicionada à ultimação de todo o procedimento para que se atinja a efetiva existência da pessoa jurídica.

O viés plurissocial deriva não só do fato de admitir um número aberto, variável de partes, mas principalmente porque os seus celebrantes perseguem uma integração de interesses coordenados para a realização de um fim comum.

[1066] CAMPINHO, Sérgio. *Curso de direito comercial:* sociedade anônima. 4. ed. São Paulo: Saraiva, 2019. p. 263.
[1067] EIZIRIK, Nelson. *A lei das S/A comentada.* 2. ed. São Paulo: Quartier Latin, 2015. p. 264, v. 2.

2. Objeto e finalidades dos acordos de acionistas

ANA FRAZÃO

A redação original do art. 118, da Lei nº 6.404/1976, atribuía três objetos aos acordos de acionistas: (i) compra e venda de suas ações, (ii) direito de preferência para aquisição de ações e (iii) exercício do direito a voto. Com a nova Lei das S/A (Lei nº 10.303/2001), foi acrescentada igualmente a hipótese de (iv) exercício de poder de controle.

Na verdade, não houve propriamente inovação, seja porque no exercício do direito a voto já estava implícita a possibilidade do controle, seja porque o próprio art. 116, da Lei nº 6.404/1976, já mencionava expressamente a possibilidade de controle compartilhado em virtude de acordo de acionistas.

De toda sorte, ao expressamente prever como objeto dos acordos de acionistas o exercício do direito de voto e o exercício do poder de controle, a Lei nº 6.404/1976 reconhece a importância do acordo para a constituição do controle e também a relevância das chamadas deliberações prévias, espaços em que serão decididas as matérias mais importantes da companhia, com o consequente amesquinhamento da Assembleia Geral.

Como o acordo de acionistas visa a produzir efeitos muito próprios, como a oponibilidade perante a companhia e terceiros, bem como a execução específica das suas obrigações, a inclusão expressa do controle no seu objeto reforçou que, em todo o seu alcance, há que se atribuir ao acordo para o exercício do controle as referidas características.

Os acordos para regular compra e venda de ações ou direito de preferência para aquisição de ações são chamados de acordos de bloqueio, pois dizem respeito à disponibilidade patrimonial das ações, afetando diretamente apenas os acionistas envolvidos. Isso pode ocorrer de diversas formas, que vão desde as mencionadas expressamente pela lei, como o direito de preferência, até outros arranjos decorrentes da autonomia privada, tais como o *tag along* – direito de venda conjunta – ou o *drag along* – direito de compra conjunta.

Exatamente porque tais hipóteses dizem respeito exclusivamente às relações entre acionistas, tem-se um terreno em que deve prevalecer, como regra, a autonomia privada. Assim, os acordos de acionistas podem ser utilizados para fins diversos, como, por exemplo, para evitar a entrada ou saída de determinados acionistas em certas circunstâncias, para manter determinados percentuais de ações em cada grupo de acionistas – como ocorre em empresas familiares, em que os acordos procuram manter o equilíbrio e a mesma quantidade de ações por cada família –, entre outras.

Tratando-se de interesses patrimoniais disponíveis dos convenentes, não há razão para impor limites aprioristicos aos acordos de acionistas, especialmente quando as obrigações ali contidas foram assumidas voluntariamente pelos signatários. Mais discutível são as limitações que os acordos podem trazer a herdeiros ou sucessores, especialmente quando isso lhes restringir consideravelmente a disponibilidade sobre as ações objeto da sucessão.

Já na hipótese em que os acordos têm por objeto o direito de voto ou o exercício do controle, as questões são mais complexas porque, nessas situações, não se está diante de meros interesses patrimoniais dos acionistas, mas também dos interesses maiores da companhia. Com efeito, por meio dos acordos, os acionistas poderão decidir o conteúdo das deliberações da Assembleia e afetar interesses da companhia e de terceiros.

É por essa razão que os acionistas não poderão afastar, por meio dos acordos, nenhuma das regras cogentes que constam da Lei nº 6.404/1976. Se isso já resultaria da interpretação lógica e sistemática da lei, é reforçado pelo § 2º, do art. 118, segundo o qual "Esses acordos não poderão ser invocados para eximir o acionista de responsabilidade no exercício do direito de voto (artigo 115) ou do poder de controle (artigos 116 e 117)."

Dessa maneira, persistem todos os limites e condicionamentos já previstos para o exercício do direito de voto (art. 115) e também para o exercício do controle (arts. 116 e 117), já que os acordos de acionistas com tais objetos existem para facilitar ou estabilizar os arranjos de poder na sociedade por ações e não para burlar ou subverter regras cogentes da Lei nº 6.404/1976. Da mesma maneira, não podem ser contrários aos estatutos da companhia, especialmente no que diz respeito ao seu objeto e ao interesse social.

Por razões semelhantes, o Superior Tribunal de Justiça[1068] já teve oportunidade de decidir acertadamente que "O acordo de acionistas não pode predeterminar o voto sobre as declarações

---

[1068] STJ, REsp 1152849/MG, rel. Min. João Otávio de Noronha, 3ª T., j. 07.11.2013

de verdade, aquele que é meramente declaratório da legitimidade dos atos dos administradores, restringindo-se ao voto no qual se emita declaração de vontade."

Aliás, já se viu, nos comentários ao art. 115, da Lei nº 6.404/1976, que uma das formas de abuso do direito de voto é precisamente considerar como voto de vontade o que deve ser visto como voto de verdade. Por essa razão, não pode o acionista, com ou sem acordo de voto, incorrer nessa prática, sob pena de manifesto abuso.

No caso de acordos de controle, podem servir para diferentes funções, desde a constituição do controle compartilhado – entre acionistas que isoladamente não teriam o controle mas, em conjunto, passam a titularizá-lo –, até o reforço do controle – na hipótese de um acionista já ter o controle majoritário mas se unir com outros acionistas para aumentar o percentual do bloco de controle – ou até mesmo a de instituir um controle totalitário, dentre inúmeras outras possibilidades.

Como já se viu nos comentários ao art. 116, da Lei nº 6.404/1976, é bastante controversa a questão da responsabilidade dos acionistas unidos por acordo com objetivo de constituição do controle, já tendo a CVM se manifestado no sentido de que o fato de um acionista integrar o bloco de controle não quer dizer que ele possa nem mesmo ser considerado controlador,[1069] raciocínio que, por decorrência lógica, o isentaria das responsabilidades respectivas.

Por outro lado, o acordo de acionistas também pode ter por objeto a proteção das minorias – os chamados acordos de defesa –, que se unem não apenas para o exercício do direito de voto, mas também para poderem exercer várias das prerrogativas que a Lei nº 6.404/1976 atribui a minoritários que atinjam um percentual mínimo do capital social, como a indicação de membro do Conselho de Administração (art. 141, § 4º).

Seja se utilizados pela maioria, seja se utilizados pela minoria, existem diversas controvérsias em torno do objeto dos acordos. Uma delas é saber se o elenco de matérias descritas no art. 118, *caput*, da Lei nº 6.404/1976 é exaustivo ou meramente exemplificativo. Apesar das controvérsias a respeito do assunto,[1070] entende-se que não há óbice à ampliação das matérias objeto dos acordos, desde que respeitadas as normas de ordem pública, os estatutos da companhia e as regras cogentes da Lei nº 6.404/1976, preocupação consubstanciada no § 2º, do art. 118.

Entretanto, caso a matéria não esteja dentre as previstas no art. 118, da Lei nº 6.404/1976, é possível entender que o acordo, nesta parte, embora válido, não pode ter os atributos legais de oponibilidade à companhia e a terceiros, bem como de execução específica e das medidas previstas nos §§ 8º e 9º.

Não obstante, mesmo no que diz respeito às matérias que são consideradas pela lei como objeto dos acordos, pode haver dúvidas significativas sobre os limites da autonomia privada. O Superior Tribunal de Justiça,[1071] por exemplo, já teve a oportunidade de entender que "Não é ilegal disposição de acordo de acionistas que prevê que as ações preferenciais não gozarão de direito de voto, conforme admite o caput do art. 111 da LSA", embora existam boas razões para considerar que o art. 111, da Lei nº 6.404/1976, é regra cogente e, por essa razão, constitui limite à autonomia privada dos convenentes.

[1069] No Processo Administrativo 2003/5088/RJ (CVM, rel. Luiz Antonio de Sampaio Campos, j. 16.12.2003), o voto do Diretor Relator asseverou que "não é pelo simples fato de um acionista integrar acordo de acionistas – e mesmo acordo de acionistas com direito de voto, que englobe o bloco de controle – que este acionista deve ser considerado acionista controlador. (...) Isso serve para demonstrar que para se dizer se determinado acionista membro de acordo de acionista é ou não acionista controlador ou parte do grupo de controle necessário se faz que se adentre nas cláusulas e condições do acordo de acionistas, de modo a se assegurar, se, de fato, aquele acionista reúne as condições de acionista controlador."

[1070] José Waldecy Lucena (*Das sociedades anônimas* – comentários à lei (arts. 1º a 120). Rio de Janeiro: Renovar, 2009. p. 1134-1135) mostra que existem três interpretações (i) enumeração exaustiva; (ii) enumeração meramente exemplificativa; (iii) enumeração exaustiva para companhia e liberada para os acionistas convententes. "Para a primeira corrente, os acordos de acionistas que versem outras matérias, que não as constantes da Lei, não teriam validade por ferirem a disposição de ordem pública, inserida no dispositivo sob comento e que não pode ser ladeada pelo convenentes. Já para a segunda corrente, tais acordos, desde que não firam a lei e o estatuto social, são válidos junto à companhia e terceiros em geral. E, finalmente, a terceira corrente entende que esses acordos somente serão válidos perante a companhia e terceiros, no tocante às matérias constantes do dispositivo comentando, sendo que matérias outras, deles constantes, somente vincularão as partes contratantes, ou sejam os acionistas convenentes."

[1071] STJ, REsp 818.506/SP, rel. p/ acórdão Min. João Otávio de Noronha, j. 17.12.2009, *DJe* 17.03.2010.

Desde que respeitadas as normas cogentes e de ordem pública, entende-se que os convenentes têm autonomia para definir como as votações nas deliberações prévias deverão ocorrer, seja para regular as deliberações prévias ou outros mecanismos para votação, seja mesmo para definir *quoruns*, que poderão ser distintos dos da Assembleia Geral. Até por essa razão, admite-se que o voto contrário ao acordo não seja computado, nos termos do § 8º, do art. 118, da Lei nº 6.404/1976, que será mais bem explorado na parte dedicada a tratar da execução específica dos acordos de acionistas.

3. Acordos de acionistas como contrato associativo

Ana Frazão

Os acordos de acionistas são chamados genericamente de pactos parassociais, uma vez que se tornam espécies de complemento dos estatutos das companhias, até porque uma de suas finalidades é precisamente ser oponível a terceiros e à própria companhia, assim como ocorre com o próprio estatuto.

É claro que, para que tenham esse feito, deverão ser averbados devidamente na companhia, nos termos do § 1º, do art. 118, segundo o qual "As obrigações ou ônus decorrentes desses acordos somente serão oponíveis a terceiros, depois de averbados nos livros de registro e nos certificados das ações, se emitidos."

Independentemente do seu objeto e da existência ou não da averbação, a natureza jurídica dos acordos de acionistas é de contratos associativos ou plurilaterais,[1072] gênero maior do qual a sociedade é uma das espécies, ao lado de outras, tal como *joint* ventures e consórcios. Trata-se de contrato de fim comum ou de organização, que tem por finalidade assegurar a preservação do alinhamento dos interesses dos convenentes e a permanência da organização por meio da contenção dos riscos de oportunismo excessivo.

Daí por que, como é comum em se tratando de contratos associativos, normalmente serão incompletos, especialmente quando destinados ao exercício do voto ou do controle. Isso ocorre porque as relações de confiança e de alinhamento de interesses que existiam no momento da celebração do acordo podem se modificar substancialmente ao longo da vida societária, o

que impõe que tais contratos tenham soluções de governança para resolver os futuros conflitos, integrar determinadas situações e, em casos extremos, prever como devem ser modificados ou finalizados total ou parcialmente.

Entretanto, a teoria contratual é bastante pobre em se tratando de contratos associativos, motivo pelo qual os problemas a ele inerentes não apresentam soluções facilmente identificáveis nem na lei nem na doutrina. No caso dos acordos de acionistas, o problema se agrava com o fato de serem contratos atípicos.

Daí por que é fundamental que tais acordos, especialmente quando forem de longo prazo ou por prazo indeterminado, sejam muito bem pensados e redigidos, a fim de que possam conter as principais soluções, inclusive as de governança, para os problemas que se lhes apresentem.

Outra razão que justifica o prudente exercício da autonomia privada nesses pactos é que o próprio art. 118, da Lei nº 6.404/1976, é bastante econômico em termos de soluções para os problemas que possam decorrer dos acordos de acionistas. Uma das poucas regras nesse sentido é a do § 6º, segundo o qual "O acordo de acionistas cujo prazo for fixado em função de termo ou condição resolutiva somente pode ser denunciado segundo suas estipulações."

Consequentemente em se tratando de contratos por prazo determinado – termo – ou sujeitos à condição resolutiva, a lei estabelece que o acionista dissidente não poderá denunciar o contrato por ato de mera vontade, tendo que aguardar o termo ou a condição resolutiva, conforme o caso. Enquanto isso, o contrato continua operando efeitos perante a companhia e terceiros.

Todavia, tal previsão pode ter efeitos complicados, ainda mais diante de prazos muito longos ou de condição resolutiva que não ocorra mesmo após um longo período. Em casos assim, é difícil sustentar que o convenente insatisfeito não tenha qualquer espaço para a sua retirada, ainda mais quando a jurisprudência brasileira vem admitindo como regra a ideia de que o acionista dissidente precisa ter alguma alternativa de saída de um arranjo societário que não mais lhe convém. Daí a possibilidade, inclusive, da dissolução parcial de companhias fechadas de caráter familiar ou *intuitu personae*, ainda que se trate de solução criticável.

[1072] Ver Ana Frazão em Joint ventures contratuais (*Revista de Informação Legislativa* 207/187-211, 2015) e também nos comentários ao art. 116, da Lei 6.404/1976, na seção relativa ao controle compartilhado.

A situação seria ainda mais delicada caso o acionista que pretendesse sair do acordo alegasse que os demais convenentes estão agindo contra o que considera ser o interesse da companhia, de forma que a sua retirada decorreria dos seus compromissos prioritários com a companhia.

Se tais considerações são importantes mesmo para os convenentes, tornam-se ainda mais para aqueles que, como os sucessores, assumem a posição do sucedido nos acordos sem nunca terem dado efetivamente o seu consentimento.

Assim, pode-se afirmar que a solução legal não necessariamente será capaz de resolver os inúmeros impasses decorrentes de acordos de acionistas celebrados por longos prazos.

Já no que diz respeito aos acordos por prazo indeterminado, nada diz a lei, de forma que deve ser admitida a possibilidade de denúncia a qualquer momento, desde que seja feita de boa-fé, aqui vista como o dever de lealdade perante os demais acionistas, a fim de evitar condutas oportunistas e desproporcionais diante dos interesses da comunhão representada pelo acordo.

Diante das dificuldades anunciadas, o Superior Tribunal de Justiça[1073] já teve a oportunidade de considerar ser "Admissível a resolução do acordo de acionistas por inadimplemento das partes, ou de inexecução em geral, bem como pela quebra da *affectio societatis*, com suporte na teoria geral das obrigações, não constituindo impedimento para tal pretensão a possibilidade de execução específica das obrigações constantes do acordo, prevista no art. 118, § 3º da Lei nº 6.404/1976".

Entretanto, incluir a quebra da *affectio societatis* como um fundamento geral para a resolução do acordo de acionistas pode criar as mesmas dificuldades já existentes em relação à dissolução parcial de companhias fechadas.[1074]

Uma conclusão, todavia, é certa: tal como costuma ocorrer nos contratos associativos de longo prazo ou por tempo indeterminado, encontrar soluções que equilibrem a saída dos dissidentes com as legítimas expectativas da comunhão de acionistas pode ser algo extremamente tormentoso. Daí a observação de José Waldecy Lucena[1075] de que o ideal seria que a lei brasileira já previsse um prazo máximo para a duração de tais acordos, como o fez a legislação italiana, que estipulou o prazo de cinco anos, renovável pelo interesse dos convenentes.

4. Espécies: acordos típicos e atípicos

Sérgio Campinho

Sob o *nomen juris* de "acordo de acionistas", encontra-se albergada uma categoria de negócio jurídico que comporta distintos objeto, estruturação e modalidade de prestações. O traço comum a esses ajustes resulta da vontade manifestada por suas partes de regularem o modo de exercer certos direitos decorrentes de suas ações.

A contratação usualmente é destinada à disciplina do exercício do direito de voto, do poder de controle, da compra e venda das ações e do direito de preferência para adquiri-las. Sobre esse conteúdo é que a lei direciona os seus regramentos, conferindo tipicidade aos pactos com esses objetos.

Mas nada impede que os acionistas resolvam disciplinar outras questões de peculiar interesse. A lei não veda a iniciativa, cumprindo sempre observar a possibilidade e a licitude do objeto, bem como a conformidade com o interesse da companhia.

Em assim o sendo, os acordos de acionistas podem ser classificados em duas espécies: típicos e atípicos.

Os típicos são aqueles pactos expressamente previstos no *caput* do art. 118 da LSA, com objeto, portanto, definido em lei. As matérias dos acordos típicos são *numerus clausus* e limitadas, assim, às disposições sobre compra e venda de ações, preferência para adquiri-las, exercício do direito de voto e do poder de controle.

Os atípicos são aqueles que versam sobre questões de interesse dos acionistas, seus signatários, mas que refogem ao elenco legal. Resultam do direito de autorregulação das posições societárias de que desfrutam os titulares dos direitos derivados das ações. O seu universo é, consequentemente, ilimitado, mas deve observar as fronteiras da lei e do estatuto e respeitar os interesses sociais, os quais, pelo direito em vigor, devem sempre prevalecer sobre os individuais dos acionistas. Tem-se como exemplo comum de matéria atípica aquela concernente

---

[1073] STJ, REsp 388423/RS, rel. Min. Sálvio de Figueiredo Teixeira, 4ª T., j. 13.05.2003.

[1074] Ver Ana Frazão, O STJ e a dissolução parcial de sociedades fechadas. *Revista da AASP*, n. 141, abril/2019.

[1075] *Das sociedades anônimas* – comentários à lei (arts. 1º a 120). Rio de Janeiro: Renovar, 2009. p. 1149-1151.

à reorganização societária. Podem os acionistas, em acordo parassocial, disciplinar o tema, dispondo sobre regras e procedimentos a serem implementados.

Mas apenas os acordos de acionistas típicos, que versam sobre as matérias que a lei expressamente determina, têm plena eficácia na esfera jurídica da própria companhia, a qual deverá observá-los quando arquivados em sua sede.

A lei institui um procedimento próprio para que a companhia fique obrigada a respeitar e assim observar as disposições dos pactos típicos: o arquivamento do instrumento do acordo em sua sede, ato este que também confere publicidade ao contrato celebrado no âmbito interno da própria pessoa jurídica (publicização *interna corporis*).

Para as obrigações ou ônus decorrentes desses acordos serem oponíveis a terceiros, entretanto, não é suficiente o simples arquivamento na sede da sociedade, impondo-se um procedimento específico: a averbação nos livros de registro das ações[1076] e nos certificados acionários, se emitidos (§ 1º do art. 118 da LSA). As ações desse pacto assim averbadas não poderão ser negociadas em bolsa de valores ou mercado de balcão (§ 4º do art. 118 da LSA).

Mas não é só. Além desse sistema de publicidade estabelecido como forma de o acordo vincular a companhia (arquivamento em sua sede) e ser dotado de oponibilidade a terceiros (averbação das obrigações e dos ônus dele decorrentes nos livros de registro e nos certificados de ações, quando emitidos),[1077] os acordos típicos são por lei agraciados com um regime que lhes confere maior segurança e efetividade do pactuado, consoante será mais adiante abordado, na sequência dos comentários a este artigo.

Os acordos atípicos, por seu turno, não gozam desse mesmo feixe de garantias e proteção legal visando à efetividade dos pactos típicos. Por isso é que, em linhas gerais, costuma-se, em tom ordinário, dizer que o inadimplemento das obrigações neles previstas se resolve em perdas e danos. A efetividade de seu cumprimento, como a execução específica de obrigação assumida por exemplo, depende sempre de cláusula expressa que contenha a previsão, a enquadre e a discipline adequadamente aos ditames da lei processual civil. Para a companhia estar vinculada a seus efeitos, deve ela figurar como interveniente no instrumento.

5. Modalidades: acordos de bloqueio, de voto e de controle

Sérgio Campinho

Os acordos de acionistas típicos dividem-se nas seguintes modalidades: acordos de bloqueio, de voto e de controle.

Os acordos de bloqueio têm por escopo limitar ou restringir a transmissibilidade das ações. Dizem respeito ao direito patrimonial do acionista, regulando a compra e venda de suas ações e a preferência para adquiri-las. Podem abranger não só as ações presentes (titularizadas pelo acionista signatário no momento de celebração do pacto), como as futuras (aquelas que venha a subscrever ou a adquirir).

A restrição à livre circulação das ações pode ter por fundamento estabelecer certa garantia de eficácia ao acordo de voto, pelo prazo de sua vigência, funcionando, assim, como um pacto adjuvante àquele que seria o principal. Mas, em outras situações, o acordo de bloqueio pode estabelecer-se como fim único e principal, sem exercer essa função adjuvante antes destacada, de assegurar o acordo de voto. Assim o sendo, o seu objetivo é exclusivamente patrimonial. É exemplo disso o acordo de bloqueio celebrado pelos acionistas de uma sociedade anônima fechada, de cunho familiar, constituída *cum intuitu personae*, visando a restringir a livre circulação das ações, disciplinando a forma de sua transmissibilidade, de modo a evitar que ingressem naquele seio social terceiros indesejados pelo grupo de acionistas. Ainda que a limitação à livre circulação já venha prevista no estatuto (limitação estatutária), consoante permitido pelo art. 36 da LSA, o acordo poderá ser útil para, no âmbito de seus celebrantes, complementar a verba estatutária, aprofundando e minuciando tudo aquilo que for do interesse do grupo que o subscreva (limitação convencional). A limitação convencional

---

[1076] A averbação far-se-á no livro de registro de ações nominativas. Na hipótese de ser a ação escritural, a averbação incumbe à instituição financeira encarregada, que a fará nos seus livros e no extrato da conta do acionista.

[1077] Cumpre anotar que, por óbvio, o acordo produz seus efeitos entre os acionistas subscritores do pacto. Os indigitados atos de arquivamento e averbação destinam-se à produção de efeitos perante a companhia e terceiros, não celebrantes do contrato.

pode ser mais aguda, mais severa do que a limitação estatutária.[1078]

É usual no mercado societário, na esteira da disciplina do direito de disposição das ações, a previsão no acordo de cláusulas de venda conjunta. Por meio delas, confere-se às demais partes do pacto parassocial o direito de vender as suas ações conjuntamente com a venda a ser implementada por uma das partes do acordo. Geralmente, a estipulação é feita no sentido de que a parte que intenta vender as suas ações a terceiro interessado ofereça preferência para respectiva aquisição aos demais celebrantes do acordo. Caso estes não a exerçam, têm, ainda, o direito de venda conjunta com o alienante (*tag along*). É possível, ainda, estabelecer disposição prevendo o rateio para a hipótese de a proposta do terceiro não englobar todas as ações vinculadas ao acordo. Outra variante para a venda conjunta é a previsão de que a parte vendedora tem o direito de exigir que os demais contratantes também alienem as suas ações ao comprador (*drag along*).

Ainda na instrumentalização de restrições à livre transmissão das ações, são possíveis as cláusulas que estabeleçam a compra ou venda forçada para a hipótese de impasse decorrente de divergência insuperável entre as partes contratantes. Nessas situações, uma das partes pode declarar, obedecidas as formalidades estabelecidas no acordo, que deseja adquirir as ações de outra, por preço e condições determinadas, facultando-se a esta outra parte o direito de vender as suas ações ou de comprar as da parte declarante por idêntico valor e com as mesmas condições de pagamento declinadas na oferta.

Os acordos de voto e controle referem-se a direitos e poderes políticos dos acionistas. O acordo de voto tem por finalidade ordenar o exercício do direito de voto nas assembleias gerais e especiais da companhia. Tendo ele o escopo de controlar a sociedade, será um acordo de controle ou, como tradicionalmente nominado, um acordo de mando ou de comando. Quando o acordo de voto não tem por fim o controle, diz-se que é acordo de defesa, porquanto visa a proteger certa minoria social que organiza o seu voto para fins de melhor fiscalizar a administração e o controle social, além de ganhar corpo no exercício de certos direitos de sócio, como, por exemplo, a eleição de representantes nos conselhos de administração e fiscal e a adoção do processo de voto múltiplo para eleição de membro do conselho de administração. Mas ainda se verifica na prática societária a ocorrência de certos tipos de acordo de voto celebrados entre o acionista controlador e certo ou certos acionistas que, embora sendo minoritários, são por aquele considerados estratégicos no comando e na ordenação dos negócios sociais. Através deles, o controlador se obriga a não exercer o direito de voto em determinadas deliberações sociais sem que ocorra a concordância prévia do minoritário que, dessa forma, passa a desfrutar de um poder de veto acerca de específicas matérias.

O acordo de controle, acrescentado no rol do *caput* do art. 118 pela Lei 10.303/2001, acaba por tipificar e institucionalizar essa modalidade de convenção, já há muito utilizado nos acordos de acionistas. Trata-se, na verdade, de uma categorização do acordo de votos. Objetiva-se, com ele, formar um bloco de ações visando ao controle da companhia. Em reuniões prévias, os contratantes decidem como orientarão o voto conjunto, de modo a exercer o efetivo poder de controlar a sociedade e mantê-lo estável.

O acordo ou convenção de votos, portanto, é explicitamente reconhecido pela legislação brasileira e vem fundamentado no princípio da liberdade contratual que veicula, pela convenção de voto, a liberdade de voto do acionista. Se ele é livre para votar e livre para contratar, nada impede que seja também livre para aderir a uma convenção ou acordo de votos. Nenhuma regra legal, ética ou moral veda que os acionistas pactuem votar em um mesmo sentido.

Mas a licitude dessa convenção não é absoluta, devendo estar alinhada com as regras e princípios do ordenamento societário e contratual. A legalidade ou ilegalidade da convenção dependerá sempre da avaliação de sua causa e de seu fim.

Assim é que o § 2º do art. 118 da LSA dispõe que essas convenções não poderão ser invocadas para eximir o acionista da responsabilidade no exercício do seu direito de voto (art. 115 da LSA) ou do poder de controle (arts. 116 e 117 da LSA). Sempre estarão reafirmados os princípios segundo os quais o acionista deverá exercer o seu direito de voto no interesse da companhia e o controlador deverá usar o poder de controle com o fim de fazer a sociedade realizar o seu objeto e cumprir a sua função social, sob pena de ser verificado o abuso de direito ou de poder. As disposições do pacto parassocial devem estar sempre conformadas com os comandos imperativos da lei. A convenção de voto, por ligar-se essencialmente

---

[1078] Cf. os comentários ao art. 36.

ao âmago do funcionamento da companhia, estará inexoravelmente à lei subordinada.

Vedado, ainda, é o comércio do voto, isto é, cláusulas que envolvam a venda do voto ou até mesmo o pagamento de remuneração para que o acionista se abstenha de votar. O Código Penal, no § 2º do art. 177, capitula como crime a conduta do acionista que, a fim de obter vantagem para si ou para outrem, negocia o voto nas deliberações da assembleia geral.

Igualmente sofrerá a pecha da ilegalidade a disposição convencional que retrate a obrigação de votar segundo a determinação de outro acionista, porquanto violaria o princípio da liberdade de voto, que pressupõe, efetivamente, o voto de vontade do acionista. O conteúdo do voto deve traduzir uma vontade fidedigna do seu prolator, sem o que ficaria prejudicada a formação autêntica da vontade social.

O exercício do direito de voto, com efeito, deve revelar a vontade verdadeira do acionista, não sendo válida cláusula do acordo que a iniba. Assim é que não se admite que os acionistas se obriguem, por exemplo, a sempre votarem pela aprovação das contas dos administradores em todos os exercícios sociais de vigência do pacto, porquanto a verdade do voto estaria insofismavelmente comprometida.

As convenções ou acordos de voto, quando adotarem o voto uniforme, devem especificar as matérias a serem votadas de modo homogêneo pelos pactuantes, não se validando acordos abertos ou em branco. A licitude da estipulação pressupõe a obrigação de os signatários votarem de maneira uniformizada, daí a necessidade de ser definido o objeto do voto, que cria para o grupo esse vínculo derivado do acordo de voto. Não há na espécie, cumpre realçar, qualquer violação à liberdade de voto, mas apenas a antecipação do voto. Traduz a vontade de votar em bloco, de modo uniforme.

No voto uniforme, a orientação da matéria a ser uniformemente votada já pode vir consignada em cláusula contratual ou ser definida em reunião prévia dos signatários, prática, inclusive, muito comum nos pactos de voto para o exercício do controle. O que for deliberado na reunião prévia irá vincular todos os celebrantes do acordo, ainda que dissidentes, ausentes ou abstinentes, devendo todos os pactuantes votar na assembleia social no mesmo sentido. Válida e eficaz a decisão tomada na reunião prévia, ela representará a expressão da vontade coletiva de votar em bloco na assembleia de acionistas em relação àquelas matérias objeto da deliberação precedente. Vem erigida a reunião prévia, pois, como um órgão deliberativo interno do acordo, cujas decisões vinculam a todos os celebrantes do contrato.

Portanto, o acordo de voto uniforme ou em bloco caracteriza-se pela constituição de um vínculo jurídico visando a conferir ao voto dos acionistas celebrantes da convenção de votos um determinado direcionamento definido pelo consenso de seus membros ou por uma maioria de seus votos, de maneira a fixar uma orientação unitária dos votos, formando a vontade da comunhão que pelo acordo se estabelece.

Dessa feita, o voto do grupo unido pelo acordo de votos se efetivará pelo comparecimento dos seus integrantes no foro de deliberação, no qual todos votarão uniformemente, ou por meio de um procurador. Nesse passo, é útil explicitar que o mandato outorgado nos termos de acordo de acionistas poderá prever prazo superior a 1 ano (§ 7º do art. 118 da LSA) e poderá ser, inclusive, coincidente com o prazo do acordo.

A figura do acordo de voto uniforme ou em bloco corresponde àquela do *pooling agreement* do Direito norte-americano, cuja adoção geralmente visa ao controle da companhia, mas não estando limitada ao exercício desse poder[1079].

Oportuno sublinhar que o *pooling agreement* não se confunde com o *voting trust*, o qual também conheceu o seu desenvolvimento no Direito norte-americano. Este foi desenvolvido, consoante atestam Egberto Lacerda Teixeira e Tavares Guerreiro,[1080] para contornar a revogabilidade inerente ao voto por procuração. No *voting trust*, portanto, esclarecem os citados autores, os acionistas alienam suas ações a um *trustee*, que funciona como um verdadeiro agente fiduciário

---

[1079] Conforme observa Robert W. Hamilton, "um acordo de voto de acionista é um contrato entre acionistas, ou alguns deles, para votar com suas ações de uma maneira específica sobre certas matérias. Tal acordo é usualmente chamado '*pooling agreement*' porque dele resulta que as ações dos participantes são votadas como uma unidade. O objetivo pode ser manter o controle, ou maximizar o poder de voto das ações em que o voto cumulativo é permitido, ou assegurar que algum objetivo específico seja alcançado" (tradução livre) (*The law of corporations in a nutshell*. 4. ed. St. Paul, Minnesota: Westpublishing, 1996. p. 226).

[1080] *Das sociedades anônimas no direito brasileiro*. São Paulo: Bushatsky, 1979. p. 313-314, v. 1.

e passa a exercer as prerrogativas do voto durante um prazo certo, segundo os termos de um contrato pré-celebrado. Nele estão presentes as características de um autêntico negócio fiduciário. Ao final do prazo contratual, ocorre a devolução da participação alienada.

O acordo de voto, e isso fica evidente com a reforma implementada pela Lei 10.303/2001, tem seus efeitos vinculantes operados não só nas assembleias gerais e especiais, mas também nas reuniões dos órgãos de administração da companhia. Vincula, assim, os acionistas signatários naquelas assembleias e os administradores nas reuniões dos órgãos, quando eleitos pela convenção de voto. Em princípio, o acordo se liga apenas aos membros do conselho de administração eleitos pela respectiva convenção. Mas, não dispondo a sociedade de um conselho de administração, o pacto irá submeter a vínculo os diretores representantes dos acionistas nele indicados, uma vez que a diretoria, nesse caso, exercerá tanto a função de presentação como a função deliberativa, tendo competência, nessa hipótese, para deliberar em colegiado.

A vinculação dos administradores aos acordos de acionistas arquivados na sede social parece ser de conclusão inconteste, à luz da estrutura do art. 118 da LSA. Os §§ 8º e 9º denunciam insofismavelmente esse enlace. A lei expressamente estabelece que os acordos vinculam não só os acionistas signatários, mas também os administradores eleitos nos termos do acordo de acionistas. Eles não podem, nas reuniões de órgão, proferir qualquer voto que esteja divorciado com o pactuado no contrato.

A orientação legal tem efetiva importância nos acordos de controle, notadamente naqueles em que se adote o mecanismo da reunião prévia (órgão deliberativo interno do acordo). Nesta se vai definir o curso do voto a ser proferido pelos administradores, eleitos nos termos do acordo, na futura reunião do órgão. Geralmente se decide o conteúdo do voto por maioria, qualificada ou não, estando todos obrigados a votar segundo os propósitos do bloco de controle, desde que, obviamente, sejam lícitos e legítimos. Jamais se poderá dar efetividade a esse vínculo em desacordo com a lei, a moral, a ordem pública, os bons costumes e o interesse social.

Inexistindo, pois, qualquer ilicitude na orientação do voto, o administrador fica obrigado a confirmá-lo, votando na subsequente reunião do órgão de administração no sentido previamente determinado. Não existe qualquer contrariedade desta postura a ser adotada pelo administrador com o seu dever de independência (§ 1º do art. 154 da LSA). A sua vinculação às deliberações tomadas nas reuniões prévias traduz-se em meio legítimo para a realização do interesse da companhia, na medida em que o administrador eleito pelo bloco de controle não pode inibir o exercício do poder de controle estatuído no acordo, o qual, por certo, deve ser executado de forma a promover a consecução do mais genuíno interesse social. É, também, na instância administrativa da companhia, e não apenas na assembleia geral, que se confere concretude ao poder de controle. Em diversos casos, ele é exercido no órgão de administração precedentemente ao seu exercício no órgão máximo de deliberação da sociedade, a assembleia geral.

Muito embora os administradores da companhia não sejam partes no acordo de acionistas, esse pacto parassocial sobre eles produz efeito vinculante, quando eleitos segundo os termos nele avençados, por expressa previsão legal. E a orientação não desborda do princípio da relatividade dos contratos, segundo o qual o contrato produzirá seus efeitos exclusivamente entre as partes, salvo se por lei forem tais efeitos extensíveis a terceiros que não tomaram parte na sua celebração. Com efeito, o contrato tem seus efeitos internos, isto é, os direitos e obrigações se limitam, ficam circunscritos aos contratantes, não sendo possível, em regra, criar direitos e obrigações para terceiros.[1081] Mas a lei pode expandir para terceiros os seus efeitos. O terceiro atingido pelo efeito do contrato não atua, pois, formalmente na sua conclusão como parte, mas a ele está substancialmente vinculado para certos e determinados efeitos, por força de lei.

Não se pode olvidar que o acordo de voto se destina não apenas à ordenação do voto da maneira previamente definida, mas também, embora de ocorrência mais rara, a determinar uma abstenção de votar. Contudo, nesse último caso, não se admite pactuação pela qual o acionista renuncie ilimitadamente o seu direito de voto, porquanto vulnerada estaria a liberdade de voto.

Por derradeiro, impende registrar que as ações ordinárias de classe com voto plural serão automaticamente convertidas em ações ordinárias sem voto plural, quando o acordo de acionistas versar sobre o exercício conjunto do direito

---

[1081] GOMES, Orlando. *Contratos*. 10. ed. Rio de Janeiro: Forense, 1984. p. 43-44.

de voto e for firmado entre acionistas titulares de ações com pluralidade de votos e outros acionistas que não titularizem ações com voto plural (inciso II, do § 8º, do art. 110-A da LSA).

6. Partes, forma e prazo

Sérgio Campinho

Somente os acionistas de uma mesma companhia podem ser partes no acordo de acionistas, titularizem eles ações ordinárias ou preferenciais.

Quando o acordo versar sobre o exercício do direito de voto, a condição de acionista deve ser observada de modo amplo ou extensivo, para também albergar o usufrutuário a quem se tenha atribuído o direito de voto no ato da instituição do gravame.

Já os credores pignoratício e o garantido por alienação fiduciária da ação, mesmo que o instrumento contratual correspondente submeta o voto ao seu consentimento, jamais terão a qualidade de parte no acordo de acionistas, sendo, no entanto, indispensável a sua anuência para que o titular da ação se vincule ao pacto parassocial que discipline o direito de voto.[1082]

A companhia não é parte legítima para figurar no acordo de acionistas, muito embora sobre ela possa o pacto produzir seus efeitos nas condições em que a lei estabelece (*caput* do art. 118 da LSA). Sua participação na contratação, à luz do sistema legal vigente, somente se admite na condição de interveniente, situação que, entretanto, não lhe gera a assunção de obrigação de caráter convencional perante quaisquer dos contratantes, destinando-se apenas a sobre ela produzir efeitos, quando a lei já não os atribui.

No que pertine à sua forma, muito embora a lei não tenha sobre ela expressamente disposto, o certo é que, no acordo típico, para que seja observado pela companhia e seja oponível a terceiros, a forma escrita se impõe. Com efeito, se assim não o fosse, seria impossível promover o seu arquivamento na sede social e a sua averbação nos livros de registro e nos certificados de ação, se emitidos. Pode, dessarte, materializar-se em instrumento público ou particular, admitindo-se, ainda, a instrumentalização por qualquer documento que concretize o acordo de vontades, já que a lei, repita-se, não exigiu forma especial.

Nada impede, entretanto, diante do silêncio legal, que possa ser ajustado verbalmente, provando-se por qualquer meio de prova em direito admitido. Mas, nesse caso, sua eficácia fica restrita às partes contratantes, seja ele atípico ou típico, visto que, para esse último, a sua oposição à companhia ou a terceiros demanda a forma escrita.

O normal, contudo, é que esses pactos parassociais sejam reduzidos a escrito, de modo a assegurar a plenitude dos efeitos que as partes celebrantes da convenção esperam.

No acordo escrito e levado para arquivamento na sede da companhia, esta poderá solicitar aos signatários do contrato esclarecimento sobre suas cláusulas e eles deverão, ainda, indicar, no ato do arquivamento, representante da comunhão para comunicar-se com a sociedade, para prestar e receber informações quando solicitadas. Essa indicação poderá constar de cláusula do próprio acordo ou ser realizada no corpo do requerimento de arquivamento.

Nas companhias abertas, os órgãos da administração informarão à assembleia geral, no relatório anual, as disposições sobre políticas de reinvestimento de lucros e distribuição de dividendos constantes de acordos de acionistas arquivados.

Quanto ao prazo, o acordo de acionistas pode ter prazo determinado, determinável ou indeterminado.

O acordo por prazo determinado é aquele que tem prazo certo para sua vigência. A lei brasileira não fixa o tempo máximo de duração que o acordo pode ter, ficando seu ajuste ao alvedrio das partes. Mas essa fixação deve ser razoável e racional, não sendo lícito conferir um caráter de perpetuidade ao pacto.

Quando o prazo for fixado em função de termo ou condição resolutiva, tem-se o acordo por prazo de duração determinável. A duração será definida pela ocorrência de um acontecimento futuro previsto no pacto, como, por exemplo, o desaparecimento do controle acionário nos acordos de comando. O acordo cujo prazo seja fixado em função de termo ou condição resolutiva somente pode ser denunciado pelas partes segundo suas próprias estipulações.

Não havendo prazo determinado ou determinável no acordo, será ele por prazo indeterminado de vigência. Nesses pactos, segundo a máxima do direito obrigacional de que ninguém pode

---

[1082] LOBO, Carlos Augusto da Silveira. Acordo de acionistas. In: LAMY FILHO, Alfredo e PEDREIRA, José Luiz Bulhões (coords.). *Direito das companhias*. Rio de Janeiro: Forense, 2009. p. 442, v. 1.

ser compelido a manter-se vinculado de forma perpétua, admite-se a denúncia vazia do contrato, isto é, sem nenhuma motivação. Não vemos como, *in casu*, se possa sustentar a denúncia motivada. A resilição é admitida a qualquer tempo e de forma livremente manifestada ou com a observância de eventuais condições porventura previstas no acordo para seu exercício, em respeito às regras e aos princípios que norteiam o direito contratual.

7. Operacionalização dos acordos de acionistas

ANA FRAZÃO

Uma vez averbados na companhia, os acordos de acionistas tornam-se oficiais e públicos e, embora não representem um novo órgão da companhia, passam a ter até mesmo uma representação, como prevê o § 10, segundo o qual "Os acionistas vinculados a acordo de acionistas deverão indicar, no ato de arquivamento, representante para comunicar-se com a companhia, para prestar ou receber informações, quando solicitadas."

Nos termos do § 11, para evitar qualquer problema interpretativo, "A companhia poderá solicitar aos membros do acordo esclarecimento sobre suas cláusulas."

Outra importante regra operacional é a do § 7º, segundo o qual "O mandato outorgado nos termos de acordo de acionistas para proferir, em assembleia-geral ou especial, voto contra ou a favor de determinada deliberação, poderá prever prazo superior ao constante do § 1º do art. 126 desta Lei." Isso porque uma das finalidades principais dos acordos de voto é vincular os acionistas a um entendimento que será manifestado, pelo representante dos signatários, na deliberação assemblear.

Assim, faz todo o sentido que os acordos possam contemplar prazos maiores de representação, ao contrário do disposto no § 1º, do art. 126, da Lei nº 6.404/1976, que trata da representação pura e simples, mas não daquela que resulta de um pacto prévio decorrente do acordo de acionistas, com a estabilidade que se pretende atribuir a estes.

Por fim, é importante destacar que, como já se antecipou na seção anterior, a partir do momento em que forem averbados junto à companhia, tais acordos passam a produzir efeitos também perante a companhia e terceiros. Diante das limitações que podem trazer às ações vinculadas por acordo de acionistas, o § 4º impossibilita a sua negociação no mercado de capitais, dispondo que "As ações averbadas nos termos deste artigo não poderão ser negociadas em bolsa ou no mercado de balcão".

Em se tratando de companhias abertas, o § 5º igualmente determina que, no relatório anual, os órgãos da administração informem à assembleia geral as disposições sobre política de reinvestimento de lucros e distribuição de dividendos constantes de acordos de acionistas arquivados na companhia, uma vez que tal informação é de interesse de toda a comunhão acionária.

8. Mecanismos de efetividade do acordo

SÉRGIO CAMPINHO

A LSA reservou para os acordos de acionistas típicos um regime específico, com vistas a assegurar-lhes efetividade, liberando, para a concretização deste objetivo, duas ordens de garantia: (a) a companhia, quando arquivado o acordo em sua sede, não poderá praticar atos contrários ao contratado pelas partes; e (b) a execução específica das obrigações pactuadas.

Tomando por hipótese um acordo de acionistas com cláusulas dispondo sobre compra e venda de ações ou preferência para adquiri-las, caso venha a alienação das ações ser realizada ao arrepio do pactuado, a companhia não deverá registrar em seus livros a operação em desacordo com a convenção de grupo arquivada em sua sede (idêntica situação se verifica em relação à instituição financeira se for a ação escritural). A recusa ao registro impede, desse modo, a concretização de atos infringentes do acordo.

Mas essa garantia, no cenário proposto, pode não atender plenamente o contratante interessado, que deseja fazer valer, por exemplo, o seu direito de preferência ajustado. Como a sociedade não está apta a substituir a vontade dos celebrantes do pacto parassocial, surge ao prejudicado a via da execução específica da obrigação assumida (§ 3º do art. 118 da LSA), obtendo, para esse fim, uma decisão judicial que lhe assegure e implemente o seu direito preferencial.

No cenário dos acordos que tenham por objeto a disciplina do exercício do direito de voto ou do poder de controle, a efetividade do pacto sempre representou um desafio a ser superado. Restou assente o entendimento de que o direito processual civil não desfruta de mecanismos para exercer, na plenitude desejável, a tutela jurisdicional executiva para todas as obrigações que possam estar presentes no acordo de acionistas.[1083] A execução específica da obrigação nem sempre se mostra apta, assim, a garantir a efetividade de um pacto envolvendo o exercício do direito de voto, o que, muitas vezes, conduz o prejudicado a ter que resolver a quebra do contrato no âmbito da reparação civil por perdas e danos.

Diante desse clássico problema que sempre circundou o alcance da efetividade dos acordos, o legislador se viu pressionado a criar outros mecanismos aptos a suprir, de imediato, a conduta comissiva ou omissiva da parte inadimplente da obrigação assumida no acordo. A reforma instituída pela Lei 10.303/2001 apresentou um sistema coercitivo, visando a garantir o cumprimento do ajuste nos pactos de voto e de poder de controle.

A primeira hipótese de tutela efetiva desses interesses se pode enxergar quando do denominado voto em preto, ou seja, quando o celebrante do acordo declara o seu voto, mas em descompasso com o contratado. Nesse caso, o presidente da assembleia, geral ou especial, não computará o voto proferido com infração ao acordo de acionistas devidamente arquivado. O mesmo se verifica em relação à reunião dos órgãos de administração da companhia (conselho de administração ou diretoria, esta se inexistente o conselho). O presidente do órgão colegiado de deliberação não computará o voto de administrador eleito nos termos do acordo, que tenha disposto sobre os critérios de decisões, quando não consonantes com os termos convencionados.

O fundamento da disposição legal encontra-se amparado na tutela do interesse social. Como já se disse alhures, o acordo de votos deverá estar conformado com o interesse da companhia, presumindo-se, portanto, que a orientação determinada pela comunhão dos celebrantes do pacto realize o fim social. Essa tutela efetivar-se-á no âmbito interno da companhia (*interna corporis*), pela execução do dever legal de veto atribuído ao presidente do conclave.

A segunda situação se vislumbra no voto em branco (abstenção do direito de votar) ou na ausência do acionista ou dos administradores eleitos nos termos do acordo nas assembleias sociais ou nas reuniões do órgão, respectivamente. O acionista prejudicado, baseado no acordo, exercerá o direito de voto com as ações titularizadas pelo acionista omisso ou ausente. No caso de membro do órgão de administração, o seu exercício far-se-á pelo administrador eleito com voto da parte prejudicada pela abstenção ou ausência.

O procedimento acima exposto retrata a adoção do regime de autoexecução específica ou autotutela legítima que se arrima na legitimação substitutiva.

Com efeito, a legitimação substitutiva justifica-se na vontade do acionista que já foi legitimamente manifestada quando firmou o acordo, obrigando-se a votar de modo uniforme ou em bloco diretamente nas assembleias sociais ou por seus representantes nas reuniões do órgão de administração social. Impõe-se nos contratos plurilaterais, movida pela necessidade de atingimento do fim comum que o justifica.

Por isso, a hipótese do § 9º do art. 118 não se refere a um mandato legal.[1084] Não há, na espécie, com efeito, as figuras de mandante e mandatário, porquanto o dissidente jamais poderá encontrar-se na condição de mandante.[1085] Esta é incompatível com o seu comportamento. Quem vota em lugar do abstinente ou do ausente nada mais é do que aquele que instrumentaliza a autotutela; e responderá pessoalmente pelo eventual abuso no exercício do voto.

O controle jurisdicional dos procedimentos previstos nos §§ 8º e 9º do art. 118 far-se-á, necessariamente, *a posteriori*, através da provocação daquele que porventura tenha se sentido prejudicado, seja em virtude do voto não computado em função do veto do presidente do conclave de acionistas ou de administradores (§ 8º), seja pelo abuso do voto proferido em decorrência da abstenção ou da ausência (§ 9º).

9. A figura da execução específica e os acordos de acionistas

Fábio Ulhoa Coelho

Atualmente, a execução específica de obrigações de fazer (com o Poder Judiciário substituindo a declaração de vontade do devedor, de modo a garantir o exato cumprimento do contratado) é largamente admitida pelo direito brasileiro.

[1083] MIRANDA, Edson Antonio. *Execução específica dos acordos de acionistas*. São Paulo: Juarez de Oliveira, 2000. p. 69.

[1084] Defendendo essa classificação, cf. ARAGÃO, Paulo Cézar. A disciplina do acordo de acionistas na lei das sociedades por ações. In: LOBO, Jorge (coord.). *Reforma da lei das sociedades anônimas*. 2. ed. Rio de Janeiro: Forense, 2002. p. 373-374.

[1085] LUCENA, José Waldecy. *Das sociedades anônimas:* comentários à lei. Rio de Janeiro: Renovar, 2009. p. 1169, v. 1.

Apenas a absoluta impossibilidade material justifica seu não acolhimento em juízo. Mas nem sempre foi assim. O conceito tradicional sobre o assunto era o de que ninguém poderia ser constrangido a fazer o que não desejava, ainda que tivesse contraído obrigação neste sentido. Ele deita raízes no direito romano: *nemo ad factum praecise cogi potest*. De acordo com este conceito, as obrigações de fazer resolviam-se sempre em *perdas e danos*, de acordo com lição difundida, assente e unânime da doutrina civilista.[1086]

O direito positivo, aos poucos, alterou a regra geral da solução das obrigações de fazer necessariamente em perdas e danos, e passou a garantir, em caso de inadimplemento, o cumprimento judicial do contrato. Apenas em casos excepcionais (infungibilidade material), a obrigação de fazer deixou de ser executável em termos específicos. A mudança teve início com a previsão legal da adjudicação compulsória de imóvel em loteamento objeto de compromisso de compra e venda registrado (Dec.-lei 58/1937, art. 16). Durante quase quatro décadas, esta foi a única exceção, no direito positivo brasileiro, à regra geral de resolução das obrigações de fazer exclusivamente em perdas e danos. A lei das sociedades por ações (1976) e o Código de Defesa do Consumidor (1990) estabeleceram outras exceções. Consagrou-se regra geral de execução específica das obrigações de fazer, para todos os negócios jurídicos, apenas em 1994, quando a Lei 8.952 conferiu nova redação ao art. 461 do Código de Processo Civil então vigente.

Quando se trata de obrigação de fazer juridicamente infungível, a execução específica consiste em pronunciamento judicial que substitui a *vontade* do devedor. Se o promitente-vendedor do imóvel loteado se recusa a outorgar a escritura definitiva, após o compromissário-comprador ter pago a totalidade do devido, a adjudicação compulsória decorre da substituição da vontade daquele, pelo Poder Judiciário, na outorga da referida escritura. Esta foi a primeira exceção, no direito positivo brasileiro, à regra da solução das obrigações de fazer exclusivamente em perdas e danos. A lei de sociedades anônimas, em 1976, corresponde historicamente à *segunda* exceção aberta a esta regra geral pelo legislador brasileiro. O voto do acionista na assembleia geral, enquanto declaração de vontade, pode ser objeto de acordo de acionistas.[1087] Por meio dele, os acionistas signatários assumem a obrigação de votar num determinado sentido, quando em pauta certa matéria. Classifica-se, portanto, como obrigação de fazer juridicamente infungível, pois apenas o acionista obrigado pelo acordo é titular do direito de voto e, embora terceiros não possam cumprir a obrigação no lugar dele, uma ordem judicial pode perfeitamente substituir a declaração de vontade que deveria ter sido exarada, mas está sendo recusada. Em outros termos, sendo a obrigação do acionista de votar em determinado sentido uma obrigação de fazer juridicamente infungível, sempre que ela for descumprida, a declaração que deveria ter sido dada pelo inadimplente é substituível por provimento judicial, no contexto da execução específica. É o que dispõe o direito brasileiro desde 1976, quando entrou em vigor o § 3º do art. 118: "nas condições previstas no acordo, os acionistas podem promover a execução específica das obrigações assumidas".

Assim, antes mesmo de tornar a execução específica das obrigações de fazer uma regra geral, o direito brasileiro passou a assegurar, desde 1976, aos acionistas vinculados por acordo de voto arquivado na sede da sociedade anônima o direito de obter em juízo uma ordem que substitua

---

[1086] Conferir, por todos, Caio Mário da Silva Pereira: "na *obligatio faciendi*, é importante fixar os efeitos da recusa do devedor à prestação a que está sujeito. Como princípio geral é assente que não pode o credor compeli-lo ao cumprimento em espécie, já que em nosso direito, ao contrário do sistema inglês, tem vigorado a velha parêmia *nemo ad factum precise cogi potest* (Código Civil [1916], art. 879), e é por isto que prospera a regra segundo a qual o inadimplemento da obrigação de fazer converte a prestação no seu equivalente pecuniário" (*Instituições de direito civil*. 4. ed. Rio de Janeiro: Forense, 1976. p. 59-60, v. II).

[1087] Aqui, é necessário lembrar que o voto, no âmbito da sociedade anônima, pode ser tanto uma declaração de vontade (voto conveniência) como de entendimento (voto-verdade). No primeiro caso, o titular do direito escolhe uma entre duas ou mais alternativas, sendo todas lícitas, segundo a conveniência da companhia. É uma declaração de vontade. No caso do voto-verdade, o titular do direito manifesta seu entendimento no sentido de ser um documento fiel ou não à realidade a que se refere. Ao votar um laudo de avaliação de imóvel para fins de integralização do capital social, o acionista não está escolhendo uma entre várias alternativas possíveis. Está, na verdade, externando seu entendimento de que aquele laudo retrata *fielmente* a realidade e que o imóvel tem o valor de mercado nele apontado. Somente o voto conveniência (ou voto-vontade) pode ser objeto de acordo de acionistas. Contratar sobre o voto-verdade é incorrer no crime de "venda de voto", tipificado no art. 177, § 2º, do CP. Sobre o assunto, ver COELHO, Fábio Ulhoa. *Curso de direito comercial*. 18. ed. São Paulo: Saraiva, 2014. p. 340-341, v. 2.

o voto proferido em desacordo com as cláusulas destes; ou que, preventivamente, determine que o voto a ser proferido pelo acionista vinculado ao acordo seja computado exatamente como ele havia se obrigado; ou que, posteriormente ao voto inadimplente, determine a sua substituição pelo que deveria ter sido proferido, para, se o caso, até mesmo mudar o resultado da deliberação.

Por que o direito societário se antecipou à mudança da regra geral, assegurando aos acionistas vinculados a acordo desde 1976 o que a legislação processual civil iria assegurar a todos os sujeitos de direito apenas em 1994? A razão disto é muito fácil de perceber. O acordo de acionistas é uma das formas de organização do poder de controle.[1088] Quando celebrado pelos acionistas controladores, é o instrumento negocial destinado a conferir *estabilidade* ao poder de controle. Esta organização do poder de controle e sua estabilização somente se tornam efetivos se o contratado pelos acionistas signatários do acordo for cumprido com exatidão; quer dizer, somente se o eventual descumprimento puder ser, pronta e eficazmente, neutralizado em juízo, por medida que assegure o exato adimplemento do contratado. Note-se que a lei das sociedades por ações, também desde 1976, *proíbe* a sociedade anônima e seus administradores de praticarem atos contrários aos acordos de acionistas arquivados na sede daquela. Confira-se o art. 118, *caput*, em sua redação originária: "os acordos de acionistas, sobre a compra e venda de suas ações, preferência para adquiri-las, ou exercício do direito de voto, deverão ser observados pela companhia quando arquivados na sua sede". Em vista desta disposição, se o acionista se obrigou, mediante acordo arquivado na sede da companhia, a votar na assembleia geral em certo sentido, a mesa dos trabalhos simplesmente *não pode computar* o voto dele em sentido diverso. Se o fizesse, a companhia estaria deixando de observar o acordo e, portanto, infringindo frontalmente o art. 118 da LSA.

Contudo, a mesa dos trabalhos da assembleia geral só pode (e deve) deixar de computar o voto inadimplente, contrário ao acordo, mas não pode *substitui-lo* pelo que deveria ter sido proferido. Ela tem o dever legal de não o computar, mas isto nem sempre é suficiente para garantir o resultado exato que os acionistas pretendiam quando assinaram o acordo. Tal substituição somente a pode determinar o juiz. Daí a lei ter municiado os acionistas vinculados a acordo da execução específica das obrigações assumidas.

10. Execução específica dos acordos de acionistas

Ana Frazão

Se uma das finalidades dos acordos de acionistas é precisamente assegurar a estabilidade das relações entre os signatários, é fundamental que possam ter acesso à execução específica dos seus comandos, nos termos do 3º, segundo o qual "Nas condições previstas no acordo, os acionistas podem promover a execução específica das obrigações assumidas."

Trata-se de importante dispositivo legal, que procura assegurar que, em caso de descumprimento das regras do acordo por algum dos signatários, os demais podem pretender o cumprimento das obrigações de fazer e não fazer previstas no acordo. Dessa maneira, afasta-se entendimento de que, em casos assim, só caberia aos prejudicados requerer as perdas e danos.

Entretanto, diante das dificuldades de assegurar eficácia prática à execução específica dos acordos de acionistas, a Lei nº 10.303/2001 introduziu duas importantes regras, que viabilizam medidas práticas de autotutela da eficácia dos acordos.

A primeira delas é a do § 8º, segundo o qual "O presidente da assembleia ou do órgão colegiado de deliberação da companhia não computará o voto proferido com infração de acordo de acionistas devidamente arquivado." Isso quer dizer que a deliberação prévia, desde que realizada de acordo com os requisitos previstos no acordo, tem efeito vinculante em relação à Assembleia, motivo pelo qual eventuais divergências entre os signatários não terão eficácia perante a companhia.

É por essa razão que os *quoruns* de deliberação dos acordos não necessariamente coincidirão com os *quoruns* da Assembleia Geral, já que

---

[1088] De acordo com Fábio Konder Comparato: "os acordos de acionistas, expressamente admitidos entre nós desde a promulgação da Lei nº 6.404, passam a exercer um papel vivificador do direito acionário, cujo alcance ainda não estamos em condições de medir com precisão. A autonomia da vontade dos sujeitos de direito superando lacunas legislativas e adaptando o instrumental societário às renovadas exigências da vida econômica, vem condenando, na prática, as generalizações apressadas de uma concepção puramente mecanicista ou institucional da sociedade anônima" (In: COMPARATO, Fábio Konder e SALOMÃO, Calixto Filho. *O poder de controle da sociedade anônima*. 5. ed.. Rio de Janeiro: Forense, 2008. p. 217; ver também p. 143-144).

todos os votos vinculados ao acordo serão computados, em sua integralidade, na deliberação assemblear.

A segunda importante regra do art. 118, da Lei nº 6.404/1976, é a de que, na ausência de um dos signatários, a parte prejudicada pode votar com as ações pertencentes ao acionista ausente ou omisso, nos termos do § 9º, claro ao determinar que "O não comparecimento à assembleia ou às reuniões dos órgãos de administração da companhia, bem como as abstenções de voto de qualquer parte de acordo de acionistas ou de membros do conselho de administração eleitos nos termos de acordo de acionistas, assegura à parte prejudicada o direito de votar com as ações pertencentes ao acionista ausente ou omisso e, no caso de membro do conselho de administração, pelo conselheiro eleito com os votos da parte prejudicada."

11. Vinculação dos administradores aos acordos de acionistas

FÁBIO ULHOA COELHO

Em 2001, a LSA passou por significativa reforma destinada a aprimorar os mecanismos de governo da sociedade (*corporate governance*), por meio da Lei 10.303 daquele ano. Entre as alterações então introduzidas, encontra-se as de aperfeiçoamento das medidas de eficácia dos acordos de acionistas, principalmente os destinados à organização e estabilização do poder de controle. Nesta oportunidade, além de reforçar a juridicidade dos acordos de controle (com pequena mudança na redação do *caput* do art. 118 da LSA) e reafirmar a impossibilidade de a mesa dos trabalhos computar votos contrários aos acordados (com a inserção do § 8º), a reforma estabeleceu a vinculação dos membros do conselho de administração ao contratado pelos acionistas (em função do referido § 8º e também do novo § 9º) e municiou estes e aqueles de mais instrumentos para conferir plena eficácia à organização e estabilização do poder de controle (é a denominada "autotutela" do § 9º). A rigor, exceto no que diz respeito à "autotutela", a reforma de 2001 introduzida na LSA apenas *reforçou* o que já decorria do mesmo art. 118, em sua redação originária.

A vinculação dos membros do conselho de administração eleitos nos termos de um acordo de acionistas, às cláusulas contratadas pelos seus signatários, era decorrência necessária deste instrumento de organização e estabilização do poder de controle, mesmo antes da Lei 10.303/2001. Na lição de Waldírio Bulgarelli, exarada uma década antes da reforma de 2001: "[há] manifesta aproximação em relação às matérias de competência entre aquelas da Assembleia Geral e as do Conselho de Administração que envolvem o mérito da política empresarial da companhia. E é de se insistir sobre o ponto capital que orienta nossa interpretação: como se poderia implantar e seguir uma orientação negocial harmônica, se os conselheiros escolhidos, com base e com a força do acordo de acionistas, não a seguem, dela se afastam ou a desvirtuam? É necessário e indispensável que se entenda que se trata não da composição de um controle casual, mas sim de um controle assumido em função de um acordo adrede firmado, e que como sindicato de mando não se esgota na simples votação da Assembleia Geral, mas se estende à administração e direção da companhia. Como representante do grupo de controle, e por isso mesmo, o administrador eleito pelos signatários do acordo fica obrigado, até por uma questão de coerência, a seguir as diretrizes comuns pactuadas e programadas".[1089] Também no sentido de se vincularem ao acordo de acionistas os administradores eleitos segundo os seus termos, mesmo antes da reforma de 2001, é autorizada lição de Alfredo Lamy Filho.[1090]

De qualquer modo, se dúvidas doutrinárias ainda pudessem existir acerca da vinculação dos membros do conselho de administração aos acordos de acionistas arquivados na sede da companhia, elas foram totalmente espancadas com a reforma da Lei 10.303/2001. Ao fazer referência expressa ao "presidente do órgão colegiado de deliberação" (§ 8º), bem como às "reuniões dos órgãos de administração da companhia", "membros do conselho de administração eleitos nos termos de acordo de acionistas" e à hipótese de exercício do direito de voto "pelo conselheiro eleito com os votos da parte prejudicada", quando ausente ou omisso o "membro do conselho de administração" (§ 9º), a lei não autoriza outra interpretação senão a de que o acordo de acionistas *vincula*, no tocante ao exercício do direito de voto, os conselheiros eleitos segundo os seus termos.

Este é o entendimento absolutamente prevalecente na doutrina. Modesto Carvalhosa ensina:

[1089] *Questões atuais de direito empresarial* São Paulo: Malheiros, 1995. p. 197.

[1090] *Temas de S.A.* Rio de Janeiro: Renovar, 2007. p. 323-327.

"[pela] Lei n. 10.303, de 2001, passou a haver o expresso reconhecimento legal de que os acordos de controle vinculam não apenas os seus subscritores, mas também os membros do Conselho de Administração e os diretores eleitos, direta ou indiretamente (diretores) pela comunhão. Essa vinculação se dá muito embora não tenham sido esses mesmos administradores partes signatárias dele em sentido formal, embora o sejam em sentido substancial. [...] O disposto [nos] §§ 8º e 9º suscita a regra de que os negócios jurídicos – no caso o acordo de controle – produzem efeitos não apenas perante as partes que formalmente os subscrevem – partes em sentido formal –, mas também perante as que são partes em sentido substancial. A respeito Santoro Passareli: 'em contraposição às partes dele que intervêm na conclusão do negócio e que se chamam partes em sentido formal, as que o são relativamente aos efeitos dizem-se partes em sentido substancial'. Com efeito, o conceito de parte não diz respeito unicamente àquele que manifestou formalmente sua vontade no negócio jurídico, mas relaciona-se, basicamente, com o titular do interesse envolvido. Assim, são partes no acordo de controle, por força dos mesmos §§ 8º e 9º, como titulares de direitos e deveres dele decorrentes, também os administradores. Estes, eleitos direta e indiretamente (diretores) pelos controladores vinculam-se ao voto majoritário da comunhão naquelas matérias relevantes e extraordinárias expressas no respectivo acordo. Isto porque os administradores são titulares do interesse envolvido no acordo de controle, de cujo exercício são partes substancialmente integrantes. Sem a intervenção dos administradores, será impossível atender à causa-fim do exercício do controle, ou seja, à implementação do interesse social e ao cumprimento do dever fiduciário instituído no parágrafo único do art. 116".[1091]

O entendimento de que os membros do conselho de administração eleitos nos termos de um acordo de acionistas estão vinculados a este, no sentido de que não podem proferir voto nenhum, nas reuniões do órgão, sem observar o contratado é também de Nelson Eizirik,[1092] Jairo Saddi,[1093] Carlos Augusto da Silveira Lobo,[1094] Paulo Cezar Aragão,[1095] Luciano de Souza Leão Jr.[1096] e José Waldecy Lucena.[1097] Mesmo entre os que criticam a solução legal, há os que consideram que a reforma de 2001 implicou a vinculação dos administradores ao acordo de controle. É o caso de Paulo Fernando Campos Salles de Toledo,[1098] João Laudo de Camargo e Maria Isabel Bocater.[1099]

A vinculação dos administradores ao acordo de acionista arquivado na sede da companhia tem especial relevância em casos nos quais se adota, por exemplo, na organização e estabilização do poder de controle, a sistemática da *reunião prévia*.[1100] Na *reunião prévia*, são deliberados quais

---

[1091] *Comentários à Lei de Sociedades Anônimas*. 5. ed. São Paulo: Saraiva, 2011. p. 684-685, v. 2.

[1092] *Temas de direito societário*. Rio de Janeiro: Renovar, 2005. p. 32-33; *A Lei das S/A comentada*. São Paulo: Quartier Latin, 2011. p. 727-729, v. I.

[1093] Vinculação do voto pelos administradores indicados pelo acordo de voto. In: KUYVEN, Luiz Fernando Martins (coord.). *Temas essenciais de direito empresarial* – estudos em homenagem a Modesto Carvalhosa. São Paulo: Saraiva, SD. p. 661-663.

[1094] LAMY FILHO, Alfredo e PEDREIRA, José Luiz Bulhões (coords.). *Direito das companhias*. Rio de Janeiro: Forense, 2009. p. 461-464, v. I.

[1095] A disciplina do acordo de acionistas na reforma da lei das sociedades por ações (Lei 10.303, de 2001). In: LOBO, Jorge (coord.). *Reforma da Lei das Sociedades Anônimas – inovações e questões controvertidas da Lei 10.303, de 31.10.2001*. Rio de Janeiro: Forense, 2002. p. 375.

[1096] LAMY FILHO, Alfredo e PEDREIRA, José Luiz Bulhões (coords.). *Direito das companhias*. Rio de Janeiro: Forense, 2009. p. 1064, v. I.

[1097] *Das sociedades anônimas* – comentários à lei. Rio de Janeiro: Renovar, 2009.p. 1154-1161, v. 1.

[1098] Modificações introduzidas na lei das sociedades por ações, quanto à disciplina da administração da companhia. In: LOBO, Jorge (coord.). *Reforma da Lei das Sociedades Anônimas* – inovações e questões controvertidas da Lei 10.303, de 31.10.2001. Rio de Janeiro: Forense, 2002. p. 428-429.

[1099] Conselho de administração e participação de membros indicados por acionistas minoritários e preferencialistas. In: LOBO, Jorge. *Reforma da Lei das Sociedades Anônimas* – inovações e questões controvertidas da Lei 10.303, de 31.10.2001. Rio de Janeiro: Forense, 2002. p. 392-401.

[1100] De acordo com Modesto Carvalhosa: "os §§ 8º e 9º do art. 118 da lei societária tratam de declaração da ineficácia dos atos de obstrução que os dissidentes do acordo de controle venham a produzir contrariamente ao decidido, pela maioria absoluta, nas reuniões do órgão interno da comunhão, a denominada reunião prévia. [...] Deve-se

votos os conselheiros irão obrigatoriamente proferir, na subsequente reunião do conselho de administração. Delibera-se por maioria, por vezes qualificada, na *reunião prévia*, o voto que melhor corresponde aos propósitos do bloco de controle, ficando cada um dos conselheiros obrigado a reproduzi-lo exatamente no âmbito da reunião do conselho de administração. Se a *reunião prévia* não se realiza, ou se nela o quórum de deliberação não é alcançado, o conselheiro eleito nos termos do acordo de acionistas deve votar *contrariamente* à aprovação da matéria submetida à votação na reunião do conselho de administração. Votar favoravelmente à aprovação, em tais circunstâncias, caracteriza o descumprimento do acordo de acionistas, dando ensejo à execução específica deste, com a invalidação do voto inadimplente proferido.

12. Críticas aos acordos de acionistas que vinculam membros do Conselho de Administração

Ana Frazão

Diante da natureza das funções dos administradores e da sua adstrição ao interesse da companhia, causaram estranheza as modificações trazidas pela Lei nº 10.303/2001, ao possibilitarem a utilização de acordo de acionistas inclusive para as reuniões dos órgãos colegiados de administração, nos termos das seguintes previsões:

(i) "o presidente da assembleia ou do órgão colegiado de deliberação da companhia não computará o voto proferido com infração de acordo de acionistas devidamente arquivado" (art. 118, § 8º) e

(ii) "o não comparecimento à assembleia ou às reuniões dos órgãos de administração da companhia, bem como as abstenções de voto de qualquer parte de acordo de acionistas, ou de membros do conselho de administração eleitos nos termos de acordo de acionistas, assegura à parte prejudicada o direito de votar com as ações pertencentes ao acionista ausente ou omisso e, no caso de membro do conselho de administração, pelo conselheiro eleito com os votos da parte prejudicada." (art. 118, § 9º).

É interessante notar que o dispositivo não esclarece como se dá essa vinculação. Em uma leitura mais restritiva, faria sentido entender que os acionistas signatários do acordo que fossem eleitos como administradores é que estariam vinculados. Entretanto, o entendimento que vem prevalecendo é que os administradores escolhidos em razão do acordo estariam sempre vinculados, mesmo que não signatários.

A primeira dificuldade dessa interpretação é pressupor que os acordos de acionistas poderão vincular terceiros, que dele não participaram, inclusive para o fim de lhes atribuir determinadas obrigações de fazer ou de não fazer. A segunda dificuldade é que esses "terceiros" são administradores da companhia, que apenas podem agir em função do interesse da companhia e não de uma parcela de acionistas.

Uma coisa é admitir que as obrigações voluntariamente assumidas pelos convenentes entre si tenham eficácia diante de terceiros, no sentido de que estes tenham que assegurá-las naquilo que diz respeito aos membros do acordo. Outra coisa, bem diferente, é admitir que as obrigações assumidas pelos convenentes sejam exigíveis igualmente de terceiros, impondo a eles deveres positivos, como o de votar em determinado sentido.

Na verdade, mesmo quando os administradores são também acionistas vinculados ao acordo, a situação é complexa, porque se determinado acionista acumula as funções de controlador e administrador, deve agir de acordo com os requisitos exigíveis para cada uma delas. Embora possa se comportar como acionista na Assembleia, exercendo direito subjetivo, deve comportar-se como conselheiro nas deliberações do Conselho de Administração, ocasião em que exerce

---

acrescentar que o dever legal contido no § 8º do art. 118 da lei societária a respeito da obrigatoriedade da suspensão do voto contrário ao deliberado na reunião prévia dos controladores, a cargo do presidente da assembleia, torna imperativos esses procedimentos. Como referido, o regime de voto em bloco visa ao exercício do poder-dever de controle comum da companhia, na forma e para os efeitos do art. 116 e seu parágrafo único da lei societária. Em consequência, o direcionamento dos votos para o exercício desse controle comum será majoritariamente definido em reuniões da comunhão dos acionistas que o compõe. As graves responsabilidades desse poder-dever de controle demandam, com efeito, que o seu exercício pelo bloco de ações de controle seja uniformemente direcionado, não podendo ser fragmentado pela eventual dissidência de alguns dos participantes da comunhão. Essa dissidência não poderá prevalecer nas deliberações que demandam os votos dos controladores acordantes nas assembleias da companhia e na deliberação dos conselheiros e diretores eleitos, direta e indiretamente (diretores) pela comunhão" (*Acordo de acionistas:* homenagem a Celso Barbi Filho. São Paulo: Saraiva, 2011. p. 230-231).

competências funcionais adstritas ao interesse da companhia.

Dessa maneira, a possibilidade de que acordos de acionistas possam ter efeitos sobre deliberações de órgãos de administração causa um embaralhamento entre funções que são distintas e em relação às quais a lei deveria propiciar a separação funcional e não o contrário.

Caso os administradores não sejam nem mesmo signatários do acordo, a situação é ainda mais preocupante. Afinal, por mais que os acordos averbados na companhia tenham efeitos perante terceiros, tal eficácia não pode ser invocada para subverter as regras legais cogentes. É o que ocorre no caso, em que os parágrafos mencionados conflitam com o princípio maior contido no art. 154, da Lei nº 6.404/1976, ao possibilitar que o administrador atue como representante dos acionistas vinculados pelo acordo e não como representante do interesse da companhia como um todo.

Dessa maneira, as regras introduzidas pela Lei nº 10.303/2001 para os acordos de acionistas são de difícil compreensão e – mais ainda – de difícil compatibilização com os princípios que devem orientar a administração de uma companhia. Em última análise, tais dispositivos permitem que o membro de órgão colegiado, tal como é o Conselho de Administração, possa ser visto como representante dos signatários do acordo ou mesmo de privilegiar os interesses privados que justificaram o acordo de acionistas em detrimento do seu compromisso maior com o interesse da companhia.

Outro motivo pelo qual se criou uma grande distorção é o fato de que acordos de acionistas que vinculam membros de órgãos administrativos igualmente esvaziam a competência do colegiado, já que a reunião prévia passa a ser o momento decisório fundamental.

É precisa, pois, a conclusão de Paulo César Simões[1101] de que "esses novos dispositivos negam toda a formulação do princípio organicista, ao transformar os administradores, eleitos por acionistas signatários de acordos parassociais, em delegados ou representantes desses acionistas (...)". Vale ressaltar que essa inconsistência não tem passado despercebida para parte considerável da doutrina brasileira[1102] nem para o IBGC – Instituto Brasileiro de Governança Corporativa.[1103]

Ora, os §§ 8º e 9º criam um ambiente propício para que o administrador aja contra o interesse social tanto sob a perspectiva contratualista, como sob a perspectiva institucionalista, pois os compromissos anteriormente assumidos no acordo podem sobrepor-se tanto aos interesses da comunhão acionária como ao interesse social visto sob uma perspectiva mais ampla.

E nem se afirme que tais distorções não ocorreriam porque o próprio acordo de acionistas deve respeitar o interesse da companhia. Como é de saber comum, não se pode presumir que os acionistas sempre ajam no interesse da companhia, diante dos inúmeros incentivos que têm para agir exclusivamente em seu próprio interesse. Tanto é assim que parte expressiva da arquitetura legal das companhias é pensada para conter esse oportunismo, por meio de inúmeras regras, tais como as que impedem o voto abusivo e o voto em conflito.

Entretanto, não basta que existam limites e proibições. Cabe ao Direito Societário oferecer os incentivos para que os acionistas e administradores cumpram voluntariamente suas obrigações

---

[1101] *Governança corporativa e o exercício do voto nas S.A.* Rio de Janeiro: Lúmen Júris, 2003. p. 73.

[1102] Rodrigo da Cunha (*Estrutura de interesses nas sociedades anônimas. Hierarquia e conflitos.* São Paulo: Quartier Latin, 2007. p. 319) mostra que tal possibilidade está "na contramão dos mais elementares princípios de governança corporativa", citando Simões, quando afirma que "esses novos dispositivos negam toda a formulação do princípio organicista ao transformar os administradores, eleitos por acionistas signatários de acordos parassociais, em delegados ou representantes desses acionistas" e Márcio Tadeu, ao mostrar que a solução legal distorce o regime de responsabilidade pessoal do conselheiro, decorrente da presumível independência funcional com que deve exercer seus deveres. Por essa razão, Mario Engler Pinto Jr. (A governança corporativa e os órgãos de administração. In: Finkelstein, Maria Eugênia Reis e Proença, José Marcelo Martins (coords.). *Gestão e controle.* São Paulo: Saraiva, 2008. p. 112), analisando a questão à luz do art. 154, da Lei das S/A, conclui que "o conselheiro não está obrigado a votar no sentido previsto em acordo de acionistas, se isso contrariar o interesse social. A função do conselheiro vinculado assume outra dimensão não menos relevante, à medida que passa a funcionar como filtro da legitimidade das determinações do acionista controlador."

[1103] O Código das Melhores Práticas de Governança Corporativa do IBGC deixa claro que "os acordos entre sócios não devem de qualquer forma vincular ou restringir o exercício do direito de voto de quaisquer membros do Conselho de Administração, os quais deverão cumprir fielmente seu dever de lealdade e diligência para com a sociedade, sobrepondo-o aos interesses particulares daqueles que os elegeram."

legais. De forma oposta, o que os §§ 8º e 9º, do art. 118, da Lei nº 6.404/1976, propiciam é o incentivo para que os interesses de determinados acionistas prevaleçam sobre o interesse da comunhão acionária e o interesse social em sentido mais amplo.

Verdade seja dita que o cumprimento dos deveres fiduciários pelo administrador exige que vote contra a deliberação prévia sempre que entenda que esta seja contrária ao interesse social. Não há outra forma de interpretar os referidos parágrafos senão em conformidade ao art. 154, parágrafo único, da Lei nº 6.404/1976, para o fim de entender que os conselheiros jamais poderão sobrepor o acordo de acionistas ao interesse da companhia.

Entretanto, mesmo nesse caso, o voto contrário do administrador dissidente não será computado, motivo pelo qual não necessariamente conseguirá conter a aprovação da deliberação tomada na reunião prévia, ainda que esta se mostre contrária ao interesse da companhia.

E nem se afirme que os referidos parágrafos teriam por finalidade viabilizar o necessário alinhamento que se espera entre os controladores e os administradores, uma vez que os distintos gestores, além de exercerem posições jurídicas diversas – o controlador exerce direitos subjetivos e o administrador competência administrativa –, têm competências diversas e também monitoram e supervisionam um ao outro, em uma espécie de vigilância e controle recíprocos. Daí por que não é recomendável que tal alinhamento seja obtido por meio do embaralhamento das funções e da submissão dos administradores às orientações do controlador.

Não é sem razão que a própria CVM já mostrou que a compatibilização entre o acordo de acionistas que vincule membros da administração e os deveres fiduciários aos quais estão submetidos não é nada simples. Em interessante voto, a ex-Diretora Luciana Dias[1104] menciona que a Lei nº 6.404/1976 deve ser vista como um conjunto integrado, de forma que "as regras que tratarem da vinculação dos administradores aos acordos de acionistas não afastaram a responsabilidade desses administradores pelo conteúdo dos votos por eles proferidos". Consequentemente, "a autonomia dos administradores para avaliar e manifestar, ou não, a orientação de voto recebida dos acionistas não é afastada nem mesmo pelos dispositivos que tratam de sua vinculação a acordos de acionistas". Por fim, adverte que "Os parágrafos 8º e 9º do art. 118, como exemplo, oferecem remédios justamente para as situações nas quais os administradores optam voluntariamente por contrariar as orientações recebidas, ausentar-se das reuniões do conselho ou se abster de proferir o voto."

Não obstante, é discutível se a mera ausência do administrador seria suficiente para caracterizar o cumprimento dos seus deveres fiduciários perante a companhia, uma vez outro membro do acordo pode votar em seu lugar. A única postura compatível com os deveres fiduciários em casos assim é comparecer e votar contra a deliberação prévia, o que pelo menos assegura a integridade da conduta do conselheiro.

13. Dificuldades procedimentais dos acordos de acionistas que vinculam membros do Conselho de Administração

Ana Frazão

Outra grave consequência da vinculação de membros de órgãos administrativos a acordos de acionistas é a de impossibilitar a discussão de argumentos e posições, na medida em que os conselheiros vinculados pelo acordo já chegam às reuniões do órgão com a posição "fechada". Compromete-se, assim, o próprio fundamento da existência dos órgãos colegiados de administração, que se baseiam no debate esclarecido, na cooperação mútua e na contraposição de ideias,[1105] a partir das quais se encontrará a decisão que mais bem atende ao interesse social.

Daí, inclusive, a justificativa das soluções estruturais, como forma de, por meio da composição de tais órgãos por representantes dos interesses que atualmente se projetam sobre a empresa, estimular e enriquecer o debate.[1106] A prevalecer

---

[1104] CVM, Processo Administrativo 09/2009/RJ, rel. Dir. Luciana Dias, j. 21.07.2015.

[1105] Afinal, como ensina Jorge Manuel Coutinho de Abreu (*Governação das sociedades comerciais*. Coimbra: Almedina, 2005/2006. p. 107), "função tradicional, normal e primeira da colegialidade consagrada na lei é a ponderadora: intenta-se que a escolha de gestão ('alta direcção' e administração extraordinária, antes do mais) assente em contraposição de idéias e reflexão."

[1106] Mais uma vez, recorre-se aos ensinamentos de Jorge Manuel Coutinho de Abreu (*Governação das Sociedades Comerciais*. Coimbra: Almedina, 2005/2006. p. 108), ao mencionar os esforços estruturais para reforçar a

os referidos dispositivos, nem faria sentido a inovação da Lei nº 10.303/2001, de possibilitar que representantes de empregados componham o Conselho de Administração, pois a maioria dos conselheiros podem chegar para as deliberações com opiniões formadas em deliberações prévias vinculantes.

A depender da forma como sejam utilizados, os acordos de acionistas podem até mesmo neutralizar a importância de conselheiros independentes, cuja opinião de nada adiantará quando a maioria do Conselho já compareça para a reunião colegiada com a opinião definida em razão do acordo de acionistas.

Não obstante as dificuldades já mencionadas anteriormente, os novos dispositivos da Lei nº 6.404/1976 fazem com que os órgãos colegiados, especialmente o Conselho de Administração, percam a característica de espaço democrático onde os diferentes interesses que se projetam sobre a empresa possam ser avaliados, na tentativa de se encontrar soluções de equilíbrio e compatibilização, tal como se entende que é a missão atual dos administradores.

É claro que a mesma crítica poderia ser feita à utilização dos acordos de acionistas na Assembleia Geral. Todavia, já se viu que os acionistas, ao votarem nas assembleias, exercem direito subjetivo que, exatamente em razão do espaço de individualidade e subjetividade que lhe é inerente, tem significativa margem de disposição no âmbito de convenções privadas. Tanto é assim que o acionista pode até se omitir de votar, o que não necessariamente se aplica ao controlador.[1107]

Entretanto, os administradores, conselheiros ou não, são órgãos da companhia e, como tal, devem agir sempre no interesse desta última. Admitir que o acordo de acionistas possa vincular conselheiros ou membros de órgãos colegiados, tal como permitiu a Lei nº 10.303/2001, é permitir que o interesse da companhia fique em segundo plano tanto sob a ótica material como sob a ótica procedimental.

Ainda deve ser lembrado que uma das tendências do direito estrangeiro a respeito da atuação de administradores é exatamente a de assegurar procedimentos justos, equitativos e bem informados para a tomada das decisões da companhia, tema que será tratado adiante. Por ora, ressalta-se apenas que esta "justa procedimentalização" não acontecerá quando determinados administradores já estejam vinculados por acordos de voto, permanecendo insensíveis aos argumentos dos demais, tornando as reuniões do órgão uma mera formalidade e ainda reforçando a dependência dos administradores em relação aos controladores.

Uma coisa é a ficção democrática da Assembleia Geral, fruto de inúmeros fatores, dentre os quais o próprio desinteresse de muitos acionistas e a dificuldade de reuni-los, principalmente em companhias com grande base acionária. Outra coisa, bem diferente, é a ficção democrática no âmbito de órgãos administrativos, que têm a obrigação legal de buscar realizar o interesse da companhia e a função social da empresa da melhor forma possível, tanto sob o aspecto material como procedimental.

Dessa maneira, por qualquer que seja a ótica, os §§ 8º e 9º, do art. 118, da Lei nº 6.404/1976 criam pelo menos duas dificuldades intransponíveis: (i) violam a separação estrutural que deveria haver entre controle e administração e (ii) subvertem os procedimentos justos e transparentes de deliberação que deveriam ocorrer nos órgãos de administração da companhia.

Daí por que, não obstante a autorização legal, a possibilidade de vinculação de membros da administração a acordos de acionistas deve ser vista sempre com muita reserva e cuidado, em total atenção aos deveres fiduciários tanto do controlador, como dos administradores, sob pena de haver conduta abusiva de todos eles.

SEÇÃO VI
REPRESENTAÇÃO DE ACIONISTA RESIDENTE OU DOMICILIADO NO EXTERIOR

Art. 119. O acionista residente ou domiciliado no exterior deverá manter, no País, representante com poderes para receber citação em ações contra ele, propostas com fundamento nos preceitos desta Lei.

---

função ponderadora dos colegiados: "Assim, por exemplo, quando se incentiva a designação de administradores independentes e a sua integração, em maioria, nos diversos comitês do conselho de administração, ou quando se recomenda que o conselho "deve garantir que é composto por membros que, no seu conjunto, dispõem da necessária diversidade de conhecimentos, capacidade de apreciação e experiência para desempenhar suas funções".

[1107] Em relação ao controlador, já se viu, nos comentários aos arts. 115, 116 e 117, da Lei 6.404/1976, que pode haver abuso do poder de controle por omissão.

> **Parágrafo único.** O exercício, no Brasil, de qualquer dos direitos de acionista, confere ao mandatário ou representante legal qualidade para receber citação judicial.

📖 COMENTÁRIOS

1. Necessária representação de acionista residente ou domiciliado no exterior

ANA FRAZÃO

O art. 119, da Lei nº 6.404/1976, tem a finalidade de conciliar a necessária abertura que as companhias precisam ter para atrair acionistas residentes ou domiciliados no exterior com os aspectos operacionais necessários para que eles possam assumir os deveres e responsabilidades respectivos no Brasil.

Daí a necessidade de que seja mantido representante com poderes para receber citações contra ele em matérias societárias que sejam disciplinadas na Lei nº 6.404/1976, o que supre as dificuldades do regime anterior, quando se entendia que acionistas estrangeiros deveriam ser citados por carta rogatória, o que se tornava um óbice para a discussão judicial de qualquer matéria.

Vale ressaltar que a representação a que se refere o art. 119, da Lei nº 6.404/1976, é realmente específica, motivo pelo qual não pode ser utilizada para o voto na assembleia, pois este pressupõe requisitos específicos, nos termos do que já decidiu o Superior Tribunal de Justiça.[1108] Todavia, havendo mandatário ou representante legal com poderes para exercer qualquer dos direitos de acionista no Brasil, presume-se a sua qualidade para igualmente receber citação judicial, nos termos do parágrafo único, do art. 119, da Lei nº 6.404/1976.

2. Considerações sobre a representação de acionista residente ou domiciliado no exterior

RODRIGO R. MONTEIRO DE CASTRO

As normas do art. 119 visam a facilitar, com acerto, o acesso a acionista residente ou domiciliado no exterior, em caso de necessidade de propositura de ação contra ele, com fundamento na LSA. Para que se afastem os morosos e, em geral, onerosos procedimentos citatórios por intermédio de carta rogatória, determina-se a manutenção, no País, de representante para receber citação.

A representação, nos termos desse artigo, não se estende a outras matérias, que não se fundamentem na LSA. Mas nada impede que, no mesmo ato, o representado, se assim desejar, outorgue outros poderes ao representante, como para recebimento de citação em qualquer demanda judicial, participação em assembleia geral ou propositura, em nome do representado, de ações contra terceiros.

Não se qualifica o representante e não se lhe exige a comprovação de patrimônio pessoal.

Também não se veda o exercício recorrente de representações, simultâneas ou sucessivas. Daí a prática, identificada no ambiente societário, de indicação de uma pessoa por vários acionistas da mesma ou de diversas companhias, mediante contrapartida pecuniária.

Aliás, a LSA não veda o pagamento de remuneração pela aceitação do encargo. E nem deveria, pois a aceitação justifica a contraprestação.

Por fim, de acordo com o parágrafo único do art. 119, o exercício, no Brasil, por qualquer pessoa, de direito de acionista residente ou domiciliado no exterior implicará a conferência automática de poderes ao mandatário ou representante legal para receber citação judicial. Vale, aqui, a limitação temática prevista no *caput*, de modo que se restringe aos temas propostos com fundamento nos preceitos da LSA. Eventual afastamento da norma, pretendida pelas partes, mesmo que expressamente prevista no ato de outorga de poderes específicos, será nulo, pois a previsão da extensibilidade decorre de lei.

SEÇÃO VII
SUSPENSÃO DO EXERCÍCIO DE DIREITOS

Art. 120. A assembleia-geral poderá suspender o exercício dos direitos do acionista que

---

[1108] Vale ressaltar trecho culminante do voto do relator no REsp 649711/BA (STJ, rel. Min. Carlos Alberto Menezes Direito, 3ª T., j. 06.06.2006): "Anote-se, ainda, que o art. 119 da Lei nº 6.404/76 não alcança a representação nas assembleias gerais, porque subordinada a requisitos especiais, como antes examinado, referindo-se, apenas, a representante no país 'com poderes para receber citação em ações contra ele propostas, com fundamento nos preceitos desta Lei'. A representação prevista nesse dispositivo destina-se, portanto, a assegurar que o acionista poderá ser acionado no país em ações relativas ao cumprimento dos preceitos da Lei das Sociedades Anônimas."

Art. 120 — Sérgio Campinho

deixar de cumprir obrigação imposta pela lei ou pelo estatuto, cessando a suspensão logo que cumprida a obrigação.

COMENTÁRIOS

1. Suspensão do exercício de direitos

Sérgio Campinho

A assembleia geral encontra-se por lei expressamente investida do poder de decidir acerca da suspensão do exercício de direitos do acionista que deixar de cumprir as obrigações que lhe são impostas por lei ou pelo estatuto social.

A previsão legal tem por escopo a defesa do interesse social, assim compreendido como aquele que é revelado a partir do interesse comum aos acionistas da companhia para a realização do fim social, o qual, por seu turno, traduz-se na geração do lucro a partir da exploração do objeto social. Nesse contexto, a medida poderá representar efetivo instrumento de defesa da sociedade contra os eventuais abusos de uma minoria acionária turbadora ou esbulhadora do interesse da companhia. Consiste a providência, pois, em verdadeiro mecanismo de autotutela do interesse social, que se realiza de forma extrajudicial, no âmbito da assembleia geral da companhia. O controle jurisdicional, quando provocado pelo acionista apenado, será sempre *a posteriori*.

A suspensão em questão somente poderá ser decidida em assembleia geral extraordinária, na medida em que a assembleia geral ordinária tem sua competência definida a partir das matérias declinadas no art. 132 da LSA, o que significa dizer que todos assuntos que ali não estejam previstos serão objeto de deliberação em assembleia geral extraordinária. A matéria deverá constar expressamente da ordem do dia, com a precisa identificação do acionista, de modo a possibilitar-lhe o exercício dos direitos à ampla defesa e ao contraditório prévios à deliberação.

A decisão social que vise a impor a pena de suspensão de direitos deve ser tomada em assembleia contemporânea à constatação, pela companhia, da conduta do acionista violadora da lei ou do estatuto, não se admitindo, em favor da indispensável segurança jurídica para a estabilização das relações societárias, que essa faculdade punitiva assegurada à assembleia geral se elasteça por prazo indeterminado. Assim é que, na ausência de disposição estatutária disciplinadora da hipótese, deve a deliberação realizar-se na primeira assembleia geral extraordinária que se seguir à verificação do fato, sob pena de preclusão.

A deliberação assemblear sancionadora deverá ser suficientemente motivada e demonstrar a real ocorrência do fato ilícito, após assegurar ao acionista o direito ao prévio contraditório. Impende, ainda, que observe a proporcionalidade entre a falta cometida e a sanção correspondente, necessariamente declarando qual ou quais os direitos terão seus exercícios suspensos, não se admitindo que o faça de modo genérico. Com efeito, os direitos suspensos devem ser individualizados e estar relacionados com a obrigação não cumprida pelo acionista infrator. Assim é que se um acionista, titular de cem mil ações do capital da companhia, estiver em mora com a integralização de vinte mil ações, a suspensão dos direitos deverá estar adstrita a essas ações em atraso. As ações já integralizadas ou cuja integralização esteja em dia não podem ser atingidas pela suspensão.[1109] Outrossim, a penalidade não pode ser discriminatória, impondo seja uniforme para todos aqueles acionistas que se enquadrarem em idêntica situação.

A suspensão contemplada no artigo sob comento atinge não só os direitos modificáveis, mas também aqueles ditos essenciais dos acionistas. O art. 109 da LSA estabelece, de fato, que a assembleia geral não poderá privar o acionista do gozo de seus direitos essenciais, traduzindo, assim, regra geral a orientar a matéria. No entanto, na hipótese tratada no art. 120 da LSA, é a própria lei quem excepciona a regra geral por ela mesma consagrada, conferindo um poder especial à assembleia geral para suspender o exercício de direitos de acionista, sem qualquer ressalva, diante do descumprimento de uma obrigação imposta por lei ou pelo estatuto. Está-se diante de uma regra especial que, assim, impõe-se diante da regra geral. É a própria lei, repita-se, quem, em específica situação, legitima a punição do acionista, com a suspensão do exercício de direitos, por decisão da assembleia geral, deliberação esta que deverá regiamente observar as condições legais para a aplicação da sanção: prévia existência de norma legal ou estatutária válida proibitiva da conduta adotada pelo acionista. Entendimento

---

[1109] CARVALHOSA, Modesto. *Comentários à lei de sociedades anônimas*. 6. ed. São Paulo: Saraiva, 2014. p. 858, v. 2.

contrário, torna a regra constante do art. 120 da LSA despida de qualquer efetividade.[1110-1111]

A sanção aplicável pela assembleia geral nutre o caráter eminentemente coercitivo, porquanto a suspensão imposta cessará tão logo se cumpra a obrigação, diz a lei. Seu início, entretanto, pode ter marco temporal distinto, considerando a presença ou não do acionista no conclave. Para os presentes, inicia-se a partir do momento em que for concluída a deliberação que adotar a sua imposição. Desse modo, havendo, na sequência, outras matérias a serem votadas na mesma assembleia geral extraordinária e, sendo a sanção imposta a suspensão do direito de voto, fica o acionista apenado proibido de votar em relação às demais matérias que componham a ordem do dia. Para os ausentes, a sanção terá início com a publicação da ata da correspondente assembleia, salvo para aqueles que tiverem, previamente, da mesma tomado ciência formal. Neste caso, a data desta ciência será o marco temporal a ser individualizadamente considerado.

Como a norma que se extrai do art. 120 da LSA traduz uma faculdade conferida à assembleia geral, é perfeitamente possível que a assembleia não imponha imediatamente a pena de suspensão de direitos pela transgressão verificada, mas fixe prazo razoável para que o acionista faltoso cumpra a obrigação legal ou estatutária. Nesse caso, findo o prazo concedido sem o adimplemento respectivo, a suspensão será aplicada automaticamente, se assim foi previsto na correspondente decisão assemblear. Inexistindo essa previsão, outra deverá ser convocada para que se imponha o início da suspensão.

2. Suspensão de acionistas inadimplentes

Ana Frazão

O art. 120, da Lei nº 6.404/1976, prevê uma forma de autotutela da companhia, admitindo que a Assembleia Geral suspenda o exercício dos direitos do acionista que deixar de cumprir obrigação legal ou estatutária. A suspensão se dará por tempo indeterminado, devendo cessar tão logo seja cumprida a obrigação.

Em comparação com a legislação anterior, que admitia como causa da suspensão, além do descumprimento de obrigação legal ou estatutária, também o descumprimento de medida de interesse coletivo, observa-se que a Lei nº 6.404/1976 procurou ser mais restritiva.

Entretanto, mesmo assim, o alcance do dispositivo continua sendo extremamente abrangente, ainda mais diante das consequências gravosas que traz para o acionista. Daí as discussões sobre que obrigações poderiam dar margem à suspensão caso fossem descumpridas, os procedimentos pelos quais ela pode ocorrer e os direitos dos acionistas que se vejam na referida situação.

No que diz respeito ao objeto da suspensão, apesar da discussão doutrinária sobre se poderia atingir os direitos essenciais ou somente os direitos modificáveis,[1112] tudo leva a crer que a suspensão atinge todos os direitos, inclusive os essenciais. Além de não haver qualquer restrição no art. 120, da Lei nº 6.404/1976, a suspensão de direitos de acionistas, que já constava da legislação anterior, sempre foi vista como uma forma de conter eventuais abusos da minoria. Como o exercício do poder de controle já seria suficiente para alterar ou mesmo extinguir os direitos modificáveis das minorias, a razão de ser do art. 120, da Lei nº 6.404/1976 não poderia ser outra que não abranger todos os direitos, inclusive os essenciais.

Isso não quer dizer, entretanto, que todos os direitos essenciais possam ser objeto da suspensão. O próprio Modesto Carvalhosa,[1113] adepto de uma interpretação mais ampla do art. 120,

---

[1110] CAMPINHO, Sérgio. *Curso de direito comercial:* sociedade anônima. 4. ed. São Paulo: Saraiva, 2019. p. 236.

[1111] Neste sentido, confiram-se: EIZIRIK, Nelson. *A lei das S/A comentada*. 2. ed. São Paulo: Quartier Latin, 2015. p. 296, v. 2; CARVALHOSA, Modesto. *Comentários à lei de sociedades anônimas*. 6. ed. São Paulo: Saraiva, 2014. p. 859, v. 2; e LUCENA, José Waldecy. *Das sociedades anônimas:* comentários à lei. Rio de Janeiro: Renovar, 2009. p. 1195, v. 1. Com entendimento diverso, confiram-se: COELHO, Fábio Ulhoa. *Curso de direito comercial*. 21. ed. São Paulo: RT, 2017. v. 2 p. 290; e MARTINS, Fran. *Comentários à lei das sociedades anônimas*. 2. ed. Rio de janeiro: Forense, 1984. p. 134, v. 2, t. I.

[1112] Modesto Carvalhosa (*Comentários à Lei de Sociedades Anônimas*. São Paulo: Saraiva, 2014. v. 2. p. 858-859) deixa claro que a suspensão tanto pode incidir sobre os direitos essenciais (art. 109), bem como sobre os direitos dos minoritários ou de classe (arts. 45, 112,125, 109, 201, 205, 170 e 171), mas exclui o direito de fiscalizar a gestão dos negócios sociais e o de utilizar os meios, processos ou ações que a lei confere aos acionistas para assegurar os seus direitos. José Waldecy Lucena (*Das sociedades anônimas – comentários à lei* (arts. 1º a 120). Rio de Janeiro: Renovar, 2009. v. 1. p. 1193-1194) mostra as controvérsias sobre a matéria lembrando autores de peso que, como Fran Martins e Waldemar Ferreira, afastavam os direitos essenciais da regra do art. 120. Todavia, o próprio autor considera que "a suspensão pode alcançar quaisquer direitos, sejam essenciais, sejam modificáveis".

[1113] CARVALHOSA, Modesto. *Comentários à Lei de Sociedades Anônimas*. São Paulo: Saraiva, 2014. v. 2. p. 858-859.

da Lei nº 6.404/1976, exclui da suspensão o direito de fiscalizar a gestão dos negócios sociais e o de utilizar os meios, processos ou ações que a lei confere aos acionistas para assegurar os seus direitos.

Diante das graves consequências que a suspensão pode trazer para os acionistas, observa-se na doutrina um cuidado na interpretação dessa regra, que deve ser restritiva. Dentre as consequências dessa postura, podem ser destacadas:

(i) a necessidade de que o acionista possa exercer o seu direito de defesa, seja por aplicação analógica dos arts. 57 e 1085, parágrafo único, do Código Civil,[1114] seja em razão da eficácia horizontal da garantia constitucional ao contraditório;

(ii) a necessidade de que a decisão da Assembleia seja justificada;[1115]

(iii) a vinculação da sanção às ações a que se relaciona o descumprimento das obrigações legais e estatutárias e não ao acionista;[1116]

(iv) a impossibilidade de que a sanção seja discriminatória, devendo abranger todas as ações na mesma condição.[1117]

Dessa maneira, tem-se que o art. 120, da Lei nº 6.404/1976, impõe uma série de preocupações e cuidados na sua aplicação, a demandar inclusive um maior protagonismo do estatuto, que pode mitigar várias das preocupações ora apontadas por meio de regras procedimentais que disciplinem, de forma mais segura, os critérios materiais e formais para a suspensão dos direitos de acionistas.

CAPÍTULO XI
ASSEMBLEIA-GERAL
SEÇÃO I
DISPOSIÇÕES GERAIS

Art. 121. A assembleia-geral, convocada e instalada de acordo com a lei e o estatuto, tem poderes para decidir todos os negócios relativos ao objeto da companhia e tomar as resoluções que julgar convenientes à sua defesa e desenvolvimento.

Parágrafo único. Nas companhias, abertas e fechadas, o acionista poderá participar e votar a distância em assembleia geral, nos termos do regulamento da Comissão de Valores Mobiliários e do órgão competente do Poder Executivo federal, respectivamente. (Redação dada pela Lei 14.030, de 2020)

COMENTÁRIOS

1. O poder decisório supremo da companhia

Sérgio Campinho

Enquanto pessoa jurídica, a sociedade anônima manifesta-se por meio de seus órgãos. Aos órgãos sociais, portanto, compete produzir e refletir, tanto no plano interno, como no plano externo da companhia, a vontade social.

Os órgãos sociais traduzem a concepção de centros de poderes[1118] da coordenação da vida social. Os poderes que convivem e operam no ambiente de formação, estrutura e atuação

---

[1114] Segundo José Waldecy Lucena (*Das sociedades anônimas* – comentários à lei (arts. 1º a 120). Rio de Janeiro: Renovar, 2009. v. 1. p. 1193-1194. p. 1197-1198), a circunstância de que a companhia pode autotutelar-se, apenando extrajudicialmente o acionista faltoso, não significa que está autorizada a fazê-lo, sem que se assegure ao acusado o direito de defesa. Daí sustentar a aplicação do parágrafo único do art. 1.085, do Código Civil, nos termos da autorização do art. 1.089.

[1115] De acordo com José Waldecy Lucena (*Das sociedades anônimas* – comentários à lei (arts. 1º a 120). Rio de Janeiro: Renovar, 2009. v. 1. p. 1193-1194. p. 1195), "embora se trate realmente de deliberação assemblear tomada extrajudicialmente no exercício da autotutela do interesse social, há de ser ela devidamente motivada e fundamentada, vedada, portanto, a suspensão automática de direitos, tudo para que possa o acionista, inconformado com a pena aplicada, pleitear sua anulação no Judiciário." Em sentido semelhante, o Tribunal de Justiça de São Paulo já entendeu não ser possível a suspensão sem a explicitação dos devidos motivos, principalmente se considerada a seriedade de tal medida restritiva de direitos (TJSP, AgIn 2111957-16.2016.8.26.0000, rel. Fabio Tabosa, 2ª Câm. Reservada de Direito Empresarial, j. 15.08.2016, DJe 17.08.2016).

[1116] Defende Modesto Carvalhosa (*Comentários à lei de sociedades anônimas*. São Paulo: Saraiva, 2014. v. 2. p. 858), que "a sanção deliberada pela assembleia geral não alcança subjetivamente o acionista, mas apenas as suas ações em atraso. O acionista permanece no pleno exercício dos seus direitos patrimoniais e pessoais".

[1117] É a opinião de Modesto Carvalhosa (*Comentários à lei de sociedades anônimas*. São Paulo: Saraiva, 2014. v. 2. p. 860).

[1118] REQUIÃO, Rubens. *Curso de direito comercial*. 30. ed. São Paulo: Saraiva, 2013. v. 2. p. 214.

societária (poderes de deliberação, administração e fiscalização) demandam ordenação e distribuição adequadas, que lhes garantam eficiência e harmonia em seus correspondentes meios de exercício.

São eles, em última *ratio*, que fazem presente a vontade social. Quando um órgão se manifesta, está ele refletindo essa vontade. A pessoa jurídica da sociedade se pronuncia por meio de seus órgãos. São eles que afirmam interna e externamente a personalidade jurídica da companhia. A eles, portanto, não é atribuída personalidade jurídica. Esta é da sociedade. É ela quem se obriga e exercita direitos por intermédio de seus órgãos.

A assembleia geral representa o órgão deliberativo superior da companhia, nela estando concentrado o poder decisório supremo. É ela composta pelo universo dos acionistas da companhia, com ou sem direito de voto, que são para ela convocados.

Os acionistas sem direito de voto podem comparecer ao conclave e discutir as matérias nele tratadas (direito de voz). Entretanto, não podem participar das deliberações, estas reservadas aos que titularizam o direito de voto.

O resultado do processo decisório obtido na assembleia geral representa a vontade coletiva dos acionistas, unitariamente manifestada como vontade social. As decisões, portanto, quando validamente tomadas, vinculam todos os acionistas, ainda que ausentes ou dissidentes.

A assembleia geral, a partir das notas essenciais colhidas de sua disciplina legal, pode ser conceituada como a reunião, o conclave dos acionistas de uma companhia, convocado e instalado na forma da lei e do seu estatuto social, para deliberar sobre as matérias de interesse social, sendo dotada, assim, de poderes para decidir acerca de todos os negócios relativos ao objeto social e tomar as resoluções julgadas convenientes à sua defesa e ao seu desenvolvimento.[1119]

A crescente demanda pela otimização das relações societárias, motivada pelos desafios econômicos que se impuseram ao desenvolvimento da empresa e, por vezes, à sua própria sobrevivência,[1120] passou a definir um novo perfil na relação entre os órgãos sociais, propondo modelos mais elásticos, com vistas à obtenção de decisões mais ágeis e com maior grau de efetividade, afastando-se da modelagem clássica da divisão dos órgãos sociais que espelhava competências funcionais bem definidas.

Por outro lado, tem-se assistido ao fenômeno do enfraquecimento da assembleia geral dos acionistas, derivado, substancialmente, dos fatores de dispersão acionária e de manifestações concretas de variações no modo do exercício do poder de controle.[1121]

Essa constatação, entretanto, não faz com que se tenha por usurpado o regime de competência e funcionamento dos órgãos sociais, cujo equilíbrio é essencial para a democratização da companhia, visando ao atendimento da demanda do mercado acionário em que a atração de capitais requer, cada vez mais, equilíbrio nas relações de poder, competência gerencial, transparência e ordenados e eficientes controle e fiscalização.

Nesse passo, a assembleia geral continua a ser o órgão decisório supremo da sociedade anônima, que, como se consignou, é dotada dos poderes para decidir sobre todos os negócios relativos ao objeto da companhia e tomar as resoluções que julgar convenientes à sua defesa e ao seu desenvolvimento. Não fora isso o suficiente para atestar esse seu patamar de órgão maior no cenário organizacional da sociedade, a lei prescreve um rol de matérias que são de sua competência privativa, o que, por si só, reafirma a força da assembleia geral como fonte de expressão da soberania da vontade social.

Na estruturação da LSA, portanto, tem-se o claro aceno legal para a relevância e para o *status* desse órgão social, fixando a orientação de que

---

[1119] CAMPINHO, Sérgio. *Curso de direito comercial:* sociedade anônima. 4. ed. São Paulo: Saraiva, 2019. p. 274.

[1120] Exemplo disso é a regra constante do parágrafo único do art. 122 da LSA: "Em caso de urgência, a confissão de falência ou o pedido de concordata poderá ser formulado pelos administradores, com a concordância do acionista controlador, se houver, convocando-se imediatamente a assembleia geral, para manifestar-se sobre a matéria". A menção à figura da concordata deve ser lida, à luz da Lei 11.101/2005, como referência ao instituto da recuperação judicial.

[1121] Sobre o fenômeno do enfraquecimento da assembleia geral, testemunham Egberto Lacerda Teixeira e José Alexandre Tavares Guerreiro: "O próprio perfil do acionista modificou-se substancialmente, em especial nas grandes companhias abertas, em que a dispersão dos titulares do capital acabou por determinar um certo desinteresse pelas reuniões em questão, às quais, em geral, só comparecem os majoritários ou controladores. O absenteísmo nas assembleias, aliado à rapidez requerida pelas decisões sociais, resultou no comprometimento do antigo prestígio atribuído às reuniões do corpo acionário" (*Das sociedades anônimas no direito brasileiro*. São Paulo: Bushatsky, 1979. p. 384, v. 1).

ele se encontra em patamar hierarquicamente superior ao dos demais órgãos da sociedade anônima. À assembleia geral, com efeito, foi atribuído o poder de modificar o estatuto social, decidir sobre as questões que interessem à companhia, nomear e destituir os membros do conselho de administração e do conselho fiscal. Inexistindo na estrutura societária a figura do conselho de administração, a ela compete nomear e destituir os diretores.

Apesar desse peso na composição dos núcleos de poder da companhia, os poderes da assembleia geral não são absolutos e ilimitados.

O seu exercício deve estar conformado com os limites da lei, com a ordem pública e com os bons costumes, e visar, sem nenhuma exceção, ao interesse social.

Fica, assim, por exemplo, obstado à assembleia geral derrogar os direitos essenciais dos acionistas (art. 109 da LSA), bem como praticar qualquer ato contrário a acordo de acionista arquivado (*caput* do art. 118 da LSA). Nesse mesmo compasso, impõe-se que sua atuação fique circunscrita ao objeto social, revelador da finalidade social.

Deve a assembleia geral observar, ainda, os ditames estatutários, até que resolva por sua alteração.

2. Participação e voto a distância: assembleias digitais e semipresenciais

Sérgio Campinho

O parágrafo único do art. 121, com a redação dada pela Lei 14.030/2020, fruto da conversão da Medida Provisória 931/2020, permite, tanto em companhias abertas quanto em companhias fechadas, que o acionista participe e vote a distância nas assembleias gerais.[1122]

A regulamentação da matéria, no âmbito das companhias abertas, fica a cargo da CVM, que concentra na Resolução CVM 81/2022 as regras acerca das assembleias não presenciais.

As assembleias gerais e especiais das companhias abertas podem, dessarte, realizar-se segundo três modalidades: presencial, digital, ou híbrida, igualmente denominada semipresencial ou parcialmente digital. As assembleias de debenturistas também se encontram reguladas no mesmo ato normativo, ou seja, na Resolução CVM 81/2022.

Estão, assim, autorizadas a realizar suas assembleias de modo parcial ou exclusivamente digital todas as companhias abertas, incluindo aquelas que não estão sujeitas à Resolução CVM 81/2022, mas desde que cumpram integralmente os requisitos normativos atinentes a essas modalidades assembleares (§ 2º do art. 3º).

Quanto às companhias fechadas, a regulamentação coube ao Departamento Nacional de Registro Empresarial e Integração – DREI, que o fez, inicialmente, por meio da INDREI 79/2020. Atualmente, a matéria encontra-se tratada no Anexo V da INDREI 81/2020, especificamente em sua Seção VIII. Foram, também, concebidas as categorias semipresencial e digital, para conviverem com a clássica assembleia presencial, disciplina que se deve aplicar tanto às assembleias gerais – indicadas expressamente no texto da LSA – quanto às especiais, por extensão. Igualmente por interpretação extensiva, o modelo deve ser empregado às assembleias dos debenturistas nas sociedades anônimas de capital fechado, pois a elas são aplicáveis, no que couber, as disposições referentes à assembleia geral de acionistas (§ 2º do art. 71 da LSA), e o modelo de participação e votação a distância conforma-se plenamente com o conclave debenturístico.

As assembleias digitais são aquelas nas quais os acionistas somente podem participar e votar a distância, não sendo o encontro social realizado em ambiente físico, mas apenas virtual. Presume-se que os conclaves digitais são realizados na sede social, presunção esta absoluta (*juris et de jure*). A participação e a votação se realizam por meio de sistemas eletrônicos, sem prejuízo do uso do boletim de voto a distância como meio para o exercício do direito de voto.

As assembleias semipresenciais, híbridas ou parcialmente digitais, por sua vez, são as que os acionistas são admitidos a participar e a votar tanto presencialmente no local físico em que se realiza o conclave social, quanto a distância, mediante atuação remota, via sistema eletrônico, sem prejuízo, também, do uso do boletim de voto a distância como instrumento para o exercício do voto.

[1122] Desde a inclusão de um parágrafo único no art. 121 da LSA pela Lei 12.431/2011, já se reconheceu como legítima, em companhias abertas, a possibilidade de participação e votação a distância dos acionistas em assembleia gerais, nos termos de regulamentação da CVM.

O edital de convocação da assembleia deve comunicar se a sua realização dar-se-á de modo parcial ou exclusivamente digital, com as necessárias informações para a participação e o voto a distância.

As disciplinas acerca da convocação, do registro de presença, da instalação, do curso dos trabalhos, das deliberações e da ata são detalhadas nos citados diplomas infralegais para cada espécie de companhia (Resolução CVM 81/2022 e INDREI 81/2020, Anexo V, Capítulo II, Seção VIII).

Competência Privativa

Art. 122. Compete privativamente à assembleia geral: (Redação dada pela Lei 12.431, de 2011).

I – reformar o estatuto social; (Redação dada pela Lei 10.303, de 2001)

II – eleger ou destituir, a qualquer tempo, os administradores e fiscais da companhia, ressalvado o disposto no inciso II do art. 142; (Redação dada pela Lei 10.303, de 2001)

III – tomar, anualmente, as contas dos administradores e deliberar sobre as demonstrações financeiras por eles apresentadas; (Redação dada pela Lei 10.303, de 2001)

IV – autorizar a emissão de debêntures, ressalvado o disposto nos §§ 1º, 2º e 4º do art. 59; (Redação dada pela Lei 12.431, de 2011).

V – suspender o exercício dos direitos do acionista (art. 120); (Redação dada pela Lei 10.303, de 2001)

VI – deliberar sobre a avaliação de bens com que o acionista concorrer para a formação do capital social; (Redação dada pela Lei 10.303, de 2001)

VII – autorizar a emissão de partes beneficiárias; (Redação dada pela Lei 10.303, de 2001)

VIII – deliberar sobre transformação, fusão, incorporação e cisão da companhia, sua dissolução e liquidação, eleger e destituir liquidantes e julgar as suas contas; (Redação dada pela Lei nº 14.195, de 2021)

IX – autorizar os administradores a confessar falência e a pedir recuperação judicial; e (Redação dada pela Lei nº 14.195, de 2021)

X – deliberar, quando se tratar de companhias abertas, sobre a celebração de transações com partes relacionadas, a alienação ou a contribuição para outra empresa de ativos, caso o valor da operação corresponda a mais de 50% (cinquenta por cento) do valor dos ativos totais da companhia constantes do último balanço aprovado. (Redação dada pela Lei nº 14.195, de 2021)

Parágrafo único. Em caso de urgência, a confissão de falência ou o pedido de recuperação judicial poderá ser formulado pelos administradores, com a concordância do acionista controlador, se houver, hipótese em que a assembleia geral será convocada imediatamente para deliberar sobre a matéria. (Redação dada pela Lei nº 14.195, de 2021)

COMENTÁRIOS

1. A competência privativa da assembleia geral

Sérgio Campinho

O art. 122 da LSA, em seus 10 incisos, prescreve a competência privativa da assembleia geral dos acionistas. Isso quer traduzir que as matérias em lei elencadas são indelegáveis, não podendo, por isso, ser atribuídas a outros órgãos sociais, senão quando a própria lei, e nas condições por ela traçadas, expressamente autorizar. São exemplos dessa autorização legal as hipóteses de confissão de falência, em caso de urgência verificada pelos administradores, que formulariam o pedido, com a convocação do conclave para manifestação ulterior (parágrafo único do art. 122 da LSA), além da iniciativa do conselho de administração da companhia aberta relativamente à emissão de debêntures não conversíveis em ações e, nos demais tipos de debêntures, a delegação acerca da oportunidade e de certas condições de emissão (inciso IV do art. 122 e §§ 1º e 4º do art. 59 da LSA). Na primeira situação, confissão de falência, a delegação é condicionada; na segunda, emissão de debêntures, é plena.

Tem, assim, a assembleia geral competência privativa para: (a) reformar o estatuto social; (b) eleger ou destituir, a qualquer tempo, os membros da diretoria, caso inexista conselho de administração, a quem, em princípio, toca essa competência; (c) eleger e destituir, a qualquer tempo, os membros do conselho de administração, se existente; (d) eleger e destituir, a qualquer tempo, os membros do conselho fiscal; (e) julgar a prestação anual das contas dos administradores e votar as demonstrações financeiras anuais da companhia; (f) autorizar a emissão de debêntures, ressalvada a delegação ao conselho de administração contemplada nos §§ 1º, 2º e 4º do art. 59 da LSA; (g) autorizar a emissão de partes beneficiárias; (h) suspender o exercício de direitos de acionistas; (i) deliberar sobre a avaliação de bens com os quais o acionista concorrer para a formação do capital social; (j) deliberar sobre transformação, fusão, incorporação e cisão da companhia; (k) deliberar sobre a dissolução e liquidação da companhia, com poderes para eleger e destituir liquidantes e julgar as suas contas; (l) autorizar os administradores a confessar falência e requerer recuperação judicial; e (m) deliberar, quando se tratar de companhias abertas, sobre a celebração de transações com partes relacionadas, a alienação ou a contribuição para outra sociedade de ativos, caso o valor da operação corresponda a mais de 50% do valor dos ativos totais da companhia constantes do último balanço aprovado.

Afora as matérias constantes do art. 122 acima elencadas, encontram-se dispersas na lei outras matérias que ficam necessariamente jungidas à deliberação da assembleia geral. Somente este órgão social, por exemplo, pode validamente decidir sobre: (a) autorização para aplicação de lucros ou reservas no resgate ou na amortização de ações (art. 44 da LSA); (b) ratificação ou reconsideração da deliberação que deu ensejo ao direito de recesso, se os órgãos da administração entenderem que o pagamento do preço do reembolso das ações aos acionistas dissidentes colocará em risco a estabilidade financeira da companhia (§ 3º do art. 137 da LSA); (c) redução do capital (§ 4º do art. 107 e art. 173 da LSA); (d) aprovação da propositura de ação de responsabilidade civil contra o administrador pelos prejuízos causados ao patrimônio da companhia (art. 159 da LSA); (e) fixação da remuneração dos membros do conselho fiscal (§ 3º do art. 162 da LSA); (f) fixação da remuneração dos administradores, inclusive os benefícios de qualquer natureza e verbas de representação (art. 152 da LSA); (g) aplicação do excesso do saldo das reservas de lucro, exceto as para contingências, de incentivos fiscais e de lucros a realizar, na integralização ou no aumento do capital social ou na distribuição de dividendos, quando tal saldo ultrapassar o capital (art. 199 da LSA); (h) incorporação de ações (art. 252 da LSA); (i) compra, por companhia aberta, do controle de qualquer sociedade empresária (art. 256 da LSA); (j) aprovação da convenção de grupo de sociedades (art. 270 da LSA); e (k) sanatória de vício ou defeito na constituição da companhia (parágrafo único do art. 285 da LSA). Esse quadro acima retratado demonstra que a listagem do art. 122 é apenas exemplificativa.

Além das matérias reservadas à assembleia geral por força de lei, nada impede que outras possam também estar adstritas à decisão assemblear, mas por disposição estatutária, desde que tais assuntos não estejam, por previsão legal, sob a competência de outro órgão social. O estatuto, como lei interna da companhia, pode atribuir competências deliberativas à assembleia geral de acionistas, mas sem violar o regime legal de competência orgânica, ao qual deverá estar sempre amoldado, sob pena de nulidade da disposição estatutária violadora.

Uma vez estabelecido validamente pelo estatuto – sem usurpação de competência legal – que certas matérias deverão ser deliberadas exclusivamente pela assembleia geral, cria-se a obrigatoriedade de respeito desta determinação para os acionistas e demais órgãos sociais, em função do manifesto caráter cogente das regras estatutárias.

2. Confissão de falência e requerimento de recuperação judicial

Sérgio Campinho

O inciso IX do art. 122 exige a autorização da assembleia geral para que os administradores possam "confessar falência e pedir recuperação judicial".

A negociação do plano de recuperação extrajudicial com os credores, ainda que levado à homologação em juízo, não é de necessária decisão assemblear, integrando, com efeito, os poderes gerais de administração essa forma de composição de débitos. O risco da recuperação judicial, por certo, não se faz presente na extrajudicial, pois somente na primeira poderá haver convolação em falência e por isso é que o seu manejo necessita de aprovação do poder de decisão supremo da companhia. A adoção de providência com esse potencial de risco para a companhia presente na recuperação judicial, que transcende aos simples poderes de gestão, não poderá jamais deixar de passar pelo crivo do órgão que concentra o maior poder na sociedade. Muito embora não vislumbre a obrigação legal de se submeter à decisão da assembleia geral a negociação de plano de recuperação extrajudicial, parece aconselhável, pelo grau de exposição no mercado que a iniciativa lança sobre a companhia, que os administradores sujeitem a matéria ao conclave social.

O parágrafo único do art. 122 da LSA, de modo prudente, autoriza os administradores, em caso de urgência, a promover a confissão de falência ou o requerimento de recuperação judicial, colhendo a concordância do acionista controlador, se houver, e convocando imediatamente a assembleia geral para manifestar-se sobre a matéria. A medida tem justificativa na necessidade do atendimento de situações de emergência, que não poderiam aguardar os prazos e as formalidades legais impostos para a realização do encontro dos acionistas.

Algumas considerações se impõem sobre essa delegação legal da competência da assembleia geral para os administradores da companhia que, como se percebe, não é plena, na medida em que o conclave social deverá ser imediatamente convocado para se manifestar. Cuida-se de hipótese de convocação obrigatória e indispensável à defesa dos interesses da companhia.

Em razão dos poderes de representação inerentes à diretoria, serão os diretores, observadas as disposições estatutárias sobre o tema, que irão promover o ingresso em juízo com a formulação da confissão da falência ou do pedido de recuperação judicial. Caso exista conselho de administração, deverá a diretoria colher a autorização daquele órgão. Assim é, pois, que se deve entender a menção ao vocábulo "administradores" constante do texto legal.

Haverá sempre a necessidade de ratificação do ato pela assembleia geral, o que, havendo acionista controlador, será facilmente alcançável, pois este, por antecipação, já terá manifestado a sua concordância. Negada a ratificação pela assembleia geral, cumprirá ao órgão de administração promotor do pedido dele desistir, sem prejuízo de eventualmente serem apuradas as responsabilidades pelo ajuizamento precipitado. Com efeito, a utilização abusiva da faculdade prevista no parágrafo único do art. 122, bem como a falta de convocação da assembleia geral para ratificar o ato praticado, implicará para os responsáveis o dever de indenizar a companhia pelos eventuais prejuízos a ela provocados.

Portanto, a formulação dos administradores estará sempre condicionada ao referendo da assembleia geral que exerce, assim, a sua competência *a posteriori*. O juiz que apreciar o pedido de falência ou de recuperação judicial deverá, antes de proferir o despacho inicial, exigir, como providência preliminar, a vinda aos autos da ratificação da iniciativa do órgão de administração pela assembleia geral, de modo a aferir a correta legitimação da iniciativa. A sua inexistência conduzirá à extinção do respectivo processo sem resolução do mérito, por ausência de um pressuposto de sua constituição e de seu desenvolvimento válido e regular, na forma do inciso IV do art. 485 do CPC, que deverá ser conhecido de ofício pelo juiz (§ 3º do art. 485 do CPC).

> **Competência para Convocação**
>
> **Art. 123.** Compete ao conselho de administração, se houver, ou aos diretores, observado o disposto no estatuto, convocar a assembleia-geral.
>
> **Parágrafo único.** A assembleia-geral pode também ser convocada:
>
> a) pelo conselho fiscal, nos casos previstos no número V do artigo 163;
>
> b) por qualquer acionista, quando os administradores retardarem, por mais de 60 (sessenta) dias, a convocação nos casos previstos em lei ou no estatuto;
>
> c) por acionistas que representem cinco por cento, no mínimo, do capital social, quando os administradores não atenderem, no prazo de oito dias, a pedido de convocação que apresentarem, devidamente fundamentado, com indicação das matérias a serem tratadas; (Redação dada pela Lei 9.457, de 1997)
>
> d) por acionistas que representem cinco por cento, no mínimo, do capital votante, ou cinco por cento, no mínimo, dos acionistas sem direito a voto, quando os administradores não atenderem, no prazo de oito dias, a pedido de convocação de assembleia para instalação do conselho fiscal. (Incluída pela Lei 9.457, de 1997)

COMENTÁRIOS

1. A legitimação para a convocação da assembleia geral

Sérgio Campinho

A assembleia geral, como a reunião dos acionistas de uma companhia, deverá ser convocada para deliberar sobre as matérias de interesse social. A convocação consiste no meio apropriado para se dar ciência à comunidade acionária da realização do conclave social, a fim de que possam a ele comparecer, tenham ou não o direito de voto, pois todos terão o direito de voz. É, portanto, um ato obrigatório para que se possa

Art. 123 — Sérgio Campinho

regularmente deliberar, após a verificação da exatidão de sua instalação.

O acionista somente estará impedido de comparecer à assembleia geral se o exercício desse direito tiver sido objeto de suspensão por regular deliberação de assembleia geral anterior (art. 120 da LSA).[1123]

A convocação – e também a instalação – deverá ser feita na forma da lei e do estatuto social, sob pena de invalidade. Dois são os requisitos para a convocação válida e eficaz da assembleia geral: (a) iniciativa do órgão ou da pessoa competente; e (b) observância rigorosa do modo de convocação e de sua publicidade (arts. 124 e 289 da LSA).

Entretanto, comparecendo à reunião os acionistas representantes da totalidade do capital social, o conclave será considerado regular, ainda que a sua convocação tenha sido irregular, por expressa disposição do § 4º do art. 124 da LSA.

Compete aos órgãos de administração da companhia a convocação da assembleia geral. Nas sociedades que possuírem conselho de administração,[1124] a este órgão caberá promover a convocação. Na sua ausência, a competência será exercida pelos diretores. A falta de convocação da assembleia geral na época e na forma previstas em lei configura descumprimento de dever dos administradores, podendo ser eles solidariamente responsáveis por indenizar os prejuízos provocados em razão do não cumprimento de dever imposto pela LSA para assegurar o funcionamento regular da sociedade (§ 2º do art. 158 da LSA).

O conselho, como órgão colegiado, é quem está legitimado a proceder à convocação. A correspondente proposição deverá ser aprovada pela maioria de seus integrantes. Nada impede, contudo, que o estatuto social ou o próprio regimento do órgão de administração outorgue a execução do ato convocatório a um de seus membros, geralmente o seu presidente, que, assim, firmará o prefalado ato. No caso, não será ele quem estará individualmente convocando a assembleia geral, mas apenas materializando os atos necessários a essa convocação, determinada pelo colegiado.

Não havendo conselho de administração, a competência é deferida aos diretores e, nessa hipótese, manda a lei observar o que a respeito dispuser o estatuto. Isso porque o estatuto pode conferir essa prerrogativa a um ou mais diretores determinados (inciso IV do art. 143 da LSA) ou, ainda, estabelecer que a convocação seja resultado de decisão tomada em reunião de diretoria (§ 2º do art. 143 da LSA). Todavia, assim não o fazendo, restando, portanto, silente sobre o tema, a competência recairá sobre todos os membros da diretoria, os quais estarão aptos a individualmente ou em conjunto exercê-la.

Mesmo na situação em que o estatuto dispuser sobre a competência para a convocação, atribuindo-a a um ou mais diretores ou à reunião do órgão, havendo omissão por parte do legitimado ou dos legitimados, passarão os demais a dispor dessa legitimação, porquanto a qualquer dos diretores compete a prática dos atos necessários ao funcionamento regular da companhia (*caput* do art. 144 da LSA), sendo, inclusive, solidariamente responsáveis pelos prejuízos causados em virtude da omissão (§ 2º do art. 158 da LSA).

Encontrando-se a sociedade em liquidação, essa competência se transmite ao liquidante (inciso VI do art. 210 da LSA). Ingressando a sociedade em regime de liquidação, os diretores são automaticamente destituídos na assembleia geral que deliberar a dissolução. O órgão diretoria será substituído pelo liquidante na gestão e representação da companhia. O liquidante constitui, desse modo, órgão de gestão e representação e deverá exercer as suas atribuições durante todo o período de liquidação.

Subsidiariamente, a competência para a convocação da assembleia geral pode recair sobre o conselho fiscal ou sobre acionista, sempre tendo em mira a lei, ao assim prescrever, assegurar o funcionamento regular da companhia ou a tutela dos interesses da minoria acionária.

Compete ao conselho fiscal convocar a assembleia geral ordinária se o conselho de administração ou os diretores, conforme o caso, retardarem por mais de 1 mês essa convocação; e a extraordinária, sempre que ocorrerem motivos graves ou urgentes, incluindo na ordem do dia das assembleias as matérias que julgarem necessárias (alínea *a* do parágrafo único do art. 123 e inciso V do art. 163 da LSA).

No primeiro caso (mora da administração), a competência do órgão fiscalizador da companhia é substitutiva, porquanto está agindo em

---

[1123] Cf. os comentários ao art. 120.
[1124] O conselho de administração é órgão de presença obrigatória nas companhias abertas, nas fechadas que adotem o sistema do capital autorizado e nas sociedades de economia mista (§ 2º do art. 138 e art. 239 da LSA).

substituição ao conselho de administração ou, quando inexistente, aos diretores. No segundo (verificação de motivos graves ou urgentes), o conselho fiscal fica investido de uma competência originária, que repousa na sua função de vigilância dos órgãos de administração.

No exercício desse dever legal de convocação da assembleia geral ordinária ou extraordinária, o conselho fiscal poderá, como órgão colegiado, exercer o poder convocatório, decidindo pela maioria de seus membros. Mas nada impede, ao contrário do que se verifica no âmbito do conselho de administração (outro órgão de deliberação colegiada), que a assembleia geral seja convocada por um de seus integrantes, desde que fundamente a iniciativa singular. Isso se justifica para não frustrar a efetiva função fiscalizadora que esse órgão deve exercer, seja em atuação colegiada, seja por ação individual. A função colegiada não prejudica, pois, a função individual de seus membros. Assim é que o inciso I do art. 163 da LSA prescreve que ao conselho fiscal compete fiscalizar, por quaisquer de seus membros, os atos dos administradores e verificar o cumprimento de seus deveres legais e estatutários.

Ademais, os membros do órgão de fiscalização social, ao descurarem do dever de convocação das assembleias gerais para as quais a lei lhes outorga competência, incidem em omissão no cumprimento de seus deveres, respondendo pelos eventuais danos daí decorrentes (*caput* do art. 165 da LSA).

O acionista também dispõe de legitimação para a convocação. Mas a sua competência será sempre substitutiva, a partir da inércia do órgão de administração e, por vezes, do próprio conselho fiscal. Terá o acionista sempre a prerrogativa da convocação e jamais o dever, como o têm os órgãos sociais investidos de suas competências legais.

Nessa ordem de fatores, a assembleia geral pode também ser convocada por acionista em três situações legalmente estabelecidas.

A primeira delas ocorre quando os administradores retardarem por mais de 60 dias a convocação, nos casos previstos em lei ou no estatuto (alínea *b* do parágrafo único do art. 123 da LSA). Note-se que, na hipótese, é irrelevante o número de ações que titulariza e se tem ou não direito de voto. Esse direito, deferido a qualquer acionista da companhia, fundamenta-se no direito do sócio de se manter informado acerca da marcha dos negócios sociais e dos resultados da exploração da empresa e da própria organização normal da sociedade.[1125]

Na convocação pelo acionista da assembleia geral ordinária, cabe observar que ele estará agindo de modo substitutivo não só em relação à omissão do órgão de administração, com competência primária, mas também à do conselho fiscal, porquanto este deve agir secundariamente, quando aquele houver retardado por mais de 1 mês essa convocação.

A segunda situação já não mais legitima qualquer acionista, mas apenas acionista ou acionistas que representem 5%, no mínimo, do capital social, com ou sem direito de voto. Eles poderão convocar a assembleia geral extraordinária sempre que os administradores não atenderem, no prazo de 8 dias, a pedido de convocação que apresentarem, devidamente fundamentado, com a indicação das matérias a serem tratadas (alínea *c* do parágrafo único do art. 123 da LSA).

Nas companhias de capital aberto, esse percentual pode ser reduzido pela CVM, mediante a fixação de escala em função do valor do capital social (art. 291 da LSA), o que vem materializado pela Resolução CVM 70/2022.

Estando formulado o pedido nos moldes da lei (por escrito, fundamentado e com a indicação das matérias a serem tratadas), não cabe ao órgão de administração que irá recebê-lo (conselho de administração ou, se inexistente, diretoria) examiná-lo. Cumpre-lhe convocar a assembleia geral extraordinária pretendida por aquele bloco formulador do pleito. Evidentemente, uma vez realizada a assembleia e se concluindo pelo abuso do direito no pedido apresentado, os requerentes poderão ser responsabilizados, devendo suportar, nesse caso, todas as despesas para a realização da reunião social. Isso somente ocorrerá se a assembleia expressamente decidir que houve abuso na formulação, não podendo ele ser presumido pela simples rejeição, pelo conclave, da matéria que constituiu o objeto do pedido de convocação.

A terceira hipótese consiste na convocação por acionista ou acionistas que representem 5%, no mínimo, do capital votante, ou 5%, no mínimo, do capital sem direito a voto, quando os administradores não atenderem, no prazo de 8 dias, a pedido de convocação de assembleia para instalação do conselho fiscal (alínea *d* do parágrafo único do art. 123 da LSA).

[1125] HALPERIN, Isaac e OTAEGUI, Julio C.. *Sociedades anónimas*. 2. ed. Buenos Aires: Depalma, 1998. p. 709.

Nessa situação, como se vê, há o fim específico de convocar-se a assembleia geral extraordinária para a instalação do conselho fiscal, quando o seu funcionamento não for permanente. E aqui é essencial reparar que o acionista ou os acionistas legitimados à iniciativa não necessitam representar, no mínimo, 5% do total do capital social, sendo suficiente titularizarem 5% da parcela do capital votante ou da parte do capital não votante.

Cumpre anotar, em complementação, que a pluralidade de votos (voto plural) será desconsiderada nas hipóteses em que a lei expressamente indicar quóruns com base em percentual de ações ou do capital social sem menção ao número de votos conferidos pelas ações, sendo assim tal pluralidade desprezada para o respectivo cálculo (§ 9º do art. 110-A da LSA). É o que se tem na situação acima, referente ao percentual de no mínimo 5% do capital votante, no qual a eventual pluralidade de votos deve ser descartada para a correspondente aferição.

Ademais, o pedido convocatório dirigido ao órgão de administração não necessita ser fundamentado, bastando que, no documento, fique espelhada a vontade de instalação do conselho fiscal.

Nas convocações feitas diretamente pelos acionistas, as correspondentes despesas deverão ser, como regra de princípio, suportadas pela companhia. Na prática, entretanto, estes as antecipam, fazendo, por conseguinte, jus ao respectivo reembolso. Dele somente ficará isenta a sociedade, caso a assembleia geral conclua expressamente que a convocação representou abuso do direito por parte dos acionistas, não o configurando, no entanto, a simples denegação pelo órgão da matéria que lhe constituiu o objeto.

2. Convocação pela própria assembleia, pela CVM e pelo Poder Judiciário

Sérgio Campinho

Embora a lei não consigne expressamente que a própria assembleia geral tenha competência para se autoconvocar, essa possibilidade tem confirmação na doutrina.[1126-1127] Com efeito, como órgão supremo da companhia, dotado dos poderes para decidir sobre todos os negócios relativos ao seu objeto e tomar as resoluções que julgar convenientes à sua defesa e ao seu desenvolvimento, não seria razoável nem lógico negar-lhe essa competência. A sua competência deve ser vista como implícita no próprio regime de competência instituído pelo art. 123 da LSA.

No caso, incumbirá aos diretores executar as formalidades de publicação do anúncio de convocação para a nova assembleia que irá se seguir àquela que determinou a nova reunião dos acionistas. Entretanto, parece ser de bom entendimento que, na hipótese de comparecimento integral dos acionistas, com ou sem direito de voto, à assembleia que procedeu à autoconvocação, não haverá a necessidade de publicação do anúncio de convocação. Isto porque estarão todos notificados do novo conclave na própria assembleia geral a que compareceram, não se podendo arguir irregularidade de convocação pela inobservância das formalidades legais.[1128]

A lei não atribuiu à CVM nem ao Poder Judiciário a competência para convocar a assembleia geral. Os legitimados encontram-se definidos em *numerus clausus* no art. 123 – explícita ou implicitamente –, sendo lógico apenas se ter como subentendido nesse rol de legitimados a própria assembleia geral, consoante acima se desenvolveu.

A CVM tem competência, tão somente, para convocar a assembleia dos debenturistas (§ 1º do art. 71 da LSA). Em relação à assembleia geral de companhia aberta, a competência que lhe foi outorgada consiste em aumentar ou interromper os prazos de convocação, conforme o § 5º do art. 124 da LSA. Mas, repita-se, não lhe foi facultado promover o chamamento, em si, da assembleia geral.

Igualmente, o Poder Judiciário não está legitimado para convocar a assembleia geral, não podendo agir a requerimento e, muito menos, de ofício.

[1126] Sobre o tema professou Trajano de Miranda Valverde: "A assembleia geral pode convocar a si própria? É claro que ela pode deliberar a convocação de uma nova assembleia, para tratar de matéria ou negócio que não foi, por qualquer circunstância, solucionado, ou, ainda, para resolver sobre assunto diverso da sua ordem do dia. Cumpre à diretoria, ou ao presidente da assembleia, se esta assim decidir, fazer publicar os anúncios de convocação da nova reunião. O mesmo é de observar-se quando a assembleia ordinária resolve adiar a sessão, para que sejam feitos exames e investigações, que foram julgados necessários para esclarecer assuntos, sobre os quais terá que deliberar" (*Sociedades por ações*. 2. ed. Rio de Janeiro: Forense, 1953. p. 96, v. 2).

[1127] Cfr., ainda: CARVALHOSA, Modesto. *Comentários à lei de sociedades anônimas*. 6. ed. São Paulo: Saraiva, 2014. p. 934, v. 2; EIZIRIK, Nelson. *A lei das S/A comentada*. 2. Ed. São Paulo: Quartier Latin, 2015. p. 336, v. 2; e COELHO, Fábio Ulhoa. *Curso de direito comercial*. 21. ed. São Paulo: RT, 2017. v. 2. p. 207.

[1128] LACERDA, J. C. Sampaio de. *Comentários à lei das sociedades anônimas*. São Paulo: Saraiva, 1978. p. 46, v. 3.

A interferência tanto do Poder Judiciário quanto da CVM *interna corporis* não vem autorizada, porque a LSA já prevê adequadamente a tutela do direito individual do acionista ao contemplar as hipóteses em que podem também convocar a assembleia geral (alíneas *b*, *c* e *d* do parágrafo único do art. 123 da LSA).

Modo de Convocação e Local

Art. 124. A convocação far-se-á mediante anúncio publicado por 3 (três) vezes, no mínimo, contendo, além do local, data e hora da assembleia, a ordem do dia, e, no caso de reforma do estatuto, a indicação da matéria.

§ 1º A primeira convocação da assembleia-geral deverá ser feita: (Redação da pela Lei 10.303, de 2001)

I – na companhia fechada, com 8 (oito) dias de antecedência, no mínimo, contado o prazo da publicação do primeiro anúncio; não se realizando a assembleia, será publicado novo anúncio, de segunda convocação, com antecedência mínima de 5 (cinco) dias; (Incluído pela Lei 10.303, de 2001)

II – na companhia aberta, com 21 (vinte e um) dias de antecedência, e a segunda convocação com 8 (oito) dias de antecedência. (Redação dada pela Lei nº 14.195, de 2021)

§ 2º A assembleia geral deverá ser realizada, preferencialmente, no edifício onde a companhia tiver sede ou, por motivo de força maior, em outro lugar, desde que seja no mesmo Município da sede e seja indicado com clareza nos anúncios. (Redação dada pela Lei 14.030, de 2020)

§ 2º-A. Sem prejuízo do disposto no § 2º deste artigo, as companhias, abertas e fechadas, poderão realizar assembleia digital, nos termos do regulamento da Comissão de Valores Mobiliários e do órgão competente do Poder Executivo federal, respectivamente. (Incluído pela Lei 14.030, de 2020)

§ 3º Nas companhias fechadas, o acionista que representar 5% (cinco por cento), ou mais, do capital social, será convocado por telegrama ou carta registrada, expedidos com a antecedência prevista no § 1º, desde que o tenha solicitado, por escrito, à companhia, com a indicação do endereço completo e do prazo de vigência do pedido, não superior a 2 (dois) exercícios sociais, e renovável; essa convocação não dispensa a publicação do aviso previsto no § 1º, e sua inobservância dará ao acionista direito de haver, dos administradores da companhia, indenização pelos prejuízos sofridos.

§ 4º Independentemente das formalidades previstas neste artigo, será considerada regular a assembleia-geral a que comparecerem todos os acionistas.

§ 5º A Comissão de Valores Mobiliários poderá, a seu exclusivo critério, mediante decisão fundamentada de seu Colegiado, a pedido de qualquer acionista, e ouvida a companhia: (Incluído pela Lei 10.303, de 2001)

I – determinar, fundamentadamente, o adiamento de assembleia geral por até 30 (trinta) dias, em caso de insuficiência de informações necessárias para a deliberação, contado o prazo da data em que as informações completas forem colocadas à disposição dos acionistas; e (Redação dada pela Lei nº 14.195, de 2021)

II – interromper, por até 15 (quinze) dias, o curso do prazo de antecedência da convocação de assembleia-geral extraordinária de companhia aberta, a fim de conhecer e analisar as propostas a serem submetidas à assembleia e, se for o caso, informar à companhia, até o término da interrupção, as razões pelas quais entende que a deliberação proposta à assembleia viola dispositivos legais ou regulamentares. (Incluído pela Lei 10.303, de 2001)

§ 6º As companhias abertas com ações admitidas à negociação em bolsa de valores deverão remeter, na data da publicação do anúncio de convocação da assembleia, à bolsa de valores em que suas ações forem mais negociadas, os documentos postos à disposição dos acionistas para deliberação na assembleia-geral. (Incluído pela Lei 10.303, de 2001)

COMENTÁRIOS

1. Convocação da assembleia geral

Sérgio Campinho

Um dos direitos essenciais dos acionistas consiste no direito de fiscalizar a gestão dos negócios sociais (inciso III do art. 109 da LSA). A fiscalização se processa de duas formas: direta e indireta. A fiscalização indireta se realiza por intermédio do conselho fiscal e dos auditores independentes – estes obrigatórios nas companhias abertas (§ 3º do art. 177 da LSA) e nas fechadas de grande porte (art. 3º da Lei 11.638/2007). Já a fiscalização direta se dá pelo volume de informações que a companhia está obrigada a divulgar (§ 6º do art. 124 e incisos e § 3º do art. 133 da LSA), as quais se submetem à análise, discussão e votação durante a assembleia geral, e pelo direito à exibição integral dos livros sociais (art. 105 da LSA). Na companhia aberta, ainda se realiza pelo acesso às informações relativas a fatos relevantes e operações realizadas pelos administradores (§§ 1º e 4º do art. 157 da LSA).

A convocação, portanto, do acionista para a assembleia geral é indispensável para que lhe seja assegurado o exercício do direito de fiscalização. E isto vale tanto para os acionistas que tenham direito a voto, como para aqueles que não o tenham, ou o tenham com restrições. Todo acionista tem direito de voz, o que se traduz no direito de comparecer às assembleias para discutir as matérias nelas tratadas, podendo consultar os documentos pertinentes e pedir os esclarecimentos que julgar necessários.

A convocação da assembleia geral far-se-á mediante anúncio (edital de convocação) publicado, no mínimo, por 3 vezes, devendo conter, sob pena de irregularidade, o local, a data e a hora da assembleia, além da ordem do dia, sendo certo que, em caso de reforma estatutária, deverá declinar a matéria que será objeto da modificação. Deve, ainda, quando for o caso, indicar se a sua realização dar-se-á de modo parcial ou exclusivamente digital, com as necessárias informações para a participação e o voto a distância (art. 5º da Resolução CVM 81/2022 e INDREI 81/2020, Anexo V, Capítulo II, Seção VIII). O edital de convocação, como se pode facilmente perceber, tem por escopo dar conhecimento aos acionistas da realização do conclave social e das matérias que serão objeto de discussão e deliberação, permitindo-lhes, inclusive, solicitar informações e esclarecimentos, o que é de relevo para os debates assembleares e para o exercício do direito de voto. A ordem do dia adverte previamente os acionistas dos temas que poderão ser discutidos e decididos, evitando surpresas.[1129]

A matéria que não integrar expressamente a ordem do dia não poderá ser objeto de deliberação pela assembleia geral. Poderá até ser assuntada e discutida sob a rubrica de "assuntos gerais", mas jamais ser deliberada. A publicidade dos assuntos que fazem parte da ordem do dia traduz-se em regra de ordem pública e representa efetivo instrumento de garantia para os acionistas. A transgressão a esse imperativo normativo conduzirá à anulação da deliberação específica (art. 286 da LSA), isto é, daquela que não constou do edital de convocação, sem macular as demais deliberações regularmente tomadas na assembleia. A expressão "assuntos gerais", comum aos editais de convocação, destina-se apenas a dar conhecimento aos acionistas de certos fatos ou questões da vida social, mas jamais poderá acobertar matéria que se queira colocar em deliberação.

Existem, entretanto, certas exceções legais à imperatividade da expressa previsão na ordem do dia do tema a ser deliberado. São os casos da decisão acerca da propositura de ação de responsabilidade em face dos administradores (§ 1º do art. 159 da LSA) e do pedido de funcionamento do conselho fiscal, com eleição dos seus membros (§ 3º do art. 161 da LSA).

A publicação do edital de convocação – no mínimo por 3 vezes – far-se-á na forma do art. 289 da LSA,[1130] alterado pelo art. 1º da Lei 13.818/2019. Desse modo, a partir de 1º de janeiro de 2022, quando a modificação entrou em vigor (art. 3º da Lei 13.818/2019), tais publicações passaram a ser efetuadas em jornal de grande circulação, editado na localidade em que esteja situada a sede da companhia, de forma resumida e com divulgação simultânea da íntegra dos documentos na página do mesmo jornal na internet, que deverá providenciar certificação digital da autenticidade dos documentos mantidos na página própria, emitida por autoridade certificadora credenciada no âmbito da Infraestrutura de Chaves Públicas Brasileiras (ICP-Brasil). No caso de demonstrações financeiras, a publicação, de forma resumida, deverá conter, no mínimo, em comparação com os dados do exercício social anterior, informações ou valores globais relativos a cada grupo e a respectiva classificação de contas ou registros, assim como extratos das informações relevantes contempladas nas notas explicativas e nos pareceres dos auditores independentes e do vconselho fiscal, se houver.[1131]

[1129] REQUIÃO, Rubens. *Curso de direito comercial.* 30. ed. São Paulo: Saraiva, 2013. p. 224, v. 2.

[1130] Cf. os comentários ao art. 289.

[1131] A companhia fechada que tiver receita bruta anual de até R$ 78.000.000,00 (pequena sociedade anônima) poderá realizar as publicações de forma eletrônica, em exceção ao disposto no art. 289 da LSA (art. 294, III, da LSA, com redação dada pela Lei Complementar nº 182/2021).

Entre a primeira publicação do edital de convocação e a realização da assembleia deverá ser observado um interregno mínimo que a lei estabelece como forma de assegurar a preparação do acionista para o conclave. Esses prazos são distintos, variando em função de ser a companhia de capital aberto ou fechado. Mas, em qualquer caso, o cômputo respectivo seguirá a regra geral, com a exclusão do dia da primeira publicação do anúncio e a inclusão do dia de realização da assembleia.

Assim, a primeira convocação da assembleia geral deverá ser feita, na companhia fechada, com 8 dias de antecedência, no mínimo, e, na companhia aberta, com 21 dias, todos esses prazos contados, repita-se, da publicação do primeiro edital. Não se realizando a assembleia, será publicado novo anúncio, obedecidas as mesmas regras de publicação, mas com antecedência mínima de 5 dias da data de realização da assembleia para a companhia fechada e de 8 dias para a aberta.

A ordem do dia não pode ser alterada no anúncio de segunda convocação, eis que esta consiste em simples extensão da primeira convocação.[1132]

Cumpre registrar que a assembleia geral poderá ser de longa duração, estendendo-se pelo horário noturno. Nada impede, nessas situações, que todos os presentes deliberem por sua suspensão, com o fim de dar prosseguimento aos trabalhos, por exemplo, no dia seguinte, no horário por eles determinado. Ficando, desse modo, todos cientes, inexistirá qualquer prejuízo que possam alegar, em razão do prosseguimento do conclave, na medida em que todos os presentes anuíram com a suspensão.[1133] Não haveria qualquer lógica, em casos tais, se exigir uma segunda convocação por não ter a assembleia se encerrado no mesmo dia de sua convocação.

Nas companhias de capital aberto, faculta a lei que a CVM, a pedido de qualquer acionista, mas a seu exclusivo critério, mediante decisão fundamentada e ouvida previamente a sociedade, elasteça prazos ou os interrompa.[1134]

Cabe a ela, portanto, em caso de insuficiência de informações necessárias à deliberação, determinar o adiamento da realização da assembleia geral por até 30 dias, prazo que se conta da data em que as informações completas forem colocadas à disposição dos acionistas.

Compete-lhe, igualmente, interromper, por até 15 dias, o curso do prazo de antecedência da convocação de assembleia geral extraordinária de companhia aberta, a fim de conhecer e analisar as propostas a serem submetidas à assembleia e, se for o caso, informar à companhia, até o término da interrupção, as razões pelas quais entende que a deliberação proposta à assembleia viola dispositivos legais ou regulamentares. A interrupção aqui tratada pressupõe a verificação preliminar da ocorrência de evidente ilegalidade na deliberação a ser submetida à assembleia geral. Quando a constatação de eventual irregularidade na ordem do dia exigir dilação probatória, não há como se aplicar o rito de interrupção do prazo de antecedência da assembleia geral extraordinária.

Como providência de resguardo dos interesses de acionistas de companhias fechadas, a lei adicionalmente reforça, em seu favor, a publicidade da realização da assembleia. Nesse compasso, o acionista que representar 5%, ou mais, do capital social tem a prerrogativa de, se assim solicitar por escrito à companhia, com o declínio obrigatório de seu endereço, ser convocado por telegrama ou carta registrada, expedidos com a mesma antecedência exigida para as publicações dos editais. Esse pleito, que não pode ter prazo de vigência superior a 2 exercícios sociais, mas que é renovável, não dispensa a publicação dos avisos que a lei determina. Sua adoção tem sempre caráter complementar à publicação dos anúncios e não a substitui. Tanto assim o é que a sua inobservância não leva à invalidação do conclave, mas confere ao prejudicado o direito de haver dos administradores da companhia indenização pelos eventuais prejuízos incorridos.

A falta do anúncio de convocação (ou da convocação por carta, no caso do inciso I do art. 294 da LSA) ou a sua publicação deficiente ou irregular comprometem a validade da assembleia geral e das deliberações nela tomadas. A única exceção contemplada em lei capaz de suprir e, assim, superar os vícios de convocação reside no comparecimento integral de todos os acionistas ao conclave social. Mas a presença, frise-se bem, deve ser integral, ou seja, devem estar presentes à assembleia todos os acionistas, inclusive aqueles

---

[1132] REQUIÃO, Rubens. *Curso de direito comercial*. 30. ed. São Paulo: Saraiva, 2013. p. 224, v. 2.

[1133] Nesse sentido, REQUIÃO, Rubens. *Curso de direito comercial*. 30. ed. São Paulo: Saraiva, 2013. p. 223, v. 2.

[1134] A questão é tratada na Resolução CVM 81/2022.

privados do direito pleno de voto. Contudo, para validade da deliberação, é necessário que todos estejam de acordo com a ordem do dia proposta.

A assembleia geral deverá, preferencialmente, ser realizada no imóvel em que se situa a sede da companhia. Todavia, quando houver de ser instalada em outro local, por motivo de força maior, os anúncios deverão indicar, com total clareza e exatidão, o lugar da reunião, o qual, em nenhum caso, será fora do município da sede social.

A partir do grande desenvolvimento tecnológico experimentado no século XXI, é razoável que se tenha como possível, em qualquer companhia, a realização de conclaves virtuais, também chamados de assembleias a distância, que asseguram uma maior participação da comunidade acionária e com a vantagem de reduzirem os custos da companhia com realizações de segundas convocações motivadas pela falta de *quorum*. Para os próprios acionistas, a providência poderá implicar economia, na medida em que não terão que suportar custos com eventuais deslocamentos. Desse modo, sempre nos pareceu inexistir qualquer obstáculo jurídico para que os estatutos sociais das companhias fizessem a previsão de que as assembleias gerais pudessem também ser realizadas virtualmente, regulando, por certo, minuciosamente os procedimentos para compatibilizar as presenças físicas de alguns acionistas e as virtuais de outros, bem como o exercício e o cômputo do voto *on-line*.[1135]

No caso de companhia aberta, em um primeiro estágio de evolução legislativa, foi preconizada a participação do acionista e o seu voto a distância, desde que observassem os termos da regulamentação da CVM (parágrafo único do art. 121 e parágrafo único do art. 127 da LSA, acrescentados pela Lei n. 12.431/2011).[1136]

Em estágio atual e mais avançado, a Lei 14.030/2020, fruto da conversão da Medida Provisória 931/2020, na esteira da pandemia provocada pelo Covid-19, finalmente consolidou o posicionamento para expressamente permitir nas companhias abertas e fechadas que o acionista participe e vote a distância nas assembleias gerais e especiais – estas por interpretação extensiva – ao imprimir nova redação ao parágrafo único do art. 121 e acrescer o art. 124 de um § 2º-A.[1137]

Nas assembleias digitais, como o conclave social não é realizado em espaço físico, como nas hipóteses das presenciais e semipresenciais, mas sim em ambiente virtual, presume-se, para todos os fins de direito, que são realizadas na sede social.[1138]

A regularidade da convocação exige, ainda, outras providências complementares, variando segundo a espécie de reunião dos acionistas.

Quando for extraordinária a assembleia geral, os documentos pertinentes à matéria a ser tratada deverão ser postos à disposição dos acionistas, na sede da companhia, por ocasião da publicação do primeiro anúncio de convocação (§ 3º do art. 135 da LSA).

Sendo a assembleia ordinária, os administradores deverão comunicar, até 1 mês antes da data marcada para sua realização, por anúncios publicados na forma do art. 124, que se acham à disposição dos acionistas os seguintes documentos: (a) o relatório da administração sobre os negócios sociais e os principais fatos administrativos do exercício findo; (b) a cópia das demonstrações financeiras; (c) o parecer dos auditores independentes, se houver; (d) o parecer do conselho fiscal, inclusive os votos dissidentes, se houver; e (e) os demais documentos pertinentes a assuntos incluídos na ordem do dia (*caput* e incisos do art. 133 da LSA).

Os anúncios indicarão o local ou os locais, pois podem ser disponibilizados em mais de um, onde os sócios poderão obter cópias desses documentos (§ 1º do art. 133 da LSA) e a companhia deverá remeter as citadas cópias aos acionistas que o pedirem por escrito, contanto que o requerente detenha, ao menos, 5% do capital social, seja ela de capital aberto ou fechado.[1139]

[1135] Nesse sentido, EIZIRIK, Nelson. *A Lei das S/A comentada*. 2. ed. São Paulo: Quartier Latin, 2015. p. 349, v. 2.

[1136] Nos moldes do art. 47 da Resolução CVM 81/2022, considera-se presente em assembleia geral, para todos os efeitos da Lei 6.404/1976, o acionista: (a) que a ela compareça fisicamente ou que nela se faça representar; (b) cujo boletim de voto a distância tenha sido considerado válido pela companhia; ou (c) que tenha registrado sua presença no sistema eletrônico de participação a distância.

[1137] Nas companhias abertas, a matéria vem disciplinada na Resolução CVM 81/2022.

[1138] Art. 5º, § 3º, da Resolução CVM 81/2022 e INDREI 81/2020, Anexo V, Capítulo II, Seção VIII.

[1139] Apesar de o § 2º do art. 133 da LSA fazer referência ao § 3º do art. 124 da LSA, sua regra não se limita às companhias fechadas, como se restringe a do § 3º do art. 124. Isso porque a remissão se faz apenas em relação às condições previstas neste preceito e não ao tipo de sociedade.

O acionista que queira o benefício de recebimento domiciliar da documentação deverá, no seu pedido, indicar o seu endereço e o prazo de vigência do requerimento, o qual não poderá exceder a 2 exercícios sociais, mas renovável (§ 2º do art. 133 da LSA).

O relatório da administração sobre os negócios sociais e os principais fatos administrativos do exercício findo, a cópia das demonstrações financeiras e, quando houver, o parecer dos auditores independentes, além de ficarem à disposição dos acionistas na forma antes explanada, deverão ser publicados até 5 dias, pelo menos, antes da data marcada para a realização da assembleia geral ordinária (§ 3º do art. 133 da LSA). A publicação desses documentos de divulgação obrigatória far-se-á uma única vez. O parecer do conselho fiscal, se houver, e os demais documentos pertinentes a assuntos incluídos na ordem do dia, apesar de disponibilidade obrigatória, são de publicação ou divulgação facultativa.

Haverá, portanto, duas modalidades de publicação: a dos anúncios de disponibilização dos documentos e a dos próprios documentos de divulgação obrigatória.

A assembleia geral ordinária que reunir a totalidade dos acionistas, com e sem direito a voto, poderá, em decisão unânime, considerar sanada a falta de publicação dos anúncios ou a inobservância dos prazos legais. Mas será sempre indispensável – e, portanto, não admissível na hipótese a sanatória assemblear –, a prévia publicação dos documentos de divulgação obrigatória, ainda que ela, a publicação, se realize fora do prazo (§ 4º do art. 133 da LSA).

A publicação dos anúncios, por outro lado, é dispensada quando os documentos disponibilizados aos acionistas são publicados, em sua integralidade, até 1 mês antes da data marcada para a realização da assembleia (§ 5º do art. 133 da LSA). A publicação, tanto dos documentos de divulgação obrigatória quanto dos de divulgação facultativa, nesse período anterior à data assinada para a reunião ordinária dos acionistas, supera a necessidade de publicação do aviso de sua disponibilização.

A pretensão de obter a invalidação das deliberações tomadas em assembleia geral ou especial irregularmente convocada ou instalada, violadoras da lei ou do estatuto, ou eivadas de erro, dolo, fraude ou simulação prescreve em 2 anos, contados da correspondente deliberação (art. 286 da LSA).

> **"Quorum" de Instalação**
>
> **Art. 125.** Ressalvadas as exceções previstas em lei, a assembleia geral instalar-se-á, em primeira convocação, com a presença de acionistas que representem, no mínimo, 1/4 (um quarto) do total de votos conferidos pelas ações com direito a voto e, em segunda convocação, instalar-se-á com qualquer número. (Redação dada pela Lei nº 14.195, de 2021).
>
> **Parágrafo único.** Os acionistas sem direito de voto podem comparecer à assembleia-geral e discutir a matéria submetida à deliberação.

COMENTÁRIOS

1. A instalação da assembleia geral

Sérgio Campinho

A assembleia geral para ser regularmente instalada deve obedecer a um determinado *quorum* por lei fixado. A sua inobservância conduz à irregularidade do conclave dos acionistas e rende ensejo à anulação das deliberações nele tomadas (art. 286 da LSA).

O *quorum* de instalação apresenta-se, assim, como uma condição para a realização da assembleia geral. Consiste na presença de um certo número mínimo de votos proporcionados pelas ações votantes na assembleia. Não se cogita, portanto, de um número de acionistas, mas sim do número de votos atribuídos pelas ações com direito de voto, ainda que esse montante mínimo recaia sobre um único sócio.

O art. 125 da LSA estabelece, como regra geral, que a instalação da assembleia se dê, em primeira convocação, com a presença de acionista ou acionistas que representem, ao menos, 1/4 do total de votos conferidos pelas ações com direito de voto. Esse é o *quorum* comum de instalação. Como órgão máximo do poder social, a assembleia deve contar com um mínimo de representação de seu capital para validamente se instalar em primeira convocação.

Não se atingindo esse *quorum*, ela não se instala, devendo-se proceder a uma segunda convocação. Em segunda convocação, instalar-se-á a assembleia com qualquer número, isto é, ainda que presente um único acionista, titular de uma única ação com direito a voto. A regra se justifica pelo fato de que o absenteísmo dos acionistas não pode criar entraves à fluência regular da vida social, levando ao imobilismo o órgão de deliberação da companhia.

Entretanto, para a hipótese de reforma do estatuto social, a lei estabelece um *quorum* especial para instalação da assembleia geral extraordinária que irá apreciá-la (art. 135 da LSA). Nesse caso, a instalação se dará, em primeira convocação, com a presença de acionista ou acionistas que representem 2/3, no mínimo, do total de votos outorgados pelas ações com direito a voto. Mas poderá instalar-se, em segunda convocação, como igualmente se tem para a regra do *quorum* comum, com qualquer número de ações votantes.

Também será afastado o *quorum* comum de instalação da assembleia geral extraordinária, quando destinada a deliberar, exclusivamente, sobre matérias indicadas no art. 136 da LSA e que não tenham como causa direta a reforma do estatuto, situação na qual já se aplicaria o prefalado *quorum* especial do art. 135 da LSA. Para as hipóteses tratadas no art. 136, com efeito, é necessária a aprovação de acionista ou acionistas que representem metade, no mínimo, do total de votos conferidos pelas ações com direito a voto, se maior *quorum* não for exigido pelo estatuto da companhia cujas ações não estejam admitidas à negociação em bolsa de valores ou no mercado de balcão. O preceito, em verdade, cuida de *quorum* de deliberação, mas nessa hipótese se confunde com o próprio *quorum* de instalação,[1140] porquanto, se apenas essas matérias integrarem a ordem do dia, não haverá qualquer sentido lógico em se instalar uma assembleia que não terá condições de deliberar. Há, portanto, na espécie, um *quorum* implícito de instalação, pode-se dizer.

A mesma linha do *quorum* implícito de instalação se tem naquelas situações em que a lei exige o consentimento unânime dos acionistas, como no caso das deliberações sobre a transformação – salvo se prevista no estatuto – (art. 221 da LSA) e sobre a alteração de nacionalidade de sociedade brasileira (art. 1.127 do Código Civil, aplicável às sociedades anônimas, por força do disposto no art. 1.089 do mesmo diploma codificado). Sendo a ordem do dia composta apenas por uma dessas matérias, também não se justifica a instalação se não estiver presente o *quorum* necessário à deliberação.

Os quóruns de instalação comum (art. 125 da LSA) e especial (art. 135 da LSA), por constituírem regras de ordem pública, não podem ser alterados pelo estatuto (*ius cogens*). Em outros termos, não é permitido ao estatuto elevar ou reduzir tais quóruns. Por traduzirem regras cogentes, será nula qualquer cláusula estatutária que os modifique.[1141]

O *quorum* de instalação será verificado a partir das assinaturas dos acionistas lançadas no livro de presença (art. 127 da LSA), após comprovarem essa qualidade (art. 126 da LSA). Uma vez atestado, o conclave será válida e eficazmente instalado, tendo seu regular início, sendo desinfluente para essa validade e eficácia que o *quorum* se mantenha durante toda a assembleia. O fato não deve embaraçar o curso das deliberações sociais. Isto porque, o *quorum* de instalação e o *quorum* de deliberação não se confundem. O primeiro é condição para a realização da assembleia; o segundo é requisito de validade de suas decisões.[1142] Assim, será eficaz a deliberação nela tomada se da respectiva ata constar a assinatura de quantos bastarem para constituir a maioria necessária para as decisões tomadas na assembleia (art. 130 da LSA).[1143] Uma vez instalada validamente a assembleia, o bem jurídico que passa a ser perseguido é a deliberação das matérias constantes da ordem do dia, não havendo

---

[1140] Nesse sentido: EIZIRIK, Nelson. *A lei das S/A comentada*. 2. ed. São Paulo: Quartier Latin, 2015. p. 362, v. 2; LUCENA, José Waldecy. *Das sociedades anônimas:* comentários à lei. Rio de Janeiro: Renovar, 2009 p. 80, v. 2; e BORBA, José Edwaldo Tavares. *Direito societário*. 14. ed. São Paulo: Atlas, 2015. p. 367.

[1141] Como bem sintetizou Waldemar Ferreira em comentário à lei anterior – o Dec.-Lei n. 2.627/1940 –, "impossível é contrapor-se ao *quorum legal*, como bem se percebe, o *quorum estatutário* [...]. O preceito legal sobrepõe-se-lhe: é insubstituível. Sobre a vontade dos fazedores de estatutos subsiste a dos elaboradores da lei" (*Tratado de sociedades mercantis*. Rio de Janeiro: Editora Nacional de Direito, 1958. p. 1435, v. 5).

[1142] TEIXEIRA, Egberto Lacerda e GUERREIRO, José Alexandre Tavares. *Das sociedades anônimas no direito brasileiro*. São Paulo: Bushatsky, 1979. p. 395, v. 1.

[1143] Com esse entendimento: PEIXOTO, Carlos Fulgêncio da Cunha. *Sociedades por ações*. São Paulo: Saraiva, 1973. p. 57-58, v. 3; e EIZIRIK, Nelson. *A lei das S/A comentada*. 2. ed. São Paulo: Quartier Latin, 2015. p. 366, v. 2. Com entendimento contrário: CARVALHOSA, Modesto. *Comentários à lei de sociedades anônimas*. 6. ed. São Paulo: Saraiva, 2014. p. 970, v. 2; e LUCENA, José Waldecy. *Das sociedades anônimas:* comentários à lei. Rio de Janeiro: Renovar, 2009. p. 81, v. 2.

que se falar de ulterior quebra de *quorum* para a sua instalação.

Relevante questão consiste em saber se as ações com voto restrito e com voto limitado integram o cômputo do *quorum* de instalação.

A cada ação ordinária, como regra, corresponde um voto nas deliberações da assembleia geral. No entanto, admite-se a criação de uma ou mais classes de ações ordinárias com atribuição de voto plural, não excedente a 10 votos por ação (art. 110-A da LSA, introduzido pela Lei nº 14.195/2021). Faculta-se, ainda, ao estatuto estabelecer limitação ao número de votos de cada acionista (§ 1º do art. 110 da LSA). A limitação na espécie é apenas numérica[1144] e, portanto, as ações com voto limitado integram o cômputo do *quorum* de instalação.

As ações preferenciais podem ser emitidas sem direito de voto ou com restrições ao exercício desse direito (art. 111 da LSA). Por certo, as ações preferenciais com voto restrito, diferentemente daquelas sem direito de voto, irão participar da formação do *quorum* de instalação e, igualmente, farão parte do *quorum* de deliberação, mas tão somente em relação às matérias para as quais têm assegurado o direito de voto, na medida em que a limitação que sofrem é *ratione materiae*. Desse modo, constando da ordem do dia matérias para as quais estão habilitadas a votar e outras para as quais o exercício do direito de voto encontra-se interditado, cumpre cindir a verificação do *quorum* de instalação, de modo que irão integrá-lo em relação às matérias que podem votar e não o integrarão em relação àquelas que estiverem proibidas. Não se atingindo em um deles o correspondente *quorum*, a matéria não será deliberada. Em outros termos, o *quorum* de instalação deverá ser verificado separadamente para cada uma das hipóteses.[1145]

De se registrar que, embora não sejam suas ações computadas para a aferição do *quorum* legal de instalação, os acionistas sem direito de voto poderão estar presentes à reunião social e discutir a matéria submetida à deliberação, exercitando, assim, o seu direito de voz, ainda que privados do direito de deliberar.

O fundamento para o direito de voz resulta do direito essencial de fiscalização da administração e dos negócios sociais. Assim, poderão encaminhar os debates sobre as matérias constantes da ordem do dia, formular pedidos de esclarecimento, propor soluções e lavrar os seus protestos, que deverão constar da respectiva ata assemblear, caso entendam que a decisão da assembleia geral viola os seus legítimos interesses ou os da própria companhia.[1146] Com essa participação nos debates prévios à votação, podem contribuir, ainda que de forma indireta, para a formação da vontade coletiva.

Em última análise, o direito de voz é um direito autônomo e, assim, desvinculado[1147] do direito de voto.

O acionista somente estará impedido de comparecer à assembleia geral se o exercício desse direito tiver sido objeto de suspensão por regular deliberação de assembleia geral anterior (art. 120 da LSA).[1148]

2. Introdução do voto plural na Lei brasileira

Mauricio Moreira Menezes

A Lei nº 14.195/2021 introduziu a possibilidade de criação de classes distintas de ações ordinárias em função da atribuição de voto plural a uma ou mais classes, inaugurando nova fase no Direito brasileiro relativamente ao exercício do direito de voto e ao modo organização das relações de poder nas companhias. Por conseguinte, produziu alterações aos arts. 15, 16, 110, 125, 135, 136, 215, 243, 252 e 284, bem como a inserção dos arts. 16-A e 110-A, todos da LSA.

O § 9º do art. 110-A da LSA contempla norma que objetiva orientar interpretação da LSA: "quando a lei expressamente indicar quóruns com base em percentual de ações ou do capital social, sem menção ao número de votos

---

[1144] EIZIRIK, Nelson. *A lei das S/A comentada*. 2. ed. São Paulo: Quartier Latin, 2015. p. 366, v. 2.

[1145] Nesse mesmo sentido, EIZIRIK, Nelson. *A lei das S/A comentada*. 2. ed. São Paulo: Quartier Latin, 2015. p. 366-367, v. 2; LUCENA, José Waldecy. *Das sociedades anônimas*: comentários à lei. Rio de Janeiro: Renovar, 2009. p. 82, v. 2; e TEPEDINO, Ricardo. Assembleia geral. In: LAMY FILHO, Alfredo e PEDREIRA, José Luiz Bulhões (coords.) *Direito das companhias*. Rio de Janeiro: Forense, 2009. p. 914, v. 1.

[1146] VALVERDE, Trajano de Miranda. *Sociedades por ações*. 2. ed. Rio de Janeiro: Forense,1953. p. 99, v. 2.

[1147] CARVALHOSA, Modesto. *Comentários à lei de sociedades anônimas*. 6. ed. São Paulo: Saraiva, 2014. p. 973-974, v. 2.

[1148] Cf. os comentários ao art. 120.

conferidos pelas ações, o cálculo respectivo deverá desconsiderar a pluralidade de voto".

Nesse particular, a Lei nº 14.195/2021 caminhou acertadamente para afastar qualquer indesejável controvérsia a respeito do atendimento a quóruns de instalação e de deliberação previstos na LSA, em proveito da segurança jurídica e de sua higidez sistemática.

Assim, modificou pontualmente diversos dispositivos da LSA que antes faziam referência a quóruns calculados sobre o "capital social com direito a voto" ou "capital votante", para ajustá-los ao mecanismo do voto plural, passando a referir-se ao número de "votos conferidos por ações com direito a voto".

Com efeito, a redação do art. 125 foi adaptada nesse exato sentido, de tal sorte a estipular que o quórum para instalação das assembleias gerais deve ser calculado segundo o total dos votos conferidos pelas ações de emissão da companhia.

A propósito da recepção do voto plural pela LSA e de sua disciplina jurídica, vide os comentários aos arts. 110 e 110-A da LSA.

Legitimação e Representação

Art. 126. As pessoas presentes à assembleia deverão provar a sua qualidade de acionista, observadas as seguintes normas:

I – os titulares de ações nominativas exibirão, se exigido, documento hábil de sua identidade;

II – os titulares de ações escriturais ou em custódia nos termos do art. 41, além do documento de identidade, exibirão, ou depositarão na companhia, se o estatuto o exigir, comprovante expedido pela instituição financeira depositária. (Redação dada pela Lei 9.457, de 1997)

III – os titulares de ações ao portador exibirão os respectivos certificados, ou documento de depósito nos termos do número II;

IV – os titulares de ações escriturais ou em custódia nos termos do artigo 41, além do documento de identidade, exibirão, ou depositarão na companhia, se o estatuto o exigir, comprovante expedido pela instituição financeira depositária.

§ 1º O acionista pode ser representado na assembleia-geral por procurador constituído há menos de 1 (um) ano, que seja acionista, administrador da companhia ou advogado; na companhia aberta, o procurador pode, ainda, ser instituição financeira, cabendo ao administrador de fundos de investimento representar os condôminos.

§ 2º O pedido de procuração, mediante correspondência, ou anúncio publicado, sem prejuízo da regulamentação que, sobre o assunto vier a baixar a Comissão de Valores Mobiliários, deverá satisfazer aos seguintes requisitos:

a) conter todos os elementos informativos necessários ao exercício do voto pedido;

b) facultar ao acionista o exercício de voto contrário à decisão com indicação de outro procurador para o exercício desse voto;

c) ser dirigido a todos os titulares de ações cujos endereços constem da companhia. (Redação dada pela Lei 9.457, de 1997)

§ 3º É facultado a qualquer acionista, detentor de ações, com ou sem voto, que represente meio por cento, no mínimo, do capital social, solicitar relação de endereços dos acionistas, para os fins previstos no § 1º, obedecidos sempre os requisitos do parágrafo anterior. (Redação dada pela Lei 9.457, de 1997)

§ 4º Têm a qualidade para comparecer à assembleia os representantes legais dos acionistas.

COMENTÁRIOS

1. A prova da qualidade de acionista

Sérgio Campinho

A assembleia geral é o órgão deliberativo supremo da companhia. Encontra-se investida dos poderes para decidir sobre todos os negócios relativos ao objeto da sociedade e para tomar as resoluções julgadas convenientes à sua defesa e desenvolvimento. Desse modo, como regra de princípio, apenas os acionistas estão legitimados a participar dessa reunião de sócios destinada a discutir e a deliberar acerca das matérias de interesse social. Os acionistas poderão participar desse conclave pessoalmente ou por seus representantes. A representação, por seu turno, poderá ser legal ou convencional.

Os administradores, os auditores independentes e os membros do conselho fiscal deverão também estar presentes, porque exercem função de apoio àqueles que irão discutir e deliberar sobre os assuntos que constituem a ordem do dia da assembleia (§ 1º do art. 134 e art. 164 da LSA). Mas os administradores e os auditores independentes, se houver, apenas estarão obrigados a comparecer às assembleias gerais ordinárias. São admitidos, ainda, no recinto no qual a assembleia será realizada, funcionários e prestadores de serviços da companhia, desde que convocados para auxiliar os trabalhos.

Previamente à instalação da assembleia geral, os acionistas devem ser identificados, o que se faz mediante assinatura do livro de presença, com a indicação do seu nome, nacionalidade e residência, bem como da quantidade, espécie e classe das ações de sua titularidade. Considerando as novas formas de comunicação, a Lei 12.431/2011 introduziu um parágrafo único no art. 127 da LSA, para considerar presente em assembleia geral, para todos os efeitos legais, o acionista que registrar a distância a sua presença, na forma prevista em regulamento editado pela CVM.[1149]

A comprovação da qualidade de acionista deverá se fazer da seguinte forma: (a) os titulares de ações nominativas exibirão, se exigido, documento de sua identidade, pois o registro de titularidade de suas ações é feito pela própria companhia; e (b) sendo as ações escriturais ou estando elas em custódia, além do documento de identidade, exibirão, ou depositarão na sociedade, se o estatuto o exigir, comprovante expedido pela instituição financeira depositária.

Nem todos os incisos que compõem o *caput* do art. 126 sob comento, encontram-se substancialmente em vigor.

A Lei 8.021/1990 deu nova redação ao art. 20 da LSA, para apenas permitir, a partir de sua vigência, a emissão da ação na forma nominativa. Com isso, não mais se admitiu a emissão nas formas ao portador e endossável. Por esse motivo, o inciso III do *caput* do art. 126, encontra-se derrogado. Também assim o está o inciso IV, porque a Lei 9.457/1997, que deu nova redação a este art. 126, não revogou expressamente o indigitado inciso IV, que acabou permanecendo com a mesma redação do inciso II.

2. Representação do acionista

Sérgio Campinho

Consoante acima se consignou, os acionistas poderão participar da assembleia geral pessoalmente ou por seus representantes.

A representação do acionista poderá ser legal ou convencional.

A representação legal do acionista, assim entendida como aquela cujo poder de representação deriva de determinação legal, vem referida no § 4º do art. 126 da LSA. Ainda que assim não o fosse, os representantes legais teriam qualidade para comparecer à assembleia, pois a sua atuação se legitima em razão da sua posição jurídica. São os casos dos pais, tutores, curadores, inventariantes, liquidantes e administrador judicial da massa falida, por exemplo. No caso da pessoa jurídica, ela será presentada pelo seu administrador, na forma do seu estatuto ou do seu contrato social.

Em se tratando de fundo de investimento, cabe ao seu administrador representar os condôminos (§ 1º do art. 126, parte final, da LSA). Essa representação é, na verdade, uma representação orgânica e não voluntária. O gestor do fundo é administrador de bens de terceiros. Por isso, não é um simples mandatário dos cotistas, mas sim seu representante legal.[1150]

Os representantes legais, além de demonstrar a condição de acionista do representado, deverão comprovar a sua qualidade, ou seja, a condição específica da representação.

Na hipótese de representação convencional do acionista ou mesmo de seu representante legal, impõe a lei certas restrições ao respectivo mandato. O mandatário deverá ser necessariamente acionista, administrador da companhia ou advogado. Na companhia aberta, adicionalmente, admite-se que o procurador seja instituição financeira. Em qualquer caso, porém, o mandato deverá contar com vigência inferior a 1 ano entre a data da sua outorga e a data da assembleia. Essa limitação temporal não se aplica, contudo, ao mandato outorgado nos termos de acordo de acionistas para proferir voto contra ou a favor de determinada deliberação (§ 7º do art. 118 da LSA). A regra do § 1º do art. 126 é cogente. Sua infração implica nulidade dos atos praticados pelo representante do acionista.

A participação do advogado nas assembleias tem nota distintiva. Sua atuação pode consistir em simples representação do acionista no exercício direto de seu direito de sócio, para discutir e votar as matérias constantes da ordem do dia, como pode estar presente à assembleia para

---

[1149] A Resolução CVM 81/2022 cuida da participação e da votação a distância de acionistas em assembleias gerais de companhias abertas.

[1150] Nesse sentido, EIZIRIK, Nelson. *A lei das S/A comentada*. 2. ed. São Paulo: Quartier Latin, 2015. p. 373, v. 2; e CARVALHOSA, Modesto. *Comentários à lei de sociedades anônimas*. 6. ed. São Paulo: Saraiva, 2014. p. 1011, v. 2.

Art. 127 — Sérgio Campinho

assessorar juridicamente o acionista, seu cliente, no conclave social. O Estatuto da Advocacia (Lei 8.906/1994), na alínea "d" do inciso VI do seu art. 7º, consagra como direito do advogado ingressar livremente em qualquer assembleia ou reunião de que participe ou possa participar o seu cliente, ou perante a qual este deva comparecer, desde que munido de poderes especiais.

O mandato poderá ser amplo ou limitado a certos assuntos constantes da ordem do dia. A procuração, como instrumento do mandato, deverá espelhar a extensão dos poderes. Assim, os poderes podem englobar a discussão e a votação de todas as matérias integrantes da ordem do dia, ou ficar limitados aos temas na procuração especificamente relacionados.

A procuração não precisa ter firma reconhecida. Todas as pessoas capazes encontram-se aptas para firmar procuração, mediante instrumento particular, que terá plena validade, desde que contenha a assinatura do outorgante (*caput* do art. 654 do Código Civil). Porém, a companhia poderá exigir o reconhecimento, na medida em que o terceiro com quem o mandatário tratar poderá demandar que a procuração traga a firma reconhecida (§ 2º do art. 654 do Código Civil). Nesse caso, a demanda deverá ser observada. A exigência pode resultar de regra estatutária ou de qualquer outro ato societário prévio, formal e com a indispensável publicidade, contanto, ainda, que seja geral para todos os acionistas, sem qualquer distinção.

O mandatário, quando for administrador da companhia, está proibido de votar, ainda que nessa condição de procurador, naquelas deliberações que envolvam a tomada de contas e as demonstrações financeiras (§ 1º do art. 134 da LSA).

O § 2º do art. 126 comentado autoriza o pedido de procuração de forma particular ou pública. A primeira forma se realiza mediante correspondência, e a segunda através de anúncio publicado na imprensa. Em quaisquer das situações, é necessário que o correspondente pedido satisfaça, de modo cumulativo, aos seguintes requisitos: (a) conter todos os elementos informativos necessários ao exercício do voto pedido; (b) facultar ao acionista o exercício de voto contrário à decisão com indicação de outro procurador para o exercício desse voto; e (c) ser dirigido a todos os titulares de ações cujos endereços constem da companhia.

É facultado a qualquer acionista, titular de ações com ou sem direito de voto, que represente 0,5%, no mínimo, do capital social, solicitar relação de endereços dos acionistas (§ 3º do art. 126 da LSA).

Interessante questão consiste em saber se o voto proferido pelo procurador em sentido contrário das diretrizes traçadas pelo outorgante, e expressadas no respectivo instrumento do mandato, é passível ou não de anulação.

O voto, quanto à sua natureza jurídica, não representa um direito próprio do acionista que se realiza em seu particular e exclusivo interesse. Parece-me, pelo esquema legal da legitimação do seu exercício, que o voto consiste em um direito social, porém exercitável individualmente pelo acionista. A manifestação do voto deve-se fazer em favor da companhia, para que assim contribua na formação e na definição da vontade social. O voto proferido em dissonância com o interesse social é abusivo, nos precisos termos do art. 115 da LSA, que prevê as correspondentes sanções ao seu exercício irregular.

A invalidação, na hipótese ventilada, somente poderia ser deduzida pela companhia e, mesmo assim, diante da manifestação abusiva do voto, contrário ao interesse social. Não vislumbro pretensão para o acionista mandante de anulação do voto por infringência das orientações dadas. O que lhe cabe é a reparação pelos eventuais prejuízos suportados em decorrência da conduta do mandatário.

> **Livro de Presença**
>
> **Art. 127.** Antes de abrir-se a assembleia, os acionistas assinarão o "Livro de Presença", indicando o seu nome, nacionalidade e residência, bem como a quantidade, espécie e classe das ações de que forem titulares.
>
> **Parágrafo único.** Considera-se presente em assembleia geral, para todos os efeitos desta Lei, o acionista que registrar a distância sua presença, na forma prevista em regulamento da Comissão de Valores Mobiliários. (Incluído pela Lei 12.431, de 2011).

COMENTÁRIOS

1. O registro da presença do acionista na assembleia geral

Sérgio Campinho

Anteriormente à instalação da assembleia, os acionistas deverão ser identificados, o que se faz mediante assinatura do livro de presença, com a indicação do seu nome, nacionalidade e residência, bem como da quantidade, espécie e classe das ações de sua titularidade. Esse é um livro social obrigatório (inciso V do art. 100 da LSA) e deverá ser autenticado no Registro Público de Empresas Mercantis (art. 1.181 do Código Civil).

A partir das novas formas de comunicação, a Lei 12.431/2011 introduziu um parágrafo único ao art. 127 da LSA, para considerar presente em assembleia geral, para todos os efeitos legais, o acionista que registrar a distância a sua presença, na forma prevista em regulamento editado pela CVM. A Resolução CVM 81/2022 cuida da participação e da votação a distância de acionistas em assembleias gerais de companhias abertas. Nos moldes do art. 47 da aludida resolução, considera-se presente em assembleia geral, para todos os efeitos da LSA, o acionista: (a) que a ela compareça fisicamente ou que nela se faça representar; (b) cujo boletim de voto a distância tenha sido considerado válido pela companhia; ou (c) que tenha registrado sua presença no sistema eletrônico de participação a distância disponibilizado pela companhia. O § 2º do citado artigo permite que o registro da presença em ata, nas duas últimas hipóteses, seja realizado pelo presidente da mesa e pelo secretário. Nas companhias fechadas, o instrumento normativo do DREI que disciplina a participação e votação a distância para estas sociedades, considera, para todos os efeitos legais, presente na assembleia o acionista: (a) que a ela compareça ou que nela se faça representar fisicamente; (b) cujo boletim de voto a distância tenha sido considerado válido pela sociedade; ou (c) que, pessoalmente ou por meio de representante, registre sua presença no sistema eletrônico de participação e voto a distância disponibilizado pela sociedade (INDREI 81/2020, Anexo V, Capítulo II, Seção VIII).

A função da lista de presença, que também deverá indicar a espécie de assembleia, consiste em registrar o comparecimento do acionista e, assim, aferir a sua legitimação para participar da reunião social, bem como o *quorum* legal de instalação da assembleia, cuja observância é condição de sua validade e de sua eficácia. Constitui, pois, requisito indispensável à instalação do conclave social, mesmo em se tratando de assembleias nas quais todos os acionistas, com e sem direito de voto, se façam presentes, tendo em vista a dispensa legal de observância das formalidades para sua convocação (§ 4º do art. 124 da LSA).

A escrituração do livro de presença, como ato preparatório da assembleia, incumbirá a quem o estatuto social determinar. Na ausência de indicação, o mister deverá ser realizado por um diretor da sociedade.

O conclave é um foro de reunião privado dos acionistas de uma companhia. Assim, em princípio, só são admitidos no recinto no qual a assembleia vai se realizar aquelas pessoas legitimadas, ou seja, que integrem o órgão de deliberação social: os acionistas.

Além deles, entretanto, poderão estar presentes os administradores, os membros do conselho fiscal, os auditores independentes da companhia e empregados, mas todos para desempenharem uma função de apoio, seja ela decorrente de uma solicitação eventual, seja ela derivada do próprio cargo ocupado ou de uma relação direta com o assunto a ser tratado.

A lei somente torna obrigatória a presença daqueles que desempenham função de apoio em duas hipóteses. Uma delas diz respeito ao conselho fiscal. Os seus integrantes, ou ao menos um deles, quando em funcionamento esse órgão social, devem estar presentes às assembleias gerais para responder aos pedidos de informações formulados pelos acionistas (art. 164 da LSA). Do mesmo modo, mas apenas no âmbito da assembleia geral ordinária, devem dela participar os administradores, ou ao menos um deles, e o auditor independente, se houver, para que possam atender aos pedidos de esclarecimentos sobre documentos da administração submetidos ao debate e à deliberação dos acionistas (§ 1º do art. 134 da LSA).

Os acionistas poderão participar da assembleia pessoalmente ou por seus representantes. A representação poderá ser legal ou convencional (art. 126 da LSA)[1151].

A comprovação da qualidade de acionista deverá se fazer da seguinte forma: (a) os titulares de ações nominativas exibirão, se exigido, documento de sua identidade, pois o registro de titularidade de suas ações é feito pela própria companhia; e (b) sendo as ações escriturais ou estando elas em custódia, além do documento de identidade, exibirão, ou depositarão na sociedade, se o estatuto o exigir, comprovante expedido pela instituição financeira depositária.

Os representantes legais dos acionistas (pais, tutores, curadores, administradores de pessoa jurídica, por exemplo) deverão, além de demonstrar a condição de acionista do representado, comprovar essa condição específica da representação.

[1151] Cf. os comentários ao art. 126.

Art. 128 — Sérgio Campinho

Na hipótese de representação convencional do acionista ou mesmo de seu representante legal, impõe a lei certas restrições ao respectivo mandato. O mandatário deverá ser necessariamente acionista, administrador da companhia ou advogado. Na companhia aberta, adicionalmente, admite-se que o procurador seja instituição financeira, cabendo ao administrador dos fundos de investimento representar os condôminos. Em qualquer caso, porém, o mandato deverá contar com vigência inferior a 1 ano entre a data da sua outorga e a data da assembleia. Essa limitação temporal não se aplica, contudo, ao mandato outorgado nos termos de acordo de acionistas para proferir voto contra ou a favor de determinada deliberação (§ 7º do art. 118 da LSA).

Em relação ao advogado e sua participação nas assembleias, ele pode atuar, como se disse, representando o acionista no exercício direto de seu direito de sócio. Mas cabe-lhe, outrossim, estar presente à assembleia junto com o acionista, assistindo-lhe profissionalmente no evento. Com efeito, a alínea *d* do inciso VI do art. 7º da Lei n. 8.906/1994 consagra como direito do advogado ingressar livremente em qualquer assembleia ou reunião de que participe ou possa participar o seu cliente, ou perante a qual este deva comparecer, desde que munido de poderes especiais.

A presença na assembleia geral de pessoa estranha ao corpo de acionistas, ou que não esteja habilitada a participar do conclave nas condições acima explicitadas, não implica, só pelo fato, a sua invalidação. Mas poderá dar ensejo à ação de responsabilidade civil dos administradores, quando apurado prejuízo derivado da quebra do sigilo dos assuntos internos da sociedade tratados na reunião social.

No momento em que é dado início os trabalhos assembleares, a lista de presença deverá ser encerrada. O fechamento da lista dos presentes, não obsta, em princípio, que os acionistas retardatários sejam admitidos a participar da assembleia. Somente ficarão impedidos se houver disposição estatutária fazendo tal previsão. No silêncio do estatuto, portanto, a participação deve ser admitida e, nesse caso, os seus nomes deverão ser lançados ao final da ata da assembleia, com o registro de todos os requisitos previstos no *caput* do artigo sob comento, e com a aposição das respectivas assinaturas, registrando-se que chegaram atrasados, com o escopo de assegurar a total validade das participações no restante da reunião social.[1152]

Por fim, cumpre registrar que a lista de presença é parte integrante da ata da assembleia geral e que a sua irregularidade, tradutora de vício quanto à instalação do conclave, conduzirá à anulação das deliberações nele tomadas (art. 286 da LSA).

> **Mesa**
>
> **Art. 128.** Os trabalhos da assembleia serão dirigidos por mesa composta, salvo disposição diversa do estatuto, de presidente e secretário, escolhidos pelos acionistas presentes.

📖 COMENTÁRIOS

1. A direção dos trabalhos na assembleia geral

Sérgio Campinho

Ultimado o ato preparatório para a realização da assembleia – escrituração do livro de presença –, passa-se à constituição da mesa. A ela cumprirá conduzir e organizar o conclave social, tomando as providências necessárias à sua normal e eficiente consumação, assegurando a manutenção da ordem durante todo o seu transcurso.

Os trabalhos da assembleia são, pois, dirigidos por uma mesa, composta de presidente e secretário, escolhidos pelos acionistas presentes. Contudo, pode o estatuto dispor de forma distinta, já designando tanto quem irá presidir o conclave, como quem irá secretariá-lo. É salutar e, portanto, aconselhável, que o estatuto já contemple essa designação, o que otimiza as providências preliminares à realização da reunião social. É bastante usual se ler nos estatutos que a presidência da mesa será exercida pelo presidente do conselho de administração – quando existente esse órgão na estrutura societária –, ou pelo diretor presidente da companhia, o qual poderá escolher e convidar, dentre os presentes, aquele que irá secretariar os trabalhos.

Não havendo indicação específica no estatuto, os acionistas elegerão os respectivos componentes,

---

[1152] Com o entendimento acerca da possibilidade da participação dos retardatários, cfr.: VALVERDE, Trajano de Miranda. *Sociedades por ações*. 2. ed. Rio de Janeiro: Forense, 1953. p. 106, v. 2; CARVALHOSA, Modesto *Comentários à lei de sociedades anônimas*. 6. ed. São Paulo: Saraiva, 2014. p. 1031, v. 2; EIZIRIK, Nelson. *A lei das S/A comentada*. 2. ed. São Paulo: Quartier Latin, 2015. p. 393, v. 2; e LUCENA, José Waldecy. *Das sociedades anônimas*: comentários à lei. Rio de Janeiro: Renovar, 2009. p. 104, v. 2. Com entendimento diverso, cf.: COELHO, Fábio Ulhoa. *Curso de direito comercial*. 21. ed. São Paulo: RT, 2017. v. 2. p. 215.

observando o *quorum* comum do art. 129 da LSA, ou seja, o da maioria absoluta dos votos presentes, não se computando os votos em branco. Essa eleição, na falta de disposição estatutária, deve, a meu ver, ser conduzida pelo diretor presidente da sociedade ou por quem o esteja substituindo na sessão.[1153]

Estão aptas a serem eleitas para presidir e para secretariar a assembleia, salvo restrição estatutária, quaisquer das pessoas presentes, sejam ou não acionistas ou seus representantes. Admite-se que a escolha recaia sobre um administrador, advogado ou empregado da companhia. O que releva observar é que a presidência dos trabalhos – o que também se estende ao secretário – seja exercida por pessoa idônea e isenta de conflitos de interesse, não só em relação à comunidade de acionistas, mas também em relação à matéria objeto da deliberação.

Nada impede, na ausência de regra proibitiva no estatuto, sejam convidados pelo presidente da mesa pessoas, entre os presentes, para auxiliar os trabalhos – membros auxiliares dos trabalhos –, com o objetivo de dar suporte ao secretário na obtenção de elementos para confecção da ata ou na tomada de votos, por exemplo.[1154]

Formada a mesa e confirmada a existência de *quorum* necessário à instalação da assembleia, o presidente a declara formalmente constituída e abre a sessão, mandando que o secretário proceda à leitura da ordem do dia, pondo a seguir em discussão as matérias nela incluídas e colhendo, ato contínuo à discussão de cada item, os votos proferidos para proclamar o resultado de cada deliberação tomada. Ultimada a ordem do dia, o presidente declara o encerramento dos trabalhos e manda proceder à lavratura da ata.[1155] Caso não se verifique *quorum* para sua instalação, o presidente determina a lavratura de ata dando conta do encerramento dos trabalhos, consignando o fato.

Assim, dos trabalhos e das deliberações da assembleia será lavrada, em livro próprio (livro de "Atas das Assembleias Gerais" – inciso IV do art. 100 da LSA), ata assinada pelos membros da mesa e pelos acionistas presentes. Em relação a eles, acionistas, é suficiente a assinatura de quantos bastarem para constituir a maioria necessária para as deliberações tomadas (art. 130 da LSA).

É a ata, pois, o documento que deverá relatar os fatos passados no conclave, com as respectivas deliberações havidas, servindo, destarte, como instrumento de prova do ocorrido na assembleia. Pode ser lavrada na forma de sumário dos fatos ocorridos, inclusive dissidências e protestos, e conter apenas a transcrição das deliberações tomadas, desde que obedecidas as seguintes formalidades: (a) os documentos ou as propostas submetidos à assembleia, assim como as declarações de voto ou dissidência, referidos na ata, sejam numerados seguidamente, autenticados pela mesa e por qualquer acionista que o solicitar e arquivados na companhia; e (b) a mesa, a pedido de acionista interessado, autentique exemplar ou cópia de proposta, declaração de voto ou dissidência, ou protesto apresentado. Dela serão tiradas certidões ou cópias autenticadas para os fins legais.

Ao presidente da mesa cabe tomar as providências necessárias para garantir a ordem dos trabalhos, encaminhando adequadamente os debates e a pauta de deliberação, dirimindo todas as dúvidas

---

[1153] A respeito, sustentam Isaac Halperin e Julio C. Otaegui: "si el presidente debe ser elegido por la asamblea, estas funciones previas serán cumplidas por el presidente de la sociedad o quien lo reemplace" (*Sociedades anónimas*. 2. ed. Buenos Aires: Depalma, 1998. p. 688).

[1154] LUCENA, José Waldecy. *Das sociedades anônimas:* comentários à lei. Rio de Janeiro: Renovar, 2009. p. 109, v. 2.

[1155] O art. 134 da LSA estabelece certos procedimentos a serem observados na assembleia geral ordinária. Determina que, instalada a assembleia, proceda-se, se requerida por qualquer acionista, à leitura da documentação da administração, das demonstrações financeiras, do parecer dos auditores independentes e do conselho fiscal, se existirem, e dos demais documentos pertinentes à ordem do dia (art. 133 da LSA). Deverão eles, assim, ser submetidos, pela mesa, à discussão e à votação. Os administradores da companhia, ou ao menos um deles, e o auditor independente, se houver, deverão estar presentes à assembleia para atender a pedidos de esclarecimentos de acionistas, mas os administradores não poderão votar, como acionistas ou procuradores, os documentos referidos neste artigo. Essa restrição, contudo, não se aplica quando os diretores, nas companhias fechadas, forem os únicos acionistas. Se a assembleia tiver necessidade de outros esclarecimentos, poderá adiar a deliberação e ordenar diligências; também será adiada a deliberação, salvo dispensa dos acionistas presentes, na hipótese de não comparecimento de administrador, membro do conselho fiscal ou auditor independente. Caso a assembleia aprove as demonstrações financeiras com modificação no montante do lucro do exercício ou no valor das obrigações da companhia, os administradores promoverão, dentro de 30 dias, a republicação das demonstrações, com as retificações deliberadas pela assembleia; se a destinação dos lucros proposta pelos órgãos de administração não lograr aprovação (§ 3º do art. 176 da LSA), as modificações introduzidas constarão da ata da assembleia.

porventura suscitadas. Cumpre seguir regiamente a ordem do dia, somente admitindo-se sua inversão quando aprovada, ainda que tacitamente, pela maioria presente. Enfim, deve dirigir a sessão com total imparcialidade e em estrita observância da lei e do estatuto da companhia.

Cabe-lhe, ainda, exercer, com critério e prudência, o poder disciplinar da sessão, cassando a palavra do acionista, ou de quem o represente, quando inadequadamente utilizada. Pode tomar a iniciativa de expulsar do recinto aquele que, em suas ações irrazoáveis e desproporcionais, se mostre efetivamente perturbador da condução dos trabalhos nos níveis de urbanidade e decoro exigidos. Nesse caso, antes de tomar a decisão, parece recomendável que previamente encaminhe o assunto aos acionistas presentes,[1156] os quais deliberarão pela maioria absoluta dos votos presentes (art. 129 da LSA), evitando, com o procedimento, que o conclave revogue a sua decisão, como instância revisora, na hipótese de requerimento do acionista apenado.

Em arremate, insta salientar que os integrantes da mesa respondem civilmente por eventuais prejuízos causados à companhia ou aos seus acionistas, decorrentes de seus atos dolosos, culposos ou abusivos.

"Quorum" das Deliberações

Art. 129. As deliberações da assembleia-geral, ressalvadas as exceções previstas em lei, serão tomadas por maioria absoluta de votos, não se computando os votos em branco.

§ 1º O estatuto da companhia fechada pode aumentar o *quorum* exigido para certas deliberações, desde que especifique as matérias.

§ 2º No caso de empate, se o estatuto não estabelecer procedimento de arbitragem e não contiver norma diversa, a assembleia será convocada, com intervalo mínimo de 2 (dois) meses, para votar a deliberação; se permanecer o empate e os acionistas não concordarem em cometer a decisão a um terceiro, caberá ao Poder Judiciário decidir, no interesse da companhia.

COMENTÁRIOS

1. Deliberação social e princípio majoritário

Sérgio Campinho

As deliberações da assembleia geral são tomadas através de um processo colegial que envolve toda a comunidade acionária da companhia, ou seja, congrega todos os acionistas, tenham ou não o direito de voto. Isto porque, a deliberação é precedida de uma fase de debate das matérias objeto da ordem do dia, para haver, na sequência, a votação. Na etapa dos debates, das discussões, participam todos os acionistas, pois todos têm o direito de voz (parágrafo único do art. 125 da LSA), ao passo que, na votação, apenas participam os que têm direito a voto, ocasião em que se realiza a deliberação propriamente dita, em seu efetivo significado legal de decidir, de tomar resoluções.

Realizada a deliberação, tem-se a vontade da companhia legitimamente emitida. Constitui declaração unilateral de vontade, formada a partir de um processo colegial, consistente, pois, em ato de deliberação coletiva, pela qual se forma a vontade da pessoa jurídica, que se traduz, enfatize-se, em uma só declaração.[1157]

O *quorum* de deliberação fixa o número de votos necessários à aprovação da matéria submetida à decisão dos acionistas. Não se confunde com o *quorum* de instalação, que representa a presença de um certo número mínimo de votos proporcionados pelas ações votantes na assembleia geral.

O *quorum* geral ou comum de deliberação consiste na obtenção da maioria absoluta dos votos, não se computando os votos em branco, isto é, sem qualquer declaração. O universo para a sua aferição é o da totalidade dos votos conferidos pelas ações titularizadas pelos acionistas presentes à assembleia, sendo suficiente para a aprovação da matéria, objeto de deliberação, o atingimento da metade mais um dos votos em

---

[1156] Com essa recomendação: VALVERDE, Trajano de Miranda. *Sociedades por ações*. 2 ed. Rio de Janeiro: Forense, 1953. p. 107, v. 2; e PONTES DE MIRANDA, Francisco Cavalcanti. *Tratado de direito privado*. 3. ed. Rio de Janeiro: Borsoi, 1972. p. 276-277, t. I.

[1157] Sobre a natureza jurídica dos atos colegiais, bem esclarece Orlando Gomes: "Assim, a deliberação da assembleia de sociedade anônima constitui ato colegial, porque resulta da prevalência de várias manifestações acordes de uma opinião, que passa a ser vontade do grupo. Se o negócio se forma por declaração de vontade assim obtida, diz-se que é unilateral, porquanto, embora várias pessoas tenham influído na formação da vontade a ser declarada, a declaração é única" (*Introdução ao direito civil*. 3. ed.. Rio de Janeiro: Forense, 1971. p. 271-273).

preto, validamente proferidos. Seu fundamento reside, portanto, no total de votos outorgados pelas ações com direito a voto presentes no conclave social. Por isso, também é chamado de *quorum* eventual. O voto, que fique bem claro, não é tomado por cabeça, pelo número de acionistas, mas sim por ação. A regra geral é a de que a cada ação corresponde 1 voto nas deliberações sociais (art. 110 da LSA), sendo, entretanto, permitida a criação de 1 ou mais classes de ações ordinárias com atribuição de voto plural, não superior a 10 votos por ação (art. 110-A da LSA introduzido pela Lei nº 14.195/2021). Cumpre anotar que a pluralidade de votos, quando presente no capital votante da companhia, será desconsiderada nos casos em que a lei indicar quóruns com base em percentual de ações ou do capital social, sem menção ao número de votos atribuídos pelas ações (§ 9º do art. 110-A da LSA), como nas hipóteses previstas na alínea *d* do parágrafo único do art. 123, no art. 141 e na alínea *a* do § 4º do art. 161, todos da LSA.

Ao estatuto da companhia fechada, entretanto, é possível elevar o *quorum* comum, desde que determine as matérias para as quais o *quorum* estatutário será aplicável (§ 1º do art. 129 da LSA). A faculdade que a lei concede para a previsão estatutária não é ampla e irrestrita. Ao revés, impõe-se que o estatuto especifique pormenorizadamente as matérias que terão *quorum* superior ao *quorum* geral e a interpretação das hipóteses declinadas far-se-á sempre de forma restritiva. A simples previsão estatutária de elevação do *quorum*, sem a especificação das matérias a serem por ele deliberadas, mostra-se totalmente ineficaz. Não há, outrossim, qualquer empeço legal para adoção do *quorum* da unanimidade dos acionistas em relação a certas matérias, na medida em que não se tem na lei tal vedação. E, portanto, onde a lei não limita, não é dado ao intérprete fazê-lo.

Para a aprovação de determinadas matérias, porém, a lei exige um *quorum* mais expressivo, considerando a intensidade com que podem atingir os interesses dos acionistas ou de uma classe deles.

Nesse caso, surge a figura do *quorum* qualificado, que tomará em conta, para o seu cômputo, outro parâmetro. O *quorum* qualificado consiste na metade do total de votos atribuídos pelo capital votante. Por isso, preceitua o art. 136 da LSA ser necessária a aprovação de acionista ou acionistas que representem, no mínimo, metade do total de votos conferidos pelas ações com direito a voto, para decidir sobre as seguintes questões sociais: (a) criação de ações preferenciais ou aumento de classe de ações preferenciais existentes, sem guardar proporção com as demais classes de ações preferenciais, salvo se já previstos ou autorizados pelo estatuto; (b) alteração nas preferências, vantagens e condições de resgate ou amortização de uma ou mais classes de ações preferenciais, ou criação de nova classe mais favorecida; (c) redução do dividendo obrigatório; (d) fusão da companhia, ou sua incorporação em outra; (e) participação em grupo de sociedades; (f) mudança do objeto da companhia; (g) cessação do estado de liquidação da companhia; (h) criação de partes beneficiárias; (i) cisão da companhia; e (j) dissolução da companhia. A aprovação da inclusão de convenção de arbitragem no estatuto social também deve observar esse mesmo *quorum*, nos termos do art. 136-A da LSA, introduzido pela Lei 13.129/2015.

Nas hipóteses declinadas nas letras *a* e *b* acima, a eficácia da deliberação não é independente e absoluta. Depende ela da aprovação prévia ou da ratificação, em prazo improrrogável de 1 ano, por titulares de mais da metade de cada classe de ações preferenciais prejudicadas, reunidos em assembleia especial. Não havendo a aprovação prévia, deve constar da ata da assembleia geral que a decisão só terá eficácia após a sua ratificação.

Permite a lei que o estatuto da companhia cujas ações não estejam admitidas à negociação em bolsa de valores ou no mercado de balcão[1158] eleve, e nunca reduza, o *quorum* qualificado. Já em relação à companhia aberta com a propriedade das ações dispersa no mercado, e cujas 3 últimas assembleias tenham sido realizadas com a presença de acionistas representando menos da metade do total de votos outorgados pelas ações com direito a voto, faculta-se à CVM autorizar a redução do *quorum* legal qualificado, tanto na assembleia geral quanto na assembleia especial dos acionistas preferenciais prejudicados. Neste caso, a referida autorização será mencionada nos avisos de convocação e a deliberação com o *quorum* reduzido somente poderá ser adotada em terceira convocação.

Todas as questões pertinentes ao *quorum* de deliberação – e também as referentes ao *quorum* de instalação – traduzem regras de ordem pública. Por isso mesmo, não são passíveis de disposição pelos acionistas, senão apenas quando autorizadas pela própria lei. Assim, a elevação ou redução do

---

[1158] Nesse rol, encontram-se incluídas não apenas as companhias fechadas, mas também aquelas companhias abertas emissoras de qualquer espécie de valor mobiliário para a negociação no mercado que não seja ação.

quorum legal somente se mostra factível quando e nos exatos termos autorizados por lei.

Outros quóruns, que também qualificam certas maiorias, em exceção ao *quorum* geral do art. 129, podem ser, de modo esparso, identificados na LSA, tais como: (a) a unanimidade dos acionistas presentes à assembleia geral – com ou sem direito de voto – para deliberar sobre a distribuição de dividendo inferior ao obrigatório, ou mesmo sobre a não realização de qualquer distribuição, decidindo pela retenção de todo lucro líquido do exercício (§ 3º do art. 202); (b) acionistas que representem 90%, no mínimo, dos votos atribuídos pelas ações com direito de voto para aprovar condições especiais de partilha do ativo remanescente na liquidação da companhia (§ 1º do art. 215); e (c) a metade, no mínimo, do total de votos conferidos pelas ações com direito a voto para aprovar a incorporação de ações destinadas à conversão em subsidiária integral (§ 2º do art. 252).

Em relação aos acionistas que titularizam ações com direito de voto restrito, impende anotar que eles participarão da formação do *quorum* de instalação da assembleia e integrarão o *quorum* de deliberação, mas apenas em relação às matérias para as quais possam votar.

Tanto a concepção legal do *quorum* geral (art. 129 da LSA), quanto a do *quorum* qualificado (art. 136 da LSA), vêm em prestígio do princípio majoritário das deliberações. Como já se assentou, o primeiro é verificável em função da maioria do capital votante representado pelos acionistas presentes à assembleia geral; o segundo é aferível a partir do total do capital social votante e representado pela metade das ações com direito a voto.

O princípio majoritário apenas cede em situações de efetiva excepcionalidade, tais como na hipótese referente à transformação, prevista na própria LSA, para qual se exige o consentimento unânime dos acionistas – com ou sem direito de voto –, salvo se já contemplada a operação no estatuto (art. 221), e naquela concernente à mudança de nacionalidade de sociedade brasileira que, no âmbito normativo do Código Civil, também exige o consentimento unânime dos acionistas (art. 1.127).

Não é demais ressaltar que o voto deve ser exercido para o fim e no interesse da companhia, pois é conferido para que o acionista, enquanto membro de uma organização jurídica, imprima concretude a essa sua função de membro nas deliberações sociais, o que caracteriza, pois, o direito de voto como um "direito-função"[1159]. A assembleia geral é, portanto, a expressão substancial da função deliberante, que deve ser realizada por meio de processos e procedimentos que garantam a participação de toda a comunidade de sócios nos debates acerca das matérias submetidas à decisão.

A adoção do princípio majoritário, reservada a exigência do consenso unânime para situações especialíssimas, faz-se indispensável à eficiente fluência da vontade social, como orientadora do funcionamento e desenvolvimento da companhia. As deliberações sociais, assim tomadas nos conclaves regularmente convocados e instalados, têm o condão de vincular todos os membros do corpo de acionistas, mesmo que ausentes ou dissidentes das deliberações da assembleia geral, o que inibe iniciativas temerárias de obstrução do processo decisório que, ao final, exteriorizará a manifestação volitiva da companhia, formada a partir da manifestação de vontade coletiva dos acionistas votantes.

2. Quóruns de deliberação da Assembleia Geral

Ana Frazão

De acordo com o art. 129, da Lei nº 6.404/1976, "As deliberações da assembleia-geral, ressalvadas as exceções previstas em lei, serão tomadas por maioria absoluta de votos, não se computando os votos em branco." Como a Lei 12.431/2001 introduziu o parágrafo único no art. 127 da Lei 6.404/1976, para o fim de permitir que, nas companhias abertas, o acionista possa participar e votar a distância em Assembleia Geral, nos termos da regulamentação da CVM, os acionistas distantes também fazem parte do *quorum* de onde deverá sair a maioria absoluta.

Fica claro, portanto, que a Lei nº 6.404/1976 instituiu entre nós o princípio majoritário, o qual, nos termos da lição de Modesto Carvalhosa,[1160] é de ordem pública, sendo inderrogável pelo estatuto ou pela Assembleia Geral. Trata-se da solução que mais bem concilia os interesses em uma sociedade por ações, em relação às quais *quoruns* de

---

[1159] LAMY FILHO, Alfredo e PEDREIRA, José Luiz Bulhões. *A lei das S.A. (pareceres).* 2. ed. Rio de Janeiro: Renovar, 1996. p. 229, v. 2.

[1160] *Comentários à Lei de Sociedades Anônimas:* artigos 75 a 137. São Paulo: Saraiva, 2014. v. 2. p. 1056.

unanimidade ou de maioria qualificada poderiam inviabilizar qualquer deliberação.[1161]

Por essa razão, a lei nem mesmo permite que as companhias abertas aumentem o *quorum* de deliberação, assegurando essa possibilidade apenas para as companhias fechadas e, mesmo assim, restrita às matérias especificadas no estatuto. O § 1º, do art. 129, da Lei nº 6.404/1976, é claro nesse sentido, ao determinar que "O estatuto da companhia fechada pode aumentar o *quorum* exigido para certas deliberações, desde que especifique as matérias."

É importante lembrar, entretanto, que não se trata da maioria absoluta do capital social votante, uma vez que os arts. 125 e 135, da Lei nº 6.404/76, embora contenham previsões sobre *quoruns* mínimos de instalação nas primeiras convocações, possibilitam que, em segunda convocação, a Assembleia possa ser instalada com qualquer número.

Além disso, após a introdução do voto plural, os quóruns passaram a ser contados, como regra, pelo total de votos conferidos pelas ações com direito a voto e não mais pelo número de ações do capital social ou pelo número de ações presentes após a instalação da Assembleia Geral.

De toda sorte, é preciso salientar que, quando a lei quis tratar do *quorum* qualificado, em seu art. 136, o fez expressamente, deixando claro, pelo menos em sua redação originária, que se tratava de metade, do mínimo, das ações com direito a voto. Após a Lei nº 14.195/2021, o dispositivo foi alterado, para o fim de submeter as matérias ali previstas à aprovação de acionistas que representem metade, no mínimo, do total de votos conferidos pelas ações com direito a voto, se maior quórum não for exigido pelo estatuto de companhia, cujas ações não estejam admitidas à negociação em bolsa ou no mercado de balcão.

Consequentemente, salvo nas hipóteses em que a lei contém orientação diversa, tem-se que o *quorum* geral para as deliberações da Assembleia Geral é o da maioria absoluta do total de votos presentes, incluindo os votos plurais e os devidos descontos, como é o caso dos votos em branco.

Apesar de a lei fazer referência exclusivamente ao desconto dos votos em branco, ensina Modesto Carvalhosa[1162] que "Excluem-se desse cômputo os votos em branco, neles compreendidos os que nada declararam, os que se abstiveram ou os que votaram fora de matéria em pauta, ou, ainda, os votos dissidentes em acordo de controle, sob o regime de votação em bloco (art. 118, § 8º)", assim como os votos nulos, tais como aqueles que tratam de matéria diversa à deliberação.

Como explica José Waldecy Lucena,[1163] "Existe consenso doutrinário, que remonta aos comentadores do Diploma de 1940, segundo o qual, ao se referir à exclusão do voto em branco, quer a Lei que efetivamente se considerem, para formação do *quorum* deliberativo, somente aqueles votos que contribuam válida e eficazmente para compor a deliberação social, seja no sentido afirmativo (aprovação), seja no sentido negativo (desaprovação)."

A orientação segue uma razão pragmática pois, nos termos da lição de Ricardo Tepedino,[1164] "A maioria absoluta é sempre calculada entre os presentes, pois a lei quis expressamente ignorar (ou punir, como preferia Valverde, 1959, v. II, n. 452) os indiferentes, tanto que desconsidera até os votos em branco dos comparecentes."

Daí se excluir do *quorum* sobre o qual se calculará a maioria absoluta:

(i) os votos brancos típicos, ou seja, aqueles que nada declararam;

(ii) os votos nulos, ou seja, aqueles que tratam de matéria diversa à deliberação ou que contêm outras causas de nulidade;

(iii) os votos incompreensíveis;

(iv) as ações relacionadas às abstenções;

(v) as ações daqueles que estejam impedidos de votar, como nos casos de conflito formal ou casos de acionistas que tiveram suspenso o direito de voto.

[1161] Como já se viu nos comentários ao art. 1º, da Lei 6.404/1976, uma das primeiras dificuldades que as sociedades mercantis da Idade Média se depararam para assegurar a regular gestão foi superar a ideia de que somente com o consenso unânime dos sócios as decisões sociais poderiam ser tomadas. Daí o movimento em favor da administração disjuntiva, partindo-se da premissa de que, especialmente em sociedades com um número maior de sócios, um *quorum* de unanimidade engessaria e acabaria por inviabilizar a gestão social.

[1162] *Comentários à Lei de Sociedades Anônimas:* artigos 75 a 137. São Paulo: Saraiva, 2014. v. 2. p. 1056p. 1057.

[1163] *Das sociedades anônimas.* Rio de Janeiro: Renovar, 2009. p. 125, v. 2.

[1164] Deliberação da Assembleia Geral. In: LAMY FILHO, Alfredo; PEDREIRA, José Luiz Bulhões (coords.). *Direito das companhias.* Rio de Janeiro: Forense, 2009. p. 953, v. 1.

A configuração descrita ajuda a entender porque o controle minoritário é uma possibilidade real no ordenamento brasileiro, uma vez que, a depender do número de acionistas presentes à determinada deliberação, a maioria absoluta dos presentes, com os devidos descontos, pode representar uma fração do capital social votante muito inferior aos 50% + 1, que é o percentual necessário para o controle majoritário.

Outro aspecto que atenua o princípio majoritário é a possibilidade da emissão de ações sem direito de voto, como é o caso das ações preferenciais. De toda sorte, pelo menos no que diz respeito às ações ordinárias, a lei efetivamente se preocupa com o princípio majoritário, motivo pelo qual prevalece a regra de que "A cada ação ordinária corresponde 1 (um) voto nas deliberações da assembleia-geral" (Lei nº 6.404/1976, art. 110), embora o estatuto possa estabelecer limitação ao número de votos de cada acionista (Lei nº 6.404/1976, art. 110, § 1º), medida que pode evitar situações de controle majoritário. Em nenhuma circunstância, admite-se o voto plural (Lei nº 6.404/1976, art. 110, § 2º).

Por fim, é importante ressaltar que, embora o princípio majoritário seja a regra, a própria Lei 6.404/76 prevê (i) alguns *quoruns* qualificados, de que é exemplo o art. 136, (ii) *quoruns* de unanimidade, como é o caso dos arts. 221 e 294, § 2º, (iii) assim como alguns *quoruns* especiais para deliberações que atinjam acionistas de determinadas classes de ações, como ocorre na hipótese do art. 44, § 6º. Ainda precisa ser lembrado que o parágrafo único do art. 18 expressamente prevê que "O estatuto pode subordinar as alterações estatutárias que especificar à aprovação, em assembleia especial, dos titulares de uma ou mais classes de ações preferenciais."

3. Aumento do quórum em companhias fechadas

Ana Frazão

Em se tratando de companhias fechadas, a lei admite que o estatuto possa aumentar o *quorum* para certas deliberações, desde que especifique as matérias. Fica clara, aqui, a preocupação do legislador em assegurar maior flexibilidade para as companhias fechadas, mas sem o risco de causar engessamentos desnecessários.

Como a lei nada fala a respeito dos *quoruns* de instalação, parte-se da premissa que as regras a respeito do assunto devem ser mantidas, de forma que a maioria qualificada a ser prevista pelos estatutos das companhias fechadas seja sempre sobre as ações presentes à Assembleia, feitos os descontos autorizados por lei.

É inequívoco que o aumento do *quorum* gera uma maior diluição do poder e um maior empoderamento das minorias. Daí por que, para muitos autores, nem todas as matérias podem ser objeto do referido aumento. Segundo Modesto Carvalhosa[1165], por exemplo, não podem ser objeto de deliberação por *quorum* qualificado nem as matérias da Assembleia Geral Ordinária (art. 132) nem questões inerentes ao desenvolvimento normal da companhia, como aumentos do capital social por subscrição (art. 170).

Entretanto, trata-se de questão controversa, uma vez que a própria lei não fez qualquer tipo de exceção, desde que os estatutos especifiquem as matérias sujeitas ao *quorum* qualificado.

4. Empate nas deliberações

Ana Frazão

Existem várias maneiras de lidar com o empate em deliberações societárias. Uma delas é entender que não houve a aprovação da matéria submetida à deliberação, do que decorreria a sua rejeição. Entretanto, não foi assim que a Lei nº 6.404/1976 se posicionou. Para ela, o empate equivale à ausência de decisão, motivo pelo qual o § 2º atribui os procedimentos a serem observados para a superação do empate e uma deliberação efetiva.

Em primeiro lugar, observa-se, pela primeira parte do § 2º, que a própria lei já admite que, havendo o empate, a questão seja submetida à arbitragem ou seja resolvida pelos procedimentos previstos no estatuto. O problema é que a autonomia privada aqui pode encontrar alguns percalços, tais como a vedação ao voto múltiplo, o que impediria que se cogitasse do voto de qualidade em situações assim. Não é sem razão que José Waldecy Lucena[1166] menciona que a lei deveria ter possibilitado a utilização do voto múltiplo na hipótese excepcional de empate.

Dessa maneira, salvo a hipótese de arbitragem, são poucas as alternativas consistentes disponíveis para que os estatutos possam resolver o impasse, a não ser convocar uma nova Assembleia.

[1165] *Comentários à lei de sociedades anônimas:* artigos 75 a 137. São Paulo: Saraiva, 2014. p. 1063, v. 2.

[1166] *Das sociedades anônimas*. Rio de Janeiro: Renovar, 2009. p. 133, v. 2.

Caso os estatutos nada disponham sobre o assunto, deve ser seguida a orientação da segunda parte do § 2º, ou seja, a realização de uma nova assembleia com intervalo mínimo de dois meses e, persistindo o empate e não concordando os acionistas em delegar a decisão a um terceiro, caberá ao Poder Judiciário decidir a questão.

Trata-se de solução complicada por vários motivos. Em primeiro lugar, porque pressupõe a realização de nova assembleia, com um intervalo de pelo menos dois meses. A depender da urgência da deliberação da matéria, a observância desse rito pode causar muitos problemas para as companhias.

Em segundo lugar porque, persistindo o empate, a única opção para evitar a submissão da questão ao Poder Judiciário seria a concordância dos acionistas com a decisão de um terceiro, o que certamente exigiria a improvável unanimidade para a escolha deste terceiro.

Em terceiro lugar, porque o Poder Judiciário, assim como as cortes arbitrais, pode ter grandes dificuldades para adentrar no mérito de algumas deliberações, especialmente quando envolverem questões de oportunidades comerciais, que transcendem às discussões jurídicas.

Por todas essas razões, o ideal é que os estatutos tratem dessa matéria de modo pormenorizado, a fim de evitar o travamento da vida societária que pode decorrer de um empate que não possa ser resolvido de forma rápida e eficaz.

5. Superação do empate nas deliberações sociais

Sérgio Campinho

A técnica de personificação de uma organização coletiva tem sua razão fundamental nas relações com terceiros. Mas, não obstante, pode também ser orientadora das relações internas do ente coletivo. Distinguem-se, assim, tanto as relações jurídicas da pessoa moral[1167] para com terceiros – plano externo –, quanto para com seus membros – plano interno. Por meio do substrato da pessoa jurídica, portanto, inúmeras relações jurídicas podem ser concebidas e disciplinadas de modo unitário.[1168]

No plano interno, o processo de deliberação na assembleia geral visa a produzir a vontade unitária da pessoa jurídica. A declaração volitiva da companhia traduz-se pela decisão, como regra, de uma maioria formada no seu órgão deliberativo. O regime majoritário representa verdadeiro traço distintivo dos atos colegiais.[1169]

A LSA adota o princípio majoritário das decisões assembleares. Entretanto, no § 2º do art. 129 ingressa em lamentável contradição, ao preconizar a possibilidade de empate nas deliberações e oferecer os mecanismos para a sua superação. Ora, se o *quorum* geral expressado no *caput* do aludido preceito condiciona a aprovação da matéria à maioria absoluta de votos das ações presentes ao conclave, a conclusão natural seria considerar que a matéria foi rejeitada no processo decisório, pois a maioria exigida não foi alcançada. O empate seria meramente aparente,[1170] porque não haveria maioria necessária à aprovação da matéria.

Mas como a lei categoriza o empate como um dos possíveis resultados da deliberação, entre a aprovação e a rejeição da matéria, cabe considerar os métodos por ela apresentados para a solução do impasse nas decisões assembleares.

Um bom remédio erigido pelo dispositivo normativo está na possibilidade de o próprio estatuto social oferecer a solução. E, diante da previsão legal do empate, é aconselhável que o faça. O ato regra da companhia pode adotar para esse fim a arbitragem ou definir um outro critério, como o do voto de qualidade, por exemplo. Silente o estatuto, deverá a assembleia ser convocada, com intervalo mínimo de 2 meses, para novamente votar

---

[1167] Pontes de Miranda registra que "a tais entidades, para não se confundirem com as pessoas – homens –, dá-se o nome de pessoas jurídicas ou morais, ou fictícias ou fingidas" (*Tratado de direito privado*. 3. ed. Rio de Janeiro: Borsoi, 1970, t. I, p. 156). As pessoas jurídicas também podem ser chamadas de pessoa ideal ou coletiva (Anderson Schreiber. *Manual de direito civil contemporâneo*. São Paulo: Saraiva, 2018. p. 156). O relevante para sua utilidade, e larga utilização, reside no fato de que a ordem jurídica lhe atribui personalidade distinta daquela de seus membros, tendo o ente personificado aptidão para ser titular de direitos e obrigações. Seu patrimônio, distinto dos patrimônios particulares de seus integrantes, responde por suas obrigações. Os seus membros, quando muito, responderão, subsidiariamente, pelas obrigações contraídas pelo ente moral. Esclarecedoras são as palavras de Limongi França para conceituá-la como uma "união moral de pessoas reunidas com o objetivo de alcançar um fim comum e reconhecida pelo ordenamento como sujeito do direito" (*Instituições de direito civil*. 3. ed. São Paulo: Saraiva, 1994. p. 65).

[1168] ASCARELLI, Tulio. *Problemas das sociedades anônimas e direito comparado*. Campinas: Bookseller, 1999. p. 426.

[1169] GOMES, Orlando. *Introdução ao direito civil*. 3. ed. Rio de Janeiro: Forense, 1971. p. 274.

[1170] PEIXOTO, Carlos Fulgêncio da Cunha. *Sociedades por ações*. São Paulo: Saraiva, 1973. p. 80, v. 3.

a deliberação. Persistindo o empate e os acionistas não concordando em cometer a decisão a um terceiro, caberá ao Poder Judiciário desempatar, no interesse da companhia.

A nova assembleia somente poderá realizar-se com o considerável intervalo mínimo de 2 meses, o que poderá representar efetivo embaraço para o funcionamento e desenvolvimento da sociedade. Em face da sua manifesta inconveniência, parece-me possível, e até mesmo oportuno, que o presidente do conclave, atestando o empate na votação, reabra, na mesma assembleia, o debate sobre o tema e o coloque mais uma vez em votação. Persistindo o empate, outro caminho não há senão o de promover a convocação de nova assembleia para nova deliberação.

Na solução do impasse pelo Poder Judiciário, o juiz atuará como verdadeiro árbitro, decidindo a questão objeto do empate para um ou outro lado, não lhe sendo possível promover desenlace alternativo para a resolução do assunto interno da companhia.

Como o Código de Processo Civil não estabelece procedimento especial para essa atuação do Estado-Juiz, o desempate deverá ser realizado no bojo de procedimento de jurisdição voluntária, disciplinado nos arts. 719 a 724 do referido Código. O procedimento terá início por provocação do interessado, assim considerado o acionista ou os acionistas presentes e votantes na assembleia na qual se verificou o empate. A companhia não é parte na ação, pois a lide somente se estabelece entre os acionistas votantes. Manda a lei societária que o juiz decida no interesse da companhia, o que perfeitamente se amolda ao procedimento de jurisdição voluntária previsto na lei processual, que permite ao juiz adotar a solução mais conveniente e oportuna (parágrafo único do art. 723 do CPC).

6. Crítica à disciplina do empate nas votações

Fábio Ulhoa Coelho

O empate numa votação de qualquer tema, no âmbito de Assembleia Geral (ou de outro órgão societário deliberativo), simplesmente não deveria ser assunto da lei. A rigor, quando o legislador se preocupa, como no direito brasileiro, em dispor sobre mecanismos de superação do empate, ele está deixando de aplicar o princípio majoritário, ou seja, desprestigiando a norma da predominância da vontade da maioria.

O princípio majoritário determina o prevalecimento, em qualquer votação, da vontade ou entendimento expresso pelos votos da maioria. Maioria é sempre *mais da metade* de uma base acionária determinada (capital social, capital votante, capital não votante ou dos presentes na Assembleia Geral). Ora, se houve empate, metade da base acionária votou num sentido e metade, no outro; quer dizer, em nenhum dos dois votos possíveis atingiu-se o patamar exigido pelo princípio majoritário, que é *mais* da metade.

Quando não se alcança *mais da metade* da base acionária relevante, a consequência jurídica imediatamente derivada do princípio majoritário seria a manutenção do até então vigente ou contratado para aquela sociedade. Se, por exemplo, estiver em votação proposta de aumento do capital social, e verifica-se o empate, isso significa que, pelo princípio majoritário, o capital social não deve ser aumentado. Não ocorreu, em outros termos, de *mais da metade* querer aumentar o capital social; não há maioria para alterar a norma estatutária vigente, e, portanto, esta deveria simplesmente permanecer como se encontrava antes da votação.

Qualquer votação da Assembleia Geral visa alterar a situação jurídica preexistente. Ora, esta situação jurídica existe em razão da vigência de uma norma estatutária ou de qualquer outro tipo de negócio jurídico. Uma e outra correspondem necessariamente à vontade ou ao entendimento da maioria expresso em algum momento anterior, na trajetória daquela sociedade anônima. Quando o art. 129, § 2º, da LSA, mostra o seu incômodo com a votação empatada, tomando-a como uma hipótese em que as duas vontades ou entendimentos contrapostos deveriam ter o mesmo peso, razão pela qual se buscaria a superação do empate, ela está se afastando do princípio majoritário; está, em outros termos, negando plena eficácia à votação passada, sufragada pela maioria, de que derivou a norma estatutária ou o negócio jurídico que se pretende alterar por uma nova deliberação da Assembleia Geral.

Deste modo, prestigiar verdadeiramente o princípio da maioria, protegendo os interesses que nele têm guarida, leva somente a uma definição racional, que deveria ser a da LSA: *em caso de empate, dever-se-ia considerar não aprovada a proposta em votação*. E ponto final.

Ata da Assembleia

Art. 130. Dos trabalhos e deliberações da assembleia será lavrada, em livro próprio, ata assinada pelos membros da mesa e pelos acionistas presentes. Para validade da ata é suficiente a assinatura de quantos bastem para constituir a maioria necessária para as deliberações tomadas na assembleia. Da ata tirar-se-ão certidões ou cópias autênticas para os fins legais.

§ 1º A ata poderá ser lavrada na forma de sumário dos fatos ocorridos, inclusive dissidências e protestos, e conter a transcrição apenas das deliberações tomadas, desde que:

a) os documentos ou propostas submetidos à assembleia, assim como as declarações de voto ou dissidência, referidos na ata, sejam numerados seguidamente, autenticados pela mesa e por qualquer acionista que o solicitar, e arquivados na companhia;

b) a mesa, a pedido de acionista interessado, autentique exemplar ou cópia de proposta, declaração de voto ou dissidência, ou protesto apresentado.

§ 2º A assembleia-geral da companhia aberta pode autorizar a publicação de ata com omissão das assinaturas dos acionistas.

§ 3º Se a ata não for lavrada na forma permitida pelo § 1º, poderá ser publicado apenas o seu extrato, com o sumário dos fatos ocorridos e a transcrição das deliberações tomadas.

COMENTÁRIOS

1. Um documento da mesa

Fábio Ulhoa Coelho

A ata é um documento de responsabilidade da mesa diretora dos trabalhadores da assembleia. O secretário é o encarregado de sua redação e, se não tiver formação jurídica, contará com o concurso do advogado da companhia para desincumbir-se da tarefa. O acionista não tem o direito de interferir em sua redação. O que ele pode é negar-se a assinar a ata que, no seu modo de ver as coisas, não foi fiel aos fatos que deve descrever; ou, se quiser, condicionar a sua assinatura às alterações ou inclusões que indicar. A mesa, porém, pode acolher ou não as indicações feitas, por ser apenas dela a responsabilidade pela elaboração do documento.

Sem prejuízo dessa premissa, duas observações cabem a respeito da dinâmica do registro da assembleia em ata: (i) como, para ser válida, ela precisa ser assinada por um número mínimo de acionistas (em quantidade suficiente à aprovação das deliberações adotadas), o secretário normalmente agirá em acordo com o controlador ou com a maioria esporádica (quando o controlador está impedido de votar); e (ii) sendo sempre oportuno que a maior quantidade de acionistas presentes (senão todos) assinem a ata, como forma de estabilizar as relações societárias e evitar discussões sobre a validade do registro, a negociação do texto entre o secretário e os acionistas mostra-se uma medida salutar, desde que o resultado, com esta ou aquela redação, permaneça um retrato fiel do ocorrido na assembleia.

Em suma, a ata contém o registro dos fatos segundo a descrição feita pelo secretário e com a qual concordam o presidente e os acionistas que a assinaram. Se qualquer um dos demais acionistas considera que a ata não foi fiel ao acontecido na assembleia, é dele o ônus da prova da inconsistência ou falsidade de uma ou mais passagens do documento.

2. As espécies de ata

Fábio Ulhoa Coelho

São duas as espécies de ata: ordinária ou sumária.

A ata ordinária contém a descrição dos fatos ocorridos durante a assembleia. Presumivelmente *tudo* o que aconteceu numa assembleia está narrado na ata ordinária. Ao secretário cabe, nesse caso, registrar os atos de direção dos trabalhos praticados pelo presidente, concedendo a palavra e colhendo votos; bem como o teor de cada uma das manifestações dos acionistas, levantando questões de ordem, pedindo esclarecimentos à administração ou aos fiscais; as respostas a tais pedidos etc.

Claro, é humanamente impossível (e nem se exige tanto) a reprodução na ata de "absolutamente tudo", mas dela deve constar o "presumivelmente tudo", se adotada a forma ordinária. O que dirá se algo deve ou não constar necessariamente da ata ordinária é o respeito aos direitos societários dos acionistas. Se um dos presentes faz uma piada, isso, embora tenha acontecido, não precisa ser registrado na ata, porque não interfere com nenhum direito societário; mas se o acionista faz um protesto, o secretário não pode deixar de proceder ao correspondente registro, por exemplo.

A ata ordinária tem a forma textual de uma narração. Para segurança jurídica, não se fazem parágrafos no texto, cabendo ao secretário valer-se de expressões em negrito para delimitar os acontecimentos (leitura da ordem do dia, discussão e votação de cada item, por exemplo), com vista à facilitação de sua leitura e consulta.

Na ata sumária, por sua vez, não é relatado todo o ocorrido com o maior grau de detalhamento possível. Nem se utiliza a forma textual da narração. Ao contrário, o secretário registra em tópicos apenas o essencial para a eficácia e validade do documento: local, data, horário, publicação dos avisos de convocação, quórum, identificação dos componentes da mesa e deliberações, explicitando se foram adotadas por unanimidade ou maioria.

Cabe exclusivamente à mesa escolher que tipo de ata será elaborada. Sendo a ata um documento de responsabilidade exclusiva da mesa, cabe a ela a escolha pela forma ordinária ou pela sumária. Claro, como qualquer outra decisão da mesa, também a relativa à espécie de ata pode ser objeto de recurso ao plenário da assembleia.

A adoção de uma ou outra espécie de ata não é um assunto meramente formal. Muito ao contrário. Dependendo da espécie escolhida pela mesa, variará o modo como devem ser registrados os protestos e declarações de voto. Se a ata for ordinária, o acionista protesta ou declara de viva voz e cabe ao secretário incluir o fato em sua narrativa, descrevendo-o com fidelidade. Mas, se a ata é sumária, protestos e declarações orais não constarão do registro, porque eles devem ser apresentados em instrumento escrito elaborado e assinado pelo próprio acionista, que deve ser entregue à mesa *durante* o transcorrer dos trabalhos.

O minoritário deve, por isso, ir devidamente preparado para a assembleia, porque não sabe de antemão que espécie de ata será adotada pela mesa. Na verdade, o procedimento mais justo e indicativo de pleno respeito aos direitos dos acionistas consiste em se conceder um tempo razoável (de 30 minutos a uma hora), ao término dos trabalhos, para os minoritários redigirem suas declarações e protestos e os submeterem à autenticação pela mesa. Devem ser, ademais, disponibilizados a eles os meios para o exercício de seus direitos (impressora, papel etc.). Qualquer conduta diversa por parte da mesa não somente mina a sua credibilidade de agente presumivelmente imparcial na condução da assembleia, como também pode ser um indicativo veemente do descaso da companhia com os direitos de seus minoritários.

3. Publicidade da ata

Fábio Ulhoa Coelho

Uma das vantagens da ata sumária consiste na privacidade dos conflitos societários. Não raro, acionistas minoritários tocam em pontos sensíveis em suas manifestações e declarações. Além disso, não convém à imagem da companhia e aos seus negócios a notícia da existência de desentendimentos de monta entre os acionistas.

Na ata sumária, todas as declarações e protestos ficam arquivados na sede da companhia e do texto do documento só precisa constar o recebimento deles pela mesa. O conteúdo dessas declarações e protestos não se tornam públicos, porque esses instrumentos não precisam acompanhar o arquivamento da ata na Junta Comercial.

Quanto à publicação, não há diferença relevante entre as duas espécies de ata, porque a lei autoriza a publicação apenas de um extrato da ordinária (equivalente, sob o ponto de vista textual, a uma ata sumária).

Espécies de Assembleia

Art. 131. A assembleia-geral é ordinária quando tem por objeto as matérias previstas no artigo 132, e extraordinária nos demais casos.

Parágrafo único. A assembleia-geral ordinária e a assembleia-geral extraordinária poderão ser, cumulativamente, convocadas e realizadas no mesmo local, data e hora, instrumentadas em ata única.

COMENTÁRIOS

1. As espécies de assembleia geral

Sérgio Campinho

As assembleias gerais podem ser ordinárias ou extraordinárias. A assembleia geral ordinária (AGO) tem por objeto as matérias previstas no art. 132 da LSA, e a assembleia geral extraordinária (AGE) se realiza para debater e deliberar sobre temas outros, não previstos expressamente como de competência da assembleia geral ordinária.

O critério para distinguir as espécies de conclaves sociais gerais se baseia na competência em razão do seu objeto, do conteúdo da matéria colocada em pauta (competência *ratione materiae*). As matérias da assembleia geral ordinária são de definição exaustiva da lei, chegando-se às da assembleia geral extraordinária por exclusão (competência residual).

A assembleia geral ordinária tem por objeto:[1171] (a) a tomada das contas dos administradores; (b) o exame, a discussão e a votação das demonstrações financeiras; (c) a deliberação sobre a destinação do lucro líquido do exercício e a distribuição de dividendos; e (d) a eleição dos administradores e dos membros do conselho fiscal da companhia, quando for o caso.

A assembleia geral extraordinária, por sua vez, terá competência para deliberar sobre toda e qualquer outra matéria de interesse da companhia, desde que não esteja circunscrita na assembleia geral ordinária, tais como: (a) autorização para aplicação de lucros ou reservas no resgate ou na amortização de ações (art. 44 da LSA); (b) emissão de debêntures (art. 59 da LSA); (c) emissão de bônus de subscrição (art. 76 da LSA); (d) suspensão dos direitos de acionistas (art. 120 da LSA); (e) reforma do estatuto social (art. 135 da LSA); (f) aumento e redução do capital social (arts. 166 e 173 da LSA); e (g) compra, por companhia aberta, do controle de sociedade empresária (art. 256 da LSA).

A eleição dos administradores e fiscais pela assembleia geral ordinária somente se fará naqueles exercícios em que houver a necessidade de provimento desses cargos, em função do término normal dos respectivos mandatos dos seus integrantes.

Mas situações excepcionais ou extraordinárias podem aparecer no curso da vida social, relativamente a administradores ou fiscais regularmente eleitos na assembleia geral ordinária, como nas hipóteses de falecimento ou renúncia. Nesses casos, eles não cumprem seus mandatos e a substituição pode ser verificada em assembleia geral extraordinária, porquanto visa a tratar de um fato que surgiu extraordinariamente.

Especificamente em relação ao conselho fiscal, cumpre registrar que seu funcionamento poderá ser de modo permanente ou se realizar apenas nos exercícios sociais em que for instalado a pedido de acionistas. O estatuto deverá dispor sobre o modo de seu funcionamento. Sendo ele permanente, os conselheiros fiscais serão eleitos normalmente em assembleias gerais ordinárias para os mandatos correspondentes; sendo, todavia, instituído em caráter não permanente, a sua instalação e a consequente nomeação de seus membros poderão fazer-se a qualquer tempo, e, dessa feita, a questão poderá ser objeto não só da assembleia geral ordinária, como também de assembleia geral extraordinária, tudo dependendo da oportunidade em que os acionistas requererem sua instalação. Sublinha-se que, pelo § 3º do art. 161 da LSA, o pedido de funcionamento do conselho fiscal poderá ser formulado em qualquer assembleia geral, ainda que a matéria não conste do anúncio de convocação.

Não são raras as situações em que juntamente com as matérias pertinentes à assembleia geral ordinária outras se imponham a tratar e decidir. Assim, para evitar invalidação de deliberação social tomada em assembleia geral ordinária concernente à matéria que foge a seu objeto, impõe-se a convocação simultânea das duas espécies assembleares. Para tal, dispõe o parágrafo único do art. 131 da LSA que a assembleia geral ordinária e a assembleia geral extraordinária podem ser cumulativamente convocadas e realizadas no mesmo local, data e horário, além de instrumentadas em ata única.

Na convocação conjunta das duas espécies de assembleia geral, dever-se-á ter cuidado em relação aos quóruns de instalação.

O *quorum* comum ou geral de instalação, em primeira convocação, exige a presença de acionistas que representem, no mínimo, 1/4 do total de votos conferidos pelas ações com direito a voto (art. 125 da LSA). Entretanto, a assembleia geral extraordinária que tiver por objeto a reforma do estatuto social somente se instalará, em primeira convocação, com a presença mínima de acionistas que representem 2/3 total de votos atribuídos pelas ações com direito a voto (art. 135 da LSA). Assim, por exemplo, se a realização simultânea em primeira convocação envolver, na assembleia geral extraordinária, exclusivamente matéria relativa à reforma do estatuto, não se alcançando o *quorum* do art. 135 da LSA, mas apenas o do art. 125 da LSA, somente poderá ser realizada a assembleia geral ordinária.

Em relação ao *quorum* de deliberação, dever-se-á ter em conta as matérias que exigem *quorum* qualificado, como nas hipóteses do art. 136 da LSA. Dessa feita, na realização simultânea da assembleia geral ordinária e da assembleia geral extraordinária, deve a ata retratar as matérias aprovadas segundo o *quorum* geral ou comum de

---

[1171] No rol do art. 132 da LSA, especificamente no inciso IV, tem-se a competência para aprovar a correção da expressão monetária do capital. Essa matéria, contudo, encontra-se prejudicada em face da eliminação da correção monetária do balanço (art. 4º da Lei 9.249/1995).

deliberação (art. 129 da LSA) e aquelas aprovadas pelo *quorum* qualificado do art. 136 da LSA.

A assembleia geral ordinária, por envolver matéria da vida social ordinária, tem sua realização periodicamente imposta. Anualmente, nos 4 primeiros meses seguintes ao término do exercício social, deverá haver uma assembleia geral ordinária para tratar dos assuntos de sua competência. Anote-se que não há, necessariamente, como regra geral, a obrigação de que o exercício social seja coincidente com o ano civil, muito embora essa seja a opção normalmente adotada no estatuto, com vistas a facilitar o cumprimento de obrigações derivadas das leis tributárias. Desse modo, sendo o exercício social coincidente com o ano civil, impende seja realizada a assembleia geral ordinária até o final do mês de abril do ano seguinte, porquanto seu término verificou-se em 31 de dezembro do ano anterior.

Não se realizando a assembleia geral ordinária no período legalmente definido (art. 132 da LSA), a companhia estará em situação irregular, passível de sofrer certas restrições, como, por exemplo, o bloqueio do acesso a financiamentos.

Os administradores competentes para sua convocação poderão ser civilmente responsabilizados pelos danos que causarem à companhia ou aos seus acionistas decorrentes do não cumprimento dos deveres por lei impostos para assegurar o seu normal funcionamento (§ 2º do art. 158 da LSA). Tratando-se de sociedade anônima de capital aberto, o fato configura infração grave, com punição dos responsáveis pela CVM (inciso III do art. 65 da Resolução CVM 80/2022).

Mas nada impede seja a irregularidade sanada, com a realização da assembleia geral a destempo. Com efeito, o fato de não se promovê-la no interregno pertinente não obsta a iniciativa de realizá-la posteriormente nem desnatura a sua natureza de assembleia geral ordinária. Esta, como se disse, não deriva do tempo, da oportunidade de sua promoção, mas sim da matéria a ser decidida. A competência da assembleia geral ordinária, repita-se, é fixada pelo conteúdo de seu objeto. Ter-se-á, pois, uma assembleia geral ordinária extemporaneamente convocada, com as responsabilidades daí advindas, como se observou.

Ao lado das assembleias gerais ordinárias e extraordinárias convivem as assembleias especiais. Estas últimas não têm o caráter geral, pois irão reunir acionistas de determinada classe de ações, para cuidar de particulares interesses desse grupo, como são exemplos as assembleias especiais dos acionistas titulares de ações preferenciais preconizadas em lei.[1172]

Além das assembleias geral e especial de acionistas, tem-se, também, as assembleias constituintes (arts. 8º, 86 e 88 da LSA), que se distinguem das assembleias gerais de acionistas por se tratarem de assembleias gerais de subscritores, cujo objetivo é o de verificar e certificar o cumprimento das condições legais para a constituição da companhia e deliberar sobre os atos relativos a essa formação.[1173] Os subscritores não ostentam a condição de acionistas, eis que esse *status* pressupõe a constituição definitiva da sociedade.

2. Assembleia geral ordinária e extraordinária

Ana Frazão

A Lei nº 6.404/1976 prevê dois tipos de assembleia: a ordinária e a extraordinária. A rigor, o que está previsto são dois tipos de reuniões, uma vez que a Assembleia Geral, como órgão, é apenas uma.[1174] São as reuniões, portanto, que podem ser ordinárias ou extraordinárias.

A primeira é considerada ordinária porque está definida no art. 132, da Lei 6.404/76, como de realização obrigatória anual, nos quatro primeiros meses seguintes ao término do exercício social, para deliberar sobre as matérias previstas nos incisos I a IV, quais sejam: (i) tomar as contas dos administradores, examinar, discutir e votar as demonstrações financeiras (inciso I); (ii) deliberar sobre a destinação do lucro líquido do exercício e a distribuição de dividendos (inciso II); (iii) eleger os administradores e os membros do conselho fiscal, quando for o caso (inciso III) e aprovar a correção da expressão monetária do capital social (artigo 167) (inciso IV).

Portanto, o que caracteriza a assembleia ordinária, de caráter obrigatório, é o fato de estar sujeita a critérios temporais e materiais previamente

---

[1172] Confiram-se, exemplificativamente, aquelas traduzidas no parágrafo único do art. 18 e no § 1º do art. 136 da LSA.

[1173] MENDONÇA, José Xavier Carvalho de. *Tratado de direito comercial brasileiro*. 4. ed. Rio de Janeiro: Freitas Bastos, 1946. p. 13, v. 4.

[1174] José Waldecy Lucena (*Das sociedades anônimas* – comentários à lei. Rio de Janeiro: Renovar, 2009. v. 2. p. 159) já alertava sobre esse ponto, com base na lição de Pontes de Miranda, segundo o qual a pluralidade é de reuniões, pois só há uma assembleia.

definidos pela lei. Já a assembleia extraordinária é aquela que pode ser realizada a qualquer tempo, de acordo com os interesses da companhia, para tratar de qualquer matéria que não seja de competência da assembleia ordinária.[1175]

No caso da assembleia extraordinária realizada para a reforma do estatuto, o art. 135, da Lei nº 6.404/1976, determina os requisitos específicos para a sua realização, incluindo o quórum de instalação, assim como o art. 136 prevê as deliberações em relação às matérias que dependem de quórum qualificado de aprovação. Para as demais matérias, observam-se os requisitos gerais.

Verdade seja dita que, de forma esparsa ao longo da Lei nº 6.404/1976, existem várias previsões de matérias que deverão ser decididas por meio de assembleias extraordinárias. Por essa razão, há autores que, ao lado das assembleias ordinárias e extraordinárias, destacam também as assembleias especiais.[1176]

Por razões de economia e praticidade, o parágrafo único do art. 131, da Lei nº 6.404/1976, possibilita a realização cumulativa de ambas as assembleias, cada qual devendo respeitar seus procedimentos e requisitos próprios. Especial cuidado deve ser dado às convocações, que precisam ser transparentes e completas, assim como realizadas com a antecedência necessária para que os acionistas tenham tempo suficiente para compreenderem as matérias que serão decididas.

Aliás, é importante destacar que as convocações importam não somente para os acionistas ordinaristas, que poderão votar, como também para os preferencialistas que, nos termos do art. 125, parágrafo único, da Lei nº 6.404/1976, têm direito de comparecer e discutir as matérias submetidas à deliberação.

SEÇÃO II
ASSEMBLEIA-GERAL ORDINÁRIA

Objeto

Art. 132. Anualmente, nos 4 (quatro) primeiros meses seguintes ao término do exercício social, deverá haver 1 (uma) assembleia-geral para:

I – tomar as contas dos administradores, examinar, discutir e votar as demonstrações financeiras;

II – deliberar sobre a destinação do lucro líquido do exercício e a distribuição de dividendos;

III – eleger os administradores e os membros do conselho fiscal, quando for o caso;

IV – aprovar a correção da expressão monetária do capital social (artigo 167).

COMENTÁRIOS

1. Os temas característicos da Assembleia Geral Ordinária

FÁBIO ULHOA COELHO

Como se define uma Assembleia Geral como *ordinária*? Pela época em que se realiza (nos quatro primeiros meses seguintes ao término do exercício social) ou pelas matérias acerca das quais ela delibera, se correspondentes aos seus "temas característicos" (votação das contas e das demonstrações financeiras e destinação do resultado)?[1177] A questão é relevante, caso ultrapassado o prazo do art. 132 da LSA, sem a realização de uma assembleia em que se votem

---

[1175] Ensina Modesto Carvalhosa (*Comentários à lei de sociedades anônimas*. São Paulo: Saraiva, 2014. p. 1100, v. 2) que "Não pode a assembleia geral ordinária tratar de quaisquer assuntos, além daqueles que exaustivamente a Lei enumera como de sua competência. [...]".

[1176] É o caso de José Waldecy Lucena (*Das sociedades anônimas* – comentários à lei. Rio de Janeiro: Renovar, 2009. v. 2. p. 163) que se refere à assembleia especial nas hipóteses dos art. 16, parágrafo único; art. 136, I e II e § 1º; 57, § 2º e 71; e 51, da Lei 6.404/1976.

[1177] "Os temas característicos da AGO são o julgamento das contas dos administradores, a votação das demonstrações financeiras, a deliberação da destinação do lucro líquido do exercício e a distribuição dos dividendos (art. 132, I e II). A inclusão desses tópicos na ordem do dia configura a assembleia como ordinária. Além dos temas característicos, a AGO não pode apreciar mais nenhum outro, exceto a eleição de administradores e membros do conselho fiscal, *nos anos em que for necessário o provimento desses cargos* (art. 132, III). Note-se que esta última matéria, eleição de administradores) não é típica da sessão ordinária da assembleia, porque também em AGE se pode deliberar sobre ela. Se membro do conselho de administração renuncia ou falece, a sua substituição é assunto de pauta para a primeira assembleia geral seguinte, independentemente de sua espécie. O conselho fiscal, por sua vez, pode ser instalado a qualquer tempo, por iniciativa dos acionistas minoritários (art. 123, parágrafo único, *d*), e, desse modo, representa matéria passível de apreciação tanto em AGO, como em AGE. Quando necessário deliberar sobre assunto não característico de AGO, os órgãos competentes da companhia devem convocar uma AGE. É, com efeito, anulável

as matérias nele listadas. Se a essência da AGO é dada pela época em que ocorre, as contas e demonstrações financeiras, bem como a destinação do resultado passariam a ser objeto de uma AGE; mas se a essência, ao contrário, é decorrência da ordem do dia, mesmo a destempo, seria sempre uma AGO que cuidaria destas matérias.[1178]

Pois bem. O que define uma Assembleia Geral como ordinária é a inclusão, em pauta, de seus temas característicos. O "ordinário" corresponde ao que é discutido, no sentido de que "nada de extraordinário" pode acontecer numa AGO. Os temas característicos da sessão ordinária da Assembleia Geral correspondem a algo da "rotina" das relações societárias, que demanda, de tempos em tempos, a verificação da regularidade da administração da sociedade e repartição dos resultados, em caso de sucesso da empresa. E tais temais não perdem seu caráter rotineiro, mesmo se ultrapassado o quadrimestre referido no art. 132, da LSA.

O inciso IV do dispositivo está revogado, desde a extinção da correção monetária do capital social, verificada a partir do exercício de 1996, no contexto da desindexação da economia brasileira (Lei 9.249/1995).

Documentos da Administração

Art. 133. Os administradores devem comunicar, até 1 (um) mês antes da data marcada para a realização da assembleia-geral ordinária, por anúncios publicados na forma prevista no artigo 124, que se acham à disposição dos acionistas:

I – o relatório da administração sobre os negócios sociais e os principais fatos administrativos do exercício findo;

II – a cópia das demonstrações financeiras;

III – o parecer dos auditores independentes, se houver.

IV – o parecer do conselho fiscal, inclusive votos dissidentes, se houver; e (Incluído pela Lei 10.303, de 2001)

V – demais documentos pertinentes a assuntos incluídos na ordem do dia. (Incluído pela Lei 10.303, de 2001)

§ 1º Os anúncios indicarão o local ou locais onde os acionistas poderão obter cópias desses documentos.

§ 2º A companhia remeterá cópia desses documentos aos acionistas que o pedirem por escrito, nas condições previstas no § 3º do artigo 124.

§ 3º Os documentos referidos neste artigo, à exceção dos constantes dos incisos IV e V, serão publicados até 5 (cinco) dias, pelo menos, antes da data marcada para a realização da assembleia-geral. (Redação dada pela Lei 10.303, de 2001)

§ 4º A assembleia-geral que reunir a totalidade dos acionistas poderá considerar sanada a falta de publicação dos anúncios ou a inobservância dos prazos referidos neste artigo; mas é obrigatória a publicação dos documentos antes da realização da assembleia.

§ 5º A publicação dos anúncios é dispensada quando os documentos a que se refere este artigo são publicados até 1 (um) mês antes da data marcada para a realização da assembleia-geral ordinária.

COMENTÁRIOS

1. Os documentos da administração e "accountability"

Mauricio Moreira Menezes

O acesso à informação é um dos direitos essenciais do acionista, situando-se como projeção do

---

a deliberação, adotada em AGO, versando sobre matéria estranha à lista do art. 132 da LSA" (Coelho, Fábio Ulhoa. *Curso de direito comercial*. 22. ed. São Paulo: RT, 2019. v. 2 p. 202).

[1178] "Na eventualidade de não se realizar a sessão ordinária [no período legal], ainda será o caso, por evidente, de apreciação das matérias que nela teriam lugar, como o julgamento das contas e a votação das demonstrações financeiras. Indaga-se, contudo, qual seria a espécie de assembleia adequada para tanto, ordinária ou extraordinária. A resposta não é unânime na doutrina; enquanto Modesto Carvalhosa propõe a realização de assembleia ordinária convocada extraordinariamente, Rubens Requião entende que, ultrapassado o prazo legal para a realização da ordinária, apenas uma sessão extraordinária poderia ser realizada para cuidar dos temas em questão. Algumas Juntas Comerciais, a seu turno, adotam o estranho critério de tomar por ordinária a assembleia ocorrida extemporaneamente, mas ainda dentro do mesmo exercício em que deveria realizar-se, e por extraordinária a realizada em outro exercício. Esse critério, convenha-se, não tem nenhum sustento legal" (COELHO, Fábio Ulhoa. *Curso de direito comercial*. 22. ed. São Paulo: RT, 2019. v. 2 p. 202-203).

direito de fiscalização dos atos de gestão da companhia (art. 109, III, LSA).

Diante de um quadro de normalidade e boa-fé na condução dos negócios sociais, cabe a seus administradores a iniciativa do fornecimento dos dados exatos e completos sobre a situação financeira e negocial da companhia para que os acionistas – em especial aqueles afastados da administração do dia-a-dia da companhia – tenham condições de formar seu convencimento a respeito da regularidade das contas a serem examinadas.

Trata-se do dever de prestação de contas, conhecido globalmente como "accountability". Nesse sentido, o administrador da companhia, titular de deveres fiduciários, se coloca na posição de prontidão permanente para elucidar quaisquer questões relativas a seus próprios atos, devendo fazê-lo no mais alto grau de transparência e não lhe cabendo impor ressalvas ou quaisquer condições que afastem o direito de fiscalização do acionista.[1179]

Não obstante esse dever ter caráter continuado, a LSA estabelece um marco societário solene para seu cumprimento, para fins de organizar as relações entre acionistas e administradores e o exercício de direitos: a assembleia-geral ordinária (art. 132 c/c art. 134, LSA), foro em que serão discutidos e votados os documentos da administração, estabelecidos pelo art. 133, LSA.

Por essa razão, o procedimento da assembleia-geral ordinária contempla a possibilidade de qualquer acionista requerer a leitura dos documentos referidos no art. 133 e do parecer do conselho fiscal, se houver. Determina, ainda, a presença dos administradores da companhia, ou ao menos um deles, e do auditor independente, se houver, para atender a pedidos de esclarecimentos de acionistas (art. 134, § 1º, LSA).

Caso o administrador não esteja presente ou na hipótese de sobejar questões não esclarecidas, os acionistas podem deliberar pelo adiamento da deliberação sobre os documentos da administração, bem como ordenar diligências; também será adiada a deliberação, salvo dispensa dos acionistas presentes, na hipótese de não comparecimento de administrador (art. 134, § 2º, LSA, que igualmente permite o adiamento se ausente o conselheiro fiscal ou o auditor independente).

O relatório da administração é o principal instrumento de que dispõem os administradores para o cumprimento do dever de prestar contas de sua gestão. Segundo o art. 133, I, LSA, destina-se a esclarecer os acionistas sobre os principais fatos administrativos ocorridos durante o exercício social, contendo informações minuciosas, profundas e reais sobre os atos de gestão e sobre as causas determinantes dos prejuízos ou lucros.

Deve abranger, portanto, aspectos financeiros, patrimoniais e negociais da companhia, bem como suas perspectivas imediatas e mediatas.

O relatório de administração, deve, ainda, nos termos do art. 243, LSA, relacionar os investimentos da companhia em sociedades coligadas e controladas e dar precisas informações sobre a situação econômico-financeira dessas companhias e de suas perspectivas. Deve, igualmente, explicitar, de forma acurada: (i) as razões e destinações das reservas a serem constituídas e a retenção de lucros, alocadas ou mantidas (art. 194 a 200, LSA); (ii) esclarecimentos detalhados e transparentes sobre o resultado do exercício e sua relação com os lucros ou prejuízos acumulados (arts. 186 e 187, LSA); (iii) as origens e aplicações de recursos (art. 188, LSA); e (iv) todas as rubricas das demonstrações financeiras que mereçam especial análise.

A elaboração do relatório da administração com conteúdo genérico e evasivo, que se limita a uma breve exposição sobre as atividades da companhia, não cumpre o objetivo de funcionar como instrumento de prestação de contas e pode ensejar a responsabilidade dos administradores por descumprimento de dever legal (art. 158, II, LSA).

As demonstrações financeiras correspondem ao conjunto de documentos previstos nos arts. 176 e ss., LSA e abrangem: (i) balanço patrimonial; (ii) demonstração dos lucros ou prejuízos acumulados; (iii) demonstração do resultado do

---

[1179] A palavra "accountability" é de difícil tradução para o português. É frequentemente associada a "responsabilização", normalmente aplicada à administração pública e privada. Seu significado inclui prestação de contas da gestão de órgãos ou entidades públicas ou privadas, razão pela qual se relaciona também com fiscalização, avaliação e ética. Dentre as medidas de "accountability", recomenda-se: (i) adoção e manutenção (com constante revisão e melhoria) de sistemas e controles internos destinados a promover a transparência e a prevenir conflitos de interesses; (ii) estabelecimento de critérios apropriados e objetivos para a contratação de terceiros, observadas as bases de mercado; (iii) transparência com relação às diligências adotadas no processo de tomada de decisões e com relação à sua eficiência; (iv) integral prestação de contas, com o detalhamento de informações quanto à organização e funcionamento da gestão dos negócios sociais.

exercício; (iv) demonstração dos fluxos de caixa; e (v) se companhia aberta, demonstração do valor adicionado. Segundo o art. 176, § 6º, LSA, com redação dada pela Lei 11.638/2007, a companhia fechada com patrimônio líquido, na data do balanço, inferior a R$ 2.000.000,00 (dois milhões de reais), não será obrigada à elaboração e publicação da demonstração dos fluxos de caixa.

Com efeito, as demonstrações financeiras devem detalhar, de modo fidedigno, a situação financeira e os resultados da companhia. A LSA contém normas imperativas sobre a elaboração, apresentação e divulgação das demonstrações financeiras e estabelece no art. 176 que estas "deverão exprimir com clareza a situação do patrimônio da companhia e as mutações ocorridas no período".

Outro documento, de caráter essencial para o adequado exercício do direito de fiscalização dos acionistas, consiste nas notas explicativas às demonstrações financeiras, que devem indicar as informações declinadas no art. 176, § 5º, LSA. As referidas notas explicativas reúnem, dentre outros elementos,

O art. 133, LSA, inclui dois documentos que não integram, a rigor, os documentos da administração e têm origem em órgãos de controle interno e externo: são os pareceres do Conselho Fiscal, se em funcionamento (art. 161, LSA), e dos auditores independentes, se houver, porquanto sua contratação se impõe exclusivamente nas companhias abertas (art. 177, § 3º, LSA).

A tarefa de elaboração do parecer pelo Conselho Fiscal encontra-se disposta no art. 163, II, LSA, segundo o qual deve o órgão opinar sobre o relatório anual da administração, fazendo constar do seu parecer as informações complementares que julgar necessárias ou úteis à deliberação da assembleia-geral.

Ressalte-se que o art. 133, III, LSA, inclui, dentre os documentos que devem ser disponibilizados, eventuais votos divergentes de conselheiros, dado que se trata de órgão colegiado, o qual deve aprovar dito parecer em Reunião do Conselho Fiscal, cujas formalidades de convocação e funcionamento seguem o disposto no estatuto social.

Justamente por funcionar como auxiliar dos acionistas na atividade de exame dos documentos da administração, ao menos um dos membros do conselho fiscal deve comparecer à assembleia-geral e responder aos pedidos de informações formulados pelos acionistas (art. 164, LSA). É usual que o Presidente do Conselho Fiscal seja indicado para proceder à leitura do parecer e responder a perguntas formuladas pelos presentes. Não obstante, o acionista pode arguir qualquer membro do Conselho Fiscal que esteja presente à assembleia e solicitar, inclusive, a leitura de eventuais votos divergentes, de tal sorte a provocar amplo debate sobre seus termos.

De igual maneira, o art. 134, § 1º, LSA, determina a presença do auditor independente, se houver, para que sejam atendidos pedidos de esclarecimentos de acionistas.

Portanto, para que os acionistas apreciem, discutam, e solicitem, fundamentadamente, os devidos esclarecimentos acerca dos documentos listados no art. 133, LSA, é fundamental sua disponibilização prévia pela companhia, em conjunto com quaisquer documentos pertinentes a assuntos incluídos na ordem do dia (art. 133, V, LSA) e em tempo hábil para que os acionistas possam diligenciar, organizadamente, os trabalhos preparatórios da assembleia-geral.

Assim, os administradores devem comunicar, até 1 (um) mês antes da data marcada para a realização da assembleia-geral ordinária, por anúncios publicados na forma prevista no art. 124, LSA, que os referidos documentos se acham à disposição dos acionistas, os quais deverão ser publicados até 5 (cinco) dias, pelo menos, antes da data da assembleia-geral (art. 133, § 3º, LSA), à exceção do parecer do conselho fiscal e dos demais documentos de suporte indicados no art. 133, V, LSA.

Publicados os documentos elencados no art. 133, LSA, faculta-se ao acionista solicitar esclarecimentos e informações que entender necessárias para a formação de seu convencimento, de tal forma que lhe fosse possível manifestar-se, com propriedade, em assembleia-geral ordinária, quanto ao teor dos documentos da administração.

Dispõe o art. 133, § 4º, LSA, que a assembleia-geral que reunir a totalidade dos acionistas poderá considerar sanada a falta de publicação dos anúncios ou a inobservância dos prazos referidos nesse dispositivo, desde que haja efetiva publicação dos documentos da administração antes da realização da assembleia.

Havendo vício quanto ao cumprimento do art. 133, LSA, entende-se como irregular a instalação e realização da assembleia-geral, pois o acionista minoritário ficará privado de exercer adequadamente seu direito de fiscalização da gestão dos negócios sociais.

Por fim, caso as demonstrações financeiras apresentam omissões e inconsistências, devem ser retificadas pela administração e republicadas, para posterior exame dos acionistas (art. 134, § 4º, LSA).

Procedimento

Art. 134. Instalada a assembleia-geral, proceder-se-á, se requerida por qualquer acionista, à leitura dos documentos referidos no artigo 133 e do parecer do conselho fiscal, se houver, os quais serão submetidos pela mesa à discussão e votação.

§ 1º Os administradores da companhia, ou ao menos um deles, e o auditor independente, se houver, deverão estar presentes à assembleia para atender a pedidos de esclarecimentos de acionistas, mas os administradores não poderão votar, como acionistas ou procuradores, os documentos referidos neste artigo.

§ 2º Se a assembleia tiver necessidade de outros esclarecimentos, poderá adiar a deliberação e ordenar diligências; também será adiada a deliberação, salvo dispensa dos acionistas presentes, na hipótese de não comparecimento de administrador, membro do conselho fiscal ou auditor independente.

§ 3º A aprovação, sem reserva, das demonstrações financeiras e das contas, exonera de responsabilidade os administradores e fiscais, salvo erro, dolo, fraude ou simulação (artigo 286).

§ 4º Se a assembleia aprovar as demonstrações financeiras com modificação no montante do lucro do exercício ou no valor das obrigações da companhia, os administradores promoverão, dentro de 30 (trinta) dias, a republicação das demonstrações, com as retificações deliberadas pela assembleia; se a destinação dos lucros proposta pelos órgãos de administração não lograr aprovação (artigo 176, § 3º), as modificações introduzidas constarão da ata da assembleia.

§ 5º A ata da assembleia-geral ordinária será arquivada no registro do comércio e publicada.

§ 6º As disposições do § 1º, segunda parte, não se aplicam quando, nas sociedades fechadas, os diretores forem os únicos acionistas.

COMENTÁRIOS

1. Votação das demonstrações financeiras

FÁBIO ULHOA COELHO

Os temas característicos da Assembleia Geral Ordinária são quatro, mencionados nos incisos I e II do art. 132: (i) votação das contas dos administradores; (ii) votação das demonstrações financeiras; (iii) destinação do lucro líquido do exercício; e (iv) distribuição de dividendos.

A praxe societária, porém, tem dispensado maiores formalismos no enfrentamento desses temas característicos. Não é raro de acontecer apenas a submissão ao voto dos acionistas das demonstrações financeiras, nas quais sempre estão "embutidas" as três outras matérias.

As contas dos administradores muitas vezes não são apresentadas num documento apartado, como prefere a LSA. Mas se a Assembleia Geral aprova as demonstrações financeiras, está necessariamente aprovando também as contas dos administradores relativas ao mesmo exercício. De outro lado, não há, na ordem do dia da AGO, normalmente itens destacados para a votação da destinação do lucro líquido e a distribuição de dividendos, tampouco os administradores formalizam num instrumento próprio sua proposta a respeito, desdenhando a prática societária do que vem dito no art. 192 da LSA. Mas, novamente, se a Assembleia Geral aprova as demonstrações financeiras, está necessariamente aprovando também estas duas matérias, por se tratar de definições encontradas em dois desses documentos, o BP e a DRE (ou DRA).

De qualquer forma, a LSA se preocupa em disciplinar o procedimento de votação das contas dos administradores e das demonstrações financeiras, no âmbito da AGO, por ser esta de suma importância para as relações societárias e desenvolvimento da empresa.

A disciplina específica da votação dos temas característicos da AGO compreende seis preceitos: (i) leitura dos documentos que serão votados, se houver pedido de qualquer acionista; (ii) presença dos administradores, auditores e fiscais, para esclarecer dúvidas dos acionistas; (iii) impedimento do voto dos administradores; (iv) modificação das demonstrações financeiras pela AGO; (v) não aprovação da proposta dos administradores de destinação do resultado; e (vi) obrigatoriedade da publicação da ata.

A regra da obrigatoriedade da leitura dos documentos mencionados no art. 133 da LSA, sempre que qualquer acionista o solicitar, corresponde a uma disposição anacrônica e sem nenhuma serventia. A cansativa e inútil leitura das demonstrações financeiras, parecer de auditoria independente, parecer do conselho fiscal e demais documentos, apesar de corresponderem à substância da discussão e votação que acontecerá na

AGO, tem-se prestado unicamente a estratégias procrastinatórias. Bem mais racional seria se a lei suprimisse esse direito dos acionistas. Enquanto não se verifica a alteração legislativa, não se pode considerar abusiva a determinação da mesa dos trabalhos que indefira o pedido de leitura dos documentos, se não houver alguma justificativa razoável para o procedimento.

Obriga a LSA a presença de pessoas aptas a prestar esclarecimentos aos acionistas, durante a fase de discussão dos temas característicos da AGO. São elas, em primeiro lugar, os administradores da companhia, ou apenas um deles. Também é determinada a presença do auditor externo, se houver. Igualmente, requisita a lei o comparecimento dos membros do Conselho Fiscal, devendo-se entender que diz respeito unicamente aos titulares. A finalidade da exigência dessas presenças é possibilitar o fornecimento de informações e esclarecimentos complementares, caso solicitados por acionista na fase de discussão. A ausência dos administradores, do auditor e dos fiscais, porém, não dá causa à invalidação da Assembleia Geral, mormente se a maioria dos presentes já se considerar suficientemente esclarecida para proferir o voto. O adiamento referido no § 2º é uma mera faculdade, cuja conveniência deve ser ponderada pela maioria dos acionistas presentes.

Mais uma norma da disciplina do procedimento da votação dos temas característicos da AGO é a do impedimento do voto dos administradores. Tal é o patente conflito de interesses, que a LSA proíbe até mesmo os administradores de votarem como procuradores dos acionistas. Desrespeitada essa norma, a votação é nula, a menos que os votos impedidos não tenham sido determinantes para o seu resultado.

Ressalva o § 6º a inexistência do impedimento de voto, se todos os acionistas da companhia fechada forem membros de órgãos de administração. A LSA menciona apenas "diretores", nessa ressalva, mas as mesmas razões para a inexistência de impedimento estão igualmente presentes no caso de todos os acionistas da companhia fechada possuírem cargo em qualquer um ou nos dois órgãos de administração (Diretoria ou Conselho de Administração).

A quarta disposição na disciplina do procedimento de votação dos temas característicos da AGO cuida da modificação nas demonstrações financeiras, por deliberação assemblear, do valor do lucro do exercício ou das obrigações da companhia. Acontecendo esse gênero de modificação, deve ser providenciada, pelos administradores, a republicação das demonstrações financeiras, com as retificações aprovadas pelos acionistas. O prazo para a republicação é de trinta dias seguintes à AGO (§ 4º, primeira parte).

A penúltima norma específica do procedimento de votação das contas dos administradores e demonstrações financeiras diz respeito à hipótese de não aprovação da proposta, apresentada pelos administradores, de destinação do lucro do exercício (art. 192). Como diz o art. 176, § 3º, da LSA, "*as demonstrações financeiras registrarão a destinação dos lucros sendo a proposta dos órgãos de administração, no pressuposto de sua aprovação pela Assembleia Geral*". Mas, uma vez acontecido de a Assembleia Geral rejeitar o proposto pela administração, não se fará a modificação e republicação das demonstrações financeiras, como na regra anterior, mas simplesmente o registro em ata da mudança (§ 4º, *in fine*).

E a derradeira regra da disciplina da votação dos temas característicos da AGO consiste na obrigatoriedade da publicação da ata (§ 5º). Ao contrário do que se verifica relativamente à ata de AGE, que só são obrigatoriamente publicadas em algumas hipóteses,[1180] a da AGO sempre deve ser objeto de publicação.

2. Efeito liberatório da aprovação de contas dos administradores

Fábio Ulhoa Coelho

Como qualquer outro sujeito de direito, a sociedade anônima deve outorgar quitação ao

---

[1180] "A lei exige sempre a publicação da ata da assembleia geral *ordinária* (LSA, art. 134, § 5º), mas não obriga à mesma formalidade todas as *extraordinárias*. Ao contrário, a publicação da ata da AGE somente é referida em lei quando a reunião do órgão: *a)* delibera matéria que dá ensejo ao exercício do direito de recesso, pelo acionista (arts. 45, §§ 6º e 7º, e 137, III e IV e § 3º); *b)* decide a emissão de debêntures (arts. 62, I, e 64, III); *c)* reforma os estatutos (art. 135, § 1º); *d)* é o local em que ocorre a renúncia de administrador (art. 151); *e)* reduz o capital social, com restituição aos acionistas (art. 174); *f)* toma a prestação final de contas do liquidante (art. 216, § 2º); *g)* aprova as operações de incorporação, fusão e cisão (arts. 227 a 233). Fora essas situações, inexiste obrigatoriedade para a publicação da ata da assembleia geral extraordinária. Apenas para completar o quadro, lembre-se de que a assembleia de fundação e, consequentemente, também a de transformação de limitada em anônima devem ter as respectivas atas publicadas (arts. 98 e 220, parágrafo único)" (COELHO, Fábio Ulhoa. *Curso de direito comercial*. 22. ed. São Paulo: RT, 2019. v. 2 p. 215).

seu devedor, sempre que adimplida a obrigação (CC, art. 319). Na generalidade das vezes, a quitação é dada pela sociedade anônima por ato do seu representante legal, vale dizer, pelo diretor ou diretores que, na forma do estatuto social, dispõem de poderes para externar a vontade dela, da pessoa jurídica. Esta quitação será instrumentalizada, como acontece com os demais sujeitos de direito, pela emissão do "recibo de pagamento". Existe, porém, uma particular hipótese em que a sociedade anônima outorga quitação, externando sua vontade por meio de órgão societário diverso. Neste caso, a sua vontade é *tornada presente* não pelo representante legal, mas pela expressão da vontade majoritária no âmbito da assembleia geral. É a quitação dada pela sociedade por meio da assembleia geral aos seus administradores, pelos atos de administração praticados num determinado exercício social.

Sendo órgão da sociedade anônima, a assembleia geral é um dos "locais" em que esta, enquanto pessoa jurídica, exterioriza sua vontade. Dependendo da matéria em questão, cabe exclusivamente à assembleia geral – e não a outro órgão, como a diretoria ou o conselho de administração – *definir* a vontade da sociedade, enquanto sujeito de direito.[1181] Quando se trata, por exemplo, de definir a vontade da sociedade anônima relativamente à propositura, ou não, de ação de responsabilização contra administrador, visando a indenização dos danos sofridos pela pessoa jurídica em decorrência de má administração, o único órgão com competência para esta definição é a assembleia geral: "compete à companhia, *mediante prévia deliberação da assembleia geral*, a ação de responsabilidade civil contra o administrador, pelos prejuízos causados ao seu patrimônio" (art. 159, *caput*).

A lei reservou à competência exclusiva da assembleia geral a decisão sobre processar ou não processar seus administradores por ser a própria sociedade, pessoa jurídica, a titular do eventual direito à indenização. E, sendo este direito inequivocamente disponível, sempre poderá a sociedade, mesmo em caso de prejuízo, optar pelo não ajuizamento da ação de responsabilização. Neste caso, também o órgão competente para deliberar não promover a ação é a assembleia geral.[1182] Outra matéria da competência exclusiva da assembleia geral é a votação das demonstrações financeiras e contas dos administradores (LSA, art. 122, III). Também neste caso, a relevância do tema justifica a solução legal, atribuindo privativamente ao conjunto dos acionistas a competência para definir a vontade da pessoa jurídica.

Um dos efeitos da aprovação das demonstrações financeiras e das contas dos administradores é a outorga, pela sociedade anônima, de *quitação* àqueles que geriram seu patrimônio no exercício anterior (art. 134, § 3º). Não é a assembleia geral, órgão desprovido de personalidade jurídica, que quita; tampouco, os acionistas nela reunidos. É a própria sociedade anônima, enquanto sujeito de direito, que pratica o ato, exonerando os seus administradores de qualquer responsabilidade à frente da empresa durante aquele exercício.

Claro, até mesmo em vista da natureza pública da ata de assembleia geral ordinária (LSA, art. 134, § 5º), não se exige que este documento esmiúce o assunto, sendo suficiente a aprovação de contas dos administradores sem ressalvas para que a sociedade anônima *quite* todas as obrigações que eles eventualmente pudessem ter, perante ela, em razão de eventuais irregularidades

---

[1181] Na lição de Alfredo de Assis Gonçalves Neto: "Durante a vida da sociedade, o administrador ou os administradores, compõem a faceta da pessoa jurídica incumbida de desenvolver a atividade econômica que é o seu objeto. Nessa função, tomam inúmeras decisões. São o órgão de execução da vontade social, expressada nas cláusulas do contrato, determinantes de seu modo de agir na consecução desse objeto. Mas, relativamente a certas matérias, é preciso que os sócios sejam chamados para tomar decisões, expressando a vontade social em adendo e em complemento das disposições contratuais, não inseridas nas atribuições do órgão de administração. Aí não se está mais diante do órgão que tem a função de dar conta, executar, mas de um outro órgão, definidor ou formador da vontade social, que pode ser qualificado como reunião de sócios, assembleia de sócios ou, simplesmente, conjunto de sócios" (*Direito de empresa*. São Paulo: RT, 2007. p. 353-354).

[1182] "Convém atentar para o fato de que nem sempre é interessante à companhia promover a responsabilização judicial do administrador afastado, porque o ajuizamento do processo implica, necessariamente, tonar públicos os problemas na administração da empresa (por vezes, importa a divulgação de dados confidenciais, também). Ou seja, a imagem institucional da sociedade anônima pode sofrer, com o ajuizamento da ação de responsabilidade do administrador, danos que superem os provocados por este. Assim, mesmo apurada a responsabilidade, a assembleia geral pode deliberar validamente pelo não ajuizamento da demanda" (COELHO, Fábio Ulhoa. *Curso de direito comercial*. 20. ed. São Paulo: RT, 2016. v. 2. p. 264).

perpetradas em nome da companhia, com os recursos por ela fornecidos e com o objetivo primeiro de a beneficiarem. E quem pode o mais, pode o menos: se, na assembleia geral, foram discutidas (levantadas ou não por acionistas minoritários) fatos que poderiam configurar irregularidades, que teriam sido praticadas pelos administradores, e, mesmo assim, as contas são aprovadas pela maioria, opera-se igualmente o efeito exoneratório desta específica modalidade de quitação dada por sociedades anônimas.[1183]

A quitação conferida pela sociedade anônima ao administrador não tem a natureza jurídica ou mesmo qualquer de suas características minimamente alteradas pelo fato de adotar, por força de lei, a *forma* de uma deliberação assemblear. Ainda é quitação, como a de qualquer outro credor dada ao devedor; ainda é o ato pelo qual o outorgante *exonera* de responsabilidade o outorgado.

Deste modo, como nenhum sujeito de direito pode dar quitação a outro (devedor, gestor de negócios, contratante etc.) e, depois, por ato unilateral de vontade, revogá-la, pretendendo desconstituir os efeitos da exoneração concedida,[1184] também a sociedade anônima não pode agir assim. Se deu quitação a outra pessoa, a sociedade anônima não pode revogá-la por declaração unilateral de vontade. E assim é tanto na quitação dada pela forma acessível à generalidade dos credores (emissão do "recibo de pagamento"), como na decorrente da aprovação das contas dos administradores pela assembleia geral.

De outro lado, a quitação, como qualquer outro negócio jurídico, pode eventualmente ser anulável em razão de vício. Trata-se, no entanto, a invalidação por anulabilidade de hipótese de desconstituição dos efeitos da declaração negocial substancialmente diversa da revogação unilateral. Se o outorgante de uma quitação qualquer exonerou o outorgado porque se enganou (e o engano era escusável), seu ato é anulável por erro; se foi vítima de malicioso ardil engendrado pelo outorgado, é invalidável também, agora por dolo – e assim por diante. A quitação é um negócio jurídico e, como tal, só vale se proveniente de manifestação *livre* e *consciente* do outorgante. Relembre-se que apenas o *erro escusável* é vício.[1185] Aquele erro imperdoável, em que incorre o sujeito de direito por ter não realizado as diligências mínimas normalmente adotadas pelo homem médio, não é causa de anulação do negócio jurídico. Como alerta a doutrina, o erro inescusável equivale à má-fé[1186]. O Código Civil, em seu art. 138, somente considerou vício apto a anular o negócio jurídico, o erro substancial, isto é, aquele que não "*poderia ser percebido por pessoa de diligência normal, em face das circunstâncias do negócio*".[1187]

[1183] No dizer de Alfredo de Assis Gonçalves Neto: "Aprovadas as contas [pela assembleia de sócios] sem reservas, ficam exonerados de qualquer responsabilidade os administradores e, se houver, os membros do conselho fiscal, salvo erro, dolo ou simulação. Isto quer dizer que, se, na discussão das contas, foram levantadas irregularidades, mas mesmo assim os sócios as aprovaram, não há como responsabilizar os administradores" (*Direito de empresa*. São Paulo: RT, 2007. p. 380).

[1184] A revogabilidade da quitação é admitida, pela doutrina, unicamente em casos excepcionais e nunca por vontade unilateral do credor. Como ensina Orlando Gomes: "frequentes vezes o credor remete ao devedor o recibo de quitação na expectativa de que o pagamento se efetue imediatamente. Em outras circunstâncias, vê-se compelido a entregar de antemão o recibo, a fim de que o devedor processe o pagamento, devido a exigências de sua organização comercial. Acontece, outrossim, que entrega o título sem receber. Enfim, precipita-se. É óbvio que nesses casos, lhe assiste o direito de cancelá-lo provando que não houve pagamento. Outras existem, no entanto, nas quais a *revogação* se inspira em motivos diversos. O pagamento realizou-se, mas, de modo inexato. Então, o credor anula os efeitos da quitação, obtendo a revogação, sob o fundamento de que sua vontade fora viciada por erro ou coação" (*Obrigações*. 15. ed., rev. e atual. por Humberto Theodoro Jr. Rio de Janeiro: Forense, 2002. p. 111).

[1185] Segundo Caio Mário da Silva Pereira: "a doutrina acrescenta ainda que somente é de se considerar *erro escusável*, não afetando o negócio, quando o agente procede sem as cautelas normais, ou seja tal que não o cometeria um indivíduo de inteligência normal" (*Instituições de direito civil*. 5. ed. Rio de Janeiro: Forense, 1976. v. I, p. 448). No mesmo sentido, ver, por todos, Carlos Roberto Gonçalves (*Direito civil brasileiro*. São Paulo: Saraiva, 2003.v. I. p. 362) e Arnoldo Wald (*Direito civil* – introdução e parte geral. 9. ed., ver., ampl. e atual. de acordo com o novo Código Civil. São Paulo: Saraiva, 2002. p. 201).

[1186] GOMES, Orlando. *Introdução ao direito civil*. 15. ed., atual. por Humberto Theodoro Jr. Rio de Janeiro: Forense, 2000. p. 417.

[1187] A alguns pareceu que o art. 138 do Código Civil tivesse mudado a tradição do direito brasileiro no tratamento do erro como vício, adotando o critério da cognoscibilidade do direito italiano (Cf., por todos, OLIVEIRA, J. Lamartine Corrêa de. A parte geral do anteprojeto de código civil. *MP* – órgão oficial do Ministério Público do Estado do Paraná. v. 2, p. 30); o autor desta parte do anteprojeto, porém, José Carlos Moreira Alves, logo esclareceu ter havido um erro de datilografia:

A anulação da quitação, porém, não pode decorrer de manifestação unilateral de vontade do outorgante, pretendendo desconstituir os efeitos da declaração anterior. Mesmo quando a assembleia geral retifica, por qualquer razão, as contas que havia aprovado, esta deliberação não tem o efeito de revogar a quitação anteriormente outorgada ao administrador.[1188] Enquanto não for judicialmente invalidada, por vício, a quitação outorgada pela sociedade anônima, por meio de assembleia geral, ela produz plenos efeitos de exoneração dos administradores, relativamente aos atos praticados durante o exercício a que se refere.[1189]

3. Reapresentação de demonstrações: desnecessidade de publicação

Rodrigo R. Monteiro de Castro

Tema relevante, não regulado na LSA, consiste no tratamento da reapresentação de demonstrações financeiras, após a sua aprovação pela assembleia geral. A situação que se costuma verificar, com alguma frequência, envolve a demanda de novo auditor, contratado pela companhia para atender ao rodízio obrigatório, decorrente de revisões promovidas sobre as contas existentes – e que levam em consideração as do exercício anterior. Essa situação de mudança não é única que justifica a reapresentação, mas as soluções, em princípio, são as mesmas.

Como já adiantado, a LSA não prevê a hipótese e, no mesmo sentido, não trata de eventual necessidade de publicação de demonstrações reapresentadas, no mesmo ano da aprovação pela assembleia geral ordinária ou em anos futuros. Nesses casos, as demonstrações financeiras reapresentadas serão submetidas à assembleia geral extraordinária, convocada para deliberar o tema com exclusividade ou não, visto que a

---

"[...] no anteprojeto parcial originário, que apresentei em 1970 [...], se exigia, para que o erro substancial desse margem à anulação do negócio jurídico, que fosse escusável quanto ao declarante, e reconhecível pela outra parte. A maioria, porém, da Comissão Elaboradora e Revisora não acolheu essa proposta. Em razão disso, no Anteprojeto de 1972, deu-se a seguinte redação ao artigo correspondente: 'Art. 138. São anuláveis os negócios jurídicos, quando as declarações de vontade emanarem de erro substancial. Parágrafo único. Não se considera erro substancial o que poderia ser percebido por pessoa de diligência normal, em face das circunstâncias do negócio'. O parágrafo único mantinha, somente, o requisito da escusabilidade do erro, uma vez que, evidentemente, só a negligência do declarante é que poderia descaracterizar o erro substancial. Sucede, porém, que, na publicação do Anteprojeto de 1973 – possivelmente por erro datilográfico, resultante da identidade de expressões ('erro substancial') encontradas na parte final do *caput* e na parte inicial do parágrafo – o texto do art. 136 (que reproduzia o teor do art. 138 do anteprojeto de 1972), em seu *caput*, não se deteve, como seria o certo, nas palavras finais 'erro substancial', mas prosseguiu incorporando a parte final do parágrafo único ('que poderia ser percebido por pessoa de diligência normal, em face das circunstâncias do negócio') [...]" (*A parte geral do Projeto de Código Civil brasileiro*. 2. ed. São Paulo: Saraiva, 2003. p. 114-115). Ver, também, sobre o tema Carlos Roberto Gonçalves (*Direito civil brasileiro*. São Paulo: Saraiva, 2003.v. I. p. 363-364).

[1188] Como ensina Alfredo Sérgio Lazzareschi Neto: "cumpre registrar que o direito de retificação não inclui o de revogar ou reconsiderar a aprovação de contas e das demonstrações financeiras, porquanto, implicando a aprovação verdadeira *quitação* para os administradores (cf. STJ, REsp 257573/DF, Rel. p/ acórdão Min. Ari Pargendler, DJU 25.6.2001, p. 172; RSTJ 148/323), a companhia não pode arrepender-se posteriormente do fato de tê-los exonerado de responsabilidade. Somente mediante *anulação judicial* da aprovação das contas e das demonstrações financeiras nos termos do art. 286 é que os administradores podem ser responsabilizados" (*Lei das sociedades por ações anotada*. 3. ed. São Paulo: Saraiva, 2010. p. 271).

[1189] "Normalmente, a quitação adota a forma escrita e o seu instrumento chama-se 'recibo'. Há, contudo, quitação dada por escrito que se instrumentaliza de modo diverso. Nas associações, cooperativas, sociedades anônimas e, eventualmente, nas limitadas, a assembleia dos sócios que aprova as contas dos administradores confere a eles quitação pelos atos praticados durante o exercício (período anual) a que se refere. Desse modo, se o diretor de uma associação, após sua saída do cargo, for processado por esta para ressarcir-lhe algum prejuízo, a exibição da ata da assembleia geral aprovando as suas contas no exercício em que o dano teria ocorrido tem os mesmos efeitos de um recibo. Assim, após a aprovação das contas em assembleia, os administradores daquelas pessoas jurídicas só podem ser demandados se houver fundamento para, antes, ser promovida a anulação do ato assemblear por vício (erro, dolo, coação etc.). Quer dizer, se, por exemplo, o credor de uma obrigação qualquer outorga recibo ao devedor por ter sido induzido em erro, a quitação outorgada terá sido negócio jurídico inválido, passível de anulação (CC, art. 138). Se o credor quiser cobrar a obrigação, terá de obter, antes, a declaração de anulação do recibo. A pessoa jurídica que, em assembleia dos sócios, aprovou as contas dos administradores não tem o direito de demandar contra estes a indenização por eventuais danos derivados de má administração, a menos que o tenha feito por erro ou outro vício. Se este é o caso, deverá inicialmente postular a anulação judicial da assembleia que aprovou as contas, para fins de desconstituição dos efeitos da quitação outorgada" (COELHO, Fábio Ulhoa. *Curso de direito civil*. 7. ed. São Paulo: RT, 2016. v. 2 p. 123).

aprovação originária já ocorreu no ambiente adequado da ordinária.

Esta, aliás, ocorre apenas uma vez ao ano, nos termos do art. 132, e não cabe a sua extensão para qualquer tema não inserido na pauta, previsto ou não nesse artigo, e menos ainda para deliberação de matéria estranha àquelas identificadas pela LSA – como a reapresentação.

Ademais, os procedimentos de publicidade antecedente, previstos no art. 133, aplicam-se apenas à assembleia geral ordinária e, da mesma, forma, a solução para a aprovação com modificação, prevista no § 4º do art. 134, envolve somente ocorrências no âmbito dessa mesma espécie de assembleia. Com efeito, no caso deste parágrafo, exige-se, expressamente, a realização, no prazo de 30 dias, da republicação das demonstrações, com as retificações deliberadas; e se a destinação dos lucros proposta pelos órgãos de administração não for aprovada, as modificações introduzidas constarão da ata da assembleia. Trata-se, pois, de requisito de aprovação das próprias contas, em assembleia geral ordinária.

Portanto, não há norma que exija a publicação de demonstrações reapresentadas. Isso não quer dizer, porém, que a aprovação possa ocorrer sem a adequada produção informacional sobre o tema.

Tratando-se de companhia aberta, a publicização deverá ser feita mediante divulgação (i) de fato relevante, com detalhamento da motivação dos ajustes motivadores da reapresentação e (ii) das demonstrações financeiras no sítio eletrônico da companhia, da CVM e da B3 (se for o caso), com reapresentação de formulários eletrônicos à CVM, contendo nota explicativa.

A autarquia já se manifestou nesse sentido em diversos julgados, envolvendo, por exemplo, os Processos Administrativos CVM nº RJ2009/4053, RJ2009/6750, RJ2007/3480 e RJ2011/7085. Aliás, transcreve-se parte do voto proferido pelo Diretor-Relator Roberto Tadeu Antunes Fernandes, no âmbito do PAS CVM nº RJ2011/7085:

Quanto à republicação das referidas demonstrações financeiras, estou de acordo com a alternativa concedida à Recorrente pela SEP no Ofício/CVM/SEP/GEA-5/Nº 129/2012, consistente na publicação de Fato Relevante, por meio do qual será dada ampla divulgação ao refazimento das demonstrações financeiras, detalhando-se as retificações efetuadas, bem como informando sua disponibilização, na íntegra, com as referidas correções e ajustes, nos sites da CVM, da BM&F Bovespa e da Recorrente.

Creio que, de um lado, tal solução atende à preocupação da Recorrente com os custos adicionais aos quais incorreria na hipótese da republicação das demonstrações financeiras em sua integralidade, e, de outro lado, resguarda o direito do público investidor à ampla divulgação das informações financeiras da companhia, o que, a meu ver, não seria plenamente alcançado por meio da publicação de Comunicado ao Mercado, como requerido pela Recorrente. Além disso, deverá a Recorrente colocar as demonstrações financeiras corrigidas à disposição dos interessados em sua sede e observar que, por ocasião da divulgação e publicação das próximas demonstrações financeiras, deverão constar as informações relativas a 31.12.2011 devidamente retificadas e/ou aditadas. [grifos próprios]

Além disso, observe-se que o Ofício-Circular/CVM/SNC/SEP/nº 01/2021, que trata de orientações quanto à elaboração e reapresentação espontânea de demonstrações contábeis, também não menciona ou exige a publicação:

Companhias que decidirem revisitar suas políticas contábeis, no tocante ao reconhecimento desses créditos fiscais e entenderem pertinente ajustar suas demonstrações contábeis anteriormente divulgadas, têm a possibilidade de reapresentá-las espontaneamente, nos termos do CPC nº 23, comparativamente às demonstrações contábeis preparadas para o exercício social findo em 31.12.2020.

A SEP, ademais, também se posicionou sobre o tema, no âmbito de situação distinta, como se extrai do Ofício nº 108/2020/CVM/SEP/GEA-5, o qual ofereceu alternativa à republicação de demonstrações financeiras, consistente em procedimento similar ao indicado acima:

24. Isto posto, (i) à luz do acima descrito; (ii) considerando que não há evidências convincentes da provável disponibilidade de lucros tributáveis futuros para suportar que os valores registrados como ativo fiscal diferido,

provenientes de prejuízos fiscais ou créditos fiscais não utilizados, possam ser utilizados, conforme determina o parágrafo 35 do Pronunciamento Técnico CPC 32; e (iii) e tendo em vista a necessidade de representação fidedigna e apropriada das informações contábeis, *determinamos o refazimento, a reapresentação e a republicação das demonstrações financeiras anuais completas data-base 31.12.2017, 31.12.2018 e 31.12.2019*, bem como o refazimento e reapresentação dos respectivos Formulários DFP, além do refazimento e reapresentação dos Formulários de Informações Trimestrais referentes aos exercícios sociais de 2018, 2019 e 2020, contemplando os ajustes pertinentes, com efeitos retrospectivos nos comparativos, a título de retificação de erro, em conformidade com os requerimentos previstos nos itens 41 a 49 do Pronunciamento Técnico CPC 23, aprovado pela Deliberação CVM nº 592/09. Nesse sentido, os administradores deverão observar os seguintes procedimentos:

(a) alternativamente à republicação das demonstrações financeiras encerradas em 31.12.2017, 31.12.2018 e 31.12.2019, a administração da Companhia poderá publicar Fato Relevante, por meio do qual deverá dar conta do refazimento das demonstrações financeiras, divulgar e detalhar as retificações efetuadas, nos termos dos requerimentos previstos nos itens 41 a 49 do Pronunciamento Técnico CPC 23, aprovado pela Deliberação CVM nº 592/09. Nesse Fato Relevante deverá ser informado, ainda, que as demonstrações financeiras de 31.12.2017, 31.12.2018 e 31.12.2019, com as referidas correções e ajustes, acham-se divulgadas, na íntegra, nas páginas da CVM e da B3 e na página da Companhia na internet. Além disso, a Companhia deverá colocar as demonstrações financeiras corrigidas à disposição dos interessados na sua sede;

(b) os Formulários DFP e ITRs deverão ser reapresentados por meio eletrônico, via Sistema Empresas.Net, contendo os ajustes mencionados e a informação de que a reapresentação se dá por exigência da CVM. Para tanto, deverá ser acessado o item correspondente, marcando a opção "reapresentação por exigência" da CVM. Em seguida, registrar no campo "exigência CVM nº" o número do presente ofício. Todos os formulários citados deverão ser apresentados à CVM e à B3 na mesma data da apresentação das demonstrações financeiras;

(c) para cada um dos períodos refeitos, *incluir nota explicativa*, anterior às demais notas, informando sobre a determinação de refazimento pela CVM e esclarecendo os motivos dos ajustes efetuados; e

(d) dar ciência aos seus auditores independentes, cujos relatórios de auditoria e de revisão especial deverão ser reemitidos, contemplando parágrafo específico expressando sua opinião ou conclusão sobre os ajustes realizados. [grifos próprios]

SEÇÃO III
ASSEMBLEIA-GERAL EXTRAORDINÁRIA

Reforma do Estatuto

Art. 135. A assembleia geral extraordinária que tiver por objeto a reforma do estatuto somente se instalará, em primeira convocação, com a presença de acionistas que representem, no mínimo, 2/3 (dois terços) do total de votos conferidos pelas ações com direito a voto, mas poderá instalar-se, em segunda convocação, com qualquer número. (Redação dada pela Lei nº 14.195, de 2021)

§ 1º Os atos relativos a reformas do estatuto, para valerem contra terceiros, ficam sujeitos às formalidades de arquivamento e publicação, não podendo, todavia, a falta de cumprimento dessas formalidades ser oposta, pela companhia ou por seus acionistas, a terceiros de boa-fé.

§ 2º Aplica-se aos atos de reforma do estatuto o disposto no artigo 97 e seus §§ 1º e 2º e no artigo 98 e seu § 1º.

§ 3º Os documentos pertinentes à matéria a ser debatida na assembleia-geral extraordinária deverão ser postos à disposição dos acionistas, na sede da companhia, por ocasião da publicação do primeiro anúncio de convocação da assembleia-geral. (Incluído pela Lei 10.303, de 2001)

Art. 135

📄 COMENTÁRIOS

1. *Quorum* de instalação e quórum de deliberação para reforma do estatuto

Ana Frazão

O art. 135, da Lei nº 6.404/1976, assim como o art. 136, devem ser compreendidos como exceções à regra geral do art. 125, segundo o qual "Ressalvadas as exceções previstas em lei, a assembleia geral instalar-se-á, em primeira convocação, com a presença de acionistas que representem, no mínimo, 1/4 (um quarto) do capital social com direito de voto; em segunda convocação instalar-se-á com qualquer número."

Dessa maneira, a regra geral é a de que a primeira convocação depende da presença de pelo menos 1/4 do capital social com direito de voto. Diante da importância da reforma do estatuto social, a lei exigia, em sua redação originária, um quórum de instalação de 2/3 do capital social com direito a voto em primeira convocação, ainda que pudesse ser instalada com qualquer número em segunda convocação.

Com a introdução do voto plural pela Lei nº 14.195/2021, a nova redação do art. 135 da Lei nº 6.404/1976 exige, na primeira convocação para a reforma do estatuto, a presença de 2/3 do total de votos conferidos pelas ações com direito a voto, assegurando que, na segunda convocação, a assembleia possa ser instalada com qualquer número.

Em termos práticos, os cuidados da lei com a reforma do estatuto podem não ter qualquer eficácia, considerando que, em segunda convocação, a assembleia poderá ser instalada com qualquer quórum e continuará, como regra, deliberando pela maioria absoluta do total de votos conferidos pelas ações com direito a voto,[1190] salvo nas hipóteses em que a Lei nº 6.404/1976 exigir quórum distinto, de que são exemplos os arts. 129, § 1º, e 136.

2. Registro, publicação e eficácia dos atos relativos a reformas do estatuto

Ana Frazão

O § 1º, do art. 135, da Lei nº 6.404/1976, apresenta duas regras distintas. Em sua primeira parte, deixa claro que, para valerem contra terceiros, os atos relativos a reformas do estatuto estão sujeitos às formalidades de arquivamento e publicação. Tais exigências não se aplicam, portanto, à eficácia interna da reforma, ou seja, perante os acionistas, uma vez que esta depende exclusivamente da deliberação.

Em sua segunda parte, a lei deixa claro que a falta de cumprimento dessas formalidades não pode ser oposta a terceiros de boa-fé. Em outras palavras, se o terceiro se comporta de acordo com a alteração estatutária não registrada, tal comportamento deverá ser valorizado. Afinal, a teoria do *ultra vires* há muito vem sendo superada pela boa-fé objetiva e pela teoria da aparência.[1191]

De acordo com o § 2º, do art. 135, da Lei nº 6.404/1976, devem ser observadas as formalidades de registro e publicação constantes dos arts. 97, §§ 1º e 2º, e 98, § 1º.

3. Direito à informação por parte dos acionistas

Ana Frazão

O § 3º, do art. 135, da Lei nº 6.404/1976, foi acrescentado pela Lei nº 10.303/2001, que teve como uma de suas grandes preocupações a proteção dos acionistas minoritários. Assim, o referido dispositivo transformou em preceito legal exigência que a CVM já previa para companhias abertas e ainda a estendeu para as companhias fechadas.

Vale ressaltar que, para as companhias abertas, ainda existem exigências adicionais, como a do § 6º, do art. 124, da Lei nº 6.404/1976, segundo o qual "As companhias abertas com ações admitidas à negociação em bolsa de valores deverão remeter, na data da publicação do anúncio de convocação da assembleia, à bolsa de valores em que suas ações forem mais negociadas, os documentos postos à disposição dos acionistas para deliberação na assembleia geral."

A ideia da referida obrigação é de assegurar que a Assembleia seja efetivamente um espaço de debate informado, o que obviamente não aconteceria se os acionistas não tivessem tempo para refletir sobre fatos, documentos e informações que são imprescindíveis para a deliberação. Por outro lado, é por meio da transparência que as minorias podem também se organizar para realizarem oposição ao controlador sempre que perceberem

---

[1190] Ver comentários de Ana Frazão ao art. 129 da Lei nº 6.404/1976.

[1191] Ver comentários de Ana Frazão ao art. 2º da Lei nº 6.404/1976, especialmente na seção "Atos *ultra vires*".

que o voto deste não encontra amparo nos documentos e informações disponíveis.

Por essa razão, esse direito está intimamente ligado ao direito de fiscalizar a gestão dos negócios sociais (Lei nº 6.404/1976, art. 109, III), inclusive para o fim de se opor a determinadas deliberações.

Do ponto de vista operacional, ensina Modesto Carvalhosa,[1192] que "Cabe à companhia disponibilizar esses documentos na sua sede social, e ainda no blog da companhia, na mesma data em que publicar o primeiro edital de convocação (art. 289) para a assembleia geral, ou seja, pelo menos oito dias antes da realização desta, para as companhias fechadas, e quinze dias antes dessa data, para as companhias abertas (art. 124)."

O fato de o § 3º estar situado no art. 135 faz surgir a dúvida sobre se tal regra se aplicaria apenas aos casos de assembleia extraordinária para reforma de estatuto. Entretanto, José Waldecy Lucena[1193] considera que, apesar da deficiência legislativa, a regra deveria incidir sobre todos os casos de assembleia extraordinária.

Caso a regra seja descumprida, já entendeu o Tribunal de Justiça de São Paulo[1194] que a assembleia deve ser anulada.

"Quorum" Qualificado

Art. 136. É necessária a aprovação de acionistas que representem metade, no mínimo, do total de votos conferidos pelas ações com direito a voto, se maior quórum não for exigido pelo estatuto da companhia cujas ações não estejam admitidas à negociação em bolsa ou no mercado de balcão, para deliberação sobre: (Redação dada pela Lei nº 14.195, de 2021)

I – criação de ações preferenciais ou aumento de classe de ações preferenciais existentes, sem guardar proporção com as demais classes de ações preferenciais, salvo se já previstos ou autorizados pelo estatuto; (Redação dada pela Lei 10.303, de 2001)

II – alteração nas preferências, vantagens e condições de resgate ou amortização de uma ou mais classes de ações preferenciais, ou criação de nova classe mais favorecida; (Redação dada pela Lei 9.457, de 1997)

III – redução do dividendo obrigatório; (Redação dada pela Lei 9.457, de 1997)

IV – fusão da companhia, ou sua incorporação em outra; (Redação dada pela Lei 9.457, de 1997)

V – participação em grupo de sociedades (art. 265); (Redação dada pela Lei 9.457, de 1997)

VI – mudança do objeto da companhia; (Redação dada pela Lei 9.457, de 1997)

VII – cessação do estado de liquidação da companhia; (Redação dada pela Lei 9.457, de 1997)

VIII – criação de partes beneficiárias; (Redação dada pela Lei 9.457, de 1997)

IX – cisão da companhia; (Incluído pela Lei 9.457, de 1997)

X – dissolução da companhia. (Incluído pela Lei 9.457, de 1997)

§ 1º Nos casos dos incisos I e II, a eficácia da deliberação depende de prévia aprovação ou da ratificação, em prazo improrrogável de um ano, por titulares de mais da metade de cada classe de ações preferenciais prejudicadas, reunidos em assembleia especial convocada pelos administradores e instalada com as formalidades desta Lei. (Redação dada pela Lei 9.457, de 1997)

§ 2º A Comissão de Valores Mobiliários pode autorizar a redução do quórum previsto neste artigo no caso de companhia aberta com a propriedade das ações dispersa no mercado e cujas 3 (três) últimas assembleias tenham sido realizadas com a presença de acionistas que representem menos da metade do total de votos conferidos pelas ações com direito a voto. (Redação dada pela Lei nº 14.195, de 2021)

§ 2º-A. Na hipótese do § 2º deste artigo, a autorização da Comissão de Valores Mobiliários será mencionada nos avisos de convocação e a deliberação com quórum reduzido somente poderá ser adotada em terceira convocação. (Incluído pela Lei nº 14.195, de 2021)

§ 3º O disposto nos §§ 2º e 2º-A deste artigo aplica-se também às assembleias especiais de acionistas preferenciais de que trata o

---

[1192] *Comentários à Lei de sociedades anônimas*: artigos 75 a 137. 6. ed. rev. e atual. São Paulo: Saraiva, 2014. v. 2. p. 1159
[1193] *Das sociedades anônimas* – comentários à lei (arts. 121 a 188). Rio de Janeiro: Renovar, 2009. v. 2. p. 211.
[1194] TJSP. Agravo de Instrumento 0073217-56.2012.8.26.0002. 2ª CRDE. Des. Rel. Ricardo Negrão. j. 14.12.2016.

Art. 136 — Ana Frazão

> § 1º deste artigo. (Redação dada pela Lei nº 14.195, de 2021)
>
> § 4º Deverá constar da ata da assembleia-geral que deliberar sobre as matérias dos incisos I e II, se não houver prévia aprovação, que a deliberação só terá eficácia após a sua ratificação pela assembleia especial prevista no § 1º. (Incluído pela Lei 9.457, de 1997)

COMENTÁRIOS

1. Quórum qualificado

Ana Frazão

Como se viu nos comentários ao arts. 129 e 135 da Lei nº 6.404/1976, a regra da maioria absoluta para as deliberações comuns e mesmo para as reformas do estatuto incide sobre o total de votos conferidos pelas ações dos acionistas presentes à assembleia e não sobre a totalidade do capital votante ou do total de votos conferidos pelas ações de todos os acionistas da companhia.

De forma contrária, o art. 136 da Lei nº 6.404/1976 deixa claro que as matérias contidas em seus incisos apenas poderão ser aprovadas pela metade do total de votos conferidos pelas ações com direito a voto, se quórum maior não for exigido quando se tratar de companhia fechada que tenha se utilizado da prerrogativa do § 1º do art. 135 da Lei nº 6.404/1976.

Vale ressaltar que o art. 136 foi mais um dos dispositivos que sofreu impactos com a introdução do voto plural pela Lei nº 14.195/2021. Enquanto a sua redação originária previa o quórum da metade do capital social com direito a voto, a sua redação, após a reforma legislativa, passou a prever a metade do total de votos conferidos pelas ações com direito a voto.

É importante ressaltar que, ao se referir ao quórum de metade do total das ações com direito a voto, o art. 136 resolve antecipadamente os problemas de empate, uma vez que a deliberação será considerada aprovada se 50% do capital social votante assim deliberar. Em outras palavras, o empate leva à aprovação da matéria, afastando os problemas que procuram ser resolvidos pelo § 2º do art. 129 da Lei nº 6.404/1976.

O maior rigor para a deliberação justifica-se em razão da importância das matérias descritas no art. 136, quais sejam:

(i) criação de ações preferenciais ou aumento de classe de ações preferenciais existentes, sem guardar proporção com as demais classes de ações preferenciais, salvo se já previstos ou autorizados pelo estatuto (inc. I);

(ii) alteração nas preferências, vantagens e condições de resgate ou amortização de uma ou mais classes de ações preferenciais, ou criação de nova classe mais favorecida (inciso II);

(iii) redução do dividendo obrigatório (inciso III);

(iv) fusão da companhia, ou sua incorporação em outra (inciso IV);

(v) participação em grupo de sociedades (art. 265) (inciso V);

(vi) mudança do objeto da companhia (inciso VI);

(vii) cessação do estado de liquidação da companhia (inciso VII);

(viii) criação de partes beneficiárias (inciso VIII);

(ix) cisão da companhia (inciso IX);

(x) dissolução da companhia (inciso X).

Exatamente em razão da excepcionalidade, o rol de matérias descritas no art. 136 é exaustivo e não descritivo, de forma que não pode ser alargado pelos estatutos das companhias abertas.

Como o quórum da maioria do total de votos conferidos pelas ações com direito a voto pode ser de difícil atingimento, o § 2º do art. 136 da Lei nº 6.404/1976 autoriza que a CVM o reduza desde que (i) se trate de companhia aberta com a propriedade das ações dispersa no mercado, assim entendida a companhia sem controlador majoritário[1195], e (ii) que as últimas três assembleias tenham sido realizadas com menos da metade do total de votos conferidos pelas ações com direito a voto.

Trata-se de regra importante porque, como já se viu nos comentários ao art. 115, da Lei nº 6.404/1976, o voto é um direito, mas não um

---

[1195] Segundo Modesto Carvalhosa (*Comentários à lei de sociedades anônimas*, São Paulo: Saraiva, 2014. v. 2. p. 1184), existem duas categorias de sociedades anônimas: as com controlador com maioria absoluta permanente do capital votante e as de capital disperso.

dever por parte do acionista, salvo no que diz respeito ao controlador. Dessa maneira, companhias abertas com capital disperso podem ter sérias dificuldades para reunir acionistas em número suficiente para atingir o quórum do art. 136.

É por essa razão que é salutar a possibilidade de que a CVM flexibilize o quórum em situações nas quais ficou comprovado, pelas três últimas assembleias, que não foi possível atingir o quórum. Ainda assim, impõe o § 2º que a autorização da CVM seja mencionada nos avisos de convocação e que a deliberação com quórum reduzido somente seja adotada em terceira convocação.

José Waldecy Lucena[1196] ainda lembra que "não se exige que a matéria já tenha passado por três assembleias anteriores, nas quais não se alcançou o quórum qualificado (metade do capital votante), para somente então poder ser decidida em terceira convocação de uma quarta assembleia, mediante quórum especial reduzido. Aos administradores cabe tão somente demonstrar que a companhia realizou anteriormente três assembleias, sem importar os temas em discussão, nas quais não se alcançou aquele quórum, em razão do que, antecipando-se, requerem à CVM a redução do quórum para a assembleia a ser realizada, embora possa ser a primeira vez que a matéria seja levada à deliberação."

Vale ressaltar que a CVM, ao exercer sua competência prevista no § 2º, tem procurado fixar quóruns proporcionais às características das companhias analisadas, como os de 25% ou 40% do capital social votante,[1197] percentuais que, adaptados à nova realidade do voto plural, podem ser aplicados também em face do total de votos conferidos por ações com direito a voto.

De toda sorte, a própria CVM considera que, apesar de poder flexibilizar o quórum, não pode alterar os demais procedimentos previstos pela lei, tal como a necessidade de que o quórum reduzido apenas seja utilizado na terceira convocação.[1198]

Sobre o tema, a Lei nº 14.195/2021 acrescentou ao art. 136 o § 2º-A, que deixa claro que "Na hipótese do § 2º deste artigo, a autorização da Comissão de Valores Mobiliários será mencionada nos avisos de convocação e a deliberação com quórum reduzido somente poderá ser adotada em terceira convocação".

2. Necessidade de assembleia especial de preferencialistas

Ana Frazão

No que toca às matérias previstas nos incisos I e II, do art. 136, da Lei nº 6.404/1976, como atingem diretamente os direitos dos acionistas preferencialistas, ainda estão sujeitas à aprovação prévia ou a ratificação posterior no prazo de um ano dos titulares de mais da metade de cada classe de ações preferenciais prejudicadas, reunidas em assembleia especial convocada para esse fim (Lei nº 6.404/1976, art. 136, § 1º). O § 3º, do art. 136, também prevê que a CVM possa flexibilizar o quórum da assembleia especial, nos exatos termos do que já fora previsto pelo § 2º.

Como cuidado adicional, a lei ainda previu que, nos casos em que não houver a prévia aprovação das matérias previstas nos incisos I e II, a ata da assembleia geral que deliberar sobre elas deverá consignar que a deliberação só terá eficácia após a sua ratificação pela assembleia especial prevista no § 1º (Lei nº 6.404/1976, art. 136, § 4º).

Dessa maneira, além do quórum qualificado, as matérias dos incisos I e II, do art. 136, da Lei nº 6.404/1976, estão sujeitas a uma aprovação paralela por assembleia especial constituída pelos

---

[1196] *Das sociedades anônimas* – comentários à lei (arts. 121 a 188). Rio de Janeiro: Renovar, 2009. v. 2. p. 224.

[1197] É interessante mencionar o voto do Diretor Relator Pedro Oliva Marcilio de Sousa no julgamento do Processo Administrativo 2006/6785/RJ (CVM, j. 25.09.2006). Nesse caso, embora a Companhia tenha pedido autorização para que o quórum de deliberação fosse a maioria dos presentes, entendeu-se que uma deliberação do porte de uma reestruturação societária mereceria legitimação maior do que a simples maioria dos presentes, o que foi fixado em 25% do capital social votante. No voto, o relator menciona que a CVM, em dois anteriores precedentes, adotou critérios distintos: (i) no Processo RJ2002/0567, reduziu o quórum para 40% do capital social, com a peculiaridade de que o acionista controlador tinha um percentual significativo das ações; e (ii) no Processo RJ2006/3453, a CVM retirou o quórum, definindo que a aprovação deveria ocorrer por maioria.

[1198] É o que fica claro no voto do Diretor Relator Otavio Yazbek no julgamento do Processo Administrativo 2009/10433 RJ (CVM, j. 15.12.2009): "Entendo, contudo, que (i) a aprovação da matéria pela maioria dos presentes só deve valer para a terceira convocação da referida Assembleia Especial e que (ii) o intervalo temporal mínimo, legalmente exigido entre a primeira e a segunda convocação, deve ser respeitado. Isso porque a discricionariedade outorgada à autarquia pela Lei nº 6.404/76 nos casos de redução de quórum não se estende às regras de convocação de assembleias, que têm natureza cogente."

acionistas preferencialistas que serão afetados. Haverá, portanto, uma dupla deliberação: (i) a da Assembleia Geral, com o quórum de maioria absoluta do capital social e (ii) a da assembleia especial, com o quórum de maioria de cada classe de ações afetadas.

Caso a aprovação da assembleia especial seja prévia à deliberação da assembleia geral, a decisão desta terá eficácia imediata. Em caso contrário, a ratificação da decisão da Assembleia Geral pela assembleia especial será condição suspensiva da eficácia da primeira que, não ocorrendo no prazo de um ano assinado pela lei, tornará sem efeito, de forma irremediável, a deliberação da Assembleia Geral.

Nesse sentido, o Superior Tribunal de Justiça[1199] já confirmou que "A LSA é expressa ao exigir, como condição de eficácia de deliberação cujo objeto seja a alteração de vantagens detidas por acionistas preferenciais, que haja aprovação ou ratificação da medida, em assembleia especial a ser realizada no prazo improrrogável de um ano, pelos titulares de mais de metade da classe das ações prejudicadas (art. 136, II e § 1º) (...)".

Por fim, além das garantias que os minoritários possuem em relação a deliberações que possam afetar os seus direitos, a Lei nº 6.404/1976 ainda lhes assegura, no art. 137, o direito de retirada, ao prever que "A aprovação das matérias previstas nos incisos I a VI e IX do art. 136 dá ao acionista dissidente o direito de retirar-se da companhia, mediante reembolso do valor das suas ações (art. 45)".

Art. 136-A. A aprovação da inserção de convenção de arbitragem no estatuto social, observado o *quorum* do art. 136, obriga a todos os acionistas, assegurado ao acionista dissidente o direito de retirar-se da companhia mediante o reembolso do valor de suas ações, nos termos do art. 45. (Incluído pela Lei 13.129, de 2015)

§ 1º A convenção somente terá eficácia após o decurso do prazo de 30 (trinta) dias, contado da publicação da ata da assembleia geral que a aprovou. (Incluído pela Lei 13.129, de 2015)

§ 2º O direito de retirada previsto no *caput* não será aplicável: (Incluído pela Lei 13.129, de 2015)

I – caso a inclusão da convenção de arbitragem no estatuto social represente condição para que os valores mobiliários de emissão da companhia sejam admitidos à negociação em segmento de listagem de bolsa de valores ou de mercado de balcão organizado que exija dispersão acionária mínima de 25% (vinte e cinco por cento) das ações de cada espécie ou classe; (Incluído pela Lei 13.129, de 2015)

II – caso a inclusão da convenção de arbitragem seja efetuada no estatuto social de companhia aberta cujas ações sejam dotadas de liquidez e dispersão no mercado, nos termos das alíneas "a" e "b" do inciso II do art. 137 desta Lei. (Incluído pela Lei 13.129, de 2015)

COMENTÁRIOS

1. Caráter vinculante da inserção da convenção de arbitragem no estatuto

Ana Frazão

Com a crescente utilização da arbitragem nos conflitos empresariais, ganha força a discussão sobre a validade e a eficácia da convenção de arbitragem inserida nos estatutos. Nos comentários ao art. 109, da Lei 6.404/76, já foi abordada a cláusula compromissória estatutária.

Nos casos das companhias que já são constituídas com a cláusula compromissória, a discussão é menor, porque os acionistas fundadores consentiram com a arbitragem e os acionistas que ingressaram posteriormente sabiam exatamente da referida vinculação.

O problema ocorre quando as companhias pretendem incluir a convenção de arbitragem posteriormente, por meio de deliberação assemblear na qual existem acionistas dissidentes. Foi nesse contexto que o art. 136-A foi incluído pela Lei 13.129/2015 para dar maior segurança às previsões estatutárias que inserem a convenção de arbitragem.

Diante das implicações que a cláusula compromissória traz para o acesso ao Poder Judiciário por parte dos acionistas, entendeu o legislador que poderia haver a aprovação da inserção da convenção de arbitragem no estatuto social observado o *quorum* qualificado do art. 136, da Lei 6.404/76, caso em que a convenção obrigaria a todos os acionistas, assegurado aos dissidentes

---
[1199] STJ. Recurso Especial 1.603.044/MG. Min. Rel. Nancy Andrighi. 3ª T. j. 28.03.2017.

o direito de retirada e ficando claro que a convenção somente terá eficácia após o decurso do prazo de trinta dias contado da data da publicação da ata da Assembleia Geral que a aprovou (art. 136-A, § 1º).

As exceções ao direito de retirada estão previstas no § 2º, do art. 136-A, que trata de duas hipóteses:

(i) caso a inclusão da convenção de arbitragem no estatuto social represente condição para que os valores mobiliários de emissão da companhia sejam admitidos à negociação em segmento de listagem de bolsa de valores ou de mercado de balcão organizado que exija dispersão acionária mínima de 25% (vinte e cinco por cento) das ações de cada espécie ou classe (inciso I);

(ii) caso a inclusão da convenção de arbitragem seja efetuada no estatuto social de companhia aberta cujas ações sejam dotadas de liquidez e dispersão no mercado, nos termos das alíneas "a" e "b" do inciso II do art. 137 da LSA (inciso II).

Apesar dos seus nobres propósitos, a previsão do art. 136-A, da Lei 6.404/76, ensejou muitas controvérsias. Para Modesto Carvalhosa[1200], tratar-se-ia de previsão manifestamente inconstitucional, até por vincular acionistas que não consentiram com a cláusula arbitral, o que permite que os controladores subjuguem os minoritários nesse aspecto.

O problema se agrava ainda mais diante do § 2º, que prevê duas hipóteses em que não há nem mesmo o direito de retirada por parte do acionista dissidente, partindo-se da premissa de que, naquelas hipóteses, ele poderá sair da companhia alienando suas ações.

O argumento contrário, para sustentar o cabimento da cláusula compromissória nessas circunstâncias, é que a vinculação de todos os acionistas não decorre propriamente do voto pela aprovação ou não da cláusula compromissória, mas sim da sua inclusão no estatuto, que tem alcance sobre todos os acionistas, como de resto acontece com todas as demais deliberações assembleares de reforma dos estatutos.

É por essa razão que, em caso recente, o Tribunal de Justiça de São Paulo[1201] entendeu que a inserção da cláusula compromissória nos estatutos da companhia vincula todos os acionistas, mesmo os dissidentes que tenham optado por permanecer na companhia. Todavia, em outra oportunidade, o próprio Tribunal de Justiça de São Paulo[1202] já considerou que a inserção da cláusula compromissória, nas circunstâncias do caso concreto – grande crise financeira da companhia e alto grau de conflituosidade entre os acionistas –, pode ser considerada abuso do poder de controle.

A partir do momento em que se cogita da possibilidade de que a inserção da cláusula de arbitragem, a depender das circunstâncias, pode ser considerada uma hipótese de abuso de poder de controle, é forçoso reconhecer que se abre aos tribunais uma considerável margem de escrutínio de deliberações nesse sentido.

Entretanto, se o acionista adquiriu ações de companhia que já possui apresenta a convenção de arbitragem, não há maiores controvérsias. Por essa razão, já decidiu o Tribunal de Justiça de São Paulo[1203] que a convenção de arbitragem "vincula não apenas os acionistas fundadores da sociedade ou que aprovaram a inclusão da cláusula no estatuto, mas também aqueles que adquirem ações da companhia posteriormente, segundo entendimento predominante da doutrina. Irrelevante a argumentação do autor de que não conhecia a cláusula compromissória, nem com ela anuiu ao adquirir suas ações por intermédio de corretora de valores."

Direito de Retirada

Art. 137. A aprovação das matérias previstas nos incisos I a VI e IX do art. 136 dá ao acionista dissidente o direito de retirar-se da companhia, mediante reembolso do valor das suas ações (art. 45), observadas as seguintes normas: (Redação dada pela Lei 10.303, de 2001)

[1200] Seminário Da International Bar Association – "Celebrando a Carta Magna e o Estado Democrático de Direito". Conjur. Disponível em: http://s.conjur.com.br/dl/palestra-modesto-carvalhosa-acesso.pdf.

[1201] TJSP, Apelação 1097358-17.2015.8.26.0100, Des. Rel. Tiago Henriques Papaterra Limongi, 1ª CRDE, julg. em 20.6.2018.

[1202] TJSP, Apelação 2031444-61.2016.8.26.0000, Des. Rel. Cintia Adas Abib, 2ª CRDE, julg. em 14.12.2016.

[1203] TJSP, Apelação 1003528-36.2016.8.26.0011, Des. Rel. Rogerio De Camargo Arruda, 1ª CRDE, julg. em 1.3.2018.

Art. 137 — Fábio Ulhoa Coelho

I – nos casos dos incisos I e II do art. 136, somente terá direito de retirada o titular de ações de espécie ou classe prejudicadas; (Incluído pela Lei 9.457, de 1997)

II – nos casos dos incisos IV e V do art. 136, não terá direito de retirada o titular de ação de espécie ou classe que tenha liquidez e dispersão no mercado, considerando-se haver: (Redação dada pela Lei 10.303, de 2001)

a) liquidez, quando a espécie ou classe de ação, ou certificado que a represente, integre índice geral representativo de carteira de valores mobiliários admitido à negociação no mercado de valores mobiliários, no Brasil ou no exterior, definido pela Comissão de Valores Mobiliários; e (Redação dada pela Lei 10.303, de 2001)

b) dispersão, quando o acionista controlador, a sociedade controladora ou outras sociedades sob seu controle detiverem menos da metade da espécie ou classe de ação; (Redação dada pela Lei 10.303, de 2001)

III – no caso do inciso IX do art. 136, somente haverá direito de retirada se a cisão implicar: (Redação dada pela Lei 10.303, de 2001)

a) mudança do objeto social, salvo quando o patrimônio cindido for vertido para sociedade cuja atividade preponderante coincida com a decorrente do objeto social da sociedade cindida; (Incluída pela Lei 10.303, de 2001)

b) redução do dividendo obrigatório; ou (Incluída pela Lei 10.303, de 2001)

c) participação em grupo de sociedades; (Incluída pela Lei 10.303, de 2001)

IV – o reembolso da ação deve ser reclamado à companhia no prazo de 30 (trinta) dias contado da publicação da ata da assembleia-geral; (Redação dada pela Lei 10.303, de 2001)

V – o prazo para o dissidente de deliberação de assembleia especial (art. 136, § 1º) será contado da publicação da respectiva ata; (Redação dada pela Lei 10.303, de 2001)

VI – o pagamento do reembolso somente poderá ser exigido após a observância do disposto no § 3º e, se for o caso, da ratificação da deliberação pela assembleia-geral. (Incluído pela Lei 10.303, de 2001)

§ 1º O acionista dissidente de deliberação da assembléia, inclusive o titular de ações preferenciais sem direito de voto, poderá exercer o direito de reembolso das ações de que, comprovadamente, era titular na data da primeira publicação do edital de convocação da assembléia, ou na data da comunicação do fato relevante objeto da deliberação, se anterior. (Redação dada pela Lei nº 9.457, de 1997)

§ 2º O direito de reembolso poderá ser exercido no prazo previsto nos incisos IV ou V do caput deste artigo, conforme o caso, ainda que o titular das ações tenha se abstido de votar contra a deliberação ou não tenha comparecido à assembléia. (Redação dada pela Lei 10.303, de 2001)

§ 3º Nos 10 (dez) dias subseqüentes ao término do prazo de que tratam os incisos IV e V do *caput* deste artigo, conforme o caso, contado da publicação da ata da assembléia-geral ou da assembléia especial que ratificar a deliberação, é facultado aos órgãos da administração convocar a assembléia-geral para ratificar ou reconsiderar a deliberação, se entenderem que o pagamento do preço do reembolso das ações aos acionistas dissidentes que exerceram o direito de retirada porá em risco a estabilidade financeira da empresa. (Redação dada pela Lei 10.303, de 2001)

§ 4º Decairá do direito de retirada o acionista que não o exercer no prazo fixado. (Incluído pela Lei 9.457, de 1997)

COMENTÁRIOS

1. As vias de saída do acionista

Fábio Ulhoa Coelho

A venda da participação societária e o exercício do direito de retirada são as duas hipóteses em que um acionista pode, por sua própria vontade, desligar-se da sociedade anônima. São caminhos diferentes, que levam a resultados jurídicos *e econômicos* também diferentes. As duas formas de desligamento voluntário de sociedade apresentam pelo menos *três* importantes diferenças: (a) quanto à natureza do ato; (b) quanto à estrutura da relação jurídica; e (c) quanto ao *valor* a ser recebido pelo sócio que pretende o desligamento.

Em relação à natureza do ato, configura-se a alienação da participação societária uma negociação, um acordo. O sócio que quer se desligar da sociedade nada pode impor a ninguém, se optar por essa via. Não há direito de alienar, ou dever de adquirir a ação, senão em decorrência de uma manifestação específica de vontade nesse sentido (por exemplo, em pré-contrato ou opção de ações). Ou seja, o sócio que busca o desligamento, por meio da venda de suas ações, deve necessariamente *compor seus interesses* com os de quem pretende ingressar na sociedade (ou, se dela já participa, pretende ampliar a participação), com vistas à celebração de um *contrato* (de compra-e-venda de ações). Se não contraiu voluntariamente a obrigação de adquirir a participação societária, ninguém (nem os demais sócios, nem a sociedade) tem a obrigação de fazê-lo. Por sua vez, o exercício do direito de retirada *não* é um acordo com a sociedade (ou com seus outros sócios), mas um *direito* que o acionista titulariza. Um direito potestativo. Assim, exercido o direito de retirada, o acionista que não quer mais fazer parte da sociedade apenas *impõe* as consequências jurídicas de sua vontade e decisão; consequências estas que são o desfazimento do vínculo social e o reembolso de suas ações. Não há negociação entre os sujeitos de direito envolvidos no ato de desligamento pela via do exercício do direito de retirada; uma das partes – a sociedade – submete-se à decisão unilateral da outra – o acionista retirante. Deste modo se diferencia a natureza das duas vias de desligamento: a alienação da participação societária é negócio jurídico *bilateral*, enquanto a retirada, ato *unilateral* de vontade correspondente ao exercício de um direito potestativo.

Diferem-se, por outro lado, os meios de desligamento por vontade do sócio também quanto à estrutura da relação jurídica a que correspondem. Na compra-e-venda de ações, o negócio bilateral se estabelece entre o acionista que pretende sair (alienante, vendedor) e outro sócio ou terceiro (adquirente, comprador). Nesse caso, a pessoa jurídica da sociedade anônima não é parte do negócio, e não precisa nem mesmo comparecer ao ato como anuente ou ciente. Por tal razão, quando a saída do sócio se dá pela via negocial, a sociedade anônima não paga nem recebe nada, em razão da transferência da titularidade da participação societária. Também porque não participa do negócio, a sociedade não pode ser demandada por eventuais vícios ou inadimplemento das obrigações relacionadas à alienação: é questão atinente apenas aos participantes do negócio de transferência da titularidade da participação societária. Já, o exercício do direito de retirada corresponde a relação jurídica entre o sócio que pretende sair e a própria sociedade. É *ela* a devedora da prestação que corresponde ao direito do sócio: à pessoa jurídica da sociedade cabe reembolsar o sócio retirante. Desse modo, a alienação da participação societária cria vínculo jurídico negocial entre o sócio que se desligou da sociedade e a pessoa que o substitui no quadro social, enquanto a retirada estabelece vínculo jurídico não negocial entre o retirante e a própria sociedade.

Finalmente, há uma importante diferença entre o desligamento pela alienação da participação social e o mediante o exercício do direito de retirada, que diz respeito ao *valor* que o sócio desligado receberá em decorrência de sua saída. As tratativas para a alienação da participação na sociedade conduzem-se em torno do *valor de negociação* da ação negociada; o exercício do direito de retirada, a seu turno, garante ao sócio que se desliga o *valor patrimonial* da sua parte na sociedade.

Os valores mencionados – negociação e patrimonial – são diferentes, sob o ponto de vista conceitual e sob o aspecto de sua medida econômica. Quando o acionista elege um ou outro caminho para o seu desligamento, deve levar em conta o valor que a sua participação societária terá em cada contexto. Não pode reclamar, no exercício do direito de retirada, o valor que obteria numa mesa de negociação.

Muitas vezes, o sócio retirante tem a inconsistente expectativa de receber da sociedade o *valor de negociação* de suas ações. Esta, contudo, não corresponde e não pode corresponder à solução juridicamente válida. A razão fundamental para tanto reside na natureza de *desinvestimento* que cerca inevitavelmente o reembolso das ações.

2. Hipóteses de recesso

FÁBIO ULHOA COELHO

Na sociedade anônima, a lei desestimula o desligamento do acionista por via do exercício do direito de recesso, ou retirada. Essa alternativa não se abre pela simples divergência em relação a qualquer decisão da assembleia geral. Aliás, ainda que importe alteração estatutária, a deliberação assemblear não justifica o recesso em todos os casos. Ao contrário, somente nas hipóteses específicas e expressamente contempladas na lei, a discordância do acionista em relação ao deliberado pela maioria votante gera o direito de retirada. São doze as hipóteses de recesso, que a LSA prevê.

(i) Criação de ações preferenciais ou aumento de classes existentes, se há desproporção com as demais (arts. 136, I, e 137). Quando a companhia decide, para captar recursos, emitir apenas ações preferenciais, os ordinarialistas têm os seus interesses prejudicados, na medida em que a vantagem pecuniária a ser conferida aos titulares dessas novas ações consumirá recursos que seriam, de outro modo, destinados ao pagamento de dividendos aos demais acionistas. O mesmo prejuízo potencial se verifica quando alterada, com o aumento do capital social, a relação proporcional entre as classes de ações preferenciais. Por essa razão, a menos que a companhia respeite o mesmo percentual das classes de ações emitidas, a criação de preferenciais desatende os interesses dos titulares de ordinárias, e, eventualmente, de outras preferenciais. Estes terão, assim, direito de retirada. Os preferencialistas não prejudicados pela operação, ainda que dissidentes, não titularizam o mesmo direito (art. 137, I). Por fim, ressalva a lei a hipótese de previsão estatutária preexistente ao ingresso do acionista na companhia, dispositivo que inibe o recesso.

(ii) Alteração nas preferências, vantagens e condições de resgate ou amortização de uma ou mais classes de ações preferenciais, ou criação de classe mais favorecida. A mudança nos direitos titularizados pelos preferencialistas, por certo, pode importar prejuízo aos seus interesses. Se, ao ingressar na sociedade, contavam com determinado patamar de dividendo mínimo, e o estatuto é alterado para reduzi-lo, é claro que a alteração lhes será prejudicial. Em qualquer hipótese, o acionista deve mostrar que a deliberação da assembleia geral lhe causou redução das perspectivas de retorno do investimento; esse efeito é condição para o exercício do direito de retirada (art. 137, I). É oportuno anotar que a deliberação da sociedade anônima, nessas duas primeiras hipóteses de recesso, depende da aprovação da mudança estatutária em *duas* instâncias: a assembleia geral extraordinária e a assembleia especial dos preferencialistas prejudicados (art. 136, § 1º).

(iii) Redução do dividendo obrigatório. Essa decisão assemblear acarreta alteração estatutária prejudicial a todos os acionistas, independentemente da espécie ou classe de ação que titularizam (arts. 136, III, e 137). Os dissidentes podem, assim, mesmo sem demonstrar especificamente a redução das perspectivas de retorno de seus investimentos, retirar-se da companhia.

(iv) Fusão da companhia, sua incorporação em outra ou a participação em grupo de sociedades (art. 136, IV e V). Se a assembleia geral aprova quaisquer dessas matérias, o acionista que discorda da nova condição da sociedade anônima pode dela se retirar. Não há direito de recesso, contudo, se a companhia é *aberta*, e o acionista pode facilmente negociar as ações no mercado de capitais. A lei obsta a retirada ao titular de ações com boa liquidez (cuja cotação integra índice geral do mercado de valores mobiliários) e dispersas (se o controlador é titular de menos da metade das espécies e classes das ações emitidas), entendendo que o acionista pode desligar-se do vínculo societário sem desinvestir recursos alocados na empresa (art. 137, II). Sendo fechada a companhia, ou não se revestindo as ações da aberta das características de liquidez e dispersão, o dissidente terá direito à retirada e ao reembolso.

(v) Mudança do objeto da companhia. Ao ampliar, restringir ou alterar por completo as atividades que compõem o objeto social, a assembleia dá ensejo à retirada dos acionistas que discordam da novidade, independentemente da espécie ou classe de ações que titularizam ou mesmo da demonstração de prejuízo direto (art. 136, VI). Uma exceção deve ser registrada: não justificam o recesso as mudanças que objetivem ajustar a sociedade anônima a novas condições de concorrência, principalmente as relacionadas à evolução tecnológica ou hábitos de consumo, desde que não comprometam o objeto essencial previsto em estatuto.

(vi) Cisão. Essa operação se realiza pela versão do patrimônio, ou de parte dele, de uma sociedade (cindida) para o de outra, nova ou já existente. Os acionistas dissidentes da cindida têm direito de retirada caso a operação resulte em mudança na sua condição societária que a lei considera justificar o recesso. Desse modo, se, após a cisão, o acionista dissidente se encontra numa sociedade com objeto substancialmente diverso do da cindida, ou numa cujo estatuto preveja dividendo obrigatório menor ou, ainda, numa sociedade que participe de grupo que a cindida não integra, terá direito de retirada (arts. 136, IX, e 137, III, *c*). Deve-se considerar, a partir de interpretação sistemática e teleológica da lei, que, na cisão de que resulte participação em grupo não integrado pela cindida, não tem direito de retirada o acionista, quando as ações que passar a titularizar forem facilmente negociáveis no mercado de capitais (art. 137, II).

(vii) A transformação da sociedade anônima em limitada. A lei condiciona a operação à concordância de todos os acionistas, de modo que, em princípio, não há lugar para divergência. Se um acionista discorda, não se opera a transformação do tipo societário. Há, entretanto, uma situação em que a lei dispensa a unanimidade – a autorização estatutária –, e nesse caso o acionista dissidente da transformação pode, se não renunciou ao direito, retirar-se da sociedade (art. 221).

(viii) Operações societárias de que resulte fechamento da companhia. Essa hipótese de recesso, claro, é exclusiva dos acionistas de sociedade anônima aberta. Ocorrendo a incorporação, fusão ou cisão que envolva companhia dessa natureza, prevê a lei que as sociedades sucessoras serão igualmente abertas. É a forma de assegurar ao acionista a continuidade do acesso ao mercado de capitais, relativamente ao investimento realizado. Se a incorporadora, a resultante da fusão ou a sociedade para a qual foram vertidos bens da cindida forem fechadas, os administradores devem diligenciar para que, no prazo de 120 dias da assembleia que aprovou a operação, estejam as ações admitidas à negociação em bolsa ou mercado de balcão. Não se verificando a admissão, os acionistas têm direito de retirada (art. 223).

(ix) Incorporação de ações. Trata-se da operação pela qual uma sociedade anônima se torna subsidiária integral de outra. Viabiliza-se pelo aumento do capital social da incorporadora, com emissão de novas ações, que serão subscritas em nome dos acionistas da futura subsidiária (a sociedade cujas ações são incorporadas), ao mesmo tempo que se transfere à titularidade da primeira toda a participação societária representativa do capital social desta última. Tanto os acionistas da incorporadora de ações como os da sociedade cujas ações são incorporadas têm direito de recesso (art. 252). Também em relação a essa hipótese a lei nega o direito de retirada se há condições de o acionista facilmente negociar suas ações no mercado de capital. Quer dizer, se a ação da sociedade incorporadora de ações – titularizada desde antes da operação, ou atribuída, em razão desta, ao antigo sócio da subsidiária integral – possui boa liquidez ou dispersão, o dissidente não tem direito de retirada.

(x) Transferência de controle acionário para o Poder Público, em razão de desapropriação. Se a sociedade anônima não é de economia mista (quer dizer, não se encontra sob o controle direto ou indireto da União, Estado ou Município), e se torna uma entidade dessa categoria, em razão da desapropriação das ações do controlador, os demais acionistas têm direito de retirada, exercitável nos 60 dias seguintes à publicação da ata da primeira assembleia geral seguinte à operação (art. 236, parágrafo único). Essa é a única hipótese legal de recesso não relacionada a divergência quanto à deliberação assemblear, mas à mudança da condição da companhia.

(xi) Compra do controle de qualquer sociedade empresária por uma companhia aberta, quando sujeita a aprovação pela assembleia geral (isto é, quando representar um investimento relevante ou houver expressivo ágio), dá ao acionista dissidente o direito de recesso quando o valor pago pelo controle ultrapassar um limite definido em lei (LSA, art. 256, § 2º).

(xii) Inserção de convenção de arbitragem nos estatutos da Companhia, salvo se a mudança estatutária for necessária para a admissão em segmento específico de listagem na bolsa de valores (por exemplo, no Novo Mercado Bovespa) ou se as ações de sua emissão são dotadas de liquidez e dispersão (LSA, art. 136-A). Nos demais casos de companhia aberta e na fechada, o acionista que discordar da introdução de convenção de arbitragem nos estatutos (por continuar preferindo a Justiça Estatal à Privada para resolver seus eventuais conflitos societários) tem direito de recesso.

3. Ininterrupção da titularidade da ação até o reembolso

Fábio Ulhoa Coelho

Uma das condições para o exercício do direito de recesso é a ininterrupção da titularidade das ações desde o momento em que se delibera a transformação da companhia que desagrada o acionista minoritário (ou, quando aberta, desde a divulgação do correspondente fato relevante) até a data do reembolso.

É sempre indispensável, no exame de qualquer questão envolvendo o exercício do direito de recesso, não se deixar o intérprete levar inadvertidamente pela forma (*equivocada*) pela qual o instituto é visto pelo mercado, isto é, pela generalidade dos que corriqueiramente investem em ações negociáveis em Bolsa de Valores. O mercado vê o direito de recesso como uma alternativa de negócio bursístico, uma forma a mais de ganhar dinheiro com ações de emissão de companhias abertas. O exame ainda que perfunctório do instituto, em seus fundamentos jurídicos, contudo, mostra o quanto a visão do mercado sobre o direito de recesso (como alternativa de negócio) é totalmente desprovida de fundamento.[1204] O objetivo do direito de retirada é assegurar ao sócio minoritário que discorda de determinadas deliberações adotadas pelo controlador a oportunidade de se desligar do vínculo societário.[1205] Quando adquirira ou subscrevera ações daquela companhia, expressara a concordância de fazer parte de uma determinada sociedade. Nas hipóteses legalmente previstas em que a configuração fundamental desta se altera – e, consequentemente, mudam as *bases essenciais do investimento*[1206] –, os acionistas minoritários devem ter a chance de renovar a concordância em continuar participando da companhia (pela mera abstenção de conduta) ou se desligar dela (pela manifestação de vontade). É este o fundamento jurídico do direito de retirada.

A definição exata da natureza do direito de recesso, com descarte da visão do mercado, implica consequências jurídicas precisas e importantes. Por exemplo, se o acionista aliena suas ações após a publicação do aviso relevante cujo teor o desagrada ou mesmo depois de realizada a assembleia geral de cujo resultado discorda, ele *perde* o direito de retirada, ainda que o tenha exercido no prazo legal. Perde-o simplesmente por ter conseguido, por meio da venda, obter o desligamento do vínculo societário. Só tem direito ao recesso, portanto, aquele acionista que *comprovadamente* (enfatiza o § 1º) manteve-se titular das ações desde o momento em que se operou a alteração significativa nas bases do investimento (ou, se é aberta a companhia, desde a divulgação de que se pretendia proceder à alteração)[1207] até o efetivo recebimento do reembolso pela companhia.

Se no *interregno* decorrente do § 1º do art. 137 da LSA, o acionista vendeu suas ações (no mercado ou particularmente, pouco importa), ele *perde* o direito ao reembolso, porque conseguiu desligar-se do vínculo societário que o desagradava pelo meio normal (venda), sem

---

[1204] Para Luiz Antonio de Sampaio Campos, ex-diretor da Comissão de Valores Mobiliários (CVM), "[O] recesso não é uma oportunidade de negócio. Ao contrário, é um direito especialíssimo conferido aos acionistas de uma companhia, exclusivamente porque divirjam de determinada deliberação adotada pela assembleia geral, permitindo-lhe se retirar da companhia, sem o ônus de ter que encontrar um adquirente para suas ações. A este respeito, já se deixou muito claro que o exercício do direito de retirada deve ter por fundamento exclusivo o descontentamento com uma decisão assemblear, não uma oportunidade de ganho" (Notas sobre o direito de recesso e a exigência da titularidade ininterrupta (art. 137, § 1º). In: CASTRO, Rodrigo R. Monteiro de; WARDE JR., Walfrido Jorge; GUERREIRO, Carolina Dias Tavares (org.). *Direito Empresarial e outros estudos de direito em homenagem ao Professor José Alexandre Tavares Guerreiro*. São Paulo: Quartier Latin, 2013, p. 243).

[1205] Destacam José Alexandre Tavares Guerreiro e Egberto Lacerda Teixeira: "O direito de retirar-se da sociedade inclui-se entre os direitos essenciais do acionista, que nem o estatuto social nem a Assembleia Geral podem elidir (art. 109, V). Assim, determinadas resoluções da Assembleia podem atingir de forma tão profunda as regras que governam a vida da sociedade e os interesses dos acionistas, que a lei lhes atribui uma consequência drástica, conferindo aos dissidentes a prerrogativa intangível do recesso, mediante o reembolso do valor de suas ações. Harmonizam-se, dessa maneira, o princípio imperativo da prevalência da vontade da maioria na condução dos negócios sociais e a necessidade inafastável de se resguardarem os direitos das minorias discordantes" (*Das sociedades anônimas no direito brasileiro*. São Paulo: José Bushatsky, 1979. v. 1. p. 257).

[1206] Ressalva Marcelo Guedes Nunes: "as bases essenciais do investimento não têm mais fundo contratual, nem apresentam a oposição entre alterações por unanimidade e alterações por maioria. Na nova visão, temos apenas um investidor que, ao adquirir uma determinada ação, o faz acreditando que certas características do papel e da companhia tornarão o investimento rentável. Essas características são as bases essenciais de seu investimento e a sua alteração após a aquisição da participação, seja ou não por força de uma deliberação majoritária, implica em um recálculo das chances de retorno, que pode levar à conclusão de que a manutenção das ações não é mais financeiramente interessante. Todas as hipóteses de recesso são alterações nas bases essenciais do investimento, sejam bases essenciais específicas, relativas a uma determinada classe ou espécie de ação, sejam bases essenciais genéricas, relativas a características gerais da companhia [...]" (*O direito de recesso nas incorporações*. In: CASTRO, Rodrigo R. Monteiro de; ARAGÃO, Leandro Santos de (coord.). *Reorganização Societária*. São Paulo: Quartier Latin, 2005. p. 269).

[1207] Com o advento da Lei 10.303/2001, o art. 137, § 1º, da LSA passou a considerar como termo inicial de referência do período de ininterrupção na titularidade das ações não mais a própria assembleia que motivou a dissidência, mas sua convocação ou, se anterior, a divulgação do fato relevante respectivo. Com isto, aperfeiçoou significativamente o combate à indústria do recesso, posto que desde qualquer um destes eventos (convocação ou fato relevante), os investidores em geral já estão cientes de que é altamente provável a alteração nas bases essenciais do negócio (Cfr. CAMPOS, Luiz Antonio de Sampaio. *Notas sobre o direito de recesso e a exigência da titularidade ininterrupta (art. 137, § 1º)*. In: CASTRO, Rodrigo R. Monteiro de; WARDE JR., Walfrido Jorge; GUERREIRO, Carolina Dias Tavares (org.). *Direito Empresarial e outros estudos de direito em homenagem ao Professor José Alexandre Tavares Guerreiro*. São Paulo: Quartier Latin, 2013. p. 247-249).

precisar impor à companhia a obrigação de reembolsá-lo. Como o objetivo do direito de retirada foi cumprido pela via da venda, ele deixa de existir.[1208] É, portanto, condição legal para o recebimento do reembolso a *ininterrupção* da titularidade no interregno compreendido entre, de um lado, a mudança significativa na companhia (deliberação da assembleia geral) e, de outro, o efetivo pagamento do reembolso.

O direito de recesso destina-se a abrir ao dissidente a porta de saída da sociedade, *quando ele não consegue encontrar comprador para suas ações*. Se já o encontrou, não há porque a lei o amparar por meio do direito de retirada. Juridicamente falando, portanto, o direito de recesso não é uma oportunidade de negócio.[1209] Claro, quando o valor de reembolso supera o de negociação, o mercado acaba vendo o instituto por este prisma. Esta circunstância econômica, contudo, não é suficiente para alterar a natureza jurídica do direito de retirada. O instituto é o instrumento de estabilização das relações de poder na companhia,[1210] mediante a compatibilização do princípio majoritário e a defesa dos interesses da minoria, no caso de alterações substanciais na sociedade, independentemente das oscilações no valor de negociação das ações, abaixo ou acima do de reembolso.

Nem sempre coincidem, de um lado, a visão negocial nutrida pelo mercado e, de outro, a configuração jurídica de certos institutos do direito acionário. E quando não coincidem, obviamente deve prevalecer a configuração jurídica; ou seja, não pode haver dúvidas de que a lei será aplicada, em qualquer caso. Deste modo, o acionista de companhia aberta só tem direito de recesso em relação às ações que titula, *de modo ininterrupto*, entre a data da publicação do aviso de convocação da assembleia geral (primeira inserção), em que a deliberação que o desagrada foi adotada, e o efetivo recebimento do reembolso.

O reembolso é, segundo a opinião unânime da doutrina e jurisprudência, instituto que visa apenas o objetivo de garantir aos acionistas dissidentes a oportunidade de deixarem a sociedade, *quando não conseguem fazê-lo por meio da alienação das ações*. O direito de recesso não é uma oportunidade de negócio, mas instituto jurídico destinado a equilibrar os múltiplos interesses manifestados no seio do quadro acionário (esquematizados pelo conflito entre controladores e minoritários) e, como querem

---

[1208] Para Luiz Antonio de Sampaio Campos: "pela mesma e boa razão de se evitarem as hipóteses de abuso de direito de recesso e o seu desvirtuamento é que no § 1º do art. 1367 da Lei das S.A. apenas são legitimadas a receber o reembolso aquelas ações que, comprovadamente, eram de titularidade do acionista dissidente, desde a data da convocação da assembleia geral ou do aviso de fato relevante objeto da deliberação, se anterior. [...] Evitaram-se com isto duas situações absolutamente perversas para a companhia aberta: (i) a transmissão do direito de recesso, que poderia ser negociado como um ativo; e (ii) a possibilidade de se agravar o direito de recesso contra a companhia. Isto porque caso a Lei das S.A. não restringisse o recesso àquelas ações de que o acionista era titular naquela data, haveria o risco não só do acionista adquirir mais ações, para tornar o recesso mais oneroso, mas também o risco de que o acionista especulasse com as ações, transferindo-as, a qualquer título, inclusive para fazer o preço cair, para posteriormente adquirir outras ações para exercer o recesso e com isso tornar o recesso ainda mais lucrativo para si, agravando a situação da companhia. Adicionalmente, criaria, potencialmente, autêntica situação anormal de mercado, na medida em que alguns acionistas negociariam as ações com um direito personalíssimo de receber o recesso, o que permitiria a eles pagarem um valor que não seria de mercado, mas sim um valor em função do seu direito de recesso, rompendo a igualdade entre os acionistas" (*Notas sobre o direito de recesso e a exigência da titularidade ininterrupta (art. 137, § 1º)*, In: CASTRO, Rodrigo R. Monteiro de; WARDE JR., Walfrido Jorge; GUERREIRO, Carolina Dias Tavares (org.). *Direito Empresarial e outros estudos de direito em homenagem ao Professor José Alexandre Tavares Guerreiro*. São Paulo: Quartier Latin, 2013. p. 249-251).

[1209] Como leciona Fábio Konder Comparato: "Trata-se [o direito de recesso] de um remédio jurídico, e não de um direito material à obtenção de lucros ou vantagens" (Valor do reembolso no recesso acionário. *Revista dos Tribunais*, v. 563, set./1982, p. 50). Na síntese de Rachel Sztajn: "o recesso é meio de o acionista deixar a sociedade, não de fazer lucros às suas custas" (O direito de recesso nas sociedades comerciais. *Revista de Direito Mercantil*, v. 71, jul./set. 1988, p. 54).

[1210] "A lei assegura aos acionistas certos direitos essenciais, e o faz de forma definitiva e absoluta, com o objetivo de garantir a estabilização nas relações de poder internas à companhia (art. 109). Não se devem considerar os direitos essenciais apenas pela perspectiva da tutela dos minoritários, porque eles, em certo sentido, também asseguram a conservação do poder de controle, como no caso do direito de preferência na subscrição de novas ações. Até mesmo o direito de recesso admite outras abordagens além da que o toma por instrumento protetivo da minoria [...]" (COELHO, Fábio Ulhoa. *Curso de direito comercial*. 15. ed. São Paulo: Saraiva, 2011. v. 2. p. 316).

Art. 137 FÁBIO ULHOA COELHO

as teorias institucionalistas ou aproximadas, entre estes e os da própria sociedade. Destina-se, portanto, àquele acionista que não se contenta em continuar sócio de determinada companhia, após uma deliberação do controlador que altera as bases essenciais da sociedade; não se destina, com ênfase, aos que pretendem se apropriar da diferença entre o preço de cotação e o valor de reembolso, quando se verifica de este superar aquele.

Desconsiderar a exigência legal da *ininterrupção* da titularidade das ações (desde a deliberação assemblear até o efetivo recebimento do reembolso) é favorecer exatamente o que o art. 137, § 1º, da LSA, pretende coibir; vale dizer, a especulação com as ações no contexto da "indústria do recesso".[1211] Mas não é só isso. Pretender que a ininterrupção da titularidade das ações (entre a deliberação da assembleia geral e o efetivo reembolso) não seja requisito indispensável para o exercício do direito de recesso, parte do pressuposto (equivocado) de que as ações seriam classificadas, em geral, como bens *fungíveis*.

Mas as ações, tanto as nominativas como as escriturais, são, no direito positivo brasileiro, bens juridicamente qualificados como *infungíveis*. A única hipótese na LSA em que as ações são *tratadas* como *fungíveis* é a delineada no seu art. 41. Ora, se o legislador tem que tratar a figura das ações recebidas "em depósito *como valores fungíveis*" num dispositivo específico, é porque conferiu às ações, em geral, a natureza de bens infungíveis.[1212] Fossem as ações classificadas, naturalmente, como fungíveis, seria em tudo prescindível a menção à fungibilidade temporária contida no art. 41 da LSA.

De qualquer modo, não há fundamento jurídico, diante do art. 137, § 1º, da LSA, em franquear o acesso ao direito de recesso àquele investidor que alienou a totalidade de suas ações de emissão de determinada companhia, após a mudada configuração básica do investimento pelo acionista controlador. Se este investidor, ao tempo da assembleia geral, era acionista e posteriormente vendeu suas ações, alcançou com a venda o mesmo objetivo que alcançaria com o recesso: deixar de fazer parte da sociedade. Ademais, se isto não bastasse, lembre-se que ele, ao readquirir ações da mesma companhia (certamente, ações *distintas*, visto serem bens infungíveis), quando esta já tem a nova configuração, o acionista manifestou a plena concordância em fazer parte da sociedade anônima essencialmente alterada. Não tem sentido que venha agora a ser reembolsado, como forma de se desligar de uma sociedade anônima que, ao tempo da nova aquisição das ações, já tinha a estrutura atual. O acionista que vendeu suas ações após a mudança da estrutura da companhia e adquiriu outras posteriormente não é, por conseguinte, titular do direito de recesso. É irrelevante se adquiriu em igual quantidade, mais ou menos à que anteriormente titulava. Pretender que o seja é atribuir ao instituto jurídico a qualidade de mera oportunidade de negócio, afastando-se, por

---

[1211] As alterações nas regras sobre o recesso, introduzidas na LSA em 1997 e 2001, visavam coibir a "indústria do recesso", vale dizer, a distorção do instituto derivada da concepção *equivocada* de que ele representa uma oportunidade de ganho dentre tantas outras abertas pelo mercado de valores mobiliários. Comentando a inovação de 2001, Francisco Müssnich anota: "A exigência, por exemplo, da prova de condição de acionista em data anterior à publicação do primeiro aviso de convocação – como está previsto no § 1º do art. 137, em redação dada pela Lei nº 9.457/1997 – ou, ainda, consoante este mesmo parágrafo, de ser titular de ações antes da publicação de qualquer fato relevante sobre a matéria, dá a dimensão que o legislador pretendeu estabelecer para a questão. Procura-se com isto evitar a chamada 'indústria do recesso' que se aproveita da simples publicação de editais de convocação, ou mesmo de fatos relevantes, para estabelecer uma estratégia oportunista de assédio às companhias, caracterizando o que a prática societária americana comumente chama de *green mail*" (Reflexões sobre o direito de recesso na lei das sociedades por ações. In: LOBO, Jorge (coord.). *Reforma da Lei das Sociedades Anônimas*. Rio de Janeiro: Forense, 2002. p. 286).

[1212] Leciona Modesto Carvalhosa, comentando o referido dispositivo: "é conveniente lembrar que as ações nominativas registradas (art. 31) e escriturais (art. 34) coletivamente custodiadas não perdem a sua natureza de bens infungíveis. Temos, portanto, que as ações – por força desta norma especial [art. 41 da LSA] que tornou inaplicável, na espécie, o [...] art. 645 do Código Civil de 2002 – são 'recebidas em depósito como valores fungíveis', a significar que antes de depositadas e após devolvidas ao acionista circulam e são negociadas sempre como coisa infungível" (*Comentários à Lei de Sociedades Anônimas*. 6. ed. São Paulo: Saraiva, 2011. v. 1. p. 490). No mesmo sentido é o entendimento de Rubens Requião: "[...] as ações pela sua *natureza*, ao contrário do que sustentava Vivante, não configuram coisas fungíveis; ao revés, tudo as caracteriza, pela sua identificação e individualização, como coisas infungíveis. É verdade que podem elas, pela sua extrema mobilidade, e pela vontade das partes, ser declaradas como lhes convier. Se forem consideradas pela sua natureza coisa fungível, a vontade das partes pode torná-las infungíveis e, assim, vice-versa" (*Comentários à Lei das Sociedades Anônimas*. São Paulo: Saraiva, 1980. v. 1. p. 109).

completo, de sua finalidade jurídica – que, repita-se, consiste em possibilitar o desligamento daquele acionista que *deixa de ter interesse* em investir numa sociedade anônima, quando esta passa por transformações estruturais significativas. E este acionista não é titular do direito de recesso por duas razões: (a) ao vender as ações após a deliberação que o desagrada, ele conseguiu o objetivo de se desligar da companhia; (b) ao adquirir de novo, quando já implementada a alteração que alegadamente o desagradou, acaba manifestando sua integral concordância com as novas bases de negócio em que passou a se assentar a companhia. Qualquer pessoa, ao adquirir ações de uma companhia, manifesta sua concordância em fazer parte desta sociedade. Não há como entender-se o ato de aquisição de modo diverso. Se faz a aquisição sem ter a intenção de integrar aquela sociedade, incorre em inegável *conduta contraditória*, coibida pelo *venire contra factum proprium*. Não recupera, assim, o direito de recesso que perdera ao alienar suas ações e, com a alienação, ter conseguido desvincular-se da sociedade.

4. Direito de retirada e o "aluguel" de ações

Fábio Ulhoa Coelho

O mercado tem chamado de "mútuo" ou "aluguel de ação" o negócio em que um acionista (chamado de "doador") transfere a titularidade de suas ações a outro investidor ("tomador") por determinado prazo. Durante o prazo contratual, o tomador paga ao doador uma quantia fixa mensal. Findo este prazo, o tomador tem a obrigação de entregar ao doador a mesma quantidade de ações de emissão daquela companhia. Este negócio tem sido chamado de "aluguel de ação" pelo mercado em razão destas duas cláusulas, que o *aproximam*, sob o ponto de vista meramente econômico, da locação de imóvel. Também o inquilino de uma casa ou apartamento deve pagar mensalmente o valor do aluguel ao proprietário e entregar-lhe o bem ao término de certo prazo.

Qual é a lógica econômica do "aluguel de ação"? De seu lado, o investidor-doador quer transformar um investimento de renda variável em investimento de renda fixa. Avaliando que aquela ação não lhe trará, em certo prazo, retorno atraente, prefere garantir-se com o recebimento dum valor fixo mensal. Para o investidor-tomador, o interesse está na possibilidade de lucrar com a negociação de determinada ação, sem precisar investir o correspondente valor de cotação. Na avaliação deste investidor, o dinheiro que conseguirá vendendo a ação logo após adquiri-la, permitir-lhe-á levantar capital suficiente para ingressar em outro investimento (no próprio mercado de valores mobiliários ou fora dele), cujo retorno será superior às suas obrigações contraídas perante o investidor-doador (quais sejam, o pagamento mensal do valor fixo e o montante necessário à compra de ações para entrega a este, quando do término do prazo contratual).

Uma vez mais, estamos diante de uma visão negocial do mercado que não coincide com a figuração jurídica dos institutos do direito societário. Sob o ponto de vista jurídico, o mercado chama de "aluguel de ação" não é locação; tampouco, "mútuo", outra designação inapropriada que lhe tem sido dada. A lei simplesmente *desconhece* esta figura de negócios, um verdadeiro contrato atípico. Se o mercado convencionou chamá-lo de "aluguel de ação", ou mesmo de "mútuo de ação", isto não tem relevância jurídica. A mera denominação que o mercado escolheu para chamar determinado negócio nada diz de sua natureza jurídica. Serão as cláusulas contratadas entre as partes que definirão a exata configuração, para o direito, do contrato atípico celebrado.

Quando dois investidores celebram o que o mercado tem chamado de "aluguel de ação", o que acontece, juridicamente falando, é uma simples *alienação de ações*. A ação deixa de ser titulada pelo investidor-doador e passa a ser titulada pelo investidor-tomador. Esta alienação é celebrada com uma *cláusula específica*; a de que, decorrido o prazo contratado, o investidor-tomador entregará ao investidor-doador a mesma quantidade de ações de emissão da companhia. Não se trata, como poderia parecer à primeira vista, de uma condição resolutiva de propriedade, porque o investidor-tomador não tem a obrigação de *restituir* as mesmas ações que adquiriu, e, sim, a de, no término do prazo contratual, adquirir no mercado ações de emissão daquela companhia, na mesma quantidade, para entregá-la gratuitamente ao investidor-doador.

Esta *cláusula específica do contrato atípico*, por outro lado, não é um ônus que grava as ações alienadas pelo investidor-doador. É ínsito, ao negócio de que estamos tratando, estarem as ações objeto de contrato totalmente livres para serem, de imediato, negociadas pelo investidor-tomador no mercado bursístico. O investidor-tomador não tem a obrigação de "restituir" as mesmas ações adquiridas do investidor-doador. Tal vinculação implicaria, até mesmo, a descaracterização do principal elemento econômico do negócio, que é a plena negociabilidade das ações objeto de contrato. Quer dizer, da cláusula específica deste contrato atípico não decorre nenhum *direito real* sobre as ações. Com ênfase, tendo adotado o direito brasileiro o princípio da tipicidade dos direitos reais,[1213] aos particulares não é possível criar gravames desta natureza sobre os seus bens ou direitos, senão os especificamente previstos em lei.

Demonstra, de modo eloquente, a inexistência de qualquer *direito real* do investidor-doador, sobre as ações objeto de contrato de "aluguel", a possibilidade de *Liquidação Financeira da Operação*, prevista nos *Procedimentos Operacionais da Câmara de Compensação, Liquidação e Gerenciamento de Riscos de Operações no Segmento Bovespa e da Central Depositária de Ativos*, da CBLC ("Regulamento"). Segundo o item 6 do Capítulo VI do Regulamento, quando não houver disponibilidade das ações no mercado, a CBLC poderá determinar o cumprimento da obrigação assumida pelo investidor-tomador mediante o pagamento, ao investidor-doador, de certa quantia em dinheiro, observados os critérios regulamentares.

Ora, como a obrigação do investidor-tomador de entregar ações ao investidor-doador, ao término do contrato, não é, e não pode ser, um ônus, a cláusula específica deste contrato atípico simplesmente não é suscetível de averbação nos livros da companhia emissora (se as ações são nominativas) ou do banco depositário (se escriturais), na forma do art. 40 da LSA.[1214] Em decorrência, a cláusula específica deste contrato atípico não produz nenhum efeito perante a sociedade anônima emissora.

Para a sociedade anônima emissora, portanto, trata-se simplesmente de transferências na titularidade de ações de sua emissão. Serão pelo menos quatro transferências de propriedade de ações, não necessariamente das mesmas: (i) do investidor-doador para o investidor-tomador, no momento da celebração do contrato; (ii) do investidor-tomador para terceiros, logo em seguida; (iii) de terceiros para o investidor-tomador, às vésperas do término do prazo contratual; e (iv) do investidor-tomador para o investidor-doador, ao término deste prazo. Para a emissora, esta sucessão de atos trasladativos de propriedade não tem outro sentido jurídico senão a de meras transferências na titularidade de ações de sua emissão. Enquanto não disciplinado na lei, o contrato que o mercado chama de "aluguel de ações" terá, como figura atípica, efeitos apenas no campo do direito obrigacional, afetando apenas os sujeitos de direito obrigados; não produzirá efeitos perante a companhia emissora, porquanto não possa ser legalmente reconhecida qualquer implicação de direito real da avença.

Em vista da absoluta inaptidão deste contrato atípico ("aluguel de ações") de gerar efeitos reais sobre determinadas e individuadas ações de emissão da companhia (isso seria incongruente com a própria essência econômica do negócio), perante esta o que se verifica é apenas um conjunto de atos de transferência da titularidade de valores mobiliários representativos do capital social dela. Nada mais. E quando a ação é negociada após a convocação da assembleia geral ou divulgação do fato relevante, o direito de recesso relativo a ela *desaparece*. Em consequência, esse direito não pode ser exercido pelo alienante (investidor-doador), pelo adquirente (investidor-tomador), nem por terceiros (para quem as ações foram revendidas logo após o contrato).

Em suma, o acionista que loca (mutua) suas ações, como locatário (mutuário) ou locador (mutuante), após a convocação da assembleia

---

[1213] Na síntese de Sílvio de Salvo Venosa: "a tipicidade do direito real apenas resulta da lei. Há tipicidade estrita, diversamente dos direitos obrigacionais, em que a vontade das partes pode predeterminar condutas, ocorrendo, pois, uma tipicidade aberta. A vontade privada não pode constituir direito real que não subsuma a um dos tipos descritos na lei, nem pode atribuir conteúdo diverso daquele contido na definição legal" (*Direito Civil*. 5. ed. São Paulo: Atlas, 2005. v. 5. p. 44). No mesmo sentido: Orlando Gomes (*Direitos reais*. 16. ed., atualizada por Humberto Theodoro Jr. Rio de Janeiro: Forense, 2000. p. 6), Carlos Roberto Gonçalves (*Direito civil brasileiro*. São Paulo: Saraiva, 2006. p. 14, vol. V) e Marco Aurélio Viana (*Comentários ao novo Código Civil*. In: TEIXEIRA, Sálvio de Figueiredo (coord.). Rio de Janeiro: Forense, 2004. v. XVI. p. 9).

[1214] Uma das consequências da tipicidade dos direitos reais consiste em que os registros públicos de propriedade (e nesta categoria se enquadram os livros de registros da propriedade de ações: LSA, art. 100, § 1º) não podem proceder a averbações, ou qualquer outra forma de registro, senão nas específicas hipóteses previstas em lei. Cfr. Sílvio Rodrigues (*Direito civil*. 28. ed. São Paulo: Saraiva, 2003. v. 5. p. 9-10).

geral ou, na companhia aberta, da divulgação do correspondente fato relevante, não titula o direito de recesso; porque, juridicamente falando, perante a companhia, o que se chama "locação" ou "mútuo" não é mais que "alienação" de ações.

CAPÍTULO XII
CONSELHO DE ADMINISTRAÇÃO E DIRETORIA

Administração da Companhia

Art. 138. A administração da companhia competirá, conforme dispuser o estatuto, ao conselho de administração e à diretoria, ou somente à diretoria.

§ 1º O conselho de administração é órgão de deliberação colegiada, sendo a representação da companhia privativa dos diretores.

§ 2º As companhias abertas e as de capital autorizado terão, obrigatoriamente, conselho de administração.

§ 3º É vedada, nas companhias abertas, a acumulação do cargo de presidente do conselho de administração e do cargo de diretor-presidente ou de principal executivo da companhia. (Incluído pela Lei nº 14.195, de 2021)

§ 4º A Comissão de Valores Mobiliários poderá editar ato normativo que excepcione as companhias de menor porte previstas no art. 294-B desta Lei da vedação de que trata o § 3º deste artigo. (Incluído pela Lei nº 14.195, de 2021)

COMENTÁRIOS

1. Importância dos órgãos para as sociedades por ações

Ana Frazão

As sociedades anônimas, como sujeitos de direito que são, têm capacidade para adquirir direitos e contrair obrigações em nome próprio. Na condição de pessoas jurídicas, contudo, as companhias não têm existência fisiológica nem psíquica, de modo que não podem exercitar, diretamente, a sua vontade. A capacidade de agir para a realização de seus fins é exercida por meio das pessoas naturais, que compõem os órgãos da pessoa jurídica, por meio dos quais esta manifesta sua vontade e exerce as atividades necessárias para a consecução de seus fins.

Esses órgãos, como esclarece Jorge Manuel Coutinho de Abreu,[1215] não são propriamente representantes das companhias, já que não existe vontade destas que não seja aquela manifestada pelos seus órgãos, ao contrário da representação, em que temos duas pessoas e duas vontades. Os órgãos integram a sociedade, de modo que a vontade e os atos manifestados por eles são, na verdade, atos da própria sociedade e, por isso mesmo, são a ela imputados, como se verá mais adiante.

O principal órgão de uma sociedade por ações é a Assembleia Geral, da qual participam todos os acionistas, pois mesmo os que não têm direito de voto têm direito de voz (Lei nº 6.404/1976, art. 125, parágrafo único). Entretanto, considerando as dificuldades operacionais e os grandes custos de transação para a convocação e realização das reuniões da Assembleia Geral, inclusive no que diz respeito à obtenção de coordenação mínima entre os acionistas, é compreensível que tal órgão tenha competência restrita para os assuntos mais importantes da sociedade.

Já em relação aos assuntos corriqueiros, é fundamental que existam outros órgãos que possam agir de forma imediata e expedita. Esses são os órgãos administrativos, que titularizam, como regra, todas as competências que não são da Assembleia ou que não tiverem sido atribuídas pela lei a algum outro órgão específico, como é o caso do Conselho Fiscal.

Entretanto, a Lei nº 6.404/1976 não considera que os órgãos administrativos tenham meras competências residuais, que possam ser alteradas pela própria Assembleia ou pelos estatutos. Tanto é assim que o art. 139 prevê que "As atribuições e poderes conferidos por lei aos órgãos de administração não podem ser outorgados a outro órgão, criado por lei ou pelo estatuto."

Ao criar órgãos com competências privativas, a Lei nº 6.404/1976 procura equilibrar os interesses envolvidos e equacionar vários dos conflitos de agência que são inerentes às companhias. Por essa razão é que não se permite que o estatuto possa prever o contrário.

Por fim, cumpre destacar que, assim como já se mencionou nos comentários ao art. 2º, da Lei nº 6.404/1976, os órgãos da companhia a vinculam com seus pronunciamentos, motivo pelo

---

[1215] ABREU, Jorge Manuel Coutinho de. *Curso de direito comercial*. Coimbra: Almedina, 2003. p. 202.

qual não há que se cogitar da aplicação da teoria do *ultra vires* diante de terceiros de boa-fé.

2. Sistemas de administração da companhia

RODRIGO R. MONTEIRO DE CASTRO

A LSA admite dois sistemas de administração: o monista e o dualista. O sistema monista é composto apenas pela diretoria; o dualista, pela própria diretoria e pelo conselho de administração.

A diretoria é, no organismo societário, órgão essencial. Ao conselho de administração, por outro lado, não se reconhece a mesma essencialidade, exceto se (i) a companhia for aberta (art. 4º), (ii) tiver previsão estatutária de capital autorizado (art. 168) ou (iii) for de economia mista (art. 239).

O sistema de administração deve ser fixado na origem da companhia, mas pode ser modificado ao longo de sua existência, observando-se as normas previstas para reforma do estatuto social (art. 135).

Assim, a companhia cuja administração compita, em sua origem, apenas à diretoria pode, mediante deliberação de seus acionistas, introduzir o conselho, ou, se nascida com ambos os órgãos, eliminar o órgão colegiado. Não existe restrição temporal ou quantitativa para imposição de reformas, com o propósito de introduzir ou eliminar o conselho de administração.

A LSA é permissiva em relação à forma de administração da companhia. Os acionistas podem definir o sistema livremente, sem qualquer limitação – observadas, apenas, as hipóteses obrigatórias, previstas em lei, de existência do conselho de administração. Assim, a companhia de pequeno porte pode compor-se com ambos os órgãos ou a de grande porte ser administrada apenas pela diretoria.

Se a constituição ocorrer por subscrição pública (art. 82), o pedido de registro de emissão à CVM será instruído com o projeto de estatuto social e nele constará, necessariamente, o sistema administrativo da companhia, que será dualista, haja vista se tratar de sociedade de capital aberto. No estatuto deverão estar satisfeitos todos os requisitos exigidos pela LSA a respeito do funcionamento de ambos os órgãos.

Já a constituição por subscrição particular decorre de deliberação dos subscritores em assembleia geral ou por escritura pública. Na primeira situação, os fundadores devem observar o disposto nos arts. 86 e 87 e entregar à assembleia o projeto de estatuto social; na segunda situação, a escritura pública será assinada por todos os subscritores e conterá o estatuto social.

Nota-se que, no nascimento (ou, conforme termo técnico, na constituição), basta que se defina o sistema de administração da companhia ou que se demonstre a adequação ao sistema obrigatório. Isso não significa que a companhia possa existir apenas com a previsão do sistema. A indicação deve ocorrer imediatamente após a constituição ou, conforme termo legal, *a seguir*. Este termo indica que se proceda, na mesma assembleia, à eleição dos administradores (art. 87, § 2º).

Portanto, na hipótese de constituição por escritura pública, observadas todas as formalidades e não havendo oposição de subscritores que representem mais da metade do capital social, o presidente declarará constituída a companhia e, em seguida, se passará à escolha das pessoas naturais que participarão da administração.

Se a constituição se operar por subscrição particular e a forma escolhida for a assembleia geral, deverá ser observado o disposto nos artigos 86 e 87 – ou seja, os administradores serão eleitos na sequência da deliberação constitutiva; operando-se por escritura pública, nesta se nomearão os primeiros administradores (art. 88).

3. Diferenças entre os sistemas monista e dualista

ANA FRAZÃO

A Lei nº 6.404/1976 prevê uma série de regras de organização, que disciplinam os poderes e deveres da sociedade no plano interno e externo, minimizando interesses potencialmente conflitantes. A companhia é dotada, portanto, de órgãos distintos, que recebem competência específica e indelegável da lei. Também o estatuto poderá conferir e delimitar as atribuições aos órgãos societários, desde que não haja ofensa a regras cogentes.

A estrutura da administração das sociedades anônimas constitui uma opção do legislador. Embora o ordenamento jurídico de cada país apresente peculiaridades, que impedem a identificação de uma simetria perfeita entre os órgãos administrativos das sociedades anônimas, seja sob o aspecto funcional, seja do ponto de vista de sua composição, é possível concluir que existem hoje, fundamentalmente, dois sistemas de estruturação orgânica da administração: o monista e o dualista.[1216]

Para alguns autores, a distinção essencial entre os dois sistemas é que, no primeiro, há um único órgão de administração, enquanto o segundo distribui o exercício da atividade administrativa entre dois órgãos distintos.[1217] Na definição mais precisa de Luís Britto Correia,[1218] o cerne da distinção entre os dois sistemas está na existência de outro órgão, além da Assembleia Geral, com competência para fiscalizar e supervisionar a direção, que não existe no sistema monistas. Assim, sistemas dualistas, segundo o autor, são aqueles em que, além da Assembleia Geral, existe um órgão de direção, encarregado da gestão e representação da sociedade, e um órgão de vigilância (ou supervisão), que exerce o controle geral (e não só contabilístico) e constante da direção, elege e destitui diretores, bem como autoriza a prática de determinados atos pela direção, em função de sua relevância.[1219]

O sistema monista é típico dos países anglo-saxônicos e predomina também na maioria dos sistemas europeus, enquanto o sistema dualista, de origem alemã, é adotado em países como a Áustria, a Dinamarca, a Holanda.[1220] Outros ordenamentos, como Portugal, França e Itália, admitem a opção por um ou outro sistema[1221]. Nas sociedades anônimas europeias (SE), por força do Regulamento (CE) 2157/2000, os Estados-membros devem facultar a escolha entre o sistema dualista e o sistema monista.

Apesar das distinções, observa-se uma convergência prática ou funcional entre os dois sistemas. O sistema monista, como adverte, Jorge Manuel Coutinho de Abreu[1222] tem evoluído do *managerial model*, no qual há um órgão de administração encarregado da gestão dos negócios, para o *monitoring model*, no qual a gestão é confiada, principalmente, aos administradores executivos, enquanto a supervisão fica a cargo dos não executivos, inclusive com repercussões estruturais, para o fim de que os cargos de presidente do conselho de administração ("*chairman*") e o presidente da comissão executiva ("CEO – *chief executive officer*") sejam ocupados por pessoas distintas.

Um exemplo é o modelo norte-americano, cuja estrutura, unitária em princípio, acaba abrindo espaço para a dualidade de funções em razão da delegação de competências.[1223] Há, basicamente, um único órgão administrativo, o *board of directors*, que, embora dotado de funções executivas não as exerce, delegando-se aos *officers*, a quem incumbe a gestão da sociedade.[1224]

Daí por que se diz que, em termos práticos, a estrutura é, na verdade, dualista. Como esclarece

---

[1216] Alguns autores, como Jorge Manuel Coutinho de Abreu (*Governação das sociedades*. Coimbra: Almedina, 2010. p. 35) afirmam que é mais apropriado falar em sistema monístico e dualístico. Já outros, como Ana Perestrelo de Oliveira (*Manual de Governo das Sociedades*. Coimbra: Almedina, 2018. p. 184), propõem classificação que ultrapassa a dicotomia mencionada, falando de três modelos: (i) o clássico ou romano, que compreende o conselho de administração ou o administrador único; (ii) o anglo-saxão; e (iii) o dualista, nos moldes do sistema germânico.

[1217] Nesse sentido, Paulo Fernando Campos Salles de Toledo (*O conselho de administração na sociedade anônima*. São Paulo: Atlas, 1999. p. 13).

[1218] CORREIA, Luís Brito. *Os administradores de sociedades anônimas*. Coimbra: Almedina, 1993. p. 138.

[1219] CORREIA, Luís Brito. *Os administradores de sociedades anônimas*. Coimbra: Almedina, 1993. p. 138.

[1220] ABREU, Jorge Manuel Coutinho de. *Governação das sociedades*. Coimbra: Almedina, 2010. p. 35.

[1221] Na Itália, Franco Bonelli (*Gli ammnistratori di S.P.A.* Milano: Giuffrè, 2004. p. 235-237 e 267-269) explica que, ao lado do sistema tradicional acolhido pela redação original do *Codice Civile*, que admitia a administração individual ou por meio de conselho de administração funcionando como um presidente (art. 2380), a reforma de 2003 introduziu dois novos modelos de administração e controle: o dualístico, de inspiração alemã, no qual a administração é dividida entre a diretoria (*consiglio di gestione*) e o conselho de supervisão (*consiglio di sorveglianza*) e o sistema monístico, baseado em um *consiglio di amministrazione* e um *comitato*, constituído internamente com funções de controle. De modo análogo, em Portugal, o Código das Sociedades Comerciais permite a adoção de três sistemas: (i) o tradicional, composto pelo conselho de administração e pelo conselho fiscal; (ii) o dualista, constituído pelo conselho de administração executivo e pelo conselho geral e de supervisão; e (iii) o monista, formado pelo conselho de administração, compreendendo uma comissão de auditoria, e o revisor oficial de contas.

[1222] ABREU, Jorge Manuel Coutinho de. *Governação das sociedades*. Coimbra: Almedina, 2010. p. 38.

[1223] TOLEDO, Paulo Fernando Campos Salles de. *O conselho de administração na sociedade anônima*. São Paulo: Atlas, 1999. p. 14.

[1224] TOLEDO, Paulo Fernando Campos Salles de. *O conselho de administração na sociedade anônima*. São Paulo: Atlas, 1999. p. 19-20.

Robert Clark,[1225] pela lei, o *board*, cujos membros são eleitos pela Assembleia Geral, tem amplos poderes e responsabilidades, incluindo a iniciativa e aprovação de determinadas matérias, como alterações no estatuto social, fusões, venda de ativos e dissoluções (antes que essas matérias sejam submetidas aos acionistas), deliberações relativas aos produtos que serão ofertados bem como à política de preços e de salários, além da nomeação, supervisão, destituição e fixação da remuneração dos *officers*, a quem incumbe a gestão. Noutras palavras, incumbe ao *board of directors* supervisionar inteiramente a operação do negócio, enquanto os *officers* exercem as funções executivas.[1226]

O sistema assemelha-se bastante às estruturas dualistas. Embora nestas a divisão de funções seja mais nítida, havendo órgãos diferenciados de gestão e vigilância, os modelos monistas acabaram obtendo, indiretamente, o mesmo efeito por meio da delegação de poderes de gestão.[1227]

Entre nós, Alfredo Lamy Filho[1228] narra que, embora o Dec.-lei nº 2.627/1940 adotasse o sistema monista, as grandes empresas privadas já adotavam uma espécie de dualidade dos órgãos administrativos quando da elaboração do projeto que deu origem à Lei nº 6.404/1976, por meio da distinção entre a Assembleia Geral de Diretores e os Diretores Executivos, de maneira análoga ao que ocorre nos Estados Unidos. Enquanto a primeira atuava como órgão de deliberação colegiada, com atribuições análogas às de um Conselho de Administração, os segundos exerceriam os poderes de representação da companhia.[1229]

O sistema monista puro, segundo Paulo Fernando Campos Salles de Toledo,[1230] está associado a um estágio mais simples de desenvolvimento das sociedades, quando os administradores ainda eram considerados mandatários dos acionistas. Sendo eles simples mandatários, que dirigiam a companhia por conta e ordem dos sócios, era natural que se adotasse também uma estrutura administrativa mais simples, bastando a diferenciação entre os prestadores de capital e dos administradores.[1231]

O sistema dualista está associado ao direito alemão, mais precisamente ao chamado "Código Comercial alemão" de 1861, que já previa, além do órgão de direção da empresa (o *Vorstand*), um colegiado de fiscalização e controle (o *Aufsichtsrat*) – facultativo no início e obrigatório a partir de 1870.[1232]

De toda sorte, é importante lembrar que as escolhas legislativas dos países não podem ser aleatórias, uma vez que a estrutura administrativa das companhias tem importantes funções, dentre as quais prevenir e resolver os conflitos de agência que naturalmente existem entre acionistas e administradores.

Para cumprir tais objetivos, Armour *et al.*[1233] mostram que o Direito Societário pode se utilizar tanto estratégias de governança, como de estratégias regulatórias, a serem dosadas conforme

---

[1225] CLARK, Robert. *Corporate law*. Little, Brown and Company: Boston, 1986. p. 105-106.

[1226] CLARK, Robert. *Corporate law*. Little, Brown and Company: Boston, 1986. p. 105-106.

[1227] Cf. RAMOS, Maria Elisabete. *Responsabilidade dos administradores e diretores de sociedades anônimas perante os credores sociais*. Coimbra: Coimbra, 2002. p. 15.

[1228] LAMY FILHO, Alfredo. *A Reforma da Lei de Sociedades Anônimas. Cadernos da PUC. Séries Jurídicas 8*. Rio de Janeiro: Pontifícia Universidade Católica, 1972. p. 123.

[1229] LEÃO JR., Luciano de Souza. Conselho de administração e diretoria. In: LAMY FILHO, Alfredo; PEDREIRA, José Luiz Bulhões (coords). *Direito das companhias*, Rio de Janeiro: Forense, 2017. p. 748.

[1230] TOLEDO, Paulo Fernando Campos Salles de. *O conselho de administração na sociedade anônima*. São Paulo: Atlas, 1999. p. 13.

[1231] TOLEDO, Paulo Fernando Campos Salles de. *O conselho de administração na sociedade anônima*. São Paulo: Atlas, 1999. p. 13.

[1232] Embora a doutrina concorde quanto à origem alemã do sistema dualista, diverge em relação ao ano de seu surgimento. Enquanto Fábio Ulhoa Coelho (*Curso de direito comercial*. São Paulo: Saraiva, 2009. v. 2. p. 245) sustenta que o sistema teria surgido em 1861, Marcelo Vieira Von Adamek (*Responsabilidade dos administradores de S/A e ações correlatas*. São Paulo: Saraiva, 2009. p. 18) afirma que ele foi introduzido pela *Novelle zum Aktienrecht*, de 1884. Já Paulo Fernando Campos Salles de Toledo (*O conselho de administração na sociedade anônima*. São Paulo: Atlas, 1999. p. 22) assinala que seu surgimento no direito se deu com a reforma legislativa alemã de 1937 e foi aperfeiçoado por meio do diploma societário de 1965.

[1233] ARMOUR *et al*. The basic governance structure: the interests of shareholders as a class. In: KRAAKMAN, Reinier. *The anatomy of corporate law. A comparative and functional approach*. New York: Oxford University Press, 2017. p. 49.

as características de cada país. Ainda segundo os autores[1234], naqueles países em que é comum a presença do controlador, são de extrema importância os direitos de indicar e destituir administradores, enquanto que naqueles países em que a propriedade acionária é mais dispersa, são mais utilizados os incentivos como os prêmios ou remunerações.

4. A escolha brasileira em razão das características das sociedades por ações

ANA FRAZÃO

Já no que diz respeito ao Brasil, a Lei nº 6.404/1976 previu dois sistemas de administração: o monista, em que a administração cabe apenas aos diretores – exclusivo das sociedades anônimas de capital fechado sem capital autorizado –, e o dualista, em que a administração é compartilhada entre o Conselho de Administração e os diretores – obrigatório nas companhias de capital aberto, nas sociedades de capital autorizado e nas sociedades de economia mista, e facultativo nas demais.

A instituição do Conselho de Administração constitui uma inovação da Lei nº 6.404/1976.[1235] Até 1976, a lei acionária brasileira adotava, exclusivamente, o sistema monista, pois a Assembleia Geral era o único órgão de fiscalização e supervisão dos atos de gestão, praticados exclusivamente pela Diretoria.[1236] A rejeição ao modelo dualista explicava-se, dentre outros motivos, pela aversão de Miranda Valverde, autor do anteprojeto do Dec.-lei 2.627/1940, ao Conselho de Administração. O autor criticava o sistema dualista, adotado por sociedades anônimas estrangeiras, sob o argumento de que os Conselhos de Administração eram "compostos de dezenas de pessoas que não trabalham, na maioria incompetentes, mas que recebem grandes porcentagens dos lucros sociais";[1237] em resumo, "os cancros das sociedades anônimas".[1238]

A Lei nº 6.404/1976, como visto, superou essas objeções, admitindo e, em determinadas hipóteses tornando obrigatória, a estruturação da companhia com dois órgãos de administração distintos[1239]. Nos termos da Exposição de Motivos, a Lei teria pretendido assegurar a flexibilidade necessária para atender à multifacetada realidade das sociedades anônimas, permitindo que pequenas sociedades anônimas pudessem estruturar-se com um só órgão de administração e compelindo a adoção do sistema dualista em sociedades abertas, de capital autorizado assim como em sociedades de economia mista:

[1234] ARMOUR et al. The basic governance structure: the interests of shareholders as a class. In: KRAAKMAN, Reinier. *The anatomy of corporate law. A comparative and functional approach*. New York: Oxford University Press, 2017. p. 49.

[1235] Para Alexandre Tavares Guerreiro (Administração: ordinária e extraordinária. In: VENANCIO FILHO, Alberto et al. (org.). *Lei das S.A. em seus 40 anos*. Rio de Janeiro: Forense, 2017. edição kindle), o sistema dual, que "passa a valer com a divisão formal de atuação traçadas na lei (...) vem a ser, na verdade, a grande inovação da Lei. 6404, na medida em que estabelece um órgão de caráter formal dentro do qual se pode divisar a separação entre administração ordinária e administração extraordinária".

[1236] Apesar de o Decreto-lei nº 2.627/1940 ter adotado o sistema monista, Egberto Lacerda e José Alexandre Tavares Guerreiro (*Das sociedades anônimas no direito brasileiro*. São Paulo: José Bushatsky, 1979. p. 437, v. 1) esclarecem que "antes do advento da lei [Lei 6.404/976] não foram poucas as empresas cujos estatutos refletiam essa orientação (das legislações alemã e francesa), repartindo a administração entre órgãos com funções executivas e contornando mediante cuidadosos expedientes a proibição do Decreto-lei nº 2.627/1940 de outorgar-se a outro órgão criados pelos estatutos as atribuições e poderes conferidos por lei aos diretores". Alfredo Lamy Filho (*A reforma da Lei de Sociedades Anônimas*. Cadernos da PUC. Séries Jurídicas 8. Rio de Janeiro: Pontifícia Universidade Católica, 1972. p. 123) assinala que, quando da elaboração do projeto que deu origem à Lei nº 6.404/1976, as leis que criaram a Petrobras e a Eletrobras já haviam previsto Conselho de Administração e Diretoria, sendo esse o modelo adotado também em grandes empresas privadas, por meio da distinção entre a assembleia geral de diretores e o diretores não executivos.

[1237] VALVERDE, Trajano Miranda. *Sociedade por ações*. Rio de Janeiro: Forense, 1953. p. 292.

[1238] VALVERDE, Trajano Miranda. *Sociedade por ações*. Rio de Janeiro: Forense, 1953. p. 292. De modo semelhante, João Eunápio Borges (*Curso de direito comercial terrestre*. Rio de Janeiro: Forense, 1964. p. 438) sustentava que as companhias se tornariam ingovernáveis "se a atuação dos diretores se subordinasse às injunções e entraves de sistemas da representação proporcional".

[1239] Arnoldo Wald (Do regime legal do conselho de administração e da liberdade de votos dos seus componentes. RT 630/14) explica que, apesar do reconhecimento legal, os Conselhos só passaram a ter, de fato, importância com o surgimento do controle partilhado. Antes disso, segundo João Bosco Lodi, citado pelo autor, os Conselhos eram exumados uma vez ano para dar a impressão que existiam, sendo que, nas empresas privadas nacionais com forte influência do controlador, sua atuação era ainda menos operante.

É inegável que nas grandes empresas – em que ninguém pode deter todos os conhecimentos necessários às deliberações – o colegiado é a forma mais adequada. Mas as hipóteses são muito variadas, e como o Projeto regula companhias de todas as dimensões, a solução que se impõe é deixar a cada sociedade a opção pela estrutura de preferir (art. 138), com duas exceções: (a) as companhias de capital autorizado devem adotar o colegiado (§ 2º do art. 138), e (b) a Comissão de Valores Mobiliários pode determinar sua adoção pelas companhias abertas (§ 3º do art. 138). Essas exceções se justificam porque o Conselho de Administração é mais representativo da Assembleia Geral, pois nele tem assento assegurado representantes da minoria (art. 141).

5. Competências e características do Conselho de Administração e da Diretoria

Ana Frazão

O Conselho de Administração é órgão de deliberação colegiada (art. 138, § 1º), composto por, no mínimo, três membros eleitos e destituíveis pela Assembleia Geral (art. 140) e titular das competências previstas no art. 142, da Lei nº 6.404/1976. A exigência de que o Conselho seja composto por, pelo menos, três membros tem o fito de assegurar a natureza colegiada do órgão. Já a Diretoria é composta por membros escolhidos pelo Conselho de Administração, caso existente,[1240] ou pela Assembleia Geral (art. 143), tendo a competência privativa de representação da companhia (art. 138, § 1º).

Assim, enquanto a Diretoria pratica atos perante terceiros, a função do Conselho é deliberativa. Seu papel principal é estabelecer, pelo voto da maioria simples – salvo se houver previsão de quórum qualificado no estatuto –, a orientação geral dos negócios e fiscalizar a atuação dos diretores, sem prejuízo da competência do Conselho Fiscal, prevista no art. 163, I, da Lei nº 6.404/1976.

Tradicionalmente, diz-se que o Conselho de Administração se insere entre a Assembleia Geral e a Diretoria, porque, quando de sua criação, assumiu obrigações privativas dos dois órgãos.[1241] Não cabe ao Conselho representar a companhia, não podendo em nome dela contrair obrigações de qualquer espécie; sua função é de planificação e fiscalização da diretoria, a quem incumbe, de maneira privativa a representação externa da sociedade.

Apesar de a lei ter utilizado o termo "representação" para se referir ao poder dos diretores para exteriorizar a vontade social perante terceiros, o termo não é muito adequado diante da teoria organicista. De fato, a Diretoria não substitui a companhia nem atua em seu lugar, como no mandato, porque se trata de órgão, como se verá adiante. Daí por que Pontes de Miranda prefere falar em "presentação".[1242] À Diretoria caberá, assim, tanto o exercício da gestão, que corresponde ao poder de decidir a respeito dos negócios sociais quanto a representação, que se refere ao poder de manifestar externamente a vontade social.[1243]

Válido notar que, como adverte Modesto Carvalhosa[1244], a diretoria não dispõe de mera função executiva das ordens do Conselho ou da Assembleia. Assim, como o Conselho de Administração, os diretores também têm poder decisório nos limites das competências previstas na lei e no estatuto social.

No Conselho, contudo, a decisão será necessariamente deliberativa. A lei não atribuiu aos conselheiros competência individual, não sendo possível afastar o caráter deliberativo do órgão por disposição estatutária. Já na Diretoria, composta por, pelo menos, dois diretores[1245], em

---

[1240] Alguns autores, como Alexandre Tavares Guerreiro (Administração: ordinária e extraordinária, In: VENANCIO FILHO, Alberto et al (org.). *Lei das S.A em seus 40 anos*. Rio de Janeiro: Forense, 2017, edição *kindle*) sustentam que, mesmo quando houver Conselho de Administração na companhia, poderá competir à assembleia a eleição de alguns ou de todos os diretores se houver previsão no estatuto.

[1241] Segundo Marcelo Vieira Von Adamek (*Responsabilidade dos administradores de S/A e ações correlatas*. São Paulo: Saraiva, 2009. p. 21), da Assembleia, o Conselho teria assumido as funções previstas nos arts. 142, I, II, III, VI, VII, e 208, § 1º, e, da Diretoria, aquelas do art. 142, IV, VIII e IX.

[1242] PONTES DE MIRANDA, Francisco Cavalcanti. *Tratado de direito privado*. Campinas: Bookseller, 2000. § 75, v. 1.

[1243] CARVALHOSA, Modesto. *Comentários à lei de sociedades anônimas*. São Paulo: Saraiva, 2014. v. 3. (Edição *Kindle*).

[1244] CARVALHOSA, Modesto. *Comentários à lei de sociedades anônimas*. São Paulo: Saraiva, 2014. v. 3. (Edição *Kindle*).

[1245] Alfredo Gonçalves de Assis Neto (*Lições de direito societário*. Sociedade Anônima. São Paulo: Juarez Oliveira, 2005. v. 2. p. 195) critica a exigência legal de, no mínimo dois conselheiros: "não há justificativa para essa exigência, que não deixa de ser obstáculo à adoção do modelo por quem pretenda uma gestão simplificada. Frise-se que nem mesmo a subsidiária integral, que é sociedade de um só acionista (art. 252), pode prescindir de dois diretores".

regra, cada um deles atua individualmente, embora o estatuto social possa estabelecer que determinadas decisões sejam tomadas em reunião da diretoria, com lavratura das atas em livro próprio (art. 143, § 2º).

Embora caiba ao Conselho de Administração fiscalizar a gestão dos diretores, não há propriamente subordinação hierárquica entre conselheiros e diretores, motivo pelo qual estes últimos não poderão se isentar da responsabilidade pela simples circunstância de estarem amparados por decisão do Conselho de Administração.[1246] Da mesma forma, os membros do Conselho não respondem pelos atos dos diretores, salvo se tiverem agido com culpa.[1247]

Para assegurar a divisão de competências e a separação funcional entre o Conselho e a Diretoria, prevê o 143, § 1º, da Lei nº 6.404/1976, que apenas um terço dos membros do Conselho de Administração podem ser eleitos para cargos de diretores.

Não obstante, a Lei nº 14.195/2021 passou a prever expressamente, no § 3º do art. 138, que "É vedada, nas companhias abertas, a acumulação do cargo de presidente do conselho de administração e do cargo de diretor-presidente ou de principal executivo da companhia", esclarecendo o subsequente § 4º que "A Comissão de Valores Mobiliários poderá editar ato normativo que excepcione as companhias de menor porte previstas no art. 294-B desta Lei da vedação de que trata o § 3º deste artigo".

6. Colegiado e representação

RODRIGO R. MONTEIRO DE CASTRO

6.1. Colegiado. O conselho de administração é órgão de deliberação colegiada. Seus membros não possuem competência para agir ou para se manifestar isoladamente. Todas as manifestações orgânicas decorrem de prévio entendimento em reunião. Não se apurando unanimidade entre os conselheiros, prevalece a posição da maioria. O estatuto ou o acordo de acionistas pode prever quórum qualificado para uma ou mais matérias, desde que as especifique; na ausência de previsão específica, prepondera a maioria simples (isto é, metade mais um dos conselheiros presentes à respectiva reunião – e votantes).

A colegialidade se estende a qualquer ato ou atribuição, mesmo a fiscalizatória, prevista no art. 142, II. Nenhum conselheiro ou grupo de conselheiros, minoritários ou majoritários, pode praticar ato, de qualquer natureza, de modo individual ou grupal, sem uma prévia decisão colegiada.

Todas as competências previstas na LSA ou outras que sejam incluídas no estatuto social ou contempladas em acordo de acionistas são exercidas pelo órgão, independentemente da complexidade. O estatuto e o acordo de acionistas não podem alterar essa característica.

Qualquer ato praticado por um ou mais membros do conselho de administração, sem observância à natureza colegiada, é nulo de pleno direito.

O destinatário de eventual pedido ou ação individual de membro do conselho deve resistir e informar, imediatamente, ao presidente do órgão. Nenhum diretor, empregado ou prestador de serviço pode atender à vontade individual de conselheiro; se o fizer, estará agindo contra a lei.

Essa opção legislativa não afronta o que se convencionou chamar de *boas práticas de governança*. Trata-se, apenas, de um conjunto normativo estabelecido para preservar a natureza colegiada do conselho de administração e para evitar que cada membro atue conforme suas convicções pessoais e, eventualmente, seus interesses.

Qualquer pretensão de um membro do conselho deve, assim, ser submetida ao presidente do órgão, que a colocará em votação – exceto se outro procedimento estiver previsto no estatuto social ou no regimento interno. Não é incomum, aliás, que se estabeleça, por exemplo, que deverá

[1246] Daí a conclusão de Mario Pinto Jr. (A governança corporativa e os órgãos de administração. In: FINKELSTEIN, Maria Eugênia Reis; PROENÇA, José Marcelo Martins (coords.). *Gestão e controle*. São Paulo: Saraiva, 2008. p. 107) de que "o diretor será sempre responsável pelos prejuízos causados à companhia, se atuou contrariamente ao interesse social, ainda que amparado em deliberação do conselho de administração, ou mesmo da assembleia geral". No mesmo sentido, aponta José Alexandre Tavares Guerreiro (*Administração: ordinária e extraordinária. In*: VENANCIO FILHO, Alberto et al. (org.). *Lei das S.A. em seus 40 anos*. Rio de Janeiro: Forense, 2017. Edição *Kindle*.) que "não existe senioridade ou hierarquia entre Conselheiros e Diretores, por se tratar de competências distintas, traçadas na lei e preenchidas, onde couber, pela discrição dos comandos estatutários. Quando muito, o que se admite é a isenção de responsabilidade, nas hipóteses consignadas no § 1º art. 158, que deve ser entendido muito mais como mitigação da solidariedade natural entre os gestores, na ausência de culpa individual *lato sensu*".

[1247] É a conclusão de Modesto Carvalhosa (*Comentários à lei de sociedades anônimas*. São Paulo: Saraiva, 2014. v. 3. (Edição *Kindle*)), ao sustentar que "atribuir-se ao conselho responsabilidade por atos praticados individualmente pelos diretores, a não ser que se configure conivência ou negligência, seria totalmente injusto e antijurídico".

constar da ordem dia matéria requerida por um número x de membros do conselho. Essa via evita condutas autoritárias do presidente que se negue, sem justificativa, a acatar o pedido para que o órgão aprecie o tema objeto do requerimento.

Votada a matéria, a vontade do colégio será aquela determinada pela maioria. Os conselheiros vencidos não podem negar ou obstruir, de forma isolada ou em grupo, a decisão majoritária. A discordância pode – e deve – ser consignada em ata. Se a ata for lavrada na forma de sumário dos fatos ocorridos, a mesa receberá e autenticará a declaração de voto ou eventual protesto dos conselheiros que apresentarem tais manifestações, de forma análoga à prevista para as assembleias gerais (art. 130).

Os membros da mesa que se recusarem a receber e autenticar declaração de voto ou protesto respondem, pessoalmente, pela abusividade da conduta.

6.2. Representação e execução. A diretoria é o órgão executivo da companhia. Compete-lhe atuar e executar o objeto social, observada a orientação geral fixada pelo conselho de administração, se existente, ou pela assembleia geral.

Além de função executiva, a LSA também lhe atribui competência representativa. Seus membros são os únicos administradores que podem representar a companhia. O conselho de administração, mesmo agindo de modo colegiado, não é competente, em hipótese alguma, para representar a sociedade.

A representação é atribuída a todos os diretores, exceto se houver especificação no estatuto social ou deliberação da assembleia geral ou do conselho de administração, caso existente (art. 144).

Estatutos sociais de companhias costumam indicar a forma de representação. É comum que se exija a participação de mais de um diretor na prática de determinados atos, como forma de controle administrativo interno da atuação diretiva.

Porém, também não é incomum que companhias sejam representadas isoladamente por um (determinado ou não) diretor. Em qualquer caso – de representação conjunta ou isolada –, alçadas são fixadas no estatuto social, fora das quais a representatividade fica sujeita a uma prévia aprovação do conselho de administração ou da assembleia geral, conforme o caso.

Esses sistemas aparecem em companhias abertas ou fechadas, de pequeno ou grande porte. Sua determinação está associada à estrutura e à composição do capital, e ao menor ou maior nível de controle que se pretende instituir.

Companhias fechadas, com controle totalitário ou majoritário, em que o acionista controlador (direto ou indireto) é o administrador, costumam adotar, na prática, formas mais flexíveis de representação ou de alçada; no outro extremo, companhia abertas, sem controle definido e dotadas de modelos administrativos sofisticados, tendem a impor sistemas representativos mais complexos. Nestas companhias, os estatutos trazem uma descrição detalhada da função e da competência de cada diretor e, não raro, desautorizam a assunção de qualquer obrigação sem a participação de outro diretor. Não há, de todo modo, fórmulas prontas: cada caso carrega as suas especificidades e a organização interna decorrerá da forma como os acionistas pretenderem tratá-las.

De todo modo, a LSA é permissiva em relação ao tema, não impondo limites à autonomia dos acionistas de estabelecerem, em estatuto, a forma de representação e a atuação da diretoria.

Atuação e representação não são, portanto, termos sinônimos. A representação pode configurar apenas o ato formal de aposição de assinatura, para assunção de uma obrigação pela sociedade, conforme critérios estabelecidos pelo estatuto; enquanto a atuação, por outro lado, consiste na prática de atos executivos, com vistas ao desenvolvimento das atividades que compõem o objeto social. O estatuto deve fazer essas distinções, mediante a atribuição de funções executivas próprias ou colegiadas e, paralelamente, a restrição ou imposição de alçadas e limites, para que, mesmo no âmbito das funções estatutárias de determinado diretor, se crie sistema interno de controle.

Por fim, a LSA não impede que a diretoria atue de forma colegiada, situação em que os diretores passam a decidir por maioria (ou outro quórum que, eventualmente, seja fixado no estatuto social).

7. Análise crítica da estrutura de poder arquitetada pela Lei nº 6.404/1976

Ana Frazão

Crítico do sistema de repartição de poderes na Lei nº 6.404/1976, fortemente concentrado em torno da figura do controlador, Calixto Salomão

Filho[1248] sustenta que, no Brasil, o Conselho de Administração jamais foi concebido como um órgão de fiscalização externa da Diretoria, tendo sido criado, na verdade, para dar voz ao controlador nos órgãos de administração.

Isso porque, ao atribuir competências administrativas relevantes ao Conselho de Administração, a Lei nº 6.404/1976 termina por afastar as decisões mais importantes sobre a estratégia empresarial tanto da turbulência das Assembleias, suprimindo o direito de voz e voto dos pequenos investidores, quanto da Diretoria, a quem cabe a mera gerência executiva. Assim, adverte o autor que, sendo o Conselho de Administração "totalmente dominado pelo controlador", a adoção de estrutura dúplice no caso brasileiro serviria "a grave disfunção: reforçar o poder do controlador e afastar qualquer tipo de controle por parte do mercado ou de terceiros da orientação empresarial escolhida"[1249].

A crítica precisa ser bem compreendida. Em geral, tem-se associado a segregação das atividades de execução e representação das atividades de supervisão e de tomada de decisões estratégicas (orientação geral) aos princípios da boa administração. Não por acaso, o Código das Melhores Práticas de Governança Corporativa do IBGC[1250] eleva o Conselho de Administração à condição de "guardião dos princípios, valores, objeto social e do sistema de governança da organização", do qual é considerado o "principal componente" e recomenda que "toda organização deve considerar a implementação de um conselho de administração".

De fato, parece óbvio que, em um sistema concentrado, a existência de um único órgão de gestão, formado por executivos e representantes do controlador, pode acabar abrindo espaço para a tomada de decisões contrárias ao interesse social. Daí a relevância do Conselho.[1251] Por outro lado, a ideia de um órgão de supervisão separado só será eficaz se o colegiado não for mera extensão do controlador, mas se revestir de caráter pluralista.

É por isso que, como adverte Calixto Salomão Filho,[1252] a estrutura dupla ou unitária dos órgãos de administração termina por ser indiferente, até mesmo em razão da convergência de modelos, devendo o foco da análise concentrar-se na existência de um órgão de fiscalização de composição plúrima e na independência da administração, que dependerá também da garantia de funções específicas e exclusivas para a diretoria.

Partidário do mesmo entendimento, Marcelo Adamek[1253] também assinala que, sendo Conselho dominado pela maioria, é possível dizer que se trata de "instância societária de consolidação do poder controlador", sobretudo porque exerce atribuições que, na sua ausência, competiriam à Assembleia Geral, a exemplo das matérias dispostas nos incisos I, II, II, VI e VII do art. 142, ou à Diretoria, como revelam os incisos I, VIII e IX do art. 142, todos da Lei nº 6.404/1976. Ao fim e ao cabo, o Conselho, ao mesmo tempo que afasta os acionistas das decisões estratégias da companhia, coloca os diretores na posição de executores de suas deliberações.[1254] Isso explica por que os movimentos de governança corporativa se preocupam tanto em assegurar a independência dos conselheiros.

Tal preocupação acentua-se ainda mais com a possibilidade de que acordos de acionistas possam vincular membros do Conselho de Administração, como já se examinou nos comentários ao art. 118, da Lei nº 6.404/1976.

Por fim, cumpre ressaltar que tais preocupações não significam, de nenhuma maneira, que o Conselho de Administração deva se isolar dos acionistas. Hoje se discute até mesmo um maior entrosamento (*engagement*) entre conselheiros e acionistas, especialmente os minoritários ativistas, para possibilitar formas de comunicação direta e fluxos de informação.[1255]

[1248] SALOMÃO FILHO, Calixto. *O novo direito societário*. São Paulo: Malheiros, 2002. p. 85-86.

[1249] SALOMÃO FILHO, Calixto. O novo direito societário. São Paulo: Malheiros, 2002. p. 87.

[1250] IBGC – Instituto Brasileiro de Governança Corporativa. *Código das melhores práticas de governança corporativa*. 5. ed. São Paulo, 2015. p. 39.

[1251] SALOMÃO FILHO, Calixto. *O novo direito societário*. São Paulo: Malheiros, 2002. p. 87.

[1252] SALOMÃO FILHO, Calixto. *O novo direito societário*. São Paulo: Malheiros, 2002. p. 87.

[1253] ADAMEK, Marcelo Vieira Von. *Responsabilidade dos administradores de S/A e ações correlatas*. São Paulo: Saraiva, 2009. p. 21.

[1254] ADAMEK, Marcelo Vieira Von. *Responsabilidade dos administradores de S/A e ações correlatas*. São Paulo: Saraiva, 2009. p. 21.

[1255] Ver OLIVEIRA, Ana Perestrelo de. *Manual de governo das sociedades*. Coimbra: Almedina, 2018. p. 204.

O que precisa ser destacado é que esse fluxo comunicacional deve ser estabelecido com todos os acionistas e os diferentes *stakeholders* e ser dialógico. O que parece incompatível com a Lei nº 6.404/1976 é que o fluxo comunicacional fique concentrado apenas entre conselheiros e controladores e seja unidirecional, hipótese em que os conselheiros se tornam efetivamente representantes dos controladores e deixam de agir em razão do interesse social.

8. Boa governança, má governança e *desgovernança*

RODRIGO R. MONTEIRO DE CASTRO

Há muita desinformação ou má informação a respeito do que seja governança, boa governança e para que serve (ou servem). O vocábulo governança é empregado para tudo e por tudo, para qualificar ou desqualificar organizações, impor práticas que servem ou não servem para determinada companhia e para introduzir no sistema societário agentes que, apenas eventualmente, contribuem para o desenvolvimento da empresa.

Importante: não se defende, aqui, a falta de transparência e de controle dos atos da administração e de acionistas, sobretudo controladores; ao contrário. Mas se pretende jogar um pouco de luz sobre a dogmatização de uma *instituição* que, se mal manejada, criará uma fissura incontrolável e incontornável no sistema societário brasileiro.

O IBGC define a governança corporativa como o "sistema pelo qual as empresas e demais organizações são dirigidas, monitoradas e incentivadas, envolvendo os relacionamentos entre sócios, conselho de administração, diretoria, órgãos de fiscalização e controle e demais partes interessadas. As boas práticas de governança corporativa convertem princípios básicos em recomendações objetivas, alinhando interesses com a finalidade de preservar e otimizar o valor econômico de longo prazo da organização, facilitando seu acesso a recursos e contribuindo para a qualidade da gestão da organização, sua longevidade e o bem comum".

A construção impressiona à primeira leitura, mas esconde certa – e proposital – abstração e falta de objetividade. Daí a quase impossibilidade de confrontação ética do dogma.

Em termos práticos, trata-se do governo da companhia – e de qualquer outro tipo societário. Apesar da disseminação de determinadas práticas, que se inserem num rótulo igualmente abstrato, mas são aceitas como *boas*, a experiência acumulada desde a criação do Novo Mercado oferece material suficiente para uma profunda reflexão e consequente redirecionamento do tema.

Cada companhia tem as suas características, e um programa de governação não deve ser insensível a essa realidade. A fórmula básica composta de criação de conselho de administração, indicação de conselheiros externos (eventualmente independentes) e instituição de dois ou três comitês não garante a melhoria dos resultados financeiros e de outras naturezas.

Além disso, a demonização do acionista controlador, idealizador da empresa e provedor do capital, deve ser revista. Assim como devem ser reconsiderados conceitos que se tornaram espécies de princípios, norteadores da construção teórica *daquela* boa governança, tais como: (i) o deslocamento do poder de decisão sobre temas estruturais dos acionistas (em assembleia geral) para o conselho de administração; (ii) a falaciosa prevalência da fragmentação da propriedade acionária sobre a propriedade concentrada, que geraria uma igualmente falaciosa democracia corporativa, mantida por administradores independentes; (iii) a proibição de cumulação dos principais cargos no conselho de administração e na diretoria; (iv) a vedação ou a restrição à emissão de ações sem direito a voto; e (v) a proibição do voto plural a qualquer classe de ação.

O modelo brasileiro apresenta características realmente específicas. As companhias no Brasil nascem e se desenvolvem em decorrência da atuação e da aceitação do risco corrido pelo *empresário*, geralmente o concentrador da propriedade acionária e do poder empresarial – o típico controlador. Essa gênese não poderia ter sido desprezada na formulação conceitual da disciplina da governança, e vem contribuindo para o problema da quase insignificância do mercado local.

O que deveria ser um incentivo se mostra, ao contrário, um desincentivo, uma espécie de *desgoverno* da disciplina da governança.

9. A teoria organicista: administradores como órgãos das companhias

ANA FRAZÃO

Na atualidade, não há maiores discussões em torno da conclusão de que os administradores de pessoas jurídicas são órgãos e não mandatários, mas, durante muito tempo, a natureza jurídica da relação entre a sociedade e seus administradores foi alvo de controvérsias. Dentre as teorias que buscaram fornecer respostas para a questão, merecem destaque a teoria da representação voluntária, a teoria da representação legal e, por último, a teoria orgânica, que acabou consagrando-se como a concepção largamente dominante, tanto no direito brasileiro como nos ordenamentos jurídicos estrangeiros, a exemplo da França, Alemanha, Itália e Portugal.[1256]

A teoria da representação voluntária encontrou campo fértil para seu desenvolvimento durante o predomínio da teoria da ficção, que tratando a pessoa jurídica como um mero artifício legal, negava-lhe a existência de vontade e de interesse próprios. Sob essa concepção, os administradores atuavam em substituição à vontade dos sócios, representando sua vontade, em razão de sua designação no contrato social e/ou de sua eleição pelos sócios.

O Código Comercial francês de 1807, que foi uma grande referência para o direito ocidental durante o século XIX, qualificou os administradores como mandatários, sujeitando-os às regras da responsabilidade contratual, orientação que prevaleceu, durante o século XIX, não apenas na França, mas também na Itália, na Alemanha, em Portugal e que exerceu considerável influência no direito brasileiro.[1257]

A teoria do mandato, todavia, não explica satisfatoriamente, uma série de questões relacionadas ao regime jurídico societário. Como advertiu o autor português Luis Brito Correia,[1258] a representação voluntária não esclarecia por que a sociedade deveria responder pelos atos praticados por administradores mesmo quando estes não detinham poderes para representá-la, já que, na teoria do mandato, a relação entre terceiros e mandante não se constituía diante de ato sem representação. Daí a elaboração da teoria do *ultra vires*, cujo declínio também está relacionado à superação da teoria do mandato.

Por outro lado, a teoria do mandato também não era capaz de aclarar por que os administradores podiam responder pessoalmente perante terceiros por atos praticados dentro dos limites de seus poderes de representação, na medida em que no mandato, o ato vincula exclusivamente o mandante.[1259] Basta lembrar do Código Civil francês de 1807, que reconheceu a condição de mandatário dos administradores, como visto, e seguiu a orientação existente na época das companhias coloniais em favor da irresponsabilização dos administradores, pelo menos no que não fosse coerente com o regime da responsabilidade contratual.

Paralelamente, era difícil justificar o fato de que a relação de representação pudesse ser constituída pela escolha da maioria dos sócios em vez da manifestação de vontade de todos eles.[1260]

Outra corrente doutrinária sustentava que a relação entre os administradores e a sociedade era análoga à representação de incapazes. A representação legal partia da premissa de que o ente coletivo se encontra em situação que o impede de realizar por si próprio determinados negócios jurídicos. A lei reconhece, portanto, que o incapaz não pode manifestar-se por si mesmo, substituindo a vontade dele pela de outra pessoa, a quem caberá a representação de seus interesses.[1261]

Ao tratar da teoria, Michoud[1262] esclareceu que era mais fácil de aceitar essa corrente do que a teoria do mandato, na medida em que esta última tinha como pressuposto a manifestação de vontade do ente coletivo para sua instituição, o que seria impossível sem a existência de um representante preexistente ou de um órgão. A teoria da representação legal, por outro lado, eliminaria esse inconveniente, ao atribuir à própria lei o papel de instituir, direta ou indiretamente, os representantes da pessoa jurídica.

A falha dessa teoria é que, na pessoa jurídica, não se pode falar em substituição de vontades, porque ela não tem outra vontade senão aquela expressa por meio de seus administradores.[1263]

[1256] Ver CORREIA, Luís Brito. *Os administradores de sociedades anónimas*. Coimbra: Almedina, 1993. p. 197-201.

[1257] Ver FRAZÃO, Ana. *Função social da empresa*: repercussões sobre a responsabilidade civil de controladores e administradores de S/As. Rio de Janeiro: Renovar, 2011. p. 29 e ss.

[1258] CORREIA, Luís Brito. *Os administradores de sociedades anónimas*. Coimbra: Almedina, 1993. p. 198.

[1259] CORREIA, Luís Brito. *Os administradores de sociedades anónimas*. Coimbra: Almedina, 1993. p. 198-199.

[1260] CORREIA, Luís Brito. *Os administradores de sociedades anónimas*. Coimbra: Almedina, 1993. p. 199.

[1261] CORREIA, Luís Brito. *Os administradores de sociedades anónimas*. Coimbra: Almedina, 1993. p. 200.

[1262] MICHOUD, Léon. *La théorie de la personnalité morale*. Première partie. Paris: Libraire Genérale de droit & de Jurisprudence, 1906. p. 130.

[1263] CORREIA, Luís Brito. *Os administradores de sociedades anónimas*. Coimbra: Almedina, 1993. p. 201.

Além disso, costuma-se apontar, como uma de suas incoerências, a impossibilidade de o Estado nomear seu próprio representante, na medida em que depende dele a elaboração da lei.[1264]

A visão de que os administradores constituem órgãos sociais surge em oposição à teoria da ficção, a partir da teoria da realidade objetiva, que teve como Gierke um de seus principais expoentes, tendo sido, posteriormente, adotada também pelos defensores da teoria da instituição e da teoria da realidade técnica. Todas essas abordagens, embora tenham fornecido explicações alternativas para a personalidade jurídica dos entes coletivos, como descrito anteriormente, não rechaçaram a natureza orgânica de sua estrutura organizacional.[1265] Daí por que, como visto, autores como Calixto Salomão Filho[1266] atribuem à valorização da estrutura e da organização societárias o grande mérito da teoria da realidade objetiva.

O organicismo, de fato, fundamenta-se na existência de uma vontade própria do ente coletivo, que justifica a imputação dos atos de seus administradores à sociedade. As teorias realistas, como visto, rechaçam a possibilidade de a personalidade jurídica ser entendida como mero arbítrio do legislador, admitindo que a pessoa jurídica tem vontade e objetivo próprios. Essa ênfase no aspecto teleológico cria um ambiente propício para o surgimento do organicismo[1267]. Não por acaso, aliás, foi justamente na Alemanha, país que teve um papel determinante no desenvolvimento do institucionalismo[1268], onde primeiro surgiu a concepção organicista.

A teoria orgânica, hoje pacificamente aceita, funda-se na ideia de que quando os órgãos administrativos atuam é a própria sociedade que o faz. Na verdade, ao contrário do que ocorre no mandato, não há diversidade de vontades; identifica-se tão somente a vontade do ente coletivo "presentada" por seus órgãos.

A noção diferencia-se também da representação, dentre outras coisas, porque, como esclarece Michoud,[1269] a qualidade de representante decorre da lei e/ou de ato jurídico, enquanto o atributo de órgão decorre da própria constituição da pessoa jurídica. Exatamente, por isso, segundo o autor não se pode opor à teoria do órgão aquela objeção usualmente suscitada contra a teoria do mandato de que sua instituição dependeria da capacidade preexistente da pessoa jurídica para constituir o próprio mandatário.[1270]

A teoria dos órgãos, de acordo com Pontes de Miranda,[1271] supera o individualismo de suas predecessoras ao afastar a ideia de representação: a pessoa jurídica, de acordo com a doutrina de Gierke, "tem capacidade de obrar, capacidade negocial, de atos jurídicos *stricto sensu*, de atos-fatos jurídicos e de atos ilícitos". Daí por que, como afirma Pontes de Miranda,[1272] para Gierke, era válido concluir que a pessoa jurídica pratica, por meio de seus órgãos, atos próprios, pois os órgãos integram a pessoa jurídica, assim como o braço, a boca e o ouvido compõem a pessoa

---

[1264] Cf. MICHOUD, Léon. *La théorie de la personnalité morale*. Première partie. Paris: Libraire Genérale de droit & de Jurisprudence, 1906. p. 132.

[1265] CORREIA, Luís Brito. *Os administradores de sociedades anónimas*. Coimbra: Almedina, 1993. p. 201.

[1266] SALOMÃO FILHO, Calixto. *A sociedade unipessoal*. São Paulo: Malheiros, 1995. p. 23.

[1267] Segundo Calixto Salomão Filho (*O novo direito societário*. São Paulo: Malheiros, 2002. p. 252), uma das consequências da teoria realista de Gierke (que não se confunde com a teoria da realidade técnica a que nos referimos) foi "a valorização da discussão sobre a estrutura e a organização da sociedade e o organicismo, "consequência direta da afirmação da vontade própria da sociedade".

[1268] Na Alemanha, surgiu uma das vertentes mais extremas do institucionalismo, que, baseada na doutrina de Rathenau, enxergava as grandes sociedades como instrumento para a recuperação do país após o fracasso na Primeira Guerra Mundial. A teoria culminou na previsão da AktG alemã de 1937, que exigia o exercício da direção não só no interesse da companhia, mas também no do bem comum do povo e no do *Reich*.

[1269] MICHOUD, Léon. *La théorie de la personnalité morale*. Première partie. Paris: Libraire Genérale de droit & de Jurisprudence, 1906. p. 132.

[1270] MICHOUD, Léon. *La théorie de la personnalité morale*. Première partie. Paris: Libraire Genérale de droit & de Jurisprudence, 1906. p. 136.

[1271] PONTES DE MIRANDA, Francisco Cavalcanti. *Tratado de direito privado*. Campinas: Bookseller, 2000. v. 1. § 75.

[1272] PONTES DE MIRANDA, Francisco Cavalcanti. *Tratado de direito privado*. Campinas: Bookseller, 2000. v. 1. § 75.

física. É por esse motivo que "O órgão não representa; presenta" a pessoa jurídica.[1273]

Em sentido semelhante, esclarece Carvalho de Mendonça[1274] que a representação pressupõe a existência de duas pessoas: o representante e o representado. O órgão diferentemente, é mera extensão da pessoa jurídica, cuja vontade exprime e realiza.[1275] A vontade do órgão, expressa pelas pessoas físicas que o integram, não substitui a vontade da pessoa jurídica, mas se identifica com ela. Exatamente por isso, afirma-se que as pessoas jurídicas não podem prescindir de órgãos, sem os quais não consegue manifestar sua vontade nem agir.

Daí por que, embora tradicionalmente se afirme que os administradores representam a pessoa jurídica, é impróprio falar em representação. É precisa a síntese de Saleilles[1276] de que "um representante é aquele que substitui sua personalidade jurídica por uma personalidade já existente; o papel dos administradores de entidades coletivas é outro: eles traduzem e manifestam exteriormente essa vontade coletiva e una, que está na base da personalidade jurídica", motivo pelo qual são considerados órgãos da pessoa jurídica. Na representação, se reconhece que os representantes praticam atos próprios, que surtirão efeitos na esfera jurídica de outrem.[1277]

Os administradores, portanto, expressam a própria vontade da pessoa jurídica: os atos praticados por eles são atos da própria pessoa jurídica. Como bem sumariza Luis Brito Correia,[1278] "no órgão, não há substituição de vontades, característica da representação (...) A pessoa colectiva não tem outra vontade que não seja a vontade dos seus órgãos. Estes são instrumentos destinados a formar e declarar a vontade (própria e única) da pessoa colectiva".

Consequentemente, o órgão pode ser definido como o centro de imputação de poderes funcionais, exercidos por um ou mais indivíduos que o compõem, para formar e manifestar a vontade juridicamente imputável à pessoa jurídica.[1279] Embora sejam constituídos por pessoas físicas, os órgãos não se confundem com elas. As pessoas físicas são meras titulares dos órgãos, que, como visto, constituem centros de atribuições, destituídos de personalidade jurídica, que integram, de maneira inseparável, a pessoa jurídica.[1280] A distinção entre os órgãos e seus titulares é importante, como se verá adiante, para justificar a possibilidade de imputar o mesmo ato à pessoa jurídica e às pessoas físicas que os compõem.

Assim, embora, usualmente, a palavra "representante" ou "representação" seja utilizada para se referir aos administradores da companhia, trata-se de uma impropriedade da linguagem corrente. A inexatidão fica mais clara quando se constata que determinados órgãos sequer expressam a vontade da pessoa jurídica perante terceiros. É o caso, por exemplo, da Assembleia Geral, cujas decisões, em regra, produzem efeitos internos.

De fato, usualmente, a Assembleia funciona internamente, cabendo à Diretoria a exteriorização e a implementação das decisões tomadas pelos sócios. Algumas vezes, mesmo nos órgãos de administração, não é possível vislumbrar a relação de alteridade típica da representação. É o que ocorre, por exemplo, quando os administradores praticam atos de gestão corrente que não produzem efeitos perante terceiros, como a

---

[1273] PONTES DE MIRANDA, Francisco Cavalcanti. *Tratado de direito privado*. Campinas: Bookseller, 2000. v. 1. § 75.

[1274] MENDONÇA, José Xavier Carvalho de. *Tratado de direito comercial brasileiro*. Rio de Janeiro: Freitas Bastos S/A, 1963. v. III, livro II, parte III. p. 79.

[1275] MENDONÇA, José Xavier Carvalho de. *Tratado de direito comercial brasileiro*. Rio de Janeiro: Freitas Bastos S/A, 1963. v. III, livro II, parte III. p. 87.

[1276] SALLEILLES, Raymond. *Essai d'une theorie génerale de l'obligation*. Paris: Cotillon, 1890. p. 365.

[1277] MICHOUD, Léon. *La théorie de la personnalité morale*. Première partie. Paris: Libraire Genérale de droit & de Jurisprudence, 1906. p. 132.

[1278] CORREIA, Luís Brito. *Os administradores de sociedades anónimas*. Coimbra: Almedina, 1993. p. 204.

[1279] ADAMEK, Marcelo Vieira Von; AZEVEDO, Erasmo Valladão; FRANÇA, Novaes. Vinculação da sociedade: análise crítica do art. 1.015 do Código Civil. *Revista de direito mercantil, industrial, econômico e financeiro*, n. 146, p. 30-45, abr. 2007, p. 31.

[1280] Léon Michoud (*La théorie de la personnalité morale*. Première partie. Paris: Libraire Genérale de droit & de Jurisprudence, 1906. p. 135) esclarece que Gireke, neste ponto, distanciou-se da doutrina dominante, ao entender que "há uma certa espécie de compenetração recíproca de direitos [entre a sociedades e seus órgãos], que confere ao órgão determinada personalidade, distinta da personalidade daquele que representa" (tradução livre).

fiscalização interna do trabalho desenvolvido pelos funcionários.[1281]

10. Natureza orgânica da administração e vínculo empregatício

RODRIGO R. MONTEIRO DE CASTRO

Em sentido operacional, o diretor é a pessoa que dirige e representa a companhia, e executa o objeto social. A mesma palavra, no âmbito da LSA, no entanto, tem outro significado: diz respeito à função orgânica no âmbito do organismo societário. Diretor, para a legislação societária, é mais do que simplesmente a pessoa que operacionaliza comandos; ele é órgão. Aliás, não apenas o diretor, como qualquer administrador, abrangendo, assim, os membros do conselho de administração.

O organismo societário não resiste à ausência de órgão administrativo, tornando-se inanimado, assim como o órgão também não tem vida fora do organismo. Daí a teoria organicista compreender a companhia como um organismo formado por órgãos com atribuições e funções próprias e vitais, que explica essa maior amplitude, para fins societários – e técnicos, por conseguinte –, da administração.

Independentemente da opção pela estrutura monista ou dualista, é certo que a diretoria – obrigatória em qualquer caso – é um órgão da companhia, incumbido de desempenhar funções de administração e representação. Dito de outro modo, ela é – em algum grau, pelo menos – a própria companhia. Não à toa que é por meio da diretoria que a companhia se manifesta, age, pratica atos, se vincula e se obriga.

Como pessoa jurídica – ficção de direito – a companhia não consegue materializar, no plano real, as condutas que precisa perpetrar para atingir os seus objetivos. Apesar de dotada de personalidade, tem-se um empecilho de ordem prática: a pessoa jurídica não existe material ou palpavelmente, e, portanto, a implementação de certos atos – como a aposição de uma assinatura – depende da intermediação de uma pessoa natural, que se qualifica como órgão. Essa interface compete, privativamente, à diretoria, apta a agir no plano factual.

Os diretores, órgãos que são, não representam terceiros ou interesses de terceiros; quando atuam, são a própria companhia, presentando-a, conforme teoria lançada por Pontes de Miranda.[1282]

Assim, a princípio, quando o diretor age, o ato por ele praticado corresponde a uma manifestação da própria companhia, e não sua, individualmente.

Por isso, a essência do vínculo entre o diretor – e o membro do conselho de administração também – e a companhia que administra, na acepção da LSA, não se baseia, originariamente, em instrumento de natureza contratual.

O administrador não é mandatário, mas, sim, órgão. Suas funções e atribuições resultam das normas previstas na LSA e no estatuto social, e não de contrato, como é o de trabalho, por exemplo. Daí a sua classificação: "estatutário". Desta relação orgânica surgem suas atribuições, seus deveres e suas obrigações, e apenas de modo derivado, os direitos contratuais.

Não se deve confundir, assim, essa natureza orgânica com eventual existência de contrato celebrado entre administrador – diretor estatutário ou membro de conselho de administração – e a companhia, para definir temas que apenas decorrem do desempenho da função administrativa, como remuneração e benefícios.

O contrato serve para regular aspectos específicos que não têm origem em vínculo contratual – a contratualidade é decorrência, pois, da relação orgânica. Logo, a condição de administrador não é consequência do contrato – o qual é acessório, não essencial; decorre, pois, do pertencimento à composição orgânica social.

Entre um administrador e a companhia, por conseguinte, não se pode cogitar, em princípio, de relação empregatícia.

A proposição pode ser testada com base nas características factuais de cada caso. Eventual caracterização de vínculo de natureza trabalhista – indicadora da desnaturação da natureza orgânica da administração – depende da verificação de requisitos previstos em lei (pessoalidade, onerosidade, eventualidade e subordinação), que não se manifestam – ou, pelo menos, não deveriam se manifestar – no relacionamento entre um administrador e a companhia. Trata-se, pois, de uma anomalia.

Diretores estatutários, em virtude da lógica do organicismo societário, devem gozar de independência e discricionariedade: prerrogativas que

---

[1281] CORREIA, Luís Brito. *Os administradores de sociedades anónimas*. Coimbra: Almedina, 1993. p. 206.

[1282] PONTES DE MIRANDA, Francisco Cavalcanti. *Tratado de direito privado*: parte especial. São Paulo: RT. t. L. p. 412.

não se costuma atribuir a empregados, mesmo quando sustentem o título de diretores.

O empregado, ainda que exerça papel administrativo, estará, sempre, subordinado à empresa e à própria administração estatutária. Não há como se cogitar de uma aproximação conceitual entre as figuras do diretor estatutário e do diretor empregado; se estiver subordinado à diretoria, logo, dela não poderá fazer parte, simultaneamente.

O empregado, que tem status ou alcunha de diretor, aliás, somente poderá representar a sociedade por força de mandato e em casos específicos, tendo em vista que essa é uma atribuição de competência originária da diretoria estatutária. A outorga desse mandato cabe, a priori, à diretoria estatutária. Ocorre, naquela hipótese, representação, apenas, e não presentação, a qual consiste em prerrogativa orgânica.

A distinção está firmada, inclusive, pelo TST: "5 – Não há relação de emprego entre as partes, tampouco relação de trabalho nos termos previstos no art. 114 da CF, pois o diretor presidente não é simples mandatário da reclamada, mas órgão da entidade que o contratou e dispensou. É dizer: a relação tem natureza estatutária, com disciplina de Direito Civil, não havendo competência da Justiça do Trabalho para processar e julgar a ação"[1283].

Os administradores são eleitos por ato societário, produzido no âmbito da estrutura de poder da companhia, como resultado de deliberação tomada em assembleia geral de acionistas ou de decisão do conselho de administração. A assunção de incumbências próprias se dá pela investidura, nos termos do art. 149 da LSA; ao contrário do que ocorre na relação trabalhista, iniciada por força da celebração de contrato de trabalho. Aliás, a eleição e a posse, que perfazem a investidura do administrador, são suficientes para a caracterização do vínculo orgânico-administrativo.

Além de compor órgão da companhia, o administrador se sujeita a um sofisticado (e complexo) regime de deveres e obrigações. Nesse sentido, a LSA prevê, nos artigos 153 e seguintes, disposições específicas relacionadas aos deveres de administrador (diligência, lealdade e informacional), de observância obrigatória, sob pena de, em caso de inadimplemento, responder pessoalmente pelos prejuízos causados à companhia.

A destituição do administrador, por fim, será realizada a qualquer momento e a exclusivo critério do órgão com competência para a prática desse ato – geralmente o mesmo a quem compete a eleição. Trata-se de ato unilateral, independentemente do prazo restante para o término do período para o qual fora eleito.

A despeito do disposto acima, é importante ressaltar que, caso se verifique, na relação entre diretor estatutário e a companhia, a presença dos requisitos característicos da relação de emprego (pessoalidade, habitualidade, onerosidade e subordinação) – o que será uma desnaturação funcional –, surge, então, a possibilidade de configuração de vínculo empregatício, conforme, aliás, orientação pretoriana[1284].

A forma não se sobrepõe, assim, à essência, de modo que a relação orgânica também é uma questão de fato – e não apenas de direito.

Por fim, não se verifica a subordinação de diretores pelo simples fato da existência de conselho de administração, órgão que, apesar de compor a administração, se sobrepõe à diretoria. Essa sobreposição tem natureza orgânica, e não pessoal. Nenhum diretor, do presidente ao de menor relevância hierárquica, está subordinado – no sentido pretendido pela legislação laboral –, funcional e pessoalmente, ao conselho de administração, devendo-se afastar a tentativa de caracterização de vínculo empregatício por esse motivo.

11. Companhia aberta, capital autorizado e sociedade de economia mista: adoção necessária do sistema dualista

Rodrigo R. Monteiro de Castro

Há motivos de diversas naturezas para imposição do sistema dualista a determinadas companhias.

[1283] ARR-11160-82.2016.5.03.0024. Rel. Min. Kátia Magalhães Arruda. 6ª Turma. j. 29.11.2017. *DEJT* 07.12.2017.

[1284] "Vínculo empregatício. Diretor estatutário. Presença de subordinação. Configuração. Inteligência da Súmula nº 269 do C. TST. As circunstâncias definidoras da relação de emprego se concentram na pessoa do trabalhador. Nele é que se irá verificar a presença dos pressupostos do art. 3º da CLT, quais sejam: pessoalidade, remuneração, habitualidade e subordinação. O diretor com altos poderes de gestão constituídos em estatuto, em geral, não é considerado empregado, pois não poderia dirigir a empresa e subordinar-se a si mesmo. Entretanto, verificada a presença de subordinação, a desnaturar a relevância do cargo dentro da organização empresarial, deve ser reconhecida a relação empregatícia. Nesse sentido a orientação da Súmula nº 269 do C. TST" (TRT-15. RO 5457820125150108 SP 035603/2013-PATR. Data de publicação: 10.05.2013).

A companhia aberta, de acordo com o art. 4º, tem os valores mobiliários de sua emissão admitidos à negociação no mercado de valores mobiliários. O apelo público que se pode fazer à poupança privada (ou popular) justifica a exigência de criação do conselho de administração, órgão que, em tese, encurta a distância e a assimetria informacional entre acionistas e diretores, e que exerce uma dupla e relevante função, prevista na LSA, apta a oferecer alguma segurança a investidores: fixação da orientação geral dos negócios e fiscalização da diretoria.

A expressão "capital autorizado" não indica um tipo societário; trata-se, porém, de uma característica do capital social. O art. 168 estabelece que "o estatuto pode conter autorização para aumento de capital social independentemente de reforma estatutária". Na autorização estatutária deve-se especificar, dentre outros aspectos, (i) o limite do aumento, (ii) o órgão competente para deliberar a emissão e (iii) as condições a que estiverem sujeitas as emissões.

A autorização, sem reforma estatutária, oferece agilidade à captação de recursos, eventualmente subordinada a fatores políticos ou econômicos pontuais, dentro de um limite previamente estabelecido (e aprovado). Em coerência com o dinamismo que se pretende oferecer com o instituto, a LSA atribuiu ao conselho de administração, órgão mais dinâmico do que a assembleia geral, competência para deliberar o aumento. Daí a obrigatoriedade de adoção do sistema dualista.

As sociedades de economia mista estão previstas nos artigos 235 e seguintes. Sujeitam-se à LSA e às disposições especiais de lei federal. Caracterizam-se pela associação de capitais públicos e privados. Elas nascem e devem, em toda sua existência, atender ao interesse público que as justificaram.

Aliás, são constituídas, necessariamente, por lei, e se notabilizam pelo controle majoritário estatal (art. 238). O modelo administrativo deve ser dualista, com a existência permanente do conselho de administração. Em sua composição, assegura-se à minoria o direito de eleger, no mínimo, um dos conselheiros, se maior número não lhes couber pelo processo de voto múltiplo.

A obrigatoriedade de criação do órgão colegiado está associada, portanto, ao direito de participação de pessoa alheia ao controle estatal. Oferece-se, ao menos formalmente, um assento na administração a investidores, para que possam participar da fixação da orientação geral dos negócios e da fiscalização da diretoria. Sem essa participação, o controle e a administração da sociedade estariam sujeitos em sua totalidade à vontade do Estado, o que representaria um fator inibitório ao interesse do capitalista privado de participar da empresa e do risco estatal.

12. A natureza jurídica do cargo de administrador e suas principais repercussões sobre a responsabilidade civil

Ana Frazão

Na atualidade, não há maiores discussões em torno da ideia de que os administradores de pessoas jurídicas são órgãos e não mandatários.[1285] Não há vontade da pessoa jurídica que não seja manifestada senão por seus órgãos. Logo, os administradores "presentam" diretamente a vontade da pessoa jurídica, sem propriamente representá-la.[1286]

Por outro lado, essa manifestação de vontade da pessoa jurídica, pelo administrador, não é propriamente livre, mas sim vinculada ao interesse da pessoa jurídica. Com efeito, a organização da pessoa jurídica não deixa de ser um instrumento para a realização de uma finalidade. É o fim da pessoa jurídica – e não a organização – o elemento que assegura a coerência desta.

Não é sem razão que o célebre jurista francês Saleilles,[1287] um dos grandes expoentes da teoria da realidade técnica, sustentou que a personalidade jurídica não poderia ser uma técnica vazia de conteúdo, mas somente se justificaria para operacionalizar os seguintes elementos justificadores: (i) a existência de uma organização que possa exercer de fato a atividade pretendida pela pessoa

---

[1285] Tal questão é alvo de muitos posicionamentos doutrinários, especialmente no Direito Societário. Ainda sob a égide da Lei de Sociedades Anônimas de 1940, advertia Trajano de Miranda Valverde (*Sociedades por ações*. Rio de Janeiro: Forense, 1941. p. 10-12, II).

[1286] Uma das principais consequências da consideração dos administradores como órgãos foi o afastamento da teoria da representação, como ensina Fábio Ulhoa Coelho (*Curso de direito comercial*. São Paulo: Saraiva, 2007. v. 2. p. 195) e Fran Martins (*Direito societário*. Rio de Janeiro: Forense, 1984. p. 109).

[1287] SALEILLES, Raymond. *De la personnalité juridique*. Histoire et théories. Paris: Librairie Nouvelle de Droit et de Jurisprudence, 1910. p. 578.

jurídica (elemento objetivo), (ii) a existência de uma vontade única e independente, inteligente e livre, que não se confunde com a vontade individual dos associados e que preside o exercício da atividade justificadora da existência da pessoa jurídica (elemento subjetivo) e (iii) a concordância absoluta entre o objetivo da atividade desenvolvida pela pessoa jurídica e o interesse coletivo a que ela visa proteger e garantir (elemento social).

Tais elementos foram desmembrados por Saleilles apenas para efeitos didáticos, tendo em vista que estão estruturalmente entrelaçados. Afinal, a vontade coletiva, mesmo quando formada a partir das vontades individuais dos associados, apenas pode se diferenciar destas últimas caso seja formada no âmbito dos órgãos da pessoa jurídica e visando aos fins desta.[1288] Isso mostra que vontade coletiva, organização e finalidade são aspectos interdependentes e inseparáveis para a compreensão das pessoas jurídicas.

Logo, a personalidade não pode ser vista como uma técnica vazia de conteúdo, que pode ficar sujeita ao arbítrio da vontade dos seus membros ou administradores. Pelo contrário, é uma técnica cuja função é a criação de uma organização voltada para a busca de um fim coletivo considerado socialmente relevante e a manifestação de uma vontade coletiva que, diferenciando-se da vontade dos seus componentes,[1289] seja voltada à finalidade coletiva.

Se tais observações são importantes até mesmo para a compreensão da formação de vontade da pessoa jurídica no âmbito da Assembleia Geral, com maior razão são importantes para a compreensão da atuação dos administradores.

Com efeito, a distinção entre representação e órgão não é meramente teórica. A adoção de uma ou da outra tem repercussões práticas, especialmente no que se refere aos vícios de vontade e na responsabilidade da pessoa jurídica por atos de seus administradores.[1290] Acresce que a teoria orgânica também deixa clara a natureza extracontratual dos administradores e o fato de que exercem competências funcionais adstritas ao interesse da pessoa jurídica.

Tratando-se de representação, a pessoa jurídica é responsabilizada por ato de outrem e não por ato próprio. É o que ocorre, por exemplo, em relação aos prepostos, cuja responsabilidade fundamenta-se na chamada *vicarious liability* ou no sistema de transferência de responsabilidade, previsto no art. 932, III, do Código Civil que impõe ao empregador e/ou ao proponente a responsabilidade pela reparação civil em razão dos atos de seus "empregados, serviçais e propostos, no exercício do trabalho que lhes competir, ou em razão dele". Tratando-se de administradores, diferentemente, a responsabilidade da pessoa jurídica funda-se na prática de ato próprio, na medida em que a vontade do órgão se identifica com a vontade da pessoa jurídica.

Ademais, da teoria orgânica extraem-se importantes consequências para o regime de responsabilização dos administradores, que serão tratadas a seguir: (i) a adstrição da ação administrativa ao interesse da pessoa jurídica, (ii) a natureza extracontratual da responsabilidade civil dos administradores e (iii) a necessária vinculação da pessoa jurídica em razão atos dos seus administradores, com o consequente surgimento de um duplo regime de responsabilização civil, os quais serão desdobrados em seções específicas.

13. A adstrição ao interesse da companhia

Ana Frazão

Como órgãos, os administradores não podem agir em proveito próprio, até porque não exercem direitos subjetivos, mas sim verdadeiras competências ou funções, de forma que os poderes de gestão lhes são conferidos para o atendimento exclusivo dos interesses da pessoa jurídica.[1291]

[1288] SALEILLES, Raymond. *De la personnalité juridique*. Histoire et théories. Paris: Librairie Nouvelle de Droit et de Jurisprudence, 1910. p. 584-585.

[1289] Como ensina Carbonnier (*Derecho civil*. Tradução de Manuel Zorrila Ruiz. Barcelona: Bosch, 1960. tomo I, v. I. p. 371-372), a pessoa jurídica é um centro que polariza uma série de interesses socialmente protegidos, com um mínimo de organização que lhe dê capacidade suficiente para expressar o interesse coletivo em questão.

[1290] CORREIA, Luís Brito. *Os administradores de sociedades anónimas*. Coimbra: Almedina, 1993. p. 207.

[1291] De acordo com Menezes Cordeiro (*Da responsabilidade civil dos administradores das sociedades comerciais*. Lisboa: LEX, 1997), a relação de administração é, antes de tudo, uma prestação de serviços que consiste na gestão de bens alheios, o que pressupõe uma específica lealdade de natureza fiduciária, de forma que "todos os poderes que lhes sejam concedidos devem ser exercidos não no seu próprio interesse, mas por conta da sociedade." Para Majo (*Los deberes de los administradores de la sociedad anônima*. Madrid: Editorial Civitas, 1996. p. 46), os administradores desempenham função, motivo pelo qual estão obrigados a exercer o cargo perseguindo exclusivamente o interesse social. Por razões semelhantes, vários autores classificam as atribuições dos administradores como poderes-deveres, que

Os administradores diferenciam-se, portanto, dos acionistas, controladores ou não, os quais podem levar em consideração seus interesses pessoais ao exercerem suas prerrogativas, tal como ocorre no caso do direito de voto, desde que haja convergência com o interesse da pessoa jurídica. Aliás, o voto é nitidamente um direito subjetivo do associado ou sócio e, exatamente por isso, é legítimo que seja exercido em proveito pessoal, salvo se houver incompatibilidade com o interesse da pessoa jurídica.

De forma contrária, os administradores exercem competências funcionais, motivo pelo qual apenas podem agir para atender aos interesses da pessoa jurídica, sendo-lhes vedado, em absoluto, agir em favor de si mesmos ou de terceiros. Assim, mesmo quando estão em órgãos colegiados, somente podem votar em observância do interesse da pessoa jurídica.

É o que está previsto, de forma clara, no art. 154, caput, da Lei nº 6.404/1976, segundo o qual "o administrador deve exercer as atribuições que a lei e o estatuto lhe conferem para lograr os fins e no interesse da companhia, satisfeitas as exigências do bem público e da função social da empresa", e também no seu § 1º, ao afirmar que "o administrador eleito por grupo ou classe de acionistas tem, para com a companhia, os mesmos deveres que os demais, não podendo, ainda que para defesa do interesse dos que o elegeram, faltar a esses deveres."

Não obstante, hoje as práticas de governança corporativa falam dos administradores independentes, o que pode causar uma perplexidade inicial, considerando que todos os administradores, por lei, devem ser independentes. Entretanto, tal terminologia procura designar aqueles administradores que apresentam um grau ainda maior de independência. De acordo com o Código das Melhores Práticas de Governança Corporativa do IBGC[1292], são definidos como "conselheiros externos que não possuem relações familiares, de negócio, ou de qualquer outro tipo com sócios com participação relevante, grupos controladores, executivos, prestadores de serviços ou entidades sem fins lucrativos que influenciem ou possam influenciar, de forma significativa, seus julgamentos, opiniões, decisões ou comprometer suas ações no melhor interesse da organização."

Ainda se pode mencionar a distinção entre os administradores *insiders* e *outsiders*, em função ou não do exercício de funções profissionais na sociedade antes da nomeação. Segundo Ana Perestrelo de Oliveira,[1293] a experiência prévia com a companhia dos *insiders* pode trazer vantagens, como a do maior conhecimento da sociedade e do melhor relacionamento com a equipe de gestão, mas pode também reduzir a sua independência.

Não obstante as preocupações já mencionadas, já se viu nos comentários aos §§ 8º e 9º, do art. 118, da Lei nº 6.404/1976, que a vinculação dos administradores a acordos de acionistas, introduzida pela Lei nº 10.303/2001, representa uma grave distorção da principiologia até então fixada pela lei.

14. A natureza extracontratual da responsabilidade dos administradores

Ana Frazão

Não havendo que se cogitar de mandato ou representação convencional, é inequívoco que a responsabilidade dos administradores de companhias, assim como das demais pessoas jurídicas, é extracontratual,[1294] o que demonstra o caráter cogente do regime legal da responsabilidade,

---

são atribuídos ao sujeito para a realização dos interesses da organização, como é o caso de Perlingieri e Lisella (Persone giuridiche. In: PERLINGIERI, Pietro. *Manuale di diritto civile*. Napoli: Edizione Scientifique Italiane, 2003. p. 126) e Waldirio Bulgarelli (Apontamentos sobre a responsabilidade dos administradores das companhias. *Revista de Direito Mercantil, Industrial, Econômico e Financeiro* v. 22, n. 50, abr./jun. 1983, p. 75-105, p. 87). Mantilla Molina (La responsabilidad de los administradores de las sociedades anonimas. *Boletin del Instituto de Derecho Comparado de Mexico* v. 7, n. 20/21, maio/dez. 1954, p. 43) chega a definir os administradores como servidores da sociedade.

[1292] IBGC – Instituto Brasileiro de Governança Corporativa. *Código das Melhores Práticas de Governança Corporativa*, 5. ed. São Paulo, 2015. p. 45.

[1293] *Manual de Governo das Sociedades*. Coimbra: Almedina, 2018. p. 192.

[1294] É esta a jurisprudência do STJ em se tratando de responsabilidade civil de administradores de sociedades, como se observa por trecho principal da ementa do REsp 279.019/SP (STJ. Rel. Min. Sálvio de Figueiredo). *DJ* 28.05.2001): "Processo civil e comercial. Sociedade anônima. Ação social originária. (...) II – A "ação social originária", segundo a boa doutrina, é ajuizada pela companhia contra seus (ex-)administradores, com o fim de obter o ressarcimento de prejuízo causado ao patrimônio social, seja por terem agido com culpa ou dolo, seja por terem violado a lei ou o estatuto. Em se tratando de responsabilidade extracontratual, portanto, como no caso, é de ser aplicado o enunciado sumular nº 54/STJ, para que os juros fluam desde a data dos atos ilícitos atribuídos a cada um dos diretores. (...)". Entretanto, é importante ressaltar que há opiniões contrárias na doutrina.

com a consequente impossibilidade do seu afastamento ou mitigação por convenções privadas.

Consequentemente, nem mesmo a autorização prévia ou a ratificação posterior dos atos dos administradores por eventuais órgãos deliberativos da pessoa jurídica, como a Assembleia Geral, são suficientes para afastar a responsabilidade dos administradores, embora sejam circunstâncias que possam ser invocadas como atenuantes.[1295]

Outra decorrência da natureza extracontratual da responsabilidade civil dos administradores é a de que esta pode ser invocada por todo aquele que sofrer danos injustos e diretos em virtude dos atos de gestão: a pessoa jurídica, os associados, os empregados, os credores, os contratantes em geral e todos os demais terceiros.

Assim, as regras de responsabilização aplicam-se indistintamente à generalidade dos ofendidos, a fim de possibilitar que todos aqueles que sofreram danos diretos causados pelos administradores possam ingressar com a cabível ação, como se aprofundará nos comentários ao art. 159, da Lei nº 6.404/1976.

15. A necessária vinculação da pessoa jurídica e a instituição de duplo regime de responsabilidade

Ana Frazão

Por serem órgãos, é inequívoco que os administradores, ao agirem nesta condição, vinculam necessariamente a pessoa jurídica. Mesmo no plano contratual, observa-se, tanto no direito brasileiro como no direito estrangeiro, uma tendência ao declínio da teoria do *ultra vires*, a fim de se tutelar amplamente os contratantes de boa-fé. De fato, são cada vez mais restritas as possibilidades de que o administrador não vincule a pessoa jurídica.

Dessa forma, a regra geral é a de que, mesmo no plano contratual, os administradores sempre vinculam a pessoa jurídica com seus atos, ainda que ajam sem poderes ou além do objeto da pessoa jurídica, salvo na hipótese de o outro contratante saber ou dever saber da referida irregularidade. Trata-se aqui da aplicação da teoria da aparência, que não deixa de ser um reflexo da boa-fé objetiva, tal como já se viu nos comentários ao art. 2º, da Lei nº 6.404/1976.

Se tal orientação é observada mesmo no âmbito das relações contratuais, com maior razão deve ser aplicada no âmbito da responsabilidade civil extracontratual. Logo, quando agem de forma ilícita, os administradores automaticamente deflagram, ao lado da sua responsabilidade pessoal, a responsabilidade da pessoa jurídica. A única exceção ocorre obviamente quando a própria pessoa jurídica é a ofendida, caso em que os administradores respondem única e exclusivamente perante esta.

A Lei nº 6.404/1976 é clara quanto à possibilidade de cumulação de responsabilidade da pessoa jurídica e dos administradores em razão dos danos causados a terceiros, desde que o segundo tenha agido, pelo menos, de maneira culposa, como se lê no art. 158, segundo o qual "O administrador não é pessoalmente responsável pelas obrigações que contrair em nome da sociedade e em virtude de ato regular de gestão; responde, porém, civilmente, pelos prejuízos que causar, quando proceder: I – dentro de suas atribuições ou poderes, com culpa ou dolo; II – com violação da lei ou do estatuto".

A Lei nº 6.404/1976 ainda reconhece, no art. 159, *caput* e § 7º, a possibilidade não apenas de a companhia ajuizar ação contra o administrador em razão dos danos causados a seu patrimônio, mas também aos sócios e/ou aos terceiros que tiverem sido diretamente prejudicados pela conduta.

No que diz respeito à companhia, não se trata, pois, de responsabilidade objetiva da pessoa jurídica pelos atos dos administradores – não há propriamente duas "vontades" nesse caso –, mas de mero juízo de imputação.[1296] Por isso, o direito estrangeiro tem farta doutrina no sentido de que, da teoria orgânica, decorre que os ilícitos praticados pelos administradores são considerados como atos da pessoa jurídica desde o seu início.[1297]

[1295] É o que ocorre no Direito Societário na França, onde, segundo Ripert e Roblot (*Traité de droit commercial*. Atualizado por Michel Germain. Paris: LGDT, 2002. t. I, vol. II. p. 510), o fato de a operação danosa ter sido autorizada pela assembleia não exonera necessariamente os dirigentes, podendo ser considerada para efeitos da atenuação da responsabilidade.

[1296] No direito português, José de Oliveira Ascensão (*Direito civil*. Teoria geral. Coimbra: Coimbra Editora, 2000. v. I p. 271-272) deixa claro que, em razão da relação de organicidade, os atos dos administradores são objetivamente imputados à pessoa jurídica.

[1297] Ver, por todos, Guido Alpa (*Manuale di diritto privato*. Padova: Cedam, 2004. p. 299) e Francesco Galgano (*Diritto privato*. Padova: Cedam, 2004. p. 84).

Em decorrência, salvo na hipótese em que a pessoa jurídica é a lesada, a responsabilidade civil dos administradores por seus atos corresponde, como regra, a uma garantia a mais para os prejudicados pelos seus atos ilícitos. Afinal, se os administradores, como órgãos, "presentam" a pessoa jurídica e a vinculam com seus atos, a responsabilidade direta dos primeiros jamais exclui a necessária e concomitante responsabilidade da pessoa jurídica pelos mesmos atos.

É o que entende o Superior Tribunal de Justiça em relação aos administradores de sociedades, ao deixar claro que a responsabilidade destes por danos causados a terceiros – no caso, credores sociais – é pessoal e solidária com a responsabilidade da pessoa jurídica.[1298]

Logo, a responsabilidade civil dos administradores de pessoas jurídicas é uma opção a mais para os demais ofendidos que não a própria companhia, os quais, em caso de danos diretos sofridos em decorrência de atos de administrador, poderão acionar (i) apenas o administrador, (ii) apenas a pessoa jurídica ou (iii) ambos,[1299] sendo que, nas duas últimas hipóteses, a pessoa jurídica poderá ter o direito de regresso contra o administrador faltoso.

16. A intervenção judicial em sociedades anônimas

Fábio Ulhoa Coelho

Fundamento da ordem constitucional econômica, o princípio da livre iniciativa normalmente tem sido estudado como anteparo do empresário frente a um dos Poderes do Estado, o *Poder Executivo*. Assentadas são as reflexões, nesta seara, que esmiúçam os limites da atuação estatal no domínio econômico e ressaltam as garantias constitucionais dos empresários.[1300] De um modo bastante geral, por força deste princípio, o Poder Executivo não pode intervir na economia, imiscuindo-se, por exemplo, nas empresas e na forma pela qual elas são administradas. São tais matérias exclusivas da esfera privada dos sujeitos que aportaram investimentos na exploração de uma atividade econômica.[1301]

Mas, deve-se atentar que nada há, no princípio da livre iniciativa, a restringir a sua vigência e incidência ao Poder Executivo. Trata-se, ao contrário, de freio constitucional à atuação do próprio Estado, e, portanto, também à dos seus outros dois Poderes. Assim, o Poder Judiciário se encontra constitucionalmente impedido de intervir na economia, imiscuindo-se nas empresas e na forma pela qual elas são administradas, em razão do mandamento constitucional encontrado no art. 170, *caput*, da CF.

Pode, assim, consistir uma flagrante ofensa a um dos fundamentos constitucionais da ordem econômica a ingerência do juiz na administração das sociedades empresárias, por meio da nomeação de um administrador judicial. Na única hipótese em que a lei explicitamente cogita de intervenção judicial na empresa, ela tem em mira a proteção da própria ordem econômica, ameaçada por infração apurada no âmbito do CADE (Conselho Administrativo de Defesa Econômica). Quer dizer, a lei só admite que o Estado-juiz ultrapasse a baliza fundamental da ordem econômica quando se faz necessário à proteção desta mesma ordem econômica (Lei 12.529/2011, arts. 102-111). Não há, portanto, como estender esta hipótese, destinada à proteção de interesse difuso e coletivo, à proteção de

---

[1298] REsp 1.087.142/MG. Rel. Min. Nancy Andrighi. *DJe* 24.08.2011.

[1299] O tema é obviamente mais desenvolvido no âmbito das sociedades anônimas, mas se aplica igualmente aos demais tipos de pessoas jurídicas. Nesse sentido, afirma Requião (*Curso de direito comercial*. Atualizado por Rubens Raimundo Requião. São Paulo: Saraiva, 2003. v. II. p. 222) que a ação direta baseada em prejuízo direto a acionista ou terceiro pode ser movida contra a companhia e contra o administrador. No mesmo sentido, Lucíola Fabrete Lopes Nerillo (*Responsabilidade civil dos administradores nas sociedades por ações*. Curitiba: Juruá, 2003. p. 176) sustenta que "ao terceiro estariam franqueadas essas duas vias: acionar a pessoa jurídica ou o administrador, à sua escolha. Optando por demandar a pessoa jurídica, esta terá que responder e, posteriormente, deverá ressarcir-se perante seu próprio administrador."

[1300] Para André Ramos Tavares, os atos de intervenção do Estado na economia são: "a regulação, a regulamentação, a atuação fiscalizadora, a atuação financeira, a atuação sobre a localização da atividade econômica, a intervenção empresarial do Estado, a intervenção no processo de produção, a intervenção na distribuição e a atuação reservada ao Setor Público". Ao aprofundá-los, faz referência exclusiva a atos do Poder Executivo (A intervenção do Estado no domínio econômico. In: CARDOZO, José Eduardo Martins; QUEIROZ, João Eduardo Lopes; SANTOS, Márcia Walquiria Batista dos. *Direito administrativo econômico*. São Paulo: Atlas, 2011, p. 231-248).

[1301] Cfr., por todos, BASTOS, Celso; MARTINS, Ives Gandra da Silva. *Comentários à Constituição do Brasil*. 2. ed. São Paulo: Saraiva, 2000. v. 7. p. 17-19.

interesse necessariamente individual que caracteriza o conflito entre sócios. Na verdade, se houver qualquer outra medida que atinja o mesmo objetivo de modo satisfatório, no saneamento do conflito societário, a nomeação de administrador judicial numa sociedade empresária, ainda que temporário, é inconstitucional e afronta o princípio da livre iniciativa insculpido na Constituição Federal.

A jurisprudência a respeito da intervenção judicial ainda está em consolidação, não se podendo falar, por enquanto, em critérios seguros, amplamente aceitos, para a sua decretação. O que há de assentado e consensual, sem dúvida, é a natureza *excepcionalíssima* da intervenção. Apenas em hipóteses excepcionais, não se configurará afronta aos limites impostos pela Constituição Federal à atuação do Estado, incluindo o Estado-juiz, na intervenção na iniciativa privada, isto é, nas empresas. Vale dizer, enquanto os sócios podem acionar os mecanismos de tratamento dos conflitos societários previstos em lei, notadamente na LSA, não há porque se proceder à intervenção judicial na administração da sociedade empresária. Somente quando se mostrar inviável, por qualquer razão, o exercício dos direitos societários pelo sócio que se considera lesado em seus interesses, é que cabe ao juiz verificar se cabe, ou não, de decretar a drástica medida intervencionista.

O primeiro requisito para a intervenção judicial nas sociedades empresárias, em função de uma "crise política"[1302] nela irrompida, é a impossibilidade de o sócio se defender pelos instrumentos legais específicos do direito societário. Tais instrumentos – como o regular funcionamento da assembleia geral, a destituição ou substituição de administrador e sua responsabilização na forma do art. 159 da LSA, o exame dos livros previsto no art. 105, a execução de acordos de acionistas que atendem ao art. 118, a instauração do Conselho Fiscal, etc. – conferem aos sócios um amplo e congruente sistema de tratamento dos conflitos societários, plenamente compatíveis com o princípio da preservação da empresa.

Apenas no caso de se mostrarem inviáveis tais instrumentos, é que poderá ser cogitada a intervenção judicial na administração. É a primeira baliza que se extrai do princípio constitucional da livre iniciativa. Além disso, mesmo quando o acesso aos instrumentos legais de defesa dos interesses dos sócios no interior da sociedade está, por alguma razão, obstado, ainda assim não é o caso de o juiz decretar a intervenção na administração da sociedade, sem antes verificar se não há outros meios igualmente eficazes, ao abrigo do poder geral de cautela. Se, por exemplo, a administração da companhia está negando o acesso do acionista aos livros sociais, apesar do preenchimento dos requisitos do art. 105 da LSA, não precisa o Estado-juiz intervir na empresa para remover o obstáculo ao exercício do direito societário, bastando expedir ordem de apreensão da escrituração. Se os administradores se recusam a dar condições aos acionistas para a realização da assembleia geral por eles convocada, na forma do art. 123, parágrafo único, *c*, da LSA, o Estado-juiz poderá conceder o devido amparo ao direito societário lesado sem se valer do extraordinário recurso da intervenção na empresa, etc. Há de ser apenas no extremo dos extremos que o Estado-juiz poderá imiscuir-se nas empresas privadas, sem afrontar a baliza constitucional do princípio da livre iniciativa.

17. Acumulação de cargos: a vedação imposta pela Lei nº 14.195/2021

Rodrigo R. Monteiro de Castro

Operou-se, em 2021, com o advento da Lei nº 14.195/2021, uma desnecessária (e ao mesmo tempo brutal) intervenção na autonomia organizacional das companhias abertas. Introduziu-se, com efeito, o § 3º do art. 138, que passou a proibir a acumulação de cargos de presidente do conselho de administração e do cargo de diretor-presidente ou de principal executivo da companhia.

A LSA, desde sua origem, não havia elegido a proibição de acumulação dos principais cargos dos órgãos de administração como princípio e,

---

[1302] A expressão é de Marcelo Guedes Nunes: "as crises são, atualmente, classificadas pela doutrina em três espécies: econômica, financeira e patrimonial. [...] Há, no entanto, uma quarta espécie de crise, ainda não abordada com a devida atenção pela legislação: a *crise política*. A crise política não tem relação com a situação econômico-financeira e patrimonial de uma sociedade, mas com o funcionamento de seus mecanismos internos de decisão. A sociedade pode ter caixa para pagar suas dívidas, estar atuando em um mercado em expansão, com crescimento de vendas, e apresentar um ativo superior ao passivo, mas, ainda assim, estar ameaçada por uma grave desinteligência entre sócios ou administradores, capaz de paralisar a atividade de produção de bens e serviços" (*Tratado de direito comercial*. In: COELHO, Fábio Ulhoa. São Paulo: Saraiva, 2015. v. 2. p. 220-221).

assim, não a havia estabilizado em norma posta. A administração da companhia, aberta ou fechada, podia ser organizada conforme características que refletiam a estrutura interna de capital (e de poder).

No entanto, com os esforços para criação de um ambiente aproximado ao que existe em outros países, como o norte-americano, caracterizado pela notável participação do cidadão comum (que também poupa mediante aplicação em ações), idealizaram-se teorias afirmativas da prevalência da dispersão sobre o modelo de controle majoritário. Daí o surgimento de diretrizes ou de comandos proibitivos de natureza não legislativa, como os que constam dos regulamentos do Novo Mercado,[1303] Nível 2[1304] e Nível 1[1305] – além da recomendação do IBGC[1306] –, simbolizadores, em conjunto com outras narrativas, de falaciosa democracia corporativa.

É bom lembrar: o surgimento e a evolução da teoria da governança decorrem da necessidade de proteger o acionista, provedor de capital, da dominação da empresa pelo administrador: agente responsável pela execução do objeto e pela geração de lucros distribuíveis, o qual, no entanto, justamente pela inexistência de acionista detentor de participação relevante, monopoliza as decisões internas e passa a controlar e a orientar a empresa conforme seus interesses. Trata-se, assim, de movimento que evidencia preocupações com os possíveis conflitos de *agência* que se potencializam em sociedades sujeitas a controle gerencial.

O ambiente brasileiro, apesar do surgimento de determinadas *corporations* e de companhias controladas por acionistas que não detêm a maioria do capital (controle minoritário), tem suas características próprias. A concentração do capital não é fato isolado ou excêntrico.

A acumulação de cargos, assim, sempre decorreu da própria estrutura de poder corporativo. A proibição, que até 2021 não estava positivada em lei, além de estimular movimentos artificiais, redunda em formalismos que não se coadunam com a realidade fática.

Sim: nesses casos, o controlador, inclusive o minoritário, irá indicar conselheiros alinhados que, em movimento subsequente, também elegerão diretores alinhados. A desconcentração não passará, como já afirmado, de formalismo.

Os efeitos pretendidos pela proibição da acumulação poderão ser verificados, é verdade, nas poucas companhias com capital disperso, evitando-se, nesses casos, a concentração de poder gerencial que, por vezes, assombra companhias norte-americanas.

O dilema brasileiro advém, pois, da tentativa de absorção de técnicas ou de debates sem a devida adaptação. Cria-se, com isso, uma casta gerencial que não corre riscos patrimoniais e é elevada ao nível de guardiã da boa governança.

Novamente, proibir o controlador majoritário de companhia aberta de indicar presidente do conselho de administração e de influenciar a escolha do diretor presidente representa a negação da realidade e a escolha pela formação, artificial, de uma elite corporativa que perambula entre companhias que se curvam ao discurso "corporativamente" correto.

E, ainda, é importante destacar: não há evidências concretas de que a cumulação dos cargos de presidente do conselho de administração e da diretoria, em abstrato, é maléfica ou prejudicial, seja à própria companhia, seja ao mercado. Toda e qualquer análise nesse sentido deve ser casuística, sob pena da consolidação de pressupostos genéricos que são dissociados da realidade.

[1303] "Art. 20 A companhia deve prever, em seu estatuto social, que os cargos de presidente do conselho de administração e de diretor presidente ou principal executivo da companhia não poderão ser acumulados pela mesma pessoa" (Regulamento do Novo Mercado).

[1304] "Item 4.1 As Companhias listadas no Nível 2 de Governança Corporativa devem observar as seguintes exigências: (ii) observar, na eleição do Conselho de Administração, o mandato unificado de, no máximo, 2 (dois) anos; a exigência de Conselheiro(s) Independente(s); a vedação à acumulação de cargos de presidente do conselho de administração e de diretor presidente ou principal executivo da Companhia e as demais disposições da Seção V deste Regulamento" (Regulamento de Listagem do Nível 2 de Governança Corporativa).

[1305] *"4.3. Vedação à Acumulação de Cargos.* Os cargos de presidente do conselho de administração e de diretor presidente ou principal executivo da Companhia não poderão ser acumulados pela mesma pessoa, excetuadas as hipóteses de vacância que deverão ser objeto de divulgação específica ao mercado e para as quais deverão ser tomadas as providências para preenchimento dos respectivos cargos no prazo de 180 (cento e oitenta) dias" (Regulamento de Listagem do Nível 1 de Governança Corporativa).

[1306] "Item 2.3.1 O diretor-presidente não deve acumular o cargo de presidente do conselho de administração" (Código Brasileiro de Governança Corporativa – Companhias Abertas).

Por outro lado, não se pode deixar de reconhecer que, mesmo sem querer, evita-se, com a proibição, a tomada do controle empresarial nas poucas *corporations* brasileiras, a partir, justamente, do domínio de ambos os órgãos de administração. A indução do fortalecimento da posição do presidente do conselho de administração, em companhias com essas características, tende a criar um sistema interno de controle decisório que, aí sim, se aproxima do problema disseminado em companhias ianques.

De todo modo, eventuais conflitos pontuais não justificam a inserção da proibição na LSA.

Mas, com o advento da Lei nº 14.195/2021, qualquer companhia aberta, aderente aos segmentos do Novo Mercado, ou não, passou a se submeter ao regime da segregação obrigatória. A adaptação, quando o caso, deveria ter sido promovida em até 360 dias da data da publicação da lei, nos termos do art. 58, II.

17.1 Exceção à proibição acumulativa

RODRIGO R. MONTEIRO DE CASTRO

É comum que uma nova lei ou uma reforma legislativa nasça da provocação de grupos de interesses, sensíveis a situações ou problemas que devam ser direcionados, para melhoria do ambiente legislativo e institucional. Mas também não é incomum que esses movimentos acabem resultando em anomalias, injustificáveis ou causadoras de transtornos no plano prático.

Se a acumulação fosse realmente um mal a ser combatido, a proibição teria sido estendida à companhia fechada. Mais do que isso: também não teria sido admitida, em forma excepcional, conforme o conteúdo do novo § 4º.

O direcionamento apenas à companhia aberta foi e será justificado pelo apelo que se faz à poupança popular. Esse argumento, contraditoriamente, serve justamente para afirmar a possibilidade – e não a obrigatoriedade – de imposição de sistemas internos de administração condizentes com a realidade fática, por via, como exemplos, de previsão estatutária ou em acordo de acionistas.

Raramente – para não se apontar que jamais – o investidor, em especial o não institucional, aplica seus recursos com base em fundamentos como o da não cumulatividade. Este não é um problema sistêmico ou necessário para ampliação do mercado. Pode revelar-se, de modo pontual, em uma ou outra companhia, mas não como justificativa reformatória e proibitiva a toda companhia aberta.

Tornou-se lei, no entanto. Nesse sentido, o melhor encaminhamento consistiria – já que existente – na fragmentação da proibição, que se deveria aplicar, apenas, às companhias abertas – jamais às fechadas – que não tivessem controlador totalitário, majoritário ou minoritário titular de determinado percentual, como, sugestivamente, de pelo menos 20% da totalidade das ações com direito a voto.

É outro, porém, o caminho que se passou a prever. Com efeito, além do § 3º do art. 138 da LSA, que introduz a proibição acumulativa, a Lei nº 14.195/2021 também previu, no novo § 4º, uma exceção à regra geral: a possibilidade de a CVM editar ato normativo que excepcione as companhias de menor porte, com receita bruta anual inferior a R$ 500 milhões, previstas no art. 294-B da LSA, da norma proibitiva.

A autarquia está, assim, autorizada a normatizar o tema, e não obrigada, observada a abrangência estabelecida pela LSA. Na ausência de normatização, nenhuma companhia aberta, incluindo a de menor porte, poderá eleger mesma pessoa para os principais cargos do conselho de administração e da diretoria.

17.2. Copresidência: uma exceção à regra geral

RODRIGO R. MONTEIRO DE CASTRO

O propósito da norma consiste no impedimento de acumulação, pela mesma pessoa, dos dois principais cargos de administração da companhia aberta: o conselho de administração e a diretoria. Pretende-se evitar, assim, a dominação de ambos os órgãos e a imposição de barreiras ao exercício das competências, inclusive fiscalizatórias, que a lei – ou o estatuto – lhe conferem.

Há companhias, no entanto, que se organizam de forma a segregar o poder executivo, atribuído ao presidente da diretoria, ou o colegiado, destinado ao presidente do conselho de administração, mediante a previsão de "cogestão".

Nesses casos, tanto um como outro cargo são divididos, como regra, entre duas pessoas. A Lei nº 14.195/2021 não alcança essa situação, exceto se a dualidade se reproduzir embaixo e em cima, com a indicação das mesmas pessoas para os principais cargos dos dois órgãos. Se a reprodução for parcial, a pessoa indicada para ambos não exercerá, isoladamente, as funções máximas, de naturezas colegiada e executiva, de modo que estará autorizada a ser eleita e exercer suas funções.

A autorização excepcional decorre da própria lei, que veda apenas a acumulação de cargo de *presidente* do conselho e *de diretor-presidente* ou *de principal-executivo* (e não de copresidente ou de coprincipal executivo) e se estende, assim, a qualquer companhia aberta, de menor porte ou não, e não depende de normatização para sua aplicação.

> **Art. 139.** As atribuições e poderes conferidos por lei aos órgãos de administração não podem ser outorgados a outro órgão, criado por lei ou pelo estatuto.

COMENTÁRIOS

1. Princípio da indelegabilidade

RODRIGO R. MONTEIRO DE CASTRO

O organismo societário é composto por órgãos aos quais se atribuem competências exclusivas e indelegáveis. A delegação somente é permitida em casos excepcionalíssimos e expressamente previstos na LSA. Trata-se de opção pela especialização orgânica.[1307]

A indelegabilidade não atinge, evidentemente, matérias que não tenham sido atribuídas por dispositivo legal a algum órgão. Nesses casos, os acionistas têm liberdade para fixar, no estatuto, a competência e podem, observadas as normas atinentes à reforma estatutária, modificá-la, a qualquer momento.

Nas companhias em que não houver conselho de administração, as matérias atribuídas de modo expresso a esse órgão pela LSA, que sejam estruturantes ou de controle administrativo, passam a ser de atribuição da assembleia geral. Essa passagem não torna a assembleia geral integrante da administração, porém, confere-lhe o dever de agir ou de se manifestar em situações específicas. Assim, como exemplos, a assembleia geral passa a fixar a orientação geral dos negócios e a decidir sobre a destituição de auditores independentes.

Ao proibir a delegação de poderes, fixa-se a responsabilidade dos administradores, que se tornam responsáveis, no plano civil, pelas atribuições que lhe são imputadas.

2. Indelegabilidade das competências dos órgãos de administração

ANA FRAZÃO

Como regra geral aplicável tanto ao Conselho de Administração como à Diretoria, prevê o art. 139 da Lei das S/A, que "As atribuições e poderes conferidos por lei aos órgãos de administração não podem ser outorgadas a outro órgão, criado por lei ou pelo estatuto." A indelegabilidade já estava prevista no art. 116, § 5º, do Dec.-lei nº 2.627, que proibia que os poderes conferidos por lei aos diretores fossem atribuídos a outro órgão.

Qualquer que seja, portanto, o sistema administrativo adotado – monista ou dualista –, é certo que a estrutura administrativa se enquadra dentro de uma ótica institucionalista.[1308] É dizer: cada órgão tem funções próprias e específicas, inconfundíveis e indelegáveis. O estatuto social não pode, portanto, redistribuir as competências definidas em lei para um dos órgãos obrigatórios nem as atribuir a órgãos facultativos eventualmente criados. Não se admite, portanto, que o estatuto social transfira à Assembleia Geral atribuições ou poderes que a lei confere privativamente ao Conselho de Administração ou à Diretoria nem que as competências do Conselho sejam atribuídas à diretoria ou vice-versa.[1309]

Como explica, com percuciência, Fábio Konder Comparato[1310] "onde há competência privativa, há também, por via de consequência, a indelegabilidade de poderes ou funções". Daí por que, conclui o autor, que a regra do art. 139 seria, na inclusive, dispensável, na medida em que a indelegabilidade constitui efeito natural e automático da exclusividade de competências.[1311] Com

---

[1307] EIZIRIK, Nelson. *A Lei das S/A comentada*. São Paulo: Quartier Latin, 2011. v. II. p. 263.

[1308] TOLEDO, Paulo Fernando Salles Campos de. *O conselho de administração na sociedade anônima*. São Paulo: Atlas, 1999. p. 15.

[1309] LEÃO JR., Luciano de Souza. Conselho de administração e diretoria. In: LAMY FILHO, Alfredo; PEDREIRA, José Luiz Bulhões (coords.). *Direito das companhias*. Rio de Janeiro: Forense, 2017. p. 749).

[1310] COMPARATO, Fábio Konder. Competência privativa do conselho de administração para a designação de diretores, em companhia aberta: ineficácia de cláusula de contrato social da *holding*, ou de eventual acordo de acionistas, para regular a matéria. *Novos ensaios e pareceres de direito empresarial*. Rio de Janeiro: Forense, 1981. p. 96.

[1311] COMPARATO, Fábio Konder. Competência privativa do conselho de administração para a designação de diretores, em companhia aberta: ineficácia de cláusula de contrato social da *holding*, ou de eventual acordo de acionistas, para regular a matéria. *Novos ensaios e pareceres de direito empresarial*. Rio de Janeiro: Forense, 1981. p. 97.

efeito, competência privativa e delegabilidade de funções são, a rigor, incompatíveis, pois, como é evidente, admitindo-se a delegação, a competência que houve por bem o legislador atribuir, com exclusividade, a determinado órgão passaria a ser exercida por outro.

Válido notar que, em algumas hipóteses, a própria Lei faculta a delegação de competência a outro órgão. Trata-se de hipóteses taxativas, na medida em que apenas mediante autorização legal é possível admitir a outorga de poderes de um órgão para outro. É o caso, por exemplo, do disposto no art. 122, IX, da Lei nº 6.404/1976, que permite à assembleia geral autorizar os administradores a confessarem falência e a pedirem concordata. Em outros casos, a Lei fixa competências concorrentes, tal como na emissão de debêntures simples e no aumento de capital de sociedades com capital autorizado, que podem ser feitos tanto pela assembleia geral quanto pelo conselho de administração, a depender do que dispuser o estatuto social.[1312]

De toda sorte, é importante destacar que a lei, ao criar órgãos com competências privativas, procura equilibrar os interesses envolvidos e equacionar vários dos conflitos de agência que são inerentes às companhias. Por essa razão é que não se permite que o estatuto possa prever o contrário.

3. Comitês ou subórgãos: respeito ao princípio da indelegabilidade

Rodrigo R. Monteiro de Castro

A restrição não impede a criação, dentro dos órgãos de administração, de subórgãos, formados por seus próprios membros, com funções específicas. Esses subórgãos não se enquadram na tipificação contida na parte final do art. 139 – outro órgão, criado por lei ou pelo estatuto –, nem na definição de órgãos técnicos e consultivos, prevista no art. 160.

Bons exemplos são os comitês executivos do conselho de administração, que não têm previsão expressa em lei, mas não são vedados ou incompatíveis com o sistema societário. Aliás, a sua criação não afronta o princípio da indelegabilidade porque compõem o próprio órgão.

Tais comitês executivos devem ser compostos apenas – realmente apenas – por membros do conselho de administração, que cumprem funções temáticas especiais. A funcionalidade propicia a aproximação dos órgãos de administração – conselho e diretoria – e contribui para dar maior efetividade e qualidade às reuniões. Aliás, membros da diretoria podem ser convidados para participar de suas reuniões, na forma do estatuto social.

Os membros dos comitês executivos não deliberam sobre matéria de competência do conselho de administração, mas, devido à sua especialidade, produzem e propiciam elementos, informações, relatórios e orientações dos temas de que cuidam.

Os comitês executivos do conselho podem conviver com outros comitês, formados por membros externos, ou com os órgãos técnicos e consultivos previstos no art. 160, sem que com eles se confundam. A função e a atuação destes outros órgãos estarão sempre sujeitas ao teste da indelegabilidade – sujeição que não se aplica aos comitês executivos por integrarem o órgão que o institui.[1313]

4. Alcance do art. 139

Rodrigo R. Monteiro de Castro

O art. 139 interdita a delegação de atribuições e poderes, conferidos por lei aos órgãos de administração, a outro órgão. A leitura apressada, despreocupada com o sistema arquitetado pela LSA, pode levar ao incorreto entendimento de que outros órgãos, sem função administrativa, estariam liberados da amarra. A assembleia geral e o conselho fiscal, que não integram o sistema formal de administração, poderiam, então, livrar-se, por delegação, de suas funções.

Essa construção não se sustenta.

O art. 122 fixa a competência privativa da assembleia, a qual, por natureza, somente pode ser exercida por ela: destacam-se a reforma do estatuto, a suspensão dos direitos de acionistas e a deliberação sobre avaliação de bens que o acionista concorrer para formação do capital social. Nenhum outro órgão, em qualquer circunstância, poderá deliberar sobre essas matérias.

[1312] Em razão disso, Modesto Carvalhosa (*Comentários à lei de sociedades anônimas*. São Paulo: Saraiva, 2014. v. 3 – edição *Kindle*) prefere falar em "indelegabilidade relativa".

[1313] CASTRO, Rodrigo R. Monteiro de. Notas a respeito dos comitês do conselho de administração de companhias. In: KUYVEN, Luiz Fernando Martins. *Temas essenciais de direito empresarial*: estudos em homenagem a Modesto Carvalhosa. São Paulo: Saraiva, 2012.

Art. 140 — Ana Frazão

Da mesma forma, as competências atribuídas ao conselho fiscal, no art. 163, são inerentes a esse órgão fiscalizatório e não se admite, jurídica ou pragmaticamente, a execução, para os mesmos fins, por outro órgão. A impossibilidade é absoluta, e se confirma pelo conteúdo do § 7º desse artigo, segundo o qual "as atribuições e poderes conferidos pela lei ao conselho fiscal não podem ser outorgados a outro órgão da companhia".

Portanto, apesar de o art. 139 referir-se apenas aos órgãos de administração, e assim faz porque inserido em capítulo que trata do conselho de administração e da diretoria, a LSA, de modo coerente, estabelece a especialidade orgânica, que implica a obrigatoriedade de execução de atribuições pelo – e apenas pelo – órgão que ela elege.

SEÇÃO I
CONSELHO DE ADMINISTRAÇÃO

Composição

Art. 140. O conselho de administração será composto por, no mínimo, 3 (três) membros, eleitos pela assembleia-geral e por ela destituíveis a qualquer tempo, devendo o estatuto estabelecer:

I – o número de conselheiros, ou o máximo e mínimo permitidos, e o processo de escolha e substituição do presidente do conselho pela assembleia ou pelo próprio conselho; (Redação dada pela Lei 10.303, de 2001)

II – o modo de substituição dos conselheiros;

III – o prazo de gestão, que não poderá ser superior a 3 (três) anos, permitida a reeleição;

IV – as normas sobre convocação, instalação e funcionamento do conselho, que deliberará por maioria de votos, podendo o estatuto estabelecer *quorum* qualificado para certas deliberações, desde que especifique as matérias. (Redação dada pela Lei 10.303, de 2001)

§ 1º O estatuto poderá prever a participação no conselho de representantes dos empregados, escolhidos pelo voto destes, em eleição direta, organizada pela empresa, em conjunto com as entidades sindicais que os representam. (Incluído pela Lei nº 14.195, de 2021)

§ 2º Na composição do conselho de administração das companhias abertas, é obrigatória a participação de conselheiros independentes, nos termos e nos prazos definidos pela Comissão de Valores Mobiliários. (Incluído pela Lei nº 14.195, de 2021)

COMENTÁRIOS

1. Composição do Conselho de Administração

Ana Frazão

Para assegurar a colegialidade necessária ao Conselho de Administração, o art. 140, da Lei nº 6.404/1976, exige que a sua composição conte com no mínimo 3 (três) membros, eleitos pela Assembleia Geral e por ela destituíveis a qualquer tempo.

Vale ressaltar que o direito dos acionistas de indicarem e destituírem administradores é uma das mais importantes medidas para administrar o conflito de agência entre acionistas e administradores, na medida em que possibilita um importante controle da administração por aquele que é o principal órgão da companhia, ou seja, a Assembleia Geral.

O art. 140, da Lei nº 6.404/1976, também exige que os estatutos contenham previsões sobre as regras gerais de escolha e substituição de conselheiros, bem como das normas de funcionamento do órgão, indicando desde já alguns requisitos mínimos que obrigatoriamente precisarão ser observados pela companhia. Dessa maneira, no tocante à composição do Conselho de Administração, deverão os estatutos disciplinar:

(i) o número de conselheiros, ou o máximo e mínimo permitidos, e o processo de escolha e substituição do presidente do conselho pela Assembleia ou pelo próprio Conselho (inciso I);

(ii) o modo de substituição dos conselheiros (inciso II);

(iii) o prazo de gestão, que não poderá ser superior a 3 (três) anos, permitida a reeleição (inciso III).

Como se pode observar, a lei confere considerável autonomia para que os estatutos possam tratar da matéria, embora imponha alguns requisitos mínimos, como o número de 3 conselheiros ou limites, como o prazo máximo do mandato dos conselheiros, que será de três anos, ainda que permitida a reeleição. Como a lei não restringiu a possibilidade de reeleição, entende-se que ela poderá ocorrer sem qualquer limite máximo.

É importante destacar que o regular funcionamento dos órgãos administrativos é fundamental para uma companhia, motivo pelo qual todas as precauções devem ser tomadas para evitar tumultos ou dificuldades no preenchimento e nas substituições dos cargos ou a indesejável situação em que a companhia fique acéfala em razão de cargos administrativos não ocupados.

Por essa razão, é importante que os estatutos tratem de forma cuidadosa de todos os aspectos relacionados ao assunto, tais como a suplência, eleição e destituição do presidente do Conselho, a renúncia de conselheiros ou do presidente, dentre inúmeros outros. Por mais que algumas dessas situações estejam disciplinadas pela Lei nº 6.404/1976, de que é exemplo o art. 150,[1314] subsiste considerável espaço de autonomia para os estatutos regularem vários aspectos dessas matérias.

Cumpre igualmente ressaltar que não há óbice a que o estatuto seja reformado, no curso de alguns mandatos de conselheiros, para o fim de ampliar a composição do Conselho.[1315]

Outra matéria em relação à qual a lei impõe limites é a destituição dos conselheiros. Em primeiro lugar, cumpre ressaltar que a possibilidade de destituição *ad nutum* é considerada matéria de ordem pública e que, exatamente por isso, não pode ser afastada pelos estatutos.[1316] Como se trata de função de confiança, não há que se cogitar de direito do conselheiro a permanecer no cargo, como já entendeu o Tribunal de Justiça de São Paulo.[1317]

Todavia, quando se tratar de conselheiros eleitos por minoritários em circunstâncias específicas, somente eles poderão destitui-los, como se analisará melhor nos comentários ao art. 141, da Lei nº 6.404/1976. Isso ocorre porque, segundo José Waldecy Lucena,[1318] "A destituição de conselheiros, segundo o princípio do paralelismo das formas, obedece ao mesmo procedimento de eleição e é feito pelo mesmo órgão ou grupo de eleição." Vale ressaltar que a ressalva é feita apenas pelas destituições *ad nutum*, uma vez que, por razões de justa causa, a Assembleia tem o poder de destituir qualquer conselheiro.[1319]

Por fim, o parágrafo único, do art. 140, incluído pela Lei nº 10.303/2001, previa que "O estatuto poderá prever a participação no conselho de representantes dos empregados, escolhidos pelo voto destes, em eleição direta, organizada pela empresa, em conjunto com as entidades sindicais que os representem." Depois da Lei nº 14.195/2021, transformou-se em § 1º.

Trata-se de solução típica do institucionalismo organizativo, que procura compor os conflitos de interesses mais relevantes de uma companhia por meio de uma organização na qual tais interesses possam estar devidamente representados, tendo como modelo a cogestão alemã, da qual já se falou nos comentários ao art. 116, da Lei nº 6.404/1976, especialmente na seção destinada aos mecanismos para a implementação da função social da empresa.

Entretanto, já se viu que a lei foi tímida, pois apenas autoriza a participação de representante de empregados, sem criar obrigações ou incentivos positivos para que tal possibilidade venha a ser efetiva.

De toda sorte, havendo vaga de Conselheiro destinada a representante de empregados, a CVM já teve a oportunidade de entender que este apenas poderá ser destituído pelos empregados, nos termos do voto do relator Pedro Oliva Marcilio de Souza:[1320]

[1314] Ver comentários de Ana Frazão ao art. 150 da Lei nº 6.404/1976.

[1315] É o que ensina José Waldecy Lucena (*Das sociedades anônimas* – comentários à lei (arts. 121 a 188). Rio de Janeiro: Renovar, 2009. v. 2. p. 291), sob o argumento de que o interesse social prevalece sobre o interesse individual dos conselheiros, até porque estes são destituíveis a qualquer tempo.

[1316] É o que sustenta CARVALHOSA, Modesto. *Comentários à Lei de Sociedades Anônimas* – artigos 75 a 137. São Paulo: Saraiva, 2014. v. 3. p. 142.

[1317] No julgamento da Apelação 0003884-44.2011.8.26.0457 (TJSP. Des. Rel. Ricardo Negrão. 2ª CRDE. j. 25.07.2014), o voto do Relator deixou claro que, como exercentes de cargo de confiança, os conselheiros podem ser destituídos a qualquer tempo.

[1318] LUCENA, José Waldecy. *Das sociedades anônimas* – comentários à lei (arts. 121 a 188). Rio de Janeiro: Renovar, 2009. v. 2. p. 294.

[1319] Vale ressaltar a lição de José Waldecy Lucena (*Das sociedades anônimas* – comentários à lei (arts. 121 a 188). Rio de Janeiro: Renovar, 2009. v. 2. p. 294): "Parece claro, outrossim, que a assembleia geral pode destituir tais conselheiros, caso os grupos que os elegeram não o façam. Mas, em tais casos a decisão destitutória terá que ser fundada em justa causa, já que não poderá a assembleia geral valer-se da destituição ad nutum (...)."

[1320] Processo Administrativo 2007/0191 (CVM. Rel. Dir. Pedro Oliva Marcilio de Sousa. j. 21.03.2006).

Ninguém contesta, no entanto, que junto com o direito de eleger vem o direito de substituir e não é dado aos excluídos dessa eleição o direito de retirar o nomeado. Se assim fosse, o próprio direito de eleger seria prejudicado, pois sempre que se elegesse um conselheiro inconveniente para a maioria, ela o destituiria. Em sentido muito próximo a esse, o § 3º do art. 141, que regula a destituição de conselheiro eleito por voto múltiplo (que, frise-se, não é eleição por grupo especial, mas por todos os acionistas com direito de voto), estabelece que se a assembleia destituir um dos conselheiros, todos deverão ser destituídos simultaneamente. Com essa regra, protege-se o acionista que se utilizou do voto múltiplo para eleição do conselheiro, permitindo-lhe participar de nova eleição em condições semelhantes à primeira, na qual conseguiu eleger um conselheiro. Ou seja, todas as outras variáveis mantidas constantes, garante-se que, quem elegeu, possa preencher de novo a vaga.

Além disso, o dispositivo mencionado pela Recorrente fala em eleição e destituição, ou seja, ambas são relacionadas. Creio que, por isso, se não se pode eleger com base no *caput* do art. 140, não se pode destituir com base no *caput* do art. 140. Esse é o caso do representante dos empregados. A destituição pela assembleia só poderia ser aceita se houvesse dispositivo específico ou justa causa, no melhor interesse da companhia.

Por fim, vale ressaltar que a Lei nº 14.195/2021 acrescentou, ao art. 140, o § 2º, segundo o qual "Na composição do conselho de administração das companhias abertas, é obrigatória a participação de conselheiros independentes, nos termos e nos prazos definidos pela Comissão de Valores Mobiliários".

A ideia da presença de conselheiros independentes é a de tornar a gestão das companhias mais profissional e independente, evitando o risco de conselheiros que ajam mais como representantes do controlador do que propriamente como representantes da companhia. Entretanto, como a própria definição de conselheiro independente não é trivial, é salutar que tal matéria venha a ser disciplinada pela CVM.

A inovação legal é importante porque, até então, somente as companhias que atuavam em segmentos diferenciados de governança corporativa eram obrigadas a manter conselheiros independentes, nos termos definidos pelos respectivos regulamentos da B3, tanto no que diz respeito ao percentual ou número de conselheiros independentes, como no que diz respeito à própria caracterização da "independência".

Com a Lei nº 14.195/2021, a exigência da presença de conselheiros independentes se estendeu a todas as companhias, razão pela qual caberá à CVM regulamentar o percentual ou número suficiente para atender ao comando legal, bem como as características gerais da "independência", sem prejuízo da competência da B3 para manter ou criar regras mais rígidas para as companhias que atuam em segmentos diferenciados de governança corporativa.

2. Funcionamento do Conselho de Administração

Ana Frazão

O art. 140, IV, da Lei nº 6.404/1976 também exige que os estatutos contenham previsões sobre as normas sobre convocação, instalação e funcionamento do Conselho de Administração, que deliberará por maioria de votos, podendo o estatuto estabelecer *quorum* qualificado para certas deliberações, desde que especifique as matérias.

Para assegurar a viabilidade das deliberações, a lei também determina o *quorum* da maioria de votos como regra, ainda que autorize o estabelecimento de *quorum* qualificado, desde que para matérias específicas. Entretanto, existem controvérsias doutrinárias sobre se o estatuto poderia estender o *quorum* qualificado para todo tipo de matéria, desde que específica, ou somente para matérias consideradas extraordinárias e com grandes impactos sobre a companhia.[1321]

Quanto ao mais, cabe ao estatuto disciplinar o funcionamento do Conselho de Administração, sem a necessidade de submetê-lo às rígidas regras formais que tratam do funcionamento da

---

[1321] Para Modesto Carvalhosa (*Comentários à lei de sociedades anônimas. Artigos 75 a 137*. São Paulo: Saraiva, 2014. v. 3 p. 112), "somente podem ser objeto de deliberação por quórum qualificado as matérias que alterem a estrutura jurídica ou patrimonial da sociedade, tais como incorporação, fusão, cisão e mesmo transformação da forma societária, se estatutariamente prevista (art. 221) ou a alteração do seu objeto social. Ou, então, a liquidação da companhia ou sua integração em grupo de sociedade ou a constituição de subsidiária integral."

Assembleia Geral. Aliás, sobre o tema, a CVM[1322] já se posicionou no sentido de que "é um equívoco a aplicação das regras referentes às assembleias gerais ao conselho de administração, posto que, embora tenha a Lei nº 6.404/76 regulado de maneira formal e minuciosa a aludida assembleia, não impôs tais formalidades ao conselho" e que "à exceção das três exigências previstas no art. 140 da lei societária, o estatuto tem plena liberdade para regular e contratar, podendo dispor livremente sobre o funcionamento e a composição do conselho de administração."

Ainda sobre as deliberações do Conselho de Administração, é importante entender que, ao contrário da Assembleia Geral, em que cada acionista vota de acordo com o número de ações, os votos dos conselheiros são por cabeça, uma vez que, como administradores que são, não há porque criar qualquer critério de diferenciação em relação ao peso do voto de cada um.

Entretanto, até por essa circunstância, é conveniente que os estatutos possam disciplinar a solução para eventuais casos de empate, sendo que o voto de qualidade do Presidente pode ser uma fácil solução, sem que haja qualquer óbice legal para o seu acolhimento.[1323] Outra solução é entender que, no empate, a matéria não foi aprovada.

Cabe também ao estatuto prever os *quoruns* de instalação, ficando claro que, diante da colegialidade e do caráter deliberativo que são inerentes ao órgão, não há como haver deliberação se não houver pelo menos dois membros.[1324] Sobre o tema, vale ressaltar trecho culminante de acórdão do Superior Tribunal de Justiça[1325] que aborda a questão:

(...)

2. Enquanto a diretoria da sociedade anônima, composta por, no mínimo, dois diretores, é, por essência, órgão de representação e administração, através do qual atua a sociedade, praticando os atos da vida civil, celebrando contratos, formalizando negócios diversos, o Conselho de Administração, composto por, no mínimo, três membros, é órgão puramente deliberativo. Assim, enquanto a diretoria pode atuar de forma colegiada ou individual, agindo conjuntamente ou através de cada diretor representando a sociedade, o conselho de administração somente se manifesta validamente por deliberação coletiva, sendo, normalmente, inviável que conselheiro, nessa condição, represente individualmente a companhia ou se confunda com o próprio conselho. (...)

Outro aspecto importante é que, diante do fato de que exercem competências administrativas, os votos dos conselheiros são obrigatórios, não podem ser secretos e ainda precisam ser justificados, a fim de que se submetam ao devido escrutínio.

Com efeito, os votos no Conselho de Administração estarão sujeitos a todas as restrições já previstas pelo art. 115, da Lei nº 6.404/1976, em relação a todo tipo de voto, mas que aqui são aplicadas com maior rigor, diante do fato de que os conselheiros apenas podem buscar o interesse da companhia. Adverte-se, ainda, que, em relação aos conselheiros, é ainda mais imperiosa a aplicação do conflito formal de interesses, de modo a impossibilitá-los de votar em situações assim.

Resta apenas saber se, havendo representante dos empregados no Conselho, poder-se-ia cogitar de exceção à regra geral de que o voto apenas pode perseguir o interesse da companhia. Em interessante julgado, a CVM já se posicionou no sentido afirmativo, admitindo que o conselheiro representante de empregados pode votar em benefício dos empregados mesmo contra o interesse da companhia, como se observa pelo trecho culminante do Relator Marcelo Trindade:[1326]

A referência a "administrador eleito por (...) acionistas" no art. 154, § 1º, não é acidental,

---

[1322] Trecho do voto do Relator no Processo Administrativo 2004/2915 (CVM. Rel. Dir. Wladimir Castelo Branco Castro. j. 18.08.2004).

[1323] Segundo Modesto Carvalhosa (*Comentários à Lei de Sociedades Anônimas*. Artigos 75 a 137. São Paulo: Saraiva, 2014. v. 3. p. 133), não se trata de mera possibilidade, sendo fundamental que o estatuto determine que o presidente terá voto de qualidade, até porque, em seu silêncio, não poderia nem o regimento nem a deliberação do próprio conselho conferir ao voto do presidente tal atributo.

[1324] LUCENA, José Waldecy. *Das sociedades anônimas* – comentários à lei (arts. 121 a 188). Rio de Janeiro: Renovar, 2009. v. 2. p. 298.

[1325] STJ. Recurso Especial 410.752/ SP. Rel. Min. Raul Araújo. 4ª T. j. 26.02.2013.

[1326] CVM. Processo Administrativo 2007/0191. Rel. Dir. Marcelo Fernandez Trindade. j. 23.01.2007.

nesse primor sistemático que é a Lei 6.404/76. Com ela, a Lei ressalvou os conselheiros eleitos pelos empregados, como permitido no parágrafo único do art. 140, os quais, aí sim por norma expressa da lei, estarão no Conselho na qualidade de "representantes dos empregados", e, portanto, autorizados a votar de acordo com os interesses destes, quando conflitantes – se isto ocorrer – com os da companhia.

Entretanto, trata-se de questão polêmica porque sempre se poderá afirmar que, independentemente da forma pela qual determinado conselheiro foi eleito, o seu compromisso fundamental será sempre com o interesse da companhia, além do fato de estar sujeito aos mesmos deveres fiduciários dos demais administradores.

3. Requisitos, idade e atributos

RODRIGO R. MONTEIRO DE CASTRO

Por se tratar de órgão colegiado, o número de membros deve ser, necessariamente, superior a um. A LSA, porém, fixou o número mínimo de três. Não se pode compô-lo com quantidade inferior de conselheiros.

Na outra extremidade, inexiste qualquer limite legal: conselho de administração pode ter, assim, de três a quantos membros o estatuto estabelecer.

Respeitado o número mínimo previsto na lei, tanto o mínimo quanto o máximo podem ser modificados, a qualquer momento, observadas as normas previstas para reforma estatutária.

O estatuto social pode fixar o número exato de membros, por exemplo, cinco, ou estabelecer mínimo e máximo, deixando à assembleia geral a decisão de preencher todas ou uma parte das vagas. Essa técnica geralmente se expressa por cláusula que aponta que o conselho de administração terá de x a y conselheiros. Os cargos vacantes poderão ser preenchidos a qualquer momento pela assembleia geral.

Vale registrar que as empresas públicas, as sociedades de economia mista e as suas subsidiárias, sujeitas à Lei nº 13.303/2016, devem compor, nos termos do art. 13, I dessa Lei, conselho de administração com no mínimo 7 e no máximo, 11 membros.

A LSA não delimita idade para o exercício da função de conselheiro. O limitador, de origem não societária, está previsto no art. 4º do CC: incapacidade absoluta do menor de 16 anos e relativa do maior de 16 e menor de 18, além das demais hipóteses previstas no referido artigo. Será nula, portanto, a deliberação da assembleia que eleger pessoa menor de 18 anos, exceto se for emancipada.[1327] Por isso, o eleito, com essa característica, não poderá tomar posse, e a diretoria estará impedida de praticar qualquer ato relacionado à deliberação, como o arquivamento da ata no registro de comércio (art. 142).

Inexiste, por outro lado, limitação máxima de idade. Apesar dessa acertada política, que reconhece a capacidade de idoso para cumprir funções orgânicas – a critério dos acionistas –, é comum que companhias estabeleçam, em suas normas internas, limites etários. Essas normas não padecem de ilegalidade.

As justificativas variam: evitar a perpetuação; estimular o ingresso de jovens, conectados com as evoluções tecnológicas; ou estimular a formação de novas lideranças. Em sentido contrário, corre-se o risco de: interrupção de ciclo virtuoso de negócios; abalo de confiança pela inexistência de substituto à altura; e liberação de administrador ativo e ainda disposto à dura rotina diária para a concorrência. Em qualquer caso, cabe à companhia estabelecer a sua política e fixar o tratamento que julgar adequado, conforme sua cultura interna. A política, se prevista no estatuto, pode ser modificada observando-se as normas atinentes à reforma estatutária. Se oriunda do conselho de administração, caberá a ele modificá-la.

Somente pessoas naturais podem atuar como conselheiras. Pessoas jurídicas não podem ser indicadas, de acordo com a LSA, para exercer essas funções. Trata-se de opção legislativa que, aliás, merece revisão. As motivações para o impedimento, quais sejam, a incapacidade da pessoa jurídica de aconselhar e o tratamento da responsabilização, já estão superadas.

Ambas não resistem a uma singela exigência: a indicação, pela pessoa jurídica eleita ao cargo, de um administrador seu para presentá-la nas reuniões do conselho de administração e assumir, solidariamente, as responsabilidades da pessoa jurídica. Mais ainda: poder-se-ia determinar, em lei, que, na ausência de indicação, a responsabilidade seria imputada ao presidente ou principal diretor da pessoa jurídica.

[1327] Nesse sentido, o DREI emitiu a IN 38 que estabelece, em seu artigo, 1.2.8.1, "d") vedação à participação de pessoa relativamente incapaz no Conselho de Administração, na Diretoria ou no Conselho Fiscal.

Até 2011, o conselheiro deveria ser acionista. A exigência caiu com o advento da Lei 12.431/2011. Antes desta lei, o acionista costumava transferir uma ação ao conselheiro que pretendesse indicar com o compromisso de que a receberia em caráter fiduciário e a devolveria ao término do prazo de exercício do cargo.

Apesar de aparentemente simples, a estruturação envolvia uma série de atos, como (a) fixação de preço simbólico, (b) compra da ação, com pagamento a prazo, (c) venda futura (ou recompra), com a compensação do preço a pagar com o preço de venda, que costumavam ser idênticos e (d) outorga de procuração irrevogável e irretratável para realizar a recompra e assinar os livros societários.

Mesmo com esses mecanismos, ainda é comum encontrar, em livros de registro de ações, reminiscências daquela época.

Importante realçar que a função de conselheiro é personalíssima, motivo pelo qual não se admite a representação. Tutores, curadores ou procuradores não atuam, em hipótese alguma, no órgão. Daí, aliás, a interdição para que incapaz ou relativamente capaz seja representado em sua função orgânica.

A única exceção envolve a representação de conselheiro por outro conselheiro, pois, nessa situação, o representante também é órgão. O mecanismo deve ser previsto no estatuto para que seja admitido. Se não houver disposição expressa, o presidente do conselho de administração não poderá admitir a manifestação de voto de conselheiro em representação de outro, ainda que munido de procuração.

4. Eleição, destituição, substituição e prazo

Rodrigo R. Monteiro de Castro

A eleição e a destituição de membros do conselho de administração competem à assembleia geral. Qualquer conselheiro pode ser destituído, sem justificativa, mediante deliberação assemblear. O prazo para o qual foi eleito é irrelevante, sendo terminado na data da destituição. O conselheiro, portanto, não se apropria do cargo e não adquire um direito em razão de sua eleição. Inexiste remédio contra a destituição operada conforme os procedimentos previstos na LSA – não sendo vedado, por outro lado, que se proceda, em seguida, à nova eleição do administrador outrora destituído.

A competência legal não impede que acionistas estabeleçam, em acordo, na forma do art. 118, atribuição indicativa e o direito ao acionista que indicou determinado conselheiro de destituí-lo, sem motivação, assumindo os demais acionistas a obrigação de votar no sentido pretendido pelo indicador. Mesmo nessas hipóteses, a competência fica preservada e a destituição somente se opera, do ponto de vista formal, com a observância do procedimento legal, que envolve a convocação de assembleia, instalação e deliberação, com o arquivamento da respectiva ata, inclusive.

O conselheiro pode renunciar a qualquer momento. A renúncia é um ato unilateral e não depende de aceitação ou da prática de atos formais pelo conselho de administração ou pela assembleia. A renúncia deve ser dirigida ao presidente do conselho de administração, e não à assembleia geral, porque ela não é um órgão de funcionamento permanente.

Apesar de os efeitos se operarem a partir do recebimento da renúncia, que pode ser verbal, para que os efeitos também se projetem contra terceiros, o fato deve ser formalizado mediante arquivamento no registro público de empresas mercantis. Caso a renúncia tenha sido verbal, o conselho de administração a consignará em ata de reunião, com a indicação do dia em que ocorreu, e a arquivará.

O conselho de administração será presidido por um de seus membros. O processo de escolha e de substituição deverá ser previsto no estatuto. Tanto o próprio órgão, por decisão de seus membros, ou os acionistas, em assembleia geral, têm legitimidade indicativa.

Além de presidência, o estatuto pode prever a existência do cargo de vice-presidente e atribuir-lhe funções.

O estatuto também deverá estabelecer o modo de substituição dos conselheiros. A liberdade procedimental é absoluta, desde que não afronte a lei.

O prazo de gestão, conforme termo impróprio da LSA, não poderá ser superior a três anos. Qualquer período, igual ou inferior, será estabelecido no estatuto social. Não há necessidade de coincidir com o ano civil. Também não precisará ser equivalente a doze meses. O prazo poderá ser fixado em ano, meses ou dias.

Conselheiros podem ser eleitos de modo unificado ou intercalado. Naquela hipótese, todos assumem os seus cargos e os exercem simultaneamente, pelo mesmo período, encerrando-se na mesma data.

Na outra hipótese, ao contrário, os prazos iniciam-se em momentos distintos, de modo que o término do prazo de um ou de alguns conselheiros não coincide com o de outro ou outros conselheiros. Apesar de haver intersecções, as composições se modificam com frequência. Será o caso, por exemplo, de órgão composto por seis membros, com prazos de três anos, sendo que a cada ano se renovam os prazos de dois conselheiros.

O Código das Melhores Práticas de Governança Corporativa do IBGC recomenda que todos os conselheiros sejam eleitos na mesma assembleia geral (art. 2.6). O Regulamento do Novo Mercado da B3 vai no mesmo sentido, estabelecendo que as companhias listadas nesse segmento prevejam, no estatuto social, mandatos unificados de, no máximo, dois anos (art. 14). A recomendação não se coaduna, por exemplo, com a prática norte-americana. O MBCA regula, no § 8.06, o "escalonamento" sob o título "Staggered Terms for Directors", e autoriza o estatuto a prever o escalonamento dos prazos dos conselheiros.[1328]

Atualmente, apresenta-se a proibição ao escalonamento como uma boa prática de governança. Pode ser ou não. Depende da companhia, de sua realidade e da estrutura de seu capital, de modo que cada uma deve definir as normas que se encaixarem em sua estrutura e em seu perfil. Não há, pois, receita pronta: um modelo não é, a priori, melhor ou pior do que outro; mas um será mais ou menos adequado em função das características da companhia. A dogmatização é, assim, um equívoco; mesmo assim, já apresenta resultados práticos: no caso das empresas públicas, das sociedades de economia mista e das suas subsidiárias, sujeitas à Lei nº 13.303/2016, o prazo de gestão dos membros do conselho de administração deverá ser unificado (art. 13, VI) e não poderá ser superior a 2 anos.

A LSA emprega, no inciso III do art. 140, a expressão permitida reeleição. A permissão se estende a conselheiros e aos componentes da mesa (presidente e, se o caso, vice-presidente). Apesar do emprego no singular, não há limitação ao número de reeleições – que, por outro lado, pode ser limitado pelo estatuto. Uma pessoa poderá, aliás, além de ser reeleita (para o mesmo cargo), ser eleita para outros. Não se impede, portanto, que o presidente do conselho seja, ao término da gestão, eleito e empossado como vice, na seguinte, ou vice-versa. Registra-se que, no caso das empresas sujeitas à Lei nº 13.303/2016, autorizam-se apenas 3 reconduções consecutivas.

O estatuto social também deverá estabelecer as normas sobre convocação, instalação e funcionamento.

Não há indicação a respeito de quórum de instalação, que pode ser fixado livremente, mas se determina uma regra a respeito do quórum deliberativo: maioria de votos, podendo o estatuto, no entanto, estabelecer quórum qualificado (mas nunca inferior ao legal) para certas matérias.

A LSA não esclarece se a maioria dos votos será computada em relação a todos os membros, presentes ou não, ou apenas aos presentes; mas a indicação deve ser entendida como referência aos presentes. Fosse outro o propósito, haveria de se especificar de modo claro e preciso, pois se estaria diante de situação passível de paralisar o órgão, por meio da simples ausência.

Assim, como regra geral, o conselho se instala com quórum previsto no estatuto social e delibera por maioria dos presentes. Quórum de instalação e deliberação não se confundem, portanto.

O estatuto social também pode prever a realização de segunda convocação, caso não se instale em primeira, fixando determinado intervalo entre uma e outra. Como não se aplicam, ao conselho de administração, as normas do art. 124 atinentes à assembleia geral, não há impedimento para que a segunda convocação seja prevista no mesmo edital e que ocorra no mesmo dia da primeira, algum tempo depois.

Esse procedimento, apesar de, em princípio, não oferecer ao conselheiro que tenha de ausentar-se da primeira convocação a oportunidade de comparecer à segunda, pelo curto espaço de tempo, não é ilegal. O afastamento de ilegalidade abrange tanto a previsão originária, constante do estatuto votado no ato constitutivo, quanto superveniente, decorrente de reforma estatutária.

O colegiado delibera, como regra geral, por maioria de votos dos presentes, mas o estatuto

---

[1328] "§ 8.06 Staggered Terms for Directors. The articles of incorporation may provide for staggering the terms of directors by dividing the total number of directors into two or three groups, with each group containing half or one-third of the total, as near as may be practicable. In that event, the terms of directors in the first group expire at the first annual shareholders' meeting after their election, the terms of the second group expire at the second annual shareholders' meeting after their election, and the terms of the third group, if any, expire at the third annual shareholders' meeting after their election. At each annual shareholders' meeting held thereafter, directors shall be elected for a term of two years or three years, as the case may be, to succeed those whose terms expire."

pode estabelecer quórum qualificado para certas deliberações. A qualificação pode ir de um voto além do necessário para obtenção da maioria até a totalidade. Admite-se, portanto, a previsão de deliberação unânime.

Aliás, o inciso IV, que trata do quórum qualificado para certas deliberações, não é norma de ordem pública, de modo que os acionistas podem prever no estatuto social ou em acordo, na forma do art. 118, qualificação para todas as matérias de competência do órgão.

A previsão não pode ser genérica, devendo o estatuto social identificá-la. Esse caminho carrega o risco de bloqueio da pauta deliberativa por um ou poucos conselheiros, mas não é ilegal. Se o conselheiro agir contra os interesses sociais, poderá ser responsabilizado (art. 158).

5. Conselheiro externo e conselheiro independente

RODRIGO R. MONTEIRO DE CASTRO

Ainda se faz alguma confusão entre as figuras e as funções do conselheiro externo e do independente. O independente é necessariamente externo, mas o externo pode não ser independente.

O externo é aquele que não tem vínculo estatutário ou de emprego com a companhia, mas o teve no passado, ou mantém relação de natureza diversa, como de prestação de serviços ou fornecimento, que vincule ou influencie suas decisões; ou, em outras palavras, que afete ou possa afetar sua independência no exercício de seu cargo ou na manifestação de seus votos.

O vínculo pode ser indireto, caracterizado, por exemplo, pela atuação orgânica ou empregatícia em sociedade empresária prestadora de serviços à companhia, com interesses e negócios relevantes.

A proximidade relacional entre o conselheiro e o acionista controlador ou os administradores da companhia também pode ser fator de abalo do conceito de independência.

Aliás, a determinação do que seja um conselheiro independente não é tarefa das mais simples e flutua em função de situações não imaginadas ou da evolução de técnicas relacionais. O IBGC, em sua missão dogmática, prescreve algumas características: não possuir relação familiar, de negócios ou de qualquer outro tipo com acionista que detenha participação relevante, grupo controlador, executivo, prestador de serviços ou entidades sem fins lucrativos, que influenciem ou possam influenciar, de modo significativo, julgamentos, opiniões ou decisões, ou comprometer a prática de ato ou a tomada de ações no melhor interesse da companhia.

Conselheiros externos e independentes podem cumprir papéis importantes no conselho. Suas indicações devem atender às necessidades reais da companhia. Quanto maior a companhia ou mais dispersa a base acionária, maior a relevância que aqueles conselheiros poderão ter na governação.

Contudo, companhias com controle concentrado, especialmente fechadas, devem avaliar, com cuidado, a implementação de modelos que, na prática, implicam a transferência do controle empresarial.[1329] Ainda mais atenção deve-se ter para a modelação que impossibilita ou impõe complexos obstáculos para reverter a transferência, se desejada pelos acionistas.

Os motivos são os seguintes: o conselheiro independente é um instrumento de controle do exercício do controle empresarial e, ao mesmo tempo, um agente de conexão com o mercado, mas não corre o risco da empresa. Além de sua remuneração – que deve ser adequada e compatível com a situação econômico-financeira, porte e complexidade organizacional da companhia –, ele não está exposto a perdas patrimoniais, decorrentes do mal desempenho dos negócios sociais – exceto em situações de atuação com culpa ou dolo ou violação da lei ou do estatuto social, nos termos do art. 158, as quais o sujeitam à responsabilização pessoal. Eventual derrocada pode abalar sua reputação, sem dúvida, porém, em princípio, não afetará seu patrimônio; ao contrário do acionista, sobretudo o controlador, que, além dos encargos reputacionais, expõe-se patrimonialmente.

A inclusão, portanto, de conselheiro independente na composição do órgão costuma ser benéfica e frutífera para a companhia que o necessita, e deve ser arquitetada de modo criterioso, levando-se em conta as características societárias, empresariais e relacionais.

Há companhias, no entanto, que não dispõem de ampla liberdade para formar o conselho de administração e devem incluir na composição

---

[1329] Sobre o tema, ver MONTEIRO DE CASTRO, Rodrigo R. *Controle gerencial* – coleção IDSA de direito societário e mercado de capitais. São Paulo: Quartier Latin, 2010, v. 2; e MONTEIRO DE CASTRO, Rodrigo R. *Regime jurídico das reorganizações*: societária, empresarial e associativa. São Paulo: Saraiva, 2016.

membros independentes. É o caso das que estiverem listadas no Novo Mercado, conforme determinado no art. 15 do respectivo Regulamento, segundo o qual deverá haver previsão estatutária de que o órgão seja composto por, no mínimo, dois conselheiros independentes ou 20% dos membros, o que for maior.[1330]

Ademais, desde o advento da Lei nº 14.195/2021, que introduziu o § 2º ao art. 140 da LSA, na companhia aberta, quaisquer que sejam suas características, passou a ser obrigatória a participação de conselheiros independentes, nos termos e nos prazos que vierem a ser definidos pela CVM. Caberá à autarquia, portanto, normatizar o comando e definir o nível de intervenção que se fará no ambiente societário brasileiro.

Aliás, a obrigatoriedade já era imposta às empresas sujeitas à Lei nº 13.303/2016, que prevê, no art. 22, que o "Conselho de Administração deve ser composto, no mínimo, por 25% (vinte e cinco por cento) de membros independentes ou por pelo menos 1 (um), caso haja decisão pelo exercício da faculdade do voto múltiplo pelos acionistas minoritários, nos termos do art. 141 da Lei nº 6.404, de 15 de dezembro de 1976".

A independência, nesse caso, é caracterizada, nos termos do § 1º, por: "I – não ter qualquer vínculo com a empresa pública ou a sociedade de economia mista, exceto participação de capital; II – não ser cônjuge ou parente consanguíneo ou afim, até o terceiro grau ou por adoção, de chefe do Poder Executivo, de Ministro de Estado, de Secretário de Estado ou Município ou de administrador da empresa pública ou da sociedade de economia mista; III – não ter mantido, nos últimos 3 (três) anos, vínculo de qualquer natureza com a empresa pública, a sociedade de economia mista ou seus controladores, que possa vir a comprometer sua independência; IV – não ser ou não ter sido, nos últimos 3 (três) anos, empregado ou diretor da empresa pública, da sociedade de economia mista ou de sociedade controlada, coligada ou subsidiária da empresa pública ou da sociedade de economia mista, exceto se o vínculo for exclusivamente com instituições públicas de ensino ou pesquisa; V – não ser fornecedor ou comprador, direto ou indireto, de serviços ou produtos da empresa pública ou da sociedade de economia mista, de modo a implicar perda de independência; VI – não ser funcionário ou administrador de sociedade ou entidade que esteja oferecendo ou demandando serviços ou produtos à empresa pública ou à sociedade de economia mista, de modo a implicar perda de independência; VII – não receber outra remuneração da empresa pública ou da sociedade de economia mista além daquela relativa ao cargo de conselheiro, à exceção de proventos em dinheiro oriundos de participação no capital".

6. Conselheiro representante dos empregados

RODRIGO R. MONTEIRO DE CASTRO

O § 1º do art. 140, introduzido pela Lei nº 10.303/2001[1331], anuncia a possibilidade, e não a obrigatoriedade, de o estatuto prever a participação de representantes de empregados no conselho de administração. A eleição deve ser organizada pela companhia em conjunto com as entidades sindicais que representam os empregados. A participação sindical é meramente organizativa.

A eleição é direta, em assembleia especial de empregados. Somente podem votar empregados, isto é, aqueles que se sujeitem ao regime da CLT. Nenhum outro colaborador, submetido a regime distinto, poderá participar ou votar na assembleia.

A LSA não indica o momento em que a assembleia especial deva ocorrer. Porém, para que os empregados possam levar o nome do seu representante à assembleia geral que deliberará sobre a eleição de membros do conselho, a especial deve lhe preceder.

A indicação em assembleia especial não implica eleição na companhia. A formalização ocorrerá na assembleia geral que lhe seguir. Os acionistas não poderão recusar a indicação formulada em assembleia especial, exceto se o indicado não reunir os requisitos previstos em lei ou se estiver impedido.

[1330] O PL 5.516/2019, que deu origem à Lei nº 14.193/2021, criadora da sociedade anônima do futebol (SAF), de autoria do Senador da República Rodrigo Pacheco (PSD/MG) previa, no art. 5º, § 2º, que, enquanto o clube fundador da SAF fosse o acionista único, a metade dos membros do conselho de administração deveria ser independente. A proposição não resistiu ao processo legislativo e não consta da lei. Originalmente, o tema fora tratado no parágrafo único, introduzido pela Lei nº 10.303/2001. Em 2021, com o advento da Lei nº 14.195, o art. 140 ganhou mais um parágrafo e, assim, a redação do então parágrafo único passou a viger inserida no parágrafo 1º.

[1331] Originalmente, o tema fora tratado no parágrafo único, introduzido pela Lei nº 10.303/2001. Em 2021, com o advento da Lei nº 14.195, o art. 140 ganhou mais um parágrafo e, assim, a redação do então parágrafo único passou a viger inserida no § 1º.

Além do conselheiro titular, a assembleia especial deverá indicar, quando o caso, o suplente. Sendo a vaga destinada aos empregados, conforme previsão estatutária, acionistas não podem suprir eventual ausência. Pelo mesmo motivo, a destituição também se opera pela assembleia especial.

A presença de conselheiro indicado pelos empregados reflete o reconhecimento da importância do trabalhador na organização da empresa e é um caminho, ainda tímido, para encurtar a distância histórica entre capital e trabalho. Serve para que o conselho de administração – órgão que, segundo Nelson Eizirik,[1332] vem sendo reconhecido como o principal componente do sistema de governança, pois estabelece a conexão entre acionistas e diretores –, possa, na formulação de sua orientação, levar em conta as posições da classe empregatícia.

7. Cumulação funcional: presidência do conselho de administração e presidência da diretoria

Rodrigo R. Monteiro de Castro

A Lei nº 14.195/2021 introduziu na LSA a proibição, no âmbito das companhias abertas, de acumulação dos principais cargos dos órgãos de administração. A introdução implica uma intervenção brutal na autonomia organizativa societária, assim como estimula a adoção de modelos formais que, do ponto de vista material, poderão não alcançar os propósitos da norma. Os comentários sobre o tema foram realizados acima, no art. 138.

Aponta-se, porém, que o conteúdo proibitivo não se estende à companhia fechada, que poderá, assim, organizar-se conforme sua estrutura interna – e o desejo de seus acionistas.

Renova-se, por fim, que eventualmente a companhia aberta, considerada de menor porte nos termos do art. 294-B da LSA, também poderá ser dispensada da restrição, mediante ato normativo da CVM, na forma do § 4º do art. 138.

8. Advogado e consultores do conselheiro

Rodrigo R. Monteiro de Castro

Advogados podem participar da reunião, acompanhando seus clientes, por força do art. 7º, VI, (d) da Lei nº 8.906/1994: "[s]ão direitos do advogado: VI – ingressar livremente (d) em qualquer assembleia ou reunião de que participe ou possa participar o seu cliente, ou perante a qual este deva comparecer, desde que munido de poderes especiais". O acompanhamento não autoriza a participação isolada, sem a presença do conselheiro, pois a função é orgânica. O advogado poderá adentrar ao recinto da reunião, orientar seu cliente, sem qualquer restrição ou limitação, mas não poderá interferir ou participar diretamente dos debates, que se restringem aos membros do órgão – exceto mediante autorização ou previsão expressa. Seu contato é direto com o mandante, apenas. Não tem direito de voz perante os demais conselheiros e no âmbito do órgão. A voz somente pode se externar à pessoa que representa.

Apesar da natureza orgânica do conselho de administração, há companhias que estabelecem em seus estatutos que (i) o conselheiro pode ser representado – e não apenas acompanhado – por advogado, (ii) o conselheiro pode ser acompanhado por consultores especializados em temas que serão deliberados ou (iii) os acionistas poderão indicar, além dos conselheiros, observadores, que acompanharão a reunião em apoio aos conselheiros que houverem indicado. Essas disposições desnaturam o órgão, mas não há impedimento legal. Em qualquer caso, deve haver previsão expressa e inequívoca no estatuto social.

9. Unificação de mandatos e *staggered board*

Rodrigo R. Monteiro de Castro

Trata-se de mais uma suposta boa prática que o mercado adotou como essencial à captação, pela sociedade anônima, de recursos de investidores. Insere-se no grupo das falácias corporativas.

A unificação não é exigida pela LSA. Sua introdução, no sistema, deveu-se à formulação programática da governação de companhias brasileiras, da qual não participaram, na origem, os empresários e os inversores originários de capital. Posteriormente, foi recepcionada pelo art. 14 do Regulamento do Novo Mercado.

Não se trata, em si, de uma aberração, mas não deve ser tida como instrumento efetivo de aproximação da companhia ao mercado, em ambiente de concentração da propriedade acionária. Afinal, administradores de companhia podem ser destituídos, no Brasil, a qualquer momento,

---

[1332] EIZIRIK, Nelson. *A lei das S/A comentada*. Arts. 121 a 188. São Paulo: Quartier Latin, 2011. v. II. p. 265.

sem causa: trata-se de prerrogativa da assembleia – logo, dos acionistas que, nela, preponderarem. Pouco importa se os prazos de gestão tenham se iniciado simultaneamente ou em datas distintas.

A eficácia anunciada se atingiria, por outro lado, se o sistema afirmasse o respeito ao cumprimento do prazo eletivo, e, mesmo assim, às companhias dominadas e orientadas por administradores. Nestes casos, a unificação seria um antídoto à permanência de diretor controlador indesejado.

Isso porque, com a permissão estatutária de escalonamento de prazos – *staggered terms* –, a eleição de parcela de seus membros não seria suficiente para, em uma única eleição anual, abalar a dominação gerencial do órgão. Para que o poder se transferisse, haveria de ocorrer outra eleição, por ocasião do término do prazo de outra parcela de conselheiros, e assim, somando-se aos conselheiros eleitos anteriormente, reunir a maioria.

Portanto, o staggered board, prática que consagra a eleição de conselheiros de modo escalonado, como prevista no MBCA[1333] e na DGCL,[1334] tem como efeito dificultar a remoção do controle gerencial.

A criação de obstáculos, no Brasil, apresenta resultado sobretudo moral, pela preponderância de companhias com controlador societário, minoritário ou majoritário, que se impõe sobre a administração – e a substitui, a qualquer tempo, conforme sua vontade.

A eleição alternada, ademais, pode representar a continuidade da orientação empresarial, visto que não se substituem, ao mesmo tempo, todos os membros do conselho, e a preservação do histórico deliberativo. São aspectos eventualmente interessantes à companhia e que podem justificar a adoção do mecanismo.

Destaca-se, por fim, que a Lei nº 13.303/2016 prevê, no art. 13, VI, que o prazo de gestão de membros do conselho de administração e da diretoria da empresa pública e demais entidades sujeitas a ela será unificado e não superior a 2 anos.

Voto Múltiplo

Art. 141. Na eleição dos conselheiros, é facultado aos acionistas que representem, no mínimo, 10% (dez por cento) do capital social com direito a voto, esteja ou não previsto no estatuto, requerer a adoção do processo de voto múltiplo, por meio do qual o número de votos de cada ação será multiplicado pelo número de cargos a serem preenchidos, reconhecido ao acionista o direito de cumular os votos em um só candidato ou distribuí-los entre vários. (Redação dada pela Lei nº 14.195, de 2021).

§ 1º A faculdade prevista neste artigo deverá ser exercida pelos acionistas até 48 (quarenta e oito) horas antes da assembleia-geral, cabendo à mesa que dirigir os trabalhos da assembleia informar previamente aos acionistas, à vista do "Livro de Presença", o número de votos necessários para a eleição de cada membro do conselho.

§ 2º Os cargos que, em virtude de empate, não forem preenchidos, serão objeto de

---

[1333] Cf. nota 135, acima.

[1334] "§ 141 (d) The directors of any corporation organized under this chapter may, by the certificate of incorporation or by an initial bylaw, or by a bylaw adopted by a vote of the stockholders, be divided into 1, 2 or 3 classes; the term of office of those of the first class to expire at the first annual meeting held after such classification becomes effective; of the second class 1 year thereafter; of the third class 2 years thereafter; and at each annual election held after such classification becomes effective, directors shall be chosen for a full term, as the case may be, to succeed those whose terms expire. The certificate of incorporation or bylaw provision dividing the directors into classes may authorize the board of directors to assign members of the board already in office to such classes at the time such classification becomes effective. The certificate of incorporation may confer upon holders of any class or series of stock the right to elect 1 or more directors who shall serve for such term, and have such voting powers as shall be stated in the certificate of incorporation. The terms of office and voting powers of the directors elected separately by the holders of any class or series of stock may be greater than or less than those of any other director or class of directors. In addition, the certificate of incorporation may confer upon 1 or more directors, whether or not elected separately by the holders of any class or series of stock, voting powers greater than or less than those of other directors. Any such provision conferring greater or lesser voting power shall apply to voting in any committee, unless otherwise provided in the certificate of incorporation or bylaws. If the certificate of incorporation provides that 1 or more directors shall have more or less than 1 vote per director on any matter, every reference in this chapter to a majority or other proportion of the directors shall refer to a majority or other proportion of the votes of the directors" (*Delaware General Corporation Law*).

nova votação, pelo mesmo processo, observado o disposto no § 1º, *in fine*.

§ 3º Sempre que a eleição tiver sido realizada por esse processo, a destituição de qualquer membro do conselho de administração pela assembleia-geral importará destituição dos demais membros, procedendo-se a nova eleição; nos demais casos de vaga, não havendo suplente, a primeira assembleia-geral procederá à nova eleição de todo o conselho.

§ 4º Terão direito de eleger e destituir um membro e seu suplente do conselho de administração, em votação em separado na assembleia-geral, excluído o acionista controlador, a maioria dos titulares, respectivamente: (Redação dada pela Lei 10.303, de 2001)

I – de ações de emissão de companhia aberta com direito a voto, que representem, pelo menos, 15% (quinze por cento) do total das ações com direito a voto; e (Incluído pela Lei 10.303, de 2001)

II – de ações preferenciais sem direito a voto ou com voto restrito de emissão de companhia aberta, que representem, no mínimo, 10% (dez por cento) do capital social, que não houverem exercido o direito previsto no estatuto, em conformidade com o art. 18. (Incluído pela Lei 10.303, de 2001)

§ 5º Verificando-se que nem os titulares de ações com direito a voto e nem os titulares de ações preferenciais sem direito a voto ou com voto restrito perfizeram, respectivamente, o *quorum* exigido nos incisos I e II do § 4º, ser-lhes-á facultado agregar suas ações para elegerem em conjunto um membro e seu suplente para o conselho de administração, observando-se, nessa hipótese, o *quorum* exigido pelo inciso II do § 4º. (Incluído pela Lei 10.303, de 2001)

§ 6º Somente poderão exercer o direito previsto no § 4º os acionistas que comprovarem a titularidade ininterrupta da participação acionária ali exigida durante o período de 3 (três) meses, no mínimo, imediatamente anterior à realização da assembleia-geral. (Incluído pela Lei 10.303, de 2001)

§ 7º Sempre que, cumulativamente, a eleição do conselho de administração ocorrer pelo sistema do voto múltiplo e os titulares de ações ordinárias ou preferenciais exercerem a prerrogativa de eleger conselheiro, será assegurado a acionista ou a grupo de acionistas vinculados por acordo de votos que detenham mais de 50% (cinquenta por cento) do total de votos conferidos pelas ações com direito a voto o direito de eleger conselheiros em número igual ao dos eleitos pelos demais acionistas, mais um, independentemente do número de conselheiros que, segundo o estatuto, componha o órgão. (Redação dada pela Lei nº 14.195, de 2021)

§ 8º A companhia deverá manter registro com a identificação dos acionistas que exercerem a prerrogativa a que se refere o § 4º. (Incluído pela Lei 10.303, de 2001)

§ 9º (*Vetado*). (Incluído pela Lei 10.303, de 2001)

📖 COMENTÁRIOS

1. Importância da presença de conselheiros eleitos pelos minoritários

Ana Frazão

O art. 141, da Lei nº 6.404/1976, precisa ser compreendido no contexto das preocupações da lei com a possibilidade de que acionistas minoritários possam eleger membros do Conselho de Administração.

Ainda que o número de conselheiros eleitos pelos minoritários seja, necessariamente, por força de disposição legal (art. 141, § 7º), inferior ao número de conselheiros escolhidos pelo controlador, já considerando o controle que pode decorrer do voto plural,[1335] não sendo seu voto decisivo para o resultado das decisões do Conselho, que delibera, em regra, por maioria,

---

[1335] Com efeito, a nova redação do § 7º, do art. 141, dada pela nº Lei 14.195/2021, prevê que "Sempre que, cumulativamente, a eleição do conselho de administração ocorrer pelo sistema do voto múltiplo e os titulares de ações ordinárias ou preferenciais exercerem a prerrogativa de eleger conselheiro, será assegurado a acionista ou a grupo de acionistas vinculados por acordo de votos que detenham mais de 50% (cinquenta por cento) do total de votos conferidos pelas ações com direito a voto o direito de eleger conselheiros em número igual ao dos eleitos pelos demais acionistas, mais um, independentemente do número de conselheiros que, segundo o estatuto, componha o órgão."

fato é que a participação dos minoritários pode contribuir para a qualidade e o senso crítico das discussões e para reforçar o senso de responsabilidade dos conselheiros em geral, reduzindo o risco de que órgão seja utilizado pelo controlador para a consecução de seus interesses pessoais em detrimento do interesse da empresa.[1336]

Com efeito, a colegialidade funda-se no debate, na contraposição de ideias e na reflexão.[1337] Tanto é assim que a doutrina entende que é necessária a reunião, com todas as discussões e ponderações, não bastando a mera compilação de votos.[1338] O mecanismo é uma forma de proteger os acionistas e o interesse social. Assim, embora o controlador continue elegendo a maioria dos conselheiros, a escolha de membros para o Conselho garante aos minoritários a possibilidade de apresentarem seus argumentos, de contraporem opiniões, de questionarem as razões dos demais administradores, etc.

Essa função tem sido considerada de extrema importância pela doutrina, como conclui Norma Parente:[1339] "só a possibilidade de minoritário participar da discussão de temas relevantes para a companhia, podendo contestar e questionar o desempenho da administração, já representa um avanço e certamente contribuirá para que os controladores venham a contribuir na adoção de boas práticas de governança corporativa".

A previsão de um número mínimo de conselheiros demonstra a preocupação do legislador de criar um órgão representativo das diversas correntes acionárias, afastando-se do modelo autocrático que a limitação a um ou dois conselheiros poderia impor.[1340]

Como se verá adiante, o objetivo do voto múltiplo e do voto em separado é assegurar que os minoritários também consigam eleger membros para o Conselho de Administração, em detrimento da hegemonia do controlador. É consenso entre os estudiosos da governança corporativa a importância de assegurar a participação de representantes de outros grupos no Conselho de Administração além daqueles do grupo de controle. Embora, usualmente, se fale em "representantes", o termo não é propriamente adequado, porque todos os administradores, independentemente de quem os elege, têm os mesmos deveres para com a companhia, não podendo sacrificar o interesse social em defesa dos interesses daqueles que o puseram no cargo (Lei nº 6.404/1976, art. 154, § 1º).

Na verdade, como já se viu nos comentários ao art. 138, da Lei nº 6.404/1976, diante da teoria orgânica, não se cogita mesmo de representação

---

[1336] GORGA, Érica. *Direito societário atual*. Rio de Janeiro: Elsevier, 2013. p. 172.

[1337] Nesse sentido, Jorge Manuel Coutinho de Abreu (*Governação das sociedades*. Coimbra: Almedina, 2010. p. 110) adverte que "função tradicional, normal e primeira da colegialidade consagrada na lei é a ponderadora; intenta-se que as escolhas de gestão (alta administração e administração extraordinária, antes do mais) assentem em contraposição de ideia e reflexão".

[1338] Arnoldo Wald (Do regime legal do conselho de administração e da liberdade de votos dos seus componentes. *RT* n. 630, p. 12) argumenta que as decisões coletivas seriam uma forma de proteger os acionistas pelo confronto de opiniões, uma vez que, a maioria das competências do Conselho foi subtraída da Assembleia. Em sentido semelhante, Robert Clark (*Corporate law*. New York: Aspen Law & Business, 1986. p. 110), depois de questionar por que a lei exige a efetiva reunião do board of directors e não se satisfaz com a aprovação da maioria de votos proferidos em diferentes momentos e lugares, responde: "The traditional answer is that the decision making process is likely to function better when directors consult with and react to one another. A group discussion of problems thought to be needed, not just as series of yea or nay responses. In fact, the traditional answer is supported by empirical work of sociologists who have studied groups and organization." No direito português, as deliberações de sócios são admitidas por escrito quando forem unânimes (art. 54º, 1, do C.S.C.). Para Jorge Manuel Coutinho de Abreu (*Governação das sociedades*. Coimbra: Almedina, 2010. p. 11), o dispositivo pode ser aplicado por analogia aos órgãos administrativos. A solução, embora não ideal, pelo menos, fornece uma solução intermediária, que, senão exige a efetiva reunião, restringe a dispensa aos casos de unanimidade, em que, teoricamente, não haveria, de fato, debate.

[1339] Norma parente, principais inovações introduzidas pela Lei nº 10.303, de 31 de outubro de 2001, à Lei das Sociedades por Ações. In: LOBO, Jorge (coord,). *Reforma da lei das sociedades anônimas*. Rio de Janeiro: Forense, 2002. p. 11-50, p. 27.

[1340] TOLEDO, Paulo Fernando Campos Salles de. *O conselho de administração na sociedade anônima*. São Paulo: Atlas, 1999. p. 27. No mesmo sentido, Luís Brito Correia (*Os administradores de sociedades anônimas*. Coimbra: Almedina, 1993. p. 242) ensina que "só a pluralidade de membros possibilita a participação directa na tomada de decisões dos vários grupos de interessados (familiares, econômicos ou até políticos) que normalmente se associam na sociedade, permitindo uma composição dos interesses mais equilibrada".

da companhia nem pelos órgãos nem pelos membros dos órgãos, uma vez que estes presentam a vontade da pessoa jurídica.

De toda sorte, como lembra Érica Gorga,[1341] a existência de conselheiros escolhidos pelos minoritários é importante porque (i) diminui a assimetria de informação sobre a gestão da companhia, (ii) contribui para reduzir a possibilidade de oportunismo em razão do monitoramento constante e (iii) assegura conselheiros independentes do grupo majoritário, estimulando a independência das decisões do Conselho como um todo.

Essa preocupação com a independência dos conselheiros aparece também na autorregulação, em razão das preocupações cada vez maiores com a existência de conselheiros independentes. O Regulamento do Novo Mercado exige que, pelo menos, dois ou 20% dos conselheiros sejam independentes, o que for maior.[1342] Para fins do Regulamento, não são considerados independentes (i) o acionista direto ou indireto da companhia, (ii) aquele cujo exercício de voto nas reuniões é vinculado a acordo de acionistas, (iii) o cônjuge, companheiro ou parente, em linha reta ou colateral, até o segundo grau do acionista controlador, de administrador da companhia ou de administrador do acionista controlador e (iv) aquele que foi, nos últimos, três anos empregado ou diretor da companhia ou de seu acionista controlador. O documento estabelece, ainda, outras hipóteses que podem sugerir a falta de independência do Conselho, mas que deverão ser examinadas no caso concreto pela Assembleia Geral, como no caso do candidato que recebe outra remuneração do acionista controlador.

A Lei nº 6.404/1976 garantiu essa composição mais plural do Conselho de Administração por meio de três mecanismos: (i) o voto múltiplo; (ii) o direito dos acionistas ordinaristas e preferencialistas titulares de um número percentual mínimo de ações elegerem conselheiros em separado e (iii) a participação facultativa dos empregados na gestão.

A questão da participação facultativa dos empregados no Conselho de Administração é tratada no § único, do art. 140, da Lei nº 6.404/1976, enquanto o voto múltiplo e a votação em separado são disciplinados pelo art. 141.

2. Voto múltiplo

Ana Frazão

O sistema de votação para o preenchimento de cargos no Conselho de Administração é, em regra, majoritário, podendo a eleição ser feita por chapa ou por candidatura isolada.[1343] Na eleição por chapa, a votação é feita em bloco para todos os cargos a serem preenchidos. A chapa que receber o maior número de votos será eleita; todos os cargos serão ocupados, portanto, por integrantes da mesma chapa. Na candidatura isolada, vota-se para cada cargo separadamente.

Pelo esquema majoritário de votação, é fácil concluir que, independentemente de eleição por chapa ou por nome, o controlador pode eleger todos os membros do conselho de administração, o que resulta em um órgão uniforme, no qual não há nenhum conselheiro eleito pelos minoritários.

[1341] GORGA, Érica. *Direito societário atual*. Rio de Janeiro: Elsevier, 2013. p. 171.

[1342] Disponível em: http://www.b3.com.br/pt_br/regulacao/estrutura-normativa/listagem/. Acesso em: 15 jul. 2019.

[1343] Ressalvadas as normas sobre voto múltiplo previstas no art. 141 e seus parágrafos, a Lei nº 6.404/1976 não contém norma expressa sobre o sistema de votação que deve ser adotado para a eleição do Conselho de Administração. Em razão disso, parte da doutrina tem sustentado que caberia ao estatuto definir o modelo de votação e, na omissão dele, caberia à mesa apresentar proposta à assembleia geral. Nesse sentido, Sérgio Campinho (*Curso de direito comercial*: sociedade anônima. São Paulo: Saraiva, 2018. p. 299) sustenta que o "o modelo de votação pode ser determinado estatutariamente, o que, entretanto, é incomum na realidade nacional. Assim é que, geralmente, a definição se faz por proposição apresentada pela mesa da assembleia geral, que se compõe para a direção dos trabalhos, sendo afinal submetida à deliberação do plenário. Em última *ratio* acaba prevalecendo o interesse do controlador", adotando-se o esquema majoritário. As exceções ficam por conta do voto múltiplo e da votação em separado, que serão estudadas mais adiante. No mesmo sentido, Fábio Ulhoa Coelho (*Curso de direito comercial*. São Paulo: Saraiva, 2009. v. 2. p. 227) defende que "a lei não estabelece nenhuma modalidade obrigatória para a votação do conselho de administração. Cabe ao estatuto da sociedade anônima dispor a respeito, estabelecendo ou a votação majoritária, em qualquer de seus tipos (chapa ou candidatura isolada), ou a proporcional. Se omisso o estatuto, a mesa da assembleia geral definirá a modalidade a ser adotada. Essa é a regra geral do direito societário brasileiro". Outros autores entendem que, ressalvadas as hipóteses de voto múltiplo e de votação em separado, a eleição dos membros do conselho ocorrerá por maioria, não se computando os votos em branco, nos termos do art. 129.

Por essa razão, inspirada no *cumulative voting* do direito norte-americano[1344], a Lei nº 6.404/1976, em sua redação originária, estabeleceu a eleição por voto múltiplo no *caput* do art. 141, segundo o qual "Na eleição dos conselheiros, é facultado aos acionistas que representem, no mínimo, 0,1 (um décimo) do capital social com direito a voto, esteja ou não previsto no estatuto, requerer a adoção do processo de voto múltiplo, atribuindo-se a cada ação tantos votos quantos sejam os membros do conselho, e reconhecido ao acionista o direito de cumular os votos num só candidato ou distribuí-los entre vários."

A partir da Lei nº 14.195/2021, o dispositivo foi alterado, passando a dispor que "Na eleição dos conselheiros, é facultado aos acionistas que representem, no mínimo, 10% (dez por cento) do capital social com direito a voto, esteja ou não previsto no estatuto, requerer a adoção do processo de voto múltiplo, por meio do qual o número de votos de cada ação será multiplicado pelo número de cargos a serem preenchidos, reconhecido ao acionista o direito de cumular os votos em um só candidato ou distribuí-los entre vários."

Consequentemente, para efeitos do requerimento de voto múltiplo, mantém-se o percentual de 10% sobre o capital social com direito a voto, caso em que a pluralidade será afastada para efeitos do quórum. Entretanto, uma vez adotado o voto múltiplo, a pluralidade passa a ser considerada novamente, razão pela qual é o número de votos de cada ação que será multiplicado pelo número de cargos a serem preenchidos.

Como se pode observar, nada impede que o estatuto já disponha sobre o voto múltiplo como procedimento corriqueiro de votação de membros do Conselho de Administração, afastando o princípio majoritário.

Entretanto, ainda que o estatuto seja omisso, os minoritários que representem pelo menos 10% do capital social votante poderão requerer a adoção do processo de voto múltiplo, desde que observem a regra do § 1º, segundo o qual "A faculdade prevista neste artigo deverá ser exercida pelos acionistas até 48 (quarenta e oito) horas antes da assembleia-geral, cabendo à mesa que dirigir os trabalhos da assembléia informar previamente aos acionistas, à vista do "Livro de Presença", o número de votos necessários para a eleição de cada membro do conselho."

A Lei não determina a quem deve ser encaminhado o requerimento, mas tem se entendido que o pedido deve ser apresentado, por escrito, à Diretoria, ou ao órgão que convocou a Assembleia, como o Conselho de Administração.[1345] A Assembleia Geral poderá indeferir o pedido, caso os requerentes não preencham os requisitos legais, notadamente, o percentual do capital social votante e a antecedência mínima prevista no § 1º. A antecedência é importante para evitar que, no curso da Assembleia Geral, os acionistas sejam surpreendidos pela adoção do voto múltiplo, mormente porque esse tipo de votação exige ponderação cuidadosa quanto à alocação de votos.

Assim, mesmo se o estatuto previr o sistema de votação majoritário e/ou se for omisso sobre a matéria, os acionistas titulares de, pelo menos, 10% do capital social com direito a voto poderão requerer o voto múltiplo para a eleição do Conselho de Administração, sendo facultada à CVM a redução desse percentual nos termos do art. 291, da Lei nº 6.404/1976,[1346] quando se tratar de companhia aberta. Trata-se, portanto, de regra cogente, que não pode ser afastada, seja pela Assembleia Geral, seja pelo estatuto social.

Nos termos do *caput*, do art. 141, da Lei nº 6.404/1976, o voto múltiplo consiste na possibilidade de atribuir a cada ação o seu número de votos multiplicado pelo número de cargos a serem preenchidos, podendo o acionista acumular todos os votos em um só candidato ou distribui-los.

É importante advertir que não se pode confundir o voto múltiplo com o voto plural, que era expressamente vedado pelo art. 110, § 2º, da Lei nº 6.404/1976, passando a ser admitido pela Lei nº 14.195/2021. Muitas das controvérsias em torno do voto plural decorrem de uma suposta violação à igualdade, na medida em que se atribui

---

[1344] Sobre o *cumulative voting*, ver CLARK, Robert. *Corporate law*. New York: Aspen Law & Business, 1986. p. 361 e ss.

[1345] Nesse sentido, CAMPINHO, Sérgio. *Curso de direito comercial: sociedade anônima*. São Paulo: Saraiva, 2018. p. 299.

[1346] Alterando a Instrução nº 165/1991, a Resolução nº 282/98 fixou o percentual necessário para a requisição do voto múltiplo, que varia entre 10% e 5%, a depender do capital social da companhia aberta. Quanto maior o capital social, mais percentual se aproxima do limite de 10% referido no *caput* do art. 141. Para companhias cujo capital está entre 0 a 10 milhões de reais, o percentual será de 10%; para aquelas cujo capital está acima de R$ 100.000.001, 00, esse percentual é de 5%. A instrução da CVM visa a facilitar a adoção do mecanismo em contextos de maior dispersão acionária.

mais de um voto somente a determinadas classes de ações, que passam a ter um privilégio em detrimento das demais.

Tal problema não se apresenta no voto múltiplo, no qual, pelo contrário, assegura-se a igualdade, uma vez que todas as ações ordinárias se beneficiarão da possibilidade de terem seus votos multiplicados pelo número de cargos que serão preenchidos na eleição, e mantém-se hígida, dessa forma, "a regra democrática de tratamento de modo uniforme do voto por ação".

De toda sorte, com a introdução do voto plural, não resta dúvida que eventuais desigualdades dele decorrentes certamente se projetarão sobre o voto múltiplo.

Para entender como o voto múltiplo funciona, recorre-se a um exemplo. Supondo que, em uma companhia sem voto plural, o Conselho de Administração seja composto por cinco membros, nesse caso, a cada ação não corresponderá um voto, mas cinco. Se um acionista é titular, portanto, de 60 ações, ele terá 300 votos, que poderão ser cumulados em um único candidato, o que reforça as chances de se conseguir eleger um membro para o conselho, ainda mais considerando que o controlador terá que distribuir seus votos entre todos os seus candidatos.

Como se pode observar, a utilização do voto múltiplo não é tão simples. O sistema exige meticulosa estratégia dos acionistas na definição da forma como serão distribuídos os votos entre os candidatos. Com efeito, mesmo nas hipóteses em que é matematicamente possível para os minoritários elegerem um ou mais membros para o Conselho de Administração pela sistemática do voto múltiplo, é possível que eles não consigam eleger ninguém, caso não aloquem seus votos de forma adequada.

Nesse sentido, ensina Paulo Fernando Campos Salles de Toledo[1347] que a "norma fundamental é a de que o bom funcionamento do mecanismo depende estritamente de se concentrarem os votos em determinado número de candidatos". De fato, se os minoritários dispersarem demais seus votos é possível que o controlador consiga garantir a homogeneidade no Conselho.

Para facilitar a possibilidade de preenchimento de cargos pelo minoritários, o § 1º, do art. 141, da Lei nº 6.404/1976, obriga a Assembleia Geral a divulgar, antes da deliberação, o número de votos necessários para a "eleição de cada membro do conselho". O número divulgado pela Assembleia não indica, precisamente, o número de votos necessários para a eleição de cada cargo do conselho de administração, mas, sim, a quantidade mínima de votos que garante a eleição de um candidato, em qualquer situação.[1348]

De fato, sendo impossível prever, antecipadamente, como cada acionista irá votar, não há como a Assembleia indicar, precisamente, o número de votos necessários para a eleição de cada conselheiro. Com efeito, o número de votos com os quais se elegerá cada um dos membros do conselho depende do número de votos em branco e da forma como cada acionista irá distribuir seus votos quando da deliberação, só sendo possível defini-lo após a apuração dos votos proferidos.

O disposto no § 1º do art. 141, da Lei nº 6.404/1976, portanto, não deve interpretado de maneira literal, sob pena de tornar o dispositivo inócuo. Deve-se, ao contrário, conferir-lhe racionalidade, para entender que à Assembleia cabe divulgar não a quantidade de votos necessários para a eleição de cada membro para o conselho, mas o número mínimo de votos que garante a eleição de um membro, independentemente da forma de alocação de votos dos demais acionistas.[1349] O número de votos informado pela Assembleia Geral, portanto, *garante* a eleição de um membro para o Conselho, qualquer que seja a distribuição de votos, mas, a depender da forma como os demais acionistas votarem, é possível que um ou mais candidatos consigam ser eleitos com um número de votos menor do que o informado pela Assembleia.

Se parte dos cargos do Conselho de Administração não for preenchida em razão de empate, será feita nova votação, pelo mesmo processo, cabendo à Assembleia Geral divulgar novamente o número de votos necessários para a eleição de um dos cargos, como dispõe o § 2º do art. 141, segundo o qual "Os cargos que, em virtude de empate, não forem preenchidos, serão objeto de

---

[1347] TOLEDO, Paulo Fernando Campos Salles de. *O conselho de administração na sociedade anônima*. São Paulo: Atlas, 1999. p. 33.

[1348] COELHO, Fábio Ulhoa. *Curso de direito comercial*. São Paulo: Saraiva, 2009. v. 2. p. 231.

[1349] Neste sentido, CAMPINHO, Sérgio. *Curso de direito comercial*: sociedade anônima. São Paulo: Saraiva, 2018. p. 300; COELHO, Fábio Ulhoa. São Paulo: Saraiva, 2009. v. 2, p. 231.

nova votação, pelo mesmo processo, observado o disposto no § 1º, *in fine*."

Ainda que o sistema do voto múltiplo não assegure, por si só, a eleição de conselheiros pelos minoritários, que, em regra, dependerá da eficiência da estratégia adotada por eles, não há dúvidas de que se trata de sistema bem mais adequado, para esse fim, do que o sistema usual de votação.

Por outro lado, não há como, por meio do sistema do voto múltiplo, exceto por uma alocação de votos imprudente e ou leviana do controlador, transferir o controle para os minoritários, como adverte Robert Clark.[1350] Na legislação brasileira, o legislador blindou os controladores contra essa possibilidade, assegurando o direito de sempre elegerem um conselheiro a mais do que os minoritários, quando, além da eleição por voto múltiplo, houver a eleição de conselheiros em votação em separado, nos termos do § 7º, 141, examinado mais à frente.

Registre-se que o sistema de voto múltiplo é mais eficaz quando o número de conselheiros é maior. É o que observa Paulo Fernando Campos Salles de Toledo,[1351] segundo o qual a redução do número de conselheiros chegou a ser, inclusive, vedada nas leis de alguns estados americanos por esse motivo. No direito brasileiro, Fran Martins[1352] sustenta que o número limite para que os minoritários possam eleger um conselheiro pelo sistema de voto múltiplo é de cinco cargos. Não é sem razão que o Código das Melhores Práticas de Governança Corporativa do IBGC recomenda que seja fixado um número ímpar de conselheiros entre cinco e onze, a depender do setor de atuação, porte, complexidade das atividades da empresa, etc.[1353]

Ao examinar o tema no direito norte-americano, Robert Clark[1354] explica que a porcentagem de ações necessárias para que um acionista consiga eleger um membro para o *board of directors* varia em função do número de cargos. Se este diminui, um minoritário que, anteriormente, seria capaz de eleger alguém para o *board* pode não ter mais ações suficientes para fazê-lo. Indo adiante, o autor exemplifica: se, em determinada sociedade, há 400 ações admitidas à votação e há 11 cargos para preencher no Conselho, bastaria 8,5% das ações com direito a voto para eleger um candidato[1355]. Se, diferentemente, houver apenas três cargos para serem preenchidos, o minoritário necessitaria de 25,5% das ações ou mais para fazê-lo.[1356]

Além disso, a adoção de mandatos não coincidentes para o Conselho de Administração também pode servir para impedir que os minoritários consigam eleger conselheiros. Com efeito, a eleição um a um assegura a prevalência total do controlador, de maneira análoga ao que ocorre no sistema majoritário. Exatamente por isso, Calixto Salomão Filho[1357] sustenta que o pluralismo do Conselho de Administração sempre foi formal e de fachada, não tendo a garantia do voto múltiplo chegado a ser efetiva em razão da não coincidência de mandatos na maioria das companhias brasileiras.

Quando a eleição for realizada pelo sistema do voto múltiplo, a destituição de qualquer membro pela assembleia geral importará na destituição dos demais, devendo ser convocada nova eleição, nos termos do § 3º do art. 141. Não há óbice a que os conselheiros que foram destituídos por arrastamento figurem, novamente, como candidatos na próxima eleição. O impedimento restringe-se àquele que deu causa à destituição dos mais.

[1350] CLARK, Robert. *Corporate law*. New York: Aspen Law & Business, 1986. p. 362.

[1351] TOLEDO, Paulo Fernando Campos Salles de. *O conselho de administração na sociedade anônima*. São Paulo: Atlas, 1999. p. 33.

[1352] Nesse sentido, MARTINS, Fran. *Comentários à Lei das S/A*. Rio de Janeiro: Forense, 1978. t. I, v. 2. p. 285.

[1353] IBGC – Instituto Brasileiro de Governança Corporativa. *Código das melhores práticas de governança corporativa*. São Paulo: IBGC, 2015. p. 43.

[1354] CLARK, Robert. *Corporate Law*. New York: Aspen Law & Business, 1986. p. 364-465. O autor utiliza a seguinte fórmula para calcular o percentual de ações necessário para eleger determinado número de conselheiros: $X = $, onde Y refere-se ao número de ações admitidas à votação, N é o número de cargos que serão preenchidos, N` é o número de cargos que determinado grupo de acionistas deseja eleger e X refere-se ao número de ações de que esse grupo de acionistas irá precisar para alcançar seu objetivo. Supondo-se, então, que Y é 400 e que os acionistas querem eleger um membro para o *board*, havendo três cargos, para serem preenchidos, X seria igual a, aproximadamente, 8,5%.

[1355] CLARK, Robert Charles. *Corporate law*. New York: Aspen Law & Business, 1986. p. 364-465.

[1356] CLARK, Robert Charles. *Corporate law*. New York: Aspen Law & Business, 1986. p. 364-465.

[1357] SALOMÃO FILHO, Calixto. *O novo direito societário*. São Paulo: Malheiros, 2002. p. 86.

A regra evita que o controlador promova a destituição do conselheiro eleito pelos minoritários com a finalidade de frustrar a representação proporcional no Conselho. Se a vacância se der por outros motivos, como nos casos de renúncia ou de morte, por exemplo, não havendo suplentes, caberá à Assembleia proceder à nova eleição de todo o conselho também.

3. Propósito do voto múltiplo

Rodrigo R. Monteiro de Castro

O propósito do instituto do voto múltiplo é louvável: permitir que se atinja certa proporcionalidade na composição do conselho de administração. Os resultados que se obtêm com ele, por outro lado, nem tanto. O sistema previsto na LSA oferece relativa imprevisibilidade na alocação de votos e, consequentemente, a possibilidade de não se produzir o almejado equilíbrio compositivo.

O desequilíbrio pode se operar tanto em favor do controlador, por força da adoção de equivocada estratégia de alocação promovida por acionista minoritário, quanto, ao contrário, em favor do minoritário, se o equívoco partir da distribuição de votos realizada pelo controlador.

Por esses motivos, o caminho mais simples seria a determinação de que acionistas detentores de ações representativas de 10% ou mais do capital social com direito a voto pudessem, quando requerido, eleger número proporcional de conselheiros (isto é, a quantidade de conselheiros correspondente à participação desses acionistas no capital social total).

O modelo vigente, reformado pela Lei nº 10.303/2001 (que sofreu ajustes redacionais no *caput* do art. 141, por intermédio da Lei nº 14.195/2021), faculta, pois, aos acionistas que representem pelo menos um décimo do capital social com direito a voto o requerimento da adoção do processo de voto múltiplo. O requerimento não precisa estar previsto no estatuto ou no edital de convocação. É um direito que não pode ser resistido pelos demais acionistas. Realizado o requerimento, na forma do § 1º do art. 141, o processo será obrigatoriamente adotado. Caso, porém, se preveja no estatuto a votação por meio desse processo, a adoção será automática e o requerimento desnecessário.

De acordo com o *caput* do art. 141, o número de votos de cada ação será multiplicado pelo número de cargos a serem preenchidos, podendo cada acionista cumular os votos em um candidato ou distribuí-los entre vários. Ou seja, se determinada ação tiver direito a 1 voto e os cargos forem 5, então, a respectiva ação expressará 5 votos. Ou, se ação detiver direito a 5 votos, conforme faculdade do art. 110-A, e os cargos forem os mesmos 5, a ação disporá de 25 votos. Se o estatuto não fixar número determinado de conselheiros, a quantidade de votos, por ação, será estabelecida após a assembleia geral indicar o tamanho do órgão para o exercício.

Qualquer acionista poderá distribuir os votos de que dispuser – que equivalerá, portanto, ao número de ações com direito de voto de que for titular, multiplicado pelos cargos em disputa – em um candidato ou em vários. A distribuição, em tese, decorrerá da estratégia estabelecida por cada acionista ou grupo de acionistas para atingir os votos necessários à eleição da quantidade mínima de conselheiros que desejar.

Antes da reforma de 2021, chegava-se ao número mediante a realização de operação matemática relativamente simplista, consistente na atribuição a cada ação de tantos votos quantos fossem os membros do conselho de administração. Desde então, com a introdução do art. 110-A, que passou a admitir a criação de uma ou mais classes de ações ordinárias com atribuição de voto plural, não superior a 10, o cálculo eventualmente se tornará mais complexo, caso a companhia emita ações com voto plural. Isso porque, como indicado acima, o processo de voto múltiplo passou a considerar o número de votos de cada ação, se o caso, e não mais um voto por ação, que será multiplicado pelo número de cargos a serem preenchidos.

Assim, sob a perspectiva de um acionista qualquer, deve-se, inicialmente, segregar ações com voto unitário de ações com voto plural e, dentre estas, eventual disparidade (por exemplo, classe de ação com direito a 2 votos de classe com 5 votos). O número de votos de cada ação será multiplicado pelo número de cargos e, na sequência, pela quantidade de ações detidas da mesma classe. Os resultados de cada classe de ação (se o caso) serão somados, atingindo-se o montante final de votos que poderá ser destinado a um candidato ou distribuído entre vários.

O acionista que preencher os requisitos previstos na LSA poderá requerer a adoção do sistema do voto múltiplo com até 48 horas de antecedência do horário de início da assembleia geral. O prazo é contado, como indicado, por hora, e não comporta qualquer tipo de restrição, como a imposição de horas de dias úteis. Se o marco final do prazo cair em feriado ou final de semana, o requerimento não poderá ser deslocado para o primeiro momento "útil" do dia seguinte.

O estatuto social não pode restringir ou vetar a adoção do sistema de voto múltiplo. Além disso, eventual disposição em acordo de acionistas, impeditiva da formulação do requerimento por um ou mais acionistas, será nula.

O § 1º atribui à mesa que dirigir os trabalhos do respectivo conclave o dever de informar, previamente à deliberação, o número de votos necessários à eleição de cada membro do conselho, à vista do Livro de Presença de Acionistas. Essa referência é essencial para que se apure o número de ações presentes e, com a sua multiplicação pela quantidade de membros do conselho de administração, se conheça o tamanho do colégio.

O regime informacional não é optativo, devendo a mesa cumpri-lo. A recusa configura ato ilícito de todos os componentes (presidente e secretário), com exceção àquele que se manifestar expressa e inequivocamente contra a recusa.

A informação não precisa ser formulada na abertura da assembleia, de imediato, mas, sempre, antes da colocação do tema em deliberação.

Os cargos que, eventualmente, não forem preenchidos, pela constatação de empate, serão objeto de nova votação, pelo mesmo processo de novo múltiplo, sendo facultada a modificação da estratégia alocativa.

4. Voto múltiplo na companhia aberta

Rodrigo R. Monteiro de Castro

De acordo com o art. 291 da LSA, a CVM poderá reduzir, mediante fixação de escala em função do valor do capital social, a porcentagem mínima aplicável às companhias abertas, definida, dentre outros, no *caput* do art. 141. Nesse sentido, havia sido editada a ICVM 165/1991, posteriormente alterada pela ICVM 282/1998, que estabelecia percentuais variáveis para solicitação de voto múltiplo, de acordo com o intervalo do capital social da companhia aberta. O tema é atualmente tratado na Resolução CVM 70, de 22 de março de 2022, que "fixa escala reduzindo, em função do capital social, o percentual mínimo de participação acionaria necessário ao exercício de direitos previstos na Lei 6.404, de 15 de dezembro de 1976, e revoga as Instruções CVM nº 165, de 11 de dezembro de 1991, nº 282, de 26 de junho de 1998, nº 324, de 19 de janeiro de 2000, e nº 627, de 22 de junho de 2020".

O art. 3º da Resolução determina que o percentual previsto no *caput* do art. 141 fica reduzido, em função do valor do capital social da companhia aberta, conforme a tabela a seguir:

Intervalo do Capital Social (R$)	Percentual Mínimo do Capital Votante para Solicitação de Voto Múltiplo %
0 a 10.000.000	10
10.000.001 a 25.000.000	9
25.000.001 a 50.000.000	8
50.000.001 a 75.000.000	7
75.000.001 a 100.000.000	6
Acima de 100.000.001	5

5. Destituição de conselheiro e demais casos de vacância

Rodrigo R. Monteiro de Castro

Se a eleição tiver sido realizada pelo processo do voto múltiplo – e somente nesse caso –, a destituição de qualquer membro do conselho de administração pela assembleia geral importará, de acordo com o § 3º do art. 141, a destituição dos demais membros e a realização de nova eleição. Essa solução tem como propósito evitar que o resultado da votação seja posteriormente modificado por meio de deliberação majoritária, anulando os efeitos da implementação do voto múltiplo.

A eleição ocorrerá no âmbito de nova assembleia geral, convocada imediatamente após a formalização da destituição. O processo será o mesmo que tiver sido adotado para a composição a ser substituída, devendo a assembleia geral seguir o rito previsto no art. 141. Dispensa-se, assim, novo requerimento de voto múltiplo, pois a adoção do procedimento, nas situações de destituição de membro que houver sido eleito por aquela sistemática, é automática.

Os acionistas que o requereram poderão, no entanto, na própria assembleia geral, dispensar a adoção do processo de voto múltiplo, que se efetivará se os demais acionistas concordarem com a dispensa. Os acionistas requerentes poderão, ademais, compor-se com o acionista controlador e incluir conselheiro em chapa única. Nessa nova situação, a destituição de um conselheiro, mesmo que indicado pela minoria, não ensejará a destituição coletiva e a realização de nova eleição, pois originada em chapa.

Caso, porém, a eleição tenha ocorrido por meio de qualquer outro processo, inclusive por sistema de chapas, a destituição se procederá da mesma forma, sem adoção de voto múltiplo (que representaria uma supressão ao direito da maioria de eleger a administração, na forma da lei).

A parte final do § 3º estabelece que, nas demais situações de vaga – por exemplo, decorrente de renúncia –, não havendo suplente, a primeira assembleia geral procederá à nova eleição de todo o conselho.

A primeira assembleia geral, com vistas à eleição da totalidade do conselho de administração, somente poderá exercer essa competência se for realizada antes da assembleia geral ordinária convocada para, nos termos do art. 132, III, da LSA, eleger os administradores, por conta do término de seus mandatos.

Por ocasião da assembleia geral ordinária realizar-se-á uma nova eleição e o sistema de voto múltiplo somente será adotado se acionistas que representarem, no mínimo, um décimo do capital social com direito a voto o requererem, na forma do caput do art. 141.

6. Eleição em separado

Ana Frazão

Além da faculdade do voto múltiplo, a Lei nº 6.404/1976 também assegura, no § 4º, do art. 141, a eleição em separado de um membro para o Conselho de Administração aos (i) aos titulares de ações com direito a voto em companhia aberta,[1358] cujos votos representem, pelo menos, 15% do total das ações com direito a voto e aos (ii) titulares de ações preferenciais em companhias abertas sem direito a voto ou com voto restrito, de emissão de companhia aberta, que representem, no mínimo, 10% do capital social. Ao contrário do sistema do voto múltiplo, que é assegurado tanto nas companhias fechadas quanto nas companhias abertas, as eleições em separado têm lugar apenas nas segundas.

Registre-se que os acionistas titulares de ações preferenciais às quais forem asseguradas, por disposição estatutária, a possibilidade de eleger um conselheiro em votação em separado, nos termos do art. 18, não poderão exercer o direito previsto no § 4º do art. 141, se já tiverem feito uso da prerrogativa prevista no estatuto social. É que esses direitos, como explicado nos comentários ao art. 18, excluem-se mutuamente, não podendo ser exercidos de maneira cumulativa. Assim, o acionista que houver exercido o privilégio relativo ao art. 18, não poderá fazer uso da faculdade descrita no art. 141, § 4º, II.

As regras do § 4º foram incluídas pela Lei nº 10.303/2011. A possibilidade de eleição em separado de um membro para o Conselho de Administração já estava prevista na redação originária da Lei nº 6.404/1976, embora o direito só pudesse ser exercido por acionistas titulares de, no mínimo, 20% do capital com direito a voto, e, unicamente, se o número de membros do Conselho de Administração fosse inferior a cinco. Isso porque, como visto, quanto menor o número de conselheiros, mais difícil é para os minoritários assegurarem a eleição de um deles pelo sistema do voto múltiplo. Na redação anterior, portanto, além de ter sido previsto um quórum considerado elevado, na prática, bastava que o estatuto social previsse um número inferior de cargos no Conselho de Administração para frustrar o direito dos minoritários.

A Lei nº 10.303/2011 ampliou as hipóteses de votação em separado, estendendo esse direito também aos acionistas de ações preferenciais. Paralelamente, a Lei alterou o percentual previsto na redação originária da Lei nº 6.404/1976, que era de 20% das ações com direito a voto, para 15% do capital votante.

[1358] Paulo Fernando Campos Salles de Toledo (Modificações introduzidas na Lei das Sociedades por Ações quanto à disciplina da administração das companhias. In: LOBO, Jorge (coord.). *Reforma da lei das sociedades anônimas*. Rio de Janeiro: Forense, 2002. p. 423-452, p. 432) critica a redação legal, aduzindo que o ideal teria sido que também nas companhias fechadas o legislador tivesse assegurado o direito de os minoritários e de os preferencialistas elegerem, cada um deles, um membro para o Conselho de Administração.

Preocupada com a dispersão acionária, a Lei permitiu, ainda, como revela o art. 141, § 5º, que os titulares de ações com direito a voto e os titulares de ações preferenciais agregassem suas ações para a eleição conjunta de um membro e seu suplente para o Conselho de Administração, quando verificado que nenhum deles alcança os quóruns previstos nos inciso I e II do § 4º do art. 141. Nesse caso, as ações agregadas deverão representar, no mínimo, 10% do capital social e será feita uma só eleição em separado.

Alguns autores criticam a exigência prevista no art. 141, § 6º, segundo o qual a faculdade de eleger e destituir um membro do conselho e seu suplente, em votação em separado na Assembleia Geral, só poderá ser exercida por acionistas que comprovarem a titularidade ininterrupta da participação acionária mínima exigida durante o período de, pelo menos, três meses, imediatamente anteriores à realização da Assembleia. A objeção é que a exigência acaba, injustificadamente, enfraquecendo o direito dos preferencialistas, ao impor novo requisito para a participação da eleição em separado.[1359] Outros entendem que o objetivo da Lei se justifica para evitar comportamentos oportunistas e os prejuízos que poderiam advir da infiltração no conselho de terceiros estranhos aos interesses sociais.[1360]

Cabe ressaltar, desde já, que os conselheiros eleitos em separado contarão com prerrogativa especial em relação aos demais: trata-se do direito a veto à escolha e à destituição de auditor independente pelo conselho de administração, conforme prevê o § 2º do artigo 142.

O § 4º, do art. 141, proíbe o acionista controlador de participar das eleições em separado em qualquer hipótese. A finalidade da Lei, como visto, foi assegurar que os minoritários e os preferencialistas sem direito a voto ou cujo voto é restrito conseguissem eleger um membro e seu suplente para o Conselho. A participação do controlador, evidentemente, frustraria esse objetivo.

Importante notar que o § 5º, do art. 141, fala não apenas no direito de eleger, mas também no direito de destituir um membro para o Conselho de Administração. Portanto, tanto a eleição quanto a destituição, em regra, deverão ser feitas por votação em separado. A referência à "destituição" resguarda a efetividade do direito dos minoritários. Com efeito, se fosse admitida a destituição em Assembleia Geral desses administradores, a faculdade poderia se tornar inócua. Isso porque bastaria ao controlador destituir, sem justa causa, os administradores eleitos pelos minoritários para aniquilar sua representação no órgão ou dificultá-la em demasia.

Neste sentido, é pertinente a observação de Waldírio Bulgarelli[1361] de que a Assembleia Geral, para esse fim, se divide em blocos, não podendo a escolha da minoria ficar à mercê da maioria: "a assembleia acionária apresenta-se não como uma unidade, mas fracionada, ficando os eleitos, deste modo, presos à sua origem eleitoral", especialmente levando em consideração a "contraposição de interesses resultantes do binômio minoria-maioria, com a consequente necessidade de admitir e manter a independência dos minoritários".

Essa vinculação à "origem eleitoral" a que Bulgarelli se referiu, contudo, deve ser bem compreendida. A norma não pode ser utilizada para efeitos de se admitir a manutenção no cargo de conselheiros desqualificados e/ou que estejam atuando em desconformidade com seus deveres funcionais. Daí por que o autor defende que, nessas hipóteses, caberá, sim, à Assembleia Geral a destituição, independentemente de os conselheiros terem sido eleitos pelos minoritários em votação em separado.[1362]

Outros sustentam que, embora a lei determine que o controlador, em regra, não participa da destituição dos conselheiros eleitos pelos minoritários, isso não significa que esteja impedido de promover sua responsabilização civil ou de afastar quem foi eleito contra as regras de inelegibilidade da Lei nº 6.404/1976.[1363] Na primeira

---

[1359] Neste sentido, GORGA, Érica. *Direito societário atual*. Rio de Janeiro: Elsevier, 2013. p. 175; BLACK, Bernard S. Strengthening Brazil1s securities market. *Revista de Direito Mercantil, Industrial, Econômico e Financeiro* v. 120, p. 41, out./dez. 2000, p. 48.

[1360] É o alerta de TOLEDO, Paulo Fernando Campos Salles de. Modificações introduzidas na Lei das Sociedades por Ações quanto à disciplina da administração das companhias. *In*: LOBO, Jorge (coord.). *Reforma da Lei das Sociedades Anônimas*. Rio de Janeiro: Forense, 2002. p. 433.

[1361] BULGARELLI, Waldírio. *O conselho fiscal nas companhias abertas*. São Paulo: RT, 1988. p. 123.

[1362] BULGARELLI, Waldírio. *O conselho fiscal nas companhias abertas*. São Paulo: RT, 1988. p. 123.

[1363] ADAMEK, Marcelo Vieira Von. *Abuso de minoria direito societário*. São Paulo: Malheiros, 2014. p. 204.

hipótese, a destituição ocorreria do impedimento do administrador, que, por força do disposto no art. 159, § 2º, constitui efeito automático da deliberação assemblear que autorização a propositura de ação de responsabilidade civil contra ele.

A Lei nº 6.404/1976 prevê no art. 117, § 1º, *d* e *g* que constitui abuso de poder de controle "eleger administrador ou fiscal que sabe inapto, moral ou tecnicamente" assim como "aprovar ou fazer aprovar contas irregulares de administradores, por favorecimento pessoal, ou deixar de apurar denúncia que saiba ou devesse saber procedente, ou que justifique fundada suspeita de irregularidade".

Cabe indagar se as minorias também poderiam praticar abuso do direito de voto, com base na violação do art. 115, da Lei nº 6.404/1976, caso incidissem nessas mesmas condutas.

O tema já foi discutido nos comentários ao art. 18, da Lei nº 6.404/1976, valendo destacar que, na hipótese de eleição em separado, como assinala Marcelo Adamek,[1364] a minoria é "controladora de fração reservada do poder", motivo pelo qual cometeria o mesmo ilícito e ficaria sujeita às mesmas sanções do controlador. Mesmo que assim não fosse, como bem pondera o autor, os minoritários não poderiam deixar de observar o interesse social ao exercerem seu direito de voto, ante o disposto no *caput* do art. 115 e em seu § 3º. Em qualquer caso, portanto, respondem pelas perdas e danos a que seu voto der causa.

Registre-se, por fim, que a Lei exige, no § 5º, o registro com a identificação dos acionistas que exercerem a prerrogativa da eleição por meio de votação em separado prevista. O dispositivo não determinar que o registro interno seja arquivado na Junta Comercial nem existe essa previsão na Lei do Registro de Empresas Mercantis (Lei nº 8.934/1994), de modo que o documento será meramente interno.

7. A agregação de ações para votação em separado

RODRIGO R. MONTEIRO DE CASTRO

O § 4º externa a preocupação com a composição heterogênea do órgão colegiado e prevê a possibilidade de eleição de um membro e seu suplente, em separado, pela maioria dos titulares de (i) ações de emissão de companhia aberta com direito a voto, que representem, pelo menos, 15% do total das ações com direito a voto, e (ii) de ações preferenciais sem direito a voto ou com voto restrito de emissão de companhia aberta, que representem, no mínimo, 10% do capital social, que não houverem exercido o direito previsto no estatuto, em conformidade com o art. 18.

Se a companhia tiver emitido somente ações ordinárias, haverá apenas uma eleição em separado, para indicação, pelos acionistas detentores de ações representativas de ao menos 15%, de um membro. O acionista controlador não poderá influenciar o resultado, pois estará impedido de votar na eleição em separado.

Havendo ações ordinárias e preferenciais sem direito a voto ou com voto restrito, além da votação em separado dos acionistas ordinaristas, ocorrerá outra eleição, também em separado, para que acionistas titulares daquelas ações elejam outro membro. O acionista controlador, que eventualmente deter ações preferenciais, também estará impedido de votar com essas ações.

Evitam-se, assim, em ambas as eleições, interferências do titular do poder de controle na formação do resultado, e se preserva a intenção legislativa de abrir as portas do órgão administrativo para conselheiros eleitos por acionistas que não componham o bloco controlador.

Em ambos os casos, obter-se-á o resultado pelo cômputo da maioria de votos que, nos termos do § 4º, formarem a base eleitoral da eleição em separado. Aliás, a base será considerada a partir dos percentuais de ações definidos nesse parágrafo, portanto, 15% do total das ações com direito a voto e 10% das ações preferenciais sem direito a voto ou com voto restrito, independentemente do número de votos a que as ações tiverem direito. Porém, na votação, cada ação expressará o número de votos que lhe for atribuído no estatuto, observado o disposto no art. 110-A.

Inexistindo convergência para indicação, pelos acionistas titulares de ações ordinárias ou preferenciais, de um nome para integrar o conselho de administração, admite-se a inscrição de diversos candidatos, prevalecendo aquele que receber o maior número de votos, proferidos pelas ações admitidas a participar de cada eleição.

Do ponto de vista prático, não se descarta a possibilidade de a quantidade de ações detidas

---

[1364] ADAMEK, Marcelo Vieira Von. *Abuso de minoria direito societário*. São Paulo: Malheiros, 2014. p. 202.

pelos acionistas minoritários, titulares de ações ordinárias, e pelos preferencialistas, não alcançar, isoladamente, os percentuais exigidos no § 4º. A LSA cria, nessa situação, um direito à segunda chance, de atingimento do parâmetro, ao permitir, conforme dispõe o § 5º, a reunião de ações ordinárias e preferenciais.

Com efeito, de acordo com esse parágrafo, "verificando-se que nem os titulares de ações com direito a voto e nem os titulares de ações preferenciais sem direito a voto ou com voto restrito perfizeram, respectivamente, o quórum exigido nos incisos I e II do § 4º, ser-lhes-á facultado agregar suas ações para elegerem em conjunto um membro e seu suplente para o conselho de administração, observando-se, nessa hipótese, o quórum exigido pelo inciso II do § 4º."

Na eleição em separado na qual se opera a agregação de ações diversas, conforme exposto acima, o conselheiro também será escolhido por maioria de votos, sendo admitida a apresentação de mais de um candidato, por qualquer um dos grupos de acionistas. O acionista controlador permanecerá impedido de influenciar, com as ações de sua titularidade, o resultado da votação.

Ademais, caso a companhia emita apenas ações ordinárias e a minoria não atinja o percentual de 15% previsto no inciso I do § 4º, os acionistas minoritários poderão se valer do direito à segunda chance, estatuído pelo § 5º. Assim, desde que somem participação de 10%, prevista no inciso II daquele parágrafo, será admitida, por força do mencionado § 5º, a realização da eleição em separado de um membro do conselho.

Importa registrar que a eleição em separado, em qualquer caso, ocorrerá no âmbito da própria assembleia geral que deliberará sobre a composição do órgão, sendo descartada a realização de assembleia geral especial. Nada impede que acionistas que não formem o colégio eleitoral presenciem o procedimento, sendo-lhes proibida qualquer forma de ingerência. Isso não afasta a competência da mesa, que conduzirá as formalidades e expressará o ocorrido – e o resultado – na ata. A votação proferida em separado, refletida na ata, passará, portanto, a integrá-la, para todos os fins.

Destaca-se, ademais, que o § 4º confere aos acionistas titulares de ações ordinárias ou preferenciais, conforme o caso, não apenas o direito de eleger, mas, igualmente, de destituir, a qualquer tempo, o membro do conselho de administração e o seu suplente que tiverem indicado. Operada a destituição, o suplente assumirá a função, até o término do prazo do mandato. Caso não tenha suplência – ou não desejem que o suplente se torne efetivo –, os mesmos acionistas poderão eleger, igualmente em separado, novo membro ao órgão.

Como se verá a seguir, o controle do colégio eleitoral, para exercício do direito de eleição decorrente da destituição, far-se-á mediante registro, na forma do § 8º.

8. Requisitos para participar de eleição em separado e registro

Rodrigo R. Monteiro de Castro

O § 6º do art. 141 impõe requisitos ao exercício do direito de votação em separado: titularidade de ação, de modo ininterrupto, durante o período de 3 meses, no mínimo, imediatamente anterior à realização da assembleia geral. Restringem-se, assim, movimentos oportunistas ou especulativos, lançados às vésperas de deliberação, que visem ao acúmulo de ações para influenciar a composição do conselho de administração – e, eventualmente, ao seu término, o desfazimento, por meio de venda da participação adquirida.

A verificação se dará por ação, e não por cabeça (ou pessoa), pois o voto se atrela ao valor mobiliário. Sendo uma pessoa titular, por exemplo, de 1.000 ações enquadradas e de 1.000 desenquadradas, poderá votar, em separado, com aquele lote enquadrado, sendo-lhe facultado, ademais, utilizar o outro lote para as demais votações, na forma do estatuto social e da legislação aplicável.

De acordo com o § 8º, a companhia deverá manter registro com a identificação dos acionistas que exercerem a prerrogativa referida no § 4º. A manutenção será útil, de modo imediato, à mesa da assembleia geral em seu trabalho de organização e de controle de utilização de ações, para fins das deliberações que se realizarão, e, de modo mediato, à companhia, para que possa confirmar a regularidade de eventual pedido de destituição de administrador, formulado pelos acionistas que o tiverem elegido em separado.

Por fim, a companhia deverá prover as informações necessárias para que a mesa do conclave compute o colégio, com observância dos requisitos exigidos no § 6º.

9. Papel da Lei nº 10.303/2001 na proteção aos minoritários

Ana Frazão

A redação do § 4º, do art. 141 e a inclusão dos §§ 5º a 8º decorreram da Lei nº 10.303/2001, que, sem dúvida, representou um notável avanço na proteção ao direito dos minoritários, especialmente porque a previsão de eleição por voto múltiplo acabou revelando-se um pouco inócua.[1365]

Os principais objetivos da Lei nº 10.303/2001 foram, de fato, democratizar as sociedades anônimas e fortalecer o mercado de capitais, ampliando os direitos dos minoritários e incorporando boas práticas de governança corporativa à gestão, de forma a reforçar a confiança do investidor nas companhias brasileiras e assegurar a elas condições, senão equitativas, pelo menos semelhantes àquelas do mercado acionário externo.[1366]

A preocupação se justificava pela fuga dos investidores e ainda pela facilidade de migração das próprias companhias para o mercado internacional após a regulamentação dos ADRs (*American Depositary Receipts*) no início da década de 1990. Atribui-se a reforma também à mudança de perfil dos acionistas minoritários: investidores institucionais que não se contentavam mais em "votar com os pés" e exigiam maior participação nas decisões da companhia.[1367]

Essas finalidades foram expressamente invocadas no voto do Deputado Emerson Kapaz, relator do projeto da reforma na Comissão de Economia, Indústria e Comércio: "um mercado acionário forte e verdadeiramente democratizado – alcançando todo sua potencialidade de alavancagem econômica – depende, é óbvio, de que os investidores, principalmente pequenos e médios sintam-se protegidos e vejam defendidos seus interesses, não se permitindo a manipulação e o desrespeito a seus direitos por manobras e políticas estabelecidas unilateralmente pelos controladores, muitas vezes, privilegiando, inclusive, interesses externos à própria sociedade".[1368]

A finalidade das alterações foi, portanto, assegurar um maior equilíbrio de poderes na sociedade. A composição mais democrática do Conselho de Administração fornece aos minoritários a possibilidade de influenciar na gestão e diminui o risco de abuso de poder pelo controlador e de apropriação da companhia para a satisfação de seus interesses pessoais em prejuízo da sociedade.

10. Combinação de voto múltiplo e eleição em separado

RODRIGO R. MONTEIRO DE CASTRO

Quando os acionistas a que se refere o § 4º do art. 141 exercerem o direito de eleição em separado de um membro do conselho de administração, não poderão utilizar as mesmas ações para participar de outra deliberação para eleição dos demais membros, seja na subordinada a procedimento comum, seja na norteada pelo sistema do volto múltiplo. A proibição tem como propósito evitar que se utilize a mesma ação para proferimento de um ou mais votos em momentos distintos, conforme seja o número que o estatuto lhe atribuir. Assim, o acionista titular de ação com direito a mais de um voto, nos

---

[1365] Nesse sentido, Bernard S. Black, Antonio Gledson de Carvalho e Érica Gorga (The corporate governante of privately combined controlled Brazilian firms. *Revista Brasileira de Finanças* v. 7, p. 421, 2009, p. 398) descrevem que apenas 10 das 86 companhias que responderam a um questionário em 2005 declararam terem feito uso do sistema de voto múltiplo nos cinco anos anteriores.

[1366] Norma Parente (Principais inovações introduzidas pela Lei nº 10.303, de 31 de outubro de 2001, à Lei das Sociedades por Ações. In: LOBO, Jorge (coord.). *Reforma da lei das sociedades anônimas*. Rio de Janeiro: Forense, 2002. p. 11-50, p. 11-12) enfatiza a mercado de capitais quando da edição da e lei: "Para se ter uma idéia do potencial de recursos que podem ser carreados para o mercado de capitais, o total das aplicações dos fundos de pensão representa 12% do PIB e, destes, somente 4% são aplicados em companhias abertas".

[1367] Além da modificação no perfil da minoria, hoje constituída, principalmente, por fundos de pensão e de investimento, Arnoldo Wald (A evolução do regime legal do conselho de administração, os acordos de acionistas e os impedimentos dos conselheiros decorrentes de conflitos de interesses. *Revista de Direito Bancário, do Mercado de Capitais e da Arbitragem*, ano 4, n. 11, jan./mar. 2001, p. 210) explica que outra razão para a reforma da legislação foi que o Estado havia assumido a posição de acionista minoritário em muitas companhias após o processo de privatização, daí a conveniência de reforçar seus direitos. Segundo uma pesquisa realizada pela MC KInsey, citada por Paulo Fernando Campos Salles de Toledo (Modificações introduzidas na Lei das Sociedades por Ações quanto à disciplina da administração das companhias. *In*: LOBO, Jorge (coord.). *Reforma da Lei das Sociedades Anônimas*. Rio de Janeiro: Forense, 2002. p. 426), 200 investidores institucionais, com ativos da ordem de 3,2 trilhões, estariam dispostos a pagar 23% a mais por uma companhia no Brasil, desde que ela adotasse boas práticas de governança corporativa.

[1368] Citado por CAMARGO, João Laudo de; BOCATER, Maria Isabel do Prado. Conselho de administração: seu funcionamento e participação de membros indicados por acionistas minoritários e preferencialistas. In: LOBO, Jorge. *Reforma da lei das sociedades anônimas*: inovações e questões controvertidas da Lei nº 10.303, de 31.10.2001. Rio de Janeiro: Forense, 2002. p. 384.

termos do art. 110-A, não poderá desmembrar os votos e utilizá-los para votar com parte deles em eleição em separado e, com a outra parte, por exemplo, em processo de voto múltiplo.

Com efeito, a reforma operada pela Lei nº 14.195/2021, introdutora do voto múltiplo, admite a criação de uma ou mais classes de ações ordinárias com atribuição de pluralidade de votos, não superior a 10, situação que não se confunde com a multiplicação da própria ação, que permanece una.

Por outro lado, as ações que não forem utilizadas na formação do colégio eleitoral das votações em separado poderão ser utilizadas, livremente, nas demais votações, podendo o acionista expressar tantos votos por ação quantos lhe forem atribuídos no estatuto. Determinado acionista poderá, assim, efetuar cálculos e distribuir suas ações entre as diversas votações, a fim de tentar eleger o maior número possível de conselheiros.

Assume-se, como exemplo, que um acionista seja titular de ações representativas de 30% do capital social total, formado exclusivamente por ações ordinárias; ele poderá, inicialmente, destinar 15% (ou a metade de duas ações) para participação em votação em separado e os 15% restantes (ou seja, a outra metade), para votar na deliberação sujeita a processo de voto múltiplo.

Caso, no mesmo exemplo, além do acionista titular de ações representativas de 30% do capital social exista outro acionista minoritário, que detenha 5%, aquele poderá, eventualmente, utilizar apenas 10% para, junto com os 5%, formar o colégio exigido no § 4º do art. 141. Dessa forma, os 20% remanescentes serão empregados na votação sujeita a voto múltiplo.

Por fim, o direito ao requerimento de voto múltiplo também será impactado pela utilização de ação para eleição em voto separado, de modo que somente serão computadas as que não forem utilizadas na separação.

11. Procedimento de cumulação de voto múltiplo com votação em separado

Ana Frazão

Da leitura do art. 141, da Lei nº 6.404/1976, observa-se que não há óbices para que o voto múltiplo e o voto em separado possam ser utilizados cumulativamente na mesma eleição.

Todavia, do ponto de vista procedimental, dúvidas surgem quanto à referida compatibilização e quanto às consequências de cada tipo de votação.

Daí já ter a CVM se pronunciado, em consulta, da seguinte maneira, nos termos do voto do Diretor Relator Luiz Antonio de Sampaio Campos:[1369]

> Procedimentalmente, a votação de que trata o § 4º do artigo 141 deveria ocorrer antes que se dê o início à votação pelo voto múltiplo. Os acionistas que optarem pela votação em separado não participarão no voto múltiplo com as ações que tiverem utilizado no processo de votação em separado, de forma a evitar que as ações votem duas vezes. Após a realização dessa votação em separado é que apurar-se-á, definitivamente, o coeficiente para fins do procedimento de voto múltiplo.
>
> Esclareço, ainda, que os conselheiros que tiverem sido eleitos pela votação em separado estarão fora do regime da destituição vigente quando a eleição é feita pelo regime de voto múltiplo, hipótese em que a destituição de um conselheiro representa a queda do conselho inteiro e, bem assim, a vacância de um membro do conselho (art. 141, § 3º). Como diz o novo § 4º, a sua destituição somente poderá ocorrer por votação igualmente em separado, criando um liame – muitas vezes criticado pelos minoritários quando se trata do acionista controlador – entre os acionistas minoritários e o conselheiro por eles eleito, pois que o poder de vida e morte de seu mandato dependerá da assembleia destes acionistas.
>
> Finalmente, cabe destacar, porém, a relevância do uso da prerrogativa de que trata o novo § 4º do artigo 141 da Lei nº 6.404/76, pois, de acordo com a redação do novo § 2º do artigo 142, somente estes conselheiros terão o direito de veto na contratação ou destituição dos auditores independentes, veto este que deve ser fundamentado.

Como se observa, ficou bem claro não apenas o procedimento que deve ser observado, como as diferenças práticas que cada tipo de voto tem em relação ao conselheiro eleito. O que importa ressaltar é que, embora possa haver a cumulação dos procedimentos na mesma assembleia, não pode haver obviamente a cumulação dos dois tipos de voto para a mesma ação.

[1369] CVM. Consulta 3.649/2002. Dir. Rel. Luiz Antonio de Sampaio Campos. j. 16.04.2002.

12. Garantia do controlador de eleição da maioria dos membros do Conselho de Administração

Ana Frazão

O aumento de representantes dos acionistas minoritários no Conselho de Administração foi contrabalançado pela regra do art. 141, § 7º, incluída pela Lei nº 10.303/2011. O dispositivo assegurava, em sua redação originária, que a maioria dos cargos do Conselho de Administração seja eleita pelos controladores ou pelo grupo de acionistas vinculados por acordo de votos que detenha mais de 50% das ações votantes, sempre que a eleição se der pelo sistema do voto múltiplo e, cumulativamente, for exercida a faculdade de eleger membros em separado pelos acionistas minoritários titulares de ações ordinárias e/ou de ações preferenciais.

Com a Lei nº 14.195/2021, o dispositivo teve a sua redação alterada para assegurar a maioria do Conselho a acionista ou a grupo de acionistas vinculados por acordo de votos que detenham mais de 50% (cinquenta por cento) do total de votos conferidos pelas ações com direito a voto.

O exercício do direito previsto no art. 141, § 7º, independe do número de conselheiros que integram o conselho de administração. É dizer: a lei assegura ao controlador majoritário o direito de eleger a maioria dos membros do conselho, ainda que, para isso, seja ultrapassado o número de conselheiros previsto no estatuto social.

Suponha-se que, em determinada companhia, o conselho de administração seja composto por cinco conselheiros e que os acionistas minoritários tenham conseguido eleger um deles pelo sistema do voto múltiplo, enquanto o acionista controlador elegeu os outros dois. Imagine-se, ainda, que outros dois conselheiros foram eleitos por acionistas minoritários ordinários e preferencialistas, nos termos do § 4º. Nesse caso, o acionista controlador, por força do disposto no § 7º, terá o direito de eleger o mesmo número de conselheiros eleitos pelos acionistas minoritários mais um, ou seja, quatro (três mais um). No exemplo mencionado, em vez de cinco, o conselho de administração da companhia acabaria ficando com sete conselheiros.

A lei, portanto, procurou eliminar totalmente a hipótese, ainda que remota, de que os acionistas minoritários pudessem eleger a maioria dos membros que compõem o conselho de administração. Trata-se de evidente medida de salvaguarda do poder de controle, impedindo que a composição do conselho de administração venha a ser diversa daquela que sugere a proporção de participações societárias.

13. Estabilização do controle empresarial

Rodrigo R. Monteiro de Castro

O § 7º do art. 141 da LSA estabelece uma norma protetiva e estabilizadora do controle empresarial. Com efeito, caso se cumulem, na eleição do conselho de administração, o sistema de voto múltiplo e uma ou ambas as eleições em separado, será assegurado a acionista ou a grupo de acionistas vinculados por acordo de votos que detenham mais de 50% do total de votos conferidos pelas ações com direito a voto, o direito de eleger conselheiros em número igual ao dos eleitos pelos demais acionistas mais um; isto é, se os votos proferidos pelos demais elegerem 2 conselheiros, aquele acionista ou grupo de acionistas poderá eleger 3 membros para o conselho de administração.

Essa sistemática, estabelecedora do cálculo a partir do total de votos, advém da reforma introduzida pela Lei nº 14.195/2021, e decorre de admissão de voto plural, na forma no art. 110-A. Antes, o § 7º atribuía o direito ao acionista ou grupo de acionistas vinculados por acordo que detivesse mais de 50% das ações com direito de voto.

A prerrogativa de eleger a maioria dos membros que integrará o órgão independerá da quantidade de seus componentes, prevista no estatuto ou, em seu silêncio, no edital de convocação da assembleia geral.

A LSA pretende, assim, em qualquer situação que envolva eleições no âmbito do art. 141, manter a estabilidade da empresa e evitar, por consequência, uma instabilidade artificial entre os controles societário e empresarial.

Competência

Art. 142. Compete ao conselho de administração:

I – fixar a orientação geral dos negócios da companhia;

II – eleger e destituir os diretores da companhia e fixar-lhes as atribuições, observado o que a respeito dispuser o estatuto;

III – fiscalizar a gestão dos diretores, examinar, a qualquer tempo, os livros e papéis da companhia, solicitar informações sobre contratos celebrados ou em via de celebração, e quaisquer outros atos;

IV – convocar a assembleia-geral quando julgar conveniente, ou no caso do artigo 132;

V – manifestar-se sobre o relatório da administração e as contas da diretoria;

VI – manifestar-se previamente sobre atos ou contratos, quando o estatuto assim o exigir;

VII – deliberar, quando autorizado pelo estatuto, sobre a emissão de ações ou de bônus de subscrição; (Vide Lei 12.838, de 2013)

VIII – autorizar, se o estatuto não dispuser em contrário, a alienação de bens do ativo não circulante, a constituição de ônus reais e a prestação de garantias a obrigações de terceiros; (Redação dada pela Lei 11.941, de 2009)

IX – escolher e destituir os auditores independentes, se houver.

§ 1º Serão arquivadas no registro do comércio e publicadas as atas das reuniões do conselho de administração que contiverem deliberação destinada a produzir efeitos perante terceiros. (Redação dada pela Lei 10.303, de 2001)

§ 2º A escolha e a destituição do auditor independente ficará sujeita a veto, devidamente fundamentado, dos conselheiros eleitos na forma do art. 141, § 4º, se houver. (Incluído pela Lei 10.303, de 2001)

COMENTÁRIOS

1. Abrangência do art. 142

RODRIGO R. MONTEIRO DE CASTRO

O art. 139 determina que as atribuições e poderes conferidos por lei aos órgãos de administração não podem ser outorgados a qualquer outro órgão, criado por lei ou pelo estatuto. O conselho de administração não é essencial à companhia, exceto se ela for aberta, tiver capital autorizado ou for de economia mista – casos em que, de acordo com a LSA, a existência de referido órgão é obrigatória.

Assim, uma companhia *ordinária* pode criar conselho de administração, ou não, conforme dispuser o estatuto social. Em sua ausência, as matérias que lhe são atribuídas distribuem-se entre a assembleia geral e a diretoria. A distribuição pode estar prevista ou deverá ser feita casuisticamente, respeitando-se a natureza de cada tema.

Ao se criar o conselho de administração, as matérias que a lei atribui a ele não poderão ser delegadas. As atribuições não estão concentradas em apenas um artigo, apesar de o art. 142 trazer uma lista relativamente extensa de temas de sua competência.

Por outro lado, matérias que sejam atribuídas ao conselho de administração pelos acionistas, mediante previsão no estatuto social, não se inserem no regime de competência exclusiva, podendo ser redirecionadas a outro órgão, por meio de deliberação assemblear.

O estatuto social não precisa reafirmar as atribuições e poderes que a LSA confere a qualquer órgão. As normas são *autoaplicáveis*; o formalismo estatutário é redundante e desnecessário, portanto. Porém, é comum, especialmente nas companhias abertas ou nas fechadas com participação de acionistas institucionais, que se listem, expressamente, as matérias previstas no artigo.

A principal atribuição do conselho de administração consiste na fixação da orientação geral da companhia. A LSA não definiu o que seja essa atividade, mas ela envolve estratégia, investimento, financiamento, endividamento, expansão, parcerias, orçamento e outros aspectos relevantes. O estatuto social pode apresentar a expressão genérica da lei – o que é muito comum, resultado de um processo de cópia do texto legal – ou detalhar o seu conteúdo. A orientação geral alcança o curto, o médio e o longo prazos. A diretoria deverá se nortear por ela.

Estatutos sociais, redigidos com alguma sofisticação, atribuem ao conselho de administração, apesar do silêncio legislativo, a competência para aprovar o plano de negócios. Talvez se diga que o plano de negócios se insere na fixação de orientação geral, mas essa posição não se sustenta. A orientação geral envolve princípios, diretrizes e, conforme vocábulo empregado, a própria orientação. A planificação parte dela e da realidade fática da companhia para projetar ações e resultados futuros, de curto, médio ou longo prazos, a serem seguidos e implementados pela diretoria.

O plano de negócios oferece a moldura, dentro da qual, em princípio, os diretores terão liberdade para atuar e agir; fora dela, a assembleia geral e/ou o conselho de administração (se existente), conforme o caso, deverão ser convocados para deliberar sobre a situação específica.

A aprovação do plano de negócios não afasta, em princípio, a competência dos órgãos societários, devendo determinados atos passarem, previamente à sua implementação, por deliberação pelo órgão competente. Assim, autorizando-se no plano de negócios o endividamento genérico no ano de, por exemplo, cinquenta milhões de reais, e havendo previsão estatutária de que o conselho de administração deliberará a contratação de qualquer dívida superior a dez milhões de reais, ou de qualquer valor a partir do momento em que o endividamento da companhia atingir trinta milhões de reais, a diretoria deverá avaliar cada negócio que se pretenda realizar e, se não estiver dentro de sua alçada, submetê-lo, de forma específica, à aprovação do órgão colegiado.

A diretoria da companhia é eleita e destituída, a qualquer tempo, pelo conselho de administração. Na ausência desse órgão, a competência eletiva (e de destituição) será da assembleia geral.

A destituição não precisa ser justificada. É comum, no entanto, que constem de acordos de acionistas de companhias fechadas com capital distribuído entre grupos relevantes de interesse – em que se atribua, a um ou mais grupos, a prerrogativa de indicar, destituir ou substituir um ou mais diretores –, previsão de que os demais acionistas possam solicitar ou exigir a substituição de diretor, mediante justificativa. O acordo de acionistas também costuma regular o procedimento de formulação e processamento do pedido de substituição do respectivo diretor.

O quórum deliberativo no âmbito do conselho de administração é a maioria dos conselheiros presentes à reunião, mas o estatuto social pode dispor de modo diverso, tanto em relação ao colégio eleitoral (maioria de todos os membros do órgão, por exemplo), quanto no que toca à qualificação da matéria. A LSA não impede que se fixe a unanimidade. A fixação não afronta o princípio majoritário, pois qualificada livremente pelos acionistas. O que a LSA define são quóruns mínimos, e não inflexíveis, ou máximos (observado, é claro, o piso). Aliás, se o controlador admite se sujeitar à regra de unanimidade, via estatuto, não deveria a lei corrigir ou ampará-lo, em caso de arrependimento.

O inciso III atribui ao conselho de administração competência para fiscalizar a gestão dos diretores, examinar, a qualquer tempo, os livros e papeis da companhia, e solicitar informações sobre contratos celebrados ou em via de celebração e quaisquer outros atos.

A fiscalização, o exame e os demais atos mencionados no inciso devem ser exercidos de modo efetivo pelo órgão; a função não é decorativa ou formal. Conselheiros que não atuarem apropriadamente podem ser responsabilizados por suas ações ou omissões. Isso não os autoriza a agir de forma isolada. Suas demandas devem ser formuladas ao presidente do órgão e colocadas em deliberação. Eventual divergência deve ser consignada em ata ou em voto separado, para que possa registrar a posição divergente e, assim, reforçar, se o caso, o afastamento de sua responsabilização pessoal, de acordo com o regime previsto no art. 158 e parágrafos.

A diretoria deve respeitar a natureza do órgão e não pode privilegiar qualquer conselheiro. As demandas devem ser colegiadas e não isoladas. A atuação isolada de conselheiro é contrária à lei e passível de responsabilização, assim como também pode ser responsabilizado o diretor que se submeter às atuações ou formulações singulares de conselheiro (exceto no caso de o presidente do órgão, no âmbito de suas funções representativas, demandar à diretoria ou a diretor o cumprimento de determinação deliberada pelo conselho).

A existência de comitê executivo no âmbito do conselho de administração não abala essa construção, pois ele é o próprio órgão, e atua conforme os parâmetros estatutários ou nos limites estabelecidos pelo órgão, em sua formação. Trata-se de uma expressão orgânica reduzida, que não pode extrapolar a sua função. O comitê executivo, qualquer que seja o seu propósito, não delibera em nome ou não substitui a órgão pleno.

Aí se revela, aliás, a importância de se instituir um regimento interno para tratar de seus procedimentos. Não é permitida a introdução de novas competências ou a inserção de disposições contrárias à lei ou ao estatuto. Sua natureza é eminentemente procedimental.

A formalização de procedimentos contribui ao bom andamento das reuniões e evita divergências quanto às condutas que a mesa deve tomar, sobretudo em relação à convocação e à instalação, à condução dos trabalhos, ao tempo de debate e ordem de votação, às demandas de conselheiros ao presidente e à atuação colegiada.

A convocação da assembleia também se insere, como regra geral, na competência colegiada do órgão.

Porém, o estatuto social pode dispor de modo diverso, conforme previsto no art. 123. É comum, aliás, que se atribua poder convocatório ao presidente do órgão ou, em sua ausência, ao vice-presidente, para evitar tentativas de bloqueio ou para que se realize a convocação com a agilidade que a situação demande.

Ademais, verifica-se, com frequência, previsão estatutária – ou em acordo de acionistas – de que dois ou mais conselheiros possam convocar a assembleia geral – condicionada a convocação à demora ou à recusa do presidente em formalizar a convocação, ou até mesmo sem qualquer condição.

Essas regras não ferem a colegialidade, pois não implicam deliberações orgânicas, mas, apenas, meios para que elas se produzam.

Determinadas assembleias gerais devem ocorrer independentemente da vontade acionária ou administrativa. O art. 132 determina, nesse sentido, que anualmente, nos quatro primeiros meses seguintes ao término do exercício social, ocorra uma assembleia geral para deliberar matérias essenciais, como a aprovação (ou não) das contas dos administradores e das demonstrações financeiras relativas ao ano encerrado. Quando envolve um dever, o presidente pode, ou melhor, deve realizar a convocação, isoladamente – mesmo se houver previsão de deliberação colegiada para realização da convocação.

O inciso V atribui ao conselho de administração competência para manifestar-se sobre o relatório da administração e as contas da diretoria.

Após manifestação favorável, as contas tornam-se suas também, pois o órgão colegiado integra a administração. Aliás, a aprovação pela assembleia geral, sem reserva, das demonstrações financeiras e das contas, na forma do art. 134, § 3º, exonera diretores e conselheiros, pois ambos os grupos, nos termos da LSA, são administradores e se sujeitam a um mesmo regime básico de deveres. Essa lógica, inclusive, reforça a importância do papel do conselho de administração como órgão fiscalizador dos atos da diretoria, criando-se estímulos para que não ocorram negligências ou conivências no exame das demonstrações financeiras e contas, antes da submissão dos temas à assembleia geral.

Também compete ao órgão manifestar-se previamente sobre atos ou contratos, quando o estatuto assim o exigir. A ausência de manifestação prévia pode ser sanada por deliberação orgânica ratificadora, ocorrida, portanto, *a posteriori*. Os diretores que não submeterem os atos previstos no estatuto social ao conselho de administração – prévia ou posteriormente – violam a lei e o estatuto, na forma do art. 158, e podem ser demandados pelos prejuízos causados, conforme previsto no art. 159.

Quaisquer atos ou contratos, independentemente de natureza ou valor, podem ser listados entre os que devam ser submetidos ao conselho de administração. Porém, como o órgão é colegiado e sua convocação envolve a adoção de procedimentos que exigem tempo, recomenda-se que apenas matérias relevantes sejam deslocadas da esfera da diretoria. Aliás, não se deve confundir a função do conselho de administração com a da diretoria. Esta é, por definição, a responsável pela execução do objeto social, pela gestão cotidiana da empresa e pela representação da companhia, devendo gozar de autonomia, dentro de certos limites, para atuar.

Ao conselho de administração poderá ser atribuída competência estatutária para deliberar sobre emissão de ações. Trata-se de situação excepcional, admitida apenas às companhias que contenham capital autorizado, isto é, em cujos estatutos sociais se admita promover o aumento de capital social independentemente de reforma estatutária (dentro do limite do capital autorizado).

Além dessa hipótese, também poderá o conselho de administração deliberar sobre a emissão de bônus de subscrição, que são títulos negociáveis que conferem aos seus titulares direito de subscrever ações do capital social. A emissão de bônus de subscrição deve ser feita dentro do limite de capital autorizado, de modo que, inexistindo autorização estatutária, a companhia não poderá emiti-los, mesmo que todos os conselheiros – ou a totalidade dos acionistas – deliberem a favor.

O inciso VIII estabelece que a prática de determinados atos ou negócios, que não se inserem no curso normal dos negócios ou que possam afetar a empresa, devem ser aprovados pelo conselho de administração, se o estatuto não dispuser em contrário: a alienação de bens do ativo não circulante, a constituição de ônus reais e a prestação de garantias a obrigações de terceiros.

Bens do ativo não circulante englobam os ativos realizáveis a longo prazo, investimentos, e ativos imobilizados e intangíveis. Como são, em princípio, *instrumentos* de realização do objeto, e não se confundem com o *produto* a ser oferecido no mercado, sujeitam-se a um regime mais rígido de alienação. Protege-se, assim, o patrimônio social.

A constituição de ônus real, conquanto não implique, imediatamente, um ato de disposição ou de transferência, pode acarretar perda futura à companhia, se ela não encontrar meios para satisfazer seu credor. Daí a imposição de limites à atuação diretiva, que se submeterá, como regra, ao conselho de administração.

O conselho de administração também deverá aprovar a prestação de garantia a obrigações de terceiros. Poucas situações justificam essa conduta: por exemplo, em favor de um fornecedor relevante, que precisará se alavancar para atender a uma demanda da própria companhia, e que não tenha condições de oferecer as garantias exigidas pelo provedor de recursos. Em qualquer hipótese, garantias em favor de terceiros devem ser concedidas de modo realmente criterioso, pois estranhas ao objeto social.

Registra-se, por fim, que qualquer uma das três situações descritas no inciso VIII pode ser atribuída no estatuto social a outro órgão. Esta liberalidade está prevista no próprio inciso.

A nona e última competência prevista na lista constante do art. 142 é a escolha e a destituição de auditor independente, se houver. Apenas a companhia aberta deve ser auditada; as fechadas podem, mas não são obrigadas – apesar de as boas práticas de governação recomendarem tal expediente.

A realização de auditoria em companhia fechada não precisa estar prevista no estatuto. A diretoria pode determinar a realização, cabendo ao conselho de administração escolher o auditor independente. Também é lícita a deliberação da contratação pelo conselho de administração, independentemente de previsão estatutária, situação que obrigará a diretoria a promover a contratação. Em nenhuma hipótese o conselho de administração contratará de forma direta, limitando-se ao ato de escolha; essa competência é exclusiva da diretoria, que goza de prerrogativa privativa de representação da sociedade.

2. Competências privativas do Conselho de Administração

Ana Frazão

Nos incisos de I a V, o art. 142, da Lei nº 6.404/1976, trata das competências privativas do Conselho de Administração. Diante do delicado equilíbrio que a lei precisou encontrar entre as competências da Assembleia Geral, do Conselho de Administração e da diretoria, tem-se que, salvo nas hipóteses em que a própria lei admite disposição estatutária em contrário, as competências do Conselho são indelegáveis.

Como já se viu nos comentários aos arts. 140 e 141, da Lei nº 6.404/1976, o Conselho de Administração é órgão principalmente deliberativo, o que fica claro por várias das competências previstas no art. 142. Sob essa perspectiva, uma das mais importantes competências do Conselho de Administração é a de "fixar a orientação geral dos negócios da companhia" (inciso I). Com efeito, no sistema dualista, como já visto nos comentários ao art. 138, da Lei nº 6.404/1976, cabe ao Conselho de Administração uma função mais voltada para a orientação geral e a supervisão da companhia, enquanto que a diretoria cuida da gestão cotidiana da sociedade, inclusive a vinculando perante terceiros.

Por outro lado, é importante compreender que tal a orientação geral a ser estabelecida pelo Conselho é obviamente aquela que não invade a competência privativa da Assembleia Geral.

O Conselho de Administração também exerce a importante função de mediação entre os demais órgãos societários. No caso da Assembleia Geral, é da sua competência "convocar a assembléia-geral quando julgar conveniente, ou no caso do artigo 132" (inciso IV). Trata-se de competência importantíssima pois é por meio dela que o principal órgão da companhia – a Assembleia Geral – poderá funcionar.

O próprio inciso IV já deixa a entender que é obrigatória a convocação da assembleia geral ordinária. Entretanto, mesmo em relação às assembleias extraordinárias, a discricionariedade do Conselho é pautada e limitada pelo interesse da companhia. Daí a acertada observação de José Waldecy Lucena[1370] de que "Surgida a situação que somente pode ser resolvida em assembleia geral, impõe-se a sua convocação, respondendo os conselheiros por sua omissão."

No caso das relações com a Diretoria, as competências do Conselho são ainda maiores, pois lhe cabe (i) "eleger e destituir os diretores da companhia e fixar-lhes as atribuições, observado o que a respeito dispuser o estatuto" (inciso II), (ii) "fiscalizar a gestão dos diretores, examinar, a qualquer tempo, os livros e papéis da companhia, solicitar informações sobre contratos celebrados ou em via de celebração, e quaisquer outros atos" (inciso III) e (iii) "manifestar-se sobre o relatório da administração e as contas da diretoria" (inciso V).

Com isso, fica claro que o Conselho tem importante função de fiscalização e monitoramento

---

[1370] *Das sociedades anônimas* – comentários à lei (arts. 121 a 188). Rio de Janeiro: Renovar, 2009. v. 2. p. 322.

da Diretoria, caso em que se poderá cogitar tanto de culpa *in eligendo* como de culpa *in vigilando* caso falhe nessa missão. Tal questão será aprofundada ao se examinar o art. 153, da Lei nº 6.404/1976, e verificar os desdobramentos do dever de diligência sobre a referida responsabilidade dos membros do Conselho de Administração.

Por ora, adianta-se que o Superior Tribunal de Justiça[1371] já decidiu que "o exercício da fiscalização outorgada ao conselho de administração somente se dará a contento se os seus componentes tiverem condições de, agindo individualmente, fiscalizarem os atos da diretoria para, na presença de indícios de possível ilegalidade ou ato contrário aos interesses da sociedade, alçar à debate a questão perante o colegiado."

No mesmo sentido, já entendeu a CVM[1372] que "os membros do conselho de administração devem atuar de forma a exercer permanente vigilância evitando que ocorram ilegalidades e violações dentro da companhia (...)". Ainda sobre a CVM, vale ressaltar trecho do voto do Diretor Wladimir Castro, ao mostrar que a competência do Conselho de Administração de fiscalizar a diretoria não se coaduna com uma postura de passividade por parte dos conselheiros:[1373]

> Na verdade, os membros do conselho de administração devem diligenciar, no sentido de obter o conhecimento das matérias relevantes para a companhia, ao contrário do que se alega.
> Nota-se, portanto, que a postura de passividade que pretende o Defendente não se coaduna com o comando legal [art. 142, LSA], que impõe diligência e efetiva participação.
> Não se pode admitir a tese de que fiscalizar a Diretoria seja uma faculdade dos integrantes do Conselho de Administração, portanto, e não uma obrigação. O contrário não faria qualquer sentido, tanto para os acionistas, quanto para a companhia considerada em seu todo. Os conselheiros têm a obrigação de fiscalizar, e se não se empenharem em tal atividade, adotando uma postura negligente de *laissez faire*, podem a vir responsabilizados, nos termos da Lei. O fato de suas deliberações serem colegiadas está longe de lhes servir de escusa, para a sua omissão individualmente considerada. Se todos deliberarem algo que não seja do interesse da companhia,

em consequência, são responsáveis todos aqueles que participaram, referendando a deliberação, desde que não tenham manifestado a sua discordância no momento oportuno. Mas são responsáveis não apenas quando deliberarem em contrário aos interesses da companhia, como também quando deixarem de orientar a diretoria convenientemente, ou deixarem de fiscalizar a atuação dos diretores.

Em síntese, é inaceitável que os conselheiros aleguem desconhecer matérias de tamanha relevância para a companhia aberta, sob o argumento de não terem sido as mesmas levadas ao seu conhecimento. Compete-lhes diligenciar pela obtenção de tal conhecimento.

Por fim, trata o art. 142 da competência de "escolher e destituir os auditores independentes, se houver" (inciso IX), motivo pelo qual está adstrita às hipóteses em que os auditores independentes existirem e, ainda assim, está sujeita ao veto previsto no § 2º, segundo o qual "A escolha e a destituição do auditor independente ficará sujeita a veto, devidamente fundamentado, dos conselheiros eleitos na forma do art. 141, § 4º, se houver."

Aspecto interessante das deliberações do Conselho de Administração é que tanto poderão ter efeitos apenas internos, como também efeitos externos. Por essa razão, o § 1º determina que "Serão arquivadas no registro do comércio e publicadas as atas das reuniões do conselho de administração que contiverem deliberação destinada a produzir efeitos perante terceiros."

3. Competências não privativas do Conselho de Administração

Ana Frazão

No tocante aos incisos VI a VIII, do art. 142, da Lei nº 6.404/1976, não se está diante de competências privativas do Conselho, uma vez que cabe ao estatuto exigir ou autorizar a deliberação do órgão, como fica claro pelas competências de (i) "manifestar-se previamente sobre atos ou contratos, quando o estatuto assim o exigir" (inciso VI), (ii) "deliberar, quando autorizado pelo estatuto, sobre a emissão de ações ou de bônus de subscrição" (inciso VII) e (iii) "autorizar, se o estatuto não dispuser em contrário, a alienação de bens do ativo não circulante, a constituição de

---

[1371] STJ. REsp 512.418/SP. Rel. Min. Nancy Andrighi. 3ª T. j. 04.12.2004.
[1372] CVM. Processo Administrativo 2007/4476/RJ. Rel. Dir. Eli Loria. j. 12.03.2008.
[1373] CVM. Inquérito Administrativo 12/97. Rel. Dir. Wladimir Castelo Branco Castro. j. 07.12.2000.

ônus reais e a prestação de garantias a obrigações de terceiros" (inciso VIII).

Todavia, uma vez exigida a autorização do Conselho, é inequívoco que a deliberação não pode ser tomada sem observância desse requisito, sob pena da responsabilização pessoal dos diretores omissos, como bem explica José Waldecy Lucena:[1374]

> Pergunta-se se omitida a consulta prévia ao conselho e praticado o ato, pode este ser, ao depois, ratificado pelo conselho. Entendemos que sim, mas os diretores omissos devem responder pelos prejuízos eventualmente causados no período em que persistiu a irregularidade. (...) Se até as assembleias gerais podem ser sanadas, por que não no seriam negócios jurídicos legítimos, apenas dependentes de uma aprovação do conselho? Tanto é isso verdade que a falta dessa aprovação jamais poderá prejudicar terceiros de boa-fé.

Por fim, cumpre ressaltar que a Lei nº 12.431/2011 modificou a redação do § 1º, do art. 59, da Lei nº 6.404/1976, para o fim de autorizar o Conselho de Administração de companhias abertas a deliberar sobre emissão de debêntures não conversíveis em ações, salvo disposição estatutária em contrário.

4. Formação da vontade coletiva e responsabilidade individual dos conselheiros

Ana Frazão

Sendo um órgão colegiado, a vontade da companhia manifestada pelo Conselho de Administração é aquela decorrente da maioria dos presentes, salvo se *quorum* qualificado for previsto para matérias específicas.

Não obstante, a responsabilidade dos conselheiros, como se examinará melhor nos comentários aos arts. 158 e 159, da Lei nº 6.404/1976, é individual, motivo pelo qual é importante que o conselheiro que divergir faça constar a sua posição contrária, bem como as razões respectivas, da ata da reunião do Conselho que deliberou em determinado sentido.

Como bem aponta Modesto Carvalhosa,[1375] "Os conselheiros, como já se ressaltou, têm direito de exigir que conste da ata seu voto e sua dissidência, para efeito, inclusive, de eximir-se da responsabilidade pelas deliberações tomadas (art. 158)." Prossegue o autor,[1376] afirmando que "Se houver recusa da maioria em lançar, na ata, o voto em seu inteiro teor, caberá ao conselheiro comunicar a sua dissidência à diretoria, à assembleia geral e ao conselho fiscal."

5. A função de supervisão do Conselho de Administração na atualidade

Ana Frazão

Embora a função de supervisão do Conselho de Administração seja claramente inferida das competências do art. 142, da Lei nº 6.404/1976, sempre houve muitas controvérsias sobre o grau e a extensão em que tais obrigações poderiam ser exigidas dos conselheiros.

Na atualidade, entretanto, diante das discussões sobre a importância dos programas de integridade e do comprometimento da alta administração para a eficácia destes, o tema foi redescoberto, abrindo-se inúmeros questionamentos a respeito do papel e das competências dos conselheiros.

Tal questão será mais bem apreciada nos comentários ao art. 153, da Lei nº 6.404/1976, quando se demonstrará que o dever de diligência dos administradores envolve hoje uma importante dimensão organizacional, que se projeta diretamente sobre as competências dos membros do Conselho de Administração.

Daí por que, longe de ser mero órgão deliberativo sobre a orientação geral dos negócios da companhia, o Conselho de Administração passou a ganhar protagonismo na criação e manutenção de soluções organizacionais que sejam compatíveis com os riscos da atividade da companhia, bem como com a consolidação de mecanismos eficientes de monitoramento e controle.

6. Veto à escolha e à destituição de auditor independente

Rodrigo R. Monteiro de Castro

O § 2º do art. 142 estabelece que os conselheiros eleitos na forma do art. 141, § 4º, se o caso, poderão vetar, fundamentadamente, a escolha e a

---

[1374] *Das sociedades anônimas* – comentários à lei (arts. 121 a 188). Rio de Janeiro: Renovar, 2009. v. 2. p. 323.

[1375] *Comentários à lei de sociedades anônimas*. Artigos 75 a 137. São Paulo: Saraiva, 2014. v. 3. p. 232.

[1376] *Comentários à lei de sociedades anônimas*. Artigos 75 a 137. São Paulo: Saraiva, 2014. v. 3. p. 232.

destituição do auditor independente. Tais conselheiros são eleitos por determinadas minorias, em votação em separado na assembleia, excluído o acionista controlador.

A norma é injustificável. Os acionistas minoritários já ostentam o direito de, separadamente, indicar conselheiro; e os seus eleitos deveriam se sujeitar à formação da vontade orgânica, em todas as deliberações. A opção pelo veto rompe, portanto, com o princípio majoritário, estabilizador do direito societário.

7. Publicação de atas

Rodrigo R. Monteiro de Castro

De acordo com o § 1º do art. 142, apenas as atas das reuniões que contiverem deliberação destinada a produzir efeitos perante terceiros devem ser arquivadas no registro público de empresas mercantis e publicadas na imprensa. A análise deve ser feita pelo presidente do conselho de administração. Qualquer conselheiro poderá consignar eventual divergência em ata ou, quando sumária, em instrumento apartado. A recusa indevida ou injustificada de promover a publicidade sujeitará o presidente à responsabilização e à reparação dos danos causados pela sua conduta, na forma da lei.

A ata poderá ser lavrada em forma de sumário, aplicando-se, exceto naquilo que for incompatível, o disposto no art. 130; assim, a mesa da reunião não pode deixar de receber e autenticar declarações de voto ou de dissidências.

Publicadas ou não, as atas devem ser lavradas no livro de "Atas das Reunião do Conselho de Administração". Compete à diretoria da companhia, e não ao conselho de administração, providenciar o arquivamento e a publicação, quando o caso.

SEÇÃO II
DIRETORIA

Composição

Art. 143. A Diretoria será composta por 1 (um) ou mais membros eleitos e destituíveis a qualquer tempo pelo conselho de administração ou, se inexistente, pela assembleia geral, e o estatuto estabelecerá:

I – o número de diretores, ou o máximo e o mínimo permitidos;

II – o modo de sua substituição;

III – o prazo de gestão, que não será superior a 3 (três) anos, permitida a reeleição;

IV – as atribuições e poderes de cada diretor.

§ 1º Os membros do conselho de administração, até o máximo de 1/3 (um terço), poderão ser eleitos para cargos de diretores.

§ 2º O estatuto pode estabelecer que determinadas decisões, de competência dos diretores, sejam tomadas em reunião da diretoria.

COMENTÁRIOS

1. Representação e *presentação*

Rodrigo R. Monteiro de Castro

A diretoria é o órgão vital da companhia; sem ele, a sociedade resta inanimada. Até o advento da Lei Complementar nº 182/2021, o órgão deveria ser composto por pelo menos dois membros – denominados diretores –, sendo vedada a composição singular; desde então, passou-se a admitir a composição por um ou mais membros.

Os diretores não são entidades distintas ou meramente representativas da companhia; eles integram o órgão diretivo (e vital) e, em consequência, a própria companhia. Quando se manifestam, de modo isolado ou em conjunto, externam posições ou vontades da companhia de que fazem parte organicamente, e não posições ou vontades próprias. Dispõem os diretores, assim, de poderes de *presentação*, conforme lição de Pontes de Miranda,[1377] os quais não se confundem com a representação.

Se fossem representantes, praticariam atos em nome de outrem, conforme se extrai dos arts. 115 e ss. do CC. Com efeito, o art. 116 do CC estabelece que a manifestação de vontade pelo representante, nos limites de seus poderes, produz efeitos em relação ao representado. A configuração do tipo pressupõe a existência de pessoas distintas, vinculadas pela representatividade: uma delas escolhida pela outra para entabular negócio jurídico pela e no interesse da outorgante.

Essa descrição não se compreende no exercício das funções de diretor de companhia: pessoa natural que, em sua atuação puramente orgânica, não expressa a sua vontade ou de terceiro, mas da companhia de que faz as vezes de órgão. Ele, como órgão, é a própria companhia.

[1377] PONTES DE MIRANDA, Francisco Cavalcanti. *Tratado de direito privado*: parte especial. São Paulo: RT. t. L. p. 412.

Inexiste, pois, relação de representação/representado. Daí falar-se, com correção, que atua como *presentante*.

O tema, de todo modo, será tratado com maior detalhamento nos comentários ao artigo seguinte.

2. Pluralidade e determinação funcional

RODRIGO R. MONTEIRO DE CASTRO

A LSA exigia, antes da Lei Complementar nº 182/2021, a composição plural: dois membros, ao menos. A pluralidade caiu e, enfim, a diretoria poderá ser composta por apenas um diretor. Não há, por outro lado, limite. O número poderá ser fixado livremente no estatuto.

Ao contrário do conselho de administração, que é órgão de deliberação colegiada, os diretores de companhia atuam, em regra, de modo isolado e autônomo, dentro de suas atribuições. No silêncio estatutário, competirão a qualquer diretor, nos termos do art. 144, a representação e a prática dos atos necessários ao funcionamento regular da companhia.

A colegialidade, no entanto, poderá ser determinada pelo estatuto para uma, determinadas ou todas as matérias.

Como apontado acima, por se tratar de órgão essencial e de existência obrigatória, deverá ser composto por pelo menos um membro; mas a LSA não se preocupa com o número máximo. Diante do silêncio legislativo, o estatuto social pode prever quantidade determinada – três diretores, por exemplo – ou determinável – *até cinco diretores*, como outro exemplo. Também, pode ser indicado apenas o número mínimo, de um ou dois, hipoteticamente, sem precisar o máximo, caso em que caberá à assembleia geral ou ao conselho de administração, conforme o caso, determiná-lo.

Nessa hipótese, o órgão competente elegerá o número que julgar necessário em função da conjuntura da companhia e poderá, a qualquer momento, ampliar ou reduzir o número de diretores após a eleição e a posse de determinada composição diretiva.

3. Composição da diretoria

ANA FRAZÃO

De acordo com a redação originária do art. 143 da Lei nº 6.404/1976, a companhia precisava ter pelo menos dois diretores, que seriam escolhidos pelo Conselho de Administração, quando ele existisse (Lei nº 6.404/1976, art. 142, II) ou pela Assembleia Geral. A partir da Lei Complementar nº 182/2021, que instituiu o marco legal das *startups* e do empreendedorismo inovador, esse número foi reduzido para um diretor, a fim de simplificar a gestão das companhias e tornar o seu modelo mais acessível para os pequenos e médios empreendimentos.

Cabe ao estatuto estabelecer (i) o número de diretores, ou o máximo e o mínimo permitidos (inciso I); (ii) o modo de sua substituição (inciso II); (iii) o prazo de gestão, que não será superior a 3 (três) anos, permitida a reeleição (inciso III) e (iv) as atribuições e poderes de cada diretor (inciso IV).

Como se pode observar, a lei confere considerável autonomia para que os estatutos possam tratar da matéria, embora imponha alguns requisitos mínimos,[1378] como o prazo máximo do mandato dos diretores, que será de três anos, ainda que permitida a reeleição, da mesma forma como a lei previu em relação aos membros do Conselho de Administração (Lei nº 6.404/1976, art. 140, III). Como a lei não restringiu a possibilidade de reeleição, entende-se que ela poderá ocorrer sem qualquer limite máximo.

É importante destacar que o regular funcionamento dos órgãos administrativos é fundamental para as companhias, motivo pelo qual todas as precauções devem ser tomadas para evitar tumultos ou dificuldades no preenchimento e nas substituições dos cargos ou a indesejável situação em que a companhia fique acéfala em razão de cargos administrativos não ocupados. Logo, dentro do espaço autorizado pela lei, é importante que os estatutos tratem de forma cuidadosa de todos os aspectos relacionados ao assunto, tais como a suplência, eleição ou indicação, renúncia, dentre inúmeras outros.

[1378] Antes da Lei Complementar nº 182/2021, um dos requisitos era o mínimo de dois diretores. Vale ressaltar trecho do voto da relatora no Processo Administrativo 2013/11706/RJ (CVM. Rel. Dir. Ana Dolores Moura Carneiro de Novaes. j. 27.05.2014): "Ao contrário do alegado pelo defendente em sua manifestação prévia o art. 144 da Lei nº 6.404/1976 trata apenas da competência para representação da companhia. Nem este nem qualquer outro dispositivo legal excepciona a previsão de que a diretoria será composta por, no mínimo, dois diretores. Essa regra é objetiva e deve ser cumprida por todas as companhias estejam elas em situação falimentar ou em dificuldades administrativas e financeiras. Assim, entendo que houve infração ao art. 143 *caput* da Lei nº 6.404/1976."

Sobre a composição, o § 1º, do art. 143, prevê que "Os membros do conselho de administração, até o máximo de 1/3 (um terço), poderão ser eleitos para cargos de diretores." Com isso, a lei mostra que precisa haver alguma separação entre os dois órgãos administrativos, ainda que ela não precise ser absoluta. Afinal, já se viu, nos comentários ao art. 142, da Lei nº 6.404/1976, que uma das importantes funções do Conselho de Administração é fiscalizar a diretoria, competência que ficaria esvaziada se pudesse haver a acumulação de cargos sem qualquer restrição.

Como já se viu nos comentários ao art. 138 da Lei nº 6.404/76, a Lei nº 14.195/2021 incluiu o § 3º no mencionado artigo, para o fim de vedar, nas companhias abertas, a acumulação do cargo de presidente do conselho de administração e do cargo de diretor-presidente ou de principal executivo da companhia.

De toda sorte, a lei considera que, assegurando que pelo menos 2/3 dos conselheiros não serão diretores, terão condições de ter a independência necessária para fiscalizar a ação destes últimos. Todavia, essa solução é considerada inadequada por muitos doutrinadores, inclusive sob a perspectiva do direito comparado, como se observa pela lição de Modesto Carvalhosa:[1379]

> Essa solução, no entanto, traz óbvios inconvenientes. O primeiro é o de desencorajar a profissionalização da diretoria em face da presença, entre os diretores, de grandes acionistas que advêm do terço do conselho. O segundo é o de criar um conflito entre o controle da legalidade e da legitimidade que deve ser exercido pelo conselho sobre os diretores e a presença de diretores-conselheiros no seu meio.
> O terceiro inconveniente é que a diretoria, em determinadas hipóteses, poderá ser composta apenas de conselheiros, como será o caso de um conselho de Administração com seis membros e uma diretoria de apenas dois.
> Serão, como referido, os conselheiros insiders que, mercê de sua vivência profissional na Administração da companhia, poderão orientar os conselheiros outsiders, ou seja, os que apenas integram o conselho, sem participar da diretoria.

A situação é ainda mais delicada quando é o próprio controlador ou alguém do bloco de controle que acumula as funções de conselheiro e diretor, caso em que uma boa parte da gestão fica concentrada em uma só pessoa, sem que a separação funcional entre controlador e administração e entre Conselho e diretoria seja observada, inclusive naquilo em que se preocupa em distribuir melhor o poder na companhia e criar mecanismos de controle e supervisão recíprocos.

Vale ressaltar que a Lei nº 14.195/2021, ao impedir tão somente a cumulação do cargo de presidente do conselho de administração com o de principal executivo da companhia, e mesmo assim, tão somente para companhias abertas, não impede que o controlador possa ser simultaneamente membro do conselho e diretor, mesmo em companhias abertas, desde que respeite a vedação específica do § 3º do art. 138 da Lei nº 6.404/1976.

De toda sorte, caso aconteça a acumulação dos cargos administrativos, é inequívoco que haverá igualmente a acumulação das responsabilidades inerentes a cada um deles, bem como que o conselheiro não poderá votar na aprovação das suas próprias contas como diretor ou na avaliação de suas condutas ou performance, por manifesto conflito de interesses.[1380]

As regras de destituição de cada cargo também continuarão a ser individualizadas, como explica José Waldecy Lucena:[1381]

> Pergunta-se se destituído o conselheiro de seu cargo pela assembleia, perderá ele também o cargo de diretor, sendo a resposta negativa, eis que somente o conselho de administração tem competência para a destituição.
> O mesmo ocorre com a situação inversa. Se o conselho de administração destituir o conselheiro do cargo de diretor, somente a assembleia geral poderá destitui-lo do cargo

---

[1379] *Comentários à Lei de Sociedades Anônimas*. Artigos 75 a 137. 6. ed. rev. e atual. São Paulo: Saraiva, 2014. p. 247-248.

[1380] Para Modesto Carvalhosa (*Comentários à lei de sociedades anônimas*. Artigos 75 a 137. 6. ed. rev. e atual. São Paulo: Saraiva, 2014. p. 249), "O único impedimento que terão os diretores-conselheiros refere-se à aprovação das contas da diretoria". Já José Waldecy Lucena (*Das sociedades anônimas – comentários à lei (arts. 121 a 188)*. Rio de Janeiro: Renovar, 2009. v. 2. p. 343-344) considera que "o conselheiro não poderá votar as matérias relativas ao cargo de diretor, concomitantemente exercido, em que há nítido interesse pessoal, como sua própria eleição para diretor, sua eventual destituição do cargo e a aprovação das contas da diretoria."

[1381] *Das sociedades anônimas* – comentários à lei (arts. 121 a 188). Rio de Janeiro: Renovar, 2009. v. 2. p. 343.

de conselheiro, já que o conselho não tem competência para destituir os seus próprios membros.

4. Competência da diretoria

ANA FRAZÃO

No que diz respeito à repartição de competências administrativas que é típica dos sistemas dualistas, havendo Conselho de Administração, enquanto este fica com as orientações gerais sobre os negócios (Lei nº 6.404/1976, art. 142, I), a diretoria fica com a gestão ordinária e a representação da companhia, como se observa pelo art. 144, segundo o qual "No silêncio do estatuto e inexistindo deliberação do conselho de administração (artigo 142, n. II e § único), competirão a qualquer diretor a representação da companhia e a prática dos atos necessários ao seu funcionamento regular."

Na prática, não havendo Conselho de Administração, todas as competências administrativas serão dos diretores. Na presença do Conselho de Administração, a repartição de competências em relação à diretoria é bastante nítida, já tendo sido reafirmada pelo Superior Tribunal de Justiça em julgado assim ementado[1382]:

(...)
1. Embora no conceito de administração da sociedade anônima se possa incluir a diretoria e o conselho de administração, apenas os diretores são representantes da sociedade, nos termos do art. 138, § 1º, parte final, da Lei 6.404/76, sujeitos às restrições de ordem pessoal, insculpidas nos arts. 34, 35 e 37 da Lei de Falência anterior (DL 7.661/45).

2. Enquanto a diretoria da sociedade anônima, composta por, no mínimo, dois diretores, é, por essência, órgão de representação e administração, através do qual atua a sociedade, praticando os atos da vida civil, celebrando contratos, formalizando negócios diversos, o Conselho de Administração, composto por, no mínimo, três membros, é órgão puramente deliberativo. Assim, enquanto a diretoria pode atuar de forma colegiada ou individual, agindo conjuntamente ou através de cada diretor representando a sociedade, o conselho de administração somente se manifesta validamente por deliberação coletiva,

sendo, normalmente, inviável que conselheiro, nessa condição, represente individualmente a companhia ou se confunda com o próprio conselho.

3. Portanto, o membro de conselho de administração não é representante legal de sociedade anônima e a ele não se aplica, em regra, a norma do art. 37 da antiga Lei de Falência, salvo se, por cláusula estatutária ou por ter de fato extrapolado as funções meramente deliberativas do conselho, tiver se envolvido na administração da companhia. (...).

Como regra, os diretores têm competências distintas e agem individualmente, até para tornar mais fácil o exercício do seu cargo. Entretanto, o § 2º dispõe que "O estatuto pode estabelecer que determinadas decisões, de competência dos diretores, sejam tomadas em reunião da diretoria."

O próprio parágrafo confirma que a regra deve ser a ação individual de cada diretor, ao subordinar a reunião de diretoria à previsão estatutária e, mesmo assim, para determinadas decisões.

5. Descrição funcional

RODRIGO R. MONTEIRO DE CASTRO

Os diretores podem ter cargo específico ou genérico. Na primeira situação, o estatuto designará cada diretoria e descreverá as suas atribuições. Na outra, silenciará em relação ao tema, caso em que se aplicará o disposto no art. 144.

Se as funções orgânicas não forem precisas ou se o estatuto apenas fixar os números mínimo e máximo de diretores, a assembleia geral ou o conselho de administração, conforme o caso, poderá, no ato eletivo, determinar as funções. Trata-se, aliás, de medida prudente, para evitar a imputação de responsabilidade por atos que não estejam sob a alçada do diretor.

Anote-se, nesse sentido, que o art. 158 afasta a responsabilidade pessoal do diretor pelas obrigações que contrair para a companhia em virtude de atos regulares de gestão, não respondendo por eventuais prejuízos, desde que não tenha agido com (i) culpa ou dolo ou (ii) violação da lei ou do estatuto.

Daí a relevância, sobretudo para quem exerce cargo de direção, de clareza em relação às funções a serem exercidas no âmbito da atuação profissional.

[1382] STJ. REsp 410.752-SP. Rel. Min. Raul Araújo. 4ª T. j. 26.02.2013.

6. Eleição e destituição

Rodrigo R. Monteiro de Castro

A diretoria é eleita pelo conselho de administração, se existente, ou pela assembleia geral, no caso de ausência do conselho. O prazo de *gestão* deve ser previsto no estatuto social, limitado a três anos. Qualquer número igual ou inferior é admitido.

O diretor eleito não se apropria do mandato; ele se torna órgão, apenas. Por isso, pode ser destituído a qualquer tempo pelo órgão que o elegeu. Há uma exceção, porém: caso a eleição tenha sido realizada pela assembleia geral e, após a posse, a companhia adote o sistema dualista, com a criação do conselho de administração, a competência para destituição será do novo órgão (isto é, do conselho). A assembleia geral não reterá a prerrogativa pelo fato da eleição originária.

Operada a destituição, o cargo vago será preenchido por outra pessoa para completar o prazo de gestão, na forma do art. 150, podendo o estatuto prever, no entanto, que se promoverá a eleição para um novo prazo de gestão. Na prática, costuma-se estabelecer, de modo formal, em estatuto ou acordo de acionistas, a primeira opção.

Porém, se o estatuto exigir a unificação dos prazos de gestão de todos os diretores – vetando, assim, a eleição alternada –, somente será admitido o preenchimento pelo prazo que restar.

Ademais, se o estatuto social não exigir número mínimo de diretores ou o preenchimento imediato do cargo vacante, o órgão competente poderá optar por mantê-lo vago.

7. Renúncia do diretor

Rodrigo R. Monteiro de Castro

Assim como pode ser destituído a qualquer tempo, sem justificativa, o diretor também pode renunciar a qualquer tempo. Trata-se de ato unilateral que não depende de aceitação da companhia ou forma especial de manifestação da vontade.

A renúncia se opera no momento do recebimento do termo de renúncia (art. 151) ou de sua anunciação, consignada em ata, se formulada por via oral.

O conselho de administração ou a assembleia geral, conforme o caso, deverá, em qualquer hipótese, consignar o fato, apontando a data da ocorrência. Esse formalismo é importante para delimitar o período da gestão e o âmbito da responsabilidade do renunciante.

8. Reeleição do diretor e cumulação de cargo

Rodrigo R. Monteiro de Castro

Diretores podem ser reeleitos para mandatos sucessivos, sem qualquer limitação. Apesar de a LSA tratar do tema no singular ("permitida a reeleição"), não há vedação para que se promovam eleições (ou reeleições) sucessivas – a não ser que o estatuto expressamente proíba. O diretor pode ser eleito para o mesmo cargo, tratando-se, tecnicamente, de uma reeleição, ou para outros cargos, hipótese que deverá ser considerada como uma nova eleição.

O § 1º do art. 143 determina que conselheiros, até um terço de seus membros, poderão ser eleitos para cargos de diretoria. O propósito é evitar que o conselho de administração deixe de exercer suas atribuições, dentre as quais a fixação da orientação geral, a fiscalização da gestão e o exame de livros e documentos, pela coincidência compositiva, ou, sob outro ângulo, evitar a dominação, conflituosa ou não, do órgão colegiado pela diretoria.

A norma alcança, assim, eleições invertidas, não expressamente mencionadas no artigo, em que membros da diretoria são indicados e eleitos, pelo conselho de administração, para compor o próprio órgão. Nessa hipótese se atingiria, se admitida, o resultado proibido pela LSA, por caminhos oblíquos.

Em qualquer situação, portanto, o limite de um terço haverá de ser observado.

Assim, eventual indicação de diretor para cargo no conselho de administração deverá ser precedida da verificação do parâmetro legislativo. Se já tiver sido atingido, a eleição dependerá de prévia renúncia ou destituição de outro conselheiro que integre a diretoria.

A estipulação não pode ser afastada pela vontade dos conselheiros ou dos acionistas, conforme o caso, mesmo que deliberem por unanimidade. A ata da assembleia geral ou da reunião do conselho de administração que contiver deliberação que resulte em composição proibida pelo § 1º não poderá ser arquivada no registro público de empresas mercantis, por conta de violação do texto legal.

Anota-se, por fim, que, conforme o § 3º do art. 138, com redação introduzida pela Lei nº 14.195/2021, veda-se, na companhia aberta, a acumulação do cargo de presidente do conselho de administração e do cargo de diretor-presidente ou de principal executivo.

> **Representação**
>
> **Art. 144.** No silêncio do estatuto e inexistindo deliberação do conselho de administração (artigo 142, n. II e parágrafo único), competirão a qualquer diretor a representação da companhia e a prática dos atos necessários ao seu funcionamento regular.
>
> **Parágrafo único.** Nos limites de suas atribuições e poderes, é lícito aos diretores constituir mandatários da companhia, devendo ser especificados no instrumento os atos ou operações que poderão praticar e a duração do mandato, que, no caso de mandato judicial, poderá ser por prazo indeterminado.

COMENTÁRIOS

1. A necessária distinção entre representação e presentação

Rodrigo R. Monteiro de Castro

A LSA é um diploma elogiável pela sua qualidade técnico-jurídica e pelo preciso emprego vocabular. Há poucos equívocos, no entanto, e um deles se revela no art. 144.

A companhia pode ser representada por terceiros, na forma de seu estatuto social. É comum que empregados, sujeitos ao regime celetista, a representem em atos ordinários ou na celebração de determinados contratos. Advogados também cumprem a função representativa em processos judiciais. Nesses casos, e em tantos outros não mencionados, o representante é uma pessoa estranha ao representado, que manifestará vontade que não é a sua.

Por outro lado, o diretor de companhia integra o organismo societário; ele é órgão dela, e não um ente estranho, exterior. Sendo órgão, não expressa vontade de terceiro – ou a sua –, mas da própria companhia.

Assim como os órgãos do corpo humano, que não têm independência e não agem isoladamente, a diretoria, no âmbito da companhia, deve ser compreendida, *mutatis mutandis*, da mesma forma: como parte de um organismo (a sociedade). Realça-se, porém, que sua existência decorre da necessidade de criação de órgão com aptidão para viabilizar o cumprimento da finalidade da social. Atribuiu-se, assim, à diretoria o poder relacional; é por meio dela, de sua atuação, que a companhia exerce direitos e assume obrigações.

Aliás, a concepção da pessoa jurídica, que não tem matéria ou forma, mesmo com a existência formal de órgão com função diretorial, esbarrou na impossibilidade fática de estabelecimento de relações internas ou externas sem a intervenção de alguma pessoa natural. Daí a previsão de que os órgãos societários sejam integrados por pessoas dessa natureza. A integração as reconhece, no plano jurídico-societário, como *elo* entre a companhia e o mundo.

O rigor dessa arquitetura levou à proibição da indicação de pessoa jurídica para exercer cargo de diretoria, ou seja, de fazer parte de órgão da companhia. Com isso, uma pessoa jurídica não pode ser órgão de outra; essa função, no direito societário brasileiro, é privativa de pessoa natural.

2. Competência da diretoria

Ana Frazão

Como já se viu nos comentários ao art. 143, da Lei nº 6.404/1976, cabe à Diretoria a prática dos atos de gestão regular da companhia e também a sua representação, ou seja, a sua vinculação perante terceiros. Na verdade, o que os diretores fazem é presentar a companhia, como já se explicou nos comentários ao art. 138, da Lei nº 6.404/1976. Com efeito, não há outra vontade da companhia senão aquela que é externada por meio de seus órgãos, como é o caso dos diretores.

Segundo o art. 144, da Lei nº 6.404/1976, no silêncio do estatuto, qualquer diretor pode representar a companhia e praticar os atos necessários ao seu funcionamento regular. Entretanto, é comum que os estatutos criem diretorias distintas, com competências próprias.

Mais controverso é saber como deve ser interpretada a expressão "inexistindo deliberação do conselho de administração" constante do caput do art. 144, da Lei nº 6.404/1976, uma vez que há farta doutrina no sentido de que cabe ao estatuto fazer a atribuição de competências, cabendo ao Conselho de Administração tão somente regulamentar as disposições estatutárias.[1383] Assim, no silêncio do estatuto, deve prevalecer a regra

---

[1383] Para Modesto Carvalhosa (*Comentários à Lei de sociedades anônimas*. Artigos 75 a 137. 6. ed. rev. e atual. São Paulo: Saraiva, 2014. p. 252), a deliberação do Conselho de Administração está condicionada à regulamentação das funções

geral do art. 144, da Lei nº 6.404/1976, segundo a qual cabem aos diretores todos os atos de gestão regular da companhia, bem como a sua representação.

Já se viu também, nos comentários ao art. 143, § 2º, da Lei nº 6.404/1976, que, embora seja possível que a diretoria funcione como um colegiado, trata-se de possibilidade excepcional, que precisa estar prevista no estatuto.

3. Teoria do *ultra vires*

ANA FRAZÃO

Segundo a teoria do *ultra vires*, criada na Inglaterra na segunda metade do século XIX, a pessoa jurídica não responderia pelos atos dos administradores que extravasassem o objeto social.[1384] Em decorrência, tal teoria possibilitava a responsabilização pessoal e direta dos administradores perante terceiros sempre que os primeiros violassem o objeto social, pensamento que teve influência igualmente no direito norte-americano, embora sem o radicalismo do direito inglês,[1385] em que tal teoria teve reconhecimento até o final do século XX.[1386]

No Brasil, tal teoria já estava em declínio no final do século XX, diante da necessidade de se proteger terceiros de boa-fé. Assim, foi ganhando força a teoria da aparência, segundo a qual a pessoa jurídica estaria vinculada mesmo quando o administrador estivesse agindo fora do objeto social desde que o terceiro não soubesse e não tivesse porque saber da referida violação.

Tal posição está bem retratada na lição de Modesto Carvalhosa,[1387] segundo o qual, quando a sociedade pratica atos ou exerce atividades não previstas no seu objeto social, será ela responsável perante aqueles de boa-fé que sofreram os respectivos danos.

Como se pode observar, tal posição é a mais consentânea não somente com a boa-fé, mas também com a alocação de riscos inerente à constituição de uma sociedade por ações. Se é a sociedade que escolhe os administradores, nada mais razoável do que suporte, como regra, os ônus dos excessos destes, até porque tem diversos meios para resolver o problema, que vão da destituição

---

dos diretores previamente estabelecidas pelo estatuto, como se observa pela transcrição a seguir: "Ora, o inciso II do art. 142 não dá poderes ao conselho para tanto; apenas permite que este fixe "as atribuições" dos diretores, "observado o que a respeito dispuser o estatuto". O conselho, portanto, tem apenas competência para regulamentar as funções de cada diretor, discriminadas no estatuto. Não pode esse órgão suprir a eventual omissão do estatuto quanto à matéria. (...) Fica, portanto, esclarecido que, no silêncio do estatuto, competirá a qualquer diretor a representação da companhia e a prática dos atos necessários ao seu funcionamento regular, não prevalecendo, na hipótese, qualquer deliberação discriminatória do conselho de administração com vistas a suprir a omissão estatutária." No mesmo sentido, José Waldecy Lucena (*Das sociedades anônimas – comentários à lei (arts. 121 a 188)*. Rio de Janeiro: Renovar, 2009. v. 2. p. 344): "A locução *no silêncio do estatuto*, (...), chama a atenção por entrar em testilha com o disposto no artigo 143, inciso IV, determinante de que o estatuto estabeleça as atribuições e poderes de cada diretor. Ora, se o estatuto deve obrigatoriamente conter tais atribuições e poderes, é óbvio que ele não os pode silenciar." Prossegue o autor (p. 345): "Em seguida, insere o artigo à cláusula – e inexistindo deliberação do conselho de administração – que empresta a esta última disposição um alcance que ela não tem. É que, (...), o estatuto não pode delegar ao conselho o estabelecimento das atribuições e poderes dos diretores, já que essa competência é somente sua. O que o conselho pode fazer é tão-somente regulamentar as atribuições e poderes constantes do estatuto e, eventualmente, criar uma atribuição a um diretor para solução de imediato de um caso urgente."

[1384] Segundo Rubens Requião (*Curso de direito comercial*. São Paulo: Saraiva, 2003. p. 218, v. II), a teoria do *ultra vires* surgiu a partir do *Joint Stock Companies Act* de 1844, segundo o qual um dos elementos essenciais do ato constitutivo seria a descrição do objeto social, já que a capacidade da sociedade ficava circunscrita a ele. Tal posição foi confirmada pela Casa dos Lordes em 1875.

[1385] Isso porque, nos Estados Unidos, havia teorias que amenizavam a do *ultra vires*, tal como a dos poderes implícitos dos administradores, nos termos da doutrina de Rubens Requião (*Curso de direito comercial*. São Paulo: Saraiva, 2003. p. 218, v. II. p. 219-220): "Os tribunais norte-americanos formularam várias teorias jurisprudenciais para prescindir sutilmente da aplicação da doutrina ultra vires, entre as quais a teoria dos poderes implícitos (implied in, or auxiliary to original garant)", sendo que "essa teoria dos poderes implícitos dos administradores, para levar a cabo atos "acessórios" ao objeto social principal, tem permitido aos tribunais convalidar *ad infinitum* os atos por aqueles realizados". Daí a sua conclusão (idem) de que "na variada jurisprudência americana, o alcance da doutrina *ultra vires* foi sendo reduzido".

[1386] Em que pese o efeito de deixar os terceiros de boa-fé desamparados, tal teoria apenas entrou em declínio no direito inglês com o *Companies Act*, de 1989.

[1387] *Comentários à Lei de Sociedades Anônimas*. São Paulo: Saraiva, 1997. v. I. p. 17.

do administrador faltoso ao ajuizamento de ação de reparação de danos contra ele. Logo, tal solução é a que mais bem equilibra os interesses em jogo, uma vez que seria demasiado gravoso para o contratante de boa-fé ter que suportar as consequências da conduta abusiva do administrador da pessoa jurídica com quem contrata.

Entretanto, com o advento do Código Civil de 2002, especialmente em razão da redação dos seus arts. 47 e 1.015, surgiu a dúvida sobre se a teoria do *ultra vires* teria retornado ao sistema brasileiro. Todavia, felizmente a maior parte da doutrina e da jurisprudência continuaram a aplicar a boa-fé objetiva e a teoria da aparência. Tal orientação fica clara no trecho culminante da ementa do seguinte julgado do STJ, específico para sociedades por ações:[1388]

(...)

1. As limitações estatutárias ao exercício da diretoria, em princípio, são, de fato, matéria *interna corporis*, inoponíveis a terceiros de boa-fé que com a sociedade venham a contratar. E, em linha de princípio, tem-se reconhecido que a pessoa jurídica se obriga perante terceiros de boa-fé por atos praticados por seus administradores com excesso de poder. Precedentes.

2. Nesse passo, é consequência lógica da responsabilidade externa corporis da companhia para com terceiros contratantes a responsabilidade interna corporis do administrador perante a companhia, em relação às obrigações contraídas com excesso de poder ou desvio do objeto social.

3. Os atos praticados com excesso de poder ou desvio estatutário não guardam relação com a problemática da eficiência da gestão, mas sim com o alcance do poder de representação e, por consequência, com os limites e possibilidades de submissão da pessoa jurídica – externa e internamente. Com efeito, se no âmbito externo os vícios de representação podem não ser aptos a desobrigar a companhia para com terceiros – isso por apreço à boa-fé, aparência e tráfego empresarial -, no âmbito interno fazem romper o nexo de imputação do ato à sociedade empresarial. Internamente, a pessoa jurídica não se obriga por ele, exatamente porque manifestado por quem não detinha poderes para tanto. Não são imputáveis à sociedade exatamente porque o são ao administrador que exorbitou dos seus poderes.

4. Portanto, para além dos danos reflexos eventualmente experimentados pela companhia, também responde o diretor perante ela pelas próprias obrigações contraídas com excesso de poder ou fora do objeto social da sociedade.

5. Se a regra é que o administrador se obriga pessoalmente frente a companhia pelos valores despendidos com excesso de poder, quem excepciona essa regra é que deve suportar o ônus de provar o benefício, para que se possa cogitar de compensação entre a obrigação de indenizar e o suposto proveito econômico, se não for possível simplesmente desfazer o ato exorbitante. Vale dizer, com base no princípio da vedação ao enriquecimento sem causa, eventuais acréscimos patrimoniais à pessoa jurídica constituem fatos modificativos ou extintivos do direito do autor, os quais devem ser provados pelo réu (art. 333, inciso II, CPC). (...)

Como se pode observar, o Tribunal fez uma cisão entre a responsabilidade *externa corporis*, por meio da qual a companhia se vincula ao terceiro de boa-fé, e a responsabilidade *interna corporis*, por meio da qual o administrador que age com excesso precisa responder perante a companhia. Vale ressaltar que outros julgados do Tribunal confirmam esse entendimento.[1389]

4. Responsabilidade orgânica

RODRIGO R. MONTEIRO DE CASTRO

O diretor não fala em nome próprio. Mesmo quando lança sua assinatura abaixo da denominação social, o faz apenas para identificar-se como órgão. A identificação servirá, de um lado, para que terceiro que contrate com a companhia se certifique da *presentatividade* conforme normas estatutárias, e, de outro, para que a própria companhia possa, pelos seus órgãos internos, verificar o atendimento das competências e das alçadas atribuídas aos integrantes da diretoria.

Daí a constatação apriorística de que membros do órgão diretivo são pessoalmente irresponsáveis pelos atos ou negócios da pessoa jurídica em sua atuação orgânica.

[1388] STJ. REsp 1349233/SP. Rel. Min. Luis Felipe Salomão. 4ª T. j. 06.11.2014.

[1389] STJ. REsp 887.277/SC. Rel. Min. Luis Felipe Salomão. 4ª T. j. 04.11.2014; REsp 1.377.908/RJ. Rel. Min. Luis Felipe Salomão. 4ª T. j. 21.05.2013.

A regra de afastamento da responsabilização pessoal se abala apenas se o diretor proceder (i) com culpa ou dolo, ainda que dentro de suas atribuições, ou (ii) com violação da lei ou do estatuto. É o que estabelece o art. 158.

Por esses motivos, o diretor não pode ser responsabilizado, em princípio, por erros de julgamento ou maus resultados, de forma isolada, notadamente se houver observado, em suas avaliações prévias às decisões que se revelaram equivocadas, o dever de diligência consagrado no art. 153.

Da mesma forma, um diretor também não será responsável por atos ilícitos de outros diretores, salvo se com eles for conivente, se negligenciar em descobri-los ou se, tendo conhecimento do ato, deixar de agir para impedir a sua prática.

Inexiste, pois, na atuação orgânica, a relação de representação. Essa expressão, assim, deve ser compreendida, no âmbito da LSA, de modo *atécnico*, indicativo apenas da forma de manifestação da diretoria perante o mundo interior e exterior. Pontes de Miranda[1390] cunhou o verbo *presentar* para expressar essa atuação.

5. Limites da *presentação* e competência

RODRIGO R. MONTEIRO DE CASTRO

O art. 144 trata justamente dos limites da presentação, e não da representação civil[1391], prevista nos artigos 115 e seguintes do CC, ou do mandato, conforme o art. 653 do mesmo diploma, segundo o qual "[o]pera-se o mandato quando alguém recebe de outrem poderes para, em seu nome, praticar atos ou administrar interesses. A procuração é o instrumento do mandato".

A delimitação da atuação diretorial pode ser fixada no estatuto, modificando-se apenas mediante reforma estatutária, ou por determinação do conselho de administração. Apesar de não se fazer referência à assembleia geral, na ausência do conselho de administração, ela também poderá estabelecer as limitações e abrangências de atuação, por força do art. 121 da LSA.

No silêncio do estatuto e inexistindo deliberação da assembleia geral ou do conselho de administração, a *representação* (conforme termo utilizado na LSA) competirá a qualquer diretor.

Não é comum, exceto em companhias com capital concentrado e, ainda, em que o controlador seja o principal administrador, que o estatuto silencie por completo a respeito da presentação. Aliás, não apenas da presentação como da representação por terceiros, constituídos mandatários na forma do parágrafo único do art. 144.

A atuação diretorial também costuma ser condicionada: mesmo dispondo de poderes para obrigar a companhia, condiciona-se a prática de determinados atos ou negócios à prévia aprovação do conselho de administração ou da assembleia geral. Enquanto não houver deliberação colegiada, os diretores ficam impedidos de realizar ou de consumar (se sujeito à implementação de condição suspensiva) o ato ou o negócio pretendido.

A inobservância desses limites implica violação de estatuto e, eventualmente, de lei. O conselho de administração ou a assembleia geral, conforme o caso, poderá ratificar, parcial ou totalmente, o ato ou o negócio realizado. A ratificação produz efeitos retroativos, alcançando o momento do ato ou do negócio, afastando-se, em princípio, a violação referida no art. 158.

Nada impede, porém, que no ato de ratificação, realizado com o propósito de evitar prejuízos à companhia, inclusive reputacionais, o órgão expresse o inconformismo com a conduta diretorial e consigne a pretensão reparatória pela inobservância do estatuto e pelos danos sofridos. Não se trata de contradição; apenas de atuação a fim de preservar os interesses sociais e a própria companhia.

A ratificação não depende da participação ou da aceitação dos diretores (ao menos do ponto de vista formal). Se algum diretor, por acaso, também integrar o conselho de administração, e se eventualmente for o presidente do órgão – sendo que a acumulação de cargos de diretor presidente ou principal executivo da companhia e de presidente do conselho de administração não é admitida em companhias abertas listadas nos

---

[1390] PONTES DE MIRANDA, Francisco Cavalcanti. *Tratado de direito privado:* Parte geral – Introdução. Pessoas Físicas e Jurídicas. 4. ed. São Paulo: RT, 1974. t. I. p. 286 e 287.

[1391] A respeito, Modesto Carvalhosa afirma que: "Não se trata, com efeito, de representação, pois esta implica, como se referiu, uma pessoa emitir uma declaração de vontade que afeta a esfera jurídica de outra. Trata-se, na espécie, de um poder legal dos diretores para realizar os negócios e atos jurídicos da sociedade" (CARVALHOSA, Modesto. *Comentários à lei de sociedades anônimas.* Arts. 138 a 205. 5. ed. rev. e atual. São Paulo: Saraiva, 2011. v. 3, p. 221).

segmentos Novo Mercado, Nível 1 e Nível 2 – é provável que se possa antecipar a posição orgânica; da mesma forma, se o diretor for controlador, também se poderá antever o resultado da deliberação.

Em qualquer caso, rejeitada a ratificação, os diretores que tiverem excedido seus poderes poderão responder pelos prejuízos causados, conforme previsto no art. 158.

A prática, sem condição suspensiva, de ato ou de negócio que se sujeitará, posteriormente, à ratificação de órgão *superior* implica, pois, risco, em decorrência da eventual negativa, de responsabilização dos diretores pela violação da lei ou do estatuto.

6. Constituição de mandatários
Ana Frazão

Diante da multiplicidade e da complexidade de atividades de gestão, seria impossível que os diretores de uma companhia pudessem fazer sozinhos todas essas atividades. Daí por que precisam delegar parte de suas funções para outras pessoas, o que será feito por meio do mandato.

A diferença é que os mandatários serão efetivamente representantes e não presentantes da companhia, sendo submetidos a todas as consequências do mandato. Também exige o parágrafo único do art. 144, da Lei nº 6.404/1976, que o mandato especifique os atos e operações que os mandatários poderão praticar, bem como a duração do mandato, admitindo-se o prazo indeterminado no caso do mandato judicial.

Embora as relações internas entre a pessoa jurídica – presentada pelo diretor que outorgou o mandato – e o mandatário sejam regidas pelas disposições específicas do mandato, para efeitos externos, os mandatários e prepostos igualmente vinculam, como regra, a pessoa jurídica com seus atos. Ainda é preciso mencionar o art. 932, III, do Código Civil, que atribui responsabilidade objetiva aos empregadores e preponentes pelos atos praticados por empregados e prepostos praticados em seu nome.

7. Atuação orgânica e mandato
Rodrigo R. Monteiro de Castro

Os diretores da companhia, observados os seus poderes e as suas atribuições, podem constituir mandatários, na forma do parágrafo único do art. 144, que atuarão dentro dos limites que lhe forem determinados na procuração (que é o instrumento do mandato).

Não se trata, portanto, de atuação orgânica, mas de mandato, na forma do art. 653 do CC: alguém, ou seja, uma pessoa física ou jurídica, recebe de outrem – a companhia – poderes para, em seu nome próprio, praticar atos ou administrar interesses da mandante.

O instrumento especificará os atos que poderão ser praticados, e pode ser especial a um ou mais negócios determinados, ou geral. Nenhum ato privativo de algum órgão da companhia poderá ser praticado por representante, delimitando, assim, a abrangência do mandato.

O mandatário (ou representante) poderá ser empregado, ex-empregado, prestador ou ex-prestador de serviços. Também poderá ser terceiro, sem qualquer vinculação. Inexiste, ainda, restrição para que acionista ou membro do conselho de administração, que não tem poderes de presentação, represente a companhia em determinados atos. A outorga de poderes, nesses casos, não poderá se confundir com delegação funcional e não poderá abranger atos próprios de diretor.

Aproveita-se, nesse sentido, o disposto no art. 139, segundo o qual as atribuições e poderes conferidos por lei aos órgãos de administração não podem ser outorgados a outro órgão, tampouco atribuídos a procuradores.

Apesar de o art. 654 do CC fazer referência apenas à capacidade do mandante – todas as pessoas capazes são aptas para dar procuração – a capacidade, aliás, é igualmente um atributo do mandatário.

O procurador não precisa ter, em princípio, qualificação específica; trata-se de relação de confiança, entre a companhia, presentada pelos seus administradores, na forma do estatuto, e o mandatário, que não poderá agir além dos limites previstos na procuração, sob pena de responsabilização pessoal.

A procuração deverá expressar o prazo do mandato, que não poderá ser indeterminado. A indeterminação é admitida apenas aos mandatos judiciais, pela impossibilidade de antecipação do tempo do processo.

SEÇÃO III
ADMINISTRADORES
Normas Comuns

Art. 145. As normas relativas a requisitos, impedimentos, investidura, remuneração, deveres e responsabilidade dos administradores aplicam-se a conselheiros e diretores.

COMENTÁRIOS

1. Instituição de regime jurídico comum a conselheiros e diretores

ANA FRAZÃO

O objetivo maior do art. 145, da Lei nº 6.404/1976 é o de, sem embargo das diferenças marcantes que existem entre conselheiros e diretores, submetê-los ao mesmo regime jurídico. Daí por que prevê que "As normas relativas a requisitos, impedimentos, investidura, remuneração, deveres e responsabilidade dos administradores aplicam-se a conselheiros e diretores."

Faz todo sentido que, na condição de gestores da companhia, diretores e conselheiros estejam submetidos a um mesmo conjunto de regras que pautarão a sua gestão. Aliás, já se viu, nos comentários ao art. 116, da Lei nº 6.404/1976, que mesmo o controlador também está sob a incidência de regime de responsabilidade muito próximo ao dos administradores, por também fazer parte da gestão empresarial.

Todavia, isso não quer dizer que não possa haver algumas diferenças sensíveis, especialmente no que diz respeito aos deveres e as responsabilidades de conselheiros e diretores. Além dos casos em que a própria lei cria diferenças entre os dois tipos de administradores, o fato de os conselheiros agirem em um órgão colegiado cria peculiaridades que os distanciarão, em alguns momentos, dos diretores.

A própria CVM já teve muitas oportunidades de alertar para tais distinções, como se observa pelo interessante voto de Norma Parente:[1392]

> É importante observar que o sistema adotado pela lei para deveres e responsabilidades dos administradores foi destinado de forma genérica aos administradores, sem distinguir entre diretores e membros do conselho de administração, suas funções e atribuições específicas. Mas por isso a lei adotou uma forma aberta e larga, que abstratamente serve a todos, mas que deve ser aplicada com controle e adequação e sem ignorar a realidade.
>
> Assim, é de capital importância que os dispositivos referentes a deveres e responsabilidades dos administradores não sejam aplicados mecanicamente, sem prévia interpretação, à luz das estruturas, modalidades e atividades dos órgãos da administração e, mais ainda, do mundo real, para se evitar os excessos utópicos, de que falava a exposição de motivos da anteprojeto da Lei 6.404/76.
>
> É fundamental que, no momento de se aplicar estes dispositivos, se mergulhe, profundamente, nas estruturas destes órgãos sociais, conselho de administração e diretoria, e suas respectivas formas de atuar, sem se ignorar as suas especificidades, desde o modo de atuação, notadamente quanto à forma de deliberação.
>
> A Lei das S.A. talvez seja, das normas de direito positivo, a que mais detalhadamente trata dos direitos e responsabilidades dos administradores e é sabido, conforme a exposição de motivos deixou dito, que os colocou de uma forma quase que pedagógica para tentar trazer, em razão do nosso sistema de direito, os preceitos e aquilo que a experiência estrangeira já tinha consagrado e mesmo a experiência nacional. E estava claramente influenciada, nesse particular, pelos direitos norte-americano e inglês, onde essa questão dos tais deveres fiduciários e os deveres dos administradores tinham sido mais discutidos e mais testados pelos tribunais, mas que para ser aplicada no Brasil exige Lei.

Tal raciocínio não fica restrito à responsabilidade administrativa, mas também se aplica à responsabilidade civil, como será mais bem explorado adiante, no exame dos arts. 158 e 159, da Lei nº 6.404/1976.

2. A necessária relativização do comando

RODRIGO R. MONTEIRO DE CASTRO

A companhia será administrada pelo conselho de administração e pela diretoria (ou apenas pela diretoria, quando o conselho não existir). Ambos os órgãos compõem, portanto, a administração, apesar de terem funções e organizações distintas. Um é órgão de deliberação colegiada (conselho); o outro se ocupa da presentação da companhia e da execução do objeto social (diretoria). Seus membros sujeitam-se a normas próprias, previstas na LSA ou no estatuto social, e a normas comuns.

O art. 145 determina que são comuns a todos os administradores (isto é, diretores e conselheiros) as normas relativas a requisitos, impedimentos, investidura, remuneração, deveres

---

[1392] CVM. Processo Administrativo 2002/1173RJ. Rel. Dir. Norma Jonssen Parente. j. 02.10.2003.

e responsabilidades. A determinação aplica-se apenas a situações absolutamente idênticas e que não se sujeitem a normas específicas ou especiais.

Essas formulações são confirmadas pelos distintos regimes de responsabilidade dos administradores. Veja-se, a propósito, o § 1º do art. 158: apesar de não ser responsável pelos atos de seus pares, o administrador pode ser responsabilizado se for conivente, negligente ou, se deles tiver conhecimento, deixar de agir para impedir a sua prática.

O afastamento da responsabilidade se opera pela consignação da divergência em ata de reunião do respectivo órgão ou se, de alguma forma, o administrador demonstrar que não concorreu para ou teve qualquer ingerência sobre a prática do ato irregular.

Ocorre que a diretoria não é, por natureza, órgão colegiado, sendo que reuniões de diretores podem ou não ocorrer, conforme organização interna da companhia, ou, mesmo que ocorram, eventualmente não tratem do tema que, se pautado, teria originado a dissidência e a consignação.

Trata-se, pois, de procedimento aplicável de modo imediato, em princípio, apenas aos membros do conselho de administração e, mediato, aos diretores que se reunirem, formal ou informalmente,[1393] ou que estabeleçam procedimentos internos que viabilizam o fluxo informacional e a possibilidade de insurgência contra atos ilícitos.

A pretensa unificação do regime de deveres também não resiste à confrontação com a prática administrativa, sobretudo em companhias com sistema de administração dualista. O uso por administrador, em benefício próprio, de oportunidade comercial que tenha em razão do cargo, por exemplo, se dirige, *a priori*, ao membro da diretoria que, tendo poder orgânico para consumar o negócio em favor da companhia, não o consuma para fazê-lo de outro modo ou por outra pessoa e, assim, beneficiar-se no plano pessoal.

Para que membro do conselho de administração pratique a mesma conduta terá que influenciar ou impor-se sobre os demais conselheiros para que rejeitem o negócio, alegando que, por algum motivo, não interessa à companhia e, assim, possa se beneficiar pessoalmente. A situação é realmente diferente porque, ainda que não tenha obtido êxito no esforço de convencimento, suas formulações podem influenciar a diretoria para que decida não consumar o negócio. A demonstração da conduta e, antes, da intenção, são fundamentais para caracterização do tipo normativo que autoriza a responsabilização pessoal por quebra de dever fiduciário.

Por fim, o momento e a forma como administradores, de distintos órgãos, acessam informações exigem a relativização do comando do art. 145, que resiste, apenas, como norma de *orientação*. Não se pode interpretá-lo e aplicá-lo, fria e formalmente. A análise deverá ocorrer de modo casuístico, em função das circunstâncias do caso concreto. Nessa análise não se poderá dispensar a integração de normas estatutárias e eventualmente de normas fixadas em acordo de acionistas, e a as peculiaridades de cada órgão.

Requisitos e Impedimentos

Art. 146. Apenas pessoas naturais poderão ser eleitas para membros dos órgãos de administração. (Redação dada pela Lei nº 14.195, de 2021)

§ 1º A ata da assembleia-geral ou da reunião do conselho de administração que eleger administradores deverá conter a qualificação e o prazo de gestão de cada um dos eleitos, devendo ser arquivada no registro do comércio e publicada. (Redação dada pela Lei 10.303, de 2001)

§ 2º A posse de administrador residente ou domiciliado no exterior fica condicionada à constituição de representante residente no País, com poderes para, até, no mínimo, 3 (três) anos após o término do prazo de gestão do administrador, receber: (Redação dada pela Lei nº 14.195, de 2021)

I – citações em ações contra ele propostas com base na legislação societária; e (Incluído pela Lei nº 14.195, de 2021)

II – citações e intimações em processos administrativos instaurados pela Comissão de Valores Mobiliários, no caso de exercício de cargo de administração em companhia aberta. (Incluído pela Lei nº 14.195, de 2021)

[1393] Independentemente do órgão ocupado, colegiado ou não, qualquer administrador poderá se eximir se der ciência imediata da divergência ao órgão de administração, ao conselho fiscal ou à assembleia geral. No primeiro caso, a cientificação deve ser dirigida ao presidente do conselho de administração ou ao principal membro da diretoria; no segundo, ao presidente do conselho fiscal; e, no terceiro, não tendo a assembleia geral *mesa* permanente, à pessoa que, de acordo com o estatuto, tiver competência para presidi-la.

Art. 146

ANA FRAZÃO

📖 COMENTÁRIOS

1. Requisitos a serem atendidos pelos administradores

ANA FRAZÃO

O art. 146 da Lei nº 6.404/1976, em sua redação originária, deixava claro que apenas podem ser eleitas para membros dos órgãos de administração pessoas naturais, exigindo que os diretores fossem residentes no país. A partir da Lei nº 14.195/2021, deixou de haver a exigência de que os diretores sejam residentes no país, limitando-se o *caput* do art. 146 a prever que "Apenas pessoas naturais poderão ser eleitas para membros dos órgãos de administração."

É preciso advertir, igualmente, que a redação originária do art. 146 exigia que os conselheiros fossem também acionistas, exigência que deixou de existir com a nova redação do dispositivo, dada pela Lei nº 12.431/2011 e mantida pela Lei nº 14.195/2021. Trata-se de uma boa alteração, uma vez que, especialmente diante das necessidades de uma gestão empresarial cada vez mais profissional, nada justificava que apenas acionistas pudessem ser conselheiros. Na verdade, do ponto de vista da separação funcional entre a Assembleia geral e o Conselho de Administração, pode ser até mais vantajoso, inclusive do ponto de vista do equacionamento dos conflitos de agência, que os administradores não sejam acionistas.

De toda sorte, foi mantida a exigência de que apenas pessoas naturais possam ser eleitas administradores de companhias. Com isso, impossibilita-se que uma pessoa jurídica seja administradora de outra, ainda que possa ser controladora. Parte-se da premissa de que os deveres e responsabilidades dos administradores são por demais complexos e personalíssimos para serem atribuídos que não a uma pessoa natural.

Acresce que os administradores de companhias estão sujeitos não apenas à responsabilidade civil, mas também à responsabilidade administrativa e penal, sendo que as duas últimas searas, especialmente a penal, trazem grandes desafios para efeitos da imputabilidade da pessoa jurídica.

Verdade seja dita que a vedação de pessoas jurídicas aos cargos administrativos pode ser questionável, especialmente quando confrontado com algumas práticas próximas, tais como a nomeação de pessoas jurídicas para atuarem como administradores de recuperações judiciais ou liquidantes. Aliás, na III Jornada de Direito Comercial, realizada em junho de 2019, foi aprovado o Enunciado 87, segundo o qual "O cargo de liquidante pode ser ocupado tanto por pessoa natural, quanto por pessoa jurídica, sendo obrigatória, neste último caso, a indicação do nome do profissional responsável pela condução dos trabalhos, que deverá atender aos requisitos e impedimentos previstos em lei, e sobre o qual recairão os deveres e as responsabilidades legais."

Como se pode observar do Enunciado 87, admitiu-se a possibilidade da pessoa jurídica como liquidante desde que condicionada à indicação do nome do profissional pessoa física responsável pela condução dos trabalhos, sobre o qual recairão todas as normas de impedimentos, deveres e responsabilidades.

De toda sorte, vale ressaltar que os exemplos da recuperação e especialmente da liquidação são bem distintos da gestão de uma companhia supostamente próspera e que pretende permanecer como tal por tempo indeterminado. Considerando os deveres fiduciários exigíveis dos administradores, bem como as inúmeras possibilidades de conflitos de interesses e de agência, é inequívoco que a introdução da possibilidade de pessoas jurídicas como administradoras iria aumentar consideravelmente esses conflitos, que certamente não poderiam ser resolvidos apenas pontualmente – em relação ao profissional pessoa natural indicado para a assunção da missão – mas certamente deveriam se estender à complexa teia de relações da pessoa jurídica administradora.

Daí por que, em que pese a existência de qualificada doutrina sustentando que pessoas jurídicas deveriam poder ser administradores de companhias,[1394] a opção do legislador brasileiro é sustentável, diante da cautela que se deve ter com aqueles que serão os gestores das companhias.

[1394] José Waldecy Lucena (*Das sociedades anônimas* – comentários à lei (arts. 121 a 188). Rio de Janeiro: Renovar, 2009. v. 2. p. 357-359) bem explica a controvérsia, mostrando que as suas raízes estão relacionadas às dificuldades da responsabilização civil e à inimputabilidade das pessoas jurídicas na esfera penal. Entretanto, o autor destaca a opinião de Fran Martins, defendendo não haver razões que justifiquem o afastamento de uma pessoa jurídica da administração da companhia, principalmente do conselho de administração, e de Modesto Carvalhosa, que não somente admite que a pessoa jurídica seja membro do conselho de administração, como também integre a diretoria de companhias de determinados setores, como é o caso das instituições financeiras.

Vale lembrar que, na atualidade, cogita-se até mesmo da viabilidade de que robôs ou sistemas de inteligência artificial possam ser gestores empresariais. É de 2014 a notícia da nomeação de um algoritmo computacional para o *board of directors* de uma firma de venture capital.[1395]

Por fim, cumpre ressaltar que a anterior exigência de que diretores residissem no Brasil decorria da circunstância de que a eles cabia a gestão ordinária da companhia, circunstância para a qual a atuação presencial era vista como necessária.

Ao afastar tal exigência, a Lei nº 14.195/2021 acrescentou o § 2º ao art. 146, para o fim de determinar que a posse de administrador residente ou domiciliado no exterior fica condicionada à constituição de representante residente no Brasil, com poderes para, até no mínimo, três anos após o término do prazo de gestão do administrador, receber citações em ações contra ele propostas com base na legislação societária e citações e intimações em processos instaurados pela CVM, caso se trate de companhia aberta.

Ao assim fazer, é inequívoco que a lei operacionalizou a responsabilização civil e administrativa dos administradores, incluindo os diretores, inclusive após o cumprimento do mandato. Entretanto, resta saber se e em que medida a residência no exterior é efetivamente compatível com o exercício da função de administrador, seja conselheiro ou diretor, especialmente diante do dever de diligência que deles se espera.

Verdade seja dita que, em relação aos conselheiros, já não se exigia a residência no Brasil, já que podem exercer suas funções de forma periódica. Considerando a função deliberativa do Conselho, poder-se-ia sustentar que não faria sentido a exigência de residência no Brasil, ainda mais a partir do momento em que se admite a realização de reuniões *on-line* por meio das diversas tecnologias da internet e das comunicações.

Todavia, como já se viu nos comentários ao art. 142, e como se explorará melhor nos comentários ao art. 153, na atualidade exige-se dos conselheiros uma atuação consistente na supervisão dos diretores e principalmente na criação e na estruturação de uma organização empresarial que seja compatível com os riscos assumidos e com as obrigações de *compliance* e governança que dela se esperam.

Sob essa nova perspectiva, o conselheiro não residente e que não tem condições de acompanhar minimamente o funcionamento da organização empresarial pode ter a sua capacidade de atuação amesquinhada, com evidentes desdobramentos para o seu regime de responsabilidade.

Tais preocupações são ainda mais pertinentes para os diretores, a quem cabe a gestão ordinária dos negócios. Por essa razão, a depender da estrutura da companhia, será muito difícil para um diretor não residente no Brasil acompanhar o dia a dia da sociedade de forma compatível ao dever de diligência e às demais obrigações que são inerentes ao seu cargo.

Assim, por mais que agora a Lei nº 6.404/1976 não exija dos administradores a residência no Brasil, exige deles presença que seja considerada suficiente e necessária para o bom cumprimento de suas competências e para o atendimento dos seus deveres funcionais, dentre os quais o dever de diligência.

2. Demais requisitos operacionais

ANA FRAZÃO

A eleição de administradores de companhias é fato de fundamental importância para terceiros, já que os administradores são os órgãos que consubstanciam, da forma mais evidente e visível, a presentação da pessoa jurídica, como se explicou nos comentários ao art. 138, da Lei nº 6.404/1976.

Por essa razão, dispõe o 1º que "A ata da assembleia-geral ou da reunião do conselho de administração que eleger administradores deverá conter a qualificação e o prazo de gestão de cada um dos eleitos, devendo ser arquivada no registro do comércio e publicada."

Com efeito, é por meio do registro das atas de eleição dos administradores que os terceiros poderão saber se aqueles que se apresentam como administradores realmente o são e, nessa circunstância, podem vincular a pessoa jurídica com seus atos.

Por mais que já se tenha visto, nos comentários aos arts. 2º e 144, da Lei nº 6.404/1976, o declínio da teoria do *ultra vires* em razão da necessária aplicação da teoria da aparência, é imprescindível que o registro público contenha as informações atualizadas sobre os administradores da companhia, até diante da sua importante função de propiciar publicidade e segurança jurídica nos negócios. Mais do que o registro, será

[1395] Disponível em: https://www.bbc.com/news/technology-27426942. Acesso em: 10 dez. 2019.

necessária também a devida publicação, nos termos da lei.

Já o § 2º, como visto, dispõe que a posse de administrador residente ou domiciliado no exterior fica condicionada à constituição de representante residente no País, com poderes para receber citação em ações contra ele propostas com base na legislação societária ou em processos administrativos instaurados pela CVM pelo prazo de pelo menos 3 (três) anos após o término do prazo de gestão do representado.

Como se observa, trata-se de regra operacional, muito semelhante à que existe em relação ao acionista domiciliado no exterior, como já se viu nos comentários ao art. 119, da Lei nº 6.404/1976. Todavia, é forçoso concluir que, no caso dos conselheiros e especialmente de diretores, a necessidade de representante no Brasil é muito mais imperiosa, diante dos inúmeros deveres e responsabilidades que irão assumir.

Por essa razão o § 2º, do art. 146, da Lei nº 6.404/1976, faz menção ao prazo de duração da procuração, que deve se estender por no mínimo três anos após o término da gestão, a fim de assegurar a devida responsabilização *a posteriori*, caso cabível. O prazo de três anos não foi estabelecido sem razão: coincide com o prazo prescricional para a propositura de ações de responsabilidade contra administradores, nos termos do art. 287, II, *b*, da Lei nº 6.404/1976.

3. Configuração geral da administração

Rodrigo R. Monteiro de Castro

Antes da reforma promovida pela Lei nº 14.195/2021, o *caput* do art. 146 estabelecia, de modo esquemático, o seguinte: (i) apenas pessoas naturais podiam integrar o conselho de administração ou a diretoria; (ii) os membros do conselho de administração podiam residir no exterior; mas (iii) os diretores deviam ser residentes no País.

A mencionada lei operou importante modificação ao afastar a obrigatoriedade de residência local antes exigida aos diretores. Assim, o esquema passou a ser o seguinte: (i) apenas pessoas naturais podem ser eleitas para integrar ambos os órgãos; e (ii) não se exige a residência do administrador no Brasil, de modo que poderá residir em qualquer localidade.

As reformas que se operaram, inclusive a de 2021, ainda não foram suficientes para superar alguns dogmas que persistem no direito societário brasileiro.

Os três grandes temas que se extraem, motivadores de extensa e histórica disputa doutrinária, envolvem (i) a natureza da pessoa apta a compor a administração, (ii) o país em que se situa a sua residência e (iii) a necessidade, ou não, de cumular a administração com a posição de acionista.

1. Aversão à pessoa jurídica. O primeiro tema permanece intocado, apesar do hiato que a sua resistência confere ao ambiente societário em relação aos legítimos anseios mercadológicos, sobretudo dos agentes financiadores da atividade empresarial. A fidelidade ao modelo original da LSA, após mais de quatro décadas de existência, mantenedora da proibição de indicação de pessoa jurídica para ocupar cargo de administração, impede, de modo paradoxal, que se arquitetem os pilares do contemporâneo regime de responsabilidade dos administradores de companhias.

A LSA repudia, com efeito, a ideia de que pessoa jurídica possa participar de órgãos da administração. O repúdio não se limita à atuação diretiva – presentativa e executiva –, mas se estende à função orientadora por meio do exercício do cargo de conselheiro.

O repúdio talvez se justificasse à época da promulgação da LSA, pelo momento político em que se deu, carregado de sentimento nacionalista, motor do incentivo à criação de um mercado de capitais brasileiro.

Aliás, as críticas mais contundentes envolviam a suposta subserviência da proposta da nova lei do anonimato a interesses alienígenas e o "entreguismo" dos meios de produção locais. No mesmo sentido, a autorização para que pessoa jurídica participasse de órgãos de administração representava uma ameaça à higidez do sistema, pela falaciosa dificuldade – ou impossibilidade – de responsabilização pessoal em decorrência da prática de atos contrários ao estatuto ou à lei.

Supunha-se, pois, como ainda se supõe, que a pessoa jurídica seria instrumentalizada para evitar a responsabilização de administradores, pessoas naturais, ou para praticar atos ilegais. O equívoco dessa concepção atrapalha, ainda hoje, a formulação de soluções modernas para problemas antigos e para os contemporâneos também.

Por trás daquela orientação revelam-se dois motivos principais: a incapacidade da pessoa jurídica de *aconselhar*, representar ou executar o objeto social, e o tortuoso tratamento da responsabilização.

O primeiro argumento não passa de sofisma. A pessoa jurídica não tem existência material. Ela não tem forma, no plano físico. Jamais se apresentará, fisicamente, em um evento público ou cumprimentará uma pessoa, dando-lhe a mão.

A mesma abstração concepcional – que a dotou, observados certos requisitos, de personalidade – também poderia servir para reconhecer-lhe a responsabilidade pelos atos praticados como administrador de outra pessoa jurídica.

Inexiste, aí, um problema de essência, apenas de intransigência.

A imputação de responsabilidade não se esgotaria na esfera patrimonial do administrador pessoa jurídica; esse é um argumento poderoso, aliás, para se iniciar a revisão do modelo: afinal, a pessoa jurídica deve, necessariamente, ser presentada por órgãos, e sua prestação, no plano orgânico de outra pessoa jurídica, ocorreria pela atuação de alguma pessoa natural, que lhe presentasse ou representasse.

Assim, tanto o procurador, que passa a atuar no órgão como representante da pessoa jurídica administradora, quanto o administrador eleito em conformidade com o estatuto social, acrescem, com os seus patrimônios, as pretensões indenizatórias da companhia lesada ou de terceiros.

A solução parece lógica, pois: além da própria pessoa jurídica administradora, a pessoa que a presentar – ou representar – também se sujeitaria à reparação por danos causados. A lei poderia ir além: imputar a mesma responsabilidade – solidária, portanto – às pessoas naturais atuantes na presentação ou representação de administrador pessoa jurídica.

2. Residência. A exigência de residência demanda soluções distintas, para situações também distintas. O tratamento a conselheiro não deveria ser o mesmo que se confere a diretor. Mas, curiosamente – porque a transigência, neste aspecto, não se estende ao tema abordado no item 1, acima –, a Lei nº 14.195/2021 inovou com arrojo ao equiparar a situação de todos os administradores.

O sistema anterior ao dessa lei partia de premissas que não se abalaram: o conselheiro não presenta e não é responsável pela condução direta e pela execução do objeto social. No âmbito de atuação colegiada, fixa a orientação geral, fiscaliza e se manifesta sobre temas relevantes. As reuniões do órgão sequer precisam ser presenciais, podendo realizar-se por meios telemáticos de transmissão de voz ou imagem, e ocorrem esporadicamente, conforme critérios geralmente fixados no estatuto de cada companhia.

Daí o acerto do conteúdo normativo, dispensador da obrigatoriedade de residência local, não apenas para conselheiros *ordinários,* como para presidente ou para o vice-presidente do órgão, sobretudo porque o trabalho de preparação e de organização – e de secretaria administrativa – se realiza pela companhia, mediante orientação da presidência, que pode fazê-lo de onde estiver, por qualquer meio convencional ou digital.

A mesma conclusão não se estende aos membros da diretoria. Por isso, a LSA exigia, com acerto, que fossem todos residentes no País. Com efeito, diretores são órgãos de (re)presentação e execução; deveriam, pois, estar presentes e à disposição em caráter permanente. A presença independeria, aliás, do tamanho da diretoria e do cargo ocupado pelo diretor.

O impedimento não podia, até a reforma operada em 2021, ser superado por disposição estatutária ou inserida em acordo de acionistas. Tratava-se de norma de ordem pública. Assim, a eleição de diretor não residente era nula de pleno direito, devendo o registro público de empresas mercantis rejeitar eventual tentativa de arquivamento da ata. A pessoa indicada, ademais, não se tornava órgão da companhia, não a presentando em hipótese alguma.

Não havia impedimento à eleição condicionada de diretor não residente. Era comum que o conselho de administração ou a assembleia geral, conforme o caso, elegesse o candidato e condicionasse os efeitos da deliberação à obtenção de visto de trabalho, na forma da legislação aplicável.[1396] Com a obtenção do visto ou da residência, a condição se implementava.

Essa sistemática mudou. O *caput* do art. 146 passou a prever simplesmente que "apenas pessoas naturais poderão ser eleitas para órgãos de administração". Talvez seja um efeito da

---

[1396] Nesse sentido, dispõe a Instrução Normativa do Departamento Nacional de Registro Empresarial e Integração (DREI) nº 34: "Art. 4º. No caso de indicação de estrangeiro não residente no Brasil, para cargos de administração em sociedade empresária a apresentação de documento emitido no Brasil somente será exigida por ocasião da investidura no respectivo cargo, mediante o arquivamento do termo de posse. Parágrafo único. O disposto no caput deste artigo não obsta o arquivamento do ato de indicação."

virtualização do trabalho decorrente da pandemia do Covid-19. Mas a medida estimula o distanciamento das pessoas, por definição naturais, que devem comandar a empresa e as suas atividades, e assim deveriam estar presentes no dia a dia. Além do que exigirá a adaptação coletiva à ausência de um ou eventualmente de todos os diretores, que, em última análise, sujeitarão todos os demais *colaboradores* às suas rotinas – inclusive, eventualmente, construídas em função de fusos distintos.

De todo modo, goste-se ou não, não há mais impedimento para eleição de diretor residente fora do País.

2.1. Condição à posse de administrador residente no exterior. Apesar de a LSA admitir a eleição de administrador residente no exterior, ela impõe-lhe condições para que tome posse e inicie o exercício de suas funções, conforme redação dada pela Lei nº 14.195/2021. Seja a companhia fechada ou aberta, a posse se condiciona à constituição de representante residente no País, com poderes para, até no mínimo 3 anos após o término do prazo de gestão, receber citação em ações proposta contra o administrador com base na legislação societária. Caso o administrador seja eleito em companhia aberta, os poderes também deverão abranger, obrigatoriamente, o recebimento de citações e intimações em processos instaurados pela CVM.

A condição é inafastável; nada justifica a sua inobservância. Porém, eventual descumprimento não impede a eleição, apenas a posse.

Assim, o administrador pode ser eleito, mesmo que ainda não tenha constituído procurador, ficando a investidura condicionada à comprovação da nomeação de um mandatário. A condição deve ser implementada no prazo de trinta dias, prazo em que também deverá ser assinado o termo de posse no livro de atas do conselho de administração ou da diretoria, conforme a situação (art. 149). Caso contrário, a nomeação torna-se sem efeito, exceto se o órgão para o qual tiver sido eleito aceitar a justificativa do atraso e ratificar a posse, posteriormente.

O prazo da procuração deve perdurar durante a gestão do administrador e se estender por, no mínimo, três anos após o término do prazo para o qual foi eleito. Esse prazo é o mesmo que o previsto no art. 287, II, que trata da prescrição para propositura de ação contra os administradores, para deles haver reparação civil por atos culposos ou dolosos, no caso de violação da lei ou do estatuto.

Como o prazo prescricional, no caso, é contado da data da publicação da ata que aprovar o balanço referente ao exercício em que eventual violação tenha ocorrido, não se pode assegurar que, no momento da propositura de ação, o administrador ainda terá representante no País, por conta do decurso do prazo da procuração.

O administrador não poderá revogar o mandato, exceto se nomear novo procurador. A ausência de procuração válida fulmina a condição da posse, impedindo a continuidade no cargo, que se torna vago. A vacância será suprida de acordo com as regras do estatuto.

A nomeação de novo procurador deverá observar o prazo trienal subsequente ao término da gestão. Iniciado esse prazo, o conselheiro não poderá revogar o mandato.

A LSA não exige características especiais do representante residente, que pode, eventualmente, ser desprovido de bens, de qualquer natureza. Além disso, também não limita a quantidade de representações, de modo que a "representação profissional", promovida por pessoa que se oferece ou se organiza para esse tipo de atuação, não encontra obstáculo na LSA. Da mesma forma, não se exige, conforme o texto legal, que o representante resida ou tenha escritório na sede da companhia; basta que seja residente no País, mesmo no mais afastado rincão, para que o mandamento se cumpra.

2.2. Nacionalidade. Administradores, residentes ou não, podem, observados os demais requisitos previstos na LSA, exercer cargos de administração em companhia brasileira. A nacionalidade, para efeito de observância da norma, tornou-se irrelevante com o advento da Lei nº 14.195/2021. Inexiste vedação, na LSA, à eleição de administração composta apenas por estrangeiros, residentes ou não no País, ficando a posse condicionada à observância do disposto no § 2º. Mais do que isso: sob enfoque formal, todos os representados poderão nomear o mesmo representante, que não terá poder de administração da companhia, mas simplesmente de receber citação e/ou intimação, em nome dos representados.

3. Exigência de que conselheiro seja acionista. A Lei nº 12.431/2011 afastou a exigência de que conselheiro fosse acionista. A demanda decorria da falsa premissa de que o conselho de administração expressava, em menor escala, a assembleia geral. Não expressa. São órgãos inconfundíveis. O conselho é órgão de administração, conforme definido no art. 138; a assembleia geral não reúne essa competência.

A exigência estimulava uma prática nada sadia, puramente formal, de transferência de ação, de algum acionista ao conselheiro, apenas para que se habilitasse o candidato ao exercício do cargo. O conselheiro comprometia-se, no entanto, a restitui-la ao término do prazo para o qual era eleito. Nem mesmo preço real (ou efetivo) havia; aliás, se fixava um preço simbólico, (coincidentemente) equivalente ao preço de uma opção que era outorgada ao acionista alienante, para exercício da opção e aquisição (ou recompra) simultâneos à destituição ou à renúncia do conselheiro.

Essa estrutura, não raro deixada incompleta pelos agentes envolvidos, ainda hoje se revela em companhias que mantêm, ou não, aqueles conselheiros no quadro de acionistas, pelo "esquecimento" de exercício formal da opção ou do simples lançamento nos Livros de Registro e de Transferência de Ações.

A exigência se revelava ainda mais injustificada em companhias fechadas, com controle concentrado. O controlador, que decidia instituir sistema dualista de administração, formado por familiares ou conselheiros externos, não podia evitar a transferência acionária para eleger as pessoas escolhidas.

A redação atual do *caput* do art. 146 reflete, portanto, a realidade material. Não havia – assim como não há – motivo que justifique a necessidade de conselheiro ser acionista.

4. Ata de eleição de administradores

RODRIGO R. MONTEIRO DE CASTRO

A ata do órgão que eleger administradores deverá conter a qualificação de cada eleito e o prazo de gestão. Trata-se de norma comum, aplicável à assembleia geral e ao conselho, se existente. Atende-se, assim, ao princípio da publicidade.

A qualificação oferece informações mínimas da pessoa que integrará órgão de administração e servirá para efeitos processuais. Caso o eleito como membro da diretoria não ofereça documento e endereço que o identifique como residente, não poderá atuar como diretor e, por isso, o registro público de empresas mercantis rejeitará o arquivamento da ata. No caso do conselheiro não residente, deverá ser comprovada a constituição de representante residente no País, com poderes para receber citação em ações que lhe forem propostas, com base na legislação societária, se se tratar de companhia fechada, e ainda para receber citações e intimações em processos instaurados pela CVM, caso se trate de companhia aberta.

O prazo de gestão também deve ser consignado na ata. O silêncio deve ser interpretado como alusivo ao prazo previsto no estatuto. Caso se consigne, apenas, que ficam eleitos *determinados* diretores, para um termo, o prazo será, assim, o estatutário. Na omissão do estatuto, a indicação do prazo no ato societário eletivo e, por consequência, na ata, é inevitável. A ausência de indicação, nessa hipótese, impede o arquivamento da ata no registro público de empresas mercantis, haja vista a fixação de tempo de mandato ser condição imprescindível à posse.

A ata da assembleia geral ou da reunião do conselho de administração que eleger administrador deverá ser arquivada no registro público de empresas mercantis e publicada. A publicação será feita na forma do art. 289.

Art. 147. Quando a lei exigir certos requisitos para a investidura em cargo de administração da companhia, a assembleia-geral somente poderá eleger quem tenha exibido os necessários comprovantes, dos quais se arquivará cópia autêntica na sede social.

§ 1º São inelegíveis para os cargos de administração da companhia as pessoas impedidas por lei especial, ou condenadas por crime falimentar, de prevaricação, peita ou suborno, concussão, peculato, contra a economia popular, a fé pública ou a propriedade, ou a pena criminal que vede, ainda que temporariamente, o acesso a cargos públicos.

§ 2º São ainda inelegíveis para os cargos de administração de companhia aberta as pessoas declaradas inabilitadas por ato da Comissão de Valores Mobiliários.

§ 3º O conselheiro deve ter reputação ilibada, não podendo ser eleito, salvo dispensa da assembleia-geral, aquele que: (Incluído pela Lei 10.303, de 2001)

I – ocupar cargos em sociedades que possam ser consideradas concorrentes no mercado, em especial, em conselhos consultivos, de administração ou fiscal; e (Incluído pela Lei 10.303, de 2001)

II – tiver interesse conflitante com a sociedade. (Incluído pela Lei 10.303, de 2001)

§ 4º A comprovação do cumprimento das condições previstas no § 3º será efetuada por meio de declaração firmada pelo conselheiro eleito nos termos definidos pela Comissão de

Valores Mobiliários, com vistas ao disposto nos arts. 145 e 159, sob as penas da lei. (Incluído pela Lei 10.303, de 2001)

COMENTÁRIOS

1. Comprovação dos requisitos e impedimentos

FÁBIO ULHOA COELHO

Requisito e impedimento são dois conceitos diferentes. Requisito é a característica que o sujeito de direito *deve possuir* para ser elegível administrador; impedimento é a característica que ele *não pode ter* para ser elegível. Tanto os requisitos como os impedimentos podem ser *objetivos* ou *subjetivos*. Objetivo é o requisito ou o impedimento que se verifica a partir da exibição de documentos. Subjetivo é o requisito ou o impedimento não passível de documentação.

A LSA estabelece para a elegibilidade de qualquer administrador os seguintes *requisitos objetivos*: (i) ser pessoa natural (art. 146, *caput*); (ii) para o cargo de diretor, ser residente no Brasil (art. 146, *caput*); e (iii) o atendimento aos requisitos previstos para casos especiais (art. 147, *caput*), como, por exemplo, o de nacionalidade brasileira para administrar empresa jornalística (Constituição Federal, art. 222, § 1º).

Por outro lado, a LSA estabelece os seguintes *impedimentos objetivos*: (i) condenação por determinados crimes (art. 147, § 1º); (ii) nas companhias abertas, a inabilitação pela CVM (art. 147, § 2º); e (iii) impedimentos previstos em lei especial (art. 147, § 1º), como, por exemplo, ter cheques protestados no caso de administradores de instituições financeiras (Lei 4.595/1964, art. 10, XI, e Res. CMN 4.122/2012, art. 2º, V, do Anexo II). Em todos estes casos, a constatação de que determinado sujeito de direito atende ao requisito ou impedimento faz-se por meio da exibição de um documento (certidão negativa dos distribuidores judiciais, dos cartórios de protesto, certidão de nascimento etc.).

Em relação aos *requisitos* e *impedimentos subjetivos*, a LSA os estabelece num mesmo dispositivo, que é o § 3º do art. 147. Nele, a lei fixa *um* requisito (reputação ilibada) e *dois* impedimentos (administração de empresa concorrente e conflito de interesses). As três características abrigadas no art. 147, § 3º, da LSA, são *subjetivas* porque não existe nenhum documento que possa certificar o atendimento dos correspondentes requisito e impedimentos.

Os requisitos e impedimentos objetivos são documentáveis e o atendimento deles se faz necessariamente por exibição de um documento (certidão criminal negativa, certidão de nascimento etc.). Mas, em relação aos requisitos e objetivos subjetivos, insuscetíveis de comprovação por meio documental, como se procede à verificação de seu atendimento? O art. 147, § 4º, da LSA, menciona a "comprovação" destes requisitos e impedimentos subjetivos por uma declaração do candidato, de que tem reputação ilibada, não ocupa cargo de administração em empresa concorrente e não se encontra em nenhum conflito de interesses. Mas, convenhamos, a lei expressou-se mal, já que nenhuma declaração tem aptidão de fazer prova do que quer que seja relativamente ao próprio declarante.

Tanto para os requisitos como para os impedimentos subjetivos, na verdade, a verificação do atendimento é feita pela assembleia geral. Se, para a maioria dos acionistas com direito a voto na eleição dos administradores, o candidato atende aos requisitos e não incorre nos impedimentos subjetivos, então está resolvida a questão: ele é elegível, na forma da LSA. Confirma que se trata aqui de matéria sujeita ao exclusivo entendimento da assembleia geral a possibilidade de os impedimentos subjetivos do art. 147, § 3º, da LSA, serem dispensados por este órgão societário. Vale dizer, mesmo no caso de um candidato ser administrador de empresa concorrente ou ter conflito de interesses com a companhia, a maioria societária no âmbito da assembleia pode elegê-lo, se considerar ser esta a melhor solução para os interesses sociais. Em vista disto, embora a administração em concorrente ou o conflito de interesses seja passível de documentação, deve-se considerá-los impedimentos *subjetivos*.

2. Impedimento por prática de crime

FÁBIO ULHOA COELHO

O impedimento objetivo para o exercício de cargo de administrador de sociedade em razão de condenação penal, previsto no art. 147, § 1º, depende sempre de duas condições para a sua caracterização: (i) a espécie de crime que deu ensejo à sanção; e (ii) o trânsito em julgado.

Em relação à primeira, há uma lista exaustiva de tipos criminais circunscrevendo o âmbito do impedimento. Assim, são crimes cuja prática inabilita o administrador: "crime falimentar, de prevaricação, peita ou suborno, concussão, peculato, contra a economia popular, a fé pública ou a propriedade" ou aquele cuja pena "vede, ainda que temporariamente, o acesso a cargos públicos" (LSA, art. 147, § 1º). A mesma relação se encontra no art. 11, II, da Lei n. 8.934/94, que disciplina o Registro Público de Empresas. A esta lista, o art. 1.011, § 1º, do Código Civil, acrescentou, em 2003, os crimes "contra o sistema financeiro nacional, contra as normas de defesa da concorrência [e] contra as relações de consumo". A pessoa condenada por crime não incluído na lista legal não está impedida para o exercício do cargo de administrador de sociedade anônima; e não está, ainda que tenha sido condenado por crimes graves, como, por exemplo, os resultantes de preconceito de raça ou de cor (Lei 7.716/1989), os ambientais (Lei 9.605/1998) etc.

No tocante à segunda condição (o trânsito em julgado da condenação penal), ela decorre de garantia constitucional, inserta no art. 5º, LVII, da Carta Magna: "ninguém será considerado culpado até o trânsito em julgado de sentença penal condenatória". Se o cumprimento da sanção penal pressupõe, por determinação constitucional, o trânsito em julgado da condenação, também ficam a aguardá-lo todas as demais consequências da pena, entre as quais a inabilitação para cargo de administrador de sociedade anônima. É este o entendimento unânime da doutrina.[1397]

3. Hipóteses de inelegibilidade

ANA FRAZÃO

O art. 147, da Lei nº 6.404/1976, contém diversas hipóteses de inelegibilidade dos administradores, impondo à Assembleia Geral a observância de tais critérios para a eleição. Trata-se de regras nitidamente cogentes, que não podem ser afastadas pelos estatutos, embora estes possam criar outras hipóteses de inelegibilidade, aumentando o rigor na escolha de seus administradores.

De acordo com o art. 147, os casos gerais de inelegibilidade geral estão divididos em dois grandes grupos:

(i) as pessoas impedidas por lei especial, ou condenadas por crime falimentar, de prevaricação, peita ou suborno, concussão, peculato, contra a economia popular, a fé pública ou a propriedade, ou a pena criminal que vede, ainda que temporariamente, o acesso a cargos públicos (§ 1º);

(ii) no caso de companhias abertas, as pessoas declaradas inabilitadas por ato da Comissão de Valores Mobiliários (§ 2º).

Para os conselheiros, a lei ainda prevê expressamente que tenham reputação ilibada e não tenham conflitos de interesses (§ 3º), ainda que a Assembleia Geral possa autorizar a sua eleição nesses casos.

Ao se analisar os incisos do § 3º, observa-se que são legítimas as preocupações do legislador, pois a vedação diria respeito a conselheiros (i) que ocupem cargos em sociedades que possam ser consideradas concorrentes no mercado, em especial, em conselhos consultivos, de administração ou fiscal (inciso I) ou (ii) que tenham interesse conflitante com a sociedade (inciso II). Diante da relevância das razões, indaga-se inclusive porque tais vedações não foram exigidas expressamente também para os diretores.

O caso de ocupação simultânea de cargos administrativos em mais de uma sociedade, especialmente quando concorrentes, apresenta diversas preocupações, que vão desde a proteção dos segredos comerciais de cada uma das sociedades envolvidas, como também das estratégias e incentivos para a conduta dos administradores, que podem optar por priorizar uma gestão coletiva ou mesmo priorizar o interesse de uma das sociedades sobre o da outra.

É inequívoco que situações assim são palcos por excelência de conflitos de agência, o que faz com que a dispensa da Assembleia Geral deva ser motivada e informada, assim como o acompanhamento do administrador assim escolhido deva estar sujeito a um grau maior de escrutínio.

Uma coisa é certa: a regra do art. 147, da Lei nº 6.404/1976, tem evidentes conexões com o dever de lealdade dos administradores, cujo tratamento jurídico pode se dar tanto sob o viés estrutural, como regulatório. Como exemplo de soluções estruturais, encontram-se precisamente as vedações para a ocupação de cargos administrativos e a valorização dos chamados "diretores independentes".

[1397] Cfr., por todos, José Waldecy Lucena, que, ao comentar o art. 147, § 1º, da LSA, aduz: "algumas questões se põem a respeito da condenação criminal. A mais importante é a de que o impedimento somente surge com a condenação que tenha transitado em julgado, em face do princípio da presunção de inocência até que haja condenação definitiva" (*Das sociedades anônimas*. Rio de Janeiro: Renovar, 2009. v. II. p. 372).

Aliás, é por razões semelhantes que José Waldecy Lucena[1398] sustenta que o impedimento deveria ser interpretado de forma ainda mais ampla: "(...). Ou seja, basta que o candidato a conselheiro tenha algum relacionamento com a empresa concorrente, mesmo que não seja o de membro dos citados conselhos, para que, ainda que ocupe cargo subalterno, não preenchido mediante eleição, ocorra o impedimento. Mesmo que o cargo seja exercido, não na companhia diretamente concorrente, mas em outra sociedade do grupo, ainda que de objeto social diverso, haverá o impedimento."

No caso do § 3º, do art. 147, da Lei nº 6.404/1976, a finalidade da lei é nitidamente preventiva, cumprindo destacar que, exatamente por isso, a dispensa assemblear precisa ser justificada e razoável, sob pena de se configurar o abuso do direito de voto por parte de quem assim deliberou.

Com efeito, já foi demonstrado, nos comentários ao art. 115, da Lei nº 6.404/1976, que o exercício do direito de voto, para ser considerado regular, precisa levar em consideração os interesses da companhia, da comunhão acionária e de todos aqueles que se relacionam com a empresa. Dessa maneira, a dispensa assemblear a que se refere o artigo não pode ser arbitrária, inadequada ou desarrazoada. Pelo contrário, presume-se que o conselheiro, nas hipóteses do § 3º, do art. 147, da Lei das S/A, não terá a imparcialidade necessária para buscar o interesse social.

Daí a advertência de Modesto Carvalhosa e Nelson Eizirik[1399] de que apenas os investidores institucionais poderão beneficiar-se deste tipo de dispensa, já que "fora desses casos específicos a dispensa de impedimento pela assembleia geral poderia configurar deliberação contrária ao interesse social."

Apesar de louvável o esforço dos autores de tentar restringir a interpretação do § 3º, do art. 147, da Lei nº 6.404/1976, entende-se que, mesmo em se tratando de investidores institucionais, a existência de conselheiros comuns pode propiciar diversos conflitos de agência – os chamados conflitos múltiplos inerentes aos investidores institucionais, já tratados nos comentários ao art. 1º, da Lei nº 6.404/1976 –, a começar pela existência de gestão que não priorize o interesse da companhia, mas sim a totalidade do investimento dos grandes agentes, inclusive na dimensão temporal de curto ou médio prazo.

Daí a conclusão de que, salvo em casos absolutamente específicos e justificáveis, a dispensa de tais exigências poderá ser considerada abusiva. Acresce que, por mais que a dispensa assemblear possibilite a eleição para o cargo, deve haver maior escrutínio e garantias procedimentais em relação aos conselheiros assim nomeados, o que pode justificar até mesmo o maior enrijecimento das regras de conflito de interesses.

Vale ressaltar que a existência de conselheiros comuns em sociedades concorrentes cria dificuldades não somente no âmbito do Direito Societário, como também no Direito Concorrencial, já que o chamado *interlocking* pode levar a diversos tipos de coordenação entre as sociedades envolvidas, que podem ter evidentes desdobramentos anticoncorrenciais, tanto sob a ótica das condutas como sob a ótica das estruturas.[1400]

Diante das dificuldades decorrentes da eleição de um conselheiro nas hipóteses do § 3º, o § 4º prevê que "A comprovação do cumprimento das condições previstas no § 3º será efetuada por meio de declaração firmada pelo conselheiro eleito nos termos definidos pela Comissão de Valores Mobiliários, com vistas ao disposto nos arts. 145 e 159, sob as penas da lei." Como se vê, trata-se de exigência dirigida às companhias abertas, que está regulamentada pela atual Resolução CVM 80/2022.

4. Requisitos de elegibilidade e de investidura

Rodrigo R. Monteiro de Castro

O art. 147 trata, no *caput* e nos seus quatro parágrafos, de situações díspares. Talvez seja o mais impreciso – e confuso – artigo da LSA. A reforma da lei promovida em 2001 contribuiu para desorganização, invocando, sobretudo no § 3º, um conceito aberto que estimula excessos interpretativos.

O *caput* versa apenas sobre requisitos para investidura. A investidura, que é regulada no art. 149, ocorre após a eleição pela assembleia geral ou pelo conselho de administração, conforme o

---

[1398] *Das sociedades anônimas* – comentários à lei (arts. 121 a 188). Rio de Janeiro: Renovar, 2009. v. 2. p. 376.
[1399] *A nova Lei das S/A*. São Paulo: Saraiva, 2002. p. 314-315.
[1400] Ver FRAZÃO, Ana. *Direito da concorrência*: pressupostos e perspectivas. São Paulo: Saraiva, 2017. p. 183-186.

caso. O administrador eleito deve assinar o termo de posse no prazo de trinta dias, podendo o órgão para o qual tiver sido eleito aceitar justificação para assinatura tardia. Portanto, não é na eleição, mas na posse, que se configura pela assinatura do termo no livro de ata do órgão, que o cumprimento dos requisitos deve ser verificado.

A eleição se desdobra, assim, em dois atos, a eleição (como ato societário) e a posse. É a posse que não se pode implementar enquanto não restar demonstrado o preenchimento de determinados requisitos.

A verificação prévia, no ato deliberativo, ocorrerá apenas nas hipóteses expressamente previstas em lei, como aquelas indicadas nos §§ 1º e 2º do art. 147. O vocábulo "lei" deve ser interpretado no seu sentido mais amplo: qualquer lei, não apenas a LSA, que exija determinado requisito para a assunção de cargo de administrador, deverá ser observada.

Aliás, leis não societárias, de natureza regulatória, costumam determinar requisitos para a eleição ou investidura de administrador de companhia que atue em segmento regulado. A verificação deve ocorrer na posse, exceto se a lei especial antecipar o momento de verificação.

O art. 147 não retira da assembleia geral, todavia, a competência antecipatória da verificação de impedimento irreversível. Ao se revelar, assim, situação que impeça, de modo inequívoco, a investidura, a assembleia geral não precisará cumprir o ritual eletivo, e poderá rejeitar a eleição de plano, antes mesmo de se chegar à fase da posse, diante da impossibilidade jurídica ou fática de aquela pessoa se tornar administradora da companhia.

O § 1º, por outro lado, trata de hipóteses de verificação no momento da eleição. É na assembleia geral, portanto, e não por ocasião da assinatura de termo de posse, que se verificará, nesses casos, o preenchimento dos requisitos. Determina-se, assim, que são inelegíveis para qualquer cargo de administração, em órgão colegiado ou de representação e execução, para atuação como membro titular ou suplente, as pessoas impedidas por lei especial ou que foram condenadas por crime (i) falimentar, (ii) de prevaricação, (iii) de peita ou suborno, (iv) de concussão, (v) de peculato, (vi) contra a economia popular, (vii) a fé pública e (viii) a propriedade, ou (ix) que vede, ainda que temporariamente, o acesso a cargos públicos. Não se admite, nesses casos, a verificação *a posteriori*.

O § 2º incrementa a lista ao determinar a inelegibilidade, para cargos de administração de companhias abertas, de pessoas declaradas inabilitadas pela CVM. O comando se interpreta de modo restritivo, não se estendendo às companhias fechadas, exceto se houver previsão expressa no estatuto social ou em acordo de acionistas.

A imposição da penalidade de inabilitação está prevista no art. 11 da Lei nº 6.385/1976. O inciso IV de referido artigo estabelece, nesse sentido, prazo máximo de 20 anos para o exercício dos cargos de administrador ou de conselheiro fiscal (em ambos os casos, de companhia aberta), de entidade do sistema de distribuição ou de outras entidades que dependam de autorização ou registro na CVM.

5. O impedimento por condenação criminal

Rodrigo R. Monteiro de Castro

A inelegibilidade, consagrada nos §§ 1º e 2º, tem como referência a verificação de situação de impedimento prevista em lei: ou seja, conforme indicado nos mencionados dispositivos, em lei especial, na própria LSA (que escolhe condutas incompatíveis com o exercício da posição administrativa, no § 1º) ou na Lei nº 6.385/1976 (por força do § 2º).

Os tipos descritos nos §§ 1º e 2º tratam, exceto de eventual impedimento extraordinário previsto em lei especial, de ilicitudes que abalam a condição eletiva em decorrência de condenação pela prática de determinados crimes considerados incompatíveis com a função de administrador de companhia. Optou-se, assim, pela preservação reputacional, em detrimento da vontade dos acionistas que poderiam, eventualmente, relevar o ato condenatório.

Inexiste, portanto, opção. O comando é objetivo e mandatório; a condenação, nos casos expressos, fulmina a pretensão eletiva e interrompe o curso do prazo de gestão de administrador eleito – e posteriormente condenado. O administrador deixa de reunir os requisitos para permanecer no cargo. A interrupção é automática; independe de renúncia ou de destituição, e se opera com o trânsito em julgado da decisão condenatória.

O conceito de condenação não é extraído do direito societário. Não compete a qualquer órgão da companhia formulá-lo ou inová-lo. Ele se apresenta de modo unívoco no sistema, sem variação.

Trata-se, aliás, de pilar do estado de direito. A manipulação conceitual permitiria a prática de abusos contrários aos direitos e garantias individuais consagrados na CF. Oscilações sociais, provocadas por sentimentos mais ou menos conservadores ou progressistas, não autorizam a manipulação conceitual. Ao contrário: a segurança jurídica deve ser privilegiada.

No plano político, o anseio por justiça – ou por *justiçamento* – acarreta, com frequência, a manipulação social e a sujeição de eventual acusado pela prática de ato ilícito a julgamentos públicos, fora do sistema jurídico. A opinião pública, manipulada pelos mais diversos meios de propagação de notícias, verdadeiras ou falsas, julga e condena, lançando o acusado (que se transforma em condenado) ao calabouço midiático. A condenação social antecipa-se, pois, ao processo e à decisão final proferida por autoridade competente, de acordo com a lei.

O tempo do processo não justifica o *justiçamento*. O sistema recursal não autoriza a antecipação do julgamento. O atolamento do Poder Judiciário não é motivo para o descumprimento da lei.

No Brasil, a condenação tem significado constitucional. Não cabe, em nenhuma esfera, sua presunção. Ao contrário: o art. 5º, inciso LVII, assegura o direito de toda pessoa ser presumida inocente, até que se demonstre o contrário. Ninguém – incluindo o administrador de companhia ou o candidato a cargo de administração – será considerado culpado até o trânsito em julgado de sentença penal condenatória. Enquanto a decisão estiver sujeita a recurso, não se configurará a situação jurídica da condenação, devendo ser afastada, no plano societário, a pretensão impeditiva de eleição ou de manutenção de cargo.

A existência de decisão desfavorável – mas ainda não transitada em julgado – a administrador ou a candidato, em primeira ou segunda instância, não o desabilita, do ponto de vista estritamente jurídico. Fatores externos, como eventual dano à imagem ou reputação, não abalam, como regra geral, essa máxima.

Por outro lado, o princípio da presunção de inocência não confere ao administrador direito adquirido ao cargo, que não lhe pertence; o cargo é da companhia, jamais de acionista ou de administrador. A decisão de eleger ou manter administrador acusado ou condenado, antes de trânsito em julgado de sentença condenatória, compete exclusivamente à assembleia ou ao conselho de administração, conforme o caso – que, como já exposto, podem destituí-lo a qualquer momento, independentemente de justificativa.

É o órgão societário competente, de acordo com a LSA, quem deve promover o controle de pertinência e decidir sobre a manutenção ou não do administrador. A decisão é soberana, exceto se viciada.

Não cabe, em princípio, intervenção do Poder Judiciário para reformar deliberação majoritária tomada de acordo com a lei. O princípio da intervenção mínima reforça o direito dos acionistas de decidirem, livremente e por maioria, os temas sociais.

O reconhecimento desse princípio, por outro lado, não significa que se confere aos acionistas liberdade decisória absoluta. Todo acionista, controlador ou minoritário, submete-se ao comando do art. 115, que o orienta a exercer o direito de voto no interesse da companhia; e, no caso do controlador, ao disposto no art. 117, que lhe impõe limites ao exercício do seu poder.

A decisão de eleger ou manter administrador que é réu em processo penal – eventualmente "condenado" em qualquer instância, desde que ainda caiba algum recurso – deve ser justificada pelo interesse social: seja, assim, pelo papel de liderança que exerce, pela capacidade de aglutinação e relacionamento com o mercado (apesar da acusação ou da condenação não transitada em julgado) ou pelas consequências contratuais de sua eventual saída, dentre outras não colacionadas. O interesse social deve ser, portanto, o condutor da deliberação.

Se o réu também for o acionista controlador, seu voto, como indicado acima, deverá passar pelo teste do disposto no art. 117. Se se revelar abusivo, sujeitará o emissor a reparar a companhia pelos danos que lhe causou – ou que vier a causar. O controle se realiza *a posteriori* pelo Poder Judiciário.

6. O requisito da reputação ilibada

Fábio Ulhoa Coelho

Pode-se dizer, numa figura de linguagem, ser uma das *leis da sociologia* o aumento progressivo da complexidade nas relações sociais.[1401] No

---

[1401] De acordo com Niklas Luhmann: "o homem vive em um mundo constituído sensorialmente, cuja relevância não é inequivocamente definida através do seu organismo. Desta forma, o mundo apresenta ao homem uma multiplicidade

passado, tudo era mais simples: havia somente uma forma de família, constituída pelo casamento de um homem e uma mulher, cujas funções eram claramente definidas; não havia a reprodução assistida heteróloga, barrigas de aluguel, preocupações com a sustentabilidade ambiental das empresas, ameaças à privacidade etc.

Evidentemente, a complexidade crescente das relações sociais atinge igualmente os *valores*. Quer dizer, no passado, era muito mais fácil se chegar a um consenso relativamente aos valores que indicam o certo e o errado; hoje em dia, este consenso é extraordinariamente mais difícil, senão impossível. Há pouco mais de meio século atrás, a mulher solteira que engravidasse era objeto do mais veemente repúdio social. *Sua reputação era completamente aniquilada*. Atualmente, aceita-se com naturalidade a situação, que recebe até mesmo o reconhecimento e proteção constitucional (CF, art. 226, § 4º), sem prejuízos à reputação da mãe solteira.[1402]

A complexidade da vida contemporânea afeta uma noção generalizada de "*valores socialmente aceitos*", por ser atualmente difícil (e, em alguns casos, impossível) definir quais valores são aceitos pela maioria das pessoas como indiscutíveis parâmetros para o certo e o errado. Para alguns, o homem casado que sacrifica o convívio com a família com o objetivo de lhe prover mais recursos comete um enorme erro; para outros, ele adota a conduta mais certa a fazer.

Esta complexidade crescente da sociedade e seus efeitos de patente relativização dos valores atingem, claro, a noção de "reputação ilibada". Para alguns, não é ilibada a reputação do consumidor superendividado ("ele deveria ter sido comedido em seus impulsos de consumo"); para outros, a reputação deste mesmo consumidor é ilibada ("ele é uma vítima do marketing agressivo das empresas e da falta de informações corretas prestadas pelos fornecedores de crédito"). Outro exemplo patente da impossibilidade de se encontrar uma noção geral e absoluta de "reputação ilibada" encontra-se na celebração de colaborações premiadas, na forma da Lei 12.850/2013. Há os que *condenam* o colaborador, por considerarem que ele estará *quebrando a lei de silêncio* que acoberta os demais criminosos envolvidos; e há os que *parabenizam* o colaborador, pelos evidentes proveitos que sua ação representa à prevenção e repressão dos crimes e pacificação social.

Em razão da inevitável e crescente relativização dos valores adotados pelas pessoas, não pode o Estado-juiz definir se alguém atende ao requisito subjetivo do art. 147, § 3º, da LSA, para ser eleito para o conselho de administração de uma sociedade anônima. Em outros termos, cabe à assembleia geral da companhia decidir, pela maioria de seus componentes, se o candidato a administrador cumpre ou não o requisito da "reputação ilibada". É a opinião e os valores destas pessoas (componentes da maioria societária) que devem prevalecer no caso, sendo a matéria, portanto, insuscetível de revisão pelo Estado-juiz.

7. Reputação ilibada para elegibilidade de diretor

Rodrigo R. Monteiro de Castro

O § 3º do art. 147, introduzido pela Lei nº 10.303/2001, determina que o administrador deve ter reputação ilibada. Dois grandes desafios exsurgem dessa determinação: definir o que

---

de possíveis experiências e ações, em contraposição ao seu limitado potencial em termos de percepção, assimilação de informação, e ação atual e consciente. Cada experiência concreta apresenta um conteúdo evidente que remete a outras possibilidades que são ao mesmo tempo complexas e contingentes. Com *complexidade* queremos dizer que sempre existem mais possibilidades do que se pode realizar. [...] O fato de que as expetativas se sobrepõem, formando conjuntos imperscrutáveis de rejeições, pode ter sua raiz na casualidade dos contatos humanos. A função da complexidade dessas estruturas é a de aumentar a complexidade dos sistemas físicos e sociais, aumentar o âmbito da experiência e da ação expectáveis de forma a adequar-se a um mundo complexo, com múltiplas situações e exigências instáveis" (*Sociologia do direito I*. Tradução de Gustavo Bayer. Rio de Janeiro: Tempo, 1983. p. 45 e 50).

[1402] "A mudança da condição da mulher em relação ao casamento foi significativa com o surgimento da família contemporânea. Compare a história de duas *entertainers*, Carmem Miranda, que viveu de 1909 a 1955 (antes, portanto, da revolução dos costumes), e Maria da Graça Meneghel, a Xuxa, nascida em 1963 (em plena revolução). Os biógrafos dizem que Carmem queria muito ser mãe, mas não poderia realizar esse sonho se não fosse casada. No tempo em que viveu, certamente sofreria prejuízos irrecuperáveis em sua carreira artística, se acaso engravidasse solteira. Submeteu-se, então, a um casamento estranho e infeliz, para poder ser mãe; mas não conseguiu ter filho. Xuxa, por sua vez, é mãe solteira, fato que em absolutamente nada atrapalha sua profissão. Pelo contrário, sua gravidez e maternidade até ajudaram a atrair legitimamente mais atenção da imprensa e dos fãs para o seu trabalho" (COELHO, Fábio Ulhoa. *Curso de direito civil*. 8. ed. São Paulo: RT, 2016. p. 46).

vem a ser reputação ilibada e determinar quem pode atestá-la.

Não se pretende impedir o administrador por conta de situações que se passam no plano privado ou que não afetem sua capacidade de administrar a companhia – desde que a conduta não seja de tal modo reprovável que a separação entre os ambientes empresarial e pessoal se torne inviável. Sendo assim, para efeitos do direito societário, eventual acusação de protagonizar briga em local público ou de se envolver em relação extraconjugal macularia a reputação de administrador? Em princípio, não.

Por outro lado, a acusação de prática de crime de suborno, ainda sob investigação, exigiria a sua destituição? E se a denúncia partira de ex-administrador, em procura de vingança? Do mesmo modo, quem teria poder para decidir sobre a mácula?

Em situação mais intensa, administrador "condenado" em primeira instância (sem trânsito em julgado ainda) por crime que o impede de ser eleito ou manter-se no cargo, tem a sua reputação definitivamente abalada? E como fica o direito à presunção de inocência e a possibilidade de reforma judicial da decisão condenatória?

Ilibar é verbo transitivo direto, que significa tornar puro, purificar, restituir a estima, reabilitar. O adjetivo ilibado transita do verbo, significando não tocado, sem mancha, reabilitado, justificado. O vocábulo comporta, portanto, situações de pureza originária ou recuperada.

De todo modo, a integração do significado ao mundo dos fatos não se faz de modo objetivo, inequívoco, pois carregado de subjetividade. Mais do que isso: se sujeita a padrões morais voláveis e cambiantes, eventualmente manipulados pela intensificação de novos meios de comunicação. Daí a opção legislativa de estabelecer um *standard*, um referencial, cujo conteúdo deve ser verificado em função do caso concreto. Apenas as hipóteses impeditivas verificáveis *a priori*, como a condenação transitada em julgado ou a inelegibilidade declarada em ato da CVM, não se sujeitam à verificação casuística da ilibação, porque assim determina a LSA.

A verificação, nas demais situações, se realizará com base nas circunstâncias postas: a pessoa, a conduta, a ausência de conflito no ato deliberativo e a perspectiva da companhia. Cabe à própria companhia, portanto, e somente a ela, realizar e proferir juízo valorativo. O ambiente adequado é a assembleia geral ou o conselho de administração, conforme o caso.

Eventual deliberação aprovativa não deveria, em princípio, sujeitar-se à revisão judicial, exceto se contivesse vício convocatório ou na formação da vontade social. O inconformismo minoritário, por si, não justifica a intervenção. O respeito ao princípio majoritário estabiliza as dissonâncias societárias e evita o deslocamento do poder de controle por meio de intromissão estatal.

O conceito pretendido pela primeira parte do § 3º terceiro do art. 147 se preenche casuisticamente, conforme deliberação da própria companhia. Se ela entender que determinados fatos não maculam a reputação do administrador – e da própria companhia –, a sua eleição ou permanência estará admitida; por outro lado, externado o entendimento de que a mácula nele impregnou – ou impregnará na companhia –, estará preenchido o conteúdo proibitivo previsto na LSA.

Apesar de o § 3º referir-se apenas ao conselheiro, a exigência de ilibação reputacional se estende aos diretores. A omissão textual é suprida pelo conteúdo do art. 145.

Não poderia ser diferente. Conselheiro compõe órgão colegiado e não exerce função representativa ou executiva. Não lhe compete, isoladamente ou de modo colegiado, agir pela companhia. Eventual problema de reputação, por mais maléfico que seja, se dilui no órgão. Mesmo assim, cabe à assembleia geral deliberar sobre a presença ou a ausência de requisito indispensável ao exercício de cargo administrativo. Frise-se, portanto: a ilibação não se dispensa; o que se sujeita à vontade majoritária é o reconhecimento da presença – ou ausência – do requisito para cada administrador.

A diluição mencionada acima não ocorre em relação a diretor. Ao contrário: compete-lhe, consoante o art. 138, a representação da companhia, bem como a prática de atos de forma isolada, ainda que a diretoria se revista de caráter colegiado para definir algumas matérias. Do ponto de vista prático, os atos necessários ao cumprimento do objeto social são executados pela diretoria, conforme suas atribuições estatutárias. Seus membros atuam no mundo e viabilizam a sua existência. A essencialidade é reconhecida na LSA, que não admite companhia sem diretoria; sim, pois são os diretores que *falam*, se manifestam e se obrigam por ela, além de exercerem seus direitos.

Sendo assim, não podem se sujeitar a um regime menos rigoroso de verificação de reputação. As normas, no caso, são comuns, inexistindo especificidades que reclamem tratamento distintivo.

No tocante às companhias abertas, a extensão era prevista de modo expresso no art. 4º da ICVM 367, revogada pela Resolução CVM 80, de 29 de março de 2022. O Anexo K dessa Resolução também foi alterado pela Resolução 168/2022, que estabelece, em seu art. 1º, parágrafo único: "O disposto nos arts. 1º a 3º deste anexo também se aplica à eleição dos diretores pelo conselho de administração, na forma prevista pelo § 4º do art. 147 da Lei nº 6.404, de 1976".

8. Concorrência e conflito de interesses

Rodrigo R. Monteiro de Castro

O § 3º do art. 147 deveria ser desdobrado em dois: a primeira parte, que trata da reputação, prescinde de complemento. Bastaria que, nela, se formulasse que o conselheiro deve ter reputação ilibada. Essa formulação se preencheria – como se preenche – nas hipóteses concretas previstas nos §§ 1º e 2º do artigo, e em todas as demais reconhecidas pela assembleia geral ou pelo conselho de administração, conforme o caso.

A segunda parte trataria apenas das situações de conflito e de concorrência, que nada têm a ver, em princípio, com a reputação.

Ocorre que o texto criou uma aparente conexão limitadora do conceito de ilibação, que não se sustenta dentro do próprio artigo. A aparência indicaria, assim, que a reputação estaria associada à inexistência de interesse conflitante com a sociedade e a ocupação de cargo em sociedade concorrente. Essa interpretação não resiste à integração com o artigo em sua completude. Inexiste conexão necessária entre a primeira e a segunda partes do parágrafo.

A segunda parte trata de hipóteses de inelegibilidade, que se somam àquelas previstas nos §§ 1º e 2º, criando-se, assim, um conjunto hipotético que, ao contrário da norma geral contida no *caput*, impede que o administrador seja eleito. É no momento da eleição, e não da posse, que os requisitos são verificados.

A verificação, no caso do § 3º, independe da prática de ato ilícito e consequente condenação transitada em julgado ou inabilitação; refere-se a situações que, apesar de lícitas, expõem a companhia ou podem causar-lhe danos.

As situações descritas nos incisos I e II do § 3º são, portanto, especiais, mesmo em relação às dos parágrafos anteriores, pois passíveis de liberação pela assembleia geral. Os acionistas podem autorizar a eleição de administrador, enquadrado nas hipóteses dos incisos, desde que motivados pelo interesse social. A autorização não se estende às hipóteses de inelegibilidade constantes dos dois primeiros parágrafos do artigo. Apenas a assembleia geral tem autorização para formalizar a liberação. Nenhum outro órgão, mesmo que, formalmente, seja dominado pelo acionista controlador ou totalitário, poderá fazê-lo.

Pretende-se, com o inciso I, evitar que administrador ocupe, simultaneamente, cargos em sociedades concorrentes, o que lhe colocaria em desconfortável posição de acessar, conhecer ou orientar sociedades que disputam o mesmo mercado.

A vedação se estende a qualquer cargo ou função na sociedade concorrente, formal ou informal, direta ou indireta. A indicação expressa a conselho consultivo, administrativo ou fiscal é meramente exemplificativa. Alcança-se, também, a relação empregatícia, a prestação de serviços ou qualquer outra que configure ou possa configurar concorrência.

O inciso II atinge situações que envolvem o administrador diretamente. Preocupa-se com possíveis conflitos próprios do administrador, que possam afetar, de qualquer modo, sua isenção e sua atuação no interesse da companhia. O conflito pode estar presente no momento da eleição ou se revelar durante o prazo de gestão. Em qualquer dessas situações, o conflitado deverá revelar-se.

O administrador tem a obrigação, aliás, de antecipar o conflito futuro se tiver informação razoável de sua possível ocorrência. Caso não possa antecipar no momento da eleição, deverá revelá-lo assim que tiver ciência do conflito.

A LSA não admite, portanto, que o administrador conflitado permaneça no cargo sem a aprovação da assembleia geral.

Conforme previsto no art. 2º, §1º, do Anexo K da Resolução CVM 80/2022[1403], presume-se ter interesse conflitante com o da companhia a pessoa que, cumulativamente: (i) tenha sido eleita por acionista que também tenha eleito

---

[1403] "§ 1º Para os efeitos do inciso IV, presume-se ter interesse conflitante com o da companhia a pessoa que, cumulativamente: I – tenha sido eleita por acionista que também tenha eleito conselheiro de administração em sociedade concorrente; e II – mantenha vínculo de subordinação com o acionista que o elegeu."

Art. 148 — Ana Frazão

conselheiro de administração em sociedade concorrente; e (ii) mantenha vínculo de subordinação com o acionista que a elegeu.[1404] A presunção não afasta quaisquer outras situações conflituosas que devam ser declaradas pelo administrador.

Aliás, o § 4º estabelece que o conselheiro de companhia aberta comprovará o cumprimento das condições previstas no § 3º por meio de declaração nos termos definidos pela CVM. Trata-se, assim, de norma não aplicável às companhias fechadas, que poderão adotá-la mediante previsão estatutária ou deliberação assemblear.

A CVM definiu os termos na Resolução CVM 80/2022. De acordo com o inciso IV do art. 2º do Anexo K, a declaração deverá conter, em relação a esse tema, afirmativa de que "não ocupa cargo em sociedade que possa ser considerada concorrente da companhia, e não tem, nem representa, interesse conflitante com o da companhia, na forma dos incisos I e II do § 3º do art. 147 da Lei nº 6.404/76".

Na impossibilidade de formulação da declaração de inexistência de conflito, a assembleia geral poderá autorizar a eleição – e consequentemente a posse –, desde que se formalize a dispensa da exigência, e o administrador esclareça detalhadamente os motivos impeditivos.

Na assembleia geral que deliberará sobre o conflito, o acionista que o houver indicado deverá fundamentar seu voto, explicitando as razões pelas quais entende que inexiste impedimento à eleição do indicado. Além disso, exige-se a apresentação do currículo do candidato, contendo, no mínimo, a qualificação, experiência profissional, escolaridade, principal atividade profissional exercida no momento e os cargos ocupados em conselhos de administração, fiscal ou consultivo de outras companhias.

Como visto, as normas contidas nos arts. 1º a 3º do Anexo K da Resolução CVM 80/2022, nos termos do seu art. 1º, parágrafo único, aplicam-se – conforme autorizado no art. 145 da LSA – à eleição dos diretores de companhias abertas pelo conselho de administração.

A Resolução se refere somente a esse órgão, sem mencionar a assembleia geral, porque, por incidir apenas sobre a companhia aberta, ela terá, necessariamente, administração dualista, cabendo ao conselho de administração, com exclusividade, a eleição da diretoria.

Garantia da Gestão

Art. 148. O estatuto pode estabelecer que o exercício do cargo de administrador deva ser assegurado, pelo titular ou por terceiro, mediante penhor de ações da companhia ou outra garantia.

Parágrafo único. A garantia só será levantada após aprovação das últimas contas apresentadas pelo administrador que houver deixado o cargo.

COMENTÁRIOS

1. Garantia da gestão

Ana Frazão

O art. 148, da Lei nº 6.404/1976, autoriza o estatuto a exigir que o exercício do cargo de administrador seja assegurado, por titular ou por terceiro, mediante penhor de ações da companhia ou por meio do oferecimento de outra garantia.

Sob a égide do Dec. 2.627/1940, era obrigatória a prestação de caução pelo diretor da companhia antes de entrar no exercício de suas funções. Caso a caução não fosse prestada dentro de trintas dias contados da nomeação, presumia-se a não aceitação do cargo, nos termos do art. 117, § 1º. A caução consistia, assim, em obrigação legal para o exercício de qualquer cargo na administração da companhia, admitindo-se, ainda, a exigência de garantias suplementares pelo estatuto social. Cabia ao estatuto social definir o valor da caução.

A prática generalizada era o oferecimento das ações da própria companhia,[1405] em quantidade ínfima, pelos diretores, apenas para cumprir a exigência legal. Daí a crítica de Cunha Peixoto[1406] de que a aceitação de ações de emissão da própria companhia "torna ilusória" a garantia, pois o

---

[1404] A presunção prevista nesse inciso (i) somente se opera, de acordo com a própria Resolução CVM 80/2022, se o conselheiro de administração de sociedade concorrente houver sido eleito apenas com os votos do acionista, ou se tais votos considerados isoladamente forem suficientes para sua eleição.

[1405] CARVALHOSA, Modesto. *Comentários à lei de sociedade anônimas*. São Paulo: Saraiva, 2014. v. 3 (edição *Kindle*); BARBOSA, Marcelo. Capítulo III – Conselho de Administração e Diretoria. Seção IV – Administradores. In: LAMY FILHO, Alfredo; PEDREIRA, José Luiz Bulhões. *Direitos das companhias*. Rio de Janeiro: Forense, 2017. p. 784.

[1406] PEIXOTO, Cunha. *Sociedades por ações*. São Paulo: Saraiva, 1973. v. 4. p. 46.

"número pequeno de ações passa a não representar nenhuma segurança para a responsabilidade dos diretores que, em geral, movimentam grandes negócios na sociedade".

A Lei nº 6.404/1976 suprimiu a obrigatoriedade, tornando facultativa a prestação de garantia da gestão. Cabe, portanto, ao estatuto definir se o administrador deverá ou não a oferecer. No silêncio do estatuto, a garantia é dispensável.

O art. 148, da Lei nº 6.404/1976, admite expressamente como garantia o "penhor de ações da companhia". Não há óbice, contudo, a que sejam oferecidas outras formas de garantia, a exemplo da hipoteca, do penhor de outros bens móveis assim como de garantias fidejussórias. Como se infere do *caput*, essas garantias poderão ser oferecidas tanto pelo próprio administrador quanto por terceiros em seu benefício. Quando o administrador der em garantia ações de emissão da própria companhia, após a execução, as ações serão mantidas em tesouraria para serem alienadas posteriormente. O oferecimento das ações como garantia não impede o exercício do direito de voto pelo titular das ações caucionadas.

A garantia tem por finalidade resguardar a companhia contra eventuais danos causados pelo administrador. A beneficiária é, portanto, a própria companhia, pois a garantia servirá para indenizá-la dos prejuízos causados pela gestão culposa ou dolosa dos administradores. Nem os acionistas nem terceiros poderão executar a garantia oferecida à companhia em razão de danos causados a eles.

Note-se, porém, que, como os administradores são órgãos da sociedade, é possível que a ação individual, cabível em caso de danos diretos, seja ajuizada por terceiros ou por acionistas contra a própria companhia, como se examinará melhor nos comentários ao art. 159, da Lei nº 6.404/1976, e não contra o administrador, hipótese em que a garantia poderá ser executada para assegurar o exercício do direito de regresso pela companhia.

2. Ineficácia do art. 148

Rodrigo R. Monteiro de Castro

Esse é um exemplo de norma ineficaz; não é observada e não atinge a sua finalidade, que é a garantia da companhia – e, consequentemente, dos acionistas – pelos atos de gestão. Sua validade é inquestionável, mas a aceitação social absolutamente desprezível.

A formulação seria, mesmo que pretendida, de difícil execução. Primeiro, em relação à definição do tamanho da garantia. A referência, para sua fixação, poderia ser qualquer coisa: remuneração mensal, anual ou equivalente a todo o prazo de gestão; percentual de vendas ou de receitas; percentual do lucro líquido; ou percentual do patrimônio do próprio administrador.

Todas poderiam ser, ao mesmo tempo, justificáveis ou absurdas (dependendo do ponto de vista), e atingiriam resultado contrário ao pretendido pela norma: afastamento de pessoas habilitadas ao exercício da administração.

Garantia irrisória não é, na prática, garantia, e tem efeito moral negativo, pelo possível abalo da relação de confiança que se pretende inaugurar com a eleição de administrador. Por outro lado, garantia excessiva – ou que correspondesse aos potenciais (e arbitrários) danos decorrentes da atuação administrativa – abalaria o interesse de candidatos.

Determinação semelhante não existe em outras situações ou atividades: membros dos poderes judiciário, legislativo ou executivo, na carreira pública, ou empregados qualificados, responsáveis por áreas estratégicas de sociedades empresárias, na atividade privada, para citar poucos exemplos.

Talvez se confrontem as proposições anteriores alegando-se que a ineficácia depende da inobservância de uma norma impositiva, que não é o caso; porém, a confirmação de que o fim pretendido, mesmo que facultativo, não se atinge, revela a falta de reconhecimento da sociedade em relação à pretensão normativa.

A característica não obrigatória empregada pelo legislador pode ser reforçada ou negada no estatuto. A negação implica obrigatoriedade.

A previsão estatutária pode ser genérica, atribuindo-se à assembleia geral ou ao conselho de administração, conforme o caso, a fixação do montante, ou específica, e pode ser direcionada a grupos de administradores, em função do órgão ocupado ou da posição exercida na administração. Também não precisa ser igual a todos os administradores, podendo variar por conta das atribuições de cada um. Inexiste, portanto, restrição para o tratamento do tema no estatuto.

3. Prestação da garantia

Rodrigo R. Monteiro de Castro

A garantia pode ser prestada pelo próprio administrador ou por terceiro em seu favor. A LSA faz referência ao penhor de ações da própria companhia. Trata-se de mero exemplo, que pode ser adotado tanto pelo administrador, se for acionista, como pelo terceiro que o garanta, mediante o oferecimento de suas ações.

Qualquer outra garantia, admitida no estatuto, ou, se silente, pela assembleia geral ou pelo conselho de administração, poderá ser oferecida. A garantia não poderá ser levantada antes da aprovação das últimas contas apresentadas pelo administrador. O atraso na apresentação deslocará o levantamento para o momento futuro, em que ela ocorrer.

A reprovação das contas terá como consequência a preservação da garantia, até que sejam reapresentadas e aprovadas. A garantia também poderá ser preservada em caso de aprovação com reserva.

O levantamento somente se operará com a aprovação sem reservas, caso em que, conforme previsto no art. 134, parágrafo 3º, o administrador estará exonerado de responsabilidades (salvo erro, fraude ou simulação), podendo, portanto, voltar a dispor dos bens oferecidos em garantia.

4. Recomposição da garantia

RODRIGO R. MONTEIRO DE CASTRO

A garantia serve para conferir à companhia meio de reaver a totalidade ou parte da perda provocada pelo administrador, que praticar ato irregular, na forma do art. 158. Não se presta, assim, a garantir eficiência administrativa. O administrador não é responsável por atos regulares de gestão, que gerem resultados inesperados ou deficitários. A garantia também não servirá para suprir a reposição dessas perdas, pois elas fazem parte do risco assumido no exercício das funções administrativas; afinal, decisões de mérito são passíveis de sucesso ou insucesso, de forma que se exige do administrador, na sua atuação, a observância dos deveres fiduciários a que está sujeito, e não necessariamente uma garantia de obtenção de determinados resultados.

Por outro lado, a garantia deve se manter hígida durante todo o prazo de gestão. Se ela perecer, outra poderá ser apresentada, pelo próprio administrador ou por terceiro. A recusa ou a impossibilidade de apresentação terá como consequência o fim da gestão do respectivo administrador.

Investidura

Art. 149. Os conselheiros e diretores serão investidos nos seus cargos mediante assinatura de termo de posse no livro de atas do conselho de administração ou da diretoria, conforme o caso.

§ 1º Se o termo não for assinado nos 30 (trinta) dias seguintes à nomeação, esta tornar-se-á sem efeito, salvo justificação aceita pelo órgão da administração para o qual tiver sido eleito. (Redação dada pela Lei 10.303, de 2001)

§ 2º O termo de posse deverá conter, sob pena de nulidade, a indicação de pelo menos um domicílio no qual o administrador receberá as citações e intimações em processos administrativos e judiciais relativos a atos de sua gestão, as quais reputar-se-ão cumpridas mediante entrega no domicílio indicado, o qual somente poderá ser alterado mediante comunicação por escrito à companhia. (Incluído pela Lei 10.303, de 2001)

COMENTÁRIOS

1. Investidura: ato de manifestação de concordância

RODRIGO R. MONTEIRO DE CASTRO

Os conselheiros são eleitos pela assembleia geral; os diretores, pelo conselho de administração ou, se esse órgão não existir, pela assembleia geral. A eleição expressa a vontade desses órgãos, por meio dos quais se revela a vontade da própria companhia, de que o eleito passe a integrar a administração. A expressão, porém, não tem o condão de transformar candidatos (ou escolhidos) em administradores. Falta-lhes, em ambos os órgãos, poder para forçar a aceitação da eleição.

O ato eletivo não tem a natureza de negócio jurídico unilateral de vontade, para cuja formação basta a manifestação volitiva de uma parte (da companhia), sendo dispensada a concordância da outra (pessoa eleita), como é o caso da renúncia de administrador.

É improvável, no entanto, que acionistas ou conselheiros apresentem nomes de candidatos que não foram previamente consultados, que não concordaram com os termos remuneratórios e demais aspectos relevantes para aceitação do cargo, e que não se comprometeram a assumir a função a partir do momento estabelecido no ato eletivo.

A concordância deverá ser manifestada, como regra, pela investidura no cargo, mediante assinatura de termo de posse no livro de atas do conselho de administração ou da diretoria, no prazo de trinta dias. O decurso do prazo, sem que o administrador aceite a incumbência para a qual foi eleito, fulmina a vontade da companhia, que deverá reiniciar o processo eletivo a fim de escolher outra pessoa.

A LSA admite apenas uma exceção: o reconhecimento, pelo órgão da administração que a pessoa integrará – e perante o qual o termo de posse será assinado –, de que há justo motivo para atraso na assinatura do termo de posse (isto é, fora do prazo de 30 dias).

A decisão do conselho de administração se formula mediante deliberação colegiada, na forma do art. 138. Não cabe a um ou mais conselheiros decidirem sozinhos sobre a razoabilidade, sem que se observem os procedimentos de formação de vontade previstos no estatuto.

Isso também se aplica à diretoria, de modo excepcional, por força expressa do texto normativo. O § 1º do art. 149 se refere, com efeito, à aceitação do órgão, e não de um ou alguns membros.[1407] A aceitação depende, assim, de uma decisão colegiada dos diretores empossados.

2. Suposto rigor formal da investidura

RODRIGO R. MONTEIRO DE CASTRO

A interpretação literal do texto normativo pode levar à incorreta formulação de que a assinatura do termo de posse, ato formalíssimo, é a condição para investidura no cargo. Não é. A condição é a aceitação, inequívoca, do encargo, que costuma se manifestar por meio da assinatura do termo de posse, mas poderia ser depreendida de outros eventos também.

A prática revela situações, sobretudo em companhias fechadas, de início da atuação administrativa, sem a assinatura do termo. A ausência será percebida tempos depois, por ocasião de auditoria ou de revisão ordinária dos atos societários da companhia.

Não seria razoável – ou desejável – supor que o ato de aceitação verbal fosse nulo ou anulável, pois foi suficiente para consumação da vontade expressada pela companhia. Mais do que isso: ao iniciar a atuação, terá praticado os atos orgânicos que lhe competem e para os quais fora eleito.

A tese formalista não resiste, assim, ao realismo societário. Isso não significa, todavia, que a formalidade deva ser descartada, quando descoberta a ausência da assinatura do termo de posse. O órgão de que o administrador participa – e que é responsável pela execução do formalismo –, deverá produzir o documento, nele anotando o dia em que a posse se processou. O documento em si terá a data em que o administrador o assinar, mas com referência à data em que se começou a exercer as funções administrativas.

3. Teor do termo de posse

RODRIGO R. MONTEIRO DE CASTRO

O § 2º do art. 149, introduzido pela Lei nº 10.303/2001, determina que se indique no termo pelo menos um domicílio no qual o administrador receberá as citações e intimações em processos administrativos e judiciais relativos a atos de sua gestão.

As intimações e as citações serão consideradas cumpridas mediante entrega no domicílio indicado. Eventual mudança deve ser expressa e formalmente comunicada à companhia pelo administrador. A LSA atribui a ele o ônus da comunicação. A ausência comunicativa não prejudicará direitos da companhia ou de terceiros, de modo que o administrador não poderá alegar, em sua defesa, a nulidade de citação ou de intimação, exceto se tiver formalizado o comunicado de mudança à companhia, e esta não o tenha processado.

4. Nulidade do termo de posse

RODRIGO R. MONTEIRO DE CASTRO

A consequência da falta de indicação é a nulidade. A nulidade se refere ao termo de posse, e não à eleição. O administrador permanece indicado e eleito, sendo disputada, apenas, a formalização determinada pela LSA.

A posse, como visto, depende de manifestação inequívoca do administrador. O início efetivo da gestão, com a assunção do cargo administrativo, manifesta, assim, a aceitação, sacramentando o encontro de vontades – da companhia e do administrador.

No ato considerado nulo, pela falta de indicação de endereço, o administrador terá, no entanto, expressado formalmente a aceitação, e se tornado administrador. A ausência indicativa não abalará os atos da companhia de que o administrador tenha participado como presentante ou como parte de deliberação colegiada.

[1407] "§ 1º Se o termo não for assinado nos 30 (trinta) dias seguintes à nomeação, esta tornar-se-á sem efeito, salvo justificação aceita pelo órgão da administração para o qual tiver sido eleito".

Porém, terceiros não conhecem e não têm motivo para conhecer a validade do termo de posse, de modo que o administrador e os administradores que deveriam ter zelado pela observância do comando legal responderão pelos eventuais danos que vierem a ser causados à companhia, e esta, juntamente com os respectivos administradores, perante terceiros.

5. Investidura de suplente

Ana Frazão

De acordo com o art. 149, da Lei n° 6.404/1976, "Os conselheiros e diretores serão investidos nos seus cargos mediante assinatura de termo de posse no livro de atas do conselho de administração ou da diretoria, conforme o caso." Nos termos do § 1°, "Se o termo não for assinado nos 30 (trinta) dias seguintes à nomeação, esta tornar-se-á sem efeito, salvo justificação aceita pelo órgão da administração para o qual tiver sido eleito."

A assinatura do termo de posse representa a aceitação do administrador do cargo para o qual foi eleito, sendo o último ato do procedimento complexo de nomeação de administradores, que se inicia com a eleição dos nomes e se encerra com a efetiva posse e a assunção efetiva do cargo.

De toda sorte, a CVM[1408] já teve oportunidade de decidir que o prazo previsto no § 1° não se estende ao termo de posse dos membros suplentes, que poderia ser assinado em outro prazo contado da vacância do cargo de titular.

6. Domicílio do Administrador

Ana Frazão

Para assegurar que todos os administradores possam ser responsabilizados por todos os desdobramentos da sua gestão, o § 2° prevê que "O termo de posse deverá conter, sob pena de nulidade, a indicação de pelo menos um domicílio no qual o administrador receberá as citações e intimações em processos administrativos e judiciais relativos a atos de sua gestão, as quais reputar-se-ão cumpridas mediante entrega no domicílio indicado, o qual somente poderá ser alterado mediante comunicação por escrito à companhia."

O § 2° foi incluído pela Lei n° 10.303/2001, com a nítida finalidade de facilitar a citação dos administradores, medida que tem sido aplaudida por alguns doutrinadores e criticada por outros, inclusive sob a acusação de inconstitucionalidade.[1409]

Substituição e Término da Gestão

Art. 150. No caso de vacância do cargo de conselheiro, salvo disposição em contrário do estatuto, o substituto será nomeado pelos conselheiros remanescentes e servirá até a primeira assembleia-geral. Se ocorrer vacância da maioria dos cargos, a assembleia-geral será convocada para proceder a nova eleição.

§ 1° No caso de vacância de todos os cargos do conselho de administração, compete à diretoria convocar a assembleia-geral.

§ 2° No caso de vacância de todos os cargos da diretoria, se a companhia não tiver conselho de administração, compete ao conselho fiscal, se em funcionamento, ou a qualquer acionista, convocar a assembleia-geral, devendo o representante de maior número de ações praticar, até a realização da assembléia, os atos urgentes de administração da companhia.

§ 3° O substituto eleito para preencher cargo vago completará o prazo de gestão do substituído.

§ 4° O prazo de gestão do conselho de administração ou da diretoria se estende até a investidura dos novos administradores eleitos.

[1408] CVM. Processo Administrativo 2005/3475/RJ. Rel. Dir. Pedro Oliva Marcílio de Souza. j. 08.08.2006.

[1409] Modesto Carvalhosa (*Comentários à lei de sociedades anônimas*. São Paulo: Saraiva, 2014. v. 4. p. 318-320) mostra-se inconformado com a desnecessidade de citação pessoal, ainda que admita que tal entendimento venha sendo firmado pela CVM. Entretanto, sob o argumento de que o previsto no § 2°, do art. 149 não se coaduna com o regime de citação estabelecido no Código de Processo Civil, entende que sua inconstitucionalidade é patente, pois acabaria levando a uma citação ficta e precária. Daí sustentar que se deve aplicar à hipótese as regras gerais concernentes à citação e à intimação, sob pena de o processo ser nulo por ausência de citação. Já Jose Waldecy Lucena (*Das sociedades anônimas* – comentários à lei (arts. 121 a 188). Rio de Janeiro: Renovar, 2009. v. 4. p. 403) considera que a norma não padece de inconstitucionalidade, pois "Trata-se, a toda evidência, de simples regra processual que complementa, como norma especial, a norma geral instituída pelo Código de Processo Civil, para reger a citação pelo correio, não se podendo dela inferir que ofenda os princípios do contraditório e do devido processo legal."

COMENTÁRIOS

1. Vacância e substituição de administradores

Ana Frazão

No art. 150, da Lei nº 6.404/1976, a lei trata da vacância do cargo de administrador. Ao contrário dos impedimentos temporários, ocasiões em que os administradores poderão retornar para os cargos após a superação do impedimento, a vacância é definitiva.

No caso dos impedimentos temporários, como a lei não prevê nenhuma solução, devem ser tratados pelo estatuto da companhia. Já no caso da vacância, a lei disciplina o tema a partir da distinção entre Conselho de Administração e Diretoria e, no que diz respeito ao primeiro, da diferenciação entre vacâncias isoladas ou que não cheguem a atingir a maioria do Conselho e a vacância da maioria ou da totalidade dos cargos do órgão.

Na primeira hipótese, de vacância de cargo de Conselheiro, a lei prevê regra dispositiva de que o substituto será nomeado pelos conselheiros remanescentes e servirá até a primeira Assembleia Geral. Com efeito, dispõe o *caput* do art. 150, da Lei nº 6.404/1976, que "No caso de vacância do cargo de conselheiro, salvo disposição em contrário do estatuto, o substituto será nomeado pelos conselheiros remanescentes e servirá até a primeira assembleia-geral."

Fica claro que os estatutos podem prever solução diversa, para reger a substituição definitiva ou mesmo a substituição provisória, até que a Assembleia ocorra, como já foi reconhecido pela CVM, nos termos do seguinte voto do Diretor Relator Pablo Renteria:[1410]

> O estatuto social pode prever que o membro titular seja substituído por suplente eleito pelos acionistas. A Lei das S.A. admite a figura da suplência, mas não entra em detalhes, deixando a matéria à disciplina estipulada no estatuto social da companhia.
>
> Desse modo, compete ao estatuto social definir entre outros aspectos:
>
> 1. Se há ou não membros suplentes no Conselho de Administração
>
> 2. As hipóteses de atuação dos suplentes, que podem ser eventuais (ausências e impedimentos) e definitivas (vacância de cargo);
>
> 3. O número de suplentes
>
> 4. Se há vinculação entre suplentes e membros titulares ou se a suplência é inominada, cabendo, nesse caso, estabelecer a ordem e os critérios de chamamento.

De outra parte, sendo omisso o estatuto sobre o modo de substituição definitiva, aplica-se a regra supletiva prevista no art. 150, que estabelece procedimento organizado em duas etapas. Assim, uma vez verificada a vacância do cargo de conselheiro, por renúncia ou outra razão, compete aos conselheiros remanescentes nomear o substituto, que deve servir até a primeira assembleia geral. Desse modo, a lei prevê uma solução rápida e simples para que o Conselho de Administração seja prontamente recomposto.

Ainda a propósito da substituição definitiva em caso de vacância, a Lei da S.A. prevê regramento específico para o caso de o membro titular (a ser substituído) ter sido eleito por meio do processo de voto múltiplo. Nessa hipótese, aplica-se a regra contida na parte final do art. 141, § 3º. A questão que se cabe colocar em razão do recurso em apreço é se essa regra derroga aquela prevista no art. 150, já examinada acima, ou se com esta se concilia.

Ainda que se trate de cargo deixado vago por membro eleito pelo voto múltiplo, cumpre aos conselheiros remanescentes nomear substituto para servir até a próxima assembleia geral, salvo se o estatuto social estabelecer solução diversa, como, por exemplo, o chamamento de suplente para ocupar o cargo vago.

Como se pode observar, o estatuto tem uma considerável autonomia para regular a suplência, inclusive no que diz respeito às ausências e os impedimentos. Também é interessante notar que, mesmo na hipótese de vacância de membro eleito pelo voto múltiplo, entendeu a CVM que o estatuto poderia estabelecer a solução de chamamento do suplente ou outra alternativa ou, no seu silêncio, os conselheiros remanescentes poderiam nomear o substituto até a próxima Assembleia Geral.

Já na hipótese de vacância da maioria ou da totalidade dos cargos do Conselho de Administração, a lei prevê a solução cogente de que deverá haver convocação da Assembleia Geral para proceder à nova eleição, nos termos do art. 150, *caput*. Se a vacância for total, caberá à diretoria a

---

[1410] CVM. Processo Administrativo 2017-76/RJ. Rel. Dir. Pablo Renteria. j. 20.02.2018.

convocação da Assembleia, nos termos do § 1º, do art. 150, da Lei nº 6.404/1976.

Em qualquer hipótese, os conselheiros serão eleitos para completar o mandato do substituído, nos termos do § 3º, do art. 150, que também se aplica à Diretoria. No caso dos conselheiros, é importante destacar ainda a necessidade de se manter a regra da representatividade, sempre que um determinado conselheiro tiver sido eleito pelos empregados ou determinado grupo de acionistas – tal como ocorre nas hipóteses dos arts. 16, 18, 141, § 4º –, bem como de se observarem as disposições aplicáveis ao voto múltiplo.

Em se tratando de diretores, determina o § 2º que "No caso de vacância de todos os cargos da diretoria, se a companhia não tiver conselho de administração, compete ao conselho fiscal, se em funcionamento, ou a qualquer acionista, convocar a assembleia-geral, devendo o representante de maior número de ações praticar, até a realização da assembleia, os atos urgentes de administração da companhia."

Como se pode observar, trata-se de solução extrema, em que o próprio acionista deverá assumir a administração da companhia, pelo menos no que diz respeito aos atos urgentes. Embora a lei mencione que tal situação deve perdurar até a realização da assembleia, é fato que ela deve ser mantida pelo menos até a investidura dos novos membros.

A lei também se preocupa com atrasos ou eventuais problemas que podem ocorrer na sucessão dos administradores, por qualquer que seja o motivo. Daí o § 4º determinar que "O prazo de gestão do conselho de administração ou da diretoria se estende até a investidura dos novos administradores eleitos." Trata-se de regra importante, em que a lei cria hipótese de prorrogação dos mandatos para assegurar que a companhia não fique acéfala.

Por fim, cumpre mencionar a possibilidade de cooptação ou acumulação de cargos vagos. Para a Diretoria, tal possibilidade pode ser prevista nos estatutos, até porque a legislação não prevê nenhum impedimento, desde que observado o número mínimo de dois diretores, tal como exige o art. 143, da Lei nº 6.404/1976.

Entretanto, não há que se cogitar desta possibilidade em relação aos membros do Conselho, pois se trata de órgão coletivo e deliberativo, cujo número de integrantes é pensado diante das necessidades da companhia e cujos membros detêm as mesmas competências, ao contrário do que acontece com a Diretoria. Por essa razão, não faz sentido que se cogite de acumulação nessa hipótese.

2. Disciplina da vacância na lei e no estatuto

Rodrigo R. Monteiro de Castro

O art. 150, *caput*, estabelece a regra geral em relação à vacância de cargo de conselheiro, que pode ser modificada pela companhia, desde que fixe a sua própria regulamentação a respeito no estatuto. A regra específica pode estar presente no texto aprovado na assembleia geral de constituição ou em qualquer momento posterior, mediante reforma estatutária, promovida na forma no art. 135.

Vacância é uma situação singular. Significa "estado do que não está ocupado ou preenchido".[1411] Implica um vazio definitivo em relação ao cargo que era ocupado pelo administrador originalmente eleito, decorrente de situação que não poderá ser revertida por ele ou pela companhia, como nos casos de morte ou renúncia.

Os efeitos e as soluções previstos nesse artigo não se estendem a qualquer outra hipótese que envolva o administrador, como a ausência ou o impedimento temporário.

No caso de vacância de cargo de conselheiro, salvo se previsto de forma diversa no estatuto, os membros remanescentes do próprio órgão indicarão e nomearão o substituto, que servirá até a primeira assembleia geral seguinte à nomeação.

Rompe-se, pois, com a estrutura hierárquica eletiva da LSA: a assembleia elege membros do conselho, e o conselho elege a diretoria. A solução adota uma forma lateral de escolha pragmática e, de certo modo, econômica, apesar de ilógica.

Não chega a ser uma antinomia, por conta do disposto no art. 122, II, mas evidencia uma escolha passível de geração de conflito, por dois motivos principais: estatutos costumam ser silentes sobre o tema, não pela escolha dos acionistas, mas pelo desconhecimento da solução legal, e quando não o são, repetem a lei, sem igualmente tratar de modo apropriado sobre as consequências.

[1411] HOUAISS, A.; VILLAR, M. S. *Dicionário Houaiss de Língua Portuguesa*. Elaborado pelo Instituto Antônio Houaiss de Lexicografia e Banco de Dados da Língua Portuguesa S/C Ltda. Rio de Janeiro: Objetiva, 2009. p. 955.

Do ponto de vista prático, partindo-se das premissas de que a assembleia geral ordinária deve ocorrer uma vez ao ano e o prazo para sua realização, previsto na LSA, é observado, o conselheiro substituto pode permanecer no cargo por até um ano, menos alguns dias, caso a vacância ocorra logo após uma assembleia geral ordinária.

O propósito é a manutenção do órgão em sua plenitude. Mas, para tanto, não precisaria ter imputado a um órgão que é originariamente incompetente a prerrogativa eletiva extraordinária. Essa solução melhor se coadunaria com a lógica interna das companhias caso a competência se configurasse apenas na hipótese de a assembleia não ser convocada em determinado prazo, após a confirmação da vacância (sem prejuízo da responsabilização de quem devesse ter promovido a convocação).

A escolha lateral é potencialmente conflituosa, ademais, pois permite composições internas distintas das pretendidas pela assembleia geral e, em situações extremas, a introdução de desequilíbrio entre os grupos que compõem a estrutura societária. O potencial conflituoso se aguça em companhias que não tenham controlador majoritário absoluto, singular ou conjunto, ou controlador majoritário simples[1412].

O controle majoritário absoluto singular se caracteriza pela influência irresistível, por parte de um acionista, sobre os demais, que se submetem à orientação do controlador. Difere do controle majoritário absoluto conjunto pela existência, nesta modalidade, de arranjo entre dois ou mais sócios, que se reúnem para exercer o controle.[1413] Nessas hipóteses, é improvável que a escolha do substituto recaia sobre pessoa não indicada ou aprovada pelo controlador.

Aliás, mesmo nas situações de controle majoritário simples, a manutenção da estrutura eletiva originária deverá decorrer da influência do controlador sobre os conselheiros que ele tiver indicado – e que seguirão sua orientação em relação ao substituto.

Será, no entanto, nas situações de controle minoritário ou do impropriamente chamado controle gerencial, que o conflito tenderá a abalar a relação de forças dentro do conselho de administração; a eleição provisória de conselheiro alinhado com grupo preponderante, porém insuficiente para obtenção de quórum para deliberar certas matérias, reflete o distanciamento da lógica interna da LSA.

Foi essa, porém, a escolha do legislador. Caso os acionistas pretendam adotar solução distinta, deverão fixá-la no estatuto social, conforme autorização do *caput* do art. 150.

A nomeação será feita pelos conselheiros remanescentes, que deliberarão por maioria. Havendo empate, e se não houver atribuição de voto de desempate ao presidente do conselho de administração, a assembleia geral deverá ser convocada para preencher o cargo, até o término do prazo de gestão, na forma do § 3º. Descarta-se, pois, nesta hipótese, a necessidade de nova eleição na primeira assembleia geral seguinte, conforme previsto no *caput*, que se justifica apenas se o preenchimento decorrer de nomeação pelo conselho de administração.

3. Complementação do mandato

RODRIGO R. MONTEIRO DE CASTRO

O substituto servirá até a primeira assembleia geral que ocorrer após a sua eleição, independentemente do tipo. Pode ser tanto em assembleia geral ordinária, quanto em extraordinária. Não se afronta a competência privativa da ordinária, prevista no art. 132, pois admitida na própria LSA. Tem natureza de norma especial.

Pouco importa o momento em que ocorra: um dia, um ano ou em qualquer data posterior; a eleição de novo conselheiro, para completar o prazo, se dará na primeira oportunidade seguinte à vacância.

A eleição de novo conselheiro deverá estar prevista na pauta da assembleia geral e constar do edital de convocação. A ausência impede que se delibere a eleição. O impedimento não tem o condão de manter o substituto no cargo. O prazo se encerra com a realização da assembleia geral, resultando em nova vacância, que deverá ser preenchida, outra vez, pelo conselho de administração, observando-se, a partir do preenchimento, o disposto no art. 150.

Os administradores responsáveis pela convocação responderão pelos danos causados em decorrência da inobservância da LSA.

[1412] CASTRO, Rodrigo Rocha Monteiro de. *Controle gerencial* – Coleção IDSA de Direito Societário e Mercado de Capitais. São Paulo: Quartier Latin, 2010. v. 2. p. 83-84.

[1413] CASTRO, Rodrigo Rocha Monteiro de. *Controle gerencial* – Coleção IDSA de Direito Societário e Mercado de Capitais. São Paulo: Quartier Latin, 2010. v. 2. p. 84.

4. Vacância total no Conselho de Administração

Rodrigo R. Monteiro de Castro

A LSA não oferece uma solução lateral para a vacância da totalidade dos membros do conselho de administração: determina, assim, a convocação imediata da assembleia geral.

A assembleia geral será extraordinária, podendo constar da pauta outras matérias. Se coincidir com o prazo para convocação da assembleia geral ordinária, a diretoria deverá preferi-la, para evitar custos e burocracia.

A diretoria não tem opção: deve convocar imediatamente a assembleia geral para preenchimento das vagas, a fim de que o conselho de administração seja recomposto e exerça suas funções orgânicas. O estatuto poderá prever soluções para a inércia em relação à convocação. Se não houver previsão específica, aplica-se o disposto no art. 123.

Qualquer acionista poderá convocar a assembleia geral se a diretoria tardar em promovê-la por mais de sessenta dias, a contar da vacância. A convocação não depende de prévia comunicação ou de pedido formal. Basta que se verifique o decurso do prazo.

A assembleia geral também poderá ser convocada por acionistas que representem 5%, no mínimo, do capital social, se a diretoria não atender, no prazo de oito dias, o pedido de convocação formulado. Nesse caso, a realização de pedido é condição para a validade da convocação.

Se o acionista detiver percentual igual ou superior ao exigido, poderá optar pela formulação de pedido, para acelerar a convocação e o preenchimento das vagas; assim, não terá que aguardar o decurso do prazo sexagenário.

5. Suplência no Conselho de Administração

Rodrigo R. Monteiro de Castro

É comum que se elejam para cargos de conselho de administração membros titulares e suplentes. Os suplentes suprem a vacância temporária ou definitiva do titular; assumem, assim, a posição automaticamente, exceto se houver disposição em contrário no estatuto social. O suplente urgido à titularidade completará o prazo de gestão do substituído.

O conselho de administração, órgão por natureza incompetente para eleição de seus próprios membros, não poderá nomear substituto para a posição se houver suplência, não se aplicando, portanto, o *caput* do art. 150. Sua atribuição se limitará a formalizar a assunção da titularidade, mediante assinatura em livro próprio.

A suplência serve justamente para o preenchimento de cargos vacantes. Não faria nenhum sentido a indicação de suplente se não fosse para assumir a posição do titular em situações de vacância. Por isso, aliás, que não se exige a convocação de assembleia geral para confirmação da substituição. Ela equivaleria a uma nova eleição, tornando inócua a figura da suplência.

O conselheiro que passa a exercer a titularidade poderá ser destituído a qualquer momento, pela assembleia geral, antes do término do prazo que será complementado. Não se confirmando a intenção de mantê-lo no cargo, aquele será o caminho para que outra pessoa assuma a posição.

O acionista que eleger mais de um membro do conselho de administração poderá indicar um suplente para cada conselheiro, estipular uma lista preferencial de suplentes, de modo que, na vacância de um, assumirá o primeiro da listagem, ou apontar, por exemplo, apenas um suplente para todos os conselheiros que tiver nomeado.

6. Vacância total na Diretoria

Rodrigo R. Monteiro de Castro

O § 2º trata apenas da vacância de todos os membros da diretoria. Logo, a vacância isolada ou de vários cargos, inclusive de todos menos um, deve ser regulada pelo estatuto. Na ausência de regulação específica, a assembleia geral poderá deliberar casuisticamente.

Deve-se observar que, se apenas um diretor permanecer em seu cargo, a companhia não respeitará a composição mínima de dois diretores, demandada pelo art. 143. A administração estará, assim, irregular. O conselho de administração, se existente, deverá eleger ao menos um diretor, para (re)compor a pluralidade legal; se o sistema for monista, a assembleia geral deverá ser convocada para eleger o diretor.

Confirmando-se a vacância geral, o conselho de administração convocará a assembleia; em sua ausência, a competência convocatória é atribuída ao conselho fiscal, se em funcionamento, ou a qualquer acionista.

Não se aplica, na hipótese, o disposto no art. 123, podendo o conselho fiscal ou qualquer acionista efetuar a convocação imediatamente.

Entretanto, os atos urgentes de administração serão praticados pelo representante do acionista que detiver o maior número de ações. Não se trata de faculdade; a LSA impõe, ao contrário, um dever. Acionista que detiver maior número de ações significa, em princípio, o controlador majoritário; porém, na companhia em que um acionista não detiver mais da metade das ações com direito a voto, será aquele que, mesmo detendo percentual inferior, ostentar o maior número de ações; competirá a ele, enquanto não se eleger nova diretoria, a administração emergencial.

Por fim, o termo representante, empregado no § 2º, aplica-se apenas à pessoa jurídica, e se refere à pessoa natural que a presenta, na forma do respectivo estatuto social, ou que a efetivamente representa, na posição de procuradora.

7. Prazo de gestão do diretor substituto

Rodrigo R. Monteiro de Castro

O substituto eleito para preencher cargo de diretoria completará o prazo de gestão do substituído. Se remanescerem 30 dias, por exemplo, esse será o prazo de sua gestão; se forem dois anos e onze meses, também o será. Não se inicia, assim, um novo prazo. O eleito se insere no prazo em curso. Nada impede que, ao término desse prazo, o substituto seja eleito para nova gestão, no mesmo cargo (o que implicará reeleição, para todos os efeitos) ou em outro.

8. Extensão do prazo de gestão

Rodrigo R. Monteiro de Castro

Os administradores da companhia não se desincumbem de suas funções com o decurso do prazo formal de gestão ou após a eleição de substitutos. Eles deverão manter-se nos cargos e exercer a administração até que os eleitos sejam investidos em seus cargos.

A investidura, em princípio, se formalizará mediante a assinatura de termo de posse no livro de atas do conselho de administração ou da diretoria, conforme o caso. Porém, estarão desincumbidos os administradores que, na prática, forem substituídos, pelo ingresso e início da gestão dos substitutos, mesmo sem respeito ao rito formal previsto na LSA. Os antigos administradores assumirão o ônus de demonstrar a passagem de cargos e o início da nova gestão.

A continuidade, prevista no § 4º, atende ao princípio de preservação da empresa e de manutenção dos negócios sociais. Pode decorrer de breve hiato entre convocação e eleição – ou investidura –, promovida em momento próximo ao fim de gestão, ou derivar de situações internas mais complexas, como de crise empresarial ou societária.

Em qualquer circunstância, a LSA garante a preservação da *representatividade*. A competência dos administradores mantém-se plena, e podem – e devem – praticar todos os atos, singulares ou colegiados, necessários ou que estejam no âmbito de suas competências. Os efeitos dos atos podem se restringir ao período restante de gestão ou se projetar para o seguinte. Não há restrição formal ou material. Os limites são os mesmos que existiam no início da gestão.

Terceiros que contratarem com a companhia durante a extensão de prazo não serão afetados e os negócios não poderão ser revistos pelo fato da continuidade. Os diretores são presentantes para todos os efeitos; os conselheiros participam da formação da vontade colegiada. Eventual exigência de eleição para consumação de negócio ou para aceitação de autorização do colégio, não se fundamenta na lei, mas no capricho do contratante.

A única exceção é a renúncia do administrador ocorrida após o decurso do prazo de gestão. Por se tratar de ato unilateral, não poderá resistido pela companhia.

Renúncia

Art. 151. A renúncia do administrador torna-se eficaz, em relação à companhia, desde o momento em que lhe for entregue a comunicação escrita do renunciante, e em relação a terceiros de boa-fé, após arquivamento no registro de comércio e publicação, que poderão ser promovidos pelo renunciante.

COMENTÁRIOS

1. Renúncia de administrador

Ana Frazão

A possibilidade de renúncia imotivada do administrador é uma espécie de contrapartida à sua possibilidade de ser demitido *ad nutum*. Partindo da premissa de que é a confiança que deve reger a relação entre o administrador e a companhia, não faz sentido impor limites a nenhuma das partes envolvidas quando quiserem colocar um fim na respectiva relação.

Daí por que, em relação à companhia, a renúncia do administrador é eficaz desde o momento em que lhe for entregue a comunicação escrita do renunciante. Trata-se de ato unilateral[1414] que se aperfeiçoa com o recebimento da declaração de renúncia pela companhia.

Já em relação a terceiros de boa-fé, a situação é diferente, motivo pelo qual a segunda parte do art. 151, da Lei nº 6.404/1976, deixa claro que a renúncia somente terá efeitos após arquivamento no registro e publicação, providências que poderão ser promovidas pelo próprio administrador renunciante.

Trata-se de mais uma forma de proteção ao terceiro de boa-fé, que não deixa de ser um desdobramento da teoria da aparência. Por essa razão, o TJSP[1415] já entendeu que, em face da demora perpetrada pela companhia, o renunciante tem o dever de providenciar o registro da renúncia na Junta Comercial, sob pena de manter as suas responsabilidades como administrador perante terceiros de boa-fé.

É importante salientar que a renúncia não se confunde com o abandono do cargo, pois requer a declaração de vontade do administrador e a sua entrega na sede da companhia. Ao contrário da renúncia, o abandono de cargo pode sujeitar o administrador a responder pelas perdas e danos ocasionados à companhia, sem prejuízo do ônus desta de, verificando o abandono, tomar todas as medidas para preencher o cargo.

2. Declaração unilateral

Rodrigo R. Monteiro de Castro

A eleição de administrador (como ato societário isolado, e não a assunção do cargo, propriamente) independe de sua vontade. Apesar de improvável, pois geralmente decorre de negociação prévia, nada impede que o nome seja apresentado à assembleia geral por acionista que não obteve autorização para apresentá-lo. É incomum, no entanto, que se proceda dessa maneira, pois o eleito não estará obrigado a aceitar o cargo ou poderá impor condições excessivas para assumir a posição na administração da companhia. A recusa posterior seria vexatória para o acionista indicador e causaria constrangimentos e gastos para a companhia.

Indicado e eleito, o administrador manifestará a aceitação, em regra, pela investidura, na forma do art. 149, ou pelo início inequívoco do exercício de cargo, conforme explicado nos comentários àquele mesmo artigo. Ao tomar posse, exercerá a função pelo prazo determinado no estatuto ou, em caso de silêncio, pela assembleia geral, por período nunca superior a três anos.

O exercício do cargo de administrador poderá ser interrompido, mediante sua destituição, pela assembleia geral ou pelo conselho de administração (conforme a competência eletiva, no caso), a qualquer tempo, sem a necessidade de que exista ou de que se formule uma justificativa; trata-se de prerrogativa da companhia.

Oferece-se, assim, a possibilidade de interrupção da gestão incompetente ou desalinhada com os propósitos da companhia. Por outro lado, viabiliza a atuação interessada de acionista controlador que, descontente com a postura independente de administrador, o destitua para substituir-lhe por pessoa submissa.

A LSA também admite a interrupção da gestão por ato próprio do administrador: a renúncia. O ato tem a natureza de declaração unilateral de vontade, que se manifesta pela sua exteriorização inequívoca, independentemente da aquiescência da companhia. Apesar de se admitir, no sistema, declaração informal como fonte obrigacional, a LSA exige, para caracterização da renúncia, forma escrita.

Enquanto o administrador não formalizar, em texto, a sua vontade, observada a hipótese mencionada abaixo, e o entregar à companhia, não se produzirão efeitos internos ou externos. Permanecerá no mundo sentimental, apenas.

A companhia não poderá evitar ou resistir à renúncia. Por outro lado, em relação ao renunciante, recebida a renúncia pela companhia, não comporta arrependimento. Ela se consumará e produzirá efeitos imediatos. Portanto, a eficácia, de acordo com a LSA, decorre, em relação à companhia, desde o momento em que lhe for entregue a comunicação escrita. A partir da entrega, o cargo se torna vacante.

A comunicação pode ser manifestada verbalmente em assembleia geral, reunião de conselho de administração ou de diretoria, e transcrita em ata, desde que assinada pelo renunciante, para que produza o efeito do endereçamento da comunicação escrita, previsto no art. 151.

[1414] Segundo Modesto Carvalhosa (*Comentários à lei de sociedades anônimas. Artigos 75 a 137*. 6. ed. rev. e atual., São Paulo: Saraiva, 2014. v. 4. p. 336), "A renúncia é ato unilateral que se aperfeiçoa pela simples recepção, não dependendo de qualquer ato unilateral recíproco da companhia para que se torne eficaz."

[1415] TJSP. Ap 0117298-72.2007.8.26.0000. Rel. Des. Egidio Giacoia. 3ª CDP. j. 08.05.2012.

O renunciante pode indicar na comunicação que a renúncia se operará a partir de determinada data futura, com o propósito de evitar a paralisia administrativa e permitir a escolha de substituto. A companhia, porém, não estará obrigada a se submeter a esse prazo. Se ela não quiser manter o administrador até a data indicada, poderá convocar assembleia geral ou conselho de administração para deliberar a sua destituição.

3. Eficácia da renúncia em relação a terceiros

Rodrigo R. Monteiro de Castro

A renúncia não se torna eficaz em relação a terceiros de boa-fé enquanto ela for mantida no âmbito interno da companhia. Para que transcenda o ambiente reservado, deverá se tornar pública, por meio de arquivamento no registro público de empresas mercantis e publicação, na forma do art. 289. Não cabe a escolha entre o registro ou a publicação. Ambas as ações devem ser tomadas para que a renúncia se torne eficaz em relação a terceiros. Aliás, a companhia tem o dever de proceder ao arquivamento e à publicação da renúncia, para salvaguardar renunciante e terceiros, e responderá pelos danos que eventualmente causar em razão do descumprimento de referido comando.

A salvaguarda do renunciante implica o afastamento da imputação de responsabilidade pelos negócios realizados a partir da sua renúncia. Por isso, a LSA autoriza a promoção desses atos pelo renunciante, que poderá realizá-los em comum acordo com a companhia ou em decorrência da inércia desta. Em qualquer hipótese, os custos serão suportados pela companhia, não sendo admitida a cobrança ou a compensação com valores devidos ao administrador.

O ônus não pode ser evitado pelo fato de a renúncia interromper prazo de gestão e frustrar a expectativa dos acionistas e da companhia de que seria cumprido até o termo final. Cabe à companhia, em qualquer hipótese, manter o registro atualizado e promover as publicações ordenadas na LSA.

4. Perdas e danos

Rodrigo R. Monteiro de Castro

O administrador é livre para exercer qualquer trabalho, ofício ou profissão, por força do art. 5º, XIII, da CF, podendo deixar de exercer suas funções administrativas a qualquer momento. A LSA não poderia, assim, impor – e de fato não impõe – obstáculo à liberdade constitucional à escolha da melhor situação profissional. O fato de o administrador tornar-se órgão da companhia não afasta a incidência da norma, pois ele estará, sempre, executando uma espécie de trabalho orgânico.

A indicação e a eleição de administrador envolvem uma premissa inevitável: o direito à renúncia, sem imposição de ônus indenizatório de natureza societária pelo término do vínculo orgânico. A contrapartida daquele direito é outro direito, conferido à companhia, de destituição, também a qualquer tempo e sem necessidade de justificação.

Inexiste, pois, estabilidade ou pretensão estabilizadora no plano societário. A manutenção da relação orgânica depende da preservação ou do ajuste nas motivações que culminaram na eleição do administrador.

A ausência de direito à indenização, de parte a parte, pelo fim do vínculo orgânico não afasta, porém, a pretensão indenizatória motivada por condutas ilícitas contratuais ou extracontratuais.

É comum, aliás, a celebração de contrato, entre administrador e a companhia, em que se estabelecem os termos para aceitação do cargo. Nele eventualmente se determina que a destituição imotivada antes do prazo de gestão ou a renúncia prematura origina a pretensão indenizatória, prefixada em multa compensatória – mas sempre por força de convenção das partes, e não em razão de dispositivo legal. O contrato, com essas características, não abala a liberdade constitucional; mas impõe, sobre a parte faltosa, o dever de indenizar.

Nessa relação também não se revela, em princípio, posição de hipossuficiência, pois o administrador, além de pessoa que deve preencher certas qualificações que o distanciam do conceito, sempre tem a prerrogativa de não aceitar o cargo.

Além de eventuais inadimplementos contratuais, tanto a companhia quanto o administrador podem praticar atos lesivos ao outro, extracontratuais, que fazem nascer a pretensão indenizatória, não protegida pelo direito à renúncia ou à destituição. As hipóteses são, em tese, infinitas, mas cita-se, apenas para ilustrar, o assédio moral.

5. Boa-fé e má-fé

Rodrigo R. Monteiro de Castro

A renúncia se opera em relação a terceiros de boa-fé após o arquivamento e a publicação. A

Art. 152   Ana Frazão

boa-fé está atrelada ao conhecimento ou ao dever de conhecimento da situação.

Terceiros que não soubessem e nem poderiam saber da renúncia, e contratam com a companhia, presentada pelo administrador renunciante – que era, aliás, a pessoa com quem sempre o terceiro interagia e entabulava negócios – não podem ser prejudicados pela inação da própria companhia. Restará a esta voltar-se contra o ex-administrador e pleitear a reparação dos danos que lhe forem causados.

Enquanto não se promover o arquivamento e a publicação, presume-se o desconhecimento da renúncia. Essa presunção não é absoluta. Apesar de a LSA exigir a prática de ambas as ações – arquivar e publicar –, o terceiro que, por meio de uma delas, tiver conhecimento da situação, não poderá alegar a ausência da formalidade para se eximir da prática de ato sabidamente maculado.

O cumprimento do ritual formalístico serve, portanto, para liberar o administrador pelos atos posteriores à sua renúncia e para preservar a companhia da prática oportunista e ilegal de atos pelo renunciante.

Por outro lado, o terceiro que soubesse ou que devesse saber da situação da renúncia, não será protegido pela teoria da aparência. Ao assumir, por exemplo, o risco da realização de negócio com a companhia, sob a presentação do renunciante, não poderá exigir a sua execução e ainda poderá responder pelos danos eventualmente causados.

Tais terceiros, por não serem considerados de boa-fé, são, inversamente, tidos como agentes maliciosos, que atuam para alcançar interesses próprios, sabidamente ilícitos, não sendo amparados, pois, pela LSA.

> **Remuneração**
>
> **Art. 152.** A assembleia-geral fixará o montante global ou individual da remuneração dos administradores, inclusive benefícios de qualquer natureza e verbas de representação, tendo em conta suas responsabilidades, o tempo dedicado às suas funções, sua competência e reputação profissional e o valor dos seus serviços no mercado. (Redação dada pela Lei 9.457, de 1997)
>
> § 1º O estatuto da companhia que fixar o dividendo obrigatório em 25% (vinte e cinco por cento) ou mais do lucro líquido, pode atribuir aos administradores participação no lucro da companhia, desde que o seu total não ultrapasse a remuneração anual dos administradores nem 0,1 (um décimo) dos lucros (artigo 190), prevalecendo o limite que for menor.
>
> § 2º Os administradores somente farão jus à participação nos lucros do exercício social em relação ao qual for atribuído aos acionistas o dividendo obrigatório, de que trata o artigo 202.

📖 COMENTÁRIOS

1. Competência da Assembleia Geral para fixar todos os aspectos da remuneração dos administradores

Ana Frazão

O art. 152, da Lei nº 6.404/1976, trata da importante questão da remuneração dos administradores, matéria delicada por catalisar várias das preocupações inerentes aos conflitos de agência entre estes e os acionistas. Daí por que a lei submete tal questão à deliberação da Assembleia Geral.

Para entender melhor o alcance da regra, é importante lembrar que, em sua redação originária, o art. 152, da Lei nº 6.404/1976, determinava que "A assembléia-geral fixará o montante global ou individual da remuneração dos administradores tendo em conta suas responsabilidades, o tempo dedicado às suas funções, sua competência e reputação profissional e o valor dos seus serviços no mercado."

Como havia certa dúvida sobre se outros tipos de benefícios e verbas que não a remuneração em si também estariam abarcados – os chamados *fringe benefits*, tais como automóveis, imóveis, seguros, e as verbas de representação –, a redação do artigo foi modificada pela Lei nº 9.457/1997, que passou a prever que "A assembleia-geral fixará o montante global ou individual da remuneração dos administradores, inclusive benefícios de qualquer natureza e verbas de representação, tendo em conta suas responsabilidades, o tempo dedicado às suas funções, sua competência e reputação profissional e o valor dos seus serviços no mercado."

Como se pode observar, ficou claro que nada relativo à remuneração dos administradores está de fora da competência da Assembleia Geral. Em julgado interessante, em que se discutia se benefício *intuito personae*, que consistia em renda mensal vitalícia, poderia ser instituída pelo Conselho de Administração, o STJ[1416] confirmou a competência da Assembleia Geral. No mesmo sentido, também já entendeu o TJSP[1417], que "nenhum outro órgão ou pessoa da companhia detém poder ou competência para atribuir remuneração ou benefícios, diretos ou indiretos, aos administradores, sob pena de responsabilidade."

Dessa maneira, tem-se que a Assembleia deve decidir sobre todos os aspectos da remuneração – fixa e/ou variável – e também sobre todos os benefícios que, direta ou indiretamente, sejam recebidos pelos administradores como contraprestação pelos seus serviços.

Ao assim prever, a legislação brasileira adota solução adequada, pois, se assim não fosse, seriam os próprios administradores que fixariam suas remunerações, normalmente em situações de manifesto conflito de interesses. Aliás, esse tipo de conflito pode existir mesmo com a competência da Assembleia, como nas hipóteses em que o controlador exerce cargos administrativos e votará a remuneração do seu próprio cargo como administrador.

Entretanto, a decisão assemblear ao menos está sujeita a maior escrutínio e debates por parte dos demais acionistas, motivo pelo qual ainda é a melhor forma de resolver o conflito.

Todavia, alguns autores, como Modesto Carvalhosa[1418], destacam problemas na previsão legal, como o que ocorreria no que diz respeito à remuneração de diretores na hipótese da existência do Conselho de Administração: "Ora, se os diretores são, nessa hipótese, eleitos pelo conselho de administração, como poderá a assembleia geral atribuir, antecipadamente, a cada um deles a respectiva remuneração se ainda não conhece os futuros ocupantes dos cargos da diretoria?"

Entretanto, não há maiores dificuldades em resolver esse problema, na medida em que a Assembleia não é obrigada a definir desde já todas as remunerações individuais, podendo fixar o montante global e os critérios para o cálculo das remunerações individuais, os quais poderão, conforme o caso, ser adaptados pelo Conselho de Administração em relação aos diretores.

De toda sorte, a questão da fixação do montante global ou individual da remuneração dos administradores apresenta suas delicadezas, pois muito se discute também sobre os parâmetros que deveriam ser obedecidos pela Assembleia. Nesse sentido, grande controvérsia é saber se poderia haver diferenciação de remuneração entre conselheiros, que supostamente exercem a mesma função.

Por fim, vale destacar que, ao delegar à Assembleia Geral a competência para tratar dos aspectos da remuneração dos administradores, a lei brasileira encontra-se em consonância com a tendência internacional sobre o tema. Como apontam Armour et al.,[1419] para que as estratégias de compensação financeira dos administradores funcionem, precisam ser apropriadamente calibradas e sujeitas a controles eficientes por parte dos acionistas.

2. Participação dos administradores nos lucros

Ana Frazão

Uma das formas apontadas pela literatura societária para resolver o conflito de agência entre administradores e acionistas é procurando alinhar os interesses dos dois grupos, o que poderia ser obtido por meio da participação dos administradores nos resultados positivos da companhia, com o que supostamente teriam um retorno da sua boa performance.

Todavia, a solução precisa ser implementada de forma criteriosa, para evitar que se criem incentivos para que os administradores se locupletem indevidamente dos lucros que deveriam ser

---

[1416] STJ. REsp 976587/SP. Rel. Min. Fernando Gonçalves. 4ª T. j. 17.11.2009.

[1417] TJSP. Ap 9087311-37.2004.8.26.0000. Rel. Des. De Santi Ribeiro. 1ª CDP. j. 25.10.2011.

[1418] *Comentários à lei de sociedades anônimas*. Artigos 75 a 137. 6. ed. rev. e atual. São Paulo: Saraiva, 2014. p. 346.

[1419] ARMOUR, John et al. The basic governance structure: the interests of shareholders as a class. In: KRAAKMAN, Reinier et al. *The anatomy of corporate law*. A comparative and functional approach. New York: Oxford University Press, 2017, p. 66-67. Daí a conclusão dos autores: "As hinted in previous sections, the Dodd-Frank Act of 2010 sought to strengthen the efficacy of the trusteeship strategy's control over reward calibration, by requiring that compensation comittees be composed entirely of independent directors. At the same time, it mandated the introduction of shareholder decision rights in relation to executive compensation, by providing for an advisory "say on pay" vote." Logo depois, arrematam os autores (p. 68): "While the U.S. has traditionally constrained managerial pay less than elsewhere, signs of convergence are emerging. As we have noted, the U.S. has now introduced limited shareholder ratification of executive compensation, in the form of "say on pay".

destinados aos acionistas, que são quem efetivamente correm o risco do negócio.

É por essa razão que o § 1º dispõe que "O estatuto da companhia que fixar o dividendo obrigatório em 25% (vinte e cinco por cento) ou mais do lucro líquido, pode atribuir aos administradores participação no lucro da companhia, desde que o seu total não ultrapasse a remuneração anual dos administradores nem 0,1 (um décimo) dos lucros (artigo 190), prevalecendo o limite que for menor", esclarecendo o § 2º que "Os administradores somente farão jus à participação nos lucros do exercício social em relação ao qual for atribuído aos acionistas o dividendo obrigatório, de que trata o artigo 202."

Como se pode observar, em tais circunstâncias, entende-se que haverá certo equilíbrio entre os direitos dos acionistas à distribuição de lucros, assegurados pelo dividendo obrigatório correspondente a no mínimo 25% do lucro líquido e, mesmo assim, sujeito a limites máximos, prevalecendo o limite que for menor.

Dessa maneira, a lei assegura que os administradores apenas participarão dos lucros quando houver a atribuição aos acionistas do dividendo obrigatório e, mesmo assim, com os limites previstos na lei. Caso haja tal previsão no estatuto, José Waldecy Lucena[1420] sustenta que haveria direito subjetivo para os administradores e dever jurídico para a companhia.

Grande controvérsia é saber se a Assembleia pode, na ausência de disposição estatutária, destinar parcelas dos lucros aos administradores ou, na existência de disposição estatutária, aumentar o valor previamente reservado para os administradores. Embora não haja consenso doutrinário, entende-se que a melhor orientação é a que somente admite a distribuição caso haja previsão estatutária, conclusão que decorre da interpretação sistemática da lei, como bem aponta Marcelo Barbosa[1421]:

A lei somente admite participação dos administradores nos lucros da companhia estabelecida no estatuto social se observados os requisitos para sua determinação e distribuição. Se o estatuto social é omisso, a Assembleia Geral não tem competência para atribuir participação aos administradores. Nesse sentido, vide Requião (1995, v. 2, p. 165).

Carvalhosa (1997, v. 3, p. 218-219) sustenta que "o direito estatutário à remuneração variável não impede que a Assembleia Geral distribua maiores participações nos resultados aos administradores: ... tem a Assembleia Geral plenos poderes para atribuir participação aos administradores acima daqueles limites estatutários. A Assembleia Geral é soberana para dispor do lucro ou colocado à sua disposição." O mesmo entendimento é defendido por Barros Leães (2004b, v. I, p. 51), que chega a afirmar que tal limitação somente havia sob o regime do Decreto-Lei de 1940.

Ao contrário dessa afirmação, a lei contém diversos dispositivos sobre formação de reservas, retenção de lucros e dividendo obrigatório cujo fim é limitar a discricionariedade da Assembleia na disposição do lucro apurado pela companhia e assegurar aos acionistas dividendos, sempre que a companhia realiza lucro. Toda e qualquer participação dos administradores nos lucros está sujeita aos requisitos da lei – fixação do estatuto (o que a lei somente admite se os acionistas têm direito ao dividendo mínimo obrigatório de 25%), limites quantitativos (referidos no nº 2) e pagamento subordinado à prévia distribuição do dividendo obrigatório (p. 1082 e 1083).

3. Divulgação da remuneração dos administradores

ANA FRAZÃO

A questão da divulgação da remuneração de administradores é considerada uma importante estratégia de governança para atenuar os conflitos de agência entre acionistas e administradores, evitando que estes últimos possam obter vantagens exageradas em detrimento dos acionistas.

Diante da importância da publicidade sobre a remuneração dos administradores, a CVM, por meio das ICVM 480/2009 e 481/2009, procurou disciplinar o tema em relação a companhias abertas, exigindo a divulgação da remuneração dos valores da maior e da menor remuneração individual e também o valor médio das remunerações dos membros do Conselho de Administração, da Diretoria e do Conselho Fiscal, bem como o número de membros remunerados.

[1420] *Das sociedades anônimas* – comentários à lei (arts. 121 a 188). Rio de Janeiro: Renovar, 2009. v. 2. p. 436.

[1421] Conselho de Administração e Diretoria. In: LAMY FILHO, Alfredo; PEDREIRA, José Luiz Bulhões (coord.). *Direito das companhias*. Rio de Janeiro: Forense, 2009. p. 1.082-1.083, v. 1.

É importante ressaltar que a iniciativa da CVM já havia decorrido de solução de conciliação, tendo em vista que vários países exigem a descrição individualizada – e não por médias – da remuneração de administradores. Mesmo assim, as referidas normas foram impugnadas judicialmente pelo Instituto Brasileiro de Executivos de Finanças (IBEF) ainda em 2010.

Apesar da sentença favorável, o TRF-2ª,[1422] no julgamento da apelação, entendeu que a privacidade e intimidade deveriam ceder ao interesse público relacionado ao mercado de capitais, oportunidade em que confirmou o entendimento já manifestado em pelo menos outras duas ocasiões.

De fato, em 2012 o TRF-2ª[1423] já havia entendido que a plena divulgação de informações é imprescindível para a segurança e a credibilidade do sistema de valores mobiliários das companhias abertas, concluindo que a regulamentação da CVM buscava apenas alinhar o ordenamento brasileiro às regras internacionais já existentes. Destacou o Tribunal que, mesmo sob a ótica da privacidade dos atingidos, a divulgação não se dava de forma individualizada e específica, mas sim de maneira consolidada por órgão social.

Em ocasião anterior, ao julgar agravo de instrumento em 2010,[1424] o TRF-2ª havia sido até mais enfático ao tratar dos direitos dos administradores, afirmando que "a norma impugnada não viola o direito de privacidade e de segurança dos administradores, considerando-se que, primeiramente, o regramento estabelecido pela CVM, após ampla discussão pública, apenas determinou a divulgação pública não dos valores individualizados por administrador, mas sim dos valores mínimo, médio e máximo por órgão social (conselho de administração, diretoria e conselho fiscal), sendo descabida a consideração feita acerca dos riscos de atos de violência a que poderiam ser submetidos os administradores, aos quais toda população brasileira, especialmente nos grandes centros urbanos, se encontra exposta diariamente, independentemente da divulgação de seus ganhos".

Daí a sua conclusão de que "não se pode olvidar que o apontado direito à privacidade dos administradores das empresas de capital aberto venha a se sobrepor ao interesse público inerente ao desenvolvimento do mercado de valores mobiliários, sendo dever da CVM, como órgão regulador, criar mecanismos que facilitem o acesso, pelo investidor, a informações fidedignas e tempestivas sobre as oportunidades e condições de investimento, considerando-se que é extremamente relevante que exista credibilidade dentro do sistema de mercado de capitais, cujas regras devem estar integradas com as já existentes no mercado internacional, em relação ao qual a nossa economia está diretamente ligada, não sendo plausível permitir que eventuais diferenças culturais justifiquem a falta de transparência".

Logo, a decisão do TRF-2ª Região, mantendo a orientação anterior do tribunal, não apenas resolve, de forma acertada, o litígio sobre o dever de informação da remuneração dos administradores, como põe fim às distorções decorrentes de processo que se arrastava há anos, gerando tratamento diferenciado para as companhias representadas pelo IBEF.

É preciso, pois, reiterar a importância desta decisão, que transitou em julgado em 12.08.2019, na medida em que corretamente assegura a premissa de que um dos pressupostos do bom funcionamento do mercado de capitais é a divulgação das informações relevantes sobre as companhias que ofertam seus valores mobiliários, motivo pelo qual a transparência deve ser a regra. Nesse sentido, a remuneração dos administradores é informação imprescindível para o mercado.

Afinal, diante da delicada e complexa relação entre a companhia e os administradores, a remuneração é um dos dados que permitem a acionistas e investidores entenderem os incentivos a que estão submetidos os administradores, até para que possam fazer avaliações sobre as possibilidades de conflito de agência ou mesmo sobre a existência de situações em que os retornos financeiros dos gestores – ou pelo menos parte expressiva deles – não estejam alinhados com os interesses da companhia ou não dependam do êxito econômico desta.

Embora tal questão tenha se colocado em evidência com a crise de 2008, em que vários dos executivos responsáveis por danos decorrentes de má gestão ainda foram devidamente compensados com grandes remunerações, trata-se de discussão

---

[1422] ApCiv 0002888-21.2010.4.02.5101 (2010.51.01.002888-5), Turma Especial III, rel. Des. Federal Guilherme Diefenthaeler.

[1423] Processo 0005763-61.2010.4.02.5101. Rel. Guilherme Calmon. j. 12.04.2012.

[1424] Processo 0002742-54.2010.4.02.0000. Rel. Marcelo Pereira da Silva. j. 08.07.2010.

inerente à gestão de qualquer companhia, motivo pelo qual precisa ser submetida ao escrutínio do mercado e, de certa forma, ao próprio escrutínio social.

Quando se fala em escrutínio do mercado, é a divulgação da remuneração dos administradores que permite que investidores possam avaliar se ela é merecida e proporcional não apenas diante dos resultados da companhia, mas sobretudo diante da contribuição dos administradores para tais resultados.

É fácil entender, portanto, as razões pelas quais o Código das Melhores Práticas de Governança Corporativa do IBGC[1425] recomenda que "A remuneração anual dos conselheiros deve ser divulgada individualmente. Caso não o seja, deve ser divulgada agregada por órgão social ou comitê com indicação da remuneração máxima, mínima e da média recebida pelos membros do órgão social. Ambas as formas de divulgação devem destacar, separadamente, a remuneração recebida pelos conselheiros que sejam sócios controladores ou por pessoas a eles vinculadas, bem como devem discriminar todo tipo de remuneração e benefícios."

4. Remuneração dos administradores e suas imbricações com as teorias do *shareholder value* e do *short-termism*

Ana Frazão

A necessidade de transparência e publicidade em relação aos critérios de remuneração dos administradores, especialmente de companhias abertas, é ainda mais imperiosa diante de estudos que ressaltam que a importância dos administradores nos resultados de grandes companhias pode estar sendo superestimada.

Os problemas daí decorrentes ainda são potencializados pela cultura corporativa que, influenciada pelas teorias do *shareholder value* e do *short-termism*, já explicadas nos comentários ao art. 2º, da Lei nº 6.404/1976, pressiona administradores para a busca de retornos financeiros a curto prazo, mesmo que sejam desastrosos para a companhia a médio e a longo prazo.

Com efeito, a questão do pagamento dos administradores está longe de ser trivial e provavelmente muitos dos problemas atuais da gestão empresarial decorrem dessa circunstância. Como a maior parte da remuneração é vinculada à performance, que, por sua vez, está atrelada à valorização das ações, o resultado é a obsessão pelos ganhos trimestrais em detrimento dos ganhos de longo prazo.

Uma das consequências preocupantes dos incentivos econômicos mencionados, segundo Joseph Stiglitz,[1426] é a excessiva assunção de riscos (*excessive risk-taking*), já que a *shareholder revolution* faz com que os administradores busquem retornos a curto prazo de qualquer jeito, mesmo às custas de várias consequências nefastas, tais como (i) redução de investimentos em inovações saudáveis e a prosperidade a longo prazo; (ii) tratamento de empregados como responsabilidades de curto prazo e não como ativos de longo prazo; (iii) crescente desproporção entre a remuneração dos executivos, que chegou a patamares que não podem ser justificados por sua produtividade; (iv) crescente adoção do que se chama de *creative accounting*, para aumentar valor das ações e consequentemente inflar a remuneração dos administradores; (v) grande aumento dos percentuais do faturamento das companhias destinados à recompra de ações e distribuição de dividendos, já que o fato de parte da remuneração dos administradores ser em opções de ações (*stock options*) cria um grande incentivo para usar o dinheiro da companhia para comprar de volta suas ações, fazendo o preço subir.

Não é sem razão que os Princípios de Governança Corporativa da OCDE recomendam a transparência e publicidade sobre a remuneração de todos os administradores, partindo da premissa de que se trata de informação fundamental para a avaliação da relação entre o valor da remuneração e a performance de longo prazo da companhia[1427].

No mesmo sentido, o Código das Melhores Práticas de Governança Corporativa do

---

[1425] IBGC – Instituto Brasileiro de Governança Corporativa. *Código das melhores práticas de governança corporativa*. 5. ed. São Paulo, 2015. p. 55.

[1426] STIGLITZ, Joseph. *Rewriting the rules of the American Economy*: na agenda for growth and shared prosperity. New York: W. W. Norton, 2015.

[1427] Disponível em: https://www.oecd.org/daf/ca/Corporate-Governance-Principles-ENG.pdf, p. 39-40.

> **SEÇÃO IV**
> **DEVERES E RESPONSABILIDADES**
> **Dever de Diligência**
> **Art. 153.** O administrador da companhia deve empregar, no exercício de suas funções, o cuidado e diligência que todo homem ativo e probo costuma empregar na administração dos seus próprios negócios.

IBGC[1428] recomenda que "A remuneração do conselho deve ser diferente (incentivos, métricas e prazos) daquela adotada para a diretoria, em função da natureza e de papéis distintos desses órgãos na organização", bem como que "Caso a organização utilize remuneração variável para os conselheiros, não deve atrelá-la a resultados de curto prazo. Esse plano deve ser vinculado a objetivos estratégicos de médio e longo prazos, focados na geração de valor econômico de longo prazo, e a organização deve tomar cuidados no sentido de evitar o estímulo a conflitos de interesses."

Da mesma forma, em relação aos diretores, entende o Código[1429] que "A remuneração anual dos administradores deve ser divulgada individualmente. Caso não o seja, deve ser divulgada agregada por órgão social ou comitê (ex.: conselho de administração, diretoria, conselho fiscal e comitês de assessoramento), com indicação da remuneração máxima, mínima e da média recebida pelos membros do órgão social. Ambas as formas de divulgação devem destacar, separadamente, a remuneração recebida por administradores que sejam sócios controladores ou por pessoas a eles vinculadas." O Código também determina que "A divulgação da remuneração deve discriminar, também, todo tipo de remuneração, fixa ou variável e benefícios. Mantendo reserva sobre os pontos sensíveis para a concorrência, devem ser divulgadas e explicadas as políticas de remuneração e de benefícios dos administradores, incluindo os eventuais incentivos de longo prazo e, quando existentes, as regras de bônus de retenção, de saída e/ou de não competição. Da mesma forma, devem ser divulgados valores relativos a eventuais negócios entre a organização, sociedade controlada ou coligada e a empresa controlada por executivos."

Todas essas discussões estão aqui sendo trazidas não para questionar, de forma apriorística, o valor do trabalho dos administradores de companhias, mas sim para mostrar que a análise da qualidade da performance dos administradores não é trivial e, exatamente por isso, precisa estar sujeita ao escrutínio do mercado por meio da devida transparência e publicidade.

COMENTÁRIOS

1. Conceituação do dever de diligência

Rodrigo R. Monteiro de Castro

O art. 153 inaugura a Seção IV do Capítulo XII, que trata dos deveres e responsabilidades dos administradores de companhias. As normas dessa seção se aplicam, em princípio, a diretores e conselheiros; mas a sua efetiva aplicabilidade não escapa à análise do caso concreto, por conta das características de cada cargo administrativo, tanto no âmbito de um determinado órgão, quanto quando comparado aos cargos de outros órgãos da administração.

O primeiro dos deveres é o de diligência. Diligência significa "1. interesse e cuidado na execução de uma tarefa (...) 2. urgência em fazer algo (...) 3. medida necessária para alcançar um fim; providência (...) 4. busca minuciosa; investigação (...)"[1430]

O dever de ser diligente é fixado como um padrão de conduta: um *standard* a ser perquirido pelo administrador e que serve como referência para avaliação de sua gestão.

A importância dessa fixação decorre (i) da natureza orgânica da função administrativa e (ii) da necessária dissociação formal da propriedade acionária do exercício da administração.

O administrador é órgão da companhia. Não a controla – ao menos formalmente – mas exerce, de forma isolada ou conjunta, o controle empresarial, ou seja, o controle da empresa (enquanto atividade). Mesmo que detenha direitos de sócios que o qualifiquem como controlador

---

[1428] IBGC – Instituto Brasileiro de Governança Corporativa. *Código das melhores práticas de governança corporativa.* 5. ed. São Paulo, 2015. p. 54.

[1429] IBGC – Instituto Brasileiro de Governança Corporativa. *Código das melhores práticas de governança corporativa.* 5. ed. São Paulo, 2015. p. 76-77.

[1430] HOUAISS, A.; VILLAR, M. S. *Dicionário Houaiss de Língua Portuguesa.* Elaborado pelo Instituto Antônio Houaiss de Lexicografia e Banco de Dados da Língua Portuguesa S/C Ltda. Rio de Janeiro: Objetiva, 2009. p. 336.

societário – totalitário, majoritário ou minoritário –, administrará ativos que não lhe pertencem. A empresa, com todos os seus elementos, integra o patrimônio da companhia, jamais dos acionistas. Pelo fato de o administrador gerir ativos de outrem, a LSA impõe-lhe o dever de agir diligentemente, com cuidado, para atingir os fins sociais, conforme a orientação geral estabelecida. O poder de determinar a destinação do patrimônio social justifica a imposição.

2. Parametrização do dever de diligência

Rodrigo R. Monteiro de Castro

A diligência é um *standard* que, pela sua abertura conceitual, recebe, no âmbito da LSA, um tratamento reducionista. O cuidado e a diligência exigidos do administrador – que são, na verdade, termos sinônimos, de modo que se afasta a necessidade de ampliação do conceito de diligência a fim de acrescer-lhe o dever de cuidado – são medidos pelo padrão empregado por todo homem ativo e probo na administração dos seus próprios negócios.

Esse deveria ser o espectro de verificação da atuação administrativa, conforme valores e princípios justificáveis à época da promulgação da LSA. Vivia-se ainda distante das sucessivas evoluções tecnológicas que conectaram países e ofereceram acesso irrestrito à informação e a novas técnicas gerenciais, estimuladoras do risco empresarial. A referência que se tinha, sobretudo em uma sociedade conservadora, dominada por militares e de marcante caráter patriarcal, levava à eleição da figura do *homem* ativo e probo como símbolo da boa diligência. A referência merece, há tempos, revisão.

A inserção do pronominal indefinido *todo* torna a tentativa de padronização ainda mais estéril. O que vem a ser isso, afinal: todo homem ativo e probo? Um pai ou uma mãe de família, que trabalha de segunda à sexta cumprindo sua rotina laboral, administra as finanças da casa e vai à igreja aos domingos? Ou um empresário – homem ou mulher – solteiro, irrequieto e bem-sucedido, que desenvolve negócios a partir de novas tecnologias, sem deixar de cumprir todas as obrigações legais?

A atividade e a probidade comportam, isolada ou conjuntamente, uma infinidade de conceituações, que não ajudam na fixação do padrão referencial desejado para uma lei que regula o funcionamento da companhia: via societária adequada para o desenvolvimento da empresa moderna e para captação pública de recursos.

Qualquer que seja a figura extraída da sentença, que inevitavelmente se fixará ou passará, sem muito distanciamento, do *bonus pater familiae*, poderá ser adequada (no que toca ao critério previsto em lei) a depender do ponto vista.

Assim, para os fins da LSA, a referência deve ter seu eixo direcionado do *homem* para o *empresário* (ou *empresária*) probo; isto é, integro e honesto, mas, por definição, capaz de conviver, com alguma naturalidade, em ambientes competitivos e estressados e, de modo informado, alocar riscos. A CVM, inclusive, já manifestou entendimento a respeito do *standard* estatuído no dever de diligência, rechaçando a ideia do *bonus pater familiae* – por sua insuficiência – para reconhecer que o padrão de conduta exigido pela LSA consiste na capacidade profissional de caráter técnico.[1431]

3. Risco e decisão empresarial

Rodrigo R. Monteiro de Castro

Considera-se empresário, de acordo com o art. 966 do CC, quem exerce profissionalmente atividade econômica organizada para a produção ou a circulação de bens ou de serviços. Dessa definição se extrai a inevitável aptidão ao risco. Empresariar significa arriscar, com menor ou maior intensidade. Inexiste atividade empresária sem algum risco.

A administração empresarial se distancia, sem possibilidade de equiparação, da administração dos negócios do homem ativo e probo. O risco, nessa situação, é um elemento exógeno, mesmo que trazido para dentro da fórmula administrativa; trará a instabilidade incompatível com o padrão esculpido.

A noção de risco, no entanto, também se dissocia do azar e da extravagância. Não são esses os caminhos para o encaixe do propósito que a interpretação contemporânea do art. 153 reclama. Daí a importância de se perquirir qual deveria ser o padrão de conduta esperado em situações semelhantes.

Vislumbra-se, pois, uma associação a certas condutas, que envolvem a observância do modelo interno de governação, o respeito às competências orgânicas, o conhecimento e o

---

[1431] Veja-se, nesse sentido, voto do Diretor Eli Loria, no Processo Administrativo Sancionador CVM 18/08.

cumprimento das leis, a captura e a absorção de informações necessárias à tomada de decisão e a permanente busca do atingimento dos interesses e dos melhores resultados para companhia. O administrador que se norteia por esses princípios atende ao dever de diligência (e revela o cuidado) que a LSA estabelece.

4. Erro ou acerto do administrador
Rodrigo R. Monteiro de Castro

A diligência não tem qualquer relação com o acerto ou com o erro decisório. Todo administrador erra. O bom administrador acerta mais do que erra, e seus acertos trazem mais benefícios do que os malefícios decorrentes de seus erros. Eventuais prejuízos incorridos pela companhia não são indenizáveis, exceto se configurada uma das hipóteses patológicas descritas no art. 158.

Espera-se que o administrador saiba compreender as variáveis que a atividade empresarial suscita e orientar a companhia pelo caminho saudável e necessário da lucratividade; afinal, qualquer que seja o objeto social, ela será mercantil – pressupondo, pois, o propósito de distribuir os excedentes, na forma de dividendos, aos acionistas.

5. Regime protetivo do administrador
Rodrigo R. Monteiro de Castro

O sistema societário protege o administrador da pretensão punitiva e indenizatória decorrente de atos equivocados, praticados dentro de suas atribuições, sem culpa ou dolo, e sem violação da lei ou do estatuto.

Trata-se, *mutatis mutandis,* da importação – e da incorporação – do princípio informado pelo *business judgement rule,* segundo o qual eventual responsabilização do administrador, por força uma decisão equivocada que acarrete prejuízos à companhia, poderá ser afastada, caso se demonstre que o administrador agiu de boa-fé e no interesse da companhia, o que se verifica, por exemplo, a partir do cumprimento dos deveres fiduciários aplicáveis (como o de diligência). A LSA previu expressamente tal excludente de responsabilidade, no § 6º do art. 159.

Apesar do perigo que se costuma correr com a internalização de conceitos alienígenas, geralmente sem a devida adaptação ao sistema local, o dever de diligência se coaduna com os propósitos daquela teoria, que reconhece a competência administrativa para tomada de decisões. O abalo dessa estrutura condenaria o funcionamento das companhias, que são dotadas de órgãos que existem para exercer determinadas funções, dentro dos parâmetros que lhe são impostos. Se os parâmetros não são violados, as decisões administrativas devem ser mantidas, mesmo que equivocadas, e revertidas no plano empresarial.

A proteção ao administrador diligente, que age de boa-fé, é corolário do sistema orgânico da LSA, tanto no caso de administração monista, quanto dualista. A necessidade da presença de pessoas naturais, para estruturação dos órgãos de administração, requer, pela exposição obrigacional, a contrapartida garantidora do estrito respeito à lei no tocante à imputação de responsabilidade e à intervenção nos atos administrativos. Não fosse esse o caminho, a atuação de membros da administração tenderia a se aproximar, na prática, da arcaica ideia de que o art. 153 remete mesmo ao padrão de conduta do chefe de família (*bonus pater familiae*) em relação à administração de seus próprios negócios.

Espera-se, ao contrário, que o administrador, em ambientes normais – que não estejam, portanto, submetidos a crises conjunturais –, não se limite a adotar postura defensiva e protetiva do patrimônio social, sem tomar o risco – ao menos algum risco –, que é elemento inerente à atividade empresarial.

Essa proposição coaduna-se com o propósito lucrativo da companhia, qualquer que seja seu objeto. Quem emprega recursos em companhia, assume risco; se fosse avesso a este – ou se não pudesse controlar a aversão – direcionaria o capital para caderneta de poupança ou para outros investimentos conservadores. Mais ainda: não participaria do mercado acionário.

Por esses motivos os tribunais norte-americanos relutam em rever e reverter decisões da administração, quando demonstrada a diligência na sua construção.

6. Revisão judicial de decisões administrativas
Rodrigo R. Monteiro de Castro

A rejeição à intervenção judicial e à revisão de decisões administrativas pode ser formulada a partir das seguintes proposições: (i) "The directors' room rather than the courtroom is the appropriate forum for thrashing out purely business questions which will have impact on profits, market prices, competitive situations, or tax advantages";[1432] e (ii) "The judges are not business experts".[1433]

A combinação de ambas resulta numa formulação que serve de fundamento para decisões judiciais defensivas; afinal, a tentativa de transposição da competência decisória da administração para o tribunal dilacera o modelo orgânico e cria uma estrutura revisional das decisões incompatível com o dinamismo empresarial.

A revisão *ex post* é desigual e, de certo modo, *injusta*. Os efeitos negativos influenciam o julgador e prejudicam a tentativa de reconstrução dos elementos existentes à época da decisão que se mostrou equivocada.

Os conflitos inerentes à separação dos controles societário e empresarial – marcado, este (o controle empresarial), pela dominação da empresa por administradores, que podem ou não ser acionistas, e podem ou não ter vínculos com o acionista controlador – não justificam a intervenção na administração, seja para rever decisões tomadas de modo informado e no interesse da companhia – mesmo que se revelem, *a posteriori*, incorretas – ou para afastar ou modificar a estrutura administrativa.

As práticas intervencionistas justificam-se, apenas – e como princípio, cabendo, sempre, a verificação casuística –, nas hipóteses em que administradores não observam a lei ou o estatuto social.

7. Responsabilidade civil dos administradores como mecanismo regulatório para resolver os conflitos de agência entre estes e acionistas e também em relação a demais interessados

Ana Frazão

Antes de ingressar nas discussões específicas sobre o art. 153, da Lei nº 6.404/1976, é importante destacar que tal artigo, assim como os arts. 154 a 159, formam o conjunto de regras de responsabilidade civil dos administradores cujo objetivo é resolver os conflitos de agência a eles relacionados.

Nesse sentido, o conflito de agência mais evidente a ser endereçado é o existente aquele entre administradores e acionistas. Porém, diante da noção mais ampla de interesse social, não se pode ignorar a existência de inúmeros conflitos entre administradores e outros interessados ou *stakeholders*. É nesse contexto que a regulação jurídica procura criar um arcabouço normativo para que os administradores efetivamente exerçam suas funções na busca do interesse social, ao invés de priorizarem seus próprios interesses.

Para tal intento, a Lei nº 6.404/1976 utiliza-se tanto de estratégias regulatórias, prevendo normas de conduta, deveres e vedações, a fim de possibilitar aos lesados que exijam nas cortes judiciais ou arbitrais a anulação das decisões e o ressarcimento dos danos por parte dos administradores infratores, quanto de estratégias de governança, como o dever de informação, a fim de que acionistas e interessados possam exercer seus direitos de controle.

No plano regulatório, considerando a complexidade da gestão de uma companhia, obviamente não é possível resolver todos os problemas com base apenas em condutas vedadas. Daí a importância dos deveres fiduciários, como diligência e lealdade, e de cláusulas gerais, como a de que qualquer contrato entre a companhia e o administrador deve se submeter ao critério da justiça ou da equidade (*entire fairness*).

Sob essa perspectiva, a legislação brasileira harmoniza-se perfeitamente com as práticas internacionais. Como ensinam Armour et al.,[1434] poucas jurisdições confiam apenas em regras precisas de comportamento para regular a gestão das companhias, do que decorre a importância de standards amplos, como a boa-fé e a *entire fairness*.

Por fim, cumpre ressaltar que o controle da gestão, sob o prisma da atribuição de deveres e responsabilidades, deve ser visto no contexto de um número maior de estratégias, que envolvem diversas outras alternativas, tais como a de reservar os principais assuntos da companhia à competência privativa da Assembleia Geral, a de submeter determinadas matérias administrativas à aprovação ou à ratificação da Assembleia

---

[1432] BAINBRIDGE, M. Stephen. *The new corporate governance in theory and practice*. Oxford: Oxford University Press, 2008. p. 111.

[1433] BAINBRIDGE, M. Stephen. *The new corporate governance in theory and practice*. Oxford: Oxford University Press, 2008. p. 120.

[1434] ARMOUR, John *et al*. Agency problems and legal strategies. In: KRAAKMAN, Reinier *et al*. *The anatomy of corporate law*. A comparative and functional approach. New York: Oxford University Press, 2017. p. 33.

Geral, o direito dos acionistas de nomearem e destituírem administradores – incluindo o direito das minorias ou mesmo de grupos, como os trabalhadores, de nomearem membro do órgão administrativo –, os critérios de elegibilidade dos administradores, o tratamento de compensações e remunerações de administradores, dentre muitas outras.

É interessante notar que, enquanto as soluções de imposição de deveres e responsabilidades aos administradores acabam normalmente tendo eficácia *ex post*, muitas outras soluções têm eficácia preventiva ou *ex ante*, tal como a do art. 147, § 3º, da Lei nº 6.404/1976. Acresce que, a depender da interpretação que se dê a determinadas regras, estar-se-á optando por uma abordagem *ex ante* ou *ex post*. É o que acontece com a disciplina do conflito de interesses, que apresenta eficácia *ex ante* se acolhida a teoria formal ou eficácia *ex post* se acolhida a teoria material.

Chama-se atenção para todos esses aspectos diante da importância de se entender a responsabilidade civil de administradores de companhias no contexto de um conjunto maior de regras que acabam servindo ao mesmo propósito, motivo pelo qual uma visão sistemática do assunto é imprescindível.

Por outro lado, o fato de que o regime de responsabilidade dos administradores tem normalmente uma eficácia *ex post* certamente apresenta algumas vantagens, mas também uma série de riscos, tal como se analisará melhor nos comentários ao art. 159, da Lei nº 6.404/1976. Afinal, a sua eficácia fica condicionada à atuação dos lesados na busca dos seus direitos e à eficiência das cortes judiciais e arbitrais na tutela desses direitos.[1435]

Por outro lado, soluções *ex ante*, apesar de uma série de vantagens, também apresentam seus custos e riscos, de forma que não é recomendável fazer opções aprioristicas em favor de uma ou de outra, mas sobretudo compreender os aspectos positivos e negativos inerentes a cada alternativa, o que igualmente requer uma visão sistemática da arquitetura jurídica em torno da gestão das companhias.

8. O dever de diligência no contexto dos deveres fiduciários dos administradores

Ana Frazão

O art. 153, da Lei nº 6.404/1976, socorrendo-se do modelo alemão, adota o padrão do comerciante consciencioso e ordenado, exigindo dos administradores o "cuidado e a diligência que todo homem ativo e probo costuma empregar na administração dos seus próprios negócios."

Nesse ponto, a lei brasileira segue uma tendência do direito comparado, no sentido de exigir um grau de diligência superior ao do bom pai de família[1436], assim como ocorre nas hipóteses de culpa profissional[1437]. Ressalta-se que o referido dispositivo legal igualmente menciona o dever de cuidado, deixando clara a influência do direito norte-americano,[1438] não obstante a própria etimologia da palavra "diligência" estar associada ao zelo e ao cuidado.

Assim como o dever de lealdade, o dever de diligência está intrinsecamente relacionado ao interesse social.[1439] É visceral a conexão entre

---

[1435] John Armour *et al* (Agency problems and legal strategies. In: KRAAKMAN, Reinier *et al*. *The anatomy of corporate law*. A comparative and functional approach. New York: Oxford University Press, 2017. p. 31-32) mostram que a eficácia das estratégias de governança depende crucialmente da habilidade dos principais exercerem seus direitos de controle: "Coordination costs between principals will make it more difficult for them either to monitor the agent so as to determine the appropriateness of her actions, or to decide wether, and how, to take action to sanction nonperformance. High coordination costs thus render governance strategies less sucessful in controlling agents, and – other things equal – make regulatory strategies more attractive."

[1436] Ao fazer um exame de várias legislações sobre o tema, Renato Ribeiro (*Dever de diligência dos administradores de sociedades*. São Paulo: Quartier Latin, 2006. p. 217) conclui que se nota, no direito comparado, "uma tendência ao abandono do padrão *bonus pater familias*."

[1437] Giovanna Visintini (*Tratatto breve della Responsabilità Civile*. Padova: Cedam, 2005. p. 51) ensina que a culpa profissional é normalmente avaliada por padrões mais rigorosos do que o do homem médio, ressaltando que a doutrina francesa submete tal exame ao padrão do "*bon professionnel de la spécialité visée*."

[1438] É o que sustenta Modesto Carvalhosa (*Comentários à lei de sociedades anônimas*. São Paulo: Saraiva, 2003. v. 3. p. 265), ao afirmar que a referência legal ao cuidado decorre da influência do *duty of care* do direito norte-americano.

[1439] Daí a observação de Maria Elisabete Ramos (*Responsabilidade civil dos administradores e diretores de sociedades anônimas perante os credores sociais*. Coimbra: Coimbra Editora, 2002. p. 99) de que "a doutrina italiana esclarece que o objetivo último de uma gestão diligente é a realização do interesse social". Essa vinculação ocorre igualmente

dever de diligência e o interesse social, já que o cuidado e a diligência do comerciante ordenado e consciencioso deverão ser utilizados para atender o interesse da companhia, inclusive no que diz respeito à função social da empresa.[1440] Daí a importância de se interpretar conjuntamente os arts. 153 e 154, da Lei nº 6.404/1976.

Com efeito, a finalidade de toda sociedade empresária é a obtenção de lucros e demais benefícios econômicos por meio da realização do seu objeto social. Esse é um dos aspectos primordiais do interesse social, ao qual os administradores estão vinculados. Contudo, a função social da empresa determina que, nessa busca, os gestores, assim vistos tanto os administradores como também os controladores, terão que sopesar todos os demais interesses envolvidos na atividade empresarial, para o fim de atendê-los e protegê-los adequadamente, não lhes causando danos injustificáveis ou desproporcionais.

Acresce que a violação do dever de diligência está diretamente relacionada às hipóteses de exercício abusivo do voto, do poder de controle e das competências administrativas, inclusive na sua modalidade omissiva. Afinal, o dever de diligência não deixa de ser um parâmetro para a constatação do abuso dos poderes de gestão, motivo pelo qual já se viu, nos comentários ao art. 116, da Lei nº 6.404/1976, que é igualmente exigível dos controladores e não só dos administradores.

Vale ressaltar que, além da aproximação com o dever de buscar e realizar o objeto social e de agir tão somente em adstrição ao interesse social, o dever de diligência tem grande aproximação com o dever de lealdade. Na verdade, existe até mesmo certa sobreposição entre ambos, o que é reconhecido pelo direito alemão[1441] e também pelo norte-americano[1442].

Isso mostra que o dever de diligência precisa ser visto no conjunto dos deveres fiduciários que são exigíveis dos administradores e controladores de companhias. A compreensão do seu alcance envolve sempre uma visão sistemática e compatível com os demais deveres, a exigir do intérprete o cuidado em evitar segmentações indevidas e buscar sempre a melhor orientação dentro do conjunto da arquitetura jurídica dos deveres fiduciários dos gestores.

9. O conteúdo básico do dever de diligência

Ana Frazão

Como cláusula geral, o dever de diligência apresenta grande fluidez, que decorre da impossibilidade da previsão completa de todas as

---

no direito norte-americano, como se observa pela lição de Alexandre Couto Silva (*Responsabilidade dos administradores de S/A*. Business judgment rule. Rio de Janeiro: Elsevier, 2007. p. 14-15): "As regras para a definição desse dever são semelhantes na maioria dos estados norte-americanos que derivaram da regra da seção § 8.30 (a) do Revised Model Business Corporation Act de 1984, anterior à alteração de 1989. Tal dispositivo estabelecia que o administrador deveria desempenhar seus deveres (i) de boa-fé; (ii) com a cautela que um homem médio prudente em igual posição teria em circunstâncias semelhantes – regra derivada do bônus *pater familia*; e (iii) acreditando que está, até certo ponto, atuando de acordo com os melhores interesses da companhia. No direito norte-americano, quanto ao desenvolvimento do dever de diligência, cabe destacar que o estado da Virgínia substituiu os três primeiros elementos pela atuação "de acordo com decisões de boa-fé no melhor interesse da companhia."

[1440] Não é outra a conclusão de Díaz Echegaray (*Deberes y Responsabilidade de los administradores de sociedades de capital*. Elcano (Navarra): Editorial Aranzadi, 2006. p. 118), para quem o sentido do dever de diligência impõe aos administradores que levem a cabo os atos precisos para cumprir os fins sociais e a promoção do interesse social.

[1441] Ek von Half e Hoyenberg (*Aktiengesellschaften*. München: DTV, 2006. p. 111) afirmam que o dever de diligência pressupõe igualmente que o membro do *Vorstand* (diretoria) não tire vantagens individuais impróprias decorrentes da administração dos interesses alheios. Em sentido semelhante, Jürgen von Kann (*Vorstand der AG. Führungsaufgaben, Rechtspflichten und Corporate Governance*. Berlin: Eric Schmidt Verlag, 2005. p. 106) sustenta que a obrigação de cuidado de um comerciante consciencioso e ordenado, como parâmetro de conduta e conceito jurídico indeterminado, que precisa de concretização, está conectada com o interesse da empresa (*Unternehmensinteresse*), motivo pelo qual o administrador deve evitar tudo o que prejudica a sociedade, agindo para com ela como um fiel depositário, obrigado a respeitar os interesses patrimoniais alheios, de modo a preservar o benefício da sociedade e evitar danos.

[1442] De acordo com Robert Clark (*Corporate law*. New York: Aspen Law & Business, 1986. p. 236-128), não é raro que, nos Estados Unidos, diante de casos em que os administradores praticaram condutas autointeressadas e violadoras do dever de lealdade, as cortes fundamentem a responsabilidade na violação do dever de cuidado, a fim de dispensarem a prova de todos os elementos do conflito de interesses, o que pode ser difícil, especialmente quando as evidências estão sob o controle dos administradores. Assim, a saída de se recorrer ao dever de cuidado é vista como uma forma de dar ganho de causa em situação na qual a *equity* assim exigiria.

consequências e subdeveres dos gestores, diante da assunção de riscos que é inerente à atividade empresarial.[1443]

Acresce que a verificação da obediência ao dever de diligência é necessariamente casuística e precisa levar em consideração fatores como o tamanho da companhia, a natureza de suas atividades, a forma de estruturação administração e o tempo e as circunstâncias em que a decisão administrativa ou de gestão foi tomada.[1444]

Ainda há determinados contextos específicos, tais como as situações de insolvência ou de troca de controle (especialmente diante de uma aquisição hostil), dentre outras, que exigem cuidados adicionais do que aqueles que seriam devidos na normalidade.

Outra variável relevante para a análise do dever de diligência, principalmente nos países que adotam o sistema bicameral, são as distintas posições dos administradores. Não é sem razão que, no direito francês, os membros do *Conseil de Surveillance* estão sujeitos essencialmente à responsabilidade pela *défaut de surveillance*, ou seja, pela inexistência ou mau exercício do controle da direção.[1445] Mesmo no direito norte-americano, o regime de trabalho e de remuneração do administrador é também considerado importante para a análise da extensão da sua responsabilidade.[1446]

Apesar dos diversos parâmetros envolvidos, o que dificulta consideravelmente a identificação da violação ao dever de diligência,[1447] a doutrina e a jurisprudência, tanto no Brasil como no direito estrangeiro,[1448] gradativamente depuraram algumas das suas principais consequências, a seguir descritas:

[1443] Por essa razão, afirma Franco Bonelli (*Gli amministratori di S.P.A.* Milano: Giuffrè, 2004. p. 164) que um elenco completo dos deveres decorrentes da obrigação de diligência seria impossível. Em sentido próximo, sustenta Díaz Echegaray (*Deberes y responsabilidad de los administradores de sociedades de capital.* Elcano (Navarra): Editorial Aranzadi, 2006. p. 129) que a atividade empresarial pressupõe a assunção de riscos, o que implica elemento de aleatoriedade incompatível com o estabelecimento de normas apriorísticas para a atuação dos gestores.

[1444] O direito estrangeiro é repleto de lições nesse sentido. Para Ek von Half e Hoyenberg (*Aktiengesellschaften.* München: DTV, 2006. p. 111-112), a configuração da violação ao dever de cuidado depende essencialmente da divisão de tarefas entre os administradores, bem como do tipo, do tamanho e da própria situação da empresa. Em sentido próximo, Franco Bonelli (*Gli amministratori di S.P.A.* Milano: Giuffrè, 2004. p. 181) afirma que somente no caso concreto se pode aferir a extensão da cláusula geral, de acordo com o tipo de companhia, sua dimensão, seu setor de atividade, sua estrutura e possibilidades financeiras, a importância e as condições da operação, o tempo à disposição do administrador para a tomada da decisão, dentre outros. Maria Elisabete Ramos (*Responsabilidade civil dos administradores e diretores de sociedades anônimas perante os credores sociais.* Coimbra: Coimbra Editora, 2002. p. 88-89) também menciona que os desdobramentos do dever de diligência dependem do tipo, dimensão e situação do estabelecimento, da distribuição de tarefas entre os membros da administração, do número de atividades, conjunturas e circunstâncias temporais e natureza da atividade. Ainda merece destaque o ensinamento de Jose Oriol Majo (*Los deberes de los administradores de la sociedad anônima.* Madrid: Editorial Civitas, 1996. p. 65) e Flávia Parente (*O dever de diligência dos administradores de sociedades anônimas.* Rio de Janeiro: Renovar, 2005. p. 125), ao ressaltarem as lições do American Law Institute, no sentido de que o tempo e o custo das informações precisam ser levados em consideração nesta análise.

[1445] A expressão é utilizada por Ripert e Roblot (*Traité de droit commercial.* Atualizado por Michel Germain. Paris: LGDT, 2002. t. I, v. II. p. 470), para os quais os membros do conseil de surveillance "sont responsables à titre principal du fait de l'inexécution ou la mauvaise exécution de ce pouvoir de controle".

[1446] Henn e Alexander (*Laws of corporations.* St. Paul: West Group, 1983. p. 623) mostram, a partir do exame da jurisprudência, que as cortes norte-americanas levam em consideração circunstâncias dos administradores, tais como saber se são part-time ou full-time, se recebem ou não remuneração.

[1447] Robert Clark (*Corporate law.* New York: Aspen Law & Business, 1986. p. 125-126) demonstra, com base na experiência norte-americana, que casos de responsabilização de administradores com base exclusivamente na negligência, sem relação com fraudes ou *self-dealing*, são raros. Tanto é assim que menciona estudo feito pelo Professor Bishop ao longo de várias décadas, tendo o pesquisador encontrado apenas quatro casos nesse sentido.

[1448] Um exemplo deste esforço sistematizador pode ser encontrado na obra de Robert Clark (*Corporate law.* New York: Aspen Law & Business, 1986. p. 125-134), que desdobra o *duty of care* nos seguintes deveres: (i) ter uma razoável compreensão do negócio; (ii) manter-se informado sobre as atividades da empresa; (iii) monitorar os negócios e atividades, o que não implica o monitoramento de empregados, salvo se houver causa para suspeita; (iv) comparecer regularmente às reuniões; (v) rever regularmente os aspectos financeiros; (vi) manter um sistema de livros, registros e controle sobre as transações e disposições do patrimônio; (vii) pesquisar sobre matérias duvidosas; e (viii) fazer consultorias necessárias. O autor (*Corporate law.* New York: Aspen Law & Business, 1986. p. 125-126) cita, como

(i) o dever de informação para a tomada das decisões;[1449]
(ii) a competência profissional[1450] ou o dever de se preparar para o cargo;
(iii) certo grau de perícia compatível com as funções, embora haja grandes controvérsias a respeito de tal requisito tanto no Brasil como no direito estrangeiro;[1451]

---

exemplo de omissão negligente, o caso *Francis v. United Jersey Bank* (432 A.2d. 814, N.J. 1981), no qual a diretora e principal acionista da companhia, após a morte do seu marido, perdeu interesse na gestão do negócio, possibilitando que seus filhos desviassem os recursos da empresa. A corte não se sensibilizou ao argumento de que a administradora em questão era velha, deprimida, alcoólatra e ignorante a respeito dos negócios sociais, sob o fundamento de que pessoa assim não poderia ser diretora.

[1449] Ek von Half e Hoyenberg (*Aktiengesellschaften*. München: DTV, 2006. München: DTV, 2006. 111-112), com base na experiência do direito alemão, sustentam que o membro da direção (*Vorstand*) tem que se aparelhar com todas as informações que lhe são disponíveis, buscando aconselhamento próprio quando não tiver o conhecimento e a sabedoria necessária para tomar determinado tipo de decisão. Em relação ao direito italiano, Bonelli (*Gli amministratori di società di capitali*. Padova: Cedam, 2006. p. 179-180) ressalta a necessidade de que o administrador aja de modo informado. No direito norte-americano, a Corte Suprema de Delaware considera violação ao dever de cuidado a decisão de gestão que não tenha sido produto de um julgamento informado (CLARK, Robert. *Corporate law*. New York: Aspen Law & Business, 1986. p. 128). A Lei das S/A espanhola faz, menção, em seu art. 127, ao fato de que "cada uno de los administradores deverá informarse diligentemente de la marcha de la sociedad." Na doutrina brasileira, Renato Ribeiro (*Dever de diligência dos administradores de sociedades*. São Paulo: Quartier Latin, 2006. p. 227) reforça esse aspecto do dever de diligência, advertindo, inclusive, que o cumprimento do dever envolve até mesmo a desconfiança em relação a informações recebidas em relatórios, perícias e informações prestadas por outros órgãos.

[1450] Francisco Espinosa (*La responsabilidad civil del administrador de sociedad de capital em sus elementos configuradores*. Navarra: Editorial Arazandi, 2006. p. 27-28) considera que o dever de diligência implica a tarefa pessoal de permanente formação ou de aquisição e atualização dos conhecimentos, competências, aptidões e destrezas gerais e especiais para o adequado cumprimento do seu cargo, concluindo que é objetivamente exigível do administrador um nível adequado de competência profissional (*lex artis*). Em sentido semelhante, Flávia Parente (*O dever de diligência dos administradores de sociedades anônimas*. Rio de Janeiro: Renovar, 2005. p. 103) menciona, como decomposição do dever de diligência, o dever de se qualificar para o exercício do cargo, traduzido no "dever de adquirir os conhecimentos mínimos e elementares a respeito das atividades desenvolvidas pela sociedade." Daí a sua conclusão (*O dever de diligência dos administradores de sociedades anônimas*. Rio de Janeiro: Renovar, 2005. p. 249) de que "não basta que o administrador atue, na condução dos negócios sociais, com o cuidado e a diligência de um homem ativo e probo; é necessário que possua conhecimentos técnicos ou profissionais específicos para que possa desenvolver, adequadamente, o objeto social da companhia."

[1451] Segundo Galgano (*Trattato di diritto commerciale e di diritto pubblico dell'economia*. Padova: Cedam, 1984. v. VII. p. 267-268), a diligência requerida para a administração de uma sociedade por ação é aquela normal e ordinária, opinião que é compartilhada por Fernando Sánchez Calero (*Los administradores en las sociedades de capital*. Navarra: Civitas, 2005. p. 173), segundo o qual o dever de diligência não está associado à exigência de expertise. Apesar de reconhecer que o tema é controverso, Maria Elisabete Ramos (*Responsabilidade dos administradores e diretores de sociedades anônimas perante os credores sociais*. Coimbra: Coimbra Ed., 2002. p. 95) conclui que, embora a perícia não seja necessária, exige-se do administrador ao menos a aptidão para avaliar que necessita da ajuda de um profissional especializado. Todavia, com base na experiência do direito europeu, Mônica Cossu (*Societá aperte e interesse sociale*. Torino: G. Giappichelli Editore, 2006. p. 236-237) sustenta que a diligência profissional requer certa dose de perícia, opinião que é compartilhada por Bianchi (*Gli amministratori di società di capitali*. Padova: Cedam, 2006. p. 587-588) e Maddalena Rabitti (*Rischio organizzativo e responsabilità degli amministratori. Contributo allo studio dell'illecito civile*. Milano: Giuffré, 2004. p. 150). Diante do contexto brasileiro, a doutrina é variada. Modesto Carvalhosa (*Comentários à lei de sociedades anônimas*. São Paulo: Saraiva, 2003. v. 3. p. 266), por exemplo, sustenta que "é necessário que se acrescente a competência profissional específica, traduzida por escolaridade ou experiência e, se possível, ambas". Renato Ribeiro (*Dever de diligência dos administradores de sociedades*. São Paulo: Quartier Latin, 2006. p. 196-199) defende que o conhecimento técnico é indispensável, embora reconheça (*Dever de diligência dos administradores de sociedades*. São Paulo: Quartier Latin, 2006. p. 233) que "o administrador não é responsável por atos que exijam habilidade pericial ou técnica". Já Fábio Coelho (*Curso de direito comercial*. São Paulo: Saraiva, 2009. p. 254) associa o dever de diligência à aplicação dos postulados da ciência da administração, sustentando que "diligente, de acordo com essa solução, é o administrador que observa os postulados daquele corpo de conhecimentos tecnológicos, fazendo o que nele se recomenda e não fazendo o que se desaconselha. Tal forma de operacionalizar a norma do art. 153 da LSA parece-me extremamente objetiva, de modo a tornar o cumprimento do dever passível

(iv) o conhecimento sobre os negócios da companhia;[1452]

(v) a estruturação de uma organização empresarial compatível com as atividades da companhia e o risco por ela assumido;[1453]

(vi) a estruturação de um sistema de vigilância, supervisão e investigação;[1454]

(vii) o dever de intervir diante de problemas graves ou respectivas ameaças;[1455]

---

de aferição através de perícia". Assim, conclui ao final que "o administrador diligente é aquele que emprega na condução dos negócios sociais as cautelas, métodos, recomendações, postulados e diretivas da 'ciência' da administração de empresas".

[1452] Ressalta-se a seguinte lição de Renato Ribeiro (*Dever de diligência dos administradores de sociedades*. São Paulo: Quartier Latin, 2006. p. 224), com base no precedente Francis v. United Jersey Bank: "No direito comparado, um dos casos clássicos está no direito americano, no qual se assentou que 'as general rule a director should acquire at least a rudimentary understanding of the business of the corporation".

[1453] Maddalena Rabitti (*Rischio organizzativo e responsabilità degli amministratori. Contributo allo studio dell'illecito civile*. Milano: Giuffré, 2004. p. 38-44) explica que uma das atuais tendências da procedimentalização do dever de diligência diz respeito à obrigação imputável aos administradores de criar e manter um modelo funcional de organização e de gestão idôneo a assegurar a consecução do objeto social, bem como a prevenir danos, na medida em que se mostre suscetível de ser vigiado e controlado.

[1454] Para Maddalena Rabitti (*Rischio organizzativo e responsabilità degli amministratori. Contributo allo studio dell'illecito civile*. Milano: Giuffré, 2004. p. 46-47), o valor que o ordenamento italiano confere à procedimentalização da gestão da empresa leva à necessidade de se elaborar o "mapa do risco" da atividade empresarial, a fim de instituir mecanismos prevenção, informação e solução de problemas. Em sentido próximo, Jürgen von Kann (*Vorstand der AG. Führungsaufgaben, Rechtspflichten und Corporate Governance*. Berlin: Eric Schmidt Verlag, 2005. p. 91) sustenta que o administrador (Vorstand) deve organizar um sistema de vigilância para que sejam reconhecidos, em tempo, desenvolvimentos nocivos à continuidade da companhia, tais como negócios com alto risco, lançamentos incorretos das contas, a não observância dos regulamentos jurídicos e todas as demais operações que influenciem considerávelmente sobre o patrimônio, as finanças e a receita da sociedade ou do grupo empresarial (Konzern). No direito francês, Ripert e Roblot (*Traité de droit commercial*. Atualizado por Michel Germain. Paris: LGDT, 2002. t. I, v. II. p. 511-513) ressaltam que a jurisprudência considera que a negligência pode consistir em defeito de vigilância por parte dos administradores em relação aos órgãos de direção, permitindo a estes que busquem uma atividade danosa para a sociedade, para os acionistas ou para terceiros. Todavia, esclarecem que esta hipótese de responsabilidade depende da demonstração de uma falta particular de escolha ou de supervisão, ressaltando que a reprovabilidade da conduta não pode ser presumida. Na Espanha, Jose Oriol Majo (*Los deberes de los administradores de la sociedad anónima*. Madrid: Civitas, 1996. p. 71) esclarece que a doutrina integra no conteúdo do dever de vigilância o dever de investigar qualquer situação que possa chegar a causar danos ao patrimônio social e cujo conhecimento os administradores tenham obtido no desempenho do dever de vigilância. No direito brasileiro, Renato Ribeiro (*Dever de diligência dos administradores de sociedades*. São Paulo: Quartier Latin, 2006. p. 252) sustenta que o dever de vigilância se estende aos "demais administradores, empregados, contratados, procuradores e demais pessoas relacionadas à área de sua competência, inclusive de sociedades controladas", enquanto Alexandre Couto Silva (*Responsabilidade dos administradores de S.A. Business judgment rule*. Rio de Janeiro: Elsevier, 2007. p. 7) defende que o dever de diligência "exige uma postura proativa dos administradores na fiscalização da companhia", bem como "exige um sistema de monitoramento das atividades e das informações da companhia de modo a assegurar que os direitos dos acionistas (e do mercado em geral) não estejam sendo violados em instâncias inferiores da companhia." Flávia Parente (*O dever de diligência dos administradores de sociedades anônimas*. Rio de Janeiro: Renovar, 2005. p. 128) igualmente destaca a conveniência de sistema de controle que permita aos administradores "obter as informações relevantes a respeito dos negócios desenvolvidos pela companhia e monitorar tal sistema de forma a garantir seu correto funcionamento." Vale ressaltar por fim, a lição de Alessandro de Nicola (*Soci di minoranza e amministratori*: um rapporto difficile. Bologna: Il Mulino, 2005. p. 544-545 e 561-566) de que um dos objetivos do legislador italiano, com a reforma societária de 2003, foi de evitar que a indevida generalização e extensão da responsabilidade dos administradores por violação ao dever de vigilância transformasse uma responsabilidade por culpa em verdadeira responsabilidade objetiva, motivo pelo qual foi eliminada a obrigação geral de vigilância. Tal advertência aplica-se igualmente ao caso brasileiro, pois já se viu a imprescindibilidade da culpa para a responsabilização dos gestores.

[1455] Ressalta-se o pensamento de Renato Ribeiro (*Dever de diligência dos administradores de sociedades*. São Paulo: Quartier Latin, 2006. p. 229): "No direito comparado, o dever de intervenção está expresso legalmente no Código Civil italiano (art. 2.392). Nos demais países, deve-se considerá-lo incluso no dever de diligência."

(viii) o respeito às obrigações legais bem definidas, com a consequente vedação da violação legal "calculada";[1456]

(ix) a presença nas reuniões dos órgãos colegiados de que participa;[1457]

(x) a adoção de processos decisórios justos, adequados e razoáveis.

Todos esses critérios e as controvérsias a eles inerentes ajudam a entender o porquê da difícil demonstração da violação culposa do dever de diligência, até mesmo em razão das complicações para se avaliar *ex post* a referida ofensa.[1458] Daí a maior existência, no direito estrangeiro, de exemplos de violação ao dever de lealdade, o que faz com que alguns autores até mesmo considerem o dever de diligência como de menor relevância em relação ao primeiro.[1459]

Não obstante, há uma conclusão relativamente pacífica, tanto no Brasil como no direito estrangeiro, a respeito do dever de diligência: a de que, como sintetiza Maddalena Rabitt,[1460] o seu conteúdo mínimo está contido no princípio de agir informado. Destaca-se que, com a expansão dos destinatários do dever de diligência, a informação deve abranger igualmente os dados referentes aos outros interesses e valores que devem ser realizados pela atividade empresarial.

Somado ao dever de lealdade e ao dever de agir no interesse da companhia, o dever de diligência tem como resultado prático mais evidente o de exigir do administrador que aja de maneira informada, desinteressada e no melhor interesse da companhia. Trata-se, portanto, de uma metodologia decisória, apta a avaliar o processo da

---

[1456] De acordo com Jürgen von Kann (*Vorstand der AG*. Führungsaufgaben, Rechtspflichten und Corporate Governance. Berlin: Eric Schmidt Verlag, 2005. p. 109), a tendência do discurso jurídico sobre o dever de cuidado por parte dos membros do *Vorstand* é clara, atribuindo-se maior peso ao descumprimento de obrigações juridicamente previstas de forma organizada. Isso faz com que a discricionariedade empresarial do Vorstand não possa justificar nem mesmo as violações das leis "bem calculadas".

[1457] Ver comentários de Ana Frazão ao art. 158 da Lei nº 6.404/1976, no tópico que trata da solidariedade entre os administradores. Tal desdobramento do dever de diligência justifica-se pois, se assim não fosse, o administrador ausente ficaria em posição mais favorável do que o administrador cumpridor de seus deveres. Daí concluir Maria Elisabete Ramos (*Responsabilidade dos administradores e diretores de sociedades anônimas perante os credores sociais*. Coimbra: Coimbra Ed., 2002. p. 239-240) que "não se pode assimilar a não participação na deliberação colegial à completa e total irresponsabilidade dos administradores ou directores não participantes. Sendo a participação dos administradores e directores um dos aspectos em que se desdobram as suas funções, o exercício dessa tarefa encontra-se, também ela, submetida ao dever de diligência prescrito pelo art. 64º." Assim, a responsabilidade, nesse caso, seria solidária e baseada no fato de não ter feito o que podia para evitar a prática do ato danoso. Na doutrina brasileira, destaca-se o pensamento de Renato Ribeiro (*Dever de diligência dos administradores de sociedades*. São Paulo: Quartier Latin, 2006. p. 225): "Também faz parte do dever de diligência a participação do administrador nos atos em que sua presença é necessária. Aliás, é o mínimo que se pode esperar. A ausência injustificada em reunião de conselho de administração justifica a responsabilização do administrador faltoso."

[1458] Vale ressaltar a seguinte lição de Hansmann e Kraakman (The basic governance structure. In: KRAAKMAN, Reinier et al. *The anatomy of corporate law*. A comparative and functional approach. New York: Oxford University Press, 2004. p. 33-70, p. 52): "The only standard that qualifies as a general instrument of corporate governance is the duty of care, which sets the minimum quality threshold for managerial decisions at some benchmark standard such as "negligence" or "gross negligence". Defining and enforcing such a standard is notoriously difficult and, to our knowledge, is not done rigorously anywhere for a good reason: evaluating business decisions ex post is difficult, and legal error in imposing liability is likely to make directors overly risk averse ex ante. The rare case in which the law appears to hold directors liable for negligent decisions without evidence of bad faith or self-dealing involves extraordinary and easily distinguishable circumstances that we consider in later Chapters, such as sale or merger of the entire Company (Chapter 6) or the onset of insolvency (Chapter 4)."

[1459] É esta a conclusão do estudo de Jose Oriol Majo (*Los deberes de los administradores de la sociedad anónima*. Madrid: Civitas, 1996. p. 134): "En cambio, los escasos supuestos en los que con relativa certeza se puede afirmar la infracción del deber de diligencia y el riesgo de exigir responsabilidad a los administradores por los daños causados al patrimonio social incluso cuando satisfacen las exigencias de este deber, parecen apuntar en el sentido de una menor relevancia del mismo en la protección de la integridad del patrimonio empresarial."

[1460] RABITTI, Maddalena. *Rischio organizzativo e responsabilità degli amministratori*. Contributo allo studio dell'illecito civile. Milano: Giuffré, 2004. p. 144.

decisão (*decision making*) e não propriamente o seu resultado.[1461]

10. Dever de diligência: dever de meio ou de fim?

ANA FRAZÃO

O dever de diligência é tradicionalmente considerado uma obrigação de meio e não de resultado, sob o fundamento de que o gestor precisa correr certos riscos e não é responsável pelo sucesso econômico da companhia.[1462]

Apesar disso, aspecto que vem ensejando muitas discussões é o de saber se o dever de diligência implica a obtenção de resultados razoáveis ou pelo menos o compromisso de não praticar erros graves.[1463] Sob essa perspectiva, o exame do cumprimento do dever acaba ensejando, de alguma forma, o exame do mérito da decisão de gestão, o que se relaciona com a *business judgment rule*, que será vista, mais adiante, nos comentários ao art. 159, da Lei nº 6.404/1976.

Adianta-se, desde já, entretanto, que a *business judgment rule* impede, em princípio, o controle *ex post* do mérito da decisão empresarial.[1464] Todavia, diante de algumas hipóteses extremas, como as de decisões manifestamente ilegais, irracionais, desarrazoadas ou inaceitáveis, há quem defenda a violação ao dever de diligência, por entender que dele decorre a obrigação de tomar decisões substancialmente razoáveis.[1465]

[1461] John Armour *et al.* (The basic governance structure: the interests of shareholders as a class. In: KRAAKMAN, Reinier et al. *The anatomy of corporate law*. A comparative and functional approach. New York: Oxford University Press, 2017. p. 69) mostram que, diante das dificuldades de se identificar o cuidado razoável, que seriam até maiores do que aquelas existentes em relação a avaliação da performance de médicos, o foco do dever de diligência dos administradores é mesmo o processo decisório (*decision making*).

[1462] A doutrina italiana é farta em lições nesse sentido, destacando-se Galgano (*Trattato di diritto commerciale e di diritto pubblico dell'economia*. 2. ed. Padova: Cedam, 1988. v. 7. p. 267-268) e Bonelli (*Gli amministratori di S.P.A*. Milano: Giuffrè, 2004. p. 162). No Brasil, cita-se, por todos, Modesto Carvalhosa (*Comentários à Lei de Sociedades Anônimas*. 4. ed. São Paulo: Saraiva, 2009. v. 3. p. 273).

[1463] Jorge Manuel Coutinho de Abreu (Deveres de cuidado e de lealdade dos administradores e interesse social. In: ABREU, Jorge Manuel Coutinho *et al*. *Reformas do código das sociedades*. Coimbra: Almedina, 2007. p. 20-21) defende tal posição, ao sustentar que o dever de diligência, ao lado do aspecto de controle e vigilância organizativo-funcional e do dever de atuação procedimentalmente correta, envolve igualmente o dever de tomar decisões substancialmente razoáveis. Entre as hipóteses de decisões desarrazoadas, o autor (p. 21-22) cita a dissipação ou esbanjamento do patrimônio social e a assunção de riscos desmedidos, sendo considerada como tal a decisão que desrespeita o princípio segundo o qual "a sociedade não deve poder perecer por causa de uma só decisão falhada." Em sentido próximo, Pedro Nunes (*Responsabilidade civil dos administradores perante os acionistas*. Coimbra: Almedina, 2001. p. 22), atribui como consequências do dever de diligência não apenas a adoção de um processo decisório razoável (*reasonable decisionmaking process*), com informação suficiente e necessária para a decisão, considerando obviamente o tempo disponível para esta, como também o dever de tomar uma decisão ponderada e equitativa (*reasonable decision*). Vale ressaltar a lição de Maria Elisabete Ramos (*Responsabilidade civil dos administradores e diretores de sociedades anônimas perante os credores sociais*. Coimbra: Coimbra Editora, 2002. p. 89-90): "Alguns autores tentam densificar o critério de diligência exigível aos membros da administração recorrendo ao conceito de ragionevolezza. (...) Segundo este critério, terão relevo, sob o ponto de vista da responsabilidade, os comportamentos decisivamente não razoáveis." Acresce que a falta de razoabilidade deverá ser analisada "tendo em conta a contingência intrínseca da actividade exercida pelos administradores e directores e a necessidade de inovação." No direito alemão, Jürgen von Kann (*Vorstand der AG. Führungsaufgaben, Rechtspflichten und Corporate Governance*. Berlin: Eric Schmidt Verlag, 2005. p. 106) sustenta que os administradores tomam decisões empresariais cujos resultados nem sempre são previsíveis, motivo pelo qual apenas devem ser responsabilizados pessoalmente por tais decisões quando excedem claramente as fronteiras de uma decisão responsável e consciente para o bem da empresa e orientada para os negócios empresariais. A avaliação tem que ser feita pela visão *ex ante*, em relação ao período no qual a obrigação foi cumprida ou deveria ter sido cumprida. O que o dever de diligência exige é que a decisão dos administradores seja razoável, baseada na ponderação cuidadosa e livre de influências estranhas à sociedade, sob pena de se impor aos gestores um comportamento exageradamente defensivo, o qual conduziria a danos à sociedade e aos credores por não terem aproveitado as chances de risco. No direito brasileiro, Renato Ribeiro (*Dever de diligência dos administradores de sociedades*. São Paulo: Quartier Latin, 2006. p. 230) considera a decisão desarrazoada como falta ao dever de diligência, dando como exemplo de tal comportamento a contratação ou nomeação de pessoas sem qualificação técnica.

[1464] Para mais informações sobre a *business judgment rule*, ver comentários de Ana Frazão ao art. 159 da Lei nº 6.404/1976.

[1465] OLIVEIRA, Ana Perestrelo de. *Manual de governo das sociedades*. Coimbra: Almedina, 2018. p. 233.

Outro aspecto que deve ser considerado na análise é que a vinculação da atividade dos gestores ao cumprimento de metas previamente estabelecidas tem se tornado cada vez mais importante, o que realça a compreensão do dever de diligência também como obrigação de fim.

A chamada Nova Lei das Estatais (Lei nº 13.303/2016) acolheu essa perspectiva em relação aos seus administradores. Em seu art. 23, prevê que "É condição para investidura em cargo de diretoria da empresa pública e da sociedade de economia mista a assunção de compromisso com metas e resultados específicos a serem alcançados, que deverá ser aprovado pelo Conselho de Administração, a quem incumbe fiscalizar seu cumprimento".

É interessante notar que, nos termos do § 2º do referido artigo, o Conselho de Administração responde, mesmo por omissão, por falhas na supervisão do atendimento de metas e resultados da execução do plano de negócios e estratégia de longo prazo.

Por mais que tais previsões sejam dirigidas apenas às estatais, é inequívoco que refletem tendência de ampliação do núcleo básico do dever de diligência, suscitando questionamentos que podem ser igualmente aplicados às companhias privadas, especialmente quando tais metas e resultados forem uma condição para assunção no cargo de administrador.

Em princípio, e desde que não se impute aos gestores o risco da empresa, há margem para impor ao administrador determinadas obrigações de resultado, desde que sejam determinadas, viáveis e dependam apenas do seu trabalho. Consequentemente, o dever de diligência passaria a ser visto como um dever prioritariamente de meio, mas que pode apresentar alguns aspectos de dever de resultado.

Entretanto, qualquer que seja o viés que se adote – obrigação de meio ou de resultado –, a culpa é igualmente exigível para a responsabilização dos gestores, vista aqui sob o viés normativo e em conexão ao padrão do comerciante consciencioso e ordenado.[1466]

11. O dever de diligência sob a perspectiva organizacional

ANA FRAZÃO

Como visto anteriormente, o dever de agir bem informado acabou se tornando o núcleo inquestionável do dever de diligência, reforçando a necessidade de que ao menos o processo decisório das sociedades seja idôneo, avaliação que obviamente vai depender da complexidade da questão a ser resolvida, bem como do tempo para a tomada da decisão.[1467]

Ocorre que discussões mais atuais têm propiciado reflexões em torno da ampliação do núcleo mínimo do dever de diligência. Uma delas é a referente ao *compliance*, aqui visto como o conjunto de ações a serem adotadas no ambiente corporativo para que se reforce a anuência da empresa à legislação vigente, de modo a prevenir a ocorrência de infrações ou, já tendo ocorrido o ilícito, propiciar o imediato retorno ao contexto de normalidade e legalidade.

Embora a dimensão organizacional sempre tenha sido explorada nas discussões relacionadas ao dever de diligência, acabou ganhando ainda mais força com o papel que as legislações antitruste e anticorrupção progressivamente vêm atribuindo a bons e efetivos programas de *compliance*, não somente para efeitos da prevenção de ilícitos, como para efeitos de atenuação – ou até mesmo

---

[1466] Segundo Jürgen von Kann (*Vorstand der AG*. Führungsaufgaben, Rechtspflichten und Corporate Governance. Berlin: Eric Schmidt Verlag, 2005. p. 106), para efeitos da averiguação da violação ao dever de diligência, não importam as capacidades individuais de cada membro do Vorstand nem a prática respectiva da sociedade, mas sim o parâmetro objetivo do comerciante consciencioso e ordenado. Tal parâmetro é igualmente observado no direito norte-americano, em que se entende que o padrão de cuidado deve ser o mesmo que uma pessoa razoavelmente prudente teria na condução dos seus próprios negócios, sendo a violação a tal dever frequentemente descrita como negligência (CLARK, Robert C. *Corporate law*. New York: Aspen Law & Business, 1986. p. 123). Todavia, alguns autores, como Henn e Alexander (*Laws of corporations*. St. Paul: West Group, 1983. p. 623) advertem que, em muitos casos, as cortes norte-americanas levam em consideração circunstâncias pessoais dos administradores, tais como se a ausência à determinada reunião deveu-se à distância de sua residência, se está ou não com boa saúde e estado mental, dentre outras variáveis.

[1467] Como sintetiza Maddalena Rabitti (*Rischio organizzativo e responsabilità degli amministratori. Contributo allo studio dell'illecito civile*. Milano: Giuffré, 2004. p. 144), o conteúdo mínimo do dever de diligência está contido no princípio de agir informado. Destaca-se que, com a expansão dos destinatários do dever de diligência, a informação deve abranger igualmente os dados referentes aos outros interesses e valores que devem ser realizados e tutelados pela atividade empresarial.

de exoneração[1468] – de responsabilidade da pessoa jurídica e dos próprios gestores caso os ilícitos já tenham ocorrido.

Consequentemente, o *compliance* reforça a dimensão organizacional do dever de diligência, a fim de que controladores e administradores estruturem a organização empresarial de forma compatível com as atividades da companhia e com o risco por ela assumido. Para isso, torna-se necessário criar adequados sistemas de vigilância, supervisão e investigação sobre as atividades da sociedade, de modo a assegurar o respeito às obrigações legais e possibilitar a intervenção adequada diante da identificação de problemas e ameaças. Não é sem razão que um aspecto fundamental dos programas de *compliance* é a necessidade de comprometimento da alta administração.

Logo, é inequívoco o potencial do *compliance* para ampliar o núcleo básico do dever de diligência, abrindo margem para que, ao lado do dever de agir bem informado, acrescente-se igualmente a importante obrigação de instituir e manter uma organização idônea para lidar com o risco assumido, inclusive no que diz respeito à prevenção de ilícitos.

Veja-se que o *compliance* não se satisfaz com a conduta de administradores que agem apenas quando já identificaram a situação crítica ou constataram as chamadas *red flags*. Mais do que isso, exige dos administradores que se antecipem e criem uma estrutura de controle de riscos, até para evitar, dentro do possível, a ocorrência de situações indesejáveis.

Verdade seja dita que o dever de diligência, mesmo sob essa perspectiva, continua sendo um dever de meio, já que não se pode imputar aos administradores a obrigação de fim de evitar ilícitos, ainda mais em organizações de grande porte. Dessa maneira, o que é fundamental é que exista uma organização compatível com o monitoramento do risco e que tenha maleabilidade para se adaptar diante dos resultados práticos e das transformações futuras.

Não é sem razão que hoje é cada vez mais comum na prática societária a existência de comitês de assessoramento do Conselho de Administração. Nesse sentido, o Código das Melhores Práticas de Governança Corporativa do IBGC[1469] menciona, dentre os comitês que podem ser criados, os de auditoria, o de finanças, o de pessoas, o de riscos e de sustentabilidade.

Entretanto, o mesmo Código[1470] também deixa claro que a existência dos referidos comitês não implica a delegação das responsabilidades que cabem ao Conselho de Administração como um todo, até porque os comitês não têm poder de deliberação nem proferem deliberações que sejam vinculantes.

Além dos comitês, há toda uma discussão sobre os órgãos de compliance e de fiscalização das companhias, com diversas competências e deveres, dentre os quais o dever de denunciar certas práticas ao Ministério Público, o dever de promover a impugnação de determinadas deliberações assembleares ou de órgãos administrativos e o dever de receber as comunicações de irregularidades (*whistleblowing*).[1471]

Para isso, tais órgãos de fiscalização teriam que ter autonomia e independência, ainda que se reportem ao Conselho de Administração. Entretanto, nem mesmo o Conselho poderia interferir indevidamente nas competências fiscalizatórias, até porque os conselheiros estão igualmente sujeitos ao monitoramento e às medidas sancionatórias.[1472]

Sob essa perspectiva, é fácil perceber que os novos desdobramentos do dever de diligência

---

[1468] Vale notar que os efeitos da adoção de programas de *compliance* são diversos a depender do ordenamento analisado. No caso brasileiro, tanto na seara anticorrupção quanto na seara antitruste, um bom programa de compliance jamais poderá afastar a responsabilidade da pessoa jurídica, podendo ser, na melhor das hipóteses, uma atenuante a ser considerada na dosimetria. Sobre o tema, ver FRAZÃO, Ana. Programas de *compliance* e critérios de responsabilização de pessoas jurídicas por atos ilícitos administrativos. In: ROSSETTI, Maristela A.; PITTA, Andre G. *Governança corporativa*: avanços e retrocessos. São Paulo: Quartier Latin, 2017. p. 23-57.

[1469] IBGC – Instituto Brasileiro de Governança Corporativa. *Código das melhores práticas de governança corporativa*. 5. ed. São Paulo, 2015. p. 58.

[1470] IBGC – Instituto Brasileiro de Governança Corporativa. *Código das melhores práticas de governança corporativa*. 5. ed. São Paulo, 2015. p. 58.

[1471] OLIVEIRA, Ana Perestrelo de. *Manual de governo das sociedades*. Coimbra: Almedina, 2018. p. 316-318.

[1472] Ver FRAZÃO, Ana; MEDEIROS, Ana Rafaela. Desafios para a efetividade dos programas de compliance. In: CUEVA, Ricardo; FRAZÃO, Ana (org.). *Compliance*: perspectivas e desafios dos programas de conformidade. Belo Horizonte: Forum, 2018. p. 71-107, v. 1.

ocasionaram um aumento considerável de complexidade na gestão empresarial. Afinal de contas, programas de *compliance* são custosos e trabalhosos, motivo pelo qual precisam ser vistos no contexto maior da atividade da companhia, a fim de que possibilitem a realização do objeto social e do interesse social em conformidade com a ética e a legislação, mas sem gerarem um tal aumento de burocracia e de controles que o resultado final seja o engessamento das atividades da companhia.

Nesse tema, há que se encontrar, portanto, um ponto de equilíbrio tanto sob a ótica da responsabilidade pessoal dos administradores – que não podem ser obrigados à missão impossível de controlar diretamente todas as atividades da companhia – como sob a ótica das companhias, uma vez que sistemas de controle são custosos e trabalhosos, de forma que devem ser implementados em observância ao que for factível e exigível diante do porte e do risco específico assumido por cada sociedade.

Por outro lado, é importante verificar em que medida gestores que não residem no Brasil – o que passou a ser admitido pela Lei nº 14.195/2021 também em relação a diretores, em acréscimo ao que já se admitia em relação a conselheiros – poderão exercer, de forma adequada, o seu dever de diligência, ainda mais se não estiverem presentes o suficiente para acompanhar o funcionamento da companhia e a gestão dos seus mecanismos de controle de riscos.

12. Violação ao dever de diligência: necessidade do dano?

Ana Frazão

Para muitos autores, a responsabilização dos administradores por violações do dever de diligência pressupõe a ocorrência de danos e o correspondente nexo causal[1473]. Na verdade, trata-se de conclusão que decorre dos próprios pressupostos da responsabilidade civil, dentre os quais o dano costuma ser considerado imprescindível.

Entretanto, considerando que o dever de diligência é um dever de meio, que se traduz nos esforços para uma boa e cuidadosa gestão, bem como para a tomada de decisões informadas e desinteressadas, não se pode afastar a possibilidade de violação ao dever de diligência por determinadas condutas dos administradores, ainda que não tenham causado dano ou mesmo que tenham causado vantagem.

Isso acontece porque o foco do dever de diligência é o procedimento ou o *iter* decisório. Assim sendo, uma decisão imprudente dos administradores, mas que, por sorte ou qualquer outra circunstância, tenha trazido resultados favoráveis à companhia, não afasta a violação à metodologia decisória e, consequentemente, ao dever de diligência.

É claro que, não havendo dano, é forçoso reconhecer as limitações da responsabilidade civil para endereçar o problema, ainda que atualmente se insista na função preventiva e mesmo punitiva da responsabilidade civil, cogitando-se até mesmo da responsabilidade civil sem danos.

Entretanto, diante da dimensão organizacional do dever de diligência, é importante que a companhia tenha mecanismos para que, diante da constatação de violações ao dever de diligência, tome providências imediatas contra o administrador faltoso. Na verdade, o mesmo deverá ocorrer com as hipóteses de violação ao dever de lealdade que não causem danos, como se verá nos comentários ao art. 155, da Lei nº 6.404/1976.

Na ausência de danos, as violações ao dever de diligência e também ao dever de lealdade devem ser endereçadas também pelos sistemas de controle interno da companhia e, caso se trate de companhia aberta, pela responsabilidade administrativa. Aliás, esta é um excelente mecanismo de controle da gestão, até porque independe de dano ressarcível, desde que exista a violação dos bens jurídicos por ela tutelados.

13. A função social da empresa e a ampliação dos destinatários do dever de diligência

Ana Frazão

Embora a companhia continue sendo uma importante destinatária do dever de diligência, uma das principais modificações que a função social da empresa trouxe para o referido dever foi de ampliar os destinatários deste, incluindo outros direitos e interesses.

[1473] É o que ensina Jose Oriol Majo (*Los deberes de los administradores de la sociedad anônima*. Madrid: Editorial Civitas, 1996. p. 83): "La imputación de la responsabilidad y el consiguiente deber de indemnizar a la sociedad por el detrimento del patrimonio social sólo tendrá lugar cuando, además, se determine la existencia de una relación de causalidad entre la infracción del deber de diligencia y el daño."

Pode-se afirmar, portanto, que uma das tendências atuais do direito societário é a de reforçar o dever de diligência dos administradores em relação aos acionistas, empregados, investidores em títulos de companhias abertas e terceiros. Vários ordenamentos chegam a equiparar, para efeitos da extensão do dever de diligência dos gestores, os terceiros aos próprios acionistas,[1474] tendência seguida pela Lei nº 6.404/1976, ao prever no § 7º, do art. 159, que "A ação prevista neste artigo não exclui a que couber ao acionista ou terceiro diretamente prejudicado por ato de administrador".

De todo modo, é importante frisar que a ampliação subjetiva ocorre principalmente sob o espectro da proteção, do cuidado e da transparência,[1475] mas não para efeitos de impor que tais terceiros obtenham benefícios diretos da atividade empresarial que não estejam previamente convertidos em obrigações legalmente determinadas.

Em decorrência, o principal efeito da ampliação subjetiva do dever de diligência é a de impor aos gestores das companhias que assumam a postura de árbitros de vários interesses, devendo sopesá-los com prudência, para tomar decisões equilibradas.[1476]

Apesar das dificuldades relacionadas à mediação de todos os conflitos de interesse relacionados à ampliação subjetiva dos destinatários do dever de diligência, há uma consequência relativamente simples que pode ser daí extraída: a necessidade de que os poderes de controle e de administração sejam exercidos de forma moderada e proporcional, a fim de não criar danos desnecessários, inadequados ou desarrazoados para os demais interesses que se projetam sobre a empresa.

Dessa forma, por mais que a gestão deva ser orientada para o lucro e para a manutenção da empresa, caberá aos administradores trilhar esse caminho de forma ponderada e não excessiva, diante dos demais interesses que devem ser resguardados.

Tais cuidados poderão envolver, inclusive, o afastamento de ações vantajosas para a sociedade e os acionistas sempre que trouxerem danos desproporcionais a outros grupos envolvidos.[1477] Pelo mesmo raciocínio, poder-se-á considerar atendido o dever de diligência quando houver preterição dos interesses dos acionistas em face do atendimento de outros interesses, tais como os dos trabalhadores, desde que isso se dê de forma

---

[1474] Sobre esse assunto, Teubner (Corporate fiduciary duties and their beneficiaries. A functional approach to the legal institutionalization of corporate responsibility. In: HOPT, Klaus J.; TEUBNER, Gunther (orgs.). *Corporate Governance and Directors' Liabilities*. Legal, economic and sociological analyses on corporate social responsibility. Berlin/New York: Walter de Gruyter, p. 166-167) mostra que, na Alemanha, com a introdução da participação do trabalho e a co-gestão, o dever de adequada disclosure foi ampliado para incluir questões relacionadas a problemas do trabalho, o que também ocorre nos Estados Unidos, onde, com a emergência da representação da união de trabalhadores nas companhias, já existe discussão para definir o acesso à informação para os representantes da união em termos de deveres fiduciários.

[1475] É esta, por igual, a conclusão de Pedro Nunes (*Responsabilidade civil dos administradores perante os accionistas*. Coimbra: Almedina, 2001. p. 43), segundo o qual "os administradores apenas serão civilmente responsáveis perante os accionistas em caso de violação de uma norma de protecção", o que se aplica igualmente aos trabalhadores e demais interessados.

[1476] Essa noção de ponderação é destacada pela doutrina portuguesa, como se observa pela seguinte lição de Nunes (*Responsabilidade civil dos administradores perante os accionistas*. Coimbra: Almedina, 2001. p. 93), ao mencionar o alcance do dever de diligência sobre operações de controle: "Logo, por força desta norma [O art. 64 do Código das Sociedades Comerciais], o dever de diligência na prossecução dos interesses dos accionistas em operações de controle da sociedade deve ser limitado pela ponderação do interesse da sociedade e dos interesses dos trabalhadores." Em sentido semelhante, Modesto Carvalhosa (*Comentários à Lei de Sociedades Anônimas*. 4. ed. São Paulo: Saraiva, 2009. v. 3. p. 272) sustenta que o dever de diligência estabelece "um padrão de equilíbrio na condução dos negócios da competência dos administradores, em face dos interesses nem sempre coincidentes da companhia, da empresa e da comunidade. O padrão impõe, em razão desse fenômeno, que o administrador, ao perseguir os fins sociais (maximização de lucros), leve em conta o bem público e a função social da empresa personalizada na companhia."

[1477] A preterição dos interesses dos acionistas em favor dos trabalhadores é assim explorada por Nunes (*Responsabilidade civil dos administradores perante os accionistas*. Coimbra: Almedina, 2001. p. 95): "Os comportamentos dos administradores que violem o seu dever de diligência na prossecução dos interesses individuais dos accionistas em operações de controlo da sociedade não são ilícitos caso defendam o interesse social e o interesse dos trabalhadores. Existe uma óbvia situação de conflito de deveres." Mas o próprio autor (*Responsabilidade civil dos administradores perante os accionistas*. Coimbra: Almedina, 2001. p. 96) esclarece que "esta tarefa de restrição mútua dos interesses deve ser realizada de forma ponderada e equitativa".

razoável e conforme ao princípio da manutenção da empresa.[1478]

Conclui-se, portanto, que a ampliação subjetiva dos destinatários do dever de diligência projeta-se especialmente no que se refere à cláusula geral que veda o abuso do poder de controle e o abuso das competências administrativas. Afinal, o abuso de direito tem como objetivo exatamente o de evitar o excesso no exercício dos direitos e liberdades, para o fim de resguardar igualmente demais interesses públicos e privados dignos de proteção.

Daí por que se aplicam aos administradores todas as considerações já feitas, nos comentários aos arts. 116 e 117, da Lei nº 6.404/1976, aos deveres fiduciários do controlador e ao abuso de poder de controle. Na verdade, as referidas conclusões aplicam-se aos administradores com ainda maior rigor, pois, como também já se viu, os administradores, ao contrário dos controladores, não exercem direitos subjetivos, mas sim competências funcionais, o que faz com que a adstrição ao interesse social seja o único objetivo legítimo da sua atuação.

14. O dever de diligência em relação aos acionistas e terceiros

Ana Frazão

A própria Lei nº 6.404/1976 prevê a chamada ação de responsabilidade individual (art. 159, § 7º), por meio da qual acionistas ou terceiros podem exercer pretensões ressarcitórias contra os administradores.

Trata-se, como também já se viu ao examinar o regime de responsabilidade dos controladores, nos comentários aos arts. 116 e 117, da Lei nº 6.404/1976, de responsabilidade subjetiva. Todavia, o pressuposto específico dessa responsabilização é que os acionistas ou terceiros tenham sofrido danos diretos e imediatos em decorrência da conduta ilícita dos gestores, como se verá, com mais detalhes, nos comentários ao art. 159, da Lei nº 6.404/1976.

Nesse ponto, a legislação brasileira, seguindo uma tendência do direito comparado, iguala a proteção dos terceiros aos acionistas no que diz respeito à responsabilização direta dos gestores. Assim, desde que haja dano direto, tanto um como outro poderão exercer a pretensão ressarcitória.

No que diz respeito especificamente às hipóteses de danos diretos que podem ser causados aos acionistas, a doutrina destaca os decorrentes de: (i) informações e balanços falsos; (ii) recusa ou omissão de prestação de informação e violação dos deveres de publicidade e transparência; (iii) violação da obrigação de distribuição de dividendos ou exclusão total ou parcial de acionista(s) da referida distribuição; (iv) desrespeito ao direito de preferência na subscrição das ações; (v) omissão de convocação de assembleias ou de acionista(s) para a assembleia e (vi) vedação de participação de acionista(s) em assembleia.[1479]

Ressalta-se que, dentre as hipóteses descritas, vem ganhando relevância, principalmente no caso das companhias abertas, a questão da responsabilidade dos gestores em razão de informações ou balanços falsos ou do descumprimento das obrigações de informação, transparência e

---

[1478] Maria Elisabete Ramos (Aspectos substantivos da responsabilidade civil dos membros do órgão de administração perante a sociedade. *Boletim da Faculdade de Direito da Universidade de Coimbra*, v. 73, 1997, p. 234-235) ressalta que, diante do Código das Sociedades Comerciais português, que impõe aos administradores o dever de levar em conta os interesses dos trabalhadores, a doutrina divide-se entre a posição que considera tal norma de conteúdo quase nulo e a posição que considera que se trata de diretriz para a discricionariedade administrativa, de forma que "o prosseguimento dos interesses dos trabalhadores pode constituir um argumento para provar, no âmbito de uma acção social de responsabilidade proposta pelos sócios, que os membros do órgão de administração, ao terem provocado prejuízos à sociedade porque prosseguiram os interesses dos trabalhadores, procederam sem culpa." Tal ensinamento precisa, entretanto, ser visto com cuidado, pois a função social da empresa não se dissocia de sua função econômica, inclusive no que diz respeito à manutenção rentável da empresa. Lembra-se aqui, mais uma vez, a opinião de Jürgen von Kann (*Vorstand der AG. Führungsaufgaben, Rechtspflichten und Corporate Governance*. Berlin: Eric Schmidt Verlag, 2005. p. 71-72), ao afirmar que, na ponderação dos interesses que se projetam sobre a companhia, deve ser observado, primeiramente e antes de qualquer coisa, o *originäre Unternehmensinteresse* (interesse original da empresa), que envolve a existência e a rentabilidade duradoura da empresa, bem como a distribuição de lucros satisfatórios.

[1479] É o que foi decidido no REsp 798.264 (rel. p/ o acórdão Min. Nancy Andrighi, *DJ* 16.04.2007), cuja ementa contém o seguinte trecho: "Para a caracterização do abuso de poder de que trata o art. 117 da Lei das Sociedades por ações, ainda que desnecessária a prova da intenção subjetiva do acionista controlador em prejudicar a companhia ou os minoritários, é indispensável a prova do dano. Precedente. – Se, não obstante, a iniciativa probatória do acionista prejudicado, não for possível fixar, já no processo de conhecimento, o montante do dano causado pelo abuso de poder do acionista controlador, esta fixação deverá ser deixada para a liquidação de sentença."

publicidade. Nesse caso, tanto os acionistas como os terceiros que tiverem adquirido os valores mobiliários por preços "artificiais" terão direito ao ressarcimento.[1480]

Tal hipótese ajuda a entender, inclusive, a possibilidade de abordagem conjunta da responsabilidade dos gestores perante os acionistas e terceiros, pois demonstra como a mesma conduta pode causar danos diretos simultaneamente aos dois grupos. De fato, a divulgação de informações ou balanços falsos tanto pode prejudicar acionistas como terceiros – incluindo os investidores não-acionistas -, na medida em que os induz à aquisição de ações ou outros valores mobiliários por preços manipulados.[1481]

Outra importante peculiaridade das "informações falsas" é a utilização da responsabilidade civil para a proteção de interesses juridicamente protegidos,[1482] e não propriamente de direitos subjetivos. Daí por que o dever de diligência, sob esse prisma, está diretamente associado à boa-fé objetiva, naquilo em que esta impõe deveres de proteção, cuidado, correção e probidade a todos aqueles que, mesmo não sendo partes da relação contratual, têm sobre ela significativa influência.[1483]

Essa consideração é relevante principalmente diante dos terceiros, em relação aos quais o fundamento crucial da responsabilidade direta dos gestores é precisamente a violação dos deveres de proteção.[1484] De qualquer forma, havendo o dano direto, a ação individual pode ser utilizada pelo acionista ou por terceiro de forma direta e autônoma e não sub-rogatória, sem que se cogite de qualquer possibilidade de limitação ou renúncia pela sociedade.

É por essa razão que se aplicam aos administradores, com ainda maior rigor, as considerações já feitas aos controladores nos comentários ao art. 117, da Lei nº 6.404/1976, especialmente no que diz respeito às possibilidades de abusos contra trabalhadores e credores sociais. Não obstante, é importante ressaltar que trabalhadores e credores sociais não esgotam o rol de terceiros que podem sofrer danos diretos em razão de atos dos administradores, sendo aqui mencionados tão somente em razão da sua importância.

15. Mecanismos de governança para assegurar o cumprimento do dever de diligência

Ana Frazão

A imposição de deveres fiduciários aos administradores e a sujeição destes ao correspondente mecanismo de responsabilidade civil é uma

---

[1480] No caso do direito alemão, ensinam Ek von Half e Hayenberg (*Aktiengesellschaften*. München: DTV, 2006. p. 116-117) que os mais importantes casos de emprego das ações dos acionistas contra os membros da direção (Vorstand) são pretensões de acionistas de companhias cotadas em bolsa, por causa de dados errôneos que constam do prospecto da admissão à bolsa ou pela violação às obrigações de publicidade, que possam levar à aquisição de valores mobiliários. Em sentido próximo, Jürgen von Kann (*Vorstand der AG. Führungsaufgaben, Rechtspflichten und Corporate Governance*. Berlin: Eric Schmidt Verlag, 2005. p. 113) ressalta que as hipóteses de atrasos, omissões e incorreções da publicação de informações relevantes são importante causa da responsabilidade dos administradores perante os prejudicados que adquiriram valores mobiliários baseados em informações erradas ou não divulgadas.

[1481] O exemplo é dado por Ascarelli (*Problemas das sociedades anônimas e direito comparado*. Campinas: Bookseller, 2001. p. 684-685, nota 1492), para quem, na hipótese de aquisição de valores mobiliários da sociedade com base em balanços ou declarações da diretoria que não seriam exatos, seria indiferente se tratar de terceiro ou acionista.

[1482] A responsabilidade civil dos administradores por informações falsas foi desenvolvida, no direito alemão, com base no § 826 do BGB, sob o fundamento de que tais condutas seriam violadoras dos bons costumes e da ordem pública.

[1483] É o exemplo típico da aquisição de valores mobiliários da companhia com base em informações falsas, uma vez que o administrador, embora não seja parte do negócio jurídico de aquisição, foi responsável pela existência do negócio e das bases da negociação. Diante da hipótese de informações falsas, sustenta Giovanna Visintini (*Tratatto breve della responsabilità civile*. Padova: Cedam, 2005. p. 51), que o fundamento da responsabilidade é a violação da obrigação de correttezza, de lealdade comercial, de honestidade e de respeito aos direitos dos outros. Para Ascarelli (*Problemas das sociedades anônimas e direito comparado*. Campinas: Bookseller, 2001. p. 685-686), inclusive, apenas a violação das normas de proteção a terceiros justifica a responsabilidade direta de administradores perante estes terceiros. Todavia, entende-se que a proteção é mais ampla, já que os gestores podem violar até mesmo direitos absolutos dos terceiros, como é o caso dos direitos de personalidade.

[1484] Para Ascarelli (*Problemas das sociedades anônimas e direito comparado*. Campinas: Bookseller, 2001. p. 685-686), inclusive, apenas a violação das normas de proteção a terceiros justifica a responsabilidade direta de administradores perante estes terceiros. Todavia, entende-se que a proteção é mais ampla, já que os gestores podem violar até mesmo direitos absolutos dos terceiros, como é o caso dos direitos de personalidade.

importante estratégia regulatória para criar incentivos para uma boa gestão e assegurar que eventuais danos decorrentes da violação a esses deveres fiduciários sejam devidamente reparados. Entretanto, é inequívoco que tal medida, sozinha, não é capaz de oferecer todos os incentivos para uma boa gestão, até mesmo em razão das dificuldades e dos limites para o controle do mérito dos atos de administração.

Por essa razão, é importante que o dever de diligência dos administradores seja assegurado também por meio de estratégias de governança, que tenham por foco os aspectos procedimentais relacionados ao cuidado e à prudência utilizados para a tomada da decisão. Com isso, enfatiza-se a construção de processo decisório orientado por critérios procedimentais e organizacionais, os quais seriam, segundo Teubner[1485] "complementos de uma constitucionalização jurídica do governo privado".

Tal abordagem justifica-se, certamente, por aspectos pragmáticos, já que a gestão das companhias é atividade cada vez mais complexa, o que torna, em muitos casos, inviável o controle judicial sobre um dever substantivo de diligência.[1486] Todavia, fundamenta-se igualmente em aspectos valorativos importantes, pois não deixa de ser a adaptação, para o plano empresarial, da ideia de democracia procedimental, discussão muito atual no direito estrangeiro.[1487]

Por essa razão, Teubner[1488] propõe a substituição dos *standards* substantivos de deveres fiduciários por standards procedimentais e mecanismos organizacionais que garantam a racionalidade do processo de sopesar interesses, o que se obteria com a observância dos seguintes deveres:

- dever de transparência (*disclosure*) que, especialmente em relação às companhias abertas, deve ser ampliado para o fim de possibilitar a divulgação e informações de interesse dos acionistas e também de outras áreas, tais como os empregados[1489] e o meio ambiente;

- dever de auditagem, para o fim de ampliar o objeto da contabilidade, que foi classicamente arquitetada de acordo com os interesses dos acionistas e dos credores, para o fim de abarcar também o registro de informações aos potenciais investidores, trabalhadores, organizações políticas e ao

---

[1485] TEUBNER, Günther. Corporate fiduciary duties and their beneficiaries. A functional approach to the legal institutionalization of corporate responsibility. In: HOPT, Klaus; TEUBNER, Gunther (org.). *Corporate governance and directors' liabilities*. Legal, economic and sociological analyses on corporate social responsibility. Berlin/New York: Walter de Gruyter, 1985. p. 151.

[1486] É o que sustenta Teubner (Corporate fiduciary duties and their beneficiaries. A functional approach to the legal institutionalization of corporate responsibility. In: HOPT, Klaus; TEUBNER, Gunther (org.). *Corporate governance and directors' liabilities*. Legal, economic and sociological analyses on corporate social responsibility. Berlin/New York: Walter de Gruyter, 1985. p. 167), segundo o qual as atividades de direção acabam sendo resultado de um processo tremendamente complexo de balanceamento de interesses, motivo pelo qual os deveres fiduciários substantivos apenas são idôneos para conter casos de grandes abusos.

[1487] Teubner (Corporate fiduciary duties and their beneficiaries. A functional approach to the legal institutionalization of corporate responsibility. In: HOPT, Klaus; TEUBNER, Gunther (org.). *Corporate governance and directors' liabilities*. Legal, economic and sociological analyses on corporate social responsibility. Berlin/New York: Walter de Gruyter, 1985. p. 166-167) cita, como exemplo no direito alemão, a doutrina de Kübler, segundo o qual os deveres e responsabilidades dos diretores não podem ser expressos em termos de resultados, mas em termos de comportamento e, no que se refere ao direito norte-americano, cita Epstein, que propõe a mudança do foco da responsabilidade do produto para a responsabilidade em razão do processo.

[1488] TEUBNER, Günther. Corporate fiduciary duties and their beneficiaries. A functional approach to the legal institutionalization of corporate responsibility. In: HOPT, Klaus; TEUBNER, Gunther (org.). *Corporate governance and directors' liabilities*. Legal, economic and sociological analyses on corporate social responsibility. Berlin/New York: Walter de Gruyter, 1985. p. 167-171.

[1489] Sobre esse assunto, Teubner (Corporate fiduciary duties and their beneficiaries. A functional approach to the legal institutionalization of corporate responsibility. In: HOPT, Klaus; TEUBNER, Gunther (org.). *Corporate governance and directors' liabilities*. Legal, economic and sociological analyses on corporate social responsibility. Berlin/New York: Walter de Gruyter, 1985. p. 166-167) mostra que, na Alemanha, com a introdução da participação do trabalho e a cogestão, o dever de adequada disclosure foi ampliado para incluir questões relacionadas a problemas do trabalho, o que também ocorre nos Estados Unidos, onde, com a emergência da representação da união de trabalhadores nas companhias, já existe discussão para definir o acesso à informação para os representantes da união em termos de deveres fiduciários.

público em geral, com o que se caminha em direção a uma auditoria social (*new disclosure on social issues*);

- dever de justificação, consulta e negociação, que enfatiza a necessidade de que o processo de tomada de decisões seja orientado pela boa-fé, pela cooperação honesta (*trustful cooperation*), pelos deveres de guiar as negociações com argumentos razoáveis e pelo dever de agir de forma cooperativa nas tarefas funcionalmente divididas da empresa;
- dever de organização dos processos de controle interno, o que pressupõe uma organização adequada de produção e controle, compatível com o tamanho da companhia e a complexidade das suas atividades e apta, inclusive, a proteger interesses de terceiros.

Todos os subdeveres supramencionados são debatidos de forma intensa no Direito Societário atual, que tem como uma de suas maiores preocupações a estrutura de decisão dos administradores, o que se traduz (i) na criação de comitês especializados para determinados assuntos, (ii) na existência de auditores independentes, (iii) no aumento da frequência das reuniões e mesmo (iv) na existência de diretores independentes. Somam-se a isso as preocupações com auditagem e transparência social.

Sob esse prisma, a ênfase no aspecto procedimental do dever de diligência, especialmente no que diz respeito à transparência social, acaba sendo inclusive um excelente instrumento de concretização da função social da empresa, na medida em que está intrinsecamente relacionada à boa-fé objetiva, especialmente aos seus aspectos de proteção e cooperação,[1490] aos direitos humanos,[1491] à redução de conflitos de interesses e à prevenção de atos de desonestidade por parte dos gestores.

Outra grande vantagem de algumas soluções de transparência, como a publicidade e a transparência inclusive sobre dados não financeiros, é possibilitar que haja maior controle do mercado – e mesmo controle social – sobre a gestão das companhias, possibilitando que investidores e *stakeholders* – como consumidores – possam fazer escolhas mais bem informadas e, dessa forma, se estabeleça uma concorrência saudável entre as companhias com base em suas regras de governança.

16. Dever de diligência e utilização de sistemas de inteligência artificial em processos decisórios

Ana Frazão

Outro dos grandes desafios atuais à compreensão do dever de diligência é a crescente utilização da inteligência artificial em processos decisórios de sociedades e agentes empresariais. Mesmo que não tenha tecnologia própria, qualquer companhia pode adquirir no mercado diversos sistemas de inteligência artificial, delegando-lhes as mais diversas atividades, que vão desde o recrutamento e a avaliação de empregados até decisões delicadas sobre precificação e estratégias comerciais.

[1490] Segundo Teubner (Corporate fiduciary duties and their beneficiaries. A functional approach to the legal institutionalization of corporate responsibility. In: HOPT, Klaus; TEUBNER, Gunther (org.). *Corporate governance and directors' liabilities*. Legal, economic and sociological analyses on corporate social responsibility. Berlin/New York: Walter de Gruyter, 1985. p. 149-177, p. 170), muitas controvérsias emergiram sobre o escopo e o conteúdo deste dever de cooperação. No direito alemão, um campo é determinado pelos deveres de informação, consulta e participação do Betriebsrat (Conselho do Trabalho – Work Council), já que o BetrVG de 1972 determina o dever de "trustful cooperation" e o dever de seguir os interesses de trabalhadores e da empresa. A referida lei distingue, ainda, os direitos de informação, oitiva, iniciativa, consulta, veto, consenso e participação, sendo que o preciso escopo e limites destes direitos têm sido trabalhados na abordagem casuística pelas cortes. Sobre a cooperação relacionada aos interesses externos, Teubner (Corporate fiduciary duties and their beneficiaries. A functional approach to the legal institutionalization of corporate responsibility. In: HOPT, Klaus; TEUBNER, Gunther (org.). *Corporate governance and directors' liabilities*. Legal, economic and sociological analyses on corporate social responsibility. Berlin/New York: Walter de Gruyter, 1985. p. 171) reconhece que se trata de área muito inexplorada, ainda que haja autores que sustentem que cada interesse que se projeta sobre a empresa deveria ter algum tipo de representação na diretoria, o que acabaria criando a necessidade de formular concomitantes deveres fiduciários similares àqueles deveres que o governo tem em relação aos grupos de interesses políticos.

[1491] Aliás, segundo Galgano (*Trattato di diritto commerciale e di diritto pubblico dell'economia*. 2. ed. Padova: Cedam, 1988. v. 7. p. 45), o catálogo de direitos humanos está em contínua expansão e inclui o direito dos trabalhadores de conhecer o próprio futuro, bem como que as decisões que se relacionam ao seu futuro não sejam tomadas acima deles e sem ele.

Os avanços tecnológicos possibilitaram, portanto, que as transferências de atividades e decisões empresariais, que antes eram feitas para pessoas naturais ou jurídicas, pudessem ser feitas diretamente para sistemas de inteligência artificial. E isso pode ocorrer até mesmo nas mais altas esferas da gestão, como comprova notícia não tão recente – de 2014 – a respeito da existência de robô votando em *board*.[1492]

Como já se viu anteriormente, o dever de diligência impõe ao administrador o dever de agir bem informado, nem que, para isso, tenha que consultar especialistas sobre assuntos específicos. Entretanto, mesmo nessas hipóteses, a responsabilidade pela decisão é sempre do administrador, a quem cabe avaliar não apenas a escolha do *expert*, mas também se o resultado do trabalho deste pode ser considerado razoavelmente confiável.

O mesmo deve ocorrer com os sistemas de inteligência artificial, de forma que os administradores continuam responsáveis pela escolha do sistema, bem como pela avaliação sobre a razoável confiabilidade dos seus resultados.

É inequívoco que, em se tratando de inteligência artificial, o exercício do dever de diligência por parte dos administradores apresenta um desafio adicional, já que muitos sistemas apresentam altos déficits de transparência – quando não são verdadeiras *black boxes* – entes, de forma que não se sabe o *iter* decisório, que é precisamente o foco do dever de diligência. Tal circunstância pode impedir que o administrador tenha acesso ao caminho e aos critérios da decisão, bem como aos fatos e *inputs* que foram levados em consideração para a produção dos *outputs*.

Exatamente por isso, o administrador não pode ter confiança cega no sistema de inteligência artificial, uma vez que o dever de diligência exige que avalie, dentro do possível, a acurácia e a robustez do sistema, diante dos resultados pretendidos e dos riscos a ele relacionados.

Consequentemente, não se pode afastar a responsabilidade pessoal dos administradores de sociedades empresárias por danos decorrentes de sistemas de inteligência artificial em razão, por exemplo, da culpa *in eligendo*, traduzida na escolha descuidada da tecnologia. A partir do momento em que o administrador delega parte dos processos decisórios da sociedade empresária para um sistema de inteligência artificial, o mínimo que se espera é que tenha agido com prudência e cautela na escolha desse sistema.

Por outro lado, considerando os riscos envolvidos na utilização da inteligência artificial, não basta ser diligente na escolha do sistema; há de se ser diligente igualmente no acompanhamento do sistema. Trata-se do mesmo raciocínio que justifica que a dimensão organizacional do dever de diligência envolva esforços constantes de acompanhamento e análise de riscos, para fins de devido controle, tal como acontece com os programas de *compliance*. Daí se poder falar igualmente em culpa *in vigilando*, quando os administradores não acompanham nem testam adequadamente os resultados do sistema de inteligência artificial ao longo do tempo.

Assim como ocorre em relação à culpa *in eligendo*, não se requer do administrador nenhuma obrigação de resultado, mas tão somente que seja diligente em criar e manter organização compatível com a administração do risco respectivo, por meio de um sistema eficaz de avaliação, monitoramento e controle de riscos.

Disso decorre uma primeira conclusão: a de que a transferência total de processos decisórios para os sistemas de inteligência artificial que podem causar danos à sociedade, aos sócios ou a terceiros, sem nenhum controle, acompanhamento ou intervenção humana, não é compatível com o dever de diligência, diante dos conhecidos riscos que podem daí decorrer. A delegação é ainda mais grave se levar à transferência completa, ainda que informalmente, da própria competência de gestão para uma máquina.

Assim, a utilização da inteligência artificial pelos administradores e órgãos administrativos deve ocorrer com os cuidados e responsabilidades devidos e o monitoramento constante, o qual dependerá de uma série de circunstâncias e de características da sociedade empresária, inclusive o seu porte, tipo de atividade e grau de risco[1493]. Porém, uma coisa é certa: deve-se criar organização que possibilite a testagem periódica dos resultados da utilização da inteligência artificial, a fim

---

[1492] BBC. *Algorithm appointed board director*. Disponível em: https://www.bbc.com/news/technology-27426942. Reportagem de 16 maio 2014. Acesso em: 20 dez. 2018.

[1493] Para maiores informações sobre o tema, ver FRAZÃO, Ana. Responsabilidade civil de administradores de sociedades empresárias por decisões tomadas com base em sistemas de inteligência artificial. In: FRAZÃO, Ana; MULHOLLAND, Caitlin (org.). *Inteligência artificial e direito* – Ética, regulação e responsabilidade. São Paulo: RT, 2019. v. 1. p. 481-521.

de identificar, o quanto antes, vieses indesejados, resultados inaceitáveis ou mesmo a prática de ilícitos ou discriminações. É por essa razão, inclusive, que no relatório norte-americano *Preparing the future for artificial intelligence*, a importância da testagem é destacada.[1494]

O que não se pode admitir é que a delegação total ou parcial de processos decisórios para máquinas seja também um artifício ou subterfúgio para isenção de responsabilidade.

Finalidade das Atribuições e Desvio de Poder

Art. 154. O administrador deve exercer as atribuições que a lei e o estatuto lhe conferem para lograr os fins e no interesse da companhia, satisfeitas as exigências do bem público e da função social da empresa.

§ 1º O administrador eleito por grupo ou classe de acionistas tem, para com a companhia, os mesmos deveres que os demais, não podendo, ainda que para defesa do interesse dos que o elegeram, faltar a esses deveres.

§ 2º É vedado ao administrador:

a) praticar ato de liberalidade à custa da companhia;

b) sem prévia autorização da assembléia-geral ou do conselho de administração, tomar por empréstimo recursos ou bens da companhia, ou usar, em proveito próprio, de sociedade em que tenha interesse, ou de terceiros, os seus bens, serviços ou crédito;

c) receber de terceiros, sem autorização estatutária ou da assembléia-geral, qualquer modalidade de vantagem pessoal, direta ou indireta, em razão do exercício de seu cargo.

§ 3º As importâncias recebidas com infração ao disposto na alínea c do § 2º pertencerão à companhia.

§ 4º O conselho de administração ou a diretoria podem autorizar a prática de atos gratuitos razoáveis em benefício dos empregados ou da comunidade de que participe a empresa, tendo em vista suas responsabilidades sociais.

COMENTÁRIOS

1. Adstrição aos fins e ao interesse da companhia

ANA FRAZÃO

O art. 154, da Lei nº 6.404/1976, prevê que "O administrador deve exercer as atribuições que a lei e o estatuto lhe conferem para lograr os fins e no interesse da companhia, satisfeitas as exigências do bem público e da função social da empresa." Na primeira parte da regra, fica clara a adstrição plena e absoluta da ação administrativa aos fins e ao interesse da companhia.

Já se viu, nos comentários ao art. 138, da Lei nº 6.404/1976, que, como órgãos que são, os administradores não podem agir em proveito próprio, até porque não exercem direitos subjetivos, mas sim verdadeiras competências ou funções, de forma que os poderes de gestão lhes são conferidos para o atendimento exclusivo dos interesses da pessoa jurídica.[1495]

Os administradores diferenciam-se, portanto, dos acionistas, controladores ou não, os quais podem levar em consideração seus interesses pessoais ao exercerem suas prerrogativas, tal como ocorre no caso do direito de voto, desde

---

[1494] EUA. National Science and Technology Council. *Preparing for the future of artificial intelligence*. Disponível em: em: https://obamawhitehouse.archives.gov/sites/default/files/whitehouse_files/microsites/ostp/NSTC/preparing_for_the_future_of_ai.pdf. Acesso em: 20 fev. 2019.

[1495] De acordo com Menezes Cordeiro (*Da responsabilidade civil dos administradores das sociedades comerciais*. Lisboa: LEX, 1997), a relação de administração é, antes de tudo, uma prestação de serviços que consiste na gestão de bens alheios, o que pressupõe uma específica lealdade de natureza fiduciária, de forma que "todos os poderes que lhes sejam concedidos devem ser exercidos não no seu próprio interesse, mas por conta da sociedade." Para Majo (*Los deberes de los administradores de la sociedad anônima*. Madrid: Editorial Civitas, 1996. p. 46), os administradores desempenham função, motivo pelo qual estão obrigados a exercer o cargo perseguindo exclusivamente o interesse social. Por razões semelhantes, vários autores classificam as atribuições dos administradores como poderes-deveres, que são atribuídos ao sujeito para a realização dos interesses da organização, como é o caso de Perlingieri e Lisella (Persone giuridiche. In: PERLINGIERI, Pietro. *Manuale di diritto civile*. Napoli: Edizione Scientifique Italiane, 2003. p. 126) e Waldirio Bulgarelli (Apontamentos sobre a responsabilidade dos administradores das companhias. *Revista de Direito Mercantil, Industrial, Econômico e Financeiro*, v. 22, n. 50, abr./jun. 1983, p. 75-105, p. 87). Mantilla Molina (La responsabilidad de los administradores de las sociedades anonimas. *Boletin del Instituto de Derecho Comparado de Mexico*, v. 7, n. 20/21, maio/dez. 1954, p. 43) chega a definir os administradores como servidores da sociedade.

que haja convergência com o interesse da pessoa jurídica. Aliás, o voto é nitidamente um direito subjetivo do associado ou sócio e, exatamente por isso, é legítimo que seja exercido em proveito pessoal, salvo se houver incompatibilidade com o interesse da pessoa jurídica.

De forma contrária, os administradores exercem competências funcionais, motivo pelo qual apenas podem agir para atender aos interesses da pessoa jurídica, sendo-lhes vedado, em absoluto, agir em favor de si mesmos ou de terceiros. Assim, mesmo quando estão em órgãos colegiados, somente podem votar em observância do interesse da pessoa jurídica.

Tais conclusões, que já decorreriam claramente da própria personalidade jurídica e da teoria orgânica, tornam-se ainda mais evidentes com a previsão do art. 154, *caput*, da Lei nº 6.404/1976, e também do seu § 1º, segundo o qual "O administrador eleito por grupo ou classe de acionistas tem, para com a companhia, os mesmos deveres que os demais, não podendo, ainda que para defesa do interesse dos que o elegeram, faltar a esses deveres."

A norma do § 1º, do art. 154, da Lei nº 6.404/1976, que é consequência inarredável do dever de lealdade, encontra paralelo em vários países,[1496] tendo um duplo desdobramento: além de deixar evidente que os administradores não podem praticar diferenciações arbitrárias entre os acionistas, ressalta que apenas o interesse da companhia deverá orientar os atos de gestão, princípio que se conecta diretamente com os deveres de diligência e de lealdade.

Tanto é assim que o exercício das funções administrativas que não busque o melhor interesse da companhia e a função social da empresa poderá ser considerado, conforme o caso, tanto hipótese de deslealdade como de negligência, conclusão que reflete igualmente as aproximações crescentes entre os dois deveres.[1497]

O que precisa ficar claro é que o administrador é órgão da companhia e a presenta, não sendo representante dos acionistas que o elegeram nem tendo podendo ter qualquer tipo de fidelidade a outros interesses que não os da companhia.

Daí por que causa até uma certa perplexidade se falar em administradores independentes, como uma categoria especial de administradores, nos termos das práticas de governança corporativa. Afinal, é pressuposto legal que os administradores sejam independentes. Entretanto, a categoria dos administradores independentes tem uma preocupação estrutural ou *ex ante*, para o fim de nomear pessoas que, em razão das suas circunstâncias pessoais e da ausência de vínculos que poderiam comprometer ou dificultar a sua imparcialidade, terão mais incentivos para cumprir apenas o interesse da companhia.

Por mais que seja importante se buscar critérios ainda mais rigorosos para assegurar a referida independência dos administradores, trata-se de obrigação imposta a todos eles na mesma medida, independentemente de quem os elegeu e independentemente dos laços que tenham com o controlador, com outros acionistas ou com outros agentes relevantes para a gestão da companhia.

Daí serem óbvias as dificuldades decorrentes de relacionamentos excessivamente próximos entre controladores ou determinados grupos de acionistas com os administradores, bem como de acordos de acionistas que possam vincular administradores, como já se tratou nos comentários ao art. 118, da Lei nº 6.404/1976.

2. Interesse social como finalidade das atribuições

Rodrigo R. Monteiro de Castro

Trata-se de evidente truísmo. A indicação de que o administrador deve exercer as atribuições que a lei e o estatuto lhe conferem para lograr os

---

[1496] Um exemplo é a França, onde a legislação de 2001 se esforçou para enfatizar que os administradores representam a totalidade dos acionistas e não são mandatários de grupos particulares.

[1497] Isso fica muito claro no direito norte-americano, ainda que a lealdade seja mais usada na fundamentação dos juízes, até por ser considerada por muitos como o principal dever. É o que se observa da análise de Easterbrook e Fischel (*The economic structure of corporate law*. Cambridge: Harvard University Press, 1996. p. 103): "It is conventional to draw a sharp distinction between the duty of care (to act as a prudent person does in the management of his own affairs of equal gravity) and the duty of loyalty (to maximize the investors' wealth rather than one's own). Judges scrutinize alleged violations of the duty of loyalty more closely than alleged violations of the duty of care. The usual explanation for this dichotomous treatment is that decisions tainted by a conflict of interest are entitled to less judicial deference than those that are not. Some have argued that the differences between the duty of care ad the duty of loyalty are so fundamental that the latter should be strengthened and the form abolished. Ultimately, though, there is no sharp line between the duty of care and the duty of loyalty."

fins e no interesse da companhia é um dos pilares de sustentação do sistema societário e, em tese, não precisaria ser tipificada como dever. Porém, a tipificação empresta maior relevância ao problema do desvio de finalidade e do conflito interno, e enaltece a prevalência dos interesses sociais sobre os interesses particulares das pessoas que ocupam cargos de administração na companhia (ou de terceiros).

Não poderia ser diferente: administradores são órgãos da companhia e, no exercício de suas funções orgânicas, se inserem em um organismo harmônico que não admite desvios finalísticos. Eles existem apenas para cumprir essas funções; existem pelo organismo. Não têm, pois, função (ou interesse) dissociado desse corpo.

Apresenta-se, assim, como mais um padrão de conduta, outro *standard*, evocado pela LSA, para nortear a atuação administrativa. Esse padrão, no entanto, é delimitado, em alguns aspectos, pelos parágrafos do art. 154, que afastam a subjetividade em relação a determinadas condutas, que são desejadas ou repudiadas, conforme o caso, e revelam o atendimento ou a inobservância do padrão normativo.

O administrador, portanto, não pode desviar-se dos fins e do interesse da companhia. O fato de exercer o controle da empresa, dos meios de produção e do seu patrimônio, inclusive das disponibilidades de caixa, justifica, afinal, a determinação.

Mesmo o administrador que seja acionista também se vincula a esse mandamento, independentemente da extensão de sua participação societária. Aliás, quanto mais se aproxime do controle majoritário absoluto – ou do controle totalitário –, maior será a possibilidade de submissão do interesse social ao seu próprio, justificando-se, pois, a imposição de instrumentos de *controle* do poder de controle, por meio do dever de manter-se fiel aos fins e aos interesses da companhia.

3. Interesse social vinculado à função social da empresa

Ana Frazão

O art. 154, da Lei nº 6.404/1976, mais do que simplesmente exigir do administrador o compromisso absoluto e incondicional com o interesse da companhia, ressalta que este não se confunde com os interesses dos acionistas e muito menos com os interesses dos acionistas que elegeram o administrador. De acordo com a segunda parte do art. 154, o interesse social transcende aos interesses dos acionistas e apenas pode ser visto em conexão com o bem público e com a função social da empresa.

Sob essa perspectiva, observa-se grande paralelismo entre os arts. 116, parágrafo único, e 154, da Lei nº 6.404/1976, pois ambos vinculam os gestores – respectivamente controladores e administradores – à função social da empresa, com todas as consequências já exploradas nos comentários ao art. 116, da Lei nº 6.404/1976.

Apesar de existirem vários outros preceitos legais a respeito dos deveres e responsabilidades dos controladores e administradores de sociedades anônimas, os artigos supramencionados apresentam nítida natureza paradigmática, seja porque são cláusulas gerais que influenciam a interpretação de outras normas sobre a matéria, seja porque refletem um dos princípios constitucionais mais importantes da ordem econômica, que é o da função social da empresa.[1498]

Dessa forma, os dispositivos em destaque têm especial significado para a identificação dos fins legítimos da atividade empresarial e para a consequente solução daquele que é considerado um dos principais problemas das sociedades anônimas: a distinção entre o exercício regular e o exercício abusivo do poder de controle e das competências administrativas.

A Lei nº 6.404/1976 atribuiu, portanto, as responsabilidades pelo cumprimento da função social da empresa àqueles que a controlam e administram. Isso mostra como a discussão sobre a responsabilidade dos gestores das companhias foi sensivelmente ampliada, (i) tanto no que se refere aos titulares dos deveres a ela relativos, que deixaram de ser apenas os administradores, englobando igualmente os controladores, (ii) como no tocante aos destinatários destes deveres, que deixaram de ser somente a companhia e os acionistas, passando a abarcar diversos outros,

---

[1498] Como assevera Calixto Salomão Filho (COMPARATO, Fábio Konder; SALOMÃO FILHO, Calixto. *O poder de controle na sociedade anônima*. São Paulo: Saraiva, 2005. p. 132-133), "a ideia de função social da empresa é talvez uma das noções de mais relevante influência prática e legislativa do direito brasileiro. É o principal princípio norteador da 'regulamentação externa' dos interesses envolvidos pela grande empresa."

tais como os consumidores e os membros da comunidade.[1499]

Como explica Ana Perestrelo de Oliveira,[1500] "O ponto de partida é a consideração de que, apesar de os stakeholders já verem, em geral, os seus direitos protegidos pelos contratos de que são parte e por normas específicas – que relevam designadamente do direito do trabalho, consumo, ambiente, distribuição comercial, concorrência, insolvência e mesmo direito das sociedades (arts. 31º ss., 501º do CSC, *inter alia*) – estes regimes revelam-se insuficientes para a proteção dos valores em jogo."

Tais preocupações projetam-se diretamente sobre as competências dos administradores pois, como mais uma vez alerta Ana Perestrelo de Oliveira,[1501] "a questão primária que se coloca é se, para além do dever de observância dos princípios e regras legais vigentes, é legítimo os administradores afastarem-se da prossecução estrita dos interesses dos sócios para atenderem igualmente os interesses destes outros sujeitos, ao serviço dos quais a administração não se encontra diretamente."

Sob a ótica do dever de proteção, já se viu, nos comentários ao art. 116, da Lei nº 6.404/1976, que tais interesses não apenas podem como devem ser considerados pelos administradores, especialmente no Brasil, diante da ordem econômica constitucional.

Todavia, tal compreensão também encontra aceitação, ainda que em graus diversos, no direito estrangeiro. Embora tenha maior acolhida na Europa, apresenta repercussões importantes igualmente no direito norte-americano, mais suscetível à influência da *shareholder value theory*, como já se explorou nos comentários ao art. 2º, da Lei nº 6.404/1976.

Não obstante, o Supremo Tribunal de Delaware tem algumas sentenças acolhendo a tese de que, diante de uma oferta de aquisição, os administradores podem tomar em consideração os interesses de outros sujeitos que não apenas os acionistas, incluindo credores, clientes, empregados e até mesmo a comunidade em geral.[1502] Aliás, não é demais lembrar que o direito norte-americano teve uma grande participação na consolidação da responsabilidade social voluntária, como já se demonstrou nos comentários ao art. 116, da Lei nº 6.404/1976.

Logo, é inequívoco que o art. 154, da Lei nº 6.404/1976, encontra pontos de diálogo com várias soluções do direito estrangeiro e, pelo menos no plano doméstico, deve ser considerado o parâmetro essencial da gestão dos negócios de uma companhia. Dentre os seus inúmeros impactos mais concretos, podem ser destacados os seguintes:

(i) estender o dever de diligência, vinculado ao bem comum e à função social da empresa, ao controlador, inclusive no que diz respeito aos aspectos processuais da responsabilização;

(ii) ampliar os destinatários do dever de diligência, incluindo, além da companhia e dos acionistas, também empregados, investidores em títulos de companhias abertas, credores sociais, terceiros e a coletividade como um todo;

(iii) associar a gestão empresarial ao sopesamento e à mediação de todos os interesses envolvidos na atividade empresarial, para o fim de que os gestores possam atendê-los e protegê-los adequadamente, não lhes causando danos injustificáveis ou desproporcionais;

(iv) vincular o dever de diligência ao princípio básico de agir informado, inclusive no que diz respeito às informações necessárias para a proteção dos demais interesses que se projetam sobre a empresa;

(v) possibilitar o afastamento de ações vantajosas para a sociedade e os acionistas sempre que trouxerem danos injustificados ou desproporcionais a outros grupos envolvidos;

[1499] Mais uma vez, recorre-se ao ensinamento de Fábio Konder Comparato (*O poder de controle na sociedade anônima*. São Paulo: Saraiva, 2005. p. 364-365): "Na verdade, seria mais correto falar no plural em finalidades ou objetivos, pois eles são de duas ordens: os intra e os extra-empresariais. Os primeiros correspondem à satisfação dos interesses de todos os participantes da empresa: acionistas, titulares de outros valores mobiliários emitidos pela companhia, empregados, administradores. Quanto aos interesses extra-empresariais, eles dizem respeito à comunidade local, regional ou nacional, em que se insere a empresa".

[1500] *Manual de governo das sociedades*. Coimbra: Almedina, 2018. p. 181.

[1501] *Manual de governo das sociedades*. Coimbra: Almedina, 2018. p. 181.

[1502] OLIVEIRA, Ana Perestrelo de. *Manual de governo das sociedades*. Coimbra: Almedina, 2018. p. 182.

(vi) permitir a existência de certa preterição dos interesses dos acionistas em face do atendimento de outros interesses, desde que isso se dê de forma razoável e conforme o princípio da manutenção da empresa;

(vii) reforçar a proteção dos acionistas e terceiros, os quais poderão ajuizar ações de responsabilidade sempre que sofrerem danos diretos em decorrência dos atos de gestão, ressaltando-se que, em relação aos terceiros, os danos normalmente decorrerão da violação dos deveres de proteção;

(viii) reforçar a proteção dos credores sociais, especialmente dos pequenos credores e dos credores não-contratuais, para o fim de se considerar atentatórias ao dever de diligência as seguintes condutas, dentre outras: a subcapitalização dolosa ou manifestamente insuficiente; a confusão patrimonial; a violação das normas protetivas do capital social e do patrimônio social; as operações de risco extraordinário; o início de novas operações diante de situações de insolvência, insuficiência patrimonial ou proximidade destas, em hipóteses nas quais os gestores sabiam ou deveriam saber da crise financeira; a omissão em não tomar providências para a instauração adequada do procedimento de recuperação ou falência e a omissão a respeito da situação patrimonial arriscada da companhia;[1503]

(ix) reconfigurar a *business judgment rule*, seja para o fim de considerar razoáveis decisões orientadas para a tutela de outros interesses que não apenas os dos próprios acionistas, seja para o fim de considerar abusivas decisões que, de forma dolosa ou desarrazoada, não atendam aos deveres de proteção e cuidado que se projetam sobre os demais interesses que compõem o interesse social;[1504]

(x) interpretar a *business judgment rule*, tal como prevista no art. 159, § 6º, da Lei das S/A, sob o enfoque da boa-fé objetiva e de forma a exigir decisões empresariais que sejam, no mínimo, racionalmente aceitáveis e proferidas no contexto de um procedimento decisório igualmente razoável e bem informado;[1505]

(xi) reforçar o aspecto procedimental do dever de diligência, especialmente no que diz respeito aos subdeveres de transparência, auditagem, organização dos processos de controle interno, justificativa, consulta e negociação;

(xii) legitimar a responsabilidade social voluntária, o que se reforça com o art. 154, § 4º, da Lei nº 6.404/1976, segundo o qual "O conselho de administração ou a diretoria podem autorizar a prática de atos gratuitos razoáveis em benefício dos empregados ou da comunidade de que participe a empresa, tendo em vista suas responsabilidades sociais."[1506]

Tais questões são de fundamental importância no contexto brasileiro, em que se observa a adoção de inúmeras decisões das companhias motivadas exclusivamente pela expectativa de lucro imediato, muitas vezes ignorando deliberadamente a legalidade, os riscos a trabalhadores, a consumidores e ao meio ambiente, dentre inúmeros outros danos potenciais da maior gravidade. É só se pensar em acidentes do trabalho, do consumo ou ambientais, muitos dos quais ocasionam perdas de vidas humanas em situações que poderiam ter sido evitadas.

Em várias situações, são gerados riscos econômicos e sociais altíssimos e grandes externalidades negativas, que sequer foram consideradas – e muito sopesadas – no processo de tomada de decisão dos administradores. Em muitos casos, as decisões são tomadas contrariamente a alertas e a opiniões técnicas internas ou externas, que são simplesmente ignoradas pelos administradores.

Casos assim certamente devem ser considerados como violações ao dever de diligência e como abuso dos poderes de gestão, sujeitando os administradores às responsabilidades respectivas.

[1503] Ver comentários de Ana Frazão ao art. 117 da Lei nº 6.404/1976, especialmente na parte relativa ao abuso de poder de controle contra credores sociais.

[1504] Tal ponto será mais bem explorado nos comentários ao art. 159 da Lei nº 6.404/1976.

[1505] Tal ponto será mais bem explorado nos comentários ao art. 159 da Lei nº 6.404/1976.

[1506] Ver comentários de Ana Frazão ao art. 116 da Lei nº 6.404/1976, especialmente na parte relacionada à responsabilidade social voluntária.

4. A finalidade lucrativa das companhias

Rodrigo R. Monteiro de Castro

A administração da companhia deve realizar o objeto social, sempre com a perspectiva de gerar lucro, motivo primordial – e essencial – de sua existência. A impossibilidade de consecução do objeto social, sem que possa ser reformado, fulmina a motivação constitutiva e justifica a sua dissolução. Da mesma forma, a companhia incapaz de gerar lucro ou de recobrar a capacidade de gerar resultados não deve ser preservada. Qualquer que seja o objeto, aliás, a companhia será, sempre, mercantil, orientada ao lucro. Nada além da perspectiva do lucro, como finalidade principal, justifica sua constituição – e sua existência. Outras formas associativas existem para atingir fins não econômicos, que não a sociedade empresária, como a companhia.

A sociedade anônima, em sua necessária e constante busca do lucro, sujeita-se, porém, a um sistema de controle social, que lhe impõe a observância da lei, da ordem pública e dos bons costumes; são parâmetros determinados no art. 2º, que limitam a liberdade de exercício do objeto social.

O art. 154 não se refere ao objeto, mas ao exercício das atribuições administrativas, impondo outra forma de verificação de preceitos essenciais. A orientação para lograr os fins e no interesse da companhia encontra limites nas exigências do bem público e da função social da empresa.

Esses limitadores, porém, carecem de conteúdo determinado. Não prescrevem ações específicas ou concretas, podendo, assim, ser identificados (erroneamente) como princípios que, pela natureza, se sobreporiam a outros princípios que informam o funcionamento da companhia.

A maior tentação recairia no confronto com o princípio da livre iniciativa, que se dobraria, por determinação estatal, àqueles que lhe seriam superiores. Afinal, o lucro, principal – senão a única finalidade da companhia – não justificaria qualquer meio que se empregasse para obtê-lo. Essa formulação, todavia, independe da introdução dos limitadores constantes do art. 154; o sistema jurídico, no qual a LSA se insere, cuida da relativização e da prevalência de determinados princípios sobre outros.

De todo modo, o problema da inserção desses limitadores, de conteúdo aberto, é que introduzem, no caso, incerteza no plano administrativo-decisório, com sérias repercussões no plano obrigacional. Quais são, afinal, as exigências dos bens públicos que devem ser observadas no exercício das atribuições do administrador? Antes, até: o que são esses bens?

Seriam, conforme determina o art. 99 do CC, "I – os de uso comum do povo, tais como rios, mares, estradas, ruas e praças; II – os de uso especial, tais como edifícios ou terrenos destinados a serviço ou estabelecimento da administração federal, estadual, territorial ou municipal, inclusive os de suas autarquias; III – os dominicais, que constituem o patrimônio das pessoas jurídicas de direito público, como objeto de direito pessoal, ou real, de cada uma dessas entidades"?

Será que a LSA se refere a esses bens? A resposta é negativa, ao menos diretamente. O que se pretende é impor uma limitação ao exercício incontido do objeto para produção de lucro. O lucro não será legítimo se produzido à conta de danos à coletividade. O conceito de bem público se amplifica, em relação àquele contido no CC, apesar de que os bens propriamente ditos nele se encaixam. A descarga de produtos ou resíduos poluentes em rio, para evitar custos de tratamento e, assim, aumentar o lucro, não satisfaz a coletividade, diante da destruição do meio-ambiente. Aqui, os conceitos de proteção e de bem público, em sentido estrito, se confundem, facilitando o enquadramento. A facilidade de identificação não se revela com frequência, revelando subjetividade e incerteza em relação à prática de atos de gestão.

O mesmo raciocínio se aplica ao conceito de função social da empresa. Partindo-se da premissa de que o objeto é lícito – caso contrário, a companhia não adquiriria personalidade jurídica pela impossibilidade do arquivamento dos atos constitutivos, na forma do art. 35 da Lei nº 8.934/1994 –, cumpre-lhe atentar e observar a lei na prática de todos os seus atos ou negócios. Não importa a natureza da lei: trabalhista, ambiental, concorrencial, empresarial etc. Cumprindo-a e gerando lucro, estará satisfazendo as exigências da função social da empresa.

Daí, aliás, a revelação de que o lucro é o fator que justifica a constituição e a existência da companhia. A sua ausência impede, em princípio, o cumprimento de obrigações, extracontratuais e contratuais, podendo resultar no inadimplemento da lei e, eventualmente, na insatisfação da função social.

O que se busca, na verdade, é orientar a administração a perseguir o lucro possível dentro dos limites permitidos no sistema. O art. 154, por isso, não modifica ou cria nova norma societária; apenas reforça a inserção da companhia num sistema maior, que tem no ápice a Constituição Federal.

Isso não significa, contudo, que a apuração de prejuízo por companhia, em um ou mais exercícios sociais, implique ilicitude. Obter resultados negativos faz parte da álea inerente ao negócio empresarial, e, obviamente, não se pode esperar que toda e qualquer companhia seja – e se mantenha – sempre lucrativa; do contrário, não haveria que se falar em movimentações corretivas do próprio mercado, informadoras de princípios econômicos como oferta e demanda. A lógica, por outro lado, consiste em reconhecer que o lucro deve ser o objetivo ultimado pela companhia (ainda que ele não seja obtido), sob pena de inobservância do fim que justifica a sua própria existência.

5. Eleição de administrador por grupo ou classe de acionista

Rodrigo R. Monteiro de Castro

O § 1º do art. 154 determina que o administrador eleito por grupo ou classe de acionistas tem, para com a companhia, os mesmos deveres que os demais, não podendo, ainda que para defesa do interesse dos que o elegeram, faltar a esses deveres.

Reforçam-se a natureza e a função orgânicas da administração, que se insere – a administração – em organismo que depende do adequado funcionamento de cada elemento para que funcione de modo harmônico. Os órgãos agem no interesse da companhia, exclusivamente; a negação dessa proposição implicaria uma espécie de *câncer societário*.

A determinação se aplica a todo administrador, de qualquer órgão, independentemente do grupo de interesse que o eleja. Sua função jamais será a defesa do indicador, por mais nobre que seja o seu propósito. A vinculação será à companhia e aos interesses desta.

O administrador que age no interesse de terceiro desvia-se de suas funções orgânicas e legais. Isto não significa que a coincidência de posicionamentos em assembleias gerais implicará, necessariamente, um desvio funcional. A verificação sempre se fará mediante análise do caso concreto. Ademais, o fato de se verificar uma reiterada coincidência opinativa também não indicará, *per se*, a submissão do administrador à vontade do acionista que o elegeu. A configuração do desrespeito à norma dependerá da demonstração de conduta comissiva ou omissiva, com o propósito de defender interesse próprio ou de terceiro.

6. Vedações do § 2º

Rodrigo R. Monteiro de Castro

O § 2º apresenta uma lista exemplificativa de condutas consideradas estranhas às finalidades administrativas. Não são as únicas, pois. Nela estão incluídas: a prática de ato de liberalidade à custa da companhia; a tomada por empréstimo, sem prévia autorização da assembleia geral ou do conselho de administração, de recursos ou bens da companhia, ou a utilização, em proveito próprio, de sociedade em que tenha interesse, ou de terceiros, de seus bens, serviços ou crédito; o recebimento, de terceiros, sem autorização estatutária ou da assembleia geral, de qualquer modalidade de vantagem pessoal, direta ou indireta, em razão do exercício de seu cargo.

O administrador, mesmo sendo órgão, é remunerado pelo exercício de sua função. A remuneração que lhe for atribuída, e por ele aceita, delimita a contrapartida que será absorvida. Nenhum centavo a mais, sob qualquer forma ou meio, poderá ser extraído sem a devida aprovação societária cabível. A utilização de recursos da companhia ou de seus bens, de modo permanente ou eventual, implica um desvio de finalidade e, eventualmente, de poder. O enquadramento se estende, exceto nos casos previstos na LSA, ao dispêndio de patrimônio da companhia, por mera liberalidade, para atendimento de propósitos sociais ou beneficentes. A finalidade, por mais louvável que seja, não autoriza essa conduta.

Eventuais práticas de atos gratuitos, desde que razoáveis, podem ser autorizadas pelo conselho de administração ou pela diretoria, mediante deliberações colegiadas, em benefício de empregados ou da comunidade de que participe a companhia. A autorização pressupõe, portanto, três requisitos: (i) deliberação colegiada do conselho ou da diretoria, conforme competência prevista no estatuto; (ii) o ato seja dirigido e tenha a finalidade de beneficiar empregados ou comunidade de que participe a sociedade; e (iii) razoabilidade. A ausência de qualquer um desses requisitos impede a prática do ato gratuito.

Por fim, o § 3º determina o perdimento de qualquer importância recebida com infração ao disposto na alínea "c" do § 2º. O administrador que se recusar a devolver algo que não lhe pertence e que esteja indevidamente em sua posse, poderá incorrer na prática de crime de apropriação indébita.

7. Código de Conduta

RODRIGO R. MONTEIRO DE CASTRO

A Resolução CVM 80, de 29 de março de 2022, trata, no art. 32, sobre o informe a respeito do Código Brasileiro de Governança Corporativa – Companhias Abertas, cujo conteúdo informativo está previsto no Anexo D dessa instrução. O parágrafo único do mencionado artigo impõe a entrega em até 7 meses contados da data de encerramento do exercício social ao emissor que atenda, cumulativamente, aos seguintes requisitos: "I – esteja registrado na categoria A; II – possua valores mobiliários admitidos à negociação em mercado de bolsa por entidade administradora de mercado organizado; e III – possua ações ou certificados de depósito de ações em circulação."

O item 27 do Anexo prevê que a companhia deve ter um código de conduta que promova seus valores e seus princípios éticos e reflita a identidade e a cultura organizacionais, bem como tenha um canal de denúncias para acolher críticas, dúvidas, reclamações e denúncias. Deve, ainda, informar se segue, entre outras, as seguintes práticas recomendadas: um comitê de conduta, dotado de independência e autonomia e vinculado diretamente ao conselho de administração, encarregado de implementação, disseminação, treinamento, revisão e atualização do código de conduta; um canal de denúncias; e a condução de apurações e propositura de medidas corretivas relativas a infrações ao código de conduta.

Ademais, o código de conduta, "elaborado pela diretoria, com apoio do comitê de conduta, e aprovado pelo conselho de administração, deve: (i) disciplinar as relações internas e externas da companhia, expressando o comprometimento esperado da companhia, de seus conselheiros, diretores, acionistas, colaboradores, fornecedores e partes interessadas com a adoção de padrões adequados de conduta; (ii) administrar conflitos de interesses e prever a abstenção do membro do conselho de administração, do comitê de auditoria ou do comitê de conduta, se houver, que, conforme o caso, estiver conflitado; (iii) definir, com clareza, o escopo e a abrangência das ações destinadas a apurar a ocorrência de situações compreendidas como realizadas com o uso de informação privilegiada (por exemplo, utilização da informação privilegiada para finalidades comerciais ou para obtenção de vantagens na negociação de valores mobiliários); e (iv) estabelecer que os princípios éticos fundamentem a negociação de contratos, acordos, propostas de alteração do estatuto social, bem como as políticas que orientam toda a companhia, e estabelecer um valor máximo dos bens ou serviços de terceiros que administradores e colaboradores possam aceitar de forma gratuita ou favorecidas."

8. A dimensão interpretativa e sistematizadora das cláusulas gerais constantes dos artigos 116, parágrafo único, e 154, da Lei nº 6.404/1976

ANA FRAZÃO

O papel do art. 154, da Lei nº 6.404/1976, é também o de funcionar como vetor interpretativo e sistematizador das inúmeras normas da Lei nº 6.404/1976 que compõem o regime jurídico de responsabilidade civil de controladores e administradores de sociedades anônimas. Estas podem ser divididas em pelo menos quatro conjuntos:

(i) as cláusulas gerais que condicionam o poder de gestão, seja o controle, seja a administração, à função social da empresa, (art. 116, parágrafo único, em relação a controladores, e 154, em relação a administradores) e ao princípio geral de vedação do abuso, expresso em relação aos controladores (art. 117, *caput*) e implícito em relação aos administradores (art. 158);

(ii) a cláusula geral de responsabilidade civil, prevista no art. 158, que corresponde ao art. 186, do atual Código Civil, enfatizando a responsabilidade daquele que age com culpa ou dolo, bem como viola a lei e o estatuto social, norma que contém implícita a vedação ao abuso de direito, já que este é um dos tipos de ato ilícito;

(iii) os deveres gerais de diligência, lealdade e informação, que são expressos em relação aos administradores (arts. 153 a 157) e aplicam-se igualmente aos controladores, resguardadas as peculiaridades destes;

(iv) um rol de condutas vedadas, tais como as que se encontram nos arts. 117, § 1º; 154, § 2º e 155.

Ao prever determinadas condutas como proibidas, a preocupação da lei é a de facilitar a missão do intérprete, diante de situações que já foram consolidadas, tanto na experiência doméstica como na internacional, como sendo reveladoras de comportamentos abusivos ou incompatíveis com as cláusulas gerais que orientam a gestão, bem como com os deveres de lealdade, diligência e cuidado.

Não é sem razão que muitas condutas vedadas são exemplos de expropriação dos recursos sociais por controladores e administradores, hipóteses que, mesmo sob a ótica do contratualismo clássico, se mostram contrárias à ideia de que os gestores não podem sobrepor os seus interesses pessoais ao interesse da companhia e da comunhão acionária.

Pode-se dizer, portanto, que as condutas vedadas correspondem a regras, no sentido de que, diante da ocorrência do pressuposto fático nelas previsto, o intérprete poderá facilmente capitulá-las como atos ilícitos, para o fim da devida responsabilização dos gestores.

A maior dificuldade consiste em compreender e sistematizar as demais normas de responsabilidade, pois todas são principiológicas e, por essa razão, não apresentam a mesma densidade de conteúdo das condutas vedadas. Ademais, as cláusulas gerais previstas na Lei nº 6.404/1976 devem ser interpretadas em conformidade com os princípios constitucionais da ordem econômica e também com os demais princípios que regulam a responsabilidade extracontratual, sob pena de se comprometer a própria unidade do sistema.

Sob essa perspectiva, é fácil observar a conexão não apenas entre os arts. 154 e 158, da Lei nº 6.404/1976, como também entre estes e os arts. 186 e 187, do Código Civil. Aliás, do ponto de vista comparativo, o art. 158, da Lei nº 6.404/1976, não deixa de ser uma especificação do art. 186, do Código Civil, na medida em que adota igualmente a culpa como fundamento básico da responsabilidade civil.

A peculiaridade da Lei nº 6.404/1976 é que, ao mesmo tempo que se socorre do fundamento geral da culpa, procura identificá-la de modo mais preciso, submetendo-a aos parâmetros do interesse da companhia, da função social da empresa e da consequente vedação ao abuso de direito. Em outras palavras, a culpa, no que se refere à responsabilidade civil dos gestores, passa a estar associada às diretrizes previstas nos arts. 116, parágrafo único, e 154, da Lei nº 6.404/1976.

O mesmo pode ser dito em relação aos deveres fiduciários previstos na Lei nº 6.404/1976,

pois estes não têm outra finalidade senão funcionarem como parâmetros que devem orientar os atos de gestão empresarial e que, se descumpridos, justificarão a atitude culposa daquele que não os observou. Por meio deste raciocínio, pode-se até afirmar que as condutas vedadas não deixam de corresponder ao último grau de densificação de tais deveres, nível em que já conseguiriam ser traduzidos em proibições específicas, que funcionam, de acordo com Pedro Vasconcelos,[1507] como a memória do sistema.

Ao mencionar expressamente alguns deveres a que estão sujeitos administradores e controladores, a Lei nº 6.404/1976 não cria norma distinta daquelas previstas nos arts. 154 e 158. Pelo contrário, prevê normas complementares, que ajudarão a densificar as condutas culposas descritas genericamente naquelas cláusulas gerais.

Daí a acertada lição de Majo[1508] de que a obrigação fundamental dos administradores é a de desempenhar seu cargo perseguindo os interesses da companhia com diligência e lealdade. Em sentido semelhante, Sanchéz Calero[1509] destaca que os deveres de lealdade e diligência são meios para o atendimento do interesse da companhia. Dessa maneira, fica muito clara a relação visceral entre o interesse social, a função social da empresa e os deveres de lealdade e diligência.

Por conseguinte, todas as normas ora examinadas formam uma unidade de sentido, pois o art. 158, especialmente o inciso I, deve ser interpretado em conformidade com a finalidade última da atividade empresarial (arts. 116, parágrafo único, e 154) e com os demais deveres gerais, especialmente os de diligência e lealdade, que são instrumentos e parâmetros para cumprir o objeto e o interesse sociais.

Consequentemente, os arts. 116, parágrafo único, e 154, da Lei nº 6.404/1976 são, na verdade, os principais vetores da gestão empresarial, inclusive para efeitos da identificação da culpa no exercício do controle ou dos poderes administrativos. Se bem compreendidos, atendem à necessidade de melhor sistematização da matéria, ainda mais quando estejam associados aos princípios constitucionais e aos princípios gerais.

Apesar das semelhanças entre o art. 154 e o art. 116, parágrafo único, da Lei nº 6.404/1976, já se viu que o regime de responsabilidade dos administradores deve ser tratado de forma mais

---

[1507] *A participação social nas sociedades comerciais.* Coimbra: Almedina, 2006. p. 332.
[1508] *Los deberes de los administradores de la sociedad anônima.* Madrid: Editorial Civitas, 1996. p. 41 e 49.
[1509] *Los administradores en las sociedades de capital.* Navarra: Civitas, 2005. p. 177.

Art. 155 — Ana Frazão

rigorosa do que o dos controladores, pois, como os primeiros exercem competências funcionais, não há que se cogitar da consideração de qualquer interesse particular.

9. Complementariedade entre os deveres de diligência e lealdade

Ana Frazão

A Lei nº 6.404/1976 também proíbe que os administradores possam utilizar-se de sua posição para o favorecimento pessoal ou para a expropriação dos bens da companhia. Daí por que o § 2º, do art. 154, da Lei nº 6.404/1976, veda atos de liberalidade à custa da companhia ou a obtenção de vantagens pessoais indevidas, ao proibir aos administradores: "a) praticar ato de liberalidade à custa da companhia; b) sem prévia autorização da assembléia-geral ou do conselho de administração, tomar por empréstimo recursos ou bens da companhia, ou usar, em proveito próprio, de sociedade em que tenha interesse, ou de terceiros, os seus bens, serviços ou crédito; c) receber de terceiros, sem autorização estatutária ou da assembléia-geral, qualquer modalidade de vantagem pessoal, direta ou indireta, em razão do exercício de seu cargo".

De forma semelhante ao previsto em relação ao controlador e mesmo aos acionistas (Lei nº 6.404/1976, art. 115, § 4º), a Lei nº 6.404/1976 determina que, nas hipóteses de favorecimento indevido, "as importâncias recebidas com infração ao disposto na alínea *c* do § 2º pertencerão à companhia" (art. 154, § 3º).

A proibição de utilização do cargo em proveito próprio é complementada pela legislação penal, que prevê como crime a conduta do administrador que "toma empréstimo à sociedade ou usa, em proveito próprio ou de terceiro, dos bens ou haveres sociais, sem prévia autorização da assembleia geral" (Código Penal, art. 177, § 1º, III).

Como se pode observar, as referidas vedações, embora estejam previstas como consequências do dever de diligência, podem também ser facilmente compreendidas a partir do dever de lealdade, o que mostra a complementariedade e as áreas de sobreposição que normalmente existem entre os dois deveres.

Dever de Lealdade

Art. 155. O administrador deve servir com lealdade à companhia e manter reserva sobre os seus negócios, sendo-lhe vedado:

I – usar, em benefício próprio ou de outrem, com ou sem prejuízo para a companhia, as oportunidades comerciais de que tenha conhecimento em razão do exercício de seu cargo;

II – omitir-se no exercício ou proteção de direitos da companhia ou, visando à obtenção de vantagens, para si ou para outrem, deixar de aproveitar oportunidades de negócio de interesse da companhia;

III – adquirir, para revender com lucro, bem ou direito que sabe necessário à companhia, ou que esta tencione adquirir.

§ 1º Cumpre, ademais, ao administrador de companhia aberta, guardar sigilo sobre qualquer informação que ainda não tenha sido divulgada para conhecimento do mercado, obtida em razão do cargo e capaz de influir de modo ponderável na cotação de valores mobiliários, sendo-lhe vedado valer-se da informação para obter, para si ou para outrem, vantagem mediante compra ou venda de valores mobiliários.

§ 2º O administrador deve zelar para que a violação do disposto no § 1º não possa ocorrer através de subordinados ou terceiros de sua confiança.

§ 3º A pessoa prejudicada em compra e venda de valores mobiliários, contratada com infração do disposto nos §§ 1º e 2º, tem direito de haver do infrator indenização por perdas e danos, a menos que ao contratar já conhecesse a informação.

§ 4º É vedada a utilização de informação relevante ainda não divulgada, por qualquer pessoa que a ela tenha tido acesso, com a finalidade de auferir vantagem, para si ou para outrem, no mercado de valores mobiliários. (Incluído pela Lei 10.303, de 2001)

COMENTÁRIOS

1. O conteúdo do dever de lealdade

Ana Frazão

O art. 155, da Lei nº 6.404/1976, trata do dever de lealdade, que está intrinsecamente relacionado ao dever de agir no interesse da companhia e ao dever de sigilo, visando este último não somente à proteção da sociedade do ponto de vista concorrencial, mas também à preservação do bom funcionamento do mercado de capitais e dos interesses dos investidores, para o fim de evitar a utilização de informações privilegiadas em benefício do próprio administrador ou de terceiros em detrimento dos demais investidores (*insider trading*).

Apesar de o dever de lealdade ocupar um papel fundamental no regime de responsabilidade dos administradores no direito anglo-saxão desde o século XIX,[1510] havia, no direito romano-germânico, certa lacuna a esse respeito no período.[1511] Entretanto, a partir do século XX, houve grandes esforços, principalmente por parte da doutrina alemã, para a elaboração de uma teoria consistente sobre a lealdade dos administradores, vinculada à boa-fé, aos bons costumes e até mesmo à ideia de dedicação à função, com o tempo e a energia necessários para tal.[1512]

Não é sem razão que, na atualidade, o dever de lealdade é fundamentalmente o mesmo nos dois sistemas, sendo uma das bases do regime de responsabilidade civil dos gestores de sociedades anônimas e estando no foco dos principais conflitos societários (*agency problems*). Afinal, segundo a análise econômica do direito, o seu potencial de violação é superior ao da violação do dever de diligência, já que haveria grandes incentivos para o cumprimento deste último e não do primeiro.[1513]

Do ponto de vista normativo, o dever de lealdade pode ter desdobramentos tanto estruturais como regulatórios. Como exemplo dos primeiros, estão as vedações para a ocupação de cargos administrativos, valendo ressaltar a tendência de valorização dos chamados "administradores independentes". No caso brasileiro, pode ser ainda citado o art. 147, § 3º, da Lei nº 6.404/1976, que proíbe, salvo autorização da Assembleia, a eleição de conselheiro que tenha interesse conflitante com o da companhia ou que ocupe cargos em sociedades concorrentes.

[1510] Tanto é assim que Clark (*Corporate law*. New York: Aspen Law & Business, 1986. p. 34) considera que a maior parte das regras particulares, doutrinas e casos do *corporate law* são simplesmente uma explicitação do dever de lealdade ou de regras procedimentais e arranjos institucionais envolvidos na implementação deste. Daí a sua conclusão de que a história do *corporate law* é a história do desenvolvimento do conteúdo operacional do dever de lealdade.

[1511] Tal lacuna existe, de certa forma, até hoje, o que fica claro na questão do uso de oportunidades da companhia. Segundo Hopt (Self-dealing and use of corporate opportunity and information: regulating directors. Conflicts of interest. In: HOPT, Klaus; TEUBNER, Gunther (org.). *Corporate Governance and Directors' Liabilities*. Legal, economic and sociological analyses on corporate social responsibility. Berlin/New York: Walter de Gruyter, 1985. p. 295), a ideia de que um diretor não pode fazer negócios privados que são a ele oferecidos em conexão com sua função e posição na companhia é altamente desenvolvida nos Estados Unidos e na Inglaterra, em razão da ideia de *trust*, enquanto a Alemanha, até o período estudado, tinha poucos casos como este e a França não conheceria nem mesmo a doutrina. Daí a advertência de Wedderburn (The legal development of corporate responsibility. In: HOPT, Klaus; TEUBNER, Gunther (org.). *Corporate governance and directors' liabilities*. Legal, economic and sociological analyses on corporate social responsibility. Berlin/New York: Walter de Gruyter, 1985. p. 24-25) de que a ausência do "conceito fiduciário" em vários sistemas continentais cria especiais problemas para o direito societário e tem sido apontada como uma séria lacuna no direito francês.

[1512] Menezes Cordeiro (*Da responsabilidade civil dos administradores das sociedades comerciais*. Lisboa: LEX, 1997) sustenta que não há, no direito continental, uma teoria unitária dos deveres de lealdade, embora a Alemanha esteja bem avançada nesse sentido. Para o autor, a lealdade pode se desdobrar em quatro aspectos: a lealdade entre os acionistas, a lealdade dos acionistas para com a sociedade, a lealdade dos administradores para com a sociedade e a lealdade dos administradores para com os acionistas. Fazendo uma evolução histórica, o autor afirma que as codificações do século XIX passaram ao largo da questão da lealdade, que apenas surgiu, lentamente, na jurisprudência alemã, muitas vezes sob a roupagem dos bons costumes. Após a Constituição de Weimar, houve a intensificação do dever de lealdade, muitas vezes associado à boa-fé. Mas há diferenças: o conceito mais geral é o de bons costumes, depois vem a boa-fé, que é mais exigente e específica e, por fim, o dever de lealdade, que é mais estrito e tem a ver com uma especial ligação entre as pessoas. Outra é que o dever de lealdade pressupõe igualmente que as energias necessárias sejam destinadas ao exercício do cargo, impondo aos administradores até mesmo que se abstenham de aceitar cargos laterais que esgotem suas forças.

[1513] Isso fica claro na seguinte lição de Posner (*Economic analysis of law*. New York: Aspen Law & Business, 1988. p. 452): "The danger of mismanagement (negligence) is less serious than the danger that the managers will not deal fairly with the shareholders (disloyalty). Mismanagement is not in the managers' self-interest; it is in fact very much contrary to their self-interest, as it will lead eventually to the bankruptcy of the firm (and of the managers' future employment prospects), as a result of the competition of better managed rivals. Although managers thus have a strong incentive to manage the firm well or, if they are unable to manage it well themselves, to sell their offices to those who can, their incentive do deal fairly with shareholders (meaning, maximizing the pershare value of the corporation's stock) is weaker."

Art. 155 — Ana Frazão

Neste caso, a finalidade da lei é nitidamente preventiva, cumprindo destacar que, exatamente por isso, a dispensa assemblear precisa ser justificada e razoável, sob pena de se configurar o abuso do direito de voto por parte de quem assim deliberou.[1514]

Já na hipótese regulatória, o dever de lealdade assume a função de parâmetro de conduta, de forma a orientar a ação dos gestores, prevendo igualmente sanções para o seu descumprimento, como é o caso da responsabilidade civil pessoal do gestor ou mesmo do acionista que violar tais comandos.

Para atingir tal objetivo, o dever de lealdade desdobra-se em duas frentes: (i) como cláusula geral que permite a constante evolução do Direito Societário e a sua adaptação a novos fatos[1515] e (ii) como fonte de uma série de condutas vedadas, que correspondem à conversão do princípio em regras de comportamento, a partir da experiência acumulada ao longo dos dois últimos séculos.

No tocante à sua dimensão principiológica, já se viu que o dever de lealdade apresenta conexão visceral com o interesse social,[1516] motivo pelo qual, no caso brasileiro, tem estreita ligação com as cláusulas gerais previstas nos arts. 116, parágrafo único, e 154, da Lei nº 6.404/1976, pois estas últimas atuam como elemento orientador e sistematizador das demais normas de responsabilidade civil dos gestores de companhias.

O dever geral de lealdade ainda está intrinsecamente relacionado aos demais deveres a que estão submetidos os gestores, dentre os quais se destacam:

(i) o dever geral de agir em prol da companhia, em relação ao qual o dever de lealdade tem a especificidade de impor a vedação de obtenção de qualquer tipo de vantagem pessoal;[1517]

(ii) os deveres exigíveis no conflito de interesses, que são meros desdobramentos do dever de lealdade, sendo tratados de forma autônoma tão somente em razão da sua importância;

(iii) o dever de sigilo, que busca resguardar o segredo dos negócios, assegurando a competitividade da companhia, ao mesmo tempo que visa à preservação do bom

---

[1514] Já foi demonstrado que o exercício do direito de voto, para ser considerado regular, precisa levar em consideração os interesses da companhia, da comunhão acionária e de todos aqueles que se relacionam com a empresa. Dessa maneira, a dispensa assemblear a que se refere o artigo não pode ser arbitrária, inadequada ou desarrazoada. Pelo contrário, presume-se que o conselheiro, nas hipóteses do § 3º do art. 147 da Lei 6.404/76, não terá a imparcialidade necessária para buscar o interesse social. Daí a advertência de Modesto Carvalhosa e Nelson Eizirik (*A nova lei das S/A*. São Paulo: Saraiva, 2002. p. 14-315) de que apenas os investidores institucionais poderão beneficiar-se deste tipo de dispensa, já que "fora desses casos específicos a dispensa de impedimento pela assembleia geral poderia configurar deliberação contrária ao interesse social." Não se concorda, entretanto, com a lição dos dois renomados autores, pois a atuação de investidores institucionais também pode dar margem a múltiplos e complexos conflitos de agência. Por essa razão, a regra geral deve ser a de que, salvo em casos absolutamente específicos e justificáveis, a dispensa de tais exigências poderá ser considerada abusiva. Ver comentários de Ana Frazão ao art. 147 da Lei 6.404/76.

[1515] Como ensina Clark (*Corporate Law*, New York: Aspen Law & Business, 1986. p. 141), o dever geral de lealdade é um conceito residual que pode incluir situações fáticas que ninguém poderia prever e categorizar. Assim, permite uma contínua evolução do Direito Societário, ao mesmo tempo que as cortes e legislações desenvolvem regras mais específicas, ou deveres fiduciários particulares, para lidar com situações recorrentes que envolvem o conflito de interesses.

[1516] Embora a questão já tenha sido examinada, é importante destacar a lição de Jürgen von Kann (*Vorstand der AG. Führungsaufgaben, Rechtspflichten und Corporate Governance*. Berlin: Eric Schmidt Verlag, 2005. p. 106), segundo o qual o dever de lealdade é o compromisso dos administradores para buscar o bem da empresa e não seus próprios interesses econômicos.

[1517] Essa distinção é bem explicada por Majo (*Los deberes de los administradores de la sociedad anônima*. Madrid: Editorial Civitas, 1996. p. 95): "El significado del deber de lealtad derivado del modelo de conducta del "representante leal" no puede coincidir con el de la obligación de perseguir el interés social puesto que entonces carecería de sustantividad propia. Por tanto, el significado del modelo de conducta del "representante leal" no puede ser otro que el expresado más arriba, esto es, el deber de los administradores de abstenerse de obtener cualquier beneficio personal a expensas de la sociedad." No direito alemão, Jürgen von Kann (*Vorstand der AG. Führungsaufgaben, Rechtspflichten und Corporate Governance*. Berlin: Eric Schmidt Verlag, 2005. p. 101) mostra que a obrigação de lealdade exige que interesses estranhos à sociedade, como exemplificativamente os interesses privados, sejam colocados em segundo plano em relação aos interesses da sociedade, de forma que o administrador não se utilize indevidamente da posição do órgão para a sua vantagem pessoal.

funcionamento do mercado de capitais, evitando a utilização de informações privilegiadas em benefício do próprio administrador ou de terceiros em detrimento dos demais investidores;[1518] e

(iv) o dever de diligência, que cada vez mais está atrelado à lealdade, do que decorre a dificuldade até mesmo de catalogar determinadas condutas como violação a apenas um dos deveres, já que o ato desleal pode ser também considerado como um ato de descuido e imprudência em relação ao dever de perseguir o interesse social.

2. Condutas vedadas

ANA FRAZÃO

Ao lado da cláusula geral que obriga os administradores a agirem em respeito ao dever de lealdade, o legislador também prevê um conjunto de condutas vedadas no § 2º, do art. 154, da Lei nº 6.404/1976, que estabelece três tipos de proibições em relação aos administradores:

(i) praticar ato de liberalidade à custa da companhia,

(ii) tomar por empréstimo ou usar indevidamente, em proveito próprio, o patrimônio social sem a devida autorização da assembleia ou do conselho de administração e

(iii) receber de terceiros, em virtude de seu cargo, qualquer tipo de vantagem direta ou indireta sem a devida autorização.

Tais previsões, ainda mais quando combinadas com as do art. 156 e outros, da Lei nº 6.404/1976, traduzem aquelas que são as maiores preocupações das jurisdições estrangeiras quanto às violações concretas do dever de lealdade: (i) *self-dealing*, (ii) apropriação indevida de recursos patrimoniais,[1519] (iii) proibições de concorrência com a companhia[1520] e de apropriação indevida de oportunidades

---

[1518] Rubens Requião (*Curso de direito comercial*. Atualizado por Rubens Raimundo Requião. São Paulo: Saraiva, 2003. p. 212, v. II) lamenta o fato de que os parágrafos do art. 155 da Lei nº 6.404/1976, apenas se estendam às sociedades abertas, argumentando que o sigilo deveria se estender a todo tipo de sociedade, mesmo fechada ou familiar. Ocorre que os parágrafos do art. 155 tratam apenas do desdobramento do dever de sigilo sobre o mercado de capitais, motivo pelo qual mencionam expressamente as companhias abertas. Todavia, como do dever de lealdade, é inequívoco que o dever de sigilo, especialmente na parte em que pretende assegurar a proteção dos negócios da companhia, alcança todas as companhias, fechadas ou não.

[1519] Para Clark (*Corporate law*. New York: Aspen Law & Business, 1986. p. 34), a solução mais geral para o problema da responsabilidade dos administradores é precisamente o dever fiduciário da lealdade, cujos desdobramentos incluem o dever de não usar os bens corporativos ou contratar com a companhia em benefício próprio e em detrimento desta última e dos acionistas.

[1520] Jürgen von Kann (*Vorstand der AG. Führungsaufgaben, Rechtspflichten und Corporate Governance*. Berlin: Eric Schmidt Verlag, 2005. p. 101) mostra que, no direito alemão, a obrigação orgânica de lealdade manifesta-se especialmente na proibição legal de concorrência que, se descumprida, sujeitará o administrador a ressarcir a companhia pelos prejuízos sofridos (AktG, § 88, I e II). No direito brasileiro, Modesto Carvalhosa (*Comentários à lei de sociedades anônimas*. São Paulo: Saraiva, 2003. p. 321-322, v. III) considera que o diretor não pode exercer atividade empresarial contrária, mas sustenta, em face da redação original da Lei nº 6.404/1976, que "os membros do Conselho de Administração que não acumulem cargo de diretor não estão proibidos de explorar, pessoalmente ou em sociedade, o mesmo ramo empresarial da companhia". Todavia, o autor reconhece que a questão é altamente controversa, existindo precedentes contrários no direito norte-americano, no qual o *leading case Lincoln Stores v. Grant* levou a entendimento segundo o qual os administradores (*directors* ou *officers*) não estão impedidos de ingressar em negócios independentes ou competitivos, desde que o façam de boa-fé, enquanto que outro famoso precedente (*Duane Jones v. Burke*) decidiu de forma contrária, no sentido de que o administrador não pode estabelecer relação concorrente nem aliciar pessoal chave da companhia para se beneficiar. Por fim, cumpre destacar a opinião de Majo (*Los deberes de los administradores de la sociedad anónima*. Madrid: Editorial Civitas, 1996. p. 125), ao advertir que a questão deve ser vista igualmente sob o prisma do direito da concorrência, ao assim ensinar: "Adviértase, pues, que el mero desarrollo de una actividad idéntica o semejante a la que constituye el objeto de la sociedad afectada no es motivo de infracción del deber de lealtad. Este deber solo es infringido por los administradores cuando al desarrollar la mencionada actividad, bien em nombre próprio o bien como sócios o administradores de outra sociedad, causan un daño a la sociedad en la que ostentan el cargo como consecuencia de la existencia de una competencia efectiva entre la actividad desenvuelta por ambos. (...) En la determinación de la existencia real de competencia entre el administrador y la sociedad no cabe duda que puede ser de gran utilidad la delimitación del mercado relevante de ambas empresas de manera que la ausencia de competencia en los respectivos mercados relevantes impedirá considerar la existencia de una infracción del deber de lealtad."

da companhia,[1521] (iv) conflito de interesses, (v) *insider trading* e (vi) remuneração excessiva.[1522]

O que todos os comportamentos acima referidos têm em comum é revelarem situações nas quais o gestor age, de forma comissiva ou omissiva, com base em interesses próprios ou de terceiros, em detrimento do interesse da companhia.[1523]

No que se refere ao direito brasileiro, a Lei nº 6.404/1976, seguindo a experiência do direito estrangeiro, acolhe expressamente a maior parte dessas vedações, proibindo o uso indevido de oportunidades corporativas ou a omissão em aproveitar oportunidades em favor da companhia para atender a interesses próprios ou alheios (art. 155), o *insider trading* (art. 155, § 4º), bem como o *self-dealing* e o conflito de interesses (arts. 115 e 156). Embora não haja regra expressa quanto à proibição de remuneração excessiva, esta pode ser considerada uma decorrência do dever geral de lealdade e da cláusula geral de vedação ao abuso dos poderes de controle e administração (arts. 116, § único e 154), razão pela qual inclusive se confere à Assembleia Geral o estabelecimento dos seus parâmetros (art. 152).

É inequívoca a complexidade de todas as condutas ora descritas, o que dificulta o seu tratamento jurídico, especialmente no que diz respeito ao aspecto preventivo. Somente como exemplo, menciona-se que o conflito de interesses é uma das matérias de regulação mais delicada, como já se viu anteriormente, nos comentários ao art. 115, e será aprofundado igualmente nos comentários ao art. 156, da Lei nº 6.404/1976. Mesmo a questão do uso de oportunidades corporativas pode merecer abordagens distintas conforme o *status* do administrador,[1524] suscitando ainda a discussão sobre que tipo de dano seria causado à companhia.[1525]

[1521] A apropriação de oportunidade da companhia é fenômeno complexo e cercado de controvérsias. De acordo com Clark (*Corporate law*. New York: Aspen Law & Business, 1986. p. 224), por exemplo, não há que se cogitar dessa hipótese quando a companhia é financeira ou legalmente incapaz de tomar a oportunidade ou quando a tiver rejeitado ou abandonado. No mesmo sentido, é a opinião de Gevurtz (*Corporation law*. St. Paul: West Group, 2000. p. 374-382), que ainda menciona o caso do contratante que se nega a fazer negócio com a corporação. De qualquer forma, Clark (*Corporate law*. New York: Aspen Law & Business, 1986. p. 227-228) esclarece que tal análise é feita no direito norte-americano de acordo com a seguinte *two-step analysis*: "The first step is to determine whether the opportunity is a corporate one. This is done by asking whether it was so closely or intimately associated with the corporation's existing or prospective activities as to fall within its line of business. If the answer is yes, the second step is taken: determining whether the officer who took the opportunity violated his fiduciary duties of loyalty, good faith, and fair dealing towards the corporation."

[1522] Segundo Fábio Comparato (*O poder de controle na sociedade anônima*. São Paulo: Saraiva, 2005. p. 398), "uma maneira disfarçada de se desviarem lucros da sociedade, os quais, normalmente, deveriam aproveitar aos acionistas, consiste na exagerada remuneração dos administradores". Esclarece o autor (p. 399) que "nos Estados Unidos, em que essa prática de abuso de poder é conhecida como *siphoning off corporate wealth*, os tribunais têm reconhecido aos acionistas não controladores o direito de propor uma ação social *uti singuli* contra os controladores-administradores (*derivate action*), fundada no fato de que uma remuneração excessiva constitui malversação dos bens sociais".

[1523] A dupla dimensão, ativa e passiva, do dever de lealdade é bem abordada por Pedro Vasconcelos (*A participação social nas sociedades comerciais*. Coimbra: Almedina, 2006. p. 256): "O dever de lealdade pode ser concretizado como um dever positivo ou como um dever negativo. Como dever positivo, o dever de lealdade traduz-se na obrigação de cooperar na prossecução do escopo da sociedade através da adopção de comportamentos activos; como dever negativo, o dever de lealdade concretiza-se na abstenção de comportamentos contrários ou nocivos à realização do fim social. Tanto Coutinho de Abreu como Pereira de Almeida acentuam o conteúdo negativo do dever de lealdade, como obrigação de abstenção, de omissão de condutas obstativas". Todavia, conclui o autor (*A participação social nas sociedades comerciais*. Coimbra: Almedina, 2006. p. 257) que "na prática da concretização, porém, verifica-se um maior peso da concretização negativa sobre a positiva".

[1524] No que se refere ao uso de oportunidades da companhia, por exemplo, Hopt (Self-dealing and use of corporate opportunity and information: regulating directors. Conflicts of interest. In: HOPT, Klaus; TEUBNER, Gunther (Org.). *Corporate governance and directors' liabilities*. Legal, economic and sociological analyses on corporate social responsibility. Berlin/New York: Walter de Gruyter, 1985. p. 297-298) sustenta que, hoje em dia, há a necessidade de se distinguir os *outside directors*, em relação aos quais a vedação de tal tipo de contratação não seria apropriada, como já vem sendo advogado nos Estados Unidos e na Alemanha, pois eles mantêm seus próprios negócios e apenas estão proibidos de usar os segredos da companhia. Para o autor, também deveria haver uma distinção entre companhias abertas e fechadas, impondo-se uma maior rigidez em relação às primeiras.

[1525] Segundo Modesto Carvalhosa (*Comentários à lei de sociedades anônimas*. São Paulo: Saraiva, 2003. p. 298, v. III), com base no *common law*, "a dispensa da verificação de prejuízo remete a caracterização da antijuridicidade ao uso

Entretanto, o fio condutor comum é de todas as condutas vedadas é vantagem final indevida, direta ou indireta, por parte do administrador. Daí por que, para efeitos desta expropriação, é irrelevante que haja a utilização de terceiros como beneficiários "de fachada", pois o que caracteriza a prática vedada é que o gestor seja o beneficiário final, direto ou indireto, de qualquer dessas condutas.[1526]

De qualquer sorte, não é objetivo do presente trabalho a análise minuciosa de cada uma dessas condutas, mas tão somente o de enfatizar que todas elas são desdobramentos do dever de lealdade e poderiam ser justificadas ainda que sob a abordagem contratualista do interesse social. Acresce que, embora sejam previstas prioritariamente para os administradores, as vedações legais estendem-se igualmente aos controladores, naquilo em que for cabível.

Com efeito, por serem órgãos e exercerem competências funcionais, o dever de lealdade é mais acentuado em relação aos administradores do que em relação aos controladores. Afinal, os primeiros apenas podem agir em prol da companhia, enquanto os segundos podem levar em consideração interesses pessoais, desde que compatíveis com o interesse da companhia e com a função social da empresa.

Por fim, é importante lembrar que, por mais que já as condutas vedadas já atinjam um patamar de densidade normativa muito mais alto do que o das cláusulas gerais, ainda dão ensejo a muitas controvérsias interpretativas. O caso da usurpação de oportunidade comercial é um bom exemplo. A CVM[1527] já teve oportunidade de decidir no sentido de que, para que se configure a conduta vedada, é necessário que a oportunidade tenha sido anteriormente apresentada à companhia, o que obviamente nem sempre será de fácil identificação e comprovação.

Por outro lado, diante da cláusula geral de vedação ao abuso dos poderes de gestão, é inequívoco que as condutas vedadas descritas na Lei nº 6.404/1976 são meramente exemplificativas.[1528] A observância do dever de agir em prol da companhia também impõe, nas hipóteses em que tais condutas possam ser autorizadas pela Assembleia ou pelo Conselho de Administração, que tais autorizações sejam justificadas à luz do interesse social, sob pena de serem consideradas abusivas.

Isso se aplica até mesmo aos atos de liberalidade relacionados à implementação da responsabilidade social voluntária. Afinal, já se viu que a Lei nº 6.404/1976 veda a prática de atos gratuitos não razoáveis, que possam comprometer o objeto e o interesse sociais (Lei nº 6.404/1976, art. 154, § 4º).

3. Violação ao dever de lealdade e a questão do dano

Ana Frazão

Esclarecidos os principais desdobramentos do dever de lealdade, é importante salientar que a sua violação, tanto no que se refere à sua dimensão principiológica como no tocante às condutas vedadas, apresenta a peculiaridade de nem sempre vir acompanhada de danos ao patrimônio

---

da oportunidade e ao seu resultado". Aqui, poder-se-ia utilizar a teoria da responsabilidade civil por perda de uma chance, conforme o caso.

[1526] Fabio Konder Comparato (*O poder de controle na sociedade anônima*. São Paulo: Saraiva, 2005. p. 405) menciona o exemplo do administrador que obtém a concessão de empréstimo de sociedade por ele administrada em benefício de sociedade da qual detenha controle, hipótese em que, além do ilícito civil, haveria igualmente o ilícito penal: "A nossa lei penal (Código de 1940, art. 177, § 1º, III) não se refere à obtenção de empréstimo por interposta pessoa, ao contrário, por exemplo, do disposto no Código Civil italiano (art. 2.624). A doutrina penalista dá ao texto uma interpretação mais compreensiva, admitindo que, para a ocorrência do crime, não há necessidade de o diretor figurar, abertamente, como parte contratante. "Toma empréstimo também aquele que agir por meio de um 'testa de ferro' ou por qualquer interposta pessoa. O essencial é que o diretor seja o real beneficiário do empréstimo."

[1527] CVM. Processo Administrativo 2004/5494/RJ. Dir. Rel. Norma Jonssen Parente. j. 16.12.2004.

[1528] Não se desconhece a existência de opiniões contrárias, como parece ser o caso de Fábio Coelho (*Curso de direito comercial*. Direito de Empresa. São Paulo: Saraiva, 2007. v. 2. p. 247), que, partindo do princípio de que o §§ 1º e 2º, do art. 154, preveem quatro condutas proibidas – privilegiar o grupo ou classe de acionistas que o elegeu, incorrer em liberalidade às custas da companhia, tomar empréstimo, recursos ou bens da companhia e receber qualquer tipo de vantagem em razão do cargo – conclui que "assim, se o administrador não incorrer nessas quatro condutas proibidas, estará exercendo suas atribuições regularmente, sem desvio de finalidade; em consequência, estará dando cumprimento ao dever legal do art. 154 da LSA".

social.[1529] Um exemplo dessa afirmação é a conduta de receber vantagem sem autorização (Lei nº 6.404/1976, art. 154, § 2º, "c"), que independe de dano a ser sofrido pela companhia.

É claro que, dependendo do caso, poder-se-ia utilizar de presunções para a apuração do dano. Um exemplo seria o caso de administradores que exigem de determinados fornecedores ou prestadores de serviços uma "comissão" para que sejam contratados pela companhia. É razoável supor que o valor do contrato seria ainda menor se não houvesse a comissão.

Entretanto, em vários outros casos, nos quais não seja possível identificar algum dano à companhia, a forma mais adequada de tratar tais situações, a exemplo do que ficou consolidado no *common law*, é a restituição dos benefícios ilicitamente obtidos pelos administradores, com base no princípio que veda o enriquecimento sem justa causa.[1530]

No caso brasileiro, é importante lembrar que, como boa parte das violações ao dever de lealdade correspondem a hipóteses igualmente subsumíveis ao conflito de interesses, o problema se resolve com a aplicação dos arts. 115, § 4º e 156, § 2º, da Lei nº 6.404/1976, para o fim de que controladores e administradores devolvam o que tiverem recebido ilicitamente.

Mesmo quando não ocorra o conflito, a devolução do ganho ilicitamente obtido pode ser também justificada à luz das funções punitiva e equitativa da responsabilidade civil e também do princípio que veda o enriquecimento ilícito. Outros fundamentos que poderiam justificar a restituição seriam a violação à reputação da companhia[1531] e a aplicação analógica das regras do mandato,[1532] soluções compatíveis com o direito brasileiro.

Afinal, partindo-se do princípio de que o ato de gestão desleal viola a reputação da companhia, é inequívoco que esta teria direito aos danos morais correspondentes, inclusive no que diz respeito à dimensão punitiva que tal tipo de indenização costuma ter.[1533] A aplicação analógica das regras do mandato também autorizaria a devolução do benefício obtido, tendo em vista que o art. 668, do Código Civil, prevê que "o mandatário é obrigado a dar contas de sua gerência ao mandante, transferindo-lhes as vantagens provenientes do mandato, por qualquer título que seja."

Não obstante, servem aqui as mesmas considerações já feitas em relação a violações ao dever de diligência que não tragam danos à companhia. Diante da dimensão organizacional do dever de diligência, é importante que a companhia tenha mecanismos para que, diante da constatação de violações a qualquer dever fiduciário, como é o caso do dever de lealdade, tome providências imediatas contra o administrador faltoso.

[1529] É o que explica Majo (*Los deberes de los administradores de la sociedad anónima*. Madrid: Editorial Civitas, 1996. p. 92): "Como veremos más adelante la infracción de este deber, a diferencia de la infracción del deber de diligencia, no conlleva siempre la causación de daños al patrimonio social, al menos, con el significado que este concepto se le atribuye en el contexto del régimen de responsabilidad de los administradores (...)".

[1530] Majo (*Los deberes de los administradores de la sociedad anónima*. Madrid: Civitas, 1996. p. 92-92, nota 96) faz uma excelente síntese do tema, explicando que o princípio de restituição dos benefícios obtidos por administradores com violação ao dever de lealdade está claramente reconhecido no *common law*, tendo como base a doutrina do enriquecimento sem justa causa.

[1531] Mais uma vez, recorre-se à explicação de Majo (*Los deberes de los administradores de la sociedad anónima*. Madrid: Civitas, 1996. p. 94-95) de que determinadas violações ao dever de lealdade podem não causar danos ao patrimônio social, mas prejudicam a companhia no sentido objetivo, ideia que está contemplada na jurisprudência norte-americana. O autor cita o exemplo do caso *Diamond v. Oreamuno*, oportunidade em que o tribunal declarou a obrigação de restituir os benefícios obtidos pelos administradores sob o argumento de que, embora não houvesse danos (*damages*), os administradores causaram algum tipo de prejuízo (*harm*) à companhia, na medida em que esta tem legítimo interesse em manter sua reputação, integridade, nome e imagem de probidade, valores que ficam comprometidos com condutas desleais dos dirigentes.

[1532] Também de acordo com Majo (*Los deberes de los administradores de la sociedad anónima*. Madrid: Civitas, 1996. p. 92-93, nota 96), uma segunda vertente da doutrina espanhola justifica a devolução dos valores recebidos de forma desleal por administradores com base na aplicação analógica do artigo do Código Civil que prevê as obrigações do mandatário de prestar contas ao mandante, estando obrigado a repassar a este último tudo que haja recebido em virtude do mandato.

[1533] Além de o art. 52, do Código Civil, ser claro no sentido de que "aplica-se às pessoas jurídicas, no que couber, a proteção dos direitos de personalidade", a Súmula 227, do Superior Tribunal de Justiça, também prevê que "a pessoa jurídica pode sofrer dano moral".

Na ausência de danos, as violações ao dever de diligência e ao dever de lealdade devem ser endereçadas prioritariamente pelos sistemas de controle interno da companhia e, caso se trate de companhia aberta, pela responsabilidade administrativa. Aliás, esta é um excelente mecanismo de controle da gestão, até porque independe de dano ressarcível, desde que exista a violação dos bens jurídicos por ela tutelados.

4. Função social da empresa e ampliação dos destinatários do dever de lealdade

Ana Frazão

Embora a companhia e os acionistas, especialmente os minoritários, sejam importantes destinatários do dever de lealdade, a função social da empresa e seus impactos sobre o interesse social alargam o rol de beneficiados, assim como acontece também em relação ao dever de diligência, como se explorou nos comentários ao art. 153, da Lei nº 6.404/1976.

No direito anglo-saxão, uma das principais consequências dessa ampliação foi o direcionamento do dever de lealdade para a proteção de investidores futuros e eventuais, assegurando-se a idoneidade do próprio mercado de capitais. No direito romano-germânico, o próprio desenvolvimento do dever de lealdade ocorreu com o objetivo de tutelar outros grupos sociais que não apenas os acionistas, motivo pelo qual sempre esteve mais relacionado ao interesse da companhia do que ao interesse da comunhão acionária[1534].

Por essas razões, não obstante a diversidade de abordagens, pode-se dizer que a maior parte dos países considera, na atualidade, que os administradores têm deveres para com outros interessados que não os acionistas, como credores, empregados e terceiros, embora tenha sido difícil responsabilizar os gestores nessas hipóteses.[1535]

No caso brasileiro, em razão do princípio da função social da empresa, o espectro dos interesses a serem observados pelo dever de lealdade ganha considerável expansão não somente em relação aos administradores, mas também em relação aos controladores. Não é sem razão que o art. 116, parágrafo único, da Lei nº 6.404/1976, chega a mencionar os deveres que o controlador tem em relação à comunidade, cujos "direitos e interesses deve *lealmente* respeitar e atender." (grifo nosso)

Isso não implica, obviamente, a obrigação de realizar a justiça distributiva diretamente e sem a prévia definição legal dos deveres a serem atribuídos aos gestores. Entretanto, impõe a obrigação de proteção e colaboração perante todos aqueles que, de forma contratual ou não, estão sujeitos aos efeitos e externalidades da atividade

---

[1534] Ensina Menezes Cordeiro (*Da responsabilidade civil dos administradores das sociedades comerciais*. Lisboa: LEX, 1997) que o desenvolvimento do dever de lealdade na Alemanha ocorreu de forma próxima à ideia da *Unternehmen an sich* (empresa em si), a partir da identificação do interesse da empresa, já que esta seria a destinatária final do dever de lealdade. Destaca-se ainda a opinião de Sachéz Calero (*Los administradores en las sociedades de capital*. Navarra: Civitas, 2005. p. 177), ao advertir que a expressão "deveres fiduciários", no direito romano-germânico, tem um sentido preciso que não coincide com o termo *fiduciary duties*, pois enquanto estes estão vinculados essencialmente ao *trust*, a essência daqueles é a fidelidade ao interesse da companhia.

[1535] Vale ressaltar a lição de Hansmann e Kraakman (The basic governance structure. In: KRAAKMAN et al. *The anatomy of corporate law*. A comparative and functional approach. New York: Oxford University Press, 2004. p. 66) com base no direito comparado: "Finally, rules and particularly standards are used in varying degrees as governance techniques for protecting non-shareholders constituencies. Thus, corporate officers and directors owe some duties to non-shareholders in most jurisdictions, although the breadth of these duties varies considerably. At the narrow end of the spectrum, UK imposes a limited duty on directors not go engage in 'wrongful' trading when a director knew or should have known that her firm was insolvent. Similarly, U.S. case law suggests that the fiduciary duties of loyalty and care run to creditors, rather than shareholders, and U.S statutory law in many states explicitly permits boards to consider the interests of non-shareholder constituencies when making major corporate decisions. At the broad end of the spectrum, Dutch law uses the standards strategy to protect employees by permitting unions to petition the courts to investigate the conduct of company directors and managers. Japanese law holds directors liable to third parties if they act in bad faith or are grossly negligent in managing the company. Finally, German law for open companies mandates that management boards establish 'risk management systems' for the identification and containment of developments that might threaten the survival of the company." Sobre as dificuldades da implementação prática dos deveres fiduciários em relação a terceiros, assim concluem os autores (idem): "With the exception of the UK's proscription against trading in insolvency, however, few of these governance duties owed to non-shareholders constituencies carry a serious risk of personal liability for directors. One reason, we suspect, is that courts would find it very difficult to adjudicate quasi-fiduciary directorial duties running to non-shareholder constituencies that are different from, and possibly in conflict with, the board's duty of loyalty to shareholders".

empresarial, especialmente os titulares dos interesses contemplados no art. 170, da Constituição.

Por essa razão, o dever de lealdade está diretamente conectado às cláusulas gerais de vedação do abuso de poder de controle e das competências administrativas, impondo aos gestores que conduzam a atividade empresarial considerando os demais interesses envolvidos, a fim de protegê-los, dentro do possível, e não lhes causar danos desnecessários e desarrazoados.

Não obstante, a companhia continua sendo importante destinatária do dever de lealdade, até mesmo em razão do declínio do *ultra vires* e da maior proteção do terceiro de boa-fé. Logo, na medida em que a companhia se vincula perante terceiros de boa-fé em razão de atos de deslealdade praticados por administradores, é inequívoco que poderá responsabilizá-los pelos danos daí decorrentes, até porque, como ensina Galgano[1536], o ato *ultra vires* representa um ato típico de abuso de poder dos administradores, com clara violação ao dever de lealdade.

Por fim, destaca-se que o dever de lealdade apresenta igualmente importante aspecto procedimental, na medida em que é instrumento de consecução do interesse social. Essa é a razão pela qual, como já visto nos comentários ao art. 118, da Lei nº 6.404/1976, acordos de acionistas, especialmente quando vinculam membros do Conselho de Administração, não podem jamais se sobrepor à busca leal pelo melhor interesse da sociedade.

Ainda no que diz respeito à função social da empresa, os seus principais impactos sobre o dever de lealdade são os seguintes:

(i) estender o dever de lealdade igualmente ao controlador;

(ii) reforçar os aspectos estruturais da prevenção de conflitos envolvendo administradores, motivo pelo qual a dispensa a que se refere o art. 147, § 3º, da Lei nº 6.404/1976, precisa ser justificada e razoável, devendo ser interpretada em conformidade com a cláusula geral de vedação ao abuso do direito de voto;

(iii) fortalecer o aspecto regulatório do dever de lealdade, motivo pelo qual as condutas vedadas previstas na Lei nº 6.404/1976 são meramente exemplificativas, diante da cláusula geral de vedação ao abuso dos poderes de gestão;

(iv) exigir que, mesmo quando as condutas vedadas ou suspeitas possam ser autorizadas pela Assembleia ou pelo Conselho de Administração, tais autorizações sejam justificadas sob o enfoque do interesse social;

(v) impor a consequência de que, mesmo quando não ocorra o conflito de interesses, as violações ao dever de lealdade tenham como efeito, além da indenização do dano porventura existente, a devolução do ganho ilicitamente obtido, o que também pode ser justificado à luz da vedação ao enriquecimento sem causa e também das funções punitiva e equitativa da responsabilidade civil;

(vi) alargar o rol de beneficiários do dever de lealdade, para abranger não apenas a companhia e os acionistas, mas também credores, empregados e terceiros, em relação aos quais os gestores têm a obrigação de proteção e colaboração;

(vii) conectar o dever de lealdade com a proteção dos valores constitucionalmente tutelados, as cláusulas gerais de vedação do abuso do poder de gestão e a boa-fé objetiva;

(viii) reforçar o aspecto procedimental do dever de lealdade, seja por meio da valorização do debate no âmbito dos órgãos administrativos colegiados na busca do interesse social, seja por meio da valorização dos deveres de transparência e informação no que diz respeito a todos os interesses que se projetam sobre a empresa.

5. Dever de sigilo e vedação ao *insider trading*

ANA FRAZÃO

Outra importante consequência do dever de lealdade diz respeito ao dever de sigilo em relação às informações relevantes da companhia ainda não divulgadas para o mercado e a impossibilidade de obtenção de benefícios em razão de informações privilegiadas.[1537] Tais previsões, como já visto, visam não somente à proteção da

---

[1536] *Trattato di diritto commerciale e di diritto pubblico dell'economia*. Padova: Cedam, 1984. p. 265, v. VII.

[1537] Sobre a definição de informações relevantes, ver comentários de Ana Frazão ao art. 157 da Lei nº 6.404/1976.

sociedade do ponto de vista concorrencial, mas também à preservação do bom funcionamento do mercado de capitais e dos interesses dos investidores, para o fim de evitar a utilização de informações privilegiadas em benefício do próprio administrador ou de terceiros em detrimento dos demais investidores (*insider trading*).

Sobre o dever de sigilo, Rubens Requião[1538] chega a se lamentar pelo fato de que os parágrafos do art. 155, da Lei nº 6.404/1976, apenas se estenderem às sociedades abertas, argumentando que o sigilo deveria se estender a todo tipo de sociedade, mesmo fechada ou familiar. Todavia, é importante ressaltar que, se os parágrafos do art. 155 tratam apenas do desdobramento do dever de sigilo sobre o mercado de capitais, é possível extrair do dever de lealdade a obrigação do sigilo e da proteção dos negócios da companhia mesmo para as companhias fechadas.

O recorte legal é feito porque, em se tratando das companhias abertas, o sigilo é a exceção, uma vez que a circulação regular das informações é um pressuposto do bom funcionamento do mercado de capitais. Por essa razão, o *insider trading* é considerado uma grave violação ao dever de lealdade, porque não somente pressupõe a violação do dever de transparência, como ainda propicia uma apropriação indevida por parte dos administradores. De fato, enquanto em condutas desleais vedadas os administradores se apropriam de valor que pertence à companhia, no *insider trading* os administradores se apropriam de valor dos investidores.

É por essa razão que o § 1º, do art. 155, da Lei nº 6.404/1976, é claro ao afirmar que "Cumpre, ademais, ao administrador de companhia aberta, guardar sigilo sobre qualquer informação que ainda não tenha sido divulgada para conhecimento do mercado, obtida em razão do cargo e capaz de influir de modo ponderável na cotação de valores mobiliários, sendo-lhe vedado valer-se da informação para obter, para si ou para outrem, vantagem mediante compra ou venda de valores mobiliários."

Como se vê, o artigo pode ser desdobrado em duas partes: (i) na primeira, impõe o dever de sigilo, cuja excepcionalidade se justifica apenas para proteger o interesse legítimo da companhia relacionado à proteção da sua estratégia de negócios, como se explorará melhor nos comentários ao art. 157, da Lei nº 6.404/1976, e (ii) na segunda, veda a conduta de se aproveitar de informação sigilosa – ainda não divulgada – para obter vantagem nas negociações com valores mobiliários da própria companhia.

Como já se adiantou, a vedação à prática de *insider trading* parte da premissa de que apenas pode existir um mercado de capitais saudáveis caso se assegure condições minimamente equitativas a todos os participantes quanto às informações. É fato que, somente em mercados perfeitos e ideais, existe a ampla circulação de informações, já que, nos mercados reais, a informação é necessariamente imperfeita.

Daí por que é normal e esperado que os agentes econômicos concorram pela obtenção de informações que lhes possibilitem fazer melhores escolhas na alocação dos seus recursos, assim como pela capacidade de analisar adequadamente tais informações.

Todavia, por mais que a assimetria informacional seja uma característica natural dos mercados reais, há que se ter regulação jurídica mínima para evitar que determinados agentes se utilizem de condutas excessivamente oportunistas ou mesmo fraudulentas para obter vantagens indevidas sobre os demais agentes. É precisamente o que ocorre quando o administrador, por ser o único a saber de determinada informação que impactará nos valores mobiliários da companhia da qual é gestor, se aproveita desta vantagem competitiva para fazer negociações no mercado de capitais com outros agentes que obviamente não sabem da mesma informação.

Tem-se aí uma competição injusta – e não a competição pelos méritos que se espera de mercados saudáveis –, uma vez que o administrador tem conhecimento daquela informação não em razão do seu maior trabalho em coletar informações ou da sua maior competência em analisar tais informações. O administrador dispõe de tal informação simplesmente em razão do cargo de que dispõe. Daí por que, embora nada o impeça de ser também investidor na companhia da qual é gestor, não pode atuar com base em vantagens competitivas indevidas, que subvertem a competição minimamente equitativa que deve haver no mercado de capitais.

Por essa razão, as normas do art. 155, da Lei nº 6.404/1976, especialmente a que veda o *insider trading*, devem ser compreendidas dentro da premissa de que a proteção dos investidores contra o risco de comportamentos fraudulentos

---

[1538] *Curso de direito comercial*. Atualizado por Rubens Raimundo Requião. São Paulo: Saraiva, 2003. p. 212, v. II.

ou excessivamente oportunistas está na raiz da regulação do mercado de capitais.[1539]

Nos comentários ao art. 153, da Lei nº 6.404/1976, já se adiantou que hoje vem ganhando relevância cada vez maior a responsabilidade dos gestores em razão de informações ou balanços falsos ou do descumprimento das obrigações de informação, transparência e publicidade. Nesse caso, tanto os acionistas como os terceiros que tiverem adquirido os valores mobiliários por preços "artificiais" terão direito ao ressarcimento.[1540]

Tal hipótese ajuda a entender, inclusive, a possibilidade de abordagem conjunta da responsabilidade dos gestores perante os acionistas e terceiros, pois demonstra como a mesma conduta pode causar danos diretos simultaneamente aos dois grupos.

Essa consideração é relevante principalmente diante dos terceiros, em relação aos quais fundamento crucial da responsabilidade direta dos gestores é precisamente a violação dos deveres de proteção.[1541] De qualquer forma, havendo o dano direto, a ação individual pode ser utilizada pelo acionista ou por terceiro de forma direta e autônoma e não sub-rogatória, sem que se cogite de qualquer possibilidade de limitação ou renúncia pela sociedade.

Vale ressaltar que a Nova Lei das S/A (Lei nº 10.303/2001), ampliou o rol dos que podem ser acusados da prática, ao incluir o § 4º, segundo o qual "É vedada a utilização de informação relevante ainda não divulgada, por qualquer pessoa que a ela tenha tido acesso, com a finalidade de auferir vantagem, para si ou para outrem, no mercado de valores mobiliários."

Portanto, além dos administradores, qualquer pessoa que tenha tido acesso a informação relevante, como empregados, corretoras e intermediários do mercado de capitais, está submetida à mesma vedação, sob pena da prática de *insider trading*.

É claro que o endereçamento do *insider trading*, assim como de outras práticas que implicam manipulação de mercado, vai muito além da responsabilidade civil, razão pela qual, além de o *insider trading* já ser vedado pela redação originária do art. 155, da Lei nº 6.404/1976 e também pela Lei nº 6.385/1976, a sua repressão vem aumentando recentemente, tanto na esfera administrativa como na esfera penal.

Do ponto de vista administrativo, é preciso lembrar que a regulação do mercado de capitais tem por objetivos centrais assegurar condições equitativas de competição entre os diversos agentes econômicos. Isso fica muito claro no art. 4º, da Lei nº 6.385/1976, ao prever, dentre as competências do CMN e da CVM (i) evitar ou coibir modalidades de fraude ou manipulação destinadas a criar condições artificiais de demanda, oferta ou preço dos valores mobiliários negociados no mercado (inciso V), (ii) assegurar o acesso do público a informações sobre os valores mobiliários negociados e as companhias que os tenham emitido (inciso VI); e (iii) assegurar a observância de práticas comerciais equitativas no mercado de valores mobiliários (inciso VII).

Daí por que há toda uma preocupação com as práticas de manipulação do mercado, tratadas nos arts. 27-D a 27-F, da Lei nº 6.385/1976. Reitera-se a importância do art. 27-D, que prevê o tipo penal do *insider trading* da seguinte maneira: "Utilizar informação relevante de que tenha conhecimento, ainda não divulgada ao mercado, que seja capaz de propiciar, para si ou para outrem, vantagem indevida, mediante negociação, em nome próprio ou de terceiros, de valores mobiliários" e a pena é "reclusão, de 1 (um) a 5 (cinco) anos, e multa de até 3 (três) vezes o montante

---

[1539] ENRIQUES, Luca et al. Corporate law and securities markets. In: KRAAKMAN, Reinier et al. *The Anatomy of Corporate Law*. A comparative and functional approach. New York: Oxford University Press, 2018. p. 243.

[1540] No caso do direito alemão, ensinam Ek von Half e Hoyenberg (*Aktiengesellschaften*. München: DTV, 2006.p. 116-117) que os mais importantes casos de emprego das ações dos acionistas contra os membros da direção (Vorstand) são pretensões de acionistas de companhias cotadas em bolsa, por causa de dados errôneos que constam do prospecto da admissão à bolsa ou pela violação às obrigações de publicidade, que possam levar à aquisição de valores mobiliários. Em sentido próximo, Jürgen von Kann (*Vorstand der AG*. Führungsaufgaben, Rechtspflichten und Corporate Governance. Berlin: Eric Schmidt Verlag, 2005. p. 113) ressalta que as hipóteses de atrasos, omissões e incorreções da publicação de informações relevantes são importante causa da responsabilidade dos administradores perante os prejudicados que adquiriram valores mobiliários baseados em informações erradas ou não divulgadas.

[1541] Para Ascarelli (*Problemas das sociedades anônimas e direito comparado*. Campinas: Bookseller, 2001. p. 685-686), inclusive, apenas a violação das normas de proteção a terceiros justifica a responsabilidade direta de administradores perante estes terceiros. Todavia, entende-se que a proteção é mais ampla, já que os gestores podem violar até mesmo direitos absolutos dos terceiros, como é o caso dos direitos de personalidade.

da vantagem ilícita obtida em decorrência do crime." (redação dada pela Lei nº 13.506/2017).

O *insider trading* é apenas uma das modalidades do gênero maior a que corresponde a manipulação de mercado, matéria que até hoje é regulamentada pela antiga ICVM 8/1979, que trata das condições artificiais de demanda, oferta ou preço de valores mobiliários, manipulação de preço, operações fraudulentas e práticas não equitativas.

Entretanto, diante das suas conexões com o dever de lealdade, a própria Lei nº 6.404/1976 adentra também no tratamento da questão, diante da nocividade da prática para a companhia e para o mercado de capitais, como já entendeu o Superior Tribunal de Justiça:[1542]

> Considera-se insider trading qualquer operação realizada por um insider (diretor, administrador, conselheiro e pessoas equiparadas) com valores mobiliários de emissão da companhia, em proveito próprio ou de terceiro, com base em informação relevante ainda não revelada ao público. É uma prática danosa ao mercado de capitais, aos investidores e à própria sociedade anônima, devendo haver repressão efetiva contra o uso indevido de tais informações privilegiadas (arts. 155, § 1º, e 157, § 4º, da Lei nº 6.404/1976 e 27-D da Lei nº 6.385/1976).

6. Pressupostos do *insider trading*

ANA FRAZÃO

Para a difícil tarefa de delimitar a conduta de *insider trading*, é preciso considerar que o dever de sigilo a qual estão submetidos os administradores de companhias precisa ser compatibilizado com o dever de informar, tratado no art. 157, da Lei nº 6.404/1976, a ser comentado a seguir.

Adianta-se, por ora, que será do equilíbrio entre essas duas regras que os administradores deverão obter os parâmetros para uma conduta escorreita diante dos valores a serem protegidos nos mercados de capitais. Em outras palavras, não há que se cogitar de sigilo diante de informações relevantes que, pelo contrário, devem ser divulgadas para o mercado. A regra é a publicidade enquanto que o sigilo é a exceção.

Dessa maneira, diante de uma informação relevante, cabe ao administrador tomar as providências para divulgá-la o mais rápido possível, como se explorará melhor nos comentários ao art. 157, da Lei nº 6.404/1976. Todavia, enquanto isso não ocorrer, deve o administrador tomar todas as precauções para que ninguém tenha acesso à informação, assim como está impedido de negociar valores mobiliários da companhia, com base nessa informação privilegiada, a fim de obter vantagem pessoal.

Em casos assim, a Lei foi tão rigorosa com a manutenção do sigilo e com a proteção de informações para evitar utilizações indevidas que o § 2º, do art. 155, prevê que "O administrador deve zelar para que a violação do disposto no § 1º não possa ocorrer através de subordinados ou terceiros de sua confiança." Dessa maneira, o administrador responde pela falha na supervisão daqueles que têm acesso às informações.

É dentro desse contexto que se encontram os pressupostos para a prática de *insider trading*, que ocorrerá em situação na qual o administrador ou qualquer outro que tenha tido acesso à informação relevante, ainda não divulgada para o mercado, se aproveite de tal vantagem para obter benefícios na negociação com valores mobiliários.

Observa-se, portanto, que o primeiro pressuposto da prática de *insider trading* é que se trate de uma informação relevante e que precise ser divulgada para o mercado, tal como será mais bem explorado nos comentários ao art. 157, da Lei nº 6.404/1976. Adianta-se, desde já, que não há um conceito unívoco do que seja informação relevante, o que pode prejudicar até mesmo o *enforcement* penal da regra, como já salientou o STJ:[1543]

> (...) 5. Com efeito, para a configuração do crime em questão, as "informações" apenas terão relevância para esfera penal se a sua utilização ocorrer antes de serem divulgadas no mercado de capitais. A legislação penal brasileira, entretanto, não explicitou o que venha a ser informação economicamente relevante, fazendo com que o intérprete recorra a outras leis ou atos normativos para saber o alcance da norma incriminadora. (...).

O segundo pressuposto do *insider trading* é que a informação não seja ainda de conhecimento do

---

[1542] STJ. REsp 1.601.555/SP. Rel. Min. Ricardo Villas Bôas Cueva. 3ª T. j. 14.02.2017.
[1543] STJ. REsp 1.569.171/SP. Rel. Min. Gurgel de Faria. 5ª T. j. 16.02.2016.

mercado. Em face disso, recente julgado do STJ afastou a prática porque a informação relevante, embora não tivesse sido divulgada pelos administradores, já era do conhecimento do mercado por outros meios, como se observa por trecho da ementa:[1544]

(...)

3. Para a reparação civil de danos resultantes da prática de insider trading, a legislação exige, além da presença dos elementos genéricos (conduta ilícita, dano e nexo de causalidade), o desconhecimento, por parte dos possíveis prejudicados, das informações supostamente omitidas ao tempo da negociação envolvendo valores mobiliários (art. 155, § 3º, da LSA).

4. Se os investidores têm ciência da informação por outros meios oficiais diversos da publicação de fato relevante, não se pode afirmar que tenham eles negociado seus títulos sem o conhecimento de fato capaz de influir na cotação das ações e na decisão de vendê-las ou comprá-las. (...).

No mesmo sentido, encontra-se voto do então Diretor Pedro Marcilio de Souza,[1545] em que não apenas de destaca os requisitos do *insider trading* – informação simultaneamente relevante e sigilosa – como mostra a postura de lealdade que se exige dos administradores em situações assim:

(...)

34. Informação privilegiada, por seu turno, é aquela simultaneamente relevante e sigilosa.

(...)

36. Quanto ao sigilo, são menores as dificuldades em caracterizá-lo. Haverá sigilo quando a informação não puder ser obtida por meios acessíveis ao público em geral. Via de regra, a informação deixará de ser sigilosa através da publicação imediata que deve ser promovida pelos administradores. Contudo, se por qualquer outra razão ela vier a perder seu caráter confidencial, já não se prestará ao insider trading. A informação disseminada, ainda que de forma irregular e por mais relevante que seja, já será uma informação de mercado, que, portanto, presume-se refletida nas expectativas dos agentes que negociam valores mobiliários.

(...)

39. Desta forma, é improvável que uma pessoa escape de punição por negociar ações emitidas por sociedade à qual está relacionada e, após auferir grande lucro, disser que ignorava uma informação relevante que veio a ser revelada poucos dias ou horas após a realização do negócio. Em se tratando de administrador, vale ressaltar, é ainda mais acentuada a propensão a um eventual juízo desfavorável. Afinal, o administrador é presumivelmente conhecedor de informações relevantes, dado que a própria lei, no âmbito do dever de diligência, lhe impõe conhecer a situação da companhia.

Ponto importante do voto é ter destacado que dificilmente – para não dizer que seria impossível – o administrador que lucrou com negociações de valores mobiliários da companhia poderá alegar que desconhecia o fato relevante, pois é sua obrigação legal conhecer os aspectos mais importantes da companhia que gere.

Vale ressaltar que, no que diz respeito à necessidade de que a informação seja sigilosa, o entendimento do STJ e da CVM retratados acima também decorre do § 3º, do art. 155, ao prever que "A pessoa prejudicada em compra e venda de valores mobiliários, contratada com infração do disposto nos §§ 1º e 2º, tem direito de haver do infrator indenização por perdas e danos, a menos que ao contratar já conhecesse a informação." Portanto, caso o investidor já conhecesse a informação, não há que se cogitar da prática ilícita.

O terceiro requisito da prática é que o *insider* tenha feito negociações no mercado com base nessa informação a fim de obter vantagens. E o quarto seria o dano, valendo lembrar que, na esfera penal e administrativa, o dano é a violação aos bens jurídicos tutelados – no caso, a higidez do mercado de capitais – e não propriamente os prejuízos sofridos por demais investidores, os quais se acomodam na responsabilidade civil.

De toda sorte, é importante voltar ao voto já comentado do então Diretor Pedro Marcílio de

---

[1544] STJ. REsp 1.540.428/SP. Rel. Min. Marco Aurélio Bellizze, rel. p/ acórdão Min. Ricardo Villas Bôas Cueva. 3ª T. j. 06.02.2018.

[1545] CVM. Processo Administrativo 06/2003/RJ. Rel. Dir. Pedro Oliva Marcilio de Sousa. j. 14.09.2005.

Sousa,[1546] ao reiterar que "a configuração do insider trading independe da existência de lucro na negociação", embora "Este, no entanto, é um fator que pode vir a ser levado em consideração como indício do uso indevido da informação, uma vez que, supõe-se, o comitente com uma vantagem excepcional sobre os demais tende a auferir um lucro não menos excepcional."

Ocorre que a vantagem obtida pelo *insider* não necessariamente coincidirá com os danos sofridos por aqueles que negociaram valores mobiliários sem a referida informação. Como se sabe, em responsabilidade civil, dano da vítima e vantagem do ofensor não necessariamente se equivalem. É por essa razão que a questão do dano e da sua prova continua sendo um dificultador para que as vítimas de *insider trading* possam se socorrer da responsabilidade civil, mesmo diante de uma decisão condenatória por parte da CVM.

Ainda seria necessário o nexo causal entre o ilícito e os danos sofridos por investidores, o que dá margem a inúmeras controvérsias, porque, diante da volatilidade e do caráter flutuante do mercado de capitais, nem sempre será possível estabelecer correlações – e muito menos relações de causalidades – entre certos movimentos de alguns agentes do mercado e a variação do preço dos valores mobiliários de determinada companhia.

Conflito de Interesses

Art. 156. É vedado ao administrador intervir em qualquer operação social em que tiver interesse conflitante com o da companhia, bem como na deliberação que a respeito tomarem os demais administradores, cumprindo-lhe cientificá-los do seu impedimento e fazer consignar, em ata de reunião do conselho de administração ou da diretoria, a natureza e extensão do seu interesse.

§ 1º Ainda que observado o disposto neste artigo, o administrador somente pode contratar com a companhia em condições razoáveis ou eqüitativas, idênticas às que prevalecem no mercado ou em que a companhia contrataria com terceiros.

§ 2º O negócio contratado com infração do disposto no § 1º é anulável, e o administrador interessado será obrigado a transferir para a companhia as vantagens que dele tiver auferido.

COMENTÁRIOS

1. **Vedação ao conflito de interesses**

   ANA FRAZÃO

Importante consequência do dever de lealdade é a proibição de agir em situação de conflito de interesses, disciplinada pelo art. 156, da Lei nº 6.404/1976, ao prever que "É vedado ao administrador intervir em qualquer operação social em que tiver interesse conflitante com o da companhia, bem como na deliberação que a respeito tomarem os demais administradores, cumprindo-lhe cientificá-los do seu impedimento e fazer consignar, em ata de reunião do conselho de administração ou da diretoria, a natureza e extensão do seu interesse."

Apesar da vedação geral à atuação em hipótese de conflito, a lei autoriza a contratação com a companhia, desde que em condições razoáveis ou equitativas, considerados os preços e demais condições de mercado (art. 156, § 1º).

No que se refere aos administradores, além do princípio geral de que suas competências devem ser exercidas somente em prol do interesse da companhia, o dever de lealdade igualmente justifica a proibição de agir em situação de conflito de interesses. Não é sem razão que Bartalini[1547] faz menção ao chamado *dovere di non agire in conflitto di interessi*.

Já se viu, nos comentários ao art. 115, da Lei nº 6.404/1976, as inúmeras discussões existentes sobre como deve ser endereçado o conflito de interesses em relação a acionistas de forma geral e em relação ao controlador.

Todavia, em relação aos administradores, o art. 156, da Lei nº 6.404/1976, é ainda mais enfático no sentido da proibição da participação do administrador interessado na decisão. Se dúvida houvesse quanto à interpretação literal do dispositivo, sua interpretação sistemática e atenta à natureza orgânica das funções administrativas e

---

[1546] CVM. Processo Administrativo 06/2003/RJ. Rel. Dir. Pedro Oliva Marcilio de Sousa. j. 14.09.2005.

[1547] BARTALINI, Guido. *La responsabilità degli amministratori e dei direttori generali di società per azioni*. Torino: Unione Tipografico-Editrice Torinese, 2000. p. 192.

a completa adstrição dos administradores ao interesse da companhia levaria à clara conclusão de que, além de precisarem obedecer ao padrão de total transparência e informação, os administradores não podem participar de nenhuma decisão que pode lhes trazer algum benefício particular.

Daí por que, em que pese a existência de algumas vozes em contrário[1548], a teoria do conflito formal sempre ganhou mais adeptos em relação aos conflitos de interesses que envolvem administradores do que em relação aos conflitos de interesse que envolvem acionistas. O fato de o administrador exercer função – e não direito subjetivo – justifica o maior grau de rigor em relação ao conflito. Acresce que, exatamente por não poder levar em consideração nenhum interesse pessoal, a identificação *ex ante* do conflito em relação ao administrador é consideravelmente mais fácil do que em relação aos acionistas.

A abstenção deve ocorrer especialmente em se tratando de *self-dealing*, hipótese em relação à qual a legislação brasileira, longe de prever regras procedimentais claras a respeito da aprovação de contratos que beneficiem administradores, como ocorre no direito estrangeiro,[1549] limita-se a determinar que a transação deve ser justa. Daí a existência de mais um motivo a favor da teoria formal, em razão da qual o administrador não pode votar ou atuar diretamente na transação.[1550]

Logo, há boas razões para defender que a Lei nº 6.404/1976 adotou a regra do conflito formal em relação aos administradores, impedindo que intervenham em qualquer operação em que estejam conflitados e mesmo participem da deliberação que a respeito tomarem os demais administradores. Como esclarece a segunda parte do art. 156, em casos assim, cabe ao administrador tão somente cientificar os demais administradores do seu impedimento, consignando, na ata de reunião do órgão, a natureza e a extensão do seu interesse.

Vale destacar que a teoria do conflito formal em relação aos administradores já vem sendo realçada em julgamentos mais antigos da CVM sob os mais diversos fundamentos. Em julgamento de 2004, voto da então Diretora Norma Parente concluiu que "Da análise do disposto no § 1º do artigo 156 da Lei nº 6.404/76 acima transcrito, pode-se concluir que no caso dos administradores é vedada a participação do administrador em qualquer tratativa ou deliberação referente a uma determinada operação em que figure como contraparte da companhia ou pela qual seja beneficiado. O disposto em tal § 1º deve ser lido, a meu juízo, como "ainda que o administrador não participe da deliberação, somente poderá contratar com a companhia...".

Ainda acrescentou a então Diretora Norma Parente:[1551] "Conclui-se, portanto, que o conflito de interesses é, no caso do art. 156 da Lei nº 6.404/1976, presumido, isto é, independe da análise do caso concreto a sua aplicação, restando os administradores da companhia impedidos participar de qualquer tratativa ou deliberação

---

[1548] Alexandre Couto Silva (*Responsabilidade dos administradores de S/A*. Business judgment rule. Rio de Janeiro: Elsevier, 2007. p. 473) é a favor do controle material sob o fundamento de que "não há razão para a lei estabelecer um controle formal desse tipo de conflito se a lei expressamente autorizou o administrador a contratar com a companhia, desde que em condições razoáveis, equitativas e de mercado". Todavia, as razões decorrem da própria natureza funcional das competências administrativas, o que exige um maior rigor no tratamento deste tipo de conflito.

[1549] Como ensinam Hertig e Kanda (Related parties transactions. In: KRAAKMAN, Reinier et al. *The Anatomy of Corporate Law*. A comparative and functional approach. New York: Oxford University Press, 2004. p. 106), a maioria dos países determina que a revisão do *board* a respeito de transações em conflito é obrigatória ou fortemente aconselhável, sendo que o direito francês e o japonês exigem autorização dos membros desinteressados do *board* para todas as transações entre a companhia e seus administradores que não sejam ordinárias e em condições de mercado. Com efeito, sobre o direito francês, esclarecem Ripert e Roblot (*Traité de droit commercial*. Atualizado por Michel Germain. Paris: LGDT, 2002. t. I, v. II. p. 418-419) e Paul Le Connu (*Droit des sociétés*. Paris: LGDT, 2003. p. 433-434) que a legislação de 2001 determina que contratos entre a companhia e os administradores, incluindo aí os membros do *conseil de surveillance*, precisam ser previamente autorizados pelo conselho de administração e depois aprovados pela assembleia, sob pena da sua anulação e da responsabilização pessoal do administrador.

[1550] Questão controversa diz respeito à possibilidade da mera participação do administrador na reunião. No direito italiano, Bertalini (*La responsabilità degli amministratori e dei direttori generali di società per azioni*. Torino: UTET, 2000.p. 197) destaca que há posição segundo a qual o administrador não poderia nem mesmo estar presente na reunião e muito menos nela intervir. Mas o próprio autor (p. 198) discorda deste entendimento, sustentando que a mera participação na reunião não determinará a aplicação de sanção civil ou penal.

[1551] CVM. Processo Administrativo 2004/5494/RJ. Rel. Dir. Norma Jonssen Parente. j. 16.12.2004.

referente a uma determinada operação em que figure como contraparte da companhia ou pela qual seja beneficiado, independentemente se está a se perseguir o interesse social ou não."

Em julgamento de 2006, voto do Diretor Pedro Marcilio de Sousa[1552] reiterou a aplicação do conflito formal para os administradores a partir da explicação das competências por eles exercidas: "Esse tratamento diferenciado vem do próprio texto legal que, além de vedar a participação nos atos relativos à operação, determina que o administrador revele o conflito. Adicionalmente, ao contrário do acionista, que pode agir no interesse próprio, essa faculdade não é conferida ao administrador, que age, sempre, no interesse da companhia ou da coletividade de seus acionistas."

Também é do ex-Diretor da CVM Pedro Marcilio de Sousa[1553] voto no sentido de que "Caso o acionista controlador assuma, também, a posição de administrador da companhia, por força do art. 117, § 3, há uma substancial mudança do regime aplicável: sua atuação passa a ser regida pelos mesmos deveres dos administradores. Passa a incidir sobre o acionista controlador-administrador– seja na qualidade de acionista, seja na qualidade de administrador – as regras do art. 155 e 156. Nessa hipótese, a discussão entre "conflito formal" e "conflito material" do acionista controlador ganha novos contornos."

Ora, como se pode observar do voto acima, o entendimento acolhido é o de que a importância da adoção do conflito formal para os administradores é tanta que extravasaria para a sua condição de controlador, a fim de aplicar o conflito formal mesmo quando o controlador estivesse agindo como acionista.

É interessante notar que as três decisões mencionadas são anteriores ao momento a partir do qual a CVM passou a aplicar o conflito formal de forma geral também para os acionistas.[1554] São ora reproduzidos apenas para se mostrar que, em relação aos administradores, a questão sempre mereceu maior rigor do que em relação aos acionistas, incluindo os controladores.

Não obstante a mudança de entendimento da CVM ocorrida em 2022, com a adoção do conflito material[1555], entende-se que a discussão sobre administradores apresenta peculiaridades que reforçam a adequação do conflito formal nessas hipóteses.

Logo, é possível afirmar que a Lei nº 6.404/1976 trata das consequências do conflito de interesses envolvendo administradores com rigor, determinando, no § 2º, do art. 156, que o ato de favorecimento de administrador é anulável, sem prejuízo de o administrador ter que devolver tudo o que recebeu com o ato ilícito. Vê-se aí a função preventiva e repressiva da responsabilidade civil, não apenas compensatória, associada ao princípio que veda o enriquecimento ilícito ou sem justa causa.

2. Dever de revelação e critérios para a admissibilidade da negociação com administradores

Ana Frazão

Mesmo impedido de participar da deliberação na qual tenha interesse conflitante, o administrador está obrigado ao dever de revelação, até para que o teste da *entire fairness* possa ser feito de acordo com a maior base informacional possível.

Com efeito, a Lei nº 6.404/1976 não impede propriamente o chamado *self-dealing*, no sentido de que a companhia poderá contratar com seus administradores desde que estes não participem da deliberação. Entretanto, a referida contratação precisará passar pelo crivo da justiça substancial, traduzido no § 1º, do art. 156, da Lei nº 6.404/1976, segundo o qual "Ainda que observado o disposto neste artigo, o administrador somente pode contratar com a companhia em condições razoáveis ou eqüitativas, idênticas às que prevalecem no mercado ou em que a companhia contrataria com terceiros."

Ao assim prever, a lei adota solução flexível e compatível com o fato de que as transações com partes relacionadas, como já se explorou nos comentários ao art. 115, da Lei nº 6.404/1976, podem ser benéficas para a companhia, motivo pelo qual não devem ser um óbice absoluto. A questão é como assegurar que ela realmente trará proveitos para a companhia, ainda mais diante das dificuldades para

---

[1552] CVM. Processo Administrativo 2005/1443/RJ. Rel. Dir. Pedro Oliva Marcilio de Sousa. j. 21.03.2006.

[1553] CVM. Processo Administrativo 12/01/RJ. Rel. Dir. Pedro Oliva Marcilio de Sousa. j. 12.01.2006.

[1554] Ver comentários de Ana Frazão ao art. 115 da Lei nº 6.404/1976.

[1555] Ver comentários ao art. 115 da Lei 6.404/1976.

se avaliar se determinada operação foi realmente equitativa ou não.

Não é sem razão que, no direito americano, há exigências procedimentais rigorosas, tais como a transparência e a aprovação por diretores desinteressados ou mesmo pela Assembleia Geral, podendo o exame da justiça do pacto pode ser imposto de forma cumulativa.[1556]

Daí por que é de todo recomendável que, em casos assim, haja maior preocupação com as garantias procedimentais, tal como já se viu nos comentários ao art. 153, da Lei nº 6.404/1976. Nos termos da lição de Teubner,[1557] é fundamental que existam *standards* procedimentais e mecanismos organizacionais que garantam a racionalidade do processo de sopesar interesses.

Assim, a existência de comitês independentes ou laudos externos pode ser solução mais viável e exequível para assegurar a justiça das referidas transações. Como já se explorou nos comentários ao art. 115, da Lei nº 6.404/1976, tais mecanismos já fazem parte da prática brasileira em diversas questões, a fim de evitar o conflito e assegurar a prevalência dos deveres fiduciários de controladores e administradores nessas situações.[1558]

Por todas essas razões, a síntese do tratamento jurídico do conflito de interesses em relação aos administradores é que deve ser aplicada a regra do conflito formal, devendo a transação, nestes casos, (i) ser aprovada pelos demais administradores não interessados[1559], (ii) com base nas informações completas, obtidas a partir do dever de revelação por parte do administrador interessado, e, ainda assim, (iii) ser justa em termos de resultado, o que deve ser assegurado preferencialmente por meio de comitês independentes ou laudos externos.

O foco na legitimação pelo procedimento ainda tem a vantagem de ser mais compatível com a natureza de meio dos deveres fiduciários e levar à maior segurança e certeza do ponto de vista probatório, já que não apenas os administradores interessados, como também os administradores não interessados que aprovaram o negócio poderão justificar que agiram de acordo com o dever de lealdade por meio da comprovação da observância de todos os procedimentos idôneos para que se alcançasse, ao final, o resultado justo exigido pelo § 2º, do art. 156, da Lei nº 6.404/1976.

3. Conflito de interesses e conduta egoaltruísta do administrador

FÁBIO ULHOA COELHO

"Interesses" é objeto de reflexão comum a, pelo menos, três áreas de conhecimento: economia analítica, ética e direito.

A economia analítica, preocupada com a compreensão da motivação das decisões do *homo oeconomicus*, talvez tenha sido, destas três áreas, a primeira a eleger os "interesses" como questão. Seu modelo inicial era simples e pressupunha a motivação essencialmente egoísta da generalidade das pessoas, em suas ações e relações econômicas. Não via nenhuma oposição fundamental entre o egoísmo individual e os interesses gerais. Ao contrário: a conhecidíssima imagem de Adam Smith da "mão invisível do mercado"

[1556] Com base nas disposições do *Delaware general corporation law*, Clark (*Corporate law*. New York: Aspen Law & Business, 1986. p. 167-171) resume as soluções normalmente encontradas no direito norte-americano para casos de transações que envolvam interesse direto de administradores: (i) transparência e aprovação por diretores desinteressados; (ii) transparência e aprovação dos acionistas; e (iii) justiça do pacto (*fairness*), hipótese em que não haveria necessidade de transparência. Todavia, esclarece o autor (idem) que, embora as alternativas sejam, em princípio excludentes, no famoso precedente *Flieger v. Lawrence*, o tribunal entendeu que, mesmo com a transparência e a ratificação pelos acionistas, caberia aos diretores beneficiados comprovar a justiça (*fairness*) do pacto, a partir de um critério de razoabilidade.

[1557] Corporate fiduciary duties and their beneficiaries. A functional approach to the legal institutionalization of corporate responsibility. In: HOPT, Klaus; Gunther Teubner (org.). *Corporate governance and directors' liabilities*. Legal, economic and sociological analyses on corporate social responsibility. Berlin/New York: Walter de Gruyter, 1985. p. 167-171.

[1558] No Parecer de Orientação CVM nº 35, de 2008, que trata dos "Deveres fiduciários dos administradores nas operações de fusão, incorporação e incorporação de ações envolvendo a sociedade controladora e suas controladas ou sociedades sob controle comum", há previsão de que "um comitê especial independente seja constituído para negociar a operação e submeter suas recomendações ao conselho de administração, observando as orientações contidas no parágrafo anterior".

[1559] Tal solução procedimental pode mostrar-se mais adequada do que a aprovação pelos acionistas. Afinal, como adverte Clark (*Corporate law*. New York: Aspen Law & Business, 1986. p. 182), tal tipo de aprovação acaba sendo superficial ou um desperdício, já que os custos de informação dos acionistas são muito altos.

ilustrava a afirmação de que do atendimento ao interesse egoísta de cada um resultava *naturalmente* a realização do bem comum.[1560]

A concepção do homem essencialmente egoísta persiste, na economia analítica, até hoje. No contexto da teoria dos jogos, em especial a denominada *barganha de Nash*,[1561] interesses alheios passam a ser considerados nas cooperações entre os agentes; mas, a rigor, como componentes do cálculo de decisões egoístas. Em meados do século passado, assim, a economia analítica continuava operando com modelos em que as decisões racionais são invariavelmente norteadas pela perseguição aos próprios interesses, ou seja, por atitudes egoístas. Apenas em 2009, a economia analítica passou a prestar atenção nas decisões altruístas. Amartya Sen (Prêmio Nobel de Economia de 1998), a partir de sua produção iniciada naquele ano, vem se dedicando à formulação da teoria da *escolha social*, no contexto dos estudos da eficiência econômica do altruísmo, rompendo, com isto, o secular modelo que associa racionalidade exclusivamente às decisões egoístas.[1562] Dissociando, deste modo, racionalidade de egoísmo, a economia analítica passa a pressupor que os agentes econômicos agem de modo racional, porém nem sempre egoísta.

No campo da ética, o tratamento da questão dos interesses tem experimentado significativa revisão, com o abandono do esquematismo binário "egoísmo/altruísmo", que se mostra demasiado simplista. Entre os extremos do puro egoísmo e do puro altruísmo, insere-se uma gama de alternativas que não devem ser desconsideradas, na avaliação moral das condutas. A alta complexidade da avaliação da moralidade revela-se na percepção de que nem todo altruísmo é moralmente aceitável. A clássica fórmula robinhoodiana de *roubar dos ricos para dar aos pobres*, por exemplo, é decisão altruísta condenável sob o ponto de vista ético.

A evolução do tratamento do tema reflete a tendência atual de pesquisa, no pensamento ético, sobre a pertinência da gradação da moralidade: "são as condutas *morais* ou *imorais*, ou cabe cogitar das *mais ou menos* morais?". Pelo menos cinco diferentes situações podem ser delineadas.[1563] Num extremo, o egoísmo puro, em que o sujeito persegue o próprio interesse prejudicando o alheio; noutro, o altruísmo puro, em que o atendimento ao interesse alheio se faz com prejuízo ao próprio. Entre eles, pode-se identificar, de um lado, o egoísmo mitigado, em que a realização do próprio interesse não importa prejuízos a ninguém; e, de outro, o altruísmo mitigado, caracterizado pela consideração, por alguém, ao interesse alheio, cuja satisfação em nada o prejudica. No centro do espectro, há uma situação inclassificável como egoísmo (puro ou mitigado) ou como altruísmo (puro ou mitigado). Trata-se daquela hipótese em que interesses

---

[1560] Embora em sua obra mais importante (*Investigação sobre a riqueza das nações* – 1776), Adam Smith não tenha retomado a imagem da mão invisível do mercado, apresentada numa obra precedente, de menor importância (*Teoria dos sentimentos morais* – 1759), é inegável que a metáfora ficou indelevelmente associada ao fundador da economia política, como referência nuclear de sua teoria.

[1561] O matemático John Forbes Nash Jr. (Prêmio Nobel de Economia de 1994) contribuiu para a teoria dos jogos por meio de quatro artigos: Equilibrium points in n-person games (*Proceedings of the National Academy of Science of USA*, 1950); The bargaining problem (*Econometrica*, n. 155, 1950, p. 162), Non-cooperative games (*Annals of Mathematics*, n. 286, 1951, p. 295) e Two person cooperative games (*Econometrica*, n. 128, 1953, p. 140).

[1562] "There is nothing very peculiar, or silly, or irrational about your decision to 'let others be'. We live in a world in which there are a lot of other people, and we can give them room for their own way of living even without adopting their way as something that we must see as a good thing to promote. Commitment may take the form not only of wanting to pursue goals that are not entirely parasitic on self-interest; it can also take the form of following rules of passable, even generous, behavior, that restrain our inclination to be guided exclusively by the promotion of our own goals, irrespective of its impact on others. Being considerate of the desires and pursuits of others need not be seen as a violation of rationality" (*The idea of justice*. Cambridge: The Belknap Prees of Harvard University Press, 2009. p. 193).

[1563] Aqui, também se faz uma simplificação, já que não se consideram as alternativas derivadas das diversas concepções de *interesse próprio*: "Just as there are broader and narrower conceptions of acting from self-interest, there are broader and narrower concepctions of self-interest itself, as well as subjective and objective conceptions of self-interest. Subjective conceptions relate a person's self-interest solely to the satisfaction of his desires or to what that person believes Will make his life go best for him. Objective conceptions see self-interest, at least in part, as independent of the person's desires and beliefs. Some conceptions of self-interest are narrower than others, allowing that the satisfaction of only certain desires is in a person's self-interest, *e.g.*, desires whose satisfaction makes that person's life go better for her. And some conceptions of self-interest count only the satisfaction of idealized desires, ones that someone would have after reflection about the nature of those desires and what they typically lead to, as furthering a person's self-interest" (RUSSELL, Bruce. Verbete "egoism". *The Cambridge Dictionary of Philosophy*. Cambridge University Press: General Editor Robert Audi, 1995. p. 218/219).

próprios e alheios são de tal modo dependentes, que não se consegue atender a qualquer um deles, sem necessariamente atender-se ao outro; tampouco é possível prejudicar um destes interesses, sem que o outro também seja prejudicado. Na negociação da relação de troca de ações, numa incorporação, o controlador da incorporada encontra-se nesta situação, relativamente aos interesses dos acionistas minoritários: o que conseguir negociar em seu próprio proveito irá necessariamente beneficiar os minoritários, e vice-versa. Chame-se a esta situação de *egoaltruísmo*.

A cada situação destas corresponde uma atitude do sujeito que nela se encontra. A atitude de egoísmo puro consiste em tomar decisão que atende ao próprio interesse, prejudicando alheio; a de egoísmo mitigado, decidir em atenção ao próprio interesse, sem prejudicar o de outros – e assim por diante. Em geral, a decisão corresponderá à *mais racional*, embora, evidentemente, não se deva descartar completamente a hipótese de irracionalidade.

Para o direito, os *conflitos de interesse* somente têm importância numa única situação, entre as cinco delineadas pela ética: a do egoísmo puro. Somente quando um sujeito pode tomar decisão que atenda seu próprio interesse em detrimento de interesse alheio, é que a questão de *conflito de interesses* ganha importância jurídica. Nas situações de egoísmo ou altruísmo mitigados e egoaltruísmo, os interesses não conflitam; e na de altruísmo puro, o conflito é irrelevante para o direito por decorrer o prejuízo de decisão do próprio titular do interesse prejudicado.

Note-se, ademais, que nem todo conflito de interesses relacionado ao egoísmo puro corresponde a questão jurídica. Ao contrário, *apenas em pouquíssimos casos*, a lei evita ou coíbe o prejuízo do interesse alheio pela realização do próprio. Em geral, tornam-se questão jurídica os conflitos de interesse em situações de egoísmo puro relacionados a casos de *representação*; ou, mais precisamente, aos casos em que a vontade juridicamente eficaz de um sujeito deriva de decisões de outro ou outros sujeitos.[1564]

A partir dessas considerações, podem-se discutir as condutas de administradores de sociedade anônima que representariam o descumprimento do dever referido no art. 156 da LSA, sob a rubrica "conflito de interesses". Por essa disposição, o administrador deve se abster de intervir em qualquer operação em que possa ter interesse conflitante com o da companhia. Não é permitido a este administrador que tome parte das deliberações sobre o tema, que tiverem lugar no Conselho de Administração (se a Diretoria também for, por previsão estatutária, um órgão colegiado, as observações feitas a respeito do Conselho de Administração são pertinentes, com as adaptações cabíveis).

Diante da possibilidade de conflito de interesses entre, de um lado, o da sociedade anônima e, de outro, de membro do seu conselho de administração, a LSA vale-se de duas medidas: definição da inexistência de conflito de interesses como um dos critérios de elegibilidade (art. 147, § 3º, II) e vedação de intervenção (art. 156) – a primeira mais drástica que a segunda.

A inelegibilidade, por ser medida jurídica mais drástica, cabe excepcionalmente, ou seja, apenas quando o conflito for de tal ordem que a vedação de intervenção acaba impedindo o membro do conselho de administração de exercer suas funções. A relação negocial com a outra sociedade, de cujo conselho também participa, deve ser tão importante que o conselheiro teria que se abster de votar em praticamente todas as votações do conselho de administração. Neste caso, não podendo o conselheiro impedido exercer regularmente sua função, nem contribuir para as decisões do órgão, a alternativa jurídica mais adequada é, mesmo, a da inelegibilidade.

Quando a vedação de intervenção se mostra medida suficiente a permitir a regular atuação do conselheiro, sem prejudicar os interesses das sociedades envolvidas, ela deve, por óbvio, preferir à da inelegibilidade. É assim que se devem interpretar os arts. 147, § 3º, II, e 156 da LSA: a vedação

---

[1564] Como se verifica, por exemplo, na hipótese de conflito de interesses constatável no voto proferido pelo sócio em assembleia geral. A vontade da sociedade deriva de decisões dos sócios, no tocante ao conteúdo dos votos que proferem em assembleia. Quando não é o caso de egoísmo puro, não há conflito jurídico de interesses. Ensina, a propósito, Francesco Galgano: "C'è conflitto di interessi fra socio e società quando il socio si trova nella condizione di essere portatore, di fronte ad una data deliberazione, di un duplice interesse: del suo interesse di socio e, inoltre, di un interesse esterno alla società; e questa duplicità di interessi è tale, per cui egli non può realizzare l'uno se non sacrificando l'altro interesse. La semplice duplicità della posizione di interesse in capo ad un medesimo soggetto di per sé sola non implica, però, situazione di conflitto in senso tecnico. Le due posizioni di interesse possono essere fra loro solidali: il socio può realizzare il proprio interesse senza pregiudicare l'interesse della società" (La società per azioni. *Trattato di Diritto Commerciale e di Diritto Pubblico dell'Economia*. 2. ed. Padova: CEDAM, 1988. v. 7. p. 251).

de intervenção deve preferir à inelegibilidade. Esta preferência, da lei, pela vedação de intervenção do art. 156, funda-se na racionalidade das decisões egoaltruístas, de cunho conciliador.

Concluindo, presume-se que as pessoas agem racionalmente. Embora não se trate de pressuposto absoluto (porque há atitudes irracionais), é da racionalidade das ações de implicações econômicas que deve partir qualquer argumento jurídico. Somente se deve afastar o pressuposto da racionalidade das decisões, em casos específicos. Quando o mais racional for a decisão egoaltruísta, o pressuposto a ser adotado pelo direito é a de que a pessoa decidirá de acordo com a realização simultânea do interesse próprio e alheio, indissociáveis. O direito, ao disciplinar o potencial conflito de interesses na administração da sociedade anônima, prestigiou tal pressuposto: em princípio, não há inelegibilidade e veda-se a intervenção apenas nos casos específicos em que não se revelar a racionalidade da atitude egoaltruísta.

Dever de Informar

Art. 157. O administrador de companhia aberta deve declarar, ao firmar o termo de posse, o número de ações, bônus de subscrição, opções de compra de ações e debêntures conversíveis em ações, de emissão da companhia e de sociedades controladas ou do mesmo grupo, de que seja titular.

§ 1º O administrador de companhia aberta é obrigado a revelar à assembleia-geral ordinária, a pedido de acionistas que representem 5% (cinco por cento) ou mais do capital social:

a) o número dos valores mobiliários de emissão da companhia ou de sociedades controladas, ou do mesmo grupo, que tiver adquirido ou alienado, diretamente ou através de outras pessoas, no exercício anterior;

b) as opções de compra de ações que tiver contratado ou exercido no exercício anterior;

c) os benefícios ou vantagens, indiretas ou complementares, que tenha recebido ou esteja recebendo da companhia e de sociedades coligadas, controladas ou do mesmo grupo;

d) as condições dos contratos de trabalho que tenham sido firmados pela companhia com os diretores e empregados de alto nível;

e) quaisquer atos ou fatos relevantes nas atividades da companhia.

§ 2º Os esclarecimentos prestados pelo administrador poderão, a pedido de qualquer acionista, ser reduzidos a escrito, autenticados pela mesa da assembléia, e fornecidos por cópia aos solicitantes.

§ 3º A revelação dos atos ou fatos de que trata este artigo só poderá ser utilizada no legítimo interesse da companhia ou do acionista, respondendo os solicitantes pelos abusos que praticarem.

§ 4º Os administradores da companhia aberta são obrigados a comunicar imediatamente à bolsa de valores e a divulgar pela imprensa qualquer deliberação da assembléia-geral ou dos órgãos de administração da companhia, ou fato relevante ocorrido nos seus negócios, que possa influir, de modo ponderável, na decisão dos investidores do mercado de vender ou comprar valores mobiliários emitidos pela companhia.

§ 5º Os administradores poderão recusar-se a prestar a informação (§ 1º, alínea e), ou deixar de divulgá-la (§ 4º), se entenderem que sua revelação porá em risco interesse legítimo da companhia, cabendo à Comissão de Valores Mobiliários, a pedido dos administradores, de qualquer acionista, ou por iniciativa própria, decidir sobre a prestação de informação e responsabilizar os administradores, se for o caso.

§ 6º Os administradores da companhia aberta deverão informar imediatamente, nos termos e na forma determinados pela Comissão de Valores Mobiliários, a esta e às bolsas de valores ou entidades do mercado de balcão organizado nas quais os valores mobiliários de emissão da companhia estejam admitidos à negociação, as modificações em suas posições acionárias na companhia. (Incluído pela Lei 10.303, de 2001)

COMENTÁRIOS

1. Deveres de transparência e de informação

Ana Frazão

Sob o enfoque procedimental, importantes desdobramentos do dever de lealdade são os deveres de transparência e informação, disciplinados de forma pormenorizada apenas em relação às companhias abertas no art. 157, da Lei nº 6.404/1976, pois visam à proteção não somente dos acionistas, mas sobretudo do mercado de capitais como um todo.

Exatamente por isso, o dever de informar tem um duplo alcance: as informações relativas à companhia e as informações relativas aos próprios gestores, a fim de possibilitar o controle da atuação destes e evitar que tenham vantagens excessivas ou façam expropriações vedadas pelo dever de lealdade.

De forma geral, a transparência obrigatória está relacionada ao propósito de que o preço dos valores mobiliários emitidos por uma companhia possa efetivamente refletir as informações a eles relacionadas, requisito considerado fundamental para o bom funcionamento do mercado de capitais. Como afirma Fábio Ulhoa Coelho,[1565] o regular funcionamento do mercado de capitais depende da ampla transparência (*full disclosure*), que procura assegurar a todos os investidores oportunidades iguais de negociação.[1566] Por essa razão, o dever de informar envolve não apenas a prestação da informação, mas a prestação da informação completa.

Se não houver iniciativas para um equilíbrio mínimo no acesso à informação, ou não haverá incentivos para o investimento no mercado de capitais ou se aumentará o custo do investimento, uma vez que os investidores só correrão riscos excessivos mediante a expectativa de remuneração mais alta. A ideia, portanto, é que a competição nos mercados de capitais deva ocorrer mais pela eficiência na análise das informações do que propriamente pela obtenção da informação em si, afastando assimetrias informacionais injustificáveis.

Acresce que os benefícios da informação vão muito além dos seus impactos positivos no preço dos valores mobiliários: possibilitam a acionistas informados exercerem melhor suas decisões e seus direitos, como os de nomear e destituir administradores, acompanhar as transações com partes relacionadas, dentre outros.[1567]

Verdade seja dita que, como destacam Armour *et al.*,[1568] a eficácia da transparência, assim como de qualquer estratégia de governança, depende crucialmente da habilidade dos principais de exercerem seus direitos de controle, o que está associado aos custos de monitoramento e de coordenação para saber se, quando e como tomadas medidas contra os agentes. Daí por que, se tais custos forem muito altos, impactarão no menor sucesso das estratégias de controle dos agentes.

Tem-se, daí, um alerta para que o Direito Societário seja atento para tal problema, procurando criar estratégias que reduzam tais custos e aumentem os incentivos para a coordenação dos principais. É sob essa perspectiva que devem ser analisadas as cláusulas gerais de informação contidas nos arts. 116-A e 157, da Lei nº 6.404/1976, cuja eficácia depende da capacidade de articulação dos principais, além, é claro da eficiente atuação da CVM no controle do cumprimento de tais obrigações.

Com efeito, as referidas obrigações de informação e transparência são dirigidas às companhias abertas. Isso não quer dizer que não existam várias outras previsões específicas a respeito do dever de informar que se estendem a todas as companhias.[1569] Afinal, o dever de informar é uma decorrência do dever de lealdade e, mesmo em relação às companhias fechadas, tem como destinatários diretos os acionistas e os demais administradores.[1570] Entretanto, nas companhias

---

[1565] *Curso de direito comercial*. Direito de Empresa. São Paulo: Saraiva, 2007. v. 2. p. 250.

[1566] Daí a precisa lição de Rubens Requião (*Curso de direito comercial*. Atualizado por Rubens Raimundo Requião. São Paulo: Saraiva, 2003. p. 214, v. II) de que a *disclosure* está relacionada à eficiência alocativa, na medida em que proporciona aos investidores um julgamento racional dos méritos comparativos das empresas.

[1567] ENRIQUES, Luca et al. Corporate law and securities markets. In: KRAAKMAN, Reinier et al. *The anatomy of corporate law*. A comparative and functional approach. New York: Oxford University Press, 2017. p. 247-248.

[1568] Agency problems and legal strategies. In: KRAAKMAN, Reinier et al. *The anatomy of corporate law. A comparative and functional approach*. New York: Oxford University Press, 2017. p. 31-32.

[1569] Vale citar a seguinte lição de Modesto Carvalhosa (*Comentários à lei das sociedades anônimas*. São Paulo: Saraiva, 2003. p. 325, v. III): "O dever de informar dos administradores e o direito de ser informado dos acionistas no que respeita a matérias patrimoniais e contratuais estão previstos nos arts. 118, 124, 133, 177, 186, 195, 196, 197, 200 e 243 da lei. Com exceção do art. 118, tais regras aplicam-se tanto às companhias abertas como às fechadas."

[1570] No que se refere ao controle recíproco dos administradores, Baillod (L'information des administrateurs de sociétés anonymes. *Revue Trimestrielle du Droit Commercial et de Droit Economique*, v. 43, n. 1, jan./mar. 1990, p. 1) mostra que, mesmo no silêncio da legislação francesa de 1966, a Corte de Cassação entendia que os administradores poderiam exigir do presidente do conselho de administração as informações necessárias sobre a vida da empresa, inclusive mediante execução forçada, como consequência do dever de lealdade.

fechadas, perde-se o *enforcement* que a CVM assegura em relação às companhias abertas, motivo pelo qual a questão dos custos de coordenação dos principais torna-se ainda mais relevante.

Não obstante as dificuldades inerentes à eficácia de qualquer solução de governança, é inequívoca a importância do dever de informar, na medida em que viabiliza a transparência sobre os dados das companhias e de seus gestores. Principalmente depois dos escândalos ocorridos no direito norte-americano, o dever de informar passou a representar uma das principais tendências do Direito Societário na atualidade, a fim de criar incentivos para que os administradores cumpram corretamente as suas obrigações, uma vez que estarão sujeitos a maior controle e escrutínio.

Segundo Clark,[1571] grandes modificações na gestão empresarial fora introduzidas após o famoso *Sarbanes-Oxley Act* de 2002, precisamente no que diz respeito aos processos de auditoria e de divulgação de informações das companhias norte-americanas, já que as novas regras ampliam consideravelmente a transparência em favor da proteção dos investidores.[1572]

2. Dever de informar aspectos pessoais relevantes dos administradores

ANA FRAZÃO

Um dos principais desdobramentos do dever de informar dos administradores diz respeito às informações que revelam o seu interesse financeiro efetivo na companhia. Daí o art. 157 da Lei nº 6.404/1976 prever que "O administrador de companhia aberta deve declarar, ao firmar o termo de posse, o número de ações, bônus de subscrição, opções de compra de ações e debêntures conversíveis em ações, de emissão da companhia e de sociedades controladas ou do mesmo grupo, de que seja titular."

Além dessa obrigação principal, que deve ser exercida no momento da assunção do cargo, a Lei nº 6.404/1976 também prevê que o administrador é obrigado a revelar à Assembleia Geral Ordinária uma série de informações a respeito das modificações dos seus interesses financeiros em relação à companhia. Nos termos do § 1º: "O administrador de companhia aberta é obrigado a revelar à assembleia geral ordinária, a pedido de acionistas que representem 5% (cinco por cento) ou mais do capital social: a) o número dos valores mobiliários de emissão da companhia ou de sociedades controladas, ou do mesmo grupo, que tiver adquirido ou alienado, diretamente ou através de outras pessoas, no exercício anterior; b) as opções de compra de ações que tiver contratado ou exercido no exercício anterior; c) os benefícios ou vantagens, indiretas ou complementares, que tenha recebido ou esteja recebendo da companhia e de sociedades coligadas, controladas ou do mesmo grupo; d) as condições dos contratos de trabalho que tenham sido firmados pela companhia com os diretores e empregados de alto nível; e) quaisquer atos ou fatos relevantes nas atividades da companhia."

Como se pode observar, as alíneas "a" a "c" tratam de informações a respeito das questões financeiras que dizem respeito diretamente aos administradores, a alínea "d" é mais ampla, pois se estende também a empregados de alto nível, enquanto que a alínea "e" diz respeito às informações relevantes da própria companhia, o que será tratado na próxima seção.

[1571] Corporate governance changes in the wake of the sarbanes-oxley act: a morality tale for policymakers too. Disponível: http://law.gsu.edu/alumni/pdfs/ClarkOnCorpGov_Miller05.pdf. Conferência apresentada na Georgia State University College of Law em 2005, p. 7).

[1572] Clark (Corporate governance changes in the wake of the sarbanes-oxley act: a morality tale for policymakers too. Conferência apresentada na Georgia State University College of Law em 2005. Disponível em: http://law.gsu.edu/alumni/pdfs/ClarkOnCorpGov_Miller05.pdf. p. 7-12) entende que o SOX utiliza dois tipos de regras para tal objetivo. No primeiro grupo, estão as normas de redução de conflitos (*conflit-reducing rules*), cujo objetivo é evitar que as relações pessoais entre administradores e auditores possam influenciar o falseamento dos dados contábeis das companhias, em detrimento dos investidores. Para evitar esse tipo de situação, o SOX, além de limitar os tipos de serviço que podem ser prestados pelas empresas de auditoria, prevê prazos máximos para a prestação deste serviço, exige que sejam divulgadas as relações entre as companhias e os prestadores da auditoria e ainda transfere o poder de contratar e remunerar os auditores para o *audit committee*, composto exclusivamente por diretores independentes. No segundo grupo, estão as normas que exigem determinados comportamentos (*action-inducing rules*), destacando-se as que obrigam (i) a existência de um sistema de controle interno, que precisa ser divulgado e avaliado constantemente; (ii) a certificação, pelos *officers*, dos relatórios quadrimestrais e anuais da companhia; e (iii) o conhecimento, pelos membros dos *audit committees*, sobre finanças (*financial literacy*), sendo que pelo menos um dos membros precisa ser um *financial expert*.

Para facilitar a compreensão das informações, o § 2º determina que "Os esclarecimentos prestados pelo administrador poderão, a pedido de qualquer acionista, ser reduzidos a escrito, autenticados pela mesa da assembleia, e fornecidos por cópia aos solicitantes."

Por fim, para evitar a má utilização das informações, o § 3º prevê que "A revelação dos atos ou fatos de que trata este artigo só poderá ser utilizada no legítimo interesse da companhia ou do acionista, respondendo os solicitantes pelos abusos que praticarem."

Nos termos da redação original da Lei nº 6.404/1976, o dever de informação por parte dos administradores estava limitado temporalmente ao momento da posse e também à realização das Assembleias Gerais Ordinárias, sendo que, mesmo em relação a estas, não seria propriamente automático, mas decorreria do pedido de acionistas que representassem pelo menos 5% do capital votante.

Como tal abordagem, com o passar do tempo, mostrou-se insuficiente, a Lei nº 10.303/2001 incluiu o § 6º ao art. 157 da Lei nº 6.404/1976, segundo o qual "Os administradores da companhia aberta deverão informar imediatamente, nos termos e na forma determinados pela Comissão de Valores Mobiliários, a esta e às bolsas de valores ou entidades do mercado de balcão organizado nas quais os valores mobiliários de emissão da companhia estejam admitidos à negociação, as modificações em suas posições acionárias na companhia."[1573]

A revogada Instrução Normativa nº 358/2002 da CVM incluía na obrigação de transparência qualquer negociação com valores mobiliários – e não apenas as variações de posições acionárias –, incluindo também cônjuges e dependentes dos administradores.

Tal Instrução foi revogada pela recente Resolução CVM nº 44/2021, que mantém as mesmas preocupações, como se observa pelo seu art. 11:

Art. 11. Os diretores, os membros do conselho de administração, do conselho fiscal e de quaisquer órgãos com funções técnicas ou consultivas criados por disposição estatutária ficam obrigados a informar à companhia a titularidade e as negociações realizadas com valores mobiliários emitidos pela própria companhia, por suas controladoras ou controladas, nestes dois últimos casos, desde que se trate de companhias abertas.

§ 1º A comunicação a que se refere o caput deste artigo deve abranger as negociações com derivativos ou quaisquer outros valores mobiliários referenciados nos valores mobiliários de emissão da companhia ou de emissão de suas controladoras ou controladas, nestes dois últimos casos, desde que se trate de companhias abertas.

§ 2º As pessoas naturais mencionadas neste artigo devem indicar, ainda, os valores mobiliários que sejam de propriedade de cônjuge do qual não estejam separados judicial ou extrajudicialmente, de companheiro(a), de qualquer dependente incluído em sua declaração de ajuste anual do imposto sobre a renda e de sociedades por elas controladas direta ou indiretamente.

3. Dever de divulgar fatos relevantes

ANA FRAZÃO

No que diz respeito às informações relevantes da companhia, o § 4º do art. 157 da Lei nº 6.404/1976 determina que "Os administradores da companhia aberta são obrigados a comunicar imediatamente à bolsa de valores e a divulgar pela imprensa qualquer deliberação da assembleia geral ou dos órgãos de administração da companhia, ou fato relevante ocorrido nos seus negócios, que possa influir, de modo ponderável, na decisão dos investidores do mercado de vender ou comprar valores mobiliários emitidos pela companhia."

Prossegue o § 5º prevendo que "Os administradores poderão recusar-se a prestar a informação (§ 1º, alínea "e"), ou deixar de divulgá-la (§ 4º), se entenderem que sua revelação porá em risco interesse legítimo da companhia, cabendo à Comissão de Valores Mobiliários, a pedido dos administradores, de qualquer acionista, ou por iniciativa própria, decidir sobre a prestação de informação e responsabilizar os administradores, se for o caso."

Como se pode observar pela leitura dos dois dispositivos, apesar da sua grande importância, não é simples assegurar-lhes a eficácia, a começar pelas controvérsias interpretativas a respeito do que é um fato relevante. Por mais que a

---

[1573] Ver Resolução CVM 80/2022.

doutrina tente conceituar ou sistematizar os fatos relevantes,[1574] ainda pairam muitas dúvidas a respeito do tema, o que pode prejudicar até mesmo o *enforcement* penal de práticas como o *insider trading*, como já salientou o STJ:[1575]

(...) 5. Com efeito, para a configuração do crime em questão, as "informações" apenas terão relevância para esfera penal se a sua utilização ocorrer antes de serem divulgadas no mercado de capitais. A legislação penal brasileira, entretanto, não explicitou o que venha a ser informação economicamente relevante, fazendo com que o intérprete recorra a outras leis ou atos normativos para saber o alcance da norma incriminadora. (...)

Mesmo a regulamentação da CVM é de considerável amplitude, como acontecia com a revogada Instrução Normativa nº 358/2002 e com a atual Resolução CVM nº 44/2021:

Art. 2º Considera-se relevante, para os efeitos desta Resolução, qualquer decisão de acionista controlador, deliberação da assembleia geral ou dos órgãos de administração da companhia aberta, ou qualquer outro ato ou fato de caráter político-administrativo, técnico, negocial ou econômico-financeiro ocorrido ou relacionado aos seus negócios que possa influir de modo ponderável:
I – na cotação dos valores mobiliários de emissão da companhia aberta ou a eles referenciados;
II – na decisão dos investidores de comprar, vender ou manter aqueles valores mobiliários; ou
III – na decisão dos investidores de exercer quaisquer direitos inerentes à condição de titular de valores mobiliários emitidos pela companhia ou a eles referenciados.

Como se pode ver, o Brasil adota um conceito bastante amplo de informação relevante, definindo-a pelo seu potencial de influenciar na cotação dos valores mobiliários e na decisão dos investidores. Tanto é assim que o parágrafo único do art. 2º da Resolução nº 44/2021 da CVM apresenta uma descrição de fatos relevantes com 22 incisos e, mesmo assim, deixando claro que a enumeração é meramente exemplificativa.

Nesse sentido, a CVM considera que cabe ao administrador fazer uma análise de impacto, como se observa por voto do então Diretor Pedro Marcilio de Sousa:[1576]

46. Tanto a Lei 6.404/76 quanto a Instrução 358/02 apresentam conceitos gerais (standards) a serem utilizados pela administração da companhia aberta para, frente a um fato concreto, definir se está diante de um fato relevante. Sobre esses textos normativos, é importante perceber que eles consideram relevante um fato que "pode" influenciar. Não se exige, portanto, a efetiva influência, basta que tenha "força suficiente" para influenciar.

47. Dado que a decisão de publicar o fato relevante se dá, via de regra, antes que ele seja de conhecimento do público, na maioria das vezes, o administrador deve fazer juízo de valor sobre a probabilidade de que ele impacte a decisão de negociar valores mobiliários emitidos pela companhia, sem, no entanto, poder confirmar, antes da divulgação, se o fato realmente influenciará a decisão dos investidores. É, por isso, que a análise é sobre a "potência" de impacto e não sobre o real impacto.

48. Para o administrador, é mais fácil calcular essa probabilidade quando o impacto do "fato" sobre os negócios da companhia é direto. Por exemplo, a parada extraordinária de atividade em uma linha industrial da companhia é relevante se essa parada afetar significativamente as receitas, o resultado ou as demais operações da companhia. Outro exemplo, o trânsito em julgado de uma decisão judicial impondo uma perda ou um ganho para a companhia será relevante se o montante do ganho ou da perda for significativo em comparação ao patrimônio líquido da companhia. (...)

O problema, reconhecido em outro trecho do voto acima transcrito, é que muitas vezes o

---

[1574] Ver Luca Enriques et al. Corporate Law and Securities Markets. In: Reinier Kraakman et al. *The Anatomy of Corporate Law. A comparative and functional approach.* New York: Oxford University Press, 2017, pp. 250-252.

[1575] STJ, Recurso Especial 1569171 / SP, Rel. Min.Gurgel De Faria, 5ª T., julg. em 16.2.2016.

[1576] CVM, Processo Administrativo 2006/5928/RJ, Dir. Rel. Pedro Oliva Marcilio de Sousa, julg. em 17.4.2007.

fato não traz impacto direto e mensurável para a companhia:[1577]

51. Fatos podem ser relevantes independentemente de sua natureza (operacionais, patrimoniais, financeiros ou societários) e mesmo que não tenham impacto direto ou potencial relevantes sobre a operação, o patrimônio, as finanças da companhia ou os direitos dos acionistas. Isso porque um determinado fato pode fornecer elementos sobre a capacidade dos administradores (e, consequentemente, o rumo de longo prazo da companhia e a maneira com que os negócios sociais serão tratados no longo prazo) ou, ainda, pode demonstrar a forma de tratamento pela administração da companhia de cada uma das classes interessadas (acionista controlador, acionistas não controladores, acionistas sem direito a voto, credores, empregados, administradores, comunidade – vide art. 116, § único) e, com isso, alterar o valor relativo entre os tipos e espécies de valores mobiliários (a relação de preços entre as ações e os valores mobiliários de renda fixa, por exemplo, ou entre as ações ordinárias e as preferenciais) ou mesmo quanto ao valor absoluto do valor mobiliário (maior interesse em ajudar a comunidade ou compartilhar lucros com os empregados pode resultar em diminuição dos lucros distribuíveis aos acionistas e, com isso, prejudicar o valor das ações). Por esses motivos, também as características qualitativas do fato, e não apenas as quantitativas, devem ser utilizadas na definição sobre a relevância de um dado fato empresarial.

Em outras palavras, a identificação do que é um fato relevante pode envolver complexo juízo, inclusive de probabilidade, para o fim de saber o potencial de determinadas situações de influenciar os valores mobiliários da companhia. Da mesma forma que alguns fatos previstos pelo parágrafo único do art. 2º da Resolução nº 44/2021 da CVM, podem não ter, no caso concreto, esse impacto, muitos outros fatos não descritos poderão ter. Caberá, portanto, aos administradores, atentos às peculiaridades do caso concreto, decidirem pela existência ou não de fato relevante.

Tal decisão, é interessante notar, precisa ser cuidadosa, uma vez que a divulgação excessiva de informações, inclusive de informações não relevantes, dilui a importância das informações efetivamente relevantes e aumenta os custos de monitoramento dos investidores, que muitas vezes não conseguirão acompanhar todas as informações divulgadas ou identificar o que é relevante do que não é.

Veja-se, por exemplo, a questão de determinadas negociações em curso. Em muitos casos, a negociação acaba tendo mais impacto sobre os valores mobiliários do que a própria celebração do contrato. Então, há necessidade de se fazer um sopesamento para saber quando se fazer a divulgação, ainda mais diante da possibilidade excepcional de se manter determinado fato em sigilo, nos termos do § 5º, que será explorado adiante.

Outra dificuldade da divulgação de informações relevantes diz respeito ao momento em que deve ocorrer. O § 4º diz que a divulgação deve ser imediata, mas isso pode ser impossível na prática, especialmente nos casos em que os administradores precisam fazer uma análise sobre a relevância ou não do fato e sobre como divulgá-lo. Daí por que a melhor interpretação é a de que os administradores devem divulgar o fato relevante tão logo seja possível.

Diante das inúmeras controvérsias sobre o assunto, o art. 5º da Resolução nº 44/2021 da CVM tenta dar diretrizes mais precisas, ao assim disciplinar:

> Art. 5º A divulgação de ato ou fato relevante deve ocorrer, sempre que possível, antes do início ou após o encerramento dos negócios nas bolsas de valores e entidades do mercado de balcão organizado em que os valores mobiliários de emissão da companhia sejam admitidos à negociação.
> § 1º Caso os valores mobiliários de emissão da companhia sejam admitidos à negociação simultânea em mercados de diferentes países, a divulgação do ato ou fato relevante deve ser feita, sempre que possível, antes do início ou após o encerramento dos negócios em ambos os países, prevalecendo, no caso de incompatibilidade, o horário de funcionamento do mercado brasileiro.
> § 2º Caso seja imperativo que a divulgação de ato ou fato relevante ocorra durante o horário de negociação, o Diretor de Relações com Investidores pode solicitar, sempre simultaneamente às entidades administradoras dos mercados, nacionais e estrangeiras, em que os

---

[1577] CVM, Processo Administrativo 2006/5928/RJ, Dir. Rel. Pedro Oliva Marcilio de Sousa, julg. em 17.4.2007.

valores mobiliários de emissão da companhia sejam admitidos à negociação, a suspensão da negociação dos valores mobiliários de emissão da companhia aberta, ou a eles referenciados, pelo tempo necessário à adequada disseminação da informação relevante, observados os procedimentos previstos nos regulamentos editados pelas bolsas de valores e entidades do mercado de balcão organizado sobre o assunto.

Ainda existe a dificuldade de que a divulgação da informação relevante precisa ser completa, clara, precisa e em linguagem acessível ao público investidor. Logo, existe toda uma discussão em torno dos fatos e das nuances que precisam ser contemplados, ainda que seja aceito que a informação que induz investidores a erro obviamente que não atende aos requisitos necessários.

Por fim, deve ser mencionado o desafio de conferir eficácia prática ao dever de informar, uma vez que este precisa ser compatível com o dever de sigilo. É por essa razão que a Lei nº 6.404/1976 faz alguns temperamentos ao primeiro, a fim de possibilitar, em qualquer caso, o melhor atendimento do interesse da companhia, como fica claro pelo § 5º do art. 157. De qualquer forma, o objeto do dever de sigilo deve ser bem delimitado, pois só se estende a informações societárias que tenham caráter confidencial e em relação às quais haja interesse legítimo na manutenção da reserva.

Na esteira dos esforços doutrinários para compatibilizar os dois deveres, é importante lembrar que, como ambos são desdobramentos do dever de lealdade, será este último o parâmetro para se saber se o gestor, diante de determinada situação, deverá informar ou guardar sigilo.

O tema não passou despercebido para a Resolução nº 44/2021 da CVM, cujo art. 6º prevê que "Ressalvado o disposto no parágrafo único, os atos ou fatos relevantes podem, excepcionalmente, deixar de ser divulgados se os acionistas controladores ou os administradores entenderem que sua revelação porá em risco interesse legítimo da companhia", esclarecendo o parágrafo único que "As pessoas mencionadas no caput ficam obrigadas a, diretamente ou por meio do Diretor de Relações com Investidores, divulgar imediatamente o ato ou fato relevante, na hipótese de a informação escapar ao controle ou se ocorrer oscilação atípica na cotação, preço ou quantidade negociada dos valores mobiliários de emissão da companhia aberta ou a eles referenciados."

Como se pode observar, a exceção do parágrafo único é importante porque trata de hipóteses em que ocorreu o vazamento da informação – quando a informação escapa ao controle – ou quando há pelo menos a presunção desse vazamento – quando ocorre oscilação atípica na cotação, preço ou quantidade negociada de valores mobiliários da companhia e se presume que esta decorreu do vazamento da informação relevante. Nesse caso, como não existe mais sigilo, cabe aos administradores divulgar imediatamente a informação, até para assegurar a plena informação do mercado e evitar que apenas determinados agentes possam se beneficiar da informação que obtiveram por meio do vazamento.

A própria CVM admite, portanto, exceções ao dever de transparência, ainda que estas estejam sujeitas a critérios extremamente abertos, como o do legítimo interesse da companhia. Também nas exceções encontram-se critérios abertos, como o da oscilação atípica. Entretanto, pelo menos fica claro que a transparência deve ser a regra e o sigilo a exceção, o que impõe aos administradores um considerável ônus probatório para demonstrar as razões legítimas da não divulgação de determinado fato relevante.

De toda sorte, sendo caso de se manter a informação em sigilo, cabe aos administradores um cuidado ainda maior com a preservação do sigilo até a divulgação pública, como já se viu nos comentários ao art. 155 da Lei nº 6.404/1976. Afinal, o que a lei pretende é que o mercado de capitais receba a informação de forma isonômica e simultânea. Em outras palavras, ou a informação é divulgada para todos ou aqueles que dela têm conhecimento serão responsáveis pelos danos decorrentes dos vazamentos parciais, ainda mais se tiverem obtido vantagens, como acontece na prática de *insider trading*, como já se viu nos comentários ao art. 155 da Lei nº 6.404/1976.

Ainda é preciso entender que o sigilo diz respeito tão somente ao momento da divulgação do fato relevante. Em outras palavras, o que a lei autoriza é o diferimento da divulgação do fato e não a sua manutenção em segredo indefinidamente.

Além dos comandos legais pertinentes, a Resolução nº 44 da CVM deixa claro esse dever, ao prever, em seu art. 8º, que

Art. 8º Os acionistas controladores, diretores, membros do conselho de administração, do conselho fiscal e de quaisquer órgãos com funções técnicas ou consultivas, criados por disposição estatutária, e empregados da companhia, devem guardar sigilo das informações relativas a ato ou fato relevante às quais tenham acesso privilegiado em razão do cargo ou posição que ocupam, até sua divulgação ao mercado, bem como zelar para que subordinados e terceiros de sua confiança também o façam, respondendo solidariamente com estes na hipótese de descumprimento.

4. Dever de divulgação de informação relevante e alocação de responsabilidades entre os administradores

Ana Frazão

De acordo com Resolução nº 44 da CVM, a responsabilidade principal pelo dever de divulgação de informações relevantes cabe ao Diretor de Relações com Investidores, figura obrigatória nas companhias abertas e com papel central nessa função.

Hoje, a divulgação, sem prejuízo de ocorrer em jornal de grande circulação e no site da companhia, é feita primordialmente por meio de um sistema eletrônico, por meio do qual a informação é encaminhada automaticamente para a CVM e para a Bolsa de Valores, que providenciarão a divulgação.

É o que fica claro pelo art. 3º da Resolução nº 44/2021 da CVM, segundo o qual "Cumpre ao Diretor de Relações com Investidores enviar à CVM, por meio de sistema eletrônico disponível na página da CVM na rede mundial de computadores, e, se for o caso, às entidades administradoras dos mercados em que os valores mobiliários de emissão da companhia sejam admitidos à negociação, qualquer ato ou fato relevante ocorrido ou relacionado aos seus negócios, bem como zelar por sua ampla e imediata disseminação, simultaneamente em todos os mercados em que tais valores mobiliários sejam admitidos à negociação."

Em relação aos controladores e administradores, bem como ocupantes de cargos em órgãos estatutários, cabe a eles, caso identifiquem alguma informação relevante que precisa ser divulgada, se reportarem ao Diretor de Relações com Investidores, nos termos do § 1º, do art. 3º, da Resolução nº 44/2021 da CVM.

Cumpre salientar que, nos termos do § 2º do art. 3º da Resolução nº 44/2021 da CVM, "Caso as pessoas referidas no § 1º tenham conhecimento pessoal de ato ou fato relevante e constatem a omissão do Diretor de Relações com Investidores no cumprimento de seu dever de comunicação e divulgação, inclusive na hipótese do parágrafo único do art. 6º desta Resolução, somente se eximem de responsabilidade caso comuniquem imediatamente o ato ou fato relevante à CVM."

Dessa maneira, pode-se afirmar que, embora a divulgação de informações relevantes seja de competência do Diretor de Relações com Investidores, os demais administradores, membros de órgãos estatutários e controladores têm responsabilidade subsidiária pela ausência da divulgação, sempre que não se reportarem à CVM diante da omissão do Diretor de Relações com Investidores.

5. Limitações da responsabilidade civil das companhias em razão da divulgação de informações não fidedignas

Ana Frazão

Embora o art. 157, da Lei nº 6.404/1976, não contenha regra semelhante à do § 3º, do art. 155 – clara no sentido de que a pessoa prejudicada em compra e venda de valores mobiliários em virtude de insider trading tem direito de haver do infrator indenização por perdas e danos – é inequívoco que danos decorrentes do descumprimento das determinações do art. 157 também ensejam as ações de indenização.

Afinal, o art. 157, da Lei nº 6.404/1976 encontra-se no conjunto de artigos – do art. 153 ao art. 160 – que tratam precipuamente dos deveres dos administradores e das responsabilidades respectivas. Outro ponto importante é que, como já se viu nos comentários ao art. 138, da Lei nº 6.404/1976, como o administrador é órgão da companhia, suas condutas omissivas ou comissivas são imputáveis diretamente à companhia, responsabilizando-a diretamente.

Logo, violados os deveres de transparência e informação, em casos de omissão na divulgação de informações relevantes ou em caso de divulgação de informações incorretas, omissas ou intencionalmente tendenciosas, é forçoso convir em que serão responsáveis pelos danos daí decorrentes não apenas os administradores, mas também a própria companhia.

Entretanto, sobre a responsabilidade das companhias em casos assim, é importante destacar que, passada uma fase em que a doutrina e a jurisprudência norte-americanas mostravam-se muito favoráveis à responsabilização civil da própria companhia em casos como esse, recentes contribuições doutrinárias e jurisprudenciais vêm apontando as dificuldades e mesmo a baixa eficácia desse tipo de solução[1578]. Daí a necessidade de se pensar em outras soluções e alternativas, como a de transferir os ônus de tais informações para os atores que são realmente culpáveis – como é o caso dos administradores – ou mesmo investir em soluções de governança.

As ações indenizatórias movidas contra companhias, especialmente diante de danos sofridos por grupo amplo e difuso de investidores, envolvem a discussão de saber em que medida a satisfação individual dos investidores, ao invés da recomposição do patrimônio social da companhia, é realmente a melhor solução.

Como se verá melhor nos comentários ao art. 159, da Lei nº 6.404/1976, a lei apenas legitima a ação contra a companhia e seus administradores daqueles que sofreram danos diretos. A identificação entre dano direto e indireto tem importante sentido pragmático: se, por exemplo, todos ou quase todos os acionistas foram prejudicados, o ressarcimento individual de cada um deles pode levar a distorções, na medida em que o ganho obtido nas referidas demandas pode ser atenuado ou até mesmo anulado com a diminuição do valor das ações em decorrência da perda patrimonial da companhia, como consequência necessária de pagamentos indenizatórios tão expressivos.

Em outras palavras, os acionistas podem perder por um lado o que ganharam por outro. Ademais, se todos ou quase todos os acionistas e investidores foram atingidos, a solução das ações movidas por determinados grupos não será equitativa, uma vez que beneficiará apenas aqueles que se mobilizaram, sem que nada seja feito em relação aos demais.

Isso sem falar que, havendo múltiplas demandas, os resultados delas, inclusive no que diz respeito ao quantum indenizatório, também podem ser bem distintos. Assim, observa-se que situações como a descrita apresentam peculiaridades que exigem uma maior reflexão sobre o cabimento e a extensão das ações de indenizações movidas por acionistas e investidores.

Como ainda não se tem, no Brasil, uma maior tradição em relação a esse tipo de ação, é preciso pensar com cuidado não apenas nos pressupostos de tais demandas, como também nos seus efeitos práticos tanto em relação aos investidores, como em relação à própria companhia.

Não se pode ignorar os reflexos da perda patrimonial que a companhia, diante de tais ações, é capaz de sofrer, inclusive no que diz respeito à possibilidade do comprometimento de sua manutenção rentável. É, portanto, diante de tais impasses, que se observa que a solução das ações movidas por investidores contra as companhias não é simples do ponto de vista dos seus pressupostos e ainda pode gerar distorções.

Por essa razão, partindo-se da premissa de que houve dano direto aos investidores, seria importante avançar igualmente na alternativa de responsabilização dos administradores e dos controladores. Com efeito, além de a Lei nº 6.404/1976 ter arquitetado todo o regime de responsabilização dos gestores por danos diretos causados aos acionistas e investidores, a vantagem de tal solução é que, longe de comprometer o patrimônio social da companhia, contribui para a sua recomposição, com o benefício reflexo de todos os acionistas e investidores e sem qualquer embaraço para a manutenção da empresa.

Por outro lado, transfere-se a responsabilidade àqueles que efetivamente permitiram, com suas ações ou omissões, os atos ilícitos em questão. A responsabilização dos gestores ainda tem a vantagem de, por meio da recomposição do patrimônio social da companhia, beneficiar equitativamente todos os acionistas e investidores, sem gerar distorções ou desigualdades entre acionistas e investidores que estejam na mesma situação.

Por mais que nem sempre os gestores tenham patrimônio para suportar as referidas indenizações – o que é particularmente verdadeiro em se tratando dos administradores – e por mais que hoje possam transferir tal responsabilidade por meio de contratos de seguros ou contratos de indenidade, é inequívoco que a responsabilidade civil pelo menos pode cumprir aqui o papel de incentivo ao cumprimento do dever de informar.

Responsabilidade dos Administradores

Art. 158. O administrador não é pessoalmente responsável pelas obrigações que contrair em nome da sociedade e em virtude de ato regular de gestão; responde, porém, civilmente, pelos prejuízos que causar, quando proceder:

I – dentro de suas atribuições ou poderes, com culpa ou dolo;

II – com violação da lei ou do estatuto.

[1578] Ver, por todos, COFFEE JR., John C. Reforming the securities class action: on deterrence and its implementation, 106. *Columbia Law Review*, n. 1534, 2006. Disponível em: https://scholarship.law.columbia.edu/faculty_scholarship/33.

Art. 158 — Sérgio Campinho

§ 1º O administrador não é responsável por atos ilícitos de outros administradores, salvo se com eles for conivente, se negligenciar em descobri-los ou se, deles tendo conhecimento, deixar de agir para impedir a sua prática. Exime-se de responsabilidade o administrador dissidente que faça consignar sua divergência em ata de reunião do órgão de administração ou, não sendo possível, dela dê ciência imediata e por escrito ao órgão da administração, no conselho fiscal, se em funcionamento, ou à assembleia-geral.

§ 2º Os administradores são solidariamente responsáveis pelos prejuízos causados em virtude do não cumprimento dos deveres impostos por lei para assegurar o funcionamento normal da companhia, ainda que, pelo estatuto, tais deveres não caibam a todos eles.

§ 3º Nas companhias abertas, a responsabilidade de que trata o § 2º ficará restrita, ressalvado o disposto no § 4º, aos administradores que, por disposição do estatuto, tenham atribuição específica de dar cumprimento àqueles deveres.

§ 4º O administrador que, tendo conhecimento do não cumprimento desses deveres por seu predecessor, ou pelo administrador competente nos termos do § 3º, deixar de comunicar o fato a assembleia-geral, tornar-se-á por ele solidariamente responsável.

§ 5º Responderá solidariamente com o administrador quem, com o fim de obter vantagem para si ou para outrem, concorrer para a prática de ato com violação da lei ou do estatuto.

COMENTÁRIOS

1. A natureza da responsabilidade civil dos administradores

Sérgio Campinho

Por um bom tempo prevaleceu no direito societário a visão contratualista da relação que se estabelece entre a companhia e os seus administradores. Eram eles considerados ora prestadores de serviços, ora representantes legais ou mandatários da pessoa jurídica.

Ante a absoluta inadequação da teoria contratualista para definir a natureza desse vínculo jurídico, impôs-se a sua superação, para dar lugar ao entendimento de que os administradores são órgão da companhia. Prevaleceu, portanto, a teoria organicista, segundo a qual os administradores constituem legítimo meio de exteriorização da capacidade jurídica da sociedade. Não atuam como simples representantes da pessoa jurídica. São mais do que isso.

Os diretores, por exemplo, como titulares de um órgão de administração, presentam[1579] a companhia, ou seja, fazem presente a vontade da pessoa jurídica. Desse modo, quando a sociedade atua por meio de seus administradores executivos, é ela própria quem manifesta a sua vontade na realização dos atos ou negócios jurídicos.

A administração da companhia (conselho de administração e diretoria) surge *ex lege*. Cada órgão de administração é dotado de poderes para dirigir a vida social, os quais não são simplesmente derivados da assembleia geral. Os integrantes do conselho de administração e da diretoria realizam funções próprias e indelegáveis, fato que afasta qualquer tentativa de se propor a existência de uma *subordinação funcional* de seus integrantes a outro órgão social. A lei, com efeito, estabelece que cada órgão da sociedade titula funções e atribuições próprias (art. 139 e § 7º do art. 163 da LSA), sem a intervenção de outros órgãos. Com a providência, quer-se evitar uma sobreposição organizacional[1580] e manter-se incólume o equilíbrio interno que deve existir na estrutura social, sem o qual a sociedade não prospera.

A nomeação dos membros do conselho de administração e da diretoria traduz ato jurídico unilateral, por meio do qual se atribui aos administradores a qualidade de órgãos da sociedade. A eficácia da referida atribuição fica, no entanto, condicionada à aceitação pessoal da nomeação por parte de cada nomeado. A aceitação é, pois, simples condição de eficácia.

Como órgãos da companhia, a responsabilidade civil dos administradores não é de índole

---

[1579] PONTES DE MIRANDA, Francisco Cavalcanti. *Tratado de direito privado*. 3. ed. Rio de Janeiro: Borsoi, 1972. t. L. p. 384.

[1580] Nas palavras de Modesto Carvalhosa, "o direito societário absorveu o princípio da indelegabilidade do direito constitucional, visando exatamente a estabelecer os pesos e contrapesos que permitem instituir o controle da legitimidade do exercício de competência de seus órgãos" (*Comentários à lei de sociedades anônimas*. 6. ed. São Paulo: Saraiva, 2014. v. 3. p. 93).

contratual. Não decorre do inadimplemento de uma obrigação contratual ou da infração a um contrato. A responsabilidade deriva da prática de um ato ilícito extracontratual, caracterizado pela violação de um dever legal. A responsabilidade é, pois, *ex lege* ou aquiliana.

A responsabilidade civil dos administradores vem tratada no art. 158 da LSA.

A primeira parte do *caput* desse preceito dispõe que os administradores não são pessoalmente responsáveis pelas obrigações assumidas em nome da companhia em virtude de ato regular de gestão. A regra é, nesse contexto, dirigida especificamente aos diretores, porquanto são eles que presentam a companhia e, portanto, são eles que estão habilitados a contrair obrigação em nome da pessoa jurídica. O ato firmado é, assim, da companhia, que por ele está diretamente vinculada e por ele responde exclusivamente, sem nenhuma responsabilidade pessoal do diretor.

Mas a disposição revela um importante valor jurídico, comum a todos os integrantes de órgão de administração: o da "irresponsabilidade" do administrador pela prática de atos regulares de gestão. Isso decorre do fato de atuarem como órgão da sociedade. Nada mais fazem do que realizar a vontade da pessoa jurídica.

Ato regular de gestão é aquele praticado pelo administrador no interesse da companhia e no cumprimento dos seus deveres fiduciários, com a observância da mais estrita boa-fé, respeitados os limites de suas atribuições ou poderes, e sempre conformados com a lei e com o estatuto social.

Ficará, portanto, civilmente responsável pelos prejuízos que causar à sociedade, o administrador (diretor ou membro do conselho de administração) que praticar ato irregular de gestão. Responderá, nos termos da segunda parte do art. 158 da LSA, perante a companhia, o administrador que proceder, ainda que nos limites de suas atribuições ou poderes, com culpa ou dolo (inciso I) ou, ainda, quando atuar em violação da lei ou do estatuto (inciso II).

A hipótese tratada no inciso I do art. 158 consiste, seguramente, em responsabilidade civil subjetiva, exigindo-se a presença da culpa ou do dolo. É, assim, responsabilidade civil do tipo clássico. Pressupõe, ainda, para sua caracterização, a demonstração do prejuízo. Compete ao autor da ação provar o dano e o nexo de causalidade entre o ato ilícito imputado ao administrador e o prejuízo dele resultante para a companhia.

Enquadram-se nesse contexto de responsabilidade, por exemplo, as seguintes condutas: (a) desviar e empregar fundos sociais em despesas alheias ao objeto da companhia;[1581] (b) deixar caducar o direito à renovação compulsória da locação de imóvel em que a companhia exerce a sua empresa e, assim, integrante do seu estabelecimento;[1582] (c) alienar um imóvel ou um maquinário da sociedade a preço bem aquém do preço de mercado, motivado por um interesse pessoal; e (d) deixar de cobrar, sem qualquer fundamento, créditos titularizados pela companhia de devedores solventes.

A hipótese de responsabilidade civil apropriada no inciso II do art. 158 parece-me não se tratar de responsabilidade subjetiva do tipo clássico. Nela, vislumbro a figura da responsabilidade subjetiva com inversão do ônus da prova, com presunção de culpa.[1583] Em assim o sendo, competirá ao administrador comprovar que não agiu culposamente (culpa em sentido *lato*), a fim de livrar-se da imputação.

O administrador, ao proceder com violação da lei ou do estatuto, gera para sua conduta a presunção de ação culposa. Mas a presunção pode ser por ele ilidida, demonstrando que sua atuação se pautou na boa-fé exigida, ou que não teria como evitar os prejuízos havidos, porquanto ocorreriam em qualquer circunstância, não se lhe podendo atribuir nenhuma influência no resultado. Cabe-lhe, portanto, demonstrar a ausência de responsabilidade. Esse é o seu ônus. Corrobora esse entendimento o disposto no § 6º do art. 159 da LSA, ao prescrever que o juiz poderá reconhecer a exclusão da responsabilidade

---

[1581] MENDONÇA, José Xavier Carvalho de. *Tratado de direito comercial brasileiro*. 4. ed. Rio de Janeiro: Freitas Bastos, 1946. v. 4. p. 77, nota 3.

[1582] LACERDA, Sampaio de. *Comentários à lei das sociedades anônimas*. São Paulo: Saraiva, 1978. v. 3. p. 207.

[1583] Nesse sentido, VALVERDE, Trajano de Miranda. *Sociedades por ações*. 2. ed. Rio de Janeiro: Forense, 1953. v. 2 p. 319; LACERDA, Sampaio de. *Comentários à lei das sociedades anônimas*. São Paulo: Saraiva, 1978. v. 3. p. 206; LOBO, Jorge. *Direitos dos acionistas*. Rio de Janeiro: Elsevier, 2011. p. 317; LUCENA, José Waldecy. *Das sociedades anônimas: comentários à lei*. Rio de Janeiro: Renovar, 2009. v. 2 p. 566; e EIZIRIK, Nelson. *A lei das S/A comentada*. 2. ed. São Paulo: Quartier Latin, 2015. v. 3. p. 176-177.

se convencido de que o administrador agiu de boa-fé e visando ao interesse da companhia.

A ausência de responsabilidade estaria pautada, também, na consideração de uma escolha feita pelo administrador diante da convicção de que ela seria a única alternativa viável para atender aos interesses da companhia em face de uma situação de risco ou de impasse. Nesse caso, apesar de sua atuação ter se concretizado em contrariedade a uma disposição legal ou estatutária, ela teria se realizado sem culpa.

Em síntese, pode-se inferir que, no esquema do art. 158, a hipótese revelada no inciso I consiste em responsabilidade subjetiva do tipo clássico, cabendo o ônus da prova à companhia para obter a correspondente reparação do dano. Já no contexto do inciso II, a culpa é presumida e, desse modo, desvela responsabilidade civil subjetiva com presunção de culpa, com a inversão do ônus da prova.

2. Cláusula geral de responsabilidade civil subjetiva dos administradores de sociedades por ações

Ana Frazão

Após a descrição dos deveres impostos aos administradores, a Lei nº 6.404/1976 prevê, no art. 158, que o administrador não responde pessoalmente pelos atos regulares de gestão, mas responde quando proceder "dentro de suas atribuições ou poderes, com culpa ou dolo" (inc. I) ou "com violação da lei ou estatuto" (inc. II).

Como se pode observar, a primeira parte da norma é mera consequência da atribuição de personalidade jurídica às sociedades anônimas. De fato, como órgãos, os administradores vinculam, com seus atos ordinários, apenas a pessoa jurídica e não a si próprios. Para que haja a responsabilidade pessoal dos administradores, é necessário, portanto, que se esteja diante de umas das hipóteses previstas nos incisos do art. 158 da Lei nº 6.404/1976, que são praticamente idênticas àquelas que constavam do Dec.-lei 2.627.

Na verdade, o art. 158, da Lei nº 6.404/1976, mostra que os administradores serão responsáveis por todos os seus atos dolosos e culposos e não apenas nas hipóteses em que estes digam respeito à violação à lei e aos estatutos. O art. 158 não deixa de ser uma especificação do art. 186, do Código Civil, na medida em que adota igualmente a culpa como fundamento básico da responsabilidade.

E nem poderia ser diferente pois, como já se viu nos comentários ao art. 117, da Lei nº 6.404/1976, há várias razões, tanto de ordem jurídica, como de ordem econômica, pelas quais o regime de responsabilidade civil dos gestores de sociedades por ações deve ser subjetivo.

A tudo isso se soma o fato de não haver, na Lei nº 6.404/1976, qualquer referência que possa ser interpretada no sentido de uma responsabilidade objetiva. Pelo contrário, a própria sistemática de alicerçar a responsabilidade civil em um conjunto de deveres que devem ser cumpridos ou condutas que devem ser evitadas já mostra que se está diante de uma responsabilidade subjetiva, que será deflagrada quanto tais deveres forem descumpridos de forma reprovável.

Não há nem mesmo o risco da ineficácia do regime, pois a noção de culpa normativa, hoje plenamente aceita no Brasil,[1584] facilita a constatação do ato ilícito, até por estar associada aos deveres gerais de lealdade e diligência.

Como igualmente já se viu nos comentários ao art. 153, da Lei nº 6.404/1976, os deveres fiduciários e as condutas vedadas ajudam a densificar a cláusula geral de responsabilidade civil subjetiva prevista no art. 158, na medida em que os primeiros serão importantes parâmetros para a avaliação da culpa, enquanto que as segundas serão hipóteses claras de ilícitos, sem que se precise fazer juízos interpretativos mais complexos.

[1584] De acordo com Calixto Salomão Filho (COMPARATO, Fábio Konder; SALOMÃO FILHO, Calixto. *O poder de controle na sociedade anônima*. São Paulo: Saraiva, 2005. p. 153, nota 10), "a evolução do conceito na doutrina privilegia a análise da culpa sob o ponto de vista abstrato", já que "a mudança de paradigma representada pela adoção de modelos de mercado justifica-se pela necessária concretização da norma abstrata de conduta". No mesmo sentido, Maria Celina Bodin de Moraes (*Danos à pessoa humana*. Uma leitura civil-constitucional dos danos morais. Rio de Janeiro: Renovar, 2007. p. 209-212) mostra que tal discussão, que já é considerada resolvida em alguns países, vem também sendo resolvida no Brasil, onde a noção normativa de culpa teria praticamente substituído a noção psicológica. Daí a conclusão da autora (p. 212): "Neste sentido, a culpa continua a desempenhar um papel central na teoria do ilícito: a figura do ilícito permanece ancorada no fato 'culposo', o qual, porém, foi redefinido, através dessa concepção da culpa, como sendo um fato avaliado negativamente em relação a parâmetros objetivos de diligência. A culpa passou a representar a violação (*rectius*, o descumprimento) de um standard de conduta."

Com efeito, diante de conduta vedada, não há necessidade de se socorrer dos fundamentos mais genéricos constantes do art. 158, da Lei nº 6.404/1976, para deflagrar a responsabilização dos administradores. Já a violação dos deveres fiduciários é a comprovação da culpa exigida pelo art. 158, da Lei nº 6.404/1976, para justificar a responsabilidade civil dos gestores.

Ademais, também já se viu nos comentários aos arts. 116 e 154, da Lei nº 6.404/1976, que as cláusulas gerais neles contidas, especialmente na parte em que acolhem a função social da empresa e oferecem diretrizes para a compreensão do interesse social, têm uma função sistematizadora de todas as regras de responsabilidade civil previstas na Lei nº 6.404/1976.

3. A interpretação do inciso II, do art. 158, da Lei das S/A

Ana Frazão

O raciocínio até então desenvolvido aplica-se mesmo à hipótese do art. 158, II, da Lei nº 6.404/1976, que trata da violação da lei ou dos estatutos. Em que pese a existência de divergência doutrinária,[1585] não há razão para considerar tal responsabilidade como objetiva.

Em primeiro lugar, cumpre ressaltar que a culpa e o dolo foram mencionados expressamente no inciso I, do art. 158, da Lei nº 6.404/1976 pois, quando o administrador age dentro das suas atribuições ou competências, é mais difícil comprovar a reprovabilidade da conduta.

Já quando se trata de violação à lei ou aos estatutos, trata-se de hipótese de mais simples comprovação, pois já se tem ao menos a presunção de culpa, ainda que esta possa ser afastada. Ademais, a violação aos estatutos não deixa de ser uma violação ao dever legal que os administradores têm de respeitá-los, motivo pelo qual é compreensível que que o legislador tenha igualado as duas situações no inciso II.

Por mais que a violação da lei e dos estatutos evidencie, a *priori*, uma atitude reprovável, admite-se prova em contrário, especialmente em questões que envolvem matérias complexas e com divergências interpretativas.[1586]

Consequentemente, o correto é estabelecer, nas hipóteses de violação de lei ou dos estatutos, uma presunção relativa de culpa, com a consequente inversão do ônus da prova contra o administrador, solução acolhida pela doutrina estrangeira e nacional.[1587] Não é sem razão que alguns defensores

---

[1585] Como bem explica Fábio Coelho (*Curso de direito comercial*. Direito de empresa. São Paulo: Saraiva, 2007. v. 2. p. 260), embora a doutrina seja unânime em favor da responsabilidade subjetiva do tipo clássico na primeira hipótese do art. 158 (atos praticados com culpa ou dolo), inclusive para o fim de impor ao demandante o ônus da prova da culpa do demandado, no segundo caso, "predomina largamente o entendimento de que cuida a hipótese legal de responsabilidade subjetiva com presunção de culpa, havendo também quem a considere objetiva."

[1586] Daí a advertência de Bulgarelli (Apontamentos sobre a responsabilidade dos administradores das companhias. *Revista de Direito Mercantil, Industrial, Econômico e Financeiro*, v. 22, n. 50, abr./jun. 1983, p. 97-98): "Contra o administrador em caso de violação da lei ou do estatuto atua a presunção de que não pode ignorar o seu texto; mas já vimos que neste plano influi a questão da interpretação do significado das normas legais ou estatutárias". A matéria é, entretanto, controversa, como se observa pela opinião de Fábio Coelho (*Curso de direito comercial*. Direito de empresa. São Paulo: Saraiva, 2007. v. 2. p. 269), para quem "as duas hipóteses elencadas pelo art. 158 da LSA, na definição da responsabilidade dos administradores, são interdefiníveis", já que a ação culposa é sempre ilícita e violadora da lei. Para o autor (idem), da mesma forma que a ação culposa ou dolosa é sempre ilícita, toda conduta que viole leis ou estatutos será sempre culposa ou dolosa. Não se concorda com esta segunda conclusão, pois, em questões legais controversas e que dependem de juízos interpretativos complexos, pode haver violação da lei sem que haja reprovabilidade da conduta.

[1587] Como exemplo da doutrina estrangeira, cita-se Francisco Espinosa (La responsabilidad civil del administrador. *La responsabilidad civil del administrador de sociedad de capital en sus elementos configuradores*. Navarra: Editorial Arazandi, 2006. p. 87), para quem o simples descumprimento de leis ou estatutos tem como consequência apenas deslocar o ônus da prova para o administrador, que poderá comprovar que agiu de forma diligente, caso em que estará isento de responsabilidade. No mesmo sentido, Nelson Eizirik (Responsabilidade civil e administrativa do diretor de companhia aberta. *Revista de Direito Mercantil, Industrial, Econômico e Financeiro*, v. 23, n. 56, out./dez. 1984, p. 47-64): "Assim, se o administrador viola a lei ou o estatuto, presume-se a sua culpa; tal presunção não é, porém, absoluta, admitindo, portanto, prova em contrário. O administrador, nesse caso, deve provar que, embora tenha violado a lei ou o estatuto, agiu sem culpa ou dolo." Fábio Coelho (*Curso de direito comercial*. Direito de empresa. São Paulo: Saraiva, 2007. v. 2. p. 260), embora defenda que a hipótese do art. 158, II, da Lei das S/A seja de responsabilidade subjetiva clássica, cita vários autores que sustentam a responsabilidade subjetiva com presunção de culpa nesta hipótese, eentre os quais: Miranda Valverde, Bulhões Pedreira, Barros Leães, Sampaio de Lacerda, Nelson Eizirik e José Edwaldo Tavares Borba.

da possibilidade de responsabilidade objetiva na hipótese do inciso II, do art. 158, da Lei das S/A, adotam fundamentos que são mais compatíveis com a presunção de culpa do que com a responsabilidade objetiva propriamente dita.[1588]

Não procede, por igual, o argumento de que a responsabilidade objetiva dos gestores decorreria do risco profissional[1589] porque o referido risco está associado à atividade empresarial,[1590] sendo imputado ao empresário, ou seja, à companhia. Não há que se confundir tal tipo de risco com o risco da "profissão" de administrador.

Por todas essas razões, reforça-se a conclusão de que o regime de responsabilidade civil dos gestores é realmente subjetivo, sendo o art. 158, II, da Lei nº 6.404/1976 hipótese de mera presunção de culpa com a consequente inversão do ônus da prova.

4. A questão da solidariedade entre os administradores

Ana Frazão

Os parágrafos do art. 158, da Lei nº 6.404/1976, tratam da complexa relação de solidariedade entre os administradores, o que só reforça a natureza subjetiva da responsabilidade dos administradores, para a qual deve haver ato e culpa próprios, mesmo quando atuem em órgãos colegiados.

Em outras palavras, a ideia é que existirá solidariedade apenas quando os administradores participarem, de alguma maneira, do ato ilícito, mas não tão somente em razão de ocuparem o cargo de administrador.

Isso fica claro pelo § 1º, do art. 158, da Lei nº 6.404/1976, segundo o qual "o administrador não é responsável por atos ilícitos de outros administradores, *salvo se com eles for conivente, se negligenciar em descobri-los ou se, deles tendo conhecimento, deixar de agir para impedir a sua prática.* Exime-se de responsabilidade o administrador dissidente que faça consignar sua divergência em ata de reunião do órgão de administração ou, não sendo possível, dela dê ciência imediata e por escrito ao órgão da administração, no conselho fiscal, se em funcionamento, ou à assembléia-geral." (grifou-se).

Verdade seja dita que o § 2º, ao prever que "Os administradores são solidariamente responsáveis pelos prejuízos causados em virtude do não cumprimento dos deveres impostos por lei para assegurar o funcionamento normal da companhia, ainda que, pelo estatuto, tais deveres não caibam a todos eles", coloca alguma dúvida a respeito da possibilidade de solidariedade pelo simples fato de ser administrador.

É certo que há diferença entre as companhias abertas e fechadas, pois, nas primeiras, em razão da maior complexidade da sua gestão, a lei prevê como regra a responsabilidade individual do administrador. De fato, o § 3º, do art. 158, da Lei nº 6.404/1976, prevê que "nas companhias abertas, a responsabilidade de que trata o § 2º ficará

[1588] Exemplo disso é a opinião de Modesto Carvalhosa (*Comentários à Lei de Sociedades Anônimas*. 4. ed. São Paulo: Saraiva, 2009. v. 3. p. 342-345), que adota uma terminologia equívoca, na qual muitas vezes parece sustentar mais a responsabilidade subjetiva com presunção de culpa do que propriamente a responsabilidade objetiva. Não é por outra razão que chega a usar o termo "responsabilidade objetivada", afirmando que "os prejuízos decorrentes de ações ou omissões da segunda categoria [violação da lei ou dos estatutos] prescindem de prova da culpa do diretor". O autor (*Comentários à Lei de Sociedades Anônimas*. 4. ed. São Paulo: Saraiva, 2009. v. 3. p. 355-356) também usa o termo "responsabilidade presumida", defendendo posição que mais se assemelha à defesa da culpa normativa do que em favor do próprio afastamento da culpa. Tanto é assim que chega a mencionar o conceito de culpa sem prevalência da imputabilidade moral.

[1589] Tal postura é defendida por Modesto Carvalhosa (Responsabilidade civil dos administradores das companhias abertas. *Revista de Direito Mercantil, Industrial, Econômico e Financeiro*, v. 22, n. 49, p. 14-20, jan./mar. 1983, p.18), para quem a responsabilidade dos administradores na hipótese do inciso II é objetiva, em razão "do risco criado pelo próprio desempenho da função de administrador da companhia."

[1590] Vale ressaltar a seguinte lição de Josserand (De la responsabilité du fait des choses inanimées. In: CARVAL, Suzanne. *La construction de la responsabilité civile*. Paris: Presses Universitaires de France, 2001. p. 30): "Le risque profissionnel, tel est le fondement de l'obligation qui pèse sur l'industriel, sur l'entrepreneur: l'individu qui groupe auteur de lui d'autres activités humaines, qui s'entoure d'ouvriers et de machines, crée un organisme dont le fonctionnement ne va pás sasn frottements et peut causer des dommages abstraction faite de toute faute à la charge de celui que le dirige; ces dommages, ces accidents inévitables qui constituent des dangers inhérents à l'enterprise, qui n'ont d'autre cause que le développement dans une direction licite de l'activité humanie, constituent précisément dans leur ensemble le risque prosissionnel: et qui donc cupporterait ce risque sinon celui dans l'intérêt duquel fonctionne l'organisme qu'il a crée?"

restrita, ressalvado o disposto no § 4º, aos administradores que, por disposição do estatuto, tenham atribuição específica de dar cumprimento àqueles deveres."

Daí a conclusão de Nelson Eizirik[1591] de que "nas companhias abertas, dado o princípio da especialização de atribuições, a responsabilidade é individual", motivo pelo qual "cada administrador, em princípio, responde apenas pelos prejuízos decorrentes de sua própria culpa."

Entretanto, mesmo nesse caso, dispõe o § 4º que "o administrador que, tendo conhecimento do não cumprimento desses deveres por seu predecessor, ou pelo administrador competente nos termos do § 3º, deixar de comunicar o fato à assembléia-geral, tornar-se-á por ele solidariamente responsável." Nesse caso, a solidariedade decorre da omissão em tomar as providências cabíveis.

Consequentemente, a melhor forma de interpretar os referidos dispositivos é no sentido de que a principal distinção entre as companhias abertas e fechadas é que, nestas últimas, a lei impõe um dever geral de monitoramento recíproco de um administrador sobre o outro no que se refere ao cumprimento dos "deveres impostos por lei para assegurar o funcionamento normal da companhia". Por essa razão, pode-se afirmar que a solidariedade decorre, neste caso, do descumprimento desta obrigação e do dever de evitar o dano e não somente em razão de ser administrador, até porque, se assim não fosse, estar-se-ia impondo ao administrador uma verdadeira e indevida responsabilidade objetiva.

É acertado, portanto, o ensinamento da doutrina estrangeira de que há mera presunção relativa de solidariedade dos membros de órgão coletivo, que pode ser afastada mediante a comprovação da inexistência de culpa.[1592] Consequentemente, não há solidariedade em relação a administradores que não participaram da deliberação ou da conduta ou foram vencidos, deixando registrada a inconformidade.[1593]

Tal solução é acolhida por parte expressiva da doutrina brasileira[1594] e pela jurisprudência, já tendo o Supremo Tribunal Federal deixado claro que a responsabilidade dos administradores tem

---

[1591] Responsabilidade civil e administrativa do diretor de companhia aberta. *Revista de Direito Mercantil, Industrial, Econômico e Financeiro*, v. 23, n. 56, out./dez. 1984, p. 47-64.

[1592] É o que conclui Maria Elisabete Ramos (Aspectos substantivos da responsabilidade civil dos membros do órgão de administração perante a sociedade. *Boletim da Faculdade de Direito da Universidade de Coimbra*, v. 73, 1997, p. 226-227) a partir do exame do Código das Sociedades Comerciais de Portugal: "Trata-se de uma presunção de culpa coletiva que dispensa o autor da ação social de responsabilidade de individualizar, no grupo de membros da administração, os que são efectivamente responsáveis. Trata-se de uma presunção legal iuris tantum, que admite prova em contrário a ser apresentada pelos membros da administração, demonstrando que procederam sem culpa". Segundo a autora (idem), seria este o tratamento da matéria no direito alemão. Já no direito espanhol, Francisco Espinosa (*La responsabilidad civil del administrador de sociedad de capital em sus elementos configuradores*. Navarra: Editorial Arazandi, 2006. p. 40) defende a solidariedade entre os membros de determinado órgão colegiado significa, na verdade, uma presunção relativa de culpa, invertendo o ônus da prova contra o administrador.

[1593] Tal entendimento é igualmente acolhido pelo art. 72, III, do Código das Sociedades Comerciais de Portugal, segundo o qual, "não são responsáveis pelos danos resultantes de uma deliberação colegial os gerentes, administradores ou directores que nela não tenham participado ou hajam votado vencidos, podendo neste caso fazer lavrar no prazo de cinco dias a sua declaração de voto, quer no respectivo livro de actas, quer em escrito dirigido ao órgão de fiscalização, se o houver, quer perante notário", complementando o inciso IV que "o gerente, administrador ou director que não tenha exercido o direito de oposição conferido por lei, quando estava em condições de o exercer, responde solidariamente pelos actos a que poderia ter-se oposto".

[1594] Fábio Coelho (*Curso de direito comercial*. Direito de empresa. São Paulo: Saraiva, 2007. v. 2. p. 275-276) sustenta que "essas regras de vinculação solidária dos administradores, no entanto, não estabelecem nenhuma responsabilidade objetiva", esclarecendo, posteriormente (*Curso de direito comercial*. Direito de empresa. São Paulo: Saraiva, 2007. v. 2. p. 268) que "na sociedade fechada, respondem todos os administradores que não consignaram em ata a sua divergência", enquanto que "na aberta, respondem os administradores com competência relacionada com a irregularidade, a menos que tenham consignado em ata sua divergência e comunicado o assunto à assembléia geral". Daí a conclusão do autor (op. cit., p. 269) de que o fundamento da responsabilidade continua a ser a culpa do administrador, já que os §§ 2º e 4º disciplinam o dever de controlar a ação dos demais administradores, denunciando aos órgãos societários eventuais irregularidades. Tal solução é também aceita por Rubens Requião (*Curso de direito comercial*. Atualizado por Rubens Raimundo Requião. São Paulo: Saraiva, 2003. v. II. p. 221), claro no sentido de não haver solidariedade apenas por ser administrador, já que cada um apenas responde pelos atos dos outros se for conivente, negligente em descobrir os ilícitos ou, se deles tendo conhecimento, deixar de agir para impedir a sua prática.

como pressuposto o descumprimento de deveres e não a mera condição de administrador.[1595]

É esse o entendimento que predomina igualmente no direito estrangeiro, claro no sentido de que a responsabilidade dos administradores é por fato e culpa próprios, devendo haver conduta ou omissão reprovável para que haja a solidariedade, ainda que seja pela violação do dever de vigilância e intervenção para evitar o dano[1596]. Vale ressaltar que a falta injustificada à reunião na qual houve a decisão pode ser considerada um ato culposo.[1597]

Com maior razão, não há solidariedade natural entre os membros do Conselho e os diretores. Tal afirmação é corroborada pela doutrina, que enfatiza que os conselheiros apenas podem ser responsabilizados pelos atos dos diretores caso tenham agido com culpa, inclusive na modalidade *in eligendo* ou *in vigilando*, hipótese última em que estariam descumprindo o dever de supervisão.[1598]

[1595] Vale ressaltar a ementa do AI 30.934 (STF. Rel. Min. Ribeiro da Costa. *DJ* 08.01.1964): "No silêncio dos estatutos, compete a qualquer diretor o desempenho dos atos atinentes ao funcionamento da sociedade. Ainda que nem todos os administradores da sociedade hajam diretamente concorrido para a prática de ato irregular ou ilícito, serão eles civil e solidariamente responsáveis sempre que, por omissão de seus deveres, não o tenham evitado."

[1596] No direito italiano, Galgano (*Trattato di diritto commerciale e di diritto pubblico dell'economia* 2. ed. Padova: Cedam, 1988. v. 7.p. 268-269) ressalta que a responsabilidade prevista no art. 2.393 do Códice Civile não decorreria do fato de se pertencer ao conselho de administração, mas sim do fato de haver participado pessoalmente do ato causador do dano ou de não ter impedido o ato ou atenuado suas consequências danosas, hipótese em que o administrador seria responsável pela violação ao dever de diligência e de vigilância (art. 2.392, § 2º). Esclarece ainda o autor que, para a exoneração da responsabilidade nesta hipótese, o administrador precisaria deixar registrado o seu dissenso, mas apenas será liberado se estiver imune de culpa. No mesmo sentido, Bartalini (*La responsabilità degli amministratori e dei direttori generali di società per azioni*. Torino: Unione Tipografico-Editrice Torinese, 2000) adverte que a solidariedade apenas pode derivar da culpa própria, seja do administrador que participou do ato ilegítimo, seja daquele que não o preveniu e, assim, violou o dever de vigilância e de intervenção. Todavia, a questão era controversa na Itália até a reforma de 2003. Segundo Bonelli (*Gli amministratori di S.P.A.* Milano: Giuffrè, 2004. p. 160), a referida reforma pretendeu pôr fim à prática profundamente injusta de condenar, de forma solidária e indiscriminada, todos os administradores, tendo destacado que a responsabilidade solidária é sempre responsabilidade por culpa e por fato próprio. Daí concluir (*Gli amministratori di S.P.A.* Milano: Giuffrè, 2004. p. 187-188) que está superada a opinião segundo a qual a responsabilidade solidária dos administradores prevista no art. 2.393, do Código Civil italiano, seja uma responsabilidade sem culpa ou por fato de outrem. Todavia, adverte o autor (*Gli amministratori di S.P.A.* Milano: Giuffrè, 2004. p. 194) que a reforma de 2003 reforçou a responsabilidade solidária dos administradores com delegação. No direito francês, ensinam Ripert e Roblot (*Traité de droit commercial*. Atualizado por Michel Germain. Paris: LGDT, 2002. t. I, v. II. p. 513-514) que a responsabilidade solidária de todos os administradores em razão da falta de apenas um deles constituiria grave injustiça, já que as fautas devem ser pessoais. Assim, haveria a necessidade de culpa, nem que seja em razão da omissão da fiscalização. Já no direito alemão, Ek von Half e Hoyenberg (*Aktiengesellschaften*. München: DTV, 2006. p. 112-113) mostram que, embora os administradores possam ser responsáveis por atos de outros administradores, isso apenas ocorrerá quando for violada a obrigação de controle que cada um tem sobre o outro. No direito espanhol, Sánchez Calero (*Los administradores en las sociedades de capital*. Navarra: Civitas, 2005. p. 314-317) sustenta que a responsabilidade solidária pressupõe a reprovabilidade da conduta do administrador, seja porque concorreu com o ato lesivo, seja porque não o evitou. Daí a responsabilidade só poder ser afastada quando o administrador provar que, não tendo participado da adoção e da execução do ato, desconhecia sua existência ou, conhecendo-a, fez de tudo para evitar o dano ou ao menos se opôs expressamente ao ato.

[1597] Segundo Ripert e Roblot (*Traité de droit commercial*. Atualizado por Michel Germain. Paris: LGDT, 2002. t. I, v. II. p. 514), nem mesmo a ausência à deliberação pode ser invocada para afastar a responsabilidade, pois a ausência não justificada pode ser considerada uma negligência culpável, sendo que a responsabilidade do administrador apenas poderia ser afastada caso ele comprovasse que não tinha meio de conhecer ou de impedir o dano. Na mesma orientação, leciona Sánchez Calero (*Los administradores en las sociedades de capital*. Navarra: Civitas, 2005. p. 320) que a ausência do administrador à reunião na qual se adotou o ato lesivo não é, por si só, excludente de responsabilidade, já que será preciso que desconheça justificadamente a sua existência, até porque o dever de diligência pressupõe o comparecimento às reuniões ou que, conhecendo o ato, tenha feito de tudo para evitar o dano ou ao menos tenha se oposto ao acordo.

[1598] Vale ressaltar, sobre o assunto, o pensamento de Nelson Eizirik (Responsabilidade civil e administrativa do diretor de companhia aberta. *Revista de Direito Mercantil, Industrial, Econômico e Financeiro*, v. 23, n. 56, out./dez. 1984. p. 50), que defende "a irresponsabilidade dos conselheiros pelos atos praticados pelos diretores e que não chegam a seu conhecimento, de tal sorte que não são eles responsáveis por tais atos, salvo se com eles forem coniventes,

Por fim, destaca-se que o § 5º, do art. 158, da Lei nº 6.404/1976, prevê que "Responderá solidariamente com o administrador quem, com o fim de obter vantagem para si ou para outrem, concorrer para a prática de ato com violação da lei ou do estatuto." Trata-se da especificação da cláusula geral constante do art. 942, do Código Civil, segundo o qual, se a ofensa tiver mais de um autor, todos responderão solidariamente pela reparação.

5. Responsabilidade individual ou solidária dos administradores

Sérgio Campinho

Tem-se na LSA que a responsabilidade do administrador pode ser individual ou solidária. A sua qualificação decorre de diversos fatores e circunstâncias. Para melhor apreciação, é recomendável proceder à análise individualizada da matéria em cada órgão de administração social.

No âmbito do conselho de administração, em razão do seu caráter de órgão colegiado, não se cogita, em princípio, da responsabilidade individual de seus membros. As deliberações tomadas nesse órgão de administração revelam a sua final vontade, fato esse que conduz, como regra, a uma responsabilidade solidária de seus integrantes pelas irregularidades cometidas. A fim de se eximir da responsabilidade, pode o conselheiro que dissentir da maioria fazer consignar a sua divergência em ata de reunião do próprio conselho. Não sendo, entretanto, possível fazer esse registro, incumbe-lhe dar imediata ciência de sua posição divergente ao próprio órgão de administração, ao conselho fiscal, se em funcionamento, ou à assembleia geral. O certo é que sua exoneração exige a manifestação expressa de sua divergência em relação à decisão tomada (§ 1º do art. 158, parte final, da LSA). Não o fazendo, fica responsável.

Na esfera da diretoria, considerada a atuação individual de seus membros, a responsabilidade, em princípio, é individual de cada diretor. A independência de ação dos diretores afasta, como regra, a solidariedade entre seus membros. Cada um responde por ato próprio, consagrando-se o princípio da incomunicabilidade da culpa.

Poderá, entretanto, haver solidariedade entre eles quando a diretoria atuar como órgão colegiado (§ 2º do art. 143 da LSA). Nesse caso, a exoneração do diretor dissidente deve obedecer ao mesmo procedimento de manifestação expressa de divergência, tal qual se tem para os conselheiros de administração. Cabe-lhe, então, consigná-la em ata de reunião da diretoria ou, na impossibilidade, comunicar ao órgão de administração (própria diretoria ou conselho de administração, se houver), ao conselho fiscal, se em funcionamento, ou à assembleia geral (§ 1º do art. 158, parte final, da LSA).

Pode ocorrer, ainda, a responsabilidade solidária no ambiente da diretoria quando o diretor for conivente com o ato ilícito praticado por outro diretor, quando negligenciar em descobri-lo ou se, dele tendo conhecimento, deixar de agir para impedir a sua prática (§ 1º do art. 158, primeira parte, da LSA). Em cada uma dessas situações, o diretor será responsabilizado juntamente com o autor do ato ilícito. A responsabilidade reside na conivência com o ato ou decorre da negligência ou omissão para obstar a sua prática. Caracteriza-se, assim, pela infração de seus deveres de lealdade e diligência.

---

se negligenciarem em descobri-los ou se, deles tendo conhecimento, deixarem de agir para impedir a sua prática." Sustenta o autor (Responsabilidade civil e administrativa do diretor de companhia aberta. *Revista de Direito Mercantil, Industrial, Econômico e Financeiro*, v. 23, n. 56, out./dez. 1984. p. 50-51), entretanto, a possibilidade de responsabilidade dos conselheiros nas hipóteses de (i) escolha e manutenção no cargo de diretores sem idoneidade ou competência para tal, bem como (ii) de culpa in vigilando, quando não fiscalizam a gestão dos diretores nos limites de suas atribuições, com a ressalva de que não são responsáveis por atos que não sejam do seu conhecimento ou que apresentem difícil constatação. Na mesma orientação, Modesto Carvalhosa (*Comentários à Lei de Sociedades Anônimas*. 4. ed. São Paulo: Saraiva, 2009. v. 3. p. 352) adverte que "nenhuma responsabilidade terão os conselheiros por atos, fatos ou negócios praticados pelos diretores com abuso de poder ou infringência da lei ou do estatuto, que sejam sonegados ao conhecimento formal do órgão colegiado". Todavia, o próprio autor (*Comentários à Lei de Sociedades Anônimas*. 4. ed. São Paulo: Saraiva, 2009. v. 3. p. 363) reconhece que pode haver violação ao dever de diligência se cabia ao conselheiro apurar ou fiscalizar o diretor, afirmando que "também serão responsáveis pelos atos da competência dos diretores, praticados com abuso ou desvio de poder ou contrariamente à lei ou ao estatuto, que vierem ao conhecimento do Conselho, e não agirem, dentro das atribuições deste órgão, para impedi-los ou denunciá-los". Esse entendimento também é verificado no direito comparado, motivo pelo qual Maria Elisabete Ramos (*Responsabilidade dos administradores e diretores de sociedades anônimas perante os credores sociais*. Coimbra: Coimbra Ed., 2002. p. 115) afirma que "o princípio da solidariedade volta a operar quando os administradores ou os directores não delegados concretizam um incumprimento da obrigação de vigilância e de intervenção".

Muito embora a perspectiva da responsabilidade dos membros do conselho de administração demande, em princípio, uma deliberação do órgão sobre a matéria submetida ao seu crivo de avaliação, os conselheiros podem, excepcionalmente, ser responsabilizados, nessas mesmas condições, em relação a atos ilícitos praticados por diretores. Ou seja, os conselheiros podem ser responsabilizados se forem coniventes com o ato ilícito, se negligenciarem em descobri-lo ou se, tendo tomado conhecimento do ato, deixarem de atuar para impedi-lo.

A responsabilidade tem como causa o controle de legitimidade dos atos da diretoria, a que está incumbido o conselho de administração (inciso III do art. 142 da LSA). Mas, essa responsabilidade guarda um certo grau de excepcionalidade em sua avaliação, considerando a própria natureza das funções desse órgão colegiado da administração social, muito mais focado na fixação da política de negócios da companhia (atuação estratégica) do que no dia a dia da administração. Não é ele obrigado à verificação diária dos atos da diretoria, motivo pelo qual não pode ser responsabilizado por todo e qualquer ato dos diretores. O seu dever de supervisão comporta, em princípio, uma ótica de avaliação mais restrita, não sendo adequado, portanto, responsabilizá-lo pelos atos da diretoria que lhe sejam omitidos ou sonegados, ou, ainda, de impossível ou difícil constatação.

De todo modo, nessa avaliação, recomenda-se graduar as condutas em razão da condição do conselheiro. Para aqueles que também reúnem a função de diretores ou ocupam a posição de acionista controlador, a rigidez se impõe para a aferição de sua responsabilidade, pois terão acesso bem mais amplo a todas as informações da companhia.

No contexto da responsabilidade solidária dos administradores, há também as hipóteses constantes dos §§ 2º a 4º do art. 158 da LSA, disposições essas que aludem tanto aos diretores quanto aos conselheiros, por abrangerem as competências tanto de uns quanto de outros.

Nas companhias fechadas, os administradores são solidariamente responsáveis pelos prejuízos causados em virtude do não cumprimento dos deveres impostos por lei para assegurar o funcionamento normal da sociedade, mesmo que, por disposição estatutária, tais deveres não caibam a todos eles. Quanto à sua natureza, não configura, como uma visão apressada poderia sugerir, responsabilidade por fato de terceiro, mas sim responsabilidade direta, por falta própria. Trata-se de uma obrigação positiva, uma obrigação de fazer, cujo inadimplemento resulta na sua responsabilidade pela reparação dos prejuízos causados à companhia. O elemento culpa está aqui presente, como nas demais hipóteses de responsabilidade dos administradores.

Como exemplos desses deveres legais, tem-se a convocação da assembleia geral ordinária, o registro dos atos societários na Junta Comercial e a elaboração e a publicação das demonstrações financeiras.

Note-se, pelos próprios exemplos considerados, não ser o descumprimento de qualquer dever capaz de gerar a responsabilidade solidária, mas tão somente daqueles cuja inobservância afete e comprometa o funcionamento legal e normal da companhia, gerando-lhe graves prejuízos. Não estaria, por exemplo, contemplada nesse rol a inobservância de pedido formulado por acionista de certidão referente a assentamento constante dos livros societários. Em suma, essa responsabilização solidária tem seu cerne no dever de vigilância que incumbe a todo administrador observar em relação ao cumprimento dos atos necessários ao funcionamento legal e normal da sociedade. Para ficar exonerado, o administrador deverá comunicar o fato ao órgão da administração, ao conselho fiscal, se em funcionamento, ou à assembleia geral.

Nas companhias abertas, essa responsabilidade já fica restrita aos administradores que, por disposição do estatuto, tenham atribuição específica de dar cumprimento àqueles deveres. Contudo, o administrador que, tendo conhecimento do não cumprimento de tais deveres por seu predecessor, ou pelo administrador competente, deixar de dar ciência do fato à assembleia geral tornar-se-á por ele solidariamente responsável. Essa obrigação de comunicar vem fundamentalmente arrimada nos deveres de diligência e de lealdade dos administradores.

Em desfecho, cabe anotar que responderá solidariamente com o administrador todo aquele que, com o fim de obter vantagem pessoal ou em prol de terceiro, concorrer para a prática do ato violador da lei ou do estatuto (§ 5º do art. 158 da LSA).

6. A responsabilidade da companhia por ato ilícito do administrador

Sérgio Campinho

O administrador responde perante a companhia quando, embora atuando dentro de suas atribuições e poderes, agir com culpa ou dolo (inciso I do art. 158) e quando violar a lei ou o estatuto (inciso II do art. 158). Cumpre, no entanto, indagar a posição da própria companhia, em virtude desses atos de seus administradores, na hipótese em que provoquem prejuízos a terceiros, acionistas ou não.

Quando o administrador proceder dentro de suas atribuições ou poderes, mas com culpa ou dolo, parece-me que a companhia estará obrigada a compor os correspondentes danos padecidos pelos terceiros. Com efeito, apesar da mácula que pende sobre a atuação do administrador, estará ele agindo como órgão da pessoa jurídica. O prejudicado, dessa forma, tem ação tanto contra a companhia quanto em face do administrador faltoso, podendo dirigir, inclusive, sua pretensão contra ambos no mesmo processo, que ocuparão, assim, em litisconsórcio, o polo passivo da demanda (o litisconsórcio, no caso, é facultativo). Arcando a sociedade com os prejuízos, indenizando o lesado, fica-lhe reservado o direito de agir regressivamente contra o administrador responsável.

Cuidando-se, entretanto, de ato violador da lei ou do estatuto, a questão torna-se mais delicada.

Nutro a convicção de que nos atos ilegais não se tem como vincular a responsabilidade da companhia, porquanto, nesses casos, os administradores não estariam atuando como órgão social. Essa é a regra geral a servir de guia.

A responsabilização da companhia pelos danos poderia, excepcionalmente, advir reflexamente ou por comportamento superveniente. Na primeira situação, seria responsabilizada se para ela resultasse proveito do ato, pois a ninguém é lícito enriquecer injustamente. Contudo, a sua responsabilidade se limitaria a restituir, apenas, o proveito experimentado. Na segunda, seria responsabilizada se ratificasse o ato ilegal. Entretanto, a situação, que decorre de uma ação afirmativa ulterior da companhia, não traduz uma responsabilização direta pelo ato do administrador, mas sim por uma conduta ilícita da própria companhia ao encampá-lo.

No que se refere aos atos que contrariem o estatuto, a vinculação da sociedade em face de terceiros tinha disciplina expressa no parágrafo único do art. 1.015 do Código Civil, que se aplicava às sociedades anônimas por força do estatuído no art. 1.089 do mesmo diploma. Assim era que o excesso por parte dos administradores poderia ser oposto a terceiros nas seguintes hipóteses: (a) se a limitação de poderes estivesse inscrita ou averbada no registro da sociedade; (b) provando-se que era conhecida do terceiro; ou (c) tratando-se de operação evidentemente estranha aos negócios sociais (ato *ultra vires*). Dessa feita, caso houvesse a demonstração de uma dessas situações, o ato será inimputável à companhia. Estando o terceiro de boa-fé, perante ele responderá exclusivamente o administrador faltoso.

Entretanto, com a revogação do parágrafo único do art. 1.015 do Código Civil pela Lei nº 14.195/2021 (art. 57, XXIX, *c*), impende aplicar-se, na espécie, a teoria da aparência e a boa-fé objetiva para vincular a companhia ao ato. Desse modo, a fim de eximir-se, deve comprovar que o terceiro não se encontrava de boa-fé. Do contrário, responderá pelo ato, suportando a violação praticada por seu administrador, sem embargo de poder contra ele tomar as medidas corretivas necessárias, como proceder à sua destituição e promover a competente ação para obter a reparação dos danos experimentados em virtude da infração.

O terceiro que de boa-fé contratou com a companhia deve assim ser protegido, suportando a companhia, e não ele, a atuação indevida de sua administração, a qual foi por ela escolhida e eleita, não podendo, ademais, descurar-se do dever de zelar pelos atos praticados por seus administradores.

À luz do ordenamento jurídico em vigor, a hipótese deve, pois, ser solucionada com o reconhecimento, em princípio, da responsabilidade da companhia perante os terceiros de boa-fé, pelo ato violador do seu estatuto. Compete-lhe, portanto, para afastar a sua responsabilidade, (i) provar que o terceiro o conhecia e, consequentemente, também tinha ciência do excesso ou da violação incorrida pelo administrador, ou (ii) demonstrar que, em função da natureza e das condições em que se realizou o negócio e, ainda, da situação profissional do contratante, deveria ele ter minimamente diligenciado para dele – do estatuto – ter ciência.[1599]

7. Responsabilidade da companhia aberta perante os acionistas por danos decorrentes de corrupção praticada por seus administradores

Fábio Ulhoa Coelho

Há já algumas décadas, a pauta da globalização passou a incorporar temas que poderiam

---

[1599] Sobre os atos *ultra vires*, consultar os comentários ao art. 2º.

despertar, à primeira vista, algum estranhamento sobre sua pertinência no contexto da neutralização das fronteiras nacionais para fins econômicos. Nas instâncias em que o processo de globalização (entre avanços, solavancos e recuos), se impulsiona, questões genéricas como a proteção ao meio ambiente e aos direitos humanos ou o fortalecimento do *rule of law* são objeto de preocupação, lado a lado com as relativas à propriedade industrial, facilitação comercial, uniformização ou eliminação de tarifas, controles alfandegários etc. Na verdade, percebe-se a pertinência destas questões genéricas na formação, consolidação e ampliação de mercados globais quando se atenta para o cerne deste ingente processo econômico: ele consiste fundamentalmente na disseminação de ambientes competitivos por todo o planeta, possibilitando que todas as empresas tenham condições efetivas para disputarem mercados além das fronteiras do país em que originariamente se organizam. Parca proteção ambiental, desrespeito aos direitos humanos, frouxidão na aplicação do direito em vigor representam vantagens competitivas institucionais, que precisam ser eliminadas para que a competição empresarial se alicerce apenas em fatores econômicos (controle de custos, eficiência na organização da empresa, qualidade do produto ou serviço etc.).

Entre tais questões genéricas, a pauta da globalização inclui o combate à corrupção em âmbito mundial.[1600] Aqui, não se trata propriamente de eliminar vantagens competitivas não-econômicas, visando afastar elementos institucionais que prejudicam a competição (sem, contudo, comprometerem-na inteiramente). O assunto é mais grave, porque a corrupção é o oposto da competição: onde ela existe, simplesmente não há como as empresas competirem por oportunidades de negócio.[1601] Para atender, assim, à necessidade de constante ampliação de mercados, os países centrais da economia capitalista substituíram, a partir das últimas décadas do século passado, a estratégia geral de ampla permissividade em relação a governos corruptos nos países periféricos pela do fortalecimento do combate global à corrupção.[1602] E, no plano dos conceitos jurídicos, um efeito notável desta nova estratégia

---

[1600] O alcance global da corrupção é apontado por Modesto Carvalhosa: "uma mesma multinacional conduz-se dentro das regras éticas em um determinado país e, ao mesmo tempo, age de maneira delituosa em outro, corrompendo suas autoridades e funcionários, fraudando licitações, cartelizando-se e contribuindo, dessa forma, para a criação e a manutenção de um regime administrativo, legislativo e judiciário moldado pela corrupção, como é o caso, sobretudo, de países da África, da Ásia, da Europa Central e da América Latina. Essas multinacionais operam licitamente, *v.g.*, no seio da União Europeia e da Europa Ocidental, que ostentam os menores índices de corrupção do mundo (23%), ao passo que corrompem as autoridades dos demais países da América Latina (66%), da Ásia (64%), da Europa Oriental, da Ásia Central (95%), do Oriente Médio, do Norte da África (84%) e da África Subsaariana (90%). Desse modo, exemplificativamente, multinacionais canadenses, com um índice pequeno de corrupção (nota 81 numa escala de 0 a 100) ou alemãs (78) ou francesas (71) operam com probidade no interior desses países, o que não fazem nos países identificados como corruptos, em que desenvolvem um relacionamento, *ab initio*, vicioso com o Poder Público, para fraudar, em concurso com os funcionários locais, as licitações e os contratos administrativos aí celebrados, como se pode ver em nosso país, com a conduta das empresas Alstom (francesa) e Siemens (alemã). Temos, assim, que a globalização econômica, como fenômeno inelutável, traz em si também o crime global da corrupção e de seus subprodutos específicos: a lavagem de dinheiro e a adoção dos produtos da corrupção nas *offshores*" (*Considerações sobre a lei anticorrupção das pessoas jurídicas*. São Paulo: RT, 2015. p. 100).

[1601] De acordo com o guia sobre a legislação norte-americana de combate global à corrupção, o *Foreign Corrupt Practices Act* (FCPA), elaborado pelo *Departament of Justice* e pela *Security Exchange Comission*, versão de 2013: "corruption is a global problem. In the three decades since Congress enacted the FCPA, the extent of corporate bribery has become clearer and its ramifications in a transnational economy starker. Corruption impedes economic growth by diverting public resources from important priorities such as health, education, and infrastructure. It undermines democratic values and public accountability and weakens the rule of law. And it threatens stability and security by facilitating criminal activity within and across borders, such as the illegal trafficking of people, weapons, and drugs. International corruption also undercuts good governance and impedes U.S. efforts to promote freedom and democracy, end poverty, and combat crime and terrorism across the globe. *Corruption is also bad for business. Corruption is anti-competitive, leading to distorted prices and disadvantaging honest businesses that do not pay bribes. It increases the cost of doing business globally and inflates the cost of government contracts in developing countries.* Corruption also introduces significant uncertainty into business transactions: Contracts secured through bribery may be legally unenforceable, and paying bribes on one contract often results in corrupt officials making ever-increasing demands" (Disponível em: http://www.justice.gov/criminal-fraud/fcpa-guidance – grifos acrescidos).

[1602] "A inserção de qualquer país na economia global depende [...], entre muitas outras variáveis, da adoção de leis e políticas públicas de firme combate à corrupção, capazes de inspirarem credibilidade. Nos anos 1990, entidades

verifica-se na construção de uma figura até então inexistente – a da *empresa corruptora*.[1603]

A empresa corruptora é uma nova figura, no direito, porque até cerca de meio século atrás, apenas as pessoas naturais eram vistas como os sujeitos da corrupção. Coibia-se a prática criminalmente, submetendo a penas de restrição à liberdade os homens e mulheres cujas condutas configuravam materialmente o ilícito. A pessoa jurídica não era considerada o sujeito corruptor e, em vista disto, não recebia nenhuma punição.

O combate global à corrupção gerou esse novo conceito jurídico, o de empresa corruptora, exatamente a partir da constatação da insuficiência da repressão penal às pessoas naturais. Não se alcançavam, com esta sanção limitada às pessoas naturais, resultados efetivos na repressão à corrupção porque a empresa remanescia impune. Era corrente entre os criminosos da área, o jargão "joga-se o homem ao mar e prossegue-se a viagem". Na verdade, é a empresa que fornece os recursos para a corrupção e é ela a maior beneficiária do ilícito. Enquanto as penas alcançavam somente os seus administradores, elas não conseguiam cumprir a função de desestímulo a novos atos de corrupção. A empresa corruptora precisa ser punida (com redução de tamanho, perdas patrimoniais, diminuição de participação no mercado etc.) para que seja eficiente o combate global à corrupção. No direito brasileiro, a figura da *empresa corruptora* foi introduzida muito recentemente, com a edição da Lei n. 12.846/2013.[1604]

No âmbito de corrupção viabilizada pela compra de bens ou contratação de obras ou serviços superfaturados por uma sociedade de economia mista, as contratantes (que venderam bens, realizaram obras ou forneceram serviços) podem ser facilmente identificadas como empresas corruptoras: forneceram os recursos para o ilícito e se beneficiaram diretamente dele. A sociedade de economia mista deste exemplo, porém, não se encaixa exatamente no mesmo figurino. Indiscutivelmente, ela não se beneficiou da corrupção, tendo, ao contrário, sofrido perdas patrimoniais e econômicas, em razão de compras de ativos superestimados ou de superfaturamento na contratação de obras ou serviços, tradicionais mecanismos de geração dos recursos ilícitos. Neste sentido, ela poderia ser considerada *vítima* da corrupção. Mas a questão não é tão simples assim, como pareceu à primeira vista. Melhor refletindo, deve-se concluir que, ao lado do novo conceito de "empresa corruptora", também é necessário considerar o de "empresa corrompida".

A corrupção, todos sabem, é prática que depende necessariamente da atuação de pelo menos dois sujeitos: de um lado, o que paga para

---

internacionais como a OEA e a OCDE patrocinaram a celebração de Convenções destinadas à repressão da corrupção de autoridades estrangeiras. Estas convenções internacionalizaram uma preocupação que a legislação norte-americana ecoava já há mais de uma década (*Foreign Corrupt Practices Act* 1977): a punição mais acentuada do corruptor" (COELHO, Fábio Ulhoa. Acordo de leniência e recuperação judicial da corruptora. In: CEREZETTI, Sheila C. Neder; MAFFIOLETTI, Emanuelle Urbano. *Dez anos da Lei nº 11.101/2005 – Estudos sobre a Lei de Recuperação e Falência*. São Paulo: Almedina, 2015, p. 292).

[1603] "Com este objetivo de não restringir a punição ao agente público corrompido, mas centrar fogo no corruptor, a globalização vem forçando os países a incorporarem a seus direitos positivos uma figura que, aos olhos de juristas do século passado, poderia parecer no mínimo estranha: a identificação da própria pessoa jurídica como autora do crime e sua decorrente responsabilização. Bem sopesadas as coisas, contudo, esta maneira de tratar o tema é bastante pertinente, até mesmo porque não exclui a responsabilidade criminal das pessoas naturais (diretores, empregados, prestadores de serviços, advogados etc.) que praticam os atos materiais da prática criminosa. Afinal, quem fornece os recursos para a corrupção e quem mais se beneficia com os resultados dela é a pessoa jurídica, em geral uma sociedade empresária. A busca, assim, do equilíbrio competitivo nos diversos mercados que pretendem se inserir na economia global depende da responsabilização das pessoas jurídicas corruptoras como um dos instrumentos jurídicos necessários ao sério combate à corrupção. Foi este contexto da edição da Lei Anticorrupção" (COELHO, Fábio Ulhoa. Direito à informação do acionista e a suspeita de corrupção. *Revista de Direito das Sociedades e dos Valores Mobiliários*. Edição comemorativa pelos 40 anos da Lei nº 6.404/76. São Paulo: Almedina, 2016. p. 55).

[1604] Modesto Carvalhosa destaca corresponder a edição da Lei Anticorrupção ao cumprimento de obrigações internacionais assumidas pelo Brasil: "no âmbito do direito internacional público, o Brasil já havia se comprometido a responsabilizar de maneira ampla e universal pessoas jurídicas por atos de corrupção pública, ao ratificar: (i) a Convenção sobre o Combate da Corrupção de Funcionários Públicos Estrangeiros em Transações Comerciais Internacionais da Organização para a Cooperação e o Desenvolvimento Econômico – OCDE, de 1977 (Decreto n. 3.678, de 2000); (ii) a Convenção Interamericana contra a Corrupção, de 1996 (Decreto n. 4.410, de 2002); e (iii) a Convenção das Nações Unidas contra a Corrupção, de 2003 (Decreto n. 5.687, de 2006)" (*Considerações sobre a lei anticorrupção das pessoas jurídicas*. São Paulo: RT, 2015. p. 31).

ter o benefício indevido; de outro, o que concede este em troca do pagamento. Uma empresa é corrompida quando cumpre este segundo papel. A empresa corrompida suporta imediata e diretamente, em seu patrimônio e atividade econômica, os efeitos deletérios da corrupção. Suporta-os, porém, apenas por ter sido um sujeito *indispensável* à realização do ilícito, por ter se submetido a essa lamentável e indecorosa posição. Sem o concurso da corrompida, a empresa corruptora não teria minimamente como perpetrar a corrupção.

Não pode haver corrupção sem empresa *corruptora* (quando uma pessoa natural fornece os recursos e se beneficia do ilícito), mas pode ocorrer este ilícito sem uma empresa *corrompida*: quando, por exemplo, um funcionário público concede indevida licença ambiental em troca de favorecimento criminoso. Mas, quando a corrupção se viabiliza pela contratação, por uma sociedade de economia mista, de obras superfaturadas de empreiteiras, neste caso, esta última é empresa corruptora e aquela, uma empresa corrompida. A empresa corrompida pode até mesmo alegar ser vítima, em razão dos prejuízos que a corrupção necessariamente lhe causa. Mas não será, com certeza, nunca uma vítima inocente, por sua indispensável participação na perpetração do ilícito, sua imoral colaboração com os corruptores. E ainda que seja a vítima, disto não decorre necessariamente nenhuma exclusão ou mitigação de responsabilidade pelos danos causados em decorrência da corrupção que seus administradores praticaram.

A lei conhece várias hipóteses em que a vítima de certo dano tem a responsabilidade de indenizar outras vítimas, e, depois, o direito de buscar em regresso o ressarcimento do agente causador. Na Constituição Federal, para ficarmos num exemplo bastante significativo, o art. 37, § 6º, estabelece que o Estado responde objetivamente pelos danos causados a terceiro por um seu funcionário, mas pode depois regredir contra este, em caso de dolo ou culpa. Se o motorista de veículo oficial causa culposamente um acidente de trânsito, provocando danos tanto no bem público como no de um particular, veem-se duas vítimas neste cenário, sendo o Estado uma delas. Da circunstância de ter sofrido um dano indenizável e ser, neste sentido, uma vítima, o Estado não pode, contudo, pretender-se irresponsável perante a outra vítima, o particular.

A empresa corrompida, em suma, é vítima da corrupção. Disso não se segue, porém, que ela não tenha o dever de indenizar outras vítimas. E, sendo a empresa corrompida uma companhia aberta, entre as vítimas se encontrarão os investidores que sofrerem prejuízo pela desvalorização de seus investimentos, quando causada pelo descumprimento de deveres perante o mercado de capitais, enquanto emissora de valores mobiliários.

Sendo, sublinho, emissora de valores mobiliários oferecidos ao mercado de capitais, a empresa corruptora ou a empresa corrompida responde por prejuízos sofridos pelos investidores, se procedeu à divulgação de informações falsas ou mesmo imprecisas. Poderá, depois, reaver o que pagou aos investidores a título de indenização, voltando-se em regresso contra o responsável pela materialização da corrupção, seja o acionista controlador, administradores, empregados. No caso da empresa corrompida, ela terá direito de regresso até mesmo em face da corrupta.

Não é admissível, em outros termos, isentar a companhia aberta de qualquer responsabilidade pela qualidade, precisão e veracidade das informações que ela presta, enquanto emissora de valores mobiliários negociáveis no mercado de capitais. Sabe-se que as decisões dos investidores, de comprar ou vender, e por quanto, tais valores, são sempre precedidas de cálculos feitos no pressuposto da absoluta confiabilidade de todas as informações fornecidas pela emissora.[1605] Descabe isentá-la, ademais, a pretexto de que tais

---

[1605] Não é preciso insistir na demonstração da importância do adequado fluxo de informações no mercado (*disclosure*) relativamente às decisões dos investidores (e à atuação dos demais profissionais do setor, como corretores e analistas) de negociar os valores mobiliários, noção por demais corrente e assente no meio. Por todos, Modesto Carvalhosa, tratando da função do *full disclosure*, ensina que "o sistema de revelação dos fatos negociais e institucionais relevantes da companhia constitui a mais importante salvaguarda para os investidores, porque lhes permite avaliar, por si mesmos, todos os dados necessários para a verificação do efetivo preço dos valores mobiliários emitidos pela companhia" (*Comentários à Lei de Sociedades Anônimas*. 5. ed. São Paulo: Saraiva, 2011. v. 3. p. 411). Cumpre frisar, ademais, não ser esta a única função do *disclosure*. Conforme destaca André Grünspun Pitta, "é fundamental reconhecer que o regime informacional exerce outras funções no mercado de valores mobiliários, que devem ser consideradas e cotejadas no âmbito da definição de sua orientação regulatória. Dentre essas funções, incluem-se: (i) a viabilização do adequado monitoramento das atividades e condutas dos acionistas controladores e administradores dos emissores e a consequente redução dos custos de agência; (ii) a manutenção e o incremento da confiança dos investidores

informações seriam de responsabilidade apenas das pessoas naturais de seus administradores. Os cálculos que os investidores e todos os profissionais que operam no mercado de capitais fazem, a partir das informações prestadas pela companhia aberta, espontaneamente ou em cumprimento das leis e regulamentos aplicáveis, não se baseiam na credibilidade ou nas garantias que estas pessoas naturais têm ou podem oferecer. Ao contrário, tais cálculos são feitos em função da credibilidade da própria companhia emissora e de sua capacidade econômica; em uma palavra, as informações prestadas são de responsabilidade dela, companhia aberta, enquanto emissora dos valores mobiliários. Se as emissoras de valores mobiliários não respondessem pela acuidade das informações que prestam, a rigor, suprimir-se-ia essencial elemento estruturante do próprio mercado de capitais. Em que outras informações poderiam se basear os investidores e profissionais da área, se as emissoras não tivessem responsabilidade alguma sobre a qualidade, precisão, acuidade e veracidade das informações por ela prestadas? Ou seja, se não puderem confiar nas próprias emissoras dos valores mobiliários, para guiarem suas decisões ou aconselhamentos de compra e venda, investidores e profissionais estariam sempre à mercê do acaso, esvaindo-se a racionalidade do mercado.

Não podem subsistir dúvidas, em consequência, acerca da plena responsabilidade da companhia aberta emissora, por danos advindos a quem investiu em seus valores mobiliários, no pressuposto da boa qualidade, estrita acuidade, confiável precisão e esperada veracidade das informações por ela prestadas. Quando se constata a falsidade das informações prestadas pela companhia emissora, seja em cumprimento das leis e regulamentos aplicáveis, seja por qualquer outra razão, tornam-se presentes todos os pressupostos constitutivos da responsabilidade civil: (*a*) o ilícito, configurado pela prestação da informação falsa que transitou pelo mercado de capitais; (*b*) o dano, experimentado pelos investidores cujos valores mobiliários tiveram seu valor reduzido com a divulgação da falsidade; e (*c*) nexo causal, a ligar aquele a este.[1606]

Evidentemente, a falsidade da informação, uma vez revelada, já comprova que a emissora atuou com culpa (senão, dolo). Se a companhia aberta não se estruturou de modo a evitar a corrupção ou sequer a divulgação da falsa informação da inexistência desta, ou de seus meios (superfaturamento, por exemplo), ela foi no mínimo indesculpavelmente *negligente* ou *imperita*.[1607]

Os que não admitem a hipótese de responsabilidade da companhia perante os seus acionistas, por atos ilícitos perpetrados pelos administradores, sustentam-se em *cinco* argumentos.

---

no mercado de valores mobiliários; (iii) a administração da seleção adversa de emissores no mercado de valores mobiliários; (iv) o auxílio no exercício da atividade fiscalizadora, sancionadora e normatizadora dos órgãos reguladores e autorreguladores do mercado de valores mobiliários; (v) a viabilização do regime de responsabilidade aplicável aos emissores de valores mobiliários, bem como aos ofertantes e instituições intermediárias na esfera das ofertas públicas de distribuição" (*O regime de informação das companhias abertas*. São Paulo: Quartier Latin-IDSA, 2013. p. 67-68).

[1606] Na lição de Arnoldo Wald, "entende-se por elementos essenciais aqueles que são imprescindíveis para configurar qualquer espécie de obrigação de indenizar. São eles: (a) a conduta do agente; (b) o dano sofrido pelo lesado; (c) o nexo causal, que vincula ambos (a conduta e o dano). É bom lembrar que, muito embora a responsabilidade decorra em geral da prática de ato ilícito, o dever de indenizar nem sempre é consequência da ilicitude da conduta do agente. Existem hipóteses de atos lícitos, como a desapropriação ou a passagem forçada (art. 1.285 do CC) que geram o dever de indenizar, daí por que o ato ilícito (art. 186 do CC) e o abuso de direito (art. 187 do CC) não podem ser vistos como sendo os únicos a ensejar uma indenização" (WALD, Arnoldo; GIANCOLI, Brunno Pandori. *Direito civil – responsabilidade civil*. 3. ed. São Paulo: Saraiva, 2015. v. 7. p. 77).

[1607] Perde qualquer relevância, assim, a discussão sobre a natureza objetiva ou subjetiva da responsabilidade da emissora, no presente caso. Como sabido, a objetiva é a responsabilidade de quem agiu licitamente (fato do produto, por exemplo), enquanto subjetiva é a de quem incorreu em ilícito. A respeito, escrevi em sede doutrinária: "são duas as espécies de responsabilidade civil: subjetiva e objetiva. Na primeira, o sujeito passivo da obrigação pratica ato *ilícito* e esta é a razão de sua responsabilização; na segunda, ele só pratica ato ou atos *lícitos*, mas se verifica em relação a ele o fato jurídico descrito na lei como ensejador de responsabilidade. Quem responde subjetivamente fez algo que não deveria ter feito; quem responde objetivamente fez só o que deveria fazer. A ilicitude ou licitude da conduta do sujeito a quem se imputa a responsabilidade civil é que define, respectivamente, a espécie subjetiva ou objetiva" (*Curso de direito civil*. 7. ed. São Paulo: RT, 2016. v. 2. p. 242). Desse modo, se a responsabilidade da emissora que prestou informações falsas ao mercado for subjetiva, o ilícito, como visto, já comprova a culpa dela; e se for objetiva, a questão é irrelevante porque nem mesmo se exige a presença deste pressuposto para a constituição da obrigação indenizatória.

Art. 158   Fábio Ulhoa Coelho

Em primeiro lugar, lembram a inexistência, na Lei n. 6.404/1976 (LSA), de qualquer previsão específica sobre esta hipótese de responsabilização. Reforçam que esta lei expressamente previu a responsabilidade do acionista controlador (art. 117) e do administrador (art. 158), mas em nenhum dispositivo previu que a própria pessoa jurídica responderia civilmente por danos infligidos aos seus acionistas, em razão de falsidade na prestação de informações ao mercado.

Outro argumento (que já se chamou de "autofágico") afirma que os acionistas não teriam direito à indenização porque, de um modo indireto, seriam eles próprios os devedores desta obrigação. A condenação da companhia no pagamento da indenização influenciaria para baixo a cotação das ações destes mesmos acionistas, que acabariam perdendo numa direção o que haviam ganho na outra.

Ademais, argumentam que tal hipótese de responsabilização da companhia implicaria em tratamento desigual dos seus acionistas, tendo os demandantes um crédito, ao qual corresponderia prejuízo indiretamente suportado também pelos não demandantes.

Além disso, dizem que até mesmo nos Estados Unidos, já estaria em pleno desprestígio a *Fraud-on-the-Market Theory*, em que se fundamenta a responsabilidade da sociedade anônima pelos atos de seus administradores perante os acionistas. Se admitisse esta responsabilidade, o direito brasileiro estaria *atrasado* no trato da questão.

Por fim, sustentam que seria muito difícil calcular a extensão do dano, porque outros fatores, além da divulgação da falsidade das informações prestadas, poderiam ser causa, exclusiva ou concorrente, da queda da cotação dos valores mobiliários em questão.

Não procede, contudo, nenhuma dessas razões contrárias à responsabilização da companhia aberta pelos danos sofridos por investidores, em razão da prática de atos de corrupção por seus administradores.

Em relação ao primeiro argumento, deve-se pesquisar em que direção cabe superar a lacuna da LSA, concluindo-se pela inexistência de responsabilidade ou pela responsabilização. A resposta correta indica esta última, ou seja, a de que a sociedade anônima responde pela deficiência de informação que presta, como emissora de valores mobiliários, pelos prejuízos decorrentes. Em outros termos, sempre que uma lei especial não contiver específica previsão de responsabilização civil, deve-se colmatar a lacuna mediante a aplicação da regra geral da responsabilização, constante dos art. 927 e seguintes do Código Civil.

Lembro que a responsabilidade civil é um dos institutos basilares do direito, desde que a *Lex Aquilia* substituiu, na Roma Antiga, a lei de talião ("*olho por olho, dente por dente*") pela compensação pecuniária do dano infligido a outrem.[1608] Corresponde, portanto, à regra geral, que só não deve ser aplicada se houver expressa disposição excepcionando-a, ou seja, isentando de modo específico determinada pessoa de responder pelos danos a que tiver dado causa. Ora, não existindo nenhuma disposição legal eximindo expressa e especificamente as sociedades anônimas de responderem pelos danos causados por informações falsas que, na condição de emissora de valores mobiliários, prestaram ao mercado (ou disponibilizaram por meio que a este poderia chegar), submetem-se elas à regra geral de responsabilização do Código Civil. No direito brasileiro, ressalte-se, há muito tempo não existe nenhuma exceção à regra geral da responsabilidade civil. Afinal, desde a edição da primeira Constituição Republicana, em 1891, não há mais absolutamente nenhuma hipótese de sujeito de direito irresponsável. Até então, o art. 99 da Constituição de 1824 estabelecia uma única exceção, dispondo que a pessoa do Imperador não estava sujeita a nenhuma responsabilidade. Em consequência, da lacuna da LSA não se pode concluir que a companhia não tenha responsabilidade perante os seus acionistas, pelos danos advindos de prestação de informação falsa. Ao contrário, deve-se, em vista da regra geral da responsabilização civil, extrair a conclusão oposta, a da responsabilidade da emissora dos valores mobiliários pela qualidade, acuidade e veracidade das informações que ela presta ao mercado.[1609]

[1608] PEREIRA, Caio Mário da Silva. *Responsabilidade civil*. 9. ed. Rio de Janeiro: Forense, 1999. p. 1-4.

[1609] Nelson Eizirik considera que a norma geral de responsabilização civil não se aplicaria em razão da especialidade da LSA. Segundo seu entendimento, "a Lei das S.A. dispensou tratamento específico às ações de responsabilidade no âmbito das sociedades anônimas, tendo estabelecido nos arts. 117, 159 e 246 a obrigação de o acionista controlador, os administradores e a sociedade controladora ressarcirem os danos causados por atos ilícitos. A Lei das S.A. é especial por referência à lei geral, o Código Civil. Como norma especial, afasta a incidência da norma geral; assim, aplicam-se às ações de responsabilidade civil dos administradores e acionistas controladores somente as regras da

Cabe, a propósito, considerar que a CVM, em diversas normas regulamentares, trata expressamente da responsabilidade da companhia emissora pelas informações prestadas ao mercado de capitais (Por exemplo, na disciplina da oferta pública de distribuição de valores mobiliários, contida na ICVM 400/2003). Estas disposições contribuem para a supressão da lacuna no direito positivo no sentido da existência de responsabilidade da companhia emissora, até mesmo porque, sendo infralegais, não poderiam sequer veicular normas contrárias à lei.

O argumento autofágico igualmente não prospera. Em qualquer hipótese de demanda por indenização, na verdade, em qualquer hipótese de demanda, o demandante deve sopesar os potenciais ganhos e perdas. E ele é o senhor da decisão que adota. Se considera que demandar lhe trará mais vantagens que desvantagens, tenderá a propor a ação; se for o inverso o seu cálculo, a tendência será a de não demandar. Qualquer que seja sua decisão, contudo, trata-se de mero cálculo de oportunidade econômica e não de exame da titularidade de um direito. Em outros termos, o acionista tem o direito de demandar a companhia para dela haver indenização civil em função da existência ou não dos pressupostos acima listados (ilícito, dano e nexo causal). Se, no final, a indenização representará, para o demandante, um ganho efetivo ou uma perda, isso não suprime ou limita a titularidade do direito de ser indenizado.

Além do mais, este argumento colide frontalmente com dois outros conceitos jurídicos assentes, com os quais não consegue se conciliar. Refiro-me, de um lado, à autonomia patrimonial das pessoas jurídicas; e, de outro, à diferença entre o valor do patrimônio da sociedade emissora e o preço de cotação de suas ações em bolsa. Em vista da autonomia patrimonial das pessoas jurídicas, é em tudo incorreta a noção de autofagia da condenação da sociedade anônima ao pagamento de indenização em favor de um acionista. Ele não perde com uma mão o que ganhou com a outra, simplesmente porque seu patrimônio e o da companhia são inconfundíveis. E, com muita ênfase, não há relação necessária entre as mutações do patrimônio social e as variações da cotação bursística dos valores mobiliários, estando estas e aquelas sujeitas a fatores diversos, que podem coincidir apenas ocasionalmente. O valor patrimonial da ação pode aumentar ou decrescer, independente das oscilações do seu preço de negociação em bolsa.

Quanto ao argumento do tratamento desigual entre os acionistas demandantes e não demandantes, há três elementos a demonstrarem sua inconsistência. De início, note-se que a força deste argumento se esvai de modo acentuado quando se leva em consideração os diferentes tipos de poder de controle. Nas sociedades anônimas sujeitas ao controle gerencial, em que são os próprios administradores que dão a palavra final na condução dos negócios sociais, a acusação de tratamento desigual impressiona à primeira vista. Mas, nas companhias sujeitas a controle totalitário, majoritário ou minoritário, sendo o acionista controlador o único responsável pela eleição e destituição dos administradores, é inconvincente pretender que ele mereceria algum tipo de proteção contra a aventada desigualdade[1610]. No Brasil, não é preciso reforçar, não existe e nunca existiu sociedade anônima sob controle gerencial[1611].

Lei das S.A." (A "Fraud-on-the-Market Theory" pode ser aplicada no direito societário brasileiro? In: VENANCIO FILHO, Alberto; LOBO, Carlos Augusto da Silveira; ROSMAN, Luiz Alberto Colonna (org.). *Lei das S.A. em seus 40 anos*. Rio de Janeiro: Forense, 2017. p. 93). Para a teoria geral do direito, contudo, a regra hermenêutica da especialidade é critério de superação de *antinomias* e não de lacunas. De acordo com Norberto Bobbio, "le regole fondamentali per la soluzione delle antinomie sono tre: (a) il criterio cronologico; (b) il criterio gerarchico; (c) il criterio della specialità. [...] Il terzo criterio, detto appunto della *lex specialis*, è quello in base a cui di due norme incompatibili, una generale e una speciale (o eccezionale), prevalece la seconda: *lex specialis derogat generali*" (*Teoria dell'ordinamento giuridico*. Torino: Giappichelli, 1960. p. 96 e 100). No caso em foco, não se está diante de uma antinomia, porque a LSA não contém nenhuma regra *negando* a responsabilidade da companhia perante o acionista. Entre a LSA e o Código Civil, não há antinomia. Trata-se, na verdade, de lacuna da LSA, isto é, de inexistência de disposição normativa sobre o assunto. Por esta razão a aplicação da regra geral de responsabilização do Código Civil não encontra nenhum obstáculo hermenêutico na natureza especial da lei acionária. Se também diante de lacunas da LSA, não se admitisse a aplicação do Código Civil em razão de sua natureza especial, os acordos de acionistas não estariam sujeitos ao direito das obrigações, as ações emitidas por sociedades anônimas não seriam transmissíveis por sucessão *causa mortis* etc.

[1610] Sobre estas categorias de poder de controle, conferir, por todos, COMPARATO, Fábio Konder; SALOMÃO FILHO, Calixto. *O poder de controle na sociedade anônima*. 5. ed. Rio de Janeiro: Forense, 2008. p. 52-88.

[1611] Cfr. CASTRO, Rodrigo Monteiro de. *Controle gerencial*. São Paulo: Quartier Latin, 2010. p. 112.

Quando se trata a emissora de uma sociedade de economia mista, ademais, o controle é necessariamente totalitário ou majoritário.

O elemento crucial a considerar, contudo, é o de que a companhia emissora tem direito de regresso contra aqueles sujeitos aos quais imputa a responsabilidade (controlador, administradores etc.). Assim, no final, ela não suportará nenhum prejuízo patrimonial. Atente que, no caso de ser a emissora uma sociedade de economia mista, se o descumprimento dos deveres junto ao mercado decorre de ação de administradores escolhidos pelo Estado, na condição de controlador, então não há que se cogitar de o direito de regresso acabar se frustrando, em vista da plena solvência deste Ente Público. Em decorrência da inexistência de prejuízo da sociedade, se inicialmente o pagamento da indenização a parte dos acionistas poderia ter implicado na redução do valor *patrimonial* das ações, é certo que, na sequência, com o ressarcimento, este valor voltará ao patamar anterior, impactando (negativa e positivamente) de modo isonômico todos os acionistas, demandantes ou não.

O argumento do atraso do direito brasileiro adota, como paradigma, o direito norte-americano. Lá, desde o caso *Basic Inc. v. Levinson*, julgado no âmbito da Suprema Corte em 1988, a jurisprudência tem consolidado a *Fraud-on-the-market Theory*, como fundamento para a responsabilidade das companhias emissoras por deficiência nas informações prestadas ao mercado. É certo que, de uns tempos para cá, malgrado a aceitação na jurisprudência, esta teoria tem sido objeto de algum questionamento no âmbito acadêmico, segundo o qual o pleno ressarcimento das perdas dos investidores e a efetiva coibição de novas fraudes são objetivos mais eficazmente alcançados por meio da responsabilização das pessoas naturais. Note-se, porém, que neste questionamento, não se põem em dúvida minimamente o *direito* de os investidores demandarem a companhia, apenas concluem que o estímulo a outras alternativas corresponderia à melhor política pública, no caso. A comprovar que a preocupação está centrada na melhor política pública e não em qualquer negativa da existência do direito societário, os autores do estudo mostram uma enorme preocupação com a necessidade de aumento do orçamento da *Security and Exchange Commission* caso essa agência venha a abandonar a teoria *fraud-on-the-market*.[1612]

Enfim, as alegadas dificuldades de cálculo do montante da indenização não servem como argumento na discussão sobre a titularidade do direito de ser indenizado. Se existem tais dificuldades, isso não é exclusivo da demanda do investidor por indenização em face da emissora de valores mobiliários, que prestou falsas informações ao mercado. Há várias outras hipóteses de responsabilidade civil em que a definição da extensão dos danos esbarra em dificuldades de cálculo, o que não significa a inexistência do direito. Até hoje, por exemplo, o cálculo dos lucros cessantes mostra-se complexo. Também é assim na apuração de danos causados por concorrência desleal, exceção de retomada de imóvel na ação renovatória e na generalidade das condenações por dano extrapatrimonial (moral). Contudo, ninguém conclui, nem poderia concluir, destas eventuais dificuldades na precificação do dano a inexistência do direito à indenização. Mas... fato é que tais dificuldades de cálculo simplesmente não existem. Para a *jurimetria*, é fácil segregar e quantificar as covariâncias relevantes para as oscilações na cotação dos valores mobiliários.[1613]

[1612] BRATTON, William W.; WACHTER, Michael L. The political economy of fraud on the market. *University of Pennsylvania Law Review*, v. 160, p. 69, 2011. Disponível em: https://ssrn.com/abstract=1824324.

[1613] A jurimetria é a mensuração estatística de fatos jurídicos. Seu desenvolvimento, no Brasil, iniciou-se em tese de doutorado, de autoria de Marcelo Guedes Nunes (*Jurimetria – como a estatística pode reinventar o direito*. São Paulo: RT, 2016). De acordo com este jurista, "é perfeitamente possível calcular o prejuízo sofrido [pelos acionistas decorrentes de ilícitos praticados no mercado] em bases razoáveis, isolando a parcela do prejuízo causada pelo ato ilícito sobre o preço da ação. [C]omo esse cálculo deve ser realizado? Os danos sofridos são uma função da diferença entre o valor factual e o valor contrafactual da ação, multiplicado pela quantidade de ações negociadas. O valor factual equivale ao valor bursátil da ação (caso o acionista tenha carregado a posição) ou ao seu preço de venda (caso o acionista tenha vendido a posição), após o efeito do ato ilícito. Já o valor contrafactual é aquele equivalente ao preço pelo qual a ação estaria sendo negociada, caso o ato ilícito não tivesse ocorrido. O valor factual da ação foi concretizado no mercado e, portanto, pode ser verificado através dos registros de negociação. [...] Já o cálculo do valor contrafactual da ação levanta outras questões, tendo em vista a sua abstração, ou seja, a circunstância desse preço não ter se materializado em uma negociação de mercado. Por quanto essa ação estaria sendo negociada caso o ato ilícito não tivesse ocorrido? Essa pergunta leva a outra indagação, relacionada ao nexo de causalidade e usualmente explorada pela defesa: existiriam outras causas concorrentes capazes de explicarem a queda no

Não vingam, como se vê, os argumentos recolhidos contrariamente ao direito dos investidores de demandarem a sociedade emissora de valores mobiliários pelo ressarcimento dos prejuízos ocasionados com a revelação da falsidade de informações divulgadas, pela própria emissora, ao mercado. Muito ao contrário, prevalece o entendimento de que não se pode pretender que a emissora de valores mobiliários seja dispensada de responder civilmente pela qualidade, acuidade, precisão e veracidade de todas as informações por ela prestadas ao mercado, ou pelas que chegaram ou poderiam chegar ao conhecimento deste. Não há (até mesmo porque não poderia haver, sob pena de inconstitucionalidade) nenhuma disposição que excepcione a responsabilidade da sociedade anônima emissora por ter divulgado informação, que, por sua falsidade, distorcera as condições de negociações dos valores mobiliários de sua emissão.

Ação de Responsabilidade

Art. 159. Compete à companhia, mediante prévia deliberação da assembleia-geral, a ação de responsabilidade civil contra o administrador, pelos prejuízos causados ao seu patrimônio.

§ 1º A deliberação poderá ser tomada em assembleia-geral ordinária e, se prevista na ordem do dia, ou for consequência direta de assunto nela incluído, em assembleia-geral extraordinária.

§ 2º O administrador ou administradores contra os quais deva ser proposta ação ficarão impedidos e deverão ser substituídos na mesma assembleia.

§ 3º Qualquer acionista poderá promover a ação, se não for proposta no prazo de 3 (três) meses da deliberação da assembleia-geral.

§ 4º Se a assembleia deliberar não promover a ação, poderá ela ser proposta por acionistas que representem 5% (cinco por cento), pelo menos, do capital social.

§ 5º Os resultados da ação promovida por acionista deferem-se à companhia, mas esta deverá indenizá-lo, até o limite daqueles resultados, de todas as despesas em que tiver incorrido, inclusive correção monetária e juros dos dispêndios realizados.

§ 6º O juiz poderá reconhecer a exclusão da responsabilidade do administrador, se convencido de que este agiu de boa-fé e visando ao interesse da companhia.

§ 7º A ação prevista neste artigo não exclui a que couber ao acionista ou terceiro diretamente prejudicado por ato de administrador.

COMENTÁRIOS

1. Ações social e individual

Sérgio Campinho

O ato ilícito praticado pelo administrador pode resultar em danos à companhia, aos acionistas ou a terceiros estranhos ao corpo social. De um fato jurídico, portanto, podem derivar pretensões e ações de naturezas diversas.

Quando a conduta comissiva ou omissiva do administrador resultar em prejuízo para a companhia, esta terá legitimação para promover a competente ação de responsabilidade civil; já se esse prejuízo se projetar no patrimônio individual de acionista ou de terceiro, a legitimação competirá ao acionista ou ao terceiro diretamente prejudicado. Na primeira situação, a ação recebe o nome de ação social; na segunda, a denominação de ação individual do acionista ou ação individual do terceiro. O art. 159 da LSA cuida de ambas pretensões e correspondentes ações.

A ação social tem por escopo buscar a reparação do dano sofrido pela companhia em seu patrimônio. A sociedade, em princípio, é quem figura como sujeito ativo da demanda. Quando a própria companhia é a promotora da ação, esta recebe o nome de ação social *ut universi*. Para sua propositura, exige-se necessariamente prévia deliberação da assembleia geral, a qual se traduz, pois, em efetiva condição de procedibilidade da ação de responsabilidade civil em face do seu administrador ou dos seus administradores. A sua finalidade é a de preservar o interesse social, com a reparação dos prejuízos causados ao patrimônio da companhia, iniciativa que se fundamenta na decisão majoritária do corpo de acionistas.

---

valor da ação além da ocorrência do ato ilícito? O cálculo do valor contrafactual pode ser realizado através de comparações em três níveis: 1. A companhia com ela própria (autocomparação); 2. A companhia com outras companhias parecidas (comparação com semelhantes); 3. A companhia com os indicadores econômicos (comparação com o mercado)" (*Jurimetria societária e o cálculo das perdas com a queda no preço de ações negociadas em bolsa*. Disponível em: http://www.abj.org.br/blog/2017/05/26/2017-05-26-contrafactual/).

A deliberação pode ser tomada tanto em assembleia geral ordinária quanto em assembleia geral extraordinária. No primeiro caso, não há sequer a necessidade de constar a matéria na ordem do dia, podendo ser suscitada por qualquer acionista. No segundo caso, porém, a matéria deverá integrar a ordem do dia no edital de convocação ou deverá ser consequência direta de assunto nela incluído.

Decidindo a assembleia geral pela proposta da ação em face de um ou mais administradores, este ou estes, conforme o caso, ficarão impedidos e deverão, diz a lei, ser substituídos. O impedimento é uma decorrência lógica da perda da fidúcia necessária ao desempenho do mister. Tem-se aí um impedimento absoluto. A substituição deverá ser realizada pelo órgão social competente para prover o cargo de administrador até então ocupado pelo substituído (assembleia geral ou conselho de administração).

Faculta a lei, ainda, que a ação seja promovida por quem não seja o titular do direito violado, surgindo, aí, a figura da legitimação extraordinária. A substituição processual vem prevista em duas hipóteses: a ação pode ser proposta por qualquer acionista se não o for pela companhia no prazo de 3 meses contados da deliberação assemblear[1614] que autorizou o respectivo ajuizamento; ou por acionista ou acionistas que representem ao menos 5% do capital social, se a assembleia deliberar por não promover a ação. No primeiro caso, a legitimação extraordinária de quaisquer dos acionistas da sociedade vem baseada na inércia da diretoria em promover a ação deliberada pela assembleia geral, verificando-se, portanto, a substituição subsidiária; no segundo, a legitimação extraordinária é de uma minoria acionária qualificada (representativa de, ao menos, 5% do capital social)[1615] que, contrariamente à decisão da assembleia, resolve promover a ação, caracterizando-se, aí, a substituição autônoma.[1616]

Em ambas as situações, a ação social é denominada *ut singuli*. São elas assim intituladas, porquanto o titular do direito à indenização é a companhia. O prejuízo verificou-se no patrimônio da sociedade, diferentemente das ações individuais, em que o prejuízo é suportado diretamente pelo acionista ou pelo terceiro prejudicado. O interesse tutelado é o da companhia, atuando o acionista como parte em sentido formal. Irá ele postular, em nome próprio, direito alheio. Tanto que os resultados da ação se deferem à pessoa jurídica, a qual, entretanto, deverá indenizá-lo, nessa hipótese de êxito, até o limite daqueles resultados, de todas as despesas incorridas, com atualização monetária e juros dos dispêndios realizados.

Não se pode olvidar que a exigência de prévia deliberação da assembleia geral sobre a propositura da ação é sempre condição para a ação social; não só para que ela possa ser proposta pela companhia (legitimada originária), mas também para que os acionistas (legitimados extraordinários) possam fazê-lo, naquelas hipóteses em que a lei expressamente os autoriza. No caso da substituição subsidiária, haverá a decisão assemblear autorizativa e a inércia da diretoria na propositura; na situação da substituição autônoma, ter-se-á uma deliberação negativa, ou seja, pelo não ajuizamento. A exigência de manifestação do órgão de deliberação social se faz tanto para a ação a ser proposta em face do administrador em exercício de suas funções, como em relação ao ex-administrador, quando, por óbvio, tiver ela por base fatos ocorridos por ocasião do exercício do cargo.

Ocorrendo a frustração da deliberação da matéria pela assembleia geral, em virtude de expediente protelatório implementado por ato do acionista controlador ou dos próprios administradores, a deliberação será dispensável, pois se deve ter como implícita a deliberação negativa, estando autorizados os acionistas a propor ação

---

[1614] O prazo conta-se da deliberação e não da publicação da ata, pois a decisão assemblear se destina à companhia e a seus administradores e não a produzir efeitos perante terceiros.

[1615] Esse percentual pode ser reduzido pela CVM, tratando-se de companhia aberta, nos termos do art. 291 da LSA, o que vem materializado na Resolução CVM 70/2022.

[1616] Fábio Ulhoa Coelho classifica a ação do § 3º do art. 159 da LSA como substituição derivada e a do § 4º como substituição originária (*Curso de direito comercial*. 21. ed. São Paulo: RT, 2017. v. 2. p. 261). Prefiro as designações para aquela do § 3º de substituição subsidiária e de substituição autônoma para a do § 4º. Isso porque, no primeiro caso, a legitimação somente surge para o acionista havendo a inércia da companhia. Esta, no interregno legal dos três meses da deliberação da assembleia pela propositura da ação, tem legitimação exclusiva. Após esse período, a legitimidade dos acionistas será concorrente com a da sociedade. Mas se esta, ainda que após os três meses, a propuser, fica o acionista obstado de fazê-lo. No segundo caso, a legitimação de uma minoria qualificada surge pela deliberação negativa da assembleia em propor a ação. Assim, estará ela agindo autonomamente em relação à vontade da sociedade expressada pelo conclave dos acionistas. Revela-se, aqui, uma regra de proteção à minoria.

como substitutos da companhia.[1617] O direito não poderá agasalhar comportamentos e manobras ilegais, visando a frustrar a responsabilização civil do administrador. Mas a obstrução deve restar devidamente caracterizada e comprovada.

É oportuno o registro de que na substituição autônoma o administrador não fica impedido, remanescendo, assim, no exercício das funções decorrentes de seu cargo. Isso porque, a causa do impedimento não é a propositura da ação, mas sim a deliberação da assembleia geral pelo seu ajuizamento. Na substituição autônoma, a decisão foi pela não propositura.

Na substituição subsidiária, não há exclusão da legitimação da companhia. Em verdade, nos 3 primeiros meses computados da deliberação da assembleia geral em favor da propositura da ação de responsabilidade, a legitimação é exclusiva da companhia. Após esse interregno, passa ela a ser concorrente. Mas, se a sociedade ajuizar a ação precedentemente ao acionista, mesmo após os 3 meses, fica a esse último obstado o exercício de igual direito. A interdição decorre do fato de que essa ação social *ut singuli* é subsidiária à ação social *ut universi*.

Cabe ainda perquirir a extensão da legitimação extraordinária posta em favor dos acionistas da companhia. Na ação social *ut singuli* do § 3º do art. 159 (substituição subsidiária), a legitimação defere-se tanto em prol dos acionistas presentes, incluindo-se aí os dissidentes e os que se abstiveram, como em proveito dos ausentes, porquanto, além de o bem jurídico perseguido ser a recomposição patrimonial da companhia, a assembleia geral já autorizou a propositura. Assim, estarão eles realizando a vontade da sociedade, expressada pelo seu órgão de deliberação. Já na do § 4º do art. 159 (substituição autônoma), estarão legitimados os que votaram contra a maioria (acionistas dissidentes), os ausentes e os que, embora presentes, se abstiveram. Somente carecerão de legitimidade aqueles que votaram pela não propositura.

De interessante indagação é a legitimação daquele que adquire as ações da companhia após a deliberação. Estaria o adquirente legitimado à propositura da ação social *ut singuli*? Penso que, na hipótese do § 3º do art. 159, sim. Quando da aquisição da ação a vontade social já estava declarada no sentido da propositura da demanda judicial. A essa vontade, todos os acionistas estão vinculados. Na verdade, estará o acionista agindo na realização do interesse social. Estará ele exercendo um direito acessório à ação alienada. No caso do § 4º do mesmo preceito, creio que não terá legitimidade o adquirente se o alienante das ações houver votado contrariamente à propositura. Sucede, desse modo, o vendedor na posição que ele detinha no universo social.

Na ação social, em quaisquer de suas modalidades, pode o juiz reconhecer a exclusão da responsabilidade do administrador, se convencido de que ele agiu de boa-fé e visando ao interesse da companhia. A hipótese, portanto, somente alberga uma ação e não uma omissão do administrador. Mas, mesmo assim, uma ação culposa. Em caso de ter procedido com dolo, não há margem para a aplicação da exclusão de responsabilidade de que cogita o § 6º do art. 159. O juiz, para decidir pela exclusão da responsabilidade, deverá analisar se o administrador agiu em total boa-fé e com razoabilidade a inspirar os seus atos, sempre com o zelo necessário para realizar o interesse da companhia.[1618]

O ato ilícito praticado pelo administrador pode causar prejuízo não só ao patrimônio da companhia, mas também ao de acionista ou de terceiros. Nessas condições, surge para o acionista ou o terceiro prejudicado a ação dita individual (§ 7º do art. 159), em contraposição à ação social. Cabe ao acionista ou ao terceiro prejudicado demonstrar a ocorrência de prejuízo direto ao seu patrimônio, derivado do ato ilícito perpetrado pelo administrador. Visa-se com ela, portanto, à reparação de dano causado diretamente a seu patrimônio. O dano reflexo ou indireto não autoriza a ação individual, mesmo que a pretensão seja dirigida por um acionista, na medida em que é um desdobramento do dano sofrido pela companhia. Em outros termos, o acionista ou o terceiro terá que demonstrar um prejuízo direto, concreto e pessoal advindo do ato do administrador. Contra o administrador, o autor da ação individual estará dirigindo um direito subjetivo seu e não titularizado pela companhia. O dano é personalizado no acionista ou no terceiro que a promove, recaindo, assim, diretamente sobre o seu patrimônio.

A ação individual tem cabimento, por exemplo, na hipótese de não pagamento de dividendos devidos ao acionista ou no caso de manipulação de informação privilegiada pelo administrador (*insider trading*) de que resultam vantagens pessoais para si ou para outrem.

[1617] EIZIRIK, Nelson. *A lei das S/A comentada*. 2. ed. São Paulo: Quartier Latin, 2015. v. 3. p. 184.
[1618] Cf., em aprofundamento, os comentários constantes do tópico *Business Judgment Rule* deste art. 159.

Desse modo, convivem autonomamente as ações sociais e individuais. A propositura de uma não exclui a outra, por terem fundamentos jurídicos distintos.

2. Diferenças entre a ação social e a ação individual

Ana Frazão

Os atos dos administradores podem causar danos à companhia, aos acionistas e a terceiros. O art. 159, da Lei nº 6.404/1976, disciplina a ação de responsabilidade civil contra os administradores. A Lei admite tanto a *ação social* quanto a *ação individual*. A primeira está prevista no *caput* do art. 159 e nos §§ 1º a 6º, enquanto a segunda é disciplinada no § 7º do art. 159. O que distingue as duas é a titularidade do patrimônio diretamente atingido pelo ato ilícito praticado pelo administrador.

Na ação social, o dano que dá causa à propositura da ação atinge a própria companhia, motivo pelo qual ela será a legitimada a figurar no polo ativo da demanda, que terá por objeto a recomposição dos danos causados ao patrimônio social. Já na ação individual, é o patrimônio do acionista ou de terceiros que sofre diretamente o dano, em razão da atuação dos administradores, de modo que caberá ao acionista e/ou ao terceiro diretamente prejudicado a propositura da ação.

Em algumas situações, é possível que tanto a companhia quanto terceiros sofram danos diretos decorrentes da ação dos administradores. Nesse caso, cada qual terá legitimidade para propor a ação respectiva pelos danos diretos experimentados. Uma ação, portanto, não exclui o cabimento da outra. Nem faria sentido que fosse de outro modo, sendo diversa a titularidade dos patrimônios afetados assim como o objetivo de cada uma das ações.

Um exemplo citado pela doutrina em que seriam cabíveis ambas as ações se refere à distribuição de lucros fictícios pela companhia.[1619] Nessa hipótese, além do dano ao patrimônio social causado pela distribuição irregular de dividendos, é possível que os acionistas sofram prejuízos diretos, se, em virtude da falsa aparência de prosperidade da sociedade, forem induzidos a subscreverem novas ações em aumento de capital social.[1620]

Assim, inicialmente, devem ser esclarecidos os prejuízos que o administrador causou com sua conduta ilícita e quem os sofreu diretamente[1621]. Isso porque é a partir da natureza desses prejuízos e do critério do dano direto que será possível identificar o sujeito ativo e os procedimentos que deverão ser adotados para a propositura da ação.

3. Ação social: necessidade de prévia deliberação assemblear

Ana Frazão

O ajuizamento da ação social contra o administrador da companhia pressupõe prévia deliberação dos acionistas, que poderá ser tomada em Assembleia Geral ordinária ou extraordinária, desde que, neste último caso, esteja prevista na ordem do dia e/ou seja consequência direta do assunto nela incluído, nos termos do § 2º no art. 159, da Lei nº 6.404/1976.

Caso a Assembleia autorize o ajuizamento da ação, ela poderá ser proposta, em primeiro lugar, pela companhia, e subsidiariamente, por qualquer acionista, caso a sociedade deixe de ajuizá-la nos três meses seguintes à deliberação.

Na hipótese de a Assembleia Geral deliberar contrariamente à propositura da ação, a ação poderá ser proposta pelo acionista ou grupo de acionistas titular de ações que representem, pelo menos, 5% do capital social da companhia, por meio da ação social derivada originária. A rejeição da proposta de ajuizamento da ação pela Assembleia Geral, dessa forma, tem como efeito essencial atribuir legitimidade extraordinária a esses acionistas.

A exigência de prévia deliberação assemblear consta expressamente do *caput* do art. 159. Trata-se de condição de procedibilidade da ação

---

[1619] CAMPOS, Luiz Antonio de Sampaio. Título VI – Órgãos Sociais. Capítulo III – Conselho de Administração e Diretoria, Seção V – Deveres e Responsabilidade. In: PEDREIRA, José Luiz Bulhões; LAMY FILHO, Alfredo (org.). *Direito das companhias*. Rio de Janeiro: Forense, 2017. p. 887.

[1620] CAMPOS, Luiz Antonio de Sampaio. Título VI – Órgãos Sociais. Capítulo III – Conselho de Administração e Diretoria, Seção V – Deveres e Responsabilidade. In: PEDREIRA, José Luiz Bulhões; LAMY FILHO, Alfredo (org.). *Direito das companhias*. Rio de Janeiro: Forense, 2017. p. 887.

[1621] MARTINS, Fran. *Novos estudos do direito societário*: sociedades anônimas e sociedade por quotas. São Paulo: Lovebooks, 2016. edição Kindle.

social[1622]. Na ação individual, ao contrário, a Lei não exige prévia deliberação da Assembleia Geral nem os estatutos podem prevê-la.[1623]

A atribuição de competência à Assembleia para autorizar a propositura da ação social é importante não apenas porque se trata do órgão responsável pela formação última da vontade social, mas porque não seria razoável que os próprios administradores decidissem quanto ao ajuizamento de ação social contra um ou alguns de seus membros, em razão do conflito de interesses.[1624]

Por essa razão, a jurisprudência do STJ tem sido firme no sentido de exigir que a matéria seja submetida à Assembleia, como se observa pela seguinte ementa:[1625]

RECURSO ESPECIAL. PROCESSO CIVIL. DIREITO SOCIETÁRIO. CESSÃO DE CRÉDITO. TENTATIVA DE ANULAÇÃO. INTERESSE DA SOCIEDADE. AÇÃO SOCIAL UT SINGULI. DELIBERAÇÃO ASSEMBLEAR. AUSÊNCIA. ACIONISTA. ILEGITIMIDADE ATIVA. AÇÃO INDIVIDUAL. ART. 159, § 7º, DA LEI Nº 6.404/1976. PREJUÍZOS INDIRETOS. ACIONISTA. ILEGITIMIDADE ATIVA. (...)

4. A teor do art. 159 da Lei nº 6.404/1976, apenas em caráter excepcional, em situações que se objetive a responsabilização do administrador da sociedade, pode o acionista propor a chamada ação social ut singuli, dependendo tal legitimação extraordinária, porém, da realização de assembleia geral na qual se delibera pela responsabilização ou não do administrador.

5. Deliberando a assembleia pela responsabilização do administrador, a ausência de efetivação da respectiva medida judicial por parte da própria companhia no prazo de 3 (três) meses legitima qualquer acionista para que o faça. Afastando a assembleia a responsabilização daquele, a lei ainda assegura aos acionistas detentores de pelo menos 5% (cinco por cento) do capital social que tragam a questão a juízo.

6. Hipótese em que é manifesta a ilegitimidade dos autores para a propositura de ação em defesa dos interesses da própria companhia, seja porque não houve prévia deliberação da assembleia geral, nem positiva nem negativa, seja porque não são eles detentores de ações representativas de ao menos 5% (cinco por cento) do capital social. (...)

Dessa maneira, de acordo com a jurisprudência do STJ, a deliberação assemblear é imprescindível para a chamada ação social *ut singuli*, até para diferenciar as duas hipóteses desta: (i) havendo a autorização, qualquer acionista poderá propor a ação caso ela não seja proposta pela própria companhia no prazo de três meses a que se refere o § 3º, do art. 159, da Lei nº 6.404/1976. (ii) não havendo a autorização, apenas a minoria qualificada a que se refere o § 4º poderá propor a ação.

Embora a matéria seja controversa, alguns autores defendem que, nas hipóteses em que a responsabilidade estiver totalmente desvinculada, ainda que indiretamente, do exercício das funções do administrador da companhia, ou seja, quando o ato não for praticado nem durante nem em razão do exercício da gestão social, será dispensável a deliberação prévia da Assembleia Geral.[1626] Da mesma forma, seria possível afastar a exigência quando for anulada

---

[1622] Sustenta Fábio Ulhoa Coelho (*Curso de direito comercial*. 21. ed. São Paulo: RT, 2017. v. 2. p. 264) que a sociedade ou o acionista, na condição de substituto, não poderão demandar em juízo o administrador sem que a assembleia tenha deliberado sobre o assunto, concordando com a lição de Franzoni de que a decisão da assembleia seria condição de procedibilidade da referida ação.

[1623] Cf. ADAMEK, Marcelo Vieira Von. *Responsabilidade civil dos administradores de S.A. e as ações correlatas*. São Paulo: Saraiva, 2009. p. 309.

[1624] Como anota Nelson Eizirik (Inexistência de impedimento do administrador na ação social *uti singuli*. *Aspectos modernos do direito societário*. Rio de Janeiro: Renovar, 1992, p. 68), haveria, nesse caso, "evidente conflito de interesses: dificilmente a própria administração deliberaria promover, em nome da sociedade, ação judicial contra alguns de seus membros". Marcelo Vieira Von Adamek (*Responsabilidade civil dos administradores de S.A. e as ações correlatas*. São Paulo: Saraiva, 2009. p. 315) adverte que, ao falar em deliberação assemblear, não se admite a substituição por ato equivalente, pois a lei "exige inclusive que se atenha ao processo próprio de apuração de vontade coletiva, sem excluir o direito de voz e os debates próprios do método colegial".

[1625] STJ. REsp 1.741.678/SP. Rel. Min. Ricardo Villas Bôas Cueva. j. 12.06.2018. *DJe* 19.06.2018.

[1626] Cf. Nesse sentido, ADAMEK, Marcelo Vieira Von. *Responsabilidade civil dos administradores*. São Paulo: Saraiva, 2009. p. 309.

a "deliberação assemblear conexa à matéria, de cunho prejudicial".[1627] Mas, como já se viu, a jurisprudência do STJ não tem feito exceções em relação à necessidade da decisão assemblear.

Sobre a Assembleia, a Lei não previu quórum específico para a deliberação referente à propositura da ação, motivo pelo qual prevalece o quórum geral de maioria dos acionistas presentes, previsto no art. 129, da Lei nº 6.404/1976.[1628] Os administradores contra os quais se pretende ajuizar a ação, caso sejam acionistas, não poderão votar na Assembleia Geral que discute sua responsabilização na condição de acionistas. Embora não exista regra expressa a esse respeito na Lei nº 6.404/1976, ela pode ser extraída do art. 115, § 1º c/c art. 134, § 1º.

Os dois dispositivos declaram o impedimento do exercício do direito de voto do acionista para aprovar suas próprias contas como administrador. Nesse caso, a doutrina é uníssona em reconhecer a existência de conflito formal, que exige o controle *ex ante* do voto. Com efeito, o interesse direto do acionista é tão evidente nessa hipótese que a legislação prefere proibir o exercício do direito de voto, estabelecendo como consequência a anulabilidade da decisão assemblear respectiva. A ideia da lei é impedir que o administrador atue como juiz em causa própria. Seria ilógico, dessa maneira, entender que o administrador pudesse votar, na condição de acionista, na deliberação que decidirá sobre a propositura ou não de ação de responsabilidade contra ele.[1629]

Aprovada a propositura da ação social pela companhia, caberá aos diretores tomar todas as providências para o ajuizamento da demanda em até três meses contados da deliberação. Findo esse prazo, qualquer acionista, como descrito, poderá propô-la, sem prejuízo de se cogitar de descumprimento dos deveres funcionais por parte dos administradores omissos.

Aprovada a propositura da ação social pela companhia, os administradores faltosos ficarão impedidos de continuar no exercício da gestão social, como prevê o § 2º do art. 159. Trata-se de efeito automático e inafastável da deliberação assemblear.[1630] Como esclarece Nelson Eizirik, não é o ajuizamento da ação que acarreta o impedimento, mas a própria deliberação favorável à propositura da ação.[1631] O fundamento dessa destituição é a perda de confiança no desempenho e na conduta do administrador.[1632] Assim, na mesma Assembleia, os acionistas deverão decidir quem irá substituir os administradores.

4. Ação social de responsabilidade civil: legitimados ativos

ANA FRAZÃO

Como visto, a ação social de responsabilidade civil é aquela que tem por objeto a reparação do dano diretamente sofrido pela sociedade. A primeira legitimada a propor a ação de responsabilidade contra os administradores é a própria companhia, desde que haja autorização da Assembleia Geral, como se depreende do *caput* do art. 159, da Lei nº 6.404/1976.

É da companhia, portanto, a legitimidade *ad causam* ordinária para o ajuizamento da ação contra o administrador. Isso porque, como lembra Luiz Gastão Paes de Barros Leães,[1633] "à sociedade, como pessoa jurídica com aptidão para adquirir direitos e contrair obrigações, é que cabe

---

[1627] ADAMEK, Marcelo Vieira Von. *Responsabilidade civil dos administradores*. São Paulo: Saraiva, 2009. p. 309.

[1628] COELHO, Fábio Ulhoa. A natureza subjetiva da responsabilidade civil dos administradores de companhia. *Revista de Direito da Empresa* n. 1, p. 24.

[1629] Nesse sentido, ADAMEK, Marcelo Vieira Von. *Responsabilidade civil dos administradores*. São Paulo: Saraiva, 2009. p. 309; PAES, Paulo Roberto Tavares. *Responsabilidade dos administradores de sociedades anônimas*. São Paulo: RT, 1997. n. 22, p. 59; VERÇOSA, Haroldo Duclerc. *Curso de direito comercial*. São Paulo: Malheiros, 2008. v. 3. p. 474.

[1630] É o que esclarece Marcelo Vieira Von Adamek: "Na realidade, o impedimento do administrador nada tem que ver com a propositura desta ou daquela ação, pela sociedade por acionistas em substituição processual. É efeito conexo, necessário e consequente da deliberação que decide pela propositura da ação. Tanto assim que a substituição não fica a depender da ação; antecede-a e ocorre na própria assembleia geral na qual se deliberação sobre a propositura da ação, justamente para que os novos administradores a proponham".

[1631] EIZIRIK, Nelson. Inexistência de impedimento do administrador na ação social *uti singuli*. *Aspectos modernos do direito societário*. Rio de Janeiro: Renovar, 1992. p. 76.

[1632] CARVALHOSA, Modesto. *Comentários à lei de sociedades anônimas*. 5. ed. São Paulo: Saraiva, 2011. v. 3. Edição Kindle.

[1633] LEÃES, Luiz Gastão Paes de Barros. *Pareceres*. São Paulo: Singular. v. 1. p. 462.

prioritariamente defender a integridade do seu próprio patrimônio".

A lei atribui, contudo, legitimidade *ad causam* extraordinária aos acionistas, admitindo que ajuízem a ação na condição de substitutos processuais para defenderem em juízo, em nome próprio, o direito da companhia em duas situações: (i) quando, após a deliberação da Assembleia Geral favorável à propositura da ação, a companhia deixa de promovê-la no prazo de três meses e (ii) quando a Assembleia Geral manifesta-se contrariamente à ação, hipótese em que acionistas titulares de 5% ou mais do capital social poderão ajuizá-la.

Na primeira hipótese, prevista no art. 159, § 3º, fala-se em substituição derivada ou subsidiária. A segunda hipótese, que consta expressamente do art. 159, § 4º, refere-se à substituição originária ou primária. Na substituição derivada, qualquer acionista, independentemente do número de ações de que é titular, terá legitimidade para ajuizar a ação na inércia da companhia. Basta, portanto, que o acionista seja titular de uma ação no momento do ajuizamento da ação. Já na substituição originária, diferentemente, a Lei exige que o acionista ou grupo de acionistas seja titular de ações que representem, pelo menos, 5% do capital social, sendo facultado à CVM a redução desse percentual quando se tratar de companhia aberta (Lei nº 6.404/1976, art. 291).

Note-se que a lei não fala em ações com direito a voto. O percentual de 5% é estabelecido em função do capital social e não das ações votantes. Nada obsta, portanto, que acionistas sem direito a voto ajuízem a ação social.

Em ambas as hipóteses, como visto, embora a ação seja movida pelo acionista (ou pelos acionistas) e não pela sociedade, ele(s) atua(m) como seu(s) substituto(s). Daí por que os resultados da ação pertencerão à companhia cujo patrimônio foi lesado pelo ato ilícito imputável ao administrador[1634] e não ao autor da ação. Caberá, entretanto, à companhia indenizar, até o limite do valor recebido, todas as despesas incorridas pelo acionista no ajuizamento da ação, com juros e correção monetária, conforme o disposto no art. 159, § 5º. A lei limita o ressarcimento das despesas ao valor benefício econômico obtido pela companhia para evitar que o prejuízo da companhia seja agravado em decorrência da ação.

Importante notar que apenas aquele que for acionista da companhia na data do ajuizamento da demanda terá legitimidade para atuar como substituto processual[1635]. O que importa, portanto, é a data da propositura[1636]. Assim, é irrelevante que o autor da ação tenha se tornado acionista após a prática dos atos ilícitos pelo administrador. Por outro lado, o ex-acionista não terá legitimidade para propor ação social em nome da companhia, conservando, porém, a legitimidade ativa para a ação individual, em caso de dano direto.[1637]

5. Acionistas minoritários como substitutos processuais da sociedade

Fábio Ulhoa Coelho

O art. 159, §§ 3º e 4º, da LSA atribuem aos acionistas minoritários a condição de substitutos processuais da sociedade anônima, para fins de responsabilização dos administradores, por conta de danos alegadamente sofridos pela pessoa jurídica[1638]. São duas hipóteses de substituição processual, pressupondo ambas a prévia realização da assembleia geral em que tenha sido discutida a questão (esta é indispensável porque, conforme visto, é a pessoa jurídica a única titular do direito à indenização e não os seus acionistas). Na primeira (§ 3º), a substituição é *derivada* e autoriza o acionista minoritário, independentemente de

---

[1634] MARTINS, Fran. *Novos estudos do direito societário* (sociedades anônimas e sociedade por quotas). São Paulo: Lovebooks, 2016. Edição *Kindle*.

[1635] CARVALHOSA, Modesto; KUYVEN, Fernando. *Tratado de direito empresarial*. Sociedades anônimas. São Paulo: RT, 2018. v. 3. p. 919-920. No mesmo sentido, VALVERDE, Trajano de Miranda. *Sociedade por ações*. Rio de Janeiro: Forense, 1953. p. 330; PAES, Paulo Roberto Tavares. *Responsabilidade dos administradores de sociedades*. São Paulo: RT, 1997. n. 22, p. 59; PONTES DE MIRANDA, Francisco Cavalcanti. *Tratado de direito privado*. São Paulo: RT, 1984. § 5.332, t. 50, p. 410. ADAMEK, Marcelo Vieira Von. *Responsabilidade civil dos administradores*. São Paulo: Saraiva, 2009.p. 309.p. 442 e s.

[1636] CARVALHOSA, Modesto; KUYVEN, Fernando. *Tratado de direito empresarial*. São Paulo: RT, 2016. p. 919-920.

[1637] PONTES DE MIRANDA, Francisco Cavalcanti. *Tratado de direito privado*. São Paulo: RT, 1984.t. 50, § 5.332, p. 410.

[1638] A substituição processual está prevista no art. 18, parágrafo único, do CPC, e é uma das hipóteses de legitimação extraordinária autônoma. Sobre o instituto, cfr., por todos, COSTA, Suzana Henriques da. *Comentários ao Código de Processo Civil*. BUENO, Cassio Scarpinella (coord.). São Paulo: Saraiva, 2017. v. 1. p. 292-302.

sua participação no capital social da companhia, a demandar como substituto processual da sociedade, sempre que a assembleia geral tiver aprovado o ajuizamento da ação em face do administrador, mas os órgãos de administração retardaram mais de 3 meses em providenciá-la. Na segunda hipótese (§ 4º), a substituição é *originária* porque tem cabimento quando a assembleia geral deliberou não promover a responsabilização judicial dos administradores. Ela permite que acionista ou acionistas minoritários, desde que titulares de pelo menos 5% do capital social, demandem a responsabilização dos administradores como substitutos da companhia.

Tanto na substituição originária como na derivada, porém, os acionistas agem em nome próprio, mas demandam direito alheio (de titularidade de outro sujeito de direito, que é a pessoa jurídica da sociedade anônima), na forma do art. 18 do CPC[1639]. Estão, assim, rigorosamente na mesma situação em que se encontraria a própria pessoa jurídica, caso fosse ela a autora da ação judicial. Quer dizer, o substituto processual, ao demandar direito de outrem, está sujeito às mesmas condições que a lei estabelece para o titular do direito. Especificamente, o substituto tem rigorosamente o mesmo *ônus probatório* que o substituído.

Quando os danos alegadamente produzidos por má administração afetam o patrimônio da sociedade anônima, é apenas ela, enquanto pessoa jurídica inconfundível com as pessoas de seus acionistas, a única titular do direito de ser indenizada. Em outros termos, somente ela, como sujeito de direito autônomo, pode exercer o direito à indenização, bem como deixar de o exercer, quando entender cabível. Em se tratando de direito disponível, à sociedade anônima sempre se faculta a alternativa de não demandar a indenização, mesmo que tenha havido alguma irregularidade na administração.

Daí a imprescindibilidade de prévia apreciação da proposta de responsabilização dos administradores no âmbito da assembleia geral, como condição mínima para que o acionista se legitime como substituto processual, na forma do art. 159, da LSA. Ao preceituar o dispositivo, no *caput*, que "compete à companhia, *mediante* prévia deliberação da assembleia geral, a ação de responsabilização civil dos administradores", a lei tornou a apreciação da matéria nesse órgão uma condição para a ação, seja a promovida pela legitimada ordinária (a sociedade anônima), seja por legitimado extraordinário (acionista).

Deste modo, o acionista não tem o direito de demandar os administradores por ato de má administração prejudicial à companhia, sem que esta tenha apreciado a proposta neste sentido, nem mesmo sob a alegação de que sofrera, ele também, dano em seus direitos, em vista da redução dos dividendos a que faz jus. Esse argumento não tem consistência, porque nada obriga a sociedade a repassar aos seus acionistas, como dividendos, a indenização que vier a receber, em caso de responsabilização e condenação judicial dos administradores. Ao contrário, uma vez ingressando no caixa da companhia os recursos financeiros advindos da indenização, ela os pode destinar à absorção de perdas ou mesmo a novos investimentos, e, nesse último caso, o eventual robustecimento dos dividendos ficará a depender do sucesso das correspondentes atividades econômicas.

Ademais, no caso de acionista minoritário demandar, como substituto processual da sociedade anônima, um administrador por danos alegadamente causados à pessoa jurídica, também deve ele necessariamente obter a prévia anulação judicial da quitação dada pela aprovação das contas no âmbito da assembleia geral, se tiver ocorrido. Ainda que formule o pedido de invalidação na mesma ação, antecedendo ao de condenação no pagamento da indenização, ele é necessário, assim como também o é a prova cabal, pelo substituto processual, do vício aventado. Ele, como substituto, não pode ter mais direitos que a sociedade anônima. Se desta se exige, antes da responsabilização dos administradores, que obtenha a anulação judicial da aprovação das contas, que importa a quitação pelos atos de administração praticados no exercício social correspondente, também para o minoritário que age como substituto processual dela igual exigência há de ser observada.

[1639] Na lição de Nelson Eizirik: "na ação social *ut singuli*, em qualquer das suas modalidades, o fundamento é idêntico ao da ação social: a recomposição dos danos causados pela companhia. Trata-se de legitimação extraordinária, sob a forma de substituição processual, uma vez que ocorre a dissociação entre o sujeito da lide (sociedade) e o sujeito do processo (acionista); o interesse perseguido é o da companhia, tanto que ela será a indenizada, atuando o acionista como parte apenas em sentido formal. A substituição, na hipótese do § 3º, é derivada (originalmente era da companhia a competência); já no caso do § 4º, é originária" (*A lei das S/A comentada*. 2. ed. São Paulo: Quartier Latin, 2015. v. 3. p. 188).

6. Aprovação das contas e exoneração dos administradores

SÉRGIO CAMPINHO

Na assembleia geral ordinária, dentre as matérias a serem deliberadas, incluem-se a tomada de contas dos administradores e o exame, a discussão e a votação das demonstrações financeiras (inciso I do art. 132 da LSA). Na votação, poderão ser aprovadas as contas dos administradores e as demonstrações, ser ambas reprovadas, ou aprovada uma e reprovada outra. Isto é possível, por se tratarem de aprovações distintas. As contas dos administradores poderão ser tomadas em conjunto ou individualizadamente. Nessa última hipótese, é possível que sejam aprovadas as contas de um administrador e não as de outro.

A aprovação das contas dos administradores sem reserva tem o efeito de liberá-los de qualquer responsabilidade em face da companhia. Com a decisão, a sociedade outorga-lhes quitação em relação ao exercício social objeto da apreciação.[1640] A quitação pelo cumprimento dos deveres legais e estatutários também poderá ser obtida restritivamente em relação a um ou a alguns administradores que tiverem suas contas aprovadas, ainda que outro ou outros administradores não tenham recebido a mesma chancela da assembleia geral.

O efeito liberatório vem arrimado no texto normativo do § 3º do art. 134 da LSA, assim enunciado: "a aprovação, sem reserva, das demonstrações financeiras e das contas, exonera de responsabilidade os administradores e fiscais, salvo erro, dolo, fraude ou simulação (artigo 286)". Desse modo, apenas quando ocorrente uma dessas situações capazes de viciar a vontade social, expressada por meio da deliberação assemblear, é que a aprovação das contas não teria o condão de exonerar a responsabilidade dos administradores.

Detectado o vício de vontade, é possível à própria assembleia geral rever e desconstituir a decisão anteriormente tomada e, consequentemente, inibir os efeitos dela decorrentes? Ou é indispensável que a anulação se faça por meio de ação própria?

Prestigiosa corrente doutrinária articula-se no sentido de que a quitação anteriormente obtida produziu os seus respectivos efeitos liberatórios em favor dos destinatários, e, assim, sua desconstituição deverá se fazer judicialmente.[1641] Seus partidários atentam para a remissão feita no § 3º do art. 134 da LSA ao art. 286 da mesma lei, o qual cuida do prazo de prescrição da pretensão anulatória das deliberações sociais. A referência apontaria, nessa visão, para a necessidade de invalidação da decisão assemblear através da propositura de ação própria.

A jurisprudência do Superior Tribunal de Justiça, por seu turno, tem sido construída no mesmo sentido.[1642]

[1640] Alberto Xavier, nesse sentido, sustenta: "A aprovação das contas anuais, sem reservas, além de fixar o lucro líquido do exercício, tem, pois, eficácia liberatória dos administradores, significando isto que a sociedade renuncia a exigir-lhes responsabilidade pelos prejuízos causados ao seu patrimônio" (*Administradores de sociedades*. São Paulo: RT, 1979. p. 107-108).

[1641] Alinham-se, com esse entendimento, José Luiz Bulhões Pedreira e Luiz Alberto Colonna Rosman: "A assembleia geral somente pode deliberar que a companhia promova a ação se as demonstrações financeiras do exercício em que ocorreu o ato do administrador tiverem sido aprovadas com reserva, ou seja, se a assembleia, embora tenha aprovado as demonstrações financeiras, tenha ressalvado que essa aprovação não implica a aprovação das contas dos administradores. Se a assembleia aprovou as demonstrações financeiras sem reservas, ou se, além de aprová-las, aprovou como item específico, as contas dos administradores, a companhia está vinculada a seu ato, que é irretratável, e somente pode ser modificado por decisão judicial. Para isso, a companhia deverá pedir judicialmente a anulação da deliberação de aprovar as contas dos administradores e a indenização dos prejuízos" (Aprovação das demonstrações financeiras, tomada de contas dos administradores e seus efeitos. Necessidade de prévia anulação da deliberação que aprovou as contas dos administradores para a propositura da ação de responsabilidade. In: CASTRO, Rodrigo R. Monteiro de; ARAGÃO, Leandro Santos de. *Sociedade anônima: 30 anos da Lei 6.404/76*. São Paulo: Quartier Latin, 2007. p. 55). Também assim sustenta Alberto Xavier "[...] Devendo, porém, salientar-se que essa liberação e consequente renúncia não existe se a deliberação da assembleia que tiver concedido a aprovação se encontrar viciada por erro, dolo, fraude ou simulação (art. 134, § 3º, *in fine*). Em tal caso, essa deliberação será impugnável, no prazo de dois anos, nos termos do art. 286; e, reconhecida a consequente nulidade, poderá ser proposta ação de responsabilidade contra os administradores" (*Administradores de sociedades*. São Paulo: RT, 1979. p. 108). Sob a vigência do Dec.-Lei 2.627/1940, sustentava Carlos Fulgêncio da Cunha Peixoto: "A aprovação das contas dos administradores pela assembleia geral impede que o acionista promova a ação social de responsabilidade contra os diretores faltosos, a não ser que, nos termos do art. 101, anule, primeiro, o ato da assembleia, eivado de qualquer vício, erro, dolo, fraude ou simulação" (*Sociedades por ações*. São Paulo: Saraiva, 1972. v. 4. p. 97).

[1642] Confiram-se, nessa linha de entendimento, as decisões constantes do RE 256.596/SP (Rel. Min. Nancy Andrighi, rel. designado para lavrar o acórdão Min. Antônio de Pádua Ribeiro. julgado por maioria pelos integrantes da 3ª T. em 08.05.2001); do RE 257.573/DF (Rel. Min. Waldemar Zveiter, rel. designado para lavrar o acórdão Min. Ari Pargendler,

Destarte, seguindo essa orientação, a ação social depende de uma ação prévia de desconstituição da deliberação que aprovou as contas ou então, o que se afigura mais útil e eficiente, de uma ação que traduza, no rol dos pedidos formulados, o requerimento de anulação de deliberação e, em cumulação sucessiva, o de condenação do administrador a compor as perdas e danos havidos no patrimônio da companhia (sempre no pressuposto de uma prévia decisão assemblear orientando pela propositura da ação de anulação juntamente com a responsabilização civil do administrador).

Entretanto, tenho efetiva dificuldade em concordar com esse entendimento. No meu ponto de vista, a referência que o § 3º do art. 134 da LSA faz ao art. 286 tem o único objetivo de indicar qual seria o prazo prescricional para a pretensão anulatória que pode ser exercitada. Não mais do que isso. Na fonte legal não consta que a ação de anulação constitui condição de procedibilidade para a ação de responsabilidade civil do administrador. A alusão ao art. 286 da LSA apenas, como se disse, reporta ao prazo prescricional para a pretensão anulatória de deliberações assembleares. Entendo ser possível à própria assembleia, diante da aferição de que a sua manifestação anterior foi viciada, tomada mediante erro ou fruto de uma manobra dolosa, fraudulenta ou simulada, rever, dentro do prazo prescricional para a propositura da ação de responsabilidade, a decisão anterior e, assim, autorizar o seu ajuizamento, sem necessidade de anulação judicial prévia. A aprovação sem reserva das demonstrações financeiras e das contas somente exonera de responsabilidade os administradores se não estiver eivada de erro, dolo, fraude ou simulação. Havendo um desses vícios, o efeito preclusivo da aprovação das contas dos administradores não pode se materializar de imediato. A estabilidade da relação jurídica entre eles e a companhia pressupõe uma aprovação de contas, e consequente quitação, realizada em um ambiente de efetiva e contundente lisura.[1643]

Por outro lado, a exigência de prévia anulação judicial da decisão assemblear não se coaduna com o próprio sistema legal que autoriza a substituição processual autônoma do § 4º do art. 159 da LSA. Por ela, estão legitimados os acionistas minoritários (que reúnam representatividade de, pelo menos, 5% do capital social) para promover a ação de responsabilidade quando a assembleia decidir contrariamente à sua propositura pela companhia. A exigência da anulação prévia não se compatibiliza com a legitimação extraordinária que a lei consagra.

7. Repercussões da autorização e da retificação de atos da administração pela Assembleia Geral

Ana Frazão

No que toca aos efeitos das deliberações assembleares que autorizam ou aprovam posteriormente determinados atos de gestão, é necessário examinar o problema em relação aos terceiros e aos acionistas, tendo em vista que as soluções são distintas.

Em relação aos terceiros, a responsabilidade dos administradores não pode estar sujeita a nenhuma limitação por parte da Assembleia,

---

também julgado por maioria pelos integrantes da 3ª T. em 08.05.2001); do Ag RG no AI 950.104/DF (Rel. Min. Massami Uyeda. julgado à unanimidade pelos integrantes da 3ª T. em 19.03.2009); do RE 1.313.725/SP (Rel. Min. Ricardo Villas Bôas Cueva, julgado à unanimidade pelos integrantes da 3ª T. em 26.06.2012); e do RE 1.515.710/RJ (Rel. Min. Marco Aurélio Bellizze, julgado à unanimidade pelos integrantes da 3ª T. em 12.05.2015).

[1643] Como oportunamente lecionava Trajano de Miranda Valverde, "a assembleia geral pode sempre rever as suas próprias decisões. Pode, assim, cancelar ou anular deliberação anterior e ratificar todos os atos que interessam à sociedade. Ressalvados, pois, os direitos de terceiros, acionistas ou não, a deliberação atacada é passível, em princípio, de revisão e retificação. E a validade desta será indiscutível se teve por fim sanar irregularidades" (*Sociedades por ações*. 2. ed. Rio de Janeiro: Forense, 1953. v. 3. p. 111-112). Nesse mesmo sentido, sustenta Modesto Carvalhosa: "Por tudo isso, conclui-se que não tem qualquer fundamento a interpretação de que primeiro deve-se anular judicialmente a deliberação da assembleia geral, para depois ingressar-se com ação de responsabilidade. Essa interpretação, além de contrariar a própria exegese sistemática da lei, nega a tendência acentuada do sistema jurídico, que é a de limitar, cada vez mais, os efeitos supostamente preclusivos da aprovação das contas dos administradores" (*Comentários à lei de sociedades anônimas*. 6. ed. São Paulo: Saraiva, 2014. v. 3. p. 575). Também faz eco José Waldecy Lucena: "A nós parece que, se a própria assembleia delibera promover ação de responsabilidade contra o administrador que prestara mal as contas, tal significa que a aprovação anterior, mesmo que não se diga expressamente, restou reformada pela nova deliberação, dispensada, assim e obviamente, o recurso ao Judiciário. Quem se sentir prejudicado por essa nova decisão, que então o faça" (*Das sociedades anônimas*: comentários à lei. Rio de Janeiro: Renovar, 2009. v. 2 p. 625).

motivo pelo qual a ratificação dos atos ilícitos dos administradores obviamente não tem sobre eles nenhuma repercussão.[1644]

Hipótese mais delicada é a de autorização assemblear para a prática de determinados atos, especialmente em relação aos acionistas. Este exemplo enseja discussão sobre se o dever de diligência impõe aos administradores até mesmo a obrigação de não executar deliberações assembleares ilegais ou contrárias ao interesse social, bem como o dever de impugná-las judicialmente.

Para a solução do problema, é necessário distinguir inicialmente entre as decisões que são da competência da Assembleia e as decisões que são da competência dos órgãos administrativos. Isso porque, na segunda hipótese, as deliberações da Assembleia não são vinculantes, motivo pelo qual não devem ser cumpridas pelos administradores quando se mostre ilícitas ou violadoras do estatuto.[1645]

Mesmo quando se trata de decisão de competência da Assembleia, é considerável a doutrina existente em favor do dever do administrador de não executar decisões que se mostrem contrárias ao interesse social[1646]. No direito espanhol, Fernando Sanchéz Calero[1647] sustenta que uma das consequências do dever de diligência é a obrigação de não executar decisões da Assembleia Geral que afetem a gestão social e que, a juízo dos administradores, possam ser prejudiciais ao interesse social, e de impugnar as deliberações da Assembleia, conforme o caso. O autor chegar a mencionar o chamado "dever de não realizar atos ilícitos, mesmo quando autorizados pela assembleia".

Apesar de a lei brasileira não ser clara a respeito da questão, não se pode considerar que a autorização ou a ratificação da Assembleia exonera os administradores, por si só, de sua responsabilidade,[1648] a exemplo do que acontece em vários outros países.[1649]

[1644] FRAZÃO, Ana. *Função social da empresa*. Repercussões sobre a responsabilidade civil de controladores e administradores de S/As. São Paulo: Saraiva, 2011. p. 410.

[1645] FRAZÃO, Ana. *Função social da empresa*. Repercussões sobre a responsabilidade civil de controladores e administradores de S/As. São Paulo: Saraiva, 2011. p. 410. Quando a assembleia adentrar em matérias de competência dos gestores, a deliberação é considerada mero parecer não vinculante, como ensina Maria Elisabete Ramos (*Responsabilidade dos administradores e diretores de sociedades anônimas perante os credores sociais*. Coimbra: Coimbra Ed., 2002. p. 73): "Entende a doutrina que as deliberações da assembleia geral validamente versem sobre matérias de gestão constituem pareceres não vinculantes, sendo sempre o órgão de administração que decide em última instância sobre a medida". Em sentido próximo, José Luis Díaz Echagaray (*Deberes y responsabilidade de los administradores de sociedades de capital*. Elcano (Navarra): Editorial Arazandi, 2006. p. 113-117) reconhece que os administradores seriam soberanos em relação às matérias de gestão, motivo pelo qual as deliberações da assembleia sobre tais assuntos que sejam consideradas lesivas não precisam ser cumpridas nem impugnadas; neste caso bastaria aos administradores não lhes dar cumprimento.

[1646] FRAZÃO, Ana. *Função social da empresa*. Repercussões sobre a responsabilidade civil de controladores e administradores de S/As. São Paulo: Saraiva, 2011. p. 412.

[1647] CALERO, Fernando Sánchez. *Los administradores en las sociedades de capital*. Navarra: Civitas, 2005. p. 210.

[1648] FRAZÃO, Ana. *Função social da empresa*. Repercussões sobre a responsabilidade civil de controladores e administradores de S/As. São Paulo: Saraiva, 2011. p. 412. Lucíola Nerillo (*Responsabilidade civil dos administradores nas sociedades por ações*. Curitiba: Juruá, 2003. p. 143) mostra que, no Brasil, a lei não dispõe de maneira clara e expressa sobre a possibilidade de ratificação dos atos dos administradores pela assembleia, motivo pelo qual a doutrina tergiversa sobre a questão. Porém, a autora entende que a simples aprovação da assembleia geral quanto a contas e balanços ou negócios realizados que tenham suscitado dúvidas não assegura a isenção de responsabilidade por parte dos administradores. Vale igualmente esclarecer, com base na lição de Fábio Coelho (*Curso de direito comercial*. 21. ed. São Paulo: RT, 2017. v. 2, p. 275), que deliberar, no interesse da companhia, por deixar de promover a medida judicial contra o administrador não é o mesmo que ratificar os atos ilegais na administração da empresa, pois pode ocorrer por razões de caráter empresarial ou estratégico, inclusive no que diz respeito à imagem e à respeitabilidade da companhia.

[1649] FRAZÃO, Ana. *Função social da empresa*. Repercussões sobre a responsabilidade civil de controladores e administradores de S/As. São Paulo: Saraiva, 2011. p. 412. No direito italiano, após a modificação do art. 2.364, do Código Civil, foi estabelecido claramente que a autorização da assembleia não libera os administradores da responsabilidade. Já o § 93, (4), da AktG alemã, exonera os membros do Vorstand da responsabilidade pessoal por atos baseados em decisões regulares da assembleia geral, embora deixe claro que a autorização do Aufsichtsrat não exclui a obrigação de ressarcimento. No direito francês, Ripert e Roblot (*Traité de droit commercial*, cit., t. I, v. II, p. 510) sustentam que a autorização da assembleia não exonera necessariamente os dirigentes da responsabilidade, embora possa atenuá-la.

Assim, é correto o ensinamento de Fernando Sanchéz Calero[1650] de que, de acordo com as tendências modernas do Direito Societário, a autorização prévia ou a aprovação pela assembleia não pode equivaler a uma causa de exoneração da responsabilidade ou mesmo a uma renúncia à ação correspondente, pelo fato de que os acionistas raramente possuem informações suficientes para apreciar todos os fatos suscetíveis de causar dano.[1651]

Por outro lado, entender que a decisão assemblear não teria nenhum efeito sobre a responsabilidade dos administradores também se mostraria excessivo, podendo colocar o administrador em posição insustentável.[1652] Daí por que, embora não tenha amplos e irrestritos efeitos liberatórios de responsabilidade, é inequívoco que a decisão assemblear deve ser considerada pelo menos para efeitos da atenuação da responsabilidade.[1653]

Acresce que, perante acionistas, caso tenha havido a autorização ou a aprovação com todas as informações necessárias, pode-se até mesmo cogitar da completa exoneração dos administradores.[1654]

De qualquer modo, a decisão assemblear é um dado importante na análise sobre se o administrador agiu ou não em cumprimento dos seus deveres. Partindo do princípio de que o dever de diligência é hoje cada vez mais visto sob sua perspectiva instrumental e conexo à *business judgment rule*, é inequívoco que a autorização assemblear cria, no mínimo, uma presunção de que o administrador agiu razoavelmente, pelo menos no que se refere aos acionistas.[1655]

Daí o acerto das conclusões de Fernando Sánchez Calero[1656] de que (i) a mera autorização ou aprovação da Assembleia não é circunstância suficiente para a exoneração da responsabilidade

---

O art. 72, 4, do Código das Sociedades Comerciais de Portugal, afasta a responsabilidade dos administradores se baseados em deliberação dos sócios ("a responsabilidade dos gerentes, administradores ou directores para com a sociedade não tem lugar quando o acto ou omissão assente em deliberação dos sócios, ainda que anulável"), mas não a afasta quando baseado em parecer ou consentimento do órgão de fiscalização. É o que dispõe o art. 72, 5, do Código das Sociedades Comerciais de Portugal, segundo o qual, "nas sociedades que tenham órgão de fiscalização o parecer favorável ou o consentimento deste não exoneram de responsabilidade os membros da administração".

[1650] *Los administradores en las sociedades de capital*. Navarra: Civitas, 2005. p. 308-309.

[1651] FRAZÃO, Ana. *Função social da empresa*. Repercussões sobre a responsabilidade civil de controladores e administradores de S/As. São Paulo: Saraiva, 2011. p. 412.

[1652] FRAZÃO, Ana. *Função social da empresa*. Repercussões sobre a responsabilidade civil de controladores e administradores de S/As. São Paulo: Saraiva, 2011. p. 413. José Luis Díaz Echegaray (*Deberes y responsabilidad de los administradores de sociedades de capital*. Elcano (Navarra): Aranzadi, 2006. p. 275) mostra que o problema é significativo na Espanha, que prevê em seu art. 133, 4, da LSA, que "en ningún caso exonerará de responsabilidade la circunstancia de que el acto o acuerdo lesivo haya sido adoptado, autorizado o ratificado por la Junta general". Mesmo diante da clareza do texto legal, Fernando Sanchéz Calero (*Los administradores en las sociedades de capital*. Navarra: Civitas, 2005. p. 309-310) considera que tal entendimento pode resultar excessivo, especialmente quando a aprovação pelos acionistas ocorreu com plena informação ou quando se trata de hipótese em que os administradores simplesmente dão cumprimento às decisões da assembleia. José Luis Díaz Echegaray (*Deberes y responsabilidades*. Elcano (Navarra): Aranzadi, 2006. p. 275) cita a lição de Bonelli, segundo o qual a doutrina italiana também se divide entre os que defendem que os administradores devem fazer o possível para impedir atos prejudiciais, inclusive impugnando as deliberações da assembleia e outros determinando que seria excessivo que isso ocorresse.

[1653] FRAZÃO, Ana. *Função social da empresa*. Repercussões sobre a responsabilidade civil de controladores e administradores de S/As. São Paulo: Saraiva, 2011. p. 413.

[1654] FRAZÃO, Ana. *Função social da empresa*. Repercussões sobre a responsabilidade civil de controladores e administradores de S/As. São Paulo: Saraiva, 2011. Segundo Robert Clark (*Corporate law*. New York: Aspen Law & Business, 1986. p. 178-179), há duas correntes sobre o efeito da ratificação assemblear nos Estados Unidos: uma que blinda o ato e outra que apenas faz com que o ônus da prova se transfira para o autor. De qualquer forma, chega às seguintes conclusões: (i) mesmo os tribunais que concedem grande peso à ratificação comumente deixam espaço para que o autor comprove algo grave, como a fraude ou desperdício do patrimônio da companhia; (ii) quando a ratificação é feita por meio de deliberação na qual haja a maioria dos acionistas interessados, embora ela seja válida, pode ser atacada sob o fundamento de ser injusta e (iii) a ratificação é considerada imprópria sempre que os acionistas não recebem a completa e adequada transparência a respeito das matérias sobre as quais estão votando.

[1655] FRAZÃO, Ana. *Função social da empresa*. Repercussões sobre a responsabilidade civil de controladores e administradores de S/As. São Paulo: Saraiva, 2011. p. 414.

[1656] CALERO, Fernando Sánchez. *Los administradores en las sociedades de capital*. Navarra: Civitas, 2005. p. 330-313.

dos administradores, mas poderá sê-lo, na hipótese em que estes executem atos da Assembleia sem que lhes atribua nenhuma conduta culposa e de que (ii) em qualquer hipótese, a autorização ou aprovação deverá ser considerada nem que seja para moderar a responsabilidade dos administradores, com base na equidade.[1657]

Um exemplo claro dessa afirmação diz respeito, por exemplo, à autorização ou à ratificação de transações ocorridas em situações de conflito de interesses ou de *self-dealing*. Já se viu que a autorização assemblear por meio de procedimentos justos e bem informados tem um importante papel na exoneração de responsabilidade dos administradores. Todavia, mesmo nos Estados Unidos, exige-se usualmente que, além das garantias procedimentais, haja também o exame da justiça do pacto, nos termos do padrão da *entire fairness*.

Outro exemplo importante, especialmente no contexto brasileiro, diz respeito à questão da aprovação do balanço. A prevalecer o entendimento aqui defendido, tal circunstância não seria causa de exoneração de responsabilidade dos administradores, embora devesse ser considerada para efeitos da referida responsabilização.

No Brasil, a questão é controversa pois, para parte da doutrina e da jurisprudência, entende que, se o administrador teve suas contas aprovadas, apenas se poderia cogitar da ação de responsabilidade caso fosse anulada a referida Assembleia[1658]. Há acórdãos do Superior Tribunal de Justiça considerando que a referida aprovação representa verdadeira quitação em relação aos administradores, motivo pelo qual apenas mediante a anulação da assembleia que aprovou as contas é que poderia haver a ação de responsabilidade.[1659]

Todavia, esse entendimento não é adequado, tendo em vista que a aprovação das contas costuma ser procedimento formal e abrangente, que obviamente não trata dos pormenores de cada operação realizada pelos administradores.[1660] Dessa forma, apenas se a aprovação tivesse se baseado em informações amplas e completas em relação a determinada conduta é que se poderia cogitar da liberação dos administradores quanto a esta.[1661]

Ademais, o referido entendimento apenas poderia ser aplicável às ações sociais movidas pela companhia ou pelos acionistas na substituição derivada; jamais na substituição originária, que tem como pressuposto exatamente a discordância da minoria em relação à maioria, seja quanto ao não ingresso da ação, seja quanto à aprovação das contas dos administradores.[1662]

Com maior razão, deve ser admitida a ação por parte de acionista que aprovou o balanço

---

[1657] FRAZÃO, Ana. *Função social da empresa*. Repercussões sobre a responsabilidade civil de controladores e administradores de S/As. São Paulo: Saraiva, 2011. p. 414.

[1658] É o que sustentam, com base em farta doutrina, Pedreira e Rosman (Aprovação das demonstrações financeiras, tomada de contas dos administradores e seus efeitos. Necessidade de prévia anulação da deliberação que aprovou as contas dos administradores para a propositura da ação de responsabilidade. In: CASTRO, Rodrigo Rocha Monteiro de; ARAGÃO, Leandro Santos de. *Sociedade anônima*: 30 anos da Lei 6.404/76. São Paulo: Quartier Latin, 2007. p. 48): "A deliberação que aprova as contas dos administradores, expressa ou implicitamente (pela aprovação das demonstrações financeiras sem reservas), é ato jurídico que tem efeito na esfera jurídica dos administradores, pois os exonera de responsabilidade". Daí a conclusão final dos autores (p. 62): "Se a Assembleia aprova, sem reservas, as demonstrações financeiras, sua deliberação exonera os administradores de responsabilidade – salvo erro, dolo, fraude ou simulação. Neste caso, seu ato só pode ser anulado por deliberação judicial, e a ação de reparação pressupõe a anulação do ato da assembleia geral, que exonera os administradores de responsabilidade, ação esta que deve ser promovida, na forma do art. 186, no prazo de dois anos, contados da deliberação."

[1659] A ementa do REsp 256.596 (STJ. Rel. p/ o acórdão Min. Pádua Ribeiro. *DJ* 18.06.2001) afirma que "considera-se prescrita a ação de responsabilidade de administrador que teve suas contas aprovadas sem reservas pela assembleia geral, se esta não foi anulada dentro do biênio legal, mas só posteriormente, por deliberação de outra assembleia geral, a partir de cuja publicação da ata se pretendeu contar o triênio extintivo." Em sentido semelhante, a ementa do REsp 257.573 (Rel. p/ o acórdão Min. Ari Pargendler. *DJ* 15.06.2001) aduz que "a aprovação das contas pela assembleia geral implica quitação, sem cuja anulação os administradores não podem ser chamados à responsabilidade".

[1660] FRAZÃO, Ana. *Função social da empresa*. Repercussões sobre a responsabilidade civil de controladores e administradores de S/As. São Paulo: Saraiva, 2011. p. 415.

[1661] FRAZÃO, Ana. *Função social da empresa*. Repercussões sobre a responsabilidade civil de controladores e administradores de S/As. São Paulo: Saraiva, 2011.

[1662] FRAZÃO, Ana. *Função social da empresa*. Repercussões sobre a responsabilidade civil de controladores e administradores de S/As. São Paulo: Saraiva, 2011.

sem ter as informações adequadas. Não há que se cogitar de *venire contra factum proprium*, pela simples razão de que não houve manifestação de vontade informada.[1663] Mesmo na Itália, onde a doutrina é tradicionalmente avessa à responsabilização dos administradores por atos autorizados ou ratificados pela Assembleia,[1664] há norma expressa do Código Civil prevendo que a mera aprovação do balanço não implica a liberação dos administradores de suas responsabilidades[1665]. Assim, mantém-se a conclusão de que a autorização ou a aprovação da assembleia jamais pode ter o efeito apriorístico da exoneração da responsabilidade dos administradores, especialmente em relação a terceiros, embora deva ser considerada para a avaliação da compatibilidade da conduta do administrador com os deveres aos quais está submetido.

8. A questão do ônus da prova

ANA FRAZÃO

Uma das repercussões da discussão a respeito da natureza contratual ou extracontratual da responsabilidade dos administradores de companhias diz respeito precisamente à questão do ônus da prova, que, de acordo com os postulados clássicos da responsabilidade civil extracontratual, fica a cargo do lesado. Por mais que a adoção do parâmetro da culpa normativa facilite essa prova, dispensando a vítima de comprovar aspectos subjetivos e psicológicos do ofensor,[1666] é manifesto que, principalmente diante da complexidade dos atos de gestão, a atribuição inflexível do ônus da prova ao ofendido pode comprometer consideravelmente a eficácia das regras de responsabilidade.

Por essa razão, a própria evolução do Direito Societário mostrou uma forte tendência de inversão do ônus da prova contra o administrador, especialmente diante de determinadas hipóteses. Exemplos típicos de inversão, acolhidos pacificamente no Brasil, são os casos de violação da lei ou do estatuto, hipóteses que se presumem como atos ilícitos,[1667] salvo prova em contrário.

Além dessas hipóteses, observa-se que a jurisprudência estrangeira vem tentando atenuar a distribuição do ônus da prova sempre que há dificuldades excessivas para a vítima. Isso ocorre com frequência em questões societárias, que dependem usualmente de informações e documentos que apenas se encontram em poder dos gestores.

Assim, vários ordenamentos admitem a inversão do ônus da prova nessas hipóteses,[1668]

[1663] FRAZÃO, Ana. *Função social da empresa*. Repercussões sobre a responsabilidade civil de controladores e administradores de S/As. São Paulo: Saraiva, 2011. Esse óbice é levantado por Lucíola Nerillo (*Responsabilidade civil dos administradores nas sociedades por ações*. Curitiba: Juruá, 2003. p. 195), que defende que os acionistas que aprovaram os atos dos administradores não podem ingressar com a ação sob pena de agirem contra fato próprio. Mas tudo dependerá das informações e do contexto, já que a mera aprovação do balanço é insuficiente.

[1664] É o que sustenta Giorgio Bianchi (*Gli ammnistratori di società di capitali*. Padova: Cedam, 2006. p. 667-668), citando precedentes italianos.

[1665] A redação do art. 2434 do Códice Civile é a seguinte: "Azione di responsabilità. L'approvazione del bilancio da parte dell'assemblea non implica liberazione degli amministratori, dei direttori generali e dei sindaci per le responsabilità incorse nella gestione sociale (2392 e seguenti, 2633)."

[1666] Massimo Bianca (*Direito civille*. La Responsabilità. Milano: Giuffrè, 2004, 1994. v. V, p. 581) ensina que a adoção da ideia de culpa normativa tende a subverter estes esquemas tradicionais, pois a reprovabilidade da conduta deixa de depender da comprovação de aspectos psicológicos complexos, passando a ser feita a partir do cotejo da conduta observada com padrões objetivos.

[1667] Além da doutrina brasileira, que segue predominantemente este raciocínio na hipótese do art. 158, II, da Lei das S/A, a doutrina italiana, nas palavras de Bonelli (*Gli amministratori di S.P.A.* Milano: Giuffrè, 2004. p. 208), aceita que, nesses casos, basta ao terceiro provar o descumprimento de dever legal ou estatutário, não havendo necessidade de comprovar a culpa, que é presumida. Para Maddalena Rabitti (*Rischio organizzativo e responsabilità degli amministratori*. Contributo allo studio dell'illecito civile. Milano: Giuffré, 2004. p. 12), se a violação for de normas específicas, basta comprovar a violação, cabendo ao administrador comprovar que as circunstâncias excludentes ou atenuantes de sua responsabilidade. Fernando Sanchez Calero (*Los administradores en las sociedades de capital*. Navarra: Civitas, 2005. p. 306-308) faz a diferenciação entre as infrações a deveres genéricos, como os de diligência e de lealdade, em relação aos quais, por serem obrigações de meio, caberia ao demandante o ônus da prova, e as violações da lei ou dos estatutos, em que haveria uma presunção de culpa, de forma que caberia ao autor apenas comprovar a contrariedade à lei e aos estatutos.

[1668] José Luis Díaz Echegaray (*Deberes y responsabilidad de los administradores de sociedades de capital*. Elcano (Navarra): Aranzadi, 2006.p. 232-233), mostrando as dificuldades da prova em questões que dizem respeito a informações

especialmente em se tratando de abuso de bens sociais na França,[1669] de violações do dever de lealdade e de abusos de poder de controle nos Estados Unidos[1670] e de violação dos deveres de cuidado e de proteção na Alemanha.[1671]

Acresce que a jurisprudência ainda tem uma série de outros recursos que acabam resultando na inversão do ônus da prova, tais como a regra do *res ipsa loquitur* (quando os fatos falam por si)[1672] e as presunções, que são vastamente utilizadas para distribuir o ônus da prova de forma mais equitativa, especialmente se houver grande desigualdade entre as partes.[1673] Isso é facilmente perceptível na Itália, onde as presunções são formas de se dispensar a prova do nexo causal diante da regularidade estatística de determinados eventos, bem como de equiparação das obrigações dos administradores a obrigações de resultados, ao menos para o fim de fazer presumir a culpa do ofensor.[1674]

---

e documentos da sociedade, adverte que algumas legislações têm invertido o ônus da prova em hipóteses nas quais restaria quase impossível ao demandante se desincumbir dele. Um dos exemplos dados pelo autor é o da Alemanha, que admite a inversão do ônus da prova na hipótese de restar controvertida a aplicação do dever de diligência.

[1669] Annie Medina (*Abús de biens sociaux*. Prevention. Détection. Poursuite. Paris: Dalloz, 2001. p. 109) destaca que, principalmente em casos de abusos de bens sociais, nos quais há dificuldades para se comprovar a destinação dos fundos do caixa social, a Corte de Cassação francesa autoriza a inversão do ônus da prova, para o fim de que o administrador prove que os fundos sociais foram utilizados em benefício da companhia.

[1670] Ensina Franklin Gevurtz (*Corporation law*. St. Paul: West Group, 2000. p. 303 e 341) que, no direito norte-americano, o ônus da prova por violações ao dever de cuidado cabe ao autor, inclusive no que diz respeito à comprovação de que tal ofensa foi a causa próxima do dano. Já nas questões relacionadas a conflito de interesses, há a inversão contra o administrador. Em sentido semelhante, Robert Charles Clark (*Corporate law*. New York: Aspen Law & Business, 1986. p. 178 e 194) ensina que são muitos os exemplos de inversão do ônus da prova contra o administrador, especialmente em hipóteses de *self-dealing* e compensação executiva, salvo quando há a ratificação pela assembleia. Mesmo no que se refere ao abuso de poder de controle, ensina Fabio Konder Comparato (*Direito empresarial*. São Paulo: Saraiva, 1995. p. 93) que "a jurisprudência ianque orientou-se no sentido de considerar que nas ações judiciais da abuso de controle ocorre uma inversão de ônus probatório, competindo ao controlador a demonstração de haver pautado sua conduta segundo os princípios de zelo e boa-fé, que devem guiar todo *trustee*".

[1671] Segundo Van Dam (*European tort law*. New York: Oxford University Press, 2006. p. 262), o ônus da prova na Alemanha em casos de negligência cabe ao autor, mas se a antijuridicidade decorrer da quebra de um dever de cuidado ou da violação de uma regra legal, o ônus da prova é transferido para o autor da conduta. No caso específico da responsabilidade dos administradores, Ek Von Half Ek e Hoyenberg (*Aktiengesellschaften*. München: DTV, 2006. p. 113) demonstram que o membro do *Vorstand* tem o ônus de provar que cumpriu o dever de cuidado inerente a um comerciante consciencioso e ordenado (§ 93, II, AktG), o que leva a uma abrangente inversão do ônus da prova e da demonstração, já que a sociedade precisa apenas demonstrar que sofreu um dano patrimonial e que há uma relação demonstrável de comprovada imputabilidade entre a diminuição patrimonial e a conduta do membro do *Vorstand*. O membro do Vorstand, por sua vez, só pode se defender com expectativa de sucesso se comprovar que não violou as obrigações e que o dano também teria acontecido se ele tivesse agido com cuidado ou que tenha havido uma justificativa plausível para a não observância da lei de cuidado. Especialmente no que diz respeito ao nexo causal, Giovanna Visintini (*Cos'è là responsabilità civile. Fondamenti della disciplina dei fatti illeciti e dell'inadempimento contrattuale*. Napoli: Edizioni Scientifiche Italiane, 2009. p. 425) ainda demonstra que a questão do ônus da prova quando está em jogo a violação de norma de proteção (*Schutzgesetz*) é vista de forma a que o ofendido precise provar apenas a violação da norma, mas não o nexo de causalidade.

[1672] A importância da regra do *res ipsa loquitor* no direito anglo-saxão é ressaltada por Van Dam (*European tort law*. New York: Oxford University Press, 2006. p. 262), na medida em que afasta o ônus da prova que pesa sobre a vítima sempre que os fatos falarem por si. Simon Deakin, Angus Johnston e Basil Markesinis (*Markesinis and deakin's tort law*. New York: Oxford University Press, 2008. p. 241) ensinam que, embora caiba ao autor da ação de indenização a prova do dano e do nexo causal com base em um balanço de probabilidades, isso seria afastado quando os fatos falam por si.

[1673] Maddalena Rabitti (*Rischio organizzativo e responsabilità degli amministratori. Contributo allo studio dell'illecito civile*. Milano: Giuffré, 2004. p. 124-127) ensina que a jurisprudência italiana se utiliza amplamente de presunções, especialmente para tutelar os interesses gerais da coletividade, realizar uma equilibrada distribuição do risco, tutelar um contraente mais débil ou mesmo para conter gastos. Segundo a autora, a importância das presunções no quadro probatório é tão significativa que viria sistematicamente invertendo o ônus da prova, determinando uma repartição do ônus bem diversa da estabilidade prevista na lei.

[1674] Sobre o caso específico dos administradores, Maddalena Rabitti (*Rischio organizzativo e responsabilità degli amministratori. Contributo allo studio dell'illecito civile*. Milano: Giuffré, 2004. p. 124-127) adverte não ser raro que a

Esse entendimento concilia-se com as tendências atuais do processo civil que, cada vez mais preocupado com o seu papel de instrumento de justiça, vem buscando romper com a distribuição rígida dos ônus da prova em busca de maior equidade. Por essa razão, é acertada a conclusão de Irineu Mariani[1675] de que a teoria dinâmica da prova faz com que caiba ao administrador, que muitas vezes está na posse das provas, evidenciar os elementos que, em concreto, são capazes de excluir a sua culpa.

9. Business judgment rule
ANA FRAZÃO

A Lei nº 6.404/1976 contém, no § 6º, do art. 159, o que alguns consideram a versão brasileira da *business judgment rule*, ao prever que "O juiz poderá reconhecer a exclusão da responsabilidade do administrador, se convencido de que este agiu de boa-fé e visando ao interesse da companhia."

Como já assentou a CVM,[1676] o propósito da *business judgment rule* é realçar que o dever de diligência é um dever de meio, afastando da sindicância judicial decisões dos administradores que tenham sido (i) informadas, (ii) refletidas e (iii) desinteressadas. Especialmente no que se refere ao último requisito, observa-se a conexão evidente entre o dever de diligência e o dever de lealdade.

Apesar de algumas opiniões contrárias,[1677] a doutrina é predominante no sentido de admitir a legitimidade e a importância de tal norma,[1678] inclusive no que diz respeito à sua eficácia em relação ao controlador.[1679] Apenas precisa ser feita a ressalva de que a boa-fé a que se refere o dispositivo legal apenas pode ser a objetiva, relacionada aos deveres de cuidado e diligência, tendo como desdobramento a necessidade de uma decisão que, no mínimo, seja aceitável racionalmente e tenha sido proferida no contexto de um procedimento decisório igualmente razoável e bem informado.

Sob essa perspectiva, o princípio é compatível com os deveres fiduciários dos administradores, os quais não têm por finalidade responsabilizá-los pelo insucesso econômico da companhia, seja diante dos riscos envolvidos na atividade empresarial, seja diante da necessidade de não onerar demasiadamente o referido regime de responsabilidade.

Exatamente em razão das dificuldades de composição de todos os interesses que hoje se projetam sobre a empresa, a tarefa de gestão acaba sendo altamente complexa, o que mostra a indesejabilidade do controle judicial sobre o seu mérito. Acresce que, se a lealdade e a boa-fé objetiva foram respeitadas, é inequívoco que o dever de agir em prol da companhia também o foi, até porque este é uma obrigação de meio.

Com efeito, apesar da importância da função social da empresa, esta não tem o alcance de imputar aos gestores a responsabilidade pelo resultado de suas decisões. Até mesmo diante

---

jurisprudência considere equipare as obrigações dos administradores a obrigações de resultado, ao menos para o fim de fazer presumir a culpa do ofensor.

[1675] MARIANI, Irineu. Responsabilidade civil dos sócios e dos administradores de sociedades empresárias (à luz do Código Civil). *Revista da Ajuris*, v. 32, n. 97, p. 103-121, mar./2005, p. 111.

[1676] Processo Administrativo Sancionador CVM RJ 2005/1443. Rel. Pedro Marcilio Sousa. j. 21.03.2006.

[1677] Para Bulgarelli (*Manual das sociedades anônimas*. São Paulo: Atlas, 2001. p. 187), o § 6º do art. 159 da Lei das S/A, é infeliz "ao conceder um verdadeiro *bill* de indenidade aos administradores culposos". Carlos Zanini (A doutrina dos "*fiduciary duties*" no direito norte-americano e a tutela da sociedade e acionistas minoritários frente aos administradores de sociedades anônimas. *Revista de Direito Mercantil, Industrial, Econômico e Financeiro*, n. 109. São Paulo: Malheiros, jan./mar. 1998, p. 137-149, p. 147), com base na lição de Easterbrook e Fischel, considera que a *business judgment rule* não deveria ser aplicada, sob o fundamento principal de que os juízes lidam com matérias tão ou mais complexas do que as de gestão empresarial e isso acabaria conduzindo a uma supressão da competência do Poder Judiciário.

[1678] Para Modesto Carvalhosa (*Comentários à lei das sociedades anônimas*. São Paulo: Saraiva, 2003. p. 267, v. III), o administrador não pode ser responsável por erros de julgamento feitos de boa-fé e com observância dos deveres de diligência e de cuidado.

[1679] Vale ressaltar a seguinte observação de Fábio Comparato (*O poder de controle na sociedade anônima*. São Paulo: Saraiva, 2005. p. 387): "Não há dúvida de que o poder de apreciação e decisão sobre a oportunidade e a conveniência do exercício da atividade empresarial, em cada situação conjuntural, cabe ao titular do poder de controle, e só a ele. Trata-se de prerrogativa inerente ao seu direito de comandar, que não pode deixar de ser desconhecida, como salientamos, em homenagem a uma concepção anárquica, ou comunitária, da sociedade por ações".

dos necessários riscos que devem correr, as obrigações relacionadas ao dever de diligência são de meio, mas nunca de fim, como é pacífico na doutrina.[1680]

Uma das formas pelas quais o Direito Societário procura assegurar tal conclusão é, exatamente, por meio da aplicação da *business judgment rule*, princípio que, segundo Clark[1681] desdobra-se em duas formulações principais:

- a presunção de que, ao tomar uma decisão, os administradores agem sobre uma base informada em boa-fé e na crença honesta de que a ação foi tomada no melhor interesse da companhia; e
- a ideia de que o mérito das decisões dos administradores é insuscetível de alteração judicial, salvo se o julgamento tiver sido motivado por fraude, conflito de interesse, ilegalidade e, embora seja controverso, também na hipótese de negligência grave (*gross negligence*).

Assim, a *business judgment rule* não deixa de ser consequência das dificuldades de se avaliar o cumprimento *ex post* do dever de diligência. Não é sem razão que a maioria dos casos de responsabilização de administradores nos Estados Unidos resulta de ofensas ao dever de lealdade e à boa-fé,[1682] constatação que se aplica igualmente a outros países, como a Itália.[1683]

Embora seja um princípio cristalizado no direito norte-americano[1684] e inglês,[1685] a *business judgment rule* é objeto de inúmeras controvérsias.[1686] Isso não impede que haja certa convergência no sentido de que o princípio:

[1680] Segundo Bonelli (*Gli ammnistratori di S.P.A*. Milano: Giuffrè, 2004. p. 183-185), a atividade empresarial é de risco, motivo pelo qual o direito não impõe aos administradores a obrigação de gerir a sociedade sem cometer erros, até porque, se assim fosse, eles jamais tomariam decisões arriscadas. Logo, desde que tenha agido de forma diligente e buscando atender o interesse social, não há que se cogitar da responsabilidade do administrador pelo insucesso da sua decisão.

[1681] CLARK, Robert Charles. *Corporate law*. New York: Aspen Law & Business, 1986. p. 123-124.

[1682] É a conclusão exposta por Alexandre Couto Silva (*Responsabilidade dos administradores de S/A*, cit., p. 14): "A maioria dos casos de responsabilização dos administradores, nos Estados Unidos, baseia-se nos casos de (i) negociação com benefício próprio; (ii) condutas não consistentes com a boa-fé; (iii) atos contrários à lei; (iv) uso impróprio dos recursos da companhia, sabendo-se que não irá contribuir para o aumento dos negócios da companhia."

[1683] Como sustenta Bartalini (*La responsabilità degli amministratori e dei direttori generali di società per azioni*. Torino: Unione Tipografico-Editrice Torinese, 2000. p. 263), a maior parte dos precedentes jurisprudenciais que tratam do tema de violação ao dever de diligência referem-se, em termos mais ou menos expressos, também à violação ao dever de não agir em conflito de interesses, sendo raras as condenações baseadas exclusivamente na violação do dever de diligência. Alessandro De Nicola (*Soci di minoranza e amministratori: um rapporto difficile*. Bologna: Il Mulino, 2005. p. 213) chega à mesma conclusão, mostrando que, no caso da violação ao dever de lealdade, os critérios de determinação do ato ilícito são mais objetivos e precisos, até porque se referem, na maior parte, a situações de *self dealing* ou de conflito de interesses.

[1684] Segundo Alexandre Couto Silva (*Responsabilidade dos administradores de S/A*: business judgment rule. Rio de Janeiro: Elsevier, 2007. p. 141), "o desenvolvimento da *business judgment rule*, como princípio da jurisprudência americana, data de 1829, no caso Percy v. Millaudon, decidido pela Suprema Corte da Louisiana, estabelecendo-se que o simples prejuízo não faz o administrador responsável; deve-se provar que o administrador praticou um ato inadmissível ao padrão do homem comum – que não o praticaria em semelhantes condições". O autor (*Responsabilidade dos administradores de S/A*: business judgment rule. Rio de Janeiro: Elsevier, 2007.p. 149-156) descreve o caso como sendo hipótese de desconhecimento indesculpável, já que os administradores aprovaram determinada transação sem as informações suficientes, o que caracterizaria uma decisão não razoável ou não racional, hipótese de *gross negligence*.

[1685] Segundo Gevurtz (*Corporation law*. St. Paul: West Group, 2000. p. 279), isso foi facilmente perceptível durante a revisão do Model Business Corporation Act de 1984, quando não houve consenso sobre a definição da *business judgment rule*. Porém, é inegável, como destaca o autor (*Corporation law*. St. Paul: West Group, 2000. p. 282-288), o papel do princípio como (i) regra de proteção de administradores que agiram de boa-fé; (ii) regra que estabelece um *standard* de culpa grave (*gross negligence*); ou mesmo (iii) regra que cria uma distinção entre a revisão do processo decisório e não da sua substância.

[1686] A principal finalidade da *business judgment rule* é precisamente a de evitar o controle judicial sob o mero argumento de que a decisão foi errada (CLARK, Robert Charles. New York: Aspen Law & Business, 1986. p. 136).

- tem a função de viabilizar o equilíbrio entre a necessidade de punir administradores faltosos e a de estimular as inovações e os riscos "salutares" que devem ocorrer na atividade empresarial;
- busca afastar o controle estatal (judicial ou administrativo) sobre decisões empresariais tomadas de boa-fé e no bojo de procedimentos considerados adequados;[1687]
- não se aplica à violação do dever de lealdade, para cuja análise o direito anglo-saxão admite o exame do mérito das transações de maneira exaustiva, pelo critério da *entire fairness*;[1688]
- enfatiza o aspecto procedimental do dever de diligência, bem como sua vinculação ao dever de lealdade,[1689] motivo pelo qual tem como pressuposto decisões desinteressadas, bem informadas e visando ao interesse da companhia;[1690]
- busca contornar as dificuldades de se avaliar *ex post* as condutas dos administradores;[1691]

[1687] A principal finalidade da *business judgment rule* é precisamente a de evitar o controle judicial sob o mero argumento de que a decisão foi errada (CLARK, Robert Charles. *Corporate law*. New York: Aspen Law & Business, 1986. p. 136). Sob essa perspectiva, adverte Galgano (*Trattato di diritto commerciale e di diritto pubblico dell'economia*. Padova: Cedam, 1984. v. 7. v. II. p. 69) que nem mesmo o institucionalismo chega ao ponto de admitir o controle de mérito das companhias, motivo pelo qual autoridades e juízes podem intervir para restabelecer o respeito à lei e às regras de boa administração, mas não podem ingressar na valoração de conveniência, nem pretender corrigir a política econômica da companhia. No mesmo sentido, Bianchi (*Gli ammministratori di società di capitali*. Padova: Cedam, 2006.p. 612) deixa claro que os critérios de oportunidade e conveniência de uma decisão empresarial não podem ser revistos pelo juiz. Para Alexandre Couto Silva (*Responsabilidade dos administradores de S/A: business judgment rule*. Rio de Janeiro: Elsevier, 2007.p. 3), "a regra tem dois componentes: exclusão de responsabilidade do administrador que foi diligente; e isenção de intervenção judicial em decisões ou julgamentos do negócio tomados por administradores". Segundo Pedro Caetano Nunes (*Responsabilidade civil dos administradores perante os accionistas*. Coimbra: Almedina, 2001. p. 24), os fundamentos para tal restrição ao controle judicial vão desde a inexistência de formação específica dos juízes na área da gestão empresarial até o fato de que a análise ex post do mérito da decisão empresarial pode ser entorpecida pelos dados referentes aos resultados da decisão. No mesmo sentido, a seguinte lição de Alessandro De Nicola (*Soci di minoranza e amministratori: un rapporto difficile*. Bologna: Il Mulino, 2005. p. 172): "I giudici, poi, se trovano a dover decidire ex post di una determinata azione degli amministratori sai stata pressa senza il rispetto dei doveri fiduciari che li legano allá societá. Questo succede ad anni di distanza, senza tutte le informazione disponibili e da parte di soggetti, i guidici, appunto, non sottoposti a loro volta allá disciplina del mercato". No Brasil, tais limites seriam aceitos pela própria CVM, como se observa pela lição de Alexandre Couto Silva (*Responsabilidade dos administradores de S/A: business judgment rule*. Rio de Janeiro: Elsevier, 2007. p. 113): "Em decisão proferida pelo Colegiado da Comissão de Valores Mobiliários no julgamento do Processo Administrativo Sancionador CVM nº 03/2002 – Comissão de Inquérito -, Luiz Antonio de Sampaio Campos posicionou-se no sentido de que também não cabe a tal autarquia, a quem compete fiscalizar os atos dos administradores das companhias, se substituir ao juízo dos administradores."

[1688] Pedro Caetano Nunes (*Responsabilidade civil dos administradores perante os accionistas*. Coimbra: Almedina, 2001. p. 24) deixa claro este aspecto, ao afirmar que a *business judgment rule* não é aplicada em relação ao *duty* of *loyalty*, hipótese em que o mérito da decisão é examinado de maneira exaustiva.

[1689] Alexandre Couto Silva (*Responsabilidade dos administradores de S/A*, cit., p. 145-146) mostra que, em 1986, o estado de Delaware alterou a legislação societária – Delaware General Corporation Law (GCL) – autorizando o afastamento ou a limitação da responsabilidade dos acionistas salvo em casos de quebra do dever de lealdade, falta de boa-fé ou benefício pessoal direto ou indireto. Todas essas condutas podem ser consideradas violações ao dever de lealdade.

[1690] Segundo Alexandre Couto Silva (*Responsabilidade dos administradores de S/A*: business judgment rule. Rio de Janeiro: Elsevier, 2007. p. 1-2), "o Instituto Americano de Direito (ALI), em seus princípios de Governança Corporativa, estabeleceu os princípios sobre os quais se assenta a *business judgment rule* ao determinar que os administradores não serão responsabilizados se tomarem decisões: (i) de boa-fé; (ii) desinteressados – sem interesse na decisão; (iii) informados; e (iv) no interesse da companhia".

[1691] Como explica Jose Oriol Llebot Majo (*Los deberes de los administradores de la sociedad anônima*. Madrid: Editorial Civitas, 1996. p. 75), "incluso los administradores más diligentes pueden tomar decisiones que juzgadas con posterioridad pueden parecer negligentes por haber causado daños al patrimonio social".

- objetiva estimular pessoas para o exercício de cargos;[1692] e
- acaba dando margem à maior proeminência ao dever de lealdade.[1693]

Como foi visto, um dos aspectos centrais da *business judgment rule* é o dever de agir informado, motivo pelo qual é precisa a lição de Clark[1694] de que o princípio não protege julgamentos feitos sem a devida informação e sem o devido aconselhamento[1695].

Na verdade, a *business judgment rule* desloca a análise sobre o cumprimento do dever de diligência e de cuidado para a razoabilidade do processo decisório (*reasonable decision making*),[1696] o qual deverá ser avaliado de acordo os parâmetros usuais do dever de diligência, tais como o tamanho da empresa, a complexidade da atividade e da operação, o tempo para tomar a decisão, os custos para a obtenção das informações necessárias, a existência de consultas a experts, dentre outros.[1697]

Embora tenha sido formada no direito anglo-saxão, a *business judgment rule* é hoje reconhecida igualmente no direito romano-germânico, onde se tenta enquadrá-la nas categorias dogmáticas da responsabilidade civil, para o fim de apurar se seria mera presunção de legitimidade da decisão, excludente de ilicitude ou mesmo excludente de culpa.[1698]

[1692] Sobre a *business judgment rule*, afirma Majo (*Los deberes de los administradores de la sociedad anônima*. Madrid: Editorial Civitas, 1996. p. 75) que "la finalidad perseguida es también aquí la de estimular a las personas competentes para que aceptem asumir el cargo de administrador", já que "la doctrina de la *business judgment rule* en el Derecho norteamericano pasa por establecer con precisión en que consiste el riesgo que puede tener por efecto que personas capaces no quieran aceptar desempeñar el cargo de administrador por temor de incurrir en él."

[1693] Em razão da *business judgment rule*, Gunther Teubner (Corporate *fiduciary duties* and their beneficiaries. A functional approach to the legal institutionalization of corporate responsibility. In: HOPT, Klaus; TEUBNER, Gunther (org.). *Corporate governance and directors' liabilities*. Legal, economic and sociological analyses on corporate social responsibility. Berlin/New York: Walter de Gruyter, 1985. p. 153) conclui que a responsabilidade fiduciária nos Estados Unidos acabou sendo reduzida à vaga fórmula de que, em suas decisões, os administradores são responsáveis apenas pelo livre e imparcial exercício de julgamento, sem influência por qualquer outra consideração que não o benefício da companhia. Tal regra enfatiza, inclusive, a proeminência do dever de lealdade sobre o dever de cuidado.

[1694] *Corporate law*. New York: Aspen Law & Business, 1986. p. 129.

[1695] Alexandre Couto Silva (*Responsabilidade dos administradores de S/A: business judgment rule*. Rio de Janeiro: Elsevier, 2007. p. 149-150) mostra que o caso Smith vs. Van Gorkom foi um dos mais controvertidos sobre o tema, oportunidade na qual a Suprema Corte do Estado de Delaware entendeu que os administradores devem se informar adequadamente para tomar uma decisão. Assim, "a principal questão do juiz ao analisar esse elemento deve ser examinar se os conselheiros obtiveram todas as informações necessárias e se estavam razoavelmente disponíveis antes de tomar a decisão." Para a avaliação do cumprimento ou não do dever de se manter informado, esclarece o autor (op. cit., p. 155) que o referido precedente trouxe implícita, dentre outras, a recomendação de que "os conselheiros devem sempre requerer um estudo de avaliação independente". Não é sem razão que os Principles of Corporate Governance, editados pelo American Law Institute – ALI, preveem como pressupostos da aplicação da *business judgment rule* que o administrador (i) não tenha interesse na matéria; (ii) esteja razoavelmente informado; e (iii) acredite que a decisão é racionalmente a que melhor assegura o interesse da companhia (COSTA, Ricardo. Responsabilidade dos administradores e *business judgment rule*. In: ABREU, Jorge Manuel Coutinho et al. *Reformas do código das sociedades*. Coimbra: Almedina, 2007. p. 57-58).

[1696] Segundo Pedro Caetano Nunes (*Responsabilidade civil dos administradores perante os accionistas*. Coimbra: Almedina, 2001. p. 24-25), a *business judgment rule* impede, como regra, a análise do mérito da decisão (*reasonable decision*) sempre que (i) haja tomada consciente de uma decisão – não é aplicada quando inexista um *decision making process* e nos casos de falta de vigilância –; (ii) os administradores não tenham interesse pessoal financeiro ou pecuniário no mérito da decisão – senão seria violação ao dever de lealdade; e (iii) não haja a violação do dever de produzir um *reasonable decision making process*.

[1697] Segundo Alexandre Couto Silva (*Responsabilidade dos administradores de S/A*: business judgment rule. Rio de Janeiro: Elsevier, 2007. p. 155), os principais parâmetros a serem considerados são: (i) a relevância da decisão; (ii) o tempo disponível para a sua tomada; (iii) os custos para a obtenção da informação; (iv) a credibilidade das pessoas que forneceram a informação; (v) a situação dos negócios da companhia no momento da decisão; e (vi) a natureza de outras operações que, simultaneamente, estejam demandando a atenção dos administradores.

[1698] José Vasques (*Estruturas e conflitos de poderes nas sociedades anônimas*. Coimbra: Coimbra Editora, 2007. p. 203-208), por exemplo, fala da *business judgment rule* como uma presunção de licitude, afirmando que, no contexto do direito português, se trata de uma cláusula de exclusão de culpa, mas não de ilicitude. Em sentido semelhante, sustenta Ricardo Costa (Responsabilidade dos administradores e *business judgment rule*. In: ABREU, Jorge Manuel

Art. 159 — Ana Frazão

Assim como ocorre nos Estados Unidos, não há, no direito europeu continental, uma grande uniformidade a respeito do alcance do princípio, havendo países que, como a Alemanha, o acolhem em versão bem próxima à norte americana.[1699] De qualquer forma, nota-se a preocupação de vários ordenamentos em considerar a *business judgment rule* não como uma atenuação do dever de diligência,[1700] mas sim como uma decorrência natural da obrigação de meio inerente a tal dever.[1701]

Como já se viu, a *business judgment rule* impede, em princípio, o controle judicial sobre o mérito da decisão empresarial. Porém, a regra geral é afastada em casos de decisões manifestamente ilegais,[1702] irracionais, desarrazoadas ou inaceitáveis.[1703] O pressuposto para tais exceções

---

Coutinho et al. *Reformas do código das sociedades*. Coimbra: Almedina, 2007. p. 63-64 e 73) que, enquanto a *business judgment rule* é vista no direito norte-americano como uma presunção de correção e licitude da conduta dos administradores, seria uma excludente de responsabilidade no direito português, de forma que os administradores não seriam responsabilizados pela violação ao dever de diligência sempre que comprovarem que atuaram bem informados e que a sua decisão é racional e independente.

[1699] Ek Von Half e Hoyenberg (*Aktiengesellschaften*. München: DTV, 2006.p. 112) deixam claro que o direito alemão sempre considerou que puros erros administrativos não levam à obrigação de ressarcimento de danos, já que, pela sua natureza, um membro do Vorstand não pode assumir a garantia do sucesso econômico da sociedade, nem que ela terá lucros. Se uma tal garantia fosse necessária, em breve não se teria mais nenhuma pessoa interessada em assumir o ofício de membro de Vorstand.

[1700] Sobre este aspecto, o próprio Clark (*Corporate law*. New York: Aspen Law & Business, 1986. p. 124) reconhece que, a uma primeira vista, a *business judgment rule* parece retirar muito da força do *duty of care*, já que os diretores serão protegidos contra os erros honestos (*honest mistakes*) de julgamento. Para Pedro Caetano Nunes (*Responsabilidade civil dos administradores perante os accionistas*. Coimbra: Almedina, 2001. p. 23), ao excluir da apreciação dos tribunais o mérito das decisões dos administradores, a *business judgment rule* opera importante restrição da responsabilidade destes. A opinião de Reinier Kraakman (The economics functions of corporate liability. In: HOPT, Klaus; TEUBNER, Gunther (org.). *Corporate governance and directors' liabilities*. Legal, economic and sociological analyses on corporate social responsibility. Berlin/New York: Walter de Gruyter, 1985. p. 184) é ainda mais radical, pois, para ele, a *business judgment rule* torna a responsabilidade de administradores perante acionistas e terceiros quase nula, pois funciona como uma forma de contrato de indenização imposto judicialmente, que automaticamente alivia o board e os top managers da responsabilidade por falharem em prevenir delitos corporativos.

[1701] Sobre este aspecto, o próprio Clark (*Corporate law*. New York: Aspen Law & Business, 1986. p. 124) reconhece que, a uma primeira vista, a *business judgment rule* parece retirar muito da força do *duty of care*, já que os diretores serão protegidos contra os erros honestos (*honest mistakes*) de julgamento. Para Pedro Caetano Nunes (*Responsabilidade civil dos administradores perante os accionistas*. Coimbra: Almedina, 2001. p. 23), ao excluir da apreciação dos tribunais o mérito das decisões dos administradores, a *business judgment rule* opera importante restrição da responsabilidade destes. A opinião de Kraakman (The economics functions of corporate liability. In: HOPT, Klaus; TEUBNER, Gunther (org.). *Corporate governance and directors' liabilities*. Legal, economic and sociological analyses on corporate social responsibility. Berlin/New York: Walter de Gruyter, 1985. p. 184) é ainda mais radical, pois, para ele, a *business judgment rule* torna a responsabilidade de administradores perante acionistas e terceiros quase nula, pois funciona como uma forma de contrato de indenização imposto judicialmente, que automaticamente alivia o *board* e os *top managers* da responsabilidade por falharem em prevenir delitos corporativos.

[1702] No caso Miller v. American Telephone & Telegraph. Co, a corte considerou que a *business judgment rule* não poderia afastar a responsabilidade dos diretores se eles violaram lei federal, tendo os acionistas o poder de forçar o cumprimento de políticas legais (CLARK, Robert. *Corporate law*. New York: Aspen Law & Business, 1986. p. 139). Segundo Alexandre Couto Silva (*Responsabilidade dos administradores de S.A*. Business judgment rule. Rio de Janeiro: Elsevier, 2007. p. 4), "a *business judgment rule* não protege decisões que constituam fraude, ilegalidade ou ato *ultra vires*". No caso de fraude, dúvida não pode haver, pois haveria violação direta dos deveres de lealdade e de diligência. O ato *ultra vires* também pode ser visto como uma violação ao dever de diligência.

[1703] Maddalena Rabitti (*Rischio organizzativo e responsabilità degli amministratori*. Contributo allo studio dell'illecito civile. Milano: Giuffré, 2004. p. 16) cita jurisprudência italiana segundo a qual os administradores não podem praticar operações irracionais, previsivelmente arriscadas ou imprudentes e não podem superar o limite da razoabilidade que deve reger a discricionariedade do empreendedor. Em sentido próximo, adverte Bonelli (*Gli ammministratori di S.P.A*. Milano: Giuffrè, 2004.p. 185) que parte da doutrina italiana admite que administradores que realizam operações absolutamente desproporcionais aos meios técnicos ou financeiros da sociedade ou erros macroscópicos ou *grosseiros* não estão acobertados pela *business judgment rule*. Para Ricardo Costa

é que um processo decisório idôneo não pode levar a resultados tão absurdos, motivo pelo qual a referida desproporcionalidade ou irracionalidade da decisão empresarial revelaria o descumprimento do dever de diligência.[1704] Um dos desdobramentos desse raciocínio seria a assunção de riscos extraordinários, o que se mostraria desarrazoado diante da necessidade de proteção aos credores sociais.

Por fim, merece ser destacado que o princípio da função social da empresa, ao modificar a ideia de interesse social, tem repercussões igualmente sobre a *business judgment rule*, (i) seja para o fim de considerar razoáveis decisões orientadas para a tutela de outros interesses que não apenas os dos próprios acionistas[1705], (ii) seja para o fim de considerar abusivas decisões que, de forma dolosa ou desarrazoada, não atendam aos deveres de proteção e cuidado que se projetam sobre os demais interesses que compõem o interesse social.

10. *Business Judgment Rule*

Sérgio Campinho

O sistema de responsabilização civil dos administradores apropriado pela LSA conduz o intérprete para a individualização da

---

(Responsabilidade dos administradores e business judgment rule. In: ABREU, Jorge Manuel Coutinho et al. *Reformas do código das sociedades*. Coimbra: Almedina, 2007. p. 62), a versão norte-americana da ALI, com base nos princípios de governança corporativa da ALI, baseia-se essencialmente na racionalidade da conduta. Majo (*Los deberes de los administradores de la sociedad anónima*. Madrid: Civitas, 1996. p, 80-81) cita precedentes norte-americanos no sentido de que viola o dever de diligência a conduta do administrador que seja irracional, ou seja, que não possa ser explicada de forma lógica ou coerente. Daí a conclusão de Pedro Caetano Nunes (*Responsabilidade civil dos administradores perante os accionistas*. Coimbra: Almedina, 2001. p. 25) de que "por força da *business judgment rule* não existe responsabilidade por *negligent substantive decisions*. A responsabilidade restringe-se a situações de *gross negligence* no iter decisional ou a decisões irracionais (*egregious decisions* ou *irrational decisions*)". Prosseguindo, afirma Nunes (*Responsabilidade civil dos administradores perante os accionistas*. Coimbra: Almedina, 2001. p. 93) que "se a opção que o administrador fez é sustentável, o seu comportamento não é ilícito, ainda que existissem outras opções correctas". Assim, apenas poderiam ser consideradas ilícitas as decisões irracionais ou absolutamente insustentáveis, ou absolutamente irrazoáveis ou quando obtidas sem as informações necessárias. Daí a sua conclusão (idem) de que "a ilicitude tende a restringir-se a situações de dolo ou de negligência *grosseira*". No direito alemão, somente quando há uma conduta inaceitável do Vorstand, há uma violação das obrigações, que podem conduzir a obrigação de ressarcimento. Exemplos são os claros excessos em relação aos limites das funções do Vorstand, que se desviam do bem da empresa ou que se arriscam irresponsavelmente nos negócios (Ek Von Half e Hoyenberg, *Aktiengesellschaften*. München: DTV, 2006.p. 112). No direito espanhol, Fernando Sánchez Calero (*Los administradores en las sociedades de capital*. Navarra: Civitas, 2005. p. 173) cita como exemplos de condutas inaceitáveis a realização de operações completamente alheias aos preços de mercado, a alienação dos ativos mais importantes para a consecução do objeto social, a assunção de obrigações extremamente arriscadas ou especulativas de alto risco, a omissão em exigir o aporte dos sócios.

[1704] Bonelli (*Gli ammnistratori di S.P.A*. Milano: Giuffrè, 2004.p. 185-186) é contrário à tese de que a mera desproporcionalidade do ato de gestão ou o erro grosseiro levariam à responsabilidade do administrador. Enfatiza o autor que o dever de diligência, mesmo após a reforma do art. 2.392, não cria obrigação de perícia ou de não cometer erros. Afinal, muitas iniciativas consideradas excessivamente arriscadas podem ser exitosas, sendo incongruente que a companhia e seus acionistas se beneficiem deste exemplo, mas queiram ressarcimento quando não houver êxito, o que acabaria por sancionar as operações ou atividades inovadoras ou inusuais. Por essa razão, a desproporção ou falta de razoabilidade do ato de gestão tem relevância para a fixação da responsabilidade do administrador, mas tão somente enquanto implique uma violação ao dever de diligência, de agir com cautela e com as devidas informações. Tais pressupostos são aceitos, pacificamente, pela maioria da doutrina e pela jurisprudência da Itália. Para Maddalena Rabitti (*Rischio organizzativo e responsabilità degli amministratori. Contributo allo studio dell'illecito civile*. Milano: Giuffré, 2004. p. 17), ao valorar a razoabilidade dos atos dos administradores, a jurisprudência italiana vem agindo com extrema cautela, indagando se a gestão irracional pode ser vista como indício presuntivo de violação ao dever de diligência, de acordo com as peculiaridades do caso concreto. De qualquer forma, procede a advertência de Maria Elisabete Ramos (*Responsabilidade dos administradores e diretores de sociedades anônimas perante os credores sociais*. Coimbra: Coimbra Ed., 2002. p. 92) no sentido de que "o juiz deve avaliar não a conveniência ou a oportunidade do comportamento, mas a sua conformidade com o padrão de diligência".

[1705] Robert Clark (*Corporate law*. New York: Aspen Law & Business, 1986. p. 139) cita como exemplo o caso Shlensky v. Wrigley, no qual se entendeu que a conduta tomada em benefício da comunidade era contrária aos interesses da companhia ou dos acionistas, já que a preocupação com a vizinhança estaria incluída no interesse a longo prazo da companhia. Acresce que, nesse caso, a decisão foi tomada sem fraude, ilegalidade ou conflito de interesse.

responsabilidade dos gestores em razão da quebra dos deveres fiduciários de diligência, de lealdade e de não entrar em situação de conflito de interesses com a companhia.[1706]

O § 6º do art. 159 da LSA, ao apontar para a exclusão de responsabilidade do administrador que agiu de boa-fé e no interesse da companhia, ampara a técnica da *business judgment rule*.[1707]

Como gestora de bens e interesses de terceiros, a administração societária envolve decisões empresariais sujeitas à futura avaliação na assembleia geral. Mas as decisões diuturnas a que estão os administradores obrigados a tomar no exercício de suas funções encontram-se, naturalmente, revestidas de risco e passíveis das áleas do mercado. São os gestores que irão avaliar a conveniência e a oportunidade na tomada das decisões almejando resultado útil para companhia, representado na maximização dos lucros. Afinal, essa consideração é inerente à função desempenhada. Por isso, exige-se prudência no ulterior juízo dos acionistas acerca das circunstâncias e motivações que deram inspiração e suporte a uma decisão empresarial pretérita.

Não é interessante para a companhia que os administradores sejam desestimulados, ou até mesmo inibidos, de tomar decisões, ainda que tais decisões envolvam riscos, repita-se, inerentes à atividade empresarial. O receio de questionamentos derivados do insucesso dos seus atos pode tolher a criatividade e a perspectiva de realização de bons negócios para a companhia. Enfraquece a busca de uma administração segura, criativa e eficiente o fato de suas decisões poderem, costumeiramente, ser revistas pelo corpo social e, até mesmo, pelo Poder Judiciário.

Na avaliação dos atos de gestão, o eventual erro cometido não deve ser julgado por si só. É mister que se investigue se ele representou infração de um dever ou de uma obrigação. O erro deve ser caracterizado como grave e grosseiro para representar violação de conduta. Não se pode olvidar, por outro lado, que as obrigações dos administradores são obrigação de meio.

A partir dessa constatação, desenvolveu-se no Direito norte-americano, na esteira de decisões dos Tribunais, a denominada *business judgment rule*, justo para evitar que os atos dos administradores sejam usualmente revisados em juízo e que fiquem eles – os administradores – sujeitos à responsabilização.

Aflora, pois, como uma proteção à tomada de decisões dos administradores, restringindo o grau de sua revisão *a posteriori* pelo Poder Judiciário. Pauta-se em uma presunção de que o ato praticado foi adequado, fundado na boa-fé, no atendimento ao interesse da companhia e dentro da boa ciência e prática de administração.

Sustenta-se em doutrina que a *business judgment rule* consiste em um *standard of judicial review*, ou seja, denota uma regra de controle judicial das decisões dos administradores, estabelecendo a presunção de que agiram de forma independente e desinteressada, com conhecimento e informações adequadas, com boa-fé e acreditando que seus atos buscavam atender aos interesses da companhia.[1708]

Os administradores não terão, assim, cumprido o dever de diligência e, portanto, perderão a proteção da *business judgment rule*, se em suas decisões: (a) não obraram de boa-fé; (b) não agiram no interesse da companhia; (c) deixaram de se informar adequadamente sobre o negócio realizado; ou (d) não atuaram de forma desinteressada e independente. Esse conjunto de normas de conduta indica o parâmetro de aplicação da *business judgment rule*, que se constrói a partir de um sistema de presunção relativa, a qual pode ser afastada no caso concreto. Mas o conjunto acima ordenado, para se aferir se os administradores observaram ou não o dever de diligência, não se apresenta positivado. São guias, orientadores para a aplicação da técnica jurídica nas demandas de revisão dos atos e responsabilização dos administradores. Os elementos e as circunstâncias para a aplicação da *business judgment rule* permanecem em constante desenvolvimento pelas Cortes na análise dos casos concretos.

Conquanto ainda não se tenha alcançado uma uniforme definição da *business judgment rule* pelos Tribunais e pela doutrina

---

[1706] Este último dever é corolário do próprio dever de lealdade.

[1707] Neste sentido, Nelson Eizirik: "No § 6º, adotou-se, também entre nós, o princípio da *business judgment rule* ('regra da decisão empresarial'), consagrada no direito societário norte-americano" (*A lei das S/A comentada*. 2. ed. São Paulo: Quartier Latin, 2015. p. 189/190).

[1708] EIZIRIK, Nelson; GAAL, Ariádna B.; PARENTE, Flávia; HENRIQUES, Marcus de Freitas. *Mercado de capitais: regime jurídico*. 3. ed. Rio de Janeiro: Renovar, 2011. p. 437-438.

norte-americana, pode-se enxergá-la como um *standard of non-review*,[1709] na medida em que visa a evitar a interferência judicial nos atos de administração da companhia, criando uma presunção de que as decisões observaram o dever de diligência dos administradores. A Corte, desse modo, abstém-se de revisar o mérito dos atos dos administradores, a menos que o demandante traga provas substanciais e robustas que afastem essa presunção.

Creio que essa orientação, em que na essência consiste a *business judgment rule*, inclusive no que se refere aos paradigmas de conduta acima alinhados, possa ser tranquilamente observada no Direito brasileiro e, assim, orientar o nosso sistema jurídico para confirmar a presunção relativa do cumprimento do dever de diligência pelos administradores (diretores e conselheiros de administração) na prática de seus atos, desestimulando a revisão judicial desses atos. O escopo central, destarte, é o de proteger equívocos de julgamento em negócios da companhia, mas pautados na boa-fé, sem que se possa imputar ao administrador o cometimento de um erro técnico. O erro de avaliação escusável na tomada de decisão é o que se liga à política de negócios e não à técnica do negócio. Assim, como regra de princípio, afastar-se-á a responsabilidade do administrador quando o erro da decisão puder ser explicado e justificado de forma lógica e coerente, observados os critérios da racionalidade empresarial. Não se pode responsabilizar o administrador que agir de boa-fé, devidamente informado, de modo independente, refletido e no interesse da companhia. Do contrário, estar-se-á fazendo prevalecer a ideia da responsabilidade objetiva, incompatível com a LSA, que consagrou a responsabilidade advinda da culpa.

11. Contratos de indenidade

ANA FRAZÃO

Os contratos de indenidade são negócios jurídicos por meio das quais as companhias se comprometem a fazer frente às despesas que resultarem da responsabilização pessoal dos seus administradores em processos arbitrais, judiciais e/ou administrativos. Tratando-se da danos causados pelo administrador à própria companhia, como é evidente, não é possível fazer uso dos contratos de indenidade. Referidos contratos servem, portanto, para mitigar o risco das atividades dos administradores, funcionando como fatores de estímulo à contratação e à retenção de gestores qualificados.

Por outro lado, esses contatos podem trazer impactos financeiros substanciais para a companhia. Isso porque, diferentemente do que ocorre nos contratos de seguro de responsabilidade civil, os chamados contratos D&O[1710], em que a indenização é suportada pela seguradora, ficando a cargo da companhia apenas o pagamento do prêmio fixado na apólice, nos contratos de indenidade, a companhia assume diretamente parte do risco financeiro individual do administrador. Se um terceiro ou acionista, por exemplo, propuserem ação individual contra o administrador, o valor pago a título de indenização será pago ou ressarcido pela companhia, observados os limites e condições fixados no contrato de indenidade.

Além dos desdobramentos financeiros, os acordos de indenidade também afetam o próprio regime de responsabilização dos administradores, na medida em que a transferência do risco pessoal para a companhia pode inviabilizar o caráter preventivo da responsabilidade dos administradores – criando um desincentivo para a busca da melhor gestão – e pode ainda prejudicar o regime dual previsto intencionalmente pela lei, por meio do qual a responsabilidade dos administradores deve ocorrer de forma concomitante à responsabilidade das companhias. Some-se a isso o risco de conflito de interesses tanto no momento da definição dos termos desses contratos quanto durante sua execução. Nas hipóteses em que os próprios administradores deliberam sobre as condições desses acordos e decidem quanto ao cabimento ou não de eventual pagamento, é inequívoca a existência de conflitos de interesses.

Na tentativa de minimizar esses inconvenientes, a CVM editou o Parecer de Orientação nº 38/2018, que traz diretrizes relativas ao processo de elaboração, aprovação e execução dos contratos de indenidade, notadamente, (i) os atos dos administradores que não devem ser passíveis de indenização e os principais

---

[1709] SHARFMAN, Bernard S. Being informed does matter: fine tuning gross negligence twenty plus years after Van Gorkom in *The Business Lawyer*. Section of Business Law of the American Bar Association, Chicago, v. 62, nov. 2006, p. 145.

[1710] Referidos contratos são regulados pela Circular SUSEP 553/2017.

cuidados que devem ser observados quando da definição da abrangência da cobertura, (ii) a necessidade de implantação de procedimentos que assegurem que as decisões relativas a eventuais dispêndios sejam tomadas com independência e no melhor interesse da companhia e (iii) as informações que devem ser divulgadas aos acionistas e ao mercado em relação aos termos e condições do contrato, dentre outras coisas.

Como definiu a autarquia, o objetivo do parecer foi estimular a adoção de regras e procedimentos para assegurar o "necessário equilíbrio entre, de um lado, o interesse da companhia de proteger seus administradores contra riscos financeiros decorrentes do exercício de suas funções, no âmbito de processos administrativos, arbitrais ou judiciais e, de outro, o interesse da sociedade de proteger seu patrimônio e de garantir que seus administradores atuem de acordo com os padrões de conduta deles esperados e exigidos por lei".

Nesse sentido, o parecer da CVM recomenda que não devem ser passíveis de indenização as despesas decorrentes de atos imputados aos administradores quando (i) tenham sido praticados fora do exercício de suas atribuições, (ii) com má-fé, dolo, culpa grave ou mediante fraude ou (iii) em interesse próprio ou de terceiros, em detrimento do interesse social da companhia.

Trata-se de exclusões compatíveis com a finalidade dos acordos de indenidade e com o regime de responsabilidade dos administradores. Como visto anteriormente, esse regime assenta-se na responsabilidade subjetiva, pois não faria sentido transferir o risco da atividade, que é da companhia, a seus administradores. Além disso, a responsabilidade subjetiva é também a mais idônea porque exerce importante papel preventivo e disciplinador. Ciente de que responderá apenas por culpa, o administrador tem incentivos concretos para agir corretamente.

Nesse contexto, os deveres fiduciários de lealdade e de diligência ocupam posição de destaque no assunto, pois é da sua violação que se pode extrair um fundamento consistente para a responsabilização individual dos administradores. Dentro dessa perspectiva, observa-se que as excludentes dos acordos de indenidade previstas pela CVM referem-se precisamente às hipóteses de violação flagrante aos deveres de lealdade e de diligência, casos em que normalmente a reprovabilidade da conduta é alta e a constatação do ilícito é mais simples. Isso é especialmente verdadeiro nos casos de violação do dever de lealdade – agir fora das atribuições ou sem buscar o interesse da companhia para favorecer a si próprio ou terceiros – ou nos casos de violação ao dever de diligência traduzidos na fraude ou no dolo.

A questão da culpa grave é mais delicada, pois envolve uma gradação da reprovabilidade da conduta, suscitando controvérsias quanto ao correto cumprimento dos contratos de indenidade. Um dos eixos da análise deverá ser a perspectiva funcional e finalística de tais acordos pois, como esclarece a própria CVM, há que se "evitar que um instrumento legítimo de atração e retenção de executivos ganhe feições de blindagem para condutas não condizentes com o grau de zelo que se exige de cada integrante da administração.

As exclusões são importantes para assegurar o cumprimento dos deveres fiduciários pelos administradores. De fato, a celebração de contratos de indenidade muito abrangentes, que blindassem os administradores mesmo nas hipóteses de violação aos deveres de diligência e de lealdade, estimularia a prática de atos contrários à Lei nº 6.404/1976, frustrando a função preventiva da responsabilização dos administradores.

Além das exclusões, o parecer da CVM também se preocupa com o estabelecimento de regras procedimentais para garantir que as decisões relativas ao dispêndio de recursos em razão dos contratos de indenidade sejam tomadas de maneira independente e em consonância com o interesse da companhia. Em primeiro lugar, deve-se evitar que os administradores cujas despesas poderão vir a ser indenizadas participem das deliberações quanto à existência ou não de cobertura. Quando mais da metade dos administradores sejam beneficiários diretos de eventual decisão favorável ao dispêndio dos recursos ou quando houver divergência em relação ao enquadramento do ato do administrador como passível de indenização, a decisão deve ser submetida à deliberação da Assembleia Geral. A mesma recomendação aplica-se quando os valores envolvidos forem substanciais.

É importante também assegurar o cumprimento do dever de transparência. Com efeito, considerando-se os possíveis efeitos dos contratos de indenidade sobre o patrimônio e a gestão da companhia, as condições previstas nesses negócios devem ser divulgadas aos acionistas. Uma alternativa é incluir a obrigação, assim como seus termos e condições, no próprio estatuto social. Outra opção é submeter a minuta do contrato à aprovação da Assembleia Geral. Para além dessas duas alternativas, a CVM recomenda que a companhia divulgue ao mercado os pontos mais relevantes do contrato de indenidade, como o valor-limite da indenização, o período de cobertura abrangido pelo contrato, os administradores que poderão ser beneficiados pelo contrato, as excludentes do direito à indenidade, o órgão da companhia responsável pela decisão quanto ao pagamento assim como as regras e procedimentos adotados para mitigar os conflitos de interesses, dentre outras coisas.

12. Ação individual de responsabilidade civil

Ana Frazão

Além da ação social, a lei prevê no art. 159, § 7º, a ação individual de responsabilidade civil, que tem por objetivo reparar um dano direto causado aos acionistas ou a terceiros por ato imputável aos administradores da companhia. A propositura da ação individual independe de deliberação prévia da Assembleia Geral, já que o acionista (ou terceiro) visa a reparar seu próprio interesse, ainda que possa coincidir com os interesses de outros acionistas.[1711]

Note-se que o dano indireto ou reflexo não autoriza o ajuizamento da ação individual. Assim, quando o dano causado ao patrimônio dos acionistas ou de terceiros for apenas um desdobramento do dano causado ao patrimônio da própria companhia, a ação individual não será cabível. É o que ocorre, quando o prejuízo causado à companhia tem como consequência a queda do valor das ações ou a redução ou supressão dos dividendos que seriam distribuídos ao final do exercício.

Assim, mesmo que eventuais danos sofridos pela companhia repercutam sobre a dimensão patrimonial da posição acionária dos sócios, tratar-se-ão tão somente de danos indiretos que não ensejarão direito à reparação por parte dos acionistas.[1712]

Tal posição não tem a finalidade de restringir o nexo causal nessa hipótese, mas tão somente de possibilitar um critério coerente de separação entre os danos sofridos pela companhia e os danos sofridos por acionistas ou terceiros, evitando, dessa maneira, o *bis in idem*. É certo que existem algumas situações limítrofes, como a insolvência dolosa, em relação à qual há controvérsias sobre se os danos são causados diretamente à sociedade ou aos acionistas e terceiros. Contudo, na maior parte dos casos, o critério do dano direto, além de ser coerente com a personalização, é idôneo para distinguir entre as pretensões da companhia e aquelas dos acionistas e terceiros em nome próprio.[1713]

Todavia, apesar da idoneidade do critério do dano direto, ele nem sempre é de fácil identificação. A própria jurisprudência do STJ, embora seja uníssona no sentido de exigir o dano direto, oscila em relação à definição do que é dano direto.[1714]

Como os administradores são órgãos, todos os seus atos praticados perante acionistas e terceiros, mesmo os atos ilícitos e os *ultra vires*, vinculam a companhia. Por essa razão, o ofendido, ao ajuizar a ação de responsabilidade individual, terá três opções: (i) acionar apenas o administrador, (ii) acionar apenas a companhia ou (iii) acionar ambos.[1715] Nas duas últimas

---

[1711] CARVALHOSA, Modesto; KUYVEN, Fernando. *Tratado de direito empresarial. Sociedades anônimas*. São Paulo: RT, 2018. v. 3. p. 919-920.

[1712] FRAZÃO, Ana. *Função social da empresa*. Repercussões sobre a responsabilidade civil de controladores e administradores de S/As. São Paulo: Saraiva, 2011. p. 364-365.

[1713] FRAZÃO, Ana. *Função social da empresa*. Repercussões sobre a responsabilidade civil de controladores e administradores de S/As. São Paulo: Saraiva, 2011.

[1714] No julgamento do REsp 1.536.949/SP (Rel. Min. Marco Buzzi. Rel. p/ acórdão Min. Raul Araújo. 4ª T. j. 06.09.2016. DJe 04.11.2016), a maioria entendeu que haveria dano direto por parte de acionista que detém expressivo percentual do capital social, ou seja, 49%. De forma contrária, os votos vencidos entenderam que o fato de o minoritário deter 49% do capital social não trasmuda o dano à sociedade em dano direto a ele.

[1715] FRAZÃO, Ana. *Função social da empresa*. Repercussões sobre a responsabilidade civil de controladores e administradores de S/As. São Paulo: Saraiva, 2011. p 364-369. Por essa razão, Rubens Requião (*Curso de direito comercial*. Atualizado por Rubens Raimundo Requião. São Paulo: Saraiva, 2003. vol. II. v. II, p. 222) sustenta que a ação direta baseada em prejuízo direto a acionista ou terceiro pode ser movida contra a companhia e contra o administrador. No mesmo sentido, Luciola Nerillo (*Responsabilidade civil dos administradores nas sociedades por ações*. Curitiba: Juruá, 2003. p. 176) sustenta que "ao terceiro estariam franqueadas essas duas vias: acionar a pessoa jurídica ou

hipóteses, a companhia terá direito de regresso contra o administrador faltoso.[1716]

O único pressuposto para a vinculação da companhia, portanto, é que se trate de ato praticado por administrador, nesta condição. Se assim não for, responderá o administrador na condição de particular, de acordo com as normas gerais da responsabilidade extracontratual.[1717]

O regime aqui diverge da hipótese em que o dano ocorre em virtude de ato ilícito praticado pelo controlador. Isso porque o controlador não é órgão. Embora exerça o seu poder na Assembleia Geral, seus atos não podem ser imputados à companhia. Como conclui acertadamente Fabio Konder Comparato, "o desvio do poder, no qual incorre o controlador, desnatura a legitimidade da decisão coletiva",[1718] de modo que, mesmo que a decisão seja tomada em Assembleia, não se pode considerar o ato como praticado pela própria sociedade, segundo a concepção orgânica".[1719] Dessa maneira, apenas o controlador responderá pelos seus atos ilícitos, não tendo a companhia legitimidade para figurar no polo passivo.

13. Baixa eficácia do regime de responsabilidade civil dos administradores e importância da responsabilidade administrativa

Ana Frazão

Há muito que a doutrina brasileira destaca a pouca eficácia das ações de indenização contra administradores de companhias, havendo inúmeras especulações e tentativas de explicação sobre o que justificaria as poucas ações nesse sentido.

Sobre o tema, é importante mencionar o relatório "Fortalecimento dos meios de tutela reparatória dos direitos dos acionistas no mercado de capitais brasileiro", fruto de uma iniciativa conjunta entre a CVM, a OCDE e o Governo Brasileiro,[1720] que conclui no sentido da baixa eficácia e procura encontrar algumas causas, dentre a presunção de quitação que decorre da aprovação das contas dos administradores, o que exige inclusive a prévia anulação da assembleia correspondente antes da propositura da ação de indenização.

Como já se viu nos comentários ao art. 117, da Lei nº 6.404/1976, trata-se de diagnóstico extremamente preocupante, já que as soluções regulatórias de nada adiantam se não houver eficácia. Daí por que há de se buscar soluções para incentivar tais demandas, assim como assegurar que, uma vez propostas, as cortes judiciais e arbitrais estejam preparadas para julgá-las de forma célere e adequada.

Enquanto isso não acontecer, o *enforcement* dos deveres e responsabilidades dos administradores, pelo menos de companhias abertas, acaba decorrendo mais da atuação da CVM do que propriamente da responsabilidade civil. Entretanto, por melhor que seja a atuação da CVM, isso não afasta a necessidade de regime complementar igualmente eficiente de responsabilidade civil, que possa criar os incentivos corretos para uma boa gestão tanto de companhias abertas como de companhias fechadas.

---

o administrador, à sua escolha. Optando por demanda a pessoa jurídica, esta terá que responder e, posteriormente, deverá ressarcir-se perante seu próprio administrador."

[1716] VALVERDE, Trajano de Miranda. *Sociedade por ações*. 2. ed. Rio de Janeiro: Forense, 1953. v. 3. p. 46 e ss.

[1717] FRAZÃO, Ana. *Função social da empresa*. Repercussões sobre a responsabilidade civil de controladores e administradores de S/As. São Paulo: Saraiva, 2011. p. 409 e s. Filia-se aqui à lição de Bonelli (*Gli ammnistratori di S.P.A*. Milano: Giuffrè, 2004. p. 223-224), ao ressaltar que tal tipo de responsabilidade apenas ocorre na atividade de gestão.

[1718] COMPARATO, Fábio Konder; Salomão Filho, Calixto. *O poder de controle na sociedade anônima*. Rio de Janeiro: Forense, 2005. p. 403.

[1719] COMPARATO, Fábio Konder; Salomão Filho, Calixto. *O poder de controle na sociedade anônima*. Rio de Janeiro: Forense, 2005. p. 403. Tal posição, todavia, não é unânime na doutrina. José Reinaldo Lima Lopes (O acionista controlador na Lei de Sociedade por ações. Revista de direito de informação legislativa, ano 16, n. 61, p. 265-275, jan./mar. 1979, p. 269) faz uma diferenciação entre a responsabilidade interna do controlador perante a companhia e os acionistas e a responsabilidade externa, perante credores e empregados, concluindo que esta última "só pode surgir indiretamente e após verificação de que a sociedade não pode de fato ou de direito cumprir a obrigação e seu envolvimento se deu pura e simplesmente no interesse do controlador".

[1720] Disponível em: www.cvm.gov.br.

> **Órgãos Técnicos e Consultivos**
>
> **Art. 160.** As normas desta Seção aplicam-se aos membros de quaisquer órgãos, criados pelo estatuto, com funções técnicas ou destinados a aconselhar os administradores.

COMENTÁRIOS

1. Extensão do regime de responsabilidade dos administradores aos membros de órgãos estatutários com funções técnicas ou de aconselhamento aos administradores

ANA FRAZÃO

Ao lado da Diretoria e do Conselho de Administração, os estatutos das companhias poderão criar órgãos com funções técnicas ou consultivas, aos quais obviamente não poderão ser delegadas as competências privativas dos órgãos de administração.

Esses órgãos – normalmente Conselhos ou Comitês – não poderão, portanto, ter funções propriamente administrativas; não poderão deliberar, com força vinculante, sobre as matérias de competência privativa do Conselho de Administração nem representar a companhia externamente, como os diretores. Trata-se, essencialmente, de órgãos auxiliares, com função de simples consulta e assessoramento.

Nessa linha, o Código das Melhores Práticas de Governança Corporativa do IBGC esclarece que os comitês são órgãos de assessoramento ao conselho de administração, que "não têm poder de deliberação, e suas recomendações não vinculam as deliberações do conselho de administração.[1721]

Em geral, caberá a esses órgãos estudar os assuntos de sua competência e preparar propostas para o Conselho de Administração. O Código de Melhores Práticas de Governança Corporativa do IBGC recomenda que o material preparado para o Conselho seja fornecido com a antecedência necessária para sua análise, juntamente com a recomendação do voto.[1722]

A constituição de comitês é um tema já antigo nos Estados Unidos, tendo a discussão chegado à Europa continental nos anos 1990, por meio, sobretudo, dos códigos de governança corporativa. A Recomendação da Comissão das Comunidades Europeias[1723] traz um conjunto de boas práticas relativa ao papel dos administradores não executivos e dos membros do conselho de supervisão. O documento destaca que há três domínios em que os conflitos de interesses são mais acentuados – a nomeação e remuneração dos administradores e a auditoria – e recomenda a criação de comitês nessas áreas, cuja função será, em princípio, emitir recomendações que auxiliarão na tomada de decisões pelos Conselhos, admitindo-se a delegação de parte de seus poderes decisórios se autorizado pela legislação nacional. No Brasil, como visto, as competências previstas no art. 142 da Lei nº 6.404/1976, são privativas do Conselho de Administração, não podendo ser delegadas aos comitês, que exercerão sempre mera função consultiva.

Embora destituídos de força vinculante, os comitês são importantes porque asseguram a *expertise* necessária no tratamento de determinadas matérias. Assim, a formação deles deve incluir pessoas com competências e habilidades adequadas a seu objeto, além de independência em relação ao tema de atuação. São exemplos de comitês os de finanças, de sustentabilidade, de *compliance* e de auditoria. Nos termos da Recomendação da Comissão Europeia de 15 de fevereiro de 2005, "O principal objetivo dos comitês deve consistir em reforçar a eficiência desses conselhos, garantindo que as decisões se baseiam nos elementos relevantes e ajudando a organizar o seu trabalho tendo em vista assegurar que as decisões que os conselhos tomam não envolvam quaisquer conflitos de interesses importantes".

No Brasil, a Lei nº 13.303/2016 (Nova Lei das Estatais) obriga a constituição do Comitê de Auditoria nas empresas públicas e sociedades de economia mista, que funcionará como órgão auxiliar do Conselho de Administração, a qual

---

[1721] IBGC – Instituto Brasileiro de Governança Corporativa. *Código das melhores práticas de governança corporativa*. 5. ed. São Paulo, SP: IBGC, 2015. p. 57.

[1722] IBGC – Instituto Brasileiro de Governança Corporativa. *Código das melhores práticas de governança corporativa*. 5. ed. São Paulo, SP: IBGC, 2015. p. 58.

[1723] Disponível em: https://eur-lex.europa.eu/legal-content/PT/TXT/PDF/?uri=CELEX:32005H0162&from=PT. Acesso em: 13.07.2019.

deverá se reportar diretamente. Mesmo em companhias privadas, a necessidade de observância aos programas de integridade tem mostrado a necessidade da criação de comitês de auditoria e de *compliance*.

Os comitês podem assumir função relevante também quando se trata de aprovar matérias nas quais os acionistas tenham interesses conflitantes. Nessa linha, o Parecer CVM 35/2008 recomenda que nas operações de fusão, incorporação e incorporação de ações envolvendo controladora e controladas ou sociedades sob controle comum, deve ser constituído um comitê especial independente para negociar a operação e submeter suas recomendações ao Conselho de Administração. A ideia por trás dessa orientação é assegurar que a relação de troca e as condições da operação serão equitativas.

Alguns autores sustentam que os integrantes desses órgãos técnicos e consultivos fazem parte da administração. É o que defendem, por exemplo, Alfredo Lamy Filho e José Luiz Bulhões Pedreira,[1724] segundo os quais, "os órgãos técnicos e consultivos, que aconselham os administradores, não são órgãos de linha, mas de *staff*, integram a administração, participam da formação das deliberações administrativas – ou, em outras palavras, seus membros também são administradores. Outros, como Marcelo Adamek,[1725] sustentam que, à semelhança dos conselheiros fiscais, os membros desses órgãos não integram, propriamente, a administração orgânica da companhia. Exatamente por isso, se justificaria a existência do art. 160, da Lei nº 6.404/1976, que estende a esses órgãos os deveres e responsabilidades dos administradores.

Independentemente da posição adotada, certo é que, por força de disposição expressa da Lei nº 6.404/1976 (art. 160), os membros desses órgãos técnicos e consultivos estão sujeitos ao mesmo regime de responsabilidade que disciplina a ação de diretores e Conselheiros de Administração, motivo pelo qual a eles se aplicarão, dentro das suas competências, as conclusões já deduzidas nos comentários aos arts. 153 a 159, da Lei nº 6.404/1976, inclusive no que diz respeito à solidariedade, com a ressalva de que deve ser observada a especialidade que caracteriza o desempenho de suas funções.

2. Órgãos estatutários na estrutura da companhia

Rodrigo R. Monteiro de Castro

O art. 138 estabelece que a administração da companhia competirá, conforme dispuser o estatuto, ao conselho de administração e à diretoria, ou somente à diretoria. Em qualquer hipótese, a diretoria representa, privativamente, a sociedade; o conselho, órgão de deliberação colegiada, tem como função principal a fixação e a orientação geral dos negócios empresariais.

Os diretores são eleitos pelo conselho de administração, se existente, ou pela assembleia geral; os conselheiros são eleitos, sempre, pela assembleia geral. O prazo máximo de gestão de qualquer membro da administração é de 3 anos. A fim de evitar a confusão entre os órgãos, a LSA autoriza, no § 1º do art. 143, a eleição de no máximo 1/3 dos membros do conselho de administração para ocuparem também cargo de diretoria.

A diretoria é composta por pelo menos dois diretores e o conselho de administração por pelo menos três conselheiros; não se fixa número máximo para qualquer um dos órgãos. Porém, o art. 143 e o art. 140 determinam, respectivamente, que o estatuto estabelecerá o número de diretores e de conselheiros, ou o máximo e o mínimo permitidos.

Apenas pessoas naturais podem ser eleitas para órgãos de administração. Diretores devem residir no País. Até o início de 2011, o conselheiro deveria ser acionista da companhia (os diretores, não). Com o advento da Lei nº 12.431, a exigência caiu.[1726] A LSA não estipula idade máxima para membros de órgãos de administração.

[1724] LAMY FILHO, Alfredo; PEDREIRA, José Luiz Bulhões. *A Lei das S/A*. Rio de Janeiro: Renovar, 1992. p. 609.

[1725] ADAMEK, Marcelo Vieira Von. . *Responsabilidade civil dos administradores de S/A e as ações correlatas*. São Paulo: Saraiva, 2009. p. 26. Modesto Carvalhosa (*Comentários à Lei das Sociedades Anônimas*. São Paulo: Saraiva, 2017. edição kindle) é categórico em afirmar que os membros desses comitês não são administradores: "os membros do conselho consultivo não são administradores ou quase administradores, não tendo qualquer função ou poder que pudessem caracterizá-los como tais. Não praticam atos de gestão e, muito menos, de representação. Suas funções são as de orientar e, portanto, aconselhar os órgãos de administração – diretoria e conselho de administração".

[1726] O *caput* do art. 146, com redação dada pela Lei nº 10.194, de 2001, estabelecia que "[p]oderão ser eleitos para membros dos órgãos de administração pessoas naturais, devendo os membros do conselho de administração ser

Ademais, o administrador pode ser destituído a qualquer tempo, independentemente do tempo transcorrido de gestão.

De acordo com o art. 139 da LSA, as atribuições e poderes conferidos por lei aos órgãos de administração não podem ser outorgados a outro órgão, criado por lei ou pelo estatuto.

Toda companhia terá um conselho fiscal, cujo funcionamento, de modo permanente ou não, será definido no estatuto. As principais competências do órgão são a fiscalização, por qualquer de seus membros, dos atos dos administradores, e a verificação de seus deveres legais e estatutários.

Essas e as demais atribuições, previstas na LSA, também são indelegáveis. A proibição delegatória consiste em mecanismo de ponderação do poder de controle, visto que o órgão deve se instalar a pedido de acionistas que representem, no mínimo, 0,1 (um décimo) das ações com direito a voto, ou 5% das ações sem direito a voto.

O art. 160 estabelece que as normas relativas à seção IV do Capítulo XII da LSA, que trata dos deveres e responsabilidades dos administradores, aplicam-se aos membros de quaisquer órgãos, criados pelo estatuto, com funções técnicas ou consultivas.

Apesar da autorização legislativa para criação orgânica, o âmbito de atuação é delimitado pelo art. 139, o qual, conforme indicado acima, desautoriza a delegação de atribuições previstas na LSA a qualquer órgão, concebido por lei ou pelo estatuto.

Em outras palavras, a criação de algum órgão, mesmo com suporte no art. 160, incluindo conselhos consultivo ou deliberativo, e comitês (em relação a estes, independentemente de suas finalidades), não poderá abalar a competência dos órgãos administrativos consagrados na LSA.

3. Comitês

RODRIGO R. MONTEIRO DE CASTRO

O alemão Klaus J. Hopt escreve sobre a função que códigos de governança elaborados por associações ou grupos de interesses exercem no mercado[1727]. Apesar de não se inserirem, formalmente, no conceito de lei, costumam ter alguma – ou grande – aceitação social. É comum que tratem sobre a administração de companhia e recomendem a criação de órgãos complementares – geralmente chamados de comitês.

Um bom exemplo, no Brasil, é o Código das Melhores Práticas de Governança Corporativa, publicado pelo Instituto Brasileiro de Governança Corporativa (IBGC), que prevê, no item 2.20, o seguinte:

> Comitês são órgãos, estatutários ou não, de assessoramento ao conselho de administração. Sua existência não implica a delegação das responsabilidades que competem ao conselho de administração como um todo. Os comitês não têm poder de deliberação, e suas recomendações não vinculam as deliberações do conselho de administração.
> Comitês específicos podem exercer diversas atividades de competência do conselho que demandam um tempo nem sempre disponível nas reuniões desse órgão social. Os Comitês estudam os assuntos de sua competência e preparam propostas para o conselho. Dentre os comitês que podem ser criados, destacam-se: auditoria; finanças; pessoas; riscos; sustentabilidade.
> Para assuntos pontuais de apoio ao conselho de administração, podem ser criados grupos de trabalho ou comissões, e não necessariamente comitês.

A criação de um comitê, como os sugeridos pelo IBGC, não poderá abalar a competência da administração. Em nenhuma hipótese terá função representativa (atribuída à diretoria) ou orientadora (prevista ao conselho de administração), ou revestirá os poderes do conselho fiscal.

Sua função, conforme expressado pelo art. 160, resume-se ao assessoramento e ao aconselhamento da administração.

O comitê poderá se vincular à diretoria ou ao conselho de administração, conforme definido internamente por cada companhia, e, consequentemente, reportar-se ao respectivo órgão a que esteja vinculado.

---

acionistas e os diretores residentes no País, acionistas ou não". A partir da mencionada lei de 2011, a redação do artigo passou a ser a seguinte: "[p]oderão ser eleitas para membros dos órgãos de administração pessoas naturais, devendo os diretores ser residentes no País".

[1727] HOPT, Klaus J. Comparative corporate governance: the state of art and international regulation. *Working Paper* n. 170, jan. 2011, p. 37.

4. Comitês executivo no âmbito do conselho de administração

RODRIGO R. MONTEIRO DE CASTRO

Apesar de a LSA não prever a criação de comitês executivos no âmbito do conselho de administração, formado, portanto, por conselheiros eleitos pela assembleia geral, também não existe impedimento.

Para que não se configure um órgão técnico ou consultivo, na forma do art. 160, deve ser composto exclusivamente por membros do próprio órgão, que agem dentro dele e atuam no âmbito das funções orgânicas, com o propósito de oferecer aos demais conselheiros elementos, informações, relatórios e, até, orientações a respeito de matérias sujeitas à deliberação colegiada.

O comitê executivo do conselho de administração aproxima os órgãos da sociedade e pode contribuir para que as reuniões de conselho se tornem mais eficientes.

O texto abaixo expressa o conteúdo de cláusula estatutária de companhia fechada, com ações subscritas, de modo igualitário, pelos três únicos acionistas, pessoas jurídicas integrantes de poderosos grupos nacionais:

1. Observadas as restrições previstas em lei, o Conselho de Administração poderá criar um comitê executivo do conselho (o 'Comitê Executivo'), composto por 3 (três) membros do Conselho de Administração, cada um indicado por um dos Acionistas, que exercerá suas funções, dentro dos limites estabelecidos pelo Conselho de Administração.

2. O Comitê Executivo deverá reunir-se pelo menos 1 (uma) vez por mês, com a presença de todos os seus membros, que poderão se fazer assistir por profissionais, de confiança e indicação dos Acionistas, de notório conhecimento das matérias em pauta, para auxiliá-los em suas decisões. O Diretor Presidente da Companhia deverá participar de todas as reuniões do Comitê Executivo, como convidado.

3. A presidência do Comitê Executivo será exercida por um de seus membros, designado pelo Conselho de Administração, e será responsável pela pauta, desenvolvimento e conclusão das matérias submetidas ao Comitê Executivo, bem como pela convocação das reuniões. O mandato do presidente do Comitê Executivo será de 1 (um) ano, cabendo reeleição.

4. O Conselho de Administração poderá atribuir ao Comitê Executivo o poder para deliberar sobre certas matérias. Neste caso, os conselheiros que não integrarem o Comitê Executivo delegarão seus votos ao conselheiro membro, indicado pelo mesmo Acionista. O quórum especial exigido para deliberação de certas matérias pelo Conselho de Administração, constante do Item "x" deste Acordo, deverá ser observado no âmbito do Comitê Executivo, *mutatis mutandis*.

5. O presidente do Comitê Executivo poderá ser remunerado, cabendo ao Conselho de Administração deliberar sobre esta remuneração.

6. No caso de implementação de plano de incentivo, poderá o presidente do Comitê Executivo ser incluído em tal plano, cabendo aos Acionistas determinar a forma de sua participação.

Os deveres e responsabilidades de membros de comitê executivo do conselho de administração são, em tudo e por tudo, expressos, sem ressalvas, na Seção IV do Capítulo XII da LSA. Não poderia ser diferente pois, como indicado acima, não há distinção material entre o órgão (conselho) e o subórgão (comitê executivo), que, ao final, se confundem – ou se integram. Um é parte do outro e não se pode dissociá-los. A existência do comitê executivo atende a uma necessidade organizacional e tem como propósito dar mais eficácia à atuação colegiada.

Essa proposição não se aplica aos órgãos do art. 160, qualquer que seja sua denominação ou nomenclatura. Não há confusão ou semelhança em relação à diretoria ou ao conselho de administração, pois as naturezas e as funções são distintas.

Assim, a incidência de determinadas normas que são próprias dos órgãos de administração deve ser confirmada à luz do caso concreto. A integração normativa não ocorre de modo automático, e somente se verificará se a subsunção for efetiva – e não presumida. Ou seja, o simples fato de integrar um órgão criado pelo estatuto, em conformidade com o art. 160, não transforma a pessoa integrante em administradora da companhia, tampouco a sujeita incondicionalmente ao conjunto normativo que pesa sobre diretores e conselheiros.

Isso não quer dizer que a pessoa seja, por outro lado, irresponsável ou que não tenha deveres; tem, e se, no âmbito de sua atuação, atrair, de modo efetivo, as normas da Seção IV, poderá responder na forma do art. 158 – ou, até mesmo, como alguém que cause prejuízos à companhia e se sujeite, portanto, ao dever reparatório previsto no regime geral de responsabilidade civil, estatuído no CC.

CAPÍTULO XIII
CONSELHO FISCAL

Composição e Funcionamento

Art. 161. A companhia terá um conselho fiscal e o estatuto disporá sobre seu funcionamento, de modo permanente ou nos exercícios sociais em que for instalado a pedido de acionistas.

§ 1º O conselho fiscal será composto de, no mínimo, 3 (três) e, no máximo, 5 (cinco) membros, e suplentes em igual número, acionistas ou não, eleitos pela assembleia-geral.

§ 2º O conselho fiscal, quando o funcionamento não for permanente, será instalado pela assembleia-geral a pedido de acionistas que representem, no mínimo, 0,1 (um décimo) das ações com direito a voto, ou 5% (cinco por cento) das ações sem direito a voto, e cada período de seu funcionamento terminará na primeira assembleia-geral ordinária após a sua instalação.

§ 3º O pedido de funcionamento do conselho fiscal, ainda que a matéria não conste do anúncio de convocação, poderá ser formulado em qualquer assembleia-geral, que elegerá os seus membros.

§ 4º Na constituição do conselho fiscal serão observadas as seguintes normas:

a) os titulares de ações preferenciais sem direito a voto, ou com voto restrito, terão direito de eleger, em votação em separado, 1 (um) membro e respectivo suplente; igual direito terão os acionistas minoritários, desde que representem, em conjunto, 10% (dez por cento) ou mais das ações com direito a voto;

b) ressalvado o disposto na alínea anterior, os demais acionistas com direito a voto poderão eleger os membros efetivos e suplentes que, em qualquer caso, serão em número igual ao dos eleitos nos termos da alínea *a*, mais um.

§ 5º Os membros do conselho fiscal e seus suplentes exercerão seus cargos até a primeira assembleia-geral ordinária que se realizar após a sua eleição, e poderão ser reeleitos.

§ 6º Os membros do conselho fiscal e seus suplentes exercerão seus cargos até a primeira assembleia-geral ordinária que se realizar após a sua eleição, e poderão ser reeleitos. (Redação dada pela Lei 10.303, de 2001)

§ 7º A função de membro do conselho fiscal é indelegável. (Incluído pela Lei 10.303, de 2001)

COMENTÁRIOS

1. Existência obrigatória e funcionamento facultativo

FÁBIO ULHOA COELHO

O Conselho Fiscal é o órgão de assessoria da Assembleia Geral, na apreciação das contas dos administradores e das demonstrações financeiras. Sua principal incumbência é fornecer aos acionistas um *parecer* relativamente a esses documentos, para ser considerado como subsídio no momento da votação. Por certo, como órgão de assessoria, o Conselho Fiscal emite pronunciamentos que não vinculam os acionistas. Estes votam de acordo com o entendimento que formam a respeito da veracidade, ou não, das contas dos administradores e das demonstrações financeiras, e eventualmente respondem pelas consequências de sua decisão. Para a formação desse entendimento pelos acionistas é que a LSA engendrou uma solução, a do Conselho Fiscal, em que se objetiva a disponibilização de um subsídio (parecer) elaborado por quem teve condições de acompanhar a companhia durante todo o exercício e esmiuçar o conteúdo dos documentos que serão votados pela Assembleia Geral.

Como o Conselho Fiscal é órgão divisível, o seu parecer pode até mesmo contemplar duas conclusões radicalmente opostas (e isso não é raro, nas sociedades anônimas em que estão estressadas as relações entre os acionistas), vale dizer, a recomendação pela aprovação das contas e das demonstrações financeiras, por parte da representação da maioria no Conselho Fiscal, ao lado da recomendação pela rejeição destes mesmos documentos, por parte da representação da minoria. Nada há de estranhável nessa situação. Cada acionista, diante do parecer, irá exercer o seu voto e prevalecerá o da maioria, descartados os votos dos acionistas em conflito de interesses. Se os inconformados com o resultado da Assembleia Geral forem a juízo para discutir a pertinência dos votos proferidos no sentido majoritário, então será possível que se investigue qual das duas conclusões opostas constantes do parecer do Conselho Fiscal é a juridicamente correta. Caso contrário, não havendo ação visando a anulação de votos majoritários, ou não dependendo o julgamento da ação proposta do escrutínio do parecer do Conselho Fiscal, este remanescerá tal como produzido: um documento que abriga simultaneamente recomendações contraditórias, de acordo com a visão dos fiscais.

O Conselho Fiscal é órgão de existência *obrigatória*, mas funcionamento *facultativo*, e nenhuma incongruência existe nesta afirmação.

A obrigatoriedade da existência do Conselho Fiscal significa, em primeiro lugar, que o órgão existe mesmo se o estatuto for omisso a respeito; mais que isso, significa também que não terá validade eventual cláusula estatutária que o excluísse da estrutura da companhia, dificultasse ou proibisse sua instalação. A rigor, não há mesmo nada a ser disciplinado acerca do Conselho Fiscal por meio do estatuto, encontrando-se na LSA todas as disposições necessárias à sua instalação e funcionamento. É certo que o regulamento interno do Conselho Fiscal pode detalhar alguns procedimentos ou especificidades, mas eles são sempre prescindíveis à atuação do órgão e, claro, não podem contrariar o que a LSA dispôs acerca dele.

Ao seu turno, a facultatividade do funcionamento abre duas possibilidades. Enquanto os acionistas não consideram fazer uso desse instrumento de fiscalização da administração da sociedade, não há razões para pôr em funcionamento o Conselho Fiscal, economizando-se os custos correspondentes. É esta, aliás, a situação que encontramos nas sociedades em que as relações entre os acionistas não estão estressadas, e reina o clima de confiança e harmonia. Caso, porém, acionistas passem a ter interesse em fazer uso desse instrumento de fiscalização da administração, uma vez atendidos os pressupostos da LSA, o Conselho Fiscal é instalado, isto é, posto em funcionamento.

O funcionamento do Conselho Fiscal é permanente apenas em duas hipóteses: (i) na sociedade de economia mista (LSA, art. 240); ou (ii) quando determinada a permanência pelo estatuto (art. 161).

As funções do Conselho Fiscal são indelegáveis (§ 7º), no sentido de ser incontornavelmente *privativa* deste órgão a competência que a LSA lhe atribui no art. 163. Nenhum outro órgão pode exercer tais atribuições, se o Conselho Fiscal não estiver em funcionamento. Também não a podem exercer, diretamente, os acionistas. Deste modo, o acionista minoritário não tem o direito de exigir uma cópia da ata da reunião do Conselho de Administração (cogito de uma ata que não precisa ser tornada pública, segundo o disposto no art. 142, § 1º), porque, sendo tal exigência uma das competências do Conselho Fiscal, atender à requisição do sócio importaria em desrespeito ao § 7º do art. 161. Se este minoritário entende que a reunião em foco deveria ser objeto de fiscalização, o caminho é mais longo e passa pela sugestão ao Conselho Fiscal ou, se este nem estiver em funcionamento, pela apresentação do pedido de sua instalação.

2. Pedido de instalação

FÁBIO ULHOA COELHO

O controlador é titular, como qualquer acionista, do direito essencial de fiscalização da administração e pode, querendo, exercê-lo por meio da instalação do Conselho Fiscal. Mas, isso é um cenário bastante improvável, tendo em vista os muitos outros instrumentos, inclusive informais, que tem à mão para fiscalizar conselheiros e diretores da companhia que ele controla. Deste modo, o Conselho Fiscal acaba sendo instrumento de fiscalização da administração utilizado pelos acionistas minoritários, e a LSA assegura-lhes os meios para tanto, operacionalizáveis independentemente da vontade da maioria.

Se o Conselho Fiscal não estiver em funcionamento, os minoritários podem solicitar (*rectius*, requisitar) sua instalação. O funcionamento será necessariamente uma deliberação da Assembleia Geral, que elegerá os seus membros. Mas, uma deliberação meramente formal, já que ela não pode deixar de atender à requisição dos minoritários, quando apresentada com observância de todos os pressupostos da lei.

De acordo com o art. 161, § 2º, da LSA, para titular o direito de requisitar o funcionamento do Conselho Fiscal, o minoritário (ou minoritários) deve ser titular de um percentual mínimo de participação societária.

Na companhia fechada, o percentual mínimo de participação societária exigido para exercício do direito de requisitar o funcionamento do Conselho Fiscal é de: (i) 10% do capital votante (ou, como prefere a lei, "um décimo" deste); ou (ii) 5% do capital não votante. Já na companhia aberta, os percentuais variam, de 2% a 8% do capital votante e de 1% a 4% do capital não votante, de acordo com o capital social da companhia (Res. CVM 70/2022; LSA, art. 291).

O pedido pode ser formulado a qualquer tempo, inclusive no decorrer de Assembleia Geral, ordinária ou extraordinária e independentemente da ordem do dia (§ 3º). Se formulado enquanto não transcorre Assembleia Geral, deve a administração convocá-la especialmente para colocar o Conselho Fiscal em funcionamento, por meio da eleição dos seus membros. Se não for providenciada a convocação (quer dizer, a primeira publicação do aviso) nos 8 dias seguintes à sua solicitação, os acionistas minoritários podem, eles mesmos, convocar a Assembleia Geral, para essa finalidade, quando titulam pelo menos 5% do capital votante ou 5% do capital não votante (art. 123, parágrafo único, *d*).

3. Eleição do Conselho Fiscal

Fábio Ulhoa Coelho

Na Assembleia de instalação do Conselho Fiscal, os seus membros serão definidos por duas ou três eleições em separado. O número de eleições varia em função da quantidade de representação da minoria a ser atendida.

Em outros termos, têm direito a representação no Conselho Fiscal dois conjuntos de acionistas minoritários: os titulares de direito de voto que representem pelo menos 10% do capital votante; e os que não titulam o direito a voto, sendo irrelevante a respectiva participação acionária. No primeiro conjunto, encontram-se os minoritários com ações ordinárias e os que detêm ações preferenciais com voto, permanente ou temporariamente. No segundo conjunto, estão os minoritários com ações preferenciais desprovidas de voto, ou com voto restrito.

Pois bem. Se a sociedade possui apenas um destes conjuntos de minoritários, em sua composição acionária, ou possui os dois, mas somente um deles tem interesse em se ver representado no Conselho Fiscal, haverá somente uma representação de minoria no órgão. Quando ela possui os dois conjuntos de minoritários, e os dois querem ter representantes no Conselho Fiscal, nele haverá, claro, duas representações de minoria.

A representação da maioria será sempre superior à representação da minoria. Deste modo, o Conselho Fiscal terá no mínimo três membros e seus suplentes, e no máximo cinco membros e seus suplentes. Funcionará com três fiscais, se houver apenas uma representação da minoria (minoritários com ou sem voto), sendo dois deles escolhidos pelo controlador; e funcionará com cinco fiscais, se houver duas representações da minoria (minoritários com e sem voto), sendo três da escolha do controlador.

Para o Conselho Fiscal funcionar com cinco membros, sendo três representantes da maioria e os outros dois representando um mesmo conjunto de minoritários (com ou sem voto), é indispensável que esta particular composição do órgão decorra de expressa previsão estatutária ou da vontade unânime dos acionistas expressa na Assembleia Geral.

4. Mandato dos fiscais

Fábio Ulhoa Coelho

De acordo com os §§ 5º e 6º do art. 161, da LSA (a duplicidade deve-se a descuido do legislador em 2001),[1728] os membros do Conselho Fiscal, titulares e suplentes, exercerão seus cargos até a primeira Assembleia Ordinária realizada após a sua eleição. Assim deve ser, para que possam cumprir sua incumbência de subsidiar o voto dos acionistas em relação às contas da administração e demonstrações financeiras. Desincumbindo-se desta sua principal tarefa, vão apresentar um parecer relativo ao exercício findo, mas precisam de tempo para examinar as

---

[1728] O Projeto de Lei aprovado no Legislativo, que deu origem à Lei 10.303/2001, estabelecia no § 5º do art. 161 uma regra de composição para o Conselho Fiscal das companhias abertas (um representante do controlador, um dos minoritários e um terceiro membro a ser escolhido de comum acordo, que tenderia a ser "independente"). Esse mesmo Projeto de Lei transformou o então § 5º em § 6º, mantendo a norma de extensão do mandato dos fiscais. O Chefe do Poder Executivo após veto ao novo § 5º, mantendo consequentemente a redação então vigente. Deveria, contudo, ter também vetado o novo § 6º, mas não o fez, sancionando a entrada em vigor de um dispositivo que simplesmente repete a mesma regra de extensão do mandato dos fiscais.

contas da administração e as demonstrações financeiras correspondentes. Daí a regra estender o mandato dos fiscais até a Assembleia Geral Ordinária em que a recomendação de seus pareceres poderá ser útil.

De qualquer modo, se na Assembleia Geral Ordinária seguinte à que elegeu o Conselho Fiscal, não houver nova requisição de minoritários, atendidos os pressupostos do art. 161, § 2º, o órgão deixa de funcionar. Será, claro, do interesse de todos que, diante da omissão dos minoritários em formularem a requisição, se indague deles *in loco* se não têm mais interesse no instrumento de fiscalização ou se eventualmente estariam desinformados do término do mandato dos eleitos. É do interesse de todos, porque, se a hipótese é da desinformação, logo os minoritários se aperceberão do deslize no exercício de seus direitos e solicitarão a convocação de nova Assembleia Geral. Economizar-se-ão recursos da sociedade, e tempo dos acionistas, se a questão ficar completamente esclarecida na própria Assembleia Geral Ordinária.

Nota-se, então, que após o término do exercício social, embora os fiscais permaneçam nos seus cargos até a Assembleia Geral Ordinária, eles não podem fiscalizar os atos que estejam sendo praticados pela administração no exercício em curso. Imagine-se que a AGO foi convocada para 30 de abril de ano II. Os fiscais eleitos no ano I permanecerão em seus cargos até essa data, mas, mesmo entre 1º de janeiro e 30 de abril do ano II, só terão competência para fiscalizar os atos praticados durante o exercício findo em 31 de dezembro do ano I. Para os atos do ano II, serão competentes os fiscais a serem eleitos, se e quando requisitado o funcionamento do Conselho Fiscal. Pode acontecer, também, de os fiscais serem eleitos no mês de janeiro ou fevereiro do ano II, com a incumbência de fiscalizar os atos do exercício social correspondente ao ano I. Também eles terão o seu mandato findo em 30 de abril do ano II.

Ao contrário dos membros do Conselho de Administração e da Diretoria, os fiscais não exercem função de confiança dos acionistas, tampouco daqueles que o elegeram. Os fiscais não podem, por isso, ser substituídos *ad nutum*. São causas de interrupção do mandato apenas a renúncia, morte ou incapacidade do fiscal e a destituição pela Assembleia Geral, por descumprimento de dever. Assim é para que os membros do Conselho Fiscal possam desfrutar da indispensável autonomia no cumprimento de suas funções fiscalizatórias.

5. Interpretação conforme a Constituição do art. 161, §§ 2º e 4º

Fábio Ulhoa Coelho

Sem qualquer justificativa plausível, a LSA trata diferentemente as condições para a minoria requisitar a instalação do Conselho Fiscal e a representação dela no órgão, segundo duas circunstâncias: a companhia não integrar ou integrar um grupo "de direito".

Há, é certo, duas especificidades, relativamente ao Conselho Fiscal das sociedades vinculadas a convenção de grupo, que dizem respeito à fiscalização do cumprimento da obrigação de combinar recursos e esforços, contraída neste negócio jurídico-societário. Referem-se ao direito de voto da sociedade de comando e das filiadas, na escolha da representação da maioria no órgão e à competência dos fiscais de requisitarem informações da administração das demais sociedades do grupo. Estas duas especificidades são compreensíveis e têm pertinência com a matéria regulada.

Mas, as diferenças atinentes ao pedido de instalação pelos minoritários e à representação deles não são justificáveis. Não se mostram, por isso, compatíveis com o princípio constitucional da isonomia. Pelo método exegético "conforme a Constituição", as normas de lei ordinária incompatíveis com disposições do texto fundamental são interpretadas de modo tal que, preservando-se sua validade, lhes permite uma aplicação útil.[1729] De nada aproveitaria à pauta da proteção dos acionistas minoritários simplesmente declarar a inconstitucionalidade desses preceitos que os tratam diferentemente, sem razão suficiente. Ao contrário, prestigiando esta importante pauta, deve o intérprete buscar uma intelecção dos dispositivos incompatíveis com a isonomia, que conduza à solução que melhor protejam os interesses dos acionistas minoritários.

[1729] Acentua Luís Roberto Barroso: "como técnica de interpretação, o princípio [da interpretação conforme a Constituição] impõe a juízes e tribunais que interpretem a legislação ordinária de modo a realizar, da maneira mais adequada, os valores e fins constitucionais. Vale dizer: entre interpretações possíveis, deve-se escolher a que tem mais afinidade com a Constituição" (*Curso de direito constitucional*. 4. ed., 2ª tir. São Paulo: Saraiva, 2014. p. 325).

Deste modo, os arts. 161, § 2º, e 277 da LSA, interpretados conforme a Constituição, importam que, *em qualquer sociedade anônima*, filiada ou não a grupo de direito, o Conselho Fiscal deve ser instalado a pedido de acionistas com direito a voto (com ações ordinárias ou com ações preferenciais que, permanente ou temporariamente, conferem esse direito ao seu titular) representantes de 5% do capital votante; ou por acionistas sem direito a voto (ações preferenciais) titulares de 5% do capital não votante.

Já o art. 161, § 4º, e 277, § 1º, da LSA, interpretados pelo mesmo método, determinam que os acionistas minoritários com ações votantes (ordinárias ou preferenciais com voto) têm direito a um representante e seu suplente, no Conselho Fiscal, eleitos em eleição separada, independentemente do percentual de sua participação.

A interpretação conforme a Constituição do art. 161, § 2º, possibilita também a correção de uma deficiência técnica da LSA. Diz respeito à discrepância entre os percentuais exigidos para os minoritários com voto requisitar a instalação da Conselho Fiscal e pedir a convocação da Assembleia Geral para esta mesma finalidade. Interpretado o art. 161, § 2º, sem o método da conformidade constitucional, o acionista minoritário deve ter, para requisitar o funcionamento do Conselho Fiscal, uma participação acionária *superior* à que necessita para solicitar a convocação da Assembleia Geral destinada a esta mesma finalidade. Um contrassenso patente. Não há congruência lógica entre os arts. 161, § 2º, e 123, parágrafo único, *d*, relativamente ao acionista minoritário com direito a voto. Um acionista de companhia fechada que é titular somente de 8% do capital votante (ou qualquer outro percentual de pelo menos 5%, mas inferior a 10%) pode solicitar a convocação de Assembleia Geral para a instalação do Conselho Fiscal, sem, contudo, haver qualquer garantia de que será alcançado o percentual de 10% indispensável à solicitação do funcionamento do órgão. Se a distribuição das participações societárias for tal que já se possa antecipar a impossibilidade de atendimento do percentual do art. 161, § 2º, seria um despropósito a convocação da Assembleia Geral. Interpretando-se conforme a Constituição o art. 161, § 2º, elimina-se a discrepância entre os percentuais exigidos do minoritário com voto entre este dispositivo e do art. 123, parágrafo único, *d*, igualando-os em 5% do capital votante.

Requisitos, Impedimentos e Remuneração

Art. 162. Somente podem ser eleitos para o conselho fiscal pessoas naturais, residentes no País, diplomadas em curso de nível universitário, ou que tenham exercido por prazo mínimo de 3 (três) anos, cargo de administrador de empresa ou de conselheiro fiscal.

§ 1º Nas localidades em que não houver pessoas habilitadas, em número suficiente, para o exercício da função, caberá ao juiz dispensar a companhia da satisfação dos requisitos estabelecidos neste artigo.

§ 2º Não podem ser eleitos para o conselho fiscal, além das pessoas enumeradas nos parágrafos do artigo 147, membros de órgãos de administração e empregados da companhia ou de sociedade controlada ou do mesmo grupo, e o cônjuge ou parente, até terceiro grau, de administrador da companhia.

§ 3º A remuneração dos membros do conselho fiscal, além do reembolso, obrigatório, das despesas de locomoção e estada necessárias ao desempenho da função, será fixada pela assembleia-geral que os eleger, e não poderá ser inferior, para cada membro em exercício, a dez por cento da que, em média, for atribuída a cada diretor, não computados benefícios, verbas de representação e participação nos lucros. (Redação dada pela Lei 9.457, de 1997)

COMENTÁRIOS

1. Requisitos para ser fiscal

FÁBIO ULHOA COELHO

Para ser eleito membro do Conselho Fiscal (fiscal), deve o candidato atender a dois requisitos: (i) ser pessoa natural; e (ii) estar preparada para o exercício da função.

Em relação ao primeiro requisito, observo inicialmente que as pessoas jurídicas e os fundos de investimento não podem ser eleitas para o Conselho Fiscal, já que a LSA limita às pessoas naturais a elegibilidade a este órgão. Não seria má ideia uma alteração legislativa, que, por meio da elegibilidade de pessoas jurídicas, permitisse às empresas de auditoria candidatar-se ao cargo. Com isso, haveria até mesmo a oportunidade de fiscais com maior capacidade operacional e patrimônio suficiente para garantir a indenização por eventuais erros no exercício da função. Enquanto não ocorre a mudança, somente pessoas naturais podem ser fiscais.

Ainda em relação ao primeiro requisito, cabe lembrar o esclarecimento, feito no art. 261, de que podem ser fiscais acionistas ou não da companhia. Qualquer acionista, incluindo o controlador, pode se candidatar à eleição de fiscal, desde que não sejam pessoas jurídicas, nem fundo de investimento.

No tocante ao segundo requisito, a preparação para o exercício da função é presumida (em termos absolutos) quando o candidato possui formação superior (em qualquer área, embora seja preferível a formação em contabilidade, economia, administração de empresas ou direito) ou experiência nos negócios, comprovada pelo exercício de pelo menos três anos de cargo de administrador de empresa.

Falha a LSA, na lógica, ao estabelecer como meio de comprovação do preparo, para o exercício do cargo de fiscal, o exercício do cargo de fiscal por pelo menos três anos. Ora, se alguém já foi eleito para o Conselho Fiscal, é porque já atende a esse requisito por ter formação superior ou por ter sido, pelo mesmo interregno, administrador de empresa. Essa parte da norma só tem pertinência lógica, se lhe conferirmos a natureza de "transitória", tendo em vista que a lei anterior à de 1976 não estabelecia o requisito da preparação técnica para o cargo de fiscal (Dec.-lei 2.627/1940, art. 124).

A única hipótese de supressão judicial desses requisitos consiste na inexistência de pessoas que os atenda, "nas localidades" da companhia (§ 1º).

2. Impedimentos para ser fiscal

FÁBIO ULHOA COELHO

Estão impedidos de exercerem o cargo de fiscal, em primeiro lugar, os impedidos de ser administrador, segundo o disposto no art. 147. E, aqui, há três conjuntos de impedimentos a considerar: (i) pessoas impedidas por lei especial, ou condenadas por crime falimentar, de prevaricação, suborno, concussão, peculato, contra a economia popular, a fé pública ou a propriedade, ou a pena criminal que vede, ainda que temporariamente, o acesso a cargos públicos (art. 147, § 1º); (ii) inabilitados pela CVM, se a companhia for aberta (art. 147, § 2º); e (iii) exercício de cargo na administração ou consultoria de nível superior em empresa concorrente ou conflito de interesses, salvo se dispensado do impedimento pela Assembleia Geral (art. 147, § 3º). Em qualquer uma dessas hipóteses na qual a LSA impede alguém de ser administrador da sociedade anônima, também o impede de ser eleito para o Conselho Fiscal.

Em segundo lugar, estão impedidos os que não possuam suficiente imparcialidade para fiscalizar, com independência, a administração da sociedade anônima; especificamente, "*os membros de órgãos de administração e empregados da companhia ou de sociedade controlada ou do mesmo grupo, e o cônjuge ou parente, até terceiro grau, de administrador da companhia*" (§ 2º). Com ênfase, o empregado não tem autonomia para fiscalizar adequadamente o seu superior hierárquico, assim como o parente do administrador também não está em condições de fiscalizá-lo com independência.

3. Remuneração do fiscal

FÁBIO ULHOA COELHO

Os fiscais são remunerados pela sociedade anônima de cujo Conselho Fiscal participam. O trabalho de qualquer um deles, tanto os da representação da maioria como os da minoria, aproveita a todos os acionistas, que, ao discutirem ou votarem as contas dos administradores e demonstrações financeiras, dispõem dos subsídios técnicos que os ficais oferecerem.

A Assembleia Geral fixa a remuneração dos fiscais, quando os elege. E, na grande maioria das vezes, o faz no mínimo legal, que é de 10% da *média da remuneração* dos diretores, excluídos dos cálculos os "benefícios, verbas de representação e participação nos lucros" pagos aos membros da diretoria.

Além da remuneração pelo seu trabalho, o fiscal tem direito ao ressarcimento das despesas e estada em que incorrer no cumprimento da função (§ 3º).

Competência

Art. 163. Compete ao conselho fiscal:

I – fiscalizar, por qualquer de seus membros, os atos dos administradores e verificar o cumprimento dos seus deveres legais e estatutários; (Redação dada pela Lei 10.303, de 2001)

II – opinar sobre o relatório anual da administração, fazendo constar do seu parecer as informações complementares que julgar necessárias ou úteis à deliberação da assembleia-geral;

III – opinar sobre as propostas dos órgãos da administração, a serem submetidas à assembleia-geral, relativas a modificação do capital social, emissão de debêntures ou bônus de subscrição, planos de investimento ou orçamentos de capital, distribuição de dividendos, transformação, incorporação, fusão ou cisão;

IV – denunciar, por qualquer de seus membros, aos órgãos de administração e, se estes não tomarem as providências necessárias para a proteção dos interesses da companhia, à assembleia-geral, os erros, fraudes ou crimes que descobrirem, e sugerir providências úteis à companhia; (Redação dada pela Lei 10.303, de 2001)

V – convocar a assembleia-geral ordinária, se os órgãos da administração retardarem por mais de 1 (um) mês essa convocação, e a extraordinária, sempre que ocorrerem motivos graves ou urgentes, incluindo na agenda das assembleias as matérias que considerarem necessárias;

VI – analisar, ao menos trimestralmente, o balancete e demais demonstrações financeiras elaboradas periodicamente pela companhia;

VII – examinar as demonstrações financeiras do exercício social e sobre elas opinar;

VIII – exercer essas atribuições, durante a liquidação, tendo em vista as disposições especiais que a regulam.

§ 1º Os órgãos de administração são obrigados, através de comunicação por escrito, a colocar à disposição dos membros em exercício do conselho fiscal, dentro de 10 (dez) dias, cópias das atas de suas reuniões e, dentro de 15 (quinze) dias do seu recebimento, cópias dos balancetes e demais demonstrações financeiras elaboradas periodicamente e, quando houver, dos relatórios de execução de orçamentos.

§ 2º O conselho fiscal, a pedido de qualquer dos seus membros, solicitará aos órgãos de administração esclarecimentos ou informações, desde que relativas à sua função fiscalizadora, assim como a elaboração de demonstrações financeiras ou contábeis especiais. (Redação dada pela Lei 10.303, de 2001)

§ 3º Os membros do conselho fiscal assistirão às reuniões do conselho de administração, se houver, ou da diretoria, em que se deliberar sobre os assuntos em que devam opinar (ns. II, III e VII).

§ 4º Se a companhia tiver auditores independentes, o conselho fiscal, a pedido de qualquer de seus membros, poderá solicitar-lhes esclarecimentos ou informações, e a apuração de fatos específicos. (Redação dada pela Lei 9.457, de 1997)

§ 5º Se a companhia não tiver auditores independentes, o conselho fiscal poderá, para melhor desempenho das suas funções, escolher contador ou firma de auditoria e fixar-lhes os honorários, dentro de níveis razoáveis, vigentes na praça e compatíveis com a dimensão econômica da companhia, os quais serão pagos por esta.

§ 6º O conselho fiscal deverá fornecer ao acionista, ou grupo de acionistas que representem, no mínimo 5% (cinco por cento) do capital social, sempre que solicitadas, informações sobre matérias de sua competência.

§ 7º As atribuições e poderes conferidos pela lei ao conselho fiscal não podem ser outorgados a outro órgão da companhia.

§ 8º O conselho fiscal poderá, para apurar fato cujo esclarecimento seja necessário ao desempenho de suas funções, formular, com justificativa, questões a serem respondidas por perito e solicitar à diretoria que indique, para esse fim, no prazo máximo de trinta dias, três peritos, que podem ser pessoas físicas ou jurídicas, de notório conhecimento na área em questão, entre os quais o conselho fiscal escolherá um, cujos honorários serão pagos pela companhia. (Incluído pela Lei 9.457, de 1997)

COMENTÁRIOS

1. Generalidades sobre a competência dos fiscais

FÁBIO ULHOA COELHO

Uma das questões que normalmente perpassa o cenário de relações societárias estressadas diz respeito aos limites das atribuições dos fiscais eleitos pelos minoritários. Como estes estão convencidos de que estão sendo lesados em seus direitos e interesses, demandam dos fiscais uma atuação agressiva, em busca de informações que comprovem os desmandos e irregularidades. Do outro lado, o administrador fiscalizado, convencido de que os fiscais estão abusando de sua competência, sente-se constrangido pelas reiteradas solicitações de informação e reclama do tempo e energia que precisa dispender no atendimento delas. Provavelmente os dois lados estão certos e equivocados, em parte. Apenas a delimitação mais clara possível da competência dos membros do Conselho Fiscal pode contribuir para tornar a questão menos irracional.

A competência dos fiscais apresentam as seguintes características: (i) tem natureza *post factum*, no sentido de se restringir aos atos já praticados pela administração (celebração de negócio jurídico, definição da rubrica contábil para a apropriação de um elemento do balanço etc.); (ii) não alcança a conveniência e oportunidade das decisões empresariais adotadas pela administração, posto que a avaliação dos seus riscos e do momento é da competência privativa dos órgãos de administração, indelegável para o Conselho Fiscal (art. 139); (iii) restringe-se à regularidade dos atos de administração, no seu aspecto *administrativo* (se houver regulamento ou normas internas a serem observadas), *contábil* (cumprimento dos pronunciamentos do CPC), *econômico* (se refletem as condições usuais de mercado, no momento em que praticados) e *jurídico* (abrigados no objeto social e contraídos com observância dos pressupostos de representação da companhia); (iv) nunca extrapola os limites da companhia, porque o fiscal só tem competência para denunciar as irregularidades que encontrar aos órgãos de administração ou à Assembleia Geral, estando proibido de as tornar públicas; e (v) possui como marco temporal apenas o exercício social, a respeito do qual versarão as contas dos administradores e demonstrações financeiras a serem objeto de seu exame.

2. Detalhamento da competência dos fiscais

Fábio Ulhoa Coelho

Os órgãos da sociedade anônima classificam-se em duas categorias: os indivisíveis e os divisíveis.

Um órgão societário é indivisível se a sua competência sempre se exerce por meio da apuração da vontade ou do entendimento prevalecente entre os seus membros. Aqui, prevalece o princípio da colegialidade, isto é, as deliberações tomam-se por maioria de voto, e nenhum membro do órgão tem competência atuando isoladamente. A Assembleia Geral e o Conselho de Administração são órgãos indivisíveis.

Já o órgão societário divisível é aquele em que a competência pode ser exercida por meio de deliberação colegiada ou individualmente. Com mais precisão, *parte* da competência do órgão exerce-se necessariamente por meio de apuração da vontade ou do entendimento da maioria dos seus componentes e *parte* via atuação individual deles. A Diretoria é um órgão divisível, quando estatuto reserva determinadas atribuições ao colegiado de diretores. Sendo este o caso, nenhum diretor isoladamente pode fazer o que a cláusula estatutária definiu como competência do órgão. Omisso o estatuto em relação a este particular, cada diretor tem a sua esfera de competência. Poderá agir individualmente, salvo nas exceções expressas em que o estatuto determinar a atuação em conjunto com um outro diretor, mas, de qualquer forma, sem as formalidades próprias da deliberação colegiada.

O Conselho Fiscal é outro órgão divisível. A LSA estabelece competências que somente o colegiado poderá adotar, mediante a apuração da vontade ou entendimento majoritariamente predominante entre os fiscais; ao lado, de competências que qualquer um deles, isoladamente, pode desempenhar.

As competências associadas à atuação colegiada do Conselho Fiscal são as seguintes:

(i) *Opinar sobre o relatório anual da administração e sobre as demonstrações financeiras do exercício social, fazendo constar do seu parecer as informações complementares que julgar necessárias ou úteis à deliberação da assembleia-geral*, (incisos II e VII). Essa é a principal competência do Conselho Fiscal, instrumentalizada pelo Parecer que será disponibilizado aos acionistas, com um mês de antecedência em relação à Assembleia Geral Ordinária (art. 133, IV). O Parecer, como já mencionado no comentário ao art. 161, deve incluir os votos dissidentes, quando houver, podendo, assim, subsidiar a votação dos acionistas com conclusões diametralmente opostas.

Na praxe societária, muitas vezes a administração submete à Assembleia Geral apenas as demonstrações financeiras, sem elaborar um documento apartado, em que "presta contas". Nesse caso, não há motivos para preciosismos ou formalismos desnecessários, devendo-se considerar que as próprias demonstrações financeiras são também a prestação de contas.

A opinião do Conselho Fiscal, em seu Parecer e nos votos divergentes, não pode ultrapassar os limites da natureza da competência do órgão. Quer dizer, deve ser restrita à regularidade dos negócios da sociedade, após o seu aperfeiçoamento (celebração). O Conselho Fiscal tem competência invariavelmente *post factum*.

E quando se diz "regularidade dos negócios", isso significa que o Conselho Fiscal deve proceder ao exame da regularidade *administrativa* (obediência aos procedimentos internos, como as cotações prévias e existência de previsão orçamentária), *contábil* (atendimento aos princípios e melhores práticas da contabilidade), *econômica* (compatibilidade com as condições de mercado) e *jurídica* (pertinência com o objeto social da companhia e observância das regras estatutárias sobre representação) de cada negócio jurídico *aperfeiçoado*, durante o exercício a que se referir o seu mandato.

Note-se, por isso, descaber completamente qualquer intromissão do Conselho Fiscal na questão da *oportunidade* do negócio celebrado pela administração da companhia. Se um negócio não deu certo, isso não denota nenhuma irregularidade passível de consideração pelos fiscais. O exame da pertinência dos riscos que a administração está assumindo é da competência do acionista controlador, da Assembleia Geral ou, no caso dos diretores, do Conselho de Administração. O Conselho Fiscal, aliás, não só não tem competência como tem o *dever* de omitir qualquer observação acerca de matéria que extrapole sua competência, para evitar maus entendidos sobre a situação econômico-financeira e patrimonial da companhia.

(ii) *Opinar sobre as propostas dos órgãos da administração, a serem submetidas à assembleia-geral, relativas a modificação do capital social, emissão de debêntures ou bônus de subscrição, planos de investimento ou orçamentos de capital, distribuição de dividendos, transformação, incorporação, fusão ou cisão* (inciso III). Sempre que a administração da sociedade for submeter à Assembleia Geral qualquer uma dessas matérias, o Conselho Fiscal deverá opinar. Novamente, sua manifestação deverá se limitar ao exame da regularidade administrativa, contábil, econômica e jurídica, sem adentrar à oportunidade do proposto.

Por exemplo, se a administração submete à Assembleia Geral um orçamento de capital, uma das consequências de sua aprovação será a retenção de lucros (art. 196), que necessariamente reduzirá o montante dos dividendos obrigatórios (art. 202, § 6º). O Conselho Fiscal deverá, por exemplo, verificar se da elaboração do orçamento de capital participaram os setores da estrutura da companhia determinados no regimento interno, se existente (regularidade administrativa); se as normas de contabilidade foram respeitadas (regularidade contábil); se não é muito excessivo o valor orçado, tendo em vista os investimentos pensados (regularidade econômica); e se o investimento está inserido no objeto social da companhia (regularidade jurídica). Mas, se o melhor a fazer é reter lucros para viabilizar o orçamento de capital ou robustecer os dividendos obrigatórios, isso é assunto sobre o qual o Conselho Fiscal não só não tem competência para examinar, como tem até mesmo o *dever de silêncio*, vale dizer, de propositadamente se omitir a respeito em sua manifestação, porque diz respeito à *oportunidade* do negócio.

(iii) *Convocar a assembleia-geral ordinária, se os órgãos da administração retardarem por mais de 1 (um) mês essa convocação, e a extraordinária, sempre que ocorrerem motivos graves ou urgentes, incluindo na agenda das assembleias as matérias que considerarem necessárias* (inciso V; art. 123, parágrafo único, *a*). Trata-se de hipótese de legitimação extraordinária para a convocação da Assembleia Geral, atribuída ao Conselho Fiscal, em competência colegiada. O fiscal vencido na deliberação do Conselho Fiscal não pode individualmente convocar a Assembleia Geral.

(iv) *Escolher contador ou firma de auditoria e fixar-lhes os honorários, dentro de níveis razoáveis, vigentes na praça e compatíveis com a dimensão econômica da companhia, os quais serão pagos por esta* (§ 5º). A competência do colegiado do Conselho Fiscal (vale dize, da maioria dos fiscais) para a contratação, pela companhia, de contador ou firma de autoria por ele escolhido, tem por pressuposto inafastável a inexistência de auditoria externa (auditores independentes). O objetivo desta contratação é *facilitar* o exercício, pelo Conselho Fiscal, de sua competência, mas não pode ser contratado alguém para substituir o órgão nas funções que lhe são próprias. Afinal, são estas indelegáveis (art. 161, § 7º).

(v) *Decidir a contratação, pela companhia, de um perito para responder a questões que formular, com justificativa* (§ 8º). Sempre por maioria de votos, o Conselho Fiscal pode deliberar pela contratação, às custas da companhia, de um perito especificando a especialidade técnica que deve ter. O objetivo dessa contratação é apurar fato cujo esclarecimento seja considerado, pela maioria dos fiscais, necessário para o Conselho Fiscal desempenhar a contento suas funções. No laudo que produzir, o perito deve responder questões determinadas, elaboradas também pelo voto da maioria do Conselho Fiscal. Esse perito será escolhido, pelo voto da maioria, a partir de lista tríplice elaborada pela Diretoria, nos 30 dias seguintes ao recebimento da deliberação adotada pelo Conselho Fiscal.

São, então, duas reuniões do órgão de fiscalização, para o exercício dessa competência colegiada. Na primeira, aprova-se a contratação do perito, definindo a especialidade e a quesitação. A deliberação, então, é encaminhada à Diretoria que deve, nos 30 dias seguintes, organizar uma lista tríplice e submeter ao Conselho Fiscal. Para elaborar esta lista, a Diretoria já deverá ter negociado, com cada um dos três peritos, os honorários que a companhia irá pagar. Na segunda reunião do Conselho Fiscal, a maioria dos fiscais escolhe um dos peritos indicados pela Diretoria.

Quando a LSA determina que o perito, pessoa natural ou jurídica, tenha notório conhecimento na área, procura evitar que a Diretoria frustre a deliberação do Conselho Fiscal compondo uma lista tríplice com profissionais que não possuam suficiente capacitação técnica para a tarefa. Cabe ao Conselho Fiscal, mais uma vez por maioria de votos, recusar a lista elaborada pela Diretoria, caso ela não atenda ao requisito do "notório conhecimento" da área, por parte de qualquer um dos indicados.

A hipótese delineada no § 8º do art. 163 é de raríssima ocorrência. Em geral, a representação da maioria no Conselho Fiscal está articulada com o acionista controlador, tornando improvável que a votação majoritária, dentro deste órgão, entenda cabível exercer a competência nele disposta.

De outro lado, as competências que qualquer fiscal pode exercer atuando isoladamente são as que seguem:

(a) *Fiscalizar, por qualquer de seus membros, os atos dos administradores e verificar o cumprimento dos seus deveres legais e estatutários* (inciso I). A competência fiscalizatória do membro do Conselho Fiscal é *post factum*, no que se diferencia da fiscalização exercida pelo Conselho de Administração. Enquanto esse pode também examinar os contratos em negociação ou projetos (art. 142, III), para os fiscalizar e eventualmente reorientar a atuação da diretoria na condução do assunto, o fiscal só tem competência para avaliar a regularidade dos negócios jurídicos já aperfeiçoados, ainda que não inteiramente cumpridos.

(b) *Denunciar aos órgãos de administração e, se estes não tomarem as providências necessárias para a proteção dos interesses da companhia, à Assembleia Geral, os erros, fraudes ou crimes que descobrirem, e sugerir providências úteis à companhia* (inciso IV). Quando o fiscal, agindo isoladamente, descobre na administração da sociedade alguma irregularidade grave, como são os erros, fraudes ou crimes, ele tem competência para denunciá-la aos órgãos de administração (Diretoria ou Conselho de Administração), para que este tome as medidas necessárias para a proteção dos interesses da companhia. Se estes órgãos forem omissos, o fiscal tem competência para informar a irregularidade à Assembleia Geral. Se também a Assembleia Geral nada fizer para coibir a irregularidade ou buscar a devida reparação, cessa o arco de atuação do fiscal. Fez tudo o que podia e tinha a fazer. Poderá voltar à questão da irregularidade, caso tenha que cumprir o dever do § 3º do art. 163, isto é, atender a solicitação feita por acionista ou acionistas que titulem ao menos 5% do capital social.

A competência do membro do membro do Conselho Fiscal é sempre *interna* à sociedade. Em outros termos, ele mesmo não tem competência para levar a irregularidade para o conhecimento em âmbitos externos à estrutura societária. Extrapola suas atribuições o fiscal que, por exemplo, expede circular endereçada à totalidade dos acionistas, apresenta "notícia de crime" na delegacia de polícia ou representa ao Ministério Público, denuncia a irregularidade encontrada à Comissão de Valores Mobiliários, etc.

Deve-se considerar, na aferição dos limites da atuação regular do fiscal, que ele é *órgão* da sociedade anônima, com competência definida na lei; e, nesta, além de se encontrar a clara limitação interna ao âmbito admissível de suas denúncias (órgãos da administração e, se omissos estes, a Assembleia Geral), há também a reserva aos diretores da privativa e indelegável competência de representação legal da pessoa jurídica (art. 138, § 1º). Se, por quaisquer razões de consciência ou ética, alguém não se sente confortável com as restrições legalmente estabelecida na competência do Conselho Fiscal, não deve se propor a exercer funções de fiscalização em sociedade anônima.

(c) *Solicitar aos órgãos de administração esclarecimentos ou informações, desde que relativas à sua função fiscalizadora, assim como a elaboração de demonstrações financeiras ou contábeis especiais (§ 2º)*. O instrumento de qualquer fiscalização é o acesso a informações. O fiscal pode unilateral e individualmente definir as informações ou esclarecimentos que quer acessar, mas a administração pode recusar a fornecê-los se não tiver ligação com a função fiscalizadora.

A falta de ligação com a função fiscalizadora pode ser objetiva, quer dizer, relativa ao objeto. Sempre que o conteúdo da informação ou esclarecimento extrapolar as fronteiras da competência do Conselho Fiscal, há exorbitância na sua requisição. Deste modo, por exemplo, se o fiscal quiser conhecer os meios de acesso ao algoritmo correspondente a determinado segredo de empresa, obter a lista completa dos fornecedores de um insumo ou o cadastro dos consumidores, solicitar relato acerca de negociações em curso ou dados pessoais dos empregados, tais informações ou esclarecimentos podem ser legitimamente recusados pelos órgãos de administração. Mostram-se, por seu conteúdo, inservíveis a qualquer fiscalização da competência do Conselho Fiscal.

A falta de pertinência com a função fiscalizadora pode também ter sentido operacional. O fiscal não pode, por exemplo, solicitar uma cópia da totalidade dos documentos levados em consideração pelo setor de contabilidade, na elaboração das demonstrações financeiras, a pretexto de proceder ao escrutínio de 100% dos atos contábeis praticados durante o exercício e refazer ditas demonstrações. Será mais que suficiente ao exercício de sua função o fornecimento de chave de acesso aos arquivos informatizados da companhia.

E, por fim, a falta de relação com a função fiscalizadora pode-se verificar na solicitação de informações sobre atos estranhos ao exercício social que circunscreve a competência de cada Conselho Fiscal. Se o exercício já se findou, os membros do Conselho Fiscal ainda permanecem em suas funções até a Assembleia Geral Ordinária seguinte, recebendo remuneração. Sua competência não vai além do exame das contas e demonstrações do exercício findo, sendo-lhes vedado por exemplo solicitar informações sobre atos de administração praticados no exercício em curso.

Quanto à elaboração de demonstrações financeiras ou contábeis (expressões sinônimas) especiais, a administração pode solicitar uma justificativa, caso não seja possível perceber prontamente a finalidade da solicitação do fiscal ou se houver indícios de abuso. Isso porque sempre haverá um custo no atendimento da solicitação, não sendo racional que a administração deva se sujeitar inescapavelmente ao demandado pelo fiscal quando aquele for excessivo ou parecer desnecessário.

(d) *Solicitar aos auditores independentes da companhia esclarecimentos, informações e a apuração de fatos específicos (§ 4º)*. Quando a companhia tem auditoria externa, por estar obrigada a contratá-la ou somente por considerá-la útil, os fiscais podem individualmente solicitar esclarecimentos ou informações de fatos específicos, ou mesmo a apuração deles. Se o objetivo da solicitação não for passível de pronta percepção, o fiscal deve apresentar a justificação, como medida de racionalização dos custos da sociedade anônima, cabendo legítima recusa da administração em caso de flagrante despropósito no ato do fiscal.

A competência, colegiada ou individual, do Conselho Fiscal é exclusiva deste órgão, não podendo ser atribuída a outro da estrutura societária (§ 7º); ademais, ela não é restringida, nem deixa de existir, se a companhia entrar em liquidação (inciso VIII).

Como instrumento para o exercício da competência que atribui ao Conselho Fiscal, a LSA impõe aos órgãos de administração da companhia disponibilizar cópias das atas de suas reuniões, por escrito e nos dez dias subsequentes à sua elaboração. Além disso, os órgãos de administração devem enviar aos membros do Conselho Fiscal cópias dos balancetes e demais demonstrações financeiras elaboradas periodicamente e, quando houver, dos relatórios de execução de orçamentos. O prazo para a remessa é de quinze dias, seguintes àquele em que o órgão da administração recebeu o documento do encarregado de sua elaboração, como o setor de contabilidade da empresa, por exemplo (§ 1º).

Em relação ao inciso VI e aos §§ 3º e 6º do art. 163, note-se não tratar essas normas propriamente de nenhuma competência. Versam, na verdade, sobre *deveres* impostos aos eleitos para o Conselho Fiscal. Por isso, examinam-se esses dispositivos em comentário ao art. 165.

3. A suplência no Conselho Fiscal

FÁBIO ULHOA COELHO

A LSA deveria ter deixado à escolha de cada companhia definir acerca da suplência no

Art. 164 RODRIGO R. MONTEIRO DE CASTRO

Conselho Fiscal. Haverá aquelas que prefeririam a inexistência dos suplentes; e haverá aquelas que considerariam a alternativa de um único suplente para todo o órgão ou uma ordem de suplência. Numa rigidez incompatível com o direito comercial, a LSA estabelece que cada fiscal titular deve ter um suplente.

Pois bem. O suplente não tem nenhuma competência para atuação *individual*, enquanto não substituir *definitivamente* o titular. Só a vacância definitiva do titular investe o suplente nesta esfera de competências de fiscalização. Entender-se de modo diverso a questão levaria a certa irracionalidade nas relações entre os fiscais e a administração fiscalizada. Sem critério claro para definir quem está no exercício da função, se o titular ou o suplente, a Diretoria poderia ser solicitada a fornecer a um deles informações prestadas ao outro, ter dificuldades em encontrar o critério justo para repartir a remuneração entre eles etc.

Por outro lado, a substituição temporária só tem cabimento quando se tratar de exercício de competência colegiada, estando o titular impossibilitado de participar de uma reunião do Conselho Fiscal.

Pareceres e Representações

Art. 164. Os membros do conselho fiscal, ou ao menos um deles, deverão comparecer às reuniões da assembleia-geral e responder aos pedidos de informações formulados pelos acionistas.

Parágrafo único. Os pareceres e representações do conselho fiscal, ou de qualquer um de seus membros, poderão ser apresentados e lidos na assembleia-geral, independentemente de publicação e ainda que a matéria não conste da ordem do dia. (Redação dada pela Lei 10.303, de 2001)

COMENTÁRIOS

1. Extensão do art. 164

RODRIGO R. MONTEIRO DE CASTRO

O conteúdo do *caput* do art. 164 deve ser interpretado em função de sua finalidade. Ele trata, conforme o título indica, de situação que envolve atuação obrigatória, por conta da emissão ou apresentação de parecer ou de representação.

Parecer deve ser emitido nas ocasiões previstas na LSA, como no art. 163, incisos II e III. Representação decorre da atuação fiscalizatória, justificadora de denúncia que deva ser levada ao conhecimento da assembleia geral.

Nessas situações, o comparecimento de membro do conselho fiscal ao conclave será obrigatório.

Aliás, a LSA oferece os elementos necessários à identificação da obrigatoriedade participativa: (i) quando se tratar de assembleia geral ordinária, a participação de ao menos um membro será obrigatória, por força do § 2º do art. 134;[1730] (ii) quando se tratar de assembleia geral extraordinária, a participação se desmembrará em (ii.i) obrigatória, quando a ordem do dia contiver tema de competência do conselho fiscal – aí incluídos aqueles em relação aos quais o órgão deva se manifestar, e (ii.ii) voluntária, nas oportunidades em que não conste da ordem do dia matéria de sua competência; e (iii) voluntária, sempre que, independentemente da ordem do dia, se pretenda apresentar ou ler aos acionistas parecer ou representação de sua competência.

A participação voluntária, indicada no item (ii.ii), carrega, em si, uma dose de insegurança, pois, mesmo não fazendo parte da ordem do dia matéria de competência do conselho fiscal, acionistas dissidentes podem tentar estender a pauta ou vinculá-la a tema atribuível ao órgão, com o propósito de fundamentar a irregularidade do conclave e, assim, adiar a deliberação, suspender a assembleia ou, após seu encerramento, anular uma ou outra.

Esse cenário reforça, por outro lado, o propósito do art. 164, que não se presta a expor o conselheiro fiscal a situações de imprevisibilidade, que pudessem aparentar desconhecimento ou falta de preparo sobre tema que não podia supor que seria aventado por algum acionista. Exigir-lhe a presença e submetê-lo a ambiente assemblear, eventualmente litigioso, com pauta incerta, não se coaduna com uma boa prática de governação.

De todo modo, não se afasta a importância de a administração zelar para que conselheiros fiscais sejam informados sobre a convocação e a

---

[1730] "§ 2º Se a assembleia tiver necessidade de outros esclarecimentos, poderá adiar a deliberação e ordenar diligências; também será adiada a deliberação, salvo dispensa dos acionistas presentes, na hipótese de não comparecimento de administrador, membro do conselho fiscal ou auditor independente".

ordem do dia e, se houver indícios de que acionistas possam agir com o propósito de tumultuar o ambiente societário, para aparelhar ação anulatória – mesmo não havendo vinculação com tema de competência do conselho fiscal –, avaliar a pertinência de ensejar os esforços para que ao menos um membro esteja presente.

2. Dever de comparecimento

Rodrigo R. Monteiro de Castro

Algum membro do conselho fiscal deverá comparecer à assembleia geral quando houver previsão expressa na LSA – conforme previsto, por exemplo, no art. 134, § 2º –, ou quando a ordem do dia contemplar matéria de sua competência. Trata-se de dever cuja inobservância poderá ensejar a aplicação do disposto no art. 165, segundo o qual os membros do órgão têm os mesmos deveres dos administradores de que tratam os artigos 153 a 156. Ademais, responderão pelos danos resultantes de omissão no cumprimento de seus deveres e de atos praticados com culpa ou dolo, ou com violação da lei ou do estatuto.

O adiamento de determinada deliberação ou a suspensão da assembleia geral, pela ausência de representante do conselho fiscal, quando algum membro devesse estar presente, tende a implicar novos custos organizacionais ou de outra natureza, os quais, se ocorridos, poderão ser cobrados pela companhia, se decorrerem da ausência deliberada ou não justificada de conselheiro fiscal.

Todos os membros serão responsáveis, exceto se a LSA (ou, eventualmente, o estatuto, acordo de acionistas ou regimento interno do conselho fiscal) determinar a presença de algum integrante específico, como a do presidente do órgão.

3. Dispensa da presença de conselheiro

Rodrigo R. Monteiro de Castro

O art. 134, § 2º, estabelece que deliberações da assembleia geral ordinária, que demandem participação de membro do conselho fiscal, serão adiadas se nenhum estiver presente, salvo dispensa dos acionistas presentes. Devido à ausência de qualificação, todos os acionistas presentes, titulares de ações com direito a voto ou não, sem exceção, deverão convergir em relação ao ato dispensatório.

A regra se aplica, por analogia, também às demais situações em que a LSA determina a presença, em assembleia geral extraordinária, de conselheiro fiscal.

A dispensa pode ser tácita ou expressa. No primeiro caso, não se produz uma manifestação sobre o tema, mas os acionistas instalam, deliberam e encerram a assembleia geral sem ressalvas; no segundo, faz-se constar em ata que, diante da ausência de membros do órgão, os acionistas decidiram dispensar a presença.

Em qualquer caso, concluído o conclave, o arrependimento posterior será ineficaz; a ineficácia se estenderá à (remota) hipótese em que a ata não tiver sido produzida no ato. Nesse caso, os acionistas somente poderão discordar do conteúdo se não for fidedigno às deliberações ou manifestações, mas mudanças de direcionamento, ou arrependimento, não poderão ser aceitos.

Do mesmo modo, não surtirão efeitos demandas sobre a ausência de conselheiro, formuladas por acionista após a realização da assembleia geral, que dispensou, tácita ou expressamente, a presença de membro do conselho fiscal.

4. Síndrome de Pelé

Rodrigo R. Monteiro de Castro

O conselheiro fiscal, que ostente outra posição na companhia, como a de acionista, ou ainda que compareça à assembleia como advogado de acionista, não poderá alegar que seu comparecimento se deve a essa função, e não a de membro do órgão, para provocar o adiamento de deliberação – ou para outro fim. O desmembramento de personalidade é uma característica admitida apenas a Pelé, em relação a Edson.

Assim, mesmo que não quisesse se expor ou que não tivesse alinhado com os demais membros do órgão a respeito de sua presença e de eventuais posicionamentos sobre temas da ordem do dia, o formalismo estará cumprido, deixando se ser motivo para o adiamento.

A LSA reconhece, porém, que, se houver necessidade de outros esclarecimentos, não solucionados pelo conselheiro presente, os acionistas poderão propor e deliberar o deslocamento da deliberação.

5. A posição do conselho fiscal e participação na assembleia geral

Rodrigo R. Monteiro de Castro

Como regra geral, o conselho fiscal delibera por maioria, mas qualquer conselheiro pode fiscalizar os atos dos administradores e verificar o cumprimento dos seus deveres legais e estatutários. Se determinado parecer ou representação for aprovado por maioria, os dissidentes poderão apresentar as suas considerações, sob a forma de parecer ou de representação alternativo, conforme o caso. O próprio órgão e a assembleia geral não poderão evitar a dupla apresentação e, muito menos, a presença de conselheiros não alinhados com a maioria para sustentar a sua posição.

Os membros do conselho fiscal poderão deliberar acerca da presença de um ou de todos os integrantes à assembleia geral, mas não poderão proibir a presença do conselheiro que ostente opinião diversa daquela que constar de parecer ou de representação.

A participação de um membro, apenas, para leitura, conforme deliberado pelo órgão, vincula todos os demais, exceto os que dissentirem, estejam presentes ou não. Relembre-se, afinal, que, nessas situações, o conselheiro participa do conclave para representar o órgão de que faz parte, e não para expor suas opiniões particulares (que poderão, aliás, ter sido derrotadas no âmbito do conselho, diante do quórum deliberativo estabelecido).

Por fim, de acordo com o parágrafo único, os pareceres e representações poderão ser apresentados independentemente de publicação e ainda que a matéria não conste da ordem do dia. Não há necessidade, pois, de prévia comunicação ou divulgação à companhia a respeito da intenção, por parte do órgão, de forma colegiada, ou de um conselheiro, de participar e de expor aos acionistas o conteúdo pretendido, bem como de prévia publicação do material produzido. Porém, a mesa da assembleia geral poderá definir o momento em que se dará a palavra ao conselheiro fiscal e, para fins de organização, fixar tempo expositivo. Se a matéria não constar da ordem do dia, os acionistas não poderão deliberar sobre o tema (ou sobre tema conexo) – que poderá, no entanto, ser incluído na pauta de assembleia geral posterior, observado o disposto nos arts. 123 e 163, V –, exceto se, presente a totalidade dos acionistas, todos concordarem, de forma unânime, com a inclusão na pauta.

Deveres e Responsabilidades

Art. 165. Os membros do conselho fiscal têm os mesmos deveres dos administradores de que tratam os arts. 153 a 156 e respondem pelos danos resultantes de omissão no cumprimento de seus deveres e de atos praticados com culpa ou dolo, ou com violação da lei ou do estatuto. (Redação dada pela Lei 10.303, de 2001)

§ 1º Os membros do conselho fiscal deverão exercer suas funções no exclusivo interesse da companhia; considerar-se-á abusivo o exercício da função com o fim de causar dano à companhia, ou aos seus acionistas ou administradores, ou de obter, para si ou para outrem, vantagem a que não faz jus e de que resulte, ou possa resultar, prejuízo para a companhia, seus acionistas ou administradores. (Redação dada pela Lei 10.303, de 2001)

§ 2º O membro do conselho fiscal não é responsável pelos atos ilícitos de outros membros, salvo se com eles foi conivente, ou se concorrer para a prática do ato. (Redação dada pela Lei 10.303, de 31.10.2001)

§ 3º A responsabilidade dos membros do conselho fiscal por omissão no cumprimento de seus deveres é solidária, mas dela se exime o membro dissidente que fizer consignar sua divergência em ata da reunião do órgão e a comunicar aos órgãos da administração e à assembleia-geral. (Incluído pela Lei 10.303, de 2001)

COMENTÁRIOS

1. Deveres genéricos dos fiscais

FÁBIO ULHOA COELHO

Os fiscais têm, no plano dos deveres genéricos, os mesmos imputáveis pela LSA aos administradores, tais o de diligência, confidencialidade e demais (arts. 153 a 156). Se os descumprir, podem ser destituídos pela Assembleia Geral e responsabilizados, do mesmo modo previsto para os administradores (arts. 158 e 159).

Outro dever genérico do fiscal é o de exercer suas funções no *interesse exclusivo da companhia* (§ 1º). Não deve o fiscal guiar-se, portanto, pelos interesses do acionista que votou nele, muito menos pelos de *espectadores* (*bystanders*), como trabalhadores, consumidores, federação empresarial etc. Por mais que isso seja difícil de conferir na prática, uma vez eleito, o fiscal é da sociedade anônima, e não mais da minoria ou maioria que *representou* quando escolhido.

A LSA define o exercício abusivo da função do fiscal pela *intenção* de prejudicar a companhia, acionistas ou administradores, ou visando a obtenção de vantagem indevida, para si ou para outrem, de que resulte, ou possa resultar, dano para a sociedade, seus acionistas ou administradores (§ 1º, *in fine*).

2. Deveres específicos dos fiscais

FÁBIO ULHOA COELHO

Embora a ementa do art. 163 da LSA mencione somente a "competência" do Conselho Fiscal, o dispositivo estatui também três deveres específicos para os seus membros:

(I) *Analisar, ao menos trimestralmente, o balancete e demais demonstrações financeiras elaboradas periodicamente pela companhia* (inciso VI). É uma correria nas sociedades anônimas durante os quatro primeiros meses seguintes ao término do exercício social (geralmente, de janeiro a abril de cada ano). Em abril, deve ser realizada a Assembleia Geral Ordinária, votando as contas dos administradores e demonstrações financeiras (art. 132 e inciso I); esses documentos, por sua vez, devem estar disponibilizados aos acionistas em março, com 30 dias de antecedência (art. 133, I e II); mas, como também o Parecer do Conselho Fiscal deve ser posto à disposição dos acionistas, com esta mesma antecedência, e os fiscais precisam de tempo razoável para examinar as contas da administração e as demonstrações financeiras, esses documentos precisam estar concluídos algum tempo antes dos trinta dias anteriores à data da AGO.

A LSA não estipulou o prazo mínimo que os membros do Conselho Fiscal devem ter assegurado para que possam desempenhar convenientemente a sua função, o que é uma grave lacuna. Penso que, como a lei dá aos acionistas pelo menos 30 dias (art. 133, V) e aos administradores, até 15 dias (art. 163, § 1º), para a mesma finalidade, não é razoável que o Conselho Fiscal disponha de tempo inferior a algo entre um e outro interregno (de 15 a 30 dias).

No entanto, tendo sido concedido pelo menos 15 dias ao Conselho Fiscal, para exame das contas e das demonstrações financeiras, não pode ser alegada a insuficiência de tempo, em razão do dever imposto no art. 163, VI. Se, como usual, os fiscais foram eleitos na AGO anterior, as pendências do Parecer serão apenas as relativas ao quarto trimestre do exercício, porque os atos praticados nos três primeiros já foram examinados a seu tempo. Deste modo, o Conselho Fiscal somente se escusa de dar seu Parecer à Assembleia Geral, alegando insuficiência de tempo, se os fiscais foram eleitos em poucos meses anteriores à data da AGO ou se lhes tiver sido dado um prazo inferior a 15 dias para o exame do quarto trimestre e arremates, porque se pressupõe que eles cumpriram o dever de examinar, a seu tempo, os primeiros três trimestres.

(II) *Assistir às reuniões do conselho de administração, se houver, ou da diretoria, em que se deliberar sobre os assuntos em que devam opinar (ns. II, III e VII)* (§ 3º). É obrigatória a presença de todos os membros do Conselho Fiscal às reuniões do Conselho de Administração ou da Diretoria, sempre que estiver em pauta assuntos acerca dos quais devem opinar. Descumprindo o fiscal este dever, não poderá mais requisitar as informações ou esclarecimentos que foram tratados na reunião de que se ausentara, devendo contentar-se com o constante da ata que receber (art. 163, § 1º).

Em razão do art. 134, § 2º, pode-se considerar que os fiscais têm também o dever de comparecimento à Assembleia Geral Ordinária, para que não ocorra o adiamento desta, caso a assembleia necessite de esclarecimentos por parte deles.

(III) *Fornecer informações sobre matérias de sua competência solicitadas pelo acionista ou acionistas com participação acionária correspondente a pelo menos cinco por cento do capital social* (§ 6º). O fiscal também está sob a fiscalização dos acionistas, que podem lhe requisitar informações sobre qualquer matéria de sua competência, bastando que tenha a participação societária mínima indicada em lei: cinco por cento do capital social, considerando a posição acionária de um ou mais sócios.

3. Responsabilidade dos fiscais

FÁBIO ULHOA COELHO

O fiscal que descumpre um seu dever é responsável pela indenização da sociedade anônima, acionista ou administrador que sofrer o prejuízo. Também responde se praticar atos culposos (culpa ou dolo) que gerem danos à companhia, acionistas ou administradores.

Imagine que o fiscal tenha descoberto, no exercício de suas funções fiscalizatórias, que um gerente da empresa está incorrendo numa conduta irregular, apropriando-se criminosamente de recursos da companhia. No exercício de sua competência (art. 163, IV), ele denuncia à Diretoria os atos ilícitos do gerente. Os diretores, contudo, não adotam nenhuma providência para afastar o gerente ou cessar a irregularidade por outros meios. Quedam-se omissos, por completo. O fiscal, então, denuncia o crime que descobriu para a Assembleia Geral. Neste órgão, delibera-se por realocar aquele funcionário da gerência para outra função, sem responsabilizá-lo. Pois bem, se o fiscal, inconformado com a decisão da maioria dos acionistas, for à delegacia de polícia e apresentar a "notícia de crime", ele estará extrapolando sua competência, que é exclusivamente interna à estrutura da companhia. Terá, então, descumprido o seu dever e será responsável por indenizar os danos à companhia.

Aqui, nada há de excepcional ou estranhável na responsabilização do fiscal. Na distribuição das competências entre os diversos órgãos societários, a LSA é peremptória ao estipular a indelegabilidade das atribuídas com exclusividade a cada um deles. O art. 159, *caput*, ao condicionar a responsabilização dos administradores (e também dos fiscais) à deliberação assemblear, reservou privativamente à Assembleia Geral a competência para decidir se interessa, ou não, à companhia que irregularidades praticadas em sua estrutura (criminosas ou não) sejam tornadas públicas ou comunicadas às autoridades. A sociedade é pessoa jurídica, cujos interesses são definidos pelos seus órgãos, segundo a rígida distribuição legal de competências. A LSA não atribuiu ao fiscal ou ao Conselho Fiscal nenhuma atribuição para levar qualquer notícia de irregularidade para além da própria companhia; mais que isso, reservou tal competência para outro órgão, a Assembleia Geral.

Se, na opinião da maioria dos acionistas reunidos em Assembleia Geral, atende, por quaisquer razões, melhor aos interesses da sociedade que o crime praticado pelo gerente não seja comunicado à delegacia de polícia, nem seja objeto de representação ao Ministério Público, *não pode* o fiscal individualmente (tampouco o Conselho Fiscal, por maioria de votos) substituí-los nessa decisão. Estará, se o fizer, extrapolando a sua competência legal e, se causar danos à companhia, aos acionistas ou aos administradores, haverá de os indenizar.

A LSA ressalva que o fiscal não responde por atos ilícitos cometidos por outros membros do Conselho Fiscal, a menos que tenha sido conivente ou concorrido para a prática da ilicitude (§ 2º). Essa é a regra aplicável à omissão no exercício de competência individual dos fiscais. Se ela disser respeito a competência colegiada, haverá solidariedade entre os fiscais, exceto do que tiver consignado em ata sua divergência e comunicado o fato aos órgãos de administração e à Assembleia Geral (§ 3º).

Art. 165-A. Os membros do conselho fiscal da companhia aberta deverão informar imediatamente as modificações em suas posições acionárias na companhia à Comissão de Valores Mobiliários e às Bolsas de Valores ou entidades do mercado de balcão organizado nas quais os valores mobiliários de emissão da companhia estejam admitidos à negociação, nas condições e na forma determinadas pela Comissão de Valores Mobiliários. (Incluído pela Lei 10.303, de 2001)

COMENTÁRIOS

1. Dever de informar do fiscal da companhia aberta

FÁBIO ULHOA COELHO

Assim como o administrador deve informar à CVM, às Bolsas de Valores e às entidades do mercado de balcão organizado, quaisquer modificações em posições acionárias na companhia (art. 157 § 6º), também os fiscais estão sujeitos ao mesmo dever. A previsão legal se destina a conferir a mais ampla transparência ao MVM. Se um administrador ou um fiscal aumentou ou reduziu sua posição acionária, os agentes do mercado têm o direito de ser informado a respeito, para, em conjunto com as demais informações que reúnem acerca da mesma companhia, tomarem decisões de comprar ou vender os valores mobiliários de emissão dela.

CAPÍTULO XIV
MODIFICAÇÃO DO CAPITAL SOCIAL
SEÇÃO I
AUMENTO

Competência

Art. 166. O capital social pode ser aumentado:

Art. 166

I – por deliberação da assembleia-geral ordinária, para correção da expressão monetária do seu valor (artigo 167);

II – por deliberação da assembleia-geral ou do conselho de administração, observado o que a respeito dispuser o estatuto, nos casos de emissão de ações dentro do limite autorizado no estatuto (artigo 168);

III – por conversão, em ações, de debêntures ou parte beneficiárias e pelo exercício de direitos conferidos por bônus de subscrição, ou de opção de compra de ações;

IV – por deliberação da assembleia-geral extraordinária convocada para decidir sobre reforma do estatuto social, no caso de inexistir autorização de aumento, ou de estar a mesma esgotada.

§ 1º Dentro dos 30 (trinta) dias subsequentes à efetivação do aumento, a companhia requererá ao registro do comércio a sua averbação, nos casos dos números I a III, ou o arquivamento da ata da assembleia de reforma do estatuto, no caso do número IV.

§ 2º O conselho fiscal, se em funcionamento, deverá, salvo nos casos do número III, ser obrigatoriamente ouvido antes da deliberação sobre o aumento de capital.

COMENTÁRIOS

1. Aumento do capital social

FÁBIO ULHOA COELHO

Há duas hipóteses de aumento do capital social das sociedades anônimas. De um lado, o aumento *sem* ingresso de novos recursos; de outro, o aumento *com* o ingresso de novos recursos.[1731] Ao primeiro corresponde a capitalização de lucros ou reservas; ao segundo a subscrição e integralização de novas ações da companhia.

Quando aumenta o capital social *sem* ingresso de novos recursos – hipótese que a doutrina chama de *aumento gratuito*[1732] –, opera-se uma mera transferência de valores contabilizados sob uma determinada rubrica no balanço patrimonial da sociedade para outra rubrica. Transpõem-se, assim, recursos da rubrica de "reserva", "lucros acumulados" ou certo item do "passivo",[1733] por exemplo, para a rubrica "capital social". Mas, o patrimônio da sociedade não aumenta em nenhum centavo, porque nele não ingressam recursos novos.

Para que serve o aumento do capital social sem ingresso de novos recursos? Serve para a sociedade ganhar maior estabilidade, sob o ponto de vista patrimonial. Os recursos contabilizados sob rubrica de "reserva" ou "lucro acumulado" podem ser, eventualmente, revertidos e destinados

---

[1731] Segundo Trajano de Miranda Valverde: "O aumento de capital pode ser feito mediante a entrada efetiva de novos valores para o patrimônio da sociedade, ou mediante simples elevação da cifra do capital, pela incorporação nele de valores já existentes no patrimônio da sociedade" (*Sociedade por ações*. 3. ed. Rio de Janeiro: Forense, 1959. v. II. p. 246).

[1732] Elucida Francesco Galgano: "fra le modificazioni dell'atto costitutivo una posizione particolare occupano quelle che consistono nella variazione in aumento o in diminuzione, del capitale sociale, indicato nell'atto costitutivo [...]. L'aumento di capitale può essere gratuito oppure a pagamento. Il primo è quello che si attua senza un corrispondente aumento del patrimonio sociale; esso può conseguire ad una imputazione a capitale della parte disponibile delle riserve e dei fondi speciali iscritti in bilancio [...] oppure ad una rivalutazione monetaria del patrimonio sociale [...]" (*Trattato di diritto commerciale e di diritto pubblico dell'economia*. Padova: CEDAM, 1988. v. 7. p. 368-369). No mesmo sentido, consultar PENTEADO, Mauro Rodrigues. *Aumento de capital de sociedades anônimas*. São Paulo: Saraiva, 1988. p. 59.

[1733] É, por exemplo, o caso do aumento do capital social mediante conversão de debêntures em ações. As debêntures são títulos (*rectius*, valores mobiliários) representativos de uma parcela de um contrato de mútuo, em que a sociedade emissora é a mutuária e o debenturista o mutuante. Pode ser emitida com ou sem cláusula de conversão em ações. Enquanto não resgatada ou, se convertível, enquanto não convertida, a debênture é contabilizada como "passivo" da companhia emissora. Em caso de conversão, o montante apropriado como passivo é transferido para a conta de "patrimônio social", na rubrica de "capital social". De qualquer modo, os recursos captados com a emissão das debêntures ingressam no patrimônio da sociedade (não no "patrimônio líquido", claro, por figurarem na conta de "passivo") quando da captação. Na conversão, o debenturista apenas recebe a ação em substituição ao valor mobiliário anteriormente titulado, mas nada está obrigado a pagar à sociedade, classificando-se, por isso, a operação entre as modalidades de aumento gratuito do capital social.

Art. 166 — Fábio Ulhoa Coelho

aos sócios, privando a sociedade deles; já os apropriados como "capital social" *tendem* a ser "permanentes", porque sua eventual destinação aos sócios só pode ser feita com a anuência dos credores, num procedimento formalmente regular de redução do capital.[1734] Capitalizar lucros ou reservas importa fortalecer o substrato patrimonial da sociedade anônima, melhorando, evidentemente, a apreciação que o mercado pode fazer da empresa. Outro meio de robustecimento da situação patrimonial da companhia é a conversão de debêntures (que ela teria que resgatar no vencimento) em ações, capitalização que a dispensa do resgate daquele valor mobiliário.

Na hipótese de aumento do capital social *sem* ingresso de novos recursos, não há que se falar em *subscrição*, tampouco em *integralização* do capital social; estas são figuras associadas exclusivamente à outra hipótese de aumento, a que se viabiliza mediante ingresso de novos recursos no patrimônio da sociedade.

É certo que o aumento do capital social mediante capitalização de lucros ou reservas pode fazer-se acompanhar, ou não, da *emissão* de novas ações. Abrem-se, então, duas alternativas excludentes para a companhia: ou bem ela mantém o número de ações, elevando necessariamente o valor nominal (ou provocando o aumento do valor-quociente)[1735] delas, ou bem emite novas ações, mantendo inalterado este valor.[1736] Em optando a sociedade pela segunda via, as ações emitidas no aumento do capital social sem ingresso de novos recursos (chamadas *bonificações*)[1737] não são subscritas, nem integralizadas; são meramente *atribuídas* a quem já é acionista.

No aumento do capital social *com* ingresso de novos recursos, a companhia invariavelmente emite novas ações. E estas ações serão sempre *subscritas* e (se e quando cumprida a obrigação assumida na subscrição) *integralizadas*. A subscrição é o negócio jurídico pelo qual uma pessoa assume, perante a companhia emissora da nova ação, a obrigação de entregar-lhe os recursos correspondentes.[1738] Normalmente, esses recursos são dinheiro, mas a lei autoriza a subscrição em quaisquer outros bens ou mesmo em crédito (LSA, art. 7º). Trata-se do negócio jurídico pelo qual o subscritor torna-se titular da ação emitida e passa a gozar dos direitos e dever as obrigações correspondentes a este *status* jurídico. A integralização é o ato pelo qual o subscritor cumpre a obrigação assumida na subscrição, isto é, transfere do seu ao patrimônio da sociedade os recursos prometidos. Se for eventualmente inadimplida a obrigação de subscrição, a companhia dispõe de meios para cobrar o acionista (remisso) ou mesmo excluí-lo da sociedade, mediante a venda das ações em bolsa.

[1734] Aponta Francesco Galgano as razões do aumento gratuito: "l'aumento gratuito di capitale determina l'effetto di immobilizzare fondi che, come le riserve accumulate dalla società, sarebberto altrimenti liberamente disponibili e potrebbero essere distribuiti ai soci a titolo di dividendo. Il suo scopo è di accrescere il prestigio ed il credito della società, per molti aspetti legati all'ammontare del capitale sociale" (*Trattato di diritto commerciale e di diritto pubblico dell'economia*. 2. ed. Pandora: CEDAM, 1988. p. 369).

[1735] O art. 11 da Lei 6.404/1976 (LSA) autoriza a emissão de ações com ou sem valor nominal. O valor nominal é a divisão do capital social pelo número de ações formalmente expresso no estatuto da companhia (COSTA, Philomeno J. da. *Anotações às companhias*. São Paulo: RT, 1980. v. I. p. 193-218). Quando as ações não têm valor nominal, a divisão do capital social pelo número de ações não vem expressa no estatuto, mas o resultado dessa operação matemática é referido, no mercado, como "valor-quociente" (COELHO, Fábio Ulhoa. *Curso de direito comercial*. 14. ed. São Paulo: Saraiva, 2010. v. 2. p. 84).

[1736] Sintetiza Cunha Peixoto: "o aumento de capital, pela incorporação de reservas, se processa por uma simples operação de contabilidade: transfere-se todo ou parte do montante da conta de reserva para a conta do capital. E em consequência distribuir-se-á proporcionalmente, entre os acionistas, ações que representam a elevação da cifra do capital. Para isto a sociedade, aprovado o aumento de capital, emitirá títulos com o mesmo valor dos antigos, ou elevará o valor nominal das ações, o que determinará a substituição dos antigos" (*Sociedade por ações*. São Paulo: Saraiva, 1973. v. 3. p. 246).

[1737] Para Trajano de Miranda Valverde: "No aumento de capital, pela incorporação nele de valores já existentes no patrimônio da sociedade, não há subscrição, mas simples distribuição proporcional pelos acionistas de ações, que representarão a elevação da cifra de capital. É o que vulgarmente se chama *bonificação em ações*" (*Sociedade por ações*. 3. ed. Rio de Janeiro: Forense, 1959. v. II. p. 263). Ver, também, CANTIDIANO, Luiz Leonardo. *Estudos de direito societário*. Rio de Janeiro: Renovar, 1999. p. 1-22.

[1738] Para José Edwaldo Tavares Borba: "A subscrição de capital tem natureza contratual, correspondendo a oferta de subscrição à proposta e a subscrição propriamente dita à aceitação" (*Direito societário*. 9. ed. Rio de Janeiro: Renovar, 2004. p. 421).

2. O Adiantamento para Futuro Aumento de Capital (AFAC)

Fábio Ulhoa Coelho

Em todo aumento de capital social com ingresso de novos recursos, *e somente no aumento de capital social desta espécie*, as ações são subscritas e devem ser integralizadas.[1739]
Cabe, porém, observar-se que a ação só pode ser subscrita e integralizada *após* ter sido criada pela sociedade anônima. Trata-se de um procedimento formal e lógico. Não se pode minimamente cogitar, no plano jurídico, de subscrição e integralização de uma ação ainda não criada.

A sequência lógica, racional e jurídica compreende, assim, os seguintes passos necessários: (i) deliberação do valor global do aumento do capital social; (ii) criação das novas ações; (iii) subscrição das novas ações; (iv) integralização das novas ações.

Quanto ao primeiro passo, recordo, de início, que o capital social pode ser aumentado, no direito brasileiro, por deliberação da assembleia geral ou, havendo no estatuto cláusula de capital autorizado, do conselho de administração.

Já a criação das novas ações (segundo passo) é o negócio jurídico de definição, pela sociedade, das características do valor mobiliário, entre as quais duas variáveis interdependentes: a *quantidade* e o *preço de emissão* das novas ações. Sem a definição destas variáveis numa ata formalmente elaborada (da assembleia geral ou, se for o caso, de reunião do conselho de administração), simplesmente não se pode falar ainda em existência da ação. Outras formalidades são indispensáveis à *existência* da nova ação, como o registro nos livros da companhia ou nos assentamentos da instituição financeira depositária, no caso de ações escriturais, por exemplo. De qualquer modo, *sem a definição da quantidade de novas ações e do seu preço de emissão*, elas ainda não existem para o direito.

A mera aprovação, pelo órgão estatutariamente competente, do *valor global do aumento do capital social* não implica a criação das novas ações. São negócios jurídicos distintos a deliberação do aumento, de um lado, e a criação das novas ações, de outro. A companhia não pode criar ações sem a prévia deliberação do aumento do capital social; mas esta deliberação é, por tudo, insuficiente para caracterizar a emissão. Tanto são negócios jurídicos distintos – a deliberação do aumento do capital social, de um lado, e a criação (ou emissão) das ações, de outro – que a própria lei prevê a possibilidade de um órgão (a assembleia geral) cuidar da primeira, e outro (o conselho de administração) da segunda (art. 170, § 2º).

E exatamente por serem negócios jurídicos distintos, pode ocorrer de a Assembleia Geral, por qualquer motivo, deliberar o aumento do capital social num determinado dia, definindo o montante global dos recursos de que necessita, postergando a criação das ações para outra oportunidade. No caso, por exemplo, de a companhia pretender fixar o preço de emissão de suas ações pelo valor econômico, como faculta o art. 170, § 1º, I, da LSA, o aumento pode ser desde logo deliberado, mas a criação das ações fica a depender de avaliação da empresa, o que transfere este negócio jurídico para outra assembleia.

Em suma, são assertivas óbvias, lógicas e incontestáveis: uma ação *inexistente* não pode ser subscrita ou integralizada; e nenhuma ação *existe*, enquanto não estão regularmente aprovadas e formalizadas suas características, entre as quais, a *quantidade* e o *preço de emissão*. Em outros termos, quando a assembleia geral de uma sociedade anônima se limita a deliberar o aumento do capital social, ela dá o *primeiro passo* para a criação de novas ações. Mas somente o *primeiro passo*. Para que *passem a existir* as novas ações, a assembleia geral terá que definir as suas características, isto é: *forma* (nominativa ou escritural), *espécie* (ordinária ou preferencial), *classe* (direitos específicos dos seus titulares, se houver), *valor nominal* (ou sua ausência, como faculta a lei), *quantidade* e *preço de emissão*.[1740]
Além disso, para que existam as novas ações é indispensável o registro no livro da companhia

---

[1739] Nas operações de incorporação de sociedade, a assembleia geral da incorporadora aprova o aumento de seu capital social, que é *subscrito* por seus administradores em nome dos sócios da incorporada. A integralização se faz, neste caso, mediante a absorção do patrimônio da incorporada pela incorporadora (LSA, art. 227). Trata-se, por óbvio, de hipótese de aumento de capital social com ingresso de novos recursos. Ver, a respeito, GONÇALVES NETO, Alfredo de Assis. *Lições de direito societário II – sociedade anônima*. São Paulo: Juarez de Oliveira, 2005. p. 68-69.

[1740] De acordo com José Edwaldo Tavares Borba: "A deliberação autorizativa do aumento especificará as várias condições que o nortearão, inclusive as espécies e classes das ações a serem emitidas, o preço de emissão [...] e o prazo de subscrição [...]" (*Direito societário*. 9. ed. Rio de Janeiro: Renovar, 2004).

ou nos assentamentos da instituição financeira depositária (a depender da forma). O atendimento a este conjunto de deliberações, formalidades e providências registrárias corresponde ao negócio jurídico de emissão da nova ação.

Este segundo passo é naturalmente um pressuposto inafastável para os terceiro e quarto passos do aumento do capital social com ingresso de novos recursos. Quer dizer, a nova ação somente poderá ser *subscrita* e *integralizada*, se *existir*; ou seja, se tiver sido regulamente criada, se tiver sido emitida *anteriormente* a esses negócios jurídicos. A subscrição é um negócio jurídico *bilateral* que aproxima, de um lado, o subscritor (a pessoa que assume a obrigação de integralizar a ação e tornar-se, em decorrência, o sujeito titular daquela participação societária) e, de outro, a sociedade credora dos recursos a integralizar. Como negócio bilateral, a subscrição decorre do encontro de *duas manifestações de vontade*: a do subscritor e a da companhia. Não é suficiente, para configurar-se o negócio jurídico, a declaração solitária de um ou outro. Se o acionista, numa assembleia geral, declara seu interesse em subscrever ações, isto é insuficiente para caracterizar-se a subscrição.

A subscrição é negócio jurídico *consensual*, vale dizer, independe de determinada forma prescrita em lei. Mas, por gerar efeitos perante terceiros (os demais acionistas), a declaração convergente de vontade do subscritor e da sociedade deve ser formalizada num instrumento escrito. Usam-se, assim, *listas* ou *boletins de subscrição* para instrumentalizar este negócio jurídico. Aliás, quando a subscrição é feita no transcorrer da assembleia geral que aprovou o aumento do capital social, é praxe largamente difundida entre os profissionais da área a *anexação* destes instrumentos à ata. Não se costuma fazer esta anexação somente nos casos em que a subscrição terá lugar em momento posterior à assembleia geral.

Por isso também, não tem nenhum sentido jurídico a integralização de ações não subscritas; tampouco a de ações não existentes. Quaisquer recursos entregues à sociedade, pelo acionista, como se correspondessem à integralização não tem e não pode ter este significado jurídico. Não pode ser tal entrega um negócio de integralização de ações, se não tiverem sido estas previamente criadas e subscritas. Esses recursos são meros adiantamentos e têm sido contabilizados, há muito tempo, na categoria que os contabilistas chamam de AFAC (sigla de "adiantamento para futuro aumento de capital").

Os recursos integralizados são contabilizados em duas contas do balanço patrimonial: "capital social" e "reserva de capital". Na primeira, apropriam-se os recursos entregues pelo subscritor à companhia no montante correspondente ao valor nominal (ou ao valor-quociente da ação); na segunda, os que corresponderem à diferença entre esse valor e o preço de emissão. Antes da criação, subscrição e integralização das ações, os contabilistas da companhia simplesmente não podem contabilizar *nunca* os recursos antecipados pelos subscritores como "capital social" ou "reserva de capital". A única forma contábil para a apropriação de recursos entregues à companhia pelos acionistas, para contribuição ao capital social, *antes* da deliberação que cria a ação (isto é, define suas características, inclusive quantidade e preço de emissão) é a AFAC. Para que os recursos entregues pelos subscritores à companhia possam ser contabilizados como "capital social" ou "reserva de capital", os serviços de contabilidade precisam ter em mãos o instrumento de subscrição das novas ações.

Correção Monetária Anual

Art. 167. A reserva de capital constituída por ocasião do balanço de encerramento do exercício social e resultante da correção monetária do capital realizado (artigo 182, § 2º) será capitalizada por deliberação da assembleia-geral ordinária que aprovar o balanço.

§ 1º Na companhia aberta, a capitalização prevista neste artigo será feita sem modificação do número de ações emitidas e com aumento do valor nominal das ações, se for o caso.

§ 2º A companhia poderá deixar de capitalizar o saldo da reserva correspondente às frações de centavo do valor nominal das ações, ou, se não tiverem valor nominal, à fração inferior a 1% (um por cento) do capital social.

§ 3º Se a companhia tiver ações com e sem valor nominal, a correção do capital correspondente às ações com valor nominal será feita separadamente, sendo a reserva resultante capitalizada em benefício dessas ações.

COMENTÁRIOS

1. Extinção da correção monetária

MAURICIO MOREIRA MENEZES

A correção monetária das demonstrações financeiras foi extinta pelo art. 4º, da Lei 9.249/1995, produzindo efeitos a partir de 1º de janeiro de 1996 (art. 35, da Lei 9.249/1995), inclusive para fins societários.[1741]

Por conseguinte, o art. 167 da LSA, que tratava da correção monetária do capital realizado, perdeu sua eficácia a partir do primeiro dia do exercício de 1996, prevalecendo apenas para os balanços correspondentes aos exercícios anteriores.[1742]

Logo, não há mais que se falar em constituição de reserva de capital por força do resultado da correção monetária do capital realizado, bem como em sua posterior capitalização por deliberação da assembleia-geral ordinária.

> **Capital Autorizado**
>
> **Art. 168.** O estatuto pode conter autorização para aumento do capital social independentemente de reforma estatutária.
>
> § 1º A autorização deverá especificar:
>
> a) o limite de aumento, em valor do capital ou em número de ações, e as espécies e classes das ações que poderão ser emitidas;
>
> b) o órgão competente para deliberar sobre as emissões, que poderá ser a assembleia-geral ou o conselho de administração;
>
> c) as condições a que estiverem sujeitas as emissões;
>
> d) os casos ou as condições em que os acionistas terão direito de preferência para subscrição, ou de inexistência desse direito (artigo 172).
>
> § 2º O limite de autorização, quando fixado em valor do capital social, será anualmente corrigido pela assembleia-geral ordinária, com base nos mesmos índices adotados na correção do capital social.
>
> § 3º O estatuto pode prever que a companhia, dentro do limite de capital autorizado, e de acordo com plano aprovado pela assembleia-geral, outorgue opção de compra de ações a seus administradores ou empregados, ou a pessoas naturais que prestem serviços à companhia ou a sociedade sob seu controle.

COMENTÁRIOS

1. Autorização estatutária para aumento de capital

MAURICIO MOREIRA MENEZES

As companhias de capital autorizado são aquelas cujo estatuto contém cláusula que autoriza o conselho de administração ou a assembleia-geral a deliberar sobre o aumento de capital, independentemente de reforma estatutária, estabelecendo determinada expressão monetária ou número de ações como limite da autorização, bem como os critérios para realização do referido aumento.

Logo, as companhias com cláusula estatutária de autorização de aumento de capital devem ter, necessariamente, conselho de administração (art. 138, § 2º, LSA).

A aludida autorização funciona para flexibilizar e desburocratizar o procedimento ordinário relacionado com a deliberação sobre o aumento, dispensando a convocação da assembleia-geral extraordinária para a reforma do estatuto social (art. 135, LSA).

Aprova-se a matéria em órgão colegiado de menor complexidade e número reduzido de participantes (se comparado com o colegiado de acionistas, em especial nas companhias abertas), cujas regras de convocação e de funcionamento tendem a ser menos rígidas, à luz do que dispuser o estatuto social, dada a liberdade conferida pela LSA para disciplná-las (art. 140, IV, LSA).

Nessa linha de raciocínio, embora o art. 168, § 1º, "b", LSA, mencione que o estatuto social deva especificar o órgão competente para deliberar sobre as emissões, permitindo a indicação tanto da assembleia-geral, quanto do conselho de administração, na prática elege-se o órgão de administração, pelas razões acima ponderadas.

[1741] "Art. 4º Fica revogada a correção monetária das demonstrações financeiras de que tratam a Lei nº 7.799, de 10 de julho de 1989, e o art. 1º da Lei nº 8.200, de 28 de junho de 1991. Parágrafo único. Fica vedada a utilização de qualquer sistema de correção monetária de demonstrações financeiras, inclusive para fins societários".

[1742] CARVALHOSA, Modesto. *Comentários à lei de sociedades anônimas*. 6. ed. São Paulo: Saraiva, 2014. v. 3. p. 166.

Por outro lado, entende-se que a decisão dos acionistas, no sentido de incluir a cláusula de capital autorizado no estatuto social, corresponde a uma espécie de "pré-deliberação" sobre o aumento, fixando seu roteiro e as condições que devem ser respeitadas (*v.g.*, espécies e classes das ações que poderão ser emitidas, direitos a elas conferidos, proporcionalidade com espécies e classes das ações existentes, condições e prazos para subscrição e integralização, direito de preferência, destinação dos recursos obtidos por meio do aumento de capital etc.), de tal sorte a delegar ao conselho de administração a simples tarefa de tornar concretas as medidas antes determinadas em assembleia-geral, por ocasião da aprovação da inserção de dita cláusula no estatuto social.

Portanto, não há discricionariedade por parte dos conselheiros de administração, que ficam vinculados aos limites e aos critérios fixados pelo estatuto, salvo com relação às circunstâncias do aumento de capital e quanto às condições não definidas previamente, que, usualmente, dependem da conjuntura que cerca a companhia no ato de emissão.

Assim, frequentemente (a depender do estatuto social), compete ao conselho de administração deliberar sobre a quantidade de ações a serem emitidas, o preço de emissão e as condições de integralização, bem como as demais condições e procedimentos referentes a cada emissão.

Em caso de lacuna da cláusula de capital autorizado quanto à destinação dos recursos obtidos por meio do aumento de capital, pode o conselho de administração determinar os critérios de sua alocação, conforme as necessidades de investimento da companhia, previstas em orçamento ou plano de negócios aprovado pelos próprios conselheiros de administração, observado o objeto social.

Considerando que a correção monetária das demonstrações financeiras foi extinta pelo art. 4º da Lei 9.249/1995, produzindo efeitos a partir de 1º de janeiro de 1996 (art. 35, Lei 9.249/1995), inclusive para fins societários, não há mais que se falar em correção anual do limite de autorização, quando fixado em valor do capital social, a que se refere o art. 168, § 2º, LSA.[1743]

Os acionistas terão direito de preferência para a subscrição de novas ações, na proporção do número de ações por eles anteriormente detidas (art. 171, LSA), salvo nos casos mencionados no art. 172, LSA.

2. Plano de opção de compra de ações

Mauricio Moreira Menezes

A remuneração de colaboradores e administradores, mediante a outorga de ações, é largamente praticada pelas companhias no Brasil e no exterior. A utilização desse instrumento promove, ainda, o alinhamento de interesses, aumentando o comprometimento dos beneficiários com a obtenção de resultados para a companhia e seus acionistas.

Corresponde a modalidade dos chamados planos de incentivo de longo prazo.

Nesse sentido, a remuneração em ações é efetivada mediante o instituto da opção de compra de ações, tratado pelo art. 168, § 3º, LSA, segundo o qual pode o estatuto "prever que a companhia, dentro do limite de capital autorizado, e de acordo com plano aprovado pela assembleia-geral, outorgue opção de compra a seus administradores ou empregados, ou a pessoas naturais que prestem serviços à companhia ou a sociedade sob seu controle".

A opção de compra confere ao seu titular o direito de subscrever ou adquirir ações da companhia outorgante a determinado (ou determinável) preço, conhecido como "preço de exercício", desde que implementadas certas condições, denominadas *vesting*, segundo estabelecido em plano aprovado pela assembleia geral.[1744]

[1743] "Art. 4º Fica revogada a correção monetária das demonstrações financeiras de que tratam a Lei nº 7.799, de 10 de julho de 1989, e o art. 1º da Lei nº 8.200, de 28 de junho de 1991. Parágrafo único. Fica vedada a utilização de qualquer sistema de correção monetária de demonstrações financeiras, inclusive para fins societários".

[1744] Sobre o sistema de *vesting*, vale transcrever a didática explicação dos Professores Lucian A. Bebchuk e Jesse M. Fried: "executive compensation arrangements usually include stock options, restricted stock, or a combination of both types of equity instruments. Under a typical stock option plan, a specified number of options vests each year as compensation for that year's work. Such a vesting schedule encourages an executive to remain with the firm. Once options vest—that is, once they are 'earned'—the options typically remain exercisable for ten years from the grant date. However, standard arrangements allow executives, immediately upon the vesting of their options, to exercise the options and sell the underlying shares. Restricted stock grants operate in much the same manner as stock option plans. The stock is called "restricted" because executives do not own the stock outright when it is granted. Rather,

Existem diversas modalidades de *vesting*, incluindo o decurso de um prazo de carência, o atingimento de determinadas metas individuais pelo beneficiário do plano, o aumento do valor da cotação em bolsa das ações emitidas pela companhia, dentre outras.

A propósito do *vesting*, o Pronunciamento Técnico 06/2014, do Comitê de Pronunciamentos Contábeis alterou conceitos do Pronunciamento Técnico CPC 10/2010, do mesmo comitê,[1745] valendo destacar aqueles relativos a "condição de mercado" e "meta de desempenho":

> *Condição de mercado* é a meta de desempenho sob a qual o preço de exercício, a aquisição de direito (*vesting*) ou a exercibilidade do instrumento patrimonial dependem, estando relacionada com o preço (ou valor) de mercado dos instrumentos patrimoniais da entidade (ou instrumentos patrimoniais de outra entidade do mesmo grupo), como, por exemplo:
>
> (a) atingir um preço de ação especificado, ou atingir um montante especificado de valor intrínseco da opção de ação; ou
>
> (b) alcançar a meta especificada que seja baseada no preço (ou valor) de mercado dos instrumentos patrimoniais da entidade (ou instrumentos patrimoniais de outra entidade do mesmo grupo) em relação a algum índice de preços de mercado de instrumentos patrimoniais de outras entidades.
>
> A condição de mercado exige que a contraparte complete um período específico de serviço (ou seja, condição de serviço); o requisito de serviço pode ser explícito ou implícito.
>
> *Meta de desempenho* é a condição de aquisição que exige que:
>
> (a) a contraparte complete um período específico de serviço (ou seja, condição de serviço); o requisito de serviço pode ser explícito ou implícito; e
>
> (b) a meta específica de desempenho a ser cumprida, enquanto a contraparte está prestando o serviço exigido em (a).
>
> O período de cumprimento da meta de desempenho:
>
> (a) não deve se estender além do fim do período de serviço; e
>
> (b) pode começar antes do período de serviço desde que a data de início da meta de desempenho não seja substancialmente antes do início do período de serviço.
>
> A meta de desempenho é definida tendo por referência:
>
> (a) operações (ou atividades) próprias da entidade ou operações ou atividades de outra entidade do mesmo grupo (ou seja, condição de não mercado); ou
>
> (b) o preço (ou valor) dos instrumentos patrimoniais da entidade ou instrumentos patrimoniais de outra entidade do mesmo grupo (incluindo ações e opções de ações) (ou seja, condição de mercado).
>
> A meta de desempenho pode estar relacionada tanto ao desempenho da entidade como um todo ou parte da entidade (ou parte do grupo), tal como uma divisão ou um empregado individual.

A celebração do instrumento de outorga de opção de compra resulta no estabelecimento de expectativa de direito ao beneficiário, não havendo direito adquirido à efetiva aquisição das

---

ownership of the stock vests over time, in part to give the executive an incentive to stay on the job. When the vesting period ends, the restricted shares 'belong' to the executive and, as in the case of options, executives have generally been free to cash them out" (BEBCHUK, Lucian A.; FRIED, Jesse M. How to tie equity compensation to long-term results. *Journal of Applied Corporate Finance*, v. 22, issue 1, p. 99-106, winter 2010, p. 99).

[1745] O Pronunciamento Técnico CPC 10/2010, do Comitê de Pronunciamentos Contábeis, foi originalmente aprovado pela Comissão de Valores Mobiliários e tornado obrigatório para as companhias abertas por meio da Deliberação CVM 562/2008, revogada e substituída pela Deliberação CVM 650/2010, a qual por sua vez, foi igualmente revogada e substituída pela Resolução CVM 97/2022, que manteve a obrigatoriedade de observância do referido Pronunciamento Técnico CPC 10. Esse normativo prevê uma série de métodos para reconhecimento do custo gerado pelos planos de remuneração baseados em ações e, em geral, tais métodos tendem a fazer com que a companhia reconheça em sua contabilidade os serviços recebidos e o passivo correspondente a esses serviços à medida que os serviços forem sendo prestados pelos administradores e empregados, ainda que o direito à aquisição das ações não seja exercível ao tempo de tal reconhecimento (ou seja, não estejam *vested*). Embora o fundamento da norma seja de juridicidade discutível, o fato é que a companhia está obrigada a alocar em cada exercício social o custo estimado para fazer frente à remuneração variável baseada em ações, ainda que tal custo dependa de eventos futuros e incertos, como a própria cotação em mercado da ação objeto da outorga.

ações, que apenas se consolida após a verificação dos requisitos de *vesting*.

Com relação às companhias abertas, o titular da opção de compra tem interesse direto no sucesso da companhia e na valorização de suas ações, pois as opções que lhe forem outorgadas só irão lhe conferir remuneração adicional se o preço de exercício for inferior à cotação da ação em bolsa de valores.

Questão controvertida consiste na natureza jurídica dos planos de incentivo (e das opções de compra em si). As duas interpretações mais aceitas são aquelas segundo as quais tais planos teriam natureza de contrato empresarial e de remuneração (contraprestação pelo trabalho do beneficiário).

A primeira acepção veio a ser reconhecida pelo Superior Tribunal de Justiça, por ocasião do julgamento do REsp 1.162.117/SP, nos termos do trecho da ementa de seu acórdão, adiante transcrito:

> [...] 2. Embora tenham origem comum, o bônus de subscrição e a opção de compra de ações não se confundem: aquele é um título mobiliário e pode ser alienado onerosamente ou atribuído como vantagem adicional aos subscritores de emissões de ações ou debêntures da companhia; esta tem natureza contatual e somente pode ser outorgada às pessoas arroladas na lei.[1746]

A segunda interpretação (remuneração) fundamenta-se no referido Pronunciamento Técnico CPC 10/2010, que menciona: "em geral, ações, opções de ações ou outros instrumentos patrimoniais são concedidos aos empregados como parte da remuneração destes, adicionalmente ao salário e outros benefícios concedidos".

Com relação ao conteúdo que deve estar contemplado em plano de opção de compra de ações, elenque-se o seguinte:

(i) características das ações a serem emitidas, levando-se em consideração os direitos políticos e patrimoniais que se objetiva atribuir aos beneficiários;

(ii) limite quantitativo, de tal sorte a discriminar, no âmbito do contrato celebrado com cada beneficiário, o número máximo de ações que poderá obter mediante o exercício da opção;

(iii) requisitos de *vesting*;

(iv) o caráter personalíssimo da opção de compra;

(v) determinação dos eventos nos quais as ações resultantes da opção de compra poderão ser alienadas a terceiro, aos controladores da companhia ou à própria companhia (observando-se as regras para negociação com as próprias ações), tais como: evento de liquidez, desligamento ou falecimento do beneficiário ou transcurso de prazo de *lock-up*;[1747]

(vi) preço de exercício da opção de compra ou critérios para sua fixação e, ainda, a forma de pagamento ou liquidação do preço de exercício; e

(vii) os efeitos do desligamento do beneficiário da companhia com relação aos seus direitos decorrentes plano de opção de compra.

Sob o aspecto procedimental, em especial em companhias abertas, a implantação do plano de opção de compra de ações deve observar:

(i) convocação e realização de Reunião do Conselho de Administração, para fins de aprovação preliminar do plano e dos documentos que lhe sejam acessórios, visando encaminhar a matéria para a assembleia geral da companhia;

(ii) convocação e realização de assembleia-geral da companhia para exame e aprovação do plano e dos documentos e que lhe sejam pertinentes;[1748]

(iii) divulgação de fato relevante para dar publicidade à aprovação do Plano pela assembleia geral da Companhia (art. 2º, parágrafo único, XII, da Resolução CVM 44/2021).

[1746] BRASIL. STJ. REsp 1.162.117/SP. Rel. Min. João Otávio de Noronha. 4ª T. j. 04.09.2012.

[1747] A expressão *lock-up* corresponde ao bloqueio ou restrição de alienação das ações durante determinado período, para evitar o excesso de sua oferta no mercado, o que poderia influenciar a queda de sua cotação em bolsa.

[1748] O art. 152, LSA, enquadra como remuneração não apenas a verbas pagas em dinheiro, como também "benefícios de qualquer natureza", para fins de aprovação pela assembleia geral da companhia.

O poder de decisão acerca de determinadas questões relativas ao plano de opção de compra pode ser delegado pela assembleia-geral a outros órgãos societários, como, por exemplo, o conselho de administração, desde que expressamente prevista no plano de opção de compra e não envolva questões de competência privativa da assembleia geral, devendo-se observar, ainda, o que dispõe o estatuto social da companhia.

Exemplificativamente, poderão ser objeto de delegação ao Conselho de Administração as seguintes questões relativas à administração do plano de opção de compra: (i) interpretação, detalhamento e aplicação das normas gerais estabelecidas no plano; (ii) modificação dos termos e condições do plano com o objetivo de adaptá-los a eventuais exigências que venham a ser necessárias, em virtude de alteração legal ou regulamentar; (iii) seleção, com base em parâmetros objetivos, dos beneficiários do plano e das condições com que cada um deles participará da outorga de ações (quantidade de ações outorgadas, metas a serem atingidas etc.); (iv) definição de metas de desempenho; (v) previsão da quantidade de ações outorgadas a cada beneficiário com base em parâmetros objetivos estabelecidos no plano; e (vi) determinação da suspensão do direito ao exercício da opção de compra, sempre que verificadas situações que, nos termos da lei ou da regulamentação em vigor, restrinjam ou impeçam a negociação de ações por parte dos beneficiários.

Capitalização de Lucros e Reservas

Art. 169. O aumento mediante capitalização de lucros ou de reservas importará alteração do valor nominal das ações ou distribuições das ações novas, correspondentes ao aumento, entre acionistas, na proporção do número de ações que possuírem.

§ 1º Na companhia com ações sem valor nominal, a capitalização de lucros ou de reservas poderá ser efetivada sem modificação do número de ações.

§ 2º Às ações distribuídas de acordo com este artigo se estenderão, salvo cláusula em contrário dos instrumentos que os tenham constituído, o usufruto, o fideicomisso, a inalienabilidade e a incomunicabilidade que porventura gravarem as ações de que elas forem derivadas.

§ 3º As ações que não puderem ser atribuídas por inteiro a cada acionista serão vendidas em bolsa, dividindo-se o produto da venda, proporcionalmente, pelos titulares das frações; antes da venda, a companhia fixará prazo não inferior a 30 (trinta) dias, durante o qual os acionistas poderão transferir as frações de ação.

📖 COMENTÁRIOS

1. Capitalização de lucros e reservas

MAURICIO MOREIRA MENEZES

Por meio do aumento de capital mediante capitalização de recursos ou lucros (art. 169, LSA), a companhia coloca sob o manto da intangibilidade a riqueza produzida pela atividade empresária, antes escriturada à conta de lucros ou reservas.

O objetivo de se proceder a essa modificação vai ao encontro do interesse da companhia em investir em sua empresa.

Como se sabe, embora o lucro integre o patrimônio da sociedade, é vocacionado para distribuição aos acionistas, à vista de seu direito essencial de dele participar (art. 109, I, LSA), porquanto esse é o fim social (art. 2º, LSA). Caso a companhia seja incapaz de gerar lucro e, assim, não possa preencher seu fim, a lei autoriza solução extrema: acionistas que representem 5% (cinco por cento) ou mais do capital social podem propor ação para pleitear sua dissolução (art. 206, II, "b", LSA), devendo provar a ocorrência dessa causa, à luz do contraditório e do devido processo legal.

Quanto ao resultado positivo do exercício social, uma vez realizadas as deduções obrigatórias (arts. 189 e 190, LSA), deve a administração da companhia propor a destinação do lucro líquido à assembleia-geral ordinária (art. 192, LSA), com a recomendação para a constituição de reserva legal, de caráter obrigatório (art. 192, LSA), além de outras que podem contemplar a eventual criação de outras reservas conforme as necessidades da companhia e as balizas constantes da LSA (arts. 194 a 198) e a distribuição do saldo aos acionistas.

Após declarada a distribuição de dividendos pela assembleia-geral (art. 132, II, LSA), o acionista passa a ser credor pelo seu valor, devendo recebê-los no prazo deliberado na mesma assembleia-geral, observados os limites temporais impostos pela LSA (art. 205, § 3º).

Portanto, havendo lucro em dado exercício social, sua permanência no patrimônio social tende a ser efêmera, diante da legítima expectativa que tem o acionista de receber a parcela que lhe toca, a depender, tão somente, da deliberação assemblear acima comentada.

A propósito das reservas de lucros, com exceção da legal, cuja destinação é taxativamente determinada no art. 193, LSA, sua manutenção é igualmente cercada de regras para não impedir o acesso do acionista ao lucro, devendo ser, em geral, revertidas para a conta de lucros, tão logo cesse a causa de sua constituição.

Em suma, pode-se dizer que o montante dos lucros e reservas (exceto a legal) permanece instável, pelo fato de ser "distribuível" aos acionistas a qualquer tempo, desde que observados os procedimentos legais e estatutários.

Nesse cenário, a companhia fica, naturalmente, retraída de fazer uso do caixa correspondente para novos investimentos, em especial os de longo prazo, como em "P&D" (pesquisa e desenvolvimento), cujo retorno não é imediato.

De igual modo, caso a companhia queira expandir suas atividades ou modernizar sua planta industrial, é relevante que mantenha para si, definitivamente, os recursos estimados para tais fins.

Adicionalmente, pode a companhia capitalizar a reserva de capital (art. 200, IV, LSA), formada pela contribuição de acionistas ou pelo produto da alienação de partes beneficiárias e bônus de subscrição (art. 182, § 1º, LSA). A medida é igualmente interessante para a manutenção de seu montante no patrimônio social, pois a reserva de capital pode ser usada para a distribuição de dividendos prioritários cumulativos da ação preferencial, desde que o estatuto social autorize tal pagamento (art. 200, V, c/c o art. 17, § 6º, LSA).

Assim, para que a companhia não seja instada, de tempos em tempos, a distribuir aos acionistas os recursos dos quais necessita para arcar com suas despesas e investimentos, o art. 169, LSA, autoriza que a assembleia-geral delibere pela capitalização dos lucros ou reservas, por meio do aumento do capital social (art. 166, IV, LSA), com a consequente reforma do estatuto social.

A iniciativa do aumento cabe à administração, que deve submeter a proposta ao conselho fiscal, se em funcionamento, para que emita parecer específico sobre a matéria (art. 163, III, c/c o art. 166, § 2º, LSA).

A princípio, todas as reservas podem ser capitalizadas, exceto a reserva de lucros a realizar, que somente poderá ser utilizada para pagamento do dividendo obrigatório (art. 197, § 2º, LSA) ou para absorção de prejuízos em exercícios subsequentes (art. 202, III, LSA), salvo, como bem observado por Alfredo Lamy Filho e José Luiz Bulhões Pedreira, na hipótese de deliberação unânime dos acionistas.[1749]

Como, usualmente, não são emitidas ações com valor nominal, o aumento de capital é realizado por mera alteração de sua expressão monetária, sem modificação do número de ações (art. 169, § 1º, LSA), tornando obsoletos os §§ 2º e 3º do art. 169.

Aumento Mediante Subscrição de Ações

Art. 170. Depois de realizados 3/4 (três quartos), no mínimo, do capital social, a companhia pode aumentá-lo mediante subscrição pública ou particular de ações.

§ 1º O preço de emissão deverá ser fixado, sem diluição injustificada da participação dos antigos acionistas, ainda que tenham direito de preferência para subscrevê-las, tendo em vista, alternativa ou conjuntamente: (Redação dada pela Lei 9.457, de 1997)

I – a perspectiva de rentabilidade da companhia; (Incluído pela Lei 9.457, de 1997)

II – o valor do patrimônio líquido da ação; (Incluído pela Lei 9.457, de 1997)

III – a cotação de suas ações em Bolsa de Valores ou no mercado de balcão organizado, admitido ágio ou deságio em função das condições do mercado. (Incluído pela Lei 9.457, de 1997)

§ 2º A assembleia-geral, quando for de sua competência deliberar sobre o aumento, poderá delegar ao conselho de administração a fixação do preço de emissão de ações a serem distribuídas no mercado.

§ 3º A subscrição de ações para realização em bens será sempre procedida com observância do disposto no artigo 8º, e a ela se aplicará o disposto nos §§ 2º e 3º do artigo 98.

[1749] FILHO, Alfredo Lamy; PEDREIRA, José Luiz Bulhões. In: FILHO, Alfredo Lamy; PEDREIRA, José Luiz Bulhões. *Direito das companhias*. 2. ed. Rio de Janeiro: Forense, 2017. p. 1.051.

§ 4º As entradas e as prestações da realização das ações poderão ser recebidas pela companhia independentemente de depósito bancário.

§ 5º No aumento de capital observar-se-á, se mediante subscrição pública, o disposto no artigo 82, e se mediante subscrição particular, o que a respeito for deliberado pela assembleia-geral ou pelo conselho de administração, conforme dispuser o estatuto.

§ 6º Ao aumento de capital aplica-se, no que couber, o disposto sobre a constituição da companhia, exceto na parte final do § 2º do artigo 82.

§ 7º A proposta de aumento do capital deverá esclarecer qual o critério adotado, nos termos do § 1º deste artigo, justificando pormenorizadamente os aspectos econômicos que determinaram a sua escolha. (Incluído pela Lei 9.457, de 1997)

COMENTÁRIOS

1. Aumento do capital social com ingresso de novos recursos

Fábio Ulhoa Coelho

O capital social pode ser aumentado com ou sem ingresso de novos recursos no patrimônio da sociedade anônima. Na primeira hipótese, sempre haverá a emissão de novas ações, e os novos recursos ingressam no patrimônio social em decorrência do pagamento do preço de emissão, pelo subscritor. Na segunda, que pode vir ou não acompanhada de emissão de novas ações, procede-se unicamente à reclassificação contábil de elementos do patrimônio líquido, constante do Balanço Patrimonial, transferindo-se, total ou parcialmente, para a conta do capital social o que se encontrava em conta de reservas ou, se ainda houver, na do lucro acumulado.

A companhia está proibida de aumentar o capital social, com ingresso de novos recursos no patrimônio da sociedade anônima, se o existente não estiver integralizado em pelo menos três quartos. Considera a LSA que, se a companhia necessita de novos recursos, deve primeiro obtê-los junto aos subscritores das ações já emitidas cujo preço de emissão ainda não foi integralmente pago.

Aplicam-se ao aumento do capital social com ingresso de novos recursos as normas atinentes à constituição da sociedade anônima.

Assim, o pagamento do preço de emissão das novas ações pode não ser em dinheiro, mas procedido mediante a transferência à titularidade da companhia emissora de bens ou créditos do patrimônio do subscritor. Se for em bens, deverão ser avaliados, tal como acontece na constituição da companhia (§ 3º).

Ademais, se se pretende proceder à captação pública desses recursos (isto é, junto aos investidores do MVM), a emissora deve já ter o registro de sociedade anônima aberta na CVM e providenciar também o registro da emissão. Não poderá, contudo, ter esse seu pedido denegado, sob o fundamento de *"inviabilidade ou temeridade do empreendimento ou inidoneidade dos fundadores"*, em vista da ressalva relativa à parte final do § 2º do art. 82, constante do § 6º do art. 170. Essa é uma das razões, aliás, pelas quais a constituição de sociedade anônima mediante subscrição pública caiu em completo desuso; constituindo-se por subscrição privada, podem-se obter os registros de companhia aberta na CVM e da emissão pública derivada de aumento do capital social, com maior facilidade.

Outra regra do regime de constituição das sociedades anônimas que não tem aplicação no aumento do capital social com ingresso de novos recursos é a da obrigatoriedade do depósito bancário de todas as entradas em dinheiro (art. 80, III). No ingresso de novos recursos no patrimônio da sociedade, em razão do aumento do capital social, pode o subscritor das novas ações pagar o preço de emissão entregando dinheiro de contado diretamente ao diretor da companhia (§ 4º). Contudo, é muito raro (e até mesmo suspeito, pode-se dizer) deixar de transitar pelo sistema financeiro nacional o pagamento do preço de emissão das ações decorrentes do aumento do capital social com base no art. 170 da LSA.

2. Fixação do preço de emissão das novas ações

Fábio Ulhoa Coelho

A LSA fixa os critérios para a definição, pela companhia, do preço de emissão das ações criadas para captação de recursos mediante aumento do capital social. De um lado, o art. 13 deve ser observado, não se admitindo preço de emissão menor que o valor nominal (desde que as ações tenham valor nominal). De outro, deve a companhia se valer da "cesta de valores" referida no art. 170, § 1º: (i) valor econômico (leva em conta as perspectivas de rentabilidade da companhia); (ii) valor patrimonial (divisão do patrimônio líquido pelo número de ações), que pode ser de qualquer espécie (contábil, a data presente ou real); (iii) valor de negociação no MVM (referido pela "cotação" no correspondente ambiente negocial), admitindo-se majoração ou redução.

A "cesta de valores" do art. 170, § 1º, é suficientemente robusta e flexível para dar aos órgãos da companhia competentes para a deliberação do aumento do capital social uma larguíssima margem para encontrar o preço de emissão das novas ações. Não é, mas é quase, como se a LSA dissesse que a companhia pode atribuir às novas ações o preço de emissão que considerar compatível com os apetites que identifica no mercado, respeitado apenas o limite matemático do art. 13.

De qualquer modo, exige a LSA que a proposta de fixação do preço de emissão venha acompanhada de justificativa *pormenorizada* dos aspectos econômicos que a nortearam, diante da "cesta de valores" à sua frente (§ 7º).[1750] Trata-se de preceito por assim dizer demagógico, porque a definição do preço de emissão envolve sempre uma decisão um tanto arbitrária, servindo os parâmetros legais de balizamentos inescapavelmente genéricos. Tem-se dispensado, assim, a esta imprecisa exigência, um atendimento de cunho predominantemente formal.

A competência para deliberar o aumento do capital social é, em princípio, da Assembleia Geral Extraordinária, porque ela importa em alteração do estatuto (LSA, art. 122, I). Poderá, contudo, a deliberação ser adotada pelo Conselho de Administração, quando o estatuto estipular o capital autorizado (art. 168).

O órgão competente para aumentar o capital social deve, na mesma deliberação, fixar o preço de emissão, juntamente com o valor global do aumento e a quantidade, forma, espécie e classe das novas ações. Todas estas definições são inerentes à noção de "aumento do capital social com ingresso de novos recursos", não se podendo dar substância a este sem aquelas. Abre a LSA uma exceção, ao permitir que, nas companhias abertas, a Assembleia Geral Extraordinária aprove o aumento, em termos globais, e delegue ao Conselho de Administração (§ 2º).

3. Conceito técnico de "diluição" no art. 170, § 1º

Fábio Ulhoa Coelho

Para bem compreender a proteção liberada aos acionistas minoritários pelo disposto no *caput* do § 1º do art. 170 da LSA, deve-se partir da constatação de que existem, na verdade, duas espécies de "diluição". Uma coisa é a "diluição" que pode causar a desvalorização da ação em sua negociação; outra coisa é a "diluição" que impacta o valor patrimonial das ações. Proponho adotarem-se respectivamente as expressões diluição-econômica e em diluição-patrimonial para identificá-las.

Diluição-econômica é referência à redução do percentual da participação de um acionista que gera o risco de desvalorização das ações no caso de negociação, no mercado de valores mobiliários ou fora dele[1751]. A diluição-patrimonial, por sua vez, resulta da fixação do preço de emissão das novas ações em valor inferior ao valor patrimonial das existentes. Ela importa perda patrimonial para o acionista, porque diminui o valor patrimonial das ações existentes antes do aumento (isso acontece sempre que o preço de emissão das novas é inferior a este valor patrimonial).

A diluição-econômica reduz direitos políticos (se a ação conceder direito de voto) e o direito de participação na distribuição de dividendos (LSA, art. 109, I) dos acionistas que não exercerem o direito de preferência. Por sua vez, a diluição-patrimonial reduz a expressão

---

[1750] Antes da introdução do § 7º ao art. 170, pela Lei 9.457/1997, havia doutrina já defendendo a obrigatoriedade da justificação pormenorizada da definição do preço de emissão (PENTEADO, Mauro Rodrigues. *Aumento de capital das sociedades anônimas*. São Paulo: Saraiva, 1988. p. 169-170; *Reforma da lei das sociedades por ações*. BULGARELLI, Waldírio (coord.). São Paulo: Pioneira, 1998. p. 67).

[1751] Trata-se de um risco, mas preocupante. De acordo com Alfredo Lamy Filho: "o aumento do número de ações, em que se divide o capital, reduz a fração do lucro e do patrimônio líquido que cabe a cada ação e, em consequência, diminui o valor econômico da ação, a menos que, em decorrência da emissão de novas ações, haja o aumento, na mesma proporção, do lucro total ou do patrimônio líquido a ser rateado entre todas as ações. O aumento do número de ações pode também causar a diminuição do valor de mercado, à medida que este reflete os valores de rentabilidade e de patrimônio líquido e a maior quantidade de ações em circulação aumenta a oferta. Essa diminuição do valor econômico é denominada 'diluição' da ação porque seu valor é diluído, isto é, tem sua concentração diminuída, ou é 'aguado'" (*Direito das companhias*. 2. ed. Vários autores. Coord. Alfredo Lamy Filho e José Luiz Bulhões Pedreira. Rio de Janeiro: Forense, 2017. p. 1021-1022).

monetária do direito de participar da partilha do acervo remanescente e do direito de recesso (LSA, art. 109, II e V): aquele, porque a partilha é feita de acordo com o valor patrimonial das ações (salvo na hipótese do art. 215, § 1º, da LSA, que permite a realização da partilha por outro critério, mediante a aprovação por votos correspondentes a 90% do total de ações votantes em assembleia durante a liquidação), e este porque o cálculo do reembolso, sendo omisso o estatuto, toma por base o valor patrimonial das ações (LSA, art. 45, § 1º).

Tanto a diluição-econômica como a diluição-patrimonial são matematicamente inevitáveis quando o acionista não exerce o seu direito de preferência. Ela, em si, é irrelevante para a delimitação da proteção legal liberada aos direitos dos minoritários. A diluição apenas serve de critério para a fixação do preço de emissão das novas ações em aumento de capital social quando não é justificada – a LSA determina que o preço de emissão das novas ações não pode acarretar "a diluição injustificada da participação dos antigos acionistas"[1752]. A diluição em si mesma, portanto, não é ilícita e o acionista que não exerce o direito de preferência deve estar preparado para suportá-la. Quer dizer, se a diluição for justificada, tanto no caso da diluição-econômica como no da diluição-patrimonial, por maior que seja não irá ocasionar absolutamente nenhum vício no preço de emissão adotado no aumento de capital que a originou.

Mesmo entre os profissionais da área, disseminou-se o equívoco de considerar que "diluição" seria referência à redução da participação dos acionistas minoritários que não conseguem acompanhar o aumento deliberado pelo controlador. Isso é absolutamente inconsistente. A "diluição" de que trata o art. 170, § 1º, da LSA, envolve, sim, alterações no percentual da participação do acionista, quando ele não subscreve totalmente o percentual que lhe cabe, em razão do direito de preferência, em aumento do capital social. No entanto, como o conceito legal não diz respeito ao *volume* do aumento, e sim ao *preço de emissão* das novas ações, é equivocado considerá-lo uma referência àquela redução do percentual de participação do minoritário, por não dispor dos recursos para subscrever sua parcela de novas ações. Com ênfase, se o aumento deliberado é de R$ 10.000.000,00, o acionista titular de 15% do capital social, se quiser manter esse percentual, deverá integralizar ações no valor de R$ 1.500.000,00, independentemente do preço de emissão de cada uma delas. Tanto faz se terá que integralizar 1.500.000 ações pelo preço de R$ 1,00 cada, ou 750.000 ações ao preço de R$ 2,00. Como o art. 170, § 1º, trata dos critérios legais para a fixação do preço de emissão das ações emitidas em aumento do capital social, evidentemente ao mencionar "diluição", ela está se referindo a algo diverso daquilo que é, no mercado, chamado por essa expressão.

A LSA, ao estabelecer os parâmetros para a fixação, pela companhia, do preço de ações emitidas em aumento do capital social, listou quatro: (*a*) o preço de emissão das novas ações não pode acarretar diluição injustificada da participação acionária dos acionistas que não as subscrever (art. 170, § 1º, *caput*); (*b*) devem ser levadas em consideração as perspectivas de rentabilidade da companhia, expressa pelo valor econômico da empresa (art. 170, § 1º, I); (*c*) deve ser levado em conta, alternativa ou cumulativamente, também o valor do patrimônio líquido da ação, que corresponde à divisão do patrimônio líquido da sociedade pelo número de ações (art. 170, § 1º, II); (*d*) se a companhia for aberta e tiver suas ações cotadas em Bolsa de Valores, deve-se adotar o valor de cotação, admitido ágio ou deságio (art. 170, § 1º, III).

Deste modo, qualquer aumento de capital social, para ser legal e válido, deve respeitar duas condições: (*1ª*) não pode ocasionar a diluição injustificada da participação acionária da consulente; (*2ª*) deve adotar como critério de fixação do preço de emissão o valor patrimonial das ações existentes, a cotação em bolsa *ou* o seu valor econômico. Como se vê, o valor nominal das ações existentes não é critério legal admissível, na fixação do preço de emissão de novas ações.

Nesse contexto, tecnicamente falando, "diluição" é um fenômeno econômico, *matematicamente mensurável*, que se verifica *sempre* que as novas ações são emitidas por preço *inferior*

[1752] Cfr., por todos, Modesto Carvalhosa: "a diluição será injustificada apenas quando o preço de emissão, resultante da adoção de um ou mais critérios, for inconsistente e falso, visando sua adoção diluir a participação dos acionistas não controladores. Será também injustificada a diluição quando não houver *causa* para o aumento, ou seja, não tiver este razão econômica atual para ser efetivado. Nesse caso também se presume abuso de poder dos controladores, com o objetivo de diluir o capital pertencente aos minoritários" (*Comentários à Lei de Sociedades Anônimas*. 5. ed.. São Paulo: Saraiva, 2011. v. 3. p. 622-623).

ao valor patrimonial das existentes.[1753] Se uma sociedade anônima possui capital social de R$ 100.000,00, dividido em 100.000 ações, e seu patrimônio líquido é de R$ 200.000,00, então suas ações têm o valor patrimonial de R$ 2,00. Este valor é definido como a divisão do patrimônio líquido pelo número de ações (R$ 200.000,00 ÷ 100.000 = R$ 2,00). Caso esta sociedade anônima decida aumentar seu capital social, emitindo novas ações, o preço de emissão que fixar poderá (ou não) influir, para mais ou para menos, no valor patrimonial das ações existentes. Se o preço de emissão das novas ações for *igual* ao valor patrimonial das existentes, este não irá variar; mas, se o preço de emissão das novas ações for maior que o valor patrimonial das existentes, aumentará este último; e se menor, diminuirá o referido valor. Quantifique-se:

a) Se a sociedade anônima do exemplo emite 50.000 novas ações, ao preço à vista de R$ 2,00 cada, ingressa no patrimônio da sociedade R$ 100.000,00; em consequência do aumento, o patrimônio líquido, que era de R$ 200.000,00, passará para R$ 300.000,00; como são, agora, 150.000 as ações emitidas, permanece inalterado o valor patrimonial de cada uma (R$ 300.000,00 ÷ 150.000 = R$ 2,00).

b) Se ela, porém, emite 50.000 novas ações, ao preço à vista de R$ 3,00 cada (superior, portanto, ao valor patrimonial das existentes), ingressam na sociedade recursos da ordem de R$ 150.000,00, em razão do que o patrimônio líquido da sociedade aumenta, de R$ 200.000,00 para R$ 350.000,00; como, porém, o número de ações, após o aumento, passa a ser de 150.000, o valor patrimonial destas, que era de R$ 2,00, aumenta para R$ 2,33 (R$ 350.000,00 ÷ 150.000 = R$ 2,33).

c) Se, finalmente, aquela sociedade anônima emite 50.000 novas ações ao preço à vista de R$ 1,00 cada (inferior, assim, ao valor patrimonial das existentes), ingressam no patrimônio da sociedade R$ 50.000,00, e este aumenta de R$ 200.000,00 para R$ 250.000,00; como, após a operação, são 150.000 ações, o valor patrimonial reduz de R$ 2,00 para R$ 1,66 (R$ 250.000,00 ÷ 150.000 = R$ 1,66).

A demonstração matemática, portanto, indica que, invariavelmente, quando o preço de emissão das novas ações supera o valor patrimonial das existentes, há um ganho patrimonial dos acionistas que não subscreverem o aumento (chamados, na lei, de "antigos acionistas") em detrimento dos que o subscreverem. No caso *b*, acima, o acionista que subscrever o aumento verá o valor patrimonial de suas ações aumentar, de R$ 2,00 para R$ 2,33, enquanto os subscritores terão pago R$ 3,00 por ação, cujo valor patrimonial é R$ 2,33. Quando o preço de emissão das novas ações é maior que o valor patrimonial das existentes, beneficiam-se os acionistas que *não* subscreverem o aumento, em detrimento dos subscritores.

Por outro lado, se o preço de emissão das novas ações for inferior ao valor patrimonial das existentes, o ganho será em favor dos acionistas que subscrevem o aumento e em prejuízo dos que não o subscrevem (os "antigos acionistas"). Na hipótese *c*, acima, os subscritores terão pago R$ 1,00 por ação que vale, patrimonialmente, R$ 1,66, lucrando exorbitantes 66% do dia para a noite; e os acionistas que não subscreveram as ações verão o valor patrimonial das que titulam reduzido de R$ 2,00 para R$ 1,66. Esse fato descrito na última hipótese, a redução do valor patrimonial das ações motivada pelo aumento do capital social, com lançamento de novas ações ao preço de emissão inferior ao referido valor patrimonial, denomina-se *diluição* (na modalidade "patrimonial").

A diluição, acrescente-se, pode ser justificada,[1754] quando as condições de mercado

---

[1753] Na síntese de José Edwaldo Tavares Borba: "a diluição é consequência da emissão de ações por valor inferior ao patrimonial, na medida em que, nessa situação, aumenta-se o número de ações, sem que haja um aumento correspondente do patrimônio. Automaticamente, as ações passam a ter um valor patrimonial inferior, posto que diluído" (*Direito societário*. 9. ed. Rio de Janeiro: Renovar, 2004. p. 215).

[1754] "A diluição, tal como definida acima, é um fato econômico e opera-se sempre que presente a condição delimitada, isto é, sempre que o preço de emissão das novas ações é inferior ao valor patrimonial das existentes. Para o direito, contudo, interessa distinguir entre diluição *justificada* e *injustificada*, porque somente esta última é vedada, enquanto aquela baliza na definição do preço de emissão (LSA, art. 170, § 1º, *caput*). A justificação é função das necessidades de recursos da companhia emissora e da capacidade de absorção da ação pelo mercado [...]. Sopesando-se os dois elementos, pode-se justificar a diluição. Isto é, se a sociedade anônima necessita de recursos para a sua capitalização e estima-se não haver mercado para novas ações, senão a preço inferior ao valor patrimonial das existentes, então é justificável que os antigos acionistas suportem o prejuízo imediato, como forma de assegurarem ganhos futuros para a companhia e, indiretamente, para eles próprios. Ausentes esses pressupostos, não é justificável a diluição,

desaconselham a colocação das novas ações a preço igual ou superior ao patrimonial. Nesse caso, os acionistas devem suportar a perda patrimonial, para que a sociedade possa captar os recursos de que necessita.

Direito de Preferência

Art. 171. Na proporção do número de ações que possuírem, os acionistas terão preferência para a subscrição do aumento de capital.

§ 1º Se o capital for dividido em ações de diversas espécies ou classes e o aumento for feito por emissão de mais de uma espécie ou classe, observar-se-ão as seguintes normas:

a) no caso de aumento, na mesma proporção, do número de ações de todas as espécies e classes existentes, cada acionista exercerá o direito de preferência sobre ações idênticas às de que for possuidor;

b) se as ações emitidas forem de espécies e classes existentes, mas importarem alteração das respectivas proporções no capital social, a preferência será exercida sobre ações de espécies e classes idênticas às de que forem possuidores os acionistas, somente se estendendo às demais se aquelas forem insuficientes para lhes assegurar, no capital aumentado, a mesma proporção que tinham no capital antes do aumento;

c) se houver emissão de ações de espécie ou classe diversa das existentes, cada acionista exercerá a preferência, na proporção do número de ações que possuir, sobre ações de todas as espécies e classes do aumento.

§ 2º No aumento mediante capitalização de créditos ou subscrição em bens, será sempre assegurado aos acionistas o direito de preferência e, se for o caso, as importâncias por eles pagas serão entregues ao titular do crédito a ser capitalizado ou do bem a ser incorporado.

§ 3º Os acionistas terão direito de preferência para subscrição das emissões de debêntures conversíveis em ações, bônus de subscrição e partes beneficiárias conversíveis em ações emitidas para alienação onerosa; mas na conversão desses títulos em ações, ou na outorga e no exercício de opção de compra de ações, não haverá direito de preferência.

§ 4º O estatuto ou a assembleia-geral fixará prazo de decadência, não inferior a 30 (trinta) dias, para o exercício do direito de preferência.

§ 5º No usufruto e no fideicomisso, o direito de preferência, quando não exercido pelo acionista até 10 (dez) dias antes do vencimento do prazo, poderá sê-lo pelo usufrutuário ou fideicomissário.

§ 6º O acionista poderá ceder seu direito de preferência.

§ 7º Na companhia aberta, o órgão que deliberar sobre a emissão mediante subscrição particular deverá dispor sobre as sobras de valores mobiliários não subscritos, podendo:

a) mandar vendê-las em bolsa, em benefício da companhia; ou

b) rateá-las, na proporção dos valores subscritos, entre os acionistas que tiverem pedido, no boletim ou lista de subscrição, reserva de sobras; nesse caso, a condição constará dos boletins e listas de subscrição e o saldo não rateado será vendido em bolsa, nos termos da alínea anterior.

§ 8º Na companhia fechada, será obrigatório o rateio previsto na alínea *b* do § 7º, podendo o saldo, se houver, ser subscrito por terceiros, de acordo com os critérios estabelecidos pela assembleia-geral ou pelos órgãos da administração.

COMENTÁRIOS

1. Fundamentos do direito de preferência

Mauricio Moreira Menezes

O extenso art. 171, LSA, trata do direito de preferência para a subscrição das ações. Contempla uma série de regras a respeito da delimitação do direito, modo e prazo para seu exercício e sua negociabilidade.

---

e o acionista prejudicado tem direito a ser indenizado pelos responsáveis pela precificação das novas ações (os acionistas que a aprovaram na assembleia geral ou os membros do conselho de administração, conforme o caso)" (COELHO, Fábio Ulhoa. *Curso de direito comercial*. 14. ed. São Paulo: Saraiva, 2010. v. 2. p. 98-99).

Há no Direito Societário um importante princípio, designadamente o da não diluição injustificada da participação dos sócios, que está em estreita conexão com o princípio do equilíbrio contratual. Aquele princípio encontra-se atualmente positivado por meio de duas importantes regras, sendo a primeira correspondente ao direito de preferência dos sócios para a subscrição de novas ações (emitidas em aumento de capital) ou valores mobiliários conversíveis em ações, e a segunda referente à fixação pelo legislador de um rol de critérios a ser observado para a determinação do preço de emissão da participação societária (art. 170, § 1º, da LSA).

Com efeito, o direito de preferência à subscrição de ações (art. 171, LSA) configura interessante mecanismo legal tendente a assegurar a manutenção do percentual originário de participação de cada sócio no capital social, garantindo a execução do contrato nas bases originariamente acordadas, sem que haja diluição da aludida participação, principalmente dos minoritários, que, por vezes, podem se ausentar do processo decisório que leva ao aumento do capital social e, em qualquer caso, não têm o poder de fazer preponderar seu voto nas assembleias gerais.

Esses fundamentos – equilíbrio contratual aplicado às relações societárias e não diluição injustificada da participação acionária – legitimam o enquadramento do direito de preferência para a subscrição de ações, partes beneficiárias conversíveis em ações, debêntures conversíveis em ações e bônus de subscrição como direito essencial do acionista (art. 109, IV, LSA), cujo exercício não poderá ser privado pelo estatuto social ou pela assembleia-geral. Nesse sentido, as hipóteses de exclusão do direito de preferência resultam de texto expresso de lei (art. 172, LSA).

2. Aspectos do direito de preferência e dinâmica de seu exercício

MAURICIO MOREIRA MENEZES

A amplitude do direito de preferência é estabelecida pelo § 3º do art. 171, LSA. Para que haja real observância à manutenção das bases de participação do acionista, o referido direito não está limitado às ações e abrange quaisquer valores imobiliários conversíveis em ações.

Logo, caso a companhia emita debêntures conversíveis (art. 57, LSA), estará conferindo ao debenturista, além do direito de crédito, o direito de preferência para a subscrição de ações em futuro aumento de capital.

Portanto, se a preferência do debenturista prevalecerá nesse caso, é importante que o acionista, por sua vez, tenha preferência para a subscrição dessa debênture conversível, a fim de que possa, oportunamente, por ocasião do aumento de capital, manter a sua participação (art. 57, § 1º, LSA).

Desse mesmo modo ocorre com os bônus de subscrição (art. 77, parágrafo único, LSA), os quais se consubstanciam, essencialmente, no direito preferência para subscrição da ação, destacado e delimitado em valor mobiliário autônomo ("os bônus de subscrição conferirão aos seus titulares, nas condições constantes do certificado, direito de subscrever ações do capital social", conforme art. 75, LSA). Igualmente, a preferência será observada para a subscrição de partes beneficiárias conversíveis em ações e emitidas pela companhia fechada para alienação onerosa (art. 48, § 2º, LSA).

Na hipótese de a companhia haver emitido ações de espécies e classes diversas, deve-se observar o conjunto de normas organizado, didaticamente, pelo § 1º do art. 171.

Como regra geral, estabelece-se que o acionista terá preferência para subscrever ações de espécie ou classe equivalente às de que for titular, caso o aumento de capital seja realizado na mesma proporção do número de ações de todas as espécies e classes existentes.

Porém, é possível que a assembleia-geral decida pela emissão de maior quantidade de ações de determinada espécie ou classe, de modo desproporcional às então emitidas. Por exemplo, em uma companhia com capital distribuído entre dois acionistas, um deles titular de 50 ações ordinárias e o outro titular de 50 ações preferenciais. A assembleia-geral decide aumentá-lo para que sejam emitidas 90 ações ordinárias e apenas 10 ações preferenciais. Ao final, a proporção, que antes era de 50% para cada espécie, ficará de 70% para as ações ordinárias (as quais totalizarão 140) e 30% para as ações preferenciais (as quais somarão 60).

A solução encontra-se devidamente descrita no art. 171, § 1º "b", LSA: no caso em questão, o acionista preferencialista exercerá a preferência, primeiramente, sobre as 10 ações preferencias emitidas em razão do aumento e, subsequentemente, estenderá sua preferência para as 40 novas ações ordinárias, de tal modo a assegurar, no capital social majorado, a mesma proporção de participação acionária que detinha antes do citado aumento.

Outra hipótese corresponde à emissão de ações de espécie ou classe diversa das existentes. Voltando para a hipótese em tela, considere-se que a companhia emitirá 100 novas ações preferenciais de classe B. Cada acionista exercerá a preferência sobre 50 novas ações, na exata proporção do número de ações que possui ao tempo de realização do aumento de capital (art. 171, § 1º "c", LSA).

O escopo dessas regras é, evidentemente, garantir tratamento equitativo aos acionistas, independentemente da espécie ou classe de sua ação.

Por sua vez, o art. 171, § 2º, LSA, oferta regra tão importante, quanto interessante.

Refere-se à integralização de aumento de capital em bens ou crédito. Considere-se uma companhia de transporte marítimo. O acionista controlador é proprietário de uma embarcação e decide aumentar o capital social, via assembleia-geral, integralizando a totalidade do aumento com a embarcação, observado o procedimento que determina a elaboração de laudo de avaliação, nos termos do art. 8º, LSA.

Como assegurar o direito de preferência dos acionistas minoritários? Dispõe o mencionado dispositivo que prevalece o direito de preferência de todos os acionistas, os quais, caso tenham interesse, desembolsarão recursos em dinheiro correspondentes à totalidade do preço de emissão das ações subscritas. A diferença – e aqui reside a inteligência da solução legal – consiste no fato de que tal pagamento não será direcionado à companhia, pois, se assim fosse, ela receberia duas vezes pelas mesmas ações (a embarcação e o dinheiro). Nessa linha, "as importâncias por eles pagas serão entregues ao titular do bem a ser incorporado", *i.e.*, ao acionista controlador.

O prazo de decadência para o exercício da preferência está previsto no art. 171, § 4º, LSA e é de, no mínimo, 30 dias, facultando-se ao estatuto ou à assembleia-geral ampliá-lo. Segundo a qualificada doutrina de José Alexandre Tavares Guerreiro e Egberto Lacerda Teixeira, tal prazo deve ser contado da publicação da ata do órgão que houver deliberado o aumento (assembleia-geral ou, em caso de previsão específica em cláusula estatutária de capital autorizado, reunião do conselho de administração).[1755]

Havendo a constituição de usufruto sobre a ação, o direito de preferência é prioritariamente reservado ao proprietário, que poderá exercê-lo até 10 (dez) dias antes do vencimento do prazo. Caso não o faça, abre-se a oportunidade ao usufrutuário, conforme dispõe o art. 171, § 5º, LSA, que, assim, deterá a propriedade plena das novas ações subscritas em razão do aumento.

O direito de preferência é um direito patrimonial e, pois, pode ser livremente alienado. Essa é a regra geral do art. 171, § 6º, LSA. Ressalte-se que, em acordo de acionistas (art. 118, LSA), pode ser estabelecido por seus signatários restrição à alienação do direito de preferência.

A propósito, foi essa vocação de negociabilidade do direito de preferência que fez surgir os bônus de subscrição, cujo embrião foi introduzido pela Lei nº 4.728/1964, ao tratar das debêntures conversíveis em ações e prever que "o direito à subscrição de capital poderá ser negociado ou transferido separadamente da debênture conversível em ação, desde que seja objeto de cupão destacável ou sua transferência seja averbada pela sociedade emissora, no próprio título e no livro de registro, se for o caso" (art. 44, § 8º, Lei nº 4.728/1964).

Por último, os §§ 7º e 8º reportam-se ao rateio de sobras nas companhias abertas e fechadas, respectivamente.

As sobras de ações resultam do desinteresse de acionistas quanto ao exercício do direito de preferência, proporcionalmente às ações que detêm.

Em geral, as sobras de ações são subscritas por aqueles que desejarem acrescer ações à sua participação, vale dizer, aumentar a proporcionalidade de sua posição acionária. A LSA autoriza que o órgão que deliberar sobre a emissão, mediante subscrição particular, disponha, no próprio ato, sobre o tratamento a ser dado às sobras.

Se companhia aberta, poderá "mandar vendê-las em bolsa, em benefício da companhia" ou rateá-las, na proporção dos valores subscritos, entre os acionistas que houverem solicitado, formalmente, no boletim de subscrição, reserva de sobras.

[1755] TEIXEIRA, Egberto Lacerda; GUERREIRO, José Alexandre Tavares. *Das sociedades anônimas no direito brasileiro*. São Paulo: José Bushatsky, 1979. p. 163.

Art. 172

Mauricio Moreira Menezes

Se companhia fechada, será obrigatório o referido rateio entre subscritores que manifestaram interesse pelas sobras. Havendo saldo não subscrito, nada impede que seja ofertado a terceiros, de acordo com os critérios estabelecidos pela assembleia geral ou pelos órgãos da administração.

> **Exclusão do Direito de Preferência**
>
> **Art. 172.** O estatuto da companhia aberta que contiver autorização para o aumento do capital pode prever a emissão, sem direito de preferência para os antigos acionistas, ou com redução do prazo de que trata o § 4º do art. 171, de ações e debêntures conversíveis em ações, ou bônus de subscrição, cuja colocação seja feita mediante: (Redação dada pela Lei 10.303, de 2001)
>
> I – venda em bolsa de valores ou subscrição pública; ou
>
> II – permuta por ações, em oferta pública de aquisição de controle, nos termos dos arts. 257 e 263. (Redação dada pela Lei 10.303, de 2001)
>
> **Parágrafo único.** O estatuto da companhia, ainda que fechada, pode excluir o direito de preferência para subscrição de ações nos termos de lei especial sobre incentivos fiscais.

COMENTÁRIOS

1. Exclusão do direito de preferência

Mauricio Moreira Menezes

O direito de preferência para a subscrição de ações é enquadrado pela LSA como direito essencial do acionista (art. 109, IV, LSA), cujo exercício não pode ser privado pelo estatuto social ou pela assembleia-geral. Nesse sentido, as hipóteses de exclusão do direito de preferência resultam de texto expresso de lei.

Assim, o art. 172, LSA, admite a exclusão do direito de preferência no estatuto da companhia aberta de capital autorizado, nos casos de emissão de ações, debêntures conversíveis em ações ou bônus de subscrição, cuja colocação seja feita mediante: (i) venda em bolsa de valores ou subscrição pública; ou (ii) permuta por ações, em oferta pública de aquisição de controle, nos termos dos arts. 253 e 263, LSA.

Há, portanto, uma cumulação de requisitos, para que se admita a exclusão do direito de preferência: (i) esteja em vigor o registro de companhia aberta (art. 4º, § 1º, LSA, c/c art. 21, Lei nº 6.385/1976); (ii) o estatuto social da companhia contenha cláusula de capital autorizado (art. 168, LSA); (iii) haja previsão específica, em cláusula estatutária de capital autorizado, da exclusão do direito de preferência (art. 168, § 1º, "b", LSA); (iv) a operação de capitalização seja feita por um dos modos acima mencionados.

Entende-se que prevalece, nessa hipótese, legítimo interesse da companhia, no sentido de optar por estrutura de capitalização que lhe seja mais vantajosa.

A preferência é, realisticamente, empecilho à liquidez das ações, pois o potencial investidor não sabe ao certo qual o volume será efetivamente disponibilizado para subscrição. Fica ele no aguardo da quantidade que eventualmente vier a sobrar, em caso de desinteresse dos acionistas em exercer, previamente, o respectivo direito de preferência.

Assim, conforme destacado na Exposição de Motivos da LSA, o direito de preferência poderia dificultar a organização da distribuição de ações no mercado. Adicionalmente, não funcionaria, nessas operações, como instrumento de proteção dos acionistas minoritários contra modificação da sua porcentagem no capital social, dada a impessoalidade do subscritor ("qualquer um pode adquirir ações no mercado") e o efeito generalizado da diluição, inclusive relativamente ao acionista controlador.[1756]

A Lei 10.303/2001 introduziu na LSA a possibilidade de mera redução do prazo de exercício do direito de preferência, de que trata o art. 171, § 4º, LSA, o que antes se admitia como legítimo e regular pela doutrina e pelos usos. Logo, o estatuto da companhia aberta pode conter cláusula no sentido de assegurar a preferência em prazo reduzido (inferior a 30 dias), de tal modo a mitigar as dificuldades causadas pelas incertezas de seu exercício, as quais, como se disse, impactam a liquidez da oferta, pois não se sabe ao certo qual o volume que restará para colocação pública.

Por último, o art. 172, parágrafo único, LSA, autoriza a exclusão do direito de preferência

---

[1756] LAMY FILHO, Alfredo; PEDREIRA, José Luiz Bulhões. *A Lei das S.A.* 2. ed. Rio de Janeiro: Renovar, 1995. v. 1. p. 306.

para subscrição de ações, tanto nas companhias abertas, quanto nas fechadas, no âmbito das operações realizadas nos termos de lei especial sobre incentivos fiscais, desde que haja expressa previsão no estatuto social.

Essa norma é complementada pelo art. 299, LSA, que se refere à "legislação especial sobre a aplicação de incentivos fiscais nas áreas da Sudene, Sudam, Sudepe, Embratur e Reflorestamento".

Confira-se o exemplo da Superintendência do Desenvolvimento do Nordeste (Sudene), que tem por finalidade promover o desenvolvimento sustentável de sua área de atuação (Estados do Maranhão, Piauí, Ceará, Rio Grande do Norte, Paraíba, Pernambuco, Alagoas, Sergipe, Bahia e, parcialmente, os Estados de Minas Gerais e do Espírito Santo) e a integração competitiva da base produtiva regional nas economias nacional e internacional, conforme definida oficialmente.

A Sudene disponibiliza, a companhias interessadas, a adesão a variados programas de incentivos fiscais, dentre os quais o reinvestimento na atividade produtiva de parte do valor que deveria ser pago à União, a título de recolhimento do imposto sobre a renda ("IRPJ"). Os valores assim reinvestidos devem ser capitalizados, por meio de aumento do capital social pela companhia, a qual deve proceder, quando for o caso, à distribuição de ações a seus acionistas, tudo conforme as normas específicas de cada um dos programas de incentivos, que são revistos de tempos em tempos pelas autoridades competentes.[1757]

SEÇÃO II
REDUÇÃO

Art. 173. A assembleia-geral poderá deliberar a redução do capital social se houver perda, até o montante dos prejuízos acumulados, ou se julgá-lo excessivo.

§ 1º A proposta de redução do capital social, quando de iniciativa dos administradores, não poderá ser submetida à deliberação da assembleia-geral sem o parecer do conselho fiscal, se em funcionamento.

§ 2º A partir da deliberação de redução ficarão suspensos os direitos correspondentes às ações cujos certificados tenham sido emitidos, até que sejam apresentados à companhia para substituição.

COMENTÁRIOS

1. Redução de capital

MAURICIO MOREIRA MENEZES

Os arts. 173 e 174, LSA, disciplinam normas sobre a redução do capital social da companhia, de observância obrigatória, à luz do princípio da intangibilidade, que impõe o respeito ao procedimento formal para a modificação do capital social.

Há duas modalidades: (i) quando houver perdas consideradas substanciais, até o montante dos prejuízos; (ii) quando o capital for considerado excessivo.

A propósito da primeira hipótese, trata-se de mero ajuste contábil, que não produz maiores repercussões na conta de patrimônio líquido da companhia, que se limita a deduzir do capital o valor, total ou parcial, do prejuízo (ambas são subcontas da conta de patrimônio líquido). O fundamento consubstancia-se na adequação ao princípio da realidade do capital social, que deve expressar montante que funcione, ao menos, como um indicador do porte patrimonial da companhia. Se o capital social é de R$ 100 mil e há sucessivos prejuízos que chegam a R$ 90 mil, certamente aquele se encontra desconexo com a realidade patrimonial da organização.

Porém, trata-se de medida facultativa, cuja deliberação é de rara ocorrência, pois há risco de causar negativa repercussão no mercado, com impacto sobre a credibilidade da companhia. Equivaleria reconhecer o insucesso, ao invés de buscar reverter as perdas, tornar mais eficiente a atividade, promover melhorias nos fatores de produção e o consequente resultado positivo (lucro), que serviria para, legitimamente, abater prejuízos (art. 189, LSA).

Sob outro ponto de vista, os acionistas podem ter interesse em, eventualmente, eliminar os registros de prejuízos acumulados do balanço patrimonial da companhia. Assim, dependendo das circunstâncias, o efeito da redução de capital poderia ser o oposto daquele acima comentado: excluir, regularmente, as perdas do

---

[1757] Informações detalhadas sobre tais programas de incentivos podem ser consultas nos *sites* de cada entidade. Sobre os disponibilizados pela Sudene, a descrição de suas regras encontra-se disponível em: <http://www.sudene.gov.br/incentivos-fiscais>. Acesso em: 14 dez. 2019.

balanço e torná-lo apresentável a potenciais investidores com quem se pretende negociar novo financiamento.

Outro contexto da redução de capital em tela pode ser a reestruturação financeira e societária da companhia. Nesse caso, pode ser determinada como medida preparatória para oportuna injeção de capital por parte dos acionistas ou de terceiros, com maior impacto na diluição daqueles que não acompanharem o futuro aumento de capital social. Ou seja: reduz o capital e, na sequência, realiza-se o aumento, mediante a emissão de novas ações e ingresso dos recursos que serão alocados no saneamento financeiro da companhia.[1758]

A segunda modalidade de redução de capital encontra-se em contexto diametralmente diverso: seja ou não lucrativa a companhia, seu montante é considerado excessivo para as necessidades de caixa de seu empreendimento.

Pense-se, como hipótese, em companhia que recebeu o aporte de R$ 5 milhões dos sócios. Entretanto, após o segundo ano de atividade, investiu por volta de R$ 2 milhões e, não obstante, vem produzido substancial lucro.

Há em torno de R$ 4 milhões em seu caixa, sem previsão de destinação. Como fazer para esse valor retornar ao patrimônio dos sócios, os quais o conferiram à companhia a título de integralização de capital? A operação de redução de capital consiste no remédio jurídico reservado pela LSA para tal objetivo.

Com efeito, na dinâmica do procedimento da redução de capital social, quando julgado excessivo, podem os acionistas optar pela devolução do valor de suas ações, seguido de seu cancelamento ou por mantê-las hígidas, restituindo-se ao acionista parte do valor de cada ação.

Caso a iniciativa da redução tenha sido da administração, a respectiva proposta deve ser submetida ao conselho fiscal, se em funcionamento, para que emita parecer específico sobre a matéria (art.163, III, c/c O art. 173, § 1º, LSA), a fim de que o conjunto de tais documentos (proposta da administração e parecer do conselho fiscal) seja levado ao conhecimento dos acionistas, que sobre eles deliberarão em assembleia-geral.

A norma a que se refere o art. 173, § 2º, LSA, encontra-se francamente desatualizada, em razão do desuso da atividade de emissão de certificado de ações, por força de sua dispensabilidade, resultante da forma nominativa da ação (art. 20, LSA).

Oposição dos Credores

Art. 174. Ressalvado o disposto nos artigos 45 e 107, a redução do capital social com restituição aos acionistas de parte do valor das ações, ou pela diminuição do valor destas, quando não integralizadas, à importância das entradas, só se tornará efetiva 60 (sessenta) dias após a publicação da ata da assembleia-geral que a tiver deliberado.

§ 1º Durante o prazo previsto neste artigo, os credores quirografários por títulos anteriores à data da publicação da ata poderão, mediante notificação, de que se dará ciência ao registro do comércio da sede da companhia, opor-se à redução do capital; decairão desse direito os credores que o não exercerem dentro do prazo.

§ 2º Findo o prazo, a ata da assembleia-geral que houver deliberado à redução poderá ser arquivada se não tiver havido oposição ou, se tiver havido oposição de algum credor, desde que feita a prova do pagamento do seu crédito ou do depósito judicial da importância respectiva.

§ 3º Se houver em circulação debêntures emitidas pela companhia, a redução do capital, nos casos previstos neste artigo, não poderá ser efetivada sem prévia aprovação pela maioria dos debenturistas, reunidos em assembleia especial.

COMENTÁRIOS

1. Função do capital social perante credores da companhia

MAURICIO MOREIRA MENEZES

A primeira noção de capital social vincula-se à formação do núcleo inicial do patrimônio da sociedade.

Com efeito, quando a sociedade inicia sua vida, precisa de determinado patrimônio mínimo para se estruturar e realizar os primeiros investimentos.

[1758] Vide, por todos, a longa exposição nesse sentido de Alfredo Lamy Filho e José Luiz Bulhões Pedreira (*Direito das companhias*. 2. ed. Rio de Janeiro: Forense, 2017. p. 1.064-1.069).

Esse patrimônio mínimo vem da contribuição dos sócios, que subscrevem e integralizam ações, consubstanciadas na parcela mínima em que se divide o capital social.

Nos modelos societários da época medieval – como a sociedade em nome coletivo – a questão patrimonial da sociedade não chegava a ser relevante, pois todos os sócios respondiam solidariamente pelas obrigações sociais, de tal sorte que não havia sentido segregar patrimônio para incorporá-lo a outra pessoa. De fato, não existia sequer um conceito firme de pessoa jurídica e, por conseguinte, de sua autonomia patrimonial.

Portanto, era muito difícil uma sociedade manter para si um patrimônio, pois recebia o aporte de recursos dos sócios, realizava uma atividade e distribuía aos sócios o resultado que conseguia angariar, prática muito comum nas antigas companhias europeias de navegação: os esforços eram conjugados por cada viagem, para a qual se captavam recursos e, ao final do empreendimento, quando do retorno da embarcação, os credores eram imediatamente pagos e o saldo era distribuído aos sócios. Nada ou muito pouco era mantido no patrimônio da sociedade.[1759]

Mais tarde, nos séculos XVI e XVII, com o advento da era mercantilista e do modelo das companhias colonizadoras, embrião das sociedades anônimas, o problema do patrimônio social concentrou atenções, diante da limitação de responsabilidade dos sócios e da necessidade de se estender a duração da sociedade, para que realizasse um sem número de expedições marítimas, sucessivamente. Era fundamental preservar sua capacidade de adimplir suas obrigações ao longo de substancial período de tempo.[1760]

Naturalmente, à luz dessas considerações, identifica-se o potencial conflito de interesses entre os credores e os sócios. Os credores desejam a manutenção na sociedade da parcela de patrimônio que consideram suficiente para a satisfação de seu crédito. Por sua vez, os sócios pretendem perceber a remuneração por seu investimento, retirando da sociedade o máximo de valor possível.[1761]

[1759] Confira-se trecho da narrativa de Carlos Augusto da Silveira Lobo: "A noção de capital social deriva do fato da empresa moderna ser concebida para durar. Tomemos o exemplo das parcerias marítimas primitivas que, geralmente, vigoravam apenas por uma viagem redonda. Os parceiros investiam seus recursos próprios e obtinham créditos de terceiros para afretar e armar um navio. O navio saía, vendendo e comprando mercadorias em cada porto do Mediterrâneo e voltava finalmente ao porto de destino, trazendo o resultado de seu comércio. Encerrava-se então a parceria, arrecadando-se o dinheiro e os efeitos, liquidando-se os bens remanescentes. Os credores eram pagos e os recursos remanescentes eram partilhados entre os parceiros. Nesse caso, não havia necessidade de desenvolver a noção de capital, pois os credores recebiam antes dos sócios, com a dissolução e liquidação da sociedade. Medir o lucro, também não apresentava dificuldade, pois bastava que cada parceiro comparasse o valor que investira com o que recebera na partilha" (LOBO, Carlos Augusto da Silveira. *As demonstrações financeiras das sociedades anônimas*: noções de contabilidade para advogados. Rio de Janeiro: Renovar, 2001. p. 18-19).

[1760] Continua o autor: "O embrião do que entendemos hoje por capital social aparece quando os parceiros decidem afretar e armar o navio para várias sucessivas viagens e contratar créditos a se vencerem após a primeira viagem. Surge então, nos parceiros, o razoável desejo de retirar, ao fim de cada viagem, uma parte dos recursos financeiros investidos ou produzidos pela parceria. Por outro lado, o legítimo interesse dos credores exige que se mantenham na parceria os recursos financeiros necessários ao custeio das viagens futuras e ao pagamento dos seus créditos no vencimento. O mesmo problema apresentou-se nas sociedades comerciais, que então começavam a vicejar no comércio terrestre, e se tornou mais evidente quando se estabeleceu a noção de pessoa jurídica, separando nitidamente o patrimônio da sociedade do patrimônio dos sócios." (LOBO, Carlos Augusto da Silveira. *As demonstrações financeiras das sociedades anônimas*: noções de contabilidade para advogados. Rio de Janeiro: Renovar, 2001. p. 19).

[1761] Leia-se a importante lição de José Luiz Bulhões Pedreira: "A função precípua do capital social é assegurar à sociedade instrumentos para realizar seu fim, mas a existência desse capital aumenta a eficácia da responsabilidade patrimonial da sociedade como pessoa distinta dos sócios. A estipulação do capital no contrato ou estatuto social é essencial em todas as sociedades (porque é a base da organização das suas relações internas e da definição dos direitos e obrigações dos sócios), mas nos tipos de sociedade em que a responsabilidade de todos os sócios é limitada o regime do capital social ganha importância especial, em virtude da sua função de garantir os credores sociais. Os princípios da responsabilidade patrimonial são os mesmos para todas as pessoas privadas, mas a eficácia dessa responsabilidade no caso de pessoas jurídicas requer normas especiais devido ao conflito entre os interesses dos sócios e dos credores em relação ao ativo patrimonial da sociedade [...] A situação é diferente na sociedade em que dirigentes e sócios têm interesse em transferir bens do patrimônio social para seus patrimônios pessoais. Nas sociedades com fim lucrativo, a pessoa jurídica existe para auferir lucros a serem distribuídos aos sócios. A transferência de lucros é, portanto, da essência da sociedade, e sócios e credores podem ter interesses conflitantes: aos credores

Nesse contexto surgiu a noção mais clara de capital social, especialmente nas *joint-stock companies* inglesas, como bem narram Alfredo Lamy Filho e José Luiz Bulhões Pedreira, nos seguintes termos:

As "regulated companhies" eram assim denominadas [...] porque não negociavam elas próprias, "mas regulamentavam o negócio que lhes dizia respeito". Ou melhor: seus sócios negociavam sob a supervisão permanente da companhia [...] Paralelamente às "regulated companies", formaram-se, na Inglaterra [...] as "joint-stock companies", decorrentes de fusão das normas corporativas inglesas com as sociedades continentais europeias [...] A diferença principal entre as duas formas societárias dizia respeito ao capital: enquanto as "regulated companies" não tinham a garantia de permanência do capital contribuído, nas "joint-stock companies" (companhias de estoque unificado) ocorria o contrário. Ou melhor: as "regulated companies" (e isto verificava-se, também, com as colonizadoras de outras nacionalidades) adotavam o sistema de levantar capitais de seus membros para cada operação, concluída a qual se apuravam os resultados, procedendo-se à repartição dos lucros; já nas "joint-stock" introduziu-se o regime de capital fixo, com distribuição intervalada de lucros. A contribuição que tais companhias – sejam as "regulated", sejam as "joint-stock" – trouxeram à definição das características das sociedades por ações foi, por muitos aspectos, substancial: como revestiam a forma corporativa, não havia margem para dúvidas sobre a distinção entre sócios e sociedade quanto à propriedade dos bens e à responsabilidade. E as vicissitudes dos sócios, ou a transferência das partes sociais, não suscitavam problemas quanto à subsistência da sociedade. Mais ainda – e sobretudo – a noção de capital fixo, permanente, para atender ao objeto social, já aparece com nitidez nas "joint-stock companies".[1762]

Nessa linha, a segunda função do capital social consiste em servir de garantia para credores, correspondente ao patrimônio mínimo e permanente da sociedade e que não pode ser distribuído aos sócios, moldando-se, dessa forma, o princípio da intangibilidade do capital social.

Logo, o valor atribuído ao capital social não pode, como regra, ser retornado aos sócios, a não ser que se observe procedimentos rígidos previstos em lei, como a redução de capital, contemplada nos arts. 173 e 174, LSA.

Não obstante, frise-se que a sociedade, no curso da sua vida, adquire direitos e contrai obrigações, gerando lucros ou prejuízos, de tal modo que sua situação patrimonial pode vir a se desconectar da expressão monetária representada pelo capital social.

Considerando que o capital social, as reservas de lucros (ou seja, lucros não distribuídos aos sócios e apropriados pela companhia) e os eventuais prejuízos acumulados compõem a conta de patrimônio líquido (art. 178, § 2º, III, LSA), o termômetro da saúde patrimonial da companhia não se pauta, a rigor, na conta de capital social, que é obrigatoriamente estática, vale dizer, imutável, e não reflete as mutações patrimoniais por que passa a companhia. Logo, o patrimônio líquido representa, na prática, o índice de solvabilidade da sociedade.

Cogite-se sobre uma companhia de mineração, que exige capital intensivo. Os sócios aportam R$ 200.000.000,00, como integralização de capital social. Após a realização do investimento, a extração de minério fica bem aquém do planejado. Decorridos três anos de prejuízos acumulados, constata-se que o pouco minério extraído é de baixa qualidade, contendo muitas impurezas e a expectativa de rentabilidade do empreendimento reduz severamente. Analisando-se seu balanço patrimonial, há a mesmíssima conta de capital social de R$ 200.000.000,00 (estática), acrescidos de prejuízos acumulados de R$ 650.000.000,00. O patrimônio líquido é negativo em R$ 450.000.000,00. Embora seu capital exiba

---

interessa o mínimo de transferências (a fim de preservar ou aumentar a garantia financeira dos seus créditos), enquanto que aos sócios pode interessar o máximo de transferências. Se os sócios tivessem liberdade ilimitada de promover a transferência dos bens da sociedade para seus patrimônios, inclusive em prejuízo dos credores sociais, o regime de responsabilidade patrimonial deixaria de ser eficaz nas sociedades. Daí as disposições legais sobre responsabilidade solidária dos sócios de alguns tipos de sociedade, e sobre o capital social – como mecanismo de garantia dos credores – nos tipos de sociedade em que a responsabilidade de todos os sócios é limitada." (PEDREIRA, José Luiz Bulhões. *Finanças e demonstrações financeiras da companhia*: conceitos e fundamentos. Rio de Janeiro: Forense, 1989. p. 416-419).

[1762] LAMY FILHO, Alfredo; Pedreira, José Luiz Bulhões. *A lei das S.A.* 2. ed. Rio de Janeiro: Renovar, 1995. v. 1. p. 36-37.

valor relevante, a companhia está à beira da insolvência, com dificuldades de sobreviver. Logo, a concepção simplista de capital social como garantia de credores mostra-se insuficiente.

Evidentemente, além do patrimônio líquido, há outros indicadores sobre a situação patrimonial e financeira da companhia que devem ser analisados, como as demonstrações dos fluxos de caixa e do valor adicionado (art. 188, LSA), pois, por vezes, a conta de patrimônio líquido oferta visão parcial da realidade. Pense-se em uma companhia que tenha muitos imóveis, mas encontra-se sem liquidez para pagar suas obrigações. Vencida e não paga obrigação líquida, cuja soma ultrapasse o equivalente a 40 (quarenta) salários mínimos, constante de título executivo protestado, restará caracterizada a impontualidade que pode ensejar a judicialização de pedido de falência (art. 94, I, da Lei 11.101/2005).

Não obstante, o capital social não perdeu a função de garantia de credores. A crítica, acima aduzida, tem por propósito salientar que a mera expressão monetária do capital social não traduz, por completo, a realidade patrimonial da companhia, devendo ser confrontada com outros dados constantes de suas demonstrações financeiras.

Logo, principalmente no início da vida societária, o capital social é representativo. Traz uma ideia de estabilidade e solidez patrimonial. Demonstra o comprometimento dos sócios com os riscos da empresa e a medida de sua confiança, o que gera importante credibilidade para a companhia.

Essa é a razão pela qual a LSA ocupa-se da tutela de credores da companhia, quando decidida a redução de seu capital social.

2. Redução de capital e proteção a credores

MAURICIO MOREIRA MENEZES

O art. 174, LSA, dispõe sobre normas de proteção a credores, incidentes em duas diferentes hipóteses de redução do capital social: (i) quando considerado excessivo pelos acionistas, caso em que o valor em excesso é a eles restituído (art. 173, LSA); e (ii) diminuição do valor das ações, quando não integralizadas, à importância das entradas realizadas pelos subscritores.

Por conseguinte, essa proteção se dá da seguinte forma: a redução de capital só produzirá efeito após o decurso do prazo de 60 dias, contados da publicação da ata da assembleia-geral que houver deliberado sobre a redução.

Nesse prazo de 60 dias, os credores podem se opor à redução (art. 174, § 1º, LSA). Havendo a oposição de credores, a redução só prosseguirá se houver pagamento do crédito ou depósito judicial desse crédito (art. 174, § 2º, LSA).

Na prática, para o arquivamento perante o Registro de Empresas da ata da assembleia-geral que houver deliberado sobre a redução de capital, a companhia deve providenciar sua publicação, aguardar o prazo de 60 dias e instruir o processo de registro com a transcrição da ata lavrada no livro próprio, devidamente assinada, em conjunto com o exemplar do jornal em que tenha sido publicada, para que a Junta Comercial verifique o decurso do prazo de 60 dias.

Caso a companhia não o faça, o pedido de registro da ata da assembleia geral em que se deliberar a redução de capital cairá em exigência (art. 40, § 1º, Lei 8.934/1994).

O art. 174, LSA, ressalva expressamente as situações previstas nos art. 45 e 107, que se referem a hipóteses de redução obrigatória.

Resumidamente, o art. 45, LSA, dispõe sobre o reembolso do acionista que tenha exercido o direito de retirada. Caso a companhia não disponha de lucros ou reservas (exceto a legal, que não pode ser alocada no reembolso) e se, no prazo de cento e vinte dias, a contar da publicação da ata da assembleia, não forem substituídos os acionistas cujas ações tenham sido reembolsadas à conta do capital social, este considerar-se-á reduzido no montante correspondente (art. 45, § 6º, LSA). Aqui, a companhia é forçada a ajustar sua estrutura de capital, para fins de adequá-la à realidade, não havendo margem para voluntarismos.

O art. 107, LSA, assemelha-se ao anterior, por conta da exigência de adequação às circunstâncias alheias à vontade da companhia. Refere-se ao caso do acionista remisso, caracterizado como aquele que não integraliza as ações que subscreveu. O art. 107 estabelece o procedimento a ser observado pela companhia, caso não consiga obter a integralização das ações por meio da cobrança judicial do acionista remisso ou pela venda em leilão: poderá declará-las caducas e fazer suas as entradas realizadas, integralizando-as com lucros ou reservas, exceto a legal. Se não tiver lucros e reservas suficientes, terá o prazo de um ano para colocar as ações caídas em comisso, findo o qual, não tendo sido encontrado comprador, a assembleia-geral deliberará sobre a redução do capital em importância correspondente (art. 107, § 4º, LSA).

Art. 175 — Fábio Ulhoa Coelho

Por fim, o art. 174, § 3º, LSA, confere proteção especial aos eventuais debenturistas da companhia, sujeitando a eficácia da redução de capital à prévia aprovação da maioria de sua comunhão (art. 71, LSA), reunida em assembleia especial.

CAPÍTULO XV
EXERCÍCIO SOCIAL E DEMONSTRAÇÕES FINANCEIRAS

SEÇÃO I
EXERCÍCIO SOCIAL

Art. 175. O exercício social terá duração de 1 (um) ano e a data do término será fixada no estatuto.

Parágrafo único. Na constituição da companhia e nos casos de alteração estatutária o exercício social poderá ter duração diversa.

COMENTÁRIOS

1. O exercício social

FÁBIO ULHOA COELHO

Na significativa maioria (quase totalidade, mesmo) das companhias, o estatuto estabelece o dia 31 de dezembro como o fim do exercício social. E o faz por razões de ordem eminentemente práticas. A coincidência entre o exercício social estabelecido no estatuto e o fiscal, disposto em lei, poupa a sociedade anônima da duplicidade de diversas providências contábeis e burocráticas.[1763]

A duração do exercício social é de um ano. Será, contudo, maior ou menor, na época da constituição da companhia ou de alteração estatutária. Se a sociedade é constituída no mês de agosto, o primeiro exercício terá duração menor (6 meses) ou maior (1 ano e 6 meses) que a anual. Também será assim, caso a cláusula estatutária que define o fim do exercício social seja alterada. A duração do período excepcional – se maior ou menor que um ano – será livremente escolhida pelos acionistas, na assembleia de fundadores ou na assembleia geral extraordinária.

SEÇÃO II
DEMONSTRAÇÕES FINANCEIRAS
Disposições Gerais

Art. 176. Ao fim de cada exercício social, a diretoria fará elaborar, com base na escrituração mercantil da companhia, as seguintes demonstrações financeiras, que deverão exprimir com clareza a situação do patrimônio da companhia e as mutações ocorridas no exercício:

I – balanço patrimonial;

II – demonstração dos lucros ou prejuízos acumulados;

III – demonstração do resultado do exercício; e

IV – demonstração dos fluxos de caixa; e (Redação dada pela Lei 11.638, de 2007)

V – se companhia aberta, demonstração do valor adicionado. (Incluído pela Lei 11.638, de 2007)

§ 1º As demonstrações de cada exercício serão publicadas com a indicação dos valores correspondentes das demonstrações do exercício anterior.

§ 2º Nas demonstrações, as contas semelhantes poderão ser agrupadas; os pequenos saldos poderão ser agregados, desde que indicada a sua natureza e não ultrapassem 0,1 (um décimo) do valor do respectivo grupo de contas; mas é vedada a utilização de designações genéricas, como "diversas contas" ou "contas-correntes".

§ 3º As demonstrações financeiras registrarão a destinação dos lucros segundo a proposta dos órgãos da administração, no pressuposto de sua aprovação pela assembleia-geral.

§ 4º As demonstrações serão complementadas por notas explicativas e outros quadros analíticos ou demonstrações contábeis necessários para esclarecimento da situação patrimonial e dos resultados do exercício.

§ 5º As notas explicativas devem: (Redação dada pela Lei 11.941, de 2009)

[1763] José Edwaldo Tavares Borba lembra que "certas empresas, em função da sazonalidade de sua atuação, preferem um exercício que termine logo após a colheita e venda de seus produtos. Como, porém, a legislação fiscal considera sempre, para efeito de imposto de renda, o exercício representado pelo ano civil, convém, para evitar distorções, igualmente adotá-lo para fins mercantis" (*Direito societário*. 9. ed. Rio de Janeiro: Renovar, 2004. p. 432).

I – apresentar informações sobre a base de preparação das demonstrações financeiras e das práticas contábeis específicas selecionadas e aplicadas para negócios e eventos significativos; (Incluído pela Lei 11.941, de 2009)

II – divulgar as informações exigidas pelas práticas contábeis adotadas no Brasil que não estejam apresentadas em nenhuma outra parte das demonstrações financeiras; (Incluído pela Lei 11.941, de 2009)

III – fornecer informações adicionais não indicadas nas próprias demonstrações financeiras e consideradas necessárias para uma apresentação adequada; e (Incluído pela Lei 11.941, de 2009)

IV – indicar: (Incluído pela Lei 11.941, de 2009)

a) os principais critérios de avaliação dos elementos patrimoniais, especialmente estoques, dos cálculos de depreciação, amortização e exaustão, de constituição de provisões para encargos ou riscos, e dos ajustes para atender a perdas prováveis na realização de elementos do ativo; (Incluído pela Lei 11.941, de 2009)

b) os investimentos em outras sociedades, quando relevantes (art. 247, parágrafo único); (Incluído pela Lei 11.941, de 2009)

c) o aumento de valor de elementos do ativo resultante de novas avaliações (art. 182, § 3º); (Incluído pela Lei 11.941, de 2009)

d) os ônus reais constituídos sobre elementos do ativo, as garantias prestadas a terceiros e outras responsabilidades eventuais ou contingentes; (Incluído pela Lei 11.941, de 2009)

e) a taxa de juros, as datas de vencimento e as garantias das obrigações a longo prazo; (Incluído pela Lei 11.941, de 2009)

f) o número, espécies e classes das ações do capital social; (Incluído pela Lei 11.941, de 2009)

g) as opções de compra de ações outorgadas e exercidas no exercício; (Incluído pela Lei 11.941, de 2009)

h) os ajustes de exercícios anteriores (art. 186, § 1º); e (Incluído pela Lei 11.941, de 2009)

i) os eventos subsequentes à data de encerramento do exercício que tenham, ou possam vir a ter, efeito relevante sobre a situação financeira e os resultados futuros da companhia. (Incluído pela Lei 11.941, de 2009)

§ 6º A companhia fechada com patrimônio líquido, na data do balanço, inferior a R$ 2.000.000,00(dois milhões de reais) não será obrigada à elaboração e publicação da demonstração dos fluxos de caixa. (Redação dada pela Lei 11.638, de 2007)

§ 7º A Comissão de Valores Mobiliários poderá, a seu critério, disciplinar de forma diversa o registro de que trata o § 3º deste artigo. (Incluído pela Lei 11.941, de 2009)

COMENTÁRIOS

1. Demonstrações financeiras ou contábeis

SÉRGIO CAMPINHO

O exercício social consiste no período de apuração dos resultados da companhia, derivados da exploração de seu objeto social. A sua duração, que é anual, pode ou não coincidir com o ano civil.[1764] O estatuto é que vai fixá-lo. Contudo, essa determinação pelo ato regra da companhia diz respeito, apenas, à data de seu início e à do seu término. Jamais poderá alterar a sua anualidade, pois traduz-se em regra de ordem pública e, assim, insuscetível de disposição estatutária.

Ao final de cada exercício social, portanto, a diretoria fará elaborar, com base na escrituração mercantil da companhia, as demonstrações financeiras, também nominadas de demonstrações contábeis. Tais demonstrações são designativas do patrimônio social, possibilitando a dele conhecer, bem como informativas da situação financeira da companhia. São expressadas a partir de um conjunto de documentos contábeis, os quais deverão exprimir com clareza, exatidão e verdade a posição patrimonial e financeira da sociedade no interregno anual correspondente.

[1764] Como a legislação do imposto de renda considera o exercício fiscal expressado no ano civil, por questões de conveniência, costuma-se adotá-lo para fins societários também. Mas, se não o fizer a companhia, terá ela que levantar dois balanços anuais: um para atender à legislação fiscal e outro para satisfazer a legislação societária. Cabe registrar que as instituições financeiras estão, por força do disposto no art. 31 da Lei nº 4.595/1964, obrigadas a levantar balanços semestrais (em 30 de junho e 31 de dezembro de cada ano).

Essa revelação da situação da companhia vem orientada pelo princípio da autonomia dos exercícios sociais. Contudo, o princípio não quer traduzir uma separação absoluta de cada exercício, mas sim que cada qual revele uma unidade contábil e jurídica para a produção de efeitos.[1765] Não sendo eles estanques, ocorrerá, invariavelmente, uma comunicação entre os exercícios sociais antecedentes e subsequentes. Existe uma natural solidariedade[1766] entre eles.

Em síntese, pode-se explicar as demonstrações financeiras como uma agregação de peças contábeis que, de forma resumida, apresentam informações quantificadas sobre a vida patrimonial e financeira da companhia, permitindo conhecer, entre outros elementos, o seu nível de liquidez, de lucratividade e de endividamento.

Considerando esse grau de concisão dos dados que integram as demonstrações financeiras e a padronização de suas disposições, exige-se sejam elas complementadas por notas explicativas e outros quadros analíticos ou demonstrativos contábeis para o melhor esclarecimento da situação patrimonial e dos resultados do exercício. As demonstrações de cada exercício, inclusive, serão publicadas com a indicação dos valores correspondentes das demonstrações do exercício anterior, de modo a se poder confrontar os seus dados e aferir a sua evolução.

As demonstrações financeiras são compostas, obrigatoriamente, por quatro peças: (a) balanço patrimonial; (b) demonstração dos lucros ou prejuízos acumulados; (c) demonstração do resultado do exercício; e (d) demonstração dos fluxos de caixa. No caso das companhias abertas, exige-se, ainda, a demonstração do valor adicionado.[1767] Essas peças contábeis são individualizadamente tratadas nas Seções III, IV, V e VI do capítulo XV da LSA (arts. 178 a 188).

As companhias fechadas, portanto, não estão, de um modo geral, obrigadas à elaboração da demonstração do valor adicionado, e aquelas com patrimônio líquido, na data do balanço, inferior a 2 milhões de reais ficam também dispensadas da elaboração e publicação da demonstração dos fluxos de caixa.

As demonstrações financeiras, que registrarão a destinação dos lucros segundo a proposta dos órgãos da administração, passarão necessariamente pelo crivo da assembleia geral. Enquanto não aprovadas, são consideradas meros projetos de deliberação. Sua eficácia apenas se realiza após a aprovação assemblear, que tem, por isso, um caráter constitutivo.

2. Natureza jurídica das demonstrações financeiras e da deliberação assemblear

Sérgio Campinho

Em função da estruturação orgânica da companhia, tem-se que quando cada um dos órgãos que a integra se manifesta está, na verdade, manifestando a vontade da pessoa jurídica. Isto porque os órgãos sociais não possuem personalidade jurídica, mas sim a companhia que, por intermédio de seus órgãos, exterioriza a sua capacidade jurídica.

A diretoria tem o encargo de elaborar as demonstrações contábeis que deverão registrar, inclusive, a proposta da destinação dos lucros, no pressuposto de sua aprovação pela assembleia geral. O órgão social, portanto, investido dos poderes para aprovação das demonstrações financeiras e para a definição acerca do encaminhamento do lucro líquido do exercício é a assembleia geral.

As demonstrações contábeis elaboradas e endereçadas pela diretoria são, portanto, um simples *projeto* de deliberação. Ao elaborá-las, a diretoria está dando cumprimento a uma de suas atribuições legais. A deliberação em si é um poder reservado à assembleia geral, que sobre a matéria desfruta de competência privativa.

[1765] LEÃES, Luiz Gastão Paes de Barros. *Do direito do acionista ao dividendo*. São Paulo: Obelisco, 1969. p. 43-44.

[1766] VALVERDE, Trajano de Miranda. *Sociedades por ações*. 2. ed. Rio de Janeiro: Forense, 1953. v. 2. p. 368.

[1767] Porém, o CPC 26 (R1), aprovado pela Resolução CVM 106/2022, preconiza, em seu item n. 10, um conjunto distinto: (a) no lugar da demonstração dos lucros ou prejuízos acumulados, faz menção à demonstração das mutações do patrimônio líquido; (b) acrescenta à listagem a demonstração do resultado abrangente do exercício; e (c) também inclui no rol (i) as notas explicativas, compreendendo um resumo das políticas contábeis significativas e outras informações elucidativas; (ii) o balanço patrimonial do início do período mais antigo, comparativamente apresentado, quando a sociedade aplicar uma política contábil retrospectivamente, ou proceder à reapresentação retrospectiva de itens das demonstrações contábeis, ou, ainda, quando realizar a reclassificação de itens de suas demonstrações contábeis de acordo com os itens 40-A e 40-D; e (iii) as "informações comparativas com o período anterior, conforme especificado nos itens 38 e 38A".

Será a assembleia geral ordinária que irá conferir validade e eficácia jurídica às demonstrações contábeis, podendo aprová-las tal qual formuladas pela diretoria, bem como determinar a sua modificação (aprovação com correções). Na hipótese de sua integral desaprovação, deverão os diretores providenciar a elaboração de novas demonstrações para nova submissão das peças à assembleia, observando os motivos deduzidos para a sua recusa.

Por tais razões, as demonstrações contábeis ou financeiras traduzem, simplesmente, uma declaração de ciência[1768-1769] ou informativa dos fatos contábeis da companhia no exercício, dirigida à assembleia geral. Com a sua certificação é que o *projeto* se transforma em peça definitiva, passando a ter eficácia jurídica.

Diversa é a natureza jurídica, portanto, da deliberação assemblear sobre as contas dos administradores, as demonstrações financeiras e a proposta de destinação do lucro líquido do exercício.[1770]

A decisão acerca das políticas de balanço[1771] e de dividendo propostas pela diretoria somente serão adotadas a partir da decisão da assembleia geral ordinária,[1772] que, ao assim se manifestar, está declarando a vontade da companhia. Esta declaração de vontade tem um indisfarçável caráter dispositivo ou constitutivo em relação ao exercício social a que se refere.

A deliberação da assembleia que aprova as demonstrações financeiras tem feição dispositiva, na medida de seu poder de aprovar, modificar ou reprovar a proposta da diretoria. Do

---

[1768] MESSINEO, Francesco. Valore giuridico del bilancio di società per azioni e delle registrazioni nei libri sociali. *Studi di diritto delle società*. Milão: Dott. A. Giuffrè, 1949. p. 102.

[1769] Também conclui nesse sentido Mariana Pinto: "Por tudo isso, conclui-se que as demonstrações financeiras não possuem natureza jurídica de declaração de vontade, apresentando-se como um autêntico *projeto* subscrito pela diretoria e aproximando-se, assim, do conceito de declaração de ciência" (*A tutela dos acionistas minoritários diante de ilegalidades e abusos por parte do acionista controlador na constituição e manipulação de reservas de lucro de sociedade anônima*. Rio de Janeiro, 2018, p. 43).

[1770] A doutrina italiana se debruçou bastante sobre o tema. Tullio Ascarelli sublinha a sua natureza de *negócio declaratório*, asseverando: "Juridicamente, constitui, o balanço (ou, melhor, a deliberação assemblear que o aprova) um negócio declaratório, que visa simultaneamente a determinados fatos e às consequências que deles decorrem à vista das regras jurídicas aplicáveis; visa, com efeito, o balanço, a verificar o ativo e o passivo da sociedade, à vista da gestão do exercício; os lucros (ou as perdas) realizadas; os lucros distribuíveis" (*Problemas das sociedades anônimas e direito comparado*. Campinas: Bookseller, 1999. p. 604-605). Francesco Messineo distingue entre a natureza da decisão de aprovação do balanço e a de distribuição dos lucros, sustentando ser a primeira um negócio de acertamento e a segunda dotada de efeito atributivo ou constitutivo: "A integrazione di quanto è detto nel testo, deve osservarsi che il bilancio approvato non è mai attributivo di diritti patrimoniali per chicchessia (v., in tal senso, Cassaz. 1º marzo 1937, in *Foro it.*, 1937, I, 837, con annotazione del Navarrini). Effetto attributivo o costitutivo ha, invece, la *deliberazione di distribuzione* degli utili, che si accompagni o sussegua all'*approvazione del bilancio*. In tal caso, si può parlare di atto dispositivo, ossia, di negozio giuridico, che opera un'attribuzione patrimoniale e costituisce vero e proprio titolo per gli aventi diritto; ma *presuppone* sempre l'*esistenza* di utili realmente conseguiti, per effetto delle operazioni sociali: rispetto a quegli utili, l'assemblea si limita all'*accertamento*. Che l'approvazione del bilancio abbia carattere dispositivo (come opinano l'Ascarelli, *Società*, pag. 261 e il De Gregorio, *Società*, pag. 566) non mi pare sostenibile; la funzione dell'approvazione studiata in questo scritto ne fornisce la prova" (*Valore giuridico del bilancio di società per azioni e delle registrazioni nei libri sociali*. Em *Studi di diritto delle società*. Milão: Dott. A. Giuffrè, 1949, p. 99). Já Guido Rossi formula entendimento diverso, atribuindo natureza dispositiva ou constitutiva, e não apenas declaratória, à deliberação da aprovação do balanço: "Orbene, a mio avviso, la natura 'dispositiva' della delibera che approva il bilancio risulta oltre che dai due argomenti decisivi fatti valere dall'Ascarelli, dalla considerazione che l'assemblea può approvare o modificare in parte la proposta di bilancio degli amministratori, e che pertanto essa è in grado di accettare o no la politica di bilancio voluta dagli amministratori. E ciò vale, ad esempio, anche per l'approvazione del bilancio nel caso in cui l'assemblea si renda conto, anche se più o meno esattamente, dell'esistenza di riserve occulte taciute dagli amministratori ed approvi ciò non ostante tale politica di limitazione dei dividendi, preferendo perciò seguire una politica di tutela degli interessi a lunga scadenza piuttosto che quella della tutela degli interessi immediati oppure decida di mettere tali riserve in evidenza o distribuirle in dividendi. La natura costitutiva e non solo dichiarativa della delibera dell'assemblea risulta insomma – come ha posto chiaramente in luce il Wieland – dal fatto che è sempre l'assemblea che deve in sostanza decidere definitivamente sulla determinazione e distribuzione degli utili e cioè sulla costituzione delle riserve occulte e palesi" (*Utile di bilancio, riserve e dividendo*. Milão: Dott. A. Giuffrè, 1957. p. 119).

[1771] ROSSI, Guido. *Utile di bilancio, riserve e dividendo*. Milão: Dott. A. Giuffrè, 1957. p. 113.

[1772] LEÃES, Luiz Gastão Paes de Barros. *Do direito do acionista ao dividendo*. São Paulo: Obelisco, 1969. p. 62-63.

mesmo modo é a deliberação que aprova as contas: é declaração de vontade que exonera de responsabilidade os administradores, salvo os casos de erro, dolo, fraude ou simulação. O efeito liberatório da quitação implica disposição de direitos e ações da companhia. Não diferente é a decisão acerca da destinação dos lucros líquidos do exercício, transformando o direito à participação nos lucros dos acionistas de um *direito expectativo* para um *direito expectado*.[1773]

Tem, portanto, a decisão assemblear, que declara a vontade da companhia, natureza constitutiva e não simplesmente declaratória. A carga declaratória certamente a precede, mas o comando principal é o caráter dispositivo ou atributivo que resulta da deliberação. Em outras palavras, a deliberação consiste em declaração de vontade com eficácia constitutiva.

Por isso é que a pretensão dos acionistas minoritários quanto à eventual ilegalidade ou ao eventual abuso do controlador na distribuição dos lucros ou na apropriação de reservas, por exemplo, somente poderá ser exercida a partir da certificação da assembleia geral, quando os efeitos jurídicos são produzidos. Até então, não há pretensão dessa natureza. O que pode o acionista fazer, diante do *projeto* de deliberação apresentado pela diretoria, é pedir esclarecimentos e informações, discutir a matéria e votar a proposição.[1774]

Escrituração

Art. 177. A escrituração da companhia será mantida em registros permanentes, com obediência aos preceitos da legislação comercial e desta Lei e aos princípios de contabilidade geralmente aceitos, devendo observar métodos ou critérios contábeis uniformes no tempo e registrar as mutações patrimoniais segundo o regime de competência.

§ 1º As demonstrações financeiras do exercício em que houver modificação de métodos ou critérios contábeis, de efeitos relevantes, deverão indicá-la em nota e ressaltar esses efeitos.

§ 2º A companhia observará exclusivamente em livros ou registros auxiliares, sem qualquer modificação da escrituração mercantil e das demonstrações reguladas nesta Lei, as disposições da lei tributária, ou de legislação especial sobre a atividade que constitui seu objeto, que prescrevam, conduzam ou incentivem a utilização de métodos ou critérios contábeis diferentes ou determinem registros, lançamentos ou ajustes ou a elaboração de outras demonstrações financeiras. (Redação dada pela Lei 11.941, de 2009)

I – (*Revogado pela Lei 11.941/2009*);

II – (*Revogado pela Lei 11.941/2009*).

§ 3º As demonstrações financeiras das companhias abertas observarão, ainda, as normas expedidas pela Comissão de Valores Mobiliários e serão obrigatoriamente submetidas a auditoria por auditores independentes nela registrados. (Redação dada pela Lei 11.941, de 2009)

§ 4º As demonstrações financeiras serão assinadas pelos administradores e por contabilistas legalmente habilitados.

§ 5º As normas expedidas pela Comissão de Valores Mobiliários a que se refere o § 3º deste artigo deverão ser elaboradas em consonância com os padrões internacionais de contabilidade adotados nos principais mercados de valores mobiliários. (Incluído pela Lei 11.638, de 2007)

§ 6º As companhias fechadas poderão optar por observar as normas sobre demonstrações financeiras expedidas pela Comissão de Valores Mobiliários para as companhias abertas. (Incluído pela Lei 11.638, de 2007)

§ 7º (*Revogado pela Lei 11.941, de 2009*)

COMENTÁRIOS

1. O regime contábil de competência

Fábio Ulhoa Coelho

A lei brasileira obriga as sociedades anônimas a adotarem, em sua contabilidade, o regime de competência para registro das mutações

---

[1773] LEÃES, Luiz Gastão Paes de Barros. *Do direito do acionista ao dividendo*. São Paulo: Obelisco, 1969. p. 312.

[1774] Cf., em adição, os comentários ao art. 192.

patrimoniais.[1775] Para obedecer a prescrição legal atinente ao regime de competência, os serviços contábeis da sociedade anônima devem apropriar o valor do crédito decorrente de qualquer operação comercial na data de sua *constituição*, independentemente da época contratada para a entrega do bem vendido ou vencimento da obrigação do comprador. A realização do crédito, no vencimento ou fora dele, também é irrelevante para o registro da mutação patrimonial.

À primeira vista, podem alguns estranhar a adoção legal do regime de competência. Afinal, a apropriação do resultado de uma venda antes mesmo de o dinheiro correspondente ingressar no caixa da sociedade, poderia sugerir uma certa inadequação entre o critério da contabilidade e a realidade. A estranheza inicial não se justifica, absolutamente. O regime da competência não é apenas o mais recomendado sob o ponto de vista da contabilidade, mas representa, para fins jurídicos, o instrumento adequado para retratar a realidade do patrimônio das sociedades anônimas.[1776]

É o regime de caixa que, a rigor, falsearia a realidade patrimonial da empresa. Afinal, desde que celebrado contrato de compra e venda a prazo, altera-se a gama de direitos e obrigações titulada pelos contratantes. Isto é, a partir da conclusão do contrato, o vendedor passa a titular crédito que não possuía (pelo preço da coisa vendida) e o comprador, uma obrigação que não tinha (pagar o preço). Também o vendedor passa a ter obrigação (entregar a coisa vendida), e o comprador passa a titular direitos (de exigir a entrega, por exemplo), a partir da celebração do contrato. Este conjunto de alterações nas relações jurídicas, com claras repercussões no patrimônio dos sujeitos de direito, não fica visível na contabilidade feita com o regime de caixa. Somente o regime de competência é capaz de demonstrá-los. É o fato de vendedor e comprador terem *contratado* a compra e venda a prazo que muda os respectivos patrimônios, agregando-lhes direitos e obrigações inexistentes até então.

A transferência do dinheiro, do patrimônio do comprador para o do vendedor, quando do pagamento do devido pela coisa adquirida, assim, não é a mutação patrimonial relevante. Até mesmo porque, como é extremamente usual, o vendedor pode, por meio de operações de desconto de título ou cessão fiduciária, promover o ingresso do dinheiro correspondente ao crédito titulado ainda antes do vencimento. Neste caso, serão apropriadas, também pelo regime de competência, as mutações patrimoniais decorrentes.

Note-se, se qualquer sociedade empresária pode negociar ou onerar seus créditos, é porque estes já integram o patrimônio dela desde a celebração do contrato. E somente o regime de competência (que determina a contabilização no momento da constituição da obrigação e não no do pagamento) é capaz de *retratar* com fidelidade a titularidade da sociedade empresária sobre o crédito constituído.

O regime contábil de competência, em suma, é o único adequado a retratar, com plena compatibilidade com as relações jurídicas, as mutações patrimoniais da sociedade anônima. Se a sociedade anônima assina um contrato de venda de certo bem (imóvel ou mercadoria), para

---

[1775] Américo Oswaldo Campiglia explica didaticamente as diferenças entre os regimes contábeis de *caixa* (ou de *gestão*) e de *competência*: "No caput do art. 177, *in fine*, prescreve-se, ainda, que a escrituração da companhia deve 'registrar as mutações patrimoniais segundo o regime de competência'. Tais mutações consistem ou traduzem os efeitos dos fatos ou operações de gestão sobre os elementos do patrimônio: a venda à vista de um produto, por exemplo, é um fato administrativo que produz duas mutações, a saber: a) a entrada de dinheiro correspondente ao preço da venda; e b) a saída do produto vendido. Suponha-se agora que essa venda fosse feita 'a prazo' (e não, à vista), e que o preço da venda fosse a receber no ano subsequente ao da sua realização. Duas hipóteses podem ser levantadas: que a empresa vendedora registre a operação da venda à vista no ano da sua realização, enquanto que a venda a prazo venha a ser registrada somente no ano subsequente e na data do recebimento do respectivo preço; ou, ainda, que a venda a prazo se registre na data da operação tendo como contrapartida a inscrição da dívida do comprador em favor da empresa vendedora, isto é, independentemente do recebimento do preço. Na primeira hipótese, considera-se o regime 'de gestão' (...). Na segunda hipótese, tem-se o regime 'de competência' dado que a apropriação contábil do fato (e dos seus efeitos sobre o patrimônio) é registrada independentemente do recebimento do preço da venda" (*Comentários à lei das sociedades anônimas*. São Paulo: Saraiva, 1978. p. 42-43).

[1776] Américo Oswaldo Campiglia ensina: "o dispositivo legal [art. 177 da LSA] consagra, portanto, um princípio de técnica contábil quando exige, obrigatoriamente, o respeito ao regime 'de competência', não apenas porque útil e racional, como também porque melhor atende aos interesses da companhia, dos seus acionistas, do mercado e do fisco, eliminando o arbítrio dos administradores na escolha de outros critérios porventura adequados ao manejo intencional das demonstrações financeiras no intuito de mistificar situações e resultados" (*Comentários à lei das sociedades anônimas*. São Paulo: Saraiva, 1978. p. 44).

pagamento *a prazo*, ela passa a se tornar credora do preço devido pelo comprador. É neste momento (a assinatura do contrato), que ocorre a mutação em seu patrimônio e a contabilidade, para servir aos seus propósitos mais básicos, deve retratá-la desde logo.

Mas, e se o contrato for resolvido ou resilido ("rescindido", como se costuma dizer), não ficaria a contabilidade incongruente com a realidade jurídica? Na verdade, somente se pode cogitar de incongruência *enquanto* não for contabilizada, pelo regime de competência, a nova mutação patrimonial desencadeada pela resolução ou resilição do contrato. Uma vez contabilizados tanto a desconstituição do crédito quanto o reingresso do bem alienado no ativo da sociedade anônima, o patrimônio desta voltaria a ficar adequadamente retratado nos seus documentos contábeis. O regime de competência possui mecanismos próprios, inteiramente congruentes com o seu princípio básico de apropriação no momento da constituição da obrigação, para refletir também as mutações patrimoniais desencadeadas pela resolução ou resilição de contratos.

A obrigatoriedade da adoção do regime de competência é regra geral da escrituração da sociedade anônima e, portanto, também deve ser observado não somente na elaboração do *Balanço Patrimonial*, mas de todas as demonstrações financeiras, incluindo a *Demonstração de Resultado* (LSA, art. 187). Mais que isso, a lei, ao detalhar a elaboração desta demonstração financeira, estabeleceu claramente, em plena consonância com o regime de competência,[1777] que a receita é computada "*independentemente da sua realização em moeda*" (art. 187, § 1º, "a", *in fine*).

SEÇÃO III
BALANÇO PATRIMONIAL

Grupo de Contas

Art. 178. No balanço, as contas serão classificadas segundo os elementos do patrimônio que registrem, e agrupadas de modo a facilitar o conhecimento e a análise da situação financeira da companhia.

§ 1º No ativo, as contas serão dispostas em ordem decrescente de grau de liquidez dos elementos nelas registrados, nos seguintes grupos:

I – ativo circulante; e (Incluído pela Lei 11.941, de 2009)

II – ativo não circulante, composto por ativo realizável a longo prazo, investimentos, imobilizado e intangível. (Incluído pela Lei 11.941, de 2009)

§ 2º No passivo, as contas serão classificadas nos seguintes grupos:

I – passivo circulante; (Incluído pela Lei 11.941, de 2009)

II – passivo não circulante; e (Incluído pela Lei 11.941, de 2009)

III – patrimônio líquido, dividido em capital social, reservas de capital, ajustes de avaliação patrimonial, reservas de lucros, ações em tesouraria e prejuízos acumulados. (Incluído pela Lei 11.941, de 2009)

§ 3º Os saldos devedores e credores que a companhia não tiver direito de compensar serão classificados separadamente.

COMENTÁRIOS

1. Normas legais sobre contabilidade e convergência

Fábio Ulhoa Coelho

A globalização criou a necessidade e as condições para uma harmonização das normas contábeis em todos os países envolvidos no processo de superação das fronteiras nacionais. As demonstrações contábeis é que permitem proceder à avaliação financeira das empresas e, evidentemente, a adoção de critérios diferentes por cada país ou região dificulta bastante a atuação dos agentes econômicos globais.

A harmonização é denominada de "convergência" e tem por referência as IFRS (*International Financial Reporting Standards*), que são editadas, interpretadas e periodicamente revistas e atualizadas pelo IASB (*International Accounting Standards Board*). No Brasil, a convergência das normas de contabilidade é orientada pelo Comitê de Pronunciamentos Contábeis (CPC), instituído pelo Conselho Federal de Contabilidade em 2005. Esse órgão edita pronunciamentos, que servem de diretrizes para os contadores de companhias brasileiras elaborarem as demonstrações financeiras com observância dos padrões internacionais.

[1777] Cfr. LATORRACA, Nilton. In: CARVALHOSA, Modesto. *Comentários à lei de sociedades anônimas*. 5. ed. São Paulo: Saraiva, 2011. v. 3. p. 869.

Em termos muito genéricos, a convergência consiste em tornar o contador um avaliador do *justo valor* da empresa, deixando de ser um mero escriturador dos valores constantes de documentos que lhe são apresentados. Representa, por isso, um enorme desafio a todos os profissionais da área. O objetivo final é que se consiga ter um valor muito próximo do "real" de qualquer empresa, a partir simplesmente das demonstrações contábeis correspondentes.

A lei de disciplina das sociedades anônimas tradicionalmente dispõe sobre os critérios de elaboração das demonstrações contábeis (chamadas de "financeiras", na de 1976, por um anglicismo pouco edificante). E o faz de modo bastante detalhista, para uma norma legal. Se essa foi uma opção pertinente para o legislador no passado, atualmente se revela altamente questionável.[1778] Desde o início do processo de convergência, essas normas têm mostrado algumas incompatibilidades com a extensão e ritmo da convergência da contabilidade brasileira aos padrões internacionais. Na prática, os pronunciamentos do CPC são muito mais eficazes que as normas legais, quando se contradizem, pondo até mesmo em questão a pertinência de o legislador se ocupar do assunto com a minúcia que tradicionalmente adotou.

2. A rubrica "provisão para devedores duvidosos"

FÁBIO ULHOA COELHO

A lei das sociedades por ações determina a adoção, no registro das mutações patrimoniais pela contabilidade, do regime de *competência* (Lei 6.404/1976, art. 177). Isto significa que as obrigações devem ser apropriadas na escrituração e demonstrações contábeis das sociedades anônimas, no momento de sua constituição e não no de sua liquidação.[1779] Assim, se, no dia do vencimento, uma empresa comercial não recebe o pagamento do comprador das mercadorias, o crédito correspondente ao negócio deve continuar contabilizado como ativo – não só em obediência ao regime contábil de competência, mas porque é esta a sua *precisa* natureza jurídica. O crédito em questão, embora inadimplido, já integra o patrimônio dela (pode ser cedido, dado em garantia etc.). Enquanto essa empresa comercial não é paga, ela deve manter o crédito contabilizado como ativo, embora nenhum ingresso, evidentemente, se verifique em seu caixa.

Por outro lado, se o pagamento não for feito no dia do vencimento, a empresa credora normalmente dará início a esforços para receber seu crédito de forma amigável. Procurará o devedor e tentará convencê-lo a adimplir sua obrigação o quanto antes. Se não obtiver sucesso neste esforço, em geral contratará advogado para promover a cobrança do crédito em juízo. A expectativa, enquanto isto, é a de que o devedor em algum momento, constrangido amigável ou judicialmente, venha a cumprir sua obrigação. Quanto mais o tempo passa, porém, esta expectativa naturalmente se dilui. Se o devedor alegara, por exemplo, dificuldades momentâneas de caixa, a credora pode aguardar razoavelmente um ou dois meses, dependendo das condições da economia ou da confiança construída entre elas. Passado este período, no entanto, a expectativa de recebimento do crédito tende a diminuir, paulatinamente.

E, muitas vezes, ocorre a frustração definitiva da expectativa de recebimento do crédito. O devedor, a despeito da adoção contra ele de todas as medidas judiciais cabíveis, não cumpre a obrigação. É o caso, por exemplo, da decretação da falência, em que os dados constantes do processo judicial permitem antever que a massa falida não conseguirá liquidar aquele crédito. É também o caso do desaparecimento do devedor, que não se consegue localizar para fins de citação, mesmo depois de adotadas todas as providências cabíveis nesta direção.

De qualquer forma, após transcorrido prazo razoável do vencimento da obrigação, sem que o devedor tenha feito o pagamento, independentemente das providências amigáveis ou judiciais que o credor venha adotando para obter o adimplemento da obrigação, surge a possibilidade de o crédito não ser liquidado. Em outros termos, concretiza-se o *risco* de não recebimento daquele valor contabilizado no ativo da empresa credora. Pois bem, quando resta caracterizado

---

[1778] Para Nelson Eizirik: "o ideal é que os critérios de mensuração de ativos (e também de passivos) tivessem sido regulados apenas de forma genérica na lei societária, como, por exemplo, com a determinação de que as companhias fossem obrigadas a observar as regras estabelecidas pelo IFRS, pela Comissão de Valores Mobiliários, no caso de companhias abertas, ou por outro órgão regulador competente" (*A lei das S/A comentada*. 2. ed. São Paulo: Quartier Latin, 2015. v. 3. p. 405).

[1779] CAMPIGLIA, Américo Oswaldo. *Comentários à lei das sociedades anônimas*. São Paulo: Saraiva, 1978. v. 5. p. 42-43.

que determinado crédito *corre o risco* de não ser liquidado, é necessário retratar esta situação nas demonstrações contábeis da empresa titular do crédito. Isto é feito através da *provisão para devedores duvidosos*.[1780]

O retrato contábil do risco de não liquidação de crédito, assim, é feito por meio da sua apropriação em *provisão para devedores duvidosos*. Os valores apropriados nesta provisão, até 1996, eram dedutíveis da base de cálculo do imposto de renda das pessoas jurídicas tributadas pelo sistema de "lucro real"; apropriado certo valor nesta provisão, seguia-se a consequência jurídico-tributária da dedutibilidade da base de cálculo do lucro real (Lei 8.981/1995, art. 43). Este provisionamento, diga-se à margem, não tem mais previsão na lei tributária como elemento de dedutibilidade. A Lei 9.430/1996 revogou o art. 43 da Lei 8.981/1995, e estabeleceu como solução contábil para o retrato da concretização do risco de não liquidação de crédito, passível de dedutibilidade, a conta de *perdas* (art. 9º).

A rubrica *perdas* é mais apropriada que a rubrica *provisão para devedores duvidosos*, quando o objetivo for retratar a concretização do risco de não recebimento de crédito contabilizado. Enquanto esta última ostenta insuperável ambiguidade – ao compreender tanto os créditos em que há expectativa de recebimento, ainda que remoto, como os que não deverão ser recebidos – a rubrica *perdas* é precisa, e autoriza apenas determinadas apropriações, em que a expectativa de recebimento é nenhuma. Quando a administração da sociedade opta pela rubrica *provisão para devedores duvidosos*, e não pela rubrica *perdas*, para retratar contabilmente determinado crédito, isto significa que, no entender dela, ainda não é o caso de se considerarem totalmente frustradas as providências destinadas à cobrança do devedor. Quando o acionista controlador aprova demonstrações financeiras que adota essa classificação para determinado crédito, ele referenda esse entendimento de que ainda está em aberto a possibilidade de seu recebimento.

Ativo

Art. 179. As contas serão classificadas do seguinte modo:

I – no ativo circulante: as disponibilidades, os direitos realizáveis no curso do exercício social subsequente e as aplicações de recursos em despesas do exercício seguinte;

II – no ativo realizável a longo prazo: os direitos realizáveis após o término do exercício seguinte, assim como os derivados de vendas, adiantamentos ou empréstimos a sociedades coligadas ou controladas (artigo 243), diretores, acionistas ou participantes no lucro da companhia, que não constituírem negócios usuais na exploração do objeto da companhia;

III – em investimentos: as participações permanentes em outras sociedades e os direitos de qualquer natureza, não classificáveis no ativo circulante, e que não se destinem à manutenção da atividade da companhia ou da empresa;

IV – no ativo imobilizado: os direitos que tenham por objeto bens corpóreos destinados à manutenção das atividades da companhia ou da empresa ou exercidos com essa finalidade, inclusive os decorrentes de operações que transfiram à companhia os benefícios, riscos e controle desses bens; (Redação dada pela Lei 11.638, de 2007)

V – (*Revogado pela Lei 11.941, de 2009*)

VI – no intangível: os direitos que tenham por objeto bens incorpóreos destinados à manutenção da companhia ou exercidos com essa finalidade, inclusive o fundo de comércio adquirido. (Incluído pela Lei 11.638, de 2007)

Parágrafo único. Na companhia em que o ciclo operacional da empresa tiver duração maior que o exercício social, a classificação no circulante ou longo prazo terá por base o prazo desse ciclo.

COMENTÁRIOS

1. As contas do ativo

Fábio Ulhoa Coelho

O artigo discrimina as contas em que se desdobra o ativo, no balanço.

[1780] Esta provisão pode ser conceituada como: "Conta de dedução do Ativo [...] que representa a parcela estimada pela empresa que não será recebida em decorrência de maus pagadores. Deve ser subtraída de Contas a Receber" (IUDÍCIBUS, Sérgio de; MARION, José Carlos. *Dicionário de termos de contabilidade*. São Paulo: Atlas, 2001. p. 161).

A respeito da classificação contábil nele estabelecida, faço apenas três observações, de conteúdo jurídico.

A primeira diz respeito ao pagamento antecipado de aluguéis, uma das modalidades de garantia utilizadas em contratos de locação. Esse pagamento, embora corresponda a uma obrigação passiva da companhia, deve ser contabilizado no ativo realizável a longo prazo, porque será restituído ao término da locação (inciso II).

A segunda está relacionada ao *leasing*. Se é financeiro, contabiliza-se como ativo imobilizado (inciso IV, *in fine*); quando operacional, como despesa.

A terceira observação é atinente à contabilização dos intangíveis, como o fundo de empresa. Só se admite a apropriação no ativo de um balanço ordinário ou especial, no caso de *aquisição de intangível* (inciso VI). Se o intangível não foi adquirido de outro empresário, mas desenvolvido pela própria companhia, mesmo tendo valor de mercado, ele não pode ser contabilizado nesses balanços. Se a companhia, por exemplo, criou uma marca para determinado produto, que se tornou bastante valiosa, o valor dela não aparecerá no balanço; mas se a marca tiver sido comprada de quem a desenvolveu, o valor de aquisição será contabilizado ativo intangível. Claro, no balanço de determinação, apropriam-se pelo valor de mercado todos os intangíveis da companhia, tanto os adquiridos como os desenvolvidos.

Passivo Exigível

Art. 180. As obrigações da companhia, inclusive financiamentos para aquisição de direitos do ativo não circulante, serão classificadas no passivo circulante, quando se vencerem no exercício seguinte, e no passivo não circulante, se tiverem vencimento em prazo maior, observado o disposto no parágrafo único do art. 179 desta Lei. (Redação dada pela Lei 11.941, de 2009)

📖 COMENTÁRIOS

1. Passivo circulante e não circulante

Fábio Ulhoa Coelho

Há duas espécies de passivo, que devem ser demonstrados no balanço patrimonial: circulante e não circulante. O que diferencia essas categorias é o prazo do vencimento da obrigação passiva. Considerando a data do balanço, as já exigíveis e as que se tornam exigíveis no exercício seguinte se classificam como circulante; as demais, como não circulante. Essa distinção permite aos analistas avaliarem a estrutura de capital das empresas no horizonte próximo (capacidade de honrar o passivo circulante) ou remoto (em face do passivo não circulante).

Resultados de Exercícios Futuros

Art. 181. (*Revogado pela Lei 11.941, de 2009*)

Patrimônio Líquido

Art. 182. A conta do capital social discriminará o montante subscrito e, por dedução, a parcela ainda não realizada.

§ 1º Serão classificadas como reservas de capital as contas que registrarem:

a) a contribuição do subscritor de ações que ultrapassar o valor nominal e a parte do preço de emissão das ações sem valor nominal que ultrapassar a importância destinada à formação do capital social, inclusive nos casos de conversão em ações de debêntures ou partes beneficiárias;

b) o produto da alienação de partes beneficiárias e bônus de subscrição;

c) (*Revogada pela Lei 11.638, de 2007*)

d) (*Revogada pela Lei 11.638, de 2007*)

§ 2º Será ainda registrado como reserva de capital o resultado da correção monetária do capital realizado, enquanto não-capitalizado.

§ 3º Serão classificadas como ajustes de avaliação patrimonial, enquanto não computadas no resultado do exercício em obediência ao regime de competência, as contrapartidas de aumentos ou diminuições de valor atribuídos a elementos do ativo e do passivo, em decorrência da sua avaliação a valor justo, nos casos previstos nesta Lei ou, em normas expedidas pela Comissão de Valores Mobiliários, com base na competência conferida pelo § 3º do art. 177 desta Lei. (Redação dada pela Lei 11.941, de 2009)

§ 4º Serão classificados como reservas de lucros as contas constituídas pela apropriação de lucros da companhia.

> § 5º As ações em tesouraria deverão ser destacadas no balanço como dedução da conta do patrimônio líquido que registrar a origem dos recursos aplicados na sua aquisição.

COMENTÁRIOS

1. As contas do patrimônio líquido

FÁBIO ULHOA COELHO

Patrimônio líquido é a diferença entre o ativo e o passivo da companhia (PL=A-P) e se desdobra em seis contas, cinco das quais referidas no art. 182: (i) capital social (*caput*); (ii) reserva de capital (§§ 1º e 2º); (iii) ajustes de avaliação patrimonial (§ 3º); (iv) reservas e retenção de lucros (§ 4º); (v) ações em tesouraria (§ 5º); e (vi) prejuízos e lucros acumulados.

1. A conta do capital social. A conta do capital social demonstra o valor do subscrito e o do não integralizado. A subscrição é o negócio jurídico pelo qual o acionista se obriga a pagar à sociedade o preço de emissão das ações que subscrever. Prevalece o pagamento do preço à vista, simultaneamente à subscrição, mas é possível o parcelamento. Nesse último caso, a soma do saldo do preço de emissão ainda não pago pelos acionistas é informado na conta do capital social, como parcela a deduzir do total do capital subscrito.

2. Reserva de capital. A conta de reserva do capital é alimentada somente pelos recursos mencionados nos §§ 1º e 2º. Quando o preço de emissão das ações com valor nominal excede a este, a diferença (ágio) é destinada à reserva de capital. Por uma questão matemática, nesse caso, se todo o preço de emissão fosse para a conta do capital social, esse seria superior ao referido pelo estatuto, tornando-o incongruente com o balanço patrimonial da companhia. Quando as ações não têm valor nominal, também é apropriada na reserva de capital a parcela que exceder o *valor-quociente* (que é a divisão do capital social pelo número de ações), pela mesma razão. Também robustece necessariamente a reserva de capital o produto da venda de partes beneficiárias ou de bônus de subscrição emitidos pela sociedade anônima. Em relação ao disposto no § 2º, que faz referência a mais uma fonte de alimentação da reserva de capital, a discussão sobre como interpretar esse dispositivo é objeto do comentário n. 2 deste artigo.

Assim como só pode ser alimentada pelos recursos especificamente referidos nos §§ 1º e 2º do art. 182, a reserva de capital tem destinação também limitada pela lei. Os recursos nela apropriados só podem ser usados pela companhia para as finalidades indicadas no art. 200 e parágrafo único: (a) absorção de prejuízos que ultrapassarem os lucros acumulados e as reservas de lucros (artigo 189, parágrafo único); (b) resgate, reembolso ou compra de ações; (c) resgate de partes beneficiárias; (d) pagamento de dividendo a ações preferenciais, quando essa vantagem lhes for assegurada (artigo 17, § 5º); e (e) Resgate de partes beneficiárias, se usados apenas recursos da reserva provenientes da venda desses valores mobiliários.

Nesse mesmo art. 200, o inciso IV autoriza também a capitalização total ou parcial de recursos da reserva de capital. É este o meio pelo qual a companhia poderá dar a tais recursos outras destinações.

Em suma, enquanto estiver contabilizado na reserva de capital, o recurso financeiro é da titularidade da companhia, mas ela não é livre para utilizá-lo na realização do objeto social (pagar salários, aluguéis, duplicatas, impostos etc.). Se necessitar desse recurso para tal finalidade (realizar o objeto social), a companhia precisará primeiro incorporá-lo ao capital social, mediante deliberação da assembleia geral extraordinária. E, uma vez incorporado, esse recurso sofrerá uma única limitação: não poderá ser destinado aos sócios, senão após a observância do procedimento legal de redução do capital social e concessão aos credores de oportunidade para oposição (princípio da intangibilidade do capital social).

3. Ajustes de reavaliação patrimonial. Até 2007, a LSA previa, ao lado das reservas de lucro e a de capital, também a *reserva de reavaliação*. Nela eram contabilizadas as diferenças entre o custo de aquisição dos bens do ativo e o seu valor atualizado. Essa reavaliação era sempre facultativa e pouco usada na prática, salvo quando se buscavam saídas para um aumento do capital social sem ingresso de novos recursos no patrimônio líquido.

Essa sistemática foi abolida com a Lei n. 11.638/07, que substituiu a *reserva de reavaliação* pelo *ajuste de reavaliação*, mantendo a facultatividade. Em 2009, porém, nova redação foi dada ao § 3º do art. 182, determinando a apropriação na conta dos ajustes patrimoniais das diferenças (positivas ou negativas) entre os valores de elementos do ativo e passivo e os de seus preços justos, quando passíveis dessa reavaliação. A apropriação na conta de ajustes patrimoniais é temporária, ou seja, feita até a sua incorporação ao resultado do exercício, em razão do regime de competência.

4. *Reservas e retenção de lucro.* A sociedade anônima não é inteiramente livre para deliberar sobre a destinação de seu resultado. Quando positivo, uma parcela deve ser paga aos acionistas (dividendos obrigatórios) e outra, deve permanecer no patrimônio social. A permanência de parte do resultado positivo sob a titularidade da companhia faz-se por meio da contabilização das "reservas e retenção", contas do patrimônio líquido do balanço.

As reservas são de cinco tipos: legal (art. 193), estatutárias (art. 194), para contingências (art. 195), de incentivos fiscais (art. 195-A) e lucros a realizar (art. 197).

Além das reservas, também permanecem no patrimônio da companhia os recursos contabilizados como "retenção de lucros". São os previstos em orçamento de capital aprovado pela assembleia geral, em que se preveem os investimentos da sociedade anônima para os exercícios seguintes ao de sua aprovação.

A parcela dos lucros líquidos que não forem contabilizadas como reservas ou retenção de lucros irá necessariamente robustecer os dividendos obrigatórios (art. 202, § 6º).

5. *Ações em tesouraria.* Nos limites do art. 30, § 1º, *b*, a companhia pode adquirir por negócio oneroso ações de sua própria emissão, para permanência em tesouraria. Também as ações de sua emissão que receber por doação ficarão em tesouraria. Uma das contas do patrimônio líquido deve apropriar o valor dessas ações.

6. *Prejuízos e lucros acumulados.* Os prejuízos acumulados, embora não referidos no art. 182, têm sido lançados como conta do patrimônio líquido, por ser esta a forma técnica de projetar os seus efeitos na situação patrimonial e financeira da companhia. A conta do PL não seria um retrato inteiramente fidedigno desta situação se não levasse em conta os prejuízos experimentados pela sociedade nos exercícios anteriores, enquanto não absorvidos.

Antes da reforma de 2001, era prática contábil reter parcela dos lucros na companhia numa conta do patrimônio líquido prevista em lei: a dos "lucros acumulados". Essa retenção era feita sem qualquer justificativa. Com isso, lucros deixavam de ser distribuídos aos acionistas, sem que a razão da privação fosse transparente. Com a incorporação aos dividendos obrigatórios de toda a parcela não destinada a reservas ou à retenção de lucros (arts. 193 a 197), não é mais possível essa prática.

2. Correção monetária do capital social

Fábio Ulhoa Coelho

Em 1976, quando editada a LSA, ainda se considerava a correção monetária um modo adequado de se proteger o valor da moeda nacional contra o processo inflacionário. A lógica era simples (e simplesmente errada): corrigindo-se a expressão numérica da moeda compensar-se-ia a perda do seu poder de compra. Foi nesse contexto, que a lei determinava a correção monetária anual do capital social. O parágrafo único do art. 5º estabelecia a obrigatoriedade de a AGO aprovar essa correção, ajustando a cláusula estatutária, mas ele foi revogado pelo art. 4º, parágrafo único, da Lei 9.249/1995.

Percebeu-se, ao longo do tempo, que o imaginado remédio da correção monetária era, na verdade, puro veneno. Nada é mais corrosivo da confiança numa moeda que um instrumento oficial de indexação. O índice usado na atualização da expressão numérica da moeda torna-se a "verdadeira" moeda, porque passa a cumprir as funções de referência e reserva de valor no lugar dela (só não cumpre a de meio de pagamento).

Com o objetivo salutar de desindexação da economia, a obrigatoriedade da correção monetária do capital social foi revogada em 1995, pondo fim à esdrúxula previsão legislativa. Pelo mesmo fundamento, considera-se revogado o disposto no § 2º do art. 182, que trata da contabilização da correção monetária como reserva de capital, enquanto a Assembleia Geral não delibera sua capitalização.

Critérios de Avaliação do Ativo

Art. 183. No balanço, os elementos do ativo serão avaliados segundo os seguintes critérios:

I – as aplicações em instrumentos financeiros, inclusive derivativos, e em direitos e títulos de créditos, classificados no ativo circulante ou no realizável a longo prazo: (Redação dada pela Lei 11.638, de 2007)

a) pelo seu valor justo, quando se tratar de aplicações destinadas à negociação ou disponíveis para venda; e (Redação dada pela Lei 11.941, de 2009)

b) pelo valor de custo de aquisição ou valor de emissão, atualizado conforme disposições legais ou contratuais, ajustado ao valor provável de realização, quando este for inferior, no caso das demais aplicações e os direitos e títulos de crédito; (Incluída pela Lei 11.638, de 2007)

II – os direitos que tiverem por objeto mercadorias e produtos do comércio da companhia, assim como matérias-primas, produtos em fabricação e bens em almoxarifado, pelo custo de aquisição ou produção, deduzido de provisão para ajustá-lo ao valor de mercado, quando este for inferior;

III – os investimentos em participação no capital social de outras sociedades, ressalvado o disposto nos artigos 248 a 250, pelo custo de aquisição, deduzido de provisão para perdas prováveis na realização do seu valor, quando essa perda estiver comprovada como permanente, e que não será modificado em razão do recebimento, sem custo para a companhia, de ações ou quotas bonificadas;

IV – os demais investimentos, pelo custo de aquisição, deduzido de provisão para atender às perdas prováveis na realização do seu valor, ou para redução do custo de aquisição ao valor de mercado, quando este for inferior;

V – os direitos classificados no imobilizado, pelo custo de aquisição, deduzido do saldo da respectiva conta de depreciação, amortização ou exaustão;

VI – (*Revogado pela Lei 11.941, de 2009*)

VII – os direitos classificados no intangível, pelo custo incorrido na aquisição deduzido do saldo da respectiva conta de amortização; (Incluído pela Lei 11.638, de 2007)

VIII – os elementos do ativo decorrentes de operações de longo prazo serão ajustados a valor presente, sendo os demais ajustados quando houver efeito relevante. (Incluído pela Lei 11.638, de 2007)

§ 1º Para efeitos do disposto neste artigo, considera-se valor justo: (Redação dada pela Lei 11.941, de 2009)

a) das matérias-primas e dos bens em almoxarifado, o preço pelo qual possam ser repostos, mediante compra no mercado;

b) dos bens ou direitos destinados à venda, o preço líquido de realização mediante venda no mercado, deduzidos os impostos e demais despesas necessárias para a venda, e a margem de lucro;

c) dos investimentos, o valor líquido pelo qual possam ser alienados a terceiros.

d) dos instrumentos financeiros, o valor que pode se obter em um mercado ativo, decorrente de transação não compulsória realizada entre partes independentes; e, na ausência de um mercado ativo para um determinado instrumento financeiro: (Incluída pela Lei 11.638, de 2007)

1) o valor que se pode obter em um mercado ativo com a negociação de outro instrumento financeiro de natureza, prazo e risco similares; (Incluído pela Lei 11.638, de 2007)

2) o valor presente líquido dos fluxos de caixa futuros para instrumentos financeiros de natureza, prazo e risco similares; ou (Incluído pela Lei 11.638, de 2007)

3) o valor obtido por meio de modelos matemático-estatísticos de precificação de instrumentos financeiros. (Incluído pela Lei 11.638, de 2007)

§ 2º A diminuição do valor dos elementos dos ativos imobilizado e intangível será registrada periodicamente nas contas de: (Redação dada pela Lei 11.941, de 2009)

a) depreciação, quando corresponder à perda do valor dos direitos que têm por objeto bens físicos sujeitos a desgaste ou perda de utilidade por uso, ação da natureza ou obsolescência;

b) amortização, quando corresponder à perda do valor do capital aplicado na aquisição de direitos da propriedade industrial ou comercial e quaisquer outros com existência ou exercício de duração limitada, ou cujo objeto sejam bens de utilização por prazo legal ou contratualmente limitado;

c) exaustão, quando corresponder à perda do valor, decorrente da sua exploração, de direitos cujo objeto sejam recursos minerais ou florestais, ou bens aplicados nessa exploração.

§ 3º A companhia deverá efetuar, periodicamente, análise sobre a recuperação dos valores registrados no imobilizado e no intangível, a fim de que sejam: (Redação dada pela Lei 11.941, de 2009)

I – registradas as perdas de valor do capital aplicado quando houver decisão de interromper os empreendimentos ou atividades a que se destinavam ou quando comprovado que não poderão produzir resultados suficientes para recuperação desse valor; ou (Incluído pela Lei 11.638, de 2007)

II – revisados e ajustados os critérios utilizados para determinação da vida útil econômica estimada e para cálculo da depreciação, exaustão e amortização. (Incluído pela Lei 11.638, de 2007)

§ 4º Os estoques de mercadorias fungíveis destinadas à venda poderão ser avaliados pelo valor de mercado, quando esse for o costume mercantil aceito pela técnica contábil.

COMENTÁRIOS

1. Contabilização do ativo

Fábio Ulhoa Coelho

A principal mudança advinda do processo de convergência das normas brasileiras de contabilidade com os padrões internacionais consiste na adoção de um novo *framework* que permita retratar nos instrumentos contábeis a situação patrimonial e financeira da sociedade com o maior grau de confiabilidade possível. Não deixa de ser uma forma de profunda relativização do princípio do conservadorismo, que engessava as normas brasileiras de contabilidade, ao recomendar a apropriação dos bens do ativo invariavelmente pelo custo de aquisição. Com o tempo e a variação natural dos valores de bens e direitos, as demonstrações acabavam se distanciando da realidade patrimonial e financeira da companhia.

Com a reforma das disposições legais de direito contábil, de 2007, incorporaram-se ao direito positivo os fundamentos do processo de convergência. Certo que o custo de aquisição ainda é o critério correto para a apropriação dos valores de alguns ativos (aplicações financeiras não destinadas à negociação nem disponibilizadas para a venda, bens do imobilizado, intangíveis etc.), mas esforça-se a norma em fornecer diretrizes para a apropriação de vários itens do ativo pelo seu valor *justo*.

Em alguns casos, o valor justo é fácil de definir. Nas aplicações financeiras com liquidez imediata, é o valor do investimento na data do balanço. Em investimentos financeiros negociáveis em mercado ativo, por partes independentes e livres, o preço pelo qual é negociado nesse mercado. O valor justo equivale normalmente ao de mercado ("valor de saída", como se costuma dizer). Mas, há situações em que o valor de mercado não é quantificável com facilidade ou não se mostra mesmo o mais adequado, para fins de atribuição aos bens e direitos do ativo de valores que permitam ao balanço cumprir a finalidade de retratar, com o maior grau de fidelidade possível, a realidade patrimonial e financeira da companhia.

A mensuração do valor justo é matéria de alta complexidade da contabilidade. É objeto da Resolução CVM 115/2022, que aprova o Pronunciamento Técnico CPC 46.

Critérios de Avaliação do Passivo

Art. 184. No balanço, os elementos do passivo serão avaliados de acordo com os seguintes critérios:

I – as obrigações, encargos e riscos, conhecidos ou calculáveis, inclusive Imposto sobre a Renda a pagar com base no resultado do exercício, serão computados pelo valor atualizado até a data do balanço;

II – as obrigações em moeda estrangeira, com cláusula de paridade cambial, serão convertidas em moeda nacional à taxa de câmbio em vigor na data do balanço;

III – as obrigações, os encargos e os riscos classificados no passivo não circulante serão ajustados ao seu valor presente, sendo os demais ajustados quando houver efeito relevante. (Redação dada pela Lei 11.941, de 2009)

COMENTÁRIOS

1. Contabilização do passivo

Fábio Ulhoa Coelho

Em decorrência do regime de competência (art. 177), as obrigações ativas e passivas da sociedade anônima são apropriadas no momento de sua constituição, e não no da realização. É deste modo que os instrumentos contábeis conseguem ser mais fiéis à situação patrimonial da sociedade. Em relação ao passivo, desde o momento em que ela se torna devedora, isso já impacta o seu patrimônio, ainda que a obrigação não seja imediatamente exigível.

As regras do art. 184 contempla hipóteses de atualização e de desconto a valor presente, com o objetivo de trazer os valores do passivo ao mesmo marco temporal, que é a data do balanço.

Para essa finalidade, a norma trata diferentemente três tipos de obrigações: as contraídas em moeda estrangeira com cláusula de paridade cambial, as do passivo circulante e as do não circulante.

As obrigações em moeda estrangeira com cláusula de paridade cambial são apropriadas em reais, pela cotação da data do balanço (se ordinário, o dia do término do exercício social, por exemplo). Por sua vez, as obrigações do passivo não circulante (exigíveis a partir do segundo exercício seguinte ao do balanço, inclusive) devem ser trazidas a valor presente, com o desconto da estimativa de perda do poder aquisitivo do real, entre a data do balanço e a do vencimento.

As do passivo circulante (com vencimento no exercício abrangido pelo balanço e no seguinte) são acrescidas da atualização monetária, se já vencidas, apropriando-se pelo valor devido as vincendas. Estas últimas devem ser também trazidas a valor presente quando isso tiver efeito relevante na demonstração, prejudicando as análises financeiras que a adotarem como instrumento.

Critérios de Avaliação em Operações Societárias

(Incluído pela Lei 11.941, de 2009)

Art. 184-A. A Comissão de Valores Mobiliários estabelecerá, com base na competência conferida pelo § 3º do art. 177 desta Lei, normas especiais de avaliação e contabilização aplicáveis à aquisição de controle, participações societárias ou negócios. (Incluído pela Lei 11.941, de 2009)

COMENTÁRIOS

1. Normas especiais de avaliação

FÁBIO ULHOA COELHO

A lei determina à CVM que estabeleça regras especiais de avaliação e contabilização que as companhias abertas devem observar quando fazem aquisições do controle, de participações societárias, de estabelecimentos empresariais ou de atividades econômicas. Essas normas são aplicáveis tanto no caso de aquisição por contrato bilateral, como em decorrência de operações societárias (incorporação, fusão, cisão ou incorporação de ações).

Como tais negócios jurídicos envolvem duas ou mais sociedades, é necessário estabelecer os modos de tratar eventuais diferenças nas respectivas contabilidades, provenientes de divergência na interpretação das normas contábeis pelos serviços de cada uma.

O art. 184-A está regulado na Resolução CVM 71/2022, que aprovou o Pronunciamento Técnico CPC 15 (R1).

Evidentemente, se os negócios jurídicos envolvem exclusivamente companhias fechadas, a CVM não tem competência para as disciplinar. No entanto, sempre que for necessário harmonizar critérios contábeis nesses casos, a observância do regulamento da autarquia será uma alternativa conveniente a ser considerada.

Correção Monetária

Art. 185. *(Revogado pela Lei 7.730, de 1989)*

SEÇÃO IV
DEMONSTRAÇÃO DE LUCROS OU PREJUÍZOS ACUMULADOS

Art. 186. A demonstração de lucros ou prejuízos acumulados discriminará:

I – o saldo do início do período, os ajustes de exercícios anteriores e a correção monetária do saldo inicial;

II – as reversões de reservas e o lucro líquido do exercício;

III – as transferências para reservas, os dividendos, a parcela dos lucros incorporada ao capital e o saldo ao fim do período.

§ 1º Como ajustes de exercícios anteriores serão considerados apenas os decorrentes de efeitos da mudança de critério contábil, ou da retificação de erro imputável a determinado exercício anterior, e que não possam ser atribuídos a fatos subsequentes.

§ 2º A demonstração de lucros ou prejuízos acumulados deverá indicar o montante do dividendo por ação do capital social e poderá ser incluída na demonstração das mutações do patrimônio líquido, se elaborada e publicada pela companhia.

COMENTÁRIOS

1. Demonstração de Lucros e Prejuízos Acumulados

FÁBIO ULHOA COELHO

A Demonstração de Lucros ou Prejuízos Acumulados (DLPA) teve a sua importância bastante reduzida com a supressão da conta "lucros acumulados", na reforma de 2001. Desde então, não pode mais, em regra, a companhia reter lucros sem os incluir em uma rubrica específica, ou seja, sem explicitar, por esse meio contábil, o motivo da retenção dos lucros em seu patrimônio em prejuízo do pagamento dos dividendos. Desse modo, atualmente apenas os prejuízos acumulados são demonstráveis na DLPA.

Aqui também se mostra a impropriedade do detalhamento na lei dos instrumentos contábeis e de seu conteúdo e forma. Na prática, a DLPA tem sido substituída por uma outra demonstração, que abrange a comparação também de contas do patrimônio líquido, permitindo uma análise financeira mais acurada. É a Demonstração de Mutações no Patrimônio Líquido (DMPL).

SEÇÃO V
DEMONSTRAÇÃO DO RESULTADO DO EXERCÍCIO

Art. 187. A demonstração do resultado do exercício discriminará:

I – a receita bruta das vendas e serviços, as deduções das vendas, os abatimentos e os impostos;

II – a receita líquida das vendas e serviços, o custo das mercadorias e serviços vendidos e o lucro bruto;

III – as despesas com as vendas, as despesas financeiras, deduzidas das receitas, as despesas gerais e administrativas, e outras despesas operacionais;

IV – o lucro ou prejuízo operacional, as outras receitas e as outras despesas; (Redação dada pela Lei 11.941, de 2009)

V – o resultado do exercício antes do Imposto sobre a Renda e a provisão para o imposto;

VI – as participações de debêntures, empregados, administradores e partes beneficiárias, mesmo na forma de instrumentos financeiros, e de instituições ou fundos de assistência ou previdência de empregados, que não se caracterizem como despesa; (Redação dada pela Lei 11.941, de 2009)

VII – o lucro ou prejuízo líquido do exercício e o seu montante por ação do capital social.

§ 1º Na determinação do resultado do exercício serão computados:

a) as receitas e os rendimentos ganhos no período, independentemente da sua realização em moeda; e

b) os custos, despesas, encargos e perdas, pagos ou incorridos, correspondentes a essas receitas e rendimentos.

§ 2º (*Revogado pela Lei 11.638, de 2007*)

COMENTÁRIOS

1. Demonstração do resultado do exercício

FÁBIO ULHOA COELHO

A definição na lei das minúcias das demonstrações contábeis mostrou-se uma alternativa equivocada para a realidade contemporânea da empresa, à medida que evoluiu o processo de convergência das normas brasileiras de contabilidade com os padrões internacionais. Vários descompassos entre os estreitos ditames da regulação legal e os pronunciamentos técnicos do CPC (Comitê de Pronunciamentos Contábeis) surgem, revelando a inaptidão da LSA de orientar adequadamente a contabilidade das companhias, nos tempos de globalização. É hora de uma profunda reforma a ser feita na lei, suprimindo todas as disposições sobre o conteúdo e forma das demonstrações contábeis, ficando essas definições a cargo dos profissionais da área.

Atualmente, os serviços de contabilidade se deparam com três conjuntos de normativos não inteiramente coincidentes sobre o trabalho que devem executar: os da LSA (arts 178 a 188), os do Código Civil (arts. 1.187 a 1.189) e os pronunciamentos do CPC. O resultado é a elaboração de demonstrações técnicas que não atendem rigorosamente o que diz a lei ou a de demonstrações legais, mas tecnicamente deficientes. Não tem sentido manterem-se na lei as normas acerca de como devem os contadores executar seu labor.

Um dos exemplos da lamentável desatualização e impropriedade da LSA nessa matéria se encontra na obrigatoriedade de elaboração da Demonstração de Resultado do Exercício (DRE). Nesse instrumento, as apropriações contábeis partem do faturamento bruto total da companhia no exercício social em consideração e fazem as deduções e adições listadas nos incisos do art. 187 até encontrar o valor por ação proporcional ao lucro ou ao prejuízo líquido.

Percebe-se, por fim, a impertinência da disciplina legal minuciosa das demonstrações contábeis, nos dias de hoje, na prática da substituição da DRE por um instrumento contábil diverso, denominado Demonstrativo do Resultado Abrangente do Período (DRA). Esta demonstração não é prevista

Art. 188 — Fábio Ulhoa Coelho

em lei, mas tem se revelado muito mais útil à avaliação financeira da companhia. A DRA acrescenta ao resultado demonstrado no DRE outras receitas e despesas não previstas no art. 187. Acrescenta também o ajuste de avaliação patrimonial do art. 182, § 3º, e certas apropriações do Patrimônio Líquido que não constam da DRE. São informações importantes para a completa e mais acurada análise financeira da sociedade empresária.

SEÇÃO VI

DEMONSTRAÇÕES DOS FLUXOS DE CAIXA E DO VALOR ADICIONADO

(Redação dada pela Lei 11.638, de 2007)

Art. 188. As demonstrações referidas nos incisos IV e V do *caput* do art. 176 desta Lei indicarão, no mínimo: (Redação dada pela Lei 11.638, de 2007)

I – demonstração dos fluxos de caixa – as alterações ocorridas, durante o exercício, no saldo de caixa e equivalentes de caixa, segregando-se essas alterações em, no mínimo, 3 (três) fluxos: (Redação dada pela Lei 11.638, de 2007)

a) das operações; (Redação dada pela Lei 11.638, de 2007)

b) dos financiamentos; e (Redação dada pela Lei 11.638, de 2007)

c) dos investimentos; (Redação dada pela Lei 11.638, de 2007)

II – demonstração do valor adicionado – o valor da riqueza gerada pela companhia, a sua distribuição entre os elementos que contribuíram para a geração dessa riqueza, tais como empregados, financiadores, acionistas, governo e outros, bem como a parcela da riqueza não distribuída. (Redação dada pela Lei 11.638, de 2007)

III – (*Revogado pela Lei 11.941, de 2009*)

IV – (*Revogado pela Lei 11.941, de 2009*)

COMENTÁRIOS

1. Demonstrações dos fluxos de caixa

Fábio Ulhoa Coelho

As Demonstrações dos fluxos de caixa (DFC) são feitas pelo critério de caixa, e não pelo de competência. Nelas, as apropriações contábeis são feitas nos momentos do ingresso ou da saída dos recursos no caixa da companhia. Mede-se, nas DFC, a liquidez da sociedade anônima, ou seja, sua capacidade de honrar as obrigações sem precisar emprestar dinheiro, onerar ou vender ativos não circulantes.

Nas DFC, são considerados também os equivalentes de caixa, que são os ativos de elevada liquidez, facilmente transformáveis em disponibilidades financeiras. Um investimento em fundo com resgate imediato é um equivalente de caixa, por exemplo.

São três as DFC: operações, financiamentos e investimentos. Na primeira, demonstram-se os ingressos e saídas de caixa relativos à realização do objeto social (compra de insumos, venda dos produtos, pagamento de salários etc.). Na dos financiamentos, os movimentos referentes ao recebimento de recursos mutuados e os pagamentos dos mútuos. E na DFC dos investimentos, os relacionados à implantação ou ampliação do estabelecimento empresarial e demais recursos necessários à atividade empresarial. Se a companhia estiver construindo uma nova unidade fabril, por exemplo, será nessa DFC que se encontrarão os movimentos de caixa afetos ao projeto, à obra, aquisição de equipamentos e máquinas etc.

Essas demonstrações são regidas pela Resolução CVM 92/2022, que aprovou o Pronunciamento Técnico CPC 03(R2).

2. Demonstração do valor adicionado

Fábio Ulhoa Coelho

A demonstração do valor adicionado (DVA) revela a riqueza gerada pela companhia. De modo esquemático, é a diferença entre o que ela gastou para adquirir os insumos (considerados aqui, restritivamente) e o que recebeu ao vender seus produtos ou prestar os serviços. Não equivale exatamente aos lucros da companhia, nem mesmo ao bruto, porque com os recursos correspondentes à riqueza gerada (a diferença referida), além da parte retida no patrimônio da companhia, serão pagos não somente os dividendos, mas também salários, impostos, aluguéis, juros etc.

A DVA deve demonstrar a distribuição da riqueza gerada entre os que contribuíram para a sua geração. É um modo de se referir aos que também ganharam indiretamente com a atividade da companhia, como os trabalhadores, bancos, governo e outros. A obrigatoriedade dessa demonstração parte do pressuposto de que os investidores levam em consideração a relevância econômica e social das companhias, para nortearem suas decisões de investimento.

A DVA é regida pela Resolução 117/2022 que aprovou a consolidação do Pronunciamento Técnico 09 CPC.

CAPÍTULO XVI
LUCRO, RESERVAS E DIVIDENDOS
SEÇÃO I
LUCRO

Dedução de Prejuízos e Imposto sobre a Renda

Art. 189. Do resultado do exercício serão deduzidos, antes de qualquer participação, os prejuízos acumulados e a provisão para o Imposto sobre a Renda.

Parágrafo único. O prejuízo do exercício será obrigatoriamente absorvido pelos lucros acumulados, pelas reservas de lucros e pela reserva legal, nessa ordem.

COMENTÁRIOS

1. Resultado social e absorção de prejuízos

Sérgio Campinho

A companhia, como qualquer sociedade, tem por escopo a exploração de uma atividade com fim lucrativo. A perseguição do lucro traduz, assim, o seu objeto mediato. Mas não é suficiente que a realização de seu objeto imediato (a atividade econômica que concretamente a companhia realiza) se dirija à produção de lucro. É mister que os lucros auferidos sejam partilhados entre os seus acionistas. Destarte, a sua atividade lucrativa se orienta para que esses frutos remunerem o seu quadro de sócios.

O resultado social é determinado anualmente, após o final de cada exercício social. Retrata, após a confrontação dos ganhos e das perdas financeiras havidas no interregno, o que foi obtido pela companhia em decorrência de sua atividade econômica. A principal fonte dos resultados da companhia advém da produção ou circulação de bens ou serviços que constituem a sua empresa. Mas, acessoriamente, existem outras fontes de resultados, como as receitas decorrentes da titularidade de bens e direitos materiais e imateriais, da participação no capital de outras sociedades, de aplicações financeiras, alienação de bem constante do seu ativo por preço superior ao de sua aquisição etc.

O resultado social pode ser positivo ou negativo. No primeiro caso, diz-se que a companhia auferiu lucro no exercício social correspondente, representando um ganho financeiro que acresce o seu patrimônio líquido; no segundo, a companhia amargou prejuízo, caracterizado por uma perda financeira que reduz o seu patrimônio líquido. Em outros termos, é a partir dos ganhos e das perdas verificados no exercício social que se apura o resultado da companhia, o qual, assim, pode ser positivo (lucro) ou negativo (prejuízo).

Decorre do princípio da intangibilidade do capital social, consagrado no ordenamento societário brasileiro, a proibição de se distribuir lucros aos acionistas enquanto a companhia contar com prejuízos acumulados. Não se pode distribuir resultados utilizando-se recursos do capital social. O princípio da intangibilidade do capital social traduz a garantia de que não é o capital restituível aos sócios, a não ser nas situações expressamente previstas em lei para sua redução.[1781]

O capital social vem expressado na LSA sob duas perspectivas distintas: como montante do valor financeiro, fixado no estatuto, que os acionistas declaram submeter ao regime legal próprio do capital social, cumprindo existir no ativo para que a companhia possa constatar lucros e transferir bens do seu patrimônio para o patrimônio particular dos acionistas; ou quota parte ideal do patrimônio líquido, podendo sofrer variações e tornar-se inferior àquele montante determinado no estatuto. Em síntese, pode traduzir tanto a quantidade do capital social fixado no estatuto, quanto o capital social aplicado no ativo patrimonial.[1782]

Constatado no exercício social o resultado negativo, o prejuízo nele verificado, determina o parágrafo único do art. 189 da LSA, será obrigatoriamente absorvido pelos lucros acumulados, pelas reservas de lucro e pela reserva legal, nessa ordem. A ideia é que esses valores retidos na companhia sejam disponibilizados para

---

[1781] Como bem acentuam Isaac Halperin e Julio C. Otaegui, "Lo que está prohibido a los socios, a menos que cumplan las formalidades relativas a la reducción regular del capital, es 'convenir' la reintegración de sus capitales o remisión de las cuotas impagas, es decir, toda operación que signifique la reducción clandestina del capital" (*Sociedades anónimas*. 2. ed. Buenos Aires: Depalma, 1998. p. 232).

[1782] PEDREIRA, José Luiz Bulhões. *Finanças e demonstrações financeiras da companhia*: conceitos fundamentais. Rio de Janeiro: Forense, 1989. p. 415-416.

compensar o resultado negativo. Não sendo eles suficientes, poder-se-á, ainda, fazer uso da reserva de capital, consoante permite o inciso I do art. 200 da LSA. Caso remanesça o prejuízo, o correspondente montante será lançado na conta de prejuízos acumulados, que compõe o grupo de contas do patrimônio líquido (inciso III do § 2º do art. 178 da LSA).

A LSA faculta, ainda, que a assembleia geral delibere a redução do capital social até o montante do prejuízo acumulado (art. 173 da LSA). Mas essa providência somente poderá ser tomada se o prejuízo não for absorvido pelas reservas de lucro facultativas, pela reserva legal e pela reserva de capital, nessa sequência.

O parágrafo único do art. 189 da LSA faz expressa referência a "lucros acumulados". Contudo, parece-me que a possibilidade de absorção do prejuízo pelos lucros acumulados não se pode efetivar na perspectiva do preceito sob comento, porquanto essa sua parte restou derrogada pelo acréscimo do § 6º ao art. 202 da LSA, realizado pela Lei nº 10.303/2001, que não mais permite a acumulação de lucros. Assim, os lucros não destinados à constituição de reservas de lucro devem ser integralmente distribuídos aos acionistas como dividendos, nos exatos termos do dispositivo acrescido.

A Lei 11.638/2007, por seu turno, eliminou a referência aos "lucros acumulados" até então feita na alínea *d* do § 2º do art. 178 da LSA. No entanto, no item n. 42 do Pronunciamento Técnico CPC 13, concernente à adoção inicial da Lei 11.638/2007, à época aprovada pela Deliberação CVM 565/2008, foi expresso o entendimento de que a aludida lei não teria terminado com a conta de lucros acumulados nem com a demonstração de sua movimentação, que devem ser apresentadas como parte da demonstração das mutações do patrimônio líquido. Concluiu-se que a indigitada conta teria, entretanto, natureza transitória, devendo ser manejada para a transferência do lucro apurado no período, contrapartida das reversões das reservas de lucro e para a destinação do lucro. No item n. 43, veio o comando para que a administração da sociedade propusesse a destinação de eventuais saldos de lucros acumulados existentes quando da elaboração das demonstrações contábeis ao término do exercício social em que se adotasse, pela primeira vez, a Lei 11.638/2007.

Diante do § 4º do art. 182 da LSA, o qual estabelece que serão classificadas como reservas de lucro as contas constituídas pela apropriação de lucros da companhia, isto é, que não foram distribuídos aos acionistas ou capitalizados, deve-se concluir que a intitulada conta de lucros acumulados não mais pode apresentar saldo positivo ao final do exercício social, porquanto os lucros que não forem destinados ao pagamento de dividendos ou capitalizados serão alocados em reservas de lucros. Nas demonstrações contábeis intermediárias, a conta de lucros acumulados pode aparecer e apresentar saldo positivo. Isto porque o resultado líquido do exercício ainda não foi definitivamente apurado. O lucro está em formação. Porém, ao final do exercício social, ela não mais aparece, na medida em que o lucro líquido finalmente apurado é destinado ao pagamento dos dividendos ou fica retido na companhia, conforme deliberação da assembleia geral. É, pois, uma conta transitória, diante do entendimento que prevaleceu, de que a conta de lucros acumulados não foi eliminada pela Lei 11.638/2007 e que deve ser utilizada para a transferência do lucro apurado no período, contrapartida às reversões das reservas de lucro e para a destinação do lucro.[1783]

Tecnicamente, portanto, não há como se falar em absorção dos prejuízos pelos "lucros acumulados", porquanto os valores que transitam nessa conta são provisórios. No final do exercício, ela desassoma do grupo de contas da contabilidade social (art. 178 da LSA). Verificada a formação do prejuízo no exercício é que se procede à sua absorção pelas reservas de lucro facultativas – estas sim constituídas por lucros retidos na companhia em exercícios anteriores –, pela reserva legal e pela reserva de capital, nessa série.[1784]

2. As deduções e a ordem de implementá-las

SÉRGIO CAMPINHO

A partir das demonstrações financeiras[1785] levantadas, será apurado o lucro que a companhia

---

[1783] Item n. 42 do Pronunciamento Técnico CPC 13, que cuidou da "adoção inicial da Lei nº 11.638/2007" e foi à época aprovado pela Deliberação CVM 565/2008.

[1784] Cfr., em adição, os comentários ao art. 193.

[1785] A demonstração financeira que informa o resultado de cada exercício social é intitulada de "Demonstração do Resultado do Exercício" (DRE), prevista no art. 187 da LSA.

tiver obtido no exercício social e decidida a sua destinação.

Verificado o resultado positivo do exercício, dele serão realizadas, por disposição legal, certas deduções. Primeiramente, incidem as provisões para pagamento da Contribuição Social sobre o Lucro Líquido (CSLL) e do Imposto sobre a Renda (IRPJ). Implementadas tais provisões, procede-se à absorção dos prejuízos acumulados dos exercícios anteriores, se houver (art. 189 da LSA e art. 2º da Lei 7.689/1988).

Sobre o saldo remanescente serão deduzidas, em ordem sucessiva, as participações das debêntures (art. 56 e inciso VI do art. 187 da LSA), dos empregados,[1786] dos administradores e das partes beneficiárias (art. 190 da LSA). Cumpre ressaltar que essas participações nos lucros do exercício são facultativas, dependendo, desse modo, de orientação adotada pela própria companhia. Isso porque a participação do debenturista no lucro é um dos direitos que a debênture pode conferir e as participações de empregados, administradores e titulares de partes beneficiárias dependem de previsão estatutária.

Após a realização de todas as deduções é que se chega ao lucro líquido do exercício (art. 191 da LSA).

Controversa é a ordem na qual se deve proceder à dedução da participação dos titulares de debêntures nos lucros.

O art. 190 da LSA determina que as participações estatutárias nos lucros relativos aos empregados, administradores e partes beneficiárias serão determinadas, sucessivamente e nessa ordem, com base nos lucros que remanescerem após as deduções preconizadas no art. 189 da LSA. Em ambos os dispositivos não se faz referência às debêntures. Essa alusão é feita no art. 56 da LSA, que prevê a possibilidade de a debênture assegurar a participação nos lucros, e no inciso VI do art. 187 da LSA, o qual define a ordem de atribuição das participações nos lucros.

Diante do sistema constante da LSA e de sua racionalidade, tenho que a participação das debêntures deve ser calculada antes das participações estatutárias a que se refere o art. 190, mas sempre após as deduções relativas à provisão para a CSLL, à provisão para o IRPJ e à absorção dos prejuízos acumulados, se houver. Por ser também uma modalidade de participação facultativa nos lucros, a participação dos debenturistas somente se pode realizar após as deduções legais. Todas as participações facultativas devem integrar a demonstração do resultado do exercício, alinhadas, entre si, segundo a ordem do inciso VI do art. 187.[1787]

[1786] As contribuições para as instituições ou fundos de assistência ou previdência de empregados (inciso VI do art. 187 da LSA) devem ser, em função de sua natureza, deduzidas conjuntamente com as participações de empregados, aplicando-se a elas a necessidade, igualmente, de previsão estatutária.

[1787] Nesse sentido, José Waldecy Lucena: "Houve, em verdade, uma trapalhada do legislador. Em resenha das modificações introduzidas no projeto pelo Congresso Nacional, diz-se que 'no projeto, o *caput* dispunha sobre a participação no lucro atribuído a debêntures e o § 1º sobre participações estatutárias de empregados, administradores e partes beneficiárias. Nos termos da subemenda da Comissão de Economia à Emenda de Plenário n. 179, do Deputado Blota Júnior, o *caput* do artigo foi suprimido e substituído pelo § 1º, passando o § 2º a ser o atual parágrafo único'. Restabelecida, no entanto, pelo Senado, a atribuição de participações nos lucros aos titulares de debêntures, esqueceu-se o legislador de igualmente restabelecer a redação original do atual artigo 190 (191 no projeto), que incluía as debêntures. Assim, ao ser restabelecida a participação dos debenturistas, ela o foi na mesma ordem original do projeto, isto é, como a primeira, entre as participações, a ser deduzida do lucro que remanescer, após as deduções da provisão para o imposto de renda e do montante correspondente aos prejuízos acumulados, como, de resto, consta da demonstração do resultado do exercício, que lhes pospõe as participações de empregados e de administradores (art. 187, VI). Este último dispositivo supre, outrossim, o fato de o artigo 191, para definir o lucro líquido, referir-se somente à dedução das participações de que trata o artigo 190, isto é, as pertinentes aos empregados, administradores e titulares de partes beneficiárias" (*Das sociedades anônimas*: comentários à lei. Rio de Janeiro: Renovar, 2012. v. 3. p. 16-17). Em sentido contrário, Nelson Eizirik: "Assim, a referência constante deste artigo a 'qualquer outra participação' abrange apenas as participações de que trata o artigo 190, ou seja: participações estatutárias de empregados, administradores e partes beneficiárias. Portanto, a participação das debêntures é calculada antes da dedução dos prejuízos acumulados e da provisão para o imposto de renda" (*A Lei das S/A comentada*. 2. ed. São Paulo: Quartier Latin, 2015. v. 3. p. 461). José Edwaldo Tavares Borba adota posição intermediária: "Com relação ao imposto de renda, a sua prévia provisão afigura-se pertinente, porquanto, sendo o imposto um gravame que atinge o lucro do exercício, a sua incidência, sob o aspecto material, representa um redutor desse lucro. Os prejuízos acumulados, que provêm de outros exercícios, não poderão, contudo, reduzir a base de cálculo das participações dos debenturistas, uma vez que estas têm por pressuposto o lucro do exercício [...] Os debenturistas são credores da sociedade, e, nessa qualidade, participam do lucro produzido pela companhia no exercício-base

Art. 190 — Sérgio Campinho

> **Participações**
>
> **Art. 190.** As participações estatutárias de empregados, administradores e partes beneficiárias serão determinadas, sucessivamente e nessa ordem, com base nos lucros que remanescerem depois de deduzida a participação anteriormente calculada.
>
> **Parágrafo único.** Aplica-se ao pagamento das participações dos administradores e das partes beneficiárias o disposto nos parágrafos do artigo 201.

COMENTÁRIOS

1. Participações facultativas no lucro do exercício

Sérgio Campinho

O art. 190 da LSA refere-se a três espécies de participações no lucro do exercício, a partir de previsões estatutárias: (a) de empregados; (b) de administradores; e (c) de titulares de partes beneficiárias. São todas elas participações facultativas, pois somente podem ser concretizadas mediante previsão expressa no estatuto social e obedecido o modo nele especificado. A ordem sucessiva dessas participações constitui regra cogente e de ordem pública, não podendo ser alterada pelo estatuto.

A LSA não estabelece o percentual de participação dos empregados. Deve ser ele, preferencialmente, determinado pelo estatuto. Mas inexiste óbice para, ao criar a participação, delegar à assembleia geral ou ao conselho de administração a fixação respectiva. Porém, nessa hipótese, é recomendável que o próprio ato regra da companhia estabeleça o critério para essa determinação pelo órgão social indicado, apontando um limite a ser observado.

No caso dos administradores, além das remunerações direta e indireta – isto é, benefícios de qualquer natureza, tais como imóvel para moradia, automóvel, cartão corporativo, seguro e plano de assistência médica –, permite a lei que façam jus à participação nos lucros da companhia (§§ 1º e 2º do art. 152 da LSA). Mas, para tal, exige a concorrência dos seguintes requisitos: (a) previsão estatutária da participação nos lucros;

(b) fixação, também estatutária, do dividendo obrigatório em 25% ou mais do lucro líquido; (c) que o total da participação no lucro não ultrapasse a remuneração anual dos administradores nem 1/10 dos lucros, prevalecendo o menor limite; e (d) efetiva atribuição, no exercício, do dividendo obrigatório aos acionistas, nos termos do art. 202 da LSA.

A LSA, assim, ao apropriar os lucros apurados no exercício como referência para o cálculo das participações dos administradores, obsta que eles recebam parcela do lucro sem que os acionistas também a recebam.[1788]

Na companhia fechada que contar, cumulativamente, com menos de 20 acionistas e patrimônio líquido de até 10 milhões de reais, e desde que aprovada a matéria pela unanimidade dos acionistas, poderá haver o pagamento da participação dos administradores sem a observância do disposto no § 2º do art. 152 da LSA, ou seja, poderá ser efetuado sem a necessidade de pagamento do dividendo mínimo obrigatório.

A participação nos lucros dos titulares de partes beneficiárias, calculada após a dedução de todas as participações estatutárias, será limitada a 1/10 do lucro da companhia (§ 2º do art. 46 da LSA). É vedado à companhia aberta emitir estes títulos (parágrafo único do art. 47 da LSA).

Determina o parágrafo único do artigo sob comento que são aplicáveis ao pagamento das participações dos administradores e dos titulares de partes beneficiárias o disposto nos parágrafos do art. 201 da LSA. Isso quer traduzir que: (a) a companhia apenas pode pagar tais participações à conta de lucro líquido do exercício ou de reservas de lucro; (b) a inobservância da regra implica responsabilidade solidária dos administradores e fiscais, que deverão repor ao caixa social a importância distribuída, sem prejuízo de ação penal cabível; e (c) não são obrigados a restituir à companhia os valores recebidos de boa-fé, sendo a má-fé presumida quando houver distribuição sem o levantamento do balanço ou em desacordo com os seus resultados.

A participação dos titulares de debêntures nos lucros também é facultativa, eis que esse é um dos direitos que a debênture pode conferir (art. 56 da LSA). A ordem dessa participação deflui do inciso VI do art. 187 da LSA, o

---

referenciado; os prejuízos de exercícios anteriores não poderão atingi-los, posto que são estranhos à sua condição jurídica" (*Das debêntures*. Rio de Janeiro: Renovar, 2005. p. 56).

[1788] EIZIRIK, Nelson. *A Lei das S/A comentada*. 2. ed. São Paulo: Quartier Latin, 2015. v. 3. p. 469.

qual determina prioridade para as debêntures em relação às demais participações. É também uma regra de ordem pública, não podendo o estatuto dispor de modo diverso.

O inciso VI do art. 187 da LSA ainda se refere a instituições ou fundos de assistência ou previdência de empregados. Com efeito, as contribuições para as instituições ou fundos de assistência ou previdência de empregados devem ser, em função de sua natureza, deduzidas conjuntamente com as participações de empregados, aplicando-se a elas a necessidade, igualmente, de previsão estatutária.

Todas as participações facultativas aqui tratadas representam parcelas do lucro do exercício que podem ser destinadas àqueles que não ostentem a qualidade de acionistas.

> **Lucro Líquido**
>
> **Art. 191.** Lucro líquido do exercício é o resultado do exercício que remanescer depois de deduzidas as participações de que trata o artigo 190.

COMENTÁRIOS

1. Conceito de lucro líquido do exercício

SÉRGIO CAMPINHO

A partir das demonstrações contábeis levantadas, será apurado o lucro que a companhia tiver obtido no exercício social e definida a sua destinação.

Verificado o resultado positivo do exercício, nele serão realizadas, por disposição legal, certas deduções (art. 2º da Lei 7.689/1988 e arts. 189, 190 e 56 e inciso VI do art. 187 da LSA). Após a implementação dessas deduções, chega-se ao lucro líquido do exercício (art. 191 da LSA).

Lucro líquido do exercício consiste, pois, sob a perspectiva dos acionistas da companhia, naquele resultado positivo que remanesceu depois da dedução das provisões tributárias incidentes sobre o lucro, dos prejuízos acumulados, caso existentes, e das modalidades de participação no lucro a que façam jus os debenturistas, os empregados (aqui também incluídas as contribuições para as instituições ou fundos de assistência ou previdência de empregados), os administradores e os titulares de partes beneficiárias.[1789]

O direito do acionista ao dividendo exige, pois, a apuração do lucro líquido no exercício. Sem lucro líquido verificado no exercício, não poderá haver distribuição de resultado entre os acionistas. Difere, assim, do lucro da sociedade, visto como toda a renda financeira por ela auferida, e que é determinado antes de sua utilização para qualquer fim, inclusive para o pagamento da Contribuição Social sobre o Lucro Líquido (CSLL) e do Imposto sobre a Renda (IRPJ). Para o acionista, o resultado positivo do exercício sofrerá uma série de deduções até se chegar ao lucro líquido do exercício. O lucro líquido do exercício, pela definição legal, é aquele que considera e mede o resultado da companhia como base de cálculo para a participação dos acionistas.[1790]

Pode, assim, a companhia apresentar resultado positivo no exercício e não haver distribuição de dividendos, pois com as deduções aplicadas não se chega ao lucro líquido. Para a companhia, repita-se, o resultado positivo é o lucro antes das deduções relativas às provisões para pagamento dos tributos (CSLL e IRPJ) e das participações facultativas. Para o acionista não. Para eles, as provisões tributárias incidentes sobre o lucro e essas participações constituem sacrifício financeiro necessário para que a companhia experimente o lucro líquido do exercício, base de cálculo do direito à participação nos lucros conferido pelas ações.[1791]

Não permitindo a situação financeira da companhia o pagamento dos dividendos em um certo exercício, o direito do acionista à participação nos lucros, que permanece íntegro, será realizável no exercício em que for verificada a existência de lucro líquido.[1792]

> **Proposta de Destinação do Lucro**
>
> **Art. 192.** Juntamente com as demonstrações financeiras do exercício, os órgãos da

---

[1789] CAMPINHO, Sérgio. *Curso de direito comercial*: sociedade anônima. 4. ed. São Paulo: Saraiva, 2019. p. 364.

[1790] PEDREIRA, José Luiz Bulhões. *Finanças e demonstrações financeiras da companhia*: conceitos fundamentais. 2. ed. Rio de Janeiro: Forense, 1989. p. 448.

[1791] PEDREIRA, José Luiz Bulhões. *Finanças e demonstrações financeiras da companhia*: conceitos fundamentais. 2. ed. Rio de Janeiro: Forense, 1989. p. 448-449.

[1792] EIZIRIK, Nelson. *A Lei das S/A comentada*. 2. ed. São Paulo: Quartier Latin, 2015. v. 4. p. 475.

Art. 192 — Sérgio Campinho

> administração da companhia apresentarão à assembleia-geral ordinária, observado o disposto nos artigos 193 a 203 e no estatuto, proposta sobre a destinação a ser dada ao lucro líquido do exercício.

COMENTÁRIOS

1. Destinação do lucro líquido do exercício

Sérgio Campinho

Para possibilitar a definição dos possíveis destinos do lucro líquido do exercício, os órgãos de administração da companhia apresentarão à assembleia geral ordinária, juntamente com as demonstrações financeiras do exercício e observadas as disposições legais e estatutárias relativas à constituição de reservas e à distribuição de dividendos, proposta sobre o curso a ser dado a esse ganho.

Compete, portanto, privativamente à assembleia geral ordinária, acatando ou não a proposta formulada pelos órgãos de administração, decidir o destino do lucro líquido do exercício. Mas esse poder de decisão encontra-se jungido a certos parâmetros legais, de observância obrigatória. Parcelas desse produto devem ser necessariamente reservadas para permanecer no patrimônio da companhia, sob a rubrica da reserva legal ainda em formação (art. 193 da LSA), e repartidas entre os acionistas, a título de dividendos obrigatórios (art. 202 da LSA).

Além desses limites legais aos poderes da assembleia para definir a destinação do lucro líquido do exercício, outros parâmetros podem se impor por previsão estatutária. Seriam os casos da reserva ou das reservas criadas pelo estatuto (art. 194 da LSA) e do dividendo preferencial (arts. 17 e 203 da LSA).

As demonstrações contábeis e a sugestão acerca da destinação do lucro líquido do exercício elaboradas pelos diretores, submetidas à manifestação do conselho de administração – quando existente na estrutura orgânica da companhia – e ao parecer do conselho fiscal – se em funcionamento – constituem mera proposta apresentada à assembleia geral.

Aos acionistas, a partir do voto majoritário, cabe revisar, modificar, corrigir, quando apresentar omissões ou inexatidões, ou aprovar esse projeto. Somente quando aprovado pela assembleia geral ordinária da companhia é que se torna peça perfeita e acabada, recebendo selo de ato social.[1793] É essa aprovação que lhe confere validade e eficácia jurídica.

As demonstrações contábeis traduzem, em *ultima ratio*, um negócio ou ato jurídico complexo,[1794] pois a aprovação pelo órgão soberano da vontade social nesse particular – a assembleia geral de acionistas – vem concebida como um elemento final, mas que concorre com outros atos que lhe são necessariamente precedentes, sem os quais não poderá haver a deliberação.

Tais demonstrações, enquanto peça apresentada pela diretoria, traduzem, apenas, um ato ou negócio jurídico de *certificação* ou de "*accertamento*".[1795] Os diretores propõem uma *política de balanço*,[1796] a qual irá orientar a *política de dividendos* que preconizam seja adotada pela assembleia geral.[1797]

O conjunto formado pelo balanço patrimonial e pelas demais demonstrações contábeis consiste, portanto, em um *projeto* elaborado sob o comando e responsabilidade da diretoria, tradutor de sua posição acerca das finanças da companhia e da destinação do resultado positivo do exercício, quando houver. Tem, assim, um evidente caráter de recomendação, sem que ocorra constituição, modificação ou extinção de uma relação jurídica – o que somente ocorrerá com a aprovação pela

---

[1793] MESSINEO, Francesco. Valore giuridico del bilancio di società per azioni e delle registrazioni nei libri sociali. *Studi di diritto delle società*. Milão: Dott. A. Giuffrè, 1949. p. 96-97; FERREIRA, Waldemar. *Tratado de direito comercial*. São Paulo: Saraiva, 1961. v. 4. p. 390-391; e PONTES DE MIRANDA, Francisco Cavalcanti. *Tratado de direito privado*. 3. ed. Rio de Janeiro: Borsoi, 1972. t. L. p. 422-423.

[1794] MESSINEO, Francesco. Valore giuridico del bilancio di società per azioni e delle registrazioni nei libri sociali. *Studi di diritto delle società*. Milão: Dott. A. Giuffrè, 1949. p. 96-97.

[1795] COMPARATO, Fábio Konder. Natureza jurídica do balanço de sociedade anônima; licitude da retificação pela assembleia geral, mesmo fora das hipóteses de lançamentos falsos ou de incorreções materiais; licitação; qualificação dos concorrentes; balanço do último exercício, retificado e publicado após o edital de convocação; fato que não inabilita a sociedade de concorrer. *RT* 489, p. 44.

[1796] ROSSI, Guido. *Utile di bilancio, riserve e dividendo*. Milão: Dott. A. Giuffrè, 1957. p. 113.

[1797] LEÃES, Luiz Gastão Paes de Barros. *Direito do acionista ao dividendo*. São Paulo: Obelisco, 1969. p. 62-63.

assembleia geral. Quando ultimada a sua elaboração pela diretoria, estar-se-á, apenas, concluindo uma das etapas que compõem o aludido ato complexo.

A decisão da assembleia geral ordinária que aprova as demonstrações financeiras e a destinação a ser imprimida ao lucro líquido do exercício tem natureza dispositiva, constitutiva. Transforma, com efeito, o direito essencial do acionista à participação nos lucros sociais em um direito, antes *expectativo*, em *expectado*.[1798-1799]

O lucro líquido do exercício comporta as seguintes destinações: (a) distribuição aos acionistas sob a forma de dividendos; (b) apropriação em reservas de lucro; e (c) capitalização.

2. Capitalização de lucros ou reservas

SÉRGIO CAMPINHO

A alocação em reservas de lucro e a distribuição de dividendos, como destinos do lucro líquido do exercício, serão abordadas nos comentários subsequentes aos arts. 193 a 205 da LSA.

Nesta seção, cumpre, apenas, fazer a abordagem da possível capitalização do lucro.

O capital social formalmente declarado no estatuto poderá sofrer alterações, para mais ou para menos. Essa mutação, em regra, implicará alteração estatutária.

O aumento de capital decorrerá, no Direito vigente, da subscrição de novas ações, da incorporação de lucros ou reservas ou da transformação de certos valores mobiliários de emissão da companhia em ações.

No aumento do capital mediante a capitalização de lucros ou reservas não haverá a captação de novos recursos ou investimentos. Essa modalidade é em doutrina nominada de aumento gratuito,[1800] justamente porque não implica elevação do patrimônio líquido da companhia. Apenas se altera o regime de alocação de seus recursos, transferindo-os para a conta de capital, o qual é, portanto, elevado por recursos gerados pela própria companhia.

Na elevação do capital por subscrição de novas ações ocorrerá, simultaneamente, um acréscimo de capital nominal e um aumento do patrimônio líquido da sociedade. Na capitalização, ao revés, há uma elevação de capital nominal tão somente, independentemente, portanto, de um aumento do patrimônio líquido.[1801]

A incorporação de lucros ou reservas é sempre de competência da assembleia geral, ainda que haja no estatuto autorização para o aumento de capital a cargo do conselho de administração. Somente esse órgão máximo de deliberação social pode decidir sobre a destinação do lucro obtido pela companhia (inciso II do art. 132 e arts. 192 e 199 da LSA). Uma vez contabilizados na conta de capital tais valores, em respeito ao princípio da intangibilidade do capital social, não mais se poderá utilizá-los para a distribuição entre os acionistas. Daí somente esse fórum que os reúne poder dispor sobre a questão. De se registrar que, pelo estatuído no art. 199 da LSA, o saldo das reservas de lucro, exceto as para contingências (art. 195 da LSA), de incentivos fiscais (art. 195-A da LSA) e de lucros a realizar (art. 197 da LSA), não pode ultrapassar o capital social. Uma vez atingido esse limite, cabe à assembleia geral deliberar sobre a aplicação do excedente na integralização ou no aumento do capital, ou na distribuição de dividendos. A capitalização é, assim, providência sempre facultativa.

Operada a incorporação ao capital, poderá ocorrer a alteração do valor nominal das ações ou a distribuição de novas ações, correspondentes ao aumento, entre os acionistas, segundo a proporção de seus quinhões sociais. Não havendo valor nominal para as ações, a capitalização efetiva-se sem a modificação do seu número, mas nada obsta que sejam distribuídas, em bonificação, novas ações (*caput* e § 1º do art. 169 da LSA).[1802]

3. Ordenação da destinação do lucro líquido do exercício

SÉRGIO CAMPINHO

A LSA estabelece todo o regramento para orientar a apropriação em reservas e a distribuição sob a forma de dividendos do lucro líquido

---

[1798] LEÃES, Luiz Gastão Paes de Barros. *Direito do acionista ao dividendo*. São Paulo: Obelisco, 1969. p. 312.

[1799] Cf., em adição, os comentários ao art. 176.

[1800] GALGANO, Francesco. *Trattato di diritto commerciale e di diritto pubblico dell'economia*. 2. ed. Pandora: CEDAM, 1988. p. 368.

[1801] ASCARELLI, Tullio. *Problemas das sociedades anônimas e direito comparado*. Campinas: Bookseller, 1999. p. 618.

[1802] BORBA, José Edwaldo Tavares. *Direito societário*. 14. ed. São Paulo: Atlas, 2015. p. 428.

apurado no exercício social. Deve-se observar a seguinte ordenação: (a) formação da reserva legal, com a aplicação de 5% do lucro líquido do exercício, até o limite de 20% do capital social (art. 193 da LSA); (b) pagamento dos dividendos fixos ou mínimos a que tenham prioridade os acionistas preferenciais, inclusive os atrasados, se cumulativos (art. 203 da LSA); (c) constituição de reservas para contingências, se assim deliberar a assembleia geral (art. 195 da LSA); (d) destinação para a reserva de incentivos fiscais de parcela do lucro líquido decorrente de doações ou subvenções governamentais para investimentos, se assim decidir a assembleia geral (art. 195-A da LSA); (e) constituição de reserva de lucros a realizar, quando o montante do dividendo obrigatório for superior à parcela do lucro líquido realizada em dinheiro, e se assim o decidir a assembleia geral (art. 197 da LSA); (f) destinação para pagamento do dividendo obrigatório (arts. 198 e 202 da LSA); (g) constituição de reservas estatutárias, quando houver sua previsão no estatuto (art. 194 da LSA); e (h) retenção de lucros, mediante decisão da assembleia geral, nos termos do orçamento de capital por ela previamente aprovado (art. 196 da LSA).

Remanescendo saldo após as destinações permitidas, deverá ser ele distribuído como dividendo (§ 6º do art. 202 da LSA).

SEÇÃO II
RESERVAS E RETENÇÃO DE LUCROS

Reserva Legal

Art. 193. Do lucro líquido do exercício, 5% (cinco por cento) serão aplicados, antes de qualquer outra destinação, na constituição da reserva legal, que não excederá de 20% (vinte por cento) do capital social.

§ 1º A companhia poderá deixar de constituir a reserva legal no exercício em que o saldo dessa reserva, acrescido do montante das reservas de capital de que trata o § 1º do artigo 182, exceder de 30% (trinta por cento) do capital social.

§ 2º A reserva legal tem por fim assegurar a integridade do capital social e somente poderá ser utilizada para compensar prejuízos ou aumentar o capital.

COMENTÁRIOS

1. Reservas sociais

Sérgio Campinho

As reservas representam parcelas do patrimônio líquido da companhia que possuem destinação específica. Traduzem, portanto, valores adicionais nesse patrimônio, servindo como reforço à estrutura financeira da sociedade.[1803]

A lei disciplina duas espécies de reservas: de lucro e de capital. A primeira tem sua origem no lucro líquido do exercício; a segunda deriva de outros fatores que não os resultados sociais, corporificando a transferência de capital para a companhia que não represente ou consista em contribuição para o capital social.

As reservas de lucro são nutridas, como o próprio nome denuncia, do lucro líquido do exercício. Nesse sentido, o § 4º do art. 182 da LSA preconiza que serão classificadas como reservas de lucro "as contas constituídas pela apropriação de lucros da companhia".

Por vincularem-se ao lucro líquido do exercício, a alocação de recursos nas reservas de lucro deve constar expressamente da proposta de destinação do lucro líquido do exercício (art. 192 da LSA). Também virão refletidas no balanço patrimonial (inciso III do § 2º do art. 178 da LSA) e na demonstração dos lucros ou prejuízos acumulados (art. 186 da LSA) que usualmente dá lugar à demonstração das mutações do patrimônio líquido, sendo, na prática, por ela incorporada, consoante se infere do teor do § 2º do art. 186 da LSA.

A expressão reservas de lucro revela um gênero, que se subdivide nas seguintes espécies: (a) reserva legal (art. 193 da LSA); (b) reserva estatutária (art. 194 da LSA); (c) reserva para contingências (art. 195 da LSA); (d) reserva de incentivos fiscais (art. 195-A da LSA); (e) reserva de retenção de lucros (art. 196 da LSA); e (f) reserva de lucros a realizar (art. 197 da LSA).

A primeira é obrigatória; as demais, facultativas, de modo que podem ou não existir.

Suas origens estão atreladas a três fontes distintas: a reserva legal, como sua própria designação revela, decorre da lei; a reserva estatutária, como igualmente se percebe, nasce a partir da previsão constante do estatuto social; as demais advêm de decisão assemblear.

[1803] ASCARELLI, Tullio. *Problemas das sociedades anônimas e direito comparado*. Problemas das sociedades anônimas e direito comparado. Campinas: Bookseller, 1999. p. 583.

As reservas de capital têm sua formação a partir do ágio vinculado ao preço de emissão das ações[1804] e do produto da alienação de partes beneficiárias e bônus de subscrição (§ 2º do art. 13, parágrafo único do art. 14 e § 1º do art. 182 da LSA). Não nascem, pois, do lucro líquido do exercício.[1805]

Ademais, ao contrário do que se verifica com algumas das reservas de lucro (art. 199 da LSA), as reservas de capital não contam com um limite máximo, com um teto, podendo, assim, atingir qualquer montante.

A utilização dos recursos mantidos na conta de reserva de capital não é livre. Apenas podem ser empregados nas situações taxativamente declinadas no art. 200 da LSA, a saber: (a) absorção de prejuízos que ultrapassem eventuais lucros acumulados[1806] e as reservas de lucro, nos moldes do parágrafo único do art. 189 do mesmo diploma legal; (b) resgate, reembolso ou compra de ações; (c) resgate de partes beneficiárias; (d) incorporação ao capital social; ou (e) pagamento de dividendo cumulativo das ações preferenciais, quando esta vantagem lhes for assegurada, na hipótese de ser o lucro insuficiente, nos termos do § 6º do art. 17 da LSA.[1807-1808] A menção ao vocábulo "somente" no *caput* do art. 200 da LSA revela estar-se diante de elenco *numerus clausus*.

2. Reserva legal

SÉRGIO CAMPINHO

A reserva legal, de constituição impositiva, tem por função assegurar a integridade do capital social.[1809] Sua utilização somente se fará para compensar prejuízos ou aumentar o capital social. No que se refere à compensação dos prejuízos, há uma ordem legal a ser obedecida para a utilização das reservas: primeiramente se lança mão de todas as demais reservas de lucro existentes e, sendo ainda necessário, utiliza-se a reserva legal. A absorção do prejuízo do exercício por tais reservas é obrigatória, nos termos do parágrafo único do art. 189 da LSA. De se notar que o texto legal faz menção aos "lucros acumulados", que teriam também essa função de compensar os prejuízos. Os "lucros acumulados" significavam aqueles lucros que se acumulavam no encerramento do exercício sem destinação específica. Contudo, com a inclusão do § 6º no art. 202 da LSA, pela Lei 10.303/2001, que determina a distribuição como dividendo de todo o saldo remanescente do lucro – isto é, os lucros não destinados à constituição de reservas, nos termos dos arts. 193 a 197 da LSA, deverão ser distribuídos como dividendos –, não tem mais sustentação legal a indigitada rubrica. O patrimônio

---

[1804] Caso as ações possuam valor nominal, a importância que o ultrapassar será destinada à reserva de capital (§ 2º do art. 13 da LSA); caso não o possuam, será transferida para a mencionada reserva a parte do preço de emissão destinada à sua formação (parágrafo único do art. 14 da LSA).

[1805] Os valores que constituem a reserva de capital não transitam pela conta de resultados da companhia.

[1806] Cfr. os comentários ao art. 189, no qual se aborda a natureza transitória da conta de lucros acumulados.

[1807] O inciso V do art. 200 da LSA ainda faz menção ao § 5º do art. 17 da LSA, muito embora tenha sido ele renumerado para § 6º em virtude das modificações feitas no aludido art. 17 pela Lei nº 10.303/2001. Pende, de fato, tal adaptação.

[1808] Modesto Carvalhosa (*Comentários à Lei de Sociedades Anônimas*. 6. ed. São Paulo: Saraiva, 2014. v. 3. p. 1.079) e Nelson Eizirik (*ALei das S/A comentada*. 2. ed. São Paulo: Quartier Latin, 2018. v. 3. p. 520) chamam atenção para o fato de que as reservas de capital apenas podem ser destinadas ao pagamento de dividendos em caráter excepcional. A companhia somente pode pagar dividendos à conta do lucro líquido do exercício, das reservas de lucro e de eventuais lucros acumulados remanescentes. Somente se esses fundos forem insuficientes para fazer frente ao pagamento dos dividendos devidos às ações preferenciais com prioridade na distribuição de dividendo cumulativo é que os recursos mantidos em reserva de capital poderão ser utilizados (*caput* do art. 201, inciso V do art. 200 e § 6º do art. 17 da LSA). Em artigo publicado na *Revista Semestral de Direito Empresarial* – RSDE, José Alexandre Tavares Guerreiro defende que dividendos de ações ordinárias podem ser pagos mesmo à conta de reservas de capital, no caso de companhias que não possuam ações preferenciais em seu capital (Dividendos de ações ordinárias e reservas de capital. *Revista Semestral de Direito Empresarial* – RSDE, n. 6, jan./jun. de 2010, Rio de Janeiro: Renovar, p. 3-30).

[1809] José Luiz Bulhões Pereira esclarece que: "A função da reserva legal é assegurar a integridade do capital social, evitando que a companhia distribua todos os lucros acumulados e reservas de lucros e, portanto, reduza o patrimônio ao montante do capital social, pois ocorrendo essa redução, qualquer prejuízo em exercícios subsequentes importará perda do capital social. A reserva legal cria margem de segurança dentro da qual a companhia pode sofrer prejuízo sem atingir o capital social" (*Finanças e demonstrações financeiras da companhia*: conceitos fundamentais. Rio de Janeiro: Forense, 1989. p. 429).

Art. 194 — Sérgio Campinho

líquido da sociedade não pode mais, assim, conter a conta de lucros acumulados (inciso III do § 2º do art. 178 da LSA). Em síntese, somente poderá haver saldo na conta de "prejuízos acumulados" no passivo da companhia se esgotadas todas as reservas de lucros, inclusive a reserva legal.[1810]

A reserva legal é formada com 5% do lucro líquido anual, até atingir o percentual de 20% do capital social. A apropriação daquele percentual se fará antes de se realizar qualquer outra destinação do lucro líquido do exercício. Uma vez alcançado o limite de 20% do capital social, que não pode ser excedido, cessa a aplicação de novas parcelas do lucro líquido anual nessa conta, entendendo a lei que a companhia já apresenta satisfatório grau de liquidez. É permitido, entretanto, que a sociedade deixe de constituir a reserva legal no exercício em que o saldo dessa reserva, acrescido do montante das reservas de capital, exceder de 30% do capital social. O escopo é o de evitar a retenção injustificada de lucros na sociedade. Mas a providência é uma faculdade atribuída à companhia que irá decidir segundo os critérios de conveniência e oportunidade.

O limite máximo de 20% do capital social, cujo objetivo é o de proteger os acionistas minoritários contra a retenção indiscriminada de lucros,[1811] quer se referir, em minha opinião, ao capital subscrito e não ao efetivamente integralizado. Caso o preceito pretendesse fazer uso do parâmetro do capital integralizado, o teria feito de maneira expressa. A ausência desta referência conduz o interprete à consideração do conceito do capital social fixado no estatuto, isto é, o capital subscrito pelos acionistas.

Os limites de 20% e 5% referenciados têm caráter impositivo, não podendo o estatuto ou a assembleia geral modificá-los. São impostos por regra de ordem pública que estabelece, propositadamente, percentagens fixas e determinadas, como forma de assegurar a higidez do dividendo mínimo obrigatório a que os acionistas fazem jus.

Reservas Estatutárias

Art. 194. O estatuto poderá criar reservas desde que, para cada uma:

I – indique, de modo preciso e completo, a sua finalidade;

II – fixe os critérios para determinar a parcela anual dos lucros líquidos que serão destinados à sua constituição; e

III – estabeleça o limite máximo da reserva.

📖 COMENTÁRIOS

1. Reservas criadas pelo estatuto

Sérgio Campinho

As reservas de lucro estatutárias são aquelas que se constituem por disposição expressa e específica do estatuto. Exige a lei que, para cada reserva criada, o estatuto indique, de modo preciso e completo, a sua finalidade; fixe os critérios para determinar a parcela anual dos lucros líquidos que serão destinados à sua formação; e estabeleça o seu limite máximo.

São reservas, portanto, que necessariamente devem contar com previsão estatutária. Seria flagrantemente ilegal a destinação de parcela do lucro líquido do exercício pela assembleia geral para a formação de reserva estatutária não concebida e disciplinada no ato regra da companhia. Ilegal, outrossim, seria a reserva constituída pelo estatuto com objetivo amplo, vago ou indeterminado. A ausência de finalidade específica lesa o direito do acionista de participar dos lucros sociais.

As reservas estatutárias destinam-se a atender necessidades especiais da companhia, consistindo, portanto, em opções estratégicas do seu negócio. São exemplos dessas reservas, aquelas criadas para o resgate de partes beneficiárias (art. 48 da LSA) ou para o resgate ou para a amortização de ações (art. 44 da LSA).

A criação da reserva estatutária deve nutrir um propósito específico, não coincidente, por certo, com o de outra ou os de outras reservas de lucro. A mesma reserva estatutária pode ter, em princípio, um ou mais propósitos definidos, desde que assim previstos e regulados precisa e exaustivamente no estatuto. Não há a necessidade de se constituir uma reserva para cada finalidade.

[1810] Sobre o assunto, cfr. os comentários ao art. 189, no qual se aborda a natureza transitória da conta de lucros acumulados.

[1811] EIZIRIK, Nelson. *A Lei das S/A comentada*. 2. ed. São Paulo: Quartier Latin, 2015. v. 4. p. 487.

A reserva estatutária deve, ainda, ter o seu escopo harmonizado com o interesse social. O desvio de finalidade em sua criação caracteriza abuso do direito, por desrespeito aos interesses dos acionistas minoritários. O interesse social não traduz interesse da maioria ou do controlador, é sempre bom frisar. Não se justifica constituir a reserva somente no interesse exclusivo e particular de uma maioria ou do controlador. Impõe-se à maioria decidir, mas sempre em atenção ao interesse social. O interesse social é revelado a partir do interesse comum aos acionistas para a realização do fim social, o qual, por sua vez, vem traduzido pelo escopo do lucro, a partir da execução do objeto social.[1812]

O estatuto já poderá estabelecer um percentual fixo da parcela do lucro líquido do exercício destinado à reserva ou adotar um percentual máximo ou, ainda, variável, com limites razoáveis, deixando a cargo da assembleia geral definir o montante correspondente em cada exercício social. Neste caso, caberá aos administradores justificar o encaminhamento do percentual sugerido à deliberação do conclave social. A lei, na verdade, não limita a adoção de qualquer critério. O que ela exige é que o critério para a definição da parcela anual do lucro líquido seja determinado no estatuto, dando, assim, aos acionistas conhecê-lo.

As reservas estatutárias desvelam um perfil de certa permanência em comparação com aquelas que podem advir de deliberação da assembleia geral. Para estas, a assembleia, em cada exercício social, definirá os valores a serem alocados em cada uma delas. Naquelas, de fonte estatutária, a destinação dos recursos, a cada exercício, não depende, necessariamente, de decisão assemblear, bastando observar os parâmetros estatutariamente estabelecidos para a apropriação dos recursos, sem embargo de a assembleia geral poder, a qualquer tempo, mediante alteração estatutária, extinguir tais reservas e dar, assim, nova destinação à parte do patrimônio líquido a elas correspondente.

Anote-se, ainda, que a destinação de parcela do lucro líquido para a constituição de reservas estatutárias jamais poderá, em cada exercício, prejudicar o pagamento dos dividendos obrigatórios (art. 198 da LSA). São elas constituídas, pois, a partir dos recursos que remanescerem após o necessário para o atendimento dos dividendos obrigatórios.

Outra limitação legal à sua criação consiste na observância do limite do saldo das reservas facultativas de lucro. Assim é que não poderá ser formada quando o saldo dessas reservas, exceto as para contingências, de incentivos fiscais e de lucros a realizar, exceder o capital social (art. 199 da LSA).

Reservas para Contingências

Art. 195. A assembleia-geral poderá, por proposta dos órgãos da administração, destinar parte do lucro líquido à formação de reserva com a finalidade de compensar, em exercício futuro, a diminuição do lucro decorrente de perda julgada provável, cujo valor possa ser estimado.

§ 1º A proposta dos órgãos da administração deverá indicar a causa da perda prevista e justificar, com as razões de prudência que a recomendem, a constituição da reserva.

§ 2º A reserva será revertida no exercício em que deixarem de existir as razões que justificaram a sua constituição ou em que ocorrer a perda.

COMENTÁRIOS

1. Reservas para contingências

Sérgio Campinho

A reserva para contingências é uma reserva facultativa e formada por decisão da assembleia geral ordinária, mediante proposta dos órgãos da administração. A assembleia geral não poderá delegar para qualquer outro órgão a competência para sua constituição. Os papéis são bem definidos pela lei para as reservas de fonte assemblear: a proposta de sua constituição é formulada pelos órgãos de administração e a assembleia é quem, efetivamente, decide se ela será ou não constituída.

A reserva é concebida mediante a destinação de parte do lucro líquido do exercício com a finalidade compensar, em exercício futuro, a diminuição do lucro decorrente de perda julgada provável, cujo valor possa ser estimado. Os valores vertidos para reserva devem ser os estritamente necessários a promover a aludida compensação. A estimação do valor da perda julgada provável é indispensável à regularidade da formação da reserva, pois ela não pode servir de obstáculo à distribuição dos lucros entre os acionistas.

[1812] CAMPINHO, Sérgio. *Curso de direito comercial:* sociedade anônima. 4. ed. São Paulo: Saraiva, 2019. p. 44.

Não se pode olvidar que a destinação do lucro líquido do exercício para constituição da reserva para contingências pode ser feita pela assembleia geral, ainda que em prejuízo da distribuição do dividendo obrigatório (art. 198 da LSA), bem como que o seu saldo não se encontra jungido a um limitador (art. 199 da LSA).[1813]

É importante, ainda, no que se refere à versão do lucro líquido, atentar para regra expressa contida no *caput* do art. 195 da LSA ao se referir à destinação de "parte" do lucro para a formação da reserva. A ressalva leva à inarredável conclusão de que a constituição da reserva para contingências não pode absorver a totalidade do lucro líquido do exercício.

A proposta dos órgãos de administração deverá indicar a causa da perda prevista e justificar, com as razões de prudência que a recomendem, a constituição da reserva. É indispensável que a proposição apresentada à assembleia geral ordinária pelos órgãos de administração encontre-se fundamentada em dados objetivos para que os acionistas possam avaliar a provável perda vislumbrada. Não se pode admitir a sua formação a partir de simples suposições ou receios subjetivos externados.

A formação da reserva em referência vem fundada na necessidade de se propiciar a cobertura de perdas ou prejuízos extraordinários e potenciais ainda não experimentados pela companhia. É exemplo de fundamento a justificar sua criação a exploração de empresa sujeita a fenômenos cíclicos, como secas, geadas ou inundações. Com a iniciativa assemblear, fica fortalecida a posição da companhia para poder fazer frente à situação de perda futura prevista. O escopo da constituição da reserva é o de evitar uma drástica repercussão no exercício em que a perda venha efetivamente a se materializar. Com ela se vai redistribuir entre mais de um exercício social o efeito da perda sobre a capacitação da companhia para pagar dividendos.[1814] Isola-se, assim, parcela do lucro líquido do exercício para fazer face à provável perda. Por isso, a reserva para contingências integra o grupo de contas do patrimônio líquido.

Impende anotar que a reserva para contingências não se confunde com as provisões contabilmente registradas para contingências. Estas referem-se a fatos já ocorridos, mas que ainda não demandaram o desembolso financeiro pela companhia, seja porque o valor correspondente ainda é desconhecido, seja porque a perda ainda não foi concludentemente precisada. São exemplos de provisões para contingências os riscos fiscais e trabalhistas, bem como a sucumbência da companhia em ação judicial. As provisões consistem em conta do passivo.[1815] Devem ser constituídas independentemente da apuração do resultado da companhia.

A reserva para contingências deverá ser revertida no exercício em que deixarem de existir as razões que justificaram a sua constituição ou ocorrer a perda prevista. Em ambos os casos, com a reversão, o valor nela alocado passa a integrar a base de cálculo do dividendo obrigatório, sendo que, nessa última hipótese, a perda efetivamente experimentada é refletida no

---

[1813] Sobre o tema, salientam Egberto Lacerda Teixeira e José Alexandre Tavares Guerreiro: "Note-se que o saldo das reservas para contingências não está sujeito à limitação de que trata o art. 199. É evidente, entretanto, que a reserva questionada não deve ser utilizada para bloquear sistematicamente os lucros do exercício. Na sua constituição, é preciso que se levem em conta apenas as perdas efetivamente julgadas prováveis, com a identificação da respectiva causa e com as justificações necessárias. Os excessos verificados, longe de representarem cautelas, podem traduzir abusos de poder por parte dos acionistas controladores, em detrimento das expectativas e dos interesses das minorias. Toda a atenção deve ser dada a esse particular, em especial, porque, ao contrário do que acontece com as reservas estatutárias, a destinação do lucro para a constituição das reservas para contingências poderá ser aprovada, mesmo em prejuízo da distribuição do dividendo obrigatório, segundo se infere o art. 198"(*Das sociedades anônimas no direito brasileiro*. São Paulo: Bushatsky, 1979. v. 2. p. 577).

[1814] EIZIRIK, Nelson. *A Lei das S/A comentada*. 2. ed. São Paulo: Quartier Latin, 2015. v. 4. p. 497.

[1815] Eliseu Martins, Ernesto Rubens Gelbcke, Ariovaldo dos Santos e Sérgio de Iudícibus esclarecem: "não se pode confundir a Reserva para Contingências (que integra o Patrimônio Líquido) com a Provisão para Riscos Fiscais e Outras Contingências (que é uma conta de Passivo), pois a Provisão destina-se a dar cobertura a perdas ou despesas *já incorridas*, mas ainda não desembolsadas e que, dentro do regime de competência, devem ser lançadas no Resultado, na constituição dessa Provisão. A Reserva para Contingências é, por outro lado, uma expectativa de perdas ou prejuízos ainda não incorridos; por ser possível antevê-los e por precaução e prudência empresariais, segrega-se uma parte dos lucros já existentes, não os distribuindo para suportar financeiramente o período em que o prejuízo ocorrer efetivamente. Na data em que tal prejuízo ocorrer, será reconhecido contabilmente como despesa, dentro do regime de competência" (*Manual de contabilidade societária: aplicável a todas as sociedades*: de acordo com as normas internacionais e do CPC. 2. ed. São Paulo: Atlas, 2013. p. 421).

resultado do exercício, havendo, na prática, uma compensação.[1816]

> **Reserva de Incentivos Fiscais**
> (Incluído pela Lei 11.638, de 2007)
>
> **Art. 195-A.** A assembleia geral poderá, por proposta dos órgãos de administração, destinar para a reserva de incentivos fiscais a parcela do lucro líquido decorrente de doações ou subvenções governamentais para investimentos, que poderá ser excluída da base de cálculo do dividendo obrigatório (inciso I do *caput* do art. 202 desta Lei). (Incluído pela Lei 11.638, de 2007)

COMENTÁRIOS

1. Reserva de incentivos fiscais

SÉRGIO CAMPINHO

A reserva de incentivos fiscais, criada pela Lei 11.638/2007, de constituição facultativa pela assembleia geral, mediante proposição dos órgãos da administração, consiste na apropriação de parcela do lucro líquido decorrente de doações ou de subvenções governamentais para investimentos.

As doações ou subvenções em questão não têm natureza de receita, na medida em que não resultam da atividade operacional da companhia. Representam, com efeito, transferências governamentais para a sociedade, como forma de incentivar a atividade por ela desempenhada.[1817]

A parcela do lucro líquido do exercício destinada à reserva de incentivos fiscais poderá ser excluída da base de cálculo do dividendo obrigatório, prevê expressamente a lei. E assim o fez adequadamente, porquanto, no silêncio, ter-se-ia a sua necessária inclusão na referida base de cálculo. É uma opção que se deixa a cargo da deliberação da assembleia geral. É comum que os incentivos fiscais sejam concedidos sob certas condições, as quais geralmente contemplam a proibição de sua distribuição na forma de dividendo ou de devolução de capital.

A apropriação na reserva se justifica, portanto, como medida tendente a evitar que a eventual distribuição de lucros pela companhia possa resultar na perda dos incentivos fiscais e benefícios recebidos. Assim, parcela do lucro líquido que seja representada pelo incentivo ou pelo benefício pode ser destinada para essa modalidade de reserva de lucro, de modo a não integrar a base de cálculo do dividendo obrigatório. Sua formação, destarte, não resulta da absorção indiscriminada do lucro líquido do exercício, mas apenas da parcela que derivar de doações ou subvenções governamentais para investimento.

Inexistindo risco para a companhia de perder a isenção ou benefício obtido, não havendo contrapartida a ser por ela realizada – como na hipótese de a doação ou a isenção encontrar-se condicionada ao cumprimento de certa obrigação –, e não ocorrendo perigo para a operação da sociedade ou de sua descapitalização, não há qualquer impedimento para que se distribua como dividendo as importâncias oriundas

---

[1816] Nesse sentido, CARVALHOSA, Modesto. *Comentários à Lei de Sociedades Anônimas*. 4. ed. São Paulo: Saraiva, 2009. v. 3. p. 804; LUCENA, José Waldecy. *Das sociedades anônimas*: comentários à lei. Rio de Janeiro: Renovar, 2012. p. 47-48, vol. 3; PIVA, Luiz Carlos. Lucros, reservas e dividendos. In: LAMY FILHO, Alfredo; PEDREIRA, José Luiz Bulhões (coord.). *Direito das companhias*. Rio de Janeiro: Forense, 2009. v. 2. p. 1.693; PASQUALIN, Roberto. Lucros, reservas e dividendos. VIDIGAL, Geraldo de Camargo; MARTINS, Ives Gandra da Silva (coord.). *Comentários à lei das sociedades por ações*. Rio de Janeiro: Forense, 1999. p. 612-613; e PINTO, Mariana. *A tutela dos acionistas minoritários diante de ilegalidades e abusos por parte do acionista controlador na constituição e manipulação de reservas de lucro de sociedade anônima*. Tese (Doutorado em Direito) – Faculdade de Direito, Universidade do Estado do Rio de Janeiro, Rio de Janeiro, 2018. p. 145. Sob a ótica contábil, cabe conferir, ainda, MARTINS, Eliseu; GELBCKE, Ernesto Rubens; SANTOS, Ariovaldo dos; IUDÍCIBUS, Sérgio de. *Manual de contabilidade societária*: aplicável a todas as sociedades: de acordo com as normas internacionais e do CPC. 2. ed. São Paulo: Atlas, 2013. p. 420.

[1817] Tanto o CPC 07 (R1), como a Resolução CVM 96/2022 apresentam o seguinte conceito de *subvenção governamental*: "é uma assistência governamental geralmente na forma de contribuição de natureza pecuniária, mas não só restrita a ela, concedida a uma entidade normalmente em troca do cumprimento passado ou futuro de certas condições relacionadas às atividades operacionais da entidade. Não são subvenções governamentais aquelas que não podem ser razoavelmente quantificadas em dinheiro e as transações com o governo que não podem ser distinguidas das transações comerciais normais da entidade".

de doações ou subvenções governamentais para investimentos.[1818]

A deliberação da assembleia geral sobre a exclusão, ou não, da parcela do lucro líquido do exercício destinada à formação da reserva de incentivos fiscais da base de cálculo do dividendo obrigatório se fará com a necessária obediência ao interesse social,[1819] avaliando-se, em cada situação concreta, a conveniência e a oportunidade de se proceder ou não à aludida exclusão.

Retenção de Lucros

Art. 196. A assembleia-geral poderá, por proposta dos órgãos da administração, deliberar reter parcela do lucro líquido do exercício prevista em orçamento de capital por ela previamente aprovado.

§ 1º O orçamento, submetido pelos órgãos da administração com a justificação da retenção de lucros proposta, deverá compreender todas as fontes de recursos e aplicações de capital, fixo ou circulante, e poderá ter a duração de até 5 (cinco) exercícios, salvo no caso de execução, por prazo maior, de projeto de investimento.

§ 2º O orçamento poderá ser aprovado pela assembleia-geral ordinária que deliberar sobre o balanço do exercício e revisado anualmente, quando tiver duração superior a um exercício social. (Redação dada pela Lei 10.303, de 2001)

📖 COMENTÁRIOS

1. Reserva de retenção de lucros

SÉRGIO CAMPINHO

A reserva de retenção de lucros, que pode ser facultativamente criada pela assembleia geral, por proposta dos órgãos da administração, como o próprio nome sugere, tem por fim reter parcela – e jamais a integralidade – do lucro líquido do exercício, prevista em orçamento de capital por ela previamente aprovado, com o destino de financiar investimentos da sociedade. Visa a atender, em *ultima ratio*, às necessidades ou às conveniências relativas aos negócios sociais. A competência para definir a sua constituição, tal qual se tem para as demais reservas assembleares, é privativa da assembleia geral, competência essa que também é indelegável.

Não se pode ter dúvida de que a figura jurídica aqui comentada consiste em espécie do gênero reservas de lucro. A hesitação em assim classificá-la surgiu do fato de que a seção II, do capítulo

---

[1818] Nesse sentido, Eduardo Secchi Munhoz e Bruno Robert: "Sendo assim, se não há justificativa ou finalidade expressamente prevista em lei e se não se trata de retenção assemblear ou estatutária (pois não segue as regras legais para esse tipo de destinação, especialmente a regra do art. 198), resta uma única justificativa possível para a retenção dos valores destináveis à reserva de incentivos fiscais: o risco de descapitalização da sociedade. Com efeito, doações e subvenções nem sempre representam liquidez, pois, por exemplo, podem não ser concedidas em dinheiro e podem ser condicionadas ao cumprimento de determinada obrigação. Nesse caso, vale a mesma lógica que fundamenta o art. 197 e os incisos II e III do *caput* do art. 202. Se a distribuição de certos valores como dividendos coloca em risco a operação da sociedade, por reduzir sua liquidez ou por forçá-la a captar dinheiro no mercado em circunstâncias desfavoráveis, faz todo sentido que a assembleia geral suspenda essa distribuição. Trata-se, de fato, de questão que compete apenas aos administradores e acionistas apreciar e decidir [...]. Além disso, a conclusão de que a retenção de valores destináveis à reserva de incentivos fiscais deve ser justificada, e de que a única justificativa plausível, a partir da interpretação da lei, é o risco de descapitalização da sociedade, é coerente também com a disciplina de monitoramento da decisão dos administradores e dos controladores quanto à distribuição de lucros. Como se sabe, a decisão de distribuir ou não parte do lucro social como dividendo há muito intriga os financistas e economistas, além de ser preocupação constante do direito. Para os juristas e legisladores, a maior preocupação é com o controle contra práticas abusivas de controladores e administradores, que podem resultar em prejuízo para a sociedade e para os acionistas minoritários, bem como em desestímulo para o investimento no mercado de capitais" (A Lei n. 11.638/07 e o cálculo do dividendo mínimo obrigatório. In: WARDE JR., Walfrido Jorge (coord.). *Fusão, cisão, incorporação e temas correlatos*. São Paulo: Quartier Latin, 2009. p. 233-234). Na mesma linha, desenvolve Nelson Eizirik: "Não havendo risco para as atividades da companhia, não estando condicionados ao cumprimento de determinada obrigação e não afetando a sua solvabilidade, nada impede a distribuição como dividendo de valores relativos a doações e subvenções para investimentos provenientes do Governo. Se a distribuição de certos valores como dividendo coloca em risco a operação da sociedade, por reduzir sua liquidez ou por forçá-la a captar dinheiro no mercado em circunstâncias desfavoráveis, deve a assembleia geral suspendê-la" (*A Lei das S/A comentada*. 2. ed. São Paulo: Quartier Latin, 2015. v. 3. p. 503).

[1819] Nesse sentido, PINTO, Mariana. *A tutela dos acionistas minoritários diante de ilegalidades e abusos por parte do acionista controlador na constituição e manipulação de reservas de lucro de sociedade anônima*. Tese (Doutorado em Direito) – Faculdade de Direito, Universidade do Estado do Rio de Janeiro, Rio de Janeiro, 2018. p. 159.

XVI, da LSA adota o título de "Reservas e Retenção de Lucros" e, ao dela cuidar no art. 196, a intitula apenas de "Retenção de Lucros", sem fazer uso do vocábulo "reserva", como feito nos arts. 193, 194, 195, 195-A – este posteriormente acrescentado pela Lei nº 11.638/2007 – e 197. É, com efeito, uma reserva de lucro,[1820] de natureza assemblear, tal qual as reservas para contingências, de incentivos fiscais e de lucros a realizar. Sua origem e fonte de nutrição repousam no lucro líquido do exercício, que, assim, pode ter parcela para ela destinada mediante proposta dos órgãos de administração acatada pela assembleia geral. Seu objetivo, repita-se, é o de atender às necessidades ou às conveniências da companhia, financiando seus investimentos, projetos e expansões, através de recursos internos, provenientes de parcelas apropriadas do próprio lucro líquido do exercício social.

A sua constituição normalmente se alonga por mais de um exercício, devendo ordinariamente ter duração de até 5 exercícios sociais, salvo no caso de execução, por maior prazo, de projeto de investimento. Sua existência, assim, não pode ser indeterminada.

O orçamento de capital, indispensável alicerce para a reserva de retenção de lucros, poderá ser aprovado pela assembleia geral ordinária que deliberar sobre o balanço e revisado, anualmente, quando tiver duração superior a um exercício social. A mesma assembleia geral, assim, encontra-se legitimada para aprovar o orçamento de capital e para deliberar pela retenção dos lucros em cada exercício social. O referido orçamento, diz a lei, deverá compreender todas as fontes de recursos e aplicações de capital, fixo ou circulante, e conter a justificativa da retenção de lucros proposta.

O orçamento de capital vai representar, em última análise, um demonstrativo contábil especial e fundamentado de estimativa de receitas, de previsão de despesas e da necessidade dos recursos de investimentos durante um período estimado de tempo, a fim de mensurar a parcela a ser objeto de segregação do lucro líquido do exercício destinado ao fim a que se propõe essa retenção.

O seu detalhamento técnico, com suas descrições e justificativas, mostra-se, portanto imperioso para fundamentar os investimentos que serão realizados a partir dos lucros capturados na reserva. Indispensável que o investimento nele previsto esteja harmonizado com o interesse social, constituindo-se em prática abusiva os investimentos dele divorciados, por serem desnecessários, inadequados, inoportunos ou superestimados, por exemplo. A política de autofinanciamento da companhia deve sempre respeitar os interesses dos acionistas minoritários de efetiva participação nos lucros, não podendo traduzir iniciativa discricionária do acionista controlador. A retenção injustificada de parcela do lucro na reserva pode ensejar a responsabilização do controlador e dos administradores que a formularam ou a encamparam.

Constitui fundamento principal da revisão assemblear anual do orçamento, quando sua duração for superior a um exercício social, a possibilidade de serem constatadas sobras orçamentárias. Nesse caso, desaparecendo a causa para a retenção, impõe-se a sua distribuição como dividendo.

De todo modo, a retenção de lucros jamais poderá ser aprovada, em cada exercício social, em desfavor da distribuição do dividendo obrigatório (art. 198 da LSA). A retenção de lucros, portanto, somente poderá realizar-se após o pagamento desses dividendos. Ademais, a reserva não poderá ser formada quando o saldo das reservas facultativas de lucros, exceto para contingências, de incentivos fiscais e de lucros a realizar exceder o capital social (art. 199 da LSA).

[1820] Com esse mesmo entendimento: COELHO, Fábio Ulhoa. *Curso de direito comercial*. 21. ed. São Paulo: RT, 2017. v. 2. p. 340-341; LUCENA, José Waldecy. *Das sociedades anônimas*: comentários à lei. Rio de Janeiro: Renovar, 2012. v. 3. p. 51; ROBERT, Bruno. *Dividendo mínimo obrigatório nas S/A*: apuração, declaração e pagamento. São Paulo: Quartier Latin, 2011. p. 145-147; PINTO, Mariana. *A tutela dos acionistas minoritários diante de ilegalidades e abusos por parte do acionista controlador na constituição e manipulação de reservas de lucro de sociedade anônima*. Tese (Doutorado em Direito) – Faculdade de Direito, Universidade do Estado do Rio de Janeiro, Rio de Janeiro, 2018. p. 162. Do mesmo entendimento, mas sob a ótica da ciência contábil, partilham MARTINS, Eliseu, GELBCKE, Ernesto Rubens; SANTOS, Ariovaldo dos; IUDÍCIBUS, Sérgio de. *Manual de contabilidade societária: aplicável a todas as sociedades: de acordo com as normas internacionais e do CPC*. 2. ed. São Paulo: Atlas, 2013. p. 425. Em sentido contrário: Fran Martins, que a qualifica como "reserva inominada" (*Comentários à lei das sociedades anônimas*. 2. ed. Rio de janeiro: Forense, 1984. v. 2, t. II. p. 700); e Egberto Lacerda Teixeira e José Alexandre Tavares Guerreiro, para quem esses fundos não devem ser intitulados "propriamente de reservas", entendendo tratar-se de "figura nova" (*Das sociedades anônimas no direito brasileiro*. São Paulo: Bushatsky, 1979. v. 2. p. 578).

Reserva de Lucros a Realizar

Art. 197. No exercício em que o montante do dividendo obrigatório, calculado nos termos do estatuto ou do art. 202, ultrapassar a parcela realizada do lucro líquido do exercício, a assembleia-geral poderá, por proposta dos órgãos de administração, destinar o excesso à constituição de reserva de lucros a realizar. (Redação dada pela Lei 10.303, de 2001)

§ 1º Para os efeitos deste artigo, considera-se realizada a parcela do lucro líquido do exercício que exceder da soma dos seguintes valores: (Redação dada pela Lei 10.303, de 2001)

I – o resultado líquido positivo da equivalência patrimonial (art. 248); e (Incluído pela Lei 10.303, de 2001)

II – o lucro, rendimento ou ganho líquidos em operações ou contabilização de ativo e passivo pelo valor de mercado, cujo prazo de realização financeira ocorra após o término do exercício social seguinte. (Redação dada pela Lei 11.638, de 2007)

§ 2º A reserva de lucros a realizar somente poderá ser utilizada para pagamento do dividendo obrigatório e, para efeito do inciso III do art. 202, serão considerados como integrantes da reserva os lucros a realizar de cada exercício que forem os primeiros a serem realizados em dinheiro. (Incluído pela Lei 10.303, de 2001)

COMENTÁRIOS

1. Reserva de lucros a realizar

Sérgio Campinho

A reserva de lucros a realizar, de fonte exclusivamente assemblear, tem por escopo evitar que a companhia seja obrigada a distribuir lucro ainda não realizado, mas já lançado em sua contabilidade, funcionando, assim, como um verdadeiro instrumento de autotutela financeira disposto a favor da companhia.[1821]

A expressão "lucros a realizar" vem utilizada na lei no sentido de identificar os lucros contabilmente registrados sem que correspondam, efetivamente, a lucros reais.[1822]

A constituição dessa específica reserva de lucro revela prática contábil que visa a ajustar a liquidez da companhia, evitando a sua descapitalização em decorrência do pagamento do dividendo obrigatório.

Com efeito, o objetivo imediato da reserva de lucros a realizar, consoante expressamente declarado na exposição justificativa da lavra de Alfredo Lamy Filho e José Luiz Bulhões Pedreira, que acompanhou o projeto de lei que se converteu na Lei nº 6.404/1976, é o de fazer com que o dividendo obrigatório possa ser fixado como percentagem do lucro do exercício sem risco de criar problemas financeiros para a sociedade. Ao mesmo tempo que a LSA torna obrigatória a distribuição de uma parte dos lucros apurados no exercício, aparelha a companhia com a faculdade de constituir a reserva de lucros a realizar, de modo a obstar que possa sofrer desnecessária e injusta descapitalização com o pagamento de tais dividendos.[1823]

No regime de competência adotado pela LSA (art. 177), as mutações patrimoniais da companhia são contabilmente apropriadas quando do ato que rende ensejo à sociedade o direito ao recurso, ou da obrigação de entregá-lo, conforme o caso. Assim, por exemplo, nesse regime de competência, o valor dos serviços ou da venda de um produto para pagamento em parcelas será contabilizado não no ato do seu recebimento pela sociedade (o que se daria se o regime fosse o de caixa), mas sim no momento da sua contratação. Dessa feita, o valor de um serviço ou da venda de um produto a prazo e em prestações, contratadas no exercício, será nele contabilizado, ainda que o preço em moeda somente ingresse no caixa da companhia em exercícios futuros. O fato amplia

---

[1821] LUCENA, José Waldecy. *Das sociedades anônimas:* comentários à lei. Rio de Janeiro: Renovar, 2012. v. 3. p. 57.

[1822] MARTINS, Fran. *Comentários à lei das sociedades anônimas*. 2. ed. Rio de janeiro: Forense, 1984. v. 2, t. II. p. 706.

[1823] Sob o ponto de vista contábil, aduzem Eliseu Martins, Ernesto Rubens Gelbcke, Ariovaldo dos Santos e Sérgio de Iudícibus: "O objetivo de constituí-la é não distribuir dividendos obrigatórios sobre a parcela de lucros ainda não realizada financeiramente (apesar de contábil e economicamente realizada) pela companhia, quando tais dividendos excederem a parcela financeiramente realizada do lucro líquido do exercício. Como a Contabilidade considera, para a apuração do lucro, não somente os fatos financeiros, mas também os econômicos, dificilmente todo o lucro apurado da companhia resulta em um aumento correspondente em seu ativo circulante. Isso é mais verdade quando a perda do poder aquisitivo da moeda é reconhecida nas demonstrações contábeis" (*Manual de contabilidade societária: aplicável a todas as sociedades: de acordo com as normas internacionais e do CPC* 2. ed. São Paulo: Atlas, 2013. p. 422).

o lucro do exercício, muito embora parte desse lucro não tenha ainda sido realizada em moeda. Isso porque uma coisa é o lucro líquido do exercício e outra coisa é a geração de caixa desse exercício. O lucro corresponde ao valor obtido pela sociedade durante o exercício social, mas que nem sempre ingressou no seu caixa como dinheiro. Parte do lucro pode, em última análise, estar contabilizada, mas ainda não realizada em moeda.

Diante desse quadro de realidade imposto pelo regime de competência, o escopo da constituição dessa reserva é o de evitar que a companhia se veja obrigada a pagar dividendo em valor superior ao lucro realizado em dinheiro no exercício. Visa, em seu âmago, compatibilizar esse regime de contabilização de despesas e receitas com a obrigação de pagar os dividendos obrigatórios. Pode apresentar, como se disse, lucro líquido no exercício sem ter a disponibilização dos recursos financeiros para distribuí-los. Pode, portanto, diferir o pagamento do dividendo obrigatório, em todo ou em parte, para o exercício em que o lucro for realizado, criando reserva de lucros a realizar.

Daí o *caput* do art. 197 dispor que, no exercício em que o montante do dividendo obrigatório ultrapassar a parcela realizada do lucro líquido do exercício, a assembleia geral poderá, por proposta dos órgãos da administração, destinar o excesso à constituição de reserva de lucros a realizar. E o inciso II do *caput* do art. 202 da LSA estabelece que o pagamento do dividendo obrigatório poderá ser limitado ao montante do lucro líquido do exercício que tiver sido realizado, desde que a diferença seja registrada como reserva de lucros a realizar.

A reforma implementada pela Lei nº 10.303/2001 modificou substancialmente o modo de cálculo dessa reserva em relação à redação original do art. 197. Deixou o cálculo de ser realizado a partir das demais espécies de reserva de lucro, passando a ser elaborado em razão do dividendo obrigatório. Dessa feita, a reserva de lucros a realizar será constituída quando não existirem lucros realizados suficientes para o pagamento do dividendo obrigatório, que serve, assim, de parâmetro no cálculo dessa reserva. A parcela do lucro do período que não tiver sido financeiramente realizada será registrada em reserva de lucros a realizar, para quando financeiramente realizada, integral ou parcialmente, em períodos posteriores, possa então ser distribuída como dividendos.[1824]

Não se pode perder de vista, entretanto, que a alteração do método de cálculo da reserva de lucros a realizar, apropriado em função dos dividendos obrigatórios, não implica que essa reserva seja de dividendos. A reserva especial para dividendo obrigatório vem prevista no § 5º do art. 202 da LSA.[1825] A sua fonte, o seu fundamento e a sua finalidade são completamente distintos e especiais.

Assim é que não há qualquer impeço legal para a alocação de grande parte do lucro líquido do exercício ou até mesmo de sua totalidade, uma vez já formada a reserva legal (art. 193 da LSA), na reserva de lucros a realizar, quando esse lucro não tiver sido realizado. Trata-se de lucro meramente contábil e, dessa forma, nenhuma outra reserva facultativa encontra-se apta a albergá-lo. A reserva estatutária exige a fixação do limite máximo da reserva (inciso III do art. 194 da LSA), o que não se amolda com a natureza e a finalidade da alocação do lucro não realizado. A reserva de incentivos fiscais, por evidente, não se presta a esse fim (art. 195-A da LSA). Também a ele não se adequa a reserva para contingências (art. 195 da LSA), porquanto somente o lucro realizado pode se destinar a compensar, em exercício futuro, a diminuição do lucro decorrente de perda provável, cujo valor possa ser estimado. Igualmente não se mostra concretamente factível afetar lucro não realizado à execução de projeto, fundamento da reserva de retenção de lucros (art. 196 da LSA).[1826]

[1824] MARTINS, Eliseu; GELBCKE, Ernesto Rubens; SANTOS, Ariovaldo dos; IUDÍCIBUS, Sérgio de. *Manual de contabilidade societária*: aplicável a todas as sociedades: de acordo com as normas internacionais e do CPC. 2. ed. São Paulo: Atlas, 2013. p. 422.

[1825] Cf. os comentários ao art. 202.

[1826] Com essa mesma opinião, Luiz Carlos Piva: "Na hipótese do inciso II, pode ocorrer que todo o lucro líquido do exercício, ou grande parte dele, não tenha sido realizada. Nesse caso, após destinar parcela do lucro à constituição de Reserva de Lucros a Realizar e, se for o caso, parte à Reserva Legal, o lucro remanescente, caso não possa ser destinado a uma reserva prevista na LSA ou no Estatuto poderá, na minha opinião, ser integralmente destinado à Reserva de Lucros a Realizar. É improvável que lucro não realizado na hipótese do inciso II do § 1º do artigo 197 possa ser destinado a uma reserva prevista na Lei, porque: (i) não se trata de contingência, pois o lucro foi auferido, embora não tenha sido realizado; e (ii) parece não ser factível destinar lucro não realizado à execução de projeto

Ademais, diante do sentido lógico-racional que se deve conferir à lei no exercício de sua interpretação, se a companhia tem o direito de deixar de distribuir o dividendo obrigatório no exercício social em que não existir lucro realizado suficiente para o seu pagamento, registrando o montante devido como reserva de lucros a realizar (inciso II do *caput* do art. 202 da LSA), por dedução lógica daí decorrente, também terá o direito de não promover a partilha do restante do lucro meramente contábil. Afronta a racionalidade da lei e a essência de sua exegese finalística admitir que a companhia possa apenas reter a parcela do dividendo obrigatório, mas não a parcela do dividendo não obrigatório.

2. Reversão e utilização da reserva de lucros a realizar

Sérgio Campinho

A reversão da reserva de lucros a realizar apenas se faz obrigatória a partir do momento em que os lucros contábeis convertem-se em lucros reais.

Por esse motivo é que a lei não define o momento no qual a reserva deve ser revertida e nem a subordina a um limite máximo, como o faz com a reserva legal (art. 193 da LSA) e as reservas estatutárias e de retenção de lucros (art. 199 da LSA).

A reversão deve ser realizada a partir da disponibilização dos recursos financeiros para que a companhia possa distribuí-los. Os valores financeiros, em regra, devem ser traduzidos em moeda, em dinheiro. Mas nada obsta que também sejam representados por quase-moeda.[1827] em função de revelarem instrumentos financeiros dotados de liquidez e, assim, passíveis de cômoda conversão em moeda.[1828]

A relativização do entendimento de que a reversão da reserva de lucros a realizar somente poderia implementar-se por meio do ingresso de dinheiro na companhia é um imperativo às boas práticas de governança, pois nada justifica manter-se retidos e estagnados na sociedade lucros que podem ser traduzidos em dividendos distribuíveis aos acionistas. Eventos de qualquer natureza, desde que sejam capazes de financeira e economicamente transmudar o perfil contábil do lucro podem, e a meu ver devem, ser considerados como potencialmente realizadores dos lucros que justificaram a formação da reserva de lucros a realizar. Não mais existindo para a companhia o risco de descapitalização provocada pela distribuição de lucro meramente contábil, tem-se o desaparecimento do fundamento que levou à constituição da reserva de lucros a realizar.

Os lucros retidos na reserva de lucros a realizar, quando realizados, devem ser destinados exclusivamente para o pagamento do dividendo.

(art. 196, da LSA). Resta a destinação às reservas estatutárias, mas que reserva estatutária, para ser consistente, poderia abrigar esse valor senão uma de 'Lucros a Realizar'?" (Lucros, reservas e dividendos. In: LAMY FILHO, Alfredo; PEDREIRA, José Luiz Bulhões (coord.). *Direito das companhias*. Rio de Janeiro: Forense, 2009. v. 2. p. 1.700).

[1827] Sobre o tema professa José Luiz Bulhões Pedreira: "(G) Realização mediante conversão em quase-moeda – Em sentido próprio, realizar valor é convertê-lo em moeda, mas é possível adotar, para determinados efeitos, conceito mais abrangente de realização – que compreende a conversão do valor estimado tanto em moeda quanto em quase-moeda. O elevado grau de liquidez dos instrumentos financeiros referidos como quase-moeda justifica a proposição de que quem converte o valor estimado de um bem em valor estimado contido nesses instrumentos financeiros virtualmente o realiza, uma vez que pode ser – com segurança e prontamente – convertido em moeda mediante nova troca no mercado com pequena perda de valor (correspondente ao desconto do valor futuro à taxa de juros do mercado). (H) Conceitos contábil e tributário de realização – A fim de evitar confusões conceituais, vale antecipar a informação de que a Contabilidade e o direito tributário adotam conceitos de realização que não coincidem inteiramente com o acima exposto. O conceito contábil de realização, que será analisado adiante, é mais abrangente – compreende a transferência do valor estimado em caso de transformação do bem no patrimônio e equipara a realização virtual à efetiva; e a legislação do imposto de renda define – para efeito da incidência do imposto – modalidades de realização em que não há conversão de valor em moeda" (*Finanças e demonstrações financeiras da companhia: conceitos fundamentais*. Rio de Janeiro: Forense, 1989. p. 169-170).

[1828] Acerca do conceito de liquidez, confira-se a lição de José Luiz Bulhões Pedreira: "A noção de liquidez é derivada do conceito de realização de valor. (A) Liquidez do bem do patrimônio – Liquidez é a qualidade do bem do patrimônio de ser moeda, ou de conter valor financeiro que pode ser facilmente convertido em moeda. *Liquidez significa, na expressão, a qualidade ou estado da substância líquida – que flui ou corre, e pode ser transferida de um recipiente para outro, tomando a forma daquele em que se encontra. O valor financeiro líquido pode ser transferido (mediante troca no mercado) de um bem para outro, adaptando-se a qualquer bem que o 'contenha'.* O conceito de liquidez do bem do patrimônio representa, portanto, relação de conversão de valor financeiro estimado em moeda, e o grau de liquidez de cada bem é função da probabilidade e do prazo dessa conversão: o bem é tanto mais líquido quanto mais fácil e mais rapidamente seu valor puder ser realizado em moeda" (*Finanças e demonstrações financeiras da companhia: conceitos fundamentais*. Rio de Janeiro: Forense, 1989. p. 170-171).

Nos incisos II e III do art. 202, a LSA determina que o pagamento do dividendo obrigatório pode ser limitado ao montante do lucro líquido do exercício que tiver sido realizado, desde que a diferença seja registrada como reserva de lucros a realizar (inciso II) e que os lucros nela registrados, quando realizados, e se não tiverem sido absorvidos por eventuais prejuízos em exercícios subsequentes, sejam acrescidos ao primeiro dividendo declarado após a realização (inciso III).

Do esquema normativo em questão, deduz-se que a utilização dessa reserva está necessariamente vinculada à eventual compensação dos prejuízos ou à sua distribuição, como dividendo, aos acionistas.[1829] Neste último caso, promove-se a transferência da parcela realizada dos lucros da reserva para a conta transitória de lucros acumulados[1830] e, em sequência, diretamente para dividendos a pagar.

Limite da Constituição de Reservas e Retenção de Lucros

Art. 198. A destinação dos lucros para constituição das reservas de que trata o artigo 194 e a retenção nos termos do artigo 196 não poderão ser aprovadas, em cada exercício, em prejuízo da distribuição do dividendo obrigatório (artigo 202).

COMENTÁRIOS

1. Reservas x Dividendos

Sérgio Campinho

Existem reservas de lucro que influenciam diretamente no direito dos acionistas de receber dividendo obrigatório, reduzindo-lhe a base de cálculo. São as hipóteses das reservas legal, para contingências, de incentivos fiscais e de lucros a realizar. As reservas estatutárias e a de retenção de lucros não poderão ser estabelecidas, em cada exercício, em prejuízo da distribuição do prefalado dividendo, consoante os claros termos do art. 198 da LSA.

O dispositivo tem em mira salvaguardar o direito dos acionistas de participar do lucro líquido do exercício, recebendo-o sob a forma de dividendo, ao dispor que não poderá haver segregação do lucro para a formação das reservas estatutárias e de retenção de lucros, em detrimento do pagamento do dividendo obrigatório. Mas a primazia do direito do acionista ao lucro apenas se realiza em relação ao dividendo obrigatório, não havendo, portanto, qualquer óbice para, uma vez realizado o seu pagamento, promover-se a apropriação de lucros nas reservas estatutárias e de retenção de lucros.

No que pertine às reservas legal, para contingências, de incentivos fiscais e de lucros a realizar, prevaleceu na lei o conceito de concebê-las como um direito da companhia que se sobrepõe ao direito do acionista à distribuição do lucro, com a motivação de assegurar a proteção financeira da sociedade e, assim, preservar, em última análise, a empresa por ela desenvolvida.

Na reserva de incentivos fiscais, é lícito ressaltar, a assembleia geral poderá deliberar sobre a exclusão, ou não, da parcela do lucro líquido do exercício destinada à sua constituição da base de cálculo do dividendo obrigatório.[1831]

A reserva especial não afeta a base de cálculo do dividendo obrigatório, mas é o resultado da apropriação de dividendo obrigatório não distribuído temporariamente. Se não absorvido por prejuízos em exercícios subsequentes, deverá ser pago assim que a situação financeira da sociedade o permitir.

Em relação aos dividendos preferenciais, quando estabelecidos pelo estatuto, estes se encontram incólumes às reservas de lucros facultativamente criadas pelo estatuto ou instituídas pela assembleia geral. A única que pode prejudicar o seu recebimento pelos respectivos titulares é a reserva legal, cuja constituição se impõe, determinando imperativamente a lei que o percentual de 5% do lucro líquido anual seja aplicado na sua formação, até o limite estipulado, antes de qualquer outra destinação (arts. 203 e 193 da LSA).

[1829] EIZIRIK, Nelson. *A Lei das S/A comentada*. 2. ed. São Paulo: Quartier Latin, 2015. v. 4. p. 510; LUCENA, José Waldecy. *Das sociedades anônimas*: comentários à lei. Rio de Janeiro: Renovar, 2012. v. 3. p. 61; e PIVA, Luiz Carlos. Lucros, reservas e dividendos. In: LAMY FILHO, Alfredo; PEDREIRA, José Luiz Bulhões (coord.). *Direito das companhias*. Rio de Janeiro: Forense, 2009. v. 2. p. 1.701.

[1830] Cf. os comentários ao art. 189.

[1831] Cf. os comentários ao art. 195-A.

Art. 199 — Sérgio Campinho

> **Limite do Saldo das Reservas de Lucro**
> (Redação dada pela Lei 11.638, de 2007)
>
> **Art. 199.** O saldo das reservas de lucros, exceto as para contingências, de incentivos fiscais e de lucros a realizar, não poderá ultrapassar o capital social. Atingindo esse limite, a assembleia deliberará sobre aplicação do excesso na integralização ou no aumento do capital social ou na distribuição de dividendos. (Redação dada pela Lei 11.638, de 2007)

COMENTÁRIOS

1. Saldo das reservas de lucro e seu limite

Sérgio Campinho

As reservas de lucro são feitas para atender ao interesse da companhia. Mas a lei se preocupa em ponderar esse interesse com o dos acionistas, que é o de participar dos lucros, através do recebimento de dividendos. Assim é que o art. 199 da LSA determina que o saldo das reservas de criação facultativa, exceto as para contingências, de incentivos fiscais e de lucros a realizar, não poderá ultrapassar o capital social. Atingido esse limite, a assembleia deverá deliberar sobre a aplicação desses recursos em excesso na integralização do capital social ou em seu aumento, ou, ainda, na distribuição de dividendos.

O preceito tem o claro intento de limitar a destinação de parcelas dos lucros líquidos dos exercícios sociais às reservas de lucros, em atenção à concretização do direito essencial dos acionistas à partilha dos lucros (inciso I do art. 109 da LSA). Com a providência, almeja-se refrear a concentração desmoderada de lucros em reservas.

O paradigma utilizado para traçar o limite das reservas é o montante do capital social. Deve-se entender no caso do preceito sob comento que a referência apropriada é a do capital subscrito. Auxilia na dedução da exegese o fato de vir erigido como um dos destinos do excesso a sua aplicação na integralização do próprio capital social. Ademais, caso o preceito desejasse utilizar o parâmetro do capital integralizado, o teria feito expressamente. A ausência desta referência leva ao entendimento de que o legislador cogitou do capital social declarado no estatuto, esteja ele integralizado ou por integralizar.[1832]

O art. 199 excepciona de sua regra, apenas, as reservas para contingências, de incentivos fiscais e de lucros a realizar. As demais por ele abrangidas devem ter seus saldos somados para verificar se ultrapassam ou não o limite legal, incluindo-se nesse rol, necessariamente, a reserva de retenção de lucros. O silêncio em relação a ela também se fez eloquente, como aquele que se tem em relação às reservas estatutárias. Caso o legislador desejasse ressalvá-la, o teria feito expressamente.[1833]

Não se pode olvidar que o limite da reserva legal, de criação compulsória, é outro: não excederá de 20% do capital social (*caput* do art. 193 da LSA). O art. 199 aplica-se, apenas, às reservas de lucros facultativas.

Os lucros que não forem direcionados para a constituição de reservas de lucros deverão ser distribuídos como dividendos ou, a critério da assembleia, ser destinados à capitalização da companhia (§ 6º do art. 202 e art. 169 da LSA).

> **Reserva de Capital**
>
> **Art. 200.** As reservas de capital somente poderão ser utilizadas para:
>
> I – absorção de prejuízos que ultrapassarem os lucros acumulados e as reservas de lucros (artigo 189, parágrafo único);
>
> II – resgate, reembolso ou compra de ações;
>
> III – resgate de partes beneficiárias;

[1832] Neste sentido, LUCENA, José Waldecy. *Das sociedades anônimas*: comentários à lei. Rio de Janeiro: Renovar, 2012. v. 3. p. 65-66; PIVA, Luiz Carlos. Lucros, reservas e dividendos. In: LAMY FILHO, Alfredo; PEDREIRA, José Luiz Bulhões (coord.). *Direito das companhias*. Rio de Janeiro: Forense, 2009. v. 2. p. 1.690; e PINTO, Mariana. *A tutela dos acionistas minoritários diante de ilegalidades e abusos por parte do acionista controlador na constituição e manipulação de reservas de lucro de sociedade anônima*. Tese (Doutorado em Direito) – Faculdade de Direito, Universidade do Estado do Rio de Janeiro, Rio de Janeiro, 2018. p. 190. Em sentido contrário, CARVALHOSA, Modesto. *Comentários à Lei de Sociedades Anônimas*. 4. ed. São Paulo: Saraiva, 2009. v. 3. p. 1.075; e ROBERT, Bruno. *Dividendo mínimo obrigatório nas S/A*: apuração, declaração e pagamento. São Paulo: Quartier Latin, 2011. p. 145-147. p. 158-159.

[1833] Em sentido contrário, Nelson Eizirik: "A retenção de lucros de que trata o artigo 196 também não está sujeita ao limite previsto neste artigo, ou seja, não há necessidade de ser observado o valor do capital social, tendo em vista que a finalidade de sua retenção é a execução de projeto previsto em orçamento de capital" (*A Lei das S/A comentada*. 2. ed. São Paulo: Quartier Latin, 2015. v. 4. p. 516).

IV – incorporação ao capital social;

V – pagamento de dividendo a ações preferenciais, quando essa vantagem lhes for assegurada (artigo 17, § 5º).

Parágrafo único. A reserva constituída com o produto da venda de partes beneficiárias poderá ser destinada ao resgate desses títulos.

COMENTÁRIOS

1. Reserva de capital

Sérgio Campinho

As reservas são constituídas para o atendimento de finalidades específicas contempladas na lei ou no estatuto social. São, por isso, parcelas do patrimônio da companhia com destinação minudenciada.

A LSA disciplina duas espécies de reservas: de lucro e de capital.

As reservas de lucros têm origem no lucro líquido do exercício. Desse modo, a alocação de recursos nessas reservas deve constar expressamente da proposta de sua destinação (art. 192 da LSA). Elas são divididas em: (a) reserva legal (art. 193 da LSA); (b) reserva estatutária (art. 194 da LSA); (c) reserva para contingências (art. 195 da LSA); (d) reserva de incentivos fiscais (art. 195-A da LSA); (e) reserva de retenção de lucros (art. 196 da LSA); e (f) reserva de lucros a realizar (art. 197 da LSA).

A reserva legal é obrigatória e decorre de expressa previsão legal; as reservas estatutárias são facultativas e nascem a partir da previsão constante do estatuto social; as demais, também facultativas, advêm de decisão assemblear.

As reservas de capital não têm como origem de seus recursos o lucro líquido do exercício. Sua formação tem como fonte o ágio no preço de emissão das ações e o produto obtido na alienação de partes beneficiárias e bônus de subscrição (§ 1º do art. 182 da LSA). Decorrem, portanto, de outros fatores que não os resultados sociais e vão corporificar a transferência de capital para a companhia que não consistam em contribuição para a formação ou para o aumento do capital social.

Sua utilização vem restritivamente prevista em lei para as hipóteses de (a) absorção de prejuízo que ultrapasse as reservas de lucro; (b) resgate, reembolso ou compra de ações; (c) resgate das partes beneficiárias; (d) incorporação ao capital social; e (e) pagamento de dividendo cumulativo a ações preferenciais, quando tal vantagem lhes for assegurada, na hipótese de ser o lucro insuficiente, nos termos do § 6º do art. 17 da LSA.[1834-1835] Está-se, pois, diante de um elenco *numerus clausus*.

Ao contrário do que se verifica para algumas reservas de lucro, as reservas de capital não possuem um saldo limite, podendo, assim, atingir qualquer soma. E isso se justifica em razão de os valores vertidos para a formação dessas reservas visarem ao reforço do capital social da companhia, não se destinando, assim, à distribuição entre os acionistas, a não ser como vantagem excepcionalmente atribuída às ações preferenciais.

SEÇÃO III
DIVIDENDOS

Origem

Art. 201. A companhia somente pode pagar dividendos à conta de lucro líquido do exercício, de lucros acumulados e de reserva de lucros; e à conta de reserva de capital, no caso

---

[1834] O inciso V do art. 200 da LSA ainda faz referência ao § 5º do art. 17 da LSA. Entretanto, com a alteração introduzida no pré-falado art. 17 pela Lei nº 10.303/2001, o antigo § 5º foi renumerado para § 6º, olvidando-se o legislador de modificar a redação do inciso V do art. 200 da LSA, de modo a adaptá-lo.

[1835] Modesto Carvalhosa (*Comentários à Lei de Sociedades Anônimas*. 4. ed. São Paulo: Saraiva, 2009. v. 3. p. 1.079) e Nelson Eizirik (*A Lei das S/A comentada*. 2. ed. São Paulo: Quartier Latin, 2015. v. 4. p. 520) chamam atenção para o fato de que as reservas de capital apenas podem ser destinadas ao pagamento de dividendos em caráter excepcional. A companhia somente pode pagar dividendos à conta do lucro líquido do exercício, das reservas de lucro e de eventuais lucros acumulados remanescentes. Somente se esses fundos forem insuficientes para fazer frente ao pagamento dos dividendos devidos às ações preferenciais com prioridade na distribuição de dividendo cumulativo é que os recursos mantidos em reserva de capital poderão ser utilizados (*caput* do artigo 201, inciso V do artigo 200 e § 6º do art. 17 da LSA). Em artigo publicado na *Revista Semestral de Direito Empresarial – RSDE*, José Alexandre Tavares Guerreiro defende que dividendos de ações ordinárias podem ser pagos mesmo à conta de reservas de capital no caso de companhias que não possuam ações preferenciais em seu capital (*Dividendos de ações ordinárias e reservas de capital*. Revista Semestral de Direito Empresarial – RSDE, n. 6, jan./jun. 2010, Rio de Janeiro: Renovar, p. 3-30).

Art. 201   Sérgio Campinho

> das ações preferenciais de que trata o § 5º do artigo 17.
>
> § 1º A distribuição de dividendos com inobservância do disposto neste artigo implica responsabilidade solidária dos administradores e fiscais, que deverão repor à caixa social a importância distribuída, sem prejuízo da ação penal que no caso couber.
>
> § 2º Os acionistas não são obrigados a restituir os dividendos que em boa-fé tenham recebido. Presume-se a má-fé quando os dividendos forem distribuídos sem o levantamento do balanço ou em desacordo com os resultados deste.

COMENTÁRIOS

1. Origem e declaração de dividendos

Sérgio Campinho

Os acionistas têm como direito essencial o de participar dos lucros da companhia (inciso I do art. 109 da LSA). Mas essa participação tem como pressuposto básico a existência de resultados sociais positivos que possam ser distribuídos. Sem eles, não há como se pretender, em princípio, implementar essa partilha.

Contudo, a mera existência do lucro (resultado positivo) é, por si só, insuficiente para amparar a sua distribuição entre os integrantes do quadro social. Há a necessidade de se apurar o lucro líquido do exercício.

Por lucro líquido do exercício entende-se o resultado que remanesce após a dedução das provisões tributárias incidentes sobre o lucro, dos prejuízos acumulados, se existentes, e das participações a que eventualmente façam jus os debenturistas, os empregados,[1836] os administradores e os titulares de partes beneficiárias.

Apurado o lucro líquido do exercício, a assembleia geral irá deliberar, observadas as prescrições legais e estatutárias, sobre a sua destinação: distribuição de dividendos, apropriação em reservas de lucro ou capitalização. No primeiro caso, a companhia paga a cada acionista o dividendo a que faça jus, deixando, assim, o correspondente montante de integrar o patrimônio social pela transferência operada para o patrimônio respectivo de cada sócio. Nos dois outros casos, o recurso permanece no patrimônio da companhia, alocado em reserva ou na conta do capital social.

Portanto, até que o dividendo seja declarado pelo órgão competente, o acionista tem, apenas, um direito expectativo[1837] a esse crédito. Ele apenas se materializa em seu favor, incorporando-se ao seu patrimônio, quando deliberada a sua distribuição. Com a declaração, destarte, é que se lhe atribui existência jurídica, tornando-se o acionista, a partir de então, credor da companhia em relação a esse valor.

O dividendo afigura-se, pois, como a parcela do lucro líquido do exercício social que a companhia distribui a seus acionistas.[1838] Tem o dividendo, enquanto a parcela do lucro a ser dividido, a natureza de fruto civil. Essa distribuição é, a princípio, anual e resulta da deliberação da assembleia geral ordinária (inciso II do art. 132 da LSA). Contudo, a lei prevê a figura jurídica do dividendo intermediário (dividendo intercalar e dividendo intermediário em sentido estrito) que pode ser distribuído no curso do exercício, por deliberação dos órgãos de administração, se assim autorizados pelo estatuto (art. 204 da LSA).

A origem primária do dividendo, portanto, é a existência de lucro líquido verificado no exercício. A companhia, entretanto, poderá pagar dividendos à conta de reservas de lucro e à conta de reserva de capital, esta, apenas, no caso de ações preferenciais que tenham assegurada prioridade

---

[1836] As contribuições para as instituições ou fundos de assistência ou previdência de empregados (inciso VI do art. 187 da LSA) devem ser, em função de sua natureza, deduzidas conjuntamente com as participações de empregados, aplicando-se a elas a necessidade, igualmente, de previsão estatutária.

[1837] PONTES DE MIRANDA, Francisco Cavalcanti. *Tratado de direito privado*. 3. ed. Rio de Janeiro: Borsoi, 1972. t. L. p. 439.

[1838] Pontes de Miranda adequadamente revela o conteúdo do vocábulo dividendo empregado na LSA: "*Dividendo*, aí, é, em verdade, o quociente dos lucros de que se pode deduzir o que se destina aos acionistas (lucros, que são, em linguagem matemática, o *dividendo*, o que se vai dividir) pelo número de ações (*divisor*). Há elipse: chama-se *dividendo* o que o acionista percebe por ação conforme resulta do quanto (*dividendo*) que se destinou à divisão" (*Tratado de direito privado*. 3. ed. Rio de Janeiro: Borsoi, 1972. t. L. p. 438).

na distribuição de dividendo cumulativo (*caput* do art. 201).[1839-1840]

A distribuição de dividendos ao arrepio dessas disposições contidas no *caput* do art. 201 implica responsabilidade civil solidária dos administradores e fiscais, os quais ficam obrigados a repor ao caixa social a importância irregularmente distribuída, sem prejuízo da apuração da responsabilidade penal que o caso comportar (§ 1º do art. 201 da LSA e art. 177 do Código Penal). Constitui a conduta, outrossim, no âmbito das companhias abertas, infração grave para os fins do disposto no § 3º do art. 11 da Lei nº 6.385/1976 e aplicação das sanções previstas nos incisos IV a VIII do *caput* daquele mesmo artigo (parágrafo único do art. 64 da Resolução CVM 45/2021).

O acionista é obrigado a restituir os dividendos havidos de má-fé com infração ao disposto no prefalado preceito. A pretensão da companhia em face do acionista para obter a restituição prescreve em 3 anos, contado o prazo da data da publicação da ata da assembleia geral ordinária do exercício em que os dividendos tenham sido declarados (alínea *c* do inciso II do art. 287 *da LSA*).

Isenta a lei dessa restituição o acionista que em boa-fé tenha recebido os dividendos, presumindo-se, entretanto, a má-fé quando os dividendos forem pagos sem o levantamento do balanço ou em desacordo com os seus resultados. A presunção, *in casu*, é absoluta (*juris et de jure*). Portanto, salvo essas duas hipóteses, milita em prol dos acionistas a presunção relativa (*juris tantum*) de recebimento dos dividendos de boa-fé.

O pagamento das participações nos lucros asseguradas pelo estatuto aos administradores e aos titulares de partes beneficiárias está submetido a essas mesmas regras (parágrafo único do art. 190 da LSA). A pretensão da companhia para receber o montante das participações indevidas prescreve nos mesmos 3 anos, contado o prazo da data da publicação da ata da assembleia geral ordinária do exercício em que as participações tenham sido pagas (alínea *d* do inciso II do art. 287 da LSA).

Todos esses regramentos acerca da distribuição dos dividendos têm por finalidade preservar a intangibilidade do capital social, em sua função de garantia dos credores sociais. A companhia não pode pagar dividendos enquanto apresentar prejuízos acumulados de exercícios anteriores. Os lucros auferidos, nessas circunstâncias, deverão ser vertidos para a absorção desses prejuízos.

Oportuno ainda anotar que a participação de cada acionista nos lucros sociais é dirigida segundo a quantidade de ações que titulariza, suas espécies e classes.

Dividendo Obrigatório

Art. 202. Os acionistas têm direito de receber como dividendo obrigatório, em cada exercício, a parcela dos lucros estabelecida no estatuto ou, se este for omisso, a importância determinada de acordo com as seguintes normas: (Redação dada pela Lei 10.303, de 2001)

I – metade do lucro líquido do exercício diminuído ou acrescido dos seguintes valores: (Redação dada pela Lei 10.303, de 2001)

a) importância destinada à constituição da reserva legal (art. 193); e (Incluída pela Lei 10.303, de 2001)

b) importância destinada à formação da reserva para contingências (art. 195) e reversão da mesma reserva formada em exercícios anteriores; (Incluída pela Lei 10.303, de 2001)

II – o pagamento do dividendo determinado nos termos do inciso I poderá ser limitado ao montante do lucro líquido do exercício que tiver sido realizado, desde que a diferença seja registrada como reserva de lucros a realizar (art. 197); (Redação dada pela Lei 10.303, de 2001)

III – os lucros registrados na reserva de lucros a realizar, quando realizados e se não tiverem sido absorvidos por prejuízos em exercícios subsequentes, deverão ser acrescidos ao primeiro dividendo declarado após a realização. (Redação dada pela Lei 10.303, de 2001)

§ 1º O estatuto poderá estabelecer o dividendo como porcentagem do lucro ou do capital social, ou fixar outros critérios para determiná-lo, desde que sejam regulados

---

[1839] O texto legal do art. 201 da LSA ainda faz menção à possibilidade de pagamento de dividendos à conta de lucros acumulados. Mas, como visto nos comentários ao art. 189, essa conta de lucros acumulados não mais subsiste após a introdução do § 6º ao art. 202 da LSA pela Lei nº 10.303/2001.

[1840] O art. 17 da LSA sofreu alterações pela Lei nº 10.303/2001, sendo o seu antigo § 5º renumerado para § 6º. Todavia, o legislador esqueceu de modificar o art. 201 para atualizar a sua remissão (onde se lê "§ 5º do art. 17" deve-se ler "§ 6º do art. 17").

com precisão e minúcia e não sujeitem os acionistas minoritários ao arbítrio dos órgãos de administração ou da maioria.

§ 2º Quando o estatuto for omisso e a assembleia-geral deliberar alterá-lo para introduzir norma sobre a matéria, o dividendo obrigatório não poderá ser inferior a 25% (vinte e cinco por cento) do lucro líquido ajustado nos termos do inciso I deste artigo. (Redação dada pela Lei 10.303, de 2001)

§ 3º A assembleia-geral pode, desde que não haja oposição de qualquer acionista presente, deliberar a distribuição de dividendo inferior ao obrigatório, nos termos deste artigo, ou a retenção de todo o lucro líquido, nas seguintes sociedades: (Redação dada pela Lei 10.303, de 2001)

I – companhias abertas exclusivamente para a captação de recursos por debêntures não conversíveis em ações; (Incluído pela Lei 10.303, de 2001)

II – companhias fechadas, exceto nas controladas por companhias abertas que não se enquadrem na condição prevista no inciso I. (Incluído pela Lei 10.303, de 2001)

§ 4º O dividendo previsto neste artigo não será obrigatório no exercício social em que os órgãos da administração informarem à assembleia-geral ordinária ser ele incompatível com a situação financeira da companhia. O conselho fiscal, se em funcionamento, deverá dar parecer sobre essa informação e, na companhia aberta, seus administradores encaminharão à Comissão de Valores Mobiliários, dentro de 5 (cinco) dias da realização da assembleia-geral, exposição justificativa da informação transmitida à assembleia.

§ 5º Os lucros que deixarem de ser distribuídos nos termos do § 4º serão registrados como reserva especial e, se não absorvidos por prejuízos em exercícios subsequentes, deverão ser pagos como dividendo assim que o permitir a situação financeira da companhia.

§ 6º Os lucros não destinados nos termos dos arts. 193 a 197 deverão ser distribuídos como dividendos. (Incluído pela Lei 10.303, de 2001)

COMENTÁRIOS

1. Função do dividendo obrigatório

Sérgio Campinho

É direito essencial dos acionistas – como de qualquer sócio nos demais tipos societários – a participação nos lucros sociais. Constitui um direito individual e, portanto, intangível. Mas o modo e a forma pelos quais os acionistas participarão dos lucros dependem da lei e das disposições estatutárias que disciplinam as relações entre eles e a companhia.[1841]

O dividendo representa a parcela do lucro líquido do exercício social que é distribuída aos acionistas. A companhia, entretanto, poderá pagar dividendos à conta de reservas de lucro e à conta de reserva de capital, esta, apenas, no caso de ações preferenciais que tenham assegurada prioridade na distribuição de dividendo cumulativo (*caput* do art. 201 e inciso V do art. 200 da LSA).[1842]

Até que o dividendo seja declarado pelo órgão competente, o acionista tem, apenas, um direito expectativo.[1843] Ele somente se realiza e se torna exigível, incorporando-se ao seu patrimônio, quando deliberada a sua distribuição. Com a declaração, consequentemente, é que se lhe atribui existência jurídica, tornando-se o acionista, a partir de então, credor da companhia em relação a esse valor.

Com o escopo de garantir a efetividade do direito essencial de participação nos lucros sociais (inciso I do art. 109), a LSA introduziu no ordenamento jurídico societário a figura do dividendo obrigatório.[1844] A destinação forçada de parte do lucro líquido do exercício realiza o fim de a

---

[1841] VALVERDE, Trajano de Miranda. *Sociedades por ações*. 2. ed. Rio de Janeiro: Forense, 1953. v. 2. p. 37.

[1842] O inciso V do art. 200 da LSA ainda faz menção ao § 5º do art. 17 da LSA, muito embora tenha sido ele renumerado para § 6º em virtude das modificações feitas no aludido art. 17 pela Lei nº 10.303/2001. Pende, de fato, tal adaptação.

[1843] PONTES DE MIRANDA, Francisco Cavalcanti. *Tratado de direito privado*. 3. ed. Rio de Janeiro: Borsoi, 1972. t. L. p. 439.

[1844] A exposição justificativa, da lavra de Alfredo Lamy Filho e José Luiz Bulhões Pedreira, que acompanhou o projeto de lei que resultou na Lei nº 6.404/1976, explicitou a orientação adotada no dispositivo normativo disciplinador do dividendo obrigatório: "A ideia da obrigatoriedade legal de dividendo mínimo tem sido objeto de amplo debate nos últimos anos, depois que se evidenciou a necessidade de se restaurar a ação como título de renda variável, através do

companhia gerar lucros para partilhá-los entre os acionistas, representando, desse modo, efetivo instrumento de tutela dos interesses dos acionistas minoritários. No sistema anterior, quando o dividendo mínimo obrigatório não se fazia impositivo, eram frequentes as situações em que os lucros sociais ficavam permanentemente retidos ou capitalizados, sem que qualquer parcela fosse distribuída aos acionistas. O mecanismo engendrado permite um profícuo equilíbrio na relação interna de poder da companhia, garantindo à minoria acionária o direito de exigir parte do lucro líquido do exercício sob a forma de dividendo.[1845]

O dividendo obrigatório consiste, assim, na parcela mínima do lucro líquido apurado em cada exercício social que a companhia está obrigada a distribuir a todos os seus acionistas, independentemente da espécie ou da classe de ações de que sejam titulares.[1846] Funciona como uma garantia à distribuição mínima do lucro líquido do exercício a que os acionistas fazem jus. A assembleia geral pode, naturalmente, deliberar pela distribuição de dividendos em valores superiores. Nesse caso, representam um *plus* que a sociedade pode distribuir, ao passo que o pagamento do dividendo obrigatório constitui a quitação de uma obrigação da companhia, cujo cumprimento os acionistas têm o direito de exigir, desde que a sociedade apresente lucros no exercício social.[1847]

A lei deixa a cargo do estatuto social a definição da disciplina a ser dispensada ao dividendo obrigatório. Sua fixação pode levar em conta uma porcentagem do lucro (critério mais usual) ou do capital social, ou apropriar qualquer outro método, desde que o faça com precisão e minúcia e não sujeite a determinação de seu valor ao arbítrio dos órgãos de administração ou do acionista controlador. Mas a regra estatutária está adstrita a observar as restrições legais quanto à constituição de reservas que possam influenciar na sua base de cálculo. Assim é que as reservas estatutárias e a de retenção de lucros não poderão ser aprovadas, em cada exercício, em prejuízo da distribuição do dividendo obrigatório (art. 198 da LSA). Será inválida a regra estatutária que contenha disposição contrária à referida restrição.

A partir do acréscimo do § 6º ao art. 202 da LSA pela Lei nº 10.303/2001, todas as companhias[1848] ficaram obrigadas a distribuir como dividendo todo o lucro líquido do exercício que não for absorvido pelas retenções legalmente autorizadas. O lucro não destinado à constituição das reservas legal (art. 193 da LSA), estatutárias (art. 194 da LSA), para contingências (art. 195 da LSA), de incentivos fiscais (art. 195-A da LSA), de lucros a realizar (art. 197 da LSA), ou de retenção de lucros (art. 196 da LSA) deve ser partilhado entre os acionistas.

2. Estatuto omisso e redução do dividendo obrigatório

Sérgio Campinho

Omisso o estatuto, determina a lei que o dividendo obrigatório corresponda à metade do lucro líquido do exercício, ajustado segundo um critério de deduções e acréscimos. As deduções compreendem a constituição da reserva legal, a importância destinada à formação das reservas para contingências e da reserva de incentivos fiscais. Os acréscimos, por seu turno, vinculam-se às reversões das reservas para contingências formadas em exercícios precedentes.

---

qual o acionista participa dos lucros na companhia. Não obstante, é difícil generalizar preceitos e estendê-los a companhias com estruturas diversas de capitalização, nível de rentabilidade e estágio de desenvolvimento diferentes. Daí o Projeto fugir a posições radicais, procurando medida justa para o dividendo obrigatório, protegendo o acionista até o limite em que, no seu próprio interesse, e de toda a comunidade, seja compatível com a necessidade de preservar a sobrevivência da empresa".

[1845] Sobre o assunto, esclarece José Luiz Bulhões Pedreira: "O dividendo obrigatório é mecanismo que a lei criou para alcançar maior equilíbrio entre maioria e minoria dos acionistas, conciliando: (a) a necessidade prática de reconhecer à maioria o poder de fixar a orientação dos negócios sociais e, consequentemente, o montante dos dividendos, com (b) o interesse do acionista minoritário de receber parte dos lucros sociais sob a forma de dividendo. A atribuição ao acionista minoritário do poder de exigir o dividendo obrigatório cria um limite ao poder discricionário da maioria de fixar anualmente o montante dos dividendos" (Base de cálculo do dividendo obrigatório. *A Lei das S.A*. Rio de Janeiro: Renovar, 1992. p. 513).

[1846] CAMPINHO, Sérgio. *Curso de direito comercial*: sociedade anônima. 4. ed. São Paulo: Saraiva, 2019. p. 373.

[1847] EIZIRIK, Nelson. *A Lei das S/A comentada*. 2. ed. São Paulo: Quartier Latin, 2015. v. 4. p. 539.

[1848] A CVM já nutria entendimento de que as companhias abertas deviam distribuir como dividendo todo o lucro excedente. Com a reforma da Lei nº 10.303/2001, confirmou-se legalmente o entendimento, espraiando-se a obrigação para as companhias de capital fechado.

Uma vez calculado o dividendo obrigatório, segundo os critérios apontados, o seu pagamento poderá ser limitado ao montante do lucro líquido do exercício que tiver sido realizado, desde que a diferença seja registrada como reserva de lucros a realizar. De todo modo, quando esses lucros registrados na reserva de lucros a realizar forem realizados e se não tiverem sido absorvidos por prejuízos em exercícios subsequentes, deverão ser acrescidos ao primeiro dividendo declarado após a mencionada realização. Com a providência, evita-se que a companhia seja obrigada a pagar dividendos sem que reúna recursos financeiros disponíveis.

A imprecisão do estatuto na regulação do dividendo obrigatório, deixando os acionistas minoritários sujeitos ao arbítrio dos órgãos de administração ou da maioria, impende consignar, deve ser equiparada, para os efeitos legais, à omissão, acarretando, por via de consequência, a incidência da regra supletiva para a sua fixação.

A introdução do dividendo obrigatório em estatuto omisso poderá ocorrer a qualquer tempo por deliberação da assembleia geral que irá alterá-lo para incluir regra dispondo sobre a matéria. Mas a liberdade originária, que se apresenta em favor dos fundadores da companhia para estabelecer o critério do seu cálculo, quando da constituição da sociedade, não mais subsiste em favor da assembleia geral dos acionistas. O § 2º do art. 202 prescreve o dividendo mínimo de 25% do lucro líquido ajustado nos termos do inciso I do próprio art. 202 para as companhias já constituídas que tiverem estatuto omisso e a assembleia geral decidir por sua modificação para contemplar regramento expresso sobre o tema. A previsão tem a clara intenção de albergar os acionistas que, quando ingressaram na companhia, faziam jus a um dividendo obrigatório na razão de 50% do lucro líquido ajustado nos termos do inciso I daquele mesmo preceito, em decorrência da omissão estatutária. Diante da decisão de adotar uma política de distribuição de dividendos com disciplina estatutária, fazendo para tal inserir no estatuto dispositivo expresso para tratar da matéria, o legislador fixou o patamar mínimo de 25% do lucro líquido ajustado para ser observado na adoção dessa política pela companhia já constituída.

Mas é mister salientar que a introdução de regra em estatuto omisso, fixando dividendo obrigatório em percentual de 25%, 30% ou 40% do lucro líquido ajustado, por exemplo, não implica tecnicamente redução dos dividendos obrigatórios pela assembleia geral. O que se tem, na espécie, é uma atuação da assembleia para suprir omissão estatutária. A figura jurídica da redução dos dividendos obrigatórios pressupõe prévia regulação de sua determinação no estatuto e superveniente decisão assemblear que resolva reduzi-los. A assembleia geral, que em ambas as situações será extraordinária e observará o *quorum* do art. 135 da LSA para regular instalação, em razão do objetivo de reforma do estatuto, apresenta, em cada uma das hipóteses, finalidades distintas: uma visa à reforma para suprir omissão; outra, para alterar a política de dividendo obrigatório estabelecida no estatuto da companhia, reduzindo o seu montante. No primeiro caso, o *quorum* de deliberação é o ordinário ou comum do art. 129 da LSA, isto é, a decisão é tomada por maioria absoluta de votos, não se computando os votos em branco, e a alteração estatutária não rende ensejo ao exercício do direito de recesso ao acionista dissidente, uma vez que, ao ingressar em companhia com estatuto omisso, tinha a efetiva ciência das consequências e dos resultados que a própria lei estabelece: percebimento dos dividendos obrigatórios nos moldes traçados pelo caput do art. 202 até que a companhia decida suprir a lacuna, adotando regramento explícito para sua política de dividendos, ocasião em que passa a fazer jus ao mínimo estabelecido no § 2º do citado preceito. No segundo caso, o *quorum* de deliberação é o qualificado e a alteração da disciplina estatutária sobre o dividendo obrigatório, resolvendo por sua redução, enseja ao dissidente o direito de recesso (inciso III do art. 136 e art. 137 da LSA), com o recebimento do valor de reembolso de suas ações.

Mas ainda se impõe uma relevante reflexão: pode a assembleia geral extraordinária, ulteriormente, fixar dividendo obrigatório inferior aos aludidos 25% garantidos aos acionistas quando do suprimento da omissão estatutária, mediante nova alteração estatutária, agora não para suprir lacuna, mas para modificar dispositivo do estatuto?

Não há na lei, com efeito, nenhum óbice à iniciativa. A alteração de dividendo obrigatório pode se fazer a qualquer tempo, observadas as regras e princípios do ordenamento. Tanto a modificação de dividendo obrigatório originariamente previsto no estatuto, quando da constituição da companhia, por obra de seus fundadores, cenário jurídico informado pela liberdade plena para sua fixação (10%, 15%, 20% do lucro líquido ajustado, por exemplo), quanto a alteração do dividendo obrigatório introduzido posteriormente para suprir omissão estatutária (sujeita ao patamar mínimo de 25% do lucro líquido ajustado) podem ser validamente realizadas, tendo em conta invariavelmente o interesse da companhia e a razoabilidade e a proporcionalidade da deliberação, de modo a não ficar evidenciado o abuso nos exercícios do direito de voto e do poder de controle. Nas aludidas hipóteses, será sempre assegurado ao dissidente da decisão assemblear o direito de retirada da sociedade, pois, em ambos os cenários, o estatuto contém disposição regulando expressamente o dividendo obrigatório e a companhia resolve reduzi-lo.

3. Distribuição de dividendo inferior ao mínimo obrigatório

Sérgio Campinho

Em que pese o efetivo avanço implementado pela LSA em relação ao ambiente de incertezas quanto à distribuição de dividendos vivida no sistema anterior, com a adoção em favor dos acionistas do dividendo obrigatório, esse direito não é absoluto.[1849] Isso porque, nos termos do § 3º do art. 202, a assembleia geral pode, desde que não haja oposição de qualquer acionista presente, deliberar o pagamento de dividendo em valor inferior ao obrigatório ou até mesmo não realizar nenhuma distribuição, decidindo por reter todo o lucro líquido do exercício. Essa exceção à regra do dividendo obrigatório, entretanto, apenas se pode verificar nas seguintes sociedades: (a) companhias abertas para a captação exclusiva de recursos por meio de emissão de debêntures não conversíveis em ações (inciso I); e (b) companhias fechadas, com exceção daquelas controladas por companhias abertas que não se enquadrem na condição declinada no item precedente (inciso II).

Anteriormente à alteração resultante da Lei 10.303/2001 no prefalado § 3º, essa faculdade era limitada às companhias fechadas, sem nenhuma condição. Presencia-se, com a nova redação, tanto uma restrição quanto uma ampliação.

A ampliação é para albergar as companhias abertas que desfrutam desse *status* por captar exclusivamente recursos no mercado por meio de emissão de debêntures não conversíveis em ações. Entende o legislador que a estrutura dessas companhias abertas, sob o ponto de vista da dispersão acionária, é semelhante à das companhias fechadas, não se fazendo necessária a tutela legal inflexível dos direitos dos acionistas minoritários.

A restrição atinge as companhias fechadas controladas por companhias abertas, salvo quando essa qualificação da controladora decorrer do fato de captar recursos por meio exclusivo da emissão de debêntures não conversíveis em ações. A medida tutela os acionistas daquelas companhias abertas que controlam companhias fechadas, vedando que nestas se delibere pelo pagamento a menor ou pela retenção do dividendo obrigatório que, desse modo, deve fluir para a controladora sem nenhuma restrição e dela para os seus acionistas.

Em suma, o § 3º em apreço, na sua redação atual, cria uma exceção à regra do dividendo obrigatório em favor das companhias abertas exclusivamente para a captação de recursos por debêntures não conversíveis em ações e fechadas, exceto quando controladas por companhias abertas que não se destinarem exclusivamente à captação de recursos por debêntures não conversíveis em ações. Nesses casos, repita-se, a assembleia geral tem a faculdade de deliberar a distribuição de dividendo inferior ao mínimo obrigatório ou até mesmo de não realizar nenhuma distribuição, decidindo por reter todo o lucro líquido do exercício, desde que inexista oposição de qualquer acionista presente, com ou sem direito de voto. Sustento que não apenas os acionistas votantes, mas também os que não desfrutam desse direito, podem se opor à proposta submetida ao crivo da decisão assemblear. A uma, porque o dividendo obrigatório é uma tutela da minoria acionária, que beneficia a todos os acionistas da companhia, independentemente da espécie ou da classe de ação que titularizam. A duas, porque o texto normativo se refere a "qualquer acionista presente", não limitando a oposição ao acionista titular de ações votantes e, portanto, quando a lei não limita, não é dado ao intérprete fazê-lo. Efetivamente, está-se diante de uma situação de excepcionalidade. Assim, basta uma dissidência formulada por qualquer acionista presente ao conclave para a proposta restar prejudicada. Não havendo oposição, pode a assembleia validamente aprová-la e, desse modo, aqueles acionistas ausentes ou aqueles que embora presentes se abstiverem ficarão sujeitos aos efeitos da decisão.

Diante do quadro legal até aqui posto e comentado, é lícito propor a seguinte reflexão: no cenário das companhias abertas não atingidas

---

[1849] REQUIÃO, Rubens. *Curso de direito comercial.* 30. ed. São Paulo: Saraiva, 2013. v. 2. p. 322.

pela regra excludente do inciso I do § 3º do art. 202 e no das fechadas por elas controladas, também não tocadas pela exceção do inciso II do mesmo preceito, alguma deliberação[1850] pela não distribuição de dividendos ou pela distribuição em montante inferior ao obrigatório poderia ser validamente sustentada? Ou para elas a figura do dividendo obrigatório deveria ser incondicionalmente observada?

No âmbito da companhia aberta, entendo ser válida a decisão de distribuir dividendo inferior ao obrigatório ou de retenção de todo o lucro líquido do exercício quando tomada pela unanimidade dos seus acionistas. O direito ao recebimento dos dividendos caracteriza-se por ser um direito de crédito pessoal, passível de renúncia. Destarte, desde que ocorra a decisão por parte de todo o quadro social, parece-me válida a medida. Mas a unanimidade aqui tratada, enfatize-se, é aquela que se tira em relação a todos os acionistas e não apenas em relação aos votantes ou aos presentes à assembleia. Para sua caracterização, portanto, deve-se ter em conta todo o universo de sócios, independentemente de espécie ou classes de suas ações. Basta, assim, que apenas um expressamente não aprove a matéria, se abstenha, ou não compareça ao conclave, para que a construção da unanimidade exigida reste prejudicada.

Situação diversa seria a de companhia fechada controlada por companhia aberta que não exclusivamente para a captação de recursos por debêntures não conversíveis em ações. Nesse caso, parece-me não ser suficiente a caracterização de uma unanimidade tirada no âmbito interno do quadro social da companhia fechada controlada, pois estar-se-ia frustrando o sistema legal construído a partir do art. 202, notadamente pela distorção da exceção autorizada pelo inciso II do seu § 3º. A companhia controlada fechada pode, por exemplo, ser constituída pela companhia aberta controladora e por sociedade ou sociedades do mesmo grupo; ou pode ser formada pela sociedade aberta que a controla e pelo controlador dessa companhia aberta; ou até mesmo ser uma subsidiária integral. Nessas situações, o voto da controladora (companhia aberta), para ser validamente expressado na assembleia geral da sua controlada fechada, no sentido de se decidir pela retenção de todo o lucro líquido ou pela distribuição a menor do dividendo obrigatório, deve estar, em minha visão, legitimado pela unanimidade da vontade de seus acionistas (da controladora aberta), sob pena de frustrar, como se disse, o sistema estabelecido e, com isso, pôr em risco o desejado incentivo ao investimento no mercado de capitais.

Não se pode olvidar que o escopo da introdução do inciso II no § 3º do art. 202, pela Lei 10.303/2001, foi o de assegurar a fluência irrestrita do dividendo obrigatório auferido na controlada para os acionistas da companhia aberta controladora. Esse é um valor que a lei declaradamente visa a proteger. A pretensão da reforma legal, nesse ponto, foi a de assegurar que os acionistas de companhias *holdings* de capital aberto recebam os lucros produzidos pelas sociedades operacionais por elas controladas, em *ultima ratio*.

4. Suspensão do pagamento do dividendo obrigatório

Sérgio Campinho

Prosseguindo na análise do dividendo obrigatório na sua moldura legal, o § 4º do art. 202 prevê, em prol do interesse social, a possibilidade de sua não distribuição, que, assim, na dicção da LSA, não será obrigatório no exercício social em que os órgãos da administração informarem à assembleia geral ordinária ser ele incompatível com a situação financeira da companhia. O direito de cada acionista ao dividendo obrigatório está jungido à efetiva capacidade da sociedade para pagá-lo, sem o comprometimento da sua estabilidade financeira. Mas esse risco tem que ser real e sustentado pelo fato de que o pagamento pode vir a comprometer a liquidez ou a própria solvência da companhia.

O relatório da administração deve ser circunstanciado, expondo à assembleia geral ordinária o risco que o pagamento do dividendo obrigatório poderá gerar para a sociedade, sublinhando a incompatibilidade entre o grau de liquidez da companhia e a distribuição dos dividendos naquele exercício social, justificando o diferimento do seu pagamento. Essa informação deve ser acompanhada de parecer do conselho fiscal, se em funcionamento. Na companhia aberta, os administradores encaminharão à CVM, dentro de 5 dias da realização da assembleia geral, exposição justificada da informação transmitida

---

[1850] A deliberação aqui tratada é aquela em caráter definitivo. A deliberação pelo diferimento do pagamento, de cunho transitório, estará sempre permitida para qualquer espécie de companhia, observadas as condições dos §§ 4º e 5º do art. 202.

à assembleia, a fim de que a agência reguladora possa dar azo ao exercício de seu poder de polícia.[1851]

Mas não se pode ter dúvidas de que a assembleia geral é soberana para decidir se distribui ou não os dividendos obrigatórios. Será sua a palavra final, a teor da competência que lhe resulta do inciso II do art. 132 da LSA.

Os dividendos que deixarem de ser distribuídos em razão da decisão assemblear serão obrigatoriamente registrados como reserva especial e, preceitua o § 5º do art. 202, se não absorvidos por prejuízos verificados em exercícios subsequentes, deverão ser pagos como dividendo assim que o permitir a situação financeira da companhia. Essa retenção do dividendo obrigatório que terá principiologicamente um caráter temporário ou transitório se aplica, é lícito destacar, a toda e qualquer espécie de sociedade anônima.

A reserva especial é uma reserva de dividendos que não se confunde com as demais reservas de lucros. Somente está autorizada a sua formação e utilização para a finalidade expressamente declarada na lei. Por isso, as únicas destinações admissíveis à reserva especial são a absorção de prejuízos e a distribuição de dividendos.

A retenção dos dividendos não é aplicável aos titulares de ações preferenciais com dividendos fixos ou mínimos, a teor do que dispõe o art. 203 da LSA.[1852]

O dividendo obrigatório, como já se consignou, é uma garantia de distribuição mínima do lucro líquido do exercício a que fazem jus os acionistas, exigível desde que a companhia registre lucro líquido no exercício. Os lucros apresentados pela companhia e não destinados à formação das reservas de lucro – legal e facultativas – devem ser distribuídos como dividendos. O dividendo obrigatório, assim, é um *minus* (§ 6º do art. 202).

Consideram-se infrações graves, ensejando, no âmbito das companhias abertas, as aplicações das penalidades administrativas previstas nos incisos IV a VIII do art. 11 da Lei 6.385/1976, o descumprimento dos comandos do *caput* e dos §§ 5º e 6º do art. 202 da LSA (parágrafo único do art. 64 da Resolução CVM 45/2021).

5. Juros sobre o capital próprio

SÉRGIO CAMPINHO

A Lei 9.249/1995, no *caput* de seu art. 9º, permite às pessoas jurídicas deduzir, para efeito de apuração do lucro real, os juros pagos ou creditados individualizadamente a sócios ou acionistas, a título de remuneração do capital próprio, calculados sobre as contas do patrimônio líquido e limitados à variação, *pro rata dia*, da Taxa de Juros de Longo Prazo (TJLP). Entretanto, o efetivo pagamento ou crédito dos juros "fica condicionado à existência de lucros, computados antes da dedução dos juros, ou de lucros acumulados e reservas de lucros, em montante igual ou superior ao valor de duas vezes os juros a serem pagos ou creditados" (§ 1º do art. 9º da Lei nº 9.249/1995, com redação dada pela Lei nº 9.430/1996).[1853] Esses juros ficarão sujeitos à incidência do imposto de renda na fonte, na data do pagamento ou crédito do beneficiário (§ 2º do art. 9º da Lei nº 9.249/1995). O valor dos juros pagos ou creditados a título de remuneração do capital próprio poderá ser imputado ao valor dos dividendos obrigatórios (§ 7º do art. 9º da Lei nº 9.249/1995).

Vê-se, pelas disposições legais acima destacadas, que o denominado pagamento de juros sobre capital próprio deve pressupor a existência de lucros no exercício ou de reservas de lucro. Sua fonte, portanto, coincide com a dos dividendos. Sem lucros passíveis de distribuição, não há como se cogitar do pagamento dos juros sobre o capital próprio. Representam, assim, uma forma de participação nos lucros, que, para fins tributários, recebe um tratamento diverso dos dividendos. Sob o ponto de vista fiscal, essa figura jurídica, ora tratada, consiste em juros dedutíveis na base de cálculo do imposto devido pela pessoa jurídica. Constitui despesa que pode ser abatida, fato que não se verifica em relação ao dividendo.

[1851] Essa exposição que deve ser encaminhada à CVM tem por escopo permitir que ela possa exercer a competência que lhe vem outorgada pelo inciso V do art. 8º da Lei nº 6.385/1976, de fiscalizar e inspecionar as companhias abertas, prioritariamente aquelas que não apresentem lucro em balanço ou as que deixem de pagar o dividendo mínimo obrigatório. Se dessa fiscalização resultar suspeita de irregularidade, caberá a instauração de inquérito administrativo e, caso confirmada a infração, terá vez a aplicação das sanções indicadas no art. 11 da Lei nº 6.385/1976 (incisos V e VI do art. 9º da Lei nº 6.385/1976).

[1852] EIZIRIK, Nelson. *A Lei das S/A comentada*. 2. ed. São Paulo: Quartier Latin, 2015. v. 4. p. 548.

[1853] O texto legal refere-se a lucros acumulados. No entanto, o § 6º do art. 202 da LSA, introduzido pela Lei nº 10.303/2001, não mais permite a acumulação dos lucros. Cfr., sobre o tema, os comentários ao art. 189.

Art. 203

Na ótica do direito societário, entretanto, traduz uma forma de distribuição dos resultados positivos. Tanto que, pelo teor do § 7º do art. 9º da Lei 9.249/1995, esse pagamento pode ser imputado, isto é, compensado para efeito do dividendo obrigatório. Se não ostentasse o pagamento de juros sobre o capital próprio a mesma natureza substancial de dividendos,[1854] essa imputação não se faria possível. E, com essa convicção, o pagamento dos juros não se pode fazer antes da dedução integral dos prejuízos eventualmente acumulados (art. 189 da LSA).

Por outro lado, se essa não fosse a natureza dos juros sobre o capital próprio, o correspondente pagamento aos sócios não estaria condicionado à existência de lucros distribuíveis.

Consiste, pois, em um resultado do exercício passível de distribuição aos acionistas que está sujeito a um regime fiscal especial, porém, no plano societário, sob a mesma disciplina da distribuição dos dividendos.[1855]

> **Dividendos de Ações Preferenciais**
>
> **Art. 203.** O disposto nos artigos 194 a 197, e 202, não prejudicará o direito dos acionistas preferenciais de receber os dividendos fixos ou mínimos a que tenham prioridade, inclusive os atrasados, se cumulativos.

COMENTÁRIOS

1. Dividendo preferencial ou prioritário

SÉRGIO CAMPINHO

A redação atual do *caput* do art. 17 da LSA, atribuída pela Lei 10.303/2001, dispõe que "as preferências ou vantagens das ações preferenciais podem consistir: I – em prioridade na distribuição de dividendo, fixo ou mínimo; II – em prioridade no reembolso do capital, com prêmio ou sem ele; ou III – na acumulação das preferências e vantagens de que tratam os incisos I e II". O texto normativo vigente resgata a regra prevista na redação originária do preceito, antes de sua primeira alteração, da ampla liberdade no estabelecimento de preferências ou vantagens de cunho econômico. O vocábulo "podem", propositadamente utilizado, demonstra a referência meramente enunciativa das vantagens. A listagem apresentada é tão somente exemplificativa ou indicativa, não logrando caráter impositivo. Assim, as preferências ou vantagens poderão ser aquelas constantes do dispositivo ou outras. Ao estatuto cabe estabelecê-las. A preferência ou a

---

[1854] Como bem articula Rubens Requião, os juros pagos ou creditados pela pessoa jurídica a título de remuneração de capital próprio, juros, propriamente ditos, não são. O juro, em seu clássico conceito, é tido como um fruto civil e, assim, é um pagamento que se faz pela utilização de capital alheio. Os juros compensatórios são devidos como compensação pelo uso do capital de outrem; os moratórios são devidos pela mora, pelo atraso em restituir o capital ao titular. Portanto, em função da autonomia da personalidade jurídica, que lhe garante uma plena autonomia patrimonial, quando o sócio confere ao capital social os seus cabedais, em regra procede à transferência da respectiva propriedade. Saem os valores ou bens do patrimônio do sócio para integrar o da sociedade. Assim, indaga o citado autor, como poderia se explicar como juros a figura jurídica em questão, se os bens ou valores são titularizados pela sociedade? (*Curso de direito comercial*. 30. ed. São Paulo: Saraiva, 2013. v. 2. p. 325-326). Nelson Eizirik (*A Lei das S/A comentada*. 2. ed. São Paulo: Quartier Latin, 2015. v. 4. p. 551-552), Luiz Carlos Piva (Lucros, reservas e dividendos. *Direito das companhias*. In: LAMY FILHO, Alfredo; PEDREIRA, José Luiz Bulhões (coord.). *Direito das companhias*. Rio de Janeiro: Forense, 2009. v. 2. p. 1.722) e Alberto Xavier (Natureza jurídica tributária dos "juros sobre capital próprio" face à lei interna e aos tratados internacionais. *Revista Dialética do Direito Tributário*, n. 21, jul. 1997. São Paulo: Dialética, 1997, p. 8) partilham do entendimento de que os dividendos e os juros sobre capital próprio possuem a mesma natureza, qual seja a de distribuição de resultados aos acionistas. Fábio Ulhoa Coelho, por seu turno, sustenta que os juros sobre capital próprio não se podem considerar espécie de dividendos. Aqueles remuneram, na visão do autor, o acionista pela indisponibilidade do dinheiro, enquanto investido na companhia; os dividendos remuneram o sócio pelo particular sucesso da empresa explorada (*Curso de direito comercial*. 21. ed. São Paulo: RT, 2017. v. 2. p. 335).

[1855] Sobre o assunto, conclui Nelson Eizirik: "O que a Lei n. 9.249/1995 fez foi, simplesmente, permitir que a companhia inclua, dentro do valor pago ao acionista a título de dividendo, parcela referente a juros pagos ou creditados, a título de remuneração do capital próprio, para uma finalidade fiscal, qual seja, deduzir tais juros para efeitos de apuração do lucro real e da base de cálculo da contribuição social sobre o lucro. Para os acionistas é indiferente se a companhia adota o procedimento previsto pela Lei nº 9.249/1995, uma vez que recebem os mesmos dividendos e pelo mesmo valor líquido que receberiam caso a eles não tivesse sido imputado o valor dos juros sobre o capital próprio. Pode, assim, a companhia pagar aos acionistas o valor do dividendo obrigatório, bem como o que eventualmente seja distribuído como dividendo extraordinário, parte com essa designação própria, parte com designação de juros sobre o capital" (*A Lei das S/A comentada*. 2. ed. São Paulo: Quartier Latin, 2015. v. 4. p. 553-554).

vantagem por ele apropriada deve ser capaz de atrair o interesse do investidor. Ela é quem vai direcioná-lo a adquirir ou não a ação preferencial.

A única alteração verificada no aludido *caput* do art. 17 da LSA em relação ao texto originário, variante essa, porém, expressiva, concerne ao acréscimo, no inciso I, das adjetivações "fixo ou mínimo" para os dividendos prioritários.

O dividendo fixo é aquele que vem estabelecido no estatuto com base em um valor certo em Reais por ação ou em determinado percentual sobre o valor nominal da ação, quando houver, ou sobre o próprio capital social correspondente à classe de ações preferenciais que a ele façam jus, ou sobre o patrimônio líquido da companhia, ou, ainda, determinado por qualquer outro critério, expressado de modo preciso e minucioso e que não sujeite os acionistas ao arbítrio dos órgãos de administração ou da maioria. A ação com dividendo fixo, salvo disposição estatutária em contrário, não participa dos lucros remanescentes (§ 4º do art. 17 da LSA). Portanto, tem ela garantido o direito à prioridade no recebimento desse dividendo fixo, quando a companhia estiver distribuindo os resultados entre os acionistas. Sendo eles suficientes apenas para o pagamento dos dividendos prioritários, fixos ou mínimos, os demais acionistas, titulares de ações preferenciais de outras classes existentes ou de ações ordinárias, nada receberão naquele exercício. Mas, existindo recurso para distribuir mais dividendos, nada mais terá a receber a ação com dividendo fixo, sendo o saldo remanescente distribuído exclusivamente entre as ações preferenciais de outras classes existentes e as ações ordinárias.

As ações com dividendo mínimo, por sua vez, como já se adiantou no parágrafo acima, também têm o direito de receber prioritariamente uma parcela do lucro, a qual deverá estar estatutariamente definida, com precisão e minúcia, com base nos mesmos critérios de cálculo do dividendo fixo, acima referenciados. Havendo, porém, saldo de lucro a distribuir, salvo disposição em contrário no estatuto, a ação com dividendo mínimo participará desse lucro em igualdade de condições com as ações ordinárias, depois de a estas estar assegurado dividendo igual ao mínimo (§ 4º do art. 17 da LSA).

O traço em comum, portanto, entre as ações preferenciais com dividendos fixos e aquelas com dividendos mínimos consiste no direito à prioridade no recebimento desses dividendos. E o traço distintivo revela-se pelo fato de os titulares de ações preferenciais com dividendos mínimos poderem participar dos lucros remanescentes com os titulares de ações ordinárias, nos termos explicitados no parágrafo anterior.

O dividendo prioritário poderá ser cumulativo, ou seja, não sendo pago em um exercício, acumula-se no exercício seguinte com os novos dividendos, para, aí então, serem todos solvidos. Soma-se, assim, ano a ano, de modo que, enquanto não for completamente quitado, nenhuma atribuição de dividendos poderá ser realizada em prol dos demais acionistas. Entretanto, como regra, não é cumulativo, dependendo, para tal, de cláusula estatutária expressa (§ 4º do art. 17 da LSA).

Os dividendos, ainda que fixos, não podem ser distribuídos em prejuízo do capital social, salvo na hipótese de liquidação da companhia, quando essa vantagem tenha sido expressamente assegurada (§ 3º do art. 17 da LSA). O mesmo se revela em relação aos dividendos que forem cumulativos. Tem-se aqui uma vez mais presente o princípio da intangibilidade do capital social, obstando a distribuição de lucros se a companhia não os produziu.

Contudo, em caráter excepcional, admite-se que as ações preferenciais com prioridade na distribuição de dividendo cumulativo, tanto fixo como mínimo, possam percebê-lo no exercício em que o lucro for insuficiente, desde que se faça à conta das reservas de capital (§ 6º do art. 17 e inciso V do art. 200 da LSA).[1856] Mas a previsão deverá encontrar-se expressa no estatuto. Fora essa hipótese eventualmente contemplada no estatuto, a distribuição de dividendos que não for à conta de lucros ou de reservas de lucro implicará responsabilidade solidária dos administradores e fiscais, sem prejuízo da responsabilidade penal que no caso couber (*caput* e § 1º do art. 201 da LSA).

O dividendo preferencial ou prioritário, portanto, é aquele, por previsão estatutária expressa, conferido a uma ou mais classes de ações preferenciais. Essa vantagem traduz, assim, um tratamento diferenciado e privilegiado para os titulares dessas ações, concernente à garantia de prioridade na distribuição de dividendo, fixo ou mínimo.

[1856] O inciso V do art. 200 da LSA ainda faz referência ao § 5º do art. 17 da LSA. Entretanto, com a alteração introduzida no prefalado art. 17 pela Lei nº 10.303/2001, o antigo § 5º foi renumerado para § 6º, olvidando-se o legislador de modificar a redação do inciso V do art. 200, de modo a adaptá-lo.

Uma vez apurado o lucro líquido do exercício e, quando for o caso, procedida à destinação do percentual da reserva legal (art. 193 da LSA), antes de qualquer outra destinação será observado o direito dos acionistas preferenciais de receber os dividendos fixos ou mínimos a que tenham prioridade, inclusive os atrasados, se cumulativos, o que não poderá ser prejudicado, portanto, por qualquer outra reserva de lucro, nem pelo dividendo obrigatório (art. 203 da LSA).

No que pertine ao concurso que se estabelece entre o dividendo preferencial e o obrigatório, tem-se que os titulares das ações preferenciais com dividendo prioritário têm o direito de exigir o dividendo fixo ou mínimo que lhes é estatutariamente assegurado antes do pagamento de qualquer outro dividendo. É obrigação da companhia promover o seu pagamento, ainda que ele consuma todo o lucro líquido do exercício e, portanto, ocorra em detrimento de todos os demais acionistas.

Dividendos Intermediários

Art. 204. A companhia que, por força de lei ou de disposição estatutária, levantar balanço semestral, poderá declarar, por deliberação dos órgãos de administração, se autorizados pelo estatuto, dividendo à conta do lucro apurado nesse balanço.

§ 1º A companhia poderá, nos termos de disposição estatutária, levantar balanço e distribuir dividendos em períodos menores, desde que o total dos dividendos pagos em cada semestre do exercício social não exceda o montante das reservas de capital de que trata o § 1º do artigo 182.

§ 2º O estatuto poderá autorizar os órgãos de administração a declarar dividendos intermediários, à conta de lucros acumulados ou de reservas de lucros existentes no último balanço anual ou semestral.

COMENTÁRIOS

1. Dividendos intercalares e intermediários em sentido estrito

Sérgio Campinho

A assembleia geral ordinária, dentre outras providências, irá deliberar sobre a destinação do lucro líquido apurado no exercício social anterior, bem assim acerca da distribuição de dividendos (inciso II do art. 132 da LSA). O pagamento de dividendos, em princípio, é, portanto, anual.

Permite a LSA, no entanto, o pagamento de dividendos em períodos menores, o que a linguagem legal denomina de dividendos intermediários.

Os dividendos intermediários são de duas modalidades: (a) os declarados à conta do lucro do exercício social em curso (*caput* e § 1º do art. 204 da LSA), intitulados usualmente pela doutrina de dividendos intercalares; e (b) os declarados à conta de reservas de lucro existentes no último balanço anual ou semestral, nominados de dividendos intermediários em sentido estrito.

O *caput* do art. 204 permite que a companhia que, por força de lei (como é a hipótese das instituições financeiras – art. 31 da Lei nº 4.595/1964) ou disposição estatutária, levantar balanço semestral possa declarar, por deliberação dos órgãos de administração, se assim autorizado pelo estatuto, dividendo à conta do lucro apurado nesse balanço.

No evidente intuito de estimular o investimento em ações e, assim, fortalecer o mercado de capitais, o § 1º do art. 204 faculta à companhia, mediante previsão estatutária específica, levantar balanço e distribuir dividendos em períodos menores do que 1 semestre, mas desde que o total dos dividendos pagos em cada semestre do exercício social não exceda ao montante das reservas de capital. Essa exigência, que apenas se verifica para a distribuição de dividendos em períodos inferiores a 6 meses, visa a impedir a distribuição de lucros em prejuízo do capital social que, como curial, constitui uma garantia aos credores sociais.

O levantamento de balanço intermediário, em período de 6 meses ou em períodos inferiores a 1 semestre, não altera a duração do exercício social, que continua a observar a anualidade. O objetivo é apenas estabelecer o período mínimo de apuração de lucros para o seu pagamento aos acionistas sob a forma de dividendos. São eles, desse modo, distribuídos com o apoio em balanços levantados no curso do próprio exercício social.

O estatuto deverá prever expressamente a possibilidade de distribuição de dividendos intercalares, sendo a competência para a sua declaração reservada ao órgão de administração por ele autorizado. O órgão de administração é quem terá, assim, a faculdade de avaliar a oportunidade e a conveniência de efetivamente declará-los.

Os dividendos intermediários em sentido estrito, por seu turno, têm disciplina no § 2º do art. 204. Infere-se, pelo referido dispositivo normativo, que o estatuto poderá autorizar os órgãos de administração a declarar dividendos intermediários à conta de reservas de lucro existentes no último balanço anual ou semestral.[1857]

O § 2º do art. 204 legitima e confere higidez à distribuição de dividendos no decorrer de um determinado exercício social, mas por conta de lucros apurados em exercício ou exercícios anteriores. A situação tratada no preceito se reporta, destarte, a lucros já registrados em balanço anual ou semestral. Sua implementação resulta da reversão de reservas já aprovadas. As reservas de lucro são constituídas a partir dos fundos que teriam como destinatários os acionistas. Devem elas, portanto, ser revertidas para distribuição entre os acionistas tão logo desapareça a finalidade que justificou e orientou a sua formação.

Vê-se que os dividendos intermediários em questão são distribuídos com base em lucros pretéritos e já apropriados em reservas e não a partir do lucro em formação em um exercício em curso.

O órgão de administração autorizado pelo estatuto é quem terá a competência para declarar os dividendos intermediários. Decorre, pois, de uma decisão administrativa que deve avaliar a conveniência e a oportunidade de efetivamente declará-los.

Embora se possam visualizar nos dividendos intercalares e intermediários em sentido estrito vários pontos em comum, o certo é que são eles inconfundíveis. Estes são pagos por conta de lucros acumulados em exercício anterior, pressupondo, pois, prévia aprovação do balanço pela assembleia geral, visto que se reportam a reservas de lucro existentes e contabilizadas no último balanço aprovado. Aqueles são levantados e distribuídos com apoio em lucros contabilizados em balanços intermediários (semestral ou em períodos menores) no decorrer do próprio exercício e, portanto, antes de aprovação da assembleia geral dos acionistas.[1858]

Os dividendos intermediários em sentido estrito e os intercalares têm caráter definitivo. Não representam simples antecipação do dividendo anual. Quando distribuídos, ingressam no

---

[1857] O preceito alude, também, a "lucros acumulados". Entretanto, a referência não mais subsiste, a partir do § 6º acrescentado ao art. 202 da LSA pela Lei nº 10.303/2001. Prevalece o entendimento, na contabilidade societária, que a Lei nº 11.638/2007 não extinguiu a conta de "lucros acumulados" a qual, entretanto, não mais pode figurar no patrimônio líquido. O mesmo se tem com a redação atual do inciso III do § 2º do art. 178 da LSA, conferida pela Lei nº 11.941/2009. Assim, a conta de "lucros acumulados" tem natureza transitória. Somente pode aparecer nas demonstrações contábeis intermediárias, inclusive, apresentando saldo positivo. Todavia, não pode ter qualquer saldo ao final do exercício social. Sua utilização limita-se à transferência do lucro apurado no período, contrapartida das reversões das reservas de lucro e para a destinação do lucro. No final do exercício, ela desassoma do grupo de contas da contabilidade social (art. 178 da LSA). A respeito, cfr. os comentários ao art. 189.

[1858] Nesse sentido, Nelson Eizirik assim sustenta: "A diferença fundamental, portanto, entre os dividendos intermediários e os intercalares é que, no primeiro caso, existe prévia aprovação do balanço pela assembleia geral, enquanto, no segundo, tal aprovação prévia não é exigida. Na hipótese dos dividendos intercalares, verifica-se exceção ao princípio segundo o qual os dividendos somente poderão ser distribuídos após a aprovação do balanço pela assembleia geral" (*A Lei das S/A comentada*. 2. ed. São Paulo: Quartier Latin, 2015. v. 4. p. 565). Modesto Carvalhosa, por sua vez, assevera: "O preceito ora comentado é enunciado como 'dividendos intermediários'. Não obstante, dividendos *intermediários* são apenas aqueles que se pagam num exercício por conta de lucros acumulados no exercício anterior, seja englobadamente, seja o correspondente apenas ao último semestre do mesmo. Referem-se a balanços já aprovados pela assembleia geral. Já os dividendos distribuídos por conta dos balanços levantados num exercício, ainda que pagos no exercício seguinte, porém antes da aprovação das demonstrações pela assembleia geral, chamam-se *intercalares*. Tanto para os dividendos *intercalares* como para os *intermediários*, deve haver previsão estatutária. Sua distribuição é da competência dos órgãos de administração da companhia. Precisam corresponder a resultados regularmente apurados em balanço. Para a distribuição de dividendos *intercalares*, não será necessária a prévia aprovação do respectivo balanço pela assembleia geral. Para os dividendos *intermediários*, essa aprovação prévia, no entanto, é exigida" (*Comentários à Lei de Sociedades Anônimas*. 6. ed. São Paulo: Saraiva, 2014. v. 3. p. 1.126). Mais à frente, assim aduz: "Temos, por conseguinte, que a distribuição de dividendos *intercalares* pelos administradores será lícita se resultar de lucros apurados em balanço do exercício, regularmente levantado, *independentemente da aprovação* das respectivas demonstrações financeiras pelos acionistas na assembleia geral. Tem-se, na espécie, a exceção ao princípio universalmente aceito, qual seja, o de que a distribuição de dividendos depende sempre de balanço *aprovado*" (CARVALHOSA, Modesto. *Comentários à Lei de Sociedades Anônimas*. 6. ed. São Paulo: Saraiva, 2014. v. 3. p. 1.129).

patrimônio do acionista e a ele se incorporam definitivamente.[1859]

Uma vez pagos, o são com amparo em lucro efetivo, real e disponível, com registro em balanço. Por isso, são irrepetíveis,[1860] ainda que o balanço anual do exercício apresente prejuízo. Não serão, assim, objeto de restituição à companhia, salvo hipótese de recebimento de má-fé pelo acionista (§ 2º do art. 201 da LSA).

A circunstância de, ao término do exercício social, a companhia registrar prejuízos apenas impedirá, até que as perdas sejam compensadas em exercícios futuros, que a companhia distribua novos dividendos. Os lucros futuros, ao invés de serem destinados aos acionistas, deverão ser aplicados para absorver os prejuízos acumulados. E isto porque o *caput* do art. 189 da LSA dispõe que, do resultado do exercício, serão deduzidos, antes de qualquer participação, os prejuízos acumulados e a provisão para o imposto sobre a renda.

Pagamento de Dividendos

Art. 205. A companhia pagará o dividendo de ações nominativas à pessoa que, na data do ato de declaração do dividendo, estiver inscrita como proprietária ou usufrutuária da ação.

§ 1º Os dividendos poderão ser pagos por cheque nominativo remetido por via postal para o endereço comunicado pelo acionista à companhia, ou mediante crédito em conta-corrente bancária aberta em nome do acionista.

§ 2º Os dividendos das ações em custódia bancária ou em depósito nos termos dos artigos 41 e 43 serão pagos pela companhia à instituição financeira depositária, que será responsável pela sua entrega aos titulares das ações depositadas.

§ 3º O dividendo deverá ser pago, salvo deliberação em contrário da assembléia-geral, no prazo de 60 (sessenta) dias da data em que for declarado e, em qualquer caso, dentro do exercício social.

COMENTÁRIOS

1. Pagamento dos dividendos

SÉRGIO CAMPINHO

O dividendo representa fração do lucro líquido do exercício que é distribuído aos acionistas. Faculta-se, ainda, que a companhia pague dividendos à conta das reservas de lucro e à conta da reserva de capital, mas, neste último caso, apenas em favor das ações preferenciais com prioridade na distribuição de dividendo cumulativo (*caput* do art. 201 e inciso V do art. 200 da LSA).[1861]

O direito ao dividendo, que confere efetividade ao direito essencial dos acionistas de participarem dos lucros sociais (inciso I do art. 109 da LSA), revela-se como um direito expectativo.[1862] Uma vez deliberada pelo órgão social competente a sua distribuição, converte-se em um direito de crédito do acionista em face da companhia. Com a sua declaração em favor do acionista atribui-se-lhe existência jurídica.

A declaração dos dividendos anuais encontra-se na alçada da assembleia geral ordinária (inciso II do art. 132 da LSA). Resulta, pois, de uma deliberação desse órgão social. Contudo, tratando-se de dividendos intercalares ou intermediários em sentido estrito, a sua declaração pode advir de deliberação dos órgãos de administração (art. 204 da LSA). Portanto, a declaração dos dividendos compreende tanto o dividendo anual, que decorre de deliberação da assembleia geral ordinária, como o dividendo intermediário (intercalar e intermediário em sentido estrito), fruto de deliberação do órgão de administração autorizado pelo estatuto social.

[1859] Nesse sentido, LEÃES, Luiz Gastão Paes de Barros. *Direito do acionista ao dividendo*. São Paulo: Obelisco, 1969. p. 49; TEIXEIRA, Egberto Lacerda; GUERREIRO, José Alexandre Tavares. *Das sociedades anônimas no direito brasileiro*. São Paulo: Bushatsky, 1979. v. 2. p. 602-603; EIZIRIK, Nelson. *A Lei das S/A comentada*. 2. ed. São Paulo: Quartier Latin, 2015. v. 4. p. 567; CARVALHOSA, Modesto. *Comentários à lei de sociedades anônimas*. 6. ed. São Paulo: Saraiva, 2014. v. 3. p. 1.132; e LUCENA, José Waldecy. *Das sociedades anônimas: comentários à lei*. Rio de Janeiro: Renovar, 2012. v. 3. p. 114.

[1860] EIZIRIK, Nelson. *A Lei das S/A comentada*. 2. ed. São Paulo: Quartier Latin, 2015. v. 4. p. 568.

[1861] O inciso V do art. 200 da LSA ainda faz menção ao § 5º do art. 17 da LSA, muito embora tenha sido ele renumerado para § 6º em virtude das modificações feitas no aludido art. 17 pela Lei nº 10.303/2001. Pende, de fato, tal adaptação.

[1862] PONTES DE MIRANDA, Francisco Cavalcanti. *Tratado de direito privado*. 3. ed. Rio de Janeiro: Borsoi, 1972. t. L. p. 439.

A companhia deverá pagar o dividendo à pessoa que, na data do ato de sua declaração, estiver inscrita no livro de registro de ações nominativas como proprietária ou usufrutuária da ação (*caput* do art. 205 da LSA). Estará ela, pois, liberada da obrigação com a quitação em favor de quem estiver inscrito, no livro próprio, como titular desse direito.

O pagamento poderá ser realizado por cheque nominal remetido por via postal para o endereço comunicado pelo acionista ou mediante crédito em conta corrente bancária aberta em nome do acionista. Mas essas modalidades de pagamento previstas na LSA são apenas indicativas, podendo, desse modo, ser adotado qualquer outro meio, seja por disposição estatutária, seja por decisão da diretoria.

Na hipótese de ações em custódia bancária ou em depósito, nos termos dos arts. 41 e 43 da LSA, os dividendos serão pagos pela companhia à instituição financeira depositária, que será responsável pela sua entrega aos titulares das ações depositadas. Nessas condições, impende concluir que a sociedade estará liberada da obrigação com o pagamento realizado à instituição financeira.

Quanto ao prazo para pagamento, o dividendo deverá ser quitado no interregno de 60 dias da data em que for declarado. Entretanto, é facultado à assembleia geral deliberar por outro prazo, mas desde que se faça o pagamento dentro do exercício social.

A pretensão do acionista para haver dividendos prescreve, nos termos da alínea *a* do inciso II do art. 287 da LSA, em 3 anos, contado o prazo "da data em que tenham sido postos à disposição do acionista". E os dividendos são "postos à disposição do acionista" na data em que eles devam ser pagos. Assim, o prazo de prescrição tem início no dia seguinte ao do encerramento do prazo legal de 60 dias da data em que for declarado o dividendo ou do prazo fixado pela assembleia geral para pagamento. Com a declaração do dividendo, passa o acionista a ser credor da companhia, que tem um prazo para adimplir a sua obrigação. Somente após a expiração desse prazo, sem que ocorra o pagamento, é que passa o acionista a ter ação em face da companhia para reclamar os dividendos declarados e não pagos. Lógico, assim, que somente a partir de tal data é que passe a fluir o prazo prescricional de sua pretensão.

Decorrido o prazo prescricional, os dividendos não reclamados pelos acionistas retornam ao patrimônio líquido da sociedade.

No âmbito das companhias abertas, configura infração grave, ensejando a aplicação das penalidades previstas nos incisos IV a VIII do art. 11 da Lei nº 6.385/1976, o descumprimento dos comandos traduzidos no *caput* e no § 3º do art. 205 acima comentados (parágrafo único do art. 64 da Resolução CVM 45/2021).

Não se pode olvidar da ocorrência de fatores externos, capazes de obstar o pagamento de dividendos. É a hipótese da existência de débitos previdenciários ou de outros decorrentes de impostos, taxas ou contribuições, não garantidos, para com a União (art. 32 da Lei nº 4.357/1964 e art. 52 da Lei nº 8.212/1991).

Na hipótese de encontrar-se a companhia em recuperação judicial, o art. 6º-A da Lei nº 11.101/2005, introduzido pela reforma da Lei nº 14.112/2020, dispõs que "é vedado ao devedor, até a aprovação do plano de recuperação judicial, distribuir lucros ou dividendos a sócios e acionistas, sujeitando-se o infrator ao disposto no art. 168 desta Lei".

O dispositivo normativo destacado enseja algumas reflexões.

A primeira delas diz respeito ao que se deve entender por "até a aprovação do plano de recuperação judicial", para que se levante a interdição de distribuição dos resultados sociais. Seria a mera aprovação do plano de recuperação judicial pela assembleia geral de credores, ou a intenção que do texto se deve inferir consistiria na concessão da recuperação judicial pelo juiz, isto é, a aprovação do plano com a devida chancela judicial? Parece ser a melhor exegese aquela que aponta para a liberação da restrição tão somente após ser a recuperação judicial concedida por sentença, pois até então a aprovação pela assembleia geral de credores não se mostra definitiva, podendo vir a ser desconstituída no controle de legalidade do plano e da legitimidade das vontades para a sua conclusão. A aprovação do plano referida no preceito melhor se traduz, a bem da segurança jurídica, no provimento da recuperação judicial, que comporta dois atos sequenciais: a aprovação do plano de recuperação judicial pela assembleia geral de credores e a homologação judicial por sentença. O racional que resulta da disposição legal é a proibição de distribuir dividendos durante o processamento da recuperação judicial, que vai desde o ato do juiz que o defere até a concessão da recuperação judicial por sentença.

A segunda reflexão consiste em inferir se a vedação legal alcança o pagamento de dividendos ao acionista no curso do processamento da recuperação judicial, mas já com declaração anterior ao seu ajuizamento. Quer me parecer que a expressão "distribuir lucros ou dividendos" se refere não só à declaração, mas também ao pagamento. O que o preceito visa a coibir é a saída de recursos da sociedade para os sócios, a título de participação nos resultados sociais, durante o período de processamento da recuperação judicial.

2. A questão dos dividendos *in natura*

Fábio Ulhoa Coelho

A doutrina de direito societário ainda não chegou a um consenso relativamente ao pagamento de dividendos *in natura* pela sociedade anônima. Na vigência do Dec.-lei 2.627/1940, prevalecia o entendimento da inadmissibilidade do pagamento de dividendos *in natura*. Mas é imprescindível reconhecer que não houve, então, o necessário aprofundamento do exame da matéria. Limitou-se a maioria dos autores a pontificar a impossibilidade de qualquer outro meio de pagamento diverso da pecúnia.

Miranda Valverde abordava a questão *en passant*. Ele apenas afirmava a restrição, por uma conjunção subordinativa adverbial, na afirmação de que a distribuição de dividendos independe de dinheiro em caixa. Confira-se: "não se exige que os lucros líquidos, devendo embora ser pagos em dinheiro, moeda corrente nacional, se achem recolhidos em dinheiro à caixa".[1863] Não explicitou, portanto, o fundamento da negativa dos dividendos *in natura*, tampouco discorreu sobre o tema.

Pontes de Miranda não foi além da afirmação de que seria "evidente" do pagamento dos dividendos em dinheiro: "para os pagamentos de dividendos, que são imediatos, ou em breve prazo, é evidente que se tem de pôr em caixa, ou em banco, o dinheiro suficiente, ou se aguardam os momentos em que se tenham de descontar títulos de crédito para se ter dinheiro suficiente para os dividendos ou parte dos dividendos".[1864]

E Cunha Peixoto explicava a limitação a partir do enunciado de que a renda do dinheiro não poderia ser paga senão em dinheiro, mas, deixando de apontar as razões dessa premissa, tomou-a por um verdadeiro dogma. Diz que "o capital de uma sociedade anônima deve ser sempre representado em dinheiro, mesmo que para sua formação participem outros bens, e é hoje tese pacífica constituir os dividendos frutos civis. A renda do dinheiro deve sempre ser paga em dinheiro e, assim, a nosso ver, nem mesmo os estatutos podem dispor de maneira diferente. O pagamento em outra espécie de bens só é legítimo se houver acordo entre os interessados".[1865]

Com a Lei 6.404/1976, os dividendos *in natura* passaram a ser admitidos por alguns doutrinadores.[1866] Mas, diante da inegável lacuna legal, que não os permite, nem proíbe, de modo expresso, forçosamente a questão se enveredou pelos íntricos do dissenso doutrinário. Atualmente, podem-se distinguir quatro doutrinas sobre a matéria: (i) a da reafirmação da obrigatoriedade do pagamento dos dividendos sempre em pecúnia; (ii) a da possibilidade do pagamento *in natura* dos dividendos extraordinários, mas não dos obrigatórios (e, por vezes, também dos preferenciais); (iii) a da indispensabilidade de previsão estatutária autorizando o pagamento *in natura*; e (iv) a da plena admissibilidade dos dividendos *in natura*.

1. Doutrina da proibição dos dividendos 'in natura'. José Edwaldo Tavares Borba considera inadmissível o pagamento de dividendos *in natura*, aduzindo como razões: "discute-se [...] se não poderia o dividendo ser pago in natura, como, por exemplo, em ações de uma subsidiária. Deve-se considerar que qualquer pagamento processado através de um meio que não seja o dinheiro corresponderá a uma dação em pagamento, e que esta dependerá sempre da concordância expressa do acionista-credor. Até mesmo a previsão de dividendos in natura seria ilegítima, pois não se afigura juridicamente aceitável impor ao acionista pagamentos em bens que não são de seu interesse receber. Observe-se que, na liquidação de sociedade, a partilha in natura apenas pode ocorrer mediante a aprovação de 90% do capital total, e

---

[1863] *Sociedades por ações*. 3. ed. Rio de Janeiro: Forense, 1959. v. II. p. 413.

[1864] *Tratado de direito privado*. 3. ed. São Paulo: RT, 1984. v. 50. p. 440.

[1865] *Sociedades por ações*. São Paulo: Saraiva, 1973. v. 4. p. 209.

[1866] Wilson de Souza Campos Batalha, que havia se posicionado contrariamente ao pagamento de dividendos *in natura* durante a vigência do Decreto-Lei nº 2.627/1940 (*Sociedades anônimas e mercado de capital*. Rio de Janeiro: Forense, 1973. p. 736, vol. 2), manifestou o entendimento de que nada o obsta na Lei nº 6.404/1976 (*Comentários à lei das sociedades anônimas*. São Paulo: Atlas, 1977. v. 3. p. 989). Contudo, também não aprofundou o estudo da matéria, antes ou depois da Lei de 1976.

com sujeição à impugnação dos dissidentes (art. 215, §§ 1º e 2º). A interpretação sistemática da lei estaria, portanto, a indicar também que, no caso de dividendos, à falta de especial previsão legal, o pagamento não poderia se fazer senão em dinheiro".[1867] Como se vê, esse autor apresenta dois fundamentos para sustentas a tese de impossibilidade do pagamento de dividendos *in natura*.

Em primeiro lugar, considera que o pagamento de dividendos *in natura* teria a natureza jurídica de "dação em pagamento", sujeita à concordância do *accipiens* (no caso, o acionista). Essa concordância, para o jurista, não poderia ser pressuposta nem por meio de previsão estatutária. Não é correta, contudo, a classificação proposta para o pagamento de dividendos *in natura* como modalidade de pagamento extraordinário. Com define o Código Civil, *dação em pagamento* se verifica quando o credor consente "em receber prestação diversa da que lhe é devida" (art. 356). O argumento falha, ao adotar como premissa a conclusão a que pretende chegar: apenas pressupondo que os dividendos devem ser pagos em pecúnia é que se pode considerar o pagamento *in natura* uma "prestação diversa da devida", para então classificá-la como dação.

O segundo fundamento apresentado procura assentar a proibição de dividendos *in natura* numa interpretação sistemática da LSA, a partir de regras sobre a partilha. José Edwaldo Tavares Borba considera possível extrair-se uma *regra* de pagamento dos dividendos em dinheiro a partir do caráter *excepcional* da partilha em bens. Para tanto, presume a identidade entre, de um lado, o direito aos dividendos e, de outro, ao de participar no acervo social em caso de liquidação. Mas, embora haja pontos de contato entre esses dois direitos essenciais titulados pelos acionistas (LSA, art. 109, incisos I e II), redutíveis ambos à noção geral de participação nos *resultados* da companhia,[1868] corresponde cada um a fatos societários bem distintos. A excepcionalidade da partilha em bens deve-se à própria natureza da liquidação, que, consistindo no procedimento destinado à realização do ativo (venda dos bens e cobrança das dívidas) e satisfação do passivo, leva à constituição de um acervo líquido pecuniário. Por essa razão a lei condiciona a elevado grau de consenso entre os acionistas (quórum de 90%) acerca de que bem ou bens serão atribuídos a cada um deles, no pressuposto de que o patrimônio de uma sociedade anônima é normalmente composto pelos mais variados bens e direitos, com diferentes valores e liquidez.[1869] A interpretação sistemática da LSA, assim, leva à conclusão oposta à indicada. Se até mesmo no caso de divisão de acervo líquido normalmente pecuniário é admissível a entrega de bens da sociedade aos acionistas, não há como se considerar impedido o pagamento de dividendos *in natura*.

Outro jurista filiado à doutrina da inadmissibilidade dos dividendos *in natura* é Modesto Carvalhosa, para quem: "o pagamento de dividendos e bonificações somente pode ser feito em moeda corrente nacional. Tão só o pagamento em dinheiro permitirá à sociedade desobrigar-se

---

[1867] *Direito societário*. 14. ed. São Paulo: Atlas, 2015. p. 448.

[1868] "O art. 109 da LSA elenca os direitos essenciais do acionista, a saber: a) *participação nos resultados sociais* – o acionista tem direito de receber o dividendo, que é a parcela dos lucros sociais que lhe cabe, bem como participar do acervo da companhia, em caso de liquidação (art. 109, I e II) (...)" (COELHO, Fábio Ulhoa. *Manual de direito comercial*. 30. ed. São Paulo: RT, 2018. p. 222).

[1869] Destaca Fábio Konder Comparato: "[Há] evidente correlação entre o pagamento aos acionistas de quotas de liquidação da companhia e a distribuição de dividendos. A rigor, como se tem tradicionalmente observado, os lucros de uma atividade empresarial somente poderiam ser distribuídos aos sócios, sem perigo para os credores sociais, no momento da liquidação da sociedade, depois de pago todo o passivo. O exercício da atividade empresarial representa um *continuum*, que o levantamento periódico de balanços não chega a entrecortar. A distribuição periódica de lucros – em períodos tradicionalmente anuais, via de regra – constitui medida de óbvio interesse prático para atrair a participação de capitais de risco, mas não elimina o fato de que os lucros atuais podem ser igualados ou superados em futuro próximo, com manifesto perigo para os credores sociais. O dividendo constitui, pois, tecnicamente falando, uma antecipação do que caberia aos acionistas, por ocasião da partilha do acervo social. [...] Nessas condições, pergunta-se: é lícito, numa liquidação de sociedade anônima, pagar em bens não pecuniários as quotas de rateio cabentes aos acionistas? [...] A Lei nº 6.404/1976 regulou explicitamente a questão [no art. 215, § 1º]. Da solução dada pela nova lei acionária à questão do pagamento *in natura* das quotas de liquidação, três conclusões, ao que parece, podem ser tiradas, de irrecusável aplicação ao problema que ora se discute. Em primeiro lugar, a admissibilidade, em regra, da dação em soluto para extinção do débito de dividendos já votados. Em segundo lugar, a legitimidade, em princípio, da fixação do valor dos bens, assim transferidos aos acionistas, pelos respectivos lançamentos de contabilidade. Em terceiro lugar, a caracterização do abuso de poder, na hipótese, pelo favorecimento do grupo controlador em detrimento dos demais acionistas" (*Direito empresarial*. São Paulo: Saraiva, 1990. p. 168/170).

em relação ao dividendo declarado em assembleia geral. Ainda que no direito estrangeiro se admita, mediante a concordância de acionista-credor, o pagamento de dividendos em outra moeda, ou seja, em espécie, em nosso direito essa faculdade nunca foi admitida. E, com efeito, o capital da companhia será sempre representado em dinheiro, mesmo que para sua formação participem outros bens. Entende-se, pois, que a subscrição de ações à conta do capital e respectivas reservas sempre é feita em dinheiro, devendo os frutos civis representados pelos dividendos e, portanto, a renda das ações serem pagos na mesma moeda. Não pode, em consequência, o estatuto dispor ou prever a faculdade de dividendos que não em dinheiro".[1870] Para Modesto Carvalhosa, portanto, o que impediria os dividendos *in natura* seria a necessária representação do capital social em dinheiro, mesmo quando formado por outros tipos de bens.

Falha o argumento, em primeiro lugar, ao pressupor que toda a renda (frutos civis) deve ser paga na mesma espécie do bem que a gerou: dinheiro só geraria frutos em dinheiro, assim como bens só gerariam frutos em bens. Isso, contudo, não é verdade. A renda locatícia pode ser em pecúnia mesmo sendo o objeto da locação um bem imóvel. E o produtor agrícola investe dinheiro em sua atividade produtiva para obter frutos corpóreos (café, laranja, soja etc.). E se houvesse, *ad argumentandum*, uma tal vinculação estrita entre a natureza do bem e dos seus frutos, o acionista que tivesse integralizado suas ações com bens deveria receber apenas dividendos *in natura*. Da circunstância de o capital social ser sempre expresso em moeda corrente nacional não significa que o investimento dos subscritores terá sido feito necessariamente em dinheiro. Trata-se de uma imposição prática inafastável, já que não seria possível contabilizar um capital expresso, por exemplo, em uma descrição dos imóveis aportados pelos acionistas.[1871]

Em conclusão, não se sustenta a doutrina da inadmissibilidade dos dividendos *in natura*.

2. Doutrina do pagamento 'in natura' de dividendos extraordinários. Há doutrinadores que admitem o pagamento de dividendos *in natura* apenas em parte. Para eles, é necessário distinguir a *espécie* de dividendos, para decidir se esta forma de pagamento é admissível, ou não. Para Alfredo Lamy Filho, os dividendos obrigatórios e preferenciais devem ser pagos necessariamente em dinheiro. Em seu parecer: "[o] pagamento de dividendos 'in natura', ou em bens, não repugna à natureza ou à índole da instituição 'companhia'; pelo contrário, foi uma praxe, no passado, abandonada em grande número dos sistemas, mas retomada, com frequência, e sem traumas, para o atendimento de circunstâncias novas, como os problemas de '*holdings*', de leis '*antitrust*' etc. [A] lei não impede o pagamento de dividendos em bens. Existem, todavia, ressalvas a fazer, especialmente quanto aos dividendos prioritários, e aos dividendos obrigatórios. [Quando se trata] de dividendo obrigatório, ou preferencial, só a existência de norma estatutária poderia dar suporte jurídico ao pagamento de dividendos 'in natura'. [Mas quando se tratar] de dividendo extraordinário, acima e além do obrigatório, em que a exigibilidade do dividendo nasce condicionada à decisão do pagamento 'in natura', [dispensa-se] a existência prévia de cláusula estatutária."[1872]

A razão apresentada por esse jurista para fundamentar a tese de que os acionistas teriam direito ao pagamento dos dividendos preferenciais ou obrigatórios seria o fato de eles serem credores da sociedade anônima; e, "*como quaisquer credores, não estarão obrigados a receber seus créditos de outra forma que não seja em moeda corrente*".[1873] Esse argumento, porém, é muito frágil. Que o acionista seja credor da companhia relativamente aos dividendos é fato independentemente da espécie destes. Vale dizer, também dos dividendos extraordinários os acionistas são credores. Se o pagamento em dinheiro é, como pretende

---

[1870] *Comentários à lei de sociedades anônimas*. 5. ed. São Paulo: Saraiva, 2011. v. 3. p. 980.

[1871] Em contraposição a esse fundamento pela obrigatoriedade do pagamento em pecúnia, por fim, cabe relembrar o argumento de Alfredo Lamy Filho que extrai, com acerto, da mesma premissa da expressividade do capital social em dinheiro a conclusão oposta, isto é, da admissibilidade do pagamento em bens: "o fato do capital ser sempre expresso em dinheiro, embora possa ser formado em qualquer espécie de bens (arts. 5º e 7º da Lei) é de todo equivalente ao dividendo, também sempre expresso em moeda (até para satisfazer os requisitos da legislação do imposto de renda), embora venha a ser distribuído 'in natura'. Trata-se, apenas, de problema de avaliação e/ou conversão em moeda" (*A lei das S/A*. Rio de Janeiro: Renovar, 1992. p. 616).

[1872] *A Lei das S/A*. Rio de Janeiro: Renovar, 1992. p. 616.

[1873] *A Lei das S/A*. Rio de Janeiro: Renovar, 1992. p. 616.

Alfredo Lamy Filho, um direito de qualquer credor, não haveria porque discriminar os acionistas em função da obrigatoriedade ou extraordinariedade do dividendo.

De qualquer modo, ainda que se aceite o fundamento apresentado, deve-se notar que essa doutrina está ultrapassada, desde 2001. A Lei 10.303, daquele ano, ao introduzir o § 6º ao art. 202 da LSA, eliminou a figura do que Alfredo Lamy Filho chamou de dividendos "extraordinários". A reforma legislativa de 2003 trouxe para a ordem legal o que a CVM repudiava na praxe societária, que era a retenção de lucros na companhia fora das reservas autorizadas pela LSA. Valendo-se da rubrica contábil "lucros acumulados", diversas sociedades anônimas retinham, sem justificativa, lucros que deveriam, no rigor da lei, ser distribuídos aos acionistas.[1874] Quando o art. 202, § 6º, estabeleceu a *obrigatoriedade* da distribuição dos lucros que não tenham sido destinados às reservas previstas em lei (legal, estatutária, para contingências, de incentivos fiscais, retenção de lucros e lucros a realizar), ela suprimiu o que restava da discricionariedade da companhia quanto aos dividendos. Deixou de existir, em outras palavras, a situação que Alfredo Lamy Filho, em 1992, havia considerado em seu parecer: aquela margem do resultado líquido que – após os dividendos obrigatórios do *caput* do art. 202 e as reservas da lei – a companhia podia livremente reter ou distribuir. Não há mais o que este autor chamou de "dividendos extraordinários", quais eram os que excediam o *mínimo* obrigatório e não fossem preferenciais.

Discorrendo sobre o tema após as alterações da Lei 10.303/2001, Luiz Carlos Piva considera que a lei asseguraria o pagamento em dinheiro dos dividendos obrigatórios de modo implícito. A partir da disposição que permite a apropriação da reserva de lucros a realizar (art. 197) e da que autoriza o diferimento do dividendo obrigatório (art. 202, §§ 4º e 5º), entende que a LSA dá meios para a companhia se preservar, adiando o cumprimento da obrigação, quando estiver sem caixa para pagar os acionistas. Desse modo, tendo meios legais de postergação do pagamento, ela não precisaria lançar mão da venda de bens de seu patrimônio para pagar os dividendos obrigatórios. Para tanto, seria indispensável cláusula estatutária.[1875-1876]

[1874] Para Modesto Carvalhosa e Nelson Eizirik: "[o] § 6º do art. 202, introduzido pela Lei nº 10.303/2001, determina que os lucros não destinados nos termos dos arts. 193 a 197 deverão ser distribuídos como dividendos. Tal dispositivo impede a reiterada prática por parte das companhias de reter lucros injustificadamente, sob a conta usualmente denominada 'lucros acumulados'. No entendimento da CVM, como a lei societária não previa a existência de tal conta, a parcela do lucro do exercício que excedesse o dividendo obrigatório e não pudesse ser enquadrada em nenhuma das destinações previstas nos arts. 193 a 197 da Lei das S/A (reserva legal, reservas estatutárias, reservas para contingências, retenção de lucros prevista em orçamento de capital aprovado em assembleia geral e reserva de lucros a realizar) deveria ser distribuída aos acionistas a título de dividendo. [O] dispositivo ora comentado veio consagrar o referido entendimento da CVM, obrigando as companhias a distribuírem, como dividendo, *todo* o lucro que exceder às retenções legalmente previstas" (*A nova lei das S/A*. São Paulo: Saraiva, 2002. p. 363).

[1875] "No caso de pagamento de dividendo obrigatório, a análise das normas legais autoriza a conclusão de que a Lei implicitamente prevê que esse dividendo seja pago em dinheiro, uma vez que adota duas providências para evitar que o dever de declará-lo possa ser causa de iliquidez da companhia: (a) a instituição da reserva de lucros a realizar (art. 197), que permite à companhia diferir o pagamento do dividendo obrigatório se há lucro apurado, mas a parte desse lucro realizada em dinheiro é menor que o montante do dividendo; e (b) a autorização para o diferimento do dividendo obrigatório, se os órgãos da administração da companhia o consideram incompatível com a situação financeira da companhia (art. 202, §§ 4º e 5º). A norma do item III do artigo 202, que prescreve o pagamento do dividendo obrigatório quando os valores da reserva de lucro a realizar forem convertidos em dinheiro, assim como a do § 5º do artigo 202, que prevê o pagamento do dividendo diferido assim que o permitir a situação financeira da companhia, confirmam que, no sistema da Lei, o dividendo obrigatório é regulado na Lei como dinheiro. Entendemos, portanto, ser incompatível com a Lei a deliberação da Assembleia Geral de pagá-lo em bens, salvo se este modo de pagamento estiver expressamente previsto no estatuto" (LAMY FILHO, Alfredo; PEDREIRA, José Luiz Bulhões. *Direito das companhias*. Rio de Janeiro: Forense, 2009. p. 1732-1733, v. II).

[1876] No mesmo sentido é o pensamento de Bruno Robert: "em se tratando de dividendos extraordinários, ou seja, além do mínimo obrigatório e do fixo ou mínimo preferencial, o pagamento pode ser feito in natura, por deliberação da maioria assemblear ou dos órgãos de administração, independentemente de previsão estatutária. Na realidade, a previsão estatutária é necessária apenas para autorizar os órgãos de administração a tomar essa decisão, caso não sejam os competentes para declarar o dividendo. Se forem competentes para declarar os dividendos (intermediários), então também poderão decidir a respeito do pagamento in natura. [Os] dividendos diferenciados devidos a ações preferenciais, ou seja, diferentes do dividendo mínimo obrigatório, também poderão ser pagos in natura, por decisão da maioria assemblear ou dos órgãos de administração. Também não há necessidade de que haja previsão

Falha o argumento da admissibilidade, sem autorização estatutária, apenas para o pagamento de dividendos extraordinários, em primeiro lugar porque não existe mais essa categoria no direito brasileiro, desde a entrada em vigor do § 6º do art. 202, da LSA. Mas, ainda que considera possível de se identificar, ainda hoje, algo como dividendos extraordinários, falha o argumento de que o pagamento das demais espécies dependeria de previsão no estatuto autorizando, porque pressupõe um direito societário inexistente: o de receber dividendos em dinheiro. Como será visto melhor mais adiante (ao examinar a doutrina que pretende a autorização estatutária como obrigatória em qualquer caso), esse direito societário não existe. E, sem a pressuposição de um tal direito ao recebimento dos dividendos em pecúnia, as disposições sobre a reserva de lucros a realizar e sua reversão, bem como as que autorizam o diferimento dos dividendos obrigatórios não excluem o pagamento *in natura*.

3. *Doutrina da indispensabilidade de previsão estatutária em qualquer caso*. José Waldecy Lucena considera indispensável que o estatuto contenha cláusula autorizando o pagamento dos dividendos em bens, para que ele seja lícito possível. Diferentemente dos autores examinados no item precedente, para José Waldecy Lucena, a autorização estatutária se impõe em qualquer caso, sem depender da "espécie" dos dividendos que estão sendo pagos. Seria a previsão estatutária uma condição para que se expresse, ainda que indiretamente, a concordância dos acionistas em receber essa modalidade de pagamento. Em sua doutrina, a autorização estatutária somente seria dispensável se os acionistas concordarem, por qualquer outro modo, com o pagamento *in natura*.[1877]

Também Sérgio Campinho condiciona o pagamento de dividendos *in natura* à autorização estatutária. Este jurista considera ainda mais uma condição para a legitimidade desse modo de pagar os dividendos, que é o tratamento isonômico entre os acionistas, vendando-se o pagamento em bens de espécies diferentes. Ensina: "parece-nos perfeitamente possível o pagamento do dividendo in natura pela companhia a seus acionistas, porquanto não há impedimento legal à sua realização e não se vislumbra no sistema da Lei 6.404/1976 nenhuma incompatibilidade com a sua prática que, portanto, amolda-se ao regime jurídico estabelecido para as sociedades anônimas. Em princípio, esse pagamento deve vir legitimado por previsão estatutária que, desse modo, vincula a todos os acionistas. Porém, mesmo diante de sua autorização no estatuto social, é mister para a validade de sua realização que obedeça a um tratamento isonômico entre os acionistas, ou seja, todos devem receber a mesma espécie de bens, dotados do mesmo valor econômico. O exemplo típico seria o do pagamento por meio da entrega de ações de uma subsidiária".[1878] Em seu entendimento, a previsão estatutária seria dispensável apenas se for dado aos acionistas a possibilidade de optarem pelo recebimento dos mesmos dividendos em dinheiro: "mas a ausência estatutária não conduz à interdição absoluta do pagamento in natura. Este ainda pode validamente se estabelecer por decisão da assembleia de perceber os dividendos a que façam jus em dinheiro. Com o procedimento se está observando o regime da liberdade negocial, que vem consagrado implicitamente na legislação empresarial, cujo elastério se inclui a lei das sociedades anônimas, preservando-se os interesses da sociedade e de seus acionistas".[1879]

No que falha essa doutrina? Ela parte do pressuposto de que o acionista teria o *direito* de receber dividendos em dinheiro, sendo, por isso, necessária a sua concordância para o pagamento in

---

estatutária específica a respeito. Nesse caso, porém, a previsão estatutária é altamente recomendável, pois se cogita de uma obrigação contratual determinada" (Direito do acionista de participação nos resultados. In: COELHO, Fabio Ulhoa (coord.). *Tratado de direito comercial*. São Paulo: Saraiva, 2015. p. 276-279).

[1877] "[A] nosso juízo, a previsão estatutária é, *in casu*, de hialina indispensabilidade. Nem importa se tratem de dividendos prioritários (preferencialistas) ou obrigatórios (ordinaristas), ou ainda de dividendos extraordinários. O que importa é que o acionista, qualquer que seja, ao subscrever ações de uma companhia, quando de sua constituição, ou adquiri-las posteriormente, saiba de antemão que, do respectivo estatuto, consta cláusula autorizativa de que os dividendos possam ser pagos in natura. O que não pode é esse acionista ser surpreendido, em face de um estatuto omisso, com uma deliberação assemblear ou decisão de um órgão de administração, obrigando-o a receber os dividendos in natura, quando contava recebê-los em dinheiro de contado. Há, contudo, de se admitir que, ainda que omisso o estatuto, não há empecilho a que os acionistas concordem com proposta da companhia de pagar-lhes os dividendos in natura. Afinal, trata-se de relação privada credor-devedor, vale dizer, negociável entre as partes" (*Das sociedades anônimas*. Rio de Janeiro: Renovar, 2012. v. III. p. 124-125).

[1878] *Curso de direito comercial* – sociedade anônima. 3. ed. São Paulo: Saraiva, 2018. p. 384-385.

[1879] *Curso de direito comercial* – sociedade anônima. 3. ed. São Paulo: Saraiva, 2018. p. 385.

natura, expressa na cláusula estatutária ou em outro negócio jurídico. Mas, rigorosamente falando, *esse direito não existe*. Em nenhuma disposição da lei se pode encontrar a sua afirmação, nem mesmo indiretamente. O art. 205, § 1º, da LSA, faz apenas referências a possíveis meios, sem restringir o pagamento dos dividendos aos nele listados.[1880] De qualquer modo, mesmo que existisse o direito ao recebimento dos dividendos em pecúnia, ele não seria classificável como essencial, por não se encontrar entre os mencionados no art. 109 da LSA; consequentemente, se existisse, seria um direito passível de privação por deliberação da maioria da assembleia geral.

Inexistindo na LSA preceito que assegure ao acionista algo como um direito ao pagamento dos dividendos em pecúnia,[1881] impõe-se a conclusão de que a expectativa dele, ao subscrever ou adquirir ações, de que seus dividendos seriam pagos sempre em dinheiro é apenas isso mesmo, uma mera expectativa. Na verdade, a atitude correta do investidor de acordo com o direito brasileiro é a de que *todo* acionista pode ter os seus dividendos pagos em dinheiro ou em outra espécie de bens, caso assim delibere o órgão societário competente. O pagamento de dividendos *in natura* só estará juridicamente descartado quando o estatuto da companhia contiver cláusula expressa proibindo-o. O acionista que subscreve ou adquire ações emitidas por uma companhia cujo estatuto é omisso a respeito dos meios de pagamento dos dividendos, concorda em recebê-los em dinheiro ou *in natura*.

4. *Doutrina da plena admissibilidade do pagamento de dividendos 'in natura'*. Por fim, a doutrina (a que me filio) da plena admissibilidade do pagamento de dividendos *in natura*, independentemente de qualquer condição especial como expressa previsão estatutária ou limitação a determinadas hipóteses de participação nos resultados. Nessa doutrina, destaca-se inicialmente a posição de Fábio Konder Comparato, que se pronunciou pioneiramente sobre o tema em 1981: "diante da omissão dos textos legais, tem-se indagado sobre a possibilidade jurídica do pagamento de dividendos em bens não pecuniários, no direito brasileiro das sociedades por ações. Não vejo, em tese, ilegalidade alguma numa deliberação desse tipo. A exigência central que faz a Lei nº 6.404, de 1976, a respeito de dividendos, na linha de longa tradição, é a de que sua distribuição tenha como origem lucros líquidos, do exercício ou acumulados, correspondentes a demonstrações de resultados regulamente aprovadas em assembleia geral. Admite-se, em certas hipóteses, a distribuição antecipada quanto à deliberação desta. [...] Essa exigência básica visa, obviamente, à proteção de terceiros credores da companhia e representa o consectário do princípio de irresponsabilidade dos acionistas pelos débitos sociais (art. 1º). A preservação da integridade do capital constitui, pois, a pedra angular sobre a qual se assenta a estrutura legal desse tipo societário. Daí por que o pagamento de dividendos fictícios é sancionado não apenas civilmente, mas também como crime (Lei nº 6.404/1976, art. 201, parágrafos; Código Penal, art. 117, § 1º, VI). Observada, porém, essa regra fundamental, nada impede que a companhia pague aos acionistas o dividendo distribuído, não sob a forma de dinheiro, mas em bens de outra natureza".[1882-1883] Para ele, uma vez respeitado o princípio da intangibilidade do capital social, o pagamento de dividendos *in natura* somente não se admitiria quando se configurasse o abuso do poder de controle. Nisso, porém, não vai nenhuma especificidade dos dividendos *in natura*. Qualquer deliberação dos órgãos societários que importarem em abuso no exercício do poder de controle, caracteriza-se como ilícito.

Igualmente se filia à doutrina da plena admissibilidade dos dividendos *in natura* o jurista Arnold Wald, que inicia sua argumentação relembrando que o alicerce do direito societário é a liberdade: "o direito societário, como ramo do direito comercial, em que se fundamentou o próprio regime capitalista, se caracteriza pela liberdade e consequente responsabilidade que atribui ao empresário, na organização da sua estrutura financeira e no sistema de forças econômicas que utiliza para obter

---

[1880] Fábio Konder Comparato esclarece: "o disposto no art. 205 não deve ser interpretado, como é óbvio, no sentido de excluir qualquer outro tipo de pagamento, diverso dos que aí se preveem, mas como um modo de se ampliarem as possibilidades de solução do débito" (*Novos ensaios e pareceres de direito empresarial*. Rio de Janeiro: Forense, 1981. p. 166).

[1881] Arnoldo Wald ressalta: "A Lei 6.404 não contém determinação cogente referente ao pagamento do dividendo em dinheiro, seguindo, aliás, a tradição do nosso Direito" (Da licitude do pagamento de dividendo complementar em ações de outra companhia. *Revista de Direito Mercantil*, v. 51, jul.-set. 1983, São Paulo: RT, p. 18).

[1882] *Novos ensaios e pareceres de direito empresarial*. Rio de Janeiro: Forense, 1981. p. 165-166.

[1883] Fábio Konder Comparato revisitou o assunto em 1990, oportunidade em que confirmou "*a linha de argumentação desenvolvida*" anteriormente (*Direito empresarial*. São Paulo: Saraiva, 1990. p. 166-173).

recursos no mercado e compensar adequadamente os acionistas que participam da sua companhia. É na filosofia da liberdade da iniciativa e da aceitação dos riscos empresariais que se desenvolveu, desde as suas origens mais remotas, a sociedade anônima, permitindo a reunião de capitais para enfrentar os grandes desafios da vida econômica, com uma limitação de responsabilidade e uma ampla flexibilidade nas relações entre acionistas e controladores ou administradores da empresa".[1884]

E, após percorrer amplamente o direito estrangeiro, Arnold Wald conclui que, não havendo norma legal ou estatutária proibindo, está permitido, em razão do fundamento da liberdade que inspira o direito societário, o pagamento dos dividendos em bens: "verifica-se, assim, pela visão panorâmica que tivemos do Direito estrangeiro, que o princípio básico é o da licitude da distribuição in natura, especialmente quando inexiste fraude e não há determinação legal, administrativa ou estatutária, proibindo tal forma de pagamento do dividendo, sendo, ainda, o mesmo feito por valor razoável e no interesse da sociedade. Assim, podemos afirmar que tanto as disposições legais vigentes em nosso país como a lição do direito comparado nos leva a concluir, em linhas gerais, pela licitude da distribuição de dividendos in natura na falta de disposições legais ou estatutárias em contrário".[1885]

Também Nelson Eizirik[1886] defende a admissibilidade do pagamento de dividendos 'in natura', independentemente de previsão estatutária e mesmo abrangendo os dividendos obrigatórios.

5. *Entendimento da Superintendência Jurídica da CVM*. Em 1983, analisando o caso de pagamento de dividendos pelo *Banco Mercantil de São Paulo S.A.* a seus acionistas com a entrega de ações de emissão de uma subsidiária integral, a *Pevê Prédios S.A.*, a Superintendência Jurídica da CVM concluiu que seria necessária uma previsão estatutária autorizando essa modalidade de pagamento. Assina o parecer Luiza Rangel Rêgo Monteiro, que argumenta: "o princípio da liberdade [...] permite afirmar, à falta de dispositivos cerceadores, a possibilidade de virem as companhias adotar outra forma de pagamento de dividendos, que não o dinheiro contado. [Mas] na ausência da disposição do estatuto, o pagamento de dividendos em bens não pecuniários depende da concordância expressa dos acionistas, individualmente, e deve observar o tratamento equitativo a todos os acionistas"; e sintetiza: "na ausência de dispositivo estatutário, os dividendos deverão ser pagos em moeda. A forma de pagamento em bens pecuniários deve ser objeto de cláusula específica e minuciosa, dispondo sobre os elementos do ativo passíveis de distribuição, o órgão societário competente para decidir sobre a matéria e os parâmetros a serem observados nas deliberações, de modo a evitar o arbítrio da maioria ou dos administradores".[1887]

Esse parecer não foi, porém, referendado pelo então Superintendente Jurídico, Luiz Tavares Pereira Filho, que asseverou: "a polêmica quanto à possibilidade do pagamento de dividendo ou bens funda-se na ausência de disposição expressa a respeito na Lei de Sociedade por Ações. A matéria há de ser elucidada, por conseguinte, à luz dos princípios peculiares ao direito societário e em função de trabalho de exegese que procure extrair das normas legais concernentes aos direitos dos acionistas e outras correlatas a *men legis*, isto é, o fim social a que a lei se propõe. A essa tarefa dedicou-se com o habitual brilho o jurista José Luiz Bulhões Pedreira, em parecer trazido a CVM pelo Banco Mercantil de São Paulo S/A, que a ele formulou consulta, especificada em diversos quesitos. No parecer em foco, destaca o jurista o princípio básico que informa a disciplina legal das companhias: o da liberdade contratual e de contratar. Em suas palavras: 'no direito das companhias é lícito tudo o que não é proibido por lei nem é incompatível com o sistema do regime jurídico das sociedades por ações; e essa regra aplica-se, inclusive, às deliberações dos órgãos sociais.[1888]

[1884] Da licitude do pagamento de dividendo complementar em ações de outra companhia. *Revista de Direito Mercantil*, v. 51, jul.-set. 1983, São Paulo: RT. p. 17.

[1885] Da licitude do pagamento de dividendo complementar em ações de outra companhia. *Revista de Direito Mercantil*, v. 51, jul.-set. 1983, São Paulo: RT. p. 28.

[1886] No caso em que avaliou a questão, por meio de parecer, recomendou que fosse dada aos acionistas a alternativa entre o recebimento dos dividendos em Notas do Tesouro Nacional ou em dinheiro, mas, nesse último caso, o dividendo seria pago somente quando do vencimento ou resgate das NTNs (*Temas de direito societário*. Rio de Janeiro: Renovar, 2005. p. 255-270).

[1887] Parecer CVM/SJU 003/83.

[1888] Parecer CVM/SJU 074/83.

Em 1987, a Superintendência Jurídica da CVM retornou ao tema, tendo em vista consulta feita pelo Banco Central acerca do estatuto social do Banco Boavista S/A, que continha previsão de pagamento de dividendos extraordinários *in natura*. De início, o entendimento da SJU acompanhou o que havia sido exarado quatro anos antes, por Luiza Rangel Rêgo Monteiro, tendo o parecerista Carlos Cesar Alcântara de Amorim concluído pela ilegalidade da cláusula estatutária, por lhe faltar "precisão e minúcia".

Uma vez mais, porém, o entendimento restritivo ao pagamento de dividendos *in natura* não foi acolhido no nível superior da Superintendência. A Superintendente Jurídica de então, Carmen Sylvia Parkinson, foi precisa ao destacar a incompatibilidade entre, de um lado, a premissa do chamado "princípio da liberdade" e, de outro, a conclusão da necessidade de previsão estatutária, precisa e minuciosa, para legitimar o pagamento de dividendos *in natura*: "se é lícito às companhias tudo o que não está vedado (mesmo implicitamente) em Lei, sendo lacunoso o texto legal no que diz respeito ao pagamento de dividendos em bens, não há como opor restrições dessa natureza [previsão estatutária] à livre manifestação da vontade social. A exigência de previsão estatutária para viabilizar tal pagamento não decorre da lei. Realmente, sempre que o legislador entendeu necessária a regulação no estatuto de determinadas matérias, disse-o expressamente no texto legal. [...] Assim, sendo verdadeiro que a lei enumerou as hipóteses em que é indispensável a regulação no estatuto, e em não havendo a respeito do dividendo em bens exigência legal de previsão estatutária, não vejo porque erigi-la em pré-condição para a sua distribuição".[1889]

E é este o ponto central a ser considerado no exame da matéria. Se todos concordam que, no direito societário, está permitido o que não for proibido pela lei; e que não há disposição legal vedando o pagamento dos dividendos *in natura* ou obrigando esse pagamento em pecúnia; então, não há que se condicionar essa última possibilidade à prévia autorização estatutária.

6. *Conclusão: o Princípio da Legalidade e suas implicações últimas*. As doutrinas e os entendimentos expressos no âmbito da Superintendência Jurídica da CVM que *rejeitam* a tese da inadmissibilidade do pagamento *in natura* dos dividendos, ainda que o condicionando à extraordinariedade ou à previsão estatutária, concluem que esse modo de pagamento não poderia ser radicalmente vedado no direito brasileiro em função da *permissão do que não está proibido*. Vale dizer, concordam todos (à exceção dos doutrinadores que repudiam *in totum* o pagamento *in natura*) que, não estando esse modo de pagamento proibido na LSA, ele é permitido.

Por vezes referido, na presente discussão, como "princípio da liberdade",[1890] o princípio em questão é, em termos mais precisos, o da *legalidade*. O princípio da legalidade tem enraizamento constitucional, e se encontra expresso no inciso II do art. 5º da CF, como um direito fundamental: *"ninguém será obrigado a fazer ou deixar de fazer alguma coisa senão em virtude de lei"*.

Como todo o princípio, o da legalidade é um comando de otimização; significa dizer, deve ser aplicado em sua maior extensão possível.[1891] E, assim sendo, não há que se limitar o pagamento dos dividendos *in natura* aos extraordinários (mesmo abstraída a constatação de inexistência desta espécie no vigente direito acionário brasileiro), tampouco cogitar de qualquer autorização estatutária como condição (como, aliás, bem

---

[1889] Parecer CVM/SJU 01/87.

[1890] Para Luiz Carlos Piva: "A LSA, como a maioria das leis estrangeiras, é omissa quanto à possibilidade de a companhia pagar dividendos *in natura*, aplicando-se, de conseguinte, o princípio básico que rege as companhias no sistema jurídico brasileiro, que é o da liberdade. A Constituição assegura a liberdade de iniciativa (art. 170), de trabalho, ofício ou profissão (art. 5º, XIII) e de associação (art. 5º, [XVII]), e dispõe que 'ninguém pode ser obrigado a fazer ou deixar de fazer alguma coisa senão em virtude de lei' ([art. 5º, II]). E os princípios da liberdade de contratar e de constituir associações ou sociedades, inclusive, comerciais, são fundamentais no direito privado. No direito das companhias, é lícito tudo o que não é proibido por lei nem é incompatível com o sistema do regime jurídico das sociedades por ações; e essa regra aplica-se, inclusive, às deliberações dos órgãos sociais. O princípio da liberdade impõe a conclusão de que se nem a Lei, nem o sistema da lei societária impedem, não há por que não possa a Assembleia Geral declarar o pagamento dos dividendos em bens" (In: LAMY FILHO, Alfredo; PEDREIRA, José Luiz Bulhões. *Direito das companhias*. Rio de Janeiro: Forense, 2009. v. III. p. 1.732).

[1891] Robert Alexy esclarece: "o ponto decisivo na distinção entre regras e princípios é que *princípios* são normas que ordenam que algo seja realizado na maior medida possível dentro das possibilidades jurídicas e fáticas existentes" (*Teoria dos direitos fundamentais*. Tradução de Virgílio Afonso da Silva. São Paulo: Malheiros, 2008. p. 90).

demonstrado por Carmen Sylvia Parkinson, no Parecer CVM/SJU 01/87).

Em outros termos, deve-se, no exame da questão, levar o princípio constitucional da legalidade *às suas últimas implicações*. Se não há lei proibindo, é plenamente admissível o pagamento de dividendos *in natura*, incluindo os obrigatórios e os preferenciais e independentemente de previsão estatutária. Qualquer conclusão diferente desta corresponde a desrespeitar um princípio constitucional; isto é, negar à companhia o exercício de um direito fundamental dela, insculpido na Constituição Federal.

Em suma, diante da inexistência de norma legal proibitiva, *nada* pode ser estabelecido, por via doutrinária ou por decisão da CVM, que impeça o exercício da consulente de seu direito constitucional de não ser obrigada a fazer algo não exigido por lei (pagar dividendo em dinheiro). Claro, não se ignora que o controlador, no exercício de seus direitos societários, está impedido de adotar deliberação em assembleia geral que prejudique a minoria, respondendo, em caso de inobservância desse preceito, por abuso de poder (LSA, art. 117). E, na avaliação dos casos concretos, o elemento mais importante a ser levado em conta diz respeito à liquidez do bem que será transferido do patrimônio da sociedade para o do acionista, em pagamento dos dividendos.[1892] Valores mobiliários admitidos à negociação no mercado de valores mobiliários, por exemplo, são normalmente um ativo com grau elevado de liquidez. O acionista que não desejar ser titular destes valores mobiliários poderá, sem nenhuma dificuldade e rapidamente, negociá-los e embolsar o *dinheiro*, ficando, assim, na mesma situação econômica em que estaria caso tivessem sido pagos os dividendos em moeda.

3. Dividendo *in natura* e as expectativas dos acionistas

Sérgio Campinho

Muito se discutiu e se discute se o pagamento dos dividendos pode se fazer de outra forma que não em dinheiro.[1893] Surge, nesse cenário, a figura do dividendo *in natura*, que é justamente aquele que se paga não em moeda corrente, mas em bens suscetíveis de avaliação econômica.

Parece-me ser perfeitamente possível o pagamento do dividendo *in natura* pela companhia a seus acionistas, porquanto não há impedimento legal à sua realização e não se vislumbra no sistema da LSA qualquer incompatibilidade com a sua prática que, portanto, amolda-se ao regime jurídico estabelecido para as sociedades anônimas.

É de se reconhecer, entretanto, que, como regra de princípio, a expectativa dos acionistas é a de receber os dividendos em dinheiro. Esse é o meio ordinário e esperado pelos sócios para remunerar o capital que aportaram na companhia para a exploração de sua empresa.

Os variados interesses dos acionistas devem ser identificados e considerados segundo as suas posições que os levam a contribuir para a formação e o aumento do capital social. São, com efeito, distintos os motivos econômicos que orientam o investimento de seus recursos em ações. Assim é que os acionistas podem apresentar diferentes perfis: acionista empreendedor ou controlador, acionista investidor em sentido estrito ou rendeiro e acionista especulador (este último presente, apenas,

---

[1892] Como alerta Nelson Eizirik: "a distribuição do dividendo 'in natura' não pode [...] ser feita com qualquer bem. É necessário que sejam conferidos aos acionistas bens que, ao mesmo tempo, não impliquem na descapitalização da companhia e não violem os princípios legais de proteção ao acionista minoritário contra abusos do controlador" (*Temas de direito societário*. Rio de Janeiro: Renovar, 2005. p. 264).

[1893] Contrários ao seu pagamento *in natura*, só o admitindo em moeda corrente nacional: VALVERDE, Trajano de Miranda. *Sociedades por ações*. 2. ed. Rio de Janeiro: Forense, 1953. v. 2. p. 413; PEIXOTO, Carlos Fulgêncio da Cunha. *Sociedades por ações*. São Paulo: Saraiva, 1972. v. 4. p. 209; PONTES DE MIRANDA, Francisco Cavalcanti. *Tratado de direito privado*. 3. ed. Rio de Janeiro: Borsoi, 1972. p. 439 e ss., t. L; e BORBA, José Edwaldo Tavares. *Direito societário*. 14. ed. Rio de Janeiro: Atlas, 2015. p. 448. Favoráveis ao pagamento *in natura*: COMPARATO, Fábio Konder. *Novos ensaios e pareceres de direito empresarial*. Rio de Janeiro: Forense, 1981. p. 165 e ss.; EIZIRIK, Nelson. *A Lei das S/A comentada*. 2. ed. São Paulo: Quartier Latin, 2015. v. 3. p. 580 e ss. – entretanto, o citado autor entende que a distribuição dos dividendos *in natura* deve respeitar o princípio da igualdade entre os acionistas e também deve estar previsto no estatuto social, à exceção da hipótese de recebimento do dividendo *in natura*, deliberado em assembleia geral, ser opcional, ou seja, a exclusivo critério do acionista, que poderá optar pelo pagamento em moeda corrente; e LUCENA, José Waldecy. *Das sociedades anônimas*: comentários à lei. Rio de Janeiro: Renovar, 2012. v. 3. p. 124-125 – para esse autor, a possibilidade do pagamento do dividendo *in natura* pressupõe indispensável disposição estatutária, ressalvando, contudo, a possibilidade de, omisso o estatuto, os acionistas concordarem com a proposta da companhia de pagar-lhes os dividendos *in natura*.

nas companhias abertas com ações em circulação no mercado). Todos eles são indispensáveis ao desenvolvimento e ao fortalecimento do mercado acionário. O acionista investidor, em especial, não almeja a posição de controle ou a obtenção de ganhos imediatos com as variações nas cotações das ações. Pretende um retorno do patrimônio acionário constituído a longo prazo, auferindo renda permanente com a sua carteira acionária. Para ele, a expectativa de renda reside na percepção de dividendos que, em princípio, espera-se sejam pagos em dinheiro.[1894] A própria redação dos §§ 1º e 2º do artigo sob comento acena para a expectativa do pagamento em pecúnia em razão de sua efetiva e esperada liquidez, muito embora seja indicativa, podendo o estatuto dispor de maneira diversa.

A LSA, em seu sistema, aponta clara e expressamente para esse anseio de percebimento em espécie dos valores devidos aos acionistas. É o que se tem, por exemplo, na disciplina do direito essencial dos acionistas de concorrerem, na proporção de suas participações sociais, à partilha do ativo remanescente em caso de liquidação da companhia. Cabe ao liquidante, em princípio, realizar o ativo em dinheiro para pagamento dos credores e distribuição do saldo entre os sócios. No entanto, é permitido proceder ao pagamento dos acionistas com os bens que remanesceram, sendo indispensável, para tanto, que haja a aprovação da assembleia geral com voto favorável de, ao menos, 90% das ações, assegurado ao dissidente se opor à deliberação provando que as condições especiais da partilha visaram a favorecer a maioria (art. 215 da LSA).[1895]

Desse modo, o pagamento de dividendo *in natura* deve vir, em princípio, legitimado por previsão estatutária expressa e minudente que, assim, informa e vincula todos os acionistas. Porém, mesmo diante de sua autorização no estatuto social, é mister para a validade de sua realização que obedeça a um tratamento isonômico entre os acionistas, ou seja, todos devem receber a mesma espécie de bens, dotados do mesmo valor econômico. De outro lado, não podem os bem conferidos implicar descapitalização da companhia. O exemplo típico de dividendo *in natura* seria o do pagamento por meio da entrega de ações de uma subsidiária.

Mas a ausência de previsão estatutária não conduz à interdição absoluta do pagamento *in natura*. Este ainda pode validamente se estabelecer por decisão da assembleia geral, desde que garantido aos acionistas, que assim desejarem, o direito de perceber os dividendos a que façam jus em dinheiro. Com o procedimento se está observando o regime da liberdade negocial, que vem consagrado implicitamente na legislação empresarial, em cujo elastério se inclui a LSA, preservando-se os interesses da sociedade e de seus acionistas.

4. Pagamento de dividendos às ações não integralizadas

Sérgio Campinho

Singular questão que se apresenta na análise deste tópico é saber se as ações ainda não integralizadas atribuirão o direito ao mesmo dividendo cabível às integralizadas da mesma espécie ou classe, conforme o caso.

João Vicente Campos[1896] propugna pela igualdade de tratamento na hipótese. Sua articulação, com efeito, vem respaldada na clássica lição formulada por Palmer,[1897] que, ao abordar o tema segundo a lei societária inglesa de 1929, entendeu que a regra do tratamento diverso não satisfaz um ideal de justiça, desconsiderando que os débitos dos acionistas relativos às ações não integralizadas compõem o balanço patrimonial da sociedade, representando um valor em seu ativo. Para mais, sustenta o aludido autor inglês que tais acionistas ainda não pagaram porque a companhia não resolveu chamar o restante do capital.

[1894] CAMPINHO, Sérgio. *Curso de direito comercial*: sociedade anônima. 4. ed. São Paulo: Saraiva, 2019. p. 206.

[1895] Cf. os comentários aos arts. 210 e 215.

[1896] Eis o cerne da sua sustentação: "Os dividendos são *frutos* do capital. Ora, o capital se constitui, não só com o que o acionista entra, mas com o que se responsabiliza. A expressão capital não corresponde ao dinheiro colhido, mas ao subscrito pelos acionistas. A este é que se remunera, porque foi com este que a Sociedade operou. Se ela, para colher lucros, não precisou do dinheiro todo, representado pelo capital, é certo que a parte não entrada esteve à sua disposição como elemento de real e efetivo valor. O capital é um só. A lei não distingue entre capital integralizado e desintegralizado, logo não pode distinguir entre ação integralizada e ação desintegralizada, a não ser para os efeitos expressamente indicados pela própria lei, e, entre estes, não encontramos aquele que dá diferente vocação aos dividendos" (A vocação dos acionistas de uma sociedade anônima aos dividendos, pela regra da igualdade de tratamento. *Revista Forense*, n. 141, mai./jun. 1952. Rio de Janeiro: Forense, p. 56).

[1897] *Company law*, p. 205, apud VALVERDE, Trajano de Miranda. *Sociedades por ações*. 2. ed. Rio de Janeiro: Forense, 1953. v. 2. p. 38-39.

Penso, entretanto, ser preferível a tese advogada por Trajano de Miranda Valverde,[1898] para quem a matéria, em princípio, deve ser regulada no estatuto. No silêncio deste, porém, a regra é a de se pagar o dividendo de acordo com o montante das entradas realizadas. É a distribuição *pro rata*, ou seja, proporcional à efetiva participação do acionista no capital social.[1899]

Não se tem dúvida de que a igualdade de posição jurídica demanda a igualdade de tratamento. Mas na espécie inexiste essa identidade, ou melhor, a igualdade é apenas aparente. Há, como matéria de fundo, efetiva distinção no que pertine às obrigações dos acionistas perante a companhia, verificável entre os titulares de ações integralizadas e não integralizadas, embora integrantes de uma mesma classe. Como bem lembrado por Modesto Carvalhosa,[1900] existe relatividade e incerteza na efetivação das entradas ainda não realizadas, razão pela qual a lei prevê a diminuição do capital social no caso de insucesso na respectiva cobrança (§ 4º do art. 107 da LSA). Diante da possibilidade de redução do capital no montante não realizado, por força de comisso previsto em lei, não se justifica pagamento de dividendo sobre essa parcela a integralizar.

Dessa forma, as ações integralizadas receberão os dividendos integrais do exercício, ao passo que as não integralizadas perceberão, salvo disposição estatutária expressa em contrário, dividendos proporcionais ao importe das entradas realizadas.

CAPÍTULO XVII
DISSOLUÇÃO, LIQUIDAÇÃO E EXTINÇÃO

SEÇÃO I
DISSOLUÇÃO

Art. 206. Dissolve-se a companhia:

I – de pleno direito:

a) pelo término do prazo de duração;

b) nos casos previstos no estatuto;

c) por deliberação da assembleia-geral (art. 136, X); (Redação dada pela Lei 9.457, de 1997)

d) pela existência de 1 (um) único acionista, verificada em assembleia-geral ordinária, se o mínimo de 2 (dois) não for reconstituído até à do ano seguinte, ressalvado o disposto no artigo 251;

e) pela extinção, na forma da lei, da autorização para funcionar.

II – por decisão judicial:

a) quando anulada a sua constituição, em ação proposta por qualquer acionista;

b) quando provado que não pode preencher o seu fim, em ação proposta por acionistas que representem 5% (cinco por cento) ou mais do capital social;

c) em caso de falência, na forma prevista na respectiva lei;

III – por decisão de autoridade administrativa competente, nos casos e na forma previstos em lei especial.

COMENTÁRIOS

1. A dissolução e seu conceito

SÉRGIO CAMPINHO

A dissolução da companhia materializa-se com a verificação de uma causa que irá desencadear o processo para a sua extinção. Uma vez extinta, terá fim a sua personalidade jurídica adquirida com o arquivamento do seu ato constitutivo no Registro Público de Empresas Mercantis.

Desse modo, verificada a causa dissolutória, promover-se-á a liquidação do ativo visando ao pagamento do passivo da sociedade, procedendo-se, ainda, à eventual partilha do acervo remanescente entre os acionistas, sendo certo que, uma vez ultimado esse estágio de liquidação, a partir da aprovação das contas do liquidante pela assembleia geral, a pessoa jurídica estará extinta.[1901]

O processo para pôr fim à existência legal da companhia é dotado de três etapas distintas, cada uma delas com um perfil jurídico próprio: a dissolução, a liquidação e a extinção.

[1898] *Company law*, p. 205, apud VALVERDE, Trajano de Miranda. *Sociedades por ações*. 2. ed. Rio de Janeiro: Forense, 1953. v. 2. p. 38.

[1899] PEIXOTO, Carlos Fulgêncio da Cunha. *Sociedades por ações*. São Paulo: Saraiva, 1972. v. 2. p. 238.

[1900] *Comentários à lei de sociedades anônimas*. 6. ed. São Paulo: Saraiva, 2014. v. 2. p. 428.

[1901] A companhia poderá restar extinta, ainda, a partir de outros motivos que não o encerramento da liquidação, como se dá nas hipóteses de fusão, incorporação e cisão total.

O conceito de dissolução deve considerar a configuração dessas três fases acima referidas e, assim, revelar uma acepção restrita do emprego do vocábulo à sua função jurídica no direito societário: a ocorrência de uma causa legal ou estatutária de desfazimento integral do vínculo societário, colocando a sociedade em liquidação, etapa esta consequente àquele rompimento e necessária para se atingir a extinção, momento em que desaparece a personalidade jurídica, marcando o fim efetivo da pessoa jurídica.[1902]

A causa ou motivação jurídica que conduz a sociedade à fase de liquidação pode, em algumas circunstâncias, ser removida pela assembleia geral ao deliberar pela cessação do estado de liquidação da companhia (inciso VII do art. 136 da LSA). Mas isso só é possível quando a vontade social puder superar, ulteriormente, o motivo jurídico que colocou a sociedade em liquidação, como, por exemplo, na dissolução de pleno direito verificada em função do término do prazo de duração (alínea *a* do inciso I do art. 206 da LSA) ou decorrente de deliberação da assembleia geral (inciso X do art. 136 e alínea *c* do inciso I do art. 206 da LSA).

As causas de dissolução são classificadas em três modalidades, segundo o meio pelo qual são operadas: (a) dissolução de pleno direito; (b) dissolução judicial; e (c) dissolução por decisão de autoridade administrativa.

Somente são admitidas como causa de dissolução aquelas expressamente previstas em lei ou no estatuto. Não é permitida a interpretação extensiva ou analógica para se pretender a dissolução da sociedade. A exegese dos dispositivos legais e estatutários é, portanto, restritiva.

O modelo construído pela LSA, seguindo a tradição legislativa antecedente, é o da dissolução total da companhia, a partir da clássica perspectiva de que os efeitos decorrentes da dissolução parcial traduzem um fenômeno estranho às sociedades de capital. Mas essa visão mais rígida restou relativizada, sob a forte influência dos princípios da função social da empresa e de sua preservação, para admitir, em situações especiais, a dissolução parcial da companhia. Terminou consagrada a possibilidade de dissolução parcial nas sociedades anônimas fechadas constituídas *cum intuitu personae*, quando verificada a ruptura efetiva e irreversível da *affectio societatis motivada* pela impossibilidade de atingir o seu fim.

2. A dissolução de pleno direito

Sérgio Campinho

A dissolução de pleno direito aparece disciplinada no inciso I do art. 206 da LSA. Essa categoria legal traduz, como causa dissolutória, a verificação de um fato que conduz a companhia à liquidação sem a necessidade de intervenção judicial. O seu resultado opera-se automaticamente.

Na dicção legal, dissolve-se a companhia de pleno direito: (a) pelo término do prazo de duração; (b) nos casos previstos no estatuto; (c) por deliberação da assembleia geral; (d) pela existência de um único acionista, verificada em assembleia geral ordinária, se o mínimo de 2 não for reconstituído até a do ano seguinte, ressalvada a subsidiária integral; e (e) pela extinção, na forma da lei, da autorização para funcionar (sociedades dependentes de autorização governamental).

As causas acima elencadas o são em *numerus clausus*, traduzindo, pois, um rol taxativo que não admite ampliações, ainda que por interpretações analógicas ou extensivas. O fato de o elenco apontar "casos previstos no estatuto" não desnatura esse caráter de regra fechada, na medida em que o intérprete não poderá adicionar outra motivação além daquelas já dispostas em lei ou previstas pelos acionistas no estatuto social, lei interna da sociedade.

As hipóteses de dissolução *pleno jure* são de fácil compreensão.

As companhias podem ter prazo determinado ou indeterminado para a sua duração. Tendo prazo determinado, o que não é tão frequente na prática societária, uma vez expirado o prazo assinado no estatuto, ela estará dissolvida, devendo ingressar na fase de liquidação, sob pena de operar como sociedade irregular, não admitindo a LSA a prorrogação tácita. De toda sorte, não existe qualquer óbice para que, antes do término do prazo, os acionistas resolvam prorrogá-lo. Deverão fazê-lo por meio de deliberação tomada

---

[1902] A palavra "dissolução" muitas vezes vem empregada em sua acepção mais ampla, traduzindo o processo de finalização da existência legal da pessoa jurídica como um todo, ou seja, compreendendo aquelas três fases distintas que a compõem (dissolução, liquidação e extinção). É usual o emprego das expressões "dissolução regular" e "dissolução irregular". Esta é a que se realiza sem a observância do devido processo legal para o regular desaparecimento da sociedade como sujeito de direito; aquela é justo a que observa esse processo em lei estabelecido, que no caso das sociedades anônimas necessariamente deverá se amoldar às disposições do Capítulo XVII de sua lei de regência.

em assembleia geral extraordinária, na qual adotarão um novo prazo determinado de duração ou o modelo do prazo indeterminado.

Não há que se confundir a sociedade com prazo determinado com aquela com prazo determinável. Nesta não há a definição do termo final para sua duração, mas sim a previsão no estatuto de um evento futuro e incerto como motivador de sua dissolução. Seria, por exemplo, a sociedade que se forma para a realização de um evento ou de um projeto específico, cujo fim, uma vez atingido, conduz à sua dissolução, por exaurimento do seu objeto.

Além dessa causa acima deduzida, pode o estatuto estabelecer outras situações como fator dissolutório, diante da liberdade de convenção de que desfrutam os acionistas. A dissolução, nas hipóteses previstas estatutariamente, se implementa sem a necessidade de qualquer deliberação dos acionistas reunidos em assembleia geral.

A inclusão da deliberação da assembleia geral como hipótese de dissolução de pleno direito tem sofrido algumas críticas na doutrina,[1903] porquanto não traduziria uma dissolução *ope legis* propriamente dita, sendo o resultado da vontade social, emitida segundo um *quorum* legalmente estabelecido (inciso X do art. 136 da LSA). Essa mesma ideia poderia se estender, também, à dissolução nos casos previstos no estatuto, igualmente tradutora de uma dissolução convencional. O certo, porém, é que a dissolução *pleno jure* contempla a dissolução convencional, na perspectiva de que ocorrendo quaisquer das situações previstas no rol do inciso I do art. 206, ela se opera por força de lei e de modo automático, não sendo necessária a intervenção do Poder Judiciário.

A dissolução resultante de decisão assemblear, atrelada ao *quorum* qualificado do art. 136 da LSA, realiza-se independentemente de motivação, traduzindo a vontade soberana da assembleia geral. Mas essa autonomia da vontade social encontra limite no abuso do poder de controle, que pode ser verificado quando o acionista controlador resolve promover a liquidação de companhia próspera (alínea *b* do § 1º do art. 117 da LSA), seja, por exemplo, para obter uma vantagem patrimonial específica, seja para afastar-se de um vínculo societário não mais desejado com certos minoritários, em prejuízo, pois, dos demais acionistas, dos empregados ou dos investidores de valores mobiliários emitidos pela companhia.

A unipessoalidade, ressalvada a figura da subsidiária integral (art. 251 da LSA), também constitui causa de dissolução. Contudo, a existência superveniente de um único acionista vem temporariamente admitida para a companhia. Essa admissão resulta dos princípios da função social da empresa e da preservação da empresa. Visa-se adicionar uma sobrevida em favor da sociedade que poderá, assim, ver reconstituído o seu quadro social, com obediência do número mínimo legal de sócios, sem solução de continuidade no exercício de sua empresa. Verificada a existência de um único acionista em assembleia geral ordinária, tem-se até a assembleia do ano seguinte a possibilidade de reversão desse quadro, com a admissão de um ou mais sócios para atender à recomposição do mínimo de 2 acionistas. Assim não se operando, é que a companhia estará de pleno direito dissolvida.

Algumas sociedades, para regularmente funcionar no país, necessitam de autorização governamental. São os casos das sociedades estrangeiras, qualquer que seja o objeto (art. 1.134 do Código Civil), e de certas sociedades brasileiras, que se dediquem, nos termos da Constituição Federal ou de lei especial, à exploração de determinadas atividades econômicas, como a de instituição financeira, a de seguradora, a de prestação de serviços de transportes aéreos, a de mineração, a de operação de planos de saúde, entre outras. A matéria, no campo da legislação ordinária geral, tem disciplina no Código Civil, nos arts. 1.123 a 1.141, no que pertine à competência, às condições, aos procedimentos e às formalidades a serem observados.

A extinção, na forma da lei, da autorização para funcionar caracteriza, desse modo, a sua dissolução de pleno direito, fazendo a companhia ingressar no processo de liquidação.

3. A dissolução judicial

Sérgio Campinho

A dissolução judicial, como o próprio nome já evidencia, é a que deriva de decisão judicial. O art. 206, em seu inciso II, arrola as seguintes hipóteses de dissolução judicial da companhia:

[1903] MARTINS, Fran. *Comentários à Lei das Sociedades Anônimas*. 2. ed. Rio de Janeiro: Forense, 1984. v. 3. p. 4; VAMPRÉ, Spencer. *Tratado elementar de direito comercial*. Rio de Janeiro: F. Briguiet, 1922. v. 2. p. 361; e LUCENA, José Waldecy. *Das sociedades anônimas*: comentários à lei. Rio de Janeiro: Renovar, 2012. v. 3. p. 150.

(a) quando anulada a sua constituição, em ação proposta por qualquer acionista; (b) quando provado que não pode preencher o seu fim, em ação proposta por acionistas que representem 5% ou mais do capital social; e (c) em caso de falência.

O processo de constituição da sociedade anônima exige a observância de uma série de requisitos materiais e formais legalmente estabelecidos. A ocorrência de vício ou defeito insanável é capaz de conduzir à anulação de sua constituição. A pretensão, que prescreve em 1 ano, contado da publicação dos atos constitutivos (*caput* do art. 285 da LSA), pode ser formulada por qualquer acionista, independentemente do grau de sua participação no capital social. Porém, mesmo depois de proposta a ação, é facultado à companhia, por deliberação da assembleia geral, tomar as resoluções e providências para que seja sanado o vício ou o defeito (parágrafo único do art. 285 da LSA), quando, por certo, for ele passível de uma atuação sanatória. Justifica-se a regra no princípio da preservação da empresa, possibilitando a superação das vicissitudes de menor gravidade, desprovidas do potencial de inviabilizar o funcionamento da empresa exercida pela sociedade.

A falência, diante do sistema da Lei nº 11.101/2005, encontra-se voltada à perspectiva de liquidação judicial do patrimônio insolvente. Trata-se, assim, de hipótese de dissolução necessariamente judicial da sociedade empresária, sujeita a regras de liquidação próprias ao estado de sua insolvabilidade, instituída, por força de lei, em benefício dos credores que nela concorrem, segundo um critério legal de preferência de seus créditos. Com a sentença que decreta a falência, tem-se verificada a causa dissolutória, desencadeando o procedimento destinado à liquidação do ativo para pagamento do passivo. Durante essa fase do processo falimentar, a sociedade conserva a sua personalidade jurídica que somente se extingue após o trânsito em julgado da sentença de encerramento da falência, seguida da realização do cancelamento do registro na Junta Comercial, pois antes de se proceder ao indigitado cancelamento é plausível entender admissível o reingresso da companhia na atividade empresarial.

A dissolução judicial quando provado que a companhia não pode preencher o seu fim é a causa de dissolução por decisão judicial mais desafiadora. A falta de uma precisa definição legal do que seja o "fim" da companhia abastece as reflexões.

A figura legal, em verdade, já é bastante conhecida no Direito brasileiro. O velho Código Comercial de 1850, ao cuidar das sociedades anônimas, dispunha, no item 3 do seu art. 295, que as companhias podiam ser dissolvidas, mostrando-se que não mais poderiam "preencher o intuito e fim social". No art. 336, ao cuidar das sociedades comerciais em geral, apontava, no item 1, como motivo de dissolução judicial, a demonstração de ser "impossível a continuação da sociedade por não poder preencher o intuito e fim social, como nos casos de perda inteira do capital social, ou deste não ser suficiente". Nesse preceito, avançava-se um pouco mais, exemplificando situações em que estaria caracterizada a impossibilidade de preenchimento do intuito e fim social. Mas longe também de propor uma definição. As legislações subsequentes referendavam a estrutura legal anterior, como se tinha, por exemplo, no Dec. 8.821/1882, que, em seu art. 77, item 7º, previa que as sociedades anônimas se dissolviam mostrando-se que elas não poderiam "preencher o seu fim por insuficiência de capital, ou por qualquer outro motivo". Igual redação se tinha no art. 148, item 7º, do Dec. 434/1891. O Dec.-lei 2.627/1940, na alínea *b* do art. 138, dispunha que a companhia entraria em liquidação judicial "por decisão definitiva e irrecorrível, proferida em ação proposta por acionistas que representem mais de um quinto do capital social e provem não poder ela preencher o seu fim".

Feito o ilustrativo relato histórico e adentrando no cerne da questão, penso que são dois os elementos a orientar a construção da ideia de "fim" da companhia: a realização de seu objeto e o escopo de lucro. Portanto, ela não estará apta a "preencher o seu fim" quando ficar demonstrado que não é mais capaz de explorar o seu objeto social e de produzir lucros, fatores que constituem a essência de sua existência (*caput* do art. 2º da LSA).

A inexequibilidade do objeto pode derivar de causas externas ou internas. São exemplos dessas causas: a superveniente proibição legal da atividade econômica em que ele se constitui; a não renovação de patente indispensável ao processo produtivo;[1904] a perda pela companhia de uma qualificação especial exigida por lei, como, por

---

[1904] LUCENA, José Waldecy. *Das sociedades anônimas*: comentários à lei. Rio de Janeiro: Renovar, 2012. v. 3. p. 176.

exemplo, o controle por brasileiros;[1905] a obsolescência dos bens produzidos ou dos meios necessários à produção; e a perda integral do capital ou a sua insuficiência para a exploração da atividade econômica, evidenciada pela impossibilidade ou recusa de novos aportes pelos acionistas.

De todo modo, ainda que a companhia não se veja impedida de manter em operação o seu objeto, é mister que essa operação seja apta a gerar lucros a serem partilhados entre os acionistas. Alerte-se para o fato de que não é qualquer dificuldade passageira ou a verificação de prejuízos em alguns exercícios que irá caracterizar a impossibilidade do preenchimento do seu fim lucrativo, mas sim a impossibilidade manifesta de gerar lucros, motivada por uma causa duradoura e insuperável, a ser aferida pelas circunstâncias de cada caso concreto. Impõe-se, assim, fazer uma criteriosa análise de viabilidade econômico-financeira da empresa exercida pela companhia.

O simples desaparecimento da *affectio societatis*, na estrutura legal das sociedades anônimas, não é, em regra, admitido como causa ou motivo para a sua dissolução judicial. Isso porque as companhias são enquadradas, principiologicamente, no rol das sociedades de capital. A sua estruturação econômica minimiza a influência da condição pessoal dos sócios para impulsionar a formação e a continuação do vínculo societário. O ponto de gravidade da sociedade não repousa, destarte, na qualificação subjetiva do sócio, mas sim na sua capacidade de investimento. A importância está na contribuição do sócio para o capital social, sendo relegada a um plano secundário a sua qualidade pessoal. Nas sociedades de capital, é desinfluente quem seja o titular da condição de sócio, mas é decisivamente influente a contribuição material que ele é capaz de verter em prol dos fundos sociais.[1906] Portanto, a regra geral é construída no sentido de prestigiar a permanência dos acionistas na companhia e a sua capitalização, somente permitindo o recesso do sócio naquelas hipóteses legalmente autorizadas.

No entanto, identifica-se no mercado societário a presença, em certas estruturas de sociedades anônimas com capital fechado, de um marcante caráter personalista a fundamentar a sua criação e a dinâmica de exploração da empresa. Não são raros os casos em que se tem a figura dos acionistas como elemento fundamental e preponderante da formação societária. Essas companhias vivem e progridem a partir da consideração da qualidade pessoal dos sócios que as integram, sendo determinantes, entre outros fatores, o conhecimento e confiança recíprocos, a capacitação de todos os membros para o negócio, o escopo de gerar e manter a riqueza circunscrita a um grupo fechado etc. Exemplos concretos desse fenômeno são as sociedades ditas familiares, inacessíveis a estranhos, cujas ações circulam entre os poucos acionistas que as compõem. São elas, assim, formadas *cum intuitu personae*, pois o *animus* que se requer dos acionistas não é apenas material, mas fundamentalmente pessoal.

Apresentando a companhia fechada a condição de sociedade *intuitu personae*, admite-se possa ser ela dissolvida, e de forma parcial, quando verificado que a ruptura da *affectio societatis* é impeditiva para que alcance ou preencha o seu fim. A desinteligência grave, manifesta e irremediável entre os acionistas constitui-se em causa determinante para o desfazimento do vínculo societário nessas companhias em que as qualidades pessoais dos seus acionistas assumem relevância e dimensão para o desenvolvimento das atividades sociais.

Em linha de princípio, a dissolução parcial e a consequente apuração de haveres do acionista não se amoldam ao sistema geral da LSA. A regra que a inspira é a da dissolução total. Contudo, não há óbice à adoção da dissolução parcial naquela situação peculiar e excepcional, em que a dissolução vem fundada no desaparecimento da *affectio societatis, comprometendo o fim comum da organização e* a indispensável inter-relação entre os deveres de colaboração e de contribuição dos sócios.

Não se pode olvidar que o próprio Código Comercial, no passado, ao cuidar das sociedades comerciais nos seus arts. 335 e 336, adotou a pressuposição de que a dissolução seria sempre total. Foi nesse ambiente de rigor do referido Código que, em evolução indispensável à ciência jurídica, doutrina e jurisprudência foram sendo construídas no sentido de se consagrar a dissolução parcial nas sociedades limitadas, movidas pelo explícito escopo de preservação da empresa, em razão de sua notória importância no desenvolvimento econômico e social do país, como fonte geradora de empregos diretos e indiretos,

---

[1905] TEIXEIRA, Egberto Lacerda; GUERREIRO, José Alexandre Tavares. *Das sociedades anônimas no direito brasileiro*. São Paulo: Bushatsky, 1979. v. 2. p. 626.

[1906] CAMPINHO, Sérgio. *Curso de direito comercial*: direito de empresa. 16. ed. São Paulo: Saraiva, 2019. p. 63.

tributos, bens e serviços para o mercado, o que consolida sua noção de geração de riquezas no mundo contemporâneo.

Nesse mesmo pressuposto, na situação específica de dissolução de uma sociedade anônima fechada, com conteúdo nitidamente personalista, dissolução essa fundada na irremediável quebra da *affectio societatis*, é plenamente aplicável o instituto da dissolução parcial, porquanto, em conciliação dos múltiplos interesses envolvidos na empresa, permite que o sócio dissidente do negócio se retire, mediante o justo reembolso do valor de seus haveres, sem que a sociedade e a empresa por ela desenvolvida desapareçam, podendo permanecer com os acionistas remanescentes.

Essa linha de entendimento, já por mim há muito defendida,[1907] ganhou força na construção da jurisprudência do Superior Tribunal de Justiça.

Em um primeiro estágio de sua evolução, a Corte manteve-se vacilante quanto à adoção desta orientação.

No REsp 171.354/SP, julgado em 16.11.2000, a Terceira Turma, à unanimidade de votos, entendeu pela impossibilidade jurídica do pedido, pois a espécie societária não admitiria "o direito de recesso do sócio descontente".[1908] No mesmo sentido, o REsp 419.174/SP, julgado em 15.08.2002, pela mesma Terceira Turma e também por unanimidade, afirmou ser "incompatível com a natureza e o regime jurídico das sociedades anônimas o pedido de dissolução parcial, feito por acionistas minoritários, porque reguladas em lei especial que não contempla tal possibilidade".[1909] Nos dois julgados, o pano de fundo consistia em sociedades anônimas fechadas, com perfil familiar.

Contudo, ulteriormente, a tese da dissolução parcial passou a prevalecer, unificando-se o entendimento na 2ª Seção daquele Tribunal. Exemplificativamente, tem-se o julgamento dos EDiv no REsp 419.174/SP, pela mencionada 2ª Seção, em 28.05.2008, cuja decisão veio assim ementada:[1910]

"Comercial. Sociedade anônima familiar. Dissolução parcial. Inexistência de *affectio societatis*. Possibilidade. Matéria pacificada. I. A 2ª Seção, quando do julgamento do EREsp n. 111.294/PR (Rel. Min. Castro Filho, por maioria, *DJU* de 10-9-2007), adotou o entendimento de que é possível a dissolução de sociedade anônima familiar quando houver quebra da *affectio societatis*. II. Embargos conhecidos e providos, para julgar procedente a ação de dissolução parcial."

O entendimento assentado naquela Corte Superior sufraga a tese da aplicação do instituto da dissolução parcial, diante da ruptura da *affectio societatis*, como uma real e efetiva alternativa à dissolução total no âmbito das sociedades anônimas fechadas que ostentem um viés personalista e hermético, apesar do tipo adotado.

O Código de Processo Civil de 2015 passou a prever expressamente, no § 2º do art. 599, que a ação de dissolução parcial de sociedade pode ter também por objeto a sociedade anônima de capital fechado quando demonstrado, por acionista ou acionistas que representem 5% ou mais do capital social, que não pode preencher o seu fim.

A regra processual, à luz da inteligência conferida àquela constante da alínea *b* do inciso II do art. 206 da LSA, legitima mais uma situação de retirada do acionista, a realizar-se no plano judicial. No meu ponto de vista, o dispositivo normativo visou a reproduzir o entendimento jurisprudencial consolidado no Superior Tribunal de Justiça. Fundado o pedido de dissolução na impossibilidade do preenchimento do fim social, deve o juiz deferir a dissolução parcial, em apreço ao princípio da preservação da empresa, salvo naquelas situações em que não houver empresa a ser preservada, o que será aferido diante de cada caso concreto.

4. A dissolução por decisão administrativa

SÉRGIO CAMPINHO

Derradeiramente, o art. 206, em seu inciso III, cuida da dissolução resultante de decisão de

---

[1907] Cf. A dissolução da sociedade anônima por impossibilidade de preenchimento de seu fim. *Revista da Faculdade de Direito da Universidade do Estado do Rio de Janeiro – UERJ*, n. 3, Rio de Janeiro: Renovar, 1995, p. 85/90.

[1908] REsp 171.354/SP. Rel. Min. Waldemar Zveiter. 3ª T. j. 16.11.2000, unânime.

[1909] REsp 419.174/SP. Rel. Min. Carlos Alberto Menezes Direito. 3ª T. j. 15.08.2002, unânime.

[1910] EDiv no REsp 419.174/SP. Rel. Min. Aldir Passarinho Júnior. 2ª S. j. 28.05.2008, unânime. Nesse mesmo sentido, confiram-se: AgRg no REsp 1.079.763/SP. Rel. Min. Aldir Passarinho Júnior. 4ª T. j. 25.08.2009, unânime; AgRg no AgIn 1.013.095/RJ. Rel. Min. Raul Araújo Filho. 4ª T. j. 22.06.2010, unânime; e REsp 917.531/RS. Rel. Min. Luís Felipe Salomão. 4ª T. j. 17.11.2011, unânime.

autoridade administrativa competente, nos casos e formas previstos em lei especial. A hipótese fica jungida à denominada liquidação extrajudicial, a que se encontram subordinados os executores de determinadas atividades econômicas para as quais a lei reservou um regime específico de tratamento de suas situações de crise econômico-financeira, apartado do regime da falência e da recuperação judicial.

Como exemplo se tem o da liquidação extrajudicial das instituições financeiras por ato, por decisão administrativa (causa dissolutória), do Banco Central, cuja disciplina se estabelece na Lei nº 6.024/1974. A ele se somam os tratamentos reservados às sociedades seguradoras (Dec.-lei nº 73/1966), às sociedades operadoras de planos de assistência à saúde (Lei nº 9.656/1998), às cooperativas de crédito (art. 1º da Lei nº 6.204/1974), às sociedades que integram o sistema de distribuição de títulos ou valores mobiliários no mercado de capitais, assim como às corretoras de câmbio (arts. 52 e 53 da Lei nº 6.024/1974).

Em todas essas situações, as pessoas jurídicas referenciadas ficam submetidas a um regime de liquidação forçada, sendo a causa dissolutória a decisão, na forma da lei, de autoridade administrativa competente. Esse tratamento, oriundo de lei especial, justifica-se em função do interesse público que reveste o objeto desenvolvido por tais sociedades.

5. A dissolução parcial de sociedade anônima na jurisprudência

Fábio Ulhoa Coelho

A doutrina societarista tradicionalmente se posiciona contrária à dissolubilidade parcial da sociedade anônima, em função das características do tipo.[1911] Esse entendimento se refletia nas decisões do STJ. Em julgado de 16.11.2000, por exemplo, sob a relatoria do Min. Waldemar Zveiter, a 3ª Turma confirmou a decisão da justiça paulista, que julgara improcedente o pedido de dissolução parcial de sociedade anônima, cujo fundamento era a perda da *affectio societatis*. Considerou-se, na oportunidade, que a sociedade anônima é "espécie societária que não admite a dissolução parcial, mas o direito de recesso do sócio descontente. Pedido de dissolução, no caso, é juridicamente impossível, [sendo] a requerente carecedora da ação" (REsp 171.354-SP).

E no REsp 419.174-SP, sob a relatoria do Min. Menezes Direito, o STJ reformou a decisão da justiça paulista, que havia concedido a dissolução parcial de sociedade anônima. Para o relator, "não é possível a dissolução [parcial] de sociedade anônima, pouco importando as peculiaridades de cada caso. O que se deve levar em conta é a natureza jurídica da sociedade. Se sociedade anônima, está submetida ao disposto em lei especial, que não agasalha a dissolução parcial, com a apuração de haveres dos sócios retirantes. A dissolução é própria do tipo de sociedades de pessoas, como as sociedades por cotas de responsabilidade limitada, que está subordinada ao contrato social e admite a possibilidade de dissolução, não é possível [transplantar] regras próprias de um tipo para o outro".[1912]

Hoje, contudo, prevalece no STJ o entendimento oposto, de admissibilidade da dissolução parcial de sociedades anônimas. Até mesmo a decisão proferida no REsp 419.174-SP foi alterada em sede de embargos de divergência, para se decretar a dissolução parcial da anônima.

Já em 25.03.2002, a 3ª Turma reformou decisão da justiça carioca, que havia determinado a dissolução parcial de uma sociedade anônima. Nessa oportunidade, porém, apesar de afastar *in casu* a dissolução parcial, o STJ admitiu que ela

---

[1911] Ressaltando que esta doutrina foi produzida anteriormente à vigência do Código de Processo Civil de 2015, cfr., por todos, EIZIRIK, Nelson. *A Lei das S/A comentada*. 2. ed. São Paulo: Quartier Latin, 2015. p. 37-42. É certo, ademais, que, mesmo antes da entrada em vigor desse Código, alguns doutrinadores já se posicionavam favoravelmente à dissolubilidade das sociedades anônimas fechadas que, de modo incongruente com o respectivo tipo, ostentavam a marca *intuitu personae*, sempre que ocorresse a quebra da *affectio societatis*. Cfr., Sérgio Campinho (*O direito de empresa à luz do novo Código Civil*. 11. ed. Rio de Janeiro: Renovar, 2010. p. 59/60) e Uinie Caminha (Dissolução parcial da S/A. Quebra da *affectio societatis*. Apuração de haveres. *Revista de Direito Mercantil*, v. 114, São Paulo: Malheiros, p. 174-182, abr.-jun. 1999).

[1912] Mesmo o STJ tendo, aqui, considerado que em nenhum caso caberia a dissolução parcial da sociedade anônima, chama a atenção, nesse precedente, a particularidade de que a sociedade era limitada quando se deu a sucessão *mortis causa* e, posteriormente, os sócios deliberaram por sua transformação em anônima. No meu modo de ver a questão, mesmo em se admitindo a possibilidade de excepcionalmente se decretar a dissolução parcial da sociedade anônima, em hipóteses como esta, ela não caberia porque os acionistas, ao aprovarem a transformação, haviam declarado diretamente a concordância em participarem de uma sociedade deste tipo (ver comentário n. 7).

poderia ser excepcionalmente aplicada ao tipo societário. Segundo a relatora, Ministra Nancy Andrighi, um pedido de dissolução parcial de sociedade anônima "pode ser analisado sob a ótica do art. 335, item 5, do Código Comercial, desde que diante de peculiaridades do caso concreto"; mas devem-se "aferir cada uma e todas as razões que militam em prol da preservação da empresa e da cessação de sua função social, tendo em vista que os interesses sociais hão de prevalecer sobre os de natureza pessoal de alguns dos acionistas" (REsp 247.002-RJ).

Em 28.06.2006, a 2ª Seção do STJ proferiu a decisão que se tornou o *leading case*, no âmbito de embargos de divergência (EREsp 111.294-PR). A ação de dissolução de sociedade, proposta em 1991, tinha por objeto uma companhia paranaense dedicada à produção de papel e celulose (Cocelpa). Em primeiro grau de jurisdição, foi acolhido o pedido alternativo de dissolução parcial com os seguintes fundamentos: "a companhia envolve um grupo familiar, que ao início era evidentemente menor. Foi aumentando com a entrada de filhos, genros, netos. Embora sociedade anônima, aí sem dúvida imperou para a sua constituição o aspecto pessoal, a confiança, até mesmo predominante sobre o caráter capitalista a que deram tanta ênfase os réus em sua contestação. Quem se atém à leitura dos atos constitutivos e demais documentos inerentes à formação da companhia em tela convence-se logo de que para a sua formação foi imperante e decisivo o aspecto pessoal e familiar dos sócios. Ou seja, a confiança, então imperante. Este elemento não encontra outra designação a não ser *affectio societatis*".

O TJPR rejeitou a apelação, mas deu, na fundamentação, menos peso à questão da pessoalidade do vínculo e ao fim da *affectio*, destacando "que os recorridos não recebem dividendos há muitos anos, não aferindo qualquer vantagem com a sociedade, assim não está a sociedade atingindo sua finalidade – hipótese que se enquadra no art. 206, II, letra 'b' da Lei 6.404/1976".

Em 28.05.2001, a 4ª Turma confirmou, por maioria, a dissolução parcial em julgado relatado pelo Min. Asfor Rocha, com a seguinte ementa: "pelas peculiaridades da espécie, em que o elemento preponderante, quando do recrutamento dos sócios, para a constituição da sociedade anônima envolvendo pequeno grupo familiar, foi a afeição pessoal que reinava entre eles, a quebra da *affectio societatis* conjugada à inexistência de lucros e de distribuição de dividendos por longos anos, pode se constituir em elemento ensejador da dissolução parcial da sociedade, pois seria injusto manter o acionista prisioneiro da sociedade, com seu investimento improdutivo, na expressão de Rubens Requião. O princípio da preservação da sociedade e de sua utilidade social afasta a dissolução integral da sociedade anônima, conduzindo à dissolução parcial". Como se vê, voltou a ter maior preponderância, no julgamento deste caso, o caráter personalístico da relação societária que, para se compatibilizar com o tipo da anônima, deveria se caracterizar pelo *intuitus pecuniae*.

No âmbito dos embargos de divergência, rejeitados por maioria, entendeu-se que o desaparecimento da *affectio societatis* configuraria "verdadeiro impedimento a que a companhia continue a realizar o seu fim, com a obtenção de lucros e distribuição de dividendos, em consonância com o artigo 206, II, 'b', da Lei 6.404/1976, já que dificilmente pode prosperar uma sociedade em que a confiança, a harmonia, a fidelidade e o respeito mútuo entre os seus sócios tenham sido rompidos", conforme consta do voto do relator Min. Castro Filho.[1913] Ele se preocupou, contudo, em acentuar: "não se desconhece que, em regra, a possibilidade de dissolução parcial com a consequente apuração de haveres dos sócios dissidentes, é incompatível com esse tipo de sociedade, porque própria tal iniciativa das sociedades de pessoas e na sociedade por cotas. Todavia, na espécie, assim como asseverou o acórdão embargado, penso que a regra da dissolução total em nada aproveitaria aos valores sociais envolvidos no que diz respeito à preservação de empregos, arrecadação de tributos e desenvolvimento econômico do país, razão pela qual sou a favor que o rigorismo legislativo ceda lugar ao princípio da preservação da empresa [...]. Destarte, na hipótese, diante das especificidades do caso concreto, tenho que a aplicação da dissolução parcial, com a retirada dos sócios dissidentes, após a apuração

---

[1913] Coincide com o entendimento expresso por Fábio Konder Comparato acerca da dissolução total: "o estado de grave e insuperável discórdia no corpo acionário, quando representa obstáculo ao normal funcionamento dos órgãos sociais e, sobretudo, quando impede a livre realização do fim social, vale dizer, a produção e partilha de lucros, é causa legítima de dissolução judicial de uma sociedade anônima, mormente na hipótese em que os remédios normais de proteção aos minoritários se revelam ineficientes" (Reflexões sobre a dissolução judicial de sociedade anônima por impossibilidade de preenchimento do fim social. *Revista de Direito Mercantil*, v. 96, out.-dez. 1994, p. 72).

de seus haveres em função do valor real do ativo e passivo, é a solução que melhor concilia o interesse individual dos acionistas retirantes com o princípio da preservação da sociedade e sua utilidade social, para que não haja a necessidade de solução de continuidade da empresa, que poderá prosseguir com os sócios remanescentes".

Após este julgamento, assentou-se, no STJ, a admissibilidade da dissolução parcial de sociedade anônima fechada, especialmente as "familiares", em que ocorrer a quebra da *affectio societatis*. Considera-se, de modo geral, esse fato suficiente à caracterização do não preenchimento do fim social. Como, ademais, esse fundamento autoriza a dissolução *total* (LSA, art. 206, II, *b*), caberia conceder-se não esta, mas sim a *parcial* em homenagem à preservação da empresa.

Para completar o quadro, ressalto que numa decisão, de 06.12.2012, o STJ já considerou que até mesmo a sociedade anônima não-familiar, de indiscutível natureza capitalista, pode ser parcialmente dissolvida. Aqui, a caracterização do não preenchimento do fim social deu-se não mais pela quebra da *affectio societatis*, mas sim pela não distribuição de dividendos por um prazo longo (REsp 1.321.263-PR, sob a relatoria do Min. Moura Ribeiro).

Deste modo, sintetiza-se o entendimento do STJ sobre o assunto nos seguintes moldes: quando a sociedade anônima fechada tem natureza personalística, principalmente sendo familiar, a quebra da *affectio societatis* configura motivo suficiente para o não preenchimento do fim social; e quando tem natureza capitalista, a condição do não preenchimento do fim social se verifica quando não distribui dividendos por um prazo extenso. Num caso ou no outro, não se concede a dissolução total prevista no art. 206, II, "b", da LSA, mas procede-se à dissolução parcial, em razão do princípio da preservação da empresa.[1914]

6. A dissolução parcial das sociedades anônimas no Código de Processo Civil

Fábio Ulhoa Coelho

O Código de Processo Civil autoriza a ação de dissolução parcial que tenha *"por objeto a sociedade anônima de capital fechado, quando demonstrado por acionista ou acionistas que representem cinco por cento ou mais do capital social, que não pode preencher o seu fim"* (art. 599, § 2º). Como se vê, a previsão legal não contempla as hipóteses de dissolução parcial da sociedade anônima fundadas na morte ou exclusão do acionista, fatos jurídicos inoponíveis à estabilização do vínculo acionário. Mas, o STJ já reconheceu, em um caso pelo menos, a dissolubilidade parcial da sociedade anônima por meio da exclusão de acionistas que romperam a *bona fides societaris* (REsp. 917.531-RS, Rel. Min. Luis Felipe Salomão).

Na verdade, o que o art. 599, § 2º, do CPC, prevê é uma nova hipótese de direito de retirada para o acionista, além das já estabelecidas na Lei nº 6.404/1976 (LSA). Na aplicação da norma da legislação processual, portanto, é pertinente a observância dos preceitos da LSA sobre o exercício do direito de retirada. Em particular, o insatisfeito pode, previamente ao ajuizamento da ação, notificar a companhia pleiteando o reembolso de suas ações, no prazo de 30 dias contados da caracterização do fundamento que alega (art. 137, IV), e se desconstitui o direito de retirada caso a companhia, nos 10 dias seguintes à notificação ou à citação na ação de dissolução parcial, convocar assembleia geral para deliberar sobre matéria que atenda à insatisfação alegada como fundamento (art. 137, § 3º). Por exemplo, se o acionista, na notificação ou petição inicial, sustenta que a não distribuição de dividendos por longo prazo caracterizaria o não preenchimento do fim social, a companhia pode legitimamente frustrar a sua dissolução parcial deliberando pela imediata distribuição de dividendos em volume razoável.

Aparentemente, a norma procurou reproduzir o entendimento jurisprudencial assentado no STJ, ao eleger como fundamento para a dissolução parcial o não preenchimento do fim da sociedade. Mas se afasta deste entendimento, ao estabelecer um mínimo de participação acionária como requisito de legitimação ativa. De qualquer modo, tendo agora o direito positivo disposto sobre o tema, não poderá mais a jurisprudência acolher pedidos de dissolução parcial de sociedades anônimas formulado por acionista

---

[1914] A pertinência da dissolução parcial da sociedade anônima como substituta da dissolução total, com vistas a atender ao princípio da preservação da empresa, é acertada e largamente reconhecida pela doutrina (ZANINI, Calos Klein. *A dissolução judicial da sociedade anônima*. Rio de Janeiro: Forense, 2005. p. 281-283). Contudo, deve-se ater, com rigor, às hipóteses em que cabe a dissolução total da companhia, para que se respeitem as diferenças tipológicas em relação às sociedades contratuais.

ou acionistas com participação acionária inferior à 5% do capital social.

Note-se, por fim, que o art. 206, II, "b", da LSA, estabelece o mesmo fundamento mencionado no art. 599, § 2º, do CPC, para a dissolução *total* da companhia. Significa dizer que nenhum acionista tem atualmente o direito de buscar em juízo a dissolução total da sociedade anônima por esse fundamento. Se a postular, alegando o não preenchimento do fim social, deve o juiz conceder a dissolução parcial, como recomenda o princípio da preservação da empresa. Mas, independentemente disso, a melhor interpretação do art. 599, § 2º, do CPC é a de que revoga o art. 260, II, "b", da LSA. Com a entrada em vigor do Código de Processo Civil em 2016, o não preenchimento do fim da sociedade, demonstrado por acionista ou acionistas titulares de 5% ou mais do capital social, deixou de ser causa de dissolução total para se tornar mais uma hipótese de direito de retirada.

A lei, contudo, mantém em aberto *como* se caracteriza o não preenchimento do fim social. A positivação da matéria pelo art. 599, § 2º, do CPC, em nada deve alterar, assim, o entendimento do STJ, que, como visto, considera haver dois fatos que configuram o não preenchimento do fim da companhia fechada: a quebra da *affectio societatis* na que revela caráter personalístico e a não distribuição de dividendos, por período considerável, nas demais.

7. Crítica à dissolução parcial da sociedade anônima

FÁBIO ULHOA COELHO

Em razão do princípio da tipicidade no direito societário não é possível a constituição de uma sociedade que não corresponda a um dos tipos legalmente estabelecidos. Os sócios não têm ampla liberdade de contratação sobre os direitos que reciprocamente se outorgam, ao manifestarem a vontade de se unirem em sociedade. Em alguns tipos, a margem para a disposição da vontade dos sócios é maior do que em outros, mas em todos a configuração tipológica lhe impõe significativos limites.

Decorre, assim, do princípio da tipicidade, haver direitos que os sócios titulam se contrataram a sociedade de um tipo, mas não os titulam se o tipo societário escolhido for outro. Tomando em conta apenas os dois tipos existentes na prática (sociedade limitada ou anônima), pode-se divisar na questão da dissolução parcial uma clara diferença entre eles. No tipo "limitada", a regra é a da *instabilidade* do vínculo entre os sócios, até mesmo com o direito ao desfazimento unilateral imotivado a qualquer tempo (se o prazo for indeterminado e a regência supletiva for a das sociedades simples). No tipo "anônima", dá-se o inverso: a regra é a da *estabilidade* do vínculo entre os acionistas, de modo que apenas excepcionalmente tem o minoritário insatisfeito o direito de se retirar da sociedade e receber o reembolso das ações.

A partir desta crucial diferença na natureza do vínculo societário, a dissolução parcial é possível em qualquer sociedade limitada, mas só se aplica a umas poucas sociedades anônimas. Além disso, enquanto na sociedade limitada, a dissolução parcial pode ter por causa a morte do sócio, sua exclusão ou o exercício do direito de retirada, na anônima, apenas esta última tem cabimento. Vale dizer, quando a anônima é parcialmente dissolvida, isso se deve sempre à iniciativa de um acionista minoritário insatisfeito de se desligar da sociedade e ter as ações reembolsadas.

O critério para delimitar quais seriam as sociedades anônimas passíveis de dissolução parcial, contudo, não tem sido claro. O único requisito objetiva e precisamente estabelecido é a natureza da dissolvenda de companhia fechada, excluindo-se por completo, e acertadamente, a dissolução parcial de sociedades anônimas abertas. Para além desse ponto, porém, a jurisprudência do STJ e o Código de Processo Civil mencionam a não realização do fim da sociedade como fundamento para configuração da situação especial, em que é excepcionada a regra da estabilização do vínculo societário.

Marcelo Guedes Nunes propôs o conceito de "sociedade heterotípica", no contexto da discussão sobre os fundamentos para se resolverem conflitos societários de modo diverso do previsto para o correspondente tipo. Como demonstrou com base em inovadora pesquisa empírica, enquanto uma crise política no âmbito da sociedade limitada resolve-se normalmente por meio da dissolução parcial (com o afastamento de um dos sócios e o pagamento de seus haveres), na sociedade anônima, o meio usual de solução é a anulação de deliberações dos órgãos sociais. A sociedade é heterotípica quando o conflito entre os sócios se resolve por meio próprio ao outro tipo. Assim, quando negócios societários são anulados como forma de superar os conflitos entre sócios de uma limitada ou na hipótese de dissolução parcial da anônima, essas sociedades são heterotípicas.[1915]

Em que hipóteses, porém, dá-se a heterotipia, se o conflito envolve acionistas? Quando a companhia é heterotípica, e pode ser parcialmente dissolvida? A resposta que a jurisprudência e a lei dão a essas questões assenta-se, como visto, na questão do preenchimento, ou não, do fim da sociedade, sendo ela fechada. Por esse critério, heterotípica é a sociedade que não preenche o seu fim. Mas os dois fatos tidos como característicos do comprometimento do fim social, na verdade, não são aptos a essa caracterização.

Como visto, a suficiência do término da afeição entre os acionistas para caracterizar o comprometimento do fim social e autorizar a dissolução parcial da sociedade anônima personalista fechada corresponde ao entendimento atual do STJ sobre a matéria (REsp 1.400.264-RS. Rel. Min. Nancy Andrighi; REsp 1.128.431-SP. Rel. Min. Nancy Andrighi; AgRg no Ag 1.013.095-RJ. Rel. Min. Raul Araújo). A tentativa de se discutir a suficiência da quebra da *affectio societatis*, no âmbito dos Embargos de Divergência 1.079.063-SP (Rel. Min. Sindei Beneti), restou frustrada, em 25.04.2012, em razão da coincidência de entendimentos entre a decisão embargada e as paradigmáticas invocadas no recurso. Esse entendimento, porém, é muito questionável. Desentendimentos graves entre os sócios nem sempre impedem a sociedade de prosperar,[1916] não podendo, assim, servir de presunção absoluta de comprometimento do fim social. Leve-se, ademais, em consideração que a quebra da *affectio* é matéria prenhe de subjetividade. Basta, afinal, um dos acionistas querer sair da sociedade, para simplesmente passar a agir de modo a tornar a convivência entre os sócios difícil ou mesmo insuportável.

O fim da sociedade anônima não é, convenhamos, manter a harmonia entre os acionistas.[1917] É, ao contrário, fazer com que lucrem a partir da exploração de uma atividade econômica, impulsionada pelo capital por eles provido.[1918] É para isso somente que se constitui qualquer sociedade empresária. A sociedade anônima que atende a essa condição cumpre o seu fim, mesmo que os acionistas não consigam conviver pacificamente. Em outros termos, o comprometimento do fim de uma sociedade anônima não se mede nem pela irrealização do objeto social, nem pela desarmonia nas relações entre os sócios. Mede-se pelos dividendos distribuídos aos acionistas, em função de lucros gerados pela exploração de atividade empresarial.[1919]

Mas também não é consistente o entendimento de que, nas sociedades anônimas que ostentam apropriado caráter capitalista, a simples ausência de distribuição de dividendos comprometeria o fim social. A questão não é tão simples assim.[1920] Não se caracteriza a heterotipia da sociedade anônima tão somente a partir da comprovação de que ela não tem distribuído dividendos aos seus acionistas, por um prazo considerado excessivo.

É necessário verificar, inicialmente, se a empresa explorada pela companhia está gerando lucros.

[1915] *Jurimetria aplicada ao Direito Societário* – um estudo estatístico da dissolução de sociedade no Brasil. Tese de doutorado aprovada na Pontifícia Universidade Católica de São Paulo, em 2012, p. 296.

[1916] Cfr. ZANINI, Carlos Klein. *A dissolução judicial da sociedade anônima*. Rio de Janeiro: Forense, 2005. p. 225-227.

[1917] Há doutrina que considera a quebra da *affectio* na sociedade *holding* como circunstância em que aparece "com nitidez" o comprometimento do fim social (PENTEADO, Mauro Rodrigues. *Dissolução e liquidação de sociedades*. 2. ed. São Paulo: Saraiva, 2000, p. 217). Entretanto, também quando se trata de sociedade *holding*, a finalidade não é a manutenção da harmonia entre seus acionistas, mas igualmente a geração, para eles, dos ganhos representados por dividendos.

[1918] Na lição de Modesto Carvalhosa: "o conceito de fim social, cuja realização é requisito de continuidade da companhia, traduz-se como capacidade de realização de lucros a serem distribuídos aos acionistas. A apuração de lucros distribuíveis e efetivamente distribuídos aos acionistas é da essência da sociedade anônima. [...] Temos, assim, dois elementos fundamentais para a permanência da companhia: o primeiro, de natureza objetiva, de ser ela lucrativa. O segundo, de ser a companhia capaz de atender ao direito subjetivo do acionista de receber parcela compatível e proporcional ao lucro apurado, sob a forma de dividendos" (*Comentários à lei de sociedades anônimas*. 5. ed. São Paulo: Saraiva, 2011. p. 87, v. 4, t. I).

[1919] Para Mauro Rodrigues Penteado, o *leading case* data de 1953, quando o STF proferiu julgado considerando a não distribuição de dividendos, por tempo prolongado, uma hipótese de não cumprimento do fim social (*Dissolução e liquidação de* sociedades. 2. ed. São Paulo: Saraiva, 2000. p. 215-216).

[1920] Para uma visão da complexidade da matéria, embora a partir de pressupostos não inteiramente coincidentes com os adotados nesse comentário, ver ZANINI, Carlos Klein. *A dissolução judicial da sociedade anônima*. Rio de Janeiro: Forense, 2005. p. 71-230.

Em fase pré-operacional ou mesmo durante crises econômicas, gerais ou particulares, evidentemente não se espera que a sociedade tenha lucros para distribuir. Demonstrada ser essa a situação, não se caracteriza a frustração do fim social. Outra hipótese em que não há o comprometimento do fim social é a de retenção de lucros lastreada em orçamento de capital e feita com a observância das demais condições para a constituição dessa reserva contábil (LSA, art. 196). Ele somente se caracteriza quando a retenção de lucros não for feita na forma da lei acionária ou se, mesmo observando as formalidades desta, houver abuso de poder de controle. Apenas se ficar provado que o controlador está abusando dos seus direitos societários para fazer com que a companhia sonegue dividendos, é que se verifica o não preenchimento do fim da sociedade. De um modo sintético, se o fundamento da heterotipia é o não preenchimento do fim social, a sociedade anônima se torna heterotípica quando verificada a retenção ilegal ou abusiva de dividendos.

Minha crítica reside nesses pontos: de um lado, a quebra da *affectio societatis* não é indicativo de que a sociedade não pode mais realizar o seu fim; de outro, nem toda a hipótese de não distribuição de dividendos por longos períodos indica o comprometimento do fim social. Não é por esses critérios, em suma, que se consegue identificar a anônima heterotípica.

Entendo que a heterotipia da sociedade anônima, que justificaria a sua dissolução parcial, não deve ser decorrência do descumprimento do fim social, seja pela quebra da *affectio societatis* nas sociedades familiares, seja pela retenção ilegal ou abusiva de dividendos nas demais. A sociedade anônima pode estar preenchendo o seu fim, em clima de harmonia entre os sócios e pagando dividendos com regularidade, e mesmo assim deveria ser passível de dissolução parcial, mediante a retirada do acionista e o reembolso de suas ações. De outro lado, mesmo em caso de grave desinteligência entre os acionistas ou prolongada retenção de dividendos, a sociedade anônima não deveria ser parcialmente dissolvida somente por tais razões. É necessário e oportuno fortalecer a tipologia do direito societário.

O que fundamenta a heterotipia é um aspecto bem diverso do problema: a inexistência de declaração de vontade do acionista descontente no sentido de compor uma sociedade do tipo anônima, desde que ela seja fechada. Configurado esse pressuposto, deveria ser reconhecido o direito de ele se desligar do vínculo acionário, com cuja constituição não chegara a concordar, direta ou indiretamente. Não é a quebra da *affectio* ou nenhuma questão relativa aos dividendos que justifica a dissolubilidade do vínculo societário, mas a inexistência da *vontade* de integrar uma sociedade de tipo anônima. Quem nunca manifestou, direta ou indiretamente, a vontade de ser acionista de uma companhia fechada deve ter o direito de se desvincular sem precisar criar conflitos ou aguardar a suspensão dos dividendos.

A manifestação direta de concordância em fazer parte de uma sociedade do tipo anônima ocorre quando o acionista é um dos que a constituíram (assinando a escritura pública ou o boletim de subscrição). Também é direta a manifestação se a sociedade adotava anteriormente o tipo limitada e o acionista votara favoravelmente à sua transformação em anônima ou, independentemente do voto proferido nessa decisão, se o contrato social da limitada autorizava expressamente a transformação em anônima. Já a manifestação indireta decorre da aquisição de ações por negócio *inter vivos* ou pelo não exercício do direito de retirada no caso de transformação, se cabível (LSA, art. 221, parágrafo único).

Nesses casos, o acionista não deve titular o direito à dissolução parcial da companhia, independentemente do comprometimento do fim social. Afinal, ele havia concordado, ainda que indiretamente, em fazer parte de uma sociedade cujo tipo prevê a *estabilidade* do vínculo societário. Se concordou em integrar uma sociedade anônima, aderiu ao tipo correspondente, manifestando a vontade de se obrigar como um acionista e titular os respectivos direitos. Não pode, posteriormente, de modo unilateral, pretender desconstituir os efeitos dessa declaração de vontade. Tendo concordado em ser sócio de uma sociedade cujo tipo estabelece a estabilização dos vínculos, é porque assentiu em somente se desligar, reivindicando o reembolso do investimento, nas hipóteses específicas em que a lei prevê o direito de retirada. Se o seu desejo era o de fazer parte de sociedade em que o vínculo fosse instável, de modo a lhe permitir se desligar dela a qualquer tempo, deveria ter contratado uma limitada por prazo indeterminado e sujeita à regência supletiva da sociedade simples. Se, ao invés disso, declarou concordar em ser sócio de uma sociedade anônima, deixou deliberadamente de titular o direito de retirada imotivada.

Quando não há manifestação do acionista, direta ou indireta, de concordar em fazer parte de uma sociedade do tipo anônima? Essa hipótese se verifica quando ele adquire as ações em razão do falecimento do antigo titular, ou seja, torna-se acionista por *sucessão causa mortis*. Ao receber o valor mobiliário em razão de partilha em inventário ou de legado, o acionista não manifesta a vontade de fazer parte de uma sociedade do tipo anônima. Não é de se exigir do herdeiro ou legatário que renuncie à participação societária que lhe foi deixada pelo *de cujus*. Mas, há de se reconhecer faltar, na aceitação do valor mobiliário por herança ou legado, elementos aptos à configuração da declaração de vontade de fazer parte de uma sociedade com determinado tipo.

Não se devem considerar certos negócios societários como declaração tácita ou implícita de concordância com o tipo. Se o acionista herdeiro ou legatário recebe dividendos, vota em assembleia geral, fiscaliza a administração ou subscreve aumento de capital social, esses atos não podem ser vistos como uma expressão de concordância com o tipo. Isso porque rigorosamente os mesmos direitos societários aquele herdeiro ou legatário iria exercer se a sociedade em questão não fosse anônima, mas limitada. Apenas quando se tem em mira o exercício de um direito societário existente no tipo limitada, mas não no tipo anônima, é que se põe a questão da heterotipia.

Desse modo, proponho que a sociedade anônima heterotípica se caracterize por dois requisitos: (a) classificação como fechada; e (b) ter o acionista adquirido suas ações por sucessão *mortis causa* ou em decorrência desta (como o caso das bonificações).

8. A garantia de liberdade de associação e as sociedades

FÁBIO ULHOA COELHO

Há quem tome a sociedade anônima como dissolvível parcialmente em qualquer hipótese, por considerar aplicável à matéria o princípio constitucional da liberdade de associação, abrigado no inciso XX do art. 5º da Constituição Federal. Esse dispositivo estabelece que "ninguém poderá ser compelido a associar-se ou a permanecer associado". Principalmente em função de sua parte final (liberdade de dissociação), alguns doutrinadores reputam sempre cabível a dissolução parcial de sociedade anônima. Nesse caso, ademais, por derivar de uma garantia de ordem constitucional, a dissolubilidade parcial diz respeito a todas as sociedades, abrangendo também as companhias. Mesmo a sociedade anônima *aberta* poderia ser dissolvida parcialmente. Ademais, por esse entendimento seria bastante a mera vontade do acionista para pôr fim ao vínculo societário, em qualquer caso. Levado às últimas consequências, esse modo de ver a questão toma por inconstitucionais as diferenças tipológicas do direito societário e despreza completamente a dinâmica do mercado de capitais.[1921]

Para os autores que rejeitam a subsunção das sociedades anônimas ao princípio constitucional da livre associação, o inciso XX do art. 5º da CF não pode ser interpretado fora do contexto normativo em que foi editado.[1922] Ele formaria como que um "conjunto de garantias", juntamente com os três incisos antecedentes e o posterior. E essas quatro outras normas seriam visivelmente aplicáveis apenas às associações, isto é, pessoas jurídicas sem fim econômico: o inciso XVII assegura a plena liberdade de associação para fins lícitos, com a vedação da de caráter paramilitar; o inciso XVIII veda a interferência estatal na criação e funcionamento de associações, ressalvando apenas, na forma da lei, as cooperativas; o inciso XIX condiciona à decisão judicial a dissolução compulsória das associações ou suspensão de suas atividades; e o inciso XXI atribui legitimidade para a representação judicial ou extrajudicial de seus filiados. Claramente, argumentam,

---

[1921] Para Sérgio Brotel: "[H]á situações, em especial nas companhias fechadas, em que a ausência de liquidez das ações impede o exercício do direito fundamental [de não permanecer associado (direito de livre associação)]. E como a LSA restringe o direito de recesso em face da companhia às hipóteses nela exaustivamente previstas, o direito de não permanecer associado restará inviabilizado se a situação a que está exposto o acionista não se enquadrar naquelas previstas na legislação acionária. Em circunstâncias como essa, o afastamento das regras restritivas da LSA encontra na eficácia horizontal dos direitos fundamentais, e na proibição de insuficiência de tutela desses direitos, o fundamento para que seja reconhecido ao acionista o direito de se retirar da companhia, mediante o reembolso das ações liquidadas" (*Direito societário constitucional*. São Paulo: Atlas, 2009. p. 113). Para o autor, o direito constitucional de não permanecer associado somente não daria ensejo ao recesso do acionista (sempre que houver liquidez e para além das hipóteses legais) em caso de *conflito* deste com outros direitos fundamentais.

[1922] É o entendimento de Alfredo de Assis Gonçalves Neto, José Edwaldo Tavares Borba, Paulo Penalva Santos e Guilherme Penalva Santos (Cfr., para todos os mencionados, SANTOS, Paulo Penalva; SANTOS, Guilherme Penalva. Inaplicabilidade dos princípios constitucionais da pessoa humana e da liberdade de associação para fundamentar a dissolução de sociedades. *Revista da Escola da Magistratura do Estado do Rio de Janeiro*, v. 20, n. 3. set.-dez 2018, Rio de Janeiro: EMERJ, p. 344-368).

a Constituição Federal, nessas disposições, não tinha em mente as sociedades empresárias. Elas são, primariamente, disposições de ordem política, destinadas a garantirem, no estado democrático de direito, que todos possam se unir àqueles com quem nutrem qualquer afinidade de ideologias ou propósitos, para somarem forças na propagação daquelas ou realização destes.

Mas, convenhamos, a redação com que se expressou o constituinte cria, realmente, margem para dúvidas sobre a aplicação desses preceitos às sociedades; elas são pessoas jurídicas constituídas para disponibilizarem aos seus integrantes melhores meios para eles atingirem o objetivo *comum* (no caso, de lucrarem com a exploração de uma atividade econômica), no que se equivalem às associações. Ademais, o inciso XVIII, ao tratar de modo especial as cooperativas, *que são sociedades*, fornece argumento de que outras pessoas jurídicas (além das especificamente referidas no inciso I do art. 44 do CC) estariam englobadas no conceito constitucional de "associações".

De fato, a liberdade de associação, para ser plena, deve não somente assegurar que pessoas interessadas em se unirem em torno de objetivos comuns lícitos possam fazê-lo, sem encontrar óbices na ordem jurídica (inciso XVII do art. 5º da CF), mas também vedar que alguém seja compelido a associar-se contra a vontade, ou que não consiga se dissociar, quando quer (inciso XX). Impõe-se, contudo, interpretar a Constituição sistematicamente, de modo a não se extrair da garantia constitucional à liberdade de associação nenhuma consequência desastrosa para a economia de mercado, tal como configurada na ordem econômica (também) constitucional. É necessário ponderar os princípios constitucionais e, sempre que possível, compatibilizá-los. Nem os princípios da ordem econômica podem suprimir inteiramente o da liberdade de associação; nem este pode inviabilizar a aplicação daqueles, quando é viável a conciliação de ambos os princípios, que têm, aliás, igual importância.

O entendimento mais adequado da matéria, assim, é a de que a liberdade de *dissociação*, prevista na parte final do inciso XX, assume, enquanto uma das faces da liberdade de associação, contornos específicos quando diz respeito às sociedades, empresárias ou simples. Isto porque a participação, numa sociedade, não estabelece entre o integrante da pessoa jurídica, e esta, um vínculo de natureza exclusivamente pessoal (como é o caso, por exemplo, da participação num partido político ou num clube). O sócio necessariamente investe *recursos* na sociedade (dinheiro, bens ou créditos), de modo que sua permanência ou desligamento projeta efeitos que atingem os direitos e patrimônios de outros sujeitos, a começar pela própria pessoa jurídica resultante da associação. Em outros termos, o direito de se desligar de uma sociedade, por geralmente afetar os interesses dos demais sócios ou mesmo importar desinvestimento, com dragagem dos recursos alocados na empresa, só pode ser exercido sob determinadas condições.

Estas condições são estabelecidas pelo direito societário. Para referir-me a elas, parto da classificação das sociedades, segundo os regimes de constituição e desfazimento dos vínculos sociais, em *contratuais* e *institucionais*.[1923]

A sociedade simples é contratual. Nela, se o prazo de duração é indeterminado, o sócio pode se desligar a qualquer tempo, exigindo o reembolso do capital investido; mas se sócio contratou com os demais um prazo determinado de duração, ele se obrigou a permanecer investindo seus recursos (na medida da quota subscrita) na atividade econômica, pelo menos durante o tempo ajustado (CC, art. 1.029). A impossibilidade de o sócio reclamar o reembolso do capital durante o prazo determinado de duração da sociedade simples (salvo justa causa) não representa nenhum agravo ao direito constitucional de livre associação, porque, ao assinar o contrato social de que constava cláusula determinando o prazo de duração, ele manifestou sua concordância em permanecer associado no transcurso deste; isto é, o sócio, neste caso, "renunciou, por sua livre vontade, temporariamente ao exercício do direito constitucional de livre dissociação.

Já a sociedade anônima é institucional, e segue regras diversas de constituição e dissolução dos vínculos sociais. Em virtude do caráter institucional deste tipo de sociedade empresária, mesmo no caso de ser indeterminado o prazo de duração, o acionista não pode exigir o reembolso do seu capital, impondo à companhia o desinvestimento, por mera vontade unilateral de não mais permanecer associado.

Entre as condições estabelecidas pelo direito societário para o exercício da liberdade constitucional de associação, estão as ligadas à *dissidência*. Em decorrência do princípio majoritário, os sócios minoritários que discordam de decisões

---
[1923] Cf. COELHO, Fábio Ulhoa. *Curso de direito comercial*. 21. ed. São Paulo: RT, 2017. v. 1. p. 39-40.

adotadas pela maioria, quando alteram significativamente a estrutura ou o objetivo da sociedade empresária, podem reclamar o reembolso do capital e dela se dissociarem. O direito de dissidência (ou de recesso) neutraliza os efeitos da anterior "renúncia ao exercício do direito constitucional de dissociação", declarada quando do ingresso numa sociedade com determinada configuração econômica; mas, alterada esta, a renúncia obviamente deve ter a eficácia suspensa, porque não se sabe se o mesmo sócio também teria concordado em abrir mão temporariamente de seu direito constitucional de dissociação se a estrutura ou objeto da sociedade fosse outro desde o início.

Deste modo, a liberdade de associação é irrestrita no momento da constituição da sociedade, simples ou empresária, ou no do ingresso na constituída, não podendo ninguém ser obrigado a se tornar sócio de sociedade contra a vontade. Uma vez, contudo, ingressando na sociedade *por sua própria vontade*,[1924] o sócio não poderá dela se desligar senão nas hipóteses previstas em lei, de acordo com o tipo correspondente. Entendida nesses termos a aplicação da liberdade de associação ao direito societário, afasta-se a possibilidade de se fundar nela a dissolução parcial da sociedade anônima de qualquer espécie, sem motivação e a qualquer tempo.

Efeitos

Art. 207. A companhia dissolvida conserva a personalidade jurídica, até a extinção, com o fim de proceder à liquidação.

COMENTÁRIOS

1. Preservação da personalidade jurídica na liquidação

Sérgio Campinho

A existência legal da companhia tem início a partir do arquivamento dos seus atos constitutivos no Registro Público de Empresas Mercantis, a cargo das Juntas Comerciais, ocasião em que adquire personalidade jurídica. Durante toda a sua existência, a companhia manterá a sua personalidade jurídica, a qual somente desaparecerá por ocasião de sua extinção.

O processo visando pôr fim à existência legal da sociedade anônima é composto por três fases distintas: a dissolução, a liquidação e a extinção. Cada uma dessas etapas tem finalidade jurídica própria, consoante se desenvolveu nos comentários ao art. 206. Mesmo após a dissolução, a companhia mantém a sua personalidade jurídica, com o claro objetivo de promover a sua liquidação.

A preservação da personalidade jurídica das sociedades dissolvidas, até que restem efetivamente extintas, não é simples ficção jurídica, mas uma realidade objetiva.[1925] A dissolução não revela o fim de sua existência legal, porém o término de sua vida ativa, isto é, da exploração do seu objeto social, com o escopo de produzir lucros a serem partilhados entre os sócios. Para que se materialize a sua extinção, deverá a sociedade passar pela fase de liquidação, na qual serão realizados inúmeros atos em nome da pessoa jurídica liquidanda, que passa a ser presentada pelo liquidante em substituição aos seus diretores.

O liquidante não irá operar o objeto social, mas apenas ultimar os negócios da companhia, com vistas a realizar o ativo, pagar o passivo e proceder à partilha do ativo remanescente, caso existente, entre os acionistas.

Durante todo o estado de liquidação, a companhia preserva a sua capacidade jurídica ativa e passiva e mantém a titularidade sobre o ativo social.

Cumpre registrar que nem sempre a dissolução conduzirá a companhia à extinção, pois aos acionistas é facultado reverter esse quadro, deliberando pela cessação do estado de liquidação (inciso VII do art. 136 da LSA).

SEÇÃO II

LIQUIDAÇÃO

Liquidação pelos Órgãos da Companhia

Art. 208. Silenciando o estatuto, compete à assembleia-geral, nos casos do número I do

---

[1924] Quanto ao ingresso na companhia em razão de sucessão *causa mortis*, em que não há manifestação da vontade do acionista em fazer parte de uma sociedade do tipo anônima, tem ele o direito à dissolução parcial. E, *somente* nesse caso específico, poderá ele invocar amplamente a liberdade constitucional de dissociação porque ele, em nenhum momento terá declarado a vontade, ainda que por via indireta, de que se pudesse extrair a "renúncia" ao seu exercício.

[1925] TEIXEIRA, Egberto Lacerda; GUERREIRO, José Alexandre Tavares. *Das sociedades anônimas no direito brasileiro*. São Paulo: Bushatsky, 1979. v. 2. p. 614.

artigo 206, determinar o modo de liquidação e nomear o liquidante e o conselho fiscal que devam funcionar durante o período de liquidação.

§ 1º A companhia que tiver conselho de administração poderá mantê-lo, competindo-lhe nomear o liquidante; o funcionamento do conselho fiscal será permanente ou a pedido de acionistas, conforme dispuser o estatuto.

§ 2º O liquidante poderá ser destituído, a qualquer tempo, pelo órgão que o tiver nomeado.

COMENTÁRIOS

1. O estado de liquidação

Sérgio Campinho

O processo para pôr fim à existência legal da pessoa jurídica é composto por três etapas bem distintas, cada qual dotada de um conteúdo jurídico particular: a dissolução, a liquidação e a extinção. A verificação da causa dissolutória conduz justamente à segunda fase desse processo: a liquidação.[1926]

A liquidação consiste em um procedimento que tem por escopo a extinção da companhia. Nela se vai apurar ativo e passivo; liquidar o ativo e pagar o passivo; e partilhar o eventual ativo remanescente entre os acionistas. A liquidação reflete, pois, o conjunto de atos, indicados na lei, e supletivamente no estatuto social, a serem praticados pelo liquidante, após o reconhecimento da causa de dissolução da sociedade, vinculados à ultimação dos negócios pendentes, à promoção da realização de seu ativo, ao pagamento de seu passivo e à distribuição de um eventual saldo ou acervo remanescente entre os acionistas.

Com a verificação da causa dissolutória, entra a sociedade, de imediato, no denominado "estado de liquidação" e é justamente no âmbito desse estado que se desenvolve o "procedimento de liquidação", cujo início é temporalmente marcado pela investidura do liquidante[1927]. O estado de liquidação é uma situação de direito; já o procedimento de liquidação é traduzido pelo conjunto de atos praticados pelo liquidante ao longo do referido estado, com o propósito de conduzir a sociedade à sua extinção.[1928]

Nessa etapa da existência jurídica da sociedade ocorre drástica mutação no interesse social: deixa de ser a maximização do lucro a partir da execução do objeto social, para consistir na promoção mais eficiente da extinção da pessoa jurídica, com o pagamento de seus credores e a distribuição do saldo que subsistir entre seus sócios. E esse objetivo para ser atingido reclama velocidade do procedimento ao menor custo possível, pois o interesse dos sócios traduz-se, nessa fase, na divisão do saldo mais elevado que se possa atingir na liquidação.

Diante dessa nova perspectiva se explica o fato de os diretores restarem automaticamente destituídos, sem exceção, na assembleia geral que deliberar pela dissolução da sociedade. A diretoria não tem mais razão de existir na estrutura orgânica da companhia diante de sua dissolução. Os diretores serão substituídos pelo liquidante, a quem caberá praticar todos os atos de gestão e presentar a companhia. O liquidante passa a ser órgão da companhia nessa derradeira e especial fase de sua existência jurídica, cumprindo

---

[1926] Isaac Halperin e Julio Otaegui estabelecem, com clareza, a distinção entre a dissolução e a liquidação: "La liquidación es diversa de la disolución: la liquidación es la realización del activo, con el fin de cancelar el pasivo y distribuír el remanente entre los accionistas. En cambio, la disolución es la declaración que pone fin a la actuación activa de la sociedad: es un presupuesto de la liquidación, que es consecuencia de la disolución" (*Sociedades anónimas*. 2. ed. Buenos Aires: Depalma, 1998. p. 838).

[1927] A nomeação é um ato unilateral que atribui ao liquidante a função de órgão. Porém, a eficácia dessa atribuição fica condicionada à aceitação por parte do nomeado, o que formalmente ocorre com a investidura. Justamente por isso é que o procedimento de liquidação apenas se inicia com a investidura do liquidante e não com a sua nomeação.

[1928] Nesse sentido, anota Francisco Satiro: "O 'estado de liquidação' não se confunde com o 'procedimento de liquidação'. Na verdade, este ocorrerá no curso daquele. Enquanto o primeiro caracteriza uma situação de direito na qual ingressa a sociedade imediatamente após a verificação da dissolução em estrito senso, o segundo refere-se a um encadeamento de atos que visam à realização dos ativos sociais, solução das relações jurídicas vinculadas à sociedade com pagamento dos credores e eventual rateio do saldo do acervo entre os sócios" (Breves notas sobre o estado de liquidação da sociedade. In: CASTRO, Rodrigo R. Monteiro de; ARAGÃO, Leandro Santos de (coord.). *Direito societário*: desafios atuais. São Paulo: Quartier Latin, 2009. p. 443-444).

exercer suas funções durante todo o procedimento de liquidação[1929].

A LSA cuida de dois modelos de liquidação: pelos órgãos da companhia e judicial.

2. Liquidação ordinária

Sérgio Campinho

A liquidação pelos órgãos da companhia, com disciplina no art. 208, é o modelo ordinariamente reservado para as hipóteses de dissolução de pleno direito. A LSA refere-se, ainda, à modalidade de liquidação judicial (art. 209), procedimento este que, em princípio, mas não exclusivamente, destina-se às dissoluções judiciais. Silencia, entretanto, em relação à liquidação decorrente da dissolução por decisão administrativa. E assim o faz porque essa figura jurídica obedece à forma e ao procedimento previstos em lei especial, a qual disciplinará, assim, o esquema de sua liquidação.

As causas de dissolução de pleno direito da companhia encontram-se exaustivamente previstas no inciso I do art. 206 da LSA: (a) término do prazo de duração; (b) casos previstos no estatuto; (c) deliberação da assembleia geral (inciso X do art. 136 da LSA); (d) existência de um único acionista, verificada em assembleia geral ordinária, se o mínimo de 2 não for reconstituído até a do ano seguinte, ressalvado o disposto no art. 251 da LSA; e (e) extinção, na forma da lei, da autorização para funcionar.

Ocorrendo a dissolução de pleno direito da sociedade anônima, cumpre ao órgão social competente proceder à sua liquidação. Esta se realizará, em princípio, no plano interno da companhia, sem a necessidade de intervenção judicial. Portanto, o conjunto de atos tendentes à apuração do ativo, a aplicação de seu produto no pagamento do passivo e a partilha do acervo remanescente entre os acionistas se realizará no âmbito extrajudicial, sob a orientação do órgão social competente. Diz-se em princípio, porque se os administradores ou a maioria dos acionistas deixarem de promover a liquidação ordinária, ou a ela se opuserem, poderá a liquidação ser processada judicialmente, a pedido de qualquer acionista (inciso I do art. 209 da LSA). Também na hipótese da extinção da autorização para funcionar, o processamento poderá se realizar em juízo, a pedido do Ministério Público, à vista de comunicação da autoridade competente, se a companhia, nos 30 dias subsequentes à dissolução, não iniciar a liquidação ou se, após iniciá-la, interrompê-la por mais de 15 dias (inciso II do art. 209 da LSA).

Silenciando o estatuto, compete à assembleia geral determinar o modo de liquidação.

Costumeiramente, os estatutos não se dedicam à disciplina do modo de liquidação, razão pela qual, usualmente, esse poder é exercitado no âmbito da assembleia geral. Contudo, o seu exercício não é de todo discricionário. Tem ele que se amoldar às regras que a própria lei já pagina para a orientação da liquidação, as quais são de ordem pública. Mas observados esses comandos normativos básicos, a assembleia pode e deve atuar para imprimir aos atos que compõem o processo de liquidação maior celeridade a um menor custo para a massa liquidanda, atendendo aos interesses dos acionistas e respeitando os direitos dos credores.

Durante todo o estado de liquidação vigora o sistema da assembleia geral universal, em que todos os acionistas desfrutam de igual direito de voto, tornando-se ineficazes as supressões, limitações ou restrições eventualmente existentes ao direito de voto (§ 1º do art. 213 da LSA). Desse modo, caso o estatuto estabeleça que as ações preferenciais não tenham direito de voto, essa restrição não produzirá efeitos a partir do ingresso da companhia em liquidação. Da mesma forma, existindo uma ou mais classes de ações ordinárias com atribuição de voto plural, a pluralidade de votos será também ineficaz durante aquele estado, ressalvando-se, apenas, a hipótese do § 1º do art. 215, adiante comentada.

O sistema da assembleia geral universal guarda integral coerência com o estágio de liquidação, em função da identidade do interesse dos acionistas na partilha do acervo que remanescer após a realização do ativo e o pagamento dos credores sociais. Os direitos políticos, nessa fase, sofrem substancial transformação em decorrência do que é expectado na liquidação da sociedade.

A assembleia geral que vai determinar o modo de liquidação, bem assim a que vai deliberar acerca da eleição do liquidante, serão universais, com todas as ações em que se divide o capital social votando. O estado de liquidação se alcança a partir da verificação da causa que impõe a dissolução da companhia. Estas são providências, assim como aquelas em que se decide sobre a

---

[1929] Em aprofundamento, cfr. os seguintes itens deste comentário ao art. 208, sobre a liquidação pelos órgãos da companhia.

manutenção do conselho de administração e a nomeação dos seus membros, bem como a dos integrantes do conselho fiscal que deve funcionar durante o período de liquidação, que se tomam quando a sociedade já está dissolvida e em consequente regime de liquidação.

No caso de a dissolução de pleno direito resultar de decisão assemblear (alínea *c* do inciso I do art. 206 da LSA), na sequência dessa deliberação que acarretou a dissolução e colocou a companhia em estado de liquidação, todas as demais que se destinarem a determinar o modo de liquidação, a nomear o liquidante e o conselho fiscal que deve funcionar no período e a definir a eventual manutenção do conselho de administração e a eleição de seus membros, obedecerão ao sistema da assembleia universal contemplado no § 1º do art. 213 da LSA. Na hipótese cogitada, não há a necessidade de se fazerem duas assembleias. Todas as deliberações podem ser concentradas em uma só, o que é recomendável para imprimir celeridade. Apenas ocorrerá a alteração do sistema de votação, desconsiderando-se, a partir de então, as restrições e limitações de voto porventura existentes no estatuto.

3. Nomeação e investidura do liquidante

Sérgio Campinho

Consoante o *caput* do art. 208 da LSA, sendo silente o estatuto, compete à assembleia geral nomear o liquidante. A fim de se ter como fechado o quadro legal para a nomeação do liquidante, impõe combinar a regra do referido *caput* do art. 208 com a do seu § 1º, a qual estabelece que se a companhia tiver conselho de administração este poderá ser mantido pela assembleia geral na fase de liquidação, competindo-lhe, nesse caso, nomear o liquidante.

Portanto, em princípio, cabe ao estatuto a nomeação do liquidante. Sendo ele omisso, se a companhia tiver conselho de administração e resolver mantê-lo, a este órgão caberá a correspondente nomeação. Não o tendo, ou não resolvendo pela sua manutenção, a alçada de decisão se deslocará para a assembleia geral.

Cumpre asseverar que o início do estado de liquidação não ocorre com a nomeação ou com a investidura do liquidante. Pelo modelo legislativo da LSA, a companhia entra em liquidação a partir do momento em que se declara a sua dissolução. Nesse instante cessam as funções e poderes dos diretores que restam automaticamente destituídos. Por essa razão é que se recomenda a rápida nomeação e investidura do liquidante em suas funções, pois será ele quem presentará a sociedade em liquidação e praticará todos os atos de gestão necessários a ultimar o procedimento de liquidação.

A nomeação do liquidante é um ato unilateral que lhe atribui a qualidade de órgão social. Porém, a eficácia dessa atribuição fica condicionada à aceitação por parte do nomeado, o que formalmente ocorre com a investidura. Justamente por isso é que o procedimento de liquidação apenas se inicia com a investidura do liquidante e não com a sua nomeação. A investidura resulta da assinatura do termo de posse no livro de atas do conselho de administração ou da diretoria, caso inexista aquele primeiro órgão social, aplicando-se, diante do vácuo legislativo, o mesmo regime de formalidade para a investidura dos administradores.

Pode ocorrer, entretanto, o que não é desejável, que a investidura do liquidante apenas se materialize certo tempo após a verificação e declaração da causa dissolutória, havendo, assim, um interregno entre o nascimento do estado de liquidação e o início do procedimento de liquidação. Nesse caso, o melhor entendimento é aquele de que os diretores, apesar de destituídos em bloco a partir da configuração do estado de liquidação, permanecem habilitados, mas como simples depositários e gestores dos bens e negócios de interesse da companhia, a dar cumprimento aos atos urgentes e inadiáveis em seu favor, como promover o pagamento de salários, a quitação de obrigações nos seus vencimentos, a outorga de mandato judicial para a defesa da companhia etc.

O Código Civil, ao tratar da dissolução e liquidação das sociedades contratuais por ele reguladas, teve o cuidado de estabelecer que, "ocorrida a dissolução, cumpre aos administradores providenciar *imediatamente* a investidura do liquidante, e restringir a gestão própria aos negócios inadiáveis, vedadas novas operações, pelas quais responderão solidária e ilimitadamente" (*caput* do art. 1.036 do Código Civil). E assim o fez porque, ao longo desse interstício, por um lado, não pode ficar acéfala a sociedade e, por outro, não podem os administradores seguir gerindo-a e representando-a como antes o faziam, ignorando o seu efetivo ingresso no estado de liquidação.

A função do liquidante pode ser exercida por uma ou mais pessoas, atuando em conjunto ou isoladamente. Nada impede seja eleita para o cargo uma pessoa jurídica.[1930] O regime de liquidação imprime à companhia um esquema organizacional especial. Embora o liquidante seja um órgão da companhia, com funções de gestão e de representação orgânica que deverão ser exercidas durante todo o período de liquidação, não vislumbro como aplicar-lhe o impedimento legal para que uma pessoa jurídica desempenhe a função de administrador. Os regimes jurídicos são diversos, porquanto diversa é a situação jurídica da companhia. Há que se aduzir, em reforço, que o administrador judicial na falência, que exerce poderes de liquidante na liquidação falencial, pode ser pessoal jurídica, posição essa consagrada expressamente no *caput* do art. 21 da Lei 11.101/2005.

O cargo de liquidante não se presume gratuito,[1931] competindo à assembleia geral fixar a correspondente remuneração. Existindo regra estatutária a respeito, impõe-se observá-la.

4. Destituição e renúncia do liquidante

Sérgio Campinho

O liquidante, dispõe o § 2º do art. 208 da LSA, é destituível, a qualquer tempo, pelo órgão que o tiver nomeado. Assim, portanto, quem está habilitado a fazer a nomeação também estará para proceder à destituição.

No caso, entretanto, de sua nomeação ser feita pelo estatuto, a destituição caberá à assembleia geral, como órgão máximo de deliberação e dotado dos poderes para tomar as resoluções necessárias à preservação dos interesses da companhia. Não havendo conselho de administração em funcionamento, a assembleia geral, ao destituir o liquidante, nomeará, desde logo, o seu substituto. Mas, em havendo conselho de administração, a este caberá a nomeação daquele que deverá substituir o antigo liquidante, demitido pela assembleia geral. Uma nova destituição, nesse novo cenário, já ficaria a cargo do referido conselho.

A destituição arrimada no § 2º do art. 208 da LSA não depende de motivação, podendo ser discricionariamente exercitada pelo órgão social competente.

Mas esse regime da disciplina legal não obsta que a minoria dos acionistas possa postular a destituição do liquidante. Desse direito, com efeito, não podem os minoritários ser privados. Mas a destituição somente poderá se realizar de forma judicial, impondo-se, nesse caso, a motivação do pedido. A destituição judicial demanda, portanto, o reconhecimento de justa causa.

A qualquer tempo, pode o liquidante, mediante simples renúncia, voluntariamente deixar de exercer o seu cargo. Trata-se de manifestação unilateral de vontade, que sequer demanda motivação. A renúncia deve se fazer por escrito, podendo constar em ata de assembleia geral ou se realizar através de notificação extrajudicial dirigida ao conselho de administração, se mantido na fase de liquidação, aos próprios acionistas, ou, ao menos, ao controlador, se houver. Na sequência, deve ser arquivada no registro competente e, por fim, publicada. Assim, produzirá efeitos não só *interna corporis*, como também perante terceiros.

A LSA é omissa em relação à renúncia do liquidante. Todavia, essa lacuna, evidentemente, não pode servir de impeditivo para a verificação da aludida manifestação unilateral de vontade. Assim, pode se socorrer, por analogia, do disposto no art. 151 da LSA que disciplina a renúncia do administrador.

O cargo de liquidante pode, ainda, ficar vago por motivo que transcenda a vontade do nomeado, dos acionistas da companhia liquidanda ou do conselho de administração. A vacância pode decorrer do falecimento do liquidante, da impossibilidade de exprimir sua vontade por causa permanente (cfr. inciso III do art. 4º do Código Civil), dentre outros motivos.

De todo modo, se, por qualquer razão (renúncia, destituição ou simples vacância), restar

---

[1930] Nesse mesmo sentido, VALVERDE, Trajano de Miranda. *Sociedades por ações*. 2. ed. Rio de Janeiro: Forense, 1953. v. 3. p. 40; PONTES DE MIRANDA, Francisco Cavalcanti. *Tratado de direito privado*. 2. ed. Rio de Janeiro: Borsoi, 1966. t. LI. p. 18; EIZIRIK, Nelson. *A Lei das S/A comentada*. 2. ed. São Paulo: Quartier Latin, 2015. v. 4. p. 47; e ADAMEK, Marcelo Vieira Von. *Responsabilidade civil dos administradores de S/A e as ações correlatas*. São Paulo: Saraiva, 2009. p. 28. Negando a possibilidade, entendendo ser função essencial à pessoa natural, CARVALHOSA, Modesto. *Comentários à Lei de Sociedades Anônimas*. 6. ed. São Paulo: Saraiva, 2014. v. 4. p. 136; TEPEDINO, Gustavo; BARBOZA, Heloisa Helena; MORAES, Maria Celina Bodin de et al. *Código Civil interpretado conforme a Constituição da República*. Rio de Janeiro: Renovar, 2011. v. 3. p. 299; e LUCENA, José Waldecy. *Das sociedades anônimas*: comentários à lei. Rio de Janeiro: Renovar, 2012. v. 3. p. 259.

[1931] VALVERDE, Trajano de Miranda. *Sociedades por ações*. 2. ed. Rio de Janeiro: Forense, 1953. v. 3. p. 41.

vacante o cargo de liquidante, deverá haver a sua substituição promovida pelo órgão competente para a nomeação.

5. Funcionamento do conselho de administração e do conselho fiscal

SÉRGIO CAMPINHO

Conforme já se consignou nos comentários ao artigo em questão, o conselho de administração, caso existente na estrutura organizacional da companhia, poderá ser mantido ou não pela assembleia geral. Essa é uma faculdade que a lei confere à assembleia, que poderá exercê-la, sem qualquer limitação, ainda que se trate de companhia aberta, de sociedade de economia mista ou de companhia fechada que tenha adotado o regime de capital autorizado, situações em que aquele órgão de administração se faz obrigatório durante a vida normal da pessoa jurídica.

Optando pela sua manutenção, deverá a assembleia geral eleger os membros que irão integrá-lo no estágio de liquidação, pois, com a dissolução, os membros anteriores deixam, automaticamente, os seus cargos. Nada obsta, porém, que sejam eleitos os conselheiros que anteriormente integravam o órgão. Mas é uma nova eleição.

Não parece, em princípio, conveniente a manutenção do conselho de administração durante o estado de liquidação. Como órgão fundamentalmente de planejamento, a quem cabe definir a política geral de negócio da companhia, sua atuação fica esvaziada, porquanto a sociedade não mais irá explorar a sua empresa. Com efeito, a lei não regula a atuação do conselho de administração durante o procedimento de liquidação, limitando-se, tão somente, a outorgar-lhe a competência de nomeação e destituição do liquidante. Ademais, a manutenção do conselho implica ônus adicional para a companhia, que deverá suportar a corresponde remuneração dos conselheiros, além de poder comprometer a agilidade do processamento da liquidação, com a preservação de uma instância entre os dois órgãos protagonistas desse estágio da vida social – o liquidante e a assembleia geral –, que pouco, ou quase nada, poderá contribuir.

Diversa é a posição do conselho fiscal. Este órgão terá funcionamento permanente ou a pedido de acionistas, conforme dispuser o estatuto. Como órgão essencialmente de fiscalização, desempenha, também nessa fase, relevante papel de acompanhamento das atividades do liquidante e do próprio procedimento de liquidação, aferindo a sua legalidade e regularidade. Compete-lhe, essencialmente, verificar o cumprimento dos deveres do liquidante, opinando sobre os relatórios e balanços apresentados, bem assim sobre as prestações de contas.

O conselho fiscal, a teor do disposto no *caput* do art. 208 da LSA, quando em funcionamento, atuará durante todo o período de liquidação. Por ser um conselho fiscal especialmente voltado para operar durante o estado de liquidação, os seus membros não estão sujeitos aos períodos de mandato previstos para a companhia em regular funcionamento (§§ 2º e 6º do art. 161 da LSA).

Ressalvada a raríssima hipótese do conselho fiscal pré-constituído no estatuto, o qual permanecerá em atuação, deverá a assembleia geral eleger os conselheiros fiscais para o período de liquidação, nada impedindo, na hipótese de seu funcionamento permanente, que sejam confirmados aqueles membros que já o integravam.

Não sendo o conselho fiscal permanente, a sua instalação poderá fazer-se, no curso da liquidação, por força de requerimento de acionistas que representem, no mínimo, 1/10 das ações em que se divide o capital social, eis que na liquidação as assembleias gerais são universais, isto é, todas as ações desfrutam de igual direito de voto (§ 2º do art. 161 da LSA c/c o § 1º do art. 213 da LSA).

À composição e ao funcionamento do conselho fiscal deve-se aplicar, subsidiariamente, o disposto no art. 161 da LSA. Subsidiariamente, porque devem ser observadas as disposições acerca da liquidação, como o *caput* e o § 1º do art. 208 da LSA e o § 1º do art. 213 da LSA, para então recorrer ao elenco normativo do art. 161 da LSA. Assim é que, em mais um exemplo, a indicação de conselheiro destinada aos titulares de ações preferenciais sem direito de voto pleno, prevista na alínea *a* do § 4º do art. 161 da LSA, fica prejudicada em razão do caráter universal que se imprime à assembleia geral durante o estado de liquidação da companhia.

Em resumo, todas as disposições relativas à disciplina do conselho de administração e do conselho fiscal durante o funcionamento normal da companhia devem ser aplicadas ao período de liquidação em caráter subsidiário e com os devidos ajustes e adaptações derivados deste estado especial da vida social.

As responsabilidades dos administradores e fiscais subsistirão até a extinção da companhia (art. 217 da LSA).

Art. 209 — Sérgio Campinho

> **Liquidação Judicial**
>
> **Art. 209.** Além dos casos previstos no número II do artigo 206, a liquidação será processada judicialmente:
>
> I – a pedido de qualquer acionista, se os administradores ou a maioria de acionistas deixarem de promover a liquidação, ou a ela se opuserem, nos casos do número I do artigo 206;
>
> II – a requerimento do Ministério Público, à vista de comunicação da autoridade competente, se a companhia, nos 30 (trinta) dias subseqüentes à dissolução, não iniciar a liquidação ou, se após iniciá-la, a interromper por mais de 15 (quinze) dias, no caso da alínea *e* do número I do artigo 301.
>
> **Parágrafo único.** Na liquidação judicial será observado o disposto na lei processual, devendo o liquidante ser nomeado pelo Juiz.

COMENTÁRIOS

1. Liquidação judicial

SÉRGIO CAMPINHO

As hipóteses de dissolução por decisão judicial da companhia, alinhadas no inciso II do art. 206, são seguidas por uma fase de liquidação que também deve ser processada em juízo. Ao ser dissolvida, a sociedade anônima ingressa no estado de liquidação, o qual vai se comportar conforme a natureza do ato ou do fato que a motivou. Sendo, portanto, a sociedade dissolvida de pleno direito (inciso I do art. 206 da LSA), a sua liquidação se fará no plano extrajudicial, pelos órgãos da companhia; se a causa dissolutória for uma decisão judicial, a sua liquidação será judicial.

Mas, em situações especiais, a liquidação judicial pode ser promovida quando a companhia tenha sido dissolvida de pleno direito, em substituição à liquidação extrajudicial, que seria o seu caminho ordinário.

A primeira situação, preconizada no inciso I do art. 209 da LSA, é a liquidação judicial que se instaura a pedido de qualquer acionista (independentemente do número de ações que titularizar e de sua espécie ou classe), se os administradores ou a maioria dos acionistas deixarem de promover a liquidação pelos órgãos da companhia, ou a ela se opuserem, em quaisquer dos casos do inciso I do art. 206 da LSA. A outra hipótese, disposta no inciso II do art. 209, concerne ao requerimento de liquidação judicial formulado pelo Ministério Público (que não tem, entretanto, legitimidade para promover a ação de dissolução), à vista de comunicação da autoridade competente, se a companhia, nos 30 dias subsequentes à dissolução, não iniciar a liquidação extrajudicial ou se, após iniciá-la, interrompê-la por mais de 15 dias, no caso particular da dissolução decorrente da extinção da autorização para o seu funcionamento, prevista na alínea *e* do inciso I do art. 206 da LSA.

Na liquidação judicial será observado o disposto na legislação processual civil, devendo, assim, ser processada no foro onde estiver localizada a sede da companhia.

O liquidante será nomeado pelo juiz, o qual terá plena autonomia decisória para a correspondente nomeação. Mas nada impede que o magistrado observe eventual regra estatutária que disponha sobre o tema, escolhendo aquela pessoa já declinada pelos próprios acionistas. Também poderá o magistrado ouvir os acionistas reunidos em assembleia, por ele convocada e presidida, na medida do efetivo interesse que têm os sócios no eficiente deslinde da liquidação. Mas, como se disse, a decisão é do juiz, que não estará vinculado nem ao estatuto nem à eventual decisão da assembleia.

O liquidante consiste em órgão de representação e de gestão da companhia liquidanda, substituindo a diretoria, atuando como auxiliar do magistrado que preside o processo.

Quanto ao mandamento de observância do disposto na lei processual civil, interessante questão há de ser enfrentada diante das disposições finais e transitórias do Código de Processo Civil de 2015 que, a partir de sua vigência, tem por expressamente revogada a Lei nº 5.869/1973, o Código de Processo Civil de 1973 (*caput* do art. 1.046 do Código de Processo Civil de 2015). No § 2º do art. 1.046, prevê a permanência da vigência das disposições especiais dos procedimentos regulados em outras leis, aos quais se aplicará supletivamente. E, no § 3º do mesmo artigo, dispõe que os processos mencionados no art. 1.218 do Código de Processo Civil de 1973, cujo procedimento ainda não tenha sido incorporado por lei, ficam submetidos ao procedimento comum nele disciplinado.

O Código de Processo Civil de 2015, com efeito, apenas cuidou da ação de dissolução parcial (arts. 599 a 609). Assim, considerando que o procedimento do processo de dissolução e liquidação total de sociedade (referido no inciso VII do art. 1.218 do Código de Processo Civil de

1973) ainda não foi incorporado em outra lei; e considerando que suas regras traduzem disposições especiais de procedimento regulado no Dec.-lei nº 1.608/1939 (Código de Processo Civil de 1939), tenho, salvo melhor e ulterior juízo, que o processo de dissolução e liquidação total de sociedade obedecerá, no que couber, ao previsto nos arts. 655 a 674 do citado Dec.-lei 1.608/1939, ou seja, quando compatível e com as devidas adaptações à nova ordem instaurada pelo Código de Processo Civil de 2015, submetendo-se, no mais, ao procedimento comum nele preconizado. Do contrário, teríamos um hiato em relação a temas importantes que não são respondidos pelas regras do procedimento comum.

Em termos mais claros, penso que o procedimento comum é o que regerá o processo de dissolução total das sociedades, pinçando-se, diante do vácuo legislativo, as regras do Dec.-lei 1.608/1939 compatíveis e necessárias ao ordenamento e direção do processo. Assim é que no procedimento se aproveitam as disposições sobre as causas motivadoras da destituição do liquidante judicial, as regras sobre os seus deveres e os critérios para definir a sua remuneração, as quais não se traduzem estritamente procedimentais e servem, assim, de orientação ao curso do pronunciamento judicial.

A destituição do liquidante, portanto, será privativa de decisão do juízo que o nomeou, que poderá agir *ex officio*, ou a requerimento de qualquer interessado, quando o liquidante faltar ao cumprimento de seus deveres legais; retardar injustificadamente o andamento do processo; proceder com dolo ou má-fé; ou, ainda, quando tiver interesse contrário ao da liquidação.

O liquidante deverá, naquilo que for compatível com o modo de liquidação judicial, observar os deveres alinhados no art. 210 da LSA, dispostos para o ambiente da liquidação pelos órgãos da companhia, a qual, com efeito, consiste no procedimento ordinário e com regramento, em princípio, comum a ambas as espécies de liquidação. Além desses deveres conciliáveis, cumpre também ao liquidante: (a) levantar o inventário dos bens e fazer o balanço da sociedade nos 15 dias seguintes à sua nomeação, prazo que o juiz poderá prorrogar por motivo justo; (b) promover a cobrança das dívidas ativas e pagar as passivas, certas e exigíveis; (c) vender, com autorização do juiz, os bens de fácil deterioração ou de guarda dispendiosa, e os indispensáveis para os encargos da liquidação; (d) praticar os atos indispensáveis para assegurar os direitos da sociedade e representá-la ativa e passivamente nas ações que interessarem à liquidação, podendo contratar advogados e empregados com autorização do juiz e ouvidos os acionistas; (e) apresentar, mensalmente, ou sempre que o juiz o determinar, balancete da liquidação; (f) propor a forma da divisão, ou da partilha, ou do pagamento dos acionistas, quando ultimada a liquidação, apresentando relatório dos atos e das operações que houver praticado; (g) prestar contas de sua gestão, quando terminados os trabalhos, ou destituído das funções.

Ao liquidante o juiz fixará retribuição variável entre 1% e 5% do ativo líquido, atendendo à importância do acervo social e ao trabalho na liquidação.

No curso da liquidação judicial, as assembleias gerais que se fizerem necessárias para deliberar sobre os interesses da liquidação serão convocadas por ordem judicial, competindo ao juiz presidi-las e resolver, sumariamente, as dúvidas e os litígios que forem suscitados. As atas correspondentes serão, por cópias autênticas, apensadas aos autos do processo judicial (§ 2º do art. 213 da LSA) e, quando se destinarem a produzir efeitos perante terceiros, serão publicadas e arquivadas na Junta Comercial.[1932]

Como é o juiz quem irá presidir e dirigir todo o processo de liquidação, não há nenhuma margem à manutenção do conselho de administração, acaso existente na estrutura da companhia. Quanto ao conselho fiscal, este, em princípio, ainda que de funcionamento permanente, também não será mantido. Mas nada impede, em relação a esse conselho, que o juiz resolva por preservá-lo, se assim julgar conveniente, para funcionar como um órgão adjuvante à sua fiscalização dos atos do liquidante.

Deveres do Liquidante

Art. 210. São deveres do liquidante:

I – arquivar e publicar a ata da assembleia-geral, ou certidão de sentença, que tiver deliberado ou decidido a liquidação;

II – arrecadar os bens, livros e documentos da companhia, onde quer que estejam;

III – fazer levantar de imediato, em prazo não superior ao fixado pela assembleia-geral ou

---

[1932] Cf., em aprofundamento, os comentários ao art. 213.

Art. 210

> pelo juiz, o balanço patrimonial da companhia;
>
> IV – ultimar os negócios da companhia, realizar o ativo, pagar o passivo, e partilhar o remanescente entre os acionistas;
>
> V – exigir dos acionistas, quando o ativo não bastar para a solução do passivo, a integralização de suas ações;
>
> VI – convocar a assembleia-geral, nos casos previstos em lei ou quando julgar necessário;
>
> VII – confessar a falência da companhia e pedir concordata, nos casos previstos em lei;
>
> VIII – finda a liquidação, submeter à assembleia-geral relatório dos atos e operações da liquidação e suas contas finais;
>
> IX – arquivar e publicar a ata da assembleia-geral que houver encerrado a liquidação.

COMENTÁRIOS

1. Deveres do liquidante

SÉRGIO CAMPINHO

O liquidante é órgão de representação e de gestão da companhia liquidanda. Atua em substituição aos diretores, os quais são automaticamente destituídos quando do ingresso da sociedade no estado de liquidação. A ele competirá praticar todos os atos necessários à liquidação, que culminará com a extinção da companhia.

As responsabilidades do liquidante seguem o mesmo curso idealizado para as responsabilidades dos administradores (art. 217 da LSA), porém impende sejam adaptadas às peculiaridades deste novo estágio da vida social.

Como órgão que irá presentar e gerir a sociedade nessa derradeira fase de sua existência, de modo a viabilizar a sua regular extinção, a lei traça para o liquidante um rol de deveres. O dispositivo normativo sob comento se dedica a esse arranjo, traduzindo, contudo, uma listagem meramente exemplificativa, pois na própria lei outros deveres a eles se juntarão, sem prejuízo de o estatuto também dispor subsidiariamente sobre o tema.

A par desses deveres objetivamente declinados no art. 210 da LSA, o liquidante também deve cumprir com os denominados deveres fiduciários – como os de diligência, de lealdade e de não ingressar em conflito com os interesses da sociedade –, mas à luz dos próprios objetivos da liquidação. Com efeito, os deveres fiduciários, aplicáveis aos administradores, foram preconizados tendo em consideração o prosseguimento das atividades sociais. No entanto, eles também devem ser observados pelo liquidante, porém redimensionados com o próprio escopo do procedimento liquidatório em que se encontra a companhia. Em outros termos, neste peculiar estado da vida social, é preciso proceder a uma indispensável conformação dos deveres fiduciários concebidos para os administradores, que se aplicam, sim, aos liquidantes, mas com as devidas e indispensáveis adequações.

No inciso I do art. 210 da LSA, há a indicação do dever de arquivar e publicar a ata da assembleia geral, ou certidão de sentença, que tiver deliberado ou decidido acerca da liquidação. A providência objetiva promover a publicização do estado de liquidação e da instauração do respectivo procedimento, visando, notadamente, à informação e à proteção dos terceiros que se relacionem com a sociedade. Ademais, com essa mesma finalidade, impõe-se que o liquidante empregue em todos os atos ou operações da companhia, sob pena de responsabilidade perante os terceiros de boa-fé e a própria sociedade, a denominação social seguida das palavras "em liquidação" (art. 212 da LSA). Com essa exigência, almeja igualmente a lei dar conhecimento a todos que mantenham relação jurídica com a companhia de que ela se encontra no período de liquidação.

No inciso II, tem-se o dever de arrecadar os bens, livros e documentos da companhia, onde quer que estejam. A arrecadação em questão é providência necessária para que o liquidante possa dar cumprimento a outros deveres que lhe são atribuídos ao longo do próprio art. 210, como, por exemplo, os de elaborar o inventário e o balanço, realizar o ativo, pagar o passivo e partilhar o remanescente entre os acionistas.

Caso o liquidante encontre resistência por ocasião da arrecadação, poderá socorrer-se do Poder Judiciário, propondo as medidas judiciais pertinentes, como a denominada ação de busca e apreensão.[1933]

[1933] José Waldecy Lucena assim observa: "O normal é que os próprios administradores, cuja administração foi extinta, façam a entrega ao *liquidante* de todos os bens, livros e documentos, dando-lhes este recibo do que recebeu e lavrando um *termo de arrecadação*, no qual será relacionado tudo o que lhe foi entregue. Esse termo poderá ser

De todo modo, o liquidante manterá sob sua guarda os documentos, livros e bens arrecadados, pelos quais responderá ao longo de toda a fase de liquidação.

Ainda como medida de caráter preliminar, incumbe ao liquidante fazer levantar de imediato, em prazo não superior ao fixado pela assembleia geral ou pelo juiz, o balanço patrimonial da companhia (inciso III do art. 210).

O balanço patrimonial é a principal peça contábil divulgada pelas sociedades; "é a demonstração financeira por excelência".[1934] De modo sintético e estático, reúne informações sobre seu ativo, passivo e patrimônio líquido, em *grupos de contas* definidos pela própria lei.

O balanço patrimonial deve ser levantado contemporaneamente ao início da fase de liquidação da sociedade. Justamente por isso, costuma ser chamado de "último balanço patrimonial",[1935] de "balanço inicial de liquidação"[1936] ou de "balanço de abertura de liquidação".[1937]

Nesse balanço especial devem ser contemplados os valores históricos dos ativos e dos passivos da sociedade, isto é, seus valores patrimoniais contábeis e não seus respectivos valores patrimoniais reais ou de mercado. Seu objetivo é o de refletir a última posição da companhia, anteriormente ao seu ingresso no estado de liquidação.

O inciso IV do art. 210 concentra a indicação dos principais deveres do liquidante, justamente por traduzirem a própria essência da liquidação: ultimar os negócios da sociedade, realizar o ativo, pagar o passivo e partilhar o remanescente entre os acionistas.[1938]

O primeiro dever elencado no inciso em comento consiste na ultimação dos negócios sociais. Em reforço a essa específica atribuição do liquidante, o parágrafo único do art. 211 da LSA preconiza que ele não pode fazer com que a companhia prossiga na exploração de sua atividade, sem a expressa e temporária autorização da assembleia geral, ainda que tal medida tenha o propósito de facilitar a liquidação.

O segundo dever previsto no inciso sob análise é o da realização do ativo. Em princípio, deve proceder à sua transformação em dinheiro,[1939] tendo sempre em mira os preços de mercado.[1940] Com efeito, o liquidante deve envidar os seus melhores esforços para alienar os bens da sociedade no prazo mais curto possível e pelo valor mais elevado possível. Deve, pois, conjugar celeridade e eficiência, para alcançar, a cada venda, o melhor resultado útil para a sociedade.[1941]

---

lavrado no 'Livro de Atas das Reuniões da Diretoria'. Ademais, tem o *liquidante* poderes para arrecadá-los *onde quer que estejam*, podendo até mesmo recorrer, se necessário, à ação judicial de busca e apreensão" (*Das sociedades anônimas*: comentários à lei. Rio de Janeiro: Renovar, 2012. v. 3. p. 280). Arnoldo Wald, comentando o idêntico preceito constante do Código Civil (inciso II do art. 1.103) também faz expressa menção à possibilidade de adoção das "medidas judiciais cabíveis" (*Comentários ao novo Código Civil*. 2. ed. Rio de Janeiro: Forense, 2010. v. 14. p. 582).

[1934] LOBO, Carlos Augusto da Silveira. *As demonstrações financeiras das sociedades anônimas e noções de contabilidade para advogados*. Rio de Janeiro: Renovar, 2001. p. 89. O referido autor prossegue sustentando que a peça contábil em comento, "por si só, reflete com inteireza o patrimônio da companhia", de modo que "as demais demonstrações financeiras nada mais são do que a explicitação, mais detalhada ou vista sob ótica diversa, de certos elementos do balanço" (*As demonstrações financeiras das sociedades anônimas e noções de contabilidade para advogados*. Rio de Janeiro: Renovar, 2001. p. 89).

[1935] CARVALHOSA, Modesto. *Comentários à lei de sociedades anônimas*. 6. ed. São Paulo: Saraiva, 2014. v. 4, t. I. p. 153,; EIZIRIK, Nelson. *A Lei das S/A comentada*. 2. ed. São Paulo: Quartier Latin, 2015. v. 4. p. 55; e LUCENA, José Waldecy. *Das sociedades anônimas*: comentários à lei. Rio de Janeiro: Renovar, 2012. v. 3. p. 281.

[1936] EIZIRIK, Nelson. *A Lei das S/A comentada*. 2. ed. São Paulo: Quartier Latin, 2015. v. 4. p. 55.

[1937] LUCENA, José Waldecy. *Das sociedades anônimas*: comentários à lei. Rio de Janeiro: Renovar, 2012. v. 3. p. 281.

[1938] Egberto Lacerda e José Alexandre Tavares Guerreiro assim salientam: "Essas são, por assim dizer, as atribuições fundamentais do liquidante e a própria razão de ser de sua existência. Todos os demais deveres se filiam a esse" (*Das sociedades anônimas no direito brasileiro*. São Paulo: Bushatsky, 1979. v. 2. p. 632).

[1939] A alienação de bens integrantes do ativo pode, em determinadas situações, não traduzir missão singela. A dificuldade de venda pode decorrer da falta de liquidez, da inexistência de interessados, das próprias condições do bem, de uma severa crise econômico-financeira etc.

[1940] Nesse sentido, COELHO, Fábio Ulhoa. *Curso de direito comercial*. 21. ed. São Paulo: RT, 2017. v. 2. p. 442.

[1941] Acertadamente, Mauro Rodrigues Penteado vai ainda além ao professar que "a conclusão dos negócios da sociedade deve ser feita de forma racional e eficiente, visando ensejar a maior rentabilidade para os acionistas" (*Dissolução e liquidação de sociedades*. 2. ed. São Paulo: Saraiva, 2000. p. 273).

Contudo, o liquidante não precisa, necessariamente, transformar todo o ativo da companhia em dinheiro. Não há qualquer empeço legal para que promova a dação em pagamento das dívidas aos credores que assim anuírem com essa forma de quitação dos débitos. Para tanto, não necessita contar com a autorização da assembleia geral. Os acionistas, por outro lado, podem deliberar que o ativo remanescente seja entre eles partilhado *in natura*, observada a fração do capital social titularizada por cada um. Nesse caso, a deliberação deve contar com a aprovação de acionistas que representem 90%, no mínimo, dos votos conferidos pelas ações com direito a voto (§ 1º do art. 215 da LSA) e essa modalidade de partilha não se traduz em dação em pagamento, pois a transmissão dos bens se opera originariamente e não em substituição a uma prestação diversa da que, na origem, lhe era devida.

A partilha de bens *in natura*, por um lado, pode simplificar consideravelmente a fase da liquidação, notadamente se houver bens de baixa liquidez; bens que, apesar de em tese se apresentarem como líquidos, não possuam interessados em suas respectivas aquisições; bens cuja alienação se apresente como difícil em função de seu próprio estado etc.[1942] Contudo, por outro lado, esta opção de se entregar *in natura* aos acionistas ativos correspondentes à sua fração do capital social tem potencial de gerar divergências.[1943]

O terceiro dever contemplado no inciso *sub examen* é justamente o do pagamento do passivo.

No que se refere ao pagamento do passivo social, o liquidante quitará as dívidas proporcionalmente e sem distinção entre vencidas e vincendas, sempre respeitando os direitos dos credores munidos de títulos de preferência. Em relação às vincendas, o pagamento se fará com desconto, com a mesma margem do praticado no mercado bancário para dívidas de igual ou semelhante natureza. De se ressaltar que o credor não poderá se recusar a receber a dívida ainda não vencida. O art. 214 da LSA dota o liquidante do poder de promover o pagamento de todas as dívidas sociais, vencidas e a vencer.[1944]

Sendo o ativo superior ao passivo, a lei faculta ao liquidante o pagamento integral das dívidas já vencidas, não necessitando observar o critério dos pagamentos proporcionais à medida que o ativo se liquida. A providência pode se justificar como uma forma de se evitar demandas judiciais e até mesmo requerimentos de falência da sociedade liquidanda, por parte dos credores por dívidas já exigíveis. Mas esse pagamento é feito sob exclusiva e pessoal responsabilidade do liquidante que ficará obrigado a responder junto aos credores de dívidas vincendas se, ao final, o ativo se mostrar insuficiente para o seu pagamento (parágrafo único do art. 214 da LSA).

No inciso V do preceito em comento, tem-se o dever de exigir dos acionistas, quando insuficiente o ativo à solução do passivo, a integralização de suas ações.

A aludida reivindicação de integralização, em princípio, pressupõe que o ativo não seja suficiente para fazer frente ao pagamento do passivo, ou seja, que a sociedade esteja insolvente.

Mas a interpretação literal não é recomendável na espécie. Deve o preceito ser entendido no pressuposto da situação de igualdade patrimonial dos acionistas. Essa demanda, portanto, também deve se realizar mesmo que existam recursos suficientes ao pagamento dos credores, caso alguns acionistas tenham integralizado e outros não, de modo a que todos possam estar em uma mesma situação jurídica.[1945]

[1942] Esse ponto positivo foi ressaltado na exposição de motivos da Lei nº 6.404/1976, que contou com o seguinte trecho: "O Projeto introduz as seguintes modificações na legislação em vigor: [...] f) o § 1º do artigo 216 [na lei, § 1º do artigo 215] admite a simplificação do processo de liquidação mediante a aprovação, por maioria de 90% dos acionistas, de condições especiais de partilha do ativo remanescente".

[1943] Cf. os comentários ao art. 215.

[1944] O Código Civil de 2002, ao cuidar da liquidação das sociedades contratuais, no seu art. 1.106, adotou esse mesmo curso do art. 214 da LSA, consagrando, assim, em toda legislação societária, que ao credor não é dado recusar o pagamento de dívida não vencida, quando em liquidação a sociedade.

[1945] Neste sentido, Modesto Carvalhosa, que assim sustenta: "A norma contida no inciso V do presente art. 210 pode levar ao entendimento de que somente inexistindo recursos disponíveis para o pagamento dos credores é que o liquidante poderá exigir a integralização de suas ações na forma prevista no art. 106. Ao assim dispor, o inciso V estabelece uma presunção de rigorosa igualdade de pagamento da subscrição por parte de todos os acionistas, inexistindo, consequentemente, mora de nenhum deles. Se assim ocorrer, com efeito, não cabe ao liquidante exigir do acionista a realização do capital subscrito nas condições previstas no boletim de subscrição, já que tais recursos próprios visariam à consecução do objeto social, que não mais prevalece com a dissolução. Se, no entanto,

O inciso VI, por seu turno, contempla o dever de convocar a assembleia geral nos casos previstos em lei ou sempre que julgar necessário. Ao liquidante competirá convocar as assembleias semestrais contempladas no art. 213 da LSA para prestar-lhes contas dos atos e operações praticados no interregno e apresentar-lhes o relatório e o balanço do estado de liquidação. Tais assembleias poderão ocorrer em períodos menores ou maiores, se assim o decidir a assembleia geral, mas nunca inferiores a 3 nem superiores a 12 meses. Competirá também convocar a assembleia extraordinária para deliberar sobre matéria relevante como gravar bens da companhia e contrair empréstimo (parágrafo único do art. 211 da LSA).

Entre os deveres do liquidante, encontra-se o de "confessar a falência da companhia e pedir concordata, nos casos previstos em lei", conforme o previsto no inciso VII do art. 210.

O dispositivo normativo foi concebido enquanto ainda vigente o Dec.-lei nº 7.661/1945, o qual disciplinava os institutos da falência e da concordata. Após a vigência da Lei nº 11.101/2005, que introduziu em nosso ordenamento jurídico as figuras da recuperação judicial e da recuperação extrajudicial, a redação do inciso em comento não sofreu qualquer alteração. Desse modo, até os dias de hoje, ainda se refere à velha concordata.

Diante do novo sistema implementado em 2005, não se pode simplesmente, no impulso de atualizar a referência feita à antiga concordata, substituí-la pela recuperação judicial. Esta se mostra inteiramente incompatível com o estado de liquidação. Seu pressuposto, assim como o da recuperação extrajudicial, reside na preservação da empresa[1946]. A recuperação judicial tem por escopo a superação da crise econômico-financeira, possibilitando o prosseguimento da exploração da atividade.[1947] A liquidação, ao revés, vincula-se à interrupção da atividade social.

A recuperação judicial poderia, sim, vir a ser requerida se, por qualquer razão, os acionistas deliberassem pela cessação do estado da liquidação. Contudo, nesse caso, em função do encerramento do aludido estado, a recuperação judicial não seria requerida pelo liquidante – que inclusive já teria deixado de existir como órgão social –, mas decorreria da deliberação dos sócios.

---

parte dos acionistas tiver integralizado até determinado montante e outros não, caberá ao liquidante exigir destes últimos, em mora, o pagamento da subscrição até o valor correspondente às demais realizações havidas. Prevalece, aí, o princípio da isonomia" (*Comentários à lei de sociedades anônimas*. 6. ed. São Paulo: Saraiva, 2014. v. 4, t. l. p. 156). Nelson Eizirik compactua com este entendimento, salientando que, "se parte dos acionistas tiver integralizado e outra parte não, caberá ao liquidante exigir dos que estiverem em mora o pagamento da subscrição, prevalecendo o princípio da isonomia" (*A Lei das S/A comentada*. 2. ed. São Paulo: Quartier Latin, 2015. v. 4. v. 4, p. 57). Do mesmo modo, José Waldecy Lucena assim aduz: "Diferente, no entanto, é a situação, se há acionistas em mora. Nesse caso, ainda que o ativo baste para solucionar o passivo, o *liquidante* deverá cobrar dos recaídos em mora as parcelas por eles devidas, de tal arte a que fiquem todos equiparados. É, em suma, mera aplicação do *princípio da isonomia* em relação a todos os acionistas. Não seria, de fato, admissível, observou Carvalhosa, que na partilha todos os acionistas recebessem seu quinhão conforme os direitos instituídos no estatuto, tendo alguns realizado mais capital que outros" (*Das sociedades anônimas: comentários à lei*. Rio de Janeiro: Renovar, 2012. v. 3. p. 284).

[1946] Nesse sentido: BORBA, José Edwaldo Tavares. *Direito societário*. 14. ed. São Paulo: Atlas, 2015. p. 461; TEPEDINO, Gustavo; BARBOZA, Heloisa Helena; MORAES, Maria Celina Bodin de et al. *Código Civil interpretado conforme a Constituição da República*. Rio de Janeiro: Renovar, 2011. v. 3. p. 303; PERNIDJI, Sergio Eskenazi. Liquidação. In: LAMY FILHO, Alfredo; PEDREIRA, José Luiz Bulhões (coord.). *Direito das companhias*. Rio de Janeiro: Forense, 2009, v. 2, p. 1.881-1.882. Há, porém, quem ainda siga fazendo referência à recuperação judicial, do que, pelas razões expostas no corpo do texto, discordamos. José Waldecy Lucena, por exemplo, salienta: "Assim, tanto que levantado o balanço patrimonial da companhia (inciso III), ou se no curso do procedimento liquidatório, constatar o *liquidante* que a situação da companhia é de insolvência, deverá ele requerer a recuperação judicial ou a autofalência [...]" (*Das sociedades anônimas*: comentários à lei. Rio de Janeiro: Renovar, 2012. v. 3. p. 287). Waldo Fazzio Júnior elenca dentre os deveres do liquidante os de "confessar a falência e pedir recuperação, nos casos previstos em lei" (*Manual de direito comercial*. 8. ed. São Paulo: Atlas, 2007. p. 144-145). Modesto Carvalhosa, por seu turno, assim assevera: "Ao dever do liquidante de requerer a autofalência ou a recuperação judicial (arts. 105 e s. da Lei de Falências e Recuperação de Empresas, Lei nº 11.101/2005) acrescenta-se o de requerer a intervenção administrativa ou mesmo a intervenção ou liquidação extrajudicial nos casos previstos em leis especiais" (*Comentários à lei de sociedades anônimas*. 6. ed. São Paulo: Saraiva, 2014. v. 4, t. l. p. 158-159).

[1947] Nesse passo, o art. 47 da Lei nº 11.101/2005 assim estabelece: "A recuperação judicial tem por objetivo viabilizar a superação da situação de crise econômico-financeira do devedor, a fim de permitir a manutenção da fonte produtora, do emprego dos trabalhadores e dos interesses dos credores, promovendo, assim, a preservação da empresa, sua função social e o estímulo à atividade econômica".

Importante questão reside em saber se a confissão de falência pelo liquidante depende ou não de prévia autorização da assembleia geral.

O preceito sob comento aponta a confissão da falência como dever do liquidante, sem atrelá-lo a qualquer condição prévia. Para mais, se a companhia se encontra em procedimento de liquidação, tem-se que sua atividade não mais terá prosseguimento e que todos os esforços estarão voltados para a alienação de seu ativo e o pagamento de seu passivo. Desse modo, não está o liquidante a depender da autorização assemblear para a confissão da falência, sendo suficiente sua ciência.

Encerrada a liquidação, impõem-se que o liquidante submeta à assembleia geral relatório dos atos e operações da liquidação e suas contas finais (inciso VIII do art. 210).

A prestação final de contas deve ser tão completa quanto possível, refletindo adequadamente os atos praticados ao longo de toda a fase de liquidação e retratando os valores arrecadados com a realização do ativo da companhia, os pagamentos efetuados aos seus credores, bem como o critério adotado para a partilha do remanescente entre os seus acionistas. Deve, ainda, iluminar os fatos relevantes ocorridos durante essa etapa que tenham sobre ela repercutido.

O seu dever final consiste em arquivar e publicar a ata da assembleia geral que houver encerrado a liquidação (inciso IX do art. 210). Essas são as duas providências complementares a serem pelo liquidante implementadas após o desfecho da etapa de liquidação. Com essas últimas providências, extingue-se a companhia.

Esse conjunto de providências tem o claro objetivo de conferir publicidade ao encerramento da liquidação e à consequente extinção da companhia, possibilitando a terceiros o conhecimento de tal fato.

Poderes do Liquidante

Art. 211. Compete ao liquidante representar a companhia e praticar todos os atos necessários à liquidação, inclusive alienar bens móveis ou imóveis, transigir, receber e dar quitação.

Parágrafo único. Sem expressa autorização da assembleia-geral o liquidante não poderá gravar bens e contrair empréstimos, salvo quando indispensáveis ao pagamento de obrigações inadiáveis, nem prosseguir, ainda que para facilitar a liquidação, na atividade social.

COMENTÁRIOS

1. Poderes do liquidante

Sérgio Campinho

O liquidante exercerá todos os poderes de gestão inerentes ao estado de liquidação, com vistas a ultimar o correspondente procedimento, cabendo-lhe presentar a companhia durante toda a duração daquele estado. O liquidante é, assim, órgão de representação e gestão da sociedade liquidanda, na medida em que os diretores não atuarão nesse período da vida social, porquanto a companhia não mais irá explorar o seu objeto de forma lucrativa. Os diretores são, automaticamente e em bloco, destituídos com o início do estado de liquidação, o qual se dá a partir da verificação e declaração da causa dissolutória.[1948]

Altera-se, pois, o interesse social, cujo vetor passa a ser o de realizar o procedimento de liquidação da forma mais eficiente possível, isto é, com agilidade e menor custo.

O procedimento de liquidação reclama a prática de diversos atos, os quais devem ser sistematicamente encadeados e ordenados, visando à extinção da companhia. Tais atos consistem na apuração e realização do ativo para o pagamento do passivo também apurado, com a final partilha do ativo que remanescer entre os acionistas.

O liquidante, que pode ser pessoa natural ou jurídica,[1949] tem, em princípio, as mesmas responsabilidades dos administradores previstas na LSA, as quais, no entanto, deverão ser conformadas e adaptadas à natureza deste novo período da vida social: o estado de liquidação.

Ao liquidante, em suma, compete gerir e presentar a companhia em liquidação. A sociedade dissolvida conserva a sua personalidade jurídica enquanto se processa a liquidação. A sua representação orgânica ficará a cargo do liquidante que está habilitado a praticar todos os atos necessários à liquidação, inclusive alienar bens móveis ou imóveis, transigir, receber e dar quitação. Não irá ele, insta esclarecer, administrar a companhia, como o faziam os seus diretores em condições normais

---

[1948] Cf. os comentários aos arts. 206 e 208.

[1949] Cf. os comentários ao art. 208.

de operação. Sua atuação não é propriamente a de um administrador. Sua gestão se justifica para a liquidação das operações ainda pendentes na atividade da companhia e, fundamentalmente, para realizar os atos que compõem o procedimento de liquidação. Por isso é que seus poderes se mostram, por vezes, mais amplos do que os de mera administração. Sua atuação se opera em um estado especial, que imprime à sociedade um regime organizacional especial.

Nesse contexto, ao liquidante é vedado, sem expressa autorização da assembleia geral, dar prosseguimento às atividades sociais, mesmo que para facilitar a liquidação. Não pode, ainda, sem esse mesmo consentimento, gravar bens da companhia e contrair empréstimos, salvo quando tais atos se mostrarem indispensáveis ao pagamento de obrigações inadiáveis. A contratação de empréstimos e a oneração de bens resultam em passivo para a sociedade, que irá impactar no saldo do ativo remanescente. A avaliação do que venha a ser urgente e inadiável é, em princípio, feita pelo liquidante, que deve, no entanto, buscar a ratificação do ato em ulterior assembleia, de modo a evitar que venha a ser no futuro responsabilizado.

Embora a lei silencie a respeito, parece razoável entender que os serviços prestados pelo liquidante sejam remunerados, não se podendo presumi-los gratuitos. Cabe, em princípio, à assembleia geral a fixação dessa verba. Caso exista no estatuto social disposição acerca da matéria, impõe-se observá-la.

O escopo da fase de liquidação é o de proceder ao levantamento do ativo, ao pagamento do passivo e à partilha do que remanescer entre os acionistas. A LSA, nos arts. 214 e 215, dedica-se, respectivamente, a dispor sobre os critérios a orientar o pagamento e sobre a disciplina que se pode adotar na partilha do ativo.

Denominação da Companhia

Art. 212. Em todos os atos ou operações, o liquidante deverá usar a denominação social seguida das palavras "em liquidação".

COMENTÁRIOS

1. Adição da expressão "em liquidação" na denominação

Sérgio Campinho

Durante o estado de liquidação, iniciado a partir da verificação da causa que acarreta a dissolução da companhia, a sociedade preserva a sua personalidade jurídica. Esta irá perdurar até a sua extinção, justamente com a finalidade de proceder aos atos que compõem o procedimento de liquidação.

No estado de liquidação, que se traduz em um estado de direito, impõe a lei que o liquidante, ao empregar a denominação social, o faça seguida das palavras "em liquidação". Assim deverá agir em todos os atos e operações que realizar em presentação da companhia liquidanda.

A finalidade dessa obrigatória adição da expressão "em liquidação" à denominação da companhia é a de conferir publicidade e conhecimento a todos aqueles que com ela se relacionam no estágio especial em que ela se encontra. Consiste em mais um meio de publicidade determinado pela lei para divulgar a alteração de estado jurídico da sociedade.

Constitui, destarte, obrigação legal do liquidante a utilização da declaração em questão na aposição da denominação social em quaisquer atos ou documentos firmados pela companhia. Responderá o liquidante perante os terceiros de boa-fé e junto à própria companhia pelos prejuízos derivados da omissão da expressão "em liquidação", por não estar revelando o real estado da sociedade.

O emprego da adição em questão à denominação social somente não será implementado na hipótese de dissolução judicial decorrente da decretação da falência da companhia. Nesta situação, o regime de publicização deste estado obedecerá ao disposto na Lei 11.101/2005. No processo concursal falimentar, quem atuará como liquidatário da massa falida e como seu representante é o administrador judicial, o qual fará uso, no exercício de seu mister representativo, da expressão "massa falida de" precedentemente à denominação da companhia falida. As publicações ordenadas pela Lei 11.101/2005 conterão a epígrafe "falência de" para identificar o estado em que se encontra a sociedade.

Assembleia-Geral

Art. 213. O liquidante convocará a assembleia-geral cada 6 (seis) meses, para prestar-lhe contas dos atos e operações praticados no semestre e apresentar-lhe o relatório e o balanço do estado da liquidação; a assembleia-geral pode fixar, para essas prestações de contas, períodos menores ou maiores que, em qualquer caso, não serão inferiores a 3 (três) nem superiores a 12 (doze) meses.

> § 1º Nas assembleias gerais da companhia em liquidação todas as ações gozam de igual direito de voto, tornando-se ineficazes as restrições ou limitações porventura existentes em relação às ações ordinárias ou preferenciais; cessando o estado de liquidação, restaura-se a eficácia das restrições ou limitações relativas ao direito de voto.
>
> § 2º No curso da liquidação judicial, as assembleias gerais necessárias para deliberar sobre os interesses da liquidação serão convocadas por ordem do juiz, a quem compete presidi-las e resolver, sumariamente, as dúvidas e litígios que forem suscitados. As atas das assembleias gerais serão, por cópias autênticas, apensadas ao processo judicial.

COMENTÁRIOS

1. O controle da liquidação pela assembleia geral

Sérgio Campinho

Durante o procedimento de liquidação, as assembleias gerais possuem caráter universal, desfrutando todas as ações de igual direito de voto. Desaparecem, pois, todas as restrições ou limitações ao direito de voto previstas no estatuto. A figura jurídica na hipótese é a da ineficácia de qualquer supressão ou limitação desse direito porventura existente em relação às ações. Do mesmo modo ocorrerá, caso existam uma ou mais classes de ações ordinárias providas de voto plural. A pluralidade de votos conferida será igualmente ineficaz no estado de liquidação. Essa é a regra. O § 1º do art. 215 constitui a exceção.

O regime universal da assembleia na sociedade liquidanda justifica-se em função da identidade do interesse dos acionistas nesta fase da vida social: o direito à partilha do acervo que remanescer após a liquidação do ativo e o pagamento do passivo da companhia, direito esse grifado como essencial (inciso II do art. 109 da LSA). Os interesses são comuns e uniformes na liquidação.

As restrições ou limitações do direito de voto, bem como o voto plural, apenas produzem efeitos durante a vida normal da companhia, na qual o interesse social traduz-se na orientação de se alcançar a maximização dos lucros a partir de eficiente exploração do objeto social. Na hipótese de ocorrer a cessação do estado de liquidação (inciso VII do art. 136 da LSA), restabelecendo-se a atividade social, também serão restauradas as eventuais supressões, restrições ou limitações ao direito de voto, assim como a ocasional pluralidade de votos, reavivando-se o escopo de aglutinação dos capitais provenientes dos acionistas que podem ter variados interesses (acionista empreendedor ou controlador, acionista investidor em sentido estrito ou rendeiro e acionista especulador).

Durante o período de liquidação, a assembleia geral tem a sua atuação mais restrita, somente podendo deliberar acerca das matérias que sejam compatíveis com o procedimento liquidatório. Seus poderes ficam, assim, limitados a esse escopo.

A assembleia geral, portanto, sofre relevantes alterações em seu funcionamento, com uma nova sistemática de convocação e deliberação. Na liquidação pelos órgãos da companhia, compete ao liquidante convocá-la; na liquidação judicial, a competência para a convocação é do juiz que preside o respectivo processo. Diante da ausência de regras para orientar o modo de convocação, o *quorum* de instalação, o *quorum* de deliberação, a legitimação e a representação dos acionistas, o livro de presença, a direção dos trabalhos e a ata da assembleia, deve-se aplicar, com as devidas adaptações, os arts. 124 a 130 da LSA para disciplinar tais matérias.[1950]

No curso da liquidação, portanto, dois órgãos conviverão obrigatoriamente: o liquidante e a assembleia geral. O conselho de administração e o conselho fiscal podem ou não funcionar nessa fase (§ 1º do art. 208 da LSA). Esses dois órgãos, se em funcionamento, exercerão um papel adjuvante à assembleia geral de fiscalização da liquidação.

Na liquidação pelos órgãos da companhia, a assembleia geral de liquidação poderá ser ordinária ou extraordinária.

A assembleia ordinária é aquela que deve ser convocada pelo liquidante a cada 6 meses ou em períodos menores ou maiores, mas não inferiores a 3 nem superiores a 12 meses, conforme o que venha a ser determinado pela assembleia. Seu objetivo é o da prestação de contas por parte do liquidante das operações e atos praticados no interregno e o da apresentação do relatório e do balanço do estado da liquidação.

[1950] Nesse sentido, EIZIRIK, Nelson. *A Lei das S/A comentada*. 2. ed. São Paulo: Quartier Latin, 2015. v. 4. p. 62.

O balanço do estado de liquidação não se confunde com aquele balanço a que está o liquidante obrigado a levantar no início do procedimento de liquidação (inciso III do art. 210 da LSA). A finalidade do balanço do estado de liquidação é retratar, com fidelidade, à assembleia geral o estágio em que se encontra a liquidação, isto é, o ativo levantado em dinheiro e em bens, avaliação dos bens – que se deve realizar pelo valor de mercado –, o produto de sua realização até então efetivada e a quitação das dívidas sociais já implementadas.

Não convocando o liquidante, no prazo legal ou naquele fixado pelo conclave dos acionistas, a assembleia geral ordinária de liquidação, qualquer acionista poderá convocá-la no interesse da liquidação. Impõe-se, na hipótese, a aplicação analógica do comando do art. 123 da LSA. Nasce para os acionistas uma legitimação substitutiva ou secundária para a convocação.

A assembleia extraordinária é aquela convocável a qualquer tempo a fim de deliberar sobre as matérias urgentes e inadiáveis, como as que o liquidante dependa da autorização do conclave dos acionistas para realizar um determinado ato ou operação, tal qual se tem nas hipóteses de necessidade de gravar bens da companhia ou de contrair empréstimos (parágrafo único do art. 211 da LSA). Mas, repita-se, a assembleia geral somente poderá deliberar sobre matérias consonantes com a fase de liquidação, diante da restrição a seus poderes derivada deste estado que conduzirá a sociedade à extinção.

Na liquidação judicial, as assembleias gerais necessárias para deliberar sobre os interesses da liquidação serão convocadas por ordem do juiz, a quem compete também presidi-las e resolver, de maneira sumária, todas as questões, dúvidas e litígios suscitados. A soberania da assembleia é, nesse caso, relativizada, prevalecendo o que for decidido pelo juiz ao homologá-la. As atas correspondentes serão, por cópias autênticas, juntadas aos autos do respectivo processo judicial, não sendo necessário levá-las ao arquivamento[1951]. Na liquidação pelos órgãos da companhia, ao revés, as atas deverão ser arquivadas na Junta Comercial.

Não se pode vislumbrar qualquer nulidade no procedimento caso o juiz não venha a presidir a assembleia, delegando a atribuição a um acionista. Isto porque sempre exercerá a sua competência para dirimir dúvidas ou questões controvertidas que no seu curso emergirem, não constituindo a presidência do conclave etapa indispensável à sua decisão, esta sim de caráter jurisdicional e, desse modo, exclusiva do magistrado.

> **Pagamento do Passivo**
>
> **Art. 214.** Respeitados os direitos dos credores preferenciais, o liquidante pagará as dívidas sociais proporcionalmente e sem distinção entre vencidas e vincendas, mas, em relação a estas, com desconto às taxas bancárias.
>
> **Parágrafo único.** Se o ativo for superior ao passivo, o liquidante poderá, sob sua responsabilidade pessoal, pagar integralmente as dívidas vencidas.

COMENTÁRIOS

1. Critérios orientadores da quitação do passivo

Sérgio Campinho

A fase de liquidação da companhia tem por escopo proceder à realização do ativo, ao pagamento do passivo e à partilha do remanescente entre os acionistas. Os arts. 214 e 215 da LSA se dedicam, respectivamente, a dispor sobre os critérios que devem orientar a quitação das dívidas sociais e a distribuição do acervo da sociedade.

No pagamento do passivo da companhia, o liquidante quitará os débitos proporcionalmente e sem distinção entre as dívidas vencidas e vincendas, mas sempre respeitando os direitos dos credores munidos de títulos de preferência. Em relação às vincendas, deverá realizar os correspondentes descontos pela antecipação do pagamento, tendo por referência as taxas bancárias médias vigentes em bancos de primeira linha[1952] para a concessão de financiamentos.

O liquidante encontra-se jungido a um critério legal de pagamento. Deve ele respeitar, na sua realização, os títulos legais de preferência dos credores sociais. Cuida a orientação traduzida no texto normativo de uma conduta de cautela a ser observada pelo liquidante, pois muitas vezes, no início e no próprio curso da liquidação, não terá como precisar se a massa liquidanda terá força suficiente em seu ativo para satisfazer todo o seu passivo.

[1951] Nesse sentido, REQUIÃO, Rubens. *Curso de direito comercial*. 30. ed. São Paulo: Saraiva, 2013. v. 2. p. 448.

[1952] EIZIRIK, Nelson. *A Lei das S/A comentada*. 2. ed. São Paulo: Quartier Latin, 2015. v. 4. p. 68.

O regime jurídico da preferência confere ao credor que mereceu da lei tratamento preferencial a pretensão de ter o seu crédito satisfeito antes dos demais.

Os títulos legais de preferência são os privilégios e os direitos reais (art. 958 do Código Civil). No âmbito dos privilégios figuram os créditos a que a lei, atendendo à sua causa ou a razões de equidade ou conveniência pública, expressamente atribui a prioridade no pagamento. Sua fonte, portanto, é a lei e não a vontade das partes. Os privilégios são de ordem exclusivamente legal, sem exceção.[1953] Neste fato reside a clássica distinção entre privilégio e direito real. Aquele é estabelecido por lei e este decorre de contrato. Mas não é só. Distinguem-se, ainda, esses títulos legais de preferência, em função da operacionalidade de suas respectivas exigibilidades e vínculos jurídicos estabelecidos. O direito real recai sobre o bem e está ligado ao conceito da alienação da coisa que lhe serve de objeto, assumindo, no dizer de Carvalho de Mendonça,[1954] um caráter de peso, de ônus real sobre a coisa, visto ficar o credor premunido de sua alienação. O privilégio, ao revés, não é um direito em si. Seu objeto não é o bem, porquanto, diversamente do direito real, inexiste relação jurídica que sobre ele recaia. Funda-se, dessarte, não na coisa móvel ou imóvel, mas no processo de satisfação do crédito entre os credores concorrentes.

Feitas essas considerações iniciais e partindo-se do pressuposto de que o legislador fixou um critério para a ordenação dos pagamentos, cabe verificar qual sequência deve o liquidante observar.

É forte na doutrina o entendimento de que se adote a ordem de pagamento constante da legislação falimentar.[1955]

Contudo, essa não parece ser a melhor solução. O Código Civil cuida das preferências e dos privilégios creditórios, os quais se devem harmonizar com aqueles inseridos em legislação hierarquicamente superior, como o Código Tributário Nacional (recepcionado como lei complementar no que se refere às matérias constitucionalmente reservadas à regulação por lei complementar). Nesse cenário, a orientação a ser adotada é aquela que resulta da conjugação do *caput* do art. 186 do Código Tributário Nacional com os arts. 957 a 965 do Código Civil.

Assim é que o liquidante deverá primeiramente pagar os créditos decorrentes da legislação do trabalho ou derivados de acidente do trabalho e, em seguida, os tributários.[1956] Não havendo título legal à preferência, terão os credores igual direito sobre os bens do devedor comum. Caso contrário, o crédito real preferirá ao pessoal de qualquer espécie; o crédito pessoal privilegiado, ao simples; e o privilégio especial, ao geral. Na sequência, deverá pagar os créditos quirografários

---

[1953] PONTES DE MIRANDA, Francisco Cavalcanti. *Tratado de direito privado*. 2. ed. Rio de Janeiro: Borsoi, 1960. p. 164, t. XXVII; e MENDONÇA, José Xavier Carvalho de. *Tratado de direito comercial brasileiro*. 4. ed. Rio de Janeiro: Freitas Bastos, 1947. v. 8. p. 156.

[1954] *Tratado de direito comercial brasileiro*. 4. ed. Rio de Janeiro: Freitas Bastos, 1947. v. 8. p. 155.

[1955] Egberto Lacerda Teixeira e José Alexandre Tavares Guerreiro assim professam: "O pagamento aos credores preferenciais seguirá, a nosso ver, a mesma ordem de privilégios estipulada pelo estatuto falimentar" (*Das sociedades anônimas no direito brasileiro*. São Paulo: Bushatsky, 1979. v. 2. p. 633). Já Modesto Carvalhosa sustenta: "A ordem de privilégios de que fala a norma é encabeçada pelos créditos de natureza trabalhista (limitados a 150 salários mínimos por credor) e indenizatória por acidentes de trabalho; créditos com direitos reais de garantia; créditos tributários; créditos com privilégio especial sobre determinados bens do ativo; créditos com privilégio geral; créditos quirografários; multas contratuais e penas pecuniárias por infração de leis penais ou normas administrativas e, por fim, créditos subordinados". Ao final deste trecho, o referido autor inclui a seguinte nota de rodapé: "Cf. art. 83 da Lei de Falências e Recuperação de Empresas (Lei nº 11.101/2005)" (*Comentários à lei de sociedades anônimas*. 6. ed. São Paulo: Saraiva, 2014. v. 4, t. I. p. 193). José Waldecy Lucena assevera: "Trata-se, em verdade, de aplicação analógica da Lei Falimentar, ou, o que nos parece mais consentâneo, de mera orientação para o *liquidante*, que optará por segui-la ou não, haja vista não lhe determinar a Lei esse caminho. Aconselhável, no entanto, que o faça, consoante a fundamentação de Duclerc Verçosa, segundo a qual o cuidado por parte do liquidante, em seguir a ordem de preferências própria do direito falimentar, está ligado à possibilidade de falta de recursos na liquidação para o pagamento de todo o passivo, caso em que deverá ser requerida a autofalência, sendo alcançados pela ineficácia os atos anteriores, na forma da LREF (Lei n. 11.101/2005)" (*Das sociedades anônimas*: comentários à lei. Rio de Janeiro: Renovar, 2012. v. 3. p. 322).

[1956] Os créditos com garantia real, no limite do valor do bem gravado, preferem aos créditos tributários apenas no caso de falência. Também os limites e condições para preferência dos créditos decorrentes da legislação do trabalho somente se aplicam no concurso falimentar. Tudo isso em razão da exceção contida no parágrafo único do art. 186 do Código Tributário Nacional, incluído pela Lei Complementar nº 118/2005.

(*i.e.*, sem qualquer título de preferência) e, ao final, os subordinados (assim previstos em lei ou em contrato).

Verificada a insolvência da companhia liquidanda, é dever do liquidante confessar a sua falência para que, aí sim, necessariamente se instaure o competente concurso de credores, com a observância dos critérios legais de preferência próprios ao regime falimentar (art. 83 da Lei 11.101/2005).

No que tange, portanto, aos créditos desprovidos de preferência, deverá o liquidante, a princípio, efetuar os pagamentos de modo proporcional, sem distinguir as dívidas já vencidas daquelas que ainda estão por vencer,[1957] porquanto a liquidação visa ao pagamento de todos os credores.

O ingresso da companhia na fase de liquidação não enseja o vencimento antecipado de suas dívidas. Dessa forma, ao efetuar proporcionalmente o pagamento das dívidas vencidas e vincendas – ou, em outros termos, ao deixar de quitar, de uma só vez, as dívidas vencidas –, o liquidante submete a sociedade à incidência dos consectários da mora e, ainda, ao risco de que um credor requeira a sua falência.[1958]

Por isso, o legislador permite que, se o ativo for superior ao passivo, o liquidante, sob sua responsabilidade pessoal, pague integralmente as dívidas vencidas.

Assim, durante o procedimento de liquidação, constatando o liquidante que o ativo suplanta o passivo e tendo disponibilidade de recursos financeiros, cabe-lhe avaliar a conveniência e a oportunidade de quitar integralmente as dívidas vencidas, afastando a incidência dos consectários da mora e sepultando o risco de a companhia sofrer uma ação de cobrança ou um requerimento de falência com amparo no inciso I do art. 94 da Lei 11.101/2005.[1959]

Porém, fazendo o liquidante equivocada avaliação e, ao final da liquidação, inexistindo recursos suficientes para fazer frente ao pagamento da integralidade dos créditos, será ele pessoalmente responsável.

Quanto às dívidas por vencer, não é dado ao credor recusar o pagamento antecipado e, se for o caso, parcelado.[1960] O preceito da LSA em comentário estabelece clara exceção ao princípio de que o credor não é obrigado a receber o seu crédito antes do vencimento. Este dispositivo determina ao liquidante o pagamento de todas as dívidas exigíveis e não exigíveis, o que o faz no interesse de uma liquidação racional e eficiente.

Ademais, o curso que se deve imprimir à liquidação vem orientado pelo repúdio a "capitais esterilizados ou aprisionados em organizações societárias improdutivas, inativas, ou sem perspectivas de lucratividade".[1961] Assim, a par dos interesses privados dos acionistas e do liquidante,

---

[1957] Como adequadamente registra Trajano de Miranda Valverde, "se há créditos litigiosos, o liquidante fará a reserva que julgar necessária para o pagamento do que for devido" (*Sociedades por ações*. 3. ed. Rio de Janeiro: Forense, 1959. v. 3. p. 52).

[1958] Sobre o tema, adverte Mauro Rodrigues Penteado: "A determinação legal no sentido de que as dívidas vencidas e vincendas sejam pagas proporcionalmente e sem distinção também merece análise mais detida, pois a sua aplicação indiscriminada pode gerar distorções, e até consequências graves, como o requerimento de falência da companhia por credor com crédito vencido e não pago" (*Dissolução e liquidação de sociedades*. 2. ed. São Paulo: Saraiva, 2000. p. 278).

[1959] Como bem anota Mauro Rodrigues Penteado, "havendo disponibilidade patrimonial e insuficiência de numerário em caixa, os critérios legais da proporcionalidade e indistinção poderão dar lugar ao pagamento preliminar dos débitos vencidos, exatamente para que se evitem demandas ou o requerimento de falência da sociedade" (*Dissolução e liquidação de sociedades*. 2. ed. São Paulo: Saraiva, 2000. p. 278).

[1960] Sem prejuízo, por evidente, de questionar, inclusive judicialmente, elementos desse pagamento, como a "taxa" de desconto aplicada pelo liquidante. Mas, em qualquer caso, perseguirá a eventual diferença.

[1961] PENTEADO, Mauro Rodrigues. *Dissolução e liquidação de sociedades*. 2. ed. São Paulo: Saraiva, 2000. p. 5. Após sustentar que o aludido repúdio se relaciona com a "lógica" do capitalismo e dos regimes de economia de mercado, o mencionado autor assim aduz: "Nesses casos, ou quando os sócios se desinteressam pelo empreendimento comum, é essa mesma 'lógica' que determina a dissolução e liquidação da empresa, de molde a que se proceda à partilha e devolução do acervo patrimonial líquido aos participantes, pois, com raríssimas exceções (*v.g.*, lazer e/ou ócio), os valores recebidos em devolução, pelos sócios, até por vocação sistêmica, culminam por ser reintroduzidos no regime produtivo, quer diretamente (constituição de novas sociedades, aquisição de ações ou de participações societárias), quer por via oblíqua (poupança, fundos de ações, investimentos em renda fixa e mesmo saldos de contas correntes bancárias – cuja destinação ao menos teórica é o repasse, pelos intermediários financeiros, a atividades econômicas)" (*Dissolução e liquidação de sociedades*. 2. ed. São Paulo: Saraiva, 2000. p. 5).

sobressai o interesse público vinculado ao encerramento da liquidação para que se possa viabilizar o reingresso dos recursos em novo ciclo econômico-financeiro.

> **Partilha do Ativo**
>
> **Art. 215.** A assembleia-geral pode deliberar que antes de ultimada a liquidação, e depois de pagos todos os credores, se façam rateios entre os acionistas, à proporção que se forem apurando os haveres sociais.
>
> § 1º É facultado à assembleia geral aprovar, pelo voto de acionistas que representem, no mínimo, 90% (noventa por cento) dos votos conferidos pelas ações com direito a voto, depois de pagos ou garantidos os credores, condições especiais para a partilha do ativo remanescente, com a atribuição de bens aos sócios, pelo valor contábil ou outro por ela fixado. (Redação dada pela Lei nº 14.195, de 2021).
>
> § 2º Provado pelo acionista dissidente (artigo 216, § 2º) que as condições especiais de partilha visaram a favorecer a maioria, em detrimento da parcela que lhe tocaria, se inexistissem tais condições, será a partilha suspensa, se não consumada, ou, se já consumada, os acionistas majoritários indenizarão os minoritários pelos prejuízos apurados.

COMENTÁRIOS

1. A partilha do ativo

Sérgio Campinho

A lógica que preside o procedimento de liquidação é a que impõe ao liquidante ultimar os negócios da companhia, realizar o ativo, pagar o passivo e, ao final, partilhar o remanescente entre os acionistas (inciso IV do art. 210 da LSA).

Permite-se, entretanto, que a partilha do ativo se realize de modo antecipado,[1962] A assembleia geral pode decidir que, antes de ultimada a liquidação, mas depois de pagos todos os credores – ou feitos os provisionamentos em dinheiro para as respectivas quitações –, façam-se rateios entre os acionistas, à proporção em que se forem apurando os haveres sociais em dinheiro. Não há, pois, a necessidade de se aguardar a integral realização do ativo para que o seu produto seja distribuído entre os sócios. A assembleia geral, que mantém o caráter universal durante todo o procedimento de liquidação, com todas as ações, portanto, gozando de igual direito de voto (§ 1º do art. 213 da LSA), decidirá, à falta de disposição legal específica, segundo o *quorum* geral da maioria absoluta de votos.

Na partilha antecipada serão pagos, primeiramente, os acionistas titulares de ações preferenciais com prioridade no reembolso do capital (inciso I do art. 17 da LSA). Em seguida, proceder-se-á ao pagamento dos titulares de ações ordinárias e preferenciais sem a indigitada prioridade, para, ao final, serem pagos os titulares de ações de fruição, emitidas em substituição às ações ordinárias e preferenciais amortizadas, porquanto estas somente concorrerão ao acervo líquido depois de assegurado às ações não amortizadas valor igual ao da amortização (§ 5º do art. 44 da LSA). Mas ressalte-se que, em observância ao tratamento isonômico que se deve conferir a todas as ações de mesma espécie e classe (§ 1º do art. 109 da LSA), os pagamentos deverão ser sempre feitos em rateio, caso não haja recursos suficientes para o pagamento de todos os acionistas que se encontrem na mesma situação jurídica.

Como método especial para a partilha do ativo, é, ainda, facultado à assembleia geral aprovar a partilha *in natura*. A regra geral é a de se realizar o ativo em dinheiro para se pagar a todos credores sociais e partilhar o saldo, se houver, entre os acionistas. Contudo, a assembleia geral poderá aprovar, mediante o *quorum* de 90%, no mínimo, dos votos conferidos pelas ações com direito a voto, e depois de pagos ou garantidos todos os credores, condições especiais para a partilha do acervo remanescente, com a atribuição de bens aos sócios, pelo valor contábil ou outro por ela fixado (§ 1º do art. 215).[1963]

Consiste a providência em simplificação do procedimento de liquidação, com economia de custos e de meios, passando os bens sociais diretamente para os acionistas. Constitui modalidade, como expressado em lei, especial para a partilha do ativo social remanescente. A regra geral, como se disse, é a da partilha em dinheiro

---

[1962] Semelhante método é adotado pelo art. 1.107 do Código Civil.

[1963] A redação originária do § 1º do art. 215, anteriormente, portanto, à nova redação que lhe foi atribuída pela Lei 14.195/2021, previa o *quorum* de 90%, no mínimo, de todas as ações emitidas pela companhia, isto é, com ou sem direito de voto. O *quorum* mais severo parecia mais consonante com a adoção da partilha *in natura*.

– após a realização e redução integral do ativo da companhia em moeda corrente – a qual o liquidante dará cabo independentemente de qualquer aprovação assemblear prévia. Esta somente vem exigida na partilha antecipada em pecúnia (*caput* do art. 215). A partilha *in natura* deve obedecer à disciplina dos §§ 1º e 2º do art. 215. Não se pode vislumbrar, no entanto, impedimento para que seja ela também antecipadamente feita, desde que respeitadas as condições dos mencionados §§ 1º e 2º e sempre observando o princípio do tratamento isonômico dos acionistas. Pode essa modalidade de antecipação não se apresentar no caso concreto como prática ou atrativa, mas não está, por isso, obstada por lei.

O acionista dissidente, provando em ação judicial própria que a partilha *in natura* visou a favorecer a maioria, em detrimento de seu quinhão, poderá obter a suspensão da partilha, se ainda não consumada; se já consumada, a pretensão se resumirá à obtenção de indenização pelos prejuízos experimentados (§ 2º do art. 215). O prazo, de natureza decadencial, para propor essa medida judicial é o mesmo previsto no § 2º do art. 216 da LSA, ou seja, 30 dias contados da publicação da ata da assembleia geral que aprovar as contas do liquidante e encerrar a liquidação, por força de expressa remissão contida no corpo do referido § 2º do art. 215.

O plano de partilha antecipada (em dinheiro ou *in natura*) elaborado pelo liquidante deve ser previamente submetido à assembleia geral. Mas não existe, em princípio, qualquer invalidade a recair sobre o rateio feito em dinheiro quando implementado, a despeito do comando do *caput* do art. 215 sob comento, sem a prévia autorização assemblear. A ela caberá ulteriormente ratificá-lo, ainda que por ocasião da prestação final de contas (art. 216 da LSA), se não houver anterior realização de outra assembleia geral para receber o relatório e o balanço do estado de liquidação (art. 213 da LSA).

Por derradeiro, cumpre anotar que a partilha antecipada – providência de ordem prática e conveniente que pode ser reiteradamente implementada à medida em que se forem apurando os haveres sociais e transformando-os em dinheiro –, em nada se diferencia da partilha final. A ambas as formas de partilhar o ativo remanescente se aplicam as mesmas regras e princípios. A partilha final é aquela que se realiza de uma única vez e gera para o liquidante o dever de convocar a assembleia geral para a prestação final das contas que, uma vez aprovadas, marcará o encerramento da fase de liquidação (art. 216 da LSA).

2. Introdução do voto plural na Lei brasileira

Mauricio Moreira Menezes

A Lei nº 14.195/2021 introduziu a possibilidade de criação de classes distintas de ações ordinárias em função da atribuição de voto plural a uma ou mais classes, inaugurando nova fase no Direito brasileiro relativamente ao exercício do direito de voto e ao modo organização das relações de poder nas companhias. Por conseguinte, produziu alterações aos arts. 15, 16, 110, 125, 135, 136, 215, 243, 252 e 284, bem como a inserção dos arts. 16-A e 110-A, todos da LSA.

O § 9º do art. 110-A da LSA contempla norma que objetiva orientar interpretação da LSA: "quando a lei expressamente indicar quóruns com base em percentual de ações ou do capital social, sem menção ao número de votos conferidos pelas ações, o cálculo respectivo deverá desconsiderar a pluralidade de voto".

Nesse particular, a Lei nº 14.195/2021 caminhou acertadamente para afastar qualquer indesejável controvérsia a respeito do atendimento a quóruns de instalação e de deliberação previstos na LSA, em proveito da segurança jurídica e de sua higidez sistemática.

Assim, modificou pontualmente diversos dispositivos da LSA que antes faziam referência a quóruns calculados sobre o "capital social com direito a voto" ou "capital votante", para ajustá-los ao mecanismo do voto plural, passando a referir-se ao número de "votos conferidos por ações com direito a voto".

Com efeito, a redação do art. 215, § 1º, foi adaptada nesse exato sentido, de tal sorte a estipular que o quórum para aprovação de condições especiais da partilha do ativo remanescente deve ser calculado segundo o total dos votos conferidos pelas ações com direito a voto de emissão da companhia.

A propósito da recepção do voto plural pela LSA e de sua disciplina jurídica, vide os comentários aos arts. 110 e 110-A da LSA.

Prestação de Contas

Art. 216. Pago o passivo e rateado o ativo remanescente, o liquidante convocará a assembleia-geral para a prestação final das contas.

§ 1º Aprovadas as contas, encerra-se a liquidação e a companhia se extingue.

> § 2º O acionista dissidente terá o prazo de 30 (trinta) dias, a contar da publicação da ata, para promover a ação que lhe couber.

COMENTÁRIOS

1. Encerramento da liquidação e extinção da companhia

Sérgio Campinho

O encerramento do procedimento de liquidação demanda a prestação de contas do liquidante à assembleia geral. Assim é que, pago o passivo e rateado o ativo remanescente, o liquidante convocará a assembleia geral para a prestação final de contas. A aprovação das contas, na dicção legal, marca o final do estado de liquidação.

A assembleia geral instalar-se-á com o *quorum* do art. 125 da LSA e deliberará com o do art. 129 da LSA, à falta de disposição legal expressa, sendo tal assembleia universal, ou seja, todos os acionistas tendo igual direito de voto (§ 1º do art. 213 da LSA). Na omissão do liquidante em proceder à convocação da assembleia geral, qualquer acionista poderá fazê-lo, por aplicação analógica do art. 123 da LSA e no interesse da liquidação. Nasce para os acionistas uma legitimação substitutiva ou secundária.

Não está, por lei, o liquidante obrigado a apresentar um balanço final.[1964] Mas a prestação final de contas deve ser tão completa e detalhada quanto possível, refletindo adequadamente os atos praticados ao longo de toda a fase de liquidação e retratando os valores arrecadados com a realização do ativo da companhia, os pagamentos realizados aos credores, bem como o critério adotado para a partilha do acervo remanescente entre os acionistas. Compete-lhes, ainda, apontar os fatos relevantes ocorridos durante todo esse estágio e que tenham sobre ele repercutido.

O liquidante deve encaminhar as suas contas para parecer ao conselho de administração e ao conselho fiscal, caso estejam em funcionamento.

O preceito sob comento expressamente aponta a aprovação final das contas do liquidante pela assembleia geral como marco temporal do encerramento da fase de liquidação da companhia, que conduz à sua extinção. A despeito da literalidade do dispositivo, remanescem duas providências complementares a serem implementadas pelo liquidante para que se verifique concretamente a extinção da pessoa jurídica: promover o arquivamento da correspondente ata da assembleia na Junta Comercial e a sua publicação. Tais atos de responsabilidade do liquidante são essenciais e indispensáveis para que o processo material e formal da extinção da companhia se aperfeiçoe e produza os seus plenos efeitos (§ 1º do art. 216 e inciso IX do art. 210 da LSA e alínea *a* do inciso II do art. 32 da Lei nº 8.934/1994).

O acionista dissidente terá o prazo decadencial de 30 dias, a contar da publicação da ata correspondente, para promover a ação que lhe couber (§ 2º do art. 216). Essa ação aqui tratada é aquela que se dirige a impugnar a prestação final de contas e que, desse modo, não se confunde com aquela que se destina a obter do liquidante a reparação civil por atos culposos ou dolosos, no caso de violação da lei ou do estatuto. Essa última pretensão prescreve em 3 anos, contados da data da publicação da ata da primeira assembleia geral posterior à violação (alínea *b* do inciso II do art. 287 da LSA).

Por acionista dissidente se deve entender os acionistas que compareceram ao conclave social e votaram contrariamente à prestação final de contas do liquidante, bem como os que, estando presentes, optaram por se abster e, ainda, os ausentes.

> **Responsabilidade na Liquidação**
>
> **Art. 217.** O liquidante terá as mesmas responsabilidades do administrador, e os deveres e responsabilidades dos administradores, fiscais e acionistas subsistirão até a extinção da companhia.

COMENTÁRIOS

1. Responsabilidades do liquidante, dos administradores, dos fiscais e dos acionistas

Sérgio Campinho

O liquidante, conforme já inúmeras vezes grifado ao longo dos comentários aos artigos precedentes, é órgão de representação e de gestão da companhia em liquidação. Compete-lhe

---

[1964] Em sentido contrário, entendendo ser necessário o levantamento do balanço final, apesar de a lei não o exigir, EIZIRIK, Nelson. *A Lei das S/A comentada*. 2. ed. São Paulo: Quartier Latin, 2015. v. 4. p. 172; e LUCENA, José Waldecy. *Das sociedades anônimas*: comentários à lei. Rio de Janeiro: Renovar, 2009. v. 3. p. 346.

praticar todos os atos necessários à liquidação, que culminará com a extinção da sociedade.

Como órgão que irá presentar e gerir a companhia na derradeira fase de sua existência, o liquidante deve cumprir adequadamente os deveres que a lei lhe impõe, sobressaindo o dever de agir com diligência e lealdade no exercício de suas atribuições legais.

Ao liquidante, além dos deveres que lhe são especiais, cumpre também observar os deveres que a LSA impõe aos administradores[1965], incorrendo nas mesmas responsabilidades. Entretanto, tais deveres e responsabilidades devem ser conformados com a situação especial em que se encontra a companhia, porquanto, no estado de liquidação, o interesse social é redimensionado: deixa de ser o da maximização dos lucros a partir da exploração do objeto social e passa a ser o da realização, mais eficiente possível, da extinção da pessoa jurídica.

O liquidante, portanto, não é pessoalmente responsável pelas obrigações que contrair em nome da companhia liquidanda em virtude de ato regular de gestão, respondendo, contudo, pelos prejuízos causados quando proceder dentro de suas atribuições e poderes com culpa ou dolo; ou quando atuar com violação da lei ou do estatuto. É, pois, pessoal e diretamente responsável pelos danos que provocar no mau desempenho de suas atribuições, as quais encontram-se tipificadas na lei visando a lograr os fins da liquidação.

A ação da companhia em face do liquidante pelos prejuízos causados ao seu patrimônio depende de prévia deliberação da assembleia geral, aplicando-se a regra do art. 159 da LSA. Deve o liquidante ser afastado e substituído na própria assembleia. Cuida-se da denominada ação social, cujos resultados devem ser revertidos à companhia, mesmo que a ação seja proposta por acionista. A ação social não exclui a ação que couber ao acionista ou ao terceiro diretamente prejudicado pelo ato do liquidante[1966].

Durante o estado de liquidação, até a extinção da companhia, subsistirão os deveres e responsabilidades dos administradores, fiscais e acionistas.

Os membros do conselho de administração e do conselho fiscal, em curso a liquidação, também devem, pois, observar os deveres que a LSA lhes impõe, mas com a mesma ressalva feita para o liquidante: a necessária conformação e adequação ao estado de liquidação e ao seu objetivo.

O liquidante, os administradores, os fiscais e os sócios responderão pelos atos ilícitos que praticarem ou para cuja prática concorrerem sempre que provado o prejuízo à companhia dissolvida, aos seus acionistas e aos seus credores.

Poderá, ainda, haver a extensão da responsabilização do liquidante àqueles que determinaram a sua eleição, porém sempre condicionada à verificação de culpa *in eligendo* e a demonstração de que o liquidante se provou inapto moral ou tecnicamente para o exercício de suas funções. Assim é que os membros do conselho de administração que procederam à sua escolha podem vir também a responder, bem como o acionista controlador e os acionistas que votaram favoravelmente à sua eleição quando realizada a nomeação pela assembleia geral.

Os acionistas, outrossim, têm algumas responsabilidades especiais no curso da liquidação: integralizar as suas ações (inciso V do art. 210 da LSA); responder junto aos credores garantidos na partilha antecipada na hipótese de insuficiência da garantia (art. 215 da LSA); indenizar os acionistas minoritários pelos prejuízos apurados em razão do favorecimento na partilha *in natura* (art. 215 da LSA); e responder perante o credor insatisfeito até o limite da importância recebida na partilha (art. 218 da LSA).[1967]

2. Classificação jurídica e autonomia do liquidante

Fábio Ulhoa Coelho

A liquidação é o procedimento de encerramento da titularidade de bens e direitos por parte de uma pessoa jurídica dissolvida. Nela, institui-se uma massa patrimonial, ainda da titularidade da pessoa jurídica, mas vocacionada ao término do vínculo jurídico que a une aos seus bens e direitos. As massas patrimoniais não são instituídas apenas na liquidação de pessoas jurídicas. No caso de falecimento de pessoa natural titular de bens ou direitos, constitui-se

---

[1965] Cf. os comentários ao art. 210.

[1966] Cf. os comentários ao art. 159.

[1967] Cf. os comentários aos artigos citados.

também uma massa patrimonial sob a titularidade, em condomínio, dos sucessores (chamado "espólio"), sendo parte das atribuições do inventariante as típicas de uma liquidação, como a satisfação do passivo antes da partilha.

São três as finalidades da liquidação: (i) realização do ativo; (ii) satisfação do passivo; e (iii) partilha do acervo líquido. Seu pressuposto é o encerramento de uma situação jurídica que passa a demandar a formação de uma massa patrimonial (ou seja, de um patrimônio em liquidação), como, por exemplo, no caso de falência de sociedade empresária, de dissolução de sociedade, associação ou fundação, do fim de comunhão ou condomínio etc. A *realização do ativo* compreende providências como o levantamento do inventário dos bens e direitos componentes da massa patrimonial, a administração destes, sua avaliação, a definição da forma mais adequada para otimizar os recursos, a alienação dos elementos do ativo, bem como a cobrança dos devedores, judicial ou extrajudicial. A *satisfação do passivo* abrange as medidas destinadas ao pagamento, ordinário ou extraordinário, dos credores titulares das obrigações passivas da massa patrimonial, observando-se, quando houver, a ordem legal de preferências, privilégios e subordinações. Por fim, a *partilha do acervo líquido* consiste na distribuição entre determinadas pessoas, naturais ou jurídicas, segundo uma regra de proporcionalidade (predefinida ou estabelecida durante a própria liquidação), dos recursos que remanescerem da realização do ativo e satisfação do passivo, *se remanescerem*.

A pessoa encarregada de proceder aos atos de liquidação (o *liquidante*) atua em nome próprio, no desempenho das funções típicas, que visam à realização das finalidades da liquidação. O liquidante é direta e pessoalmente responsável por eventuais danos que cause ao desempenhar as tarefas ínsitas à sua função.

O liquidante não é *mandatário* do titular do patrimônio que se encontra em liquidação; tampouco o é dos destinatários da partilha do acervo líquido. Age sempre em nome próprio.[1968] Na falência de sociedade empresária, a liquidação é encargo do administrador judicial (Lei nº 11.101/2005, art. 22, I, *i*). Ele, porém, não é mandatário da sociedade falida, até mesmo porque, entre suas atribuições, está a de demandá-la, por exemplo em ação revocatória (art. 132), ou aos seus sócios, em ação de integralização (art. 82). Tampouco é mandatário dos credores habilitados no processo falimentar ou da massa falida. A representação legal desta lhe cabe como uma de suas muitas atribuições, indispensáveis às finalidades da própria liquidação: como ele poderia, por exemplo, outorgar mandato judicial para a cobrança em juízo de um devedor da massa falida, se não a representasse? Na verdade, as funções do administrador judicial, na falência, vão além das de liquidante da massa falida.[1969] Pelos atos praticados no exercício de todas as suas funções, o administrador judicial é responsável, conforme expressa e especificamente regulado pelas normas atinentes à sua prestação de contas (LF, art. 154, § 5º).[1970]

[1968] Como enfatiza, com a costumeira acuidade, José Waldecy Lucena, acerca do liquidante de sociedade anônima dissolvida, mas em lição extensível a qualquer hipótese de liquidação: "tanto que nomeado e assinado o respectivo termo de sua investidura no cargo, entre o *liquidante* no exercício de suas funções. Passa, desde esse momento, a ser 'o órgão da sociedade, na última fase de sua existência'. *Não é mandatário dos sócios, nem da sociedade e, muito menos, dos credores sociais*" (*Das sociedades anônimas* – comentários à lei. Rio de Janeiro: Renovar, 2012. v. III. p. 354 – grifos acrescidos).

[1969] Que parte das funções exercidas pelo administrador judicial na falência não se referem especificamente à liquidação da massa falida fica bastante claro quando recordamos que, até 1945, a lei falimentar distinguia as funções de síndico e de liquidante (chamando-o de "liquidatário") a cargo de pessoas diferentes. De acordo com Rubens Requião, em referência ao Decreto-Lei nº 7.661/1945: "A Lei de Falências, seguindo a própria natureza e estrutura do instituto, divide, como sabemos, o processo falimentar em dois períodos distintos: o primeiro, denominado, *período de informação*, destina-se a constituir a massa falida, tanto subjetiva como objetiva. O *segundo período* visa a venda dos bens integrantes da massa falida objetiva e o pagamento dos credores que formam a massa falida subjetiva, e que têm nos bens do devedor a garantia do pagamento de seus créditos. No direito anterior, a primeira fase tinha no síndico seu personagem principal e na segunda, o *liquidatário*. Enquanto o síndico era nomeado pelo juiz, o liquidatário era eleito pelos credores, na assembleia geral de credores, presidida pelo magistrado" (*Curso de direito falimentar*. 15. ed. São Paulo: Saraiva, 1993. v. I. p. 310).

[1970] Rachel Sztajn leciona: "A regra do § 3º [do art. 154], que pressupõe eventuais questionamentos, de credores ou do Ministério Público, em relação a um ou alguns atos do administrador judicial, prevê a realização de diligências (portanto a apresentação de documentos, perícias, ou tudo o que for necessário para o deslinde da questão) e,

O liquidante de sociedade empresária dissolvida tem igualmente responsabilidade por atos de "má liquidação", seja o regime aplicável o da Lei das Sociedades por Ações (art. 217),[1971] seja o do Código Civil (art. 1.104).[1972] Igualmente é responsável, de modo pessoal e direto, por todos os atos que praticar como liquidante, o nomeado pelo Banco Central para promover a liquidação extrajudicial de instituição financeira (Lei nº 6.024/1976, art. 33). No caso de dissolução e liquidação de sociedades cooperativas, a lei também dispõe especificamente sobre a responsabilidade do liquidante (Lei nº 5.764/1971, art. 69). É certo que a lei não preceitua especificamente a responsabilidade do liquidante por atos de "má liquidação" para toda e qualquer hipótese. Há aquelas a respeito da qual não se encontra norma legal específica, como no caso de associações e fundações. Mas tal responsabilidade certamente existe, até mesmo em função de remissão legal às normas de liquidação das sociedades (CC, art. 51, § 2º).

Durante a liquidação, o liquidante é o representante legal do titular da massa patrimonial liquidanda. Mas assim é, apenas para que ele possa desempenhar suas funções destinadas especificamente à liquidação, quais sejam a realização do ativo e satisfação do passivo. Como poderia, por exemplo, alienar bens ou administrá-los enquanto não alienados, cobrar devedores, receber a quitação de credores etc., se não estivesse investido das funções de representante legal do titular da massa patrimonial que está liquidando? São indissociáveis as funções de liquidação e a de representação legal durante o processamento desta. É verdadeiramente impossível a qualquer liquidante providenciar o necessário à liquidação sem representar legalmente o titular da massa patrimonial, *durante* a fase de liquidação. De qualquer modo, se o liquidante causa prejuízo no exercício de suas atribuições, em decorrência de "má liquidação", ele será direta e pessoalmente responsável. Nem sempre caberá, em acréscimo à responsabilidade do liquidante, a responsabilização do titular da massa patrimonial ou, sendo esta sociedade, de seus sócios. Eles também serão responsabilizáveis pelos atos de liquidação em caso de culpa *in eligendo* apenas. Por exemplo, ninguém terá direito de buscar o ressarcimento junto ao controlador da instituição financeira liquidada extrajudicialmente, de prejuízos advindos de atos de "má liquidação", tendo em vista ser o liquidante escolhido, neste caso, pelo Banco Central.

O essencial é destacar que as atividades típicas da liquidação de qualquer massa patrimonial (decorrente da dissolução de sociedade, término de condomínio, encerramento de fundo de investimento etc.), que são as de realização do ativo, satisfação do passivo e partilha, não se destinam ao atendimento exclusivo dos interesses do seu titular. Também não se destinam a

---

por final, o direito de defesa do agente nas hipóteses de impugnação ou manifestação contrária à aprovação das contas pelo Ministério Público. Após o que, as contas serão julgadas pelo juiz que preside o feito. Se rejeitadas, o administrador será responsabilizado, cabendo ao magistrado determinar a indisponibilidade de seus bens, e servindo a sentença, ainda, como título executivo para que a massa seja indenizada, ou seja, o dano causado será composto pela execução de bens do administrador judicial, tantos quantos bastem. [...] Princípio geral de direito – quem causa dano deve indenizar – reconhecido no artigo [154] e parágrafos constitui o que os economistas denominariam eficiência *ex post*. Se o agente não teve, anteriormente, conduta adequada, deve, ao final, sofrer os efeitos de suas opções" (In: TOLEDO, Paulo F. C. Salles de; ABRÃO, Carlos Henrique (coord.). *Comentários à lei de recuperação de empresas e falência*. São Paulo: Saraiva, 2005. p. 408-409).

[1971] Fran Martins comenta o dispositivo da LSA: "cabendo ao liquidante representar a sociedade no período que vai até a extinção, as suas responsabilidades serão idênticas às dos administradores em geral. Essas responsabilidades são as enumeradas no art. 158 da lei, que se podem resumir no princípio do que o administrador não é pessoalmente responsável pelas obrigações que contrair em nome da sociedade e em virtude de ato regular de gestão, mas responde, civilmente, pelos prejuízos que causar quando proceder, dentro de suas atribuições ou poderes, com culpa ou dolo, ou, em qualquer caso, com violação da lei ou do estatuto" (*Comentários à lei das S.A.* 2. ed. Rio de Janeiro: Forense, 1985. v. 3. p. 77-78). No mesmo sentido, LUCENA, José Waldecy. *Das sociedades anônimas – comentários à lei*. Rio de Janeiro: Renovar, 2012. v. III. p. 355.

[1972] Modesto Carvalhosa, como sempre preciso, comenta o art. 1.104 do Código Civil: "o liquidante, os administradores e os sócios têm responsabilidade ilimitada e, conforme o caso, solidária pelos atos que praticaram e de que participaram antes e depois da liquidação, na medida em que sejam lesivos à sociedade dissolvida, a seus próprios sócios, *a credores*, ao Poder Público e ao interesse comum. [...] Note-se que em todas as circunstâncias, o liquidante será responsável, juntamente com os antigos administradores, seja com os sócios, ou com todos eles, *no caso de irregularidade, na condução de suas funções (art. 1.103)*" (In: AZEVEDO, Antônio Junqueira de (coord.). *Comentários ao Código Civil*. São Paulo: Saraiva, 2003. v. 13. p. 462 – grifos acrescidos).

Art. 218 — Sérgio Campinho

atender apenas os interesses dos destinatários da partilha. A liquidação e os atos em que se desenvolve também atendem aos interesses de terceiros, entre os quais avultam os dos credores. Estes, enquanto titulares de posições ativas de obrigações componentes do *passivo* do patrimônio liquidando, têm os seus direitos igualmente protegidos pelo regime jurídico da liquidação. Quer dizer, ao dispor como se deve proceder à liquidação de massas patrimoniais, a lei não está tutelando apenas os interesses do titular do patrimônio, mas igualmente os dos destinatários da partilha, dos credores e terceiros.

O liquidante, em suma, incumbe-se de realizar uma atividade *autônoma*, equidistante dos diversos interesses que gravitam em torno dela (titular do patrimônio, destinatários da partilha, credores etc.). Para serem justa e efetivamente protegidos, na liquidação, os direitos correspondentes a tais interesses, o liquidante há de ser independente e, de qualquer modo, responder pessoal e diretamente por eventuais danos decorrentes dos atos que praticar.

Direito de Credor Não Satisfeito

Art. 218. Encerrada a liquidação, o credor não satisfeito só terá direito de exigir dos acionistas, individualmente, o pagamento de seu crédito, até o limite da soma, por eles recebida, e de propor contra o liquidante, se for o caso, ação de perdas e danos. O acionista executado terá direito de haver dos demais a parcela que lhes couber no crédito pago.

COMENTÁRIOS

1. A pretensão do credor não satisfeito

Sérgio Campinho

Encerrada a liquidação e extinta a companhia, se for constatada a falta de pagamento a algum credor, o credor não satisfeito terá o direito de exigir dos acionistas o pagamento do seu crédito. A cobrança é dirigida apenas aos acionistas, os quais sucedem a pessoa jurídica nos seus débitos não integralmente quitados, que, desse modo, acompanham o quinhão percebido por cada sócio.[1973]

O patrimônio da companhia é a garantia para todos os seus credores. Antes da partilha do acervo remanescente entre os acionistas, portanto, deverão estar pagos, ou ao menos garantidos na partilha antecipada, com o provisionamento do montante necessário em dinheiro, todos os credores sociais. A distribuição aos acionistas tem, pois, como condição determinante a satisfação ou a garantia da satisfação integral dos débitos da sociedade. O quinhão percebido pelo acionista, assim, é que vai responder pelas dívidas não pagas. Durante a fase de liquidação, o direito dos acionistas às quotas da partilha do saldo é um *direito expectativo*.[1974]

Os acionistas somente respondem, cada qual, em proporção à parte do quinhão social que lhes coube, ou seja, os credores prejudicados apenas podem demandar os acionistas individualmente até o limite da soma por eles percebida. O preceito em comento é bem claro a respeito desse limite da responsabilidade individual de cada acionista.

A ação do credor poderá ser proposta contra um, alguns ou todos os sócios. Mas a responsabilidade de cada acionista está limitada ao que ele recebeu na partilha do acervo social. O credor não poderá exigir o pagamento integral de apenas um acionista, quando o valor de seu crédito ultrapassar o quinhão que lhe coube na divisão do patrimônio da companhia.

O acionista que pagar o credor, sempre no limite de seu quinhão, terá ação de regresso contra os demais, para deles haver a parcela que lhes couber no crédito pago, de forma a não ocorrer o enriquecimento sem causa dos demais.

O credor não satisfeito tem, ainda, "se for o caso", diz a lei, ação de perdas e danos em face do liquidante. A ressalva legal não é acidental. O legislador não se vale de palavras vãs. A ação contra o liquidante tem caráter subsidiário e pressupõe que o credor tenha sido por ele "esquecido" por ocasião do pagamento do passivo, de maneira proposital ou acidental, ou seja, que tenha o liquidante agido com dolo ou culpa. Não se podendo imputar ao liquidante qualquer conduta dolosa ou culposa, exclui-se a possibilidade de o credor dirigir-lhe a pretensão.

A responsabilidade do liquidante se equipara a dos administradores (art. 217 da LSA). E, assim o sendo, considerando que ele teria agido

---

[1973] CARVALHOSA, Modesto. *Comentários à lei de sociedades anônimas*. 6. ed. São Paulo: Saraiva, 2014. v. 4, t. I. p. 216.
[1974] PONTES DE MIRANDA, Francisco Cavalcanti. *Tratado de direito privado*. 2. ed. Rio de Janeiro: Borsoi, 1966. t. LI. p. 51.

dentro de suas atribuições ou poderes, mas com dolo ou culpa (inciso I do art. 158 da LSA), o ônus da prova, por se tratar de responsabilidade civil subjetiva do tipo clássico, incumbe ao credor.

A pretensão do credor não pago, tanto em face do liquidante quanto em face dos acionistas, prescreve em 1 ano, contado o prazo da publicação da ata de encerramento da liquidação da companhia (alínea *b* do inciso I do art. 287 da LSA).

> **SEÇÃO III**
> **EXTINÇÃO**
>
> **Art. 219.** Extingue-se a companhia:
> I – pelo encerramento da liquidação;
> II – pela incorporação ou fusão, e pela cisão com versão de todo o patrimônio em outras sociedades.

COMENTÁRIOS

1. Extinção pelo encerramento da liquidação

Sérgio Campinho

A companhia adquire personalidade jurídica a partir do registro do seu ato constitutivo. Nenhuma companhia poderá funcionar sem que sejam eles arquivados e publicados (art. 94 da LSA). No regime da LSA, em total sintonia com o que veio a dispor o Código Civil acerca da sociedade em comum (art. 986 do Código Civil), não há como se conceber possa existir sociedade anônima irregular. Antes do arquivamento, não há sociedade nem solidariedade entre os sócios – essência das sociedades irregulares ou de fato –, mas responsabilidade exclusiva dos primeiros diretores.

A personalidade jurídica adquirida a partir do registro perdura até a sua extinção.

O processo para pôr termo à existência legal da companhia compõe-se de 3 etapas distintas, cada uma delas com perfil jurídico próprio: a dissolução, a liquidação e a extinção. A companhia dissolvida, por isso, mantém a personalidade jurídica adquirida até a extinção, com o fim de proceder à liquidação.

A dissolução consiste na verificação de uma causa que desencadeará o processo de extinção da sociedade. Constatada a causa dissolutória, ingressa, de imediato, a companhia no estado de liquidação, no âmbito do qual se desenvolverá o procedimento de liquidação. Este traduz-se no conjunto de atos na lei indicados e a cargo do liquidante vinculados, essencialmente, à ultimação dos negócios sociais pendentes, à realização do ativo, ao pagamento do passivo e à distribuição do saldo remanescente entre os acionistas. Encerrada a liquidação, a companhia se extingue.

O encerramento do procedimento de liquidação é marcado, na dicção do art. 216 da LSA, com a aprovação de contas do liquidante pela assembleia geral. Mas, em verdade, remanescem duas providências complementares: o arquivamento da respectiva ata assemblear na Junta Comercial e a sua publicação. Estes atos, a cargo do liquidante, são indispensáveis ao aperfeiçoamento e à plena eficácia do processo material e formal de extinção da companhia. A sua eventual falta pode ser suprida por qualquer interessado. Na liquidação judicial, esse ato de "cancelamento" do registro se materializa por ofício do juízo dirigido à Junta Comercial.

Interessante questão reside em saber se a existência de processos judiciais em curso impede o encerramento da liquidação e a consequente extinção da companhia.

A doutrina diverge[1975], dissensão essa motivada pela omissão legislativa.

[1975] Rubens Requião assim aponta: "É claro que se houver pendência de ação judicial contra seu crédito, não pode ser encerrada a liquidação" (*Curso de direito comercial*. 30. ed. São Paulo: Saraiva, 2013. v. 2. p. 449). Modesto Carvalhosa, também assim sustenta: "Não obstante, não se pode admitir que a liquidação se encerre, válida e eficazmente, havendo ações judiciais pendentes, protestos ou constituição em mora ou outras medidas judiciais e extrajudiciais em curso que possam representar declaração judicial ou reserva de direitos. Se ocorrer a extinção nesse caso, a liquidação será absolutamente irregular. E, diante dessa irregularidade grave, é facultado aos credores e ao Poder Público opor-se ao arquivamento dos atos sociais de extinção, inclusive mediante medidas acautelatórias. Não deverá ser aceita como exceção ao direito a existência de bens sociais reservados e não partilhados entre os acionistas. A extinção existe ou não existe. Não pode haver bens que não tenham titular, já que os bens reservados não se transferiram definitivamente para os acionistas, desfigurando, portanto, sua posição de sucessores legais da companhia dissolvida (art. 218)" (*Comentários à lei de sociedades anônimas*. 6. ed. São Paulo: Saraiva, 2014. v. 4, t. I. p. 226). Em sentido contrário, assim era o magistério

Art. 219 SÉRGIO CAMPINHO

No curso do processo, a parte originária pode vir a ser sucedida. A sucessão pode ser voluntária, resultante de ato *inter vivos* (art. 108 do Código de Processo Civil), ou ter como causa a sua morte (art. 110 do Código de Processo Civil).

Na hipótese de morte de quaisquer das partes, a sucessão pelos seus legítimos sucessores ocorrerá, salvo na situação de ação intransmissível, cujo caminho será o da extinção do processo sem resolução do mérito (inciso IX do art. 485 do Código de Processo Civil). A sucessão pressupõe, portanto, que a relação jurídica de direito material verse sobre bens ou direitos suscetíveis de transmissão. Com a transmissão do suposto direito material, a legitimidade para a causa se transfere para o seu legítimo sucessor. O processo prossegue, assim, diante da inexistência daquele que originariamente era o legitimado para figurar em um dos polos do litígio. Adequa-se o polo processual, estando o sucessor apto a receber os efeitos da sentença e da coisa julgada. A sucessão processual do art. 110 do Código de Processo Civil independe de assentimento da parte contrária.

Considerando que os acionistas são os sucessores legítimos da pessoa jurídica relativamente ao quinhão social a cada qual partilhado, cabe proceder à sucessão processual, na forma do art. 110 do Código de Processo Civil, o qual deve ser elasticido para também contemplar a "morte", ou seja, a extinção da pessoa jurídica.[1976] Havendo saldo patrimonial em favor do credor ao final do processo, os sócios responderão na forma do art. 218 da LSA.[1977] Sendo o saldo positivo contrário ao credor e favorável aos acionistas, este será objeto de sobrepartilha entre os antigos sócios. Nas ações em curso, é aconselhável garantir-se a execução, a fim de evitar que os acionistas e o próprio liquidante venham a responder. O liquidante também responde perante o credor não satisfeito na forma do aludido preceito da lei societária. A sua responsabilidade, de caráter subsidiário, pressupõe conduta dolosa ou culposa.

---

de Pontes de Miranda: "Quanto ao cancelamento do registro na pendência de lide, não se há de pretender que persista a personalidade enquanto haja a lide; nem se há de entender que se pode invocar o princípio da *perpetuatio iurisdictionis*, porque a personalidade acabou e os credores têm de prosseguir contra as pessoas que estão com os bens. Contra os acionistas e o liquidante é que se prossegue na ação, à semelhança do que ocorre se o demandado falece e se põem na ação os herdeiros. A ação é ou pelo enriquecimento injustificado, ou porque os acionistas têm direito ao rateio do que se apurar e sobre o que se apura têm direito os credores" (*Tratado de direito privado*. 2. ed. Rio de Janeiro: Borsoi, 1966. t. LI. p. 46-47). No mesmo curso, articula Nelson Eizirik: "A existência de ações judiciais em curso não impede a extinção da companhia nem o arquivamento da ata da assembleia que aprovou o encerramento da liquidação, não se podendo pretender que persista a personalidade jurídica enquanto houver lide. Cabe aos credores prosseguir contra os acionistas, sucessores da pessoa jurídica e o liquidante" (*A Lei das S/A comentada*. 2. ed. São Paulo: Quartier Latin, 2015. v. 4. p. 79-80).

[1976] A pessoa jurídica extinta será sucedida por quem tenha aptidão para, em tese, assumir a sua posição jurídica. Doutrina e jurisprudência têm equiparado a extinção da pessoa jurídica à morte da pessoa natural para fins do art. 110 do Código de Processo Civil. Nesse sentido, Fredie Didier Jr.: "Se o réu falece após a sua citação, é caso de proceder à sucessão processual, na forma do art. 110 do CPC. Tudo o que foi dito aplica-se à extinção da pessoa jurídica, que equivale à sua morte" (*Curso de direito processual civil*: introdução ao direito processual civil, parte geral e processo do conhecimento. 20. ed. Salvador: JusPodivm, 2018. p. 370). Nesse mesmo sentido, a decisão proferida no RE 1.652.592/SP, tendo por relator o Min. Paulo de Tarso Sanseverino, julgado à unanimidade pelos integrantes da 3ª Turma do Superior Tribunal de Justiça, em 05.06.2018, cuja parte da respectiva ementa se destaca: "Em sendo transmissível a obrigação cuja prestação se postula na demanda, a extinção da pessoa jurídica autora, mesmo mediante distrato, equipara-se à morte da pessoa natural prevista no art. 43 do CPC/73, decorrendo daí a sucessão dos seus sócios". Igualmente, tem-se a decisão proferida no RE 1.784.032/SP, tendo por relator o Min. Marco Aurélio Bellizze, julgado à unanimidade pelos integrantes da 3ª Turma do Superior Tribunal de Justiça, em 02.04.2019: "A extinção da pessoa jurídica se equipara à morte da pessoa natural, prevista no art. 43 do CPC/1973 (art. 110 do CPC/2015), atraindo a sucessão material e processual com os temperamentos próprios do tipo societário e da gradação da responsabilidade pessoal dos sócios". No mesmo curso, a decisão do AgIn 2241845-67.2018.8.26.0000, da 36ª Câmara de Direito Privado do Tribunal de Justiça do Estado de São Paulo, tendo por relator o Desembargador Walter Cesar Exner em 14.01.2019: "Agravo de instrumento. Cumprimento de sentença. Inclusão de sócio no polo passivo da lide em razão da dissolução e liquidação da sociedade. Possibilidade. Sucessão processual. Hipótese que não se confunde com desconsideração da personalidade jurídica. Sucessão processual da pessoa jurídica na pessoa dos sócios. Inteligência do art. 110 do CPC/15. Responsabilidade limitada à soma por eles recebida em partilha. Art. 1.110 do Código Civil. Recurso provido, com observação".

[1977] Cf. os comentários ao art. 218.

2. Extinção pelo encerramento da liquidação

Rodrigo R. Monteiro de Castro

O art. 219 lista as hipóteses de extinção da companhia. O inciso I trata da extinção decorrente de processo de liquidação.

A liquidação é antecedida pela dissolução da companhia, que se opera, nos termos do art. 206, (i) de pleno direito (i.a) pelo término do prazo de duração, (i.b) nos casos previstos no estatuto, (i.c) por deliberação da assembleia geral, (i.d) pela existência de apenas um acionista, verificada em assembleia geral ordinária, se a pluralidade acionária não for reconstituída até à assembleia geral ordinária do ano seguinte, ou (i.e) pela extinção, na forma da lei, da autorização para funcionar, ou (ii) por decisão judicial (ii.a) quando anulada a sua constituição, em ação proposta por qualquer acionista, (ii.b) quando provado que não pode preencher o seu fim, em ação proposta por acionistas que representem 5% ou mais do capital social, ou (ii.c) em caso de falência, na forma prevista na respectiva lei, ou, finalmente, (iii) por decisão de autoridade administrativa competente, nos casos e na forma previstos em lei especial.

A companhia dissolvida preserva a personalidade jurídica, conforme previsão do art. 207, até a sua extinção, para proceder à liquidação.

Extrai-se, daí, que a dissolução, em seu sentido amplo, desmembra-se em três etapas: o ato de dissolução em decorrência de uma das situações previstas no art. 206, a liquidação e, por fim, a extinção.

O processo de liquidação se inicia com a nomeação de liquidante, nos termos do art. 208, pela assembleia geral, que também determinará o modo liquidatório, se o estatuto for silente.

O liquidante deverá arrecadar os ativos, pagar as dívidas e partilhar o patrimônio remanescente entre os acionistas. Isso feito, convocará assembleia geral para prestação final de contas. Se forem aprovadas, encerra-se a liquidação e, consequentemente, a companhia se extingue (art. 216, c/c o art. 219).

Por fim, de acordo com o art. 217, o liquidante terá as mesmas responsabilidades do administrador.

3. Extinção em razão de reorganização societária

Sérgio Campinho

A extinção da companhia pode também resultar da realização de operação de reorganização societária de incorporação, fusão ou cisão total.

Diversamente do que se tem em relação à extinção da companhia em razão do encerramento de sua liquidação, na qual a extinção é tanto de fato como de direito, a extinção pela ocorrência de uma dessas operações traduz, em verdade, uma extinção formal, vez que a unidade econômica será preservada, mas integrando uma outra sociedade.[1978] Restarão assim extintas as sociedades incorporadas, fusionadas e cindidas, estas últimas se ocorrer a versão integral de seu patrimônio em outras sociedades.[1979]

Na incorporação, uma ou mais sociedades (incorporadas), de tipos iguais ou diferentes, são absorvidas por outra (incorporadora), que lhe sucede em todos os direitos e obrigações, devendo todas as envolvidas aprová-la, consoante as regras próprias dos seus respectivos tipos.

Da incorporação não surgirá nova sociedade, porquanto a incorporadora irá suceder as suas incorporadas, permanecendo ela, incorporadora, com sua personalidade jurídica intacta. As incorporadas é que pela ultimação do processo estarão extintas. Incumbe à sociedade incorporadora promover o arquivamento e a publicação dos atos de incorporação.

A incorporada, como resultado da operação, tem seu patrimônio por inteiro integrado à incorporadora, que a sucede a título universal. Os acionistas da incorporada, salvo os que exercerem o direito de recesso, têm passagem forçada para a incorporadora, recebendo as novas ações de emissão da incorporadora, correspondentes ao aumento do capital verificado pela absorção do patrimônio líquido da incorporada.

[1978] MARTINS, Ives Gandra da Silva. In: VIDIGAL, Geraldo de Camargo; MARTINS, Ives Gandra da Silva (coord.). *Comentários à lei das sociedades por ações*. São Paulo: Forense Universitária, 1999. p. 702.

[1979] Cumpre anotar que são vedadas as operações (i) de incorporação e de fusão de companhia aberta que não adote voto plural, e cujas ações ou valores mobiliários conversíveis em ações sejam negociados em mercados organizados, em companhia que adote voto plural; e (ii) de cisão de companhia aberta que não adote voto plural, e cujas ações ou valores mobiliários conversíveis em ações sejam negociados em mercados organizados, para constituição de nova companhia com adoção de voto plural, ou incorporação da companhia cindida em companhia que o adote (§ 11 do art. 110-A introduzido pela Lei 14.195/2021).

O direito de recesso acima aduzido, entretanto, não tocará aos titulares de ações da incorporada de espécie ou classe que tenha liquidez e dispersão no mercado (inciso II do art. 137 da LSA). Os acionistas da incorporadora, por falta de previsão legal, não fazem jus à retirada.

A fusão consiste na operação em que duas ou mais sociedades, de tipos iguais ou diferentes, unem-se para formar sociedade nova que lhes sucederá em todos os direitos e obrigações, determinando, assim, a extinção das sociedades objeto do negócio jurídico.

Uma vez constituída a nova sociedade, aos primeiros administradores incumbirá promover o arquivamento e a publicação dos atos da fusão, para regularizar a nova sociedade – cuja criação deverá observar as formalidades e regras disciplinadoras de seu tipo – e a extinção das fundidas ou fusionadas.

Tem-se na fusão mais uma hipótese de sucessão a título universal, correspondendo o capital da sociedade nova ao somatório dos patrimônios líquidos das que se fundiram, sendo aos seus sócios ou acionistas entregues as quotas ou ações em que se divide esse capital, observadas as proporções de contribuição de cada um na operação.

Os acionistas dissidentes poderão exercer o direito de recesso, à exceção dos titulares de ações dotadas de liquidez e dispersão no mercado (inciso II do art. 137 da LSA).

A cisão é a operação pela qual uma sociedade transfere, para uma ou mais sociedades, constituídas para esse fim ou já existentes, parcelas do seu patrimônio. Verificando-se a versão de todo o patrimônio, a sociedade cindida restará extinta, qualificando-se a cisão como total; sendo a versão do patrimônio parcial, a sociedade não se extinguirá, ocorrendo a divisão de seu capital, nominando-se o evento, nesse caso, de cisão parcial.

Na cisão parcial, a sociedade ou as sociedades, novas ou preexistentes, que receberem parcelas do patrimônio da companhia cindida, apenas sucederão nos direitos e obrigações expressamente relacionados no ato de cisão. Aqueles direitos e obrigações não relacionados permanecem com a cindida. Na cisão total, também as sociedades novas ou já existentes a sucederão nos direitos e obrigações relacionados. Mas, como haverá a extinção da companhia cindida, as sociedades que receberem parcelas de seu patrimônio a sucederão nos direitos e obrigações não relacionados na proporção dos patrimônios líquidos transferidos.

Realizada a cisão com a extinção da companhia cindida, caberá aos administradores das sociedades que tiverem absorvido parcelas do seu patrimônio promover o arquivamento e a publicação dos atos da operação.

4. Extinção em razão de reorganização societária

RODRIGO R. MONTEIRO DE CASTRO

O inciso II trata das situações de extinção motivadas pela realização de reorganizações societárias.

A primeira delas é a incorporação, que é a operação pela qual uma ou mais sociedades são absorvidas por outra, que lhes sucede em todos os direitos e obrigações (art. 227). A absorção é o motivo, nesse caso, da extinção. A "absorvedora", ou incorporadora, sucederá a absorvida (incorporada) e recepcionará todas as relações ativas e passivas outrora de titularidade da sociedade extinta. O patrimônio absorvido permanece intacto, mas sob nova titularidade.

A segunda é a fusão, que se caracteriza pela união de duas ou mais sociedades para formar sociedade nova, que lhes sucederá em todos os direitos e obrigações (art. 228). Trata-se de espécie de reorganização de existência (praticamente) teórica, pois, na prática, suas consequências obstaculizam – ou inviabilizam – o processo integrativo. O motivo é justamente a extinção que, no caso, atinge todas as sociedades envolvidas na fusão. Em outras palavras, todas "morrem" para dar origem a uma nova sociedade, que terá, em seu patrimônio, as relações ativas e passivas de todas as fusionadas.

A terceira hipótese envolve a chamada cisão total, consistente na transferência da totalidade do patrimônio da companhia para duas ou mais sociedade, constituídas para esse fim ou já existentes (art. 229). Nesse caso, o patrimônio cindido é distribuído entre sociedades que, como regra e sem prejuízo do disposto no art. 233, sucedem a cindida nos direitos e obrigações relacionados no ato de cisão.

Ressalta-se que, nas três situações, sociedades "morrem" (e se fulminam personalidades jurídicas), mas os patrimônios são preservados e absorvidos, nos termos da LSA.

Apesar de catalogada em capítulo que trata de modalidades de reorganização societária, a transformação não tem essa natureza. Trata-se, apenas, de operação pela qual a sociedade passa, sem que se opere a dissolução e a liquidação, de um tipo societário a outro. Portanto, não implica a extinção societária.

CAPÍTULO XVIII
TRANSFORMAÇÃO, INCORPORAÇÃO, FUSÃO E CISÃO

SEÇÃO I
TRANSFORMAÇÃO

Conceito e Forma

Art. 220. A transformação é a operação pela qual a sociedade passa, independentemente de dissolução e liquidação, de um tipo para outro.

Parágrafo único. A transformação obedecerá aos preceitos que regulam a constituição e o registro do tipo a ser adotado pela sociedade.

COMENTÁRIOS

1. Características da transformação

Rodrigo R. Monteiro de Castro

Apesar de inserida em capítulo que trata de negócios que envolvem espécies de reorganização societária[1980] – incorporação, fusão e cisão –, a transformação não reveste a mesma natureza daquelas operações, tampouco se presta aos mesmos fins.

De acordo com o *caput* do art. 220, trata-se de operação pela qual a sociedade passa, independentemente de dissolução e liquidação, de um tipo a outro. Por exemplo, de limitada para anônima, ou vice-versa.

A transformação não modifica a composição societária, não aumenta ou diminui patrimônio, não abala a existência da sociedade, que não é dissolvida e liquidada, e não fulmina a personalidade jurídica.

A sociedade transformada continua a existir, sem *solução de continuidade*, ruptura ou modificação da composição societária, sujeitando-se, no entanto, a novo regime jurídico.

Daí afirmar-se, também, que não se constitui, com a operação, uma nova sociedade – ou uma nova pessoa jurídica.

O instituto também foi regulado no CC, que estabelece, no art. 1.113, que o ato de transformação independe de dissolução ou liquidação da sociedade, e obedecerá aos preceitos reguladores da constituição e inscrição próprios do novo tipo.

Uma companhia pode converter-se em qualquer tipo de sociedade admitido no sistema, assim como qualquer tipo de sociedade pode transformar-se em companhia.

Ademais, nada impede que, após uma transformação, os sócios deliberem nova transformação, para voltar ao tipo anterior ou para passar a outro tipo. Não é incomum, aliás, encontrar sociedade que nasceu limitada, foi transformada em anônima para recepcionar investidor (como fundo de *private equity*) e, após a saída do investidor – geralmente com a *liquidação* do investimento –, retornou à condição de limitada.

2. Composição societária

Rodrigo R. Monteiro de Castro

Importante destacar que a transformação não abala a estrutura societária. Assim, quem era sócio antes continuará a ser sócio da sociedade transformada, mantendo-se as mesmas participações.

A diferença consiste na modificação da natureza da relação: o acionista detém a propriedade da ação, que se transfere mediante registro em livro de Transferência de Ações Nominativas; enquanto o sócio de limitada é titular de quotas, que se cedem mediante a cessão e alteração de contrato social, registrado na Junta Comercial competente. A quota expressa um direito, e não uma relação de propriedade.

Ao cabo da transformação, o sócio deterá idêntica participação na sociedade, em ações ou quotas, conforme o caso.

3. Preceitos reguladores

Rodrigo R. Monteiro de Castro

O parágrafo único do art. 220 determina que a transformação obedecerá aos preceitos que regulam a constituição e o registro do tipo a ser adotado pela sociedade. Assim, tratando-se, por hipótese, de ato transformacional de anônima em limitada, os preceitos que informarão o ato serão aqueles previstos no CC; em situação inversa, as normas prevalecentes serão as da LSA.

A constituição da companhia está prevista nos artigos 80 e seguintes, e exige, como regra, a subscrição por, pelo menos, duas pessoas, de todas as

---

[1980] V., a propósito: CASTRO, Rodrigo Rocha Monteiro de. *Regime jurídico das reorganizações*: societária, empresarial e associativa. São Paulo: Saraiva, 2016.

ações em que se divide o capital social – exceto quando se tratar de constituição de subsidiária integral, nos termos do art. 251.

O regramento constitutivo da limitada consta do art. 997 do CC, que demanda a celebração de contrato escrito, particular ou público, que deverá mencionar, em cláusulas específicas, os aspectos previstos nesse artigo.

A previsão de pluralidade de sócios, que consta do inciso I, foi abalada, apenas para a sociedade limitada, pela reforma do § 1º do art. 1.052 do CC, operada pela Lei nº 13.874, de 2019, autorizadora da constituição da limitada por apenas uma pessoa. A redação do parágrafo é a seguinte: "[a] sociedade limitada pode ser constituída por 1 (uma) ou mais pessoas".

Dessa forma, aliás, na hipótese de a companhia passar a ter apenas um acionista, o que se admite por prazo determinado, na forma do art. 206 da LSA, o seu acionista único poderá, ao invés de recompor a pluralidade acionária, promover a transformação do tipo e, uma vez transformada, manter-se como sócio único.

4. Relevância

RODRIGO R. MONTEIRO DE CASTRO

Mesmo não se tratando de um negócio de reorganização societária, a transformação não é uma operação irrelevante ou neutra de efeitos. Mudam-se, com ela, o estatuto jurídico da sociedade e, assim, as relações societárias.

Veja-se, por exemplo, que a reforma do estatuto da companhia pode ser deliberada pela maioria dos acionistas presentes, observada a presença de dois terços das ações com direito de voto, para instalação da assembleia geral em primeira convocação, e qualquer número de ações, em segunda convocação (art. 135).

A modificação do contrato social da limitada, por outro lado, dependia, nos termos do art. 1.071 do CC, c.c. o art. 1.076, de votos correspondentes, no mínimo, a três quartos do capital social. O quórum foi alterado pela Lei 14.451, de 21 de setembro de 2022, que revogou o inciso I e reformou o inciso II do art. 1.076, de modo que a deliberação dos sócios para modificação de contrato social passou a poder ser tomada pelos votos correspondentes a mais da metade do capital social.[1981]

Apesar da mudança de estatuto jurídico, certas reformas legislativas promoveram uma aproximação dos tipos societários. Até o advento da Lei Complementar 182/2021, enquanto na companhia a diretoria deveria ser composta por pelo menos dois diretores, na limitada a administração poderia ser formada por uma ou mais pessoas, designadas no contrato social ou em ato separado. Após a referida Lei Complementar, a diretoria da companhia também pode ser composta por apenas um diretor.

Outro aspecto relevante, que distanciava os regimes, consistia na permissibilidade, prevista no art. 1.007 do CC, de os sócios da limitada participarem, de modo desproporcional, dos lucros da sociedade; solução que era interditada, como regra geral, pela LSA – sem prejuízo de eventuais tratamentos especiais, como aquele constante do art. 17, que autoriza a atribuição de dividendo, por ação preferencial, pelo menos 10% maior do que o atribuído a cada ação ordinária, situação que, de todo modo, não se equipara à desproporcionalidade admitida no CC. A Lei Complementar 182/2021 também promoveu, em relação a esse tema, profunda alteração, resultando em nova aproximação dos estatutos: o § 4º do art. 294 passou a prever que, na hipótese de omissão do estatuto quanto à distribuição de dividendos, estes serão estabelecidos livremente pela assembleia geral. Trata-se, conforme palavras de Serginho Campinho em comentários ao art. 294 da LSA, neste livro, de "efetiva revolução na forma de repartição de lucros aos acionistas", pois, conforme escrevi nos comentários ao mesmo artigo, passou-se a admitir a "distribuição desproporcional de lucros entre acionistas, conforme deliberação da assembleia geral, desde que inexista, no estatuto, vedação expressa".[1982]

[1981] "Art. 1.076. Ressalvado o disposto no art. 1.061, as deliberações dos sócios serão tomadas: I – (revogado); II – pelos votos correspondentes a mais da metade do capital social, nos casos previstos nos incisos II, III, IV, V, VI e VIII do *caput* do art. 1.071 deste Código; III – pela maioria de votos dos presentes, nos demais casos previstos na lei ou no contrato, se este não exigir maioria mais elevada".

[1982] A proposta de autorizar a distribuição desproporcional em companhia surgiu, de modo pioneiro, no PL 4.303, de 2012, de autoria do Deputado Federal Laércio de Oliveira, que pretendia criar o regime especial da sociedade anônima simplificada (SAS) e introduzir na LSA a permissibilidade presente no CC, com a seguinte redação recomendada, no âmbito da tramitação do projeto, pela Comissão de Finanças e Tributação, conforme parecer assinado pelo Deputado Federal Luiz Carlos Hauly: "O acionista participa dos lucros na proporção das respectivas ações, salvo

5. Registro

Rodrigo R. Monteiro de Castro

A IN DREI 35, de 03 de março de 2017, alterada pela IN DREI 69, de 18 de novembro de 2019, dispõe sobre o arquivamento dos atos de transformação, incorporação, fusão e cisão que envolvam "empresários, sociedades, bem como a conversão de sociedade simples em sociedade empresária e vice-versa".

O § 1º do art. 1º estabelece que, para os efeitos da instrução, a transformação pode ser: "I – societária, nos termos dos artigos 1.113 do Código Civil e 220 da Lei nº 6.404, de 15 de dezembro de 1976, quando ocorrer entre sociedades empresárias; II – de registro, nos termos dos artigos 968, § 3º e 1.033, parágrafo único, ambos do Código Civil, quando ocorrer: a) De sociedade empresária para empresário individual e vice versa; b) De sociedade empresária para EIRELI e vice versa; e c) De empresário individual para EIRELI e vice versa".

O art. 4º estabelece que a deliberação de transformação da companhia em outro tipo societário deverá ser formalizada por assembleia geral extraordinária, na qual será aprovada a redação do contrato social, que poderá ser transcrito na própria ata da assembleia geral ou em instrumento separado.

Ademais, de acordo com o art. 6º, para o arquivamento do ato de transformação, além dos documentos formais indicados em anexo à IN, também devem ser apresentados: "I – o instrumento que aprovou a transformação; II – o estatuto ou contrato social; III – a relação completa dos acionistas ou sócios, com a indicação da quantidade de ações ou cotas resultantes da transformação".

6. Sucessão

Rodrigo R. Monteiro de Castro

O art. 132 do CTN prevê que a pessoa jurídica de direito privado que resultar de fusão, transformação ou incorporação de outra ou em outra é responsável pelos tributos devidos até a data do ato pelas pessoas jurídicas de direito privado fusionadas, transformadas ou incorporadas.

A referência à transformação está, do ponto de vista jurídico, equivocada. O ato transformador de um tipo societário em outro não implica o desaparecimento da transformada, ensejador do tratamento sucessório. Nem mesmo a personalidade jurídica é extinta e readquirida, de modo que se trata da mesma sociedade – sujeita, apenas, a novo regime jurídico – e da mesma pessoa.

Uma pessoa não poder ser, assim, sucessora dela própria. Ela é e continuará a ser responsável pelos seus atos.

Note-se, aliás, que o art. 219 da LSA, ao elencar as hipóteses de extinção da companhia, refere-se ao (i) encerramento da liquidação e à (ii) incorporação ou fusão, e cisão com versão de todo o patrimônio em outras sociedades. Não se menciona, de modo acertado, a transformação, pois a prática deste ato não implica extinção societária.

Daí a impropriedade da redação contida na codificação tributária.

Deliberação

Art. 221. A transformação exige o consentimento unânime dos sócios ou acionistas, salvo se prevista no estatuto ou no contrato social, caso em que o sócio dissidente terá o direito de retirar-se da sociedade.

Parágrafo único. Os sócios podem renunciar, no contrato social, ao direito de retirada no caso de transformação em companhia.

COMENTÁRIOS

1. Exceção ao princípio majoritário

Rodrigo R. Monteiro de Castro

O art. 129 da LSA consagra o princípio majoritário, viabilizador do funcionamento político da companhia. Com efeito, as deliberações da assembleia geral são tomadas pela maioria absoluta de votos, não se computando os votos em branco. Assim se evita, como regra geral, que a minoria impeça a implementação de políticas ou de decisões tomadas por acionistas detentores da maioria das ações com direito a voto, os quais, geralmente, correspondem àqueles que mais contribuíram, em termos econômicos, para a companhia.

Admitem-se, todavia, exceções, desde que expressamente previstas em lei – sem prejuízo de eventuais estipulações contratuais que obriguem os contratantes, como aquelas constantes de acordo de acionistas.

---

disposição diversa do estatuto". V., a propósito, WARDE Jr., Walfrido Jorge; MONTEIRO DE CASTRO, Rodrigo R. *Regime especial da sociedade anônima simplificada*. São Paulo: Saraiva, 2013.

Uma delas, e talvez a mais severa, está prevista no art. 221, e se refere à transformação: a sua realização exige o consentimento unânime dos sócios ou acionistas, salvo se prevista no estatuto ou no contrato social.

O conceito de unanimidade não comporta variação ou atenuação, pois ausente qualquer elemento autorizador para tanto no texto normativo. Refere-se à base acionária total, incluindo ações sem direito a voto ou com voto restrito, não se restringindo aos acionistas presentes à assembleia que deliberar sobre a transformação. Apenas um voto contrário ou a ausência de acionista titular de uma ação – com direito de voto ou não – impedirá, portanto, a transformação.

A severidade decorre dos efeitos da deliberação, modificadores do regime jurídico da sociedade e, consequentemente, dos direitos e obrigações de todos os sócios. Não se trata, assim, de simples conversão, com manutenção de mesmas posições, pois as intervenções legislativas no manejo da sociedade se aguçam – ou se afrouxam – em função do tipo societário.

Serve como exemplo a qualificação de quórum, representativa de ¾ do capital social, exigida no CC para modificação do contrato social, contra a maioria absoluta requerida pela LSA para reforma estatutária – observado, no caso, o quórum qualificado para instalação da assembleia geral em primeira convocação, na forma do art. 135.

De todo modo, a regra geral de unanimidade pode ser afastada, desde que o afastamento seja expressamente previsto no estatuto ou no contrato social, caso em que valerá o quórum nele previsto.

Nada impede que a previsão se limite a afastar a unanimidade, sem fixar quórum específico para deliberação de proposta transformacional; neste caso, a aprovação passará a depender da vontade da maioria, na forma do art. 129 (que é a regra geral de quórum para deliberações).

Com isso, a própria LSA oferece aos acionistas, caso reputem excessivo o comando de unanimidade, a prerrogativa de determinarem solução que se coadune com as caraterísticas da companhia.

2. Dissidência

RODRIGO R. MONTEIRO DE CASTRO

Como visto acima, no silêncio do estatuto, prevalece a regra excepcionalíssima da unanimidade para deliberar sobre a transformação.

Autoriza-se, no entanto, a previsão de quórum inferior, que sujeita o acionista minoritário à modificação das bases da sociedade da qual tornou-se sócio. Como as consequências podem ser relevantes, a LSA cria uma compensação ao acionista dissidente (ou um sistema de *checks and balances*), que consiste no direito de retirar-se da sociedade, via exercício de direito de recesso.

A dissidência refere-se, pois, à aprovação da transformação do tipo societário, e o direito, de caráter excepcional, se soma às hipóteses previstas no art. 137.

Esse artigo estabelece, aliás, que o reembolso da ação deve ser reclamado à companhia no prazo de 30 (trinta) dias contados da publicação da ata da assembleia geral que aprovar a matéria, observado que o exercício do direito de exigir o reembolso se restringe às ações de que o acionista dissidente era titular na data da primeira publicação do edital de convocação da assembleia, ou na data da comunicação do fato relevante objeto da deliberação, se anterior.

O acionista que tiver se abstido de votar ou que não tenha comparecido à assembleia geral também poderá exercer o direito de recesso.

O pagamento somente será devido se, nos 10 dias seguintes ao término do prazo para reclamação do reembolso, não for convocada uma assembleia geral para ratificar ou reconsiderar a deliberação, fundamentada no risco de instabilidade financeira decorrente do desencaixe do preço do reembolso das ações aos acionistas dissidentes que exerceram o direito de recesso.

3. Reembolso

RODRIGO R. MONTEIRO DE CASTRO

De acordo com o art. 45, o reembolso é a operação pela qual, nos casos previstos em lei, a companhia paga aos acionistas dissidentes de deliberação da assembleia geral o valor de suas ações.

As normas para determinação do valor podem ser fixadas no estatuto, observado que somente poderá ser inferior ao valor de patrimônio líquido constante do último balanço aprovado pela assembleia geral, se estipulado com base no valor econômico.

Não é incomum que o montante a reembolsar afete ou inviabilize a continuidade da empresa, motivo pelo qual os órgãos da companhia podem, nos termos do art. 137, § 3º, reconsiderar a deliberação que deu origem ao exercício do direito de recesso, a fim de neutralizar os efeitos patrimoniais da dissidência.

4. Renúncia ao direito de recesso

Rodrigo R. Monteiro de Castro

O parágrafo único do art. 221 reconhece a disponibilidade do direito de recesso no caso de transformação de sociedade limitada em companhia, e autoriza, assim, a renúncia prévia, desde que prevista no contrato social.

Nesses casos, de previsão contratual, a aprovação transformadora se operará pela manifestação de sócios que representem o quórum previsto no contrato social, devendo os dissidentes se submeter à deliberação, sem que possam se insurgir ou reclamar compensação à companhia.

A LSA não estende essa possibilidade, por outro lado, à transformação de companhia em limitada, caso em que a renúncia prévia estatutária não será, portanto, admitida.

Direito dos Credores

Art. 222. A transformação não prejudicará, em caso algum, os direitos dos credores, que continuarão, até o pagamento integral dos seus créditos, com as mesmas garantias que o tipo anterior de sociedade lhes oferecia.

Parágrafo único. A falência da sociedade transformada somente produzirá efeitos em relação aos sócios que, no tipo anterior, a eles estariam sujeitos, se o pedirem os titulares de créditos anteriores à transformação, e somente a estes beneficiará.

COMENTÁRIOS

1. Alcance e justificativa

Rodrigo R. Monteiro de Castro

A transformação altera o regime jurídico da sociedade, mas não prejudica os direitos dos credores, que remanescem nas mesmas posições e com as mesmas garantias conferidas pelo tipo anterior.

A LSA não se preocupa, no entanto, com o conteúdo de relações contratuais, que não se modifica por conta do ato transformacional; não é do contrato em si de que se trata no art. 222. Nem de sucessão se poderia cogitar, pois a sociedade e a personalidade jurídica não se extinguem com a transformação: é o mesmo ente, modificando-se, apenas, a sua forma de organização societária.

Mesmo assim, é comum que se preveja, em contratos mais sofisticados – como os de financiamento –, que a deliberação da transformação depende de prévia comunicação a ou de aprovação da outra parte; aliás, também se costuma estipular a proibição de deliberação do ato.

O propósito de cláusulas com tais conteúdos se assemelha ao propósito do art. 222: evitar prejuízo por conta da mudança do regime de garantias de cada tipo societário – o que não afeta, como já se disse acima, as eventuais garantias estabelecidas no âmbito de cada contrato.

A preocupação se justifica nos casos em que se passa de um tipo abrangedor de imputação de responsabilidade aos sócios para outro tipo mais restritivo, caracterizado pela concentração da responsabilidade na sociedade. Seria a hipótese da transformação da sociedade em comandita por ações em sociedade anônima, por exemplo.

Da decisão transformacional, os credores não participam; e a mudança de regime, não fosse pela solução do art. 222, subverteria os cálculos de risco empregados na decisão de contratar, que levam em conta – ou deveriam levar – a prerrogativa de dirigir eventual pretensão contra os sócios da sociedade, sem prejuízo das garantias contratuais estipuladas.

Exemplifica-se. A comandita acionária, de acordo com o art. 281, poderá comerciar sob firma ou razão social, da qual só farão parte os nomes dos sócios-diretores ou gerentes, que ficam ilimitada e solidariamente responsáveis pelas obrigações sociais. Note-se que, além do patrimônio social, o patrimônio pessoal dos sócios ou gerentes, nas situações descritas na lei, também servem de garantia a credores, que se prejudicariam com a transformação, pelo fato da responsabilidade de acionistas da companhia se limitar, nos termos do art. 1º, ao preço de emissão das ações subscritas ou adquiridas, e, no caso de administradores, ao disposto no art. 158, que afasta a responsabilização, exceto quando procederem com culpa ou dolo, dentro de suas atribuições, ou com violação da lei ou do estatuto.

Em uma eventual operação como essa – de passagem de comandita a sociedade anônima –, os credores, por força do art. 222, resguardariam seus direitos anteriores, podendo direcionar eventuais pretensões creditórias contra os acionistas da companhia transformada, até o pagamento integral daqueles créditos.

A solução protetiva se limita aos créditos existentes no momento do ato e não abrange novas contratações, realizadas após a transformação, pelos próprios credores tutelados pela norma ou oriundas de outras relações.

Daí se extrai, portanto, que a transformação, em si, se aperfeiçoa com a deliberação – e, perante terceiros, com o cumprimento das obrigações de registro e publicação –, passando a companhia a operar, em tudo, pelas normas que lhe são próprias; remanescem, apenas, direitos especiais, provenientes de relação pretérita, que se exercem com base no regime extinto.

Por outro lado, a hipotética transformação de sociedade anônima em comandita por ações – ou de qualquer tipo mais restritivo em outro que amplie a responsabilidade de sócios ou administradores –, não beneficia credores antigos, que, em relação aos créditos contratados antes do ato, permanecem sujeitos ao regime vigente à época da contratação.

Pretende-se, assim, com o emprego da expressão *não prejudicará*, preservar posições e evitar prejuízos, e não agravar ou incrementar direitos ou obrigações da sociedade, dos sócios ou dos credores.

2. Falência

RODRIGO R. MONTEIRO DE CASTRO

O parágrafo único do art. 222 estabelece que a "falência da sociedade transformada somente produzirá efeitos em relação aos sócios que, no tipo anterior, a eles estariam sujeitos, se o pedirem os titulares de créditos anteriores à transformação, e somente a estes beneficiará".

O emprego do verbo *pedir* poderia levar ao entendimento – equivocado – de que o juiz teria competência para avaliar o pedido e, conforme as circunstâncias do caso, negá-lo. Mas não é isso que ocorre, como regra.

O pedido tem como efeito a incidência, de modo automático, do conteúdo do *caput*, estendendo-se, assim, à situação falimentar, os mesmos direitos e as mesmas garantias em relação aos sócios da falida, que titulares de créditos detinham antes da transformação.

A única hipótese de negação decorre da ausência demonstrativa do crédito; aí, e apenas, aí, por conta da inexistência de crédito, a negativa será admitida.

SEÇÃO II
INCORPORAÇÃO, FUSÃO E CISÃO
Competência e Processo

Art. 223. A incorporação, fusão ou cisão podem ser operadas entre sociedades de tipos iguais ou diferentes e deverão ser deliberadas na forma prevista para a alteração dos respectivos estatutos ou contratos sociais.

§ 1º Nas operações em que houver criação de sociedade serão observadas as normas reguladoras da constituição das sociedades do seu tipo.

§ 2º Os sócios ou acionistas das sociedades incorporadas, fundidas ou cindidas receberão, diretamente da companhia emissora, as ações que lhes couberem.

§ 3º Se a incorporação, fusão ou cisão envolverem companhia aberta, as sociedades que a sucederem serão também abertas, devendo obter o respectivo registro e, se for o caso, promover a admissão de negociação das novas ações no mercado secundário, no prazo máximo de cento e vinte dias, contados da data da assembleia-geral que aprovou a operação, observando as normas pertinentes baixadas pela Comissão de Valores Mobiliários. (Incluído pela Lei 9.457, de 1997)

§ 4º O descumprimento do previsto no parágrafo anterior dará ao acionista direito de retirar-se da companhia, mediante reembolso do valor das suas ações (art. 45), nos trinta dias seguintes ao término do prazo nele referido, observado o disposto nos §§ 1º e 4º do art. 137. (Incluído pela Lei 9.457, de 1997)

COMENTÁRIOS

1. Incidência e espécies de reorganização societária

RODRIGO R. MONTEIRO DE CASTRO

O art. 223 trata de esclarecer que as operações de incorporação, fusão e cisão – espécies de reorganização societária – podem ser realizadas entre sociedades de qualquer tipo, semelhantes ou não. Autoriza-se, como exemplos, a incorporação de sociedade comandita em ações por sociedade limitada, a fusão de companhia com sociedade em nome coletivo, a cisão de sociedade anônima com versão de patrimônio para sociedade limitada, bem como a incorporação de limitada por outra limitada e a fusões de duas companhias. As menções são meramente ilustrativas, pois quaisquer combinações entre sociedades são admitidas.

A deliberação, em cada sociedade que participar de negócio reorganizacional, observará o que dispuser a respectiva lei de regência e o estatuto ou o contrato social, conforme o caso. Assim, se envolver uma companhia e uma limitada, a deliberação, no âmbito da primeira, se sujeitará à LSA e ao seu estatuto, e, no da segunda, ao CC (e, se houver cláusula de regência supletiva, à LSA)[1983] e ao seu contrato social.

A sujeição não comporta relativização; prazos e formas de convocação, instalação, quóruns de deliberação e outros aspectos relacionados seguem a respectiva sistemática.

Excetua-se da regra geral a cisão que, apesar de mencionada no Capítulo X, Subtítulo II, Título II do Livro II do CC (Da Transformação, da Incorporação, da Fusão e da Cisão das Sociedades), não foi, por um lapso legislativo, regulada no diploma civil, de modo que, por via de integração analógica, quaisquer que sejam os tipos societários envolvidos, as normas de regência serão as da LSA.

Se da operação resultar nova sociedade, deverão ser observadas, conforme previsto no § 1º do art. 223, em relação à sua constituição, as normas reguladoras do seu tipo. Tratando-se, por exemplo, de companhia, aplica-se o disposto no art. 80 e seguintes da LSA; de limitada, o disposto no art. 997 e seguintes do CC.

2. Regime jurídico das reorganizações: societárias, empresariais e associativas

Rodrigo R. Monteiro de Castro

No plano jurídico, reorganização é gênero composto de três espécies: societária, empresarial e associativa.[1984] A LSA, em regra, trata apenas da societária, que envolve mutações no plano dos sócios e, apenas de forma reflexa, da empresa. Implica, pois, negócios que modificam a titularidade acionária, por qualquer meio, e atraem normas protetivas de minoria, como a oferta pública de aquisição de ações, prevista no art. 254-A, e a retirada, que consta do art. 137, IV.

A incorporação, por exemplo, que é mencionada no *caput*, resulta na extinção da sociedade incorporada e a subscrição, pelos acionistas desta, de ações de emissão da incorporadora, formando nova base acionária – eventualmente modificadora do controle.

Na fusão, todas as sociedades fusionadas se extinguem e surge uma nova, composta, em princípio, pelos acionistas de todas elas.

Na cisão, por fim, as resultantes dependerão das características da operação – que pode envolver segregação total ou parcial do patrimônio da cindida, de forma que, na primeira hipótese, ela se extingue, e, na segunda, não –, mas implicarão, em qualquer caso, novas estruturas societárias, mediante versão do patrimônio separado em uma ou mais sociedades, novas ou preexistentes.

Além dessas modalidades, tratadas no art. 223, também se incluem no mesmo grupo a incorporação de ações, a alienação ou a aquisição de controle, e a subscrição de ações.

Essas reorganizações não se equiparam às de natureza empresarial, que não atingem a estrutura societária; elas modificam, por outro lado, a empresa (isto é, a atividade). Veja-se o caso de negócio que envolve o estabelecimento empresarial, que se trata, conforme o art. 1.142 do CC, do complexo de bens organizado, para exercício da empresa, por empresário, ou por sociedade empresária.

O art. 1.143 desse diploma prevê que o estabelecimento pode ser objeto unitário de direitos e de negócios jurídicos, translativos ou constitutivos, que sejam compatíveis com a sua natureza, e o art. 1.144, estabelece que o "contrato que tenha por objeto a alienação, o usufruto ou arrendamento do estabelecimento, só produzirá efeitos quanto a terceiros depois de averbado à margem da inscrição do empresário, ou da sociedade empresária, no Registro Público de Empresas Mercantis, e de publicado na imprensa oficial".

Esse negócio, também denominado trespasse, eventualmente implicará a transferência de todos os elementos destinados ao exercício da empresa (e formadores do estabelecimento), de maneira que, ao cabo da operação, além dos recursos financeiros oriundos da alienação, remanesçam, na esfera patrimonial da sociedade, apenas ativos e passivos contábeis.

O trespasse, apesar de abalar o funcionamento da empresa (mediante transferência do estabelecimento a outrem), não afeta a composição societária e os direitos de sócios, que se beneficiarão da distribuição do lucro derivado do negócio; mas, no caso, não será motivo para disparar a oferta pública de aquisição de ações,

---

[1983] "Art. 1.053. A sociedade limitada rege-se, nas omissões deste Capítulo, pelas normas da sociedade simples. Parágrafo único. O contrato social poderá prever a regência supletiva da sociedade limitada pelas normas da sociedade anônima".

[1984] CASTRO, Rodrigo R. M. *Regime jurídico das reorganizações*: societárias, empresarial e associativa. São Paulo: Saraiva, 2016.

prevista no art. 254-A, tampouco ensejará direito de recesso, exceto se houver previsão estatutária ou contratual. O gráfico abaixo ilustra essa modalidade de reorganização empresarial:

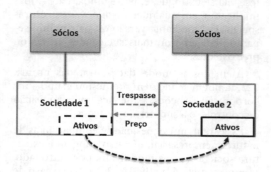

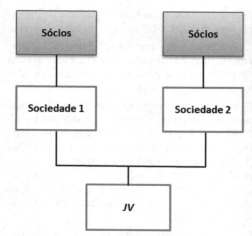

Além da alienação de estabelecimento, são modalidades de reorganização empresarial a *alienação* de carteira de clientes, a alienação de parcela relevante de ativos e a cessão de direitos de propriedade industrial.

Ambas as espécies de reorganização comentadas – a societária e a empresarial – distinguem-se, ademais, da reorganização associativa, que não abala, em regra, a posição de sócio, nem a empresa. Negócios de natureza associativa envolvem combinações entre sociedades, que se associam para formação de outra sociedade ou para operarem, conforme contrato, determinado projeto, sem perderem seus atributos de personalidade ou disporem, necessariamente, de suas autonomias funcionais. As sociedades associam-se, mediante elaboração de contratos específicos, a fim de somarem experiências, esforços e recursos, com vistas ao desenvolvimento de determinado ou determinável empreendimento, geralmente de caráter específico. Assemelham-se a negócios colaborativos, de parceria, de forma que, ao se concluir uma reorganização associativa, as sociedades participantes não perdem suas personalidades, nem deixam de existir como tais: apenas se juntam, do ponto de vista operacional e estratégico, para a realização de objeto comum – e as demais operações de cada sociedade são mantidas, sem afetação. Encaixam-se nesse grupo o consórcio, o grupo e a chamada *joint venture*, a qual, aliás, apresenta a seguinte possível estrutura:

Esses negócios também não costumam disparar a oferta pública de aquisição de ações do art. 254-A ou o direito de retirada.

3. Operação societária, incorporação, fusão e cisão

Rodrigo R. Monteiro de Castro

A operação societária – que é uma expressão utilizada como frequência na LSA –, representa "o conjunto de atos interligados, processos ou procedimentos que conduzem a um determinado resultado"[1985]; no caso, uma reorganização societária. O art. 223 trata de três modalidades dessa espécie de reorganização: a incorporação, a fusão e a cisão.

A incorporação, conforme descrita no art. 227, é a operação pela qual uma ou mais sociedades são absorvidas por outra, que lhes sucede em todos os direitos e obrigações. O gráfico abaixo ilustra a situação:

Antes:

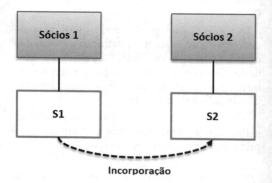

[1985] EIZIRIK, Nelson. *A lei das S/A comentada*: artigos 206 ao 300. 2. ed. rev. e ampl. São Paulo: Quartier Latin, 2015. v. 4. p. 93.

Depois:

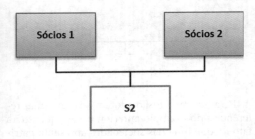

A fusão, conforme se depreende do art. 228, é a operação pela qual se unem duas ou mais sociedades para formar sociedade nova, que lhes sucederá em todos os direitos e obrigações. Ela tem efeito diverso – e, de algum modo, perverso, tanto que, na prática, não tem utilidade –, pois, ao se fundirem, as sociedades participantes desaparecem, ou melhor, são extintas, na forma do art. 219, dando origem a outra sociedade. Com a extinção vão-se inscrições, registros e outros elementos que permitem a continuidade sem rupturas da atividade empresarial – sem contar os reflexos de natureza tributária. O gráfico abaixo ilustra a situação:

Antes:

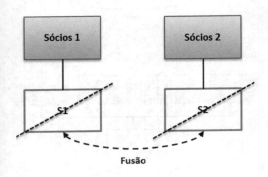

Depois:

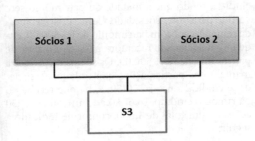

A cisão, por fim, é a operação pela qual, nos termos no art. 229, a companhia transfere parcelas do seu patrimônio para uma ou mais sociedades, constituídas para esse fim ou já existentes, extinguindo-se a companhia cindida, se houver versão de todo o seu patrimônio, ou dividindo-se o seu capital, se parcial a versão.

A LSA contempla várias modalidades, que podem ser reunidas em dois grupos principais. Primeiro, o grupo das cisões que resultam na extinção da cindida, pela versão de todo o patrimônio em mais de uma sociedade, como indicado abaixo:

Antes:

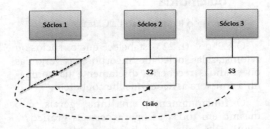

Depois:

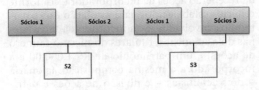

Segundo, o das que se caracterizam pela preservação da cindida, por conta da versão parcial de patrimônio em uma ou mais sociedades, conforme situações estampadas a seguir:

Antes:

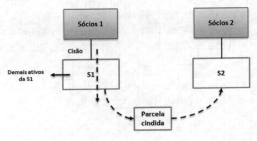

Depois:

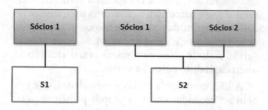

4. Posição do sócio ou acionista da sociedade incorporada, fundida ou cindida

Rodrigo R. Monteiro de Castro

O § 2º do art. 223 estabelece que os sócios ou acionistas das sociedades incorporadas, fundidas ou cindidas receberão diretamente da companhia emissora as ações que lhe couberem.

O funcionamento, em linhas gerais, é o mesmo em todas as operações. Os gráficos a seguir, de cada modalidade, evidenciarão a proposição.

Na incorporação, os acionistas da incorporada receberão ações da incorporadora, conforme critérios estabelecidos para avaliação dos patrimônios envolvidos. Se a incorporada tiver apenas dois acionistas, titulares do mesmo número de ações, e um patrimônio de R$ 1.000,00 e a incorporadora a mesma composição acionária – dois acionistas – e divisão de ações e patrimônio semelhantes, esta passará a ter, com a absorção patrimonial, um patrimônio de R$ 2.000,00. Considerando a igualdade e que o capital da incorporadora era dividido em 1.000 ações ordinárias, os novos acionistas receberão o mesmo número de ações, resultando na seguinte estrutura:

Antes:

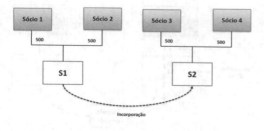

Depois:

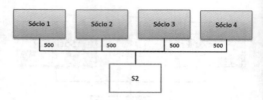

Para ilustrar a fusão adotam-se as mesmas referências do exemplo anterior, exceto quanto ao fato de que uma das sociedades apresenta patrimônio de R$ 2.000,00, o dobro registrado pela outra. A fusão resultará numa sociedade com patrimônio de R$ 3.000,00 (decorrente da soma de ambos os patrimônios). Imagine-se que sejam emitidas 3.000 ações da sociedade resultante da fusão. Os sócios da de maior porte receberão, cada um, 1.000 ações, enquanto os dois da de menor, 500 ações, conforme indicado a seguir:

Antes:

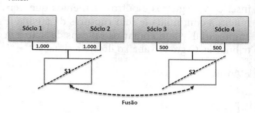

Depois:

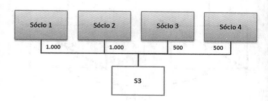

Por fim, a cisão. Seguindo-se a mesma referência inicial, os sócios da sociedade deliberam cindi-la, sendo que a metade do patrimônio será vertido para outra sociedade. Com a cisão, a cindida remanescerá com patrimônio de R$ 500,00, enquanto a sociedade receptora passará a dispor de patrimônio de R$ 1.500,00. Os sócios da primeira manterão as participações que tinham na sociedade cindida, ou seja, 50/50, e, na que recebeu o patrimônio cindido, 16,67% cada um, ou seja, 250 ações de um total de 1.500, conforme indicado a seguir:

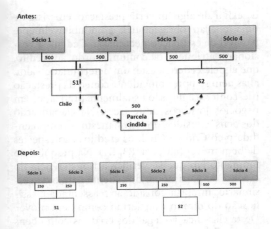

5. Incorporação, fusão e cisão envolvendo companhia aberta

Rodrigo R. Monteiro de Castro

O § 3º do art. 223 estabelece que se a incorporação, a fusão ou a cisão envolver companhia aberta, as sociedades que a sucederem também deverão ser abertas. Pode ocorrer, no entanto, que nem todas sejam abertas ou, no caso da fusão, que a nova companhia deva praticar determinados atos para atender ao comando.

Daí a exigência de que a sucessora – na hipótese de não ser aberta – obtenha o respectivo registro e, se o caso, promova a admissão de negociação das novas ações no mercado secundário.

A negociação deverá se iniciar no prazo máximo de cento e vinte dias, contados da data da assembleia geral que aprovar a operação, observadas as normas pertinentes da CVM.

A LSA pretende oferecer aos acionistas a perspectiva de liquidez existente antes da operação. Isso não significa mesmas condições, pois, após a incorporação, fusão ou cisão, a sucessora terá nova estrutura patrimonial e configuração empresarial, que poderão ser mal ou bem recebidas pelo mercado, refletindo na demanda por ações de sua emissão. De toda forma, comanda-se a manutenção da situação anterior, evitando-se que os acionistas de companhia aberta passem a ser titulares de ações de companhia fechada, sem oferecimento de garantia de resultado.

Se a sociedade resultante for uma limitada, antes da abertura de capital, deverá transformar-se em anônima, na forma do art. 220. Todos os atos deverão ser praticados e consumados a fim de atender o prazo de 120 dias, previsto no § 3º.

Na eventualidade de a sucessora não observar o disposto no parágrafo anterior, o acionista da companhia aberta, que passou a deter direitos de sócio em outra sociedade, poderá retirar-se, mediante o reembolso do valor de suas ações. A retirada decorre, no caso, da inobservância do prazo de admissão de negociação das ações, e não da reorganização societária em si, que se sujeitará, de todo modo, ao disposto no art. 137 – e poderá ensejar, anteriormente, o mesmo ou outros direitos. Findo aquele prazo (de 120 dias), o reembolso, observado o disposto no art. 45, deverá ser efetuado dentro de 30 dias, observado o disposto nos §§ 1º a 4º do mesmo art. 137.

A reorganização societária também pode ensejar o direito de retirada, nos termos dos artigos 136 e 137, se se tratar de (i) fusão, (ii) incorporação em outra sociedade ou (iii) cisão, sendo que: nos dois primeiros casos, não terá direito de retirada "o titular de ação de espécie ou classe que tenha liquidez e dispersão no mercado, considerando-se haver: (a) liquidez, quando a espécie ou classe de ação, ou certificado que a represente, integre índice geral representativo de carteira de valores mobiliários admitido à negociação no mercado de valores mobiliários, no Brasil ou no exterior, definido pela Comissão de Valores Mobiliários; e (b) dispersão, quando o acionista controlador, a sociedade controladora ou outras sociedades sob seu controle detiverem menos da metade da espécie ou classe de ação" (art. 137, II, "a" e "b"); e, no terceiro caso, somente se sustentará o direito de retirada se a cisão implicar "(a) mudança do objeto social, salvo quando o patrimônio cindido for vertido para sociedade cuja atividade preponderante coincida com a decorrente do objeto social da sociedade cindida; (b) redução do dividendo obrigatório; ou (c) participação em grupo de sociedades" (art. 137, III, "a", "b" e "c") – que, no caso, trata-se do grupo de direito, regulado na LSA, e não o de fato.

Assim, como resultado de determinada reorganização societária, é possível que a operação, em si, implique o surgimento do direito de recesso, na forma do art. 137, que poderá ser exercido pelos acionistas indicados pela LSA (por exemplo, os da companhia incorporada) e, na sequência, resulte em novo direito de recesso, decorrente da inobservância do prazo de 120 dias para admissão de negociação de ações.

A inobservância do prazo previsto no § 3º, apesar de tratado, no § 4º, como descumprimento, não é ato ilícito, como, aliás, não configuram ilicitudes as demais deliberações implicadoras de recesso, previstas na LSA. A própria LSA cuida de afastar tal interpretação, ao definir, como consequência, o direito ao reembolso.

6. Transferência de titularidade de crédito no contexto de operações societárias

Fábio Ulhoa Coelho

O crédito é o direito, titulado por uma das partes de determinada relação obrigacional (o *credor*), de exigir da outra parte (*devedor*) a prestação objeto da correspondente obrigação. Ao credor é sempre facultado *ceder* este direito a outrem, independentemente de anuência ou prévia ciência ao devedor. Aproximando-se a titularidade do crédito à propriedade de bens, corpóreos ou incorpóreos, o mesmo direito à *livre disponibilidade*, que caracteriza esta, também se identifica naquela. Quer dizer, o titular do crédito pode dispor dele, cedendo a quem lhe aprouver, assim como o proprietário de bens pode livremente aliená-lo[1986]. A disciplina legal da cessão de crédito atribui, portanto, ao credor a livre disponibilidade do direito de exigir a prestação do devedor. Por meio deste negócio jurídico, o credor (*cedente*) transfere a terceiro (*cessionário*) o direito de crédito perante o devedor (CC, arts. 286 a 298). Mas, qual é o *momento* em que o cedente deixa de titularizar o crédito objeto de cessão e este passa a integrar o patrimônio do cessionário. Para chegar a esta definição, é necessário partir da classificação do crédito como um bem móvel.

Da definição jurídica de "bem" como tudo o que pode ser pecuniariamente estimável,[1987] decorre naturalmente a inserção dos créditos nesta ampla categoria do direito civil. O direito de exigir de alguém certa prestação, em vista de uma relação obrigacional, é indubitavelmente passível de estimação pecuniária. Cedente e cessionário atribuem, de comum acordo, ao crédito, que aquele cederá a este, um determinado valor, aliás nem sempre coincidente com o da prestação (descontos e ágios são usualmente praticados em negócios jurídicos deste jaez). Na classificação dos bens "considerados em si mesmos", empreendida pelo Código Civil, os créditos são espécies de bem móvel (CC, art. 83, III). Na pesquisa do momento em que se verifica a transferência do crédito, do patrimônio do cedente para o do cessionário, importa considerar a assentada classificação do direito transferido como bem móvel. Desta classificação legal dos créditos como bens móveis decorre a sujeição de sua cessão não somente aos preceitos específicos do direito obrigacional, mas, igualmente, às regras do direito real atinentes à transferência da propriedade mobiliária.

No direito brasileiro, nenhum negócio jurídico *por si só* gera efeitos reais, de transferência da propriedade. A eficácia real dos negócios jurídicos sempre se subordina ao implemento de uma condição, mesmo após o aperfeiçoamento. Deste decorrem, claro, todos os efeitos obrigacionais, mas não os de direito real, incluindo a transmissão da propriedade de bem corpóreo ou titularidade de incorpóreo.[1988] A compra-e-venda, por exemplo, não é, no direito brasileiro, suficiente à transmissão da propriedade do objeto do contrato. Gera, a partir de seu aperfeiçoamento, a obrigação do vendedor de transferir o domínio deste ao comprador. Mas enquanto não cumprida esta obrigação, voluntária ou judicialmente, não se verifica a transferência da propriedade. Quando

---

[1986] Cf., por todos, Paulo Nader: "a liberdade de ceder o crédito é ampla, seja a obrigação de dar, fazer ou não fazer, nem importa se a res debita é determinada ou apenas determinável. Pode tratar-se, ainda, de crédito presente ou futuro, líquido ou ilíquido" (*Curso de direito civil*. 5. ed. Rio de Janeiro: Forense, 2010. v. 2. p. 194).

[1987] Silvio Rodrigues conceitua: "*coisa* é tudo que existe objetivamente, com exclusão do homem. Assim, o sol, a lua, os animais, os seres inanimados etc. [...] *Bens* são coisas que, por serem úteis e raras, são suscetíveis de apropriação e contêm valor econômico. O direito civil só se interessa pelas coisas suscetíveis de apropriação e contêm valor econômico" (*Direito civil*. 32. ed. São Paulo: Saraiva, 2002. v. 1. p. 116).

[1988] Na lição de Orlando Gomes: "a aquisição da propriedade requer *modus acquisicionis*, segundo a tradição romana, seguida por muitas legislações e adotada pela nossa. Outras, porém, atribuem ao *titulus adquirendi* o efeito direto e imediato de transmitir a propriedade, não exigindo que se complete com um modo de aquisição. Nas legislações do tipo romano, o título é simplesmente a causa da aquisição. [...] Esta relação jurídica básica não tem eficácia translativa. A aquisição da propriedade é processo complexo, cujas fases devem ser perfeitamente distinguidas, ainda que, não raro, passem despercebidas ao leigo. Assim, para exemplificar com um caso corriqueiro: na aquisição da propriedade de uma coisa móvel por meio de compra, o título é o contrato de venda, do qual nasce, tão só a obrigação de transmitir a propriedade da coisa; o modo é a tradição dessa coisa, isto é, a sua entrega, feita pelo vendedor ao comprador, com a intenção de lhe transferir a propriedade, ainda que essa entrega seja simbólica" (*Direitos reais*. 6. ed. Rio de Janeiro: Forense, 1978. p. 131-132). No mesmo sentido, Caio Mário da Silva Pereira (*Instituições de direito civil*. 3. ed. Rio de Janeiro: Forense, 1978. v. IV. p. 156).

o bem vendido é imóvel, a transmissão da propriedade decorrerá do registro do título (a escritura de compra-e-venda) no Registro de Imóveis (CC, art. 1.245).

Sendo móvel o bem, a transmissão da propriedade faz-se por *tradição* (CC, art. 1.267). A tradição é a condição suspensiva do efeito de direito real de qualquer negócio jurídico cujo objeto é a transferência da propriedade ou titularidade de algo. Enquanto ela não se realiza, o negócio jurídico aperfeiçoado somente produzirá seus efeitos de direito obrigacional, vinculando as partes ao cumprimento das obrigações contraídas, incluindo a de o contratante titular proceder à tradição do bem móvel. A tradição é a *entrega* do objeto do negócio jurídico por quem havia se obrigado a alienar ou ceder bem móvel (o *tradens*) ao credor desta obrigação (o *accipiens*). Ela pode ser simbólica (transferência do título ou outro símbolo) ou ficta (se o *accipiens* já está na posse do objeto adquirido), mas, em geral, se traduz pelo ato jurídico de mudança da posse do bem.

As operações societárias são negócios jurídico-societários em cujo bojo ocorrem diversas tradições de bens móveis, conferindo eficácia real às declarações negociais que as precedem. Aliás, para que numa operação societária não se abrigue nenhuma *traditio*, o patrimônio objeto de recepção pela cindida ou absorção pela incorporadora ou pela resultante da fusão deveria ser representado exclusivamente por bens imóveis, insuscetíveis de alienação e aquisição por este modo.

Relembrando do conceito técnico de patrimônio, em que se encontram tanto os *bens ativos* como os *passivos*,[1989] conclui-se que, na operação societária, ocorre a transferência da propriedade ou titularidade de coisas, direitos, dívidas, nomes de domínio, tecnologias, marcas ou outros registros industriais etc.

Pois bem. As operações societárias são antecedidas por negócios jurídicos, em que os administradores das sociedades envolvidas *contratam* as condições em que elas serão realizadas (data, critério de avaliação das empresas, bens a transferir, relação de substituição entre as participações societárias etc.). Este negócio jurídico se instrumentaliza pelo *protocolo* assinado pelos administradores ou mesmo pelos sócios (LSA, art. 224). Não é incomum, por outro lado, que antes da celebração do indispensável *protocolo*, as partes interessadas celebrem um negócio jurídico, em que declaram a vontade convergente de realizarem as operações societárias. São os *acordos de operação societária*, em que as partes podem não somente fixar delineamentos gerais da futura cisão ou incorporação, como até mesmo adiantar, em aspectos essenciais, a alienação de coisas ou cessão de direitos.

Deste modo, em relação aos bens móveis, entre os quais os créditos, que cindida, fusionadas e incorporada transferem respectivamente para a receptora, a resultante da fusão e incorporadora, incide o art. 1.267 do CC. Quer dizer, o *acordo de operação societária* e o *protocolo* não produzem, por si sós, efeitos de direito real. Como negócios jurídicos, a eficácia real está sujeita ao implemento de condição suspensiva, que, para os bens móveis, é a tradição. Será o aperfeiçoamento da cisão, fusão ou incorporação, de acordo com as normas do direito societário, que corresponderá ao ato pelo qual a sociedade *tradens* (cindida, fusionada ou incorporada) transfere os bens móveis à *accipiens* (receptora, resultante da fusão ou incorporadora). Em outros termos, a tradição se opera com o registro, na Junta Comercial, das atas das assembleias gerais extraordinárias das companhias envolvidas, aprovando a cisão, fusão ou incorporação.

Exemplifique-se, de início, com um bem móvel corpóreo, consistente nas mercadorias em estoque, componentes do patrimônio da sociedade incorporada. Antes da operação societária se concretizar, por meio do registro na Junta Comercial dos atos societários correspondentes, estas mercadorias são da propriedade dela. No acordo de operação societária, já podem eventualmente as partes indicar, de modo genérico ou específico, que as referidas mercadorias em estoque serão todas transferidas de uma sociedade para a outra; no protocolo, terão que prever a transferência deste bem, ainda que em cláusulas muito gerais (por exemplo, "*todos os elementos do estabelecimento...*" ou "*todos os bens do ativo...*") (LSA, art. 224, II). Na avaliação da sociedade *tradens*, outro documento indispensável ao aperfeiçoamento da operação societária enquanto negócio jurídico, estará

[1989] Clóvis Bevilacqua ensina: "originariamente, ['patrimônio'] designava os bens da *família*; hoje, porém, sua significação é mais lata, e, força dizê-lo, ainda não muito precisa no estado atual da ciência. Parece melhor fundamentada a opinião dos que o consideram o *complexo de relações jurídicas de uma pessoa, que tiverem valor econômico*. Assim, compreende-se no patrimônio tanto os elementos ativos quanto os passivos, isto é, os direitos de ordem privada economicamente apreciável e as dívidas" (*Teoria geral do direito civil*. 2. ed., histórica, revista e atualizada por Caio Mario da Silva Pereira. Rio de Janeiro: Editora Rio, 1980. p. 167).

devidamente apropriado o valor das mercadorias em estoque. Então, quando se verifica a tradição destas mercadorias, no exemplo? Quando incorporada as *entregam* para a incorporadora? Em que momento as mercadorias deixam de ser do patrimônio da sociedade *tradens* e passam a compor o da *accipiens*? A resposta é o registro na Junta Comercial das atas das assembleias gerais extraordinárias (órgãos competentes para alteração dos estatutos) das sociedades envolvidas na operação, aprovando o protocolo, laudo de avaliação e demais documentos da cisão ou incorporação, nos termos do art. 223 da LSA.

Em relação ao crédito da sociedade cindida, fusionada ou da incorporada, a resposta é também a apresentada para a transferência das mercadorias, no exemplo dado. Tal como os demais bens móveis transmitidos da companhia *tradens* à *accipiens*, é no registro na Junta Comercial das atas das assembleias gerais extraordinárias delas, aprovando a cisão, fusão ou a incorporação, que se verifica a *entrega* dos créditos, isto é, a sua tradição. Com este registro, os negócios jurídicos que antecederam ou instrumentalizaram as operações societárias ganham eficácia de direito real e a titularidade destes créditos se transfere ao patrimônio da sociedade receptora, resultante da fusão ou incorporadora.[1990]

Protocolo

Art. 224. As condições da incorporação, fusão ou cisão com incorporação em sociedade existente constarão de protocolo firmado pelos órgãos de administração ou sócios das sociedades interessadas, que incluirá:

I – o número, espécie e classe das ações que serão atribuídas em substituição dos direitos de sócios que se extinguirão e os critérios utilizados para determinar as relações de substituição;

II – os elementos ativos e passivos que formarão cada parcela do patrimônio, no caso de cisão;

III – os critérios de avaliação do patrimônio líquido, a data a que será referida a avaliação, e o tratamento das variações patrimoniais posteriores;

IV – a solução a ser adotada quanto às ações ou quotas do capital de uma das sociedades possuídas por outra;

V – o valor do capital das sociedades a serem criadas ou do aumento ou redução do capital das sociedades que forem parte na operação;

VI – o projeto ou projetos de estatuto, ou de alterações estatutárias, que deverão ser aprovados para efetivar a operação;

VII – todas as demais condições a que estiver sujeita a operação.

Parágrafo único. Os valores sujeitos a determinação serão indicados por estimativa.

COMENTÁRIOS

1. Motivos da reorganização societária

Rodrigo R. Monteiro de Castro

A literatura econômica (e a jurídica também) não conseguiria catalogar, de maneira exaustiva, todos os motivos para negociação e realização de reorganizações societárias. Qualquer listagem não passaria de um exercício (tentativo) irresistível aos influxos da dinâmica econômica e das experiências ou percepções pessoais do listador. Segue, assim, uma singela proposição de motivos, que reflete essas características:

(a) Sinergias. Trata-se de expressão que indica o esforço coordenado para integrar empresas por meio de redução de despesas, eliminação de redundâncias, aproveitamento de vendas cruzadas, cadeias logísticas e de fornecedores, e aumento de receitas, dentre outros benefícios. Representa o potencial de ganhos decorrentes da unificação empresarial;

[1990] Não há que se estranhar que, no caso das operações societárias, concentram-se no mesmo ato societário tanto a formação como execução do negócio jurídico. Trata-se de uma peculiaridade do instituto do direito comercial. José Luiz Bulhões Pedreira, a propósito, anota: "as leis que regulam os negócios jurídicos típicos, em regra, dispõem sobre seu objeto, os elementos essenciais, seus efeitos e os direitos e obrigações das partes. Os procedimentos legais de incorporação, fusão e cisão regulam, além disso, os atos das sociedades para formação e execução do negócio. Essa peculiaridade se explica pelas características desses negócios jurídicos, de que o acordo de vontades, que forma o contrato e a execução deste, dá-se mediante atos dos órgãos sociais" (In: LAMY FILHO, Alfredo; PEDREIRA, José Luiz Bulhões (coord.). *Direito das companhias*. Rio de Janeiro: Forense, 2009. v. 2. p. 1.747).

(b) Diversificação. Companhia capitalizada e que tenha pouca alternativa de investimento em suas áreas diretas de atuação, decorrente (i) da consolidação setorial por aquisição ou (ii) da existência de barreira regulatória (dentre outros motivos), pode lançar-se sobre outros segmentos, que tenham ou não alguma intersecção ou complementariedade com os seus, a fim de diversificar atividades e riscos e, sobretudo, empregar recursos disponíveis que são pouco remunerados em investimentos financeiros. Tais movimentos tendem a originar grupo societário de fato, que pode ou não atuar de modo colaborativo;

(c) Eliminação de concorrentes. Não é incomum que a reorganização tenha como propósito a eliminação de concorrente, para facilitar a preponderância de determinado produto ou serviço. Nesse caso, mesmo que, ao cabo da operação, a sociedade prevalecente absorva patrimônio de outra, os ativos que o integram não motivam o negócio e talvez não tenham finalidade prática, podendo ser inutilizados. A inutilização envolve qualquer elemento ativo, de estoque a propriedade industrial, como marca. O ritmo da "descontinuação" dependerá, em princípio, da capacidade de introdução dos produtos ou serviços substitutos;

(d) Captura de ativos ou conhecimentos únicos. Determinadas companhias detêm ativos ou conhecimentos únicos, que não se acessam sem que elas se envolvam em alguma forma de reorganização. Pode ser um imóvel sobre o qual se pretenda construir complexo imobiliário, uma mina de determinado metal, sistemas próprios aptos a controlar o funcionamento da empresa, canais de distribuição de produtos ou patentes (dentre muitos outros). Nem sempre, aliás, o interesse recairá sobre processo palpável, passível de separação física ou jurídica. A operação societária poderá, assim, instrumentalizar o negócio, cuja real intenção somente emergirá – se é que irá emergir – após sua consumação;

(e) Acesso a mercados. Uma forma rápida de acessar determinado mercado, sem necessidade de estruturação, do nada, de operação empresarial, consiste na aquisição de *empresa* que atue no mesmo segmento. Com isso se facilita e dinamiza a entrada no mercado pretendido e, a partir daí, o contato com clientes, fornecedores e outros *steakholders*, e se parte de uma base preexistente, reduzindo-se o tempo de maturação do investimento;

(f) Acesso a caixa (recursos financeiros). Não é comum, mas de ocorrência possível, a reorganização – sobretudo via aquisição ou incorporação – em que uma sociedade detenha disponibilidade de caixa, apesar de contabilizar passivos muito superiores, e que o acesso imediato aos seus recursos motive a proposição reorganizacional, por outra sociedade, em contrapartida à assunção das obrigações contingenciadas ou não. Nessas situações, o proponente fará uma gestão dos passivos, eventualmente sujeitando-os à negociação coletiva extra ou judicial, de modo a diferir os desencaixes enquanto utilizará os recursos *adquiridos* para atender às necessidades de seus próprios negócios;

(g) Acesso a governo. Sociedade empresária que detém conhecimento do trâmite institucional a contratações governamentais pode ser cobiçada por outras sociedades, que ambicionam se introduzir ou se fortalecer no segmento público. Apesar dos eventuais obstáculos impostos por leis que regem tais relacionamentos – como a Lei nº 8.666, de 21 de junho de 1993[1991] – ou por editais licitatórios ou contratos celebrados com a administração pública, determinadas operações são motivadas pela viabilização do acesso a governos. O acesso pressupõe a expectativa de realização de negócios e de obtenção de lucros, na forma da legislação vigente, que são, em si, pretensões legítimas;

(h) Competitividade. Em ambientes competitivos, locais ou globais, companhias capitalizadas ou que tenham grande escala costumam se sobrepor aos concorrentes, dificultando acesso a fornecedores e consumidores. Para que esses concorrentes possam manter condições de existência, com aumento da capacidade de reação e de escala, é comum a negociação de operação

---

[1991] A Lei nº 14.133, de 1º de abril de 2021, que cria o novo marco legal das licitações e contratos administrativos, prevê, no art. 193, a revogação da Lei nº 8.666, de 21 de junho de 1993, após decorridos 2 anos da publicação daquela lei.

que resulte na reunião estrutural de duas ou mais sociedades. Esses movimentos também se operam como reação a reorganizações protagonizadas por outros empresários, que se unem com o propósito de – eles também – aumentar escala e eficiência e de assumir o protagonismo em suas áreas de atuação;

(i) Planejamento Tributário. É muito comum a planificação reorganizacional com o propósito de se atingir resultado econômico em decorrência das características contábeis das partes ou das projeções tributárias do negócio. Há casos, mais extremos, notabilizados pela total irrelevância da combinação de fatores de produção (ou de ativos), em que se buscam apenas as motivações e consequências tributárias. Uma das modalidades envolve a compensação do prejuízo fiscal, apurado na demonstração do lucro real da companhia e registrado no Lalur – Livro de Apuração do Lucro Real. Para fins de apuração do imposto sobre a renda, admite-se a compensação, sem prazo, do prejuízo fiscal, até 30% do lucro líquido ajustado do período. Com isso, a incorporação de sociedade que projete lucros no exercício em curso ou em futuros, por outra sociedade que acumule prejuízo fiscal, resultará na redução do cálculo do imposto e, consequentemente, na melhoria da situação presente ou futura de caixa, que não sofrerá abalo por conta do recolhimento do tributo. Esse é, como apontado, apenas um exemplo de motivação reorganizacional por fins tributários.

2. As condições da incorporação, fusão ou cisão com incorporação em sociedade existente

Rodrigo R. Monteiro de Castro

De acordo com o *caput* do art. 224, as condições das operações de (i) incorporação, (ii) fusão ou (iii) cisão com incorporação em sociedade existente constarão de protocolo firmado pelos órgãos de administração ou sócios das sociedades interessadas.

A depender do negócio que se pretende realizar, é possível, com efeito, que a negociação se desenrole no plano dos sócios e que, em algum momento, se formalizem e assinem, em documento próprio, os termos negociados. Esse documento deveria servir, a rigor, para embasar outro documento, a ser celebrado pelas sociedades envolvidas na operação: o protocolo.

O protocolo, apesar de não se tratar de contrato, contém elementos que serão submetidos à assembleia geral e deve, por conta do princípio da indelegabilidade funcional, prevista no art. 139, ser assinado unicamente pela diretoria, afastando-se, assim, a possibilidade jurídica de intervenção de sócios ou dos membros do conselho de administração. Aliás, nem uns, nem outros, têm, do ponto de vista formal, competência representativa e poder para obrigar a companhia.

Assim, eventuais pretensões indenizatórias contra a companhia, por conta de inobservância de termos do protocolo, sobretudo de natureza preparatória à consumação da operação, não celebrado por administrador competente, podem esbarrar em problemas oriundos da má constituição do documento. Nada impediria, porém, que acionistas fossem demandados por suas condutas no âmbito das relações que entretiveram e que se estabeleceram em documento específico.

Por esses motivos, na prática, observa-se, com frequência, a participação das respectivas diretorias na consumação e celebração do protocolo.

Dele devem constar, pelo menos, os seguintes aspectos:

(i) o número, a espécie e as classe das ações que serão atribuídas em substituição dos direitos de sócios que se extinguirão e os critérios utilizados para determinar as relações de substituição, sendo que as partes envolvidas poderão definir, livremente, os critérios empregados, que podem ser os mesmos para todas elas ou distintos, observado que, em qualquer hipótese, os administradores estarão vinculados aos deveres e responsabilidades previstos no art. 153 e seguintes da LSA. A razoabilidade será testada no plano assemblear, por ocasião dos debates a respeito do conteúdo do protocolo, e confirmada em caso de aprovação;

(ii) os elementos ativos e passivos que formarão cada parcela do patrimônio, no caso de cisão, de modo pormenorizado, para que não se criem dúvidas a respeito da permanência ou transferência, para uma ou mais sociedades, de ativos ou passivos. Com isso, os sócios das sociedades poderão deliberar, de modo informado, a respeito da operação pretendida;

(iii) os critérios de avaliação do patrimônio líquido, a data a que será referida a avaliação, e o tratamento das variações patrimoniais posteriores. Aliás, é inevitável que, entre a celebração do protocolo, a sua sujeição e a implementação da operação, mutações patrimoniais, ordinárias ou extraordinárias, ocorram, afetando determinados números estabelecidos como premissas ou referências. Daí a necessidade de se oferecer um tratamento às consequências, para que os acionistas possam, ao analisar o protocolo, formar juízo sobre a proposta e os seus impactos na operação pretendida;

(iv) a solução a ser adotada quanto às ações ou quotas do capital de uma das sociedades possuídas por outra. Essa situação se verifica, de modo evidente, nas hipóteses em que uma sociedade participa da outra. É o caso, por exemplo, da incorporação de subsidiária integral ou de sociedade controlada ou coligada. O ponto a considerar envolve o tratamento das relações recíprocas, para que não se crie, artificiosamente, uma redundância, ou melhor, um acréscimo patrimonial indevido, pois a incorporadora já registra, em suas contas ativas, a participação na sociedade, que costuma variar por força da aplicação do método da equivalência patrimonial, previsto no art. 248. O acréscimo patrimonial deverá ser calculado, portanto, pela diferença do acervo incorporado, evitando-se a contabilização da parcela já contabilizada. É comum, assim, que se determine o cancelamento da participação, de modo que a mutação patrimonial da incorporadora seja proporcional apenas à participação não detida antes da operação;

(v) o valor do capital das sociedades a serem criadas ou do aumento ou redução do capital das sociedades que fizerem parte da operação. Essa determinação decorre do fato de que sempre haverá uma mutação patrimonial nas sociedades envolvidas nas reorganizações societárias previstas no art. 226, que se verificará ora pelo acréscimo, ora pelo decréscimo, com reflexos necessários na composição do capital social. Na incorporação, por exemplo, a receptora de patrimônio da incorporada perceberá um aumento, a ser subscrito pelos sócios desta, devendo o protocolo indicar o tamanho da diferença, ou seja, como se comportava antes e como se comportará, ao cabo da operação. Inversamente, na operação de cisão, seja com versão para uma ou mais sociedades, o patrimônio da cindida será reduzido e, em princípio, o capital será abalado na mesma proporção da redução. Se o patrimônio cindido for vertido para nova sociedade, o protocolo fixará o valor do capital social inicial, cuja integralização advirá do aporte daquele patrimônio, exceto se houver previsão de aporte complementar, em dinheiro ou bens suscetíveis de avaliação em dinheiro. Em paralelo, se a versão se destinar a sociedade preexistente, esta passará por um processo de aumento de capital, semelhante ao da incorporação. Em qualquer caso, o documento deverá explicitar as reduções ou os aumentos ocasionados pela operação;

(vi) o projeto ou projetos de estatuto, ou de alterações estatutárias, que deverão ser aprovados para efetivar a operação, que se aplicam a todas as sociedades envolvidas, exceto àquelas que forem extintas com a operação – e que não se submeterão, assim, a reformas estatutárias. Afora essa situação, todas as sociedades passarão, em princípio, por abalos, por conta, ao menos, da modificação, redutora ou ampliadora, da cifra de capital (e, eventualmente, do número de ações), conforme estatuído no art. 226, segundo o qual as operações "somente poderão ser efetivadas nas condições aprovadas se os peritos nomeados determinarem que o valor do patrimônio ou patrimônios líquidos a serem vertidos para a formação de capital social é, ao menos, igual ao montante do capital a realizar". Outras modificações poderão ocorrer, envolvendo os mais diversos aspectos, como criação de novas classes de ações, alteração de preferências ou vantagens, redução ou aumento de dividendo obrigatório, mudança de objeto para expandir ou simplificar as atividades admitidas, mudança de endereço, modificação de forma de gestão e de governo, e ampliação de técnicas de controle e fiscalização da administração. Dependendo do que se modifique, os acionistas dissidentes terão, na forma do art. 137, direito de recesso. Aliás, o direito poderá estar atrelado à própria deliberação da operação – como no caso de fusão de sociedades – ou resultar de algum elemento negociado no âmbito da operação. É o caso, por exemplo, da dissidência de acionista de sociedade incorporadora, que, apesar de não ser contemplado com o direito de recesso (em razão da deliberação da incorporação), poderá exercê-lo se, com a referida reorganização, o projeto de estatuto, proposto e aprovado, prever a redução do dividendo mínimo obrigatório ou a mudança do objeto da companhia (hipóteses de reforma estatutária que geram direito de recesso). Anota-se, aliás, que não é qualquer mudança de objeto que autorizará o exercício do direito de recesso. Ajustes pontuais, que envolvam a renumeração de clausulado ou a correção gramatical, não modificam a perspectiva empresarial e as atividades da companhia, motivadoras do direito de recesso. Por isso que se costuma tratar de modificação de base essencial, apenas;

(vii) todas as demais condições a que estiver sujeita a operação. Trata-se de comando genérico, que transfere às administrações das sociedades envolvidas o dever de apresentar às respectivas assembleias não apenas aqueles aspectos expressamente previstos no art. 224, como outros que possam ser relevantes para decisão de aprovar ou rejeitar a operação sugerida.

Por fim, o parágrafo único estabelece que os valores sujeitos a determinação serão indicados por estimativa. Não se autoriza, com isso, a generalização e a conferência de tratamento leniente pela administração ao conteúdo das informações do protocolo, sob pretexto da indeterminação, o que dificultaria a avaliação e a deliberação da proposta pela assembleia geral.

Trata-se, pois, de situação que se verifica casuisticamente, e se admite apenas com o propósito de viabilizar a conclusão do documento e a sua sujeição à assembleia, quando não se puder, de modo antecipado – e justificado –, determinar valores envolvidos na operação. É o caso da estimativa patrimonial das partes envolvidas e das suas resultantes, que poderá estar vinculada ao trabalho confirmatório de auditorias externas.

3. Recusa e modificação do protocolo

Rodrigo R. Monteiro de Castro

A assembleia geral é órgão soberano, com poderes para, na forma do art. 121, decidir todos os negócios relativos ao objeto da companhia e tomar as resoluções que julgar convenientes à sua defesa e ao seu desenvolvimento. O protocolo, documento construído pela administração, contém uma proposição de negócio que pode ser apoiada ou rechaçada livremente pelos acionistas. A recusa não implicará inobservância de uma obrigação, passível de reparação. É da natureza das operações societárias descritas no *caput*, que se compõem de uma sucessão de atos coordenados a determinado fim, a imprevisibilidade enquanto a assembleia não as confirmar. Até esse momento, a sua implementação, por mais avançadas que estejam as negociações, consignadas em protocolo ou outros documentos não previstos na LSA, permanecerá no plano da expectativa. O direito nascerá com a deliberação aprovativa pela assembleia geral.

A assembleia geral, por outro lado, não pode modificar termos ou condições contratados pela companhia. Apesar de soberana, a LSA não lhe confere poder de representação. Eventual discordância com algum termo, desde que não superada, resultará na desaprovação integral da proposta.

Nada impede, porém, que a administração renegocie os seus termos e submeta nova proposição protocolar, que se sujeitará a outra deliberação da assembleia.

A dúvida persiste, apenas, em relação à viabilidade jurídica da aprovação condicionada, caso em que a confirmação dependeria de negociação e modificação de parte ou de partes do negócio apresentado no protocolo. A LSA desautoriza esse caminho; a deliberação envolve o protocolo em sua inteireza, não podendo ser desmembrados capítulos ou seções, e votados de modo separado.

Assim, a administração não escapará do emprego de esforços para, de um lado, convencer a outra a sociedade a modificar determinados aspectos do protocolo e, de outro, a assembleia geral de que, com as modificações, a operação atende às demandas surgidas no conclave anterior.

Justificação

Art. 225. As operações de incorporação, fusão e cisão serão submetidas à deliberação da assembleia-geral das companhias interessadas mediante justificação, na qual serão expostos:

I – os motivos ou fins da operação, e o interesse da companhia na sua realização;

II – as ações que os acionistas preferenciais receberão e as razões para a modificação dos seus direitos, se prevista;

III – a composição, após a operação, segundo espécies e classes das ações, do capital das companhias que deverão emitir ações em substituição às que se deverão extinguir;

IV – o valor de reembolso das ações a que terão direito os acionistas dissidentes.

COMENTÁRIOS

1. Cronologia

Rodrigo R. Monteiro de Castro

As espécies de reorganização societária mencionadas nos art. 225 devem ser apresentadas à assembleia geral acompanhadas de justificativa, que conterá informações mínimas, determinadas pela LSA, para que acionistas conheçam as motivações da operação. Além do protocolo, celebrado pelas diretorias das sociedades envolvidas, cada respectivo grupo de administradores apresentará aos seus acionistas, ademais, os argumentos motivadores da proposição reorganizacional.

Do ponto de vista cronológico, os atos preparatórios ocorrem, em princípio, em dois momentos: primeiro, negocia-se e se celebra o protocolo; após a sua celebração, cada diretoria elabora a justificação, que poderá aproveitar elementos contidos no protocolo para reforçá-la ou embasá-la, formando o conjunto documental a ser exposto à assembleia geral.

A LSA não impede, porém, que ambos sejam reunidos em apenas um instrumento (geralmente denominado de "Protocolo e Justificação"), que se construirá em seções ou capítulos distintos, com observância formal do conteúdo dos artigos 224 e 225.

Caso as justificativas das sociedades envolvidas sejam diferentes, elas serão apresentadas de modo segregado, no próprio instrumento, com a indicação de direcionamento aos seus próprios acionistas.

2. Dissonância redacional

Rodrigo R. Monteiro de Castro

O art. 225, ao tratar das espécies de reorganização, não reproduz a redação do art. 224. Neste, a LSA menciona a incorporação, a fusão e a cisão com incorporação em sociedade existente, excluindo a cisão com incorporação em sociedade constituída para esse fim. O motivo é óbvio: a nova sociedade resultará da operação, de modo que ela não existirá no momento em que a diretoria submeter o protocolo contendo a proposição da reorganização à assembleia geral. Daí a desnecessidade do ato, que também não pode ser exigido para fins registrais. O art. 225, por outro lado, não faz distinção: qualquer forma de fusão, incorporação ou cisão deverá ser justificada pelas sociedades envolvidas. Apesar dessa dissonância, a aplicabilidade se verificará casuisticamente, pois, assim como a nova sociedade não existirá para celebrar o protocolo, também não estará presente para justificar a operação – e muito menos a sua criação.

De todo modo, em situações como essa, a justificação haverá de ser formulada e apresentada à assembleia geral pela sociedade objeto da cisão.

3. Conteúdo

Rodrigo R. Monteiro de Castro

O art. 225 lista, em quatro incisos, informações mínimas que devem ser apresentadas à assembleia geral, que justificam a operação refletida no protocolo celebrado pelas diretorias das sociedades envolvidas. Além delas, a diretoria poderá apresentar outras que repute essenciais ao negócio e que permitam aos acionistas compreender adequadamente a proposição e votar de modo informado.

O primeiro inciso exige a apresentação da motivação ou dos fins da operação, e o interesse da companhia na sua realização. A natureza do motivo pode variar, conforme indicado nos comentários ao art. 224. Em qualquer hipótese, o interesse da companhia deve ser demonstrado.

Certas operações não resultam em vantagem econômica imediata e aparente, sendo justificadas pelas perspectivas subsequentes e mediatas, como aquelas que pretendem o acesso a governos; outras, ao contrário, geram resultados imediatos, mas têm, em sua fundamentação, motivo que, apesar de legítimo, encontra eventuais barreiras regulatórias, a exemplo da eliminação de concorrente; em outras, o verdadeiro motivo não é revelado nas negociações do protocolo e somente submergirá após a concretização do negócio – por exemplo, companhia que pretende a incorporação de determinada sociedade, não por conta da sua atividade empresarial principal, mas por conta da sua inteligência logística, que será aproveitada em novo negócio que se viabilizará após a consumação da operação.

A diretoria, ao justificar a pretensão reorganizacional, deverá oferecer os elementos necessários e adequados à tomada de decisão pelos acionistas, mas poderá evitar o detalhamento de informações estratégicas que, quando tornadas públicas, comprometam os objetivos sociais e ofereçam, aos concorrentes, elementos para apropriação – ou cópia – de sua inteligência administrativa e empresarial.

Essa permissibilidade, todavia, não pode ser aplicada para reter informações essenciais que, se fossem apresentadas aos acionistas, mudariam a perspectiva da operação e da deliberação.

A avaliação e a definição do conteúdo da exposição de motivos e dos interesses sociais que será submetido à assembleia geral competirão, de modo exclusivo, à diretoria, a qual, no entanto, apesar de sua autonomia definidora, estará sempre sujeita aos comandos – e aos *standards* – da LSA, especialmente no que toca aos deveres fiduciários. Assim, ela deverá observar os deveres e responsabilidades do art. 153 e ss., e se sujeitará, em caso de desvio de conduta, ao disposto no art. 158.

De todo modo, não se admite dissonância entre a justificativa e o conteúdo do protocolo.

O segundo inciso determina que se exponha a respeito das ações que os acionistas preferenciais receberão e as razões para a modificação dos seus direitos, se o caso. A diretoria não poderá, em relação a esse item, tergiversar, pois se trata de modificação substancial da posição de acionista.

Com efeito, o resultado da operação deverá implicar, como ocorre com frequência – e dependendo da espécie de reorganização, necessariamente –, a *troca* ou a extinção de classe ou espécie de ação; assim ocorrerá na incorporação, em que o acionista da incorporada subscreverá ações da incorporadora, ou na fusão, que originará uma nova sociedade, da qual os acionistas das fundidas receberão participações.

A existência de ações preferenciais, antes da consumação, emitidas pela companhia cuja estrutura se abalará, não confere aos seus titulares o direito de mantê-las, com iguais ou diferentes direitos, na nova (ou na outra) sociedade. Essa possibilidade abalaria – se houvesse previsão legal –, ou ao menos complicaria, de modo substancial, a realização de negócios dessa natureza, pela introdução de condição que talvez não fizesse sentido ao negócio.

Seria o caso da incorporação de sociedade cujas ações de sua emissão se desmembrassem em ordinárias e preferencias, em companhia emissora apenas de ordinárias; a realização dessa operação dependeria de uma reformulação estrutural da incorporadora, com a emissão de espécie de ação não existente, abaladora de sua estrutura interna de poder, e o tratamento das preferências de que novos acionistas passariam a ser titulares.

Ademais, também inexiste impedimento à emissão de nova ação preferencial, em substituição à existente, com características diferentes, observados os termos do art. 17 e o limitador imposto pelo art. 15.

A LSA acerta, então, ao evitar o bloqueio acionário preferencialista, mas impõe, em contrapartida, o dever informacional, que se prestará de modo claro e inequívoco, a respeito das ações que serão recebidas pelos titulares de ações preferenciais e, sobretudo, as razões para modificação do direito. Assim, poderão avaliar de maneira apropriada a pertinência de permanência ou, nos casos previstos, a oportunidade de exercer o direito de retirada.

O terceiro inciso determina que se apresente a composição do capital social, após a operação, segundo espécies e classes das ações, das companhias que deverão emitir ações em substituição às que se deverão extinguir.

A substituição é, aliás, um efeito inevitável da incorporação – que se projetará sobre os acionistas da incorporada –, da fusão – que afetará a posição dos acionistas de todas as sociedades envolvidas – e da cisão, por conta da versão patrimonial a outra sociedade, da qual acionistas daquela passarão a deter participação acionária.

Costuma-se, do ponto de vista prático, apresentar quadro comparativo com posições anteriores e posteriores, em número de ações e respectivas classes, e percentuais representativos das participações.

Por fim, o quarto inciso estabelece que se apresente o valor de reembolso das ações a que terão direito os acionistas dissidentes. Note-se, a propósito, que o art. 137 contempla com o direito de recesso o acionista que dissentir da operação de fusão ou da incorporação da companhia em outra, excluído o acionista cuja ação de sua titularidade tenha liquidez e dispersão, assim consideradas quando, respectivamente, a espécie ou classe de ação integre índice geral representativo de carteira de valores mobiliários admitido à negociação no mercado de valores mobiliários, no Brasil ou no exterior, definido CVM, e o acionista controlador, a sociedade controladora ou outras sociedades sob seu controle detiverem menos da metade da espécie ou classe de ação.

O mencionado artigo estende o direito ao dissidente de operação de cisão, desde que se opere (i) mudança do objeto social, salvo quando o patrimônio cindido for vertido para sociedade cuja atividade preponderante coincida com a decorrente do objeto social da sociedade cindida, (ii) redução do dividendo obrigatório ou (iii) participação em grupo de sociedades.

O reembolso, por fim, é a operação pela qual, nos termos do art. 45, a companhia paga aos acionistas dissidentes de deliberação da assembleia geral o valor de suas ações.

4. Aprovação
RODRIGO R. MONTEIRO DE CASTRO

A aprovação da operação, nos termos do protocolo, conforme justificativa apresentada e avaliada pelos acionistas, se opera, de modo exclusivo, no âmbito da assembleia geral, conforme determinação do art. 122. Trata-se de competência privativa, que não pode ser delegada ou renunciada.

A limitação impede, assim, eventual tentativa de deslocamento, por via contratual – em acordo de acionistas, por exemplo – do poder decisório. Se for objeto de reforma estatutária, mesmo que deliberada pela totalidade dos acionistas, será nula, não podendo o ato ser arquivado no registro público de empresas mercantis.

Transformação, Incorporação, Fusão e Cisão

(Redação dada pela Lei 11.638, de 2007)

Art. 226. As operações de incorporação, fusão e cisão somente poderão ser efetivadas nas condições aprovadas se os peritos nomeados determinarem que o valor do patrimônio ou patrimônios líquidos a serem vertidos para a formação de capital social é, ao menos, igual ao montante do capital a realizar.

§ 1º As ações ou quotas do capital da sociedade a ser incorporada que forem de propriedade da companhia incorporadora poderão, conforme dispuser o protocolo de incorporação, ser extintas, ou substituídas por ações em tesouraria da incorporadora, até o limite dos lucros acumulados e reservas, exceto a legal.

§ 2º O disposto no § 1º aplicar-se-á aos casos de fusão, quando uma das sociedades fundidas for proprietária de ações ou quotas de outra, e de cisão com incorporação, quando a companhia que incorporar parcela do patrimônio da cindida for proprietária de ações ou quotas do capital desta.

§ 3º A Comissão de Valores Mobiliários estabelecerá normas especiais de avaliação e contabilização aplicáveis às operações de fusão, incorporação e cisão que envolvam companhia aberta. (Redação dada pela Lei 11.941, de 2009)

COMENTÁRIOS

1. Condição para efetivação da operação
RODRIGO R. MONTEIRO DE CASTRO

Apesar de o título do art. 226 incluir a transformação, esse dispositivo trata, apenas, das operações de incorporação, fusão e cisão, e determina que as três espécies somente poderão ocorrer nas condições aprovadas pela assembleia geral, conforme o conteúdo do protocolo, se os peritos nomeados determinarem que o valor do patrimônio a ser vertido para formação do capital social for, ao menos, igual ao montante do capital a realizar.

Do ponto de vista formal, após a deliberação aprovativa do protocolo, os acionistas nomeiam peritos avaliadores, que deverão confirmar as estimativas apresentadas nesse instrumento – conforme previsto no art. 227, para incorporação, no art. 228, para fusão, e no art. 229, para cisão – e, posteriormente, reúnem-se outra vez para deliberar acerca do laudo.

Os resultados podem ser diferentes, seja pela adoção de critérios avaliativos distintos, seja pela discordância em relação a aspectos adotados na formulação original.

A LSA reconhece, portanto, a possibilidade de ocorrência de variações, mas impõe limites à autonomia da assembleia geral que se formar para deliberar sobre o laudo de avaliação, pois, em nenhuma circunstância, o valor do patrimônio líquido a ser vertido poderá ser inferior ao montante do capital a realizar.

Evita-se, assim, a fixação de capital social sem a contrapartida patrimonial oriunda da sociedade envolvida na reorganização.

2. Pragmática: a junção assemblear

Rodrigo R. Monteiro de Castro

A fim de evitar a incerteza decorrente das possíveis diferenças entre valores constantes do protocolo e do laudo de avaliação, é comum que, sobretudo em companhias fechadas (mas de ocorrência em abertas, também), as diretorias das sociedades envolvidas na operação celebrem o protocolo, contratem peritos, na forma do art. 8º, recebam o laudo de avaliação, ajustem, se necessário, o protocolo e, apenas após a satisfação dessas etapas, convoquem uma assembleia geral de cada sociedade para deliberar sobre toda operação; ou seja, sobre o protocolo, a ratificação da contratação da avaliadora e o laudo produzido antes do conclave, as consequências da aprovação, incluindo, conforme o caso, o aumento de capital ou a subscrição do aumento de capital da incorporadora, e os demais atos necessários à consumação da operação, como as respectivas reformas estatutárias.

Praticam-se, assim, no âmbito de cada sociedade envolvida, os atos demandados pela LSA, mesmo aqueles sujeitos à intervenção da assembleia geral, sob condição de que esta, posteriormente, os ratifique. Com isso se costuma acelerar o tempo do processo, pois se afasta a necessidade de repetição convocatória, e se economizam recursos da companhia, por conta da diminuição do número de publicações, dispêndio de horas de administradores, dentre outros fatores.

Esse procedimento, mesmo não sendo previsto de modo explícito, também não é vedado, de modo que pode ser adotado pela companhia.

3. Efeitos da reorganização: a transferência patrimonial e a formação do capital social

Rodrigo R. Monteiro de Castro

O patrimônio da sociedade, a ser vertido no âmbito de reorganização societária, é composto de elementos ativos e passivos, e deve ser avaliado, se formado parcial ou totalmente em bens, na forma do art. 8º. O montante atribuído, resultante, portanto, da diferença entre posições ativas e passivas, ingressará na incorporadora – ou na sociedade originada da fusão – mediante afetação da conta de capital.

Representará, assim, a contribuição (ou integralização), em nome dos acionistas da outra companhia, para formação de capital, em contrapartida à subscrição do aumento derivado da operação.

Daí a consagração, no art. 226, do princípio da realidade do capital social, ao exigir que o patrimônio vertido seja, ao menos, igual ao montante do capital a realizar.

4. Participação da incorporadora na incorporada (e extensão do comando às operações de fusão ou cisão)

Rodrigo R. Monteiro de Castro

O § 1º do art. 226 cuida de situação aplicável apenas à operação de incorporação: o tratamento das ações ou quotas da incorporada que forem de propriedade da incorporadora. Essa participação, formada por ações ou quotas, deve ter seu destino fixado no protocolo, conforme o art. 224, I, combinado com o parágrafo em comento, e envolverá uma das seguintes hipóteses: (i) extinção; ou (ii) substituição por ações em tesouraria da incorporadora, até o limite dos lucros acumulados e reservas, exceto a legal.

O cenário é ilustrado no gráfico abaixo, em que a incorporadora detém 35% das ações representativas do capital social total da incorporada (mas se estende a qualquer outro caso, independentemente do percentual participativo):

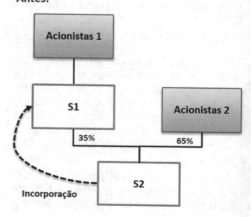

Depois:

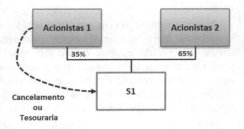

No caso da substituição, ela não será automática pois, antes, a companhia incorporadora emitirá as ações representativas daquelas que serão substituídas – e, por motivos óbvios, extintas. Ademais, sua realização ficará condicionada à existência de lucros acumulados ou de reservas, que servirão de limitador ao tamanho da substituição.

Trata-se de mais uma exceção à regra geral proibitiva da negociação, pela companhia, de suas próprias ações, prevista no art. 30. As demais hipóteses, listadas no referido artigo, são (a) as operações de resgate, reembolso ou amortização previstas em lei, (b) a aquisição, para permanência em tesouraria ou cancelamento, desde que até o valor do saldo de lucros ou reservas, exceto a legal, e sem diminuição do capital social, ou por doação, (c) a alienação das ações adquiridas nos termos da alínea *b* e mantidas em tesouraria e (d) a compra quando, resolvida a redução do capital mediante restituição, em dinheiro, de parte do valor das ações, o preço destas em bolsa for inferior ou igual à importância que deva ser restituída.

Se não houver lucro acumulado ou reservas, exceto a legal, para servir de contrapartida à emissão de novas ações, a substituição ficará inviabilizada, devendo, então, as ações ou quotas de propriedade da incorporadora ser extintas.

Em relação à fusão, o § 2º estabelece que, quando uma das sociedades fundidas for proprietária de ações ou quotas de outra sociedade envolvida na fusão, a operação se sujeitará ao disposto no § 1º, de modo que a participação societária, conforme dispuser o protocolo, será extinta ou substituída por ações da sociedade resultante da fusão.

Aliás, a mesma solução é estendida, no mencionado parágrafo, à cisão com incorporação, quando a companhia que incorporar parcela do patrimônio da cindida for proprietária de ações ou de quotas da própria cindida.

Por fim, a CVM poderá, por força do § 3º, estabelecer normas especiais de avaliação e contabilização aplicáveis às operações de fusão, incorporação e cisão que envolvam companhia aberta.

> **Incorporação**
>
> **Art. 227.** A incorporação é a operação pela qual uma ou mais sociedades são absorvidas por outra, que lhes sucede em todos os direitos e obrigações.
>
> § 1º A assembleia-geral da companhia incorporadora, se aprovar o protocolo da operação, deverá autorizar o aumento de capital a ser subscrito e realizado pela incorporada mediante versão do seu patrimônio líquido, e nomear os peritos que o avaliarão.
>
> § 2º A sociedade que houver de ser incorporada, se aprovar o protocolo da operação, autorizará seus administradores a praticarem os atos necessários à incorporação, inclusive a subscrição do aumento de capital da incorporadora.
>
> § 3º Aprovados pela assembleia-geral da incorporadora o laudo de avaliação e a incorporação, extingue-se a incorporada, competindo à primeira promover o arquivamento e a publicação dos atos da incorporação.

COMENTÁRIOS

1. Reflexões iniciais

Rodrigo R. Monteiro de Castro

Já se apresentou, nos comentários ao art. 224, uma série de motivos para que a companhia se reorganize. Como se pôde constatar, as modalidades lá listadas têm, em sua quase totalidade, fundamentos empresariais ou econômicos. Nesse sentido, a operação de incorporação (que é espécie de reorganização societária) é, em sua essência, um fenômeno que o direito procura enquadrar por conta de suas relevância e consequências econômicas – e sociais.

Trata-se da operação pela qual uma ou mais sociedades são absorvidas por outra, que lhes sucede em todos os direitos e obrigações. Ao cabo da incorporação, a incorporadora recepcionará o patrimônio da incorporada (ou das incorporadas), formado por elementos ativos e passivos, e assumirá, por consequência, todas as posições contratuais ora ostentadas pela(s) sociedade(s) absorvida(s).

É justamente aí que conceitos jurídicos e econômicos se distanciam. Apesar de haver um amálgama empresarial e econômico, resultante da união ou da integração de elementos de empresa, ao menos um empresário – isto é, uma sociedade empresária – desaparece, sob a perspectiva jurídica, em decorrência do processo integrativo.

Por isso, aliás, que se costuma enquadrar e anunciar (erroneamente) determinadas reorganizações que envolvem a aquisição de um empresário por outro, ou mesmo a incorporação de uma sociedade por outra, como uma *fusão*.

De todo modo, a operação de incorporação, sob qualquer enfoque, sempre causará, no âmbito interno, em menor ou maior grau, um movimento *antropofágico* ou, até mesmo, com traços fusionais.

2. Anatomia da incorporação

Rodrigo R. Monteiro de Castro

Um analista apressado afirmaria que a incorporação reflete a prevalência do empresário mais forte sobre o mais fraco (ou vulnerável). Do ponto de vista puramente econômico, a afirmação pode fazer sentido – apesar de que nem sempre ela se confirma –, quando se parte da premissa de que, em um ambiente competitivo local ou global, um agente mais capitalizado ou expansionista costuma garimpar oportunidades para reforçar sua posição de mercado e antecipar suas metas de crescimento por via não orgânica – ou vegetativa; isto é, não por meio do crescimento gradual, mas pela via da aquisição de outro empresário.

Ocorre, porém, que o enquadramento jurídico do fenômeno econômico poderá lavar os agentes envolvidos a uma solução distinta daquela que, intuitivamente, se vislumbraria.

Com efeito, a reorganização com propósito aquisitivo pode revestir algumas formas jurídicas, como a *mera* aquisição de ações ou a aquisição seguida de incorporação das ações adquiridas na adquirente, ou ainda a forma da incorporação.

Ao se promover a incorporação de uma sociedade por outra, além da extinção da incorporada, conforme se extrai do art. 219, combinado com o § 3º do art. 227, os sócios da sociedade absorvida – em uma operação pura, isto é, que não envolva contrapartidas financeiras – trocarão suas participações societárias originais por ações (ou quotas, conforme o caso) de emissão da incorporadora. Essa passagem nem sempre se opera pela via mais previsível, com o desaparecimento, em sentido jurídico, da sociedade de menor porte – ou economicamente mais vulnerável.

Diversos fatores devem ser considerados na modelagem jurídica, a fim de evitar o desperdício de oportunidades que, se não são contempladas na origem do negócio, surgem durante a negociação: dentre elas listam-se eventuais obstáculos decorrentes de contratos com a administração pública e aspectos de natureza tributária.

Não é incomum que, ao se proceder à verificação das características empresariais, fiscais e contábeis das sociedades envolvidas, conclua-se, por exemplo, que a incorporação de sociedade titular de contratos públicos poderá dar ensejo à rescisão desses vínculos (em razão do desaparecimento da contratada), de modo que, a fim de evitar essa possibilidade, se inverta o fluxo da incorporação, para preservar aquela sociedade e os seus contratos.

De maneira análoga, a incorporação de sociedade que contabilize prejuízo fiscal, apurado no Livro de Apuração do Lucro Real – Lalur, compensável até 30% do lucro líquido ajustado do período, na forma da legislação do imposto sobre a renda, poderá dar ensejo à perda do direito à compensação, por força da extinção da incorporada – e, supostamente, do próprio prejuízo fiscal contabilizado. Daí a ocorrência, com certa frequência, de negócio em que se mantém a estrutura da sociedade deficitária e se extingue, por via da incorporação, a sociedade superavitária.

Qualquer que seja o caminho, a participação final dos sócios das sociedades envolvidas, no capital da incorporadora, tenderá a ser a mesma (a depender, é claro, das relações de substituição contratadas); ou seja, os patrimônios que se unificam não se modificarão por conta da incorporação de uma por outra – ou da outra pela "uma" – e os critérios avaliativos também serão os mesmos.

Assim, desde que haja fundamento para promoção desse tipo de operação, poder-se-á extrair vantagem lícita adicional da reorganização, tornando-a mais eficiente do ponto de vista econômico.

3. Incorporação invertida

Rodrigo R. Monteiro de Castro

Chama-se incorporação invertida, ou às avessas, o negócio que resulta na absorção de sociedade controladora por controlada.[1992] Em decorrência da transferência patrimonial que segue fluxo inverso ao que se poderia supor, os sócios da incorporada, outrora controladora, passarão a deter participação acionária na antiga controlada, no caso, incorporadora. O gráfico abaixo ilustra essa situação:

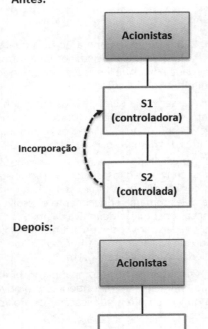

Diversos motivos influenciam a decisão de proceder com essa via, dentre eles os de natureza fiscal. Apesar de possível ou pretensa construção fiscalista contrária à legitimidade desse negócio, sua formatação se sustenta (i) no princípio da liberdade contratual, (ii) na finalidade lucrativa das sociedades empresárias, (iii) na inexistência, por definição, de simulação, pois o propósito de geração de benefício faz parte essencial do tipo, e (iv) no afastamento da caracterização de fraude – que deve ser confirmada, no entanto, de modo casuístico.

Nesse sentido, a preservação de prejuízo fiscal, contabilizado conforme as normas vigentes, sem produção de artificialidades, revela-se uma conduta legitimada pelo propósito de tornar a companhia mais eficiente, mediante o aproveitamento do sistema jurídico vigente. Mais do que isso: atesta a devida diligência da administração, que deve se informar e se capacitar para operar em ambiente competitivo e complexo, sobretudo por conta do carnaval tributário[1993] protagonizado pelo Estado.

Em outras palavras, diante de um sistema quase incompreensível, gerador de insegurança não apenas pela fúria legiferante, como pela imprecisão técnica, que sujeita o contribuinte a um permanente exercício interpretativo, a administração da companhia deve, para que cumpra seus deveres e obrigações previstos na LSA, orientar a companhia pelo meio mais benéfico e eficiente que a lei lhe permitir.

4. O aumento de capital da incorporadora, a versão de patrimônio líquido e a nomeação de peritos

RODRIGO R. MONTEIRO DE CASTRO

De acordo com o § 1º do art. 227, a assembleia geral da companhia incorporadora, se aprovar o protocolo da operação, deverá autorizar o aumento de capital (da incorporadora) a ser subscrito e realizado pelos sócios da incorporada mediante versão do patrimônio líquido da própria sociedade incorporada, e nomear os peritos que o avaliarão.

Daí se depreende que, do ponto de vista ritualístico, as sociedades envolvidas na operação celebram, em primeiro lugar, um protocolo, na forma do art. 224, e o apresentam, com as devidas justificativas, consoante o art. 225, para conhecimento e deliberação pelas assembleias gerais da incorporadora e da incorporada.

Em decorrência das aprovações – que são necessárias tanto no âmbito da incorporadora, quanto no da incorporada –, a assembleia geral da incorporadora nomeia os peritos, na forma do art. 8º, para avaliar o patrimônio que será vertido e que fundamentará o aumento de capital da incorporadora a ser subscrito em favor dos acionistas da incorporada.

[1992] V., a propósito: CASTRO, Rodrigo R. Monteiro de. Incorporação de controladora: motivação e oportunidades. O ágio como exemplo. In: CASTRO, Rodrigo R. Monteiro de; ARAGÃO, Leandro Santos de (coord.). *Reorganização societária*. São Paulo: Quartier Latin, 2005.

[1993] Expressão cunhada por Alfredo Augusto Becker e consagrada em obra que leva a mesma denominação.

O laudo formulado pelo perito nomeado e contratado pela incorporadora, com autorização da assembleia geral, será apresentado aos acionistas, em nova assembleia geral a ser convocada conforme o disposto nos artigos 123 e 124. A sua aprovação sacramenta o processo probatório, partindo-se para execução dos termos negociados e protocolizados.

No plano da incorporada, aprovado o protocolo, a assembleia geral autorizará seus administradores a praticarem os atos necessários à incorporação, inclusive a subscrição do aumento de capital da incorporadora.

Fica estabelecida, assim, uma autorização para que os administradores representem os acionistas no ato de subscrição, nos exatos termos do protocolo e da aprovação assemblear. Os representantes não podem renegociar, modificar, relativizar ou parcializar a representação, devendo consumar a ordem de subscrição, nos estritos termos aprovados.

Realizam-se, pois, em tese, ao menos três assembleias gerais: duas da incorporadora e uma da incorporada. Esse é o caminho formal estabelecido pela LSA.

A pragmática vai por outro caminho, redutor da burocracia formal e de custos operacionais. Costuma-se, assim, submeter o protocolo em conjunto com a justificação, naquele já refletido o conteúdo do laudo, que é apresentado à assembleia como parte integrante do pacote documental, oportunidade em que os acionistas são convocados para deliberar, também, a ratificação da contratação, pela administração da sociedade, do perito avaliador.

Inexiste, aí, vedação ou ilegalidade, apesar da falta de previsão legal. A adoção desse itinerário se insere no âmbito da liberdade de atuação, por parte do agente privado, que se vedaria apenas se houvesse uma via proibitiva expressa – que não é o caso.

5. Aprovação da operação e extinção da incorporada

Rodrigo R. Monteiro de Castro

O § 3º do art. 227 estabelece que, uma vez aprovados pela assembleia geral da incorporadora o laudo de avaliação e a incorporação, a incorporada se extingue. Apesar de não fazer menção à aprovação pela assembleia geral da incorporada, essa manifestação é pressuposto da continuidade da operação e realização da assembleia referida nesse parágrafo.

Trata-se, aliás, da segunda assembleia geral da incorporadora, convocada, quando seguido o rito completo, para aprovar o laudo formulado pelo perito e consumar a reorganização.

Na hipótese de realização de apenas uma assembleia geral da incorporadora, conforme indicado acima, será por ocasião da deliberação nela ocorrida que a incorporada se extinguirá.

> **Fusão**
>
> **Art. 228.** A fusão é a operação pela qual se unem duas ou mais sociedades para formar sociedade nova, que lhes sucederá em todos os direitos e obrigações.
>
> § 1º A assembleia-geral de cada companhia, se aprovar o protocolo de fusão, deverá nomear os peritos que avaliarão os patrimônios líquidos das demais sociedades.
>
> § 2º Apresentados os laudos, os administradores convocarão os sócios ou acionistas das sociedades para uma assembleia-geral, que deles tomará conhecimento e resolverá sobre a constituição definitiva da nova sociedade, vedado aos sócios ou acionistas votar o laudo de avaliação do patrimônio líquido da sociedade de que fazem parte.
>
> § 3º Constituída a nova companhia, incumbirá aos primeiros administradores promover o arquivamento e a publicação dos atos da fusão.

COMENTÁRIOS

1. Reflexões iniciais

Rodrigo R. Monteiro de Castro

O direito francês trata a fusão como gênero que se desdobra em espécies, conforme se depreende do art. L. 236-1 do *Code de Commerce*:

Une ou plusiuers sociétés peuvent, par voie de fusion, transmettre leur patrimoine à une société existante ou à une nouvelle société qu'elles constituent. Une société peut aussi, par voie de scission, transmettre son patrimoine à plusieurs sociétés existantes ou à plusieurs sociétés nouvelles. (...) Les associés des sociétés qui transmettent leur patrimoine dans le cadre des opérations mentionnées aux trois alinéas précédents reçoivent des parts ou des actions de la ou des sociétés bénéficiaires et, éventuellement, une soulte en espèces dont le montant ne peut dépasser 10 % de la valeur nominale des parts ou des actions attribuées.

A fusão, definida na primeira alínea do artigo transcrito, se desdobra, do ponto de vista jurídico, em (i) fusão por absorção (ou por incorporação) ou (ii) fusão em sentido estrito, e resulta, no primeiro caso, na extinção da sociedade incorporada e, no segundo, na extinção das sociedades envolvidas e consequente constituição de nova sociedade.

O direito português também regula a fusão de modo mais próximo ao do francês do que do brasileiro. Com efeito, o art. 97º do Código das Sociedades Comerciais prevê que:

1 – Duas ou mais sociedades, ainda que de tipo diverso, podem fundir-se mediante a sua reunião numa só. 2 – As sociedades dissolvidas podem fundir-se com outras sociedades, dissolvidas ou não, ainda que a liquidação seja feita judicialmente, se preencherem os requisitos de que depende o regresso ao exercício da actividade social. (...) 4 – A fusão pode realizar-se: a) Mediante a transferência global do património de uma ou mais sociedades para outra e a atribuição aos sócios daquelas de partes, acções ou quotas desta; b) Mediante a constituição de uma nova sociedade, para a qual se transferem globalmente os patrimónios das sociedades fundidas, sendo aos sócios destas atribuídas partes, acções ou quotas da nova sociedade.

O enquadramento jurídico, nos dois países, decorre, pois, da adequada compreensão do fenômeno econômico que se pretende normatizar.

Não foi esse o encaminhamento conferido pelo legislador brasileiro, que partiu de conceitos puramente jurídicos para segregar as operações de incorporação e de fusão, e criar, assim, um instituto marcado pela esterilidade.

São raríssimos – para não se dizer, na contemporaneidade, inexistentes –, os exemplares fusionais (novamente, sob a ótica jurídica). A inexistência de casos práticos decorre das características de que o instituto foi dotado: a inevitável morte (ou extinção) jurídica de todas as sociedades empresárias envolvidas na operação. Essa perspectiva terminativa não se coaduna, no entanto, com a realidade econômica do negócio pretendido, que desconhecerá a solução de continuidade: ativos, passivos e empresa (aqui apresentada como atividade) se integrarão ao patrimônio da nova sociedade, que lhes dará a finalidade prevista no objeto social. Aliás, o amálgama empresarial é o motivo essencial do tipo de operação denominado fusão.

Daí o descasamento entre o fato econômico (ou mercadológico), assim comumente tratado e anunciado ao público, inclusive pela imprensa econômica, e o fato jurídico. De todo modo, o aparente equívoco no tratamento de determinadas reuniões de empresas, anunciadas como fusões, se limita ao plano jurídico, pois, sob o enfoque econômico, de fato o movimento integrativo se realizará.

O conceito jurídico de fusão, portanto, não é o mesmo que se apresenta nas disciplinas econômica e empresarial.

2. Descrição do tipo: perspectiva jurídica

Rodrigo R. Monteiro de Castro

De acordo com o *caput* do art. 228, a fusão é a operação pela qual se unem duas ou mais sociedades para formar sociedade nova, que lhes sucederá em todos os direitos e obrigações. O enunciado evidencia a proposição: a extinção de todos os envolvidos – prevista, também, no art. 219 – e o nascimento de nova entidade societária, que receberá os patrimônios das extinguidas, formados pelos respectivos elementos ativos e passivos.

Ao contrário das soluções franco-lusitanas, a LSA não oferece a possibilidade de sociedades se fundirem sem que todas se extingam – e, assim, sem que uma prevaleça sobre as demais, incorporando-as; esta situação é tratada, de modo autônomo, como incorporação. O encaminhamento brasileiro, do ponto de vista operacional, inutiliza o instituto, pois se inviabilizam os aproveitamentos de diversas naturezas atribuídos em lei – como o do prejuízo fiscal, apurado no Livro de Apuração do Lucro Real – Lalur, compensável até 30% do lucro líquido ajustado do período, na forma da legislação do imposto sobre a renda – e se impõe uma série de obstáculos administrativo-operacionais, injustificáveis, como a obtenção de cadastros, inscrições e registros próprios perante autoridades competentes.

3. Procedimento

Rodrigo R. Monteiro de Castro

De acordo com o § 1º, as companhias envolvidas na operação deverão convocar assembleia geral para apreciar e deliberar sobre (i) o protocolo de fusão, negociado pelos respectivos diretores, e (ii) a sua justificação, na forma dos arts. 224 e 225; se forem aprovados, nomear-se-ão peritos (ou perito, conforme indicado no art. 8º) que avaliarão os seus patrimônios líquidos.

Finalizadas as avaliações, será convocada uma assembleia geral conjunta, observados os termos do art. 124, para que os acionistas deliberem sobre o conteúdo e resolvam a respeito da constituição da nova sociedade. Todos os acionistas, incluindo os titulares de ações sem direito a voto ou com voto restrito, poderão votar, sendo vedada qualquer forma de imposição de obstáculo à manifestação sobre a matéria.

A deliberação positiva implicará a constituição da sociedade, devendo-se observar, no que couber, o disposto nos Capítulos VII e VIII da LSA. Nessa oportunidade, os acionistas também aprovarão, como consequência, o estatuto social e indicarão os primeiros administradores.

O § 2º proíbe a participação do sócio na votação sobre o laudo de avaliação do patrimônio líquido da sociedade de que fizer parte. Não se exige, de todo modo, a realização de assembleia geral especial ou a separação dos sócios, por ocasião das votações. Todos os presentes, independentemente da sociedade de que participem, podem presenciar os debates e deliberações e, inclusive, manifestar-se naqueles cujos votos estão interditados. Portanto, a interdição se limita à apresentação de voto, sendo admitida qualquer forma de manifestação e defesa do laudo apresentado.

4. Procedimento real

RODRIGO R. MONTEIRO DE CASTRO

Conforme apontado nos comentários ao art. 227, do ponto de vista pragmático, o procedimento de aprovação de uma operação de fusão, se fizesse parte da realidade empresarial, seguiria – assim como nos processos de incorporação – outro caminho, redutor da burocracia formal e de custos operacionais, consistente na submissão do protocolo da fusão em conjunto com a justificação, naquele já refletido, aliás, o conteúdo do laudo de avaliação, que seria apresentado à assembleia como parte integrante do pacote documental, oportunidade em que os acionistas das sociedades envolvidas participariam de assembleia única para ratificar a contratação, pelas administrações, do perito avaliador, aprovar o laudo e deliberar a constituição da nova sociedade.

5. Consequências da aprovação da operação e da nova sociedade

RODRIGO R. MONTEIRO DE CASTRO

O § 3º estabelece que, constituída a nova companhia, em decorrência da deliberação positiva a que se refere o § 2º, incumbirá aos primeiros administradores promover o arquivamento e a publicação dos atos da fusão.

Na deliberação aprovativa, além do novo estatuto que regerá a sociedade constituída, os acionistas das sociedades fusionadas, que passarão a compor a base acionária da nova sociedade, indicarão, necessariamente, os novos administradores, os quais ficarão responsáveis pelo cumprimento do disposto no parágrafo 3º.

Importa anotar, ademais, que, nos termos dos arts. 136 e 137, a fusão da companhia acarreta ao acionista dissidente o direito de retirar-se da companhia, desde que não passe a ser titular de ação de espécie ou classe que tenha liquidez e dispersão no mercado.

Aplica-se à fusão, por fim, o disposto no art. 223, segundo o qual, envolvendo-se na operação companhia aberta, a nova sociedade, que será sua sucessora, também deverá ser aberta, ou caso nasça fechada, haverá de obter o respectivo registro e promover a admissão das novas ações à negociação no mercado secundário, no prazo máximo de cento e vinte dias contados da data da assembleia geral aprovadora da operação. É aplicado, também, o disposto no art. 226, de modo que a operação somente se efetivará se os peritos nomeados determinarem que o valor dos patrimônios líquidos a serem vertidos para a formação de capital social da nova sociedade será, ao menos, igual ao montante do capital a realizar.

6. Código Civil

RODRIGO R. MONTEIRO DE CASTRO

O CC também trata da fusão nos art. 1.119 e s., e estabelece, nesse artigo, que, com a prática da operação, ocorre a extinção das sociedades que se unem, para formar sociedade nova, que a elas sucederá nos direitos e obrigações. Os arts. 1.071 e 1.076, combinados, estabeleciam que a realização da fusão dependia da deliberação de sócios, com votos positivos de pelo menos três quartos do capital social. Esse quórum foi alterado pela Lei 14.451, de 21 de setembro de 2022, que revogou o inciso I e reformou o inciso II do art. 1.076, de maneira que a deliberação dos sócios para aprovação de fusão passou a poder ser tomada pelos votos correspondentes a mais da metade do capital social.

O art. 1.077 do CC atribui ao sócio dissidente o direito de retirar-se da sociedade, nos trinta dias subsequentes à reunião, aplicando-se, no silêncio do contrato social antes vigente, o disposto no 1.031. O exercício do direito independerá das características da nova sociedade, da espécie ou classe de ação que for atribuída ao dissidente (se se tratar de companhia) e da confirmação de liquidez ou dispersão no mercado do valor mobiliário, caso seja companhia aberta.

Cisão

Art. 229. A cisão é a operação pela qual a companhia transfere parcelas do seu patrimônio para uma ou mais sociedades, constituídas para esse fim ou já existentes, extinguindo-se a companhia cindida, se houver versão de todo o seu patrimônio, ou dividindo-se o seu capital, se parcial a versão.

§ 1º Sem prejuízo do disposto no artigo 233, a sociedade que absorver parcela do patrimônio da companhia cindida sucede a esta nos direitos e obrigações relacionados no ato da cisão; no caso de cisão com extinção, as sociedades que absorverem parcelas do patrimônio da companhia cindida sucederão a esta, na proporção dos patrimônios líquidos transferidos, nos direitos e obrigações não relacionados.

§ 2º Na cisão com versão de parcela do patrimônio em sociedade nova, a operação será deliberada pela assembleia-geral da companhia à vista de justificação que incluirá as informações de que tratam os números do artigo 224; a assembleia, se a aprovar, nomeará os peritos que avaliarão a parcela do patrimônio a ser transferida, e funcionará como assembleia de constituição da nova companhia.

§ 3º A cisão com versão de parcela de patrimônio em sociedade já existente obedecerá às disposições sobre incorporação (artigo 227).

§ 4º Efetivada a cisão com extinção da companhia cindida, caberá aos administradores das sociedades que tiverem absorvido parcelas do seu patrimônio promover o arquivamento e publicação dos atos da operação; na cisão com versão parcial do patrimônio, esse dever caberá aos administradores da companhia cindida e da que absorver parcela do seu patrimônio.

§ 5º As ações integralizadas com parcelas de patrimônio da companhia cindida serão atribuídas a seus titulares, em substituição às extintas, na proporção das que possuíam; a atribuição em proporção diferente requer aprovação de todos os titulares, inclusive das ações sem direito a voto. (Redação dada pela Lei 9.457, de 1997)

COMENTÁRIOS

1. Conceito de cisão

Rodrigo R. Monteiro de Castro

A cisão é a operação pela qual, nos termos da LSA, a companhia transfere parcelas do seu patrimônio para uma ou mais sociedades, constituídas para esse fim ou já existentes, extinguindo-se a companhia cindida, se houver versão de todo o seu patrimônio, ou dividindo-se o seu capital, se parcial a versão.

Dessa descrição se extrai que a companhia cindida pode: (i) verter parcela de seu patrimônio a uma sociedade (i.i) existente ou (i.ii) constituída para fins de recebê-lo; (ii) verter parcelas de seu patrimônio a mais de uma sociedade (ii.i) existentes, (ii.ii) existentes e constituídas para fins de recebê-lo ou (ii.iii) constituídas com o propósito de recebê-lo; ou (iii) verter a totalidade de seu patrimônio a sociedades (iii.i) existentes, (iii.ii) existentes e constituídas para fins de recebimento de parcelas do patrimônio cindido ou (iii.iii) exclusivamente constituídas para recepcionar parcelas do patrimônio.

Nos dois primeiros itens, a cindida resiste à cisão e continua a operar com o patrimônio remanescente; no terceiro ela é extinta (art. 219, II).

Aliás, a versão de todo o patrimônio a apenas uma sociedade não será tratada como cisão, pois não se estará a operar uma separação patrimonial, mas como incorporação, que se sujeitará às normas no art. 227.

Confirma-se, desse modo, que a finalidade do instituto consiste na viabilização da segregação patrimonial, conforme a vontade dos acionistas, que podem deliberá-la na forma do art. 136, segundo o qual é necessária a aprovação de, no mínimo, metade das ações com direito a voto, ou número maior, desde que fixado no estatuto da companhia fechada.

2. Propósito da cisão

Rodrigo R. Monteiro de Castro

A pragmática indica que vários são os propósitos da cisão, que se renovam – e se multiplicam – de modo permanente e constante com as perspectivas evolutivas dos intercâmbios econômicos e empresariais; assim, eventual catalogação nasceria defasada, fato que, no entanto, não afasta a pertinência da colação de algumas modalidades que se repetem com frequência:

(i) uma delas fundamenta-se na especialização empresarial e se verifica quando a sociedade desenvolve diversas atividades, conexas ou não, que os acionistas resolvem segregar. Assim, com a versão de uma ou mais atividades empresariais para sociedades que se dedicarão apenas ao seu objeto preponderante, imagina-se extrair maior eficiência e lucratividade de cada empresa;

(ii) outra tem como objetivo a preparação para eventual venda, de ações ou do estabelecimento empresarial (trespasse). Com isso se inicia o processo de segregação e de concentração, na sociedade cindida ou na nova sociedade, da empresa e de seus ativos exclusivos, que integrarão, direta ou indiretamente, o objeto de operação futura. Aliás, esse processo apresenta variáveis, em especial aquela em que se procura, com a separação, viabilizar o ingresso, em uma das sociedades, de novo investidor (e acionista), que aportará os recursos necessários ao desenvolvimento do plano de negócios e do projeto expansionista;

(iii) ainda outra, que se estabelece para que acionistas possam se separar, sem dissolver a sociedade. Ao cabo da operação, um ou mais se mantêm acionistas de uma companhia (da cindida, por exemplo), e outro ou outros tornam-se sócios de outra ou outras sociedades, oriundas da cisão. Esse meio também serve para findar eventual relação societária litigiosa, propiciando a cada acionista (ou grupo de acionistas) controlar a sociedade que lhe for atribuída na negociação;

(iv) mais uma, que se realiza para atingir maior eficiência operacional, como na hipótese em que uma ou mais sociedades são constituídas e estabelecidas de modo autônomo entre elas, sem intersecção administrativa com a cindida, e adotam, nos termos do art. 13 da Lei nº 9.718, de 27 de novembro de 1988, o regime de tributação com base no lucro presumido.[1994]

3. Cisão envolvendo constituição de nova sociedade

Rodrigo R. Monteiro de Castro

De acordo com o § 2º, na cisão com versão de parcela do patrimônio em sociedade nova, a operação será deliberada pela assembleia geral da companhia cindida, à vista, apenas, de justificação, que incluirá as informações de que tratam os incisos do artigo 224. Assim, não se exige, por motivos óbvios, a celebração de protocolo (regulado no mencionado art. 224), pois se trata de documento que reflete as bases negociadas entre as administrações das sociedades que pretendem entreter operação de incorporação, fusão ou cisão com versão de patrimônio a sociedade existente. Não faria mesmo sentido exigir-se a celebração e a submissão desse documento, pois a sociedade para a qual o patrimônio será vertido nem sequer existirá por ocasião da deliberação da operação.

Aprovada a proposta de cisão, a assembleia geral nomeará os peritos que avaliarão a parcela do patrimônio a ser transferida, e funcionará como assembleia de constituição da nova companhia.

Do ponto de vista prático, a operação costuma ser apresentada à assembleia geral após a contratação de perito (observado o disposto no art. 8º) e o recebimento do laudo de avaliação, cujo conteúdo estará refletido na justificação e nos documentos da cisão, de modo que os acionistas, em

---

[1994] "Art. 13. A pessoa jurídica cuja receita bruta total no ano-calendário anterior tenha sido igual ou inferior a R$ 78.000.000,00 (setenta e oito milhões de reais) ou a R$ 6.500.000,00 (seis milhões e quinhentos mil reais) multiplicado pelo número de meses de atividade do ano-calendário anterior, quando inferior a 12 (doze) meses, poderá optar pelo regime de tributação com base no lucro presumido. § 1º A opção pela tributação com base no lucro presumido será definitiva em relação a todo o ano-calendário. § 2º Relativamente aos limites estabelecidos neste artigo, a receita bruta auferida no ano anterior será considerada segundo o regime de competência ou de caixa, observado o critério adotado pela pessoa jurídica, caso tenha, naquele ano, optado pela tributação com base no lucro presumido."

conclave único, votam todos os temas relacionados à operação.

Anota-se, por fim, que, na constituição da sociedade, deverão ser observadas as normas reguladoras do próprio tipo (art. 223, § 1º); assim, tratando-se, hipoteticamente, de companhia, incidirá a LSA, e se se tratar de limitada, o CC.

4. Cisão envolvendo sociedade existente

Rodrigo R. Monteiro de Castro

No caso de cisão com versão patrimonial para sociedade existente, o procedimento será o mesmo da incorporação, previsto no art. 227. Assim, as administrações das sociedades celebrarão protocolo, que será submetido às respectivas assembleias gerais, à vista de justificação; em decorrência da aprovação, a assembleia geral da companhia incorporadora de parcela do patrimônio autorizará o aumento de capital a ser subscrito e realizado pelos sócios da cindida e nomeará os peritos que o avaliarão.

Posteriormente, o laudo de avaliação será apresentado aos acionistas, em nova assembleia geral a ser convocada conforme o disposto nos arts. 123 e 124. A sua aprovação sacramenta o processo probatório.

Do ponto de vista prático, a assembleia geral convocada para deliberar o protocolo também costuma ratificar a contratação previamente realizada do perito e o laudo de avaliação por ele concebido, de maneira que se evitam as complexidades e os custos inerentes à realização de outra assembleia geral. Assim se realizam, de costume, apenas duas assembleias, uma da cindida e outra da sociedade receptora de patrimônio destacado.

Caso parcelas do patrimônio, representativas da totalidade do acervo, sejam vertidas a mais de uma sociedade existente, aplicar-se-á, em conjunto, o disposto no § 3º do art. 227. Aprovados, pois, pelas assembleias gerais das incorporadoras o laudo de avaliação e a incorporação, a incorporada se extingue.

Apesar de o mencionado parágrafo não fazer menção à deliberação e à aprovação da operação pela assembleia geral da incorporada, essa manifestação é pressuposto da continuidade procedimental e do próprio conclave a que ele (o parágrafo) se refere.

Trata-se, aliás, da segunda assembleia geral da incorporadora (ou, no caso, das incorporadoras), convocada, quando seguido o rito completo, para aprovar o laudo formulado pelo perito e consumar a reorganização.

Na hipótese de realização de apenas uma assembleia geral da incorporadora, conforme procedimento simplificado indicado acima, será por ocasião da deliberação nela ocorrida que a cindida se extinguirá.

5. Deveres dos administradores

Rodrigo R. Monteiro de Castro

De acordo com o § 4º do art. 229, efetivada a cisão com extinção da companhia cindida, caberá aos administradores das sociedades que tiverem absorvido as parcelas do patrimônio segregado promover o arquivamento e a publicação dos atos da operação. Se a cisão for parcial, com a remanescência da cindida, o dever caberá tanto aos administradores da companhia cindida quanto aos da sociedade absorvedora do patrimônio destacado.

O dispositivo se conjuga com o § 2º do art. 227, que atribui aos administradores da sociedade a ser incorporada – e, portanto, extinta – o dever de praticar todos os atos necessários à incorporação, inclusive a subscrição do aumento de capital da incorporadora (decorrente da absorção do patrimônio).

6. Efeitos da cisão: a perspectiva dos acionistas

Rodrigo R. Monteiro de Castro

O § 5º do art. 229 determina que as ações integralizadas com parcelas de patrimônio da companhia cindida serão atribuídas a seus titulares, em substituição às extintas, na proporção das que possuíam. Com isso, preserva-se a situação patrimonial direta ou indireta anterior à operação, e evita-se que a cisão sirva para obtenção de benefícios ou de vantagens indevidas, notadamente o abuso de controlador em desfavor de acionistas minoritários.

Assim, por exemplo, se a cindida tiver apenas dois acionistas, cada um com a titularidade de 50% das ações emitidas, ambos passarão a ser proprietários, na receptora, da metade das ações emitidas por conta do patrimônio incorporado.

Os próprios acionistas, no entanto, podem afastar essa norma, desde que a aprovem, por unanimidade, incluídas as ações sem direito a voto ou com restrição no exercício desse direito (que, no caso, restringiriam o voto nessa deliberação). Trata-se, pois, de mais uma exceção ao princípio majoritário, que rege as companhias brasileiras.

O afastamento pode implicar trocas de participações, em que, por exemplo, (i) um acionista passa a ser o titular de todas as ações emitidas pela companhia receptora do patrimônio cindido em contrapartida à redução de sua participação na cindida, ou, ainda, (ii) dentre outras possíveis estruturas, um acionista nada receba da nova sociedade mas, por outro lado, seja compensado com o recebimento, em dinheiro, do valor correspondente às ações a que teria direito.

Portanto, a operação de cisão poder resultar, se houver acordo de todos os acionistas, não apenas em modificação da proporcionalidade acionária, em uma ou mais sociedades envolvidas, existentes ou criadas para o fim de realização da reorganização, como na reformulação da composição acionária.

7. Sucessão e responsabilidade solidária: fundamentos

Rodrigo R. Monteiro de Castro

O § 1º do art. 229 prevê que, sem prejuízo do disposto no art. 233, a sociedade que absorver parcela do patrimônio da companhia cindida sucede a esta nos direitos e obrigações relacionados nos documentos da cisão. Assim, em princípio, a sucessão estará afastada em relação aos direitos e obrigações que remanescerem na cindida, que englobarão todos aqueles que não forem apontados de modo expresso na documentação aprovada.

Trata-se, ainda, nesse parágrafo, de outra situação: da cisão total, com extinção da cindida, situação que ensejará, para as sociedades absorvedoras do patrimônio da companhia cindida, sucessão, na proporção dos patrimônios líquidos transferidos, nos direitos e obrigações não relacionados. No tocante aos que forem listados e imputados de modo expresso, aplica-se o disposto na primeira parte do parágrafo.

Por sua vez, o art. 233, referido no § 1º do art. 229, estabelece que: (i) na cisão com extinção da companhia cindida, as sociedades que absorverem parcelas do seu patrimônio responderão solidariamente pelas obrigações da companhia extinta; e (ii) a companhia cindida que subsistir e as que absorverem parcelas do seu patrimônio responderão solidariamente pelas obrigações da primeira anteriores à cisão.

Porém, o parágrafo único desse artigo admite, no caso de cisão parcial, a negociação sobre a extensão da responsabilidade, de modo que é possível estipular que as sociedades que absorverem parcelas do patrimônio da companhia cindida serão responsáveis apenas pelas obrigações que lhes forem transferidas (isto é, indicadas expressamente nos documentos da cisão), sem solidariedade entre elas ou com a companhia cindida.

8. Sucessão e responsabilidade: perspectivas no âmbito da legislação tributária

Rodrigo R. Monteiro de Castro

Apesar de a Lei nº 5.172, de 25 de outubro de 1966, que institui o CTN, não prever, de modo expresso, a sucessão pelas obrigações tributárias no caso de cisão, nos termos do seu art. 132[1995] – faz-se referência apenas às operações de transformação, fusão e incorporação –, é frequente a aplicação dessa regra também para as sociedades que absorvem patrimônios oriundos de cisão.

Esse tratamento é calcado nas normas constantes do Regulamento do Imposto de Renda de 2018 (RIR/2018), estabelecido pelo Dec. 9.580, de 22 de novembro de 2018, e do Dec.-lei nº 1.598, de 26 de dezembro de 1977. No RIR/2018 se estabelece, de forma expressa, no art. 196, que respondem pelo imposto de renda devido pela sociedade cindida: (i) a pessoa jurídica constituída em decorrência de cisão de sociedade; e (ii) a pessoa jurídica que incorporar parcela do patrimônio da sociedade cindida. De igual modo, o Decreto-lei nº 1.598/1977 dispõe que respondem pelos tributos da sociedade cindida: (i) a pessoa jurídica constituída em decorrência de cisão de sociedade (art. 5º, II); e (ii) a pessoa jurídica que incorporar parcela do patrimônio de sociedade cindida (art. 5º, III).

Quanto à solidariedade, o RIR/2018 dispõe, ainda, em seu art. 196, parágrafo único, que respondem solidariamente pelo imposto de renda devido (i) a sociedade cindida e (ii) a sociedade que absorver parcela do seu patrimônio, na hipótese de cisão parcial. A mesma disposição

---

[1995] "Art. 132. A pessoa jurídica de direito privado que resultar de fusão, transformação ou incorporação de outra ou em outra é responsável pelos tributos devidos até à data do ato pelas pessoas jurídicas de direito privado fusionadas, transformadas ou incorporadas. Parágrafo único. O disposto neste artigo aplica-se aos casos de extinção de pessoas jurídicas de direito privado, quando a exploração da respectiva atividade seja continuada por qualquer sócio remanescente, ou seu espólio, sob a mesma ou outra razão social, ou sob firma individual".

é encontrada no § 1º do art. 5º, do Dec.-lei nº 1.598/1977: "respondem solidariamente pelos tributos da pessoa jurídica: a sociedade cindida e a sociedade que absorver parcela do seu patrimônio, no caso de cisão parcial".

9. Imposto sobre a renda

RODRIGO R. MONTEIRO DE CASTRO

O art. 217 do RIR/2018 estabelece que o imposto sobre a renda das pessoas jurídicas será determinado com base no lucro real, presumido ou arbitrado, por períodos de apuração trimestrais, encerrados nos dias 31 de março, 30 de junho, 30 de setembro e 31 de dezembro de cada ano-calendário. O § 1º desse artigo versa sobre as consequências decorrentes da realização de operações de incorporação, fusão ou cisão, e determina, nessas hipóteses, que a apuração da base de cálculo e do imposto sobre a renda devido será efetuada na data do evento (observado o disposto no art. 232).

De acordo com o art. 232, a pessoa jurídica que tiver parte ou todo o seu patrimônio absorvido em decorrência de incorporação, fusão ou cisão deverá levantar balanço específico para esse fim, observada a legislação comercial. O balanço, conforme se extrai do § 1º desse artigo, será levantado na data do evento, que é considerada, conforme o § 2º do mesmo artigo, a data da deliberação que aprovar a incorporação, a fusão ou a cisão.

O § 3º determina, ademais, que o imposto sobre a renda devido seja pago até o último dia útil do mês subsequente ao da ocorrência do evento, na forma do art. 924 do RIR/2018.

10. Consequência da cisão: o ajustamento do capital

RODRIGO R. MONTEIRO DE CASTRO

A sociedade cindida terá seu capital ajustado, em função da segregação de acervo patrimonial, enquanto a sociedade à qual for destinado o patrimônio destacado procederá ao aumento de seu capital; a integralização, decorrente da emissão de ações deliberada pela assembleia geral, será realizada, em princípio, com o patrimônio vertido pela sociedade cindida, em nome de seus acionistas e na proporção que detinham no capital social antes da operação.

No que toca à sociedade cindida que não se extinguir, o ajustamento, implicador de redução da cifra do capital, não pode ser tratado como uma *redução de capital*, para efeitos dos arts. 173 e ss., inclusive no que toca aos procedimentos previstos no art. 174.

A redução não é o propósito da reorganização; é uma decorrência de operação de outra natureza, que se sujeita a regramento próprio, inclusive em relação à proteção de credores, que foram contemplados, no art. 233, com tutela específica.

Por esses motivos, não se aplica o prazo de efetividade previsto no mencionado art. 174 e a junta comercial não poderá exigir, para arquivamento dos documentos aprovados, a publicação prévia da ata de cisão e o decurso desse prazo.

11. Direito de retirada

RODRIGO R. MONTEIRO DE CASTRO

De acordo com o art. 137, a cisão da companhia dará ao acionista dissidente o direito de retirar-se, mediante reembolso do valor das suas ações, conforme critério estabelecidos no art. 45, se implicar: (a) mudança do objeto social, salvo quando o patrimônio cindido for vertido para sociedade cuja atividade preponderante coincida com a decorrente do objeto social da sociedade cindida; (b) redução do dividendo obrigatório; ou (c) participação em grupo de sociedades.

Em relação à letra (a), não será qualquer mudança, conforme apontado nos comentários ao art. 224, que autorizará o exercício do direito de recesso. Ajustes pontuais, que envolvam, exemplificando, renumeração de clausulado ou correção gramatical, não modificam a perspectiva empresarial e as atividades da companhia, motivadoras da tutela pretendida; apenas as alterações estruturais (ou de base essencial) justificam a gravidade da solução.

> **Direito de Retirada**
>
> **Art. 230.** Nos casos de incorporação ou fusão, o prazo para exercício do direito de retirada, previsto no art. 137, inciso II, será contado a partir da publicação da ata que aprovar o protocolo ou justificação, mas o pagamento do preço de reembolso somente será devido se a operação vier a efetivar-se. (Redação dada pela Lei 9.457, de 1997)

COMENTÁRIOS

1. Aplicação

RODRIGO R. MONTEIRO DE CASTRO

O art. 230 se aplica somente às operações de fusão e incorporação, conforme tratadas no art. 136, descartando-se, portanto, a cisão. Tendo em vista que, do ponto de vista prático, não se adota a fusão em reorganizações societárias, conforme demonstrado nos comentários ao art. 228, a norma tem aplicabilidade (sob o aspecto pragmático) apenas à incorporação. Mais ainda: não a qualquer parte envolvida na incorporação, pois o direito de recesso é conferido, nos termos do art. 136, IV, apenas aos acionistas da companhia incorporada que forem dissidentes quanto à incorporação, no âmbito da respectiva deliberação assemblear – descartando-se, assim, os acionistas da incorporadora.

O inciso IV do art. 137 estabelece que o reembolso da ação deve ser reclamado à companhia no prazo de 30 dias contados da publicação da ata da assembleia geral em que tiver sido deliberado o tema ensejador do direito de recesso. Trata-se de regra geral, não aplicável às hipóteses de fusão e incorporação, que se sujeitam ao disposto no art. 230.

A contagem, em ambos aqueles casos, se inicia a partir da publicação da ata que aprovar o protocolo ou a justificação. No caso da incorporação, ocorrerá na forma do § 2º do art. 227, visto que o direito é conferido aos acionistas da sociedade incorporada; em relação à fusão, observa-se o disposto no § 1º do art. 228.

A solução, em relação à fusão, é infeliz, pois, no momento da situação contida nesse parágrafo, os acionistas das sociedades envolvidas ainda haverão de aguardar a contratação de perito e a formulação de laudo de avaliação, que será apresentado em assembleia geral posterior, a qual poderá, eventualmente, refutá-lo (o laudo) – e, assim, prejudicar a própria operação. De todo modo, como se trata de espécie de reorganização sem utilidade prática, as consequências da infelicidade são inócuas.

O acionista que não reclamar o reembolso no prazo de 30 dias decairá do direito, conforme previsto no § 4º do art. 137.

2. Inocorrência da operação
RODRIGO R. MONTEIRO DE CASTRO

Reclamado o reembolso, o acionista dissidente deverá aguardar a efetivação da operação para que receba o valor correspondente. Enquanto isso, sua manifestação implicará mera expectativa de direito. O direito nascerá com a efetiva consumação da fusão ou da incorporação, conforme o caso.

Qualquer que seja o motivo da inocorrência, causado por uma ou outra sociedade, ou ainda pela discordância em relação ao laudo de avaliação, pela mudança relevante nas premissas negociadas pelas administrações ou pela superveniência de crise econômica (dentre outros), ficará afastada a obrigação de pagamento do reembolso pela companhia. O dissidente não poderá cobrá-lo ou demandar a reparação de danos, que somente se justificaria em caso de inadimplemento no pagamento do preço do reembolso, devido em decorrência da efetivação da operação.

Aplica-se ao caso, ademais, o disposto no parágrafo 3º do art. 137, segundo o qual, nos 10 dias seguintes ao término do prazo para reclamação, é facultado aos órgãos da administração convocar a assembleia geral para ratificar ou reconsiderar a deliberação, se entenderem que o pagamento do preço do reembolso das ações aos acionistas dissidentes que exerceram o direito de recesso colocará em risco a estabilidade financeira da companhia.

Direitos dos Debenturistas

Art. 231. A incorporação, fusão ou cisão da companhia emissora de debêntures em circulação dependerá da prévia aprovação dos debenturistas, reunidos em assembleia especialmente convocada com esse fim.

§ 1º Será dispensada a aprovação pela assembleia se for assegurado aos debenturistas que o desejarem, durante o prazo mínimo de 6 (seis) meses a contar da data da publicação das atas das assembleias relativas à operação, o resgate das debêntures de que forem titulares.

§ 2º No caso do § 1º, a sociedade cindida e as sociedades que absorverem parcelas do seu patrimônio responderão solidariamente pelo resgate das debêntures.

COMENTÁRIOS

1. Debênture
RODRIGO R. MONTEIRO DE CASTRO

A debênture é tratada no Capítulo V da LSA. O art. 52 autoriza a emissão desse valor mobiliário, que confere ao seu titular direito de crédito contra a companhia emissora, nas condições constantes da respectiva escritura. O art. 53 prevê a possibilidade de a companhia efetuar mais de uma emissão, e cada emissão poderá ser dividida em séries. De acordo com o art. 56, a debênture poderá assegurar, ao seu titular, remuneração consubstanciada em juros (fixos ou variáveis), participação nos lucros da companhia e/ou prêmio de reembolso.

A debênture tem um papel relevante na estrutura de captação de recursos pelas companhias. Em 2019, o volume de emissões no País foi da ordem de R$ 176.737.284.184,00,[1996] superior ao apurado em 2018, que atingiu a cifra de R$ 137.392.686.648,00,[1997] o qual, por sua vez, já fora maior do que o verificado no ano de 2017, quando se alcançou a marca de R$ 70.229.984.363,31.[1998] Diante da transformação pela qual passa o mercado financeiro brasileiro, com tendência de redução de taxa de juros – ressaltando-se que, mesmo no momento em que eventualmente vier a se acomodar, ainda assim serão praticadas taxas baixíssimas para os padrões históricos do Brasil –, projeta-se que a emissão de debêntures continuará a ser um instrumento provável – ou inevitável – para captação de recursos pelas companhias, com a finalidade de empregá-los na atividade produtiva ou até mesmo na aquisição de outras sociedades.

A afirmação do mercado debenturista depende, dentre outros fatores, da adequada tutela do investidor, que, por sua vez, com o reconhecimento da segurança sistêmica, tenderá a realocar recursos que, hoje, encontram-se em aplicações conservadoras para investimentos mais sofisticados – como as debêntures –, em busca de retornos mais atrativos.

O art. 231 contribui para esse movimento; e para confirmação da debênture como alternativa à subscrição ou à aquisição de ação. Aliás, ela se apresenta como opção ao investidor que não aposta no lucro societário – apesar de o lucro também poder fazer parte do pacote de remuneração da debênture –, mas no retorno fixo (ou previsível), desatrelado, em princípio, do resultado empresarial, pois calculado a uma taxa de juros previamente fixada. Afinal, enquanto o pagamento de dividendo ao acionista depende da geração de lucro, o pagamento de remuneração ao debenturista, não – ao menos na maioria dos casos.

2. O conteúdo do art. 231

RODRIGO R. MONTEIRO DE CASTRO

De acordo com o *caput* do art. 231, a incorporação, a fusão ou a cisão da companhia emissora de debêntures em circulação dependerá da prévia aprovação dos debenturistas, reunidos em assembleia especialmente convocada para esse fim. Trata-se de meio de proteção dos investidores, que poderiam, após a subscrição do valor mobiliário, sujeitar-se a uma modificação estrutural da companhia investida: na incorporação, pelo fato de a emissora desaparecer (pois, como se depreende do texto de lei, aplica-se à *incorporação da companhia emissora*) e ser substituída por outra pessoa jurídica, que a sucederá em todos os direitos e obrigações (inclusive das relações decorrentes da emissão das debêntures); na fusão, pelo mesmo motivo extintivo e gerador de nova sociedade, que também sucederá a emissora; na cisão, pela segregação patrimonial e abalo potencial da perspectiva de cumprimento, pela emissora, das obrigações constantes da escritura de emissão. Aliás, no caso da cisão, a norma incide em qualquer modalidade, total ou parcial, com constituição de sociedade nova ou não.

A aprovação referida na norma não significa que os debenturistas possam participar das assembleias gerais de acionistas que deliberarão sobre a operação, pois estas são privativas de titulares de direitos de sócios. O que ocorre, em realidade, é que a operação, se deliberada, ficará sujeita ao resultado da assembleia especial, e poderá ser implementada se os debenturistas concordarem com a novação subjetiva[1999] que se operará – e não com a operação, propriamente dita. Da assembleia especial não poderão participar acionistas, exceto se também forem proprietários de debêntures.

A convocação e a instalação da assembleia observarão o disposto no art. 71 da LSA.

3. Dispensa da assembleia especial

RODRIGO R. MONTEIRO DE CASTRO

O § 1º autoriza a dispensa da assembleia especial se for assegurado aos debenturistas que

---

[1996] ANBIMA. *Debêntures*: Volume por período em moeda da época. [S. l.], 8 jan. 2020. Disponível em: http://www.debentures.com.br/exploreosnd/consultaadados/volume/volumeporperiodo_r.asp. Acesso em: 8 jan. 2020.

[1997] ANBIMA. *Debêntures*: Volume por período em moeda da época. [S. l.], 8 jan. 2020. Disponível em: http://www.debentures.com.br/exploreosnd/consultaadados/volume/volumeporperiodo_r.asp. Acesso em: 8 jan. 2020.

[1998] ANBIMA. *Debêntures*: Volume por período em moeda da época. [S. l.], 8 jan. 2020. Disponível em: http://www.debentures.com.br/exploreosnd/consultaadados/volume/volumeporperiodo_r.asp. Acesso em: 8 jan. 2020.

[1999] EIZIRIK, Nelson. *A Lei das S/A comentada*: artigos 206 a 300. 2. ed. rev. e ampl. São Paulo: Quartier Latin, 2015. v. 4. p. 160.

assim desejarem, durante o prazo mínimo de 6 (seis) meses a contar da data da publicação das atas das assembleias relativas à operação, o resgate das debêntures de que forem titulares. Nesse caso, a assembleia especial não se realiza e os debenturistas se submetem à deliberação dos acionistas da companhia.

A decisão entre o resgate e a manutenção da debênture caberá a cada debenturista e em relação às debentures de que for titular, individualmente. Nem a companhia, nem os demais debenturistas poderão obrigá-lo a adotar uma ou outra solução. Os acionistas das companhias envolvidas na operação devem levar em conta, por ocasião da deliberação, as consequências e a viabilidade financeira do resgate integral, caso as vontades de todos os debenturistas convirjam nesse sentido.

O prazo mínimo para reclamação do resgate será de 6 meses, podendo ser fixado prazo maior – jamais menor –, a contar da data das atas das assembleias relativas à operação. Se não forem publicadas na mesma data, a contagem se iniciará a partir da última publicação.

4. Solidariedade

RODRIGO R. MONTEIRO DE CASTRO

O § 2º prevê que, se for assegurado aos debenturistas o resgate, na forma do § 1º, a sociedade cindida e as sociedades que absorverem parcelas do seu patrimônio responderão solidariamente pelo resgate das debêntures. A LSA afasta a possibilidade de o protocolo da operação e/ou o ato deliberativo atribuírem, a uma ou outra(s), a responsabilidade pelo resgate, ou, ainda, a atribuição de responsabilidade proporcional ao tamanho de cada patrimônio resultante da operação. A solidariedade não comporta variação ou relativização.

O parágrafo não trata da incorporação ou da fusão porque: (i) na incorporação, a incorporada se extingue e a incorporadora a sucede em todas as obrigações; e (ii) na fusão, todas as fusionadas têm o mesmo destino (a extinção), passando a nova sociedade a responder pelas obrigações das sociedades que lhe deram origem.

Direitos dos Credores na Incorporação ou Fusão

Art. 232. Até 60 (sessenta) dias depois de publicados os atos relativos à incorporação ou à fusão, o credor anterior por ela prejudicado poderá pleitear judicialmente a anulação da operação; findo o prazo, decairá do direito o credor que não o tiver exercido.

§ 1º A consignação da importância em pagamento prejudicará a anulação pleiteada.

§ 2º Sendo ilíquida a dívida, a sociedade poderá garantir-lhe a execução, suspendendo-se o processo de anulação.

§ 3º Ocorrendo, no prazo deste artigo, a falência da sociedade incorporadora ou da sociedade nova, qualquer credor anterior terá o direito de pedir a separação dos patrimônios, para o fim de serem os créditos pagos pelos bens das respectivas massas.

COMENTÁRIOS

1. Fundamento

RODRIGO R. MONTEIRO DE CASTRO

Operações de incorporação e fusão são espécies de reorganização societária que abalam a estrutura da sociedade. A gravidade potencial é reconhecida no art. 137, que atribui ao acionista dissidente da deliberação o direito de retirar-se, mediante reembolso do valor das suas ações, nas hipóteses do inciso IV do art. 136 – fusão da companhia ou sua incorporação em outra –, desde que a ação de que for titular não tenha liquidez e dispersão, na forma do art. 137, inciso II.

Ambas as operações também afetarão, necessariamente, a posição de credores, que passarão, no caso da fusão, a se relacionar com uma nova sociedade, e, da incorporação, com uma nova se a incorporada for a sociedade contra a qual detinham créditos, ou, se ela for a incorporadora, com sociedade que, apesar de credora original, poderá ter a sua capacidade de honrar seus compromissos abalada.

Daí o *caput* do art. 232 estabelecer que, até 60 dias depois de publicados os atos relativos à incorporação ou à fusão, o credor anterior por ela prejudicado poderá pleitear judicialmente a anulação da operação.

O prazo é decadencial, de modo que o credor, mesmo que tenha sido efetivamente prejudicado, perderá o direito de pedir a anulação caso se mantenha inerte ou aja intempestivamente.

Os direitos de credores de sociedade cindida são tratados, isoladamente, no art. 233.

2. Publicação e reação *a posteriori*

RODRIGO R. MONTEIRO DE CASTRO

O prazo para exercício do direito se contará a partir da publicação dos atos da operação. Caso as publicações não sejam promovidas ao mesmo tempo, adotar-se-á, como termo inicial, a data do último evento.

O § 3º do art. 227 estabelece que aprovados pela assembleia geral da incorporadora o laudo de avaliação e a incorporação, extingue-se a incorporada, competindo aos administradores da incorporadora promover o arquivamento e a publicação dos atos da incorporação; é a partir do cumprimento desse dever, portanto, que se iniciará a contagem do prazo.

No caso de fusão, o § 3º do art. 228 estabelece que, constituída a nova companhia, incumbirá aos primeiros administradores promover o arquivamento e a publicação dos atos da fusão; observado esse mandamento, a contagem também se iniciará.

A LSA oferece, assim, uma oportunidade, que poderá ser exercitada, no caso, apenas após a conclusão formal da operação, para que qualquer credor prejudicado pleiteie, a seu critério, por via judicial, a anulação da incorporação ou da fusão, conforme o caso. Com isso não se admite (i) o pleito extrajudicial ou (ii) a interferência *a priori*, antes da consumação da operação, que poderia prejudicar ou impedir o negócio pretendido.

Caso um credor seja, ao mesmo tempo, acionista da companhia, e venha a dissentir da deliberação, poderá (i) exercer o direito de recesso – se se tratar de operação descrita no art. 136, inciso IV –, e, ainda, (ii) pleitear a anulação da reorganização societária deliberada.

As relações em questão – acionária e creditícias – são de distintas naturezas e o exercício de um direito, decorrente de uma delas, não inviabiliza o exercício de outro. Admite-se, assim, que a mesma pessoa exerça o recesso, pela divergência quanto à operação aprovada, a fim de pleitear o reembolso de suas ações, e, no prazo sexagenário, promova ação para anular a operação, com fundamento no prejuízo que lhe foi causado na posição de credor.

Anote-se, aliás, que, nos termos do § 3º do art. 137, nos 10 dias subsequentes ao término do prazo de que tratam os incisos IV e V deste artigo, contado da publicação da ata da assembleia geral ou da assembleia especial que ratificar a deliberação, é facultado aos órgãos da administração da companhia, convocar outra assembleia geral para ratificar ou reconsiderar a deliberação, se entenderem que o pagamento do preço do reembolso das ações aos acionistas dissidentes que exerceram o direito de retirada porá em risco a estabilidade financeira da empresa. Na hipótese de reconsideração, a ação anulatória perderá o objeto.

A companhia poderá, em qualquer hipótese de propositura de ação, consignar a importância em pagamento, fato que prejudicará a anulação (§ 1º). Se a dívida for ilíquida, a garantia da execução implicará a suspensão do processo, até a conclusão da ação em que se discute o crédito e a sua liquidação (§ 2º).

3. Falência

RODRIGO R. MONTEIRO DE CASTRO

O § 3º estabelece que se ocorrer, no prazo de 60 dias após a publicação dos atos relativos à incorporação ou à fusão, a falência da sociedade incorporadora ou da sociedade nova, constituída como consequência da reorganização fusional, qualquer credor anterior terá o direito de pedir a separação dos patrimônios, para o fim de serem os créditos pagos pelos bens das respectivas massas.

A anterioridade, mencionada no parágrafo, refere-se à data de consumação da operação. Por outro lado, a partir dela, ou melhor, da efetiva publicação, o credor poderá optar entre (i) sujeitar-se à falência do devedor, cujo patrimônio expressará a soma dos patrimônios das sociedades participantes da incorporação ou da fusão, ou (ii) demandar a separação dos acervos, caso em que apenas o patrimônio da sociedade com quem contratara poderá, eventualmente, satisfazer seu crédito – ou parte dele.

Qualquer credor poderá formular o pedido, que valerá apenas para os seus créditos, não se estendendo aos demais. Não se admite a relativização do direito ou a imposição de condição, como a realização de assembleia de credores para deliberação majoritária. A decisão é singular e unilateral.

Recebido pela companhia o pedido formulado pelo credor, ele se aperfeiçoa independentemente de formalidade ou justificativa. A LSA não exige a demonstração de dano ou prejuízo como condição legitimadora; a manifestação é suficiente para que se opere a separação patrimonial, para os fins do § 3º.

Direitos dos Credores na Cisão

Art. 233. Na cisão com extinção da companhia cindida, as sociedades que absorverem parcelas do seu patrimônio responderão solidariamente pelas obrigações da companhia

Art. 233
RODRIGO R. MONTEIRO DE CASTRO

> extinta. A companhia cindida que subsistir e as que absorverem parcelas do seu patrimônio responderão solidariamente pelas obrigações da primeira anteriores à cisão.
>
> **Parágrafo único.** O ato de cisão parcial poderá estipular que as sociedades que absorverem parcelas do patrimônio da companhia cindida serão responsáveis apenas pelas obrigações que lhes forem transferidas, sem solidariedade entre si ou com a companhia cindida, mas, nesse caso, qualquer credor anterior poderá se opor à estipulação, em relação ao seu crédito, desde que notifique a sociedade no prazo de 90 (noventa) dias a contar da data da publicação dos atos da cisão.

COMENTÁRIOS

1. Objetivo
RODRIGO R. MONTEIRO DE CASTRO

O objetivo do art. 233, conforme já se explicou nos comentários ao art. 229, consiste na fixação de regras protetivas de credores, integrantes de um sistema coerente, instituído pela LSA. O próprio art. 229 estabelece, em seu § 1º, que "a sociedade que absorver parcela do patrimônio da companhia cindida sucede a esta nos direitos e obrigações relacionados no ato da cisão; no caso de cisão com extinção, as sociedades que absorverem parcelas do patrimônio da companhia cindida sucederão a esta, na proporção dos patrimônios líquidos transferidos, nos direitos e obrigações não relacionados".

No art. 233 se trata da solidariedade dos agentes envolvidos na operação de cisão. A importância decorre do fato de que, em casos patológicos, poder-se-ia adotar o instituto com a finalidade de prejudicar credores; como na situação em que a cindida preservasse todas ou as suas principais obrigações e vertesse, para uma ou mais sociedades, apenas ativos. Ou, no caso de cisão total, em que se promovesse a versão seletiva de ativos para uma ou mais sociedades, em prejuízo de outras, receptoras de patrimônio "podre", as quais, do ponto de vista operacional, restariam inviabilizadas. Nesse processo, também se poderia, eventualmente, separar os sócios, com a finalidade de isolar um ou mais de riscos ou obrigações anteriores à cisão.

A fim de reforçar o sistema protetivo, criado pela LSA, o *caput* do art. 233 oferece soluções relacionadas a duas modalidades de cisão: a total, com extinção da cindida, e a parcial.

No primeiro caso, as sociedades que absorverem parcelas do patrimônio cindido responderão solidariamente pelas obrigações da companhia extinta; no segundo, a companhia cindida e as que absorverem parcelas do seu patrimônio responderão solidariamente pelas obrigações da primeira anteriores à cisão.

2. Afastamento da norma geral
RODRIGO R. MONTEIRO DE CASTRO

A solidariedade, nos termos do *caput*, decorre de norma geral, aplicável a toda operação de cisão. Ela pode, no entanto, ser afastada; mas em apenas uma modalidade: a cisão parcial, se aprovada pelas assembleias gerais das sociedades envolvidas. O fundamento é o parágrafo único do art. 233, segundo o qual "o ato de cisão parcial poderá estipular que as sociedades que absorverem parcelas do patrimônio da companhia cindida serão responsáveis apenas pelas obrigações que lhes forem transferidas, sem solidariedade entre si ou com a companhia cindida (...)".

A previsão deve constar do protocolo de cisão, celebrado na forma do art. 224, que conterá a descrição dos elementos ativos e passivos que formarão cada parcela do patrimônio vertido (inciso II) e todas as demais condições a que estiver sujeita a operação; sendo o afastamento da responsabilidade solidária condição relevantíssima da operação, inclusive para acionistas, e com efeitos exógenos, sobre credores, somente se efetivará se constar, de fato e de forma expressa, dos documentos submetidos e aprovados pelas assembleias gerais.

Conclui-se, então, que o afastamento se operará se, e apenas se: (i) for proposto pelas administrações das sociedades que celebrarem protocolo de cisão; (ii) for aprovado pelas assembleias gerais; e (iii) a operação não implicar a extinção da cindida.

3. Reação dos credores ao afastamento
RODRIGO R. MONTEIRO DE CASTRO

A coerência sistêmica é um marco da LSA e se revela em diversos dispositivos; não é diferente na composição do art. 233. A parte final do parágrafo único estabelece um mecanismo protetivo de credores, que merecem a tutela, pelo fato de participarem, de algum modo, da estrutura de financiamento da atividade empresarial. A higidez do sistema pressupõe, aliás, instrumentos que criem óbices à prática de condutas ostensivamente indesejadas.

Assim, prevendo-se o afastamento da solidariedade, qualquer credor anterior poderá se opor à estipulação, em relação ao seu crédito, desde que notifique a sociedade no prazo de 90 (noventa) dias a contar da data da publicação dos atos da cisão.

Caberá aos administradores da companhia cindida e das sociedades que tiverem absorvido parcelas do patrimônio cindido, na forma do § 4º do art. 229, promover o arquivamento e a publicação dos atos da operação. Enquanto não se cumprir a formalidade, o prazo não se iniciará. Se as publicações não ocorrerem de modo simultâneo, se contará a partir da última publicação.

4. Extensão da oposição
RODRIGO R. MONTEIRO DE CASTRO

A oposição de credores não abala a operação, que permanece hígida, devendo ser executada conforme termos constantes do protocolo e aprovado pelas assembleias gerais das sociedades envolvidas; nem sequer afasta, com efeitos gerais, a estipulação da inexistência de solidariedade.

Os efeitos são restritos, pois beneficiam apenas o credor opositor, em relação ao seu crédito (ou aos seus créditos, se o caso). Demais credores, que se mantiverem silentes durante o prazo nonagesimal, decairão do direito e se sujeitarão ao disposto no ato de cisão.

Nessa situação, credores conviverão, portanto, com distintos regimes obrigacionais e não poderão pleitear, judicialmente, a equiparação.

Por fim, não se admite oposição tácita, devendo ser manifestada de modo formal e inequívoco, além de dirigida à sociedade.

Averbação da Sucessão

Art. 234. A certidão, passada pelo registro do comércio, da incorporação, fusão ou cisão, é documento hábil para a averbação, nos registros públicos competentes, da sucessão, decorrente da operação, em bens, direitos e obrigações.

COMENTÁRIOS

1. Registro
RODRIGO R. MONTEIRO DE CASTRO

O registro público de empresas mercantis é regulado pela Lei nº 8.934, de 18 de novembro de 1994, e é exercido em todo o território nacional, de forma sistêmica, por órgãos federais, estaduais e distrital. As finalidades do registro são, de acordo com o art. 1º dessa lei, (i) dar garantia, publicidade, autenticidade, segurança e eficácia aos atos jurídicos das empresas mercantis, submetidos a registro, (ii) cadastrar as empresas nacionais e estrangeiras em funcionamento no País e manter atualizadas as informações pertinentes, e (iii) proceder à matrícula dos agentes auxiliares do comércio, bem como ao seu cancelamento.

Os serviços registrais são executados pelo Sistema Nacional de Registro de Empresas Mercantis (Sinrem), composto (i) pelo Departamento Nacional de Registro Empresarial e Integração (DNRC), ao qual compete, em resumo, a supervisão, a orientação, a coordenação e a normatização, no plano técnico, e (ii) pelas Juntas Comerciais: órgão locais, com funções executivas e administrativas dos serviços de registro. São esses órgãos, portanto, que promovem o registro e que expedem as certidões referidas no art. 234.

De acordo com o art. 32 da mencionada lei, o registro compreende: (i) a matrícula e seu cancelamento, de leiloeiros, tradutores públicos e intérpretes comerciais, trapicheiros e administradores de armazéns-gerais; (ii) o arquivamento (a) dos documentos relativos à constituição, alteração, dissolução e extinção de firmas mercantis individuais, sociedades mercantis e cooperativas, (b) dos atos relativos a consórcio e grupo de sociedade de que trata a LSA, (c) dos atos concernentes a empresas mercantis estrangeiras autorizadas a funcionar no Brasil, (d) das declarações de microempresa e (e) de atos ou documentos que, por determinação legal, sejam atribuídos ao registro público de empresas mercantis ou daqueles que possam interessar ao empresário e às empresas mercantis; e (iii) a autenticação dos instrumentos de escrituração das empresas mercantis registradas e dos agentes auxiliares do comércio, na forma de lei própria.

O registro dos atos relacionados às operações de incorporação, fusão e cisão se enquadram no item (ii), tratando-se, pois, de arquivamento.

De acordo com o art. 36, os documentos referidos nesse item (ii) – ou seja, no inciso II do art. 32 – deverão ser apresentados a arquivamento na junta comercial, dentro de 30 dias contados de sua assinatura, a cuja data retroagirão os efeitos do arquivamento. Se o prazo não for observado, o arquivamento somente terá eficácia a partir do despacho que o conceder.

2. Tratamento do registro na LSA

Rodrigo R. Monteiro de Castro

O § 3º do art. 227 estabelece que aprovados pela assembleia geral da incorporadora o laudo de avaliação e a incorporação, extingue-se a incorporada, competindo aos administradores da incorporadora promover o arquivamento e a publicação dos atos da incorporação; no que toca à fusão, o comando está contido no § 3º do art. 228, segundo o qual constituída a nova companhia, incumbirá aos primeiros administradores promover o arquivamento e a publicação dos atos da fusão; e, em relação à cisão, o tema é tratado no § 4º do art. 229, o qual prevê que, efetivada a cisão com extinção da companhia cindida, caberá aos administradores das sociedades que tiverem absorvido parcelas do patrimônio cindido promover o arquivamento e publicação dos atos da operação; na cisão com versão parcial do patrimônio, esse dever caberá aos administradores da companhia cindida e da sociedade que absorver parcela do patrimônio segregado.

A publicação dos atos reorganizacionais se opera em conformidade com o art. 289, devendo ser efetuada no órgão oficial da União ou do Estado ou do Distrito Federal, conforme o lugar em que esteja situada a sede da companhia, e em outro jornal de grande circulação editado na localidade em que está situada a sede da companhia. No caso de companhia aberta, a CVM poderá determinar que as publicações ordenadas pela LSA sejam feitas, também, em jornal de grande circulação nas localidades em que os valores mobiliários da companhia sejam negociados em bolsa ou em mercado de balcão, ou tornadas públicas por algum outro meio que assegure sua ampla divulgação e imediato acesso às informações.

A certidão expedida pela junta comercial, relacionada ao arquivamento da incorporação, fusão ou cisão, constitui documento hábil para a averbação, nos registros públicos competentes, inclusive de imóveis, da sucessão decorrente da operação, no que toca aos bens, direitos e obrigações afetados. Afasta-se, assim, a necessidade de apresentação dos documentos e dos atos da reorganização para que se proceda à respectiva averbação.

**CAPÍTULO XIX
SOCIEDADES DE ECONOMIA MISTA**

Legislação Aplicável

Art. 235. As sociedades anônimas de economia mista estão sujeitas a esta Lei, sem prejuízo das disposições especiais de lei federal.

§ 1º As companhias abertas de economia mista estão também sujeitas às normas expedidas pela Comissão de Valores Mobiliários.

§ 2º As companhias de que participarem, majoritária ou minoritariamente, as sociedades de economia mista, estão sujeitas ao disposto nesta Lei, sem as exceções previstas neste Capítulo.

COMENTÁRIOS

1. Regime jurídico das sociedades de economia mista

Ana Frazão

Como já se viu nos comentários ao art. 1º, da Lei nº 6.404/1976, não é nova a ideia de combinar capitais públicos e privados para a consecução de determinados objetivos empresariais e não empresariais. As companhias coloniais da Idade Moderna já buscavam esse propósito, motivo pelo qual são consideradas antecessoras não somente das sociedades por ações, mas também das sociedades de economia mista.

Entretanto, como se pode imaginar, o caráter híbrido das sociedades de economia mista apresenta diversos desafios para a sua compreensão e para a sua regulação jurídica. Afinal, tais entes são regulados pelo Direito Societário, pelo Direito Administrativo e pelo Direito Constitucional ao mesmo tempo. Acresce que as sociedades de economia mista ainda convivem com as empresas públicas, o que suscita controvérsias adicionais sobre as semelhanças e diferenças entre esses dois tipos de estatais.

De toda sorte, a criação de estatais, seja sociedades de economia mista, seja empresas públicas, não é livre. A Constituição Federal, em seu art. 173, já circunscreve as hipóteses, ao prever que "Ressalvados os casos previstos nesta Constituição, a exploração direta de atividade econômica pelo Estado só será permitida quando necessária aos imperativos da segurança nacional ou a relevante interesse coletivo, conforme definidos em lei."

Em sua redação original, era mais clara a preocupação da Constituição em ressaltar o caráter privado das chamadas empresas estatais, assim compreendidas as sociedades de economia mista e as empresas públicas. Com efeito, o § 1º, do art. 173, previa que "A empresa pública, a sociedade de economia mista e outras entidades que explorem atividade econômica sujeitam-se ao regime jurídico próprio das empresas privadas, inclusive quanto às obrigações trabalhistas e tributárias." Daí a centralidade que a Lei nº 6.404/1976 – dos arts. 235 a 240 – ocupava na disciplina das sociedades de economia mista, obrigatoriamente constituídas na modalidade de sociedades anônimas.

Com a Emenda Constitucional 19/98, a redação do § 1º, do art. 173, da Constituição, foi substancialmente alterada, como se observa pela sua transcrição:

> § 1º A lei estabelecerá o estatuto jurídico da empresa pública, da sociedade de economia mista e de suas subsidiárias que explorem atividade econômica de produção ou comercialização de bens ou de prestação de serviços, dispondo sobre:
> I – sua função social e formas de fiscalização pelo Estado e pela sociedade;
> II – a sujeição ao regime jurídico próprio das empresas privadas, inclusive quanto aos direitos e obrigações civis, comerciais, trabalhistas e tributários;
> III – licitação e contratação de obras, serviços, compras e alienações, observados os princípios da administração pública;
> IV – a constituição e o funcionamento dos conselhos de administração e fiscal, com a participação de acionistas minoritários;
> V – os mandatos, a avaliação de desempenho e a responsabilidade dos administradores.

Como se pode observar, o novo texto constitucional destaca a importância de lei específica que contemple o regime jurídico próprio das empresas estatais, ainda que mantida a ideia de que o regime jurídico deve ser o mais próximo possível das empresas privadas, especialmente no que diz respeito às obrigações civis, comerciais, trabalhistas e tributárias.

É nesse contexto que deve ser compreendida a chamada Lei das Estatais (Lei nº 13.303/2016), que passou a ser a grande referência para o tratamento jurídico não apenas das sociedades de economia mista, como também das empresas públicas. Daí por que, na atualidade, as sociedades de economia mista precisam ser compreendidas à luz da interpretação sistemática entre os dispositivos específicos da Lei nº 6.404/1976 e os dispositivos da Lei nº 13.303/2016.

Mantém-se, pois, a plena vigência da Lei nº 6.404/1976, na parte relacionada às sociedades de economia mista, destacando-se o art. 235, segundo o qual "As sociedades anônimas de economia mista estão sujeitas a esta Lei, sem prejuízo das disposições especiais de lei federal", assim como o § 1º, que sujeita as companhias abertas de economia mista também às normas expedidas pela Comissão de Valores Mobiliários.

É importante salientar que, nos termos do § 2º, do art. 235, da Lei nº 6.404/1976, "As companhias de que participarem, majoritária ou minoritariamente, as sociedades de economia mista, estão sujeitas ao disposto nesta Lei, sem as exceções previstas neste Capítulo."

Assim, a lei exclui das disposições específicas sobre as sociedades de economia mista as companhias nas quais o Estado simplesmente participe como acionista, qualquer que seja o percentual. Entretanto, como se verá adiante, a Lei nº 13.303/2016 incidirá sobre todas as companhias das quais o Estado participe, equiparando aquelas nas quais detém o controle majoritário às próprias sociedades de economia mista.

2. Contexto da Lei das Estatais

Ana Frazão

A Lei nº 13.303/2016 ingressou no mundo jurídico com a missão espinhosa de disciplinar o estatuto das empresas públicas e das sociedades de economia mista, o que se estende às suas controladas e, em certo grau, também às sociedades em que mantém investimentos. Daí por que o § 2º, do art. 235, da Lei nº 6.404/1976, precisa ser interpretado de forma sistemática com a nova Lei das Estatais.

Verdade seja dita que a Lei das 6.404/1976 já instituía regime de governança para as sociedades de economia mista, até porque estas, ao adotarem obrigatoriamente a forma de sociedade anônima, se equiparavam às companhias privadas em vários aspectos.[2000] O problema é que tal regime jurídico nunca foi implementado amplamente na prática, seja por falta de vontade política e por ausência de fiscalização e controle efetivos, seja em razão das dificuldades naturais de compatibilizar organizações de finalidades

---

[2000] Daí Trajano de Miranda Valverde (Sociedades anônimas ou companhias de economia mista. *Revista de Direito Administrativo*, v. 1, n. 2, p. 429-441, 1945, p. 437) considerar que seria até mesmo dispensável a criação de lei específica para disciplinar as sociedades de economia mista, bastando a aplicação das diretrizes gerais referentes às sociedades anônimas.

lucrativas com os propósitos de interesse público que justificam a sua criação.

Entretanto, mais recentemente, resultados econômicos controversos e escândalos de corrupção deixaram clara a fragilidade da organização e gestão das estatais, o que fez surgir interesse renovado na reconfiguração do seu modelo de governança a partir de uma lei específica.[2001]

É nesse contexto que deve ser entendido o novo regime societário das sociedades de economias mista e empresas públicas implementado pela Lei nº 13.303/2016.

Por mais que a Lei das Estatais tenha pretendido criar regime uniforme entre as sociedades de economia mista e as empresas públicas, certamente que não haverá identidade perfeita entre os dois modelos, em razão das diferenças naturais que os separam.

Com efeito, enquanto as empresas públicas apenas podem ser constituídas por capitais públicos, incluindo aí entes da administração indireta (Lei nº 13.303/2016, art. 3º, parágrafo único), as sociedades de economia mista são constituídas por uma combinação entre capitais públicos e privados, como deixa claro o art. 4º, da Lei nº 13.303/2016, ao defini-las como sociedades anônimas "cujas ações com direito a voto pertençam em sua maioria à União, aos Estados, ao Distrito Federal, aos Municípios ou a entidade da administração indireta."

Contrariamente ao texto da Lei nº 13.303/2016, o Dec. nº 8.945/2016 define sociedade de economia mista federal como "empresa estatal cuja maioria das ações com direito a voto pertença diretamente à União" (art. 2º, III), não mencionando a possibilidade de controle por meio de entidade da administração indireta. Entretanto, até diante do princípio da legalidade, não há outra interpretação senão a de que deve prevalecer o conceito legal, que admite igualmente o controle por entidade da administração indireta.

De toda sorte, tanto a Lei como o Decreto definem a sociedade de economia mista a partir do controle majoritário, traduzido na maioria das ações com direito a voto. Tal opção é justificável diante da necessidade de critério objetivo para definir a sociedade de economia mista e o regime jurídico respectivo.[2002] Isso não quer dizer, entretanto, que não possa haver outras formas de controle – como o minoritário – por parte de entes federativos ou entes da Administração Indireta, inclusive para o fim de imputação dos deveres e responsabilidades próprios ao controlador. Entretanto, nesse caso, a sociedade por ações não será considerada sociedade de economia mista.

Como as sociedades de economia mista, nos termos do art. 4º, da Lei nº 13.303/2016, só podem ser constituídas como sociedades anônimas, estando submetidas amplamente às disposições da Lei nº 6.404/1976,[2003] têm regime jurídico mais uniforme e de fácil identificação do que o das empresas públicas.[2004] O fato de poderem ter como

---

[2001] Conforme apontado por Arnoldo Wald (As sociedades de economia mista e a nova lei das sociedades anônimas. *Revista de Informação Legislativa*, v. 14, n. 54, p. 99-114, abr./jun. 1977, p. 100), já é antiga a discussão sobre a necessidade de um diploma destinado a disciplinar as estatais: de um lado, posicionam-se aqueles que defendiam a edição de uma lei orgânica capaz de conferir maior segurança nas relações jurídicas desses entes; de outro lado, encontram-se os que defendem a implantação de um sistema casuístico de regulamentação de cada entidade, conferindo maior flexibilidade a essas empresas. Ensina o autor: "Na realidade, tanto o legislador quanto a autoridade administrativa oscilam entre a necessidade de dar a tais empresas a necessária flexibilidade e liberdade de ação e, por outro lado, o imperativo do controle e da moralidade pública."

[2002] Numa primeira abordagem do tema, a autora criticou a exclusão do controle minoritário na caracterização das sociedades de economia mista (FRAZÃO, Ana. Regime societário das empresas públicas e sociedades de economia mista. In: POZZO, Augusto Neves dal; MARTINS, Ricardo Marcondes. *Estatuto jurídico das empresas estatais*. São Paulo: Concorrente, 2018). Entretanto, após maior reflexão, concluiu que o critério do controle majoritário é adequado, em razão da sua objetividade. É inequívoco, contudo, que, ao exercer o controle minoritário sobre determinada companhia, o Estado deve assumir os deveres e responsabilidades respectivos, ainda que não se trate propriamente de sociedade de economia mista e não esteja sujeita plenamente ao regime jurídico respectivo.

[2003] O Decreto nº 8.945/2016 é claro ao afirmar, no seu art. 10, a ampla sujeição das sociedades de economia mista à Lei nº 6.404/1976, salvo nas hipóteses por ele especificadas, a saber: (i) no que toca à quantidade mínima de membros do Conselho de Administração; (ii) ao prazo de atuação dos membros do Conselho Fiscal; e (iii) às pessoas aptas a propor ação de reparação por abuso de poder de controle e ao prazo prescricional para sua propositura.

[2004] Distinta é a situação das empresas públicas, cujo capital apenas pode ser detido por entes públicos (incluindo a administração indireta), sendo que a maioria do capital votante precisa ser necessariamente titularizada por algum ente federativo (Lei nº 13.303/2016, art. 3º, *caput* e parágrafo único). Acresce que não há obrigatoriedade de que

controlador tanto um ente federativo como um ente da administração indireta lhes dá igualmente maior flexibilidade para a sua constituição e gestão.

A única exceção permitida pela lei foi a de possibilitar regime mais simplificado para as estatais de menor porte, nos termos do § 1º, do art. 1º, que excetua das previsões gerais da lei as empresas públicas e sociedades de economia mista que, em conjunto com suas subsidiárias, tenham tido no exercício social anterior receita operacional bruta inferior a R$ 90.000.000,00 (noventa milhões de reais).[2005] Nesse caso, o § 3º, do art. 1º, autoriza que o Poder Executivo de cada um dos entes federativos edite regras de governança próprias,[2006] desde que observadas as diretrizes gerais da lei, sendo mantidas, mesmo em relação a elas, as regras constantes dos artigos 2º ao 8º, 11 e 12 e 27.[2007] No âmbito federal, o Dec. nº 8.945/2015 estabelece as diretrizes do tratamento diferenciado a ser concedido às empresas estatais federais.[2008]

3. Definição do alcance do regime jurídico das sociedades de economia mista previsto pelas Lei nº 6.404/1976 e Lei nº 13.303/2016

Ana Frazão

A noção de controle majoritário é o ponto de partida para a definição das estatais, motivo pelo qual podem ser assim consideradas, para efeitos da aplicação do regime previsto na Lei nº 13.303/2016:

(i) as sociedades de economia mista e empresas públicas;

(ii) as sociedades controladas por estatais, denominadas pelo Decreto nº 8.945/2016 de "subsidiárias",[2009] o que se estende às sociedades de propósito específico (§ 6º, do art. 1º);

(iii) as sociedades controladas por subsidiárias, que também serão consideradas também subsidiárias;[2010] e

(iv) os consórcios em que as estatais apareçam como operadoras (§ 5º, do art. 1º).

Sendo assim, além das estatais propriamente ditas, há várias outras hipóteses de companhias que também estarão sujeitas ao regime jurídico das estatais. Mesmo no que diz respeito às companhias em que o Estado atua como mero investidor, aplicar-se-á igualmente a Lei nº 13.303/2016, ainda que por meio de um regime jurídico distinto.

Com efeito, a Lei das Estatais faz um corte preciso entre as estatais – empresas controladas pelo Estado – e empresas privadas nas quais o Estado apenas atua como investidor – empresas não controladas pelo Estado – pelo menos de forma não majoritária – ou "sociedades privadas", de acordo com a terminologia do art. 2º, VI, do Dec. 8.945/2016.

O § 7º do art. 1º da Lei nº 13.303/2016 define a "mera participação" ou investimento como a situação em que a empresa pública, a sociedade de economia mista e suas subsidiárias não

---

as empresas públicas sejam sociedades anônimas, motivo pelo qual, pelo menos em tese, elas poderão adotar qualquer modelo de sociedade personificada, nos termos do que já preconizava o inciso II do art. 5º do Decreto-lei nº 200/1967, ou mesmo criar novos modelos societários. Isso pode gerar problemas, pois, a depender do tipo societário escolhido, haverá a aplicação supletiva de regras diferentes, com todas as controvérsias daí decorrentes. Mencione-se, a título de exemplo, a sociedade limitada, que ainda pode adotar tanto a regência supletiva das sociedades simples, como das sociedades anônimas, nos termos do art. 1.053, do Código Civil.

[2005] O Decreto nº 8.945/2016 trata do cálculo do valor da receita operacional bruta nos §§ 2º e 3º, do art. 51.

[2006] Vale mencionar o exemplo do Decreto nº 62.349/2016, do Estado de São Paulo, que afastou a aplicação de alguns dispositivos da lei federal para instituir regime especial às empresas estatais de menor porte.

[2007] Caso não o façam no prazo de 180 dias, nos termos do § 4º, devem ser submetidas às mesmas regras previstas para as demais estatais.

[2008] O tratamento diferenciado conferido pelo decreto às estatais de menor porte (arts. 51 a 57) consiste, em suma, na definição de parâmetros diversos para a composição dos seus órgãos, dispensando ou mitigando exigências do regime geral.

[2009] A lei é clara ao afirmar que o regime jurídico nela previsto aplica-se igualmente às subsidiárias, sendo o seu art. 1º expresso no sentido de que "Esta Lei dispõe sobre o estatuto jurídico da empresa pública, da sociedade de economia mista e de suas subsidiárias. (...)". As subsidiárias, por sua vez, são descritas pelo art. 2º, IV, do Decreto nº 8.945/2016.

[2010] O Decreto nº 8.945/2016 define subsidiária a partir da titularidade direta ou *indireta* da maioria do capital votante (art. 2º, IV).

tenham o controle acionário da sociedade investida. Entretanto, mesmo assim, são aplicáveis a tais sociedades práticas de governança, obrigações de transparência e controle proporcionais à relevância, à materialidade e aos riscos dos negócios dos quais são partícipes, nos termos dos inúmeros incisos ali previstos. Por mais que tais obrigações sejam de menor extensão do que as das estatais, ainda assim são bastante rigorosas para o controle dos investimentos dos entes públicos.[2011]

Isso quer dizer que a Lei nº 13.303/2016 incide não apenas sobre as chamadas estatais, como é o caso das sociedades de economia mista e daquelas companhias que são subsidiárias ou por elas controladas, mas também sobre todas as outras sociedades nas quais o Estado é investidor. O que varia é o regime jurídico, uma vez que, nas sociedades nas quais o Estado é mero investidor, não há que se aplicar com rigor a totalidade do regime jurídico das estatais, mas tão somente aquelas regras específicas previstas pela Lei.

Daí por que, ao contrário do que dispõe o § 2º, do art. 235, da Lei nº 6.404/1976, que afasta a participação majoritária da aplicação das regras específicas da sociedade de economia mista, a Lei nº 13.303/2016, bem como a sua regulamentação, equiparam, para efeitos do regime jurídico, as sociedades nas quais o Estado tiver participação majoritária às estatais.

Não obstante a preocupação do legislador em oferecer uma diferenciação precisa entre as estatais e as sociedades privadas em que o Estado é investidor, subsistem dúvidas sobre o tema. A primeira delas refere-se ao critério do controle para a identificação das subsidiárias, já que a lei menciona apenas o "controle acionário", enquanto o decreto exige a maioria do capital votante – controle majoritário –, afastando consequentemente o controle minoritário.[2012]

Se é certo que o decreto não pode contrariar a lei, pode-se argumentar, em defesa da legalidade da regulamentação, que esta acolheu o critério de controle majoritário previsto na própria lei para a definição das sociedades de economia mista e empresas públicas[2013]. Dessa maneira, até por uma questão de simetria, também se exigiria o controle majoritário para a definição das subsidiárias, de modo que a expressão "controle acionário", mencionada pelo § 7º do artigo 1º da Lei nº 13.303/2016, apenas poderia ser interpretada nesse sentido.[2014]

Outra discussão é saber se a Lei das Estatais se aplica quando a estatal participa de controle conjunto, hipótese que foi confirmada por decisão da CVM, que entendeu ser necessário que as exigências da nova lei se imponham igualmente na indicação de administradores de sociedades privadas controladas em conjunto por empresas estatais e privadas.[2015]

[2011] O art. 8º do Decreto nº 8.945/2016 submete a participação de estatais em sociedades privadas aos seguintes requisitos: (i) prévia autorização legal, que poderá constar apenas da lei de criação da estatal investidora; (ii) vinculação com o objeto social da estatal investidora; e (iii) autorização do Conselho de Administração, na hipótese de a autorização legislativa ser genérica (art. 8º). O decreto exige igualmente que cada estatal tenha uma política de participações societárias, devidamente aprovada pelo Conselho de Administração, para dar cumprimento ao § 7º do art. 1º da Lei (art. 9º).

[2012] Com efeito, o art. 1º, § 7º, da Lei nº 13.303/2016 é claro ao utilizar o critério do controle acionário, o que englobaria as suas três espécies – controle totalitário, controle majoritário e controle minoritário – afastando apenas os controles não acionários, como o gerencial e o externo. Entretanto, o art. 2º, IV, do Decreto nº 8.945/2016 é claro ao afastar o controle minoritário, na medida em que exige que a maioria das ações com direito a voto pertença direta ou indiretamente a alguma estatal.

[2013] Como já se esclareceu anteriormente, o art. 3º, parágrafo único, da Lei nº 13.303/2016 define a empresa pública a partir da propriedade da maioria do capital votante por ente federativo, enquanto o art. 4º define a sociedade de economia mista a partir da propriedade da maioria do capital votante por ente federativo ou entidade da administração indireta.

[2014] Ver comentários de Ana Frazão ao art. 235 da Lei nº 6.404/1976, na seção "Contexto da Nova Lei das Estatais", especialmente a nota de rodapé 3.

[2015] Foi o que entendeu a CVM em caso no qual a Companhia Energética de Minas Gerais (CEMIG) indicou integrante de comitê de campanha nas eleições presidenciais de 2014 para o cargo de conselheiro da Light, empresa privada não submetida à Lei nº 13.303/2016. Dessa forma, conclui a CVM que, ainda que a Light não estivesse submetida ao regime do diploma de 2016, a CEMIG, sociedade de economia mista, deve observar as regras de governança constantes da Lei nº 13.303/2016 e, por isso, não poderia indicar integrante de comitê de campanha. Ver: CVM, Pedido de interrupção do curso de prazo de antecedência de convocação de Assembleia Geral Extraordinária – Light S.A. (Reg. 0476/16. j. 27.12.2016. Data de Publicação: 27.12.2016).

Uma falha do arcabouço normativo sobre a questão foi a de ser omisso sobre as hipóteses em que o investimento estatal, apesar de não corresponder à maioria do capital votante ou mesmo ao controle, diferencia-se do mero investimento passivo, como nos casos de influência significativa ou nas hipóteses em que o ente público apresenta poderes diferenciados.[2016]

Tais situações, que ocupam posições intermediárias entre o controle e o mero investimento passivo, também exigiriam um olhar mais atento do legislador para que, além dos critérios já previstos no artigo 1º, § 7º, da Lei nº 10.303/2016 – relevância, materialidade e riscos do investimento –, o grau de ingerência e influência do Estado na sociedade investida também fosse um critério importante para se estabelecer a proporcionalidade das práticas de governança e controle a serem exigidas nos casos de participações societárias não majoritárias ou que não levem ao exercício do controle por parte do Estado.

De toda sorte, é inequívoco que, em se tratando das sociedades de economia mista, haverá a aplicação conjunta da Lei nº 6.404/1976 e do regime específico das estatais previsto pela Lei nº 13.303/2016. No caso das subsidiárias e controladas por subsidiárias, o raciocínio deveria ser o mesmo, em que pese o § 2º, do art. 235, da Lei nº 6.404/1976, afastar as regras específicas das sociedades de economia mista para as companhias de que participem majoritariamente as sociedades de economia mista. Com efeito, não faria sentido que tais hipóteses sejam consideradas pertinentes ao regime das sociedades de economia mista para efeitos da Lei nº 13.303/2016 e não o sejam para a Lei nº 6.404/1976.

Tratando-se, entretanto, de sociedade anônima na qual o Estado tiver participação inferior ao controle, aplicar-se-ão as normas gerais da Lei nº 6.404/1976 – excetuando-se as normas específicas das sociedades de economia mista – bem como as normas específicas da Lei nº 13.303/2016 sobre as participações minoritárias do Estado.

Constituição e Aquisição de Controle

Art. 236. A constituição de companhia de economia mista depende de prévia autorização legislativa.

Parágrafo único. Sempre que pessoa jurídica de direito público adquirir, por desapropriação, o controle de companhia em funcionamento, os acionistas terão direito de pedir, dentro de 60 (sessenta) dias da publicação da primeira ata da assembleia-geral realizada após a aquisição do controle, o reembolso das suas ações; salvo se a companhia já se achava sob o controle, direto ou indireto, de outra pessoa jurídica de direito público, ou no caso de concessionária de serviço público.

COMENTÁRIOS

1. Criação das sociedades de economia mista

ANA FRAZÃO

Como se sabe, a criação de pessoas jurídicas de direito privado no Brasil está submetida, como regra, ao regime das disposições normativas, de forma que cabe aos interessados simplesmente submeter os atos constitutivos ao registro, a partir do qual surgirá a pessoa jurídica. O registro, que está subordinado ao prévio controle de legalidade formal dos atos constitutivos, apresenta natureza constitutiva.

As companhias abertas são uma exceção ao regime das disposições normativas, uma vez que estão sujeitas igualmente à prévia autorização da CVM. No caso de estatais, incluindo as sociedades de economia mista, haverá a necessidade adicional da prévia autorização legislativa, que disporá sobre o objeto da pessoa jurídica de direito privado a ser criada.

[2016] Conforme indicam Musacchio e Lazzarini (*Reinventando o capitalismo de estado*: o Leviatã nos negócios: Brasil e outros países [edição eletrônica]. São Paulo: Portfolio-Penguin, 2015), muito embora a participação estatal minoritária possa atenuar o grau de intervenção política na companhia, o Estado ainda pode dispor de mecanismos de interferência residual, consubstanciados tanto na confluência de atores associados ao poder público participando de uma mesma empresa – fundos de pensão, fundos soberanos, bancos de desenvolvimento, entre outros – quanto em alavancas de controle residual como *golden shares*, classes especiais de ações com poderes políticos desproporcionais (a exemplo do direito a veto), entre outros. Apontam os autores, com isso, que a interferência residual do Estado investidor minoritário pode, na verdade, representar influência significativa do poder público na condução dos negócios da empresa. Tais poderes exorbitantes podem, dessa maneira, tornar o Estado investidor minoritário formalmente majoritário.

Como já se viu nos comentários ao art. 235 da Lei nº 6.404/1976, a própria Constituição Federal, em seu art. 173, prevê a exigência de lei autorizadora que especifique os imperativos da segurança nacional ou o relevante interesse coletivo que justifica a intervenção estatal na atividade econômica privada por meio da criação de determinada empresa estatal. A medida é reproduzida pelo art. 236 da Lei nº 6.404/1976, segundo o qual "A constituição de companhia de economia mista depende de prévia autorização legislativa."

Ao longo dos comentários ao art. 237 da Lei nº 6.404/1976 será explorado como a Nova Lei das Estatais (Lei nº 13.303/2016) também reforçou a importância da lei autorizadora para a criação de estatais.

Dessa maneira, a partir da existência de lei autorizadora, as sociedades de economia mista deverão ser constituídas com base nos procedimentos usuais para a criação de sociedades anônimas, inclusive no que diz respeito à autorização da CVM, caso sejam abertas.

2. Criação de sociedade de economia mista por meio de desapropriação de ações

Ana Frazão

O parágrafo único, do art. 236, da Lei nº 6.404/1976, prevê que "Sempre que pessoa jurídica de direito público adquirir, por desapropriação, o controle de companhia em funcionamento, os acionistas terão direito de pedir, dentro de 60 (sessenta) dias da publicação da primeira ata da assembleia geral realizada após a aquisição do controle, o reembolso das suas ações; salvo se a companhia já se achava sob o controle, direto ou indireto, de outra pessoa jurídica de direito público, ou no caso de concessionária de serviço público."

Dessa maneira, ao lado da hipótese usual de criação de sociedades de economia mista, baseada na lei autorizadora e na constituição originária da estatal, a desapropriação de ações que garantam o controle de companhia já existente seria uma segunda alternativa para a criação de sociedades de economia mista.

Tal previsão, entretanto, apresenta constitucionalidade duvidosa, tendo em vista que é possível questionar, diante do art. 173, § 1º, da Constituição, se o parágrafo único, do art. 236, da Lei nº 6.404/1976, teria sido efetivamente recepcionado pela Constituição. Ademais, ainda que se entenda que o dispositivo foi recepcionado, é difícil sustentar que não seria necessária igualmente lei autorizadora para tais objetivos, que deveria passar igualmente sob o crivo da proporcionalidade. Por fim, ainda seria imprescindível que, após a desapropriação, houvesse a alteração do estatuto da companhia, para ajustar o seu objeto aos pressupostos e às finalidades da lei autorizadora.

Vale ressaltar que a Lei das Estatais também não contempla a hipótese de criação de estatais por meio de desapropriação de ações de companhias já existentes. Ademais, reforça a necessidade de autorização legislativa não apenas para a criação de sociedades de economia mista, mas também de subsidiárias e mesmo para a participação de qualquer delas em empresas privadas (Lei nº 13.303/2016, art. 2º, § 2º).

De toda sorte, a previsão do parágrafo único, do art. 236, da Lei nº 6.404/1976, tem se mostrado de pouca aplicação prática, o que explica a escassa doutrina societária e administrativa sobre o tema. Entretanto, partindo da premissa de que tal alternativa é viável, há que se exigir a autorização legislativa e assegurar o direito de recesso dos acionistas descontentes, salvo se a companhia já se achava sob o controle, direto ou indireto, de outra pessoa jurídica de direito público, ou no caso de concessionária de serviço público.

O direito de recesso dos acionistas descontentes, nessa hipótese, é fundamental, porque o ingresso do Estado no empreendimento, com a consequente readequação do objeto social, mudará por completo não apenas as características da companhia, como também a alocação de riscos do investimento, o que justifica que seja a companhia – e não o acionista – que corra o risco patrimonial da saída do acionista descontente.

Obviamente que o direito de recesso dos acionistas remanescentes não interfere no direito à plena indenização dos acionistas que tiveram suas ações desapropriadas, de acordo com as regras vigentes para hipóteses semelhantes.

Objeto

Art. 237. A companhia de economia mista somente poderá explorar os empreendimentos ou exercer as atividades previstas na lei que autorizou a sua constituição.

§ 1º A companhia de economia mista somente poderá participar de outras sociedades quando autorizada por lei no exercício de opção legal para aplicar Imposto sobre a Renda ou investimentos para o desenvolvimento regional ou setorial.

§ 2º As instituições financeiras de economia mista poderão participar de outras sociedades, observadas as normas estabelecidas pelo Banco Central do Brasil.

COMENTÁRIOS

1. Adstrição da sociedade de economia mista ao objeto definido pela lei autorizadora

Ana Frazão

Até em razão da excepcionalidade da intervenção estatal na atividade privada, o art. 237, da Lei nº 6.404/1976, prevê que "A companhia de economia mista somente poderá explorar os empreendimentos ou exercer as atividades previstas na lei que autorizou a sua constituição."

De forma convergente, o § 1º do art. 2º da Lei nº 13.303/2016 prevê que "A constituição de empresa pública ou de sociedade de economia mista dependerá de prévia autorização legal que indique, de forma clara, relevante interesse coletivo ou imperativo de segurança nacional, nos termos do caput do art. 173 da Constituição Federal". Já o § 2º esclarece que depende também de autorização legislativa a criação de subsidiárias de empresas públicas e sociedades de economia mista.

Para a compreensão do regime jurídico das sociedades de economia mista – e das estatais como um todo –, é importante advertir que ele só pode ser entendido a partir de dois parâmetros que são a base da governança de qualquer sociedade empresária: o objeto social e o interesse social. Como tais discussões transcendem a Lei nº 13.306/2016, até porque têm suporte normativo na Constituição Federal e na Lei nº 6.404/1976,[2017] devem ser bem delimitadas, sem o que não se poderá compreender o alcance de várias das regras de governança criadas pela Lei nº 13.303/2016.

Quanto ao objeto, já se viu que a criação das estatais não é livre, uma vez que restrita pela própria Constituição, ao afirmar, em seu art. 173, que "Ressalvados os casos previstos nesta Constituição, a exploração direta de atividade econômica pelo Estado só será permitida quando necessária aos imperativos da segurança nacional ou a relevante interesse coletivo, conforme definidos em lei".

Trata-se, portanto, de requisito obrigatório das leis autorizadoras de criação de estatais, a ser igualmente obedecido pelos respectivos atos constitutivos, aos quais cabe o natural papel de pormenorizar de que maneira o objeto social de tais entes – que é necessariamente lucrativo – deve se compatibilizar com o interesse público específico igualmente justificador da sua existência.

É nesse sentido que Tavares Guerreiro[2018] já procurava distinguir o interesse público específico que justificou a criação da estatal do que chamava de "interesse estatal", que seria o interesse da controladora enquanto personificação do Estado. De acordo com o autor, o controlador da sociedade de economia mista deveria agir segundo o interesse público que justificou sua criação, não se admitindo o sacrifício do interesse social da estatal em nome de seu próprio.

Importa notar que a Lei nº 6.404/1976, na mesma esteira das preocupações constitucionais, procurou também restringir o campo de criação e atuação de sociedades de economia mista, cujo objeto social está submetido à exigência de ser definido "de modo preciso e completo" pelo estatuto (art. 2º, § 2º).

Como esclarece Mario Engler Pinto Jr.[2019], a precisão do objeto social é importante para "limitar a discricionariedade dos administradores e do acionista controlador na gestão dos negócios sociais", tendo em vista que os fatores condicionantes advindos da lei autorizadora servem justamente para legitimar a ação empresarial pública pelo crivo do legislador. Logo, o campo de atuação da estatal apenas poderia ser alargado por meio de nova intervenção

---

[2017] Para a melhor compreensão do cenário jurídico anterior à Lei nº 13.303/2016, ver FRAZÃO, Ana. O que esperar da Lei nº 13.303/2016? O novo diploma realmente resolverá o problema da gestão das estatais? *Jota*, fev. 2017. Disponível em: http://jota.info/artigos/.

[2018] GUERREIRO, José Alexandre Tavares. Conflitos de interesse entre sociedade controladora e controlada e entre coligadas, no exercício do voto em assembleias gerais e reuniões sociais. *Revista de direito mercantil, industrial, econômico e financeiro*, v. 22, n. 51, p. 29-32, jul./set. 1983. p. 32.

[2019] PINTO JR., Mario Engler. *Empresa estatal*: função econômica e dilemas societários. 2. ed. São Paulo: Atlas, 2013. p. 273-274.

legislativa, e não apenas decisão administrativa pautada em pretenso interesse público.[2020]

Tanto é assim que o artigo 238, da Lei nº 6.404/1976, prevê que "A pessoa jurídica que controla a companhia de economia mista tem os deveres e responsabilidades do acionista controlador (arts. 116 e 117), mas poderá orientar as atividades da companhia de modo a atender ao interesse público que justificou a sua criação".

Fica claro, portanto, que o interesse público a que se refere a Lei nº 6.404/1976 não é aquele interesse público genérico que permeia toda a atividade administrativa, mas sim o interesse público específico que motivou a criação da estatal.[2021] O cumprimento desse interesse público específico, segundo Floriano Marques Neto e Mariana Zago[2022], "é justamente fazer cumprir os fins sociais previstos em sua lei autorizadora e no seu estatuto – que, por sua vez, são executados por meio de uma estrutura empresarial".

A menção, pelo art. 238, aos arts. 116 e 117, da Lei nº 6.404/1976, especialmente na parte em que tratam da função social da empresa, não afasta as conclusões acima apontadas[2023]. Com efeito, a função social da empresa não possibilita que os gestores de sociedades de economia mista possam atuar de forma amplamente discricionária em nome de um pretenso interesse público.

Tais considerações são importantes para que fique claro que, mesmo no tocante às estatais, o princípio da função social da empresa e a consequente ampliação do interesse social jamais as tornaram instrumentos flexíveis para a persecução de qualquer interesse público. Pelo contrário, a gestão das estatais – tanto o controle quanto a administração –, nos termos da Constituição e da Lei nº 6.404/1976, apenas pode ser pautada pelo interesse público específico que justificou a sua criação.

Esse aspecto é particularmente interessante por reiterar que, independentemente da Lei nº 13.303/2016, as estatais jamais puderam desprezar, mitigar ou negligenciar a sua função lucrativa, muito menos para o fim de instrumentalizar a gestão e direcioná-la para outros fins de interesse público que não digam respeito ao fins específicos constantes da lei autorizadora.[2024]

Tais balizas já se estendiam aos controladores e, ainda com maior rigor, aos administradores das estatais, pois o artigo 239, parágrafo único, da Lei nº 6.404/1976, é claro ao afirmar que "os deveres e

---

[2020] PINTO JR., Mario Engler. *Empresa estatal*: função econômica e dilemas societários. 2. ed. São Paulo: Atlas, 2013. p. 274-275. É o que também defende Ary Oswaldo Mattos Filho (*Direito dos valores mobiliários*. São Paulo: FGV, 2015. p. 448-449. v. 1), para quem "[...] na medida em que o interesse público (ou interesse coletivo) seja necessariamente declarado por lei, somente por tal mecanismo poderá ser alterado. Ou seja, ninguém, a não ser a lei, poderá dizer ou modificar o interesse público que foi votado pelo Poder Legislativo e convertido em comando de lei. Imaginar-se que o interesse coletivo possa ser alterado por manifestação isolada de qualquer membro do Poder Executivo significaria a ele atribuir o poder de alterar a vontade do legislador, o que infringiria o preceito constitucional não só da divisão de poderes, mas também a letra do artigo 173 da Constituição Federal".

[2021] Sobre as controvérsias travadas no âmbito do Direito Administrativo a respeito da noção de interesse público e da própria ideia de supremacia do interesse público, esclarece Ary Oswaldo Mattos Filho (*Direito dos valores mobiliários*. São Paulo: FGV, 2015. p. 448) : "De qualquer sorte, o que se tem hoje é que a discussão existente internamente nas hostes do Direito Administrativo não pode ser considerada apta a resolver de forma clara a extensão da aplicabilidade ou não do artigo 238 da Lei das Companhias no que tange ao Estado enquanto acionista controlador da companhia de economia mista. O que resta de concreto é que o interesse coletivo ou público deverá constar da lei que autoriza sua constituição, bem como do estatuto da companhia de economia mista".

[2022] ZAGO, Floriano de Azevedo Marques Neto; Mariana Fontão. Limites da atuação do acionista controlador nas empresas estatais: entre a busca do resultado econômico e a consagração das suas finalidades públicas. *Revista de direito público da economia*, v. 13, n. 49, p. 79-94, jan./mar. 2015, p. 88.

[2023] Ver comentários de Ana Frazão ao art. 116 da Lei nº 6.404/1976, especialmente na parte relativa à função social da empresa.

[2024] A respeito da instrumentalização de empresas estatais para a consecução de interesse público primário e geral, vale mencionar o conhecido "Caso EMAE", apreciado pela CVM em 2015 (CVM. PAS 2012/1131. Rel. Dir. Luciana Dias. j. 26.05.2015), no qual se afirmou que os acionistas privados, ao investirem em sociedade de economia mista, deverão estar cientes de que a controladora poderá priorizar o interesse público na condução da companhia, porém o ente público estará submetido aos limites impostos pela Lei das S/A. No caso em questão ao Estado de São Paulo imputou-se a conduta de quebra do dever de lealdade pelo fato de utilizar o reservatório da Empresa Metropolitana de Água e Energia (EMAE, que produz e comercializa energia elétrica) como fonte para a companhia estatal de abastecimento de água (Sabesp). Com isso, o acionista controlador (estado de São Paulo) auferia benefícios que não eram compartilhados com os demais acionistas da EMAE ao utilizar-se de seus recursos de outra controlada sua, a Sabesp.

responsabilidades dos administradores das companhias de economia mista são os mesmos dos administradores das companhias abertas". Em outras palavras, a Lei nº 6.404/1976 já atribuía aos administradores a obrigação fundamental buscar o interesse da companhia,[2025] motivo pelo qual não podiam levar em consideração quaisquer aspectos individuais ou critérios de interesse público geral que exorbitassem ao interesse público específico que justificou a criação da estatal.

Logo, fica também claro, a partir do arcabouço normativo anterior à Lei 13.303/2016, que a Lei nº 6.404/1976 já impossibilitava que gestores – assim entendidos tanto os controladores como os administradores de sociedades de economia mista – pudessem fazer delas o que bem entendessem ou que as transformassem em instrumentos flexíveis para atender a interesses ou políticas públicas circunstanciais.[2026]

Mesmo em relação às empresas públicas que não adotassem a forma de sociedade anônima, apesar das maiores dificuldades e divergências para apurar o regime societário a que estavam vinculadas, a conclusão não seria diferente. Afinal, a Lei nº 6.404/1976 sempre foi aplicada, de forma subsidiária, para os demais tipos societários no que se refere aos parâmetros de exercício dos poderes de controladores e administradores.

O que faltava, no contexto anterior à Lei nº 13.303/2016, era, portanto, uma estrutura que assegurasse a devida aplicação do arcabouço normativo da Lei nº 6.404/1976, embora tal quadro estivesse se modificando mais recentemente[2027]. Afinal, a escolha pelo modelo da sociedade empresária, mais especificamente de sociedade anônima, já impunha restrições à liberdade do Estado, sendo imperiosa a manutenção da finalidade lucrativa da empresa e que o Estado agisse de acordo com o padrão esperado dos agentes do mercado.

Como lembra Marçal Justen Filho,[2028] "nenhuma escolha administrativa pode ser legitimada mediante a pura e simples invocação de um pretenso 'poder discricionário' [...] de fazer o que bem entender". Tendo em vista o dever do Estado de obter a maior rentabilidade possível quando explora atividade econômica, acrescenta o autor que o ente estatal não poderia, por exemplo, sob a alegação de escolha discricionária, ignorar o potencial de negócios existente em determinada atividade de serviço público.[2029]

Dessa maneira, quando o Estado resolve ser agente econômico e ainda mais captar poupança popular para tal – como ocorre quando adota a sociedade anônima aberta –, a busca do interesse público deve obviamente ser compatibilizada com os princípios que regem as sociedades empresárias. Em outras palavras, o interesse social das estatais apenas pode ser entendido a partir da compatibilização entre os interesses dos acionistas e do interesse público específico que justificou a criação da estatal, como será mais bem explicado nos tópicos seguintes.

2. Lei nº 13.303/2016: reforço da importância da lei autorizadora e dos estatutos na delimitação do objeto social e previsão da carta anual para a sua execução

Ana Frazão

Já se viu que, diante da Constituição e da Lei nº 6.404/1976, a gestão das estatais precisa estar adstrita ao seu objeto social e ao interesse social.

[2025] Nesse caso, a obrigação pela busca do interesse da companhia ocorre em um nível até mais alto, já que, mesmo nas companhias privadas, os administradores não exercem propriamente direitos subjetivos e sim competências funcionais, na medida em que "todos os seus poderes lhes são dados para o atendimento de interesses outros que não os seus próprios" (FRAZÃO, Ana. *Função social da empresa*: Repercussão sobre a Responsabilidade Civil de Controladores e Administradores de S/As. Rio: Renovar, 2011. p. 252).

[2026] Tanto não houve ruptura com o regime anterior que a Lei nº 13.303/2016 não revogou a parte da Lei nº 6.404/1976 que trata das sociedades de economia mista.

[2027] Importante exemplo da aplicação das normas da Lei nº 6.404/1976 às sociedades de economia mista e da limitação do poder de controle das pessoas jurídicas de direito público baseado na noção de interesse público pode ser verificado do voto da Diretora Luciana Dias no Processo Administrativo Sancionador nº 2013/6635, o conhecido "caso Eletrobras", em que se entendeu que a União exerceu seu direito de voto como controladora tendo interesse conflitante com o da companhia, o que não seria admitido.

[2028] JUSTEN FILHO, Marçal. Empresas estatais e a superação da dicotomia "prestação de serviço público/exploração de atividade econômica". In: FIGUEIREDO, Marcelo; PONTES FILHO, Valmir. *Estudos de direito público em homenagem a Celso Antônio Bandeira de Mello*. São Paulo: Malheiros, 2008. p. 415-416.

[2029] JUSTEN FILHO, Marçal. Empresas estatais e a superação da dicotomia "prestação de serviço público/exploração de atividade econômica". In: FIGUEIREDO, Marcelo; PONTES FILHO, Valmir. *Estudos de direito público em homenagem a Celso Antônio Bandeira de Mello*. São Paulo: Malheiros, 2008. p. 415-416.

Art. 237 — Ana Frazão

Entretanto, diante da pouca eficácia deste arcabouço normativo, a Lei das Estatais buscou pormenorizar e tornar ainda mais taxativos tais compromissos.

Com efeito, a Lei nº 13.303/2016 dá grande importância à lei autorizadora[2030] e aos estatutos das estatais, que devem estabelecer com cuidado o objeto social e o interesse coletivo ou imperativo de segurança nacional que justificou a criação da estatal, dando aplicabilidade efetiva ao artigo 173 da Constituição[2031]. Reitera, por igual, que o interesse público que justifica a sua existência deve ser específico, determinado e justificado, o que exige até mesmo a adequação dos estatutos sociais de companhias criadas antes da lei, nos termos do inciso II do art. 8º.[2032]

Dando prosseguimento ao esforço de explicitar a necessária adstrição do objeto social das estatais ao interesse público específico constante da lei autorizadora, o Decreto nº 8.945/2016 determina que "O estatuto social da empresa estatal indicará, de forma clara, o relevante interesse coletivo ou imperativo de segurança nacional, nos termos do caput do art. 173 da Constituição" (art. 5º) e que "A subsidiária deverá ter objeto social vinculado ao da estatal controladora" (art. 7º, parágrafo único)[2033].

Não obstante a importância do estatuto social para a delimitação do objeto social, a Lei das Estatais cria também novos instrumentos para assegurar a sua observância. Um importante exemplo, que será desdobrado adiante, é a chamada *carta anual*, já que prevê o § 1º, do art. 8º, da Lei nº 13.303/2016, que:

> [...] o interesse público da empresa pública e da sociedade de economia mista, respeitadas as razões que motivaram a autorização legislativa, manifesta-se por meio do alinhamento entre seus objetivos e aqueles de políticas públicas, na forma explicitada na carta anual a que se refere o inciso I do *caput*.

Nesse sentido, a carta anual tem a importante função de assegurar a transparência e a *accountability* da realização do objeto social e da persecução do interesse público específico que justificou a criação da estatal de forma compatível com o seu propósito lucrativo.

Ao se utilizar da expressão "alinhamento", a lei impõe que a gestão se guie pela necessária convergência entre o objeto social e o interesse público específico, obrigando-a a encontrar pautas de ação que compatibilizem esta última com a atividade lucrativa. Embora tal obrigação já decorresse necessariamente do art. 238, da Lei nº 6.404/1976, a Lei nº 13.303/2016 deixou-a ainda mais clara.

O § 1º, do art. 8º, da Lei nº 13.303/2016, reforça, portanto, a necessidade de estruturas procedimentais que possibilitem que as estatais preservem seu potencial lucrativo ao mesmo tempo que tenham capacidade para implementar as políticas contidas em seu objeto social[2034].

[2030] É interessante notar que o Decreto nº 8.945/2016 faz menção, em seu art. 4º, à possibilidade de constituição de estatal por meio de aquisição ou assunção de controle acionário majoritário, o que igualmente dependerá de prévia autorização legal que indique, de forma clara, o relevante interesse coletivo ou o imperativo de segurança nacional que justifique a sua constituição.

[2031] Aliás, o Decreto nº 8.945/2016 procura reforçar a estatura constitucional do interesse público específico que justificou a criação das estatais, mencionando expressamente o artigo 173 da Constituição sempre que se refere à constituição das estatais, como ocorre em seus arts. 4º e 5º.

[2032] Conforme exposto por André Guskow Cardoso (Governança corporativa, transparência e *compliance* nas empresas estatais: o regime instituído pela Lei nº 13.303/2016. In: JUSTEN FILHO, Marçal. *Estatuto jurídico das empresas estatais*. São Paulo: RT, 2016. p. 104), as disposições contidas no artigo 8º da Lei das Estatais promovem uma forma permanente e periódica de verificação da compatibilidade entre o estatuto social e a legislação de criação das empresas. Segundo o autor, "Não é possível haver divergência entre o estatuto social e a lei de criação da empresa estatal. Deve haver uma relação de adequação e compatibilidade. Isso não significa que o estatuto não possa estabelecer um regime mais detalhado a respeito do funcionamento e atuação da empresa pública ou da sociedade de economia mista. Porém, afasta o cabimento de previsões estatutárias incompatíveis com o previsto na lei de criação".

[2033] Embora submeta a criação de subsidiárias igualmente à autorização legislativa, o decreto admite que esta pode estar prevista na lei de criação da estatal controladora (art. 6º), reiterando que, se a autorização for genérica, o Conselho de Administração deverá autorizar, de forma individualizada, a constituição de cada subsidiária, sempre com objeto social vinculado ao da controladora (art. 7º).

[2034] Vale transcrever trecho da obra de Mario Engler Pinto Jr. (*Empresa estatal*: função econômica e dilemas societários. 2. ed. São Paulo: Atlas, 2013. p. 318): "O conflito entre objetivos aparentemente díspares (finalidade lucrativa e

Não é sem razão que o § 2º, do art. 8º, da Lei nº 13.303/2016, exige que obrigações e responsabilidades das estatais que sejam assumidas em condições distintas às de qualquer outra empresa do setor estejam claramente definidas em lei, regulamento ou convênio, bem como tenham seus custos e receitas discriminados e divulgados de forma transparente. Ao assim fazer, a lei cria uma espécie de alerta em relação a tudo que se diferencie das práticas de mercado adotadas pelas empresas do setor privado.

Tem-se, pois, que a Lei nº 13.303/2016 reforçou o caráter híbrido das estatais, nas quais há mescla de interesses públicos específicos e privados, o que tem evidentes e naturais desdobramentos sobre a gestão, que precisará encontrar o "alinhamento" e a harmonização entre esses aspectos.

Trata-se de situação que encontra paralelo com a das atuais *benefit corporations*[2035], com a diferença de que estas são companhias totalmente privadas que se propõem igualmente a atender finalidades sociais específicas[2036].

3. Lei das Estatais e delimitação precisa da função social das estatais

ANA FRAZÃO

Outra importante inovação da Lei nº 13.303/2016 foi a delimitação do que pode ser considerado a função social da empresa estatal, dando maior concretude a princípio que costuma ser muito amplo e fugidio e, exatamente por isso, visto como algo que pode aumentar indevidamente a discricionariedade da gestão, tornando-a insuscetível de qualquer controle ou *accountability* mais efetivos.[2037]

Nesse sentido, o art. 27, da Lei nº 13.303/2016, afirma que "a empresa pública e a sociedade de economia mista terão a função social de realização do interesse coletivo ou de atendimento a imperativo de segurança nacional expressa no instrumento de autorização legal para a sua criação"[2038]. Ao assim determinar, o artigo vincula a função social da empresa estatal à consecução do objetivo específico, constante da lei autorizadora que justificou a sua criação, evitando que o princípio possa ser invocado para a indevida

---

missão pública) não se resolve com a abolição de nenhum deles, como ingenuamente se costuma propor. Não se trata de subordinar incondicionalmente a finalidade lucrativa à realização da missão pública, nem tampouco libertar a empresa estatal para gerar ilimitadamente valor a seus acionistas (público e privado). A saída está em considerar normal a convivência entre interesses divergentes no âmbito da companhia mista, como propõe a teoria organizativa. Tais interesses, por seu turno, devem ser reconciliados pelas estruturas procedimentais internas, mediante o arbitramento da margem de lucro ideal, sem necessariamente suprimi-la nem maximizá-la, para que a empresa estatal também tenha capacidade financeira para implementar as políticas públicas compreendidas no objeto social".

[2035] As *benefit corporations* são tipos empresariais verificados no direito comparado que se caracterizam por sua hibridez, na medida em que aliam a finalidade de lucro a determinada atividade filantrópica. Trata-se de fruto do crescimento da importância dos direitos difusos e da compreensão de interesses de sujeitos diversos dos sócios na noção de interesse social. "A adoção de formas híbridas acabou por se apresentar como uma resposta às pressões exercidas pela sociedade civil sobre o empresariado para a implementação de práticas socialmente responsáveis, de maneira a demonstrar o interesse dos *stakeholders* em interagir com empresas que se comprometessem com áreas de interesse público" (FRAZÃO, Ana; CARVALHO, Angelo Gamba Prata de. Responsabilidade social empresarial. In: FRAZÃO, Ana. *Constituição, empresa e mercado*. Brasília: FD/UnB, 2017. p. 220. Versão eletrônica).

[2036] A criação de um dever acentuado de transparência, a figurar entre os deveres de cuidado, lealdade, e boa-fé, consiste em uma das principais características do regime norte-americano de *benefit corporations*, na medida em que é o que permite que se verifique o cumprimento de sua "dupla missão", isto é, a busca pelo lucro e a persecução de finalidade de interesse público. "A estratégia das *benefit corporations* foi a ampliação dos deveres de transparência, para além dos já existentes deveres de cuidado, lealdade e boa-fé. O grau de *accountability* que delas se requer serve não somente para o monitoramento do cumprimento da finalidade de interesse público, com vistas a evitar a apropriação indevida do rótulo de empresa social (o chamado *greenwashing*, no caso das iniciativas vinculadas ao meio ambiente), mas também para colaborar com o levantamento de capital desses entes, sinalizando para a sociedade – consumidores, investidores, potenciais empregados e parceiros de negócios – que aquela *benefit corporation* efetivamente está gerando um retorno social substancial" (FRAZÃO, Ana; CARVALHO, Angelo Gamba Prata de. Responsabilidade social empresarial. In: FRAZÃO, Ana. *Constituição, empresa e mercado*. Brasília: FD/UnB, 2017.p. 222. Versão eletrônica).

[2037] FRAZÃO, Ana. *Função social da empresa*: Repercussão sobre a responsabilidade civil de controladores e administradores de S/As. Rio: Renovar, 2011. p. 266-267.

[2038] O dispositivo é praticamente reproduzido pelo art. 44 do Decreto nº 8.945/2016.

flexibilização do objeto social ou do interesse social da estatal.

Sob a perspectiva exclusiva do *caput*, do art. 27, da Lei nº 13.303/2016, seria até questionável a possibilidade da implementação de políticas de responsabilidade social pelas estatais, tal como permite o § 4º, do art. 154, da Lei nº 6.404/1976.[2039] Afinal, se a Lei nº 13.303/2016 quis realmente reduzir a discricionariedade da gestão das estatais, uma primeira interpretação seria a de que outros interesses que não façam parte do objeto social não poderiam ser diretamente atendidos, ao contrário do que poderia haver mesmo em relação a uma companhia privada.

Todavia, a própria Lei nº 13.303/2016 faz algumas exceções no sentido da possibilidade do atendimento de outros interesses, desde que observadas exigências rigorosas. É o que se verifica pelo § 1º, do art. 27, segundo o qual mesmo investimentos em prol da inovação e de benefícios ao consumidor devem estar atrelados ao objeto da companhia. Logo, ainda quando admite medidas em benefício dos consumidores ou da inovação, em prol da tecnologia brasileira, a lei exige que tais objetivos sejam atingidos, respectivamente, de forma "economicamente sustentada" e "economicamente justificada". Fica claro, assim, que tais ações não podem decorrer de meras liberalidades, doações ou subsídios, mas precisam ser inseridas no contexto da racionalidade empresarial que caracteriza tais entes.

Da mesma maneira, o § 2º, do art. 27, determina que "a empresa pública e a sociedade de economia mista deverão, nos termos da lei, adotar práticas de sustentabilidade ambiental e de responsabilidade social corporativa compatíveis com o mercado em que atuam". Consequentemente, as ações de responsabilidade social são autorizadas, desde que de acordo com as práticas já assentadas no mercado ou determinadas pelos órgãos de autorregulação.

Ainda prevê o § 3º, do art. 27, da Lei nº 13.303/2016, que:

[...] a empresa pública e a sociedade de economia mista poderão celebrar convênio ou contrato de patrocínio com pessoa física ou com pessoa jurídica para promoção de atividades culturais, sociais, esportivas, educacionais e de inovação tecnológica, desde que comprovadamente vinculadas ao fortalecimento da sua marca, observando-se, no que couber, as normas de licitação e contratos desta lei.[2040]

O artigo mencionado deixa muito claro que, se a estatal quiser investir em outras atividades fora do seu objeto social, deve fazê-lo por meio de convênio ou patrocínio, sendo que tais atividades precisam ser comprovadamente vinculadas ao fortalecimento da sua marca. É necessário, portanto, que haja contrapartida econômica, o que mostra a importância conferida pelo diploma à questão da sustentabilidade econômica da empresa, reforçando a sua natureza lucrativa.

Tais previsões específicas pretendem aumentar o cuidado com a utilização das receitas e com a adoção de determinadas políticas de gestão das estatais, pois todas elas precisam ser justificadas diante do objeto social e do interesse social da companhia, sem jamais perder de vista os interesses da comunhão acionária e da sustentabilidade e manutenção lucrativa da atividade empresarial.[2041]

Fora do seu objeto social, mesmo as iniciativas de responsabilidade social voluntária devem ser justificadas de acordo com as práticas do mercado e, em qualquer caso, ser compatíveis com os propósitos lucrativos, gerando as contrapartidas necessárias para a estatal também do ponto de vista da racionalidade econômica.

Dessa maneira, é fácil observar que, ao contrário do contexto anterior à Lei nº 13.303/2016,

---

[2039] "A nova e mais ampla noção de interesse social das companhias oferecida pelo institucionalismo leva à importante consequência: a necessária legitimação da responsabilidade social voluntária, para o fim de se considerarem lícitas e pertinentes ao interesse social as doações e atividades altruístas das sociedades empresárias, tanto no que se refere aos interesses internos como aos externos, salvo em casos de manifesta desproporção ou da possibilidade de comprometimento da própria realização do objeto social ou da manutenção da empresa" (FRAZÃO, Ana. *Função social da empresa*. Repercussões sobre a responsabilidade civil de controladores e administradores de S.As. Rio de Janeiro: Renovar, 2011. p. 212). Nesse sentido, desde que sejam apropriadas e razoáveis, a função social da empresa impõe que iniciativas como as prescritas pelo § 4º do art. 154 da Lei nº 6.404/1976, sejam consideradas compatíveis com o interesse social.

[2040] O Decreto nº 8.945/2016 disciplina, nos §§ 3º e 4º, do art. 44, os parâmetros dos referidos convênios.

[2041] Ver, nesse sentido, FRAZÃO, Ana. *Função social da empresa*. Repercussões sobre a responsabilidade civil de controladores e administradores de S.As. Rio de Janeiro: Renovar, 2011. p. 214-220.

em que, na prática, as estatais eram geridas de forma mais "frouxa" do que as companhias privadas, após a nova lei, as primeiras passaram a ser submetidas a regime mais rígido do que as segundas, na medida em que o regime das estatais restringe consideravelmente a discricionariedade da gestão, especialmente em se tratando de liberalidades e de outras atividades não vinculadas diretamente ao objeto social.

A função social das estatais, longe de poder ser invocada para a flexibilização da gestão, é agora um princípio que restringe a gestão tanto em relação aos fins como em relação aos meios. Fora das hipóteses legalmente descritas, a função social das estatais apenas pode ter como efeito concreto o de ampliar o dever de diligência dos gestores diante dos terceiros, a fim de evitar danos desproporcionais a todos os grupos cujos interesses se projetam sobre a empresa estatal, tal como já se viu nos comentários ao art. 116, da Lei nº 6.404/1976. Afinal, tem-se aí uma consequência direta do princípio constitucional que não poderia ser indevidamente restringida pela lei.[2042]

Consequentemente, resguardadas as exceções previstas pela própria lei, as estatais não podem mais atender diretamente, por meio de ações positivas, outros interesses não vinculados diretamente ao objeto social, ainda que possam ser considerados como parte do interesse público geral ou coletivo, especialmente quando isso se der em prejuízo das atividades que, aí sim, devem ser por elas exercidas.

Por mais irônico que seja, a nova Lei das Estatais torna a persecução do interesse coletivo ou do interesse público geral mais difícil para as estatais do que para as companhias privadas em geral, pois enquanto estas possuem considerável autonomia para fazê-lo, desde que atendido o requisito da razoabilidade (art. 154, § 4º, da Lei nº 6.404/1976), as estatais passam a estar submetidas às regras específicas do art. 27, da Lei nº 13.303/2016.

4. Requisitos para a participação em outras sociedades

Ana Frazão

O § 1º, do art. 237, da Lei 6.404/76, prevê que "A companhia de economia mista somente poderá participar de outras sociedades quando autorizada por lei no exercício de opção legal para aplicar Imposto sobre a Renda ou investimentos para o desenvolvimento regional ou setorial." Excetuam-se da previsão as instituições financeiras, que, nos termos do § 2º, "poderão participar de outras sociedades, observadas as normas estabelecidas pelo Banco Central do Brasil."

A Lei nº 13.303/2016 também exige, no § 2º, do art. 2º, que depende de autorização legislativa a participação de empresas públicas ou sociedades de economia mista em empresa privada, cujo objeto social deve estar relacionado ao da investidora, nos termos do art. 37, XX, da Constituição Federal. Como exceção, prevê o § 3º que "A autorização para participação em empresa privada prevista no § 2º não se aplica a operações de tesouraria, adjudicação de ações em garantia e participações autorizadas pelo Conselho de Administração em linha com o plano de negócios da empresa pública, da sociedade de economia mista e de suas respectivas subsidiárias."

Observa-se, portanto, que, em se tratando de sociedades de economia mista, tem-se regras mais rígidas do que as previstas para as sociedades por ações em geral que, nos termos do art. 2º, da Lei nº 6.404/1976, podem participar de qualquer sociedade se houver prévia autorização estatutária ou, na ausência de autorização estatutária, podem participar de sociedade como meio de realizar o objeto social ou para beneficiar-se de incentivos fiscais[2043].

Independentemente da necessidade de autorização legislativa, a Lei nº 13.303/2016 procurou submeter os investimentos estatais a regras mais rígidas de governança, transparência e fiscalização, como se observa pelo seu § 7º, do art. 1º:

§ 7º Na participação em sociedade empresarial em que a empresa pública, a sociedade de economia mista e suas subsidiárias não detenham o controle acionário, essas deverão adotar, no dever de fiscalizar, práticas de governança e controle proporcionais à relevância, à materialidade e aos riscos do negócio do qual são partícipes, considerando, para esse fim:

I – documentos e informações estratégicos do negócio e demais relatórios e informações produzidos por força de acordo de acionistas e de Lei considerados essenciais para a defesa de seus interesses na sociedade empresarial investida;

[2042] FRAZÃO, Ana. *Função social da empresa*. Repercussões sobre a responsabilidade civil de controladores e administradores de S.As. Rio de Janeiro: Renovar, 2011. p. 203-211.

[2043] Ver comentários de Ana Frazão ao art. 2º da Lei nº 6.404/1976.

II – relatório de execução do orçamento e de realização de investimentos programados pela sociedade, inclusive quanto ao alinhamento dos custos orçados e dos realizados com os custos de mercado;

III – informe sobre execução da política de transações com partes relacionadas;

IV – análise das condições de alavancagem financeira da sociedade;

V – avaliação de inversões financeiras e de processos relevantes de alienação de bens móveis e imóveis da sociedade;

VI – relatório de risco das contratações para execução de obras, fornecimento de bens e prestação de serviços relevantes para os interesses da investidora;

VII – informe sobre execução de projetos relevantes para os interesses da investidora;

VIII – relatório de cumprimento, nos negócios da sociedade, de condicionantes socioambientais estabelecidas pelos órgãos ambientais;

IX – avaliação das necessidades de novos aportes na sociedade e dos possíveis riscos de redução da rentabilidade esperada do negócio;

X – qualquer outro relatório, documento ou informação produzido pela sociedade empresarial investida considerado relevante para o cumprimento do comando constante do *caput*.

> **Acionista Controlador**
>
> **Art. 238.** A pessoa jurídica que controla a companhia de economia mista tem os deveres e responsabilidades do acionista controlador (artigos 116 e 117), mas poderá orientar as atividades da companhia de modo a atender ao interesse público que justificou a sua criação.

COMENTÁRIOS

1. Contornos do poder de controle nas sociedades de economia mista

Ana Frazão

Nos termos do art. 238, da Lei nº 6.404/1976, "A pessoa jurídica que controla a companhia de economia mista tem os deveres e responsabilidades do acionista controlador (artigos 116 e 117), mas poderá orientar as atividades da companhia de modo a atender ao interesse público que justificou a sua criação."

Como já se viu nos comentários aos arts. 116 e 117, da Lei nº 6.404/1976, a obrigação principal do controlador é exercer o seu poder no interesse da companhia. Tratando-se de sociedade de economia mista, tal dever exige o respeito ao interesse público que justificou a sua criação, nos termos e de acordo com as balizas da função social das estatais, tal como já se viu anteriormente.

Daí o art. 238, da Lei nº 6.404/1976, admitir que o controlador pode orientar as atividades da companhia de modo a atender ao interesse público que justificou a sua criação. Todavia, ao assim fazer, não poderá descuidar das finalidades lucrativas que são inerentes a qualquer sociedade anônima, motivo pelo qual deve haver um equilíbrio entre esses dois aspectos.

Além disso, os controladores, por força da Lei nº 6.404/1976,[2044] estão sujeitos aos deveres gerais de lealdade e diligência, bem como, em razão da Lei nº 13.303/2016, aos deveres específicos relacionados à adstrição ao objeto social e à função social das estatais. Submetem-se igualmente a uma série de obrigações adicionais previstas no art. 14, da Lei nº 13.303/2016, dentre as quais as de:

(i) fazer constar do Código de Ética e Integridade a vedação da divulgação, sem autorização pelo órgão competente, de informação que possa causar impacto na cotação dos títulos da estatal ou em suas relações com o mercado ou contratantes (inciso I);

(ii) preservar a independência do Conselho de Administração (inciso II);

(iii) observar a política de indicação na escolha dos administradores e membros do Conselho Fiscal (inciso III), nos termos da competência do Comitê Estatutário (art. 10).

Fica claro, portanto, que, além das regras específicas da Lei nº 13.303/2016, aplicam-se aos controladores de sociedades de economia mista os deveres e responsabilidades que a Lei nº 6.404/1976 atribui aos controladores em geral, motivo pelo qual são pertinentes à hipótese as

---

[2044] FRAZÃO, Ana. *Função social da empresa*. Repercussões sobre a responsabilidade civil de controladores e administradores de S.As. Rio de Janeiro: Renovar, 2011. p. 334-354.

considerações já expostas nos comentários aos arts. 115, 116 e 117, da Lei nº 6.404/1976, com eventuais adaptações, seja porque o controlador pode e deve exercer os seus poderes de modo a perseguir o interesse público específico que justificou a criação da própria sociedade de economia mista, seja porque o controlador exerce necessariamente função – e não direito subjetivo, liberdade ou qualquer outro tipo de situação jurídica de natureza privada – em todas as suas atribuições, inclusive o direito de voto[2045].

Com efeito, se o que justifica a criação de uma sociedade de economia mista é um interesse público diferenciado, o controle do empreendimento será claramente uma função pública, ao contrário das sociedades privadas, em que o poder de controle pode ser visto como a decorrência de um direito subjetivo ou liberdade, o que traz desafios adicionais para identificar o seu exercício abusivo, diante da necessidade de se preservar a autonomia privada inerente à livre iniciativa.

Todavia, no caso das estatais, o controlador é ente público[2046] no exercício de atividade administrativa de interesse público. Daí por que exerce função pública e não propriamente direitos subjetivos ou liberdades. Sendo o controle de uma estatal um poder-dever, o cuidado que se impõe ao gestor será ainda mais rigoroso do que aquele atribuído aos controladores de sociedades empresárias privadas.

Este ponto é importante porque, nas sociedades privadas, há diferença fundamental entre a posição de controlador e a posição de administrador. De fato, o acionista controlador tem interesse particular direto na gestão, na medida em que a participação societária lhe garante direitos subjetivos que podem ser exercidos em proveito próprio[2047]. De outro lado, os administradores são órgãos da companhia e, por isso, não podem agir em proveito próprio, na medida em que não exercem direito subjetivo, mas competências funcionais decorrentes dos poderes a si atribuídos para o atendimento de interesses de outrem[2048]. Ao contrário do acionista, o administrador não busca o lucro por meio da comunhão societária, sendo impedido de buscar benefícios pessoais no exercício de sua função.

Com isso, ao menos no que diz respeito às sociedades privadas, espera-se maior rigor no regime de responsabilidade dos administradores do que no regime dos acionistas controladores, tendo em vista a necessidade de compatibilização entre a dimensão individual do exercício de seus direitos subjetivos e a dimensão concernente à comunhão social.[2049]

No entanto, tais considerações não se aplicam às sociedades de economia mista, motivo

---

[2045] Nas companhias privadas, entende-se que o controlador exerce direito subjetivo, podendo exercer seus poderes com vista à realização dos seus interesses pessoais, desde que compatíveis com o interesse social. Ver FRAZÃO, Ana *Função social da empresa*. Repercussões sobre a responsabilidade civil de controladores e administradores de S.As. Rio de Janeiro: Renovar, 2011. p. 286-291.

[2046] Deve ser lembrado que as sociedades de economia mista podem ser controladas por ente privado pertencente à administração indireta, caso em que se aplicaria mais facilmente o regime das sociedades privadas em relação ao controlador, com as devidas adaptações.

[2047] FRAZÃO, Ana. *Função social da empresa*. Repercussões sobre a responsabilidade civil de controladores e administradores de S.As. Rio de Janeiro: Renovar, 2011. p. 252.

[2048] Como bem demonstra Menezes Cordeiro (A lealdade no direito das sociedades. Ordem dos Advogados de Portugal. Disponível em: http://www.ao.pt/Conteudos/Artigos/detalhe_artigo.aspex?idsc=30777&idsc=54103&ida=54129. Acesso em: 02 ago. 2007), a relação de administração é, antes de tudo, uma prestação de serviços que consiste na gestão de bens alheios, o que pressupõe uma específica lealdade de natureza fiduciária, e de forma que "todos os poderes que lhes sejam concedidos devem ser exercidos não no seu próprio interesse, mas por conta da sociedade". Em sentido próximo, salienta Majo (*Los deberes de los administradores de la sociedad anônima*. Madrid: Editorial Civitas, 1996. p. 46) que os administradores desempenham função, motivo pelo qual estão obrigados a exercer o cargo perseguindo exclusivamente o interesse social. Não é sem razão que Bulgarelli (Apontamentos sobre a responsabilidade dos administradores das companhias. *Revista de Direito Mercantil, Industrial, Econômico e Financeiro*, v. 22, n. 50, p. 75-105, abr./jun. 1983. p. 87) classifica as atribuições dos administradores como poderes-deveres, que são atribuídos ao sujeito para a tutela de interesses superiores ou alheios, que, no caso, são os da companhia. Mantilla Molina (La responsabilidad de los administradores de las sociedades anonimas. *Boletin del Instituto de Derecho Comparado de Mexico*, v. 7, n. 20/21, p. 43-60, maio/dez. 1954. p. 43) chega a definir os administradores como servidores da companhia.

[2049] FRAZÃO, Ana. *Função social da empresa*. Repercussões sobre a responsabilidade civil de controladores e administradores de S.As. Rio de Janeiro: Renovar, 2011. p. 253.

pelo qual, em relação a elas, o regime jurídico dos controladores, em termos de deveres e responsabilidades, será o mesmo regime dos administradores.[2050]

Não se questiona que as pessoas jurídicas de direito público têm também seus próprios interesses. Contudo, o chamado "interesse estatal", ou seja, interesse da controladora enquanto personificação do Estado, não pode ser atendido em detrimento do interesse da companhia, isto é, do interesse público que justificou a sua criação,[2051] nem em detrimento dos interesses protegidos pela ordem econômica constitucional, os quais não poderão sofrer danos injustificáveis ou desproporcionais.

Dessa maneira, o controlador tem o compromisso fundamental de buscar o interesse da companhia observando, dentro do possível, os deveres de cuidado em relação aos demais interesses que se projetam sobre a empresa. Daí por que uma primeira e importante hipótese de abuso de poder de controle é não atender, por ação ou omissão, ao interesse da empresa estatal, hipótese em que os maiores prejudicados são a própria estatal, na condição de pessoa jurídica, e seus acionistas.

Por outro lado, o compromisso com o interesse da estatal também não autoriza os controladores a buscá-los por quaisquer meios ou a qualquer preço, pois eles não podem ser indiferentes aos reflexos da gestão sobre os princípios constantes do art. 170, da Constituição. O controlador, assim, deve exercer seus poderes de forma moderada e proporcional, sob pena de ser responsável pelos danos injustificáveis ou desproporcionais causados aos demais interesses que se projetam sobre a empresa. Nesta hipótese, o abuso de poder de controle trará prejuízos não propriamente à estatal ou a seus acionistas, mas a terceiros ou a direitos difusos, como o meio ambiente.

2. Orientação das atividades em vista do interesse público

Fábio Ulhoa Coelho

A sociedade de economia mista é um dos instrumentos jurídicos apropriados para o Estado explorar atividade econômica empresarial, nas hipóteses em que a Constituição o permite (CF, art. 173, *caput*). A outra opção é a *empresa pública*. Estas entidades da administração indireta, quando exploram atividade econômica empresarial, sujeitam-se às mesmas normas de direito privado aplicáveis aos particulares (CF, art. 173, II), exceto quanto a uma específica condição para a sua criação, que é a necessidade de autorização legal (CF, art. 37, XIX).

Optando o Poder Público pela figura da sociedade de economia mista, inevitavelmente passa a se sujeitar às normas do direito societário; especificamente, às da Lei n. 6.404/76, à medida que toda sociedade de economia mista adotará forçosamente a forma de uma sociedade anônima (Decreto-Lei n. 200/67, art. 5º, III). Note-se que, mesmo não se destinando a sociedade de economia mista exatamente à exploração de atividade econômica pelo Estado, mas, sim, à organização de serviços classificados juridicamente como públicos, a sujeição ao direito societário também é decorrência inescapável da opção por este instituto.

Entre as normas de direito societário a que passa a se sujeitar a Administração Pública, ao constituir uma sociedade de economia mista, avultam as pertinentes ao exercício do poder de controle. O Poder Público tem, como controlador da sociedade de economia mista, os mesmos deveres e responsabilidades atribuídos pela LSA ao acionista titular do poder de controle de qualquer companhia privada. É o que dispõe a *primeira parte* do art. 238 da LSA: "a pessoa jurídica que controla a companhia de economia mista tem os deveres e responsabilidades do acionista controlador (arts. 116 e 117) [...]". Esta disposição, que equipara, para todos os efeitos, o controlador Poder Público ao privado é corolário necessário da imposição constitucional de sujeição da sociedade de economia mista destinada à exploração de atividades econômicas às normas do direito privado (CF, art. 173, II).

Quando se trata, portanto, de responsabilização por abuso do poder de controle de uma sociedade anônima, o Poder Público está sujeito às mesmas regras, de direito privado, aplicáveis a qualquer outro acionista controlador.

[2050] Apenas naquelas sociedades em que o Estado tem mera participação se poderia cogitar de direitos subjetivos, a exemplo do que acontece com os bens dominicais.

[2051] GUERREIRO, José Alexandre Tavares. Conflitos de interesse entre sociedade controladora e controlada e entre coligadas, no exercício do voto em assembleias gerais e reuniões sociais. *Revista de direito mercantil, industrial, econômico e financeiro*, v. 22, n. 51, p. 29-32, jul./set. 1983, p. 32.

Note-se que o art. 238 da LSA, em sua *segunda parte*, contém o que, à primeira vista, poderia soar como uma ressalva à responsabilização da Administração Pública, como acionista controladora da sociedade de economia mista, por abuso do poder de controle. Confira-se: "a pessoa jurídica que controla a companhia de economia mista [...] poderá orientar as atividades da companhia de modo a atender ao interesse público que justificou a sua criação".

Esta ressalva restringe a maximização de lucros como objetivo principal da sociedade de economia mista, fazendo-a ceder à concretização do interesse público que justificou a criação desta pessoa jurídica.[2052] A maximização de lucros é, claro, *sempre* perseguida pelas empresas privadas, definindo até mesmo a essência destas, mas, no âmbito da sociedade de economia mista, ela tem nítido lugar secundário. O investidor privado que adquire ações de emissão da sociedade de economia mista sabe que não poderá responsabilizar o Poder Público controlador, caso a sociedade anônima seja envolvida em atividades menos lucrativas ou até mesmo deficitárias, se a tanto corresponder o atendimento do interesse público que justificou a sua criação.[2053] Deve-se enfatizar de modo acentuado que a ressalva em questão apenas exonera o Poder Público de responsabilidade, pelos atos praticados na condição de acionista controlador, quando estes se destinam à concretização do interesse público *específico* que justificou a criação *daquela* sociedade de economia mista em particular.

O atendimento a interesses diversos, ainda que mais amplos ou relevantes, ainda que igualmente públicos, não está abrangido pela ressalva da segunda parte do art. 238 da LSA.[2054] Quer dizer, não se pode interpretar o art. 238, segunda parte, da LSA, como se nela houvesse uma autorização para o *desvio de poder*. A Administração Pública não pode se valer do instrumento legalmente criado para a realização de um específico interesse público para buscar, com ele, perseguir outro interesse, ainda que também público.[2055] E, aqui, é irrelevante a classificação dos interesses públicos envolvidos como primários ou secundários: definindo a lei que uma determinada sociedade de economia mista deve ser criada para zelar por certo interesse público, de qualquer destas naturezas, ela não poderá ser desviada de sua finalidade, ainda que se tenha em mira um outro interesse público, de mesma ou de diferente categoria.

Não acolhendo, nem podendo acolher, a ressalva uma autorização para o *desvio de poder*, somente se encontram ao abrigo dela os atos da Administração Pública, na condição de acionista controladora de uma sociedade de economia mista, se o interesse público perseguido ou realizado disser respeito especificamente ao interesse público que justificou a criação desta sociedade anônima. O art. 238, *in fine*, da LSA não isenta de responsabilidade o acionista controlador pela prática de atos que envolveram a sociedade de economia mista na concretização de *outro* ou *outros* interesses públicos. Ademais, sendo o

---

[2052] É mais uma manifestação da natureza de poder-dever a revestir o poder de controle acionário, posto que, na verdade, o Poder Público não tem a faculdade de orientar a companhia de economia mista senão para a realização do interesse público que justificou a sua criação. Como ressalta Fran Martins: "[C]omo sociedades mercantis que são, as companhias de economia mista devem atender aos interesses particulares dos acionistas, mas devem igualmente levar em conta o interesse público que justificou a sua criação. Esse fato não constitui uma simples faculdade, como declara a lei, ao usar as palavras '*mas poderá*' e sim um *dever*, visto como, para autorizar a criação da sociedade de economia mista, deve o Estado possuir razões de interesse geral que necessita preservar" (*Comentários à lei das S.A.* 2. ed. Rio de Janeiro: Forense, 1985. v. 3. p. 215).

[2053] Cfr. COELHO, Fábio Ulhoa. *Novo manual de direito comercial.* 29. ed. São Paulo: RT, 2017. p. 232/233.

[2054] Elucida Nelson Eizirik: "as políticas públicas e sociais atendidas pela atuação do Estado como acionista controlador somente são aquelas que justificaram a instituição da sociedade de economia mista; caso contrário, ficará caracterizado o abuso do poder de controle. Não é aceitável, exemplificando, que se determine o 'congelamento' do preço de bens produzidos por determinada sociedade de economia mista, reduzindo a sua margem de lucro frente às concorrentes, com vistas a combater a inflação" (*A lei das S/A comentada.* 2. ed. São Paulo: Quartier Latin, 2015. v. 4. p. 205).

[2055] Na lição de Celso Antonio Bandeira de Mello: "[H]á desvio de poder e, em consequência, nulidade do ato, por violação da *finalidade legal*, tanto nos casos em que a atuação administrativa é estranha a qualquer finalidade pública quanto naqueles em que 'o fim perseguido, se bem que de interesse público, não é o fim preciso que a lei assinalava para tal ato'. É que a lei, ao habilitar uma dada conduta, o faz em vista de um certo escopo. Não lhe é indiferente que se use, para perseguir dado objetivo, uma ou outra competência, que se estribe em uma ou outra atribuição conferida pela lei, pois, na imagem feliz do precitado Caio Tácito: 'a regra de competência não é um cheque em branco'" (*Elementos de direito administrativo.* 13. ed. São Paulo: Malheiros, 2001. p. 78).

Art. 238 — Fábio Ulhoa Coelho

acionista controlador um verdadeiro órgão da estrutura administrativa da companhia,[2056] o abuso do poder de controle não se veicula sempre por meio do exercício do direito de voto na assembleia. Há formas de abusividade, pelas quais igualmente responde o controlador, que se manifesta fora da instância assemblear. É o caso em que o controlador orienta (*rectius*, determina) aos administradores por ele eleito a procederem de uma determinada maneira, no cumprimento de suas funções como conselheiros ou diretores. Neste momento, o acionista controlador não externa nenhum voto, tampouco formaliza por qualquer outro modo sua determinação. Mas, tendo o poder de imediatamente substituir o administrador que não o obedeça, acaba por se valer deste para dirigir os negócios sociais. Se abusar do seu poder de controle no contexto desta informalidade, terá responsabilidade pelos danos que resultar de seu ilícito.[2057]

De qualquer modo, em razão da ressalva legal contida no art. 238, *in fine*, o acionista minoritário de uma sociedade de economia mista não pode reclamar do acionista controlador quando este, orientando os negócios da companhia, envolve-a em atividades pouco lucrativas ou mesmo deficitárias, se a exploração destas estiver em consonância com os objetivos que justificaram a criação da entidade de administração indireta, isto é, com o atendimento ao interesse público *específico* de realização do objeto social desta sociedade.

Encontra-se um claro exemplo de aplicação do art. 238 da LSA nas vezes em que a União se valeu do controle exercido sobre a Petrobras para impedir que aumentos nos preços dos combustíveis pressionassem a inflação. Claro, se eventualmente envolvesse a Petrobras na exploração de um poço de petróleo deficitário, com vistas a assegurar o interesse público que justificou a sua criação, a União não responderia pelos prejuízos que esta sociedade de economia mista sofresse, em vista da autorização legal constante da parte final do art. 238 da LSA. Quando, porém, a União se valeu da Petrobras como instrumento de política monetária, orientando as atividades da sociedade de economia mista de modo que os preços dos combustíveis permanecessem em patamares inferiores aos praticados no mercado, com o assumido objetivo de contenção do processo inflacionário, ela incorreu em abuso do poder de controle. Exerceu seu poder-dever de modo abusivo por submeter a Petrobras a desvio de poder.[2058]

O objetivo da Petrobras não é servir de instrumento de política monetária. Não foi para atender ao interesse público de controle da inflação que a lei criou esta sociedade de economia mista. Por isso, a ressalva da parte final do art. 238 da LSA não dá guarida à prática abusiva da União, quando conteve os preços dos combustíveis oferecidos no mercado pela Petrobras visando impedir que o aumento destes pudesse pressionar a inflação. A União é a responsável, na condição de acionista controladora, porque caracteriza desvio de poder a instrumentalização indevida da Petrobras para propósitos da política monetária nacional, que são absolutamente estranhos ao objeto social da companhia.

O cerne da questão, destaque-se, consiste em identificar, a partir do objeto social da

---

[2056] Fábio Konder Comparato e Calixto Salomão Filho ponderam: "na economia da nova sociedade anônima, o controlador se afirma como seu mais recente órgão, ou, se preferir a explicação funcional do mecanismo societário, como o titular de um novo cargo social. Cargo, em sua mais vasta acepção jurídica, designa um centro de competência, envolvendo uma ou mais funções" (*O poder de controle na sociedade anônima*. 5. ed. Rio de Janeiro: Forense, 2008. p. 141).

[2057] Ensina Modesto Carvalhosa: "[P]ara a configuração do abuso ou desvio de poder, não há necessidade do exercício do direito de voto, embora possa ele dar-se também nesse momento. Sendo o controle um órgão da companhia, a responsabilidade vai além do voto" (*Comentários à lei de sociedades anônimas*. 5. ed. São Paulo: Saraiva, 2011. v. 2. p. 606).

[2058] Como ressalta Modesto Carvalhosa: "[C]aracteriza-se *abuso de poder do controlador* – pessoa de direito público – encaminhar a sociedade de economia mista para o atendimento de interesses dos aparelhos do Estado e de seus agentes. Aí reside o limite do uso ou abuso do controle por parte do Poder Público. A sociedade de economia mista voltada para si mesma, por representar os interesses corporativos dos aparelhos do Estado que a contratou, configura desvio de finalidade. Nesse caso, ocorre *desvio de poder*, figura típica do direito público e, portanto, inteiramente aplicável ao ente público controlador da sociedade de economia mista. E o *desvio de finalidade* caracteriza-se quando o controlador, embora observando a estrutura da sociedade de economia mista, desvirtua as finalidades de atendimento do interesse coletivo para o qual foi criada" (*Comentários à lei de sociedades anônimas*. 5. ed. São Paulo: Saraiva, 2011. v. 4, t. I. p. 438-439).

Petrobras,[2059] qual foi o "interesse público que justificou a sua criação", conforme a dicção do art. 238, segunda parte, da LSA. A Petrobras foi criada pela Lei n. 2.004/53, que, além de estabelecer o monopólio da União sobre "a pesquisa e a lavra das jazidas de petróleo e outros hidrocarbonetos fluídos e gases raros, existentes no território nacional, a refinação do petróleo nacional ou estrangeiro e o transporte marítimo do petróleo bruto de origem nacional ou de derivados de petróleo produzidos no País, e bem assim o transporte, por meio de condutos, de petróleo bruto e seus derivados, assim como de gases raros de qualquer origem", definiu que este seria exercido, no plano da execução, por meio de uma sociedade por ações, a Petrobras. O art. 6º da lei de criação define o objeto da Petrobras: "A Petróleo Brasileiro S. A. terá por objeto a pesquisa, a lavra, a refinação, o comércio e o transporte do petróleo proveniente de poço ou de xisto – de seus derivados bem como de quaisquer atividades correlatas ou afins".

O monopólio da União e a obrigatória participação da Petrobras na execução das atividades monopolizadas instituídas pela lei em 1953 foram elevadas à condição de normas constitucionais em 1988. Em 1995, o sistema foi suavizado por emendas constitucionais, de modo que, embora a União permaneça titulando o monopólio das principais atividades petrolíferas, estas podem ser exercidas, mediante concessão, por "empresas estatais ou privadas" (CF, art. 177). A efetiva competição, no setor petrolífero, entre concessionárias particulares ainda não está consolidada,[2060] desfrutando a Petrobras de posição proeminente no mercado. Os preços por ela praticados ainda são os que definem o mercado.

De qualquer modo, para eliminar a incongruência entre a legislação ordinária e os preceitos constitucionais após as alterações de 1995, revogou-se a lei de criação da Petrobras pela chamada "Lei do Petróleo" (Lei nº 9.478/1997), que, em seu art. 61 dispõe: "a Petróleo Brasileiro S.A. – PETROBRAS é uma sociedade de economia mista vinculada ao Ministério de Minas e Energia, que tem como objeto a pesquisa, a lavra, a refinação, o processamento, o comércio e o transporte de petróleo proveniente de poço, de xisto ou de outras rochas, de seus derivados, de gás natural e de outros hidrocarbonetos fluidos, bem como quaisquer outras atividades correlatas ou afins, conforme definidas em lei". O Estatuto Social da Petrobras, a seu turno, estabelece o objeto social nos seguintes termos: "Art. 3º A Companhia tem como objeto a pesquisa, a lavra, a refinação, o processamento, o comércio e o transporte de petróleo proveniente de poço, de xisto ou de outras rochas, de seus derivados, de gás natural e de outros hidrocarbonetos fluidos, além das atividades vinculadas à energia, podendo promover a pesquisa, o desenvolvimento, a produção, o transporte, a distribuição e a comercialização de todas as formas de energia, bem como quaisquer outras atividades correlatas ou afins". Em vista destas disposições legais e estatutárias, de um modo geral, pode-se dizer que a "*segurança energética*" é o interesse público que justificou a criação da Petrobras.[2061]

[2059] Segundo Mario Engler Pinto Jr., "quando se trata de definir a missão pública inerente à companhia controlada pelo Estado, a autorização legislativa exigida para sua constituição desempenha papel fundamental. A rigor, a lei instituidora deveria detalhar os propósitos e as principais linhas de ação da empresa estatal, de modo a facilitar o exercício do controle finalístico. [...] A omissão legislativa em apontar concretamente o interesse público que justificou a criação da sociedade de economia mista, na esteira do artigo 238 da Lei nº 6.404/76, não significa ausência de qualquer missão pública, nem tampouco a permissão implícita para agir com a mesma lógica maximizadora da empresa privada" (*O Estado como acionista controlador*. Tese de doutorado aprovada na USP. São Paulo, 2009, p. 284 e 293).

[2060] Carlos Ari Sundfeld aponta as dificuldades: "Para implantar a competição, não basta a simples abertura do mercado. É preciso utilizar instrumentos fortes para garantir o espaço dos novos empreendedores. Entra aqui o direito de acesso à estrutura vital para desenvolver sua respectiva atividade. Neste sentido, a Lei do Petróleo e sua regulamentação procuraram criar obrigações especialíssimas aos donos das instalações de infraestrutura de transporte, especialmente os condutos e os terminais. Para haver competição na importação ou na exportação, por exemplo, é preciso amplo acesso às vias de transporte. A implantação do projeto liberalizador seria dificultada ou retardada caso a implementação da competição dependesse dos próprios agentes econômicos envolvidos nas etapas da indústria do petróleo construírem suas infraestruturas de transporte. Isso levou a que o setor de transporte fosse eleito como um dos focos da intervenção regulatória, com o intuito de implementar a *livre competição*" (*Direito administrativo econômico*. São Paulo: Malheiros-SBDP, 2000. p. 395).

[2061] A noção de "segurança energética" resume tanto a questão de segurança nacional, propriamente dita, que explica a notável presença de militares nos primórdios da concepção da Política Nacional do Petróleo, quanto a questão relacionada à industrialização do país. Conforme Gilberto Bercovici, "o peso do petróleo e derivados sobre a pauta de

Assim sendo, tudo que a União fizer, enquanto controladora da Petrobras, de que resulte o envolvimento desta sociedade de economia mista em decisões que realizam o específico interesse público da *segurança energética*, encontra-se ao abrigo da parte final do art. 238 da LSA, no sentido de poupá-la de qualquer responsabilidade caso os negócios sociais não acabem, na hipótese, seguindo orientação puramente empresarial. Do mesmo modo, tudo que a União fizer, como controladora da Petrobras, que não representar a realização do interesse público específico que justificou a sua criação (*segurança energética*), não se poderá abrigar na parte final do art. 238 da LSA. E, friso, não se poderá abrigar na referida ressalva legal, ainda que as atividades atendam a *outro* interesse público (combate à inflação).[2062]

Basta não ser congruente com o interesse público específico que justificou a criação da Petrobras, para se caracterizarem o desvio de finalidade, o desvio de poder e o abuso do poder de controle, sendo irrelevante se as atividades em questão eventualmente atendem a outro interesse público ou mesmo a interesse público nenhum. Não se faz necessário sequer entrar, aqui, no mérito da maior ou menor eficiência do combate à inflação mediante controle, direto ou indireto, de preços. É, na verdade, irrelevante decidir o quanto, numa economia de livre iniciativa e concorrência, a intromissão do Estado no preço praticado pelos agentes econômicos pode levar realmente a resultados consistentes no combate ao processo inflacionário, quando se trata de discutir a responsabilidade da União. É inequívoco o exercício abusivo do poder de controle da União sobre a Petrobras, ao declaradamente adotar, na orientação geral dos negócios sociais, a contenção do preço da gasolina, com propósitos absolutamente estranhos às finalidades de interesse público que justificou a criação desta sociedade de economia mista, quais sejam, o de municiar a política monetária nacional de combate à inflação. A União, em suma, adotou nessas oportunidades "políticas ou decisões" cujo fim era estranho ao "interesse da companhia",[2063] conduta está legalmente listada como exemplo de

---

importações brasileira, em tempos tumultuados que antecediam a eclosão de mais uma guerra mundial, adquire grande importância. Tratar de petróleo não dizia respeito apenas ao equilíbrio da balança comercial, mas também à dependência nacional em relação ao suprimento de produtos básicos para o processo de industrialização, para o sistema de transporte e comunicações e para a própria defesa do país. É neste contexto que os militares passam, também, a se preocupar com a questão petrolífera"; por outro lado, "a política nacional do petróleo, assim como a dos recursos minerais, desde a nacionalização do subsolo na década de 1930, foi concebida e estruturada para ser um dos instrumentos do processo de industrialização do país. A importância da questão do ferro e da siderurgia demonstram o quanto estas questões estão intrinsecamente ligadas desde os primórdios da República. A nacionalização dos recursos minerais em 1934 estava diretamente vinculada à instalação da indústria pesada no Brasil, a ser promovida pela siderurgia de grande porte, a partir de 1941, e pelo controle nacional sobre os recursos petrolíferos, instituído de forma autoritária em 1938 e reafirmado em melhores bases no início da década de 1950" (*Direito econômico do petróleo e dos recursos minerais*. São Paulo: Quartier Latin, 2011. p. 118 e 150).

[2062] Anota, com acerto, Mário Engler Pinto Jr.: "[A] interpretação da lei autorizativa [de criação da sociedade de economia mista] deve levar em conta que o interesse público societário possui dimensão específica, vale dizer, não se trata de qualquer interesse público (primário ou secundário), mas apenas aquele que justificou a criação da companhia. Havendo ambiguidade, deve prevalecer o entendimento restritivo, sob pena de desvirtuar os objetivos institucionais da empresa estatal. De todo modo, a revelação do interesse público incorporado na empresa estatal não depende necessariamente da intervenção do Estado como acionista controlador, podendo ser desvendada por iniciativa dos administradores sociais" (*O Estado como acionista controlador*. Tese de doutorado aprovada na USP. São Paulo, 2009. p. 293).

[2063] Destaca Nelson Eizirik: "Ao constituir determinada empresa estatal, o Estado visa à produção de determinado bem ou serviço, para atender algum objetivo de política pública, ou porque o capital privado não tem condições ou interesse em produzi-lo, ou, ainda, porque se decidiu excluir aquela atividade produtiva da esfera privada. Ocorre que, frequentemente, o Estado atribui-lhe objetivos complementares, não necessariamente vinculados aos que inspiraram sua instituição, como praticar preços inferiores aos de mercado, gerar empregos, ou promover o desenvolvimento de determinada região. Ademais, verifica-se a utilização da estatal para desenvolver políticas clientelísticas de governo, como, por exemplo, orientar operações de crédito ou de compras para atender interesses específicos ou adotar, em relação a seus empregados, políticas de remuneração e benefícios fora dos padrões de mercado. A implementação de tais objetivos complementares de governo, não inseridos no objeto social da sociedade de economia mista, pode constituir abuso do poder de controle, por caracterizar a adoção de políticas ou decisões que não tenham por fim o interesse da companhia e visam a causar prejuízos aos acionistas minoritários e investidores (artigo 117, § 1º, alínea 'c')" (*A lei das S/A comentada*. 2. ed. São Paulo: Quartier Latin, 2015. v. 3 p. 205-206).

abuso do poder de controle de sociedade anônima, pelo art. 117, § 1º, c, da LSA.

3. Abuso de poder de controle nas sociedades de economia mista

Ana Frazão

Em relação às empresas estatais, já se viu que os seus controladores não podem levar em consideração qualquer outro interesse que não seja o da própria companhia, sob pena de incorrerem em abuso do poder de controle.

Nesse sentido, aplicam-se às sociedades de economia mista não apenas as previsões do art. 115, da Lei nº 6.404/1976, que não descrevem taxativamente as condutas qualificáveis como voto abusivo ou voto conflitante, mas também o art. 117 da Lei nº 6.404/1976, segundo o qual "o acionista controlador responde pelos danos causados por atos praticados com abuso de poder", trazendo relação de condutas vedadas que correspondem aos casos mais evidentes de abuso.

É evidente a sobreposição entre os arts. 115 e 117, tendo em vista que grande parte das condutas abusivas descritas pelo § 1º, do art. 117, somente pode se verificar no exercício do direito de voto. Além disso, a cláusula geral constante do art. 117 reforça a conclusão segundo a qual o rol de condutas vedadas não é taxativo, razão pela qual é possível a configuração do abuso nas modalidades culposa e por omissão[2064].

Por fim, não é demais ressaltar que a violação ao art. 116, da Lei nº 6.404/1976, pode ser igualmente considerada como abuso de poder de controle, tal como inclusive já reconhecido pelo art. 246, da Lei nº 6.404/1976.

Acrescente-se, ainda, que o exame dos arts. 115 a 117, da Lei nº 6.404/1976, mostra que a responsabilidade do controlador por abuso de poder é de natureza subjetiva, no sentido de se exigir a reprovabilidade da conduta, como já se demonstrou nos comentários ao art. 117, da Lei nº 6.404/1976.

De tudo que foi visto, é fácil verificar que a Lei nº 6.404/1976 já contém importante base normativa para a apuração do abuso dos controladores de sociedades de economia mista e mesmo de empresas públicas que não adotam o modelo da sociedade por ações, tendo em vista que a Lei nº 6.404/1976 acaba lhes sendo aplicável, mesmo que por analogia.

Talvez até por isso a Lei nº 13.303/2016 tenha sido sucinta nessa parte, limitando-se a prever, no artigo 15, que "O acionista controlador da empresa pública e da sociedade de economia mista responderá pelos atos praticados com abuso de poder, nos termos da Lei 6.404, de 15 de dezembro de 1976." Dessa maneira, manteve-se, para todos os efeitos, o regime de responsabilidade civil subjetiva já previsto na Lei nº 6.404/1976, ficando muito claro agora que ele é diretamente aplicável não só às sociedades de economia mista, mas também às empresas públicas, qualquer que tenha sido o tipo societário adotado por estas.

Apenas é importante reforçar que, além das infrações aos arts. 116 e 117, da Lei nº 6.404/1976 – hipóteses tradicionais de abuso de poder de controle –, podem ser consideradas infrações do controlador a violação reprovável de todas as regras específicas previstas na Lei nº 13.303/2016 que causem danos à estatal, aos seus acionistas ou a terceiros.

Por fim, é importante ressaltar que a Lei nº 13.303/2016 previu duas importantes questões para a operacionalização da responsabilidade civil do controlador por abuso. No § 1º, do art. 15, afirma que "A ação de reparação poderá ser proposta pela sociedade, nos termos do *art. 246 da Lei 6.404, de 15 de dezembro de 1976*, pelo terceiro prejudicado ou pelos demais sócios, independentemente de autorização da assembleia-geral de acionistas". Ao se referir ao artigo 246, fica claro que a ação de reparação pode ser ajuizada por acionistas que representem 5% (cinco por cento) ou mais do capital social ou qualquer acionista, desde que preste caução pelas custas e honorários de advogado devidos no caso de vir a ação ser julgada improcedente.

Como se pode observar, a lei autoriza a ação de responsabilidade contra o controlador, a ser movida pela própria companhia estatal, pelos terceiros prejudicados e pelos demais sócios. Quando a própria companhia sofre o dano direto decorrente do abuso do controlador, é ela quem tem legitimidade para a ação de responsabilidade, podendo os acionistas que atendam aos requisitos do artigo 246 agir como substitutos processuais da companhia.

Ao contrário da Lei nº 6.404/1976, a Lei das Estatais não faz distinção entre quando o acionista age em nome próprio diante de dano direto

---

[2064] FRAZÃO, Ana. *Função social da empresa*. Repercussões sobre a responsabilidade civil de controladores e administradores de S/As. Rio: Renovar, 2011. p. 327-329.

sofrido por ele, quando sempre terá legitimidade ativa, e quando age como substituto processual da companhia, diante de dano direto sofrido por esta, quando a sua legitimidade está condicionada aos requisitos descritos na lei. Somente se cogita da ação movida por sócios em nome e interesse próprios em razão de danos diretos sofridos por estes, o que também pode ocorrer em relação aos terceiros, como já se viu nos comentários ao art. 159, da Lei nº 6.404/1976, que obviamente se aplica às sociedades de economia mista.

Por fim, a Lei nº 13.303/2016 previu um prazo de prescrição mais generoso do que o previsto na Lei nº 6.404/1976 para as ações de responsabilidade civil contra administradores, ao determinar, no § 2º do art. 15, que "Prescreve em 6 (seis) anos, contados da data da prática do ato abusivo, a ação a que se refere o § 1º".

4. O abuso do poder de controle a partir da violação dos deveres fundamentais dos controladores

Ana Frazão

Como já se viu, a Lei nº 13.303/2016 não inovou no que diz respeito aos critérios de identificação do abuso do poder de controle, adotando o regime já previsto na Lei nº 6.404/1976. Ocorre que tal regime precisa ser adequadamente compreendido, uma vez que, além dos arts. 115 a 117, da Lei nº 6.404/1976, existem outros importantes dispositivos que ajudam a delimitar a sua real extensão.

Com efeito, a compreensão do abuso de poder de controle só fica completa quando se adiciona ao que já foi visto a violação dos principais deveres dos controladores, notadamente os de diligência, lealdade e informação. Tais deveres são também importantes referências para ajudar o intérprete a densificar a extensão dos arts. 115 a 117, da Lei nº 6.404/1976.

Embora a Lei nº 6.404/1976 priorize o tratamento dos deveres dos administradores, já se viu que, especialmente no que diz respeito às estatais, o regime jurídico dos controladores é o mesmo. Daí por que os deveres essenciais dos administradores se aplicam igualmente aos controladores.

O dever de lealdade conecta-se intimamente com o interesse social, constituindo-se como cláusula geral que permite a evolução do Direito Societário e sua adaptação a novos fatos e, também, como fonte de uma série de condutas vedadas que densificam a cláusula geral em regras de comportamento que pretendem evitar a ação do controlador em detrimento do interesse da companhia.[2065] Note-se que a quebra dos deveres de lealdade nem sempre está associada a danos ao patrimônio social, mas a situações nas quais o gestor age, "de forma comissiva ou omissiva, com base em interesses próprios ou de terceiros, em detrimento do interesse da companhia".[2066] É por essa razão que, em casos de violação ao dever de lealdade, o controlador tem a obrigação não apenas de ressarcir o dano, mas de devolver o benefício indevido.[2067]

Já o dever de diligência é o primeiro a ser imposto aos gestores das companhias, tendo-se como parâmetro os padrões de cuidado todo homem ativo e probo costuma empregar na administração de seus negócios (Lei nº 6.404/1976, art. 153). Trata-se de dever de grande fluidez, que deve ser verificado de forma casuística, considerando fatores como o tamanho da companhia, a natureza de suas atividades, a forma de estruturação da administração e o tempo e as circunstâncias em que a decisão foi tomada.[2068]

O referido dever impõe que controladores ajam apenas se detiverem as informações necessárias para tanto, o que dependerá da complexidade da questão envolvida e do tempo para a tomada da decisão. Dessa maneira, sustenta-se que o conteúdo mínimo do dever de diligência é o dever de agir informado.[2069]

Apesar de haver muitas controvérsias a respeito da real extensão do dever de diligência, é

[2065] FRAZÃO, Ana. *Função social da empresa*. Repercussões sobre a responsabilidade civil de controladores e administradores de S/As. Rio: Renovar, 2011. p. 334-354.

[2066] FRAZÃO, Ana. *Função social da empresa*. Repercussões sobre a responsabilidade civil de controladores e administradores de S/As. Rio: Renovar, 2011. p. 338-339.

[2067] FRAZÃO, Ana. *Função social da empresa*. Repercussões sobre a responsabilidade civil de controladores e administradores de S/As. Rio: Renovar, 2011. p. 321.

[2068] FRAZÃO, Ana. *Função social da empresa*. Repercussões sobre a responsabilidade civil de controladores e administradores de S/As. Rio: Renovar, 2011. p. 353-354.

[2069] Ver: FRAZÃO, Ana. Dever de diligência: novas perspectivas em face de programas de *compliance* e de atingimento de metas. *Jota*, 15 fev. 2017. Disponível em: http://jota.info/colunas/constituicao-empresa-e-mercado/

inequívoco que a Lei nº 13.303/2016 pretendeu atribuir-lhe importante dimensão organizacional, a fim de incluir em seu âmago a necessidade de estruturação empresarial de maneira compatível com as atividades da companhia e com o risco por ela assumido.[2070] Daí a necessidade de que controladores e administradores estruturem as organizações segundo padrão de integridade capaz de prevenir a ocorrência de ilícitos e, além disso, identificá-los e endereçá-los de forma adequada.

Na verdade, a Lei das Estatais criou, em seu art. 6º, "núcleo duro" de gestão e organização para todas as empresas estatais, estruturando-se em quatro regimes básicos: (i) o de governança corporativa, referente aos mecanismos de que dispõe a estatal para lidar com conflitos atuais ou potenciais a serem enfrentados pela empresa, de modo a orientar decisões estratégicas; (ii) o de transparência, ampliando e pormenorizando obrigações destinadas a restringir e controlar a discricionariedade dos gestores; (iii) o de gestão de riscos e controle interno, compreendendo a adoção de código de conduta e integridade (*compliance*) por meio do qual se demonstre o comprometimento da empresa – e especialmente da alta administração – com a prevenção ao cometimento de ilícitos; e (iv) o regime organizativo, por meio do qual se instituem órgãos obrigatórios como o Conselho de Administração, o Comitê de Auditoria Estatutário, o "comitê de elegibilidade" e o Conselho Fiscal.

Observe-se, portanto, que a Lei nº 13.303/2016 traz previsões específicas destinadas a aumentar o cuidado com a utilização de receitas e a promover a adoção de políticas de gestão das estatais que se justifiquem diante do objeto social e do interesse social da companhia, sem perder de vista os interesses da comunhão acionária e necessidade de manutenção lucrativa da atividade empresarial.[2071] No caso das estatais, o dever de diligência ganha importância acentuada em razão dos diversos mecanismos de controle e gestão trazidos pela Lei nº 13.303/2016, como já se demonstrou.

Não é por outra razão que o art. 14, da Lei nº 13.303/2016, ao descrever rol de deveres a serem observados pelo acionista controlador das empresas estatais, concentra-se em diretrizes relacionadas à manutenção da empresa e à garantia da transparência e probidade na gestão das estatais, a saber: (i) o cumprimento do Código de Integridade no que concerne à vedação à divulgação não autorizada de informações que possam causar impacto na cotação dos títulos da empresa e, assim, às suas relações com o mercado, consumidores e fornecedores; (ii) a preservação da independência do Conselho de Administração e, com isso, a prevenção a intervenções indevidas da pessoa jurídica de direito público controladora; e (iii) a lisura na política de indicação de membros do Conselho Fiscal.

A enumeração de tais obrigações serve para demonstrar que, no caso da Lei das Estatais, o dever de diligência envolve também essencial caráter organizativo, na medida em que se exige do acionista controlador postura consentânea aos valores que o diploma pretende insculpir à gestão das estatais.

Com a ênfase conferida pela Lei nº 13.303/2016 ao *compliance* e à transparência, ganha importância o tema do abuso de poder de controle por omissão, possível sempre que os gestores deixam de cumprir deveres inerentes ao cargo, inclusive os referentes às normas de proteção destinadas à tutela da companhia, dos acionistas, dos empregados, consumidores e mesmo da comunidade.[2072] O abuso de controle por omissão será configurado sempre que houver o dever jurídico de atuar ou, ainda, obrigação jurídica de impedir evento danoso[2073].

---

dever-de-diligencia-15022017. Como sintetiza Maddalena Rabitti (*Rischio organizzativo e responsabilità degli amministratori*: Contributo allo studio dell'illecito civile. Milano: Giuffré, 2004. p. 144), o conteúdo mínimo do dever de diligência está contido no princípio de agir informado. Destaca-se que, com a expansão dos destinatários do dever de diligência, a informação deve abranger igualmente os dados referentes aos outros interesses e valores que devem ser realizados e tutelados pela atividade empresarial.

[2070] FRAZÃO, Ana. Dever de diligência: novas perspectivas em face de programas de compliance e de atingimento de metas *Jota*, 15 fev. 2017. Disponível em: http://jota.info/colunas/constituicao-empresa-e-mercado/dever-de-diligencia-15022017.

[2071] Nesse sentido, FRAZÃO, Ana. *Função social da empresa*. Repercussões sobre a responsabilidade civil de controladores e administradores de S/As. Rio: Renovar, 2011. p. 214-220.

[2072] *Função social da empresa*. Repercussões sobre a responsabilidade civil de controladores e administradores de S/As. Rio: Renovar, 2011. p. 263.

[2073] VISINTINI, Giovanna. *Trattato breve della Responsabilità Civile*. Padova: Cedam, 2005. p. 102.

As exigências da Lei das Estatais, assim, acrescentam-se ao já existente rol de deveres impostos aos gestores pela Constituição e pela Lei nº 6.404/1976, de modo a complementar o conjunto de normas que compõem o regime jurídico de responsabilidade civil de controladores e administradores.

5. Abordagem sistemática das regras de responsabilidade de controladores de estatais na Lei nº 13.306/2016 em conjunto com a Lei nº 6.404/1976

ANA FRAZÃO

A partir da análise do arcabouço normativo que corresponde ao regime de responsabilidade dos controladores, podem ser distinguidos três conjuntos básicos de normas a serem aplicadas às sociedades de economia mista:

(i) as cláusulas gerais que condicionam o poder de gestão – seja o controle, seja a administração – à função social da empresa (art. 116, parágrafo único, da Lei nº 6.404/1976 e art. 27, da Lei nº 13.303/2016) e ao princípio geral de vedação ao abuso (art. 117, *caput*, da Lei nº 6.404/1976), que encontra correspondência no art. 15, da Lei nº 13.303/2016;

(ii) os deveres gerais de diligência, lealdade e informação, que são expressos em relação aos administradores (arts. 153 a 157, da Lei nº 6.404/1976) e se aplicam igualmente aos controladores, guardadas as suas peculiaridades; e

(iii) um rol de condutas vedadas ou obrigatórias, tais como as verificadas no art. 117, da Lei nº 6.404/1976, e no art. 14, da Lei nº 13.303/2016.[2074]

Ao proibir determinadas condutas específicas, a lei se preocupa em facilitar a missão do intérprete diante de situações que já foram consolidadas, tanto na experiência doméstica quanto na internacional, como reveladoras de comportamentos abusivos ou incompatíveis com as cláusulas gerais que orientam a gestão, bem como com os deveres de lealdade, diligência e cuidado[2075]. De forma contrária, ao exigir determinadas condutas específicas, a lei deixa clara a configuração do abuso de controle por omissão caso elas não sejam observadas.

O rol de deveres e condutas ilícitas a serem observados pelos controladores de sociedades puramente privadas aplica-se também às empresas estatais, por força do § 1º, do art. 4º, da Lei nº 13.303/2016, acrescido das exigências prescritas especificamente por esse diploma. As condutas vedadas, assim, constituem regras facilmente capituláveis como atos ilícitos pelos quais os gestores serão responsabilizados.

Importa notar que os deveres previstos pela sistemática da Lei nº 6.404/1976 – e, por conseguinte, da Lei nº 13.303/2016 – constituem parâmetros cuja finalidade é a de orientar os atos de gestão empresarial, cujo descumprimento justificará a atitude culposa daquele que não os observou. As condutas vedadas, assim, constituem o último grau de densificação desses deveres, nível em que passam a traduzir-se em proibições específicas.[2076]

Deveres como os de diligência e lealdade, tais como previstos nos arts. 153 e 155, da Lei nº 6.404/1976, atrelam-se também ao interesse social e à função social da empresa, sendo necessária sua análise à luz dos arts. 116, parágrafo único, e 154. Por essa razão, sustenta-se que a obrigação fundamental dos administradores é a de desempenhar seu cargo perseguindo os interesses da companhia com diligência e lealdade.[2077]

Com isso, tem-se que todas as normas ora examinadas formam verdadeira unidade de sentido, devendo as normas de conduta impostas aos gestores ser interpretadas consoante aos demais deveres gerais, especialmente os de diligência e lealdade, que constituem importantes

---

[2074] FRAZÃO, Ana. *Função social da empresa*. Repercussões sobre a responsabilidade civil de controladores e administradores de S/As. Rio: Renovar, 2011. p. 259-260.

[2075] *Função social da empresa*. Repercussões sobre a responsabilidade civil de controladores e administradores de S/As. Rio: Renovar, 2011. p. 260.

[2076] *Função social da empresa*. Repercussões sobre a responsabilidade civil de controladores e administradores de S/As. Rio: Renovar, 2011. p. 260-261.

[2077] MAJO, Jose Oriol Llebot. *Los deberes de los administradores de la sociedad anônima*. Madrid: Civitas, 1996. p. 41-49. CALERO, Fernando Sanchez. *Los administradores en las sociedades de capital*. Navarra: Civitas, 2005. p. 177.

instrumentos e parâmetros para cumprir o objeto e o interesse sociais.[2078]

No que toca especialmente à cláusula geral de vedação ao abuso de poder de controle, repise-se que o poder de controle é legítimo quando exercido no interesse da companhia que, como já se viu, abarca tanto os interesses dos acionistas quanto dos trabalhadores, da economia nacional e, sobretudo nesse caso, da coletividade. Vale lembrar que o abuso de poder de controle está intimamente relacionado à questão do abuso de direito, de modo que envolverá necessariamente "o grau, a intensidade e as finalidades com que o controlador exerce os seus poderes",[2079] tendo em vista que o próprio interesse público expresso na lei autorizadora da estatal está sujeito a interpretação, o que deve ser feito de forma transparente e capaz de assegurar a necessária segurança jurídica à condução da empresa.

Com isso, pretende-se afirmar que, muito embora a atuação do acionista controlador da empresa estatal esteja sujeita à observância de diversas cláusulas gerais de grande abertura, tais normas devem ser lidas de maneira sistemática, de sorte a reconhecer a sua densificação por intermédio de deveres impostos aos gestores, o que em grande medida facilita a verificação da ocorrência de abuso do poder de controle.

> **Administração**
>
> **Art. 239.** As companhias de economia mista terão obrigatoriamente Conselho de Administração, assegurado à minoria o direito de eleger um dos conselheiros, se maior número não lhes couber pelo processo de voto múltiplo.
>
> **Parágrafo único.** Os deveres e responsabilidades dos administradores das companhias de economia mista são os mesmos dos administradores das companhias abertas.

COMENTÁRIOS

1. Órgãos administrativos nas sociedades de economia mista

Ana Frazão

O art. 239, da Lei nº 6.404/1976, prevê que "As companhias de economia mista terão obrigatoriamente Conselho de Administração, assegurado à minoria o direito de eleger um dos conselheiros, se maior número não lhes couber pelo processo de voto múltiplo."

Dessa forma, a estrutura bicameral é obrigatória nas sociedades de economia mista, assegurando-se a representatividade das minorias, como um contraponto necessário à ação do controlador.

Vale ressaltar que a Lei nº 13.303/2016 trouxe grandes modificações à administração das sociedades de economia mista, a começar pelo seu art. 10, que exige que o Comitê Estatutário verifique a conformidade do processo de indicação e de avaliação tanto dos membros do Conselho de Administração, como também dos membros do Conselho Fiscal, com competência para auxiliar o controlador na indicação desses membros.

Ademais, o art. 13, da Lei nº 13.303/2016, tem regras importantes para a estrutura da administração das sociedades de economia mista, exigindo que a lei autorizadora disponha sobre diretrizes e restrições a serem consideradas na elaboração do estatuto da companhia, em especial sobre:

(i) existência obrigatória do Conselho de Administração, com número mínimo de sete e número máximo de onze membros (inc. I);

(ii) número mínimo de três diretores (inc. II);

(iii) avaliação de desempenho, individual e coletiva, com periodicidade anual, dos administradores e membros de comitês, com base na licitude e eficácia da ação administrativa, contribuição para o resultado do exercício e consecução dos objetivos estabelecidos no plano de negócios e no atendimento à estratégia de longo prazo (inc. III);

(iv) constituição e funcionamento do Conselho Fiscal, que exercerá suas atribuições de modo permanente (inc. IV);

(v) constituição e funcionamento do Comitê de Auditoria Estatutário (inc. V);

(vi) prazo de gestão dos membros do Conselho de Administração e dos indicados

---

[2078] FRAZÃO, Ana. *Função social da empresa*. Repercussões sobre a responsabilidade civil de controladores e administradores de S.As. Rio de Janeiro: Renovar, 2011. p. 262.

[2079] FRAZÃO, Ana. *Função social da empresa*. Repercussões sobre a responsabilidade civil de controladores e administradores de S.As. Rio de Janeiro: Renovar, 2011. p. 326-330.

para o cargo de diretor, que será unificado e não superior a 2 (dois) anos, sendo permitidas, no máximo, 3 (três) reconduções consecutivas (inc. VI);

(vii) prazo de gestão dos membros do Conselho Fiscal não superior a 2 (dois) anos, permitidas 2 (duas) reconduções consecutivas (inc. VIII).

2. Impactos da Lei nº 13.303/2016 sobre a administração das sociedades de economia mista

ANA FRAZÃO

A Lei nº 13.303/2016 trouxe inúmeras novidades para a gestão das estatais, com impactos diretos sobre os deveres e responsabilidades dos administradores, tal como se procurará sistematizar nesta seção.

2.1. Regime de governança corporativa

As soluções de governança corporativa, embora sejam tradicionalmente vinculadas à autorregulação, têm sido gradativamente incorporadas pela legislação. Um exemplo são as soluções incorporadas à Lei nº 6.404/1976 após a reforma introduzida pela Lei nº 10.303/2001.[2080] Paralelamente, várias outras soluções continuam sendo buscadas pela via da autorregulação, como se observa pelos níveis de governança corporativa da B3 e pelo Novo Mercado,[2081] iniciativa da qual participam também diversas empresas estatais.[2082]

Até em razão de se tratar de um tema mais desenvolvido e que dialoga com outros regimes – como o de transparência e gestão de riscos e controle interno –, a Lei nº 13.303/2016 aqui foi mais parcimoniosa, não prevendo explicitamente o conteúdo das obrigações a serem atendidas pelas estatais, salvo no que diz respeito à obrigação de divulgar toda e qualquer forma de remuneração dos administradores (art. 12, I), tema que será examinado ao se tratar do regime de transparência.

Quanto ao mais, a lei restringiu-se a exigir a obrigação de adequar constantemente as práticas da estatal ao Código de Conduta e Integridade e também ao que chama de "outras regras de boa prática de governança corporativa, na forma estabelecida na regulamentação desta lei" (art. 12, II). No que diz respeito ao Dec. 8.945/2016, este também se limitou a mencionar

---

[2080] Segundo Norma Parente (Principais inovações introduzidas pela Lei nº 10.303, de 31 de outubro de 2001, à Lei de Sociedades por Ações. In: LOBO, Jorge. *Reforma da lei das sociedades anônimas*: inovações e questões controvertidas da Lei nº 10.303, de 31.10.2001. Rio de Janeiro: Forense, 2002. p. 14-15), a Lei de 2001 constituiu avanço significativo no campo da governança corporativa, tendo representado "a convergência dos interesses de acionistas controladores e minoritários, dentro do que foi possível no momento. De acordo com a autora, "a reforma contém regras mínimas de proteção aos minoritários, mas nada impede que a companhia amplie tais direitos. As companhias que assim agirem estarão valorizando seu maior ativo, que é o conjunto de seus acionistas".

[2081] O Novo Mercado surge como iniciativa da B3 – e, portanto, iniciativa autorregulatória – para incentivar a implementação de determinados valores de governança corporativa entre as companhias mediante a criação de estrato especial do mercado de capitais que destaque as empresas que adotarem tais práticas. Segundo Calixto Salomão Filho (*O novo direito societário*. 2. ed. São Paulo: Malheiros, 2002. p. 57-59), o Novo Mercado se sustenta em três fundamentos: (i) a informação completa, na medida em que os requisitos de informação previstos pelo Novo Mercado vão além dos previstos na lei societária; (ii) o reforço das garantias patrimoniais dos minoritários no momento de saída da sociedade; e (iii) as chamadas proteções estruturais, a saber: (a) a previsão de existência apenas de ações ordinárias, o que torna mais claro o controle único, na medida em que obriga o controlador a gastar mais caso queira manter o controle; e (b) a previsão de resolução de todos os conflitos oriundos do Novo Mercado por meio de arbitragem. Iniciativas diversas são os níveis da Bovespa, que apresentam características distintas do Novo Mercado. O Nível 2 da Bovespa é relativamente similar ao Novo Mercado, porém existe a ressalva de que as empresas podem dispor de ações preferenciais e há previsão de *tag along* de 100% do preço pago pelas ações ordinárias do controlador em eventual alienação do controle. No Nível 2, as ações preferenciais também conferem direito de voto a seus detentores em situações específicas como a aprovação de fusões e aquisições. No caso do Nível 1, impõem-se tão somente deveres de transparência que transcendem os exigidos em lei.

[2082] São empresas estatais listadas no Novo Mercado: (i) BB Seguridade Participações S.A.; e (ii) Companhia de Saneamento de Minas Gerais S.A – COPASA. São empresas listadas no Nível 1 da Bovespa: (i) Banco do Estado do Rio Grande do Sul S.A. – Banrisul; (ii) Companhia Estadual de Distribuição de Energia Elétrica S.A. – CEEE-D (RS); (iii) Companhia Energética de Minas Gerais S.A. – Cemig; (iv) Companhia Energética de São Paulo S.A. – CESP; (v) Cia Paranaense de Energia S.A. – COPEL; (vi) Centrais Elétricas Brasileiras S.A. – Eletrobras; e (vii) Cia de Transmissão de Energia Elétrica Paulista S.A. – CTEEP. A única empresa estatal listada no Nível 2 da Bovespa são as Centrais Elétricas de Santa Catarina S.A. – CELESC. A respeito da diferença entre os estratos de governança corporativa da Bovespa, ver nota anterior.

que a adequação das práticas de governança corporativa devem se dar em observância ao estabelecido pela Comissão Interministerial de Governança Corporativa e de Administração de Participações Societárias da União – CGPAR, que igualmente dispõe sobre parâmetros para o regime de integridade e gestão de riscos.[2083]

Independentemente da regulamentação, dentre os requisitos de transparência impostos às estatais pela Lei nº 13.303/2016, figura a chamada *carta anual de governança corporativa* (art. 8º, inciso IX), que deve ser amplamente divulgada ao público em geral, com base nas informações descritas no artigo 8º, inciso III, como se verá adiante.

Importa notar que o Conselho de Administração, na forma do art. 18, inciso I, recebeu a competência para "discutir, aprovar e monitorar decisões envolvendo práticas de governança corporativa, relacionamento com partes interessadas, política de gestão de pessoas e código de conduta dos agentes".

Por fim, o parágrafo único, do art. 12, também possibilita a adoção da arbitragem para a solução de divergências entre acionistas e a sociedade ou entre controladores e minoritários, nos termos previstos no estatuto social, norma que vem na esteira da Lei nº 13.129/2015, que alterou a Lei de Arbitragem de forma que, a fim de prever, no art. 1º, § 1º, que "A administração pública direta e indireta poderá utilizar-se da arbitragem para dirimir conflitos relativos a direitos patrimoniais disponíveis".

2.2. Regime de transparência

Partindo da premissa de que a transparência é uma das mais eficientes soluções para evitar a prática de ilícitos, a Lei nº 13.303/2016 pretende alargar e pormenorizar as obrigações correspondentes. É importante ressaltar que mesmo as estatais de pequeno porte estão sujeitas às obrigações de transparência descritas no art. 8º, nos termos do § 1º, do art. 1º, da Lei nº 13.303/2016.

Em primeiro lugar, a Lei nº 13.303/2016 estende a todas as estatais as disposições da Lei nº 6.404/1976 e da CVM sobre escrituração e demonstrações financeiras,[2084] inclusive no que diz respeito à obrigatoriedade de auditoria independente por auditor devidamente registrado (art. 7º). Assim, mesmo as estatais que adotem o modelo das sociedades anônimas fechadas ou mesmo outros tipos societários (no caso das empresas públicas) estarão submetidas ao regime de demonstrações financeiras típico das sociedades abertas. Com maior razão, isso deve ocorrer em se tratando de sociedades de economia mista.

Outra importante inovação, como já se viu, foi a exigência da chamada *carta anual*[2085] (art. 8º, inciso I), documento subscrito pelos membros do Conselho de Administração, com a explicitação dos compromissos de consecução dos objetivos de políticas públicas da estatal, em atendimento ao interesse coletivo ou ao imperativo de segurança nacional que justificou a sua criação, com definição clara dos recursos a serem empregados para esse fim, bem como dos impactos econômico-financeiros da consecução desses objetivos.

[2083] Exemplo de norma da CGPAR relevante à governança corporativa das estatais é a Resolução nº 18/2016, que estabeleceu para as empresas estatais federais a obrigatoriedade de implementação de políticas de conformidade e gerenciamento de riscos adequadas a seu porte, natureza e atividades de desenvolvidas. Na referida Resolução, determina-se a criação e manutenção de áreas dedicadas à gestão e operacionalização dessas políticas, definindo também as suas atribuições. O Ministério do Planejamento, Orçamento e Gestão e a Controladoria-Geral da União, por meio da Instrução Normativa Conjunta nº 01/2016, estabeleceram princípios gerais a respeito dos controles internos, gestão de riscos e governança corporativa a serem observados no setor público, prevendo a gestão integrada desses fatores por intermédio da criação, por parte dos órgãos e entidades do Poder Executivo federal, de Comitês de Governança, Riscos e Controle encarregados da definição de tais políticas, o que sem dúvida pode ser compatibilizado com o disposto no Estatuto das Empresas Estatais. Ver: OLIVEIRA, Fernão Justen; MAIA, Fernanda Caroline. O conselho de administração nas empresas estatais. In: JUSTEN FILHO, Marçal. *Estatuto jurídico das empresas estatais*. São Paulo: RT, 2016. p. 174.

[2084] Ver Lei nº 6.404/1976, arts. 176 e 177. Entre as Instruções CVM aplicáveis, podem ser citadas as de números: 457/2007, 346/2000, 57/1986, 53/1986 e, sobre a escrituração de valores mobiliários, 543/2013.

[2085] André Guskow Cardoso (Governança corporativa, transparência e *compliance* nas empresas estatais: o regime instituído pela Lei 13.303/2016. In: JUSTEN FILHO, Marçal. *Estatuto jurídico das empresas estatais*. São Paulo: RT, 2016. p. 102), ao discorrer sobre o instituto, comenta que sua exigência constitui inovação relevante: "Ao exigir que os compromissos para o atingimento dos objetivos de políticas públicas, os recursos a serem empregados e os impactos econômico-financeiros sejam expostos de forma clara e objetiva na carta a ser subscrita pelos membros do Conselho de Administração, obtém-se a concretização de informações e dados que usualmente foram tratados de forma implícita ou com justificativas imprecisas e difusas".

Dessa maneira, procura a lei restringir e controlar a discricionariedade dos gestores, impondo-lhes que, anualmente, demonstrem as políticas que estão perseguindo, em que medida tais políticas são compatíveis com o interesse público que justificou a criação da estatal, que recursos estão sendo utilizados para esses fins e quais os impactos econômico-financeiros disso. Observa-se, mais uma vez, a preocupação de se assegurar um alinhamento entre a busca do interesse público que justificou a criação da estatal com seus propósitos lucrativos, considerando que essa dicotomia faz parte necessariamente do interesse social das estatais.

Além disso, o regime de transparência envolve várias outras obrigações importantes:

(i) *política de divulgação tempestiva e atualizada de informações relevantes*, de acordo com a legislação[2086] e as melhores práticas de governança corporativa, a fim de possibilitar acesso aos aspectos fundamentais das estatais, dentre os quais atividades desenvolvidas, estrutura de controle, fatores de risco, dados econômico-financeiros, comentários de administradores sobre o desempenho, políticas e práticas de governança corporativa e descrição da composição e da remuneração da administração (art. 8º, incisos III e IV). Tais informações deverão estar consolidadas na *carta anual de governança corporativa*, a qual deverá ser amplamente divulgada (inciso VIII);

(ii) *elaboração da política de distribuição de dividendos à luz do interesse público que justificou a sua criação* (art. 8º, inciso V), o que é mais um passo importante para assegurar o alinhamento entre a finalidade lucrativa e a consecução do interesse público que justificou a criação da estatal, inclusive para o fim de evitar que o interesse dos acionistas ao lucro seja preterido de forma injustificada ou abusiva;

(iii) *divulgação, em nota explicativa às demonstrações financeiras, dos dados operacionais e financeiros das atividades relacionadas à consecução dos fins de interesse coletivo ou de segurança nacional* (inciso VI). Para assegurar ainda maior transparência à forma como a estatal persegue o interesse público que justifica a sua existência, exige-se explicação em destaque nas demonstrações financeiras, a fim de facilitar a identificação e o controle;

(iv) *elaboração e divulgação da política de transações com partes relacionadas*, em conformidade com os requisitos de competitividade, conformidade, transparência, equidade e comutatividade, que deverá ser revista, no mínimo, anualmente e aprovada pelo Conselho de Administração (inciso VII). A finalidade de tal regra é evitar relações espúrias, favorecimentos indevidos e conflitos de interesses;

(v) *divulgação anual do relatório integrado ou de sustentabilidade*, já que a própria Lei nº 13.303/2016 determina tais compromissos ao tratar da função social das estatais (§ 2º, do art. 27).

Todas essas medidas visam assegurar, por meio da transparência, o necessário equilíbrio entre o propósito lucrativo da atividade e o interesse público que justificou a sua criação. Trata-se, portanto, de mecanismo fundamental para o controle do atendimento da função social das estatais e da adstrição ao objeto social, bem como do alinhamento a que se refere o já mencionado § 1º, do art. 8º, da Lei.

É importante destacar especialmente a parte final do art. 8º, inciso III, em que se exige a divulgação da política de remuneração da administração, e do artigo 12 que, como já mencionado, exige a divulgação de toda forma de remuneração dos administradores.[2087] Apesar de a Lei nº 13.303/2016 não exigir a divulgação individualizada, seu decreto regulamentador assim o faz no artigo 19, inciso I, que impõe a divulgação de toda e qualquer forma de remuneração dos administradores e conselheiros fiscais "de forma detalhada e individual".

Está superado, portanto, o entendimento anterior segundo o qual somente estatais que não

---

[2086] Destaca-se, aqui, a ICVM nº 358/2002, referente à divulgação de fato relevante e ao regime de responsabilidade aplicável a tal instrumento.

[2087] A transparência quanto à remuneração dos administradores pode ser vista igualmente como uma decorrência igualmente do dever de lealdade, na medida em que permite o controle contra eventuais excessos. Ver, nesse sentido: FRAZÃO, Ana. *Função social da empresa*. repercussões sobre a responsabilidade civil de controladores e administradores de S/As. Rio: Renovar, 2011. p. 349.

atuassem em regime de concorrência seriam obrigadas a divulgar na internet a remuneração de seus administradores, tal como previsto na Portaria Interministerial 233/2012, que regulamentou a Lei de Acesso à Informação (Lei nº 12.527/2011).[2088] Com o advento do Dec. nº 8.945/2016, a obrigação de divulgação individualizada da remuneração dos administradores e conselheiros fiscais alcança todas as estatais federais.

Por fim, destaca-se que tais normas de transparência são tão importantes que a lei fez questão de estendê-las a todas as estatais, inclusive as de pequeno porte (art. 1º, § 1º). Para facilitar o controle social sobre a sua eficácia, a lei também determinou, no § 4º, do art. 8º, que todos os documentos e informações por ela exigidos devem ser divulgados na internet de forma permanente e cumulativa.

O Decreto nº 8.945/2016 ainda é claro ao exigir a ampla divulgação dos Relatórios Anuais de Auditoria Interna – RAINT (art. 13, inciso X), bem como a divulgação na internet das demonstrações financeiras das estatais (parágrafo único do artigo 12).

2.3. Regime de gestão de riscos e controle interno

O art. 9º, da Lei nº 13.303/2016, exige que as estatais adotem "regras de estruturas e práticas de gestão de riscos e controle interno" que abranjam (i) controle interno da ação dos administradores e empregados (inciso I); (ii) controle de cumprimento de obrigações e gestão do risco (inciso II); e (iii) Auditoria Interna e Comitê de auditoria Estatutário (inciso III).

Além disso, o § 1º exige que a lei tenha e divulgue o seu programa de *compliance*,[2089] estruturado no chamado "Código de Conduta e Integridade". Nesse sentido, vale notar que o respeito a princípios da integridade nas estatais já era em grande medida incentivado pela Controladoria-Geral da União, cuja publicação a respeito traz importantes diretrizes sobre ética corporativa e *compliance*.[2090]

Nos termos do § 1º do art. 9º, o Código de Conduta e Integridade das estatais deve dispor obrigatoriamente sobre:

(i) *base ética e a filosofia da companhia*, ou seja, seus princípios, valores e missão, bem como orientações para prevenção de conflito de interesses e vedação de atos de corrupção e fraude;

(ii) *estrutura organizacional para assegurar efetividade ao programa de compliance*, o que envolve (ii.i) instâncias internas responsáveis pela atualização e aplicação do Código de Conduta e Integridade (inciso II); (ii.ii.) implementação do canal de denúncias contra descumprimentos do programa (inciso III) e o respectivo mecanismo de proteção para as pessoas que dele se utilizem (inciso IV); (ii.iii.) sanções aplicáveis aos casos de descumprimento (inciso V); e (ii.iv.) previsão de treinamento periódico, no mínimo anual, sobre o Código de Conduta e Integridade, a empregados e administradores e sobre a política de gestão de riscos a administradores (inciso VI).

[2088] "Art. 6º As empresas públicas, sociedades de economia mista e demais entidades controladas pela União que não atuam em regime de concorrência, não sujeitas ao disposto no art. 173 da Constituição, deverão disponibilizar as informações de seus empregados e administradores em seus sítios na Internet, não sendo necessária a publicação no Portal da Transparência de que trata o § 1º do art. 1º".

[2089] "Compliance diz respeito ao conjunto de ações a serem adotadas no ambiente corporativo para que se reforce a anuência da empresa à legislação vigente, de modo a prevenir a ocorrência de infrações ou, já tendo ocorrido o ilícito, propiciar o imediato retorno ao contexto de normalidade e legalidade" (FRAZÃO, Ana. Direito antitruste e direito anticorrupção: pontes para um necessário diálogo. In: FRAZÃO, Ana. *Constituição, empresa e mercado*. Brasília: FD/UnB, 2017. Versão eletrônica). Trata-se, segundo Ulrich Sieber (Programas de "compliance" en el Derecho Penal de la empresa: Una nueva concepción para controlar la criminalidad económica. In: OLAECHEA, Urquizo; VÁSQUEZ, Abanto; SÁNCHEZ, Salazar. Homenaje a Klaus Tiedemann. *Dogmática penal de derecho penal económico y política criminal*. Lima: Fondo, 2001. p. 205-246), de "sistemas autorreferenciais de autorregulação regulada" capazes de fornecer diretrizes adequadas à estrutura interna das empresas para que ilícitos sejam prevenidos de maneira mais adequada, muitas vezes antes de projetarem seus efeitos.

[2090] CGU. *Guia de implantação de programa de integridade nas empresas estatais*: orientações para a gestão de integridade nas empresas estatais federais. Brasília: CGU, 2015.

Pontos importantes são a necessidade do comprometimento da alta administração,[2091] bem como a necessidade de atualização constante do Código de Conduta e Integridade, nos termos do art. 12, inciso II. Aliás, o regime de *compliance* e o de governança corporativa, em razão da sua proximidade, devem estar sujeitos a disciplinas e atualizações harmônicas e coerentes.

Por fim, embora a lei seja omissa, é inequívoco que, pelo fato de as estatais estarem igualmente sujeitas às disposições da Lei Antitruste (Lei nº 12.529/2011), devem também obedecer aos requisitos de *compliance* antitruste.

2.4. Regime organizativo

A lei também avança na questão organizativa, uma vez que a organização é vista como fundamental para assegurar a eficácia das normas de transparência e de *compliance*. Dessa maneira, há grande interpenetração entre todos esses regimes e especialmente com o último.

1. Órgãos obrigatórios. De acordo com a Lei nº 13.303/2016, toda estatal deve ter obrigatoriamente os seguintes órgãos:

(i) *Conselho de Administração*, órgão administrativo mais importante,[2092] a que cabe discutir, aprovar, implementar e monitorar os regimes de governança corporativa, transparência e *compliance* das estatais (art. 18, incisos I e II). Dentre as suas importantes competências, encontra-se a de promover, sob pena de responsabilidade dos seus membros por omissão, análise de atendimento das metas e resultados na execução do plano de negócios e da estratégia de longo prazo, devendo publicar suas conclusões e informá-las ao Congresso Nacional, às Assembleias Legislativas, à Câmara Legislativa do Distrito Federal ou às Câmaras Municipais e aos respectivos Tribunais de Contas, quando houver (art. 23, § 2º). No caso específico do *compliance*, a lei exige que o estatuto contemple a possibilidade de que a área correspondente se reporte diretamente ao Conselho de Administração em situações que envolvam sérias suspeitas sobre o diretor-presidente ou quando este se furtar à obrigação de adotar as medidas necessárias (art. 9º, § 4º);

(ii) *Comitê de Auditoria Estatutário* (arts. 9º, III, 13, V, e 24), órgão auxiliar do Conselho de Administração, com as competências descritas no § 1º do artigo 24, dentre as quais se destaca a função relevante de supervisionar as atividades desenvolvidas na área de controle interno, integridade e gestão de risco, devendo as atas de suas reuniões ser divulgadas (art. 24, § 4º);

(iii) *Comitê Estatutário para verificar a conformidade do processo de indicação e avaliação de membros para a composição do Conselho de Administração e Conselho Fiscal*, auxiliando o controlador nas referidas indicações (art. 10). A lei também exige a divulgação das atas de reuniões do comitê, a fim de se verificar o cumprimento, pelos membros indicados, dos requisitos definidos na política de indicação (art. 10, parágrafo único);[2093]

(iv) *Conselho Fiscal*, que exercerá suas atribuições de modo permanente, nos termos do artigo 13, inciso IV, da Lei nº 13.303/2016, diferentemente do que ocorre no regime geral das sociedades anônimas, em que o Conselho Fiscal pode ser permanente ou periódico.[2094] As funções tradicionais do órgão estão arroladas no artigo 163, da

---

[2091] É por essa razão que tanto a lei (art. 9º, §§ 2º a 4º) como o decreto (arts. 16 e 17) vinculam o programa de *compliance* aos altos órgãos e autoridades ali referidos.

[2092] Como já se esclareceu, o Dec. nº 8.945/2016 tornou o Conselho de Administração dispensável para subsidiárias de capital fechado.

[2093] Vale também notar que, conforme notado pela Justiça Federal do Distrito Federal no âmbito da Ação Civil Pública 52685-42.2016.4.01.3400 (8ª Vara Federal da Seção Judiciária do Distrito Federal. j. 10.01.2017), o Decreto nº 8.945/2016 teria extrapolado seu poder regulamentar pelo fato de atribuir ao comitê de elegibilidade a competência de verificar a conformidade do processo de indicação não apenas dos membros do Conselho de Administração e do Conselho Fiscal (como dispõe o art. 10 da Lei nº 13.303/2016), mas também aos *administradores* em geral, expressão que abarca tanto membros do Conselho de Administração quanto da Diretoria.

[2094] Importa notar que o Conselho Fiscal, na forma do art. 240 da Lei nº 6.404/1976, sempre foi permanente nas sociedades de economia mista, o que agora se estende também às empresas públicas. Acrescente-se, ainda, que o prazo de gestão dos membros do Conselho Fiscal das estatais poderá ser de até dois anos, permitida dupla e consecutiva recondução, ao passo que no regime geral das sociedades anônimas a gestão é exercida da assembleia geral

Lei nº 6.404/1976 e se referem sobretudo ao controle dos atos dos administradores, emissão de opinião sobre relatórios, análise de documentos contábeis, e fiscalização da tomada de providências necessárias à proteção dos interesses da companhia.

A lei menciona também a chamada *auditoria interna*, embora não esclareça se se trata necessariamente de órgão ou apenas de função obrigatória. De qualquer forma, a referida auditoria está vinculada ao Conselho de Administração, diretamente ou por meio do Comitê de Auditoria Estatutário, sendo responsável pela aferição da adequação do controle interno, da efetividade do gerenciamento dos riscos e dos processos de governança e da confiabilidade do processo de coleta, mensuração, classificação, acumulação, registro e divulgação de eventos e transações, visando ao preparo de demonstrações financeiras (art. 9º, § 3º). Observa-se, portanto, que a auditoria interna tem grande protagonismo para assegurar tanto o regime de *compliance*, como o regime de transparência.

Sobre o Comitê de Auditoria Estatutário, destaca-se que tal órgão já era regulado pela ICVM 308/1999, norma que se aplica aos Comitês das estatais em tudo aquilo que a Lei nº 13.303/2016 silenciou, inclusive no que toca à sua composição. Na forma do artigo 24, § 7º da Lei das Estatais, o órgão dispõe de autonomia operacional e dotação orçamentária. Tendo em vista a competência do comitê para elaborar seu próprio regimento interno, o IBGC sugere, em seu Guia[2095] especificamente destinado ao tema, que as atribuições do órgão constem do estatuto da empresa e de seu regimento.

Descrita a estrutura orgânica obrigatória das estatais, é fácil verificar que ela reflete claramente a importância que a Lei nº 13.303/2016 confere à área de *compliance*, determinando que esta seja vinculada ao diretor-presidente e liderada por diretor estatutário, devendo o estatuto prever as atribuições da área e assegurar os mecanismos que lhe assegurem atuação independente. Assim, reforça-se o comprometimento da alta administração, por meio do seu diretor-presidente e diretor estatutário, com o cumprimento dos programas de *compliance*, sem prejuízo das competências diretas do próprio Conselho de Administração (art. 9º, § 4º).

A Lei das Estatais também exige que a lei autorizadora da estatal disponha sobre as diretrizes e restrições a serem consideradas na elaboração do estatuto da companhia, em especial sobre: (i) o limite mínimo de 7 membros e máximo de 11 membros para o Conselho de Administração (art. 13, inciso I); (ii) requisitos específicos para o exercício do cargo de diretor, observado o limite mínimo de 3 diretores (inciso II); (iii) avaliação anual de desempenho, individual e coletiva, de administradores e membros de comitês de acordo com requisitos de legalidade, eficácia, contribuição econômica, dentre outros (inciso III); (iv) constituição e funcionamento do Conselho Fiscal, que exercerá suas atribuições de modo permanente (inciso IV); (v) constituição e funcionamento do Comitê de Auditoria Estatutário; (vi) prazo de gestão dos membros do Conselho de Administração e diretores, que será unificado e não superior a 2 anos, admitidas no máximo 3 reconduções consecutivas; e (vii) prazo de gestão dos membros do Conselho Fiscal não superior a 2 anos, permitidas duas reconduções consecutivas (inciso VIII).[2096]

No que diz respeito ao Conselho de Administração, a lei determina que o Conselho seja composto por no mínimo 25% de membros independentes ou por pelo menos um caso haja decisão pelo exercício da faculdade do voto múltiplo pelos acionistas minoritários (art. 22), descrevendo minuciosamente, no § 1º do artigo 22, as características do conselheiro independente[2097].

---

que elegeu seus membros até a assembleia geral seguinte. Ver, nesse sentido: VERÇOSA, Haroldo Malheiros Duclerc. *Direito comercial.* 3. ed. São Paulo: RT, 2014. p. 441-455; WONTROBA, Bruno Gressler. O Conselho Fiscal nas empresas estatais, de acordo com a Lei 13.303/2016. In: JUSTEN FILHO, Marçal. *Estatuto jurídico das empresas estatais.* São Paulo: RT, 2016. p. 242-244.

[2095] IBGC. *Guia de orientação para melhores práticas de comitês de auditoria.* São Paulo: IBGC, 2009.

[2096] O inciso VII do art. 13 da Lei nº 13.303/2016 foi vetado pelo Presidente da República, sendo seu texto original: "VII – vedação à acumulação de cargos de diretor ou de diretor-presidente e de membro do Conselho de Administração pela mesma pessoa, mesmo que interinamente". As razões para o veto são as seguintes: "O dispositivo representa uma vedação inadequada do ponto de vista da gestão eficiente, já que o papel principal do Conselho de Administração, a teor do art. 142, inciso I, da Lei nº 6.404/1976, é exatamente supervisionar as atividades da empresa".

[2097] Conselheiro independente, segundo o Instituto Brasileiro de Governança Corporativa (IBGC. *Guia de orientação jurídica de conselheiros de administração e diretores.* São Paulo: IBGC, 2012. p. 15), "é aquele que não possui vínculo presente ou passado com a organização e/ou seu grupo de controle, não sofrendo, portanto, influência

A lei ainda assegura a participação, no Conselho de Administração, de representantes dos empregados e de acionistas minoritários (art. 19), nos termos dos seus parágrafos.

Adicione-se que a lei também veda a participação remunerada de membros da administração pública direta ou indireta em mais de dois Conselhos de Administração ou fiscal de qualquer estatal ou de suas subsidiárias (art. 20). Os conselheiros independentes, para além dessa vedação, não podem ter quaisquer vínculos com outras estatais (art. 22, § 1º, inciso I).

Ainda merece registro o fato de que o Dec. 8.945/2016, além de disciplinar e pormenorizar as questões orgânicas já previstas na lei, normatizou o que chamou de *Comitê de Pessoas, Elegibilidade, Sucessão e Remuneração* (arts. 21 a 23), que é precisamente o órgão a que a lei se refere no artigo 10. O Decreto também segregou as funções de Presidente do Conselho de Administração e Presidente da companhia (art. 24, VIII).[2098]

2. Requisitos para a assunção de cargos nos órgãos das estatais. Grande inovação da Lei nº 13.303/2016 foi a de prever requisitos objetivos para a assunção de cargos de administrador, assim considerados os ocupantes do Conselho de Administração ou da diretoria (art. 16, parágrafo único). Para evitar indicações meramente políticas, além da reputação ilibada, a lei exige que o notório conhecimento e a experiência profissional sejam identificados por meio dos requisitos objetivos do artigo 17, admitindo-se a flexibilização em favor de empregados do quadro que ingressaram por concurso desde que atendidas as exigências ali previstas.[2099]

Não bastassem os requisitos de experiência profissional exigidos pelo inciso I, a lei também exige formação acadêmica compatível com o cargo (inciso II) e não enquadramento nas hipóteses de inelegibilidade previstas nas alíneas do inciso I do *caput* do art. 1º da LC 64/1990 (inciso III).

Tão importantes quanto os requisitos necessários para a assunção dos cargos são as vedações previstas pelo § 2º, do art. 17, que, na intenção de evitar o direcionamento político das estatais, impede que que diversas pessoas assumam cargos de administração, a fim de evitar o conflito de interesses[2100]. Não obstante a amplitude do rol, o § 3º ainda determina que a vedação prevista no inciso I abrange igualmente parentes consanguíneos ou afins até o terceiro grau das pessoas ali mencionadas.

A lei também criou vários requisitos para a assunção de outros cargos não propriamente administrativos, como os pertencentes aos Comitês de Auditoria Estatutário e o Conselho Fiscal (arts. 25 e 26). O Dec. 8.945/2016 é claro no sentido de que os membros do Comitê de Auditoria observarão as mesmas vedações que cabem aos membros do Conselho de Administração e, ainda, deverão demonstrar experiência profissional ou formação acadêmica[2101] compatível com o cargo, preferencialmente em contabilidade, auditoria ou no ramo de atuação da empresa, sendo que no mínimo um

---

significativa de grupos de interesses". A nomeação de conselheiros independentes é de fundamental importância para o controle das atividades da companhia e o seu fortalecimento no que diz respeito à transparência e proteção dos investidores, prática ainda pouco comum no Brasil. A respeito do tema, Bernard S. Black (Strengthening Brazil's Securities Market. *Revista de Direito Mercantil, Econômico e Financeiro*, v. 39, n. 120, p. 41-55, out./dez. 2000) diagnostica que, além de ser pouco comum o emprego de conselheiros independentes nas companhias brasileiras, os já existentes muitas vezes têm sua independência posta em dúvida. A figura do conselheiro independente é obrigatória nas empresas listadas no Novo Mercado, que traz uma série de especificações para que se verifique sua independência. A Lei nº 13.303/2016 traz requisitos bastante similares àqueles previstos para o Novo Mercado, com a diferença de que a nova lei estende ao terceiro grau a vedação de parentesco com administradores da companhia – o que no Novo Mercado alcança apenas o segundo grau – e também veda que os conselheiros independentes tenham parentesco com chefes do Poder Executivo e seus Secretários ou Ministros.

[2098] Foi vetado artigo da lei que apresentava restrição ainda mais extensa, na medida em que o diretor-presidente não poderia ser nem membro do Conselho de Administração. Pelo decreto, o diretor-presidente pode ser membro do Conselho de Administração, ainda que não possa ser presidente deste.

[2099] O art. 17, § 5º, possibilita que os requisitos previstos no inciso I possam ser dispensados em caso de indicação de empregado que ingressou por concurso público, tenha mais de dez anos de trabalho efetivo e já tenha ocupado cargo de gestão superior.

[2100] Ver comentários de Ana Frazão ao art. 115 da Lei nº 6.404/1976, especialmente na parte relativa ao conflito de interesses.

[2101] Segundo o decreto, no requisito da formação acadêmica exige-se curso de graduação ou pós-graduação reconhecido pelo Ministério da Educação nas áreas de contabilidade, auditoria ou no setor de atuação da estatal (art. 39, § 5º).

dos membros do Comitê deverá ter "experiência profissional reconhecida em assuntos de contabilidade societária". Note-se que o decreto, diferentemente do que faz a lei quando descreve as exigências referentes à experiência profissional dos administradores (art. 17), não estabelece qualquer parâmetro objetivo para verificar-se a adequação da formação e experiência profissional dos membros do Comitê de Auditoria Estatutário.

Muito embora a Lei nº 13.303/2016 disponha que o Comitê se reporta diretamente ao Conselho de Administração, não há no diploma qualquer previsão relativa à forma de indicação ou destituição de seus membros. O decreto, assim, deixou expresso que o Comitê será eleito e destituído pelo Conselho de Administração, sendo que a destituição ocorrerá mediante o voto justificado de sua maioria absoluta (art. 39, *caput* e § 10). Acrescente-se, ainda, que o decreto limitou o mandato de seus membros a dois ou três anos, não coincidente entre os membros, sendo permitida uma única reeleição (art. 39, § 9º).

No que toca ao chamado Comitê de Elegibilidade, disciplinado pelo Dec. 8.945/2016, as regras para a composição estão previstas no § 3º, do art. 21.

3. Deveres e responsabilidades dos administradores de sociedades de economia mista

Ana Frazão

De acordo com o art. 253, parágrafo único, da Lei nº 6.404/1976, "Os deveres e responsabilidades dos administradores das companhias de economia mista são os mesmos dos administradores das companhias abertas." Dessa maneira, aplicam-se às sociedades de economia mista o regime jurídico de responsabilidade dos administradores previsto nos arts. 153 a 159, da Lei nº 6.404/1976.

Não obstante, a Lei nº 13.303/2016 cria deveres adicionais para os administradores, mantendo todos os deveres já exigidos pela Lei nº 6.404/1976, nos termos do seu artigo 16, segundo o qual "Sem prejuízo do disposto nesta Lei, o administrador de empresa pública e de sociedade de economia mista é submetido às normas previstas na Lei nº 6.404, de 15 de dezembro de 1976".

A peculiaridade é que o parágrafo único, do art. 16, da Lei nº 13.303/2016, prevê que "Consideram-se administradores da empresa pública e da sociedade de economia mista os membros do Conselho de Administração e da diretoria." Entretanto, é importante lembrar que o art. 160, da Lei nº 6.404/1976, é claro no sentido de que os membros dos comitês e órgãos estatutários se sujeitam ao mesmo regime de responsabilidade dos administradores. Por essa razão, os membros dos órgãos previstos pela Lei nº 13.303/2016 devem também se submeter ao regime de responsabilidade dos administradores, ainda que não sejam considerados como tais.

Assim, apesar de a lei não esclarecer o regime de responsabilidade dos membros do Comitê de Auditoria Estatutário, o Guia do IBGC confirma que o Comitê de Auditoria Estatutário se enquadra no artigo 160, da Lei nº 6.404/1976, segundo o qual "As normas desta Seção aplicam-se aos membros de quaisquer órgãos, criados pelo estatuto, com funções técnicas ou destinados a aconselhar os administradores".

Nos termos do arcabouço normativo da Lei nº 6.404/1976, o dever fundamental dos administradores é o de agir em nome da companhia. Esse dever maior pode ser desdobrado nos deveres de lealdade e diligência, que, apesar das distinções, têm várias áreas de interpenetração, como já se viu nos comentários aos arts. 153 a 156, da Lei nº 6.404/1976.

Vale lembrar que a própria vedação ao conflito de interesses é consequência necessária do dever de agir no interesse da companhia, e, portanto, do dever de lealdade, na medida em que ocorre justamente quando o interesse da companhia é preterido em prol de outros interesses.

Já no que diz respeito ao dever de diligência, durante muito tempo ele esteve relacionado ao dever de agir informado que, como sintetiza Maddalena Rabitti,[2102] constitui o seu conteúdo mínimo. Nesse sentido, a *business judgement rule*, consubstanciada na presunção de que a ação dos administradores ocorre no melhor interesse da companhia e na ideia de que o mérito de suas decisões é insuscetível de alteração judicial, constitui consequência das dificuldades de se avaliar o cumprimento *ex post* do dever de diligência.[2103] Vale lembrar que a própria CVM já reconheceu – ainda antes da edição da Lei nº 13.303/2016 – a

---

[2102] *Rischio organizativo e responsabilità degli amministratori*: Contributo allo studio dell'illecito civile. Milão: Giuffré, 2004. p. 144.

[2103] Ver comentários de Ana Frazão ao art. 159 da Lei nº 6.404/1976.

incidência do âmbito de proteção da *business judgement rule* sobre as decisões de estatais.[2104]

Entretanto, a Lei nº 13.303/2016 acolhe uma versão ampliada do dever de diligência, já que este passa a estar relacionado a pelo menos três importantes aspectos:

(i) *perícia e atualização de conhecimentos por parte do administrador*, aspecto que é discutível em relação às companhias privadas[2105] e envolve o dever de atualização anual sobre legislação societária e mercado de capitais, divulgação de informações, controle interno, código de conduta, Lei anticorrupção e demais temas relacionados às atividades da estatal (§ 4º, do art. 17);

(ii) *deveres relacionados à organização, transparência e governança corporativa*, a fim de implementar todos os regimes já tratados anteriormente, merecendo destaque a circunstância de caber ao Conselho de Administração, nos termos do § 2º, do art. 23, o controle anual do plano de negócios e da estratégia de longo prazo, devendo publicar suas conclusões e informá-las ao Poder Legislativo e ao Tribunal de Contas respectivo. O dever de diligência está ligado, portanto, à questão da transparência e publicidade, já que tais informações são consideradas relevantes para efeitos do art. 8º, inciso III, devendo preferencialmente constarem da carta anual a que se refere o art. 8º, inciso I. Acresce que as informações relevantes das estatais devem ser publicadas igualmente na internet (art. 8º, § 4º), a fim de que haja o controle social. Assim, é igualmente inequívoco que os planos de negócios e as estratégias de longo prazo devem ser amplamente divulgadas;

(iii) *dever de cumprimento das metas assumidas*, valendo lembrar que, nos termos do art. 23, "É condição para investidura em cargo de diretoria da empresa pública e da sociedade de economia mista a assunção de compromisso com metas e resultados específicos a serem alcançados, que deverá ser aprovado pelo Conselho de Administração, a quem incumbe fiscalizar seu cumprimento". Por outro lado, já se viu, que nos termos do §2º do referido artigo, o Conselho de Administração responde, mesmo por omissão, por falhas na supervisão do atendimento de metas e resultados da execução do plano de negócios e estratégia de longo prazo.

Tais pontos precisam ser destacados porque, pelo menos nas companhias privadas, o dever de diligência tem como núcleo básico o dever de agir bem informado, sendo visto essencialmente como uma obrigação de meio e não de fim[2106]. Entretanto, nos termos da Lei das Estatais, o dever de diligência passa a estar também atrelado ao cumprimento de metas e resultados específicos desde a data da investidura no cargo, obrigação que é renovada periodicamente, nos termos do art. 23, § 1º.

Por fim, importa notar a cláusula geral de responsabilidade civil dos administradores contida no art. 158, da Lei nº 6.404/1976, que permite a responsabilização do gestor quando proceder "dentro de suas atribuições ou poderes, com culpa ou dolo" ou "com violação da lei ou estatuto". Com isso, a lei reforça a natureza subjetiva da responsabilidade dos administradores, corroborando a noção advinda do dever de diligência segundo a qual o gestor adota o padrão do comerciante consciencioso e ordenado, conduta

---

[2104] CVM. PAS 2013/6635. Rel. Diretora Luciana Dias. j. 25.05.2015.

[2105] Segundo Galgano (*Trattato di diritto commerciale e di diritto pubblico dell'economia*. Padova: Cedam, 1984. p. 267-268, v. VII), a diligência requerida para a administração de uma sociedade por ação é aquela normal e ordinária, opinião que é compartilhada por Sanchéz Calero (*Los administradores en las sociedades de capital*. Navarra: Civitas, 2005. p. 173), segundo o qual o dever de diligência não está associado à exigência de *expertise*. Apesar de reconhecer que o tema é controverso, Maria Elisabete Ramos (*Responsabilidade civil dos administradores e diretores de sociedades anônimas perante os credores sociais*. Coimbra: Coimbra Editora, 2002. p. 95) conclui que, embora a perícia não seja necessária, exige-se do administrador ao menos a aptidão para avaliar que necessita da ajuda de um profissional especializado. Todavia, com base na experiência do direito europeu Bianchi (*Gli amministratori di società di capitali*. Padova: Cedam, 2006. p. 587-588) e Maddalena Rabitti (*Rischio organizzativo e responsabilità degli amministratori*. Contributo allo studio dell'illecito civile. Milano: Giuffré, 2004. p. 150) sustentam que a diligência profissional requer certa dose de perícia.

[2106] FRAZÃO, Ana. *Função social da empresa*. Repercussões sobre a responsabilidade civil de controladores e administradores de S/As. Rio: Renovar, 2011. p. 358-360.

que se relaciona prioritariamente ao dever geral de respeito e prevenção do perigo.[2107]

> **Conselho Fiscal**
>
> **Art. 240.** O funcionamento do conselho fiscal será permanente nas companhias de economia mista; um dos seus membros, e respectivo suplente, será eleito pelas ações ordinárias minoritárias e outro pelas ações preferenciais, se houver.

COMENTÁRIOS

1. Conselho Fiscal nas sociedades de economia mista

ANA FRAZÃO

De forma contrária ao que acontece com as companhias privadas, o Conselho Fiscal é permanente nas sociedades de economia mista e ainda precisa ser assegurado que pelo menos um de seus membros seja eleito pelos minoritários. É o que prevê o art. 240, da Lei nº 6.404/1976, segundo o qual "O funcionamento do conselho fiscal será permanente nas companhias de economia mista; um dos seus membros, e respectivo suplente, será eleito pelas ações ordinárias minoritárias e outro pelas ações preferenciais, se houver."

Vale ressaltar que o art. 10, da Lei nº 13.303/2016, ainda exige que o Comitê Estatutário verifique a conformidade do processo de indicação e de avaliação tanto dos membros do Conselho de Administração, como também dos membros do Conselho Fiscal, com competência para auxiliar o controlador na indicação desses membros.

O art. 26, da Lei nº 13.303/2016, deixa claro que se aplicam aos membros do Conselho Fiscal as normas da Lei nº 6.404/1976 relativas aos poderes, deveres e responsabilidades, requisitos e impedimentos para investidura e a remuneração. Vale ressaltar que o § 1º, do art. 26, da Lei nº 13.303/2016, dispõe sobre os requisitos para ser membro do Conselho Fiscal, assim como o § 2º dispõe que "O Conselho Fiscal contará com pelo menos 1 (um) membro indicado pelo ente controlador, que deverá ser servidor público com vínculo permanente com a administração pública."

Vale ressaltar que o regime de responsabilidade dos membros do Conselho Fiscal é semelhante ao dos administradores, diante do art. 26, da Lei nº 13.303/2016,[2108] que determina a aplicação da Lei nº 6.404/1976 à questão. Vale ressaltar que, na reforma de 2001, a Lei nº 6.404/1976 adicionou ao diploma o abuso no exercício da função de conselheiro fiscal, que segundo o art. 165, § 1º, deverá agir no interesse da companhia, sendo considerados abusivos os atos destinados a causar dano a companhia e aos seus acionistas ou administradores, ou de obter vantagem indevida.

Note-se que, na forma do artigo 165, da Lei nº 6.404/1976, os membros do Conselho Fiscal equiparam-se aos administradores para efeitos de direitos e responsabilidades, respondendo "pelos danos resultantes de omissão no cumprimento de seus deveres e de atos praticados com culpa ou dolo, ou com violação da lei ou do estatuto".

> **Correção monetária**
>
> **Art. 241.** (*Revogado pelo Decreto-lei 2.287, de 1986*)

> **Falência e Responsabilidade Subsidiária**
>
> **Art. 242.** (*Revogado pela Lei 10.303, de 2001*)

> **CAPÍTULO XX**
> **SOCIEDADES COLIGADAS, CONTROLADORAS E CONTROLADAS**
>
> **SEÇÃO I**
> **INFORMAÇÕES NO RELATÓRIO DA ADMINISTRAÇÃO**
>
> **Art. 243.** O relatório anual da administração deve relacionar os investimentos da companhia em sociedades coligadas e controladas

---

[2107] FRAZÃO, Ana. *Função social da empresa*. Repercussões sobre a responsabilidade civil de controladores e administradores de S.As. Rio de Janeiro: Renovar, 2011. p. 352-353.

[2108] "Além das normas previstas nesta Lei, aplicam-se aos membros do Conselho Fiscal da empresa pública e da sociedade de economia mista as disposições previstas na Lei nº 6.404, de 15 de dezembro de 1976, relativas a seus poderes, deveres e responsabilidades, a requisitos e impedimentos para investidura e a remuneração, além de outras disposições estabelecidas na referida Lei."

> e mencionar as modificações ocorridas durante o exercício.
>
> § 1º São coligadas as sociedades nas quais a investidora tenha influência significativa. (Redação dada pela Lei 11.941, de 2009)
>
> § 2º Considera-se controlada a sociedade na qual a controladora, diretamente ou através de outras controladas, é titular de direitos de sócio que lhe assegurem, de modo permanente, preponderância nas deliberações sociais e o poder de eleger a maioria dos administradores.
>
> § 3º A companhia aberta divulgará as informações adicionais, sobre coligadas e controladas, que forem exigidas pela Comissão de Valores Mobiliários.
>
> § 4º Considera-se que há influência significativa quando a investidora detém ou exerce o poder de participar nas decisões das políticas financeira ou operacional da investida, sem controlá-la. (Incluído pela Lei 11.941, de 2009)
>
> § 5º É presumida influência significativa quando a investidora for titular de 20% (vinte por cento) ou mais dos votos conferidos pelo capital da investida, sem controlá-la. (Redação dada pela Lei nº 14.195, de 2021)

COMENTÁRIOS

1. Importância da transparência em relação às sociedades controladas e às sociedades sobre as quais se exerce influência significativa

Ana Frazão

Como já se explicou nos comentários ao art. 1º, da Lei nº 6.404/1976, o Direito Societário, há bastante tempo, saiu da fase atomística e adentrou na fase molecular, caracterizada pela importância crescente dos grupos societários. Assim, é fundamental que a empresa plurissocietária possa ser compreendida e identificada, inclusive com a consequente atribuição das consequências jurídicas daí resultantes.

Por essa razão, deve haver a devida transparência sobre as participações societárias que cada sociedade detém em outras, o que justifica o art. 243, da Lei nº 6.404/1976, ao prever que "O relatório anual da administração deve relacionar os investimentos da companhia em sociedades coligadas e controladas e mencionar as modificações ocorridas durante o exercício." Em complemento, o § 3º admite exigências adicionais para as companhias abertas em relação às suas controladas e coligadas, dispondo que "A companhia aberta divulgará as informações adicionais, sobre coligadas e controladas, que forem exigidas pela Comissão de Valores Mobiliários."

Como se verá em seguida, o controle de uma sociedade sobre a outra é a causa mais comum da constituição dos grupos societários de fato. Consequentemente, é compreensível que o art. 243, da Lei nº 6.404/1976, exija expressamente que sejam discriminadas as sociedades controladas por cada companhia.

Entretanto, como há outras formas de constituição de grupos societários, é salutar que o art. 243, da Lei nº 6.404/1976, não tenha se restringido ao controle, exigindo também a indicação das sociedades coligadas, que são aquelas nas quais uma companhia detém influência significativa, situação que, embora não seja normalmente indicadora da existência de grupo societário – como é o caso do controle – pode vir a sê-lo, em determinadas circunstâncias.

Por fim, salienta-se que, além do controle e da influência significativa, é importante estar atento para outros indicadores da existência de grupo ou de níveis acentuados de coordenação entre determinadas sociedades, como é o caso do *interlocking*[2109] ou de laços contratuais, como os pertinentes a joint ventures e outros contratos associativos.[2110]

2. Direção unitária como elemento caracterizador dos grupos societários

Ana Frazão

Ao lado dos grupos de direito, previstos pelos arts. 265 e ss. da Lei nº 6.404/1976, existem os chamados grupos de fato, que decorrem da mera

---

[2109] Para maiores informações sobre outros elementos caracterizadores de grupos societários, incluindo o *interlocking*, ver FRAZÃO, Ana. *Direito da concorrência*. Pressupostos e perspectivas. São Paulo: Saraiva, 2017. p. 183-200.

[2110] Sobre os grupos contratuais, ver FRAZÃO, Ana. *Direito da concorrência*. Pressupostos e perspectivas. São Paulo: Saraiva, 2017. p. 201-244.

existência de participações societárias que levam à direção unitária entre uma companhia e outra.

O elemento mais importante para a definição de grupo societário ou empresarial,[2111] portanto, é a existência de *direção econômica unitária*[2112] ou, adotando-se as referências do direito estrangeiro, o que se chama de *unified management, einheitlicher Leitung, direction économique unitaire, unidad de dirección* ou *direzione unitaria*, dentre outras expressões similares.[2113]

Ainda que haja divergências sobre o que vem a ser a referida direção unitária e quais os instrumentos e meios para a sua operacionalização, é incontroverso que se trata de pressuposto da existência dos grupos. Por essa razão, Engrácia Antunes,[2114] na obra que é considerada uma das mais importantes referências sobre o assunto, define o grupo como o "conjunto mais ou menos vasto de sociedades comerciais que, conservando embora as respectivas personalidades jurídicas próprias e distintas, se encontram subordinadas a uma direção econômica unitária e comum".

Nesse aspecto, a definição jurídica de grupo casa-se perfeitamente com a definição econômica, plasmada sobretudo a partir da contribuição de Ronald Coase,[2115] prêmio Nobel de Economia, que se notabilizou por ter oferecido uma explicação consistente sobre o que distinguiria a empresa do mercado. Para o referido autor, ao contrário das relações de mercado, caracterizadas pelo aspecto de coordenação, a empresa (*the firm*) caracteriza-se pela hierarquia ou pelo que chama de relação entre mestre/servo (*master/servand*) ou empregador/empregado (*employer/employee*). A opção por uma ou outra decorreria dos menores custos de transação envolvidos em cada uma delas.[2116]

A hierarquia a que se refere Coase[2117] é, na verdade, aquela implementada pelo que se chama de controle ou direção empresarial. Daí por que a sua teoria oferece as bases econômicas para a compreensão da realidade dos grupos societários, que podem ser considerados uma só empresa – a empresa plurissocietária – desde que sujeitos a apenas um poder de controle ou direção. Na verdade, a própria definição de grupo societário envolve a necessária tensão entre a independência jurídica e a unidade econômica, como esclarece Engrácia Antunes:[2118]

De um ponto de vista econômico, o grupo constitui uma nova e revolucionária forma de organização da atividade econômica da empresa moderna: ao contrário da empresa tradicional, que se caracteriza por revestir uma

---

[2111] Quando se fala em grupo societário, reforça-se que a razão de ser do grupo é a participação societária de uma sociedade em outra. Entretanto, há outras formas de constituição de grupos que não apenas por laços societários, como é o caso dos grupos contratuais, constituídos por contratos associativos ou de parceria, como as *joint ventures*. Por essa razão, a expressão "grupo econômico" pode ser considerada gênero da qual o grupo societário é espécie, abrangendo a primeira qualquer forma de empresa plurissocietária.

[2112] Rachel Sztajn (Ensaio tipológico dos grupos de sociedades. In: BAPTISTA, Luiz Olavo; HUCK, Hermes Marcelo; CASELLA, Paulo Borba (org.). *Direito e comércio internacional*: tendências e perspectivas: estudos em homenagem ao Prof. Irineu Strenger. São Paulo: LTr, 1994. p. 599) define os grupos precisamente a partir da direção e da unidade.

[2113] Como ensina Engrácia Antunes (The governance of corporate groups. In: ARAÚJO, Danilo; WARDE JR., Walfrido (org.). *Os grupos de sociedades*: organização e exercício da empresa. São Paulo: Saraiva, 2012. p. 27), o conceito de direção única é adotado pelas ordens jurídicas que têm uma lei geral sobre grupos, a exemplo da Alemanha e de Portugal, assim como prevalece em outros países.

[2114] The governance of corporate groups In: ARAÚJO, Danilo; WARDE JR., Walfrido (org.). *Os grupos de sociedades*: organização e exercício da empresa. São Paulo: Saraiva, 2012. p. 27. p. 52.

[2115] COASE, Ronald. The problem of social cost. *The Journal of Law & Economics*, v. 3, p. 1-44, out. 1966, p. 33-55.

[2116] Tal dicotomia é muitas vezes descrita como as soluções autodisciplinadas (empresa) e as heterodisciplinadas (mercado). Como esclarece Fernando Araújo (*Teoria econômica do contrato*. Coimbra: Almedina, 2007. p. 67), partindo-se da "intuição coaseana", "o contínuo que leva das soluções autodisciplinadas às soluções heterodisciplinadas depende (na razão inversa) dos custos de transação, determinando o nível desses custos a maior ou menor estabilidade e duração dos contratos [...]".

[2117] Coase (The problem of social cost. *The Journal of Law & Economics*, v. 3, p. 1-44, out. 1966) utiliza os termos controle e direção como sinônimos, mas deixa claro que a hierarquia que se encontra na empresa (*firm*) é aquela que decorre do direito que o *master* tem de controlar e interferir sobre o trabalho do empregado (*the right to control the servant's work*). Esse mesmo fenômeno pode ser visto como direção (*direction*).

[2118] *Os grupos de sociedades*. Estrutura e organização jurídica da empresa plurissocietária. Coimbra: Almedina, 2002. p. 52.

estrutura unissocietária, a empresa de grupo constitui uma unidade econômica plurissocietária – ou, no dizer de certos autores, uma 'empresa articulada' (Embid Irujo) ou uma empresa 'policorporativa'(Antunes). De um ponto de vista jurídico, a especificidade do grupo societário reside nessa tensão ou oposição latente entre a situação de direito (pluralidade jurídica de entes societários autônomos) e a situação de fato (unidade de ação econômica e centralização do poder de direção) – ou, na expressão de outros autores, na tensão subjacente à esta 'unidade na diversidade' (Wallace). Elementos definidores do conceito do grupo de sociedades são, assim, o elemento de independência jurídica das entidades agrupadas e o elemento de dependência econômica do conjunto destas (sociedades-filhas) relativamente ao poder de direção de uma delas (sociedade-mãe)."

3. Direção unitária e controle

Ana Frazão

Para a compreensão dos grupos societários de fato, é fundamental a noção de controle, que, como se sabe, é relacionada à circunstância de que as sociedades empresárias, ao lado dos seus órgãos tradicionais, apresentam igualmente um centro de poder de natureza fática, que se exterioriza pela dominação ou soberania na condução da atividade empresarial.[2119] Tal poder pode ter projeções externas, quando utilizado para a dominação de uma sociedade por outra, hipótese em que se estará diante de um grupo.

Por mais que existam muitas controvérsias sobre a sua caracterização e natureza jurídica, vem prevalecendo no direito brasileiro a orientação de que o controle apenas pode ser definido por meio de fórmulas flexíveis, dentre as quais a de que corresponde ao poder supremo da sociedade e às prerrogativas de dirigir a atividade empresarial e de dispor do patrimônio social com certa estabilidade e efetividade.[2120]

Vale ressaltar que tal premissa está em sintonia com a Lei nº 6.404/1976, que definiu o controlador a partir da efetividade do seu poder na Assembleia Geral, sem restringi-lo a parâmetros fechados. Por essa razão, o § 2º, do art. 243, da Lei nº 6.404/1976, converge com o art. 116, ao prever que "Considera-se controlada a sociedade na qual a controladora, diretamente ou através de outras controladas, é titular de direitos de sócio que lhe assegurem, de modo permanente, preponderância nas deliberações sociais e o poder de eleger a maioria dos administradores."

Certamente, o controle é o mais importante mecanismo para a constituição dos grupos de fato. No entanto, mesmo sob essa perspectiva, é importante ressaltar que o que caracteriza o grupo entre sociedades não é a mera existência de um controlador comum, mas o fato de o controlador usar o seu poder como meio de implementação de uma direção única. Por outro lado, havendo a unificação da direção, ainda que por outros mecanismos que não a existência de participações societárias ou do controle de um dos agentes envolvidos sobre os demais, poder-se-á cogitar de grupo.

Apesar de uma compreensível indefinição conceitual, a direção unitária tem sido vista como um conjunto de estratégias que se baseiam na existência de uma política geral do grupo (*group planning process*), que se projeta sobre as áreas estratégicas de atuação, tais como a área comercial, a laboral, a de produção e de vendas, a de controle e de gestão da marca, etc. De acordo com Engrácia Antunes,[2121] a direção unitária envolveria pelo menos os seguintes aspectos:

(i) uma filosofia geral comum ao grupo (*general business philosophy of the group*);

(ii) uma estrutura geral comum ao grupo (*general group structure*);

(iii) objetivos e estratégias comuns ao grupo (*general group goals and strategy*);

(iv) política geral de funcionamento do grupo em áreas como *marketing*, produtos, finanças e pessoal (*main functional areas of group management*) e

(v) supervisão sobre a execução de todos os aspectos acima mencionados (*supervision*), o que enseja a criação de estruturas de controle interno, inclusive no que diz

---

[2119] Ver comentários de Ana Frazão ao art. 116 da Lei nº 6.404/1976.

[2120] Sobre a efetividade, ver WALD, Arnoldo. O acordo de acionistas e o poder de controle do acionista majoritário. *Revista de Direito Mercantil, Industrial, Econômico e Financeiro*, n. 110, abr./jun. 1998, p. 12.

[2121] The governance of corporate groups. In: ARAÚJO, Danilo; WARDE JR., Walfrido (Org.) *Os grupos de sociedades*: organização e exercício da empresa. São Paulo: Saraiva, 2012. p. 38 e 55.

respeito ao gerenciamento de risco (*risk management system at a group level*).

Tais políticas uniformizadoras podem implicar distintos graus de integração entre as sociedades participantes do grupo, que vão desde a maior centralização até a mera coordenação e supervisão das atividades do grupo. Por essa razão, a doutrina faz distinção entre os *grupos de subordinação* e os *grupos de coordenação*.

É claro que o principal efeito da direção unitária é a perda da independência econômica originária das sociedades. A diferença é que, nos grupos de subordinação, essa perda é total, motivo pelo qual se estabelece uma rígida hierarquia entre a sociedade-controladora ou sociedade-mãe e as sociedades-controladas ou sociedades filhas, enquanto nos grupos de coordenação essa perda é parcial, já que todas as sociedades participam da gestão conjunta.

Todavia, por mais que haja maior autonomia econômica das sociedades componentes de um grupo de coordenação, é necessário haver entre elas uma direção econômica unitária.[2122] Por essa razão, pode-se afirmar que certa dose de subordinação econômica é inerente aos grupos: o que varia entre os grupos de subordinação e coordenação é apenas o grau de subordinação.[2123] A direção unitária pode também ser mais abrangente ou mais restrita, mas precisará estar sempre presente, sob pena de não haver empresa comum.[2124]

Se houvesse entre as sociedades uma mera coordenação, tais relações não seriam propriamente de empresa, mas sim de mercado. Como ficou claro desde a obra de Coase, o que caracteriza a empresa, incluindo a empresa plurissocietária, é precisamente o elemento hierárquico. Daí por que, mesmo nos grupos de coordenação, não deixa de haver uma hierarquia entre a direção unitária, que é compartilhada pelas sociedades, e a direção individual de cada uma delas.

Portanto, não se pode confundir direção unitária com subordinação absoluta ou centralização. Como visto, mesmo nos grupos de coordenação há certo grau de hierarquia, embora revestida de natureza diversa daquela encontrada nos grupos de subordinação, já que, nesse caso, a hierarquia decorrerá de uma relação de coordenação entre as participantes, de modo que todas, nas suas direções individuais, se submeterão também à direção única que exercem em conjunto.

O que verdadeiramente importa é que, qualquer que seja a forma de estruturação das relações entre as sociedades, dela precisa resultar uma direção única ou uma organização única, sem o que não se pode cogitar de grupo e, consequentemente, da empresa plurissocietária. Por essa razão, Jorge Lobo[2125] afirma que se cogita de grupos de coordenação ou paritários "quando as empresas permanecem independentes embora submetidas à direção de um super-órgão controlador-supervisor-diretor, formado por representantes das diversas sociedades grupadas." Consequentemente, mesmo nos grupos de coordenação, há necessidade de se institucionalizar, de alguma maneira, um órgão, ainda que informal, para exercer esse controle compartilhado ou essa direção única.

Por fim, cumpre ressaltar que, embora haja projeções da unidade econômica característica dos grupos em diversas áreas, existe uma que assume especial relevo para a identificação dos grupos: a política financeira e de investimentos.

[2122] Engrácia Antunes (*Os grupos de sociedades*. Estrutura e organização jurídica da empresa plurissocietária. Coimbra: Almedina, 2002. p. 80) faz distinção entre grupos de subordinação e coordenação, afirmando que, apesar da maior autonomia jurídica das agrupadas no segundo tipo, sempre haverá a necessidade de uma direção econômica unitária.

[2123] Daí a definição de Engrácia Antunes (*Os grupos de sociedades*. Estrutura e organização jurídica da empresa plurissocietária. Coimbra: Almedina, 2002.p. 607) de que "o grupo societário representa genericamente um conjunto mais ou menos vasto de sociedades comerciais que, mantendo formalmente a sua individualidade jurídica própria, se encontram subordinadas, *em maior ou menor grau*, a uma direção econômica unitária e comum" (grifos nossos).

[2124] Vale ressaltar a lição de Jorge Lobo (Direito dos grupos de sociedades. *Revista dos Tribunais*, v. 763, maio 1999. p. 32): "Anote-se, a propósito, ainda, a acertada observação de Anne Petit e Pierre Sauvain: "A gestão unitária pode ser centralizada e descentralizada, hierárquica ou colegial, pode traduzir-se numa intervenção constante nos negócios das filiais ou limitar-se à definição das grandes linhas de conjunto da respectiva política: ela estará sempre, e como quer que seja, presente e far-se-á sempre sentir para reprimir as atitudes incompatíveis com o espírito e os interesses do grupo, ou simplesmente, de sua organização".

[2125] Direito dos grupos de sociedades. *Revista dos Tribunais*, v. 763, maio 1999, p. 28.

Nesse sentido, ensina Engrácia Antunes[2126] que o elemento característico da direção unitária de qualquer grupo é precisamente a unidade da política financeira, o que permite centralizar as decisões relacionadas à afetação dos lucros distribuíveis, à constituição de reservas, às prioridades de investimento, à concessão de créditos e, sobretudo, às fontes de financiamento.

A centralização da política financeira e de investimentos é ainda um importante critério para a compreensão de muitos grupos de coordenação, nos quais persiste a autonomia econômica das sociedades em diversas searas, mas não no aspecto financeiro e de investimento[2127]. Não é sem razão que Jorge Lobo[2128] define a direção unitária a partir do planejamento de curto, médio e longo prazo, do controle de recursos financeiros, consoante o sistema de caixa único, e da coordenação das atividades e da supervisão.

4. Influência significativa

ANA FRAZÃO

Ainda há um importante fator a ser considerado para efeitos da configuração dos grupos ou de relações de coordenação entre as sociedades, especialmente na atualidade: a existência ou não de influência significativa. Já se viu anteriormente que, para uma parte expressiva da doutrina, o problema dos grupos é essencialmente um problema de controle, qualquer que seja a modalidade em que este seja exercido.[2129]

Entretanto, cada vez mais se discute a importância de participações societárias que, ainda que não sejam suficientes para assegurar o controle, podem assegurar uma influência significativa na sociedade investida. Tal questão é de suma importância diante do fenômeno atual da desagregação da empresa, que se projeta igualmente sobre a fragmentação e pulverização do poder empresarial. Em outras palavras, o poder empresarial deixa de estar necessariamente concentrado – como na hipótese do controle, que envolve uma dominação –, e passa a ser exercido por outras formas mais sutis, mas que nem por isso deixam de ser relevantes.

Daí as atenções terem se voltado na atualidade para a ideia de influência significativa, posição societária inferior ao controle, já que não envolve a dominação ou o comando de uma sociedade por outra, mas é superior à mera participação societária (investimento passivo ou societário), motivo pelo qual pode ter importantes consequências jurídicas, inclusive para fins de possibilitar a configuração de um grupo econômico ou situação próxima disso. Tal cenário torna-se ainda mais provável quando os titulares da influência significativa são grandes agentes econômicos, como os investidores institucionais, capazes de exercer um poder paralelo ao controle.[2130]

Isso ocorre porque a ideia de influência significativa não é incompatível com o controle. Muito pelo contrário, parte da premissa de que as duas situações podem coexistir: enquanto determinado agente exerce o controle, outro(s) agente(s) pode(m) exercer influência significativa e, de alguma maneira, moldar o próprio exercício do controle.

Sob essa perspectiva, a Lei nº 11.941/2009, ao modificar a Lei nº 6.404/1976, ofereceu importantes critérios para a compreensão da influência significativa. Afinal, agora a lei entende como coligadas "apenas as sociedades nas quais a investidora tenha influência significativa" (Lei nº 6.404/1976, art. 243, § 1º).

É interessante notar que a redação original da Lei nº 6.404/1976 entendia como coligada toda sociedade que detivesse participação societária igual ou superior a 10% em outra sociedade sem controlá-la. Todavia, a nova redação

---

[2126] The governance of corporate groups. In: ARAÚJO, Danilo; WARDE JR., Walfrido (Org.) *Os grupos de sociedades*: organização e exercício da empresa. São Paulo: Saraiva, 2012. p. 116-117.

[2127] Como bem destaca Leonardo Castellões (*Grupo de sociedades*. Curitiba: Juruá, 2008. p. 87), a acepção estrita de grupo exige inclusive a centralização da política financeira, sob o argumento de que dificilmente se poderia falar de unidade econômica sem uma política financeira unitária. Já para a acepção ampla, a centralização da política financeira é condição suficiente, porém não indispensável, para a existência de uma direção unitária.

[2128] Direito dos grupos de sociedades. *Revista dos Tribunais*, v. 763, maio 1999, p. 31-32.

[2129] É o que leciona Rachel Sztajn (Ensaio tipológico dos grupos de sociedades. In: BAPTISTA, Luiz Olavo; HUCK, Hermes Marcelo; CASELLA, Paulo Borba (org.). *Direito e comércio internacional*: tendências e perspectivas: estudos em homenagem ao Prof. Irineu Strenger. São Paulo: LTr, 1994. p. 600), "Os grupos resultantes da participação de uma sociedade no capital de outras, qualquer que seja a forma– piramidal, radial, estelar, sucessiva– resultam de poder de controle societário".

[2130] Ver comentários de Ana Frazão ao art. 116 da Lei nº 6.404/1976, especialmente na parte relacionada à importância dos investidores institucionais.

da Lei nº 6.404/1976 reforça que a simples titularidade de participação societária superior a 10% é irrelevante para efeitos societários. O que verdadeiramente importa é saber se desta participação surge uma influência significativa, o que se traduz na interferência sobre a sociedade coligada, ainda que em grau menor do que o da dominação que caracteriza o controle.

Para evitar compreensões indevidas, a própria Lei nº 6.404/1976, nos novos parágrafos acrescentados pela Lei nº 11.941/2009, definiu a influência significativa como a situação em que "a investidora detém ou exerce o poder de participar nas decisões das políticas financeira ou operacional da investida, sem controlá-la" (art. 243, § 4º), prevendo também a presunção de "influência significativa quando a investidora for titular de 20% (vinte por cento) ou mais do capital votante da investida, sem controlá-la." (art. 243, § 5º).

Ora, a identificação da influência significativa, ainda mais a partir da efetiva participação nas decisões das políticas financeira ou operacional da investida, certamente poderia ser considerada um critério possível para a configuração dos grupos, desde que suficiente para configurar a direção econômica unitária, como afirma com propriedade Walfrido Warde Jr.:[2131]

> Ainda que a influência, em razão do tipo e do grau, não caracterize o controle societário, pode-se manifestar de modo intenso, a ponto de sujeitar uma dada sociedade a uma *direção econômica unitária*, que se afirma, nesse caso, como a parte de um todo subordinado a essa força diretriz comum. Tem-se que esse estado de coisas – manifesto, entre nós, pelas chamadas relações de coligação – denuncie, potencialmente, um fenômeno de natureza grupal. As relações de coligação deflagram, de um lado, uma influência significativa e, de outro, correspondente submissão, presumidas (influência e subordinação) quando uma sociedade – a que influencia – for titular, direta ou indiretamente, de 20% ou mais do capital votante da outra – a influenciada, sem, contudo, controlá-la.

Apenas se cogita de influência significativa quando se tem "o poder de participar nas decisões das políticas financeira ou operacional da investida", sendo mera presunção relativa à de que a participação societária superior a 20% implica a influência significativa.

O grande desafio, portanto, é verificar em que medida a influência significativa poderá ser utilizada como fator de coordenação entre as sociedades envolvidas, de forma a se gerar uma situação semelhante à do grupo. Em outras palavras, há que se verificar em que medida a convivência entre controle e influência significativa trará impactos para a configuração de grupos.

De toda sorte, será fundamental analisar as relações entre o titular do controle e o titular da influência significativa, para se entender o arranjo específico de poder que foi constituído no caso concreto. A partir daí, se poderá chegar à conclusão em torno da existência ou não de grupo ou de uma coordenação mais intensa entre os agentes envolvidos, o que pode dar margem inclusive a problemas concorrenciais entre as sociedades envolvidas.[2132]

Por fim, é importante mencionar que o Superior Tribunal de Justiça já teve oportunidade de entender que "A verificação da existência de coligação entre sociedades pode ser feita com base em elementos fáticos que demonstrem a efetiva influência de um grupo societário nas decisões do outro, independentemente de se constatar a existência de participação no capital social."[2133]

Trata-se de julgado importante, pois atribui à influência significativa moldura bastante flexível, em simetria à compreensão do próprio poder de controle. Dessa forma, o que importa é a constatação do poder de uma sociedade sobre outra, independentemente da origem ou da forma como tal poder é exercido.

5. Introdução do voto plural na Lei brasileira

Mauricio Moreira Menezes

A Lei nº 14.195/2021 introduziu a possibilidade de criação de classes distintas de ações ordinárias em função da atribuição de voto plural a uma ou

---

[2131] WARDE JR., Walfrido. O fracasso do direito grupal brasileiro: a institucionalização do controle oculto e de sua sub-reptícia transferência. In: ARAUJO, Danilo; WARDE JR., Walfrido (org.). *Os grupos de sociedades.* organização e exercício da empresa. São Paulo: Saraiva, 2012. p. 120.

[2132] Para maiores informações sobre as repercussões concorrenciais da influência significativa, ver FRAZÃO, Ana. *Direito da concorrência:* pressupostos e perspectivas. São Paulo: Saraiva, 2017. p. 186-190.

[2133] STJ. REsp 1.266.666/SP. Rel. Min. Nancy Andrighi. 3ª T. j. 09.08.2011.

mais classes, inaugurando nova fase no Direito brasileiro relativamente ao exercício do direito de voto e ao modo organização das relações de poder nas companhias. Por conseguinte, produziu alterações aos arts. 15, 16, 110, 125, 135, 136, 215, 243, 252 e 284, bem como a inserção dos arts. 16-A e 110-A, todos da LSA.

O § 9º do art. 110-A da LSA contempla norma que objetiva orientar interpretação da LSA: "quando a lei expressamente indicar quóruns com base em percentual de ações ou do capital social, sem menção ao número de votos conferidos pelas ações, o cálculo respectivo deverá desconsiderar a pluralidade de voto".

Nesse particular, a Lei nº 14.195/2021 caminhou acertadamente para afastar qualquer indesejável controvérsia a respeito do atendimento a quóruns de instalação e de deliberação previstos na LSA, em proveito da segurança jurídica e de sua higidez sistemática.

Assim, modificou pontualmente diversos dispositivos da LSA que antes faziam referência a quóruns calculados sobre o "capital social com direito a voto" ou "capital votante", para ajustá-los ao mecanismo do voto plural, passando a referir-se ao número de "votos conferidos por ações com direito a voto".

Com efeito, a redação do art. 243, § 5º, foi adaptada nesse exato sentido, de tal sorte a presumir a influência significativa da investidora em função da titularidade de votos tendo em vista o total dos conferidos pelo capital da investida.

A propósito da recepção do voto plural pela LSA e de sua disciplina jurídica, *vide* os comentários aos arts. 110 e 110-A da LSA.

6. Aplicação do Capítulo XX (artigos 243 a 264) aos grupos de direito

Fábio Ulhoa Coelho

Há, na doutrina, o entendimento de que as normas do Capítulo XX da LSA (arts. 243 a 264) seriam aplicáveis aos grupos *de fato*, enquanto as do Capítulo XXI (arts. 265 a 277) aos grupos *de direito*. Essa afirmação, no entanto, não está totalmente correta, se conclui pela não sujeição dos grupos *de direito* às normas do Capítulo XX.

Todos concordam que a LSA não disciplina expressamente os grupos *de fato*, e o que ela chama de "grupos de sociedade" são exclusivamente os grupos *de direito*. Deste modo, não há dúvidas de que as normas do Capítulo XXI não são aplicáveis senão quando unidas as sociedades por uma convenção grupal, que, uma vez levada a registro na Junta Comercial, formaliza o grupo *de direito*. Mas, dessa premissa, correta e largamente aceita, não se segue logicamente a inaplicabilidade aos grupos *de direito* das normas do Capítulo XX.

Muito ao contrário, não tendo a LSA ressalvado expressamente os grupos *de direito* da sujeição às normas sobre "coligadas, controladoras e controladas", a conclusão é a de que o Capítulo XX possui disposições gerais, aplicáveis a qualquer tipo de grupo, seja os *de fato* ou os *de direito*, enquanto o Capítulo XXI possui disposições específicas, pertinentes apenas aos grupos *de direito*.

Como, por definição legal, toda sociedade de comando de grupo *de direito* é uma controladora e as filiadas são suas controladas (art. 265), as normas sobre sociedades controladoras e controladas da LSA lhes são aplicáveis, não existindo nenhum fundamento para reservar o Capítulo XX só para as relações societárias internas ao grupo *de fato*. Com ênfase, não há ninguém que possa questionar a sujeição da alienação do controle de uma sociedade aberta integrante de grupo *de direito*, tanto a de comando como a filiada, à obrigatoriedade da oferta pública de aquisição de ações, constante do art. 254-A.

Mas se ninguém propõe a inaplicabilidade do art. 254-A às sociedades componentes do grupo *de direito*, há quem o considere não sujeito ao art. 245. Na verdade, toma essa pretendida insubmissão a essa disposição normativa como o cerne da distinção entre os grupos *de direito* e *de fato*.[2134] Mas, bem examinado o direito positivo e a levando em conta a finalidade das sociedades anônimas e a proteção jurídica ao investimento privado dos acionistas minoritários, não há como sustentar-se esta temerária afirmativa.

O art. 245 da LSA estabelece a salutar regra de vedação, por parte dos administradores de sociedades ligadas por vínculo de controle ou

---

[2134] É o caso, por exemplo, de Nelson Eizirik, para quem: "[nos grupos de fato], a Lei das S.A. exige que as relações jurídicas mantidas entre as sociedades que os compõem obedeçam ao princípio da equivalência das prestações, somente podendo ser realizados negócios com estrita observância de condições comutativas ou mediante pagamento adequado, conforme determina o artigo 245. [Já na disciplina dos grupos de direito], a Lei das S.A [...] admite que a administração do grupo legitimamente adote medidas contrárias aos interesses específicos de cada

coligação, de tratamento favorecido a uma delas, em detrimento de outra. Exige o preceito que as operações entre as sociedades "observem condições estritamente comutativas", com a devida compensação sempre que necessário. Trata-se de norma geral, a que se sujeitam todos os administradores de sociedades ligadas por vínculo controladora-controlada, incluindo as integrantes de um grupo *de direito*.

Se as relações negociais entre controladora e controlada devem ser sempre norteadas por condições estritamente comutativas (isto é, com observância das praticadas no mercado, entre agentes econômicos autônomos), então qual seria a especificidade do grupo convencional? O que significa, concretamente, as obrigações de "combinar recursos e esforços" e "explorar atividade ou empreendimento em comum", que as sociedades pertencentes a um grupo *de direito* contraem uma perante as demais?

A resposta é simples e direta: a especificidade das sociedades filiadas a grupo *de direito* diz respeito à destinação de suas disponibilidades, sejam as financeiras (dinheiro aplicado num investimento, a espera do momento em que poderá ser gasto) ou materiais (maquinário ocioso, mão de obra subutilizada etc.). As disponibilidades das integrantes do grupo *de direito* estão a serviço dos interesses grupais ou dos de outra integrante.

Imagine que uma sociedade do grupo *de direito*, em razão do grande sucesso de sua empresa, está com as disponibilidades financeiras elevadas. O interesse dela é o de investir essas disponibilidades em seu crescimento, mediante reinvestimento, ou antecipar o pagamento de dividendos ou juros sobre o capital para os acionistas. Se ela e sua controladora não estão vinculadas a um grupo *de direito*, compondo o que a doutrina (mas não a lei) denomina de grupo *de fato*, ninguém negaria que a controladora estaria abusando do seu poder de controle se tomasse tais disponibilidades por meio de um mútuo, impedindo a controlada de reinvestir em sua empresa ou robustecer os ganhos de seus acionistas. Resposta diferente, contudo, deve ser dada na hipótese de tais sociedades se encontrarem vinculadas por uma convenção de grupo. Nesse caso, a controladora (sociedade de comando) poderia tomar as disponibilidades financeiras da controlada (sociedade filiada), por meio de um mútuo, subordinando os interesses desta última aos do grupo, ou mesmo aos dela ou de outra filiada.

No grupo é *de fato*, se a controladora não está interessada em reinvestir suas disponibilidades na ampliação da atividade econômica que explora, ela as pode emprestar para a controladora; mas, se, ao contrário, ela tem o interesse em tal reinvestimento, a controladora não pode determinar a celebração do mútuo intragrupo. Situação diversa se verifica no grupo *de direito*. Mesmo que a controlada (filiada) tenha interesse em ampliar sua atividade, a controladora pode determinar a celebração do mútuo, porque prevalecem os interesses do grupo ou de outra sociedade que o componha, de acordo com a convenção celebrada.

Na prática, os grupos *de fato* ou *de direito* centralizam o caixa de todas as sociedades na diretoria financeira da controladora. É uma medida de plena racionalidade, que permite exatamente o uso de disponibilidades financeiras pertencentes a uma delas, no cumprimento das obrigações do conjunto das sociedades. Uma das vantagens é evitarem-se os custos com negociação com bancos e oferecimento de garantias, sempre que uma delas enfrenta iliquidez momentânea. Outra vantagem é conseguir alocar as disponibilidades financeiras das sociedades em investimentos de maior rentabilidade, graças ao maior volume de capital investido.

Em qualquer hipótese, seja o grupo *de fato* ou *de direito*, a contabilidade de cada uma delas (também centralizada) deve proceder aos registros da "compensação adequada" a débito da sociedade que usar disponibilidades de outra e a crédito desta. Também cabe à contabilidade repartir os rendimentos do investimento feito pelo caixa único, proporcionalmente à participação das disponibilidades de cada sociedade.

Quer dizer, o art. 245 da LSA é aplicável em qualquer relação de controle entre duas sociedades, exista ou não uma convenção unindo-as num grupo *de direito*.

E assim é, não somente pela interpretação das normas da LSA, em que não se encontra nenhuma ressalvando o grupo *de direito* da incidência

---

companhia que o integra, favorecendo, em prol do interesse geral, determinadas associadas em prejuízo de outras. Com efeito, não se aplica aos grupos de direito a exigência constante do artigo 245, de que as relações comerciais entre as sociedades associadas apresentem natureza estritamente comutativas" (*A lei das S/A comentada*. 2. ed. São Paulo: Quartier Latin, 2015. v. 4. p. 427 e 435).

Art. 244 — Ana Frazão

das abrigadas no Capítulo XX. Assim é em razão da própria *essência* de uma sociedade empresária. Interpretar a LSA no sentido de que ela autorizaria o prejuízo a uma sociedade (perdas ou redução de ganhos) imposto para satisfazer outra sociedade (impedindo-a de perder tanto ou proporcionando-lhe lucro) é chegar a uma conclusão absurda. A LSA se destina a proteger juridicamente o investimento privado. A convenção de grupo não pode servir ao enriquecimento indevido de qualquer uma de suas sociedades, em detrimento de outra ou das demais. Pretender que o art. 245 da LSA não se aplica nas relações intragrupo, quando há convenção formal e registrada, é interpretar essa norma de modo incompatível com os fundamentos do sistema capitalista, e das sociedades como um de seus mais valiosos instrumentos.

SEÇÃO II
PARTICIPAÇÃO RECÍPROCA

Art. 244. É vedada a participação recíproca entre a companhia e suas coligadas ou controladas.

§ 1º O disposto neste artigo não se aplica ao caso em que ao menos uma das sociedades participa de outra com observância das condições em que a lei autoriza a aquisição das próprias ações (artigo 30, § 1º, alínea *b*).

§ 2º As ações do capital da controladora, de propriedade da controlada, terão suspenso o direito de voto.

§ 3º O disposto no § 2º do artigo 30, aplica-se à aquisição de ações da companhia aberta por suas coligadas e controladas.

§ 4º No caso do § 1º, a sociedade deverá alienar, dentro de 6 (seis) meses, as ações ou quotas que excederem do valor dos lucros ou reservas, sempre que esses sofrerem redução.

§ 5º A participação recíproca, quando ocorrer em virtude de incorporação, fusão ou cisão, ou da aquisição, pela companhia, do controle de sociedade, deverá ser mencionada nos relatórios e demonstrações financeiras de ambas as sociedades, e será eliminada no prazo máximo de 1 (um) ano; no caso de coligadas, salvo acordo em contrário, deverão ser alienadas as ações ou quotas de aquisição mais recente ou, se da mesma data, que representem menor porcentagem do capital social.

§ 6º A aquisição de ações ou quotas de que resulte participação recíproca com violação ao disposto neste artigo importa responsabilidade civil solidária dos administradores da sociedade, equiparando-se, para efeitos penais, à compra ilegal das próprias ações.

COMENTÁRIOS

1. Vedação de participação recíproca entre a companhia e suas controladas e coligadas

Ana Frazão

O art. 244, da Lei nº 6.404/1976, expressamente prevê que "É vedada a participação recíproca entre a companhia e suas coligadas ou controladas." A razão de ser da proibição é simples: resguardar o capital social e o próprio patrimônio das sociedades envolvidas.

Com efeito, a possibilidade de que uma companhia seja sócia de outra já traz alguns problemas, na medida em que, sendo a pessoa jurídica uma abstração, a participação de uma em outra cria uma espécie de abstração da abstração, o que pode ser potencializado quando tais participações se projetam em extensas cadeias societárias.

Como é intuitivo, tal situação tem projeções diretas sobre o capital social e o patrimônio das companhias investidoras ou participantes de outras. Com efeito, se parte do capital social ou do patrimônio de uma companhia é composto de participações societárias, tem-se que o capital ou patrimônio da primeira é reflexo do patrimônio das investidas a que correspondem as referidas participações societárias. Não é sem razão que a confusão patrimonial, ainda que parcial, é elemento inerente aos grupos societários.

Enquanto se trata de processo unidirecional, em que uma companhia controla ou tem investimentos em outra, os problemas decorrentes dessa confusão patrimonial podem ser adequadamente endereçados por regras jurídicas. A partir do momento em que se admitisse que as sociedades investidas pudessem também deter participações societárias nas investidoras, a confusão patrimonial levaria ao esvaziamento total ou parcial do capital social ou mesmo do patrimônio das envolvidas.

É por essa razão que a doutrina brasileira é repleta de lições que confirmam o acerto da vedação prevista pelo art. 244, da Lei nº 6.404/1976. Para Rubens Requião,[2135] a participação recíproca entre sociedades constitui burla ao princípio da integridade do capital social. No mesmo sentido, José Edwaldo Tavares Borba[2136] sustenta que a participação recíproca leva à formação de capital inteiramente artificial a partir de interessante exemplo:

> Para que assim que conclua, basta exemplificar com duas sociedades, "A" e "B", cujos patrimônios se constituam exclusivamente por ações uma da outra: o patrimônio de "A" compõe-se de ações do capital de "B" e o patrimônio de "b" de ações do capital de "A". Liquidando-se essas sociedades, mesmo que não existam dívidas, o patrimônio apurado será igual a zero, porquanto composto apenas de papéis de sociedades em extinção. A participação recíproca acarreta a chamada imbricação das participações, do que decorre a anulação dos respectivos capitais, na proporção em que se sobrepõem.

A vedação de que companhias detenham participações societárias de controladas ou coligadas está diretamente relacionada à proibição de que a companhia adquira suas próprias ações, o que igualmente levaria aos mesmos efeitos nefastos anteriormente apontados. Não é sem razão que a lei acionária de 1940 já proibia que a companhia adquirisse suas próprias ações, embora fosse silente quanto à proibição constante do atual art. 244, da Lei nº 6.404/1976, até porque partia da perspectiva da sociedade isolada, não levando em consideração a importância do fenômeno grupal.

Todavia, diante da importância cada vez maior dos grupos societários, é fundamental que a legislação societária se adeque à realidade e possa tomar as precauções para evitar situações indesejáveis e que possam subverter a própria lógica do investimento. É por essa razão que a CVM, atenta à finalidade da vedação de participações recíprocas, já teve oportunidade de sustentar que a proibição constante do art. 244, da Lei nº 6.404/1976, alcança igualmente a aquisição de debêntures conversíveis, pois, no momento em que se realizar a conversão, haverá a participação recíproca entre as sociedades do mesmo jeito.[2137]

Questão polêmica que decorre da interpretação do art. 244, da Lei nº 6.404/1976, diz respeito a saber se a vedação nele contida alcançaria igualmente os casos de coligação indireta. Sobre o tema, Modesto Carvalhosa[2138] faz um mapeamento das controvérsias, mostrando que, as razões pelas quais parte da doutrina não aceita a coligação indireta, sob o fundamento de que seria burla a lei:

> Como referido, as participações relevantes no capital de outras sociedades podem ser diretas ou indiretas. Nesse sentido, o art. 243 e a Instrução CVM n. 247, de 1996. Não resta dúvida sobre a importância jurídica do fenômeno da coligação indireta, não obstante respeitável doutrina não a aceite. E, com efeito, a participação recíproca indireta é uma das modalidades preferidas para burlar a lei. Formando as sociedades envolvidas um grupo societário não convencional (de fato), a participação recíproca em cadeia tornasse pratica factível, através de participações que não se cruzam entre si, mas que tem como efeito a mesma lesividade ao capital social das companhias envolvidas com essa devolução de capital.

Vale ressaltar, por fim, que o Código Penal, em seu art. 177, § 1º, IV, considera crime a conduta do administrador ou do gerente que compra ou vende, por conta da sociedade, ações por ela emitidas, salvo quando a lei o permite.

2. Exceções à vedação de participações recíprocas

ANA FRAZÃO

A exceção à vedação de participações recíprocas ocorre nos casos em que as sociedades podem adquirir suas próprias ações, como fica claro pelo § 1º, do art. 244, da Lei nº 6.404/1976, segundo o qual "O disposto neste artigo não se aplica ao caso em que ao menos uma das sociedades participa de outra com observância das condições em que a lei autoriza a aquisição das próprias ações (artigo 30, § 1º, alínea b)."

[2135] *Curso de direito comercial*. São Paulo: Saraiva, 2013. v. 2. p. 355-356.

[2136] *Direito societário*. São Paulo: Atlas, 2015. p. 506-507.

[2137] CVM. Processo Administrativo Sancionador 2007/11413/RJ. Rel. Dir. Marcos Barbosa Pinto. j. 15.04.2008.

[2138] *Comentários à lei de sociedades anônimas*. São Paulo: Saraiva, 2014. v. 4, t. II. p. 58.

Tal alínea excetua da previsão geral de que a companhia não poderá negociar com suas próprias ações "a aquisição, para permanência em tesouraria ou cancelamento, desde que até o valor do saldo de lucros ou reservas, exceto a legal, e sem diminuição do capital social ou por doação."

Como bem explica Sérgio Campinho,[2139] "Embora, na alínea *b*, do § 1º, do artigo 30 se contemple também a aquisição para cancelamento, essa hipótese não se conforma com a participação recíproca, pois, diante da autonomia da personalidade jurídica, não se pode conceber possa uma sociedade cancelar ações de outra. O cancelamento de ações, com efeito, apenas se pode verificar no âmbito da própria companhia emissora."

Assim, fica claro que o alcance do artigo diz respeito à aquisição de ações para permanência em tesouraria. Tal regra é complementada pelo § 4º, do art. 244, da Lei nº 6.404/1976, ao prever que "No caso do § 1º, a sociedade deverá alienar, dentro de 6 (seis) meses, as ações ou quotas que excederem do valor dos lucros ou reservas, sempre que esses sofrerem redução."

Cumpre destacar que, em relação a companhias abertas, a Instrução CVM 10/80, que passou por várias alterações supervenientes até ser revogada pela Instrução CVM 567/2015, tratava das hipóteses de aquisição direta ou indireta de ações pela própria sociedade, motivo pelo qual foi importante referencial para a compreensão da exceção à regra geral do art. 244, da Lei nº 6.404/1976. Hoje a matéria se encontra disciplinada pela Resolução CVM 77/2022.

De toda sorte, dispõe o § 2º, do art. 244, da Lei nº 6.404/1976, que "As ações do capital da controladora, de propriedade da controlada, terão suspenso o direito de voto", esclarecendo o § 3º, do art. 244, da Lei nº 6.404/1976, que "O disposto no § 2º do artigo 30, aplica-se à aquisição de ações da companhia aberta por suas coligadas e controladas."

Sensível aos problemas que podem decorrer em razão de operações de compenetração societária ou mesmo de aquisição de controle, o § 5º, da Lei nº 6.404/1976, determina que "A participação recíproca, quando ocorrer em virtude de incorporação, fusão ou cisão, ou da aquisição, pela companhia, do controle de sociedade, deverá ser mencionada nos relatórios e demonstrações financeiras de ambas as sociedades, e será eliminada no prazo máximo de 1 (um) ano; no caso de coligadas, salvo acordo em contrário, deverão ser alienadas as ações ou quotas de aquisição mais recente ou, se da mesma data, que representem menor porcentagem do capital social."

Dessa maneira, para não criar dificuldades adicionais às chamadas operações de fusões e aquisições, a lei admite a possibilidade de participação recíproca provisória, desde que seja eliminada no prazo máximo de um ano.

Por fim, o § 6º, do art. 244, da Lei nº 6.404/1976, prevê que "A aquisição de ações ou quotas de que resulte participação recíproca com violação ao disposto neste artigo importa responsabilidade civil solidária dos administradores da sociedade, equiparando-se, para efeitos penais, à compra ilegal das próprias ações."

Como já se viu nos comentários aos arts. 153 a 159, da Lei nº 6.404/1976, o regime de responsabilidade civil dos administradores de companhias é constituído por uma combinação entre (i) cláusulas gerais, como a do art. 158, (ii) deveres fiduciários, como os de lealdade e diligência, e também condutas vedadas, muitas das quais estão previstas em outras partes da Lei nº 6.404/1976 que não a Seção IV, do Capítulo XII.

É precisamente esse o caso do art. 244, da Lei nº 6.404/1976, que se traduz claramente em conduta vedada aos administradores, sob pena da sua responsabilidade civil, administrativa – caso se trate de companhia aberta – e também criminal, na medida em que o § 6º equipara a conduta ao tipo penal de compra ilegal das próprias ações.

> **SEÇÃO III**
> **RESPONSABILIDADE DOS ADMINISTRADORES E DAS SOCIEDADES CONTROLADORAS**
>
> **Administradores**
>
> **Art. 245.** Os administradores não podem, em prejuízo da companhia, favorecer sociedade coligada, controladora ou controlada, cumprindo-lhes zelar para que as operações entre as sociedades, se houver, observem condições estritamente comutativas, ou com pagamento compensatório adequado; e respondem perante a companhia pelas perdas e danos resultantes de atos praticados com infração ao disposto neste artigo.

[2139] *Curso de sociedade anônima*. Rio de Janeiro: Renovar, 2015. p. 488.

COMENTÁRIOS

1. Responsabilidade dos administradores de sociedades unidas pelo controle ou pela influência significativa

Ana Frazão

Nem mesmo nos grupos de direito, em que as sociedades estão unidas por meio da convenção de grupo, é possível desconsiderar por completo a autonomia jurídica das sociedades controladas, como fica claro pelo art. 266, da Lei nº 6.404/1976. Com maior razão, a autonomia das sociedades participantes de grupos de fato ou coligadas deve ser assegurada, dever que se impõe aos administradores de cada uma das sociedades envolvidas.

Como já se viu nos comentários ao art. 243, da Lei nº 6.404/1976, nem mesmo nos chamados grupos de subordinação pode haver a total submissão da controlada aos interesses da controladora, uma vez que a unidade econômica decorrente da direção unitária precisa ser compatível com a autonomia jurídica e mesmo econômica – ainda que esta última em nível reduzido – das sociedades controladas.

Assim, é perfeitamente compreensível que o art. 245, da Lei nº 6.404/1976, determine que "Os administradores não podem, em prejuízo da companhia, favorecer sociedade coligada, controladora ou controlada, cumprindo-lhes zelar para que as operações entre as sociedades, se houver, observem condições estritamente comutativas, ou com pagamento compensatório adequado; e respondem perante a companhia pelas perdas e danos resultantes de atos praticados com infração ao disposto neste artigo."

Em outras palavras, havendo grupo ou coligação, o administrador de cada sociedade continua vinculado e adstrito ao dever de agir no interesse da sua própria sociedade, não podendo privilegiar o interesse de outra, seja ela controladora, controlada ou coligada. Qualquer que seja o vínculo entre as sociedades envolvidas, o administrador somente pode considerar os interesses de outras sociedades na medida em que estes forem compatíveis com a sua obrigação maior de adstrição ao interesse da própria companhia que administra.

Como é intuitivo, trata-se de regra que pode apresentar inúmeros desafios à sua implementação prática, especialmente nos casos dos grupos de fato, em que a unidade econômica decorrente da direção unitária certamente compromete, pelo menos em algum grau, a autonomia das sociedades controladas. Daí por que encontrar o ponto de equilíbrio entre a unidade econômica e a autonomia jurídica pode ser tarefa de alta complexidade, constituindo o verdadeiro "calcanhar de Aquiles" dos grupos de fato.

Na verdade, a matéria tratada pelo art. 245, da Lei nº 6.404/1976, tem vários pontos de aproximação com a questão do conflito de interesses, tal como já se viu nos comentários ao art. 115 e 156. Afinal, a grande preocupação da lei é evitar os riscos inerentes às chamadas transações com partes relacionadas, especialmente para impedir que uma das companhias envolvidas se aproprie de valor ou oportunidade de negócio pertencente à outra companhia, ainda mais se isso resultar da conivência ou omissão dos administradores desta última.

Mesmo sob a perspectiva dos acionistas, a proibição do conflito de interesses é uma das consequências logicamente necessárias do dever de agir no interesse da companhia. Afinal, o conflito ocorre exatamente quando o interesse da companhia é preterido diante de outros interesses ou, como define Dominique Schmidt,[2140] quando o acionista ou dirigente escolhe exercer seus direitos e poderes violando o interesse comum, seja para satisfazer um interesse pessoal exterior à sociedade, seja para se conceder uma vantagem em prejuízo dos demais acionistas. Se tais obrigações são exigíveis dos acionistas, com maior rigor deverão sê-lo dos administradores, que exercem competências funcionais.[2141]

A vedação do conflito de interesses também pode ser vista como uma consequência do dever de lealdade, que impõe especialmente aos gestores – controladores e administradores – o dever de não preterir os interesses da companhia em face dos interesses próprios e de não comprometer a igualdade entre os acionistas.

Daí por que o art. 245, da Lei nº 6.404/1976, deve ser interpretado em estrita conformidade com o art. 156, no sentido de que, havendo conflito de interesses, o administrador da companhia não pode nem mesmo participar da deliberação. Como se viu nos comentários ao art. 156, da Lei

---

[2140] *Les conflits d'intérêts dans la société anonyme*. Paris: Joly, 2004. p. 31.
[2141] Ver comentários de Ana Frazão ao art. 138 da Lei nº 6.404/1976.

nº 6.404/1976, não há nem nunca houve maiores controvérsias em relação ao fato de que o conflito de interesses, no caso de administradores, é formal. Essa é a regra geral para todos os casos de conflitos de interesse e não faz sentido que seja excepcionada diante de grupo ou coligação.

Assim, o alcance do art. 245, da Lei nº 6.404/1976 diz respeito, na verdade, aos administradores não conflitados, os quais, embora possam participar das deliberações com partes relacionadas, devem adotar padrões ainda mais rigorosos de lealdade e diligência, a fim de assegurar as condições equitativas ou a devida compensação da companhia por eles administrada.

Trata-se de regra convergente com o art. 156, § 1º, da Lei nº 6.404/1976, segundo o qual "Ainda que observado o disposto neste artigo, o administrador somente pode contratar com a companhia em condições razoáveis ou equitativas, idênticas às que prevalecem no mercado ou em que a companhia contrataria com terceiros." A diferença é que o art. 245, da Lei nº 6.404/1976, admite a transação não equitativa, desde que haja a compensação da perda indevida.

Diante das dificuldades do controle da justiça da transação ou mesmo do que poderia ser considerado uma adequada compensação, uma alternativa mais segura para que os administradores se desincumbam dos seus deveres em negociações com partes relacionadas é contar com avaliações de comitês ou laudos independentes, como se demonstrou nos comentários aos arts. 115 e 156, da Lei nº 6.404/1976. Afinal, o art. 245, da Lei nº 6.404/1976, é claro ao responsabilizar os administradores por todos os danos causados à companhia por negociações não equitativas entre companhias unidas por laços de controle ou coligação.

2. Responsabilidade civil de administradores de sociedades integrantes de grupo de fato

SÉRGIO CAMPINHO

A LSA apresenta regramento especial para moldar os deveres fiduciários dos administradores de sociedades integrantes de grupo de fato e delinear a correspondente responsabilidade civil pelo seu descumprimento (art. 245), além de reafirmar a responsabilidade da controladora pela reparação dos danos derivados da infração dos deveres inerentes à sua condição de controle e da sua atuação com abuso de poder, capitulados nos arts. 116 e 117 (art. 246). E assim o faz sob a motivação de que o grupamento de sociedades pode, em certa medida, facilitar o favorecimento de uma sociedade integrante desse sistema, em desfavor dos direitos e interesses dos acionistas minoritários e dos credores das demais pessoas jurídicas que acabam por compor o grupo de fato.

O art. 245 da LSA, com efeito, volta-se exclusivamente aos grupos de fato.[2142] Aos grupos de direito, por seu turno, aplica-se o disposto no art. 276 do mesmo diploma legal, o qual permite que "a combinação de recursos e esforços, a subordinação dos interesses de uma sociedade aos de outra, ou do grupo, e a participação em custos, receitas ou resultados de atividades ou empreendimentos" sejam opostos aos minoritários das "sociedades filiadas" nos termos da convenção do grupo.[2143]

[2142] CAMPINHO, Sérgio; PINTO, Mariana. A responsabilidade dos administradores de sociedades integrantes de grupo de fato. In: ROSSETTI, Maristela Abla; PITTA, Andre Grunspun. *Governança corporativa:* avanços e retrocessos. São Paulo: Quartier Latin, 2017. p. 824.

[2143] Com propriedade, Egberto Lacerda Teixeira e José Alexandre Tavares Guerreiro declinam a linha de raciocínio que os leva a esta conclusão: "Sustentamos, entretanto, que o art. 245 somente disciplina os deveres e as responsabilidades dos administradores, quando não constituído convencionalmente o grupo de sociedades. É bem verdade que não cabe ao intérprete distinguir onde o legislador não distinguiu. E o art. 245 é silente a respeito. Mas, por outro lado, divisamos incompatibilidade lógica entre suas disposições e as constantes do art. 276, relativo aos grupos. Assim, se de um lado, o art. 245 veda o favorecimento de sociedades, e exige comutatividade nas operações entre elas, o art. 276 admite a subordinação dos interesses de uma sociedade aos de outra e a participação em custos, receitas ou resultados de atividades ou empreendimentos. Daí entendermos que a conduta dos administradores no grupo de sociedades (e consequentemente suas responsabilidades) deve reger-se por regras próprias, que levem em consideração a existência e os interesses do grupo, de acordo com a convenção aprovada pelas sociedades participantes. Decorre nosso entendimento do fato (aliás ressaltado na Exposição de Motivos) de que, no grupo uma sociedade pode trabalhar para as outras, porque convencionam combinar recursos ou esforços para a realização dos respectivos objetos, ou para participar de atividades ou empreendimentos comuns. Advogamos, em consequência, que o favorecimento de sociedades, vedado no art. 245, é permitido no grupo e que a comutatividade exigida pelo mesmo artigo nas operações entre as sociedades coligadas, controladas e controladoras, deixa de ser obrigatória,

O dispositivo normativo em comento impõe ao administrador de sociedade integrante de grupo de fato o dever de zelar para que as operações que eventualmente venham a ser realizadas pela administrada e por outra participante do indigitado grupo observem "condições estritamente comutativas" ou contem com o "pagamento compensatório adequado", sob pena de responder pelas perdas e danos resultantes dos atos praticados. Trata-se de dever especial, que se une ao feixe de deveres gerais,[2144] os quais devem ser observados por todo e qualquer administrador.

O conceito de comutatividade vincula-se à equivalência de prestações[2145] e a verificação de sua existência sempre se fará *a posteriori*, através da análise do caso concreto. Para tanto, pode-se cotejar a operação examinada com outras realizadas pela própria sociedade e por terceiros estranhos ao grupo de fato e, ainda, com negócios semelhantes, verificados no mercado, mesmo que sem a participação da sociedade em questão. De todo modo, quando a equivalência das prestações não se fizer possível, deve-se recorrer ao pagamento compensatório adequado.

A cooperação entre as sociedades componentes de um mesmo grupo de fato não é proibida. Muito pelo contrário: é esperada e inerente à própria noção de grupo, cuja constituição tem sempre em mira a eficiência. Mas a relação interssocietária não pode jamais descambar para o campo do favorecimento, ainda que episódico.[2146]

O preceito, sob o pretexto de definir deveres e vincular responsabilidade dos administradores, acaba por estabelecer uma regra de relacionamento entre as sociedades coligadas e entre as controladas com sua controladora. Os administradores devem zelar, como órgão que são, para que se realizem relações empresariais estritamente comutativas, ou com pagamento compensatório adequado. Apesar de se reconhecer no grupo de sociedades um interesse comum – o interesse do grupo – o legislador não descura para a tutela dos interesses individuais dos acionistas minoritários e dos credores das sociedades que o integram, traçando que a atuação do órgão de administração da sociedade deve sempre velar pela realização dos interesses da sua administrada. Nesse sentido, a aferição de sua conduta se estabelece em um ambiente individualizado: a sua responsabilidade decorre da ação ou da omissão verificada em relação à defesa do interesse da sua sociedade e não da do grupo em si considerado.

O administrador não mantém com a sociedade que administra uma relação contratual. Apresenta-se, consoante já destacado, como órgão da pessoa jurídica. Sua responsabilidade é, portanto, de índole extracontratual, *ex lege* ou aquiliana, por derivar do descumprimento de deveres legais.

A responsabilidade civil, na hipótese, é a subjetiva do tipo clássico, incumbindo, assim, ao demandante o ônus de provar o procedimento culposo do demandado e o prejuízo daí resultante. Em minha visão, neste caso específico, não se justifica transferir para o administrador o ônus de provar que não agiu de modo

---

quando tenham elas celebrado e aprovado convenção grupal, devidamente submetida ao Registro do Comércio" (*Das sociedades anônimas no direito brasileiro*. São Paulo: Bushatsky, 1979. v. 1. p. 709).

[2144] No âmbito da LSA, esse feixe de deveres gerais pode ser exemplificado pelos deveres de diligência (art. 153), de realizar os fins da empresa exercida pela companhia (art. 154), de lealdade e de sigilo (art. 155), de não entrar em conflito com os interesses da sociedade (art. 156) e de informar (art. 157). No bojo do Código Civil, há, *e.g.*, o dever de empregar, no exercício de suas funções, o cuidado e a diligência que todo homem ativo e probo costuma empregar na administração de seus próprios negócios (art. 1.011) e de agir sempre em prol dos interesses da sociedade, não ingressando em situações de conflito (art. 1.017).

[2145] Nas palavras de José Luiz Bulhões Pedreira, a comutatividade se apresenta "quando há contraprestações recíprocas equivalentes ou equilibradas" (In: LAMY FILHO, Alfredo; PEDREIRA, José Luiz Bulhões. *Direito das companhias*. Rio de Janeiro: Forense, 2009. v. 2. p. 1.940). Para Nelson Eizirik, liga-se "à ideia de equilíbrio entre prestações e contraprestações" (*A lei das S/A comentada*. São Paulo: Quartier Latin, 2011. v. 3. p. 357). Na visão de José Waldecy Lucena, manifesta-se quando "as prestações das partes envolvidas no negócio jurídico são reciprocamente equilibradas", de modo que "uma das sociedades envolvidas não aufira vantagem em prejuízo da outra" (*Das sociedades anônimas*: comentários à lei. Rio de Janeiro: Renovar, 2012. v. 3. p. 734). Modesto Carvalhosa, por seu turno, ao tratar da comutatividade, destaca que cumpre "aos administradores dessas sociedades [controladoras, controladas e coligadas] atuar de maneira absolutamente isenta, nem beneficiando, nem prejudicando a outra sociedade (controladora, controlada, coligada)" (*Comentários à lei de sociedades anônimas*. 3. ed. São Paulo: Saraiva, 2009. v. 4, t. 2. p. 31).

[2146] Para José Luiz Bulhões Pedreira o "favorecimento pressupõe obséquio, parcialidade: não há favorecimento enquanto a sociedade contrata aos preços em vigor no mercado ou fixados pelo Estado, ou nas mesmas condições em que estaria disposta a contratar com terceiros" (*Direito das companhias*. Rio de Janeiro: Forense, 2009. v. 2. p. 1941).

culposo ou doloso, tal como ocorre na hipótese prevista no inciso II do art. 158 da LSA, para a qual sustento tratar-se de responsabilidade subjetiva com inversão do ônus da prova ou com presunção de culpa.[2147] *In casu*, portanto, esse ônus deve permanecer com o autor da ação. É ele quem deve provar que o administrador, ao *presentar*[2148] a administrada, favoreceu sua controladora, controlada ou coligada. Segue-se, pois, o curso regular da responsabilidade subjetiva, porquanto o administrador estará agindo dentro de suas atribuições ou poderes, mas de forma culposa ou dolosa, cometendo o reprovável ato de favorecer uma sociedade do grupo em detrimento daquela que administra.

A hipótese consubstanciada no art. 245 da LSA não se vincula a uma violação de mandamento legal necessário a garantir o funcionamento regular da sociedade ou a uma afronta a dispositivo do estatuto, ato regra da companhia, situações estas que justificariam, como na hipótese do inciso II do art. 158 da LSA, a responsabilidade subjetiva com presunção de culpa.

3. Aplicação do art. 245 aos grupos de direito

Fábio Ulhoa Coelho

Em comentário ao art. 243, sustentei que as normas do Capítulo XX da LSA têm natureza geral, aplicáveis a quaisquer sociedades com vínculo controladora-controlada, em relação às do Capítulo XXI, que são especiais do grupo *de direito*. Além de o legislador não mencionar a figura do grupo *de fato*, tampouco ressalva, de modo expresso, a sujeição das filiadas a grupo *de direito* aos artigos 243 a 264. E, quando se voltam os olhos para outras disposições do Capítulo XX, como o art. 254-A por exemplo, o entendimento quanto à sua ampla aplicabilidade à alienação de controle de sociedades integrantes de grupo *de direito* é unânime.

Alguma doutrina considera haver incompatibilidade entre os arts. 245 e 276. E, de fato, se a premissa é a de serem disposições diversas, por ser o art. 245 geral, e o 276 especial, aplica-se este em detrimento daquele, em razão do conhecido *princípio da especialidade* na superação de antinomias.

Mas, não há a referida incompatibilidade. É possível observar-se tratamento estritamente comutativo mesmo submetendo-se os interesses de uma parte aos da outra. Se uma sociedade com caixa elevado deixa de distribuir dividendos aos seus acionistas por estar obrigada, pela força da convenção, a emprestá-los a outra sociedade do mesmo grupo, o mútuo pode (deve, aliás) ser celebrado em condições equitativas, em vista das praticadas no mercado, e, mesmo assim, representará a subordinação do interesse da mutuante aos da mutuária. Não fosse a convenção do grupo, teria se prestigiado o interesse da sociedade com caixa elevado de bem remunerar seus acionistas. Lembre-se que o pagamento regular de atraentes dividendos é do interesse não somente do sócio, mas da própria sociedade, que, por exemplo, consolida uma boa imagem no MVM, e prepara o terreno para uma futura bem-sucedida emissão pública de ações.

Não há antinomia entre os arts. 245 e 276, da LSA, porque, em essência, não se admite que lei destinada a proteger o investimento privado contemple mecanismo que imponha a qualquer agente econômico a obrigação de sustentar os ganhos de outro, às custas dos próprios.

Nem se alegue que, em razão de contratada numa convenção grupal, seria válida a obrigação de garantir a redução de perdas ou o lucro de outrem, mediante a redução dos próprios ganhos ou a sobrevinda de prejuízo. Na verdade, se a convenção contém qualquer cláusula que leve ao enriquecimento de uma filiada, às custas do empobrecimento de outra, ela é inválida e haverá sim responsabilização dos respectivos administradores (e por vezes da sociedade controladora), na forma do art. 245 da LSA. Não poderão eles opor aos minoritários a convenção do grupo, com base no art. 276, porque a "combinação de recursos e esforços" não pode comprometer a própria essência lucrativa das sociedades empresárias. Como estas se constituem com a única e clara finalidade de ter lucro, a filiação a um grupo de sociedades, por meio de convenção, não pode ter o efeito de a transformar em pessoa jurídica de fins não lucrativos. A "subordinação dos interesses de uma sociedade aos de outra, ou do grupo" não pode chegar ao extremo de suprimir a finalidade essencial delas.

[2147] Cf. os comentários ao art. 158.

[2148] PONTES DE MIRANDA, Francisco Cavalcanti. *Tratado de direito privado*. 3. ed. Rio de Janeiro: Borsoi, 1972. t. L. p. 384.

Seria, ademais, uma completa distorção de princípios básicos do capitalismo se aos sócios de uma sociedade com atividade econômica fracassada pagam-se dividendos, enquanto os sócios de outra sociedade não os recebem, apesar do sucesso da empresa desta última, porque, com base na convenção grupal, transferiram-se os lucros dela para a primeira, a pretexto de "subordinação dos interesses de uma sociedade aos de outra, ou do grupo". Essas expressões do art. 276 não podem ser interpretados com uma tal amplitude. Uma vez mais, o que define a obrigação de "combinar recursos e esforços" que uma sociedade contrai ao celebrar a convenção grupal, diz respeito às *disponibilidades* financeiras e materiais, as quais passam a ser administradas no interesse não mais dela, mas sim do grupo ou de outra filiada, nos termos do convencionado.

> **Sociedade Controladora**
>
> **Art. 246.** A sociedade controladora será obrigada a reparar os danos que causar à companhia por atos praticados com infração ao disposto nos artigos 116 e 117.
>
> § 1º A ação para haver reparação cabe:
>
> a) a acionistas que representem 5% (cinco por cento) ou mais do capital social;
>
> b) a qualquer acionista, desde que preste caução pelas custas e honorários de advogado devidos no caso de vir a ação ser julgada improcedente.
>
> § 2º A sociedade controladora, se condenada, além de reparar o dano e arcar com as custas, pagará honorários de advogado de 20% (vinte por cento) e prêmio de 5% (cinco por cento) ao autor da ação, calculados sobre o valor da indenização.

COMENTÁRIOS

1. Responsabilidade da sociedade controladora por danos causados à sociedade controlada

Ana Frazão

O art. 246, da Lei nº 6.404/1976, estende aos grupos, com algumas adaptações, as normas já existentes para a responsabilização do controlador por abuso de poder de controle, ao prever que "A sociedade controladora será obrigada a reparar os danos que causar à companhia por atos praticados com infração ao disposto nos artigos 116 e 117." Consequentemente, aplicam-se às sociedades controladoras os comentários aos arts. 116 e 117, da Lei nº 6.404/1976, sobre o abuso do poder de controle.

A peculiaridade do art. 246, da Lei nº 6.404/1976, é tratar diretamente da ação de responsabilidade contra a sociedade controladora, bem como dos legitimados para a sua proposição. Assim, ao contrário das hipóteses em que não se está diante de grupo societário, em relação às quais não há regra clara sobre os aspectos procedimentais da devida ação de reparação contra o controlador – tanto é assim que, como se viu nos comentários ao arts. 116 e 117, da Lei nº 6.404/1976, aplica-se, por analogia, os parâmetros previstos pelo art. 159 para a ação de reparação contra os administradores –, os casos de grupo são contemplados com previsões específicas a respeito da ação de responsabilidade contra a controladora.

Com efeito, prevê o § 1º, do art. 246, da Lei nº 6.404/1976, que "A ação para haver reparação cabe: a) a acionistas que representem 5% (cinco por cento) ou mais do capital social; b) a qualquer acionista, desde que preste caução pelas custas e honorários de advogado devidos no caso de vir a ação ser julgada improcedente."

Portanto, em paralelo à previsão do art. 159, § 4º, da Lei nº 6.404/1976, o acionista com participação igual ou superior a 5% do capital social tem legitimidade ativa para a ação de indenização contra a sociedade controladora. A diferença é que obviamente a sua legitimidade não depende da prévia autorização assemblear, ao contrário da hipótese do art. 159, § 4º, da Lei nº 6.404/1976. Aliás, como já se viu nos comentários aos arts. 116 e 117, da Lei nº 6.404/1976, não faria nenhum sentido submeter as ações de indenização contra o controlador à prévia deliberação da Assembleia exatamente porque o controlador poderia facilmente obstar a iniciativa.

Ainda é importante mencionar que, nos termos do art. 291, da Lei nº 6.404/1976, autoriza-se à CVM reduzir o percentual mínimo de ações exigido na hipótese do art. 246. De toda sorte, o Superior Tribunal de Justiça considera que, mesmo que tenha que ser observado o piso de 5% do capital social, não há óbices a que preferencialistas possam ingressar com a ação.[2149]

[2149] STJ. REsp 745.739/RJ. Rel. Min. Massami Uyeda. 3ª T. j. 28.08.2012.

A lei faculta também a qualquer acionista, independentemente de participação societária, ingressar com a ação de indenização contra o controlador, desde que apresente caução para pagamento das custas e honorários advocatícios no caso de a ação ser julgada improcedente.

Por mais que se entenda a preocupação da lei em criar desincentivos para lides temerárias ou abusivas, é inequívoco que a exigência de caução, a começar pelas discussões em torno do seu valor,[2150] é fator que compromete a eficácia do referido dispositivo, o que justifica as conclusões do estudo da CVM, da OCDE e do governo brasileiro, consubstanciado no relatório "Fortalecimento dos meios de tutela reparatória dos direitos dos acionistas no mercado de capitais brasileiro",[2151] no sentido de que não há incentivos suficientes para mitigar o ônus imposto aos acionistas para ingressar com a ação de indenização, seja no que diz respeito à caução, seja no que diz respeito à duração ou à insegurança que envolve o contencioso societário.

Não obstante, a lei procurou criar incentivo positivo para a propositura de ações de indenização contra as controladoras no § 2º, do art. 246, segundo o qual "A sociedade controladora, se condenada, além de reparar o dano e arcar com as custas, pagará honorários de advogado de 20% (vinte por cento) e prêmio de 5% (cinco por cento) ao autor da ação, calculados sobre o valor da indenização." Entretanto, o incentivo positivo também não vem trazendo os resultados esperados, tendo em vista que o número de ações continua sendo extremamente reduzido.

Assim como já se esclareceu nos comentários aos arts. 116 e 117, da Lei nº 6.404/1976, é importante lembrar que, quando se trata de dano direto sofrido pela companhia, o acionista que ingressa com a cabível ação de reparação o faz como substituto processual desta, motivo pelo qual a indenização deve ser destinada à companhia.

Trata-se de ação social, o que se confirma pela doutrina[2152] e também pela jurisprudência do Superior Tribunal de Justiça, segundo a qual "Quando o acionista minoritário ingressa com esse tipo de ação, sua justificativa é a de que está protegendo a companhia da qual é acionista, de ato praticado pelo controlador e que entende ser danoso àquela empresa e, se for vitorioso em sua tese, a indenização deve ser paga pelo acionista controlador à companhia supostamente prejudicada. Então, mesmo que a companhia supostamente prejudicada não figure no polo ativo da ação, tornar-se-á credora da indenização, se ela for deferida."[2153]

Apenas na hipótese de o acionista minoritário sofrer dano direto pela ação da sociedade controladora é que poderá propor a ação em nome próprio, caso em que a indenização será direcionada a ele. Aplica-se ao caso, por analogia, a regra do art. 159, § 7º, da Lei nº 6.404/1976, que expressamente reconhece a possibilidade de que qualquer acionista ou mesmo terceiro que sofreu danos diretos possa ingressar com a ação de indenização respectiva contra aquele que violou o seu direito. Nessas hipóteses, certamente não serão aplicáveis os requisitos previstos pelo art. 246, § 1º, da Lei 6.404/1976, porque não se trata de ação social nem de substituição processual, mas sim de ação individual que o minoritário ajuíza em nome próprio e que lhe beneficia direta e exclusivamente.

No que diz respeito à ação social, como a companhia e os minoritários que atendem os requisitos legais apresentam legitimidade ativa concorrente para propor a ação de responsabilidade contra a sociedade controladora, pode surgir conflito quando vários minoritários, na condição de substitutos processuais, propõem ação com o mesmo objetivo ou quando a companhia também propõe a ação respectiva juntamente com o(s) minoritário(s). Nessas hipóteses, o risco de decisões conflitantes é grande e é necessário encontrar soluções em prol da segurança jurídica.

Sobre o tema, em julgamento ocorrido em 2022, o Superior Tribunal de Justiça entendeu que a ação arbitral autorizada por assembleia e proposta pela companhia controlada prevalece sobre ações mais antigas de acionistas minoritários, sob o fundamento de que estes só teriam legitimidade extraordinária em caso de inércia da companhia[2154]. Embora

---

[2150] O STJ já entendeu que "O valor da caução de que trata o art. 246, § 1º, 'b', da Lei nº 6.404/1976 deve ser calculado com base no valor da causa" (STJ. AgRg nos EDcl no Ag 989.637/MG. Rel. Min. Ricardo Villas Bôas Cueva. 3ª T. j. 17.05.2016).

[2151] Disponível em: www.cvm.gov.br.

[2152] É o que mostra CARVALHOSA, Modesto. *Comentários à Lei de Sociedades Anônimas*. Artigos 243 a 300. 5. ed., rev. e atual. São Paulo: Saraiva, 2014. v. 4, t. II. p. 72-74.

[2153] STJ. REsp 745.739/RJ. Rel. Min. Massami Uyeda. 3ª T. j. 28.08.2012.

[2154] Disponível em: https://www.stj.jus.br/sites/portalp/Paginas/Comunicacao/Noticias/26082022-Acao-arbitral-autorizada-por-assembleia-prevalece-sobre-acoes-mais-antigas-de-acionistas-minoritarios.aspx. O número do processo não foi divulgado em razão de segredo judicial.

a decisão tenha resolvido o problema do possível conflito entre decisões, questiona-se se o critério por ela adotado para resolver o impasse foi realmente o mais adequado, ainda mais considerando, no caso examinado, a precedência cronológica da iniciativa dos minoritários.

Trata-se de questão delicada, considerando o déficit de iniciativas que tendem a operacionalizar, de forma efetiva, a responsabilização civil de controladores no Brasil. Em um contexto em que deveríamos estar preocupados com os incentivos reais para que tal regime lograsse plena eficácia, a decisão do Superior Tribunal de Justiça pode ser um grande desestímulo para que os minoritários, que já encontram dificuldades razoáveis para exercer essa substituição processual – seja por terem que atender ao mínimo de 5% do capital social (art. 246, § 1º, a), seja por terem que prestar caução (art. 246, § 1º, b), seja por todos os custos e desgastes inerentes a uma disputa desse tipo – se utilizem dessa alternativa.

Assim, não há dúvida de que a matéria está a merecer maior reflexão, inclusive do ponto de vista dos incentivos econômicos que assegurem a devida responsabilização dos controladores, evitando, assim, que a estrutura normativa prevista para tal propósito acabe não tendo a eficácia esperada, o que certamente ocorrerá se depender apenas da iniciativa da própria companhia.

2. Responsabilidade ordinária da sociedade controladora por atos de suas controladas: o problema da desconsideração da personalidade jurídica nos grupos

ANA FRAZÃO

Como se pode ver pelo art. 246, da Lei nº 6.404/1976, no âmbito grupal, a lei trata da responsabilidade da controladora exclusivamente por atos ilícitos praticados contra suas controladas. Por mais que se aplique, por analogia, a regra do art. 159, § 7º, da Lei nº 6.404/1976, aos controladores, a responsabilidade das sociedades controladoras está igualmente condicionada à prática de ato ilícito do qual resulte danos diretos a acionistas e terceiros.

Dessa maneira, fica claro que, embora a Lei nº 6.404/1976 reconheça a importância dos grupos societários, não tem nenhuma regra que trate da alocação de riscos e da responsabilidade ordinária – que independe de ato ilícito – das controladoras por atos de suas controladas.

Daí por que, em muitos casos, a ausência de normas específicas para disciplinar a responsabilidade ordinária das sociedades pertencentes ao mesmo grupo societário fez com que a desconsideração da personalidade jurídica fosse a única solução possível para endereçar os inúmeros problemas decorrentes da estrutura grupal.

Na verdade, a questão da desconsideração da personalidade jurídica em matéria de grupos societários sempre foi de altíssima complexidade, considerando que a confusão patrimonial é inerente à sua própria formação.[2155] Por outro lado, já se viu, nos comentários ao art. 243, da Lei nº 6.404/1976, que os grupos societários – e, de resto, os grupos empresariais – constituem uma só empresa: a empresa plurissocietária, caracterizada pela diversidade jurídica mas pela unidade econômica.[2156] Não é raro que, em grupos de subordinação, sociedades controladas estejam vinculadas à controladora como se fossem departamentos desta última, o que compromete o próprio princípio da autonomia da pessoa jurídica.

É por essa razão que é compreensível a controvérsia que sempre existiu em torno da desconsideração da personalidade jurídica nos casos de grupos empresariais, ainda que boa parte da jurisprudência já reconhecesse que só poderia haver a desconsideração caso houvesse a ilicitude.[2157] Todavia, na ausência de regra que imputasse claramente as hipóteses de responsabilidade direta da controladora por ato de controlada, a desconsideração acabava sendo o

---

[2155] Vale ressaltar a precisa explicação de Fábio Konder Comparato (*O poder de controle na sociedade anônima*. São Paulo: Forense, 2005. p. 357-358): "Ora, essa perda da autonomia da gestão empresarial traduz-se, frequentemente, senão sempre, pelo sacrifício dos interesses de cada sociedade ao interesse global do grupo. Os patrimônios sociais tendem a confundir-se, e tudo se passa nesse campo, como frisou um autor, analogamente ao princípio dos vasos comunicantes."

[2156] Ver FRAZÃO, Ana. *Direito da concorrência*. Pressupostos e perspectivas. São Paulo: Saraiva, 2017. capítulo 3; e FRAZÃO, Ana. Grupos societários no direito do trabalho e reforma trabalhista. *Revista do Tribunal Superior do Trabalho*, v. 83, 2017, p. 31-68.

[2157] Ver, como exemplo, REsp 693.235/MT. Rel. Min. Luis Felipe Salomão. j. 17.11.2009. DJe 30.11.2009; e REsp 968.564/RS. Rel. Min. Arnaldo Esteves Lima. j. 18.12.2008. DJe 02.03.2009.

único recurso para se buscar um sistema mais adequado de alocação de risco e responsabilidade, compatível com a realidade econômica apresentada.

Procurando colocar fim à celeuma, a Lei de Liberdade Econômica incluiu, no art. 50, do Código Civil, o § 4º, segundo o qual "A mera existência de grupo econômico sem a presença dos requisitos de que trata o caput deste artigo não autoriza a desconsideração da personalidade da pessoa jurídica."

É inequívoco que a questão dos grupos merecia uma atenção do legislador, seja para estabelecer mais adequadamente os pressupostos objetivos da desconsideração, seja para estabelecer a eficácia subjetiva. Isso por que, em muitos casos, em razão da dívida de uma das sociedades do grupo, a desconsideração atingia indiscriminadamente todas as sociedades.

Todavia, ao prever a regra do § 4º, do art. 50, do Código Civil – que, em princípio, está correta – sem criar, em contrapartida, nenhuma regra de responsabilidade direta de controladores por atos de controladas, o legislador mantém vácuo normativo que possibilita que controladoras possam usar indiscriminadamente de suas controladas sem um sistema efetivo de responsabilização.

Mais uma vez, ignora-se que, em se tratando de grupos, uma das principais preocupações da regulação jurídica deveria ser ao menos estabelecer um regime de responsabilidade da controladora pela controlada,[2158] pois a estrutura grupal modifica tanto a alocação de riscos assumida tanto pelos sócios como pelos credores sociais das sociedades-filhas, que podem ter seus recursos e seu patrimônio destinados a objetivos do grupo.

Ora, quando se fala na regulação jurídica do poder empresarial, existe todo o esforço para administrar a tensão entre poder e responsabilidade, partindo-se da premissa de que, quem exerce o primeiro deve suportar a segunda. Logo, há boas razões para sustentar que, em muitos casos, é justificável a responsabilização do patrimônio da controladora pelas dívidas da controlada, embora tal responsabilidade não decorra propriamente de qualquer ilícito, mas sim da própria configuração estrutural do grupo e do fato de a controladora exercer efetivamente poder de direção sobre a controlada.

É preciso lembrar, entretanto, que há grandes controvérsias em torno da imposição de regra geral e inflexível de responsabilidade da controladora pelas dívidas da controlada. Afinal, diante da multiformidade dos grupos, soluções aprioristicas e rígidas podem ser sempre muito complicadas, ainda mais na dinâmica brasileira, em que a regra são grupos de fato com diferentes configurações.

O argumento contrário à solução que determina a responsabilidade da controladora pelas dívidas da controlada é o fato de que tal alternativa poderia levar a situações extremamente ineficientes do ponto de vista econômico, prejudicando excessivamente as controladoras e beneficiando excessivamente as controladas – ou seus sócios ou credores – especialmente nas hipóteses em que estas gozem de considerável autonomia e nas quais a sua insolvência não esteja relacionada ao exercício do controle por parte da controladora.[2159]

Tais observações são importantes porque, como já se viu, os grupos societários estruturam-se a partir da tensão entre autonomia jurídica e direção unitária, que está sujeita a diversos arranjos e graus de equilíbrio. Daí por que qualquer solução jurídica deveria ser suficientemente plástica para se adaptar às características de cada um dos grupos. Na doutrina brasileira, Bulgarelli[2160] advertiu para esse problema em sua obra clássica de 1975, quando mostrou que a responsabilidade incondicional do que chama de sociedade dirigente pelas obrigações da dirigida não seria a melhor solução para diversos casos.

Estabelecer aprioristicamente uma solução em favor da responsabilidade automática e irrestrita da controladora por qualquer dívida das controladas pode implicar, portanto, o desconhecimento da autonomia destas. Por outro lado, prever a irresponsabilidade da controladora equivale a negar a importância do controle ou da direção unitária.

Alguma regra deve existir para endereçar o problema da responsabilidade ordinária da sociedade controladora pelos atos da sociedade controlada, ainda que precise admitir adaptações

---

[2158] Ver ANTUNES, José Engracia. *Os grupos de sociedades*. Estrutura e organização jurídica da empresa plurissocietária. Coimbra: Almedina, 2002. p. 285-286.

[2159] ANTUNES, José Engrácia. *Os grupos de sociedades*: estrutura e organização jurídica da empresa plurissocietária. Coimbra: Almedina, 2002. p. 44.

[2160] BULGARELLI, Waldírio. *O direito dos grupos e a concentração de empresas*. São Paulo: Livraria e Editora Universitária de Direito, 1975.

e modulações. É por essa razão que preocupa o § 4º, do art. 50, do Código Civil, na medida em que o legislador impediu a desconsideração, salvo nas hipóteses de abuso da personalidade jurídica, sem prever qualquer regra estrutural de responsabilidade por meio da qual controladores possam responder diretamente pelas dívidas da controlada.

Repete-se que, nesse caso, a responsabilidade da controladora não deveria decorrer propriamente de qualquer ilicitude ou abuso do poder de controle ou da personalidade jurídica, mas sim da própria estrutura grupal, com base no princípio de que quem exerce o poder empresarial deve arcar com a responsabilidade.

Daí por que o § 4º, do art. 50, do Código Civil, acaba mantendo o desbalanceamento do sistema brasileiro, possibilitando que persista a isenção para que controladoras possam exercer plena e convenientemente o seu poder de direção sobre controladas com a garantia de que não se responsabilizarão pelos efeitos de seus atos, pois não poderão ser atingidas pela desconsideração.

A Lei de Liberdade Econômica perdeu, pois, excelente oportunidade para disciplinar a alocação de riscos e responsabilidades em âmbito grupal. Na verdade, manteve o descompasso do sistema jurídico brasileiro – uma vez que a Lei nº 6.404/1976 igualmente não apresenta soluções estruturais para os grupos de fato –, que insiste em se basear no átomo – a sociedade – enquanto a realidade econômica já se baseia na molécula – o grupo – há muito tempo.

Logo, a Lei de Liberdade Econômica dificilmente colocará fim aos inúmeros debates e controvérsias que cercam o tema da desconsideração da personalidade jurídica em relação aos grupos, até porque persiste a inexistência de parâmetros adequados sobre a alocação de riscos e responsabilidades.

Sem maior reflexão sobre esses pressupostos, é impossível haver a necessária conciliação entre a proteção e o incentivo ao investimento produtivo com a tutela de interesses igualmente importantes, especialmente quando se lida com vulneráveis ou interesses difusos.

SEÇÃO IV
DEMONSTRAÇÕES FINANCEIRAS

Notas Explicativas

Art. 247. As notas explicativas dos investimentos a que se refere o art. 248 desta Lei devem conter informações precisas sobre as sociedades coligadas e controladas e suas relações com a companhia, indicando: (Redação dada pela Lei 11.941, de 2009)

I – a denominação da sociedade, seu capital social e patrimônio líquido;

II – o número, espécies e classes das ações ou quotas de propriedade da companhia, e o preço de mercado das ações, se houver;

III – o lucro líquido do exercício;

IV – os créditos e obrigações entre a companhia e as sociedades coligadas e controladas;

V – o montante das receitas e despesas em operações entre a companhia e as sociedades coligadas e controladas.

Parágrafo único. Considera-se relevante o investimento:

a) em cada sociedade coligada ou controlada, se o valor contábil é igual ou superior a 10% (dez por cento) do valor do patrimônio líquido da companhia;

b) no conjunto das sociedades coligadas e controladas, se o valor contábil é igual ou superior a 15% (quinze por cento) do valor do patrimônio líquido da companhia.

COMENTÁRIOS

1. Notas explicativas nas demonstrações da investidora

Fábio Ulhoa Coelho

A norma obriga que as demonstrações contábeis de sociedade investidora contenham notas explicativas sobre as controladas e coligadas. Além da obrigatoriedade das notas explicativas, o dispositivo detalha o conteúdo que elas devem atender. A finalidade é fornecer informações precisas sobre o patrimônio das sociedades em que se fez investimentos, para os fins da equivalência patrimonial referida no art. 248 da LSA.

O processo de convergência das normas brasileiras de contabilidade com os padrões internacionais tornou ineficaz o art. 247 da LSA. A limitação contida no parágrafo único, decorrente do conceito de "investigação relevante", é incompatível com o objetivo de avaliação material das empresas pela contabilidade, perseguido pelo processo de convergência.

Avaliação do Investimento em Coligadas e Controladas

Art. 248. No balanço patrimonial da companhia, os investimentos em coligadas ou em controladas e em outras sociedades que façam parte de um mesmo grupo ou estejam sob controle comum serão avaliados pelo método da equivalência patrimonial, de acordo com as seguintes normas: (Redação dada pela Lei 11.941, de 2009)

I – o valor do patrimônio líquido da coligada ou da controlada será determinado com base em balanço patrimonial ou balancete de verificação levantado, com observância das normas desta Lei, na mesma data, ou até 60 (sessenta) dias, no máximo, antes da data do balanço da companhia; no valor de patrimônio líquido não serão computados os resultados não realizados decorrentes de negócios com a companhia, ou com outras sociedades coligadas à companhia, ou por ela controladas;

II – o valor do investimento será determinado mediante a aplicação, sobre o valor de patrimônio líquido referido no número anterior, da porcentagem de participação no capital da coligada ou controlada;

III – a diferença entre o valor do investimento, de acordo com o número II, e o custo de aquisição corrigido monetariamente; somente será registrada como resultado do exercício:

a) se decorrer de lucro ou prejuízo apurado na coligada ou controlada;

b) se corresponder, comprovadamente, a ganhos ou perdas efetivos;

c) no caso de companhia aberta, com observância das normas expedidas pela Comissão de Valores Mobiliários.

§ 1º Para efeito de determinar a relevância do investimento, nos casos deste artigo, serão computados como parte do custo de aquisição os saldos de créditos da companhia contra as coligadas e controladas.

§ 2º A sociedade coligada, sempre que solicitada pela companhia, deverá elaborar e fornecer o balanço ou balancete de verificação previsto no número I.

COMENTÁRIOS

1. Equivalência patrimonial

Fábio Ulhoa Coelho

O art. 248 da LSA define como critério para contabilização, como resultado do exercício da sociedade investidora (controladora ou titular de participação em coligada), o da equivalência patrimonial. No mesmo dispositivo, detalha como deve ser aplicado esse critério. Em termos gerais, o método da equivalência patrimonial permite a apropriação de resultado na sociedade investidora, independentemente da declaração e pagamento de dividendos na sociedade investida.

Demonstrações Consolidadas

Art. 249. A companhia aberta que tiver mais de 30% (trinta por cento) do valor do seu patrimônio líquido representado por investimentos em sociedades controladas deverá elaborar e divulgar, juntamente com suas demonstrações financeiras, demonstrações consolidadas nos termos do artigo 250.

Parágrafo único. A Comissão de Valores Mobiliários poderá expedir normas sobre as sociedades cujas demonstrações devam ser abrangidas na consolidação, e:

a) determinar a inclusão de sociedades que, embora não controladas, sejam financeira ou administrativamente dependentes da companhia;

b) autorizar, em casos especiais, a exclusão de uma ou mais sociedades controladas.

COMENTÁRIOS

1. Consolidação das demonstrações contábeis

Fábio Ulhoa Coelho

A obrigatoriedade da consolidação das demonstrações contábeis da companhia aberta controladora e de suas controladas visa fornecer, aos investidores em geral, informações mais completas e acuradas sobre a realidade das emissoras de valores mobiliários admitidos à negociação no mercado. Insere-se a determinação no princípio da transparência (*full disclosure*), um dos fundamentos do bom funcionamento do mercado de valores mobiliários.

Mas, o saudável objetivo da obrigatoriedade pode acabar comprometido pelos próprios termos em que ela foi estabelecida na LSA. O patamar de 30%, que dá o recorte para a incidência da obrigatoriedade da consolidação, não se justifica e pode ocultar participações em sociedades altamente deficitárias.

Normas sobre Consolidação

Art. 250. Das demonstrações financeiras consolidadas serão excluídas:

I – as participações de uma sociedade em outra;

II – os saldos de quaisquer contas entre as sociedades;

III – as parcelas dos resultados do exercício, dos lucros ou prejuízos acumulados e do custo de estoques ou do ativo não circulante que corresponderem a resultados, ainda não realizados, de negócios entre as sociedades. (Redação dada pela Lei 11.941, de 2009)

§ 1º A participação dos acionistas não controladores no patrimônio líquido e no lucro do exercício será destacada, respectivamente, no balanço patrimonial e na demonstração do resultado do exercício. (Redação dada pela Lei 9.457, de 1997)

§ 2º A parcela do custo de aquisição do investimento em controlada, que não for absorvida na consolidação, deverá ser mantida no ativo não circulante, com dedução da provisão adequada para perdas já comprovadas, e será objeto de nota explicativa. (Redação dada pela Lei 11.941, de 2009)

§ 3º O valor da participação que exceder do custo de aquisição constituirá parcela destacada dos resultados de exercícios futuros até que fique comprovada a existência de ganho efetivo.

§ 4º Para fins deste artigo, as sociedades controladas, cujo exercício social termine mais de 60 (sessenta) dias antes da data do encerramento do exercício da companhia, elaborarão, com observância das normas desta Lei, demonstrações financeiras extraordinárias em data compreendida nesse prazo.

COMENTÁRIOS

1. Critérios da consolidação

FÁBIO ULHOA COELHO

Na consolidação das demonstrações financeiras da investidora com as das investidas, devem ser desconsideradas as apropriações relativas aos negócios intragrupo. Os ativos e passivos correspondentes a tais negócios podem camuflar a realidade patrimonial e financeira das sociedades, cujas demonstrações fossem consolidadas sem essas desconsiderações, e daí o cuidado da LSA em estabelecer as exclusões dos incisos I a III do art. 250.

Uma informação que deve constar com destaque das demonstrações consolidadas é a participação dos acionistas não controladores nos mesmos investimentos da companhia investidora. Fala a lei impropriamente em "participação no patrimônio líquido", mas a menção se deve entender no contexto do método da equivalência patrimonial. Quer dizer, o destaque determinado pela lei é da participação dos não controladores na equivalência patrimonial de que "participa" a companhia investidora.

O custo de aquisição do investimento em sociedade controlada, na parcela que remanescer da "absorção pela consolidação" (ou seja, dos ajustes previstos nos incisos I a III), deve ser apropriado na rubrica do ativo não circulante. As despesas comprovadas incorridas pela investidora em decorrência de um investimento devem ser debitadas dessa parcela, para depuração do respectivo valor líquido (do investimento). Essa apropriação deve ser objeto de nota explicativa.

Outro critério a ser obedecido na consolidação das demonstrações contábeis consiste na amortização do investimento. Procede-se ao destaque do valor do custo de aquisição excedente ao da participação projetada sobre o patrimônio líquido da investida. Enquanto não ocorrer a absorção dessa diferença (ágio) por resultados futuros, não haverá "ganho efetivo" na contabilidade consolidada.

A lei não precisaria dizer, mas disse: se o exercício social da controlada terminar em dia diferente do exercício social da controladora, a consolidação pressupõe o levantamento de demonstrações extraordinárias desta última, na data das daquela. Haveria inconsistência se a consolidação consolidasse demonstrações de referências temporais não coincidentes. A limitação legal que obriga as demonstrações extraordinárias da controlada apenas se a diferença entre as datas de encerramento dos exercícios sociais atender ao prazo referido no § 4º, não deve e não tem sido rigorosamente observada. Contraria essa limitação os fundamentos da convergência das normas brasileiras de contabilidade com os padrões internacionais.

SEÇÃO V
SUBSIDIÁRIA INTEGRAL

Art. 251. A companhia pode ser constituída, mediante escritura pública, tendo como único acionista sociedade brasileira.

§ 1º A sociedade que subscrever em bens o capital de subsidiária integral deverá aprovar o laudo de avaliação de que trata o artigo 8º, respondendo nos termos do § 6º do artigo 8º e do artigo 10 e seu parágrafo único.

§ 2º A companhia pode ser convertida em subsidiária integral mediante aquisição, por sociedade brasileira, de todas as suas ações, ou nos termos do artigo 252.

COMENTÁRIOS

1. A subsidiária integral

FÁBIO ULHOA COELHO

Em norma que deveria já ter sido revista há tempos, ecoa o art. 251 da LSA os receios e preconceitos em torno da abertura da economia brasileira e sua real inserção no processo de globalização. Isso porque, ao mesmo tempo que autoriza a constituição de sociedade anônima unipessoal, limita o direito de a constituir às sociedades brasileiras. O estrangeiro, seja pessoa natural ou jurídica, seja fundo de investimento, não pode ter uma subsidiária integral no Brasil, que adote a forma de sociedade anônima.

Na verdade, contornar a vedação é muito simples. Basta ao estrangeiro constituir uma sociedade estrangeira e contratar com ela uma sociedade brasileira, que, por sua vez, constituirá a subsidiária integral. A simplicidade dessa fórmula desnuda a inocuidade e o descabimento da restrição legal do direito de ter subsidiárias integrais às sociedades brasileiras.

Como a sociedade limitada pode ser unipessoal desde a constituição, por força da Lei nº 13.874/2019, não se justifica continuar a LSA a tratar a sociedade anônima unipessoal como se fosse um caso excepcional, a exigir cuidados especiais e restrições à constituição.

Incorporação de Ações

Art. 252. A incorporação de todas as ações do capital social ao patrimônio de outra companhia brasileira, para convertê-la em subsidiária integral, será submetida à deliberação da assembleia-geral das duas companhias mediante protocolo e justificação, nos termos dos artigos 224 e 225.

§ 1º A assembleia-geral da companhia incorporadora, se aprovar a operação, deverá autorizar o aumento do capital, a ser realizado com as ações a serem incorporadas e nomear os peritos que as avaliarão; os acionistas não terão direito de preferência para subscrever o aumento de capital, mas os dissidentes poderão retirar-se da companhia, observado o disposto no art. 137, II, mediante o reembolso do valor de suas ações, nos termos do art. 230. (Redação dada pela Lei 9.457, de 1997)

§ 2º A assembleia geral da companhia cujas ações houverem de ser incorporadas somente poderá aprovar a operação por metade, no mínimo, do total de votos conferidos pelas ações com direito a voto e, se a aprovar, autorizará a diretoria a subscrever o aumento do capital da incorporadora, por conta dos seus acionistas, e os dissidentes da deliberação terão direito de se retirar da companhia, observado o disposto no inciso II do *caput* do art. 137 desta Lei, mediante o reembolso do valor de suas ações, nos termos do art. 230 desta Lei. (Redação dada pela Lei nº 14.195, de 2021)

§ 3º Aprovado o laudo de avaliação pela assembleia-geral da incorporadora, efetivar-se-á a incorporação e os titulares das ações incorporadas receberão diretamente da incorporadora as ações que lhes couberem.

§ 4º A Comissão de Valores Mobiliários estabelecerá normas especiais de avaliação e contabilização aplicáveis às operações de incorporação de ações que envolvam companhia aberta. (Redação dada pela Lei 11.941, de 2009)

COMENTÁRIOS

1. Incorporação de ações

FÁBIO ULHOA COELHO

A incorporação de ações tem por objetivo tornar a sociedade anônima cujas ações são incorporadas uma subsidiária integral da incorporadora. Ao contrário do que se verifica na hipótese da *incorporação* mencionada no art. 223, a *incorporação de ações* não leva à extinção de nenhuma das duas sociedades envolvidas na operação. Elas permanecem com a existência intocada.

Mudam, contudo, os acionistas que compõem suas respectivas bases acionárias. Na incorporadora, ingressam os acionistas da outra sociedade. E na que tem suas ações incorporadas, ingressa a sociedade incorporadora, na condição de único acionista.

O procedimento é em tudo semelhante ao das demais operações societárias, como estatui a parte final do *caput* do art. 252. E, tal como nelas, a questão fundamental diz respeito à relação de substituição das ações (que o mercado imprecisamente chama de "relação de troca"). Avaliam-se as duas sociedades envolvidas, pelos critérios pertinentes a cada uma delas. Embora a lei sugira uma sequência em que protocolo e justificação, bem como aprovação da deliberação pela incorporadora antecederiam a avaliação das ações a incorporar, a verdade é que, na prática do mercado de empresas, nenhuma negociação sobre operação societária evolui se não se colocarem as partes em acordo sobre a relação de substituição, desde logo.

Aprovados os atos da operação (protocolo, justificativa e laudo de avaliação) pelas assembleias das duas sociedades envolvidas, aumenta-se o capital social da incorporadora, que os diretores da outra sociedade subscrevem em nome dos acionistas dela. Nesse aumento, a lei esclarece, os acionistas da incorporadora não têm direito de preferência. Essa supressão do direito é uma condição de ordem sem dúvida material, para a própria concretização da operação.

2. Direito de recesso

Fábio Ulhoa Coelho

Na *incorporação* (de sociedade), somente os acionistas da incorporada titulam o direito de recesso. Na *incorporação de ações*, a lei atribui o direito aos dissidentes das duas sociedades envolvidas: incorporadora e sociedade cujas ações são incorporadas.

Aplica-se ao recesso na *incorporação de ações* a restrição criada para a *incorporação* (de sociedade) e *fusão*: não existe o direito, se as ações dos dissidentes forem facilmente negociáveis no mercado de valores mobiliários (MVM), por terem liquidez e dispersão (art. 137, II).

O prazo decadencial para o minoritário exercer o direito de recesso é de trinta dias, contados da publicação da ata da Assembleia Geral, da sociedade de que é acionista, em que foi aprovado o protocolo ou justificação. Se cada um desses documentos for aprovado numa Assembleia Geral diferente, inicia-se o prazo da publicação da ata da primeira delas. Mas, o direito ao recebimento do reembolso fica condicionado à efetivação da incorporação de ações. Se a operação se frustrar (por exemplo, se a outra sociedade envolvida não a aprova), desconstituem-se todos os efeitos da dissidência, isto é, o minoritário continua sócio e a sociedade está dispensada de pagar o reembolso (art. 230).

3. Incorporação de quotas de limitada

Fábio Ulhoa Coelho

Desde a introdução, no Código Civil, da sociedade limitada unipessoal, não há razões para não se admitir a incorporação de quotas de uma sociedade deste tipo, para torná-la subsidiária integral de uma outra sociedade. Aplicar-se-á extensivamente à hipótese o art. 252 da LSA, desde que a limitada esteja sujeita à regência supletiva dessa lei.

A única diferença a assinalar é que as ações de companhias só podem ser incorporadas por uma sociedade brasileira, tal como previsto no art. 251 da LSA. Mas as quotas de uma sociedade limitada podem ser incorporadas também por sociedade estrangeira. Isso porque o Código Civil não obsta que sociedade estrangeira constitua unipessoalmente uma sociedade limitada brasileira. Não havendo impedimento para a constituição, não há razões para se impedir a incorporação de quotas representativas do capital social de uma limitada brasileira por uma incorporadora estrangeira.

Essa diferença de tratamento entre as limitadas e as anônimas, claramente, não se justifica e espera-se que, em breve, o legislador corrija a disposição legal de modo a permitir também a sociedade anônima unipessoal criada por sociedade estrangeira ou a incorporação, por essa, das ações de companhia brasileira.

4. Introdução do voto plural na Lei brasileira

Mauricio Moreira Menezes

A Lei nº 14.195/2021 introduziu a possibilidade de criação de classes distintas de ações ordinárias em função da atribuição de voto plural a uma ou mais classes, inaugurando nova fase no Direito brasileiro relativamente ao exercício do direito de voto e ao modo organização das relações de poder nas companhias. Por conseguinte, produziu alterações aos arts. 15, 16, 110, 125, 135, 136, 215, 243, 252 e 284, bem como a inserção dos arts. 16-A e 110-A, todos da LSA.

O § 9º do art. 110-A da LSA contempla norma que objetiva orientar interpretação da LSA: "quando a lei expressamente indicar quóruns com base em percentual de ações ou do capital social, sem menção ao número de votos conferidos pelas ações, o cálculo respectivo deverá desconsiderar a pluralidade de voto".

Nesse particular, a Lei nº 14.195/2021 caminhou acertadamente para afastar qualquer indesejável controvérsia a respeito do atendimento a quóruns de instalação e de deliberação previstos na LSA, em proveito da segurança jurídica e de sua higidez sistemática.

Assim, modificou pontualmente diversos dispositivos da LSA que antes faziam referência a quóruns calculados sobre o "capital social com direito a voto" ou "capital votante", para ajustá-los ao mecanismo do voto plural, passando a referir-se ao número de "votos conferidos por ações com direito a voto".

Com efeito, a redação do art. 252, § 2º, foi adaptada nesse exato sentido, de tal sorte a estipular que o quórum para aprovação da incorporação de ações no âmbito da sociedade cujas ações serão incorporadas deve ser calculado segundo o total dos votos conferidos pelas ações de emissão da companhia.

A propósito da recepção do voto plural pela LSA e de sua disciplina jurídica, *vide* os comentários aos arts. 110 e 110-A da LSA.

Admissão de Acionistas em Subsidiária Integral

Art. 253. Na proporção das ações que possuírem no capital da companhia, os acionistas terão direito de preferência para:

I – adquirir ações do capital da subsidiária integral, se a companhia decidir aliená-las no todo ou em parte; e

II – subscrever aumento de capital da subsidiária integral, se a companhia decidir admitir outros acionistas.

Parágrafo único. As ações ou o aumento de capital de subsidiária integral serão oferecidos aos acionistas da companhia em assembleia-geral convocada para esse fim, aplicando-se à hipótese, no que couber, o disposto no artigo 171.

COMENTÁRIOS

1. Preferências relativas à subsidiária integral

FÁBIO ULHOA COELHO

A subsidiária integral não pode ser usada para burlar o direito essencial do acionista concernente à manutenção de sua participação percentual no capital da companhia, instrumentalizado pela preferência na subscrição de aumento do capital social (art. 109, IV). Para evitar qualquer tentativa de frustração desse direito, a LSA assegura aos acionistas de uma companhia *duas* preferências no caso de esta pretender deixar de titular a totalidade das ações de emissão de uma subsidiária integral (isto é, pretender tornar simples uma subsidiária integral).

A primeira preferência diz respeito à hipótese de alienação de ações da subsidiária pela companhia controladora; a segunda, ao aumento do capital da subsidiária para admissão de novo sócio. Nos dois casos, o acionista da companhia controladora tem preferência, proporcionalmente à sua participação no capital social.

Há uma particularidade relativa ao *locus* do exercício do direito à preferência, no caso do art. 253. Trata-se de Assembleia Geral Extraordinária, convocada para essa finalidade (parágrafo único). Como a LSA determina a observância do art. 171, da LSA, que disciplina o direito de preferência em aumento do capital social, a primeira inserção do aviso de convocação dessa AGE deve ser feita com a antecedência do prazo estipulado nos estatutos que, nos termos do § 4º, daquele dispositivo, deve ser de no mínimo trinta dias.

As duas preferências do art. 253 são também titularidades pelos sócios no caso de subsidiária integral constituída por sociedade limitada, mesmo que não sujeita às regras supletivas da LSA. Isso porque o dispositivo tem por objetivo evitar a utilização da subsidiária integral como um meio de burla a direito essencial do sócio, que, na limitada, está previsto no art. 1.081, § 1º, do Código Civil. O sócio da limitada deve ter o seu direito de conservação da participação percentual assegurado, tanto quanto o acionista da anônima.

SEÇÃO VI
ALIENAÇÃO DE CONTROLE

Divulgação

Art. 254. *(Revogado pela Lei 9.457/1997)*

Art. 254-A. A alienação, direta ou indireta, do controle de companhia aberta somente poderá ser contratada sob a condição, suspensiva ou resolutiva, de que o adquirente se obrigue a fazer oferta pública de aquisição das ações com direito a voto de propriedade dos demais acionistas da companhia, de modo a lhes assegurar o preço no mínimo igual a 80% (oitenta por cento) do valor pago por ação com direito a voto, integrante do bloco de controle. (Incluído pela Lei 10.303, de 2001)

§ 1º Entende-se como alienação de controle a transferência, de forma direta ou indireta, de ações integrantes do bloco de controle, de ações vinculadas a acordos de acionistas e de valores mobiliários conversíveis em ações com direito a voto, cessão de direitos de subscrição de ações e de outros títulos ou direitos relativos a valores mobiliários conversíveis em ações que venham a resultar na alienação de controle acionário da sociedade. (Incluído pela Lei 10.303, de 2001)

§ 2º A Comissão de Valores Mobiliários autorizará a alienação de controle de que trata o *caput*, desde que verificado que as condições da oferta pública atendem aos requisitos legais. (Incluído pela Lei 10.303, de 2001)

§ 3º Compete à Comissão de Valores Mobiliários estabelecer normas a serem observadas na oferta pública de que trata o *caput*. (Incluído pela Lei 10.303, de 2001)

§ 4º O adquirente do controle acionário de companhia aberta poderá oferecer aos acionistas minoritários a opção de permanecer na companhia, mediante o pagamento de um prêmio equivalente à diferença entre o valor de mercado das ações e o valor pago por ação integrante do bloco de controle. (Incluído pela Lei 10.303, de 2001)

§ 5º (*Vetado*).

COMENTÁRIOS

1. Alienação do controle e o direito de saída conjunta

Sérgio Campinho

O controle corresponde a um somatório de poderes que confere ao seu titular o direito de governar os negócios da companhia. Insere-se, assim, na categoria dos bens imateriais. Por tal motivo, traduz um valor de mercado apreciável, que se distingue do resultado da adição dos preços unitários das ações que perfazem o bloco de controle e dos demais títulos das mesmas espécie e classe. Figura como um instrumento de poder societário, e, como tal, é valorado. Esse intangível que vem agregado à importância unitária de cada ação representa um sobrepreço ou um sobrevalor, que se convencionou intitular de prêmio de controle.

Na alienação de controle de companhia fechada, a operação traduz um negócio jurídico de caráter estritamente privado, realizado entre comprador e vendedor, sem qualquer interferência legislativa tendente a resguardar ou a beneficiar os direitos dos demais acionistas. Estes, com efeito, ficam à margem da negociação, passíveis, inclusive, de sofrer a desvalorização de seu patrimônio acionário com a alienação do controle, visto que terão dificuldades para vender as suas ações a preços equitativos. Nessas companhias, a medida protetiva dos acionistas não controladores demandará disciplina no estatuto e/ou em acordo de acionistas.

Na companhia aberta, diversamente, o legislador estabelece, de certa forma, um sistema de proteção patrimonial a uma minoria acionária titular de posição política na companhia, excluindo do tratamento compulsório os titulares de ações sem o pleno direito de voto. O art. 254-A da LSA,[2161] introduzido pela Lei nº 10.303/2001, reconhece o prêmio de controle como um ágio incorporado ao preço de venda das ações que integram o bloco de controle da companhia, dele devendo beneficiar-se o acionista controlador. Mas essa prerrogativa não lhe é exclusiva. Considera, outrossim, que aquele sobrepreço deva ser socializado aos acionistas minoritários com direito de voto, garantindo-lhes o direito de vender suas ações juntamente com o controlador (*tag along*). Esse direito de saída conjunta evita que o

---

[2161] Na versão original da Lei 6.404/1976, vigorava o art. 254, o qual exigia a prévia aprovação da CVM para que se pudesse operar a alienação do controle da companhia aberta, cumprindo à mencionada autarquia zelar para que fosse assegurado o tratamento igualitário aos acionistas minoritários, mediante simultânea oferta pública para a aquisição de suas ações. Caberia ao adquirente do controle, portanto, a obrigação de pagar aos minoritários o mesmo preço pago pelo bloco de controle ao alienante. Apesar de o texto normativo ter estabelecido o tratamento isonômico para todos os acionistas não integrantes do controle, a Resolução nº 401, de 1976, do Conselho Monetário Nacional, a quem, pelo § 3º do art. 254 competia estabelecer as normas a serem observadas na oferta pública, determinou que esta somente seria obrigatória para os acionistas titulares de

titular do controle se beneficie individualmente da venda, reconhecendo que o valor agregado à empresa desenvolvida pela companhia não decorre apenas da atuação do controlador. Porém admite, por outro lado, que o valor a ser atribuído às ações desses minoritários votantes deva ser inferior em relação àquele conferido às ações que compõem o bloco de controle, atribuindo a estes um prêmio máximo no percentual de 20%, ao assegurar aos não controladores o preço mínimo de 80% do valor pago por ação de controle.

Prevê, ainda, a lei que é facultado ao adquirente oferecer aos acionistas minoritários a opção de receberem valor em dinheiro para não exercerem o direito de alienação das suas ações. É o que se denomina prêmio de permanência, previsto no § 4º do art. 254-A.

Esse prêmio de permanência, na regra legal, deverá ser equivalente à diferença entre o valor de mercado[2162] das ações e o valor pago por ação integrante do bloco de controle. Mas, como o preceito se traduz em simples faculdade para o adquirente, nada impede seja o prêmio inferior ou superior a essa referência. Não se pode olvidar que, ainda que não houvesse o prêmio, o acionista poderia optar por permanecer na companhia, não aceitando a oferta de compra de suas ações.

O prêmio funciona, pois, como um estímulo à permanência do minoritário, o qual usufruiria do valor de controle sem se afastar da companhia. Propicia, por outro lado, que o adquirente não tenha que dispor do valor total da ação, como no caso da efetiva aquisição.

O oferecimento do prêmio é cumulativo e não dispensa a oferta pública. Caso o adquirente deseje, por conveniência, exercer essa faculdade, o instrumento de oferta deverá espelhar o valor da oferta de aquisição e o importe do prêmio a ser pago aos acionistas que optarem por permanecer na sociedade.

Abre-se, destarte, a oportunidade para os acionistas minoritários com influência política na sociedade fazerem as suas opções: acompanhar o controlador que sai, beneficiando-se financeiramente dessa retirada, ou permanecer na companhia, acreditando que a substituição do controle atenderá melhor os seus interesses, experimentando ou não o prêmio de permanência.

O direito à saída conjunta na companhia aberta tem supedâneo na consideração da pessoa do controlador. São os seus atributos pessoais que motivam o exercício do direito de saída, acompanhando-o, ou a opção de permanência na companhia com um novo controlador. Reconhece-se, na essência desse direito, uma efetiva relação *intuitu personae* que, na prática, traduz-se no exercício de uma opção de realocação dos investimentos acionários.

2. Requisitos para a obrigatoriedade da oferta pública

Sérgio Campinho

O controle é legitimamente apropriado por ocupação,[2163] por parte daquele que detém na companhia, em caráter não eventual, um maior número de títulos com direito a voto e faz uso efetivo desses poderes para dirigir a sociedade.[2164] Por isso é indispensável o exame das circunstâncias fáticas particulares a cada companhia para se poder identificar o seu controlador. Constitui um poder de fato que decorre do seu

---

ações com direito de voto. Apesar das inúmeras críticas da doutrina acerca da orientação, flagrantemente exorbitando do poder regulamentar, o certo é que a jurisprudência majoritária dos nossos tribunais acabou consagrando como válida a pré-falada restrição. Contudo, a Lei nº 9.457/1997, em seu art. 6º, revogou, de modo expresso, o art. 254 e os §§ 1º e 2º do art. 255 da LSA, eliminando do sistema positivo brasileiro a obrigatoriedade da oferta pública para a aquisição das ações dos minoritários ao mesmo preço pago ao controlador, em razão da alienação do controle. Apesar de a justificação que acompanhou o projeto de lei que resultou na indigitada Lei 9.457/1997, de autoria do Deputado Antonio Kandir, sustentar a medida como forma de reduzir para o adquirente do controle o custo da operação, propiciando que os recursos economizados fossem utilizados na capitalização da companhia, restou patente que a sua motivação política verdadeira pautava-se na estratégia de permitir que a União, na alienação do controle acionário das companhias sob seu controle, durante o processo de privatizações, se apropriasse sozinha do "prêmio de controle", sem ter que partilhá-lo com os demais acionistas, tornando, assim, mais atrativa essa privatização.

[2162] Por valor de mercado entender-se-á a cotação média ponderada das ações objeto da oferta, nos últimos 60 pregões realizados antes da divulgação do aviso de fato relevante que der notícia da alienação do controle (§ 2º do art. 34 da Resolução CVM 85/2022).

[2163] REQUIÃO, Rubens. *Curso de direito comercial*. 30. ed. São Paulo: Saraiva, 2013. v. 2. p. 185.

[2164] CAMPINHO, Sérgio. *Curso de direito comercial*: sociedade anônima. 4. ed. São Paulo: Saraiva, 2019. p. 242.

efetivo exercício, detido por quem consegue dispor, com certa permanência, de um número de votos suficientes para a obter a maioria nas decisões da assembleia geral e eleger a maioria dos administradores. Não se encontra ele, portanto, necessariamente vinculado à propriedade acionária e tampouco ao percentual majoritário dos títulos com direito de voto.

A obrigatoriedade de realização da oferta pública de aquisição das ações com direito a voto titularizadas pelos demais acionistas da companhia aplica-se a toda e qualquer companhia de capital aberto, sempre que houver transferência onerosa do controle acionário. Fica patente que o dispositivo não se dirige à alienação de parte do controle, transação essa imune à necessidade de oferta pública. Há a obrigatoriedade, pois, de surgir com a operação um novo acionista controlador, tal qual definido no art. 116 da LSA. Em outros termos, a alienação deve ser do controle total, pleno ou integral da companhia, com a transmissão do próprio poder de dominar as atividades sociais, com a necessária alteração do titular desse poder.

Considerando que o elemento essencial à incidência do preceito é a transmissão onerosa do controle, este se aplica às modalidades de alienação (em sentido amplo) direta, indireta e àquela realizada por etapas.

Ficam fora do alcance do art. 254-A da LSA as alterações de controle decorrentes das operações de incorporação (art. 227 da LSA), incorporação de ações (art. 252 da LSA), fusão (art. 228 da LSA), ou cisão (art. 229 da LSA), pois são diversas da operação de alienação de controle propriamente dita, esta foco do dispositivo legal.

A operação a caracterizar a alienação do controle, é bom desde logo registrar, terá por objeto a transferência não só de ações integrantes do bloco de controle ou daquelas vinculadas a acordos de acionistas, mas também de outros valores mobiliários conversíveis em ações com direito a voto, a cessão de direitos de subscrição de ações e de outros títulos ou direitos relativos a valores mobiliários conversíveis em ações votantes (§ 1º do art. 254-A da LSA e § 4º do art. 33 da Resolução CVM 85/2022).

A alienação direta é configurada quando o controlador transfere diretamente a outrem as ações ou os valores mobiliários conversíveis em ações de sua titularidade, que perfazem o bloco de controle,[2165] passando o adquirente a titularizar o montante de ações que lhe garantam o controle acionário.

Na hipótese de ser o controlador um grupo de pessoas ligadas por um acordo de acionistas, haverá a alienação direta quando ocorrer a transmissão de um conjunto de ações ou valores mobiliários nelas conversíveis integrantes do acordo,[2166] capaz de resultar no surgimento de um novo acionista controlador, não sendo necessário que ocorra a venda de todos os títulos ao acordo vinculados. Por outro lado, havendo transmissões de posições acionárias dentro do próprio grupo, sem que surja um novo controlador, não estará caracterizada a alienação de controle para o efeito legal.

A alienação indireta retrata a cessão do poder de controle derivado das relações de participação entre duas ou mais sociedades. Engloba, pois, a transferência do controle de *holding*. Esta, ainda que fechada, quando controlar uma companhia aberta, ficará submetida à disciplina do art. 254-A da LSA. Em outras palavras, será obrigatória a oferta pública quando ocorrer a transferência do controle acionário de sociedade controladora de companhia aberta – com a alteração, portanto, do controlador final –, em favor dos minoritários votantes dessa última.

Para efeito de aferição do preço a ser pago aos minoritários, a alienação indireta pode apresentar certa dificuldade.

Não é o caso de uma *holding* que não possui outros ativos a não ser as ações da companhia aberta controlada e que não exerce qualquer atividade operacional. Nesse caso, o valor das ações detidas pela *holding* corresponde ao valor das ações que compõem o bloco de controle. Ele será a base de cálculo para a aplicação do percentual a ser ofertado aos minoritários votantes. Entretanto, caso a *holding* titularize outros ativos e/ou exerça atividade econômica específica, haverá a necessidade de mensurar a base para o pagamento dos minoritários. Esta deverá ser calculada em razão do valor proporcional atribuído à companhia aberta no patrimônio da sociedade controladora, impondo-se, pois, a realização de uma avaliação por sociedade especializada e

---

[2165] Por isso, sempre com direito a voto.

[2166] Sempre com direito a voto.

independente, de todos os ativos que compõem o patrimônio da *holding*.[2167]

A alienação por etapas é aquela que resulta de uma sucessão de negócios jurídicos onerosos e independentes com ações votantes ou títulos nelas conversíveis, que, ao final, traduz o surgimento de um novo acionista controlador. Na realização da última operação, quando se identifica a transmissão do controle, impõe-se a realização da oferta pública, de modo a assegurar o direito à saída conjunta dos minoritários com direito a voto. O valor ofertado deverá resultar da aferição do preço médio havido na cadeia de negociação, procedidas as devidas atualizações monetárias.

Mas, em todas essas modalidades de transferência que ensejam a obrigatoriedade da oferta pública, há a necessidade de o controle ser alienado a título derivado, ou seja, pressupõe-se a existência de um acionista controlador que transmita o controle ao adquirente. O próprio preço a ser oferecido é calculado, segundo a dicção legal, sobre o valor pago por ação com direito a voto, integrante do bloco de controle, fazendo pressupor, por isso, para a incidência do art. 254-A da LSA, a prévia existência desse bloco de controle. É, pois, a configuração do acionista controlador alienante uma condição para a obrigatoriedade da oferta prevista na regra. A aquisição originária do controle – entendida como aquela que resulta, no patrimônio acionário do novo controlador, em um bloco de controle antes inexistente na companhia, fruto, pois, de inúmeras aquisições que veio procedendo no mercado – dispensa, assim, a realização da oferta pública. Na hipótese, não há transferência de controle acionário exigida pelo dispositivo.

Os destinatários da norma que se extrai do texto legal do art. 254-A da LSA são todos os acionistas titulares de ações com direito a voto que não integram o controle societário.

Nesse caso, estarão figurando aqueles que titularizarem ações ordinárias e preferenciais com direito pleno de voto. Restariam excluídos da oferta pública os preferencialistas sem direito de voto ou com restrição a esse direito. Estes podem, entretanto, por faculdade estatutária, vir a gozar do *tag along* como uma vantagem (inciso III do § 1º do art. 17 da LSA).

Relevante ao tema é saber a posição daqueles acionistas preferenciais que adquirem o direito de voto nos termos dos §§ 1º e 2º do art. 111 da LSA.[2168] São eles ou não beneficiários da oferta pública de aquisição? Parece-me que sim. O direito ao *tag along* independe se o exercício do voto é contingencial ou não. O que releva para a lei é estar o acionista no seu exercício pleno, por ocasião da alienação do controle, uma vez que não diferencia as hipóteses de voto eventual ou permanente. Contudo, Resolução CVM 85/2022 parece assim não vislumbrar, ao prever, no *caput* de seu art. 33, que a OPA por alienação de controle terá por objeto "todas as ações de emissão da companhia às quais seja atribuído o pleno e permanente direito de voto, por disposição legal ou estatutária". A indigitada previsão extrapola do poder regulamentar, pois não há na lei a previsão da indispensabilidade do voto em caráter permanente.

Para o adquirente do controle, é cláusula obrigatória e essencial do contrato de alienação do controle da companhia aberta a condição, suspensiva ou resolutiva, de realizar a oferta pública de aquisição das ações dos demais acionistas com direito de voto. Na hipótese de condição suspensiva, os efeitos da contratação ficam diferidos, suspensos até a realização da oferta pública. Se a condição não se realiza ou falha, o

---

[2167] O § 6º do art. .33 da Resolução CVM 85/2022 exige que, na hipótese de alienação indireta do controle acionário, o ofertante submeta à CVM, juntamente com o pedido de registro, a demonstração justificada da forma de cálculo do preço devido por força do art. 254-A da LSA, correspondente à alienação do controle da companhia objeto da oferta, sendo certo que a CVM poderá, no prazo de 60 dias contados último documento que complete a instrução do pedido de registro (§ 3º do art. 11 da aludida Resolução), determinar a apresentação de laudo de avaliação da companhia.

[2168] § 1º do art. 111 da LSA: "As ações preferenciais sem direito de voto adquirirão o exercício desse direito se a companhia, pelo prazo previsto no estatuto, não superior a 3 (três) exercícios consecutivos, deixar de pagar os dividendos fixos ou mínimos a que fizerem jus, direito que conservarão até o pagamento, se tais dividendos não forem cumulativos, ou até que sejam pagos os cumulativos em atraso".

§ 2º do art. 111 da LSA: "Na mesma hipótese e sob a mesma condição do § 1º, as ações preferenciais com direito de voto restrito terão suspensas as limitações ao exercício desse direito".

direito não é adquirido.[2169] No caso da condição resolutiva, enquanto esta não se realizar, estará vigente o negócio jurídico. Mas se a oferta pública não for efetivada, o contrato ter-se-á por resolvido, restando extintos todos os direitos por ele transmitidos, em todos os seus efeitos.

Dispõe o § 2º do art. 254-A que a CVM autorizará a alienação do controle, desde que verificado o atendimento dos requisitos legais pelos termos instrumentais da oferta pública. Regulamentando o procedimento, preconiza a Resolução CVM 85/2022 que o requerimento de registro da OPA por alienação de controle deverá ser apresentado à citada autarquia no prazo máximo de 30 dias, a contar da celebração do instrumento definitivo de alienação das ações representativas do controle, quer a realização da OPA se constitua em condição suspensiva, quer em condição resolutiva da alienação (§ 2º do art. 33). O registro pela CVM implica a autorização da alienação de controle, sob a condição de que a oferta pública venha a ser efetivada nos termos aprovados e nos prazos regulamentares (§ 3º do art. 33).

3. O direito de saída conjunta na lei acionária brasileira

Fábio Ulhoa Coelho

O *direito de saída conjunta* consiste em expediente destinado a possibilitar que os acionistas minoritários, quando ocorre a venda do poder de controle da sociedade anônima, tenham a oportunidade de "acompanhar" o controlador, vendendo eles também suas ações ao mesmo adquirente. O direito é chamado, pelos operadores do mercado de capitais e por alguns societaristas, pela expressão em inglês *tag along*. Esta locução é um *phrasal verb*, categoria característica da língua inglesa, em que o significado originário do verbo se altera pela combinação com uma preposição ou advérbio. *Tag along* significa "acompanhar alguém, mesmo não tendo sido convidado".[2170] Há os que relacionam a locução à noção de "adesão", evocada pela palavra *tag*, que, como substantivo, é traduzível ao português por *adesivo* – o minoritário *adere* à venda de ações celebrada pelo controlador.

Ao *direito* de saída conjunta, titulado pelos acionistas não participantes do poder de controle da companhia, corresponde o *dever*, do adquirente deste poder, de realizar simultânea oferta pública para a aquisição das ações dos minoritários. Ao direito de saída conjunta do minoritário não corresponde absolutamente nenhuma obrigação do controlador-alienante; a relação jurídica se estabelece entre, de um lado, o minoritário e, de outro, o adquirente do poder de controle. A única pessoa que pode desrespeitar o direito do minoritário é a que está obrigada a respeitá-lo, ou seja, o adquirente o poder de controle. O alienante não tem como desrespeitar este direito, simplesmente porque não cabe a ele realizar a oferta pública de aquisição de ações.

A evolução histórica do direito societário brasileiro pode ser dividida em quatro etapas, relativamente à previsão do direito de saída conjunta.

A primeira etapa corresponde ao período entre 1822 (independência do país) e 1976 (edição da Lei nº 6.404). Nela, simplesmente não existe o direito. A alienação do poder de controle considera-se negócio do interesse exclusivo do controlador e de quem pretende adquiri-lo. Os minoritários, até 1976, não tinham nenhum interesse reconhecido por lei, relativamente à alienação do controle.

A segunda etapa se inicia em 1976, com a edição da LSA, e perdura até 1997. Nestas duas décadas, o direito de saída conjunta era referido como cláusula legal no art. 254 da LSA. O II Plano Nacional de Desenvolvimento (Lei nº 6.151/1974) cogitara da reforma do direito positivo brasileiro visando igualar o valor das ações do controlador e minoritários.[2171] É certo que o projeto de lei encaminhado pelo governo Geisel não contemplava o instituto,[2172]

[2169] TEPEDINO, Gustavo; BARBOZA, Heloisa Helena; MORAES, Maria Celina Bodin de et al. *Código Civil interpretado conforme a Constituição da República*. Rio de Janeiro: Renovar, 2004. v. 1. p. 253.

[2170] Consulte-se o *Dictionary of Phrasal Verbs*, da Collins Birmingham University, no verbete *tag along*: "If you *tag along* with someone, you go with them, especially when they have not asked you to" (1. ed., 6. reimp. Londres: Collins-Cobuild, 1994. p. 383).

[2171] "Com o objetivo de proteger as minorias acionárias e desenvolver o espírito associativo entre os grupos empresariais privados, reformar-se-á a lei das sociedades por ações tendo em vista os seguintes objetivos; [...] evitar que cada ação do majoritário possua valor de mercado superior a cada ação do minoritário" (CARVALHOSA, Modesto. *Oferta pública de aquisição de ações*. Rio de Janeiro: IBMEC, 1979. p. 119).

[2172] Segundo Bulhões Pedreira, um dos elaboradores do anteprojeto, as razões para não se acolher a participação dos minoritários no valor de controle eram: "(a) o valor de controle não é elemento do patrimônio da companhia: o poder

fato que chegou a despertar, na comunidade jurídica, até mesmo certa estranheza.[2173] Emenda no âmbito do Poder Legislativo, contudo, introduziu-o entre nós.[2174]

A terceira etapa desta trajetória histórica tem início em 1997, com a edição da Lei nº 9.457, que reformou a LSA e revogou o art. 254. Naquele ano, o governo federal estava preparando a privatização do sistema de telefonia e o direito de saída conjunta embutia ocasional distorção, por possibilitar que o elevado prêmio de controle não fosse integralmente direcionado ao Poder Público, e beneficiasse alguns poucos especuladores no mercado de capitais.[2175] Esta etapa encerra-se em outubro de 2001, com a edição da Lei nº 10.303. Entre 9 de maio de 1997 e 31 de outubro de 2001, não vigorou, na ordem jurídica brasileira, nenhum dispositivo de lei assegurando aos minoritários o direito de saída conjunta.[2176]

A atual etapa desta trajetória do direito positivo brasileiro, sob o prisma do direito de saída conjunta, inaugura-se com a edição do art. 254-A, introduzido na LSA pela Lei nº 10.303/2001. Desde então, os acionistas minoritários, titulares de ações com direito a voto, podem acompanhar o controlador, na venda do poder de controle,

---

de controle de determinada companhia surge, é transferido e desaparece sem nenhuma repercussão sobre a composição ou o valor do patrimônio da companhia; (b) o valor do poder de controle nasce da formação do bloco de controle que é fato que ocorre no patrimônio dos acionistas, e não da companhia; (c) a igualdade dos direitos conferidos pelas ações da mesma espécie e classe diz respeito à estrutura interna da sociedade e aos direitos de participação que integram cada ação; esses direitos têm por objeto os valores que existem no patrimônio da companhia, e não outras ações da mesma companhia; (d) a ação somente é considerada objeto de direito do ponto de vista do patrimônio do acionista; e, nesse caso, é objeto de direito de propriedade do acionista, e não de direitos de participação – nem do seu titular e muito menos dos demais acionistas; (e) a chamada 'igual oportunidade' de todos os acionistas venderem suas ações pelo mesmo valor é incompatível com o conceito da propriedade individual das ações e o direito de livremente dispor das ações, contido nessa propriedade" (*A lei das S.A. – pressupostos, elaboração, aplicação*. Rio de Janeiro: Renovar, 1992. p. 734-735).

[2173] Guilherme Döring Cunha Pereira informa: "por todas essas expectativas criadas e pela opinião então predominante, a Mensagem 204 do Presidente da República ao Congresso Nacional, datada de 2 de agosto de 1976, encaminhando o Projeto de Lei sobre as sociedades anônimas, causou grande perplexidade. Ao contrário do esperado, propunha-se o reconhecimento do direito do controlador de apropriar-se do sobrevalor do controle da companhia" (*Alienação do poder de controle*. São Paulo: Saraiva, 1995. p. 150-155).

[2174] Por meio de Resolução do Banco Central, editada dias após a lei, limitou o alcance do art. 254, conforme relata Modesto Carvalhosa: "[O] Senado, querendo ainda mais aperfeiçoar e aprofundar os direitos dos minoritários, aprovou a emenda apresentada pelo Senador Lehmann, afinal sancionada pelo Senhor Presidente da República como art. 254 da Lei 6.404, de 1976. É, pois, a notória Emenda Lehmann fruto do inconformismo do Congresso com a absurda orientação do Projeto que negava expressamente o direito dos minoritários de participar das vantagens patrimoniais na venda do controle. [...] A aprovação da emenda Lehmann pelo Senado provocou a mais viva reação dos grupos patrocinadores do Projeto, que, através da ABRASCA – Associação Brasileira de Sociedades de Capital Aberto, lançou campanha de âmbito nacional exigindo o *veto* do Senhor Presidente da República a esse dispositivo protetor das minorias acionárias. [...] Não logrando obter o verto presidencial a essa norma incompatível com o objetivo do projeto, que é o da formação de conglomerados, os interessados utilizaram a via administrativa para derrogar, cinco dias depois de promulgada a lei, o art. 254. Foi o que fez a Resolução 401 do Conselho Monetário Nacional, de 22 de dezembro de 1976" (*A nova lei das sociedades anônimas* – seu modelo econômico. 2. ed. Petrópolis: Paz e Terra, 1977. p. 16-17).

[2175] "Em razão da sistemática do autofinanciamento [da expansão da rede de telefonia], as companhias integrantes do sistema Telebrás possuíam, entre os seus acionistas, alguns milhões de consumidores dos serviços de telefonia. Se eles titularizassem o direito de saída conjunta, além da socialização do prêmio de controle em detrimento da política de redução do déficit público, de interesse da sociedade brasileira como um todo, também haveria uma dificuldade operacional a mais a considerar no necessariamente complexo processo de privatização. A revogação do art. 254, em 1997, intencionalmente ou não, atendeu de modo satisfatório a essas duas questões" (COELHO, Fábio Ulhoa. O direito de saída conjunta ("tag along"). LOGO. Jorge. *Reforma da Lei das Sociedades Anônimas*. Rio de Janeiro: Forense, 2002. p. 477).

[2176] Recordo que, em 1997 – isto é, no mesmo ano em que o direito brasileiro, em vista de necessidades relacionadas à redução do déficit público, era forçado a eliminar o direito de saída conjunta como atrativo do investimento de acionistas minoritários – a Comunidade Econômica Europeia elaborava nova versão para uma diretiva destinada a estimular os Estados-Membros a editarem leis estendendo aos minoritários o tratamento dispensado ao controlador nas vendas de controle. Relatam Modesto Carvalhosa e Nestor Eizirik: "Ao mesmo tempo em que, entre nós, abolia-se o tratamento igualitário, verificava-se, no Direito Comunitário Europeu, nítida tendência em sentido contrário, ao determinar a Décima Terceira Diretiva, em sua versão 1996/97, que os Estados membros da CEE devem promulgar normas que, em caso de aquisição do controle de uma companhia, obriguem ao lançamento de uma oferta pública, respeitando, entre outros, o princípio do tratamento igualitário" (*A nova lei das S/A*. São Paulo: Saraiva, 2002. p. 387).

mediante adesão à oferta pública de aquisição, que o adquirente é obrigado a promover.[2177]

4. Fundamentos da obrigatoriedade da OPA na alienação do controle

FÁBIO ULHOA COELHO

Na fundamentação da obrigatoriedade de o adquirente do controle de companhia aberta fazer uma oferta pública de aquisição de ações, há os que consideram a socialização do prêmio de controle uma determinação legal destinada a atender ao interesse da "sociedade em geral", que transcende o da sociedade anônima envolvida ou o dos seus acionistas. Atende-se a tal interesse por assim dizer metaindividual, por ser proveitoso à economia a existência de meios eficientes de capitalização.[2178] Esta maneira de fundamentar a obrigatoriedade da oferta pública, contudo, mostra-se incompatível com o direito positivo brasileiro. Se o fundamento do instituto, no Brasil, fosse a proteção ao interesse da sociedade em geral, não haveria razões para prever a obrigatoriedade da oferta apenas no âmbito das sociedades anônimas abertas; afinal, também as fechadas têm interesse em dispor de medidas eficientes de capitalização, mesmo não ambientadas no mercado de valores mobiliários. Além disso, para que fosse sustentável, na lei nacional, este fundamento, os destinatários da oferta não poderiam ser apenas os acionistas titulares de ações com direito a voto, mas todos os sócios que investiram naquela sociedade. A socialização do poder de controle não poderia discriminar os beneficiários, protegendo apenas os titulares de ações com direito a voto, se o objetivo fosse mesmo o de proteger o interesse da sociedade em geral.[2179]

Pelas mesmas razões, mostra-se igualmente incompatível com o direito positivo brasileiro a formulação, de alguns doutrinadores, no sentido de que o fundamento da obrigatoriedade da oferta pública em razão da alienação do controle estaria na proteção ao interesse do minoritário em se desligar da companhia nesta oportunidade, em vista das mudanças nas bases negociais existente ao tempo do investimento.[2180-2181] Argumenta-se que

---

[2177] Modesto Carvalhosa e Nestor Eizirik consideram que o art. 254-A não deve ser visto como o retorno à mesma sistemática do art. 254, revogado pela Lei 9.457/97: "a nova Lei das S/A atribui portanto ao bloco de controle de uma companhia um valor econômico, justificando-se, pois, que as ações que o integram recebam um preço superior ao das ações dos minoritários, por ocasião de sua alienação. Assim, não se restaura o princípio do tratamento igualitário, contido originalmente no art. 254 da Lei n. 6.404/76; ao contrário, consagra-se, expressamente, o princípio do valor diferenciado de ações da mesma espécie: as ações ordinárias integrantes do bloco de controle, detidas pelos acionistas controladores, valem mais do que as não integrantes, detidas pelos acionistas minoritários" (*A nova lei das S/A*. São Paulo: Saraiva, 2002. p. 390).

[2178] É o entendimento de Paulo Eduardo Penna: "A finalidade do art. 254-A vai além da mera proteção ao minoritário. Essa proteção é concebida como passo para o fortalecimento do mercado de capitais. A lógica é que, com mais e melhores direitos, investidores estarão mais propensos a investir em companhias abertas, o que, por sua vez, estimulará novas companhias a abrirem o seu capital social. Observe-se que a OPA obrigatória é aplicável somente às companhias abertas, o que, por sua vez, estimulará novas companhias abertas; os minoritários de companhias fechadas não tem direito ao *tag along*. Essa diferença de tratamento entre acionistas de companhias fechadas e abertas acentua a ligação da norma com o desenvolvimento do mercado de capitais" (*Alienação de controle de companhia aberta*. São Paulo: Quartier Latin, 2012. p. 71).

[2179] Calixto Salomão Filho considera justificável a restrição da socialização do prêmio de controle aos acionistas com direito a voto apenas na hipótese de o novo controlador ter o interesse de manter a organização empresarial: "em conclusão, pode-se afirmar que a limitação do sobrepreço pago pelo controle aos acionistas controladores – e minoritários com direito a voto (parcialmente) – justifica-se apenas quando esta é direta contraprestação do direito de voto. Ou seja, quando o comprador está pagando a mais meramente pelo interesse de empregar capitais sob gestão alheia (no sentido de gestão empresarial e não meramente administrativa). Nesse caso o sobrepreço é pura contraprestação do voto. Ora, isso ocorre, exatamente, naqueles casos em que ao novo controlador não interessa dispor ou redirecionar a organização societária, mas sim mantê-la funcionando e operante, maximizando tanto quanto possível os lucros" (*O novo direito societário*. 4. ed. São Paulo: Malheiros, 2011. p. 157).

[2180] Para Nelson Eizirik: "o direito de saída pode ser justificado pelo fato de que os minoritários, ao decidirem investir em determinada companhia aberta, levam em consideração a pessoa do controlador, isto é, quem efetivamente conduz os negócios sociais. É na figura do controlador que os acionistas minoritários depositam sua confiança e, sob esse aspecto, trata-se de verdadeira relação *intuitu personae*. São as características pessoais do controlador que podem motivar a vinculação do investidor/acionista minoritário à companhia. Assim, é razoável que, na mudança do controle, os minoritários tenham o direito de saída, caso não concordem em permanecerem associados a uma companhia com um novo acionista controlador" (*A lei das S/A comentada*. São Paulo: Quartier Latin, 2001. v. III. p. 417).

[2181] De acordo com Roberta Nioac Prado: "[o] que se deve proteger é o direito de saída, em justas condições, dos minoritários, quando mudam as bases de controle da empresa. O que deve ser considerado, pois, é permitir que

1001

o acionista minoritário, ao subscrever ou adquirir ações, levou em conta os atributos do controlador, sua capacidade de bem dirigir os negócios sociais. A mudança do controlador frustraria algo similar a uma *condição* do investimento realizado. Este fundamento também não se sustenta, porque, acaso pertinente, não haveria sentido nenhum na negativa do direito de saída aos acionistas de companhias fechadas ou mesmo aos desprovidos do direito de voto. Também eles deveriam ser agraciados com o direito de saída conjunta, caso fosse este o fundamento do instituto.

Ainda há os que identificam o fundamento da obrigatoriedade de oferta pública de aquisição de ações, quando da alienação do controle de companhia aberta, na exigência do tratamento igualitário dos acionistas.[2182] Por vezes, reportam-se estes autores aos princípios de *corporate governance*, incluindo o "direito de saída conjunta" entre os alicerces do bom governo da sociedade anônima. Deitando ao largo toda a complexa questão da igualdade (afinal, esta consiste em tratar desigualmente os desiguais e controlador e minoritários são desiguais), bem como a já referida exclusão dos acionistas de companhia fechada e sem direito a voto, esta concepção não se sustenta, no direito brasileiro, também em vista do percentual de 80% do preço pago por ação vendida pelo controlador, estabelecido em lei como valor mínimo para a oferta pública.

Por fim, há os que consideram fundada a obrigatoriedade da oferta pública, na alienação de controle de companhia aberta, na coibição de indevida *apropriação*, pelo controlador, do valor de intangíveis pertencentes à sociedade.[2183] Mas também tal fundamento não se mostra correto, já que a alienação do controle não implica, minimamente, qualquer redução no patrimônio da companhia controlada. Esta continua a ser a única titular dos intangíveis de seu ativo, não tendo havido, em decorrência, nenhuma supressão do direito de acionistas minoritários quanto aos frutos que lhe cabem (dividendos), entre os que tais intangíveis proporcionam.[2184]

---

o acionista saia do quadro societário uma vez que não concorde com a nova administração, recebendo por suas ações o valor real das mesmas, incluídos aí as perspectivas de lucro, o valor dos intangíveis e tudo o que estiver agregado ao valor que significar possuir o controle da empresa" (*Da obrigatoriedade por parte do adquirente do controle de sociedade por ações de capital aberto*. Revista de Direito Mercantil, v. 106, abr.-jun. 1997, São Paulo: RT, p. 90).

[2182] Norma Parente filia-se a esta concepção e lamenta que o direito positivo brasileiro, em 2001, não tenha adotado a igualdade de tratamento em toda a extensão: "o direito de os acionistas minoritários venderem suas ações ao mesmo preço que os acionistas controladores foi assegurado em 1976, quando entrou em vigor a Lei 6.404. [...] É lamentável que esse direito não tenha sido estendido ao acionista preferencial. Em termos patrimoniais, a sua contribuição tem o mesmo valor que a dos demais acionistas. É injusto que o direito de vender em conjunto com o controlador não lhe tenha sido outorgado. Penso que esse direito deveria ter sido partilhado entre minoritários ordinários e preferencialistas" (Principais inovações introduzidas pela Lei 10.303, de 31 de outubro de 2001, à Lei de Sociedades por Ações. *In*: LOBO, Jorge (coord.). *Reforma da Lei das Sociedades Anônimas*. Rio de Janeiro: Forense, 2002. p. 39).

[2183] Bulhões Pedreira, embora não identifique os defensores desta fundamentação, rebate-os: "não obstante essas diferenças essenciais entre direitos de participação acionária e poder de controle, bem como entre valor da ação e do controle, há muitos defensores da tese de que os acionistas minoritários devem ter o 'direito de participar' no preço de venda do bloco de controle. Essa tese tem sido justificada com dois fundamentos: (a) o controle 'é' da companhia e seu valor 'é parte' do patrimônio da companhia; por conseguinte, os direitos de participação conferidos pelas ações devem ter por objeto também o valor do controle; [...]. A alegação desses fundamentos revela, a nosso ver, diversas confusões conceituais: (a) o valor de controle não é elemento do patrimônio da companhia: o poder de controle de determinada companhia surge, é transferido e desaparece sem nenhuma repercussão sobre a composição ou o valor do patrimônio da companhia; (b) o valor do poder de controle nasce da formação do bloco de controle, que é fato que ocorre no patrimônio dos acionistas, e não da companhia [...]" (LAMY FILHO, Alfredo; PEDREIRA, José Luiz Bulhões. *A Lei das S.A.*: pressupostos, elaboração, aplicação. Rio de Janeiro: Renovar, 1992. p. 734).

[2184] Marcelo Abreu dos Santos Tourinho anota: "Relembre-se que o art. 254 foi inserido na Lei das S.A. em decorrência das operações de transferência de controle de bancos comerciais *seguidas de incorporação*. Nessas operações os controladores dos bancos vendiam suas participações, levando consigo o valor dos intangíveis correspondentes às cartas patentes, enquanto os minoritários acabavam por ver suas participações diluídas nos grandes bancos incorporadores. Perceba-se que o problema não está – nem nunca esteve – na transferência do controle, já que, quando o controlador de um banco vendia sua participação para outro banco, somente os intangíveis correspondentes ao bloco de controle eram transferidos. Se após tal operação um acionista qualquer vendesse uma ação (uma fração do patrimônio) estaria vendendo também o correspondente ao intangível desta ação, o qual compreenderia o valor não contabilizado da carta patente. Não é correto o argumento de que na alienação do controle há a transferência do intangível, pois há, no máximo, a sua realização por parte de quem aliena as ações (que, no caso, é o controlador). O intangível não foi 'apropriado' pelo controlador; ao contrário, permanece integrando o patrimônio comum, do qual

Resenhadas estas posições sobre a fundamentação da obrigatoriedade da oferta pública de aquisição de ações de minoritários com direito a voto, na alienação de controle de companhia aberta, pode-se sintetizá-las da seguinte maneira: a doutrina brasileira, em sua maioria, ao procurar divisar o fundamento da obrigatoriedade da socialização do prêmio do controle, acaba, por vias diversas, chegando à conclusão de que o art. 254-A da LSA estabeleceria uma *proteção aos acionistas minoritários*, na alienação do poder de controle por corresponder esta a um momento em que seus direitos estariam presumivelmente fragilizados.[2185] Tal concepção pressupõe que sempre haveria algum potencial lesivo aos interesses dos minoritários nas alienações de controle, contra o qual seria reclamada a intervenção da lei. Considerar que a obrigatoriedade da socialização do prêmio do controle entre os acionistas titulares de direito de voto, no caso de alienação do controle de companhia aberta, seria uma medida de proteção aos direitos e interesses deles implica imaginar presente certo *desrespeito* (ou risco de desrespeito) a estes direitos e interesses, em todas as operações de transferência do poder de controlar as sociedades anônimas capitalizadas no mercado de valores mobiliários.

As fundamentações ensaiadas pela doutrina nacional, para justificar o art. 254-A da LSA, podem ser resumidas nesta noção geral, de proteção a certo interesse legítimo que seria titulado pelos acionistas minoritários – em razão de coincidirem com o pretenso interesse social de busca por alternativas mais eficientes de capitalização; para lhes assegurar a permanência das condições originárias do investimento realizado; em função da injustiça do sobrevalor agregado pelo poder de controle pertencer exclusivamente ao controlador; ou como meio de obstar a temida apropriação, pelo controlador, de intangível da sociedade. Abstraem as limitações legais relativas aos destinatários (só acionistas com direito a voto) e da espécie de companhia (apenas as abertas), e sintetizam-se na ideia de que a mudança de controle da sociedade anônima corresponderia a momento na vida societária em que os minoritários se expõem a riscos, dos quais devem ser protegidos mediante a socialização (ainda que parcial) do prêmio de controle.

É chegada a hora de rever este entendimento de que o art. 254-A da LSA abriga uma proteção *necessária* aos minoritários com direito a voto, por se encontrarem presumivelmente expostos a riscos indevidos, sempre que operada a transferência do poder de controle numa sociedade anônima aberta.[2186] Na verdade, a obrigatoriedade de oferta pública implica apenas a criação, pela lei, de uma *oportunidade de negócio* para determinados acionistas que investiram no mercado de capitais. E, como mera oportunidade de negócio, abre-se exclusivamente aos que a lei considerou seus destinatários: os acionistas

---

qualquer acionista tem sua respectiva fração" (*Oferta pública de aquisição de ações por alienação de controle de companhias abertas brasileiras*. Dissertação de mestrado aprovada pela Pontifícia Universidade Católica de São Paulo, em 15.06.2012, p. 63-64).

[2185] Conferir, por todos: Márcia Carla Pereira Ribeiro (Alienação do poder de controle. BERTOLDI, Marcelo. *Reforma da lei das sociedades anônimas*: comentários à Lei 10.303, de 31.10.2001. São Paulo: RT, 2002. p. 164) e Marcos Andrey de Souza (O direito de saída conjunta (*tag along*) e os preferencialistas. In: CASTRO, Rodrigo Monteiro de; ARAGÃO; Leandro Santos de. *Sociedade anônima* – 30 anos da Lei 6.404/76. São Paulo: Quartier Latin-IDSA, 2007. p. 288-290).

[2186] Segundo Marcelo Abreu dos Santos Tourinho: "Na doutrina jurídica, a maior parte dos defensores do instituto segue, sem grandes resistências ou reflexões, o sentimento de que o *tag along* é uma conquista do direito societário brasileiro que, em linha com legislações estrangeiras, vem promovendo o compartilhamento do prêmio de controle com os acionistas minoritários, evitando, assim, a sua espoliação e abuso por parte do controlador. O sentimento é favorecido por uma difundida concepção, inundada de subjetividades, a respeito das estruturas de poder no mercado, as quais teriam supostamente um potencial de exclusão e criação de desigualdades, pelo que justificariam um combate proativo, mediante a implementação de 'agenda reformista' [...] Nesse contexto de grotesca estigmatização da figura do controlador, não é difícil que julgamentos efêmeros, baseados em juízos de 'equidade' ou 'razoabilidade', nos conduzam rapidamente à conclusão de que os acionistas minoritários são, de fato, merecedores dos benefícios econômicos advindos da alienação de controle. [...] Embora seja tarefa difícil, acreditamos que a separação dos preconceitos relativos ao poder econômico e, conseguintemente, ao poder de controle seja um passo inicial indispensável para uma análise objetiva e racional dos propósitos e efeitos do instituto do *tag along*. Reitere-se: se o fundamento do instituto sob análise está realmente na proteção do investidor, essa tem que ser uma *conclusão* a que se chega a partir da análise dos prós e contras de sua aplicação prática e não uma premissa que sirva de molde ao raciocínio" (*Oferta pública de aquisição de ações por alienação de controle de companhias abertas brasileiras*. Dissertação de mestrado aprovada pela Pontifícia Universidade Católica de São Paulo, em 15.06.2012, p. 147-148).

titulares de ações com direito a voto, emitidas por sociedades anônimas abertas.[2187]

Deste modo, quando a CVM ou o Poder Judiciário decidem acerca da necessidade, à luz do art. 254-A da LSA, de o adquirente de controle de companhia aberta promover a oferta pública de aquisição de ações com direito a voto, não estão assegurando nenhuma proteção a qualquer direito *ínsito* à condição de minoritário, que pudesse estar em risco no momento da transferência do controle. O que estão fazendo é, unicamente, assegurando a concretização de uma oportunidade de negócio que a lei brasileira entendeu por bem de abrir nesta ocasião a alguns dos sócios.

O art. 254-A da LSA, assim, fixou as condições para que o acionista minoritário tenha acesso a determinada oportunidade de negócio. Em geral, as oportunidades nascem no bojo do livre fluir das demandas econômicas. Mas, neste caso, é imposição do legislador. E, sendo imposição do legislador no contexto de ordem constitucional fundada na liberdade de iniciativa (CF, art. 170), tem o dispositivo legal que a abriga a clara natureza de *regra excepcional*; que deve, portanto, ser interpretada restritivamente.

5. A alienação de *controle parcial*

Fábio Ulhoa Coelho

Apesar da extraordinária complexidade apresentada pelo tema do poder de controle e sua alienação, podem-se inventariar pelo menos dois *consensos* alcançados no campo doutrinário.

O primeiro deles diz respeito à caracterização do poder de controle como uma questão a exigir percuciente *exame dos fatos*, posto não bastar, em vista do art. 116 da LSA, a simples conferência do percentual das ações com direito a voto detidas pelo acionista (ou grupo de acionistas vinculados por acordo) para classificá-lo corretamente como *controlador*. Não há ninguém a discordar desta forma de caracterização do titular do poder de controle.[2188]

O segundo consenso é o de que, no caso de compartilhamento do poder de controle,[2189] nenhum dos membros do bloco, isoladamente considerado, se classifica como *controlador*. Quando a titularidade do poder de controle cabe a grupo de acionistas vinculados por acordo, os seus integrantes não são senão partícipes do que a doutrina e o mercado têm chamado de "bloco controlador".[2190]

Decorrência imediata desses dois consensos é a constatação de que apenas a alienação do

---

[2187] "Nada justifica, em essência, a socialização do prêmio de controle. Trata-se, puramente, de uma alternativa de negócio e, como tal, deve ser oferecida ou não, segundo o livre flutuar das demandas econômicas. Quero dizer, a obrigatoriedade de oferta pública de aquisição de ações votantes em toda operação de alienação de poder de controle de companhias abertas não deve existir. A matéria deve ser relegada ao plano das normas estatutárias. Se uma companhia aberta considerasse oportuno oferecer o direito de saída conjunta como meio de atrair os investidores, ela deveria ter a possibilidade de fazê-lo. Mas a que não compartilhasse da mesma avaliação, não convém ficasse sujeita à obrigação" (COELHO, Fábio Ulhoa. *O futuro do direito comercial*. São Paulo: Saraiva, 2011. p. 11).

[2188] Conferir, por todos, José Alexandre Tavares Guerreiro e Egberto Lacerda: "a identificação do acionista controlador traduz em última análise, uma penetração na realidade econômica da empresa" (*Das sociedades anônimas no direito brasileiro*. São Paulo: José Bushatsky, 1979. p. 294).

[2189] Para Fábio Konder Comparato: "[O] bloco majoritário pode não ser constituído por um único acionista, nem se apresentar, necessariamente, como um grupo monolítico de interesses. É mesmo usual que dois ou mais acionistas, ou grupos de acionistas, componham a maioria, associando interesses, temporária ou permanentemente, convergentes. Pode-se falar, em tais hipóteses, de um controle conjunto ou por associação" (*O poder de controle na sociedade anônima*. 2. ed. São Paulo: RT, 1977. p. 43).

[2190] Conferir, por todos, Luiz Gastão Paes de Barros Leães: "[A] lei prevê duas hipóteses em que um grupo de pessoas pode vir a ser titular do poder de controle: (i) quando esse grupo reúne acionistas que estão sob controle comum, representando os mesmos interesses e expressando a mesma vontade, como se dá com as sociedades controladas em relação à controladora; ou (ii) quando esse grupo se forma através de um acordo de votos, firmado entre diferentes pessoas, físicas ou jurídicas, associando interesses distintos, se bem que convergentes. Em tais hipóteses, fala-se em controle conjunto ou compartilhado (*joint control*), pois, nelas, o grupo de controle exerce as prerrogativas e as responsabilidades que incumbem ao acionista controlador sempre de *forma coletiva*. Ou seja, as pessoas que o constituem agem e respondem como se fossem uma só pessoa, sem que cada uma, por si só, possa ser caracterizada como 'acionista controlador'. A circunstância de que qualquer um dos participantes seja eventualmente majoritário, dentro ou fora do grupo, não o converte, *ipso facto*, em um acionista controlador, senão quando visto como parte componente da coletividade" (*Pareceres* São Paulo: Singular, 2004. v. II. p. 1.309).

controle *total* obriga a realização da oferta pública de aquisição de ações, referida no art. 254-A, da LSA. A alienação do controle é *total* quando o acionista (ou grupo de acionistas vinculados por acordo) controlador transfere a terceiro direitos de sócio que atendem aos requisitos do art. 116, *a*, da LSA. Quando o adquirente não passa a titular, individualmente, os direitos de sócio referidos na alínea *a*, mas apenas se torna integrante do grupo de acionistas que titula estes direitos, não se verifica a alienação do controle *total*, mas, sim, de parcela deste.[2191] Embora, dadas circunstâncias muito específicas,[2192] pode-se, em tese, cogitar de alienação de controle total mediante a transferência de apenas parte das ações componentes do bloco de controle.

Se, após a aquisição de ações anteriormente tituladas por parte dos integrantes do bloco de controle, o adquirente não se torna o único titular dos direitos de sócio referidos na alínea *a* do art. 116 da LSA, ocorrendo uma alienação de controle *parcial*. Como tais direitos remanescem sob a titularidade do *conjunto* de acionistas vinculados a acordo, na alienação parcial do controle, o adquirente não pode ser juridicamente considerado um novo acionista controlador.[2193] O grupo de acionistas, que ele passa a integrar é que titula os direitos de sócio mencionados na alínea *a* do art. 116 da LSA e, portanto, classifica-se como controlador. O que se transfere do patrimônio do alienante para o do adquirente, nesse caso, é apenas uma *parcela* do poder de controle. O poder *total* não se transfere, remanescendo sob a titularidade do mesmo bloco controlador (com a composição parcialmente alterada).

Por alienação de controle *parcial*, entende-se a transferência de titularidade dos direitos societários de integrante de bloco controlador. Pode-se falar, de um lado, de "alienação *parcial* de controle *parcial*", em que o alienante continua a integrar o bloco controlador, ou, de outro, de "alienação *total* de controle *parcial*", em que deixa de fazer parte dele. Que a alienação de controle *parcial* não se encontra sujeita à obrigatoriedade da oferta pública de aquisição de ações é conclusão alcançada pela simples leitura do ditado pelo art. 254-A da LSA. Nela se fala em "alienação de controle", meramente, o que afasta de pronto a hipótese de transferência de direitos de sócios que não importem também a da titularidade daqueles que permitam, de modo permanente, a maioria das deliberações sociais e na eleição dos administradores. Por definição, o controle parcial possibilita apenas a participação, de seu detentor, no processo de *construção* do voto majoritário e de *definição* da administração da companhia, por meio dos mecanismos do acordo de votos (normalmente, a *reunião prévia*).

Por fim, em razão da interpretação necessariamente restritiva do art. 254-A, deve-se afastar de sua incidência a hipótese de alienação de controle *parcial*. Não se encontra, na redação do dispositivo, nenhuma menção que possa estender seu âmbito de incidência para além da alienação de controle *total*.

6. Alteração no controle e alienação de controle

Fábio Ulhoa Coelho

"Alteração no controle" corresponde a uma gama de fatos jurídicos bastante extensa, que não se reduz à hipótese de alienação onerosa de controle de companhia aberta sujeita à oferta pública de aquisição de ações pelo adquirente. Esta é apenas uma das muitas situações jurídicas em que ocorre a "alteração no controle". Assim, pode ocorrer inequívoca "alteração no controle" da sociedade anônima num específico caso e, mesmo assim, a oferta pública prevista no art. 254-A da LSA não ser exigível.

[2191] Considerar que a alienação de controle *parcial* tornaria o adquirente controlador implicaria admitir a hipótese de dois controladores "sobrepostos". Como alerta Luiz Gastão Paes de Barros Leães: "a circunstância de que qualquer um dos participantes seja eventualmente majoritário, dentro ou fora do grupo, não o converte, *ipso facto*, em um acionista controlador, senão quando visto como parte componente da coletividade. Até porque seria incompatível com a boa hermenêutica jurídica do [art. 116 da LSA] admitir que uma sociedade possa, ao mesmo tempo, ser controlada por um grupo de acionistas e por um dos integrantes desse grupo" (*Pareceres* São Paulo: Singular, 2004. v. II. p. 1.309. p. 1.310).

[2192] Cf., COELHO, Fábio Ulhoa. O direito de saída conjunta ("tag along"). LOGO. Jorge. *Reforma da Lei das Sociedades Anônimas*. Rio de Janeiro: Forense, 2002. p. 481. Não se afasta a possibilidade de uma transferência de controle *total* com a alienação *parcial* de ações do bloco controlador, desde que haja alterações objetivas do controle.

[2193] Adverte Nelson Cândido Motta: "evidentemente não é titular do *poder de controle* o acionista (ou grupo de acionistas) que dependa do voto de outros sócios para fazer valer a vontade nas *assembleias gerais*" (Alienação do poder de controle compartilhado. *Revista de Direito Mercantil*, v. 89, jan.-mar. 1993, São Paulo: RT, p. 42).

É lugar-comum, nas lições de direito societário, o caráter essencialmente dinâmico do poder de controle das sociedades anônimas, destacando os autores a extrema dificuldade em sintetizar suas múltiplas faces, apreender a essência de seu funcionamento, resumi-lo e classificá-lo.[2194] Sendo, com efeito, o próprio *poder* um fenômeno altamente complexo, com nuanças que propõem renovados desafios à argúcia de filósofos, sociólogos e outros teóricos,[2195] não é de se estranhar que a sua manifestação no contexto da exploração de atividades econômicas por meio da conjugação de esforços e capitais de várias pessoas (isto é, por meio de uma "sociedade empresária") faça-se acompanhar de igual dinamismo e riqueza. A alta complexidade do poder de controle das sociedades anônimas, simultaneamente desalentadora e estimulante, revela-se não apenas no seu exercício; ela também se mostra na questão relativa às alterações no controle.

Num esforço de sistematização, pode-se dizer que o poder de controle se altera, inicialmente, no plano *objetivo* ou *subjetivo*. Se o controlador de uma companhia pretende captar recursos no mercado de capitais, mediante emissão de ações a serem negociadas no Novo Mercado da B3, ele terá necessariamente que se sujeitar a determinados padrões de exercício do poder de controle (genericamente conhecidos como "governança corporativa"). Se já não os observava, haverá de alterar o modo como exerce o controle. Deverá proceder não somente às alterações jurídico-formais (assinatura do termo com a B3, aprovação de novo estatuto, elaboração de regimento interno etc.), como efetivamente passar a governar a empresa com permanente respeito pelos direitos dos acionistas minoritários. As significativas alterações no controle, neste caso, serão *objetivas*, já que não haverá mudança na titularidade do poder de controle.

Quando, por outro lado, a titularidade do poder de controle é alterada, passando de uma pessoa para outra, a alteração é *subjetiva*, por dizer respeito à titularidade dos direitos de sócio que o asseguram. O poder de controle pode ser alterado *objetiva e subjetivamente*, *apenas objetivamente* ou *apenas subjetivamente*. Se um novo controlador imprime alterações no exercício do poder de controle, este se alterou tanto objetiva como subjetivamente. Se, porém, o mesmo controlador passa a adotar novos padrões de exercício do controle, a alteração é apenas objetiva. Assim como é somente subjetiva a alteração limitada à substituição do titular do poder de controle, sem afetar o modo de seu exercício.

Cada uma destas hipóteses se desdobra em variadas outras, amplificando a complexidade do tema.

A alteração subjetiva, por exemplo, acompanhada ou não de alteração objetiva, pode derivar de pelo menos quatro causas diversas. Em primeiro lugar, a titularidade do poder de controle pode se alterar em razão de sucessão *causa mortis*. Falece o controlador e o poder de controle passa à titularidade do espólio e, após a partilha, a quem o suceder na titularidade dos correspondentes direitos de sócio. Haverá também alteração na titularidade do poder de controle em razão de sucessão decorrente de operação societária. Se o controlador for pessoa jurídica (sociedade empresária), e resultar de ser incorporada por outra ou fundir-se a outra, alterar-se-á o controle subjetivamente. Também haverá alteração de controlador no caso de incorporação de ações, quando a sociedade anônima cujas ações foram incorporadas converte-se em subsidiária integral da incorporadora, que passa, evidentemente, a controlá-la. Na cisão total do controlador, ocorre necessariamente a alteração no controle, e na parcial, é uma possibilidade, a depender da parcela de patrimônio da cindida absorvida pela receptora. Nestas três últimas hipóteses, ocorrerá a mudança *subjetiva* do controle, a menos que se trate das operações abrangidas pelo art. 264 da LSA

Nos casos de companhias abertas sujeitas a controle minoritário ou gerencial,[2196] pode ocorrer alteração no controle mediante a aquisição no mercado, por um investidor, de ações em quantidade superior à detida pelo antigo

---

[2194] Cfr., por todos, PEREIRA, Guilherme Döring Cunha. *Alienação do poder de controle acionário*. São Paulo: Saraiva, 1995. p. 3-12.

[2195] Cfr. COELHO, Fábio Ulhoa. *Direito e poder*. São Paulo: RT, 2019. p. 25-74.

[2196] Sobre as categorias de controle, ver COMPARATO, Fábio Konder; SALOMÃO FILHO, Calixto. *O poder de controle na sociedade anônima*. 5. ed. Rio de Janeiro: Forense, 2008. p. 64-79.

controlador. O mercado conhece a hipótese como *aquisição hostil* de controle, mas juridicamente consiste na aquisição originária deste.[2197] Pode derivar de oferta pública (LSA, art. 257) ou não.

Em quarto lugar, pode ocorrer a alteração subjetiva mediante a *alienação* do controle. O controlador transfere, neste caso, a titularidade dos direitos de sócio que lhe asseguram, de modo permanente, a maioria nas deliberações sociais e na eleição dos administradores. E, nesta quarta hipótese de alteração subjetiva no controle, mais complexidade se apresenta. A alienação diz respeito a "direitos de sócio", e não necessariamente a "ações". Se o controlador cede a outrem o seu direito de preferência na subscrição de aumento do capital social, esta cessão (alienação de direitos) pode dar ensejo à alteração no controle, a depender do percentual do capital votante que passará a ser titulado pelo cessionário.

Alienação, frise-se, não é sequer necessariamente um negócio oneroso. Alienar é dispor de um bem ou direito. A alienação não pressupõe sempre um negócio bilateral oneroso (compra e venda ou cessão), embora seja esta a modalidade mais usual. Ela pode derivar de uma doação (negócio bilateral gratuito) ou mesmo da renúncia de direito (negócio unilateral). Naquele, a alienação de poder de controle faz-se por contrato gratuito, como no caso de doação de ações do controlador a um ou mais filhos, no contexto de planejamentos sucessórios. E, nesta, ela é um negócio unilateral, em que o controlador simplesmente deixa de exercer o seu direito de preferência em aumento do capital social, por ele próprio deliberado, por não ter mais condições de continuar dotando a companhia dos investimentos de que ela necessita. Foi por meio de renúncia de direito desta espécie, aliás, que, em 1979, a Companhia do Metropolitano de São Paulo (Metrô) deixou de ser uma sociedade anônima controlada pelo Município de São Paulo para se tornar uma sociedade de economia mista controlada pelo Estado de São Paulo.[2198]

Mesmo no caso de alienação onerosa mediante *venda* de ações votantes, a alteração subjetiva do controle está longe de ser algo simples. Ela pode ser total ou parcial, conforme respectivamente o alienante deixe, ou não, de integrar o bloco de controle. Além disso, se a companhia controlada é aberta, a alienação onerosa pode estar condicionada, ou não, à oferta pública de aquisição de ações pelo adquirente (LSA, art. 254-A). Acresce complexidade a este quadro já bastante complexo as chamadas técnicas de organização do poder de controle, classificadas por Fábio Konder Comparato em institucionais, estatutárias e contratuais.[2199] As muitas combinações destas técnicas implicam, entre outras consequências, a existência de duas modalidades de controle: *direto* e *indireto*. Alterações no controle direto repercutem no indireto e vice-versa.

Quando o poder de controle de uma companhia passa de "individual" para "compartilhado", há inegavelmente uma "alteração no controle". Trata-se, em qualquer caso, de uma alteração *subjetiva* no controle, porque a titularidade, que era de apenas um sujeito de direito, passou a ser de dois ou mais. Se a participação do novo cocontrolador nas deliberações que afetam a companhia implicar mudanças na forma pela qual ela é dirigida, a "alteração no controle" não será apenas *subjetiva*, mas simultaneamente *objetiva*.

No quadro sintético seguinte, pode-se ter uma visão de como a "alteração no controle" é conceito muito amplo, abrangendo um imenso espectro de negócios jurídicos e atos societários.

[2197] Para Lamy Filho, "oferta pública para aquisição de controle [do art. 257 da LSA] é negócio unilateral mediante o qual o ofertante faz oferta pública de ações (e não do bloco de controle) em número suficiente para formar o bloco de controle; não há nesta hipótese, alienação do controle, e sim aquisição originária de controle" (In: LAMY FILHO, Alfredo; PEDREIRA, José Luis Bulhões. *A lei das S.A.* 2. ed. Rio de Janeiro: Renovar, 1996. v. 2. p. 676). Sobre o tema, ver também MUNHOZ, Eduardo Secchi. *Aquisição de controle na sociedade anônima*. São Paulo: Saraiva, 2013. p. 311-323; OIOLI, Erik Frederico. *Oferta pública de aquisição de controle de companhias abertas*. São Paulo: Quartier-Latin-IDSA, 2010. p. 139-191.

[2198] Pela Lei Municipal nº 8.830/1978, o Município de São Paulo foi autorizado a deixar de ser o controlador do Metrô, mediante operação de aumento do capital social desta companhia a ser subscrito pela EMTU – Empresa Metropolitana de Transportes Urbanos, sociedade de economia mista estadual.

[2199] COMPARATO, Fábio Konder; SALOMÃO FILHO, Calixto. *O poder de controle na sociedade anônima*. 5. ed. Rio de Janeiro: Forense, 2008. p. 145-238.

Alteração no controle (direto ou indireto)	**Objetiva** (alteração no modo do exercício do poder de controle)	Exemplos: – Mudanças pelo ingresso de novo cocontrolador – Adesão ao Novo Mercado da B3 – Melhoria da "governança" em função de pressão dos minoritários		
	Subjetiva (alteração na titularidade do poder de controle)	**Sucessão**	Pessoa Física: *causa mortis*	
			Pessoa Jurídica: incorporação, fusão, cisão, incorporação de ações	
		Aquisição originária	Oferta pública voluntária (art. 257 da LSA)	
		Alienação	**Gratuita**	**Unilateral** (renúncia)	Caso *Metrô de São Paulo*
				Bilateral (doação)	Planejamento sucessório
			Onerosa	**Total**	Cia. Aberta: alteração sujeita ao art. 254-A da LSA
				Parcial	Alteração não sujeita ao art. 254-A da LSA
	Objetiva e subjetiva	Combinação das hipóteses anteriores		

Companhia Aberta Sujeita a Autorização

Art. 255. A alienação do controle de companhia aberta que dependa de autorização do governo para funcionar está sujeita à prévia autorização do órgão competente para aprovar a alteração do seu estatuto. (Redação dada pela Lei 9.457, de 1997)

§ 1º (*Revogado pela Lei 9.457, de 1997*).

§ 2º (*Revogado pela Lei 9.457, de 1997*).

COMENTÁRIOS

1. Companhia aberta sujeita à autorização

Sérgio Campinho

Existem determinadas atividades empresariais que, para serem exercidas pela sociedade empresária, demandam autorização do Poder Público. Dessa forma, as sociedades que pretendem realizá-las devem obter prévia autorização do Poder Executivo Federal para o respectivo funcionamento. Geralmente, a lei especial define o órgão executor do ato administrativo de outorga da autorização, o qual normalmente será o mesmo que desfruta da competência de controle e fiscalização da correspondente atividade. O Código Civil regula as sociedades dependentes de autorização governamental (arts. 1.123 a 1.141), estabelecendo o regramento geral a ser observado, sem prejuízo da disciplina disposta em lei especial.

Em se tratando de sociedade estrangeira, no entanto, a autorização de funcionamento será sempre exigida, independentemente do seu objeto (art. 1.134 do Código Civil).

Ao poder concedente da autorização é facultado, a qualquer tempo, cassá-la, sempre que a pessoa jurídica nacional ou estrangeira vier a infringir norma de ordem pública ou a praticar atos contrários aos fins declarados no seu contrato ou estatuto social.

Uma vez concedida a autorização, deve a sociedade entrar em funcionamento no prazo de 12 meses, contado da publicação do respectivo ato autorizativo. Assim não o fazendo, considera-se caduca a autorização, salvo se por lei especial ou por ato do Poder Público venha a ser outro prazo estipulado.

A título de exemplo, enumera-se, a seguir, atividades que reclamam autorização de funcionamento por parte do Poder Executivo Federal:

(a) instituições financeiras (art. 18 da Lei nº 4.595/1964); (b) sociedades que tenham por objeto a subscrição para revenda e a distribuição no mercado de títulos ou valores mobiliários (art. 11 da Lei nº 4.728/1965); (c) sociedades de investimento cujo objeto seja a aplicação de capital em carteira diversificada de títulos ou valores mobiliários ou a administração de fundos em condomínio ou de terceiros, para aplicação em carteira diversificada de títulos ou valores mobiliários (art. 49 da Lei nº 4.728/1965); (d) sociedades equiparadas às instituições financeiras para efeitos legais, tais como os estabelecimentos bancários oficiais ou privados, as sociedades de crédito, financiamento e investimentos, as caixas econômicas e as sociedades que efetuam distribuição de prêmios em imóveis, mercadorias ou dinheiro, mediante sorteio de títulos de sua emissão ou por qualquer forma (§ 1º do art. 18 da Lei nº 4.595/1964), bem como as administradoras de consórcio e as sociedades de leasing;[2200] (e) sociedades seguradoras (art. 74 do Dec.-lei nº 73/1966); (f) operadoras de planos e seguros privados de assistência à saúde (art. 8º da Lei nº 9.656/1998); e (g) bancos de investimento de natureza privada (art. 29 da Lei nº 4.728/1965).

O preceito sob comento, na sua redação atual conferida pela Lei nº 9.457/1997, preconiza que a alienação do controle de companhia aberta dependente de autorização governamental para funcionar encontra-se sujeita à prévia autorização do órgão competente para aprovar a alteração de seu estatuto.

O dispositivo, ao assim enunciar, tem por escopo apenas aferir se o novo grupo controlador é capaz de garantir a preservação do interesse público que se encontra correlacionado com o objeto social. Não traduz, portanto, preocupação com a situação dos minoritários em face da operação. Constitui-se, por isso, em simples regra de direito administrativo, sem conteúdo societário próprio.

Aprovação pela Assembleia-Geral da Compradora

Art. 256. A compra, por companhia aberta, do controle de qualquer sociedade mercantil, dependerá de deliberação da assembleia-geral da compradora, especialmente convocada para conhecer da operação, sempre que:

I – O preço de compra constituir, para a compradora, investimento relevante (artigo 247, parágrafo único); ou

II – o preço médio de cada ação ou quota ultrapassar uma vez e meia o maior dos 3 (três) valores a seguir indicados:

a) cotação média das ações em bolsa ou no mercado de balcão organizado, durante os noventa dias anteriores à data da contratação; (Redação dada pela Lei 9.457, de 1997)

b) valor de patrimônio líquido (artigo 248) da ação ou quota, avaliado o patrimônio a preços de mercado (artigo 183, § 1º);

c) valor do lucro líquido da ação ou quota, que não poderá ser superior a 15 (quinze) vezes o lucro líquido anual por ação (artigo 187 n. VII) nos 2 (dois) últimos exercícios sociais, atualizado monetariamente.

§ 1º A proposta ou o contrato de compra, acompanhado de laudo de avaliação, observado o disposto no art. 8º, §§ 1º e 6º, será submetido à prévia autorização da assembleia-geral, ou à sua ratificação, sob pena de responsabilidade dos administradores, instruído com todos os elementos necessários à deliberação. (Redação dada pela Lei 9.457, de 1997)

§ 2º Se o preço da aquisição ultrapassar uma vez e meia o maior dos três valores de que trata o inciso II do *caput*, o acionista dissidente da deliberação da assembleia que a aprovar terá o direito de retirar-se da companhia mediante reembolso do valor de suas ações, nos termos do art. 137, observado o disposto em seu inciso II. (Redação dada pela Lei 9.457, de 1997)

COMENTÁRIOS

1. O escopo da regra

Sérgio Campinho

A aquisição de controle, de qualquer sociedade, por companhia aberta, depende de autorização da assembleia geral da compradora em duas situações especiais que a lei estabelece. Trata-se, com efeito, de regra de exceção, tomando-se em consideração o caráter de excepcionalidade da operação de aquisição em razão da relevância dos valores envolvidos ou do fato de o próprio

---
[2200] Cf., por exemplo, o REsp 1.646/RJ e o REsp 255.999/RS.

preço da transação encontrar-se fora dos padrões de mercado.

Visa a previsão legal impedir a realização de operações em que, potencialmente, possa existir conluio entre os administradores ou controladores da companhia aberta adquirente e os da sociedade cujas participações sejam objeto da aquisição, mediante acertos paralelos que propiciem a superavaliação dos aludidos títulos.[2201]

Ao exigir a lei que a compra do controle passe pelo crivo da deliberação da assembleia geral da companhia compradora "especialmente convocada para conhecer da operação", fica evidenciado o seu intuito de assegurar o necessário fluxo de informações aos acionistas da adquirente acerca do negócio jurídico de compra e venda do controle, imprimindo-lhe a indispensável transparência para que possam adequadamente decidir. Municiados do necessário conhecimento das condições em que a transação será realizada, os acionistas poderão adequadamente avaliar o impacto sobre os seus investimentos na companhia, aprovando-a ou reprovando-a e, em certos casos, exercer o direito de recesso.[2202] Justifica-se, assim, a transmissão excepcional da competência dos administradores para a assembleia geral sobre a tomada dessa decisão empresarial de aquisição.[2203]

É importante salientar não ser suficiente que da operação se identifique que o correspondente preço encontra-se acima das condições de mercado ou que o investimento se qualifica como relevante para a incidência da regra legal. É mister que, além de um desses enquadramentos, da operação resulte efetivamente a aquisição do controle para que a prefalada regra se aplique à hipótese concreta.

Como o controle corresponde a um somatório de poderes oriundos das ações ou das cotas sociais que confere ao seu titular o direito de governar a empresa e que, assim, deve ser efetivamente exercido – de direito e de fato – para eleger a maioria dos administradores, dirigir as atividades sociais e orientar o funcionamento orgânico da sociedade, faz-se indispensável o exame das circunstâncias fáticas e particulares a cada sociedade para se poder identificar o seu controlador. Ademais, essa identificação apresenta peculiaridades em relação aos diferentes tipos societários, o que deve ser, portanto, fruto de verificação em cada caso concreto de compra de controle, considerando, pois, a real posição do vendedor do controle e o modo de sua aquisição.

Em arremate, enfatiza-se que a regra somente se aplica à compra do controle quando a compradora for companhia aberta, não atingindo as aquisições realizadas por companhias fechadas. A restritiva opção legislativa não é razoável e não se justifica, porquanto os interesses tutelados pela regra legal são identificáveis tanto na companhia aberta quanto na fechada. A observância do interesse social deve sempre prevalecer na aquisição do controle. Desse modo, parece perfeitamente possível aos acionistas minoritários da companhia fechada, invocando os parâmetros do art. 256 da LSA, responsabilizar os administradores e controladores pelos prejuízos causados à integralidade do patrimônio da companhia e a eles mesmos.[2204]

2. As hipóteses legais: investimento relevante e preço do bloco de controle

Sérgio Campinho

A primeira situação prevista no preceito que demanda a especial convocação da assembleia geral da companhia compradora para conhecer e deliberar sobre a operação é aquela na qual o preço da compra do controle representa para a adquirente um investimento relevante. Considera-se relevante o investimento toda vez que o valor traduzir, no mínimo, 10% de seu patrimônio líquido.

O inciso I do *caput* do art. 256 da LSA, ao adotar a referência do investimento relevante para deslocar a competência da aprovação da

---

[2201] EIZIRIK, Nelson. *A lei das S/A comentada*. 2. ed. São Paulo: Quartier Latin, 2015. v. 4. p. 256.

[2202] ARAGÃO, Paulo Cezar; SALLES, Denise C. Leão de. Uma leitura sistemática do artigo 256 da Lei das S.A. CASTRO, Rodrigo R. Monteiro de; ARAGÃO; Leandro Santos de. *Direito societário: desafios atuais*. São Paulo: Quartier Latin, 2009, p. 227.

[2203] Como bem deduzem Egberto Lacerda Teixeira e José Alexandre Tavares Guerreiro, o preceito "visa evitar que a administração da companhia aberta possa, livremente e sem qualquer fiscalização, investir parcelas vultosas da companhia na aquisição do controle de outras sociedades, o que poderia acarretar abusos altamente prejudiciais aos interesses sociais" (*Das sociedades anônimas no direito brasileiro*. São Paulo: Bushatsky, 1979. v. 2. p. 751).

[2204] CARVALHOSA, Modesto. *Comentários à Lei de Sociedades Anônimas*. 5. ed. São Paulo: Saraiva, 2014. v. 4, t. II. p. 250.

aquisição para a assembleia geral, faz expressa menção ao parágrafo único do art. 247 da LSA. Este, por seu turno, estabelece considerar-se relevante o investimento: (a) em cada sociedade coligada ou controlada, se o valor contábil for igual ou superior a 10% do valor do patrimônio líquido da companhia; ou (b) no conjunto das sociedades coligadas e controladas, se o valor contábil for igual ou superior a 15% do valor do patrimônio líquido da companhia.

Para os fins previstos no artigo sob comento, apenas se pode apropriar o conceito de investimento relevante em relação ao investimento realizado em uma específica sociedade, e não em um conjunto de sociedades. Por isso, a referência genericamente feita ao parágrafo único do art. 247 da LSA, para ter sentido no alcance do regramento do art. 256, que é excepcional, deve ser tomada de modo restrito, para se considerar um conceito limitado de investimento relevante, relativo, assim, a uma determinada sociedade individualmente considerada.[2205]

Não há sentido lógico na razão de existir do art. 256 elastecer-se o conceito de investimento relevante para também justificar o deslocamento da competência dos administradores para a assembleia geral para a aprovação da aquisição do controle quando o negócio jurídico, independentemente do seu preço, somado ao conjunto de aquisições feito pela companhia aberta adquirente alcançar o limite de 15% do patrimônio líquido.

No elastério do art. 247 da LSA, o conceito de investimento relevante é tomado de uma forma mais ampla, apropriando, além do investimento individual em cada sociedade, aquele que também é feito no conjunto de participações societárias. E isso porque o preceito tem finalidade específica e diversa da do art. 256, consistente em tornar obrigatória, igualmente nessas situações, a adoção do método da equivalência patrimonial para todas as sociedades envolvidas.

A interpretação racional e teleológica do art. 256 revela um padrão normativo de exceção e que, portanto, deve ser restritamente apropriado para fazer sentido lógico na supressão da competência dos administradores para a operação de aquisição do controle. O que importa para essa providência legal são os investimentos relevantes considerados de forma individual; ou seja, realizados em cada sociedade isoladamente considerada.

A segunda hipótese contemplada no art. 256 da LSA consiste na consideração do preço pago ou a ser pago pelas participações societárias que compõem o bloco de controle a ser adquirido comparado a três critérios de valoração eleitos para aferir se o preço é ou não excessivo. Sempre que o preço médio de cada ação ou cota ultrapassar uma vez e meia o maior encontrado por um desses três critérios, a operação deverá ser submetida à aprovação ou à ratificação da assembleia geral da companhia aberta compradora. Em qualquer situação, a definição do critério deverá vir estribada em laudo de avaliação.

O primeiro dos padrões eleitos traduz-se na cotação média das ações em bolsa ou em mercado de balcão organizado, durante os 90 dias anteriores à data da contratação. Cuida-se de objetivo parâmetro, mas que se aplica apenas à hipótese de aquisição do bloco de controle da companhia aberta que seja dotada de certa liquidez para que se tenha como mensurar o seu processo de formação de preço.

O segundo critério apropria-se do valor do patrimônio líquido da ação ou cota, avaliado a preço de mercado. Promove-se a feitura de um "balanço de liquidação", a fim de se chegar a um valor de realização dos ativos que seriam encontrados no caso de liquidação da sociedade. Realiza-se a avaliação de cada ativo, isoladamente considerado, e do passivo da sociedade. Leva-se em consideração o seu possível valor de venda ou de reposição.[2206]

O terceiro consiste no valor do lucro líquido (valor de rentabilidade) da ação ou cota a ser adquirida, enquanto igual ou inferior ao limite de 15 vezes o lucro líquido anual por título, pela média dos últimos 2 exercícios sociais, devidamente atualizados. O método é o do valor econômico,

---

[2205] Nesse sentido: PEDREIRA, José Luiz Bulhões. Aquisição de controle de sociedade mercantil. *A lei das S.A.*: pressupostos, elaboração, aplicação. In: LAMY FILHO, Alfredo; PEDREIRA, José Luiz Bulhões. 2. ed. Rio de Janeiro: Renovar, 1996. v. 2. p. 689; ARAGÃO, Paulo Cezar; SALLES, Denise C. Leão de. Uma leitura sistemática do artigo 256 da lei das S.A. In: CASTRO, Rodrigo R. Monteiro de; ARAGÃO, Leandro Santos de. *Direito societário*: desafios atuais. São Paulo: Quartier Latin, 2009. p. 230-231; e EIZIRIK, Nelson. *A lei das S/A comentada*. 2. ed. São Paulo: Quartier Latin, 2015. v. 4. p. 351.

[2206] ARAGÃO, Paulo Cezar; SALLES, Denise C. Leão de. Uma leitura sistemática do artigo 256 da Lei das S.A. In: CASTRO, Rodrigo R. Monteiro de; ARAGÃO, Leandro Santos de. *Direito societário*: desafios atuais. São Paulo: Quartier Latin, 2009. p. 234; e EIZIRIK, Nelson. *A lei das S/A comentada*. 2. ed. São Paulo: Quartier Latin, 2015. v. 4. p. 353.

apurável mediante o cálculo do valor presente da ação ou cota descontado do fluxo de caixa futuro. A avaliação com base no critério de rentabilidade respalda-se, pois, na previsão de lucros futuros, estimados pelo valor atual descontado a uma determinada taxa compatível com os riscos da atividade ou com a probabilidade de que o fluxo futuro de renda previsto venha a realizar-se.[2207]

Sempre que o valor da aquisição ultrapassar uma vez e meia o maior dos três valores acima aludidos e a assembleia geral da companhia compradora aprovar ou ratificar a operação, o acionista dissidente da deliberação assemblear terá o direito de retirar-se da companhia mediante o reembolso do valor de suas ações, observadas as limitações do inciso II do art. 137 da LSA.

O *quorum* de deliberação da assembleia geral da companhia adquirente, em quaisquer das hipóteses (incisos I ou II do *caput* do art. 256), será o ordinário, isto é, prevalece a maioria absoluta dos votos presentes ao conclave, não se computando os votos em branco (art. 129 da LSA). O *quorum* de instalação também será o comum do art. 125 da LSA.

Inexiste previsão legal para o prazo de convocação da assembleia quando a aquisição é submetida à sua ratificação. É recomendável que os administradores, agindo no interesse da companhia, convoquem imediatamente o conclave. A omissão poderá ensejar a responsabilização.

A proposta ou o contrato de compra a ser, respectivamente, submetido à prévia autorização da assembleia geral ou à sua ratificação, sob pena de responsabilidade dos administradores, deverá estar instruído com todos os elementos necessários ao adequado conhecimento dos acionistas acerca da operação. É indispensável a apresentação de laudo de avaliação elaborado por três peritos ou pessoa jurídica especializada, observado o disposto no *caput* e nos §§ 5º e 6º do art. 8º da LSA.

SEÇÃO VII
AQUISIÇÃO DE CONTROLE MEDIANTE OFERTA PÚBLICA
Requisitos

Art. 257. A oferta pública para aquisição de controle de companhia aberta somente poderá ser feita com a participação de instituição financeira que garanta o cumprimento das obrigações assumidas pelo ofertante.

§ 1º Se a oferta contiver permuta, total ou parcial, dos valores mobiliários, somente poderá ser efetuada após prévio registro na Comissão de Valores Mobiliários.

§ 2º A oferta deverá ter por objeto ações com direito a voto em número suficiente para assegurar o controle da companhia e será irrevogável.

§ 3º Se o ofertante já for titular de ações votantes do capital da companhia, a oferta poderá ter por objeto o número de ações necessário para completar o controle, mas o ofertante deverá fazer prova, perante a Comissão de Valores Mobiliários, das ações de sua propriedade.

§ 4º A Comissão de Valores Mobiliários poderá expedir normas sobre oferta pública de aquisição de controle.

COMENTÁRIOS

1. A oferta pública voluntária no contexto do mercado do controle

ANA FRAZÃO

Apesar das inúmeras discussões a respeito da natureza jurídica do poder de controle das sociedades por ações,[2208] é fato incontroverso que este possui um significativo valor econômico, que corresponde à prerrogativa de dirigir a companhia. Daí a existência de um verdadeiro mercado de oferta e procura pelo poder de controle, sendo certo que as ações que asseguram tal prerrogativa têm, juntas, um *plus* ou valor maior do que a mera soma dos seus valores individuais.

Por meio da aquisição do poder de controle de uma sociedade por outra, é possível a criação dos grupos de sociedades, que conciliam as vantagens da unidade econômica com a autonomia formal e a separação patrimonial de cada uma das sociedades envolvidas.

Acresce que, como instrumento de concentração empresarial, a aquisição do poder de controle é mais segura do que as modalidades meramente

---

[2207] PEDREIRA, José Luiz Bulhões. Aquisição de controle de sociedade mercantil. *A Lei das S.A.*: pressupostos, elaboração, aplicação. In: LAMY FILHO, Alfredo; PEDREIRA, José Luiz Bulhões. 2. ed. Rio de Janeiro: Renovar, 1996. v. 2. p. 690.

[2208] Ver comentários de Ana Frazão ao art. 116 da Lei nº 6.404/1976.

contratuais de concentração, apresentando também importantes vantagens em relação às formas de compenetração societária, tais como a fusão e a incorporação, que são operações complexas, dispendiosas e que envolvem a extinção de pelo menos uma das sociedades participantes[2209]. Não é sem razão que a formação de grupos societários em razão de operações de aquisição de controle acionário vem assumindo grande relevância nas últimas décadas, podendo ser considerada na atualidade como a principal técnica de organização da empresa.

Tais circunstâncias demonstram a importância dos procedimentos relacionados à aquisição do controle, destacando-se aí a oferta pública, que ou é uma forma de aquisição originária e voluntária do poder de controle, ou um instrumento compulsório de compensação dos acionistas minoritários pelos prejuízos decorrentes da alienação de controle ou de outras operações como a consolidação do controle ou mesmo o fechamento da companhia.

Apesar de a oferta pública obrigatória sempre ter merecido uma maior atenção da doutrina brasileira, em razão das características específicas do nosso mercado de capitais,[2210] a oferta pública voluntária, mais recentemente, passou a ser alvo de um interesse renovado nos meios acadêmicos e empresariais[2211]. Afinal, com a crescente implementação de várias das práticas da Governança Corporativa e uma maior dispersão acionária no Brasil, a oferta pública voluntária pode ser importante instrumento para a aquisição do poder de controle de companhias.

2. O surgimento da oferta pública voluntária para a aquisição de controle

Ana Frazão

A opção natural para a obtenção do controle, especialmente em países com grande dispersão acionária, sempre foi a compra de ações no mercado de capitais até o limite necessário para a titularização do controle. Os problemas dessa alternativa são a lentidão, os altos custos e os riscos envolvidos.

A aquisição das ações no mercado, além dos riscos inerentes, ainda tornaria o interessado vulnerável a condutas contrárias por parte dos administradores, que poderiam comprometer a operação por diversos meios, inclusive mediante a propositura de outras formas de concentração na Assembleia.

Outra opção para a aquisição do controle seria a transação privada entre o interessado e os controladores da sociedade visada. Mas tal alternativa, além de depender da concordância destes últimos, estaria condicionada ao pagamento de um ágio substancial às ações dos controladores, frustrando aqueles acionistas que não participaram da operação. Acresce que tal operação é segura apenas em relação às companhias nas quais o controle é majoritário.

Em virtude das deficiências das opções mencionadas é que surgiu, na prática empresarial, a oferta pública como uma alternativa mais vantajosa para a aquisição do controle. Por meio da oferta pública, o interessado pode manifestar publicamente o seu interesse em adquirir determinada quantidade de ações, fixando desde já o prazo de duração da oferta e o preço que estaria disposto a pagar por cada uma das ações.

Assim, o interessado pode ignorar a diretoria ou o controlador da sociedade cujo controle pretendia adquirir, na medida em que a oferta, equivalente a uma proposta unilateral de contrato, seria indeterminada e dirigida, em princípio, a todos os acionistas da companhia (controladores ou não).

A oferta ainda pode estar submetida à condição suspensiva de aceitação por acionistas que

---

[2209] As vantagens da alienação do controle sobre as outras formas de concentração empresarial já são percebidas há muito tempo, como se observa pela seguinte análise de Fábio Konder Comparato (O poder de controle na sociedade anônima. São Paulo: RT, 1976. p. 207): "No processo de concentração empresarial, três vias são tradicionalmente seguidas: as incorporações ou fusões societárias, a aquisição de controle acionário e a cessão parcial ou total de ativo. Desses três processos, apenas o segundo – a aquisição de controle acionário – não necessita da manifestação formal da assembleia geral de acionistas, quer na sociedade anônima adquirente, quer naquela cujas ações são adquiridas".

[2210] Como prevalece na realidade brasileira o controle majoritário e a pouca dispersão acionária, a forma usual de aquisição de controle é a negociação direta com o controlador, tendo como consequência necessária a oferta pública obrigatória em favor dos acionistas minoritários, nos termos do art. 254-A da Lei nº 6.404/1976.

[2211] Um dos marcos para o renovado interesse sobre a oferta pública voluntária de aquisição do controle foi a iniciativa da Sadia de adquirir o controle da Perdigão por meio de oferta pública, que acabou, ao final, não dando certo. Ver, sobre o tema, matéria do O Globo. Disponível em: https://oglobo.globo.com/economia/perdigao-recusa-formalmente-oferta-de-compra-feita-pela-sadia-4573945.

representem o mínimo percentual necessário para o controle, sob pena de o ofertante poder desobrigar-se da proposta.

Tais características possibilitam que a oferta pública voluntária seja, a depender das circunstâncias, uma forma mais célere e segura para a aquisição do controle, superando as inconveniências das demais alternativas. Com efeito, ao optar pela oferta pública, o interessado não mais se sujeita aos riscos e à demora do processo usual de compra de ações no mercado nem à vontade exclusiva do controlador ou da diretoria da sociedade cujo controle pretende adquirir.

São essas as razões que explicam o sucesso da oferta pública voluntária e a sua crescente utilização a partir da década de 1940 do século passado,[2212] embora alguns dos seus aspectos já tivessem sido regulamentados na Inglaterra, onde são conhecidas como *takeover bids*, desde o *Companies Act* de 1929.

No contexto de dispersão acionária, é fácil entender as vantagens da oferta pública voluntária, motivo pelo qual tal procedimento logo se tornou o mais frequente para aquisição de controle na Inglaterra.[2213] Posteriormente, tal prática foi expandindo-se para outros países, despertando uma série de preocupações, tal como na hipótese das ofertas hostis, que serão tratadas a seguir.

3. O problema das ofertas hostis

Ana Frazão

A partir da década de 1950, iniciou-se a época das ofertas hostis, marcadas pela agressividade do ofertante, cujo interesse se opunha de forma afrontosa ao do controlador e da administração da companhia visada,[2214] fazendo com que as ofertas públicas virassem verdadeiras batalhas pelo controle.

Isso mostrou que, apesar das vantagens da oferta pública para o interessado na aquisição de controle, o procedimento apresentava várias fontes de preocupações, dentre as quais as seguintes:

(i) a possibilidade de abalos ao mercado de capitais, quando a companhia ofertante e a interessada fossem importantes ou quando o procedimento fosse utilizado de forma irresponsável ou mesmo dolosa;

(ii) os riscos de prejuízos aos acionistas aderentes, caso o ofertante não se mostrasse capaz de cumprir o compromisso assumido;

(iii) a possibilidade de ensejar a prática de técnicas de defesa em detrimento da companhia e dos demais acionistas, no caso das ofertas hostis, lançadas contra o consentimento dos controladores e/ou administradores;

(iv) a possibilidade de haver prejuízos à companhia visada, aos acionistas desta ou mesmo ao mercado de capitais como um todo quando, na pendência de uma oferta, houvesse uma iniciativa concorrente – que poderia ser até mesmo uma oferta pública concorrente – que instaurasse uma verdadeira batalha pelo controle da sociedade visada.[2215]

Daí por que o direito inglês, a partir do *City Code on Takeovers and Mergers* de 1968, passou a contar com uma regulação consolidada e específica sobre o tema, a fim de sanar parte dos problemas já expostos[2216] Tais normas buscavam

---

[2212] Para Margarida Costa Andrade (Algumas considerações sobre a oferta pública de aquisição de ações simples e voluntária no regime jurídico português. *Boletim da Faculdade de Direito de Coimbra*. Coimbra: Universidade de Coimbra, 2002. p. 702), somente a partir da década de 40, as ofertas públicas voluntárias começam a entrar na prática societária.

[2213] A ampla aceitação de tal prática na Inglaterra é destacada por Maurício da Cunha Peixoto (Uma visão da aquisição de controle de cias. mediante oferta pública no direito britânico – *takeover bid*. In: LIMA, Osmar Brina Corrêa. *Atualidades jurídicas*. Belo Horizonte: Del Rey, 1993. v. 3. p. 206).

[2214] É o que nos ensina Margarida Costa Andrade (Algumas considerações sobre a oferta pública de aquisição de ações simples e voluntária no regime jurídico português. *Boletim da Faculdade de Direito de Coimbra*. Coimbra: Universidade de Coimbra, 2002. p. 702).

[2215] A doutrina aponta que tal competição pelo controle acionário de uma empresa pode até ser benéfica para os acionistas minoritários. Segundo Fábio Konder Comparato (*Aspectos jurídicos da macroempresa*. São Paulo: RT, 1970. p. 41), "a *takeover bid* reabriu uma nova era do capitalismo selvagem, e haverá sem dúvida quem identifique na operação uma espécie de guerra às avessas, em que os grandes combatem e os pequenos aproveitam". No entanto, a batalha pelo controle pode igualmente desestabilizar o mercado de capitais e causar prejuízos aos minoritários.

[2216] Não é demais lembrar que se estabeleceu uma autorregulação, tendo em vista que tais normas (i) são produzidas por associações profissionais da indústria e também por instituições financeiras e (ii) são aplicadas por um comitê próprio.

assegurar a plena informação e a igualdade entre os acionistas interessados na oferta, partindo do princípio de que o *plus* relacionado ao controle deveria ser repartido entre todos os acionistas.[2217]

Depois da Inglaterra, tais ofertas foram regulamentadas nos Estados Unidos, onde são também conhecidas como *tender offers*, e nos demais países da Europa. A disciplina jurídica, desde o início, buscou compatibilizar os interesses do ofertante, dos diretores e acionistas da sociedade visada (controladores ou não) e do próprio mercado de capitais.

Uma das primeiras medidas surgidas no direito estrangeiro com esse objetivo foi a previsão de garantias financeiras para assegurar a idoneidade e o comprometimento do ofertante. Nesse sentido, a disciplina legal de vários países adotou a exigência da prévia aprovação da oferta pública por uma autoridade competente e da participação de uma instituição financeira para o fim de assegurar a solvência do ofertante.[2218]

Tais requisitos e exigências, embora possam implicar o retardamento da operação ou mesmo a quebra do sigilo a ela inerente, passaram a ser vistos pelo direito estrangeiro como sendo fundamentais para a proteção da sociedade visada, dos seus acionistas e do próprio mercado de capitais.

4. Regras comuns às distintas ofertas públicas

ANA FRAZÃO

Como a lei acionária de 1940 não reconhecia a figura do controlador, não faria sentido que dela constassem disposições específicas sobre a alienação do controle e, muito menos, sobre a oferta pública.

Coube, portanto, à Lei nº 6.404/1976 ter introduzido as ofertas públicas em nosso sistema jurídico. Nos arts. 254 e 255, tratou a lei de disciplinar a oferta pública obrigatória aos minoritários na hipótese de alienação do controle acionário, enquanto os arts. 257 a 263 trataram da oferta pública voluntária para a aquisição de ações. Somente a partir da Lei nº 10.303/2001, foi reconhecida a necessidade de oferta pública igualmente na hipótese de fechamento da companhia, o que abrange também o fechamento branco.[2219]

Apesar das diferenças entre os tipos de oferta pública, a Comissão de Valores Mobiliários – CVM, sempre estabeleceu a conexão entre as normas previstas nos arts. 254 e 255 (oferta obrigatória) e nos arts. 257 a 263 (oferta voluntária). Afinal, todos os tipos de oferta pública estão sujeitos a princípios comuns, tais como a publicidade e a transparência.

[2217] PEIXOTO, Maurício da Cunha. Uma visão da aquisição de controle de cias. mediante oferta pública no direito britânico – *takeover bid*. In: LIMA, Osmar Brina Corrêa. *Atualidades jurídicas*. Belo Horizonte: Del Rey, 1993. v. 3. p. 206-208.

[2218] Fábio Konder Comparato (*Aspectos jurídicos da macroempresa*. São Paulo: RT, 1970. p. 33-35) mostra que, na década de 70, a oferta pública já era disciplinada por via legislativa na Inglaterra, Estados Unidos, Austrália, Nova Zelândia, África do Sul, Bélgica e França, entre outros. Destaca-se a importância dada pela disciplina legal à idoneidade da operação. Isso é facilmente observado na França, onde se sujeitou a oferta à prévia aprovação da Câmara Sindical de Corretores e do Ministério da Economia e Finanças e à participação de um banco que assegurasse a solvabilidade do ofertante. Da mesma forma, a Inglaterra já exigia que a oferta ou fosse realizada por meio de corretor oficial (*licensed dealet*) ou fosse previamente aprovada pelo Ministério do Comércio (*Board of Trade*), exigência que foi mantida pelo *Companies Act* de 1967. Em obra posterior, o mesmo autor (*O Poder de controle na sociedade anônima*. São Paulo: Saraiva, 1976. p. 213-214) ressalta que a lei italiana de 1974 impõe a regra do prévio exame da oferta pública por órgão administrativo (Comissão Nacional para as Sociedades e a Bolsa), assim como o *Willians Bill* de 1970 determinou que, nos Estados Unidos, qualquer oferta pública para aquisição de mais de 5% de ações de determinada classe de companhia aberta ou de sociedade de investimento registrada, para pagamento em dinheiro, só pode ser lançada após o registro na *Security Exchange Comission*.

[2219] Com efeito, não havia, na Lei nº 6.404/1976, nenhuma regra específica de proteção dos minoritários diante das hipóteses de fechamento de sociedades anônimas. O que havia eram atos normativos expedidos pela CVM com base na competência que lhe outorgou o art. 21, § 6º, da Lei 6.385/1976. Nesse sentido, merece destaque a já revogada Instrução CVM 229/1995, com as alterações introduzidas pela Instrução CVM 345/2000, que instituiu algumas regras de *disclosure*, incluindo a comunicação obrigatória à CVM e às demais entidades do mercado de balcão organizado de qualquer aumento de participação efetiva ou potencial dos controladores em 5% ou mais do capital social. A Instrução previa igualmente limites para a aquisição de ações e a necessidade da oferta pública na hipótese de fechamento, oferta esta que seria levada a efeito caso houvesse a concordância de, no mínimo, 67% dos acionistas titulares de ações em circulação no mercado.

Tanto é assim que, na atualidade, todas as formas de oferta pública para aquisição de ações – chamadas de OPAs –, eram tratadas conjuntamente na Resolução CVM 85/2022 e agora estão reguladas pela Resolução CVM 215/2024. A Resolução trata de cinco tipos de ofertas públicas, dedicando o inciso V à chamada OPA para aquisição de controle de companhia aberta, que é a OPA voluntária de que trata o art. 257 da Lei nº 6.404/1976.

Dentre os princípios e diretrizes expressamente previstos na Resolução CVM 215/2024, destacam-se a necessidade de que sejam dirigidas indistintamente aos titulares de ações da mesma espécie e classe das ações que sejam objeto da OPA (art. 6º, I); e a garantia de tratamento equitativo aos destinatários, a fim de "permitir-lhes a adequada informação quanto à companhia objeto e ao ofertante, e dotá-los dos elementos necessários à tornada de uma decisão refletida e independente quanto à aceitação da OPA" (art. 6º, II).

5. Requisitos essenciais para a oferta pública de aquisição de controle

Ana Frazão

Nos termos do art. 257, da Lei nº 6.404/1976, "A oferta pública para aquisição de controle de companhia aberta somente poderá ser feita com a participação de instituição financeira que garanta o cumprimento das obrigações assumidas pelo ofertante." Como já se viu anteriormente, a participação da instituição financeira tem por objetivo assegurar a solvência do ofertante e a concretização da operação.

Esclarece o § 1º que "Se a oferta contiver permuta, total ou parcial, dos valores mobiliários, somente poderá ser efetuada após prévio registro na Comissão de Valores Mobiliários."

O objetivo de aquisição de controle é claro, nos termos do § 2º, segundo o qual "A oferta deverá ter por objeto ações com direito a voto em número suficiente para assegurar o controle da companhia e será irrevogável." Complementa o § 3º com a previsão de que "Se o ofertante já for titular de ações votantes do capital da companhia, a oferta poderá ter por objeto o número de ações necessário para completar o controle, mas o ofertante deverá fazer prova, perante a Comissão de Valores Mobiliários, das ações de sua propriedade."

Por fim, determina o § 4º que "A Comissão de Valores Mobiliários poderá expedir normas sobre oferta pública de aquisição de controle", o que ocorre na atualidade por intermédio da Resolução CVM 215/2024.

Como se pode observar, a disciplina legal estende-se tanto às ofertas amigáveis como às ofertas agressivas, assim consideradas aquelas realizadas sem o conhecimento dos controladores ou diretores ou mesmo contra a vontade destes.

Segundo Modesto Carvalhosa,[2220] a oferta pública voluntária caracteriza-se pelos seguintes aspectos estruturais:

(i) consiste em proposta irrevogável e irretratável, aplicando-se subsidiariamente os arts. 427 e 429, do Código Civil, segundo os quais, respectivamente, a declaração unilateral de vontade obriga o proponente e "a oferta ao público equivale à proposta quando encerra os requisitos essenciais ao contrato, salvo se o contrário resultar das circunstâncias ou dos usos";

(ii) é necessariamente dirigida a um número indeterminado de acionistas;

(iii) deve ser veiculada por editais publicados no Diário Oficial do Estado e nos jornais de grande circulação nos quais se encontram os mercados em que as ações são negociadas;

(iv) tem como objeto todas as ações votantes, ordinárias ou preferenciais com voto restrito, desde que, em relação a estas últimas, a restrição não atinja o direito de eleger os administradores da companhia, que é o requisito funcional para o exercício do controle.

Adotando uma das maiores preocupações do direito comparado, a Lei nº 6.404/1976 determinou a participação obrigatória de instituição financeira "que garanta o cumprimento das obrigações assumidas pelo ofertante" (art. 257, *caput*), para o fim de evitar o surgimento de ofertas temerárias ou especulativas. Dessa forma, a instituição financeira passa a ser responsável pelo valor do pagamento,

---

[2220] *Comentários à Lei de Sociedades Anônimas*. São Paulo: Saraiva, 2014. v. 4, t. II. p. 265-269.

ainda que haja controvérsias doutrinárias quanto à natureza de tal responsabilidade.[2221]

Como já se viu, a Lei nº 6.404/1976 prevê que a oferta contendo permuta, total ou parcial, dos valores mobiliários somente poderá ser efetuada após o prévio registro na CVM (art. 257, § 1º). Nos casos em que a prévia aprovação não é necessária, a oferta deve ser comunicada à CVM dentro de vinte e quatro horas da primeira publicação (art. 258, parágrafo único).

Ao assim disciplinar, a legislação brasileira é mais branda do que a verificada em outros países, que exigem o prévio registro ou exame por parte da autoridade competente para que a oferta seja lançada[2222]. Entretanto, Modesto Carvalhosa[2223] sustenta que, se a ofertante for companhia aberta, a minuta de oferta deverá ser previamente examinada pela CVM.

A Lei nº 6.404/1976 não impede a existência de oferta mista (cumulativa ou alternativa), em que o pagamento seja realizado parcialmente em dinheiro e parcialmente em valores mobiliários.[2224] Da mesma maneira, não veda que, além do preço, o ofertante prometa outras vantagens, tais como a distribuição de dividendos correspondentes às reservas de lucros.[2225]

Por fim, sobre o caráter irrevogável e irretratável da proposta, vale lembrar que a doutrina europeia normalmente admite exceção à regra quando houver alteração imprevisível e substancial das circunstâncias que determinaram a oferta, excedendo os riscos a esta inerentes,[2226] sendo tal pensamento aplicável ao direito brasileiro, especialmente em face da teoria da imprevisão.

6. As medidas de defesa

ANA FRAZÃO

Uma das questões importantes que decorre da oferta pública voluntária é a de saber até que ponto os controladores e administradores da sociedade visada que não concordem com a oferta – a chamada oferta hostil – poderão ou deverão utilizar-se de recursos para defender a própria sociedade.

A solução inglesa para o problema é complicada, já que o *City Code* britânico, ao exigir a total isenção dos administradores, parte da presunção absoluta da existência de conflito de interesses para a atuação dos administradores na defesa do interesse social.[2227] Consequentemente, o máximo que os administradores podem fazer é advertir os acionistas quanto aos aspectos negativos da oferta pública.[2228]

[2221] Para Carvalhosa (*Comentários à Lei de Sociedades Anônimas*. São Paulo: Saraiva, 2014. v. 4, t. II. p. 266), a instituição financeira assume obrigação solidária pelo valor do pagamento; é parte integrante do negócio, sem qualquer restrição, ressalva ou preferência de ordem. Segundo Carlos Augusto da Silveira Lobo (Oferta pública para aquisição de controle de companhia aberta. In: LAMY FILHO, Alfredo; PEDREIRA, José Luiz Bulhões. *Direito das companhias*. Rio de Janeiro: Forense, v. 2. p. 2.036), "Trata-se de coobrigação e não de obrigação subsidiária, pois a instituição financeira subscreve o instrumento da oferta em conjunto com o ofertante. Já Fernando Netto Boiteux (Oferta pública de aquisição de controle de companhia aberta. *Revista Forense*, v. 301, jan./mar. 1988, p. 53) entende que se trata de uma fiança.

[2222] Fernando Netto Boiteux (Oferta pública de aquisição de controle de companhia aberta. *Revista Forense*, v. 301, jan./mar. 1988, p. 60) ressalta que, nos Estados Unidos, o *Willians Act* de 1970 exige o registro prévio na *Securities Exchange Comission – SEC* de qualquer operação que envolva mais de 5% das ações de determinada classe. Na França, há o prévio exame peia *Comission des Operations de Bourse*, e na Inglaterra a prévia comunicação é feita à sociedade visada.

[2223] *Comentários à Lei de Sociedades Anônimas*. São Paulo: Saraiva, 2014. v. 4, t. II. p. 259

[2224] Nessa hipótese, destaca Carvalhosa (*Comentários à Lei de Sociedades Anônimas*. São Paulo: Saraiva, 2014. v. 4, t. II. p. 267) que o ofertante responde pela titularidade e pela evicção dos mesmos.

[2225] Modesto Carvalhosa (*Comentários à Lei de Sociedades Anônimas*. São Paulo: Saraiva, 2014. v. 4, t. II.) ensina que a promessa de distribuição de dividendos correspondentes às reservas de lucros é usual, "*visando dar maior atrativo aos possíveis aceitantes que tiveram, sempre, lucros retidos por deliberação do atual controlador*". No entanto, esclarece que a promessa só é firme no que se refere à reserva de lucros acumulados, sendo condicional no que respeita ao exercício corrente ou futuros, circunstância que deve ficar absolutamente clara no texto da oferta pública.

[2226] Ver, nesse sentido, a lição de Margarida Costa Andrade (Algumas considerações sobre a oferta pública de aquisição de ações simples e voluntária no regime jurídico português. *Boletim da Faculdade de Direito de Coimbra*. Coimbra: Universidade de Coimbra, 2002. p. 718)

[2227] SALOMÃO FILHO, Calixto. *O novo direito societário*. São Paulo: Malheiros, 2002. p. 134-135.

[2228] COMPARATO, Fábio Konder. *O poder de controle na sociedade anônima*. São Paulo: RT, 1976. p. 215.

Na Alemanha, diante de uma farta experiência de tentativas hostis de tomada de controle, a maioria das sociedades já adota medidas estatutárias de proteção, dentre as quais a *Hochstimmterechte*, que implica a limitação do direito de voto do acionista individual, que não pode representar mais do que 5% do capital votante nas assembleias gerais.[2229] Além disso, há diversas soluções estruturais que praticamente impossibilitam a existência de ofertas contrárias à vontade dos administradores[2230].

Entretanto, a experiência do direito estrangeiro, principalmente nos Estados Unidos, mostra que, em alguns casos, os administradores e controladores utilizam-se das chamadas "técnicas selvagens de defesa", o que envolve a apropriação e a manipulação do patrimônio social em seu benefício individual.[2231]

No Brasil, é inequívoco que tais tipos de conduta estão vedadas, diante das obrigações legais gerais e específicas que a lei brasileira impõe aos administradores e controladores, impedindo que estes, diante de uma oferta pública, tomem medidas excepcionais ou utilizem-se de informações privilegiadas ou do patrimônio social para obstruir a oferta.

Em qualquer caso, a conduta dos administradores e controladores deve pautar-se pelo interesse da empresa e dos acionistas como um todo, e não apenas nos próprios interesses. Daí por que a melhor forma de assegurar esses interesses é por meio da informação aos acionistas de todos os pontos relevantes da transação, a fim de que estes possam exercer o seu direito de optar ou não, pela oferta com todas as informações necessárias.

Para Calixto Salomão Filho,[2232] os deveres dos administradores e a responsabilidade destes diante do interesse social possibilitariam inclusive a utilização de técnicas defensivas, desde que com boa-fé, com a informação adequada sobre tais medidas e buscando observar que estas devem ser proporcionais à agressividade da oferta.

Outra possibilidade legítima de que dispõem os controladores e/ou administradores é a de defenderem a sua manutenção na sociedade visada por meio da propositura de uma oferta pública concorrente. O que jamais poderão fazer é utilizar-se dos recursos da companhia para a defesa dos seus próprios interesses, sob pena de manifesto abuso de poder, nos termos da lição de Modesto Carvalhosa:[2233]

O princípio fundamental é que os administradores e os controladores não podem utilizar-se da companhia visada, de seu patrimônio, de sua administração, de sua assembléia geral e de seu estatuto para "defender-se" da oferta. A utilização desses recursos inerentes à empresa constitui abuso de poder, como referido, de conotação gravíssima, devendo ser punido, outrossim, no plano da sua competência administrativa, pela Comissão de Valores Mobiliários.

Instrumento da Oferta de Compra

Art. 258. O instrumento de oferta de compra, firmado pelo ofertante e pela instituição financeira que garante o pagamento, será publicado na imprensa e deverá indicar:

I – o número mínimo de ações que o ofertante se propõe a adquirir e, se for o caso, o número máximo;

II – o preço e as condições de pagamento;

III – a subordinação da oferta ao número mínimo de aceitantes e a forma de rateio entre os aceitantes, se o número deles ultrapassar o máximo fixado;

[2229] CARVALHOSA, Modesto. *Comentários à Lei de Sociedades Anônimas*. São Paulo: Saraiva, 2014. v. 4, t. II. p. 276.

[2230] Calixto Salomão Filho (*O novo direito societário*. São Paulo: Malheiros, 2002. p. 133) explica bem a eficácia destas soluções estruturais, até porque quem escolhe a diretoria (*Vorstand*) é o *Aufsichsrat*, órgão formado nas grandes companhias, com mais de 2 mil empregados, por representação paritária entre trabalhadores e acionistas. Assim, é pouquíssimo provável a existência de ofertas contrárias à vontade dos administradores, motivo pelo qual são praticamente inexistentes as disputas entre potenciais adquirentes e administradores.

[2231] Carvalhosa (*Comentários à Lei de Sociedades Anônimas*. São Paulo: Saraiva, 2014. v. 4, t. II. p. 332-333) faz um breve elenco destas técnicas, dentre as quais: (a) aquisição das ações da própria companhia por um preço superior ao da oferta, (b) as *poíson pills*, em que a companhia vende precipitadamente, durante a oferta, bens e ativos que seriam do interesse dos ofertantes e (c) a *crown jewels option*, em que controladores e administradores mobilizam o seu patrimônio pessoal para pagar o ofertante e fazer com que ele desista da oferta.

[2232] São Paulo: Malheiros, 2002. p. 131.

[2233] *Comentários à Lei de Sociedades Anônimas*. São Paulo: Saraiva, 2014. v. 4, t. II. p. 331.

IV – o procedimento que deverá ser adotado pelos acionistas aceitantes para manifestar a sua aceitação e efetivar a transferência das ações;

V – o prazo de validade da oferta, que não poderá ser inferior a 20 (vinte) dias;

VI – informações sobre o ofertante.

Parágrafo único. A oferta será comunicada à Comissão de Valores Mobiliários dentro de 24 (vinte e quatro) horas da primeira publicação.

COMENTÁRIOS

1. Requisitos do instrumento da oferta de compra

Ana Frazão

O art. 258, da Lei nº 6.404/1976, elenca as informações e cláusulas que necessariamente deverão constar da oferta pública, dentre as quais:

(i) o número mínimo ou máximo de ações que se pretende adquirir;

(ii) o preço e as condições de pagamento;

(iii) eventual subordinação da oferta a um número mínimo de aceitantes – que consistirá em uma condição suspensiva – e a forma de rateio caso o número de aceitantes supere o máximo indicado;

(iv) os requisitos e procedimentos para a manifestação da aceitação;

(v) o prazo de validade da oferta, que não poderá ser inferior a vinte dias;

(vi) as informações a respeito do ofertante.

É importante observar que, além da precisão das informações relativas ao conteúdo do negócio, o ofertante precisa ser expressamente indicado e fornecer as informações necessárias ao seu respeito. Com isso, está vedada a oferta pública anônima, de que o direito estrangeiro conhece alguns exemplos.[2234]

Certamente que os requisitos legais não são exaustivos; são as exigências mínimas às quais devem ser acrescidas as informações que decorrem do princípio da transparência, que será mais bem exposto a seguir.

A importância da observância dos requisitos legais para a validade da oferta é tanta que a CVM poderá suspender a oferta já publicada ou determinar a sua republicação caso esta não atenda aos requisitos previstos no art. 258, da Lei nº 6.404/1976.[2235]

De toda sorte, nos termos do parágrafo único, do art. 258, da Lei nº 6.404/1976, "A oferta será comunicada à Comissão de Valores Mobiliários dentro de 24 (vinte e quatro) horas da primeira publicação."

2. A preocupação com a transparência (*full and fair disclosure*) e a vedação do *insider trading*

Ana Frazão

A disciplina das *tender offers* no direito norte-americano orienta-se essencialmente pelo respeito à publicidade e transparência (*full and fair disclosure*), de forma semelhante à regulamentação inglesa, baseada igualmente na transparência e na equidade[2236]. Tal influência atualmente se projeta para todos os demais países, inclusive o Brasil.

No contexto em que a Lei nº 6.404/1976 entrou em vigor, admitindo as ações ao portador e endossáveis, a oferta pública tinha igualmente a finalidade de poder atingir acionistas não conhecidos. Desde a extinção destes tipos de ações, pela Lei nº 8.021/1990, o pretenso ofertante poderá ter acesso à identidade de todos os acionistas da companhia, mediante certidões dos livros oficiais da companhia ou da entidade custodiante.

No entanto, persiste a necessidade e a conveniência de que a oferta seja dirigida indeterminadamente a todos os acionistas, o que interessa

---

[2234] Modesto Carvalhosa (*Comentários à Lei de Sociedades Anônimas*. São Paulo: Saraiva, 2014. v. 4, t. II. p. 278) cita que "esse sistema de oferta pública sem revelação do nome do ofertante era comum nos países europeus até os anos 60, sendo exemplo marcante a oferta da FIAT para aquisição de ações da SIMCA, através de oferta pública. No instrumento, a FIAT escondeu a sua identidade, apresentando-se apenas como 'um acionista minoritário'".

[2235] A diferença entre as duas medidas é que a suspensão da oferta equivale à sua extinção, enquanto que a republicação, após a retificação dos aspectos necessários, equivale a uma nova oferta (CARVALHOSA, Modesto. *Comentários à Lei de Sociedades Anônimas*. São Paulo: Saraiva, 2014. v. 4, t. II. p. 287).

[2236] CARVALHOSA, Modesto. *Comentários à lei de sociedades anônimas*. São Paulo: Saraiva, 2014. v. 4, t. II. p. 270-272.

Art. 258 — Ana Frazão

fundamentalmente ao mercado de capitais, a fim de propiciar a publicidade e a transparência *(full and fair disclosure)*, dificultar a ocorrência da utilização de informações privilegiadas *(insider trading)*, possibilitar eventuais ofertas concorrentes e mesmo a tomada de medidas legítimas de defesa pela própria companhia visada.[2237]

A obrigação de informar envolve a sociedade ofertante e a instituição financeira, que serão civil, administrativa e penalmente responsáveis pela exatidão das informações prestadas. Todas as informações importantes para o negócio deverão ser oferecidas, dentre as quais as intenções da ofertante, tal como se exige no direito inglês.[2238] A doutrina francesa exige igualmente que, se ofertante fizer parte de um grupo, deverá oferecer todas as informações a respeito deste e de seus componentes.[2239]

Em razão de todas as preocupações com a transparência do procedimento, Modesto Carvalhosa[2240] ensina que, além dos requisitos previstos expressamente no art. 258, da Lei nº 6.404/1976, o ofertante deverá ainda informar:

(i) se participa ou não, como acionista da companhia visada;

(ii) se deseja ou não, controlar a companhia ou participar de bloco de controle;

(iii) se haverá mudanças importantes na estrutura jurídica da companhia visada, tais como incorporação, fusão, cisão ou transformação;

(iv) se a companhia visada será integrada em determinado grupo de fato ou de direito;

(v) no caso de aquisição de todas as ações, se haverá a transformação da companhia visada em subsidiária integral;

(vi) se haverá o fechamento posterior da companhia visada;

(vii) se haverá modificação, expansão ou diversificação da atividade empresarial;

(viii) se existe plano de expansão, mediante a constituição de *joint ventures*.

Dessa maneira, a divulgação das informações pelo ofertante deve ser a mais ampla possível, pois decorre do princípio da transparência *(full and fair disclosure)* e do dever de informar.[2241] Vale ressaltar que a obrigação de informar estende-se igualmente à sociedade visada, pois os administradores desta igualmente precisam publicar, no dia imediatamente seguinte à publicação da oferta, as informações relevantes sobre esta, a fim de "permitir a seus acionistas e ao mercado de capitais tomar decisões consistentes sobre a oferta".[2242] Acresce que os administradores devem publicar, durante o período de oferta todos os fatos relevantes que julgarem necessários[2243].

Essa obrigação de manifestação por parte dos administradores da sociedade visada está prevista, de forma expressa, tanto no *City Code* inglês, como no *Code de Bonne Conduite* francês, que é igualmente uma autorregulação.[2244] Nos Estados Unidos, não há a obrigação de manifestação, mas, se os administradores resolverem comentar a oferta, sugerindo a sua aceitação ou rejeição para os demais acionistas, deverão oferecer-lhes igualmente todas as informações necessárias.

O dever de transparência, somado aos demais deveres gerais que a Lei nº 6.404/1976 impõe aos administradores, também impede que os administradores da sociedade visada pratiquem atos de gestão que possam, de alguma maneira, comprometer ou frustrar a oferta pública, assim como não podem interferir indevidamente na decisão dos acionistas.

Como está expresso no *City Code* inglês, os administradores não podem praticar, durante o

---

[2237] CARVALHOSA, Modesto. *Comentários à lei de sociedades anônimas*. São Paulo: Saraiva, 2014. v. 4, t. II. p. 262.

[2238] Fernando Netto Boiteux (Oferta pública de aquisição de controle de companhia aberta. *Revista Forense*, v. 301, jan./mar. 1988, p. 65) ressalta que, no *City Code* inglês, exige-se que o ofertante informe as suas intenções, a sua justificativa comercial a longo prazo e até mesmo as suas intenções quanto à manutenção ou não, do quadro de empregados.

[2239] A obra de Ripert e Roblot (*Traité de droit commercial*. Atualizado por Michel Germain. Paris: L.G.D.J., 2002. v. 1, t. II. p. 684) deixam claro que a informação exigida neste tipo de operação deve ser "*sur la situation de toutes les sociétés du groupe*".

[2240] CARVALHOSA, Modesto. *Comentários à lei de sociedades anônimas*. São Paulo: Saraiva, 2014. v. 4, t. II. p. 301-302.

[2241] Segundo Modesto Carvalhosa (*Comentários à lei de sociedades anônimas*. São Paulo: Saraiva, 2014. v. 4, t. II. p. 261), "a validade de uma oferta pública, em todos os países que a regulam, vincula-se ao não conhecimento pelo ofertante de qualquer informação relevante sobre a empresa que não seja de conhecimento público".

[2242] CARVALHOSA, Modesto. *Comentários à lei de sociedades anônimas*. São Paulo: Saraiva, 2014. v. 4, t. II. p. 299-300.

[2243] *Comentários à lei de sociedades anônimas*. São Paulo: Saraiva, 2014. v. 4, t. II. p. 303.

[2244] *Comentários à lei de sociedades anônimas*. São Paulo: Saraiva, 2014. v. 4, t. II. 305-306.

período da oferta, nenhum ato que exorbite da administração ordinária e tenda a esvaziar a oferta, como destaca Fábio Konder Comparato:[2245]

O City Code on Takeovers and Mergers recomenda que, uma vez lançada uma oferta pública de aquisição de ações, os administradores da sociedade visada se abstenham de praticar, sem autorização da assembléia geral, qualquer ato que exorbite da ordinária administração e tenda a esvaziar a oferta. Determina, precisamente, que desde o momento em que o *board of directors* da sociedade visada tem conhecimento da iminência do lançamento de uma oferta pública, não mais poderá, sem autorização específica da assembléia, proceder a emissões já autorizadas; emitir ou atribuir opções de subscrições de ações na companhia, emitir debêntures conversíveis vender, dispor, adquirir ou prometer vender, dispor ou adquirir bens de grande valor ou, ainda, celebrar contratos que excedam a ordinária administração.

A ideia é que a política empresarial da sociedade visada seja mantida durante o período da oferta, sem haver nenhuma medida extraordinária que possa comprometer o processo.[2246]

Instrumento de Oferta de Permuta

Art. 259. O projeto de instrumento de oferta de permuta será submetido à Comissão de Valores Mobiliários com o pedido de registro prévio da oferta e deverá conter, além das referidas no artigo 258, informações sobre os valores mobiliários oferecidos em permuta e as companhias emissoras desses valores.

Parágrafo único. A Comissão de Valores Mobiliários poderá fixar normas sobre o instrumento de oferta de permuta e o seu registro prévio.

COMENTÁRIOS

1. Instrumento de oferta de permuta

ANA FRAZÃO

Segundo o art. 259, da Lei nº 6.404/1976, "O projeto de instrumento de oferta de permuta será submetido à Comissão de Valores Mobiliários com o pedido de registro prévio da oferta e deverá conter, além das referidas no artigo 258, informações sobre os valores mobiliários oferecidos em permuta e as companhias emissoras desses valores", esclarecendo o parágrafo único que "A Comissão de Valores Mobiliários poderá fixar normas sobre o instrumento de oferta de permuta e o seu registro prévio."

Dessa maneira, caso se trate de oferta de permuta, como igualmente se viu nos comentários ao art. 257, § 1º, da Lei nº 6.404/1976, o instrumento respectivo precisará ser submetido previamente à CVM com pedido prévio de registro da oferta, contendo, além dos requisitos comuns previstos no art. 258, também informações específicas sobre os valores mobiliários oferecidos em permuta e sobre as companhias emissoras destes valores.

O art. 259, da Lei nº 6.404/1976, contém, portanto, norma nitidamente protetora dos interesses dos minoritários, que visa a assegurar a idoneidade financeira dos valores mobiliários que serão transferidos como pagamento. Vale ressaltar que o prévio registro da operação perante a CVM não afasta o requisito do sigilo, cabendo a esta tomar as providências necessárias para assegurá-lo, nos exatos termos do art. 260, da Lei nº 6.404/1976, que será comentado a seguir.

Caso os títulos oferecidos pelo controle sejam ações da própria companhia ofertante, há de se observar as regras gerais que admitem apenas algumas hipóteses excepcionais em que a companhia poderá negociar com suas próprias ações. Daí por que Modesto Carvalhosa[2247] conclui que tal possibilidade apenas é interessante quando as ações a serem oferecidas estão mantidas em tesouraria ou quando se tratar de companhia de capital autorizado cujos poderes de emissão de ação forem da competência do Conselho de Administração.

Somente nessas hipóteses, poderia a companhia ofertante prometer suas próprias ações para a permuta, sem precisar levar o assunto à deliberação da Assembleia Geral, caso em que o sigilo da operação estaria irremediavelmente comprometido. O mesmo raciocínio pode ser aplicado à emissão de debêntures, já que apenas as companhias nas quais tal competência é delegada ao Conselho de Administração poderão oferecer tais títulos e, ao mesmo tempo, manter o sigilo da operação até a sua divulgação pública.

[2245] O poder de controle na sociedade anônima. COMPARATO, Fábio Konder; SALOMÃO FILHO, Calixto. 6. ed. rev. e atual. Rio de Janeiro: Forense, 2014. p. 168.

[2246] CARVALHOSA, Modesto. *Comentários à lei de sociedades anônimas*. São Paulo: Saraiva, 2014. v. 4, t. II. p. 304-305.

[2247] *Comentários à lei de sociedades anônimas* São Paulo: Saraiva, 2014. v. 4, t. II. p. 290.

Por fim, há quem admita que os títulos ofertados podem ser futuros, hipótese em que haveria oferta sob condição de aprovação da emissão dos títulos pela Assembleia do ofertante. É o que defende Fernando Netto Boiteux,[2248] com base no direito francês, que permite tal possibilidade, sobre o fundamento de que não haveria ofensa aos princípios da lei, pois o que esta veda é que o ofertante, por vontade própria, revogue a proposta. O grande problema é que a Assembleia Geral expressa a vontade da companhia, motivo pelo qual, se não aprovar os títulos, é certo que estaria revogando a proposta, em contrariedade à disciplina legal.

Sigilo

Art. 260. Até a publicação da oferta, o ofertante, a instituição financeira intermediária e a Comissão de Valores Mobiliários devem manter sigilo sobre a oferta projetada, respondendo o infrator pelos danos que causar.

📖 COMENTÁRIOS

1. O dever de sigilo

ANA FRAZÃO

De acordo com o art. 260, da Lei nº 6.404/1976, "Até a publicação da oferta, o ofertante, a instituição financeira intermediária e a Comissão de Valores Mobiliários devem manter sigilo sobre a oferta projetada, respondendo o infrator pelos danos que causar."

Assim, requisito fundamental para o sucesso da operação de oferta pública de aquisição voluntária de controle é a preservação de sigilo por parte de todos aqueles que têm conhecimento prévio da oferta: o ofertante, a instituição financeira intermediária e a CVM.

A preservação do sigilo é decorrência direta do princípio que veda a utilização de informação privilegiada (*insider trading*), sendo que a quebra do dever do sigilo acarreta a responsabilidade civil, administrativa e até mesmo penal. Tal preocupação é tema recorrente no direito comparado, sendo o sigilo igualmente previsto na Inglaterra,[2249] na França[2250] e nos Estados Unidos, dentre outros. Vale ressaltar que, nos Estados Unidos, tal obrigação decorre da prática societária, uma vez que não existe disposição expressa sobre o assunto nem no *Williams Act* nem o *Securities Act*.[2251]

Por outro lado, na sistemática da lei brasileira, o dever de sigilo também seria um desdobramento dos princípios gerais dos administradores, dentre os quais o dever de diligência e lealdade (Lei nº 6.404/1976, arts. 153 e 155).

Processamento da Oferta

Art. 261. A aceitação da oferta deverá ser feita nas instituições financeiras ou do mercado de valores mobiliários indicadas no instrumento de oferta e os aceitantes deverão firmar ordens irrevogáveis de venda ou permuta, nas condições ofertadas, ressalvado o disposto no § 1º do artigo 262.

§ 1º É facultado ao ofertante melhorar, uma vez, as condições de preço ou forma de pagamento, desde que em porcentagem igual ou superior a 5% (cinco por cento) e até 10 (dez) dias antes do término do prazo da oferta; as novas condições se estenderão aos acionistas que já tiverem aceito a oferta.

§ 2º Findo o prazo da oferta, a instituição financeira intermediária comunicará o resultado à Comissão de Valores Mobiliários e, mediante publicação pela imprensa, aos aceitantes.

§ 3º Se o número de aceitantes ultrapassar o máximo, será obrigatório o rateio, na forma prevista no instrumento da oferta.

[2248] NETTO, Fernando. Oferta pública de aquisição de controle de companhia aberta. *Revista Forense*, v. 301, jan./mar. 1988, p. 69-70.

[2249] Na Inglaterra, as ofertas sempre devem ser apresentadas inicialmente à administração da companhia visada, a fim de que os diretores desta tenham tempo para se manifestar sobre a oferta e fazer recomendações aos acionistas quanto ao acolhimento ou não, do negócio. É exatamente em razão da existência desta fase preliminar que os ingleses se preocupam tanto com o sigilo, para o fim de evitar manobras especulativas que decorram do *insider trading* (CARVALHOSA, Modesto. *Comentários à lei de sociedades anônimas*. São Paulo: Saraiva, 2014. v. 4, t. II. p. 297-298).

[2250] Modesto Carvalhosa (*Comentários à lei de sociedades anônimas*. São Paulo: Saraiva, 2014. v. 4, t. II. p. 298) mostra que o direito francês possui dispositivo idêntico ao do *City Code* inglês no que se refere ao dever de sigilo.

[2251] CARVALHOSA, Modesto. *Comentários à lei de sociedades anônimas*. São Paulo: Saraiva, 2014. v. 4, t. II. p. 299.

COMENTÁRIOS

1. Processamento, aceitação e rateio da oferta

ANA FRAZÃO

Segundo o art. 261, da Lei nº 6.404/1976, "A aceitação da oferta deverá ser feita nas instituições financeiras ou do mercado de valores mobiliários indicadas no instrumento de oferta e os aceitantes deverão firmar ordens irrevogáveis de venda ou permuta, nas condições ofertadas, ressalvado o disposto no § 1º do artigo 262."

Possibilita o § 1º que o ofertante melhore, uma vez, "as condições de preço ou forma de pagamento, desde que em porcentagem igual ou superior a 5% (cinco por cento) e até 10 (dez) dias antes do término do prazo da oferta; as novas condições se estenderão aos acionistas que já tiverem aceito a oferta." A razão da norma é possibilitar que o ofertante ajuste a sua oferta diante da pouca quantidade de aceitações ou mesmo diante de uma oferta concorrente.

Vale ressaltar que a solução brasileira, de permitir a melhora da oferta uma única vez, é distinta da norte-americana, que permite um sistema de livre leilão, possibilitando ao ofertante a melhora de sua oferta mais de uma vez.[2252]

Com a aceitação por parte dos acionistas, aperfeiçoa-se o contrato proposto nos termos da oferta. Apenas na hipótese de o ofertante ter imposto um limite mínimo ou máximo para a aquisição de ações é que a aceitação não levará, desde logo, à formação do contrato definitivo. Daí a importância do § 2º, segundo o qual "Findo o prazo da oferta, a instituição financeira intermediária comunicará o resultado à Comissão de Valores Mobiliários e, mediante publicação pela imprensa, aos aceitantes."

Portanto, no caso de limites máximos ou mínimos, há que se esperar o final do prazo da oferta pública, apurar o conjunto de aceitações, realizar o rateio e, só então, será possível a formação dos contratos definitivos.

Com efeito, para preservar a igualdade entre os acionistas prevê o § 3º que "Se o número de aceitantes ultrapassar o máximo, será obrigatório o rateio, na forma prevista no instrumento da oferta." É por essa razão que o rateio deverá ser proporcional aos acionistas interessados, sendo irrelevante a ordem cronológica das aceitações.

Oferta Concorrente

Art. 262. A existência de oferta pública em curso não impede oferta concorrente, desde que observadas as normas desta Seção.

§ 1º A publicação de oferta concorrente torna nulas as ordens de venda que já tenham sido firmadas em aceitação de oferta anterior.

§ 2º É facultado ao primeiro ofertante prorrogar o prazo de sua oferta até fazê-lo coincidir com o da oferta concorrente.

COMENTÁRIOS

1. A oferta concorrente

ANA FRAZÃO

A Lei nº 6.404/1976 é também clara ao admitir a possibilidade de oferta concorrente, nos termos do art. 262, segundo o qual "A existência de oferta pública em curso não impede oferta concorrente, desde que observadas as normas desta Seção." Complementam a previsão o § 1º, no sentido de que "A publicação de oferta concorrente torna nulas as ordens de venda que já tenham sido firmadas em aceitação de oferta anterior" e o § 2º, ao prever que "É facultado ao primeiro ofertante prorrogar o prazo de sua oferta até fazê-lo coincidir com o da oferta concorrente."

A oferta concorrente é prática relativamente frequente em outros países. Embora o § 1º afirme que se tornam nulas as ordens de venda já firmadas em aceitação da oferta anterior, não se trata propriamente de nulidade, mas sim da resolução da aceitação anterior em razão de fato superveniente.

É importante ressaltar que, diante da irrevogabilidade da oferta pública, a existência de oferta concorrente não exime o primeiro ofertante quanto à sua proposta. Como determina o art. 257, § 2º, da Lei nº 6.404/1976, o máximo que o primeiro ofertante poderá fazer é prorrogar o prazo da sua oferta, para coincidi-lo com o prazo da oferta concorrente.

Nesse ponto, o nosso sistema é mais rígido do que o previsto na Europa e nos Estados Unidos, já que em vários países, como a França e a Inglaterra, admite-se que, diante de oferta concorrente, poderá o primeiro ofertante retirar ou alterar a sua proposta e, no sistema norte-americano, admite-se a revogabilidade, desde que conste da

---

[2252] *Comentários à lei de sociedades anônimas.* São Paulo: Saraiva, 2014. v. 4, t. II. p. 312.

proposta de oferta as hipóteses de revogação, dentre as quais a existência de oferta concorrente[2253].

É inequívoco que a oferta concorrente deve atender a todos os requisitos impostos pela lei, como se uma oferta autônoma fosse. A lei brasileira não exige que a oferta concorrente tenha valor maior do que a primeira oferta, tal como se exige na França, por exemplo[2254] Com isso, valoriza igualmente o aspecto subjetivo dos ofertantes, como bem explica Modesto Carvalhosa:[2255]

Esse requisito de maior vantagem patrimonial ao acionista destinatário não deve ser considerado o único. Simplesmente poderá a oferta concorrente não apresentar nenhuma melhora objetiva, repetindo, pura e simplesmente, os termos pecuniários e de pagamento da oferta anterior. Poderá até apresentar – hipótese pouco provável – proposta inferior à primeira quanto ao preço e condições. Isso porque não apenas os elementos objetivos da oferta prevalecem. Pode ser que o novo ofertante seja uma companhia com mais credibilidade setorial e financeira e desempenho no mercado. Repetindo literalmente a proposta originária, apresenta-se o concorrente como um futuro controlador, que irá desenvolver melhor a companhia. (...) Outro elemento fundamental de decisão dos acionistas destinatários reside nos planos de desenvolvimento da companhia visada, apresentados pelo concorrente. Conclui-se, assim, que a oferta concorrente, tanto quanto a oferta originária, pode trazer elementos objetivos (econômicos) e subjetivos (qualidade do ofertante), que são parâmetros para a decisão do acionista destinatário.

Assim, nada impede que a oferta concorrente não apresente nenhuma melhoria objetiva em relação à primeira, podendo até mesmo se admitir a possibilidade, ainda que improvável, de oferecer preços e condições inferiores. Parte-se do princípio de que a oferta concorrente pode ser do interesse dos acionistas em razão da qualidade do ofertante ou das suas propostas para a companhia. No entanto, o art. 13, § 3º, da Resolução CVM 85/2022, determina que "A OPA concorrente deverá ser lançada por preço no mínimo 5% (cinco por cento) superior ao da OPA com que concorrer".

Negociação Durante a Oferta

Art. 263. A Comissão de Valores Mobiliários poderá expedir normas que disciplinem a negociação das ações objeto da oferta durante o seu prazo.

COMENTÁRIOS

1. Negociações diante de oferta concorrente

ANA FRAZÃO

Uma das questões importantes é saber se, diante da oferta concorrente, aplica-se o art. 261, § 1º, da Lei nº 6.404/1976, segundo o qual, "é facultado ao ofertante melhorar, uma vez, as condições de preço ou forma de pagamento, desde que em porcentagem igual ou superior a 5% (cinco por cento) e até 10 (dez) dias antes do término do prazo da oferta; as novas condições se estenderão aos acionistas que já tiverem aceito a oferta".

Isso porque a possibilidade de haver, pelo primeiro ofertante, apenas um aumento do valor da oferta acaba privilegiando o concorrente. Com efeito, este já propõe o seu preço sabendo do preço da primeira oferta. Mesmo que o primeiro ofertante aumente o seu preço, o concorrente ainda terá a oportunidade de aumentá-la também, sem que o primeiro ofertante possa continuar na disputa pelo preço.

Consequentemente, a aplicação do dispositivo legal geraria uma situação não equitativa, uma vez que o concorrente pode fixar o seu preço duas vezes sabendo do preço do primeiro ofertante, enquanto que este apenas pode ajustar o seu preço uma vez após saber do preço do concorrente.

Por essa razão, Modesto Carvalhosa[2256] sustenta que a existência de oferta concorrente afasta a limitação do art. 261, § 1º, da Lei nº 6.404/1976, motivo pelo qual é ilimitada, tanto para o proponente originário como para o concorrente, a possibilidade de publicação "de tantas ofertas quanto necessárias para assegurar a igualdade de oportunidades (isonomia) entre os dois ou mais ofertantes".

[2253] CARVALHOSA, Modesto. *Comentários à lei de sociedades anônimas*. São Paulo: Saraiva, 2014. v. 4, t. II. p. 326-327.

[2254] Modesto Carvalhosa (*Comentários à lei de sociedades anônimas*. São Paulo: Saraiva, 2014. v. 4, t. II. p. 328) mostra que a regulamentação francesa exige que o preço oferecido pela oferta concorrente seja pelo menos 5% mais alto do que a oferta antecedente, podendo haver a flexibilização desta regra em algumas hipóteses.

[2255] *Comentários à lei de sociedades anônimas*. São Paulo: Saraiva, 2014. v. 4, t. II. p. 329-330.

[2256] *Comentários à lei de sociedades anônimas*. São Paulo: Saraiva, 2014, v. 4, t. II. p. 328-329.

Daí a importância do art. 263, da Lei nº 6.404/1976, segundo o qual "A Comissão de Valores Mobiliários poderá expedir normas que disciplinem a negociação das ações objeto da oferta durante o seu prazo." Nesse sentido, a Resolução 85/2022 prevê, no art. 16, § 5º, que "Uma vez lançada uma OPA concorrente, será lícito tanto ao ofertante inicial quanto ao ofertante concorrente aumentarem o preço de suas ofertas por quaisquer valores e tantas vezes quantas julgarem conveniente, observado o disposto no art. 6º."

Por fim, deverá a sociedade visada propiciar a igualdade entre os ofertantes concorrentes, inclusive no que diz respeito ao igual direito de informação dos mesmos, tal como ocorre no direito inglês.[2257]

2. Saldo final da disciplina legal e regulamentar da oferta pública voluntária de aquisição de controle

Ana Frazão

Como se pode observar ao longo dos comentários dos arts. 257 a 263, da Lei nº 6.404/1976, a aquisição do controle de companhias por meio da oferta pública voluntária, apesar de ser um procedimento vantajoso para o interessado em obter o controle de determinada sociedade, gera uma série de preocupações para o Direito Societário, exigindo atenta regulamentação jurídica do seu procedimento.

No caso brasileiro, tem-se disciplina específica sobre o assunto desde a Lei nº 6.404/1976 que, na esteira de diversas soluções já adotadas pelo direito estrangeiro, apresenta os seguintes aspectos positivos:

(i) evita o excesso de voluntarismo por parte do ofertante, ao determinar que a oferta será irrevogável (Lei nº 6.404/1976, art. 257, § 2º) e ao prever as cláusulas obrigatórias do instrumento de oferta (Lei nº 6.404/1976, art. 258);

(ii) assegura a isonomia entre os acionistas da companhia visada, ao determinar que a oferta deve ser dirigida a todas as ações com direito a voto (Lei nº 6.404/1976, art. 257, § 2º);

(iii) diminui os riscos de abalos ao mercado de capitais, ao prever o controle da CVM sobre o procedimento, inclusive por meio de normas gerais (Lei nº 6.404/1976, art. 257, § 4º);

(iv) atenua os riscos de prejuízos aos acionistas aderentes, na hipótese de o ofertante não se mostrar capaz de cumprir o compromisso assumido, com a exigência da presença, no procedimento, de uma instituição financeira que garanta o pagamento (Lei nº 6.404/76, arts. 257 e 258) e com a exigência do prévio registro da operação na CVM caso a oferta contiver permuta total ou parcial de valores mobiliários (Lei nº 6.404/1976, art. 257, § 1º).

A regulamentação específica da CVM sobre o tema, hoje prevista na Resolução 215/2024, além de reiterar diversas garantias legais, também apresenta muitas virtudes, na medida em que:

(i) garante o tratamento equitativo aos destinatários, deixando claro que a oferta precisa ser dirigida indistintamente aos titulares de ações da mesma espécie e classe das ações que sejam objeto;

(ii) amplia o direito de informação, que deve abarcar todas as informações que possibilitem aos destinatários a tomada de uma decisão refletida e independente;

(iii) aumenta a segurança da proposta, ao possibilitar condições somente na hipótese de o seu implemento não depender de atuação direta ou indireta do ofertante ou de pessoas a ele vinculadas;

(iv) possibilita à CVM suspender ou cancelar a oferta diante de irregularidade ou ilegalidade insanável;

(v) cria rígidas regras de responsabilidade para o ofertante e demais participantes do procedimento, como é o caso da instituição financeira;

(vi) possibilita uma maior equidade entre os participantes na hipótese de uma oferta concorrente.

[2257] Fernando Netto Boiteux (Oferta pública de aquisição de controle de companhia aberta. *Revista Forense*, v. 301, jan./mar. 1988, p. 62) mostra que, até mesmo em razão de a oferta pública na Inglaterra dirigir-se inicialmente à administração da sociedade visada, o *City Code* impõe que as ofertas concorrentes sejam tratadas igualmente, cabendo à sociedade visada prestar as mesmas informações a todos os concorrentes e não praticar atos de favorecimento.

SEÇÃO VIII
INCORPORAÇÃO DE COMPANHIA CONTROLADA

Art. 264. Na incorporação, pela controladora, de companhia controlada, a justificação, apresentada à assembleia-geral da controlada, deverá conter, além das informações previstas nos arts. 224 e 225, o cálculo das relações de substituição das ações dos acionistas não controladores da controlada com base no valor do patrimônio líquido das ações da controladora e da controlada, avaliados os dois patrimônios segundo os mesmos critérios e na mesma data, a preços de mercado, ou com base em outro critério aceito pela Comissão de Valores Mobiliários, no caso de companhias abertas. (Redação dada pela Lei 10.303, de 2001)

§ 1º A avaliação dos dois patrimônios será feita por 3 (três) peritos ou empresa especializada e, no caso de companhias abertas, por empresa especializada. (Redação dada pela Lei 10.303, de 2001)

§ 2º Para efeito da comparação referida neste artigo, as ações do capital da controlada de propriedade da controladora serão avaliadas, no patrimônio desta, em conformidade com o disposto no *caput*. (Redação dada pela Lei 10.303, de 2001)

§ 3º Se as relações de substituição das ações dos acionistas não controladores, previstas no protocolo da incorporação, forem menos vantajosas que as resultantes da comparação prevista neste artigo, os acionistas dissidentes da deliberação da assembleia-geral da controlada que aprovar a operação, poderão optar, no prazo previsto no art. 230, entre o valor de reembolso fixado nos termos do art. 45 e o valor apurado em conformidade com o disposto no caput, observado o disposto no art. 137, inciso II. (Redação dada pela Lei 10.303, de 2001)

§ 4º Aplicam-se as normas previstas neste artigo à incorporação de controladora por sua controlada, à fusão de companhia controladora com a controlada, à incorporação de ações de companhia controlada ou controladora, à incorporação, fusão e incorporação de ações de sociedades sob controle comum. (Redação dada pela Lei 10.303, de 2001)

§ 5º O disposto neste artigo não se aplica no caso de as ações do capital da controlada terem sido adquiridas no pregão da bolsa de valores ou mediante oferta pública nos termos dos artigos 257 a 263.

COMENTÁRIOS

1. Norma especial para operações entre sociedades sujeitas ao mesmo controle

Fábio Ulhoa Coelho

Embora o *caput* e a ementa do artigo se refiram exclusivamente a uma única operação (*incorporação de sociedade*), a norma nele veiculada aplica-se a todas as operações envolvendo sociedades sujeitas ao mesmo controlador. Foi apenas por razões redacionais que se adotou essa técnica de escolher uma delas, para disciplinar em detalhes e prever, no §. 5º, a aplicação extensiva do dispositivo às demais.

Trata-se de norma especial sobre as operações envolvendo sociedades sujeitas ao mesmo controlador. Nessa categoria, inclui-se naturalmente as sociedades controladora e controlada. Afinal, o mesmo controlador da sociedade controladora controla indiretamente a sociedade controlada.

E por que se faz necessária uma norma especial sobre operações societárias envolvendo sociedades sujeitas ao mesmo controlador? A razão se encontra na proteção do minoritário relativamente ao que se convencionou chamar de "relação de troca".

Juridicamente, não há "troca de ações" numa operação societária. Mas o mercado, ignorante dos conceitos jurídicos, habituou-se a chamar assim a *substituição* das ações da incorporada (ou fusionada) pelas da incorporadora (ou a resultante da fusão). O acionista da companhia que se extingue na operação (incorporada ou fusionada) não pode, claro, continuar a titular ações emitidas por ela. A extinção da pessoa jurídica conduz inevitavelmente à das ações representativas de seu capital social. Esse acionista terá as suas ações substituídas por emitidas pela incorporadora (ou resultante da fusão). Não há juridicamente nenhuma troca, mas algo certamente parecido com uma, no plano simbólico.

A "relação de troca" diz respeito à quantidade de ações da companhia extinta correspondente à quantidade de ações da que remanescerá ou resultará da operação. Essa relação é definida em função dos valores atribuíveis a umas e outras. Embora tais valores sejam resultantes de uma avaliação técnica, os critérios e ajustes nela adotados, bem como a escolha do avaliador, são negociados pelas partes envolvidas na operação. De qualquer modo, se uma parte não concordar com as avaliações das sociedades envolvidas (e consequentemente com a "relação de troca"), ela simplesmente não dará prosseguimento à operação. Em suma, malgrado deva assentar-se num laudo de avaliação técnica das sociedades envolvidas, a operação será fundamentalmente uma *negociação* entre os respectivos administradores. As avaliações técnicas, enquanto não aceitas por eles, servem de parâmetro às negociações e, ao cabo desta, haverão de retratar o contratado.

Quando as sociedades envolvidas estão sujeitas a controladores diferentes, a defesa dos interesses dos minoritários de cada uma delas está resguardada, pelo menos em tese. Presume-se que nenhum administrador negociaria uma "relação de troca" desfavorável ao controlador da sociedade que administra. E, defendendo os interesses do controlador na negociação da "relação de troca", estará também simultaneamente defendendo os dos acionistas minoritários.

Essa presunção, ressalte-se, não se pode afirmar quando as sociedades envolvidas estão sujeitas ao mesmo controlador. A "relação de troca" não é negociada entre partes independentes; há o risco de ela beneficiar indevidamente os acionistas de uma das sociedades, em detrimento dos da outra. O que o controlador "perde" numa delas pode ser mais que compensado com o que "ganha" na outra. Imagine que o controlador titule 90% do capital social da controladora incorporadora e esta, por sua vez, titule 51% do da controlada incorporada. Uma "relação de troca" desfavorável aos acionistas desta última seria muito benéfica ao controlador e aos minoritários da incorporadora; e extremamente prejudicial aos minoritários da incorporada.

A impossibilidade de se estabelecer, nas operações entre sociedades sujeitas ao mesmo controle, aquela mesma presunção característica das realizadas entre sociedades sob controles independentes é que justifica o tratamento por norma especial da primeira hipótese.

E essa norma especial consiste, basicamente, em assegurar aos acionistas minoritários titulares de direito de recesso a possibilidade de optarem pelo reembolso calculado pelo valor patrimonial "real" das ações.

2. Valor patrimonial "real"

FÁBIO ULHOA COELHO

A única hipótese em que o acionista tem seu direito societário exercitável por meio do valor patrimonial "real" das ações é a estabelecida no art. 264 da LSA; ou seja, no cálculo do reembolso pelo exercício do direito de retirada, quando admissível no contexto de operação envolvendo sociedades sujeitas ao mesmo controlador.

O valor patrimonial é sempre o resultado da divisão do patrimônio líquido da companhia pelo número de ações por ela emitidas. O *divisor* (número de ações) é extraído de cláusula estatutária, geralmente a do capital social. Deste modo, é formal e, portanto, geralmente incontroverso. Mas o *dividendo* (Patrimônio líquido) se extrai do *balanço patrimonial* e, consequentemente, varia de acordo com a época do levantamento do documento contábil e dos critérios adotados em sua elaboração.

Classifica-se o valor patrimonial, em vista disso, em três espécies: contábil, a data presente ou real.

O valor patrimonial contábil tem por *dividendo* o patrimônio líquido (PL) indicado no balanço *ordinário*. É o levantado no último dia do exercício social (LSA, art. 176, I). Seu critério básico de elaboração é o da apropriação dos valores dos elementos ativos e passivos *pelo custo de aquisição*. O valor patrimonial a data presente toma por base o PL constante do balanço *especial* de que cuida o art. 45, § 2º, da LSA. Este demonstrativo contábil pode ter por base qualquer dia do exercício social *exceto o último*. Mas deve adotar necessariamente os mesmos critérios do balanço ordinário, ou seja, principalmente o de apropriação pelo custo de aquisição.

Quando o art. 264, *caput*, fala em avaliação "a preços de mercado", está fazendo referência à terceira espécie de valor patrimonial, calculado em função de PL encontrado num balanço feito por critérios distintos dos dois anteriores. Na jurisprudência construída em torno da apuração de haveres das sociedades limitadas, convencionou-se chamar esse terceiro tipo de balanço pela expressão "de determinação". Ele é elaborado apenas para fins societários (a exemplo do especial) e, por isso, não produz efeitos sobre a contabilidade da sociedade. Ao levantar o balanço ordinário seguinte ao de determinação, o contador deve desconsiderá-lo inteiramente. Por exemplo, se o balanço de determinação, levantado para os fins do art. 246, teve que inserir no ativo uma tecnologia de titularidade da companhia, que não estava escriturada na contabilidade (e nem deveria estar, porque não havia sido "adquirida", mas sim "desenvolvida"), esse intangível voltará a ser ignorado no balanço ordinário subsequente.

O balanço de determinação adota critério de apropriação contábil diverso dos balanços ordinário ou especial. Seu levantamento pressupõe a prévia avaliação ou reavaliação dos ativos e passivos da companhia, a preço de saída (valor de mercado) e não mais pelo custo de aquisição. A avaliação ou reavaliação é feita pelos profissionais aptos ao trabalho, não necessariamente pelo contador. A esse cabe, a partir dos laudos dos especialistas, elaborar o balanço de determinação e apontar o valor do PL, que servirá ao cálculo do valor patrimonial real das ações das companhias envolvidas na operação.

Evidentemente, os balanços de determinação apresentados aos acionistas para os fins do art. 246 (direito dos dissidentes de escolherem o reembolso pelo valor patrimonial real) estão sujeitos ao escrutínio do Judiciário. Cada item do ativo ou do passivo reavaliado de cada sociedade envolvida na operação, inclusive aquela da qual não participa, pode ser objeto de questionamento judicial pelo minoritário que discordar do valor atribuído pelo balanço de determinação. É, porém, ônus de prova dele, minoritário, a demonstração da incorreção do demonstrativo contábil.

Não cabe, contudo, paralisar-se a operação societária em curso, ainda que existam elementos que ponham em dúvida a consistência de um ou dos dois balanços de determinação. Afinal, antes das deliberações assembleares, não se sabe sequer se haverá dissidência de minoritário, tampouco se o dissidente optará pelo valor patrimonial real. Ademais, trata-se de questão passível de plena resolução por meio de futura indenização dos minoritários, cujos direitos societários tiverem sido lesados.

3. A questão dos intangíveis
FÁBIO ULHOA COELHO

Como visto no comentário anterior, o valor patrimonial real é calculado a partir do PL constante de um balanço de determinação. Esse instrumento contábil foi, na verdade, uma criação da jurisprudência societária e não da contabilidade. Na verdade, os contabilistas tiveram até mesmo que criar modelos contábeis próprios para os fins específicos de viabilizar a execução de condenações judiciais. Estas, inicialmente, falavam de modo vago em "valor atual", "econômico" ou "verdadeiro" da empresa; mas o que todos tinham claro era a injustiça de se calcular o valor a que o sócio teria direito apenas com base na contabilidade ordinária da companhia (salvo se assim previsto no ato constitutivo). Mas ainda não havia, para além disso, nenhuma reflexão acumulada, no direito ou na contabilidade, que orientasse o trabalho do perito na apuração de haveres.

Pois bem. Nesse longo percurso, uma das questões mais discutidas disse respeito aos intangíveis da companhia, como marcas, patentes, direitos autorais ou tecnologia protegida por segredo empresarial. Na dissolução parcial de sociedade limitada, hoje, não há mais dúvidas quanto à obrigatoriedade de o balanço de determinação contemplar esse elemento do ativo avaliado a preço de mercado, em vista do art. 606 do CPC.

A inclusão de intangíveis no balanço de determinação pelos respectivos valores de mercado, quando os têm, justifica-se porque a apuração de haveres *simula* a liquidação da sociedade. O exercente do direito de retirada ou recesso deve receber da sociedade, a título de reembolso, o mesmo valor que receberia caso estivesse recebendo o seu quinhão na partilha do acervo líquido da sociedade. Nem mais, nem menos – salvo se contratado ou previsto critério diverso no ato constitutivo.

No balanço de determinação levantado para os fins do art. 246 devem ser também computados os intangíveis? A resposta é afirmativa. A única finalidade desse levantamento contábil consiste em quantificar o valor patrimonial real das ações, para que o minoritário titular de direito de recesso possa comparar a "relação de troca" por esse critério com a proposta na justificação da operação e decidir qual prefere. E o reembolso pelo exercício do direito de recesso deve espelhar o valor da participação deste mesmo acionista numa hipotética dissolução total da companhia.

Se o intangível tem valor de mercado, ele deve ser considerado no balanço de determinação levantado para os fins do art. 264, porque, numa hipotética liquidação da companhia, esse ativo seria realizado e impactaria o valor da partilha. Do mesmo modo, se determinado intangível *não* possui valor de mercado, ele não deve ser apropriado no balanço de determinação. Nesse caso, com efeito, numa hipotética liquidação, ele não conseguiria ser alienado e, consequentemente, não afetaria o valor de partilha que o minoritário iria receber.

4. A questão da cisão
FÁBIO ULHOA COELHO

O § 4º do art. 264 não listou a cisão, entre as operações sujeitas a essa disposição especial sobre o direito de recesso. Mas a norma comporta aplicação extensiva, até mesmo para não se incorrer em transgressão ao princípio constitucional da igualdade.

A razão de ser da norma especial, como visto, é a impossibilidade de se presumir, nas operações societárias envolvendo sociedades sujeitas ao mesmo controlador, a inexorável simultaneidade da proteção dos interesses tanto do controlador quanto dos minoritários na negociação da relação de substituição das ações. Ora, a impossibilidade dessa presunção se encontra na cisão em absolutamente igual medida em que é encontrada nas demais operações referidas no § 4º. A interpretação desse dispositivo conforme a Constituição, em decorrência, leva forçosamente à sua aplicação extensiva para alcançar também a cisão.

Não custa relembrar que, sendo a cisão com versão de patrimônio para sociedade existente, a aplicação das regras da incorporação é explicitada no art. 229, § 3º, da LSA, alcançando também a incorporação de controlada nos termos tratados pelo art. 264. Nessa hipótese (receptora existente), há norma expressa, portanto, de que se extrai a aplicação do art. 264, quando a cisão envolve sociedades sujeitas ao mesmo controle. A interpretação extensiva conforme a Constituição fundamenta a aplicação desse dispositivo à cisão com receptora simultaneamente criada; uma hipótese, aliás, rara de acontecer, em vista das sérias dificuldades operacionais ligadas ao interregno temporal em que a cindida não mais existe e a receptora ainda não existe.

5. Acionista com direito à opção do reembolso pelo valor patrimonial real

FÁBIO ULHOA COELHO

O art. 246 *não* criou nenhuma hipótese nova de direito de recesso. Apenas abriu ao titular desse direito uma alternativa quanto ao *valor do reembolso*, sempre que a operação envolver sociedades sujeitas ao mesmo controlador. Deste modo, o acionista que não for titular direito de recesso na mesma operação, caso envolvesse sociedades sujeitas a diferentes controles, igualmente não é titular desse direito na hipótese de controle unitário.

Deste modo, não se beneficia do art. 246 da LSA o minoritário da companhia incorporadora. Também não o pode invocar o titular de ações facilmente negociáveis no mercado, por atenderem aos requisitos de liquidez e dispersão (art. 137, II). Se foi cisão a operação, o acionista somente terá direito à opção pelo reembolso pelo valor patrimonial real das ações se participava da cindida e passou a participar de sociedade receptora com objeto diferente, dividendos mínimos inferiores ou filiação a grupo de sociedades *de direito* ou a grupo de sociedades *de direito* diverso.

6. Companhias abertas

FÁBIO ULHOA COELHO

Quatro observações cabem relativamente à aplicação do art. 246 às companhias abertas.

Primeira. A CVM pode determinar que o cálculo do reembolso por valor alternativo não decorra dos critérios de apuração do valor patrimonial real, mas de outro, "aceito" pela autarquia. Não há, ainda, norma da CVM sobre o assunto, de modo que a comparação exigida para as companhias abertas é atualmente idêntica à imposta às fechadas. E, a rigor, não há razões para diferenciá-las no tratamento desse assunto.

Segunda. A CVM orienta que as sociedades sob o mesmo controle a adotarem, em caso de operação societária que a envolvam, providências que *separem* os interesses de cada uma delas. Devem-se criar, assim, duas equipes independentes para "negociarem a relação de troca", num expediente conhecido como Muralha da China (*Chinese wall*).[2258]

Terceira. O § 5º exclui do direito à escolha do reembolso pelo valor patrimonial real os que titulam ações adquiridas em pregão da bolsa de valores ou em oferta pública. Deste modo, nas companhias abertas somente os acionistas minoritários fundadores, os que subscreveram suas ações em aumento de capital feito fora do mercado de valores mobiliários (numa emissão privada) ou os que converteram em ações outros valores mobiliários (emitidos pública ou privadamente) é que titulam o direito ao reembolso alternativo. Não se compreende bem a razão da discriminação legal, restando duvidosa a constitucionalidade da exclusão.

Quarta. A relação de substituição de ações deve ser igual para o controlador e minoritários. Vez por outra, sabe-se de substituição em relações diferentes, a pretexto de se levar em conta a diferença entre os valores das ações (de controle ou não). Aparentemente, essa diferenciação não tem sentido. O prêmio de controle só pode ser considerado para diferenciar relações de substituição de ação, quando, na operação societária, ocorrer a alienação do controle; isto é, o controlador de uma das sociedades envolvidas acabar, no fim, deixando de a controlar. De algum modo, o novo titular do controle há de pagar-lhe o prêmio correspondente, o que pode perfeitamente ser viabilizado pela adoção de uma relação de substituição maior para o antigo controlador, do que o reservado aos minoritários. Mas, quando a operação está sujeita ao art. 264, não há esse cenário: o controlador perde o controle direto da incorporada, mas continua a ser o seu controlador indireto. Atenta a essa incongruência, a CVM considera existir conflito de interesses impedindo o controlador de votar a operação em Assembleia Geral, sempre que importar uma "relação de troca" que o favoreça, em desfavor de minoritários.[2259]

[2258] Parecer CVM nº 35/2008.

[2259] Parecer CVM nº 34/2006.

CAPÍTULO XXI
GRUPO DE SOCIEDADES

SEÇÃO I
CARACTERÍSTICAS E NATUREZA

Características

Art. 265. A sociedade controladora e suas controladas podem constituir, nos termos deste Capítulo, grupo de sociedades, mediante convenção pela qual se obriguem a combinar recursos ou esforços para a realização dos respectivos objetos, ou a participar de atividades ou empreendimentos comuns.

§ 1º A sociedade controladora, ou de comando do grupo, deve ser brasileira, e exercer, direta ou indiretamente, e de modo permanente, o controle das sociedades filiadas, como titular de direitos de sócio ou acionista, ou mediante acordo com outros sócios ou acionistas.

§ 2º A participação recíproca das sociedades do grupo obedecerá ao disposto no artigo 244.

COMENTÁRIOS

1. Grupo de Sociedades *de direito* versus *de fato*

FÁBIO ULHOA COELHO

A LSA disciplina apenas a figura do grupo *de direito*, com essa nomenclatura (arts. 265 a 277 – Capítulo XXI). O chamado grupo *de fato* é disciplinado sob a perspectiva das ligações societárias entre controladora e controlada e entre investidora e coligada (arts. 243 a 264 – Capítulo XX). O que diferencia o grupo *de direito* do grupo *de fato*, é a existência, somente no primeiro, de obrigações contraídas pelas sociedades "agrupadas" consistentes em "combinar recursos ou esforços para a realização dos respectivos objetos" ou "participar de atividades ou empreendimentos comuns". O instrumento negocial que constituem tais obrigações é a convenção de grupo, negócio jurídico-societário que deve ser arquivado no Registro Público de Empresas e publicado. Nas sociedades componentes de um grupo *de fato*, não existe essa obrigação de "combinar recursos e esforços" (conceitualmente, nela já se inclui a de "participar de atividades ou empreendimentos comuns").

Da obrigação de *combinar recursos e esforços*, que a sociedade pertencente a um grupo *de direito* assume, podem eventualmente decorrer: (i) a subordinação dos seus interesses aos de outra sociedade do grupo; (ii) a subordinação dos seus interesses aos interesses do grupo; e (iii) a participação em custos, receitas ou resultados de atividades ou empreendimentos alheios ou comuns. Num grupo *de fato*, nenhuma sociedade está obrigada a combinar recursos e esforços, de modo que nunca se verifica a subordinação dos interesses de cada uma aos de outra ou aos do coletivo, tampouco podem ser imposta participação em custos, receitas ou resultados de atividades ou empreendimentos alheios ou comuns. Se isso acontece, caracteriza-se ato de má administração, que pode dar ensejo à responsabilidade civil do administrador; e pode eventualmente se configurar o abuso do poder de controle.[2260]

Mas, tome-se muito cuidado, a convenção de grupo não autoriza a prática de negócios não equitativos ou prejudiciais à sociedade que dele participa! Não é correta a concepção de que, somente nos grupos *de fato*, os negócios entre as sociedades devem estritamente comutativos ou contar com o pagamento da compensação adequada[2261]. Estas características também devem estar presentes nos negócios entre sociedades integrantes de um grupo *de direito*. O interesse da sociedade filiada pode ser subordinado ao de outra, ou ao grupo, sem que ocorram negócios que lhe sejam prejudiciais

---

[2260] "A disciplina dos grupos de direito rompe com o pressuposto de independência da sociedade, assumindo a existência de influências econômicas externas e a unidade de um grupo empresarial. A Lei n. 6.404/76 permite a subordinação dos interesses de uma sociedade aos de outra ou ao do grupo apenas nos grupos societários convencionais (art. 276). No contrato de formação de grupo, em última análise, há a negociação do poder de direção interna das sociedades e a distribuição de competência de uma sociedade para os órgãos do grupo. Origina uma nova organização, passando a controladora a ter o direito de estabelecer as diretrizes sobre a condução dos negócios das filiadas. Nesta organização, o interesse do grupo, isto é, o interesse da própria organização plurissocietária tem relevância e recebe a proteção do direito. [...] Nos grupos de fato, então, o interesse da sociedade isolada deve ser respeitado, sob pena de configurar abuso do poder de controle e conflito de interesses (arts. 264 e 115)" (PRADO, Viviane Muller. *Tratado de direito comercial*. In: COELHO, Fábio Ulhoa. São Paulo: Saraiva, 2015. v. 3. p. 371-372 e 374).

[2261] Confrontar com EIZIRIK, Nelson. *A lei das S/A comentada*. 2. ed. São Paulo: Quartier Latin, 2015. v. 4. p. 426-430.

ou se afastem das práticas usuais do mercado (não equitativos). Há uma enorme distância entre os conceitos de *subordinação de interesses* e *desnecessidade de comutatividade*: esta nunca se admite, mesmo quando presente aquela.

No final, em termos concretos, a obrigação contraída por qualquer sociedade, ao se integrar a um grupo *de direito*, alcança as suas disponibilidades financeiras ou materiais. Estas, e somente estas, é que podem ter destinações diferentes, se o grupo é *de direito* ou *de fato*.

Numa sociedade não pertencente a nenhum grupo ou integrante de um grupo *de fato*, as disponibilidades financeiras devem, ao final do exercício, ser destinadas ao pagamento dos dividendos, a menos que, por meio de reserva regularmente constituída, possam permanecer no patrimônio da sociedade, empregadas exclusivamente na realização de seu objeto social. Já numa sociedade pertencente a grupo *de direito*, essas disponibilidades financeiras podem ter destinação diversa: empréstimo a outra sociedade do mesmo grupo ou emprego em atividade ou empreendimento comum. É apenas disto que se trata. Não vai além dessa obrigação de emprestar eventuais disponibilidades financeiras à sociedade de comando, ou a outra filiada, a contraída por qualquer sociedade empresária que concorde em integrar um grupo *de direito*.

E o empréstimo feito, em cumprimento da obrigação de "combinar recursos e esforços", deve ser contratado em condições de mercado, equitativas. A filiada mutuária deve pagar à filiada mutuante uma remuneração pelo empréstimo, que seja compatível com as práticas do mercado, em negócios de mesma natureza. Note-se que mesmo se os juros do mútuo intragrupo forem iguais aos cobrados por instituições financeiras, a mutuária já terá vantagens, porque não precisará dispender tempo e recursos em negociações custosas, nem incorrer nos gastos com garantias e tampouco se desgastar se for necessária prorrogação de vencimento, etc. Desfrutar dessas condições favoráveis já traz uma vantagem substancial, para a sociedade com iliquidez momentânea, em participar de um grupo *de direito*. Ter, direito, pela convenção, de se socorrer das disponibilidades de outra filiada, nesse contexto vantajoso, é resultante da "subordinação de interesses de uma sociedade aos de outra, ou do grupo", referida no art. 276 da LSA.

Não tem validade jurídica a cláusula de convenção de grupo, em que uma sociedade assume obrigação que forçosamente lhe trará prejuízos. O máximo a que ela se obriga é destinar suas eventuais disponibilidades financeiras, ou materiais, a outras participantes do mesmo grupo *de direito*, sempre mediante remuneração compatível com as práticas do mercado, ou para atividades ou empreendimentos comuns. Se não estivesse obrigada pela convenção grupal, as disponibilidades financeiras teriam apenas destinações endógenas (dividendos ou reinvestimentos). É nessa destinação exógena que se manifesta a subordinação do interesse da filiada aos de outra sociedade ou aos gerais do grupo; é nela, somente, que se fixam os limites da participação em atividades ou empreendimentos comuns.

A sociedade filiada a grupo *de direito* não está obrigada a investir *menos que o demandado* pela realização de seu próprio objeto social, para destinar recursos de seu patrimônio ao objeto social alheio. Ela pode, sim, distribuir menos dividendos, ou deixar de fazer investimentos planejados, mas postergáveis, para submeter o seu interesse social ao de outra sociedade integrante do mesmo grupo *de direito*, ou ao interesse deste. Em nenhuma hipótese, ela se obriga a ter prejuízo, para que outra sociedade do mesmo grupo não tenha perdas ou lucre mais. Isso seria um despropositado desvirtuamento das bases essenciais do direito societário e da proteção jurídica do investimento privado, feito por meio da subscrição ou aquisição de ações ou quotas de sociedade empresária.

2. A sociedade de comando e sua nacionalidade

Fábio Ulhoa Coelho

A sociedade de comando pode ser de qualquer tipo. A própria LSA contempla a hipótese de uma controladora que adote forma diversa da companhia, ao dispor sobre as demonstrações consolidadas do grupo (art. 275, § 2º). Não precisa ser uma companhia, para celebrar convenção de grupo com outras sociedades, na condição de sociedade de comando. Exige-se, apenas, que essa sociedade empresária, de qualquer tipo, tenha a nacionalidade brasileira.

Entre as disposições anacrônicas da LSA, depois de decorridos cerca de meio século de sua edição, encontra-se a proibição de grupos de direito comandados por sociedades estrangeiras. De acordo com o preceituado no art. 265, § 1º, da LSA, apenas sociedades brasileiras podem comandar os grupos de sociedades. Mas, o anacrônico da previsão legal é ainda mais acentuado, quando se percebe que, para a classificação de uma sociedade como brasileira, para os fins do art. 265 da LSA, adota-se um critério *mais restrito* que o previsto para outras situações. Quer dizer, uma sociedade pode ser considerada brasileira para explorar livremente sua atividade econômica independentemente de autorização governamental, mas, ainda assim, não ser suficientemente brasileira para comandar um grupo de sociedades.

Explique-se. Para ser considerada brasileira, a sociedade empresária deve atender a duas condições, estabelecidas no art. 1.126 do Código Civil: (i) organização de acordo com as leis brasileiras; e (ii) sede no país. Deste modo, se um estrangeiro pessoa natural ou uma sociedade estrangeira constituírem uma sociedade anônima sediada no Brasil, de acordo com a LSA, não há dúvidas, que essa companhia é brasileira para a generalidade das situações. Não precisará, por exemplo, pedir a autorização de funcionamento exigida, também anacronicamente, para as sociedades estrangeiras, pelo art. 1.134 do Código Civil, porque, a despeito de serem estrangeiros os seus sócios e capital, ela tem a nacionalidade brasileira, por atender aos dois requisitos do art. 1.126 daquela codificação.

Mas, para ser sociedade de comando de grupo de sociedades, exige-se para a configuração da nacionalidade brasileira, mais o requisito atinente à residência ou domicílio da pessoa natural, que a controle direta ou indireta (art. 269, parágrafo único, alíneas *a* e *c*). Não pode ser o comando de grupo de direito a sociedade que, apesar de atender aos requisitos do art. 1.126 do Código Civil, não possuir como controlador, direto ou indireto, uma pessoa natural residente ou domiciliada no Brasil, seja ela nacional ou estrangeira. Qual o racional dessa limitação? Nenhuma, de modo a representar a exigência da LSA apenas mais uma exigência burocrática injustificável.

3. "Grupo Econômico" *versus* "Grupo de Sociedades"

FÁBIO ULHOA COELHO

"Grupo econômico", de um lado, e "grupo de sociedades", de outro, são institutos diferentes, destinados a atender finalidades diversas, proteger bens jurídicos inconfundíveis, fundados em princípios constitucionais distintos e, em decorrência, assentados em conceitos e normativas legais próprios. Às diferenças não têm sido, infelizmente, dispensada a devida e cuidadosa atenção.

"Grupo econômico" é instituto de direito do trabalho.[2262] O seu objetivo é, naturalmente, dispensar ao empregado hipossuficiente a justa proteção em suas relações com o empregador.[2263] O bem jurídico protegido pelas normas que disciplinam o "grupo econômico" é a justiça social, no tratamento dispensado aos direitos trabalhistas, instrumentalizada pela neutralização da acentuada assimetria entre os sujeitos da relação de

---

[2262] Como demonstra Viviane Muller Prado, a expressão "grupo econômico" também é utilizada por outras legislações, além da trabalhista. Assim, a Lei do parcelamento do solo urbano menciona "grupo econômico ou financeiro" na definição da responsabilidade solidária do loteador (Lei nº 6.766/1979, art. 4º); a Lei nº 7.827/1989, que dispõe sobre o financiamento em regiões do Norte, Nordeste e Centro-Oeste do país, estabelece limitação do crédito para empresas do mesmo "grupo econômico" (art. 3º, VIII); o direito previdenciário disciplina a responsabilidade pelo custeio da Seguridade Social, valendo-se da figura das "empresas que integram grupo econômico de qualquer natureza" (Lei nº 8.212/1991, art. 30, IX); a norma sobre comércio exterior contida no art. 6º da Lei nº 10.184/01, ao tratar da transferência do valor da exportação, faz referência à "sociedade do mesmo grupo econômico"; o direito tributário se socorre igualmente do conceito de "grupo econômico", por exemplo na Lei Complementar nº 137/2010 e na Lei nº 12.844/2013 (art. 1º, § 1º-D); o direito concorrencial adota "grupo econômico", ao lado de "grupo de empresas" e "conglomerado" (Lei nº 12.529/2011, arts. 33, 36, § 2º e 37, I); a Lei Anticorrupção fala em "mesmo grupo econômico, de fato ou de direito" (Lei nº 12.846/2013, art. 16, § 5º); e, finalmente, o Marco Civil da Internet, disciplinando as obrigações sobre os dados, se reporta a pessoas jurídicas sediadas no exterior "integrantes do mesmo grupo econômico" (Lei nº 12.965/2014, art. 11, § 2º) (COELHO, Fábio Ulhoa (coord.). *Tratado de direito comercial*. São Paulo: Saraiva, 2015. v. 3. p. 365-366). Neste comentário, porém, como o objetivo é extremar as duas figuras, relativamente às obrigações de direito privado (civis, comerciais e trabalhistas), o conceito de "grupo econômico" é exclusivamente relativo ao instituto do direito do trabalho.

[2263] Para Tereza Aparecida Asta Gemignani, "atento à desigualdade das partes, o conceito previsto no *caput* do art. 2º da Consolidação das Leis do Trabalho (CLT), ao estabelecer que o empregador é a empresa, fixou baliza peculiar ao Direito Trabalhista, importante para atrelar o lastro patrimonial do empreendimento econômico ao cumprimento das obrigações patronais, com o escopo de conferir maior garantia ao pagamento dos débitos trabalhistas. [...] Assim, consolidou a imputação da responsabilidade solidária aos integrantes do grupo econômico formado por *subordinação*, quando houver direção, controle ou administração de uma empresa sobre outra" (Terceirização, grupo econômico e meio ambiente de trabalho na reforma trabalhista. *Revista do Advogado*, n. 137, mar. 2018, São Paulo: AASP, p. 162).

trabalho. Enraíza-se o instituto do "grupo econômico" no princípio constitucional da tutela dos direitos sociais, entre os quais se inserem os dos trabalhadores (CF, arts. 6º e 7º). Deste modo, o "grupo econômico" se conceitua como o conjunto de duas ou mais empresas em que se verifiquem dois requisitos necessariamente cumulativos: (*i*) identidade de sócios; e (*ii*) interesse integrado, efetiva comunhão de interesses e atuação conjunta. É o que resulta dos §§ 2º e 3º do art. 2º da CLT, com a redação dada pela Lei 13.467/2017, dispositivos que não mencionam "grupo de sociedades", mas somente "grupo econômico". Por outro lado, nestes mesmos dispositivos legais em que se assenta o conceito de "grupo econômico", encontra-se também o essencial do seu regime jurídico, vale dizer, a prescrição pretendida pelo legislador ao delinear o instituto, que é a *solidariedade entre as empresas do grupo econômico pelas obrigações trabalhistas umas das outras*.

E o "grupo de sociedades"? Trata-se, aqui, de instituto do direito comercial, pertinente às relações jurídicas entre empresários (ou sociedades empresárias). O objetivo da institucionalização do "grupo de sociedades" é o mesmo que informa todo o direito comercial: a preservação da devida alocação dos riscos inerentes à exploração de atividades empresariais. O bem jurídico tutelado pelo instituto do "grupo de sociedades" é o eficiente funcionamento da economia de mercado. Por mais que reclamem os empresários, fato é que conseguem se proteger, *ainda que relativamente*, das distorções neste funcionamento,

repassando ao preço dos produtos e serviços os impactos delas. Quem não tem como se proteger das distorções no funcionamento da economia de mercado são os consumidores, que, postados no final da cadeia de circulação econômica, arcam com os preços majorados ao longo desta. Por fim, o enraizamento constitucional do "grupo de sociedades" abriga-se nos princípios da livre iniciativa e da liberdade de concorrência, bases da organização da economia de mercado (CF, art. 170 e inciso IV).

O conceito de "grupo de sociedades" assenta-se, deste modo, nos seguintes requisitos: (*i*) poder de controle de uma sociedade brasileira; (*ii*) convenção escrita; e (*iii*) combinação de recursos ou esforços para a realização dos respectivos objetos, ou a participação em atividades ou empreendimentos comuns. Este conceito decorre do disposto no art. 265 da LSA, que não menciona o conceito de "grupo econômico". O núcleo da normativa legal reservada ao grupo de sociedades é, ademais, a *negativa* da solidariedade entre as sociedades afiliadas, tal como claramente estipulado no art. 266, *in fine*, da LSA.

Para além do direito positivo, que só conhece e reconhece o "grupo de sociedades" a partir do atendimento desses requisitos, em particular a formalização da convenção, a doutrina cogita dos chamados *grupos de fato*.[2264] Ademais, os grupos são *doutrinariamente* classificados como, de um lado, os *de subordinação*, em que uma sociedade controla a filiada ou filiadas,[2265] e, de outro, os de

---

[2264] O Brasil, pode-se dizer, adotou o *modelo contratual* no regramento dos grupos. Para que se constitua um grupo de sociedades, no direito societário brasileiro, é indispensável o atendimento a determinadas formalidades, como a celebração da Convenção, registro e publicidade desta. Os países adeptos do modelo contratual (Brasil, Alemanha e Portugal) classificam, portanto, os grupos de sociedade em duas categorias: os grupos *de fato* e os *de direito*. Cf., por todos, Eduardo Secchi Munhoz: "Os grupos de direito são aqueles constituídos por meio de um dos instrumentos taxativamente previstos na lei, ficando sujeitos a regime jurídico específico, excepcional em relação ao direito geral das sociedades. [...] Os grupos de fato, por sua vez, definem-se negativamente, como todos aqueles que não se baseiam nos instrumentos previstos na lei para a constituição de grupos de direito" (*Empresa contemporânea e o direito societário*. São Paulo: Juarez de Oliveira, 2002. p. 119). Embora elejam certas formalidades cujo cumprimento é indispensável à configuração jurídica do grupo, eles não podem ignorar a existência de sociedades que, de fato, estão articulando seus esforços na realização de seus respectivos objetos sociais sem o atendimento daquelas. Já os países filiados ao *modelo orgânico*, que não exigem para a formação do grupo nenhuma formalidade, conhecem naturalmente apenas os grupos de fato. De qualquer modo, tem a doutrina ensinado que se aplicam aos grupos de fato as normas do Capítulo XX da Lei nº 6.404/1976. Ver, por todos, CARVALHOSA, Modesto. *Comentários à lei de sociedades anônimas*. São Paulo: Saraiva, 1998. v. 4, t. II. p. 266.

[2265] Cf., por todos, Eduardo Secchi Munhoz: "dizem-se grupos de subordinação aqueles em que as várias sociedades ficam, como o próprio nome indica, *subordinadas* à orientação de uma outra sociedade, que passa a determinar os rumos das respectivas atividades empresariais. Do ponto de vista econômico, nos grupos de subordinação, há uma orientação única, necessariamente seguida pelas sociedades subordinadas, seja em prol do interesse da sociedade dominante, seja em prol de um interesse global do grupo. Daí se afirmar que o poder de controle é o elemento unificador dos grupos de subordinação" (*Empresa contemporânea e o direito societário*. São Paulo: Juarez de Oliveira, 2002. p. 116).

coordenação,[2266] em que não existe esse vínculo de poder de controle. Diante dos arts. 265 e 266 da LSA somente se podem classificar como sendo *de coordenação* os grupos *de fato*, posto que o direito positivo, ao exigir o comando de uma sociedade brasileira, só conhece e reconhece os *grupos de direito* como sendo necessariamente *de subordinação*. A LSA, contudo, desconhece essa classificação doutrinária, porque adota os conceitos de *coordenação* e *subordinação* para classificar a *administração* do grupo *de direito* (art. 272).

Ressalte-se, portanto, que, enquanto a CLT cria o instituto de "grupo econômico" com o desiderato de *prescrever a solidariedade* entre as empresas integrantes e proteger os direitos trabalhistas, a LSA cria o do "grupo de sociedades" com o fim oposto de *afastar a solidariedade* entre as sociedades filiadas e permitir a segregação de riscos empresariais compatível com o regular funcionamento da economia de mercado.

Em resumo e de modo esquemático:

	GRUPO ECONÔMICO	GRUPO DE SOCIEDADES
Ramo jurídico	Direito do Trabalho	Direito Comercial
Fundamento legal	CLT, art. 2º, §§ 2º e 3º	LSA, arts. 265 a 277
Raiz constitucional	Direitos Sociais (arts. 6º e 7º)	Ordem Econômica (art. 170, *caput* e IV)
Diferenças conceituais	Identidade de interesses e atuação conjunta	Convenção escrita e colaboração ou atividades comuns
Finalidade do instituto	Proteção dos direitos dos empregados	Preservação da alocação dos riscos
Bem jurídico tutelado	Justiça social	Regular funcionamento da economia
Solidariedade entre os integrantes	Existe	Não existe

Diante de um conjunto de duas ou mais empresas quaisquer, portanto, podem-se ter assim as quatro seguintes hipóteses: (*a*) um conjunto que configura tanto um grupo econômico como um grupo de sociedades; (*b*) um conjunto que configura um grupo econômico, mas não um grupo de sociedades; (*c*) um conjunto que não configura grupo econômico, mas configura grupo de sociedades; e (*d*) um conjunto de empresas que não configura nem grupo econômico, nem grupo de sociedades.

No primeiro e segundo casos (letras "a" e "b"), o credor trabalhista poderá cobrar de qualquer integrante do grupo econômico os seus direitos, mesmo que formalmente vinculado a outra empresa, mas o credor civil *não* poderá cobrar seu direito senão daquela sociedade do grupo de sociedades com quem contratara. No terceiro e quarto casos (letras "c" e "d"), tanto o credor trabalhista como o civil só poderá cobrar seus direitos da pessoa jurídica com quem contratara, não podendo agir contra as demais empresas do mesmo conjunto.

Estas diferenças entre, de um lado, o "grupo econômico" e, de outro, o "grupo de sociedades" não são arbitrárias ou despropositadas. Ao contrário, representam aspectos essenciais do que é próprio ao ramo jurídico a que pertencem. O direito comercial, ao contrário do direito do trabalho, não é um ramo jurídico marcado pela noção fundamental da proteção *subjetiva*, ou seja, de um dos "sujeitos" da relação. Sua noção fundamental é a proteção *objetiva*, vale dizer, de um determinado esquema, legal ou contratual, de distribuição dos riscos da atividade econômica entre os empresários. Enquanto o direito do trabalho é sempre voltado à proteção do empregado (*sujeito* da relação jurídica), o direito comercial

---

[2266] Cf., por todos, Eduardo Secchi Munhoz: "os grupos de coordenação são aqueles em que as sociedades não se organizam sob o signo da subordinação, mas da colaboração. O elemento unificador dessa espécie de grupo não é o controle, mas a direção unitária, que exige um grau mínimo de orientação comum das diversas sociedades, em prol da consecução de um determinado objetivo" (*Empresa contemporânea e o direito societário*. São Paulo: Juarez de Oliveira, 2002. p. 116).

se destina à proteção da alocação dos riscos na economia (*objeto* da relação jurídica). No direito comercial, não há *a priori* nenhum sujeito a ser protegido, em vista de sua condição econômica ou jurídica; há, sim, um esquema de distribuição de riscos entre os agentes econômicos que merece ser preservado, para que a economia capitalista funcione do modo mais eficiente possível.

O juiz do trabalho deve sempre dispensar a uma das *partes* do processo o amparo constitucional e legalmente estabelecido. Ele aplica normas de um ramo jurídico fundado numa noção de proteção *subjetiva*, ou seja, relativa a um sujeito. Nas relações do direito comercial, porém, não há nenhum sujeito merecedor *a priori* de tratamento protetivo especial. Massa falida, franqueados, microempresário etc., não têm, tão somente por sua condição subjetiva, direitos diferentes que os demais empresários aos quais se vinculam juridicamente. O que interessa é garantir, em prol do mais eficiente funcionamento da economia de mercado, que a alocação de riscos (decorrentes da lei ou do contrato) seja respeitada.

Atente, enfim, a uma singularíssima e essencial diferença entre o credor trabalhista e o credor empresário, que está nos fundamentos das disciplinas jurídicas respectivamente do direito do trabalho e do direito comercial, e são ligadas às finalidades, bem jurídico tutelado e alicerce constitucional de cada um destes ramos; ou seja, à justificação da *imputação de solidariedade* às empresas de mesmo "grupo econômico", para fins do direito do trabalho e da expressa ressalva da *inexistência de solidariedade* entre as sociedades do mesmo "grupo de sociedades", para fins do direito comercial.

É que o credor empresário pode absorver, pelos mais variados instrumentos financeiros, os riscos de inadimplemento associados à concessão de crédito a uma pessoa jurídica sujeita à regra da *não-solidariedade*. Ele pode embutir um *spread* nos juros cobrados ou, se as condições de concorrência o permitirem, até mesmo repassar o prejuízo, estimado ou efetivo, aos seus preços. O credor trabalhista, porém, não dispõe de nenhum destes meios ou de qualquer outro para absorver o risco de inadimplemento do seu empregador. A lei não poderia deixar de o amparar estipulando a solidariedade entre as empresas do mesmo grupo econômico.[2267]

Deste modo, o Poder Judiciário não pode decidir uma questão regida pelo direito comercial partindo do instituto do "grupo econômico" próprio do direito trabalho. Equivaleria isso a uma distorção tão gritante quanto fazer o inverso, ou seja, decidir uma causa trabalhista aplicando as regras do instituto do "grupo de sociedades", que pertence ao direito comercial. Deixar de imputar solidariedade às empresas do mesmo "grupo econômico" resultaria em desamparar o credor trabalhista. Similarmente, imputar solidariedade às sociedades do mesmo "grupo de sociedades" acarretaria numa distorção aos pilares do regular funcionamento da economia de mercado. Na órbita das relações entre empresários, a separação patrimonial entre sociedades integrantes do mesmo "grupo de sociedades" (LSA, art. 266) só pode deixar de ser observada, nas decisões judiciais, se estiverem presentes os requisitos para a desconsideração da personalidade jurídica (CC, art. 50).

Natureza

Art. 266. As relações entre as sociedades, a estrutura administrativa do grupo e a coordenação ou subordinação dos administradores das sociedades filiadas serão estabelecidas na convenção do grupo, mas cada sociedade conservará personalidade e patrimônios distintos.

COMENTÁRIOS

1. Os grupos de sociedades

FÁBIO ULHOA COELHO

A clareza do art. 266 da LSA, quanto à conservação da personalidade e patrimônio distintos por cada sociedade integrante de um grupo não tem, lamentavelmente para a economia brasileira, se mostrado suficiente à assimilação do comando normativo. A autonomia patrimonial e a personalidade própria de uma sociedade empresária não se alteram minimamente, no plano das

---

[2267] Os credores das sociedades empresárias são classificados, doutrinariamente, no contexto da discussão sobre a responsabilidade dos sócios pelas obrigações sociais, entre *negociais* e *não negociais*. Na primeira categoria, onde se encontram os empresários, bancos, seguradoras etc., estão credores que dispõem de instrumentos financeiros para absorver o risco do inadimplemento, utilizando-se, por exemplo, de *spread* nas taxas remuneratórias do crédito concedido. Na segunda categoria, estão os trabalhadores, consumidores, Fisco, etc., que não dispõem destes instrumentos financeiros (sobre o assunto, ver COELHO, Fábio Ulhoa. *Curso de direito comercial*. 20. ed. São Paulo: RT, 2016. v. 2. p. 391 e 394-396).

obrigações comerciais,[2268] sendo ela integrante de um grupo "de direito", de um grupo "de fato" ou mesmo não integrante de grupo nenhum.

A solar clareza da norma, ademais, não tem conseguido barrar reflexões que sugerem decorrer uma "quase-pessoa jurídica" da "unidade" que identificam nos grupos.[2269] Mira-se com isso estender às relações de direito comercial o que é justificável (quando o é) apenas em outros ramos jurídicos, o que é uma distorção jurídica e econômica. Além dessas incursões teóricas, também milita contra a disposição contida no art. 266 da LSA até mesmo regulamento das autoridades regulatórias. O Banco Central, desde 2000, determina às instituições financeiras que, ao avaliarem o risco de crédito de uma sociedade integrante de grupo, levem em conta o risco do grupo.[2270]

Por que é ruim, para a economia brasileira, esse desprestígio, no campo das relações de direito comercial, da autonomia patrimonial das sociedades integrantes dos grupos? Porque deixamos de oferecer aos investidores, nacionais e estrangeiros, um eficiente mecanismo de segregação de riscos, que costuma baratear o custo do crédito. A abundância de doutrinas e decisões no sentido da incondicional extensão dos efeitos da falência de uma sociedade às componentes do mesmo grupo, da consolidação substancial sem critério em recuperações judiciais e dos larguíssimos parâmetros adotados para se decretar a desconsideração da personalidade jurídica em execuções impedem que o fornecedor de crédito destinado a uma sociedade atenha-se exclusivamente ao exame da capacidade patrimonial, econômica e financeira dela, na avaliação dos riscos e precificação, deixando de lado as demais integrantes do mesmo grupo. O fornecedor de crédito cuidadoso que fizer rápida pesquisa, nos julgados dos tribunais brasileiros, preocupado com a eficácia da parte final do art. 266 da LSA, não demorará a chegar à conclusão do quanto é arriscado fiar-se no que claramente preceitua este dispositivo.

A natureza do grupo não é corretamente identificada, por meio das tentativas de relativização dos efeitos da autonomia patrimonial das sociedades empresárias. Deve-se olhar a outra direção. Grupo é apenas um *contrato* entre sociedades, em que elas assumem a obrigação recíproca de *combinar recursos e esforços*. Disso decorre que, ao contrário do que parece ter-se difundido pelos fóruns, nunca há "automática" responsabilização de uma sociedade integrante do grupo pelas obrigações das demais, em caso de falência, recuperação judicial ou inadimplemento de passivo regido pelo direito comercial.

Claro que, estando presentes os pressupostos da desconsideração da personalidade jurídica (CC, art. 50), as hipóteses de ineficácia da autonomia patrimonial não sancionadora ou os preceitos legais estabelecendo a solidariedade, cabe cobrar-se de outra a obrigação de certa sociedade. Mas, nestas três hipóteses, não é a relação grupal que autoriza a cobrança, mas sim as exceções (da própria lei) à afirmação da autonomia patrimonial constante da parte final do art. 266 da LSA. Quer dizer, se houve confusão patrimonial abusiva, desconsidera-se a personalidade jurídica da sociedade não porque ela integra o

---

[2268] Em outros ramos jurídicos, estatui-se a ineficácia da autonomia patrimonial da sociedade, quando se trata de obrigações de integrante do mesmo grupo, como por exemplo no direito do trabalho (CLT, art. 2º, § 2º); e, em outros ainda, prestigia-se a autonomia patrimonial, mas torna cada sociedade solidariamente responsável pelas obrigações das demais, integrantes do grupo, como, por exemplo, no direito previdenciário (Lei nº 8.212/1991, art. 30, IX). No entanto, quando não existe nenhuma norma excepcional, preceituando seja a ineficácia da autonomia patrimonial, seja a solidariedade, aplica-se o art. 266 da LSA.

[2269] Para uma discussão abrangente acerca dessa abordagem, ver MUNHOZ, Eduardo Secchi. *Empresa contemporânea e direito societário* – poder de controle e grupos de sociedades. São Paulo: Juarez de Oliveira, 2002, em especial p. 84-148.

[2270] "A avaliação centrada no *risco-sociedade* não é admissível para as instituições financeiras desde 2000, em decorrência de umas medidas de saneamento das instituições financeiras adotadas no governo FHC. De acordo com as regras vigentes, sobre a avaliação de risco de operações de crédito bancário para fins de provisionamento, a autonomia patrimonial das sociedades integrantes de grupo é desconsiderada. O regulamento baixado pelo CMN estabelece que, *em geral*, todas as operações de crédito do banco com as sociedades de um mesmo grupo econômico devem ser classificadas no nível da operação *"que apresentar maior risco"*. É aberta a possibilidade de excepcionalmente isolar-se determinada operação, para classificá-la em consideração de sua natureza e finalidades, características das garantias e valor, mas não em função especificamente da pessoa jurídica mutuária (Res. BACEN nº 2.682/1999, art. 3º). Em outros termos, no mais das vezes, a boa e regular administração bancária não pode considerar, na concessão de crédito a sociedade integrante de grupo, o *risco-sociedade*, mas deve levar em conta somente o *risco-grupo*" (COELHO, Fábio Ulhoa. A alocação de riscos e a segurança jurídica na proteção do investimento privado. *Revista de Direito Brasileiro*, v. 16, n. 7, 2017. Disponível em: http://www.indexlaw.org/index.php/rdb/article/view/3107/2821).

mesmo grupo daquela a quem se estende a obrigação, mas sim porque... houve confusão patrimonial; se uma norma torna ineficaz a autonomia patrimonial em determinada situação lícita, uma sociedade responde por obrigação de outra não por comporem ambas um grupo, mas sim porque... a lei suspendeu a eficácia da autonomia patrimonial naquela situação; se norma específica quer a solidariedade entre duas sociedades, uma deve a obrigação da outra não porque são filiadas ao mesmo grupo, mas sim porque... a lei disse que há solidariedade nesse caso.

2. A autonomia patrimonial e a desconsideração da personalidade jurídica

FÁBIO ULHOA COELHO

Pode-se considerar Rolf Serick o principal sistematizador da teoria da desconsideração da personalidade jurídica,[2271] na tese de doutorado defendida perante a Universidade de Tübigen, em 1953. É certo que, antes do jurista alemão, alguns outros autores já haviam se dedicado ao tema, como, por exemplo, Maurice Wormser,[2272] ainda nas primeiras décadas do século passado. Mas não se encontra claramente, nos estudos precursores, a motivação central de Serick, de buscar definir, em especial a partir da jurisprudência norte-americana, os critérios gerais que autorizam o afastamento da autonomia das pessoas jurídicas.

O resultado da pesquisa conduziu Serick à formulação de quatro princípios. O primeiro princípio afirma que "o juiz, diante de abuso da forma da pessoa jurídica, pode, para impedir a realização do ilícito, desconsiderar o princípio da separação entre sócio e pessoa jurídica".[2273] Entende Serick por abuso da forma qualquer ato que, por meio do instrumento da pessoa jurídica, vise frustrar a aplicação da lei ou o cumprimento de obrigação contratual, ou, ainda, prejudicar terceiros de modo fraudulento. Ressalta, também, que não se admite a desconsideração sem a presença desse abuso, mesmo que para a proteção da boa-fé.

O segundo princípio da teoria da desconsideração circunscreve, com mais precisão, as hipóteses em que a autonomia deve ser preservada. No segundo princípio, Serick sustenta não ser "possível desconsiderar a autonomia subjetiva da pessoa jurídica apenas porque o objetivo de uma norma, ou a causa de um negócio não foram atendidos".[2274] Em outros termos, não basta a simples prova da insatisfação de direito de credor da sociedade, para justificar-se a desconsideração. É indispensável que tenha havido manipulação fraudulenta da autonomia patrimonial.

De acordo com o terceiro princípio, "aplicam-se à pessoa jurídica as normas sobre capacidade ou valor humano, se não houver contradição entre os objetivos destas e a função daquela. Em tal hipótese, para atendimento dos pressupostos da norma, levam-se em conta as pessoas físicas que

---

[2271] Sobre o tema, a literatura nacional é abundante, e dela peço vênia para destacar: COMPARATO, Fábio Konder. *O poder de controle na sociedade anônima*. 2. ed. São Paulo: RT, 1977; REQUIÃO, Rubens. Abuso de direito e fraude através da personalidade jurídica (*disregard doctrine*). *Aspectos Modernos de Direito Comercial*. São Paulo: Saraiva, 1977. p. 67-84; OLIVEIRA, J. Lamartine Corrêa de. *Dupla crise da pessoa jurídica*. São Paulo: Saraiva, 1979; SALOMÃO FILHO, Calixto. *O novo direito societário*. São Paulo: Malheiros, 1998, p. 76/119; JUSTEN FILHO, Marçal. *Desconsideração da personalidade societária no direito brasileiro*. São Paulo: RT, 1987; GONÇALVES, Oksandro. *A relativização da responsabilidade limitada dos sócios*. Belo Horizonte: Editora Fórum, 2011; e COELHO, Fábio Ulhoa. *Desconsideração da personalidade jurídica*. São Paulo: RT, 1989.

[2272] "As I have said, there can be no doubt that in general a corporation must be viewed as a personality, separate and distinct from its stockholders, whether individual or corporate, but this fiction, like every other fiction, must be employed with common sense and applied so as to promote the ends of justice. It must not be converted into a fetish. It must not be worshipped in the way the savages worship a red cow or an ornamental totem pole as a supposed incarnation of a sacred spirit. There is always danger, when a fiction (whether corporate or otherwise) becomes so deeply rooted in the case law, that judges no longer remember its object and purpose, and apply the fiction to an extent where they refuse to consider and to penetrate into the actual facts behind it" (WORMSER, I. Maurice. *Disregard of the corporate fiction and allied corporation problems*. New York: Baker, Voorhis and Company, 1927. p. 24).

[2273] "Wird die Rechtsform der juristischen Person mißbraucht, so darf sie der Richter, um den erstrebten rechtswidrigen Erfolg zu vereiteln, mißachten und vom Grundsatz der scharfen Scheidung zwischen Mitglied und Korporation abweichen" (*Rechtform und Realität juristischer Personen*. 2. ed. Tübigen: J.C.B.Mohr, 1980. p. 203).

[2274] "Die Rechstform der juristischen Person darf nicht schon deswegen mißachtet werden, weil andernfalls der Zweck einer Norm oder der objektive Zweck eines Rechtsgeschäfts nicht erreicht werden würde" (*Rechtform und Realität juristischer Personen*. 2. ed. Tübigen: J.C.B.Mohr, 1980. p. 208).

agiram pela pessoa jurídica".[2275] É este o critério recomendado para resolver questões como a nacionalidade ou raça de sociedades empresárias. O derradeiro princípio sustenta que, "se as partes de um negócio jurídico não podem ser consideradas um único sujeito apenas em razão da forma da pessoa jurídica, cabe desconsiderá-la para aplicação de norma cujo pressuposto seja diferenciação real entre aquelas partes.[2276] Quer dizer, se a lei prevê determinada disciplina aos negócios entre dois sujeitos distintos, cabe desconsiderar a autonomia da pessoa jurídica que, para afastar aquela disciplina, os realiza com um de seus membros.

Na doutrina brasileira, ingressa a teoria da desconsideração da personalidade jurídica no final dos anos 1960, em conferência proferida por Rubens Requião na Faculdade de Direito da Universidade Federal do Paraná, por ocasião das comemorações do primeiro centenário de nascimento do Des. Vieira Cavalcanti Filho, que havia sido o primeiro titular da Cátedra de Direito Comercial desta instituição.[2277] Nesta famosa conferência, a teoria foi apresentada como a superação do conflito entre soluções éticas, que questionam a autonomia patrimonial da pessoa jurídica, para responsabilizar sempre os sócios, e as técnicas, que se apegam inflexivelmente ao primado da separação subjetiva das sociedades.

Requião sustenta, também, a plena adequação ao direito brasileiro da teoria da desconsideração, defendendo a sua utilização pelos juízes, independentemente de específica previsão legal. Seu argumento básico – de resto, aceito pela unanimidade da doutrina e jurisprudência – é o de que as fraudes e abusos, perpetrados por meio da pessoa jurídica, não poderiam ser corrigidos a não ser por via da aplicação da *disregard doctrine* pelos tribunais brasileiros.[2278] É certo que, desde sua apresentação ao direito brasileiro até os dias de hoje, a teoria da desconsideração vem evoluindo de modo consistente, tendo a jurisprudência já se atentado para a importância de a aplicar, *em seus exatos contornos*, sempre que se depara com a manipulação irregular da autonomia patrimonial.

Nesta trajetória evolutiva, cabe especial destaque à contribuição de Fábio Konder Comparato, doutrinador que, na literatura brasileira, foi o pioneiro na formulação *objetiva* da teoria, que alarga a sua aplicação para outras hipóteses além da fraude ou do abuso da personalidade jurídica. De acordo com o seu magistério, a desconsideração tem pertinência sempre que verificada a *confusão* de objetivo ou patrimônio entre sócio e sociedade.[2279] A formulação objetiva da teoria da desconsideração foi incorporada pelo legislador brasileiro.[2280] O Código Civil, no dispositivo

---

[2275] "Auch Normen, die auf menschliche Eigenschaften oder Fähigkeiten abstellen oder auf menschliche Werte Bezug nehmen, dürfen mit der juristischen Person verknüpft werden, wenn sich der Zweck der Norm mit dem Zweck der juristischen Person verträgt. In diesem Falle darf zur Bestimmung der Normenvoraussetzungen auf die Menschen hinter der juristischen Person durchgegriffen werden, wenn dies erforderlich ist" (*Rechtform und Realität juristischer Personen*. 2. ed. Tübigen: J.C.B.Mohr, 1980. p. 213).

[2276] "Wird durch die Rechtsform der juristischen Person verdeckt, daß an einer Rechtshandlung Personen beteiligt sind, die tatsächlich identisch sind, so darf die Rechtsform der juristischen Person mißachtet werden, wenn es sich um die Anwendung einer Norm handelt, die nicht von der rechtlichen, sondern von der tatsächlichen Personenverschiedenheit oder -einheit der Beteiligten ausgeht" (*Rechtform und Realität juristischer Personen*. 2. ed. Tübigen: J.C.B.Mohr, 1980. p. 287).

[2277] REQUIÃO, Rubens. Abuso de direito e fraude através da personalidade jurídica (*disregard doctrine*). *Aspectos modernos de direito comercial*. São Paulo: Saraiva, 1977. p. 67-84.

[2278] Para Rubens Requião: "Diante do abuso de direito e da fraude no uso da personalidade jurídica, o juiz brasileiro tem o direito de indagar, em seu livre convencimento, se há de consagrar a fraude ou o abuso de direito, ou se deve desprezar a personificação jurídica, para, penetrando em seu âmago, alcançar as pessoas e bens que dentro dela se escondem para fins ilícitos ou abusivos" (Abuso de direito e fraude através da personalidade jurídica (*disregard doctrine*). *Aspectos modernos de direito comercial*. São Paulo: Saraiva, 1977. p. 70).

[2279] "O verdadeiro critério no assunto [aplicação da teoria da desconsideração] é o referente aos próprios pressupostos da separação patrimonial, enquanto causa da constituição das sociedades: do tipo formal, como por exemplo, o respeito à forma societária; ou o pressuposto substancial da permanência do objeto e do objetivo social, como escopo inconfundível com o interesse ou a atividade individual dos sócios. A falta de qualquer desses pressupostos torna ineficaz a separação de patrimônios, estabelecida em regra" (*O poder de controle na sociedade anônima*. 2. ed. São Paulo: RT, 1977. p. 274-275).

[2280] O relator do projeto de lei que instituiu o Código Civil, quando de sua tramitação no Senado, o jurista Senador Josaphat Marinho, em seu relatório, informa: "por emenda do Relator ao art. 50, admitiu-se a 'desconsideração da

pertinente ao tema, o art. 50, inspirou-se na formulação de Comparato.

De qualquer modo, seja na formulação subjetiva expressa nos quatro princípios de Rolf Serick, seja na objetiva consagrada pelo legislador brasileiro, não há margem para qualquer questionamento da assertiva de que somente quando *presentes os seus pressupostos legais*, será cabível a desconsideração da personalidade jurídica de qualquer sociedade empresária. Em outros termos, apenas diante de inequívoca prova de confusão patrimonial ou desvio de finalidade (concepção objetiva adotada pela lei brasileira), o princípio da autonomia patrimonial das pessoas jurídicas pode ser afastado.[2281]

Em sua trajetória no âmbito do direito brasileiro, desde os fins dos anos 1960, a teoria da desconsideração da personalidade jurídica firmou-se como um expediente destinado a coibir específicas manipulações na autonomia patrimonial. Seu objetivo não é assegurar incondicionalmente a satisfação dos credores da pessoa jurídica, quando esta não dispõe de recursos próprios para pagar suas obrigações. Na jurisprudência do Superior Tribunal de Justiça encontram-se vários e eruditos precedentes, nos quais estão assentadas as premissas em torno da aplicação da teoria da desconsideração da personalidade jurídica, que concluem esta rica e consistente trajetória: *1ª)* a desconsideração é medida excepcional, cabível apenas em casos extremos,[2282] não estando o Poder Judiciário autorizado a negar a eficácia da autonomia patrimonial senão nas específicas hipóteses previstas em lei;[2283] *2ª)* o art. 50 do Código Civil não autoriza a desconsideração da personalidade jurídica apenas em razão da insuficiência do patrimônio da pessoa jurídica;[2284] *3ª)* são causas que autorizam a desconsideração da personalidade jurídica, nas relações regidas pelo Código Civil, apenas o desvio de finalidade e confusão patrimonial.[2285]

Mas a forma pela qual a teoria da desconsideração tem sido aplicada no Brasil ainda reclama aperfeiçoamentos. A noção de *confusão patrimonial*, enquanto pressuposto de aplicação da teoria da desconsideração da personalidade jurídica, está a merecer um maior aprofundamento. Afinal, não é a mera articulação de recursos entre dois sujeitos de direito que configura a confusão patrimonial erigida, pela lei, como pressuposto da desconsideração. Para autorizar a superação da autonomia patrimonial das sociedades empresárias, é necessário comprovar-se a *abusividade* na confusão de patrimônios.

3. A desconsideração da personalidade jurídica de sociedades do mesmo grupo

FÁBIO ULHOA COELHO

O Superior Tribunal de Justiça já tinha, há algum tempo, assentado que a simples existência de um grupo econômico não autoriza o juiz desconsiderar a autonomia patrimonial das sociedades que o compõem, se não ocorreu nenhum dos pressupostos legais da desconsideração da personalidade jurídica,[2286] quando o legislador entendeu que era o caso de insistir. Em 2019, introduziu no art. 50 do Código Civil, o § 4º reforçando: "a mera existência de grupo econômico sem a presença dos requisitos de que trata o caput deste artigo não autoriza a desconsideração da personalidade jurídica". Para os que ingenuamente acham que basta a lei dizer de novo o que ela havia dito, para mudar alguma coisa, essa

---

personalidade jurídica', em caso de abuso 'caracterizado pelo desvio de finalidade, ou pela confusão patrimonial', mediante fórmula provinda do conhecimento e da experiência do Professor Fábio Konder Comparato" (In: REALE, Miguel. *História do novo Código Civil*. São Paulo: RT, 2005. p. 148).

[2281] Como alerta Leonardo Netto Parentoni: "como não se trata [o art. 50 do CC] de norma de responsabilidade objetiva, mas de *sanção pelo mau uso da limitação de responsabilidade*, é preciso dotá-la de pressupostos que permitam identificar, objetivamente e com segurança, no que consiste este mau uso. Com efeito, o sujeito potencialmente atingido deve ter ciência de quais são as condutas capazes de atrair tal sanção, até para abster-se de praticá-las. Do contrário, haveria desestímulo para se respeitarem os condicionantes da limitação de responsabilidade patrimonial, já que ela seria afastada de qualquer modo, pouco importando a conduta adotada no caso concreto" (*Desconsideração contemporânea da personalidade jurídica*. São Paulo: Quartier Latin, 2014. p. 194).

[2282] EREsp 1.306.553-SC. Rel. Min. Maria Isabel Gallotti.

[2283] AgRg no AREsp 584.195-RJ. Rel. Min. Ricardo Cueva; AgRg no REsp 1.534.236-PE. Rel. Min. Humberto Martins.

[2284] AgRg no REsp 1.173.067-RS. Rel. Min. Nancy Andrighi; AgRg no AREsp 478.914-MG. Rel. Min. Luis Felipe Salomão.

[2285] REsp 1.245.712-MT. Rel. Min. João Otávio de Noronha; REsp 1.241.873-RS. Rel. Min. João Otávio de Noronha; AgRg no AREsp 303.501-SP. Rel. Min. Marco Buzzi; AgRg no AREsp 651.421-RS. Rel. Min. Raul Araújo.

[2286] AgRg no AREsp 441.465-PR. Rel. Min. Ricardo Cueva.

alteração legislativa, veiculada pela Lei da Liberdade Econômica (Lei 13.874/2019) resolveria a questão de modo definitivo.

Não é bem assim, porém. Se não forem compreendidos, com exatidão, os pressupostos da desconsideração da personalidade jurídica (os "requisitos de que trata o *caput*" do art. 50), continuará a ser desprestigiado o art. 266 da LSA, com a responsabilização pelas obrigações de qualquer sociedade pelas demais do mesmo grupo (*de fato* ou *de direito*). Em outros termos, nem tudo que o Judiciário tem considerado "confusão patrimonial" corresponde ao pressuposto de irregularidade que a lei coíbe por meio da desconsideração da personalidade jurídica. Há sobreposições de estrutura administrativa e combinação de recursos financeiros típicos de um grupo empresarial que de maneira nenhuma configura o pressuposto da desconsideração caracterizado pela "confusão patrimonial".

Talvez por não compreenderem bem o fundamento racional da autonomia patrimonial das pessoas jurídicas, bem como sua extrema importância para a segregação dos riscos, atração de investimentos e desenvolvimento econômico, *em benefício geral de todos os brasileiros*,[2287] os magistrados acabaram por conferir à desconsideração da personalidade jurídica uma frequência inteiramente incompatível com o seu caráter de excepcionalidade. Tornaram regra o que é excepcional.

Esta distorção, altamente prejudicial para o regular funcionamento da economia no país, se traduziu, no plano hermenêutico, no extraordinário alargamento dos pressupostos que autorizam a desconsideração. Durante muito tempo, aliás, o alargamento foi de tal ordem desmedido que muitas decisões judiciais representavam, na verdade, a pura e simples negação do instituto da pessoa jurídica. Várias foram as decisões que, no passado, na jurisdição cível, contentaram-se com a mera insuficiência do patrimônio social para imputar aos sócios responsabilidade por obrigações da pessoa jurídica. Se predomina atualmente o correto entendimento sobre a desconsideração da personalidade jurídica, no sentido de que ela cabe exclusivamente nos casos em que estiverem preenchidos um dos pressupostos legais, não se pode deixar de apontar a persistência de certa distorção.

Não se localiza mais, como no passado, desprezo aos pressupostos legais; ela se encontra, atualmente, na *interpretação* desses pressupostos. A natureza excepcional da desconsideração desautoriza qualquer interpretação extensiva ou analógica, devendo o Poder Judiciário se ater estritamente ao que o art. 50 do CC preceitua. Em outros termos, para que seja admissível a desconsideração da autonomia patrimonial de qualquer pessoa jurídica, é indispensável que se configure a confusão patrimonial ou o desvio de finalidades *abusivos*.

A confusão patrimonial, por si só, não autoriza a desconsideração. Tampouco o desvio de finalidade, puro e simples, autoriza a superação da autonomia patrimonial. Tanto num, como noutro caso, é indispensável a presença do elemento "abusividade".

Leia-se, com atenção, o art. 50 do Código Civil (grifos acrescidos): "*Em caso de abuso da personalidade jurídica*, caracterizado pelo desvio de finalidade ou pela confusão patrimonial, pode o juiz, a requerimento da parte, ou do Ministério Público quando lhe couber intervir no processo, desconsiderá-la para que os efeitos de certas e determinadas relações de obrigações sejam estendidos aos bens particulares de administradores ou de sócios da pessoa jurídica *beneficiados direta ou indiretamente pelo abuso*". O pressuposto para a desconsideração, rigorosamente falando, é o "abuso da personalidade jurídica". O início da redação da norma o indica claramente ("em caso de abuso da personalidade jurídica..."). O *desvio de finalidade* ou a *confusão patrimonial* são as hipóteses de *caracterização* da abusividade, no sentido de excluir as demais. Ao circunscrever os efeitos da desconsideração à responsabilização patrimonial de quem tenha sido "*beneficiado pelo abuso*", mais uma vez a lei reitera que está coibindo o que antes de tudo seja caracterizável como uma conduta *abusiva*.

Pode haver abusividade sem confusão patrimonial. Assim como pode ocorrer confusão patrimonial sem abusividade. Para incidir o art. 50 do CC, é necessária a abusividade *caracterizada* pela confusão patrimonial. O pressuposto da desconsideração da personalidade jurídica, assim, é mais bem sintetizado na expressão "confusão patrimonial *abusiva*".

Principalmente, no que diz respeito à "confusão patrimonial", a precisão conceitual é de extrema importância, quando se trata de desconsiderar a personalidade jurídica de sociedade integrante de grupo, de fato ou de direito. Uma

---

[2287] Cfr. COELHO, Fábio Ulhoa. *Princípios do direito comercial*. São Paulo: Saraiva, 2012. p. 41-43.

coisa é desconsiderar a autonomia patrimonial de uma sociedade empresária *não integrante* de grupo, porque o seu sócio controlador confunde os patrimônios social e particular. Neste caso, o peso do elemento "abusividade" é consideravelmente menor, para fins de interpretação do art. 50 do CC. Coisa bastante diversa é desconsiderar a autonomia patrimonial de sociedade empresária *integrante* de grupo, a partir apenas da *articulação* dos seus recursos e esforços, ou seja, da otimização destes.

Afinal, um grupo, *por essência*, é um conjunto de sociedades empresárias que estão racionalmente combinando seus recursos e esforços para que cada uma possa realizar o respectivo objeto social. Não há grupo de sociedades sem esta combinação de recursos e esforços.

Exemplo característico desta articulação se encontra na figura do "caixa único". Pode-se dizer que, em todo e qualquer grupo, esta característica se encontra presente. Afinal, uma das vantagens proporcionadas pela ligação entre as sociedades é exatamente a centralização financeira. Não é difícil explicar as razões que levam os grupos a adotarem invariavelmente o "caixa único". Os recursos de todas as sociedades integrantes do grupo *somados* proporcionam o acesso a investimentos mais atraentes. Também o "caixa único" proporciona as condições para que as disponibilidades das sociedades com liquidez poupem as demais do mesmo grupo de pagarem juros por financiamentos bancários. Enxergar no "caixa único", prática largamente disseminada nos grupos, a caracterização daquela hipótese de *confusão patrimonial* que autoriza a desconsideração da personalidade jurídica é exemplo de indevida interpretação extensiva do art. 50 do CC. Não há absolutamente nenhuma abusividade no simples fato de um grupo adotar a prática do "caixa único".

Outro exemplo que tem servido à distorção do alargamento dos pressupostos da desconsideração encontra-se no que tem sido chamado de "garantias cruzadas", ou seja, a outorga, por uma sociedade do grupo, de fiança ou aval em favor de outra sociedade. O "cruzamento" se verifica quando não existe, dentro do grupo, apenas uma sociedade outorgante e outra outorgada, da garantia, mas elas se revezam nestas posições jurídicas. Nada há de abusivo nesta combinação de esforços e recursos; aliás, não há nas garantias cruzadas nem mesmo algum resquício de confusão patrimonial.

Em suma, os grupos de sociedades se organizam exatamente para proporcionar a combinação de recursos e esforços de cada uma delas, para a realização dos respectivos objetos sociais. Este é, aliás, o conceito legal de grupo, consoante o disposto no art. 265 da LSA. Se qualquer "combinação de recursos e esforços" configurasse a "confusão patrimonial abusiva" que autoriza a desconsideração da personalidade jurídica das sociedades integrantes de grupo, então elas não poderiam ser consideradas sujeitos de direito autônomos, umas em relação às outras, tal como claramente preceituado na parte final do art. 266. Se cada sociedade integrante do grupo conserva sua autonomia patrimonial e, ao fazer parte deste "coletivo de empresas", obriga-se a combinar com as demais filiadas "recursos ou esforços" (art. 265), então práticas como "caixa único" e "garantias cruzadas" não configuram o pressuposto da "confusão patrimonial abusiva" que autoriza a desconsideração (CC, art. 50).

A interpretação sistemática destes dispositivos conduz à conclusão de que a simples combinação de recursos e esforços, entre sociedades integrantes do mesmo grupo, não é suficiente para a caracterização da confusão patrimonial *abusiva* que autoriza a desconsideração da personalidade jurídica delas.[2288] Note-se que a distinção entre grupos de fato e de direito reside unicamente na formalização deste, mediante convenção arquivada na Junta Comercial.[2289] Em sua essência, um

---

[2288] Fábio Konder Comparato, ao situar os dilemas do direito tradicional na disciplina da matéria, considerava que "a confusão em maior ou menor grau, é inerente a todo grupo econômico. O interesse individual de uma sociedade é sempre subordinado ao interesse geral do complexo de empresas agrupadas. Com isso, são praticamente inevitáveis as transferências de ativo de uma sociedade a outra, ou uma distribuição proporcional de custos e prejuízos entre todas elas" (*O poder de controle na sociedade anônima*. 2. ed. São Paulo: RT, 1977. p. 345-346).

[2289] A distinção entre grupos de fato e de direito tem, na verdade, implicação relevante na proteção dos sócios minoritários contra abuso do poder de controle, nada dizendo respeito à aplicação da teoria da desconsideração da personalidade jurídica. Como elucida Viviane Muller Prado: "[O] direito societário brasileiro contempla os grupos de fato, ao prever as relações entre sociedades controladora e controlada, no art. 243, § 2º, da Lei n. 6.404/1976. A opção por uma organização empresarial na forma plurissocietária representa manifestação lícita da iniciativa econômica da direção unificada e coordenada das atividades da controladora. A questão passa a ser como isto

grupo econômico se define como uma ligação entre sociedades, para viabilizar a combinação racional de recursos ou esforços, para a realização do objeto social de cada uma delas, com ou sem a formalidade da convenção arquivada no Registro de Empresas.

Em consequência, sempre que se pleiteia a desconsideração da personalidade jurídica de sociedades integrantes de grupo, invocando o pressuposto da confusão patrimonial, é indispensável que o julgador, debruçando-se sobre os fatos, distinga o que é *normal* e *regular* da existência mesma do grupo ("combinação de recursos ou esforços") do que poderia configurar uma *abusiva* subtração de recursos de uma das sociedades, com vistas a lesar direitos dos credores destas. Apenas na segunda hipótese, caberá a desconsideração da autonomia patrimonial.

Em outros termos, o Poder Judiciário não pode tomar toda e qualquer "combinação de recursos ou esforços" a que se refere o art. 265 da LSA como sendo hipótese de "abuso da personalidade jurídica, caracterizado (...) pela confusão patrimonial" exigida pelo art. 50 do CC, para fins de autorizar a desconsideração. Há que distinguir, de modo claro, entre a plena licitude da atuação combinada de duas ou mais sociedades (por meio dos grupos, consórcios, coligações e demais institutos de direito societário) da ilicitude existente em abusivas medidas de esvaziamento ("dragagem") de recursos de uma sociedade, para prejuízo dos credores desta.

4. Consolidação patrimonial em Recuperação Judicial

FÁBIO ULHOA COELHO

Construção da jurisprudência, a consolidação substancial está legalmente disciplinada desde que a reforma de 2020 da Lei 11.101/2005 (LRF) introduziu o art. 69-K neste diploma. A hipótese é pertinente às recuperações judiciais propostas por sociedades empresárias integrantes de um mesmo grupo, de fato ou de direito. Por "consolidação substancial" compreende-se, em essência, a alternativa de superação da crise econômico-financeira de sociedades recuperandas por meio da *alteração* do sujeito passivo das obrigações delas, que são alcançadas pelos efeitos da recuperação judicial. Referida alteração pode, por exemplo, consistir em tornar todas as sociedades recuperandas codevedoras dos passivos de cada uma delas. Por meio da consolidação substancial, as obrigações contraídas por cada sociedade do grupo de recuperandas passam a ser devidas por todas (LRF, art. 69-L).

Deste modo, a consolidação substancial é uma novação recuperacional *subjetiva*. Embora se possa cogitar em tese de consolidação substancial restrita a uma novação recuperacional *subjetiva*, ela, na verdade, tem sido feita sempre em combinação com alterações também do valor das obrigações, garantias e condições de pagamento; ou seja, ela vem associada a uma novação recuperacional *objetiva*.[2290] Por assim dizer, a consolidação substancial, quando total, tem viabilizado a superação da crise econômico-financeira das sociedades integrantes de um mesmo grupo pela "soma" dos respectivos ativos para satisfazer ou assegurar a satisfação da totalidade dos passivos das recuperandas sujeitos aos efeitos da medida recuperacional.

Em rigor, a consolidação substancial ainda não conta com um repertório de respostas que atenda a todas as questões que suscita. Aliás, tem sido notável o trabalho conjunto de todos os profissionais da área (magistrados, acadêmicos, advogados, representantes do Ministério Público e administradores judiciais) no esforço de abastecer e robustecer este repertório.

A complexidade do tema exige, previamente ao aprofundamento de seus desdobramentos, a superação de algumas imprecisões, que, vez por outra, ainda perturbam o seu adequado tratamento. Refiro-me, aqui, a duas *simplificações* que têm conduzido o intérprete a erros: de um lado, a confusão entre litisconsórcio e consolidação; de outro, a aplicação da teoria da desconsideração da personalidade jurídica.

É um equívoco considerar que a consolidação substancial seria decorrência necessária do litisconsórcio ativo. Trata-se de uma simplificação desconcertante dar-se por resolvida a complexa questão da consolidação tão somente em razão de ter sido admitido o processamento da

---

se coaduna com a organização interna das sociedades controladas, pois, no grupo de fato não pode a sociedade controladora impor diretrizes às demais, como nos grupos convencionais" (In: COELHO, Fábio Ulhoa (coord.). *Tratado de direito comercial*. São Paulo: Saraiva, 2015. v. 3. p. 383-384).

[2290] Aqui, estou transpondo para a novação recuperacional, uma classificação tradicionalmente adotada pela doutrina no exame da novação civil. Cfr. COELHO, Fábio Ulhoa. *Curso de direito civil*. 7. ed. São Paulo: RT, 2016. v. 2. p. 145.

recuperação judicial em litisconsórcio.[2291] São duas coisas bem distintas. De um lado, o requerimento de recuperação judicial formulado por sociedades integrantes do mesmo grupo como litisconsortes (LRF, art. 69-G); de outro, a forma como se farão os arranjos patrimoniais em busca do melhor plano de superação da crise da empresa ou empresas.[2292] O litisconsórcio ativo está relacionado à facilitação no processamento da recuperação judicial, e redução de seu custo, e deve ser admitido visando essas finalidades. A consolidação, formal ou substancial, não decorre necessariamente do processamento da recuperação judicial em litisconsórcio.

A outra simplificação diz respeito à desconsideração da personalidade jurídica, que, por vezes, tem sido invocada em decisões judiciais como fundamento para a consolidação substancial total. Estas decisões consideram que o caixa único, administração centralizada e as garantias cruzadas configurariam a confusão patrimonial que, prevista no art. 50 do CC, autoriza o Poder Judiciário a desconsiderar a autonomia patrimonial das pessoas jurídicas.

Tal fundamento, contudo, não procede. Na verdade, a consolidação, embora pressuponha maior ou menor afastamento (ineficácia) da autonomia patrimonial das requerentes, *não tem nada a ver* com a desconsideração da personalidade jurídica mencionada no art. 50 do CC. Em absolutamente nenhum grupo de empresas se deixará de encontrar o caixa único, algum grau de centralização na administração e as garantias cruzadas. Isso porque a função do grupo é exatamente possibilitar a sinergia dos recursos humanos e patrimoniais de cada sociedade afiliada, em prol do conjunto. Se não for para ter caixa único, se não for para cruzar garantias, não há porque constituir um grupo. A autonomia patrimonial do art. 266 da LSA, em suma, *pressupõe* a adoção destas e de outras medidas. Como visto no comentário anterior, é necessária a *abusividade* na sobreposição de patrimônios, para que se preencham os pressupostos desta norma sancionadora. E ainda que bastasse, para a desconsideração da personalidade jurídica fundada no art. 50 do CC, a mera quase-confusão ou confusão patrimonial, mesmo sem nenhuma abusividade, isso significaria colocar nas mãos do devedor a decisão unilateral acerca da consolidação substancial. Afinal, se não possuía caixa único, ele pode sem dificuldade, entre as medidas preparatórias da recuperação judicial, instituir a unificação, bem como praticar outros atos de "confusão patrimonial", caso precisasse contar com alguma forma de consolidação substancial no seu plano de recuperação.

Por enquanto, discute-se a consolidação substancial apenas de sociedades em crise integrantes do mesmo grupo, de fato ou de direito. Não tardará, contudo, e estaremos nos debruçando sobre a consolidação substancial suscitada em recuperação judicial ajuizada por litisconsortes que *não* pertencem ao mesmo grupo. Afinal, a solução para a crise econômico-financeira de duas sociedades empresárias (por assim dizer) "isoladas" pode se encontrar exatamente na sinergia entre elas, ou seja, na "soma" de seus ativos para satisfazerem ou assegurarem a satisfação dos seus passivos novados. Nesses dois casos (litisconsortes do mesmo grupo ou de não integrantes de grupo nenhum), é *idêntica* a dificuldade a enfrentar na viabilização da consolidação substancial. Seja na consolidação substancial dos ativos e passivos de sociedades pertencentes ao mesmo grupo econômico, seja na referente a duas sociedades empresárias "isoladas", o obstáculo é idêntico: a autonomia patrimonial das recuperandas.

[2291] Já em 2016, Sheila Neder Cerezetti e Francisco Satiro advertiam para o despropósito da tendência de se estabelecer entre a admissão do litisconsórcio ativo (consolidação processual) e a consolidação substancial um vínculo necessário (A silenciosa "consolidação" da consolidação substancial. *Revista do Advogado*: Direito das Empresas em Crise, out. 2016, São Paulo: AASP, p. 216/223).

[2292] Como elucida Gilberto Deon Correa Jr.: "[u]m grupo de devedores pode ingressar com pedido de recuperação judicial em um mesmo processo e, dependendo das particularidades do caso, (i) apresentar planos separados de recuperação, os quais serão votados separadamente pelos credores de cada devedor; (ii) apresentar plano único, mas preservando a independência de cada devedor, sendo cada plano votado separadamente pelos credores de cada devedor; (iii) apresentar plano unitário, considerando ativos e passivos de forma conjunta para a satisfação dos créditos dos credores dos vários devedores, hipótese na qual a votação do plano poderá se dar ou não separadamente pelos credores, como se analisará adiante; (iv) apresentar planos separados para um ou alguns dos devedores e plano único ou unitário para outro grupo de devedores" (Anotações sobre a consolidação processual e a consolidação substancial no âmbito da recuperação judicial. In: WAISBERG, Ivo; RIBEIRO, José Horácio Halfeld Rezende (coord.). *Temas de direito da insolvência – Estudos em homenagem ao Professor Manoel Justino Bezerra Filho*. São Paulo: Editora IASP, 2017. p. 321).

De acordo com o art. 266 da LSA, as sociedades integrantes de um mesmo grupo titulam personalidade jurídica própria. Não existe, assim, sob o ponto de vista da autonomia patrimonial, nenhuma diferença entre, de um lado, o litisconsórcio ativo de sociedades em crise pertencentes ao mesmo grupo e, de outro, o litisconsórcio ativo de sociedades em crise não pertencentes ao mesmo grupo. Não há como conciliar a preservação da autonomia patrimonial de cada uma das litisconsortes e a novação recuperacional veiculada pela consolidação substancial. A autonomia patrimonial das recuperandas é inevitavelmente *desconsiderada* pela aprovação da consolidação substancial. Trata-se de uma desconsideração *diferente* da prevista no art. 50 do CC, que conviria chamarmos de "ineficácia".

De um modo mais geral, a consolidação procura viabilizar a superação da crise econômico-financeira das empresas litisconsortes porque implica num *rearranjo* patrimonial. A noção de rearranjo patrimonial no interior de um grupo de sociedades é muito mais complexa, frente à afirmação, corriqueira e já desgastada, de que as litisconsortes sempre teriam sido vistas no mercado como um "todo" e, por essa razão, deveriam ser tratadas como um único sujeito de direito. Mais uma vez, é necessário conhecer bem a realidade econômica (nesse caso, a dos grupos de empresas) para interpretar de modo adequado o direito comercial. É *evidente* que as sociedades integrantes de um grupo invariavelmente se mostram como um conjunto empresarial, como um "todo". É nisso que procuram criar uma imagem institucional de empresas fortalecidas. Mas, este fato ("apresentam-se como um todo"), *data venia*, não é um fato jurídico. É algo do interesse exclusivo da administração de empresas, sem absolutamente nenhuma importância jurídica.

Não se pode, por outras palavras, deixar de aplicar o art. 266 da LSA em razão do modo de o empresário construir sua imagem institucional (aliás, recurso imagético empregado por todos os grupos). Quando as sociedades de um mesmo grupo se apresentam, no meio empresarial, como um "todo", isso não tem nenhum significado jurídico, porque os demais empresários com os quais elas contratam sabem (pelo menos, tinham que saber) que, em razão do art. 266 da LSA, elas são patrimonialmente autônomas. O rearranjo patrimonial entre as sociedades litisconsortes viabilizado pela consolidação não pode ser visto, portanto, como se fosse uma sanção jurídica; como se fosse a consequência da desobediência de um hipotético dever legal de *não* unificarem o caixa, *não* compartilharem recursos humanos na administração, *não* possuírem participações recíprocas e *não* contratarem garantias cruzadas; como se houvesse sido cometida alguma irregularidade a ser coibida na forma do art. 50 do CC. Não! Ele deve ser visto pelo que é: uma fórmula patrimonial para a superação da crise econômico-financeira.

> **Designação**
>
> **Art. 267.** O grupo de sociedades terá designação de que constarão as palavras "grupo de sociedades" ou "grupo".
>
> **Parágrafo único.** Somente os grupos organizados de acordo com este Capítulo poderão usar designação com as palavras "grupo" ou "grupo de sociedade".

COMENTÁRIOS

1. Designação dos grupos de sociedade

Fábio Ulhoa Coelho

Os grupos de sociedade constituídos por convenção (*de direito*) devem obrigatoriamente adotar uma designação, de que constará a expressão "grupo de sociedades" ou simplesmente "grupo", sendo esta última a alternativa mais comumente adotada. O objetivo é possibilitar aos diversos agentes econômicos (bancos, fornecedores, consumidores, trabalhadores etc.) saber, de modo seguro, fácil e pronto, que a sociedade com a qual se relacionam integra um grupo de direito.

Para reforçar esse objetivo, a LSA, no parágrafo único do art. 267, *proíbe* a utilização dessas expressões na designação de qualquer outro tipo de ligação societária não classificável estritamente como grupo de direito (isto é, com convenção arquivada no Registro Público de Empresas).

Mas, a rigor, somente as companhias abertas estão sujeitas a sanção caso se identifiquem como pertencentes a um grupo de sociedade, sendo este *de fato*, e não *de direito*. De acordo com o art. 11 da Lei 6.385/1976, a CVM pode impor aos infratores das normas da LSA as sanções de advertência, multa e demais previstas no dispositivo. A competência da autarquia é restrita às condutas que possam ter repercussão no MVM. Quando uma sociedade anônima aberta, descumprindo frontalmente o parágrafo único do art. 267 da LSA, apresenta-se como integrante de um grupo, isso é claramente uma informação distorcida e ilegal que ela está fornecendo ao mercado, expondo-se às sanções referidas.[2293]

Não prevendo a lei nenhuma sanção para o descumprimento da proibição contida no parágrafo único do art. 267, quando o infrator não é companhia aberta, o fato é que se disseminou largamente o emprego da locução "grupo" também para as ligações grupais de fato, ou mesmo para outras hipóteses ainda mais distantes dos grupos de sociedade de direito. Frustra-se, deste modo, o objetivo do legislador, de permitir a segura, fácil e imediata informação, pelos agentes de mercado, acerca da existência de um conglomerado de empresas constitutivas de um grupo de direito de sociedades.

Companhias Sujeitas a Autorização para Funcionar

Art. 268. A companhia que, por seu objeto, depende de autorização para funcionar, somente poderá participar de grupo de sociedades após a aprovação da convenção do grupo pela autoridade competente para aprovar suas alterações estatutárias.

COMENTÁRIOS

1. Grupo com companhias sujeitas a autorização para funcionamento

Fábio Ulhoa Coelho

O art. 268 da LSA aplica-se às sociedades anônimas que necessitam de autorização governamental para funcionar, *em razão de seu objeto*, como as instituições financeiras e as seguradoras. Note-se que o dispositivo não tem aplicação na hipótese de sociedades estrangeiras, porque, no caso delas, a autorização para funcionamento (CC, art. 1.134) não é função do objeto social, mas da nacionalidade.

Assim, se a sociedade anônima que pretende participar de um grupo de sociedades (de direito) é daquelas que necessitam de autorização do governo para funcionar, é condição de sua filiação a prévia aprovação desta pelo órgão competente. Se uma instituição financeira tem a intenção de passar a integrar um grupo de sociedades, o Banco Central deve aprovar a filiação.

A LSA fala em aprovação da convenção grupal, mas incorre, uma vez mais, em deficiência técnica. A autoridade competente para autorizar o funcionamento de uma sociedade anônima não tem competência para aprovar, ou rejeitar, a convenção de grupo. Para a plena validade e eficácia desta, é suficiente o arquivamento no Registro Público de Empresas. O que a LSA quis dizer é que essa autoridade deverá autorizar, ou não, a filiação, da sociedade anônima sujeita ao seu controle e fiscalização, a determinado grupo de sociedades, *à vista* da respectiva convenção. Vale dizer, a autoridade competente só poderá negar a autorização de filiação, se houver alguma cláusula na convenção de grupo incompatível com a disciplina jurídica e regulamentar daquele segmento de atividade econômica.

A previsão da LSA é anacrônica. No passado, quando as instituições financeiras estavam proibidas de emprestar dinheiro a seu controlador, até podia-se argumentar pela necessidade da regra, para que o Banco Central pudesse impedir a participação de banco em grupo de sociedades, quando a convenção grupal havia estipulado que, entre as medidas de "combinação de recursos e esforços", as filiadas poderiam emprestar dinheiro à sociedade controladora. Mas tal proibição de empréstimo ao controlador foi extinta no início de 2019. O art. 268 da LSA mostra-se, assim, hoje, uma daquelas inúmeras normas burocráticas sem sentido, que vigoram no direito brasileiro.

SEÇÃO II
CONSTITUIÇÃO, REGISTRO E PUBLICIDADE

Art. 269. O grupo de sociedades será constituído por convenção aprovada pelas sociedades que o componham, a qual deverá conter:

I – a designação do grupo;

II – a indicação da sociedade de comando e das filiadas;

III – as condições de participação das diversas sociedades;

IV – o prazo de duração, se houver, e as condições de extinção;

V – as condições para admissão de outras sociedades e para a retirada das que o componham;

[2293] Confrontar com EIZIRIK, Nelson. *A lei das S/A comentada*. São Paulo: Quartier Latin, 2015. v. 4. p. 440.

Art. 269 — Fábio Ulhoa Coelho

> VI – os órgãos e cargos da administração do grupo, suas atribuições e as relações entre a estrutura administrativa do grupo e as das sociedades que o componham;
>
> VII – a declaração da nacionalidade do controle do grupo;
>
> VIII – as condições para alteração da convenção.
>
> **Parágrafo único.** Para os efeitos do número VII, o grupo de sociedades considera-se sob controle brasileiro se a sua sociedade de comando está sob o controle de:
>
> a) pessoas naturais residentes ou domiciliadas no Brasil;
>
> b) pessoas jurídicas de direito público interno; ou
>
> c) sociedade ou sociedades brasileiras que, direta ou indiretamente, estejam sob o controle das pessoas referidas nas alíneas *a* e *b*.

COMENTÁRIOS

1. Convenção de grupo de sociedades

Fábio Ulhoa Coelho

O art. 269 da LSA detalha os requisitos para o arquivamento, pelo Registro Público de Empresas, da convenção de grupo. São os seguintes:

(i) Designação do grupo (inciso I), que, nos termos do art. 267, da LSA, deve conter as expressões "grupo de sociedades" ou "grupo", de utilização exclusiva dos grupos convencionais.

(ii) Indicação da sociedade de comando e das filiadas (inciso II); observo não haver liberdade para a convenção eleger quais são as sociedades uma ou outra categoria, dentro do grupo, posto que a de comando há de ser sempre a controladora, e filiadas, as controladas (art. 265).

(iii) Participação das diversas sociedades (inciso III). As cláusulas que disciplinem a participação no grupo das suas integrantes são as mais importantes da convenção. Somente a partir delas é que se pode detalhar as obrigações contraídas, como meio de "combinar recursos e esforços". Determina-se, por essas cláusulas, a procedência ou não de queixas dos acionistas minoritários de filiadas, no sentido de excesso nas ações dos administradores justificadas pelo pertencimento ao grupo "de direito". Será pelas cláusulas da convenção de grupo pertinentes à participação esperada de cada filiada que se poderá avaliar se a respectiva administração está cuidando do cumprimento da obrigação contraída nesse negócio jurídico ou a extrapolou, dando ensejo à caracterização de prática de liberalidade vedada pelo art. 154, § 2º, *a*, da LSA.

(iv) Prazo de duração, se houver (inciso IV, primeira parte), podendo ser determinado ou, como acontece mais vezes, indeterminado. A determinação do prazo pode ser feita em data fixa, em períodos computáveis a partir de certa data, fixa ou móvel, ou em função da conclusão de um empreendimento ou implemento de condição.

(v) Extinção do grupo (inciso IV, segunda parte), que compreende, além da fluência do prazo determinado, se estabelecido, outras hipóteses como a falência ou inobservância da própria convenção.

(vi) Admissão de outras sociedades e Retirada das que o componham (inciso V), disciplinando as condições de filiação ou desfiliação.

(vii) Os órgãos e cargos da administração do grupo, suas atribuições e as relações entre a estrutura administrativa do grupo e as das sociedades que o componham (inciso VI), observadas as disposições dos arts. 272 e 273 da LSA.

(viii) Declaração da nacionalidade do controle do grupo (inciso VII), uma cláusula necessária tendo em vista a anacrônica restrição, na LSA, da convencionalidade apenas de grupos de sociedade comandados por uma companhia brasileira (art. 265). Em vista do parágrafo único do art. 269, aliás, adota a LSA um conceito de sociedade brasileira ainda mais restritivo que o constante do art. 1.126 do Código Civil.

(ix) Alteração da convenção (inciso VIII), definindo as respectivas condições, em cláusulas de eficácia duvidosa. Afinal, sempre há de preponderar, na manutenção ou modificação da convenção, a vontade da sociedade de comando, inclusive como árbitra de eventuais conflitos entre duas ou mais filiadas.

Aprovação pelos Sócios das Sociedades

Art. 270. A convenção de grupo deve ser aprovada com observância das normas para alteração do contrato social ou do estatuto (art. 136, V). (Redação dada pela Lei 9.457, de 1997)

Parágrafo único. Os sócios ou acionistas dissidentes da deliberação de se associar a grupo têm direito, nos termos do artigo 137, ao reembolso de suas ações ou quotas.

COMENTÁRIOS

1. Direito de retirada dos sócios

FÁBIO ULHOA COELHO

O art. 270 da LSA é aplicável às sociedades de qualquer tipo, e não somente às anônimas. Para uma sociedade empresária passar a integrar um grupo de direito, é necessária a aprovação da convenção grupal, pelos sócios ou acionistas, com a observância das condições relativas à alteração do contrato social (de limitadas e demais sociedades *por quotas*) ou do estatuto (das sociedades *por ações*).

O mesmo quórum exigido para a mudança do contrato social ou para o estatuto é também necessário para a adesão da sociedade empresária a um grupo de sociedades de direito.

Assim, no caso da sociedade anônima, a aprovação da convenção é feita por Assembleia Geral Extraordinária, que deve atender ao quórum qualificado de instalação em primeira convocação (2/3 do capital com direito a voto) e, mesmo se instalando com quórum inferior em segunda convocação, será necessário atender também ao quórum qualificado de deliberação, que é de metade do capital votante, salvo se previsto maior no estatuto da companhia fechada (LSA, arts. 135 e 136, V). A convenção deve ser disponibilizada aos acionistas, na sede da companhia, desde a primeira inserção do aviso de convocação (art. 135, § 3º). Também é esse o quórum para a filiação de comandita por ações (CC, art. 1.090).

Sendo a sociedade do tipo limitada, exige-se a vontade de sócios titulares de mais da metade do capital social (CC, art. 1.076, II). Nos demais tipos (nome coletivo e comandita simples) e no caso de ser a limitada microempresária ou empresária de pequeno porte, o quórum para aprovar o ingresso em grupo é o de mais da metade do capital social (CC, art. 999; LC 123/2006, art. 70).

Os sócios minoritários dissidentes têm direito de retirada, com o reembolso de suas quotas ou ações. Que interesse está sendo prestigiado pela lei, ao reconhecer-lhes o direito de recesso nesta hipótese? Ora, eles podem não estar de acordo com a obrigação de "combinar recursos e esforços", a ser contraída pela sociedade de que participam, a partir do momento da filiação ao grupo de direito. As disponibilidades deixarão de ser distribuídas como dividendos ou necessariamente reinvestidas na própria empresa, porque poderão ser destinadas a outras sociedades do mesmo grupo. Se o minoritário não concorda com essa mudança na estrutura fundamental do negócio em que está investindo, é racional e justo que possa ser reembolsado do investimento, por meio do exercício do direito de recesso.

Se a sociedade é por quotas, observar-se-ão na dissidência os preceitos da resolução da sociedade em relação a um sócio, próprios à retirada motivada (CC, art. 1.029), seguindo-se a apuração de haveres (art. 1.031).

Se for anônima, seguir-se-á a disciplina do direito de recesso constante do arts. 136, V, e 137, II e IV, §§ 1º a 4º, da LSA. Deste modo, se preenchidos os requisitos da liquidez e dispersão, para a ação de emissão de companhia aberta, o dissidente não terá direito ao reembolso e, não se conformando com a filiação ao grupo, só poderá deixar de investir naquela empresa mediante a venda de suas participações acionárias; o prazo para a manifestação da dissidência é de 30 dias, contados da publicação da ata da AGE que deliberou a filiação; a sociedade anônima pode frustrar o recesso, revogando a deliberação de filiação, nos 10 dias subsequentes etc.

2. Retirada pressupõe grupo de direito

FÁBIO ULHOA COELHO

A lei societária concede aos acionistas minoritários dissidentes o direito essencial de recesso, no caso de a assembleia geral deliberar pela participação em *grupo de direito*, mas não concede igual direito, quando a participação se verifica em *grupo de fato*. O art. 137, *caput*, ao fazer remissão ao inciso V do art. 136, estipula que a "aprovação da participação em grupo de sociedades (art. 265) dá ao acionista dissidente o direito de retirar-se da companhia". E o mesmo direito é reiterado no parágrafo único do art. 270: "os sócios ou acionistas dissidentes da deliberação de se associar a grupo têm direito, nos termos do art. 137, ao reembolso de suas ações ou quotas".

O direito de recesso relativo à decisão dos sócios de participação em grupo de sociedades existe apenas quando se trata de *grupo de direito*, isto é, da técnica de concentração empresarial especificamente prevista no art. 265 da LSA.[2294] Além de ter sido expressamente mencionado, pelo legislador, este dispositivo na definição legal do direito de recesso, também a circunstância de o art. 270, parágrafo único, encontrar-se no capítulo da LSA sobre "grupo de sociedades" (Capítulo XXI) levam à inevitável conclusão de que *não* há direito de recesso quando uma companhia passa a integrar um *grupo de fato*.

Quando atos societários (em alguns casos, *diversos* de deliberação de assembleia geral) implicam a participação de uma companhia no que se tem chamado de *grupo de fato*, é indiscutível que os minoritários dissidentes não têm direito de recesso. Ora, este tratamento diferente do minoritário em cada uma destas hipóteses (participação em grupo de direito ou de fato), só se justifica, inclusive perante o princípio constitucional da isonomia, por não serem iguais os riscos a que se expõe o investimento dos acionistas num ou noutro caso. E não são iguais estes riscos, porque no chamado *grupo de fato*, o controlador não está autorizado, em nenhuma hipótese, a se utilizar dos recursos e esforços da controlada em prol de interesses outros que não os da própria controlada.[2295]

Assentados nesta distinção que a LSA estabelece entre, de um lado, o controle ou coligação (que a doutrina convencionou chamar de *grupo de fato*) e, de outro, o grupo de direito formal e regularmente constituído, percebe-se que, no primeiro caso, não há nenhum fundamento para o controlador desatender os interesses específicos da controlada, em nome de interesses mais gerais do conjunto societário ou dele próprio. Esta desatenção, e mesmo assim observados os limites ditados pela convenção e pelo exercício não abusivo do poder de controle, só é possível no caso de grupos de sociedade formalmente constituídos.[2296]

E é exatamente em razão desta diferença fundamental na natureza dos vínculos estabelecidos

---

[2294] Nelson Eizirik leciona: "O grupo de sociedades constitui uma técnica de concentração empresarial mediante a qual 2 (duas) ou mais sociedades, sendo uma dominante e as demais dominadas, unem-se sob uma mesma direção para alcançar objetivos comuns. De acordo com o artigo 265, a sociedade controladora e as suas controladas podem constituir um grupo de sociedades mediante convenção pela qual se obrigam a combinar recursos e esforços para a realização dos respectivos objetivos, ou para participar de atividades ou empreendimentos comuns. Ao participar de um grupo de sociedades, a companhia fica subordinada aos interesses e à orientação administrativa geral do grupo, devendo os acionistas minoritários aceitar, nos termos da convenção, que a sociedade disponibilize seus recursos e esforços para atender as atividades e os empreendimentos do grupo e, inclusive, realize operações contrárias a seus interesses particulares ou que não observem condições comutativas. Por isto, a Lei das S.A. atribui o direito de recesso aos acionistas de qualquer companhia que vier a participar ou se associar a grupo de sociedades, sem fazer distinção ou estabelecer qualquer exceção em relação à sociedade de comando ou às controladas" (*A lei das S/A Comentada*. São Paulo: Quartier Latin, 2015. v. II, p. 217-218).

[2295] José Alexandre Tavares Guerreiro e Egberto Lacerda Teixeira distinguem claramente as duas situações: "o relacionamento intersocietário vem disciplinado [na LSA] sob dois ângulos. Assim, de um lado, reconhecem-se efeitos jurídicos às situações de coligação e controle, com o estabelecimento de uma gradação quantitativa e percentual do vínculo societário, que [culmina] com a hipótese de dominação total, ao nível de 100% (cem por cento), no caso da chamada subsidiária integral. De outro lado, institui-se o grupo de sociedades, assentado sobre uma situação de controle, mas qualificado por um *substratum* convencional, também presente na constituição do consórcio. [...] *É imprescindível que se esclareça, desde já, que por maior que seja o complexo de sociedades vinculadas por coligação ou controle, ou por mais abrangente que seja este, somente se configura o grupo, quando se celebra a convenção de que trata o art. 265 [...]. Daí decorre o caráter formal do grupo de sociedades*, tal como o conceitua a lei. Não celebrada a convenção, não há que se falar em grupo, sendo vedado, aliás, o uso desse termo para designar outras reuniões de sociedades, ainda que intimamente vinculadas por controle comum (art. 267, parágrafo único)" (*Das sociedades anônimas no direito brasileiro*. São Paulo: Bushatsky, 1979. v. II. p. 696-697, – grifos acrescentados).

[2296] No dizer de José Alexandre Tavares Guerreiro e Egberto Lacerda Teixeira: "inegavelmente, o controle implica em subordinação, pelo menos do ponto de vista jurídico. Mas as relações que se estabelecem entre controladora e controlada, por maior dependência que traduzam, não têm o condão de sacrificar o interesse particular da controlada às conveniências operacionais ou financeiras da controladora. [...] O interesse particular da sociedade controlada não se submete, portanto, a nenhum outro interesse, a não ser ao interesse nacional. As conveniências da controladora e bem assim de qualquer outra sociedade vinculada não preponderam consequentemente sobre o interesse particular da sociedade controlada, a qual mantém, por assim dizer, absoluta autonomia de objetivos, devendo seus administradores exercer as atribuições que a lei e o estatuto lhes conferem para lograr os fins e no interesse da companhia, satisfeitas, apenas, as exigências do bem público e da função social da empresa (art. 54, *caput*)" (*Das sociedades anônimas no direito brasileiro*. São Paulo: Bushatsky, 1979. v. II. p. 698).

entre as sociedades, no *grupo de direito* e no chamado *grupo de fato*, que justifica a lei não conceder o direito de recesso ao minoritário quando da constituição deste último, mas reconhecê-lo na constituição do primeiro.[2297-2298]

Quando a companhia decide participar de um grupo de direito, seus recursos e esforços podem ser empregados, nos termos da convenção grupal, na realização de objetivos de outras sociedades filiadas ou mesmo da controladora. O minoritário pode não ver nesta possibilidade uma decisão adequada para a sociedade em que investe. Daí a lei abrir-lhe a porta do direito de recesso. Já no caso de a companhia passar a fazer parte de um grupo de fato, o minoritário não recebe, da lei, o direito de dissidência, porque os recursos e esforços da sociedade em que investe não podem ser destinados à consecução de outros interesses senão os dela. Em outros termos, a LSA só autoriza falar-se em *interesses comuns, juridicamente protegidos*, de sociedades afiliadas a um grupo, quando observadas as formalidades dos arts. 265 e seguintes desta lei.

A controvérsia cinge-se, deste modo, sobre a existência, ou não, de proteção jurídica aos "interesses gerais" do grupo. Quando tais interesses gerais conflitam com os específicos da sociedade controlada, e, indiretamente, com os de seus acionistas minoritários, qual deles merece ser prestigiado? A resposta é simples: se o grupo é de *direito*, prevalecem os interesses grupais, só podendo o minoritário reclamar do emprego de recursos e esforços da sociedade de que participa na realização do objeto social de outra sociedade, se fundada em cláusulas inválidas ou quando desrespeitadas as cláusulas válidas da convenção. Mas se o grupo é *de fato*, prestigiam-se os interesses dos acionistas minoritários da controlada, não podendo a controladora se aproveitar dos recursos e esforços desta em prol dos interesses grupais.

Se controladora e controlada integrantes de um grupo de fato dedicam-se a atividades complementares, não concorrentes, pode-se cogitar de estabelecimento de diretrizes e imposição de políticas empresariais uniformes que não prejudicam nenhuma das empresas envolvidas. Quando, contudo, há competição empresarial entre as sociedades componentes do grupo de fato, esta hipótese está, por definição, descartada: a ajuda ao interesse grupal importará sempre prejuízo ao interesse individual da controlada. Assim, não se pode falar em proteção jurídica aos interesses de um grupo de fato, quando conflitam com os interesses da sociedade controlada e de seus acionistas minoritários. Para que os interesses do grupo pudessem prevalecer a despeito de prejuízos aos da controlada, e seus minoritários, torna-se imprescindível o prévio atendimento às formalidades de constituição regular de um *grupo de direito* (oportunidade em que os dissidentes poderiam ter exercido o direito de recesso).

Registro e Publicidade

Art. 271. Considera-se constituído o grupo a partir da data do arquivamento, no registro do comércio da sede da sociedade de comando, dos seguintes documentos:

I – convenção de constituição do grupo;

II – atas das assembleias gerais, ou instrumentos de alteração contratual, de todas as sociedades que tiverem aprovado a constituição do grupo;

III – declaração autenticada do número das ações ou quotas de que a sociedade de comando e as demais sociedades integrantes do grupo são titulares em cada sociedade

---

[2297] José Alexandre Tavares Guerreiro e Egberto Lacerda Teixeira destacam a importância desta distinção quando se tem em mira os direitos dos acionistas minoritários: "essas circunstâncias apresentam peculiar importância no que diz respeito à proteção das minorias. Não sendo convencionado o grupo de sociedades, a orientação da companhia para fim estranho ao objeto social ou o favorecimento da controladora (considerando-se modalidades de exercício abusivo de poder por esta última), legitimam os acionistas não controladores a intentar a competente ação de perdas e danos, prevista no art. 246. Constituído, entretanto, o grupo, tem aplicação o art. 276, segundo o qual a combinação de recursos e esforços, a subordinação dos interesses de um a sociedade aos de outra, ou do grupo, e a participação em custos, receitas ou resultados de atividades ou empreendimentos somente poderão ser opostos aos sócios minoritários das sociedades filiadas nos termos da convenção do grupo" (*Das sociedades anônimas no direito brasileiro*. São Paulo: Bushatsky, 1979. v. II. p. 699-700).

[2298] Na síntese de Luis Eduardo Bulhões Pedreira: "a constituição de grupo de sociedades (de direito, e não de fato) justifica o direito de retirada porque a companhia perde sua autonomia: as sociedades que integram o grupo mantêm suas personalidades jurídicas, mas o interesse de cada uma pode ser subordinado ao do grupo, de outra sociedade e da sociedade de comando do grupo" (In: *Direito das companhias*. LAMY FILHO, Alfredo; PEDREIRA, José Luiz Bulhões. Rio de Janeiro: Forense, 2009. v. I. p. 346).

filiada, ou exemplar de acordo de acionistas que assegura o controle de sociedade filiada.

§ 1º Quando as sociedades filiadas tiverem sede em locais diferentes, deverão ser arquivadas no registro do comércio das respectivas sedes as atas de assembleia ou alterações contratuais que tiverem aprovado a convenção, sem prejuízo do registro na sede da sociedade de comando.

§ 2º As certidões de arquivamento no registro do comércio serão publicadas.

§ 3º A partir da data do arquivamento, a sociedade de comando e as filiadas passarão a usar as respectivas denominações acrescidas da designação do grupo.

§ 4º As alterações da convenção do grupo serão arquivadas e publicadas nos termos deste artigo, observando-se o disposto no § 1º do artigo 135.

partir de então, sempre agregar a seu nome empresarial a informação do pertencimento ao grupo de direito.

SEÇÃO III
ADMINISTRAÇÃO

Administradores do Grupo

Art. 272. A convenção deve definir a estrutura administrativa do grupo de sociedades, podendo criar órgãos de deliberação colegiada e cargos de direção-geral.

Parágrafo único. A representação das sociedades perante terceiros, salvo disposição expressa na convenção do grupo, arquivada no registro do comércio e publicada, caberá exclusivamente aos administradores de cada sociedade, de acordo com os respectivos estatutos ou contratos sociais.

COMENTÁRIOS

1. Constituição do grupo de direito
FÁBIO ULHOA COELHO

A constituição do grupo de sociedades faz-se com providências similares às da constituição de uma companhia fechada: (i) arquivamento dos atos constitutivos no Registo Público de Empresas; e (ii) publicação da certidão desse arquivamento.

A norma preceitua quais são os atos constitutivos do grupo: (a) convenção, (b) atas das AGEs ou o instrumento de alteração contratual de cada sociedade e (c) documento comprobatório da titularidade do comando do grupo, que pode ser um acordo de acionistas ou simples declaração de participações societárias.

O arquivamento desses documentos é feito na Junta Comercial da sede da sociedade de comando. Além disso, no registro de cada filiada, arquiva-se a ata da AGE ou o instrumento de alteração contratual que lhe diz respeito. A LSA faz menção a essa última providência quando as filiadas tiverem sedes em locais diferentes; mas é mais uma de suas imprecisões técnicas, posto que o arquivamento da ata da AGE ou do instrumento de alteração contratual no registro da respectiva sociedade por ações ou por quotas é sempre necessária, vale dizer, não depende da coincidência ou divergência dos locais das sedes das filiadas.

Constituído o grupo, com estas providências, as sociedades de comando e filiadas devem, a

COMENTÁRIOS

1. Administração por coordenação ou por subordinação
FÁBIO ULHOA COELHO

Os grupos podem ser, de acordo com as relações entre as administrações das sociedades que o compõem, de *coordenação* ou de *subordinação*.

No grupo de direito, sempre haverá subordinação, das sociedades filiadas à sociedade de comando. Mas, nem todas as questões administrativas das sociedades filiadas necessariamente devem ser tratadas no nível da sociedade de comando, isso seria irracional. Obviamente, quando os acertos de coordenação ou subordinação entre as administrações das filiadas não funcionam a contento, sempre caberá o arbitramento pela sociedade de comando, que fará prevalecer sua vontade (se necessário, substituindo administradores).

Mas, nas questões administrativas que não convém ser tratadas no nível da sociedade de comando e enquanto não tiver ela que arbitrar divergências, para garantir a eficiência do grupo, as administrações podem ser estruturadas de duas maneiras: coordenação, por meio de deliberações colegiadas de que participam os administradores das filiadas; ou subordinação, via definição de uma direção geral centralizada do grupo. Cabe à convenção optar por uma ou outra estruturação, não costumando despertar o assunto maiores questões de ordem jurídica.

2. Representação legal das sociedades filiadas a grupo

FÁBIO ULHOA COELHO

Quando uma sociedade passa a integrar grupo de direito, sua representação legal, em princípio, não se altera. Terá os poderes de representação o diretor ou diretores da sociedade anônima, conforme dispuser o estatuto, ou o administrador ou administradores da sociedade limitada, nos termos do contrato social. Em geral, assim, o pertencimento a grupo convencional de sociedades em nada altera a representação legal das filiadas.

Pode ocorrer, no entanto, de a convenção do grupo alterar as regras de representação constante dos estatutos ou contratos sociais das sociedades que a aprovaram. Não é comum, e pode até mesmo se revelar fonte de dificuldades cotidianas, uma tal alteração, ainda que parcial, nos poderes de representação dos diversos diretores e administradores das sociedades filiadas, mas tal sistemática é sempre possível, por meio de convenção de grupo devidamente arquivada no Registro Público de Empresas.

Administradores das Sociedades Filiadas

Art. 273. Aos administradores das sociedades filiadas, sem prejuízo de suas atribuições, poderes e responsabilidades, de acordo com os respectivos estatutos ou contratos sociais, compete observar a orientação geral estabelecida e as instruções expedidas pelos administradores do grupo que não importem violação da lei ou da convenção do grupo.

COMENTÁRIOS

1. Efetividade da administração central do grupo

FÁBIO ULHOA COELHO

O art. 273 explicita a limitação à autonomia administrativa que decorre do pertencimento de determinada sociedade a um grupo de direito. Os diretores de sociedade anônima ou os administradores de sociedade limitada, quando filiadas a grupo de direito, estão sujeitos à orientação geral e instruções exaradas pelos encarregados da administração do grupo, de acordo com a convenção. Quem deixar de observar essa disposição, descumprirá o seu dever de diligência (LSA, art. 173; CC, art. 1.011). Exoneram-se, obviamente, de observar as orientações ou instruções, caso estas violem a lei ou a própria convenção grupal.

Relembre-se que a filiação de uma sociedade a grupo *de direito* não significa que ela perca a sua essência de pessoa jurídica de fins essencialmente econômicos, cujo único objetivo é gerar lucro a partir da exploração de uma atividade de produção ou circulação de bens ou serviços. Ao ingressar num grupo, a sociedade não passa a ser um instrumento da controladora, ou das demais filiadas, para a realização dos seus respectivos objetos sociais; ao contrário, continua a ser o que sempre foi: uma pessoa jurídica de finalidade lucrativa. Obrigar-se a "combinar recursos e esforços" juntamente com as demais sociedades do grupo *de direito* decididamente não importa descaracterizar-se como uma sociedade empresária, ou ter sua finalidade lucrativa de algum modo mitigada ou alterada.

Será a convenção do grupo que especificará os meios de cumprimento da obrigação de "combinar recursos e esforços", contraída pela sociedade integrante do grupo, perante as demais filiadas e a de comando. Mas, insista-se, nenhuma sociedade empresária se obriga, pela convenção, a suportar prejuízos ou lucros reduzidos *para que* outra sociedade do grupo não tenha perdas ou aumente os lucros delas. Isso não tem sentido, nem jurídico, nem moral, tampouco racional. Ao contrário, todos os negócios jurídicos que decorrerem da obrigação de "combinar recursos e esforços", contraída quando do ingresso no grupo *de direito*, devem ser sempre meios de obtenção de lucros (apenas que originados também pela remuneração devida nos mútuos intergrupais e não mais apenas pela exploração do objeto social).

Não se admite, por exemplo, que uma sociedade filiada tenha todos os seus recursos financeiros carreados para o caixa único do grupo, mas não participe proporcionalmente dos ganhos proporcionados pelos investimentos realizados com eles pela administração centralizada. Inadmissível, também, a administração centralizada do caixa único utilizar-se de recursos do patrimônio de uma sociedade filiada no cumprimento de obrigação de outra, sem determinar a devida formalização jurídica e contábil (esta, nas escriturações das duas envolvidas), da celebração de um contrato de mútuo necessariamente oneroso (e em bases equitativas com as praticadas pelo mercado). Enfim, se querem empregar recursos patrimoniais de uma sociedade em atividade ou empreendimento comum do grupo, é indispensável a compatibilidade com o seu objeto social. Fazer parte de um grupo *de direito* não é motivo suficiente para autorizar o emprego do patrimônio de qualquer sociedade empresária em atividade ou empreendimento estranho ao seu objeto social.

Deste modo, age corretamente o administrador da sociedade filiada a grupo *de direito* que, valendo-se da ressalva exoneratória da parte final do art. 273 da LSA, deixa de cumprir orientações ou instruções emanadas dos órgãos da estrutura do grupo, que signifiquem qualquer comprometimento da realização do objeto e finalidade lucrativa da sociedade por ele administrada. Apenas da destinação temporária de disponibilidades da sociedade empresária filiada é que podem tratar tais orientações ou instruções, para não afrontarem a lei ou a convenção. Somente o interesse individual da sociedade de robustecer os dividendos de seus acionistas ou de reinvestir na própria empresa, com suas disponibilidades, é que pode ficar legitimamente subordinado ao interesse do grupo ou de outra sociedade filiada (de acordo com a convenção ou por força de deliberação dos órgãos de administração do grupo), conferindo-lhes destinação diversa: celebração de contrato mútuo com a sociedade de comando ou com outra filiada, custeio de atividade ou empreendimento comum etc.

De qualquer modo, o diretor ou administrador de filiada que descumprir as orientações e instruções dos órgãos do grupo, mesmo que tendo sua decisão suficientemente respaldada na ressalva final do art. 273 da LSA, corre o risco de ser substituído, no contexto de medida destinada a garantir a efetividade da administração centralizada do grupo. Após a substituição, pode ser inevitável: se o substituído tinha razão em resistir, e o substituto obedeceu à orientação ou instrução, os minoritários da sociedade filiada devem demandar a responsabilização civil do controlador (art. 276) ou do novo administrador da sociedade; mas, se não havia razão na resistência, e a inobservância do art. 273 tiver implicado prejuízo à sociedade, responsabilizar-se-á por estes o substituído.

Também se submetem ao art. 273 da LSA os administradores que integrem órgão administrativo colegiado da filiada, como o Conselho de Administração.

Remuneração

Art. 274. Os administradores do grupo e os investidos em cargos de mais de uma sociedade poderão ter a sua remuneração rateada entre as diversas sociedades, e a gratificação dos administradores, se houver, poderá ser fixada, dentro dos limites do § 1º do artigo 152 com base nos resultados apurados nas demonstrações financeiras consolidadas do grupo.

COMENTÁRIOS

1. Remuneração dos administradores do grupo e das filiadas

Fábio Ulhoa Coelho

O art. 274 dispõe sobre a remuneração tanto dos administradores do grupo de direito como dos responsáveis pela administração de sociedades filiadas.

Em relação aos administradores do grupo, sua remuneração pode ser paga pela sociedade de comando, por uma ou algumas filiadas (no contexto da "combinação de recursos e esforços") ou por rateio entre as diversas sociedades pertencentes ao grupo.

Quanto aos administradores das sociedades filiadas, aqueles que estiverem investidos em cargos de duas ou mais sociedades, também poderão as suas remunerações ser suportadas por uma ou algumas das sociedades componentes do grupo (como medida de combinação de recursos ou esforços) ou, senão, rateadas, seja apenas entre as sociedades de cuja administração participam, seja entre todas as integrantes do grupo.

E, finalmente, no tocante aos dois casos de administradores alcançados pelo dispositivo (do grupo e de duas ou mais filiadas), ele autoriza que o limite 10% do lucro líquido, para a participação nos resultados de que trata o art. 152, § 1º, tome por base de cálculo os resultados das demonstrações financeiras consolidadas. Assim, o diretor de uma sociedade filiada que seja também membro do Conselho de Administração de outra do mesmo grupo, poderá receber parte de sua remuneração a título de participação nos lucros, mesmo que aquela sociedade, de cuja diretoria faz parte, não tenha tido lucro nenhum, mas desde que o grupo tenha gerado resultados líquidos no mesmo exercício.

SEÇÃO IV
DEMONSTRAÇÕES FINANCEIRAS

Art. 275. O grupo de sociedades publicará, além das demonstrações financeiras referentes a cada uma das companhias que o compõem, demonstrações consolidadas, compreendendo todas as sociedades do grupo, elaboradas com observância do disposto no artigo 250.

§ 1º As demonstrações consolidadas do grupo serão publicadas juntamente com as da sociedade de comando.

§ 2º A sociedade de comando deverá publicar demonstrações financeiras nos termos desta Lei, ainda que não tenha a forma de companhia.

§ 3º As companhias filiadas indicarão, em nota às suas demonstrações financeiras publicadas, o órgão que publicou a última demonstração consolidada do grupo a que pertencer.

§ 4º As demonstrações consolidadas de grupo de sociedades que inclua companhia aberta serão obrigatoriamente auditadas por auditores independentes registrados na Comissão de Valores Mobiliários, e observarão as normas expedidas por essa comissão.

COMENTÁRIOS

1. Demonstrações financeiras consolidadas

Fábio Ulhoa Coelho

A exemplo do que determinou para as companhias abertas que tenham mais de 30% de seu patrimônio líquido representado por investimentos em sociedades controladas, também na hipótese de formação de um grupo convencional, devem ser elaboradas e publicadas demonstrações financeiras consolidadas, abrangendo todas as sociedades pertencentes ao grupo *de direito*. Nesse caso, devem ser consolidadas as demonstrações financeiras de todas as filiadas, mesmo aquelas em que a sociedade de comando eventualmente aberta tiver investido menos de 30% do seu patrimônio líquido.

A consolidação deve seguir o disposto no art. 250 da LSA e o Pronunciamento Técnico CPC 36 (R3), do Comitê de Pronunciamentos Contábeis, o qual é obrigatório para as sociedades abertas (Resolução CVM n. 112/2022).

As demonstrações consolidadas do grupo serão publicadas juntamente com as demonstrações financeiras da sociedade de comando (§ 1º). Esta, por sua vez, se eventualmente não for uma sociedade anônima, fica obrigada a elaborar as suas próprias demonstrações financeiras como se adotasse este tipo societário (§ 2º).

As filiadas do tipo sociedade anônima incluirão nota explicativa em suas demonstrações financeiras, informando o veículo em que foi publicada a última demonstração financeira consolidada do grupo (§ 3º). A que se revestir do tipo limitada, ou outro, não estando obrigada a publicar suas demonstrações financeiras, estão igualmente dispensadas desta nota explicativa.

Se for aberta qualquer das sociedades integrantes do grupo, as demonstrações financeiras consolidadas serão também objeto de auditoria independente (§ 4º), a exemplo da exigida para as demonstrações financeiras de companhias abertas, mesmo que não integrantes de grupo (art. 177, § 3º).

SEÇÃO V
PREJUÍZOS RESULTANTES DE ATOS CONTRÁRIOS À CONVENÇÃO

Art. 276. A combinação de recursos e esforços, a subordinação dos interesses de uma sociedade aos de outra, ou do grupo, e a participação em custos, receitas ou resultados de atividades ou empreendimentos somente poderão ser opostos aos sócios minoritários das sociedades filiadas nos termos da convenção do grupo.

§ 1º Consideram-se minoritários, para os efeitos deste artigo, todos os sócios da filiada, com exceção da sociedade de comando e das demais filiadas do grupo.

§ 2º A distribuição de custos, receitas e resultados e as compensações entre sociedades, previstas na convenção do grupo, deverão ser determinadas e registradas no balanço de cada exercício social das sociedades interessadas.

§ 3º Os sócios minoritários da filiada terão ação contra os seus administradores e contra a sociedade de comando do grupo para haver reparação de prejuízos resultantes de atos praticados com infração das normas deste artigo, observado o disposto nos parágrafos do artigo 246.

COMENTÁRIOS

1. Acionistas minoritários e a combinação de recursos e esforços

Fábio Ulhoa Coelho

Quando uma sociedade aprova seu ingresso num grupo de direito, ela contrai fundamental-

Art. 277 FÁBIO ULHOA COELHO

mente a obrigação, perante a controladora e as demais filiadas, sintetizada pela lei na noção de "combinação de recursos e esforços". Isso significa, por exemplo, que ela deverá destinar disponibilidades a mútuos celebrados com suas parceiras. Não fosse a sociedade integrante de um grupo de direito, tais disponibilidades seriam obrigatoriamente distribuídas como dividendos ou incluídas em orçamento de capital para investimentos na própria atividade.

A participação em grupo de sociedades, portanto, afeta os interesses dos acionistas minoritários das filiadas. Embolsariam mais dividendos ou veriam seu investimento ser reforçado, não fosse o cumprimento da obrigação assumida pela sociedade, de combinar "recursos e esforços", perante as demais integrantes do grupo de direito. Por esta razão, é que o ingresso em grupo de sociedades lhes confere, em regra, o direito de recesso (arts. 136, V, 137, *caput*, e 270, parágrafo único).

Outro direito assegurado aos minoritários das filiadas é de questionarem atos da administração das sociedades de que fazem parte que excedem as obrigações contraídas na convenção de grupo. É esse o ditado do art. 276, *caput*, quando qualifica de inoponível ao minoritário qualquer "combinação de recursos e esforços, a subordinação dos interesses de uma sociedade aos de outra, ou do grupo, e a participação em custos, receitas ou resultados de atividades ou empreendimentos" não prevista na convenção do grupo. O exercício desse direito muitas vezes é dificultado pela estipulação, no documento convencional, de cláusulas muito genéricas ou de limites imprecisos. Quando o minoritário se vê às voltas com a decisão sobre dissentir e receber o reembolso de suas ações ou quotas, ou continuar participando da sociedade agora comprometida com as demais filiadas, é imprescindível que avalie o quanto a convenção de grupo é precisa na delimitação do alcance da nova obrigação. Será a partir das cláusulas da convenção do grupo, de sua maior ou menor clareza e racionalidade, que poderá o minoritário exercer o direito de questionar atos da administração da sociedade que reputa excessivos, em relação à obrigação decorrente do pertencimento ao grupo de direito.

Considerando que a sociedade de que faz parte foi lesada por ato de administrador ou da sociedade de comando, justificado como cumprimento da convenção de grupo, caberá a ação de responsabilidade civil prevista no art. 246 da LSA. O minoritário demanda, neste caso, como substituto processual da sociedade filiada.

Conselho Fiscal das Filiadas

Art. 277. O funcionamento do Conselho Fiscal da companhia filiada a grupo, quando não for permanente, poderá ser pedido por acionistas não controladores que representem, no mínimo, 5% (cinco por cento) das ações ordinárias, ou das ações preferenciais sem direito de voto.

§ 1º Na constituição do Conselho Fiscal da filiada serão observadas as seguintes normas:

a) os acionistas não controladores votarão em separado, cabendo às ações com direito a voto o direito de eleger 1 (um) membro e respectivo suplente e às ações sem direito a voto, ou com voto restrito, o de eleger outro;

b) a sociedade de comando e as filiadas poderão eleger número de membros, e respectivos suplentes, igual ao dos eleitos nos termos da alínea *a*, mais um.

§ 2º O Conselho Fiscal da sociedade filiada poderá solicitar aos órgãos de administração da sociedade de comando, ou de outras filiadas, os esclarecimentos ou informações que julgar necessários para fiscalizar a observância da convenção do grupo.

COMENTÁRIOS

1. Pedido de instalação do Conselho Fiscal de sociedade filiada a grupo de direito

FÁBIO ULHOA COELHO

Nas sociedades não integrantes de grupo de direito, o Conselho Fiscal pode ser instalado a pedido de minoritários que titulem os seguintes percentuais mínimos: (i) se têm direito a voto, 10% das ações com direito a voto; e (ii) se não têm direito a voto, 5% das ações sem direito a voto (art. 161, § 2º, da LSA). Numa imprecisão técnica lamentável, a LSA criou uma regra própria para o pedido de instalação do Conselho Fiscal quando a sociedade é filiada a grupo de direito.

Nessa regra própria, a primeira deficiência foi deixar de lado as expressões "acionistas com direito a voto" e "acionistas sem direito a voto", para empregar "acionistas com ações ordinárias" e "acionistas com ações preferenciais sem direito a voto" (art. 277). Para um prático, a diferença pode não ter importância, porque na maioria das vezes, as ações preferenciais são emitidas sem direito a voto ou com restrição nesse direito. Mas, sabemos todos que as ações preferenciais podem

1054

também ser emitidas com direito a voto, ou mesmo adquirir esse direito após três exercícios consecutivos sem o pagamento dos dividendos preferenciais a que faz jus.

A segunda deficiência está na previsão de limites mínimos de participação acionária diferentes, para os acionistas com direito a voto (10% das ações votantes), se a companhia não integra grupo de direito, e para acionistas com ações ordinárias (5% das ações ordinárias), quando integra. Abstraindo-se a figura das ações preferenciais com direito a voto, e considerando, por conseguinte, as ações ordinárias como as únicas com direito a voto, neste cenário que é, de longe, o mais frequente, resta inexplicável o porquê dos percentuais diferentes.

Não se entende bem a *ratio* desses tratamentos diferenciados, pela LSA, que chega até mesmo a agredir o princípio constitucional da isonomia. A interpretação conforme a Constituição dos arts. 161, § 2º, e 277 da LSA levam à conclusão de que, *em qualquer sociedade anônima*, pertencente ou não a grupo de direito, o Conselho Fiscal pode ser instalado a pedido de acionistas com direito a voto titulares de 5% das ações com direito a voto ou por acionistas sem direito a voto titulares de 5% das ações sem direito a voto.[2299]

2. Composição do Conselho Fiscal de sociedade filiada a grupo de direito

Fábio Ulhoa Coelho

Numa sociedade *não* integrante de grupo de direito, uma vez formulado o pedido, pelos minoritários, a Assembleia Geral deve compor o Conselho Fiscal, mediante até três eleições em separado: (i) uma, reunindo os acionistas minoritários com ações com direito a voto, para a eleição de um representante deles e respectivo suplente, *desde que* esses minoritários tenham pelo menos 10% das ações com direito a voto; (ii) outra, reunindo os acionistas minoritários com ações preferenciais sem direito a voto, ou com voto restrito, para a eleição de um representante deles e respectivo suplente, *independentemente do percentual de suas participações acionárias*; e (iii) a terceira, reunindo a sociedade de comando e as sociedades filiadas, para a escolha de seus representantes e respectivos suplentes, em número de dois ou três, conforme respectivamente tenha ocorrido somente uma das duas eleições anteriores ou tenham ocorrido ambas (art. 161, § 4º).

Note-se que na terceira eleição em separado referida acima podem eventualmente votar quem não seja acionista. A sociedade de comando pode deter a titularidade indireta do controle e as sociedades filiadas a certo grupo não têm necessariamente ações de todas as demais, mesmo assim, terão direito de voto na assembleia geral de eleição do Conselho Fiscal. A questão não possui muita relevância prática, tendo em vista que, de qualquer modo, os dois ou três representantes da maioria, e seus suplentes, nesse órgão, são escolhidos pela direção unitária do grupo.

Pois bem. Quando a sociedade é integrante de grupo de direito, uma vez mais a LSA entendeu de estabelecer uma regra diversa de composição do Conselho Fiscal. De acordo com o art. 277, § 1º, os acionistas minoritários com direito a voto elegem um representante deles, e respectivo suplente, mesmo que tenham participação inferior a 10% das ações com direito a voto. Aqui também, não há justificativas para o tratamento diferenciado dos minoritários de sociedade filiada a grupo de direito.

A interpretação conforme a Constituição do art. 161, § 4º, e 277, § 1º, da LSA, leva à conclusão de que os acionistas minoritários com ações votantes têm direito a um representante e seu suplente, no Conselho Fiscal, eleitos em eleição separada, independentemente do percentual da participação deles.[2300]

3. Poderes dos membros do Conselho Fiscal de sociedade filiada a grupo de direito

Fábio Ulhoa Coelho

Numa previsão, agora sim, consistentemente específica do Conselho Fiscal de sociedade anônima filiada a grupo de direito, a LSA assegura aos membros deste órgão o direito de requisitar informações aos administradores não somente da sociedade de cuja estrutura participam, mas também da sociedade de comando e de qualquer das demais filiadas (§ 2º). Esse poder é plenamente justificável, posto que lhes cabe aferir, entre outras questões, o cumprimento da convenção de grupo pela companhia sob sua fiscalização.

[2299] Ver comentário 5 ao art. 161.

[2300] Ver comentário 5 ao art. 161.

4. Conselho Fiscal do grupo
FÁBIO ULHOA COELHO

O grupo de direito pode ter seu próprio Conselho Fiscal, se previsto o funcionamento deste órgão pela convenção. Neste caso, aplicam-se as regras de pedido de instalação e de composição estabelecidas em lei, participando das respectivas eleições em separado, a totalidade dos minoritários com ou sem direito a voto das sociedades pertencentes ao grupo (comando e filiadas). A convenção não pode estipular regras de pedido de instalação e composição diversas, porque as dispostas na lei se destinam à proteção dos direitos dos minoritários. A não ser, evidentemente, que seja para ampliar esses direitos, admitindo, por exemplo, o pedido de instalação do Conselho Fiscal do grupo por qualquer acionista, independentemente do percentual de sua participação acionária.

O Conselho Fiscal do grupo teria a competência para fiscalizar as demonstrações financeiras consolidadas, contribuindo para a melhor governança das sociedades pertencentes ao grupo de direito. Seu parecer, contudo, só serviria de subsídio em eventual ação de responsabilização fundada no art. 276 da LSA, a favor ou contra a pretensão do demandante. Nenhuma outra serventia teria, já que não existe votação da consolidação em nenhum órgão societário ou grupal.

CAPÍTULO XXII
CONSÓRCIO

Art. 278. As companhias e quaisquer outras sociedades, sob o mesmo controle ou não, podem constituir consórcio para executar determinado empreendimento, observado o disposto neste Capítulo.

§ 1º O consórcio não tem personalidade jurídica e as consorciadas somente se obrigam nas condições previstas no respectivo contrato, respondendo cada uma por suas obrigações, sem presunção de solidariedade.

§ 2º A falência de uma consorciada não se estende às demais, subsistindo o consórcio com as outras contratantes; os créditos que porventura tiver a falida serão apurados e pagos na forma prevista no contrato de consórcio.

COMENTÁRIOS

1. Natureza e motivação
RODRIGO R. MONTEIRO DE CASTRO

O consórcio surge, necessariamente, de uma reorganização, da espécie associativa.[2301] Caracteriza-se pela associação de duas ou mais *sociedades*, de qualquer tipo, para execução de determinado projeto. A associação (ou a consorciação) não implica o surgimento de nova pessoa jurídica, autônoma e independente. Ela também não modifica a estrutura societária dos consorciados, o que caracterizaria uma reorganização societária, e não abala a atividade empresarial exercida pelos próprios consorciados, que permanece intacta (e que, caso fosse abalada, indicaria uma reorganização empresarial).

A constituição do consórcio não modifica, portanto, a estrutura interna (empresarial) ou externa (societária) dos consorciados. Quem era sócio da sociedade consorciada continuará a ostentar a mesma posição, mantendo os mesmos direitos. De igual forma, a empresa, de titularidade do consorciado, não deixará, parcial ou integralmente, a esfera patrimonial do próprio consorciado.

Isso não significa que não haverá mutações no patrimônio do consorciado, pois projetos justificadores da consorciação demandam, em regra, a alocação de recursos ou outros ativos, bem como a obtenção de financiamentos. Poderão ocorrer, assim, variações em contas patrimoniais, conforme as características do projeto e das obrigações atribuídas ao consorciado: por exemplo, na hipótese de recursos disponíveis em caixa serem aplicados na consecução do propósito do consórcio, será promovida uma baixa na conta contábil respectiva e se lançará cifra semelhante em outra conta, porém, de investimento. É nesse plano, em especial, que se notam os efeitos da constituição e da participação em consórcio.

Reorganizações associativas, sob a forma de consórcio, costumam ocorrer para a colaboração no desenvolvimento de projetos de vulto, que envolvem obras de engenharia, construção e infraestrutura, e que demandam recursos igualmente relevantes – o que não significa, necessariamente, existir qualquer restrição ou impossibilidade à constituição de consórcio para a

---

[2301] CASTRO, Rodrigo Rocha Monteiro de. *Regime jurídico das reorganizações*: societária, empresarial e associativa. São Paulo: Saraiva, 2016.

realização de empreendimentos de menor porte ou escala.

Mesmo quando o consorciado dispõe de estrutura interna, disponibilidade financeira e crédito para empreender de modo isolado, é comum que se decida pelo modelo do consórcio, para segregar, dividir ou distribuir o risco da realização do projeto, e evitar, com a consorciação, outra forma de reorganização que implicaria a perda de autonomia (como ocorre na fusão ou incorporação) ou a criação de nova entidade societária (*joint venture*).

Há, ainda, outros motivos para a constituição de consórcio. Uma listagem nunca será exaustiva, pois a casuística e o dinamismo empresarial sempre justificarão o alargamento hipotético. Mesmo assim, indicam-se, apenas como exemplos, o ingresso em novos mercados, o desenvolvimento de tecnologias, a produção de bens de consumo de massa, a utilização de propriedade industrial, o investimento e a pesquisa de soluções patenteáveis e o ganho de escala.

Aliás, como já antecipado, a constituição de consórcio não se destina apenas a projetos de grande porte. Serve, sim, para o desenvolvimento, por duas ou mais sociedades, de qualquer negócio, pequeno, médio ou grande.

A aplicação do instituto vai além, pois pode ser adotado, como forma associativa, para todo ramo de atividade, exceto quando proibido por lei.

2. Definição e participação

Rodrigo R. Monteiro de Castro

O consórcio pode ser constituído por companhias ou quaisquer outras sociedades, sob mesmo controle ou não, para execução de determinado empreendimento. Apesar de regulado no âmbito de lei que trata das sociedades por ações – anônima e em comandita –, admite-se, expressamente, a consorciação de sociedades de outros tipos, seja entre elas ou seja com companhias.

As composições não encontram limitação legal e resultarão das características dos consorciados. Podem ser apenas companhias, apenas sociedades limitadas, anônimas e limitadas, ou, então, apresentar qualquer outra combinação de tipos societários previstos em lei.

Os consorciados podem integrar mesmo grupo econômico, de direito ou de fato, ou podem ser independentes, sem qualquer relação societária. A existência de relação societária pretérita também não é um impeditivo para a associação. Relação societária compreende desde o controle totalitário ao minoritário, englobando, portanto, a coligação e a noção de influência significativa.

Assim, hipoteticamente, sociedades que sejam controladora totalitária e controlada podem se consorciar. É o caso da consorciação de determinada companhia e de sua subsidiária integral.

Além disso, nada impede que, no curso da execução do projeto motivador da constituição do consórcio, os consorciados realizem outras reorganizações, societárias ou empresariais, alterando ou criando estruturas de detenção da propriedade societária ou empresarial.

A consorciação não implica restrições individuais aos consorciados, que, salvo se expresso de forma diversa no respectivo contrato de consórcio, estão livres para promover as reorganizações e operações que entenderem necessárias; afinal, uma das características mais marcantes do instituto do consórcio é a manutenção da autonomia patrimonial.

Também não há restrição em relação à nacionalidade dos consorciados, que podem ser nacionais ou estrangeiros.

Apesar de a LSA referir-se apenas às sociedades, como agentes partícipes de consórcio, não há impedimento, no sistema, para a consorciação de outros entes, personificados ou não, no contrato de consórcio, tais como a EIRELI e o fundo de investimento.[2302]

A EIRELI – ou empresa individual de responsabilidade limitada –, introduzida pela Lei nº 12.441, de 2011, pode ser constituída por uma pessoa, física ou jurídica, titular da totalidade do capital social, que não poderá ser inferior a cem vezes o maior salário mínimo vigente no País. A despeito da divergência doutrinária em relação à sua natureza – e da tentação de identificá-la como sociedade unipessoal[2303] –, de sociedade, formalmente, não se trata.[2304] Por isso, poderia ser excluída da formação de consórcio, com base na interpretação restritiva do texto de lei. Não haveria, porém, fundamento legal para isso.

[2302] Aliás, o CC, que regula desde 2003 as sociedades, e de 2011, a EIRELI, não trata do tema do consórcio.

[2303] Discussão essa que fica enfraquecida diante da publicação da Lei da Liberdade Econômica (Lei nº 13.874/2019), a qual altera o art. 1.052 do Código Civil para prever, expressamente, a possibilidade de sociedade limitada unipessoal.

[2304] A discussão a respeito da natureza jurídica da EIRELI extrapola o propósito dos comentários ao artigo.

A LSA simplesmente delimita o âmbito interempresarial do consórcio, mas não inibe a sua constituição ou a participação de outros entes que possam colaborar em decorrência das atividades que exercem. Apenas a pessoa natural, mesmo que empresária individual, está impedida de se consorciar.

Não há restrição, assim, na LSA, para que duas ou mais EIRELIs constituam ou participem de consórcio.

Da mesma forma, inexiste, por princípio, vedação à participação de fundos de investimento, que são comunhões de recursos, despersonificados, constituídos sob a forma de condomínio.[2305]

No entanto, a confirmação deverá ser feita de modo casuístico, após verificação (i) da compatibilização do objeto do fundo com o propósito do consórcio, (ii) da permissibilidade de alocação de recursos para o projeto consorciado conforme regulamento do fundo e (iii) do órgão competente para deliberar sobre a participação e a colaboração do fundo para o consórcio.[2306]

3. Personificação, arquivamento e sociedade em comum

Rodrigo R. Monteiro de Castro

O § 1º afasta qualquer tentativa interpretativa ao fixar, expressamente, que o consórcio não tem personalidade jurídica. Esse tratamento não cria antinomia pelo fato de o parágrafo único do art. 279 determinar que o contrato e as suas alterações sejam arquivados no registro do comércio do lugar da respectiva sede. O efeito do arquivamento, neste caso, não é aquele previsto no art. 985 do CC, que estabelece que "a sociedade adquire personalidade jurídica com a inscrição, no registro próprio e na forma da lei, dos seus atos constitutivos".

Os arquivamentos, nessas situações, têm, portanto, funções distintas: em relação ao ato constitutivo da sociedade, implica aquisição de personalidade jurídica; ao consórcio, a publicização do instrumento. Reforçam-se e se distinguem, assim, as naturezas de cada instituto.

A finalidade, portanto, é publicitária, de importância evidente: afinal, permitirá o conhecimento do conteúdo de sua estrutura interna, as funções, atribuições e obrigações de cada consorciado, e outros aspectos necessários à decisão de contratar ou não com o consórcio, avaliando-se os riscos envolvidos.

É no contrato, que deve tornar-se público, por via do arquivamento, que se estabelecerão as obrigações de cada consorciado. Aliás, cada um responderá apenas por suas obrigações, conforme ali previstas, e, em princípio, não se presumirá solidariedade, que decorrerá, apenas, de lei ou de previsão expressa no contrato.

Isso decorre do fato de que, ao contrário do que ocorre com a constituição de uma sociedade, que é sujeito de direito, autônomo dos sócios, e de natureza empresária, responsável pela execução do objeto – sem confundir-se, portanto, com os sócios –, o consórcio, do ponto de vista jurídico, não contrata ou executa o projeto diretamente e em seu nome, cabendo a cada consorciado exercer as funções que lhe forem atribuídas no contrato.

O dinamismo e a flexibilidade da consorciação justificam, também, a sua aceitação como forma de organização de atividades empresariais para execução de projetos.

4. Consequências da inobservância do dever de arquivamento do contrato

Rodrigo R. Monteiro de Castro

O dilema surge quando se descumpre o dever de arquivar e, como consequência, evita-se o efeito divulgador das relações internas e das obrigações de cada consorciado. A desídia, involuntária ou intencional, aproxima o contrato de consórcio da sociedade em comum, regulada nos artigos 986 e seguintes do CC.

A configuração da sociedade em comum decorre da ausência de inscrição de ato constitutivo

---

[2305] Art. 1.368-C do CC, introduzido pela Lei da Liberdade Econômica: "O fundo de investimento é uma comunhão de recursos, constituído sob a forma de condomínio de natureza especial, destinado à aplicação em ativos financeiros, bens e direitos de qualquer natureza".

[2306] Nelson Eizirik emitiu e publicou parecer, em conjunto com Andrea Braga, sobre "Fundo de investimento imobiliário. Consórcio com Sociedade Empresarial" (In: EIZIRIK, Nelson. *Direito Societário* – Estudos e Pareceres. São Paulo: Quartier Latin, 2015. p. 153-163). O propósito era responder, dentre outras perguntas, se se poderia constituir consórcio entre sociedade empresarial e o fundo de investimento imobiliário Porto Maravilha. Apesar de a consulta envolver caso concreto, e não uma formulação genérica, e se dirigir apenas a fundo imobiliário, a lógica, exposta pelo parecerista, se expande para os demais fundos. De modo que, como princípio, não há, como já se afirmou, vedação à consorciação de fundo.

de sociedade empresária, e implica a incidência de regime próprio, sobretudo obrigacional: enquanto não se promover a inscrição, todos os sócios respondem solidária e ilimitadamente pelas obrigações sociais (CC, art. 990).

Aí se revelam, pois, as consequências da inobservância da exigência de publicização do contrato de consórcio: atribuição de responsabilidade solidária e ilimitada aos consorciados.

5. Consórcios sujeitos à Lei 8.666, de 21 de junho de 1993[2307]

RODRIGO R. MONTEIRO DE CASTRO

A participação de consórcio em projeto que envolva a contratação com a administração pública deve ser autorizada na licitação, conforme determinado no art. 33 da Lei 8.666, de 21 de junho de 1993.

Sendo admitida, deve-se comprovar a formalização, pelos consorciados, de compromisso público ou particular de constituição do consórcio, que deverá ser arquivado no registro público de empresas mercantis, antes da celebração do contrato com a administração pública.

Um dos consorciados será indicado como líder, para atender às condições de liderança fixadas no edital. No consórcio que envolva sociedades brasileiras e estrangeiras, a liderança caberá a uma brasileira. Além disso, proíbe-se a participação da *empresa* na mesma licitação por meio de mais de um consórcio ou isoladamente.

A Lei de Licitações também subverte a lógica da LSA, que afasta a presunção de solidariedade entre os consorciados. No âmbito da contratação com a administração pública, todos serão responsáveis solidários pelos atos praticados em consórcio, a qualquer momento, desde a fase licitatória até a execução do contrato, na forma do inciso V do mencionado art. 33.

6. Responsabilidade: falência e recuperação de consorciado

RODRIGO R. MONTEIRO DE CASTRO

A constituição do consórcio não abala a autonomia dos consorciados. Todos continuam a existir e a explorar suas atividades, de modo independente. Inexiste, pelo fato do consórcio, qualquer relação societária ou de subordinação. Nasce uma situação associativa, que não se abala mesmo que se estabeleça, no plano interno, a preponderância e a liderança irrestrita de um consorciado; a posição se restringe ao consórcio.

Essa arquitetura justifica o conteúdo do § 2º do art. 278 que estabelece que a falência de consorciado não se estende aos demais. Isola-se, pois, o projeto – e os consorciados – das mazelas da quebra, e o consórcio subsistirá com os demais contratantes. Privilegia-se, com isso, a independência e a autonomia das partes integrantes de projetos consorciais.

A solução, correta no plano jurídico-formal, não se acomoda com facilidade no plano material. A continuidade nem sempre é factível por conta da função exercida ou da qualidade da colaboração do falido, que pode envolver tecnologia, conhecimentos específicos ou recursos financeiros.

Além disso, se o consórcio se formou para executar projeto licitado na forma da Lei 8.666, de 21 de junho de 1993, a continuidade estará sujeita à inexistência de vedação na própria lei, no edital licitatório e no contrato celebrado com o ente licitante.

De todo modo, a falência de um consorciado não arrasta os demais ou o consórcio. Caso o falido tenha créditos, decorrentes da execução do contrato de consórcio, serão apurados e pagos na forma prevista no contrato, observada a Lei 11.101, de 9 de fevereiro de 2005 (que regula a recuperação judicial e extrajudicial e a falência).

Sob perspectiva inversa, a cobrança de eventuais créditos dos demais contratantes, detidos contra o falido, também deverá observar o disposto na lei falimentar.

Apesar de a LSA não mencionar a recuperação judicial de consorciado, a lógica é a mesma: o deferimento de pedido recuperacional não abrange os demais consorciados ou o contrato, restringindo-se ao contratante em dificuldade. Suas dívidas serão cobradas de modo singular, sem afetação dos demais consorciados (exceto nas hipóteses de caracterização de grupo econômico e consolidação substancial), observadas as disposições daquela lei.

7. "Dissolução" do consórcio

SÉRGIO CAMPINHO

O modelo jurídico da dissolução de sociedades tem o claro objetivo de conduzir à extinção da pessoa jurídica, ocasião em que se terá o fim

---

[2307] A Lei nº 14.133, de 1º de abril de 2021, que cria o novo marco legal das licitações e contratos administrativos, prevê, no art. 193, a revogação da Lei nº 8.666, de 21 de junho de 1993, após decorridos 2 anos da publicação daquela lei.

da personalidade jurídica. Entre a dissolução e a extinção, passa-se necessariamente pela liquidação do patrimônio social. Nessa fase intermediária, em que se preserva a personalidade jurídica, tanto no modelo do art. 210 da LSA como no do art. 1.103 do Código Civil, o escopo é o de ultimar os negócios sociais, realizar o ativo, pagar o passivo e promover a partilha do acervo remanescente entre os sócios. Na hipótese de verificação da insolvência, compete ao liquidante da sociedade empresária confessar a falência, de modo que todo o processo de dissolução e liquidação se realize em juízo, segundo um regime especial.

Dessa forma, o processo para pôr fim à existência legal das sociedades é dotado de três etapas bem distintas: a dissolução, a liquidação e a extinção. Apesar de na prática ser comum a utilização do termo *dissolução* para traduzir o fim da pessoa jurídica, o certo é que, tecnicamente, a dissolução desfruta de um perfil jurídico próprio: consiste na verificação de uma causa que dará início ao processo de extinção da pessoa jurídica. Uma vez verificada a causa, ingressa, imediatamente, a sociedade em liquidação.

Insta saber se esse esquema se afigura compatível para levar à "dissolução" o consórcio de sociedades.

O consórcio disciplinado na LSA revela-se como um ajuste intersocietário, mas de modo distinto do que se tem para os grupos de direito, nos quais se verifica uma relação de subordinação entre as sociedades controladas e a sociedade controladora para o atingimento dos fins programados. No consórcio, que se estabelece entre sociedades que estejam ou não sob o mesmo controle, a relação é de coordenação, colaboração ou cooperação. As sociedades consorciadas atuam coordenadamente para a consecução do fim pretendido, consistindo essa ligação em uma forma específica de concentração empresarial.

O consórcio é um contrato entre sociedades, de tipos iguais ou diferentes, sob o mesmo controle ou não, visando à conjugação de esforços e recursos para a execução de determinado empreendimento, mantendo cada consorciada a sua autonomia jurídica e empresarial.[2308-2309]

O consórcio não tem personalidade jurídica sendo, portanto, desprovido de patrimônio. As consorciadas – que, enfatize-se, podem ser companhias ou quaisquer outras sociedades e não necessitam estar ligadas por relações de participação – somente se obrigam nas condições previstas no respectivo contrato, respondendo, assim, cada uma por suas obrigações, sem presunção de solidariedade.[2310] Nada impede, entretanto, que o contrato disponha sobre a solidariedade entre as consorciadas ou apenas entre algumas delas, seja assim para todas as obrigações ou apenas para algumas expressamente determinadas. São as sociedades consortes que exercem direitos e assumem obrigações. O consórcio não é sujeito de direito.[2311]

Sua feição é a de um contrato plurilateral do tipo associativo,[2312] visando à colaboração, à

[2308] CAMPINHO, Sérgio. *Curso de direito comercial*: sociedade anônima. 4. ed. São Paulo: Saraiva, 2019. p. 447.

[2309] Rubens Requião define o consórcio como "uma modalidade técnica de concentração de empresas. Através dele podem diversas empresas, associando-se mutuamente, assumir atividades e encargos que isoladamente não teriam força econômica e financeira, nem capacidade técnica para executar" (*Curso de direito comercial*. 30. ed. São Paulo: Saraiva, 2013. v. 2 p. 383).

[2310] Entre as consorciadas, como regra, não se estabelece a solidariedade, salvo em relação a obrigações trabalhistas (CLT, § 2º do art. 2º), junto a consumidores (Lei nº 8.078/90, § 3º do art. 28), nas licitações e nas execuções dos contratos delas decorrentes (Lei nº 14.133/2021, art. 15, V) e nas obrigações tributárias federais (Lei nº 12.402/2011, § 1º do art. 1º). No âmbito do respectivo contrato, as consorciadas também ficam solidariamente responsáveis pela prática de atos contra a administração pública, restringindo-se tal responsabilidade à obrigação do pagamento de multa e de reparação integral do dano causado (Lei nº 12.846/2013, § 2º do art. 4º).

[2311] Assim como a massa falida, o espólio e o condomínio, o consórcio é pessoa formal. É detentor de capacidade processual, tendo personalidade judiciária.

[2312] Apesar dessa natureza de contrato associativo, o consórcio não se confunde com a sociedade em conta de participação, embora possua com ela afinidade. A sociedade em conta de participação, a despeito de ter sido incluída pelo Código Civil no rol das sociedades não personificadas, não é, tecnicamente falando, uma sociedade, mas sim um contrato associativo ou de participação (cfr. minha posição aprofundada sobre o assunto em CAMPINHO, Sérgio. *Curso de direito comercial*: direito de empresa. 16. ed. São Paulo: Saraiva, 2019. p. 85-86). Mas, na conta de participação, as atividades objeto do contrato, ao contrário do contrato de consórcio, serão exercidas unicamente pelo sócio ostensivo, em seu nome individual e sob a sua própria e exclusiva responsabilidade. O sócio oculto ou participante, geralmente prestador de capital, tem por escopo a participação nos resultados da exploração do objeto, sem, contudo, assumir riscos pelo insucesso do empreendimento junto a terceiros.

cooperação entre sociedades na gestão comum de um empreendimento específico, o qual cada uma delas, isoladamente, não estaria apta a realizar. Não há comunhão de objeto como nas sociedades, mas comunhão de objetivos.

O consórcio, como se registrou, não tem patrimônio. O contrato de consórcio deve dispor sobre as regras acerca do recebimento de receitas e partilha dos resultados (inciso V do art. 279 da LSA). Mas são receitas e resultados das consorciadas e não do consórcio. Este não tem resultado. O fundo consórtil (inciso VIII do art. 279 da LSA), que pode ser formado a partir da contribuição de cada consorciada para as despesas comuns, se houver, também não é patrimônio do consórcio. Trata-se de um patrimônio comum com destinação específica. Nele se identifica a cota-parte de cada sociedade consorte que, dessarte, integra o patrimônio geral de cada uma delas.

O consórcio é um centro de interesses e relações jurídicas internas e externas. Por isso, é comum a nomeação, no contrato, de uma sociedade líder ou de um terceiro estranho ao contrato para representar as consorciadas (inciso VI do art. 279 da LSA), com o fim de melhor ordenar e administrar esses interesses e relações. A sociedade líder ou o terceiro funciona como um agente de administração ou coordenação dos interesses comuns. Mas a representação não é orgânica, pois o consórcio é desprovido de personalidade jurídica. Não há presentação, mas representação das consorciadas, nos termos do contrato. A relação jurídica é de mandato.

Diante do perfil traçado, não vejo como se aplicar os institutos da dissolução, liquidação e extinção das sociedades ao consórcio. A sua extinção deve obedecer às regras e princípios do direito contratual. Assim é que o consórcio pode ser extinto pelo término do respectivo prazo contratual, quando contratado por prazo determinado. Sendo o prazo determinável, por estar condicionado à verificação de evento futuro, uma vez confirmado, também ocorrerá a sua extinção. Pode ainda ser causa de sua extinção a resilição (distrato ou denúncia), a rescisão ou a perda do objeto.

Uma vez verificada a causa de extinção, a liquidação reger-se-á pelas normas relativas à prestação de contas, a ser feita pela sociedade líder ou pelo terceiro que administra o consórcio. Havendo bens comuns a partilhar, deve a partilha ser promovida, gerando-se obrigação de fazer para a líder ou para o terceiro.

Art. 279. O consórcio será constituído mediante contrato aprovado pelo órgão da sociedade competente para autorizar a alienação de bens do ativo não circulante, do qual constarão: (Redação dada pela Lei 11.941, de 2009)

I – a designação do consórcio se houver;

II – o empreendimento que constitua o objeto do consórcio;

III – a duração, endereço e foro;

IV – a definição das obrigações e responsabilidade de cada sociedade consorciada, e das prestações específicas;

V – normas sobre recebimento de receitas e partilha de resultados;

VI – normas sobre administração do consórcio, contabilização, representação das sociedades consorciadas e taxa de administração, se houver;

VII – forma de deliberação sobre assuntos de interesse comum, com o número de votos que cabe a cada consorciado;

VIII – contribuição de cada consorciado para as despesas comuns, se houver.

Parágrafo único. O contrato de consórcio e suas alterações serão arquivados no registro do comércio do lugar da sua sede, devendo a certidão do arquivamento ser publicada.

COMENTÁRIOS

1. Características do contrato

Rodrigo R. Monteiro de Castro

O contrato de consórcio deve ser aprovado pelo órgão da sociedade competente para autorizar a alienação de bens do ativo não circulante. Requer-se, portanto, uma deliberação afirmativa.

Em sociedades caracterizadas pela maior intervenção dos sócios, a competência costuma ser atribuída à assembleia geral; naquelas em que o poder decisório de temas empresariais se desloca a órgão colegiado formado por administradores, a competência tende a ser atribuída ao conselho de administração. Aliás, o art. 142, VIII atribui a este órgão a competência para deliberar sobre a alienação de bens do ativo não circulante – referência adotada, também, para deliberação do consórcio, nos termos do art. 279 –, caso o estatuto não disponha em contrário.

Nada impede, porém, que o estatuto atribua a competência à diretoria.

A pragmática revela que muitas sociedades, além de não serem dotadas de conselho de administração, direcionam todas – ou a maioria – das decisões à diretoria, mantendo-se na esfera da assembleia geral apenas as matérias exigidas pela LSA. Nesses casos, caberá à própria diretoria decidir sobre a constituição do consórcio, conforme as regras internas previstas no estatuto ou no contrato social; ou seja, eventualmente, apenas um diretor poderá decidir e representar a sociedade na contratação do consórcio.

Se o consorciado for EIRELI e o ato constitutivo não dispuser sobre o tema – dificilmente disporá –, caberá ao respectivo titular aprovar a constituição. Em relação ao fundo de investimento, a competência se verificará casuisticamente, com base no seu regulamento.

O art. 279 indica temas que devem ser regulados no contrato. Não se trata de lista taxativa; é comum que se desenvolva, com maior sofisticação, a redação desse instrumento, com intuito de introduzir situações específicas ou importantes aos contratantes, e que reflitam e regulem a complexidade relacional.

Por outro lado, também é comum que contratantes deixem, voluntaria ou involuntariamente, de tratar de algum dos temas listados no artigo. A ausência, em princípio, não desnatura a contratação e não a torna irregular.

2. Registro

Rodrigo R. Monteiro de Castro

O parágrafo único do artigo 279 determina que o contrato e as suas alterações sejam arquivados no registro do comércio do lugar da sede.

O DREI emitiu, em 05 de dezembro de 2013, a IN 19, posteriormente alterada pela IN 37, de 02 de março de 2017, que estabelece, no art. 6º, que deverão constar do contrato, obrigatoriamente, os temas listados no art. 279.

A instrução avança, porém, sobre matéria que não lhe compete ao estabelecer competência aprovativa além daquela prevista na LSA. Com efeito, lá se estabelece que, na companhia, o órgão competente para aprovar o consórcio é o conselho de administração, quando houver e salvo disposição estatutária em contrário, ou a assembleia, quando inexistir o conselho de administração.

Dentre as competências privativas da assembleia geral, listadas no art. 122, não se elenca a autorização para alienação de bens do ativo não circulante, de modo que, independentemente da existência de conselho de administração, os acionistas podem dispor, no estatuto, da forma que julgarem adequada.

Mesmo que a administração seja dualista, com a presença de conselho de administração, o estatuto poderá, por força do art. 142, VIII, deslocar a competência para qualquer outro órgão, inclusive à diretoria. Este órgão está legitimado, portanto, a receber a atribuição para decidir sobre a contratação de consórcio.

Portanto, caso nada se disponha no estatuto – e a companhia não seja dotada de conselho de administração – qualquer órgão, incluindo a diretoria, e não apenas a assembleia geral, como pretendido na IN, poderá aprovar o consórcio.

3. Designação, objeto e duração

Rodrigo R. Monteiro de Castro

O consórcio pode ter designação ou não. A sua ausência não impede o arquivamento do contrato. Os consorciados podem emprestar seus próprios nomes ou marcas – o que não implica transferência de titularidade desses direitos de propriedade industrial. A designação também pode ser composta de elementos distintivos e exclusivos, que identifiquem o projeto.

A determinação do empreendimento que constitui o consórcio é um dos aspectos mais relevantes do contrato, pois é o motivo de sua existência. A consorciação se justifica pela vontade dos contratantes de desenvolverem determinado projeto.

Ademais, evita-se, com essa determinação, confusão entre as atividades exercidas pelos contratantes, individualmente, e aquelas realizadas no âmbito do consórcio. Interessa, assim, aos consorciados descrever, em detalhes, o objeto, especialmente nas hipóteses de intersecção empresarial – o que é muito comum.

Qualquer atividade empresarial poderá justificar a constituição do consórcio. A natureza empresária – ou econômica – é, pois, requisito inafastável.

O consórcio poderá se dedicar a um projeto, como a construção de uma estrada, ou a diversos projetos conexos, que justifiquem a sua integração. Importante que essas nuances estejam expressas no contrato, para que não se caracterize uma atuação irregular.

Não há restrição à realização de projeto que, pelas suas características, não venha a se exaurir no tempo – seja pela sua conclusão, a exemplo do que ocorre em atividades construtivas, seja pelo decurso da autorização para operação de certo ativo público. A consorciação também se presta, pois, ao exercício continuado de atividade empresarial lícita, mesmo que duradoura ou indeterminada.

Aliás, a determinação de prazo não constitui uma condição da constituição porque inexiste, na lei, essa exigência.[2313]

Em qualquer situação, é importante que se indique, com clareza, o prazo de duração, especialmente quando não for indeterminado. Seja ele marcado pela temporalidade – caso de consórcio que durará, por exemplo, cinco anos – ou pela especificidade – criado, por exemplo, para executar e concluir a construção de determinado estádio de futebol –, a clarificação facilita a condução dos negócios e a projeção de resultados, e previne desinteligências internas.

Os consorciados poderão alterar o prazo no curso da execução do empreendimento ou ampliar o objeto. Também poderão constituir novo consórcio com o propósito de desenvolver novo empreendimento, mesmo que conexo.

Por fim, o inciso III prescreve que se indique o endereço. Endereço não se confunde com sede, que, em muitos casos, inexiste; trata-se, então, do local de direcionamento de demandas e outros expedientes previstos em lei.

4. Contratos conexos
Rodrigo R. Monteiro de Castro

É comum que, simultaneamente à constituição do consórcio, os contratantes celebrem contratos conexos e interdependentes, que tenham como objeto alguma prestação voltada à operacionalização do empreendimento. Esses contratos costumam ter prazo vinculado ao principal, previsto no contrato de consórcio. Perduram, portanto, enquanto o próprio consórcio existir.

Pela sua natureza, um ou mais consorciados se obrigam a executar determinada função, recebendo, em contrapartida, a remuneração contratada. O direito remuneratório que exsurge do cumprimento do contrato conexo não se confunde com a contribuição ao consórcio ou com a parcela do resultado consorcial, que tocará ao consorciado na forma do contrato de consórcio.

Também é comum a celebração de outro tipo de contrato conexo, que admite a utilização de ativos ou o aproveitamento de atividades por algum consorciado, em contrapartida ao pagamento de determinada quantia. O prazo de duração se vincula, da mesma forma, ao contrato principal.

Em ambos casos, pode-se gerar uma situação em que o consorciado é, ao mesmo tempo, credor e devedor de outro consorciado. Imagine-se, assim, que, em um consórcio composto de duas sociedades, o consorciado "a" é o líder e responsável por pagar os custos e as despesas, recolher os tributos e concentrar o faturamento do consórcio – visto que o consorciado "b" colabora com a disponibilização de determinado ativo. Ao final de determinado período, "a" apura o resultado e a atribuição que fará a "b", por conta do empreendimento consorciado.

O participante "b", no entanto, utiliza ativos consorciados, para fins próprios, além da destinação consorciada, e deve ao "consórcio", isto é, para "a", montante equivalente à sua parcela nos resultados.

Como "a" e "b" se tornaram ao mesmo tempo credor e devedor um do outro, o art. 368 do CC admite a extinção das obrigações recíprocas, até onde se compensarem. A compensação, conforme o disposto no art. 369, se opera entre dívidas líquidas, vencidas e de coisas fungíveis. Presentes estes requisitos, pode-se efetuá-la.

Caso os consorciados pretendam afastar o direito à compensação, deverão fazer constar, de modo expresso, no contrato.

5. Poder político e direito econômico
Rodrigo R. Monteiro de Castro

A constituição de consórcio oferece aos contratantes algumas vantagens em relação à constituição de sociedade. Uma delas é a inexistência de uma nova entidade – que se personifica com o arquivamento do ato constitutivo no registro público de empresas mercantis – e, com ela, as consequências burocráticas e societárias inerentes a esse tipo de associação.

Outra, igualmente ou ainda mais relevante, consiste na plasticidade da formatação da estrutura interna do consórcio, *i.e.*, na liberdade que os consorciados dispõem para, observadas as regras mínimas, previstas nos artigos 278 e 279,

---

[2313] Por esse motivo, a CVM se equivocou em seu posicionamento constante do Parecer CVM/SJU nº 044/1982.

contratar os aspectos que envolvem suas relações, seus direitos e suas obrigações.

Nesse sentido, os consorciados devem estabelecer as normas sobre recebimento de receitas e partilha de resultados (inciso IV), a forma de deliberação sobre assuntos de interesse comum, com o número de votos que cabe a cada consorciado (inciso VII), e a contribuição de cada consorciado para as despesas comuns, se houver (inciso VIII).

Não há orientação na LSA a respeito dessas matérias, de modo que a autonomia é absoluta. Podem os consorciados, se quiserem, seguir o sistema das sociedades anônimas ou das limitadas, ou criar uma estrutura própria, com referência nas bases negociadas entre os consorciados.

A participação de cada consorciado em relação ao montante das receitas dependerá da contribuição e da posição adotada no consórcio. Há casos em que um consorciado concentra o recebimento das receitas e as reparte com os demais, conforme fórmula contratada; em outros, cada consorciado executa parte do projeto e recebe a contrapartida diretamente. De todo modo, é recomendável que se dê o tratamento mais detalhado possível, para evitar divergências e conflitos.

As mesmas situações também se verificam, na prática, no tocante às despesas. Não é incomum que um consorciado as assuma e, posteriormente, confrontando-as com as receitas obtidas no âmbito do consórcio, apure o resultado a ser partilhado entre os consorciados. Também é comum que cada consorciado arque com as despesas relacionadas à sua parcela contributiva para realização do objeto e embolse os respectivos resultados. Não há fórmula certa ou errada; importa que reflita as condições contratadas.

A definição das normas sobre contabilização, prevista no inciso VI, costuma estar associada à arquitetura do próprio consórcio e da distribuição das receitas e despesas, decorrentes das funções de cada consorciado.

Os consorciados podem ser remunerados por atuações específicas e internas, que não envolvem necessariamente uma prestação ou execução de serviço relacionado ao objeto do consórcio. Essa remuneração decorre de atuação administrativa, ampla e geral ou, então, pontual, e pode ser atribuída ao líder ou a qualquer outro contratante, de modo isolado ou cumulativo.

Além disso, deve o contrato tratar da administração do contrato, que não se confunde com o cumprimento de tarefas administrativas – remuneradas ou não – e com a posição de liderança.

A administração pode ser interna, exercida por um ou mais consorciados, ou externa, desempenhada por terceiros contratados. Nada impede que se criem órgãos decisórios ou colegiados, compostos de empregados ou administradores dos contratantes ou membros externos. É comum, aliás, que se criem comitês de administração e de investimento para acompanhar o desenvolvimento do empreendimento, em seus aspectos mais relevantes.

Também se admite a contratação de terceiros, pessoas físicas ou jurídicas, para exercer a administração do consórcio: são prestadores de serviços, que recebem remuneração em contrapartida ao cumprimento dessa função.

A depender do modelo interno do consórcio, a importância da fixação de normas sobre deliberação e número de votos será menor ou maior. Quando as obrigações são claramente determinadas, delas advindo as receitas e as despesas próprias de cada consorciado, reduzem-se as situações demandadoras de formação colegiada de vontade. Isso não quer dizer que não se deva expressá-la no contrato; ao contrário, é sempre recomendável que se trate do tema.

O tratamento não está limitado pelas normas aplicáveis às sociedades. Os consorciados podem exercer a criatividade na sua determinação: (i) atribuir maior poder político (ou votos) a quem contribuir com menos recursos financeiros e mais tecnologia; (ii) direcionar mais votos ao contratante que formatou o negócio; (iii) distribuir de modo idêntico a todos, independentemente das contribuições; (iv) associar o poder político à efetiva contribuição para geração de receita; ou (v) vincular o voto à participação nos resultados, criando paralelismo entre poder político e econômico (como em sociedades empresárias).

No silêncio do contrato, contudo, o poder político será determinado em função dos direitos econômicos de cada consorciado. Se um consorciado tiver direito a 80% dos resultados, seu voto equivalerá a 80%, também.

O voto não precisa ser unitário ou atrelado, por exemplo, a cada *real* investido, de modo que se confira, ao consorciado, tantos votos quantos forem as unidades monetárias investidas. Os consorciados poderão dispor, livremente, sobre o poder político no contrato.

6. Dissolução

Rodrigo R. Monteiro de Castro

A pragmática demonstra que consorciados não se atentam ao tema da dissolução do consórcio, talvez pela confusão entre o instituto e cláusulas extintivas do contrato, na forma do Título V, Capítulo II do CC.

O art. 473 do diploma civil autoriza a resilição unilateral nos casos em que a lei expressa ou implicitamente o permita, e se opera mediante notificação. Os artigos 474 e 475 tratam da cláusula resolutiva, autorizadora do pedido de resolução do contrato, pela parte lesada pelo inadimplemento, se não preferir exigir o cumprimento da obrigação. Ambas expressam situações distintas da dissolução.

A dissolução é o processo, composto de três etapas, de terminação da sociedade. A primeira consiste na decisão de dissolvê-la e, a partir dela, se inicia a segunda etapa, que se presta à liquidação de ativos, pagamento de passivos e atribuição do saldo aos sócios, extinguindo-se, então, à sociedade – que corresponde à terceira etapa. É desse processo de que se trata.

O contrato de consórcio dispõe, invariavelmente, sobre direitos e obrigações, custos, despesas e investimentos, alocação ou aquisição de ativos, por um ou outro consorciado para atender ao propósito consorciado, responsabilidades tributárias, negociais e contratuais. Por mais que o consórcio não se personifique e não seja sujeito de direito, fato que o impede de assumir obrigações, o complexo de relações inauguradas com a constituição do consórcio não termina por conta, por exemplo, da resilição ou da resolução operada entre os consorciados.

A dissolução se projeta para além do plano interno e atende à necessidade jurídica de resolver todas as relações externas, contratadas por cada consorciado, e as obrigações internas. Incluem-se, nesse emaranhado, ajustes financeiros eventualmente pendentes, sobretudo nas hipóteses em que um consorciado arrecada toda a receita e a partilha com os demais.

O regramento próprio do consórcio, constante da LSA, é omisso sobre o regime aplicável, o que não significa, absolutamente, que não se sujeite à dissolução. Faculta-se, assim, ao contrato dispor sobre o tema. Na sua ausência, revela-se uma lacuna que deve ser preenchida no sistema.

A forma mais fácil e evidente de preenchimento levaria à conclusão de que, estando previsto na LSA e tendo o CC se omitido sobre o tema, o regime aplicável seria o contido no Capítulo XVII da legislação que rege as sociedades por ações. Ocorre que a natureza contratual é, no caso, um atributo mais relevante do que a *topologia* legislativa. Mesmo que todos os consorciados sejam companhias, a dissolução é do consórcio, originado em contrato, e não deles, consorciados.

Por esses motivos, o regime aplicável é, *mutatis mutandis,* o do CC, conforme os artigos 1.033 e seguintes.

Dessa revelação se conclui que, nos termos do art. 1.034, II, o consórcio pode ser dissolvido judicialmente, a requerimento de qualquer consorciado, quando exaurido o seu propósito ou verificada a sua inexequibilidade.

A deliberação sobre a dissolução deve ser tomada pelos consorciados, observando-se o número de votos de cada um, na forma do art. 279, VII da LSA; caso o contrato seja omisso, os votos serão determinados em função dos direitos econômicos.

7. Motivos para a dissolução de Consórcio

Rodrigo R. Monteiro de Castro

A constituição de um consórcio tem como finalidade a execução de determinado empreendimento. É por meio dele que os consorciados ajustam um mecanismo de colaboração, conjugando esforços, recursos, técnicas e experiências, com vistas à realização do propósito que lhe deu causa.

No contexto empresarial, o fundamento de uma empresa é essencialmente econômico. Viabilidade e potencial de geração de resultados são pressupostos fundamentais. Sem pelo menos um desses suportes, perde o sentido a preservação do consórcio; afinal, quando o projeto se apresenta inviável ou indica baixo ou incerto potencial de retorno, passa a não existir perspectiva de sucesso.

A conclusão, portanto, é óbvia: não havendo fundamento econômico sustentável, o empreendimento se torna frágil, e, por isso, deixa de ser interessante para os envolvidos. A manutenção de consórcio que desenvolva empreendimento inviável é desprovida de razoabilidade.

Nesses casos, a dissolução pode ser deliberada, conforme o art. 1.033 do CC, pelo consenso dos consorciados (inciso II) ou pela maioria absoluta dos votos dos consorciados, se o prazo for indeterminado.

Se houver determinação de prazo do consórcio, a dissolução se operará judicialmente, a requerimento de um dos consorciados, na forma do art. 1.034 do CC.

Art. 280 — Ana Frazão e Fábio Ulhoa Coelho

> **CAPÍTULO XXIII**
> **SOCIEDADES EM COMANDITA POR AÇÕES**
>
> **Art. 280.** A sociedade em comandita por ações terá o capital dividido em ações e reger-se-á pelas normas relativas às companhias ou sociedades anônimas, sem prejuízo das modificações constantes deste Capítulo.

COMENTÁRIOS

1. Revogação dos arts. 280 a 284 pelo Código Civil

Ana Frazão e Fábio Ulhoa Coelho

O § 1º do art. 2º da Lei de Introdução às Normas do Direito Brasileiro dispõe que a lei posterior revoga a anterior quando "*regule inteiramente a matéria de que tratava a lei anterior*". Em consequência, os arts. 280 a 284 da LSA foram revogados pelos arts. 1.090 a 1.092 e 1.161 do Código Civil (CC), quando da entrada em vigor deste, em janeiro de 2003. Assim é porque o legislador da codificação regulou inteiramente as sociedades em comandita por ações.

A questão da revogação não tem desdobramentos práticos relevantes, não somente por inexistirem sociedades em comandita por ações em número significativo, mas principalmente por serem apenas três as diferenças, entre as normas revogadas da LSA e as vigentes do CC.

A primeira diferença diz respeito à projeção no tempo da responsabilidade do ex-diretor. No art. 282, § 2º, da LSA, não há a limitação temporal de dois anos que se encontra no art. 1.091, § 3º, do CC; a segunda é atinente à necessidade de aprovação do diretor para a eficácia da aprovação, em Assembleia Geral, da filiação a grupo de sociedades, que estava prevista na parte final do art. 283 da LSA, mas não está reproduzida no art. 1.092 do CC; e a terceira consiste na ressalva de aplicação, às sociedades em comandita por ações, das normas da companhia referentes a Conselho de Administração, capital autorizado e bônus de subscrição, que o art. 284 da LSA estabelecia, mas que o CC preferiu não repetir.

Uma indagação que aponta para a possível repristinação do art. 284 da LSA decorre da alteração desse dispositivo introduzida pela Lei nº 14.195/2021. Quando a lei nova dá nova redação a dispositivo revogado, a má técnica legislativa acarreta a sua repristinação? A resposta a esta questão tem relevância na muito improvável hipótese de se constituir uma sociedade em comandita por ações com voto plural. Para os que consideram que a má técnica legislativa não repristinou o art. 284 da LSA, não haverá problemas nessa hipótese; já para os que concluem pela repristinação afirmarão que não é possível atribuir-se voto plural a qualquer ação de emissão de uma sociedade em comandita por ações.

Optamos por manter os comentários aos artigos revogados, por três razões. Primeira, pela relativa importância histórica. Segunda, porque sempre enriquece o estudo do direito societário. Terceira, os comentários são úteis na interpretação dos dispositivos do Código Civil, que coincidem, em sua maioria, com os da LSA.

2. A sociedade em comandita por ações na Lei nº 6.404/1976

Ana Frazão

Muito embora a quase totalidade da Lei nº 6.404/1976 seja dedicada à disciplina da sociedade anônima, cinco dos seus artigos – arts. 280 a 284 – tratam de outro tipo societário que, apesar de pouco utilizado na atualidade, inclui-se no conceito geral de sociedade por ações e, por conseguinte, é regido também pelas normas atinentes a esta, naquilo em que cabível.

Evidentemente, porém, há grande diferença entre a relevância dos dois tipos societários. Como já apontavam Alfredo Lamy Filho e Bulhões Pedreira[2314], "enquanto a companhia é um dos institutos mais importantes do moderno direito da economia, a sociedade por ações é forma societária em desuso".

Tanto é assim que, na Exposição de Motivos do Projeto de Lei que culminou na edição da Lei nº 6.404/1976, houve o registro de que foi considerada a hipótese da eliminação da sociedade em comandita por ações, "dada a sua pouca utilização". No entanto, prevaleceu a decisão de conservar o tipo societário, "não apenas por ser mais um modelo de organização jurídica à disposição do empresário, mas ainda por ter sido nela introduzida inovação de maior significado: a possibilidade de o gerente ser pessoa jurídica, vale dizer, sociedade de responsabilidade limitada".

Não obstante, mesmo a aludida novidade – qual seja, a admissão de "gerente" pessoa

---

[2314] LAMY FILHO, José Luiz Bulhões Pedreira *A lei das S.A.* Rio de Janeiro: Renovar, 1992. p. 27.

jurídica – deixou de figurar no texto final da Lei nº 6.404/1976, por força da aprovação da Emenda nº. 29 do Senado Federal. Daí dizer Osmar Brina Corrêa Lima[2315] que a sociedade em comandita por ações mantém-se na lei por mera tradição, "sem nenhuma ou quase nenhuma aplicação prática", fazendo coro a Theophilo de Azeredo Santos,[2316] que, em 1965, já pontuava que o tipo societário é verdadeira "relíquia do passado".

Até por essa razão, a disciplina das sociedades em comandita por ações é bastante exígua. De acordo com o art. 280, da Lei nº 6.404/1976, "A sociedade em comandita por ações terá o capital dividido em ações e reger-se-á pelas normas relativas às companhias ou sociedades anônimas, sem prejuízo das modificações constantes deste Capítulo." Como se verá nos itens seguintes, o Código Civil também trata das sociedades em comandita por ações, embora o faça de modo muito similar à Lei nº 6.404/1976.

Consequentemente, realizadas as devidas adaptações, aplicar-se-ão às sociedades em comandita por ações as disposições da Lei nº 6.404/1976 concernentes à emissão de ações, às modificações de capital, à dissolução, dentre outros muitos assuntos.

Nesse sentido, é importante invocar a lição de Galgano,[2317] segundo o qual a sociedade por ações, além de sua importância como tipo societário singular, apresenta-se também como verdadeiro protótipo das sociedades de capitais, já que sua sistemática aplica-se de forma supletiva às sociedades em comandita por ações (Lei nº 6.404/1976, art. 280) e às sociedades limitadas que adotarem esse regime (CC, art. 1.053, parágrafo único).

3. Conceito e origem da sociedade em comandita por ações

Ana Frazão

À semelhança da sociedade em comandita simples,[2318] regida pelos artigos 1.045 a 1.051 do Código Civil, a sociedade em comandita por ações caracteriza-se por conter duas qualidades de sócios: os acionistas comanditados, ilimitadamente responsáveis, dentre os quais estarão os gerentes da sociedade;[2319] e os acionistas comanditários, sócios investidores, com responsabilidade limitada. Distingue-se a sociedade em comandita por ações da sociedade em comandita simples pelo fato de que o capital social da primeira se divide em ações, aplicando-se supletivamente o regime da sociedade anônima, inclusive no que diz respeito aos deveres e responsabilidades dos acionistas[2320].

Ensina Waldírio Bulgarelli[2321] que a sociedade em comandita por ações surge por influência da sociedade em comandita simples, servindo de ponte para a formação do modelo da sociedade anônima.[2322] Acolhida pela *Ordonnance* de 1673

[2315] LIMA, Osmar Brina Corrêa. Lei das sociedades por ações: permanência, mutações e mudança. *Revista da Faculdade de Direito da Universidade Federal de Minas Gerais*, n. 40, p. 239-252, 2001, p. 242.

[2316] SANTOS, Theophilo de Azeredo. *Manual de direito comercial*. Rio de Janeiro: Forense, 1965. p. 288.

[2317] GALGANO, Francesco. *La società per azioni*. Pádua: CEDAM, 1984. p. 1.

[2318] No que toca à diferença entre as sociedades em comandita simples e por ações, pode-se destacar caso julgado pelo Supremo Tribunal Federal, em 1990 (STF. Ext 521/RFA. Rel. Min. Moreira Alves. Pleno. j. 21.06.1990. *DJ* 26.10.1990), no qual se apreciou controvérsia relativa ao reconhecimento de sociedade empresária alemã como sociedade em comandita simples para escapar à aplicação do crime previsto pelo artigo 177 do Código Penal brasileiro, referente a "Fraudes e abusos na fundação ou administração de sociedade por ações". O crime em questão, por se referir tão somente às sociedades por ações, aplicar-se-ia no caso concreto somente se a empresa que supostamente foi objeto do delito houvesse sido constituída como sociedade em comandita por ações, regulada pela Lei nº 6.404/1976. Contudo, tendo sido constituída como sociedade em comandita simples, não há que se falar na aplicação do art. 177 do Código Penal.

[2319] Ver comentários de Ana Frazão ao art. 281 da Lei nº 6.404/1976, especialmente na parte em que se distingue os acionistas comanditados dos gerentes.

[2320] "Chama-se sociedade em commandita por acções a sociedade, sob uma razão social, na qual há duas espécies de associados, respondendo uns pessoalmente e solidariamente pelas dividas sociaes, e respondendo outros, cujas partes sociaes são acções, somente até a concurrencia das suas entradas" (VAMPRÉ, Spencer. *Das sociedades anonymas*. São Paulo: Pocai-Weiss, 1914. p. 538).

[2321] BULGARELLI, Waldírio. As sociedades em comandita: simples e por ações. *Revista de direito mercantil, industrial, econômico e financeiro*, v. 18, n. 33, p. 69-92, jan.-mar./1979, p. 87.

[2322] Ver comentários de Ana Frazão ao art. 1º da Lei nº 6.404/1976, na parte em que trata dos antecedentes históricos das características das sociedades por ações, especialmente na parte relativa à *commenda* medieval.

e, posteriormente, pelo Código Comercial francês de 1807, a sociedade em comandita por ações tornou-se consideravelmente popular, tendo em vista as dificuldades burocráticas para a constituição de sociedades anônimas na primeira metade do século XIX, enquanto perdurou o regime da autorização estatal.

Mais do que isso, a sociedade em comandita por ações também se propunha a resolver dilema que até hoje permeia as discussões societárias: as justificativas para a responsabilidade limitada de todos sócios e a ideia de que ao menos os sócios gestores deveriam responder pelas dívidas da sociedade, até para terem os devidos incentivos para uma boa gestão.

Por essas razões, mesmo com um regime de responsabilidade mais rigoroso do que o das sociedades por ações, as sociedades em comandita por ações foram muito utilizadas na primeira metade do século XIX. A França, por exemplo, viveu o período que se denominou "febre das comanditas",[2323] pois, diante das dificuldades para a constituição das sociedades por ações, a comandita por ações tornou-se a opção economicamente mais viável.

Entretanto, com a liberalização da criação das sociedades por ações, na metade do século XIX, ficou mais fácil a constituição destas últimas, o que explica o consequente declínio das sociedades em comandita por ações.[2324]

4. Regime jurídico das sociedades em comandita por ações

Ana Frazão

O art. 280, da Lei nº 6.404/1976, dispõe que "A sociedade em comandita por ações terá o capital dividido em ações e reger-se-á pelas normas relativas às companhias ou sociedades anônimas, sem prejuízo das modificações constantes deste Capítulo." Trata-se de previsão semelhante à do art. 1.090, do Código Civil, segundo o qual "A sociedade em comandita por ações tem o capital dividido em ações, regendo-se pelas normas relativas à sociedade anônima, sem prejuízo das modificações constantes deste Capítulo, e opera sob firma ou denominação."

Como se verá nos comentários aos artigos seguintes, o tratamento específico do Código Civil, que trata das sociedades em comandita por ações dos arts. 1.090 a 1.092, além de ser muito sucinto, não apresenta maiores novidades em relação à Lei nº 6.404/1976, motivo pelo qual continua esta sendo a grande referência para o tratamento jurídico desse tipo societário.

Art. 281. A sociedade poderá comerciar sob firma ou razão social, da qual só farão parte os nomes dos sócios-diretores ou gerentes. Ficam ilimitada e solidariamente responsáveis, nos termos desta Lei, pelas obrigações sociais, os que, por seus nomes, figurarem na firma ou razão social.

Parágrafo único. A denominação ou a firma deve ser seguida das palavras "Comandita por Ações", por extenso ou abreviadamente.

COMENTÁRIOS

1. Distinção entre acionistas comanditados e gerentes

Ana Frazão

A característica essencial das sociedades em comandita, simples ou por ações, é a existência de duas categorias de sócios: uma com responsabilidade limitada e que não pode exercer a gerência e outra com responsabilidade ilimitada e que pode exercer a gerência. Portanto, o regime de responsabilidade ordinária dos acionistas – assim entendido o regime que decorre da mera circunstância de ser acionista e não da prática de atos ilícitos – está diretamente vinculado à possibilidade de exercício efetivo da gestão.

É sob essa perspectiva que deve ser entendido o comando do art. 281, da Lei nº 6.404/1976, na parte em que trata dos sócios-diretores ou gerentes. Afinal, é importante destacar que nem todo acionista comanditado, que responde ilimitadamente pelas dívidas da sociedade, será gerente, embora todo gerente precise ser acionista comanditado.

[2323] LEMARCHAND, Yannick. Falsifications et manipulations comptables. La mesure du profit, um enjeu social (1856-1914). *Comptabilité – contrôle – audit*, v. 3, n. 11, 2005, p. 15-33.

[2324] "Posteriormente, entretanto, foi revogada, na França, a necessidade da autorização governamental para se constituírem as sociedades anônimas, e desde esse momento as sociedades em comandita por ações começaram a declinar pois não havia mais um motivo que justificasse a sua criação, já que em qualquer sociedade anônima não apenas alguns mas todos os sócios poderiam limitar sua responsabilidade sem que a sociedade, para se constituir, necessitasse de autorização do governo" (MARTINS, Fran. *Comentários à lei das sociedades anônimas*. Rio de Janeiro: Forense, 1978. v. 3. p. 506).

Os problemas interpretativos da Lei nº 6.404/1976 decorrem do fato de que os cinco artigos dedicados à sociedade em comandita por ações não mencionam uma única vez os sócios comanditados. Na verdade, a lei não trata expressamente das duas categorias de acionistas, apenas deixando claro que os acionistas que administrarão a sociedade respondem ilimitada e subsidiariamente pelas dívidas da sociedade.

Por outro lado, há outros artigos da Lei nº 6.404/1976, como o art. 283, que parecem acolher a ideia de que a dicotomia existente não se dá propriamente entre categorias de acionistas – comanditados e comanditários -, mas sim entre os acionistas gerentes, com responsabilidade ilimitada pelas dívidas sociais, e os acionistas não gerentes, com responsabilidade limitada.

Entretanto, tal interpretação é contrária a princípio aplicável até mesmo às sociedades em comandita simples: o de que nem todos os sócios comanditados serão necessariamente administradores ou gerentes. É o que explica com maestria Rubens Requião:[2325] "Um dos característicos da sociedade em comandita simples é o fato de que nem todos os sócios podem ser gerentes. A gerência da sociedade, com efeito, compete aos sócios comanditados ou, dentre eles, o que for ou os que forem designados no contrato social. Silenciando o contrato, todos os comanditados são gerentes e podem usar a firma ou razão social".

Como se pode observar, nas comanditas simples, nem todo sócio comanditado, com responsabilidade ilimitada, será necessariamente gerente, raciocínio que deve ser estendido às sociedades em comandita por ações, o que auxiliará na compreensão de várias das regras do seu regime jurídico próprio, como a do art. 281, da Lei nº 6.404/1976.

Não obstante, há autores, como Modesto Carvalhosa[2326], que defendem que a expressão "diretor ou gerente" acaba sendo utilizada como sinônimo da expressão "sócio comanditado", de sorte que não haveria que se falar em comanditado que não fosse administrador e vice-versa.

No entanto, além de não haver qualquer vedação legal para que o acionista comanditado opte por não exercer a administração, não é razoável exigir que um sócio que queira assumir a responsabilidade ilimitada pelo empreendimento ainda precise necessariamente exercer a gerência. Considerando que a sociedade em comandita por ações é uma sociedade de capital, não faz sentido impor restrições à ampliação da base acionária, ainda mais diante de acionistas que estão dispostos a assumir regime de responsabilidade muito mais favorável aos credores sociais.

Acresce que é igualmente razoável admitir que determinado sujeito, apesar de pretender assumir o risco da responsabilidade ilimitada por ser acionista, não deseje exercer a administração, tarefa que exige tempo, conhecimentos e habilidades, além de se sujeitar a regime jurídico distinto, inclusive do ponto de vista dos deveres e responsabilidades.

É de se notar que a posição de sócio – ainda que com responsabilidade ilimitada – é radicalmente distinta da de administrador, considerando que, ao passo que o sócio exerce direitos subjetivos decorrentes de sua participação societária, o administrador exerce competência funcional da qual decorre uma série de deveres e responsabilidades peculiares a essa posição,[2327] inclusive no que diz respeito à responsabilidade por omissão.[2328]

Dessa maneira, o entendimento segundo o qual todo comanditado é automaticamente administrador, além de criar desincentivos para que mais interessados queiram ser acionistas comanditados, ainda poderia levar à situação na qual o comanditado que não tomasse parte na gestão dos negócios sociais estivesse sujeito, mesmo assim, não apenas ao regime mais gravoso que decorre da sua posição de acionista, mas também à responsabilização específica dos administradores.

Esse ponto é importante, porque a responsabilidade dos comanditados pelas dívidas sociais, mesmo que ilimitada, é sempre subsidiária à da sociedade. Já as responsabilidades específicas que decorrem da gestão são diretas, por ato e culpa próprios, como já se demonstrou nos comentários ao art. 159, da Lei nº 6.404/1976.

Daí por que o regime de responsabilidade dos acionistas comanditados não exclui nem torna insubsistente o regime de responsabilidade dos

---

[2325] REQUIÃO, Rubens. *Curso de direito comercial*. São Paulo: Saraiva, 2003. v. 1. p. 418.

[2326] CARVALHOSA, Modesto. *Comentários à lei de sociedades anônimas*. São Paulo: Saraiva, 2003. v. 4. p. 436.

[2327] Ver comentários de Ana Frazão aos arts. 138, 153, 154 e 158 da Lei nº 6.404/1976.

[2328] Ver comentários de Ana Frazão aos arts. 138 e 153 da Lei nº 6.404/1976.

gestores, o qual se aplicará também nas sociedades em comandita por ações.

Consequentemente, a melhor interpretação dos artigos que tratam da sociedade em comandita por ações é a de que a sua característica fundamental é a existência de duas categorias de acionistas: a dos comanditários investidores, com responsabilidade limitada, e a dos comanditados com responsabilidade ilimitada, que podem ou não exercer a gestão. Caso o façam, a eles se aplicará, além do regime ordinário de responsabilidade subsidiária e ilimitada pelas dívidas sociais, também o regime próprio de responsabilidade dos administradores de sociedades por ações, nos termos do que já foi exposto nos comentários aos arts. 153 a 159, da Lei nº 6.404/1976.

Já em relação aos comanditados não gerentes, aplicar-se-á apenas o regime ordinário de responsabilidade subsidiária e ilimitada pelas dívidas sociais, afastando-se o regime próprio de responsabilidade dos administradores.

É claro que, considerando o art. 283, § 1º, da Lei nº 6.404/1976, que exige que os diretores das sociedades em comandita por ações sejam nomeados pelo estatuto, caberá a este fazer as distinções entre os acionistas comanditados e, dentre estes, os gerentes. Portanto, caberá ao estatuto não apenas distinguir quem são os acionistas comanditados e os comanditários, bem como, entre os primeiros, especificar quem serão os gerentes.

2. Nome empresarial da sociedade em comandita por ações

ANA FRAZÃO

Diferentemente da sociedade por ações, que, nos termos do art. 3º, da Lei nº 6.404/1976, somente pode ser designada por denominação, a sociedade em comandita por ações pode atuar também sob firma ou razão social, elemento relevante sobretudo para apontar qual ou quais sócios são gerentes.

Caso se entenda que apenas os sócios gerentes têm responsabilidade ilimitada pelas dívidas sociais – e não toda a categoria dos acionistas comanditados, dentre os quais o estatuto apontará quem são os gerentes, como se viu na seção anterior –, a indicação dos gerentes é o critério que determinará a responsabilidade ordinária como acionista. Caso se entenda que pode haver acionistas comanditados, com responsabilidade ilimitada, mas que não exerçam a gerência, a administração não terá repercussão sobre a responsabilidade ordinária dos acionistas – que decorrerá da natureza comanditada da participação societária –, mas tão somente atrairá cumulativamente o regime de responsabilidade dos administradores.

De toda sorte, como é lógico, apenas os gerentes poderão fazer parte da razão social. Aliás, os acionistas cujos nomes constarem da firma ou razão social são considerados, por esse simples motivo, gerentes. Com efeito, por força da teoria da aparência, aplica-se a eles o regime de responsabilidade constante do *caput* do art. 281, da Lei nº 6.404/1976, perante terceiros.

Todavia, ressalta-se, mais uma vez, que os acionistas que não constarem do nome empresarial não necessariamente serão comanditários, com responsabilidade limitada, pois, como se viu na seção anterior, nada impede que exista o acionista comanditado que não seja gerente, circunstância que não afastará a sua responsabilidade ilimitada pelas obrigações sociais. Caberá ao estatuto, portanto, fazer as devidas diferenciações.

É sob essa perspectiva que deve ser compreendido o art. 281, da Lei nº 6.404/1976, segundo o qual "A sociedade poderá comerciar sob firma ou razão social, da qual só farão parte os nomes dos sócios-diretores ou gerentes. Ficam ilimitada e solidariamente responsáveis, nos termos desta Lei, pelas obrigações sociais, os que, por seus nomes, figurarem na firma ou razão social."

Dessa forma, somente os acionistas comanditados que ocupem cargo de administração deverão constar do nome empresarial, esclarecendo o parágrafo único, do art. 282, da Lei nº 6.404/1976, que "A denominação ou a firma deve ser seguida das palavras "Comandita por Ações", por extenso ou abreviadamente."

Art. 282. Apenas o sócio ou acionista tem qualidade para administrar ou gerir a sociedade, e, como diretor ou gerente, responde, subsidiária mas ilimitada e solidariamente, pelas obrigações da sociedade.

§ 1º Os diretores ou gerentes serão nomeados, sem limitação de tempo, no estatuto da sociedade, e somente poderão ser destituídos por deliberação de acionistas que representem 2/3 (dois terços), no mínimo, do capital social.

§ 2º O diretor ou gerente que for destituído ou se exonerar continuará responsável pelas obrigações sociais contraídas sob sua administração.

COMENTÁRIOS

1. Administração da sociedade em comandita por ações

ANA FRAZÃO

A qualidade de administrador, nas sociedades em comandita por ações, é restrita aos acionistas, de maneira que não há que se falar na inserção de terceiros não sócios na administração social. Com efeito, dispõe o art. 282, da Lei nº 6.404/1976, que "Apenas o sócio ou acionista tem qualidade para administrar ou gerir a sociedade, e, como diretor ou gerente, responde, subsidiária mas ilimitada e solidariamente, pelas obrigações da sociedade."

O dispositivo encontra total sintonia com o caput do art. 1.091, do Código Civil, segundo o qual "Somente o acionista tem qualidade para administrar a sociedade e, como diretor, responde subsidiária e ilimitadamente pelas obrigações da sociedade". Logo depois, esclarecem o § 1º que "Se houver mais de um diretor, serão solidariamente responsáveis, depois de esgotados os bens sociais" e o § 2º que "Os diretores serão nomeados no ato constitutivo da sociedade, sem limitação de tempo, e somente poderão ser destituídos por deliberação de acionistas que representem no mínimo dois terços do capital social."

Aqui se tem uma grande distinção da sociedade em comandita por ações em comparação às sociedades por ações e mesmo a outros tipos societários previstos no Código Civil, que admitem administradores não sócios e nomeados por atos separados que não o contrato social ou o estatuto.

Da mesma maneira, considerando as peculiaridades do regime de responsabilidade da comandita por ações, somente poderão ser administradores os sócios comanditados, tendo em vista que a nomeação de comanditário como administrador verdadeiramente subverteria a responsabilidade limitada que lhe é própria.

2. Forma de nomeação dos administradores

ANA FRAZÃO

Elemento adicional à posição de administrador da sociedade em comandita por ações, ainda, é a necessidade de nomeação por tempo indeterminado no estatuto, uma vez que o § 1º, do art. 282, da Lei nº 6.404/1976, expressamente prevê que "Os diretores ou gerentes serão nomeados, sem limitação de tempo, no estatuto da sociedade, e somente poderão ser destituídos por deliberação de acionistas que representem 2/3 (dois terços), no mínimo, do capital social." Tal regra corresponde ao art. 1.092, § 2º, do Código Civil.

Trata-se de característica que se justifica seja diante da rigidez do regime de responsabilidade dos administradores, seja diante da impossibilidade de nomeação de terceiro que não conste do quadro de sócios[2329]. Com isso, as sociedades em comandita por ações diferenciam-se dos demais tipos societários que admitem a nomeação de administrador por ato separado, como se depreende dos arts. 1.012 (quanto às sociedades simples e às demais por ela regidas supletivamente) e 1.060 (quanto às sociedades limitadas) do Código Civil e 149 da Lei nº 6.404/1976 (segundo o qual "Os conselheiros e diretores serão investidos nos seus cargos mediante assinatura de termo de posse no livro de atas do conselho de administração ou da diretoria, conforme o caso").

Já quanto à destituição, considerando que o dispositivo legal faz referência ao capital social, entende-se que abrange tanto sócios comanditados quanto comanditários, a ensejar reflexão importante a respeito da configuração do poder de controle nas sociedades em comandita por ações. Isso porque, tratando-se de sociedade em comandita por ações na qual os sócios comanditários detenham parcela relevante do capital social, a ponto de alcançar o quórum de dois terços, nada impede que intervenham diretamente sobre a administração da sociedade mediante a destituição do administrador.

Dessa maneira, a sociedade em comandita por ações não é incompatível com a ideia de controle majoritário por parte dos acionistas comanditários, pois aquele que tiver 2/3 do capital votante assegurará a sua vontade na Assembleia Geral, inclusive para o fim de destituir os administradores e nomear outros. Por mais que tal poder seja mitigado – já que o controlador, nesse caso, só poderá escolher como administradores outros acionistas comanditados, assim como estará sujeito ao poder de veto dos gerentes nas hipóteses do art. 283, da Lei nº 6.404/1976 – ele pode restar configurado.

É de se notar, aqui, que a possibilidade de destituição de administrador prevista pelo § 1º do art. 282, da Lei nº 6.404/1976, é mais um argumento para reforçar a já mencionada conclusão

---

[2329] MARTINS, Fran. *Comentários à lei das sociedades anônimas.* Rio de Janeiro: Forense, 1978. v. 3. p. 517.

de que as noções de administrador da comandita por ações e de sócio comanditado não se confundem, eis que, em se tratando de sociedade de capitais, não há que se falar na exclusão de acionista da sociedade em comandita por ações, seja ele comanditado ou comanditário, salvo nas exceções previstas pela Lei nº 6.404/1976, como é o caso do acionista remisso (art. 107).

Dessa maneira, a possibilidade a que alude o § 1º, do art. 282, da Lei nº 6.404/1976, restringe-se à destituição *ad nutum* da gerência e não da posição de acionista comanditado.

Vale ressaltar também que, como lembra Fran Martins,[2330] o diretor ou gerente pode deixar a sociedade por outros motivos que não sejam a destituição – como, por exemplo, pela saída voluntária, morte ou incapacidade para o exercício da sua função – hipóteses nas quais a sua substituição se dará por decisão dos sócios componentes da maioria da Assembleia Geral Extraordinária, nos termos do art. 129, da Lei nº 6.404/1976, e não pelo quórum qualificado supramencionado.

Sobre o tema, Trajano de Miranda Valverde[2331] ressaltou que "nos casos de renúncia, falecimento, ou qualquer outro evento que impossibilite o diretor ou gerente de continuar no exercício do cargo, compete à assembleia geral nomear ou eleger o substituto".

Ademais, cabe salientar que o quórum de dois terços obviamente refere-se aos casos de destituição *ad nutum*, não se aplicando para as hipóteses em que o administrador violou a lei ou os estatutos, bem como nos casos em que agiu em violação aos deveres de lealdade (art. 155), informação (157) ou que votou em conflito de interesses (art. 156), quando deve ser aplicado o quórum de maioria absoluta.[2332]

3. Regime de responsabilidade dos gerentes

ANA FRAZÃO

Os gerentes das sociedades em comandita por ações acumulam a responsabilidade ilimitada pelo fato de serem acionistas comanditados, com todas as responsabilidades dos administradores, previstas nos arts. 153 a 159, da Lei nº 6.404/1976.

Ademais, o § 2º, do art. 282, da Lei nº 6.404/1976 prevê que "O diretor ou gerente que for destituído ou se exonerar continuará responsável pelas obrigações sociais contraídas sob sua administração." A diferença da disciplina do Código Civil é que o § 3º, do art. 1.091, determina que "O diretor destituído ou exonerado continua, durante dois anos, responsável pelas obrigações sociais contraídas sob sua administração".

> **Art. 283.** A assembleia-geral não pode, sem o consentimento dos diretores ou gerentes, mudar o objeto essencial da sociedade, prorrogar-lhe o prazo de duração, aumentar ou diminuir o capital social, emitir debêntures ou criar partes beneficiárias nem aprovar a participação em grupo de sociedade. (Redação dada pela Lei 9.457, de 1997)

COMENTÁRIOS

1. Deliberações da sociedade em comandita por ações

ANA FRAZÃO

A existência de duas categorias distintas de sócios justifica o tratamento especial conferido pela legislação às deliberações da Assembleia Geral da sociedade em comandita por ações, especialmente diante da distinção entre os regimes de responsabilidade dos comanditados e dos comanditários. Daí estabelecer o art. 283, da Lei nº 6.404/1976, que o órgão deliberativo não pode, sem o consentimento dos administradores: (i) alterar o seu objeto social; (ii) prorrogar-lhe o prazo de duração; (iii) aumentar ou diminuir o capital social; (iv) criar partes beneficiárias (considerando a extinção das ações ao portador pela Lei nº 8.021/1990; (v) aprovar a participação em grupo de sociedades.

Trata-se de previsão muito semelhante à do art. 1.092, do Código Civil, segundo o qual "A assembleia geral não pode, sem o consentimento dos diretores, mudar o objeto essencial da sociedade, prorrogar-lhe o prazo de duração, aumentar ou diminuir o capital social, criar debêntures, ou partes beneficiárias."

[2330] MARTINS, Fran. *Comentários à lei das sociedades anônimas*. Rio de Janeiro: Forense, 1978. v. 3. p. 518.

[2331] VALVERDE, Trajano de Miranda. *Sociedades por ações*. Rio de Janeiro: Forense, 1953. v. 3 p. 131.

[2332] CARVALHOSA, Modesto. *Comentários à lei de sociedades anônimas*. São Paulo: Saraiva, 2003. v. 4. p. 445.

Segundo Eunápio Borges,[2333] considerando a responsabilidade solidária e ilimitada dos administradores da sociedade em comandita por ações, as restrições aos poderes da Assembleia são compreensíveis: "trata-se de alterações importantes na estrutura ou na vida da sociedade, as quais poderão agravar os encargos sociais, e, pois, a responsabilidade dos administradores".

Evidentemente que comanditários e comanditados estão sujeitos a estruturas de incentivos distintas, o que justifica o poder de veto previsto no art. 283, da Lei nº 6.404/1976, circunstância que tem importante desdobramento sobre a arquitetura de poder da sociedade em comandita por ações, uma vez que mitiga o controle e pode até dar ensejo a uma espécie de controle paralelo, como já se viu nos comentários ao art. 18, da Lei nº 6.404/1976.

Verdade seja dita que o art. 283, da Lei nº 6.404/1976, prevê rol taxativo e restrito a temas que alteram estruturalmente a sociedade, motivo pelo qual não se pode ignorar que, em deliberações relacionadas a qualquer outra matéria, seguirá vigente a regra da maioria, sem a possibilidade de intervenção extraordinária dos administradores ou dos comanditados.

De toda sorte, as matérias previstas no art. 283, da Lei nº 6.404/1976, são suficientemente importantes para que o poder de veto conferido aos gerentes possa ser visto, no mínimo, como importante contraponto a eventual controle majoritário.

Art. 284. Não se aplica à sociedade em comandita por ações o disposto nesta Lei sobre voto plural, sobre conselho de administração, sobre autorização estatutária de aumento de capital e sobre emissão de bônus de subscrição. (Redação dada pela Lei nº 14.195, de 2021)

COMENTÁRIOS

1. Restrições à aplicação de algumas regras das sociedades anônimas

Ana Frazão

A sociedade em comandita por ações é tipo societário autônomo e independente da sociedade anônima, por mais que o regime desta última se lhe aplique supletivamente, naquilo em que for cabível. Todavia, o art. 284, da Lei nº 6.404/1976, antecipa que "Não se aplica à sociedade em comandita por ações o disposto nesta Lei sobre voto plural, sobre conselho de administração, sobre autorização estatutária de aumento de capital e emissão de bônus de subscrição."

A questão do Conselho de Administração é compreensível, porque, conforme se depreende do *caput* do art. 282 da Lei nº 6.404/1976, a estrutura de gestão da comandita por ações tem características peculiares, em relação às quais a existência de um Conselho de Administração poderia ser visto como incompatível.

No que se refere à autorização estatutária de aumento de capital e à emissão de bônus de subscrição, trata-se de restrições fortemente relacionadas às limitações impostas à atuação da própria Assembleia Geral, justificando-se pelo fato de serem matérias que impactam diretamente nos riscos assumidos pelos gestores.[2334]

Por essas razões, optou a Lei nº 6.404/1976 por já afastar previamente as regras gerais das sociedades por ações em relação às matérias descritas no art. 284.

2. Vedação ao voto plural

Mauricio Moreira Menezes

O voto plural consiste na atribuição de mais de um voto a cada ação. Sua vedação constava do sistema anterior à LSA, que a corroborou em sua redação originária, nos termos de seu então art. 110, § 2º, revogado pela Lei nº 14.195/2021.[2335]

Nessa linha, a Lei nº 14.195/2021 introduziu a possibilidade de criação de classes distintas de ações ordinárias em função da atribuição de voto plural a uma ou mais classes, inaugurando nova fase no Direito brasileiro relativamente ao exercício do direito de voto e ao modo de organização das relações de poder nas companhias. Por conseguinte, produziu alterações aos arts. 15, 16, 110, 125, 135, 136, 215, 243, 252 e 284, bem como a inserção dos arts. 16-A e 110-A, todos da LSA.

Assim, o art. 284 da LSA foi alterado pela Lei nº 14.195/2021, para dispor que o voto plural não se aplica à sociedade em comandita por ações.

[2333] BORGES, João Eunápio. *Curso de direito comercial terrestre*. Rio de Janeiro: Forense, 1959. v. 2. p. 422.

[2334] MARTINS, Fran. *Comentários à lei das sociedades anônimas*. Rio de Janeiro: Forense, 1978. v. 3. p. 522.

[2335] A vedação em questão foi estabelecida pelo Dec. 21.536/1932 e reproduzida pelo Dec.-lei 2.627/1940.

Com efeito, convém observar que os fundamentos do processo decisório nas sociedades em comandita por ações prescindem do mecanismo propiciado pelo voto plural, porquanto o poder de gestão é exercido, exclusivamente, pelos integrantes da categoria dos sócios comanditados.

A propósito da recepção do voto plural pela LSA e de sua disciplina jurídica, *vide* os comentários aos arts. 110 e 110-A da LSA.

CAPÍTULO XXIV
PRAZOS DE PRESCRIÇÃO

Art. 285. A ação para anular a constituição da companhia, por vício ou defeito, prescreve em 1 (um) ano, contado da publicação dos atos constitutivos.

Parágrafo único. Ainda depois de proposta a ação, é lícito à companhia, por deliberação da assembleia-geral, providenciar para que seja sanado o vício ou defeito.

COMENTÁRIOS

1. Direito e ação para anular a constituição da companhia

Mauricio Moreira Menezes

O art. 285, LSA, refere-se ao direito e à ação para anular a constituição da companhia, por vício ou defeito.

Segundo a doutrina, a efetiva existência da companhia, como pessoa jurídica, constitui o pressuposto para a discussão sobre a existência de vícios em seu ato constitutivo.[2336]

Em outras palavras, o direito de pleitear a anulação da constituição da companhia só fará sentido de houver sido consumado seu processo de constituição, com o arquivamento e publicação de seus atos constitutivos.

A coerência desse raciocínio pauta-se na orientação adotada pela LSA, no sentido de considerar a anulação em tela como causa de dissolução da companhia, nos termos do art. 206, II, "a" ("Art. 206. Dissolve-se a companhia [...] II – por decisão judicial: a) quando anulada a sua constituição, em ação proposta por qualquer acionista").

Os vícios em questão incidem sobre a deliberação de constituição, que equivale ao ápice do processo de constituição.

Assim, a assembleia de constituição consiste em ato societário cercado de regras específicas, que abrangem as formalidades para convocação (art. 86, LSA), sua instalação, procedimento de condução da assembleia, exercício de direitos por subscritores e delimitação das matérias submetidas à apreciação dos presentes (art. 87, LSA).

Caso, eventualmente, essa deliberação tenha sido tomada sem a observância dos requisitos de constituição, previstos no art. 80, LSA, restará caracterizado relevante vício jurídico, passível de fundamentar a ação de anulação.

De igual modo, caso o estatuto social contenha regra que ofenda a legalidade, entende-se que há elemento suficiente para ensejar a anulação da constituição, porquanto tal estatuto, aprovado na assembleia de constituição (art. 87, § 1º, LSA) ou por escritura pública (caso essa seja a opção de formalização, exclusiva para a subscrição particular, nos termos do art. 88, § 1º, "b", LSA), integra o ato constitutivo da companhia.

A propósito, eventuais vícios em atos complementares que consistam em mera formalização de transferência de bens à companhia não são suficientes para fundar pedido de anulação da constituição.[2337]

Há viva discussão sobre a natureza prescricional ou decadencial do prazo previsto no art. 285, LSA.

Luiz Alberto Collona Rosman e Bernardo Alvarenga de Bulhões Ariera defendem que se trata de prazo decadencial, "pois o direito de anular a constituição é direito potestativo, ao qual a companhia, que ocupa o polo passivo da relação jurídica, bem como todos os interessados deverão sujeitar-se".[2338]

Ao que tudo indica, esse parece ser o entendimento mais correto, pois se trata da fixação de prazo para o exercício de direito potestativo e não de pretensão resultante da violação de obrigação.[2339]

[2336] Vide, nesse sentido: EIZIRIK, Nelson. *A lei das S/A comentada*. São Paulo: Quartier Latin, 2011. v. III. p. 589; CARVALHOSA, Modesto. *Comentários à lei de sociedades anônimas*. 5. ed. São Paulo: Saraiva, 2014. v. 4. t. 2. p. 531.

[2337] EIZIRIK, Nelson. *A Lei das S/A comentada*. São Paulo: Quartier Latin, 2011. v. III.

[2338] ROSMAN, Luiz Alberto Collona; ARIERA Bernardo Alvarenga de Bulhões. In: LAMY FILHO, Alfredo; PEDREIRA José Luiz Bulhões (coord.). *Direito das companhias*. 2. ed. Rio de Janeiro: Forense, 2017. p. 1.529.

[2339] Sobre a natureza do prazo para pleitear a invalidação de deliberação assemblear, vide os minuciosos comentários de Fábio Ulhoa Coelho ao art. 286, LSA.

Seja decadencial ou prescricional, note-se que o prazo para anulação da constituição da companhia, por vício ou defeito, é de 1 (um) ano, contado da publicação dos atos constitutivos.

Portanto, equivale a, aproximadamente, metade do prazo fixado pelo art. 286, LSA, para anulação das deliberações tomadas em assembleia-geral ou especial ("irregularmente convocada ou instalada, violadoras da lei ou do estatuto, ou eivadas de erro, dolo, fraude ou simulação"), correspondente a 2 (dois) anos, contados da data da deliberação.

Com efeito, considerando que os prazos em questão têm por finalidade estabilizar as relações jurídicas, em razão do decurso do tempo, infere-se o cuidado do legislador quanto ao saneamento de eventual irregularidade praticada relativamente à constituição da companhia.

O parágrafo único do art. 285, LSA, reforça essa ponderação, ao dispor que "ainda depois de proposta a ação, é lícito à companhia, por deliberação da assembleia-geral, providenciar para que seja sanado o vício ou defeito".

Trata-se, como se vê, de mais um incentivo à convalidação do ato societário fundamental, em proveito da segurança jurídica dos negócios jurídicos celebrados pela companhia, cujos atos constitutivos tenham tido sua validade questionada em demanda judicial.

Em conclusão, o ato de constituição da companhia corresponde capítulo à parte do regime geral dos atos societários e, em particular, do regime aplicável às deliberações dos sócios. Naturalmente, a ação que visa a discussão de seus eventuais vícios ou defeitos recebe tratamento próprio, destacando-se a exiguidade do prazo para o exercício do direito, se comparado com aquele do art. 286, LSA.

> **Art. 286.** A ação para anular as deliberações tomadas em assembleia-geral ou especial, irregularmente convocada ou instalada, violadoras da lei ou do estatuto, ou eivadas de erro, dolo, fraude ou simulação, prescreve em 2 (dois) anos, contados da deliberação.

COMENTÁRIOS

1. Natureza do prazo para pleitear a invalidação de deliberação assemblear

FÁBIO ULHOA COELHO

Classificam-se os prazos extintivos em *prescricionais* ou *decadenciais*. Dos diversos critérios de distinção entre prescrição e decadência, o mais operacional e difundido é o de que, no primeiro caso, extingue-se a pretensão de o sujeito de direito acionar a máquina judiciária estatal com vistas a reagir à ofensa ao seu direito (perece a "ação"), enquanto, no segundo, extingue-se o próprio direito.[2340-2341] Goza, porém, de imenso e merecido prestígio na doutrina nacional a

---

[2340] É o critério que Câmara Leal tinha como definitivo e seguro: "É de decadência o prazo estabelecido, pela lei ou pela vontade unilateral ou bilateral, quando prefixado ao exercício do direito por seu titular. E será de prescrição quando fixado não para o exercício do direito, mas para o exercício da ação que o protege. Quando, porém, o direito deve ser exercido por meio da ação, originando-se ambos do mesmo fato, de modo que o exercício da ação representa o próprio exercício do direito, o prazo estabelecido para a ação deve ser tido como prefixado ao exercício do direito, sendo, portanto, de decadência, embora aparentemente se afigure de prescrição. Praticamente, portanto, para se saber se um prazo estatuído para a ação é de decadência ou de prescrição, basta indagar se a ação constitui, em si, o exercício do direito, que lhe serve de fundamento, ou se tem por fim proteger um direito, cujo exercício é distinto do exercício da ação. No primeiro caso, é extintivo do direito e o seu decurso produz a decadência; no segundo caso, o prazo é extintivo da ação e o seu decurso produz a prescrição" (*Da prescrição e da decadência*. 2. ed. Rio de Janeiro: Forense, 1959. p. 136-137). Também: GONÇALVES, Carlos Roberto. *Direito civil brasileiro*. 10. ed. São Paulo: Saraiva, 2010. v. 1. p. 518. Acerca das limitações dos critérios distintivos de prescrição e decadência e da importância de o intérprete se guiar pelo bom senso, ver COELHO, Fábio Ulhoa. *Curso de direito civil*. 7. ed. São Paulo: Saraiva, 2014. v. 1. p. 399-401.

[2341] Na mesma linha é o entendimento no sentido de que a prescrição extingue um direito que não tinha prazo para ser exercitado, enquanto a decadência extingue um direito exatamente por não ter sido exercitado dentro de certo prazo. Entre outros, é a posição de Caio Mário da Silva Pereira: "com a prescrição [a decadência] tem estes pontos de contato: é um efeito do tempo, aliado à falta de atuação do titular. Mas diferem em que a decadência é a morte da relação jurídica pela falta de exercício em tempo prefixado, enquanto que a prescrição extingue um direito que não tinha prazo para ser exercido, mas que veio a encontrar mais tarde um obstáculo com a criação de uma situação jurídica contrária, oriunda da inatividade do sujeito" (*Instituições de direito civil*. 5. ed. Rio de Janeiro: Forense, 1976. v. I. p. 596). Para Arnoldo Wald: "a decadência ocorre quando não existe dever jurídico do sujeito passivo que não tenha sido cumprido, ocasionando uma lesão do direito, mas tão somente faculdade que pode ou não ser exercida, durante um certo prazo fixado pela lei" (WALD, Arnoldo; CAVALCANTI, Ana Elizabeht L. W.; PAESANI; Liliana Minardi. *Direito civil* – introdução e parte geral. 14. ed. São Paulo; Saraiva, 2015, p. 320).

solução de Agnelo Amorim Filho, construída a partir da natureza da prestação jurisdicional. Para ele, sujeitam-se à prescrição apenas os direitos suscetíveis de ação condenatória. Se a ação é declaratória, constitutiva ou desconstitutiva, o prazo extintivo correspondente tem natureza decadencial.[2342]

De qualquer modo, quando se trata do exercício de direito potestativo, a doutrina adota a concepção de serem decadenciais os correspondentes prazos extintivos. Quando o exercício de um direito interfere com a situação jurídica de outrem, no sentido de sujeitá-lo a alterações nesta situação, classifica-se tal direito como uma *potestade*. Se a situação de sujeição somente se pode criar quando exercido o direito potestativo dentro de certo prazo, legal ou contratualmente fixado, então não se está diante duma pretensão, nascida da violação a certo direito, tal como definido pelo art. 189 do CC.[2343]

São duas hipóteses bem distintas. De um lado, uma pessoa tem o seu direito violado por outra; e da violação do direito, nasce a pretensão à obtenção de uma prestação jurisdicional que o assegure ou o compense. O prazo fixado, legal ou contratualmente, para o lesado promover a ação é prescricional. De outro lado, uma pessoa tem o direito de, por ato unilateral, enlaçar outrem numa situação de sujeição, quando dadas as correspondentes condições. O prazo fixado, legal ou contratualmente, para o exercício deste direito será decadencial.

O pressuposto da potestade não é a violação de nenhum direito de quem a titula. Não tem o menor sentido falar-se, então, em pretensão à ação, visando assegurá-lo ou compensar a violação. Inexistente a pretensão, não será prescricional o prazo para buscar sua realização (CC, art. 189). Quando se trata de prazo extintivo do direito de pleitear a invalidação de algum negócio jurídico, não remanescem atualmente dúvidas de que sua natureza é decadencial. Afinal, o negócio jurídico imputado inválido não caracteriza uma violação a certo direito, de que nasceria a pretensão à prestação jurisdicional que o assegure ou compense. Quem imputa a invalidade está buscando prestação jurisdicional que *submeta* o demandado a determinada condição jurídica, mediante a desconstituição do negócio jurídico praticado. É evidente a natureza potestativa do direito que o demandante alega titularizar, ao pleitear a invalidação de negócio jurídico. Na classificação dos direitos subjetivos proposta por Chiovenda, eles são distinguidos em duas categorias: (i) os direitos a cuja satisfação corresponde uma prestação positiva ou negativa de outrem (direitos a uma prestação); e (ii) direitos a cujo atendimento corresponde uma modificação do estado jurídico existente (direitos potestativos)[2344]. Os direitos a uma prestação extinguem-se por prescrição, enquanto os direitos potestativos desaparecem por decadência.[2345]

Ao dispor sobre o prazo extintivo do direito de buscar em juízo a invalidação de atos jurídicos, o Código Bevilacqua não distinguia prescrição de decadência.[2346] O seu art. 178, § 9º, V, fixava em quatro anos a "prescrição da ação" nesta hipótese. Também incorreram em idênticas imprecisões outras leis editadas durante a sua vigência, incluindo a LSA. Já o Código Reale incorporou o entendimento doutrinário e jurisprudencial mais consistente, que classifica como *decadencial* este prazo extintivo, fixando-o em 4 anos (art. 178). Com a entrada em vigor do Código Civil de 2002, portanto, o direito positivo brasileiro passou a conferir o tratamento jurídico adequado, no que diz respeito à natureza do prazo extintivo do direito de pleitear a invalidação de negócios jurídicos em juízo. A partir da vigência do art.

[2342] Critério científico para distinguir a prescrição da decadência e para identificar as ações imprescritíveis. *Revista dos Tribunais*, v. 300, São Paulo: RT, p. 7; também publicado em *Doutrinas Essenciais – Direito Civil, Parte Geral* (In: MENDES, Gilmar Ferreira; STOCCO, Rui. São Paulo: RT, 2011. v. V. p. 25-61,); GUIMARÃES, Carlos da Rocha. *Prescrição e decadência*. 2. ed. Rio de Janeiro: Forense, 1984. p. 103; e THEODORO JR., Humberto. Distinção científica entre a prescrição e decadência. *Revista dos Tribunais*, v. 836, São Paulo: RT, p. 49; Também publicado em *Doutrinas Essenciais – Direito Civil, Parte Geral* In: MENDES, Gilmar Ferreira; STOCCO, Rui. São Paulo: RT, 2011. v. V. p. 319-347.

[2343] Cfr., por todos, RODRIGUES, Sílvio. *Direito civil*. 32. ed. São Paulo: Saraiva, 2002. v. 1. p. 330-331.

[2344] *Instituições de direito processual civil*. 2. ed. São Paulo: Saraiva, 1965. p. 10.

[2345] CAHALI, Yussef Said. *Prescrição e decadência*. 2. ed. São Paulo: RT, 2012. p. 29-32.

[2346] Para Yussef Said Cahali, "no antigo Código Civil não constava a palavra 'decadência', aparecendo todas as causas da extinção de direito sob a rubrica 'prescrição' [...]" (*Prescrição e decadência*. 2. ed. São Paulo: RT, 2012. p. 32).

178 do CC, não há mais nenhuma margem para dúvidas quanto a ser de decadência este prazo.[2347]

O art. 286 da LSA vale-se da expressão "prescreve" ao fixar em dois anos o prazo para extinção do direito de pleitear a anulação de deliberações de assembleia geral. Desde logo, percebe-se a fidelidade do dispositivo aos imprecisos conceitos do Código Bevilacqua, até mesmo na noção de que o objeto da prescrição seria a "ação". Tais conceitos, contudo, encontram-se hoje ultrapassados pelo direito positivo. Conforme corrigiu o Código Reale, o objeto da prescrição é a "pretensão" (art. 189); e os prazos extintivos do direito de pleitear invalidação de negócio jurídico são "decadenciais" (art. 178). Elaborado em época que o próprio Código Civil incorria em imprecisões na disciplina do tema, o art. 286 da LSA deve ser interpretado à luz das mesmas construções doutrinárias e jurisprudenciais que corrigiram os equívocos da codificação anterior. Quer dizer, ele deve ser interpretado sem apego à mera literalidade do dispositivo, mas tomando-se por fundamento a distinção correta (chamada "científica") entre prescrição e decadência.

Não cabe interpretar-se o art. 286 da LSA em descompasso com o direito positivo em vigor e alheio ao desenvolvimento das reflexões da doutrina e das conclusões da jurisprudência. A maneira pela qual o legislador de 1976 se expressou foi equivocada, entendendo haver prescrição onde há, rigorosamente falando, inequívoca decadência. A unanimidade dos comercialistas que se dedicaram ao aprofundamento do tema identifica, no referido dispositivo, um prazo de natureza decadencial. José Edwaldo Tavares Borba,[2348] Erasmo Valladão França,[2349] José Waldecy Lucena,[2350] Luiz

---

[2347] Em comentário a este dispositivo, Humberto Theodoro Jr. ensina: "Em virtude da confusão que o Código de 1916 fazia entre prescrição e decadência, criou-se, a princípio, controvérsia sobre se o prazo extintivo das ações de anulação do negócio jurídico seria prescricional ou decadencial. A doutrina, todavia, evoluiu para a tese da decadência. O novo Código afastou qualquer possibilidade de discussão. O art. 178 é claro e categórico: 'É de quatro anos o prazo de *decadência* para pleitear a anulação do negócio jurídico'. A disposição legal está perfeitamente harmonizada com o sistema do Código, que só admite a prescrição nos casos de direito subjetivo dotado de pretensão, ou seja, daqueles que, uma vez violados, geram a pretensão para o titular (direito de exigir a prestação não cumprida pelo obrigado). Diante das causas de anulação do negócio, o titular da ação não tem prestação a exigir do sujeito passivo; tem apenas o direito potestativo de desconstituir o contrato defeituoso. Aos direitos formativos ou potestativos, correspondem as ações constitutivas, cujos prazos são por isso decadenciais. Referem-se ao direito mesmo e não à pretensão (que aliás, inexiste)" (In: TEIXEIRA, Sálvio de Figueiredo (coord.). *Comentários ao novo Código Civil*. 4. ed. Rio de Janeiro: Forense, 2008. v. III, t. I. p. 601-602).

[2348] "A Lei nº 6.404/76 (arts. 285 a 288) trata dos prazos especiais de prescrição aplicáveis às sociedades anônimas. Saliente-se, no entanto, que embora se aluda a prazos prescricionais, esses, na verdade, afiguram-se mais propriamente prazos decadenciais, tanto que a ação e o direito de impugnação surgem concomitantemente, verificando-se a decadência pelo decurso de um prazo extintivo que nasce com o direito e com ele se encerra. Na prescrição, um direito preexistente é violado, e dessa violação é que desponta o direito de ação (*actio nata*). Atentando-se, por exemplo, para o art. 286, observa-se que a ação não se destina a proteger um direito anterior violado, sendo, ao invés disso, uma manifestação do próprio direito que decorre das irregularidades viciadoras das deliberações da assembleia. Até mesmo a ação para haver dividendos *postos à disposição do acionista*, que, segundo o art. 287, II, *a*, prescreve em três anos, não se funda na violação de um direito, tanto que os dividendos estariam à disposição do acionista – trata-se, isto sim, de um prazo extintivo para o exercício de um direito" (*Direito Societário*. 14ª edição. São Paulo: Atlas, 2015, p. 519).

[2349] "Sem querer aprofundar, nesta sede, a polêmica distinção entre prescrição e decadência – talvez das mais árduas de que o direito tem notícia –, é de se considerar que os prazos fixados nos arts. 285, *caput*, e 286 contêm algumas características que a doutrina atribui aos prazos de decadência, a saber: (a) o direito à anulação da constituição da companhia ou à impugnação da assembleia ou suas deliberações só pode ser exercido dentro de determinado prazo [Caio Mário, Washington]; (b) referido direito nasce conjuntamente com a violação do direito do interessado [Silvio Rodrigues, Orlando Gomes]; e (c) trata-se de prazo para a propositura de ação *constitutiva*, e não condenatória [Humberto Theodoro Jr.]. Não se compreenderia, por derradeiro, que a Lei n. 6.404, em cuja sistemática a função social da empresa exerce papel tão relevante (cf., *v.g.*, o parágrafo único do art. 116 e o art. 154, *caput*) tivesse estabelecido, nos dispositivos ora estudados, um prazo prescricional sujeito a [interrupção], em face dos prejuízos que a anulação das deliberações pode acarretar ao bom funcionamento da empresa, e, consequentemente, à economia como um todo. Essa reflexão também leva a concluir terem fixado aqueles dispositivos um prazo *decadencial* [...]" (*Invalidade das deliberações de assembleia das S/A*. São Paulo: Malheiros, 1999. p. 130).

[2350] "O problema é que nem todo o direito está contido nos Códigos, em razão do que, quanto às leis especiais de vária natureza e diverso conteúdo, a dúvida remanescerá, impondo como necessário o recurso à doutrina, de modo a permitir a exata qualificação do prazo estatuído para o exercício da ação. E é isso que ocorre com a Lei n. 6.404/76, uma lei especial, cujos artigos 285 e 286, por exemplo, disciplinam casos de extinção de direitos como *prescrição*,

Art. 287 — Mauricio Moreira Menezes

Alberto Collona Rosman e Bernardo Alvarenga de Bulhões-Ariera[2351] concluem todos, de modo absolutamente convergente, pela natureza decadencial do prazo albergado no art. 286 da LSA. E é este o entendimento correto acerca do referido dispositivo da lei acionária. Tratando, como se trata, de fixação do prazo para o exercício de um direito potestativo (que visa modificar um determinado "estado jurídico", como propõe Chiovenda), não há que se falar em violação de obrigação, de que surja pretensão passível de extinção pelo decurso do tempo; e sim, em limitação temporal para o exercício do direito de sujeitar outrem a determinada condição jurídica.

> **Art. 287.** Prescreve:
>
> I – em 1 (um) ano:
>
> a) a ação contra peritos e subscritores do capital, para deles haver reparação civil pela avaliação de bens, contado o prazo da publicação da ata da assembleia-geral que aprovar o laudo;
>
> b) a ação dos credores não pagos contra os acionistas e os liquidantes, contado o prazo da publicação da ata de encerramento da liquidação da companhia.
>
> II – em 3 (três) anos:
>
> a) a ação para haver dividendos, contado o prazo da data em que tenham sido postos à disposição do acionista;
>
> b) a ação contra os fundadores, acionistas, administradores, liquidantes, fiscais ou sociedade de comando, para deles haver reparação civil por atos culposos ou dolosos, no caso de violação da lei, do estatuto ou da convenção de grupo, contado o prazo:
>
> 1 – para os fundadores, da data da publicação dos atos constitutivos da companhia;
>
> 2 – para os acionistas, administradores, fiscais e sociedades de comando, da data da publicação da ata que aprovar o balanço referente ao exercício em que a violação tenha ocorrido;
>
> 3 – para os liquidantes, da data da publicação da ata da primeira assembleia-geral posterior à violação.
>
> c) a ação contra acionistas para restituição de dividendos recebidos de má-fé, contado o prazo da data da publicação da ata da assembleia-geral ordinária do exercício em que os dividendos tenham sido declarados;
>
> d) a ação contra os administradores ou titulares de partes beneficiárias para restituição das participações no lucro recebidas de má-fé, contado o prazo da data da publicação da ata da assembleia-geral ordinária do exercício em que as participações tenham sido pagas;
>
> e) a ação contra o agente fiduciário de debenturistas ou titulares de partes beneficiárias para dele haver reparação civil por atos culposos ou dolosos, no caso de violação da lei ou da escritura de emissão, a contar da publicação da ata da assembleia-geral que tiver tomado conhecimento da violação;
>
> f) a ação contra o violador do dever de sigilo de que trata o artigo 260 para dele haver reparação civil, a contar da data da publicação da oferta;
>
> g) a ação movida pelo acionista contra a companhia, qualquer que seja o seu fundamento. (Incluída pela Lei 10.303, de 2001)

COMENTÁRIOS

1. Prazos de prescrição em espécie

Mauricio Moreira Menezes

O art. 287, LSA, refere-se aos prazos de prescrição em espécie, os quais variam conforme a natureza da pretensão.

A prescrição consubstancia matéria estritamente grave nos domínios do Direito Societário, uma vez que seu fundamento "encontra-se na necessidade de consolidarem-se situações jurídicas pelo decurso do tempo e que, no âmbito do direito comercial, é fundamental à segurança das relações jurídicas", como decidido pelo Superior

---

enquanto a maioria doutrinária, à qual aderimos, os qualifica como de *decadência*" (*Das sociedades anônimas*. Rio de Janeiro: Renovar, 2012. v. III. p. 1146-1147).

[2351] "Note-se que o prazo do artigo 286 não é prescricional em sentido estrito, mas decadencial (v. Parecer/CVM/SJU nº 142, de 11.10.1979), pois se refere a direito potestativo (o poder) de promover a anulação de deliberações assembleares viciadas. A companhia, os acionistas, e todos os interessados deverão, eventualmente, se sujeitar à anulação da deliberação" (In: LAMY FILHO, Alfredo; PEDREIRA, José Luiz Bulhões. *Direito das companhias*. Rio de Janeiro: Forense, 2009. v. II. p. 2.095).

Tribunal de Justiça, por ocasião do julgamento de complexa disputa societária.[2352]

Por conseguinte, coube à LSA, em razão da especialização de sua matéria, estabelecer os prazos de prescrição incidentes sobre diferentes pretensões que, à luz da experiência, fazem parte do contencioso societário. Evidentemente, os prazos descritos na LSA prevalecem sobre aqueles estabelecidos pelo Código Civil, por figurar como lei especial.

Porém, nem sempre há facilidade na apreciação de questões relacionadas à lei aplicável em matéria de prescrição, pois é possível que um conjunto de pretensões, de diferente natureza, sejam veiculados no mesmo processo.

Nesse sentido, o Superior Tribunal de Justiça vem lidando com cautela para tais situações, individualizando os prazos prescricionais em face das respectivas pretensões e fazendo valer a prevalência da LSA quanto aquelas de natureza societária, como se vê do trecho da ementa do REsp 1.608.048/SP, julgado sob a relatoria do Ministro Marco Aurélio Bellizze, adiante reproduzida:

> 1.2 As pretensões de exigir contas e a de obter o ressarcimento, na eventualidade de se apurar a existência de crédito a favor do demandante, embora não se confundam, são imbricadas entre si e instrumentalizadas no bojo da mesma ação, a observar, por isso, necessariamente, o mesmo prazo prescricional. Logo, não havendo na lei um prazo específico para a satisfação desse crédito, oriundo da administração/gestão de bens alheios, o exercício dessa pretensão observa, naturalmente, o mesmo prazo prescricional da ação de exigir as contas em que veiculada, que é de dez anos (prazo residual). Não é, todavia, o que o ocorre com a pretensão do titular de ações de haver dividendos de sociedade anônima, que emerge, de igual modo, de uma relação de administração ou gestão de bens alheios.
>
> 1.3 Estabelecido por lei especial (art. 287, II, a, da Lei n. 6.404/1976), regente da matéria posta, que a ação para haver dividendos da companhia prescreve em 3 (três) anos, a veiculação de tal pretensão, no bojo de ação de prestação de contas, mesmo que eventual, deve observar o aludido prazo prescricional.[2353]

Assim, embora os institutos da prescrição e decadência sejam uniformes para o direito privado, a LSA estabelece prazos específicos para as pretensões relacionadas ao contencioso societário, as quais se examina, nos itens a seguir.[2354]

2. Ação em face de peritos e subscritores do capital

Mauricio Moreira Menezes

A ação em tela diz respeito à avaliação dos bens conferidos à formação do capital social da companhia, por 3 (três) peritos ou por empresa especializada, nomeados em assembleia-geral dos subscritores, na forma do art. 8º, LSA.

Segundo os termos daquele dispositivo, os peritos ou a empresa avaliadora deverão apresentar laudo fundamentado, com a indicação dos critérios de avaliação e dos elementos de comparação adotados e instruído com os documentos relativos aos bens avaliados, e estarão presentes à assembleia que conhecer do laudo, a fim de prestarem as informações que lhes forem solicitadas.

Dentro da racionalidade da LSA de conferir objetividade e seriedade à referida avaliação, zelando pela independência do avaliador, o art. 115, § 1º, veda ao acionista votar nas deliberações da assembleia-geral relativas ao laudo de avaliação de bens com que ele próprio concorrer para a formação do capital social.

Dispõe o art. 8º, § 6º, LSA, que os avaliadores e o subscritor responderão perante a companhia, os acionistas e terceiros, pelos danos que lhes causarem por culpa ou dolo na avaliação dos bens. Caso os subscritores sejam condôminos dos bens transferidos à companhia, responderão solidariamente.

Diante do bem jurídico tutelado, fundado no princípio da realidade do capital social, a pretensão pode ser deduzida em juízo pela companhia, acionistas ou terceiros, especialmente credores da sociedade, em proveito de quem o capital social funciona como garantia, em razão de sua intangibilidade.

O art. 287, I, "a", estabelece que prescreve em 1 (um) ano a ação de responsabilidade de que se trata, contado o prazo da publicação da ata da assembleia-geral que aprovar o laudo.

[2352] BRASIL. STJ. REsp 1.202.960/SP. Rel. Min. Luis Felipe Salomão. 4ª T. j. 20.03.2014. *DJe* 05.05.2014.
[2353] BRASIL. STJ. REsp 1.608.048/SP. Rel. Min.Marco Aurélio Bellizze. 3ª T. j. 22.05.2018. *DJe* 01.06.2018.
[2354] ROSMAN, Luiz Alberto Collona; ARIERA, Bernardo Alvarenga de Bulhões. In: LAMY FILHO, Alfredo; PEDREIRA José Luiz Bulhões (coord.). *Direito das companhias*. 2. ed. Rio de Janeiro: Forense, 2017. p. 1.525.

3. Ação de credores não pagos em face de acionistas e liquidante

MAURICIO MOREIRA MENEZES

No curso do procedimento de liquidação, é dever do liquidante pagar as dívidas sociais proporcionalmente e sem distinção entre vencidas e vincendas (art. 214, LSA), se o ativo da companhia assim comportar.

Depois de pagos todos os credores, cabe ao liquidante proceder ao rateio do acervo patrimonial remanescente (art. 215, LSA), que constitui direito essencial do acionista (art. 109, II, LSA), daí seguindo-se sua prestação de contas e encerramento da liquidação (art. 216, LSA).

Portanto, o regular desenvolvimento do processo de liquidação, que conduz à extinção da companhia, pressupõe a satisfação de todos seus credores, cujo direito prefere ao dos acionistas.

Com efeito, poderá o credor não satisfeito ajuizar ação de cobrança para haver o pagamento de seu crédito em face dos acionistas, até o limite da soma recebida por cada um deles. O acionista executado terá direito de haver dos demais a parcela que lhes couber no crédito pago (art. 218, LSA).

Adicionalmente, o credor tem a faculdade de propor ação de responsabilidade em face do liquidante, para obter o justo ressarcimento de seus danos (art. 218, LSA).

O art. 287, I, "b", fixa o prazo prescricional de 1 (um) ano para a ação de responsabilidade de que se trata, contado o prazo da publicação da ata de encerramento da liquidação da companhia.

4. Ação para haver dividendos

MAURICIO MOREIRA MENEZES

A finalidade de qualquer companhia é gerar lucro (art. 2º, LSA). Caso a companhia não possa, comprovadamente, preencher seu fim, restará configurada uma das causas que autoriza sua dissolução (art. 206, II, "b", LSA).

Embora o lucro seja vocacionado para distribuição aos acionistas, à vista de seu direito essencial de dele participar (art. 109, I, LSA), integra o patrimônio da sociedade. Portanto, relativamente aos resultados obtidos em dado exercício social, sustenta-se que o acionista detém a legítima expectativa de receber a parcela que lhe toca, a depender, tão somente, da deliberação da assembleia-geral ordinária sobre a destinação do lucro líquido do exercício.

Logo, após declarada a distribuição de dividendos pela assembleia-geral (art. 132, II, LSA), o acionista passa a ser credor pelo seu valor, devendo recebê-los no prazo deliberado na mesma assembleia-geral, desde que dentro do exercício social.

Na hipótese de omissão da assembleia-geral quanto ao tempo de pagamento, deve-se respeitar o prazo de 60 (sessenta) dias, contados da data em que o dividendo for declarado (art. 205, § 3º, LSA).

Caso a companhia não realize dito pagamento, o acionista tem o direito de propor ação de cobrança, observado o prazo prescricional de 3 (três) anos, contado da data em que os dividendos tenham sido postos à disposição do acionista (art. 287, II, "a", LSA).

5. Ação de responsabilidade em face de fundadores, acionistas, administradores, liquidantes, fiscais ou sociedade de comando

MAURICIO MOREIRA MENEZES

O art. 287, II, "b", LSA, fixa o prazo prescricional de 3 (três) anos para a propositura de ação de responsabilidade em face de fundadores, acionistas, administradores, liquidantes, fiscais ou sociedade de comando, "por atos culposos ou dolosos, no caso de violação da lei, do estatuto ou da convenção de grupo".

Como bem observado por Alfredo Lamy Filho, o dispositivo foi redigido com evidente equívoco, em razão da omissão da conjunção "ou" entre os trechos "por atos culposos ou dolosos" e "no caso de violação da lei, do estatuto ou da convenção de grupo", aparentando que tais requisitos seriam cumulativos, o que afrontaria o sistema da LSA, que contempla a responsabilidade por culpa ou dolo e, alternativamente, aquela por violação de lei ou estatuto.[2355]

Sem dúvida, corresponde a uma das pretensões mais relevantes no contencioso societário, que contribui para tornar concretas as exigências de diligência e lealdade daqueles que detêm o grave dever fiduciário de gerir bens e interesses alheios.

O referido prazo de 3 (três) anos é contado: (i) para a ação de responsabilidade em face dos fundadores, prevista no art. 92, parágrafo único, LSA, da data da publicação dos atos constitutivos

---

[2355] LAMY FILHO, Alfredo. Subscrição de ações e direito de retirada na incorporação. In: LAMY FILHO, Alfredo; Pedreira, José Luiz Bulhões. *A lei das S.A.* 2. ed. Rio de Janeiro: Renovar, 1995. v. 2. p. 412.

da companhia; (ii) para a ação de responsabilidade em face dos administradores e fiscais (art. 159, LSA), acionistas (art. 117; art. 115, §§ 3º e 4º, LSA), sociedades de comando (art. 246 c/c art. 276, § 3º, LSA), da data da publicação da ata que aprovar o balanço referente ao exercício em que a violação tenha ocorrido; (iii) para a ação de responsabilidade em face dos liquidantes, prevista no art. 217, LSA, da data da publicação da ata da primeira assembleia-geral posterior à violação.

Vale ressaltar, no que se refere à ação em face de administradores, que seu ajuizamento deve ser precedido da anulação da deliberação assemblear que eventualmente tenha aprovado suas contas (art. 134, § 3º c/c art. 286, LSA), podendo tais pedidos ser cumulados no mesmo processo, conforme bem atenta Nelson Eizirik.[2356]

6. Ação de repetição de indébito de dividendos recebidos de má-fé

Mauricio Moreira Menezes

A sistemática da LSA exige, para a regular distribuição de dividendos, a deliberação da assembleia-geral ordinária que aprove os documentos da administração e a destinação do lucro líquido do exercício (art. 132 c/c art. 133, LSA).

Dessa forma, assegura-se o cumprimento do art. 201, LSA, que, à vista do princípio da intangibilidade do capital social, menciona que a companhia somente pode pagar dividendos à conta de lucro líquido do exercício, de lucros acumulados e de reserva de lucros (exceto a legal) e à conta de reserva de capital, no caso das ações preferenciais de que trata o § 6º do art. 17, LSA.

Evidentemente, os dados sobre o lucro líquido ajustado, passível de distribuição aos sócios por meio de dividendos, constarão (ou devem constar) adequadamente daqueles documentos.

Assim, realizados os atos acima especificados, a LSA presume a boa-fé do acionista que tenha recebido dividendo, tornando-o irreversível ao patrimônio da companhia. Por outro lado, a LSA presume-se a má-fé do acionista, quando os dividendos forem distribuídos sem o levantamento das demonstrações ou em desacordo com os resultados nelas consignados (art. 201, § 2º, LSA).

Nessa última hipótese, a companhia tem o direito de propor ação de cobrança, visando a repetição do indébito, observado o prazo prescricional de 3 (três) anos, contado da data da publicação da ata da assembleia-geral ordinária do exercício em que os dividendos tenham sido declarados (art. 287, II, "c", LSA).

7. Ação de repetição de indébito de participação no lucro recebida de má-fé por titulares de partes beneficiárias e administradores

Mauricio Moreira Menezes

Os titulares de partes beneficiárias possuem direito de crédito eventual contra a companhia, consistente na participação nos lucros anuais (art. 46, § 1º, LSA), a ser pago previamente à apuração do lucro líquido do exercício (arts. 190 e 191, LSA).

Por sua vez, a assembleia-geral, ao fixar a remuneração global dos administradores, pode atribuir aos administradores participação no lucro da companhia, desde que haja previsão estatutária nesse sentido e sejam observados os demais requisitos estabelecidos no art. 152, LSA, inclusive quanto a seu limite máximo por exercício social. O cálculo de seu montante é realizado, a exemplo da participação das partes beneficiárias no lucro, previamente à apuração do lucro líquido do exercício (arts. 190 e 191, LSA)

Nessa linha, deve-se observar raciocínio idêntico àquele que leva a presumir a má-fé do acionista quanto à percepção de dividendos: caso participação no lucro dos titulares de partes beneficiárias seja paga sem o levantamento das demonstrações ou em desacordo com ilegalidade e o desfalque patrimonial da companhia.

Assim ocorrendo, a companhia tem o direito de propor ação de cobrança, visando a repetição do indébito, observado o prazo prescricional de 3 (três) anos, contado da data da publicação da ata da assembleia-geral ordinária do exercício em que as participações tenham sido pagas (art. 287, II, "c", LSA).

8. Ação de responsabilidade em face de agente fiduciário

Mauricio Moreira Menezes

As debêntures, principalmente quando ofertadas publicamente, tendem a constituir uma comunhão de credores, cuja organização exige a nomeação do agente fiduciário de debenturistas na própria escritura de emissão (art. 61, § 1º,

---

[2356] EIZIRIK, Nelson. *A lei das S/A comentada*. São Paulo: Quartier Latin, 2011. v. III. p. 610.

LSA), que centralizará a defesa de seus interesses perante a companhia emitente.

Embora mais rara, situação semelhante pode ser verificada quando da emissão privada de partes beneficiárias.[2357]

Logo o agente fiduciário é o representante da comunhão de debenturistas ou, conforme o caso, titulares de partes beneficiárias (art. 68, LSA).

Quanto às debêntures, subscreve a escritura de emissão e assume graves deveres, incluindo-se os elencados no art. 68, LSA, e aqueles impostos pela Resolução CVM 17/2021 (alterada pela Resolução CVM 162/2022).

Portanto, o agente fiduciário responderá perante a comunhão de debenturistas ou, conforme o caso, titulares de partes beneficiárias pelo eventual prejuízo causados por culpa ou dolo no exercício de suas funções (art. 67, § 4º, LSA).

O prazo para os debenturistas ou, conforme o caso, titulares de partes beneficiárias proporem a ação de responsabilidade em face do agente fiduciário prescreve em 3 (três) anos, contado da data da publicação da ata da assembleia-geral que tiver tomado conhecimento da violação (art. 287, II, "e", LSA).

9. Ação de responsabilidade em face do violador do dever de sigilo de que trata o art. 260

Mauricio Moreira Menezes

No contexto de oferta pública para aquisição de controle de companhia aberta, o ofertante, a instituição financeira intermediária e a Comissão de Valores Mobiliários devem manter sigilo sobre a oferta projetada, até a publicação da oferta, sob pena de responsabilidade pelos danos causados (art. 260, LSA).

Há interesses de várias ordens nesse caso, que merecem tutela. Primeiramente, a própria higidez da oferta, que tenderia a ser frustrada na hipótese de vazamento de informações, permitindo que acionistas e administradores da companhia, cujo controle se pretende adquirir, tome medidas para inviabilizá-la, como, por exemplo, a organização de bloco acionário suficiente para a rejeição da oferta (art. 260, LSA).

Além disso, diante da possibilidade de ofertas concorrentes, a infração ao sigilo deixaria o ofertante absolutamente vulnerável perante outros agentes de mercado, que se beneficiariam indevidamente da informação, para fins de preparar oferta mais interessante (art. 262, LSA).

Finalmente, as normas que disciplinam o mercado de valores mobiliários ocupam-se do adequado tratamento da informação, coibindo sua manipulação, de tal sorte a evitar a assimetria de posições de partes contratantes e a assegurar o tratamento equitativo de investidores e demais agentes de mercado.

O art. 287, II, "f", LSA, estabelece que prescreve em 3 (três) anos a ação de responsabilidade de que se trata, contado o prazo da data da publicação da oferta.

10. Ação movida pelo acionista em face da companhia, qualquer que seja o seu fundamento

Mauricio Moreira Menezes

A alínea "g", do inciso II, do art. 287, LSA, que contempla a ação movida pelo acionista em face da companhia, qualquer que seja o seu fundamento, foi incluída pela Lei 10.303, de 2001, para mencionar que tal ação prescreve em 3 (três) anos, sem especificar o termo inicial do prazo.

Seguramente, o objetivo foi instituir cláusula legal que reduza o prazo prescricional de qualquer pretensão que exsurgir das relações acionárias e que não esteja especificada na LSA (se comparado com a regra geral de 10 anos, prevista no art. 205, Código Civil).

Dessa forma, uniformiza-se o tratamento dado às demandas que possivelmente podem compor o universo do contencioso societário, embora não previstas no rol taxativo dos arts. 285 a 287, LSA.

Fato é que a pretensão sob enfoque deve estar estritamente relacionada à posição de acionista, vale dizer, ao complexo de direitos, interesses e expectativas que decorrem da titularidade da ação.

Diante da omissão quanto ao termo inicial do prazo, a doutrina vem defendendo que se deva considerar a data em que o acionista tomou conhecimento da lesão ou violação de direito.[2358]

[2357] Art. 51, § 3º, LSA: "a emissão de partes beneficiárias poderá ser feita com a nomeação de agente fiduciário dos seus titulares, observado, no que couber, o disposto nos artigos 66 a 71".

[2358] Vide, por todos: EIZIRIK, Nelson. *A Lei das S/A comentada*. São Paulo: Quartier Latin, 2011. v. III. p. 617.

Art. 288. Quando a ação se originar de fato que deva ser apurado no juízo criminal, não ocorrerá a prescrição antes da respectiva sentença definitiva, ou da prescrição da ação penal.

COMENTÁRIOS

1. Ação judicial fundada em fato sob apuração criminal

MAURICIO MOREIRA MENEZES

Embora as esferas judiciais cível e criminal sejam independentes, há casos em que a decisão criminal pode influenciar a decisão cível.

Nesse sentido, o art. 935, do Código Civil, a despeito de reconhecer a independência entre a responsabilidade civil e a responsabilidade criminal, vincula o juízo cível às decisões que digam respeito à materialidade dos fatos e à autoria do ilícito ("a responsabilidade civil é independente da criminal, não se podendo questionar mais sobre a existência do fato, ou sobre quem seja o seu autor, quando estas questões se acharem decididas no juízo criminal").

Evidentemente, as consequências do ato criminoso podem gerar o dever de indenizar na esfera cível, cuja configuração resulta de conduta com menor grau de reprovabilidade jurídica e social.

Em outras palavras, da atividade do agente, cuja gravidade atrai a aplicação da norma penal, produz sua responsabilização civil, bastando que se prove o dano, para que se exija o respectivo ressarcimento integral da vítima.

Logo, iniciada a ação criminal, convém aguardar seu desfecho, por meio de sentença que reconheça, primeiramente, se o fato considerado ilícito realmente ocorreu. Caso tenha ocorrido, quais foram as suas circunstâncias e quem foi seu efetivo autor.

A propósito, o Código de Processo Penal estabelece, nos arts. 63 e ss., o conjunto de normas que lidam com a repercussão das decisões criminais no juízo cível, a seguir resumidas: (i) transitada em julgado a sentença condenatória, o ofendido poderá promover sua execução, no juízo cível, para o efeito da reparação do dano (art. 63); (ii) a execução em tela poderá ser efetuada pelo valor fixado pelo juiz criminal para reparação dos prejuízos sofridos pelo ofendido, sem prejuízo da apuração de outros danos perante o juízo cível (art. 63, parágrafo único); (iii) o juiz da ação cível poderá suspender o curso desta, até o julgamento definitivo da ação penal (art. 64, parágrafo único); (iv) faz coisa julgada no cível a sentença penal que reconhecer ter sido o ato praticado em estado de necessidade, em legítima defesa, em estrito cumprimento de dever legal ou no exercício regular de direito (art. 65); (v) não obstante a sentença absolutória no juízo criminal, a ação cível poderá ser proposta quando não tiver sido, categoricamente, reconhecida a inexistência material do fato (art. 66); e (vi) não impedirá a propositura da ação cível a sentença absolutória que decidir que o fato imputado não constitui crime (art. 67, III).

Por sua vez, o art. 315, do Código de Processo Civil, autoriza a suspensão do processo, enquanto se aguarda a definição da ação penal ("se o conhecimento do mérito depender de verificação da existência de fato delituoso, o juiz pode determinar a suspensão do processo até que se pronuncie a justiça criminal").

Diante desse cenário, o art. 200, do Código Civil, menciona textualmente que "quando a ação se originar de fato que deva ser apurado no juízo criminal, não correrá a prescrição antes da respectiva sentença definitiva".

Nessa linha, o art. 288, LSA, ao tratar dos prazos prescricionais na lei societária, contém norma que se aproxima daquela geral do Código Civil, que lhe é posterior.

Porém, como notado pela doutrina, há sutil diferença entre os textos, com efeitos em sua interpretação jurídica. Enquanto o Código Civil menciona "não correrá a prescrição", a LSA afirma que "não ocorrerá a prescrição". Daí se conclui que o Código Civil estipula causa impeditiva de cômputo do prazo prescricional e a LSA contempla causa suspensiva do prazo, cuja fluência se inicia, mas seu termo final é postergado.[2359]

Observe-se que os prazos prescricionais previstos na LSA são relativamente curtos (máximo de 3 anos), diante da necessidade de se estabilizar as relações acionárias com brevidade, por força dos interesses que cercam o exercício da empresa. Em contrapartida, os prazos prescricionais ordinários da lei penal são bem mais extensos, podendo chegar a 20 (vinte) anos (art. 109, Código Penal).

[2359] EIZIRIK, Nelson. *A Lei das S/A comentada*. São Paulo: Quartier Latin, 2011. v. III. p. 619.

Art. 289

Portanto, caso a responsabilidade advinda da LSA configure crime, em tese, a respectiva pretensão ressarcitória não prescreverá até que os fatos sejam apurados conclusivamente no juízo criminal, por meio da prolação de sentença. Não iniciada a ação penal, o prazo de prescrição da ação fundada na LSA será estendido até que se consume aquele previsto na lei penal.

CAPÍTULO XXV
DISPOSIÇÕES GERAIS

Art. 289. As publicações ordenadas por esta Lei obedecerão às seguintes condições: (Redação dada pela Lei nº 13.818, de 2019)

I – deverão ser efetuadas em jornal de grande circulação editado na localidade em que esteja situada a sede da companhia, de forma resumida e com divulgação simultânea da íntegra dos documentos na página do mesmo jornal na internet, que deverá providenciar certificação digital da autenticidade dos documentos mantidos na página própria emitida por autoridade certificadora credenciada no âmbito da Infraestrutura de Chaves Públicas Brasileiras (ICP-Brasil); (Incluído pela Lei nº 13.818, de 2019)

II – no caso de demonstrações financeiras, a publicação de forma resumida deverá conter, no mínimo, em comparação com os dados do exercício social anterior, informações ou valores globais relativos a cada grupo e a respectiva classificação de contas ou registros, assim como extratos das informações relevantes contempladas nas notas explicativas e nos pareceres dos auditores independentes e do conselho fiscal, se houver. (Incluído pela Lei nº 13.818, de 2019)

§ 1º A Comissão de Valores Mobiliários poderá determinar que as publicações ordenadas por esta Lei sejam feitas, também, em jornal de grande circulação nas localidades em que os valores mobiliários da companhia sejam negociados em bolsa ou em mercado de balcão, ou disseminadas por algum outro meio que assegure sua ampla divulgação e imediato acesso às informações. (Redação dada pela Lei 9.457, de 1997)

§ 2º Se no lugar em que estiver situada a sede da companhia não for editado jornal, a publicação se fará em órgão de grande circulação local.

§ 3º A companhia deve fazer as publicações previstas nesta Lei sempre no mesmo jornal, e qualquer mudança deverá ser precedida de aviso aos acionistas no extrato da ata da assembleia-geral ordinária.

§ 4º O disposto no final do § 3º não se aplica à eventual publicação de atas ou balanços em outros jornais.

§ 5º Todas as publicações ordenadas nesta Lei deverão ser arquivadas no registro do comércio.

§ 6º As publicações do balanço e da demonstração de lucros e perdas poderão ser feitas adotando-se como expressão monetária o milhar de reais. (Redação dada pela Lei 9.457, de 1997)

§ 7º Sem prejuízo do disposto no caput deste artigo, as companhias abertas poderão, ainda, disponibilizar as referidas publicações pela rede mundial de computadores. (Incluído pela Lei 10.303, de 2001)

COMENTÁRIOS

1. Regime legal de publicações

Sérgio Campinho

O art. 289, inserido nas disposições gerais da LSA, disciplina o regime de publicações por ela ordenadas. A sua redação original foi sucessivamente alterada pelas Leis 9.457/1997, 10.303/2001 e 13.818/2019.

O regime de publicidade legal concebido, aplicável tanto às companhias abertas quanto às fechadas, revela meio de comunicação de fatos e atos societários. Uma vez regularmente publicados, geram presunção absoluta de ciência aos acionistas e ao público em geral. Consiste em uma ficção jurídica da presunção do conhecimento dos fatos e atos objetos do edital de publicação, não se admitindo, por conseguinte, a ninguém alegar desconhecimento ou ignorância.

As publicações ordenadas pela LSA, a partir de 1º de janeiro de 2022, quando a modificação introduzida no *caput* do art. 289 pelo art. 1º da Lei 13.818/2019 entrou em vigor (art. 3º da Lei 13.818/2019), passaram a ser efetuadas em jornal de grande circulação, editado na localidade em que esteja situada a sede da companhia, de forma resumida e com divulgação simultânea da íntegra dos documentos na página do mesmo jornal na internet, que deverá providenciar certificação digital da autenticidade dos documentos mantidos na página própria emitida por autoridade certificadora credenciada no âmbito da Infraestrutura de Chaves Públicas Brasileiras (ICP-Brasil).[2360]

No caso de demonstrações financeiras, a publicação, de forma resumida, deverá conter, no mínimo, em comparação com os dados do exercício social anterior, informações ou valores globais relativos a cada grupo e a respectiva classificação de contas ou registros, assim como extratos das informações relevantes contempladas nas notas explicativas e nos pareceres dos auditores independentes e do conselho fiscal, se houver.

Havendo mais de um jornal de grande circulação no lugar em que esteja situada a sede da companhia, caberá ao seu órgão de administração escolher livremente em qual deles promoverá as suas publicações.

Inexistindo no lugar em que se situa a sede da companhia a edição de jornal de grande circulação, as publicações devem ser feitas em jornal que, embora editado fora da localidade de sua sede, tenha no local grande circulação.

Como jornais de grande circulação, devem-se considerar aqueles que têm maior distribuição na localidade da sede da companhia, além de estarem disponíveis de forma impressa e em versão digital, serem distribuídos de modo habitual e não serem direcionados a determinado público. Assim, se atenderá à finalidade da lei de proporcionar maior publicidade, assegurando-se que um maior número de pessoas possa ter acesso à informação.

As companhias abertas, além de obrigatoriamente publicar pela imprensa os fatos e atos societários, poderão, adicionalmente, disponibilizar tais publicações pela rede mundial de computadores. E essa é uma realidade que se tem cada vez mais frequente no universo das companhias abertas. A efetiva maioria dessas companhias mantém um *site* para divulgação das informações exigidas pela LSA.

A CVM poderá, ainda, determinar que as publicações sejam feitas, também, em jornal de grande circulação nas localidades em que os valores mobiliários da companhia sejam negociados.

A companhia deve fazer as suas publicações no mesmo jornal. O requisito de habitualidade na publicação garante aos interessados o acompanhamento da vida societária, consistindo, de outro lado, mecanismo eficaz de proteção dos acionistas minoritários.

Qualquer alteração deverá ser precedida de aviso aos acionistas no extrato da ata da assembleia geral ordinária, diz a lei. A figura do *extrato* somente se fará presente quando a ata de assembleia for lavrada na íntegra. Nessa hipótese, permite-se seja publicado apenas o seu extrato, com o sumário dos fatos ocorridos e a transcrição das deliberações tomadas (§ 3º do art. 130 da LSA). Todavia, a ata de assembleia pode ser lavrada na forma de sumário (§ 1º do art. 130 da LSA), modalidade em que não há a figura do extrato da ata. Nesse caso, o aviso exigido por lei deverá ser publicado com a ata sumária. Essa é a melhor exegese que se pode emprestar ao tema, porquanto, independentemente da forma de lavratura da ata da assembleia geral ordinária, o aviso será obrigatoriamente publicado.

As publicações ordenadas em lei, sem exceção, devem ser arquivadas na Junta Comercial. Com a providência, completa-se o sistema legal de publicidade dos atos societários. Conforme já anotava Trajano de Miranda Valverde, em comentário ao diploma anterior, as sociedades anônimas devem viver sob regime de publicidade dos seus principais atos, quer aqueles atinentes à sua constituição, quer os que, no curso da vida social, exteriorizam o seu regular funcionamento.[2361]

A companhia fechada que tiver receita bruta anual de até R$ 78.000.000,00 (pequena sociedade anônima) poderá realizar as publicações tão somente de forma eletrônica, estando, desse modo, dispensada de procedê-las na forma do art. 289, aqui comentado, consoante veio a permitir o inciso III do art. 294, com a redação que lhe foi atribuída pela Lei Complementar 182/2021.

Art. 290. A indenização por perdas e danos em ações com fundamento nesta Lei será corrigida monetariamente até o trimestre civil em que for efetivamente liquidada.

[2360] Em 01.07.2024, o Supremo Tribunal Federal validou o novo sistema informacional, por ocasião do julgamento da ADI 7.194/DF, em acórdão unânime do Plenário, sob a relatoria do Min. Dias Toffoli.

[2361] *Sociedades por ações*. 2. ed. Rio de Janeiro: Forense, 1953. v. 3. p. 183-184.

Art. 291 — Fábio Ulhoa Coelho

📖 COMENTÁRIOS

1. Indexação de condenações judiciais

FÁBIO ULHOA COELHO

A indexação é a negação da moeda. Durante muito tempo, porém, no Brasil, foi considerada o seu oposto, ou seja, um remédio adequado para a proteção da moeda contra a corrosão da inflação. Esse era, aliás, o entendimento predominantemente entre os economistas com funções no governo no ano de 1976, quando a LSA foi elaborada. Ao entrar em vigor, previa até mesmo a correção monetária do capital social, uma exigência que vigorou por vinte anos (até o exercício de 1995). A indexação de uma rubrica do balanço patrimonial, como o capital social, é altamente questionável, sob o ponto de vista técnico. A obrigatoriedade da correção monetária nessa hipótese implicava até mesmo o comprometimento da função primeira das demonstrações contábeis, por distorcer a realidade da contribuição originária dos sócios, que a rubrica capital social deve retratar.

Entre as medidas decorrentes da mudança da moeda brasileira para o Real, em 1994, encontram-se tentativas de desindexação da economia. A verdade, contudo, é que a correção monetária se impregnou de tal modo na cultura brasileira que, mesmo após décadas de prolongada estabilidade da moeda, ela continua sendo vista como um justo acréscimo aos valores das condenações judiciais (CC, art. 389; CPC, art. 322, § 1º).

Quando foi editada a LSA, a indexação das condenações judiciais não era ainda legalmente prevista, razão pela qual o legislador societário considerou conveniente estabelecê-la em bases trimestrais (*rectius*, trimestre civil). A generalização desse consectário a todas as hipóteses de demandas judiciais somente foi determinada cinco anos após a entrada em vigor da LSA, por meio da Lei 6.899/1981. Esta lei geral da correção monetária nas condenações judiciais não tratou da periodicidade, mas o Dec. 86.649/1981, que a regulamentou, adotou a mensal, com base na variação das ORTNs (Obrigações Reajustáveis do Tesouro Nacional). O art. 290 da LSA está parcialmente revogado desde então, no tocante à apenas periodicidade nele mencionada.

Art. 291. A Comissão de Valores Mobiliários poderá reduzir, mediante fixação de escala em função do valor do capital social, a porcentagem mínima aplicável às companhias abertas, estabelecida no art. 105; na alínea *c* do parágrafo único do art. 123; no *caput* do art. 141; no § 1º do art. 157; no § 4º do art. 159; no § 2º do art. 161; no § 6º do art. 163; na alínea *a* do § 1º do art. 246; e no art. 277. (Redação dada pela Lei 10.303, de 2001)

Parágrafo único. A Comissão de Valores Mobiliários poderá reduzir a porcentagem de que trata o artigo 249.

📖 COMENTÁRIOS

1. Redução de percentuais para exercício de direitos por parte de acionistas minoritários

MAURICIO MOREIRA MENEZES

Em diversos dispositivos da LSA, o legislador estabeleceu percentuais mínimos de representatividade, baseados no capital social, para que acionistas minoritários possam exercer determinados direitos previstos em lei. A lógica de tais limitações consiste em impedir que acionistas minoritários titulares de quantidade ínfima de ações possam utilizar-se de prerrogativas legais que, muitas vezes, impactam de forma substancial a estrutura administrativa e o curso ordinário das atividades da companhia.

Ao mesmo tempo, o legislador teve a sensibilidade de atentar para o fato de que, em companhias abertas, a depender do grau de dispersão de suas ações no mercado, poderiam ocorrer situações em que os percentuais originalmente estabelecidos em lei se mostrariam demasiadamente elevados, tornando extremamente difícil que os acionistas minoritários reúnam o número mínimo de ações necessário ao exercício de seus direitos.

Por essas razões, o art. 291, LSA, institui a competência da Comissão de Valores Mobiliários para reduzir os percentuais mínimos legalmente previstos para exercício de direitos por parte de acionistas minoritários de companhias abertas, desde que tal redução se dê a partir da fixação de escala em função do valor do capital social das companhias.

Com efeito, trata-se de prerrogativa que a lei atribui à Comissão de Valores Mobiliários, a qual poderá (e não necessariamente deverá) ser exercida pela autarquia, com base em análise técnica e à luz das características fáticas do mercado de capitais brasileiro. Convém relembrar que o poder da Comissão de Valores Mobiliários alcança exclusivamente as companhias abertas, de tal modo que as companhias fechadas se mantêm sujeitas aos percentuais previstos em lei.

No exercício de sua competência, a Comissão de Valores Mobiliários editou três Instruções, para fins de regulamentar o *caput* do artigo de que se trata, as quais foram revogadas e consolidadas pela Resolução CVM 70/2022[2362].

Assim, a respeito dos temas elencados no art. 291, LSA, a Resolução CVM 70/2022 reduziu, em função do capital social, o percentual mínimo de participação acionária necessário ao requerimento da adoção do processo de voto múltiplo para eleição dos membros do Conselho de Administração de companhias abertas (fixado na LSA em um décimo do capital social com direito a voto, nos termos de seu art. 141, *caput*).

Nesse sentido, a redação atual da Resolução CVM 70/2022 estabelece a seguinte escala:

Intervalo do Capital Social (R$)	Percentual mínimo do capital votante para solicitação de votação por voto múltiplo (%)
0 a 10.000.000	10
10.000.001 a 25.000.000	9
25.000.001 a 50.000.000	8
50.000.001 a 75.000.000	7
75.000.001 a 100.000.000	6
acima de 100.000.001	5

No que diz respeito ao art. 161, § 2º, LSA, a Resolução CVM 70/2022 reduziu, em função do capital social, os percentuais mínimos de participação acionária necessários ao pedido de instalação de Conselho Fiscal de companhia aberta. Os percentuais legalmente previstos são os de 10% das ações com direito a voto ou 5% das ações sem direito a voto. A partir da regulamentação da Comissão de Valores Mobiliários, tais percentuais foram fixados para as companhias abertas de acordo com a seguinte escala:

Capital social da companhia aberta	Percentual de ações com direito a voto	Percentual de ações sem direito a voto
Até R$ 50.000.000,00	8%	4%
Entre R$ 50.000.000,00 e R$ 100.000.000,00	6%	3%
Entre R$ 100.000.000,00 e R$ 150.000.000,00	4%	2%
Acima de R$ 150.000.000,00	2%	1%

Em 2020, a Comissão de Valores Mobiliários submeteu a audiência pública minuta de Instrução, cujo objeto consistiu na fixação de escala que reduza, em função do capital social, os percentuais mínimos de participação acionária, necessários para a propositura de ação de responsabilidade derivada em face dos administradores de companhia aberta (previsto no art. 159, § 4º, LSA) e para a propositura de ação de responsabilidade em face da sociedade controladora (nos termos do art. 246, § 1º, "a", do mesmo diploma legislativo).[2363]

Ainda no contexto daquela audiência pública, a autarquia solicitou comentários sobre a conveniência de se estender a nova regra a outros percentuais referenciados pelo art. 291, notadamente aqueles previstos no art. 105 (exibição integral dos livros da companhia, ordenada judicialmente a pedido de acionistas); art. 123, parágrafo único, alínea "c" (convocação da

---

[2362] Posição em dezembro de 2022.

[2363] A referida minuta de Instrução foi apresentada ao mercado no âmbito da Audiência Pública SDM nº 07/2019, iniciada em 10 de outubro de 2019.

assembleia-geral quando os administradores não atenderem, no prazo de oito dias, a pedido de convocação devidamente fundamentado por acionistas, com indicação das matérias a serem tratadas; art. 157, § 1º (requisição de informações ao administrador por parte do acionista); art. 163, § 6º (requisição de informações ao Conselho Fiscal por parte do acionista); e art. 277 (requerimento de funcionamento do Conselho Fiscal de companhia filiada a grupo).

De acordo com a LSA, os referidos percentuais mínimos foram fixados em 5% do capital social da companhia. Nos termos da minuta de Instrução submetida a audiência pública pela Comissão de Valores Mobiliários, o percentual mínimo para o exercício dos direitos previstos naqueles artigos seria gradativamente reduzido, tendo por base o capital social de cada companhia aberta, até um mínimo de 1% para companhias que tiverem capital social superior a R$ 10 bilhões.

Com efeito, ultrapassadas as discussões sobre o tema (que ensejaram a prorrogação da audiência pública), a Comissão de Valores Mobiliários editou a ICVM 627/2020, para fins de fixar a escala reduzindo, em função do capital social, as porcentagens mínimas de participação acionária necessárias ao exercício dos direitos previstos no art. 105, art. 123, parágrafo único, alínea "c", art. 157, § 1º, art. 159, § 4º, art. 163, § 6º e art. 246, § 1º, "a", todos da LSA (excluindo-se da revisão o art. 141, *caput*, e art. 161, § 2º e art. 277, LSA).

Dita ICVM 627/2020 foi igualmente revogada pela Resolução CVM 70/2022, que manteve os percentuais lá fixados, a saber:

Intervalo do Capital Social (R$)	Percentual mínimo do capital (%)
0 a 100.000.000	5
100.000.001 a 1.000.000.000	4
1.000.000.001 a 5.000.000.000	3
5.000.000.001 a 10.000.000.000	2
acima de 10.000.000.000	1

Sem dúvida, os elevados montantes do intervalo de capital social, fixados pela ICVM 627/2020 (e mantidos atualmente pela Resolução CVM 70/2022), são indicativos da busca pelo equilíbrio entre a proteção do interesse social e do interesse individual do acionista, dado que a larga dimensão dessas companhias dificultava, na prática, o exercício de direitos por acionistas minoritários, os quais raramente conseguiam se articular para reunir ações representativas de 5% do capital social da companhia aberta.

2. Consolidação das demonstrações financeiras por sociedade controladora

Mauricio Moreira Menezes

O art. 291, parágrafo único, LSA, faz referência ao art. 249, LSA, segundo o qual as companhias abertas que tiverem mais de 30% do valor do seu patrimônio líquido representado por investimentos em sociedades controladas deverão elaborar e divulgar demonstrações consolidadas, juntamente com suas demonstrações financeiras.

A antiga ICVM 247/1996 dispunha sobre a avaliação de investimentos em sociedades coligadas e controladas e sobre os procedimentos para elaboração e divulgação de demonstrações contábeis consolidadas, disciplinando, de forma ampla, as hipóteses em que companhias abertas deveriam elaborar demonstrações consolidadas, de tal modo a flexibilizar o percentual previsto no art. 249 da LSA. A mencionada Instrução foi revogada pela Resolução CVM 2/2020, a qual veio a ser editada como parte do processo de revisão e consolidação de atos normativos pela Comissão de Valores Mobiliários autarquia.

Paralelamente, a Comissão de Valores Mobiliários tornou obrigatória a observância, pelas companhias abertas, do Pronunciamento Técnico CPC 36 do Comitê de Pronunciamentos Contábeis – CPC, que igualmente trata das demonstrações consolidadas.[2364]

[2364] O Pronunciamento Técnico CPC 36 (R3) do Comitê de Pronunciamentos Contábeis – CPC, foi aprovado e tornado como de observância obrigatório para as companhias abertas por meio da Deliberação CVM nº 698/2012, revogada e substituída pela Resolução CVM 112/2022, que manteve a observância obrigatória daquele Pronunciamento Técnico CPC 36.

O documento estabelece que "a entidade que seja controladora deve apresentar demonstrações consolidadas". Da mesma forma, o Pronunciamento Técnico elenca os seguintes atributos cumulativos, para determinar se uma investidora pode ser considerada controladora de sua investida: (i) poder sobre a investida; (ii) exposição a, ou direitos sobre, retornos variáveis decorrentes de seu envolvimento com a investida; e (iii) a capacidade de utilizar seu poder sobre a investida para afetar o valor de seus retornos.

Vale notar que, ao contrário do que dispõe o *caput* do art. 291, LSA, seu parágrafo único não estabelece que a redução dos percentuais legais deve se dar mediante fixação de escala em função do valor do capital social, o que permite maior flexibilidade quanto ao estabelecimento do critério a ser observado para a caracterização da obrigação de consolidação de demonstrações contábeis pela companhia aberta. Nessa linha, o Pronunciamento Técnico CPC 36 do Comitê de Pronunciamentos Contábeis – CPC tende a evitar, aparentemente, a fixação de percentuais rígidos para o cumprimento do dever de consolidação, reportando-se, essencialmente, ao exercício do poder de controle e ao grau de exposição ao risco do investimento.

Art. 292. As sociedades de que trata o artigo 62 da Lei n. 4.728, de 14 de julho de 1965, podem ter suas ações ao portador.

COMENTÁRIOS

1. Norma revogada

Fábio Ulhoa Coelho

O art. 62 da Lei 4.728/1965 autorizava a emissão de ações nominativas ou endossáveis às sociedades anônimas cujo objeto abrangia "a compra e venda de imóveis construídos ou em construção, a construção e venda de unidades habitacionais, a incorporação de edificações ou conjunto de edificações em condomínio e a venda de terrenos loteados e construídos ou com a construção contratada". Em 1976, a LSA autorizou essas sociedades a emitirem ações ao portador. Mas o art. 292 está revogado desde 1990, com a extinção desta forma de ações.

Art. 293. A Comissão de Valores Mobiliários poderá autorizar as bolsas de valores e outras entidades, que sejam ou não instituições financeiras, a prestar os serviços previstos nos seguintes dispositivos desta Lei: *(Redação dada pela Lei nº 14.430, de 2022)*

I – art. 27; (Incluído pela Lei nº 14.430, de 2022)

II – § 2º do art. 34; (Incluído pela Lei nº 14.430, de 2022)

III – § 1º do art. 39; (Incluído pela Lei nº 14.430, de 2022)

IV – arts. 40, 41, 42, 43 e 44; (Incluído pela Lei nº 14.430, de 2022)

V – art. 72; e (Incluído pela Lei nº 14.430, de 2022)

VI – arts. 102 e 103. (Incluído pela Lei nº 14.430, de 2022)

Parágrafo único. *(Revogado pela Lei 12.810, de 2013).*

COMENTÁRIOS

1. Prestação de serviços específicos pelas bolsas de valores

Mauricio Moreira Menezes

A LSA prevê diversos serviços que podem ser prestados às companhias por instituições financeiras, desde que devidamente autorizadas pela Comissão de Valores Mobiliários.

Em 2022, foi editada a Lei 14.430, resultante da conversão da Medida Provisória 1.103/2022, que dispôs, entre outras matérias, sobre a "flexibilização do requisito de instituição financeira para a prestação do serviço de escrituração e de custódia de valores mobiliários".

Ao que tudo indica, a opção do legislador foi acertada, pois as atividades de custódia e de escrituração de valores mobiliários são regulamentadas pela Comissão de Valores Mobiliários. Por sua vez, as instituições financeiras são supervisionadas pelo Banco Central do Brasil, de cuja autorização dependem para funcionar, nos termos dos arts. 9º a 11, da Lei 4.595/1964.

Logo, a exigência de enquadramento como instituição financeira produzia ônus desnecessário às prestadoras de serviço de escrituração e de custódia de valores mobiliários, porquanto deviam se submeter a dupla regulação e fiscalização (CVM e Banco Central). Acresça-se que essas atividades integram a dinâmica das operações realizadas em mercado de valores mobiliários, razão pela qual devem atrair a intervenção do regulador especializado, vale dizer, da Comissão de Valores Mobiliários, cuja proximidade à realidade do mercado e às reivindicações dos regulados favorece o aperfeiçoamento de mecanismos regulatórios e, por conseguinte, incentivos aos agentes privados, em sua incessante busca pela eficiência e competitividade.

Nesse sentido, segundo a Exposição de Motivos da Medida Provisória 1.103/2022, "a CVM vem promovendo diversas iniciativas para expandir o acesso ao mercado e acolher inovações que venham a promover ganhos de eficiência e inclusão financeira no mercado de capitais. Exemplos de tais iniciativas são as normas que regulamentam o investimento participativo ('crowdfunding de investimento' ou 'crowdfunding') [...] e o *sandbox* regulatório ('sandbox') [...] A CVM, bem como os demais reguladores, não pode flexibilizar requisitos legais para as experiências no *sandbox*; apenas requisitos regulatórios de suas próprias normas. Dessa maneira, as alterações legais propostas permitiriam à CVM modular tal exigência e eventualmente afastá-la para determinados mercados, como seria, provavelmente, o caso da prestação do serviço de escrituração para o mercado de *crowdfunding* de investimento".

Assim, os serviços referidos no art. 293 da LSA são, notadamente, os seguintes: (i) emissão de certificados de ações (art. 27, LSA); (ii) emissão de certificado de depósito de ações (art. 43, LSA); (iii) escrituração e guarda de livros de registro e transferência de ações (art. 27, LSA); (iv) relativos às ações escriturais, incluindo escrituração, certificação periódica, negociação e fiscalização da regularidade de negociação (arts. 34, § 2º, 102 e 103, LSA); (v) averbação de penhor, caução, usufruto, fideicomisso, alienação fiduciária em garantia ou quaisquer outros ônus sobre ações escriturais (arts. 39, § 1º, e 40, LSA); (vi) custódia de ações fungíveis (arts. 41 e 42, LSA) e de cédulas de debêntures (art. 72, LSA); e (vii) rateio de ações resgatadas ou amortizadas e que estejam sob custódia, caso aquelas operações não abranjam a totalidade das ações de uma mesma classe (art. 44, § 4º, LSA).

Sem prejuízo da possibilidade de as instituições financeiras se habilitarem para prestar os mencionados serviços, o art. 293, LSA estabelece que a Comissão de Valores Mobiliários autorizará, de igual modo, as bolsas de valores a prestá-los.

Acerca da regulamentação da Comissão de Valores Mobiliários sobre o tema, durante mais de duas décadas vigorou a ICVM 89/1988, que dispunha sobre a autorização para prestação de serviços de ações escriturais, de custódia de valores mobiliários e de agente emissor de certificados. O normativo, em seu art. 2º, elencava os agentes que poderiam habilitar-se à prestação de tais serviços, incluindo os bancos comerciais e de investimento, as sociedades corretoras e distribuidoras, outras entidades equiparadas e, finalmente, as bolsas de valores.

Na mesma linha, cabe destacar o conteúdo da ICVM 115/1990, que dispunha sobre a prestação de serviços de custódia fungível de ações nominativas, nos termos dos arts. 41 e 42, LSA. Tal Instrução referia-se, em diversas passagens, às bolsas de valores como agentes que poderiam ser autorizados pela Comissão de Valores Mobiliários a prestar os serviços de custódia de ações fungíveis.

As mencionadas Instruções disciplinavam a custódia, escrituração e emissão de certificados de valores mobiliários de forma relativamente sucinta e foram posteriormente revogadas por meio da edição das ICVM 541/2013 (que dispõe sobre a prestação de serviços de depósito centralizado de valores mobiliários); 542/2013 (que dispõe sobre a prestação de serviços de custódia de valores mobiliários); e 543/2013 (que dispõe sobre a prestação de serviços de escrituração de valores mobiliários e de emissão de certificados de valores mobiliários).

No curso do processo de revisão e consolidação de atos normativos pela Comissão de Valores Mobiliários, iniciado em 2020, a ICVM 541/2013 foi revogada e substituída pela Resolução CVM 31/2021; a ICVM 542/2013 foi revogada e substituída pela Resolução CVM 32/2021; e a ICVM 543/2013 foi revogada e substituída pela Resolução CVM 33/2021, as quais, em conjunto, correspondem ao marco regulatório no que diz respeito à infraestrutura de negociação de valores mobiliários no contexto do mercado de capitais brasileiro.

A partir da análise dos mencionados atos normativos, conclui-se que a Comissão de Valores Mobiliários, ao regulamentar o art. 293, LSA, se orientou no sentido de permitir que as bolsas de valores requeiram autorização para a prestação dos serviços mencionados em tal dispositivo legal, sem prejuízo do estabelecimento de outros critérios técnicos, financeiros e operacionais, que deverão ser atendidos pelas bolsas de valores, para que efetivamente exerçam tal ou qual função.

Logo, exige-se autorização específica da Comissão de Valores Mobiliários, que a concederá por meio de análise casuística, à luz dos critérios que entenda aplicáveis para o exercício de cada atividade pelas bolsas de valores.

Corroborando esse entendimento, o art. 11, I, da Resolução CVM 135/2022 (que dispõe, dentre outras matérias, sobre a organização e funcionamento das bolsas de valores) permite às entidades administradoras de mercado organizado de valores mobiliários gerir sistemas de custódia de valores mobiliários, desde que tenham obtido autorização específica da Comissão de Valores Mobiliários para tanto.

Atualmente, a B3 S.A. – Bolsa, Balcão, Brasil, além de atuar como entidade administradora da Bolsa de Valores de São Paulo – BOVESPA e de mercado organizado de valores mobiliários, está registrada perante a Comissão de Valores Mobiliários como "depositária central de valores mobiliários", prestando serviços de depósito centralizado de valores mobiliários, nos termos da Resolução CVM 31/2021.

De acordo com tal Instrução, dentre as funções da depositária central, incluem-se a de guarda e controle de titularidade dos valores mobiliários, imposição de restrições à prática de atos de disposição dos valores mobiliários e tratamento das instruções de movimentação e dos eventos incidentes sobre os valores mobiliários depositados, inclusive constituição de gravames e ônus. Além disso, a norma prevê que o depósito centralizado é condição para a distribuição pública e negociação de valores mobiliários em mercados organizados (dentre os quais se incluem as bolsas de valores).

As ações negociadas na Bolsa de Valores de São Paulo – BOVESPA são, portanto, custodiadas pela central depositária da B3.

Adicionalmente, cabe registrar que os serviços de emissão de certificados de ações previstos no art. 27, LSA, caíram em desuso a partir da edição da Lei 8.021/1990, que revogou dispositivos da LSA para excluir a possibilidade de emissão de ações endossáveis ou ao portador pelas companhias, tornando desnecessária, na prática, a emissão dos referidos certificados. Assim, as disposições do art. 27, LSA, permanecem válidas apenas no que diz respeito aos serviços de escrituração e guarda dos livros de registro e transferência de ações.

Relativamente à remissão ao art. 72, LSA (que trata das cédulas de debêntures), o art. 293, LSA pode levar à (equivocada) interpretação no sentido de que a Comissão de Valores Mobiliários poderia autorizar as bolsas de valores a emitir tais títulos.

Entretanto, o entendimento mais correto parece ser aquele segundo o qual a intenção do legislador, ao inserir a referência ao art. 72 no rol do art. 293, LSA, teria sido a de permitir que as bolsas de valores prestem serviços relacionados à custódia das cédulas de debêntures, quando essas forem emitidas sob a forma escritural (conforme permitido pelo art. 72, § 1º, LSA) ou à custódia das debêntures que servem de lastro à emissão das cédulas. Nesse sentido, vale reproduzir as palavras de Modesto Carvalhosa:

> O art. 293, ao elencar uma série de serviços que poderão ser prestados por Bolsas de Valores, inclui dentre eles o previsto no art. 72. Há autores que entendem que o art. 293, com isso, autorizou as Bolsas a emitirem cédulas pignoratícias. Tal entendimento, no entanto, não pode subsistir, devendo considerar-se a remissão feita naquela regra das disposições gerais da lei como competência legal para a prestação de serviços relativos à emissão de debêntures, ou seja, serviços de custódia e *clearing* das cédulas.[2365]

Ressalte-se que o art. 1º, III, da Resolução 1.825/1991, do Conselho Monetário Nacional, autoriza que as bolsas de valores prestem o serviço de custódia das debêntures que servem de lastro à emissão das cédulas.[2366]

Finalmente, observe-se que o antigo parágrafo único do art. 293, LSA, revogado pela Lei

---

[2365] CARVALHOSA, Modesto. *Comentários à lei de sociedades anônimas*. Arts. 1º a 74. 7. ed. São Paulo: Saraiva, 2013. v. 1. p. 1.002.

[2366] "Art. 1º Estabelecer as seguintes condições a serem observadas na emissão das cédulas pignoratícias de debêntures de que trata o art. 72 da Lei nº 6.404, de 15.12.1976 [...] III – bloqueio à negociação das debêntures empenhadas no correspondente sistema administrado pela Central de Custódia e de Liquidação Financeira de Títulos (CETIP), ou sua custódia em instituição autorizada à prestação desse serviço pela comissão de valores mobiliários ou em bolsa de valores, vedada tal prática por parte da própria instituição emissora". Embora faça referência às cédulas pignoratícias de debêntures, não consta revogação expressa da Resolução CMN nº 1.825/1991 no *site* do Banco Central do Brasil, ressalvando-se a perda de vigência das normas que disciplinavam o penhor das debêntures, de tal modo a admitir sua aplicação às cédulas de debêntures.

Art. 294 — Sérgio Campinho

12.810/2013, dispunha que "as instituições financeiras não poderão ser acionistas das companhias a que prestarem os serviços referidos nos arts. 27; 34, § 2º; 41; 42; 43 e 72". Segundo qualificada doutrina[2367] e a Comissão de Valores Mobiliários,[2368] a restrição se justificava para fins de evitar situações de conflito de interesses, nas hipóteses em que a própria instituição financeira, prestadora de serviços de emissão de certificados, escrituração e custódia de ações e outros títulos e valores mobiliários, fosse também acionista da companhia destinatária de tais serviços.

> **Art. 294.** A companhia fechada que tiver receita bruta anual de até R$ 78.000.000,00 (setenta e oito milhões de reais) poderá:
>
> I – (REVOGADO)
>
> II – (REVOGADO)
>
> III – realizar as publicações ordenadas por esta Lei de forma eletrônica, em exceção ao disposto no art. 289 desta Lei; e (Incluído pela Lei Complementar 182, de 2021)
>
> IV – substituir os livros de que trata o art. 100 desta Lei por registros mecanizados ou eletrônicos. (Incluído pela Lei Complementar 182, de 2021)
>
> § 1º A companhia deverá guardar os recibos de entrega dos anúncios de convocação e arquivar no registro de comércio, juntamente com a ata da assembleia, cópia autenticada dos mesmos.
>
> § 2º Nas companhias de que trata este artigo, o pagamento da participação dos administradores poderá ser feito sem observância do disposto no § 2º do artigo 152, desde que aprovada pela unanimidade dos acionistas.
>
> § 3º O disposto neste artigo não se aplica à companhia controladora de grupo de sociedade, ou a ela filiadas.
>
> § 4º Na hipótese de omissão do estatuto quanto à distribuição de dividendos, estes serão estabelecidos livremente pela assembleia geral, hipótese em que não se aplicará o disposto no art. 202 desta Lei, desde que não seja prejudicado o direito dos acionistas preferenciais de receber os dividendos fixos ou mínimos a que tenham prioridade. (Incluído pela Lei Complementar 182, de 2021)
>
> § 5º Ato do Ministro de Estado da Economia disciplinará o disposto neste artigo. (Incluído pela Lei Complementar 182, de 2021).

COMENTÁRIOS

1. Regime especial para companhias fechadas de pequeno porte (pequena sociedade anônima)

Sérgio Campinho

A LSA dispõe, no art. 294, de um regime próprio e diferenciado, para fins de realizar publicações e representação dos livros sociais, em favor das companhias fechadas que tenham receita bruta anual de até R$ 78.000.000,00.[2369]

As companhias assim enquadradas como pequenas sociedades anônimas ficam dispensadas de observar o regime da publicidade legal (art. 289 da LSA), podendo realizar as publicações de forma apenas eletrônica,[2370] bem como substituir os livros sociais referenciados no art. 100 da LSA por registros mecanizados ou eletrônicos.

O abrandamento do regime legal de publicidade na espécie não dispensa o arquivamento

---

[2367] Nesse sentido, vide, por todos: EIZIRIK, Nelson. *A Lei das S/A comentada*. São Paulo: Quartier Latin, 2011. v. III. p. 628.

[2368] O entendimento da Comissão de Valores Mobiliários sobre o tema havia sido estabelecido com base em pareceres elaborados pela então Superintendência Jurídica da autarquia. Nesse sentido, mencione-se os Pareceres CVM/SJU nº 100/1978 ("uma instituição financeira não pode prestar serviços de ação escritural a outra companhia da qual seja acionista, mesmo que esta outra companhia seja do mesmo grupo daquela instituição"); nº 061/1982 ("a instituição financeira que emitir o certificado de depósito não pode adquiri-lo, por força do art. 293 da Lei nº 6.404/76"); e nº 27/1987 ("ações escriturais. Prestação de serviços das ações escriturais por instituição financeira à Companhia por ela controlada indiretamente. Impossibilidade legal face ao contigo no parágrafo único do art. 293 da Lei nº 6.404/76").

[2369] O *caput* do preceito sob comento, objeto de diversas alterações legislativas (Lei 9.457/1997; Lei 10.194/2001; Lei 10.303/2001; e Lei 13.818/2019), tem redação atualmente dada pela Lei Complementar 182/2021.

[2370] Confira-se a Portaria ME 12.071/2021, a qual prevê que a publicação eletrônica dos atos societários e a divulgação de informações far-se-ão na Central de Balanços do Sistema Público de Escrituração Digital – SPED.

dos documentos societários no Registro Público de Empresas Mercantis, o qual se mostra imprescindível para produzir efeitos perante terceiros. O escopo do dispositivo é imprimir a simplificação de procedimentos e reduzir custos para as companhias que reúnam, cumulativamente, os 2 requisitos legais: ser companhia fechada e contar com receita bruta anual não superior a R$ 78.000.000,00.

A dispensa de publicações aqui tratada não aproveita à companhia controladora de grupo de sociedade ou a ela filiadas. Ao se referir o preceito a "grupo de sociedade", a restrição ao benefício apenas atinge os grupos de direito, porquanto a própria LSA reservou, em seu capítulo XXI, a expressão "grupo de sociedades" ou o vocábulo "grupo" para designar o grupo de direito.[2371] Desse modo, os grupos de fato, formados a partir das ligações societárias de controle ou de coligação, não havendo entre as sociedades uma convenção formalizada no Registro Público de Empresas Mercantis, ficam fora da exclusão legal do § 3º do art. 294. O dispositivo se justifica em relação aos grupos de direito, em função de constituírem uma organização jurídica e econômica com disciplina própria, em que cada sociedade abre mão de sua autonomia em favor de uma unidade e de um interesse de grupo.

Nas companhias contempladas neste artigo, a participação dos administradores nos lucros do exercício poderá realizar-se sem a necessidade de se pagar o dividendo mínimo obrigatório, mas desde que aprovada pela unanimidade dos acionistas. Tem-se na regra do § 2º do art. 294 uma exceção à regra geral de distribuição do dividendo mínimo obrigatório previsto no § 2º do art. 152 da LSA.

A Lei Complementar 182/2021 introduziu no art. 294 o § 4º, que retrata uma efetiva revolução na forma de repartição de lucros aos acionistas. Nada dispondo o estatuto acerca da distribuição de dividendos, estes poderão ser estabelecidos com total liberdade pela assembleia geral. Autoriza-se, dessa forma, a partilha dos dividendos de modo desproporcional às participações dos acionistas no capital social, aproximando-se a pequena sociedade anônima, nesse particular, do regime de divisão dos lucros das sociedades limitadas.

Fica possibilitado, dessarte, na omissão do estatuto social, o afastamento do dividendo mínimo obrigatório (art. 202 da LSA), mas preservado, porém, o direito dos acionistas preferencialistas de receber os dividendos fixos ou mínimos a que tenham prioridade. Resta, em última análise, assegurada a regra da partilha dos resultados sociais positivos para as companhias em questão, as quais poderão implementar distribuições não proporcionais dos dividendos, desde que, no entanto, inexista restrição estatutária.

Por derradeiro, cumpre anotar que o § 1º do artigo sob comento ficou sem qualquer sentido, eis que se ligava à regra do inciso I, que restou revogado pela já citada Lei Complementar 182/2021.

2. Companhias de menor porte e acesso ao mercado de capitais

Sérgio Campinho

As sociedades anônimas ou companhias de menor porte são aquelas que auferem receita bruta anual inferior a R$ 500.000.000,00. Trata-se de um conceito próprio, fixado exclusivamente para a facilitação do acesso dessas companhias ao mercado de capitais, nos termos preconizados pelos arts. 294-A e 294-B da LSA, introduzidos pela Lei Complementar 182/2021. O referido teto anual de receita bruta poderá ser atualizado segundo critério que vier a ser estabelecido pela CVM.

Os indigitados dispositivos têm por escopo simplificar, por normatização da CVM, a organização e a operação de tais companhias de porte menor, mediante a redução dos custos regulatórios, com vistas a estimular o empreendedorismo no país. Foram concebidos no bojo da lei complementar que instituiu o marco legal das *startups*, com o oferecimento de medidas de fomento ao ambiente de negócios e a elevação da oferta de capital para investimento em empreendedorismo inovador.

3. Paradoxo

Rodrigo R. Monteiro de Castro

Os esforços governamentais, desde a década de 1970, com a criação da CVM e a promulgação da LSA, e também privados, com o surgimento, na década de 2000, do Novo Mercado, por iniciativa da Bovespa (agora, B3), não modificaram a estrutura do ambiente empresarial brasileiro, marcado pela profusão de iniciativas de pequenos e médios empresários. No Brasil, a macroempresa (ou a *corporation*) ainda é exceção,

---

[2371] CAMPINHO, Sérgio. *Curso de direito comercial*: sociedade anônima. 4. ed. São Paulo: Saraiva, 2019. p. 438.

o que se releva pelos números brutos da CVM e da B3,[2372] que indicam a existência de apenas 427 companhias listadas, sendo que, dentre elas, só uma parcela diminuta atinge o gigantismo caracterizador da macrocompanhia.

O louvável esforço empreendido para "criar a estrutura jurídica necessária ao fortalecimento do mercado de capitais de risco no País, imprescindível à sobrevivência da empresa privada", como se extrai da EM 196, permanece na pauta. Não apenas o Estado, mas o mercado e a doutrina também, se debruçam, com frequência, sobre soluções para o fortalecimento desse ambiente ainda instável que, apesar de evolutivo, cambaleia, com o intenso refluxo de capitais, ao simples *espirro* internacional.

Os esforços devem ser mantidos, no entanto. Mas não se pode perder de vista que os resultados afetarão a ponta de uma pirâmide, que somente terá sustentação se a base se solidificar.

Aí se revela o paradoxo.

Apesar de a LSA ter sido concebida para formar e regular a macroempresa, o art. 294 oferece os alicerces para o surgimento de uma disciplina apropriada ao manejo da pequena e da média empresas.

Mais do que isso: o artigo cria um regime específico, ou especial, no âmbito da LSA, que supre, em parte, as deficiências da disciplina própria da sociedade limitada, e, com as modificações introduzidas pela Lei Complementar 182/2021, contribui para o oferecimento de soluções adequadas a um conjunto numeroso de empresários que pretendem empreender capitais e esforços em atividade econômica.

No art. 294, inserido no regramento da macroempresa, se encontra o caminho para solucionar as necessidades da pequena e da média empresas.

4. Regime específico: a pequena anônima

Rodrigo R. Monteiro de Castro

A partir de chassi único, a LSA criou regimes distintos, que convivem em harmonia. São os casos da companhia aberta em relação à fechada e da companhia do art. 294 em relação às demais.

Essa especialidade, ainda pouco aproveitada para organização das pequenas e médias empresas, ganha novas perspectivas com o advento da Lei Complementar 182/2021, sobretudo decorrentes da simplificação de normas organizacionais e do afastamento de *custos regulatórios*, que haviam sido preservados por ocasião da reforma promovida pela Lei nº 10.303/2001.

Até 2021, enquanto a companhia fechada não apurasse patrimônio líquido de 10 milhões de reais e não tivesse pelo menos 20 acionistas, ela podia: (i) convocar assembleia geral por anúncio entregue a todos os acionistas, contra recibo, com a antecedência prevista no art. 124; (ii) deixar de publicar os documentos de que trata o art. 133, desde que sejam, por cópias autenticadas, arquivados no registro de comércio juntamente com a ata da assembleia que sobre eles deliberar; e (iii) pagar participação a administradores sem observância do disposto no § 2º do art. 152, desde que mediante aprovação da unanimidade dos acionistas.

Essa sistemática criava a pequena anônima,[2373] que, com as alterações introduzidas pela Lei Complementar 182/2021, passará a ter uma função essencial no desenvolvimento da empresa brasileira.

5. O regime especial da Sociedade Anônima Simplificada (SAS)

Rodrigo R. Monteiro de Castro

Com o propósito de prover aos pequenos e médios empresários um regime de natureza híbrida, que afirmasse a pequena anônima e reconhecesse a necessidade de compatibilização de um modelo organizativo simples, sobretudo na origem da empresa, com a perspectiva de crescimento, por meio do acesso ao mercado de capitais, foi apresentado à Câmara dos Deputados o Projeto de Lei nº 4.303/2012, de autoria do Deputado Laércio de Oliveira, que propunha a criação do regime especial da sociedade anônima simplificada (SAS).[2374]

[2372] *Ações:* Empresas listadas. [S. l.], 16 dez. 2024. Disponível em: <http://www.b3.com.br/pt_br/produtos-e-servicos/negociacao/renda-variavel/empresas-listadas.htm>. Acesso em: 16 dez. 2024.

[2373] Há quem a chame de superanônima ou supercompanhia. V., a propósito, WARDE Jr., Walfrido Jorge; MONTEIRO DE CASTRO, Rodrigo R. *Regime especial da sociedade anônima simplificada.* São Paulo: Saraiva, 2013. p. 43.

[2374] V., a propósito, WARDE Jr., Walfrido Jorge; MONTEIRO DE CASTRO, Rodrigo R. *Regime especial da sociedade anônima simplificada.* São Paulo: Saraiva, 2013. p. 43. A despeito de seu arquivamento em 03/08/2022, o PL merece ser considerado.

A técnica empregada consistiu, em sua origem, na reformulação do art. 294 e a introdução dos artigos 294-A a 294-I, que tratavam de: (i) definição e critérios de enquadramento; (ii) unipessoalidade; (iii) redução dos custos de publicidade e maior publicização de atos da companhia; (iv) distribuição desigual de dividendos; (v) barateamento do custo administrativo e simplificação organizacional; (vi) ampliação do direito de retirada; e (vii) hipótese de exclusão do acionista faltoso.

Após ter sido aprovado pela Comissão de Desenvolvimento Econômico, Indústria e Comércio (com Parecer favorável do Deputado Relator, Guilherme Campos), o Projeto de Lei obteve parecer também favorável do Deputado Celso Maldaner (MDB/SC), relator na Comissão de Finanças e Tributação. O Projeto de Lei, considerando as proposições dos Pareceres, passou a ter o seguinte conteúdo:

Art. 294. É facultado à sociedade anônima, cujo ativo total ou a receita bruta anual sejam respectivamente inferiores àqueles referidos no parágrafo único do artigo 3º da Lei nº 11.638, de 28 de dezembro de 2007, constituir-se sob o regime especial da sociedade anônima simplificada (SAS) ou a ele aderir a qualquer tempo.

§ 1º A adesão ao regime especial das SAS depende da aprovação de acionistas que representem metade, no mínimo, das ações com direito a voto, caso maior quórum não for exigido pelo estatuto.

§ 2º Atingido qualquer dos limites de valor de ativo total ou de receita bruta anual definidos no caput deste artigo, a companhia estará excluída, no exercício fiscal seguinte, do regime especial da SAS, independentemente de deliberação de acionistas.

§ 3º O conselho de administração, se houver, ou os diretores, deverão convocar, no prazo máximo de 30 (trinta) dias contados da adesão ou da exclusão a que se referem os parágrafos anteriores, assembleia geral para deliberar sobre a adaptação do estatuto da companhia.

§ 4º O estatuto da companhia deve indicar, expressamente, a adoção do regime especial da SAS.

§ 5º A faculdade atribuída neste artigo para adesão ao regime especial da SAS implica a observância das regras gerais dispostas nesta lei, observadas as disposições especiais previstas nos artigos 294-A a 294-I deste Capítulo.

Art. 294-A. A companhia sob o regime especial da SAS pode ser aberta ou fechada e constituída por pessoa física ou jurídica.

Parágrafo único. A companhia aberta sob o regime especial da SAS deverá observar, sob pena de desenquadramento, a regulação da CVM especialmente concebida para os fins da obtenção e mantença de seu registro de emissora, assim como dos eventuais registros de oferta pública.

Art. 294-B. A companhia sob o regime especial da SAS pode ter um único acionista, pessoa física ou jurídica.

Art. 294-C. A companhia sob o regime especial da SAS pode:

I – convocar assembleia geral por anúncio entregue a todos os acionistas, contra recibo, com a antecedência prevista no art. 124;

II – divulgar e manter seus atos constitutivos, as atas de assembleia geral, os documentos de que trata o art. 133 e as atas de conselho de administração, se houver, em sítio próprio, mantido na rede mundial de computadores, desde que providencie certificação digital da autenticidade dos documentos mantidos no sítio próprio, emitida por autoridade certificadora credenciada no âmbito da Infraestrutura de Chaves Públicas Brasileiras (ICP-Brasil).

§ 1º A divulgação dos atos ou documentos referidos no inciso II dispensa a Companhia das publicações do art. 289.

§ 2º A Companhia deve guardar os recibos de entrega dos anúncios de convocação e arquivá-los no registro de comércio, juntamente com os demais atos e documentos referidos neste artigo.

Art. 294-D. O acionista da companhia sob o regime especial da SAS pode participar e votar à distância em assembleia geral, conforme disposições do estatuto da companhia.

Art. 294-E. O acionista participa dos lucros na proporção das respectivas ações, salvo disposição diversa do estatuto.

Art. 294-F. A diretoria da companhia sob o regime especial da SAS compõe-se por um ou mais diretores, eleitos e destituíveis a qualquer tempo pelo conselho de administração, ou, se inexistente, pela assembleia geral, devendo o estatuto observar, no que couberem, os requisitos do artigo 143.

Parágrafo único. O prazo de gestão dos diretores e dos membros do conselho de administração pode ser indeterminado, desde que exista previsão expressa no estatuto.

Art. 294-G. Nas companhias sob o regime especial da SAS, o pagamento da participação dos administradores poderá ser feito sem observância do disposto no §2º do art. 152, desde que aprovada por unanimidade dos acionistas.

Art. 294-H. Qualquer dos acionistas pode retirar-se da companhia, mediante notificação à companhia, com antecedência mínima de 30 (trinta) dias, exceto se no estatuto houver restrição ao direto de retirada.

§ 1º Os demais acionistas podem, nos 30 (trinta) dias seguintes ao do recebimento da notificação, optar pela dissolução da companhia, em assembleia geral especialmente convocada, na qual o acionista retirante é impedido de votar.

§ 2º O estatuto deve estabelecer regras para a determinação do valor de reembolso, que somente pode ser inferior ao valor do patrimônio líquido a preço de mercado quando for calculado com base no valor econômico da companhia apurado em avaliação.

§ 3º O patrimônio líquido deve ser apurado em balanço especial, com referência ao mês anterior ao da notificação da retirada.

§ 4º A avaliação seguirá o disposto nos §§ 3º e 4º do art. 45.

Art. 294-I. Cabe à companhia ou a qualquer de seus acionistas requerer a exclusão judicial do acionista que descumprir suas obrigações sociais, podendo o estatuto prever hipóteses de exclusão extrajudicial.

§ 1º Caso o estatuto faça previsão de hipóteses de exclusão extrajudicial de acionista faltoso, deve definir o procedimento de exclusão e o exercício do direito de defesa, sob pena de invalidade da regra que a determinar.

§ 2º Aplica-se o disposto nos §§ 2º, 3º e 4º do art. 294-H para determinação do valor de reembolso do acionista excluído.

Enquanto o Projeto de Lei nº 4.303/2012 tramitava, adveio a Lei Complementar 182/2021, que instituiu o marco legal das *startups* e do empreendedorismo inovador, bem como alterou a LSA e a Lei Complementar nº 123, de 14 de dezembro de 2006. As alterações na LSA absorveram, em parte, as proposições da SAS, criando-a, portanto. Também foram introduzidas normas voltadas ao facilitamento do acesso de companhias de menor porte ao mercado de capitais, nos termos dos arts. 294-A e 294-B.

6. A redação atual do art. 294: convocação e publicação

Rodrigo R. Monteiro de Castro

Após a reforma introduzida pela Lei nº 13.818, de 24 de abril de 2019, que ampliara o limite de enquadramento da pequena anônima de R$ 1 milhão para R$ 10 milhões de patrimônio líquido, para que ela se beneficiasse da simplificação procedimental de que se falará adiante, a Lei Complementar 182/2021 promoveu movimento importante ao elevar o limite para R$ 78 milhões da receita bruta (substituindo-se, portanto, o referencial anterior que era o patrimônio líquido).

Essa lei, ademais, afastou, enfim, o requisito consistente na existência de número diminuto de acionistas, que devia ser inferior a 20, para fins de enquadramento. Deixa de existir, assim, qualquer relação com o número de acionistas da companhia, para fins de enquadramento no regime da SAS, previsto no art. 294.

Apesar do silêncio normativo, a verificação da receita bruta deve ocorrer, em relação ao patrimônio líquido, ao término de cada exercício, momento em que se estabiliza a posição patrimonial para fins fiscais, evitando-se, com isso, as incertezas das flutuações periódicas inerentes à atividade empresarial. Essa solução é emprestada do direito tributário, que estabelece, por exemplo, na Lei Complementar 123, de 14 de dezembro de 2006, em seu art. 3º, § 7º, que "observado o disposto no § 2º deste artigo, no caso de início de atividades, a microempresa que, no ano-calendário, exceder o limite de receita bruta anual previsto no inciso I do caput deste artigo passa, no ano-calendário seguinte, à condição de empresa de pequeno porte", e no § 8º, o seguinte: "observado o disposto no § 2º deste artigo, no caso de início de atividades, a empresa de pequeno porte que, no ano-calendário, não ultrapassar o limite de receita bruta anual previsto no inciso I do *caput* deste artigo passa, no ano-calendário seguinte, à condição de microempresa".

O enquadramento implica a autorização para adoção ou afastamento de certos procedimentos, previstos no próprio artigo.

A Lei Complementar 182/2021 revogou os incisos I e II do art. 294, que admitiam, no primeiro, a convocação de assembleia geral por anúncio entregue a todos os acionistas e, no segundo, a dispensa de publicação dos documentos, de que trata o art. 133 da LSA.

A revogação do inciso II decorre da introdução, em contrapartida, do novo inciso III, que autoriza a realização das publicações ordenadas pela LSA de forma eletrônica, em exceção ao disposto no art. 289. Afastou-se, portanto, para a SAS, a obrigatoriedade de publicação no órgão oficial da União ou do Estado ou do Distrito Federal, conforme o lugar em que estivesse situada a sede da companhia, e em outro jornal de grande circulação, editado na localidade de sua sede.

O afastamento é facultativo, podendo a SAS, se quiser, adotar o modelo padrão de publicidade, previsto no mencionado art. 289. Da mesma forma, a SAS não precisará mantê-lo de modo recorrente para garantir o direito à simplificação; ela poderá definir e variar, enquanto inserida no regime do art. 294, o meio adequado de publicização em cada oportunidade.

O § 5º prevê que ato do Ministro de Estado da Economia disciplinará o disposto no art. 294, notadamente os procedimentos relacionados à publicação, o que se realizou por intermédio da Portaria ME nº 12.071, de 07 de outubro de 2021.

O art. 1º da Portaria prevê que a publicação eletrônica e a divulgação das informações ordenadas pela LSA serão feitas na Central de Balanços do Sistema Público de Escrituração Digital - SPED, instituída pelo Decreto nº 6.022, de 22 de janeiro de 2007. A publicação e a divulgação deverão contar com assinatura eletrônica que utiliza certificado digital, nos termos do disposto na Lei nº 14.063, de 23 de setembro de 2020. Ademais, o § 2º daquele artigo previa que a companhia fechada deveria disponibilizar as publicações e divulgações em seu sítio eletrônico. Esta exigência foi afastada pela Portaria ME 10.031, de 22 de novembro de 2022, que promoveu a revogação do mencionado parágrafo.

Apesar da reforma, manteve-se intacto o § 1º, que ainda estabelece que sempre que adotar o procedimento do art. 294, a companhia deverá guardar os recibos de entrega dos anúncios de convocação e arquivar, no registro público de empresas mercantis, juntamente com a ata da assembleia, as cópias autenticadas. Com a revogação do inciso I, o conteúdo do mencionado parágrafo, que trata de procedimento relacionado ao próprio inciso, perde funcionalidade, sofrendo, assim, o mesmo destino.

Anote-se, por fim, que a redação do inciso IV, igualmente introduzido pela Lei Complementar 182/2021, autoriza a substituição dos livros de que trata o art. 100 por registros mecanizados ou eletrônicos. Essa faculdade aplica-se apenas à SAS: portanto, à companhia fechada que apure receita bruta anual de até R$ 78 milhões.

7. Participação dos administradores

Rodrigo R. Monteiro de Castro

O § 2º do art. 294 autoriza o pagamento de participação aos administradores da companhia sem observância do disposto no § 2º do art. 152, desde que aprovada pela unanimidade dos acionistas. A redação deste parágrafo é a seguinte: "§ 2º Os administradores somente farão jus à participação nos lucros do exercício social em relação ao qual for atribuído aos acionistas o dividendo obrigatório, de que trata o artigo 202".

Trata-se de reconhecimento da importância da atuação administrativa mesmo em circunstâncias que não admitam a atribuição de dividendo mínimo obrigatório aos acionistas, o que costuma ocorrer, com frequência, em companhias em fase inicial de operação ou em situação de crise.

Nesses casos, a promessa e o pagamento de participação, com base em metas não vinculadas apenas à geração de lucro líquido distribuível, servem para atrair ou para manter administradores, apesar das incertezas inerentes ao momento da empresa.

A autorização legislativa não tem efeito automático. Como existe um potencial conflituoso, pelo fato de o administrador participar do resultado da companhia em detrimento da atribuição mínima do acionista, a LSA reclama a aprovação unânime.

Por se tratar se situação excepcionalíssima, sobreposta ao princípio majoritário norteador do funcionamento da companhia, o conceito de unanimidade não comporta variação, significando, pois, todas as ações, com ou sem direito a voto. O voto contrário proferido com uma ação ou a ausência de um acionista, titular de uma ação, define o resultado negativo de deliberação. Não se computam, porém, as ações em tesouraria, que demandariam voto da própria companhia.

8. Exclusão
Rodrigo R. Monteiro de Castro

O regime simplificado do art. 294 não se aplica à companhia controladora de grupo de sociedade ou às sociedades a ela filiadas. Grupo, no caso, é aquele constituído na forma do art. 265; ou seja, o grupo de direito. Não se estende a restrição, pois, ao chamado grupo de fato, decorrente de construção doutrinária a partir do conteúdo do art. 243.

9. Distribuição desproporcional de dividendos
Rodrigo R. Monteiro de Castro

O § 4º do art. 294, com redação dada pela Lei Complementar 182/2021, passou a admitir às SAS, e apenas a elas, a distribuição desproporcional de lucros entre acionistas, conforme deliberação da assembleia geral, desde que inexista, no estatuto, vedação expressa.

Com efeito, "na hipótese de omissão do estatuto quanto à distribuição de dividendos, estes serão estabelecidos livremente pela assembleia geral, hipótese em que não se aplicará o disposto no art. 202 desta Lei, desde que não seja prejudicado o direito dos acionistas preferenciais de receber os dividendos fixos ou mínimos a que tenham prioridade".

A liberdade distributiva será admitida, portanto, em duas situações: (i) se houver previsão expressa no estatuto; ou (ii) se não houver vedação também expressa, a assembleia geral deliberar afirmativamente. O estatuto que autorizar a distribuição desproporcional poderá estabelecer critérios transitórios ou permanentes, com intuito, por exemplo, de remunerar, por via distributiva, acionistas que apostaram em projeto inovador e de risco, construído a partir da ideia de pessoas que, além de administrar a companhia, preservam parte das ações de sua emissão – o que costuma ocorrer com frequência no ambiente das *startups*, regulada pela Lei Complementar 182/2021. Nesses casos, não se aplicará o disposto no art. 202.

De todo modo, as distribuições realizadas com suporte no § 4º deverão, sempre, observar o seguinte: (i) a participação obrigatória de todos os acionistas no lucro (art. 109, I); e (ii) o direito dos acionistas preferenciais de receber os dividendos fixos ou mínimos a que tenham prioridade.

CAPÍTULO XXVI
DISPOSIÇÕES TRANSITÓRIAS

Art. 294-A. A Comissão de Valores Mobiliários regulamentará as condições facilitadas para o acesso de companhias de menor porte ao mercado de capitais, e será permitido dispensar ou modular a observância ao disposto:

I – no art. 161 desta Lei, quanto à obrigatoriedade de instalação do conselho fiscal a pedido de acionistas;

II – no § 5º do art. 170 desta Lei, quanto à obrigatoriedade de intermediação de instituição financeira em distribuições públicas de valores mobiliários, sem prejuízo da competência prevista no inciso III do § 3º do art. 2º da Lei nº 6.385, de 7 de dezembro de 1976;

III – no inciso I do caput do art. 109, nos §§ 1º e 2º do art. 111 e no art. 202 desta Lei, quanto ao recebimento de dividendo obrigatório;

IV – no art. 289 desta Lei, quanto à forma de realização das publicações ordenadas por esta Lei; e

V – (VETADO).

Art. 294-B. Para fins do disposto nesta Lei, considera-se companhia de menor porte aquela que aufira receita bruta anual inferior a R$ 500.000.000,00 (quinhentos milhões de reais). (Incluído pela Lei Complementar nº 182, de 2021)

§ 1º A regulamentação editada não prejudica o estabelecimento de procedimentos simplificados aplicáveis às companhias de menor porte, pela Comissão de Valores Mobiliários, com base nas competências previstas na Lei nº 6.385, de 7 de dezembro de 1976, especialmente quanto: (Incluído pela Lei Complementar nº 182, de 2021)

I – à obtenção de registro de emissor; (Incluído pela Lei Complementar nº 182, de 2021)

II – às distribuições públicas de valores mobiliários de sua emissão; e (Incluído pela Lei Complementar nº 182, de 2021)

III – à elaboração e à prestação de informações periódicas e eventuais. (Incluído pela Lei Complementar nº 182, de 2021)

§ 2º A Comissão de Valores Mobiliários poderá: (Incluído pela Lei Complementar nº 182, de 2021)

I – estabelecer a forma de atualização do valor previsto no caput deste artigo e os critérios adicionais para a manutenção da condição de companhia de menor porte após seu acesso ao mercado de capitais; e (Incluído pela Lei Complementar nº 182, de 2021)

II – disciplinar o tratamento a ser empregado às companhias abertas que se caracterizem como de menor porte nos termos do *caput* deste artigo. (Incluído pela Lei Complementar nº 182, de 2021)

COMENTÁRIOS

1. A afirmação da companhia de menor porte

Rodrigo R. Monteiro de Castro

Esforços que visam à formação de companhias de grande porte (eventualmente as apelidadas de campeãs nacionais), afirmadoras da relevância política e empresarial da nação, para preservação do mercado local ou para competirem no plano internacional, repetem-se, sob distintas narrativas, com menor ou maior intensidade desde, em especial, Getúlio Vargas. Sob o controle estatal ou privado, conforme circunstâncias de cada época, ou mesmo orientadas por *pseudopolíticas* públicas, conservadoras ou progressistas, essas instituições constituíram e ainda constituem a simbologia edificante de projetos de poder.

Em outras palavras, na essência, não se confundem, necessariamente, com idealismo ou convicção ideológica: na história recente do País, tanto no âmbito de regime ditatorial, como no de expressão democrático-popular, a afirmação da macroempresa brasileira viabilizou, sim, o implemento de projetos menos evidentes, necessários ao suporte da propaganda oficial.

No plano jurídico, o esforço de construção de um marco regulatório próprio, notadamente durante a década de 1970, fora desproporcional à quantidade de companhias que pudessem receber tal tratamento, em contraste com a atenção, ou a falta de atenção, que se costumava dispensar à pequena e à média empresas, formadoras da tecitura empresarial local. De todo modo, revelou-se uma decisão política – e estratégica – acertada, sobretudo pela antecipação do ambiente que se formaria ao longo das décadas seguintes.

Importante: não se faz, aqui, um agravo à grande empresa; ao contrário, pois, sobretudo no atual estágio de transformação tecnológica e conexão global, a sua existência é fato insuperável – e necessário em determinado setores da economia. Um país como o Brasil, de dimensão continental, dotado de recursos naturais essenciais, hidrografia caracterizada por rios caudalosos, mais de 7 mil quilômetros de costa litorânea e tantos outros atributos que, se mal colocados, descambam para o ufanismo, não pode prescindir da participação ativa de companhias no tabuleiro mundial dos grandes enfrentamentos corporativos.

Nesse sentido, aliás, colhem-se, ainda hoje, os frutos da elogiável arquitetura do conjunto normativo formado pelas Leis nº 6.385/1976 e 6.404/1976, transformadas em espécies de portos seguros do mercado brasileiro, as quais, com os ajustes esporádicos e pontuais que sofrem em decorrência do fluxo quase irrestrito de capitais e da padronização de práticas, métodos e produtos financeiros e empresariais, dignificam as companhias em geral e, assim, as macroempresas.

Ocorre, porém, que o arrojo no tocante àquela *espécie* de companhia não se projetava às empresas de menor porte. Mesmo as medidas que se implementaram, com expresso propósito estimulante, notabilizam-se pelo conservadorismo, manifesto pela imposição de critérios rígidos e, não raro, criadores de obstáculos ao dinamismo estrutural. Veja-se, a propósito, as travas quantitativas estabelecidas na Lei Complementar 123/2006, que institui o Estatuto Nacional da Microempresa e da Empresa de Pequeno Porte, e define, para efeitos da própria lei, microempresa a que aufira, em cada ano-calendário, receita bruta igual ou inferior a R$ 360.000,00 e, de pequeno porte, a que aufira, em cada ano-calendário, receita bruta superior ao mencionado patamar, mas não superior a R$ 4.800.000,00; bem como o impedimento a que a sociedade anônima, qualquer que seja o seu tamanho, beneficie-se dos instrumentos ali instituídos, por força do disposto no art. 3º, § 4º, inciso X. A ausência de faixas progressivas, por exemplo, cria, a partir de um determinado patamar de receita, um inibidor de crescimento pois, ao se atingir o limite legal, a mudança de regime poderá implicar um acréscimo brutal de tributação.

Curioso que, voluntária ou involuntariamente, é no âmbito do conjunto das leis setentistas, em especial na LSA, que se encontra a via de acesso também das pequenas e médias empresas aos recursos disponíveis para financiamento da atividade econômica. Com efeito, por intermédio da pequena anônima (ou da SAS) criada pelo art. 294, talvez se tenha inaugurado, sem que se desse conta, décadas atrás, uma tendência que se acomoda nas legislações ocidentais: a hibridez societária, consistente no encontro do robusto "chassi regulatório" das companhias com a liberdade atribuída a outros tipos organizadores da atividade empresarial.

Nesse sentido, a reforma operada pela Lei Complementar nº 182/2021 tem como mérito reforçar a disciplina e afirmar a pequena companhia, não apenas pelas modificações introduzidas no art. 294, como pela novidade dos arts. 294-A e 294-B, sem que, por conta de seu advento, fossem negados a importância e o cuidado que devem ser mantidos à grande companhia.

Rompe-se, assim, com a histórica timidez legislativa, e se dirige ao regulador a incumbência inequívoca da criação de um mercado voltado à pequena e à média empresas, representativas da base piramidal corporativa do País.

2. Acesso da companhia de menor porte ao mercado de capitais: uma sinalização inequívoca

Rodrigo R. Monteiro de Castro

No plano regulatório, os movimentos voltados à criação de um arcabouço viabilizador do encontro de vontades e necessidades do pequeno e do médio empresários, de um lado, e do provedor de capital, de outro, antecedem a reforma de 2021. Apesar da boa intenção e dos esforços autárquicos, caracterizavam-se, em regra, pela timidez, decorrente, em parte, de um direcionamento legislativo não condizente com a urgência do problema. E a esse elemento – a ausência de política pública – se somava outro, ainda latente, que consiste na falta de interesse ou de atratividade, por parte de investidores institucionais, em negócios de menor porte.

Algumas medidas foram tomadas para enfrentamento da situação, como a alteração da ICVM/409, promovida pela ICVM/549, que criou o Fundo de Investimento em Ações – Mercado de Acesso; a ICVM/540, que acrescentou dispositivos à ICVM/391, e a ICVM/578, com modificações introduzidas por outras instruções, que regula o FIP – Capital Semente (cujas companhias investidas devem ter receita bruta anual de até R$ 16.000.000,00, apurada no exercício social encerrado em ano anterior ao primeiro aporte do fundo) e o FIP – Empresas Emergentes (cujas companhias investidas devem ter receita bruta anual de até R$ 300.000.000,00, apurada no exercício social encerrado em ano anterior ao primeiro aporte do fundo).

A novidade, introduzida pela Lei Complementar 182/2021, consiste, dentre outros elementos, na positivação, em lei federal, da intenção de criar um mercado de acesso às pequenas e médias empresas, bem como na atribuição, de modo expresso, à CVM da função reguladora (e estimuladora) desse mercado, dotando-a, inclusive, de competência para calibrar o chassi geral. Deixa de ser uma abstração e passa a ser uma objetivação.

O *caput* do art. 294-A estabelece, com efeito, que a autarquia regulamentará as condições facilitadas para o acesso de companhias de menor porte ao mercado de capitais, assim consideradas, nos termos do art. 294-B, aquelas que auferiram receita bruta anual inferior a R$ 500 milhões. A referência numérica serve para o contexto regulatório delimitado pela LSA, de modo que não se choca com outros padrões utilizados em outras leis, para normatização de situações distintas. Assim, não se modifica, tampouco se amplia, por exemplo, o conceito de sociedade de grande porte, introduzido pela Lei nº 11.638/2007, a qual é considerada, para os propósitos do art. 3º daquela lei, a sociedade ou o conjunto delas que tiver, no exercício social anterior, ativo total superior a R$ 240 milhões ou receita bruta anual superior a R$ 300.000.000,00.

No âmbito de sua competência, a CVM poderá dispensar ou modular os seguintes dispositivos da LSA: (i) o art. 161, quanto à obrigatoriedade de instalação do conselho fiscal a pedido de acionistas; (ii) o § 5º do art. 170, quanto à obrigatoriedade de intermediação de instituição financeira em distribuições públicas de valores mobiliários; (iii) o inciso I do caput do art. 109, nos §§ 1º e 2º do art. 111 e no art. 202, quanto ao recebimento de dividendo obrigatório; e (iv) o art. 289, quanto à forma de realização das publicações ordenadas pela LSA.

O art. 161 estabelece que a companhia terá conselho fiscal, cabendo ao estatuto dispor sobre o seu funcionamento, que poderá ocorrer de modo permanente ou apenas nos exercícios sociais em que houver pedido de acionistas. O § 2º atribui a acionistas, que representem, no mínimo, um décimo das ações com direito a voto, ou 5% das ações sem direito a voto, direito de pedir a instalação do órgão.

O art. 170 determina que apenas após a realização de 3/4, no mínimo, do capital social, a companhia poderá aumentá-lo mediante subscrição pública ou particular de ações. De acordo com o § 5º desse artigo, no aumento de capital, observar-se-á, se mediante subscrição pública, o disposto no art. 82, e se mediante subscrição particular, o que a respeito for deliberado pela assembleia geral ou pelo conselho de administração, conforme dispuser o estatuto. Este art. 82 estabelece que a constituição da companhia por subscrição pública depende do prévio registro da emissão na CVM, e a subscrição somente poderá ser efetuada com a intermediação de instituição financeira. É sobre a possibilidade de dispensa, ou modulação da obrigatoriedade de intermediação, de que trata o art. 294-B.

O inciso I do art. 109 alça a participação nos resultados à condição de direito essencial. Os §§ 1º e 2º do art. 111 versam sobre a aquisição transitória do direito ao exercício de voto pelas ações preferenciais, emitidas sem esse direito ou com restrições a ele, caso não se promova o pagamento de dividendo prioritário, fixo ou mínimo, que lhe for conferido. Já o art. 202 trata do dividendo obrigatório. De modo que a regulamentação autárquica poderá considerar todos esses elementos, que se tocam de alguma forma no âmbito da estruturação do modelo de governo e de retornos de investimento na companhia, na sua missão conferida pela LSA.

O art. 289, por fim, regula a publicização dos atos ordenados pela LSA em órgão oficial e em jornal de grande circulação. O afastamento da exigência contida no artigo já foi promovido, em caráter excepcional, pelo art. 294, à SAS (ou à pequena companhia), observado o disposto na Portaria ME nº 12.071, de 07 de outubro de 2021 (que disciplina o art. 294, na forma de seu § 5º), a um restrito conjunto de companhias (fechadas que faturem até R$ 78 milhões), de modo que a regulamentação específica determinada pelo art. 294-A se dirige a outro grupo de companhias, caracterizadas pela natureza (excluindo-se, pois, aquelas que não se sujeitam ao poder regulatório da CVM) e pelo tamanho de sua receita bruta.

Essas matérias, listadas no art. 294-A, não ostentam a mesma natureza, mas se aproximam pela capacidade de, isolada ou conjuntamente, criar incentivos – ou desincentivos – à estruturação de projetos específicos, nascentes ou existentes, que dependam, sobretudo nestes casos, da maleabilidade regulatória para que amadureçam e, idealmente, superem o limite quantitativo instituído em lei.

De acordo com o art. 294-B, a regulamentação não poderá prejudicar procedimentos simplificados aplicáveis às companhias de menor porte, editados com base em suas competências previstas na Lei nº 6.385/1976, especialmente quanto (i) à obtenção de registro de emissor; (ii) às distribuições públicas de valores mobiliários de sua emissão; e (iii) à elaboração e à prestação de informações periódicas e eventuais.

Esse comando não significa que a autarquia não possa rever seus próprios atos, como o faz, aliás, com regular (e necessária) frequência; tampouco que o que houver sido expedido, até a Lei Complementar 182/2021, petrifica-se, como norma imutável – ou travestido de direito adquirido. A LSA direciona, no entanto, o âmbito regulatório para a facilitação e simplificação de procedimentos e normas, visando à formação de um ambiente sustentável e atrativo a tais companhias (de menor porte) e, ao mesmo tempo – e isto é muito relevante –, aos possíveis financiadores das atividades daquelas companhias.

No âmbito de sua competência regulatória, a CVM poderá (i) estabelecer a forma de atualização do valor previsto no caput do art. 294-B e os critérios adicionais para a manutenção da condição de companhia de menor porte após seu acesso ao mercado de capitais, e (ii) disciplinar o tratamento a ser empregado às companhias abertas que se caracterizem como de menor porte nos termos do caput deste artigo.

O tamanho da companhia de menor porte não poderá ser ajustado por ato autárquico, podendo a autarquia apenas prover critério para atualizar a cifra prevista em lei, de modo a evitar que, com o tempo, efeitos inflacionários, por exemplo, reduzam o patamar escolhido pelo legislador.

Registra-se, para finalizar, que a Lei Complementar 182/2021 não ampliou a competência da autarquia, estabelecida na Lei nº 6.385/1976, que se mantém adstrita à regulação das companhias abertas.

Art. 295. A presente Lei entrará em vigor 60 (sessenta) dias após a sua publicação, aplicando-se, todavia, a partir da data da publicação, às companhias que se constituírem.

Art. 296

§ 1º O disposto neste artigo não se aplica às disposições sobre:

a) elaboração das demonstrações financeiras, que serão observadas pelas companhias existentes a partir do exercício social que se iniciar após 1º de janeiro de 1978;

b) a apresentação, nas demonstrações financeiras, de valores do exercício anterior (artigo 176, § 1º), que será obrigatória a partir do balanço do exercício social subseqüente ao referido na alínea anterior;

c) elaboração e publicação de demonstrações financeiras consolidadas, que somente serão obrigatórias para os exercícios iniciados a partir de 1º de janeiro de 1978.

§ 2º A participação dos administradores nos lucros sociais continuará a regular-se pelas disposições legais e estatutárias em vigor, aplicando-se o disposto nos §§ 1º e 2º do artigo 152 a partir do exercício social que se iniciar no curso do ano de 1977.

§ 3º A restrição ao direito de voto das ações ao portador (artigo 112) só vigorará a partir de 1 (um) ano a contar da data em que esta Lei entrar em vigor.

Art. 296. As companhias existentes deverão proceder à adaptação do seu estatuto aos preceitos desta Lei no prazo de 1 (um) ano a contar da data em que ela entrar em vigor, devendo para esse fim ser convocada assembléia-geral dos acionistas.

§ 1º Os administradores e membros do Conselho Fiscal respondem pelos prejuízos que causarem pela inobservância do disposto neste artigo.

§ 2º O disposto neste artigo não prejudicará os direitos pecuniários conferidos por partes beneficiárias e debêntures em circulação na data da publicação desta Lei, que somente poderão ser modificados ou reduzidos com observância do disposto no artigo 51 e no § 5º do artigo 71.

§ 3º As companhias existentes deverão eliminar, no prazo de 5 (cinco) anos a contar da data de entrada em vigor desta Lei, as participações recíprocas vedadas pelo artigo 244 e seus parágrafos.

§ 4º As companhias existentes, cujo estatuto for omisso quanto à fixação do dividendo, ou que o estabelecer em condições que não satisfaçam aos requisitos do § 1º do artigo 202 poderão, dentro do prazo previsto neste artigo, fixá-lo em porcentagem inferior à prevista no § 2º do artigo 202, mas os acionistas dissidentes dessa deliberação terão direito de retirar-se da companhia, mediante reembolso do valor de suas ações, com observância do disposto nos artigos 45 e 137.

§ 5º O disposto no artigo 199 não se aplica às reservas constituídas e aos lucros acumulados em balanços levantados antes de 1º de janeiro de 1977.

§ 6º O disposto nos §§ 1º e 2º do artigo 237 não se aplica às participações existentes na data da publicação desta Lei.

Art. 297. As companhias existentes que tiverem ações preferenciais com prioridade na distribuição de dividendo fixo ou mínimo ficarão dispensadas do disposto no artigo 167 e seu § 1º, desde que no prazo de que trata o artigo 296 regulem no estatuto a participação das ações preferenciais na correção anual do capital social, com observância das seguintes normas:

I – o aumento de capital poderá ficar na dependência de deliberação da assembléia-geral, mas será obrigatório quando o saldo da conta de que trata o § 3º do artigo 182 ultrapassar 50% (cinqüenta por cento) do capital social;

II – a capitalização da reserva poderá ser procedida mediante aumento do valor nominal das ações ou emissões de novas ações bonificadas, cabendo à assembléia-geral escolher, em cada aumento de capital, o modo a ser adotado;

III – em qualquer caso, será observado o disposto no § 4º do artigo 17;

IV – as condições estatutárias de participação serão transcritas nos certificados das ações da companhia.

Art. 298. As companhias existentes, com capital inferior a Cr$ 5.000.000,00 (cinco milhões de cruzeiros), poderão, no prazo de que trata o artigo 296 deliberar, pelo voto de acionistas que representem 2/3 (dois terços) do capital social, a sua transformação em sociedade por quotas, de responsabilidade limitada, observadas as seguintes normas:

I – na deliberação da assembléia a cada ação caberá 1 (um) voto, independentemente de espécie ou classe;

II – a sociedade por quotas resultante da transformação deverá ter o seu capital integralizado e o seu contrato social assegurará aos sócios a livre transferência das quotas, entre si ou para terceiros;

III – o acionista dissidente da deliberação da assembléia poderá pedir o reembolso das ações pelo valor de patrimônio líquido a preços de mercado, observado o disposto nos artigos 45 e 137;

IV – o prazo para o pedido de reembolso será de 90 (noventa) dias a partir da data da publicação da ata da assembléia, salvo para os titulares de ações nominativas, que será contado da data do recebimento de aviso por escrito da companhia.

Art. 299. Ficam mantidas as disposições sobre sociedades por ações, constantes de legislação especial sobre a aplicação de incentivos fiscais nas áreas da SUDENE, SUDAM, SUDEPE, EMBRATUR e Reflorestamento, bem como todos os dispositivos das Leis nºs. 4.131, de 3 de dezembro de 1962, e 4.390, de 29 de agosto de 1964.

Art. 299-A. O saldo existente em 31 de dezembro de 2008 no ativo diferido que, pela sua natureza, não puder ser alocado a outro grupo de contas, poderá permanecer no ativo sob essa classificação até sua completa amortização, sujeito à análise sobre a recuperação de que trata o § 3º do art. 183 desta Lei. (Incluído pela Lei nº 11.941, de 2009)

Art. 299-B. O saldo existente no resultado de exercício futuro em 31 de dezembro de 2008 deverá ser reclassificado para o passivo não circulante em conta representativa de receita diferida. (Incluído pela Lei nº 11.941, de 2009)

Parágrafo único. O registro do saldo de que trata o *caput* deste artigo deverá evidenciar a receita diferida e o respectivo custo diferido. (Incluído pela Lei nº 11.941, de 2009)

Art. 300. Ficam revogados o Decreto-Lei n. 2.627, de 26 de setembro de 1940, com exceção dos artigos 59 a 73, e demais disposições em contrário.

Brasília, 15 de dezembro de 1976; 155º da Independência e 88º da República.

ERNESTO GEISEL

Mário Henrique Simonsen

(*DOU* 17.12.1976 – suplemento)

REFERÊNCIAS

ABREU, Coutinho de. *Curso de direito comercial*: sociedades. Coimbra: Almedina, 1999.

ABREU, Jorge Manuel Coutinho de. *Curso de direito comercial*. Coimbra: Almedina, 2003. v. II.

ABREU, Jorge Manuel Coutinho de. *Curso de direito comercial*: das sociedades. Coimbra: Almedina, 2007. v. II.

ABREU, Jorge Manuel Coutinho de. Deveres de cuidado e de lealdade dos administradores e interesse social. *In*: ABREU, Jorge Manuel Coutinho et al. *Reformas do código das sociedades*. Coimbra: Almedina, 2007.

ABREU, Jorge Manuel Coutinho de. *Do abuso de direito*. Ensaio de um critério em direito civil e nas deliberações sociais. Coimbra: Almedina 2006.

ABREU, Jorge Manuel Coutinho de. *Governação das sociedades comerciais*. Coimbra: Almedina, 2005/2006.

ABREU, Jorge Manuel Coutinho de. *Governação das sociedades*. Coimbra: Almedina, 2010.

ABREU, Jorge Manuel Coutinho de; RAMOS, Maria Elisabete. Responsabilidade civil de administradores e de sócios controladores. *In*: INSTITUTO DE DIREITO DAS EMPRESAS E DO TRABALHO – IDET. *Miscelâneas*, Coimbra, n. 3, 2004.

ADAMEK, Marcelo Vieira von. *Abuso de minoria direito societário*. São Paulo: Malheiros, 2014.

ADAMEK, Marcelo Vieira von. *Responsabilidade civil dos administradores de S.A. e as ações correlatas*. São Paulo: Saraiva, 2009.

ADAMEK, Marcelo Vieira von; FRANÇA, Erasmo Valladão Azevedo e Novaes. Vinculação da sociedade: análise crítica do art. 1.015 do Código Civil. *Revista de Direito Mercantil, Industrial, Econômico e Financeiro*, n. 146, p. 30-45, abr. 2007.

AKERLOF, George A.; SHILLER, Robert. *Animal Spirits*. New Jersey: Princeton Unversity Press, 2009.

AKERLOF, George A.; SHILLER, Robert J. *Phishing for Phools*. The economics of manipulation and deception. New Jersey: Princeton University Press, 2015.

ALEXY, Robert. *Teoria dos direitos fundamentais*. Tradução Virgílio Afonso da Silva. São Paulo: Malheiros, 2008.

ALMEIDA, António Pereira de. *Sociedades comerciais*. 3. ed. Coimbra: Coimbra Ed., 2003.

ALPA, Guido. *Manuale di diritto privato*. Padova: Cedam, 2005.

ALVES, José Carlos Moreira. *Da alienação fiduciária em garantia*. 3. ed. Rio de Janeiro: Forense, 1987.

ALVIM, Agostinho. *Da inexecução das obrigações e suas consequências*. São Paulo: Saraiva, 1949.

AMERICAN LAW INSTITUTE. *Principles of corporate governance analysis and recommendations*. Saint Paul, MN.: American Law Institute Publishers, 1994. v. 2.

AMORIM FILHO, Agnelo. Critério científico para distinguir a prescrição da decadência e para identificar as ações imprescritíveis. *In*: MENDES, Gilmar Ferreira; STOCO, Rui. *Doutrinas essenciais*: direito civil, parte geral. São Paulo: RT, 2011. v. V.

AMORIM FILHO, Agnelo. Critério científico para distinguir a prescrição da decadência e para identificar as ações imprescritíveis. *Revista dos Tribunais*, São Paulo, v. 300.

ANBIMA. *Debêntures*: volume por período em moeda da época. [S. l.], 8 jan. 2020. Disponível em: http://www.debentures.com.br/exploreosnd/consultaadados/volume/volumeporperiodo_r.asp. Acesso em: 8 jan. 2020.

ANDRADE, Margarida Costa. Algumas considerações sobre a oferta pública de aquisição de ações simples e voluntária no regime jurídico português. *Boletim da Faculdade de Direito de Coimbra*. Coimbra: Universidade de Coimbra, 2002.

ANDRÉS, Aníbal Sánchez. La acción y los derechos de los accionistas. *In*: URÍA, Rodrigo; MENÉNDEZ, Aurelio; ALIVENCIA, Manuel (coord.). *Comentario al régimen legal de las sociedades mercantiles*. Madrid: Civitas, 1992. v. 1, t. IV.

Referências

ANTUNES, José Engrácia. *Os grupos de sociedades*: estrutura e organização jurídica da empresa plurissocietária. Coimbra: Almedina, 2002.

ANTUNES, José Engrácia. The governance of corporate groups. *In*: ARAÚJO, Danilo; WARDE JR., Walfrido (org.). *Os grupos de sociedades*. Organização e exercício da empresa. São Paulo: Saraiva, 2012.

ARAGÃO, Paulo Cezar. A disciplina do acordo de acionistas na lei das sociedades por ações (Lei 10.303, de 2001). *In*: LOBO, Jorge (coord.). *Reforma da Lei das Sociedades Anônimas*. 2. ed. Rio de Janeiro: Forense, 2002.

ARAGÃO, Paulo Cezar; SALLES, Denise C. Leão de. Uma leitura sistemática do artigo 256 da Lei das S.A. *In*: CASTRO, Rodrigo Rocha Monteiro de; ARAGÃO; Leandro Santos de. *Direito societário*: desafios atuais. São Paulo: Quartier Latin, 2009.

ARAÚJO, Fernando. *Teoria econômica do contrato*. Coimbra: Almedina, 2007.

ARMOUR, John *et al*. Agency problems and legal strategies. *In*: Kraakman, Reinier *et al*. *The anatomy of corporate law*. New York: Oxford University Press, 2019.

ARMOUR, John *et al*. Legal strategies for reducing agency costs. *In*: KRAAKMAN, Reinier *et al*. *The anatomy of corporate law*. A comparative and functional approach. New York: Oxford University Press, 2017.

ARMOUR, John *et al*. The basic governance structure: the interests of shareholders as a class. *In*: KRAAKMAN, Reinier. *The anatomy of corporate law*. A comparative and functional approach. New York: Oxford University Press, 2017.

ARMOUR, John *et al*. Transactions with creditors. *In*: Kraakman, Rainier *et al*. *The anatomy of corporate law*. New York: Oxford University Press, 2019.

ARMOUR, John *et al*. What is corporate law? *In*: Kraakman, Rainier *et al*. *The anatomy of corporate law*. New York: Oxford University Press, 2019.

ARMOUR, John *et al*. What is corporation? *In*: KRAAKMAN, Reinier *et al*. *The anatomy of corporate law*. New York: Oxford University Press, 2016.

ARMOUR, John; HANSMANN, Henry; KRAAKMAN, Reinier; PARGENDLER Mariana. What is corporate law?. *In*: KRAAKMAN, Reinier *et al*. *The anatomy of corporate law*. A comparative and functional approach. New York: Oxford University Press, 2004.

ASCARELLI, Tullio. *Iniciación al estudio del derecho mercantil*. Traducción Evelio Verdera y Tuells. Barcelona: Bosch, 1964.

ASCARELLI, Tullio. *Problemas das sociedades anônimas e direito comparado*. São Paulo: Saraiva, 1945.

ASCARELLI, Tullio. *Problemas das sociedades anônimas e direito comparado*. 2. ed. São Paulo: Saraiva, 1969.

ASCARELLI, Tullio. *Problemas das sociedades anônimas e direito comparado*. Campinas: Bookseller, 1999.

ASCARELLI, Tullio. *Problemas das sociedades anônimas e direito comparado*. Campinas: Bookseller, 2001.

ASCARELLI, Tullio. *Teoria geral dos títulos de crédito*. Tradução Benedicto Giacobbini. Campinas: Red, 1999.

ASCENSÃO, José de Oliveira. *Direito civil*. Teoria geral. Coimbra: Coimbra Editora, 2000. v. I.

ASCENSÃO, José de Oliveira. *O direito*: introdução e teoria geral. Uma perspectiva luso-brasileira. 10. ed. Coimbra: Almedina, 1997.

ASSOCIAÇÃO BRASILEIRA DAS ENTIDADES DOS MERCADOS FINANCEIRO E DE CAPITAIS – ANBIMA. *Ranking* de emissões no mercado externo – nov. 2019. Disponível em: https://www.anbima.com.br. Acesso em: 29 dez. 2019.

AZEVEDO, Álvaro Villaça (coord.). *Código Civil comentado*. São Paulo: Atlas, 2003. v. II.

BAILLOD. L'information des administrateurs de sociétés anonymes. *Revue Trimestrielle du Droit Commercial et de Droit Economique*, v. 43, n. 1, jan./mar. 1990.

BAINBRIDGE, M. Stephen. *The new corporate governance in theory and practice*. Oxford: Oxford University Press, 2008.

BANDEIRA DE MELLO, Celso Antônio. *Elementos de direito administrativo*. 13. ed. São Paulo: Malheiros, 2001.

Referências

BARBOSA, Denis Borges. Da conferência de bens intangíveis ao capital das sociedades anônimas. *Revista de Direito Mercantil, Industrial, Econômico e Financeiro*, v. 19, n. 37, p. 33-50, jan./mar. 1980.

BARBOSA, Henrique Cunha. *A exclusão do acionista controlador na sociedade anônima*. Rio de Janeiro: Elsevier, 2009.

BARBOSA, Marcelo. Capítulo III – Conselho de Administração e Diretoria. Seção IV – Administradores. *In*: LAMY FILHO, Alfredo; PEDREIRA, José Luiz Bulhões. *Direitos das companhias*. Rio de Janeiro: Forense, 2017.

BARBOSA, Marcelo. *In*: LAMY FILHO, Alfredo; PEDREIRA, José Luiz Bulhões (coord.). *Direito das companhias*. Rio de Janeiro: Forense, 2009. v. I e II.

BARROS MONTEIRO, Washington de. *Curso de direito civil*. 35. ed. atual. por Ana Cristina de Barros Monteiro França Pinto. São Paulo: Saraiva, 2003. v. 6.

BARROSO, Luís Roberto. *Curso de direito constitucional*. 4. ed. 2. tir. São Paulo: Saraiva, 2014.

BARTALINI, Guido. *La responsabilità degli amministratori e dei direttori generali di società per azioni*. Torino: UTET, 2000.

BARUCHEL, Nathalie. *La personnalité morale en droit privé*: élements por une théorie. Paris: LGDJ, 2004.

BASTOS, Celso; MARTINS, Ives Gandra da Silva. *Comentários à Constituição do Brasil*. 2. ed. São Paulo: Saraiva, 2000. v. 7.

BBC. Algorithm appointed board director. Disponível em: https://www.bbc.com/news/technology-27426942. Reportagem de 16 maio 2014. Acesso em: 20 dez. 2018.

BEBCHUK, Lucian A.; FRIED, Jesse M. How to tie equity compensation to long-term results. *Journal of Applied Corporate Finance*, v. 22, issue 1, p. 99-106, Winter 2010.

BERCOVICI, Gilberto. *Direito econômico do petróleo e dos recursos minerais*. São Paulo: Quartier Latin, 2011.

BERLE, Adolf Augustus. Corporate powers as powers in trust. *Harvard Law Review*, v. 44, n. 7, maio 1931.

BERLE, Adolf Augustus; MEANS, Gardiner C. *A moderna sociedade anônima e a propriedade privada*. Tradução Dinah de Abreu Azevedo. São Paulo: Abril Cultural, 1984.

BERLE, Adolf Augustus; MEANS, Gardiner C. *A moderna sociedade anônima e a propriedade privada*. Tradução Dinah de Abreu Azevedo. 3. ed. São Paulo: Nova Cultural, 1988.

BERLE, Adolf Augustus; MEANS, Gardiner C. *The modern corporation and private property*. Nova Iorque: The Mac-Millan Company, 1932.

BERLE, Adolf Augustus; MEANS, Gardiner C. *The modern corporation & private property*. Newsbruck (USA); London (U.K.): Transaction Publishers, 2005.

BEVILÁQUA, Clóvis. *Teoria geral do direito civil*. 2. ed. histórica, revista e atualizada por Caio Mario da Silva Pereira. Rio de Janeiro: Editora Rio, 1980.

BIANCA, Massimo. *Direito civille*. La responsabilità. Milano: Giuffrè, 2004. v. V.

BIANCHI, Giorgio. *Gli ammnistratori di società di capitali*. Padova: Cedam, 2006.

BLACK, Bernard S. Strengthening Brazil's Securities Market. *Revista de Direito Mercantil, Econômico e Financeiro*, v. 39, n. 120, p. 41-55, out./dez. 2000.

BLACK, Bernard S.; CARVALHO, Antonio Gledson de; GORGA, Érica. The corporate governante of privately combined controlled Brazilian firms. *Revista Brasileira de Finanças*, v. 7, p. 421, 2009.

BLACK, Henry Campbell; NOLAN, Joseph R. *Black's law dicitionary*. 6. ed. St. Paul, Minn: West Pub. Co, 1990.

BOBBIO, Norberto. *Teoria dell'ordinamento giuridico*. Torino: Giappichelli, 1960.

BOITEUX, Fernando Netto. Oferta pública de aquisição de controle de companhia aberta. *Revista Forense*, v. 301, jan./mar. 1988.

BONELLI, Franco. *Gli amministratori di S.P.A.* Milano: Giuffrè, 2004.

BORBA, José Edwaldo Tavares. *Das debêntures*. Rio de Janeiro: Renovar, 2005.

Referências

BORBA, José Edwaldo Tavares. Debêntures. *Revista de Direito Mercantil*, n. 26.

BORBA, José Edwaldo Tavares. *Direito societário*. 9. ed. Rio de Janeiro: Renovar, 2004.

BORBA, José Edwaldo Tavares. *Direito societário*. 14. ed. São Paulo: Atlas, 2015.

BORBA, José Edwaldo Tavares; BORBA, Rodrigo Rabelo Tavares. *In*: COELHO, Fábio Ulhoa (coord.). *Tratado de direito comercial*. São Paulo: Saraiva, 2015. v. 3.

BORGES, João Eunápio. *Curso de direito comercial terrestre*. 5. ed. Rio de Janeiro: Forense, 1991.

BORGES, João Eunápio. *Curso de direito comercial terrestre*. Rio de Janeiro: Forense, 1959. v. 2.

BORGES, João Eunápio. *Curso de direito comercial terrestre*. Rio de Janeiro: Forense, 1964.

BORGES, João Eunápio. *Curso de direito comercial terrestre*. 5. ed. Rio de Janeiro: Forense, 1991.

BORGES, João Eunápio. *Títulos de crédito*. 2. ed. Rio de Janeiro: Forense, 1971.

BOYLE, A. J. *Minority shareholders' remedies*. London: Cambridge, 2002.

BRATTON, William W.; WACHTER, Michael L. The political economy of fraud on the market. *University of Pennsylvania Law Review*, v. 160, p. 69, 2011. Disponível em: https://ssrn.com/abstract=1824324.

BROTEL, Sérgio. *Direito societário constitucional*. São Paulo: Atlas, 2009.

BULGARELLI, Waldírio. Apontamentos sobre a responsabilidade dos administradores das companhias. *Revista de Direito Mercantil, Industrial, Econômico e Financeiro*, v. 22, n. 50, p. 75-105, abr./jun. 1983.

BULGARELLI, Waldírio. *A proteção às minorias na sociedade anônima*. São Paulo: Pioneira, 1977.

BULGARELLI, Waldírio. As sociedades em comandita: simples e por ações. *Revista de Direito Mercantil, Industrial, Econômico e Financeiro*, v. 18, n. 33, p. 69-92, jan./mar. 1979.

BULGARELLI, Waldírio. *Manual das sociedades anônimas*. 5. ed. São Paulo: Atlas, 1988.

BULGARELLI, Waldírio. *Manual das sociedades anônimas*. São Paulo: Atlas, 2001.

BULGARELLI, Waldírio. *O conselho fiscal nas companhias abertas*. São Paulo: RT, 1988.

BULGARELLI, Waldírio. *O direito dos grupos e a concentração de empresas*. São Paulo: Livraria e Editora Universitária de Direito, 1975.

BULGARELLI, Waldírio. *Questões atuais de direito empresarial*. São Paulo: Malheiros, 1995.

BULGARELLI, Waldírio. *Títulos de crédito*. 14. ed. São Paulo: Atlas, 1998.

CAHALI, Yussef Said. *Prescrição e decadência*. 2. ed. São Paulo: RT, 2012.

CALERO, Fernando Sánchez. *Los administradores en las sociedades de capital*. Navarra: Civitas, 2005.

CÂMARA, Alexandre Freitas. *O novo processo civil brasileiro*. 3. ed. São Paulo: Atlas, 2017.

CÂMARA LEAL, Antônio Luís. *Da prescrição e da decadência*. 2. ed. Rio de Janeiro: Forense, 1959.

CAMARGO, João Laudo de; BOCATER, Maria Isabel do Prado. Conselho de administração: seu funcionamento e participação de membros indicados por acionistas minoritários e preferencialistas. *In*: LOBO, Jorge. *Reforma da Lei das Sociedades Anônimas*: inovações e questões controvertidas da Lei n.º 10.303, de 31.10.2001. Rio de Janeiro: Forense, 2002.

CAMINHA, Uinie. Dissolução parcial da S.A. Quebra da *affectio societatis*. Apuração de haveres. *Revista de Direito Mercantil*, São Paulo, v. 114, p. 174-182, abr./jun. 1999.

CAMINHA, Uinie. *Enciclopédia jurídica da PUCSP*. Disponível em: https://enciclopediajuridica.pucsp.br/verbete/216/edicao-1/valores-mobiliarios.

CAMPIGLIA, Américo Oswaldo. *Comentários à Lei das Sociedades Anônimas*. São Paulo: Saraiva, 1978. v. 5.

CAMPINHO, Sérgio. A dissolução da sociedade anônima por impossibilidade de preenchimento de seu fim. *Revista da Faculdade de Direito da Universidade do Estado do Rio de Janeiro – UERJ*, Rio de Janeiro, n. 3, p. 85-90, 1995.

CAMPINHO, Sérgio. *Curso de direito comercial*: direito de empresa. 15. ed. São Paulo: Saraiva, 2018.

Referências

CAMPINHO, Sérgio. *Curso de direito comercial*: direito de empresa. 16. ed. São Paulo: Saraiva, 2019.

CAMPINHO, Sérgio. *Curso de direito comercial*: falência e recuperação de empresa. 10. ed. São Paulo: Saraiva, 2019.

CAMPINHO, Sérgio. *Curso de direito comercial*: sociedades anônimas. 3. ed. São Paulo: Saraiva, 2018.

CAMPINHO, Sérgio. *Curso de direito comercial*: sociedades anônimas. 4. ed. São Paulo: Saraiva, 2019.

CAMPINHO, Sérgio. *Curso de sociedade anônima*. Rio de Janeiro: Renovar, 2015.

CAMPINHO, Sérgio. *O direito de empresa à luz do novo Código Civil*. 11. ed. Rio de Janeiro: Renovar, 2010.

CAMPINHO, Sérgio. *O direito de empresa à luz do Código Civil*. 12. ed. Rio de Janeiro: Renovar, 2011.

CAMPINHO, Sérgio; PINTO, Mariana. A responsabilidade dos administradores de sociedades integrantes de grupo de fato. *In*: ROSSETTI, Maristela Abla; PITTA, Andre Grunspun. *Governança corporativa*: avanços e retrocessos. São Paulo: Quartier Latin, 2017.

CAMPOS BATALHA, Wilson de Souza. *Comentários à Lei das Sociedades Anônimas*. São Paulo: Atlas, 1977. v. 3.

CAMPOS BATALHA, Wilson de Souza. *Sociedades anônimas e mercado de capital*. Rio de Janeiro: Forense, 1973. v. 2.

CAMPOS, João Vicente. A vocação dos acionistas de uma sociedade anônima aos dividendos, pela regra da igualdade de tratamento. *Revista Forense*, Rio de Janeiro, n. 141, maio/jun. 1952.

CAMPOS, Luiz Antonio de Sampaio. Notas sobre o direito de recesso e a exigência da titularidade ininterrupta (art. 137, § 1.º). *In*: CASTRO, Rodrigo Rocha Monteiro de; WARDE JR., Walfrido Jorge; GUERREIRO, Carolina Dias Tavares (org.). *Direito empresarial e outros estudos de direito em homenagem ao Professor José Alexandre Tavares Guerreiro*. São Paulo: Quartier Latin, 2013.

CAMPOS, Luiz Antonio de Sampaio. Título VI – Órgãos Sociais. Capítulo III – Conselho de Administração e Diretoria, Seção V – Deveres e Responsabilidade. *In*: PEDREIRA, José Luiz Bulhões; LAMY FILHO, Alfredo (org.). *Direito das companhias*. Rio de Janeiro: Forense, 2017.

CANTIDIANO, Luiz Leonardo. *Estudos de direito societário*. Rio de Janeiro: Renovar, 1999.

CARBONNIER, Jean. *Derecho civil*. Tradução Manuel Zorrila Ruiz. Barcelona: Bosch, 1960. t. I, v. I.

CARDOSO, André Guskow. Governança corporativa, transparência e *compliance* nas empresas estatais: o regime instituído pela Lei 13.303/2016. *In*: JUSTEN FILHO, Marçal. *Estatuto jurídico das empresas estatais*. São Paulo: RT, 2016.

CARVALHO, Angelo Prata de. *Controle empresarial externo*: a definição da política financeira como critério para a identificação do controle. 2019. Dissertação (Mestrado em Direito) – Faculdade de Direito, Universidade de Brasília, Brasília, 2019.

CARVALHO DE MENDONÇA, José Xavier. *Tratado de direito comercial brasileiro*. 2. ed. atual. por Achilles Bevilaqua e Roberto Carvalho de Mendonça. Rio de Janeiro: Freitas Bastos, 1933. v. 3.

CARVALHO DE MENDONÇA, José Xavier. *Tratado de direito comercial brasileiro*. 4. ed. Rio de Janeiro: Freitas Bastos, 1946. v. 4.

CARVALHO DE MENDONÇA, José Xavier. *Tratado de direito comercial brasileiro*. 4. ed. Rio de Janeiro: Freitas Bastos, 1947. v. 8.

CARVALHO DE MENDONÇA, José Xavier. *Tratado de direito comercial brasileiro*. 6. ed. atual. por Roberto Carvalho de Mendonça. Rio de Janeiro: Freitas Bastos, 1960. v. VI, parte I.

CARVALHO DE MENDONÇA, José Xavier. *Tratado de direito comercial brasileiro*. 5. ed. Rio de Janeiro: Freitas Bastos, 1954. v. 3.

CARVALHO DE MENDONÇA, José Xavier. *Tratado de direito comercial brasileiro*. Rio de Janeiro: Freitas Bastos, 1963. v. 3.

CARVALHOSA, Modesto. Ações preferenciais desprovidas de preferências. *Revista dos Tribunais*, São Paulo, ano 83, v. 707, set. 1994.

Referências

CARVALHOSA, Modesto. *Acordo de acionistas:* homenagem a Celso Barbi Filho. São Paulo: Saraiva, 2011.

CARVALHOSA, Modesto. *A nova lei das sociedades anônimas*: seu modelo econômico. 2. ed. Petrópolis: Paz e Terra, 1977.

CARVALHOSA, Modesto. *Comentários à Lei de Sociedades Anônimas.* São Paulo: Saraiva, 1997. v. 1.

CARVALHOSA, Modesto. *Comentários à Lei de Sociedades Anônimas.* São Paulo: Saraiva, 1998. v. 4, t. 2.

CARVALHOSA, Modesto. *Comentários à lei de sociedades anônimas.* São Paulo: Saraiva, 2002. v. 1.

CARVALHOSA, Modesto. *Comentários à Lei de Sociedades Anônimas.* São Paulo: Saraiva, 2003. v. 4.

CARVALHOSA, Modesto. *Comentários à Lei de Sociedades Anônimas.* São Paulo: Saraiva, 2014. v. 2.

CARVALHOSA, Modesto. *Comentários à Lei de Sociedades Anônimas.* 3. ed. São Paulo: Saraiva, 2003. v. 2.

CARVALHOSA, Modesto. *Comentários à Lei de Sociedades Anônimas.* 3. ed. São Paulo: Saraiva, 2009. v. 4, t. 2.

CARVALHOSA, Modesto. *Comentários à Lei de Sociedades Anônimas.* 4. ed. São Paulo: Saraiva, 2009. v. 3.

CARVALHOSA, Modesto. *Comentários à Lei de Sociedades Anônimas.* 5. ed. São Paulo: Saraiva, 2011. v. 2 e 3.

CARVALHOSA, Modesto. *Comentários à Lei de Sociedades Anônimas.* 5. ed. São Paulo: Saraiva, 2014. v. 4, t. II.

CARVALHOSA, Modesto. *Comentários à Lei de Sociedades Anônimas.* 5. ed. 2. tir. São Paulo: Saraiva, 2009. v. 1.

CARVALHOSA, Modesto. *Comentários à Lei de Sociedades Anônimas.* 6. ed. São Paulo: Saraiva, 2011. v. 1.

CARVALHOSA, Modesto. *Comentários à Lei de Sociedades Anônimas.* 6. ed. São Paulo: Saraiva, 2014. v. 2.

CARVALHOSA, Modesto. *Comentários à Lei de Sociedades Anônimas.* 7. ed. São Paulo: Saraiva, 2013. v. 1.

CARVALHOSA, Modesto. *Considerações sobre a lei anticorrupção das pessoas jurídicas.* São Paulo: RT, 2015.

CARVALHOSA, Modesto. *In*: AZEVEDO, Antônio Junqueira de (coord.). *Comentários ao Código Civil.* São Paulo: Saraiva, 2003. v. 13.

CARVALHOSA, Modesto. *Oferta pública de aquisição de ações.* Rio de Janeiro: IBMEC, 1979.

CARVALHOSA, Modesto. Responsabilidade civil de administradores e de acionistas controladores perante a Lei das S.A. *RT* 699/43.

CARVALHOSA, Modesto. Responsabilidade civil e administrativa do diretor de companhia aberta. *Revista de Direito Mercantil, Industrial, Econômico e Financeiro*, v. 23, n. 56, p. 47-64, out./dez. 1984.

CARVALHOSA, Modesto; EIZIRIK, Nestor. *A nova Lei das S.A.* São Paulo: Saraiva, 2002.

CARVALHOSA, Modesto; KUYVEN, Fernando. *Tratado de direito empresarial.* São Paulo: RT, 2016. v. 3.

CARVALHOSA, Modesto; KUYVEN, Fernando. *Tratado de direito empresarial.* Sociedades anônimas. São Paulo: RT, 2018. v. 3.

CASTELLÕES, Leonardo. *Grupo de sociedades.* Curitiba: Juruá, 2008.

CASTRO, Rodrigo Rocha Monteiro de. *Controle gerencial.* São Paulo: Quartier Latin, 2010. (Coleção IDSA de Direito Societário e Mercado de Capitais, v. 2.)

CASTRO, Rodrigo Rocha Monteiro de. Incorporação de controladora: motivação e oportunidades. O ágio como exemplo. *In*: CASTRO, Rodrigo Rocha Monteiro de; ARAGÃO, Leandro Santos de (coord.). *Reorganização societária.* São Paulo: Quartier Latin, 2005.

CASTRO, Rodrigo Rocha Monteiro de. Notas a respeito dos comitês do conselho de administração de companhias. *In*: KUYVEN, Luiz Fernando Martins. *Temas essenciais de direito empresarial*: estudos em homenagem a Modesto Carvalhosa. São Paulo: Saraiva, 2012.

CASTRO, Rodrigo Rocha Monteiro de. *Regime jurídico das reorganizações*: societárias, empresarial e associativa. São Paulo: Saraiva, 2016.

CEREZETTI, Sheila Neder; SATIRO, Francisco. A silenciosa "consolidação" da consolidação substancial. *Revista do Advogado*: Direito das Empresas em Crise, São Paulo, p. 216-223, out. 2016.

CERQUEIRA, João da Gama. *Tratado da propriedade industrial.* 2. ed. São Paulo: RT, 1982. v. 2.

Referências

CGU. *Guia de implantação de programa de integridade nas empresas estatais*: orientações para a gestão de integridade nas empresas estatais federais. Brasília: CGU, 2015.

CHIOVENDA, Giuseppe. *Instituições de direito processual civil*. 2. ed. São Paulo: Saraiva, 1965.

CLARK, Robert Charles. Corporate governance changes in the wake of the sarbanes-oxley act: a morality tale for policymakers too. Conferência apresentada na Georgia State University College of Law em 2005. Disponível em: http://law.gsu.edu/alumni/pdfs/ClarkOnCorpGov_Miller05.pdf.

CLARK, Robert Charles. *Corporate law*. Boston: Little, Brown and Company, 1986.

CLARK, Robert C. *Corporate law*. New York: Aspen Law & Business, 1986.

COASE, Ronald. The problem of social cost. *The Journal of Law & Economics*, v. 3, p. 1-44, out. 1966.

COASE, Ronald. *The firm, the market and the law*. Chicago: The University of Chicago Press, 1988.

COELHO, Fábio Ulhoa. A alocação de riscos e a segurança jurídica na proteção do investimento privado. *Revista de Direito Brasileira*, v. 16, n. 7, 2017. Disponível em: http://www.indexlaw.org/index.php/rdb/article/view/3107/2821.

COELHO, Fábio Ulhoa. A natureza subjetiva da responsabilidade civil dos administradores de companhia. *Revista de Direito da Empresa*, n. 1.

COELHO, Fábio Ulhoa. Acordo de leniência e recuperação judicial da corruptora. *In*: CEREZETTI, Sheila C. Neder; MAFFIOLETTI, Emanuelle Urbano. *Dez anos da Lei n.º 11.101/2005*: estudos sobre a Lei de Recuperação e Falência. São Paulo: Almedina, 2015.

COELHO, Fábio Ulhoa. *Curso de direito civil*. 3. ed. São Paulo: Saraiva, 2010. v. 3.

COELHO, Fábio Ulhoa. *Curso de direito civil*. 4. ed. São Paulo: Saraiva, 2011. v. 3.

COELHO, Fábio Ulhoa. *Curso de direito civil*. 6. ed. São Paulo: Saraiva, 2014. v. 2.

COELHO, Fábio Ulhoa. *Curso de direito civil*. 7. ed. São Paulo: Saraiva, 2014. v. 1.

COELHO, Fábio Ulhoa. *Curso de direito civil*. 7. ed. São Paulo: RT, 2016. v. 2, 4.

COELHO, Fábio Ulhoa. *Curso de direito civil*. 8. ed. São Paulo: RT, 2016. v. 5.

COELHO, Fábio Ulhoa. *Curso de direito comercial*: direito de empresa. São Paulo: Saraiva, 2007. v. 2.

COELHO, Fábio Ulhoa. *Curso de direito comercial*: direito de empresa. 17. ed. São Paulo: Saraiva, 2013. v. 2.

COELHO, Fabio Ulhoa. *Curso de direito comercial*: direito de empresa. 20. ed. São Paulo: RT, 2016. v. 2.

COELHO, Fábio Ulhoa. *Curso de direito comercial*. São Paulo: Saraiva, 2007. v. 2.

COELHO, Fábio Ulhoa. *Curso de direito comercial*. São Paulo: Saraiva, 2009. v. 2.

COELHO, Fábio Ulhoa. *Curso de direito comercial*. 12. ed. São Paulo: Saraiva, 2008. v. 1.

COELHO, Fábio Ulhoa. *Curso de direito comercial*. 14. ed. São Paulo: Saraiva, 2010. v. 2.

COELHO, Fábio Ulhoa. *Curso de direito comercial*. 15. ed. São Paulo: Saraiva, 2011. v. 2.

COELHO, Fábio Ulhoa. *Curso de direito comercial*. 17. ed. São Paulo: Saraiva, 2013. v. 2.

COELHO, Fábio Ulhoa. *Curso de direito comercial*. 18. ed. São Paulo: Saraiva, 2014. v. 2.

COELHO, Fábio Ulhoa. *Curso de direito comercial*. 18. ed. São Paulo: RT, 2018. v. 3.

COELHO, Fábio Ulhoa. *Curso de direito comercial*. 19. ed. São Paulo: Saraiva, 2015. v. 2.

COELHO, Fábio Ulhoa. *Curso de direito comercial*. 20. ed. São Paulo: RT, 2016. v. 2.

COELHO, Fábio Ulhoa. *Curso de direito comercial*. 21. ed. São Paulo: RT, 2017. v. 1.

COELHO, Fábio Ulhoa. *Curso de direito comercial*. 21. ed. São Paulo: RT, 2018. v. 2.

COELHO, Fábio Ulhoa. *Curso de direito comercial*. 22. ed. São Paulo: RT, 2019. v. 2.

COELHO, Fábio Ulhoa. *Desconsideração da personalidade jurídica*. São Paulo: RT, 1989.

COELHO, Fábio Ulhoa. Direito à informação do acionista e a suspeita de corrupção. *Revista de Direito das Sociedades e dos Valores Mobiliários*, São Paulo, Edição comemorativa pelos 40 anos da Lei n.º 6.404/76, 2016.

Referências

COELHO, Fábio Ulhoa. *Direito e poder*. São Paulo: RT, 2019.

COELHO, Fábio Ulhoa. Dissolução de sociedades no Código de Processo Civil. *In*: YARSHELL, Flávio Luiz; PEREIRA, Guilherme Setoguti J. (coord.). *Processo societário*. São Paulo: Quartier Latin, 2018. v. III.

COELHO. Fábio Ulhoa. *Manual de direito comercial:* direito de empresa. São Paulo: RT, 2016.

COELHO, Fábio Ulhoa. *Manual de direito comercial*. 30. ed. São Paulo: RT, 2018.

COELHO, Fábio Ulhoa. *Novo manual de direito comercial*. 29. ed. São Paulo: RT, 2017.

COELHO, Fábio Ulhoa. O direito de saída conjunta ("tag along").

COELHO, Fábio Ulhoa. *O futuro do direito comercial*. São Paulo: Saraiva, 2011.

COELHO, Fábio Ulhoa. *Princípios do direito comercial*. São Paulo: Saraiva, 2012.

COELHO, Fábio Ulhoa (coord.). *Tratado de direito comercial*. São Paulo: Saraiva, 2015. v. 1.

COFFEE JR., John C. Reforming the securities class action: on deterrence and its implementation, 106. *Columbia Law Review*, n. 1534, 2006. Disponível em: https://scholarship.law.columbia.edu/faculty_scholarship/33.

COMPARATO, Fábio Konder. *Aspectos jurídicos da macroempresa*. São Paulo: RT, 1970.

COMPARATO, Fábio Konder. Competência privativa do conselho de administração para a designação de diretores, em companhia aberta: ineficácia de cláusula de contrato social da *holding*, ou de eventual acordo de acionistas, para regular a matéria. *Novos ensaios e pareceres de direito empresarial*. Rio de Janeiro: Forense, 1981.

COMPARATO, Fábio Konder. *Direito empresarial*. São Paulo: Saraiva, 1990.

COMPARATO, Fábio Konder. *Direito empresarial*. São Paulo: Saraiva, 1995.

COMPARATO, Fábio Konder. Estado, empresa e função social. *Revista dos Tribunais*, ano 85, v. 732, 1996.

COMPARATO, Fábio Konder. Natureza jurídica do balanço de sociedade anônima; licitude da retificação pela assembleia geral, mesmo fora das hipóteses de lançamentos falsos ou de incorreções materiais; licitação; qualificação dos concorrentes; balanço do último exercício, retificado e publicado após o edital de convocação; fato que não inabilita a sociedade de concorrer. *RT* 489.

COMPARATO, Fábio Konder. *Novos ensaios e pareceres de direito empresarial*. Rio de Janeiro: Forense, 1981.

COMPARATO, Fábio Konder. *O poder de controle na sociedade anônima*. São Paulo: RT, 1976.

COMPARATO, Fábio Konder. *O poder de controle na sociedade anônima*. 2. ed. São Paulo: RT, 1977.

COMPARATO, Fábio Konder. *O poder de controle na sociedade anônima*. 3. ed. Rio de Janeiro: Forense, 1983.

COMPARATO, Fábio Konder. Reflexões sobre a dissolução judicial de sociedade anônima por impossibilidade de preenchimento do fim social. *Revista de Direito Mercantil*, São Paulo, v. 96, out./dez. 1994.

COMPARATO, Fábio Konder. Restrições à circulação de ações em companhia fechada: "nova et vetera", *Revista de Direito Mercantil, Industrial, Econômico e Financeiro*, v. 18, n. 36, out./dez. 1979.

COMPARATO, Fábio Konder. Valor do reembolso no recesso acionário. *Revista dos Tribunais*, São Paulo, v. 563, set. 1982.

COMPARATO, Fábio Konder; SALOMÃO FILHO, Calixto. *O poder de controle na sociedade anônima*. São Paulo: Saraiva, 2005.

COMPARATO, Fábio Konder; SALOMÃO, Calixto Filho. *O poder de controle da sociedade anônima*. Rio de Janeiro: Forense, 2008.

COMPARATO, Fábio Konder; SALOMÃO FILHO, Calixto. *O poder de controle na sociedade anônima*. 6. ed. rev. e atual. Rio de Janeiro: Forense, 2014.

CONNU, Paul Le. *Droit des sociétés*. Paris: LGDT, 2003.

CORREA JR., Gilberto Deon. Anotações sobre a consolidação processual e a consolidação substancial no âmbito da recuperação judicial. *In*: WAISBERG, Ivo; RIBEIRO, José Horácio Halfeld Rezende (coord.). *Temas de direito da insolvência*: estudos em homenagem ao Professor Manoel Justino Bezerra Filho. São Paulo: Editora IASP, 2017.

Referências

CORRÊA-LIMA, Osmar Brina. Lei das sociedades por ações: permanência, mutações e mudança. *Revista da Faculdade de Direito da Universidade Federal de Minas Gerais*, n. 40, p. 239-252, 2001.

CORRÊA-LIMA, Osmar Brina. *O acionista minoritário no direito brasileiro*. Rio de Janeiro: Forense, 1994.

CORRÊA-LIMA, Osmar Brina. *Sociedade anônima*. 3. ed. Belo Horizonte: Del Rey, 2005.

CORREA, Luís Brito. *Os administradores de sociedade anônima*. Coimbra: Almedina, 1993.

CORREIA, A. Ferrer. *Estudos vários de direito*. Coimbra: Universidade de Coimbra, 1982.

CORREIA, Luís Brito. *Os administradores de sociedades anónimas*. Coimbra: Almedina, 1993.

COSSU, Mônica. *Societá aperte e interesse sociale*. Torino: G. Giappichelli, 2006.

COSTA, Philomeno J. da. *Anotações às companhias*. São Paulo: RT, 1980. v. I.

COSTA, Philomeno J. da. *Operações da anônima com as ações do seu capital*. 1965. Tese (Concurso para a Titularidade de Direito Comercial) – Faculdade de Direito da Universidade de São Paulo, São Paulo, 1965.

COSTA, Ricardo. Responsabilidade dos administradores e *business judgment rule*. In: ABREU, Jorge Manuel Coutinho et al. *Reformas do código das sociedades*. Coimbra: Almedina, 2007.

COSTA, Suzana Henriques da. In: BUENO, Cassio Scarpinella (coord.). *Comentários ao Código de Processo Civil*. São Paulo: Saraiva, 2017. v. 1.

CUNHA, Rodrigo da. *Estrutura de interesses nas sociedades anônimas*. Hierarquia e conflitos. São Paulo: Quartier Latin, 2007.

CUNHA, Rodrigo Ferraz Pimenta da. O exercício do voto na sociedade anônima. In: CASTRO, Rodrigo Rocha Monteiro de; ARAGÃO, Leandro Santos de (coord.). *Direito societário*: desafios atuais. São Paulo: Quartier Latin, 2009.

DAMODARAN, Aswath. *Investment valuation*: tools and techniques for determining the value of any asset. New Jersey: John Wiley & Sons, 1996.

DAVIES, Paul L. *Grower's principles of modern company law*. 6. ed. London: Sweet & Maxwell, 1997.

DE NICOLA, Alessandro. *Soci di minoranza e amministratori*: um rapporto difficile. Bologna: Il Mulino, 2005.

DEAKIN, Simon; JOHNSTON, Angus; MARKESINIS, Basil. *Markesinis and deakin's tort law*. New York: Oxford University Press, 2008.

DELENDA, Jean-François. *Achat et Vente d'entreprises*. Paris: Delmas, 1994.

DIAS, Rui. *Responsabilidade por exercício de influência sobre a administração de sociedades anônimas*. Uma análise de direito material e direito de conflitos. Coimbra: Almedina, 2007.

DIDIER JR., Fredie *Curso de direito processual civil*: introdução ao direito processual civil, parte geral e processo do conhecimento. 20. ed. Salvador: JusPodivm, 2018.

DINIZ, Gustavo Saad. *Subcapitalização societária*. Belo Horizonte: Forum, 2012.

DODD JR., E. Merrick. For whom are corporate managers trustees? *Harvard Law Review*, v. 45, n. 7, p. 1145-1163, maio 1932.

DOMINGUES, Paulo de Tarso. *Do capital social*: noção, princípios e funções. Coimbra: Coimbra Editora, 2004.

DOMINGUES, Paulo de Tarso. *Variações sobre o capital social*. Coimbra: Almedina, 2009.

EASTERBROOK, Frank et al. Limited liability and the corporation. *University of Chicago Law Review*, Chicago, n. 89, 1985.

EASTERBROOK, Frank H.; FISCHEL, Daniel R. *The economic structure of corporate law*. Cambridge: Harvard University Press, 1996.

ECHEGARAY, Díaz. *Deberes y responsabilidad de los administradores de sociedades de capital*. Elcano (Navarra): Aranzadi, 2006.

EIZIRIK, Nelson. A "Fraud-on-the-Market Theory" pode ser aplicada no direito societário brasileiro? In: VENANCIO FILHO, Alberto; LOBO, Carlos Augusto da Silveira; ROSMAN, Luiz Alberto Colonna (org.). *Lei das S.A. em seus 40 anos*. Rio de Janeiro: Forense, 2017.

Referências

EIZIRIK, Nelson. *A Lei das S.A. comentada*. São Paulo: Quartier Latin, 2001. v. 1 e 3.

EIZIRIK, Nelson. *A Lei das S.A. comentada*. São Paulo: Quartier Latin, 2011. v. 1.

EIZIRIK, Nelson. *A Lei das S.A. comentada*. 2. ed. rev. e ampl. São Paulo: Quartier Latin, 2015. v. 4.

EIZIRIK, Nelson. *A Lei das S.A. comentada*. 2. ed. São Paulo: Quartier Latin, 2015.

EIZIRIK, Nelson. *A Lei das S.A. comentada*. 2. ed. São Paulo: Quartier Latin, 2018. v. 3.

EIZIRIK, Nelson. Aquisição de controle minoritário. Inexigibilidade de oferta pública. *In*: CASTRO, Rodrigo Rocha Monteiro de; AZEVEDO, Luís André. *Poder de controle e outros temas de direito societário e mercado de capitais*. Quartier Latin, 2010.

EIZIRIK, Nelson. Inexistência de impedimento do administrador na ação social *uti singuli*. Aspectos modernos do direito societário. Rio de Janeiro: Renovar, 1992.

EIZIRIK, Nelson et al. *Mercado de capitais*: regime jurídico. Rio de Janeiro: Renovar, 2011.

EIZIRIK, Nelson. *O papel do Estado na regulação do mercado de capitais*. Rio de Janeiro: IBMEC, 1977.

EIZIRIK, Nelson. Os valores mobiliários na nova Lei das S.A. *Revista de Direito Mercantil*, n. 124, out./dez. 2001.

EIZIRIK, Nelson. Responsabilidade civil e administrativa do diretor de companhia aberta. *Revista de Direito Mercantil, Industrial, Econômico e Financeiro*, v. 23, n. 56, out./dez. 1984.

EIZIRIK, Nelson. *Temas de direito societário*. Rio de Janeiro: Renovar, 2005.

EIZIRIK, Nelson; BRAGA, Andrea. Fundo de investimento imobiliário. Consórcio com Sociedade Empresarial. *In*: EIZIRIK, Nelson. *Direito societário*: estudos e pareceres. São Paulo: Quartier Latin, 2015.

EIZIRIK, Nelson; GAAL, Ariádna; PARENTE, Flávia; HENRIQUES, Marcus de Freitas. *Mercado de capitais*: regime jurídico. Rio de Janeiro: Renovar, 2008.

EIZIRIK, Nelson; GAAL, Ariádna B.; PARENTE, Flávia; HENRIQUES, Marcus de Freitas. *Mercado de capitais*: regime jurídico. 3. ed. Rio de Janeiro: Renovar, 2011.

ENRIQUES, Luca et al. Corporate law and securities markets. *In*: KRAAKMAN, Reinier et al. *The anatomy of corporate law*. A comparative and functional approach. New York: Oxford University Press, 2017.

ENRIQUES, Luca et al. Related-Party Transactions. *In*: KRAAKMAN, Reinier et al. *The anatomy of corporate law*. A comparative and functional approach. New York: Oxford University Press, 2017.

ENRIQUES, Luca et al. The basic governance structure: minority shareholders and non-shareholders constituencies. *In*: KRAAKMAN, Reinier et al. *The anatomy of corporate law*. A comparative and functional approach. New York: Oxford University Press, 2017.

ESPINOSA, Alonso. *La responsabilidad civil del administrador de sociedad de capital en sus elementos configuradores*. Navarra: Arazandi, 2006.

ESPINOSA, Francisco. La responsabilidad civil del administrador. *La responsabilidad civil del administrador de sociedad de capital en sus elementos configuradores*. Navarra: Arazandi, 2006.

ESTACA, José Nuno Marques. *O interesse da sociedade nas deliberações sociais*. Coimbra: Almedina, 2003.

ESTRELA, Hernani. *Curso de direito comercial*. Rio de Janeiro: Konfino, 1973.

EUA. National Science and Technology Council. *Preparing for the future of artificial intelligence*. Disponível em: em: https://obamawhitehouse.archives.gov/sites/default/files/whitehouse_files/microsites/ostp/NSTC/preparing_for_the_future_of_ai.pdf. Acesso em: 20 fev. 2019.

FARRAR, J. H.; HANNIGAN, B. M. *Farrar's Company Law*. 4. ed. London: Edinburgo e Dublin: Blutterworths, 1985.

FAZZIO JÚNIOR, Waldo. *Manual de direito comercial*. 8. ed. São Paulo: Atlas, 2007.

FÉRES, Marcelo Andrade. *Sociedade em comum*: disciplina jurídica e institutos afins. São Paulo: Saraiva, 2011.

FERNÁNDEZ, Jesús Antonio Romero. *El derecho de información del accionista*: objeto, límites y forma de ejercicio. Madrid-Barcelona: Marcial, 2001.

FERRARA JR., Francesco; CORSI, Francesco. *Gli impreditori e le società*. Milano: Giuffrè, 1994.

Referências

FERRAZ JR., Tercio Sampaio. *Introdução ao estudo do direito.* Técnica, decisão, dominação. 2. ed. São Paulo: Atlas, 1995.

FERREIRA, Waldemar. *Compêndio de sociedades mercantis.* Rio de Janeiro: Freitas Bastos, 1942. v. 1.

FERREIRA, Waldemar. *Tratado de direito comercial.* São Paulo: Saraiva, 1961. v. 4.

FERREIRA, Waldemar. *Tratado de direito comercial.* São Paulo: Saraiva, 1962. v. 8 e 9.

FERREIRA, Waldemar. *Tratado de sociedades mercantis.* 4. ed. Rio de Janeiro: Freitas Bastos, 1952. v. 2.

FERREIRA, Waldemar. *Tratado de sociedades mercantis.* Rio de Janeiro: Nacional de Direito, 1958. v. 5.

FERRO-LUZZI, Paolo. *I contratti associativi.* Milano: Giuffrè, 1976.

FICHTNER, Jan; HEEMSKERK, Eelke M.; GARCIA-BERNARDO, Javier. Hidden power of the Big Three? Passive index funds, re-concentration of corporate ownership, and new financial risk. *Business and Politics*, 2017. Disponível em: https://doi.org/10.1017/bap.2017.6.

FONSECA, Arnoldo Medeiros da. *Caso fortuito ou de força maior.* 3. ed. Rio de Janeiro: Forense, 1958.

FORGIONI, Paula Andrea Teoria geral dos contratos empresariais. São Paulo: RT, 2009.

FRANÇA, Erasmo Valladão Azevedo e Novaes. *Conflito de interesses nas assembleias de S.A.* 2. ed. São Paulo: Malheiros, 2014.

FRANÇA, Erasmo Valladão Azevedo e Novaes. Da invalidade da deliberação assemblear contrastante com as regras de fixação de preço de emissão de ações (LSA, art. 170, § 1.º). *Revista de Direito Mercantil, Industrial, Econômico e Financeiro*, v. 51, n. 161-162, p. 18-20, jan./ago. 2012.

FRANÇA, Erasmo Valladão Azevedo e Novaes. *Invalidade das deliberações de assembleia das S.A.* São Paulo: Malheiros, 1999.

FRANÇA, Erasmo Valladão Azevedo e Novaes; ADAMEK, Marcelo Vieira von. O sócio incapaz (CC, art. 974, § 3.º). *Revista de Direito Mercantil, Industrial, Econômico e Financeiro*, São Paulo, n. 150/160, jul.-dez. 2011.

FRAZÃO, Ana. A liberdade econômica e os propósitos da atividade empresarial. O que muda com a recente redefinição do Business Roundtable. *Jota*. Disponível em: https://www.jota.info/opiniao-e-analise/colunas/constituicao-empresa-e-mercado/a-liberdade-economica-e-os-propositos-da-atividade-empresarial-28082019.

FRAZÃO, Ana. Dever de diligência: novas perspectivas em face de programas de *compliance* e de atingimento de metas. *Jota*, 15 fev. 2017. Disponível em: http://jota.info/colunas/constituicao-empresa-e-mercado/dever-de-diligencia-15022017.

FRAZÃO, Ana. Direito antitruste e direito anticorrupção: pontes para um necessário diálogo. *In*: FRAZÃO, Ana. *Constituição, empresa e mercado.* Brasília: FD/UnB, 2017. Versão eletrônica.

FRAZÃO, Ana. *Direito da concorrência*: pressupostos e perspectivas. São Paulo: Saraiva, 2017.

FRAZÃO, Ana. *Função social da empresa.* Repercussões sobre a responsabilidade civil de controladores e administradores de S.As. Rio de Janeiro: Renovar, 2011.

FRAZÃO, Ana. Grupos societários no direito do trabalho e reforma trabalhista. *Revista do Tribunal Superior do Trabalho*, v. 83, p. 31-68, 2017.

FRAZÃO, Ana. Joint ventures contratuais (*Revista de Informação Legislativa* 207, p. 187-211, 2015).

FRAZÃO, Ana. O que esperar da Lei n.º 13.303/2016? O novo diploma realmente resolverá o problema da gestão das estatais? *Jota*, fev. 2017. Disponível em: http://jota.info/artigos/.

FRAZÃO, Ana. O STJ e a dissolução parcial de sociedades fechadas. *Revista da AASP*, n. 141, abr. 2019.

FRAZÃO, Ana. Programas de *compliance* e critérios de responsabilização de pessoas jurídicas por atos ilícitos administrativos. *In*: ROSSETTI, Maristela A.; PITTA, Andre G. *Governança corporativa*: avanços e retrocessos. São Paulo: Quartier Latin, 2017.

FRAZÃO, Ana. *Propriedade e empresa.* Função social e abuso de poder econômico. São Paulo: Quartier Latin, 2006.

Referências

FRAZÃO, Ana. Regime societário das empresas públicas e sociedades de economia mista. *In*: POZZO, Augusto Neves dal; MARTINS, Ricardo Marcondes. *Estatuto jurídico das empresas estatais*. São Paulo: Concorrente, 2018.

FRAZÃO, Ana. Responsabilidade civil de administradores de sociedades empresárias por decisões tomadas com base em sistemas de inteligência artificial. *In*: FRAZÃO, Ana; MULHOLLAND, Caitlin (org.). *Inteligência artificial e direito*: ética, regulação e responsabilidade. São Paulo: RT, 2019. v. 1.

FRAZÃO, Ana; CARVALHO, Angelo Gamba Prata de. Responsabilidade social empresarial. *In*: FRAZÃO, Ana. *Constituição, empresa e mercado*. Brasília: FD/UnB, 2017. Versão eletrônica.

FRAZÃO, Ana; MEDEIROS, Ana Rafaela. Desafios para a efetividade dos programas de *compliance*. *In*: CUEVA, Ricardo; FRAZÃO, Ana (org.). *Compliance*: perspectivas e desafios dos programas de conformidade. Belo Horizonte: Fórum, 2018. v. 1.

FUJIMOTO, Monica. *Participações minoritárias de investidores institucionais em sociedades concorrentes*. Implicações competitivas da *common ownership* no Brasil. 2020. Dissertação (Mestrado) – Universidade de Brasília, Brasília, 2020.

GALGANO, Francesco. *Diritto privato*. Padova: Cedam, 2004.

GALGANO, Francesco. *La società per azioni*. Padova: Cedam, 1984.

GALGANO, Francesco. La società per azioni. *Trattato di diritto commerciale e di diritto pubblico dell'economia*. 2. ed. Padova: Cedam, 1988. v. 7.

GALGANO, Francesco. *Trattato di diritto commerciale e di diritto pubblico dell'economia*. Padova: Cedam, 1984. v. 7.

GALGANO, Francesco. *Trattato di diritto commerciale e di diritto pubblico dell'economia*. Padova: Cedam, 1988. v. 7.

GARRIGUES, Joaquín. *Curso de derecho mercantil*. 7. ed. Madrid: Imprenta Aguirre, 1982. t. I.

GARRIGUES, Joaquín. *Tratado de derecho mercantil*. Madrid: Revista de Derecho Mercantil, 1947. t. II.

GARRIGUES, Joaquín. *Tratado de derecho mercantil*. Tradução espanhola de Ricardo Espejo Hinojosa. Madrid: Reus, 1932. v. 2.

GEMIGNANI, Tereza Aparecida Asta. Terceirização, grupo econômico e meio ambiente de trabalho na reforma trabalhista. *Revista do Advogado*, São Paulo, n. 137, mar. 2018.

GEVURTZ, Franklin A. *Corporation law*. St. Paul: West Group, 2000.

GOMES, Orlando. *Contratos*. 10. ed. Rio de Janeiro: Forense, 1984.

GOMES, Orlando. *Direitos reais*. 6. ed. Rio de Janeiro: Forense, 1978.

GOMES, Orlando. *Direitos reais*. 10. ed. Rio de Janeiro: Forense, 1990.

GOMES, Orlando. *Direitos reais*. 16. ed. atual. por Humberto Theodoro Jr. Rio de Janeiro: Forense, 2000.

GOMES, Orlando. *Introdução ao direito civil*. 3. ed. Rio de Janeiro: Forense, 1971.

GOMES, Orlando. *Introdução ao direito civil*. 15. ed. atual. por Humberto Theodoro Jr. Rio de Janeiro: Forense, 2000.

GOMES, Orlando. *Obrigações*. 15. ed. rev. e atual. por Humberto Theodoro Jr. Rio de Janeiro: Forense, 2002.

GONÇALVES NETO, Alfredo de Assis. *Direito de empresa*. São Paulo: RT, 2007.

GONÇALVES NETO, Alfredo de Assis. *Direito de empresa*. 6. ed. São Paulo: RT, 2016.

GONÇALVES NETO, Alfredo de Assis. *Lei das sociedades por ações anotada*. 3. ed. São Paulo: Saraiva, 2010.

GONÇALVES NETO, Alfredo de Assis. *Lições de direito societário II*: sociedade anônima. São Paulo: Juarez de Oliveira, 2005.

GONÇALVES, Carlos Roberto. *Direito civil brasileiro*. São Paulo: Saraiva, 2003. v. 1.

GONÇALVES, Carlos Roberto. *Direito civil brasileiro*. São Paulo: Saraiva, 2004. v. 3.

GONÇALVES, Carlos Roberto. *Direito civil brasileiro*. São Paulo: Saraiva, 2006. v. 5.

Referências

GONÇALVES, Carlos Roberto. *Direito civil brasileiro*. 10. ed. São Paulo: Saraiva, 2010. v. 1.

GONÇALVES, Oksandro. *A relativização da responsabilidade limitada dos sócios*. Belo Horizonte: Fórum, 2011.

GORGA, Érica. *Direito societário atual*. Rio de Janeiro: Elsevier, 2013.

GOUTAY, Philippe. O conceito de valor mobiliário. Tradução Rogério Acquarone. *Revista de Direito Bancário, do Mercado de Capitais e da Arbitragem*, v. 3, n. 8, abr./jun. 2000.

GUERREIRO, Alexandre Tavares. Administração: ordinária e extraordinária. *In*: VENANCIO FILHO, Alberto et al. (org.). *Lei das S.A. em seus 40 anos*. Rio de Janeiro: Forense, 2017. Edição *Kindle*.

GUERREIRO, José Alexandre Tavares. Conflitos de interesse entre sociedade controladora e controlada e entre coligadas, no exercício do voto em assembleias gerais e reuniões sociais. *Revista de Direito Mercantil, Industrial, Econômico e Financeiro*, v. 22, n. 51, p. 29-32, jul./set. 1983.

GUERREIRO, José Alexandre Tavares. Dividendos de ações ordinárias e reservas de capital. *Revista Semestral de Direito Empresarial – RSDE*, Rio de Janeiro, n. 6, p. 3-30, jan./jun. 2010.

GUERREIRO, José Alexandre Tavares. *Drop down* e cisão. *In*: FRANÇA, Erasmo Valladão Azevedo e Novaes; ADAMEK, Marcelo Vieira von (coord.). *Temas de direito empresarial e outros estudos em homenagem ao Professor Luiz Gastão Paes de Barros Leães*. São Paulo: Malheiros, 2014.

GUERREIRO, José Alexandre Tavares. O conselho fiscal e o direito à informação. *Revista de Direito Mercantil* 45/30-31.

GUERREIRO, José Alexandre Tavares. *Regime jurídico do capital autorizado*. São Paulo: Saraiva, 1984.

GUERREIRO, José Alexandre Tavares. Sociologia do poder na sociedade anônima. *Revista de Direito Mercantil, Industrial, Econômico e Financeiro*, v. 29, n. 77, p. 50-56, jan./mar. 1990.

GUIMARÃES, Carlos da Rocha. *Prescrição e decadência*. 2. ed. Rio de Janeiro: Forense, 1984.

GUIMARÃES, Francisco José Pinheiro. *In*: LAMY FILHO, Alfredo; Pedreira, José Luiz Bulhões (coord.). *Direito das companhias*. 2. ed. Rio de Janeiro: Forense, 2017.

HALF, Ek von; HOYENBERG, Philipp von. *Aktiengesellschaften*. München: DTV, 2006.

HALPERIN, Isaac; OTAEGUI, Julio C. *Sociedades anónimas*. 2. ed. Buenos Aires: Depalma, 1998.

HAMILTON, Robert W. *The law of corporations*. 3. ed. St. Paul, MN: West Publishing, 1993.

HAMILTON, Robert W. *The law of corporations in a nutshell*. 4. ed. St. Paul, MN: West Publishing, 1996.

HAMILTON, Robert W.; BOOTH, Richard A. *Corporations*. St. Paul: Thomson West, 1997.

HANSMANN, Henry; KRAAKMAN, Reinier. *Harvard Law School Discussion Paper* n. 280.

HANSMANN, Henry; KRAAKMAN, Reinier. *NYU Working Paper*, n. 013.

HANSMANN, Henry; KRAAKMAN, Reinier. The basic governance structure. *In*: KRAAKMAN, Reinier *et al*. *The anatomy of corporate law*. A comparative and functional approach. New York: Oxford University Press, 2004.

HANSMANN, Henry; KRAAKMAN, Reinier. *Yale Law School Working Paper*, n. 235.

HANSMANN, Henry; KRAAKMAN, Reinier. *Yale SOM Working Paper* n. ICF – 00-09. Disponível em: https://papers.ssrn.com/sol3/papers.cfm?abstract_id=204528. Acesso em: 8 jan. 2020.

HANSMANN, Henry; KRAAKMAN, Reinier; SQUIRE, Richard. Law and the rise of the firm, *Harvard Law Review*, v. 119, p. 1.335-1.403.

HART, Oliver; Zingales, Luigi. *Companies should maximize shareholder welfare not market value*. Disponível em: https://scholar.harvard.edu/files/hart/files/should_july16_2.03.16_pm_2.04.33_pm.pdf. Acesso em: 8 jan. 2020.

HAURIOU, Maurice. La théorie de l'institution et de la fondation. *Cahiers de la Nouvelle Journée*. n. 4. Paris: Librairie Bloud et Gay, 1925.

HENN, Harry G.; ALEXANDER, John R. *Laws of corporations*. St. Paul: West Group, 1983.

Referências

HERTIG, Gerard; KANDA, Hideki. Related parties transactions. *In*: KRAAKMAN, Reinier et al. *The anatomy of corporate law*. A comparative and functional approach. New York: Oxford University Press, 2004.

HESPANHA, António Manuel. *Panorama histórico da cultura jurídica europeia*. Mira-Sintra: Publicações Europa-América, 1997.

HOPT, Klaus J. Comparative corporate governance: the state of art and international regulation. *Working Paper* n. 170, jan. 2011.

HOPT, Klaus J. Self-dealing and use of corporate opportunity and information: regulating directors. Conflicts of interest. *In*: HOPT, Klaus J.; TEUBNER, Günther (org.). *Corporate governance and directors' liabilities*. Legal, economic and sociological analyses on corporate social responsibility. Berlin/New York: Walter de Gruyter, 1985.

HOPT, Klaus J.; TEUBNER, Günther (org.). *Corporate Governance and Directors' Liabilities*. Legal, Economic and Sociological Analyses on Corporate Social Responsibility. Berlin/New York: Walter de Gruyter, 1985.

HOUAISS, A.; VILLAR, M. S. *Dicionário Houaiss de Língua Portuguesa*. Elaborado pelo Instituto Antônio Houaiss de Lexicografia e Banco de Dados da Língua Portuguesa S/C Ltda. Rio de Janeiro: Objetiva, 2009.

HÜBERT, Ivens Henrique. *Sociedade empresária & capital social*. Curitiba: Juruá, 2009.

HUDSON, Michael. *Killing the host*: how financial parasites and debt bondage destroy the global economy. Petrolia: Counterpunch, 2015.

HÜFFER, Uwe. *Aktiengesetz*. 6. ed. Munique: Beck, 2004.

IBGC – Instituto Brasileiro de Governança Corporativa. *Código das melhores práticas de governança corporativa*. 5. ed. São Paulo, 2015.

IBGC – Instituto Brasileiro de Governança Corporativa. *Guia de orientação jurídica de conselheiros de administração e diretores*. São Paulo: IBGC, 2012.

IUDÍCIBUS, Sérgio de; MARION, José Carlos. *Dicionário de termos de contabilidade*. São Paulo: Atlas, 2001.

JAEGER, Pier Giusto. *L'interesse sociale*. Milano: Giuffrè, 1964.

JOSSERAND, Louis. De la responsabilité du fait des choses inanimés. *In*: CARVAL, Suzanne. *La construction de la responsabilité civile*. Paris: Presses Universitaires de France, 2001.

JUSTEN FILHO, Marçal. *Desconsideração da personalidade societária no direito brasileiro*. São Paulo: RT, 1987.

JUSTEN FILHO, Marçal. Empresas estatais e a superação da dicotomia "prestação de serviço público/exploração de atividade econômica". *In*: FIGUEIREDO, Marcelo; PONTES FILHO, Valmir. *Estudos de direito público em homenagem a Celso Antônio Bandeira de Mello*. São Paulo: Malheiros, 2008.

KANN, Jürgen von. *Vorstand der AG*. Führungsaufgaben, Rechtspflichten und Corporate Governance. Berlin: Eric Schmidt Verlag, 2005.

KELSEN, Hans. *Teoria pura do direito*. Tradução João Baptista Machado. 5. ed. Coimbra: Arménio Amado, 1979.

KNUTS, Mårten; KOLSTER, Thomas. Supreme Courts in the nordics pierce the corporate veil – is the limited liability of the shareholders at risk? *Business Law International*, London, v. 17, n. 3, p. 253-258.

KRAAKMAN, Reinier. The economics functions of corporate liability. *In*: HOPT, Klaus J.; TEUBNER, Günther (org.). *Corporate governance and directors' liabilities*. Legal, economic and sociological analyses on corporate social responsibility. Berlin/New York: Walter de Gruyter, 1985.

KRAUSE, Detlef. Corporate social responsibility: interests and goals. *In*: HOPT, Klaus J.; TEUBNER, Günther (org.). *Corporate governance and directors' liabilities*. Legal, economic and sociological analyses on corporate social responsibility. Berlin/New York: Walter de Gruyter, 1985.

KRIPPNER, Gretta. *Capitalizing on crisis*: the political origins of the rise of finance. Cambridge: Harvard University Press, 2011.

LACERDA, J. C. Sampaio de. *Comentários à Lei das Sociedades Anônimas*. São Paulo: Saraiva, 1978. v. 3.

LAMY FILHO, Alfredo. *A Lei das S.A*. Rio de Janeiro: Renovar, 1992.

Referências

LAMY FILHO, Alfredo. A reforma da Lei de Sociedades Anônimas. *Cadernos da PUC*. Rio de Janeiro: Pontifícia Universidade Católica, 1972. (Séries Jurídicas 8.)

LAMY FILHO, Alfredo. Capital social. *In*: LAMY FILHO, Alfredo; PEDREIRA, José Luiz Bulhões. *Direito das companhias*. Rio de Janeiro: Forense, 2009. v. 1.

LAMY FILHO, Alfredo. Subscrição de ações e direito de retirada na incorporação. *In*: LAMY FILHO, Alfredo; PEDREIRA, José Luiz Bulhões. *A Lei das S.A*. 2. ed. Rio de Janeiro: Renovar, 1995. v. 2.

LAMY FILHO, Alfredo. *Temas de S.A*. Rio de Janeiro: Renovar, 2007.

LAMY FILHO, Alfredo; PEDREIRA, José Luiz Bulhões. *A Lei das S.A*. Rio de Janeiro: Renovar, 1992.

LAMY FILHO, Alfredo; PEDREIRA, José Luiz Bulhões. *A Lei das S.A*. (pareceres). 2. ed. Rio de Janeiro: Renovar, 1996. v. 2.

LAMY FILHO, Alfredo; PEDREIRA, José Luiz Bulhões. *A Lei das S.A*. 2. ed. Rio de Janeiro: Renovar, 1995. v. 1.

LAMY FILHO, Alfredo; PEDREIRA, José Luiz Bulhões. *A Lei das S.A.*: pressupostos, elaboração, aplicação. Rio de Janeiro: Renovar, 1992.

LAMY FILHO, Alfredo; PEDREIRA, José Luiz Bulhões. *A Lei das S.A*. 3. ed. Rio de Janeiro: Renovar, 1997. v. 1.

LAMY FILHO, Alfredo; PEDREIRA, José Luiz Bulhões. *Direito das companhias*. Rio de Janeiro: Forense, 2009. v. 1 e 2.

LAMY FILHO, Alfredo; PEDREIRA, José Luiz Bulhões. *Direito das companhias*. 2. ed. Rio de Janeiro: Forense, 2017.

LATORRACA, Nilton. *In*: CARVALHOSA, Modesto. *Comentários à Lei de Sociedades Anônimas*. 5. ed. São Paulo: Saraiva, 2011. v. 3.

LAZZARESCHI NETO, Alfredo Sérgio. *Lei das Sociedades por Ações anotada*. 3. ed. São Paulo: Saraiva, 2010.

LAZZARESCHI, Alfredo Sérgio Neto. *Lei das Sociedades por Ações anotada*. 5. ed. São Paulo: Societátis Edições, 2017. v. 1.

LEÃES, Luiz Gastão Paes de Barros. Ações preferenciais exclusivamente com vantagens políticas. *Revista de Direito Mercantil, Industrial, Econômico e Financeiro*. São Paulo, ano XXXVI, n. 109.

LEÃES, Luiz Gastão Paes de Barros. *Comentários à Lei das Sociedades Anônimas*. São Paulo: Saraiva, 1980. v. 2.

LEÃES, Luiz Gastão Paes de Barros. Conflito de interesses e vedação de voto nas assembleias de sociedades anônimas. *Revista de Direito Mercantil* 92/110.

LEÃES, Luiz Gastão Paes de Barros. *Do direito do acionista ao dividendo*. São Paulo: Obelisco, 1969.

LEÃES, Luiz Gastão Paes de Barros. *Pareceres*. São Paulo: Singular, 2004. v. I e II.

LEÃES, Luiz Gastão Paes de Barros. Responsabilidade dos administradores das sociedades por cotas de responsabilidade limitada. *Revista de Direito Mercantil, Industrial, Econômico e Financeiro* 15/50.

LEÃO JR., Luciano de Souza. Conselho de administração e diretoria. *In*: LAMY FILHO, Alfredo; PEDREIRA, José Luiz Bulhões (coord.). *Direito das companhias*. Rio de Janeiro: Forense, 2017.

LE CONNU, Paul. *L'abus de minorité*. Paris: Bulletin, Joly Sociétés, 1986. n. 4.

LEMARCHAND, Yannick. Falsifications et manipulations comptables. La mesure du profit, um enjeu social (1856-1914). *Comptabilité – Contrôle – Audit*, v. 3, n. 11, p. 15-33, 2005.

LIBONATI, Berardino. Il problema della validità dei sindacati di voto: situazione attuale e prospettive. *In*: BIONELLI, Franco; JAEGER, Pier Giusto. *Sindacati di voto e sindacati di bloco*. Milano: Giuffrè, 1993.

LIMONGI FRANÇA, Rubens. *Instituições de direito civil*. 3. ed. São Paulo: Saraiva, 1994.

LOBO, Carlos Augusto da Silveira. Acordo de acionistas. *In*: LAMY FILHO, Alfredo; PEDREIRA, José Luiz Bulhões (coord.). *Direito das companhias*. Rio de Janeiro: Forense, 2009. v. 1.

LOBO, Carlos Augusto da Silveira. *As demonstrações financeiras das sociedades anônimas e noções de contabilidade para advogados*. Rio de Janeiro: Renovar, 2001.

Referências

LOBO, Carlos Augusto da Silveira. *In*: LAMY FILHO, Alfredo; PEDREIRA, José Luiz Bulhões. *Direito das companhias*. Rio de Janeiro: Forense, 2009. v. 1.

LOBO, Carlos Augusto da Silveira. *In*: LAMY FILHO, Alfredo; PEDREIRA, José Luiz Bulhões. *Direito das companhias*. 2. ed. Rio de Janeiro: Forense, 2017.

LOBO, Carlos Augusto da Silveira. Oferta pública para aquisição de controle de companhia aberta. *In*: LAMY FILHO, Alfredo; PEDREIRA, José Luiz Bulhões. *Direito das companhias*. Rio de Janeiro: Forense, 2017. v. 2.

LOBO, Carlos Augusto da Silveira. O voto múltiplo na eleição do conselho de administração das sociedades anônimas. *Revista Forense*, n. 270, p. 117-119, 1980.

LOBO, Jorge. *Direito dos acionistas*. Rio de Janeiro: Elsevier, 2011.

LOBO, Jorge. Direito dos grupos de sociedades. *Revista dos Tribunais*, v. 763, maio 1999.

LOBO, Jorge. *Reforma da Lei das Sociedades Anônimas*. Rio de Janeiro: Forense, 2002.

LOPES, José Reinaldo Lima. O acionista controlador na Lei de Sociedade por ações. *Revista de Direito de Informação Legislativa*, ano 16, n. 61, p. 265-275, jan./mar. 1979.

LOPES, Miguel Maria de Serpa. *Comentário teórico e prático da lei de introdução ao Código Civil*. Rio de Janeiro: Livraria Jacintho Editora, 1943. v. 1.

LUCENA, José Waldecy. *Das sociedades anônimas*: comentários à lei. Rio de Janeiro: Renovar, 2009. v. 1 e 2.

LUCENA, José Waldecy. *Das sociedades anônimas*: comentários à lei. Rio de Janeiro: Renovar, 2012. v. 3.

LUCENA, José Waldecy. *Das sociedades limitadas*. Rio de Janeiro: Renovar, 2003.

LUCENA, José Waldecy. *Das sociedades limitadas*. 6. ed. Rio de Janeiro: Renovar, 2005.

LUHMANN, Niklas. *Sociologia do direito I*. Tradução Gustavo Bayer. Rio de Janeiro: Tempo, 1983.

MAJO, Jose Oriol Llebot. *Los deberes de los administradores de la sociedad anónima*. Madrid: Civitas, 1996.

MAMEDE, Gladston. *Direito empresarial brasileiro*: direito societário: sociedades simples e empresárias. São Paulo: Atlas, 2019. v. 2.

MAMEDE, Gladston. *Direito empresarial brasileiro*. São Paulo: Atlas, 2004. v. 2.

MARCONDES, Sylvio. *Problemas de direito mercantil*. São Paulo: Max Limonad, 1970.

MARIANI, Irineu. Responsabilidade civil dos sócios e dos administradores de sociedades empresárias (à luz do Código Civil). *Revista da Ajuris*, v. 32, n. 97, p. 103-121, mar. 2005.

MARINHO, Josaphat. *In*: REALE, Miguel. *História do novo Código Civil*. São Paulo: RT, 2005.

MARTINS, Eliseu; GELBCKE, Ernesto Rubens; SANTOS, Ariovaldo dos; IUDÍCIBUS, Sérgio de. *Manual de contabilidade societária*: aplicável a todas as sociedades: de acordo com as normas internacionais e do CPC. 2. ed. São Paulo: Atlas, 2013.

MARTINS, Fran. *Comentários à Lei das Sociedades Anônimas*. Rio de Janeiro: Forense, 1978. v. 3.

MARTINS, Fran. *Comentários à Lei das Sociedades Anônimas*. 2. ed. Rio de Janeiro: Forense, 1982. v. 1.

MARTINS, Fran. *Comentários à Lei das Sociedades Anônimas*. 2. ed. Rio de Janeiro: Forense, 1984. v. 2, t. I e II.

MARTINS, Fran. *Comentários à Lei das Sociedades Anônimas*. 2. ed. Rio de Janeiro: Forense, 1985. v. 3.

MARTINS, Fran. *Comentários à Lei das Sociedades Anônimas*. 3. ed. Rio de Janeiro: Forense, 1989. v. 1.

MARTINS, Fran. *Comentários à lei de sociedades anônimas*. 6. ed. São Paulo: Saraiva, 2014. v. 2.

MARTINS, Fran. *Contratos e obrigações comerciais*. 5. ed. Rio de Janeiro: Forense, 1977.

MARTINS, Fran. *Curso de direito comercial*. 2. ed. Rio de Janeiro: Forense, 1958.

MARTINS, Fran. *Curso de direito comercial terrestre*. 5. ed. Rio de Janeiro: Forense, 1971.

MARTINS, Fran. *Direito societário*. Rio de Janeiro: Forense, 1984.

MARTINS, Fran. *Novos estudos do direito societário*: sociedades anônimas e sociedade por quotas. São Paulo: Lovebooks, 2016. Edição *Kindle*.

Referências

MARTINS, Fran. *Títulos de crédito*. 3. ed. Rio de Janeiro: Forense, 1983. v. I.

MARTINS, Ives Gandra da Silva. *In*: VIDIGAL, Geraldo de Camargo; MARTINS, Ives Gandra da Silva (coord.). *Comentários à Lei das Sociedades por Ações*. São Paulo: Forense Universitária, 1999.

MARTINS-COSTA, Judith. Os avatares do abuso de direito e o rumo indicado pela boa-fé. *In*: TEPEDINO, Gustavo (org.). *Direito civil contemporâneo*. Novos problemas à luz da legalidade constitucional. São Paulo: Atlas, 2008.

MATTOS FILHO, Ary Oswaldo. *Direito dos valores mobiliários*. São Paulo: FGV, 2015. v. 1.

MATTOS FILHO, Ary Oswaldo. O conceito de valor mobiliário. *Revista de Direito Mercantil* 59/49.

MAXIMILIANO, Carlos. *Hermenêutica e aplicação do direito*. 9. ed. Rio de Janeiro: Forense, 1980.

MEDINA, Annie. *Abús de biens sociaux*. Prevention. Détection. Poursuite. Paris: Dalloz, 2001.

MEIRELLES, Hely Lopes. *Direito administrativo brasileiro*. 5. ed. São Paulo: RT, 1977.

MENEZES CORDEIRO, António. A lealdade no direito das sociedades. Ordem dos Advogados de Portugal. Disponível em: http://www.ao.pt/Conteudos/Artigos/detalhe_artigo.aspex?idsc=30777&idsc=54103&ida=54129. Acesso em: 2 ago. 2007.

MENEZES CORDEIRO, António. *Da responsabilidade civil dos administradores das sociedades comerciais*. Lisboa: Lex, 1997.

MENEZES CORDEIRO, António. *Direito europeu das sociedades*. Coimbra: Almedina, 2005.

MENEZES CORDEIRO, António. *Manual de direito das sociedades*. Coimbra: Almedina, 2006. v. 2.

MENEZES, Mauricio Moreira. Companhia institucional? *In*: TAVARES, Marcelo Leonardo (org.). *Empresa e atividades econômicas*. Rio de Janeiro: Freitas Bastos, 2015.

MENEZES, Maurício Moreira. *O poder de controle nas companhias em recuperação judicial*. Rio de Janeiro: Forense, 2012.

MESSINEO, Francesco. *Studi di diritto delle società*. Milano: Giuffrè, 1958.

MESSINEO, Francesco. Valore giuridico del bilancio di società per azioni e delle registrazioni nei libri sociali. *Studi di diritto delle società*. Milano: Giuffrè, 1949.

MICHOUD, Léon. *La théorie de la personnalité morale*. Première partie. Paris: LGDJ, 1906.

MIRANDA, Edson Antonio. *Execução específica dos acordos de acionistas*. São Paulo: Juarez de Oliveira, 2000.

MOLINA, Mantilla. La responsabilidad de los administradores de las sociedades anonimas. *Boletin del Instituto de Derecho Comparado de Mexico*, v. 7, n. 20/21, p. 43-60, maio/dez. 1954.

MONTALENTI, Paolo. *Persona giuridica, gruppi di società, corporate governance*: studi in tema di società per azioni. Padova: Cedam, 1999.

MORAES, Maria Celina Bodin de. *Danos à pessoa humana*. Uma leitura civil-constitucional dos danos morais. Rio de Janeiro: Renovar, 2007.

MOREIRA ALVES, José Carlos. *A parte geral do Projeto de Código Civil brasileiro*. 2. ed. São Paulo: Saraiva, 2003.

MOREIRA ALVES, José Carlos. *Direito romano*. Rio de Janeiro: Forense, 1997. v. II.

MOTTA, Nelson Cândido. Alienação do poder de controle compartilhado. *Revista de Direito Mercantil*, São Paulo, v. 89, jan./mar. 1993.

MUNHOZ, Eduardo Secchi. *Aquisição de controle na sociedade anônima*. São Paulo: Saraiva, 2013.

MUNHOZ, Eduardo Secchi. *Empresa contemporânea e o direito societário*. São Paulo: Juarez de Oliveira, 2002.

MUNHOZ, Eduardo Secchi; ROBERT, Bruno. A Lei n. 11.638/07 e o cálculo do dividendo mínimo obrigatório. *In*: WARDE JR., Walfrido Jorge (coord.). *Fusão, cisão, incorporação e temas correlatos*. São Paulo: Quartier Latin, 2009.

MUSACCHIO, Aldo; LAZZARINI, Sergio G. *Reinventando o capitalismo de estado*: o Leviatã nos negócios: Brasil e outros países [edição eletrônica]. São Paulo: Portfolio-Penguin, 2015.

Referências

MÜSSNICH, Francisco. Reflexões sobre o direito de recesso na lei das sociedades por ações. *In*: LOBO, Jorge (coord.). *Reforma da Lei das Sociedades Anônimas*. Rio de Janeiro: Forense, 2002.

NADER, Paulo. *Curso de direito civil*. 5. ed. Rio de Janeiro: Forense, 2010. v. 2.

NADER, Paulo. *Curso de direito civil*. 8. ed. Rio de Janeiro: Forense, v. 1.

NASH JR., John Forbes. Equilibrium points in n-person games. *Proceedings of the National Academy of Science of USA*, 1950.

NASH JR., John Forbes. Noncooperative games. *Annals of Mathematics*, n. 286, 1951.

NASH JR., John Forbes. The bargaining problem. *Econometrica*, n. 155, 1950.

NASH JR., John Forbes. Two person cooperative games. *Econometrica*, n. 128, 1953.

NEGRÃO, Ricardo. *Manual de direito comercial e de empresa*. 9. ed. São Paulo: Saraiva, 2012. v. 1.

NEGRÃO, Ricardo. *Manual de direito comercial e de empresa*. 12. ed. São Paulo: Saraiva, 2015. v. 1.

NERILLO, Lucíola Fabrete Lopes. *Responsabilidade civil dos administradores nas sociedades por ações*. Curitiba: Juruá, 2003.

NETTO, Fernando. Oferta pública de aquisição de controle de companhia aberta. *Revista Forense*, v. 301, p. 69-70, jan./mar. 1988.

NUNES, Marcelo Guedes. Dissolução parcial na sociedade limitada. *In*: COELHO, Fábio Ulhoa. *Tratado de direito comercial*. São Paulo: Saraiva, 2015. v. 2.

NUNES, Marcelo Guedes. *Jurimetria aplicada ao direito societário*: um estudo estatístico da dissolução de sociedade no Brasil. 2012. Tese (Doutorado) – Pontifícia Universidade Católica de São Paulo, São Paulo, 2012.

NUNES, Marcelo Guedes. *Jurimetria*: como a estatística pode reinventar o direito. São Paulo: RT, 2016.

NUNES, Marcelo Guedes. Jurimetria societária e o cálculo das perdas com a queda no preço de ações negociadas em bolsa. Disponível em: http://www.abj.org.br/blog/2017/05/26/2017-05-26-contrafactual/.

NUNES, Marcelo Guedes. O direito de recesso nas incorporações. *In*: CASTRO, Rodrigo Rocha Monteiro de; ARAGÃO, Leandro Santos de (coord.). *Reorganização societária*. São Paulo: Quartier Latin, 2005.

NUNES, Márcio Tadeu Guimarães. *Desconstruindo a desconsideração da personalidade jurídica*. São Paulo: Quartier Latin, 2007.

NUNES, Pedro Caetano. *Responsabilidade civil dos administradores perante os accionistas*. Coimbra: Almedina, 2001.

OIOLI, Erik Frederico. Oferta pública de aquisição de ações. *In*: COELHO, Fábio Ulhoa (coord.). *Tratado de direito comercial*. São Paulo: Saraiva, 2015. v. 4.

OIOLI, Erik Frederico. *Oferta pública de aquisição de controle de companhias abertas*. São Paulo: Quartier-Latin-IDSA, 2010.

OLIVEIRA, Ana Perestrelo de. *Manual de governo das sociedades*. Coimbra: Almedina, 2018.

OLIVEIRA, Fernão Justen; MAIA, Fernanda Caroline. O conselho de administração nas empresas estatais. *In*: JUSTEN FILHO, Marçal. *Estatuto jurídico das empresas estatais*. São Paulo: RT, 2016.

OLIVEIRA, J. Lamartine Corrêa de. A parte geral do anteprojeto de código civil. *MP* – órgão oficial do Ministério Público do Estado do Paraná, v. 2, p. 30.

OLIVEIRA, J. Lamartine Côrrea. *A dupla crise da pessoa jurídica*. São Paulo: Saraiva, 1979.

OLIVENCIA, Manuel. Corporate Governance y ordenamientos de Derecho Civil. *In*: *Revista Iberoamericana de Mercados de Valores*, Madrid, n. 2, mar. 2001.

PAES, Paulo Roberto Tavares. *Responsabilidade dos administradores de sociedades anônimas*. São Paulo: RT, 1997.

PAILLUSSEAU, Jean. La société anonyme, technique d'organization de l'entreprise. *Bibliothéque de Droit Commercial*, Paris, v. 18, 1967.

Referências

PARENTE, Flávia. *O dever de diligência dos administradores de sociedades anônimas*. Rio de Janeiro: Renovar, 2005.

PARENTE, Norma. Principais inovações introduzidas pela Lei 10.303, de 31 de outubro de 2001, à Lei de Sociedades por Ações. *In*: LOBO, Jorge (coord.). *Reforma da Lei das Sociedades Anônimas*. Rio de Janeiro: Forense, 2002.

PARENTONI, Leonardo Netto. *Desconsideração contemporânea da personalidade jurídica*. São Paulo: Quartier Latin, 2014.

PARGENDLER, Mariana. O direito societário em ação: análise empírica e proposições de reforma. *Revista de Direito Bancário e do Mercado de Capitais*, v. 59, jan. 2013.

PASQUALIN, Roberto. Lucros, reservas e dividendos. *In*: VIDIGAL, Geraldo de Camargo; MARTINS, Ives Gandra da Silva (coord.). *Comentários à Lei das Sociedades por Ações*. Rio de Janeiro: Forense, 1999.

PASTERIS, Carlos. *Il controllo nelle società collegate e le partecipazioni reciproche*. Milano: Giuffré, 1957.

PEDREIRA, José Luiz Bulhões. *A Lei das S.A.*: pressupostos, elaboração, aplicação. Rio de Janeiro: Renovar, 1992.

PEDREIRA, José Luiz Bulhões. Aquisição de controle de sociedade mercantil. *In*: LAMY FILHO, Alfredo; PEDREIRA, José Luiz Bulhões. *A Lei das S.A.*: pressupostos, elaboração, aplicação. 2. ed. Rio de Janeiro: Renovar, 1996. v. 2.

PEDREIRA, José Luiz Bulhões. Base de cálculo do dividendo obrigatório. *In*: LAMY FILHO, Alfredo; PEDREIRA, José Luiz Bulhões (coord.). *A Lei das S.A*: pressupostos, elaboração, aplicação. Rio de Janeiro: Renovar, 1992.

PEDREIRA, Luiz Bulhões. CVM ganha mais poder com nova lei. *Jornal do Brasil*, Rio de Janeiro, 15 maio 1997, Caderno Economia, p. 24.

PEDREIRA, José Luiz Bulhões. *Direito das companhias*. 2. ed. Rio de Janeiro: Forense, 2017.

PEDREIRA, José Luiz Bulhões. Eleição de administrador por ações preferenciais em "joint venture" organizada com a forma de companhia. *In*: LAMY FILHO, Alfredo; PEDREIRA, José Luiz Bulhões (coord.). *A Lei das S.A*: pressupostos, elaboração, aplicação. Rio de Janeiro: Renovar, 1992.

PEDREIRA, José Luiz Bulhões. *Finanças e demonstrações financeiras da companhia*: conceitos e fundamentos. Rio de Janeiro: Forense, 1989.

PEDREIRA, José Luiz Bulhões. Natureza jurídica da companhia. *Revista de Direito Renovar*. Rio de Janeiro, n. 12, set./dez. 1998.

PEDREIRA, José Luiz Bulhões; LAMY FILHO, Alfredo. Ação como participação societária. PEDREIRA, José Luiz Bulhões; LAMY FILHO, Alfredo (coord.). *Direito das companhias*. Rio de Janeiro: Forense, 2009. v. 1.

PEDREIRA, Bulhões; LAMY FILHO, Alfredo. *Direito das companhias*. Rio de Janeiro: Forense, 2009. v. I.

PEDREIRA, José Luiz Bulhões; LAMY FILHO, Alfredo. Valores mobiliários. Natureza e normas gerais. *In*: PEDREIRA, José Luiz Bulhões; LAMY FILHO, Alfredo (coord.). *Direitos das companhias*. Rio de Janeiro: Forense, 2017.

PEDREIRA, José Luiz Bulhões; ROSMAN, Luiz Alberto Colonna. Aprovação das demonstrações financeiras, tomada de contas dos administradores e seus efeitos. Necessidade de prévia anulação da deliberação que aprovou as contas dos administradores para a propositura da ação de responsabilidade. *In*: CASTRO, Rodrigo Rocha Monteiro de; ARAGÃO, Leandro Santos de. *Sociedade anônima*: 30 anos da Lei 6.404/76. São Paulo: Quartier Latin, 2007.

PEIXOTO, Carlos Fulgêncio da Cunha. *A sociedade por quotas de responsabilidade limitada*. Rio de Janeiro: Forense, 1958.

PEIXOTO, Carlos Fulgêncio da Cunha. *Sociedade por ações*. São Paulo: Saraiva, 1972. v. 1, 2 e 4.

PEIXOTO, Carlos Fulgêncio da Cunha. *Sociedades por ações*. São Paulo: Saraiva, 1973. v. 3.

PEIXOTO, Maurício da Cunha. Uma visão da aquisição de controle de cias. mediante oferta pública no direito britânico – *takeover bid*. *In*: LIMA, Osmar Brina Corrêa. *Atualidades jurídicas*. Belo Horizonte: Del Rey, 1993. v. 3.

Referências

PENNA, Paulo Eduardo. *Alienação de controle de companhia aberta*. São Paulo: Quartier Latin, 2012.

PENTEADO, Mauro Rodrigues. A Lei n.º 9.457/97 e tutela dos direitos dos acionistas minoritários. *In*: BULGARELLI, Waldírio (coord.). *Reforma da lei das sociedades por ações*. São Paulo: Pioneira, 1998.

PENTEADO, Mauro Rodrigues. *Aumento de capital das sociedades anônimas*. São Paulo: Saraiva, 1988.

PENTEADO, Mauro Rodrigues. *Dissolução e liquidação de sociedades*. 2. ed. São Paulo: Saraiva, 2000.

PERCEROU, André. *Lois actuelles et projets récents en matière de sociétés par actions* [Allemagne. Angleterre. Italie]. Paris: Rousseau & Cie Editeurs, 1933.

PEREIRA, Caio Mário da Silva. *Instituições de direito civil*. 3. ed. Rio de Janeiro: Forense, 1978. v. IV.

PEREIRA, Caio Mário da Silva. *Instituições de direito civil*. 4. ed. Rio de Janeiro: Forense, 1976. v. II.

PEREIRA, Caio Mário da Silva. *Instituições de direito civil*. 5. ed. Rio de Janeiro: Forense, 1976. v. I.

PEREIRA, Caio Mário da Silva. *Instituições de direito civil*. Rio de Janeiro: Forense, 2004. v. III.

PEREIRA, Caio Mário da Silva. *Responsabilidade civil*. 9. ed. Rio de Janeiro: Forense, 1999.

PEREIRA, Guilherme Döring Cunha. *Alienação do poder de controle acionário*. São Paulo: Saraiva, 1995.

PERLINGIERI, Pietro; LISELLA, Gaspare. Persone giuridiche. *In*: PERLINGIERI, Pietro. *Manuale di diritto civile*. Napoli: Edizione Scientifique Italiane, 2003.

PERNIDJI, Sergio Eskenazi. Liquidação. *In*: LAMY FILHO, Alfredo; PEDREIRA, José Luiz Bulhões (coord.). *Direito das companhias*. Rio de Janeiro: Forense, 2009. v. 2.

PERRINO, Michele. *Le tecniche di esclusione del socio dalla società*. Milano: Giuffrè, 1997.

PIMENTA, Eduardo Goulart. A *affectio societatis* nas companhias fechadas. *In*: SILVA, Alexandre Couto (coord.). *Direito societário*: estudos sobre a Lei de Sociedades por Ações. São Paulo: Saraiva, 2013.

PINTO JR., Mário Engler. A governança corporativa e os órgãos de administração. *In*: FINKELSTEIN, Maria Eugênia Reis; PROENÇA, José Marcelo Martins (coord.). *Gestão e controle*. São Paulo: Saraiva, 2008.

PINTO JR., Mário Engler. *Empresa estatal*: função econômica e dilemas societários. 2. ed. São Paulo: Atlas, 2013.

PINTO JR., Mário Engler. *O Estado como acionista controlador*. 2009. Tese (Doutorado) – Universidade de São Paulo, São Paulo, 2009.

PINTO, Mariana Gonçalves Robertson. *A tutela dos acionistas minoritários diante de ilegalidades e abusos por parte do acionista controlador na constituição e manipulação de reservas de lucro de sociedades anônimas*. 2018. Tese (Doutorado) – Faculdade de Direito, Universidade do Estado do Rio de Janeiro, Rio de Janeiro, 2018.

PITTA, André Grünspun. *O regime de informação das companhias abertas*. São Paulo: Quartier Latin-IDSA, 2013.

PIVA, Luiz Carlos. Lucros, reservas e dividendos. *In*: LAMY FILHO, Alfredo; PEDREIRA, José Luiz Bulhões (coord.). *Direito das companhias*. Rio de Janeiro: Forense, 2009. v. 2.

PONTES, Aloysio Lopes. *Sociedades anônimas*. 4. ed. Rio de Janeiro: Forense, 1957. v. 1.

PONTES DE MIRANDA, Francisco Cavalcanti. *Tratado de direito privado*. 2. ed. Rio de Janeiro: Borsoi, 1960. t. XXVII.

PONTES DE MIRANDA, Francisco Cavalcanti. *Tratado de direito privado*. 2. ed. Rio de Janeiro: Borsoi, 1966. t. LI.

PONTES DE MIRANDA, Francisco Cavalcanti. *Tratado de direito privado*. 3. ed. Rio de Janeiro: Borsoi, 1970. t. I.

PONTES DE MIRANDA, Francisco Cavalcanti. *Tratado de direito privado*. 3. ed. Rio de Janeiro: Borsoi, 1972. t. I e L.

PONTES DE MIRANDA, Francisco Cavalcanti. *Tratado de direito privado*: Parte geral – Introdução. Pessoas físicas e jurídicas. 4. ed. São Paulo: RT, 1974. t. I.

PONTES DE MIRANDA, Francisco Cavalcanti. *Tratado de direito privado*. 3. ed. São Paulo: RT, 1984. t. 50.

PONTES DE MIRANDA, Francisco Cavalcanti. *Tratado de direito privado*. Campinas: Bookseller, 2000. v. 1.

Referências

PONTES DE MIRANDA, Francisco Cavalcanti. *Tratado de direito privado*. 2. ed. atual. por Vilson Rodrigues Alves. Campinas: Bookseller, 2001. v. 21.

POSNER, Richard. *Economic analysis of law*. New York: Aspen & Business, 1986.

POSNER, Richard. *Economic analysis of law*. New York: Aspen Law & Business, 1988.

POSNER, Richard. *Economic analysis of law*. New York: Aspen Law and Business, 1998.

PRADO, Maria da Glória Ferraz de Almeida. *A admissibilidade e a conveniência da exclusão do controlador em S.A. 2015*. Tese (Doutorado em Direito Comercial) – Faculdade de Direito da Universidade de São Paulo, São Paulo, 2015.

PRADO, Roberta Nioac. Da obrigatoriedade por parte do adquirente do controle de sociedade por ações de capital aberto. *Revista de Direito Mercantil*, São Paulo, v. 106, abr./jun. 1997.

PRADO, Viviane Müller. Grupos societários. *In*: COELHO, Fábio Ulhoa. *Tratado de direito comercial*. São Paulo: Saraiva, 2015. v. 3.

RABITTI, Maddalena. *Rischio organizzativo e responsabilità degli amministratori*. Contributo allo studio dell'illecito civile. Milano: Giuffré, 2004.

RAMOS, André Luiz Santa Cruz. *Curso de direito empresarial*. 4. ed. Rio de Janeiro: Forense, 2010.

RAMOS, Maria Elisabete. Aspectos substantivos da responsabilidade civil dos membros do órgão de administração perante a sociedade. *Boletim da Faculdade de Direito da Universidade de Coimbra*, v. 73, 1997.

RAMOS, Maria Elisabete. *Responsabilidade dos administradores e diretores de sociedades anônimas perante os credores sociais*. Coimbra: Coimbra Ed., 2002.

RATHENAU, Walther. Do sistema acionário – uma análise negocial. Tradução Nilson Lautenschleger Jr. *Revista de Direito Mercantil, Industrial, Econômico e Financeiro*, São Paulo, v. 128, p. 202-223, out./dez. 2002.

RATHENAU, Walther. *Vom Aktienwesen*: Eine geschäftliche Betrachtung. Berlin: G. Fischer, 1917.

REVISTA SEMESTRAL DE DIREITO EMPRESARIAL – RSDE. Legal protection of investments. Departamento de Direito Comercial e do Trabalho da Faculdade de Direito da Universidade do Estado do Rio de Janeiro, v. 14, p. 191-204, jan.-jun. 2014.

REQUIÃO, Rubens. Abuso de direito e fraude através da personalidade jurídica (*disregard doctrine*). *Aspectos modernos de direito comercial*. São Paulo: Saraiva, 1977.

REQUIÃO, Rubens. *Comentários à Lei das Sociedades Anônimas*. São Paulo: Saraiva, 1978. v. 1.

REQUIÃO, Rubens. *Comentários à Lei das Sociedades Anônimas*. São Paulo: Saraiva, 1980. v. 1.

REQUIÃO, Rubens. *Curso de direito comercial*. Atualizado por Rubens Raimundo Requião. São Paulo: Saraiva, 2003. v. 1 e 2.

REQUIÃO, Rubens. *Curso de direito comercial*. São Paulo: Saraiva, 2012. Edição digital.

REQUIÃO, Rubens. *Curso de direito comercial*. São Paulo: Saraiva, 2013. v. 2.

REQUIÃO, Rubens. *Curso de direito comercial*. 7. ed. São Paulo: Saraiva, 1976.

REQUIÃO, Rubens. *Curso de direito comercial*. 16. ed. São Paulo: Saraiva, 1986. v. 2.

REQUIÃO, Rubens. *Curso de direito comercial*. 17. ed. São Paulo: Saraiva, 1988. v. 1.

REQUIÃO, Rubens. *Curso de direito comercial*. 19. ed. São Paulo: Saraiva, 1989. v. 1.

REQUIÃO, Rubens. *Curso de direito comercial*. 25. ed. São Paulo: Saraiva, 2003. v. 1 e 2.

REQUIÃO, Rubens. *Curso de direito comercial*. 29. ed. rev. e atual. por Rubens Edmundo Requião. São Paulo: Saraiva, 2012. v. 2.

REQUIÃO, Rubens. *Curso de direito comercial*. 30. ed. São Paulo: Saraiva, 2013. v. 2.

REQUIÃO, Rubens. *Curso de direito comercial*. 31. ed. São Paulo: Saraiva, 2014. v. 2.

REQUIÃO, Rubens. *Curso de direito comercial*. 33. ed. São Paulo: Saraiva, 2014. v. 1.

REQUIÃO, Rubens. *Curso de direito falimentar*. 15. ed. São Paulo: Saraiva, 1993. v. I.

Referências

RIBEIRO, Márcia Carla Pereira. Alienação do poder de controle. *In*: BERTOLDI, Marcelo. *Reforma da lei das sociedades anônimas*: comentários à Lei 10.303, de 31.10.2001. São Paulo: RT, 2002.

RIBEIRO, Renato. *Dever de diligência dos administradores de sociedades*. São Paulo: Quartier Latin, 2006.

RIPERT, Georges. *Aspectos jurídicos do capitalismo moderno*. Tradução Gilda G. de Azevedo. Rio de Janeiro: Freitas Bastos, 1947.

RIPERT, Georges. *Aspectos jurídicos do capitalismo moderno*. Campinas: Red Livros, 2002.

RIPERT, Georges; ROBLOT, René. *Traité de droit commercial*. Atualizado por Michel Germain. Paris: LGDT, 2002. t. I, v. II.

RIPERT, Georges; ROBLOT, René. *Traité de droit commercial*. 13. ed. Paris: LGDJ, 1991. v. 1.

RIPERT, Georges; ROBLOT, René. *Traité de droit commercial*. 14. ed. Paris: LGDJ, 1991. t. I.

ROBERT, Bruno. Direito do acionista de participação nos resultados. *In*: COELHO, Fábio Ulhoa (coord.). *Tratado de direito comercial*. São Paulo: Saraiva, 2015.

ROBERT, Bruno. *Dividendo mínimo obrigatório nas S.A*: apuração, declaração e pagamento. São Paulo: Quartier Latin, 2011.

ROCHA, João Luiz Coelho da; LIMA, Marcelle Fonseca. Os valores mobiliários como títulos de crédito. *Revista de Direito Mercantil*, n. 119, jul./set. 2000.

RODRIGUES, Sílvio. *Direito civil*. 28. ed. São Paulo: Saraiva, 2003. v. 5.

RODRIGUES, Sílvio. *Direito civil*. 32. ed. São Paulo: Saraiva, 2002. v. 1.

ROSMAN, Luiz Alberto Collona; ARIERA Bernardo Alvarenga de Bulhões. *In*: LAMY FILHO, Alfredo; PEDREIRA José Luiz Bulhões (coord.). *Direito das companhias*. 2. ed. Rio de Janeiro: Forense, 2017.

ROSSI, Guido. *Utile di bilancio, riserve e dividendo*. Milano: Giuffrè, 1957.

ROTMAN, Leonard. *Boston College International and Comparative Law Review*, v. 33, n. 2, p. 219, 2010. Disponível em: https://papers.ssrn.com/sol3/papers.cfm?abstract_id=1517846. Acesso em: 8 jan. 2020.

RUSSELL, Bruce. Verbete "egoism". *The Cambridge Dictionary of Philosophy*. Cambridge University Press: General Editor Robert Audi, 1995.

SÁ, Fernando Augusto Cunha de. *Abuso do direito*. Lisboa: Petrony, 1973.

SADDI, Jairo. Vinculação do voto pelos administradores indicados pelo acordo de voto. *In*: KUYVEN, Luiz Fernando Martins (coord.). *Temas essenciais de direito empresarial*: estudos em homenagem a Modesto Carvalhosa. São Paulo: Saraiva, 2012.

SALEILLES, Raymond. *De la personnalité juridique*. Histoire et théories. Paris: Librairie Nouvelle de Droit et de Jurisprudence, 1910.

SALLEILLES, Raymond. *Essai d'une theorie génerale de l'obligation*. Paris: Cotillon, 1890.

SALOMÃO FILHO, Calixto. *A sociedade unipessoal*. São Paulo: Malheiros, 1995.

SALOMÃO FILHO, Calixto. *O novo direito societário*. 2. ed. São Paulo: Malheiros, 2002.

SALOMÃO FILHO, Calixto. *O novo direito societário*. 3. ed. São Paulo: Malheiros, 2006.

SALOMÃO FILHO, Calixto. *O novo direito societário*. 4. ed. São Paulo: Malheiros, 2011.

SALOMÃO FILHO, Calixto. *O novo direito societário*. Eficácia e sustentabilidade. São Paulo: Saraiva, 2019.

SALOMÃO FILHO, Calixto. *O novo direito societário*. São Paulo: Malheiros, 1998.

SALOMÃO FILHO, Calixto. *O novo direito societário*. São Paulo: Malheiros, 2002.

SALOMÃO FILHO, Calixto; COMPARATO, Fábio Konder. *O poder de controle na sociedade anônima*. São Paulo: Saraiva, 2005.

SANCHEZ, Daniela M. L. Voto plural deve voltar a existir no Brasil. *Jornal Valor Econômico*. Legislação. São Paulo, 10 jan. 2020. Disponível em: <https://valor.globo.com>. Acesso em: 10 jan. 2020.

Referências

SANTOS, Paulo Penalva; SANTOS, Guilherme Penalva. Inaplicabilidade dos princípios constitucionais da pessoa humana e da liberdade de associação para fundamentar a dissolução de sociedades. *Revista da Escola da Magistratura do Estado do Rio de Janeiro*, Rio de Janeiro, v. 20, n. 3, p. 344-368, set./dez. 2018.

SANTOS, Theophilo de Azeredo. *Manual de direito comercial*. Rio de Janeiro: Forense, 1965.

SATIRO, Francisco. Breves notas sobre o estado de liquidação da sociedade. *In*: CASTRO, Rodrigo Rocha Monteiro de; ARAGÃO, Leandro Santos de (coord.). *Direito societário*: desafios atuais. São Paulo: Quartier Latin, 2009.

SCHMIDT, Dominique. *Les conflits d'intérêts dans la société anonyme*. Paris: Joly, 2004.

SCHREIBER Anderson. *Manual de direito civil contemporâneo*. São Paulo: Saraiva, 2018.

SEN, Amartya. *The idea of justice*. Cambridge: The Belknap Prees of Harvard University Press, 2009.

SERICK, Rolf. *Rechtform und Realität juristischer Personen*. 2. ed. Tübigen: J.C.B.Mohr, 1980.

SERRA, Catarina. O novo governo das sociedades: para uma governação socialmente responsável. *Scientia Iuris*, Londrina, v. 14, p. 161-162, 2010.

SHARFMAN, Bernard S. Being informed does matter: fine tuning gross negligence twenty plus years after Van Gorkom *in The Business Lawyer. Section of Business Law of the American Bar Association*, Chicago, v. 62, nov. 2006.

SIEBER, Ulrich. Programas de "compliance" en el Derecho Penal de la empresa: Una nueva concepción para controlar la criminalidad económica. *In*: OLAECHEA, Urquizo; VÁSQUEZ, Abanto; SÁNCHEZ, Salazar. *Dogmática penal de derecho penal económico y política criminal*. Homenaje a Klaus Tiedemann. Lima: Fondo, 2001.

SILVA, Alexandre Couto. *Responsabilidade dos administradores de S.A. Business judgment rule*. Rio de Janeiro: Elsevier, 2007.

SILVA, Francisco Costa e. As ações preferenciais na Lei 10.303, de 31.10.2001: proporcionalidade com as ações ordinárias; vantagens e preferências. *In*: LOBO, Jorge (coord.). *Reforma da lei das sociedades anônimas*. Rio de Janeiro: Forense, 2002.

SILVA, José Afonso da. *Comentário contextual à Constituição*. 8. ed. São Paulo: Malheiros, 2012.

SIMÕES, Paulo Cesar Gonçalves. *Governança corporativa e o exercício do voto nas S.A*. Rio de Janeiro: Lumen Juris, 2003.

SOLTES, Eugene. *Why they do it*. Insite the mind of the white-collar criminal. New York: Public Affairs, 2017.

SOUZA, Marcos Andrey de. O direito de saída conjunta (*tag along*) e os preferencialistas. *In*: CASTRO, Rodrigo Rocha Monteiro de; ARAGÃO; Leandro Santos de. *Sociedade anônima*: 30 anos da Lei 6.404/76. São Paulo: Quartier Latin-IDSA, 2007.

STEIMANN, Horst. The enterprise as a political system. *In*: HOPT, Klaus J.; TEUBNER, Günther (org.). *Corporate Governance and Directors' Liabilities. Legal, Economic and Sociological Analyses on Corporate Social Responsibility*. Berlin/New York: Walter de Gruyter, 1985.

STIGLITZ, Joseph. *Rewriting the rules of the American economy*: na agenda for growth and shared prosperity. New York: W. W. Norton, 2015.

STONE, Christopher. Public interests representation: economic and social policy inside the enterprise. *In*: HOPT, Klaus J.; TEUBNER, Günther (org.). *Corporate governance and directors' liabilities*. Legal, economic and sociological analyses on corporate social responsibility. Berlin/New York: Walter de Gruyter, 1985.

STOUT, Lynn. *The shareholder value myth. How putting shareholders first harms investors, corporations and the public*. San Francisco: Berrett-Koehler Publishers, 2012.

SUNDFELD, Carlos Ari. *Direito administrativo econômico*. São Paulo: Malheiros-SBDP, 2000.

SZTAJN, Rachel. Ensaio tipológico dos grupos de sociedades. *In*: BAPTISTA, Luiz Olavo; HUCK, Hermes Marcelo; CASELLA, Paulo Borba (org.). *Direito e comércio internacional*: tendências e perspectivas: estudos em homenagem ao Prof. Irineu Strenger. São Paulo: LTr, 1994.

SZTAJN, Rachel. *In*: AZEVEDO, Álvaro Villaça (coord.). *Código Civil comentado*. São Paulo: Atlas, 2008. v. XI.

Referências

SZTAJN, Rachel. *In*: TOLEDO, Paulo F. C. Salles de; ABRÃO, Carlos Henrique (coord.). *Comentários à lei de recuperação de empresas e falência*. São Paulo: Saraiva, 2005.

SZTAJN, Rachel. O direito de recesso nas sociedades comerciais. *Revista de Direito Mercantil*, São Paulo, v. 71, jul./set. 1988.

TAG ALONG. *Dictionary of Phrasal Verbs*. 1. ed. 6. reimp. London: Collins-Cobuild, 1994.

TAVARES, André Ramos. A intervenção do Estado no domínio econômico. *In*: CARDOZO, José Eduardo Martins; QUEIROZ, João Eduardo Lopes; SANTOS, Márcia Walquiria Batista dos. *Direito administrativo econômico*. São Paulo: Atlas, 2011.

TEIXEIRA, Egberto Lacerda. *Das sociedades por quotas de responsabilidade limitada*. São Paulo: Quartier Latin, 2006.

TEIXEIRA, Egberto Lacerda; GUERREIRO, José Alexandre Tavares. *Das sociedades anônimas no direito brasileiro*. São Paulo: Bushatsky, 1979. v. 1 e 2.

TEIXEIRA, Egberto Lacerda; GUERREIRO, José Alexandre Tavares. *Direito societário*. 14. ed. São Paulo: Atlas, 2015.

TEIXEIRA, Sálvio de Figueiredo (coord.). *Comentários ao novo Código Civil*. Rio de Janeiro: Forense, 2008. v. IX.

TEPEDINO, Gustavo; BARBOZA, Heloísa Helena; MORAES, Maria Celina Bodin de. *Código Civil interpretado conforme a Constituição brasileira*. 2. ed. Rio de Janeiro: Renovar, 2007. v. 1.

TEPEDINO, Gustavo; BARBOZA, Heloisa Helena; MORAES, Maria Celina Bodin de et al. *Código Civil interpretado conforme a Constituição da República*. Rio de Janeiro: Renovar, 2011. v. 3.

TEPEDINO, Ricardo. Assembleia geral. *In*: LAMY FILHO, Alfredo; PEDREIRA, José Luiz Bulhões (coord.). *Direito das companhias*. Rio de Janeiro: Forense, 2009. v. 1.

TEPEDINO, Ricardo. Deliberação da Assembleia Geral. *In*: LAMY FILHO, Alfredo; PEDREIRA, José Luiz Bulhões (coord.). *Direito das companhias*. Rio de Janeiro: Forense, 2009. v. 1.

TEPEDINO, Ricardo. O trespasse para subsidiária (*drop down*). *In*: CASTRO, Rodrigo Rocha Monteiro de; ARAGÃO, Leandro Santos de (coord.). *Direito societário e a nova lei de falências e recuperação de empresas*. São Paulo: Quartier Latin, 2006.

TEUBNER, Günther. Corporate fiduciary duties and their beneficiaries. A functional approach to the legal institutionalization of corporate responsibility. *In*: HOPT, Klaus J.; TEUBNER, Günther (org.). *Corporate governance and directors' liabilities*. Legal, economic and sociological analyses on corporate social responsibility. Berlin/New York: Walter de Gruyter, 1985.

THEODORO JR., Humberto. Distinção científica entre a prescrição e decadência. *Revista dos Tribunais*, São Paulo, v. 94, n. 836, jun. 2005.

THEODORO JR., Humberto. Distinção científica entre a prescrição e decadência. *In*: MENDES, Gilmar Ferreira; STOCO, Rui. *Doutrinas* essenciais: direito civil, parte geral. São Paulo: RT, 2011. v. V.

THEODORO JR., Humberto. Dos atos jurídicos lícitos, dos atos ilícitos, da prescrição e da decadência, da prova. *In*: TEIXEIRA, Sálvio de Figueiredo (coord.). *Comentários ao novo Código Civil*. 4. ed. Rio de Janeiro: Forense, 2008. v. III, t. I.

TOLEDO, Paulo Fernando Campos Salles de. Modificações introduzidas na Lei das Sociedades por Ações quanto à disciplina da administração das companhias. *In*: LOBO, Jorge (coord.). *Reforma da Lei das Sociedades Anônimas*. Rio de Janeiro: Forense, 2002.

TOLEDO, Paulo Fernando Campos Salles de. *O conselho de administração na sociedade anônima*. São Paulo: Atlas, 1997.

TOLEDO, Paulo Fernando Campos Salles de. *O conselho de administração na sociedade anônima*. São Paulo: Atlas, 1999.

TOURINHO, Marcelo Abreu dos Santos. *Oferta pública de aquisição de ações por alienação de controle de companhias abertas brasileiras*. 2012. Dissertação (Mestrado) – Pontifícia Universidade Católica de São Paulo, São Paulo, 2012.

TRINDADE, Marcelo. *O papel da CVM e o mercado de capitais no Brasil*. São Paulo: IOB, 2002.

Referências

TUNC, André. Le gouvernement dês sociétés anonymes. Le mouvement de reforme aux États-Unis et au Royaume-Uni. *Revue Internationale de Droit Comparé*, Paris, n. 46, v. 1, 1994.

VALVERDE, Trajano de Miranda. *Força probante dos livros mercantis*. Rio de Janeiro: Forense, 1960.

VALVERDE, Trajano de Miranda. Sociedades anônimas ou companhias de economia mista. *Revista de Direito Administrativo*, v. 1, n. 2, p. 429-441, 1945.

VALVERDE, Trajano de Miranda. *Sociedades por ações*. Rio de Janeiro: Forense, 1941. v. 2.

VALVERDE, Trajano de Miranda. *Sociedades por ações*. 2. ed. Rio de Janeiro: Forense, 1953. v. 1 e 2.

VALVERDE, Trajano de Miranda. *Sociedades por ações*. 3. ed. Rio de Janeiro: Forense, 1959. v. 1 e 3.

VALVERDE, Trajano de Miranda. *Sociedades por ações*. São Paulo: Saraiva, 1973. v. 4.

VAMPRÉ, Spencer. *Das sociedades anonymas*. São Paulo: Pocai-Weiss, 1914.

VAMPRÉ, Spencer. *Tratado elementar de direito comercial*. Rio de Janeiro: F. Briguiet, 1922. v. 2.

VAN DAM, Cees. *European tort law*. New York: Oxford University Press, 2006.

VASCONCELOS, Pedro. *A participação social nas sociedades comerciais*. Coimbra: Almedina, 2006.

VASQUES, José. *Estruturas e conflitos de poderes nas sociedades anônimas*. Coimbra: Coimbra Editora, 2007.

VENOSA, Sílvio de Salvo. *Direito civil*. 5. ed. São Paulo: Atlas, 2005. v. 5.

VERÇOSA, Haroldo M. D. *Curso de direito comercial*. São Paulo: Malheiros, 2008. v. 3.

VERÇOSA, Haroldo M. D. CVM e os contratos de investimento coletivo ("boi gordo" e outros). *Revista de Direito Mercantil*, n. 108, out./dez. 1997.

VERÇOSA, Haroldo Malheiros Duclerc. *Direito comercial*. 3. ed. São Paulo: RT, 2014. v. 2.

VERÇOSA, Haroldo Malheiros Duclerc; BARROS, Zanon de Paula. A recepção do "drop down" no direito brasileiro. *Revista de Direito Mercantil*, São Paulo, v. 125, jan./mar. 2002.

VIANA, Marco Aurélio. *In*: TEIXEIRA, Sálvio de Figueiredo (coord.). *Comentários ao novo Código Civil*. Rio de Janeiro: Forense, 2004. v. XVI.

VISINTINI, Giovanna. *Cos'è là responsabilità civile*. Fondamenti della disciplina dei fatti illeciti e dell'inadempimento contrattuale. Napoli: Edizioni Scientifiche Italiane, 2009.

VISINTINI, Giovanna. *Tratatto breve della responsabilità civile*. Padova: Cedam, 2005.

VIVANTE, Cesare. *Instituições de direito comercial*. Tradução Ricardo Rodrigues Gama. Campinas: LZN Editora, 2003.

VIVANTE, Cesare. *Trattato di diritto commerciale*. Milano: Vallardi, 1923. v. 2.

WALD, Arnoldo. As sociedades de economia mista e a nova lei das sociedades anônimas. *Revista de Informação Legislativa*, v. 14, n. 54, p. 99-114, abr./jun. 1977.

WALD, Arnoldo. *Comentários ao novo Código Civil*. 2. ed. Rio de Janeiro: Forense, 2010. v. 14.

WALD, Arnoldo. Da licitude do pagamento de dividendo complementar em ações de outra companhia. *Revista de Direito Mercantil*, São Paulo, v. 51, jul.-set. 1983.

WALD, Arnoldo. *Direito civil*: introdução e parte geral. 9. ed. rev., ampl. e atual. de acordo com o novo Código Civil. São Paulo: Saraiva, 2002.

WALD, Arnoldo. Do regime legal do conselho de administração e da liberdade de votos dos seus componentes. *Revista dos Tribunais*, n. 630, abr. 1988.

WALD, Arnoldo. O acordo de acionistas e o poder de controle do acionista majoritário. *Revista de Direito Mercantil, Industrial, Econômico e Financeiro*, n. 110, abr./jun. 1998.

WALD, Arnoldo; CAVALCANTI, Ana Elizabeht L. W.; PAESANI; Liliana Minardi. *Direito civil*: introdução e parte geral. 14. ed. São Paulo: Saraiva, 2015.

WALD, Arnoldo; GIANCOLI, Brunno Pandori. *Direito civil*: responsabilidade civil. 3. ed. São Paulo: Saraiva, 2015. v. 7.

Referências

WARDE JR., Walfrido Jorge. O fracasso do direito grupal brasileiro: a institucionalização do controle oculto e de sua sub-reptícia transferência. *In*: ARAUJO, Danilo; WARDE JR., Walfrido (org.). *Os grupos de sociedades*. organização e exercício da empresa. São Paulo: Saraiva, 2012.

WARDE JR., Walfrido Jorge; CASTRO, Rodrigo Rocha Monteiro de. *Regime especial da sociedade anônima simplificada*. São Paulo: Saraiva, 2013.

WEDDERBURN, K. W. The legal development of corporate responsibility. *In*: HOPT, Klaus J.; TEUBNER, Günther (org.). *Corporate governance and directors' liabilities*. Legal, economic and sociological analyses on corporate social responsibility. Berlin/New York: Walter de Gruyter, 1985.

WONTROBA, Bruno Gressler. O Conselho Fiscal nas empresas estatais, de acordo com a Lei 13.303/2016. *In*: JUSTEN FILHO, Marçal. *Estatuto jurídico das empresas estatais*. São Paulo: RT, 2016.

WORMSER, I. Maurice. *Disregard of the corporate fiction and allied corporation problems*. New York: Baker, Voorhis and Company, 1927.

XAVIER, Alberto. *Administradores de sociedades*. São Paulo: RT, 1979.

XAVIER, Alberto. Natureza jurídica tributária dos "juros sobre capital próprio" face à lei interna e aos tratados internacionais. *Revista Dialética do Direito Tributário*, São Paulo, n. 21, jul. 1997.

ZANINI, Calos Klein. *A dissolução judicial da sociedade anônima*. Rio de Janeiro: Forense, 2005.

ZANINI, Calos Klein. A doutrina dos *fiduciary duties* no direito norte-americano e a tutela da sociedade e acionistas minoritários frente aos administradores de sociedades anônimas. *Revista de Direito Mercantil, Industrial, Econômico e Financeiro*, São Paulo, n. 109, p. 137-149, jan./mar. 1998.